Lehmann/Meents
Handbuch des Fachanwalts Informationstechnologierecht

2. Auflage

Lehmann/Meents

Handbuch des Fachanwalts Informationstechnologierecht

Herausgegeben von

Prof. Dr. Michael Lehmann, Dipl.-Kaufm.
Professor für Bürgerliches Recht, Handels- und Wirtschaftsrecht sowie Urheberrecht und Gewerblichen Rechtsschutz an der Universität München und Mitarbeiter des Max-Planck-Instituts für Immaterialgüter- und Wettbewerbsrecht in München

Dr. Jan Geert Meents
Rechtsanwalt in München

2. Auflage

Carl Heymanns Verlag 2011

Zitiervorschlag: FA IT-Recht/*Bearbeiter*, Kap. 6 Rn. 20

Bibliografische Information der Deutschen Nationalbibliothek

Die Deutsche Nationalbibliothek verzeichnet diese Publikation in der Deutschen Nationalbibliografie; detaillierte bibliografische Daten sind im Internet über http://dnb.d-nb.de abrufbar.

ISBN 978-3-452-27399-4

www.wolterskluwer.de
www.heymanns.com

Alle Rechte vorbehalten.
© 2011 Wolters Kluwer Deutschland GmbH, Luxemburger Straße 449, 50939 Köln.
Carl Heymanns – eine Marke von Wolters Kluwer Deutschland GmbH.

Das Werk einschließlich aller seiner Teile ist urheberrechtlich geschützt. Jede Verwertung außerhalb der engen Grenzen des Urheberrechtsgesetzes ist ohne Zustimmung des Verlages unzulässig und strafbar. Das gilt insbesondere für Vervielfältigungen, Übersetzungen, Mikroverfilmungen und die Einspeicherung und Verarbeitung in elektronischen Systemen.

Verlag, Herausgeber und Autoren übernehmen keine Haftung für inhaltliche oder drucktechnische Fehler.

Umschlagkonzeption: Martina Busch, Grafikdesign, Fürstenfeldbruck
Satz: Satz-Offizin Hümmer GmbH, Waldbüttelbrunn
Druck und Weiterverarbeitung: L.E.G.O. S.p.A. – Lavis, Italy

Gedruckt auf säurefreiem, alterungsbeständigem und chlorfreiem Papier

Vorwort zur 2. Auflage

Die aktuellen Stichworte, etwa Cloud Computing, Near Field Communication (NFC), Radio Frequency Identification (RFID) E-Payment aus technischer Sicht und Abofallen, App Stores, Online-Verbreitungsrecht, sowie die Neuregelungen des BDSG und die Diskussion über eine »Button-Lösung« für den elektronischen Geschäftsverkehr aus wirtschaftsrechtlicher Sicht demonstrieren augenfällig die fortschreitende Dynamik unseres Informationstechnologierechts auf vielen Ebenen, international, europäisch und national. Es war daher an der Zeit, eine Neuauflage dieses Handbuchs für Fachanwälte zu erarbeiten, obwohl auch diese neue Version wiederum nur eine Momentaufnahme des aktuellen Stands der Weiterentwicklung dieses Rechtsgebiets sein kann. Die weite thematische Auffächerung führte auch zu einer erneuten Erweiterung der Autorenschaft, damit so wichtige Gebiete wie das internationale Software-Vertragsrecht oder das Kartellrecht optimal repräsentiert werden können.

Herausgeber und Verlag, der eine neue Ausstattung für diese Reihe innerhalb des allgemeinen Erscheinungsbildes des Carl-Heymanns-Verlages verfolgt, möchten an dieser Stelle allen Co-Autoren und Mitarbeitern für ihr Engagement besonders danken; nur so konnte erneut der Versuch unternommen werden, diese komplexe Materie in einem Handbuch durch aufeinander abgestimmte Fachbeiträge für die interessierten Kreise zugleich aus wissenschaftlicher und praxisnaher Sicht angemessen darzustellen.

München, im Juni 2011

Michael Lehmann
Jan Geert Meents

Bearbeiterverzeichnis

Dr. Stephan Appt, LL.M.
Rechtsanwalt, München
2. Teil Kap. 8 Internet-Provider-Verträge

Dr. Florian von Baum
Rechtsanwalt, München
2. Teil Kap. 8 Internet-Provider-Verträge

Dietrich Beier
Rechtsanwalt, München
4. Teil Kap. 19 Das Recht der Domainnamen, Kennzeichen- und Wettbewerbsrecht

Dr. Germar Enders
Rechtsanwalt, München
3. Teil Kap. 11 Verbraucherschutz, Fernabsatz

Prof. Dr. Stefan Ernst
Rechtsanwalt, Freiburg/Br.
3. Teil Kap. 13 Online-Marketing – Allgemeine Informationspflichten

Benedikt Flöter
Dipl.-Jurist, Wissenschaftlicher Mitarbeiter am Lehrstuhl für Bürgerliches Recht, Recht des Geistigen Eigentums und Wettbewerbsrecht, Institut für Handels- und Wirtschaftsrecht, Rheinische Friedrich-Wilhelms-Universität Bonn
3. Teil Kap. 12 Wettbewerbsrecht des elektronischen Geschäftsverkehrs

Dr. Christian Frank
Rechtsanwalt, München
9. Teil Kap. 27 Besonderheiten in der Verfahrens- und Prozessführung

Prof. Dr. Wolfgang Fritzemeyer, LL.M.
Rechtsanwalt, München
Honorarprofessor an der Universität Konstanz
Lehrbeauftragter an der Universität München
2. Teil Kap. 2 Rechtliche Einführung, grenzüberschreitende IT-Verträge
8. Teil Kap. 25 Internationale Aspekte des IT-Rechts

Prof. Dr. Eva-Irina Freifrau von Gamm, LL.M. (Eur.)
Rechtsanwältin, Fachanwältin für Gewerblichen Rechtsschutz, München
Professorin an der Macromedia Hochschule für Medien und Kommunikation, München
3. Teil Kap. 15 Online-Apotheken

Dr. Ramin Goodarzi
Rechtsanwalt, Düsseldorf
7. Teil Kap. 24 Die Öffentliche Auftragsvergabe von IT-Leistungen und Aspekte des E-Governments

Dr. Malte Grützmacher, LL.M. (London)
Rechtsanwalt, Fachanwalt für Informationstechnologierecht, Hamburg
Lehrbeauftragter an der Universität Hannover
4. Teil Kap. 18 Urheberrecht

Bearbeiterverzeichnis

Dipl.-Phys. Klaus Haft
Rechtsanwalt, Düsseldorf
4. Teil Kap. 17 Patentrecht

Dr. Markus Häuser
Rechtsanwalt, München
2. Teil Kap. 6 IT-Projektverträge

Sven-Erik Heun
Rechtsanwalt, Frankfurt/Main
2. Teil Kap. 9 Vertragsrecht der Telekommunikation und Kundenschutz
6. Teil Kap. 23 Recht der Kommunikationsnetze und -dienste

Michael Kamps
Rechtsanwalt, Köln
5. Teil Kap. 20 C. und D. Datenschutzrecht

Dr. Julia Keim, LL.M. (Eur.)
Rechtsanwältin, München
3. Teil Kap. 14 Internet-Auktionen

Dr. Frank A. Koch
Rechtsanwalt, München
1. Teil Kap. 1 Technische Einführung

Dr. Timoleon Kosmides, LL.M. Eur. (München)
Rechtsanwalt, Thessaloniki
Wissenschaftlicher Mitarbeiter des Max-Planck-Instituts für Immaterialgüter- und Wettbewerbsrecht, München
Designierter Lecturer (Universitätsdozent) an der Juristischen Fakultät der Universität Thessaloniki
Lehrbeauftragter an der Universität München
3. Teil Kap. 11 Verbraucherschutz, Fernabsatz

Dr. Daniel Krone
Rechtsanwalt, München
8. Teil Kap. 25 Internationale Aspekte des IT-Rechts

Prof. Dr. Michael Lehmann
Dipl.-Kaufm., Professor für Bürgerliches Recht, Handels- und Wirtschaftsrecht sowie Urheberrecht und Gewerblichen Rechtsschutz an der Universität München
Mitarbeiter des Max-Planck-Instituts für Immaterialgüter- und Wettbewerbsrecht, München
2. Teil Kap. 3 Software-Recht
3. Teil Kap. 10 Electronic Business: Der internationale und europäische Rahmen

Prof. Dr. Matthias Leistner, LL.M. (Cambridge)
Lehrstuhl für Bürgerliches Recht, Recht des Geistigen Eigentums und Wettbewerbsrecht, Institut für Handels- und Wirtschaftsrecht, Rheinische Friedrich-Wilhelms-Universität Bonn
3. Teil Kap. 12 Wettbewerbsrecht des elektronischen Geschäftsverkehrs

Dr. Mathias Lejeune
Rechtsanwalt, München
2. Teil Kap. 4 K. Hardware- und Software-Vertragsrecht

Annette Marberth-Kubicki
Rechtsanwältin, Fachanwältin für Strafrecht, Kiel
8. Teil Kap. 26 Strafrechtliche Aspekte des IT-Rechts

Dr. Reemt Matthiesen
Rechtsanwalt, München
2. Teil Kap. 4 J. Hardware- und Software-Vertragsrecht

Dr. Jan Geert Meents
Rechtsanwalt, München
2. Teil Kap. 7 IT-Outsourcing und Cloud Computing

Dr. Matthias Nordmann, LL.M.
Rechtsanwalt, München
3. Teil Kap. 16 A. bis L. Mobile Commerce und E-Payment

Arne Nordmeyer, LL.M.
Referendar, Wissenschaftlicher Mitarbeiter am Institut für Rechtsinformatik, Leibniz Universität Hannover
2. Teil Kap. 4 I. Hardware- und Software-Vertragsrecht

Prof. Dr. Christian Osterrieth
Rechtsanwalt, Düsseldorf
Honorarprofessor an der Universität Konstanz
4. Teil Kap. 17 Patentrecht

Christian Runte
Rechtsanwalt, München
5. Teil Kap. 20 A. und B., G. und H. Datenschutzrecht
5. Teil Kap. 21 Recht der IT-Sicherheit

Stefan C. Schicker, LL.M. (Nottingham Trent University)
Rechtsanwalt, München
Solicitor, England und Wales
3. Teil Kap. 16 M. Mobile Commerce und E-Payment

Prof. Dr. Michael Schmidl, LL.M. Eur. (Maître en Droit)
Rechtsanwalt, Fachanwalt für Informationstechnologierecht, München
Lehrbeauftragter an der Universität Augsburg
5. Teil Kap. 20 E. und F. Datenschutzrecht
5. Teil Kap. 22 Rechtsfragen der Verschlüsselung und Signatur

Prof. Dr. Jochen Schneider
Rechtsanwalt, München
Honorarprofessor an der Ludwig-Maximilians-Universität München
2. Teil Kap. 4 A. bis H. Hardware- und Software-Vertragsrecht

Dr. Stefan Schuppert, LL.M. (Harvard)
Rechtsanwalt, München
2. Teil Kap. 5 EDV-Vertriebsverträge – OEM, VAR

Dr. Andreas Splittgerber
Rechtsanwalt, München
8. Teil Kap. 25 Internationale Aspekte des IT-Rechts

Dr. Nicolai Wiegand, LL.M. (NYU)
Rechtsanwalt, München
9. Teil Kap. 27 Besonderheiten in der Verfahrens- und Prozessführung

Inhaltsübersicht

Vorwort V
Bearbeiterverzeichnis VII
Literaturverzeichnis XXXI
Abkürzungsverzeichnis XXXIX

Teil 1 Einführung

Kapitel 1 Technische Einführung 3

Teil 2 Vertragsrecht der Informationstechnologien

Kapitel 2 Rechtliche Einführung, grenzüberschreitende IT-Verträge 39
Kapitel 3 Software-Recht 60
Kapitel 4 Hardware- und Software-Vertragsrecht 102
Kapitel 5 EDV-Vertriebsverträge – OEM, VAR 302
Kapitel 6 IT-Projektverträge 349
Kapitel 7 IT-Outsourcing und Cloud Computing 395
Kapitel 8 Internet-Provider-Verträge 454
Kapitel 9 Vertragsrecht der Telekommunikation und Kundenschutz 505

Teil 3 Recht des elektronischen Geschäftsverkehrs

Kapitel 10 Electronic Business: Der internationale und europäische Rahmen . . 555
Kapitel 11 Verbraucherschutz, Fernabsatz 565
Kapitel 12 Wettbewerbsrecht des elektronischen Geschäftsverkehrs 623
Kapitel 13 Online-Marketing – Allgemeine Informationspflichten 670
Kapitel 14 Internet-Auktionen 685
Kapitel 15 Online Apotheken 721
Kapitel 16 Mobile Commerce und E-Payment 730

Teil 4 Immaterialgüterrecht im Bereich der Informationstechnologien

Kapitel 17 Patentrecht 811
Kapitel 18 Urheberrecht 857
Kapitel 19 Das Recht der Domainnamen, Kennzeichen- und Wettbewerbsrecht 945

Teil 5 Datenschutzrecht und Recht der IT-Sicherheit, Verschlüsselung und Signatur

Kapitel 20 Datenschutzrecht 1057
Kapitel 21 Recht der IT-Sicherheit 1206
Kapitel 22 Rechtsfragen der Verschlüsselung und Signatur 1217

Teil 6 Telekommunikationsrecht

Kapitel 23 Recht der Kommunikationsnetze und -dienste 1235

Teil 7 Vergaberecht

Kapitel 24 Die öffentliche Auftragsvergabe von IT-Leistungen und Aspekte des E-Governments 1373

Teil 8 Internationale und strafrechtliche Aspekte des Informationstechnologierechts

Kapitel 25 Internationale Aspekte des IT-Rechts 1417
Kapitel 26 Strafrechtliche Aspekte des IT-Rechts 1462

Teil 9 Besonderheiten in der Verfahrens- und Prozessführung

Kapitel 27 Besonderheiten in der Verfahrens- und Prozessführung 1567

Stichwortverzeichnis 1623

Inhaltsverzeichnis

Vorwort V
Bearbeiterverzeichnis VII
Literaturverzeichnis XXXI
Abkürzungsverzeichnis XXXVII

Teil 1   Einführung

Kapitel 1   Technische Einführung 3
Koch

A. Hauptkomponenten von IT-Systemen 4
   I.   Hardware 5
   II. Software 6
   III. Wartung/Pflege 13
   IV. Cloud Computing und Virtualisierung 13
B. IT-Projekte 20
   I.   Erstellung 20
   II. Vorgehensmodelle 21
   III. Qualitätssicherung 21
   IV. Abnahme 21
   V.   Komplexe Anwendungen 22
C. Kommunikationsnetze 22
   I.   Internet 23
   II. Intranets 25
   III. Links, Frames und Metatags 26
   IV. Suchmaschinen, Pop-up-Fenster, Directories 27
   V.   »Web 2.0« 28
D. Domainnamen 30
   I.   Funktion 30
   II. Top Level Domain-Typen 30
   III. Vergabe- und Verwaltungsorganisationen 30
E. Technischer Rahmen der Haftung im Internet 31
F. IT-Sicherheit 33
   I.   Begriff 33
   II. IT-Sicherheit nach ITIL 34
   III. IT-Sicherheit nach ISO 20000 35

Teil 2   Vertragsrecht der Informationstechnologien

Kapitel 2   Rechtliche Einführung, grenzüberschreitende IT-Verträge 39
Fritzemeyer

A. Überblick: IT-Verträge 40
B. Gestaltung grenzüberschreitender IT-Verträge 41
   I.   Gründe für die Internationalisierung 41
   II. Gebote der Vollständigkeit, Eindeutigkeit und Einheitlichkeit ... 42
   III. Einzelne Regelungspunkte 44

Inhaltsverzeichnis

Kapitel 3 Software-Recht *Lehmann*	60
A. Computerprogramme und das Urheberrecht	62
I. Die Software	62
II. Der Computer	63
B. Die Internationalität der Software-Verträge	65
I. Die Entgrenzung der Software-Märkte	65
II. Territorialitäts- und Schutzlandprinzip	66
III. Deliktische Verletzungshandlungen	66
IV. Vertragsverletzungen und Urheberrecht	67
V. Zuständigkeit und Prorogation	68
C. Das europäische Software-Recht	69
I. Die Richtlinien	69
II. Das deutsche Urheberrecht: Computerprogramme	91
D. Das Urhebervertragsrecht der Softwareüberlassung	91
I. Typologien der Softwareüberlassung	92
II. Die Einräumung von Nutzungsrechten	92
III. Die Mindestrechte der Nutzungsberechtigten	94
IV. Der Erschöpfungsgrundsatz	97
V. Bearbeitung, Umarbeitung, Wartung, Portierung, Emulation	99
VI. Zweckübertragungstheorie und Nutzungsarten	99
E. Das Kartellrecht der Softwareüberlassung	100
F. Musterverträge (Hinweis)	101
Kapitel 4 Hardware- und Software-Vertragsrecht *Schneider/Nordmeyer/Matthiesen/Lejeune*	102
A. IT-Leistungen, Vertragsgegenstände und allgemeine Problemstellungen *Schneider*	107
I. Vertragsgegenstände	107
II. Vertragsthemen	107
III. Gemeinsame Problemstellungen	108
IV. Das Problem des § 651 BGB bei Softwareerstellung und -anpassung	120
V. Beratung, Planung	128
B. Hardware	138
I. Kauf	138
II. Miete	148
III. Leasing	154
C. Hardwarebezogene Leistungen, Installation und Wartung	157
I. Installation als Werkvertrag	157
II. Installation als Dienstvertrag	158
III. Vertragseinheit mit der Beschaffung?	158
IV. Sonstige Services, so etwa Schulung, Einweisung, Unterstützung	159
V. Wartung	160
D. Standardsoftware	166
I. »Kauf«	166
II. Miete von Standardsoftware	179
III. »Lizenz«	187

Inhaltsverzeichnis

IV.	Verhältnis zum »Pflegevertrag«	190
E.	**Software-Pflege**	**193**
I.	Varianten der Leistungspakete	193
II.	Leistungsbeschreibung in AGB	197
III.	Mitwirkung des Kunden	198
IV.	Leistungsgegenstand im Verhältnis zum Mangelrecht	203
V.	Vertragstypologie und das Mängelrecht	206
VI.	Spezialvereinbarungen	207
VII.	Typische AGB und ihre Wirksamkeit	208
VIII.	Datenschutz, Auftragsdatenverarbeitung	210
F.	**Software-Anpassung**	**211**
I.	Vertragstyp	211
II.	Verhältnis zum Beschaffungsvertrag	211
III.	Typische Leistungsmerkmale, Leistungsbeschreibungen, Vertragstyp	212
IV.	Mitwirkung des Kunden	213
V.	Änderungswünsche	214
VI.	Ablieferung, Tests, Abnahme	215
VII.	Mängelrecht, Verjährung	216
VIII.	Verhältnis zu Pflege und v. a. Releases	217
IX.	Typische AGB	218
X.	Der Anpassungsvertrag als »Unterstützungsleistung«	219
G.	**Software-Erstellung**	**219**
I.	Planung, vorvertragliche Beratung	219
II.	Leistungsbeschreibung/Pflichtenheft	222
III.	Vertragstyp, Varianten, typische AGB	225
IV.	Mitwirkung des Kunden, Änderungen, typische Projektaktivitäten, Fristenplan, Projektsteuerung	226
V.	Ablieferung, Abnahme	234
VI.	Mängelrecht, Haftungsfragen	235
VII.	Rechtseinräumung, Übergang der Rechte, Umfang der Rechte	236
H.	**Softwarebezogene Zusatzleistungen**	**237**
I.	Einweisung	237
II.	Schulung	237
III.	Installation	237
IV.	Support	238
I.	**Rechtsfragen der Open Source-Software**	**238**
	Nordmeyer	
I.	Einführung	238
II.	Typische OSS-Regelungsinhalte	242
III.	Rechtliche Bewertung	244
IV.	Bewährung der OSS vor Gericht	253
V.	Einzelne OSS-Lizenzen	255
VI.	Schlussanmerkung	267
J.	**Kartellrecht**	**267**
	Matthiesen	
I.	Einleitung	267
II.	Lizenzverträge und Artikel 101 AEUV	269
III.	Softwareentwicklungsverträge, Softwareanpassung, Software als Input	274

IV. Inkorporation der Software in ein bestimmtes Produkt 276
V. Softwarevertrieb (Hinweis) 277
VI. Einzelfreistellungen 277
VII. Missbrauch einer marktbeherrschenden Stellung – Artikel 102 AEUV . 281

K. Besondere Aspekte des internationalen Software-Vertragsrechts 283
Lejeune

I. Einleitung 283
II. Urheberrechtliche Aspekte 284
III. Vertragstypologie 291
IV. Allgemeines Vertragsrecht 295
V. Insolvenz des Lizenzgebers 300

Kapitel 5   EDV-Vertriebsverträge – OEM, VAR 302
Schuppert

A. Nicht-IT spezifische Vertragsinhalte 304
I. Vertriebsverträge 304
II. Besonderheiten bei Vertragshändlern 306
III. Mindestabnahmepflicht 310
IV. Kartellrechtliche Beschränkungen bei Vertriebsverträgen 311
V. Beendigung des Vertragsverhältnisses 314
VI. Vergütung des Vertragshändlers 317
VII. Eigentums-/Rechtevorbehalt 317
VIII. Vertragsanpassung 318

B. Vertrieb von Software für Endverbraucher 319
I. Strukturen 319
II. Einräumung von Nutzungsrechten 320
III. Beschränkung auf OEM-Nutzung, sowie bei Updates und Test-/Demo-Versionen 323
IV. Besonderheiten bei dem Online-Vertrieb 325
V. Exklusivität 326
VI. Sonstige Vertriebsbindungen 327
VII. Mängel 328
VIII. Geheimhaltung 331

C. Vertrieb von Software für Geschäftskunden 331
I. Gestaltungsformen 331
II. Koppelung von Hardware und Software: CPU-Klauseln und Lizenzschlüssel 337
III. Verhältnis zu Pflegeverträgen (Aufspaltung) 337
IV. Gebrauchthandel und Verbote 338
V. Exportkontrolle 340

D. Besonderheiten bei dem Vertrieb von Hardware 341
I. Abnahme- und Lieferverpflichtungen 341
II. Kombination mit Software 343
III. Mängelansprüche 346
IV. Verwendung eigener Marken 347

Kapitel 6 IT-Projektverträge ... 349
Häuser

A. IT-Projekte: Begriffserläuterung und Beispiele ... 350
    I. Einführung ... 350
    II. Systemeinführungen ... 351
    III. Migrationsprojekte ... 352
    IV. Softwareerstellungsprojekte ... 352

B. Vorbereitung von IT- Projekten ... 353
    I. Projektplanung ... 353
    II. Ausschreibung ... 353

C. Vorgehensmodelle ... 354
    I. Phasenmodell ... 355
    II. Wasserfall-Modell ... 355
    III. V-Modell ... 356

D. Projektphasen bei Implementierungsprojekten ... 357
    I. Vorbereitungsphase ... 357
    II. Blueprint-Phase ... 358
    III. Realisierungsphase ... 358
    IV. Support-Phase und Endabnahme ... 359
    V. Realisierung der Phasen in einer mehrstufigen Systemumgebung ... 359

E. Leistungsbeschreibungen ... 360
    I. Maßgebliche Unterlagen ... 360
    II. Verantwortung für das Pflichtenheft ... 362
    III. Blueprint als Leistungsbeschreibung in Projekten ... 363
    IV. Inhalte der Leistungsbeschreibung ... 364
    V. Fehlen einer konkreten Leistungsbeschreibung ... 364
    VI. Rechtliche Einordnung der Projektleistungen ... 365

F. Mitwirkung des Auftraggebers ... 367
    I. Rechtliche Qualifikation der Mitwirkung ... 367
    II. Gegenstand der Mitwirkung ... 368
    III. Beschreibung im Vertrag ... 368

G. Leistungserbringer/Leistungsempfänger ... 369
    I. Die Vertragsparteien und begünstigte Dritte ... 369
    II. Subunternehmer ... 370

H. Projektsteuerung ... 370
    I. Projektteam ... 371
    II. Projektlenkungsausschuss ... 371
    III. Projektmeetings ... 372
    IV. Eskalationsprozedere ... 372

I. Termine und Fristen ... 373
    I. Projektplan ... 373
    II. Milestones ... 374
    III. Zahlungstermine ... 374

J. Gewährleistung ... 375
    I. Notwendigkeit vertraglicher Regelung ... 375
    II. Mängelbegriff ... 375
    III. Maßnahmen der Mängelbeseitigung ... 376

IV.	Vorgehen bei Rechtsmängeln	376
V.	Verjährung	376

K. Sonstige Leistungsstörungen 377
  I. Rücktritt 377
  II. Schadensersatz 378
  III. Haftungsbeschränkungen 378
  IV. Schadenspauschalen und Vertragsstrafen 379

L. Abnahme 379
  I. Verlauf der Abnahme 380
  II. Testfälle 381
  III. Fehlerklassen 382
  IV. Rechtsfolgen bei Scheitern der Abnahme 383
  V. Besonderheiten bei der Abnahme bzw. Freigabe von Pflichtenheften, Blueprints und Spezifikationen 383

M. Entgelte 384
  I. Preismodelle 385
  II. Zahlungsbedingungen 387

N. Change Requests 388
  I. Change Request Verfahren 388
  II. Auswirkungen von Change Requests 389

O. Urheberrechtliche Aspekte/Gewerbliche Schutzrechte 389
P. Vorzeitige Projektbeendigung – Kündigungsmöglichkeiten 391
Q. Streitbeilegung 392
  I. Mediation 392
  II. Schlichtung 393
  III. Schiedsgerichtsklausel 393

Kapitel 7 IT-Outsourcing und Cloud Computing 395
Meents

A. Begriffsbestimmung 397
B. Arten von IT-Outsourcing-Verträgen 398
  I. Unterscheidung nach dem Umfang 398
  II. Unterscheidung nach der Zielsetzung 398
  III. Abgrenzung Application Service Providing und Cloud Computing 399

C. Gründe für und wider IT-Outsourcing 399
  I. Reduzierung der IT-Kosten 399
  II. Erhöhung der Flexibilität 400
  III. Verbesserung der Qualität 400
  IV. Konzentration auf Kernkompetenzen 401
  V. IT-Compliance 401
  VI. Gründe gegen IT-Outsourcing 401

D. Vorbereitung von IT-Outsourcing-Verträgen 402
  I. Bedarfsanalyse 402
  II. Request for Information 403
  III. Request for Proposal 403
  IV. Auswertung der Angebote 404
  V. Vertragsverhandlungen 405

E. Struktur und Rechtsnatur von IT-Outsourcing-Verträgen 406
    I. Überblick 406
    II. Rahmenvertrag 407
    III. Einzelverträge 418
    IV. Service Level Agreement 425

F. Datenschutz und Datensicherheit 429
    I. Allgemeines 429
    II. Auftragsdatenverarbeitung 430
    III. Funktionsübertragung 431
    IV. Übermittlung ins Ausland 431
    V. Datensicherheit 433

G. Urheberrechtliche Aspekte 434
    I. Übertragung von Software 434
    II. Softwareerstellung im Rahmen der Leistungserbringung .. 436

H. Arbeitsrechtliche Aspekte 438
    I. 613a BGB 438
    II. Kündigung infolge von IT-Outsourcing 442
    III. Arbeitnehmerüberlassung im Rahmen von IT-Outsourcing .. 443

I. Cloud Computing 444
    I. Einführung 444
    II. Technische Hintergründe von Cloud Computing 445
    III. Abgrenzung von Cloud Computing zu Application Service Providing (ASP) und herkömmlichem (IT-) Outsourcing 446
    IV. Rechtliche Besonderheiten des Cloud Computing 447
    V. Kommerzielle Besonderheiten des Cloud Computing 452

Kapitel 8 Internet-Provider-Verträge 454
    von Baum/Appt

A. Überblick 456
    I. Einführung 456
    II. Begriff des Internet-Providers und Abgrenzung 458

B. Leistungsbereiche der Providerverträge und rechtliche Einordnung 460
    I. Access-Provider 461
    II. Presence-Provider 463
    III. Content-Provider 465
    IV. Exkurs: Web2.0-Provider 467
    V. Weitere Providerverträge 470
    VI. Zusammenfassung 473

C. Das rechtliche und regulatorische Umfeld der Internet-Provider .. 474
    I. Vorbemerkung 474
    II. Regulatorische Rahmenbedingungen 474
    III. Haftung und Haftungsprivilegierungen der Provider (§§ 7 ff. TMG) ... 479
    IV. Auskunftspflichten des Providers 490

D. Vertragsgestaltung bei Providerverträgen 491
    I. Der Access-Providervertrag 492
    II. Presence-Providervertrag 500

Kapitel 9 Vertragsrecht der Telekommunikation und Kundenschutz 505
Heun

- A. Einführung 506
- B. Zugangsvereinbarungen in Vorleistungsmärkten 508
  - I. Kontrahierungszwang des § 22 TKG 509
  - II. Verpflichtung zum Standardangebot nach § 23 TKG 510
  - III. Einordnung, Vorgaben und Struktur von Zugangsvereinbarungen 512
  - IV. Rechtsschutz 519
- C. Kundenverträge in Endnutzermärkten 519
  - I. Begrifflichkeiten des TKG 520
  - II. Vertragsrechtliche Einordnung von Telekommunikationsdiensten und vertragliche Probleme bei Mehrwertdiensten 522
  - III. Universaldienst und Kontrahierungszwang 526
  - IV. Kundenschutz 527
  - V. Sonderfragen zu Allgemeinen Geschäftsbedingungen für Telekommunikationsdienste und zur Vertragsgestaltung 544
- D. Fazit 551

Teil 3 Recht des elektronischen Geschäftsverkehrs

Kapitel 10 Electronic Business: Der internationale und europäische Rahmen 555
Lehmann

- A. Die nationalen Rechtsentwicklungen 555
- B. Die europarechtlichen Grundlagen 556
  - I. Die Richtlinie über den elektronischen Geschäftsverkehr und das Telemediengesetz (TMG) 556
  - II. Sonstige europäische Rechtsquellen 560

Kapitel 11 Verbraucherschutz, Fernabsatz 565
Enders/Kosmides

- A. Einführung 567
  - I. Das Schutzanliegen der Regelungen über den Fernabsatz 568
  - II. Das Schutzanliegen der Regelungen über den E-Commerce 569
  - III. Regelungshintergrund und Historie 570
- B. Der Anwendungsbereich des Fernabsatzrechts und des E-Commerce-Rechts 572
  - I. Persönlicher Anwendungsbereich 572
  - II. Sachlicher Anwendungsbereich 576
  - III. Das Verhältnis von Fernabsatzrecht und E-Commerce-Recht 586
- C. Schutzinstrumente bei Verbraucherverträgen im Fernabsatz 586
  - I. Informationspflichten 586
  - II. Das Widerrufs- und Rückgaberecht 599
  - III. Wirksamkeit von Kündigung und Vollmacht zur Kündigung bei Dauerschuldverhältnissen 614
  - IV. Halbzwingende Ausgestaltung, Günstigkeitsgebot 615
  - V. Sonstiges 616
  - VI. Informationspflichten, Formvorschriften und Widerrufsrecht bei Fern-

absatzverträgen nach dem Vorschlag einer Richtlinie über Rechte der Verbraucher 617

D. Schutzinstrumente bei Verträgen im E-Commerce 618
  I. Anwendungsbereich 618
  II. Schutzinstrumente 618

Kapitel 12 Wettbewerbsrecht des elektronischen Geschäftsverkehrs 623
Leistner/Flöter

A. Einführung und Überblick 625
  I. Besonderheiten von Werbung und Vertrieb im elektronischen Geschäftsverkehr 625
  II. Wesentliche Rechtsquellen und diesbezügliche Perspektiven 627

B. Anwendungsbereich 628
  I. Vorliegen einer geschäftlichen Handlung 628
  II. Mitbewerber i. S. d. § 2 Abs. 1 Nr. 3 UWG 632

C. Unlauterkeit der geschäftlichen Handlung 633
  I. Grundlagen im Überblick: Schutzzweck und Systematik des UWG, Generalklauseln und Beispielstatbestände 633
  II. Problemfelder im elektronischen Geschäftsverkehr 638

D. Rechtsfolgen 664

Kapitel 13 Online-Marketing – Allgemeine Informationspflichten 670
Ernst

A. Vorbemerkung 671
B. Impressumspflichten auf der Website 671
  I. Pflichtbegründende Normen 671
  II. Das Impressum auf der Website (§ 5 TMG) 672
  III. Weitere Pflichten nach § 55 RStV 678
  IV. Rechtsfolgen von Verstößen 679

C. Pflichtangaben in E-Mails 680
  I. Rechtsgrundlagen 680
  II. E-Mails als Geschäftsbriefe 681
  III. Rechtsfolgen von Verstößen 682

D. Sonstige Informationspflichten 683
  I. Kommerzielle Kommunikationen (§ 6 TMG) 683
  II. Sonstige Normen 684

Kapitel 14 Internet-Auktionen 685
Keim

A. Einführung 687
  I. Auktionsbeteiligte 687
  II. Eigen- und Fremdversteigerungen 687
  III. Arten der Preisfindung 687
  IV. Langzeit- und Live-Auktionen 688

B. Der Ablauf einer Internet-Auktion 688
  I. Anmeldung 688
  II. Warenpräsentation 689

XXI

Inhaltsverzeichnis

	III. Zeitablauf und »Zuschlag«	689
	IV. Bewertungssysteme	690
C.	Anwendbares Recht	692
D.	Vertragsrecht	692
	I. Vertragsverhältnisse bei Internet-Auktionen	692
	II. Informations- und Gestaltungspflichten	694
	III. Vertragsschluss über Auktionsartikel	699
	IV. Vertragsgestaltung durch Allgemeine Geschäftsbedingungen	701
	V. Vertragsauflösung	706
E.	Kennzeichenrechtsverletzungen bei Internet-Auktionen	710
	I. Kennzeichenrechtliche Ansprüche	710
	II. Voraussetzungen einer Kennzeichenrechtsverletzung	711
F.	Internet-Auktionen und unlauterer Wettbewerb	713
	I. Rechtsbruch	714
	II. Irreführende Werbung	714
	III. Vergleichende Werbung	714
G.	Strafrechtliche Aspekte	716
H.	Verantwortlichkeit des Auktionshauses für Angebote Dritter	716
	I. Anwendbarkeit der §§ 7–10 TMG	716
	II. Haftungsprivilegierung nach § 10 TMG	717
	III. Unterlassungs-/Beseitigungsansprüche	718
	IV. Haftung als Täter aufgrund Verkehrspflichtverletzung?	719

Kapitel 15 Online Apotheken 721
von Gamm

A.	Einführung in die Problematik	721
B.	Angebot und Vertrieb in Deutschland zugelassener Arzneimittel im Wege des Versandhandels durch Online Apotheken an private Endverbraucher	722
	I. Rechtlicher Rahmen	722
	II. Die Doc Morris Entscheidung des EuGH vom 11.12.2003	722
C.	Angebot und Vertrieb in Deutschland nicht zugelassener Arzneimittel im Wege des Versandhandels durch Online Apotheken an private Endverbraucher	723
D.	Anwendung der Arzneimittelpreisverordnung auf ausländische Versandapotheken?	724
E.	Informationen über verschreibungspflichtige Arzneimittel im Internet	726
	I. Einführung in die Problematik	726
	II. Auslegung des Werbebegriffs	726
F.	Verstoß gegen die Niederlassungsfreiheit durch das Verbot von Mehr- und Fremdbesitz im deutschen Apothekenrecht?	728
G.	Verbot des Versandhandels mit apothekenpflichtigen Tierarzneimitteln	729

Kapitel 16 Mobile Commerce und E-Payment 730
Nordmann/Schicker

A. Einführung 734
   Nordmann

B. Vertragsrecht 736
   I. Vertragsschluss 736
   II. Prozessuales 739

C. Allgemeine Geschäftsbedingungen 740
   I. Einbeziehung von Allgemeinen Geschäftsbedingungen 740
   II. Abrufbarkeit und Speicherfähigkeit der AGB 743

D. Fernabsatzrecht 743
   I. Vorvertragliche Informationspflichten 743
   II. Informationspflichten nach Vertragsschluss 750

E. Elektronischer Geschäftsverkehr 751
   I. Informationspflichten 751
   II. Technische Vorkehrungen 752

F. Informations- und Transparenzpflichten für Telemediendienste 752
   I. Allgemeine Anbieterkennzeichnung (Impressum) 752
   II. Spezielle telemedienrechtliche Informationspflichten 754

G. Urheberrechtliche Besonderheiten 755
   I. Urheberrechtliche Schutzfähigkeit 755
   II. Nutzungsrechte 758
   III. Schranken des Urheberrechts 765
   IV. Urheberpersönlichkeitsrecht 766
   V. Ansprüche bei Verletzungen 767

H. Werbung im M-Commerce 768
   I. SMS-Werbung 768
   II. Preisausschreiben/Glücksspiele 771
   III. Werbung für Premium-Dienste 772
   IV. Bluetooth Marketing 773
   V. In-Game und In-App Advertising 774

I. Jugendschutz im M-Commerce 775
   I. Anwendbares Recht 775
   II. Jugendschutz nach dem Jugendmedienschutz-Staatsvertrag 775
   III. Jugendschutz in anderen Gesetzen 776

J. Datenschutz 777
   I. Allgemeines 777
   II. Anwendbare Gesetze 777
   III. Verwendung von Standortdaten 778
   IV. Rechtsfolgen einer rechtswidrigen Nutzung von Standortdaten 779
   V. Praktische Konsequenzen 779

K. Klingeltöne und Handylogos 780
   I. Klingeltöne 780
   II. Handy-Logos, Hintergrundbilder und Menügestaltungen 782

L. Handy-TV 783

M. Überblick über elektronische Bezahlverfahren – E-Payment ... 784
Schicker

    I. Praktische Einführung und Begrifflichkeiten ... 784
    II. Abwicklung bei gängigen Zahlungsverfahren ... 788
    III. Rechtliche Grundlagen ... 791

Teil 4   Immaterialgüterrecht im Bereich der Informationstechnologien

Kapitel 17   Patentrecht ... 811
Osterrieth/Haft

A. Grundlagen ... 813
    I. Grundbegriffe des Patentrechts ... 813
    II. Patent und Technologietransfer ... 816
    III. Patente zum Schutz von Industriestandards ... 817
    IV. Grundzüge des internationalen Patentrechts ... 818
    V. Grundzüge des Europäischen Patentrechts ... 820

B. Gegenstand des Patentschutzes ... 823
    I. Einführung ... 823
    II. Schutzvoraussetzungen für computerimplementierte Erfindungen ... 824
    III. Wirkung des Patents ... 830
    IV. Ansprüche im Fall einer Patentverletzung ... 834
    V. Grenzen der Schutzwirkung ... 837

C. Geltendmachung der Patentverletzung im Verletzungsprozess ... 839
    I. Grundlagen des Verletzungsprozesses ... 839
    II. Schutzbereichsbestimmung ... 843

D. Patent im Rechtsverkehr ... 846
    I. Lizenzvertrag ... 846
    II. Übertragung ... 852

E. Arbeitnehmererfindungsrecht ... 853
    I. Grundlagen ... 853
    II. Besonderheiten bei Softwareentwicklungen ... 854

Kapitel 18   Urheberrecht ... 857
Grützmacher

A. Einführung ... 861
B. Grundzüge des Urheber- und Leistungsschutzes ... 864
    I. Werkbegriff und Schutzvoraussetzungen ... 864
    II. Urheber und erster Rechtsinhaber ... 865
    III. Verwertungs- und Nutzungsrechte ... 868
    IV. Urheberpersönlichkeitsrechte ... 875
    V. Schrankenbestimmungen ... 876
    VI. Leistungsschutzrechte ... 880
    VII. Rechtseinräumung ... 884
    VIII. Sanktionen ... 886
    IX. Internationaler Schutz ... 890

C. Softwareurheberrecht ... 891
    I. Urheberschutz von Computerprogrammen ... 891

II.	Schutz von Datenbanken	905
D.	**Urheberrecht und Internet**	**921**
I.	Websites	921
II.	Tauschbörsen, Share-Hosting, user-generated Content und Online-Handelsplattformen	922
III.	Suchmaschinen und -agenten	929
IV.	Digitales Kartenmaterial	931
V.	Virtuelle Bibliotheken	932
VI.	Personal Videorecorder	933
VII.	IP- und Mobile-TV	935
VIII.	Grenzüberschreitende Kollisionen	935
E.	**DRM-Systeme**	**936**
I.	Der Schutz von und vor technischen Maßnahmen und DRM-Informationen	936
II.	Kennzeichnungspflichten	944

Kapitel 19 Das Recht der Domainnamen, Kennzeichen- und Wettbewerbsrecht 945
Beier

A.	**Einleitung**	**951**
I.	Das »Recht der Domainnamen«	951
II.	Der Begriff der Domainnamen	952
B.	**Das System der Domainnamen**	**952**
I.	Domainnamen als Teil des Internets	952
II.	Das Vergabeprinzip für Domainnamen	953
III.	Das internationale System der Domainnamen	953
IV.	.de und .eu Domainnamen	956
C.	**Schutzgegenstand und Entstehungstatbestände der Kennzeichen**	**961**
I.	Die rechtliche Natur der Domainnamen	961
II.	Grundbegriffe des Kennzeichenrechts	963
III.	Entstehungstatbestände von Kennzeichen und rechtliche Erscheinungsformen von Domainnamen	965
D.	**Domainnamen als Gegenstand des Rechtsverkehrs**	**977**
I.	Übertragung der gesamten Vertragsposition mit der DENIC	977
II.	Übertragung und Lizenzierung von relevanten Kennzeichenrechten	978
E.	**Domainnamen in der Zwangsvollstreckung und Insolvenz**	**979**
I.	Domainnamen in der Zwangsvollstreckung	979
II.	Domainnamen in der Insolvenz	980
F.	**Kollision zwischen Kennzeichen und Domainnamen**	**980**
I.	Markenrecht und geschäftliche Bezeichnungen	980
II.	Namensrecht	997
III.	Geografische Herkunftsangaben	1004
G.	**Wettbewerbsrecht**	**1004**
I.	Das anwendbare Recht	1005
II.	Allgemeine Tatbestandsvoraussetzungen des UWG, §§ 2, 3 UWG	1007
III.	Domainnamengrabbing	1008
IV.	Generische Domainnamen	1010

V.	Irreführung, § 5 UWG	1012
VI.	Einwendungen und Einreden	1016

H. Prozessuale Besonderheiten ... 1016
    I. Gerichtszuständigkeit ... 1016
    II. Anspruchsteller ... 1021
    III. Anspruchsgegner ... 1022
    IV. Anspruchsinhalte ... 1028

I. Internationale Schiedsgerichtsbarkeit ... 1034
    I. Einleitung ... 1034
    II. Die alternative Streitbeilegung nach der UDRP ... 1035
    III. Alternative Streitbeilegung für .eu Domainnamen ... 1044

Teil 5 Datenschutzrecht und Recht der IT-Sicherheit, Verschlüsselung und Signatur

Kapitel 20 Datenschutzrecht ... 1057
Runte/Kamps/Schmidl

A. Einleitung ... 1063
Runte
    I. Entstehung und Zweck ... 1063
    II. Rechtsgrundlagen ... 1064

B. Bundesdatenschutzgesetz ... 1066
    I. Aufbau und Struktur ... 1066
    II. Anwendungsbereich und Normadressaten ... 1067
    III. Datenschutzrechtliche Grundbegriffe ... 1069
    IV. Zulässigkeit der Erhebung, Verarbeitung und Nutzung von personenbezogenen Daten ... 1076
    V. Erhebung, Verarbeitung oder Nutzung personenbezogener Daten im Auftrag, § 11 BDSG ... 1085
    VI. Rechte des Betroffenen ... 1089
    VII. Informationspflicht bei unrechtmäßiger Datenerlangung ... 1090
    VIII. Der Datenschutzbeauftragte ... 1092
    IX. Aufsichtsbehörden und Sanktionen ... 1098

C. Datenschutz im E-Commerce und Internet ... 1100
Kamps
    I. Überblick ... 1100
    II. Entstehungsgeschichte und rechtliche Grundlagen ... 1101
    III. Systematik und Anwendungsbereich ... 1103
    IV. Verarbeitung personenbezogener Daten nach dem TMG ... 1108
    V. Sanktionen (§ 16 Abs. 2 Nr. 3–6 TMG) ... 1123

D. Datenschutz in der Telekommunikation ... 1123
    I. Überblick ... 1123
    II. Entstehungsgeschichte und rechtliche Grundlagen ... 1124
    III. Systematik und Anwendungsbereich ... 1125
    IV. Verarbeitung personenbezogener Daten nach dem TKG ... 1127
    V. Sanktionen ... 1135

E. Datenschutz im Arbeitsverhältnis 1135
   Schmidl
   I. Datenschutz am Arbeitsplatz 1135
   II. Regelungsdefizite im Beschäftigtendatenschutz 1139
   III. Anbahnung, Durchführung und Beendigung des Arbeitsverhältnisses . 1143
   IV. Exkurs: Datenschutz beim Betriebsrat 1153
   V. Folgen unzulässiger Datenverarbeitung 1153
   VI. Verhaltenskodizes und Whistleblowing 1154

F. Internationaler Transfer von personenbezogenen Daten 1160
   I. Einführung 1160
   II. Typische Konstellationen 1162
   III. Anwendbarkeit deutschen Datenschutzrechts 1166
   IV. Zulässigkeit der verschiedenen Vorgänge 1180
   V. Zusammenfassung 1200

G. Datenschutz im Kreditwesen 1201
   Runte
   I. Besondere Gefährdungslage 1201
   II. Bankgeheimnis 1202
   III. Datenschutzrechtliche Regelungen 1203

H. Weitere Bereiche des besonderen Datenschutzes 1203
   I. Sozialdatenschutz 1204
   II. Gefahrenabwehr 1204
   III. Strafverfolgung und Strafverfahren 1204
   IV. Datenschutz in den Kirchen 1205

Kapitel 21 Recht der IT-Sicherheit 1206
Runte

A. Einleitung 1206
B. Begriff und Standards der IT-Sicherheit 1208
   I. Rechtliches und technisches Verständnis 1208
   II. Schutzziele 1208
   III. Standards zur Gewährleistung von IT-Sicherheit 1209
C. Rechtliche Vorgaben zur IT-Sicherheit 1209
   I. Datensicherheit im Sinne des Bundesdatenschutzgesetzes 1209
   II. Telekommunikationsgesetz 1211
   III. Weitere Pflichten zur Gewährleistung von IT-Sicherheit 1212
   IV. Zivilrechtlicher Sorgfaltsmaßstab 1212
   V. Das Amt des Sicherheitsbeauftragten 1213
D. Überwachung und Sanktionierung 1213
   I. Zuständige Behörden und Stellen 1213
   II. Haftung und Sanktionen 1215

Kapitel 22 Rechtsfragen der Verschlüsselung und Signatur 1217
Schmidl

A. Einleitung 1218
B. Funktionsweise elektronischer Signaturen und Signaturstandards 1219
   I. Die verschiedenen Signaturstandards 1219

Inhaltsverzeichnis

	II. Der technische Ablauf der Signierung	1220
	III. Verschlüsselung der signierten Nachricht	1221
	IV. Einsatzmöglichkeiten der elektronischen Signatur	1221
C.	Organisatorischer und rechtlicher Rahmen des Signaturgesetzes	1222
	I. Einzelne Pflichten der Zertifizierungsstellen	1222
	II. Identifizierungsfunktion und Zertifikatsvergabe	1223
	III. Zeitliche Beschränkung der Gültigkeit eines Zertifikats	1224
D.	Anpassung des geltenden Rechts	1225
	I. Erforderlichkeit von Folgeänderungen	1225
	II. Ausgewählte Gesetzesänderungen	1226
	III. Zusammenfassende Stellungnahme	1227
E.	Rechtliche Implikationen des SigG	1228
	I. Haftungslücken im alten SigG	1228
	II. Einwirkungen der Signaturrichtlinie im Haftungsbereich	1228
	III. Zivilrechtliche Behandlung von Störungen des Signaturprozesses	1229
	IV. Beweiswert der elektronischen Signatur – Urkundencharakter elektronisch signierter Dokumente	1231
F.	Fazit und Ausblick	1231

Teil 6 Telekommunikationsrecht

Kapitel 23 Recht der Kommunikationsnetze und -dienste ... 1235
Heun

A.	Einführung	1239
	I. Europarechtliche Grundlagen	1240
	II. Anwendungsbereich, Struktur und Systematik des TKG	1242
B.	Allgemeine Regelungen (Marktzutritt, öffentliche Sicherheit und Marktaufsicht der BNetzA)	1244
	I. Regulierung des Marktzutritts	1244
	II. Öffentliche Sicherheit	1251
	III. Aufgaben, Befugnisse und Verfahren der Bundesnetzagentur (BNetzA)	1259
C.	Verwaltung und Vergabe von Ressourcen	1268
	I. Frequenzordnung	1268
	II. Nummerierung	1282
	III. Wegerechte	1289
D.	Wettbewerbsregulierung auf den Telekommunikationsmärkten	1302
	I. Überblick und europarechtliche Grundlagen	1302
	II. Verfahren der Marktregulierung	1302
	III. Zugangsregulierung	1317
	IV. Entgeltregulierung	1345
	V. Besondere Missbrauchsaufsicht und Vorteilsabschöpfung	1359
E.	Schutz der Teilnehmer, Nutzer und Endnutzer	1363
	I. Rechte von Endnutzern und Kundenschutz	1364
	II. Fernmeldegeheimnis, Datenschutz	1366
F.	Fazit	1366
G.	Anhang	1367

Teil 7 Vergaberecht

Kapitel 24 Die öffentliche Auftragsvergabe von IT-Leistungen und Aspekte des E-Governments 1373
Goodarzi

A. Die öffentliche Auftragsvergabe von IT-Leistungen 1374
    I. Ausschreibungspflicht bei der Beschaffung von IT-Leistungen 1375
    II. Die optimale Vorbereitung der IT-Vergabe 1385
    III. Ablauf des Vergabeverfahrens bei IT-Beschaffungen 1395
    IV. Rechtsschutz 1402

B. Aspekte des E-Governments 1408
    I. Bedeutung, Stand und Erwartungen 1408
    II. Schlüsselanwendung E-Procurement 1411

Teil 8 Internationale und strafrechtliche Aspekte des Informationstechnologierechts

Kapitel 25 Internationale Aspekte des IT-Rechts 1417
Fritzemeyer/Krone/Splittgerber

A. Einführung 1420
B. Internationales Vertragsrecht 1421
    I. Anwendbares Recht 1421
C. Internationales Zivilprozessrecht 1436
    I. Gerichtsstandsvereinbarungen im internationalen Rechtsverkehr 1436
    II. Vereinbarung alternativer Streitbeilegungsinstrumente 1442
    III. Internationale Zuständigkeit nach EuGVVO oder LugÜ bei Fehlen einer Gerichtsstandsvereinbarung 1445
    IV. Kurzüberblick: Anerkennung und Vollstreckung ausländischer Entscheidungen 1449
D. Immaterialgüterschutz bei internationalen Sachverhalten 1452
    I. Deutsche urheberrechtlich geschützte Werke im Internationalen Verkehr 1453
    II. Deutsche Marken und Patente im internationalen Verkehr 1455
E. Verantwortlichkeit bei internationalen Sachverhalten 1459
    I. Regelungen des TMG 1459
    II. Regelungen des UWG 1460
    III. Regelungen des StGB 1461

Kapitel 26 Strafrechtliche Aspekte des IT-Rechts 1462
Marberth-Kubicki

A. Grundlagen 1467
    I. Nationale und internationale Normen 1467
    II. Anwendbarkeit deutschen Strafrechts 1472
    III. Täterschaft und Teilnahme 1473
    IV. Datenschutz 1474
B. Materielles Strafrecht/Erscheinungsformen 1475
    I. Straftaten gegen den Computer/das Internet 1476
    II. Straftaten mittels Computer/Internet 1499

Inhaltsverzeichnis

C. Inanspruchnahme von Providern/Haftung 1524
    I. Datenspeicherung 1525
    II. Auskunftsverpflichtung, § 113 TKG, § 100g StPO 1529
    III. Sperrverfügungen gegen Provider/Gesetzliche Netzsperre 1531
    IV. Haftung für Inhalte/Privilegierung, §§ 7–10 TMG 1532

D. Prozessuales Recht 1540
    I. Überblick über das Strafverfahren 1540
    II. Besonderheiten des Strafverfahrens 1542
    III. Beweisgewinnung 1544
    IV. Beweisverwertung 1561

Teil 9   Besonderheiten in der Verfahrens- und Prozessführung

Kapitel 27   Besonderheiten in der Verfahrens- und Prozessführung 1567
Frank/Wiegand

A. Streitbeilegungsverfahren 1569
    I. Abgrenzungen und Vorüberlegungen 1569
    II. Mediation 1571
    III. Schlichtung 1572
    IV. Schiedsgerichtsbarkeit 1574

B. Zuständigkeit staatlicher Gerichte 1577

C. Materielle Ansprüche 1579
    I. Unterlassungs- und Beseitigungsanspruch 1579
    II. Schadensersatzanspruch 1582
    III. Auskunfts- und Rechnungslegungsanspruch 1587
    IV. Herausgabeanspruch 1589
    V. Vernichtungsanspruch 1590
    VI. Besichtigungsanspruch 1593

D. Beweisaufnahme 1597
    I. Beweislast 1597
    II. Beweiserhebung 1600
    III. Beweisvereitelung 1603

E. Selbstständiges Beweisverfahren 1603
    I. Arten von Beweisverfahren 1603
    II. Tatsachenfeststellung 1604
    III. Formelle Fragen 1605

F. Einstweiliger Rechtsschutz 1607
    I. Allgemeines 1607
    II. Durchsetzung des Besichtigungsanspruchs im e. V. Verfahren 1607

G. Zwangsvollstreckung 1611
    I. Zwangsvollstreckung wegen Geldforderungen 1612
    II. Zwangsvollstreckung in Rechte 1616
    III. Zwangsvollstreckung zur Erwirkung von Herausgabe, Unterlassung, Besichtigung, Vernichtung/Löschung und Auskunftserteilung 1617

Stichwortverzeichnis 1623

Literaturverzeichnis

AnwaltKommentar BGB	s. *Dauner-Lieb/Heidel/Ring*, AnwaltKommentar BGB, zit. AnwK-BGB/*Bearbeiter*
Aubert/Klingler	Fernmelderecht/Telekommunikationsrecht, Band II, 4. Aufl., 1990
Bamberger/Roth	Beck'scher Online-Kommentar BGB (Stand: 01.08.2010)
Bappert/Maunz/Schricker	Verlagsrecht, 3. Aufl., 2001
Bartenbach	Patentlizenz- und Know-how-Vertrag, 6. Aufl., 2007
Bartenbach/Volz	Arbeitnehmererfindergesetz, Kommentar, 4. Aufl., 2002, zit. *Bartenbach/Volz*, KommArbEG
dies.	Arbeitnehmererfindungen – Praxisleitfaden mit Mustertexten, 5. Aufl., 2010, zit. *Bartenbach/Volz*, Arbeitnehmererfindungen
Bartsch/Lutterbeck (Hrsg.)	Neues Recht für Neue Medien, 1998
Baumbach/Hopt	Handelsgesetzbuch, Kommentar, 34. Aufl., 2010
Baumbach/Hueck	GmbH-Gesetz, Kommentar, 19. Aufl., 2010
Baur/Stürner	Sachenrecht, 18. Aufl., 2009
Bechtold	Kartellgesetz GWB, Kommentar, 6. Aufl., 2010
Bechtold/Bosch/Brinker/Hirsbrunner	EG-Kartellrecht, Kommentar, 2. Aufl., 2009
Becker/Dreier (Hrsg.)	Urheberrecht und digitale Technologie, 1994
Beck'scher TKG Kommentar	s. *Geppert/Piepenbrock/Schütz/Schuster*, Beck'scher TKG-Kommentar, 3. Aufl., 2006, zit. Beck TKGKomm/*Bearbeiter*
Beier	Das Recht der Domainnamen, Kennzeichen- und wettbewerbsrechtliche Aspekte des deutschen, internationalen und ausländischen Rechts, 2004
Benkard (Hrsg.)	Europäisches Patentübereinkommen EPÜ, Kommentar, 2002, zit. Benkard/*Bearbeiter*, EPÜ
ders. (Hrsg.)	Patentgesetz/Gebrauchsmustergesetz, Kommentar, 10. Aufl., 2006, zit. Benkard/*Bearbeiter*, PatG
Berliner Kommentar zum Telekommunikationsgesetz	s. *Säcker*, Berliner Kommentar zum Telekommunikationsgesetz, 2. Aufl., 2009, zit. BerlKommTKG/*Bearbeiter*
Bettinger	Handbuch des Domainrechts. Nationale Schutzsysteme und internationale Streitbeilegung, 2008
Bettinger/Leistner (Hrsg.)	Werbung und Vertrieb im Internet, 2003
Borges (Hrsg.)	Rechtsfragen der Internet-Auktion, 2007
Bräutigam (Hrsg.)	IT-Outsourcing, Eine Darstellung aus rechtlicher, technischer, wirtschaftlicher und vertraglicher Sicht, 2. Aufl., 2009, zit. Bräutigam/*Bearbeiter*, IT-Outsourcing
Bräutigam/Leupold (Hrsg.)	Online-Handel, 2003
Bröcker/Czychowski/Schäfer (Hrsg.)	Praxishandbuch Geistiges Eigentum im Internet, 2003
Büllesbach/Büchner (Hrsg.)	IT doesn't matter!?, Aktuelle Herausforderungen des Technikrechts, 2006
Bullinger/Mestmäcker	Multimediadienste, 1997
Bunte	Kartellrecht, 2. Aufl., 2008
Busse	Patentgesetz und Geschmacksmustergesetz, Kommentar, 6. Aufl., 2003
Byok/Jaeger (Hrsg.)	Kommentar zum Vergaberecht, 2. Aufl., 2010
Canaris	Schuldrechtsmodernisierung, 2002
Cichon	Internet-Verträge, 2. Aufl., 2005
Däbritz/Jesse/Bröcher	Patente, 3. Aufl., 2009
Dahm/Delbrück/Wolfrum	Die Formen des völkerrechtlichen Handelns; die inhaltliche Ordnung der internationalen Gemeinschaft, 2. Aufl., 2002

Literaturverzeichnis

Dauner-Lieb	Verbraucherschutz durch Ausbildung eines Sonderprivatrechts für Verbraucher – Systemkonforme Weiterentwicklung oder Schrittmacher der Systemveränderung?, 1983
Dauner-Lieb/Heidel/Lepa/Ring (Hrsg.)	Das neue Schuldrecht, 2002
Dauner-Lieb/Heidel/Ring (Hrsg.)	AnwaltKommentar BGB, 5 Bde, 2008–2011, zit. AnwK-BGB/*Bearbeiter*
Doepner	Heilmittelwerbegesetz, Kommentar, 2. Aufl., 2000
Dreier	Kabelweiterleitung und Urheberrecht, 1991, zit. *Dreier*, Kabelweiterleitung
Dreier/Schulze	Urheberrechtsgesetz, Kommentar, 3. Aufl., 2008
Dreyer/Kotthoff/Meckel	Heidelberger Kommentar zum Urheberrecht, 2. Aufl., 2008
Ebenroth/Boujong/Joost (Hrsg.)	HGB, Kommentar, 2 Bde, 2. Aufl., 2009
Eisenberg	Beweisrecht der StPO, Spezialkommentar, 6. Aufl., 2008
Ekey/Klippel/Bender	Kommentar zum Markenrecht, 2 Bde., 2. Aufl., 2009/2010
Enders	Neuerungen im Recht der Verbraucherdarlehensverträge – Fortschritt oder Rückschritt für den Verbraucherschutz?, 2004
Erdmann/Rojahn/Sosnitza (Hrsg.)	Handbuch des Fachanwalts Gewerblicher Rechtsschutz, 2. Aufl., 2011, zit. FA-GewRS/*Bearbeiter*
Erman (Hrsg.)	BGB, Kommentar, 2 Bde, 11. Aufl., 2004
Ernst	Hacker, Cracker & Computerviren – Recht und Praxis der Internetsicherheit, 2004
ders.	Vertragsgestaltung im Internet, 2003
Ernst/Vassilaki/Wiebe	Hyperlinks: Rechtsschutz, Haftung, Gestaltung, 2002
Eyermann	Verwaltungsgerichtsordnung VwGO, Kommentar, 13. Aufl., 2010
Fezer	Markenrecht, Kommentar, 4. Aufl., 2009, zit. *Fezer*, Markenrecht
ders.	Lauterkeitsrecht UWG, Kommentar, 2. Aufl., 2010, zit. Fezer/*Bearbeiter*, UWG
Fischer	Strafgesetzbuch und Nebengesetze, Kommentar, 58. Aufl., 2011
Freytag	Haftung im Netz, 1999
Fritzemeyer	Service Level Agreements – betriebswirtschaftliche und rechtliche Aspekte, IT-Outsourcing, Euroforum, 2. Aufl., 2006
ders.	Outsourcing in der Versicherungsbranche, Kap. F in: Söbbing (Hrsg.), Handbuch IT-Outsourcing, 3. Aufl., 2006
Fritzemeyer/Söbbing	Offshoring Contracts: optimizing the agreement, Ch. 11, in: Hornbrook (Hrsg.), The Euromoney Handbook 2007, zit. Hornbrook/*Fritzemeyer/Söbbing*, Offshoring Contracts
dies.	The Outsourcing Agreement, Ch. 15, in: Hornbrook (Hrsg.), The Euromoney Handbook 2004/2005, zit. Hornbrook/*Fritzemeyer/Söbbing*, The Outsourcing Agreement
Fromm/Nordemann	Urheberrecht, Kommentar, 10. Aufl., 2008
v. Gamm	Gesetz gegen den unlauteren Wettbewerb, Kommentar, 3. Aufl., 1993
ders.	Kartellrecht, 2. Aufl., 1990
Gaster	Der Rechtsschutz von Datenbanken, Kommentar zur Richtlinie 96/9/EG, 1999
Geppert/Piepenbrock/Schütz/Schuster (Hrsg.)	Beck'scher TKG Kommentar, 3. Aufl., 2006, zit. Beck TKGKomm/*Bearbeiter*
Gercke	Rechtswidrige Inhalte im Internet, 2000
Giesler	Praxishandbuch Vertriebsrecht, 2005
Gillies/Cailliau	Die Wiege des Web – Die spannende Geschichte des WWW, 2002
Göhler	Gesetz über Ordnungswidrigkeiten, 15. Aufl., 2009
Götting	Gewerblicher Rechtsschutz, 9. Aufl., 2010
Gounalakis (Hrsg.)	Rechtshandbuch Electronic Business, 2003, zit. *Gounalakis*, Rechtshdb E-Business

Gounalakis/Rhode — Persönlichkeitsschutz im Internet, 2002
Grabitz/Hilf — Recht der Europäischen Union (Loseblatt), Stand: Sept. 2010
Grützmacher — Urheber-, Leistungs- und Sui-generis-Schutz von Datenbanken, 1999
Haas/Medicus/Rolland/ Schäfer/Wendtland — Das neue Schuldrecht, 2002
Haberstumpf — Handbuch des Urheberrechts, 2. Aufl., 2000, zit. *Haberstumpf*, Hdb UrhR
Hackner/Lagodny/ Schomburg/Wolf — Internationale Rechtshilfe in Strafsachen, 2003
Hafner/Lyon — Arpa Kadabra – oder die Geschichte des Internet, 3. Aufl., 2008
Harte-Bavendamm/ Henning-Bodewig — UWG, Kommentar, 2. Aufl., 2009
Härting — Fernpetitgesetz, Kurzkommentar, 2000
ders. — Internetrecht, 4. Aufl., 2010
Häuser — Sound und Sampling. Der Schutz der Urheber, ausübenden Künstler und Tonträgerhersteller gegen digitales Soundsampling nach deutschem und US-amerikanischem Recht, 2002
Henssler/v. Westphalen — Praxis der Schuldrechtsreform, 2002
Herberger/Martinek/Rüßmann (Hrsg.) — juris PraxisKommentar BGB, 4. Aufl., 2010 (mit Online-Aktualisierungen), zit. jurisPK-BGB/*Bearbeiter*
Heun (Hrsg.) — Handbuch Telekommunikationsrecht, 2. Aufl., 2007, zit. Heun/*Bearbeiter*, Hdb TK
Hilgendorf/Frank/Valerius — Computer- und Internetstrafrecht, 2005
Hoeren — Grundzüge des Internetrechts – E-Commerce/Domains/Urheberrecht, 2. Aufl., 2002
ders. (Hrsg.) — Handbuch Wegerechte und Telekommunikation, 2007, zit. Hoeren/*Bearbeiter*, Hdb Wegerechte
Hoeren/Müglich/Nielen — Online-Auktionen, 2002
Hoeren/Schüngel — Rechtsfragen der digitalen Signatur, Eine Einführung in Recht und Praxis der Zertifizierungsstellen, 1999
Hoeren/Sieber — Handbuch Multimedia Recht, Loseblatt (Stand: 27. Erg. Liefg., 2011)
Hüffer — Aktiengesetz AktG, Kommentar, 9. Aufl., 2010
Ilzhöfer/Engels — Patent-, Marken- und Urheberrecht, 8. Aufl., 2010
Immenga/Mestmäcker (Hrsg.) — EG-Wettbewerbsrecht, Kommentar, 4. Aufl., 2007
Ingerl/Rohnke — Markengesetz, Kommentar, 3. Aufl., 2010
Intveen — Internationales Urheberrecht und Internet – Zur Frage des anzuwendenden Urheberrechts bei grenzüberschreitenden Datenübertragungen, 1999
Jaeger/Metzger — Open Source Software, 2. Aufl., 2006
juris PraxisKommentar — s. *Herberger/Martinek/Rüßmann*, juris PraxisKommentar BGB, 4. Aufl., 2010 (mit Online-Aktualisierungen), zit. jurisPK-BGB/*Bearbeiter*
juris PraxisKommentar — s. *Ullmann*, juris PraxisKommentar UWG, 2. Aufl., 2009, zit. jurisPK-UWG/*Bearbeiter*
Kaminski/Henßler/Kolaschnik/Papathoma-Baetge (Hrsg.) — Rechtshandbuch E-Business, 2002
Karlsruher Kommentar — Kommentar zur Strafprozessordnung und zum Gerichtsverfassungsgesetz mit Einführungsgesetz, s. *Pfeiffer*, Karlsruher Kommentar, 6. Aufl., 2008, zit. KarlsruherKomm/*Bearbeiter*
Kilian/Heussen — Computerrechts-Handbuch, Loseblatt, Stand: April 2010, zit. Kilian/Heussen/*Bearbeiter*, ComputerR-Hdb
Kindhäuser/Neumann/Päffgen — StGB Kommentar, 2 Bde, 3. Aufl., 2010
Koch — Computer-Vertragsrecht, 7 Aufl., 2009, zit. *Koch*, Internet-VertragsR
ders. — Internet-Recht, 2. Aufl., 2005, zit. *Koch*, InternetR
ders. — Handbuch Software- und Datenbankrecht, 2003, zit. *Koch*, Software- und DatenbankR

Literaturverzeichnis

ders.	IT-Projektrecht – Vertragliche Gestaltung und Steuerung von IT-Projekten, 2007, zit. *Koch*, IT-ProjektR
Köhler/Bornkamm	Wettbewerbsrecht, 29. Aufl., 2011
Kodal/Krämer	Straßenrecht, 6. Aufl., 1999
Koenig/Loetz/Neumann	Telekommunikationsrecht, 2004
Köhler/Arndt/Fetzer	Recht des Internet, 6. Aufl., 2008
Kopp/Ramsauer	Verwaltungsverfahrensgesetz VwVfG, Kommentar, 11. Aufl., 2010
Kopp/Schenke	Verwaltungsgerichtsordnung VwGO, Kommentar, 16. Aufl., 2009
Kosmides	Providing-Verträge, 2010
Kraßer	Patentrecht, 6. Aufl., 2009
Kröger/Gimmy (Hrsg.)	Handbuch zum Internetrecht, 2. Aufl., 2002
Kühnen/Geschke	Die Durchsetzung von Patenten in der Praxis, 4. Aufl., 2009
Kulejewski	Der Anspruch auf Domain-Übertragung, Berlin 2003
Langen/Bunte	Kommentar zum deutschen und europäischen Kartellrecht, 11. Aufl., 2010
Larenz/Canaris	Methodenlehre der Rechtswissenschaft, 3. Aufl., 1995
Lediger	Der Online-Auftritt in der rechtlichen Praxis, 2003
Lehmann (Hrsg.)	Electronic Business in Europa. Internationales, europäisches und deutsches Online-Recht, 2002, zit. Lehmann/*Bearbeiter*, Electronic Business
ders. (Hrsg.)	Internet- und Multimediarecht (Cyberlaw), 1997 (*Lehmann*, Cyberlaw)
ders. (Hrsg.)	Rechtsgeschäfte im Netz – Electronic Commerce, 1999, zit. *Lehmann*, Rechtsgeschäfte
ders.(Hrsg.)	Rechtsschutz und Verwertung von Computerprogrammen, 2. Aufl., 1993, zit. Lehmann/*Bearbeiter*, Rechtsschutz und Verwertung
Lehmann/Tapper	A Handbook of European Software Law, Oxford 1993/1995
Leible/Sosnitza (Hrsg.)	Versteigerungen im Internet, 2004
Leistner	Rechtsschutz von Datenbanken im Deutschen und Europäischen Recht, 2000
Lenhard	Vertragstypologien von Softwareüberlassungsverträgen, 2006
Lindenberg	Internet-Auktionen im Gewerbe- und Lauterkeitsrecht, 2007
Loewenheim (Hrsg.)	Handbuch des Urheberrechts, 2. Aufl., 2010, zit. Loewenheim/*Bearbeiter*, Hdb UrhR
Loewenheim/Koch	Praxis des Online-Rechts, 2001
Loewenheim/Meessen/Riesenkampff	Kartellrecht, Kommentar, 2. Aufl., 2009
Lorenz/Riehm	Lehrbuch zum neuen Schuldrecht, 2002
Lüke/Wax	Münchener Kommentar zur Zivilprozessordnung, 3 Bände und Aktualisierungsband, 2. Aufl. 2000 ff., zit. MüKo-ZPO/*Bearbeiter*
Lütcke	Fernpetitrecht, Kommentar, 2002
Malek	Strafsachen im Internet, 2005
Marberth-Kubicki	Computer- und Internetstrafrecht, 2. Aufl., 2009
Marly	Praxishandbuch Softwarerecht, 5. Aufl. 2009, zit. *Marly*, Praxishdb Softwarerecht
ders.	Urheberschutz für Computersoftware in der EU, 1995, zit. *Marly*, Urheberschutz
Martinek/Semler/Habermeier	Handbuch des Vertriebsrechts, 3. Aufl., 2010
Mes	Patentgesetz, 2. Aufl., 2005
Mestmäcker/Schulze	Kommentar zum deutschen Urheberrecht (Loseblatt) 5 Bände (Stand: Dez. 2010)
Meyer-Goßner	Kommentar zur StPO mit GVG und Nebengesetzen, 53. Aufl., 2010
Micklitz/Reich (Hrsg.)	Die Fernpetitrichtlinie im deutschen Recht, 1998
Micklitz/Tonner (Hrsg.)	Vertriebsrecht, Handkommentar, 2002
Möhring/Nicolini	Urheberrechtsgesetz, Kommentar, 2. Aufl., 2000

Moritz/Dreier (Hrsg).	Rechts-Handbuch zum E-Commerce, 2. Aufl., 2005
Moser/Scheuermann	Das Handbuch der Musikwirtschaft, 6. Aufl., 2003
Motzke/Pietzcker/Prieß	VOB-Kommentar, Teil A, 2001
Münchener Kommentar zum Bürgerlichen Gesetzbuch	s. *Rebmann/Säcker/Rixecker*, Münchener Kommentar zum Bürgerlichen Gesetzbuch, zit. MüKo-BGB/*Bearbeiter*
Münchener Kommentar zur Zivilprozessordnung	s. *Lüke/Wax*, Münchener Kommentar zur Zivilprozessordnung, zit. MüKo-ZPO/*Bearbeiter*
Müller/Bohne	Providerverträge, 2005
Musielak	Kommentar zur Zivilprozessordnung: ZPO, 7. Aufl., 2009
Osterrieth	Patentrecht, 4. Aufl., 2010
Pagenberg/Beier	Lizenzverträge – License Agreements, 6. Aufl., 2008
Palandt	Bürgerliches Gesetzbuch BGB, Kommentar, 69. Aufl., 2010
Pfaff/Osterrieth	Lizenzverträge, 3. Aufl., 2010
Pfeiffer (Hrsg.)	Karlsruher Kommentar, Kommentar zur Strafprozessordnung und zum Gerichtsverfassungsgesetz mit Einführungsgesetz, 5. Aufl., 2003, zit. KarlsruherKomm/*Bearbeiter*
Piper/Ohly/Sosnitza	UWG, Kommentar, 5. Aufl., 2010
Pres	Gestaltungsformen urheberrechtlicher Softwarelizenzverträge, 1994
Prütting/Wegen/Weinreich	BGB, Kommentar, 5. Aufl., 2010, zit. PWW/*Bearbeiter*
Rebmann/Säcker/Rixecker	Münchener Kommentar zum Bürgerlichen Gesetzbuch, 12 Bände und Loseblatt-Aktualisierungsband, 4. Aufl., 2001 ff., zit. MüKo-BGB/*Bearbeiter*
Redeker	IT-Recht, 4. Aufl., 2007, zit. *Redeker*, IT-Recht
Redeker	Handbuch der IT-Verträge, Loseblattsammlung, Stand: Dez. 2010, zit. Redeker/*Bearbeiter*, Hdb IT-Verträge
Rehbinder	Urheberrecht. Ein Studienbuch, 16. Aufl., 2010
Reidt/Stickler/Glahs	Vergaberecht, Kommentar, 2. Aufl., 2003
Richter/Stoppel	Die Ähnlichkeit von Waren und Dienstleistungen, 14. Aufl., 2008
Roßnagel (Hrsg.)	Handbuch Datenschutzrecht, 2003
ders. (Hrsg.)	Recht der Multimediadienste, Kommentar zum IuKDG und zum MDStV, Loseblattwerk (Stand: 2006)
Roxin	Strafverfahrensrecht, 25. Aufl., 1998
Ruff	Vertriebsrecht im Internet – Der Vertrieb und Fernpetit von Waren und Dienstleistungen, 2003
ders.	DomainLaw, Der Rechtsschutz von Domain-Namen im Internet, 2002
Säcker (Hrsg.)	Berliner Kommentar zum Telekommunikationsgesetz, 2. Aufl. 2009, zit. BerlKommTKG/*Bearbeiter*
Schack	Urheber- und Urhebervertragsrecht, 5. Aufl., 2010
Scheurle/Mayen	Telekommunikationsgesetz TKG, Kommentar, 2. Aufl., 2008
Schmittmann	Werbung im Internet, 2003
Schneider, J.	Handbuch des EDV-Rechts, 4. Aufl., 2009, zit. *Schneider*, Hdb EDV-Recht
Schneider/v. Westphalen	Softwareerstellungsverträge, 2006, zit. Schneider/v. Westphalen/*Bearbeiter*, Softwareerstellungsverträge
Schönke/Schröder	Strafgesetzbuch, Kommentar, 28. Aufl., 2010
Schramm	Der Patentverletzungsprozess, 6. Aufl., 2010
Schricker (Hrsg.)	Urheberrecht auf dem Weg zur Informationsgesellschaft, 1997, zit. *Schricker*, UrhR auf dem Weg
Schricker/Loewenheim (Hrsg.)	Urheberrecht, Kommentar, 4. Aufl., 2010, zit. Schricker/Loewenheim/*Bearbeiter*, UrhR
Schricker/Dreier/Kur (Hrsg.)	Geistiges Eigentum im Dienste der Innovation, 2001, zit. *Schricker/Dreier/Kur*, Geistiges Eigentum
Schulte	Patentgesetz, Kommentar, 8. Aufl., 2008
Schuster (Hrsg.)	Vertragshandbuch Telemedia, 2001
Schütz	Kommunikationsrecht, 2005

Literaturverzeichnis

Schwab/Witt	Einführung in das neue Schuldrecht, 2002
Schwarz/Peschel-Mehner	Recht im Internet, 2004
Seifert	Das Recht der Domainnamen, Eine Einführung, 2003
Sieber	Verantwortlichkeit im Internet, 1999
Söbbing (Hrsg.)	Handbuch IT-Outsourcing, 3. Aufl., 2006, zit. *Söbbing*, Hdb IT-Outsourcing
Soergel/Siebert	Bürgerliches Gesetzbuch mit Einführungsgesetz und Nebengesetzen, Kommentar, 13. Aufl.
Spindler (Hrsg).	Vertragsrecht der Telekommunikationsanbieter, 2000
ders. (Hrsg.)	Rechtsfragen bei Open Source, 2004, zit. Spindler/*Bearbeiter*, Rechtsfragen
ders. (Hrsg.)	Vertragsrecht der Internet-Provider, 2. Aufl., 2004
Spindler/Schmitz/Geis	Teledienstegesetz, Teledienstedatenschutzgesetz, Signaturgesetz – Kommentar, 2004
Spindler/Schuster	Recht der elektronischen Medien, Kommentar, 2. Aufl., 2011
Spindler/Wiebe (Hrsg.)	Internet-Auktionen und Elektronische Marktplätze, 2. Aufl., 2005
Stadler	Haftung für Informationen im Internet, Electronic Commerce und Recht, Bd. 5, 2. Aufl., 2005
Staudinger	Kommentar zum Bürgerlichen Gesetzbuch mit Einführungsgesetz und Nebengesetzen, 1993 ff., zit. Staudinger/*Bearbeiter*
Steinmassl/Borck/Trautmann/Pohle	M-Business, 2004
Stelkens/Bonk/Sachs	Verwaltungsverfahrensgesetz VwVfG, 7. Aufl., 2008
Ströbele/Hacker	Markengesetz, Kommentar, 9. Aufl., 2009
Strömer	Online-Recht, 2006
Stumpf/Groß	Der Lizenzvertrag, 8. Aufl., 2005
Stumpf/Jaletzke/Schultze	Der Vertragshändlervertrag, 3. Aufl., 1997
Taeger/Gabel	Kommentar zum BDSG, 2010
Thomas/Putzo	Zivilprozessordnung: ZPO, Kommentar, 31. Aufl., 2010
Trinks	Die Online-Auktion in Deutschland, 2004
Ubber	Markenrecht und Internet, 2002
Ullmann (Hrsg.)	juris PraxisKommentar UWG, 2006 (mit Online-Aktualisierungen), zit. jurisPK-UWG/*Bearbeiter*
Ullrich/Lejeune (Hrsg.)	Der internationale Softwarevertrag nach deutschem und ausländischem Recht, 2. Aufl., 2006
Ulmer	Der Urheberrechtsschutz wissenschaftlicher Werke unter besonderer Berücksichtigung der Programme elektronischer Rechenanlagen, 1967, zit. *Ulmer*, Urheberrechtsschutz
ders.	Elektronische Datenbanken und Urheberrecht, 1971, zit. *Ulmer*, Elektronische Datenbanken
ders.	Urheber- und Verlagsrecht, 3. Aufl., 1980, zit. *Ulmer*, Urheber- und VerlagsR
v. Schultz (Hrsg.)	Markenrecht, Kommentar, 2. Aufl., 2007
v. Westfalen/Grote/Pohle	Der Telefondienstvertrag, 2000
Walter/v. Lewinski/Blocher/Dreier/Daum/Dillenz	Europäisches Urheberrecht, 2001
Wandtke/Bullinger (Hrsg.)	UrhR, Praxiskommentar zum Urheberrecht, 3. Aufl., 2009
Weßling	Der zivilrechtliche Schutz gegen digitales Sound-Sampling, 1995
Wieczorek/Schütze	Zivilprozessordnung und Nebengesetze, Kommentar, 6 Bände, 3. Aufl., 1994 ff.
Wiedemann	Kommentar zu den Gruppenfreistellungs-Verordnungen des EWG-Kartellrechts, 1990, zit. *Wiedemann*, Gruppenfreistellungs-VO
Wiegand	Die Durchsetzung von Besichtigungsansprüchen de lege lata und de lege ferenda, in: Von AdWords bis Social Networks – Neue Entwicklungen im Informationsrecht, 2008

Wilmer/Hahn	Fernpetitrecht mit Finanzdienstleistungs-, Versicherungs- und Haustürgeschäfterecht, 2. Aufl., 2005
Wilms/Masing/Jochum	Telekommunikationsgesetz, Kommentar und Vorschriftensammlung, Loseblatt, Stand: Dez. 2006
Zecher	Zur Umgehung des Erschöpfungsgrundsatzes bei Computerprogrammen, 2004
Zöller	Zivilprozessordnung, Kommentar, 28. Aufl., 2010

Abkürzungsverzeichnis

a. A.	anderer Ansicht
AAA	American Arbitration Association
Abk.	Abkommen
abl.	ablehnend
ABl.	Amtsblatt
ABl. EG/	Amtsblatt der Europäischen Gemeinschaften. bzw. jetzt
ABl. EU	Amtsblatt der Europäischen Union
Abs.	Absatz
Abt.	Abteilung
abw.	abweichend
AbzG	Abzahlungsgesetz
AcP	Archiv für die zivilistische Praxis (Band, Seite)
ADR	Alternative Dispute Resolution
a. E.	am Ende
a. F.	alte Fassung
AG	Amtsgericht; Aktiengesellschaft; Die Aktiengesellschaft (Zeitschrift)
AfA	Absetzung für Abnutzungen
AfP	Archiv für Presserecht
AGB	Allgemeine Geschäftsbedingungen
AGBGB	Ausführungsgesetz zum BGB
AKNN	Arbeitskreis Netze und Nummerierung
AktG	Aktiengesetz
allg.	allgemein
Alt.	Alternative
AMG	Arzneimittelgesetz
AMPreisV	Arzneimittelpreisverordnung
AnfG	Anfechtungsgesetz
Anh.	Anhang
Anm.	Anmerkung
AnwBl	Anwaltsblatt (Zeitschrift)
AO	Abgabenordnung
AöR	Archiv für öffentliches Recht (Band, Seite) (Zeitschrift); Anstalt des öffentlichen Rechts
AP	Nachschlagewerk des Bundesarbeitsgerichts (seit 1954, vorher: Arbeitsrechtliche Praxis)
ApBetrO	Verordnung über den Betrieb von Apotheken
APNIC	Asia Pacific Network Information Center
ApoBO	Apothekenbetriebsordnung
ApoG	Gesetz über das Apothekenwesen
ArbG	Arbeitsgericht
ArbGG	Arbeitsgerichtsgesetz
ArbNErfG	Gesetz über Arbeitnehmererfindungen
Archiv PT	Archiv für Post und Telekommunikation (davor Zeitschrift für das Post- und Fernmeldewesen) (Zeitschrift)
arg.	argumentum aus
ARIN	American Registrar for Internet Numbers
Art.	Artikel
ASP	Application Service Providing
Aufl.	Auflage
AÜG	Arbeitnehmerüberlassungsgesetz
ausf.	ausführlich
AusfG	Ausführungsgesetz
ausschl.	ausschließlich
AVO	Ausführungsverordnung
AWD	Außenwirtschaftsdienst des Betriebsberaters (Zeitschrift)
AWG	Außenwirtschaftsgesetz
Az.	Aktenzeichen
B2B	Business to Business
B2C	Business to Customer
BAG	Bundesarbeitsgericht
BAGE	Entscheidungen des Bundesarbeitsgerichts (Band, Seite)

Abkürzungsverzeichnis

BAnz	Bundesanzeiger
BayMG	Bayerisches Mediengesetz
BayObLG	Bayerisches Oberstes Landesgericht
BayOLGZ	Entscheidungen des Bayerischen Obersten Landesgerichts in Zivilsachen
BB	Der Betriebsberater (Zeitschrift)
Bd.	Band
BDSG	Bundesdatenschutzgesetz
Bearb.	Bearbeiter
Begr.	Begründung
Beil.	Beilage
Bem.	Bemerkung
bestr.	bestritten
betr.	betreffend
BetrVG	Betriebsverfassungsgesetz
BFH	Bundesfinanzhof
BFHE	Sammlung der Entscheidungen und Gutachten des BFH
BGB	Bürgerliches Gesetzbuch
BGB-InfoV	Verordnung über Informations- und Nachweispflichten nach bürgerlichem Recht
BGBl. I, II	Bundesgesetzblatt, Teil I und II (Teil [Jahr], Seite)
BGH	Bundesgerichtshof
BGH EBE	Eildienst der Entscheidungen des BGH
BGHSt	Entscheidungen des BGH in Strafsachen (Band, Seite)
BGHZ	Entscheidungen des BGH in Zivilsachen (Band, Seite)
BIOS	Basic Input Output System
BITKOM	Bundesverband Informationswirtschaft Telekommunikation Neue Medien e. V.
BKartA	Bundeskartellamt
Bl.	Blatt
BlPMZ	Blatt für Patent-, Muster- und Zeichenwesen (Zeitschrift)
BMF	Bundesministerium der Finanzen
BMI	Bundesministerium des Innern
BMJ	Bundesministerium der Justiz
BMW	Bundesministerium für Wirtschaft (und Technologie)
BNetzA	Bundesnetzagentur
BPatG	Bundespatentgericht
BPO	Business Process Outsourcing
BR	Bundesrat
BRAK	Bundesrechtsanwaltskammer
BRAK-Mitt.	BRAK-Mitteilungen (Zeitschrift)
BRAO	Bundesrechtsanwaltsordnung
BR-Drs.	Bundesratsdrucksache
BSG	Bundessozialgericht
BSI	Bundesamt für Sicherheit in der Informationstechnologie
BStBl. I, II	Bundessteuerblatt, Teil I und II (Teil [Jahr], Seite)
bspw.	beispielsweise
BT	Bundestag
BT-Drs.	Bundestags-Drucksache
BTX	Bildschirmtext
BuW	Betrieb und Wirtschaft (Zeitschrift)
BVB	Besondere Vertragsbedingungen (öffentliche Hand)
BVerfG	Bundesverfassungsgericht
BVerfGE	Entscheidungen des Bundesverfassungsgerichts (Band, Seite)
BVerfGG	Gesetz über das Bundesverfassungsgericht
BVerwG	Bundesverwaltungsgericht
BWA	Broadband Wireless Access
bzw.	beziehungsweise
CAD	Computer Aided Design
CAE	Computer Aided Engineering
CAM	Computer Aided Manufacturing
CASE	Computer Aided Software Engineering
Cc	Code civil, Codice civile, Código civil
ccTLD	country code Top Level Domain
CECUA	Confederation of European Computer User Associations

CEPT	Conférence Européenne des Administrations des Postes et des Télécommunications (Konferenz der europäischen Post- und Telekommunikationsverwaltungen)
CI	Computerrecht Intern (Zeitschrift; jetzt: IT-Rechtsberater)
CIB	Computer Integrated Business
cic	culpa in contrahendo
CIM	Computer Integrated Manufacturing
CISG	Convention on Contracts for the International Sale of Goods (UN-Übereinkommen über Verträge über den internationalen Warenkauf)
CL&P	Computer Law & Practice (Zeitschrift)
CLSR	Computer Law and Security Report
CoA	Certificate of Authenticity
CPNP	Calling Party Network Pays Prinzip
CPU	Central Processing Unit
CR	Computer und Recht (Zeitschrift)
CR Int	Computer und Recht International (Zeitschrift)
CRi/CRI	Computer Law Review International (Zeitschrift)
CSI	Customer Satisfaction Index
CT	Magazin für Computertechnik (Zeitschrift)
CW	Computerwoche (Zeitschrift)
DAV	Deutscher Anwaltverein
DB	Der Betrieb (Zeitschrift)
DENIC	Deutsches Network Information Center; DENIC Domain Verwaltungs- und Betriebsgesellschaft eG
ders.	derselbe
DFÜ	Daten-Fernübertragung
dgl.	dergleichen
DGRI e. V.	Deutsche Gesellschaft für Recht und Informatik e. V.
d. h.	das heißt
DIS	Deutsche Institution für Schiedsgerichtsbarkeit e. V.
DIS-SchGO	Schiedsgerichtsordnung der Deutschen Institution für Schiedsgerichtsbarkeit e. V.
Diss.	Dissertation
DJZ	Deutsche Juristenzeitung (Zeitschrift)
DMB	Digital Multimedia Broadcasting
DMCA	Digital Millenium Copyright Act
DÖV	Die Öffentliche Verwaltung (Zeitschrift)
DPMA	Deutsches Patent- und Markenamt
DRM	Digital Rights Management
DRMS	Digital Rights Management System
DSB	Datenschutz-Berater (Zeitschrift)
DStR	Deutsches Steuerrecht (Zeitschrift); vor 1962: Deutsche Steuer-Rundschau
DSWR	Datenverarbeitung Steuer Wirtschaft Recht (Zeitschrift)
DTAG	Deutsche Telekom AG
DuD	Datenschutz und Datensicherheit (Zeitschrift)
DV	Datenverarbeitung
DVB-H	Digital Video Broadcasting for Handhelds
DVBl.	Deutsches Verwaltungsblatt (Zeitschrift)
DVO	Durchführungsverordnung
DXB	Digital Extended Multimedia Broadcasting
e. A.	Einstweilige Anordnung
ebd.	ebenda
EBE/BGH	Eildienst Bundesgerichtliche Entscheidungen
ECC	Electronic Communications Committee
ECLR	European Competition Law Review (Zeitschrift)
ECRL	E-Commerce-Richtlinie
EDI	Electronic Data Interchange
EDV	Elektronische Datenverarbeitung
EFG	Entscheidungen der Finanzgerichte
eG	eingetragene Genossenschaft
EG	Europäische Gemeinschaft(en); Einführungsgesetz; EG-Vertrag
EGBGB	Einführungsgesetz zum Bürgerlichen Gesetzbuch
EGG	Gesetz über rechtliche Rahmenbedingungen für den elektronischen Rechtsverkehr

XLI

Abkürzungsverzeichnis

EGHGB	Einführungsgesetz zum Handelsgesetzbuch
EGStGB	Einführungsgesetz zum Strafgesetzbuch
EG	Europäische Gemeinschaft; EG-Vertrag
EGV	EG-Vertrag
EHUG	Regierungsentwurf eines »Gesetzes über elektronische Handelsregister und Genossenschaftsregister sowie das Unternehmensregister« vom 14.12.2005
Einf.	Einführung
Einl.	Einleitung
einschl.	einschließlich
EIPR	European Intellectual Property Review
ElGVG	Elektronischer Geschäftsverkehr Vereinheitlichungsgesetz vom 26.02.2007 (BGBl. 2007 I, 179 C)
EMRK	Europäische Konvention zum Schutz der Menschenrechte und Grundfreiheiten
EMVG	Gesetz über die elektromagnetische Verträglichkeit von Geräten
endg.	endgültig
Entsch.	Entscheidung
entspr.	entsprechend
EnVKV	Energieverbrauchskennzeichnungsverordnung
EPA	Europäisches Patentamt
EPLA	Europäisches Übereinkommens für Patentstreitigkeiten
EPO	European Patent Office
EPÜ	Europäisches Patentübereinkommen
erg.	ergänzend
Erl.	Erlass; Erläuterung
ERO	European Radiocommunications Office (Europäisches Funkbüro)
ERP	Enterprise Resource Planning
EStG	Einkommensteuergesetz
etc.	et cetera
EU	Europäische Union
EuG	Gericht der Europäischen Union
EuGH	Gerichtshof der Europäischen Union
EuGVÜ	Europäisches Übereinkommen über die gerichtliche Zuständigkeit und die Vollstreckung gerichtlicher Entscheidungen in Zivil- und Handelssachen
EuGVVO	EG-Verordnung Nr. 44/2001über die gerichtliche Zuständigkeit und die Anerkennung und Vollstreckung von Entscheidungen in Zivil- und Handelssachen
EUHfG	Gesetz zum europäischen Haftbefehl
EULA	End User Licence Agreement
Eurojust	Europäische Einheit für justizielle Zusammenarbeit
EuZW	Europäische Zeitschrift für Wirtschaftsrecht (Zeitschrift)
e. V.	eingetragener Verein
EVB-IT	Ergänzende Vertragsbedingungen für die Beschaffung von IT-Leistungen
EVN	Einzelverbindungsnachweis
EWiR	Entscheidungen zum Wirtschaftsrecht
EWIV	Europäische Wirtschaftliche Interessenvereinigung
EWR	Europäischer Wirtschaftsraum
EWS	Europäisches Wirtschafts- und Steuerrecht (Zeitschrift)
EzA	Entscheidungen zum Arbeitsrecht
f., ff.	folgende(r)
FAG	Fernmeldeanlagengesetz
Fa.	Firma
FAZ	Frankfurter Allgemeine Zeitung
FernAbsÄndG	Fernabsatzänderungsgesetz
FernAbsG	Fernabsatzgesetz
FernAbsRL	Richtlinie 97/7/EG des Europäischen Parlaments und des Rates vom 20.05.1997 über den Verbraucherschutz bei Vertragsschlüssen im Fernabsatz (Fernabsatz-Richtlinie)
FernAbsÄndRL	Richtlinie 2002/65/EG des Europäischen Parlaments und des Rates vom 23.09.2002 über den Fernabsatz von Finanzdienstleistungen an Verbraucher und zur Änderung der Richtlinie 90/619/EWG des Rates und der Richtlinien 97/7/EG (Finanzfernabsatzrichtlinie)
FG	Finanzgericht
FGebV	Frequenzgebührenverordnung
FGG	Gesetz über die Angelegenheiten der freiwilligen Gerichtsbarkeit
Fn.	Fußnote

FNPAV		Frequenznutzungsplanaufstellungsverordnung
FS *Name*		Festschrift für *Name*
FSD		Free Software Definition
FSF		Free Software Foundation
FuEGVO		Forschungs- und Entwicklungsvereinbarungen
G		Gesetz
GA		Zeitschrift der Savigny-Stiftung für Rechtsgeschichte
GAFP		Gesetz zur Änderung der Formvorschriften des Privatrechts und anderer Vorschriften an den modernen Rechtsgeschäftsverkehr
GATT-TRIPS		s. TRIPS
GbR		Gesellschaft bürgerlichen Rechts
GebrMG		Gebrauchsmustergesetz
gem.		gemäß
GEMA		Gesellschaft für musikalische Aufführungs- und mechanische Vervielfältigungsrechte
GenG		Genossenschaftsgesetz
GenTG		Gentechnikgesetz
GeräteSichG		Gerätesicherheitsgesetz
GeschmMG		Geschmacksmustergesetz
GewA		Gewerbearchiv (Zeitschrift)
GewO		Gewerbeordnung
GFTT		Gruppenfreistellungs-Verordnung (EG) Nr. 240/96 für Technologietransfer-Vereinbarungen
GG		Grundgesetz
ggf.		gegebenenfalls
GjS		Gesetz über die Verbreitung jugendgefährdender Schriften und Medieninhalte
GkG		Gesetz über die kommunale Gemeinschaftsarbeit
GKG		Gerichtskostengesetz
GmbH		Gesellschaft mit beschränkter Haftung
GmbHG		Gesetz betreffend die Gesellschaften mit beschränkter Haftung
GmbHR		GmbH-Rundschau (Zeitschrift)
GoA		Geschäftsführung ohne Auftrag
GNU GPL		GNU General Public License
grds.		grundsätzlich
GrS		Großer Senat
GrSZ		Großer Senat in Zivilsachen
GRUR		Gewerblicher Rechtsschutz und Urheberrecht (Zeitschrift)
GRUR Int.		Gewerblicher Rechtsschutz und Urheberrecht, Internationaler Teil (Zeitschrift)
GRUR-Prax		Gewerblicher Rechtsschutz und Urheberrecht. Praxis im Immaterialgüter- und Wettbewerbsrecht (Zeitschrift)
GSM		Global System for Mobile Communications
GTA		Genfer-Tonträger-Abkommen
GVG		Gerichtsverfassungsgesetz
GVL		Gesellschaft zur Verwertung von Leistungsschutzrechten mbH
GVO		Gruppenfreistellungsverordnung
GVU		Gesellschaft zur Verfolgung von Urheberrechtsverletzungen e. V.
GWB		Gesetz gegen Wettbewerbsbeschränkungen
HABM		Harmonisierungsamt für den Binnenmarkt (Alicante)
HausTWG		Gesetz über den Widerruf von Haustürgeschäften und ähnlichen Geschäften
HGB		Handelsgesetzbuch
h. L.		herrschende Lehre
h. M.		herrschende Meinung
HRRS		Online-Zeitschrift für Höchstrichterliche Rechtsprechung im Strafrecht (www.hrr-strafrecht.de)
Hrsg.		Herausgeber
Hs.		Halbsatz
HWG		Heilmittelwerbegesetz
IANA		Internet Assigned Numbers Authority
ICA		Interconnection-Anschluss
ICANN		Internet Corporation of Assigned Names and Numbers
ICC		International Court of Arbitration of the International Chamber of Commerce
ICC-SchGO		Schiedsgerichtsordnung des International Court of Arbitration of the International Chamber of Commerce

Abkürzungsverzeichnis

ICP	Interconnection-Partner
i. d. F.	in der Fassung
IDN	Internationalisierte Domainnamen
i. d. R.	in der Regel
i. E.	im Einzelnen
i. Erg.	im Ergebnis
i. H. v.	in Höhe von
IIC	International Review of Industrial Property and Copyright Law
IMEI	International Mobil Equipment Identification (Gerätekennung)
IMSI	International Mobil Subcriber Identifaction (auf der SIM-Karte des Mobiltelefons gespeicherte Teilnehmeridentifaktionsnummer)
insbes.	insbesondere
InsO	Insolvenzordnung
InstGE	Entscheidungen der Instanzgerichte zum Recht des geistigen Eigentums (Zeitschrift)
IntPatÜG	Gesetz über internationale Patentübereinkommen
IPR	Internationales Privatrecht
IPrax	Praxis des Internationalen Privat- und Verfahrensrechts (Zeitschrift)
IPRspr	Die Deutsche Rechtsprechung auf dem Gebiete des IPR (Zeitschrift)
IRG	Gesetz zur Regelung der internationalen Rechtshilfe in Strafsachen
i. S. d.	im Sinne des (der)
ISDN	Internet Services Digital Network
ISP	Internet Service Provider
i. S. v.	im Sinne von
IT	Information Technology
ITIL	IT Infrastructure Library
ITRB	IT Rechtsberater (Zeitschrift)
ITU	Internationale Fernmeldeunion
IuKDG	Informations- und Kommunikationsdienstegesetz
iur	Informatik und Recht (Zeitschrift)
i. V. m.	im Verbindung mit
IZRspr	Sammlung der deutschen Entscheidungen zum internationalen Privatrecht
i. Zw.	im Zweifel
JA	Juristische Arbeitsblätter (Zeitschrift)
JKomG	Gesetz über die Verwendung elektronischer Kommunikationsformen in der Justiz
JMStV	Jugendmedienschutz-Staatsvertrag
JÖSchG	Gesetz zum Schutz der Jugend in der Öffentlichkeit
JR	Juristische Rundschau (Zeitschrift)
JuSchG	Jugendschutzgesetz
JuS	Juristische Schulung (Zeitschrift)
JurBüro	Das Juristische Büro (Zeitschrift)
JW	Juristische Wochenschrift (Zeitschrift)
JZ	Juristenzeitung (Zeitschrift)
Kap.	Kapitel
kB	Kilobyte
kes	Zeitschrift für Informationssicherheit
KG	Kommanditgesellschaft; Kammergericht
KGaA	Kommanditgesellschaft auf Aktien
KGJ	Jahrbuch Entscheidungen des Kammergerichts (Band, Seite)
KJM	Kommission für Jugendmedienschutz der Landesmedienanstalten
KK	Konnektivitäts-Koordinierung
KPI	Key Performance Indicator
K&R	Kommunikation und Recht (Zeitschrift)
krit.	kritisch, kritisierend
KSchG	Kündigungsschutzgesetz
KUG	Kunsturhebergesetz
KWG	Gesetz über das Kreditwesen
LACNIC	Latin American and Carribean IP Address Regional registry
LAG	Landesarbeitsgericht
LAN	Local Area Network
LDSG	Landesdatenschutzgesetz
Lfg.	Lieferung

LG	Landgericht
lit.	litera, Buchstabe
LMedienG	Landesmediengesetz
LOI	Letter of Intent
LPÜ	Leistungsübergabepunkt
Ls./LS	Leitsatz
Ltd.	(engl.) Limited = private limited company by shares
LWL	Lichtwellenleiter
m. Anm.	mit Anmerkung
MarkenG	Markengesetz
MarkenR	Zeitschrift für deutsches, europäisches und internationales Kennzeichenrecht
MDR	Monatsschrift für Deutsches Recht (Zeitschrift)
MDStV	Mediendienstestaatsvertrag
Mitt.	Mitteilungen der deutschen Patentanwälte (Zeitschrift)
MittBayNotK	Mitteilungen Bayerische Notar-Kammer
MMR	MultiMedia und Recht (Zeitschrift)
MMS	Mulitmedia Messaging Service
m. N.	mit Nachweis(en)
MoMiG	Referentenentwurf eines »Gesetzes zur Modernisierung des GmbH-Rechts und zur Bekämpfung von Missbräuchen« vom 29.05.2006
MP3	MPEG-1 Audiolayer 3 (Dateifomrat zur verlustbehafteten Audiokompression)
MPEG	Moving Picture Expert Group
MTBF	Mean Time Between Failures
MTTR	Mean Time To Repair
MuSchG	Mutterschutzgesetz
MVNO	Mobile Virtual Network Operator
m. w. N.	mit weiteren Nachweisen
m. w. V.	mit weiteren Verweisen
n. F.	neue Fassung
NAF	National Arbitration Forum
NDA	Non-Disclosure Agreement
NJ	Neue Justiz (Zeitschrift)
NJOZ	Neue Juristische Online-Zeitschrift
NJW	Neue Juristische Wochenschrift (Zeitschrift)
NJW-CoR	NJW-Computerreport (Zeitschrift)
NJW-RR	Neue Juristische Wochenschrift Rechtsprechungsreport (Zeitschrift)
NJWE-WettbR	NJW-Entscheidungsdienst für Wettbewerbsrecht (Zeitschrift)
Nr.	Nummer(n)
NRW	Nordrhein-Westfalen
NStZ	Neue Zeitschrift für Strafrecht
NStZ-RR	Neue Zeitschrift für Strafrecht Rechtsprechungsreport
NTR	nationale Teilnehmerrufnummern
NVwZ	Neue Zeitschrift für Verwaltungsrecht
NVwZ-RR	Neue Zeitschrift für Verwaltungsrecht Rechtsprechungsreport
NZA	Neue Zeitschrift für Arbeitsrecht
NZBau	Neue Zeitschrift für Baurecht und Vergaberecht
NZG	Neue Zeitschrift für Gesellschaftsrecht
o. ä. (Ä.)	oder ähnlich/oder Ähnliches
OdZ	Orte der Zusammenschaltung
OEEC	Organization for European Economic Cooperation
OEM	Original Equipment Manufacturer
o. g.	oben genannt(e/er/es)
OGH	Oberster Gerichtshof (Österreich)
OHG, oHG	Offene Handelsgesellschaft
OLG	Oberlandesgericht
OLGE	Sammlung der Rechtsprechung der Oberlandesgerichte (Band, Seite)
OLGR	OLG-Report (Zeitschrift)
OLGZ	Entscheidungen der Oberlandesgerichte in Zivilsachen einschließlich der freiwilligen Gerichtsbarkeit
OSD	Open Source Definition
ÖSGRUM	Österreichische Schriftenreihe zum gewerblichen Rechtsschutz, Urheber- und Medienrecht
OSS	Open Source Software

Abkürzungsverzeichnis

OVG	Oberverwaltungsgericht
OVGE	Entscheidungen der Oberverwaltungsgerichte (Band, Seite)
OWiG	Gesetz über Ordnungswidrigkeiten
P2P	Peer-to-Peer
PartGG	Partnerschaftsgesellschaftsgesetz
PatG	Patentgesetz
PATS	Publicly Available Telephone Service
PCT	Patent Coorporation Treaty
PDF	Portable Document Format
PGP	Pretty Good Privacy
PKI	Public Key Infrastructure
Pkw-EnVKV	Verordnung über Verbraucherinformationen zu Kraftstoffverbrauch und CO_2-Emissionen
PrAngVO	Preisangabenverordnung
ProdHaftG	Produkthaftungsgesetz
PSTN	Public Switched Telephone Network
PVÜ	Pariser Verbandsübereinkunft
pVV	positive Vertragsverletzung
RAK	Rechtsanwaltskammer
RAM	Random Access Memory (Arbeitsspeicher)
RberG	Rechtsberatungsgesetz
RBÜ	Revidierte Berner Übereinkunft zum Schutz von Werken der Literatur und Kunst
RdA	Recht der Arbeit (Zeitschrift)
Rdn.	Randnummer innerhalb dieses Werkes
RDV	Recht der Datenverarbeitung (Zeitschrift)
RefE	Referentenentwurf
RefE MoMiG	Referentenentwurf eines »Gesetzes zur Modernisierung des GmbH-Rechts und zur Bekämpfung von Missbräuchen« vom 29.05.2006
RegBl.	Regierungsblatt
RegE	Regierungsentwurf
RegE EHUG	Regierungsentwurf eines »Gesetzes über elektronische Handelsregister und Genossenschaftsregister sowie das Unternehmensregister« vom 14.12.2005
RegTP	Regulierungsbehörde für Telekommunikation und Post
RFI	Request for Information
RFP	Request for Proposal
RG	Reichsgericht
RGSt	Amtliche Sammlung der Entscheidungen des Reichsgerichts in Strafsachen (Band, Seite)
RGZ	Reichsgericht, Entscheidungen in Zivilsachen
RIPE	Reseaux IP Europeans Network Coordination Center
RiVASt	Richtlinien für den Verkehr mit dem Ausland in strafrechtlichen Angelegenheiten
RIW	Recht der Internationalen Wirtschaft (Zeitschrift)
RL	Richtlinie
Rn.	Randnummer in anderen Veröffentlichungen
ROM	Read Only Memory
Rspr.	Rechtsprechung
RTkom	Zeitschrift für das gesamte Recht der Telekommunikation und das Recht der elektronischen Medien (jetzt: TKMR – s. dort)
RUDRP	Rules for Uniform Domain Name Dispute Resolution Policy
RVG	Rechtsanwaltsvergütungsgesetz
RZ	Rechenzentrum
s.	siehe
S.	Seite; Satz
s. a./S. a.	siehe auch
SDÜ	Schengener Durchführungsübereinkommen
Sec.	Section
SE	Societas Europaea – Europäische Aktiengesellschaft
SEEG	Gesetz zur Einführung einer Europäischen Gesellschaft
SGB	Sozialgesetzbuch
SHAP	Software House Assistance Program
SigÄndG	Gesetz zur Änderung des Signaturgesetzes
SigG	Signaturgesetz
SigRL	Signaturrichtlinie

SigV	Verordnung zur elektronischen Signatur
SIS	Schengener Informationssystem
SLA	Service Level Agreement
SLD	Second Level Domain
Slg.	Sammlung
SMS	Short Message Service
s. o./S. o.	siehe oben
sog.	so genannte(r/s)
SRD	Short Range Devices
StGB	Strafgesetzbuch
StGB-E	Regierungsentwurf vom 20.09.2006 für das Strafrechtsänderungsgesetz zur Bekämpfung der Computerkriminalität
StPO	Strafprozessordnung
str.	streitig
st.Rspr.	ständige Rechtsprechung
StraFo	Strafverteidiger Forum (Zeitschrift)
StV	Der Strafverteidiger (Zeitschrift)
s. u./S. u.	siehe unten
TAL-Verordnung	Verordnung (EG) Nr. 2887/2000 des Europäischen Parlaments und des Rates vom 18.12.2000 über den entbündelten Zugang zum Teilnehmeranschluss
TDDSG	Teledienstedatenschutzgesetz
TDG	Teledienstegesetz
TDSV	Telekommunikationsdatenschutzverordnung
TKA	Telekommunikationsauskunft
TKG	Telekommunikationsgesetz
TKG-E	Entwurf eines Telekommunikationsgesetzes v. 30.04.2003
TKMR	Telekommunikations- & Medienrecht (Zeitschrift; früher: RTkom, s. dort)
TKSiV	Verordnung zur Sicherstellung von Telekommunikationsdienstleistungen sowie zur Einräumung von Vorrechten bei deren Inanspruchnahme
TKÜV	Verordnung über die technische und organisatorische Umsetzung von Überwachungsmaßnahmen der Telekommunikation (Telekommunikationsüberwachungsverordnung)
TKV 1997	Telekommunikations-Kundenschutzverordnung 1997
TLD	Top Level Domain
TMG	Telemediengesetz
TMR	Telekommunikations- & Medienrecht (Zeitschrift; vorher: Zeitschrift für das gesamte Recht der Telekommunikation, ab 2004 aufgegangen in Kommunikation & Recht (K&R))
TNB	Teilnehmernetzbetreiber
TNGebV	Telekommunikations-Nummerngebührenverordnung
TNV	Telekommunikations-Nummerierungsverordnung
TNV-E	Entwurf einer Telekommunikations-Nummerierungsverordnung
TransportR	Transportrecht (Zeitschrift)
TRIPS	Agreement on Trade-Realted Aspects of Intellectual Property Rights including Trade in Counterfeit Goods
TR TKÜV	Technische Richtlinie zur TKÜV
TT-GVO	Verordnung Nr. 772/2004 der Kommission vom 27. April 2004 für Technologietransfer-Vereinbarungen
TVG	Tarifvertragsgesetz
Tz.	Textziffer
u.a.	unter anderem
Überbl. (v.)	Überblick (vor)
UCI	Universal Communications Identifier
UDRP	Uniform Domain Name Dispute Resolution Policy
UHD	User Help Desk
UKlaG	Gesetz über Unterlassungsklagen bei Verbraucherrechts- und anderen Verstößen
UMTS	Universal Mobile Telecommunications System
UmwG	Umwandlungsgesetz
UNCITRAL	United Nations Commission on International Trade Law
unstr.	unstreitig
unumstr.	unumstritten
UrhG	Urheberrechtsgesetz
UrhG-E	Entwurf eines Zweiten Gesetzes zur Regelung des Urheberrechts in der Informationsgesellschaft v. 26.01.2006

Abkürzungsverzeichnis

URL	Uniform Resource Locator
Urt.	Urteil
USB	Universal Serial Bus (Stecker-Standard zum Verbinden von Rechnern und Peripherie-Geräten)
UStG	Umsatzsteuergesetz
u. U.	unter Umständen
UWG	Gesetz gegen den unlauteren Wettbewerb
v.	vom/von
v. a.	vor allem
VAR	Value Added Reseller
VDSL	Very High Speed Digital Subscriber Line
VerbrKrG	Verbraucherkreditgesetz
VerlG	Verlagsgesetz
VersR	Versicherungsrecht (Zeitschrift)
VerstV	Versteigerungsverordnung
VerstVwV	Allgemeine Verwaltungsvorschrift zum § 34b der Gewerbeordnung und zur Versteigerungsverordnung
Vfg.	Verfügung
VG	Verwaltungsgericht
VGH	Verwaltungsgerichtshof
vgl.	vergleiche
VgV	Vergabeverordnung
VGVO	Vertikal-Gruppenfreistellungsverordnung
V. i. S. d. P.	Verantwortlicher im Sinne des Presserechts
VK	Vergabekammer
VKR	Vergabekoordinierungsrichtlinie
VNB	Verbindungsnetzbetreiber
VO	Verordnung
VOB/A	Verdingungsordnung für Bauleistungen
VOF	Verdingungsordnung für freiberufliche Leistungen
VoIP	Voice over IP
VOL/A	Verdingungsordnung für Dienstleistungen
Vorb(em).	Vorbemerkung
VPN	Virtual Private Networks
VuR	Verbraucher und Recht (Zeitschrift)
VVG	Versicherungsvertragsgesetz
VV RVG	Vergütungsverzeichnis zum RVG
VwGO	Verwaltungsgerichtsordnung
VwVfG	Verwaltungsverfahrensgesetz
WAPECS	Wireless Access Policy for Electronic Communications Services
WCT	WIPO Copyright Treaty
WiMAX	Worldwide Interoperability for Microwave Access
WIPO	World Intellectual Property Organization
wistra	Zeitschrift für Wirtschaft, Steuer, Strafrecht
WLAN	Wireless Local Area Network
WLL	Wireless Local Loop
WM	Wertpapiermitteilungen (Zeitschrift)
WPPT	WIPO Performances and Phonogram Treaty
WRP	Wettbewerb in Recht und Praxis (Zeitschrift)
WUA	Welturheberrechtsabkommen
WuW	Wirtschaft und Wettbewerb (Zeitschrift)
WWW	World Wide Web
WZG	Warenzeichengesetz
z. B.	zum Beispiel
ZEuP	Zeitschrift für Europäisches Privatrecht (Zeitschrift)
ZfRV	Zeitschrift für Rechtsvergleichung
ZGR	Zeitschrift für Unternehmens- und Gesellschaftsrecht
ZGS	Zeitschrift für das gesamte Schuldrecht (Zeitschrift)
ZHR	Zeitschrift für das gesamte Handelsrecht und Wirtschaftsrecht (Band (Jahr))
ZIP	Zeitschrift für Wirtschaftsrecht und Insolvenzpraxis
ZKDSG	Gesetz über den Schutz von zugangskontrollierten Diensten und von Zugangskontrolldiensten (Zugangskontrolldiensteschutz-Gesetz)
ZMR	Zeitschrift für Miet- und Raumrecht

ZPO	Zivilprozessordnung
ZS	Zivilsenat
z. T.	zum Teil
ZUM	Zeitschrift für Urheber- und Medienrecht
ZUM-RD	Rechtsprechungsdienst der Zeitschrift für Urheber- und Medienrecht
zust.	zustimmend
zutr.	zutreffend
ZVEI	Zentralverband Elektrotechnik- und Elektronikindustrie e.V.
ZvglRWiss	Zeitschrift für Vergleichende Rechtswissenschaft
zw.	zweifelhaft
ZWeR	Zeitschrift für Wettbewerbsrecht
z. Zt.	zur Zeit

Teil 1
Einführung

Kapitel 1
Technische Einführung

Schrifttum

Balzert, Software-Technik II, 1998; *Bierekoven*, Lizenzierung in der Cloud, ITRB 2010, 42; *Böhm/Leimeister/Riedl/Krcmar*, Cloud Computing: Outsourcing 2.0 oder ein neues Geschäftsmodell zur Bereitstellung von IT-Ressourcen?, Information Management und Consulting 24 (2009) 2, S. 6; *Braun/Kunze/Ludwig*, Servervirtualisierung, Informatik-Spektrum 32, 3/2009; *Ebert*, Systematisches Requirements Management, 2005; *Eckert*, IT-Sicherheit, 4. Aufl. 2006; *Elsässer*, ITIL einführen und umsetzen, 2. Aufl. 2006; *Enquête-Kommission Internet* und digitale Gesellschaft – Projektgruppe »Datenschutz«, 2.3 Datenschutz im nicht-öffentlichen Bereich, http://blogfraktion.de/wp-content/uploads/2011/11–04–11_PGDS_2_3.pdf (Fassung 08.04.2011); *Fröhle*, Web Advertising, Nutzerprofile und Teledienstedatenschutz, 2003; *Fuhrberg*, Internet-Sicherheit, 2. Aufl. 2000; *Gergen*, Internetdienste, Aufbau von Mail, Directory, www, Certificate Autjority und Co, 2002; *Geschonnek*, Computer-Forensik, 2. Aufl. 2006; *Graf/Gründer*, eBusiness. Grundlagen für den globalen Wettbewerb, 2003; *Hansen/Neumann*, Wirtschaftsinformatik 1 und 2, 9. Aufl. 2005 (zit. *Hansen/Neumann*, Wirtschaftsinformatik 1 bzw. 2); *Heckmann*, Rechtspflichten zur Gewährleistung von IT-Sicherheit im Unternehmen – Maßstäbe für ein IT-Sicherheitsrecht MMR 2006, 280; *Heyms/Prieß*, Werbung online, 2002; *Hindel/Hörmann/Müller/Schmied*, Basiswissen Software-Projektmanagement, 2. Aufl. 2006; *Koch*, Client Access License – Abschied von der Softwarelizenz?, ITRB 2011, 42; *ders.*, Updating von Sicherheitssoftware – Haftung und Beweislast, CR 2009, 485; *Kowalk*, System, Modell, Programm, 1996; *Lerch/Krause/Hotho/Roßnagel/Stumme*, Social Bookmarking-Systeme – die unerkannten Datensammler, MMR 2010, 454; *Maisch*, Nutzertracking im Internet, ITRB 2011, 13; *Nägele/Jacobs*, Rechtsfragen des Cloud Computing, ZUM 2010, 281; *Nordmeier*, Cloud Computing und Internationales Privatrecht, MMR 2010, 151; *Plaß*, Hyperlinks im Spannungsfeld von Urheber-, Wettbewerbs und Haftungsrecht, WRP 2000, 599; *Petri*, Primer: Shedding Light on Cloud Computing, www.ca.com/files/Whitepapers/mpe_cloud_primer_1110_226890.pdf, Januar 2010; *Pfirsching*, Wertbeitrag des Cloud Computing, Information Management und Consulting 24 (2009) 2, S. 34; *Pohle/Ammann*, Über den Wolken ... – Chancen und Risiken des Cloud Computing, CR 2009, 273; *Rayle*, Die Registrierungspraktiken für Internet-Domain-Namen in der EU, 2003; *Robbe*, SAN – Storage Area Network. Technologie und Konzepte komplexer Speicherumgebungen, 2001; *Schulz/Rosenkranz*, Cloud Computing – Bedarfsorientierte Nutzung von IT-Ressourcen, ITRB 2009, 232; *Schuster/Reichl*, Cloud Computing SaaS: Was sind die wirklich neuen Fragen? CR 2010, 38; *Sieber*, Kontrollmöglichkeiten zur Verhinderung rechtswidriger Inhalte in Computernetzen, Teil 2, CR 1997, 653; *Stahlknecht/Hasenkamp*, Einführung in die Wirtschaftsinformatik, 11. Aufl., 2005; *Stein*, Taschenbuch Rechnernetze und Internet, 2001; *Weichert*, Cloud Computing und Datenschutz, Unabhängiges Landeszentrum für Datenschutz Schleswig-Holstein, www.datenschutzzentrum.de/cloud-computing/.

Übersicht

		Rdn.
A.	Hauptkomponenten von IT-Systemen	2
I.	Hardware	4
	1. Rechner	5
	2. Speicher	11
	3. Peripherie	14
II.	Software	15
	1. Arten der Software	15
	2. Nutzung der Software und Vergütungsanknüpfung, Schutzrechtsverletzungen	22
	3. Updates, Upgrades, Releases und Versionen	25
	4. Portieren von Programmen, Migration	27
	5. Codeformen, Open Source	28
	6. Mängel	34
III.	Wartung/Pflege	38
IV.	Cloud Computing und Virtualisierung	40
	1. Virtualisierung	41
	2. Cloud Computing	45
B.	IT-Projekte	57
I.	Erstellung	58
II.	Vorgehensmodelle	59
III.	Qualitätssicherung	60
IV.	Abnahme	61

V.	Komplexe Anwendungen	64
C.	**Kommunikationsnetze**	65
I.	Internet	67
II.	Intranets	82
III.	Links, Frames und Metatags	85
IV.	Suchmaschinen, Pop-up-Fenster, Directories	91
V.	»Web 2.0«	96
D.	**Domainnamen**	102
I.	Funktion	102
II.	Top Level Domain-Typen	103
III.	Vergabe- und Verwaltungsorganisationen	105
E.	**Technischer Rahmen der Haftung im Internet**	107
F.	**IT-Sicherheit**	114
I.	Begriff	114
II.	IT-Sicherheit nach ITIL	116
	1. Sicherheitsmanagement	116
	2. IT-Sicherheitskonzept	119
	3. Einrichten von Firewalls	121
III.	IT-Sicherheit nach ISO 20000	124

1 Darstellungen zur Informationstechnik füllen dicke Bände. Der Fachanwalt für IT-Recht muss diese Grundlagen nicht vollständig parat haben. Schließlich will er selbst nicht Software erstellen oder Systeme konfigurieren. Andererseits sind viele Fragestellungen des IT-Rechts ohne einen Bezug zu dessen technischen Rahmen nicht verständlich. Dieser darf deshalb nicht außer Acht gelassen werden. Der BGH stellte fest: Bei »rechtlichen Würdigungen darf der Anwalt nicht stehen bleiben.«[1] Auch technische Zusammenhänge können zu prüfen sein. Die vorliegende Darstellung will deshalb zumindest einige der wichtigsten Verknüpfungen von Informationstechnik und IT-Recht knapp verdeutlichen, um den Einstieg in die Problematik des jeweiligen IT-rechtlichen Mandats zu erleichtern. Je nach den Umständen des Einzelfalls muss der beratende Anwalt aber auch tiefer in technische Problembereiche eindringen.

A. Hauptkomponenten von IT-Systemen

2 Der Schwerpunkt vertragsberatender und forensischer Tätigkeit des IT-Fachanwalts wird zumeist im Bereich des IT-Einsatzes im Unternehmen zu finden sein. Hierzu gehören Planung, Einsatz und Wechsel von IT-Systemen, aber auch deren technisch-organisatorische Absicherung gegen Angriffe von außen und Missbrauch von innen. Nicht selten treten auch Fragen aus dem Verbraucherrecht auf, die aber nur begrenzt auf technische Ursachen zurückzuführen sind (z. B. die online erfolgende Aktivierung von Software). Schließlich gewinnen technische Fragen auch für das sog. »Computerstrafrecht« zunehmend an Bedeutung.[2]

3 In IT-Systemen lassen sich die Grundkomponenten Hardware und Software unterscheiden. Die Software steuert die Funktionen der Hardware (etwa in festverdrahteten Programmen oder über Betriebssysteme). Aus Software werden außerdem die Anwendungen aufgebaut, die auf den IT-Systemen laufen. Betriebssysteme sind etwa Unix, MS XP oder Windows 7, aber auch offene Software wie Linux und Betriebssysteme größerer Rechner und Netzwerke. Betriebssysteme können standardisiert auf Rechner vorinstalliert und mit diesen oder auch getrennt auf Datenträger oder durch Online-Abruf ausgeliefert werden.

---

1 BGH NJW 1985, 1154.
2 Eine ausf. Darstellung findet sich in *Geschonnek*, Computer-Forensik.

I. Hardware

Fragen zur Hardware sind in der Praxis meist hinsichtlich Beschaffung und Wartung zu prüfen. Die Standardisierung und Ausreifung der Technik hat in diesem Bereich zu hoher Zuverlässigkeit der Komponenten geführt. Dies lässt sich an dem Umstand erkennen, dass nur noch relativ wenige Urteile Hardware-Mängel betreffen. Allerdings können immer noch massive Abweichungen auftreten, so etwa im Fall der explodierenden bzw. brennenden Notebook-Batterien.

1. Rechner

Im betrieblichen Einsatz findet man meist **Serverrechner**, die Netzwerke steuern, und **Arbeitsplatzrechner**, die in diese Netze integriert sind. Für die Rechtsberatung ist hier bei Beschaffung wie etwa bei Substantiierung einer Mängeldarlegung in Korrespondenz und Prozess zu beachten, dass die Arbeitsplatzrechner in einer Bandbreite unterschiedlicher Formen in ein betriebliches Netz integriert sein können. Teilweise erhalten auch ohne Netz nutzbare Rechner über Datenbanksoftware Zugriff auf gemeinsame Datenbanken, teilweise werden aber auch Rechner eingesetzt, die ähnlich einem speicherlosen Terminal an einen Zentralrechner angeschlossen und nur mit diesem genutzt werden können. Hier kann zu differenzieren sein, ob ein vorzutragender Mangel am Einzelrechner oder am steuernden Zentralrechner aufgetreten ist.

Eine Zwischenform ermöglicht die **Client-Server-Architektur**, bei der auf einem in anderen Anwendungen ohne Netzwerk nutzbaren Rechnern Programmteile, die sog. »Clients«, installiert und mit dem Server-Programm auf Serverrechnern verknüpft werden. Ein typisches Beispiel für Clients sind auf PC installierte, über Internet-Serverrechner unterstützte Browser-Programme. Diese »Arbeitsteilung« zwischen Rechnern wird urheberrechtlich etwa bei rechtswidrigem Herunterladen (Downloading) und Speichern (Vervielfältigen) auf dem Zielrechner des Nutzers relevant, da diese Nutzungen durch die beteiligten Serverrechner des Providers technisch erst ermöglicht werden (und hierdurch die Verantwortlichkeit dieser Provider zu prüfen sein kann).

Insbesondere im Verbraucherbereich (»Home«) werden isoliert nutzbare (aber meist auch vernetzbare), oft mit reicher Funktionalität ausgestattete (Multimedia-) PCs eingesetzt. Rechtberatung wird hier hauptsächlich hinsichtlich Versand (bzw. Erwerb in Online-Versteigerungen) und Reparaturen in Anspruch genommen.

Im privaten wie im geschäftlichen Bereich werden **Mobilrechner** eingesetzt, etwa als mittlerweile fast mit PCs leistungsgleiche Notebooks, aber auch in kleineren Formaten wie Personal Digital Assistants (PDAs) oder Rechnereinheiten in Mobiltelefonen (oder mittlerweile sogar integriert in Kleidung).

Am anderen Ende der Größenskala stehen **Großrechner** (»Mainframes«), die, obwohl immer wieder totgesagt, nach wie vor zur Bewältigung großer Datenmengen unentbehrlich scheinen, teilweise aber durch große PC-Netze (z. B. Grids) ersetzbar sind.

Nicht übersehen werden darf schließlich der Computereinsatz mittels integrierter (»embedded«) Schaltungen zur Steuerung von Produktionsmaschinen, in Fahrzeugen oder etwa in der Medizintechnik.

2. Speicher

Rechner sind mit eingebauten oder externen **Speichern** ausgerüstet. Der Zugriff auf die Daten in diesen Speichern wird über das Betriebssystem und an Benutzeroberflächen der Anwendungsprogramme gesteuert. Werden kompatible (d. h. miteinander verträgliche), standardisierte Komponenten eingesetzt, treten hier kaum Probleme auf. Allerdings können Speichermedien **veralten**. So gibt es z. B. kaum noch ZIP-Laufwerke am Markt. Sie wurden durch USB-Sticks ersetzt. Vorhandene Dateien müssen deshalb auf neuere Speichermedien umkopiert werden, bei größeren Systeme eine sehr zeit- und kostenintensive Maßnahme. Das gilt entsprechend für Datenträger, die **altern** und auf denen deshalb Daten nicht mehr oder nur eingeschränkt bzw. mit neuen IT-Systemen nicht lesbar sind. Dies ist besonders für Archivsysteme problematisch, da das Umkopieren meist nicht Teil vereinbarter Wartungsleistungen ist.

12   Nicht alle Dateikopien in Speichern bleiben längerfristig erhalten. In Routerrechnern, in denen Dateipakete im Internet empfangen, zwischengespeichert und weitergeleitet werden, findet nur eine **temporäre Speicherung** statt. Diese paketierten und hierdurch fragmentierten Dateikopien (bestehend aus Texten, Bildern, Computerprogrammen, etc.) können nicht in ihrem Inhalt genutzt (d. h. z. B. nicht als Text gelesen) werden. Als integraler und wesentlicher Teil eines technischen Verfahrens ist ein solches vorübergehendes Vervielfältigen unabhängig von der Zustimmung des Berechtigten zulässig, wenn es keine eigenständige wirtschaftliche Bedeutung hat (§ 44a UrhG).

13   Datenspeicher werden zunehmend in eigenständige **Speichernetze** (Storage Area Networks, SANs) ausgelagert, auf die Rechner je nach Bedarf zugreifen können. Hier kann jeder Server(rechner) mit jedem Speichersubsystem kommunizieren. Das SAN wird getrennt von einer einzigen Stelle aus verwaltet. Ein solches System ist leichter skalierbar (d. h. erweiterbar).[3] Freilich sind die Investitionen deutlich höher. Ein SAN-Subsystem muss bei Verwendung verschiedener Serversysteme deren unterschiedlichen Betriebssysteme unterstützen und hierfür ausgelegt sein, um den gemeinsamen Zugriff (»True Data Sharing«) zu ermöglichen und Inkonsistenzen durch gleichzeitige Zugriffe aus verschiedenen Systemen zu vermeiden.[4] Dies ist bei der Beschaffung zu berücksichtigen.

3. Peripherie

14   Am Markt existiert eine Vielzahl von Geräten zur Ein- und Ausgabe von Daten. Probleme treten hier vor allem auf, wenn für diese Geräte (noch) keine Schnittstellen oder Treiberprogramme existieren, so etwa beim Wechsel zu neuen Versionen von Betriebssystemen (z. B. Vista), oder diese Programme bzw. Schnittstellen erst entwickelt werden müssen (wie für Open Source-Betriebssysteme).

II. Software

1. Arten der Software

15   Betriebliche Anwendungen können meist auf vorhandener **Systemsoftware** aufbauen, mit der sich Rechner (durch Betriebssysteme wie Unix/Linux oder Windows XP/Windows 7) und Peripherie (z. B. Treiberprogramme) steuern lassen. Als Systemsoftware werden in der Regel Standardprodukte eingesetzt.

16   **Anwendungssoftware** wird ebenfalls in Form »fertiger« Pakete angeboten (z. B. Textverarbeitungssoftware oder komplexe betriebsteuernde Software, sog. »Enterprise Resource Planning (ERP) Software« wie SAP R/3 Enterprise) oder individuell für einzelne Auftraggeber erstellt. Eine Abgrenzung zwischen solchen Paketen und Individualentwicklungen ist nicht trennscharf möglich (oder notwendig). »Echte«, d. h. vollständige Individualentwicklungen werden heutzutage nur noch in Sonderfällen in Angriff genommen, wenn für

---

3 *Robbe* S. 31.
4 *Robbe* S. 208 (211 f.).

die benötigte Anwendung (Applikation) keine Angebote am Markt vorhanden sind. Wesentlich kostengünstiger ist es, zumindest teilweise auf bereits verfügbare Programme oder Programmteile zurückzugreifen. Größere Applikationen sind deshalb bereits für Anpassungen in bestimmtem Umfang (das »Customizing«) ausgelegt.[5] Man fügt hierzu während der Erstellung in die Programme etwa Parameter ein, die sich für den einzelnen Anwender unterschiedlich einstellen lassen, z. B. die Anzahl der unterstützten Arbeitsplätze (»**Parametrisierung**« der Software). Dieses Einstellen der Parameter kann mit erheblichem Arbeitsumfang verbunden sein, wenn komplexe betriebliche Abläufe (»Geschäftsprozesse«) abgebildet und eingerichtet werden sollen (damit also selbst zur vertraglichen Hauptleistungspflicht werden, während die Überlassung der erst einzustellenden Software in den Hintergrund treten kann). Schließlich werden Applikationen zunehmend (wenn auch teilweise noch zögerlich) durch im Web abrufbare, von Providern »gehostete« und angebotene Services ersetzt (»Software as a Service«, SaaS). Hier kündigt sich ein **Paradigmenwechsel** an: Der Kunde erhält nicht mehr ein Programmexemplar, gleich, ob auf Datenträger oder online für seinen Rechner, oder für ihn auf dem Hostrechner des Providers freigeschaltet. Der Kunde nutzt vielmehr nur über gängige Browser eine definierte Funktionalität (z. B. Textverarbeitung oder E-Mail-Anwendungen), die der Anbieter mit beliebig gewählter Software implementieren (und ändern) kann, wenn nur die Funktionsmerkmale gesichert nutzbar sind. Der Kunde nimmt hier keine urheberrechtliche Nutzungshandlung vor (er vervielfältigt nicht, weder durch Download noch durch den Programmablauf), sondern nur ein (urheberrechtsfreies) reines Nutzen der Funktionalität des ohnehin laufenden Programms auf dem Hostrechner. Vielfältige Applikationen werden mittlerweile auf SaaS-Basis angeboten, von der Rechnungserstellung mit erforderlicher qualifizierter elektronischer Signatur bis hin zu komplexen Enterprise-Resource-Planning(ERP)-, aber auch Web-Conferencing- oder Groupware-Anwendungen. Der Anbieter muss nicht mehr Updates an die Kunden online zugänglich machen oder offline auf Datenträger vertreiben, sondern kann die Aktualisierung laufend auf eigenen Systemen vornehmen – und der Kunde nutzt zwangsläufig immer die neueste Programmversion. Auch »Raub«kopieren ist ausgeschlossen, weil die Serversoftware überhaupt nicht heruntergeladen werden kann; der Kunde erhält nur (online) eine »Thin Client«-Software oder nutzt ohnehin nur seine Browser-Software. Derartige Verträge mit Nutzern haben keine Basis mehr im Urheberrecht. Allerdings muss sich der Anbieter von Software Urheberrechte zum Vervielfältigen (Installieren auf Hostrechnern) und zum öffentlichen Zugänglichmachen einräumen lassen.[6] Der Kunde muss außerdem beachten, dass dann, wenn in der Anwendung personenbezogene Daten (etwa von E-Mail-Empfängern) verarbeitet (und archiviert) werden sollen, der Vertrag mit dem dienstleistenden Provider zwingend die im Zehn-Punkte-Katalog des § 11 Abs. 2 BDSG angeführten Rechte und Pflichten regeln muss, etwa Zugangs- und Kontrollrechte, will er nicht ein Bußgeld von bis zu 50.000,- € riskieren.[7] In diesem Punkt besteht ein noch ungelöster **Regelungskonflikt**, da der Kunde meist kaum in der Lage und bereit sein wird, z. B. bei einem großen Suchmaschinenanbieter dessen System der E-Mail-Dienste vor Ort (etwa gar in den USA) zu kontrollieren.

17 Für vom Funktionsbereich der ERP-Software nicht abgedeckte benötigte Funktionen können mit speziellen Entwicklungssprachen (wie ABAP/4) **individualprogrammierte Ergänzungen** auf die Standardsoftware aufgesetzt werden. Vorteil dieser Lösung ist, dass solche individuellen Ergänzungen auch von Folgeversionen der Standardsoftware unterstützt werden. Nachteil ist freilich, dass mit solchen Werkzeugen nicht so frei programmiert werden kann wie beim Einsatz eigenständiger Entwicklungsumgebungen. Dies kann sich im Einzelfall auch im Fehlen der urheberrechtlichen Schutzfähigkeit solcher Add-on-Pro-

---

5 Ausf. zu den Abgrenzungen s. *Koch* ITRB 2004, 13.
6 S. hierzu *Koch* ITRB 2011, 42.
7 Zu § 11 BDSG s. Kap. 7 Rdn. 183 und Kap. 20 Rdn. 84–94.

gramme auswirken. Bei SaaS-Anwendungen sind individuelle Anpassungen nur begrenzt möglich, da der Provider mit begrenzten Ressourcen nicht beliebig viele Applikationsvarianten laufend unterstützen kann.

18   Während Standardsoftware somit durchaus in begrenztem Umfang Individualisierung gestattet, erfordern andererseits auch individuelle Neuentwicklungen nicht in jedem Fall, dass der Programmcode jedes Mal komplett neu erstellt werden muss. So kann man vollständig ausprogrammierte Funktionen (z. B. Benutzeroberflächen oder Schnittstellen zu Datenbanken) fertig erwerben und in das eigene Programm übernehmen, muss also das Rad nicht immer wieder neu erfinden.

19   Diese »**Wiederverwendung**« von Entwicklungsprodukten wird besonders im Bereich objektorientierter Software unterstützt. Der objektorientierte Programmieransatz ist in den meisten auf PCs und Workstations ausgelieferten Anwendungen und in Web-Applikationen dominant, erlangt also in der Beratung relativ häufig Bedeutung. Das Erstellen objektorientierter Programme besteht nicht (wie beim prozeduralen Programmieren) darin, die einzelnen auszuführenden Befehle aufzulisten, sondern in einer Art Musterfestlegung von Eigenschaften von Klassen von Objekten und Beziehungen zwischen diesen (etwa für Buchungsvorgänge) in »Templates«. Dieser Unterschied kann auch für die Rechtsberatung relevant werden: Bewährte Festlegungen werden oft in funktionsbezogenen »Klassenbibliotheken« (class libraries) zusammengefasst und Entwicklern (auch über Internet) angeboten. In der Entwicklung der jeweiligen Applikation kann bei Übernahme solcher Software-Konstrukte Urheberrechtsschutz nur für die Einbindung dieser Bibliotheken und sonstige individuelle Programmteile begründet werden, nicht für die übernommenen Bibliotheken, da diese als solche noch kein lauffähiges Programm darstellen und außerdem meist Rechte Dritter an diesen aus Datenbankenschutz bestehen (§§ 87a ff. UrhG). Diese Schutzabstufungen sind der Grund dafür, dass im Prozess der schlichte Vortrag, das Programm eines Anbieters sei mit urheberrechtlichen Vertriebsrechten für diesen geschützt, unsubstantiiert sein kann, sofern die Verbreitungsrechte an wesentlichen Teilen des Programms bei Dritten liegen.

20   Die erwähnten Festlegungen (Deklarationen) können in verschiedene Programme auf unterschiedlichen Rechnertypen übernommen werden. Erfolgen Deklarationen einheitlich, wird Kommunikation zwischen Programmen auf verschiedenen Rechnern möglich. Am konkreten Beispiel Internet verdeutlicht: Die Browser-Software (»Client«) auf beliebigen Nutzerrechnern kann mit der steuernden Software auf dem Internet-Serverrechner kommunizieren (**Client-Server-Modell**) und dem Nutzer Abfragen ermöglichen. Das Client-Server-Modell funktioniert nur, wenn mehrere Rechner (u. U. auch solche Dritter, wie etwa Internet Service Provider) zusammenarbeiten; die Funktionsprüfung isolierter Rechner ist insoweit nicht möglich. Gleiches gilt etwa für Lokale Netzwerke mit z. B. 1000 angeschlossenen Arbeitsplätzen; nur unter »Voll-Last« kann die Funktionsfähigkeit solcher LANs festgestellt werden.

21   Wiederverwendung von Software-Teilen ist Praxis, so etwa beim Einsatz von CASE (Computer Aided Software Engineering)-Werkzeugen und -Plattformen, die das Sammeln von Programmteilen (z. B. Benutzeroberflächen, Graphic User Interfaces, GUIs genannt) in sog. »Repositories« ermöglichen.[8] Weiteres zentrales Merkmal moderner Software ist eine strikte Trennung von in der Regel drei Ebenen (»three-tier-architecture«). Gleichbleibende Funktionen (und teilweise sogar die ganze Applikationslogik) werden vom Client auf dem Nutzerrechner in eine Middleware verlagert, die vom (deshalb jederzeit auswechselbaren) Präsentations-Client, z. B. einem Browser, separiert wird. Gravierende Entwicklungsfehler gehen oft auf die unzureichende Trennung dieser Ebenen zurück; diese Tren-

---

8 *Balzert* S. 592.

nung sollte deshalb ausdrücklich als geschuldetes Leistungsmerkmal vertraglich vereinbart sein.

2. Nutzung der Software und Vergütungsanknüpfung, Schutzrechtsverletzungen

Die Berechnung der Vergütung für Software-Nutzungen gründet meist auf Urheberrecht, geht aber durch besondere technische Verfahren auch über diese Basis hinaus (und kann insoweit nur mit schuldrechtlicher Wirkung und bei voller AGB-rechtlichen Kontrolle vereinbart werden). Nahtlos in das Urheberrecht passt zweifellos der Erwerb einer Programmkopie auf Datenträger, also eines Vervielfältigungsexemplars, an das mit dinglicher Wirkung Nutzungsrechte angeknüpft werden können. Dieses kann auch auf einem auszuliefernden Rechner vorinstalliert sein.[9] Zur »Falle« kann der Erwerb online und das online (automatisch) erfolgende Updating werden, da hier urheberrechtlich kein Verbreiten erfolgt, also auch keine Erschöpfung des Verbreitungsrechts eintreten kann und deshalb zustimmungsunabhängige Weiterveräußerung ausgeschlossen ist. Nutzungsbeschränkungen können an verschiedene, auch rein technische, Merkmale anknüpfen, die jeweils näherer Prüfung bedürfen. So ist etwa zwischen der Bindung an eine ganz bestimmte, durch Nummer individualisierte Zentraleinheit (Central Processing Unit, CPU) und der Bindung an einen CPU-Typ zu unterscheiden, da bei Letzterer ein Wechsel zwischen Rechnern mit demselben CPU-Typ zulässig ist. Errechnet hingegen ein Registrierungsprogramm aus einer Vielzahl von Rechnermerkmalen eine für einen ganz bestimmten Rechner typische Kombination (um sie dann online dem Anbieter zu übermitteln), entsteht hieraus eine **CPU-Bindung**.

Nicht mehr durch dingliche Rechte, sondern nur noch schuldrechtlich lassen sich aber Berechnungsmodi erfassen, die an die tatsächliche Nutzung anknüpfen und etwa jeden Nutzungslauf oder gar jede Dateneingabe abrechnen. Der Vorteil eines solchen »**Software-Metering**« ist, dass der Kunde nur die konkret durchgeführten Nutzungen (also etwa den einzelnen Programmlauf) zu vergüten hat, nicht aber Programme mit einer Vielzahl nicht benötigter Funktionen erwerben muss. Gleiches gilt, wenn etwa für Client-Server-Anwendungen die Nutzung auf der Basis von Bezugsgrößen wie »normierter CPU-Zeit«, belegtem Speicherplatz, bearbeiteten Datenmengen oder belegten »volumes« (Speichereinheiten auf der Festplatte) berechnet werden.[10]

Software kann insbesondere aus Urheberrecht, aber etwa auch aus Patentrecht **geschützt** sein (s. näher Kap. 17). Ob eine Programmkopie rechtsverletzend erstellt wurde, muss durch Vergleich dieser Kopie mit einer (behaupteten) Kopievorlage festgestellt werden. Für reines »Raubkopieren« ist die Feststellung der Identität zwischen Vorlage und Kopie relativ einfach durchzuführen, für die Übernahme von zentralen Programmstrukturen nur durch detaillierten und aufwendigen Programmvergleich. Hier muss schon in der Schilderung der Verletzungshandlung deutlich gemacht werden, dass die beiden Codes zwar Unterschiede aufweisen, diese aber nur die Übereinstimmung kaschieren sollen (etwa durch Änderung von Inline-Kommentaren oder Sprungbefehlen) und die Programmlogik bzw. der Algorithmus (die Rechenregel) zur Problemlösung unverändert ist. Zugleich ist aber auszuführen, dass für die Problemlösung ein Gestaltungsspielraum bestand. Stimmen hingegen z. B. Buchhaltungsprogramme nur in der Gestaltung von üblichen Kontenrahmen überein, so indiziert diese Übereinstimmung noch keine Verletzungshandlung. Die Vor-

---

9 Man spricht hier von einer OEM (Original Equipment Manufacturer)-Version (die dem BGH zufolge auch ohne Rechner weiterverbreitet werden darf, BGH NJW 2000, 3571 – OEM). Dieses Weiterverbreiten stößt freilich technisch auf Schwierigkeiten, wenn die Programmkopie mit einer Sicherungsroutine verknüpft ist, die jedes Laden und Ablaufenlassen auf anderen als dem identifizierten ausgelieferten Rechner unmöglich macht.
10 *Koch*, Hdb Software- und DatenbankR, § 2 Rn. 18.

bereitung des entsprechenden Sachvortrags im Prozess (und auch bereits die vorprozessuale Verhandlung mit der Gegenseite) erfordert hier ein tieferes Eindringen in die jeweiligen technischen und/oder anwendungsbezogenen Fragen.

3. Updates, Upgrades, Releases und Versionen

25 Die meisten Computerprogramme unterliegen mehr oder weniger häufigen Änderungen. Hierbei unterscheidet man: »**Updates**« enthalten meist nur Fehlerbeseitigungen (Bug Fixes, Patches) oder einzelne Aktualisierungen. Manche Anbieter von Standardsoftware haben (allerdings ohne vertragliche Verpflichtung) sogar einen Tag in der Woche als »Patch-Day« eingeführt, an dem die neuesten Änderungen heruntergeladen werden können oder automatisch per Download installiert werden. »**Upgrades**« enthalten hingegen eher funktionale Erweiterungen oder Anpassungen bzw. zusätzliche Module. Im Rahmen der Software-Entwicklung werden bestimmte Bestandteile der Software (an denen meist mehrere Entwicklerteams arbeiten) als Konfigurationselemente zu einer bestimmten »**Version**« zusammengestellt und mit einem Kennzeichen (»Label«) versehen.[11] Stellt die Konfiguration einen bestimmten Entwicklungsstand dar, wird sie als »Baseline« bezeichnet; erzeugt sie einen auslieferfähigen Software-Stand, wird dieser häufig »**Release**« genannt.[12] Im Rahmen von Software-Pflegeverträgen ist deshalb zu klären, welche dieser Leistungen umfasst sein sollen und ob auch größere neue Releases als neue Versionen mitgeschuldet sein sollen oder den Abschluss eines neuen Vertrages erfordern. Nur vorläufigen Charakter haben Beta-Releases, die insbesondere Entwickler frühzeitig benötigen, um mit dem Beginn des Vertriebs der Final Version auch ihre Zusatzprodukte gleich mitanbieten zu können (etwa im Fall von ».NET«).

26 Auch bloße Updates können in der Form von Vollversionen ausgeliefert bzw. zum Download zugänglich gemacht werden, die dann auf den Nutzerrechnern installiert werden müssen, wobei meist die Vorversion gelöscht wird. Dies hat eine wichtige Konsequenz: Der Kunde nutzt ab dem Zeitpunkt dieser Neuinstallation nur noch das online, also ohne Datenträger überlassene Programmexemplar, das deshalb weder getrennt als kundenseits erstellte Kopie auf Datenträger noch mit dem Rechner weiterveräußert werden darf, da an diesem online zugänglich gemachten Programmexemplar das Verbreitungsrecht nicht erschöpft ist.

4. Portieren von Programmen, Migration

27 Einzelne Programme und komplette Anwendungen können für andere Plattformen umgeschrieben, also »**portiert**« werden (etwa von Windows auf Linux). Bei dieser Migration müssen oft auch Hilfsprogramme und Dateiformate geändert oder neu erstellt werden. Im Nutzungsvertrag mit dem bisherigen Anbieter ist genau zu prüfen, ob diese migrationsbezogene Anwendung noch von der festgelegten bestimmungsgemäßen Benutzung (§ 69d Abs. 1 UrhG) abgedeckt ist.

5. Codeformen, Open Source

28 Unterschieden wird üblicherweise zwischen Quellcode und Objektcode. **Quellprogramme** (»Sources«) sind durch Menschen (leichter) lesbar, da sie aus den aufgelisteten Programmbefehlen (oder Deklarationen) bestehen. Korrekturen oder sonstige Änderungen werden grundsätzlich am Quellformat vorgenommen. Sources werden bei Standardsoftware grundsätzlich nicht ausgeliefert.

---

[11] *Hindel/Hörmann/Müller/Schmied* S. 182.
[12] *Hindel/Hörmann/Müller/Schmied* S. 182, die zwischen »Design-Baseline«, »Baseline für Test-Release« und »Baseline für Kunden-Release Alpha« unterscheiden.

II. Software

Objektprogramme[13] sind hingegen Übersetzungen von Quellprogrammen in eine Maschinensprache und unmittelbar im Rechner lauffähig. Standardprogramme werden grundsätzlich nur im Objektformat ausgeliefert. Aus dem Objektformat kann das Quellformat nur mit besonderem Aufwand rückerschlossen (dekompiliert, d. h. von Assembler zurück in eine Programmierhochsprache übersetzt) werden; die nicht ausführbaren, erläuternden Kommentare in den Befehlszeilen des Quellcodes sind auf diesem Wege grundsätzlich nicht rückerschließbar. 29

Da ein Dekompilieren nur zulässig ist, wenn die Übersetzung der Codeform zur Herstellung der **Interoperabilität** unerlässlich ist (§ 69e Abs. 1 UrhG), legt der technische Begriff der »Interoperabilität« unmittelbar die Grenzen für die Zulässigkeit von Dekompiliermaßnahmen fest. Die EG-Richtlinie 91/250/EWG[14] definierte »Interoperabilität« im 12. Erwägungsgrund als »die Fähigkeit zum Austausch von Informationen und zur wechselseitigen Verwendung der ausgetauschten Informationen«. Diese Begriffsbestimmung ist noch sehr allgemein (und würde etwa untechnisch auch die Teilnehmer an einem Gespräch umfassen). In der Informatik wird technikspezifisch definiert, dass zwei Systeme als interoperabel gelten, »wenn sie aufgrund einer Schnittstellendefinition oder eines Protokolls miteinander kooperieren können.«[15] Soweit also solche Schnittstellenspezifikationen oder Protokolle bereits existieren und zugänglich (also z. B. nicht herstellerspezifisch, d. h. »proprietär«) sind, bleibt ein Dekompilieren unzulässig. Das Erfordernis eines Herstellens von Interoperabilität muss deshalb spezifisch für Anwendungstypen geprüft werden. Bejaht wurde es etwa für das Schreiben eines Emulationsprogramms, das eine andere Systemkomponente simuliert.[16] Gleiches wird auch für das Schreiben z. B. eines Druckertreiberprogramms gelten. 30

Besondere Merkmale von **Open Source Software**[17] sind: 31
- Verfügbarkeit der Sources für jedermann zur Nutzung und Weiterentwicklung.
- Basis der Entwicklung sind quelloffen entwickelte Betriebssysteme, z. B. Linux.
- Verpflichtung der Empfänger, Codeänderungen und -erweiterungen, die verbreitet oder online zugänglich gemacht werden, auch im Source Code (im Internet) zugänglich zu machen.
- Vergütungsfreiheit der Überlassung nach Version 2 der General Public License (GPL)[18] und Zulässigkeit nur einer Kopierpauschale, während nach Version 3 auch Vergütung verlangt werden kann. Beide Versionen gelten nebeneinander.

Ein technisch begründetes Problem der Entwicklung quelloffener Software ist, dass diese nicht nachträglich zur proprietär-kommerziellen gemacht werden darf. Werden quelloffene Programmanteile in eine proprietäre Entwicklung übernommen, kann dies dazu führen, dass die gesamte Software quelloffen zugänglich sein muss (sog. »**virale Wirkung**«). Die Feststellung, ob dies der Fall ist, kann nur nach den technischen Gegebenheiten der spezifischen Software entschieden werden. Kommt die virale Wirkung zum Tragen, darf die unter GPL Version 2 entwickelte Software also nicht gegen marktübliche Vergütung als Teil des eigenen kommerziellen Produkt-Portfolios vertrieben werden. An solchen Produkten kann Software-Häusern auch nicht ein übliches vergütungsbezogenes Vertriebsrecht einge- 32

---

13 Diese dürfen nicht mit objektorientierten Programmen verwechselt werden.
14 Richtlinie des Rates über den Rechtsschutz von Computerprogrammen v. 14.05.1991 (91/250/EWG), ABl. EG Nr. L 122 v. 17.05.1991, 42.
15 *Hansen/Neumann*, Wirtschaftsinformatik 2, S. 756, HTTP als Beispiel eines solchen Protokolls benennend.
16 *Dreier*/Schulze § 69e Rn. 11.
17 S. *Spindler* (Hrsg.), Rechtsfragen der Open Source Software; *Jaeger/Metzger*, Open Source Software; *Koch*, Computer-VertragsR, S. 952 ff.
18 S. www.gnu.org/licenses (Abruf 01.06.2011; Bearbeitungsstand 26.05.2011).

räumt werden. Bei Erwerb neu entwickelte Software sollte umgekehrt genau geprüft werden, ob diese quelloffene Anteile aufweist.

33 Soweit gesondert vereinbart, muss der Anbieter das Quellformat der vertragsgegenständlichen Software bei eine dritten Stelle **hinterlegen** (»Escrow«). In technischer Sicht ist zu beachten, dass die Sourcen unbedingt dokumentiert sein sollten. Hinterlegung kann sehr kostenintensiv sein, da jedes Update im teilweise aufwendigen Verfahren (mit Identitätsprüfung) hinterlegt werden muss. Auch können wesentliche Teile einer Applikation aus vom Anbieter zugekauften, wiederverwendeten, zur Laufzeit ausführbaren Programmteilen bestehen, für die er selbst nicht über die Quellen verfügt und eine Hinterlegung ausscheidet. Dann wird aber die Hinterlegung nur der anbietereigenen Codes für den Kunden wenig Sinn haben. Die Nutzungsrechte an solchen »Executable Files« müssen zudem die Nutzung zu Prüfzwecken durch die Hinterlegungstelle (als zusätzliche Rechtseinräumung) umfassen.

6. Mängel

34 Für Software sind nicht nur die Leistungsspezifikation und Funktionsprüfung zwecks Abnahme neuralgische Problembereiche, sondern auch Mängel durch falsche Lösungskonzeption oder schlicht Programmierfehler. Eine Auflistung solcher Mängel ist hier (schon aus Raumgründen) nicht möglich. Verallgemeinert lässt sich aber sagen, dass praktisch alle technischen Funktionen von IT-Systemen Abweichungen aufweisen können, die die vereinbarten Beschaffenheiten bzw. die vertraglich vorausgesetzten oder gewöhnlichen Verwendungen beeinträchtigen.

35 Der Kunde kann meist weder in einer Funktionsprüfung anlässlich einer Abnahme (§ 640 BGB) noch gar bei kaufmännischer Untersuchung (§ 377 HGB) alle möglicherweise in einer Software enthaltenen Fehler finden. Im ordnungsmäßigen Geschäftsgang ist grundsätzlich nur eine Überprüfung der Kernfunktionen einer Software möglich (z. B. Anlegen eines Kunden, Abwicklung einer Bestellung, Ausgabe im Drucker, Abspeichern/Archivieren).[19] Auch bei einer zeitlich ausgedehnten Funktionsprüfung lassen sich keinesfalls alle (auch ungültigen) Eingaben (an allen Terminals) und alle Pfade im Programm testen. Testbar ist grundsätzlich nur, ob das Programm die typischen Aufgaben überhaupt löst, aber nicht, ob dies immer und unter allen Bedingungen fehlerfrei erfolgt. Selbst ein nach einer mathematischen Spezifikation erstelltes und verifiziertes Programm ist nicht zwingend fehlerfrei, wenn die mathematische Spezifikation selbst falsch ist.[20] Für die meisten Programme muss damit eine Menge nichterkannter Mängel angenommen werden, von denen der Kunde auch bei Abnahmeprüfung keine Kenntnis (im Sinne von § 640 Abs. 2 BGB) erlangt und auch in zumutbarer Weise nicht erlangen kann. Verweigert der Käufer die Annahme von Software wegen Mangelhaftigkeit, muss der Verkäufer die Mangelfreiheit beweisen.[21]

36 In der Praxis ist besondere Sorgfalt bei der **Darlegung** von **Mängeln** vor oder im Prozess erforderlich und auf technisch bedingte »Fallstricke« zu achten. So indiziert eine vom Betriebssystem angezeigte Fehlermeldung keineswegs zwingend einen Mangel, sondern u. U. auch bloß einen Bedienungsfehler, der keine Mängelrechte begründet. Bei der erwähnten Fehlermeldung ist weiter zu prüfen, welcher Ebene der angezeigte Fehler zuzuordnen ist, etwa einem bestimmten Anwendungsprogramm, dem Betriebssystem selbst oder einem Peripheriegerät (etwa einem Netzwerkdrucker).

---

19 Zum Testumfang s. etwa *Koch*, Hdb Software- und DatenbankR, § 1 Rn. 156 m. w. N.
20 *Kowalk* S. 397.
21 Palandt/*Weidenkaff* § 434 Rn. 59. Damit geht das Risiko, einen tragfähigen Beweis für das Nichtvorhandensein des Mangels zu führen, auf den Verkäufer über.

Von den systematischen Grenzen des Testens zu unterscheiden ist ein für Software niemals 37
völlig auszuschließendes **Fehlerrisiko**. Fast kein Anbieter versäumt, auf dieses (unvermeidbare) Risiko in seinen AGB hinzuweisen. Allerdings ist dieser Hinweis auf unerreichbare Fehlerfreiheit weder präzise noch zielführend. Betroffen ist nämlich in der Regel nur der Programmcode, nicht die meist deutlich leichter überprüfbare Dokumentation bzw. Benutzeranleitung. Außerdem begründen Mängel auch bei ihrer Unvermeidbarkeit Mängelrechte, da diese (Schadensersatzansprüche ausgenommen) kein Vertretenmüssen voraussetzen.

III. Wartung/Pflege

Auch für die Begriffe »Wartung« und »Pflege« empfiehlt sich eine klarstellende Definition 38
im Projektvertrag. Teilweise werden diese Begriffe in der Praxis synonym (oder in unterschiedlichen Abgrenzungen) für die Unterstützung (Mängelbeseitigung, Fehlerbereinigung) von Software verwendet, teilweise wird der Begriff »Wartung« nur auf Hardware bezogen.[22]

Einige Diskussion hat die Frage ausgelöst, ob der Anbieter von Software diese für einen **Life** 39
Cycle von fünf Jahren ab Inverkehrbringen durch Pflegemaßnahmen unterstützen muss.[23] Von der technischen Seite her kann diese Abgrenzung vereinfacht durchgeführt werden. Die Norm ISO 12207 definiert nämlich als »Life Cycle« die Phasen Analyse, Entwurf, Codieren, Testen und Wartung[24] und beschränkt ihn also gerade nicht allein auf die Nutzungszeit.[25]

IV. Cloud Computing und Virtualisierung

Das Schlagwort »Cloud Computing« ist im IT-Bereich gegenwärtig (2011) in aller Munde. 40
Dieses systemübergreifende Rechnen im Web mittels bereitgestellten Speicher- und Rechnerkapazitäten gewinnt auch in der Vertrags- und Projektberatungspraxis an Bedeutung[26] und gilt als zentraler IT-Trend (weshalb dieses Thema etwas ausführlicher behandelt wird). Das Verständnis des Konzepts des Cloud Computing (Abschnitt IV.2) wird erleichtert, wenn man zunächst einen Blick auf die Technik der Virtualisierung von IT-Ressourcen (Abschnitt IV.1) wirft, auf denen Cloud Computing (Abschnitt IV.2) aufbaut.

1. Virtualisierung

Die Grundidee der Virtualisierung[27] im Bereich von IT-Systemen besteht darin, eine Soft- 41
ware-Anwendung mit verschiedener Hardware und Systemsoftware lauffähig zu machen. Anwendungsprogramm und Betriebssystem des genutzten Rechners werden logisch ge-

---

22 Eines der Standardwerke zur Software-Erstellung (*Balzert* S. 1093) definiert etwa »Wartung« als Lokalisieren und Beheben von Fehlerursachen, »Pflege« hingegen als Lokalisieren und Durchführen von Änderungen und Erweiterungen von in Betrieben befindlichen Software-Produkten. Demgegenüber waren die »Besonderen Vertragsbedingungen« (BVB) zur Wartung auf EDV-Anlagen und -Geräte bezogen, wobei nunmehr anstelle dieses Wartungsvertrags die Ergänzenden Vertragsbedingungen (EVB-IT) Instandhaltung gelten. Die Instandhaltung im Sinne der EVB-IT soll Maßnahmen zur Bewahrung und Wiederherstellung des Soll-Zustandes umfassen.
23 So etwa das OLG Koblenz CR 1994, 95.
24 Näheres zur Norm ISO 12207 s. www.acm.org/tsc/lifecycle.html.
25 *Stahlknecht/Hasenkamp* S. 214; *Koch*, IT-ProjektR, Rn. 243.
26 *Pohle/Ammann* CR 2009, 273 vermerken im Frühjahr 2009, Cloud Computing sei »längst ein erfolgreicher Markt«. Für 2013 wird ein Umsatz europäischer Cloud-Dienste von 6 Mrd. Euro vorausgesagt (Deutscher Bundestag, Aktueller Begriff Cloud Computing, Nr. 15/10 (12.03.2010), www.bundestag.de/dokumente/analysen/2010/cloud _computing. pdf).
27 Für einen Überblick s. etwa Wikipedia, »Virtualization«, http://en.wikipedia.org/wiki/Virtualization (Abruf 01.06.2011; Bearbeitungsstand 26.05.2011).

trennt.[28] Hierbei kann etwa unterschiedliche ältere **Hardware** simuliert werden (»Emulation«), für die eine vorhandene Software geschrieben worden war, um diese nun (auch) auf neueren Systemen nutzen zu können. Auch im Rechner selbst ist Virtualisierung möglich, wenn etwa der direkt adressierbare Speicherraum im Arbeitsspeicher auf Speicherblöcke auf externen Speichern (etwa Festplatten) ausgeweitet wird.[29]

42 Mit einer »virtuellen Maschine« (**Virtual Machine**, VM, auch »Container« genannt) lässt sich mittels Software-Implementierung ein vollwertiger Rechner mit allen Komponenten[30] simulieren. Die VM kann ein Programm wie jener Rechner ausführen, ist aber an die Ressourcengrenzen dieses Rechners gebunden und kann nicht aus seiner virtuellen Welt ausbrechen. Vorteil der VM ist, dass sich verschiedene Systemtypen in einem System darstellen lassen, Nachteil hingegen, dass VM meist weniger effizient (und langsamer) sind als die reale Maschine.[31]

43 Zur Virtualisierung kann auch gehören, dass verschiedene **Betriebssysteme**[32] (z. B. Windows und Linux) simuliert werden, um die Nutzung etwa auf unterschiedlicher IT-Infrastruktur im Konzernverbund von Unternehmen mit unterschiedlicher IT zu ermöglichen. Möglich sind weiter **Desktop**-Virtualisierungen von 10000 Geräten und mehr,[33] bei denen die Desktops auf einer VM laufen, auf die (wie im herkömmlichen Terminalbetrieb) zugegriffen wird.[34] Auch **Applikationen** können virtualisiert werden, um etwa zu ermöglichen, dass eine für einen bestimmten CPU-Typ kompilierte Software mit anderen CPU-Typen lauffähig ist. Der Erfolg der Programmiersprache Java basiert wesentlich darauf, dass die »Java virtual machine« auf unterschiedlichen Systemen und mit unterschiedlichen Browsern lauffähig ist.

44 Verwandt sind Abbildungen von Geschäftsprozessen auf einer heterogenen IT in der Gestalt von Web Services (Service-oriented architecture, SOA).[35] **Daten** lassen sich in einer eigenen Schicht durch Trennung von konkret verwendeten Datenbankmodellen und Datenstrukturen darstellen (Datenvirtualisierung), eine für Cloud Computing typische Technik. Auch die Zuweisung von **Speicherkapazität** kann in der Weise gestaltet sein, dass für den Anwender nicht erkennbar sein muss, auf welcher Hardware die zu verarbeitenden oder verarbeiteten Daten jeweils gespeichert sind. Auch **Netzwerke**[36] lassen sich mit allen ihren Ressourcen virtualisieren, so etwa, wenn von einem virtuellen privaten Netzwerk (VPN) aus ohne Systembrüche auf Adressen innerhalb und außerhalb des VPN zugegriffen werden kann. Im Bereich der Internet-Nutzung können virtuelle Web-Serverrechner definiert werden, die etwa jeweils von Kunden administriert werden, aber doch nur Teil eines größeren anbieterseitigen IT-Systems sind, das durch die Virtualisierung besser ausgelastet wird. Virtuelle Server können auf Partitionen eines Rechners eingerichtet und zwischen verschiedenen Rechnern unterbrechungsfrei im laufenden Betrieb verschoben werden (»Live

---

28 *Weichert* S. 1.
29 *Hansen/Neumann*, Wirtschaftsinformatik 1, S. 50.
30 *Braun/Kunze*, S. 197 mit der Anmerkung: »Die Software merkt nicht, dass sie sich in Wirklichkeit in einer virtuellen Maschine befindet.«.
31 S. Wikipedia, »Virtual Machine«, http://en.wikipedia.org/wiki/Virtual-machine (Abruf 01.06.2011; Bearbeitungsstand 21.04.2011).
32 S. etwa Wikipedia, »Operating system-level virtualization«, http://en.wikipedia.org/wiki/Operating_system-level_virtualization (Abruf 01.06.2011; Bearbeitungsstand 21.05.2011).
33 *Hantelmann*, iX Special Cloud, Grid, Virtualisierung 2/2010, 83. Die dann nur noch benötigten »Thin Client«-Geräte benötigen weder CPU noch Speicher, Betriebssystem oder eigene Anwendungssoftware.
34 Diese Unterscheidung ist *lizenzrechtlich* von erheblicher Bedeutung, da nicht mehr auf jedem PC ein Programmexemplar installiert werden muss.
35 *Weichert* S. 2.
36 Wikipedia, »Network virtualization«, http://en.wikipedia.org/wiki/Network_virtualization (Abruf 01.06.2011; Bearbeitungsstand 13.05.2011).

Migration«) und besser gegen Ausfall abgesichert werden.[37] Schließlich können komplette Rechenzentren mit zugehörigen Servern, Clients, Storage und Netz virtualisiert werden.[38]

2. Cloud Computing

Kaum eine Publikation im IT-Bereich kommt mehr ohne das Stichwort »Cloud Computing«[39] aus. Oft handelt es sich hier aber eher um ein wolkiges »Buzzword« des Marketing als um eine konkrete Vorstellung. Festzuhalten ist, dass der Begriff »Cloud Computing« von Anbietern sehr unterschiedlich verwendet (und nach manchen »gehypt«) wird.[40] Deshalb ist es bisher unmöglich, schlicht »Cloud Computing« vom Anbieter zu bestellen. 45

Festhalten lässt sich immerhin, dass beim Cloud Computing Ansätze der Virtualisierung zur gemeinsamen Ressourcen-Nutzung (s. Abschnitt IV. 1) auf das Internet ausgeweitet werden. Die Vorstellung ist, Speicher- und Rechenkapazität sowie Software-Anwendungen »aus der Steckdose« zu beziehen.[41] Mit zunehmend leistungsfähigen Rechnern und wachsenden Bandbreiten der Datenleitungen, der Verwendung vereinheitlichter Browser, Timesharing und Web 2.0-Diensten[42] kann man prinzipiell weltweit auf zur Verfügung stehende Rechen- und Speicherressourcen zugreifen. Dieser Ansatz ist nicht völlig neu, sondern basiert auf dem – mittlerweile im wissenschaftlichen Bereich zunehmend genutzten – »Grid Computing«,[43] das aber hauptsächlich für Berechnungen aus großen Datenmengen (etwa am »CERN«) genutzt und im Projekt »OpenCirrus«[44] weiterentwickelt wird. Der Zugriff auf externe Dienste ist nicht neu, sondern als »Remote-Procedure-Call (RPC)«-Funktion von Middleware seit Langem Standard,[45] wurde schon 1983 als »Telnet« für das Internet implementiert[46] und ist Basis für die Geschäftsprozessmodellierung mit Web-Services.[47] In Clouds kann grundsätzlich jeder Nutzer auf eine Vielzahl von Anwendungen zugreifen und diese auf den Rechnern quasi im Fernzugriff nutzen (ohne dass Software des Anbieters heruntergeladen würde). Der Anwender kann also etwa bei einem großen Suchmaschinenbetreiber nicht nur Quellen suchen, sondern Texte und E-Mails ver- 46

---

37 *Braun/Kunze* S. 198.
38 Computerwoche 2010, 24 f.
39 Geprägt wurde der Begriff »Cloud Computing« von Kenneth Chellapa (*Petri* S. 5). Für einen Überblick s. etwa Wikipedia, »Cloud Computing«, http://en.wikipedia.org/wiki/Cloud_computing (Abruf 01.06.2011; Bearbeitungsstand 31.05.2011); IT-Wissen.info »Cloud-Computing« www.itwissen.info/definition/lexikon/Cloud-Computing.html (Abruf 01.06.2011); Deutscher Bundestag, Aktueller Begriff Cloud Computing, Nr. 15/10 (12.03.2010), www.bundestag.de/dokumente/analysen/2010/cloud _computing. Pdf (Abruf 01.06.2011; Bearbeitungsstand 12.03.2010).
40 *Schuster/Reichl* CR 2010, 38 vermuten bereits ein »neues Paradigma der Datenverarbeitung«.
41 *Pohle/Ammann* CR 2009, 273, 276. Einzuschränken ist diese Aussage dahin gehend, dass die Software nicht etwa mittels Datenleitungen übertragen und aus der DFÜ-Schnittstelle geholt wird, sondern ein internetvermittelter Fernzugriff auf beim Anbieter verbleibende IT-Ressourcen erfolgt. Urheberrechtlich liegt hierin ein Zugänglichmachen von geschützter Software (§ 19a UrhG) als Form der öffentlichen Wiedergabe, ohne dass Vervielfältigen durch Herunterladen erforderlich wäre. Auf dem Kundenrechner werden nur zu übermittelnde und übermittelte Daten und Dokumente gespeichert, aber nicht das Anwendungsprogramm (auch nicht in Teilen oder temporär; ähnlich *Schuster/Reichl* CR 2010, 38, 40 mit dem zutreffenden Vergleich mit dem Terminalbetrieb); dieses wird auch nicht »gestreamt« (so aber *Pohle/Ammann* CR 2009, 273 [276]).
42 *Petri* S. 4.
43 Ausf. zu den technischen Grundlagen und den rechtlichen Rahmenbedingungen s. *Koch* CR 2006, 42 und 112.
44 *Campbell/Gupta* et al. www.usenix.org/event/hotcloud09/tech/full_papers/campbell.pdf.
45 *Hansen/Neumann*, Wirtschaftsinformatik 2, S. 776. Noch älter ist das Konzept der Anbindung speicherloser Terminals an Mainframes, die gewissermaßen deren »Fernbedienung« über Datenleitungen erlaubten. Dem nähert sich der Ansatz über vereinheitlichte Schnittstellen von beliebigen Orten aus über PC, iPads und sogar Mobiltelefone erreichbaren komplexen, weltweit in »Clouds« verteilten Rechnernetzen wieder an.
46 *Postel/Reynolds*, Telnet Protocol Specification, RFC 854 Mai 1983.
47 *Hansen/Neumann*, Wirtschaftsinformatik 2, S. 818.

fassen oder seine DNA analysieren lassen. Die ganze Datenverarbeitung mit teilweise komplexen Anwendungen (»Cloud Apps«) läuft auf den Anbietersystemen; der Anwender liefert und erhält einfach nur Daten. Download von Anwendungssoftware entfällt, da der Anwender ähnlich wie beim Terminalbetrieb auf die Anwendungen im Anbietersystem zugreift.[48] Der Cloud-Betreiber organisiert einen größeren Zusammenhang von Rechnerkapazitäten (shared pool of configurable computing resources) mit On-demand-Zugriffsmöglichkeit über Breitbandnetze, schneller Ressourcenanpassung (rapid elasticity) und Leistungsmessung (measured services).[49] Das die Cloud anwendende Unternehmen stellt seine durch die Cloud unterstützte Anwendung für seine Kunden zur Verfügung (die nicht die Cloud als solche anwenden, sondern die Applikation dieses Unternehmens); hierfür muss er vom anbietenden Betreiber Nutzungsrechte für die Cloud-Applikation erwerben, um sie zu installieren (vervielfältigen) und seinen Kunden öffentlich zugänglich zu machen.[50] Stellt der Betreiber auch Speicherkapazität zur Verfügung, muss das die Cloud anwendende Unternehmen außerdem ein Recht zur Weitervermietung erwerben (§ 540 Abs. 1 BGB).[51]

47 Unterschieden werden drei Cloud-Typen:[52]
- Die »**Application Cloud**« ist auch als »Software as a Service« (SaaS) bekannt und ermöglicht, auf eine bestimmte Anwendung zuzugreifen (z. B. Salesforce.com, aber auch Wikis oder Blogs). Für Kunden kann die »Zwischenschaltung« der SaaS verborgen sein, damit auch die Übermittlung ihrer Daten in Drittstaaten. Mit »Storage-as-a-Service« wird Speicherkapazität etwa für Datensicherung oder dauerhaftes Speichern von Datenbeständen (auch durch automatische Replikationsdienste) auch redundant verfügbar gemacht.[53] Von Kunden erstellte Dokumente, etwa Mails oder Texte, Grafiken oder Videos werden und bleiben auf dem System des Cloud Computing anwendenden Unternehmens gespeichert und können von den Kunden von beliebigen Orten abgerufen werden.
- Die »**Platform Cloud**« (PaaS) stellt Programmierern komplette Entwicklungsumgebungen zur Verfügung und hostet und verwaltet auch die hierbei entwickelten Services im Web (z. B. Force.com und GoogleApps), etwa für ein Customer Relation Management (CRM)-System. Verschiedene SaaS- und Non-SaaS-Anwendungen können integriert werden.
- Den eine »**Infrastructure Cloud**« (IaaS) anwendenden Unternehmen können ganze IT-Infrastrukturen oder Rechner und Speicherkapazität (als »Virtual Machine« oder »Virtual Storage«)[54] zur Verfügung gestellt und verwaltet werden. Der Anwender kann hier rasch auf unerwartet hohe Kundennachfrage reagieren. Ganze PC-Netze können durch Client-basierte Desktop-Virtualisierungen (in »In-house Clouds«) ersetzt werden, die der Nutzer einheitlich über Server verwaltet und auf die er weltweit über jeden Rechner webgestützt zugreifen kann.

---

48 Dies löst auch weitgehend das Problem des Raubkopierens von Software, da ein Herunterladen weder erforderlich noch möglich ist. Außerdem kann jede einzelne Nutzungshandlung separat berechnet werden (»Billing« als Pay per use).
49 Formuliert unter Bezug auf die offizielle Definition des North American National Institute for Standard and Technology (NIST), http://crsc.nist.gov/publications/drafts/800–146/Draft-NIST-SP800–146.pdf und *Petri* S. 5.
50 S. näher *Nägele/Jacobs* ZUM 2010, 281 (286).
51 § 69c Nr. 3 UrhG ist nicht anwendbar, wenn keine Software überlassen wird (*Nägele/Jacobs* ZUM 2010, 281 [286]).
52 *Petri* S. 10 f.
53 *Weichert* S. 1.
54 *Petri* S. 35. Für den Anwender und seine Kunden macht es hierbei keinen nach außen erkennbaren Unterschied, ob die Daten auf dem eigenen Speicher oder dem Remote Storage liegen.

IV. Cloud Computing und Virtualisierung

Als **Beteiligte** lassen sich Ressourcen-Anbieter, Cloud-Betreiber (Anwender) und Cloud-Nutzer als Kunden dieser Betreiber unterscheiden.[55] Ergänzend werden auch »Aggregierer« genannt, die bereits bestehende Dienste zu einem neuen Dienst kombinieren.[56] 48

Vom **Leistungsbild** her bewegt sich Cloud Computing tendenziell weg von der Überlassung von Software und Systemen und hin zur Dienstleistung,[57] wobei freilich bestimmte Leistungen auch auf einen zu erreichenden Status abzielen und insoweit Werkvertragsrecht folgen (z. B. Herstellen und Einhalten einer bestimmten Verfügbarkeit). 49

Für die IT-Praxis wichtig ist auch die folgende Unterscheidung:[58] 50
- »**Private Clouds**« werden (wie Intranets) rein unternehmens- oder konzernintern[59] genutzt und können entsprechend datengesichert und gegen »Service breakdown« oder Angriffe geschützt werden.
- »**Public Clouds**« werden von externen Infrastruktur-Providern verwaltet und sind für die Allgemeinheit oder einen Firmenverbund zugänglich, so etwa Twitter, Google oder Amazon. Hier kann jedermann etwa Mails oder Dokumenttexte verfassen, ohne sich zuvor entsprechende Software komplett auf seinen Rechner installieren zu müssen.
- Die »**Community Cloud**« wird von verschiedenen Organisationen bzw. wissenschaftlichen Einrichtungen genutzt und durch diese oder Dritte verwaltet.
- In der »**Intercloud**« werden Clouds schrittweise international zur »Cloud of clouds« verknüpft, zum Datencenter der Zukunft, in dem alle Server der Welt erfasst werden sollen,[60] jedenfalls soweit sie nicht zu private clouds gehören.

Beide Typen können in »Hybrid Clouds« kombiniert sein.

Aus der Darstellung wird die Komplexität von Cloud-Anwendungen deutlich. Entsprechend individuell muss die **Vertragsgestaltung**[61] erfolgen. Dies beginnt bei der Leistungsfestlegung. Hierfür müssen definiert sein 51
- aussagefähige Funktionsprüfkriterien allgemein für die Leistungen und besonders für Service Levels, etwa hinsichtlich der garantierten Verfügbarkeit (»*Availability*«),[62] ebenso Verfahren zu deren automatisierter Überprüfung (Monitoring) und redundanter Netzanbindung, weiter
- die ausreichende, ISO 20000-kompatible Datensicherheit und Vertraulichkeit,[63] insbesondere Schutz gegen unberechtigte Zugriffe auf Datenbestände durch Dritte in der Cloud,[64] am ehesten erreichbar durch eine in die Applikation integrierte, komplette Ver-

---

55 *Weichert* S. 2.
56 *Böhm/Leimeister/Riedl/Krcmar* S. 9.
57 *Böhm/Leimeister/Riedl/Krcmar* S. 10.
58 *Petri* S. 9. S. auch die ausf. Darstellung bei *Schuster/Reichl* CR 2010, 38 (40).
59 Datenschutzrechtlich gesehen können sich hier mehrere »verantwortliche Stellen« (§ 3 Abs. 7 BDSG) eine private Cloud teilen. Obgleich privat, finden dann innerhalb dieser Cloud doch *Datenübermittlungen* (§ 3 Abs. 4 Nr. 3 BDSG) statt.
60 Wikipedia, »Cloud Computing«, http://en.wikipedia.org/wiki/Cloud-computing (Abruf 01.06.2011; Bearbeitungsstand 31.05.2011), 7.
61 Die nachfolgende Auflistung soll nur zur ersten Orientierung eine Checkliste zusammenstellen; die nähere rechtliche Darstellung erfolgt an der jeweiligen Stelle des Handbuchs. Zur vertragstypologischen Einordnung s. etwa *Pohle/Ammann* CR 2009, 273 (275).
62 Hier wird meist eine Palette wählbarer Service Levels angeboten.
63 Der Nachweis eines funktionierenden Sicherheitsmanagements des Anbieters muss durch Zertifizierung nach ISO 27001 erfolgen.
64 Die Verwaltungsschicht (»Hypervisor«) der Virtualisierungssoftware kann Angriffen auf das Anbietersystem dergestalt ausgesetzt sein, dass von der für einen Kunden installierten virtuellen Maschine in den »Superuser«-Modus gewechselt und dann dort eine andere virtuelle Maschine angegriffen wird (*Grunwald*, iX Special Cloud, Grid, Virtualisierung 2/2010, 80.). Die hier erforderliche »Ausbruchssicherheit« sollte vertraglich garantierte Beschaffenheit sein.

schlüsselung,65 und durch spezifischen Antivirenschutz.66 Auch die Unterbrechungsfreiheit der Leistungserbringung kann für den Kunden von erheblicher Bedeutung sein und sollte gegebenenfalls durch Vertragsstrafenregelungen gesichert werden. Leistungsunterbrechungen können angesichts der Ausweitung der Dienste mittlerweile sogar Leib und Leben gefährden; so konnte bei einem viertägigen Ausfall eines größeren Cloudanbieters im Mai 2011 ein Dienstleister in dieser Zeit nicht die von ihm angebotene laufende Fernüberwachung der Herzfrequenzen und -töne in der Cloud überwachter Patienten auswerten, was für die betroffenen Patienten zu erheblichen Risiken führen konnte.67 Solche unterbrechungssensitiven Anwendungen sind zurzeit (jedenfalls im medizinischen Bereich) wohl noch nicht Cloud-kompatibel.

- Durchsetzung von Datenschutzrechten Betroffener, etwa der Kunden von Cloud-Anwendern, Ausschluss der Weiterübermittlung der Daten dieser Kunden an Dritte und Vertrag zwischen Cloud-Anbieter und Cloud anwendendem Unternehmen (»verantwortliche Stelle« i. S. v. § 3 Abs. 7 BDSG bzw. Art. 2c) S. 1 EU-DSRL) gemäß § 11 BDSG, Kontrollbefugnis des betrieblichen Beauftragten für den Datenschutz des Cloud-Anwenders.
- die Einhaltung der Compliance-Vorgaben und der gesetzlichen Anforderungen an das Document Management und an die Verwendung einer qualifizierten elektronischen Signatur auch in der Cloud (gemäß Steuer- und Handelsrecht Aufbewahrung nur im Inland, § 146 Abs. 2 S. 1 AO),68
- Haftung des Cloud-Anbieters,
- die Rechte des Cloud-Anwenders gegenüber dem Ressourcen-Anbieter bei Leistungsmängeln,
- Laufzeit des Vertrags von nicht mehr als 18 Monaten, da die Cloud-Dienstleistungen einem zunehmenden Preisverfall unterliegen,69
- das anwendbare Vertragsrecht, Gerichtsstand (möglichst in Deutschland), Eskalations- und Schiedsverfahren.

52 **Vorteil** des Cloud Computing für den Cloud-Anwender ist, dass er nicht teure Hardware beschaffen muss, sondern die Anbietersysteme nur bei Bedarf zeitlich begrenzt nutzt und nur diese Nutzungen vergüten muss (»pay as you go«), also Kosten auch für Investitionen und für Test- und Implementierungsphasen70 senken kann. Die Anwender müssen aber für die konkreten Anwendungen durchkalkulieren, ob diese Online-Nutzungen (mit Berechnung von Datentransfers, Speicherungen, Übermittlungen und Abrufen) auf Dauer gesehen tatsächlich kostenmäßig günstiger sind. Der Anwender muss weder laufend zu aktualisierende Software verwalten noch Reservespeicherkapazität vorhalten. Vorteil für die Anbieter ist, dass sie dieselbe Anwendung für eine Mehrzahl von Kunden verwalten (»multi-tenancy« etwa bei dem »Business ByDesign« von SAP oder Oracle on demand), die auf ständig aktuell gehaltene Software zugreifen und sie auf dem Anbietersystem nutzen, ohne Wartezeiten für Downloading und Updating zu haben. Der Anbieter muss auch nicht eine Windows-, Unix- und Mainframe-Version bereithalten, sondern nur eine Cloud-Version.71

---

65 *Müller/Siegert*, Sicherheitsaspekte rund um die Cloud, in: iX Special Cloud, Grid, Virtualisierung 2/2010, 69 (72) mit dem Hinweis, dass die Firewall für diesen Datenverkehr ausreichend dimensioniert sein muss.
66 Inzwischen sind auch erste Rootkits (sog. »Stealth Malware«) bekannt, die gezielt Rechner angreifen, übernehmen und dauerhaft ausspähen, indem sie (für den Nutzer kaum zu bemerken) das ursprüngliche Betriebssystem in eine virtuelle Maschine verschieben (*Gora*, iX Special Cloud, Grid, Virtualisierung 2/2010, 76 [77]).
67 *Noelke*, Datenschützer halten die meisten Cloud-Anwendungen für höchst problematisch, www.dradio.de/dlf/sendungen/computer/1463909.
68 *Weichert* S. 3.
69 *Pfirsching* S. 37.
70 *Pohle/Ammann* CR 2009, 273 (274).
71 *Petri* S. 20.

Schließlich kann er Leistungen auch ohne Bezug auf eine bestimmte Softwarenutzung wie das Vervielfältigen[72] oder Ablaufenlassen eines Programms abrechnen, etwa datenmengenbezogen.

Nachteil kann sein, dass nur standardisierte und nicht kundenspezifische Installationen möglich, zugleich aber in der Architektur proprietär sind und die Nutzung über die Online-Verbindung sogar mitten im Datentransfer abbrechen kann, wobei der Fehler durch in der Datenübertragung zwischengeschaltete Provider verursacht sein kann (und deshalb jeweils zu klären ist, welchem der Vertragspartner dieses Risiko zugeordnet wird). Zudem sollten generell Daten zu Geschäftsgeheimnissen nicht die eigene Betriebssphäre verlassen und dürfen Personendaten, etwa Kunden- und Beschäftigtendaten, keinesfalls ohne informierte konkrete Einwilligung der Betroffenen weltweit zwischen je nach Auslastung schnell wechselnden Speichern zirkulieren. Große Dienstleister wie Amazon und Google verfügen über kein deutsches Rechenzentrum[73] (können also Dokumentmanagementanforderungen nicht erfüllen). Außerdem behält sich etwa Google vor, Daten aus Mails und eigenen Kalenderapplikationen Dritten zur Profilbildung (und in Abweichung vom Fernmeldegeheimnis) zugänglich zu machen.[74]

53

Die **datenschutzrechtliche Problematik** sei am Beispiel des anwaltlichen Bereichs verdeutlicht: Mandantendaten dürfen nicht über Google Mail kommuniziert und Mandatsakten nicht auf dem iPad verwaltet werden, wenn Google oder Apple freien Online-Zugriff auf solche Geräte etwa zwecks Updating und Geolokalisation haben. Allgemein hat jeder, der als verantwortliche Stelle Personendaten verarbeitet, in seiner Verantwortung gegenüber den Betroffenen alle erforderlichen technischen und organisatorischen Maßnahmen gemäß § 9 BDSG (mit Anhang) zu treffen, auch bezüglich aller hierbei genutzten Cloud Computing-Systeme und zwingend mit deren Anbietern zu allen Punkten in § 11 Abs. 2 Satz 1 Nr. 1 – 10 BDSG schriftliche Vertragsregelungen zur Auftragsdatenverarbeitung zu treffen,[75] auch zur Berechtigung dieser Anbieter, Unterauftragsverhältnisse zu begründen. Da Letztere im »Load balancing« häufig wechseln können (etwa während des Tages in Europa auf US-Systeme, die in der dortigen Nachtzeit weniger ausgelastet sind), wird es technisch bedingt oft kaum möglich sein,[76] die tatsächliche Anwendungssituation in Verträgen abzubilden, und muss insoweit »Personendatenverarbeitung in der Cloud« unzulässig sein.[77] Personendaten können so durch eine Vielzahl von Anwendungen (z. B. Online-Adressbücher und -Kalender, Text- und Mailverarbeitungssysteme) ständig zwischen den Kontinenten wechseln und auf weltweit verteilten Rechnern verarbeitet werden,[78] sodass es bereits rein faktisch oft kaum möglich ist, die jeweils beteiligten Systeme und deren Betreiber verlässlich zu identifizieren und gar in Schriftform Verträge gemäß § 11 BDSG mit ihnen abzuschließen (womit der Auftraggeber kaum steuerbare Haftungsrisiken eingeht).

54

Bisher kaum geklärt ist das **Insolvenzrisiko**. Wird der Cloud-Anbieter von heute auf morgen insolvent und hat der Kunde wesentliche Geschäftsprozesse in die Cloud verlagert, kann mit dem Abbrechen der Erreichbarkeit im Web der Geschäftsbetrieb komplett unter-

55

---

72 *Bierekoven* S. 43 m. w. N.
73 *Velten/Janata*, Cloud-Provider auf dem Prüfstand, Computerwoche 24/10, S. 18.
74 *Kuhn*, Wirtschaftswoche 42/2009, 78, 80.
75 So auch *Weichert* S. 9 ausf. zum Datenschutz; *Schuster/Reichl* CR 2010, 38 (41).
76 *Pohle/Ammann* CR 2009, 273, 278 (noch zum alten Recht) weisen in Anbetracht der Haftung aus § 7 BDSG darauf hin, dass es den Cloud-Anwendern meist kaum möglich ist, die von § 11 Abs. 2 Satz 3 und 4 BDSG geforderte tatsächliche Kenntnis zu erwerben und zu dokumentieren, wo konkret räumlich seine Daten gespeichert sind. Die Antwort »in der Wolke« reicht als Lokalisierung nicht aus, wenn die Serverfarmen des Anbieters weltweit verteilt sind.
77 So auch *Weichert* S. 11 zumindest für außereuropäische Clouds – und das sind alle Cloud-Systeme der großen Anbieter. S. auch *Pohle/Ammann*, CR 2009, 273 (276). *Schuster/Reichl* CR 2010, 38 (41) sehen Cloud Computing nur in den Grenzen von EU und EWR als zulässig an.
78 Enquête-Kommission Internet, 22.

brochen sein und erheblicher Schaden bis hin zur eigenen Insolvenz des Kunden entstehen. Dass der Kunde nach der BGH-Rechtsprechung bei Anbieterinsolvenz weiter ein einfaches, dinglich wirkendes Nutzungsrecht an Software hat, hilft ihm wenig, wenn er keine Software erhält, sondern eine laufende Dienstleistung. Immerhin werden Ansätze diskutiert, die Möglichkeit eines »SaaS Escrow« vorzusehen, bei dem installierbare Images der Anwendung (mit Daten) bei einer dritten Stelle verfügbar gehalten werden.[79] Hierfür muss aber eine entsprechende Regelung einer aufschiebend bedingten Verfügung über dieses Image im Cloud Computing-Vertrag geregelt sein. Auch müssen wohl diese Images regelmäßig aktualisiert werden.

56 Auch bei der **Datensicherheit** können spezifische Probleme auftreten. So laufen virtuelle Server nicht ununterbrochen und können deshalb nicht in der Nacht routinemäßig gescannt und upgedatet werden, sondern erst mit Start, wodurch die Performanz sinken kann.[80] Auch muss beachtet werden, dass mit einem Umzug der IT in die Cloud auch die betriebseigene schützende »Demilitarized Zone« verlassen wird, wodurch neue Schutzmaßnahmen erforderlich werden.[81]

B. IT-Projekte

57 IT-Projekte umfassen typischerweise Hardware- und Software-Komponenten. Maßgeblich muss immer die Problemlösung sein. Sie legt fest, welche Software benötigt wird, und die Software wiederum, welche Hardware einzusetzen ist. Kompatibilitätsprobleme und (oft erhebliche) Mehrkosten entstehen, wenn vorhandene »EDV-Inseln« (auch »Legacy« genannt) in ein neues IT-System eingebunden werden müssen, etwa die gern zitierte, vom EDV-Leiter vor Jahrzehnten (zumal in COBOL) selbst geschriebene Lagerverwaltung. Die Einbindung solcher Inseln (etwa über erst individuell zu erstellende Schnittstellen und Konvertierungsprogramme) kann erheblich teurer kommen als der Erwerb eines kompatiblen neuen Anwendungsmoduls, vor allem, wenn der Anbieter keine Wartung der EDV-Inseln übernehmen will bzw. kann.

I. Erstellung

58 Die Einführung neuer Systeme und Erstellung oder jedenfalls Anpassung neuer Software über Parameter bedarf einer detaillierten, Punkt für Punkt in der Vertragserfüllung überprüfbaren Aufgabenstellung, d. h. einer fachlichen Anforderungsspezifikation, für die der Anbieter eine IT-bezogene Lösungskonzeption bearbeitet.[82] Hier ist eine Diskrepanz zwischen der Begriffsverwendung durch die Rechtsprechung und durch die IT-Praxis zu beachten. Die Rechtsprechung bezeichnet bereits diese Fachkonzeption als »Pflichtenheft«,[83] während man in der IT-Praxis hier von einem »Lastenheft« spricht[84] und als »Pflichtenheft« das DV-technische Konzept versteht.[85] Bei der Vertragsgestaltung ist also den Parteien zu raten, die von ihnen verwendeten Begriffe einheitlich zu definieren.

---

79 *Petri* S. 26.
80 *Petri* S. 29.
81 *Petri* S. 29.
82 S. hierzu etwa *Ebert*, Systematisches Requirements Management.
83 So etwa der BGH CR 1992, 543 – Zugangskontrollsystem.
84 Der Begriff »Lastenheft« beinhaltet nach DIN 69901 die Gesamtheit der Anforderungen des Auftraggebers an die Lieferungen und Leistungen eines Auftragnehmers, das »Pflichtenheft« die ausf. Beschreibung der Leistungen, die erforderlich sind oder gefordert werden, damit die Ziele des Projekts erreicht werden.
85 So auch die VDI-Richtlinie 2519 Blatt 1 – Vorgehensweise bei der Erstellung von Lasten-/Pflichtenheften.

II. Vorgehensmodelle

Die Entwicklung von Software und Systemen wird, nicht zuletzt zwecks besserer Steuerbarkeit, oft in verschiedene typische Phasen aufgeteilt, die zu einem Phasenschema geordnet werden können. Hierfür wurden verschiedene Vorgehensmodelle entwickelt.[86] Das **Wasserfall**-Modell geht streng sequenziell vor. Auf eine vorherige Phase darf nur zurückgesprungen werden, wenn deren Ergebnisse fehlerhaft und zu korrigieren sind.[87] Verfeinert wird das Wasserfall-Modell im **Spiral-Modell**, das die Entwicklung als evolutionären Prozess sieht und mit Spiralzyklen arbeitet. Am Anfang der Spirale sind die Ziele und Anforderungen festzulegen, weiter die Alternativen/Lösungsvarianten und die Nebenbedingungen und Einschränkungen.[88] Das Spiral-Modell baut wesentlich auf dem Erstellen von Prototypen auf. In der Praxis weit verbreitet ist das **V-Modell**, das sehr detailliert Teilschritte und deren Koordination regelt. Es umfasst auch Qualitätssicherung, Konfigurations- und Projektmanagement[89] und enthält zudem zwei Prüfungen, nämlich die Verifikation (»Haben wir das Produkt richtig entwickelt?«) und die Validierung (»Haben wir das richtige Produkt entwickelt?«).[90]

59

III. Qualitätssicherung

Die Entwicklung von Software und IT-Systemen muss qualitätsgesichert erfolgen. Da die Qualitätssicherung (QS) wesentlich der erleichterten Fehlerrückverfolgung dient, kann sie nur parallel zur Entwicklung durchgeführt werden. QS ist also nicht nachholbar. QS darf vom Kunden auch ohne besondere Vereinbarung als einzuhaltender Stand der Technik erwartet werden.

60

Allgemein gelten für das Qualitätsmanagement die Prozessnormen EN ISO 9000:2005, 9001:2000 und 9004:2000.[91] Ergänzend sind anwendungsspezifisch Produktnormen einzuhalten, so etwa ISO 12119 für die Prüfung von Software-Produkten und DIN 66 271 zu den Produktmerkmalen Funktionalität, Zuverlässigkeit, Benutzbarkeit, Effizienz, Änderbarkeit und Übertragbarkeit.

IV. Abnahme

Soweit Software (oder Systeme) nicht einfach nur fertig geliefert, sondern erstellt bzw. angepasst (Software) oder konfiguriert (Systeme) werden, ist von den Anforderungen der Praxis her eine Abnahme (§ 640 BGB) im Sinne des Werkvertragsrechts unverzichtbar. Solange die Anwendbarkeit des § 640 BGB insbesondere bei Software-Auslieferung (wegen § 651 BGB, s. Kap. 4 Rdn. 48 ff., 57–70, 77–88) nicht gesichert ist, sollte das **Abnahmeerfordernis** im System-/Softwarevertrag unbedingt ausdrücklich vereinbart werden.

61

Die Abnahme macht aber nur Sinn, wenn sie in der Form einer definierten **Funktionsprüfung** vereinbart wird und erfolgt. Nun ist es sicher zutreffend, dass, wie erwähnt, in begrenzter Zeit kaum ein System oder eine Software in allen Verästelungen der Funktionalität getestet werden kann. Aber es sollten doch die Kernfunktionen überprüft werden, also insbesondere die Abläufe der zentralen Geschäftsprozesse, etwa die komplette Abwicklung einer Kundenbestellung vom Auftragseingang über Datenaufnahme, Disposition im Wa-

62

---

86 Zu diesen Modellen s. näher *Hansen/Neumann*, Wirtschaftsinformatik 1, S. 264.
87 *Hansen/Neumann*, Wirtschaftsinformatik 1, S. 268.
88 *Hansen/Neumann*, Wirtschaftsinformatik 1, S. 269.
89 Ausführlich s. *Hansen/Neumann*, Wirtschaftsinformatik 1, S. 271 ff.
90 *Hindel/Hörmann/Müller/Schmied* S. 18.
91 Für Software gilt außerdem DIN/ISO 9000 Teil 3 weiter.

renlager oder in der Produktion, Fakturierung, Versand, etc. Festzulegen und zu vereinbaren sind auch die Testdaten und -fälle, ebenso, ob diese der Anbieter oder der Kunde zu benennen hat. Während der Funktionsprüfung ist außerdem daran zu denken, den Vorbehalt nach § 640 Abs. 2 BGB hinsichtlich erkannter Mängel zu erklären.

63 Besonders häufig treten in der Praxis Probleme auf, wenn der Kunde Sonderwünsche äußert oder aus sonstigen Gründen Änderungen erforderlich werden, etwa aus Mängelbeseitigungen. Insbesondere bei individueller Programmentwicklung wird hier der Zusatzaufwand umso größer, je später der Änderungswunsch geäußert wird oder die Mängelbeseitigung im Code erfolgt. Beide Seiten sollten diesen Zusatzaufwand prüfen bzw. kalkulieren, bevor mit der Änderung begonnen wird. Hierfür bietet sich das »**Change Management**«-Verfahren nach ISO 20000 an. In diesem wird zunächst der Change Request definiert und über diesen dann entschieden.

V. Komplexe Anwendungen

64 Kaum ein Unternehmen kommt noch ohne IT aus. Oft werden ganze Wertschöpfungsketten durch Rechner gesteuert, vom Rohstofflieferanten bis zum Endverbaucher (**Supply-Chain-Management**, SCM). SCM-Systeme erlauben, die komplette Logistikkette am Rechner mit dem aktuellen Stand zu verfolgen (bis zur GPS-gestützten Fuhrparksteuerung). Die Kehrseite dieses Ansatzes ist freilich, dass beim Zusammenbruch des Systems auch nur auf einer Stufe die gesamte Kette mit entsprechend hohem Verzögerungsschaden brechen kann. Bereits bei der Leistungsbeschreibung für solche Systeme ist deshalb z. B. für entsprechend gesicherte Auslegung zu sorgen (etwa mittels Datenspiegelung, Mirroring). Bei Leistungsstörungen müssen die Folgen in der gesamten Kette substantiiert dargelegt werden.

C. Kommunikationsnetze

65 Rechner lassen sich in unterschiedlichsten Kommunikationsnetzen miteinander verknüpfen. Das (wohl auch in der Beratungspraxis) wichtigste ist das Internet. Es existieren aber außerdem weitere Kommunikationsnetze, so etwa das extrem leistungsfähige Wissenschaftsnetz (WiN-X) des Deutschen Forschungsnetzes (DFN) mit immerhin 2,5 Millionen Nutzern, aber auch abgegrenzte Peer-to-Peer (P2P)-Netze im Internet, die zentral, nämlich serverbasiert (z. B. Napster) oder dezentral, d. h. serverlos verwaltet werden (z. B. Gnutella oder Kazaa).[92]

66 In Kommunikationsnetzen werden unterschiedliche **Komponenten** zur Verknüpfung eingesetzt, die Ziel etwa von Abhörangriffen sein können.[93] Repeater dienen einfach nur zur Signalverstärkung in einem Netz. **Hubs** sind Multiportrepeater, die mehrere Netze verbinden. **Bridges** verbinden unterschiedliche Netze (etwa Ethernet und Token Ring) und stimmen hierfür zusätzlich Protokolle ab.[94] Ein **Switch** verbindet verschiedene Netzsegmente auf der zweiten ISO/OSI-Schicht (data link layer).[95] Ein Router führt auf der Netzwerkschicht die Wahl der Wege durch und leitet Pakete weiter.

---

[92] Ausf. s. *Koch*, InternetR, S. 712 ff.
[93] Zum Folgenden s. *Eckert* S. 80 ff.
[94] Eine Bridge ist etwa auch ein WLAN-Access Point (*Eckert* S. 82).
[95] Zu dem ISO/OSI-Schichtenmodell s. Rdn. 68.

I. Internet

Das Internet[96] ist ein weltweites Kommunikationsnetz aus miteinander verknüpften Rech- **67**
nernetzwerken.[97] In ihm werden allen angeschlossenen Rechnern über einen einheitlich definierten Adressraum und das Internet Protocol (IP) aus Nummernfolgen bestehende Adressen zugeordnet. Über Domain Name Server (DNS)-Rechner können diese Ziffernfolgen in (leichter merkbare) Domainnamen übersetzt werden (und umgekehrt, reverse look-up).

Grundlage der Datenkommunikation in Netzen ist das **ISO/OSI**(Open Systems Intercon- **68**
nection)-**Schichtenmodell**. Sender und Empfänger setzen hierbei ein Kommunikationsprotokoll mit sieben Schichten ein.[98] Auf jeder Schicht werden in und zwischen den beteiligten Rechnern bestimmte Aufgaben erledigt. Die Kommunikation im Internet zwischen den angeschlossenen Rechnern wird über das IP und das Transmission Control Protocol (TCP) und ergänzende Protokolle gesteuert[99] (kurz: **TCP/IP**). Das IP steuert (als dritte Schicht im OSI-Referenzmodell) den Verbindungsaufbau im Netz (zwischen den Netzen über Router), das TCP (als vierte Schicht) die Aufteilung zu transportierender Dateien in kleine, einheitlich strukturierte IP-Datenpakete (»Datagramme«), die nach Weiterleitung durch Routingrechner im Zielserverrechner in der Reihenfolge ihrer Aufteilung wieder zusammengesetzt werden.[100] Beim (meist von Netzanbietern, Carriern, gesteuerten) Routing werden Dateifragmente in durchnummerierten Datenpaketen teilweise über unterschiedliche Leitungswege weitergeleitet.[101] Die Strecken werden durch Berechnung mit besonderen Algorithmen optimiert. Der gewählte Weg kann über besondere Rückverfolgungsprogramme festgestellt werden (Tracing). Eine Nutzung transportierter Dateiteile ist beim Routing allein schon wegen deren Fragmentierung nicht möglich (weshalb ein Vervielfältigen, soweit es überhaupt vorliegt, hier über § 44a UrhG einwilligungsunabhängig zulässig ist). Routing findet auch in LANs statt.

Jedem der Dienste (z. B. E-Mail) im Internet ist auf den Rechnern eine bestimmte **Port-** **69**
Nummer zugeordnet. Die zu transportierenden Datenpakete enthalten in der Kopf-information (header) die jeweilige Portnummer.[102] Der Dienst **FTP** (File Transfer Protocol) dient

---

96 Der Begriff »Internet« wurde aus den Begriffen »Interconnected« und »Network« gebildet. Entstanden ist das Internet aus dem 1969 gebildeten Arpanet des US-Verteidigungsministeriums.
97 Die einzelnen Rechnernetze werden durch Router verbunden.
98 Übersicht über die Schichten: 1. Bitübertragungsschicht (Datenübertragung, Netzzugang), 2. Sicherungsschicht (Data Link, Netzzugang), 3. Vermittlungsschicht (Network, Internet: IP), 4. Transportschicht (Segmentierung der Datenpakete; Internet: TCP), 5. Sitzungsschicht (Steuerung der Prozesskommunikation zwischen Sender und Empfänger), 6. Darstellungsschicht (systemabhängige Datendarstellung), 7. Verarbeitungs- bzw. Anwendungsschicht (z. B. E-Mail, Datenübertragung). Ausf. s. *Stein* S. 29.
99 In der Federal Network Council (FNC)-Resolution v. 24.10.1995 (www.nitrd.gov/fnc/Internet_res.html) wurde eine offizielle Definition des Begriffes des Internets festgelegt. »›Internet‹ refers to the global system that –(i) is logically linked together by a globally unique address space based on the Internet Protocol (IP) or its subsequent extensions/follow-ons;(ii) is able to support communications using the Transmission Control Protocol/Internet Protocol (TCP/IP) suite or its subsequent extensions/follow-ons, and/or other IP-compatible protocols; and(iii) provides, uses or makes accessible, either publicly or privately, high level services layered on the communications and related infrastructure described herein.«.
100 Auf der dritten Schicht (IP) lassen sich Sender- und Empfängeradressen feststellen, auf der vierten Schicht der adressierte Port.
101 Folge hieraus ist, dass auf einem bestimmten Routerrechner meist nur Teile einer Datei zu finden sind, die Datei jedenfalls auf diesem Rechner also nicht rekonstruiert werden kann (sondern erst im Zielrechner).
102 Beispiele: FTP-Steuerung Nr. 21, Telnet Nr. 23, smtp Nr. 25, WWW Nr. 80, POP3 Nr. 110. Ausf. s. *Fuhrberg* S. 25 Tabelle 3.

zum Herunterladen (Download) von Dateien und (das kaum noch genutzte) Telnet zur Steuerung externer Rechner.[103]

70 Für **E-Mail** sind zwei grundverschiedene Protokolle zu unterscheiden: Unter dem Post Office Protocol Version 3 (POP3)[104] wird eine E-Mail vom Mail-Serverrechner des Maildienst-Anbieters durch den Nutzer abgerufen und auf dessen Rechner gespeichert, aber auf dem Mail-Serverrechner gelöscht. Unter dem Internet Message Access Protocol Version 4 (IMAP4)[105] bleiben die E-Mails auf dem Serverrechner auch nach Abruf erhalten, sodass verschiedene Nutzer über ihre Client-Software auf dieselbe E-Mail zugreifen können, aber für das Lesen immer eine Netzverbindung benötigen. Die Versendung der E-Mail erfolgt mittels des Programms smtp (simple mail transfer protocol).

71 Auch die Übertragungsform von E-Mails weist zwei Ausprägungen auf: Der Abruf durch den Nutzer muss durch diesen initiiert werden (**Pull**). Eilige E-Mails können so bei unregelmäßigem Abruf inaktuell werden. Möglich und von einigen Anbietern eingesetzt ist freilich auch eine Übertragung der E-Mail an den Nutzer sofort bei Eingang beim Provider (**Push**). Die Nutzer erhalten so jede E-Mail ohne nennenswerte Verzögerung, müssen aber ständig online sein. Mit Webseiten verknüpfte Webmail (durch die der Nutzer über eine Anbieter-Webseite z. B. sofort ein Produkt bestellen kann) beruht regelmäßig auf IMAP4.

72 Nicht immer unproblematisch ist die Nutzung von **Anonymous Remailers**, die als Zugangsvermittler die Absenderadresse einer E-Mail entfernen und die E-Mail dann selbst weiterübertragen (also nicht zum Abruf bereithalten), wodurch die Rückverfolgung von Rechtsverletzern erschwert sein kann.

73 Direkte Kommunikation in Echtzeit ist im Internet Relay Chat (**IRC**) möglich. Diskussionsforen werden hier in Channels zusammengefasst. Bei einer Vielzahl angebotener Channels kann der Betreiber kaum jeden Beitrag zeitgleich prüfen, schon gar nicht vor dem Online-Schalten, wohl aber nach Kenntniserlangung.

74 Langsam entwickelt sich auch das Internet- bzw. **IP-TV**. Möglich ist der Abruf einzelner Sendungen zu frei gewählten Zeitpunkten (Pull) oder das Sicheinschalten in eine laufende Übertragung (Push).

75 In das Internet kann der Kunde auf verschiedene Weise gelangen.[106] Beim **Hosting** lädt er seine Daten auf den Serverrechner des Providers und lässt sie dort für Dritte im Internet zugänglich machen bzw. lädt empfangene Dateien oder E-Mails herunter. Zugleich lässt er meist eine Domain vom Provider registrieren und verwalten (Domain-Hosting). Beim Server-**Housing** stellt der Kunde hingegen seinen Rechner, den er selbst verwaltet (»administriert«), in die Räume des Rechenzentrums des Anbieters und lässt ihn an das Internet anschließen (»konnektieren«) und mit Strom versorgen. Er kann aber auch einen konnektierten Rechner des Anbieters mieten, um ihn selbst zu verwalten (dedizierte Rechner).

76 In jedem dieser Fälle benötigt der Kunde außerdem eine weitere Anbieterleistung, nämlich das **Access Providing**, also das Herstellen und laufende Unterstützen der Verbindung zum Kommunikationsnetz.

77 Das **World Wide Web** (WWW) ist ein weltweit verknüpftes Netzwerk von über das Internet identifizier- und abrufbaren, im Hypertextsystem[107] erstellten Webseiten. Das WWW

---

103 Telnet ist eine Emulation externer Terminals zwecks Zugriffs auf fremde Rechner. Dies erleichtert im Rahmen von Wartung die Durchführung von Ferndiagnosen, kann freilich auch ein Einfallstor für externe Angriffe darstellen.
104 Definiert in Request for Comment (RFC) 1939.
105 Definiert in RFC 2060.
106 Zur Abgrenzung s. *Koch*, InternetR, S. 32 f.
107 Das WWW basiert auf dem HTTP (Hypertext Transfer Protocol; mit Verschlüsselung HTTPS), HTML

ist also nicht mit dem Internet identisch. Webseiten und komplette **Webpräsenzen** können mit Entwicklungssprachen wie HTML, XML, JavaScript und PHP sowie dem CSS (Cascading Style Sheets) sowie Grafikdateiformaten wie GIF, PBG und JPEG erstellt werden. Möglich ist eine Verlinkung im Dokument oder zu anderen Dokumenten auf demselben oder fremden Rechnern im Web. Dargestellt werden können diese Webseiten über Browser-Software auf dem Nutzerrechner.

Über das Internet wird auch das **Application Service Providing** (ASP) angeboten. Hierbei läuft eine Anwendung in der Regel auf dem Anbieterrechner, während der Kunde seine Daten an den Anbieter überträgt und verarbeitet zurückübertragen erhält. 78

Im Web finden sich vielfältige kommerzielle **Plattformen**, die den Handel mit Kunden adressieren (Business-to-Customer, B2C) oder den Handel zwischen Kaufleuten (Business-ness-to-Business, B2B). Solche Plattformen werden in IT-Systemen unterstützt, in denen spezifische Benutzeroberflächen, Datenbanken und Computerprogramme verknüpft werden, die etwa die Beteiligung an Ausschreibungen oder den elektronischen Vertragsabschluss steuern. 79

Auch in einer breiten Öffentlichkeit sind mittlerweile **Online-Auktionen** bekannt. Verschiedene Formen sind möglich, während der grundlegende, rein technisch gesteuerte Ablauf aber gleich bleibt. Meist kann der das jeweilige Auktionsobjekt anbietende Verkäufer einen Mindestpreis, die Gebotsschritte und einen Endzeitpunkt für die Auktion festlegen. Die Interessenten können Gebote abgeben; das höchste Gebot führt zum Vertragsschluss (»**Englische**« Aufwärtsauktion). Das Risiko des Interessenten ist hier, im letzten Augenblick doch noch überboten zu werden. Möglich sind auch umgekehrte Auktionen (»reverse auctions«), bei denen der (anfangs meist sehr hoch festgelegte) Preis in festgelegten Zeitabständen sinkt (»**Holländische**« Auktion bzw. »**Abwärtsversteigerung**«). Hier besteht das Risiko des Interessenten darin, zu lange die Preisreduzierungen abzuwarten und mit dem eigenen Gebot nicht mehr zum Zuge zu kommen, weil bereits ein anderer Interessent geboten hat. 80

Elektronischer Rechtsverkehr wird durch die **elektronische Signatur** erleichtert und teilweise erst ermöglicht. Freilich sind hier verschiedene Signaturformen zu unterscheiden (§ 2 SigG): Die (einfache) elektronische Signatur ist technisch nicht näher definiert, sondern kann auch in einem Passwort bestehen (das etwa beim Komprimieren einer Textdatei vergeben werden kann). Bei der **fortgeschrittenen elektronischen Signatur** müssen die Identifikation des Inhabers eines Signaturschlüssels und das Verfahren der Schlüsselerzeugung gesichert sein; hier können am Markt vorhandene Verschlüsselungsprogramme eingesetzt werden, z. B. Pretty Good Privacy (PGP). Die **qualifizierte elektronische Signatur** setzt zusätzlich für ihre Erzeugung den Einsatz eines qualifizierten Zertifikats und einer sicheren Signaturerstellungseinheit voraus. In der Beratungspraxis wird man noch nicht sehr oft auf die Verwendung qualifizierter elektronischer Signaturen stoßen, da deren Akzeptanz durch (auch geschäftliche) Nutzer eher begrenzt ist. 81

II. Intranets

Internet-Technologie (insbesondere das Protokoll TCP/IP und die Anwendungen Telnet, FTP, DNS etc.) kann dazu verwendet werden, unterschiedlichste und an sich miteinander nicht kompatible Rechner im Unternehmen zu Intranets zu verbinden (wodurch auch alte Rechner wieder zu Ehren kommen können), um unternehmensintern etwa E-Mails 82

(Hypertext Markup Language) als Seitenbeschreibungssprache zur Festlegung von Dokumentformatierungen (inzwischen in der funktionserweiterten Fassung HTML 5) und URLs (Uniform Resource Locators) als adressartige Bezeichnung von Webseiten.

auszutauschen. Mit ausreichend Absicherung durch Verschlüsselungssoftware können auch verschiedene Unternehmen über das Internet zu einem Virtual Private Network (**VPN**) bzw. Extranet verbunden werden.

83 Von Intranets zu unterscheiden sind einheitlich konzipierte und installierte Local Area Networks (LANs) mit eigener Netzarchitektur, z. B. Ethernet, oder mit Internet-Technologie. Werden die Rechner über Funk verbunden, spricht man vom Wireless LAN (kurz: **WLAN**). Hier können sich Dritte über Access Points (Hot Spots) in das WLAN einloggen (wodurch freilich die Datensicherheit erheblich leiden kann, wenn keine ausreichend starke Verschlüsselung möglich ist).

84 Nur auf sehr kurze Reichweiten ist das Funknetz **Bluetooth** ausgelegt (etwa 10 m), um ohne Kabel Komponenten bzw. Geräte wie Notebook und Drucker miteinander zu verbinden.

III. Links, Frames und Metatags

85 Dokumente im Web lassen sich mittels **Links** miteinander verbinden. Aus wechselseitigen sowie weiterführenden Verlinkungen können umfangreiche (und internet-weite) Vernetzungen von Quellen entstehen. Ein Link kann aus einem Dokument zu anderen Dokumenten auf derselben Website führen (»Inline-Link«), aber auch zu Dokumenten auf anderen Websites (Remote Link) bzw. zu deren Uniform Resource Locators (URLs). Grundsätzlich lassen sich alle mittels der Dokumentdarstellungssprachen HTML-/XML[108] erstellten eigenen und fremden Dokumente im Web durch Links verknüpfen. Links können aber auch zu anderen Dateitypen gesetzt werden (etwa auf FTP-Sites[109] oder – mittels IMG (Image)-Link[110] – zu Grafikdateien). Anders als »normale« Links, die offen (gewissermaßen als Transversale) auf andere Dokumente verweisen, erscheinen durch IMG-Links Bilder, eingebettete Objekt und Hintergrundtöne grundsätzlich als Teil des Dokuments, von dem her verwiesen wird.[111] Diese Verweisung ist für den Nutzer (ohne besonderen Hinweis) in der Regel nicht erkennbar. Bildteile können so sogar auf verschiedenen (teilweise sogar grenzüberschreitend verteilten) Host-Rechnern abgelegt werden. Die Bilddatei wird allerdings nicht auf der Website des verweisenden Betreibers in den Text integriert, sondern in die Bildschirmdarstellung beim Nutzer. Nur auf dem Rechner des Nutzers findet mit diesem Downloading also ein Kopieren (und urheberrechtlich ein Vervielfältigen) statt, nicht auf dem Rechner des verweisenden Betreibers.

86 Textstellen, von denen aus ein Link gesetzt ist, sind durch Unterstreichung und/oder mit blauer (oder anderer) Farbe gekennzeichnet. Anklicken der Unterstreichung aktiviert den Link. Links funktionieren nur unidirektional. Wird aus Dokument A auf Dokument B verwiesen, kann der Nutzer zwar über den Browser, der den Pfad speichert, zu Dokument A zurück»surfen«, jedoch kann ein Nutzer, der unmittelbar Dokument B aufruft, nicht zum verweisenden Dokument A navigieren. Der Betreiber, der Dokument B anbietet, muss nicht Kenntnis von Links vom verweisenden Dokument A auf sein Dokument B haben.

87 Die Rechtsprechung beschäftigt hat die Unterscheidung zwischen dem »einfachen« Link auf eine fremde Homepage (als Eingangsseite der Website) oder ein anderes vorgeordnetes

---

108 Die jeweilige Verweisung wird im verweisenden Code im sog. »Zielanker« (»a« für *anchor*) festgelegt (z. B. »<A HREF=http://www.denic.de/</A>«). »HREF« steht für »Hypertext REFerence« und enthält die Adresse, auf die verwiesen wird.
109 FTP steht für »File Transfer Protocol«.
110 Mit dem Tag »img« lässt sich an der Stelle, an der der Tag gesetzt ist, ein Bild einfügen und mit »src« der Pfad festlegen, unter dem das Bild zu finden ist.
111 *Berners-Lee*, Links and Law, Commentary on Web Architecture, www.w3.org/DesignIssues/Link-Law.html, spricht von »embedded material«.

Verzeichnis (teilweise auch »*surface link*« genannt)[112] einerseits und einem »*Deep Link*« auf eine unter dieser Homepage liegende Webseite andererseits. So sah der BGH im Setzen eines solchen Deep Link unmittelbar auf eine tiefer liegende Webseite weder eine urheber- noch eine wettbewerbsrechtliche Verletzungshandlung, wenn der Betreiber der Website keine technischen Schutzmaßnahmen gegen solche Zugriffe implementiert hat.[113]

88 Auf ihren eigenen Rechnern sammeln Nutzer nicht selten häufig annavigierte Links (»Bookmarks«) über eine Funktion der Browser-Software. Durch Anklicken eines Bookmark navigiert der Browser (wie bei Anklicken eines Link) ohne erforderliche URL-Eingabe zur markierten Seite. Bookmarks können, in Listen gesammelt, in verschiedenen Programmen genutzt, und als Datei auch übertragen werden.

89 »**Frames**« sind über Rahmen (oft Laufleisten) abgegrenzte Teilbereiche von Webseiten, in denen fremde Webseiten (oder Teile solcher Seiten) in der anbietereigenen Seite dargestellt werden können. Der Unterschied zu Links besteht darin, dass der Nutzer bei Aktivieren des Verweises nicht auf eine andere (fremde) Webseite weitergeleitet wird, sondern weiterhin die Webseite des verweisenden Anbieters (unter demselben URL) dargestellt erhält, in der aber inkorporiert Teile der anderen Webseite oder auch sonstige Dateien (teilweise auch »Inline-Link« genannt) mitdargestellt werden. Frames werden in der Praxis nicht mehr häufig verwendet.

90 **Meta-Tags** sind Verknüpfungen von Websites für Suchmaschinen durch Begriffe, die in einem besonderen Verweisungsbefehl im Kopfteil der HTML-Beschreibung einer Webseite eingefügt werden. Einige Suchmaschinen werten dieses Begriffsfeld aus und verweisen auf die Webseite. Sucht etwa jemand nach »DENIC« und fügt man diesen Begriff in die Beschreibung für die eigene Seite ein, wird diese eigene Seite in der Trefferliste der Suchmaschine angezeigt. Eine Abwehr von Metatags durch die in Bezug genommene Website ist technisch nicht möglich (von einem Sperren des Zugriffes durch Suchmaschinen auf jene Site einmal abgesehen).

IV. Suchmaschinen, Pop-up-Fenster, Directories

91 Über die Eingabe von Stichwörtern können in **Suchmaschinen**[114] Webseiten gesucht und nach Inhalten oder Metatags ausgewertet werden. Die Suchergebnisse werden in »**Trefferlisten**« angezeigt, die häufig mit Werbung verbunden sind. Die Trefferangaben sind jeweils mit einem Link zu der jeweiligen Webseite verbunden. Suchmaschinen enthalten Robot-Programme, die ständig automatisch das Netz durchsuchen, alle gefundenen Seiten speichern und auch Links zu anderen Seiten finden. Suchwörter werden auch gefunden, wenn sie **unsichtbar** (z. B. weiß auf weiß) geschrieben werden. Hierdurch lassen sich Suchergebnisse manipulativ beeinflussen, ohne dass die Seite besuchende Nutzer dies bemerken. Orientiert sich eine Suchmaschine nach der Häufigkeit der Nennung, kann das **Ranking**, also die Position in der Rangliste der Links durch derartiges unsichtbares Schreiben verbessert werden, etwa wenn Suchwörter Hunderte Male auf einer Seite wiederholt werden.[115]

92 Aus den von einem Suchprogramm gefundenen Seiten (bzw. Teilen dieser Seiten) wird eine Datenbank gefüllt (z. B. Inktomi). Die Links werden durch die Suchmaschine entweder automatisch gesetzt (z. B. bei Google) oder aber durch gezielte Auswahl und teilweise sogar

---

112 Ernst/Vassilaki/*Wiebe* Rn. 4; *Plaß* WRP 2000, 599.
113 BGH GRUR 2003, 958 – Paperboy.
114 Beispiele: AltaVista, Google, Lycos, Alltheweb, etc. Unter suchlexikon.de werden etwa 2700 Suchmaschinen aufgelistet.
115 *Spallek/Kreinacke* S. 35 f.

mit Kurzkommentierung von Links bei redaktioneller Bearbeitung der Suchmaschinenergebnisse (z. B. Yahoo). Je nach Suchmaschine werden bis zu 80 % des »sichtbaren« Webs **nicht** berücksichtigt.[116] Die unterschiedlichen Suchsysteme können bei gleicher Anfrage außerdem unterschiedliche Suchlisten liefern, da verschiedene Suchstrategien eingesetzt werden.[117] Suchmaschinen sind meist so konzipiert, dass Webseiten nach der **Häufigkeit** ihrer Abfrage sortiert und angezeigt werden, die meistabgefragten also an Spitzenplätzen.

93 **Pop-up-Fenster** können bzw. müssen nach Aufruf einer Webseite oder vor deren Verlassen »weggeklickt« werden. Als sog. »**Banner**« werden kleine Flächen mit Werbung auf Webseiten Dritter präsentiert. Durch Anklicken der Banner gelangt der Nutzer über Links auf den Adserver des Bannerbetreibers. Banner[118] können statisch oder (filmähnlich) **animiert** sein (sog. »*Flash Banner*«)[119] und sogar Videosequenzen beinhalten (sog. »*Rich Media Banner*«) oder beim Berühren mit der Maus ein Auftragsformular aufrufen (»*Interactive Banner*«).

94 Mit **Directories**[120] können Daten von Mitarbeitern oder sonstigen Nutzern wie Mail-Adressen, Telefonnummern, User-IDs und Passwörter zentral an einer einzigen Stelle im Unternehmen verwaltet werden. Änderungen müssen nicht an vielen Stellen dezentral und damit arbeitsaufwendig mit Wiederholungen durchgeführt werden. Datenredundanzen werden vermieden. Die X.500-Spezifikation enthält die grundlegenden Festlegungen für Namensdienste.[121] Die Directories werden zumeist auf eigenen, hierfür ausgelegten Serverrechnern verwaltet. Diese Server müssen im Umfang der verwaltbaren Datenmengen skalierbar sein.

95 **Sicherheitsbezogen** ist insbesondere zu klären, ob und unter welchen Sicherungen ein anonymer Zugriff auf Daten möglich ist, welche Gruppierungen im Unternehmen besondere Zugriffsrechte haben, ob Informationen über verschlüsselte Verbindungen ausgetauscht werden müssen und wie die Zugriffskontrollen im Server umgesetzt werden.[122]

V. »Web 2.0«

96 Eine neue Generation von »Social Software« erlaubt die dezentrale und unkomplizierte Kommunikation zwischen Nutzern sowie den Austausch von Audio-, Bild- oder Videodateien. Diese Techniken werden nicht mehr nur durch private »User« genutzt, sondern zunehmend auch im Business-Bereich für Werbung und Marketing. Informationskanäle werden individualisiert (»Feeds«) und vernetzt (»Permalinks«).

97 In **Weblogs** (auch abgekürzt als »Blogs«) kann jeder Nutzer Informationen im Web anbieten. Blogs werden zunehmend auch von Unternehmen zur Präsentation oder zur Diskussion mit Kunden genutzt (»Corporate Blogs«). Eine Weiterentwicklung mit gewisser Verwandtheit mit SMS ist »**Twitter**« für kurze Mitteilungen (»Tweets«) von maximal 140 Zeichen, auch »Microblogging« genannt.[123]

98 Mittels **Podcasts** können Medieninhalte wie Audio- oder Videodateien von den Nutzern bequem auf ihre Rechner bzw. »iPods« heruntergeladen werden (z. B. einzelne Songs oder aber die neueste Ausgabe der Tagesschau der ARD). Für Podcasts ist zu unterscheiden,

---

116 *Schüler* c't, 1/2003, 54, 55 und bereits c't 9/2002, 174, 175.
117 *Masermann/Vossen*, Suchmaschinen und Anfragen im World Wide Web, Informatik Spektrum 21/1998, 9 (10).
118 Folgende Aufzählung nach *Heyms/Prieß* S. 191 f.; s. a. www.werbeformen.de.
119 *Graf/Gründer* S. 90; *Fröhle* S. 22.
120 Ausf. hierzu s. *Koch*, InternetR, S. 21 f.
121 Auf ihr basiert etwa *ldap* (Lightweight Directory Access Protocol, *Gergen*, S. 29).
122 *Gergen* S. 79.
123 *Krieg* K&R 2010, 73.

ob beim Downloading ein Abspeichern auf dem Zielrechner stattfindet oder nur Werkteile im Verfahren des **Streaming** dem Nutzer am Bildschirm (oder Lautsprecher) dargestellt und sofort wieder gelöscht werden, also kein Vervielfältigen erfolgt. Diese Abgrenzung ist wichtig, da dann, wenn nur das Verfügbarmachen durch den Rechnerbetreiber im Web als öffentliches Zugänglichmachen (§ 19a UrhG) erfasst wird, nicht aber das Abrufen durch den Nutzer, der Nutzer beim Streaming keiner Rechteeinräumung bedarf.

Wikis lassen sich als vernetzte, HTML-basierte Webseiten verstehen, die sich schnell erstellen und mit anderen Wiki-Seiten verknüpfen lassen. Ein Beispiel findet sich unter www.jurawiki.de, das wohl wichtigste aber unter »www.de.wikipedia.org« 99

Einzelne weitere Community-Dienste (auch »**soziale Netzwerke**« genannt) sind die **Plattformen** facebook.com oder MySpace.com (mit in das Netz gestellten persönlichen Profilen, Kontakt-/Freunde-Listen oder Nachrichten), StudiVZ und SchuelerVZ, die Foto-Community flickr.com, die Videoplattform YouTube.com,[124] das Suchportal del.icio.us, das Business Network LinkedIn.com, Xing.com und der Technologie-Nachrichten-Blog Digg.com.[125] Nutzer beachten nicht immer (aber wohl zunehmend) den über Privatsphäre-Einstellungen teilweise steuerbaren Schutz ihrer personenbezogenen Daten, der zudem bei US-Diensten nur sehr begrenzt durchsetzbar ist. Personenbezug können Daten in persönlichen Profilen, Kontaktlisten, Facebook-»Freunde«listen, Nachrichten oder Blogs haben. Sieht man soziale Netzwerke als rechtsgeschäftsähnliche Schuldverhältnisse an,[126] so ist die Verwendung dieser Daten nur im Rahmen und bezogen auf die Zweckbestimmung eines solchen Schuldverhältnisses zulässig. Unzulässig ist dann ein durch Dritte erfolgendes, netzwerkübergreifendes Verfolgen des Surfverhaltens (»Tracking«)[127] und Zusammenführen von Personendaten und die uneingeschränkte Auswertung der Daten durch (Personen-)Suchmaschinen. Jedoch entstehen in der Praxis teilweise erhebliche Schutzlücken, wenn etwa Nutzer den von Facebook auf immer mehr Anbieter-Webseiten implementierten »I like«-Button (ein »Social Plugin«) anklicken und dies zugleich ihren Facebook-»Freunden« mitteilen.[128] Besuchen Nutzer, die nicht Facebook-Mitglieder sind, die jeweilige Webseite, wird dennoch dieser Besuch (Visit) und die IP-Adresse des Nutzers registriert und zwar auch dann, wenn der Nutzer den Button überhaupt nicht anklickt.[129] 100

Mit **Really Simple Syndication** (RSS) können bequem und leicht Webinhalte automatisiert verteilt werden. Aus Webdiensten, Suchmaschinen, etc. lassen sich über ein Enterprise **Mashup** verschiedene Inhalte kombinieren. Zunehmend werden auch zur zeitlich begrenzten Nutzung Services zur Nutzung angeboten (Software as a Service, **SaaS**). 101

---

124 MySpace und YouTube haben ihren Sitz in Kalifornien, Facebook in Delaware. Überraschend ist, dass YouTube unter Ziff. 16.5 der Nutzungsbedingungen dessenungeachtet die Anwendbarkeit von *britischem* Recht und die Zuständigkeit britischer Gerichte vereinbart sehen will.
125 Übersicht in: Computerwoche 35/2006, 12 und 51–52/2006, 21.
126 So *Bergmann/Möhrle/Herb*, Komm. zum Datenschutzrecht, § 28 BDSG Rn. 225 (Erg.-Lief. April 2010).
127 Enquête-Kommission Internet, 13, 14; *Maisch* ITRB 2011, 13.
128 Zu solchen Empfehlungssystemen s. *Lerch/Krause/Hotho/Roßnagel/Stumme* MMR 2010, 454.
129 *Maisch*, Like-Button von Facebook, www.lto.de/de/html/nachrichten/1603/facebook-Personenbezogene-Daten-gefaellt-mir-button. 30.09.2010; *Maisch* ITRB 2011, 13; *Gennen/Kremer* ITRB 2011, 59 (61); Enquête-Kommission Internet, 15.

D. Domainnamen

I. Funktion

102 Grundlage des Namenssystems im Internet sind die **Internet-Protokoll(IP)-Adressen**, die aus reinen Zahlenreihen bestehen. Sie werden (mnemonisch leichter merkbaren) Namensbezeichnungen, den **Domainnamen** zugeordnet, so etwa die Ziffernfolge »207.151.159.3« der Domain »www.internic.net«. Diese Zuordnung wird in Domain-Name-Server(DNS)-Rechnern verwaltet. Alle Domainnamen haben eine festgelegte, von rechts her aufzuschlüsselnde Struktur. In der Domain »www.denic.de« steht z. B. ».de« als Top Level Domain für Deutschland, »www.« für den Dienst World Wide Web und »denic« für die eigentliche individuelle Domain-Bezeichnung, die die Second-Level-Domain ist. Nach links können weitere Untergliederungen als Third, Fourth, Fifth etc. Level erfolgen.

II. Top Level Domain-Typen

103 Länderbezogen sind die **Country Codes** (cc)-Top Level Domains wie ».de«, ».uk« (Großbritannien), ».fr« (Frankreich), ».us« (USA) oder ».it« (Italien) und ».eu« für Europa. Die ccTLDs werden nach dem ISO-Code 3166–1 Alpha 2 gebildet.[130]

104 Die **generischen** Top Level Domains (gTLDs) sind auf Nutzungszwecke bezogen, so etwa ».com« für kommerzielle Zwecke, von internationalen ».int« für internationale und ».org« für nichtkommerzielle Organisationen, ».net« für Netzverwaltungseinrichtungen.[131] Weitere gTLDs sind etwa ».info«, ».biz«, ».name« (für natürliche Personen) und ».pro« (für Freiberufler), außerdem ».aero« für Luftfahrtunternehmen, ».coop« (Genossenschaften) und ».museum«.[132]

Registriert werden können auch Domainnamen mit **Umlauten**, die dem Standard der **Internationalized Domain Names (IDN)** entsprechen[133] und auch das Registrieren in Sprachen wie Griechisch, Hebräisch, Arabisch, Chinesisch, Japanisch oder Russisch ermöglichen mit den jeweiligen Zeichensätzen.

Second Level Domain-Namen werden von den jeweils zuständigen Vergabestellen vergeben, so etwa »http://de.*wikipedia*.org«. **Subdomains** können von den Inhabern einer Second Level Domain frei gewählt werden, z. B. »http:/en.wikipedia.org/*wiki/Toplevel_domain*«.

III. Vergabe- und Verwaltungsorganisationen

105 International vergibt ICANN (Internet Corporation for Assigned Names and Numbers) beantragte ccTLDs und gTLDs über das InterNIC zur Verwaltung als Registry und in Akkreditierungsvereinbarungen mit den Registrars.[134] ICANN verwaltet die IP-Adressregis-

---

130 Zu ISO 3166 s. www.din.de/gremien/nas/nabd/iso3166ma. Inzwischen gibt es über 200 ccTLDs; aktuelle Übersicht in alphabetischer Reihenfolge bei de.wikipedia.org/wiki/TopLevelDomain (Abruf 01.06.2011; Bearbeitungsstand 19.05.2011).
131 Nur von berechtigten Stellen dürfen bestimmte TLDs verwendet werden, so etwa von US-Regierungsbehörden »gov.«, vom US-Militär ».mil«, im US-Erziehungsbereich »edu«.
132 http://en.wikipedia.org/wiki/Generic_top-level_domain mit Auflistung aller gTLDs (Abruf 01.06.2011; Bearbeitungsstand 06.05.2011).
133 S. heise online 24.11.2003, heise.de/newsticker/data/anw-24.11.03–001. Eine Auflistung aller IDNs findet sich unter http://en.wikipedia.org/wiki/Internationalized_domain_name (Abruf 01.06.2011; Bearbeitungsstand 12.03.2011), S. 4.
134 *Rayle* S. 11.

III. Vergabe- und Verwaltungsorganisationen

trierung, die regionale Weitergabe der IP-Adressräume an die Regional Internet Registries, das Root-Server-Management, die Domain-Datenbanken-Verwaltung und die Einführung des erweiterten Internet-Protokolls IPv6.[135] ICANN bestellt **Registrare** zur Vergabe der Domains an Nutzer. ICANN wird durch die Generic Namen Supporting Organization (GNSO) unterstützt. ICANN verwaltet die **WHOIS**-Datenbank, in der registrierte Domains abgefragt werden können. Die nationalen NICs, z. B. DENIC, übernehmen die jeweilige Teilverwaltung von WHOIS. ICANN folgt dem WIPO-Schlichtungsmodell der **Uniform Domain Name Dispute Resolution Policy** (UDPR)[136] mit den zugehörigen UDPR-Rules für alle generischen Top Level Domains.

Für die einzelnen europäischen Staaten bestehen eigene Vergabeorganisationen, in Deutschland etwa das *DE*utsche *N*etwork *I*nformation *C*enter (**DENIC**) e. G. DENIC ist nur für die Verwaltung der ccTLD ».de« zuständig, also hierfür die Registry. Für die neue, europäische ».eu«-TLD ist **EURid** als Vergabestelle zuständig. Die VO Nr. 874/2004[137] enthält die Grundregeln der Registrierung. Unternehmen und Bürger können sich direkt nach dem First-Come-First-Serve-Prinzip registrieren lassen.

106

E. Technischer Rahmen der Haftung im Internet

Rechtlich umstritten ist für das Internet vor allem die Haftung der Betreiber von Host-Rechnern (Host Service Providern) und Zugangsvermittlern (Access Providern) für durch sie zugänglich gemachte fremde Informationen, unproblematisch dagegen die fraglose Haftung von Content Providern für eigene Informationen. Zu den Grundsätzen der Haftung im Internet s. Kap. 8 Rdn. 75–96.

107

Ein Problem entsteht durch die Vielgestaltigkeit der Leistungsangebote der genannten Internet Service Provider (ISP). Hierzu gehören große TK-Unternehmen mit eigenem Netz (Network-Provider) und Zugangsvermittlung, Betreiber von Internet-Foren oder individuellen Weblogs mit fremden Diskussionsbeiträgen, Betreiber von Portals, Internet-Auktionen und Suchmaschinen, News-Diensten und zentralen oder dezentralen Filesharing-Diensten, aber auch Betreiber von Routerrechnern (Vermittlungsrechner im Netzwerk). Vor rechtlicher Wertung muss hier für jede Leistungsform geprüft werden, ob und in welchem Umfang der jeweilige Betreiber von der technischen Konzeption seines Dienstes her den Inhalt zu übermittelnder Datenpakete erkennen und etwa ausfiltern kann. Bei Routerrechnern sind solche Möglichkeiten deutlich eingeschränkt, da in diesen Rechnern Datenpakete einfach nur weitergeleitet, nicht aber in welcher Form immer dargestellt werden (können). Bei Meinungsforen können die Beiträge vor dem Online-Stellen geprüft werden, sofern die Anzahl der Teilnehmer begrenzt ist oder deren Äußerungen moderiert bzw. redaktionell bearbeitet werden (z. B. die Bewertungen von Büchern durch Leser in Online-Buchhandlungen), aber nicht beim Chat in Echtzeit. Ähnlich ist für Online-Spiele wie »Second Life« zu unterscheiden, in denen Teilnehmer mit frei wählbarer Identität ihrer Avatare auftreten.

108

Außerdem ist hinsichtlich der Providerhaftung zwischen Schadensersatzansprüchen, die Vertretenmüssen voraussetzen (etwa bei Nichtsperren trotz Kenntnis), und Abwehransprüchen gegen Provider als Störern zu unterscheiden. Störer können Provider beim

109

---
135 ICANN Information, www.icann.org/tr/english.html (Abruf 01.06.2011; Bearbeitungsstand 13.08.2010).
136 Mit Stand 24.10.1999, www.icann.org/udrp (Abruf 01.06.2011; Bearbeitungsstand 13.08.2010).
137 Verordnung (EG) Nr. 874/2004 der Kommission v. 28.04.2004 zur Festlegung von allgemeinen Regeln für die Durchführung und die Funktionen der Domäne oberster Stufe ».eu« und der allgemeinen Grundregeln für die Registrierung, ABl 2004, Nr. L 162 v. 30.04.2004, 40.

Host-Providing sein, aber auch etwa in ihrer Rolle als »Admin-C« für den Kunden, also dessen Vertreter gegenüber der Registrierungsstelle. Störerhaftung für Informationen wird grundsätzlich auf Entfernen oder Sperren der jeweiligen rechtsverletzenden Information gerichtet sein (und ist vom Vertretenmüssen unabhängig). Welche Maßnahmen hier jeweils technisch möglich und wirtschaftlich zumutbar sind, muss im Einzelfall entschieden werden. Technische Rahmenbedingungen können hier von wesentlicher Bedeutung sein.

110 Der Diensteanbieter muss sich grundsätzlich darauf einrichten, auch aus großen Datenmengen bestimmte Informationen herausfiltern und vom Nutzerzugriff ausschließen zu können. Größe von Datenbanken rechtfertigt keinen Kontrollverlust. Allerdings ist auch mit sehr schneller und leistungsfähiger Hardware eine Kontrolle **aller** transportierten Dateien jedenfalls in Echtzeit nicht möglich,[138] ebenso wenig eine Kontrolle von Audio- und Video-Streams.

111 Zwar ist der Provider grundsätzlich nicht zu präventiven Kontrollen verpflichtet, wohl aber dazu, bei **Beschaffung** auf Ausstattung seiner Systeme mit den nach dem Stand der Technik möglichen Kontrollmechanismen zu bestehen. Hierzu wird gehören, Eingriffsmöglichkeiten zu implementieren, die es gestatten, gezielt die Nutzung bezeichneter Informationen zu entfernen oder zu sperren, ohne hierdurch die Nutzungsmöglichkeiten für andere Kunden einzuschränken oder gar aufzuheben. So würde z. B. die Sperrung der Port-Nummer eines Dienstes (etwa Port 119 für News-Server) für alle Kunden des Anbieters den Zugriff auf den News-Dienst **insgesamt** blockieren.[139]

Bei **telnet** muss sich der Nutzer in ein fremdes System einloggen. Dessen Anbieter kann diese Aktivität meist leicht durch Monitoring seines Systems und sogar zeitsynchron mit dem Einloggen des jeweiligen Nutzers kontrollieren (wenn der telnet-Port entsprechend ausgelegt ist). Der Betreiber ist gehalten, den Zugriff zu allen Teilen des Systems von vornherein zu unterbinden, auf die Unberechtigte keinen Zugriff haben sollen. Weiter ist die gesamte Datenkommunikation mit dem Nutzer zu protokollieren. Stichproben dieser Protokolle reichen hier naturgemäß nicht aus. Dem Betreiber ist es im eigenen Interesse und im Interesse seiner angeschlossenen Kunden zumutbar, Systemangriffe bzw. bereits Versuche, definierte Sperren zu überwinden, sofort festzustellen und die Verbindung zu dem angreifenden Nutzer zu kappen.[140]

112 Auch bei **FTP** sind alle Datenübertragungen grundsätzlich kontrollierbar, ebenso das für den Zugriff ausgewählte und zum Verfahren bereitgehaltene Dateiangebot auf dem Server des Providers.

113 Eine Datei mit rechtsverletzenden Informationen ist auf dem **Serverrechner** des Anbieters zu löschen oder mindestens vor dem Zugriff durch Nutzer zu sperren. Eine Sperre des Zugriffs auf den fremden Herkunftsrechner durch Filtern auf dem Anbieterrechner kann ersatzweise in Betracht kommen. Dem Provider ist es aber meist bereits technisch nicht möglich, von sich aus Dateien auf dem fremden Herkunftsrechner zu löschen; hierzu besteht auch keine Verpflichtung, allein schon, weil ein solches Vorgehen die Strafbarkeit des Providers begründen kann.

---

138 *Sieber* CR 1997, 653 (660).
139 S. ausf. *Sieber* CR 1997, 581 (653, 663).
140 *Koch*, InternetR, S. 607.

F. IT-Sicherheit

I. Begriff

»**Sicherheit in der Informationstechnik**« (IT) wird gesetzlich als »die Einhaltung bestimmter Sicherheitsstandards« definiert, »die die Verfügbarkeit, Unversehrtheit oder Vertraulichkeit von Informationen betreffen«. Diese Einhaltung erfolgt »durch Sicherheitsvorkehrungen 114
1. in informationstechnischen Systemen oder Komponenten oder
2. bei der Anwendung von informationstechnischen Systemen oder Komponenten« (§ 2 Abs. 2 BSIG).[141]

»Verfügbarkeit« umfasst den Schutz von Informationen vor Verlust, Entzug, Blockade oder Zerstörung,[142] »Unversehrtheit« den Schutz vor jeglicher Form ungewollter Informationsveränderung,[143] und »Vertraulichkeit« den Schutz vor Informationsausspähung.[144]

Maßgeblich für Planung und Realisierung der IT-Sicherheit insbesondere im Unternehmen sind rechtlich etwa die §§ 9 BDSG, 13 Abs. 4 TMG, inhaltlich das BSI-Grundschutzhandbuch[145] und etwa die europäischen ITSEC (Information Technology Security Evaluation Criteria). Zu begegnen ist allen schadensträchtigen Gefährdungen. Hierzu gehört insbesondere Schadsoftware (Malware, d. h. malicious software).[146] Angriffe sind in verschiedensten Formen möglich,[147] so etwa als Spoofing (unter falscher Adresse) oder (Distributed) Denial-of-Service-Attacken (bei denen etwa Zielrechner durch Bestätigungsroutinen überlastet werden). 115

Anwender sind gehalten, durch regelmäßiges Updating den durch eine mögliche Virenverseuchung verursachten Schaden vom Umfang her einzugrenzen. Sie sind grundsätzlich für ihre Behauptung darlegungs- und beweispflichtig, diese schadensmindernde Maßnahme durchgeführt zu haben, um von ihrer Seite her die Unvermeidbarkeit des dennoch entstehenden Schadens behaupten zu können. Dieser Vortrag wird aber mit modernen automatisierten Updating-Techniken immer schwieriger, da für die Anwender oft kaum mehr feststellbar ist, wann sie welche Updates mit welchen Codeänderungen erhalten haben. Mit »Silent Updates« sollen Nutzer nicht mehr durch entsprechende Mitteilungen gestört werden. Sie wissen hier deshalb überhaupt nicht, welche Updates sie erhalten haben. Dieser Punkt muss in einer Prozessvorbereitung rechtzeitig untersucht werden.[148]

---

141 Gesetz über das Bundesamt für die Sicherheit in der Informationstechnik (BSIG). »Datensicherheit« wird in DIN 44300 definiert als »Sachlage, bei der Daten unmittelbar oder mittelbar so weit wie möglich vor Beeinträchtigung bewahrt sind, und zwar unter Berücksichtigung verarbeitungsfremder Risiken wie auch im Verlauf auftrags- und ordnungsgemäßer Erbringung einer Datenverarbeitungsleistung. Daten dürfen also weder bei datenverarbeitenden Prozessen oder auftragsbedingten Vor- und Nacharbeiten noch in Funktionseinheiten zur Abwicklung auftragsbedingter Arbeiten noch durch Handeln von an auftragsbedingten Arbeiten beteiligten Personen beeinträchtigt werden.«
142 *Heckmann* MMR 2006, 280 (281) m. w. N.
143 *Heckmann* MMR 2006, 281.
144 *Heckmann* MMR 2006, 281 (282).
145 GrundschutzHdb des Bundesamtes für Sicherheit in der Informationstechnik (BSI), nachfolgend kurz: GS-Hdb, verfügbar unter: www.bsi.bund.de.
146 Beispiele sind Viren (Befehlsfolgen, die ein Wirtsprogramm benötigen), Würmer (eigenständig ablauffähige Programme), Trojanische Pferde (Programme mit verborgener zusätzlicher Funktionalität) oder mobiler Code, etwa in Java-Applets (ausf. s. *Eckert* S. 45 ff. jeweils mit Gegenmaßnahmen).
147 S. etwa *Eckert* S. 39 ff.
148 *Koch* CR 2009, 485 (491).

II. IT-Sicherheit nach ITIL

1. Sicherheitsmanagement

116 Das Management von IT-Leistungen wird heute weitgehend auf der Basis von ITIL durchgeführt.[149] Unter »ITIL« wird die »Information Technology Infrastructure Library« verstanden, also eine Sammlung von Musterprozessen (im IT-technischen Sinn), die zu besserer Servicequalität und geringeren Betriebskosten führen. ITIL enthält ein Prozessmodell für den gesamten Bereich des IT-Service-Managements und besteht aus einer Sammlung von »Best Practices«,[150] d. h. in richtiger Weise umzusetzende Empfehlungen.[151] Sie stellt einen de facto-Standard dar[152] und hat sich als Firmenstandard bewährt,[153] weist aber nicht den Status von ISO-Normen auf. Die Einzelheiten der betrieblichen IT-Organisation müssen unternehmensindividuell ausgearbeitet und umgesetzt werden.[154]

117 ITIL enthält einen eigenen Abschnitt zum **Sicherheitsmanagement** (»security management«). Ziel ist, die Daten und Infrastrukturen so zu schützen, dass die Vertraulichkeit in angemessener Weise gewahrt ist, die Integrität der Informationen und die Verfügbarkeit sichergestellt sind, die Beteiligung an einer Transaktion nicht geleugnet werden kann und die gesetzlichen, vertraglichen und aufsichtsrechtlichen Verpflichtungen erfüllt werden können.[155]

118 Nach ITIL ist im Unternehmen ein **Entscheidungsgremium** für das Sicherheitswesen einzurichten, das die Vorgehensweise zur Risikoanalyse festlegt und einen Sicherheitsbeauftragten bestellt sowie erforderliche Service Level Agreements (SLAs) zusammenstellt.[156] Zur **Implementierung** von ITIL gehören Maßnahmen wie[157]
- Identifizierung und Authentifizierung von Anwendern (Mitarbeitern),
- disziplinarische Maßnahmen bei Sicherheitsverletzungen (durch Mitarbeiter),
- Festlegen von IT-Sicherheitsanweisungen und Passwortregeln,
- Festlegen von Richtlinien für Maßnahmen bei Sicherheitsverletzungen,
- Erstellen und Aktivieren von Sicherheitsprozeduren,
- Verantwortlichkeiten festlegen und Zugriffsrechte (mitarbeiterbezogen) definieren,
- Verpflichtungserklärungen der Mitarbeiter formulieren und einholen.

2. IT-Sicherheitskonzept

119 Im der Umsetzung der IT-Sicherheitsstrategie dienenden IT-Sicherheitskonzept ist die geplante Vorgehensweise zu beschreiben, mit der die gesetzten Sicherheitsziele erreichbar sind. Das IT-Sicherheitskonzept ist das zentrale Dokument im IT-Sicherheitsprozess eines Unternehmens und muss sorgfältig geplant und umgesetzt sowie regelmäßig überarbeitet werden.[158] Basis jeder **Risikobewertung** muss die Beschreibung der zu schützenden Infor-

---

149 S. www.itil.org/vomkennen/itil/servicestrategy/index.php (Abruf 01.06.2011).
150 S. *Elsässer* S. 6 (11).
151 Bundesamt für Sicherheit in der Informationstechnik (BSI), ITIL und Informationssicherheit – Möglichkeiten und Chancen des Zusammenwirkens von IT-Sicherheit und IT-Service-Management 2005, www.bsi.bund.de/SharedDocs/Downloads/DE/BSI/Publikationen/Studien/ITIL/itil:pdf.pfg?_blob=publicationFile), 9.
152 *Diercks*, ITIL: Bewährtes in neuem Licht, Computerwoche 26/2004, 36, der ITIL als »die einzige umfassende, nicht-proprietäre und öffentlich zugängliche Verfahrensbibliothek für den IT-Bereich« bezeichnet.
153 *Elsässer* S. 6.
154 *Elsässer* S. 11.
155 ITIL, www.itilbookshop.org/library.php?show=document&ID=9328&keywords=Security%20Management&sorting=popular. (Abruf 01.06.2011).
156 *Elsässer* S. 137 (138).
157 Nach *Elsässer* S. 138.
158 GS-Hdb, M 2.195.

mationen und Geschäftsprozesse sein. Zu analysieren ist, welche Gefährdungen bzw. Risiken als Folge unzureichender IT-Sicherheit bestehen, ebenso mögliche Schäden durch Verlust von Vertraulichkeit, Integrität oder Verfügbarkeit und die potenziellen Auswirkungen auf die Geschäftstätigkeit oder die Aufgabenerfüllung durch IT-Sicherheitsvorfälle und andere IT-Sicherheitsrisiken. Hieraus lässt sich das Risiko für das Unternehmen abschätzen und der **Schutzbedarf** für Informationen, IT-Anwendungen und IT-Systeme festlegen.[159]

Die **Dokumentation** sollte konkrete Angaben über Verantwortlichkeiten und Zuständigkeiten sowie geplante Aktivitäten zur Kontrolle, Revision, Überwachung enthalten. Schließlich muss der Sicherheitsprozess kontinuierlich verbessert und aktualisiert werden, um sicherzustellen, dass auf neue technische Entwicklungen reagiert werden kann und vor allem Schwachstellen und aufgedeckte Sicherheitslücken berücksichtigt werden. Die Änderungen sind zu dokumentieren.[160] Verantwortlich ist die Geschäftsleitung. Diese muss auch dafür sorgen, dass die IT-Sicherheit durch regelmäßige Überprüfungen dauerhaft aufrechterhalten wird. 120

3. Einrichten von Firewalls

Firewalls sollen Computer und (betriebliche) Netzwerke aus diesen gegenüber dem Internet und anderen Netzen schützen, indem sie jeden Datenverkehr kontrollieren und protokollieren und unberechtigte Zugriffe von außen verhindern. Das BSI sieht den Einsatz von Firewalls zum Schutz betrieblicher Netze als zwingend erforderlich an.[161] 121

In der Praxis werden mehrere Formen von Firewalls unterschieden:[162] Paketfilter arbeiten auf den ISO/OSI-Schichten 3 und 4 und filtern Datenpakete nach vorgegebenen Strategien. Verbindungs-Gateways arbeiten auf der ISO/OSI-Transportschicht und treten gegenüber dem Client als Server und für den (eigentlichen) Server als (zwischengeschalteter) Client auf (Proxy-Service). Applikationsfilter arbeiten auf der obersten ISO/OSI-Schicht (Anwendungsschicht) und ergänzen Verbindungs-Gateways um dienstspezifische Kontrollen etwa von Nutzdaten wie Befehle oder URLs. 122

Auch Firewalls bedürfen **regelmäßiger Überprüfung**. Administratoren von Firewalls sollten nicht mit der Zeit die Filterregeln auf Benutzerwunsch immer weiter aufweichen. Regelungen sollten eine Überprüfung vorsehen, ob bestehende Filterregelungen noch konsistent und hinreichend restriktiv bzw. den Kommunikationsprotokollen noch gewachsen sind.[163] Festlegungen sollten in den Sicherheitsrichtlinien erfolgen. 123

III. IT-Sicherheit nach ISO 20000

Die Norm ISO/IEC 20000:2005 (veröffentlicht in den Teilen ISO/IEC 20000–1 und 20000–2) nimmt ITIL in wesentlichen Teilen auf, enthält aber zusätzliche Anforderungen. ISO 20000 ist international anerkannter Standard zum IT-Service-Management und dient als messbarer Qualitätsstandard. Die Norm enthält Mindestanforderungen und weiter gehende Empfehlungen. ISO 20000 enthält eine integrierte und prozessorientierte Methodik für die effektive Planung und Erstellung von IT-Services. 124

ISO 20000 verpflichtet Anbieter, Informationsschutzgüter zu identifizieren und klassifizieren (ISO/IEC 20000–2 Nr. 6.6.2). Sicherheitsrisiken müssen bewertet werden (ISO/IEC 125

---

[159] GS-Hdb, M 2.195.
[160] GS-Hdb, M 2.195.
[161] BSI-Leitfaden IT-Sicherheit, S. 22.
[162] S. näher *Eckert* S. 441 ff.
[163] BSI-Leitfaden IT-Sicherheit S. 22.

20000–2 Nr. 6.6.3). Zu prüfen sind auch die Erreichbarkeit von Informationen (ISO/IEC 20000–2 Nr. 6.6.5), die einzurichtenden Kontrollen (ISO/IEC 20000–2 Nr. 6.6.6) und die erforderlichen Dokumente (ISO/IEC 20000–2 Nr. 6.6.7).[164]

---

[164] Ausf. zu diesen Normen *Koch*, IT-ProjektR, Rn. 702, 728.

Teil 2
Vertragsrecht der Informationstechnologien

Kapitel 2
Rechtliche Einführung, grenzüberschreitende IT-Verträge

Schrifttum

Fritzemeyer, Die Bedeutung der »Soft Skills« für die Juristenausbildung und die juristischen Berufe, NJW 2006, 2825; *ders.*, Service Level Agreements – betriebswirtschaftliche und rechtliche Aspekte, IT-Outsourcing, Euroforum, 2. Aufl. 2006; *Fritzemeyer/Gründer*, Offshoring Contracts: optimizing the agreement, Chapter 11, in: Hornbrook, Adrian (Hrsg.), The Euromoney Handbook 2007, 2007, S. 71 (zit. Hornbrook/Fritzemeyer/Söbbing*, Offshoring Contracts); *dies.*, The Outsourcing Agreement – Structure and Contents, Chapter 15, in: Hornbrook, Adrian (Hrsg.), The Euromoney Handbook 2004/2005, 2005, S. 73 (zit. Hornbrook/*Fritzemeyer/Söbbing*, The Outsourcing Agreement); *Heussen* (Hrsg.), Handbuch Vertragsverhandlung und Vertragsmanagement, 3. Aufl. 2007; Murray on Contracts 2001, Matthew Bender & Company, Inc., Chapter 7; *Hoeren/Spittka*, Aktuelle Entwicklungen des IT-Vertragsrechts – ITIL, Third Party Maintainance, Cloud Computing und Open Source Hybrids, MMR 2009, 583; *Pinnells/Eversberg*, Internationale Kaufverträge optimal gestalten, Leitfaden mit zahlreichen Musterklauseln, 3. Aufl. 2009; *Schellhammer*, Schuldrecht nach Anspruchsgrundlagen, 8. Aufl., 2011; *Schuster*, Rechtsnatur der Service Level bei IT-Verträgen, CR 2009, 205; *Westerwelle/Schmidt*, Unerwartete Kosten internationaler IT-Verlagerungen – Besteuerung von Gewinnpotenzialen als Folge einer konzerninternen IT-Strukturierungsmaßnahme, ITRB 2009, 206; *Witte*, Leistungsorte bei der internationalen IT-Beschaffung – Ermittlung des örtlichen Gerichtsstands bei fehlender vertraglicher Vereinbarung, ITRB 2009, 230.

Übersicht

		Rdn.
A.	Überblick: IT-Verträge	3
B.	Gestaltung grenzüberschreitender IT-Verträge	6
I.	Gründe für die Internationalisierung	6
II.	Gebote der Vollständigkeit, Eindeutigkeit und Einheitlichkeit	9
	1. Begriffsverständnis	10
	2. Verwendung von Sprachen	13
	3. INCOTERMS	14
	4. UN-Kaufrecht	16
III.	Einzelne Regelungspunkte	17
	1. Präambel	18
	2. Verzicht auf vorvertragliche Ansprüche	19
	3. Bezeichnung der Parteien	20
	4. Willenserklärung und Vertragsschluss	21
	a) Schweigen als Erklärung	21
	b) Invitatio ad offerendum	22
	c) Elektronische Erklärungen	23
	d) Stellvertretung	24
	e) Teilunwirksamkeit und Zweifelsregelungen	25
	f) Abstraktionsprinzip	26
	g) Grenzen der Vertragsfreiheit	27
	aa) Formerfordernisse	28
	bb) Allgemeine Geschäftsbedingungen	30
	h) Geschäftsfähigkeit	31
	5. Leistung und Gegenleistung	32
	a) Leistungsgegenstand	33
	aa) Pflichtenhefte	34
	bb) Service Levels	35
	cc) Vertragliche Nebenpflichten	36
	dd) Change request	38
	ee) Sprache der Dokumentation	40
	b) Leistungsort und Transport	41
	c) Leistungszeit	46
	aa) Feiertage	47
	bb) Zeitzonen	48
	cc) Milestone-Planung	49
	dd) Zahlungsziele	51

Kapitel 2   A. Überblick: IT-Verträge

	ee) Währung	52
	ff) Preisanpassung	53
6.	Sonstige Regelungen	54
	a) Kommunikation, Koordination und Eskalation	54
	b) Anreizsysteme	56
	c) Vertragsstrafen	58
	d) Exit-Optionen	60
	e) Sonstige Absicherung gegen Risiken	61
	aa) Öffnungsklauseln	61
	bb) Zusicherung von »best practice«	62
	cc) IT Infrastructure Library	63
	dd) Genehmigungsvorbehalte	64
	ee) Zusicherung von Compliance	65
	f) Rechtswahl und Gerichtsstandsvereinbarungen	69
	g) Allgemeine Haftung	70
	h) Produkthaftung und Verpackung	73

1 Bei der Gestaltung von IT-Verträgen ist eine Vielzahl materiell-rechtlicher, formaler und praktischer Gesichtspunkte zu beachten. Im Ergebnis geht es darum, ein für alle Vertragspartner akzeptables, rechtlich zulässiges und nötigenfalls gerichtlich durchsetzbares Vertragswerk zu entwerfen. Wegen des oft grenzüberschreitenden Charakters von IT-Verträgen setzt dies regelmäßig nicht nur Kenntnisse im nationalen Recht und kautelar-juristische Fähigkeiten, sondern auch ein grundlegendes Verständnis fremder Rechtsordnungen voraus.[1] Außerdem werden bei Distanzgeschäften im grenzüberschreitenden (»*cross-border*«) Rechtsverkehr Aspekte regelungsbedürftig, denen bei reinen Inlandsgeschäften eher eine untergeordnete Bedeutung zukommt.

2 Dieses Kapitel vermittelt unter Abschnitt A einen kurzen Überblick über die für den IT-Bereich typischen Vertragsarten. Eine eingehende Behandlung diesbezüglicher Einzelheiten erfolgt im Rahmen der nachfolgenden Kapitel.[2] Dagegen liegt der Schwerpunkt des vorliegenden Kapitels auf den unter Abschnitt B dargestellten Besonderheiten bei der Gestaltung grenzüberschreitender IT-Verträge. Diese betreffen sämtliche IT-Verträge gleichermaßen und sind daher »vor die Klammer« gezogen.

A. Überblick: IT-Verträge

3 Wie andere Rechtsbereiche kennt auch das IT-Recht typische Vertragsarten und -gestaltungen. Eine **Systematisierung** kann dabei nach unterschiedlichen Kriterien erfolgen. So kann eine Einordnung beispielsweise an die Typologie der zivilrechtlichen Vertragstypen (z. B. Kauf-, Werk-, Dienst-, Miet-, Leasingvertrag) anknüpfen. Abweichend kann beispielsweise darauf abgestellt werden, ob eher ein punktueller Leistungsaustausch gewollt ist (z. B. Hard- oder Softwarekauf, Anpassung, Installation und Einrichtung) oder ob eine längerfristig angelegte Zusammenarbeit der Parteien erfolgen soll (bezogen z. B. auf Hard- oder Softwaremiete, laufende Instandhaltung, Wartung und Pflege sowie Application Service Providing, ASP).[3] In die zuletzt genannte Kategorie fiele dann auch die Mehrzahl projektierter Verträge (bezogen beispielsweise auf Systemimplementierung, Migration, Softwareerstellung, Outsourcing, Rechenzentren, Providerdienste, Webhosting, Forschung und Entwicklung).

---

1 Sowohl im vorvertraglichen Bereich als auch bei der Vertragsabwicklung spielen zudem die gesellschaftlichen Umgangsformen eine nicht zu unterschätzende Rolle. Vgl. dazu eingehend *Heussen*, passim.
2 Vgl. dazu Kap. 3 bis 9.
3 Eingehend zur vertragstypologischen Einordnung und praktischen Konsequenzen *Schneider* S. 764 ff.

I. Gründe für die Internationalisierung

In praktischer Hinsicht erscheint es dagegen vorzugswürdig, eine Differenzierung nach dem tatsächlichen **Gegenstand der Leistung** vorzunehmen. Auf dieser Grundlage unterscheiden und behandeln die nachfolgenden Kapitel als größere Blöcke: **4**
- Softwareüberlassungsverträge,[4]
- Beschaffungsverträge über Hard- und Software,[5]
- EDV-Vertriebsverträge,[6]
- IT-Projektverträge,[7]
- Outsourcing-Verträge,[8] sowie
- Providerverträge und Web-Hosting-Verträge.[9]

Da die Möglichkeiten eines Austauschs bzw. der Verbreitung von Inhalten entscheidend von dem Vorhandensein und der Verfügbarkeit technischer Infrastrukturen abhängt, wird im Rahmen der nachfolgenden Kapitel außerdem auf das Vertragsrecht der Telekommunikation eingegangen.[10]

Unter den soeben aufgeführten Verträgen sind vor allem Outsourcing-Verträge[11] und sonstige **Projektverträge** außerordentlich komplex. Je nach dem Umfang der nachgefragten Leistungen können sie zahlreiche der übrigen zuvor genannten Verträge in sich vereinen. So umfassen IT-Projekte häufig unter anderem die Erstellung von Individualsoftware, die Anpassung von Standardsoftware, die Implementierung von Individual-, Standard- oder einer angepassten Standardsoftware im System des Auftraggebers, die Migration von Daten aus bestehenden Systemen in neue Systeme sowie Leistungen in den Bereichen Konvertierung, Portierung, Pflege, Beratung oder Schulung. Angesichts dieser **Komplexität** bilden bei IT-Projekten die erforderliche Koordination, Kooperation und Kommunikation bei der Vertragsdurchführung eine eigenständige Aufgabe, welche die Parteien vor besondere Herausforderungen stellt. Dieser Anspruch ist nach Möglichkeit schon bei der Vertragskonzeption zu berücksichtigen. **5**

B. Gestaltung grenzüberschreitender IT-Verträge

I. Gründe für die Internationalisierung

Noch stärker als in anderen Industriezweigen sind IT-Produkte und -Dienstleistungen international standardisiert. Zudem sind in ihre Entwicklung regelmäßig eine Mehrzahl von Unternehmen aus unterschiedlichen Ländern eingebunden. Gleiches gilt für den Vertrieb von IT-Produkten, der zumeist weltweit erfolgt. Dies hängt nicht nur mit erzielbaren Skalenvorteilen bei der Herstellung größerer Mengen an Hard- und Software zusammen, sondern auch mit dem Umstand, dass nur wenige Unternehmen weltweit über das Know-How für die Produktion und die für sie erforderlichen technischen Einrichtungen verfügen. Dies hat zur Folge, dass auch die betreffenden Vertragsbeziehungen in großem Umfang grenzüberschreitend sind. **6**

Auch nicht im IT-Bereich tätige **multinationale Konzerne** sind selbstverständlich darauf angewiesen, ihre Informations- und Datenverarbeitungssysteme länderübergreifend auf- **7**

---

4 Vgl. dazu Kap. 3.
5 Vgl. dazu Kap. 4.
6 Vgl. dazu Kap. 5.
7 Vgl. dazu Kap. 6.
8 Vgl. dazu Kap. 7.
9 Vgl. dazu Kap. 8.
10 Vgl. dazu Kap. 9.
11 Vgl. hierzu auch ausf. Söbbing/*Söbbing* S. 465 ff.

einander abzustimmen. Dazu sind Vereinbarungen zu treffen, die ebenfalls grenzüberschreitenden Charakter haben. Schließlich ist darauf hinzuweisen, dass die Auslagerung von IT-bezogenen Organisations- und Produktionsabläufen von Unternehmen in das Ausland[12] häufig durch Ansiedlungs- und Steueranreize begünstigt ist.[13] Jedenfalls tendenziell gilt hier, dass nur eine geringere Anzahl fester Kapazitäten bewegt werden muss als dies bei der Auslagerung von anderen nicht IT-bezogenen Unternehmensteilen der Fall ist bzw. dass die benötigten Strukturen am Zielort leichter duplizierbar sind.

8 Aus alledem kann abgelesen werden, dass grenzüberschreitenden Verträgen im IT-Bereich eine bedeutende Rolle für das Gelingen von Projekten und einzelnen Geschäftsprozessen zukommt. Bei der Vertragsplanung und -gestaltung müssen jedoch überaus **komplexe Anforderungen** berücksichtigt werden: Informationen und Interessen zahlreicher Einheiten müssen verständlich artikuliert, effizient gesteuert sowie in Entscheidungsprozessen angemessen berücksichtigt und verarbeitet werden.[14] Die Beschreibung der Haupt- und Nebenleistungen sowie die sonstigen Regelungen haben vollständig, eindeutig und für alle Beteiligten akzeptabel zu sein. Dabei müssen in längerfristigen Verträgen zukünftige Entwicklungsmöglichkeiten bedacht werden. Schon bei der Vertragsgestaltung stehen die Beteiligten zudem vor der Notwendigkeit, rechtliche Unterschiede, aber auch sprachliche und kulturelle Barrieren zu überwinden. Das Verhandeln grenzüberschreitender Verträge verlangt insoweit ein grundlegendes Verständnis der im internationalen Rechtsverkehr geltenden Regeln und geübten Gepflogenheiten, das weit über die gewöhnlichen Fachkenntnisse in einem Rechtsgebiet und essenzielle Fähigkeiten in der Vertragsgestaltung hinausgeht.[15] Vor dem Hintergrund, dass das zwischen den Parteien ausgehandelte Vertragswerk für den Erfolg oder Misserfolg der Zusammenarbeit von entscheidender Bedeutung ist, geht es in den nachfolgenden Abschnitten darum, vor allem auf solche Punkte hinzuweisen, die bei der grenzüberschreitenden Vertragsgestaltung leicht übersehen werden können.

II. Gebote der Vollständigkeit, Eindeutigkeit und Einheitlichkeit

9 Wesentliche Gebote für jede Vertragsgestaltung sind diejenigen der Vollständigkeit und Eindeutigkeit sowie der Konsequenz und Konsistenz, also der Einheitlichkeit innerhalb desselben Vertrages. Diese Grundsätze gewinnen im internationalen Verkehr wegen der unterschiedlichen sprachlichen, kulturellen und rechtlichen Prägung noch zusätzlich an Gewicht.

1. Begriffsverständnis

10 Insbesondere dürfen sich die Parteien nicht darauf verlassen, dass einem von ihnen verwendeten Begriff von sämtlichen Vertragspartnern die gleiche Bedeutung beigelegt wird. Vorsicht ist vor allem bei der Verwendung von normativ geprägten (im Gegensatz zu rein beschreibenden, deskriptiven) Begriffen geboten. So bezeichnet etwa ein »Verzug« im deutschen juristischen Verständnis eine Vertragsverletzung, die Verschulden voraussetzt. Zu Missverständnissen kann es dementsprechend kommen, wo ein »Verzug« im Staat des Ver-

---

12 Man spricht bei dieser Sonderform des Outsourcing auch von einem »*Offshoring*« oder »*Cross border-Outsourcing*«. Mit Einzelheiten vgl. Söbbing/*Söbbing* S. 93 ff. Vgl. hierzu auch Hornbrook/*Fritzemeyer/Söbbing*, Offshoring Contracts, S. 71 ff.
13 Vgl. zu unerwarteten Kosten internationaler IT-Verlagerungen jedoch *Westerwelle/Schmidt* ITRB 2009, 206 ff.
14 Vgl. ausf. zu neuen Ansätzen für die Vorbereitung, Vertragsgestaltung und Durchführung von IT-Projekten *Hoeren/Spittka* MMR 2009, 583 ff.
15 Speziell zu Unterschieden zwischen der deutschen und der amerikanischen »Geschäfts- und Verhandlungskultur« bspw. Heussen/*Koschinke* S. 967 f.

II. Gebote der Vollständigkeit, Eindeutigkeit und Einheitlichkeit

tragspartners deskriptiv im Sinne einer wodurch auch immer hervorgerufenen Verzögerung der Leistung verstanden wird.

Auch innerhalb des angelsächsischen Rechtsraums sind rechtliche Termini nicht notwendigerweise deckungsgleich. Als Beispiel mag der Begriff »warranty« dienen: In Großbritannien wird mit »*warranty*« eine vertragliche Garantie nach deutschem Rechtsverständnis bezeichnet. Eine »*guarantee*« hingegen ist der gesetzlichen Mängelhaftung nach deutschem Recht ähnlich. In den USA hingegen wird mit »*(express) warranty*« eine vertragliche Garantie nach deutschem Rechtsverständnis bezeichnet. Unter »*implied warranty*« wird ein Rechtsinstitut verstanden, das der deutschen gesetzlichen Mängelhaftung ähnlich ist.[16]

Diesen und vergleichbaren Missverständnissen kann gegebenenfalls dadurch begegnet werden, dass den eingangs eines Vertrages üblichen **Definitionskatalogen** besondere Sorgfalt gewidmet wird. An dieser Stelle können die Parteien ein gemeinsames Verständnis wichtiger Begriffe begründen und vermögen sich so von gegebenenfalls zuwiderlaufenden nationalen Vorstellungen zu lösen.[17] Wichtig ist dabei, die beiden folgenden Regeln beim Definieren zu beachten: Damit eine Definition auch sinnvoll ist, sollte der betreffende Begriff nicht nur ein einziges Mal in dem jeweiligen Vertrag auftauchen. Außerdem sollten Definitionen stets konsequent und konsistent verwendet werden, denn nichts ist schlimmer und riskanter, als einen Begriff einmal zu definieren und sodann stellenweise wieder undefiniert zu verwenden.

2. Verwendung von Sprachen

Besonders bedenklich ist es, wenn die Parteien unterschiedliche Sprachen nicht nur sprechen, sondern diese nebeneinander auch für den Abschluss ihrer Vereinbarungen verwenden. Bei so genannten »*Letter Agreements*«, bei denen der Vertragsschluss durch den Austausch von Schriftstücken erfolgt, empfiehlt es sich zur Vermeidung von Missverständnissen daher dringend, Angebot und Annahme in derselben Sprache zu verfassen. Gleiches gilt für alle anderen Fälle, in denen die getroffenen Vereinbarungen nicht in ein und derselben Urkunde enthalten sind. Sofern der Vertrag auch in Übersetzung verwendet wird, sollte zusätzlich eine **Auslegungsklausel**[18] verwendet werden, nach der in Zweifelsfällen eine der beiden sprachlichen Fassungen maßgeblich ist. Dies gilt umso mehr bei den häufig anzutreffenden Verträgen, bei denen der Vertragswortlaut zweispaltig in unterschiedlicher Sprache formuliert ist.

3. INCOTERMS

Zur Lösung solcher Probleme kann außerdem die Verwendung der sog. INCOTERMS beitragen. Diese wurden von der Internationalen Handelskammer (»*International Chamber of Commerce*« – »*ICC*«) im Jahr 1936 erstmalig als internationale Handelsklauseln (»*International Commercial Terms*« – »*INCOTERMS*«) geschaffen. Diese Klauseln haben keine Gesetzeskraft, sondern stellen ihrer Rechtsnatur nach standardisierte **Auslegungsregeln** für bestimmte Gruppen von Vertragsteilen dar, die häufig in Handelsverträgen verwendet werden. Zwischen den Parteien sind diese Auslegungsregeln als Usancen akzeptiert. Auf diese Weise bieten die INCOTERMS als gemeinsame Basis Gewähr für eine einheitliche Auslegung der beiderseitigen Rechte und Pflichten von Verkäufern und Käufern. Die INCO-

---

16 Vgl. zum US-Recht: *Murray* S. 100 [A] ff., der jedoch zugleich ausführt: »We will see that even as used in the VCC, the concept of ›warranty‹ is subject to considerable confusion.«.
17 Alternativ – insbesondere bei weniger komplexen Vertragswerken – ist es üblich, Begriffe an der Stelle ihrer erstmaligen Verwendung zu definieren. Dabei sollte im Interesse der Übersichtlichkeit eine optische Hervorhebung erfolgen.
18 Typischerweise sieht eine solche Klausel etwa wie folgt aus: »In case of discrepancies the [*language*] version of this Agreement shall be the legally binding version«.

TERMS betreffen vor allem die Art und Weise der Lieferung von Gütern. Sie umfassen gegenwärtig 10 Regeln.[19] Ihr **Regelungsbereich** umfasst vornehmlich die Lieferung und Abnahme der Ware, die Kostenübernahme, den Gefahrübergang sowie die Lieferung der Dokumente oder der entsprechenden elektronischen Mitteilungen. Dagegen enthalten die INCOTERMS keine Regelung über den Eigentumsübergang, die Zahlungsabwicklung, das anwendbare Recht und den Gerichtsstand. Die INCOTERMS sind auch für IT-Verträge relevant, welche die Lieferung von IT-Systemen oder die Lieferung von Software auf Datenträgern zum Gegenstand haben.

15 Geltung erlangen die INCOTERMS durch ausdrückliche **Einbeziehung** in den Vertrag. Dabei wird das Kürzel der jeweiligen Klausel eingesetzt (Bsp.: »Unsere Preise verstehen sich FOB Hamburg.«). Zusätzlich wird eine Jahreszahl angegeben um klarzustellen, welche Version der INCOTERMS anzuwenden sein soll.[20] Die INCOTERMS werden im Rechtsverkehr, von Geschäftsleuten, Regierungen und Gerichten anerkannt. Ihre Verwendung empfiehlt sich selbst bei der Wahl deutschen Rechts im internationalen Verkehr. Insbesondere ausländische Lieferanten fühlen sich bei der Vereinbarung der INCOTERMS in Verbindung mit deutschem Recht deutlich wohler.

4. UN-Kaufrecht

16 Wegen der im Zusammenhang mit dem UN-Kaufrecht, namentlich dem Abkommen über den Internationalen Warenkauf (CISG), zu beachtenden Aspekte wird auf die Ausführungen in Kap. 25 verwiesen.[21]

III. Einzelne Regelungspunkte

17 Die folgende Darstellung verzichtet auf die klassische Unterscheidung zwischen Erfüllungs- und Risikoplanung.[22] Sie kann keinen Anspruch auf Vollständigkeit erheben, sondern nur einen Eindruck einzelner Punkte vermitteln, die in grenzüberschreitenden IT-Verträgen beachtet bzw. geregelt werden sollten. Wegen eines Überblicks über die Besonderheiten einzelner Staaten sollte in jedem Fall rechtskundiger Rat eingeholt werden. Ergänzt sei an dieser Stelle außerdem auf die in zahlreichen Staaten eingerichteten Industrie- und Handelskammern sowie auf die deutschen Generalkonsulate hingewiesen, die betreffende Auskünfte erteilen können.[23] Teilweise halten diese Stellen auch **Checklisten** vor, die auf lokale Besonderheiten im Zusammenhang mit der Vertragsgestaltung aufmerksam machen.

1. Präambel

18 Gerade auch bei grenzüberschreitenden Verträgen sollte auf eine den Zweck des Vertragswerks und die Interessen der Parteien angemessen umschreibende Präambel niemals verzichtet werden. Mögen die Rechtsfolgen je nach maßgeblichem Recht auch unterschiedlich

---

19 Die ursprünglich 13 Regeln wurden zum 01.01.2011 auf 10 reduziert. Für eine Übersicht vgl. http://www.icc-deutschland.de/index.php?id=46.
20 Bis zum 31.12.2010 galten die INCOTERMS 2000 (6. Revision). Der betreffende Zusatz würde dementsprechend »INCOTERMS 2000« lauten, ab dem 01.01.2011 dementsprechend »INCOTERMS 2010«.
21 Vgl. dazu näher Kap. 25 Rdn. 57 ff.
22 Unter den Begriff der Erfüllungsplanung werden dabei solche Regelungen gefasst, die der Erreichung der Primärziele der Parteien dienen. Dagegen bezieht sich der Begriff der Risikoplanung auf Regelungen zur Vermeidung von Störungen bei der Vertragsdurchführung und, sofern solche auftreten, auf ihre Behebung und ihre Konsequenzen. Die Risikoplanung nimmt dementsprechend eine flankierende und sichernde Funktion gegenüber der Erfüllungsplanung ein.
23 Vgl. zu Outsourcing-Verträgen: Hornbrook/*Fritzemeyer*/*Söbbing*, The Outsourcing Agreement, S. 73 ff.

sein, kann eine derart interessengerecht formulierte Präambel helfen, auslegungsbedürftige Begriffe oder Klauseln auszulegen, Lücken zu füllen und die Vertragsgrundlage zu umreißen, wie sie ermittelt werden muss, wenn eine Anpassung oder gar eine Aufhebung des Vertrages nach den Grundsätzen des Wegfalles der Geschäftsgrundlage (nach § 313 BGB bzw. unter dem Gesichtspunkt der »*frustration of purpose*«) reklamiert wird. Hier unterlassen die Parteien bzw. ihre Berater es häufig, wertvollen Boden zu gewinnen, weil sie sich auf die operativen Bestimmungen des Vertrages konzentrieren und die Bedeutung der Vertragsgrundlage samt ihrer möglichen Rechtsfolgen vernachlässigen.[24]

2. Verzicht auf vorvertragliche Ansprüche

Das im Rahmen der Erfüllungsplanung festgelegte Programm spiegelt nicht unbedingt die Gesamtheit der zwischen den Parteien bestehenden Rechte und Pflichten wider. Bedeutsam ist insofern vor allem auch das Bestehen und Überdauern vorvertraglicher Rechte und Pflichten der Parteien. Ebenso wie in Deutschland wird auch in anderen Staaten davon ausgegangen, dass bereits vor einem Vertragsschluss ein vertragsähnliches Verhältnis zwischen den Parteien bestehen kann, aus dem gegenseitige Rücksichtnahme- und Schutzpflichten folgen. Im Fall eines Verstoßes gegen solche Pflichten (Fall der »*culpa in contrahendo*«) kann eine Partei bei Vertragsschluss bereits »vorbelastet« sein. Um hier eine klare Grundlage zu schaffen, kann es sinnvoll sein, dass die Parteien bei Vertragsschluss das Nichtbestehen früherer Ansprüche feststellen oder auf die Geltendmachung solcher Ansprüche verzichten oder schon vorab in einem »*Letter of Intent*« (»*LoI*«)[25] eine vorvertragliche Haftung wie auch eine Vertragsabschlusspflicht ausschließen.

3. Bezeichnung der Parteien

Die Bezeichnung der Parteien sollte gerade bei grenzüberschreitenden Verträgen mit besonderer Sorgfalt, d. h. so genau wie möglich, erfolgen.[26] Dies gilt nicht nur wegen gegebenenfalls ungewohnter Namenszusätze, Rechtsformbezeichnungen oder Anschriften, die bei Fehlern leicht zu Missverständnissen und Verwechslungen führen können. Vielmehr kann die Falschbezeichnung einer Partei erhebliche prozessuale Konsequenzen zeigen,[27] die bei im Ausland geführten Streitigkeiten ungleich schwerer zu bewältigen sein können.

4. Willenserklärung und Vertragsschluss

a) Schweigen als Erklärung

Wenngleich die meisten Rechtsordnungen für einen wirksamen Vertragsschluss das Vorliegen mindestens zweier übereinstimmender und aufeinander bezogener Willenserklärungen voraussetzen (vgl. auch die angelsächsische »*mirror-image rule*«), können sich die einzelnen Anforderungen an einen wirksamen Vertragsschluss erheblich unterscheiden. Beim Abschluss grenzüberschreitender Verträge ist in diesem Zusammenhang unter anderem zu prüfen, ob in den Staaten der Vertragspartner bzw. nach dem anwendbaren Recht ein Schweigen als Willenserklärung gewertet wird.[28] Unter diesem Gesichtspunkt sind ins-

---

24 *Fritzemeyer* S. 2826.
25 Bei dem Letter of Intent handelt es sich um einen so genannten beziehungsbegründenden Vertrag. Sein Sinn und Zweck liegt darin, den Vertragsverhandlungen einen rechtlichen sowie strukturellen Rahmen zu geben.
26 Ebenso beispielsweise Heussen/*Kochinke* S. 975.
27 So besteht im deutschen Recht bei Urteilen für den Richter nur die Möglichkeit, solche Unrichtigkeiten in der Parteienbezeichnung zu berichtigen, die »offenbar« sind, vgl. § 319 Abs. 1 ZPO.
28 Nach deutschem Recht ist dies grundsätzlich nicht der Fall, vgl. OLG Koblenz NJW 2001, 1948; OLG Köln NZM 2001, 38. Nur in Ausnahmefällen wird ein »beredtes« Schweigen angenommen, so etwa, wenn der Schweigende zur Kundgabe eines gegenteiligen Willens verpflichtet war, vgl. dazu näher Palandt/*Heinrichs* Einf. v. § 116 Rn. 7 f.

besondere die Folgen des Schweigens auf ein **kaufmännisches Bestätigungsschreiben** zu untersuchen. Bei der Begründung langfristiger Vertragsbeziehungen sollten die Parteien gegebenenfalls eigene Festlegungen darüber treffen, unter welchen Voraussetzungen ein Schweigen auf eine Erklärung des anderen Teils als Willenserklärung anzusehen sein soll.

b) Invitatio ad offerendum

22 Ähnliches gilt im Hinblick auf die Abgrenzung zwischen einer (bindenden) Willenserklärung und einer (nicht bindenden) »*invitatio ad offerendum*«.[29] Während der Kreis solcher unverbindlicher Aufforderungen an den anderen Teil zur Abgabe eines Angebots in Deutschland eher weiter gefasst ist,[30] können sie in anderen Ländern vergleichsweise unerwartet zu einem Vertragsschluss führen.[31]

c) Elektronische Erklärungen

23 Im grenzüberschreitenden Geschäftsverkehr werden Nachrichten wegen der langen Postlaufzeiten bevorzugt per **E-Mail, Telefax** oder in sonstiger **elektronischer Form** ausgetauscht. In diesen Fällen ist zu beachten, dass elektronisch übermittelte Willenserklärungen zur Wirksamkeit häufig einer besonderen Legitimationsgrundlage bedürfen. Im EU-Raum besteht eine solche Rechtsgrundlage mit der Signaturrichtlinie,[32] in deren Umsetzung in Deutschland unter anderem das Signaturgesetz geschaffen wurde. Aber auch im außereuropäischen Ausland bestehen vergleichbare Regelungen.[33]

d) Stellvertretung

24 Gerade bei umfangreichen IT-Projekten sollten klare vertragliche Regelungen dazu geschaffen werden, wer zur Abgabe welcher Erklärungen befugt ist. Nicht selten vertraut ein Projektbeteiligter auf eine Mitteilung, die bei seinem Gegenüber von einem nicht vertretungsbefugten Mitarbeiter abgegeben wird. In diesem Zusammenhang kommt zum Tragen, dass nicht in allen Staaten Regelungen zur Eigenhaftung des »*falsus procurator*« und Grundsätze über die **Anscheins- und Duldungsvollmacht** bestehen, die eine Haftung des Geschäftsherrn begründen.

e) Teilunwirksamkeit und Zweifelsregelungen

25 Auch an die Teilunwirksamkeit von Verträgen werden in unterschiedlichen Staaten abweichende Folgen geknüpft. Während das deutsche Recht in § 139 BGB eine gesetzliche Vermutung für die **Gesamtunwirksamkeit** des Vertrags ausspricht, wird in anderen Staaten teilweise die Wirksamkeit des verbleibenden Vertrags vermutet.[34] Unter entsprechenden Gesichtspunkten sind die zahlreichen sonstigen Zweifelsregelungen des Zivilrechts zu vergleichen.[35] Empfehlenswert ist, je nach maßgeblichem Recht, eine möglichst hieb- und

---

29 Beispiele für eine invitatio ad offerendum nach deutschem Recht sind in der Regel auch »Angebote« auf Internetseiten von Online-Versandhäusern.
30 Vgl. dazu im Einzelnen Palandt/*Heinrichs* § 145 Rn. 2.
31 So sieht beispielsweise das polnische Recht vor, dass die öffentliche Zurschaustellung einer Sache am Verkaufsort unter Angabe eines Preises als Verkaufsangebot gilt (vgl. Art. 543 Kodeks Cywilny).
32 Richtlinie 1999/93/EG des Europäischen Parlaments und des Rates v. 13.12.1999.
33 Vgl. bsp. für die UST den Electronic Signatures in Global and National Commerce Act (USC Title 15 Chap. 96). Für die Schweiz vgl. das Gesetz über elektronische Signaturen und Zertifizierungsdienste im Bereich der elektronischen Signatur (ZertES).
34 Vgl. Art. 58 § 3 Kodeks Cywilny im polnischen Recht: Sind Teile des Vertrags unwirksam, so bleiben die übrigen Bestimmungen bestehen, es sei denn, die Parteien hätten den Vertrag nicht ohne die unwirksamen Teile geschlossen.
35 Z. B. § 269 Abs. 1 BGB (im Zweifel Holschuld vereinbart); § 271 Abs. 1 BGB (Leistung kann im Zweifel sofort gefordert werden); § 613 BGB (Rechte und Pflichten aus dem Dienstleistungsvertrag im Zweifel

stichfeste salvatorische Klausel (»*severability clause*«)[36] vorzusehen, zu deren interessengerechter Ausfüllung eine wohlüberlegte Präambel[37] beiträgt.

f) Abstraktionsprinzip

Nicht in allen Landesrechten gilt wie in Deutschland das Abstraktionsprinzip, also die Trennung zwischen dem Verpflichtungs- und dem Verfügungsgeschäft. Vielen Staaten ist diese Unterscheidung fremd. Sie folgen stattdessen dem **Einheits- oder Kausalprinzip**, wonach das Eigentum an einer Speziessache bereits im Zeitpunkt des Kaufvertragsschlusses auf den Erwerber übergeht.[38]

26

g) Grenzen der Vertragsfreiheit

Im Übrigen kann die Vertragsfreiheit in den Staaten der Vertragspartner durch gesetzliche Regelungen, beispielsweise Formvorgaben und Einschränkungen hinsichtlich der Gestaltung Allgemeiner Geschäftsbedingungen, unterschiedlich begrenzt sein.

27

aa) Formerfordernisse

Zu beachten sind zwingende Vorgaben des anwendbaren Rechts beispielsweise bezüglich der Schriftform, Beglaubigung oder Beurkundung bestimmter Geschäfte. Solche Formerfordernisse bestehen in zahlreichen Bereichen aus Gründen der Beweissicherung, des Schutzes vor Übereilung oder der Publizität. Selbst wenn die Vorgaben einheitlich sind, können sich die Rechtsfolgen ihrer Verletzung (z. B. Nichtigkeit des Vertrags oder schwebende Unwirksamkeit) von Staat zu Staat unterscheiden. Im Hinblick auf die spezifischen Formerfordernisse, die ein grenzüberschreitender IT-Vertrag gegebenenfalls einzuhalten hat, sind insbesondere die Anknüpfungsregeln der neuen Rom I-Verordnung,[39] die am 17.12.2009 in Kraft getreten ist und die Art. 27 ff. EGBGB ersetzt, zu beachten.[40]

28

Im Einzelfall kann sogar die Verwendung einer **bestimmten Sprache** vorgeschrieben sein. Nach deutschem Recht bestehen in dieser Hinsicht Besonderheiten nur in Bezug auf die Verwendung Allgemeiner Geschäftsbedingungen: Generell setzt eine wirksame Einbeziehung von Allgemeinen Geschäftsbedingungen nach der Rechtsprechung zu § 305 BGB voraus, dass der Text in der Verhandlungssprache oder in einer Weltsprache abgefasst ist.[41] Sofern die Vertragsverhandlungen in deutscher Sprache geführt wurden, ist der Verwender nicht dazu verpflichtet, einem Ausländer eine Übersetzung der Allgemeinen Geschäfts-

29

---

unübertragbar), § 664 Abs. 1 S. 1 BGB (im Zweifel Unübertragbarkeit des Auftrags); § 691 S. 1 BGB (im Zweifel keine Hinterlegung der verwahrten Sache bei Drittem, wichtig etwa bei Quellcode-Escrow); §§ 612 Abs. 2, 632 Abs. 2 BGB (bei Dienst- und Werkvertrag im Zweifel übliche Vergütung geschuldet).

36 Eine solche salvatorische Klausel kann etwa wie folgt lauten: »If for any reason any provision of this Agreement shall be declared void, the remaining provisions shall remain valid. The Parties shall replace the invalid provision by a valid one, which as far as legally possible implements their commercial intent. The same shall apply in the event that the Agreement contains any gaps.«; vgl. zudem die beispielhafte Formulierung für eine salvatorische Klausel bei *Pinnells/Eversberg* S. 59 f.

37 Vgl. oben Rdn. 18.

38 Innerhalb des Einheitsprinzips kann noch einmal danach unterschieden werden, ob der Eigentumsübergang alleine an den Vertragsschluss anknüpft (reines Vertragsprinzip), so z. B. Art. 1583 des französischen Code Civil oder Art. 155 § 1 des polnischen Kodeks Cywilny, oder aber zusätzlich eine Übergabe der Kaufsache erforderlich ist (Einheitsprinzip mit Übergabegrundsatz), so z. B. § 1053 des österreichischen ABGB. Zur Unterscheidung aus Sicht des deutschen Rechts vgl. *Schellhammer* Rn. 1935 ff.

39 Verordnung (EG) Nr. 593/2008 des Europäischen Parlaments und des Rates über das auf vertragliche Schuldverhältnisse anzuwendende Recht (Rom I). Vgl. zu den Auswirkungen der neuen Rom I-Verordnung auf grenzüberschreitende IT-Verträge ausf. Kap. 25.

40 Art. 11 Rom I-Verordnung betrifft die Form. Soweit diese Norm einschlägig ist, geht sie Art. 11 EGBGB vor.

41 OLG Hamburg NJW 1980, 1233; OLG Hamm NJW 1983, 524.

bedingungen zur Verfügung zu stellen.[42] Liegen inhaltlich abweichende Versionen in unterschiedlichen Sprachen vor, werden im kaufmännischen Verkehr die in der Verhandlungssprache abgefassten Allgemeinen Geschäftsbedingungen Vertragsinhalt.[43] Weitergehende Anforderungen kann das Recht anderer Staaten vorsehen. So kann beispielsweise das Erfordernis bestehen, den gesamten Vertrag in der Landessprache abzufassen.[44]

bb) Allgemeine Geschäftsbedingungen

30 Unterschiedlich streng ist in verschiedenen Ländern auch die Einbeziehungs- und Inhaltskontrolle von Allgemeinen Geschäftsbedingungen ausgestaltet. Zu prüfen ist beispielsweise, ob für eine wirksame Einbeziehung ein bloßer Hinweis, verbunden mit einer Kenntnisnahmemöglichkeit, ausreichend ist, oder ob es der Vorlage des Texts bei Vertragsschluss bedarf.[45] Bei Kaufverträgen, auf die das CISG anwendbar ist, setzt die wirksame Einbeziehung voraus, dass der Verwender dem anderen Teil die Allgemeinen Geschäftsbedingungen übersendet oder zugänglich macht.[46]

h) Geschäftsfähigkeit

31 Voraussetzung für die Eingehung eines wirksamen Vertrages ist zudem die Geschäftsfähigkeit der Parteien, die im grenzüberschreitenden Rechtsverkehr vor allem dann relevant ist, wenn es um einen Vertragsabschluss mit einer juristischen Person geht: So wird durch das Gesellschaftsrecht einiger Länder die Geschäftsfähigkeit von Gesellschaften dadurch beschränkt, dass die Gesellschaft nur solche Geschäfte eingehen darf, die von ihrem jeweiligen Gesellschaftszweck gedeckt sind; andernfalls ist das Geschäft unwirksam (»ultra vires«-Regel).[47] Es ist daher empfehlenswert, sich vorab genauestens über den jeweiligen Geschäftspartner und das ausländische Gesellschaftsrecht zu informieren.[48]

5. Leistung und Gegenleistung

32 In Zusammenhang mit den von den Parteien zu erbringenden Leistungen ergeben sich bei internationalen Sachverhalten zahlreiche Gestaltungsmöglichkeiten bzw. Fragestellungen. Die genaue Festlegung der von den Parteien geschuldeten Leistungen ist schon zur Vermeidung von Auseinandersetzungen über den jeweils geschuldeten Leistungsumfang unumgänglich. Ferner ist sie entscheidend für die Definition des Mangels im Fall einer Schlechterfüllung. Festzulegen ist nicht nur die vom Auftragnehmer geschuldete Leistung, sondern auch diejenige des Auftraggebers, auch in der Form von Mitwirkungs- und Beistellpflichten; Letztere können im Fall drohender Liefer- oder Projektverzögerung zu einer gefähr-

---

42 BGHZ 87, 115.
43 BGH NJW 1996, 1819.
44 So sind beispielsweise in Frankreich zahlreiche Dokumente in französischer Sprache abzufassen, die der Information der Öffentlichkeit dienen, wie beispielsweise Angebote, Präsentationen, Benutzungsanleitungen, Garantiebedingungen, Rechnungen oder auch Werbung (vgl. das Gesetz Nr. 94–665 v. 04.08.1994 (auch »*Loi Toubon*«) und http://www.culture.gouv.fr/culture/dglf/lois/loi-fr.htm). In Polen sind Verträge mit polnischen Verbrauchern nach Art. 7 Abs. 1 des Gesetzes über den Schutz der polnischen Sprache (Dz. U. 1999, Nr. 90, Pos. 999), welches seit Mai 2000 gilt, grundsätzlich in polnischer Sprache abzuschließen.
45 So genügt die bloße Kenntnisnahmemöglichkeit beispielsweise in Polen nur zwischen Kaufleuten, vgl. Art. 384 § 1 Kodeks Cywilny.
46 BGH NJW 2002, 370.
47 Diese aus dem angloamerikanischen Rechtskreis stammende Regel hat in England und den Vereinigten Staaten mittlerweile nur noch eine sehr geringe Bedeutung. Dagegen existiert die Regelung beispielsweise noch in Thailand.
48 Vgl. dazu *Pinnells/Eversberg* S. 57 f.

lichen Waffe des Lieferanten bzw. Auftragnehmers werden.[49] Die jeweils zu erbringende Leistung ist nach Art und Umfang sowie nach Ort und Zeitpunkt festzulegen.

a) Leistungsgegenstand

Art und Umfang der Leistung sind vertraglich so detailliert wie möglich zu fixieren. Gerade im internationalen Verkehr können unterschiedliche Vorstellungen bestehen, die sich in Ermangelung einer präzisen vertraglichen Regelung nachteilig auswirken können. So kann sich ein deutscher Vertragspartner nicht darauf verlassen, dass das Recht des anderen Staates eine dem § 243 Abs. 1 BGB vergleichbare Regelung enthält, wonach bei der Gattungsschuld eine Sache mittlerer Art und Güte geschuldet ist. Auch kann sich selbst dort, wo der Staat des Vertragspartners eine Parallelnorm zu § 242 BGB (auch fallrechtlicher Natur: »*good faith principle*«) vorsieht, das dahinter stehende Konzept deutlich vom hiesigen Verständnis von Treu und Glauben unterscheiden.

33

aa) Pflichtenhefte

Insbesondere im IT-Bereich kann es sich empfehlen, detaillierte technische Spezifikationen in Anlagen vorzunehmen, auf die der Vertrag verweist. So genannte Pflichtenhefte (basierend gegebenenfalls auf einen vorangegangenen »*Request for Proposal*«,[50] »*RfP*«) legen dabei die einzelnen Merkmale der geschuldeten Leistung fest. Beispielsweise können hier im Zusammenhang mit der Entwicklung von Software festgelegt werden: eine Feinkonzeption für die Entwicklung, der genaue Funktionsumfang, etwaige Performance-Kriterien, Anforderungen an die für den Betrieb der Software erforderliche Hardware sowie an die gegebenenfalls vom Auftraggeber zu beschaffende bzw. einzusetzende Betriebssystemsoftware, die Erstellung, Beschaffung oder Bereitstellung einer Schnittstellensoftware etc. Der Vorteil einer solchen Aufteilung der Vereinbarungen in Vertrag und Pflichtenheft besteht zum einen in einer größeren Übersichtlichkeit des Vertragswerks. Zum anderen kann das Pflichtenheft erforderlichenfalls gesondert von den übrigen vertraglichen Abreden geändert werden, um eine Anpassung an gewandelte Gegebenheiten vorzunehmen, denn die Planung und Durchführung eines IT-Projekts stellt einen äußerst flexiblen Prozess dar und läuft alles andere als statisch ab. Es empfiehlt sich daher, eine Abrede dahin gehend zu treffen, dass das Pflichtenheft im Rahmen eines »*Requirements Managements*« (»RM«) laufend fortgeführt werden darf, um auf diese Weise zu gewährleisten, dass die jeweils zu erbringenden Leistungen jederzeit up-to-date sind. In diesem Zusammenhang ist es auch möglich, das RM vertraglich einzubinden.[51]

34

bb) Service Levels

In einigen IT-rechtlichen Verträgen ist es üblich, zwischen Auftraggeber und Auftragnehmer so genannte Service Levels in einem »*Service Level Agreement*« (»*SLA*«) oder in einer »*Dienstgütevereinbarung*« (»*DGV*«) festzulegen. Die Service Levels beziehen sich vor-

35

---

49 Vgl. hierzu auch unten in Rdn. 36.
50 Hierbei handelt es sich um eine Aufforderung zur Angebotsabgabe. Der RfP enthält eine detaillierte Leistungsbeschreibung, die dazu gehörigen Preise, sämtliche zum Vertragsschluss gehörenden Zusatzvereinbarungen und gegebenenfalls bereits ein Pflichtenheft.
51 *Hoeren/Spittka* MMR 2009, 585; hier wie auch bei den vorgenannten und anderen Arten von Anlagen ist es unerlässlich, dass der Vertrag klarstellt, in welchem Umfang die betreffende Anlage tatsächlich Vertragsinhalt werden soll. Was demgegenüber – insbesondere an vorausgehender Korrespondenz, Angeboten, LOIs, Vertraulichkeitsvereinbarungen etc. – außerhalb der vertraglichen Beziehung bleiben sollte, sollte gegebenenfalls auch ausdrücklich demgemäß ausgeschlossen werden, z. B. auch als Ausnahmetatbestand im Rahmen einer sonst weitgehend üblichen *merger clause*, die folgendermaßen oder ähnlich lauten mag: »This Agreement constitutes the entire arrangement between the Parties concerning the subject matter thereof, except that <Clauses... of > the Confidentiality Agreement between the Parties dated... shall remain in full force and effect«.

nehmlich auf die Verfügbarkeit, Quantität und Qualität wiederkehrender Leistungen, die unter dem Vertrag zu erbringen sind.[52] Ihre Vereinbarung dient dazu, die Kontrolle der ordnungsgemäßen Leistungserbringung transparenter zu gestalten, indem Leistungsparameter wie die Reaktionszeit, der Umfang und die Schnelligkeit der Bearbeitung detailliert festgelegt werden. Für die Definition sollten dabei sinnvolle und möglichst einfach zu überwachende Kennzahlen gewählt werden. Dies erleichtert später auch den Nachweis, dass die erbrachte Leitung hinter der Vereinbarung zurückgeblieben ist. Zudem empfiehlt es sich, eine Mängelklassifikation festzulegen, an die ein abgestuftes System von Reaktionspflichten und Sanktionen anknüpft.[53]

cc) Vertragliche Nebenpflichten

36 Auch die ausdrückliche Regelung von Nebenpflichten aus dem Schuldverhältnis (z. B. hinsichtlich Verpackung, Beförderung, Dokumentation) ist empfehlenswert. Solche Pflichten haben in den verschiedenen Staaten teilweise keine oder nur eine fragmentarische gesetzliche Regelung erfahren und beruhen in weiten Teilen auf richterlicher Rechtsfortbildung. Dies steht im Gegensatz zu der tatsächlichen Bedeutung von Nebenpflichten für die Vertragsdurchführung. Schon aus diesem Grund empfiehlt sich eine klare vertragliche Festlegung. Dabei sollten auch **Mitwirkungspflichten** des Auftraggebers ausdrücklich als Hauptpflichten, als Nebenpflichten oder als reine Obliegenheiten eingestuft werden. Sowohl bei der Planung als auch bei der Realisierung von IT-Projekten ist eine Mitwirkung des Auftraggebers unerlässlich. Insbesondere aus Sicht des mit der Projektrealisierung beauftragten Auftragnehmers ist daher dringend anzuraten, der Art und dem Umfang der Mitwirkungsleistungen gebührend Aufmerksamkeit zu widmen. Die Berufung auf eine angeblich oder tatsächlich noch nicht erfüllte Mitwirkungspflicht des Auftraggebers (etwa die Zurverfügungstellung von Daten, Schnittstellen, Manpower, Räumlichkeiten etc.) kann – gerade angesichts sich abzeichnender Schwierigkeiten oder Verzögerungen bei der Durchführung des IT-Projekts – für den Auftragnehmer ein höchst wirksames Schutzschild darstellen, das für den Auftraggeber demgegenüber lästig oder gar gefährlich werden kann. Demgemäß ist beiden Seiten anzuempfehlen, das Thema Mitwirkungspflichten mit Bedacht und Vorausschau zu regeln. Zudem sollten im Zusammenhang mit IT-Verträgen detaillierte schriftliche **Dokumentationserfordernisse** festgelegt werden. Diese Dokumentation sollte sich auf den gesamten Zeitraum des Projektablaufs beziehen. Sie dient auch als Absicherung für das Risiko des Scheiterns bei IT-Projekten. Die Parteien sollten darüber hinaus bereits die Vertragsverhandlungen schriftlich dokumentieren.

37 Das deutsche Recht knüpft in § 280 BGB für die Verletzung von Nebenpflichten undifferenziert an den Begriff der Pflichtverletzung an und bestimmt eine einheitliche Rechtsfolge. Die Schadensersatzpflicht ist jedoch weder stets geeignet noch notwendig, um die Interessen der Parteien zu befriedigen. Dies gilt im grenzüberschreitenden Verkehr schon wegen der Schwierigkeiten im Zusammenhang mit der Durchsetzung von Schadensersatzforderungen. Daher sollte daran gedacht werden, für die Verletzung vertraglicher Nebenpflichten einen Katalog abgestufter Sanktionen bis hin zu einem vertraglichen Rücktrittsrecht zu vereinbaren.

dd) Change request

38 Gerade bei Projekten, deren Realisierung sich über einen längeren Zeitraum erstreckt, werden im Laufe der Zeit häufig Änderungen, Erweiterungen oder Anpassungen der ursprünglich vereinbarten Leistungen erforderlich. Nach der Rechtslage in Deutschland sind aber

---

52 Zu den typischen Vertragsinhalten von SLAs: *Fritzemeyer/Gründer* S. 21 ff.; vgl. ausf. zu der aktuellen Bedeutung von Service Levels bei IT-Verträgen *Schuster* CR 2009, 205.
53 *Fritzemeyer/Gründer* S. 27.

zusätzliche Leistungen ohne vertragliche Abrede weder geschuldet, noch besteht ein umfassender Anspruch darauf, solche Leistungen nachzuverhandeln. Zwar kommen, soweit Leistungsänderungen durch unvorhersehbare Umstände erforderlich werden, wechselseitige Ansprüche auf Vertragsanpassung nach § 313 Abs. 1 und Abs. 2 BGB oder ein Rücktrittsrecht nach § 313 Abs. 3 Satz 1 BGB in Betracht. Auch wird ein Auftragnehmer nach Treu und Glauben zumindest solche Änderungswünsche des Auftraggebers befolgen müssen, die bei fachgerechter Planung eines Vorhabens voraussehbar waren und keine wesentliche Abweichung vom ursprünglichen Vertragsinhalt darstellen. Diese enge Bandbreite von Anpassungsmöglichkeiten trägt den Besonderheiten von IT-Projekten indessen kaum ausreichend Rechnung.

Daher sollte der Vertrag so genannte »*Change-Request*«-Regelungen vorsehen. Zu regeln ist dabei, unter welchen Voraussetzungen ein *Change Request*, also ein Änderungs- oder Erweiterungsverlangen betreffend der zu erbringenden Leistungen einer Partei, zu berücksichtigen ist. Dem Interesse des Auftragnehmers ist durch eine Zumutbarkeitsregelung und eine Anpassung der Vergütung angemessen Rechnung zu tragen. Zugleich müssen gegebenenfalls vereinbarte Fertigstellungsfristen verlängert werden. Schließlich sollte das genaue Verfahren unter Einschluss etwaiger Nachverhandlungen nach Art eines »*Change Request Managements*« als vertragliches Prozedere festgelegt werden. 39

ee) Sprache der Dokumentation

Bei grenzüberschreitender Softwareüberlassung ist darauf zu achten, dass auch die Sprache der Dokumentation/des Handbuchs und der Bedienführung der Software vertraglich geregelt wird. Einem italienischen Kunden nutzen deutsche Dokumente regelmäßig wenig. Gleiches gilt im Prinzip jedoch auch beim Kauf von Hardware. 40

b) Leistungsort und Transport

Unter dem **Leistungsort** ist der Ort zu verstehen, an dem der Schuldner die von ihm geschuldete Leistung zu erbringen hat.[54] Sofern der Vertrag keine Regelung enthält, ist dies nach deutschem Recht gem. § 269 Abs. 1 und Abs. 2 BGB der Ort, an dem der Schuldner zur Zeit der Entstehung des Schuldverhältnisses seine Niederlassung bzw. seinen Wohnsitz hatte. Damit gilt hierzulande der Grundsatz der sogenannten Holschuld. Häufig werden die Parteien indessen eine Schickschuld[55] vereinbaren, gegebenenfalls sogar eine Bringschuld.[56] 41

Die Lage des Leistungsorts ist in mehrfacher Hinsicht von Bedeutung: Er entscheidet darüber, wie lange der Verkäufer das Risiko des zufälligen Untergangs oder einer zufälligen Verschlechterung des Leistungsgegenstands trägt. Damit eng einher gehen die Fragen nach der Tragung des Transportrisikos und der Transportkosten. Ferner bestimmt § 29 Abs. 1 ZPO den gesetzlichen bzw. § 29 Abs. 2 ZPO den im *Business-to-Business*-(»*B2B*«-)Verhältnis vereinbarten Leistungsort als besonderen Gerichtsstand für Streitigkeiten aus einem Vertragsverhältnis.[57] Schließlich ist der Leistungsort für den Annahmeverzug und den Gefahrübergang von Bedeutung. 42

Mit zunehmender räumlicher Distanz zwischen den Parteien steigen die **Transportkosten** und **Transportrisiken** significant. Häufig wird eine Partei diese Belastung nicht alleine tra- 43

---

54 Teilweise wird der Leistungsort vom Gesetz auch als Erfüllungsort bezeichnet, vgl. bspw. §§ 447 Abs. 1, 644 Abs. 2 BGB, § 29 ZPO.
55 Bei der Schickschuld ist der Schuldner zusätzlich dazu verpflichtet, den Leistungsgegenstand auf den Transportweg zum Gläubiger zu bringen.
56 Bei der Bringschuld ist als Leistungsort die Niederlassung oder der Wohnsitz des Gläubigers vereinbart.
57 Zur internationalen Zuständigkeit bei grenzüberschreitenden IT-Vertragsrechts-Streitigkeiten nach der EuGVVO vgl. Kap. 25 Rdn. 119 ff. sowie aktuell *Witte* ITRB 2009, 230 ff.

gen wollen. Die Lage des Leistungsorts ist daher gerade im grenzüberschreitenden Verkehr von Bedeutung und sollte individuell vereinbart werden. Dabei sind auch die Transportkosten zu allokieren und Vorkehrungen gegen den Untergang und eine Verschlechterung des Leistungsgegenstands zu treffen. Dazu zählt zumindest bei höherwertigen Gütern der Abschluss einer Transportversicherung. Entsprechende Einzelheiten sind vertraglich zu regeln.

44 Beim **Online-Download** spielt der Leistungsort wegen der geringen Transportkosten und -risiken eine eher untergeordnete Rolle. Anders sieht es dagegen bei **verkörperten Waren** aus, also z. B. bei der Lieferung von IT-Systemen oder von Software auf Datenträgern. Gerade bei empfindlichen Produkten (z. B. Festplatten) sollte daher neben der Art des Transports auch die Verpackung geregelt werden. Zusätzlich kann es sich empfehlen, besondere **Untersuchungs- und Rügepflichten** (vgl. für Deutschland § 377 HGB) am Empfangsort festzulegen. Da es sich bei Waren im IT-Bereich häufig um besonders wertvolle Güter handelt, kann auch daran gedacht werden, ihre Übergabe an die richtige Empfangsperson durch eine gesonderte Abrede sicherzustellen.[58]

45 Die **INCOTERMS** enthalten Klauseln zur Festlegung des Leistungsorts und der Transportmodalitäten.[59] Diese sind in verschiedene Kategorien eingeteilt, welche die angesprochenen Punkte zugunsten des Lieferanten, zugunsten des Käufers oder ausgeglichen regeln. Die Parteien vereinbaren die gewünschte Kategorie durch Bezugnahme auf dieselbe.[60] Die Klauselinhalte sind in keiner Weise zwingend und können von den Parteien ganz nach ihren Vorstellungen modifiziert werden. Dabei ist jedoch darauf zu achten, dass die Modifikationen eindeutig und unmissverständlich formuliert und zudem die Strukturprinzipien der jeweiligen Klauseln bzw. ihrer Gruppe respektiert werden.

c) Leistungszeit

46 Verschiedene Rechtsordnungen sehen vor, dass eine geschuldete Leistung im Zweifel unverzüglich zu erbringen ist.[61] Im grenzüberschreitenden Verkehr kann indessen allein die Organisation des Transports intensive Vorbereitungen erfordern. Daher wird in der Regel eine vertragliche Vereinbarung der Leistungszeit vorgenommen.

aa) Feiertage

47 Vor allem in SLAs oder in anderen Leistungsbeschreibungen (z. B. Hotlines) wird häufig eine Mindestverfügbarkeit der jeweiligen Leistung oder eine Reaktionszeit für den Fall des vollständigen oder teilweisen Leistungsausfalls festgelegt. So wird beispielsweise eine durchgängige Verfügbarkeit nur an Werktagen, nicht aber für Sonn- und gesetzliche Feiertage, zugesichert. Bezüglich der Feiertage ist in einem solchen Fall ausdrücklich zu regeln, welche gesetzlichen Feiertage einschlägig sein sollen. Dies betrifft nicht nur Unterschiede zwischen Staaten, sondern auch regionale Unterschiede. Nicht nur für Deutschland sollte demnach gegebenenfalls ein konkretes Bundesland, im Hinblick auf lokale Feiertage sogar ein konkreter Ort genannt werden, also z. B. auf »gesetzliche Feiertage in München« Bezug genommen werden.

---

58 Eine übliche Methode besteht beispielsweise darin, vor der Übergabe das Vorzeigen einer Banknote mit einer zuvor vereinbarten Seriennummer zu verlangen.
59 Vgl. oben Rdn. 14.
60 So steht z. B. das Kürzel »EXW« dafür, dass die Ware ab Werk (»*ex works*«) geliefert wird. Der Lieferant hat die Ware in diesem Fall ab Werk zur Verfügung zu stellen und der Käufer dieselbe an diesem Ort abzunehmen. Der Käufer hat ab diesem Punkt den Transport auf eigene Kosten und eigenes Risiko zu organisieren. Vgl. im Übrigen auch oben Rdn. 14 f.
61 Für Deutschland vgl. § 271 Abs. 1 BGB. So aber beispielsweise auch Polen, vgl. Art. 455 Kodeks Cywilny, und Österreich, vgl. § 904 ABGB.

bb) Zeitzonen

Ähnliches gilt für die Zeitzonen. Auch hier ist es nicht ausreichend, wenn in einem internationalen Vertrag vereinbart wird, dass eine Hotline zwischen 8 und 18 Uhr verfügbar sein muss. Stattdessen ist festzulegen, für welche Zeitzone dies der Fall sein soll. In Deutschland wäre die Zeitangabe damit etwa nach der *Central European Time (»CET«)* zu vereinbaren. Bei der Gestaltung von Arbeitsabläufen kann auf unterschiedliche Zeitzonen Rücksicht zu nehmen sein. 48

cc) Milestone-Planung

Die Planung und Realisierung vor allem größerer IT-Projekte wird häufig auf eine phasenweise, teilweise auch parallele, Leistungserbringung ausgerichtet, bei der einzelne Zwischenziele, so genannte **Milestones**, zu erreichen sind. An die Abnahme solcher Teilleistungen wird zumeist auch die Fälligkeit von (Teil-)Vergütungen geknüpft. Genauere Festlegungen bleiben Aktions- und Zeitplänen vorbehalten, die dem Vertrag oftmals als Anlagen beigefügt werden. Dabei ist auch auf eine sorgfältige Gestaltung der Abnahmeregeln zu achten. 49

Insbesondere im Rahmen einer Milestone-Planung darf die Gefahr unrealistischer Leistungszeitpunkte nicht unterschätzt werden. Sie hat durchaus das Potenzial, ein IT-Projekt zum Scheitern zu bringen. Belastungen für das die Leistung erbringende Unternehmen ergeben sich nicht nur aus möglichen Verzugsansprüchen des Auftraggebers, sondern auch aus der Notwendigkeit eines verstärkten Personen- und Materialeinsatzes. Außerdem leidet neben der Zufriedenheit des Auftraggebers auch der Ruf des Auftragnehmers, woraus mittelfristig weitere Schäden resultieren können. Bei der grenzüberschreitenden Lieferung von IT-Systemen sind daher längere Lieferzeiten einzukalkulieren. Außerdem ist darauf zu achten, dass zwischen Fertigstellung und Implementierung hinreichende Phasen für Integrationstests oder sonstige Teststellungen verbleiben. Sofern solche Tests nicht online durchgeführt werden können, schließt dies die Berücksichtigung von Anreisezeiten mit ein. Weil sich Art und Umfang eines IT-Projektes und seine Realisierungsdauer zu Beginn der Planung nur annähernd abschätzen lassen, sollte zudem daran gedacht werden, Anpassungsregelungen zu verhandeln, um eine allzu starre zeitliche Bindung zu vermeiden. 50

dd) Zahlungsziele

Sofern in Bezug auf die Gegenleistung ein großzügiges Zahlungsziel gewünscht ist, muss auch diesbezüglich eine Vereinbarung getroffen werden. Dabei sind die üblichen Banklaufzeiten und die bereits angesprochene Feiertagsproblematik zu berücksichtigen. 51

ee) Währung

Im internationalen Handel, insbesondere im Verkehr mit Staaten, in denen der Euro nicht die offizielle Landeswährung ist, ist die Währung der zu entrichtenden Vergütung zu vereinbaren. Gerade aufgrund der weiten Verbreitung des Euros gerät dieser Punkt oft in Vergessenheit. Bei Ländern mit starken **Kursschwankungen** kann es sich außerdem empfehlen, Preise an einen festen Wechselkurs zu koppeln. Dazu kann beispielsweise auf den Kurs zu einem bestimmten Datum Bezug genommen werden. Es kann aber auch auf den Wert von Sonderziehungsrechten (»SZR«) aus dem Internationalen Währungsfonds (»IWF« oder »IMF«, für »*International Monetary Fund*«) abgestellt werden, die seit 1969 existieren. Bei dem SZR handelt es sich um eine Recheneinheit, die aus festen Beträgen der vier wichtigsten Weltwährungen (US-Dollar, Euro, Yen und britisches Pfund) täglich neu festgesetzt wird. Das SZR ist vor allem im Zahlungsverkehr der staatlichen Zentralbanken untereinan- 52

ff) Preisanpassung

53 Mehr noch als bei reinen Inlandsgeschäften laufen die Parteien bei Geschäften mit Auslandsberührung Gefahr, dass sich die bei Vertragsschluss gegebenen Umstände während der Vertragsdurchführung ändern. So können z. B. eine Steuererhöhung oder Wechselkursschwankungen in dem Staat eines Vertragspartners dazu führen, dass er die versprochene Leistung nur noch unter erhöhtem Kostenaufwand und mit entsprechend vermindertem Gewinn erbringen kann. Gerade im IT-Bereich ist zudem der rasche **Preisverfall** aufgrund technischen Fortschritts zu berücksichtigen. Vor diesem Hintergrund stellt sich die Frage, ob und in welchem Umfang solche Nachteile auf den Vertragspartner umgelegt werden dürfen. In Deutschland ist dies ohne entsprechende vertragliche Regelung nicht der Fall. Dementsprechend ist es aus Sicht des Schuldners der Sachleistung sinnvoll, eine Preisanpassungsklausel zu verhandeln. Bei Preisanpassungsklauseln, die gegenüber Verbrauchern verwendet werden, ist in Deutschland das Verbot kurzfristiger Preiserhöhungen auf der Basis Allgemeiner Geschäftsbedingungen nach § 309 Nr. 1 BGB zu beachten.

6. Sonstige Regelungen

a) Kommunikation, Koordination und Eskalation

54 Die Planung und Realisierung komplexer IT-Projekte erfordert regelmäßig eine Abstimmung zwischen einer Vielzahl von Abteilungen und Personen in den Unternehmen der beteiligten Vertragsparteien. Diese verfolgen im Projekt jeweils eigene Interessen, die den Interessen des oder der anderen Beteiligten zuwiderlaufen können. Zudem können Schwierigkeiten dabei bestehen, eine hinreichend enge Kommunikation zwischen den Parteien herzustellen oder aufrechtzuerhalten. Um diesen Problemen zu begegnen, kann es sich empfehlen, einen **Lenkungsausschuss** einzurichten. Dieser dient dann zugleich als Koordinationsstelle für die Planung und ihre Realisierung wie auch als Schnittstelle für die Kommunikation, aber auch als einmaliges Eskalationsinstrument.

55 Auch im Übrigen sollte der Vertrag klare **Verantwortlichkeiten, Ansprechpartner**, die zu verwendenden **Kommunikationsmittel und -wege** festlegen. Sämtliche Folgen von Abweichungen von diesen Festlegungen, also etwa die Nicht-Weiterleitung von Nachrichten beim Empfänger, sollen dabei der Partei zur Last gelegt werden, die sich nicht an die Vereinbarung gehalten hat.

b) Anreizsysteme

56 Vor allem in auf Dauer angelegten Projekten, gerade auch bei großer räumlicher Distanz zwischen den Vertragspartnern, kann sich die Schaffung von Leistungsanreizen als effektiv erweisen. Sie soll sicherstellen, dass die andere Vertragspartei von ihr geschuldete Leistungen bestmöglich erbringt. Anreizsysteme können je nachdem, ob sie als Belohnung oder Sanktion wirken sollen, als **Bonus- oder Malus-Regelungen** ausgestaltet werden. Bei Bonus-Regelungen wird in der Regel eine erhöhte Vergütung bei vorzeitigem oder jedenfalls rechtzeitigem Erreichen eines Vertragsziels versprochen. Eine Malus-Regelung beinhaltet in der Regel eine Vergütungsminderung bei Leistungsverzögerungen oder Schlechtleistungen, die an die Stelle oder neben einen Anspruch aus Verzug tritt. Ein Beispiel für eine Malus-Regelung sind auch sogenannte *Service Level Credits*. Sie stellen Minderungspauschalen für den Fall des Unterschreitens von *Service Levels* dar.[62]

---

62 Vgl. auch die Ausführungen zu den Service Levels oben Rdn. 35 und *Fritzemeyer/Gründer* S. 21 ff.

Im Einzelfall ist sorgfältig abzuwägen, ob derartige Anreizsysteme geschaffen werden soll- 57
ten. In bestimmten Situationen können ihre Nachteile überwiegen. Diese bestehen in der
Erzeugung eines zusätzlichen Drucks auf den Auftragnehmer, der neben den gewöhnlichen
Verzugsregelungen oder Regelungen über Schlechtleistungen nicht immer erforderlich ist.
Auch können Malus-Regelungen das Verhältnis der Parteien unnötig belasten, indem sie
vorhandene Interessengegensätze zu stark betonen.

c) Vertragsstrafen

Eng verwandt mit Malus-Regelungen ist die Vereinbarung von Vertragsstrafen. Auch hier 58
soll die drohende finanzielle Belastung den Vertragspartner zur ordnungsgemäßen Leistungserbringung anhalten. Im Unterschied zu den Malus-Regelungen, die im Regelfall
nur zu einer Minderung des Gewinns des Vertragspartners führen, sind Vertragsstrafen jedoch als positive Zahlungspflicht formuliert. Zudem beziehen sie sich oft auch auf eine Verletzung vertraglicher Nebenpflichten (z. B. Geheimhaltung) oder Pflichtverletzungen, die
am Rande des Vertrags liegen (z. B. Weiterverwendung von Quellcodes). In der Praxis werden die Termini Malus und Vertragsstrafe jedoch häufig austauschbar verwendet. An die
Vereinbarung einer Vertragsstrafe ist vor allem zu denken, wenn die Einhaltung einer Verpflichtung, das Unterlassen eines bestimmten Verhaltens etc. für eine Vertragspartei von besonderer Bedeutung ist. Die Vereinbarung einer Vertragsstrafe hat zudem den Vorteil, dass
sie sich aufgrund ihres Strafcharakters in weitem Umfang von dem Nachweis eines tatsächlichen Schadens und dessen genauer Höhe lösen kann. Vertragsstrafen sind daher insbesondere für solche Bereiche geeignet, in denen ein entsprechender Nachweis nur mit Schwierigkeiten zu führen wäre (z. B. Verletzung von Geheimhaltungspflichten) und die Bestimmung
des Schadens daher einer richterlichen Schätzung anheimgegeben werden müsste (vgl. § 287
ZPO).

In eine ähnliche Richtung gehen Vereinbarungen über Schadenspauschalierungen. Im Ge- 59
gensatz zur Vertragsstrafe soll der pauschalierte Schadensersatz aber nur den Schadens-
beweis ersparen. Die Vertragsstrafe soll hingegen zusätzlich die Erfüllung der Hauptver-
bindlichkeit als Zwangsmittel sichern.[63]

Wegen ihres Strafcharakters sind Vertragsstrafen im angelsächsischen Rechtsraum weitgehend unzulässig und nicht durchsetzbar, sodass pauschalierter Schadensersatz (»*liquidated damages*«) die gangbare Alternative ist. Wichtig ist jedoch, dass eine »*liquidated damages*«-Klausel dann nicht ihrer Formulierung nach doch ein pönales Gepräge oder auch nur
einen pönalisierenden Wortlaut hat.

d) Exit-Optionen

Eine herausragende Bedeutung im Rahmen langfristiger IT-Projekte haben sogenannte 60
Exit-Optionen. Sie schaffen einer Partei Wege, sich von dem Vertrag zu lösen und dadurch
die Zusammenarbeit im Projekt zu beenden. Unter dem gleichen Blickwinkel kann zu Projektbeginn eine Probephase der Zusammenarbeit vereinbart werden. Für den weiteren Verlauf sollte für den Fall der Schlechterfüllung vertraglich geschuldeter Leistungen als *ultima
ratio* ein vertragliches Rücktrittsrecht vorgesehen werden. Denkbar ist auch, dass ein Recht
zur nur teilweisen Lösung vom Vertrag (z. B. Rückfahren des Leistungsumfangs) für den
Fall eingeräumt wird, dass sich später ein verminderter Bedarf herausstellt. Stets sind im Zusammenhang mit Exit-Optionen die vertraglichen und außervertraglichen Folgen zu regeln. Dabei dürfen selbst Randbereiche wie die Rückgabe von Unterlagen oder das Fort-

---

[63] Palandt/*Heinrichs* § 276 Rn. 26; vgl. zu den Unterschieden zwischen Vertragsstrafe und pauschaliertem Schadensersatz und deren Sanktionswirkung bei Verletzung von Service Levels zudem *Schuster* CR 2009, 207 f.

bestehen von Verschwiegenheitspflichten nicht übersehen werden. Oft wird auch vergessen, den bisherigen Vertragspartner auf angemessene Unterstützung bei der Überleitung auf einen neuen Anbieter zu verpflichten, die fairerweise, aber nicht notwendigerweise, kostenlos zu erbringen sein sollte.

e) Sonstige Absicherung gegen Risiken
aa) Öffnungsklauseln

61 Nur selten wird es den Parteien gelingen, in einem Vertrag sämtliche erdenklichen Situationen und Konstellationen vorherzusehen. Daher ist es aus Sicht des Auftraggebers sinnvoll, bestimmte Klauseln bewusst offen zu formulieren. Solche »Schleppnetzklauseln« bieten sich vor allem in Randbereichen der Leistungsbeschreibung an. Auf diese Weise können zu erbringende Leistungen, die zunächst bei der Leistungsbeschreibung vergessen wurden, gegebenenfalls im angemessenen Rahmen (vgl. die angelsächsische »*four corners rule*«)[64] im Nachhinein als vertragszugehörig eingefordert werden. Auch in diesen Fällen hilft häufig eine interessengerechte Präambel.[65]

bb) Zusicherung von »best practice«

62 Gerade im IT-Bereich entwickelt sich der Stand der Technik mit rasantem Tempo fort. Verfahren, welche die Parteien bei Vertragsschluss als zeitgemäß vereinbart haben, können daher im Laufe eines Projektes veralten. Dementsprechend mag sich der Auftraggeber zusichern lassen, dass der Auftragnehmer seine Leistungen stets nach dem jeweils neusten Stand der Technik und auch im Übrigen entsprechend der jeweils aktuellen »*best practice*« erbringt.

cc) IT Infrastructure Library

63 Unter dem Gesichtspunkt der »*best practice*« ist zudem die so genannte »*IT Infrastructure Library*« (»*ITIL*«) in Bezug auf die Vertragsgestaltung sowie für Änderungen der vertraglichen Vereinbarungen während der Vertragsdurchführung relevant. Die ITIL stellt eine Sammlung von *best practice-Ansätzen* dar, welche die Prozesse für eine erfolgreiche IT-Organisation regeln. Mittlerweile hat sie sich im Bereich des Managements und Betriebs von IT-Dienstleistungen international durchgesetzt. Zu beachten ist jedoch, dass die ITIL als Regel- und Definitionswerk lediglich Mindestvoraussetzungen für Regelungen in IT-Verträgen vorgibt und keine konkreten Vertragsklauseln enthält. Vertragslücken können folglich nicht mittels eines Verweises auf die ITIL geschlossen werden. Empfehlenswert ist es jedoch, die ITIL im Rahmen des SLA[66] heranzuziehen, um auf diese Weise eine einheitliche Begriffsdefinition und Strukturierung sicherzustellen. Gleichermaßen kann auch die ISO/IEC 20000[67] herangezogen werden, die diesbezüglich ebenfalls standardisierte Definitionen liefert.[68]

dd) Genehmigungsvorbehalte

64 Insbesondere bei großen IT-Projekten, deren Erfolg entscheidend von den Steuerungsfähigkeiten des projektverantwortlichen Personals abhängt, kann es sinnvoll sein, dass

---

64 Diese Regel besagt, dass ein Sachverhalt innerhalb eines Vertrages selbst umfassend zu regeln ist, andernfalls liegt er außerhalb des vertraglichen Regelungsbereichs und bleibt damit unverbindlich (»*What is not in the contract is not in the law.*«).
65 Vgl. oben Rdn. 18.
66 Vgl. dazu Rdn. 35.
67 Bei der ISO/IEC 20000 handelt es sich um einen international anerkannten Standard zum IT-Service-Management, der die Voraussetzungen für ein erfolgreiches IT-Service-Management beinhaltet.
68 *Hoeren/Spittka* MMR 2009, 584.

sich die Parteien vertraglich gegen einen Austausch von Schlüsselpersonal bei der jeweils anderen Partei absichern. Zu diesem Zweck kann ein Zustimmungsvorbehalt vereinbart werden. Umgekehrt sollten sich die Parteien vorbehalten, die Auswechslung solchen Personals zu verlangen, das nach ihrem ausschließlichen Ermessen und/oder objektiven Umständen nicht hinreichend qualifiziert, unzuverlässig usw. ist.

ee) Zusicherung von Compliance

Unter »*IT-Compliance*« versteht man die Einhaltung der rechtlichen Anforderungen, die den Einsatz von Informationstechnologie betreffen. Zu den Compliance-Anforderungen zählen dabei unter anderem die Bereiche IT-Sicherheit, Versicherung von IT-Risiken, Datenschutz und Outsourcing. Zu beachten ist in diesem Zusammenhang, dass kein einheitliches Regelwerk zur IT-Compliance existiert. Stattdessen sind vielmehr eine Reihe gesetzlicher und nicht gesetzlicher Normen zu beachten, beispielsweise aus dem Datenschutz (BDSG, TKG, TMG) sowie die Grundsätze zur Buchführung und Steuerprüfung (GoBS, GDPdU). Verantwortlich für die Einhaltung der IT-Compliance-Anforderungen ist dabei primär das jeweilige Unternehmen. Jedoch ist auch die Unternehmensleitung persönlich dafür verantwortlich, dass sich das Unternehmen ordnungsgemäß verhält, sodass gegebenenfalls eine persönliche Haftung gegenüber dem Unternehmen, aber auch Dritten bei Gesetzesverstößen drohen kann. 65

Vor allem in US-amerikanisch geprägten Einkaufsverträgen sind Formulierungen üblich, die vorsehen, dass die Produkte des Lieferanten mit allen anwendbaren Gesetzen, insbesondere auch allen anwendbaren **Import- und Exportvorschriften** übereinstimmen. Manche Klauseln sehen vor, dass die Produkte ausdrücklich mit den US-amerikanischen Import- und Exportvorschriften im Einklang stehen. Solche Klauseln sichern den US-amerikanischen Auftraggeber weitgehend gegen Risiken ab, die sich aus der Geltung ihm unbekannten Rechts ergeben können. Dies umfasst beispielsweise länderspezifische Unterschiede hinsichtlich technischer Normen und Spezifikationen, Sicherheitsanforderungen bezüglich technischer Infrastrukturen oder **datenschutzrechtliche Vorgaben**. Aus der Sicht des Auftragnehmers ist zu prüfen, welche Gesetze tatsächlich anwendbar sind und ob nach ihnen die vertraglich eingegangene Verpflichtung erfüllt werden kann. Aus der Sicht des Auftragnehmers ist unter haftungsrechtlichen Gesichtspunkten nur eine Verpflichtung auf solche Gesetze sinnvoll, deren Inhalt er kennt und von denen er weiß, dass sein Produkt bzw. seine Leistung mit ihnen übereinstimmt. 66

Dem Datenschutzrecht kommt in diesem Zusammenhang besondere Bedeutung zu: Nach § 1 Abs. 5 des deutschen Bundesdatenschutzgesetzes (BDSG) findet das BDSG keine Anwendung, wenn eine in einem anderen Mitgliedstaat der Europäischen Union oder in einem anderen Vertragsstaat des Abkommens über den Europäischen Wirtschaftsraum belegene »verantwortliche Stelle« personenbezogene Daten im deutschen Inland erhebt, verarbeitet oder nutzt und dies nicht durch eine Niederlassung im Inland erfolgt. Das BDSG ist dagegen anwendbar, sofern eine verantwortliche Stelle, die nicht in einem Mitgliedstaat der Europäischen Union oder in einem anderen Vertragsstaat des Abkommens über den Europäischen Wirtschaftsraum belegen ist, personenbezogene Daten im Inland erhebt, verarbeitet oder nutzt. Insoweit bestehen bei IT-Verträgen keine Besonderheiten. 67

Besondere Rechtmäßigkeitsvoraussetzungen sind jedoch nach den vorstehenden Grundsätzen bei Datenübermittlungen in Staaten zu beachten, die nicht Mitglied der Europäischen Union oder des Europäischen Wirtschaftsraums sind. Dies kann typischerweise etwa im Rahmen eines grenzüberschreitenden IT-Outsourcings der Fall sein, wenn Server ins Ausland verlagert und dann dort von einem ausländischen IT-Wartungsunternehmen betreut werden, dem ein Zugriff per »*remote access*« erlaubt wird. Denkbar ist ferner, dass die Umstellung auf ein ASP vorgenommen wird, das aus dem nicht-europäischen Aus- 68 land heraus gehostet wird. Eine andere Konstellation besteht darin, dass von einem anderen Land aus in Deutschland personenbezogene Daten erhoben, verarbeitet oder genutzt werden. In den genannten und vergleichbaren Fällen muss die Anwendbarkeit des BDSG oder des jeweiligen lokalen Datenschutzrechts sorgfältig geprüft werden.[69]

f) Rechtswahl und Gerichtsstandsvereinbarungen

69 Wegen der im Zusammenhang mit einer vertraglichen Rechtswahl oder Gerichtsstandsvereinbarung zu beachtenden Aspekte wird auf die Ausführungen in Kapitel 25 verwiesen.[70]

g) Allgemeine Haftung

70 Vor allem US-amerikanisch geprägte Verträge sehen zumeist einen umfangreichen Katalog von Haftungsfreistellungen vor. Eine typische Klausel in einem **US-amerikanischen Recht** unterliegenden Lizenzvertrag lautet in etwa wie folgt:

> »Limitation of Liability. The cumulative liability of seller to customer for all claims arising under or related to this agreement, whether in contract, tort or otherwise, shall not exceed the fees paid to seller for the product or service which caused the damage or which is the subject matter of the claim. In no event will seller or its suppliers be liable to customer for damages for loss of data, lost profits, or any indirect, special, incidental or consequential damages arising out of this agreement, even if seller has been advised of the possibility of such damages, or for any claim by any third party. The foregoing limitation of liability and exclusion of certain damages shall apply regardless of the success or effectiveness of other remedies. The limitation of liability set forth in this section shall only apply to the extent permitted by applicable law.«

71 Eine die Haftung beschränkende Klausel in einem Standardlizenzvertrag (Allgemeine Geschäftsbedingungen) nach **deutschem Recht** mag dagegen in etwa wie folgt lauten:

Haftung.

(a) Verkäufer haftet für die dem Kunden im Zusammenhang mit diesem Vertrag entstandenen Schäden, soweit Verkäufer, dessen Vertretern oder Erfüllungsgehilfen Vorsatz oder grobe Fahrlässigkeit zur Last fällt.

(b) Verkäufer haftet außerdem für dem Kunden im Zusammenhang mit diesem Vertrag entstandene Schäden, soweit diese von Verkäufer, dessen Vertretern oder Erfüllungsgehilfen durch die fahrlässige Verletzung einer wesentlichen Verpflichtung verursacht worden sind. In diesem Fall ist die Haftung vom Verkäufer auf die Schäden, die bei Unterzeichnung dieses Vertrages typischerweise vorhersehbar waren, beschränkt.

(c) Diese Haftungsbegrenzung gilt für alle Schadensersatzverpflichtungen, gleich aus welchem Rechtsgrund, einschließlich unter anderem vorvertraglicher oder nebenvertraglicher Ansprüche. Diese Haftungsbeschränkung schränkt jedoch eine gesetzlich zwingende Haftung nicht ein, einschließlich der Haftung nach dem deutschen Produkthaftungsgesetz oder der Haftung für Körperverletzungen, die durch Fahrlässigkeit verursacht worden sind.

(d) Der Kunde ist verpflichtet, wirksame Maßnahmen zur Verhinderung und Minderung von Schäden zu treffen.

72 Eine weiter gehende Einschränkung der Haftung als in der oben dargestellten Haftungsklausel ist in Standardverträgen, die deutschem Recht unterliegen, wegen der §§ 309 Nr. 7, 307 BGB nicht zulässig. Die oben aufgeführte US-amerikanische Haftungsklausel wäre damit nach deutschem AGB-Recht unwirksam. Große Teile der Klausel könnten jedoch durch individuelles Aushandeln derselben Wirksamkeit nach deutschem Recht erlangen. Alternativ jedoch kann durch eine Wahl US-amerikanischen Rechts – vorbehaltlich der Sonderregelungen bei Verbraucherbeteiligung[71] – die Geltung weiter Teile des deutschen Rechts ausgeschaltet werden. Dies bedeutet, dass sich damit – je nach Stellung als Verkäufer oder Käufer/Anbieter oder Kunde – die Rechtswahl (indirekt) positiv oder negativ auf die Vertragsgestaltung auswirken kann.

---

69 Vgl. im Übrigen zum Datenschutz insbesondere unten Kap. 20.
70 Vgl. dazu näher Kap. 25 Rdn. 75 ff.
71 Vgl. dazu näher Kap. 25 Rdn. 35 und 42.

h) Produkthaftung und Verpackung

Besondere Fragen können sich im Zusammenhang mit der Produkthaftung ergeben. Zu prüfen ist beispielsweise, ob Produkthaftungsrisiken durch eine bestehende Betriebshaftpflicht-Versicherung ausreichend abgedeckt sind. Dies bezieht sich sowohl auf die Art des Risikos als auch die Deckungshöhe. Sofern INCOTERMS vereinbart sind, gelten zumeist auch Verpackungsvorgaben. Zu prüfen ist ferner, ob nach dem Recht des Sende- und/oder des Empfängerstaats besondere Warenmarkierungen anzubringen sind. Im Zweifel sollte eine solche Kennzeichnung vertraglich gestattet werden. Zu beachten ist z. B. auch, dass Marken oder sonstige Kennzeichen, die auf Produkten angebracht sind, im Empfangsland unter Umständen für Dritte geschützt sein mögen.

Kapitel 3
Software-Recht

Schrifttum

Bartsch/Lutterbeck (Hrsg.), Neues Recht für Neue Medien, 1998; *Berger, K.*, Zur Anwendbarkeit der neuen Technologietransfer-Gruppenfreistellungs-Verordnung auf Softwareverträge, K&R 2005, 15; *Böge,* Der »more economic approach« und die deutsche Wettbewerbspolitik, WuW 2004, 726; *Büllesbach/Büchner* (Hrsg.), IT doesn't matter!?, Aktuelle Herausforderungen des Technikrechts, 2006; *Dreier, Th.*, Die internationale Entwicklung des Rechtsschutzes von Computerprogrammen, in: *Lehmann,* Rechtsschutz und Verwertung von Computerprogrammen, 2. Aufl., 1993, S. 31 (zit. *Lehmann/Dreier,* Rechtsschutz und Verwertung); *Dreier/Katzenberger/v. Lewinski/Schricker,* in: *Schricker,* Urheberrecht auf dem Weg zur Informationsgesellschaft, 1997, S. 109; *Dreier/Vogel,* Software- und Computerrecht, 2008; *Drexl,* Verbraucherschutz und Electronic Commerce in Europa, in: *Lehmann,* Electronic Business in Europa. Internationales, europäisches und deutsches Online-Recht, 2002, S. 473 (zit. *Lehmann/Drexl,* Electronic Business); *Erdmann, W.*, Möglichkeiten und Grenzen des Urheberrechts, CR 1986, 249; *Gaster, J.*, Kartellrecht und geistiges Eigentum: Unüberbrückbare Gegensätze im EG-Recht?, CR 2005, 247; *Grützmacher,* Software-Verträge und die 7. GWB-Novelle, ITRB 2005, 205; *Haberstumpf,* Der urheberrechtliche Schutz von Computerprogrammen, in: *Lehmann,* Rechtsschutz und Verwertung von Computerprogrammen, 2. Aufl., 1993, S. 69 (zit. *Lehmann/Haberstumpf,* Rechtsschutz und Verwertung); *Haberstumpf,* Der Handel mit gebrauchter Software und die Grundlagen des Urheberrechts, CR 2009, 345; *Heinemann,* Immaterialgüterschutz in der Wettbewerbsordnung, 2002; *ders.,* Kartellrecht und Informationstechnologie, CR 2005, 715; *ders.,* Gefährdung von Rechten des geistigen Eigentums durch Kartellrecht? Der Fall »Microsoft« und die Rechtsprechung des EuGH, GRUR 2006, 705; *Hoeren,* Der Erschöpfungsgrundsatz bei Software, GRUR 2010, 665; *Der Softwarevertrag – Ein Blick in die Zukunft,* MMR 2003, 3; *Katzenberger,* Urheberrecht und UFO-Technik – Bewährung des Urheberrechts im Zeichen der digitalen Revolution, in: *Straus, J.* (Hrsg.), Aktuelle Herausforderungen des geistigen Eigentums, Festgabe Beier, 1996, S. 379 (zit. *Katzenberger* in: Festgabe Beier); *Katzenberger,* Urheberrechtsverträge, in: *Beier/Götting/Lehmann/Moufang,* Urhebervertragsrecht, FS Schricker, 1995, S. 225 (zit. *Katzenberger* in: FS Schricker); *Kitz,* Rechtsdurchsetzung im geistigen Eigentum – die neuen Regeln, NJW 2008, 2374; *Koch,* Die »Enforcement«-Richtlinie: Vereinheitlichung der Durchsetzung der Rechte des geistigen Eigentums in der EU. Regelungsgegenstände und Auswirkungen, ITRB 2006, 40; *Köhler,* »Täter« und »Störer« im Wettbewerbs- und Markenrecht – Zur BGH-Entscheidung »Jugendgefährdende Medien bei eBay«, GRUR 2008, 1; *Köhler/Fritzsche,* Die Herstellung und Überlassung von Software im bürgerlichen Recht, in: *Lehmann,* Rechtsschutz und Verwertung von Computerprogrammen, 2. Aufl., 1993, S. 521 (zit. *Lehmann/Köhler/Fritzsche,* Rechtsschutz und Verwertung); *Lehmann* (Hrsg.), Rechtsschutz und Verwertung von Computerprogrammen, 2. Aufl., 1993 (zitiert: *Lehmann/Bearbeiter,* Rechtsschutz und Verwertung); *ders.,* Das Urhebervertragsrecht der Softwareüberlassung, in: *Beier/Götting/Lehmann/Moufang* (Hrsg.), Urhebervertragsrecht, FS Schricker, 1995, S. 543 (zit. *Lehmann* in: FS Schricker); *ders.,* The Answer to the Machine Is Not in the Machine, in: *Beier/Brüning-Petit/Heath* (Hrsg.), FS Pagenberg, 2006, S. 413 (zit. *Lehmann* in: FS Pagenberg); *ders.,* Präventive Schadensersatzansprüche für Verletzungen des geistigen und gewerblichen Eigentums, GRUR Int. 2004, 762; *Leistner,* Der Rechtsschutz von Datenbanken im deutschen und europäischen Recht. Eine Untersuchung zur Richtlinie 96/9/EG und zu ihrer Umsetzung in das deutsche Urheberrechtsgesetz, 2000 (zit. *Leistner,* Rechtsschutz von Datenbanken); *Lenhard,* Vertragstypologien von Softwareüberlassungsverträgen, 2006; *Lewinski,* EU und Mitgliedstaaten ratifizieren WIPO-Internetverträge, GRUR-Prax 2010, 49; *Lutz, H.,* Softwarelizenzen und die Natur der Sache, 2009; *Mankowski,* Internationale Zuständigkeit am Erfüllungsort bei Softwareentwicklungsverträgen, CR 2010, 137; *Mittenzwei,* Informationen zur Rechtewahrnehmung im Urheberrecht, 2006; *Nordemann/Conrad,* Ausnahmen vom Urheberrechtsschutz und erlaubte Benutzungsformen urheberrechtlich geschützter Werke in den Branchen der Hoch- und Digitaltechnologie, GRUR Int. 2010, 953; *Nordemann-Schiffel,* Internet und internationales Recht, in: *Bröcker/Czychowski/Schäfer,* Praxishandbuch Geistiges Eigentum im Internet, 2003, S. 59 (zit. *Nordemann-Schiffel); Pres,* Gestaltungsformen urheberrechtlicher Softwarelizenzverträge, 1994; *Reinbothe,* Europäisches Urheberrecht und Electronic Commerce, in: *Lehmann,* Electronic Business in Europa. Internationales, europäisches und deutsches Online-Recht, 2002, S. 373 (zit. *Lehmann/Reinbothe,* Electronic Business); *Schiffner, Th.*, Open Source Software. Freie Software im deutschen Urheber- und Vertragsrecht, 2002; *Schricker/Dreier/Kur* (Hrsg.), Geistiges Eigentum im Dienste der Innovation, 2001 (zit. *Schricker/Dreier/Kur,* Geistiges Eigentum); *Schumacher/Schmid,* Die neue Gruppenfreistellungsverordnung für Technologietransfer-Vereinbarungen, GRUR 2006, 1; *Spindler,* Europäisches Urheberrecht in der Informationsgesellschaft, GRUR 2002, 105; *Stickelbrock,* Linux & Co – Gewährleistung und Haftung bei kommerziell vertriebener Open Source Software (OSS), ZGS 2003, 368; *Thum,* Das Territorialitätsprinzip im Zeitalter des Internet – Zur Frage des auf Urheberrechtsverletzungen im Internet anwendbaren Rechts, in: *Bartsch/Lutterbeck*, Neues Recht für Neue Medien, 1998, S. 117 (zit. *Bartsch/Lutterbeck/Thum*); *Tilmann*, Gewinnherausgabe im gewerblichen Rechtsschutz und Urheberrecht, GRUR 2003, 647; *Ubertazzi*, IP-Lizenzverträge und die EG-Zuständigkeitsverordnung, GRUR Int. 2010, 103; *Ulmer/Kolle*, Der Urheberrechtsschutz von Computerprogrammen, GRUR Int. 1982, 489; *v. Gamm*, Neuere Rechtsprechung zum Wettbewerbsrecht, WM 1986, 3; *Zombik*, Der Kampf gegen Musikdiebstahl im Internet, ZUM 2006, 450.

Übersicht

		Rdn.
A.	**Computerprogramme und das Urheberrecht**	1
I.	Die Software	1
II.	Der Computer	4
B.	**Die Internationalität der Software-Verträge**	7
I.	Die Entgrenzung der Software-Märkte	7
II.	Territorialitäts- und Schutzlandprinzip	9
III.	Deliktische Verletzungshandlungen	10
IV.	Vertragsverletzungen und Urheberrecht	11
V.	Zuständigkeit und Prorogation	15
C.	**Das europäische Software-Recht**	16
I.	Die Richtlinien	16
	1. Die Richtlinie 2009/24/EG (ex 91/250/EWG) über den Rechtsschutz von Computerprogrammen	17
	a) Entstehungsgeschichte	17
	b) Schutzgegenstand und Schutzvoraussetzungen	18
	c) Inhaber des Urheberrechts	19
	d) Nutzungsrechte	20
	e) Schranken der Nutzungsrechte	24
	f) Rechtsfolgen der Verletzung	29
	g) Verhältnis zu anderen Vorschriften des gewerblichen Rechtsschutzes und Übergangsbestimmungen	30
	2. Die Richtlinie 96/9/EG über den rechtlichen Schutz von Datenbanken	31
	a) Schutzgegenstand und Schutzumfang	31
	b) Schutzvoraussetzungen	33
	aa) Urheberrechtlicher Schutz	33
	bb) Schutzrecht eigener Art	34
	c) Schutzrechtsinhaber – Persönlichkeitsrecht	35
	aa) Urheberrechtlicher Schutz – Schöpferprinzip	35
	bb) Schutzrecht eigener Art	37
	d) Ausschließlichkeitsrechte	38
	aa) Urheberrecht: Vervielfältigung, Umgestaltung, Verbreitung, Wiedergabe	38
	bb) Schutzrecht eigener Art	42
	e) Nutzerrechte	44
	aa) Urheberrecht	45
	bb) Schutzrecht eigener Art	46
	f) Schranken der Ausschließlichkeitsrechte	47
	g) Schutzdauer und Kumulation	48
	h) Rechtsfolgen einer Verletzung	49
	i) Übergangs- und Schlussbestimmungen	50
	j) Zusammenfassende Bewertung	51
	3. Die Richtlinie 2001/29/EG zur Harmonisierung bestimmter Aspekte des Urheberrechts und der verwandten Schutzrechte in der Informationsgesellschaft	52
	a) Entstehungsgeschichte und internationaler Kontext	53
	b) Europäisches Urheberrecht – Urheberpersönlichkeitsrecht	54
	c) Die Neuregelungen im Einzelnen	55
	aa) Anwendungsbereich	55
	bb) Das Vervielfältigungsrecht	56
	cc) Öffentliche Wiedergabe und Zugänglichmachung	57
	dd) Verbreitungsrecht und gemeinschaftsweite Erschöpfung	58
	ee) Europäische Schranken	59
	ff) Technische Maßnahmen	61
	gg) Informationen zur Rechtewahrnehmung	63
	d) Sanktionen, Rechtsbehelfe, Schlussbestimmungen	64

Kapitel 3   A. Computerprogramme und das Urheberrecht

	4. Die Richtlinie 2004/48/EG zur Durchsetzung der Rechte des geistigen Eigentums (Enforcement-Richtlinie).	65
II.	Das deutsche Urheberrecht: Computerprogramme	66
D.	**Das Urhebervertragsrecht der Softwareüberlassung**	67
I.	Typologien der Softwareüberlassung	68
II.	Die Einräumung von Nutzungsrechten	69
III.	Die Mindestrechte der Nutzungsberechtigten	71
	1. Europäisches Recht	71
	2. Deutsches Urheberrecht	72
	3. Die Mindestrechte der Nutzer	73
	4. Der »zwingende Kern« der Nutzerbefugnisse	74
IV.	Der Erschöpfungsgrundsatz	81
V.	Bearbeitung, Umarbeitung, Wartung, Portierung, Emulation	83
VI.	Zweckübertragungstheorie und Nutzungsarten	84
E.	**Das Kartellrecht der Softwareüberlassung**	85
F.	**Musterverträge (Hinweis)**	86

A. Computerprogramme und das Urheberrecht

I. Die Software

1 Als *Konrad Zuse* in Berlin im Jahr 1941 aus 2600 Relais den ersten Computer (Z3) zusammengebaut hatte, dachte noch niemand an die Entstehung eines neuen, digitalen Zeitalters. Erst in den 60er Jahren des letzten Jahrhunderts bedingte der technische Fortschritt der »elektronischen Datenverarbeitung« (EDV) den Beginn eines weltweiten rechtswissenschaftlichen Diskurses[1] über den Schutz von Computerprogrammen. Diese, bis heute noch nicht vollständig abgeschlossene Diskussion, schwankte zwischen den Konzepten »patent approach« (patentrechtlicher Schutz), »copyright approach« (urheberrechtlicher Schutz) und »sui generis protection« (sondergesetzlicher Schutz). Die Notwendigkeit der Schaffung eines internationalen Schutzsystems für das von Beginn der Produktion an international wirtschaftlich verwertbare Gut »Software« bedingte eine frühzeitige Hinwendung zu dem seit dem Jahr 1886 bestehenden internationalen Konventionsrecht der Revidierten Berner Übereinkunft, Pariser Fassung, (RBÜ), die in Art. 2 von Anfang an einen so weiten Begriff der »Werke der Literatur und Kunst« anbot, dass die Computerprogramme relativ problemlos in dieses Schutzsystem integriert werden konnten.

2 Seit dem Abschluss des WTO/TRIPS-Abkommens am 15.04.1994 in Marrakesch[2] ist dieser Primat des Urheberrechts zum Schutz der Software weltweit anerkannt, denn Art. 10 Abs. 1 der TRIPS[3] bestimmt: »Computerprogramme, gleichviel ob sie in Quellcode oder Maschinenprogrammcode ausgedrückt sind, werden als Werke der Literatur nach der Berner Übereinkunft (1971) geschützt«. Auch der nachfolgende, unter der Ägide der WIPO (Genf) abgeschlossene Urheberrechtsvertrag vom 20.12.1996[4] schreibt in Art. 4 fest: »Computerprogramme sind als Werke der Literatur im Sinne von Art. 2 der Berner Übereinkunft geschützt. Dieser Schutz gilt für Computerprogramme ungeachtet der Art und Form des Ausdrucks«.

---

1 Vgl. grundlegend *Ulmer, E.*, Urheberrechtsschutz, passim; zusammenfassend *Ulmer/Kolle* GRUR Int. 1982, 489. Zum Patentrecht s. Kap. 17 Rdn. 44.
2 Vgl. zur Ratifizierung: Gesetz zu dem Übereinkommen zur Errichtung der Welthandelsorganisation, BGBl. 1994 II, 1438 (v. 30.08.1994).
3 TRIPS-Übereinkommen über handelsbezogene Aspekte des geistigen Eigentums (»trade-related aspects of intellectual property rights«) v. 15.04.1994 = GRUR Int. 1994, 128.
4 WIPO Copyright Treaty (WCT).

Zuvor hatte schon für den Europäischen Wirtschaftsraum die erste Richtlinie der EU zur Vereinheitlichung des Urheberrechts, die Richtlinie 91/250/EWG über den Schutz von Computerprogrammen,[5] in Art. 1 Abs. 1 bestimmt: »Gemäß den Bestimmungen dieser Richtlinie schützen die Mitgliedstaaten Computerprogramme urheberrechtlich als literarische Werke im Sinne der Berner Übereinkunft zum Schutze von Werken der Literatur und Kunst. Im Sinne dieser Richtlinie umfasst der Begriff ›Computerprogramme‹ auch das Entwurfsmaterial zu ihrer Vorbereitung«.

In Deutschland hatte die Urheberrechts-Novelle von 1985 zwar schon die »Programme für die Datenverarbeitung« in den Katalog der geschützten Werke des § 2 UrhG mit aufgenommen; aber es bedurfte noch der Überwindung gewisser Fehlentwicklungen der Rechtsprechung, insbesondere der »Inkasso-Programm«-Entscheidung,[6] die noch das Vorliegen einer besonderen Schöpfungshöhe für den Schutz von Computerprogrammen verlangt hatte. Heute wird auch die »kleine Münze« der Software, also auch Programme mit einer relativ niedrigen Schöpfungshöhe, urheberrechtlich geschützt,[7] wenn sie die allgemeinen Voraussetzungen des § 2 Abs. 2 UrhG erfüllen. Seit 1993[8] werden die Computerprogramme durch §§ 69a ff. UrhG den sonstigen Sprachwerken urheberrechtlich grundsätzlich gleichgestellt, was der Rechtslage in den meisten Wirtschaftsnationen und den internationalen Abkommen prinzipiell entspricht.[9] Das im gewerblichen Rechtsschutz und Urheberrecht allgemein anerkannte Kumulationsprinzip erlaubt aber neben dem urheberrechtlichen Schutz von Computerprogrammen den Rekurs auf jedes andere Schutzsystem, z. B. das Patent- oder das Markenrecht, wenn und solange deren jeweilige Schutzvoraussetzungen erfüllt sind.[10] Das zentrale Schutzinstrument für die Software weltweit ist und bleibt aber das Urheberrecht.

II. Der Computer

Geht man klassisch von dem von dem Mathematiker *v. Neumann* entwickelten Aufbau eines Rechners, insbesondere eines PC, aus, spielen vor allem wegen des urheberrechtlichen Begriffs der Vervielfältigung die verschiedenen Speicher in einem Computer ROM und RAM,[11] eine zentrale Rolle.

---

5 V. 14.05.1991, ABl. EG L 122/42 (v. 17.05.1991) = GRUR Int. 1991, 545; vgl. dazu *Lehmann/Lehmann*, Rechtsschutz und Verwertung, S. 1; zur Transformation in das deutsche UrhG vgl. 2. Gesetz zur Änderung des Urheberrechtsgesetzes vom 09.06.1993, BGBl. 1993 I, 910. Die Richtlinie wurde neu kodifiziert 2009/24/EG v. 23.04.2009, ABl.EU L 111/16, v. 05.05.2009.
6 BGH, Urt. v. 09.05.1985, GRUR 1985, 1041; bestätigt durch BGH GRUR 1991, 449 – Betriebssystem = CR 1991, 80, mit ablehnender Anm. *Lehmann* CR 1991, 150 f.; vgl. auch *v. Gamm* WM 1986, 3 (8).
7 Beginnend mit BGH GRUR 1994, 39 – Buchhaltungsprogramm = CR 1993, 752 mit Anm. *Lehmann* und *Hoeren*; s. auch *Erdmann/Bornkamm* GRUR 1991, 877.
8 Vgl. Zweites Gesetz zur Änderung des Urheberrechtsgesetzes v. 09.06.1993, BGBl. 1993 I, 910.
9 Vgl. *Ullrich/Lejeune* S. 511; *Lehmann/Dreier*, Rechtsschutz und Verwertung, S. 31.
10 Vgl. mit weiteren Hinweisen *Loewenheim/Lehmann*, UrhR, S. 101 Rn. 48.
11 ROM = Read Only Memory, RAM = Random Access Memory (Arbeitsspeicher).

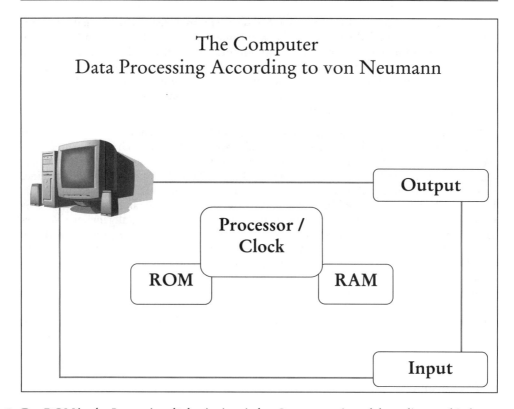

5 Das ROM ist das Langzeitgedächtnis eines jeden Computers, in welchem die verschiedenen Programme abgespeichert werden, also insbesondere das Betriebssystem, etwa Windows XP, Vista, UNIX oder LINUX. Das RAM ist der ephemere Arbeitsspeicher, in dem alle *bits and bytes* erlöschen, wenn die Elektrizität etwa abgeschaltet wird oder aufgrund sonstiger Umstände (Kurzschluss) ausfällt. Wird Software in das ROM geladen, z. B. dort installiert, liegt zweifelsohne eine Vervielfältigung im Sinne des Urheberrechts vor;[12] aber auch jeder *download* in den RAM stellt eine erlaubnispflichtige Vervielfältigung dar,[13] was insbesondere für das *browsing* im Internet Bedeutung erlangt. Zwar ist nicht jede technisch bedingte Kopie eine urheberrechtlich relevante Vervielfältigung i. S. d. §§ 16, 69c Nr. 1 UrhG, denn dieser juristische Begriff dient der Absicherung des Beteiligungsinteresses des Urhebers oder sonstigen Rechtsinhabers. Entsprechend dieses **Partizipationsinteresses** ist daher dieser Begriff teleologisch auszulegen und im Ergebnis daher technologiefrei zu interpretieren.[14] Bestätigt wird dieses urheberrechtliche Verständnis nunmehr auch durch die Richtlinie 2001/29/EG zur Harmonisierung bestimmter Aspekte des Urheberrechts und der verwandten Schutzrechte in der Informationsgesellschaft (»Info-Richtlinie«),[15] die in Art. 2 das Vervielfältigungsrecht denkbar weit ausformuliert hat: »... die unmittelbare und mittelbare, vorübergehende oder dauerhafte Vervielfältigung auf jede Art und Weise und in jeder Form ganz oder teilweise«. Auch im WCT[16] findet sich im Rahmen der »Vereinbarten Erklärungen zum WIPO-Urheberrechtsvertrag« die folgende, klarstellende Formulierung:

---

12 BGH CR 1994, 275 – Holzhandelsprogramm, mit Anm. *Lehmann* CR 1994, 277 und *Hoeren* CR 1994, 279.
13 *Loewenheim/Lehmann*, UrhR, S. 1865 Rn. 8.
14 *Lehmann* NJW 1991, 2114; *Loewenheim/Lehmann*, UrhR, S. 1864 Rn. 7.
15 Vom 22.05.2001, ABl. EG L 167/10 (v. 22.06.2001) = GRUR Int. 2001, 745; s. u. Rdn. 52.
16 S. o. Fn. 4.

»Das Vervielfältigungsrecht nach Art. 9 der Berner Übereinkunft und die danach erlaubten Ausnahmen finden in vollem Umfang Anwendung auf das digitale Umfeld, insbesondere auf die Benutzung von Werken in digitaler Form. Es gilt als vereinbart, dass die Speicherung eines geschützten Werkes in digitaler Form in einem elektronischen Medium eine Vervielfältigung i. S. v. Art. 9 der Berner Übereinkunft darstellt.« Es kann daher hier nur zusammengefasst werden, dass jedes Downloading, Uploading, jede Abspeicherung im ROM oder RAM von urheberrechtlich geschützten Werken eine Vervielfältigung darstellt, mithin erlaubnispflichtig ist, und dass wegen § 69a Abs. 4 UrhG der § 53 UrhG (Zulässigkeit der Vervielfältigung für private Zwecke, urheberrechtliche Schranke) auf Computerprogramme keine Anwendung findet.

Demgegenüber stellt die Benutzung eines befugtermaßen gespeicherten Computerprogramms das »Running of a Software«, keine urheberrechtlich relevante Vervielfältigung dar; denn der Werkgenuss ist urheberrechtlich immer frei.[17] Daran kann und darf der Umstand auch nichts ändern, dass bei jeder Nutzung einer Software in einem Computersystem immer wieder technisch bedingte Kopiervorgänge stattfinden.[18] Auch diese Prinzipien der Vervielfältigung,[19] der »reproduction« in Copyright-Systemen, dürften inzwischen weltweit anerkannt sein und erlangen gerade auch für den schwierigen Multimedia-Bereich besondere Relevanz. **6**

B. Die Internationalität der Software-Verträge

I. Die Entgrenzung der Software-Märkte

Es gibt wohl kaum ein Wirtschaftsgut, das international grenzüberschreitend, transaktionskostengünstiger gehandelt werden kann als Software. Computerprogramme können online bestellt und online geliefert werden, sodass gegenwärtig weltweit schon mehr als fünfzig Prozent aller Software-Transaktionen online abgewickelt werden. Dies ist ein wichtiger, vielleicht sogar der wichtigste Gesichtspunkt des internationalen IT-Marktes.[20] Wirtschaftsrechtlich bedeutet diese Entgrenzung der Märkte eine enorme Herausforderung an die Evolutionsfähigkeit des internationalen Privat- und Prozessrechtes sowie der einschlägigen Sachrechte, z. B. ganz konkret des UN-Kaufrechts, für die Behandlung von internationalen Software-Transaktionen.[21] Aber auch Datenschutz,[22] Verbraucherschutz[23] und die damit häufig zusammenhängenden Fragen, z. B. des anwendbaren Sachrechts und der Zuständigkeit im Rahmen des Internationalen Privat- und Zivilprozessrechts[24] beanspruchen eine immer größer werdende Relevanz. **7**

So ist z. B. Art. 16 der EG-Verordnung Nr. 44/2001[25] über die gerichtliche Zuständigkeit und die Anerkennung und Vollstreckung von Entscheidungen in Zivil- und Handelssachen **8**

---

17 BGH CR 1991, 86 – Betriebssystem: »Die Benutzung eines Werkes als solches ist kein urheberrechtlich relevanter Vorgang. Dies gilt für das Benutzen eines Computerprogrammes ebenso wie für das Lesen eines Buches, das Anhören einer Schallplatte, das Betrachten eines Kunstwerkes oder eines Videofilmes.«
18 *Lehmann* in: FS Schricker, S. 565; *Lehmann/Haberstumpf*, Rechtsschutz und Verwertung, S. 69, 132.
19 Vgl. ausf. *Schricker/Loewenheim*, UrhR, § 69c Rn. 6.
20 Vgl. *Büllesbach/Büchner/Picot* S. 1. Vgl. auch Europ. Kommission (KOM 2010, 245): Eine Digitale Agenda für Europa.
21 Vgl. etwa *Ullrich/Lejeune/Lejeune* S. 335.
22 *Kitz* ZUM 2006, 444.
23 Vgl. ausf. *Lehmann/Drexl*, Electronic Business in Europa, S. 473.
24 *Bröcker/Czychowski/Schäfer/Nordemann-Schiffel*, S. 59, 77 (Urheberkollisionsrecht), 151 (Internationale Zuständigkeit, Anerkennung und Vollstreckung).
25 Vom 22.12.2000, ABl. EG L 12/1 (v. 16.01.2001) = EuGVVO.

wohl kaum in Hinblick auf die Bedeutung für grenzüberschreitende Lizenzverträge in der EU geschaffen worden; gleichwohl findet diese Vorschrift auf alle verbraucherrelevanten Transaktionen, also z. B. auch auf den internationalen Software-Kauf eines Verbrauchers in der EU, Anwendung, mit dem Resultat, dass die Klage eines Verbrauchers gegen den anderen Vertragspartner entweder vor den Gerichten des Mitgliedstaates erhoben werden kann, in dessen Hoheitsgebiet dieser seinen Wohnsitz hat (z. B. Geschäftssitz des Software-Lieferanten) oder vor dem Gericht des Ortes in der EU, an dem der Verbraucher seinen Wohnsitz hat (Heimatgerichtsstand des europäischen Verbrauchers). Insoweit kann dieser Kläger also im Dienste des Verbraucherschutzes »**forum shopping**« betreiben und der Heimatgerichtsstand eröffnet ihm nicht nur die Verwendung seiner eigenen Sprache und den Einsatz von ihm eher bekannten Anwälten, sondern auch die Anwendung des eigenen, nationalen Prozessrechts (»lex fori«) und des IPR seines Heimatstaates.

II. Territorialitäts- und Schutzlandprinzip

9   Im Urheberrecht, das seit der RBÜ bis hin zu den TRIPS durch den materiellrechtlichen Grundsatz der Territorialität charakterisiert wird,[26] ist zur Bestimmung des Vorliegens von Verletzungshandlungen grundsätzlich das Recht des Schutzlandes maßgeblich. Rom II (VO 864/2007 vom 11.07.2007, ABl.EU L 199/40) hat jetzt auch in Art. 8 festgeschrieben, dass das Recht des Schutzlandes das anwendbare Recht (»lex loci protectionis«) ist: »Auf außervertragliche Schuldverhältnisse aus einer Verletzung von Rechten des geistigen Eigentums ist das Recht des Staates anzuwenden, für den der Schutz beansprucht wird.«

Dabei gilt für alle Staatsangehörigen der RBÜ gem. Art. 5 RBÜ weiterhin, dass sie wie Inländer zu behandeln sind (Grundsatz der **Inländer-Gleichbehandlung** bzw. der Ausländer-Nichtdiskriminierung). Entsprechendes gilt seit dem 30.06.1995 gem. § 120 Abs. 2 Nr. 2 UrhG für alle Staatsangehörige der EU und des EWR, wobei es hier um den persönlichen Anwendungsbereich des Urheberrechts geht.

III. Deliktische Verletzungshandlungen

10 Bei Verletzungshandlungen, die nach dem Urheberrecht verfolgt werden sollen, verdrängt dieses Prinzip der Anwendung des Rechts des Schutzlandes somit weitgehend die allgemeine internationalprivatrechtliche Regel der Maßgeblichkeit des am Begehungsort (**Tatort**) geltenden Rechts (»lex loci delicti commissi«).[27] Dieses Schutzlandprinzip gilt nicht nur nach deutschem Kollisionsrecht des Urheber- und Leistungsschutzrechts, sondern auch gem. einer Vielzahl anderer, vor allem EU-Länder und der Rechtsprechung des EuGH.[28] Ein Auseinanderfallen von Begehungsort und Erfolgsort erscheint hier kaum möglich, denn ein Tatort kann nur dort liegen, wo auch ein urheberrechtlicher Schutz besteht. Die allgemeinen Regeln des Art. 40 Abs. 1 Satz 2 und 3 EGBGB, die Wahlmöglichkeiten zwischen Handlungs- und Erfolgsort, kommen daher ebenso wenig zur Anwendung wie Art. 40 Abs. 2 EGBGB, der die Anwendung des Rechts am gemeinsamen gewöhnlichen Aufenthalt von Urheber und Verletzten ermöglichte. Das **Schutzlandprinzip** ist da-

---

26 Dies beruht auf der jeweiligen einzelstaatlichen Souveränität statt einer weltweiten Universalität, vgl. *Schricker/Katzenberger*, UrhR, Vor §§ 120 ff. Rn. 120; *Bartsch/Lutterbeck/Thum* S. 117; GewRS/*Haberstumpf* Kap. 7 Rn. 13.
27 BGH GRUR Int. 1998, 427 (429) – Spielbankaffaire; *Schricker/Katzenberger*, UrhR, Vor §§ 120 ff. Rn. 130; *Nordemann-Schiffel*, Internet und internationales Recht, in: *Bröcker/Czychowski/Schäfer*, Praxishandbuch Geistiges Eigentum im Internet, S. 81.
28 EuGH Slg. 1994, I-2789 (2844) – Ideal-Standard.

her als ein eigenständiges, immaterialgüterrechtliches Anknüpfungsprinzip zu verstehen.[29] So ist jetzt auch Art. 8 der VO (EG) Nr. 864/2007 (Rom II) zu interpretieren.

Dies gilt auch für Fragen der Entstehung, der Inhaberschaft, des Umfangs, des Inhalts und der Schranken des Urheberrechts sowie für die Verfügung über dieses.[30]

Die für Computerprogramme und Datenbanken so wichtigen Verletzungshandlungen durch unerlaubte Vervielfältigungen müssen daher z. B. auf deutschem Territorium (Standpunkt der Computer bzw. Server) stattgefunden haben, wenn man deutsches Urheberrecht als Sanktionsinstrument zur Anwendung bringen will; Entsprechendes gilt auch für die öffentliche Zugänglichmachung i. S. d. § 19a UrhG (»making-available right«), bei der auf den Ort abzustellen ist, von dem aus die Zugänglichmachung im Netz durch Uploading in ein an das z. B. Internet angeschlossenes System ermöglicht wird;[31] auch der Download im RAM eines Computers muss im Inland erfolgen, um als Verletzungshandlung durch unerlaubte Vervielfältigung im Inland verfolgt werden zu können.

IV. Vertragsverletzungen und Urheberrecht

Gemäß dem internationalen Urhebervertragsrecht muss die Frage beantwortet werden, welche materiellen Rechtsvorschriften auf Verträge anzuwenden sind, die in Zusammenhang mit Urheberrechten Berührungspunkte mit zwei oder mehr Staaten aufweisen; dies ist z. B. der Fall, wenn ein amerikanischer Lizenzgeber mit einem deutschen Lizenznehmer einen Software-Überlassungsvertrag abschließt. Diskutiert werden insoweit hinsichtlich des schuldrechtlichen Rechtsgeschäfts das Vertragsstatut der Art. 27 ff. EGBGB und hinsichtlich der Verfügungsgeschäfte die Spaltungs- und die Einheitstheorie,[32] wobei Letztere ganz überwiegend der Praxis der Gerichte[33] entspricht. Die Spaltungstheorie betrachtet das Urheberrecht wegen des Territorialitätsprinzips wie eine im Schutzland belegene Sache und kommt mit dem aus dem Sachenrecht bekannten Statut der »lex rei sitae« zu einer möglicherweise unterschiedlichen Anknüpfung von Verpflichtungs- und Verfügungsgeschäft. Die **Einheitstheorie** verwendet das Vertragsstatut zur gleichzeitigen Anknüpfung von Verpflichtungs- und Verfügungsgeschäft, was insbesondere mit der fehlenden Abstraktheit dieser Geschäfte bei der Einräumung von Tochterrechten[34] begründet werden kann. Im Urheberrecht ist jede Verfügung mit dem Verpflichtungsvertrag so eng verbunden, dass der Einheitstheorie, mithin dem Vertragsstatut der Vorrang eingeräumt werden muss.[35] Verpflichtungs- und Verfügungsgeschäfte bedürfen einer einheitlichen Anknüpfung.

Hinsichtlich des Vertragsstatuts gem. Art. 27 ff. EGBGB kann, was die inhaltliche Ausformulierung angeht, auf das schweizerische Bundesgesetz über das Internationale Privatrecht (IPRG) vom 18.12.1987, Art. 122 verwiesen werden: »(1) Verträge über Immaterialgüterrechte unterstehen dem Recht des Staates, in dem derjenige, der das Immaterialgüterrecht überträgt oder die Benutzung an ihm einräumt, seinen gewöhnlichen Aufenthalt hat. (2) Eine Rechtswahl ist zulässig.«

---

29 *Bröcker/Czychowski/Schäfer/Nordemann-Schiffel* S. 82.
30 *Schricker/Katzenberger*, UrhR, Vor §§ 120 ff. Rn. 129.; a. A. *Schack* MMR 2000, 59.
31 Str. vgl. *Dreier/Schulze*, Vor §§ 120 ff. Rn. 40; *Schricker/Katzenberger*, UrhR, Vor §§ 120 ff. Rn. 145; zum Google Book Search s. *Katzenberger* GRUR Int. 2010, 563.
32 Vgl. *Schricker/Katzenberger*, UrhR, Vor §§ 120 ff. Rn. 147 ff.; *Dreier/Schulze* Vor §§ 120 ff. Rn. 49.
33 BGHZ 136, 380 (388) = GRUR Int. 1998, 427 – Spielbankaffaire; vgl. die umfangreichen Rechtsprechungshinweise bei *Schricker/Katzenberger*, UrhR, Vor §§ 120 ff. Rn. 149.
34 Vgl. allgemein *Schricker*, UrhG, Vor §§ 28 ff. Rn. 47; speziell für die Softwareüberlassung vgl. *Lehmann* in: FS Schricker, S. 546.
35 *Schricker/Katzenberger*, UrhR, Vor §§ 120 ff. Rn. 149; *Schricker* in: FS Schricker, S. 225, 249.

12 Gemäß Art. 3 (Rom I, VO 593/2008, Abl. EU 2008 L 177/6, in Kraft ab 17.12.2009) und Art. 27 EGBGB wird der Grundsatz der **freien Rechtswahl** bei Software-Überlassungsverträgen regelmäßig zur Vereinbarung des auf den Vertrag anwendbaren Rechts führen (Vertragsstatut). Sollte dies nicht der Fall sein, bestimmt Art. 28 Abs. 1 EGBGB, dass das Recht des Staates zur Anwendung kommt, mit dem der Vertrag die engsten Verbindungen aufweist. Art. 4 (Rom I) bestimmt für europäische Kaufverträge über bewegliche Sachen, dass sie dem Recht des Staates unterliegen, in dem der Verkäufer seinen »gewöhnlichen Aufenthalt« hat.

Gemäß Art. 28 Abs. 2 EGBGB wird vermutet, dass der Vertrag die engsten Verbindungen mit dem Staat aufweist, in dem die Partei, welche »die charakteristische Leistung« zu erbringen hat, im Zeitpunkt des Vertragsabschlusses ihren gewöhnlichen Aufenthalt oder ihren Hauptsitz hat. Bei Urheberrechtsverträgen ist dies regelmäßig derjenige, den die Verpflichtung zur Einräumung bzw. Übertragung von Nutzungsrechten trifft, also der Lizenzgeber. Weil bei Software-Überlassungen den einfachen Lizenznehmer, anders als den Verleger gem. § 1 VerlG, typischerweise keine Verwertungspflicht trifft, kommt auch die Ausnahmevorschrift des Art. 28 Abs. 5 EGBGB (Sitz des Werkverwerters) regelmäßig nicht zur Anwendung.[36] Mangels anderweitiger Rechtswahl kommt daher für einfache Software-Lizenzverträge typischerweise das **Recht des Sitzlandes** des Lizenzgebers zur Anwendung.[37]

13 Im Fall der Erteilung eines ausschließlichen Nutzungsrechts gem. § 31 Abs. 3 UrhG (**ausschließliche Lizenz**) liegt demgegenüber regelmäßig der Schwerpunkt der vertraglichen Leistungen beim Lizenznehmer, weil nur dieser zur Ausübung der Nutzungsrechts berechtigt ist. Demgemäß ist auch auf das Recht des Staates abzustellen, in dem der Lizenznehmer seinen Sitz hat; dies gilt erst recht, wenn dieser bestimmte Ausübungspflichten, Mitwirkungspflichten oder die pflichtgemäße Erzielung bestimmter Mindestumsätze übernommen hat.[38]

14 Bei Nutzungsüberlassungsverträgen mit Verbrauchern i. S. d. § 13 BGB gilt mangels ausdrücklicher Rechtswahl Art. 29 Abs. 2 EGBGB, dass zwingend das Recht des Staates zur Anwendung kommt, in dem dieser Verbraucher seinen gewöhnlichen Aufenthalt hat, wenn weiterhin die Voraussetzungen des Art. 29 Abs. 1 Nr. 1–3 EGBGB erfüllt sind, was insbesondere bei Rechtsgeschäften im Netz (B2C) besonders häufig der Fall sein wird; jeder Vertragsabschluss, der im Sitzland des Verbrauchers angebahnt oder durchgeführt worden ist, führt somit zwingend zur Anwendung des Vertragsrechts dieses Landes.[39]

V. Zuständigkeit und Prorogation

15 Nach deutschem (vgl. § 38 ZPO) und europäischem (vgl. Art. 23 Abs. 5 EuGVVO 44/2001)[40] Recht ist eine wirksame Zuständigkeitsvereinbarung zulasten eines europäischen Verbrauchers nicht möglich; unter Kaufleuten ist sie demgegenüber in Software-Überlassungsverträgen regelmäßig üblich und auch zulässig. Gemäß dieser VO kann ein europäischer Verbraucher in Verbraucherangelegenheiten i. S. d. Art. 15 EuGVVO nur an seinem Wohnsitz verklagt werden, denn gem. Art. 16 Abs. 2 EuGVVO kann die Klage

---

36 *Dreier/Schulze* Vor §§ 120 ff. Rn. 52.
37 *Ullrich/Lejeune/Lejeune* S. 313; *Ubertazzi* GRUR Int. 2010, 103; *Mankowski* CR 2010, 137; EuGH GRUR Int. 2009, 848 – Falco: Ein urheberrechtlicher Lizenzvertrag ist kein Vertrag über die Erbringung von Dienstleistungen i. S. v. Art. 5 der VO (Brüssel I).
38 *Ullrich/Lejeune/Lejeune* S. 314.
39 Weitere Einzelheiten vgl. bei PWW/*Remien* Art. 29 Rn. 16; *Bröcker/Czychowski/Schäfer/Nordemann-Schiffel* S. 147; *Mankowski* RabelsZ 99, 203 (231); *Lehmann/Drexl*, Electronic Business, S. 517.
40 S. o. Fn. 25.

nur vor dem Gericht des Mitgliedstaates erhoben werden, in dessen Hoheitsgebiet der Verbraucher seinen Wohnsitz hat (ausschließlicher Gerichtsstand).

Ansonsten gilt die Grundregel der Art. 2, 5 EuGVVO sowie aus nationaler Sicht die §§ 29 ZPO, 269 BGB, also der Gerichtsstand des Wohnsitzes des Schuldners in der EU, ohne Rücksicht auf seine Staatsangehörigkeit, sowie der Gerichtsstand des Leistungsortes in einem anderen Mitgliedstaat. Art. 60 EuGVVO bestimmt für Gesellschaften und juristische Personen als Wohnsitz ihren satzungsmäßigen Sitz oder ihre Hauptverwaltung oder ihre Hauptniederlassung.

Die internationale Zuständigkeit für Streitigkeiten mit Vertragspartnern außerhalb der EU wird teilweise durch die Convention on Choice of Court Agreements vom 29.06.2005 geregelt, welche aber auf Fragen der Wartung und Pflege (»Software Maintenance«) keine Anwendung findet.[41] Auch der deliktische Gerichtsstand des Handlungsortes,[42] der für zivilrechtliche Ansprüche aus Urheberrechtsverletzungen auf Unterlassung, Beseitigung, Vernichtung, Urteilsveröffentlichung, Rechnungslegung, Auskunft und Schadensersatz sowie für Feststellungsklagen eingreift, gilt für Ansprüche aus Verletzungen von immaterialgüterrechtlichen Verträgen nicht.

C. Das europäische Software-Recht

I. Die Richtlinien

Anders als im Patent- und Markenrecht gibt es im Urheberrecht noch kein vereinheitlichtes Europäisches Urheberrecht; stattdessen finden sich einige, primär topisch orientierte Harmonisierungs-Richtlinien,[43] die für den Software- und Multimedia-Bereich relevant sind.

16

1. Die Richtlinie 2009/24/EG (ex 91/250/EWG) über den Rechtsschutz von Computerprogrammen[44]

a) Entstehungsgeschichte

Die Kommission der Europäischen Gemeinschaften hatte bereits in ihrem Weißbuch zur Vollendung des Binnenmarktes im Jahr 1985[45] unter dem Stichwort »Geistiges und gewerbliches Eigentum« ausgeführt, dass eine sichere Rechtsgrundlage für Investitionen in den neuen technologischen Bereichen geschaffen und die verschiedenen Rechtsordnungen der Mitgliedstaaten in »übereinstimmender Weise« angepasst werden müssen; ausdrücklich angesprochen wurden dabei die Gebiete Computer-Software, Mikrokreisläufe und Biotechnologie. Es folgte sodann im Jahr 1988 das Grünbuch über Urheberrecht und die technologische Herausforderung – Urheberrechtsfragen, die sofortiges Handeln erfordern, welches zwar grundsätzlich einen urheberrechtlichen Rechtsschutz von Computerprogrammen vorschlug, im Detail aber für die interessierten Kreise mehr Fragen aufwarf als allseits befriedigende Antworten gab, vor allem weil es dem Ansatz nach zu sehr dem angelsächsischen Copyright-Prinzip verhaftet schien.

17

---

41 Vgl. *Ullrich/Lejeune* (Hrsg.), *Lejeune* S. 325; weitere Einzelheiten vgl. bei *Loewenheim/Walter*, UrhR, S. 1216.
42 S. o. Fn. 27.
43 Vgl. den Überblick bei *Loewenheim/Vogel*, UrhR, S. 16; Einzelheiten s. auch bei *Walter, M. M.*, Europäisches Urheberrecht, passim.
44 V. 14.05.1991, ABl. EG L 122/42 (v. 17.05.1991) = GRUR Int. 1991, 545; vgl. dazu *Walter, M. M./Blocher/Walter* S. 111; *Lehmann/Lehmann*, Rechtsschutz und Verwertung, S. 1.Diese Richtlinie wurde neu kodifiziert durch die Richtlinie 2009/24/EG v. 23.04.2009, ABl.EU L111/16 (v. 05.05.2009).
45 KOM (85) 310 v. 14.06.1985, S. 36.

Auch die Frage einer besseren Abstimmung des Richtlinienentwurfs mit der revidierten Berner Übereinkunft wurde häufig angesprochen. Das Europäische Parlament hat diese Diskussionspunkte aufgegriffen und bemühte sich um eine deutliche Verbesserung der Sicherstellung der »Interoperabilität« von Computerprogrammen; dem Parlament ging es dabei vor allem um eine Offenhaltung der europäischen Computermärkte und damit dem Grunde nach um die Erhaltung und das Funktionieren eines eigenständigen, europäischen Soft- und Hardware-Wettbewerbs. Auf der Basis von drei Ausschussberichten hat das Europäische Parlament im Juli 1990 eine grundsätzlich befürwortende Stellungnahme zu dem Richtlinienvorschlag der Kommission, allerdings in einer vom Parlament erheblich abgeänderten Fassung, abgegeben. Daraufhin hat die Kommission einen geänderten Vorschlag für eine Richtlinie des Rates über den Rechtsschutz von Computerprogrammen vorgelegt, welcher im Wesentlichen den Vorschlägen des Parlaments Rechnung trug und vor allem gegenüber dem ursprünglichen Vorschlag drei wichtige Änderungen bzw. Klarstellungen vorsah: Nur die konkrete Ausdrucksform von Computerprogrammen wird urheberrechtlich geschützt, nicht aber die einem Programm zugrunde liegenden Ideen; die Nutzungsmöglichkeiten hinsichtlich eines rechtmäßig erworbenen Programms, einschließlich der Frage der Sicherungskopie, der Korrekturen von Fehlern und der Wartung, wurden klarer umrissen; die Voraussetzungen für die Interoperabilität (von Software mit anderer Soft- bzw. Hardware) wurden verbessert, indem unter bestimmten, eingeschränkten Umständen eine **Rückwärtsanalyse** (»reverse analysing«, »reverse engineering«, »Dekompilierung«) ausdrücklich erlaubt worden ist.

b) Schutzgegenstand und Schutzvoraussetzungen

18 Schutzvoraussetzung ist die Schaffung eines individuellen Werkes, d. h., das schutzsuchende Computerprogramm muss das Ergebnis einer eigenen geistigen Schöpfung des Programmurhebers sein; sonstige qualitative oder ästhetische[46] Vorzüge eines Computerprogramms dürfen nicht als Kriterien für die Beurteilung der Frage angewendet werden, ob ein Programm ein individuelles Werk ist oder nicht. Art. 1 Abs. 3 Satz 2 der Richtlinie formuliert ausdrücklich, direkt an die deutsche Adresse gerichtet: »Zur Bestimmung ihrer Schutzfähigkeit sind keine anderen Kriterien anzuwenden.« Damit wurde der anfänglichen deutschen BGH-Rechtsprechungsentwicklung[47] eine deutliche Absage erteilt, denn es darf gerade nicht verlangt werden, dass die Gestaltung eines Programms das »handwerkliche Durchschnittskönnen« eines Programmierers »erheblich überragt«. Computerprogramme müssen nach der EG-Richtlinie vielmehr dann geschützt werden, wenn sie hinsichtlich der Individualität die gleichen Voraussetzungen wie andere Werke der Literatur erfüllen; auch die »**kleine Münze**«[48] der Computerprogramme ist daher urheberrechtlich zu schützen. Geschützt wird freilich nur die individuelle Ausdrucksform eines Programms; vom urheberrechtlichen Schutz nicht erfasst werden deshalb die Ideen und Grundsätze, die einem Programm, einschließlich seiner Schnittstellen, zugrunde liegen; insbesondere die Logik, die Algorithmen und die Programmsprachen einer Software sind frei. Nicht die Rechenregeln, die Programmierideen, die mathematischen Formeln, kurz die Bausteine jedes Programms, sondern nur das »Gewebe«[49] einer Software wird urheberrechtlich geschützt.

---

46 Zur ehemals nationalen Diskussion über das Erfordernis der Ästhetik vgl. *Ulmer/Kolle* GRUR Int. 1982, 489 (492).
47 S. o. bei Fn. 6.
48 Vgl. dazu allgemein *Loewenheim/Lehmann*, UrhR, S. 1861; *Wandtke/Bullinger/Grützmacher* § 69a Rn. 2; *Erdmann* CR 1986, 249 (254); *Lehmann* CR 1991, 150.
49 Vgl. grundlegend *Ulmer*, Urheberrechtsschutz, S. 3.

c) Inhaber des Urheberrechts

Urheber eines Programms ist jede natürliche Person oder eine Gruppe von Personen als Miturheber (vgl. Art. 2 Abs. 2 sowie § 8 UrhG), die die Software geschaffen hat. Ob auch eine juristische Person, so wie im angloamerikanischen Recht,[50] als Urheber betrachtet werden kann, wird den jeweiligen Rechtsvorschriften der Mitgliedstaaten überlassen; Entsprechendes gilt auch für die Schutzberechtigung (Aktivlegitimation). Nach deutschem Urheberrecht ist eine Urheberschaft juristischer Personen mit Rücksicht auf das Urheberpersönlichkeitsrecht gem. §§ 11 ff. UrhG grundsätzlich nicht möglich. Art. 2 Abs. 3 regelt das Arbeitgeberurheberrecht und bestimmt, dass vorbehaltlich einer anderslautenden Vereinbarung zwischen Arbeitgeber und Arbeitnehmer, Ersterer ausschließlich zur Ausübung aller wirtschaftlichen Rechte am Programm befugt ist (vgl. §§ 15 ff., 34, 69b UrhG). Offen gelassen wird, ob es sich dabei um eine gesetzliche Lizenz (derivativer Erwerb) oder eine genuine Entstehung beim Arbeitgeber handelt.

19

Ursprünglich sollten auch die Auftragswerke, ähnlich wie z. B. im französischen Recht, so geregelt werden, dass auch der Auftraggeber zur Ausübung aller Rechte berechtigt sein sollte. Diese Bestimmung wurde wegen eines möglichen Konflikts mit den Mindestvorschriften der RBÜ auf Wunsch des Ministerrats gestrichen, zumal auch der ursprüngliche Art. 1 Abs. 4 entfallen ist, der das »automatic programming«, die computergestützte Programmierung, im Rahmen einer an sich redundanten Regelung betraf. Es bleibt daher bei der Urheberstellung jedes Auftragnehmers, der ein Programm schafft, welches die Schutzvoraussetzungen zu erfüllen vermag, und die jeweiligen Nutzungsrechte sind der privatautonomen Regelung der Parteien des jeweiligen Auftrags- bzw. Werkvertragsverhältnisses überantwortet.

d) Nutzungsrechte

Die Richtlinie wählt die dogmatische Konstruktion von Regel und Ausnahme, um die Ausschließlichkeitsrechte des Urhebers und seiner Rechtsnachfolger inhaltlich näher zu bestimmen; **Art. 4** beschreibt bestimmte, dem Rechtsinhaber grundsätzlich zustehende Verwertungsrechte i. S. unserer §§ 15 ff. UrhG, und **Art. 5** zieht diesen Rechten gewisse Schranken, weil jedem rechtmäßigen Erwerber bzw. Lizenznehmer gewisse, auch vertraglich nicht abdingbare, also zwingende, Mindestrechte zur Benutzung eines Programms zugestanden werden müssen. Auch **Art. 6**, die Regelung der Rückwärtsanalyse (»Dekompilierung«), ist dogmatisch als eine gesetzliche Schranke der Ausschließlichkeitsrechte des Rechtsinhabers zu qualifizieren.

20

Gemäß Art. 4 sind dem Urheber folgende Nutzungsrechte exklusiv vorbehalten, d. h. jeder Dritte bedarf zu den entsprechenden Verwertungshandlungen hinsichtlich eines Computerprogramms der Zustimmung des Rechtsinhabers: Jede dauerhafte oder vorübergehende **Vervielfältigung** eines ganzen oder eines Teils eines geschützten Computerprogramms, gleich mit welchem Mittel oder in welcher Form. Der Vervielfältigungsbegriff wird inhaltlich nicht näher definiert, ist aber offensichtlich dem angloamerikanischen Copyright-Verständnis entlehnt. Dieses relativ weite Vervielfältigungsverständnis schließt jede kurz- oder langfristige Abspeicherung eines Werkes »in any medium by electronic means«[51] mit ein.

21

---

50 Vgl. etwa Sec. 201 Abs. b des amerikanischen Copyright Act für Auftragswerke (»works made for hire«).
51 Vgl. Sec. 17 Abs. 2 S. 2 des englischen Copyright Act. Dieser weite Vervielfältigungsbegriff wird andererseits durch das »fair use«-Argument des angloamerikanischen Rechts wieder ausbalanciert; vgl. dazu allgemein *Latman/Gorman/Ginsburg*, Copyright for the Nineties, 1989, S. 578 und speziell für Computerprogramme unter besonderer Berücksichtigung des Problems des »reverse engineering«, *Goldstein*, Infringement of Copyright in Computer Programs, 47 UPitt.L. R. 1119, 1129 (1986).

Ähnlich wie das deutsche Urheberrecht trifft die Richtlinie in Art. 4a S. 2 keine ausdrückliche Regelung, ob das Laden, Anzeigen, Ablaufen, Übertragen oder Speichern eines Computerprogramms eine Vervielfältigung i. S. d. Urheberrechts ist. Der Lauf, die Rechenoperation, sollte dabei nicht als Vervielfältigung – wohl aber jede Programmeingabe in den Arbeitsspeicher (RAM) als solche – qualifiziert werden; jede andere Abspeicherung, sei es auf einem Datenträger (Festplatte, Diskette, Streamer) und jede Implantation in einen ROM ist demgegenüber als Vervielfältigung zu beurteilen,[52] weil durch diese Handlungen das Partizipationsinteresse des Programmschöpfers berührt wird. Diesem ist das Recht einzuräumen, an der Verwertung jedes Werkstücks wirtschaftlich teilzuhaben; an diesem Gesetzeszweck der §§ 15 ff. UrhG ist die teleologische Auslegung dieses Begriffs der Vervielfältigung im Urheberrecht auszurichten.[53] Die Richtlinie stellt daher in Art. 4a nur klar, dass zu diesen Verwertungshandlungen (Laden, Ablaufen, usw.) der Nutzer grundsätzlich der Zustimmung des Rechtsinhabers bedarf. Gemäß Art. 5 Abs. 1 sind freilich dem rechtmäßigen Erwerber einer Software diese Handlungen grundsätzlich erlaubt.

22 Gemäß Art. 4b gehören weiterhin zu den exklusiv dem Rechtsinhaber vorbehaltenen Verwertungsrechten: die Übersetzung, Bearbeitung, das Arrangement und andere **Umarbeitungen** eines Programms sowie die Vervielfältigung der dabei erzielten Arbeitsergebnisse, wobei ein eventuell genuin entstehendes Bearbeiterurheberrecht eines Dritten (i. S. d. § 3 UrhG) unberührt bleibt. Diese Vorschriften sind insbesondere für die Portierung, Migration und Fortschreibung (»update«) von Programmen von Relevanz, obwohl hier auch wieder auf Art. 5 Abs. 1 hinzuweisen ist, welcher diese Handlungen regelmäßig einem rechtmäßigen Erwerber erlaubt, ohne dass es einer Zustimmung des Rechtsinhabers bedürfte. Anders als in § 23 S. 1 UrhG wird durch Art. 4b auch schon die Durchführung einer **Programmänderung** (nicht erst die Veröffentlichung derselben) dem Urheber vorbehalten.

Entsprechendes gilt auch gem. Art. 4c für jede Form der öffentlichen Verbreitung einschließlich des Vermietrechts. Damit hatte die Computerrechtsrichtlinie schon speziell die allgemeine europäische Entwicklung eines Vermietrechts vorweggenommen und integriert.[54]

23 Art. 4c S. 2 regelt den aus dem europäischen und nationalen (vgl. § 17 Abs. 2 UrhG) Recht als zwingend bekannten Grundsatz der **Erschöpfung** des Verbreitungsrechts an einem Werkstück, wenn diese Programmkopie in der Gemeinschaft durch den Rechtsinhaber oder mit dessen Zustimmung erstmalig verkauft, also nicht nur lizenzweise auf Zeit überlassen worden ist. Im Zuge der erstmaligen Veräußerung einer bestimmten Programmkopie kann über die freie Vereinbarung eines Marktpreises der Rechtsinhaber sein Partizipationsinteresse geltend machen und wirtschaftlich realisieren, sodass eine weiter gehende urheberrechtlich-dinglich wirkende Beschränkung der Weiterverbreitung dieses Werkstücks nicht benötigt wird. Nicht erschöpft wird freilich das Vervielfältigungs- oder Vermietrecht, wobei Letzteres noch einmal ausdrücklich in Art. 4c letzter Halbsatz, von der Richtlinie hervorgehoben wird. Problematisch ist außerdem die Frage der Erschöpfung bei Programmkopien, die über das Netz vertrieben und »geliefert« werden.[55]

e) Schranken der Nutzungsrechte

24 Als zwingende Ausnahme von den zustimmungsbedürftigen Handlungen sieht die Richtlinie zunächst gem. Art. 5 Abs. 2 und 3 i. V. m. Art. 9 Abs. 1 S. 2 die Erstellung einer **Siche-**

---
52 S. o. Fn. 12 ff.
53 Vgl. *Lehmann* CR 1990, 626; *Dreier* 9 EIPR, 321; *Dreier* CR 1991, 579.
54 Vgl. jetzt §§ 17 Abs. 2 und 3, 69c Nr. 3 UrhG.
55 Vgl. zusammenfassend *Hoeren* GRUR 2010, 665. Gegen Erschöpfung bei online-gelieferten Computerspielen, BGH GRUR 2010, 822 – Half-Life 2.

rungskopie durch den berechtigten Benutzer sowie den Programmtestlauf vor, wobei Letzteres i. V. m. Art. 6 vor allem der Ermittlung der einem Programmelement zugrunde liegenden – urheberrechtlich freien – Ideen und Grundsätzen dienen kann; das Urheberrecht kennt zwar nicht, wie das Patentrecht (vgl. § 11 Nr. 2 PatG, Art. 64 EPÜ, Art. 31b GPÜ), eine ausdrückliche Experimentierklausel, aber es wird durch die auch historisch bedingte Grundwertung gekennzeichnet, dass es Forschung und Entwicklung, genauer den freien Austausch der Ideen, anspornen und belohnen, nicht aber verhindern und erschweren will. Der freie Zugang zu den Ideen ist daher zu gewährleisten.

Art. 5 Abs. 1 enthält demgegenüber vertragsdispositives Recht, wobei nunmehr nicht mehr zwischen einem rechtmäßigen Erwerber (Käufer) und einem berechtigten Programmnutzer (Lizenznehmer) unterschieden wird. Dies bedeutet eine gewisse Schwächung der ursprünglich dem Nutzer zugedachten Minimalrechte, denn jetzt ermöglicht die lex contractus grundsätzlich die Vereinbarung weitreichender Nutzungsbeschränkungen, die allerdings voll inhaltlich einer AGB-rechtlichen und kartellrechtlichen Kontrolle zu unterwerfen sind. Aufgrund des systematischen Zusammenspiels von Art. 5 und Art. 4 ist davon auszugehen, dass die in Art. 4 lit. a und b genannten Handlungen (z. B. Lauf, Bearbeitung, Umarbeitung eines Programms) jedem rechtmäßigen Nutzer (Käufer oder Lizenznehmer) eines Computerprogramms regelmäßig erlaubt sein sollen, wenn diese Handlungen »für eine bestimmungsgemäße Benutzung« des Programms »notwendig sind«. Diese Inkorporierung der **Zweckübertragungstheorie**[56] ermöglicht es nämlich dem Rechtsinhaber, in ausreichender Art und Weise seine Partizipationsinteressen verfolgen zu können. Dabei sollte bei der richterlichen Kontrolle besonders darauf geachtet werden, dass keine nutzerfeindliche Typenvermischung, etwa von Kauf- und Rechtspachtvorschriften, vorgenommen wird. Eine Softwareüberlassung im Rahmen eines Lizenzvertrages kann daher dem Lizenznehmer gewisse Nutzungsbeschränkungen (sog. CPU-Klauseln, Beschränkungen auf eine statt mehrere Hardware, keine Mehrfachnutzung, kein Netzwerkbetrieb, usw.) auferlegen, aber nach den Erwägungsgründen der Direktive ist zu beachten, »dass das Laden und Ablaufen, sofern es für die Benutzung einer Kopie eines rechtmäßig erworbenen Computerprogramms erforderlich ist, sowie die Fehlerberichtigung, nicht vertraglich untersagt werden dürfen. Wenn spezifische vertragliche Vorschriften nicht vereinbart worden sind, und zwar auch im Fall des Verkaufs einer Programmkopie, ist jede andere Handlung eines rechtmäßigen Erwerbers einer Programmkopie zulässig, wenn sie für eine bestimmungsgemäße Benutzung der Kopie notwendig ist«.

Diese Erläuterungen sind insbesondere für die Frage der Zulässigkeit einer Portierung und Migration sowie der Wartung von Programmen von ausschlaggebender wirtschaftlicher Bedeutung; das **Wartungsrecht**, vor allem »updating«, muss daher dem Rechtsinhaber vorbehalten bleiben, denn es entspricht seinem wirtschaftlichen Partizipationsinteresse, an der Auslieferung jeder neuen Programmversion mitverdienen zu können. Auch eine Dekompilierung allein und ausschließlich zu Zwecken der Wartung eines Programms wird von der Richtlinie nicht gestattet. Mit Rücksicht auf das Zusammenspiel von Art. 5 und 6 bleibt es offen, welche Wartungs- und Anpassungshandlungen von jedem rechtmäßigen Benutzer (Käufer oder Lizenznehmer) eines Programms vorgenommen werden dürfen.

Art. 6, der die Möglichkeit einer **Dekompilierung** regelt, ist eine zwingende Schrankenbestimmung (vgl. Art. 9 Abs. 1 S. 2) der Exklusivrechte des Urhebers, insbesondere seines Vervielfältigungs- und Bearbeitungsrechts i. S. d. Art. 4a und b. Ausgangspunkt eines richtigen Verständnisses des Art. 6 muss daher der in Art. 1 niedergelegte Grundsatz sein, dass auch Schnittstellen, nicht aber die ihnen zugrunde liegenden Ideen und Grundsätze, einem urheberrechtlichen Schutz prinzipiell zugänglich sind. Weil die Exklusivrechte des Urhe-

---

56 Vgl. *Schricker/Spindler*, vor §§ 69a ff. Rn. 61; vgl. allgemein *Schweyer*, Die Zweckübertragungstheorie im Urheberrecht, passim.

bers sich also auch auf diese Programmteile erstrecken können und weil diese Schnittstellen zur Herstellung der Interoperabilität bzw. Kompatibilität von Produkten (Hard- und/oder Software) benutzt werden müssen, bedarf es der Einschränkung der absoluten Rechte eines Programmschöpfers.

28 Wenn man den Wortlaut von Art. 6 im Detail betrachtet, drängt sich fast der Gedanke einer »overregulation« auf, denn nach der minutiösen Festlegung der eingeschränkten Voraussetzungen (vgl. Art. 6 Abs. 1 lit. a-c als kumulative Bedingungen) für die Zulässigkeit einer Rückwärtsanalyse, die sich allein aus urheberrechtlichen Erwägungen nicht mehr rechtfertigen lassen,[57] und der genauen Bestimmungen, zu welchen Zwecken die im Zuge der Dekompilierung gewonnenen Informationen verwendet werden dürfen (vgl. Art. 6 Abs. 2 lit. a-c), folgt in Art. 6 Abs. 3 noch eine generalklauselähnliche Bestimmung, die auch die Stimmigkeit der Richtlinie mit der Berner Übereinkunft in dieser Hinsicht (vgl. dort insbesondere Art. 8, 9: das Übersetzungs- und Vervielfältigungsrecht ist dem Urheber vorbehalten) noch einmal in Hinblick auf Art. 9 Abs. 2 RBÜ unterstreichen will sowie dem angloamerikanischen **fair use**-Gedanken entspricht: Eine Dekompilierung darf nicht die rechtmäßigen Interessen des Rechtsinhabers in unvertretbarer Weise beeinträchtigen oder im Widerspruch zur normalen Nutzung eines Computerprogramms stehen.

Will man die Regelung des Art. 6 auf eine griffige Formel bringen, so lässt sich sagen, dass eine schnittstellenbezogene Rückwärtsanalyse als ultima ratio nur dann als zulässig zu betrachten ist, wenn anders die Interoperabilität von Computerprogrammen nicht hergestellt werden kann.

f) Rechtsfolgen der Verletzung

29 Durch Art. 7 Abs. 1 lit. a-c werden bestimmte mittelbare Verletzungshandlungen oder auch gewisse Vorbereitungshandlungen für künftige Schutzrechtsverletzungen untersagt, die nach deutscher Rechtsauffassung z. T. einen urheberrechtlichen und z. T. einen wettbewerbsrechtlichen dogmatischen Hintergrund haben. Aus dem angloamerikanischen Recht ist diese Kategorie von zivilrechtlichen Sanktionen als »secondary infringement«[58] bekannt. Untersagt werden in erster Linie kommerzielle Handlungen, wie z. B. das schuldhafte Inverkehrbringen oder der Besitz zu Erwerbszwecken von Piraterikopien sowie der Handel mit Mitteln, die einen technischen Kopierschutz (z. B. ein Dongle oder Hardlock) zu umgehen erleichtern.

g) Verhältnis zu anderen Vorschriften des gewerblichen Rechtsschutzes und Übergangsbestimmungen

30 Art. 8 (ex 9) und § 69g UrhG stellen klar, dass diese primär urheberrechtlich orientierte Richtlinie einen etwaigen patent-, warenzeichen- oder wettbewerbsrechtlichen Schutz von Computerprogrammen grundsätzlich nicht verdrängen will; sie beansprucht nicht eine exklusive Spezialität für den Rechtsschutz von Computerprogrammen. Entsprechendes gilt auch für Geschäftsgeheimnisse (Know-how) und einen Rechtsschutz nach dem Halbleiterschutzgesetz. In Hinblick auf einen eventuell vertraglich vereinbarten Knowhow-Schutz muss jedoch ausdrücklich hervorgehoben werden, dass wegen der generellen Ausrichtung dieser Richtlinie auf Absicherung der Interoperabilität von Computersystemen und wegen des Art. 8 Abs. 1 S. 2 bestimmte, für die Herstellung der **Interoperabilität** notwendige Programmteile, insbesondere Schnittstellen, auch nicht durch vertragliche Ver-

---

[57] Vgl. *Lehmann* CR 1989, 1057; *ders.* CR 1990, 94; *Haberstumpf* CR 1991, 129 (136).
[58] Vgl. Sec. 501 ff. des US Copyright – Sec. 22 ff. und 66 Abs. 6 des englischen Copyright, Designs and Patents Act (1988); *Dreier* CR 1991, 583. Vgl. auch die Enforcement-Richtlinie 2004/48/EG v. 29.04.2004, ABl. L 195/16 (v. 02.06.2004); BT-Drs. 16/5048, v. 20.04.2007. Zur Störerhaftung s. BGH NJW 2010, 2061 – WLAN.

einbarungen zu geheimen, geschützten Know-how erklärt werden dürfen, weil dadurch vielleicht die Buchstaben der Richtlinie nicht direkt verletzt, aber jedenfalls gegen ihren Geist verstoßen werden würde. Auch durch Parteivereinbarungen können daher Schnittstellen nicht in den Know-how-Schutz einbezogen werden; andernfalls würde dies eine rechtswidrige Umgehung der Richtlinie mit sich bringen. Eine derartige vertragliche Vereinbarung wäre gem. der Richtlinie nichtig.

ExArt. 9 Abs. 3 statuierte eine **positive Rückwirkung** für Computerprogramme, welche bereits vor dem Inkrafttreten dieser Richtlinie geschaffen worden sind; auch diese konnten folglich seit dem 01.01.1993 rückwirkend, also ab dem Zeitpunkt ihrer Schaffung, urheberrechtlichen Schutz beanspruchen.

Das zweite Gesetz zur Änderung des Urheberrechtsgesetzes (vgl. BGBl. 1993 I, 910) ist am 24.06.1993 als Transformationsgesetz für diese Richtlinie in Kraft getreten (vgl. nunmehr insbesondere die §§ 69a ff. UrhG).

2. Die Richtlinie 96/9/EG über den rechtlichen Schutz von Datenbanken[59]

a) Schutzgegenstand und Schutzumfang

Der Schutzgegenstand und -umfang der Richtlinie wird durch einen sehr weit gefassten **Datenbankbegriff**[60] in Art. 1 i. V. m. den Erwägungsgründen (E) 17, 19, 20, 21, 22, 23 abgesteckt; geschützt wird jede Form (vgl. Art. 1 Abs. 1) von Sammlungen von Werken, Daten oder anderen unabhängigen Elementen, die systematisch oder methodisch angeordnet und einzeln mit elektronischen Mitteln oder auf andere Weise zugänglich sind (vgl. Art. 1 Abs. 2; § 87a UrhG). Diese Definition gilt gleichermaßen für den urheberrechtlichen Schutz gem. Art. 3 ff. wie für den sui generis-Schutz gem. Art. 7 ff.; dies resultiert aus dem systematischen Aufbau der Richtlinie, die in vier Kapitel untergliedert worden ist: Art. 1–2: Allgemeiner Teil, Art. 3–6: Urheberrechtlicher Schutz, Art. 7–11: sui generis-Schutz, Art. 12–16: gemeinsame Schluss- und Übergangsbestimmungen. Das Schutzrecht eigener Art gem. Art. 7 ff. ist ein völlig neues, eigenständiges und kumulativ eröffnetes (vgl. Art. 7 Abs. 4 und 13 der Richtlinie) Schutzrecht eigener Art, das auch dogmatisch als ein selbständiges Property Right zu behandeln ist, obwohl es gem. §§ 87a ff. UrhG vom deutschen Gesetzgeber in den Katalog der verwandten Schutzrechte eingeordnet worden ist.

31

Die Erwägungsgründe (»recitals«, E) erläutern diese Legaldefinition der **Datenbank**, welche sowohl Sammlungen von Werken gem. Art. 2 Abs. 5 RBÜ als auch Kompilationen von urheberrechtsfähigem Material i. S. d. Art. 10 Abs. 2 TRIPS umfasst und insbesondere hinsichtlich elektronischer Datenbanken, die aus unabhängigen Elementen bestehen müssen, nur verlangt, dass diese einzeln zugänglich bzw. abfragbar sind. E 17 erläutert weiter, dass als Datenbank zu verstehen sind alle »Sammlungen von literarischen, künstlerischen, musikalischen oder anderen Werken sowie von anderem Material wie Texten, Tönen, Bildern, Zahlen, Fakten und Daten«. Diese müssen »systematisch und methodisch angeordnet und einzeln zugänglich« sein, was bei allen kommerziell betriebenen Datenbanken im Regelfall gegeben ist, wenn sie ein Datenbank(verwaltungs)system besitzen. Bei relationalen (»aufzählbaren«) Datenbanken ist dies typischerweise der Fall. Dabei ist es nicht erforderlich, dass die physische Speicherung einer Datenbank »in geordneter Weise erfolgt« (vgl. E 21).

32

---

59 V. 11.03.1996, ABl. L 77/20 (v. 27.03.1996) = GRUR Int. 1996, 806; vgl. dazu ausf. *Leistner*, Rechtsschutz von Datenbanken, passim; *Walter, M.M./v. Lewinski* S. 689; zur Transformation vgl. BGBl. 1997 I, 1870 (1877 ff.); Art. 7 des »Gesetzes zur Regelung der Rahmenbedingungen für Informations- und Kommunikationsdienste« (IuKDG); vgl. dazu *Vogel* ZUM 1997, 592; zu Datenbankverträgen s. *Loewenheim/ Koch*, UrhR, S. 1890.
60 *Gaster* ÖSGRUM Bd. 19 (1996), 18; vgl. auch §§ 4 Abs. 2, 87a Abs. 1 UrhG.

Ausgeschlossen sind Aufzeichnungen, Mitschnitte von audiovisuellen, kinematographischen, literarischen oder musikalischen Werken sowie normalerweise die Zusammenstellungen mehrerer Aufzeichnungen musikalischer Darbietungen auf einer CD, denn der Tonträgerschutz, z. B. durch das Rom-Abkommen, sollte unberührt bleiben. Wer aber z. B. eine multimediale Beatles-Anthologie mit Musikbeispielen versehen produziert und vertreibt, kann Datenbankschutz beanspruchen.

Ausgeschlossen ist auch ein Schutzbegehren für die für eine Datenbank verwendeten Computerprogramme, weil hier die EG-Richtlinie 91/250 über den Schutz von Computerprogrammen[61] Spezialität genießt (vgl. Art. 1 Abs. 3 der Datenbankrichtlinie). Andererseits kann sich laut E 20 der Rechtsschutz auch auf Elemente erstrecken, die »für den Betrieb oder die Abfrage bestimmter Datenbanken erforderlich sind, beispielsweise auf den Thesaurus oder die Indexierungssysteme«, oder auch auf ein retrieval-System, wenn dieses alles keine Computerprogramme sind. Die Datenbankschemata werden folglich vom Datenbankschutz mit erfasst, nicht aber die daraus erwachsenen oder die darauf abstellenden Software-Produkte.

Auch ausgeschlossen, freilich nur vom urheberrechtlichen Schutz,[62] bleiben gem. Art. 3 Abs. 2 die **Inhalte**, d. h. die in einer Datenbank gespeicherten Werke, denn der Schutz bezieht sich gem. Art. 1 Abs. 1 nur auf die »Auswahl oder die Anordnung des Stoffes«, also das Schema und die Struktur einer Datenbank; die Rechte an den Inhalten (»content«) bleiben von der Datenbankrichtlinie aus urheberrechtlicher Sicht unberührt.

b) Schutzvoraussetzungen

aa) Urheberrechtlicher Schutz

33 Gemäß Art. 3 wird für die Auswahl oder die Anordnung des Stoffes eine »eigene geistige Schöpfung ihres Urhebers« verlangt. Genau wie durch die Computerprogrammrichtlinie in Art. 1 Abs. 3 dürfen auch für Datenbanken »keine anderen Kriterien« zur Anwendung gebracht werden. Damit soll aus EG-rechtlicher Sicht garantiert werden, dass keine besondere »Schöpfungshöhe« oder »Gestaltungshöhe« als Schutzvoraussetzung verlangt werden kann.[63] Auch bei Datenbanken muss also die »**kleine Münze**« urheberrechtlich geschützt werden, obwohl dieses Problem wegen des neuen sui generis-Schutzes gem. Art. 7 ff. an Brisanz verloren hat.

Der Test gem. Art. 3 und gem. § 4 UrhG kann daher in zwei Schritten erfolgen: Erstens ist zu prüfen, ob das Datenbankschema abgekupfert, plagiiert oder selbst vom Urheber entworfen worden ist; und zweitens muss dabei ein gewisses, wenn auch nur geringes Maß an Individualität in die Art der Auswahl oder die Anordnung des Stoffes eingeflossen sein. Faustformelartig kann formuliert werden: Die weißen Seiten des Telefonbuches[64] werden daher gem. Art. 3 nicht schutzfähig sein (wohl aber gem. Art. 7 ff., §§ 87a ff. UrhG); die gelben Seiten werden demgegenüber häufig urheberrechtlichen Schutz beanspruchen können.

Diese Festlegung einer europäisch vorgegebenen Schutzschwelle, eines europäischen »Originalitätsstandards« dient auch der Harmonisierung des Urheberrechts in der EU, denn ge-

---

61 S. o. Fn. 1.
62 Beim Schutzrecht sui generis erstreckt Art. 7 den Schutz auf »wesentliche Teile des Inhalts einer Datenbank«.
63 Die unterschiedliche Formulierung in § 2 Abs. 2 und § 4 Abs. 1 UrhG »persönliche geistige Schöpfungen« und »eigene geistige Schöpfung ihres Urhebers« in Art. 3 der Richtlinie sollte für die Praxis keine Relevanz erlangen.
64 Aus den USA vgl. die berühmte Feist-Entscheidung, GRUR Int. 1991, 933 ff. mit Anm. *Lehmann/Hoebbel*, Rechtsschutz und Verwertung, S. 1034 f. Aus den Niederlanden vgl. ein Lexikon betreffend Van Dale v. Romme, Hoge Raad v. 04.01.1991, GRUR Int. 1994, 259 – Der große Van Dale; vgl. BGH CR 1999, 496 – Tele-Info-CD.

I. Die Richtlinien

wisse Staaten mussten ihre Schutzvoraussetzungen erhöhen, z. B. Holland und das Vereinigte Königreich, andere eher absenken, wie z. B. Deutschland.

bb) Schutzrecht eigener Art

Gemäß Art. 7 (vgl. §§ 87a ff. UrhG) wird ein kumulatives Schutzrecht eigener Art (»sui generis«) als ein weltweites Novum jedem »maker of a database« gewährt, der »in qualitativer oder quantitativer Hinsicht (eine) wesentliche Investition« für die Beschaffung, Überprüfung oder Darstellung des Inhalts einer Datenbank getätigt hat. E 39 ff. stellen klar, dass es bei diesem Property Right um einen rein wirtschaftsrechtlichen **Investitionsschutz** geht, der für die Beschaffung und das Sammeln von Daten ein »return on investment« ermöglichen soll; dies dient als ökonomischer Ansporn und Belohnung für jedes Investment in eine Datenbank. Diese Investition kann gem. E 40 in der Bereitstellung von finanziellen Mitteln und bzw. oder im Einsatz von Zeit, Arbeit und Energie bestehen. Zu berücksichtigen ist dabei auch die Wertung des Art. 10 Abs. 3, wonach »jede in qualitativer oder quantitativer Hinsicht wesentliche Änderung des Inhalts einer Datenbank einschließlich wesentlicher Änderungen infolge der Anhäufung von aufeinander folgenden Zusätzen, Lösungen oder Veränderungen« eine neue Schutzdauer von 15 Jahren beginnen lässt. Diese Formulierungen legen den Rückschluss nahe, dass auch bei der Erstinvestition in qualitativer oder quantitativer Hinsicht nach Art oder Umfang, wie der deutsche Gesetzgeber in § 87a Abs. 1 UrhG formuliert, nicht allzu hohe Anforderungen gestellt werden dürfen. Dabei ist weiterhin zu bedenken, dass ein Schutz gem. Art. 7 Abs. 1 grundsätzlich nur gegen die Entnahme und bzw. oder Weiterverwendung der »Gesamtheit oder eines in qualitativer oder quantitativer Hinsicht wichtigen Teils des Inhalts« einer Datenbank gewährt wird. Auch eine gewisse Konkordanz zum urheberrechtlichen Schutz der »kleinen Münze der Datenbanken« verlangt nach der Setzung einer relativ niedrigen Investitionsschwelle zur Erreichung des sui generis-Schutzes.[65] Zu § 87a Abs. 1 UrhG wird daher in der amtlichen Begründung[66] folgerichtig ausgeführt: »Ob eine qualitativ oder quantitativ wesentliche Investition im Einzelfall gegeben ist, wird anhand einer wertenden Beurteilung der Schutzwürdigkeit der Investition festzustellen sein. Sowohl die Richtlinie als auch der Umsetzungsentwurf verzichten darauf, den Wesentlichkeitsbegriff zu definieren. Eine aussagekräftige abstrakte Definition erscheint nicht möglich. Es wird daher Aufgabe der Rechtsprechung sein, die unbestimmten Rechtsbegriffe auszufüllen.«

34

c) Schutzrechtsinhaber – Persönlichkeitsrecht

aa) Urheberrechtlicher Schutz – Schöpferprinzip

Gemäß Art. 4 steht das Urheberrecht an einer Datenbank der natürlichen Person oder der Gruppe von natürlichen Personen (vgl. § 8 UrhG – gesamthänderisch, vgl. ebenso Art. 4 Abs. 3) zu, die dieses Werk geschaffen hat; die Richtlinie folgt insoweit dem kontinental-europäischen Schöpferprinzip. Für angestellte Urheber findet sich anders als in den Vorentwürfen oder z. B. in Art. 2 Abs. 2 der Computerprogrammrichtlinie[67] keine Legalzession von Nutzungsrechten; E 29 sieht nur vor, dass eine entsprechende einzelvertragliche bzw. gesetzliche Regelung getroffen werden kann. Deutschland wollte von dieser Ermächtigung offenbar keinen Gebrauch machen, sodass es bei der Grundregel des § 43 UrhG bleibt.

35

---

65 Der EuGH CR 2006, 10 – British horse racing, mit Anm. *Lehmann* = JZ 2005, 402 mit Anm. *Leistner*, hat allerdings gegen den Antrag der Generalanwältin entschieden, dass diese Investitionen sich auf die Zusammenstellung in der Datenbank beziehen müssen; Mittel, die eingesetzt werden, um Elemente zu erzeugen, aus denen der Inhalt der Datenbank besteht, müssen dagegen außer Betracht bleiben. Vgl. auch *Leistner* K&R 2007, 457.
66 BR-Drs. 966/96, 47.
67 Vgl. § 69b UrhG: alle »vermögensrechtlichen Befugnisse«.

36 Das **Urheberpersönlichkeitsrecht** wird nur in den Erwägungsgründen ausdrücklich angesprochen, wie E 28 zeigt: »Für die Urheberpersönlichkeitsrechte der natürlichen Person, die die Datenbank geschaffen hat, und deren Ausübung haben die Rechtsvorschriften der Mitgliedstaaten im Einklang mit den Bestimmungen der Berner Übereinkunft zum Schutz von Werken der Literatur und der Kunst zu gelten; sie bleiben deshalb außerhalb des Anwendungsbereichs dieser Richtlinie.«[68]

bb) Schutzrecht eigener Art

37 Das Schutzrecht eigener Art steht gem. Art. 7 Abs. 1 dem »Hersteller«, dem Investor, zu, der durch E 41 noch folgendermaßen näher umschrieben wird: Die Person, die »die Initiative ergreift und das Investitionsrisiko trägt« (vgl. § 87a Abs. 2 UrhG). Daher fallen Auftragnehmer ebenso wenig wie Angestellte unter diesen Begriff, sodass auch »works made for hire« keine Probleme bereiten können.

Ein Persönlichkeitsrecht wird diesem Hersteller nicht attribuiert, was auch wegen der rein wirtschaftsrechtlichen Ausrichtung des Schutzrechts eigener Art einen Systembruch darstellen würde.

d) Ausschließlichkeitsrechte

aa) Urheberrecht: Vervielfältigung, Umgestaltung, Verbreitung, Wiedergabe

38 Art. 5 zählt enumerativ die ausschließlichen Nutzungsrechte des Urhebers auf, welche diesem die Befriedigung seiner wirtschaftlichen Partizipationsinteressen an der Verwertung seiner Datenbank sichern wollen; Ausnahmen und Schranken dazu, die Mindestrechte der Nutzer, finden sich in Art. 6, weil zwischen Art. 5 und 6 ein Regel-Ausnahmeverhältnis besteht (vgl. § 87b UrhG).

39 Jede **Vervielfältigung**,[69] sei sie nur vorübergehend oder dauerhaft, ganz oder teilweise, mit jedem Mittel und in jeder Form, jedes »uploading« oder »downloading«, und deshalb auch das reine »browsing« im Internet, das eine Datenbank betrifft, bedarf daher im Grundsatz der Zustimmung des Urhebers. Dieser sehr weite Begriff der Vervielfältigung in jeder Form deckt auch das »making-available right« ab, das »right of communication to the public«, des neuen Art. 8 WCT, welchem nun § 19a UrhG entspricht. Dieses Vervielfältigungsrecht des Datenbankurhebers stellt dessen wirtschaftlich wichtigste Verdienstquelle, auch in einer digitalen Welt,[70] dar; denn die typische Nutzung einer Datenbank führt regelmäßig zumindest zu einer kurzfristigen, teilweisen Vervielfältigung ihres Inhalts. Auch diese »temporary storage« wird in E 44 ausdrücklich angesprochen: »Ist für die Darstellung des Inhalts einer Datenbank auf dem Bildschirm die ständige oder vorübergehende Übertragung der Gesamtheit oder eines wesentlichen Teils dieses Inhalts auf einen anderen Datenträger erforderlich, so bedarf diese Handlung der Genehmigung durch den Rechtsinhaber.« Gelangt man im Internet z. B. über einen »bulletin board service«-Betreiber zu einer urheberrechtlich geschützten Datenbank, so bedarf deren Lesen und Hereinholen auf den eigenen Computerschirm (»downloading and browsing«) der Genehmigung.

40 Jede Übersetzung, Bearbeitung oder andere **Umgestaltung** einer Datenbank bleibt grundsätzlich[71] dem Urheber vorbehalten, sodass auch sein Partizipationsinteresse hinsichtlich

---

68 Vgl. dazu *Lehmann* in: FS A. Dietz, S. 117, 119.
69 Dieser Begriff darf nicht technisch, sondern muss urheberrechtlich-teleologisch ausgelegt werden. Zur Diskussion dazu vgl. *Schricker/Dreier/Katzenberger/v. Lewinski/Schricker*, UrhR auf dem Weg, S. 109; *Lehmann* NJW 1993, 1824; *Lehmann* GRUR Int. 1991, 331.
70 *Katzenberger* in: Festgabe Beier, S. 379; zu den Schranken vgl. *Nordemann/Conrad* GRUR Int. 2010, 953.
71 Vgl. aber Art. 6 die zwingenden (vgl. Art. 15) Nutzerrechte; hier zeichnet sich ein ähnliches Verhältnis

der Fortschreibung, Pflege, Neuauflage und Verbesserung einer Datenbank geschützt wird. Anders als bei § 23 UrhG ist daher schon die Bearbeitung selbst genehmigungspflichtig.[72] § 39 Abs. 2 UrhG wird gleichwohl als Schrankenbestimmung zur Anwendung kommen können, sodass der Urheber in gewisse Änderungen nach Treu und Glauben einwilligen muss; insoweit tritt § 39 Abs. 2 UrhG neben Art. 6 der Richtlinie.

Als weiteres Ausschließlichkeitsrecht sieht Art. 5 lit. c jede Form der öffentlichen **Verbreitung** einer Datenbank oder eines ihrer Vervielfältigungsstücke in körperlicher Form vor, also z. B. auf einem Streamer oder einer CD-ROM als Datenbankträger. Gemäß E 30, 31 und 34 fällt unter diesen Begriff freilich nicht nur die körperliche, sondern auch die unkörperliche Verbreitung,[73] z. B. durch eine Sendung oder im Online-Betrieb, sodass dieser europarechtliche Begriff der Verbreitung nicht mit dem des § 17 UrhG identisch ist. Eine europaweite **Erschöpfung** des Verbreitungsrechts gem. Art. 5 lit. c S. 2 kann jedoch nur durch den Erstverkauf eines »Vervielfältigungsstücks einer Datenbank« (»first sale doctrine«) eintreten. Gemäß E 33, 43 fällt die Übermittlung einer Datenbank bzw. deren Auszüge im Online-Betrieb allein unter die Dienstleistungsfreiheit,[74] sodass dabei nie eine Erschöpfungswirkung eintreten kann: »Dies gilt auch in Bezug auf ein physisches Vervielfältigungsstück einer solchen Datenbank, das vom Nutzer der betreffenden Dienstleistung mit Zustimmung des Rechtsinhabers hergestellt wurde.« Auch im Fall eines erlaubten »downloading« und der konsentierten Anfertigung eines neuen Vervielfältigungsstücks, z. B. in der Form eines Ausdrucks auf Papier, beim Internetbetrieb tritt somit keine **Erschöpfung**[75] ein; der Rechtsinhaber kann den Weitervertrieb, jede Weiterverbreitung dieses Vervielfältigungsstückes einer Datenbank, genauso wie Auszüge davon, untersagen bzw. kontrollieren. Diese wichtige Wertung sollte auf das Cyberlaw insgesamt übertragen werden: Im Netzbetrieb gibt es keine Erschöpfung. Hinsichtlich des Vermiet- und Vervielfältigungsrechts kann jedoch a priori nie eine Erschöpfung eintreten.

Gemäß Art. 5 lit. d und e bleiben dem Urheber auch jede öffentliche Wiedergabe, Vorführung oder Aufführung einer Datenbank, sowie jede Vervielfältigung, öffentliche Verbreitung, Wiedergabe, Vorführung oder Aufführung jeglicher Umgestaltung, z. B. Übersetzung oder Bearbeitung einer Datenbank, exklusiv vorbehalten; dieses Ausschließlichkeitsrecht kann insbesondere für **Multimedia-Datenbanken** praktische Bedeutung erlangen.

bb) Schutzrecht eigener Art

Gemäß Art. 7 werden die Ausschließlichkeitsrechte eigener Art eines unkreativen Datenbankinvestors etwas enger als die des Urhebers abgesteckt. Dieser hat die Verbotsrechte, die »Entnahme und (bzw.) oder die Weiterverwendung« der Gesamtheit oder eines qualitativ bzw. quantitativ wesentlichen Teils des Inhalts seiner, von ihm erstellten Datenbank

---

zwischen Rechtsinhaber und befugtem Nutzer ab wie bei der Computerprogrammrichtlinie; vgl. dazu *Lehmann* NJW 1993, 1823; die Richtlinien schreiben zwingende Mindestbefugnisse zum Schutz der europäischen Verbraucher vor.

72 Auch dies ist eine deutliche Parallele zur Softwarerichtlinie, vgl. *Lehmann* NJW 1991, 2115. Vgl. § 23 S. 2 UrhG.

73 *Gaster* ÖSGRUM Bd. 19 (1996), 21. Wollte man »downloading« und »browsing« nicht als Vervielfältigung qualifizieren (anders als vorab bei Fn. 45), so würden diese Handlungen auf jeden Fall unter das Verbreitungsrecht i. S. d. Art. 5 lit. c fallen.

74 EuGH Slg. 1980, 881 – Coditel; Slg. 1982, 3381 – Coditel II; Slg. 1989, 2565 – Ministère Public v. Tournier; *Gaster* ÖSGRUM 1996, 22.

75 Vgl. *Haberstumpf* CR 2009, 345; *Hoeren* GRUR 2010, 665; s. a. *Lehmann* NJW-CoR 4/96, 250 (251); str., vgl. OLG München CR 2006, 655 m. Anm. *Lehmann*; a. *Hoeren* CR 2006, 573 (für Computerprogramme); LG Hamburg CR 2006, 812 mit Anm. *Grützmacher*; s. auch *Ulmer* ITRB 2007, 68; *Koch* ITBR 2007, 140. Diese strittige Frage liegt nunmehr zur Entscheidung beim EuGH. Für online-gelieferte Computerspiele, BGH GRUR 2010, 822 – Half-Life 2: Keine Erschöpfung, wie auch bei einer Zugänglichmachung gem. § 19a UrhG.

zu untersagen. Entnahme und Weiterverwendung werden dabei durch Art. 7 Abs. 2 lit. a und b legal definiert und durch E 42 ff. weiter erläutert. Als »Entnahme« gilt ungeachtet der dabei verwendeten Mittel und der Form dieser Tätigkeit jede »ständige oder vorübergehende Übertragung der Gesamtheit oder eines wesentlichen Teils des Inhalts einer Datenbank auf einen anderen Datenträger«.[76] »Weiterverwendung« bedeutet jede Form einer öffentlichen Verfügbarmachung der Gesamtheit oder eines wesentlichen Teils des Inhalts der Datenbank »durch die Verbreitung von Vervielfältigungsstücken, durch Vermietung, durch Online-Übermittlung oder durch andere Formen der Übermittlung« (»transmission«). Die Richtlinie schafft somit bereits jenes »transmission right«, das in den USA als Diskussionsvorschlag zur Reform des Urheberrechts im Hinblick auf das Internet vorgeschlagen worden ist[77] und auch Art. 6 sowie Art. 8 WCT (»making available«) entspricht.

43 Art. 7 Abs. 2 lit. b S. 2 i. V. m. E 43 stellen außerdem klar, dass eine Erschöpfung nur im Fall des Erstverkaufes eines Vervielfältigungsstücks einer Datenbank (z. B. auf einer CD-ROM) eintreten kann; im **Online-Betrieb** gibt es keine Erschöpfung, auch wenn dabei der Nutzer sich befugtermaßen ein Vervielfältigungsstück selbst herstellt. Ausdrücklich klargestellt wird weiter, dass der **öffentliche Verleih**, z. B. in öffentlichen Bibliotheken, keine Entnahme oder Weiterverwendung darstellt. Durch Art. 7 Abs. 3 wird der Property Rights-Charakter dieses neuen Schutzrechts unterstrichen, denn dieses exklusive Entnahme- und Weiterverwendungsrecht des Datenbankinvestors kann frei übertragen oder abgetreten[78] werden bzw. Gegenstand vertraglicher Lizenzen sein.

Im Einklang mit Art. 9 Abs. 2 RBÜ sieht Art. 7 Abs. 5 vor, dass auch eine »wiederholte und systematische Entnahme und (bzw.) oder Weiterverwendung« von **unwesentlichen Teilen** des Inhalts einer Datenbank nicht zu einer unzumutbaren wirtschaftlichen Beeinträchtigung des Investors führen darf; dies ist ein Auffangtatbestand, der rechtsmissbräuchliches Verhalten zulasten von berechtigten Schutzinteressen des Datenbankherstellers ausschließen soll.

e) Nutzerrechte

44 Art. 6 und Art. 8 schreiben gem. Art. 15 zwingend gewisse **Mindestbefugnisse** ex lege zugunsten jedes europäischen berechtigten Nutzers einer Datenbank, also jedes Käufers oder Lizenznehmers, vor; diese gehören gleichsam zum europäischen ordre public und können daher z. B. auch nicht durch eine Rechtswahl nichteuropäischen Lizenzvertragsrechts ausgeschlossen werden. Es handelte sich nämlich um ein Stück zwingenden europäischen Verbraucherschutzrechts (vgl. auch § 55a UrhG).[79]

aa) Urheberrecht

45 Gemäß Art. 6 i. V. m. E 34 benötigt der rechtmäßige Benutzer, regelmäßig also jeder Käufer oder Lizenznehmer, einer Datenbank für die Vervielfältigung, Umgestaltung, Verbreitung und öffentliche Wiedergabe i. S. d. Art. 5 keine Zustimmung des Urhebers, »wenn sie für den Zugang zum Inhalt der Datenbank und deren normale Benutzung erforderlich sind«. Diese Mindestrechte müssen jedem legitimen Benutzer zwingend (vgl. Art. 15) eingeräumt werden, wie auch § 55a UrhG festschreibt. Diese Mindestrechte resultieren aus dem Gesetz und entgegenstehende vertragliche Bestimmungen sind nichtig. Was eine »normale Benutzung« ist, kann freilich durch eine wirksame Parteivereinbarung genauer festgelegt werden,

---

[76] Dies kann auch ein anderer Arbeitsspeicher (RAM) oder die Festplatte (ROM) eines anderen Computers sein.
[77] *Lehman/Brown*, Intellectual Property and the National Information Infrastructure, 1995.
[78] Die Akzessorietät zum Eigentum an der Datensammlung sollte in diesen Fällen gewahrt und vertraglich berücksichtigt werden.
[79] Zur Parallele bei der Softwareüberlassung vgl. *Lehmann* NJW 1993, 1823.

wobei hier auch das Zweckübertragungsprinzip gem. § 31 Abs. 5 UrhG zu berücksichtigen ist. So könnte etwa eine Benutzung nur zum privaten Gebrauch oder nur zu Zwecken der Ausbildung vertraglich wirksam vereinbart werden.[80]

bb) Schutzrecht eigener Art

Gemäß Art. 8 (vgl. § 87c UrhG) gilt Entsprechendes für den unkreativen Datenbankinvestor; denn dieser kann einem rechtmäßigen Benutzer nicht untersagen, »in qualitativer und (bzw.) oder quantitativer Hinsicht unwesentliche Teile des Inhalts der Datenbank zu beliebigen Zwecken zu entnehmen und (bzw.) oder weiter zu verwenden«. Hier ist auch die Ausstrahlungswirkung von Art. 10 **Europäische Menschenrechtskonvention** zu beachten, das Recht auf freie Meinungsäußerung, was ein gewisses Mindestmaß an »access to free information« voraussetzt. Für die umfangmäßige Bestimmung der »unwesentlichen« Teile kann auf die Grundsätze des Zitatrechtes gem. § 51 UrhG rekurriert werden. **46**

Diese zwingenden Nutzerrechte werden durch Art. 8 Abs. 2 und 3 weiter ausbalanciert, denn sie dürfen »die berechtigten Interessen des Herstellers« nicht »unzumutbar verletzen«; Entsprechendes gilt für die »content provider«, die Inhaber von Urheberrechten und verwandten Schutzrechten an in dieser Datenbank gespeicherten Werken oder Leistungen. Hier geht es um die Herbeiführung eines ausgewogenen Interessenausgleichs zwischen den einerseits geschützten Property Rights-Inhabern und andererseits den zwingenden Abnehmerrechten. Auch kartellrechtliche Wertungen[81] sind dabei zu berücksichtigen (vgl. Art. 13 und E 47).

f) Schranken der Ausschließlichkeitsrechte

Während die Vorentwürfe noch mit gewissen Zwangslizenzen liebäugelten, hat sich in Art. 6 Abs. 2 und 3 und Art. 9 eine dogmatisch konsistente Lösung der Schrankenbestimmungen[82] durchsetzen können. Danach können die Mitgliedstaaten Beschränkungen der Ausschließlichkeitsrechte in folgenden Fällen vornehmen: Für nichtelektronische Datenbanken, also Datenbanken, deren Elemente nicht einzeln mithilfe elektronischer Mittel zugänglich sind, wie § 87c Abs. 1 Nr. 1 UrhG formuliert, kann eine freie Vervielfältigung zu privaten Zwecken gesetzlich erlaubt werden; dies entspricht § 53 UrhG, der allerdings für elektronische Datenbanken durch § 53 Abs. 5 UrhG eingeschränkt worden ist: »in a digital world free copying has no place«. Zur Veranschaulichung des Schulunterrichts und zu Zwecken der wissenschaftlichen[83] Forschung können urheberrechtlich oder durch ein sui generis-Recht geschützte Datenbanken mit Quellenangabe stets benutzt werden, sofern dies zur Verfolgung nichtkommerzieller Zwecke gerechtfertigt ist; dem entsprechen §§ 46 und 51 UrhG und § 87c Abs. 1 Nr. 2 und 3 UrhG. **47**

Weitere Beschränkungen können für die Verwendung von Datenbanken zu Zwecken der öffentlichen Sicherheit oder eines Verwaltungs- oder Gerichtsverfahrens vorgesehen werden; ähnliche Schrankenbestimmungen fanden sich bislang schon in § 45 UrhG und werden nunmehr durch § 87c Abs. 2 UrhG präzisiert. Schließlich werden in Art. 6 Abs. 2 lit. d) ge-

---

80 Schutzhüllenverträge (»shrinkwrap licences«) sind dafür allerdings ein untaugliches Instrument, vgl. *Lehmann* NJW 1993, 1822.
81 Die Inhaberschaft an bestimmten Datenbanken kann eine marktbeherrschende Stellung begründen, sodass eine kartellrechtliche Verhaltenskontrolle angezeigt ist; s. u. Rdn. 85.
82 Zur Vorgeschichte vgl. *Gaster* ÖSGRUM Bd. 19 (1996), 28. Zu den Schranken des Urheberrechtsschutzes im Internet s. *Nordemann/Conrad* GRUR Int. 2010, 953.
83 E 36 klärt, dass dies für naturwissenschaftliche und geisteswissenschaftliche Forschung gleichermaßen gilt.

wisse nationale, »traditionelle Ausnahmen« für zulässig erklärt, worunter in Deutschland vor allem die amtlichen Werke gem. § 5 UrhG[84] zu zählen sind.

g) Schutzdauer und Kumulation

48 Für eine urheberrechtlich geschützte Datenbank gilt die EU-weite 70-jährige Schutzdauer ab dem Tod des Urhebers (post mortem auctoris) gem. § 64 UrhG und für das Schutzrecht eigener Art gem. Art. 10 i. V. m. § 87d UrhG ist eine Schutzdauer von 15 Jahren vorgesehen, gerechnet ab dem 1. Januar des Jahres, das auf den Tag des »Abschlusses der Herstellung« folgt. Diese Divergenz wird jedoch dadurch abgemildert, dass gem. Art. 10 i. V. m. § 87a Abs. 1 S. 2 UrhG jede in »qualitativer oder quantitativer Hinsicht wesentliche Änderung des Inhalts einer Datenbank« eine **neue Schutzdauer** von 15 Jahren für das Schutzrecht begründet. E 54 und 55 stellen dabei klar, dass die Beweislast dafür beim Datenbankinvestor liegt und dass dafür auch schon eine »eingehende Überprüfung des Inhalts der Datenbank« genügen kann. Für Datenbanken, die gepflegt und z. B. zum Teil sogar täglich fortgeschrieben werden, z. B. Wetter- oder Börsenkursdatenbanken, resultiert daraus ein praktisch zeitlich unbegrenztes Schutzrecht.

Gemäß Art. 7 Abs. 4 und Art. 13 gilt das allgemeine Kumulationsprinzip des Urheberrechts und des gewerblichen Rechtsschutzes, d. h., der urheberrechtliche und der sonderschutzrechtliche (»sui generis«) Schutz stehen nebeneinander, genauso, wie dies hinsichtlich eines möglichen weiteren Schutzes einer Datenbank z. B. durch das Patent-, Marken- oder Geschmacksmusterrecht, das UWG oder GWB, durch Know-how-Schutz oder Datenschutzrecht sowie das Vertragsrecht der Fall sein kann. Hier besteht Anspruchsgrundlagenkonkurrenz hinsichtlich eines etwaigen Schutzbegehrens gem. den unterschiedlichen Instituten des Wirtschaftsrechts.

h) Rechtsfolgen einer Verletzung

49 Art. 12 schreibt nur die nationale Schaffung von »geeigneten Sanktionen« für die Verletzung der in dieser Richtlinie vorgesehenen Rechte vor. Für den urheberrechtlichen Schutz von Datenbanken gelten aus der Sicht des deutschen Rechts insoweit die §§ 96 UrhG ff.; für den Sonderschutz sind die §§ 108 Abs. 1 und 119 Abs. 3 entsprechend erweitert worden. Der zur Bekämpfung der Piraterie besonders wichtige Drittauskunftsanspruch des § 101a UrhG gilt auch für das Sonderschutzrecht, denn er greift von jeher für jedes »nach diesem Gesetz geschützte Recht« ein, also auch für die neuen §§ 87a ff. UrhG. Im praktischen Ergebnis ergibt sich daraus hinsichtlich der Sanktionen eine völlige Gleichstellung zwischen dem urheberrechtlichen und sonderschutzrechtlichen Schutz der Datenbanken in Deutschland.[85]

i) Übergangs- und Schlussbestimmungen

50 Art. 11 und Art. 13 ff. enthalten umfangreiche Übergangs- und Schlussbestimmungen, die vor allem die persönliche und temporale Begrenzung des Datenbankschutzes in Europa vorzeichnen.

Art. 11 verfolgt eine gewisse materielle **Reziprozität,**[86] wenn er den Sonderschutz zunächst nur für Staatsangehörige der EU gewährt sowie für »Unternehmen und Gesellschaften, die

---

84 Auch § 49 UrhG kann hierzu gezählt werden, wenn es sich um veröffentlichte Datenbanken handelt. Diese Schranken sollten analog auch bei Art. 9 berücksichtigt werden, sodass z. B. Gesetzessammlungen auch keinen Datenbankschutz sui generis beanspruchen können, vgl. § 5 UrhG.
85 Zur Fortentwicklung vgl. die sog. »Enforcement«-Richtlinie, Richtlinie 2004/48/EG v. 29.04.2004 zur Durchsetzung der Rechte des Geistigen Eigentums, ABl. EG L 195/16 (v. 02.06.2004); zur Umsetzung vgl. den Gesetzesentwurf der Bundesregierung: Gesetz zur Verbesserung der Durchsetzung von Rechten des geistigen Eigentums, v. 24.01.2007.
86 *Gaster* ÖSGRUM Bd. 19 (1996), 30.

entsprechend den Rechtsvorschriften eines Mitgliedstaates gegründet wurden und ihren satzungsgemäßen Sitz, ihre Hauptverwaltung oder ihre Hauptniederlassung in der Gemeinschaft haben«; andernfalls müssen ausländische Unternehmen hinsichtlich ihrer wirtschaftlichen Tätigkeit »eine tatsächliche ständige Verbindung zu der Wirtschaft eines der Mitgliedstaaten aufweisen«.[87] Nur wer den Europäischen Binnenmarkt mit einer wirtschaftlichen Tätigkeit tatsächlich »bereichert«, soll auch in den Genuss des Sonderschutzrechts kommen.[88] Diese Regelung bedingt das besondere Interesse der USA, die auch national unterhalb des Urheberrechts praktisch keinen ergänzenden Datenbankschutz anerkennen, ein entsprechendes Weltabkommen für den Datenbankschutz unter der Ägide der WIPO zustande zu bringen.

Gemäß Art. 14 wird eine positive **Rückwirkung** für Datenbanken vorgeschrieben, die vor dem 01.01.1998 geschaffen worden sind; diese werden, falls sie die entsprechenden Anforderungen erfüllen, ex tunc geschützt; jedoch erst nach Inkrafttreten der jeweiligen nationalen Transformationsgesetze können dann begangene Verletzungshandlungen verfolgt werden. Für das Vereinigte Königreich, Irland und die Niederlande stellt Art. 14 Abs. 2 i. V. m. E 60 fest, dass hinsichtlich etwaiger erworbener Urheberrechte keine Enteignung eintreten soll.

Diese acquired rights laufen nach Beendigung der entsprechenden Schutzfristen einfach aus. Auch das neue Schutzrecht sui generis erlangt für 15 Jahre eine positive Rückwirkung, wobei gem. Art. 14 Abs. 5 die 15-jährige Schutzfrist ab dem 1. Januar des Jahres zu laufen beginnt, welcher auf das Jahr folgt, in dem die Herstellung der Datenbank vor dem 01.01.1998 abgeschlossen worden ist. Nach deutschem Recht (§ 137g Abs. 2 S. 2 UrhG) ist als Beginn der Schutzfrist in diesen Fällen der 01.01.1998 vorgesehen.[89]

j) Zusammenfassende Bewertung

Die Datenbankrichtlinie legt wichtige Eckwerte für die europäische Entwicklung des Datenbank- und Multimediarechts fest. Sie kreiert neu ein Recht auf unkörperliche Verbreitung (»any form of distribution« bzw. »transmission«), klärt die schwierige Frage der Erschöpfung bei Online-Diensten, und sie eröffnet unterhalb des Urheberrechts für nichtschöpferisch gestaltete Datensammlungen ein exklusives Sonderschutzrecht, was weltweit ein zu begrüßendes Novum darstellt. Damit setzte sich Europa wirtschaftsrechtlich an die Spitze der Entwicklung eines adäquaten Cyberlaw, das auch jedem berechtigten europäischen Nutzer zwingende Mindestrechte garantiert. Die deutsche Umsetzung ist im IuKDG (vgl. BGBl. 1997 I, 1869 (1877 ff.) vom 28.07.1997) erfolgt (vgl. §§ 4, 87a ff. UrhG). 51

3. Die Richtlinie 2001/29/EG zur Harmonisierung bestimmter Aspekte des Urheberrechts und der verwandten Schutzrechte in der Informationsgesellschaft

Diese Richtlinie[90] resultiert aus dem WCT und betrifft zentral gewisse urheberrechtliche Probleme der Multimediaprodukte im Internet, weswegen WCT/WPPT auch häufig die 52

---

87 Eine EU-gerichtete Handelstätigkeit müsste dafür ausreichen, vgl. *Lehmann* NJW-CoR 4/96, 251; außerdem können gem. Art. 11 Abs. 2 bilaterale Gegenseitigkeitsabkommen mit der EU abgeschlossen werden.
88 Dies entspricht nicht den Grundprinzipien von RBÜ und PVÜ (Ausländernichtdiskriminierung) und kann daher als eine Art europäische Antwort auf das amerikanische Vorpreschen in Sachen Microchip Protection Act betrachtet werden, vgl. *Lehmann* NJW-CoR 4/96, 251.
89 Maximal kann dies also Datenbanken betreffen, die im Jahr 1983 fertig gestellt wurden. Die neuen §§ 55a und 87e UrhG genießen jedoch keine Rückwirkung (vgl. § 137g Abs. 3 UrhG).
90 Vom 22.05.2001, ABl. EG L 167/10 (v. 22.06.2001) = GRUR Int. 2001, 745; vgl. dazu *Walter, M. M./v. Lewinski/Walter* S. 1009; *Lehmann* in: Quellen des Urheberrechts, Europ. GemeinschaftsR/II/6, 52. Lfg. (2003), S. 1; *Lehmann/Reinbothe*, Electronic Business, S. 373; *Lehmann* GRUR Int. 2001, 733; *Flechsig* ZUM 2002, 1.

»WIPO-Internet-Treaties« genannt werden. Für Computerprogramme und Datenbanken hat sie gem. Art. 1 Abs. 2 lit. a und d keine unmittelbare Relevanz (»unberührt«, vgl. insoweit auch § 69a Abs. 5 UrhG).[91] Wegen der Sachnähe zum IT-Recht und der generellen Harmonisierungsbedeutung für das Europäische Urheberrecht soll diese Richtlinie gleichwohl hier dargestellt werden.

a) Entstehungsgeschichte und internationaler Kontext

53 Die sog. Info-Richtlinie verfolgt die Harmonisierung des Vervielfältigungs- und Verbreitungsrechts sowie der Schrankenbestimmungen im Europäischen Urheberrecht und versteht sich weiterhin als eine Umsetzung des WCT und WPPT[92] und somit auch als Antwort auf die aktuellen Herausforderungen der Digitaltechnik.[93] Im WCT finden sich Verpflichtungen hinsichtlich des Rechts der öffentlichen Wiedergabe einschließlich des Rechts der interaktiven Zurverfügungstellung online von Werken (»making-available right«) und zum urheberrechtlichen Schutz von technischen Schutzvorrichtungen (»technological measures« – »digital watermark«) und Informationen zur Wahrnehmung, Durchsetzung und Abrechnung der Nutzung von Rechten (»rights management information«). Die Richtlinie dient der Erfüllung dieser internationalen Verpflichtungen ebenso wie der Harmonisierung des Europäischen Urheberrechts.[94]

b) Europäisches Urheberrecht – Urheberpersönlichkeitsrecht

54 In den Erwägungsgründen der Richtlinie finden sich relativ versteckt wichtige konzeptionelle Aussagen ganz allgemein zum Europäischen Urheber- und insbesondere auch zum **Urheberpersönlichkeitsrecht**; Letzteres wurde bislang auf europäischer Ebene höchst stiefmütterlich behandelt.[95] Die Erwägungsgründe 9–12[96] können daher zusammenfassend als eine Art Europäisches Urheberrechts-Credo aufgefasst werden. Ansonsten zielt die Richtlinie darauf ab, unter Wahrung des für das Urheberrecht bereits erreichten acquis communautaire vereinheitlichte Regeln für das Urheberrecht und die Leistungsschutzrechte hinsichtlich einiger, besonders wichtiger Nutzungsrechte und der Schranken im

---

91 *Lehmann* in: FS Pagenberg, S. 413.
92 Zur Umsetzung von WCT und WPPT, vgl. Beschluss des Rates v. 16.03.2000 über die Zustimmung – im Namen der Europäischen Gemeinschaft – zum WIPO-Urheberrechtsvertrag und zum WIPO-Vertrag über Darbietungen und Tonträger, ABl. EG L 89, 6 ff. v. 11.04.2000. S. a. *v. Lewinski* GRUR-Prax 2010, 49.
93 Vgl. zusammenfassend *Schricker*, Urheberrecht auf dem Weg zur Informationsgesellschaft, passim; *Lehmann/Lehmann*, Rechtsgeschäfte, S. 105; *Lehmann/Reinbothe*, Electronic Business, S. 371.
94 Zusammenfassend *Loewenheim* GRUR Int. 1997, 285; *Spindler* GRUR 2002, 105.
95 Lediglich in Erwägungsgrund 28 der Datenbank-Richtlinie 96/9/EG v. 11.03.1996, ABl. EG L 77, 20 ff. v. 27.03.1996 fand sich bislang eine europäische Anerkennung des Urheberpersönlichkeitsrechts; vgl. aber auch die Grundrechts-Charta der EU, Nizza 2000, Art. 17 Abs. 2: »Intellectual property shall be protected«.
96 Sie lauten: »Jede Harmonisierung des Urheberrechts und der verwandten Schutzrechte muss von einem hohen Schutzniveau ausgehen, da diese Rechte für das geistige Schaffen wesentlich sind. Ihr Schutz trägt dazu bei, die Erhaltung und Entwicklung kreativer Tätigkeit im Interesse der Urheber, ausübenden Künstler, Hersteller, Verbraucher, von Kultur und Wirtschaft sowie der breiten Öffentlichkeit sicherzustellen. Das geistige Eigentum ist daher als Bestandteil des Eigentums anerkannt worden. Wenn Urheber und ausübende Künstler weiter schöpferisch und künstlerisch tätig sein sollen, müssen sie für die Nutzung ihrer Werke eine angemessene Vergütung erhalten, was ebenso für die Produzenten gilt, damit diese die Werke finanzieren können. Um Produkte wie Tonträger, Filme oder Multimediaprodukte herstellen und Dienstleistungen, z. B. Dienste auf Abruf, anbieten zu können, sind beträchtliche Investitionen erforderlich. Nur wenn die Rechte des geistigen Eigentums angemessen geschützt werden, kann eine angemessene Vergütung der Rechtsinhaber gewährleistet und ein zufrieden stellender Ertrag dieser Investitionen sichergestellt werden. Eine rigorose und wirksame Regelung zum Schutz der Urheberrechte und verwandten Schutzrechte ist eines der wichtigsten Instrumente, um die notwendigen Mittel für das kulturelle Schaffen in Europa zu garantieren und die Unabhängigkeit und Würde der Urheber und ausübenden Künstler zu wahren«. Vgl. dazu *Lehmann* in: FS A. Dietz, S. 117.

Dienste eines möglichst freien Waren- und Dienstleistungsverkehrs im europäischen Binnenmarkt zu schaffen, wobei auch der nötige Interessenausgleich zwischen urheberrechtlich geschützten Anbietern und den berechtigten Nutzungsinteressen der europäischen Verbraucher gewahrt werden soll. Man kann hier folglich von einer Art europäischem Verbraucherschutz im Urheberrecht sprechen.[97]

c) Die Neuregelungen im Einzelnen

aa) Anwendungsbereich

Art. 1 betont in Abs. 1 den Binnenmarktbezug der Richtlinie sowie in Abs. 2 die Wahrung des bisherigen acquis communautaire, d. h., die bereits erlassenen urheberrechtsrelevanten Richtlinien sollen unberührt und unbeeinträchtigt durch diese neue Richtlinie fortgelten. Trotzdem ergibt sich ein gewisser Abstimmungsbedarf insbesondere zur Datenbank- und Electronic-Commerce-Richtlinie.[98]

55

bb) Das Vervielfältigungsrecht

Art. 2 (vgl. auch § 16 UrhG) definiert den bislang umfassendsten, gesetzlich vorgeschriebenen Vervielfältigungsbegriff und geht dabei weit über Art. 9 Abs. 1 RBÜ hinaus: Das Vervielfältigungsrecht der europäischen Urheber, ausübenden Künstler, Tonträgerhersteller, Filmhersteller und Sendeunternehmen bezieht sich auf die ganz oder teilweise Erlaubnis bzw. auf das Verbot jeder unmittelbaren oder mittelbaren, vorübergehenden oder dauerhaften Vervielfältigung »auf jede Art und Weise und in jeder Form«. Dieser denkbar weite Vervielfältigungsbegriff[99] setzt sich in seinen Elementen aus den verschiedenen Vervielfältigungsdefinitionen des WCT und WPPT, der Computerprogramm-Richtlinie und der Datenbank-Richtlinie zusammen, geht aber in seiner Reichweite über deren jeweilig normierten Tatbestand deutlich hinaus. Für die digitale Welt bedeutet dies, dass jeder noch so ephemere, flüchtige oder rein technisch bedingte Kopiervorgang, etwa auch im Netz, grundsätzlich eine urheberrechtlich relevante Vervielfältigungshandlung darstellt. Deswegen normiert Art. 5 Abs. 1 der Richtlinie die einzig zwingende europäische Schranke für alle »vorübergehenden Vervielfältigungshandlungen, die flüchtig oder begleitend sind und einen integralen und wesentlichen Teil eines technischen Verfahrens darstellen und deren alleiniger Zweck es ist, eine Übertragung in einem Netz zwischen Dritten durch einen Vermittler oder eine rechtmäßige Nutzung« zu ermöglichen, wenn diese Vervielfältigungshandlungen »keine eigenständige wirtschaftliche Bedeutung haben«, also nur der Werkvermittlung dienen. Derartig technische Vervielfältigungshandlungen, z. B. in den Routern und Servern des Internet, verletzen somit in Europa das ausschließliche Vervielfältigungsrecht eines Urhebers oder Leistungsschutzberechtigten nicht (vgl. § 44a UrhG).

56

cc) Öffentliche Wiedergabe und Zugänglichmachung

Art. 3 beruht im Wesentlichen auf Art. 8 WCT und Art. 10, 14 WPPT, harmonisiert das traditionelle Recht der öffentlichen Wiedergabe, ohne einen bestimmten Begriff der Öffentlichkeit vorzuschreiben und schafft neu für Europa das Recht der Zugänglichmachung (»making-available right«; vgl. § 19a UrhG), das insbesondere für die **interaktive Kommunikation** online im Netz, »von Orten und zu Zeiten« entsprechend der Wahl der Nutzer, relevant wird. Dieses Recht der Zugänglichmachung wird auch den Leistungsschutz-

57

---

97 *Lehmann* NJW 1993, 1822 (1823).
98 Hier geht es vor allem um Haftungsfragen, vgl. dazu Art. 8 Abs. 3 der Richtlinie hinsichtlich von Unterlassungsansprüchen; vgl. *Lehmann/Reinbothe*, Electronic Business, S. 398.
99 Erneut zeigt sich, dass das Vervielfältigungsrecht (angloamerikanisch das Copyright!) das Herzstück des Urheberrechts auch im Cyberland ist; vgl. dazu *Katzenberger* in: Festgabe Beier S. 379 (382); *Ulmer, E.*, Elektronische Datenbanken, S. 45.

berechtigten, also den ausübenden Künstlern, Tonträgerherstellern, Filmherstellern und Sendeunternehmen eröffnet. Es beginnt ab dem Moment, da ein Werk oder ein sonstiger urheberrechtlich geschützter Gegenstand zur interaktiven Nutzung im Netz angeboten wird und eine Erschöpfung tritt bei diesen Formen der Werknutzung im Zuge einer Dienstleistung nicht ein.

dd) Verbreitungsrecht und gemeinschaftsweite Erschöpfung

58 Art. 4 harmonisiert das Ausschließlichkeitsrecht jedes europäischen Urhebers sein Werk an die Öffentlichkeit »in beliebiger Form«, z. B. durch Verkauf oder auf sonstige Weise, zu verbreiten; Abs. 2 statuiert den gemeinschaftsweiten Erschöpfungsgrundsatz, wenn durch »Erstverkauf« oder eine »andere erstmalige Eigentumsübertragung in der Gemeinschaft« ein Werk im Original oder in Form von Vervielfältigungsstücken verbreitet wird. Der Eintritt der Erschöpfung (»first-sale doctrine«) sollte auch bejaht werden, wenn durch eine Online-Lieferung die Verbreitung körperlicher Werkstücke ersetzt, das Netz also lediglich als Lieferinstrument benutzt wird.[100] Dies ist von der Online-Nutzung im Zuge eines Dienstvertrages zu unterscheiden.

ee) Europäische Schranken

59 Art. 5 Abs. 1 enthält eine zwingende Schranke für technisch im Rahmen der Online-Kommunikation bedingte Vervielfältigungshandlungen, die neben der Zurverfügungstellung bzw. Übertragung »keine eigenständige wirtschaftliche Bedeutung haben«; sie fallen nicht unter das Ausschließlichkeitsrecht der Urheber und Leistungsschutzberechtigten gem. Art. 2 Abs. 1 (vgl. auch § 44a UrhG).

Art. 5 Abs. 2 lit. a-c und Abs. 3 lit. a-o enthalten Schrankenbestimmungen, die von den Mitgliedstaaten optional wahrgenommen werden können, folglich also nicht müssen, sodass der gewünschte europäische Harmonisierungseffekt eigentlich nur darin besteht, dass andere als die hier aufgezählten Schrankenmöglichkeiten nicht mehr national beibehalten werden können. Art. 5 Abs. 2 bezieht sich dabei nur auf das gem. Art. 2 weit gefasste Vervielfältigungsrecht, während die Schrankenmöglichkeitsaufzählung von Art. 5 Abs. 3 sowohl dieses Vervielfältigungsrecht als auch das in Art. 3 vorgesehene Recht der öffentlichen Wiedergabe und Zugänglichmachung betrifft.

Gem. Art. 5 Abs. 2 lit. a können reprografische Verfahren hinsichtlich von Vervielfältigungen »auf Papier oder einem ähnlichen Träger mittels beliebiger fotomechanischer Verfahren oder anderer Verfahren mit ähnlicher Wirkung« grundsätzlich[101] freigestellt werden, wenn »die Rechtsinhaber einen gerechten Ausgleich erhalten«. Wie dieser Ausgleich zu erfolgen hat, ob er verwertungsgesellschaftspflichtig oder nicht national ausgestaltet ist, was als »gerechter Ausgleich«[102] zu betrachten ist, bleibt der gesetzgeberischen Diskretion der Mitgliedstaaten überantwortet. Vervielfältigungen auf einem beliebigen Träger bzw. Medium, also auch in der Computerwelt und im Cyberland, können gem. Art. 5 Abs. 2 lit. b durch natürliche Personen »zum privaten Gebrauch« und weder »direkt noch indirekt« für kommerzielle Zwecke vorgenommen werden, wenn die Rechtsinhaber wiederum einen »gerechten Ausgleich« erhalten und die noch zu erörternden technischen Schutzmaßnahmen gem. Art. 6 berücksichtigt werden. Dies bedeutet spiegelbildlich, dass z. B. für alle kommer-

---

100 Str., vgl. *Bayreuther* EWS 2001, 422 (428); *Spindler* GRUR 2002, 109; *Reinbothe* GRUR Int. 2001, 737; *Dreier* ZUM 2002, 28; s. o. Fn. 74.
101 Das BVerfG CR 2010, 701 hat mangels Vorlage zum EuGH die BGH-Entscheidung CR 2008, 211 – PC und Drucker (keine Geräteabgabe), aufgehoben.
102 Vgl. dazu als Referenzsystem die deutschen Urhebervertragsrechtsbestimmungen, Gesetz zum Urhebervertragsrecht v. 22.03.2002, BT-Drs. 14/8054, S. 41, §§ 11, 32: »Angemessene Vergütung«. S. EuGH ZUM-RD 2011, 1- Padawan; *Dreier* ZUM 2011, 281.

ziellen Vervielfältigungen im Netz eine Einwilligung der Rechtsinhaber benötigt wird. In Art. 5 Abs. 3 finden sich z. B. Schranken zur erlaubnisfreien Nutzung »ausschließlich zur Veranschaulichung im Unterricht oder für Zwecke der wissenschaftlichen Forschung«, für Zitate, für religiöse Veranstaltungen, für Karikaturen, für die Vorführung und Reparatur von Geräten, – was für den Hard- und Softwarebereich besonders relevant werden kann –, sowie generalklauselartig abschließend in Art. 5 Abs. 3 lit. o »für die Nutzung in bestimmten anderen Fällen von geringer Bedeutung, soweit solche Ausnahmen oder Beschränkungen bereits in einzelstaatlichen Rechtsvorschriften vorgesehen sind und sofern sie nur analoge Nutzungen betreffen und den freien Waren- und Dienstleistungsverkehr in der Gemeinschaft nicht berühren«. Letzteres zeigt, dass in der analogen Welt die traditionell bestehenden nationalen Schranken mit geringer Binnenmarktrelevanz beibehalten werden dürfen, was eine durchgreifende europäische Harmonisierung im Ergebnis doch wieder erheblich verkürzt.

Art. 5 Abs. 4 führt diese Schrankenmöglichkeiten konsequent auch für das Verbreitungsrecht gem. Art. 4 fort, weil ein gem. Art. 5 Abs. 2 und 3 erlaubtermaßen produziertes Vervielfältigungsstück auch frei weiterverbreitet werden darf, wenn ein Mitgliedstaat diese Option wahrnimmt, was konsequenterweise parallel entsprechend der nationalen Wahl der jeweiligen Schrankenbestimmungen für die Vervielfältigung ausgestaltet werden sollte (vgl. § 87c UrhG).

60 Art. 5 Abs. 5 wiederholt den bekannten **Drei-Stufen-Test** aus Art. 9 Abs. 2 RBÜ und beschränkt somit zusammenfassend generalklauselartig alle Schrankenmöglichkeiten der Mitgliedstaaten, ohne dass daraus freilich weitreichende praktische Konsequenzen abgeleitet werden könnten.

Diese Schrankenregelungen stellen den europäisch umstrittensten Teil dieser Richtlinie dar und müssen daher im Detail auch als rechtspolitische Kompromisslösungen und als eine Harmonisierung zum Teil auf dem kleinsten gemeinsamen Nenner qualifiziert und verstanden werden.

ff) Technische Maßnahmen

61 Aus Art. 11 WCT und Art. 18 WPPT resultiert Art. 6 (vgl. auch § 95a UrhG), der dem Konzept der urheberrechtlich spezifisch geschützten technologischen Antwort auf die Herausforderung der Digitaltechnik entspricht; in den USA verfolgt dieses Ziel der **Digital Millennium Copyright Act** (DMCA) vom Herbst 2000.[103] Urheberrechtlich geschützt werden besondere technische Maßnahmen, wie z. B. ein digitales Wasserzeichen, »digital watermark«, »digital fingerprint«, um den spezifischen Gefahren der Digitalisierung wirksam begegnen zu können; Art. 6 Abs. 3 definiert dabei diese »technischen Maßnahmen« näher, die »im normalen Betrieb« als »wirksam« angesehen werden können, um Urheberrechtsverstöße im Cyberland möglichst weitgehend, etwa durch Verschlüsselung, Verzerrung oder einen anderen »Mechanismus zur Kontrolle der Vervielfältigung im normalen Betrieb« (»copy control-Vorrichtungen«) auszuschließen und somit »die Erreichung des Schutzzieles« sicherzustellen. Insbesondere die Musik- und Multimediaindustrie verlangt nach diesen neuen technologischen Maßnahmen, um Napster und anderen Verletzern[104] wirksam Parole bieten zu können.[105] Diese Maßnahmen gelten nicht für die Software, vgl. § 69a Abs. 5 UrhG.

---

103 Title 17 of the United States Code, Copyright Law, Sec. 1201 ff. (Circumvention of copyright protection systems). Vgl. ausf., auch aus rechtsvergleichender Sicht, *Wand* S. 93; *Peukert* GRUR Int. 2002, 1012.
104 Vgl. etwa OLG München CR 2001, 333 – MIDI-Files; dazu *Spindler* CR 2001, 324.
105 Für Software vgl. als Spezialvorschrift § 69f UrhG, der durch die Computerprogramm-Richtlinie neu eingeführt worden ist, s. o. Fn. 1.

Art. 6 Abs. 1 und 2 verpflichten die Mitgliedstaaten daher, einen angemessenen Rechtsschutz gegen Akte der Umgehung wirksamer technischer Schutzmaßnahmen und, ähnlich wie der DMCA, gegen dazugehörende Vorbereitungshandlungen zu gewähren und stellt somit auch eine Konkretisierung dar, der in Art. 41 ff. TRIPS aufgestellten allgemeinen Verpflichtungen zur wirksamen Durchsetzung (»enforcement«) des Geistigen Eigentums. Zu untersagen sind deshalb auch die Herstellung, der Vertrieb und die Werbung für Produkte und Dienstleistungen, die hauptsächlich[106] der Umgehung derartiger technischer Schutzmaßnahmen dienen sollen.

62 Art. 6 Abs. 4 enthält die inhaltlich kompliziertesten Bestimmungen dieser Richtlinie, weil hierdurch die berechtigten Schutzinteressen der Rechtsinhaber im Zusammenhang mit den erwähnten technischen Maßnahmen einerseits mit den legitimen Nutzungsinteressen und Schrankenbestimmungen im Dienste der Nachfrager und der Allgemeinheit andererseits ausbalanciert werden sollen; die Technik sollte nicht jeden Zugang verunmöglichen können (»free access to information«) und die Kodierungen bzw. digitalen Wasserzeichen sollten nicht Gefahr laufen an die Stelle des Rechts treten zu wollen (»code as law« bzw. »code as code«[107]). Die Richtlinie verlangt daher, dass den berechtigten europäischen Nutzern die jeweils national optierten Schrankenbestimmungen des Art. 5 Abs. 2 lit. a, c, d, e und des Abs. 3 lit. a, b, e auch tatsächlich eröffnet werden, also insbesondere die Vervielfältigung auf Papier gegen angemessene Vergütung, die freie Vervielfältigung in Bibliotheken, Museen, etc., die ephemere Aufzeichnung von Sendeunternehmen, die Vervielfältigung von Sendungen in nicht-kommerziellen Einrichtungen, z. B., Krankenhäusern und Haftanstalten; Entsprechendes gilt auch für die Vervielfältigung und öffentliche Wiedergabe oder Zurverfügungstellung ausschließlich zur Veranschaulichung im Unterricht oder für Zwecke der wissenschaftlichen Forschung, für die Nutzung durch behinderte Personen und zu Zwecken der öffentlichen Sicherheit, parlamentarischen Verfahren und in Gerichtsgebrauch, einschließlich der Berichterstattung darüber.

Jeder vertraglichen Vereinbarung zwischen den Rechtsinhabern und den – schrankenbedingt legalen – Nutzern wird dabei insoweit inhaltlich das Primat eingeräumt; nur wenn freiwillige Maßnahmen und Vereinbarungen über eine schrankenkonforme Nutzung nicht zustande kommen, muss ex lege die entsprechende Nutzungsmöglichkeit national von den jeweiligen Mitgliedstaaten eröffnet werden. Dieses Vertragsprimat gilt gem. Art. 6 Abs. 4 S. 4 insbesondere auch für vertragliche Vereinbarungen, die das neue Recht der interaktiven Online-Zugänglichmachung aus Art. 3 betreffen; hier ist dann nur noch eine AGB-Kontrolle und eine kartellrechtliche Überprüfung der jeweiligen Vertragsklausel möglich; eine Berufung auf die Schrankenbestimmungen kann wegen des inhaltlichen Vorrangs des jeweiligen Vertrages nicht erfolgen.

Gemäß Art. 6 Abs. 4 S. 2 gilt für Vervielfältigungen auf beliebigen »Trägern«,[108] also auch in der digitalen Welt, dass die Mitgliedstaaten diese Schrankengewährleistung anordnen können, aber anders als bei Art. 6 Abs. 4 S. 1 dies nicht gesetzlich festschreiben müssen; in jedem Fall ist dann aber eine zahlenmäßige Kontrolle der Vervielfältigungen zu ermöglichen,

---

106 In § 69f Abs. 2 UrhG lautet die Formulierung noch »die allein dazu bestimmt sind«; vgl. dazu auch Sec. 1201 b DMCA: »that is primarily designed or produced for the purpose of circumventing protection«.
107 Vgl. zusammenfassend *Ginsburg, J.*, Copyright Use and Excuse on the Internet, 24 Columbia – VLA Journal of Law & the Arts, S. 1 (2000); *Gladney, H.*, Digital Intellectual Property: Controversial and International Aspects, 24 Columbia – VLA Journal of Law & the Arts, S. 47. Zum wirtschaftsrechtlichen Schutz gegen einen zu weit gehenden technischen Schutz, vgl. auch *Spindler* GRUR 2002, 117; *Mittenzwei*, passim.
108 Der englische Originaltext spricht von »any medium«; daher sollte dies als »Speichermedium« im weitesten Sinn aufgefasst werden; also gilt dies auch für Vervielfältigungen in einem Computer oder Handy (WAP- und UMTS-Technik).

sodass ein »pay per use«-Abrechnungssystem vom Anbieter zum Einsatz gebracht und die Zahl der Vervielfältigungen begrenzt werden kann.

Der nochmalige, ausdrückliche Hinweis auf den Drei-Stufen-Test gem. Art. 5 Abs. 5 sowie der Erwägungsgrund 52 sollen gerade für das Cyberland festlegen, dass die Zahlung eines gerechten Ausgleichs in jedem Fall zu erfolgen hat und, dass die private digitale Vervielfältigung, die von einem Mitgliedstaat schrankengemäß erlaubt werden kann, den Rechtsinhaber nicht wirtschaftlich schädigen darf.

gg) Informationen zur Rechtewahrnehmung

Parallel zu und in ähnlicher Weise wie bei Art. 6 verlangt Art. 7 (vgl. § 95c UrhG) den spezifischen Schutz von sog. **Digital Rights-Management-Systemen**,[109] also elektronischen Informationssystemen zur Rechtewahrnehmung, die die Kontrolle und Abrechnung von z. B. vertraglich näher geregelten Nutzungsbeziehungen betreffen. Diese elektronischen Informationssysteme dürfen nicht manipuliert (genauer »digipuliert«) werden. Diese Regelungen wurden durch Art. 12 WCT und Art. 19 WPPT bereits vorgezeichnet. Auch hier werden ähnlich wie bei Art. 6 gewisse Vorbereitungshandlungen für Verletzungshandlungen, wie z. B. Einfuhr zur Verbreitung, Sendung, öffentliche Wiedergabe oder öffentliche Zugänglichmachung von Hilfsmitteln sanktioniert, mit welchen elektronische Informationen für die Wahrnehmung von Rechten unbefugt entfernt oder geändert werden können.[110] Verletzer ist insoweit, wem bekannt oder den Umständen nach im Sinne grober Fahrlässigkeit bekannt sein muss, dass Urheberrechtsverletzungen veranlasst, ermöglicht, erleichtert oder verschleiert werden sollen.

63

d) Sanktionen, Rechtsbehelfe, Schlussbestimmungen

Im Einklang mit Art. 41 ff. der TRIPS, Art. 14 WCT und Art. 23 WPPT bestimmt Art. 8, dass angemessene nationale Sanktionen und Rechtsbehelfe gegen die Verletzung aller Richtlinien-Bestimmungen vorzusehen sind. Diese Sanktionen müssen »wirksam, verhältnismäßig und abschreckend« sein, Klagen auf Schadensersatz, gerichtliche Unterlassungsverfügungen[111] und Beschlagnahmen von rechtswidrigem Material sowie von Umgehungs- bzw. Verletzungsvorrichtungen i. S. d. Art. 6 Abs. 2 ermöglichen.

64

Gemäß Art. 8 Abs. 3 müssen »injunctive relief«, also Unterlassungsansprüche im Eilverfahren auch gegen »Vermittler« beantragt werden können, deren Dienste von Dritten zur Verletzung eines Urheberrechts oder verwandter Schutzrechte benutzt werden; dies betrifft insbesondere die Serviceprovider, die ihre Hosting-Dienste im Internet anbieten.[112]

Art. 9 stellt klar, dass alle anderen Schutzinstrumente des Geistigen und Gewerblichen Eigentums, vom Patentrecht bis zum UWG, einschließlich des Schutzes von Betriebsgeheimnissen, der Privatsphäre, des Datenschutzes sowie des Vertragsrechts, durch diese Richtlinie nicht beeinträchtigt werden dürfen. Gemäß Art. 10 gilt sie für alle am 22.12.2002 existierenden, national durch das jeweilige Urheberrecht oder die verwandten Schutzrechte geschützten Werke, wobei erst zeitlich nach diesem Stichtag begangene Verletzungshandlungen gem. dieser Richtlinie verfolgt werden können (keine Rückwirkung).

---

109 Vgl. *Wand* S. 7; *Mittenzwei*, passim; s. Kap. 18 Rdn. 240.
110 Einzelheiten vgl. bei *Lehmann/Reinbothe*, Electronic Business, S. 398; *Spindler* GRUR 2002, 119.
111 Der Originaltext lautet: »apply for an injunction« und sollte daher nicht nur mit »gerichtlicher Anordnung« übersetzt werden; gemeint sind Unterlassungsverfügungen des vorläufigen Rechtsschutzes; s. auch *Lehmann/Reinbothe*, Electronic Business, S. 399.
112 Damit wird eine gefährliche Schutzlücke geschlossen, die durch die Haftungsregelungen der Electronic-Commerce-Richtlinie aufgerissen worden ist, vgl. dazu *Lehmann*, Electronic Business, S. 96 (104 f.). Dies gilt allerdings nur für das Urheberrecht.

Diese Richtlinie ist durch das Gesetz vom 10.09.2003 (BGBl. I, 1774) – »Erster Korb« der Urheberrechtsnovelle – in das deutsche Urheberrecht transformiert worden.[113] Zum »Zweiten Korb« vgl. Kap. 18 Rdn. 204 ff. und BT-Drs. 16/1828 v. 15.06.2006; ein »Dritter Korb« steht gegenwärtig zur rechtspolitischen Diskussion (vgl. *Leutheusser-Schnarrenberger*, Berliner Rede vom 14.06.2010).

4. Die Richtlinie 2004/48/EG zur Durchsetzung der Rechte des geistigen Eigentums (Enforcement-Richtlinie).

65 Diese Richtlinie[114] dient der Verbesserung der Verfolgung und Sanktionierung von Verstößen gegen die Schutzsysteme des Gewerblichen und Geistigen Eigentums, kurz der effektiveren Bekämpfung der Produktpiraterie insbesondere im Hinblick auf die Rechte zur Beweisbeschaffung, Beweissicherung, Auskunft- und Schadensersatzansprüche.[115] Diese grundsätzliche Entwicklung des Europäischen Rechts zur Verbesserung der Verfolgung von Rechtsverstößen auf dem Gebiet des gewerblichen und geistigen Eigentums, geht in weiten Zügen auf Anstöße aus den USA zurück, enthält aber zugleich auch deutliche Absagen an angloamerikanische Entwicklungen, die aus europäischer Sicht als zu weitgehend empfunden werden, wie z. B. »pretrial discovery« und »punitive damages«. Zwar schreibt Art. 8 (vgl. dazu z. B. §§ 101 ff. UrhG) ein erweitertes Recht auf Auskunft, insbesondere auch einen Anspruch auf Drittauskunft, fest; damit wurde aber auch zugleich einem allgemeinen Recht auf »pretrial discovery«, so wie dies umfänglich in den USA praktiziert wird, eine Absage erteilt. Entsprechendes gilt für den Anspruch auf Schadensersatz, der gemäß Art. 13 der Höhe nach zwar so bemessen sein muss, dass er »zum Ausgleich« des von dem Verletzten »erlittenen tatsächlichen Schadens angemessen« ist, was gemäß Art. 13 auch die Gewinnherausgabe[116] und den Ersatz immaterieller Schäden mit beinhalten kann. Gemäß § 97 Abs. 2 S. 2 UrhG z. B. kann demgemäß bei der Bemessung des Schadenersatzes auch der »Gewinn, den der Verletzer durch die Verletzung des Rechts erzielt hat, berücksichtigt werden«. Dies ist aber von den zum Teil exorbitanten Strafschadensersatzansprüchen i. S. v. »punitive damages« des anglo-amerikanischen Rechts[117] weit entfernt.

Für den IT-Bereich enthält diese Verschärfung der Durchsetzbarkeit der Sanktionen gegen Verletzungen des gewerblichen und geistigen Eigentums zur besseren Bekämpfung der Produktpiraterie keine besonderen Spezifika,[118] denn sie stellt eine horizontal wirkende Reform[119] dar, die gleichermaßen Relevanz für das Patentrecht, das Markenrecht, das Urheberrecht sowie für alle anderen Property-Rights-Systeme beanspruchen kann.[120]

---

113 Vgl. dazu *Reinbothe* ZUM 2002, 43; *Spindler* GRUR 2002, 105; *Dreier* ZUM 2002, 28; *Lehmann* CR 2003, 553. Zu den Materialien vgl. Gesetzesentwurf der Bundesregierung zur Regelung des Urheberrechts in der Informationsgesellschaft, BR-Drs. 684/02 v. 16.08.2002.
114 V. 29.04.2004, ABl. EU Nr. L195/S. 16 = GRUR Int. 2004, 615; Berichtigung ABl. EU Nr. L195/S. 16 v. 02.06.2004; umgesetzt durch das Gesetz zur Verbesserung der Durchsetzung von Rechten des geistigen Eigentums v. 07.07.2008, BGBl. 2008 I S. 1191 v. 11.07.2008 (in Kraft ab 01.09.2008); vgl. zur rechtspolitischen Diskussion *Hilty/Jaeger/Kitz* (Hrsg.), Geistiges Eigentum. Herausforderung, Durchsetzung, 2008. Allgemein zu den Sanktionen gegen Urheberrechtsverletzungen vgl. ausf. *Loewenheim/Vinck*, S. 2025 ff.; *FAGewRS/Haberstumpf* Kap. 7 Rn. 297.
115 Vgl. dazu *Rohlfing, S.*, Die Umsetzung der Enforcement-Richtlinie ins deutsche Recht, 2009; *Schricker/Wild* Vor § 97 Rn. 6 ff.
116 Vgl. dazu grundlegend BGH GRUR 2001, 239 – Gemeinkostenanteil; BGH NJW 2007, 1524 – Steckverbindergehäuse; zusammenfassend *Tilmann* GRUR 2003, 647; s. auch *Lehmann* GRUR Int. 2004, 762.
117 Vgl. dazu *Brockmeier*, Punitive damages, multiple damages und deutscher ordre public, 1999, passim; *Müller P.*, Punitive damages und deutsches Schadensersatzrecht, 2000, S. 7 ff.
118 Vgl. ebenso *Koch* ITRB 2006, 40.
119 *Kitz* NJW 2008, 2374.
120 Vgl. allerdings *Zombik* ZUM 2006, 450.

In diesem Zusammenhang sollten aber auch die Neuentwicklungen zur Störerhaftung im Internet mitberücksichtigt werden.[121] Entsprechendes gilt für die inzwischen gefestigte Rechtsprechung des BGH zur Nichtanwendung von Haftungsfreistellungsregeln des § 11 TDG auf Unterlassungsansprüche gegen Internet-Provider.[122]

II. Das deutsche Urheberrecht: Computerprogramme

Sedes materiae für die Software im deutschen Urheberrecht sind die §§ 2, 69a – 69g, 137d,[123] die neben der Bestimmung der allgemeinen Schutzvoraussetzungen und des Schutzgegenstands, insbesondere der Umsetzung der Computerprogramm-Richtlinie[124] dienen. Alle Computerprogramme, die auf einer persönlichen geistigen Schöpfung i. S. d. § 2 Abs. 2 UrhG beruhen, genießen, auch wenn ihre Schöpfungshöhe nur relativ gering ist (sog. »**kleine Münze**«),[125] urheberrechtlichen Schutz. Die Programmierer müssen daher selbstständig und ohne zu plagiieren gearbeitet haben, sodass die Sammlung, Einteilung und Anordnung des Materials zu einem Gewebe aus regelmäßig freien sowie standardisierten Teilen und individuellen Passagen des Programms geworden ist.[126] Wegen § 69b UrhG werden vielfach die vermögensrechtlichen Befugnisse, also alle Verwertungsrechte gem. §§ 15 ff., 69c UrhG bei einem Software-Haus liegen.

66

D. Das Urhebervertragsrecht der Softwareüberlassung

Die grundlegende Problematik der Softwareüberlassung liegt im Vertragsrecht,[127] genauer in der Kombination von unterschiedlichen Rechtsgebieten, ausgehend von einem bestimmten Fundament eines Property Rights, regelmäßig also dem Urheberrecht. Aus diesem Schutzsystem resultiert die Notwendigkeit der Anerkennung aller Grundprinzipien des Urhebervertragsrechts, sodass sich die folgendermaßen strukturierte Schichtung von Prüfungsebenen ergibt:
- Urheberrecht (Schutzsystem für die Software)
- Urhebervertragsrecht
- BGB und AGB-Recht
- Kartellrecht (deutsches und europäisches)
- Internationale Rechtsvorschriften, z. B. Convention on International Sales of Goods (CISG), TRIPS, WCT

67

Dabei muss auf einem Primat[128] des Urheber- und Urhebervertragsrechts bestanden werden, wenn urheberrechtlicher Schutz für eine bestimmte Software beansprucht wird; dies gilt auch für jede General Public License oder **Open Source Software**,[129] solange dafür gewisse Spielregeln am Markt eingehalten werden sollen. Dies bedeutet, dass die jeweiligen

---

121 Zusammenfassend *Köhler* GRUR 2008, 1.
122 BGH MMR 2004, 668 – Rolex; MMR 2008, 531 – Internet-Versteigerung III; GRUR 2010, 616 – marions-kochbuch.de.
123 Vgl. dazu die umfangreichen Kommentierungen bei *Wandtke/Bullinger/Grützmacher* Vor §§ 69a ff. Rn. 2; *Schricker/Spindler*, UrhR, Vor §§ 69a ff.; *Dreier/Schulze*, UrhR, § 69a Rn. 1; *Haberstumpf*, Hdb UrhR, S. 68; *Loewenheim/Lehmann*, S. 98 ff.
124 S. oben Rdn. 17.
125 *Erdmann/Bornkamm* GRUR 1991, 877; *Broy/Lehmann* GRUR 1992, 419; FA-GewRS/*Haberstumpf* Kap. 7 Rn. 69 ff.
126 *Loewenheim/Lehmann*, UrhR, S. 1862.
127 Vgl. insbesondere *Schneider*, Hdb EDV-Recht, S. 731, 1141; *Marly*, Softwareüberlassungsverträge, S. 15; *Koch*, Computer-Vertragsrecht, S. 49; *Loewenheim/Lehmann*, UrhR, S. 1634.
128 *Lehmann* in: FS Schricker S. 545.
129 LG München CR 2004, 774 (Wirksamkeit einer GPL-Lizenz); vgl. allg. *Schricker/Loewenheim*, UrhR,

Vertragskonstruktionen auf dem jeweils gewählten Property-Rights-Fundament (also z. B. auch dem Patent- oder Markenrecht) aufbauen müssen, sodass hier[130] insbesondere die urhebervertragsrechtlichen Grundprinzipien der Softwareüberlassung[131] zur Darstellung kommen müssen.

I. Typologien der Softwareüberlassung

68 Nähert man sich aus bürgerlich-rechtlicher Sicht[132] der **Typologisierung von Softwareüberlassungsverträgen**, lassen sich entsprechend der durch das BGB vorgezeichneten systematischen Einteilung die verschiedenen Vertragsarten Kaufvertrag, Miet-[133] bzw. Pachtvertrag, Werkvertrag und Dienstvertrag unterscheiden. Der Kaufvertrag gem. §§ 433 ff., 453 BGB kann als Vertragsmodell herangezogen werden, wenn es um die definitive Überlassung von Computerprogrammen, typischerweise von Standardsoftware, geht; das Miet- und Pachtnutzungsrecht gem. §§ 535, 581 ff. BGB vermag die lizenzweise Einräumung[134] von Nutzungsrechten auf Zeit näher zu erläutern; der Werkvertrag gem. §§ 631 ff. BGB dient regelmäßig zur rechtlichen Rahmensetzung und Kontrolle von Entwicklungs- und Auftragsfertigungsarbeiten bezüglich von Software, die ergebnisorientiert sind; der Dienstvertrag gem. §§ 611 ff. BGB ist vor allem für die inhaltliche Qualifikation von reinen Wartungsverträgen verwertbar. Handelt es sich, was heute regelmäßig unterstellt werden darf, um urheberrechtlich geschützte Software, so sind diese bürgerlich-rechtlichen Vertragstypen und ihre AGB-rechtliche Kontrolle mit zahlreichen vertragsrechtlich relevanten urheberrechtlichen Grundprinzipien inhaltlich in Abstimmung zu bringen; dazu gehören insbesondere das Urheberpersönlichkeitsrecht, der Erschöpfungsgrundsatz, die Auslegung des Vervielfältigungs- bzw. Bearbeitungsbegriffs und die Zweckübertragungstheorie. Beim Online-Vertrieb von Software ist § 19a UrhG zu beachten. Darüber hinaus gewähren die §§ 69d und e UrhG den legitimen Nutzern gewisse zwingende Mindestrechte für die freie Benutzung von Software. Ausgangspunkt dieses Abstimmungsprozesses muss dabei das Urheberrecht sein, denn der geschützte Gegenstand, die urheberrechtlich geschützte Software, und die damit zusammenhängenden urhebervertragsrechtlichen Grundsätze bestimmen die Gestaltungsmöglichkeiten der Verkehrsgeschäfte, welche die Überlassung von Software betreffen (Einzelheiten dazu vgl. in Kap. 4 Rdn. 1 ff.).

II. Die Einräumung von Nutzungsrechten

69 Die Rechtsprechung[135] hat klargestellt, dass die Überlassung von urheberrechtlich geschützter Software nur im Zusammenhang mit der Einräumung von **Nutzungsrechten** gem. §§ 31 ff. UrhG erfolgen kann. Zwei Rechtsgeschäfte können dabei unterschieden (Trennungsprinzip), nicht aber voneinander abstrakt behandelt werden (keine Geltung

---

S. 1346; *Schricker/Spindler*, S. 1307 ff.; *Schiffner*, Open Source Software, passim; *Metzger/Jaeger* GRUR Int. 1999, 839. Zur sog. LINUX-Klausel s. § 32 Abs. 3 UrhG; s. auch *Stickelbrock* ZGS 2003, 368.
130 Zu den bürgerlich- und AGB-rechtlichen Aspekten vgl. insbes. *Schneider*, Hdb EDV-Recht sowie Kap. 4 Rdn. 262.
131 Vgl. ausf. *Lehmann* in: FS Schricker, S. 543.
132 Vgl. ausf. Kap. 4 Rdn. 44; *Lehmann/Köhler/Fritzsche*, Rechtsschutz und Verwertung, S. 521; s. auch *Lehmann* NJW 1993, 1823; *Lenhard, F.* S. 116; *Kosmides*, Providing-Verträge, 2009, passim; *Schricker/Spindler*, Vor §§ 69a ff., Rn. 59 ff.
133 Zum mietvertraglichen Charakter eines Application-Service-Provider-Vertrages s. BGH CR 2007, 75; allg. zum IT-Outsourcing, vgl. *Söbbing* (Hrsg.), Hdb IT-Outsourcing, passim.
134 Vgl. statt vieler *Hilty* MMR 2003, 3; *Schricker/Spindler*, Vor §§ 69a ff. Rn. 58 ff.; s. dort auch zum Application Service Providing, GRID-Computing, Cloud Computing.
135 Beginnend mit BGH CR 1994, 275 – Holzhandelsprogramm; s. auch BGH GRUR 2006, 435 (437); aus der Literatur vgl. zusammenfassend *Hilty* MMR 2003, 3; FA-GewRS/*Haberstumpf* Kap. 7 Rn. 247 ff.

des sachenrechtlichen Abstraktionsprinzips): Erstens der Abschluss eines schuldrechtlichen Grundgeschäftes, also z. B. Kauf, Miete, Leasing, Pacht, Sicherungsabrede, Lizenzvertrag sowie jedes sonstigen Innominatsvertrags gem. § 311 BGB und, zweitens, die urheberrechtliche Einräumung von Nutzungsrechten gem. §§ 31 ff., 69c UrhG. Diese Einräumung (Lizenz) gewährt dem Nutzer nach richtiger Ansicht ein dingliches Recht (»erga omnes«), sodass er Sukzessionsschutz (vgl. § 33 UrhG) genießt und die legalen Sublizenznehmer zur Nutzung auch dann berechtigt bleiben, wenn zum Beispiel die Hauptlizenz erlischt.[136]

Näher erläutert werden kann dies z. B. in Zusammenhang mit dem Kauf eines Werkstücks, z. B. einer Anwenderstandardsoftware, wie etwa »Dragon Dictate« oder »Windows 7«. Verkauft wird typischerweise eine Diskette oder eine CD-ROM mit einem darauf gespeicherten, urheberrechtlich geschützten Geistesgut, dem Computerprogramm. Das erste Geschäft, das zumeist auch, aber nicht notwendigerweise wie beim Online-Vertrieb, die Transaktion eines körperlichen Gegenstandes betrifft, das Grundgeschäft, wird durch die §§ 433, 929 BGB schuld- und sachenrechtlich geregelt. Zugleich wird aber uno acto ein unkörperlicher Gegenstand berührt, denn gem. § 453 BGB, §§ 31 Abs. 2, 69d UrhG wird ein einfaches Nutzungsrecht dem »Käufer« eingeräumt, der nunmehr neuer Inhaber eines urheberrechtlichen Nutzungsrechtes wird. Dem Vertragspartner wird somit in Erfüllung der schuldrechtlich aus dem Grundgeschäft resultierenden Verpflichtungen neu das Recht eingeräumt, das Computerprogramm »neben dem Urheber oder anderen Berechtigten auf die ihm erlaubte Art zu nutzen«, wie dies in § 31 Abs. 2 UrhG ausdrücklich gesetzlich formuliert worden ist. Die weiteren Einzelheiten regeln sodann für Computerprogramme die Spezialvorschriften (vgl. § 69a Abs. 4 UrhG) der §§ 69d ff. UrhG.

Das Gleiche gilt, mutatis mutandis, wenn ein anderes Werkstück eines urheberrechtlich gem. § 2 Abs. 1 Nr. 1 UrhG, Art. 2 RBÜ geschützten Sprachwerkes, z. B. ein Werkstück des Romans »Nachtzug nach Lissabon« veräußert worden ist.

Der Käufer erhält das Eigentum an diesem Buch als Sache und zugleich darf er – urheberrechtlich betrachtet – dieses Werkstück benutzen, also typischerweise lesen. Er darf aber dieses Werk nicht zu gewerblichen Zwecken vervielfältigen (vgl. § 53 Abs. 1 UrhG e contrario) oder eine Bearbeitung veröffentlichen (vgl. § 23 UrhG direkt). Anders formuliert, urheberrechtlich geschützte Werke dürfen gerade nicht wie eine beliebige sonstige Sache, z. B. wie ein Schreibblock oder ein Stapel von gebundenen und bedruckten Blättern benutzt werden; das geistige Eigentum wird vielmehr anders, nämlich weiter gehender, geschützt als sonstiges Eigentum an körperlichen Gegenständen. Dies beruht auf der Tatsache der ubiquitären Nutzungsmöglichkeit **geistigen Eigentums** und der daraus resultierenden besonderen Verletzlichkeit aller durch Immaterialgüterrechte speziell geschützten Gegenstände des geistigen und gewerblichen Eigentums. Diese »Natur« des geistigen und gewerblichen Eigentums verlangt daher auch noch eine inhaltlich deutlich anders definierte und rechtlich inhaltlich wesentlich detaillierter ausgestaltete Property-Rights-Struktur[137] als normales Sacheigentum.

Gerade für die Software zeigt sich dies, wenn man die Nutzungsrechte des Inhabers i. S. d. § 31 Abs. 1 und 2 i. V. m. §§ 69c ff. UrhG näher betrachtet: Der Inhaber darf die Software nur bestimmungsgemäß benutzen, grundsätzlich also nicht vervielfältigen, bearbeiten oder verbreiten bzw. vermieten. Der Inhaber eines Nutzungsrechts an einem Computerprogramm hat also dem Umfang nach prinzipiell sogar noch weniger Rechte als der berechtigte Nutzer eines sonstigen urheberrechtlich geschützten Sprachwerkes, z. B. eines Buches; denn Letzterer darf dieses Buch z. B. § 53 UrhG zum privaten und sonstigen eigenen Ge-

---

136 BGH CR 2009, 767; *Dieselhorst* CR 2010, 69.
137 Vgl. *Lehmann* GRUR Int. 1983, 356.

brauch vervielfältigen oder für sich gem. § 23 Abs. 1 Satz 1 UrhG bearbeiten oder anders umgestalten, wenn er diese Bearbeitung weder veröffentlicht noch sonst irgendwie verwertet. Spiegelbildlich zu den jeweiligen Verbotsrechten des Urhebers, seinen Exklusivrechten, wird somit das jeweilige urheberrechtliche **Nutzungsrecht** jedes befugten Dritten bestimmt. Gerade für die Nutzer von Software sind daher vom Gesetzgeber gewisse zwingende Mindestnutzungsrechte neu geschaffen worden, weil gem. § 69c Nr. 1–3 UrhG für den Urheber von Software besonders weitreichende Exklusivrechte zum Schutz der Computerprogramme gegen Software-Piraterie geschaffen wurden und auch geschaffen werden mussten.

III. Die Mindestrechte der Nutzungsberechtigten

1. Europäisches Recht

71 Die §§ 69d und 69e UrhG stellen Ausnahmen zu den zustimmungsbedürftigen Handlungen i. S. d. § 69c UrhG dar; sie sind urheberrechtlich-dogmatisch als Schranken der Exklusivrechte jedes Urhebers von Software zu qualifizieren und gleichen daher den §§ 45 ff. UrhG. Rechtshistorisch betrachtet resultieren sie aus Art. 5 und 6 der EG-Richtlinie (91/250/EWG) über den Schutz von Computerprogrammen.[138]

2. Deutsches Urheberrecht

72 Speziell zur Auslegung des § 69d Abs. 1 UrhG wird in den Materialien ausgeführt:[139] »Nach § 69g Abs. 2 sind vertragliche Bestimmungen, die in Widerspruch zu § 69d Abs. 2 und 3 und § 69e stehen, nichtig. In dieser Bestimmung – Entsprechendes gilt für Art. 9 Abs. 1 Satz 2 der Richtlinie, der durch § 69g Abs. 2 umgesetzt wird – ist § 69d Abs. 1 nicht erwähnt. Bei der Auslegung von § 69d Abs. 1 ist der 17. Erwägungsgrund der Richtlinie mit heranzuziehen. Daraus folgt, dass die in § 69d Abs. 1 erwähnten Handlungen im Rahmen der bestimmungsgemäßen Verwendung des Programms nicht grundsätzlich untersagt werden können, aber die nähere Ausgestaltung der Umstände der Ausübung der Handlungen vertraglich geregelt werden kann. § 69d Abs. 1 hat daher einen gewissen zwingenden Kern, dessen Ausmaß und Bedeutung festzulegen der Rechtsprechung überlassen werden kann.«

Die deutsche Rechtsprechung zum Urheberrecht muss daher unter Berücksichtigung des europäischen Rechts in europäisch-autonomer Auslegung den Regelungsgehalt der §§ 69c und d UrhG näher bestimmen; problematisch erweist sich dabei vor allem die Auslegung von § 69d Abs. 1 UrhG, der im Gegensatz zu § 69d Abs. 2 und 3 sowie § 69e UrhG kein zwingendes Recht darstellt und dem keine Rückwirkung zugesprochen worden ist, wie § 69g Abs. 2 UrhG i. V. m. § 137d Abs. 2 UrhG zeigen. Aber auch dem § 69d Abs. 1 UrhG ist ausweislich seiner Gesetzesmaterialien ein **zwingender Kern**[140] zuzusprechen, dessen Konturen allerdings noch schärfer herauszuarbeiten sind.[141]

3. Die Mindestrechte der Nutzer

73 Die §§ 69d ff. UrhG sind als Inhaltsnormen und nicht nur als gesetzliche Auslegungsregeln zu qualifizieren. Sie regeln dabei weder die Einräumung von Nutzungsrechten in Zusam-

---

138 Vgl. RegE BT-Drs. 12/4022, S. 12.
139 S. RegE BT-Drs. 12/4022, S. 12.
140 Vgl. *Schulte* CR 1992, 652; *Lehmann* CR 1992, 326; *ders.* NJW 1993, 1824; *Schricker/Loewenheim* § 69d Rn. 13.
141 Vgl. Gesetzesentwurf der Bundesregierung, Entwurf eines Zweiten Gesetzes zur Änderung des Urheberrechtsgesetzes, BT-Drs. 12/4022 v. 18.12.1992, S. 12: »§ 69d Abs. 1 hat daher einen gewissen zwingenden Kern, dessen Ausmaß und Bedeutung festzulegen der Rechtsprechung überlassen werden kann«.

menhang mit einer wirtschaftlichen Transaktion, denn dies geschieht durch die §§ 31 ff. UrhG, noch sind sie primäre Vorschriften des Urhebervertragsrechts. Jedoch bestimmen sie, welche **Mindestrechte** jeder befugte Nutzer von Computerprogrammen grundsätzlich, mit der erwähnten Einschränkung in § 69d Abs. 1 UrhG aufgrund zwingender gesetzlicher Vorschriften ex lege hat. Jeder Softwareüberlassungsvertrag muss daher diese Mindestrechte respektieren und dem Nutzer eröffnen. Widrigenfalls kann sich jeder Nutzer hinsichtlich dieser Rechte direkt auf das Gesetz berufen; diesem entgegenstehende vertragliche Vereinbarungen sind nichtig. Diese gesetzlichen Schrankenbestimmungen der urheberrechtlichen Ausschließlichkeitsrechte des Rechtsinhabers i. S. d. §§ 2 Abs. 1 Nr. 1 und 69c UrhG können als verbraucherschutzrechtlich orientierte gesetzliche Grenzen des Property-Right-Schutzes von Computerprogrammen eingeordnet werden.

Im Einzelnen handelt es sich dabei gem. § 69d Abs. 2 und 3, § 69e i. V. m. § 69g Abs. 2 UrhG um die folgenden Rechte der Nutzer:

Erlaubt ist die Herstellung einer einzigen **Sicherungskopie** (backup copy) gem. § 69d Abs. 2 UrhG; dies sollte nicht mit der regelmäßigen Datensicherung verwechselt werden, welche grundsätzlich gem. § 69d Abs. 1 UrhG unter den Begriff der »bestimmungsgemäßen Benutzung« fällt, denn die Sicherungskopie dient neben der Arbeitskopie der Absicherung der »künftigen Benutzung« eines Computerprogramms als solches. Die Sicherungskopie enthält daher typischerweise keine Daten des Benutzers, sondern ist eine »Zweitschrift« des vom Urheber oder dem Berechtigten an den Nutzer überlassenen Werkstückes. Überlässt der Rechtsinhaber seinem Vertragspartner von Anfang an zwei Werkstücke als Arbeits- und Sicherungskopie, wird § 69d Abs. 2 UrhG praktisch inhaltsleer.

Gemäß § 69d Abs. 3 UrhG erlaubt sind weiterhin der **Testlauf** und die Beobachtung von Programmen, was vor allem dazu dienen kann, die urheberrechtlich nicht geschützten Ideen und Grundsätze einer Software zu analysieren.

Die Gewährung der Möglichkeit zur **Dekompilierung** ist weiterhin gem. § 69e UrhG i. V. m. Art. 6 der Richtlinie (91/250/EWG) unter relativ eingeschränkten Voraussetzungen zwingend vorgeschrieben. Diese Schrankenbestimmung sollte teleologisch ausgelegt werden, denn sie dient der Herstellung von Interoperabilität, also der Möglichkeit des effizienten Zusammenwirkens von unterschiedlichen Software- und Hardwaresystemen.

4. Der »zwingende Kern« der Nutzerbefugnisse

§ 69d Abs. 1 UrhG bestimmt ausweislich seiner Überschrift als Ausnahme von den zustimmungsbedürftigen Handlungen i. S. d. § 69c UrhG, dass jeder berechtigte Benutzer einer Software alle **Vervielfältigungs- und Bearbeitungshandlungen** vornehmen darf, die »für eine bestimmungsgemäße Benutzung des Computerprogramms einschließlich der Fehlerberichtigung ... notwendig sind«. Die weit gespannten Exklusivrechte des Rechtsinhabers gem. § 69c UrhG, die ausschließlichen Befugnisse zur Vervielfältigung, Bearbeitung und Verbreitung eines Programms, werden somit zum Schutze der Nutzer wieder eingeschränkt. Das Gesetz garantiert somit jedem befugten Nutzer, dass er mit der ihm überlassenen Software auch arbeiten, diese für sich in wirtschaftlicher Art und Weise sinnvoll benutzen kann. Zwar steht § 69d Abs. 1 unter einem allgemeinen Vertragsvorbehalt, »soweit keine besonderen vertraglichen Bestimmungen vorliegen«, und stellt gem. § 69g Abs. 2 UrhG kein zwingendes Recht dar; jedoch steckt in ihm ein gewisser zwingender Kern.[142]

74

Während die allgemeine **Zweckübertragungstheorie** bei Nutzungsverträgen den Grundsatz in dubio pro autore verfolgt, sodass alle im Überlassungsvertrag ausdrücklich nicht ein-

75

---

142 S. o. Fn. 141.

geräumten Nutzungsrechte dem Urheber vorbehalten bleiben, muss für § 69d Abs. 1 sowohl materiell-rechtlich als auch beweistechnisch von einer partiellen, in keinerlei Hinsicht für das sonstige Urheberrecht verallgemeinerungsfähigen Umkehrung bzw. Durchbrechung dieser Regel ausgegangen werden. Schweigt der Softwareüberlassungsvertrag, wie typischerweise bei kaufvertraglichen Transaktionen hinsichtlich von Standardprogrammen, hat der berechtigte Nutzer alle Rechte zur Vervielfältigung, Anpassung, Fehlerberichtigung oder auch Umarbeitung und Änderung der Software, wenn diese Handlungen zur »bestimmungsgemäßen Benutzung« notwendig sind. Zur Bestimmung dieser »bestimmungsgemäßen Benutzung« i. S. d. § 69d UrhG ist die allgemeine Zweckübertragungstheorie wieder vollinhaltlich zur Anwendung zu bringen. Die **Beweislast** dafür, dass diese gesetzlichen Mindestrechte der Nutzer ex § 69d Abs. 1 UrhG wirksam durch vertragliche Abreden wieder eingeschränkt worden sind, trägt darüber hinaus der Lizenzgeber,[143] nicht der Lizenznehmer. Insgesamt ergibt sich somit aufgrund der systematischen Ausstrahlungswirkung der §§ 69d Abs. 2 und 3 und § 69e UrhG auf § 69d Abs. 1 UrhG das Bild: in dubio pro utilitatore, im Zweifel soll der berechtigte Nutzer von Computerprogrammen möglichst ungehindert durch den Rechtsinhaber alle ihm den erwünschten **Werkgenuss** an einer Software vermittelnden Handlungen vornehmen können. Diese grundsätzliche, durch das Gesetz garantierte Freiheit, sollte nur durch zwingend notwendig werdende Vorbehalte zugunsten des Urhebers eingeschränkt werden, auf welche zur Absicherung des wirtschaftlichen Partizipationsinteresses der Urheber bei der Softwareverwertung oder Benutzung durch Dritte nicht verzichtet werden kann (vgl. insoweit auch den »Zweiten Korb«).

Ausgehend von diesem die wirtschaftliche Handlungsfreiheit jedes legalen Softwarenutzers betonenden urheberrechtlichen Vorverständnisses, kann der **zwingende Kern** der Mindestrechte ex § 69d Abs. 1 UrhG, welcher den Grundsatz der Vertragsfreiheit wieder einschränkt, folgendermaßen näher skizziert werden:

76 Stets zulässig ist die **Fehlerberichtigung**, also die Beseitigung von Bugs, Viren, Funktionsstörungen, Programmabstürzen, etc. Dazu sollte auch trotz § 69e UrhG eine punktuelle Dekompilierung dem Nutzer erlaubt werden; dies gilt jedenfalls dann, wenn der Programmhersteller oder Lieferant keine eigene Fehlerberichtigung kostenfrei und in einem adäquaten Zeitraum anbietet.

77 Hinsichtlich der **Vervielfältigung** und **Bearbeitung** bzw. Umarbeitung i. S. d. § 69c Nr. 1 und 2 UrhG sind dem Nutzer alle diejenigen Vervielfältigungs- und Bearbeitungshandlungen ex lege erlaubt, die für die bestimmungsgemäße Benutzung, d. h., für den normalen Werkgenuss, der überlassenen Software notwendig sind und das wirtschaftliche Partizipationsinteresse des Urhebers nicht tangieren. Zunächst hat es nämlich der Anbieter in der Hand, durch wirksame vertragliche Vereinbarungen den bestimmungsgemäßen Gebrauch eines Werkstückes näher zu definieren, also z. B. durch Formulierungen: »Standardprogramm für eine CPU, Software für den floating-Betrieb, Programmüberlassung für den Netzwerkbetrieb mit nicht mehr als 100 work stations«. Gegebenenfalls kann sich diese Bestimmung aber auch aus der technischen Natur einer Software in Verbindung mit vertraglichen Abreden ergeben, wenn man bedenkt, dass z. B. eine netzwerkfähige Software eine andere Programmierung aufweist als ein Programm, das nur auf einer work station, also z. B. nur einem PC, lauffähig ist. Es ist daher im Rahmen einer uneingeschränkten Anwendung der allgemeinen Zweckübertragungstheorie zunächst einmal festzustellen, wozu, mit welcher wirtschaftlichen oder technischen Bestimmung, ein Werkstück einer Software dem Nutzer überlassen worden ist. Nicht anzuerkennen sind dabei willkürliche, zum Schutz des

---

143 Klarstellend zu diesem Begriff, vgl. *Lehmann* NJW 1993, 1823: Der Begriff Lizenz hat sich in der Praxis, ausgehend vom Patentrecht, durchgesetzt und beschreibt die nicht endgültige Überlassung einer Software an einen Nutzungsberechtigten; vgl. etwa *Pagenberg/Geissler* S. 508: »Software-Lizenzverträge«; *Stumpf/Groß* S. 583 (678); s. a. Kap. 4 Rdn. 400.

Anbieters nicht erforderliche **Nutzungsbeschränkungen**; Folge zu leisten ist demgegenüber allen dem wirtschaftlichen Partizipationsinteresse des Urhebers dienenden, sachdienlichen Nutzungsbeschränkungen und Bestimmungen der konkreten Benutzung einer Software. Denn der Urheber soll an jeder Verwertung seines Geistesgutes teilhaben und muss daher auch über die Zulässigkeit verschiedener Verwertungsarten unterschiedliche Bestimmungen treffen können.

Urheberrechtlich zulässig sind daher der Absicherung des Partizipationsinteresses dienende **Beschränkungen in Lizenzverträgen**, also z. B. sog. run-time licences, field-of-use-Beschränkungen, CPU-Klauseln, floating-Lizenzen, Netzwerk-Beschränkungen, usw., kurz, alle Beschränkungen, die nach der Verkehrsauffassung hinreichend klare und abgrenzbare unterschiedliche Verwertungsmöglichkeiten umschreiben. Dies ist genauso zulässig, wie z. B. bei einem Verlagsvertrag hinsichtlich eines Sprachwerkes die Hardcover-Lizenz von der Taschenbuch- und Buchgemeinschafts-Lizenz differenziert werden kann. Diese Festlegung der »bestimmungsgemäßen Benutzung« im Lizenzvertrag muss sich jedoch prinzipiell am Partizipationsinteresse des Rechtsinhabers orientieren; sie darf deshalb nicht willkürlich oder primär zu Zwecken der Wettbewerbsbeschränkung getroffen werden, sondern muss dem Zweck dienlich sein können, dem Rechtsinhaber auf unterscheidbaren Teilmärkten (z. B. privater, wissenschaftlicher, gewerblicher Gebrauch von Software, Software in einer work station, Software in einem PC, Software im Netzbetrieb) seine jeweils angemessene Vergütung zu gewährleisten. **78**

Auch etwaige **Weitergabeverbote** müssen sich unter diesen Partizipationszweck subsumieren lassen können. Schlagwortartig umrissen sollten alle derartigen Nutzungsbeschränkungen dazu geeignet und auch notwendig sein, dem Programmurheber die Früchte seiner Arbeit zu sichern und auch zukommen zu lassen; es muss ihm eine adäquate Beteiligungsmöglichkeit an dem Marktergebnis jeder Verwertung seiner Geistesgüter eröffnet werden (vgl. auch §§ 11, 32 ff. UrhG). **79**

Das Prinzip der Aufspaltbarkeit von urheberrechtlichen Verwertungsrechten in gegenständlich unterschiedliche Nutzungsrechte findet daher seine Grenzen am Verkehrsschutz der Allgemeinheit und am Prinzip der Freiheit des Wettbewerbs. Daher dürfen dem Lizenzgeber aus urheberrechtlicher Sicht nur **vergütungsrelevante Nutzungsbeschränkungen** auferlegt werden, z. B. Vervielfältigungs-, Weitergabe-, Bearbeitungs- und Wartungsverbote, nicht aber reine site-Klauseln, die den Nutzer verpflichten, Programme nur an einem bestimmten Ort bzw. sogar nur in einem bestimmen Raum, zu verwenden; Entsprechendes gilt für Koppelungsbindungen. Derartig weitgehende Nutzungsbeschränkungen sind durch die Möglichkeit der vertraglichen Festschreibung der »bestimmungsgemäßen Benutzung« von Software i. S. d. § 69d UrhG urheberrechtlich nicht mehr legitimiert; ihre individualvertragliche Vereinbarung kann keine urheberrechtlich-dingliche Wirkung entfalten und unterliegt ohne Einschränkung der Kontrolle durch das AGB-Recht und durch das Kartellrecht. Den Nutzern sollten unter dem Gesichtspunkt der Freiheit des Wettbewerbs nur diejenigen Beschränkungen auferlegt werden, die zur Durchsetzung des Urheberrechtsgesetzes notwendig sind, wobei auch der Schutzumfang dieses Exklusivrechts entsprechend zu dimensionieren ist. **80**

IV. Der Erschöpfungsgrundsatz

Der gem. europäischem und deutschem Recht anzuerkennende Grundsatz der **Erschöpfung**[144] des Verbreitungsrechts wird ausdrücklich in § 69c Nr. 3 UrhG für Computer- **81**

---

[144] Vgl. speziell für Software Art. 4 lit. c der Richtlinie 91/250/EWG; s. auch oben bei Fn. 75. Vgl. allgemein EuGH GRUR Int. 1981, 564 – Schallplattenimport; GRUR Int. 1981, 230 – Gebührendifferenz II;

programme erwähnt und im Gegensatz zum früheren § 17 Abs. 2 UrhG im Sinne einer nur EU-weiten Erschöpfung näher präzisiert. Es handelt sich dabei um einen zwingenden Rechtsgrundsatz, der allerdings hinsichtlich des für die Urheber neu geschaffenen Vermietrechts[145] wieder eingeschränkt ist. Vor allem für die vertragstypologische Unterscheidung Kauf- oder Lizenzvertrag spielt er eine wichtige Rolle, denn die Erschöpfung des Verbreitungsrechts greift nur im Fall einer »Veräußerung« i. S. d. §§ 69c Nr. 3, 17 Abs. 2 UrhG ein. Wenn ein Werkstück auf dem Wirtschaftsgebiet der EU mit Zustimmung des Rechtsinhabers veräußert worden ist, kann mittels des Urheberrechts die weitere Verbreitung dieses Programms nicht mehr in urheberrechtlich-dinglicher Art und Weise kontrolliert werden. Der Schutz des Partizipationsinteresses kann nicht mehr angerufen werden, denn der Werkschöpfer hat seinen Vergütungsanteil schon im Rahmen des ersten Verkaufs, die Angloamerikaner sprechen hier von **first-sale doctrine**, erwirtschaften können und müssen.

82 Als »**Veräußerung**« i. S. d. §§ 69c Nr. 3, 17 Abs. 2 UrhG ist die definitive Übertragung eines Werkstücks im Rahmen einer Transaktion zu qualifizieren, sodass sich der Berechtigte der Veräußerungsmöglichkeit über ein bestimmtes Programmexemplar endgültig begeben hat. Das Vermieten, Verleihen, die Sicherungsübereignung oder operating-leasing, im Gegensatz zum Financial- oder auch Kauf-Leasing, stellen daher keine zur Erschöpfung des Verbreitungsrechts führende Veräußerung einer Software dar. Typischerweise beinhaltet die Übereignung gem. § 929 BGB eines Datenträgers mit einer darauf abgespeicherten Software, oder die Überspielung eines Programms per Draht, oder online, ohne jede Rückgabeverpflichtung eine Veräußerung i. S. d. § 69c Nr. 3 UrhG.

Von diesem Erschöpfungsgrundsatz zu differenzieren sind schuldrechtliche Abreden, die nur inter partes wirken und den Veräußerer zur Einholung einer Zustimmung bzw. informativen Mitteilung vor der Weiterübertragung eines erworbenen Programms verpflichten können. Werden derartige Verpflichtungen vom Erstverkäufer nicht eingehalten, macht sich dieser nur wegen Vertragsbruchs gem. § 280 BGB schadensersatzpflichtig; der Zweiterwerber hat aber gleichwohl i. S. d. § 69d Abs. 1 UrhG als »Berechtigter« das Programm erworben und kann es daher auch frei benutzen.

Aus vertragsrechtlicher, insbesondere AGB-rechtlicher Sicht hat etwa das OLG Nürnberg[146] den Erschöpfungsgrundsatz auf Softwareüberlassungsverträge zur Anwendung gebracht und daraus abgeleitet, dass Hersteller oder Händler eines Betriebssystems nicht dem Erstkäufer den Weiterverkauf des überlassenen Werkstückes untersagen können; dies gilt jedenfalls dann, wenn der Verkauf im Zusammenhang mit dem Abschluss eines Standard- bzw. vorformulierten Vertrages erfolgt, sodass § 307 BGB als Inhaltskontrollnorm zur Anwendung gebracht werden kann. Dies gilt aber auch, wenn die Parteien im Rahmen eines »Lizenzvertrages« eine Software auf Dauer gegen Entgelt einem Erstverkäufer überlassen haben. Problematisch ist dies, wenn die Lieferung online erfolgte.

GRUR Int. 1983, 645 – Handtaschenmodell. Vgl. allgemein zur Erschöpfungslehre im Urheberrecht *Schricker/Loewenheim*, UrhR, § 17 Rn. 42; *Bappert/Maunz/Schricker*, § 8 Rn. 28 ff.; speziell für Computerprogramme, vgl. BGH CR 2000, 738 – OEM-Version; OLG Nürnberg CR 1990, 118; *Lehmann/Haberstumpf*, Rechtsschutz und Verwertung, S. 139; *Lehmann* NJW 1993, 1825; zur »used second hand software« s. LG München CR 2007, 356 m. Anm. *Dieselhorst*; *Koch* ITBR 2007, 140; s. o. Rdn. 41; ausf. *Schneider* Kap. 4 Rdn. 374. Zum Online-Verbreitungsrecht s. v. *Ungern-Sternberg* in: FS Lohschelder, S. 415 ff.

145 Vgl. die Richtlinie 92/100/EWG des Rates v. 19.11.1992 zum Vermiet- und Verleihrecht sowie zu bestimmten, dem Urheberrecht verwandten Schutzrechten im Bereich des geistigen Eigentums, ABl. EG L 346/91; zur Umsetzung vgl. *Lehmann* CR 1994, 217. Zu den speziellen Übergangsvorschriften für das Vermietrecht bei Software, vgl. § 137d Abs. 1 S. 2 UrhG.
146 OLG Nürnberg CR 1990, 118; vgl. auch BGH CR 2000, 738 – OEM-Version.

V. Bearbeitung, Umarbeitung, Wartung, Portierung, Emulation

Ähnlich dem Begriff der Vervielfältigung hatte auch die Auslegung des Begriffs der **Bearbeitung** bzw. des neuen Unterbegriffs der »Umarbeitung« von Computerprogrammen i. S. d. § 69c Nr. 2 UrhG zu erfolgen. Denn anders als es grundsätzlich § 23 UrhG für sonstige Werke vorsieht, bedarf bei Software schon jede(s) »Übersetzung, Bearbeitung, Arrangement oder andere Umarbeitung« der Einwilligung des Urhebers. Nun gibt es bei Software einerseits Bearbeitungen, an welche der Urheber mitverdienen können soll, wie z. B. ein neuer Release-Stand, up-dates, up-grades, der Wechsel vom single- zum multi-user-Betrieb, die Aufstufung eines Programms von einer CPU zur floating- oder Netzwerk-Benutzung und andererseits Umarbeitungen i. S. d. § 69d Abs. 1 UrhG, die vom Rechtsinhaber hingenommen und von jedem legitimen Benutzer einer Software vorgenommen werden können, wie z. B. die Fehlerberichtigung oder jede Umarbeitung, die für die bestimmungsgemäße Benutzung eines Computerprogrammes notwendig werden kann, etwa im Zuge der Anpassung an einen neuen Steuertarif oder eine veränderte Gebührenordnung. Auch hier wird man häufig nur vom Ergebnis her kommend argumentieren können, d. h., es muss die urheberrechtliche Wertung vorab getroffen werden, ob man ein bestimmtes Verhalten zum Exklusivrecht des Urhebers zählen und damit dieses auch vergütungspflichtig machen möchte oder nicht. Hinsichtlich der Wartung (maintenance) im Gegensatz zur Fehlerberichtigung, hat z. B. der europäische Gesetzgeber zugunsten des Urhebers entschieden; normale Erhaltungs- und Verbesserungsarbeiten an einem Programm müssen daher prinzipiell dem Urheber bzw. dem Softwarehaus vorbehalten bleiben. **83**

Hinsichtlich der gem. § 69d Abs. 1 UrhG erlaubten Umarbeitung besteht ein Spannungsverhältnis zu § 69e UrhG. Denn bestimmte Bearbeitungen lassen sich rein technisch aufgrund der spezifischen Gegebenheiten in der Informatik nur dann durchführen, wenn entweder der Quellcode bekannt ist oder der Bearbeiter bestimmte Programmteile dekompilieren kann. Aus den Grundwertungen des § 69e UrhG sollte daher abgeleitet werden, dass vor jeder Dekompilierung der Bearbeiter beim Schutzrechtsinhaber um Erlaubnis nachsuchen muss und diesem in jedem Fall die Gelegenheit gegeben werden sollte, selbst die benötigten Informationen »ohne weiteres«, d. h. grundsätzlich auch kostenlos, an den Nutzer herauszugeben.

VI. Zweckübertragungstheorie und Nutzungsarten

Gemäß der Zweckübertragungstheorie kann der Lizenzgeber die verschiedenen erlaubten Nutzungsarten inhaltlich näher bestimmen und demgemäß für seinen Lizenznehmer die Grenzen dessen Nutzungsrecht i. S. d. § 31 Abs. 1 S. 1 UrhG, i. V. m. § 69d Abs. 1 UrhG näher präzisieren; z. B. kann das Nutzungsrecht für einen Desktop, einen Laptop, ein Notebook, für eine CPU, für den floating-Betrieb, für den Netzwerkbetrieb, für ein bestimmtes Client-Server-System mit einer genau festgelegten technischen Konfiguration beschränkt werden. Insoweit sind alle Beschränkungen zulässig, die nach der Verkehrsauffassung hinreichend klare und abgrenzbare, unterschiedliche **Verwertungsmöglichkeiten** für ein Computerprogramm umschreiben. Die Bestimmung der »bestimmungsgemäßen Nutzung« im Lizenzvertrag ist daher weder mit der Aufgliederung der Verwertungsrechte i. S. d. §§ 15 ff., 69c Nr. 1–3 UrhG, noch mit dem Begriff der Nutzungsart i. S. d. § 31 Abs. 5 UrhG identisch. Es ist vielmehr eine softwarespezifische Interpretation anzustreben, welche auch den Interessen der Anwender und den Vorschriften der §§ 69d und e UrhG gerecht wird. Dabei muss sich die vertragliche Festlegung der »bestimmungsgemäßen Nutzung« prinzipiell am Partizipationsinteresse des Rechtsinhabers orientieren und durch dieses **84** auch legitimierbar sein.[147] Willkürliche oder primär zu Zwecken der Wettbewerbsbeschränkung getroffene Nutzungsbestimmungen sind unzulässig, denn jede Nutzungsartfestlegung muss dem Zweck dienlich sein können, den Rechtsinhaber auf unterschiedlichen Teilmärkten jeweils eine angemessene Vergütung zu gewährleisten. Diese Nutzungsbeschränkungen müssen folglich geeignet aber auch notwendig sein, um den Programmurhebern die Früchte ihrer Arbeit zu sichern und eine angemessene Partizipation am wirtschaftlichen Verwertungserfolg zu ermöglichen.

E. Das Kartellrecht der Softwareüberlassung

85 Vor allem das äußere Gesicht des deutschen Kartellrechts wurde durch die 7. GWB-Novelle[148] und, speziell für die Softwareüberlassung, durch die Gruppenfreistellungs-Verordnung (EG) Nr. 772/2004 über die Anwendung von Art. 81 Abs. 3 EG-Vertrag auf Gruppen von **Technologietransfer**-Vereinbarungen (TTGVO)[149] umfangreich reformiert. Das Grundproblem des Spannungsverhältnisses von Ausschließlichkeitsrechten und Wettbewerbsfreiheit[150] wurde dadurch aber kaum berührt; allerdings erfasst nunmehr[151] diese VO grundsätzlich auch Softwareverträge.[152] Diese Freistellung gilt gem. Art. 2 Abs. 1 VO nur für Technologietransfer-Vereinbarungen zwischen zwei Unternehmen, die die »Produktion der Vertragsprodukte ermöglichen«. Softwarelizenz-Verträge für Standard-Software und Software-Entwicklungsverträge fallen daher nur dann unter die VO, wenn der Lizenznehmer mit der lizenzierten Software Produkte für Dritte herstellt oder Dienstleistungen (z. B. ASP) gegenüber Dritten erbringt. Hinsichtlich vertikaler Vertriebsverträgen für Software kann außerdem die VO (EG) Nr. 2790/1999 auf Gruppen von vertikalen Vereinbarungen und aufeinander abgestimmten Verhaltensweisen[153] Relevanz erlangen.[154] Weil gem. § 2 Abs. 2 GWB diese Gruppenfreistellungs-Verordnungen auch dann anzuwenden sind, wenn die zu überprüfenden Beschlüsse und Verhaltensweisen nicht geeignet sind, den Handel zwischen den Mitgliedstaaten der EG zu beeinträchtigen (rein nationale Sachverhalte), soll vor allem auf das EG-Kartellrecht[155] hingewiesen werden. Die Streichung von §§ 17, 18 (ex GWB) betont nicht nur die allgemeine Abkehr von der alten »Inhaltstheorie«, sondern bedingt auch eine weitgehend regulatorische Anpassung von §§ 1 und 2 GWB an Art. 101 AEUV. In beiden Fällen gilt nun das System der Selbstveranlagung der Unternehmen gem. Art. 1 Abs. 2 der VO 1/2003[156] zur Durchführung der in den Art. 101 und 102 AEUV niedergelegten Wettbewerbsregeln.

Weitere Einzelheiten zum Kartellrecht in Kap. 4 Rdn. 782 ff.

---

147 Vgl. *Lehmann* NJW 1993, 1825.
148 In Kraft ab 01.07.2005, BGBl. I, 1954; Bekanntmachung der Neufassung des GWB v. 15.07.2005, BGBl. I, 2144; vgl. dazu *Bechtold/Buntscheck* NJW 2005, 2966; *Lutz* WuW 2005, 718.
149 V. 27.04.2004, ABl. EG L 123/11; vgl. dazu *Schumacher/Schmid* GRUR 2006, 1. S. dazu auch die Leitlinien der Kommission zur Anwendung von Art. 81 EG-Vertrag auf Technologietransfer-Vereinbarungen, Bekanntmachung der Kommission, ABl. EG 2004 Nr. C 101/2. Speziell für die Software s. *Berger* K&R 2005, 15; *Grützmacher* ITRB 2005, 205; s. u. Kap. 4 Rdn. 785.
150 Vgl. dazu *Heinemann*, Immaterialgüterschutz in der Wettbewerbsordnung, passim; *Heinemann* CR 2005, 715.
151 Zur früheren Rechtslage vgl. *Loewenheim/Mees*, UrhR, 1. Aufl., S. 29; *Lehmann*, Rechtsschutz und Verwertung, S. 775; *Schneider J.*, Softwarenutzungsverträge, passim; *Fikentscher* in: FS Schricker, S. 140 Fn. 18, S. 149; *Gaster* CR 2005, 247.
152 *Schumacher/Schmid* GRUR 2006, 4; vgl. ausf. Kap. 4 Rdn. 785; FA-GewRS/*Bartenbach/Kunzmann*, Kap. 9 Rn. 337.
153 V. 22.12.1999, ABl. L 336/21 i. d. F. (Nizza Beitrittsakte) v. 23.09.2003, ABl. L 236/33.
154 Vgl. insgesamt *Bechtold/Bosch/Brinkner/Hirsbrunner*, S. 387, 573; *Grützmacher* ITRB 2005, 208.
155 Vgl. ausf. *Immenga/Mestmäcker/Ullrich* Teil 2, S. 1.
156 V. 16.12.2002, ABl. 2003 L 1/1.

F. Musterverträge (Hinweis)

Hinsichtlich der Vorlagen für Softwareüberlassungsverträge, Musterverträge und Vertragsklauseln, die zum Teil schon von der Rechtsprechung überprüft worden sind, darf auf die umfangreichen Hinweise bei *Schneider,*[157] *Redeker (Hrsg.),*[158] *Pagenberg/Beier,*[159] *Marly,*[160] *Pres,*[161] Münchner Vertragshandbuch[162] und *Lehmann,*[163] verwiesen werden.

86

---

157 *Schneider*, Hdb EDV-Recht, S. 2380 ff.
158 *Redeker (Hrsg.)*, Handbuch der IT-Verträge (Stand 2010).
159 *Pagenberg/Beier* S. 660 ff.
160 *Marly*, Softwareüberlassungsverträge, S. 675; *ders.*, Praxishdb Softwarerecht.
161 *Pres*, Gestaltungsformen urheberrechtlicher Softwarelizenzverträge, S. 206.
162 *Harte-Bavendamm/Metzger/Grützmacher*, Bd. 3 II (6. Aufl.), VI. 3 ff.
163 Vgl. *Loewenheim/Lehmann*, UrhR, S. 1880 ff.; englischsprachige Muster vgl. bei *Lehmann/Tapper*, Handbook of European Software Law, S. 70; *Pagenberg/Beier* S. 660 ff. Fn. 174.

Kapitel 4
Hardware- und Software-Vertragsrecht

Schrifttum

Bartsch, Vertrag über ein Software-Projekt, in: Beck'sches Formularbuch Bürgerliches – Handels, – und Wirtschaftsrecht, 8. Aufl., III. H. 4 (zit. *Bartsch*, Vertrag über ein Softwareprojekt, III. H. 4); *ders.*, Softwarepflege nach neuem Schuldrecht, NJW 2002, 1526; *Beardwood/Alleyne*, Open Source Hybrids and the Final GPLv3, CRi 2008, 14; *Beier/Götting/Lehmann/Moufang* (Hrsg.), Urhebervertragsrecht, Festgabe für Gerhard Schricker zum 60. Geburtstag, 1995 (zit. Bearbeiter in: FS Schricker); *Berger*, Anwendbarkeit der TT-GVO auf Softwareverträge, K&R 2005, 15; *Bitzer/Schröder* (Hrsg.), The Economics of Open Source Software Development, 2006; *Calamari/Perillo*, The Law of Contracts, 4. Edition, 1998; *Contreras/Slade*, Click-Wrap Agreements: Background and Guidelines for Enforcability, CRI 2000, 104; *Deike*, Open Source Software: IPR-Fragen und Einordnung ins deutsche Rechtssystem, CR 2003, 9; *Dengler/Gruson/Spielberger*, Insolvenzfestigkeit von Lizenzen? Forschungsstandort Deutschland- so wohl kaum!, NZI 2006, 677; *Determann*, Softwarekombinationen unter der GPL, GRUR Int 2006, 645; *Dolzer/Valen*, Mehr Rechtssicherheit im Schadensersatzrecht der USA, RIW 2006, 252; *Dreier/Vogel*, Software- und Computerrecht, 2008; *Drexl*, Intellectual Property and Antitrust Law IMS Health and Trinko – Antitrust Placebo for Consumers instead of sound Economics in Refusal- to-deal Cases, IIC 2004, 788; *ders.*, Die neue Gruppenfreistellungsverordnung über Technologietransfer-Vereinbarungen im Spannungsfeld von Ökonomisierung und Rechtssicherheit, GRUR Int. 2004, 716; *Eilmansberger*, Immaterialgüterrechtliche und kartellrechtliche Aspekte des Handels mit gebrauchter Software, GRUR 2009, 1123; *Feil/Leitzen*, EVB-IT, 2003; *Fitzner*, CAFC: Urteil zur Durchsetzbarkeit von Open-Source-Lizenzen, MMR 2008, XV; *Funk/Zeifang*, Die GNU General Public License, Version 3, CR 2007, 617; *Gennen/Völkel*, Recht der IT-Verträge, 2009; *Gerlach*, Praxisprobleme der Open-Source-Lizensierung, CR 2006, 649; *Grützmacher*, Softwareverträge und die 7. GWB-Novelle – Auf dem Weg zu einer europaweit einheitlichen Praxis, ITRB 2005, 205; *ders.*, Open Source Software – BSD Copyright und Apache Software License, ITRB 2006, 108; *Grzeszick*, Freie Software: Eine Widerlegung der Urheberrechtstheorie?, MMR 2000, 412; *Hassemer/Schneider*, in: Redeker (Hrsg.), Handbuch der IT-Verträge, Kap. 1.1 (zit. Redeker/*Hassemer/Schneider*, Hdb IT-Verträge); *Hausmann*, Das Microsoft-Urteil: Zwischen Kartellrecht und gewerblichen Schutzrechten, MMR 2008, 381; *Heinemann*, Compulsory Licenses and Product Integration in European Competition Law – Assessment of the European Comission's Microsoft Decision, IIC 2005, 63; *ders.*, Immaterialgüterschutz in der Wettbewerbsordnung; *ders.*, Kartellrecht und Informationstechnologie, CR 2005, 715; *Heussen*, Rechtliche Verantwortungsebenen und dingliche Verfügungen bei der Überlassung von Open Source Software, MMR 2004, 445; *Heckmann*, IT-Vergabe, Open Source und Vergaberecht, CR 2004, 401; *Hilber/Litzka*, Wer ist urheberrechtlicher Nutzer bei Outsourcing-Vorhaben?, ZUM 2009, 730; *Hilty*, Der Softwarevertrag – ein Blick in die Zukunft, MMR 2003, 3; *Hoeren*, IT-Vertragsrecht, 2007 (zit. Hoeren, IT-VertragsR); *ders.*, Das neue russische Urheberrecht, GRUR Int. 2008, 557; *Honsell/Vogt/Wiegand* (Hrsg.), Obligationenrecht I, 4. Aufl. 2007; *Hörl*, Aufklärung und Beratung beim Computer-Kauf, 1999; *ifrOSS*, Die GPL kommentiert und erklärt, 2005; *Jaeger*, Enforcement of the GNU GPL in Germany and Europe, JIPITEC 1/2010, 34; *Jaeger/Gebert*, If an open source license is limited in scope and the licensee acts outside the scope, the licensor can bring an action for copyright infringement, IIC 2009, 345; *Jaeger/Metzger*, Die neue Version 3 der General Public License, GRUR 2008, 130; *Junker/Benecke*, Computerrecht, 3. Aufl. 2003; *Koch*, Probleme beim Wechsel zur neuen Version 3 der General Public License (Teil 1), ITRB 2007, 261; *ders.*, Probleme beim Wechsel zur neuen Version 3 der General Public License (Teil 2), ITRB 2007, 285; *ders.*, Urheber- und kartellrechtliche Aspekte der Nutzung von Open-Source-Software (I), CR 2000, 273; *ders.*, Urheber- und kartellrechtliche Aspekte der Nutzung von Open-Source-Software (II), CR 2000, 333; *Koglin*, Die Nutzung von Open Source Software unter neuen GPL-Versionen nach der »any later version«-Klausel, CR 2008, 137; *ders.*, Opensourcerecht, 2007; *Kühnert/Xeniadis*, Missbrauchskontrolle auf Sekundärmärkten, WuW 10/2008, 1054; *Kumar/Koglin*, GPL Version 3's DRM and Patent Clauses under German and US Law, CRi 2008, 33; *Labesius*, Werkbegriff und Werkarten im novellierten Urheberrecht der russischen Föderation, GRUR Int. 2009, 994; *Lamon*, France: Validity of GPL License, CRi 2010, 93; *Lapp*, Übertragung von Nutzungsrechten an einer Kombination von Open Source Software und proprietärer Software, ITRB, 95; *Lejeune*, Der E-Commerce-Vertrag nach amerikanischem Recht, 2001; *Le Tourneau*, Droit de la Responsabilité et des Contrats, 7. Aufl. 2008; *Lim/Longdin*, Fresh lessons for first movers in Software Copyright Disputes-a cross-jurisdictional convergence, IIC 2009, 374; *Loewenheim*, Harmonisierung des Urheberrechts in Europa, GRUR Int. 1997, 285; *Lutterbeck/Gehring/Bärwolff* (Hrsg.), Open Source Jahrbuch 2005, 2005; *Malaurie/Aynès/Gautier*, Les contrats speciaux, 4. Edition, 2009; *Masiyakurima*, The Futility of the idea/expression doctrine in UK Copyright Law, IIC 2009, 548; *Matthiesen*, Die Freistellung von Softwarenutzungsverträgen nach Artikel 101 des Vertrages über die Arbeitsweise der Europäischen Union, 2010; *McColley*, Limitations on the Moral

Kapitel 4 Hardware- und Software-Vertragsrecht

Rights in French Droit d'Auteur, 41 Copyright Law Symposium 423; *Metzger/Barudi*, Open Source in der Insolvenz, CR 2009, 557; *Metzger/Jaeger*, Open Source Software und deutsches Urheberrecht, GRUR Int. 1999, 839; *Müller/Gerlach*, Open-Source-Software und Vergaberecht, CR 2005, 87; *Nordmeyer*, Lizenzantiquitätenhandel: Der Handel mit gebrauchter Software aus kartellrechtlicher Perspektive, GRUR Int. 2010, 489; *ders.*, Open Source und Kartellrecht: Die Gültigkeit der Copyleft- und Lizenzgebührverbotsklausel angesichts des Art. 101 AEU (sowie der §§ 1 f. GWB), JIPITEC 1/2010, 19; *Pessach*,The new Israeli Copyright Act-a case study in Reverse Comparative Law, IIC 2010, 187; *Plaß*, Open Contents im deutschen Urheberrecht, GRUR 2002, 670; *Polley*, Softwareverträge und ihre kartellrechtliche Wirksamkeit, CR 2004, 641; *dies.*, Die neue Vertikal-GVO, CR 2010, 625; *Raymond*, The Cathedral & the Bazaar, 2001; *Rigamonti*, Der Handel mit Gebrauchtsoftware nach schweizerischem Urheberrecht, GRUR Int. 2009,14; *Rosen, L.*, Open Source Licensing – Software Freedom and Intellectual Property Law, 2004; *Schäfer*, Aktivlegitimation und Anspruchsumfang bei der Verletzung der GPL v2 und v3, K&R 2010, 298; *ders.*, Der virale Effekt: Entwicklungsrisiken im Umfeld von Open Source Software, 2007; *Schumacher/Schmid*, Die neue Gruppenfreistellungsverordnung für Technologietransfer-Vereinbarungen, GRUR 2006, 1; *Schütze/Weipert* (Hrsg.), Münchener Vertragshandbuch, Bd. 3, 2009; *Sester*, Open-Source-Software: Vertragsrecht, Haftungsrisiken und IPR-Fragen, CR 2000, 797; *Spindler*, Open Source Software auf dem gerichtlichen Prüfstand – Dingliche Qualifikation und Inhaltskontrolle, K&R 2004, 528; *Spindler/Wiebe*, Open Source-Vertrieb, CR 2003, 873; *St. Laurent*, Understanding Open Source & Free Software Licensing, 2004; *Sucker*, Lizenzierung von Computersoftware, CR 1989, 468; *Teupen*, »Copyleft« im deutschen Urheberrecht, 2007; *Thalhofer*, Commercial Usability of Open Source Software Licenses, CRi 2008, 129; *Thewalt*, Der Softwareerstellungsvertrag nach der Schuldrechtsmodernisierung, 2004; *Torremans*, Vortrag ALAI Jahrestagung 2008 Dubrovnik S. 364, Schriftenreihe der ALAI Vol. 9 Dubrovnik 2008; *Voser/Boog*, Die Wahl des Schweizer Rechts – was man wissen sollte, RIW 2009, 126; *Wiedemann*, Lizenzen u. Lizenzverträge in der Insolvenz, 2006; *Wohlgemuth*, Computerwartung, 1999; *Wuermeling/Deike*, Open Source Software: Eine juristische Risikoanalyse, CR 2003, 87; *Zahrnt*, Computervertragsrecht, Loseblattsammlung.

Übersicht

	Rdn.
A. IT-Leistungen, Vertragsgegenstände und allgemeine Problemstellungen *Schneider*	1
I. Vertragsgegenstände	1
II. Vertragsthemen	3
III. Gemeinsame Problemstellungen	5
1. Dokumentationen, Quellcode	5
2. Quellcode	9
3. Vorvertragliches Verschulden, Zusicherung	23
4. Mangel	41
5. Verjährung	47
IV. Das Problem des § 651 BGB bei Softwareerstellung und -anpassung	48
1. Die Situation gemäß der Verbrauchsgüterkaufrichtlinie	49
2. BGH vom 23.07.2009	57
3. Die Anwendung der BGH-Entscheidung vom 23.07.2009 auf IT-Verträge	60
4. Weitere BGH-Rechtsprechung	63
5. Pragmatische Vorgehensweise, Neutralisierung	71
6. Versuch einer Klassifikation/Systematisierung, Mindermeinung,	77
7. Versuch BGH-Substrat	78
8. Verbleibende Fragen	80
a) Differenzierung nach Art und Umfang der Rechtseinräumung	80
b) Parametrierung	83
c) Einordnung von Aktualisierung/Updates	85
d) Zusammenspiel AGB, Vertragstyp und Erschöpfung	87
V. Beratung, Planung	89
1. Planung des Projekts	89
2. Projektleitung	97
3. Beratung	100
4. »Pflichtenheft«	108
5. Organisation des Projekts	119
a) Aktivitäten- und Fristenplan	119
b) Berichte	127
c) Sitzungsberichte, Schriftform	132
d) Schemata	135
B. Hardware	137
I. Kauf	137

Kapitel 4 Hardware- und Software-Vertragsrecht

	1. Markt, Querverbindungen zu Software-Beschaffung und Systemvertrag, CPU-Klauseln u. ä.	137
	2. Typische Konstellationen und Gegenstände	146
	3. Leistungsmerkmale, Leistungsbeschreibung	151
	4. Lieferung, Ablieferung, »Abnahme«	153
	5. Installation, Tests, Inbetriebnahme	157
	6. Mängel, Verjährung	163
	7. Querverbindungen zur Wartung	176
	8. Systemverträge	186
II.	Miete	188
III.	Leasing	224
	1. Einleitung, Konstruktion	224
	2. Steuerrecht	226
	3. Übernahmebestätigung	230
	4. Weitere Aspekte	233
C.	**Hardwarebezogene Leistungen, Installation und Wartung**	**237**
I.	Installation als Werkvertrag	237
II.	Installation als Dienstvertrag	242
III.	Vertragseinheit mit der Beschaffung?	244
IV.	Sonstige Services, so etwa Schulung, Einweisung, Unterstützung	248
V.	Wartung	253
	1. Vertragstyp	253
	2. Leistungsbeschreibung in AGB	262
	3. Wartungsbeginn, Vergütung	265
	4. Besondere Vereinbarungen, SLA (Querverweise)	271
	5. Mängelrecht, Zurückbehaltungsrecht	273
	6. Verjährung der Mängelansprüche	277
	7. Kündigung, Laufzeit und Beendigung des Vertrages	279
	8. Datenschutz	282
D.	**Standardsoftware**	**283**
I.	»Kauf«	283
	1. Die Bedeutung der Datenträger-Basierung	286
	2. Überlassung gegen Einmalvergütung auf Dauer	291
	3. Leistungsbeschreibung	295
	4. Lieferung, Ablieferung, »Abnahme«	303
	5. Mitwirkung des Kunden/Käufers	307
	6. Auswirkungen verschiedener Vertriebsmodelle i. V. m. verschiedenen Arten von Beschränkungen	311
	a) Freischaltung	311
	b) Aktivierung	317
	c) Serialisierungen	320
	d) »Gebrauchtsoftware«	322
	7. Mängelrechte des Kunden, Pflichten des Kunden	325
	8. Spezialprobleme bei Nacherfüllung, insbesondere Nachbesserung	330
	9. Sonderproblem: »Lizenz«	334
	10. Typische AGB und ihre AGB-rechtliche Beurteilung	339
	11. Nutzungsbeschränkungen, Weitergabeverbote	351
II.	Miete von Standardsoftware	355
	1. »Sachqualität«	359
	2. Einordnung aufgrund fehlender kaufrechtlicher Merkmale	361
	3. Vertragsgegenstand und Leistung	366
	4. Möglichkeiten zur Nutzungsbeschränkung	374
	5. »Gewährleistungsrecht«	376
	6. Sonstiges	378
	a) Laufzeit	378
	b) Kündigung, außerordentliche Kündigung	381
	c) Rückfall, Rückruf	387
	d) Audit	389
	7. Softwareleasing	393
III.	»Lizenz«	399
	1. Neutralität des Begriffs	399
	2. Die Bedeutung des Begriffs i. V. m. datenträgerloser Übermittlung	404
	3. Modelle, vertriebliche Aspekte	413

Kapitel 4 Hardware- und Software-Vertragsrecht

	4. »Gewährleistung«	414
	5. Nutzungsbeschränkungen, Rechtseinräumungen	416
IV.	Verhältnis zum »Pflegevertrag«	418
	1. Pflege als Bestandteil der Miete?	418
	2. Verjährungsfragen bei der Beschaffung im Verhältnis zu Beginn von Pflege- und Zahlungsverpflichtungen	422
	3. Besonderheiten i. V. m. Support, First-Line-Leistungen u. ä.	427
E.	**Software-Pflege**	**429**
I.	Varianten der Leistungspakete	430
	1. Sog. Vollpflege	434
	2. Spezial-Themen, insbesondere Update, Verfügbarkeit	436
	3. Pflegeverpflichtung, Pflicht zum Abschluss eines Vertrages, Mindestdauer	442
II.	Leistungsbeschreibung in AGB	451
III.	Mitwirkung des Kunden	457
	1. Nutzung der neuesten Version, Rücksetzungsrecht	457
	2. Installation	472
	3. Fehler-Meldungen	475
IV.	Leistungsgegenstand im Verhältnis zum Mangelrecht	480
	1. Fehler, Störungen	481
	2. Mängel aus dem Beschaffungsvertrag, aus der Pflegeleistung; Verhältnis zueinander	484
	3. Zusatzleistungen, Aspekte des Releasefestigkeit, Releasefähigkeit und Kompatibilität	489
V.	Vertragstypologie und das Mängelrecht	491
VI.	Spezialvereinbarungen	498
	1. Reaktionszeit	499
	2. Beseitigungszeiten	500
	3. Pufferzeiten	502
VII.	Typische AGB und ihre Wirksamkeit	505
VIII.	Datenschutz, Auftragsdatenverarbeitung	513
F.	**Software-Anpassung**	**516**
I.	Vertragstyp	516
II.	Verhältnis zum Beschaffungsvertrag	521
III.	Typische Leistungsmerkmale, Leistungsbeschreibungen, Vertragstyp	525
IV.	Mitwirkung des Kunden	532
V.	Änderungswünsche	535
VI.	Ablieferung, Tests, Abnahme	542
VII.	Mängelrecht, Verjährung	548
VIII.	Verhältnis zu Pflege und v. a. Releases	553
IX.	Typische AGB	555
X.	Der Anpassungsvertrag als »Unterstützungsleistung«	558
G.	**Software-Erstellung**	**560**
I.	Planung, vorvertragliche Beratung	560
II.	Leistungsbeschreibung/Pflichtenheft	577
III.	Vertragstyp, Varianten, typische AGB	591
IV.	Mitwirkung des Kunden, Änderungen, typische Projektaktivitäten, Fristenplan, Projektsteuerung	598
V.	Ablieferung, Abnahme	632
VI.	Mängelrecht, Haftungsfragen	635
VII.	Rechtseinräumung, Übergang der Rechte, Umfang der Rechte	637
H.	**Softwarebezogene Zusatzleistungen**	**644**
I.	Einweisung	644
II.	Schulung	645
III.	Installation	646
IV.	Support	647
I.	**Rechtsfragen der Open Source-Software** *Nordmeyer*	**650**
I.	Einführung	650
	1. Merkmale der Open Source-Software	650
	2. Hintergründe und historische Entwicklung	658
	3. Einsatzmöglichkeiten und -faktoren	660
II.	Typische OSS-Regelungsinhalte	666
III.	Rechtliche Bewertung	679
	1. Allgemeine und vertragsrechtliche Fragen	679
	2. Geistiges Eigentum bei OSS und Einordnung der OSS-Akteure	692
	3. Rechtliche Einzelfragen	700

Kapitel 4   Hardware- und Software-Vertragsrecht

		a) Probleme bei Lizenzketten	700
		b) Auswirkung des Erschöpfungsgrundsatzes	701
		c) OSS-Lizensierung als eigenständige Nutzungsart	702
		d) Implikationen der Internationalität und des internationalen Rechts	703
		e) Auslegungsregeln und -hilfen	706
		f) Prozessuales	708
IV.	Bewährung der OSS vor Gericht		710
V.	Einzelne OSS-Lizenzen		717
	1. Die GNU General Public License-Reihe – GNU GPL		719
		a) General Public License – GNU GPL v2	720
		b) General Public License – GNU GPL v3	734
		c) Sonderformen der GNU GPL	748
		aa) Affero General Public License – AGPL v1 u. GNU AGPL v3	749
		bb) Die Lesser-Variante: GNU LGPL v2, v2.1, v3	750
	2. Apache		751
	3. Mozilla Public License – MPL		755
	4. Artistic		764
	5. Eclipse Public License (EPL) u. Common Public License (CPL)		765
	6. Berkeley Software Distribution – BSD		768
	7. Massachusetts Institute of Technology – MIT		770
	8. Weitere Lizenzen		771
	9. Eigene Lizenz?		772
	10. Lizenzkompatibilität und Dual- und Multiple-Lizensierung		773
VI.	Schlussanmerkung		775
J.	**Kartellrecht** *Matthiesen*		**776**
I.	Einleitung		776
	1. Anpassung des GWB an Europäisches Recht		778
	2. Das Verhältnis von Kartell- und Urheberrecht		779
II.	Lizenzverträge und Artikel 101 AEUV		782
	1. Bedeutung der Gruppenfreistellungsverordnungen		782
	2. Überlassung von Software an Endnutzer – Anwendungsbereich der TTGVO		785
		a) Die Voraussetzungen der Freistellung nach Art. 2 TTGVO	788
		aa) Technologietransfer-Vereinbarung gemäß Art. 1 (1) b) TTGVO	789
		bb) Produktion der Vertragsprodukte	791
		b) Art. 3 TTGVO – Marktanteilschwellen	805
		c) Art. 4 TTGVO – Kernbeschränkungen; Art. 5 TTGVO – nicht freigestellte Beschränkungen	808
III.	Softwareentwicklungsverträge, Softwareanpassung, Software als Input		811
	1. Neuentwicklung von Software exklusiv für Auftraggeber		812
	2. Softwareneuentwicklung aber Einräumung eines nur einfachen Nutzungsrechts		817
	3. Weiterentwicklung einer vom Auftraggeber entwickelten Software durch den Auftragnehmer		818
	4. Überlassung von Standardsoftware mit individuellen Anpassungen und/oder Konfiguration der Standardsoftware		819
IV.	Inkorporation der Software in ein bestimmtes Produkt		820
V.	Softwarevertrieb (Hinweis)		821
VI.	Einzelfreistellungen		822
	1. Beschränkung des Wettbewerbs		824
	2. Freistellung der Wettbewerbsbeschränkung		830
		a) Die Voraussetzungen von Art. 101 Abs. 3 AEUV im Einzelnen	831
		b) Berücksichtigung von Maßstäben der Gruppenfreistellungsverordnungen	836
		c) Prüfung konkreter Beschränkungen	837
VII.	Missbrauch einer marktbeherrschenden Stellung – Artikel 102 AEUV		839
	1. Relevanter Markt		840
	2. Marktbeherrschende Stellung		841
	3. Missbrauch der marktbeherrschenden Stellung		844
K.	**Besondere Aspekte des internationalen Software-Vertragsrechts** *Lejeune*		**849**
I.	Einleitung		849
II.	Urheberrechtliche Aspekte		850
	1. Internationale Vereinheitlichung		850
	2. Ausgewählte Fragen des Urheberrechts		852
		a) Schutz von Computerprogrammen im Allgemeinen	852
		b) Urheberpersönlichkeitsrechte	856

	c) Urheberschaft bei Arbeitsverhältnissen und »work for hire doctrine«	858
	d) Die Verwertungsrechte und ihre Schranken	859
	e) Der Erschöpfungsgrundsatz	862
	f) Die Zweckübertragungstheorie	863
III.	Vertragstypologie	864
	1. Softwareüberlassungsverträge	865
	2. Entwicklungs- und Pflegeverträge	868
	3. Shrinkwrap- und Clickwrap-Verträge	873
IV.	Allgemeines Vertragsrecht	876
	1. Formfreiheit	876
	2. Haftungsfragen	878
	3. Recht der allgemeinen Geschäftsbedingungen	888
V.	Insolvenz des Lizenzgebers	892
	1. Schicksal der Nutzungsrechte in der Insolvenz des Lizenzgebers	892
	2. Rechtliche Durchsetzbarkeit von Escrow Agreements	895

A. IT-Leistungen, Vertragsgegenstände und allgemeine Problemstellungen

I. Vertragsgegenstände

Die »klassischen« Vertragsgegenstände im Bereich von Hard- und Software sind 1
- Beratung, Planung
- Hardware und Hardwarebezogene Leistungen, v. a. Wartung, Services,
- Systeme
- Software, Erstellung, Standard und Anpassung
- Softwarebezogene Leistungen, v. a. Pflege, Services
- Outsourcing (früher Service-RZ) einschließlich Backup.

Software weist eine Reihe von Besonderheiten, bedingt durch die »Natur« des Gegenstands, auf. Zum Teil zeigen sich diese Besonderheiten mit neuen Akzenten im Zusammenhang mit Internet und Telemedien.

Neuere Vertragsgegenstände beziehen Telemedien und Telekommunikationsleistungen ein, 2
ermöglichen diese, also v. a.
- Hosting
- Access,
- Design
- Application-Service (asp)
- Internet-System-Vertrag.[1]

Im Folgenden geht es um die »klassischen« Gegenstände.[2]

II. Vertragsthemen

Weitgehend üblich ist der Aufbau vom Leistungsgegenstand über dessen genauere Be- 3
schreibung hin zu Mitwirkung, Abnahme, »Gewährleistung«, Haftung.[3] Zu den jeweiligen
AGB gehören bei vielen Anbietern »Scheine«, in denen die jeweiligen Einzelheiten festzuhalten sind.[4] Bei Anpassung, Systemverträgen und v. a. Outsourcing werden mehrere Ge-

---
[1] Zum Überblick s. BGH CR 2010, 327 – Internet-System-Vertrag.
[2] Zu den Providerverträgen s. Kap. 8.
[3] Zu Mustern s. etwa *Redeker*, Hdb IT-Verträge.
[4] Ähnlich auch die Einteilung bei den EVB-IT; s. a. Kap. 7 Rdn. 48 ff. zum Rahmenvertrag; zur »Gesamtlösung« s. z. B. OLG Köln CR 2003, 246.

genstände, Phasen und Bereiche geregelt, so dass andere Vertragsstrukturen empfohlen werden, etwa modulare Aufbauten.⁵

4   Üblich sind »Anlagen« mit Pflichtenheft (s. V.4) als Leistungsbeschreibung, Regelungen zur Geheimhaltung und zum Datenschutz,⁶ Mustern (z. B. für Mängelmitteilungen, Abnahme) und Projektpläne. Insofern stellen sich keine Besonderheiten gegenüber anderen Technikorientierten Verträgen. Interessanterweise lauern die Besonderheiten des IT-Vertrags in Bereichen, die häufig nicht geregelt werden, etwa Dokumentation, Quellcode, Umfang und Art der Rechtseinräumung in Abstimmung mit dem Vergütungssystem. Im Folgenden werden solche gemeinsamen Problemlagen näher behandelt.

III. Gemeinsame Problemstellungen

1. Dokumentationen, Quellcode

5   An Arten der Dokumentation gibt es neben »Bedienungsanleitung«, oder »Handbücher« und Installationsanleitung eine Reihe weiterer, v. a. für Administration und Entwicklung.⁷ Von allen Arten der Dokumentation ist, wenn sich nicht aus dem Vertragszwecks etwas zusätzlich ergibt, nur die Bedienungsanleitung i. V. m. der Installationsanleitung **ohne besondere Vereinbarung und ohne besondere Vergütung** geschuldet. Dies gilt generell für alle IT-Produkte. Der BGH hat v. a. die Perpetuierung der Einweisung und des in der Anlage verkörperten Wissens betont.⁸ Mängel der Dokumentation sind Mängel des IT-Produkts.⁹ Offen ist, ob die Dokumentation, v. a. die Installationsanleitung, mit der Montageanleitung vollständig vergleichbar ist. Bei Hardware ist dies evtl. zu bejahen, bei Software eher zu verneinen.¹⁰ In der Praxis gibt es häufig Streit wegen der Form, speziell bei Projekten wegen evtl. weiterer Dokumentationen und der Vergütung. Spezielle Programmiertechniken bringen als Eigenheiten mit sich, dass keine Dokumentation vorgesehen wird, evtl. der Kunde sie sogar selbst erstellt.¹¹ Unter Aspekten der »Usability« wird die Bedienungsanleitung von »Technikern« zwischenzeitlich geringer bewertet als die Online-Hilfe,¹² so dass im Prozess die Frage entstehen kann, ob die bisherige Rspr., fehlende Bedienungsanleitung gleich Nichterfüllung, evtl. nicht mehr »passt«.

6   Hinsichtlich der **Form** ist im Prinzip¹³ **schriftliche**, gedruckte Ausführung gefordert.¹⁴ Ausdruckbarkeit reicht weitgehend, aber nicht gänzlich, etwa nicht für Installation und Hilfe. Hinsichtlich der **Vergütungspflicht** ist, wenn nichts Besonderes vereinbart ist, zu differenzieren: Bei Aufwandsprojekten¹⁵ wird man die Erstellung dieser Dokumentation als vergütungspflichtig anzusehen haben. Die Frage ist nur, ob der Mehraufwand bei nichtprojektsynchroner Erstellung auch vergütungspflichtig ist.¹⁶ Ebenfalls mitgeschuldet ist bei

---

5   So etwa *Bräutigam*, IT-Outsourcing, 2. Aufl., 2009; s. a. Kap. 7.
6   Verbindlich über § 11 BDSG bei Gefahr des Kontakts mit personenbezogenen Daten abzuschließen, also v. a. bei Anpassung, Wartung, Pflege, s. a. unten Rdn. 513 ff.
7   S. a. Aufstellung sogleich in Rdn. 7.
8   BGH CR 1989, 189 (192); CR 1993, 422 und CR 2000, 207 für Standardsoftware und CR 1993, 681 für Individualsoftware bzw. angepasste Software.
9   Ohne IT-Bezug: OLG München CR 2006, 582.
10 S. a. Rdn. 245.
11 S. *Koch* ITRB 2010, 114 zu Agiler Softwareentwicklung; zum Merkmal kein »Pflichtenheft« s. Rdn. 108 ff.
12 S. *Stiemerling* ITRB 2009, 154.
13 Ausnahmen gelten für shareware, public domain, nur Online übermittelte Software; s. zu diesen Arten der Softwareüberlassung *Marly* Rn. 857 ff., zur Dokumentation bei Shareware Rn. 887, 897.
14 BGH CR 1993, 203 m. Anm. *Bartsch* CR 1993, 422.
15 S. a. BGH CR 1993, 759, Aufwandsprojekt als kündbarer Werkvertrag.
16 S. dazu BGH CR 2001, 367 zur nachträglichen Fälligkeit, OLG Karlsruhe CR 2003, 95 implizit zur synchronen Erstellung.

Software die **Online-Hilfe**. Diese ist nicht mit den Handbüchern zu verwechseln.[17] Für Anwender-Software – anders als für Entwickler-Software – steht außer Frage, dass die Dokumentation in **Deutsch** abgefasst sein muss. Abweichungen sind zu vereinbaren.

Die übrigen Dokumentationen sind zum einen explizit zu vereinbaren und zum anderen zusätzlich vergütungspflichtig. Dies gilt insbesondere für eine Administrator-Anweisung, für die Erstellung der Entwicklungsdokumentation und der sog. Pflegedokumentation. Folgende Dokumentationen gehören zu einem kompletten Projekt:[18]

- Anwenderdokumentation
- Installationsbeschreibung
- Administratoranweisungen
- Quellcode mit Programmbeschreibung und Kommentierung
- Beschreibung der Entwicklungsumgebung, evtl. die Entwicklungsumgebung selbst,
- Entwicklungsdokumentation, Stand aller Einstellungen/Parameter bei Übergabe/Ablieferung/Abnahme
- Die bei Generierung/Kompilierung entstandenen Ergebnisse sowohl in Text- als auch in elektronischer Form
- Geschäftsmodell, Datenreferenzen, Datenmodell,
- »Wartungs-« oder Pflegedokumentation.

Es gibt Unterlagen, die zwangsläufig im Rahmen des Projekts erstellt werden müssen, um dieses sachgerecht auszuführen. Dazu gehört das »Datenmodell«. Einerseits wird der Herausgabeanspruch als solcher ausdrücklich zu vereinbaren sein, andererseits aber wird die Erstellung dieses Datenmodells nicht nochmals zu vergüten sein, weil dies bereits integrierter Bestandteil des Entwicklungsvorganges ist. Anderes wird bei Aufwandsprojekten für die Dokumentation gelten. Diese ist gesondert zu erstellen, demnach auch nach Aufwand zu vergüten. Dies gilt insbesondere, wenn die Software erst am Ende des Projekts – nicht zuletzt wegen der üblichen Änderungen – erstellt wird.[19]

2. Quellcode

Längere Zeit galt, dass der Quellcode nicht mit-geschuldete Leistung ist, wenn nichts Besonderes vereinbart ist.[20] Es ist immer noch weitgehend offen, ob der Quellcode an den Auftraggeber eines Erstellungs- oder Anpassungsprojekts herauszugeben ist, wenn nichts Besonderes vereinbart ist. Dabei sind die Umstände des Einzelfalles[21] zu beachten. Das Hauptproblem in diesem Zusammenhang ist, dass im Fall der Herausgabepflicht die Herausgabe **unentgeltlich** zu erfolgen hat und **unklar** ist, welche Rechte genau dem Kunden zustehen. Dies spricht eigentlich dafür, dass nicht »der«, sondern ein Exemplar des Quellcodes herauszugeben ist. Im Übrigen benötigt der Auftragnehmer in der Regel den Quellcode für Nacharbeiten, Beweisfragen u. ä.

Wenn nichts Besonderes vereinbart ist, kommt es auf die besonderen Umstände an, also Bedarf an Wartung/Pflege und Fehlen eines Pflegevertrages, Gefahr der Mängelansprüche Dritter. Ob dies die Herausgabepflicht **des** (Original-) Quellcodes oder einer Kopie des Quellcodes bedeutet, ist unklar. Offensichtlich ist jedenfalls keine gesonderte Vergütung seitens des Auftragnehmers gerechtfertigt.[22]

---

17 S. v. a. BGH CR 2000, 207.
18 S. a. *Hoppen/Hoppen* CR 2009, 761 (zu vom Anwender selbst erstellter Software).
19 BGH CR 2001, 367.
20 BGH CR 1986, 377.
21 BGH CR 2004, 490 und zu den dabei aufgestellten »Indizien« *Hoeren* CR 2004, 721; s. a. Rdn. 604.
22 BGH CR 2004, 490; OLG Karlsruhe CR 2003, 95.

Kapitel 4   A. IT-Leistungen, Vertragsgegenstände und allgemeine Problemstellungen

Folgende Entscheidungen zum Quellcode markieren den Weg von der ablehnenden Entscheidung[23] zu der vermittelnden Entscheidung des BGH:[24]

- LG München I DB 1989, 973 – Quellcode ist v. a. nach Ablauf der Verjährung für Mängel zwecks Selbstbehelf des Kunden herauszugeben.
- OLG München CR 1992, 208 (Herausgabe ablehnend).
- OLG Frankfurt/M. 04.05.1995, ECR OLG 1995 zu Schadenersatzansprüchen bei abgebrochenem Projekt, zu dem kein Quellcode übergeben worden war.
- OLG Saarbrücken 22.09.1995, ECR OLG 173 m. Überl. nur am Rande zur Frage, ob eine Herausgabeverpflichtung besteht, wobei die Kriterien, volle Vergütung und Nichtübernahme der Pflegeverpflichtung bereits wesentliche Kriterien der BGH-Entscheidung vorwegnimmt.
- LG Aschaffenburg CR 1998, 203, wo noch angenommen wurde, dass die Herausgabe des Quellcodes bei Softwareerstellung bzw. individuell für den Auftraggeber erstellter Software zwecks weiteren Absatzes der Regelfall sei. Dazu ist die BGH-Entscheidung v. 16.12.2003 die Revision (also korrigierend).
- OLG Karlsruhe CR 1999, 11, wonach Quellcode als Teil einer vereinbarten Wartungs-Dokumentation mit geschuldet ist
- LG Köln CR 2000, 505, wonach grundsätzlich bei Individual-Software der Quellcode geschuldet ist, wenn nicht zugleich ein Wartungsvertrag abgeschlossen wird.
- OLG Karlsruhe CR 2003, 95, wonach selbst bei Anpassungsleistungen i. S. v. Einstellung an der Fremdsoftware der Quellcode des Drittherstellers herauszugeben wäre.
- LG Köln CR 2003, 484, besondere AGB-rechtlich wichtig: Der Ausschluss einer Herausgabepflicht hinsichtlich des Quellcodes ist in AGB wirksam vereinbart.

Vorläufiger Schlusspunkt: BGH v. 16.12.2003.

11   Anderes wird gelten, wenn der Vertrag ausdrücklich besagt, dass der Quellcode dem Auftraggeber in besonderer Ausführung – z. B. gut kommentiert – zu übergeben ist. Insoweit könnte es sich bei nachvertraglicher Forderung um einen Zusatzauftrag bzw. Änderungswunsch handeln.

12   Wie schon angedeutet, kann beim Verkauf von Hardware von einer (selbstverständlichen) **Aufklärungspflicht** des Lieferanten ausgegangen werden, zumindest einer solchen, die unter bestimmten Fall-Konstellationen entsteht.[25] Solche Fall-Konstellationen können sein, dass der Kunde nach bestimmten Merkmalen bzw. Verwendungsmöglichkeiten fragt und dadurch zu erkennen gibt, worauf es ihm ankommt.

13   Von dieser Pflicht, die Informationen richtig zu erteilen als sog. vorvertragliche Aufklärung und Beratung, deren Verletzung zu »c. i. c.« führt, ist der eigentliche Beratungsvertrag zu unterscheiden. Größere Anwender bedienen sich bei der Beschaffung im Hinblick auf die richtige Auswahl der Hardware und das Aushandeln günstiger Konditionen freier Berater. Manche wollen sich die entsprechenden Aufwendungen ersparen und verlagern die entsprechende Leistung auf den Anbieter. Die Frage ist, ob insoweit auch bereits ein Beratungs**vertrag** mit diesem zustande kommt, oder ob es sich eben um die »Nebenpflicht«, ggf. richtige Auskünfte zu erteilen, handelt.

14   Ausgangspunkt ist wohl, dass es grundsätzlich keine genuine Beratungspflicht des Verkäufers gibt, so dass dann, wenn keine besonderen Merkmale oder Nachfragen des Käufers zu verzeichnen sind, der Kunde auch nicht aufgeklärt werden muss. Man wird auch heute nicht generell von einem Kompetenzgefälle in dem Sinne ausgehen können, dass der Lieferant

---

23   BGH CR 1986, 377 (ohne explizite Vereinbarung keine Herausgabeverpflichtung).
24   BGH CR 2004, 490.
25   Zu den Rechtsstreitigkeiten *Zahrnt* NJW 2000, 3746.

Fachmann für die Hardware und v. a. für die Anwendung beim Kunden sei, der Kunde hingegen Laie.[26]

Ein solcher Beratungsvertrag kann als ein Auskunftsvertrag stillschweigend geschlossen werden und somit Parallelen zu der Thematik aufweisen, die im Zusammenhang mit Anlagevermittlern behandelt wird.[27] Es wäre zu weit gehend, generell von dem Abschluss eines solchen Vertrages auszugehen. Die Parallele entsteht, »wenn der Interessent deutlich macht, dass er, auf eine bestimmte Anlageentscheidung bezogen, die besonderen Kenntnisse und Verbindungen des Vermittlers in Anspruch nehmen will und der Anlagevermittler die gewünschte Tätigkeit beginnt«.[28]

15

Allerdings wird insoweit im IT-Bereich meist kein Dritter zwischengeschaltet sein. Dennoch könnte dieser Beratungsvertrag stillschweigend zustande kommen, insbesondere dann, wenn der Kunde deutlich macht, dass er auf eine bestimmte Art von Beratung besonderen Wert legt, etwa weil er insoweit besondere Kenntnisse beim Lieferanten vermutet. Solche Beratung könnte v. a. die Kompatibilität betreffen. Ein solcher Vertrag kann selbstständig neben den Liefer- und Leistungsvertrag treten.[29]

16

Bei größeren Projekten bzw. Beschaffungsvorgängen hat sich eingebürgert, im Rahmen der Vorauswahl durch die Lieferanten Präsentationen vornehmen zu lassen. In diesen Zusammenhängen werden häufig die Kompetenz und auch die Beratungsfunktion des Anbieters von diesem selbst herausgestellt. In diesen Fällen wird sich empfehlen, bei der Bestellung genau hierauf Bezug zu nehmen. Ansonsten bestehen möglicherweise Beweisprobleme.

17

In diesem Zusammenhang wird gerne eine BGH-Entscheidung[30] zitiert und zwar im Sinne von selbstverständlicher bzw. stets gegebener Aufklärungspflicht des Lieferanten. Dabei wird häufig übersehen, dass bei dieser Entscheidung[31] ganz wesentlich war, dass es der Lieferant übernommen hatte, für den Kunden ein Mengengerüst zu erstellen (das sich dann als falsch erwies). Für den Anbieter entsteht ein ähnliches Haftungsproblem wie bei falscher oder unterlassener Aufklärung, wenn eine entsprechende Pflicht bejaht wird (weil besondere Umstände vorliegen), etwa weil er eine bestimmte Empfehlung abgibt.[32] Ansonsten aber wird man von der Annahme eines selbstständigen Beratungsvertrages eher selten ausgehen können.

18

Vorsicht ist also gegenüber folgenden Entscheidungen geboten:

19

Unzureichende Kundenberatung: Wird der Kunde bei der Geschäftsanbahnung durch den EDV-Lieferanten unzureichend beraten und aufgeklärt, führt dies nicht zwangsläufig zu einem Schadensersatzanspruch wegen Verschuldens bei Vertragsabschluss, mit dem er den Zahlungsanspruch des Lieferanten abwehren könnte.[33]

---

26 Anders aber für Fachfirma mit Spezialsoftware: OLG Hamm CR 2008, 77.
27 Zur Haftung eines Anlagevermittlers von Fondsanteilen aus einem stillschweigend geschlossenen Auskunftsvertrag s. BGH NJW-RR 2007, 348, im Zusammenhang mit § 675 Abs. 2 BGB, BGH DB 2007, 2766.
28 BGH NJW-RR 2007, 348 Tz. 9, im Zusammenhang mit § 675 Abs. 2 BGB.
29 Zur Abgrenzung kaufvertraglicher Nebenleistungen gegenüber selbstständigem Beratungsvertrag s. BGH NJW 1999, 3192 sowie BGH DB 2004, 2472, zur Vorlage eines neben dem Kaufvertrag bestehenden selbstständigen Beratungsvertrags und den Voraussetzungen hierfür; allg. s. *Hörl*, Aufklärung und Beratung beim Computer-Kauf.
30 BGH CR 1986, 79. Dort war in der Unterlage, die der Lieferant unterbreitet hatte, von der »gemeinsam erarbeiteten Problemlösung als Angebot« die Rede.
31 BGH CR 1986, 79.
32 Hier könnte etwa analog auf BGH NJW 2007, 1874, zurückgegriffen werden.
33 OLG Dresden CR 1998, 598.

Noch wesentlich weiter gehen die **Beratungspflichten** lt. OLG Celle beim DV-Vertrag: »Den Lieferanten einer EDV-Anlage trifft eine umfassende Beratungspflicht hinsichtlich der Eignung der Anlage, wenn der Kunde erkennbar Laie auf dem Gebiet der EDV ist....«[34]

20 In Literatur und Rechtsprechung wird oft nicht beachtet bzw. gefordert, dass möglicherweise der Kunde vorleistungspflichtig wäre und zwar in mehrfachem Sinne:
- Er müsste seine Laienhaftigkeit deutlich zu erkennen geben
- Er müsste den Beratungsbedarf einfordern und gleichzeitig aber sagen, was er will und zwar in fachlicher Hinsicht (weil er seinen eigenen Betrieb kennt)
- Dazu müsste er seine Anforderungen vorlegen. Die Beistellung des Pflichtenhefts ist nämlich Sache des Kunden.[35]

21 Die Grenze zwischen Mangel und Aufklärung und somit die Zuordnung ist nicht immer einfach, wie folgendes klassisches **Beispiel** zeigt: Die beschaffte Anlage erwies sich für den Kunden, der je Saison einen unterschiedlichen Musikalienkatalog (der sich also ständig veränderte) elektronisch erstellen wollte, als zu klein, weil die Erfassung auf dem einzig dafür geeigneten Platz länger dauerte, als die jeweilige Saison. Hier war allerdings ein externer Berater eingeschaltet und die Hardware war entsprechend dessen Vorgaben angeboten worden.[36]

22 Schließlich sind Besonderheiten der Hardware unter Umständen von Bedeutung für die Frage der Rechtseinräumung (z. B. auf typische Eigenheiten bestimmter Geräte wie etwa mit Mehrfach-Prozessoren, die als Zielmaschine also die Software praktisch innerhalb des einzelnen Geräts mehrfach »speichern«).

3. Vorvertragliches Verschulden, Zusicherung

23 Die angedeutete Frage nach dem Umfeld lässt sich präziser stellen, wenn man darauf abstellt, ob es sich um ein einzelnes, auch separat zu nutzendes Gerät handeln soll, ob es sich um Teile einer Server-/Client-Umgebung handeln soll oder insgesamt um ein größeres EDV-System oder einen Teil davon, letzten Endes also ein (Intra-) Netz.

24 Hier spielen Fragen der Kompatibilität, der Installation (über die nicht immer gleich gesprochen wird)[37] und evtl. auch Verjährungsfristen eine Rolle.

25 ▶ **Beispiel:**

Manche Kunden beschaffen sich zuerst die von ihnen in Aussicht genommene Hardware und bemühen sich dann darum, hierfür geeignete Software zu finden. Dies gelingt nicht immer, so dass die evtl. als Nächstes in Betracht kommende Software erst noch anzupassen ist. Bis dieses »Projekt« einigermaßen gediehen ist, ist die Verjährungsfrist für Mängel aus der Hardware-Beschaffung (beispielsweise in Liefer-AGB 1 Jahr ab Ablieferung) und entsprechend für die Standardsoftware bereits abgelaufen.

26 Wird ein nur typmäßig bezeichnetes Gerät einzeln beschafft, kann der Lieferant schlecht wissen bzw. beurteilen, wozu der Kunde dieses benötigt. Wenn sich später herausstellt, dass das Gerät für den vorgesehenen Einsatzzweck, ggf. in Verbindung mit der weiteren IT-Umgebung gar nicht geeignet ist, wird dies kaum als Mangel dem Lieferanten angelastet werden können.[38]

---

34 OLG Celle CR 1996, 538 LS 1.
35 Dazu unten Rdn. 516 ff., 525 ff.
36 S. OLG München CR 1987, 675 zu einem Gewährleistungsanspruch vor Lieferung (damals zu § 459 BGB a. F.).
37 Dazu unten Rdn. 719 ff. und Rdn. 237 ff.
38 Zur »Gewährleistung« und zum Mangelbegriff s. unten Rdn. 703 und 163. Zu Beratung s. Rdn. 89 ff.

III. Gemeinsame Problemstellungen

Häufig wollen aber die Kunden dem Lieferanten anlasten, dass er sie über die Verwendungsmöglichkeiten des Geräts nicht oder nicht vollständig aufgeklärt habe. Dies führt dazu, dass sich die Rechtsprechung über Jahre hin mit der Frage des Verschuldens bei Vertragsabschluss und dabei insbesondere mit dem Kenntnis- und Erfahrungsgefälle zwischen Lieferant und Kunden auseinanderzusetzen hatte. Andererseits hat der Anbieter unter Umständen Probleme damit, eine bestimmte Kompatibilität anzupreisen oder zuzusagen, weil er die konkreten Bedingungen beim Kunden hierzu gar nicht genau genug kennt. Dies würde Voruntersuchungen und praktisch Prüfungsarbeiten des Anbieters erfordern. Die marktübliche Marge, deshalb auch der Hinweis auf die Marktverhältnisse, würde eine solche Untersuchungs-Arbeit seitens des Anbieters im Bereich von PC oder Laptops überhaupt nicht erlauben.[39]

27

Zusammen mit den Fragen der Marktverhältnisse spielen die Unterschiede bei den verschiedenen Geräten (und den dazu gehörenden Peripheriegeräten wie Drucker usw.) insbesondere bei Vergabe-Verfahren eine Rolle.[40]

28

Anbieter äußern sich im Angebot häufig einerseits hinsichtlich der Produkte, der Vorgehensweise und evtl. hinsichtlich der Aufwände relativ präzise, während die für den Kunden wichtigen Kennzahlen eher in »Prosa« ausdrückt werden, also »gute Verfügbarkeit«, »hohe Geschwindigkeit« und »gute Bedienbarkeit«. In der Phase vor dem Vertragsschluss sind solche Äußerungen »**Anpreisungen**«. Nach altem Recht waren sie insoweit nicht relevant, wurden also nicht automatisch Vertragsbestandteil.

Seit der Schuldrechtsreform 2002 (SRM) verhält es sich anders, wenn der »Verkäufer« oder der Hersteller des Produkts entsprechende Angaben in der Öffentlichkeit gemacht hat. Sie werden als Angaben zur Beschaffenheit des Produkts automatisch im Rahmen der Mängelhaftung einbezogen. Nach § 434 Abs. 1 S. 3 BGB gehören zu der Beschaffenheit, die bei Sachen der gleichen Art üblich ist und die der Käufer nach der Art der Sache erwarten kann (§ 434 Abs. 1 S. 2 Nr. 2 BGB), »auch die Eigenschaften, die der Käufer nach den öffentlichen Äußerungen des Verkäufers, des Herstellers … und seines Gehilfen, insbesondere in der Werbung oder bei der Kennzeichnung bestimmter Eigenschaften der Sache erwarten kann, es sei denn …«. Der Verkäufer kann solche Angaben im konkreten Vertrag bzw. auch in der vorvertraglichen Korrespondenz »widerrufen« bzw. klarstellen, was genau gelten soll. Dies muss für den Kunden deutlich sein und zumindest gleichwertig erfolgen.

29

Abzugrenzen ist dies von der evtl. (vorvertraglichen) Beratung. Für deren Richtigkeit haftet der Unternehmer aufgrund cic, § 311 Abs. 2 BGB. Die bekannteste Entscheidung ist älteren Datums, weit vor SRM, kann aber gleichwohl noch immer für c. i. c. im Bereich von IT-Verträgen als grundlegend angesehen werden. Der Auftragnehmer hatte es vorvertraglich übernommen, eine Beratung durchzuführen, die für das Vorfeld der Anschaffung eines EDV-Systems typisch wäre. Um die richtige Dimension des Systems zu ermitteln, wurde ein »Organisationsvorschlag« erarbeitet, der später zum Angebot des Unternehmers gehörte, der sich aber als unzureichend erwies.[41]

30

Diese Entscheidung zu c. i. c. wurde in zahlreichen weiteren Entscheidungen später herangezogen, wenn es um Schadensersatzpflichten aus einem vorvertraglichen Verhältnis ging. Dabei ist oft übersehen worden, dass diese Entscheidung darauf beruhte, dass der konkrete Unternehmer von sich aus einen entsprechenden Organisationsvorschlag unterbreitet hat und dazu im Rahmen von Besprechungen und Informationen des Auftraggebers das Material gesammelt hatte und dann als Angebot unterbreiten konnte.[42]

31

---

39 Spiegelbildlich für Software s. a. das Problem der Kompatibilitätshinweise bei Computersoftware und ihre kennzeichenrechtlichen Grenzen: *Grützmacher/Schmidt-Bogatzky* CR 2005, 545.
40 S. dazu Kap. 24.
41 S. BGH CR 1986, 79.
42 S. BGH CR 1986, 79.

Kapitel 4   A. IT-Leistungen, Vertragsgegenstände und allgemeine Problemstellungen

32 Grundsätzlich gilt nämlich, dass der Auftragnehmer/Unternehmer keine Aufklärungs- und Beratungspflichten hat, wenn er nicht nach spezifischen Themen gefragt wird, auf die es dem Auftraggeber ersichtlich ankommt und er darauf antwortet oder er von sich aus, etwa im Rahmen des Angebots wie hier bei der BGH-Entscheidung, tätig wird.[43] Es gibt also so gesehen keine genuine Beratungspflicht. Andererseits ist diese Beratungstätigkeit, wenn sie entfaltet wird, vom sogenannten Funktionsmangel abzugrenzen. Der Funktionsmangel entsteht dadurch, dass ein anderer, dritter Unternehmer eine unzureichende Vorleistung bietet, die aber für die konkrete Leistung des Unternehmers von Bedeutung ist.

33 In diesem Zusammenhang kann sich i. V. m. werkvertraglichen Regelungen als besonderes Problem das sog. »Abspecken« von Leistungsinhalten erweisen. Wenn der Kunde vom Auftraggeber ursprünglich ein Angebot einforderte, das besonders komfortable, langfristig haltbare und großzügig dimensionierte Ausgestaltung verlangt, kommt es im Laufe der Vertragsverhandlungen dazu, Leistungsmerkmale »abzuspecken«. Die Frage ist dann, ob der Kunde genügend klar darüber informiert ist, was im Ergebnis dieses »Abspecken« bewirkt, etwa hinsichtlich der Performance, der Sicherheit u. ä. Aus der Sicht des Kunden wird es deshalb empfehlenswert sein, die Eckwerte, auf die er besonderen Wert legt, stets festzuhalten und von der konkreten Ausgestaltung des Angebots unabhängig zu machen, damit bestimmte Reaktions- und Verfügbarkeitszeiten bei der Arbeit mit der Software, bestimmte Geschwindigkeiten in der Verarbeitung großer Datenmengen und ggf. Erweiterungsmöglichkeiten und v. a. die Kompatibilitäten vereinbart sind.[44]

34 Typisch dürfte das Problem bzw. die Frage sein, inwieweit früher besprochene oder in einem früheren Angebot versprochene Leistungsmerkmale tatsächlich Vertragsinhalt bleiben oder werden, wenn die Verhandlungen zu Abstrichen bei der Leistung (und dadurch bei den Kosten) führen.[45] LS 3 zu der zitierten BGH-Entscheidung lautet:

> »Zusatzwünsche sind im Allgemeinen nicht Vertragsinhalt geworden, wenn sie zwar als selbstverständlich besprochen, dann aber nicht in die schriftliche Vertragsurkunde aufgenommen worden sind.«[46]

Der BGH verweist aber – zu Recht – darauf, dass insofern eine Verletzung **vorvertraglicher** Aufklärungspflichten vorliegen kann.[47]

35 Die **Zusicherung** gibt es als Institut noch bei Miete, nicht bei Kauf- und Werkvertrag. Das Kaufobjekt bzw. die Werkleistung hat mangelfrei zu sein. Die »Garantie« entspricht bei Kauf weitgehend der früheren »Zusicherung«. Bei Werkvertrag ist die Garantie in § 639 BGB ähnlich geregelt wie für Kauf in § 444 BGB, wobei es sich regelmäßig um eine »unselbstständige Garantie« handeln wird.[48] Wie dort kann die Garantie im Werkvertrag ausdrücklich oder stillschweigend übernommen werden. Leichte Unterschiede bestehen gegenüber dem Kaufrecht. Während im Kaufrecht erforderlich ist, dass der Verkäufer durch eine Erklärung, die Vertragsinhalt geworden ist, bindend die vereinbarte Beschaffenheit übernimmt,[49] sind

---

43 Eine »Fachfirma« sollen besondere Anforderungen an die Beratung und Aufklärung im Bereich ihres Geschäftsfeldes treffen, so etwa zum Datenaustausch: OLG Hamm CR 2008, 77.
44 Evtl. ergeben sich konkurrierende Ansprüche wegen Fehlinformationen aus cic und Mangelrecht. Grundsätzlich würde Mangelrecht cic verdrängen, nicht jedoch, »*wenn der Verkäufer den Käufer über die Beschaffenheit der Sache arglistig getäuscht hat*«, BGH 27.03.2009, V ZR 30/08 i.Vm. Hinweisbeschluss v. 02.11.2010, VIII ZR 287/09; s. a. BGH NJW 2010, 858. Zur Beweislast bei arglistiger Täuschung s. BGH NJW 2011, 1279 (Erleichterungen zugunsten des Kunden bei unterbliebener Offenbarung einer negativen Tatsache nach den Grundsätzen der sekundären Beweislast).
45 S. BGH CR 1991, 86 »Zahlungsverweigerung wegen nicht erfüllter Zusatzwünsche«.
46 BGH CR 1991, 86.
47 BGH CR 1991, 86.
48 Zu Garantien in IT-Verträgen s. *Stadler* CR 2006, 77; s. a. *Lapp* ITRB 2003, 42.
49 Palandt/*Grüneberg* § 276 Rn. 29 BGB.

III. Gemeinsame Problemstellungen

die Anforderungen im Werkvertragsrecht wohl etwas geringer, ebenso wie früher bei der Zusicherung.[50]

Verschuldensunabhängig haftet der Lieferant/Unternehmer auf Schadensersatz, wenn er eine Garantie übernommen hat (§ 276 Abs. 1 S. 1 BGB). Eine einfache Äußerung zur Produktbeschaffenheit[51] führt nicht automatisch zu »Garantie«, der früher weitgehend »Zusicherung« entsprach, so dass insoweit auch auf die frühere Rspr. zur Zusicherung zurückgegriffen wird.[52] **36**

Der Wille zur Übernahme der besonderen Haftungsrisiken der Garantie könnte etwa bei Leistungsaussagen zutage treten. Die Gebote der Vertragsklarheit und Transparenz gelten auch für **Leistungsbeschreibungen**. Insofern empfiehlt sich für den Anbieter, diese möglichst straff, klar und verständlich so zu gestalten, dass für den Auftraggeber erkennbar ist, was der Leistungsinhalt und das Leistungsergebnis ist. Je deutlicher solche Merkmale beschrieben sind und ggf. auch hervorgehoben werden, umso eher besteht die Gefahr, dass sie als gesondert zu bewertendes Leistungsversprechen im Sinnes eines verschuldensunabhängigen Einstehen-Wollens verstanden werden.[53] Da der BGH aber besondere Anforderungen stellt, die über die bloße Beschaffenheitsbeschreibung hinausgehen,[54] ist diese Gefahr auf die Fälle beschränkt, bei denen besondere Umstände vorliegen. Dies wären Aussagen des Lieferanten/Unternehmers auf betonte Frage des Käufers/Bestellers z. B. zu Kompatibilität, Performance oder Kapazität. **37**

Im Verhältnis B2C kann zwar aufgrund der BGH-Rspr.[55] mit einer leichten Absenkung der Anforderungen gerechnet werden. Für B2B ist dem Auftraggeber also empfehlen, dass die für den Auftraggeber wesentlichen Merkmale der Leistungen bzw. der Nutzung im Rahmen des Produktivbetriebs festgehalten und ausdrücklich vereinbart sind. Wenn daran bestimmte Folgen geknüpft werden sollen, wie etwa eine verschuldensunabhängige Einstandspflicht, so sollte dies ausdrücklich vereinbart und sogar betont werden. Eine Möglichkeit, dies zu tun, sind SLA. Sie haben den Vorteil, dass sie in der Regel einerseits eine angemessene Vergütung für den Auftragnehmer vorsehen (der seine Pflichten auch anspannt), andererseits mit der Schadensersatzpauschale eine für den Auftraggeber hinsichtlich des Nachweises des Schadens erleichternde Regelung bieten. **38**

Äußerungen wie »gute Performance« o. ä. sind trotz ihrer Vagheit einer quantifizierenden Feststellung zugänglich. Allerdings wird dies nicht ohne Zuhilfenahme sachverständiger Begutachtung möglich sein. Damit sind im Prozess erhebliche Risiken (und auch Kosten) verbunden. Jedenfalls kann man mit solchen Begriffen die im Gesetz vorgesehenen Kategorien der Beschaffenheit und des vertraglichen Zwecks anreichern und in der Tendenz ausfüllen. Wenn man andeutet, dass man in höchstem Maße auf die Verfügbarkeit des Systems im Bereich von Minuten oder Stunden angewiesen ist, dass Unterbrechungen fatale Folgen durch umfangreiche Nacharbeiten haben und aufs Äußerste zu vermeiden sind, wird dies zwar nicht unbedingt eine zugesicherte Eigenschaft nach altem Recht oder eine verschuldensunabhängige Haftung begründen. Jedoch kann ein Sachverständiger anhand dessen be- **39**

---

50 Zu den geringeren Anforderungen an eine Zusicherung bei Werkvertrag s. BGH DB 1996, 1276 – Tiefdruckanlage.
51 BGH CR 1996, 402.
52 BGH NJW-RR 2010, 1329 – Kunststoffkorken; BGH NJW 2007, 1346 Tz. 20: Aus Sicht des Käufers muss der Wille des Verkäufers erkennbar sein, in vertragsmäßig bindender Weise die Gewähr für das Vorhandensein einer Eigenschaft der Kaufsache zu übernehmen und der Verkäufer damit seine Bereitschaft zu erkennen gibt, für alle Folgen des Fehlens dieser Eigenschaft ohne Verschulden einzustehen.
53 Zum Spannungsverhältnis zwischen Leistungsbeschreibung, Garantie und sinnvoller Beschränkung der Gewährleistung im Rahmen der Vertragsgestaltung s. *Lapp* ITRB 2003, 42.
54 S. im Privatbereich BGH NJW 2007, 759, LS b).
55 BGH NJW 2007, 759.

urteilen, dass der Kunde ein hoch verfügbares System mit entsprechend hoher Qualität, Reaktionsgeschwindigkeit u. ä. haben wollte und dies auch der vorausgesetzte Zweck war. Letztere Subsumtion wird der Richter vorzunehmen haben. Insofern können »scheinbar schwammige« Angaben zu konkreten, für den Auftraggeber günstigen Ergebnissen führen.

40 Ein »**Funktionsmangel**« wird in der Regel nicht als cic qualifiziert:[56]

> »Beruht der Mangel der Funktionstauglichkeit auf einer unzureichenden Vorleistung eines anderen Unternehmers, wird der Unternehmer auch nach dem durch das Gesetz zur Modernisierung des Schuldrechts geänderten Werkvertragsrecht von der Mängelhaftung frei, wenn er seine Prüfungs- und Hinweispflicht erfüllt hat.«[57]

4. Mangel

41 Das Mangelrecht bei Kauf und Werkvertrag ist im Prinzip angeglichen,[58] im Detail doch jeweils verschieden. Dies ist einer der Gründe, warum die Diskussion um die Anwendung von § 651 BGB relevant ist. S. dazu Rdn. 48 ff. Das Mietrecht wurde nicht »schuldrechtsmodernisiert«. Sein Mangelrecht zeichnet sich durch erhebliche Abweichung aus.

42 Soweit ersichtlich, gibt es bisher kaum Rechtsprechung zu Mängeln bei Software nach der Schuldrechtsmodernisierung, die spezielle Aspekte der Software und deren technische Ausprägung beträfen.[59] Insofern hat sich an den Problemen, die schon bisher in diesem Bereich bestanden, wohl wenig geändert. Das bedeutet auch, dass z. B. die Voraussetzung der »Reproduzierbarkeit« in der Regel eine Überforderung des Kunden darstellt, für den es genügt, das Phänomen zu beschreiben, unter dem der Mängel auftritt bzw. wie er sich zeigt.[60] Wirksam wäre allerdings eine solche Formulierung bzw. eine solches Erfordernis, wenn sich der Kunde dies selbst auferlegt, wie dies etwa in der EVB-IT-Überlassung Typ A vorgesehen ist (Ziffer 7.4: »Voraussetzung für Gewährleistungsansprüche ist die Reproduzierbarkeit oder Feststellbarkeit der Mängel.«), da sich der Kunde selbst benachteiligen darf.[61]

43 Dies gilt auch entsprechend für die Unerheblichkeit des Sachmangels. Grundsätzlich gilt diese Erheblichkeitsschwelle bzw. die sog. Bagatellgrenze nicht mehr. Der Kunde kann sie aber zu seinen eigenen Lasten in seine Einkaufs-AGB einbauen (so etwa die EVB-IT-Überlassung Typ A in Ziffer 7.1 Satz 2).

44 Die folgende Übersicht vergleicht die Haftung für Softwaremängel bzw. Mängel überhaupt bei Kauf und Miete sowie Werkvertrag.

---

56 A. M. z. B. bei fehlender Kompatibilität der Datenaustauschsoftware: OLG Hamm CR 2008, 77.
57 BGH NJW 2008, 511, LS b).
58 S z. B. LG Bonn CR 2008, 767 zu den praktisch gleichen Voraussetzungen einer »Rückabwicklung«.
59 Ausnahmen sind etwa LG Freiburg CR 2006, 556: Ein Computer-Peripheriegerät ist nicht mit einem Sachmangel behaftet, wenn eine Funktionsstörung erst aufgrund durch Zeitablauf bedingter Veraltung der Betriebssoftware eintritt. OLG Koblenz CR 2008, 148: Ist ein Käufer infolge unregelmäßiger, nicht steuerbarer, aber immer wieder auftauchender Fehlermeldungen während der automatisierten Datensicherung zur »händischen« Überprüfung der Prüfprotokolle gezwungen, ist von einer erheblichen Fehlerhaftigkeit des IT-Gesamtsystems i. S. d. § 459 Abs. 1 Satz 1 und Satz 2 BGB a. F. auszugehen. S. a. noch LG Bonn CR 2007, 767.
60 BGH CR 2008, 145 (»Mangelerscheinungen«).
61 S. a. zu den daraus resultierenden Mitwirkungspflichten *Müglich/Lapp* CR 2004, 801 (807).

Schema Kauf-, Miet- und Werkvertrag im Vergleich der Mängelhaftung[62]

	Kaufvertrag	Mietvertrag	Werkvertrag
I.	**Mangelfreiheit**	**Mangel**	**Mangelfreiheit**
1.	Liegt vor, wenn vereinbarte Beschaffenheit gegeben, ansonsten, wenn nicht vereinbart	der bei Übergabe besteht oder später entsteht	(wie Kauf)
2.	Eignung für nach dem Vertrag vorausgesetzter Verwendung, ansonsten	Tauglichkeit zum vertragsgemäßen Gebrauch	(wie Kauf)
3.	Eignung für die gewöhnliche Verwendung und	aufgehoben oder gemindert	(wie Kauf)
a)	Beschaffenheit	–	(wie Kauf)
aa)	wie bei Sachen der gleichen Art üblich		(wie Kauf)
bb)	die der Käufer nach Art der Sache erwarten kann		(wie Kauf)
cc)	inkl. Öffentliche Äußerungen des Verkäufers oder des Herstellers bzw. dessen Gehilfen		(öffentliche Äußerung entfällt)
4.	Garantie (verschuldens- unabhängiges Einstehenmüssen auch für Schadenersatz)	Zusicherung	(wie Kauf)
5.	Kein aliud, keine zu geringe Menge		kein aliud – wie Kauf
II.	**Rechtsfolgen**		
1.	Nacherfüllung nach Wahl des Käufers	Anzeige	Nacherfüllung nach Wahl des Unternehmers
a)	Nachbesserung oder	Nachbesserung/Ersatzvornahme	Nachbesserung oder
b)	Neulieferung innerhalb angemessener Frist nach Fehlschlagen oder Weigerung	Minderung der Mietzahlung	Neues Werk herstellen
c)			Selbstvornahme, Aufwendungsersatz
2.	Minderung oder Rücktritt und	Minderung	Minderung oder Rücktritt und
3.	Schadensersatz oder Aufwendungsersatz		Schadensersatz oder Aufwendungsersatz
III.	Verjährung		
	Ab Ablieferung		Ab Abnahme

Die **Unterschiede** im Mangelkonzept der drei Vertragsarten zeigen sich an folgenden Beispielen: 45
- Gesetzesänderungen lassen Software, v. a. aus dem Bereich der Unternehmenssoftware zwar inhaltlich veralten.[63] Bei Kauf würde es auf den Zeitpunkt der Übergabe, bei Werkvertrag der Abnahme ankommen, bei Miete würde die spätere Entstehung nichts an der Pflicht zur Erhaltung der Gebrauchstauglichkeit ändern. Bei Pflege müsste eine Pflicht

---

[62] Das Schema ist in Anlehnung an *Jäger/Lenzer/Schneider/Wissner*, Begutachtung und rechtliche Bewertung von EDV-Mängeln, 2003, S. 62 (65) entstanden.
[63] S. a. *Orthwein/Bernhard*, CR 2009, 354 zu dieser Mangelproblematik.

zur Aktualisierung vereinbart sein. Ist die Änderung absehbar, kommen v. a. bei Kauf Aufklärungspflichten in Betracht.[64]
- Grundsätzlich »verdrängt« die vereinbarte Beschaffenheit die übrigen Mangelkategorien. Bei Werkvertrag droht aber »Funktionsmangel«, wenn trotz Erfüllung der Beschaffenheitsvereinbarung die Funktionstauglichkeit nicht gegeben ist und Hinweise auf unzureichende Vorleistung unterblieben.[65] Es greift also in der Regel nicht cic, sondern Mangelrecht, obwohl es sich um Prüfungs- und Hinweispflichten handelt, die verletzt werden.

46 Die Kostenlosigkeit der **Nacherfüllung** einerseits steht in einem potenziellen Konflikt mit evtl. Kostenerstattungspflichten des Auftraggebers gegenüber dem Auftragnehmer bei unberechtigten Nacherfüllungsverlangen. Andererseits können auch Störungsmeldungen, die sich dann später als Mängel herausstellen, verjährungshemmend wirken.[66] Die Grenzziehung ist nicht einfach, sie kann jedoch anhand folgender BGH-Entscheidungen jeweils im Einzelfall genauer beurteilt werden:
- Während des Vertragsverhältnisses kann generell (unabhängig von Mängeln) ein **unberechtigtes Verlangen**, wenn der Verlangende dies zu vertreten hat, Schadensersatzansprüche auslösen.[67] Andererseits darf der Auftragnehmer Maßnahmen zur Mängelbeseitigung nicht davon abhängig machen, dass der Auftraggeber die Übernahme der Kosten für den Fall erklärt, dass der Auftragnehmer nicht für den Mangel verantwortlich ist.[68]
- **Unberechtigte Mängelrügen**, die Probleme aus der Sphäre des Kunden betreffen, was dieser hätte erkennen können, führen zu einem **Erstattungsanspruch** des Auftragnehmers.[69]
- Für die Geltendmachung der Rechte bei Mängeln genügt der Hinweis auf die **Mangelerscheinung**. Die Mangelursache muss vom Auftraggeber nicht dargestellt bzw. mitgeteilt werden.[70] Das bedeutet auch, dass AGB, wonach der Auftraggeber besondere technische Umstände hinsichtlich der Ursachen beschreiben soll, unwirksam sein dürften.
- Es liegt auch dann eine wirksame Mängelrüge vor, wenn der Besteller bei seiner Meldung irrtümlich einen **Bedienungsfehler** annimmt.[71]
- Zur **Beweislast nach Nacherfüllung**: »Der Käufer, der die Kaufsache nach einer Nachbesserung des Verkäufers wieder entgegengenommen hat, trägt die Beweislast für das Fehlschlagen der Nachbesserung. Bleibt nach zweimaliger Nachbesserung ungeklärt, ob das erneute Auftreten des Mangels auf der erfolglosen Nachbesserung des Verkäufers oder auf einer unsachgemäßen Behandlung der Kaufsache nach erneuter Übernahme durch den Käufer beruht, so geht das zu Lasten des Käufers.«[72]
- Wichtig für die Verjährung ist auch, dass ein sogenannter Mängeldialog bereits die **Hemmung** auslöst, was die Verjährung betrifft. Einen solchen »Mängeldialog« haben die EVB-IT schon vor der Entscheidung des BGH vom 30.10.2007 ansatzweise aufgegriffen.
- Bei arbeitsteiliger Erstellung greift die Organisationspflicht als Obliegenheit des Unternehmers mit der Folge, dass er wie bei arglistigem Verschweigen eines Mangels behandelt wird, was die Frage betrifft, ob das Werk bei Ablieferung mangelfrei war.[73]

---

64 Zur ähnlichen Problematik etwa Jahrtausendwechsel s. OLG Nürnberg CR 2005, 260.
65 BGH NJW 2008, 511.
66 BGH CR 2008, 145.
67 BGH CR 2009, 495 m. Anm. *Redeker*.
68 BGH CR 2011, 10.
69 BGH CR 2008, 278; s. aber andererseits BGH NJW 2010, 3649: Kein Anspruch des Nacherfüllungspflichtigen auf Erklärung der Kostenübernahme für den Fall des Nichtvorliegens eines Mangels.
70 BGH CR 2008, 145.
71 BGH NJW 2008, 576 LS a), Satz 2 sinngemäß.
72 BGH NJW 2009, 1341.
73 Zu Bauwerken BGH 2008, 145 in Bestätigung von BGHZ 117, 318.

- Die vorbehaltlose Bezahlung einer Rechnung rechtfertigt für sich genommen weder die Annahme eines deklaratorischen noch eines »tatsächlichen« Anerkenntnisses der beglichenen Forderung.[74]
- Für eine Fristsetzung gemäß § 281 Abs. 1 BGB genügt es, wenn der Gläubiger durch das Verlangen nach sofortiger, unverzüglicher oder umgehender Leistung oder vergleichbare Formulierungen deutlich macht, dass dem Schuldner für die Erfüllung nur ein begrenzter (bestimmbarer) Zeitraum zur Verfügung steht; der Angabe eines bestimmten Zeitraums oder eines bestimmten (End-)Termins bedarf es nicht.[75]
- Die Obliegenheit des Käufers, dem Verkäufer Gelegenheit zur Nacherfüllung zu geben, beschränkt sich nicht auf eine mündliche oder schriftliche Aufforderung zur Nacherfüllung, sondern umfasst auch die Bereitschaft des Käufers, dem Verkäufer die Kaufsache zur Überprüfung der erhobenen Mängelrügen zur Verfügung zu stellen.[76]
- **Leistungsaufforderung** (vor und nach Abnahme): Für eine Leistungsaufforderung im Sinne des § 281 Abs. 1 Satz 1 BGB reicht grundsätzlich die Aufforderung, die vertragliche Leistung zu bewirken.[77] Es reicht, »wenn er in diesem Fall die fehlende Funktionalität beanstandet«.[78] Nach Abnahme muss der Kunde diese Aufforderung spezifizieren.[79]

5. Verjährung

Die Verjährungsregeln bei Kauf, Miete und Werkvertrag divergieren, wie in Rdn. 44 angedeutet. In der Regel bereiten diese Regeln keine Schwierigkeiten. Das gilt nicht für die Phase vor Erfüllung und nicht bei der sogleich behandelten Thematik des § 651 BGB. Selbst mit der h. M. (Werkvertrag) ist nicht klar, ob § 634a Abs. 1 Nr. 1 oder Nr. 3 (dann kein Beginn der Verjährung mit der Abnahme) anzuwenden ist.

Vor Erfüllung gilt die allgemeine Verjährungsfrist. Dies übersehen viele AGB-Verwender. Die eigentliche Mängelverjährungsfrist, 2 Jahre ab Ablieferung für Kauf (§ 438 Abs. Nr. 3) bzw. ab Abnahme für Werkvertrag, lässt sich auf ein Jahr verkürzen (§ 309 Nr. 8b ff.) BGB). Allerdings gilt die Mängelverjährungsfrist nicht bei Arglist. Dafür greift wieder die allgemeine Verjährungsfrist, 3 Jahre ab Kenntnis, max. aber 10 Jahre ab Entstehung. Für Schadensersatzansprüche bei Schädigung bestimmter Güter beträgt die Maximalfrist sogar 30 Jahre.

Ein Problem stellt die Verjährung der **Rechtsmängel** dar. Hierfür erscheint die 2-Jahresfrist sehr kurz. In Einkaufs-AGB wird die Frist auf 3 Jahre verlängerbar sein; es ist aber eine Verlängerung auf 10 Jahre unwirksam.[80]

---

74 BGH CR 2009, 210 (im Anschluss an BGH NJW-RR 2007, 530) m. Anm. *Bischof/Schneider*: wichtig auch für das Verhältnis der Pflegevergütung während des Laufs der Verjährungsfrist für Mängelansprüche aus der Beschaffung!
75 BGH NJW 2009, 3153; der Käufer eines Gebrauchtwagens forderte die Beklagte zur *umgehenden Beseitigung* auf und kündigte an, anderenfalls werde er eine andere Werkstatt mit der Reparatur beauftragen. Entgegen einer ihm ihrem Mitarbeiter zunächst erteilten Zusage, sich um die Angelegenheit zu kümmern, meldete sich die Beklagte in der Folgezeit nicht bei dem Käufer; dessen Versuch, die Beklagte telefonisch zu erreichen, scheiterte. Daraufhin ließ der Käufer das Fahrzeug bei der H. GmbH zu Kosten von 2.194,09,– € reparieren.
76 BGH NJW 2010, 1448 – (im Anschluss an BGHZ 162, 219 ff. und BGH NJW 2006, 1195) CR 2010, 422 mit Anm. m. Anm. *Bartsch* CR 2010, 777.
77 BGH NJW 2010, 2200 – BGB § 281 Abs. 1 – Softwareanpassung im Anschluss an BGH NJW-RR 1988, 310.
78 BGH NJW 2010, 2200 Tz. 16 – BGB § 281 Abs. 1.
79 BGH NJW 2010, 2200 Tz. 15 – BGB § 281 Abs. 1; s. a. OLG Köln CR 2004, 173 i. V. m. einer speziellen vertraglichen Reglung, für die die Bitte um »Anleitung und Hilfe« nicht ausreichte.
80 BGH NJW 2006, 47. S. a. *Redeker*, IT-Recht, Rn. 568 f., 571.

IV. Das Problem des § 651 BGB bei Softwareerstellung und -anpassung

48 Das Problem der Anwendung von § 651 BGB stellt sich v. a. bei Software-Erstellung und Anpassung. Ein wesentlicher Aspekt der Auslegung des § 651 ist deren Konformität mit der Verbrauchsgüterkaufrichtlinie bei überschießender Umsetzung. Bis zur Klärung der Rechtslage stellt sich dem beratenden Anwalt die Aufgabe pragmatischer Vorgehensweise bei der Vertragsgestaltung, die wohl immer noch in einer **Neutralisierung** und Verlagerung in die Leistungsbeschreibung und den »Aktivitäten-und Fristen-Plan« besteht, um weitgehend unabhängig von den zukünftigen Entwicklungen zu sein (falls es zum Streit kommt).

1. Die Situation gemäß der Verbrauchsgüterkaufrichtlinie

49 Ein Argument, § 651 BGB nicht bei B2B Verträgen anzuwenden, ist, dass die Neuformulierung im Zuge der Schuldrechtsmodernisierung zur Umsetzung der Verbrauchsgüterkaufrichtlinie erfolgte. Dies ist richtig, lässt aber außer Acht, dass es keinen Grund gab, für den Verbraucher-Bereich keine eigenständige, die Richtlinie exakt umsetzende Formulierung zu schaffen, die den bestehenden Komplex der §§ 474 ff. BGB ergänzt hätte. Man hat einen anderen Weg gewählt und, wie bei einer Reihe von anderen Vorschriften im Mängelrecht, das Schuldrecht insoweit generell – überschießend – geändert und nicht nur eine Spezialregelung im Verbrauchsgüterrecht eingebaut. Dies war für die Umsetzung nicht erforderlich. Infolgedessen entfällt das Argument, die Anwendbarkeit im Unternehmerbereich sei nicht vorgesehen gewesen oder erforderlich. Im Gegenteil: Wenn eine Richtlinie, die für einen bestimmten Bereich, wie hier Verbraucherschutz vorgesehen ist, generalisiert umgesetzt wird, kann sie nicht später auf den ursprünglichen, theoretischen Anwendungsbereich reduziert werden.[81] Der Gesetzgeber hatte sich entschlossen, die Maßgaben der Verbrauchsgüterkaufrichtlinie bei Mängeln und § 651 generalisiert umzusetzen. Der Rückzug auf eine reduzierte Anwendung der Vorschrift des § 651 ist deshalb nicht erlaubt. Vielmehr muss dann, wenn eine generalisierte Umsetzung vorgenommen worden ist, die Vorschrift auch generalisiert angewandt werden.[82]

50 Das Problem ist dadurch entstanden, dass – wenn auch relativ spät – § 651 BGB in der jetzigen Fassung noch im Rahmen der Schuldrechtsmodernisierung eingebaut worden ist. Entscheidendes Kriterium ist, ob es sich um eine bewegliche Sache handelt, die herzustellen und welcher Sachbegriff dafür heranzuziehen ist.[83] Eine teleologische Reduktion etwa in dem Sinne, der Gesetzgeber habe an die Variante nicht gedacht, ist nicht zulässig.[84] Vor allem am Sachbegriff setzt die Meinung an, die § 651 nicht auf Software-Verträge anwenden will. Dem steht wiederum entgegen, dass der BGH Software durchaus als Sache versteht,[85] wenn auch die Entscheidungen der einzelnen Senate Unterschiede aufweisen.

51 Maßgabe hierfür war die Verbrauchsgüterkaufrichtlinie, die nur im Verhältnis von Unternehmer zu Verbrauchern gilt. Der deutsche Gesetzgeber hat sich aber entschlossen, die Verbrauchsgüterkaufrichtlinie nicht nur speziell im Verhältnis zu Verbrauchern umzusetzen, sondern im Wesentlichen generell. Die Reform hat davon abgesehen, das Mängelrecht nur im Verhältnis zu Verbrauchern »zu verbessern«, so dass § 651 BGB auch B2B gilt.[86]

52 Kaufleuten wird auch insofern kein größerer Spielraum gewährt, als die Möglichkeit nicht besteht, § 651 BGB in AGB abzubedingen. Die Frage ist somit, wann und wie genau § 651

---

81 S. v. a. *Grundmann/Bianca* (Hrsg.), EU-Kaufrechtsrichtlinie, 2002.
82 S. a. zur Verbrauchsgüterkaufrichtlinie *Grundmann/Bianca* (Hrsg.), EU-Kaufrechtsrichtlinie.
83 S. BGH CR 2009, 637 Tz. 11 – Siloanlage.
84 S. BGH CR 2009, 637 Tz. 15 – Siloanlage.
85 S. v. a. BGH CR 2007, 79 – asp m.w.N.
86 S. a. BGH CR 2009, 637 Tz. 19 – Siloanlage.

IV. Das Problem des § 651 BGB bei Softwareerstellung und -anpassung

BGB auf die verschiedenen Arten der Softwareerstellung und -anpassung anzuwenden ist. Das Schema gem. Rdn. 77 ist sehr strittig. In Rdn. 78 werden die BGH-Entscheidungen zusammengefasst, woraus sich ein anderes Bild ergibt, das der h. M. weitgehend entspricht.

Für die Praxis bedeutet die verbleibende Unsicherheit gegenüber der Anwendung des § 651 BGB, dass die Wirksamkeit von AGB zumindest hinsichtlich der Punkte, in denen sich Kauf- und Werkvertrag nicht unerheblich unterscheiden, unsicher bleibt. Dies betrifft neben dem Wahlrecht bei Nacherfüllung, der Abnahme und den Sekundäransprüchen v. a. den Verjährungsbeginn. Eine **Neutralisierung** des Vertrags ist angezeigt, insbesondere eine starke Betonung des Leistungsprogramms, also eine Betonung von »Pflichtenheft« und »Aktivitäten- und Fristenplan« unter Einschluss der Mitwirkungsleistungen des Kunden. 53

Es gibt eine Reihe von Argumenten, die sich dahin gehend zusammenfassen lassen, dass der Gesetzgeber an Software oder deren Probleme nicht gedacht habe. Dies ist falsch. Software ist im Gesetz im Zuge der Schuldrechtsmodernisierung an mehreren Stellen bedacht worden. Explizit im Zusammenhang mit dem Fernabsatz, dort allerdings nicht bei der Erstellung, sondern bei der Standardsoftware und der Entsiegelung des Datenträgers (§ 312 Abs. 4 Nr. 2 BGB). Des Weiteren war Software ein wichtiger, wenn auch falsch behandelter Aspekt, im Zusammenhang mit § 453 BGB. Diese Regelung hätte analog auch für das Werkvertragsrecht geschaffen werden können. In der gesetzlichen Begründung wurde Software i. V. m. einer Reihe von anderen Gegenständen aufgelistet. Entsprechende Stichworte tauchen auch jetzt noch auf, ohne allerdings die Software zu erwähnen, so etwa bei Palandt/ *Weidenkaff* in Rn. 1 zu § 453 BGB: 54

> »Neben Rechten im engeren Sinne ... z. B. Unternehmen, Strom und Wärme, Know How, Werbeidee sowie Mischformen, etwa Wertpapiere«.

Ausdrücklich heißt es in Rn. 8 zu § 453 BGB (Palandt/*Weidenkaff*) zur Software:

> »Soweit im Einzelfall nicht schon ganz oder zum Teil Kauf einer Sache (oder Werkvertrag) vorliegt (vgl. § 433 Rn. 9 BGB), unterfällt die Software über § 453 BGB auf jeden Fall dem Kaufrecht. ...«

Für den einzelnen Vertrag spielen diese Argumente allenfalls eine Rolle (wenn zwischen den Vertragsparteien und deren Anwälten verhandelt wird), welchem Recht im Streitfall das Gericht den Vertrag unterwerfen wird (und welches man demnach bevorzugen sollte). Darüber hinaus ist die Frage, ob Deutschland bei anderer Handhabung des § 651 BGB als in der Verbrauchsgüterkaufrichtlinie vorgesehen, wegen der in der Praxis vorgenommenen Ausnahmen, der falschen Umsetzung bezichtigt werden kann. Dieses Thema wird hier nicht weiter verfolgt. Dass die Angelegenheit auch über die Frage des Erfüllungsorts und damit der Zuständigkeit des Gerichts virulent werden kann, zeigt eine Entscheidung des OLG München.[87] 55

Gravierend ist die Unsicherheit, wie die Gerichte gerade bei Anwendung der h. M. die Verjährung beurteilen. Es macht daher Sinn, dass eine von den Parteien gewollte individualvertragliche Gestaltung besonders hervorgehoben wird. Dies führt dazu, dass man mehr Details zu Abnahme, Abnahmeprocedere und v. a. Verjährung vereinbart, als früher notwendig erschien. Bei AGB ist die Möglichkeit, diese zukunftssicher zu gestalten, in dieser Form nicht gegeben.[88] 56

---

[87] OLG München CR 2010, 156; s. zur internationalen Zuständigkeit am Erfüllungsort bei Softwareentwicklungsverträgen *Mankowski* CR 2010, 137; s. a. zu örtlicher Zuständigkeit OLG Bamberg CR 2010, 632.
[88] S. zum verbleibenden Problem der Verjährung *Maume/Wilser* CR 2010, 209 (keine Lösung für AGB, nur in Individualvereinbarung).

2. BGH vom 23.07.2009

57 Über längere Zeit hin war die Diskussion weitgehend der Literatur überlassen, ob § 651 BGB auf Erstellung und/oder Anpassung von Software anzuwenden sei. Weit überwiegend wurde die Anwendung abgelehnt.[89] Die Befürworter bildeten die Mindermeinung.[90] Für die dogmatischen Folgeprobleme, vor allem bei der Verjährung, gibt es keine systematisch befriedigende Lösung für AGB.

58 Wichtige Maßgaben enthielt die Entscheidung des BGH vom 23.07.2009, VII ZR 151/08, die allerdings für die Errichtung einer Siloanlage benötigten Bauteile betraf.[91] Der BGH erteilte den diversen Argumentationen, u. a. zur Sachqualität und warum § 651 BGB nicht anzuwenden sei, eine klare Absage, darunter auch der *teleologischen Reduktion*.[92] Die Auslegungsmaßgaben des BGH sind auch für IT-Verträge relevant. Speziell bei Software wird neben der Sachqualität für Erstellung und Anpassung eine wichtige Alternative dahin gehend aufgezeigt, dass ggf. die **Planung** solches Gewicht hat, dass die Anwendung des Werkvertragsrechts erfolgen sollte. Im konkreten Fall hat der BGH zwar den Planungsanteil als zu gering erachtet, jedoch zugleich angedeutet, wann die Anwendung von Werkvertragsrecht richtig sein kann (Tz. 22):

59 »In der Literatur wird geltend gemacht, § 651 BGB sei nicht anzuwenden, wenn der Vertrag zwischen Unternehmern über die Lieferung eines herzustellenden typischen Investitionsgutes andere zusätzliche wesentliche Leistungen enthalte, zu denen etwa Planungs-, Konstruktions-, Integrations- und Anpassungsleistungen gezählt werden. Dabei sind vor allem Leistungen im Zusammenhang mit der Lieferung von in den Produktionsprozess einzupassenden Maschinen oder Industrieanlagen oder Projektverträge im Mittelpunkt der Diskussion (vgl. Leistner, JA 2007, 81 [88]; Metzger, AcP 204 [2004], 231 [232 f.]; Schumann, ZGS 2005, 250; Voit in Bamberger/Roth, BGB, 2. Aufl., § 651 Rz. 12; Lapp in jurisPK-BGB, 3. Aufl., § 651 Rz. 1). Seien diese Leistungen für den Gesamterfolg des Vertrages von wesentlicher Bedeutung, bildeten sie den Schwerpunkt des Vertrages (Busche in MünchKomm/BGB, 5. Aufl., § 651 Rz. 31) oder gäben ihm das Gepräge (Palandt/Sprau, BGB, 68. Aufl., § 651 Rz. 4), so sei Werkvertragsrecht anwendbar. Werkvertragsrecht sei auch dann anwendbar, wenn ein Prototyp einer Maschine entwickelt werde, weil die dafür erforderliche geistige Leistung den Schwerpunkt des Vertrages bilde, während die Maschine selbst nur das Substrat dieser Leistung sei (Staudinger/Peters/Jacoby (2008), § 651 Rz. 8, 16; Palandt/Sprau, a. a. O.).«

3. Die Anwendung der BGH-Entscheidung vom 23.07.2009 auf IT-Verträge

60 Der BGH hatte die Frage der Anwendbarkeit der Maßgaben auf IT-Verträge nicht zu behandeln. Relevant sind neben den klaren Aussagen zur Auslegung des § 651 im Lichte der Entstehung (und Umsetzung) die Behandlung der Sachqualität generell (offen gelassen) und die evtl. Alternative eines überwiegenden Planungsanteils. Die Literatur geht auf diese Alternative ein,[93] bevorzugt jedoch die Variante, es gehe bei Erstellung von Software hinsichtlich der Leistung im **Schwerpunkt** nicht um eine Sache:

---

89 *Diedrich* CR 2002, 473; *Kotthoff* K&R 2002, 105; *Redeker* ITRB 2002, 19; *Mankowski* MDR 2003, 854; *Redeker* CR 2004, 88; *Thewalt*, Der Softwareerstellungsvertrag nach der Schuldrechtsmodernisierung, 2004 (Diss.); *Bräutigam/Rücker* CR 2006, 361.
90 *Schweinoch/Roas* CR 2004, 326; Schneider/von Westphalen/*Schneider*, Softwareerstellungsverträge, Kap. B S. 152 ff.
91 BGH CR 2009, 637 m. Anm. *Schweinoch*.
92 BGH CR 2009, 637 Tz. 16.
93 *Maume/Wilser* CR 2010, 209; *Müller-Hengstenberg* NJW 2010, 1181; s. grundlegend zu Software als Rechtsgut *Bartsch* CR 2010, 553; ähnlich – keine Sache – *Heydn* CR 2011, 765.

IV. Das Problem des § 651 BGB bei Softwareerstellung und -anpassung

So sagt Palandt/*Sprau* nicht, Software sei keine Sache, sondern die fragliche Leistung sei unkörperlich.⁹⁴ Entsprechend entschied OLG München:⁹⁵ **61**

Ein Softwareentwicklungsvertrag ist Werkvertrag. »Dies gilt auch dann, wenn ein Standardprogramm den individuellen Bedürfnissen des Anwenders angepasst wird (... MüKo-BGB 5. Aufl. § 631, Rdnr. 254 m. w. N.«... Dem steht auch § 651 BGB nicht entgegen. »Selbst wenn man davon ausgeht, dass es sich bei dem Softwareprogramm um eine bewegliche Sache (Datenträger) handelt, besteht die eigentliche Leistung in der geistigen Schöpfung des Programms, und nicht in der Lieferung der herzustellenden beweglichen Sache. Darüber hinaus wurde die Individualsoftware per Datenfernübertragung übertragen, so dass auch von einer beweglichen Sache nicht ausgegangen werden kann... Wie bereits ausgeführt, handelt es sich hier nicht um einen Kaufvertrag, so dass die Entscheidung des BGH vom 23.07.2009 (NJW 2009, 2877 – Silowände) nicht einschlägig und vergleichbar ist.«

Ungeachtet dieser Maßgaben des BGH plädieren Autoren weiter für die Umgehungslösung.⁹⁶ Vor allem *Schweinoch*⁹⁷ zeigt demgegenüber die Notwendigkeit auf, die Entscheidung des BGH auf IT-Verträge anzuwenden. Die Verneinung der Sachqualität übersieht zudem, dass der Sachbegriff europarechtskonform zu beurteilen ist.⁹⁸ **62**

4. Weitere BGH-Rechtsprechung

In kurzer Folge hatte der BGH Gelegenheit, der Anwendung von § 651 BGB klarere Konturen zu geben. So befasste der sich in einer weiteren Entscheidung mit der Relevanz von Planungs- und Konzeptionsarbeiten, wenn diese mit der Herstellung der Sache verbunden sind. Typische Planungsleistungen ändern demnach nichts an der Anwendung des § 651 BGB.⁹⁹ Daraus könnte man schließen, dass für Software nur noch die Variante der Argumentation greift, es gehe um eine unkörperliche Leistung bzw. Software sei keine (bewegliche) Sache. **63**

Es könnte aber doch auf andere, *besondere Umstände* ankommen: In der Entscheidung des III. Senats zum »Internet-System-Vertrag« wird nicht nur eine Betrachtung der diversen Providerverträge hinsichtlich der jeweiligen Schwerpunkte vorgenommen, um diese jeweils vertragstypologisch einzuordnen, sondern speziell auch der »Web-Design-Vertrag« behandelt. Dieser sei »regelmäßig als Werkvertrag im Sinne der §§ 631 ff. BGB« anzusehen, jedoch »unter Umständen auch als Werklieferungsvertrag im Sinne von § 651 BGB«.¹⁰⁰ Diese »Umstände« werden nicht näher ausgeführt. Nachdem es jedoch an anderer Stelle heißt, Webdesign stelle – in Abgrenzung zur mietrechtlichen Bereitstellung – schon für sich genommen eine werkvertragliche Leistung dar,¹⁰¹ ist anzunehmen, dass jedenfalls insoweit keine besonderen Umstände vorlagen. Diese Entscheidung kann unmittelbar für die Software-**Erstellung** herangezogen werden. **64**

Schließlich hat der VII. Senat einen Vertrag über die **Anpassung** von Software, der als Dienstleistungsvertrag bezeichnet war, als Werkvertrag qualifiziert, ohne auch nur die Möglichkeit anzudeuten, § 651 BGB sei evtl. hierauf anwendbar.¹⁰² Allerdings war die Problemstellung, Leistungsaufforderung i. S. d. § 281 BGB, insoweit neutral, als es dafür auf die Anwendbarkeit des § 651 nicht ankommt. **65**

---

94 Palandt/*Sprau* § 651 Rn. 4 i. V. m. Einf. vor § 631 Rn. 22. S. a. *Bartsch* CR 2010, 553.
95 OLG München CR 2010, 156 (157).
96 Z. B. *Maume/Wilser* CR 2010, 209, und *Müller-Hengstenberg* NJW 2010, 1181.
97 CR 2010, 1; ähnlich *Heydn* CR 2011, 765.
98 *Mankowski* CR 2010, 137 zu OLG München CR 2010, 156.
99 BGH 09.02.2010, X ZR 82/07 – Tiefladesattelauflieger.
100 BGH CR 2010, 327 Tz. 22 m. Anm. *Hilber* – Internet-System-Vertrag.
101 BGH CR 2010, 327 Tz. 26.
102 BGH NJW 2010, 2200 Tz. 14.

66 Die BGH-Entscheidung ergeben unterschiedliche Positionen und Argumente dazu, noch keine konsistente Linie, wann ggf. § 651 BGB bei Software anzuwenden ist.[103]

Besonders »aussichtsreich« für die Ablehnung erscheint ein ungewöhnlich hoher Anteil der Planung – also höher als üblich – im konkreten Fall. Dieser Planungsanteil ist nun in der Praxis – entgegen den Postulaten zur Strukturierung des Projekts – entweder klein, v. a. wenn es um Anpassung geht, oder er wird in den Erstellungsprozess integriert, etwa im Rahmen agiler Softwaremethodik.[104]

67 Es ist noch unklar, ob Software bei Erstellung und Anpassung von den Gerichten als »neu herzustellende Sache« beurteilt wird. Dies belebt weiterhin die Diskussion um die **Sacheigenschaft von Software**. Es war bislang eine der Errungenschaften der Rechtsprechung, dass Software als »bewegliche Sache« – unabhängig von der Art des Datenträgers – qualifiziert wurde.[105] Es bieten sich v. a. zwei Wege zur »Umgehung« (Nichtanwendung) des § 651 BGB:

68 • § 651 BGB findet **keine** Anwendung, wenn nicht die Erstellung der Sache **im Vordergrund** steht, sondern ein **über die Erstellung hinausgehender Erfolg**. Bei Konstruktion einer neuen Maschine wäre dies etwa die geistige Planungsleistung. **Bei Software** wäre dieser im Vordergrund stehende Erfolg die »**Problemlösung**«. Zumindest bei der Herstellung von Individualsoftware käme dann nicht § 651 BGB, sondern reines Werkvertragsrecht zum Zuge,[106]

69 • § 651 BGB ist bei Software **nicht** anwendbar, weil **Software keine bewegliche Sache** ist. Damit würde die Diskussion zur Sachqualität von Software wieder aufleben.[107] Mietrecht wäre nicht, Pachtrecht evtl. unmittelbar anwendbar

70 Insofern ist unsicher, wie mit der Neuregelung des § 651 BGB umzugehen ist. Für die **Organisation von Projekten** ist eine unsichere Rechtslage wegen der unkalkulierbaren Rechtsfolgen **gefährlich**. Die Unsicherheit, in welchen Vertragstyp ein Vertrag über Softwareerstellung oder -anpassung einzuordnen ist, kann weitgehend dadurch beseitigt werden, dass die Vertragspartner im Einzelnen aushandeln und festlegen, welches Projektergebnis sie erreichen (Spezifikation in verschiedenen Ausprägungen je nach Stufe des Projekts) und wie sie bei der Vertragsdurchführung vorgehen (Aktivitäten- und Fristenplan einschließlich Mitwirkung) wollen.

5. Pragmatische Vorgehensweise, Neutralisierung

71 Sowohl unter AGB-rechtlichen Gesichtspunkten als auch unter Aspekten der fairen Vertragsgestaltung erscheint es angebracht, eine »Neutralisierung« des gesamten Vertragswerkes immer dann zu versuchen, wenn dabei Software-Anpassung und/oder -Herstellung einen nicht unwesentlichen Anteil hat.

72 Die pragmatische Vorgehensweise wird deshalb empfohlen, weil derzeit nicht klar ist, welche Linie letztlich die BGH-Rechtsprechung ergeben wird, wenn sie die verschiedenen Varianten behandeln haben wird:
• Änderung von Software, die vom Lieferanten mit beigestellt wird – früherer Werklieferungsvertrag;[108]

---

103 Zum Substrat aus den BGH-E. s. Rdn. 78.
104 *Witte* ITRB 2010, 44; s. a. *Koch* ITRB 2010, 114; *Frank* CR 2011, 138.
105 S. BGH CR 2007, 79 – asp m. w. N.
106 So wohl Palandt/*Sprau* § 651 Rn. 4 (»Gesamterfolg«). Nach BGH 09.02.2010, X ZR 82/07 – Tiefladesattelauflieger – gäbe es besondere Umstände als Ausnahme.
107 S. z. B. *Diedrich* CR 2002, 473; *Hilty* MMR 2003, 3; *Stichtenoth* K&R 2003, 105; *Thewalt* CR 2002, 1; *Thewalt*, Der Softwareerstellungsvertrag nach der Schuldrechtsreform; *Redeker* CR 2004, 88; *Schmidl* MMR 2004, 590; *Schweinoch/Roas* CR 2004, 326; *Bräutigam/Rücker* CR 2006, 361. *Mankowski* CR 2010, 137 zu OLG München CR 2010, 156; *Maume/Wilser* CR 2010, 209; *Heydn* CR 2011, 765.
108 »Analog« BGH CR 1993, 681.

IV. Das Problem des § 651 BGB bei Softwareerstellung und -anpassung

- Änderung von Software, die der Auftraggeber schon bei sich im Einsatz hatte bzw. selbst beistellt;[109]
- Software, die der Auftraggeber durch einen Dritten beschafft und beistellt, wahrscheinlich ähnlich BGH vom 09.10.2001[110] und
- völlige Neuherstellung von (Standard- oder Individual) Software für den Auftraggeber.

Einer Neutralisierung bedürfen insbesondere die Erprobung, die Tests, die Abnahme und die Verjährung. Damit ist es Aufgabe der Parteien, im Rahmen des Aktivitäten- und Fristenplans die Schritte und Phasen deutlich zu machen und für beide Seiten verbindlich zu vereinbaren, die im Ergebnis dem Abnahmeverfahren entsprechen und daran eine Regelung der Verjährung knüpfen. **73**

Wie allerdings eine Klausel aussehen würde, die den **Verjährungsbeginn und -dauer** unabhängig davon wirksam regelt, ob es sich um einen Kauf (mit Ablieferung) oder einen Werkvertrag (nach § 634a Abs. 1 Nr. 1 oder Nr. 3 BGB zu beurteilen) handelt, ist unklar. Insoweit erscheint fast nur der Weg in Richtung einer Individualvereinbarung als gangbar bzw. empfehlenswert.[111] Dies ist natürlich in vielen Fällen praxisfern. **74**

Als weiteres Element der Neutralisierung könnte sich empfehlen, den Vertrag einerseits sehr stark und deutlich zu gliedern und dabei die unterschiedlichen Vertragsgegenstände besonders zu betonen, andererseits den jeweiligen Vertragsgegenständen insbesondere besondere Regeln insoweit zuzuordnen. Dies würde bedeuten, dass man den Vertrag evtl. sogar so ausgestaltet, dass sich die einzelnen Klauseln statt linear aneinander zu reihen aus sich heraus entwickeln. **75**

Das Schema in Rdn. 77 soll dies verdeutlichen. Es folgt der Versuch eines Substrats aus den BGH-Entscheidungen in Rdn. 78. **76**

6. Versuch einer Klassifikation/Systematisierung, Mindermeinung,

Würde man § 651 BGB **strikt** anwenden, wovon die Mindermeinung ausgeht,[112] so würde sich folgendes Profil ergeben: **77**
1. **Standard-Software-**Herstellung wäre grundsätzlich die Herstellung einer vertretbaren Sache, so dass über § 651 S. 1 BGB Kaufrecht und nur Kaufrecht anzuwenden wäre.
2. Bei der Herstellung von **Individualsoftware** gilt ebenfalls die Anwendung von Kaufrecht, jedoch sind gem. § 651 S. 3 BGB die dort aufgeführten Regeln aus dem Werkvertragsrecht zusätzlich anzuwenden, wobei zu beachten ist, dass dazu (nach dem gesetzlichen Leitbild) **nicht** die Abnahme gehört.
3. Die **Anpassung** von vom Auftragnehmer beigestellter Software wäre ebenfalls Herstellung einer nicht vertretbaren Sache, also zu beurteilen wie 2.
4. Die **Anpassung** von vom Auftraggeber beigestellter Software wäre möglicherweise am ehesten wie der BGH[113] nach altem Recht beurteilt, reines Werkvertragsrecht und zwar deshalb, weil die Sache, die anzupassen ist, bereits im Verfügungsbereich des Auftraggebers ist.
5. Möglicherweise wäre dann, v. a. *Redeker* folgend, nach Art und Umfang der **Rechtseinräumung** zu differenzieren.[114]

---

109 »Analog« BGH CR 2002, 93.
110 BGH CR 2002, 93; NJW 2010, 2200.
111 S. a. *Maume/Wilser* CR 2010, 209.
112 *Schweinoch* CR 2010, 1; Schneider/v.Westphalen/*Schneider*, Softwareerstellungsverträge, Kap. B. Rn. 30 ff.
113 BGH CR 2002, 93.
114 *Redeker* CR 2004, 88; s. Rdn. 80–82.

6. Art und Umfang der **Änderungen am Code** wären ebenfalls zu beachten. Bei der Parametrierung würde keine neue Sache hergestellt, so dass differenzierend jeweils bei Ziffer 3. und 4. einzufügen wäre:
   a) Anpassung vom Auftraggeber beigestellter Software durch Einstellen der Parameter: Reines Kaufrecht, die Software wird nicht umgearbeitet.[115]
   b) Anpassung vom Auftragnehmer beigestellter Software durch Änderungen am Code: Herstellung einer nicht vertretbaren Sache.

Bei Ziffer 4. spielt diese Unterscheidung wohl keine Rolle, wenn man insofern bei der Ausnahme analog BGH[116] bleibt.

7. **Aktualisierungen** und **Updates** im Rahmen der Pflege wären kaufrechtlich einzuordnen. Dies hat weniger mit § 651 BGB zu tun, als dass es sich hier um den Erwerb von »Ergänzungslieferungen«, also vorgefertigter Software, handelt. Eine Ausnahme könnte gelten, wenn es sich insgesamt um Individualsoftware handelt, die gepflegt wird. Infolgedessen wäre noch zu differenzieren:
   a) Aktualisierung/Updates der Standardsoftware als Kauf (wie Ergänzungslieferung) und
   b) Nachführen der Änderungen als Werkvertrag.

7. Versuch BGH-Substrat

78 Die BGH-Entscheidungen (s. 2 und 4) ergeben in der Umsetzung auf Software ein anderes Bild: Versucht man, die BGH-Rspr. zu einer kompakten Regel für Software zusammenzufassen, ergibt sich ein relativ einfaches Ergebnis: Der VII. Senat hatte klare Ausführungen zur strikten Anwendung des § 651 BGB für Bauteile gemacht,[117] die eine größeres Echo auch aus dem IT-Recht auslösten.[118] Derselbe Senat erwähnt nicht einmal das Thema »§ 651« in einer Entscheidung zu Software**anpassung**, obwohl bei Anwendung von Kaufrecht in der konkreten Situation die Leistungsaufforderung zu allgemein gewesen wäre, also Grund zur Prüfung des § 651 bestanden hätte, wenn er denn auf Software Anwendung finden soll.[119]

Der X. Senat hatte ausdrücklich die Entscheidung des VII. vom 23.07.2009 bestätigt; diese betraf aber nicht Software.[120] Hier wäre die Anwendung auf Softwareerstellung noch offen, etwa durch ein Ausweichen auf einen größeren Planungsanteil.

Der III. Senat handelt in selten klarer Systematik die verschiedenen Povidervertärge ab und setzt dabei den »Webdesign-Vertrag« mit Erstellung oder Bearbeitung von Software gleich.[121] Dafür gelte »regelmäßig« Werkvertragsrecht, »unter Umständen« sei § 651 BGB anzuwenden.[122]

Anpassung ist aber gemäß der Entscheidung des VII. Senats vom 25.03.2010 nur nach Werkvertragsrecht zu beurteilen,[123] was auch zur früheren Entscheidung bei Portierung, wo also die Software bereits im Hause des Anwenders ist, »passt«.[124] Per Ausschlussverfahren bleibt für die Anwendung des § 651 BGB nur die Software-Erstellung.[125] Da es insoweit

---
115 *Koch* ITRB 2004, 13 zur Parametrierung.
116 BGH CR 2002, 93.
117 BGH CR 2009, 637.
118 S. v. a. *Schweinoch*, Anm. zu BGH CR 2009, 637; a. M. *Maume/Wilser* CR 2010, 2309; *Müller-Hengstenberg* NJW 2010, 1181.
119 BGH K&R 2010, 407.
120 BGH 09.02.2010, X ZR 82/07 – Tiefladesattelauflieger.
121 BGH CR 2010, 327 – Internet-System-Vertrag.
122 BGH CR 2010, 327 Tz. 21.
123 BGH K&R 2010, 407.
124 BGH CR 2002, 93; diese Entscheidung wurde immer schon von *Palandt* für die Ablehnung der Anwendung des § 651 BGB auf Software herangezogen, obwohl vor SRM.
125 Gem. BGH CR 2010, 327 Tz. 21.

auf *besondere Umstände* ankommt, besteht noch nicht einmal ein starker Widerspruch zwischen III. und VII. Senat, was Erstellung betrifft, für die der III. auch eine Ausnahme vorsieht.

Zusammenfassung: Auf der Basis der zitierten BGH-Entscheidungen ist für Software-**Erstellung** bei *besonderen Umständen* Kaufrecht über § 651 BGB anzuwenden. Diese Umstände sind noch zu entwickeln. Für Software-**Anpassung** gilt diese Ausnahme eher nicht, greifen also auch besondere Umstände wohl nicht, wenn man dem VII. Senat folgt. Insoweit besteht noch ein Widerspruch zwischen dem III. und dem VII. Senat.

8. Verbleibende Fragen

a) Differenzierung nach Art und Umfang der Rechtseinräumung

Die Frage der Rechtseinräumung ist v. a. von *Redeker* als Kriterium dafür eingeführt worden, wie die Einordnung vorzunehmen ist. Wenn der Auftraggeber eine Art Exemplar der Software erhält, die der Auftragnehmer im Übrigen auch Dritten überlassen könnte, liegt es näher, hierauf § 651 BGB anzuwenden mit der Folge, dass Kaufrecht Anwendung findet. Der Kunde wird nicht anders gestellt, als wenn er Standardsoftware erwerben würde.[126]

Praktisch bedeutet dies allerdings, dass bei dem oben dargestellten Fall der Herstellung von Standardsoftware zum Zwecke der weiteren Vervielfältigung, wenn der Kunde mehr Rechte erhält (6., Nr. 1), § 651 BGB gerade nicht anzuwenden wäre.

Die Unterscheidungen, die hier implizit unterstellt werden, spielen, soweit ersichtlich, in der Diskussion nur selten eine Rolle, so dass sie nochmals kurz aufgelistet werden. Vorsorglich wäre auf sie bei der Vertragsgestaltung Rücksicht zu nehmen, nämlich:
- Änderungen bei Anpassung am Code oder nur Einstellung der Parameter?
- Herstellung von Standardsoftware bzw. Bearbeitung der Software als Standardsoftware oder als Individualsoftware?
- einfache Nutzungsrechtseinräumung wie bei Standardsoftware oder Übertragung weiterer Nutzungs- und Bearbeitungsrechte bis hin zur Ausschließlichkeit der Rechtseinräumung?

b) Parametrierung

Wendet man doch § 651 BGB auf Anpassung von Software an,[127] ist die unterschiedliche Handhabung bei Anpassung zu beachten. Bei bloßer Einstellung von Parametern bleibt die Software unverändert. Die Standardsoftware bliebe eine vertretbare Sache.

Wenn am Code Änderungen für den Anwender vorgenommen werden, würde aus der Standardsoftware eine nicht vertretbare Sache, so dass gemäß § 651 S. 3 BGB einige §§ des Werkvertragsrecht zusätzlich gelten.

c) Einordnung von Aktualisierung/Updates

Verträge zu Aktualisierungen/Updates bereiten besondere Schwierigkeiten, was aber nicht an § 651 BGB liegt. Pflege wäre insoweit mit »Wartung« gleichsetzbar. Vielmehr ist zum einen die Einordnung des Pflegevertrages problematisch und uneinheitlich.[128] Zum anderen enthalten Pflegeverträge Regeln zur/(Neu-) Lieferung im Rahmen der Aktualisierung. Die BGH-Entscheidung vom 04.03.2010 befasst sich zwar mit »Wartung« und »Pflege«,[129] ent-

---

126 S. *Redeker* CR 2004, 88, zur Fallgestaltung S. 89 und zum Ergebnis S. 91.
127 Also anders als BGH NJW 2010, 2200; demnach eher i. S. d. besonderen Umstände von BGH CR 2010, 327 Tz. 21.
128 S. unten Rdn. 431, 436 ff.
129 BGH CR 2010, 327 Tz. 23.

hält jedoch nur Stellungnahme zu Funktionsfähigkeit und Beseitigung von Störungen, jedoch keine Erwähnung der Aktualisierung. F

86 Greift man die typischen Einordnungen der Pflegeverträge auf, so wäre festzustellen, dass die Aktualisierung als Lieferung der neuen, aktuell freigegebenen Version einen Kauf darstellen würde und die Verpflichtung hierzu einem Abonnementvertrag gleichen würde. Es wäre also nicht erforderlich, hierauf Werkvertragsrecht anzuwenden bzw. § 651 BGB zu prüfen. Anders würde es sich mit dem Nachführen der Änderungen verhalten. Dies wäre aber als Arbeit an bereits vom Kunden bereitgestellter Software Werkvertrag.[130] Die in vielen Pflegeverträgen enthaltene Pflicht, die Software zu aktualisieren, z. B. an gesetzliche Änderungen anzupassen, wäre mit der Palandt-Meinung – die immaterielle Leistung steht im Vordergrund – ebenso Werkvertrag.[131] Dem würde nun die Entscheidung vom 25.03.2010 entsprechen, die für Bearbeitung § 651 BGB nicht einmal in Erwägung zieht.[132]

d) Zusammenspiel AGB, Vertragstyp und Erschöpfung

87 Bei der Diskussion um § 651 BGB wird nicht beachtet, inwieweit die Ergebnisse einer systematischen Überprüfung der Plausibilität standhalten. Die Ergebnisse sollten mit Grundlagen anderer Bereiche, insbesondere Urheber- und AGB-Recht, in Einklang gebracht werden können. Zum AGB-Recht war oben schon als mögliche Lösung die Neutralisierung empfohlen worden. Gelingt diese nicht oder wird sie nicht angestrebt, stellt sich das Problem, wie die Behandlung des § 651 BGB im Zusammenspiel mit AGB, dem Vertragstyp generell, der vertragstypologischen Einordnung und dabei wiederum mit der Erschöpfung harmoniert.

88 Dogmatisch müsste die Argumentation, § 651 BGB werde wegen des immateriellen Charakters, weil Software, gleich ob Standard- oder Individualsoftware keine Sache sei, nicht angewandt, automatisch dazu führen, dass
- Mietrecht nicht mehr anwendbar ist, wenn die entsprechenden Voraussetzungen vorliegen bzw. für Kauf nicht vorliegen, mit misslichen Folgen bei Standardsoftware
- möglicherweise Erschöpfung nicht eintritt, weil nicht erkennbar ist, wann und wie ein Vervielfältigungsstück entsteht oder besteht, auf das bei der Erschöpfung abgestellt werden könnte. Dies deckt sich wiederum nicht mit bisher als angemessen und richtig empfundenen BGH-Entscheidungen.[133]

V. Beratung, Planung

1. Planung des Projekts

89 Die Planung des Projekts kann und sollte nicht nur eine eigene Phase sein, sondern insbesondere bei fehlender Kompetenz bzw. Kapazität des Auftraggebers fremd vergeben werden. Es kann sich sogar empfehlen, damit eine neutrale Firma (nicht den prospektiven Unternehmer, der die Software liefern und anpassen soll) zu beauftragen, um für die spätere Auswahl fertiger Komponenten und des Auftragnehmers eine objektive Entscheidungsgrundlage zu erhalten. Andererseits ist nicht zu übersehen, dass ein Beratungshaus, das sich mit einem bestimmten Produkt besonders gut auskennt, wesentlich weniger Aufwand benötigt, mehr »Best Practice« einbringen und das ganze Projekt ökonomischer, zumindest schneller bearbeiten kann. Eine klassische Abfolge der Hauptschritte trennt klar zwischen Planung, Realisierung und Betrieb, etwa:

---

130 Analog BGH CR 2002, 93; s. a. oben Rdn. 72.
131 Palandt/*Sprau*, Einf. v. § 631 Rn. 22.
132 BGH K&R 2010, 407.
133 Insbesondere BGH CR 1990, 24; CR 2000, 738; CR 2007, 75 – ASP.

- Planung/Beratung/Erstellung fachliche Spezifikation,
- Realisierung,
- (Produkt Beschaffung)
- Installation, Migration, Abnahme,
- Betrieb/Unterstützung/Realisierung,
- Wartung/Pflege.

Häufig werden Projekte gestartet und fremd vergeben, ohne dass die Planung explizit geregelt ist. Es stellt sich dann die Frage, ob die Planung des Projekts überhaupt Bestandteil des Vertrages ist bzw. wer sie vorzunehmen hat. Es ist misslich für den Auftragnehmer, dass ihn, gleich in welcher Phase er das Projekt »aufsetzt«, die Verantwortung für die Realisierung trifft. Übernimmt er die Erstellung von Software ohne Pflichtenheft und ohne Zweiteilung in Planung und Erstellung als Werkvertrag, gehört zu seinen Aufgaben, das Projekt für sich und für die Erbringung der Mitwirkungsleistungen des Kunden zu planen. Dabei hat er evtl. sogar nicht erbrachte Phasen nachzuholen.[134] Diesen Aufwand wird der Auftragnehmer insbesondere dann nicht zusätzlich in Rechnung stellen können, wenn dies nichts vereinbart, v. a. wenn nicht eine Vergütung nach Zeitaufwand (etwa bis Abschluss der Planung) vereinbart ist. Die Chancen, die Planung als Zusatzauftrag oder Nachtrag gesondert berechnen zu können sind sehr klein. **90**

Aus der projektverantwortlichen Übernahme des Erfolgsrisikos im Rahmen eines Werkvertrages resultiert, dass der Auftragnehmer das Projekt organisiert und diese Organisation plant. Dazu gehört auch, dass er die Mitwirkungsleistungen des Kunden rechtzeitig abfordert, dafür wiederum die nötigen Pläne aufstellt und sie dem Kunden rechtzeitig mitteilt. Für diesen Aufwand wird der Auftragnehmer, wenn ein Festpreis vereinbart ist, keine gesonderte Vergütung verlangen können. **91**

Das Problem der Vergütungspflicht der Planung stellt sich auch im Rahmen der Akquisition: Es ist üblich, dass sich der Auftraggeber größerer Projekte der Auftraggeber von mehreren Auftragnehmern in Präsentationen darstellen lässt, wie sich der jeweilige Auftragnehmer die Durchführung und Realisierung des Projekts vorstellt. Dieser Contest führt zu Präsentationsmaterial und Angeboten. Zum Teil gehen diese Arbeiten schon sehr ins Detail, da der Auftragnehmer – oft wunschgemäß – deutlich machen will, dass und wie er diese Problemlösung bewerkstelligen will. Das bedeutet, dass die Präsentationsmaterialien bereits Teile von dem enthalten, was man zur Planung und z. T. eigentlich auch schon zur Problemlösung rechnet. **92**

Grundsätzlich sind solche Angebots-bezogenen Leistungen, die darauf gerichtet sind, den Auftrag zu erhalten, auch dann nicht vergütungspflichtig, wenn sie einen erheblichen Aufwand erfordern. Nur im Ausnahmefall greifen die §§ 612 ff. BGB, v. a. § 632 BGB. **93**

Als Folge will sich der Auftragnehmer diesem Aufwand entziehen. Dazu wird er anbieten, diese Voruntersuchungen als eigenen Beratungsauftrag vergütungspflichtig durchzuführen. Bei Vergabe eines solchen vergütungspflichtigen Untersuchungs-Auftrags erscheint das Risiko für den Auftragnehmer, evtl. sogar der Haftungsmaßstab, niedriger trotz der Vergütung als das Risiko der Haftung aus c. i. c. wegen Falschberatung. **94**

Wenn also kein selbstständiger Beratungsvertrag vorliegt, heißt dies nicht, dass das Risiko für den Auftragnehmer geringer wäre. Es verlagert sich auf c. i. c. Umso wichtiger kann es sein, festzustellen, ob ein selbstständiger Beratungsvertrag vorliegt, der als Teil des Gesamt-Projektes gesehen und gesondert beurteilt wird. **95**

---

[134] S. etwa OLG Düsseldorf CR 1993, 361: Pflichtenheft war zu erstellen, dazu gehöre auch die (vorgängige) Ist-Analyse.

»Wichtig dafür ist, dass dieser selbständige Beratungsvertrag hinsichtlich seines Inhalts und dem Umfangs und der Intensität und Bedeutung für den Kunden »deutlich über das hinausgeht, was im allgemeinen seitens des Verkäufers für die sachgemäße Anwendung oder den Einsatz des Kaufgegenstandes in beratender oder empfehlender Weise, auch in Erfüllung entsprechender Verpflichtung, geleistet wird.«[135]

96 Bezogen auf den IT-Bereich heißt dies aber, dass gerade bei Projekten mit intensiven Vorarbeiten ein solcher selbstständiger Beratungsvertrag eher nicht anzunehmen sein wird. Anderseits wird bei den vorvertraglichen Ausarbeitungen **in der Regel** eine Vergütungspflicht zu verneinen sein, insbesondere, wenn ein entsprechender Contest bzw. Auftragswettbewerb stattfindet. Nur ausnahmsweise können »Entwicklungsarbeiten«, die der Vorbereitung der Auftragsvergabe dienen und die außerhalb eines solchen Wettbewerbs erbracht werden, vergütungspflichtig sein. Dazu müssen sie erheblichen Umfang aufweisen und im Einvernehmen mit dem Auftraggeber v. a. i. V. m. einer sich verfestigten Vertragsbeziehung erbracht **und** auch schon wiederholt vergütet worden sein.[136] Der Höhe nach ging es bei der Vergütung um etwa über 100.000 DM. Insgesamt waren aber Arbeiten in Höhe von 400.000 DM, die also größtenteils bereits bezahlt waren, erbracht worden. Ein solches Verfahren, dass der Auftragnehmer vom Auftraggeber über längere Zeit »hingehalten« wird, vielleicht auch schon ein Letter of Intent oder Understanding vorliegt, ohne dass klar wäre, wie diese Phase vergütungstechnisch aussehen soll, scheint nicht unüblich.[137]

2. Projektleitung

97 Bei der Projektleitung geht es in der Regel nicht um das Thema der zusätzlichen Vergütung, auch wenn dies, bei unklaren Verträgen, ein Problem sein könnte. Unklar könnte sein, ob es sich um Dienst- oder Werkvertrag handelt und ob eine Gesamt-Vergütung nach Festpreis oder nach Aufwand vereinbart ist. Die Unklarheit wird dann evident, wenn der Auftragnehmer im Hinblick auf zahlreiche Projektsitzungen u. ä. den zusätzlichen Aufwand für die Projektleitung mit dem Hinweis in Rechnung stellt, dass eine solche Projektleitung und solche Projektsitzungen im Vertrag nicht vorgesehen seien. Grundsätzlich könnte eine projektbegleitende Einrichtung zur Organisation des Projekts als zusätzlich zu vergüten vereinbart werden. Zumindest bei werkvertraglicher Gestaltung wird die Projektleitung im Festpreis enthalten sein. Bei Vergütung nach Zeitaufwand wird die Projektleitung ebenso nach Zeitaufwand zu bezahlen sein wie die übrigen Leistungen.

98 Grundsätzlich kann die Projektleitung auch fremdbeauftragt werden. Wenn der Besteller die Projektverantwortung behält, jedoch die Projektleitung auf einen Dritten auslagert, übernimmt dieser Dritte nicht die Erfolgshaftung für das Projekt als solches. Er übernimmt die Verantwortung für eine ordnungsgemäße Projektleitung. Diese Projektleitung kann als Werkvertrag, insbesondere als Planungs-Vertrag, ausgestaltet sein. Die Funktion dieser Projektleitung kann sehr nahe derjenigen gesehen und vereinbart werden, die etwa im Baurecht der des Bauleiters entspricht, womit die werkvertragliche Einordnung unproblematisch wäre.[138]

99 Es kann sich ergeben, dass bei besonderer Projektgestaltung die Projektleitung praktisch die wichtigste Funktion ist und als solche beim Auftragnehmer liegen soll, indem der Auftraggeber sich zur Mitwirkung in der Weise verpflichtet, dass die Programmierung seinen Mitarbeitern obliegt bzw. von diesen durchgeführt werden soll.[139] Anders als bei einer Ko-

---

135 BGH DB 1999, 1848.
136 So OLG Nürnberg CR 1993, 553 m. Anm. *Bartsch*.
137 Zu Letter of Intent s. *Söbbing* ITRB 2005, 240, und *Redeker* ITRB 2007, 208; zur Vergütungsabrede LG Stuttgart CR 2002, 644.
138 S. dazu Palandt/*Sprau* Einf. vor § 631 Rn. 17, 18 (etwa auch Aufsicht, Überwachung der Herstellung eines Werkes durch einen Dritten); zur Abgrenzung zum Dienstvertrag s. BGH NJW 1999, 3118. Zu den Merkmalen eines Projektsteuerungsvertrages s. a BGH NJW 1997, 1634.
139 S. zu dieser Fallgestaltung BGH CR 1996, 467.

operation besteht dann die Projektleitung als werkvertragliche Hauptleistung des Auftragnehmers, während die Programmierarbeiten bzw. die eigentlichen Projektarbeiten eine Mitwirkung und somit eine mindere Qualität von Leistungen darstellen.[140] Andererseits sehen viele AGB der Anbieter vor, dass der Auftraggeber einen Projektleiter stellt. Bei Dienstvertrag und modernen Projektmethoden erscheint das plausibel, bei Werkvertrag verwischt sich die Zuordnung der Projektverantwortung.[141]

3. Beratung

Insbesondere bei Projekten wäre dem Auftraggeber dringend zu empfehlen, vor dem eigentlichen Projektstart eine intensive Beratung durchführen zu lassen. Diese Aufgabe wird aber häufig vom Auftragnehmer stillschweigend in das Angebot (und manchmal auch in den Preis) für ein Gesamtsystem bzw. für ein Projekt einbezogen. In diesen Fällen erscheint dann die Beratung nicht als gesonderter Vertrag, könnte jedoch gleichwohl eine vertragliche Leistung darstellen. 100

Im Folgenden soll es aber kurz um selbstständige Beratungsverträge gehen. Ein solcher selbstständiger Beratungsvertrag wird in der Regel entgeltlich sein. Dann wird es sich um einen Dienst- oder Werkvertrag handeln; ist er unentgeltlich, um einen Auftrag. Denkbar wäre durchaus auch der Abschluss eines selbstständigen Beratungsvertrages als Teil der Arbeiten des Auftragnehmers vor Auftragserteilung, wenn insoweit der Auftragnehmer als kompetenter Berater auftritt und es dem Auftraggeber ersichtlich auf diese Beratung im Hinblick auf die anstehenden Entscheidungen ankommt.[142] 101

Andererseits ist dieses Beratungsverhältnis abzugrenzen gegenüber der c.i.c. (s.o. Rdn. 23 ff.). In der Praxis bereitet dies offensichtlich keine allzu großen Schwierigkeiten, da es jedenfalls aus jüngerer Zeit zum einen kaum mehr Fälle von c.i.c. im Bereich des IT-Bereichs gibt, wie erwähnt. Zum anderen entstehen aber auch relativ selten Streitigkeiten im Hinblick auf den Beratungsvertrag und dessen Zustandekommen. Dieses Zustandekommen kann konkludent erfolgen, auch wenn demgegenüber »Vorsicht« bzw. »Zurückhaltung« geboten ist.[143] 102

Gegenstände, auf die sich die Beratung beziehen könnte, könnten etwa sein die Dimensionierung der Hardware, die Auslegung des Netzes oder die Auswahl geeigneter Drittsoftware, etwa Datenbanken o. ä. im Hinblick auf ein konkretes Projekt, evtl. auch spezielle Fragen, wie Kompatibilität, Performance u. ä. 103

Die vertragstypologische Einordnung wird, wenn ein solches Vertragsverhältnis entgeltlich vorliegt, nicht immer einfach sein. Nachdem allerdings die Aufsicht und Überwachung bei der Herstellung eines Werkes durch einen Dritten grundsätzlich Werkvertrag sein soll, könnte auch hier eine entsprechende Tendenz gegeben sein.[144] 104

Hier erbringt allerdings mehr oder weniger die »Vorlage« die Bauleitung. Das bedeutet auch, dass, wie schon zur Projektleitung vorstehend ausgeführt, v. a. die Beratung während des Projekts diese vertragstypologische Einordnung verdient. Untersuchungen, etwa welche Mengen beim Kunden vorliegen, ohne dass ein Pflichtenheft oder ein Gutachten erstellt wurde, wären wohl als Dienstvertrag einzuordnen. Dies lässt es umso schwerer verstehen, 105

---

140 Zu § 642 BGB und dessen Einordnung s. Rdn. 586 f.
141 S. zu ähnlicher, unwirksamer Verschiebung des Risikos von Leasinggeber auf Leasingnehmer BGH CR 2009, 79 Tz. 34.
142 Zum selbstständigen Beratungsvertrag in diesem Sinne s. a. *Marly*, Praxishandbuch Softwarerecht, Rn. 1125 f.
143 S. a. *Marly*, Praxishandbuch Softwarerecht, Rn. 1125, unter Hinweis auf BGH NJW 2004, 2301 (2302): »Enge Voraussetzungen«.
144 Zu dieser Einordnung bei Aufsicht und Überwachung s. Palandt/*Sprau* Einf. v. § 631 Rn. 80.

dass die Anbieter häufig diese Aufgaben wahrnehmen, ohne sie gesondert vergütungspflichtig zu machen, indem sie sie als Teil der Angebotserstellung durchführen. Nur bei Scheitern, also bei Nichterteilung des Auftrags kann bei erheblichem Aufwand dann die Frage entstehen, ob dieser Aufwand erstattungspflichtig ist. Hier käme c. i. c. in Betracht, v. a. dann, wenn der Auftrag mutwillig nicht an diesen Auftragnehmer vergeben wird, dessen Vorarbeiten aber genutzt werden. Insofern wäre es ohnehin den Auftragnehmern zu empfehlen, die Beratung vertraglich genauer zu regeln und dabei auch festzuhalten, wem die Rechte an den Arbeitsergebnissen zustehen bzw., dass hier eine Rechtseinräumung erst dann erfolgt und auf den Auftraggeber übergeht, wenn bezahlt ist.[145]

106 Die häufigere Art des Beratungsvertrages dürfte das vertragsähnliche Vertrauensverhältnis mit unselbstständiger Aufklärungspflicht sein. Hier gilt grundsätzlich, dass keine Beratungspflicht besteht. Wenn aber Rat gegeben wird, so ist dieser Rat »gewissenhaft und vollständig zu erteilen«, auch wenn dies unentgeltlich geschieht.[146]

107 Auch während eines Vertragsverhältnisses bzw. als Pflicht hieraus können sich Beratungspflichten, genauer Ersatzpflicht bei falscher Beratung (früher aus pVV), ergeben. »*Die Erklärung der Klägerin, daß die Daten von der Festplatte nicht zurückgewonnen werden könnten, war objektiv falsch. Schon darin ist eine objektive Pflichtverletzung der Klägerin zu sehen. Sie war die wesentliche Ursache dafür, dass der Beklagte in die nach seiner Darstellung kostenintensive Neueingabe aller für die Abrechnung benötigten Angaben eingetreten ist. Im Rahmen des durch die Übergabe der Festplatte zur Reparatur und zur Wiedergewinnung der Daten begründeten Vertragsverhältnisses durfte der Beklagte erwarten, daß die als Fachunternehmen auftretende Klägerin ihn vollständig und wahrheitsgemäß über die Sachlage, insbesondere über die objektiv bestehenden Möglichkeiten einer Reparatur der Festplatte und die für ihn in erster Linie wesentliche Frage der Rückgewinnung der Daten aufklärte und dabei auch über solche Möglichkeiten informierte, die nur eine geringe Chance der Realisierung boten.*«[147]

4. »Pflichtenheft«

108 Die Beschreibung der (fachlichen) Anforderungen des Kunden/Auftraggebers wird »Pflichtenheft« (im juristischen Sinne) genannt.[148] Gemäß der Einteilung der Phasen ist das »Pflichtenheft« im Sinne des juristischen Sprachgebrauchs das Ergebnis der »Planung«. Es wird für die Realisierung zum Dreh- und Angelpunkt als Beschreibung dessen, was den werkvertraglichen Erfolg bilden soll. Es bietet die Referenz »Soll« für die Abnahme des »Ist« und für die Beurteilung des Vorliegens bzw. Nichtvorliegens von Mängeln. Auch für die Mitwirkung kann das Pflichtenheft die Vorgabe sein, an die sich die Anwenderorganisation anzupassen hätte.[149] *Pflichtenheft* meint, im Sprachgebrauch der BVB, die »fachliche Spezifikation«, sogar die »fachliche Feinspezifikation«. Für deren Beibringung ist grundsätzlich der Auftraggeber verantwortlich.[150]

Der Auftraggeber ist dafür verantwortlich, dass seine Anforderungen vorliegen oder noch erarbeitet werden. Es handelt sich um eine Mitwirkungspflicht. Der Auftraggeber kann sich allerdings zur Erstellung und Gewinnung dieser Anforderungen eines Dritten, auch des für

---

145 Zu einer entsprechenden Regelung s. a. bei Projekten *Karger* CR 2001, 357 und zum Problem der Rechtseinräumung bei fehlender ausdrücklicher Vereinbarung *ders.* ITRB 2001, 67.
146 S. a. *Marly*, Praxishandbuch Softwarerecht, Rn. 1130; zu einem entsprechenden Fall im Zusammenhang mit einem Organisationspapier wurde oben bereits die Entscheidung des BGH (CR 1986, 79) ausf. zitiert.
147 BGH CR 2000, 424 – Datenverlusterklärung.
148 Techniker bezeichnen diese fachlichen Anforderungen als »Lastenheft«.
149 Zu den Problemen mangels geeigneter Vereinbarung s. *Schneider* ITRB 2008, 261.
150 BGH CR 1989, 102; CR 1995, 265, zur Pflicht zur Beibringung der erforderlichen Unterlagen.

die Realisierung vorgesehenen Auftragnehmers, bedienen. Grundsätzlich wäre dies aus der Auftragnehmersicht ein gesonderter Vertrag, der nicht schon Bestandteil des Realisierungsprojektes ist. Einige OLG sind der Meinung, dass die Erstellung des Pflichtenhefts praktisch gemeinsam von den Parteien erfolgt. Dies kann man insbesondere dann als richtig ansehen, wenn es ein einheitliches Pflichtenheft sowohl für die fachliche als auch für die technische Feinspezifikation geben sollte.[151]

109 Häufig wird übersehen, was die rechtliche Folge ist, wenn das Pflichtenheft »fehlt«. In diesem Fall liegt nicht etwa Dissens vor oder hat der Auftragnehmer seine Pflichten vernachlässigt, sondern ist ein Stand der Technik bei »mittlerem Ausführungsstandard« geschuldet.[152]

110 Will der Kunde die Vorgaben erstellen und fordert dies auch der Auftragnehmer (etwa im Hinblick auf spezielle Ausprägungen), kann es gerade wegen der Schwierigkeiten, technische und fachliche Spezifikationen zu unterscheiden, opportun sein, dass der Auftragnehmer dem Auftraggeber **Unterstützung** bei der Gewinnung der Vorgaben anbietet.[153] Die typische Arbeits- und Verantwortungsteilung weist die fachliche Spezifikation der Sphäre des Kunden/Auftraggebers zu. Deren Formulierung und Projektion auf die in Aussicht genommene Software sowie deren Herstellung ist Sache des Auftragnehmers.

111 Viele Auftragnehmer fordern ohne klare Trennung der Phasen, dass der Kunde die für ihn erstellten Vorgaben, etwa aus Interviews, Befund-Untersuchungen, Analysen usw., »abnimmt«. Eine Weigerung des Kunden wäre verständlich, weil dieser in der Regel die Wirkung seiner Anforderungen und v. a. die Richtigkeit deren Formulierung durch den Auftragnehmer noch gar nicht überblicken kann. Dies gilt noch mehr bei einem Anpassungsprojekt. Aber auch bei einem Neu-Erstellungsprojekt stellt sich dieses Problem.

112 Der Kompromiss in der Vertragsgestaltung ist relativ einfach: Es handelt sich um einen Schritt bzw. eine Entscheidung des Auftraggebers, dass auf der Basis dieser ihm vorgelegten Unterlage die Realisierung vorgenommen und insofern weitergearbeitet wird. Dafür, dass die Anforderung richtig in eine Vorgabe umgesetzt wurde und dafür, dass er sie richtig ausformuliert hat, trägt der Auftragnehmer die Verantwortung. Dafür, dass die gestellte Anforderung wirklich umgesetzt werden soll, trägt der Kunde die Verantwortung. Wenn der Kunde später hieran nicht festhalten, sondern Änderungen will, gilt das übliche Änderungsverfahren.[154]

113 Um einen solchen Kompromiss zu vermeiden, bleibt grundsätzlich nur die Teilung des Projekts in die zwei großen Phasen-Blöcke Planung und Realisierung. Die Planung kann so ausgearbeitet werden, dass bei Abschluss eine Beschreibung der Anforderungen steht, die als **fachliche** Anforderung aus sich heraus verständlich und abnahmefähig ist. Bei Anpassungsprojekten stellt sich das Problem, dass die Anforderungen auf vorhandene Software projiziert werden müssen (weil der Kunde sinnvollerweise nicht alles und jedes fordert, was vielleicht zu tief greifenden Eingriffen führt). Bei Softwareerstellung hingegen stellt sich dieses Problem nicht.

114 **Wie** der Auftragnehmer die fachliche Feinspezifikation/das Pflichtenheft **realisiert**, liegt im Rahmen des Werkvertrages in seiner Verantwortung. Das bedeutet, dass die Leistungen nicht einfach deshalb mangelhaft sind, weil der ursprünglich vom Auftragnehmer einge-

---

151 S. z. B. OLG Köln CR 1998, 459. Dazu s. a. Rdn. 528 ff. und 577 ff.
152 BGH CR 1992, 543 – Zugangskontrollsystem; bestätigt durch BGH CR 2004, 490.
153 Die Entscheidung BGH CR 1989, 102, legt dies nahe (LS 3 »3. Kommt der Kunde mit den notwendigen Programmvorgaben nicht zurecht, so muss er den Softwareersteller um Unterstützung bitten, die vorzugsweise durch praktische Unterweisung seitens eines Sachkundigen zu leisten ist.«.
154 Dazu Rdn. 535 ff.

schlagene Weg nicht sofort erfolgreich ist.[155] Andererseits ist der Auftraggeber nicht verpflichtet, die Vorgaben und die Ausführungsart, soweit sie vom Auftragnehmer erarbeitet wurden, »zu prüfen«.[156]

115 In der Praxis ist es nicht unüblich, dass zwar ein »Pflichtenheft« vorliegt und in den Vertrag einbezogen wird, das aber nicht den Anforderungen gerecht wird. Es ist lückenhaft, zum Teil veraltet, vielleicht auch in sich widersprüchlich u. ä. Es wird unschwer als eine der Aufgaben des Auftragnehmers anzusehen sein, zumindest bei Erkenntnis solcher Probleme darauf aufmerksam zu machen und auf Abhilfe zu drängen. Die Frage ist allerdings, ob im Übrigen der »mittlere Ausführungsstandard« gilt.

116 Ob diese Rechtsprechung zum mittleren Ausführungsstandard 1:1 übernommen werden darf, kann infrage gestellt werden. Hintergrund ist Folgender: Der »mittlere Ausführungsstandard« bezog sich auf einen Gesetzesstand, § 633 BGB a. F., bei dem es die bisherige Formulierung und Begriffs-Hierarchie nicht gab. Lässt man aus der alten Regelung die »zugesicherten Eigenschaften« bzw. deren Fehlen weg, verbleibt die Anforderung, dass das Werk »nicht mit Fehlern behaftet ist, die den Wert und die Tauglichkeit zu dem gewöhnlichen oder dem nach dem Vertrag vorausgesetzten Gebrauch aufheben oder mindern.«

117 Nach der Schuldrechtsmodernisierung lautet der Text an der entsprechenden Stelle:

> »… (2) Das Werk ist frei von Sachmängeln, wenn es die vereinbarte Beschaffenheit hat. Soweit die Beschaffenheit nicht vereinbart ist, ist das Werk frei von Sachmängeln,
> 1. wenn es sich für die nach dem Vertrag vorausgesetzte, sonst
> 2. für die gewöhnliche Verwendung eignet und eine Beschaffenheit aufweist, die bei Werken der gleichen Art üblich ist und die der Besteller nach der Art des Werkes erwarten kann.«

118 Das bedeutet, dass die vereinbarte Beschaffenheit Vorrang vor den übrigen Kategorien hat und in der Hierarchie die bisher geltenden Regelungen, Tauglichkeit zum gewöhnlichen oder nach dem Vertrag vorgesehenen Gebrauch, Stufe 2 und 3 entsprechen, also nachrangig sind. Die **vereinbarte Beschaffenheit** hat klar Vorrang. Betont sei, dass an 2. Stelle die Software die Eignung für die **nach dem Vertrag vorausgesetzte** Verwendung aufzuweisen hat. Dabei geht es nicht nur um den Gebrauch als letzte Alternative, wie nach altem Recht, sondern um eine Beschaffenheit hinsichtlich der Verwendung, die vor dem Üblichen rangiert. Ob zwischen Verwendung und Gebrauch ein Unterschied besteht, soll hier nicht vertieft werden. Jedenfalls kann es sein, dass das »fehlende Pflichtenheft« nicht einfach zu mittlerem Ausführungsstandard als »Soll« führt, sondern zu einem mittleren Ausführungsstandard für die spezielle, konkrete Verwendung.

5. Organisation des Projekts

a) Aktivitäten- und Fristenplan

119 Der Aktivitäten- und Fristenplan ist eine »alte« Institution, die in den BVB-Erstellung bzw. -Planung angelegt war. Allerdings ist daraus keine generell verwendete Einrichtung geworden, wie dies etwa bei »Pflichtenheft« oder »fachlicher Anforderung«/Spezifikation der Fall ist. Der EVB-IT Systemvertrag sieht Entsprechendes als »Termin- und Leistungsplan« in Nr. 8 vor. Neuere Vorgehens-Methoden akzentuieren den Projekt-Prozess als Abfolge von Schritten, Milestones, Stufen u. ä. Bei sog. Inkrementeller Entwicklung entfällt einerseits die Leistungsbeschreibung, zumindest weitgehend, verlagern sich die Regelung und das Vorgehen auf standardisierte Abläufe, etwa scrum.[157] Evtl. erfolgt nur eine sehr grobe Planung für das Projekt, während die (Iterations-) Schritte im Detail jeweils unmittelbar ak-

---

155 BGH NJW 1998, 3707 und v. a. bei neuen Lösungen BGH DB 2006, 1953.
156 BGH NJW-RR 2006, 1309 Tz. 14: Keine Pflicht des Bestellers zur Überprüfung des »Konstruktionsansatzes« des Auftragnehmers.
157 S. z. B. *Koch* ITRB 2010, 114.

tuell festgelegt werden. Der Grad der Beteiligung des Auftraggebers steigt damit erheblich und nähert sich der Kooperation.

Man wird aber davon ausgehen können, dass die **Projektplanung** letztlich zu einem Instrument führen muss und anhand eines Instruments ausgeführt wird, das als Arbeitstitel »Aktivitäten- und Fristenplan« genannt werden kann. Im Pflichtenheft sind die Anforderungen fachlicher Art statisch auf den Moment der Abnahme (wenn auch i. V. m. Änderungsverlangen) beschrieben. Diese statische Referenz sagt aber nichts darüber, wie dieses Ergebnis genau im Rahmen des projektmäßigen Vorgehens erzielt wird. Diese prozessorientierte Darstellung, wer wann was beizusteuern hat, um diesen Erfolg herbeizuführen, wäre der Aktivitäten- und Fristenplan. Bei einem langfristigen Projekt kann man nicht von Anfang an schon alle Verästelungen und Feinheiten (etwa auch der Mitwirkung) festhalten oder terminlich zuordnen. Infolgedessen lassen sich die Aktivitäten z. B. für die ersten drei Monate nach Start wesentlich feiner im Aktivitäten- und Fristenplan niederlegen und aufeinander abstimmen, als in den späteren Monaten. 120

Daher empfiehlt es sich, eine Vereinbarung dahin gehend zu treffen, dass und genau wie (im Sinne einer Verfahrensordnung) der ursprünglich für die weiteren Monate grobe Aktivitäten- und Fristenplan jeweils für drei Monate sehr genau gestaltet und für die nächsten drei Monate etwa schon verfeinert wird. Im Rahmen dieses rollierenden Verfahrens ließe sich der Plan allmählich jeweils quartalsweise fortschreiben. Der Grob-Plan muss zumindest so gut sein, dass sich daraus ohne Streit die Fein-Anforderungen entwickeln lassen. Vom Vertrag her würde sich empfehlen, die Verantwortlichkeit hierfür beim Auftragnehmer anzusiedeln, damit die Projektverantwortung i. V. m. der Projektleitung auch hinsichtlich des Aktivitäten- und Fristenplans in einer Hand liegt. Würde dieses Instrument von der Verantwortung her dem Auftraggeber zugeordnet, wäre dies eine der Inkonsistenzen und Widersprüchlichkeiten bei Vereinbarung eines Werkvertrages. 121

Wegen der Unsicherheit, was hinsichtlich § 651 BGB gelten soll, empfiehlt es sich, neben der inhaltlichen Leistungsbestimmung (Fachliches Feinkonzept, »Pflichtenheft«) das – evtl. gemeinsame – Vorgehen in einem »Aktivitäten- und Fristenplan«, »Vorgehensplan«, manchmal auch Masterplan genannt, festzulegen. Rang, Änderungsverfahren und Folgen der Nichteinhaltung regelt der Vertrag, der demnach zwei große »Anlagen« hat: 122

- Fachliches Feinkonzept
- Aktivitäten- und Fristenplan

Dazu wird festgelegt, wer welchen Schritt, federführend oder mit dem Vertragspartner gemeinsam bis wann ausführt. Die Abhängigkeiten der Schritte von der Ausführung der jeweils vorausgehenden wird transparent, ebenso die Folgen der Nicht- oder Schlechterbringung. Der Aktivitäten- und Fristenplan wird nicht für die gesamte Projektlaufzeit mit gleichbleibender Detailliertheit wie bei Vertragsschluss vorliegen (können). Infolgedessen muss der Vertrag regeln, wie die weitere Verfeinerung späterer Phasen erfolgen soll. Bei Erfolgsverantwortung aufseiten des Auftragnehmers wird man auch dessen Zuständigkeit für diese Aufgabe vorzusehen haben. Allerdings wird sich der Auftraggeber im Hinblick auf seine Ressourcen ausbedingen, dass er hinsichtlich der Mitwirkungsleistungen gefragt wird und die Festlegungen in Abstimmung mit ihm erfolgen. 123

Gestaltungsvorschläge i. V. m. Stufen-/Schrittfolge: 124

Üblich sind solche Pläne bei komplexeren Test- und Abnahmeverfahren.
1. Bezeichnung der Aktivität einschl. laufender Nr.,
2. Inhalt, Ergebnis mit Bezug zum »Pflichtenheft«, Bezüge zu anderen Aktivitäten im Sinne netzplanmäßiger Abhängigkeiten (kritische Pfade),
3. Frist, Termin (Start, Ende),

4. Spalten mit den Parteien (AG/AN/Beide) zur Angabe, wer die Aktivität ausführt. Sind »Beide« genannt, ist der Federführende zuerst anzugeben,
5. Angaben zur Ausführung, Erfüllung, Kontrolle, Referenzierung von Protokollen,
6. Bemerkungen, v. a. Revisionen.

125 Bei einem stufenweisen Projekt – etwa Leistungsbereiche nach Funktionsblöcken gegliedert – kann ein spezielles Vorgehensmodell die jeweilige Gewinnung der Nutzeranforderungen mit Erstellung der Spezifikation bis zu den Tests je Phase/Block verteilen helfen. So werden zeitlich versetzt die diversen Teams kontinuierlich mit den gleichen Tätigkeiten für die verschiedenen Blöcke befasst.

126 Ein entsprechendes Vorgehensmodell kann sich speziell für Tests empfehlen. Wichtig wäre dabei, die Verantwortung der Beteiligten jeweils genau festzuhalten, ebenso, wer wem wann was übergibt.

b) Berichte

127 Der Stellenwert von Berichten bzw. Reports ist unklar. In vielen Verträgen ist vorgesehen, dass der Auftragnehmer regelmäßig auch über Projektvorkommnisse, Abweichungen vom Plan u. ä. berichtet. Es kann sein, dass der Auftragnehmer hierzu ohnehin verpflichtet wäre, insbesondere, wenn der Endtermin gefährdet ist.

128 Wenn es darum ginge, Mitwirkungsleistungen des Auftraggebers rechtzeitig einzuholen, könnte sich der Auftragnehmer insofern entlasten, als er mit den Reports solche Mitwirkungen einfordert. Gewöhnlich enthalten die Reports Ergebnisse von Besprechungen. Infolgedessen ist häufig unklar, welche Wirkungen im Hinblick solche Reports auf den Vertrag und auf das Pflichtenheft haben können. Es kommt in Betracht, dass es sich hier um Teile eines »oft ungeschriebenen« Verfahrens im Rahmen des Change Management, im Rahmen der Konkretisierung von Anforderungen und/oder zur Änderung des Vertrages handelt. Letzteres gilt insbesondere, wenn man die Frage des Termins bzw. der Zwischentermine als Bestandteil des Vertrages anzusehen hat.

129 Die Beweiskraft solcher Berichte für den Fall eines Streits geht zunächst einmal nicht darüber hinaus, dass festgehalten ist, was die Parteien miteinander besprochen haben. Ob und inwieweit es sich hierbei um Entscheidungen, Änderungen o. ä. handelt, ist unter Umständen mangels ausreichender vertraglicher Grundlage für ein solches Verfahren nicht klar. Andererseits könnte sich im Laufe des Projektes über ein solches Verfahren der Projektcharakter auch völlig ändern. Ebenso wie es möglich ist, dass sich im Laufe der Zeit der Vertragstyp von Kauf- zu Werkvertrag hin ändert, wäre es denkbar, dass sich der Vertragstyp von Werk- zu Dienstvertrag hin ändert.

130 Bei der Vertragsgestaltung ist es deshalb wichtig, den Berichten und deren Funktion eine vertragliche Grundlage und Funktion zu geben. Diese könnte darin bestehen, die im Vertrag vorgesehenen Entscheidungen bestimmter, ebenfalls im Vertrag geregelter Gremien festzuhalten. Eine mit dem Werkvertrag gut vereinbare Funktion wäre, den Aktivitäten- und Fristenplan zu verfeinern und durch beidseitige Abstimmung festzuhalten.
- dass der Auftraggeber bereits über diese Termine informiert ist,
- dass er mit den Terminen einverstanden ist und
- er weiß, was er bis wann zu leisten hat.

131 Denkbar wäre auch, dass es sich insoweit um die Verfeinerung des Pflichtenhefts handelt, wenn dieses noch nicht einer Feinspezifikation entspricht. Problematisch wird die Berichts-Handhabung, wenn dies nicht ausdrücklich im Vertrag verankert ist im Hinblick auf das Change Management. Infolgedessen wird es Sinn machen, dass die Reports Rubriken enthalten, in denen auf bestimmte vertragliche Regelungen, die ein solches entscheidungsmäßi-

ges Vorgehen bereits vorsehen, Bezug genommen wird. Dann sind den Berichten die Ergebnisse der entsprechenden Gremien auf der Basis des Vertrages zu entnehmen.

c) Sitzungsberichte, Schriftform

Manche Parteien lassen auch dann Sitzungsberichte über die Themenbesprechungen, Sitzungen des Lenkungsausschusses u. ä. fertigen, wenn Entsprechendes nicht im Vertrag vorgesehen ist. Inwieweit dadurch Beschlüsse/Entscheidungen wirksam dokumentiert werden können, ist unklar. Theoretisch könnten sich in einer Sitzung die Meinungen der beiden Vertragspartner kontrovers gegenüberstehen, ohne dass eine Lösung gefunden wurde. Dann würde der Sitzungsbericht hierüber Aufschluss geben. Wenn der Auftragnehmer in der Sitzung einen Vorschlag unterbreitet, wie ein Problem zu lösen sei, und dies vom Auftraggeber hier angehört wird, muss sich daraus nicht ergeben, dass er es akzeptiert hat. Insoweit würden die Sitzungsberichte nur den Verlauf der Diskussion wiedergeben, was im Streitfall sicher wertvoll ist. **132**

Die Frage ist aber, inwieweit »Entscheidungen«, auch wenn sie im Sitzungsbericht wiedergegeben sind, entsprechende Wirkung haben können, wenn sie nicht dem Änderungsverfahren entsprechen, das im Vertrag festgelegt ist bzw. wenn dies überhaupt nicht vorgesehen ist. **133**

Man könnte sich folgende Konstruktion dafür vorstellen, die das Problem allerdings nur materiell löst (zum Beweiswert wäre damit noch nichts gesagt): Selbst wenn im Vertrag eine **Schriftformklausel** enthalten ist, kann diese durch mündliche Vereinbarungen der Parteien aufgehoben werden. Es gilt dann mündlich das, was im Übrigen besprochen wurde. Wenn der Sitzungsbericht eine entsprechende mündliche Vereinbarung wiedergeben würde, so würde er dies eben dokumentieren und wäre insofern ein wichtiges Mittel, die Projektgeschichte darlegen zu können. Beweisen würde sich dies wohl nur anhand der Personen lassen, die in dem Protokoll entsprechend referiert sind. Gleichzeitig würde aber der Sitzungsbericht dafür sprechen, dass die Parteien entsprechend verfahren wollten. Der Sitzungsbericht würde also für die Änderung der entsprechenden Regelung zumindest einen wichtigen Anhaltspunkt geben können. Die Frage der Vertretungsberechtigung wäre gesondert zu regeln bzw. zu prüfen. **134**

d) Schemata

Typisch für die »klassische« Vorgehensweise ist das Stufen- oder »Wasserfallmodell«. In der einfachen Version folgt auf eine Vorbereitungsphase die Planung, deren Ergebnis die Gewinnung der fachlichen Feinspezifikation und des Aktivitäten- und Fristenplans als Vorgaben für die folgende Realisierungsphase ist.[158] Idealerweise ist bei dieser Vorgehensweise eine Phase abgeschlossen, bevor die nächste startet, weshalb auch vom linearen Phasenschema die Rede ist. Die Mitwirkung des Kunden ist in der Regel bei dieser Methodik klar abgrenzbar. **135**

»Moderne« Methoden tragen mehr der iterativen, ggf. auch spiralförmigen Entwicklung Rechnung, zerlegen die Stufen und beteiligen den Anwender über Kooperation bis hin zur Leitung/Steuerung. Je weniger detailliert die fachlichen Anforderungen vorliegen, desto mehr verlagert sich die vertragliche Regelung auf das Vorgehen zu der Gewinnung bzw. der Substitution der Vorgaben durch bestimmte Verfahren, etwa Prototyping. Mit den moderneren Verfahren verbinden sich Besonderheiten hinsichtlich Dokumentation, Protokollen, Zwischenprüfungen u. ä., die detailliert geregelt werden sollten. **136**

---

158 S. a. oben Rdn. 89 ff. und 119 ff. Zu den Vorgehensmodellen s. a. *Müller-Hengstenberg/Kirn* CR 2008, 755; *Söbbing* ITRB 2008, 212.

Durch die stark kooperationsorientierten Methoden wird der Kunde fachlich und organisatorisch besonders gefordert, so dass die Notwendigkeit von Unterstützung bezüglich der Mitwirkung gegeben sein kann. Dann kommt eine ältere BGH-Entscheidung für die neuere Technik wieder zum Zuge:[159]

> »Kommt der Kunde mit den notwendigen Programmvorgaben nicht zurecht, so muss er den Softwareersteller um Unterstützung bitten, die vorzugsweise durch praktische Unterweisung seitens eines Sachkundigen zu leisten ist.«

B. Hardware

I. Kauf

1. Markt, Querverbindungen zu Software-Beschaffung und Systemvertrag, CPU-Klauseln u. ä.

137 Die Größenordnungen bei Hardware bestimmen die Marktverhältnisse. Dies ist in der anwaltlichen Beratung von Bedeutung, da die Teil-Märkte bzw. die verschiedenen Größenordnungen jeweils auch ganz unterschiedliche Marktgepflogenheiten, Einkaufs- und Verhandlungssituationen mit sich bringen. Eine der einfachsten Einteilungen ist in
- PC/Laptop
- Server, »Mittlere Datentechnik«
- »Main frame«
- »Super«-Rechner.[160]

138 Die Unterschiede bestehen naturgemäß hinsichtlich Preis und Leistung, sowie der Standardisierung des Beschaffungsvorgangs. Sehr unterschiedlich ist der Markt dazu passender Standard-Software. Für PC/Laptops wird Software häufig vor-installiert auf dem Rechner »mitgekauft«, wobei es neben monopolartigen Bereichen für Betriebssysteme und Standardanwendungen einen großen Markt von Software für verschiedene Branchen gibt, ist die gesonderte Beschaffung der Software selbst hinsichtlich des Betriebssystems schon bei Servern und mittlerer Datentechnik üblich; bei Großrechnern wird die Software, wenn nicht individuell hergestellt, an die Belange des Kunden angepasst.

139 Die Möglichkeiten zur Vertragsgestaltung und v. a. zu Verhandlungen sind sehr unterschiedlich, so dass es in manchen Bereichen nur um die Beurteilung der AGB geht, etwa bei Betriebssystemen, Office-Paketen, Enterprise Resource Planning (ERP).

140 Die Stärke der Querverbindungen von Hardware zu Software-Beschaffung ist unterschiedlich, je nach Markt-Segment und Kunden-Typ. So ist es in B2C-Geschäft im Rahmen von Laptops und PC üblich relativ weitgehend die Software, auch was Anwendungen betrifft, vor-installiert mit zu verkaufen. Insofern handelt es sich schon um kleinere »Systeme«, auch, was die Peripherie betrifft. Dagegen wird im Großkundengeschäft häufig Hardware-Beschaffung praktisch »ausgeschrieben«, manchmal die Hardware auch weitgehend ohne Software beschafft, so dass die Querverbindung wesentlich schwächer ausfällt.

141 Eine andere Einteilung, noch wesentlich einfacher, geht dahin, ob die Hardware eher für den Hausgebrauch, evtl. für kleine Büros gebraucht wird (früher SOHO, Small Office, Home Office) oder ob es sich um größere Anwender-Bereiche handelt. Des Weiteren kann nach der Art der Branche bzw. des Einsatzzieles und der Einsatzumgebung unter-

---

159 BGH CR 1989, 102, LS 3.
160 »Super«-Rechner werden ausgeklammert, weil diese relativ selten und dann mit sehr spezieller Aufgabenstellung (meist F&E) vertragsrechtlich zu behandeln sind.

schieden werden. Hintergrund ist nicht nur die Budgetfrage, sondern auch die nach der Kompetenz und somit dem Beratungsbedarf des Kunden.

Die Anbieter-AGB stellen eine starke Querverbindung zur Hardware her, indem sie den Kunden verpflichten, die Software nur auf einer bestimmten Hardware zu nutzen. Ggf. wird dies durch Serialisierung, Aktivierungs- oder Freischaltungserfordernis technisch abgesichert.[161] Ungeachtet der AGB-rechtlichen Unwirksamkeit solcher Klauseln i. V. m. Kauf der Software heißt dies praktisch, dass insoweit ein einheitliches System von zumindest Seiten des Software-Anbieters vorgesehen ist. Wenn Software-Anbieter und Hardwareverkäufer identisch sind bzw. der Händler die beiden Komponenten zusammenführt und diese AGB praktisch weiterreicht, muss er die entsprechende AGB-Klausel gegen sich gelten lassen.[162] **142**

Die weitere Querverbindung ergibt sich ggf. auch über das Mängelrecht und die Frage vorvertraglicher Aufklärungs- und Beratungspflichten. Hintergrund ist, dass der Kunde evtl. nicht weiß, welcher Teil eines bei ihm entstehenden Systems den Mangel enthält. Bei verschiedenen Lieferanten droht, den Falschen in Anspruch zu nehmen. In diesem Zusammenhang bekommen die Klauseln, die evtl. beide Anbieter verwenden, eine besondere Bedeutung, wonach unberechtigte Mängelrügen dazu führen, dass der Kunde die dafür aufgebrachten Arbeiten bezahlen soll. Einen gewissen Schutz stellen zwei Hindernisse zulasten der Anbieter dar, nämlich einmal die Frage, ob diese Klausel AGB-rechtlich hält, wenn sie nicht auf Verschulden, evtl. sogar auf grobes Verschulden abstellt. Zumindest wird man leichte Fahrlässigkeit verlangen können,[163] was aber wiederum impliziert, dass die Dokumentation dem Kunden die Mängel-Beschreibung erleichtert bzw. überhaupt erst ermöglicht, ansonsten wohl Verschulden eher zu verneinen wäre.[164] **143**

Eine weitere Frage ist, ob die Dokumentation ausreichend ist und nicht selbst wiederum mangelhaft ist; sie sollte geeignet sein, den Kunden bei der Mängelsuche und -beschreibung zu unterstützen. **144**

Längere Zeit spielte die **Einheit von Hard- und Software** in der Rspr. eine große Rolle. Im Laufe der Entwicklung sanken die Anforderungen an die auch rechtliche, nicht nur wirtschaftliche Einheit.[165] Die Problemstellung hat sich sowohl für Schadensersatz als auch Rücktritt weitgehend durch §§ 281 Abs. 1 S. 2, 323 Abs. 5 S. 1 BGB zugunsten des Kunden vereinfacht.

Vertraglich könnte einen Schutz zugunsten des Kunden bieten, dass er sich ausbedingt, insoweit ohne Kosten beiden Vertragspartnern die Mängelrügen zu schicken, wenn er nicht weiß, aus welcher Sphäre der Mangel stammt, und diese sich untereinander einigen. Dies **145**

---

161 S. Rdn. 311 ff.
162 Zur Wirkung dieser CPU-Klausel s. a. Rdn. 320 f.
163 Zum Schadensersatz mit Erfordernis der Erkennbarkeit, ob der Mangel der Sphäre des Kunden zurechenbar ist: BGH CR 2008, 278 – Lichtrufanlage; s. a. *Kaiser* NJW 2008, 1709; BGH CR 2009, 495, und Rdn. 185; s. aber kein Anspruch des Nacherfüllungspflichtigen auf Erklärung der Kostenübernahme für den Fall des Nichtvorliegens eines Mangels, BGH NJW 2010, 3649.
164 Zur Unwirksamkeit einer entsprechenden Schadensersatzklausel, die sich auch auf Vertretenmüssen des Käufers bei leichtester Fahrlässigkeit erstreckt: OLG Köln CR 2000, 153.
165 S. etwa BGH CR 1996, 467: Die Gesamtrückabwicklung setzt »ein als unteilbare Einheit anzusehendes Rechtsverhältnis« voraus. Ob ein solches vorliegt, richtet sich in erster Linie nach der Verkehrsanschauung, nicht nach dem Willen der Vertragsparteien (vgl. BGH NJW 1988, 406 (409) für die Rückabwicklung im Rahmen einer Wandelung; vgl. auch BGH MDR 1992, 1123). Der zu einem einheitlichen Geschäft führende Verkauf mehrerer Sachen als in diesem Sinne zusammengehörend kann sich jedoch auch aus der Absicht der Vertragsteile und dem Vertragszweck ergeben (BGH MDR 1989, 537). Das wird insbesondere dann angenommen, wenn es sich um die Herstellung spezieller Individualsoftware zur Bewältigung typischer Aufgaben unter Verwendung bestimmter Hardware handelt (vgl. dazu BGH NJW 1985, 129).

käme zumindest bei größeren Systemen in Betracht, um solchen evtl. Schadenersatzforderungen bzw. Kostenforderungen vorzubeugen.[166]

2. Typische Konstellationen und Gegenstände

146 Zur Hardware gehört neben dem eigentlichen Computer i. S. v. PC/Server, auch die sog. Peripherie, also Terminal, Drucker, Tastatur u. ä. Diese werden schon über den Markt bzw. die Preise zu ganz typischen Konstellationen angeboten, so dass auch gegenüber den Kunden kleinere »Systeme« zur Bestellung anstehen, so insbesondere bei der Online-Bestellung.

147 Das Besondere an den Marktverhältnissen ist wohl, dass bestimmte Felder des Hardwaremarktes indirekt durch den Anbieter der Betriebssysteme bzw. der Office-Software beherrscht werden, nämlich durch Microsoft. D. h. auch andererseits, dass praktisch keine individuelle Gestaltungsmöglichkeit hinsichtlich der Verträge im Detail bzw. Wortlaut des Einzelfalls (außer vielleicht bei den Konditionen) besteht, aber eine Reihe von Standard-Varianten für unterschiedliche Volumina und Lizenzmodelle angeboten wird.[167] Hier geht es für den Rechtsanwalt v. a. darum, die AGB im Hinblick auf den Streitfall zu analysieren.

148 Aber auch im B2B-Geschäft gibt es solche typischen Konstellationen i. S. v. »Problemlösungen«, so etwa für Hotel, Kanzlei o. ä. Dabei geht es weniger um die Peripherie als um unter Umständen auch Zusatzgeräte, etwa hinsichtlich der Gebührenerfassung, der Kombination mit der Telefonanlage und dabei zugleich auch für Abrechnungsmöglichkeiten. Weiter gehört bei vielen Anbietern von Anfang an der vor Ort-Service bzw. die Wartung mit dem Problem, eine genügend klare Abgrenzung gegenüber der »Gewährleistung« bzw. deren Nicht-Vergütungspflichtigkeit sicherzustellen.

149 Die Kombination von Hardware-Kauf und gleichzeitig im Vertrag vorgesehener Wartung ist nicht untypisch, bedarf aber einer besonderen Behandlung, die offensichtlich häufig nicht vorgenommen wird, indem nämlich die eigentliche Hardwarebeschaffung als Kauf und die Wartung als Werkvertrag zu qualifizieren wäre, auch wenn sie auf der gleichen Urkunde vereinbart werden. Eine Absorption des Wartungsvertrages durch den Kauf selbst erscheint überzogen, da eine entsprechende Regelung nur für die Montage sinnvoll und im Gesetz vorgesehen ist.

150 Als weiterer typischer Vertragsgegenstand in Fällen größerer Systeme bzw. Geräte kommt auch noch die Installation hinzu, die wiederum ein eigener Vertrag sein kann, aber auch »integrierter Bestandteil« eines Beschaffungsvertrages, so dass sie dann nicht über die Bedeutung der Montage hinausgeht und den Vertragstyp insofern nicht ändert. Der Unterschied gegenüber der »Montage« ist v. a., dass die Betriebsbereitschaft herzustellen ist und evtl. auch kleinere Einstellungsarbeiten vorgenommen werden, die sich nicht mit der Verlegung von Kabeln u. ä. erschöpfen. Wichtig im Hinblick auf solche zusätzlichen Vertragsgegenstände wie »Montage« und v. a. Installation ist, dass sie den Beginn der Verjährungsfrist für die Mängel auch aus dem Beschaffungsvertrag auf den Zeitpunkt hinausschieben, zu dem diese Arbeiten abgeschlossen sind.[168]

3. Leistungsmerkmale, Leistungsbeschreibung

151 Die Leistungsmerkmale der Hardware ergeben sich sehr häufig aus Produktbeschreibungen, technischen Merkblättern u. ä. Diese sind der in Regel Beschaffenheitsangaben, keine »zugesicherten Eigenschaften« bzw. garantierte Eigenschaften, so dass sie im Rahmen der Gewährleistung zur sog. »vereinbarten Beschaffenheit« (§ 434 Abs. 1 Satz 1 BGB) gehören

---

166 Zum Mängeldialog und Hemmung s. Rdn. 46.
167 Zur technischen Seite der Lizenzmodelle s. etwa *Hoppen* CR 2007, 129.
168 S. a. Rdn. 111, 737 unter Hinweis auf *Palandt*.

bzw. diese beschreiben. Da die Beschaffenheitsangaben in vielen Fällen aber technischer Art sind, ergeben sich daraus nicht unbedingt Angaben bzw. unmittelbar Vereinbarungen für die Verwendung. Sobald also der Kunde klargemacht hat, dass er als die vorausgesetzte Verwendung und den Einsatz in seinem Hotel, seiner Kanzlei usw. zum Gegenstand der Vereinbarung macht, ist auch dies Maßstab für die Beurteilung der Mangelhaftigkeit und zwar nach § 434 Abs. 1 Satz 2 BGB. Dabei können Kollisionen insofern auftauchen, als die technische Beschreibung möglicherweise für einen Fachmann bereits erkennbar macht, dass die Verwendung beim Kunden für den jeweilig konkreten Zweck eingeschränkt oder nicht gegeben ist. In diesem Fällen stellen sich zwei Probleme: Zum einen besteht das dogmatische Problem des Rangverhältnisses zwischen Beschaffenheitsvereinbarungen und vorausgesetzter Verwendung. Für die Beurteilung der vorausgesetzten Verwendung ist eigentlich nur Raum, soweit nicht die Beschaffenheit vereinbart ist. Dies gilt auch bei einem Produktblatt, das etwa die technische Beschreibung wiedergibt, die zur Inkompatibilität mit bestimmten Geräten und damit auch zur schlechten oder Nicht-Verwendung im konkreten Fall führt. Im IT-Bereich neigten jedenfalls früher die Gerichte dazu, in solchen Fällen mindestens ein Aufklärungs- und Beratungsverschulden des Lieferanten anzunehmen. Wenn aber der Kunde ggf. im Onlineshop ohne jedes Zutun des Anbieters sich die Geräte beschafft, fällt es schwer, ein solche Aufklärungs- und Beratungsverschulden bei richtiger Beschreibung der Produktbeschaffenheit anzunehmen. Hier fehlt es eher an Aufklärung seitens des Kunden.

Die Leistungsbeschreibung bzw. das Produktblatt wird in der Regel vom Hersteller produziert und publiziert, ggf. wird damit auch in Katalogen u. ä. geworben (auch online). Dies führt dazu, dass diese Herstellerangabe bei einer typmäßigen Beschaffung seitens des Kunden auch dann maßgeblich für den Vertragsinhalt bzw. die Beurteilung als Mangel wird, wenn Vertragspartner ein Händler ist (§ 434 Abs. 3 BGB, »öffentliche Äußerungen des Herstellers«). Bei Veralterung des Produktblattes gegenüber der Entwicklung der Ausführung des PC/Geräts ergeben sich auf diese Weise Divergenzen, die erfüllungs- und mangelrechtlich von Bedeutung sind. Evtl. ist der Verkäufer gar nicht mehr in der Lage, die Produktbeschaffenheit zu liefern, die auf dem Produktblatt steht, weil dieses inzwischen veraltet ist. In solchen Fällen könnte auch der Fall vorliegen, dass die Nacherfüllung im Wege der Neulieferung ebenso unmöglich ist wie im Rahmen der Nachbesserung. Klauseln, wonach der Anbieter berechtigt ist, das jeweils aktuelle Modell zu liefern und sich Änderungen insoweit vorbehält, dürften unwirksam sein. 152

4. Lieferung, Ablieferung, »Abnahme«

Bei Kauf ist die maßgebliche Station für den Gefahrübergang die Ablieferung und damit der Beginn der Verjährungsfrist (§ 438 Abs. 2 BGB). Die Art der Lieferung kann zwischen den Parteien sehr unterschiedlich ausgestaltet bzw. vereinbart werden. Gefahrübergang ist in der Regel die Übergabe der Sache, § 446 Satz 1 BGB, wenn nicht zuvor schon Annahmeverzug eingetreten ist, § 446 Satz 3 BGB, spätestens jedoch die Ablieferung im Sinne von § 438 BGB.[169] Beim Versendungskauf gilt die Spezialregelung des § 447 BGB, wonach die Gefahr auf den Käufer übergeht, sobald der Hersteller die Sache an den Transporteur übergeben hat. Zur »Ablieferung« gehört auch die Übergabe der Dokumentation.[170] 153

Eine »Abnahme« entsprechend § 640 BGB kommt grundsätzlich nicht in Betracht. Wenn die Installation zusätzlich vereinbart wird, ist diese Leistung der Abnahme zu unterziehen. Dann wird die Verjährungsfrist für Mängelansprüche des Kunden auch hinsichtlich der 154

---

169 S. Palandt/*Weidenkaff* § 434 Rn. 8 und § 438 Rn. 15.
170 Zu deren Erfordernis auch ohne Vereinbarung s. Rdn. 5.

Hardware nicht vor dem erfolgreichen Abschluss der Installation beginnen.[171] In AGB vielen Anbieter ist allerdings eine »Abnahme« (über die körperliche Entgegennahme im Sinne von § 433 Abs. 2 BGB) auch der Hardware vorgesehen. Die Folge ist, dass sich der Kunde ggf. darauf berufen kann, dass eine solche Abnahme durchzuführen ist, vor allem aber, dass die Verjährung für Mängelansprüche erst ab Abnahme(bereitschaft) beginnt.

155 Die BVB-Kauf sahen in § 5 »Anlieferung, Aufstellung und Betriebsbereitschaft« vor, dass der Auftragnehmer dem Auftraggeber rechtzeitig, spätestens bei Vertragsschluss, die »Installations- und Aufstellungsvoraussetzungen bekannt gibt« (Ziff. 2), während der Auftraggeber sich gem. Ziff. 3 zur Erfüllung dieser Voraussetzungen verpflichtete. Die Definitionen im Anhang erfassten »Betriebsbereitschaft« (Uneingeschränkte Einsatzfähigkeit), nicht »Installation«.

156 Die EVB-IT Kauf enthalten die Installation nicht als Leistungspflicht. Die EVB-IT Dienstleitung sind hierauf anzuwenden. Diese sind typisch als Dienstvertrag ausgestaltet. In Ziffer 1. Abs. 1 S. 2 heißt es ausdrücklich: »Der Auftraggeber trägt die Projekt- und Erfolgsverantwortung. Die ordnungsgemäße Datensicherung obliegt dem Auftraggeber. Werkvertragliche Leistungen sind nicht Gegenstand des Vertrags.« Dennoch ist in Ziffer 5. von Mitwirkungsleistungen des Auftraggebers die Rede, ein Terminus, der eigentlich zum Dienstvertrag so nicht passt.[172] Die EVB-IT System sehen für Hardware die Aufstellung, für Software die Installation und ab Abnahme (optional) den Systemservice vor. Die EVB-IT Systemlieferungs-AGB sehen in Ziff. 2.3. die Herbeiführung der Betriebsbereitschaft des Systems durch den Auftragnehmer vor. s. a. Rdn. 186 ff., Betriebsbereitschaft wird nunmehr definiert: »*Das System oder die Teillieferung steht dem Auftraggeber vertragsgemäß zur Verfügung*«. An die Stelle der Abnahme (die bei Werkvertrag zu regeln wäre) setzen funktional die EVB-IT Systemlieferung eine neue Figur: »Demonstration der Betriebsbereitschaft«.[173]

5. Installation, Tests, Inbetriebnahme

157 Installation kann im einfachsten Fall als integrierter Bestandteil des Vertrages der Montage im Sinne des § 434 BGB entsprechen, ändert nichts am Vertragstyp, schiebt nur den Beginn der Fristen und insbesondere den Beginn der Verjährungsfrist hinaus. Die echte Installation wird aber in der Regel über die bloße Montage hinaus gehen, indem sie auch die Herstellung der Funktionsfähigkeit umfasst, wäre dann als Werkvertrag ein eigener Vertragsgegenstand, der im Rahmen eines gemischten Vertrages zu beurteilen wäre.[174] Bei Fremdvergabe der Installation wäre die Installation reiner Werkvertrag, wobei möglicherweise diese Installation noch nicht einmal von Belang für die Beschaffung der Hardware vom Hersteller/Lieferanten ist.

158 Die Parteien vereinbaren aber unter Umständen Tests, Prüfungen, Probeläufe u. ä. Evtl. ergibt sich sogar eine entsprechende Pflicht des Kunden aus den AGB des Lieferanten, die Hardware sofort zu installieren bzw. installieren zu lassen und zu testen. In diesen Fällen wird diese Pflicht zum einen erst bestehen, wenn die Hardware ordnungsgemäß installiert ist, zum anderen gehören dann diese Tests auch noch zur »Ablieferung«.

159 Der kaufmännische Kunde ist zwar nicht zur Inbetriebnahme verpflichtet, jedoch zur sofortigen Untersuchung und Rüge im Sinne von § 377 HGB.

---

171 Palandt/*Weidenkaff* § 434 Rn. 40: Montage ist Teil des einheitlichen Kaufvertrages; Palandt/*Weidenkaff* § 438 Rn. 15: Bei Montagepflicht des Verkäufers ist erst mit deren Vollzug abgeliefert.
172 Im Einzelnen siehe *Feil/Leitzen*, EVB-IT.
173 Ziff. 11.4. S. dazu *Redeker* ITRB 2010, 255 (256).
174 Anschaulich zur Beurteilung gemischter Verträge: BGH NJW 2010, 150 – Video-Partnerportal als Dienstvertrag (werkvertragliche Leistung als untergeordnete Leistung); BGH CR 2010, 327 – Internet-System-Vertrag.

Die Hardware bzw. deren Installation und Wartung erfordern, je nach Größenordnung, **160** Leistungsfähigkeit (Wärmeabgabe), eine zum Teil beachtliche räumliche, elektrische und personelle Beistellungsleistung des Kunden. Der Hersteller publiziert zusammen mit den Produkteigenschaften in der Regel sog. Aufstellungsvoraussetzungen. Auf diese muss der Lieferant vor Abschluss des Vertrages verweisen.

Die Bereitstellung der Aufstellungsvoraussetzungen gehört zur Mitwirkungsleistung des **161** Kunden. Solche Arbeiten können erheblichen Aufwand erfordern. Deren rechtzeitiger Abruf ist Aufgabe des Lieferanten.

Der Anbieter wird nicht von sich aus den Ort, den der Auftraggeber für die Installation aus- **162** gesucht hat, inspizieren müssen. Vielmehr wird man davon auszugehen haben, dass die Bestimmung des Orts der Installation bzw. Aufstellung Sache des Kunden ist.[175] Stellt der Auftragnehmer jedoch vor Ort fest, dass die Voraussetzungen (noch) nicht geschaffen sind bzw. der Ort ungeeignet ist, muss er auf Mängel bzw. fehlende Voraussetzungen bei der Beistellungsleistung hinweisen. Bei individuell zu vereinbarenden Verträgen wird sich aus Kundensicht empfehlen, dem Auftragnehmer die Pflicht aufzulegen, die Aufstellungsvoraussetzungen zu prüfen und ihn zu beraten bzw. ihm ein Pflichtenheft aufzugeben, welche Voraussetzungen noch zu schaffen sind. Dies wird insbesondere für Netze, deren Verlegungsvoraussetzungen, für die Stromversorgung, für die Tragfestigkeit und Klimatisierung der Baulichkeiten empfehlenswert sein.

6. Mängel, Verjährung

Grundsätzlich bereitet die Beurteilung von Mängeln bei Hardware keine besonderen Pro- **163** bleme. Sie weist keine Besonderheiten gegenüber sonstigen komplexeren technischen Geräten auf. Das bedeutet, dass gegenüber offensichtlichen Mängeln die Pflicht des kaufmännischen Kunden zur sofortigen Untersuchung und Rüge besteht. Allerdings ergibt sich dabei ein Aspekt, der die Angelegenheit verkompliziert, nämlich der Zusammenhang mit der Software. Die Hardware wird in der Regel nicht genauer auf ihre Funktionsweise zu untersuchen sein, bevor nicht die Betriebssystemsoftware und die sonstige Software fertig installiert ist. Dies hängt damit zusammen, dass zuvor etwaige Probleme bei dem Zusammenwirken der Komponenten nicht feststellbar sind.

Ganz generell wird jedenfalls gelten, dass der kaufmännische Kunde die Hardware sofort **164** nach Ablieferung auf offensichtliche Mängel zu untersuchen hat. Anderes gilt, wenn vom gleichen Lieferanten noch Leistungen erfolgen, die erst die Feststellung von Mängeln und gerade der offensichtlichen Mängel ermöglicht. Dies wäre etwa die Lieferung der Dokumentation als Nachlieferung, die mitvereinbarte Installation und, sich aus den AGB ergebend,[176] die Einweisung. Im Hinblick auf die zu altem Recht ergangenen Entscheidungen bei Fehlen von Bedienungsanleitungen ist davon auszugehen, dass trotz der Offensichtlichkeit das Fehlen der Bedienungsanleitung nicht unter die Mangelkategorie fällt; infolgedessen besteht auch keine Rügepflicht bzw. Rügefrist.

Eine technisch besondere Thematik sind die sog. nicht reproduzierbaren Mängel. Es gibt **165** bei hoch-elektronischem Gerät Mangelphänomene, die gelegentlich, aber nicht vorhersehbar bzw. beeinflussbar auftreten. In diesen Fällen wird die Frage der Angemessenheit der Nacherfüllungsfrist und die Zahl der Nachbesserungsversuche ein aktuelles Thema (S. unten Rdn. 170).

Grundsätzlich wäre die Reproduzierbarkeit eine Frage des Beweises, also prozessualer Na- **166** tur. Hier sei aber schon vermerkt, dass es auch bei Nicht-Reproduzierbarkeit etwa der Ab-

---

[175] S. a. *Koch* Rn. 4/51.
[176] S. a. Rdn. 238 ff., 722 ff.

stürze eine Möglichkeit geben wird, diesen Mangel zu belegen. Dies in dem Sinne, dass der Mitarbeiter hierüber »Buch führt« und selbst als Zeuge für die erfolgten Abstürze und die Situationen, bei denen dies geschah, aussagt. Das Beweisangebot wäre also der Mitarbeiter i. V. m. der Darstellung aus dessen Tagebuch. Klauseln, die die Reproduzierbarkeit zum Erfordernis der Geltendmachung von Mängeln machen, sind unwirksam.

167 Bei Auftreten eines Mangels innerhalb der Verjährungsfrist steht dem Kunden das Recht zur Nacherfüllung als zwischengeschalteter Anspruch zu. Hiervon muss er Gebrauch machen, will er bei Scheitern in den Genuss der sonstigen Mangelrechte gelangen. Grundsätzlich wird also der Kunde bei Auftreten eines Mangels zuerst eine Frist zu setzen haben, bei der er bereits wählen kann, welche Art der Nacherfüllung er wünscht (anders als bei Werkvertrag, wo dieses Recht dem Unternehmer zusteht).

168 Dieses Wahlrecht kann in AGB auf Lieferantenseite wohl nicht pauschal zugunsten des Lieferanten umgedreht werden. Da das Prozedere, wenn die gewählte Art der Nacherfüllung dem Lieferanten unzumutbar ist, die Angelegenheit evtl. erheblich verzögert, könnte sich empfehlen, in Einkaufs-AGB ein abgekürztes Prozedere aufzunehmen und von Anfang an das Wahlrecht in die Hände des Lieferanten zu legen. Dies wäre wirksam.

169 Die Wahlproblematik stellt sich im EDV-Bereich nicht zuletzt deshalb, weil es aufgrund der Schnelllebigkeit der Hardware außerordentlich schwierig sein kann, nachzubessern. So wenn ein bestimmtes Ersatzteil nicht vorhanden ist. Es kann für den Lieferanten wesentlich besser sein, die Hardware dem Hersteller zurückzugeben und ein neues Gerät zu verlangen. Evtl. ist aber gerade das baugleiche Gerät nicht mehr auf dem Markt oder verfügbar. Dann stellen sich massive Probleme der Unmöglichkeit oder Unzumutbarkeit der einen oder anderen Art der Nacherfüllung.

170 Das Hauptstreitthema in dem Zusammenhang ist, soweit ersichtlich, jedoch der Komplex der Nachfrist i. V. m. der Zahl der Nachbesserungsversuche. Grundsätzlich ist eine angemessene Nachfrist zu setzen, wobei dann, wenn die Nachfrist als nicht angemessen angesehen wird, in der Regel eine angemessene Frist als gesetzt gilt. Das Fristerfordernis ergibt sich nicht ausdrücklich aus § 439 BGB. Jedoch heißt es in § 440 BGB, dass außer in den Fällen des § 241 Abs. 2 und des § 323 Abs. 2 BGB es der Fristsetzung dann nicht bedarf, wenn der Verkäufer beide Arten der Nacherfüllung gem. § 439 Abs. 3 BGB verweigert. § 437 BGB stellt den Nacherfüllungsanspruch in Nr. 1 zwar neben die sonstigen Mängelrechte, zitiert jedoch auch insoweit § 440 BGB und die für Rücktritt bzw. Schadensersatz einschlägigen allgemeinen Vorschriften. Daraus ergibt sich, dass eine Nachfristsetzung, wenn keine der dortigen Ausnahmen vorliegt, grundsätzlich erforderlich ist. Maßgeblich für die Angemessenheit wäre grundsätzlich die Schwere des Mangels. Wesentlich sind aber auch die Art des Mangels und die Schwierigkeit seiner Auffindung und Beseitigung.[177]

171 Diese Nachfristsetzung betrifft eine einheitliche Frist, die bei Scheitern zu keiner weiteren Nachfrist führt, sondern dem Kunden unmittelbar seine sonstigen Mangelrechte eröffnet. Die Vermutung, dass nach dem erfolglosen zweiten Versuch die Nacherfüllung als fehlgeschlagen gilt, löst keine zwei getrennten Fristen aus. Die beiden Nachbesserungsversuche sind innerhalb der einheitlichen angemessenen Frist zu sehen und auszuführen. Die Frage der Komplexität des technischen Geräts »Hardware« spielt bei der Angemessenheit eine Rolle, führt aber keinesfalls zum Erfordernis des Setzens von Fristen. Der richtige Ort hierfür ist vielmehr die Frage der Zahl der Nachbesserungsversuche. Denn § 440 S. 2 BGB sieht ausdrücklich vor, dass die Vermutung nur gilt, »wenn sich nicht insbesondere aus der Art der Sache oder des Mangels oder den sonstigen Umständen etwas anderes ergibt«. Gerade dies könnte für Hardware ins Feld geführt werden. Sie ist so zusammengesetzt und arbeits-

---

[177] BGH NJW 2007, 504.

teilig erstellt, dass der Lieferant nicht auf Anhieb in der Lage ist, in der Regelkette das richtige Bauteil, das den Mangel verursacht oder in sich trägt, ausfindig zu machen und auszutauschen.

172 Ein weiterer weit verbreiteter Irrtum, der sich häufig in AGB niedergeschlagen hat, ist, dass die Nacherfüllung für den Kunden, soweit dem Lieferanten die Hardware nicht ins Haus gebracht wird, kostenpflichtig ist. Tatsächlich sieht § 437 BGB zum einen ausdrücklich die Nacherfüllung als zwischengeschalteten Anspruch vor; § 439 BGB besagt aber dann ausdrücklich, dass der Verkäufer die zum Zwecke der Nacherfüllung erforderlichen Aufwendungen, insbesondere Transport-, Wege-, Arbeits- und Materialkosten zu tragen hat (§ 439 Abs. 2 BGB). Es gilt das Prinzip, dass die Nacherfüllung für den Käufer unentgeltlich sein muss. Wenn während des Laufs der Verjährungsfrist von »Vor-Ort«-Gewährleistung die Rede ist, kann sich dies nicht darauf beziehen, dass die Nacherfüllung kostenpflichtig wird. Die Beträge, die hierfür geltend gemacht werden, wären trotz ihres Charakters als Leistungsbestimmung zumindest hinsichtlich der Transparenz überprüfbar (§ 307 Abs. 1 S. 2, Abs. 3 S. 2 BGB). Die Vor-Ort-Garantie kann sich nur darauf beziehen, die Mühe, der sich der Kunde ansonsten unfreiwillig unterziehen muss, um die Sache auf den Weg zu bringen, einzusparen.

173 Unabhängig von dem Mangelanspruch des Kunden kann sich aus der Mangelhaftigkeit noch ein anderer Anspruch, insbesondere ein Anspruch wegen Pflichtverletzung, ergeben. Im IT-Bereich könnte dies dann der Fall sein, wenn etwa die Bedienungsanleitung nicht mitgeliefert wurde. Dies würde den Nacherfüllungsanspruch auslösen, unabhängig davon, schon vor dessen Ausübung bzw. Scheitern aber auch den Anspruch des Kunden wegen des Betriebsstörungsschadens.[178]

174 Der Nacherfüllungsanspruch ist nicht generell, sondern mit Ausnahmen auszuüben. Den Kunden trifft dann keine Pflicht, dem Verkäufer noch die Gelegenheit zur Nacherfüllung zu geben, wenn der Mangel arglistig verschwiegen worden ist.[179] Ob dies generell gilt oder nur »in der Regel«, ist noch unklar. Der Leitsatz selbst bzw. der BGH spricht von »Regelfall«, der anzunehmen ist, wenn der Verkäufer dem Käufer einen Mangel bei Abschluss des Kaufvertrages arglistig verschwiegen hat. Allerdings handelt es sich hier (08.12.2006) wie auch bei den meisten noch zu zitierenden Entscheidungen nicht um einen Fall aus dem IT-Bereich.

175 Die allgemeine Regel in diesem Zusammenhang (unter Bezugnahme auf zahlreiche Urteile auch nach altem Recht) lautet, dass arglistiges Handeln voraussetzt, dass der Verkäufer »weiß oder doch damit rechnen und billigend in Kauf nimmt, dass der Käufer den Fehler nicht kennt und bei Offenbarung den Vertrag nicht oder nicht mit dem vereinbarten Inhalt geschlossen hätte«.[180] Im konkreten Fall ging es um eine Gefahr (gelegentlicher Überschwemmung), die dem Verkäufer bekannt war.[181] Auf Hardware bzw. IT-Produkte angewandt, kann man sich dies etwa so vorstellen: Der Verkäufer weiß, dass die mitgelieferte Dokumentation nicht dem Gerät, dessen Version oder technischem Stand entspricht. Der Verkäufer liefert die Software in einem Zustand aus, der bereits veraltet ist, weil inzwischen ein Patch/Zusatzprogramm verfügbar ist, das die bekannten Mängel abdeckt. Möglicherweise liegt die Arglist nicht darin, die bekannten Mängel zu verschweigen (weil diese Programme häufig im Internet auch verfügbar sind), sondern darin, dass er trotz deren Bekanntheit nicht die dafür bekannten Gegenmaßnahmen mitliefert.

---

178 S. dazu OLG Hamm 23.02.2006, 28 U 164/05 – www.stephan-lorenz.de. S. a. BGH NJW 2009, 2674; zu den Schwierigkeiten der Abgrenzung zwischen Schadensersatz statt und neben der Leistung s. *Ostendorf* NJW 2010, 2833.
179 S. BGH NJW 2007, 835.
180 BGH NJW 2007, 835 Tz. 9 m. w. N.
181 BGH NJW 2007, 835 Tz. 8.

7. Querverbindungen zur Wartung

176 Der Wartungsvertrag wird unten (B. V.) als eigenständiger Vertragsgegenstand und Vertragstyp abgehandelt. Ähnlich wie bei Software-Pflege ist zwischen den erfolgsorientiert ausgestalteten Verträgen, die bei Hardware die Mehrheit bilden dürften, und den tätigkeitsbezogenen zu unterscheiden. Letztere spielen bei Hardware wohl seltener eine Rolle, anders als bei Software.

177 In beiden Fällen gibt es Leistungen, die sich direkt oder indirekt auf Mängel oder Mängelbeseitigung und/oder -behandlung beziehen. Oft wird dabei der Ausdruck »Fehler« oder auch »Störung« o. ä. genannt.

178 In beiden Fällen ergeben sich je nach Ausgestaltung mehr oder weniger starke Querverbindungen zwischen dem Wartungsvertrag und dem Beschaffungsvertrag. Die deutlichste ist die Einheit der Verträge und Vertragsgegenstände, die häufig schon infolge der Einheitlichkeit der Urkunde vermutet werden kann. Manche Anbieter werfen in ihren Angeboten bereits in mehreren Spalten die Beträge aus für
- Kauf
- Leasing
- Wartung,

wobei Kauf und Wartung sowie Leasing und Wartung kombiniert werden. Bei Leasing[182] wird dem Leasingnehmer ohnehin regelmäßig auferlegt, die Leasingsache zu warten.

179 Bei solcher Einheitlichkeit fällt es dem Kunden nicht schwer, in Fällen, in denen die Hardware nicht oder nicht rechtzeitig geliefert wird, trotz fest vereinbarten Beginns des Wartungsvertrages die dafür vorgesehene Bezahlung zu verweigern oder darzulegen, dass kein Vergütungsanspruch entstanden ist. Dies wird schwer fallen, wenn, wie häufig, die AGB vorsehen, dass die Wartungsvergütung im Voraus zu zahlen ist (was in AGB eigentlich unwirksam ist).[183]

180 Durch dieses Thema der Einheitlichkeit wird das eigentliche Problem im Zusammenhang der beiden Gegenstände verwischt. Denn über die Vergütung für die Wartung wird indirekt die Nacherfüllung des Beschaffungsvertrages vergütungspflichtig. Die Nacherfüllung muss aber für den Kunden kostenfrei erfolgen (§ 439 Abs. 2 BGB). Die Frage ist also, ob der Lieferant der Hardware und Auftragnehmer des Wartungsvertrages für die Zeit die volle Vergütung mit Recht verlangen kann, in der noch die Verjährungsfrist für Mängel läuft. Soweit ersichtlich spielt dieses Thema in der Rechtsprechung keine Rolle. Die oben angedeutete Unwirksamkeit der Vorauszahlung ist in einer noch nicht einmal unmittelbar den IT-Bereich betreffenden Entscheidung des OLG München vor langer Zeit festgestellt worden.[184]

181 Der Zusammenhang mit den Mangel-Pflichten ist offensichtlich und schlecht weg zu diskutieren, wenn der Wartungsvertrag als »Vollwartung« bezeichnet wird.[185]

182 Für die Vertragsverhandlung wird zu empfehlen sein, während der Zeit der Verjährungsfrist für Mängel eine angemessene Herabsetzung für den Teil der Leistungen vorzusehen, der Mängel betrifft. Hierzu haben sich auch in der Praxis Anhaltspunkte gezeigt, die allerdings weitgehend aus dem Softwarebereich stammen. Sie lassen sich v. a. dann nicht übernehmen,

---

182 S. a. unten Rdn. 224–236.
183 S. a. unten Rdn. 270.
184 OLG München CR 1992, 401: Kundendienstvertrag für Öl- und Gasbrenner, diese allerdings nur für den nicht-kaufmännischen Verkehr; zur Relevanz für die DV-Industrie bzw. Anwendung auf den IT-Bereich s. Anm. *Zahrnt* CR 1992, 404.
185 Zu diesem Begriff s. v. a. *Zahrnt* in der zitierten Anm. zu OLG München und darüber hinaus Redeker/*Scheja*, Hdb IT-Verträge, Kap. 1.10 »Hardware-Vollwartung«.

wenn ein erheblicher Teil der Wartungsleistung darin besteht, vorbeugende Wartung im Sinne der Vermeidung des Auftretens von Fehlern durchzuführen.[186]

Im Hinblick auf die Gestaltung des Wartungsvertrages und dessen Angebot kann es sich deshalb empfehlen, die einzelnen Leistungsbereiche ihrerseits voneinander so abzutrennen, dass die auf sie entfallenden Vergütungsanteile deutlich werden und transparent ist, welche Vergütung auf welchen Teil welcher Pflicht entfällt. Dies ist allerdings eine Empfehlung, die in der Praxis auf erheblichen Widerstand trifft. 183

Eine Kombination des Mietvertrages zu Hardware mit einem zusätzlichen Vertrag über die Wartung erscheint unverträglich.[187] Denkbar wären gesonderte SLA. Anderes gilt für Leasing. Dort wird die Wartung typischer Weise zur Pflicht des Leasingnehmers. 184

Wenn im Laufe des Vertragsverhältnisses Streit zwischen den Vertragspartnern entsteht, liegt es nahe, dass der Auftraggeber dieses Problem der Doppelvergütung erkennt.[188] Dann wird er rückfordern und für die Zukunft weitere Leistungen verweigern, bis der zu viel bezahlte Betrag – wie auch immer dieser ermittelt wurde – ab Ende der Verjährungsfrist abgetragen (verrechnet) ist. Dies veranlasst evtl. den Auftragnehmer, den Vertrag entsprechend einer meist in AGB ausformulierten Klausel fristlos zu kündigen. In solchen Fällen kann erheblicher Schaden entstehen.[189] Später ist dann im Zusammenhang mit der fristlosen Kündigung und deren Berechtigung zu entscheiden, ob der Kunde seine Zahlung zu Recht verweigert hat. Es erscheint deshalb besser, diese Thematik im Rahmen der Vertragsgestaltung bereits abzuhandeln und solchem Streit vorzubeugen. 185

8. Systemverträge

Die Grundform ist, dass Hard- und Software zusammen beschafft werden. Für längere Zeit war wesentliche Voraussetzung für einen einheitlichen Vertrag gemäß BGH-Rspr., dass sich zumindest aus den Umständen ergeben musste, dass die beiden Verträge »miteinander stehen und fallen« sollten. Die einheitliche Vertragsurkunde stiftete eine Vermutung für die Einheit des Geschäfts, die widerlegt werden konnte.[190] Vielen OLG und LG war wichtiger, dass Hard- und Software »aus einer Hand« beschafft wurden.[191] Die Einheitlichkeit der Rückabwicklung ist im Streitfall relevant, wenn der Mangel nur einen Teil betrifft. Nach § 323 Abs. V S. 1 BGB kann der Kunde, wenn eine Teilleistung bereits erbracht ist, vom ganzen Vertrag nur zurücktreten, wenn er an der Teilleistung kein Interesse hat.[192] Die Rspr., v. a. der OLGe neigt dazu, Systemverträge als Konglomerat von Hard-, Software, Anpassung, Installation und evtl. Wartung/Pflege werkvertraglich einzuordnen. Dies hat der BGH für den Internet-System-Vertrag ebenso entschieden.[193] Primär wird es sich allerdings um Kauf mit Montageverpflichtung handeln, ergänzt um die Anpassung. Bei den EVB-IT 186

---

186 Zu Wartung s. a. im Zusammenhang mit BVB/EVB *Leitzen/Intveen* CR 2001, 493; *Müglich* CR 1996, 129; *Heymann* CR 1991, 525; *Feil/Leitzen* CR 2002, 407.
187 S. a. *Schneider*, Hdb EDV-Recht, G Rn. 20.
188 Auch bei BGH CR 2009, 210, hatte der Kunde erst später die Doppelvergütung erkannt.
189 S. BGH NJW 2009, 1262, LS 1. Eine Vertragspartei, die von der anderen Vertragspartei etwas verlangt, das nach dem Vertrag nicht geschuldet ist, oder ein Gestaltungsrecht ausübt, das nicht besteht, verletzt ihre Pflicht zur Rücksichtnahme nach § 241 Abs. 2 BGB und handelt im Sinne von § 280 Abs. 1 Satz 1 BGB pflichtwidrig.
190 BGH CR 1987, 358 (362).
191 S. beispielhaft OLG Düsseldorf CR 2000, 350 (PC nebst Modem, zip-Laufwerk und Monitor sowie Software aus dem Jahr 1997). Zur Variante, dass die Beschaffung aus einer Hand trotz günstigerer Alternativangebote erfolgte, BGH CR 1996, 467 – Service-Rz II.
192 Dies gilt etwa nach Palandt/*Grüneberg* § 323 Rn. 24.
193 BGH CR 2010, 327; s. dazu auch Rdn. 63 f.

System gehören die diversen möglichen Leistungsbereiche nur wahlweise zum Vertragsgegenstand, ebenso bei EVB-IT Systemlieferung, Ziff. 1.1:[194]

Die Leistungen des Auftragnehmers zur Lieferung des Systems können insbesondere umfassen:
- Verkauf von Hardware,
- dauerhafte Überlassung von Standardsoftware* gegen Einmalvergütung (Verkauf),
- Herbeiführung der Betriebsbereitschaft* des Systems,
- Dokumentation.

Diese Leistungen bilden eine sachliche, wirtschaftliche und rechtliche Einheit.

187 Ob dies für die rechtliche Einheit reicht, darf bezweifelt werden. Wichtig ist, dass es sich bei den angebotenen Leistungen um eine »Gesamtlösung« handelt. Hier geht es nicht nur um die Zusammengehörigkeit, sondern um die Frage, was der Kunde an Leistungen erwarten kann, die im Preis enthalten sind, um seine Gesamtlösung zu erhalten. Hier divergieren häufig die Vorstellungen insofern, als die Anbieter davon ausgehen, dass auf dem Standard aufsetzend die Anpassung für den Kunden gegen zusätzliche Vergütung, am besten nach Aufwand, erfolgt.[195] Auch bei solcher Gesamtlösung, insbesondere wenn Hardware im Vordergrund steht, kann gem. § 651 BGB Kaufvertragsrecht anzuwenden sein.[196]

II. Miete

188 Neben dem Leasing bietet die Hardware-Miete eine in der Praxis v. a. von Großanlagen, aber zwecks Vertriebs-Ankurbelung auch bei einfachen, kleineren Geräten gepflogene Alternative. Die Problematik für den Vermieter ist das erhöhte Risiko im Zusammenhang mit der Mängelhaftung. Der Mieter ist in einer ziemlich komfortablen Situation, auch wenn er über den Gegenstand nicht so frei verfügen kann, wie als Eigentümer.

189 Der Vermieter schuldet die Gebrauchsüberlassungs- und die Erhaltungspflicht während der gesamten Mietzeit.

Das bedeutet, dass es während der Mietzeit eigentlich keine Verjährungsfrist für Mängel gibt.
- Die Mängelrechte des Kunden, die insbesondere im Hinblick auf **Minderung** bestehen unmittelbar ab Eintreten des Mangels, bedürfen also keiner weiteren Maßnahmen.
- Es besteht eine verschuldensunabhängige Haftung des Vermieters für anfängliche Mängel, ein Anspruch, der als einer der wenigen durch AGB-Klauseln abbedungen werden kann.[197]
- Der Vermieter schuldet die Erhaltung der Gebrauchstauglichkeit während der gesamten Laufzeit des Mietvertrages. Dies war ein nicht unerhebliches Problem im Zusammenhang mit der Jahrtausend-Fähigkeit, insbesondere, soweit die Betriebssystem bzw. die Grund-Software Bestandteil des Mietvertrages war (was häufig der Fall ist).
- Auch sich später zeigende Mängel sind zu beseitigen. Es kommt nicht darauf an, welche Mängel bei Gefahrübergang vorhanden waren (anders als bei Kauf).

---

194 Zu EVB-IT Systemlieferung s. *Redeker* ITRB 2010, 255.
195 S. dazu besonders restriktiv OLG Köln CR 2003, 246, wo die Basislösung in einzelnen Produktscheinen als Hard- und Software aufgeführt und bestellt worden war, etwaige Ergänzungen als Sondersoftware noch zusätzlich hätten bestellt bzw. erworben werden müssen.
196 Zum Thema s. Rdn. 48 ff.
197 S. Palandt/*Weidenkaff* § 536a Rn. 7 unter Hinweis auf BGH NJW-RR 1993, 519 im Zusammenhang mit Pachtrecht und BGH NJW 2002, 3232.

- Ohne besondere Vereinbarungen, die in AGB kaum wirksam wären, trägt der Vermieter die Verwertung und Entsorgung der Altgeräte, was im Hinblick auf steigende Umweltprobleme im Zusammenhang mit Hardware nicht trivial ist.

Andererseits setzt der Mietvertrag die Möglichkeit des Mieters voraus, für die periodische Mietzahlung aufzukommen. Ansonsten droht ihm, dass der Mietvertrag fristlos gekündigt und ihm die Mietsache wieder entzogen wird.

Anders als bei Software ist die grundsätzliche Einordnung, ob Hardware-Kauf oder -Miete vorliegt, in aller Regel völlig klar zu beantworten. Bei dieser vertragstypologischen Einordnung kommt es nicht maßgeblich auf die periodische Zahlung an. Es gibt also auch Mietverträge, die mit einer Einmal-Zahlung verbunden werden.[198]

Andererseits wird eine periodische Zahlung, die keine Ratenzahlung darstellt, ein wichtiger Hinweis auf Miete sein. Insofern kommt allenfalls die Mischung in Betracht, d. h. Mietkauf.

Bei Mietkauf erhält der Mieter ein Recht, während einer bestimmten genauer zu vereinbarenden Periode durch einseitige Erklärung die Mietsache käuflich zu erwerben. Die bis dahin bezahlten Mietzins-Beträge werden ganz oder teilweise – was genau festzulegen ist – auf den vorher vereinbarten Kaufpreis anzurechnen. Der Vertrag selbst ist ein aufschiebend bedingter Kaufvertrag, wobei die Ausprägung so erfolgen kann, dass nach Ende der Periode keine Erklärung des Kunden erforderlich ist, sondern die Mietperiode abgeschlossen ist und nunmehr durch Einmalzahlung im Sinne einer Restzahlung der Kauf erfolgt.

Der Vertrag fällt gewährleistungsrechtlich dadurch praktisch in zwei Teile. Während der Phase der periodischen Mietzinszahlungen gilt Mietrecht. Ab Erwerb bzw. ab einseitiger Erklärung (die üblicherweise auf einen bestimmten Termin gerichtet ist, dann ab diesem Termin) liegt Kaufvertrag vor. Im Hinblick auf eine. für den Kunden aus technischen Gründen erforderliche Wartung spielt der Wandel des Vertragstyps eine erhebliche Rolle, weil sich der Kunde nach längerer Zeit unter erschwerten Bedingungen für den Gebrauch der Hardware eines Wartungsvertrages versichern kann. Evtl. ist dies mit einer vorherigen Prüfung seitens des Herstellers verbunden (der nicht der Verkäufer sein muss), bevor dieser das Risiko der Wartbarkeit eingehen kann.

Die Ausübung der Option hat möglicherweise nicht nur den Charakter, im Sinne einer aufschiebenden Bedingung nun den Kaufvertrag zustande zu bringen, sondern auch den Mietvertrag zu beenden. Sie bedeutet in diesem Fall dann zugleich die Kündigung des Mietverhältnisses und dessen Beendigung zum vereinbarten Zeitpunkt.

Rein von dem äußeren Bild, der Gebrauchsüberlassung und laufenden Zahlungen, scheint kein großer Unterschied gegenüber Leasing zu bestehen. Letztlich geht jedoch v. a. beim Drittleasing der Leasinggeber keinerlei Mängel-Haftung ein, vielmehr tritt er die ihm aus dem Beschaffungsvertrag mit dem Lieferanten zustehenden Mängelansprüche an den Leasingnehmer ab. Er kann sich dann seinerseits von den mietrechtlichen Mängelansprüchen wirksam freizeichnen. Eine weitere, auch wirtschaftlich bedeutsame Besonderheit liegt darin, dass der Leasingvertrag meist so ausgestaltet ist, dass der Leasingnehmer die Wartung übernimmt und infolgedessen hier die Gefahr am größten ist, dass die angedeutete Doppelzahlung erfolgt.[199]

Im Hinblick auf die Frage, ob Hardware-Miete günstig erscheint, ist auch zu berücksichtigen, dass der Mietvertrag nicht »insolvenzfest« ist. Deshalb besteht im Fall der Insolvenz

---

198 S. *Redeker*, IT-Recht, Rn. 598.
199 Zu Miet-Kauf s. z. B. allgemein Palandt/*Weidenkaff* Einf. v. § 535 Rn. 30; zum Leasingvertrag a.a.O., Rn. 37.

des Vermieters die Gefahr, dass der Insolvenzverwalter von seinem Wahlrecht nach § 103 InsO insofern Gebrauch macht, als er die weitere Ausführung ablehnt.[200]

198 Ob und inwieweit die als zusätzliche Leistungen behandelten Gegenstände wie Installation bei der Miete »automatisch« dem Vermieter obliegen, wird zum Streitfall, wenn die Parteien hierüber keine oder keine wirksame Absprache getroffen haben. Es ist wohl üblich, dass einerseits der Mieter – genauso wie bei vereinbarter Installation bei Kauf – die bauseitigen Voraussetzungen für die Installation zu schaffen hat. Dann bleibt die Frage, wie die technische Installation erfolgt und von wem sie zu tragen ist. Die BVB-Miete hatten eine Regelung vorgesehen, die vielleicht eine Weile typisch für den Markt war. Danach erfolgte nicht nur eine Abnahme seitens des Mieters, sondern dieser führte eine Funktionsprüfung durch, die zugleich die vom Vermieter herbeizuführende Herstellung der Betriebsbereitschaft und der Gebrauchsfähigkeit zum Gegenstand hatte. Erst mit der Erklärung dieser Abnahmefähigkeit konnte die Fälligkeit des Mietzinses eintreten.[201]

199 In der Praxis, v. a. in der Industrie häufiger dürfte sein, dass der Kunde seinerseits die Installation beim Vermieter als Auftragnehmer beauftragt. Die Installation ist ein gesonderter Vertragsgegenstand, wenn auch vielleicht im Rahmen eines gemischten Vertrages, und kann insoweit als Werkvertrag qualifiziert werden. Die Zahlung dieser Leistungen ist dann nicht durch die Mietzinsregelung abgegolten oder in dieser enthalten.

200 Den Mieter treffen unter Umständen im Rahmen der Verfügbarkeit durchaus relevante Pflichten, die oft als Obhuts- und Duldungspflichten, evtl. auch als Mitwirkungspflichten zu sehen sind. Diese Pflichten werden aktuell, wenn der Vermieter seine aus dem Mietverhältnis resultierenden Wartungsarbeiten durchführt. In vielen Verträgen werden deshalb exakte Wartungsintervalle, vorbeugende Wartung und bestimmte Leistungen und Messungen dazu vereinbart, ohne dass ein gesonderter Wartungsvertrag bestünde. Von Interesse sind solche Arbeiten v. a. deswegen, weil für den Mieter in dieser Zeit die Leistung des Systems sinkt oder überhaupt nicht zur Verfügung steht. Außerdem besteht die Gefahr, dass durch die Leistungen – wie bei jeder Wartung – Folgeprobleme entstehen, etwa in Form von Datenverlust u. ä. Insofern kann auf die Haftungsproblematik i. V. m. der Wartung verwiesen werden.[202]

201 Auch bei Outsourcing können entsprechende Miet-Verhältnisse entstehen. In manchen Fällen »verkauft« der Anwender und spätere Auftraggeber des Outsourcing seine IT-Einrichtung und lässt die entsprechenden Leistungen durch den Auftragnehmer erbringen. In manchen Fällen mietet der Kunde seine Hardware (und Software) wieder zurück. Dann fragt sich, ob der Kunde dem Dritten die rechte zur Untervermietung oder Unter-Nutzung durch Dritte (z. B. und v. a. im Rahmen des Konzerns) »verkaufen« konnte.

202 Soweit ersichtlich hat in der gerichtlichen Praxis das Thema kaum eine Rolle gespielt. Es ist jedoch nicht von der Hand zu weisen, dass zumindest einige Unklarheit gegenüber Änderungen des Kunden an der Hardware besteht. Grundsätzlich wäre dem Kunden eine Änderung der Hardware untersagt. Solche Änderungen gehören nicht zu seinen Rechten. In der Regel macht der Vermieter die Möglichkeit von Änderungen davon abhängig, dass er vorher (schriftlich) zustimmt.

203 Mit dem Änderungs-Problem hängt auch die Frage des Aufstellungsortes zusammen. Während bei Kauf der Eigentümer frei über den Aufstellungsort verfügen kann, kann im Zusammenhang mit dem Mietvertrag der Vermieter ein durchaus erhebliches (und berechtigtes) Interesse daran haben, dass der Aufstellungsort unverändert bleibt oder dass ein bestimmter

---

200 Zum Insolvenzproblem s. a. im Hinblick auf das Risiko bei unternehmenswichtiger IT-Infrastruktur das Muster Redeker/*Karger*, Hdb IT-Verträge, Kap. 1.8 Rn. 31.
201 Zu den BVB-Regelungen s. *Müller-Hengstenberg*, BVB/EVB-IT-Computersoftware, 6. Aufl., 2003 und 7. Aufl. 2008.
202 Dazu unten Rdn. 254–281.

Aufstellungsort Grundlage für die vertraglichen Pflichten ist. Dies hängt einerseits mit den Verhältnissen am Aufstellungsort zusammen (unter Risikoaspekten für die Mietsache), andererseits dem Gesichtspunkt der Obhutspflichten (also Pfleglichkeit des Umgangs u. ä.), aber auch mit der Frage des Wartungsaufwands und schließlich den Problemen von erheblich längeren Anfahrtszeiten.

Zur mietrechtlichen Mängelhaftung 204

Die Regelungen des Mietrechts waren nicht Gegenstand der Schuldrechtsmodernisierung. Eine unmittelbare Angleichung der mietrechtlichen »Gewährleistung« an die Neuregelungen im Rahmen der Schuldrechtsmodernisierung für Kauf und Werkvertrag erfolgte nicht. Infolgedessen ist die mietrechtliche »Gewährleistung« strukturell und von der Begrifflichkeit her abweichend. Ein Teil dieser Abweichungen ist durch die Art des Vertrages als Dauerschuldverhältnis geprägt.

Die Besonderheit besteht schon darin, dass – wie erwähnt – die Erhaltung der Gebrauchs- 205 tauglichkeit zu den Hauptpflichten des Vermieters gehört, § 535 Abs. 1 S. 2 BGB. Das bedeutet gleichzeitig, wie ebenfalls erwähnt, dass parallel zum Mietvertrag ein Wartungsvertrag praktisch nicht vorstellbar ist. Allerdings wäre es denkbar, ein SLA zu vereinbaren, mit dem die Verfügbarkeiten, die Wiederherstellungszeiten u. ä. festgelegt, in ihrer Leistungsanspannung speziell vergütet werden und insbesondere mit speziellen Schadensersatzregelungen versehen werden.[203]

Die Mangelhaftung ist nicht durch ein Institut entsprechend dem der Nacherfüllung bei 206 Kauf und Werkvertrag »gepuffert«. Gemäß § 536 Abs. 1 S. 1 BGB führt ein Mangel der Mietsache, gleich, ob er von Anfang an bestand oder im Laufe der Mietzeit entsteht, dazu, dass der Mieter – teilweise – von der Pflicht zur Entrichtung der Miete befreit ist. Dieser Effekt tritt automatisch ein. Es bedarf insoweit keiner Fristsetzung oder Mahnung.

Ganz ähnlich noch wie im alten Kaufrecht bleibt nach § 536 Abs. 1 S. 3 BGB eine unerheb- 207 liche Minderung der Tauglichkeit außer Betracht.

Ebenfalls noch wie ein Relikt aus dem alten Recht mutet die Zusicherung an. Die fragliche 208 Regelung gilt auch, wenn eine zugesicherte Eigenschaft fehlt oder später wegfällt (§ 536 Abs. 2 BGB). Das bedeutet, dass das Fehlen oder der Wegfall einer zugesicherten Eigenschaft automatisch zum Minderungsrecht des Mieters führt.

Wichtiger als für Hardware ist die Regelung des § 536 Abs. 3 BGB bei Software, wonach 209 nämlich die zitierten Absätze 1 und 2 des § 536 BGB entsprechend gelten, wenn dem Mieter der vertragsgemäße Gebrauch der Mietsache durch das Recht eines Dritten ganz oder teilweise entzogen wird. Bei Hardware sind Rechtsmängel wohl nicht so einfach vorstellbar, jedenfalls bisher nicht Gegenstand von gerichtlichen Auseinandersetzungen gewesen.

In Angleichung an die übrige Terminologie ist inzwischen auch im Mietrecht von »Mangel« 210 die Rede (nicht mehr vom Fehler). Der Mangelbegriff ist allerdings eingeengt. Naturgemäß bezieht er sich nur auf die Verwendung, also die Tauglichkeit zum vertragsgemäßen Gebrauch, nicht auf die sonstige Verwendung, die Verwertbarkeit u. ä., oder den Wert. Dies hängt damit zusammen, dass der Mieter die Sache nicht weiter verkaufen kann. Wie früher im Kaufrecht kann heute also noch eine Rolle spielen, ob die Beeinträchtigung der Gebrauchstauglichkeit, also die Tauglichkeit zum vertragsgemäßen Gebrauch erheblich ist. Nach wie vor ist die unerhebliche Minderung bei Fehlen einer zugesicherten Eigenschaft von Bedeutung.[204]

---

203 Zu SLA s. *Bräutigam* CR 2004, 248; *Feil/Leitzen* CR 2002, 407; *Schreibauer/Taraschka* CR 2003, 557; *Schumacher* MMR 2006, 12; *Hörl/Häuser* CR 2003, 713.
204 Palandt/*Weidenkaff* § 536 Rn. 17, 24.

Kapitel 4   B. Hardware

211   Dies liegt daran, dass die Verweisung in § 536 Abs. 2 BGB sich nur auf Abs. 1 S. 1 und 2, nicht auf S. 3, der die unerhebliche Minderung für analog anwendbar erklärt. Das bedeutet, dass eine unerhebliche Beeinträchtigung der Tauglichkeit gegenüber einer zugesicherten Eigenschaft in Betracht kommt bzw. vom Mieter geltend gemacht werden kann und automatisch zur Minderung führt.

212   Hinsichtlich der Zusicherung gelten die allgemeinen Maßstäbe. Die Eigenschaft, um die es gehen könnte, wäre bei Hardware v. a. die Kapazität, die Geschwindigkeit, evtl. der Originalzustand bzw. das Originalequipment. Ebenso kann es um die Ausstattung mit bestimmten Bausteinen eines bestimmten Herstellers v. a. dann gehen, wenn dies für den Mieter von ausdrücklich erklärter Bedeutung im Hinblick auf Kompatibilitätsfragen, Zuverlässigkeit u. ä. ist.

213   Die Besonderheit der Optionen des Mieters wegen der Mängel nach § 536 BGB ist, dass es sich gerade nicht um Ansprüche handelt. Vielmehr handelt es sich um Änderungen der Vertragpflicht kraft Gesetzes. Dies hat Bedeutung für die Frage der Verjährung (nämlich keine). Vorausbezahlte Miete kann gem. § 812 BGB zurückgefordert werden. Dieser Anspruch verjährt wiederum gem. §§ 195, 199 BGB.[205]

214   Neben der – automatischen – Minderung kann sich aus § 536a BGB ein Schadens- und Aufwendungsersatzanspruch des Mieters wegen des Mangels ergeben. Dieser Anspruch besteht bei Mängeln, die bereits bei Vertragsschluss vorhanden waren, verschuldensunabhängig. Er ist verschuldensabhängig, wenn der Mangel wegen eines Umstands, den der Vermieter zu vertreten hat, entsteht. Ebenfalls besteht ein solcher Anspruch, wenn der Vermieter mit der Beseitigung eines Mangels in Verzug kommt (§ 536a Abs. 1 BGB). Dass dies unbeschadet der Minderungsrechte nach § 536 BGB besteht, ergibt sich aus der Regelung, das diese Rechte dem Mieter »unbeschadet die Rechte aus § 536 BGB« zustehen.

215   Der Mieter kann den Mangel selbst beseitigen und Ersatz der erforderlichen Aufwendungen verlangen, wenn der Vermieter mit der Beseitigung des Mangels in Verzug ist (Variante 1) oder die umgehende Beseitigung des Mangels zur Erhaltung oder Wiederherstellung des Bestands notwendig ist (Variante 2).

216   Wie bei Kauf gilt auch bei Miete, dass Kenntnis des Mieters vom Mangel bei Vertragsschluss oder Annahme dazu führt, dass dem Mieter die Mängelrechte nicht zustehen. Ist dem Mieter ein Mangel infolge grober Fahrlässigkeit unbekannt geblieben, stehen ihm die Mängelrechte nur zu, wenn der Vermieter den Mangel arglistig verschwiegen hat (§ 536b S. 2 BGB).

217   Hinsichtlich der Annahme trotz Mangels gilt, dass der Mieter die Mängelrechte, die sich aus §§ 536 und 536a BGB ergeben, nur geltend machen kann »wenn er sich seine Rechte bei der Annahme vorbehält«. Dogmatisch gibt es hier i. V. m. Hardware wohl kaum Besonderheiten. Praktisch gibt es hier allerdings erhebliche Probleme insbesondere dann, wenn die Hardware vom Verkäufer auch aufgestellt und angeschlossen (installiert) wird. Die Annahme im Sinne dieses § 536b S. 3 BGB ist die Überlassung im Sinne von § 535 BGB.[206]

218   Wie auch in der ASP-Entscheidung des BGH[207] deutlich geworden ist, ist evtl. aus dem Vertrag heraus klar, dass dem Mieter der Zugang zur Sache auch in der Weise gewährt werden kann, dass er nicht Besitz hierüber hat bzw. dass ihm nicht Besitz verschafft wird. Es genügt in diesen Fällen, dass der Mieter Zugang, ASP-rechtlich etwa Anschluss und Zugriff, hat.[208] In der ASP-Entscheidung ging es zwar um mehr als um reine Hardware-Miete. Dennoch hat der BGH bekanntlich ASP als Mietvertrag eingeordnet, so dass insoweit auch die Hard-

---

205   Palandt/*Weidenkaff* § 536 Rn. 31.
206   Palandt/*Weidenkaff* § 536b Rn. 7 i. V. m. § 535 Rn. 35.
207   BGH CR 2007, 75.
208   Palandt/*Weidenkaff* § 536b Rn. 7 i. V. m. § 535 Rn. 35.

II. Miete

ware umfasst war.[209] Danach genügt es für die Annahme des Mietvertrages, dass zwar der Mieter keinen Besitz an den verkörperten Gegenständen hat, diese ihm jedoch über das Internet zugänglich sind. Ausdrücklich heißt es dann weiter:

> »Der Mietvertrag setzt keine Besitzverschaffung, sondern lediglich eine Gebrauchsüberlassung voraus. Art und Umfang der Gebrauchsüberlassung richten sich nach den vertraglichen Vereinbarungen. Nur wenn hiernach der Gebrauch der Mietsachen notwendig deren Besitz voraussetzt, gehört zur Gebrauchsgewährung auch die Verschaffung dieses Besitzes ...«.[210]

Typisch könnte diese Onlinenutzung etwa für solche Fälle sein, wenn die Hardware im Rahmen von Backup-Verträgen gemietet wird und in Notfällen oder bei näher zu bestimmenden Bedarfsfällen zur Verfügung stehen soll. **219**

Wichtige vertragliche Regelungen im Zusammenhang mit der Hardwaremiete könnten auch sein: **220**

Laufzeit: Hierzu wird häufig eine Grundlaufzeit, also Grundmietzeit, vereinbart, während der nur außerordentlich gekündigt werden kann, bei deren Ablauf aber das Mietverhältnis nicht endet, sondern sich in ein z. B. Unbefristetes verwandelt. Jede der beiden Seiten kann dann mit einer genauer zu vereinbarenden Frist zu bestimmten Terminen, also etwa Quartalsende, Vertragsjahresende, Jahresende ordentlich kündigen. Probleme können gegebenenfalls in einer dem Mieter auferlegten, evtl. überlangen Laufzeit bestehen, analog den Fristen der Telefonanlagen-Miete.

Bei einer außerordentlichen Kündigung aus wichtigem Grund, § 543 BGB, ist § 314 BGB wohl nicht anwendbar, sondern wird von § 543 BGB verdrängt.[211] § 543 BGB nennt einige Beispiele für einen wichtigen Grund. Die Aufzählung ist bekanntlich nicht abschließend. **221**

Grundsätzlich ist für die Kündigung aus wichtigem Grund, wenn dieser in der Verletzung einer Pflicht aus dem Mietvertrag besteht, dass diese erst nach erfolglosem Ablauf einer zur Abhilfe bestimmten angemessenen Frist oder nach erfolgloser Abmahnung zulässig ist (§ 543 Abs. 3 S. 1 BGB, also ganz entsprechend § 314 BGB). Wie auch dort gilt dies in bestimmten Fällen nicht, **222**

- wenn eine Frist oder Abmahnung offensichtlich keine Erfolg verspricht (1.) oder
- die sofortige Kündigung aus besonderen Gründen unter Abwägen der beiderseitigen Interessen gerechtfertigt ist (2.) oder
- der Mieter mit der Entrichtung der Miete im Sinne des Abs. 2 Nr. 3 in Verzug ist, also mehr als zwei aufeinanderfolgende Termine.

Wichtig ist noch, dass im Fall des **Zahlungsverzuges** gem. § 543 Abs. 2 Nr. 3 BGB die Möglichkeit für den Mieter besteht, die Heilung des Verstoßes herbeizuführen, indem er vor der fristlosen Kündigung den Vermieter befriedigt (§ 543 Abs. 2 S. 2 BGB). Die Kündigung aus wichtigem Grund wird seitens des Vermieters zudem unwirksam, wenn sich der Mieter von seiner Schuld durch Aufrechnung befreien konnte und unverzüglich nach der Kündigung die Aufrechnung erklärt (§ 543 Abs. 2 S. 2 BGB). Letzterer Fall tritt z. B. in der Konstellation häufiger auf, dass der Mieter die volle Miete bezahlt hat, obwohl sich ein Mangel gezeigt hatte. Der Mieter kann gem. oben genannter Möglichkeit den Anspruch auf ungerechtfertigte Bereicherung gegenüber dem Vermieter geltend mache. Diesen kann er mit späteren Mietzahlungen verrechnen, auch wenn dies häufig in den AGB ausgeschlossen wird. Naturgemäß entsteht in diesem Zusammenhang dann häufig gerade erst der Streit, ob tatsächlich der Mangel vorlag bzw. es sich um einen Mangel handelte. **223**

---

209 BGH CR 2007, 75.
210 BGH CR 2007, 75 Tz. 19 m. w. N.
211 Palandt/*Weidenkaff* § 543 Rn. 1: Sonderregelung wie § 626 BGB für den Dienstvertrag.

III. Leasing

1. Einleitung, Konstruktion

224 Hardware-Leasing ist eine verbreitete Vertragsform bei der Beschaffung von Hardware. Dabei geht es meist nicht mehr um kleine einzelne Rechner, sondern entweder um eine Vielzahl (für das Netz) oder größere Rechner, also ein entsprechendes Finanzierungsvolumen. Es handelt sich im Wesentlichen um einen Mietvertrag.[212] Der BGH hat in ständiger Rechtsprechung entschieden, dass der Leasinggeber das mietrechtliche Mängelregime **nicht** gegen sich gelten lassen muss; er tritt dafür seine Mängelansprüche, die er gegen den Lieferanten hat, an den Leasingnehmer ab. Die Gefahr von Untergang und Beschädigung sowie das Risiko der Instandhaltung und der abgetretenen Sachmängelansprüche hinsichtlich des Leasingguts liegen beim Leasingnehmer.[213] Der Kunde macht bei Mängeln seine kaufrechtlichen Ansprüche gegenüber dem Lieferanten aus abgetretenem Recht geltend. Die Pflicht zur Zahlung der Leasingraten besteht aber fort, wenn nicht der Leasinggeber die Rückabwicklung akzeptiert, bis der Leasingnehmer Klage einreicht. Die Geschäftsgrundlage für den Anspruch auf die Leasingraten entfällt aber erst mit Rechtskraft des Urteils gegen den Lieferanten.[214]

225 Die Besonderheiten des Leasings gegenüber der Miete sind bei Hardware genau so wie bei jedem anderen Investitionsgut. Einige Besonderheiten liegen in der Sache selbst, da bei Hardware, wie wohl bei wenig anderen Geräten im Laufe der Zeit des Vertrages Änderungen erfolgen, die sich auch auf das Gerät auswirken und dieses, zumindest die darauf aufgespielte Software verändern. Dies wirft die Frage auf, ob das Betriebssystem und weitere Software »mitgeleast« wurden. Hintergrund ist die alte Diskussion, ob Software überhaupt leasingfähig bzw. eine Sache ist. Vom Prinzip her ist dies längst geklärt.[215] Dass das Thema überhaupt erwähnt wird, hängt damit zusammen, dass neuerdings die Sachqualität der Software wieder diskutiert bzw. in Zweifel gezogen wird.[216]

2. Steuerrecht

226 Die steuerrechtlichen Grundlagen des Leasing (im BGB ist dies nicht geregelt) sind v. a. »Vollamortisationserlass« vom 19.04.1971, BWF vom 19.04.1971 – IV B/2 – S 2170–3171
• »Teilamortisationserlass« vom 22.12.1975 – IV B/2 – S – 2170–161/75, EstH 1998, Anh. 21/III

227 Bei einer Reihe von Rechnern, v. a. der mittleren und unteren Kategorie, ist der Preisverfall ganz erheblich. Es ist deshalb von hohem Interesse, wie die Laufzeit des Vertrages bemessen ist und welche Konditionen bei Beendigung des Vertrages im Einzelnen gelten sollen. Dabei ist zu berücksichtigen, dass es auch den Leasingvertrag mit Kaufoption gibt.

---

212 S. z. B. BGH CR 2009, 79 m. w. N.
213 S. zur Konstruktion und zur Pflichtenverteilung z. B. *Koch* Rn. 7/297 f.; s. a. Palandt/*Weidenkaff* Einf. v. § 535 Rn. 37: »Ein Leasingvertrag liegt vor, wenn der Leasinggeber eine Sache oder Sachgesamtheit dem Leasingnehmer gegen ein in Raten gezahltes Entgelt zum Gebrauch überlässt, wobei die Gefahr oder Haftung für Instandhaltung, Sachmängel, Untergang und Beschädigung der Sache allein den Leasingnehmer trifft (BGH, NJW 1998, 1637 m. w. N.), der Leasinggeber dafür seine Ansprüche hieraus gegenüber Dritten (insbesondere gegen den Lieferanten) dem Leasingnehmer überträgt«.
214 BGH NJW 1990, 314; ab Rechtshängigkeit ist der Leasingnehmer zur vorläufigen Einstellung der Zahlung der Leasingraten berechtigt: BGH NJW 2010, 2798 mit Verweis auf BGHZ 97, 135.
215 S. z. B. BGH CR 2009, 79, wo die Software sogar anzupassen war; s. a. zu Softwareleasing ohne Problematisierungen *Dreier/Vogel*, Software- und Computerrecht, S. 232 ff.
216 S. i. V. m. § 651 BGB Schneider/v. Westphalen/*Schneider* Kap. B; s. auch BGH CR 2007, 75 – ASP – Software als Sache i. V. m. Miete bejahend. Ablehnend (vor dem Hintergrund der Diskussion um die »Gebrauchssoftware«) *Heydn* CR 2011, 765.

Nach einem anderen Aspekt wird häufig unterschieden zwischen dem **228**
- Finanzierungsleasing,
- Herstellerleasing und
- Operating Leasing,

Letzteres eher kurzfristig, vertragstypologische Einordnung Mietvertrag ohne Besonderheiten des Leasing.[217]

Die für die Praxis wohl wesentliche Unterscheidung gegenüber dem Mietvertrag ist die **229** Rechtssituation des Kunden bei Mängeln des Leasinggutes. Bei typischem Finanzierungsleasing »kauft« der Leasinggeber vom Lieferanten das Leasinggut und überlässt die Nutzung dem Leasingnehmer, der einen vom BGH als Mietvertrag qualifizierten Vertrag mit dem Leasingnehmer abgeschlossen hat. Die »Gewährleistung« ist nicht mietähnlich, sondern entspricht im Wege der Abtretung Kauf. Der Leasinggeber tritt seine kaufrechtlichen »Gewährleistungsansprüche« dem Leasingnehmer statt der üblichen mietrechtlichen Gewährleistung ab. Bei der früheren kurzen Verjährungsfrist von einem halben Jahr konnte sich der Leasingnehmer für die Restlaufzeit des Leasingvertrages praktisch nur über den Abschluss eines Wartungsvertrages absichern. Bei der verlängerten Verjährungsfrist von mindestens einem Jahr hat sich die Situation also insofern für den Leasingnehmer verbessert. Dennoch bleibt für die Restlaufzeit das Problem, dass er evtl. ein Gut nutzen will und dafür zahlen soll, das einen Mangel aufweist, ohne dass deswegen die Leasingrate gemindert werden dürfte. Dies gilt jedenfalls, solange der Leasingnehmer gegen den Lieferanten aus abgetretenem Recht wegen Nacherfüllung vorgehen kann.[218]

3. Übernahmebestätigung

Gemäß Leasingvertrag beginnt die Zahlungspflicht ab der Ablieferung des Leasinggutes, **230** ggf., wenn dies mit vereinbart wurde, ab (erfolgreicher) Installation. Da nur der Leasingnehmer über die Kenntnis verfügt, wann diese erfolgt und der Lieferant oder dessen Erfüllungsgehilfe diese Ablieferung und ggf. Installation vornimmt, lässt sich der Leasinggeber diesen Zeitpunkt dadurch bestätigen, dass er die Übernahmebestätigung fordert.[219] Viele Leasingnehmer geben diese Bestätigung dem Lieferanten zum Gefallen abgegeben, obwohl noch nicht alles geliefert ist[220] und das Leasinggut noch nicht erfolgreich »lief«.[221]

Häufig ist an der Hardware noch eine Reihe von Leistungen zu erbringen, so etwa Installation, bei Software das Aufspielen und evtl. sogar Anpassen, das Einbinden in Netze u. ä. **231** Obwohl diese Leistungen fehlen, wird oftmals bereits die sog. **Übernahmebestätigung** unterzeichnet in Erwartung, der Leasinggeber werde die übrigen Leistungen erbringen. Dass dadurch der Beginn der Leasingratenpflicht vorverlegt wird, die ab Funktionsfähigkeit geschuldet ist, wird zum Problem des Leasingnehmers. Stellte sich, etwa im späteren Mängelprozess heraus, dass die Zahlung des Leasinggebers an den inzwischen zahlungsunfähigen Lieferant zu Unrecht erfolgte und unterblieben wäre, wenn die falsche Übernahmebestätigung nicht erteilt worden wäre, trifft dieses Risiko den Leasingnehmer.[222] Be-

---

217 BGH NJW 1990, 1785.
218 Zur Konstruktion bei der Geltendmachung von Mängelrechten s. BGH NJW 2004, 1041; OLG Stuttgart DB 2005, 2188.
219 Zur Form s. BGH CR 1993, 491.
220 S. BGH CR 1991, 604 zu vereinbarter späterer Lieferung von Teilen.
221 Zum Streit über die Wirkung der Übernahmebestätigung s. LG Stuttgart CR 2001, 585; BGH NJW 2005, 365. S. *Schneider*, Hdb EDV-Recht, F. Rn. 347.
222 Zur unstreitig unrichtigen Übernahmebestätigung s. (i. V. m. Software) etwa OLG Hamm CR 1995, 535 (keine Umkehr der Beweislast hinsichtlich Erfüllung); zum Problem i. V. m. § 377 HGB, Beginn der Frist OLG Köln CR 1996, 22; zur Beweislastumkehr a. M. s. LG München I CR 1995, 741.

weispflichtig für die fehlende Funktionsfähigkeit trotz Übernahmebestätigung ist der Leasingnehmer.[223]

232 Soweit die Übernahmebestätigung auch Wirkung gegenüber dem Lieferanten entfaltet, hat sie noch eine andere wichtige Funktion: Im Rahmen des Mängelrechts hat der Leasingnehmer zunächst einen Nacherfüllungsanspruch aus abgetretenem Recht. Dieser Nacherfüllungsanspruch ist i. V. m. dem »Recht der zweiten Andienung«, kein sekundärer Mängelanspruch, sondern ein weiterer Erfüllungsanspruch. Der Erfüllungsanspruch ist normalerweise vom Leasinggeber nicht an den Leasingnehmer abgetreten (und leasingrechtlich auch nicht abtretbar).[224] Die AGB sollten dies klarstellen.

4. Weitere Aspekte

233 Die Verpflichtung des Leasingnehmers aus dem Leasingvertrag geht auch dahin, ggf. sogar zeitgleich mit dem Leasingvertrag einen Wartungsvertrag abzuschließen. Dieser Wartungsvertrag soll ab dem Moment, in dem die Leasingsache beim Leasingnehmer abgeliefert wurde, vergütungspflichtig sein. So sieht es der Vertrag mit dem Wartungsunternehmen vor. Dies muss aber nicht der Zeitpunkt sein, zu dem die Voraussetzungen für eine »Übernahme« mit der Zahlpflicht aus dem Leasingvertrag beginnen, weil die Sache sich evtl. als mangelhaft herausstellt.[225]

234 Die Kollision besteht darin, dass in der Regel die Lieferanten-AGB vorsehen, dass nicht der Kunde (Leasinggeber) das Wahlrecht hat, sondern der Lieferant. Diese AGB als Bestandteil des abgetretenen Gewährleistungsrechts sind mit hoher Wahrscheinlichkeit unwirksam. Der Leasingnehmer muss sie nicht gegen sich gelten lassen. Er kann stattdessen nach seiner Wahl Nachbesserung oder Neulieferung verlangen.

235 Vor diesem Hintergrund wird diskutiert und vorgeschlagen, dass der Lieferant von Anfang anstatt des Wahlrechts eine Einschränkung des Nacherfüllungsanspruchs dahin gehend vornimmt, dass dem Kunden das Recht auf Nachbesserung nur zusteht, wenn dies für den Lieferanten von Vorteil ist, und im Fall des Scheiterns eines Rücktritts.[226] Unwirksam ist eine Klausel des Leasinggebers, wonach dieser sich ein Rücktrittsrecht für den Fall nicht rechtzeitiger Fertigstellung ausbedingt.[227]

236 Wenn der Kunde geltend macht, dass diese Klausel unwirksam ist, wofür manches AGB-rechtlich spricht und er infolge dessen Neulieferung fordert oder wenn die AGB diese Beschränkung nicht vorsehen, entfällt nicht, wie bei der früheren Leasing-Konstruktion, mit dieser Begehr die Geschäftsgrundlage. D. h., obwohl der Kunde nicht Nachbesserung, sondern Neulieferung verlangt, ist bis zum Scheitern der Neulieferung das Leasingverhältnis noch nicht ohne Geschäftsgrundlage. Wie in diesem Fall ein Ausgleich im Hinblick auf die Leasingraten zu bewerkstelligen ist, ist noch nicht klar, insbesondere, wenn erfolgreich Rücktritt wegen Mängeln seitens des Leasingnehmers geltend gemacht wird.

---

223 S. OLG Brandenburg CR 2008, 763: Übernahmebestätigung als *Quittung* i. S. d. § 368 BGB, die die Auslieferung des Leasinggutes an den Leasingnehmer bestätigt. Die Ausstellung führt nur zu einer Umkehr der Beweislast, wenn sich der Leasingnehmer nachfolgend auf die Unrichtigkeit der Erklärung beruft.
224 *Zahn* DB 2002, 985; zu Schuldrechtsmodernisierungsgesetz und Leasing *v. Westphalen* DB 2001, 1291; s. a. zur »Abtretungskonstruktion« beim Leasing *v. Westphalen* ZIP 2001, 2258 (2263), mit Bedenken gegenüber der Wirksamkeit nach »neuem« Recht; zur Grundkonstruktion der Abtretung der »Gewährleistungsansprüche« s. BGH NJW 1990, 2546; NJW 1991, 1746. Zum Rücktrittsrecht s. *Söbbing* K&R 2009, 170.
225 Zur Untersuchungs- und Rügepflicht des kaufmännischen Leasingnehmers s. BGH DB 1990, 877.
226 Zum Rücktrittsrecht bei Software-Leasing *Söbbing* K&R 2009, 170.
227 BGH CR 2009, 79.

I. Installation als Werkvertrag

Macht der Leasingnehmer bei Scheitern Rücktritt vom Kaufvertrag geltend und akzeptiert der Lieferant dieses nicht, ist zu beachten: Der Leasingnehmer, der wegen eines Mangels der Leasingsache gegenüber dem Lieferanten den Rücktritt vom Kaufvertrag erklärt hat, ist erst dann zur vorläufigen Einstellung der Zahlung der Leasingraten berechtigt, wenn er aus dem erklärten Rücktritt klageweise gegen den Lieferanten vorgeht.[228]

C. Hardwarebezogene Leistungen, Installation und Wartung

I. Installation als Werkvertrag

Die Installation der Hardware wird in der Regel als das Herstellen der Anschlüsse und der Betriebsfähigkeit zu verstehen sein, während die bauseitigen Voraussetzungen, etwa auch die Verkabelung, Sache des Kunden sind.[229] Installation der Hardware wird weitgehend mit »Montage« i. S. v. § 434 Abs. 2 BGB gleichgesetzt werden können, so dass sich durch deren zusätzliche Vereinbarung als Leistungspflicht des Lieferanten der Vertragstyp nicht ändert.[230] Bei Einordnung analog Montage wird sie zwar als Hauptpflicht,[231] jedoch als Teil des Kaufvertrages zu qualifizieren sein (§ 434 Abs. 2 BGB). 237

Die isolierte Verpflichtung zur Installation von Hardware – etwa als Rollout einer Vielzahl von PC – wird zwanglos wegen der Erfolgsorientierung – Herbeiführung der Funktionsfähigkeit mit Anschluss an die vorhandene Infrastruktur – als Werkvertrag zu qualifizieren sein. Die Problematik liegt weniger in der vertragstypologischen Einordnung dieses Gegenstands selbst, als vielmehr in der Verbindung mit den übrigen Leistungen des Lieferanten. Als Nebenpflicht würde die Installation ohnehin keinen selbstständigen Vertragscharakter aufweisen, auch nicht eine besondere Typik. 238

Weder bei Hard- noch bei Software gehört, wenn nicht besondere Merkmale hinzutreten, die Installation dieser Gegenstände zum vertraglich geschuldeten Umfang. Wird aber die Installation zusätzlich vereinbart, kann sie bei geringerem Umfang mit der Montage gleichgesetzt werden.[232] Bei größerem Umfang wird sie Teil eines gemischten Vertrags zusammen mit der Hardwarebeschaffung, so dass es sich um eine Hauptpflicht handelt, die hinsichtlich ihres eigentlichen Leistungsteils gesondert gewährleistungsrechtlich betrachtet werden kann. Wenn die Lieferung bereits mit einem vorinstallierten System erfolgt, wird die Installation keine gesonderte Rolle spielen. 239

Das besondere Problem wird erst erkennbar, wenn man die Rechtsprechung einiger OLGe ansieht, wonach sich allein schon durch das Hinzukommen der Installation zum Pflichtenkreis des Lieferanten der Gesamtvertrag in einen Werkvertrag, zumindest in einen Werklieferungsvertrag verwandelt.[233] Schon *Redeker* sieht es als »zu weitgehend«, wenn ein Vertrag über eine Lieferung eines CAD-Systems, das zu konfigurieren und lauffähig herzustellen 240

---

228 BGH NJW 2010, 2798.
229 *Redeker*, IT-Recht, Rn. 506 (535 f.).
230 S. a. Palandt/*Weidenkaff* § 434 Rn. 40, nun Hauptpflicht des Lieferanten.
231 Palandt/*Weidenkaff* § 434 Rn. 40.
232 S. a. Stephan *Lorenz*, www.stephan-lorenz.de zu BGH 22.12.2005, VII ZR 183/04 (Lieferung und Errichtung eines Ausbauhauses gegen Teilzahlungen als Werkvertrag): »Steht der Warenumsatz im Mittelpunkt des Geschäfts und besteht daneben noch eine – untergeordnete – Verpflichtung etwa zum Einbau, kann ein Kauf mit Montageverpflichtung vorliegen, der in Bezug auf die Gewährleistung gem. § 434 Abs. 2 BGB allein den kaufrechtlichen Regelungen unterläge.«.
233 S. z. B. OLG Hamm CR 2006, 442.

war, als Werkvertrag angesehen wurde.[234] Dann wäre aber dennoch über § 651 BGB Kauf anzuwenden.

241 Richtig ist, die zusätzlich vereinbarte Installation gegenüber § 651 BGB neutral zu sehen, so dass es beim Kaufvertrag bleibt.[235]

II. Installation als Dienstvertrag

242 Bei Software kommt es häufiger vor, dass deren Installation als Dienstvertrag in den AGB v. a. des Lieferanten ausgeprägt wird. Der Auftragnehmer unterstützt den Kunden bei der Installation. Dies gibt es auch gelegentlich i. V. m. Installation von Hardware, z. B. dann, wenn ein größerer Anwender eine Vielzahl von PC bestellt hat, die ein hauseigener Service oder auch in Drittunternehmen installieren soll, wobei aber der Lieferant mitwirken soll. Eine solche Mitwirkung würde dann als Dienstvertrag zu qualifizieren sein.

243 Die vorgenannten Probleme im Hinblick auf die Selbstständigkeit und den Wandel des Vertragstyps der Beschaffung stellen sich dabei nicht. Jedoch ist bei dienstvertragsorientierten Wartungs- und Pflegeverträgen unklar, worin genau das Leistungsversprechen liegt, wenn dieses nicht eingehalten bzw. erfüllt wird. Einerseits gibt es bei Dienstvertrag kein »Gewährleistungsrecht«, so dass die Regeln zum Leistungsstörungsrecht unmittelbar greifen. Andererseits kommt Rücktritt kaum in Betracht, erscheint Minderung also als die geeignete Maßnahme, wobei schon die Frage dann besteht, ob dies erst nach Fristsetzung verlangt werden kann bzw. ob eine Art Analogie zur Nacherfüllung vertraglich eingebaut werden könnte. Diese müsste dann unentgeltlich erfolgen, zumindest insoweit, als Verschulden aufseiten des Dienstnehmers vorliegt. Soweit ersichtlich sind hierzu bislang keine Entscheidungen ergangen.[236]

III. Vertragseinheit mit der Beschaffung?

244 Bei der Auffassung, die der Installation das entsprechende Gewicht verleiht, dass sie auch die Beschaffung mitbeeinflusst, ergibt sich automatisch auch die Vertragseinheit.[237] Bei der Beurteilung als Nebenpflicht war die Vertragseinheit unschwer zu bejahen. Bei Gleichsetzung der Installation mit Montage i. S. v. § 434 Abs. 2 BGB ist das Schicksal der Installation automatisch mit dem Schicksal des Hauptvertrages verbunden. Dies gilt bei Mängeln der Installation, wenn man diese mit Montage gleichsetzt, analog § 434 Abs. 2 BGB im umgekehrten Verhältnis, so dass also auch Mängel der Montage zur Rückabwicklung des Kaufvertrages führen können. Die Frage, die sich hier dann allerdings stellt, ist, ob insoweit § 323 Abs. 5 BGB greift, wonach der Lieferant als Teilleistung die Lieferung der Hardware bewirkt hat und deshalb ein Rücktritt vom ganzen Vertrag nur möglich ist, wenn der Kunde an dieser Teilleistung kein Interesse hat (§ 323 Abs. 5 Satz 1 BGB). In der Regel wird dieser Interessewegfall bei Standardhardware nicht gegeben sein, da es eine Vielzahl von Anbietern gibt, die die Installation aufgrund der Herstellerangaben vornehmen können.

245 Offen ist, ob die Dokumentation, v. a. die Installationsanleitung, mit der Montageanleitung völlig gleichgesetzt werden kann. Dies betrifft v. a. die Irrelevanz deren Mangelhaftigkeit, wenn die Montage erfolgreich war (§ 434 Abs. 2 S. 2 BGB). Bei Hardware wäre diese

---

234 OLG Celle 22.05.1996, 13 U 196/95, *Zahrnt* ECR, OLG 235, und dazu *Redeker*, IT-Recht, Rn. 506 Fn. 469.
235 S. z. B. für Lieferung und Installation einer schlüsselfertigen Computer-Telefonanlage OLG München CR 2008, 149.
236 Zum vergleichbaren Problem bei Dienstvertrags-orientierten Pflegeverträgen bzw. deren Beurteilung nach der Schuldrechtsmodernisierung s. *Bartsch* NJW 2002, 1526.
237 So etwa bei OLG Celle 22.05.1996, 13 U 196/95, *Zahrnt* ECR, OLG 235.

Gleichsetzung wohl eher zu bejahen, bei Software eher zu verneinen. Entscheidend ist einmal, dass der Kunde die Hardware ggf. mehrfach montiert/montieren lässt, was im Gesetz nicht berücksichtigt ist. Zum anderen könnte man darauf abstellen, ob der Kunde die Installation durch den Hersteller/Vertragspartner ausführen ließ. Ist das der Fall, hat der Kunde kaum die Chance, den Mangel der Anleitung zu entdecken. Insofern sollte die Gleichsetzung dann nicht greifen.

Bei aufwendigerer Installation und entsprechend bauseitigen Vorkehrungen kann es sein, dass hier so spezielle Arbeiten erbracht worden sind, dass bei deren Mangelhaftigkeit kein Interesse i. S. d. § 323 Abs. 5 Satz 1 BGB an der Hardware besteht. 246

Im Übrigen wird für die Vertragseinheit sprechen, wenn die Installation bereits im Angebot enthalten bzw. ausgewiesen ist und v. a. auch dann, wenn die Installation evtl. in den Hauptpreis mit eingerechnet ist. Allerdings wird diese Vermutung der Einheit der Urkunde widerlegbar sein. 247

IV. Sonstige Services, so etwa Schulung, Einweisung, Unterstützung

Die Arbeiten des »Einrichtens«, auch der Services, teilweise des Einstellens sind eher softwaretypisch,[238] kommen aber in etwas vereinfachter Form auch im Rahmen von Hardware-Beschaffungsverträgen vor. Typisch dürfte etwa sein, dass bei der Beschaffung von Netzen i. V. m. mit dem Firewall auch Einstellungsarbeiten seitens des Anbieters vorgenommen werden, die dieser als Services bietet. Evtl. erfolgt auch eine Einweisung in die bereits erfolgten Einstellungen dieses Geräts. Einweisung kann ohne gesonderte Vereinbarung mitgeschuldet sein, ohne dass eine gesonderte Vergütung zu zahlen wäre.[239] Zudem kann eine noch nicht erfolgte Einweisung dazu führen, dass die Untersuchungs- und Rügepflicht nach § 377 HGB noch nicht entsteht.[240] Dies kann sich auch aus folgender Entscheidung ergeben: 248

> »Hat der Käufer einer EDV-Anlage die Einweisung des Personals des Käufers übernommen, kann von einer Ablieferung im Sinne des § 477 BGB (a. F.) jedenfalls nicht vor Beendigung der Einweisung ausgegangen werden.«[241]

Die Abgrenzung der Schulung zur Einweisung ergibt sich aus folgender Entscheidung: »Haben die Parteien beim Kauf von Standardsoftware vereinbart, dass der Verkäufer außer der Installation der Software beim Käufer und der Einweisung von dessen Mitarbeitern zusätzlich eine Schulung des Personals durchführt, steht die allein noch fehlende Schulung einer Ablieferung i. S. d. § 377 HGB nicht entgegen«[242]

Die übliche Art, wie dies die Anbieter ihrerseits bewerkstelligen wollen, wäre die als »Support« bzw. Service, also als Dienstvertrag ausgestaltete Leistungen und ggf. auch Unterstützung des laufenden Betriebs, z. B. in der Einführungsphase. Zur Vermeidung von all zu großem Aufwand hierüber wird häufig dann noch eine Einweisung vorgeschaltet. 249

Solche Services unterliegen Dienstvertragsrecht, Einweisung wie auch Unterstützung. Dies gilt auch für Schulung. Allerdings wird die Schulung gesondert gehandhabt insofern, als sie nicht am laufenden Gerät erfolgt. Man kann vereinfacht davon ausgehen, dass die Schulung die Grundlagen bei den Nutzern herstellen soll, die erforderlich sind, um die Einweisung zu 250

---

238 S. z. B. bei asp: BGH CR 2007, 75.
239 Dies legt eine Entscheidung des BGH zur Dokumentation nahe: BGH CR 1990, 189; dazu oben Rdn. 5 ff.
240 A. M. etwa OLG Stuttgart CR 2004, 825 zur handelsrechtlichen Prüfungs- und Rügepflicht trotz unterbliebener Einweisung (die aber vertraglich vereinbart war).
241 OLG Köln CR 1995, 605 LS 1.
242 OLG München CR 2000, 731.

verstehen. Bei Einweisung wird sowohl der Zeitaufwand als auch die Art der Durchführung sehr viel praxisorientierter sein, während bei der Schulung wesentlich mehr theoretisches, strukturelles Wissen vermittelt werden dürfte. Insofern unterscheiden sich dann die dabei verwendeten Unterlagen in der Regel, was ganz besonders für Software-bezogene Einweisung gilt, so etwa auch für Betriebssysteme, Datenbank, Anwendersoftware. Die Bedienungsanleitung wird wesentlicher Teil dessen sein, was bei der Einweisung mitbenutzt wird, während für die Schulung selbst üblicherweise gesonderte Unterlagen zur Verfügung gestellt werden, die also nicht mit der Bedienungsanleitung gleichzusetzen sind.

251 Bei Projektverträgen würde sich deshalb empfehlen, diese Leistungen gesondert zu regeln und dabei auch genau festzulegen, welche Dokumentationen hierfür mitzuliefern sind. Wichtig sind jeweils die Übergabe-Termine. Evtl. gehören Übergabe der Dokumentation(en), die Abnahmevoraussetzung ist, und Einweisung zusammen. Dann wäre ohne Einweisung Abnahmefähigkeit nicht gegeben.[243] Ist die Einweisung ausdrücklich vereinbart, ist deren Durchführung Voraussetzung für »Ablieferung«[244] und Abnahme.

252 Zu den Unterstützungsleistungen kann gehören, die Software, die sich der Anwender beschafft hat, auf der Hardware einzuspielen, evtl. sogar die Altdaten. In der Regel gehört dies aber eher zu den Software- bzw. den Projektverträgen.

Zu den Services, evtl. i. V. m. Wartung, gehören auch Ausweich-Rechenzentren für den »K-Fall«. Dazu sind Abstufungen üblich, die jeweils unterschiedliche Vergütung bedingen:

Backup mit Ausweichanlage.
- »kalt«
- »warm«
- »heiß«[245]
- evtl. auch Sicherung der Datenbestände und v. a.
- bestimmte Verfügbarkeits-Aussagen/-Vereinbarungen (SLA).[246]

V. Wartung

1. Vertragstyp

253 DIN 31053 sieht Wartung als Teil der Instandhaltung. Der Begriff »Instandhaltung« wird im Bereich der EDV-Wartungsverträge in der Regel als Gegenstück zu der Wartung gesehen. Unter Wartung werden dort die Arbeiten bei Auftreten von Mängeln gesehen. Instandhaltung bedeutet die Vermeidung von deren Auftreten als »vorbeugende Wartung«.[247] Gemäß DIN teilt sich aber die Instandhaltung ihrerseits auf in die Wartung und die Instandsetzung nach Auftreten von Störungen. Das bedeutet, dass die Instandsetzung bei DIN die zweite Art des Leistungsbereichs nach Wartung ist und beide zusammen die Instandhaltung ergeben, Instandhaltung also der Oberbegriff ist.[248] Auf dem Markt hat sich insbesondere über die BVB und die EVB_I der Begriff der Wartung als Oberbegriff durchgesetzt,[249] wird hier das Thema der Begrifflichkeit im Rahmen von DIN nicht weiter vertieft. Bei EVB-IT wird der Begriff der Wartung nicht mehr verwendet. An seine Stelle tritt »System-

---

243 Offen für Ablieferung bei BGH CR 1993, 203; zuvor in der Kombination mit Dokumentation als dem Lieferer obliegende Pflicht: BGH CR 1990, 189; s. a. Rdn. 5 ff.
244 Bei Kauf, s. BGH CR 2000, 207 (209).
245 S. dazu Rdn. 346.
246 S. zu dieser Einteilung Redeker/*Scheja*, Hdb IT-Verträge, Rn. 7 ff. mit »typischen Leistungsinhalten« mit den Obertiteln Instandsetzung, Instandhaltung, sonstigen Leistungen und Funktions- und Verfügbarkeitsgarantien.
247 *Zahrnt* Kap. 13.1 (1.2).
248 S. a. *Schneider*, Hdb EDV-Recht, G Rn. 3.
249 Umfasst oft sogar die Pflege von Software, s. etwa *Wohlgemuth*, Computerwartung, 1999.

V. Wartung

service«, der aber über »Wartung« hinausgeht.²⁵⁰ Die EVB-IT Systemlieferungs-AGB differenzieren dabei (Ziff. 4) Wiederherstellung der Betriebsbereitschaft (Störungsbeseitigung), geregelt in Ziff. 4.1, und Aufrechterhaltung der Betriebsbereitschaft (vorbeugende Maßnahmen) in Ziff. 4.2.

Die Wartung von Hardware ist typischerweise Werkvertrag. Das erfolgsbezogene Moment besteht allerdings nicht in der Mangelfreiheit, sondern in der Wiederherstellung der Funktionsfähigkeit. Die Qualifikation als Werkvertrag fällt leicht, nachdem im Zusammenhang mit den Verjährungsregeln Wartung ausdrücklich bei Werkvertrag geregelt ist (§ 634a BGB). Die Abgrenzung zu § 651 BGB bzw. dessen Nichtanwendung in diesem Zusammenhang ist ebenso klar, weil insoweit keine neue Sache hergestellt oder erzeugt wird. Wartung wird als typische Leistung zudem in § 634a Abs. 1 Nr. 1 BGB als Werkvertrag ausdrücklich genannt. **254**

Die Abgrenzung im Vertragstyp kann allenfalls im Verhältnis zum Dienstvertrag eine Rolle spielen. Dies hängt damit zusammen, dass Wartung in vielen Fällen mit einer Reihe von Leistungen verbunden oder aufgefüllt wird, die nicht eindeutig als Werkvertrag zu qualifizieren sind. Sie werden häufig als »Services« bezeichnet und zusammengefasst. Solche Services können sein: **255**
- Messungen hinsichtlich der Auslastung bzw. der »Nadelöhre« im Hinblick auf Kapazität, Geschwindigkeit
- Untersuchungen im Hinblick auf Schwachstellen, Anfälligkeit und Vorsorge also im Hinblick auf evtl. vorzeitiges Auswechseln von Bauteilen
- Beratung bei der Anwendung
- Personelle Unterstützung.

Die Wartung einzelner Geräte wird bei Laptop und PC häufig durch die »Garantie« seitens des Herstellers ersetzt. Diese Garantieleistungen werden oft gestaffelt und deren Erwerb wird zusätzlich vergütet, insbesondere mit Staffelung wie »24-Stunden-vor-Ort-Service« u. ä. Da insoweit eine zusätzliche Vergütung ausgeworfen wird, liegt es nahe, diese Leistung unter dem Aspekt sowohl des Wartungsvertrages bzw. dessen Funktionen als auch entsprechend einer (so aber nicht explizit vereinbarten) Garantie zu sehen. Das bedeutet, dass einerseits ein zusätzlicher Werkvertrag vorliegen wird, da die Garantie ausdrücklich Leistungen umfasst, die dem Wartungsvertrag entsprechen. Andererseits könnten aber bei der Mängelhaftung die Regeln zur Garantie gelten, also das verschuldensunabhängige Einstehen müssen.²⁵¹ Für Leasing im B.B-Bereich ist typisch, dass der Leasingnehmer zum Abschluss eines Wartungsvertrages verpflichtet wird.²⁵² Als besondere Ausprägung kann der »Vor-Ort-Service« vereinbart werden, der ansonsten meist gesondert zu vergüten ist.²⁵³ **256**

Für die Ausprägung der Wartung als typischem Leistungsbild mit Differenzierung gegenüber »Pflege« sorgten die BVB. Der Wartungsschein enthielt die Möglichkeit und sah ausdrücklich vor, die Vergütung auf bestimmte Leistungsstufen zu erstrecken. In der Grundpauschale und den prozentualen Zuschlägen (2.1 des Wartungsscheins) waren die Zeiten gestaffelt und bezogen auf die normalen Arbeitstage (Montag bis Freitag), Samstag, Sonn- und Feiertag jeweils gesondert aufgelistet. **257**

Die Grundpauschale bei einer monatlichen Nutzungsdauer von 180 Stunden für Wartungsleistungen von 7.00 Uhr bis 18.00 Uhr während 8 zusammenhängender Stunden und sodann während 8 zusammenhängender Stunden ganz oder teilweise außerhalb 7.00 Uhr bis 18.00 Uhr gestaffelt mit dem Spektrum 2 Stunden, 4 Stunden, 6 Stunden und 8 Stunden. **258**

---

250 Auch die Lieferung neuer Programmstände gehört optional zum Systemservice (Ziff. 4.3).
251 Dazu unten Rdn. 295.
252 S. a. Rdn. 224 ff.
253 S. a. LG Cottbus CR 2004, 260.

259 Dabei wurde vorausgesetzt, dass es Geräte »mit« Zählwerk gibt. Dies kann als eine Art Vorstufe für die SLA, die heute häufig mit Wartung zusammen vereinbart werden, gelten.

260 Die EVB-IT Instandhaltung sind an die Stelle der BVB-Wartung getreten. Die Leistungen sind dazu im EVB-IT Instandhaltungsvertrag geregelt. Der Kern der Leistungen bezieht sich dabei auf »Instandhaltung«. Allerdings regelt der Vertrag u. a. auch die »Instandsetzung«.[254] Die EVB-IT Systemlieferungs-AGB sehen optional den Systemservice vor (Ziff. 2.4)

261 Ein weiterer wichtiger Aspekt, der auch für viele andere Verträge entsprechend unterschieden wird, ist die Abgeltung bestimmter Leistungen mit der Pauschale und anderer Leistungen, die aber sorgfältig abgegrenzt werden müssen, gegen Aufwand. Umso deutlicher sollten die Leistungen abgegrenzt und beschrieben sein. Schematisch ergibt sich als Spektrum und Einteilung der Leistungsbereiche folgendes Bild:[255]
- vorbeugende Wartung,
- Mängel-/Störungsbeseitigung (Wiederherstellung) evtl. i. V. m.
- SLA,
- Beratung/Hotline (auch für Meldungen),
- evtl. gekoppelt mit Aktualisierung der Basis-Software,[256]
- Fernwartung, Diagnose, Ferneinstellungen,
- Monitoring,
- Backup.[257]

Typischerweise werden die ersten drei Bereiche pauschal abgegolten. Sie sind aber nicht zwingend Bestandteile jeden Wartungsvertrags. Werden diese Bereiche kombiniert, wie dies häufig geschieht, liegt ein gemischter Vertrag vor, dessen Schwerpunkt beim Werkvertrag liegt.[258]

2. Leistungsbeschreibung in AGB

262 Anders als bei den erwähnten EVB-IT ist es bei AGB vieler Anbieter üblich, einen erheblichen Teil hinsichtlich der Leistungen in AGB zu regeln. In der Folge sind auch die Leistungsbestimmungen mangels der Trennbarkeit von den Geschäftsbedingungen als AGB zu behandeln. Dies gilt erst recht, wenn die Leistungsbestimmungen Einschränkungen enthalten.[259] Unter Gestaltungsaspekten würde sich empfehlen, möglichst strikt zwischen den AGB als solchen und der Leistungsbeschreibung zu trennen. Für Leistungsbeschreibungen gilt nur das Transparenzgebot, § 307 Abs. 3 S. 2 BGB.

263 Wie bei Softwarepflege stellt sich das Problem, dass ein Teil der Wartungsleistungen auf solche Arbeiten entfällt, die im Rahmen der Beschaffung der Hardware zu den Mängelrechten des Kunden gehören, insbesondere zur Nacherfüllung, die wiederum kostenlos zu erfolgen hätte. Auch von daher empfiehlt es sich, für die Zeit der »Gewährleistung« bei der Hardware einen herabgesetzten Betrag für die Wartung vorzusehen.[260] Ob dies genügend **transparent** ist, ob also deutlich wird, welcher Vergütungsanteil im Hinblick auf die Mängelrechte abgezogen wird und ob dies dem Kunden gegenüber klar und verständlich ist, darf für viele AGB bezweifelt werden. Bei der Gestaltung von Verträgen könnte hierauf beson-

---

254 S. zur Unterscheidung auch oben Rdn. 253–763.
255 S. a. F.*ritzemeyer/Splittgerber* CR 2007, 209.
256 Optional bei EVB-IT. S. unter Aspekten der Third-Party-Maintenance *Grapentin/Ströbl* CR 2009, 137.
257 Im Rahmen der Katastrophen-Szenarien, evtl. gesonderter Vertrag, s. oben Rdn. 252.
258 Zur Beurteilung gemischter Verträge, dort im Ergebnis Dienstvertrag, s. BGH NJW 201, 150 – Video-Partner-Portal –, m.w.N. Zu Vertrag mit »fortlaufenden Serviceleistungen« für Telefonanlage als Dienstvertrag s. BGH NJW-RR 1997, 942.
259 S. v. a. BGH CR 2001, 181 zum Onlinebanking.
260 Nahe liegend im Hinblick auf BGH CR 2009, 210.

ders geachtet werden, indem nicht einfach der Prozentsatz vereinbart wird, sondern die »Formel«, mit der gearbeitet wird, nachvollziehbar gemacht wird. Die Überlegung, die niederzulegen wäre, lautet etwa wie folgt:

> »Bei vereinbarter Verjährungsfrist von einem Jahr und einem Anteil von mängelbezogenen Leistungen aus dem Wartungsvertrag von – geschätzt – 50 % entfällt die Wartungsvergütung für ein halbes Jahr.«

Oder:

> »Die Vergütung ist für ein Jahr um 50 % reduziert.«

Nicht berücksichtigt ist dabei, dass sich die Verjährungsfrist aufgrund von gravierenden Mängeln, jedenfalls bezüglich der durch die Mängelarbeiten hergestellten Leistungen, vielleicht sogar insgesamt hinausschiebt. Dies erscheint aber insbesondere bei Individualvereinbarungen akzeptabel. 264

3. Wartungsbeginn, Vergütung

Der Wartungsbeginn wird häufig an die Installation bzw. an deren Erfolg geknüpft. Es wird sich also empfehlen, klarzustellen, dass die eigentliche Wartungsarbeit, sowohl was die vorbeugende Instandhaltung als auch, was die Instandsetzung betrifft, erst vergütungspflichtig ist, wenn die Hardware betriebsbereit zur Verfügung steht und die Installation abgenommen ist. 265

Leistungen, die davor erbracht werden, sind in der Regel keine Wartungsleistungen, obwohl es evtl. im Rahmen der Betriebsbereitschaft und deren Herstellung auch darum geht, evtl. schon bekannt gewordene Mängel zu beseitigen. Geht es um die Beseitigung von Mängeln bei der Installation, wären dies mangelbezogene Leistungen, die noch dem Beschaffungs- oder dem Installationsvertrag zuzurechnen sind. 266

Dementsprechend würde auch die Vergütung erst in dem Zeitpunkt zu zahlen bzw. zu berechnen sein, in dem die Hardware erfolgreich installiert ist. 267

Anders verhält es sich, wenn keine Installationsarbeiten mitgeschuldet sind bzw. vereinbart wurden. In diesen Fällen wird grundsätzlich die Wartungsleistung bereits ab Ablieferung beginnen können, ebenso auch die Vergütungspflicht. 268

Im Hinblick auf die genaue Dimensionierung der Vergütung auch i. V. m. den Kündigungsfristen besteht allerdings dann das Problem, dass das Ermitteln des genauen Beginns nicht einfach, vielleicht sogar streitig ist. Insofern kann es sich empfehlen, Fiktionen aufzustellen, die zwischen den Parteien ausgehandelt werden sollten, etwa 269
- Wartungsbeginn im Sinne der Verpflichtung des Lieferanten/Auftragnehmers ist die erfolgreiche Installation, wenn diese vereinbart ist bzw. ansonsten die Ablieferung.
- Das Vertragsjahr wird aber mit dem Monatsersten ermittelt, der auf diese Lieferung erfolgt. Die Vergütungspflicht beginnt erst mit diesem Vertragsjahr.
- Evtl. wird sogar ein Rumpfjahr gebildet, so dass später Vertragsjahr und Kalenderjahr synchron laufen können, was die Berechnung von Kündigungsfristen u. ä. erleichtern wird.

Ein Kardinalproblem der Vergütungspflicht ist, dass diese in der Regel im Voraus für ein Jahr von den Anbietern verlangt wird, teilweise auch nur quartalsweise. Das Problem, das daraus entsteht, ist ein Doppeltes: 270
a) Zum einen ist eine solche Vorauszahlungspflicht mit einem Werkvertrag, trotz der Vorhalte-Kosten beim Personal, nicht einfach in Einklang zu bringen. Insofern droht einer entsprechenden Klausel die Unwirksamkeit.
b) Durch die Vorauszahlung wird zum anderen dem Kunden die typische Möglichkeit aus den Mängelrechten genommen, die Vergütung bei Schlechtleistung zu mindern. Infolge-

dessen hat der Kunde dann erst die Verrechnungsmöglichkeit mit späteren Zahlungen, die ihm aber durch die AGB wiederum verwehrt wird. Auch eine solche Klausel wäre unwirksam.[261]

4. Besondere Vereinbarungen, SLA (Querverweise)

271   Die typischen Merkmale bei der Wartung entsprechen im Kern dem, was inzwischen auch unter SLA abgehandelt wird. Das bedeutet, dass Verfügbarkeiten bezogen auf typisch hardwarebezogene Störungsursachen geregelt und mit bestimmten Leistungsmerkmalen, die auch gestaffelt vereinbart werden, kombiniert werden. Dies zieht entsprechend gestaffelt unterschiedlich hohe Vergütungen nach sich. Vereinbart werden etwa:
- Betriebsbereitschaft/Betriebszeiten bedient
- Betriebszeiten unbedient
- Reaktionszeiten in Abhängigkeit von der Art der Betriebszeit
- Beseitigungszeiten der Art der Betriebszeit, wenn der Mangel gemeldet wurde und
- evtl. Pufferzeiten/maximale Überschreitungszeiten im Hinblick auf die Ermittlung der Sanktionen/des pauschalen Schadensersatzes.

272   Eine der wichtigsten Regelungen dabei ist, ob die Berechnung der Reaktions- und Beseitigungszeiten über die volle Uhrzeit oder nur während der Betriebsbereitschaft läuft. Dies wäre auch im Hinblick auf die Mitwirkungsleistungen des Kunden wichtig. Würde etwa die Berechnung über die volle 24 Stundenzeit laufen, müsste auch der Kunde seine Mitwirkung während der evtl. Nachtzeit bereitstellen.

5. Mängelrecht, Zurückbehaltungsrecht

273   Es ist wohl nicht üblich, hinsichtlich der oben angedeuteten verschiedenen Leistungen, also Instandsetzung, Instandhaltung und Services die Vergütung so aufzusplitten, dass hier zwei oder drei verschiedene Vertragstypen entstehen und ebenso hinsichtlich des Mängelregimes unterscheidbar wären. Es ist deshalb in der Regel bei Wartung von einem einheitlichen Mängelregime des Werkvertrages auszugehen.

274   Vom gesetzlichen Leitbild her hätte bei Auftreten von Mängeln der Wartungsleistung selbst der Auftragnehmer das Wahlrecht. AGB, die in der Regel genau dies vorsehen, erscheinen unproblematisch. Problematisch erscheint der Nacherfüllungsanspruch des Kunden im Hinblick auf Vergütungspflicht generell. Bei nicht als Dauerschuldverhältnis ausgeprägten Verträgen erscheint es unproblematisch, dass während der Nacherfüllungszeit den Kunden das Gerät bzw. der Vertragsgegenstand nicht zur Verfügung steht.

275   Der Wartungsvertrag hat aber zugleich eine Komponente als Dauerschuldverhältnis, die sich insbesondere i. V. m. den Regelungen zu Laufzeit und Kündigung ausdrückt. Von daher wäre es grundsätzlich angemessen, wenn während der Laufzeit der Nacherfüllungsfrist auch die Vergütung entsprechend angepasst, also gemindert würde. Statt einer Rückabwicklung wird grundsätzlich das Recht der außerordentlichen Kündigung greifen.

276   Vom gesetzlichen Leitbild her ist der Nacherfüllungsanspruch kostenlos vom Auftragnehmer zu erfüllen. Durch das Weiterlaufen des Vertrages und die Tatsache, dass die Vergütung bereits bezahlt ist, ist praktisch auch die Mängelarbeit schon vergütet. Andererseits stehen dem Kunden noch nicht alle sekundären gewährleistungsrechtlichen Ansprüche, etwa Minderung o. ä. zu, da er insoweit den Ablauf der angemessenen Frist für die Nacherfüllung abzuwarten hat. Dies spricht dafür, die oben angedeuteten Vereinbarungen zur Charakteristik bei Beseitigungszeiten und entsprechenden Sanktionen, insbesondere pauschalen Schadensersatz im Rahmen eines SLA zu vereinbaren.

---
261 Zu diesem Problem s. insbesondere *Redeker* CR 1995, 385.

6. Verjährung der Mängelansprüche

Die Mängelansprüche aus dem Wartungsvertrag verjähren grundsätzlich ab Abnahme, § 634a Abs. 1 Nr. 1 BGB. Allerdings ist es gerade bei Wartungsverträgen, ähnlich wie bei Pflege, nicht üblich, formelle Abnahmen vorzunehmen. Infolgedessen stellt sich häufig die Frage, ab wann bei periodischen oder fallweisen Leistungen der Wartung die Verjährung zu laufen beginnt. 277

Soweit ersichtlich hat dies allerdings in der Praxis kaum eine Rolle gespielt. Was häufig übersehen wird und in wirtschaftlich kritischeren Zeiten eine Rolle spielen könnte, ist, dass die Mängelansprüche des Kunden über das Ende des Wartungsvertrages hinausragen. D. h., dass sie möglicherweise überhaupt erst ab Ende des Vertrages zu verjähren beginnen. Diese Regelung ist in den AGB häufig nicht oder unklar berücksichtigt, so dass die AGB unwirksam sind. Dies hat sogar die Folge, dass auch die Verkürzung auf ein Jahr unwirksam wird und die Verjährungsfrist zwei Jahre beträgt.[262] 278

7. Kündigung, Laufzeit und Beendigung des Vertrages

Aufbauend auf eine klare Regelung hinsichtlich des Beginns der Wartungsverpflichtung und der Vergütungspflicht (s. 3.), sind Vertragslaufzeit und Kündigungsfristen zu regeln. Insoweit gilt als Vorbild das Dauerschuldverhältnis, nicht Werkvertrag. Das Problem der Aufrechterhaltung des Vertrages wird auch für Hardwarewartung diskutiert, ist dort v. a. ein Problem, wie der Drittwartungsunternehmer an die Basissoftware, evtl. auch Ersatzteile kommt.[263] 279

Der Wartungsvertrag ist grundsätzlich ordentlich kündbar. Man kann eine Mindest-Vertragslaufzeit ausbedingen, die für beide Seiten eine Amortisationsmöglichkeit bietet. Während dieser Grundlaufzeit wäre eine ordentliche Kündigung ausgeschlossen. Eine außerordentliche Kündigung bliebe davon unberührt. Evtl. vereinbart man auch eine feste Laufzeit des Vertrages, bei deren Ablauf der Vertrag automatisch endet. Dies scheint aber in der Praxis relativ selten der Fall zu sein. Wichtig ist, dass mangels geeigneter Regelungen die bloße Vereinbarung der Mindestlaufzeit dem Kunden nicht die möglichkeit nimmt, den vertrag gemäß § 649 BGB jederzeit zu kündigen, wenn auch mit Zahlung von Restlohn.[264] 280

Die außerordentliche Kündigung dürfte in der Regel die angemessene Reaktion des Auftraggebers darauf sein, dass der Auftragnehmer die Leistungen auch nach einer Fristsetzung nicht oder nicht vertragsgemäß erbringt, insbesondere die Ordnungsmäßigkeit der Verwendung der Hardware nicht wieder herstellt. Bei gleichzeitig laufenden SLA wird darauf zu achten sein, dass die Kumulation bei den dort vereinbarten Fristen dazu führen kann, dass Fristen entstehen, deren Ablauf erst abzuwarten ist, bevor die außerordentliche Kündigung ausgesprochen wird. 281

8. Datenschutz

Die Gefahr, durch die Ausführung der Wartungsarbeiten mit personenbezogenen Daten, die der Auftraggeber verarbeitet, in Kontakt zu kommen, ist relativ hoch, v. a. bei remote services und Mängelbeseitigung. Infolgedessen ist § 11 BDSG zu beachten. Der Wartungs-Vertrag muss dessen Anforderungen genügen, etwa indem eine gesonderte Vereinbarung zur Auftragsdatenverarbeitung geschlossen wird, die Anlage zum Wartungsvertrag wird.[265] 282

---

262 S. zu Ansprüchen des Kunden während des Laufs des Vertrages und danach, *Bartsch* NJW 2002, 1526. Extrem: Während der Laufzeit richten sich Leistungsstörungen nach allgemeinem Schuldrecht, erst ab Ende nach »Gewährleistungsrecht«: LG Bonn CR 2004, 414.
263 S. *Grapentin/Ströbl* CR 2009, 137; s. a. oben Rdn. 261 zum Leistungsbereich 2.
264 S. BGH CR 2011, 176 – Internetsystemvertrag II; s. a. *Grützmacher* ITRB 2011, 133 (134).
265 S. a. bei Pflege Rdn. 513 ff. Zu Datenschutz s. Kap. 20.

D. Standardsoftware

I. »Kauf«

283 Mehrere Senate des BGH haben sich mit der Überlassung von Standardsoftware befasst. Pauschal lässt sich festhalten, dass grundsätzlich die Überlassung von Standardsoftware auf Dauer (gegen Einmal-Entgelt) als Kauf behandelt wird oder Kaufrecht zumindest analog angewendet wird, ohne dass bisher § 453 BGB dabei eine Rolle gespielt hätte. Dies hängt damit zusammen, dass die Entscheidungen zumeist vor der Schuldrechtsmodernisierung ergangen sind. Wie aber BGH v. 15.11.2006 – ASP – zeigt, bedarf gerade im Hinblick auf Mietrecht die Frage der Klärung, ob Software eine Sache ist. S. a. D.II.1.

284 Für eine Aufweichung des Prinzips (Überlassung auf Dauer gegen Einmalentgelt »ist« Kauf) sorgte die Entscheidung des BGH v. 17.11.2005 im Zusammenhang mit der Insolvenzfestigkeit des Erwerbs von Nutzungsrechten an Software.[266] Bei Anwendung BGH zu ASP[267] ist die Datenträgerbasierung (als Voraussetzung für Erschöpfung) kein Problem, das besonders zu lösen wäre. Software befindet sich letztlich immer auf einem Datenträger und sei dies die »Zentraleinheit« oder der Arbeitsspeicher.[268] Insofern käme es nur darauf an, ob der Verbleib dort dauerhaft und zur Verfügung durch den Kunden sein soll oder nur auf Zeit gewollt ist und insofern Miete anzuwenden wäre.

285 Dass diese Fragestellung überhaupt entsteht, hat mit der Diskussion um die Lizenzierung und die Patentierbarkeit von Software zu tun.[269] Besonders stark ist die Diskussion aber erst im Zusammenhang mit Softwaredownload und »Gebrauchtsoftware«[270] entbrannt.

1. Die Bedeutung der Datenträger-Basierung

286 Mit BGH vom 18.10.1989,[271] 15.11.2006[272] und v. a. v. 06.07.2000[273] konnte man davon ausgehen, dass der Verbleib der Software auf einem Datenträger auch dann als ausreichend angesehen wird, wenn dies kein dauerhafter Verbleib ist, was das einzelne Medium betrifft, sondern letztlich ein Verbleib auf einem Rechner, zumindest im Rahmen dauerhafter Rechtseinräumung. Dies gilt für Kauf. Bei Miete ist eine Rechnerbindung, auch an eine bestimmte CPU wirksam gestaltbar. Es muss aber eine Notfallregelung geben.[274]

287 Diese Einordnung ist fraglich geworden, seit die Auffassung vertreten wird, für die auch starke Literaturmeinungen sprechen, dass bei Online-Bezug von Software keine Datenträger-Repräsentation im Sinne eines Werkstücks gegeben sei und infolgedessen keine Erschöpfung eintrete. Dies soll auch bei Kauf, also Veräußerung (Überlassung auf Dauer) gelten.[275] Entsprechendes gilt dann auch für unkörperliches Aufspielen von Software, etwa im Rahmen der Pflege, so dass die Wirkung der Erschöpfung trotz Erstbeschaffung mit Datenträger nach Update per remote-service verloren geht.

---

266 BGH CR 2006, 151 Tz. 21: »Ein Lizenzvertrag wird entsprechend der Rechtspacht als Dauernutzungsvertrag im Sinne der §§ 108, 112 InsO eingeordnet.«
267 BGH CR 2007, 75 – asp.
268 S. schon BGH CR 1990, 112, und vor allem CR 2007, 75 – asp.
269 Dazu *Hilty* MMR 2003, 3.
270 S. a. Rdn. 322 ff.
271 BGH CR 1990, 24 – Lohnabrechnung.
272 BGH CR 2007, 75 – asp.
273 BGH CR 2000, 651 – OEM-Version.
274 BGH CR 2003, 91 – cpu.
275 S. etwa OLG Düsseldorf CR 2009, 566, zur auf Hardware aufgespielten Software, die nicht von der Hardware getrennt weitergegeben werden darf.

I. »Kauf«

Damit wäre Software praktisch kein handelbares Gut mehr.[276] Vielmehr gäbe es nur noch den Vertrag zwischen dem Lizenzgeber und dem Lizenznehmer. Der Lizenznehmer auf den Rechner aufgespielt gelieferter Software hätte kein Recht zur Weitergabe der Software, etwa indem er Software von der Hardware trennt.[277] Weitergabeverbote wären auch in AGB wirksam, ein Anspruch auf Zustimmung zur Übertragung bestünde nicht.[278] **288**

Möglicherweise liegt hier aber nicht nur dogmatisch gesehen eine Lücke in der gesetzlichen Regelung vor,[279] sondern eine fehlende Differenzierung zwischen Online-Nutzung und Online-Bezug. **289**

Als **Unterscheidung** wird vorgeschlagen: **290**

Wenn der Vertrag darauf gerichtet ist, dass der Kunde die Software online auf dem Rechner des Anbieters **nutzt**, allenfalls Teile auf seinen Rechner herunterladen darf und dies nur zeitweise und er nach dieser Nutzung die »flüchtige« Speicherung zu beenden (löschen) hat, wird keine Erschöpfung vorliegen, obwohl die Software zumindest teilweise auf dem Rechner des Kunden repräsentiert gewesen sein muss.

Bei Online-Bezug findet dagegen im Rahmen des Vertrages eine gewollte Verkörperung der Software erst auf dem Rechner des Kunden oder über ein Verteilzentrum beim Kunden dann statt. Dieses Werkstück ist mit Rechtseinräumung seitens des Lizenzgebers durch den Lizenznehmer individualisiert, sozusagen im Auftrag hergestellt worden. Die Individualisierung ist ebenso zu behandeln wie diejenige, bei der der Datenträger von Anfang an mitgeliefert wird. Diese pragmatische Sichtweise hat sich (noch) kaum durchgesetzt.[280]

2. Überlassung gegen Einmalvergütung auf Dauer

Im Folgenden wird die Situation unterstellt, dass eine Mit-Lieferung des Datenträgers erfolgt und es insofern auf diese Frage des Online-Bezugs nicht ankommt. Andernfalls wird dies besonders hervorgehoben. Zu »Gebrauchtsoftware« s. sogleich Rdn. 322 ff. **291**

Grundsätzlich wird die Überlassung von Standard-Software gegen Einmal-Vergütung auf Dauer als Kauf eingeordnet. Die Rechtsprechung hierzu hat sich aus den Anfängen von der analogen Anwendung des Mangelrechts bis zur direkten Anwendung des Kaufrechts entwickelt.[281] **292**

Es bleibt die Frage, was gilt, wenn eines dieser Einordnungskriterien nicht vorliegt. Im Umkehrschluss wird kein Kaufrecht anzuwenden sein, wenn die Überlassung nicht auf Dauer erfolgt und/oder die Vergütung nicht einmalig ist. Ratenzahlung wäre unschädlich. **293**

Die relativ marginal erscheinende Unterscheidung wäre, dass entweder ein Vertrag eigener Art vorliegt, auf den im Wesentlichen Pachtrecht und in der Folge im Wesentlichen Mietrecht Anwendung findet.[282] Die Alternative ist, dass direkt Mietrecht angewandt wird. Die direkte Anwendung von Mietrecht würde allerdings im Rahmen einer konsistenten Be- **294**

---

276 Zum »handelbaren Datenbestand« als Werkstück s. *Ulmer/Hoppen* CR 2008, 681; s. aber ablehnend *Haberstumpf* CR 2009, 345; OLG Düsseldorf CR 2009, 566.
277 So OLG Düsseldorf CR 2009, 566; s. aber BGH CR 2000, 651 – OEM-Version.
278 S. LG Mannheim CR 2010, 159, und dazu eher kritisch, auch aus kartellrechtlicher Sicht *Grützmacher* CR 2010, 141.
279 Dazu und insbesondere zum urheberrechtliche Erschöpfungsgrundsatz bei der Online-Übertragung von Computerprogrammen vor allem *Hoeren* CR 2006, 573 und LG Hamburg ITRB 2007, 4; LG München, CR 2007, 356; *Grützmacher* CR 2007, 549; zu LG München und OLG München s. BGH CR 2011, 223 – usedSoft; s. Kap. 3 Rdn. 53.
280 S. v. a. zum Online-Bezug von Software *Ulmer* ITRB 2007, 68 m. w. N.; *Koch* ITRB 2007, 140.
281 Dargestellt auch in BGH-Entscheidungen, etwa CR 2007, 75.
282 So schon BGH NJW 1981, 2684.

3. Leistungsbeschreibung

295 Das Thema Leistungsbeschreibung[284] ist naturgemäß bei Standardsoftware weniger offensichtlich als etwa bei Anpassung und/oder Herstellung von Software.[285] Jedoch bleibt eine nicht unerhebliche Bedeutung im Hinblick auf die vertraglich vereinbarte Beschaffenheit, § 434 Abs. 1 S. 1 BGB. Die Leistungsbeschreibung kann nach der Hierarchie im Mangelrecht bzw. beim Mangelbegriff die übrigen Kategorien zurückdrängen, allerdings nicht vollständig verdrängen. Dies hängt mit der Terminologie »soweit« bzw. »sonst« in § 434 Abs. 1 S. 2 BGB zusammen.

296 Die Frage, ob hier die Verbrauchsgüterkaufrichtlinie richtig umgesetzt ist, wird zu verneinen sein. Derzeit kann man aber von dieser Begriffshierarchie bzw. Mängelhierarchie für das BGB ausgehen.

297 Leistungsbeschreibungen sind hinsichtlich der Inhaltskontrolle »AGB-fest«, § 307 Abs. 3 S. 1 BGB, vorausgesetzt, dass die Leistungsbeschreibung nicht Vertragsregelungen enthält, die AGB werden oder sind, und Ertragsregelungen enthält Vertragsregelungen enthält, die AGB werden bzw. sind, und

- nicht Leistungsbeschränkungen bzw. Risikoeinschränkungen eingebaut werden, die der Inhaltskontrolle unterliegen.[286]
Sie unterliegen jedoch dem Transparenzgebot, § 307 Abs. 3 S. 2 BGB.

298 Es wird sich empfehlen, dass die Leistungsbeschreibung Funktionalität und Art des Umgangs mit der Software beschreibt, ohne dies zu sehr hervorzuheben, um nicht »Garantien« abzugeben. Etwaige Einschränkungen sollten nicht negativ, v.a. nicht als AGB mit einschränkendem Charakter der Leistungen formuliert sein, sondern positiv und deutlich hervorgehoben, etwa »ablauffähig« auf ... (Typ, Betriebssystem).

299 Die Zielmaschine bzw. deren Betriebssystem sollten möglichst genau hinsichtlich Typ, Größenordnung, Versionsnummer usw. beschrieben sein. Wenn Einschränkungen bei bestimmten Größenordnungen, etwa für Netze gelten, sollte klargestellt werden, bis wohin die Erlaubnis reicht, ebenso anderweitige Grenzen, etwa bei einer Datenbank die Anzahl der Transaktionen pro Zeiteinheit, oder das Intervall, ab dem eine Reorganisation erforderlich wäre.

300 Ein Verweis in der Leistungsbeschreibung oder im Vertrag auf die mitzuliefernde Dokumentation als Referenz erscheint verfehlt. Soweit tatsächlich in der Dokumentation die Leistungsbeschreibung erfolgen sollte, wäre dies ein einseitiges Leistungsbestimmungsrecht des Anbieters, dass dieser nach Vertragsschluss noch ausüben könnte. Dagegen könnte etwa ein Auszug aus der Dokumentation als Leistungsbeschreibung Vertragsbestandteil werden. Damit wäre der andere Negativ-Effekt, dass die Leistung erst nachträglich mit Lieferung festgelegt wird, vermieden.

---

283 Bejaht aber von BGH CR 2007, 75 für ASP (als Miete).
284 Literatur zum Thema: Zur Gestaltung von Verträgen über IT-Leistungen unten den Aspekten der Haftungsbeschränkung und -vermeidung *Funk/Wenn* ITRB 2004, 118; Zu Vertragsgestaltung zwischen Leistungsbeschreibung, Garantie und sinnvoller Beschränkung der Gewährleistung *Lapp* ITRB 2003, 42; zu Verschuldensunabhängiger Einstandspflicht bei IT-Leistungen *J. Schneider* ITRB 2006, 42; zu rechtlicher Betrachtung und Aufbauhilfen bei IT-Leistungsbeschreibungen *Söbbing* ITRB 2003, 155; zu Struktur und vertragstypologischer Zuordnung von IT-Leistungsbeschreibungen *ders.* ITRB 2004, 91.
285 Dazu unten Rdn. 516–559 und Rdn. 560–643.
286 Zu Letzterem s.v.a. BGH CR 2001, 181 – Onlinebanking.

301 Theoretisch denkbar wäre die Verletzung des Transparenzgebots hinsichtlich der Leistungsbeschreibung insofern, als sich daraus i. V. m. Angeboten nicht ergibt, welcher zusätzliche Aufwand für Anpassungen an Kundenbelange noch erforderlich ist.[287]

302 Preis-Transparenz kann ein Problem darstellen, wenn sich aus den Unterlagen nicht ohne Weiteres entnehmen lässt, was der Kunde für die von ihm bestellte Zahl von »Lizenzen« oder die von ihm vorgesehene Nutzung zu zahlen hat. Die Preis- und Konditionenregelungen einiger Anbieter sind sehr umfangreich und kompliziert. Dies allein würde noch keine Intransparenz ergeben.[288]

4. Lieferung, Ablieferung, »Abnahme«

303 Bei »Kauf« kommt es nicht zu einer Abnahme im Sinne von § 640 BGB. Die Abnahme, die in § 433 Abs. 2 BGB als Pflicht des Kunden/Käufers genannt ist, bedeutet, die Sache abzunehmen, nicht einen Prüfungsprozess oder eine Erklärung, dass die Sache im Wesentlichen vertragsgemäß ist. Im Kaufrecht findet nur eine Übergabe statt, § 433 Abs. 1 S. 1 BGB, die zeitlich dahin gehend präzisiert wird, dass die Verjährung ab »Ablieferung« läuft, § 438 Abs. 2 BGB. Entscheidend ist demnach die tatsächliche Übergabe mit Untersuchungsmöglichkeit für den Käufer.[289] Im Softwarebereich stellt sich typischerweise die Frage, ob bei einer Installationspflicht des Lieferanten die Ablieferung erst nach deren Erfüllung als Erfolg gilt oder ob nicht die Verjährung ab dem Zeitpunkt abläuft, zu dem die Installation erfolgte. Bei Montage, die nach hiesiger Meinung nicht vollständig mit der Installation gleichgesetzt werden kann, ist das Programm – wohl wegen deren Integration in den Kauf selbst – »erst mit deren Vollzug abgeliefert«.[290] Die Frist nach § 377 HGB läuft damit.

304 Wenn man Montage und Installation nicht gleichsetzt, erzielt man das Ergebnis über das Hinausschieben der Untersuchungsmöglichkeit durch den Kunden durch Zurverfügungstellung im Rahmen der vereinbarten Abnahme, nicht über die »Montage«. Dies entspricht auch der Interpretation der Ablieferung nach altem Recht.[291] Gemäß der vorzitierten Entscheidung gilt, wenn nicht »Montage« oder richtig wohl »Installation« zusätzlich vereinbart ist, die Ablieferung mit Lieferung und Übergabe des Datenträgers als erfolgt,[292] ansonsten bei vereinbarter Installation mit deren Abschluss.

305 Bei der Online-Lieferung, bei der sich der Kunde die Software online verschafft (für die dann Erschöpfung angenommen würde, s. Rdn. 286 ff.), wird im Sinne eines Holschuld-Vertrages die Ablieferung beim Käufer auf dessen Abruf hin erfolgen.

306 Bedient sich der Lieferant seinerseits vereinbarungsgemäß des Internet zur Ablieferung an den Kunden des Internets, wird ein Versendungskauf oder eine § 447 BGB entsprechende Situation vorliegen, so dass die Sache abgeliefert ist, wenn sie dem Verkäufer zur Verfügung gestellt wird. Also dann, wenn sie unmittelbar bei dem Empfänger angekommen ist oder von diesem auf seinem Rechner (wie ein E-Mail-Anhang) abrufbar ist.

---

[287] S. dazu v. a. als drastisches Beispiel: OLG Köln CR 2003, 246.
[288] S. für B2B BGH CR 2003, 323 – CPU-Klausel, wo es um eine CPU-Klausel ging, wonach eine höhere Lizenzgebühr bei Einsatz einer Software auf leistungsstärkerer Hardware gefordert wurde; dazu auch Rdn. 368.
[289] Kein Probebetrieb, keine »Erprobung«: BGH CR 2000, 207 – Lohnprogramm.
[290] Palandt/*Weidenkaff* § 438 Rn. 15 unter Hinweis auf Erman/*Grundwald* § 477 Rn. 11. Hierbei handelt es sich aber um eine Verweisung auf eine Kommentierung nach altem Recht.
[291] BGH CR 2000, 207 – Lohnprogramm.
[292] BGH CR 2000, 207; zur Zugänglichkeit im Rahmen der Miete s. BGH CR 2007, 75 und dazu Rdn. 368.

5. Mitwirkung des Kunden/Käufers

307 Begrifflich gibt es bei Kauf keine »Mitwirkungsleistung« des Kunden, da die Annahme bzw. Abnahme Realakt, also tatsächlicher Vorgang ist. Sie ist zwar Nebenpflicht gem. § 433 Abs. 2 BGB und insofern mit der Mitwirkung vergleichbar, wird aber nicht mit einer Mitwirkung im Sinne der §§ 642, 643 BGB gleichgesetzt.[293]

308 Weitere Pflichten des Kunden gibt es (außer Zahlung) nicht. AGB, die vorsehen, dass der Kunde bei der Mängel-Erforschung, -Untersuchung und -Beseitigung mitwirkt, sind problematisch. Zwar wird sich eine entsprechende Pflicht des Kunden konstruieren lassen. Jedoch handelt es sich dann um eine Pflicht im Rahmen der Mängelrechte des Kunden, die er nur erlangt, wenn er die dazu erforderlichen Voraussetzungen schafft. Dies wäre etwa die Rüge des Mangels i. V. m. ggf. einer Fristsetzung. Eine entsprechende Pflicht ist aber nicht schon verletzt ist, wenn der Kunde nicht rügt oder nicht untersucht. Dies gilt auch, wenn der Kunde Unternehmer ist. Zwar trifft ihn dann die sog. Untersuchungs- und Rügepflicht nach § 377 HGB. Jedoch ist dies eine Obliegenheit. Die Verletzung dieser Pflicht, je nachdem, welche Art von Mangel dabei nicht erkannt wird, führt »nur« zum Verlust der entsprechenden Mängelrechte in dem Sinne, das der Kunde nicht mehr zur Geltendmachung seiner Mängelrechte berechtigt ist.

309 An sich wirkungslos ist eine AGB-Klausel, nach der ein Kunde verpflichtet wird, die Software unmittelbar nach Empfang einzuspielen. Zwar verletzt der Kunde – falls er Unternehmer ist – seine Pflicht, die Sache sofort zu untersuchen und Mängel zu rügen, wenn er solche erkennt. Dennoch ist er gegenüber dem Vertragspartner nicht verpflichtet, die Software sofort einzuspielen. Eine Rolle spielt dies i. V. m. Pflegeverträgen, dort bei Updates. Im Zusammenhang mit den eher werkvertraglichen Ausprägungen der Leistungen kann eine Mitwirkungspflicht des Kunden vorliegen.[294]

310 Unter Umständen soll gem. den AGB zu den Mitwirkungspflichten des Kunden gehören, dass der Kunde die Hardware und das Personal sowie Unterlagen zur Verfügung stellt, damit der Lieferant den Fehler untersuchen kann. Tatsächlich kann dies zu den Pflichten des Kunden gehören, jedoch wiederum nicht im Rahmen der eigentlichen Hauptleistungspflichten, sondern im Rahmen der Mitwirkung bei der Mängelbeseitigung, also im Rahmen der Nacherfüllung.

6. Auswirkungen verschiedener Vertriebsmodelle i. V. m. verschiedenen Arten von Beschränkungen

a) Freischaltung

311 Hinsichtlich der vorstehenden Feststellungen zur »Ablieferung« und zur der Mitwirkung, können sich Besonderheiten bei der Freischaltung ergeben.

312 Der Befund bei vielen Vertragskonstellationen stellt sich stark vereinfacht wie folgt dar: Der Vertragspartner des Kunden ist als Vertragshändler des Herstellers im Rahmen dessen Vertriebsorganisation berechtigt, die Vertragssoftware zu vertreiben. Gemäß den Bestimmungen des Herstellers/dessen Vertriebsorganisation soll allerdings der Vertrag über die »Lizenzen« unmittelbar zwischen dem Kunden und dem Hersteller, vielleicht sogar mit dessen US-Firma, zustande kommen.

313 Der Hersteller verpflichtet den Vertragshändler, dem Kunden bei bzw. nach Vertragsschluss die Software zu liefern, evtl. anzupassen und dem Hersteller darüber zu berichten. Die Soft-

---

[293] Würde Kaufrecht über § 651 BGB angewandt, gibt es nach Abs. 3 auch Mitwirkungspflichten, s. a. Rdn. 48 ff.
[294] S. dazu unten Rdn. 457–471.

ware, die der Kunde vom Vertragshändler erhält, ist noch nicht »freigeschaltet«. Der Kunde kann sie allenfalls eingeschränkt nutzen. Im Sprachgebrauch heißt dies häufig »nicht produktiv« nutzen. Dies bedeutet, dass bestimmte Funktionalitäten nicht gewährleistet sind, dass bestimmte Volumina nicht überschritten werden können und dass möglicherweise auch eine Zeitschaltung eingebaut ist. Der Kunde erhält die »Freischaltungs«-Informationen durch den Vertragshändler erst, wenn bezahlt ist.

Die »Mechanik« von »Übergabe gegen Zahlung« verdreht die Ausgangssituation des BGB.[295] AGB-rechtlich bestehen Bedenken. Eine Art Eigentumsvorbehalt und ein Rechtsübergang synchron mit der Bezahlung muss so vereinbart werden, dass keine Vorauszahlungspflicht des Kunden entsteht, gegenüber der evtl. ein Zurückbehaltungsrecht besteht. Dann wäre dies ein endloser Kreisel. 314

Wenn dies nicht klar vereinbart ist, wird man das Freischaltungserfordernis zunächst als als Nichterfüllung und, wenn die Sperre nicht völlig nach Zahlung aufgehoben wird, als Mangel zu qualifizieren haben. 315

Allerdings hatte der BGH bisher Sperren nicht vertragsrechtlich als Mangel qualifiziert. In einer Entscheidung bestand zwischen den beiden Kontrahenten (Hersteller und Zweiterwerber) kein Vertragsverhältnis.[296] Bei der Entscheidung vom 25.03.1997[297] war nicht die Programmsperre selbst als Mangel oder PVV qualifiziert worden, sondern die Drohung bzw. das Zwangsmittel, mit der eingebauten Sperre einen dem Lieferanten genehmen Vertrag zu erzwingen. Daraus lässt sich keine Qualifikation des BGH, dass eine Programmsperre immer ein Mangel sei, ableiten. Eine noch ältere Entscheidung spricht eher dafür, dass eine Programmsperre durchaus, zumindest mit Mietrecht, kombinierbar wäre.[298] 316

b) Aktivierung

Die üblichen Aktivierungshinweise in den Anzeigen sind keine vertragliche Vereinbarung, allenfalls führen sie dazu, dass keine strafrechtliche Relevanz des Vorgehens vorliegt. 317

Bei der Aktivierung muss sich der Kunde nach einer gewissen Zahl von Starts und nach Änderungen in der Konfiguration der Hardware eine Freischaltung beim Hersteller holen. Der Vertrag zwischen Lieferant und Kunde enthält zumeist keine Regelung zur Freischaltung. In der Werbung wird evtl. darauf hingewiesen, dass die Aktivierung bereits erfolgt ist, evtl. erneut erfolgen muss, ohne dass klar wäre, wann genau. Der Kunde erhält die Software belastet mit dem Aktivierungserfordernis. Grundsätzlich handelt es sich insoweit um einen Mangel. Der Hinweis in Zeitschriftenartikeln, dass zunächst vorinstalliert evtl. auch aktiviert ist, aber noch Aktivierungserfordernisse bestehen, wäre als Vertragsbestandteil intransparent. Dem Kunden ist nicht klar, wann genau er wieder mit der Aktivierung rechnen muss. V. a. aber hat er diese Aktivierung nicht mit dem Hersteller vereinbart. Der Lieferant kann sich auch nicht darauf berufen, dass es sich um eine eigene öffentliche Äußerung oder einer solchen des Herstellers handelt, da solche Hinweise als Negativbeschreibungen nicht unter die Regelung des § 434 Abs. 1 S. 3 BGB fallen. 318

Im Hinblick auf die Zeitungsmeldungen ist aber denkbar, ist, dass der Käufer den Mangel kennt und gem. § 442 BGB seine Rechte deshalb ausgeschlossen sind. Schwierigkeiten wird u. U. der Nachweis bereiten. 319

---

295 Zur Zurückbehaltung bis zur Lieferung »Zug-um-Zug«, § 320 BGB, s. Palandt/*Weidenkaff* § 433 Rn. 38.
296 BGH CR 2000, 94 – Programmsperre III.
297 BGH CR 1987, 58.
298 BGH NJW 1981, 2684; s. a. zu AGB Rdn. 351.

c) Serialisierungen

320 Grundsätzlich könnte man Serialisierungen mit Aktivierungserfordernissen und Freischaltungen gleichsetzen. Mit Aktivierung ist der Vergleich insofern einfach, als die Serialisierung die Software an die zugrunde liegende Hardware bzw. Betriebssystem-Nummern bindet. Auf einer abgeänderten oder ausgewechselten Hardware kann die Software nur genutzt werden, wenn – ggf. online – eine entsprechende neue Anbindung erfolgt. Den Unterschied macht die **Kenntnis**. Aktivierungserfordernisse werden, wie angedeutet, in der Tagespresse bei großen Anzeigen mit angegeben oder sind in der Produktbeschreibung enthalten. Ohne die Aktivierung läuft die ohne Rechner gelieferte Software nicht und gibt dies auch bei Installation an, evtl. mit Angabe der Zahl noch möglicher weiterer Starts. Die Serialisierung hingegen wird meist als Eigenschaft weder vom Lieferanten noch vom Hersteller publik gemacht. Sie gleicht also im Wesentlichen einer Sperre, die allerdings erst greift, wenn die Software auf einer anderen Hardware eingesetzt wird. Eine solche Serialisierung wäre vereinbar mit Miete. Sie müsste dann allerdings explizit vereinbart sein. Außerdem wird eine **Notfallklausel** die Umgehung erlauben müssen, andernfalls es sich trotz publik gemachter Serialisierung um einen Mangel handeln würde.[299]

321 Der Entscheidung des BGH zu CPU ist zu entnehmen, dass der BGH eher dazu tendieren würde, das Verbot der Verbringung der Software auf eine andere Hardware als unwirksam anzusehen.[300] Erst recht würde man eine Technik, die das Verbringen auf eine andere Hardware verbietet und nicht mit dem Vertrag konform ist, als Nichterfüllung bzw. evtl. auch als arglistiges Verschweigen eines solchen Mangels anzusehen haben.[301]

d) »Gebrauchtsoftware«

322 Typisch für Kauf wäre, dass der Kunde die Software weiterveräußern darf – auch wenn das die AGB verbieten wollten.[302] Für OEM-Software hatte dies der BGH genau so gesehen.[303] Längere Zeit davor hatte der BGH für die Online-Übertragung schon klar gestellt, dass diese der Datenträger-basierten Übergabe gleichgestellt ist, wenn die Software gem. Vertragszweck auf dem Rechner des Kunden gespeichert wird.[304]

323 Durch zahlreiche Entscheidungen im Zusammenhang mit Online-Bezug von Software und Volumenlizenzen, auch zum Handel mit Kopien, ist inzwischen eine Art Zweiteilung deutlich geworden: Soweit keine Datenträger-Basierung bei Überlassung der Software an den Kunden vorliegt, tritt keine Erschöpfung ein und das Weitergabe- bzw. ein Abtretungsverbot ist wirksam.[305] Bei Masterversionen für Volumenlizenzen kann dies anders sein, was die jeweiligen, erlaubten Kopien betrifft.[306] Andererseits soll Erschöpfung für Software, die aufgespielt auf dem Rechner (mit)geliefert wird, nur Rechner-spezifisch eintreten, so dass eine gesonderte Weitergabe der Software ohne den Rechner nicht erlaubt wäre.[307] Im Hin-

---

299 Zur Notwendigkeit der Notfall-Lösung s. BGH CR 2003, 323 – CPU.
300 BGH CR 2003, 323 – CPU.
301 Zur Handhabung der Restriktionen in der Rechtsprechung s. z. B. *Hoeren* RDV 2005, 11; *Koch* ITRB 2002, 43; s. a. *Koch*, CVR, Rn. 9/239.
302 S. z. B. *Hoeren* CR 2006, 573; *Hoeren/Schuhmacher* CR 2000, 137; *Haberstumpf* CR 2009, 345 (dafür greift aber § 34 UrhG); s. a. Kap. 5 und 18, dort u. a. Rdn. 28 ff., 125 ff.
303 BGH CR 2000, 651 – OEM.
304 BGH CR 1990, 24.
305 S. v. a. zu Oracle LG München I CR 2006, 159 m. Anm. *Haines/Scholz*; sehr krit. dazu *Hoeren* CR 2006, 573; OLG München CR 2006, 655 m. zust. Anm. *Lehmann*, auch in Erwiderung auf *Hoeren* CR 2006, 573; Hauptsacheverfahren, LG München I CR 2007, 356, m. Anm. *Dieselhorst*, 361; OLG München CR 2008, 551.
306 Zu Microsoft LG Hamburg CR 2006, 812 mit Anm. *Grützmacher* zu Master-CD und Microsoft-Volumenlizenzmodell; bestätigt durch OLG Hamburg K&R 2007, 213; zur technischen Seite der Softwarelizenzierung: *Hoppen* CR 2007, 129.
307 Entgegen BGH CR 2000, 651, so OLG Düsseldorf CR 2009, 566.

blick auf das Erfordernis, dass selbst bei Miete mit Rechneranbindung dem Kunden die Möglichkeit bleiben muss, im Notfall auf einen anderen Rechner auszuweichen,[308] ist dieses Ergebnis in der Wirkung sehr problematisch.

AGB-rechtlich erscheint klar, dass auch das Zwitter »Lizenz«, unabhängig von der Datenträgerbasierung, entweder Kauf oder Miete »ist«. Entscheidend ist die Dauer der Nutzungsrechtseinräumung und die Art der Vergütung.[309] Die urheberrechtliche Betrachtung misst der bei Kauf erforderlichen bzw. vorliegenden Entäußerung keine Bedeutung bei – jedenfalls, wenn es um die Interpretation der Erschöpfung mittels eines Werkstücks geht. Dies betrifft v. a. die Aufspaltung, etwa auch bei Teilen von Volumenlizenzen, wenn diese der Zustimmung des Lizenzgebers unterworfen wird.[310]

Die das LG München I bestätigende Entscheidung des OLG München[311] zu Oracle hatte die Revision nicht zugelassen. Der BGH ist der Nichtzulassungsbeschwerde gefolgt,[312] hat jedoch nicht in der Sache entschieden, vielmehr diese dem EuGH vorgelegt. Lt. Pressemitteilung können sich Softwarekunden auf § 69d Abs. 1 UrhG berufen. Der insoweit umgesetzte Art. 5 Abs. 1 der Richtlinie 2009/24/EG ist für die Vervielfältigung eines Computerprogramms – solange nichts anderes vereinbart ist – die Zustimmung des Rechteinhabers nicht erforderlich, wenn sie für eine bestimmungsgemäße Benutzung des Computerprogramms durch den rechtmäßigen Erwerber notwendig ist. *Es stelle sich daher die Frage, ob und gegebenenfalls unter welchen Voraussetzungen derjenige, der eine »gebrauchte« Softwarelizenz erworben hat, als »rechtmäßiger Erwerber« des entsprechenden Computerprogramms anzusehen ist.* Evtl. ist weiter zu fragen, ob sich das Verbreitungsrecht des Rechteinhabers erschöpft, wenn ein Computerprogramm mit seiner Zustimmung im Wege der Online-Übermittlung in Verkehr gebracht worden ist.[313] Die »Austrocknung« des Gebrauchtsoftwaremarktes erscheint jedenfalls nicht unbedenklich, insbesondere nachdem eine etwa erfolgte Erschöpfung bei Datenträger-basierter Lieferung praktisch über die Online-Pflege für die aktuelle Version verloren geht.[314]

324

7. Mängelrechte des Kunden, Pflichten des Kunden

Die Mängelrechte des Kunden sind weitgehend denen des Bestellers beim Werkvertrag angeglichen.[315] Der wesentliche Unterschied ist, dass dem Käufer keine Ersatzvornahme bzw. Ersatz der hierfür erforderlichen Aufwendungen zusteht. Die Rechte des Käufers bei Mängeln sind in § 437 BGB geregelt. Dieser verweist zunächst auf die Nacherfüllung (Nr. 1, Hinweis auf § 439 BGB). Die Nacherfüllung eröffnet für den Kunden das Wahlrecht, die Beseitigung des Mangels oder die Lieferung einer mangelfreien Sache zu verlangen. Dies stößt in der Praxis häufig auf das Problem, dass der Lieferant gar nicht in der Lage ist, Nachbesserungen vorzunehmen oder der Lieferant nur über ein Patch zur Umgehung des Mangels verfügt und im Moment nicht in der Lage ist, eine mangelfreie Sache zu liefern. Häufig

325

---

308 BGH CR 2003, 323 – cpu.
309 S. Rdn. 291 ff.
310 S. a. LG Mannheim VR 2010, 158. Zur Beurteilung, auch unter kartellrechtlichen Aspekten: *Grützmacher* CR 2010, 141.
311 OLG München CR 2008, 551.
312 BGH 03.02.2011 – I ZR 129/08. CR 2011, 223 – usedSoft – m. Anm. *Rössel* und *Wolff-Rojcyk/Hansen*; s. a. *Leistner* CR 2011, 209. Die Entscheidung des BGH CR 2010, 565 – Half Life – wurde insoweit als Signal des I. Senats verstanden, dass dieser sich mit dem Erschöpfungsgrundsatz bei Online bzw. unkörperlich übermittelten Programmen befassen wird, die technische Sperre aber im konkreten Fall den Erschöpfungsgrundsatz nicht tangiert (s. Anm. *Menz/Neubauer* CR 2010, 567 f.).
313 BGH 03.02.2011, I ZR 129/08 – UsedSoft; zur Diskussion im Vorfeld s. a. *Heydn* CR 2011, 765.
314 S. a. *Koch* ITRB 2007, 140.
315 Zur Mängelrüge bei Software s. *Wäßle/Gatzweiler* K&R 2010, 18, 19.

wird übersehen, »vergessen« oder vernachlässigt, dass den Unternehmer-Kunden die Obliegenheit der Pflicht zur Untersuchung und Rüge nach § 377 HGB trifft.[316]

326 Das Abbedingen des Wahlrechts des Kunden zugunsten des Lieferanten ist in Verkäufer-AGB mit hoher Wahrscheinlichkeit unwirksam. Wenn dies in AGB allerdings genügend isoliert steht, ist dies letztlich in den meisten Fällen unschädlich, da dann die gesetzliche Regelung gilt. Probleme bereitet die falsche Gestaltung des Nacherfüllungsanspruchs des Kunden dann, wenn dies unmittelbar mit anderen Klauseln kombiniert wird und die Gefahr besteht, dass die gesamte Klausel, etwa die Verjährungsfrist-Verkürzung, mit entfällt.

327 Die Verjährungsfrist kann, wenn es sich nicht um einen Verbrauchsgüterkauf handelt, wirksam auf ein Jahr ab Ablieferung verkürzt werden. Dies ergibt sich in der Verbindung von § 438 BGB (2 Jahre gem. § 438 Abs. 1 Nr. 3 BGB) und § 309 Nr. 8 lit. b) ff. BGB. Allerdings sind bestimmte Ansprüche insoweit auszunehmen. Dies betrifft etwa Garantieansprüche, § 443 BGB, die erst mit Auftreten des Garantiefalls bzw. mit dem Eintritt der Fälligkeit entstehen, spätestens jedoch mit Anzeige des Garantiefalls,[317] und arglistiges Verschweigen.

328 Das eigentliche Problem der Mängelrechte der Kunden stellt in der Regel weniger das Verjährungsproblem als vielmehr die Unentgeltlichkeit der Nacherfüllung dar. Dies gilt insbesondere bei Hardware. Bei Software ist inzwischen das Datenträgerproblem, dessen Transport u. ä. kaum mehr ein Kostenproblem. Interessant wird das Kostenproblem erst, wenn sich der Mangel nicht einfach reproduzieren lässt und dafür erhebliche Aufwendungen erforderlich sind. Dann greifen nach Meinung des Lieferanten häufig die sog. Mitwirkungspflichten des Kunden, die Maschine, Rechenzeit oder Mitarbeiter u. ä. zur Verfügung zu stellen.

329 Dabei wird übersehen, dass der Kunde zwar für die Nacherfüllungszeit innerhalb einer angemessenen Frist auf die Nutzbarkeit der Sache wird verzichten müssen, was aber nicht heißt, dass eine gesamte EDV während dieser Zeit lahmgelegt werden kann. Die Pflichten des Kunden dürfen insoweit nicht überspannt werden.

In vielen AGB ist vorgesehen, dass der Besteller dem Auftragnehmer zwei Fristen setzen muss, was die Nacherfüllung betrifft. Zum einen wird dabei häufig übersehen, dass es nur eine Frist zur Nacherfüllung gibt, zum anderen, dass die zwei ggf. bei Kauf zulässigen, aber ausreichende Nachbesserungsversuche (§ 440 S. 2 BGB) innerhalb dieser einen, angemessenen Frist erfolgen müssen.

8. Spezialprobleme bei Nacherfüllung, insbesondere Nachbesserung

330 Bei Kauf besteht zugunsten des Kunden/Käufers das Wahlrecht hinsichtlich der Art der Nacherfüllung, § 439 BGB.[318] Der Lieferant wird häufig nicht in der Lage sein, dem Wunsch zu folgen, ein neues Exemplar der Software, das nicht mit dem fraglichen Mangel behaftet ist, liefern zu können (wobei diese Schwierigkeit für gewisse Zeit auch der Hersteller hat). Infolgedessen kann es sein, dass für den Lieferanten die Nacherfüllung in Form der Nachbesserung und dabei in Form der Überlassung eines Patch der geeignete Weg wäre. Wählt nun der Kunde die andere Art der Nacherfüllung, wozu er grundsätzlich berechtigt ist, kann der Verkäufer dies verweigern, wenn dies nur mit unverhältnismäßigen Kosten möglich ist. In diesem Fall beschränkt sich der Anspruch des Kunden auf die erste Art der Nacherfüllung. Dabei bleibt die Regelung nach § 275 Abs. 2 u. 3 BGB unberührt, kann also zusätzlich in Betracht kommen (Ausschluss der Leistungspflicht im Hinblick auf den Aufwand bzw. auf das dabei auftretende grobe Missverhältnis).

---

316 S. *Wäßle/Gatzweiler* K&R 2010, 18, 19.
317 S. Palandt/*Weidenkaff* § 443 Rn. 23.
318 Zur Nacherfüllung s. a. *J. Schneider* ITRB 2007, 27.

Die Regelung nach § 439 Abs. 3 BGB führt dazu, dass der Kunde sein Nacherfüllungsbegehren erneut, diesmal ggf. auf die andere Art, ausübt, woraufhin ihm der Lieferant den genannten Patch liefern könnte. Der Patch ändert in der Regel nichts daran, dass die Software den fraglichen Mangel aufweist. Patches sind zudem oft nicht releasefest. Jedenfalls stellt sich stets die Frage, ob solche Zusatzleistungen, auch wenn sie selbstinstallierend sind oder wenig Aufwand erfordern, tatsächlich eine Mangelbeseitigung darstellen. In vielen Fällen wird der Mangel nur »umgangen«. Für SLA und Pflege- bzw. Wartungsverträge können solche Umgehungslösungen vertragsgemäß sein, insbesondere, wenn dies ausdrücklich vereinbart wird. 331

Bei SLA könnte darauf abgestellt werden, ob das System für den Kunden wieder verfügbar, also die Leistung wieder hergestellt ist. Dies kann der Fall sein, wenn der Mangel zwar nicht beseitigt, aber wirkungslos gemacht worden ist. Andererseits ist nicht zu verkennen, dass der Kunde mit dieser Art der Nacherfüllung erheblichen Aufwand hat. So, wenn bei einem größeren Anwender 1.500 oder mehr PC mit dem Package bzw. Patch ausgestattet werden müssten. Diese Art der »Nacherfüllung« verlagert den dafür erforderlichen Aufwand bis zu einem gewissen Grade auf den Kunden. Die Frage ist, ob sich der Kunde damit zufriedengeben muss. Bezüglich Software wäre ein Argument zugunsten des Kunden: Viele Anbieter verbieten gerade das sog. Cloning und machen es zur Bedingung, dass an jedem PC, der an das Netz angeschlossen ist, die Software gesondert aufgespielt (nicht über das Netz übermittelt) wird.[319] 332

Spezielle Fragen bzw. Probleme können auch insofern auftreten, als die Nacherfüllung zu Veränderungen an der Software bzw. am System führen muss. So wenn für die Anwendbarkeit der Software eine bestimmte Karte ein- oder ausgebaut werden muss, weil Zusatzsoftware erforderlich ist oder sich an der Konfiguration etwas ändert, was die Aktivierungs-Mechanismen bzw. die Serialisierung und die Freischaltung betrifft. Möglicherweise werden dadurch Bedingungen geschaffen, die später beim Support eine Rolle spielen bzw. berücksichtigt werden müssten, ohne dass dies dem Kunden bekannt sein muss. Diese Leistungserschwerungen müssten grundsätzlich zulasten des Nachbessernden, also des Lieferanten gehen. 333

9. Sonderproblem: »Lizenz«

Im Softwarebereich hat sich eine Verwendung des Begriffs der Lizenz herausgebildet, der einen Vertrag meint, der dem Kunden ein Nutzungsrecht gewährt, dabei nach dem Willen des Lizenzgebers weder als Kaufvertrag noch als Mietvertrag eingeordnet werden soll,[320] s. a. Kap. 3 Rdn. 67 ff. 334

AGB-rechtlich ist es aber erforderlich, die Lizenz vertragstypologisch einzuordnen, um feststellen zu können, inwieweit die Regelungen des Vertrages vom gesetzlichen Leitbild und dessen Regelungen abweichen. Richtig wäre, die AGB nicht zur vertragstypologischen Einordnung heranzuziehen, die später auf ihre Wirksamkeit geprüft werden.[321] Das kann zur Einordnung als Kauf führen (gemäß den Voraussetzungen in Rdn. 291 ff.), weil die Klauseln zu weiterer Vergütung (Upgrade), Beschränkungen und Kündigung beiseitezulassen sind. Dann dürften diese fraglichen, mit Kauf nicht vereinbaren Klauseln unwirksam sein. Dies wiederum gilt offensichtlich nicht bei Onlinebezug, evtl. nicht bei Volumenlizenzen u. ä.[322] 335

---

319 Zum Clonen bzw. zu den rechtlichen Folgen des Cloning eines Betriebssystems s. *Niedermeier/Damm* CR 1999, 737, speziell auch zur Installation durch Cloning.
320 Mehr und mehr geht es dabei um Services (Vorgänge) statt Überlassung. Möglichst soll keine der typischen Kategorien die Freiheit des Lizenzgebers einengen. S. a. zum »Abschied von der Softwarelizenz« am Beispiel der Client Access License *Koch* ITRB 2011, 42.
321 BGH CR 1997, 470.
322 S. v. a. LG München I CR 2007, 356; *Haberstumpf* CR 2009, 345.

336 Bei Konzern-Lizenzen stellt sich die Frage, welche Rechte der Konzern im Einzelnen erwirbt und wie er damit verfahren kann. Es besteht die Möglichkeit, dass der Konzern eine Art generelles Nutzungsrecht für alle Gesellschaften im Konzern erhält (das endet, wenn eine Konzerngesellschaft ausscheidet).[323] Die Frage ist aber, was mit auf Dauer ausgerechten Unterlizenzen geschieht, wenn die Hauptlizenz entfällt, etwa wegen Rückfalls oder Kündigung. Gemäß BGH genießen die Unterlizenzen dinglichen Charakter und können insoweit über den Hauptvertrag hinaus Bestand haben.[324] Entsprechendes wird gelten, wenn der Vertriebsvertrag, s. Kap. 5 endet, aufgrund dessen Software kauf-ähnlich Dritten auf Dauer überlassen wurde.

337 Es gibt auch die Möglichkeit, die sich mit den sog. Volumen-Lizenzen u. ä. Vertriebsmodellen decken würde, dass der Konzern das Recht erhält, von einer Masterversion/-kopie Vervielfältigungsstücke für die dem Konzern angehörigen Firmen und deren Mitarbeiter anzufertigen. Dieses Recht der »Sublizenzierung« könnte, entsprechende Berechtigung und Erschöpfung vorausgesetzt (wäre bei Online-Übertragung wieder fraglich) dazu führen, dass nach Lieferung der Software auch solche Konzerngesellschaften dauerhaft in den Genuss der Software kommen, die inzwischen nicht mehr zum Konzern gehören.

338 Von diesen Modellen zu unterscheiden sind die rein vergütungstechnischen Fragen der Rabattierung, so wenn eine Konzerngesellschaft für den gesamten Konzern einkauft und deshalb aus Kostengründen eine Art Konzernlizenz erwirbt, während vom Hersteller eigentlich ein Stückpreis verlangt wird (der im konkreten Fall also stark herabgesetzt ist). Bislang werden diese Unterschiede in der Praxis, insbesondere im Zusammenhang mit dem sog. Online-Vertrieb, als nicht relevant angesehen.[325]

10. Typische AGB und ihre AGB-rechtliche Beurteilung

339 Die Rechtseinräumungs-Klausel und die Klausel zum Vertragsgegenstand selbst sollten konform sein und parallel laufen. Wenn also »Kauf« der angestrebte Vertragstyp ist, ist der eigentliche Vertragsgegenstand die »Lieferung der Software ..., Version ...«. Hinzu kommen ggf. noch weitere Angaben hinsichtlich des Betriebssystems, oder »im Objektcode« auf einem Datenträger, der ggf. noch näher beschrieben wird. Dazu käme die Art der Versendung bzw. der Überlassung.

340 Die Rechtseinräumung dazu würde lauten, dass der Kunde gegen die in ... ausgewiesene Einmal-Vergütung auf Dauer ein Nutzungsrecht auf einer Maschine, des vorgenannten Typs erhält.

341 Variationen, etwa in Abhängigkeit von der Zahl der Nutzer wären entsprechend zu formulieren, etwa als bis zu ... concurrent user.

342 Es ist üblich, darauf hinzuweisen, was nicht mit diesem Vertrag geregelt ist. Dies bedeutet aber gleichzeitig auch eine indirekte Verknüpfung, wenn z. B. die Installation nicht mit enthalten sein soll und auf einen gesonderten Vertrag verwiesen wird, wenn die Pflege nicht enthalten sein soll (was natürlich richtig wäre). Besser wäre es, diese Verweisungen in Anbieter-AGB wegzulassen.

---

[323] Dazu s. bei Wechsel der Konzernmutter OLG Düsseldorf CR 2006, 656 für einen Fall, wo ausdrücklich die Lizenzvereinbarung auf den Bereich innerhalb des namentlich konkret benannten Konzerns begrenzt war.
[324] S. BGH CR 2009, 767, und zur Interpretation *Dieselhorst* CR 2010, 69.
[325] Zur Konzernlizenz s. a. i. V. m. der sog. Mehrfachlizenz, die auch Unternehmens- oder Konzernlizenz genannt wird, *Grützmacher* ITRB 2004, 204; OLG Düsseldorf CR 2006, 656; zur Problematik im Zusammenhang mit dem Gebrauchthandel von Softwarelizenzen *Schuppert/Greissinger* CR 2005, 81; *Huppertz* CR 2006, 145; *Spindler* CR 2008, 69 (74); s. a. Rdn. 322 f.

Der Gefahrübergang sollte klar geregelt werden, je nach dem, ob es sich um einen (in Rdn. 306 erwähnten) Versendungskauf, um eine Holschuld oder eine Bringschuld handeln soll.

Wesentlich ist die Bezugnahme auf Leistungsbeschreibungen oder Details hinsichtlich einiger für den Kunden besonders wichtiger Punkte, so insbesondere die Dokumentation als Bedienungsanleitung und Installationsanweisung.

Bei Kauf wäre ein Weitergabeverbot in Verkäufer-AGB grundsätzlich unwirksam. Ebenso sind bekanntlich pauschale Änderungsverbote unwirksam (was auch für Mietrecht gilt). In beiden Fällen kann das Recht zur Vervielfältigung nicht pauschal verboten werden, weil darunter auch das Recht der Ziehung einer Sicherungskopie fallen würde. Es würde Sinn machen, den Unterschied zwischen der Sicherungskopie, die der Kunde ziehen oder später im Rahmen der Datensicherung anfertigen kann, und der Sicherungskopie, die evtl. mitgeliefert wird, klar zu regeln.

Dies könnte klarstellen, ob eine Back-up-Version, etwa bei kaltem Back-up als noch Sicherungskopie gelten würde, oder ob es sich schon um eine Zweitlizenz handelt. Bei Letzterem läge eine Vervielfältigung, die nicht mehr vor dem Recht der Ziehung der Sicherungskopie gedeckt ist vor.[326]

Die Bearbeitung vollständig zu verbieten wäre unwirksam, da, obwohl vom Gesetz her etwas anders geregelt, unabdingbar die Fehlerbeseitigung dem Kunden verbleiben muss.[327]

Eine der häufig in AGB versuchten »Reparaturen« des Rechts nach Schuldrechtsmodernisierung ist, eine Klausel einzubauen, die den § 326 BGB a. F. widerspiegelt. Hierfür stehen die Chancen allerdings relativ schlecht. Die Klausel lautet üblicherweise sinngemäß, dass der Kunde erst dann vom Vertrag zurücktreten darf oder Schadensersatz verlangen kann (was inzwischen kumulativ geht und nicht alternativ dargestellt werden sollte), wenn er zuvor dem Lieferanten nicht nur eine einfache Frist gesetzt hat, die fruchtlos verstrichen ist, sondern auch eine Nachfrist erfolglos verstrichen ist und der Kunde diesen Schritt bereits angekündigt hatte.[328]

Ein generelles Problem ist die Anordnung der »Mängelrechte« in Kombination mit der Nacherfüllung einerseits und der »sonstigen Haftung« andererseits. Schadenersatz gehört zum Arsenal der Sekundär-Ansprüche des Kunden im Fall des Scheiterns der Nacherfüllung (wenn der Mangel vom Lieferanten zu »vertreten« ist, arglistiges Verschweigen vorliegt, eine Garantie nicht eingehalten wird). Dieser Schadenersatzanspruch des Käufers darf nicht durch die »sonstige Haftung« eingeschränkt werden. Infolgedessen könnte es sich empfehlen, in einem zweiten Abschnitt »Schadenersatz« generell zu regeln. Im Kern ist in Anbieter-AGB nur der Ausschluss der Verletzung einer nicht wesentlichen Pflicht bei leichter Fahrlässigkeit zulässig. Allenfalls kommt für die Verletzung einer vertragswesentlichen Pflicht bei leichter Fahrlässigkeit eine Höhenbegrenzung in Betracht. Diese muss ausreichend dimensioniert sein, was immer Schwierigkeiten bereitet.[329]

---

326 S. a. *Söbbing* ITRB 2007, 50.
327 BGH CR 2000, 656 – Programmfehlerbeseitigung.
328 Zur Praxis in diese Richtung s. zu § 326 BGB a. F. in Anbieter-AGB *Lapp* ITRB 2004, 262; zur Einheitlichkeit der Nacherfüllungsfrist, die nicht auf zwei erfolglose Nachbesserungsversuche aufgeteilt werden kann, auch wenn diese in der Zwischenzeit möglich sind, BGH NJW 2007, 504.
329 Zum Thema Haftungsbegrenzung: zu Haftungsregelungen für Folgeschäden in IT-Projekten und Möglichkeiten in Geschäftsbedingungen und individuellen Vereinbarungen *Auer-Reinsdorff* ITRB 2006, 181; zu Haftungsklauseln bei einem Verkauf von Fremdsoftware *Roth* ITRB 2003, 112; zu Haftungsrisiken bei der Übernahme von Beschaffungsgarantien in IT-Verträgen nach neuem Recht *Stadler* ITRB 2004, 233; zur Nutzlosigkeit von Haftungsfreizeichnungs- und Haftungsbegrenzungsklauseln im kaufmännischen Verkehr und nach der Schuldrechtsreform *von Westphalen* DB 1997, 1805 i. V. m. *ders.* BB 2002, 209; zur BGH-Rspr. *Intveen* ITRB 2007, 144.

350 Bei der Handhabung der Ansprüche des Kunden ist noch zu beachten, dass zwar der Betriebsstörungsschaden von der Haftungsklausel erfasst wird, nicht aber von der Nacherfüllungsregelung. Dies macht es sinnvoll, Mängelrechte und Sekundäransprüche in einem Abschnitt und sonstige Schadensersatzansprüche in einem weiteren zu behandeln.[330]

11. Nutzungsbeschränkungen, Weitergabeverbote

351 Die technischen Nutzungsbeschränkungen sind, wenn sie nicht vertraglich wirksam vereinbart sind, in der Regel Mängel. Nach altem Recht gab es einige Entscheidungen, die darauf abstellten, ob der Kunde selbst die Beschränkung spürt. Bei Kauf darf der Kunde die Software frei weitergeben (verschenken, verkaufen). Deshalb sind solche Sperren, auch wenn sie beim Kunden selbst nicht spürbar sind und erst dann auftreten, wenn der Nacherwerber die Software einsetzt, ein Mangel. Die Software weist die Beschaffenheit auf, praktisch nicht verkäuflich zu sein, ohne sich einer erheblichen Forderung des Zweitkunden ausgesetzt zu sehen. Wenn man mit dem BGH zur CPU-Anbindung ein absolutes Verbot der Verbringung auf eine andere Anlage, auch temporär wegen Notfalls, als rechtswidrig (auch bei Miete) ansieht, kann eine Vorrichtung, die diesen Effekt technisch bewirkt, nicht rechtmäßig sein.[331]

352 Wenn die Vertragsklauseln zur Nutzungsbeschränkung nicht wirksam sind, wie etwa die angedeuteten Weitergabe- und Bearbeitungsverbote, sind naturgemäß auch die technischen Sperren, die diese Verbote durchsetzen helfen sollen, ihrerseits »unwirksam« und als Mangel zu qualifizieren. Wenn sie arglistig eingebaut oder arglistig verschwiegen werden, braucht der Kunde u. U. keine Nachfrist mehr zu setzen und kann es auch sein, dass es auf die relativ geringe Beeinträchtigung im Rahmen des Rücktritts oder des Schadensersatzes nicht ankommt.[332]

353 Grundsätzlich wird eine Klausel, womit der Käufer hinsichtlich seiner Mängelrechte insoweit beschnitten wird, als er bei einem mit dem Lieferanten geschlossenen Vertrag vollständig auf den Hersteller verwiesen wird, unwirksam sein. In manchen AGB ist auch die Möglichkeit vorgesehen, die Mängelansprüche innerhalb des Vertriebssystems des Anbieters geltend zu machen (wobei der Hersteller insoweit nur verspricht, sich der Mängel insoweit anzunehmen und zu berichten, wann mit der Beseitigung zu rechnen ist). Für den Lieferanten besteht dann die Gefahr, dass es völlig ausreichend ist, wenn sich der Kunde an eine der genannten Stellen wendet und Nacherfüllung verlangt. Dies betraf im Bereich eines Fachhändlers eine Klausel, die typisch für den Neuwagenverkauf ist:

> »Ansprüche auf Mängelbeseitigung kann der Käufer beim Verkäufer oder bei anderen vom Hersteller/Importeur für die Betreuung des Kaufgegenstandes anerkannten Betrieben geltend machen; im letzteren Fall hat der Käufer den Verkäufer hiervon zu unterrichten.«[333]

354 Solche Klauseln finden sich im Softwarebereich üblicherweise nicht unmittelbar gleichlautend. Üblicher sind dort Klauseln, wonach man sich erst an den Lieferanten und dann an den Hersteller zu wenden hätte. Dies würde der Pflicht zur Setzung von zwei Fristen (und nicht nur zwei Nacherfüllungsversuchen) entsprechen und wäre unwirksam.[334] Der Kunde, der von dieser Regelung Gebrauch macht, kann evtl. schon darauf verweisen, dass ein Nachbes-

---
330 Zum Betriebsstörungsschaden auch schon ohne Ablauf der Nacherfüllungsfrist s. OLG Hamm 23.02.2006, 28 U 164/05; BGH NJW 2009, 2674.
331 BGH CR 2003, 323 – CPU; s. aber BGH CR 2010, 559 – Half Life.
332 S. dazu v. a. BGH NJW 2006, 1960 (und zur Kommentierung Stephan-Lorenz.de) (»Eine den Rücktritt und die Geltendmachung von Schadenersatz statt der ganzen Leistung ausschließende unerhebliche Pflichtverletzung ist beim Kaufvertrag in der Regel zu verneinen, wenn der Verkäufer über das Vorhandensein eines Mangels arglistig getäuscht hat.«). Zum »Gesamtrücktritt« s. *Koch* ITRB 2002, 297.
333 BGH NJW 2007, 504 (Klausel aus dem Leitsatz).
334 Zur Entbehrlichkeit der Fristsetzung für den Rücktritt des Käufers bei fehlgeschlagener Nacherfüllung BGH NJW 2007, 504.

serungsversuch beim Lieferanten fehlgeschlagen ist, wenn er sich an den Hersteller wendet, weil der Kunde den Erfolg der Nacherfüllung wünscht, und den weiteren Weg geht und den Hersteller zum 2. Versuch auffordert.

II. Miete von Standardsoftware

Wenn eines der beiden wichtigen Kriterien bei der Überlassung von Standardsoftware für die Einordnung in Kaufrecht fehlt, kommt zumindest indirekt die Anwendung von Mietrecht in Betracht. Traditionell erfolgt diese Einordnung nicht unmittelbar, sondern über den Umweg »Vertrag eigener Art«, worauf im Wesentlichen Pachtrecht anzuwenden ist und dann in der Folge darauf im Wesentlichen Mietrecht. Diesen Weg dürften die Vertreter der Meinung Software sei keine Sache, einschlagen, womit sie dieses Problem »umgehen«.[335]

355

Es gibt auch Anbieter, die ganz gezielt Miete anstreben. Ebenso gibt es – wie erwähnt – auch Gerichtsentscheidungen, die Software als Sache bejahen, so dass eine unmittelbare Anwendung von Mietrecht keine Probleme bereitet.[336]

356

In Verbindung mit einer »Lizenzierung« gibt es AGB, deren Ausgestaltung trotz Einbeziehung der Pflege eher als Miete zu qualifizieren ist, etwa mit
- allgemeinen Regelungen für das Vertragsverhältnis (I.)
- Um- und Beschreibungen der »Lizenz« (Softwareüberlassung) II.), und
- Aktualisierung (III.) sowie
- gemeinsame Schlussbestimmungen (IV.).

357

Vor allem, wenn die Vergütung zusammenfassend (etwa in IV.) erfolgt, erscheint die Einmal-Vergütung, die auf den angedeuteten Teil II entfällt, ergänzt um die laufende, die für III. periodisch berechnet wird. Dies weist Merkmale einer Lizenz, wenn auch i. V. m. einer Aktualisierung, auf. In solchen Fällen kann der Gesamt-Vertrag zwar den Charakter einer Lizenz haben. Dabei wird möglicherweise nicht transparent, ob die laufende Vergütung eine Nutzungsintensitäts-abhängige Vergütung ist, die zu Mietvertrag führen müsste und dort wirksam wäre oder aber, ob der Gesamtvertrag ohnehin ein Mietvertrag ist und die periodische Vergütung die Pflege betrifft.

358

1. »Sachqualität«

Praktisch bedeutet dies i. V. m. den kaufrechtlichen Entscheidungen, dass bei Verneinung der Sachqualität, v. a. zur Vermeidung der Anwendung des § 651 BGB, Mietrecht nicht unmittelbar anwendbar erscheint. Da § 453 BGB – ein Pendant fehlt – nicht anwendbar ist, wäre wohl auch eine analoge Anwendung (weil keine planwidrige Lücke gegeben ist) verboten. Insofern kommt man naturgemäß zu systematischeren bzw. sachgerechteren Ergebnissen, wenn man die Sachqualität bejaht.

359

Diese Probleme werden bislang in der Rechtsprechung kaum behandelt, nicht zuletzt deshalb, weil bei Softwareüberlassung selten Mietrecht angenommen wird. Dies könnte sich jetzt auch ohne Diskussion zur Sachqualität, wenn auch vielleicht vor deren Hintergrund, ändern: Mangels Erschöpfung bzw. Entäußerung/Veräußerung kann ohnehin kein Kaufvertrag vorliegen. Wenn der Vertragstyp Kauf wäre und die Veräußerung dem Kunden vorenthalten wird, fehlt die Erfüllung. Dies kann nicht im Interesse des Anbieters sein. Also wird der Anbieter bei Onlinebezug von Software, der nicht zur Erschöpfung führen soll, einen Mietvertrag genau so wie bei Online-Nutzung verwenden (müssen).[337]

360

---

335 Zur Grundlage: BGH NJW 1981, 2684 – Programmsperre I.
336 BGH CR 2003, 323 – CPU-Klausel und v. a. BGH CR 2007, 75 – ASP.
337 S. a. Rdn. 322 ff.

2. Einordnung aufgrund fehlender kaufrechtlicher Merkmale

361 Ob ein Kauf- oder Mietvertrag vorliegt, wird häufig für die Frage des Mängelregimes, die Kompatibilität mit der Vergütungspflichtigkeit des Mietvertrages u. ä. relevant sein. Es gibt aber auch einen anderen sachlichen Hintergrund, sich auch als Kunde den »richtigen« Vertragstyp sorgfältig zu überlegen. Bei Kauf wird – nach richtiger Meinung – und entsprechender Ausgestaltung der AGB (ohne Bedingungen, ohne Nebenleistungen u. ä.) nach dessen Erfüllung Insolvenzfestigkeit bestehen (dies ist bei Mietverträgen nicht der Fall).[338]

362 Für den Anbieter ist naturgemäß die Entscheidung für den Mietvertrag eine wichtige Alternative, um seinerseits die Beherrschung des weiteren Verbleibs der Software, bei diesem konkreten Kunden, sicherzustellen. Dies bedeutet aber auch, dass ihn dafür ein wesentlich rigideres Mangelregime trifft.

363 Für den Kunden als Mieter besteht die Gefahr, dass ihn eine langfristige Bindung etwa im Rahmen einer hohen Grundmietzeit länger an der Software festhält, als dies unter konkreten Marktgegebenheiten für ihn wünschenswert ist.

364 Insoweit stellt sich dann auch zulasten des Vermieters das Problem, inwieweit solche langfristigen Laufzeiten für Softwareüberlassungsverträge überhaupt wirksam vereinbart werden können.[339] Möglicherweise sind unter Berücksichtigung verschiedener Faktoren, die die Laufzeit und deren Beurteilung im Hinblick auf die Angemessenheit beeinflussen, lediglich fünf Jahre als feste Grundlaufzeit/»Festlaufzeit« wirksam bzw. zu rechtfertigen.[340] Ein eigenartiges Korrektiv entsteht, wenn man auch in Kaufverträgen Kündigungsmöglichkeiten, insbesondere Rückfallklauseln, zulässt.[341]

365 Die Frage der fehlenden kaufrechtlichen Merkmale wird umso wichtiger, wenn solche Mischformen entstehen können und die mietrechtliche Einordnung Probleme mit sich bringt. Hier scheint die Rechtsprechung relativ »lax«. Sie lässt es in vielen Fällen genügen, wenn die Überlassung auf Dauer erfolgt. Die Merkmale der Vergütung als Einmalvergütung o. ä. fallen inzwischen praktisch unter den Tisch.[342]

3. Vertragsgegenstand und Leistung

366 Gegenstand des Vertrages ist die Überlassung von Standardsoftware auf Zeit bzw. auf unbestimmte Zeit. Die Vertragslaufzeit muss nicht genau festgelegt sein, ist es jedoch in der Regel. Wie erwähnt ist eines der Probleme im Zusammenhang damit die evtl. langfristige Vertragslaufzeit und deren Zulässigkeit.[343]

367 Die Leistung des Lieferanten besteht in der Regel darin, ein Exemplar der Software dem Kunden/Anwender zur Verfügung zu stellen und ihm zum Gebrauch zu überlassen. Es gibt aber auch die Variante, dass die Überlassung nicht körperlich erfolgt, nicht einmal elektronisch ein Transport zum Kunden vorgenommen wird, sondern der Kunde die Software nur »online« nutzt. Dies wird z. B. zu Unterrichtszwecken u. a. Gelegenheiten, wo die Nutzung nur zeitweise erforderlich ist, praktiziert. Die Vergütung wird dann in der Regel nach der Zeit bemessen, die der Kunde konkret die Software nutzt.

---

[338] S. noch vor BGH CR 2007, 75 zu Software-Lizenz in der Insolvenz und der Insolvenzfestigkeit von Mieten von Computerprogrammen *Rössel* ITRB 2003, 205 sowie die in der erwähnten BGH-Entscheidung zitierten Meinungen insbesondere zur »Lizenz«; dazu v. a. nun nach BGH CR 2006, 151, zu Softwarelizenzen in der Insolvenz des Softwarehauses *Berger* CR 2006, 505.
[339] S. dazu *v. Merveldt* CR 2006, 721.
[340] So das Ergebnis bei *v. Merveldt* CR 2006, 727 (Zwischenergebnis insofern, als noch gesondert die kartellrechtliche Wirksamkeit geprüft wird).
[341] S. Rdn. 387 f., 608.
[342] Zu Urteilen des BGH bezüglich Miete s. a. oben Rdn. 283 ff.
[343] S. v. *Merveldt* CR 2006, 721.

368 Ähnliche Modelle gibt es auch mit Überlassung der Software an den Kunden, in dem nämlich z. B. die Nutzungsintensität gemessen wird, anhand etwa von Punkten, CPU-Belastungen, Zahl der mit der Software arbeitenden Teilnehmer u. ä. Solche nutzungsintensitätsabhängigen Vergütungen, und seien sie nur an die Dauer der Nutzung gekoppelt, wären typisch für Miete. Die Leistung ist unterschiedlich, je nachdem, ob die Software überlassen wird oder die Onlinenutzung erfolgt. Es ist dennoch durchaus möglich, von Miete zu sprechen. Eine Besitzverschaffung ist nicht erforderlich, wie sich auch aus der Entscheidung des BGH zu ASP ergibt.[344] Es kann vertragsgemäß ausreichend sein, dass der Kunde die **Nutzungsmöglichkeit**, wie bei ASP hat.

369 Die Aufgabe der Leistungsbeschreibung der Software stellt sich im Prinzip genauso wie bei Kauf der Software. Für den gewerblichen Anwender spielt bei einer Nutzungsdauer von z. B. 60 Monaten und länger als Grundlaufzeit das Leistungsergebnis bzw. die Nutzungsmöglichkeit genauso eine wesentliche Rolle wie beim Erwerb dieser Software, vielleicht sogar noch mehr, weil der Kunde im Ergebnis wesentlich mehr für die Software zahlt. Insofern kann auf die Ausführungen bei Kauf, Rdn. 250 und 188 ff., verwiesen werden.

370 Die Rechtseinräumung, die in diesem Zusammenhang dem Kunden gegenüber erfolgt, hat kaum Unterschied gegenüber der normalen Überlassung bei Kauf. Der Unterschied zeigt sich im Grunde lediglich in der Dauer der Rechtseinräumung. Infolgedessen darf der Mieter auch dann, wenn dies nicht ausdrücklich vereinbart ist, das Programm vervielfältigen, soweit dies für die Nutzung erforderlich ist, so also insbesondere installieren, wenn dies vertraglich so vorgesehen ist und auch das Programm »laden«. Ebenfalls gehört natürlich das Ablaufen lassen der Software dazu, wobei Letzteres nach weitgehend herrschender Meinung ohnehin kein Vervielfältigungsvorgang ist, wohl aber die Installation und (str.) auch das Laden.[345]

371 Die Leistungsbegrenzung könnte bei Miete v. a. darin bestehen, dass der Hardwarewechsel bzw. der Systemwechsel verboten wird mit Ausnahme des Notfalls bzw. die Verbringung auf einen anderen Rechner, auch v. a. anderer Größe, an die eine Erhöhung der Vergütung bzw. eine Sonderzahlung geknüpft wird.[346]

372 Die üblichen Klauseln zur Weiterveräußerung (Verbot) und zum Verbot der Weitervermietung halten selbstverständlich bei Miete, während Weiterveräußerungsklauseln bei Kauf nur dann Aussicht haben, »zu halten«, wenn die Software unkörperlich überlassen wird.[347] Die Mehrfachnutzungen und auch das Thema Dekompilierung u. ä. werden genauso zu regeln sein wie beim Kauf.

373 Ein **Hauptunterschied** ist also dann die Regelung bei der Vergütung und somit bei der Leistung des Kunden, in dem dort die nutzungsintensitätsabhängige Vergütung geregelt wird. Es wäre aber grundsätzlich auch möglich, eine Einmalvergütung, also weitgehend ähnlich wie beim Kauf, zu vereinbaren.

Ein weiteres wesentliches Charakteristikum bei der Leistung des Vermieters ist, dass Teile dessen, was bei Überlassung auf Dauer zur Pflege gehören würde, integrierter Bestandteil der Leistungen aus dem Mietverhältnis ist.

4. Möglichkeiten zur Nutzungsbeschränkung

374 Bei Miete sind Weitergabeverbote unproblematisch, eigentlich sogar unnötig. Jedenfalls können sie ohne Schaden seitens des Anbieters eingebracht werden. Hinsichtlich pauscha-

---

344 BGH CR 2007, 75.
345 Zur Problematik s. *Marly* Rn. 139 ff. m. w. N. und v. a. *Lehmann* Kap. 4 Rn. 646, 663, 15.
346 Zu CPU- bzw. Upgrade-Klausel s. Rdn. 335, 351 ff.
347 S. Rdn. 322 ff.

ler Verarbeitungs- und Vervielfältigungsverbote gilt das Gleiche wie bei Kauf, da die Mindestrechte, also Fehlerberichtigungsrecht und Ziehung der Sicherungskopie, dem Kunden auch als Mieter verbleiben müssen.

375 Allerdings kann es sein, dass insoweit stark herabgesetzte Spielräume aufseiten des Kunden bestehen oder diesen Rechten des Kunden sozusagen vorgebaut werden kann:
- Es wird sich schuldrechtlich mit Miete gut vereinbaren lassen (weil kein dinglicher Übergang erfolgt), dass der Kunde, bevor er von seinem Fehlerberichtigungsrecht Gebrauch macht, im Rahmen der »Gewährleistung« den Mangel dem Lieferanten meldet und diesem Gelegenheit zur Nachbesserung gibt.
- Die Notwendigkeit einer Sicherungskopie entfällt dann und insoweit, als der Vermieter evtl. für die Notwendigkeit, dass eine Sicherungskopie bereitstehen muss, seinerseits eine solche bereitstellt, ohne dass dies den Nutzungsumfang des Kunden erweitern soll. Dass der Vermieter sich überhaupt zu einem solchen Angebot entschließt und dieses technisch realisiert, wird verständlich, weil der Kunde während der Zeit der Nachbesserung, wenn es sich um einen Mangel handeln sollte (und nicht eine Störung, die seiner Sphäre zuzurechnen ist), die Miete herabsetzen kann. Um dies zu vermeiden, kann eine (zeitweise) Ersatz-Version Ansprüche des Kunden vermeiden helfen.

5. »Gewährleistungsrecht«

376 Die Rechte des Mieters bei Leistungsstörungen sind komplexer als die des Käufers. Wird dem Mieter der vertragsgemäße Gebrauch entzogen bzw. nicht in dem vertragsgemäßem Umfang gewährt, hat er die Möglichkeit, das Mietverhältnis außerordentlich zu kündigen, wobei er in der Regel eine angemessene Frist setzen muss. Dies wird nicht gelten, wenn der Vermieter bereits seine Leistungen verweigert. Dies könnte in etwa geschehen, wenn der Mieter Mängel geltend macht, der Vermieter diese aber z. B. nur als Bedienungsfehler abtut. Anders wäre es, wenn der Vermieter deutlich macht, dass er zwar nicht sicher ist, dass es sich wirklich um einen Mangel handelt, er aber die Angelegenheit prüfen wird.

In diesem Zusammenhang stellen dann Programmsperren wieder eine gewisse Grauzone dar, so dass also die Frage gerade bei Miete wieder zu stellen ist, ob ggf. solche Programmsperren einen Entzug der Nutzungsmöglichkeit sind, die eine entsprechende Kündigung (hier nach Fristsetzung) rechtfertigen.

377 Die Besonderheit des Mängelrechts ist, dass bei Mängeln der Mietsache neben der Beseitigung des Mangels dem Kunden schon das Minderungsrecht von Anfang an zusteht, aber auch ein Schadensersatzanspruch für anfängliche Mängel ohne Verschulden des Vermieters.

Des Weiteren kommt, ebenfalls noch anders als bei Kauf, die Möglichkeit des Mieters hinzu, die Mängelbeseitigung ggf. selbst vorzunehmen und Kostenersatz für die Aufwendungen zu verlangen.

Eine Besonderheit besteht auch hinsichtlich der Verjährungsfrist, da der Schadensersatzanspruch des § 636a Abs. 1 BGB der regelmäßigen Verjährungsfrist unterliegt (also drei Jahre). Der Aufwendungsersatz hingegen verjährt in sechs Monaten, allerdings ab Rückgabe der Mietsache. Die Rückgabe wiederum ist häufig in Mietverträgen für Software gar nicht geregelt. Dies wird aber dann analog gelten, wenn der Mietvertrag beendet und die Software ggf. auch zu löschen ist.[348]

---

348 Zu diesem Unterschied in der Verjährung s. a. *Marly* Rn. 1289.

6. Sonstiges

a) Laufzeit

378 Einerseits stellt sich für den Kunden die Problematik, ob die evtl. vom Anbieter vorgesehene Laufzeit nicht zu lang ist. Insofern geht es um die Zulässigkeit langfristiger Laufzeiten für Softwareüberlassungsverträge.[349] Andererseits kann es gerade der Kunde sein, der erhebliches Interesse an einer längeren Laufzeit hat, so dass sich die Frage stellt, ob der Hauptvermieter kündigen darf bzw. wie eine angemessene Mindestlaufzeit bemessen sein könnte und wie dann die Kündigung genau zu regeln wäre.

379 Die Rechtsprechung hat sich bislang mit den Laufzeiten von Mietverträgen bei Software nicht befasst. Es gibt Rechtsprechung insoweit v. a. zur Miete von Telefonanlagen sowie zur Laufzeit von Wartungsverträgen hierfür. *Von Merveldt* verweist auf ein Urteil des OLG Köln mit einer 5-jährigen Laufzeit.[350] Dieses Urteil ist allerdings völlig untypisch. Es ging um einen Softwarelizenzvertrag, bei dem vereinbart worden war, dass der Lizenznehmer zur fristlosen Kündigung des Vertragsverhältnisses berechtigt sein soll, »wenn im Falle einer fehlerhaften bzw. unterlassenen Installation die vom Lieferanten geschuldete Nachbesserung innerhalb angemessener Zeit nicht gelingt.« Konkret waren hier tatsächlich 60 Monate zuzüglich einer 12-monatigen Kündigungsfrist vereinbart.[351]

380 Üblich scheint aber weitgehend zu sein, dass die Mietverträge keine feste Vertragslaufzeit haben, sie vielmehr mit einer, evtl. längeren Kündigungsfrist, zum Ende eines Quartals oder Kalenderjahres bzw. Vertragsjahres kündbar sind.

b) Kündigung, außerordentliche Kündigung

381 Die genannte Zahl von etwa 3 Monaten als Kündigungsfrist bzw. die Kündigung zum Quartal oder zum Kalender- bzw. Vertragsjahresende erscheint in Hinblick auf den Aufwand, den auch der Kunde bei der Einführung der Software hat, relativ kurz. Andererseits können, wie angedeutet, die langen Vertragslaufzeiten nach § 307 BGB unwirksam sein, wobei eines der wesentlichen Argumente für die richtige Bemessung die Amortisation der Investitionen ist. Dies war auch immer das Argument i. V. m. den Telefonnebenstellen-Anlagen.[352]

382 Jedenfalls wäre während der festen Laufzeit die ordentliche Kündigung ausgeschlossen und nur die außerordentliche Kündigung zugelassen. Bis zu einem gewissen Grade hängt dies im Hinblick auf den evtl. zu berücksichtigenden Amortisationsschutz davon ab, welcher Änderungsaufwand vonseiten des Auftragnehmers oder auch des Auftraggebers im Hinblick auf die längere Laufzeit zu tragen ist. Anders gewendet auch: Bei einer Veraltung der Software wäre der Kunde nicht mehr an der weiteren Nutzung interessiert und würde sich, selbst wenn eine lange Laufzeit vereinbart wäre, auf ein Recht zur außerordentlichen Kündigung berufen wollen. Die Softwarebranche ist zwar bekannt kurzlebig. Andererseits ist ebenso bekannt, dass der Einsatz der Software beim Unternehmen wesentlich länger dauert, als früher vermutet. Infolgedessen wäre es für den Kunden zumindest ein wichtiger Aspekt, als Grund für eine außerordentliche Kündigung die Veraltung der Software, ähnlich der zitierten Entscheidung des OLG Köln, wenn ein Mangel nicht rechtzeitig beseitigt werden kann, einzubauen.[353]

383 Urheberrechtlich stellt sich zusätzlich das Problem, was passieren soll oder kann, wenn die Lizenzierung an die Konzernmutter endet und auch die Tochterrechte »heim- bzw. zurück-

---

349 Dazu *v. Merveldt* CR 2006, 721.
350 S. *v. Merveldt* CR 2006, 721 Fn. 3.
351 OLG Köln CR 2004, 173.
352 S. etwa BGH NJW 1985, 2328.
353 OLG Köln CR 2004, 173.

fallen«. Das LG Köln hatte entschieden, dass auf diese Unterlizenzierung der Computersoftware der Ausgangspunkt der Durchbrechung des Abstraktionsgedankens nach § 9 Verlagsvertragsgesetz nicht passt.[354] Die Folge wäre, dass in analoger Anwendung von § 9 Verlagsvertragsgesetz das sog. Tochterrecht zum sog. Mutterrecht zurückfällt, wenn die schuldrechtliche Grundlage entfällt.[355] Der BGH hat die einfachen Nutzungsrechte als »dinglich« qualifiziert und festgestellt, dass diese nicht erlöschen, wenn die Hauptlizenz, von der sie sich ableiten, erlischt.[356]

384 Das Schicksal der Konzernlizenz wurde vom OLG Düsseldorf für Individual-Software ebenfalls behandelt. Bei Wechsel der Konzernmutter darf die Konzerntochter die Software nicht mehr weiternutzen und verwerten, soweit sie durch entsprechende Anteilsverkäufe nicht mehr dem konkret benannten Konzern angehört.[357] Entsprechendes wird sich auch auf die Standardsoftware und das Recht zu Unterlizenzierung übertragen lassen.

385 Anders wird es sich verhalten, wenn die Konzernmutter ein Recht erhalten hat, die Software an bestimmte, zu diesem Zeitpunkt zum Konzern gehörende Unternehmen zu verkaufen bzw. zu verteilen.

386 Bei gemieteter Software, wenn sozusagen das Recht zur Untervermietung gegeben wird, wird die Änderung der Konzernstruktur oder die Nicht-Zugehörigkeit dazu führen können, dass zumindest der Vermieter zur Kündigung, evtl. sogar zur außerordentlichen, berechtigt ist, wenn dieser Fall als »wesentliche Änderung der Vertragsgrundlagen« o. ä. vereinbart ist. Bei außerordentlicher Kündigung wird allerdings eine gewisse Auslaufzeit zu berücksichtigen sein, damit dem Kunden eine entsprechende Umstellungszeit verbleibt.

c) Rückfall, Rückruf

387 Bei Kauf ist fraglich, ob die Rechte wieder zurückfallen können (s. Rdn. 364, 383). Bei Miete stellt sich das Problem so nicht. Dem Kunden ist die Nutzungsbefugnis nicht vollständig übertragen worden, die Rechtseinräumung war gerade nicht auf Dauer.

Der Mieter hat aber generell eine Rückgabeverpflichtung nach Beendigung des Mietverhältnisses, § 546 Abs. 1 BGB. Bei Nichtrückgabe hätte der Vermieter sogar für die Dauer der Vorenthaltung einen Anspruch auf Entschädigung, also einen Anspruch auf die vereinbarte Miete. Die Frage ist jedoch, wie sich diese Rückgabeverpflichtung auf die Software übertragen lässt. Anbieter-AGB sehen stattdessen häufig die Löschung vor. Da abweichende Vereinbarungen zulässig sind, der Vermieter sich hiermit benachteiligt, erscheint die Regelung unproblematisch.

388 Soweit keine Regelung vorgesehen ist, wird man wahrscheinlich unterscheiden müssen: Wenn ein Datenträger mitübergeben worden ist, wird § 546a BGB greifen, wobei allerdings zu beachten ist, dass die Software im Laufe der Zeit nicht mehr die ist, die auf dem ursprünglichen Datenträger übermittelt worden ist. Dies ändert daran nichts, dass eben die übermittelten Datenträger, wahrscheinlich auch die für die Updates, zurückzugeben sind. Bei Onlinenutzung gibt es dies nicht. Bei Onlinenutzung könnten aber trotzdem Datensicherungskopien entstehen. Hier wird möglicherweise die Löschungspflicht gleichzusetzen sein, auch wenn diese sich so aus dem Vertrag ergibt.

---

354 LG Köln CR 2006, 372.
355 LG Köln CR 2006, 372 LS 1; zum Rückruf bei Softwareerstellungsverträgen s. *Hoeren* CR 2005, 773.
356 BGH CR 2009, 767 – Reifen Progressiv –; s. a. zur Auswertung der Entscheidung für Kündigungen *Dieselhorst* CR 2020, 69.
357 OLG Düsseldorf CR 2006, 656.

d) Audit

Viele Anbieter haben zwar in ihren AGB keine Lizenz-Audits vorgesehen, möchten solche aber vornehmen, wenn eine Übernutzung beim Kunden vorzuliegen scheint. Mit § 809 BGB wird sich dies in der Regel nicht rechtfertigen lassen, obwohl sich daraus ein Besichtigungsanspruch ableiten lassen könnte. Dies hängt damit zusammen, dass sich aus § 809 BGB zwar ein Vorlage-Anspruch, jedoch kein Nachforschungs- und Durchsuchungsanspruch ableiten lässt, »um im Geschäftsbereich des Schuldners allgemeine Besichtigungs- und Kontrollrechte auszuüben«.[358]

389

Hinsichtlich eines vertragsrechtlichen Anspruchs auf Audit wird man zwischen Kauf und Miete grundsätzlich zu unterscheiden haben. Der Vermieter behält in Anbetracht seiner weiteren Herrschaft über die Mietsache gewisse Rechte, wobei bisher dieser Unterschied in der Praxis keine Rolle gespielt hat.

390

Der Übergang könnte aber über das sog. Lizenzmanagement erfolgen. Dabei werden i. V. m. Mietverträgen häufig sehr viel komplexere und vielschichtigere Vergütungsregelungen in Abhängigkeit von dem Einsatz des Rechners (CPU-Klausel), der Anzahl der User, der Anzahl der Zugriffe oder Transaktionen für die Höhe der Vergütung vereinbart. In diesem Zusammenhang wird vertraglich schon allein zwecks Abrechnung eine Meldepflicht oder ein entsprechendes Messsystem beim Kunden vorgesehen, das zu überprüfen wiederum dem Vermieter erlaubt wird, insbesondere, wenn hierzu aufgrund von Unstimmigkeiten berechtigter Anlass besteht. Bei dem von *Moos* vorgeschlagenem Text als Auditklausel wird etwa folgendes vorgesehen:

391

- 45 Tage Ankündigungsfrist mit schriftlicher Ankündigung
- Prüfungsrecht mit
- Nachzahlungspflicht des Kunden binnen 30 Tagen, wenn dies die Neuberechnung ergibt,
- bei Nichtzahlung Berechtigung des Lizenzgebers, technische Unterstützung einzustellen (gilt wohl nur bei Kauf) und/oder die Lizenzen außerordentlich zu kündigen.

Üblich ist auch, die Kosten des Audits daran zu knüpfen, ob eine wesentliche Abweichung vom vereinbarten oder gemeldeten Nutzungsumfang festgestellt wird. Ggf. ist noch eine Klausel einzufügen, wonach ein unabhängiger, neutraler und sachkundiger Prüfer beauftragt werden kann, dessen Einschaltung der Kunde nur aus wichtigem Grund verweigern kann.[359]

392

7. Softwareleasing

Wenn die überwiegende Meinung sich durchsetzt, dass Software keine Sache ist und – weitgehend unabhängig davon –, dass Weitergabeverbote auch in AGB wirksam sind, wird Softwareleasing grundsätzlich und von der Dogmatik her sehr problematisch. Bislang hat dies allerdings kaum eine Rolle gespielt. Der Hintergrund ist wohl, dass die mit der Materie vertrauten Softwarehäuser und Leasinggesellschaften andererseits bilaterale Abkommen derart ausgestaltet haben, dass die Wiederverwertung der Software zumindest formal in die Verträge aufgenommen wird, also genau anders, als die typischen AGB dies hinsichtlich der Weitergabeverbote vorsehen. Der Sachcharakter wird dabei zwar nicht vertraglich (wieder) hergestellt werden können. Jedoch wird die theoretische Möglichkeit, Software als handelbares Gut anzusehen, aufrechterhalten.[360]

393

---

[358] Zu Softwarelizenz-Audits s. *Moos* CR 2006, 797 (799) unter Hinweis auf *Auer-Reinsdorff* ITRB 2006, 82 (83); BGH ZUM 2004, 378 (379). Skeptisch gegenüber Zulässigkeit in AGB *Hoeren* CR 2008, 409; zum Datenschutzproblem, § 11 BDSG, s. a. Kap. 7 Rdn. 177 ff.
[359] Zum Vertragsbeispiel s. *Moos* CR 2006, 797 (800).
[360] Zu einem Modell-Vertrag über Softwareleasing s. Redeker/*Zahn*/*Steinmetz*, Handbuch der IT-Verträge, Kap. 1.15.

394 Möglicherweise wird i. V. m. der Wirksamkeit von Softwareleasingverträgen bzw. deren steuerrechtlicher Anerkennung der Ausgang der Diskussion um die Anwendung von § 651 BGB besonders relevant. Wenn die Lösung ist, dass Software als sonstiger Gegenstand im Sinne von § 453 BGB gilt, was das Kaufrecht betrifft, nicht aber als Sache, folgerichtig auch § 651 BGB nicht angewandt würde, so wäre Software auch als Standardsoftware nicht leasbar.

395 Eine weitere Problematik stellt sich insofern, als typische Softwareleasingverträge eine Nutzungsregelung enthalten, die auf die Lizenzbedingungen verweist. Dies geschieht etwa wie folgt: »Die Nutzung der Software ist nur zulässig innerhalb der Lizenzbedingungen des jeweiligen Herstellers. Diese sind der Software beigefügt.«[361] Oder: »Die Software wird nicht verkauft, nur linzensiert«[362] oder »vermietet.« Wenn also unmittelbar die Hersteller- bzw. Lizenzgeber-AGB greifen, ist die Leasingkonstruktion (der Leasinggeber kauft, vermietetet an Leasingnehmer, kann auch nach Ende an Dritten vermieten bzw. verwerten) nicht gewahrt.

396 Nach der Rechtsprechung des BGH ist entscheidend für die vertragstypologische Einordnung auf die Art der Nutzungsrechtseinräumung abzustellen.[363] Wenn die typische Nutzungsrechtsformulierung über den Leasinggeber an den Leasingnehmer durchgereicht wird, bestehen unter Umständen erhebliche Widersprüche. In vielen Hersteller – AGB ist nicht deutlich, ob die Nutzungsrechtseinräumung auf Dauer erfolgt, gibt es Kündigungsklauseln, sind Mehrfachvergütungen angedeutet und widersprechen sich die AGB zum Teil im Hinblick auf den möglichen Vertragstyp in anderer Hinsicht. AGB-rechtlich lässt sich dies zwar weitgehend lösen. Für die Frage des Leasingverhältnisses ist diese Unsicherheit jedoch zusätzlich problematisch, weil hier nicht nur das Mängelrecht, sondern der eigentliche Vertragsgegenstand, die Nutzungsbefugnis »durchgereicht« wird.

397 Zu den Pflichten des Leasingnehmers gehört auch bei Software, dass er die Gebrauchstauglichkeit bzw. die Funktionsfähigkeit erhält. Dies gilt für die Dauer des Vertragsverhältnisses. Bei Software heißt dies – entsprechend der Wartung bei Hardware –, dass er in der Regel einen Pflegevertrag abzuschließen hat. Teils wird dies ausdrücklich gefordert, teils wird dies umschrieben, etwa wie folgt: »Der Leasingnehmer hat die Software auf seine Kosten in einem ordnungsgemäßen, funktionsfähigen und in dem jeweils vom Hersteller zur Verfügung gestellten neuesten Zustand zu erhalten. Vom Hersteller der Software empfohlene Updates hat der Leasingnehmer auf eigene Kosten zu beziehen. ... Der Leasingnehmer hat auf eigene Kosten einen Softwarepflegevertrag abzuschließen, soweit nicht ausdrücklich etwas anderes vereinbart ist. ...«.[364]

398 Praktisch bedeutet dies, dass der Leasinggeber bei Ende des Leasingvertrages eine auf den aktuellen Stand gebrachte Version der Software erhält, die – ohne jede Abnutzung – als aktuelle Version verkauft werden könnte. Daran wird der normale Kunde über die Weitergabeverbote i. V. m. der Rechtsprechung zum Mangel an Erschöpfung v. a. dann gehindert, wenn die Software unkörperlich übergeben bzw. vom Lieferanten eingespielt wurde. Im Rahmen von Pflegeverträgen ist es absolut üblich, dass die Software unkörperlich eingespielt wird. Was dem Leasinggeber in diesen Fällen zurückzugeben ist, ist ebenso unklar, wie die Tatsache, dass der Kunde dem Leasinggeber eine »funkennagelneue« Software zurückgibt, dafür aber zweifach (über das Leasingverhältnis und über die Pflege) bezahlt hat.

---

361 Redeker/*Zahn*/*Steinmetz*, Handbuch der IT-Verträge, Kap. 1.15, § 7 Rn. 50.
362 Typische Formulierung bei Microsoft. Neuerdings bietet bzw. verlangt Microsoft spezielle Rental Rights-(RR) Lizenzen im Rahmen des Volumen Licensing, weil die Microsoft AGB typischerweise das Vermieten oder Verleasen verbieten. S. zu ähnlichen AGB als Miete LG Köln CR 2010, 676 m. krit. Anm. *Redeker*.
363 S. Rdn. 292.
364 Redeker/*Zahn*/*Steinmetz*, Handbuch der IT-Verträge, Kap. 1.15 § 7 Abs. 3.

Die Frage ist insoweit, ob im Leasingverhältnis vom Leasinggeber gefordert werden kann, dass die Software aktuell gehalten wird (was natürlich im Interesse des Kunden ist) oder etwa nur, dass der Kunde einen Vertrag unterhält, im Rahmen dessen die Mängel beseitigt werden, was es in der Regel aber auf dem Markt isoliert nicht gibt.

III. »Lizenz«

1. Neutralität des Begriffs

Im juristischen Sprachgebrauch wird mit »Lizenz« die vom Inhaber eines nicht-körperlichen, geistigen Gutes (Immaterialgut) einem Dritten eingeräumte Befugnis bezeichnet, das Immaterialgut, insbesondere gewerbliche Schutzrechte wie Patente in Bezug auf einzelne oder alle Nutzungsarten zu nutzen oder zu verwerten.[365]

Im Hinblick auf Softwareüberlassung und vor allem von Standardsoftware wird zwar der Begriff »Lizenz« häufiger im Zusammenhang mit Verträgen genannt, die tendenziell mietrechtlich ausgerichtet sind. Dennoch ist der Begriff neutral, d. h., dass eine Lizenz auch als Kaufvertrag ausgeprägt sein kann. Der typische Fall bei Software ist, dass die Software auf Dauer gegen Einmal-Entgelt vom Kunden erworben wird.[366]

Ohne Belang für die Begrifflichkeit der Lizenz ist, in welcher Form die Überlassung erfolgt. Das heißt, dass die Überlassung auch unkörperlich erfolgen kann. Allerdings soll dann keine Erschöpfung, auch wenn Entäußerung vorläge, eintreten. Die Weitergabe wäre nicht erlaubt.[367]

In den amerikanisch orientierten (oder auf Software amerikanischer Herkunft bezogenen) Verträgen wird häufig der Begriff »Lizenz« im angloamerikanischen Sinne verwandt. Er wird dann als etwas verstanden, was gerade nicht Kauf sein soll. Dies war – wenn auch AGB-rechtlich unwirksam – längere Zeit in den Microsoft-AGB für Windows ausdrücklich so festgehalten. Die Brisanz der Thematik ist eigentlich erst wieder entstanden, als es um die »Gebrauchtsoftware« i. V. m. dem Online-Vertrieb ging.[368] Die Frage ist also, ob »Lizenz« eine Art eigener Vertrag ist, der dann jedenfalls nicht genau deckungsgleich mit »Kauf« gesehen werden kann, etwa in dem er sich mehr auf die urheberrechtliche Ebene bezieht.[369]

Grundsätzlich würde bei kaufrechtlich überlassener Software aufgrund der Entäußerung hinsichtlich des Vervielfältigungsstücks Erschöpfung eintreten. Die Folge wäre, dass der Kunde mit dem Vervielfältigungsstück im Rahmen der Erschöpfung verfahren kann, wie er will (was nichts über zusätzliche Rechte, etwa Bearbeitung, Vervielfältigung u. ä. aussagt). Das heißt also vor allem, dass ein Weitergabeverbot unwirksam wäre. Wenn aber kein Vervielfältigungsstück vorliegt und keine Erschöpfung eintreten sollte, obwohl ein Vervielfältigungsstück entsteht, fehlt es an der Erschöpfung und mithin an dem Weitergaberecht des Kunden.

2. Die Bedeutung des Begriffs i. V. m. datenträgerloser Übermittlung

Die eigentliche Relevanz des Begriffs entsteht bei datenträgerloser Übermittlung, kurz genannt »Online-Vertrieb«. Möglicherweise ist dieser Begriff zu unscharf. Es wäre sinnvoll,

---

365 *Wiedemann* Rn. 12 m. w. N.; s. a. Kap. 3 Rdn. 44 ff., 74.
366 S. oben Rdn. 283 ff.
367 S. Rdn. 323.
368 S. Rdn. 322 ff.
369 S. a. Rdn. 80 ff., 361 ff.

gerade im Hinblick auf die Frage der Erschöpfung zwischen Online-Nutzung und Online-Bezug zu unterscheiden.

405 Der BGH hatte schon in einer Entscheidung von 1989 hinsichtlich der Frage der Sachqualität keine Bedenken, auf den Endverbleib der Software auf dem Rechner des Kunden abzustellen und dies praktisch in der Entscheidung vom 15.11.2006 noch ausgebaut (dort im Hinblick auch ausdrücklich auf die Sachqualität).[370] Es wäre also durchaus denkbar, dass das für die Erschöpfung vorausgesetzte Vervielfältigungsstück erst dadurch entsteht, dass die Software schlussendlich auf dem Rechner des Kunden ankommt und für den Verbleib und die Nutzung dort übermittelt wird.

406 An dieser Auffassung sehen sich aber v. a. die Gerichte LG München I und OLG München offensichtlich gehindert. Es scheint, als ob die Ebene rein urheberrechtlich die der Lizenz wäre, so dass es bei dem unterstellten Online-Vertrieb weder zur Herstellung eines Vervielfältigungsstückes noch in der Folge zur Erschöpfung käme.[371]

407 Die Besonderheit bei der »Lizenz« ist aus Sicht der Anbieter/Hersteller, dass sie den immaterialgüterrechtlichen Teil regelt und vor allem bei Online-Bezug ohne körperliche Repräsentanz auskommt, wodurch es an der Erschöpfung fehlt.[372] Die Verwendung des Begriffs erfolgt aber auch bei datenträgerbasierter Software, etwa als »Volumenlizenz« (mit Master-CD).

408 Das LG München I hat sogar in den Tenor den Begriff der »Lizenz« aufgenommen und spricht dort vom »vermeintlichen Erwerb von Lizenzen«. Wie sich aus dem weiteren Tenor und dem Urteil ergibt, unterstellt das Gericht zugleich eine (unerlaubte) Vervielfältigung. Auch im Tatbestand heißt es entsprechend »Softwarelizenzen«.[373]

409 Wie sich aus dem Sachverhalt ergibt, bietet die fragliche Softwarefirma durchaus die Variante, die nach deutschem Recht Kauf- oder Mietvertrag bedeuten würde, an. Entweder erfolgt eine einmalige Zahlung und ein zeitlich unbegrenztes Nutzungsrecht mit einer sog. Perpetual License oder es liegt die als seltener bezeichnete Lizenz gegen wiederkehrende Zahlungen mit zeitlich begrenztem Nutzungsrecht, fixed term license, vor.

410 Die fragliche Nutzungsrechtseinräumung lautet dazu:

> »Mit der Auftragsbestätigung räumt O. Ihnen das beschränkte Recht zur Nutzung der Programme und Inanspruchnahme jeglicher Services, die Sie bestellt haben, ausschließlich für Ihre internen Geschäftszwecke ein. Maßgeblich für die Nutzung sind die Bestimmungen dieses Vertrages, ...
>
> Mit der Zahlung für Services haben Sie ausschließlich für Ihre internen Geschäftszwecke ein unbefristetes, nicht ausschließliches, nicht abtretbares und gebührenfreies Nutzungsrecht für alles, was O. entwickelt und Ihnen auf der Grundlage dieses Vertrages überlässt.«[374]

411 Eine solche Nutzungsrechtseinräumung würde nach BGH-Maßstäben als Kauf zu qualifizieren sein. Dies würde automatisch zur Entäußerung der Software und somit zu Erschöpfung führen. Diesen Schritt geht das LG München I nicht mit.[375] Infolgedessen dürfte »Lizenz« als typischer Begriff für diese Art des Vertrages, der hinsichtlich der Nutzungsrechtseinräumung kaufrechtlich, hinsichtlich des Problems der Entäußerung aber »nur eine Lizenz« ist, verwendet werden. Bei »**Open Source**« ist die fehlende bzw. typischerweise nicht vorzusehende Vergütung ein Merkmal, das die vertragstypologische Einord-

---

370 S. BGH CR 2007, 75 – ASP.
371 Der BGH hat die Fragen dem EuGH vorgelegt, Beschluss v. 03.02.2011, I ZR 129/08 – usedsoft, s. Rdn. 322 ff.
372 S. aber *Lutz*, Softwarelizenzen und die Natur der Sache, München 2009, sowie Rdn. 322 ff.
373 LG München I CR 2007, 356.
374 LG München I CR 2007, 356; s. a. BGH CR 2011, 223.
375 LG München I CR 2007, 356; s. a. Rdn. 322 ff.

nung erschwert.³⁷⁶ Andererseits wird über »Open Source« der Begriff der Lizenz noch typischer.³⁷⁷

Kern der Auseinandersetzung ist wohl die Darstellung auch der dortigen Klägerin, dass sie nämlich ihren Kunden nur die Erlaubnis zur Vervielfältigung der Software erteile und keinen Datenträger übergebe. Somit komme es nicht zum Inverkehrbringen der Software auf einem körperlichen Datenträger und es trete auch keine Erschöpfung ein.³⁷⁸ **412**

3. Modelle, vertriebliche Aspekte

Bleibt es bei dem Ergebnis, die Vertragstypik Kauf (dauerhafte Rechtseinräumung, Einmalzahlung) lasse sich mit fehlender Erschöpfung kombinieren, ist der Gebrauchtsoftwaremarkt durch Anbieter völlig zu verhindern. Ob das kartellrechtlich halten kann, ist fraglich, aber nicht Gegenstand dieses Beitrags.³⁷⁹ Das Modell, den Händler Software vertreiben zu lassen, an der er keine Rechte erhält, wäre als Konstruktion dann abgesichert. Wie der Händler die Software installieren kann bzw. darf (er braucht dafür eine Rechtseinräumung), ist dann zwar unklar. Dies ändert aber nichts an der fehlenden Erschöpfung und somit auch der fehlenden Weitergabemöglichkeit. Freischaltungs- bzw. Aktivierungserfordernisse wären mit »Lizenzen« vereinbar, die ein Nutzungsrecht auf Dauer enthalten. **413**

4. »Gewährleistung«

Grundsätzlich ist unabhängig von der Frage der Online-Übertragung die typische Unterscheidung, ob die Software kaufähnlich oder mietähnlich überlassen wird, zur Ermittlung des einschlägigen Leitbilds bei der Gewährleistung vorab zu treffen. Die »Gewährleistungsrechte« des Kunden richten sich danach. AGB-rechtlich wäre die Vorfrage der Vertragstypologie unabhängig von den fraglichen Klauseln, die später in der AGB-rechtlichen Überprüfung stehen, z. B. den Weitergabeverboten u. ä., zu beurteilen. Dies kann dazu führen, dass eine vertragstypologische Einordnung nach Kauf zu erfolgen hat, und die fraglichen Klauseln unwirksam sind. Dies ändert allerdings nichts an der bei unkörperlichem Vertrieb fehlenden Erschöpfung jedenfalls nach weitgehend herrschender Meinung. Dies führt im Ergebnis zu folgendem Bild: Der Vertrag, der nicht als Kaufvertrag zu qualifizieren wäre, wird als Vertrag eigener Art schließlich über Pachtrecht doch nach Mietrecht beurteilt. **414**

Mit Verträgen, die als Lizenz ausgestaltet sind und verstanden werden sollen, würde es nicht zusammenpassen, wenn ein Nutzungsrecht auf Dauer ohne Entäußerung hinsichtlich der Software, nur weil bei der Übertragung ein Datenträger fehlt, verneint würde. Dies würde dann zu der Einordnung führen: **415**
- Einräumung einer Lizenz mit Nutzungsrecht auf Dauer gegen Einmalentgelt und Lieferung eines Datenträgers: Kauf
- Einräumung einer Lizenz nicht auf Dauer oder nicht gegen Einmalentgelt, gleich ob auf Datenträger oder nicht: Miete
- Einräumung einer Lizenz, evtl. auch auf Dauer und gegen Einmalvergütung, aber ohne Datenträger: kein Kauf, keine Miete.

Ein solcher Vertrag wäre dann »Vertrag eigener Art«. Hierauf ist im Wesentlichen Pachtrecht und in der Folge Mietrecht anwendbar. Damit wäre eine zusätzliche Vergütungs-

---

376 S. z. B. die Untersuchung bei *Metzger/Barudi* CR 2009, 557, 560; s. a. Kap. 1 Rdn. 31, Kap. 4 Rdn. 664, 690.
377 Zu GPLv3 s. z. B. *Koglin* CR 2008, 137.
378 Zur Frage der Regelungs-Lücke, die im Zusammenhang bzw. wie der Download genau zu qualifizieren ist etc., s. Rdn. 289 f.
379 S. dazu *Scholz/Wagener* CR 2003, 880; *Zeidler*, Urhebervertragsrecht und Kartellrecht, 2007; *Grützmacher* CR 2010, 141.

pflicht für die Erhaltung der Gebrauchstauglichkeit unvereinbar. Anderes wird für zusätzliche Leistungen des »Verpächters/Vermieters« gelten, die über Gewährleistung hinausgehen. Erforderlich wäre jedoch, dass die Leistungsbeschreibung und die AGB dies transparent regeln.

Die Konsequenzen aus evtl. Doppelvergütung haben die Anbieter oft nicht gezogen (s. a. sogleich Rdn. 418 ff.). Die Kunden haben dieses Argument bei Verhandlungen oft nicht eingesetzt.

5. Nutzungsbeschränkungen, Rechtseinräumungen

416 Die meisten Nutzungsbeschränkungen sind weder bei auf Dauer noch auf Zeit überlassener Software rechtmäßig, es sei denn, sie sind ausdrücklich individuell vereinbart. Nur für Weitergabeverbote und Serialisierungen ist die vertragstypologische Unterscheidung von grundsätzlicher Bedeutung. Diese sind mit Miete kombinierbar. Sicherungskopie, Herstellung der Interoperabilität und Fehlerbeseitigung sind vertragstypologisch nicht beeinflusst. Infolgedessen sind die entsprechenden Verbote bei beiden Vertragsarten unwirksam.

417 Zirkulär wird die Angelegenheit, wenn es um die Beurteilung der Rechtseinräumung im positiven Sinne geht, also was genau dem Kunden an Rechten eingeräumt wird. Die Klauseln, dass die Software nur an einem bestimmten Ort nur für einen bestimmten Geschäftszweck u. ä. verwendet werden kann, ist unwirksam. Eine damit verbundene »Netzwerklizenz«, die dem Kunden einen erheblich **erweiterten** Anwendungsrahmen bietet, wäre davon betroffen, würde demnach notleidend, was nicht i. S. d. AGB-Rechts wäre, nämlich den Verwendungsgegner zu schützen. Die Frage ist also, wie mit dem Verbot einer geltungserhaltenden Reduktion umgegangen werden kann, wenn das Bündel der AGB unwirksam ist und damit für den Kunden günstige Klauseln entfallen würden.[380] Unter Umständen ist dann mit den Regelungen des Allgemeinen AGB-Rechts zu arbeiten, wonach nämlich Widersprüche zulasten des Verwenders gehen. Wenn sich z. B. die Restriktionen in der Klausel mit den sonstigen Rechtseinräumungen widersprechen, würde dies zulasten des Verwenders gehen, ohne dass es auf die Unwirksamkeit der Klausel nach § 307 BGB ankäme.[381]

IV. Verhältnis zum »Pflegevertrag«

1. Pflege als Bestandteil der Miete?

418 Der typische Pflegevertrag[382] enthält mängelbezogene Leistungspflichten, besteht evtl. sogar im Wesentlichen daraus. Dessen Vergütungspflichtigkeit kollidiert für die Zeit der Verjährung mit der Kostenlosigkeit der Mängelansprüche aus dem Beschaffungsvertrag. Noch radikaler wird die Kollision i. V. m. einem Beschaffungsvertrag, der als Miete zu qualifizieren ist. Dies hängt damit zusammen, dass es nicht nur um die Frage der Vergütungspflichtigkeit der Mängelbeseitigung während einer Verjährungsfrist geht, also letztlich um Nacherfüllung und Sekundäransprüche, sondern um Hauptleistungen aus dem Überlassungsvertrag selbst, nämlich die Erhaltung der Gebrauchstauglichkeit. Diese Pflicht besteht während der gesamten Vertragslaufzeit. Insofern stellt sich dieses Problem der Kollision auch im Hinblick auf Updates, wenn diese die Funktion haben, die Gebrauchstauglichkeit zu erhalten. Das ist insbesondere bei der Anpassung an gesetzliche oder bei sonstigen für den Kunden relevanten Änderungen der Fall. Pflege ist ein wesentlich unschärferes Leistungsbild als »Wartung«. Typische Leistungsbereiche des Pflegevertrages sind:

---

380 S. *Canaris* NJW 1988, 1243.
381 Zu den Problemen der gleichzeitig positiven oder negativen Wirkungen der Unwirksamkeit einer Klausel s. v. a. *Ulmer*/Brandner/Hensen, AGB-Recht, 2006, § 305c Rn. 90 ff.; *Canaris* NJW 1988, 1243.
382 S. unten Rdn. 430–450.

- mängelbezogene Leistungen
- Aktualisierung
- Beratung.

Diese Bereiche können sehr unterschiedlich ausgeprägt sein.[383]

Bei manchen »Lizenzen« ist die Überlassung der Software in den gleichen AGB geregelt, wie die Pflege, evtl. mit gemeinsamen allgemeinen und abschließenden Bedingungen. Je nach Ausprägung der Lizenzbedingungen liegt es dann nahe, dass die Pflege eigentlich nur die Fortsetzung der Lizenz ist. Wenn gesetzliches Leistungsbild für die Beurteilung dieser AGB bei der Pflege die Miete ist, stellt sich die Frage der Vergütungspflicht insoweit massiv.

Aus diesen Gründen haben viele Anbieter die richtige Konsequenz gezogen, dass sie die Kombination von Überlassungsvertrag als Miete und Pflegevertrag nicht anbieten. Die Alternative wäre also entweder **419**
- Miete inkl. der Erhaltung der Gebrauchstauglichkeit oder
- Kaufvertrag plus Pflegevertrag.

Bei letzterer Kombination stellt sich zwar immer noch das Problem, wie der Vergütungsanteil für Mängel-bezogene Leistungen »fair« für die Zeit der Verjährung herausgerechnet wird. Dies scheint aber eher vernachlässigbar, wenn man die Tatsache berücksichtigt, dass hierzu keine Urteile bzw. Prozesse bekannt sind. Das Kardinalproblem ist, dass sich Miete nicht mit der üblichen Pflege kombinieren lässt, anders aber mit SLA (s. a. Rdn. 415).

Andererseits wäre es falsch, einfach die »Pflege« als Bestandteil des Mietvertrages anzusehen. Nur die Anteile aus dem Pflegeleistungs-Spektrum, die sich auf die Erhaltung der Gebrauchstauglichkeit erstrecken, wären selbstverständlicher Teil der Leistungspflicht. Dagegen könnten zusätzliche Leistungen in einem zusätzlichen Vertrag angeboten bzw. vereinbart werden und vergütungspflichtig sein. Dies betrifft v. a. Hotline, Remote-Services, Störungs-Hilfen, Upgrades. **420**

Das Kardinalproblem stellt sich also bei den Verträgen, die einerseits im Gewande eines Kaufvertrages oder eines Vertrages auftreten, der von der Rechtsprechung normalerweise als Kaufvertrag qualifiziert würde (Überlassung auf Dauer gegen Einmalentgelt), andererseits aber als Lizenz mit unkörperlicher Überlassung der Software nicht zur Veräußerung bzw. Erschöpfung führen und infolgedessen hierauf Mietrecht auf dem Umweg über den Vertrag eigener Art angewandt wird. **421**

2. Verjährungsfragen bei der Beschaffung im Verhältnis zu Beginn von Pflege- und Zahlungsverpflichtungen

Auf das Problem der Überschneidung der Vergütungspflicht mit der Verjährungsfrist für Mängel aus dem Beschaffungsvertrag war bereits hingewiesen worden.[384] Dieses Problem erfährt noch eine Steigerung bei Verträgen zur Anpassung von Standardsoftware. Theoretisch könnte man, gerade wenn eine Abnahme in diesem Anpassungsprojekt vereinbart wird, davon ausgehen, dass vor Abnahme die Pflegeleistungen nicht relevant werden. Dann stellt sich das Problem genauso wie beim Standardsoftware-Überlassungsvertrag. Tatsächlich verlangen aber gerade die Hersteller von Standardsoftware, deren Software angepasst werden soll, nicht nur die Vergütung für die Software-Überlassung ab Ablieferung, sondern auch für die Pflege. **422**

---

383 S. a. unten Rdn. 429 ff.
384 S. oben Rdn. 358; s. a. unten Rdn. 484.

423 Die zusätzlich vereinbarte Installation schiebt die »Ablieferung« und damit den Beginn der Verjährungsfrist hinaus.[385] Die Frage ist, ob nicht die Anpassung mit vereinbarter Implementierung der Software beim Kunden als noch viel weiter gehender Vertrag erst recht zu diesem Doppel-Vergütungsproblem führt. Möglicherweise wird in diesem Zusammenhang die Aufspaltung des Leistungsspektrums besonders relevant:

424 Es ist verständlich, dass der Softwarehersteller gerade bei längerfristigen Projekten darauf hinweist, dass die Software, wie sie zu Beginn abgeliefert wurde und wie sie zum Zeitpunkt der Abnahme der Pflege unterliegen soll, unterschiedliche Stände aufweisen kann. Der Kunde könnte zwar ggf. »upgraden«. Dies würde aber zu erheblichen Nachzahlungen führen, jedenfalls, was die typischen AGB der Anbieter betrifft.[386]

425 Bei Individual-Vereinbarungen wird man die Update-Verpflichtung des Auftragnehmers (ggf. über den Bezug entsprechender neuer Versionen vom Hersteller) i. S. der laufenden Aktualisierung gezielt vereinbaren und dafür die entsprechende Vergütung ausweisen. Dagegen würden Mängel-bezogene Leistungen und Hotline, solange noch keine effektive/produktive Nutzung möglich ist, kaum oder gar nicht in Anspruch genommen und infolgedessen auch sinnvollerweise nicht vergütet werden. Der Hinweis, dass schon während der Installation ein erheblicher Bedarf an Einweisung besteht, überzeugt nicht. Es ist gerade nicht die Aufgabe der Pflege, die Einweisung zu ersetzen. Vielmehr setzen Pflegeverträge, Rdn. 429 ff. die ordnungsgemäße Einweisung voraus, indem sie den Mehraufwand dafür, dass nicht eingewiesene Mitarbeiter unsachgemäße Fragen stellen, ggf. dem Kunden auferlegen wollen.

426 In diesem Zusammenhang stellt sich das Problem, dass Anbieter Klauseln einbauen, wonach unberechtigte Mängelrügen zur Vergütungspflichtigkeit der daraus resultierenden Leistungen führen. Dieses Problem stellt sich normalerweise ab der Ablieferung bzw. dem Inkrafttreten des Pflegevertrages im Rahmen der Nutzung der Software. Diese AGB sind äußerst problematisch. Man nimmt an, dass eine Wirksamkeit der Vergütungspflichtigkeit nur besteht, wenn die Mängelmitteilung mindestens fahrlässig, wohl eher grob fahrlässig ist. Fehlt es an der Einweisung bzw. der Abnahmefähigkeit der Software, wird dem Kunden kaum (nur bei grober Fahrlässigkeit, trotz Einweisung und Dokumentation) zugerechnet werden können, wenn er Mängel rügt und sich diese als nicht gegeben herausstellen, was diese AGB also notleidend macht.[387]

3. Besonderheiten i. V. m. Support, First-Line-Leistungen u. ä.

427 Die Anbieter haben zum Teil die Support-Leistungen aus dem allgemeinen Leistungsspektrum des Pflegevertrages herausgezogen und bieten einen gesonderten Support-Vertrag an. Aber auch bei Integration des Supports in den Pflegevertrag stellt sich die Frage, in welcher Hierarchie die verschiedenen Leistungen in Anspruch genommen werden können. Dazu wird vereinbart, dass der Kunde oder ein anderes Unternehmen als der Auftragnehmer den First-Line-Support übernimmt. Dies bündelt die Mängelmitteilungen, damit den Beratungsbedarf und erleichtert das Einspielen der Updates.

428 Unklar ist allerdings, was bei »Mängeln« im Rahmen dieses First-Line-Supports geschieht. Dies betrifft besonders die Frage der Vergütungspflicht für unberechtigte Mängelrügen (Rdn. 426). Dieses Problem setzt sich fort, wenn der Second-Line-Support der Kanal für die Erledigung ist und nur zwischen den Spezialisten des Anwenders und des Auftragnehmers hergestellt wird, während dann, wenn die Spezialisten des Auftragnehmers mit dem

---

[385] S. schon BGH CR 2000, 207; s. a. Palandt/*Weidenkaff* § 438 Rn. 15 unter Hinweis auf Erman/*Grunewald* § 477 Rn. 11.
[386] Zu einem solchen Problem s. bereits OLG Koblenz CR 1993, 626.
[387] S. OLG Düsseldorf CR 2000, 153; zu den Risikosphären s. BGH CR 2008, 278; s. a. oben Rdn. 45 ff.

Problem nicht mehr fertig werden, im Rahmen eines Third-Line-Supports der Hersteller eingeschaltet wird. Manche Hersteller differenzieren noch zwischen den Kompetenz-Ebenen, so dass die »Lines« durchaus eine erhebliche Zahl einnehmen können. Die Vergütungsregelung drückt, wenn keine Beseitigungszeit geschuldet ist, nur aus, welche der Lines bis zu welchem zeitlichen Umfang beaufschlagt werden darf. Wenn eine solche zeitliche Restriktion eingebaut ist, stellt sich erneut die Frage, was bei berechtigten Mängelrügen geschehen soll, weil diese eigentlich nicht dem Support unterfallen und deshalb nicht auf das Kontingent angerechnet werden dürften. Es wäre noch stärker zwischen den einzelnen Facetten des Leistungsspektrums und deren Vergütungspflichtigkeit zu differenzieren, als dies im Zusammenhang mit dem Beschaffungsvertrag oben angedeutet worden ist. An dieser Transparenz fehlt es oft.

E. Software-Pflege

Zwar sind im IT-/EDV-Bereich immer noch Begriffe wie »Wartung«, teils auch »Service« für den Bereich Pflege von Software, v. a. von Standardsoftware, in Gebrauch. Weitgehend durchgesetzt hat sich aber der Begriff der »Pflege« und zwar nicht zuletzt unterstützt durch die BVB-Pflege und deren Terminologie und nun inzwischen der EVB-IT Pflege. Die Leistungen, die zur Pflege gehören, sind relativ heterogen, können auch vertragstypologisch unterschiedlich gesehen werden und bilden zusammen einen Vertrag, der von den Gerichten wohl überwiegend als Werkvertrag (wobei es wenig Entscheidungen dazu gibt) angesehen wird.[388] Dies hat wohl mit der funktionellen Ähnlichkeit mit dem Wartungsvertrag für Hardware zu tun, der dem Bild des Werkvertrages durchaus entspricht.[389]

429

I. Varianten der Leistungspakete

Das, was als Leistung[390] im jeweiligen Pflegevertrag enthalten ist und der Anbieter aufgrund des Pflegevertrages leisten will, variiert in der Praxis. Dieses Spektrum lässt sich relativ leicht einordnen und beurteilen, wenn man es in die typischen Leistungsbereiche zerlegt. Die Anbieter können dann danach beurteilt werden, welche der verschiedenen Leistungsbereiche sie in welcher Ausgestaltung miteinander kombinieren. In diesem Zusammenhang haben sich folgende Aufteilungen bewährt:
- mangel-/fehlerbezogene Arbeiten,
- Aktualisierungs-Leistungen bzw. -Lieferungen,
- Beratung, v. a. am Telefon, sog. Hotline und
- Remote-Services.[391]

430

Bei den genannten Leistungen können sich unterschiedliche Ausprägungen ergeben, die typischerweise in zwei Varianten zusammenfassbar sind, so dass sich folgendes Bild ergibt:
a) Mängelbezogene Leistungen in der Form von
 – Pflicht zur Mängelbeseitigung/zur Fehlerbeseitigung – Werkvertrag

431

---

388 S. z. B. OLG Nürnberg CR 2005, 260; OLG Köln CR 2003, 329; LG Berlin CR 2001, 743; OLG Köln CR 1998, 720. Offen gelassen z. B. LG Bonn CR 2004, 414.
389 Zu Vertragsthemen und Details von Pflegeverträgen: *Intveen* ITRB 2010, 90; s. a. *Schneider* CR 2004, 241.
390 Zu Pflegeverträgen, v. a. aber zu den Hauptleistungspflichten s. *Bartsch* NJW 2002, 1526; *ders.* CR 2005, 1; *Runte* ITRB 2003, 253; *Bischof/Witzel* ITRB 2003, 31; *Redeker*, IT-Recht in der Praxis, Rn. 643 und zur Vollpflege von Standardsoftware *Zahrnt* CR 2004, 408; Zu den EVB-IT-Pflege-S s. *Kaufmann* CR 2005, 841 und unmittelbar zu den EVB-IT-Pflege s. *Karger* ITRB 2003, 107; *Müglich* CR 2003, 633; *Feil/Leitzen* CR 2003, 161; *Zahrnt* CR 2004, 716.
391 Wobei besonders auf § 11 BDSG zu achten ist, s. a. Rdn. 513 ff.

- Pflicht, Mängel zu bearbeiten – Dienstvertrag
b) Aktualisierungen in der Form,
  - dass dem Kunden die verfügbaren, für den Markt freigegebenen neuen Versionen überlassen werden (Updates) – Kaufvertrag wie bei einem Abonnement für Ergänzungslieferungen
  - dass der Auftragnehmer die Pflicht übernimmt, die Software zu aktualisieren, wenn sie veraltet bzw. wenn sich relevante Faktoren und Anforderungen für den Kunden ändern, typisch etwa bei gesetzlichen Änderungen[392] – Werkvertrag
c) Hotlinesupport in der Form, dass ein bestimmtes Kontingent pro Monat, evtl. nur von bestimmten Personen auszuüben, von einer kleinen Pauschale bzw. der Hauptpauschale gedeckt ist und im Übrigen nach Aufwand zu vergüten ist oder
d) »Rundum-sorglos« in der Form, dass die Mitarbeiter/Nutzer des Kunden sich hinsichtlich Anwendungsproblemen und Schwierigkeiten mit der Software (also weitgehend auch unabhängig von Mängeln) an die Hotline wenden können.
e) Remote-Services, dient v. a. der sog. »Fernpflege«, problematisch bei allen Anwendern, die speziellen Geheimhaltungspflichten unterliegen, aber auch im Hinblick auf den Datenschutz.

432 Die vorstehenden Leistungsbereiche können und werden häufig miteinander kombiniert. Viele AGB sehen z. B. vor, dass der Anbieter berechtigt ist, Mängel dadurch zu beseitigen, dass er dem Kunden eine neue Version überlässt (Update) oder ihm per Telefon eine bestimmte Information weitergibt, bei deren Eingabe der Mangel umgangen oder sogar beseitigt wird. Diese Substitution der Mängelbereiche ist nicht unproblematisch.[393]

433 Für den Sprachgebrauch wäre es wichtig, genauer zwischen Software-Version, Release und Update, v. a. auch gegenüber Upgrade zu differenzieren. Eine einheitliche Terminologie gibt es leider nicht.

1. Sog. Vollpflege

434 Unter Vollpflege wäre zu verstehen, dass der Anbieter das gesamte Leistungsspektrum im Rahmen des Pflegevertrages abdeckt. Dazu ist es erforderlich, genau zu wissen, wie dieses Leistungsspektrum aussieht. Dies wäre, wenn das Bild normiert wäre, kein Problem. Tatsächlich aber schwankt, wie angedeutet, die Ausprägung je Anbieter. *Zahrnt* nennt als »Leistungsbündel« des Anbieters im Fall der Vollpflege
- Weiterentwicklung
- Fehlerbeseitigung als geschuldete Leistung.[394]

435 Die Begrifflichkeit der Vollpflege impliziert, ohne dass es ganz deutlich wäre, eine besondere Art Ausprägung der Pflichten, nämlich die Mindestdauer. Es ist üblich, dass gerade bei Pflegeverträgen mit umfangreicher Leistung die Mindestdauer, während der der Vertrag von keinem der beiden Vertragspartner, zumindest nicht vom Anbieter ordentlich gekündigt werden kann, festzulegen. Dies soll dazu dienen, dass beide Seiten sich darauf verlassen können, dass dieser Vertrag über die Laufzeit besteht. Der Anbieter braucht Planungssicherheit, weil er sein Personal vorhalten muss, der Kunde, weil er die Amortisation der Investition erreichen will, von der Funktionsfähigkeit abhängig ist und nicht schnell umsteigen kann.

---

[392] S. etwa OLG Köln CR 2003, 329.
[393] Dazu unten Rdn. 456.
[394] *Zahrnt* CR 2004, 408.

2. Spezial-Themen, insbesondere Update, Verfügbarkeit

Für den Kunden ist ein Update unter Umständen fast unabweisbar, wenn seine Anwendung sonst veraltet. Dies gilt insbesondere im Hinblick auf die ihm und seinen Anwendungen gestellten Anforderungen, also die erwähnten gesetzlichen Regelungen. Andererseits kann eine häufige Update-Frequenz wegen der auf Kundenseite erforderlichen Mitwirkung bei der Installation zu erheblichem Aufwand führen. **436**

Infolgedessen hat sich in die Verträge eine Reihe von Regelungen eingeschlichen, die zum Teil im Hinblick auf eine solche Frequenz höchst problematisch sind. Typisch ist, dass der Kunde verpflichtet wird, immer wenn ihm ein Update geliefert wird, dieses einzuspielen. Ansonsten droht ihm, dass die übrigen Leistungen wie Mängelbeseitigung und/oder Hotline nicht erbracht werden. **437**

Wahrscheinlich wird eine solche Klausel unwirksam sein, wenn nicht eine Art Puffer eingebaut wird, dass die Einspielung dem Kunden zumutbar sein muss, v. a., dass die neue Version nicht mangelbehaftet sein darf. Zumindest darf diese nicht mit Mängeln behaftet sein, die die Anwendung beeinträchtigen oder diese sogar unzumutbar machen. Außerdem wird eine gewisse Obergrenze bei der Frequenz, wenn man diese auch nicht rein quantitativ von vornherein festlegen kann, ermittelbar sein. Schließlich wird der Kunde das Recht zum Zurücksetzen auf die alte Version haben, wenn ihm der Aufwand mit der neuen zu groß ist. Entsprechend gilt, dass er die neue Version nicht einspielen muss, wenn dieser Aufwand droht. **438**

Manche Anbieter haben deshalb einen festen Rhythmus im Zusammenhang mit einer Releaseplanung in den Vertrag eingebaut, wonach größere Änderungen, die bei der Anwendung und bei der Installation erhebliche Probleme bereiten können, langfristig angekündigt werden. Der Kunde hat zudem das Recht, diese eine bestimmte Zeit mitzuziehen. Aufgrund einer Ankündigung oder einer dazu getroffenen Vorkehrung wird dem Kunden dann die Möglichkeit geboten, innerhalb einer Frist, die z. B. zwei Jahre beträgt oder maximal zwei Versionen, die entsprechende Aktualisierung nachzuholen. Der Kunde kann so für sich abwägen, inwieweit er lieber noch mit der funktionsfähigen, wenn auch »veralteten« Version arbeitet. **439**

Solche und ähnliche Vorkehrungen sind sinnvollerweise in individuellen Verträgen auszuarbeiten und vorzusehen. **440**

Aus Kundensicht ist unter Umständen das Hauptziel des Pflegevertrages, ohne dass dies immer ausdrücklich genannt wird, die **Verfügbarkeit** der Software. Für die Verfügbarkeit des Gesamtsystems wird der Anbieter, der nicht zugleich der Auftragnehmer des Gesamtsystems ist, nicht einstehen wollen. Infolgedessen würde er den Kunden bei bestimmten Problemen auf andere Anbieter verweisen. Eine bestimmte Verfügbarkeit zu »garantieren«, wäre für den Auftragnehmer, wenn er nur einen Teil des Systems beeinflussen kann, nicht ohne Risiko. Selbst Abgrenzung gegenüber den anderen Systemen oder die Vorkehrung, dass der Kunde hierfür verantwortlich ist, wird Vorleistungen hinsichtlich der Stabilität des übrigen Systems zu erbringen hat, wären bei bestimmten Beweislagen nicht ausreichend. Immerhin würden in diesem Zusammenhang vereinbart: **441**
- Reaktionszeiten
- Beseitigungszeiten, v. a. in Abhängigkeit davon, wie sich der Mangel auswirkt und Änderungen der Dokumentation sowie
- Sanktionen bei Nichteinhaltung, evtl.
- Beweislast für Zuordnung zum Auftragnehmer.

3. Pflegeverpflichtung, Pflicht zum Abschluss eines Vertrages, Mindestdauer

442 Es wurde kontrovers diskutiert, ob es einen Abschlusszwang bzw. Anspruch auf Aufrechterhaltung der Pflege zugunsten des Kunden gibt.[395] Die Alternative wäre, auch nach einigen Urteilen zum Quellcode möglicherweise, die Herausgabe des Quellcodes zuzulassen, auch wenn dies nicht ausdrücklich vereinbart ist.

443 Eine kartellrechtliche Anspruchsgrundlage für einen Abschlusszwang zugunsten des einzelnen Kunden, der nicht Händler ist, wird wohl nicht begründbar sein. Dennoch tendieren wohl einige Autoren in diese Richtung. Das LG Köln befasste sich mit der Frage, ob es eine Art unkündbaren Amortisationszeitraum gebe, das OLG Koblenz hatte den Abschlusszwang bejaht und dabei die BVB überinterpretiert.

444 Das OLG Koblenz war zu BVB-Überlassung und -Pflege der Auffassung, dass aufgrund der Option, die in den BVB-Überlassung enthalten sei, der Anbieter auch bei Upgrade kein Recht habe, den Pflegevertrag zu kündigen (obwohl dies ausdrücklich in den BVB-Pflege vorgesehen war). Dies sollte gelten, obwohl der Kunde die Upgrade-Vergütung, die ebenfalls vorgesehen war, nicht zahlen wollte. Dass es sich hierbei um Einkaufsbedingungen des Kunden handelte, hat das Gericht nicht berücksichtigt.[396]

445 Die Entscheidung des LG Köln ging darum, ob der Unternehmer vor Ablauf einer noch näher zu bestimmenden und vom LG dann schließlich ermittelten Zeit den Pflegevertrag von sich aus ordentlich kündigen kann. Das LG Köln hat für den Vertrag – was seinerzeit i. V. m. dem Jahr-2000-Problem von besonderem Interesse war – zwei zu ermittelnde Phasen eingeführt. Einerseits gibt es den *Lebenszyklus* des Programms, womit so etwas wie der Amortisationszeitraum gemeint sein könnte, und andererseits die Zeit, die der Anbieter das Programm überhaupt auf dem Markt anbietet. Leitsatz 1 lautete:

> »Der Programmanbieter ist gegenüber dem Programmanwender auch über den ›Lebenszyklus‹ des Programms hinaus zur Pflege verpflichtet, solange er das Programm auf dem Markt anbietet.«[397]

Die Ermittlung bzw. das Verhältnis der beiden Phasen ergibt sich aus Leitsatz 2:

> »Nach Installation der wesentlichen Teile der vom letzten Kunden erworbenen Software und nicht erst ab vollständiger mangelfreier Lieferung oder erst ab Abnahme beginnt der Lauf des (letzten) ›Lebenszyklus‹, mit dessen Ende die Pflegeverpflichtung gegenüber allen Kunden endet.«[398]

Die ordentliche Kündigung durch den Anbieter vor Ablauf dieser Verpflichtung kann rechtsmissbräuchlich sein, § 242 BGB, so etwa LS 3.[399]

446 Diese Entscheidung wurde sowohl von *Zahrnt* als auch von *Jäger* (Vorsitzender des Senats, in dem die Berufung behandelt und dann anderweitig beendet wurde) positiv gewürdigt.[400] Gegen die Entscheidung hatte sich *Moritz* ausgesprochen.[401]

447 Die ausführlichere Darstellung, was unter dem »Lebenszyklus« von Software zu verstehen ist und wie die Dauer der Berechnung hier zu erfolgen hat, erfolgte ebenfalls bei *Moritz* und zwar in genauer Kenntnis auch des vor-instanzlichen Prozesses. Insoweit betont *Jäger* auch ausdrücklich die Übereinstimmung mit dem OLG Koblenz.[402]

---

395 OLG Koblenz CR 1994, 696; LG Köln CR 1999, 218; dazu *Moritz* CR 1999, 541; *Zahrnt* CR 2000, 205; zum aktuelleren Überblick s. *Fritzemeyer/Splittgerber* CR 2007, 209; *Grapentin/Ströbl* CR 2009, 137; zur Möglichkeit der Kündigung nach § 649 BGB s. Rdn. 280.
396 OLG Koblenz CR 1994, 95 m. Anm. *Müller-Hengstenberg*.
397 LG Köln CR 1999, 218.
398 LG Köln CR 1999, 218, LS 2.
399 LG Köln CR 1999, 218.
400 *Zahrnt* CR 2000, 205; *Jaeger* CR 1999, 209.
401 Zu Abschlusszwang und Schutz vor Kündigung der Pflege zur Unzeit s. *Moritz* CR 1999, 541.
402 *Jäger* CR 1999, 209 zu OLG Koblenz CR 1993, 626.

In der Praxis der Anbieter hat das Urteil relativ wenige Änderungen ausgelöst. Die meisten Pflegeverträge sehen vor, dass sie – wenn nichts Besonderes vereinbart ist – von beiden Seiten mit einer Frist von z. B. drei Monaten zum Vertrags- oder Kalenderjahresende gekündigt werden können. **448**

Besonders misslich ist die Kündbarkeit für Vertragshändler, die nicht durch Mindestlaufzeiten vorgesorgt haben. In vielen Fällen ist der Vertragshändler zwar berechtigt, dem Endkunden die Software als Standardsoftware »zu verkaufen«, vermittelt jedoch nur den Abschluss des Pflegevertrages, den der Kunde direkt mit dem Hersteller abschließt. In diesen Fällen stellt sich das Problem der Kündbarkeit für den Vertragshändler allenfalls im Hinblick auf die Provision. Wenn aber der Vertragshändler seinerseits den Pflegevertrag abschließt und sich hinsichtlich der Abdeckung bei seinem Lieferanten nicht rückversichert, wäre eine entsprechende Kündigung unter Umständen misslich; dies gilt insbesondere, wenn der Vertragshändler gegenüber seinen Kunden den Bedingungen, wie sie das LG Köln aufgestellt hatte, unterliegt. **449**

In der Zwischenzeit hat das OLG Koblenz seine Meinung insoweit geändert, als keine Unkündbarkeit angenommen wird. Allerdings betrifft die dazu ergangene Entscheidung nicht mehr BVB. Dennoch wird in der Literatur angenommen, dass dies die Wende dahin ist, dass auch das OLG Koblenz die Kündbarkeit, auch was BVB/EVB betrifft, bejahen würde.[403] Der Leitsatz des OLG Koblenz lautet: **450**

»Die Vereinbarung, einen auf unbestimmte Zeit geschlossenen Softwarewartungsvertrag mit einer Frist von drei Monaten zum Ablauf eines jeden Vertragsjahres kündigen zu können, verstößt nicht gegen § 309 Nr. 9 BGB.«[404]

Offen ist die Frage des Abschlusszwangs, die im Verhältnis zwischen Hersteller und Händlern sowie v. a. Dritt-Unternehmen kartellrechtliche Relevanz hat.[405]

II. Leistungsbeschreibung in AGB

Eine der Besonderheiten des Pflegevertrages, die sehr weit verbreitet ist, stellt die Leistungsbeschreibung in den AGB selbst dar. Während beim Softwareüberlassungsvertrag häufig sehr genau zwischen den AGB und dem »Produktschein«/Leistungsschein o. ä. unterschieden wird, ist dies bei Pflegeverträgen allenfalls insofern üblich, als es um Reaktions- und Beseitigungszeiten u. ä. geht. **451**

Im Übrigen wird, was auch mit der Vergütung zu tun hat, in den AGB häufig wie folgt gestaffelt: **452**
- Leistungen, die mit der Pauschale, die als Vergütung in einem weiteren Paragraf geregelt ist, **abgegolten** sind.
- Leistungen, die zwar nach dem Pflegevertrag geschuldet sind, die aber **gesondert zu vergüten** sind und
- Leistungen, die nach diesem Vertrag **nicht geschuldet** sein sollen.

Zu den besonders zu vergütenden Leistungen gehören z. B. Leistungen vor Ort (was im Hinblick auf Mängelbehebung nicht unproblematisch ist). Ebenso sind Überschreitungen der Kontingente, die im Rahmen der Hotline von der Pauschale erfasst sind, zusätzlich zu vergüten. Fast als Klausel ließen sich folgende Leitsätze umformulieren: **453**

---

403 So *Kaufmann* CR 2005, 841 insb. zu OLG Koblenz CR 2005, 482.
404 OLG Koblenz CR 2005, 482, LS.
405 S. dazu *Grapentin/Ströbl* CR 2009, 137.

»1. Wird in einem Softwareberatungsvertrag vereinbart, dass die Wartungsleistungen grundsätzlich über Telefon, Online oder Modem/ISDN erbracht werden sollen, kann der Kostenaufwand für den vom Leasingnehmer ausdrücklich gewünschten Vor-Ort-Service gesondert in Rechnung gestellt werden.«

»2. Wird die Stundenzahl für ein mitgeleastes Training auf der neu erworbenen Software bei weitem überschritten, besteht ein Anspruch des Leistenden auf zusätzliche Vergütung. Dies gilt jedenfalls dann, wenn der entsprechende Stundensatz für Training am Arbeitsplatz sowie entsprechenden Reisekosten und Spesen zwischen den Parteien in dem geschlossenen Vertrag vereinbart waren.«[406]

454 In den AGB werden die einzelnen Leistungen relativ genau beschrieben, so dass die Leistungsbestimmung innerhalb der AGB erfolgt. Dabei handelt es sich um eine Art Wechselspiel von positiven Formulierungen, was der Anbieter leistet, und negativen, was er nicht leisten will. Es besteht daher die Gefahr, dass das gesamte Spektrum solcher Regelungen als AGB gesehen wird und nicht nur als Leistungsbestimmung, die transparent und verständlich sein muss. Somit sind die Leistungsbestimmungen als AGB voll kontrollfähig. Besonders deutlich wird dies im Zusammenhang mit der oben bereits angedeuteten Substitution der einzelnen Leistungsbereiche untereinander.

455 Am Beispiel des Mangels stellt sich dies bei manchen AGB, die durchaus üblich sind, wie folgt dar:
- Grundsätzlich gehört die Mangelbeseitigung zum Pflichtenkreis des Anbieters, was eine werkvertragliche Charakterisierung dieses Leistungsbereichs rechtfertigt.
- Der Auftragnehmer will sich aber offen halten, **wie** genau er diese Mangelbeseitigung erbringt und führt dazu entweder bei den Mängeln oder bei Update und Hotline aus, dass er berechtigt sei, die Mangelbeseitigung auch dadurch zu erbringen, dass er eine neue Version übermittelt/überlässt und/oder, dass er die Hotline dazu benutzt.

456 Grundsätzlich ist gegen diese Vermischung der Leistungsbereiche insbesondere wenig einzuwenden, wenn ein Pauschalpreis für die Gesamtleistung ausgeworfen ist. Dogmatisch jedoch stellt sich folgendes Problem: Es ist unklar, welcher Vergütungsanteil auf die Mängelbeseitigung entfällt. Durch die **Substituierung** lässt sich nicht annähernd feststellen, welcher Leistungsbereich dem entspricht, was ohnehin im Rahmen der »Gewährleistung« aus dem Beschaffungsvertrag zu leisten ist. Soweit noch Mängel aus dem Standardsoftware-Lieferungs- und Anpassungsvertrag bestehen und nicht verjährt sind, wäre eine Vergütungspflicht für deren Beseitigung mit den Grundgedanken der gesetzlichen Regelung nicht vereinbar. Eine entsprechende AGB-Klausel in dem Beschaffungsvertrag wäre unwirksam. Im Pflegevertrag wird nun für die Beseitigung solcher Mängel, die bereits der Standardsoftware anhafteten, eine Vergütung vorgesehen. Die erste Frage, die sich hierzu stellt, ist, ob dies transparent genug dargestellt wird. Die zweite Frage ist, wenn dies angestrebt werden soll, wie genau dies geschehen soll. In diesem Zusammenhang ist zu empfehlen, den Vergütungsanteil für die Mangelbeseitigung für die Zeit der Verjährung aus der Beschaffung der Standardsoftware auszuklammern oder den entsprechenden Betrag herabzusetzen.[407] Dies kann auch im Wege der Verhandlung erreicht werden. Wird nun in den AGB nicht zwischen den einzelnen Leistungsbereichen unterschieden, sondern substituieren sich diese untereinander, ist dieser Versuch zumindest in AGB nicht aussichtsreich.

III. Mitwirkung des Kunden

1. Nutzung der neuesten Version, Rücksetzungsrecht

457 Die Mitwirkungsleistungen des Kunden in vielen Pflegeverträgen sind umfangreicher, zumindest was die Textgestaltung betrifft, als die Pflichten des Anbieters. Dies signalisiert schon, dass der Kunde möglichst in die Pflicht genommen werden soll, sich so zu verhalten,

---
406 LG Cottbus CR 2004, 260.
407 Zum Problem s. a. *Bartsch* NJW 2002, 1526; *Schneider* CR 2004, 241.

dass der Anbieter einerseits möglichst wenig Besonderheiten berücksichtigen muss und andererseits dann, wenn Schwierigkeiten auftreten, auf Pflichtverletzung des Kunden hinweisen könnte. Im Ergebnis soll erreicht werden, dass die Anwendungsbasis möglichst bei allen Kunden die gleiche ist, was die Beantwortbarkeit von Fragen bei der Hotline wesentlich erleichtert. Insofern haben eigentlich auch die Kunden unter Kostenaspekten ein Interesse an dieser einheitlichen Basis.

Dennoch kann es für den Kunden unzumutbar sein, die neueste Version einsetzen zu müssen. Genau dies sieht aber eine der häufig verwendeten Klauseln vor. Häufig wird dies verkürzt ausgedrückt: »Gepflegt wird immer nur die neueste, dem Kunden überlassene Version«. Das soll heißen, dass sich die übrigen Leistungen, insbesondere Mängelbeseitigung und Hotline, nur noch auf diese neue Version beziehen. Wenn die neue Version allerdings besonders mangelbehaftet ist oder z. B. einen erheblichen Umstellungsaufwand/Nachführungsaufwand beim Kunden verursacht, kann deren Einsatz unzumutbar sein. **458**

Es kann sich von daher als unzumutbar erweisen, die neueste Version sofort oder auch in absehbarer Zeit einzusetzen (s. a. Rdn. 438). Dass dann ein Leistungsverweigerungsrecht des Lieferanten/Auftragnehmers bestehen soll, ist nicht einzusehen. Die erste Reaktion hierauf könnte sein, dass Leistungserschwerungen, die dadurch entstehen, dass der Kunde ihm zumutbare neue Versionen nicht übernimmt, zu seinen Lasten gehen und der Kunde den Mehraufwand zu vergüten hat. Damit wäre ein wesentlicher Aspekt hinsichtlich der gleichen Anwendungsbasis, Kostengerechtigkeit, gelöst. Des weiteren müssten Ausnahmen vorgesehen sein, dass dann, wenn die neue Version mit erheblichen Mängeln behaftet ist, der Kunde sogar zurücksetzen soll, weil ansonsten der Schaden nur größer würde. **459**

Weitere typische Mitwirkungsleistungen in diesem Zusammenhang sind: **460**

Die Datensicherung wird typischerweise zur Sphäre des Kunden gehören.[408] Bei der Installation neuer Versionen/Updates wird er zuvor dafür zu sorgen haben, dass diese Datensicherung ordnungsgemäß erfüllt ist.

- Zur Frage der Datensicherung, evtl. Nebenpflicht des Auftragnehmers, kann folgender Leitsatz aus einem Hardware-bezogenem Fall übertragen werden:[409]
- »Übernimmt es des Lieferant von Hardwarekomponenten, diese beim fachfremden Anwender betriebsfertig unter Installation von Computerprogrammen des Anwenders einzurichten, hat der Lieferant der EDV-Anlage im Rahmen des Zumutbaren hinreichende Sorge zu tragen, dass Datenverlust durch Bedienfehler des Anwenders (Bestellers) vermieden wird.«[410]

Auch bei Installation von Software, bei deren Pflege und v. a. dazu beim Einspielen der Updates könnte sinngemäß eine Pflicht des Lieferanten entstehen, für deren Ordnungsmäßigkeit und v. a. zuvor für die Ordnungsmäßigkeit der Datensicherung zu sorgen, ggf. sogar diese zu überprüfen. Dies ergibt sich indirekt aus der BGH-Entscheidung zu einer Portierung, bei der nicht festgestellt werden konnte, ob die Datensicherung nach der Portierung bei Übergabe an den Kunden ordnungsgemäß (wieder) funktionierte.[411] **461**

In diesem Zusammenhang stellt sich die weitere Frage, inwieweit die Installation zur Mitwirkungspflicht des Kunden gemacht werden kann. Hat der Kunde seinerseits die erste Installation nicht vorgenommen und ist sie v. a. nicht gut beschrieben und die Software nicht **462**

---

[408] Vorausgesetzt, die Datensicherung funktionierte – nachweislich – bei der Übergabe, BGH CR 1996, 663.
[409] OLG Oldenburg CR 2004, 175.
[410] OLG Oldenburg; s. a. LG Stuttgart CR 2002, 487, keine Pflicht zur Datensicherung des Auftragnehmers im Rahmen eines Wartungs- und Pflegevertrages, zur Frage der ordnungsgemäßen Datensicherung.
[411] BGH CR 1996, 636 – Optikfachgeschäft.

selbstinstallierend, könnte der Auftragnehmer weiterhin zur Installation verpflichtet bleiben. »Im Rahmen eines Wartungsvertrages muss der Softwarelieferant Änderungen der Software durch Updates integrieren und dem Kunden bei der Aufspielen der Updates beratend zur Seite stehen.«[412]

463 In dem Muster bei *Marly* z. B. ist ausdrücklich dieser Fall »schwieriger Installation« vorgesehen:

> Die Pflegedienste des Unternehmers umfassen u. a. die Leistung der Überlassung der jeweils neuesten Programmversionen (der näher bestimmten Software). Und dann weiter: »Zur Überlassung zählt auch die Installation der Software, sofern sich diese schwieriger gestaltet als das bloße menügesteuerte Übertragen des Programm-Codes auf den Massenspeicher des Kunden-Computers.«[413]

Bei diesem Muster wird noch dazu zwischen der Überlassung der jeweils neuesten Programmversion und der Aktualisierung der Softwaredokumentation differenziert. Das wird dem Hauptleistungscharakter der Lieferung der Dokumentation und damit auch deren Pflege durchaus gerecht. Auch hier wird ergänzt, was für den Kunden günstig ist:

> »Soweit eine erhebliche Änderung des Funktionsumfangs oder der Bedienung der Software erfolgt, wird eine vollständig neue Dokumentation überlassen.«[414]

464 Viele AGB berücksichtigen diesen Vorschlag nicht, sondern besagen nur, dass mit der neuen Version auch die Teile der Dokumentation geliefert werden, die sich insofern geändert hätten. Das Eigenartige ist, dass sich zwar beim Kunden die neue Version als Voll-Version herausstellt, die bei Installation die gesamte bisherige Version überschreibt, andererseits aber nur ein paar Seiten Dokumentation geliefert werden. Diese (evtl. losen Blätter) soll der Kunde selbst einordnen und dafür sorgen, dass sie in allen Dokumentationen nachgeführt werden. Evtl. entsteht dadurch ein ziemlich unübersichtliches Archiv, was den Anforderungen an eine geordnete Dokumentation nicht mehr entspricht. Wenn dies nicht ausdrücklich als Mitwirkungsleistung (wirksam) vereinbart wäre, würde auf Dauer die Dokumentation auf diesem Wege mangelhaft.

465 Eine besondere Mitwirkungsleistung des Kunden ist das **Nachführen der Hardware**. Es kann durchaus sein, dass die neue Version solche Hardware-Anforderungen stellt, dass die bisherige Hardware-Umgebung dafür nicht mehr ausreicht. Dies betrifft sowohl Kapazität als auch Geschwindigkeit, evtl. auch zusätzliche Einrichtungen, etwa ganz primitiv beim Übergang von bestimmten Einspiel-Medien auf die nächste Generation. Hier kollidiert möglicherweise die Ausführung zur Mitwirkungspflicht mit den Einsatzbedingungen. Im Softwareschein werden häufig die Einsatzbedingungen genauer festgehalten. Diese sind – wie bei Ankündigungen – auf die Einstiegs-Hardware bezogen, so dass dem Kunden die Vorstellung, er müsse später die Hardware wegen Erweiterung der Software erneuern, nicht klar gemacht wird. (früher hieß dies z. B. »ab 386 aufwärts« o. ä.).[415]

466 Anbieter-AGB sehen vor, dass alle in Zukunft erforderlichen Voraussetzungen Kunden-seitig bereit zu stellen und zu beschaffen sind. Dies ist wegen der Pauschalität, die das Verlangen unklar macht, problematisch. Jedenfalls droht ohne solche Vorkehrung bei der Notwendigkeit der Anpassung an gesetzliche Änderungen evtl. i. V. m. Datenbank/Datenbankversion Folgendes:

> »Im Rahmen eines Softwarepflegevertrages für eine Anwaltskanzlei ergibt sich bei Gesetzesänderungen, die sich in die bislang verwendete Datenbankversion nicht einfügen lassen, dennoch eine entsprechende Verpflichtung des Softwareherstellers zum Erwerb der Lizenz für die neue Datenbank, um eine Anpas-

---

412 OLG Hamm CR 1998, 202, LS 2; zur Erstinstallation s. unten Rdn. 646.
413 *Marly* S. 934., § 2 (1) a) im Muster des Pflegevertrages (Muster XI).
414 *Marly* S. 934 (Muster XI).
415 Extrem zum Umfang der »Basislösung« OLG Köln CR 2003, 246.

sung zu ermöglichen. Will er diesen mit dem Erwerb und der Neuprogrammierung verbundenen Kostenaufwand vermeiden, bleibt ihm nur die Möglichkeit der Kündigung des Vertrages.«[416]

Die Frage ist, ob diese weitgehende Forderung etwa auch daraus ableiten ließe, dass der Lieferant die Kompatibilität, v. a. die Aufwärtskompatibilität mit zukünftigen Versionen »versprochen« hat, andererseits das Installieren bzw. Übernehmen der Updates zu den Mitwirkungsleistungen des Kunden gehören sollte (gemäß AGB des Anbieters). Dann würde es bei der vorzitierten Verantwortlichkeit des Anbieters hinsichtlich zusätzlicher Anforderungen verbleiben. 467

Das übliche Korrektiv wäre, dass der Kunde, wenn er diese Mitwirkung nicht erbringen will, den Pflegevertrag seinerseits, ggf. außerordentlich, kündigt. Nur hilft ihm dies nichts im Hinblick auf die von ihm vorgestellte Investitionssicherheit. 468

Denkbar wäre, dass auf dem Umweg über Forderungen bei den Mitwirkungsleistungen die Software insofern einen Mangel aufweist bzw. Nichterfüllung vorliegt, insbesondere wenn wie oben angedeutet, die Grundlage dafür im Leistungsstand gelegt ist. Dann könnte der Kunde möglicherweise Schadenersatz im Hinblick auf den Pflegevertrag und dessen Nichterfüllung geltend machen. Im weitestgehenden Fall könnte er dann sogar die Rückabwicklung des Softwarevertrages verlangen. Eine solche Rückwirkung auf den Überlassungsvertrag kann sich insbesondere ergeben, wenn die Klammer mit dem Überlassungsvertrag bereits in den Pflege-AGB, vielleicht sogar in den Überlassungs-AGB angedeutet oder hergestellt ist. 469

Einen solchen Fall hatte das LG Bonn zu entscheiden. Allerdings ging es dort um zusätzliche Leistungen. Jedenfalls sah das Gericht den Kunden als berechtigt an, dies als Leistungsstörung im Rahmen des Softwarepflegevertrages anzusehen. Das Interessante dabei ist, dass das LG Bonn dies als dem allgemeinen Schuldrecht zuzuweisen angesehen hat, so dass erst nach Laufzeitende das Gewährleistungsrecht einschlägig ist. Hier besonders relevant ist: 470

»Die Rückabwicklung des Softwarepflegevertrages kann im Einzelfall auch den zugrunde liegenden Softwarevertrag erfassen.«[417]

Manche Anbieter machen auch die Mitteilung von Mängeln zur Pflicht bzw. Mitwirkungsleistung des Kunden, erst recht natürlich das Zurverfügungstellen der beanstandeten Software und ggf. auch die Untersuchungsmöglichkeit auf der Hardware des Kunden. Hierbei wäre auf Konsistenz der AGB insofern zu achten, als nicht die Vorort-Pflege als zusätzlich kostenpflichtig ausgewiesen werden darf. Dann ist nämlich das Untersuchen vor Ort möglicherweise im Interesse des Anbieters, der sich auf andere Weise nicht Klarheit über das Entstehen oder die Ursache des Mangels verschaffen kann. 471

2. Installation

Wie oben angedeutet, ist unter Umständen nicht klar, ob die Installation seitens des Auftragnehmers zu bewerkstelligen ist. Häufig löst sich insofern der Softwarepflegevertrag vom Überlassungsvertrag, wenn in diesem die Installation ausdrücklich geregelt war. Implizit wird die Installationspflicht als Mitwirkungsleistung des Kunden voraussetzen, dass dem Kunden entsprechende Unterlagen, insbesondere die Installationsbeschreibung zur Verfügung gestellt und diese auch entsprechend aktuell ist. 472

Die Frage ist, ob eine Art Wechsel in der Installationspflicht vom Überlassungs- zum Pflegevertrag genügend transparent für den Kunden ist, so dass er weiß, dass er hier mit entsprechend qualifizierten Personal aufzuwarten hat (Mitwirkung): Während sich bei der Über- 473

---

416 OLG Köln CR 2003, 329.
417 LG Bonn CR 2004, 414, LS 2.

lassung die Installation häufig als sehr aufwendig herausstellt, dem Kunden dies deshalb nicht bewusst ist, weil der Auftragnehmer die Installation durchführte, soll sie nun plötzlich im Rahmen der Pflege seine Aufgabe sein. Hier wirken sich möglicherweise auch die Einweisungs-Defizite aus. Es wäre also die weitere Frage, ob nicht eine Installationspflicht des Kunden bei der Pflege die Einweisungspflicht noch verstärkt: Wenn der Auftragnehmer eine ihm obliegende Einweisungspflicht bei Erstinstallation versäumt hätte, könnte er sich nicht darauf berufen, dass die Mitarbeiter des Kunden unkundig sind.

474 Der Installationsaufwand kann zudem erheblich sein. Es geht nicht um die Vergütung für den Auftragnehmer, sondern um die Zeit, in der der Rechner, nicht zuletzt aus Sicherheitsgründen, überhaupt nicht zur Verfügung steht und die Anwendung stillsteht. Die Frage wäre also, was eine angemessene Frist für die Installation ist. Soweit ersichtlich gibt es hierzu keine Rechtsprechung.

3. Fehler-Meldungen

475 Manche Anbieter lassen in ihren AGB nicht klar erkennen, ob die Vergütungspflicht auch besteht, wenn keine Leistungen erforderlich sind. In gewissem Sinne wird zusätzlich auch das Problem auf den Kunden verlagert, nur aufgrund von Mängelrügen tätig zu werden, so dass die Notwendigkeit besteht, Mängel auch beim Pflegevertrag zu rügen.

476 Zunächst zur **Unabhängigkeit der Zahlungsverpflichtung** von evtl. Leistungen, wenn eine regelmäßige Zahlung einer pauschalen Servicegebühr vereinbart ist: Diese gilt die dauerhafte Bereithaltung von Personal und Material ab. Eine konkrete, bestimmte Leistung bzw. ein bestimmter Erfolg ist damit nicht geschuldet.

> »Zur Geltendmachung entgegenstehender Ansprüche bedarf es der Rüge konkreter Mängel nebst Fristsetzung und Ablehnungsandrohung hinsichtlich deren Behebung.«[418]

Viele Anbieter sehen ein besonderes Verfahren vor, mit dem die Fehler zu melden sind und wofür ein bestimmtes Formular zu verwenden ist.

477 Im Zusammenhang mit der »Gewährleistung« beim Beschaffungsvertrag wird man davon ausgehen können, dass die Verwendung eines Formulars zwar als Nebenpflicht vereinbart werden kann, aber die Nicht-Benutzung unschädlich ist, wenn der Anbieter auf andere Weise von dem Mangel Kenntnis erhält. Beim Pflegevertrag sieht die Sache etwas anders aus, weil zum Leistungsbild des Auftragnehmers gehören kann, hinsichtlich Mängelbeseitigung nur solche Anforderungen zu erfüllen, die auf dem geeigneten Formular mitgeteilt werden. Dies würde allerdings bedeuten, dass dieses Formular für den Kunden gut benutzbar ist und dessen Verwendung für ihn vorteilhaft erscheint.

478 Eine der wichtigsten Leistungen im Rahmen dieses Formulars ist es, die Fehler entsprechend aufnehmen zu können, sie zu identifizieren (und in ein Meldesystem zu registrieren) und schließlich ggf. einvernehmlich mit dem Kunden die Priorisierung vorzunehmen. Der Vorteil des Melde-Formulars wäre, dass diese Aspekte sämtlich wie in einer Checkliste angesprochen werden. Das würde bedeuten, dass der Kunde von sich aus eine Priorisierung vornimmt, was wiederum bestimmte Reaktionen beim Auftragnehmer auslösen wird. Ob diese Priorisierung richtig war, wird dann in einem gesondert festzulegenden Verfahren, ggf. nach Beseitigung, möglichst einvernehmlich festgestellt.

479 Besondere Bedeutung erhält das Fehlermelde-Formular bzw. -Verfahren im Zusammenhang mit SLA. Der Auftragnehmer wird sich im Hinblick auf die Folgen bei Nichteinhaltung bestimmter Zeiten bei Reaktion und Beseitigung nur dann einlassen und Vertragsstrafen akzeptieren, wenn der Beginn der Leistungspflichten genügend klar festgelegt ist.

---

418 LG Berlin CR 2001, 743 (BGB a. F.).

IV. Leistungsgegenstand im Verhältnis zum Mangelrecht

Häufig ist dieser Beginn der Eingang der Mängelmitteilung beim Auftragnehmer – evtl. noch projiziert auf die Bereitschaftszeiten – im Rahmen eines bestimmten, etwa E-Mail-gestützten Systems.

IV. Leistungsgegenstand im Verhältnis zum Mangelrecht

Auf die Querverbindung beim Mangelrecht zum Beschaffungsvertrag ist bereits hingewiesen worden. Das Problem der Transparenz der Vergütungspflichtigkeit für Mängel aus dem Beschaffungsvertrag ist weitgehend ungelöst. Hier geht es v. a. um die Mängel bzw. das Mangelrecht aus dem Pflegevertrag selbst.[419] 480

1. Fehler, Störungen

Viele AGB sehen eine Beseitigung nicht nur von Mängeln oder Fehlern, was früher zumindest gleichgesetzt werden konnte, sondern auch von **Störungen** vor. Störungen können aber auch mit Bedienungsfehlern, Fehlern der Hardware oder anderer Software zu tun haben. Insofern ist der Begriff der Störungen möglicherweise wesentlich weiter, stellt andererseits aber auch auf Wirkungen ab, die bei einem Mangel nicht unbedingt, jedenfalls nicht sofort, vorliegen müssen. Insofern macht es Sinn, in der Leistungsbeschreibung (weniger in den AGB, weil es sich dann um Ausschlüsse handeln würde) deutlich zu machen, was exakt der Gegenstand dessen ist, was unter »Fehler« und was unter »Störungen« behandelt wird. 481

Richtigerweise würde der Anbieter, um sein Risiko zu verringern, darauf verweisen, dass er Störungen nicht »beseitigt«, sondern Störungen nur bearbeitet und dies als Unterstützungsleistungen vorsieht, also in den Bereich der Hotline verweist. *Bartsch* schlägt vor, die »Störungshilfe« durch Hinweise zur Fehlerbeseitigung, Fehlervermeidung und Fehlerumgehung auszugestalten.[420] Wenn der Begriff der Störungen nicht anstelle von »Fehler« und »Mangel« genannt wird, sondern i. V. damit, etwa »Mängel und Störungen sind vom Auftragnehmer zu beseitigen«, kann eine Gleichsetzung nicht vorgenommen werden. Vielmehr würde dies bedeuten, dass der Auftragnehmer sich auch darauf einlassen muss, Meldungen nachzugehen, die nicht Mängel zum Gegenstand haben, also etwa auf Bedienungsfehler. 482

In diesem Zusammenhang gewinnt wieder die Dokumentation erhebliche Bedeutung. AGB, die gerade diesen Fall ausschließen wollen und Störungen **nicht** zum Gegenstand machen, allenfalls zum zusätzlich vergütungspflichtigen, müssten die Mängel der Dokumentation berücksichtigen. Wenn also eine Mitteilung darauf beruht, dass zwar die Software insoweit mangelfrei, die Dokumentation aber mangelhaft ist, müsste sich die Leistung des Auftragnehmers auch darauf beziehen, selbst wenn der »Störungen« ausgeschlossen hätte bzw. deren Bearbeitung zusätzlich vergütungspflichtig gemacht hätte. 483

2. Mängel aus dem Beschaffungsvertrag, aus der Pflegeleistung; Verhältnis zueinander

Wie angedeutet, kommt es häufig vor, dass neue Lieferungen der Software, also Updates oder Versionen, die Version, die bisher beim Kunden in Einsatz ist, insgesamt überschreiben. Es hat sich aber nicht die gesamte Software geändert. Das bedeutet, dass mit der Neu-Lieferung auch solche Teile der Software mitgeliefert werden, die schon bisher, evtl. schon 484

---

[419] Extrem etwa: »1. Leistungsstörungen im Softwarepflegevertrag unterfallen während seiner Laufzeit dem allgemeinen Schuldrecht. Erst nach Laufzeitende ist das Gewährleistungsrecht einschlägig. 2. Die Rückabwicklung des Softwarepflegevertrages kann im Einzelfall auch den zugrunde liegenden Softwarevertrag erfassen.« LG Bonn CR 2004, 414.
[420] *Bartsch*, Softwarepflegevertrag, H. III S. 569.

im Rahmen des Beschaffungsvertrages, mangelhaft waren. Soweit sich dies beim Auftraggeber noch nicht ausgewirkt hat, hat er die Mängel noch nicht feststellen bzw. rügen können. Dies kann sich allerdings, etwa i. V. m. gesteigertem Datenvolumen aktualisieren. Jedenfalls stellt sich dann die Frage, ob es sich um einen Mangel handelt, der vergütungsfrei und losgelöst vom Pflegevertrag im Rahmen der Mängelansprüche aus dem Beschaffungsvertrag zu beseitigen ist, oder ob schon die Bedingungen, insbesondere auch die Mitwirkungsleistungen aus dem Pflegevertrag, gelten. Letzterer Fall würde den Einsatz des Formulars und Pflege-Mitwirkungsleistungen erfordern, die weit über die Mitwirkung bei der normalen Mängelbeseitigung (ersterer Fall) hinausgehen.

485 Man wird wohl generell davon auszugehen haben, dass die Neulieferung von alten Mängeln unabhängig davon, ob sie bereits gemeldet waren oder nicht, auch die Pflegeleistung mangelhaft werden lassen. Das Ergebnis ist, dass eine Art Doppelverpflichtung des Auftragnehmers besteht, den Mangel zu beseitigen. Wenn die Verpflichtung aus dem zugrunde liegenden Beschaffungsvertrag noch nicht verjährt ist, hat die Mangelbeseitigung auch auf der Basis dieses Vertrages zu erfolgen und zugleich aus dem Pflegevertrag, dessen Leistung insofern mangelhaft wurde. Der Auftragnehmer wird sich dagegen nicht auf die Kenntnis des Auftraggebers berufen können. Dieser weiß oft nicht, in welchem Umfang ihm die Software modernisiert überlassen wird. Dies gilt erst recht, wenn er den Mangel bisher noch nicht entdeckt hat. Wenn nun der Kunde seinerseits die Vergütung mindert, weil die Leistung des Auftragnehmers nicht vertragsgemäß ist, kommt es zum Streit. Die Partner müssen das Verhältnis dieser verschiedenen Gewährleistungsbereiche und deren Ausübung klären.[421] Dazu tragen die AGB der Anbieter in vielen Fällen nichts bei, häufig auch nicht die Individualverträge. Bei AGB ist die Konsequenz, dass die Unklarheiten zulasten des Verwenders gehen, evtl. auch die Klauseln unwirksam sind, was meistens ein Problem des Auftragnehmers ist, da dieser die AGB zugleich mit ihrem Leistungsbild gestellt hatte. Bei Individualverträgen besteht dagegen die Möglichkeit, nach dem Parteiwillen zu forschen, ggf. auch eine Anpassung der Geschäftsgrundlage vorzunehmen.

486 Bei der Abschichtung der verschiedenen Problemlagen ergibt sich folgendes Bild:
- Eine Pflegeleistung ist auch dann mangelhaft, wenn der Mangel bereits der früher gelieferten Software anhaftete. Dass der einzelne Kunde den Mangel ggf. noch nicht gerügt hatte, spielt dabei keine Rolle.
- Hatte der Kunde den Mangel der bisherigen Version bereits gerügt, wird er berechtigt sein, die neue Version zurückzuweisen, wenn diese den Mangel immer noch bzw. wieder aufweist. Dies ist häufig ein Problem, wenn der Mangel früher nicht durch eine richtige Mangelbeseitigung behandelt worden war, sondern nur durch eine »Umgehung«.
- Der Software-Pflegevertrag hat sein eigenes Mangelregime. Die Mangelhaftigkeit der Updateleistungen wäre grundsätzlich, wenn man nur auf diese abstellt, unter kaufrechtlichen Aspekten zu würdigen. Die weit überwiegende Meinung scheint aber zu sein, nicht zwischen den einzelnen Leistungsbereichen hinsichtlich der vertragstypologischen Einordnung zu unterscheiden, sondern insgesamt den Pflegevertrag, wenn er die entsprechenden Momente aufweist (also insbesondere die Mangelbeseitigungspflicht) dem Werkvertragsrecht zu unterwerfen. Die Folge wäre, dass zunächst der Auftragnehmer vom Auftraggeber die Gelegenheit zur Nacherfüllung erhalten muss. Dies gilt unbeschadet evtl. Rechte des Kunden im Hinblick auf die Verfügbarkeit seiner Software und damit evtl. entstehenden **Betriebsstörungsschadens**.

487 Im Rahmen der Nacherfüllung (anders als beim Betriebsstörungsschaden) wird der Kunde, anders als bei Miete, nicht automatisch berechtigt sein, die Vergütung zu mindern. Andererseits zahlt er praktisch im Rahmen der Pauschale für die Beseitigung von Mängeln auch im

---

421 Zum Problem der Beweislast für Nicht-Beseitigung des Mangels nach Annahme der Nacherfüllung BGH NJW 2009, 1341.

IV. Leistungsgegenstand im Verhältnis zum Mangelrecht

Rahmen von Mängeln der Pflegeleistungen. Dies wird generell als typisch für den Pflegevertrag und dessen Leistungen hingenommen.

In vielen Pflegeverträgen sind zur Nachbesserung mehrere Fristen vorgesehen. Dies ist **488** AGB-rechtlich problematisch, weil nur eine Frist erforderlich ist. Schlägt die Nachbesserung fehl, stehen dem Kunden die Sekundärrechte aus dem Werkvertragsrecht zu. Dies gilt mit der Maßgabe, dass ein Rücktritt vom Pflegevertrag ausscheidet. Stattdessen kann dieser außerordentlich gekündigt werden (konkret hier vom Kunden) und in Kombination damit Schadensersatz geltend gemacht werden. Wenn Schadensersatzansprüche des Kunden bestehen, stellt sich weniger das Problem, ob auch der Beschaffungsvertrag rückabgewickelt werden kann oder von diesen Ansprüchen befallen wird. Der Kunde wird in die Schadensberechnung die Rest-Armortisation des Softwarebeschaffungsvertrages und die Umstellungskosten hineinrechnen können, v. a. die Kosten dafür, vorzeitig umzusteigen und dafür evtl. einen Mehraufwand abdecken zu müssen.

3. Zusatzleistungen, Aspekte des Releasefestigkeit, Releasefähigkeit und Kompatibilität

So, wie sich die mit speziellen AGB überlassene Software weiterentwickelt, erfolgt auch **489** eine Weiterentwicklung beim Anwender hinsichtlich weiterer Softwarepakete, die untereinander »kooperieren« und interoperieren sollten. In diesem Zusammenhang stellt sich v. a. das Problem der Kompatibilität bzw. der Aktualität im Hinblick auf das Betriebssystem, sofern es um Anwendungssoftware geht. Dies gilt aber auch im Hinblick auf Datenbanken und Kommunikationssoftware. Wenn die Software nicht aus einer Hand stammt, wird es Schwierigkeiten geben, die jeweiligen Entwicklungen zu synchronisieren, v. a. wenn der einzelne Anbieter Sonder-Bereiche abdeckt, die von der Branchensoftware nicht abgedeckt wird. Für den Kunden stellt sich das Problem, seine Investition insofern zu schützen, als diese Spezialsoftware mit der allgemein bei ihm eingesetzten Software, v. a. der Branchenanwendungssoftware und der Datenbanksoftware »aufwärts kompatibel« bleibt. Da der Spezialsoftwareanbieter häufig keinen Einfluss auf die Entwicklung der Branchenanwendungssoftware hat, erscheint eine Aussage im Hinblick auf Aufwärtskompatibilität bzw. Releasefestigkeit sehr riskant und äußerst problematisch.

Bei Individualvereinbarungen wird man, was das Nachführen von Anpassungen u. ä. betrifft, auf Folgendes abstellen können: **490**
- **Ablauffähigkeit**: Der Anbieter wird v. a. im Rahmen der Pflege die Ablauffähigkeit auf einer bestimmten Plattform (Betriebssystem) und die Interoperation mit einer bestimmten Software (v. a. Datenbank) als durch Aktualisierungsmaßnahmen realisierbar und durch die pauschale Vergütung abgegolten akzeptieren können und von sich aus anbieten.
- Die **Interoperation** mit der Branchenanwendersoftware wird entsprechend ausgestaltet werden können, allerdings hier mit der Maßgabe, dass dies immer nur auf der Basis der bestehenden Plattform bzw. deren Entwicklung gilt. Wenn die Branchenanwendersoftware die Plattform verlässt und nun auf ein neues Betriebssystem bzw. eine neue Umgebung portiert wird, gilt die Verpflichtung zur Aufrechterhaltung der Interoperabilität nicht mehr. Dann wäre das sog. end of life angesagt.[422] Für diesen Fall wird sich der Auftragnehmer des Pflegevertrages freistellen bzw. freizeichnen wollen. Er wird aber evtl. anbieten, die Portierung mit zu machen (was nicht mehr Gegenstand dieses Pflegevertrages wäre, sondern in jedem Fall zusätzlich vergütungspflichtig).
- Die **Anpassungen** bzw. Änderungen beim Kunden, insbesondere solche, die Änderungen am Code waren und sind, sind nicht Gegenstand des Pflegevertrages, sondern werden im Rahmen eines zusätzlichen Servicevertrages nachgeführt oder aber sie sind Gegen-

---

[422] Zum Problem der Kündigung s. Rdn. 442 ff.

V. Vertragstypologie und das Mängelrecht

491 Es war darauf hingewiesen worden, das typischerweise für den Softwarepflegevertrag pauschal Werkvertragsrecht angenommen wird.[423]

492 Um den Vertragstyp zu ermitteln, wäre grundsätzlich bei den Leistungsbereichen anzusetzen. Dabei könnten sich, ähnlich wie beim Systemvertrag, Ausprägungen ergeben, die jeweils für sich gesehen beurteilt werden können. So wären Mängelbeseitigung einerseits, Aktualisierung andererseits und die Hotline als drittes zu unterscheiden. Wie angedeutet aber,[424] haben viele Pflegeverträge die Leistungsbestimmungen nicht gesondert vorgenommen, sondern in die AGB eingebaut. Dabei werden auch Restriktionen oder Leistungs-Einschränkungen geregelt, manchmal im Wechselspiel mit Mitwirkungsleistungen des Kunden. Infolgedessen, wenn Leistungsbestimmungen und AGB nicht genügend klar trennbar sind, stellt sich bei der vertragstypologischen Einordnung folgendes Problem: Solche Klauseln, die als AGB später auf ihre Wirksamkeit hin zu untersuchen sind, dürfen bei der vertragstypologischen Einordnung nicht herangezogen werden (ansonsten würde es eine Art fehlerhaften Zirkelschluss ergeben).[425]

493 Aufgrund der immer noch bestehenden Unterschiede zwischen Kauf- und Werkvertragsrecht kann es durchaus Sinn machen, den Pflegevertrag u. a. deshalb einheitlich zu betrachten, weil dies dazu führt, dass die Kundenrechte ebenfalls einheitlich wahrzunehmen sind. Da die kaufrechtlichen Sekundäransprüche geringer ausfallen, wird eine werkvertragliche Einordnung auch dann zu bevorzugen sein, wenn es sich um AGB des Anbieters handelt. Wenn es sich allerdings um AGB des Kunden handelt, könnte die verwenderunfreundliche Auslegung ein anderes Ergebnis erfordern. Auf diese Aspekte ist die Rechtsprechung – soweit ersichtlich – allerdings nicht eingegangen.

494 Interessant werden die Unterschiede im Hinblick auf das sog. Wahlrecht. Beim Werkvertrag wird der Auftragnehmer insofern begünstigt, als er das Wahlrecht hat, **wie** er die Nacherfüllung ausüben will. Insofern passt auch die Substitution der Mangelbeseitigung durch die Neulieferung bzw. durch die Lieferung einer neuen Version, wie dies in vielen AGB vorgesehen ist, wenn auch nicht im Rahmen der Gewährleistung. Würde Kaufrecht angewendet, wäre eine Klausel, die auf das Mangelrecht des Pflegevertrages bezogen wäre, unwirksam. Die entscheidende Besonderheit des Pflegevertrages, das Dauerschuldverhältnis, wird davon nicht berührt. D. h. also, dass es zumindest diese Kombination gibt: Einordnung als Werkvertrag mit zugleich dem Charakteristikum eines Dauerschuldverhältnisses.

495 Dies betrifft v. a. die Kündigung. Es hat sich wohl »eingebürgert«, dass der Auftraggeber im Fall der Ausübung seiner Mängelrechte nicht zurücktreten kann, sondern den Pflegevertrag fristlos zu kündigen hat, wenn er die entsprechende Wirkung erzielen will. Der Zeitpunkt, zu dem die Kündigung greift, ist dadurch natürlich ein anderer, was im Hinblick auf die zwischenzeitlich erfolgten Pflegeleistungen sachgerecht erscheint. Allerdings hat z. B. das LG Bonn statt der außerordentlichen Kündigung damals § 326 BGB a. F. als den richtigen Weg akzeptiert. Der Pflegevertrag war im Juni 2001 geschlossen worden und im Juli 2001

---
[423] S. v. a. *Bartsch* NJW 2002, 1526 zur Relevanz der vertragstypologischen Einordnung nach neuem Recht.
[424] S. oben Rdn. 451 ff.
[425] S. v. a. BGH CR 1997, 470 (zu BVB-Überlassung).

war die Wandlung des Endbenutzerlizenzvertrages erklärt und gleichzeitig der Softwareservicevertrag gekündigt worden. Im Hilfsantrag war offensichtlich auch der Rücktritt ausgesprochen worden. Insofern hatte die dortige Beklagte Erfolg.[426]

496 Dies darf aber als Ausnahme bewertet werden, so dass grundsätzlich die Kündigung, v. a. die außerordentliche Kündigung als Mittel der Wahl bei Leistungsstörungen in Kombination mit Schadensersatz anzusehen ist. Manche Anbieter bleiben dabei, dass sie, was nach altem BGB durchaus Sinn machte, den Dienstvertrag als das Mittel ansehen, um das »Gewährleistungsrecht«, v. a. das des Werkvertrags, zu vermeiden.

497 Aufgrund der Schuldrechtsmodernisierung tun sich aber Anbieter keinen Gefallen, die Behandlung von Mängeln, nicht deren Beseitigung und nur Lieferung bereits freigegebener Software, nicht die Aktualisierung aufgrund entsprechender Änderung als Pflicht zu übernehmen. Allenfalls zu dem Update-Leistungsteil kommt Mängelrecht (des Kaufs) in Betracht. Ansonsten kommt unmittelbar das allgemeine Leistungsstörungsrecht zum Tragen. Beim Werkvertrag werden auch etwaige Ansprüche des Kunden durch den Nacherfüllungsanspruch »gepuffert«, wobei das Wahlrecht noch dazu beim Unternehmer liegt. Beim Kauf ist dies entsprechend ausgeprägt, liegt jedoch das Wahlrecht beim Kunden. Setzt der Kunde bei mangelhafter Dienstleistung eine einfache Frist, stehen ihm anschließend, ohne dass er den Pflegevertrag beendet, die allgemeinen Rechte aus dem Leistungsstörungsrecht zu.

VI. Spezialvereinbarungen

498 Je nach Ausprägung des Pflegevertrages werden in Spezialvereinbarungen bzw. in Anhängen zwischen den Parteien individuell oder als Option bei Steigerungen der Leistungspflicht (»Bronze«, »Silber«, »Gold«) folgende Leistungen zusätzlich angeboten (und sind dann entsprechend zu vergüten):

1. Reaktionszeit

499 Grundsätzlich ist die Vereinbarung einer Reaktionszeit für den Kunden keine Hilfe, weil dadurch das eigentliche Problem nicht beseitigt ist. Jedoch weiß der Kunde aufgrund der Reaktion immerhin, ob es sich auch aus Sicht des Anbieters um einen Mangel handelt, wie dieser damit zu verfahren gedenkt und wann mit Abhilfe zu rechnen ist. Für die Entscheidung des Kunden, auf eine alte Version zurück zu setzen, sich zu behelfen oder zu warten, kann eine solche Reaktion von erheblicher Bedeutung sein. Kurze Reaktionszeiten können für die Frage der Schadensminderung aufseiten des Kunden demnach eine erhebliche Funktion haben.

2. Beseitigungszeiten

500 Der wesentliche Aspekt ist eine für den Kunden in Abhängigkeit von der Schwere der Auswirkung des Mangels gestaffelte, adäquate Beseitigungszeit. Im Fehlermeldeformular,[427] sind entsprechende Kategorisierungen vorgesehen. Auch dies dient zwischen den Parteien dazu, sich über die Priorität bei der Beseitigung oder Ansprüche aus Strafen bei nicht rechtzeitiger Beseitigung zu einigen.

501 Die Pflicht zur Beseitigung innerhalb einer bestimmten Frist resultiert unstreitig aus Werkvertrag. Die Sanktionierung mittels Vertragsstrafe, also im Rahmen des SLA, kann die Geltendmachung von Schadensersatzansprüche seitens des Kunden wesentlich vereinfachen. Dennoch wäre zu empfehlen, dass genau klargestellt wird, wie sich die Regelungen des

---

426 LG Bonn CR 2004, 414; s. a. oben Rdn. 480.
427 S. oben Rdn. 477 f.

SLA zum allgemeinen Gewährleistungsanspruch des Kunden verhalten: Bei auf das Jahr bezogenen Regelungen des SLA und dessen Sanktionen kann dies im Hinblick auf die Frage der Zumutbarkeit des Festhaltens am Vertrag von Bedeutung sein. Solange die Kontingente aus dem SLA nicht ausgeschöpft sind, wäre eine fristlose Kündigung oder gar ein Rücktritt ausgeschlossen. Wenn die SLA-Sanktionen erst nach Ablauf des Jahres festgestellt werden können, weil etwa auf durchschnittliche Werte abgestellt wird, erscheint dies unter praktischen Gesichtspunkten sehr problematisch.[428]

3. Pufferzeiten

502 Je drastischer die Sanktionen bei Nichteinhaltung bestimmter Leistungs-Zusagen sein sollen, umso eher wird es sich anbieten, zur Abfederung von Härten »Pufferzeiten« einzubauen. Insofern ergäbe sich dann eine Abstufung wie folgt:
- Relativ kurze Reaktionszeit
- Beseitigungszeit in Abhängigkeit von der Schwere der Auswirkungen
- Pufferzeit, so dass eine leichte Überschreitung der Beseitigungszeit noch als vertragsgemäß gilt und dann
- nach Ablauf der Pufferzeit die volle Sanktion, also v. a. in Abhängigkeit von der Zeit eine gestaffelte Vertragsstrafe/Schadensersatz.

503 Mit eine solchen Pufferzeit wird abgefedert, wenn – bei Abstellen auf angefangene Stunden – schon bei einer Überschreitung von wenigen Minuten die Vertragsstrafe (anteilig) fällig würde, was unangemessen erschiene.

504 Ein Korrektiv dazu könnte sein, die Minderung von den Vertragsstrafen abzukoppeln und, bevor die Vertragsstrafe anfällt, evtl. schon während der Pufferzeit die Minderung greifen zu lassen (anders als oben vorgesehen, wäre die Pufferzeit dann nicht mehr vertragsgemäß). Dies wäre ein echtes Korrektiv insofern, als der Auftraggeber zumindest für solche Zeiten, in denen der Auftragnehmer seine Pflicht nicht erfüllt, keine Vergütung zu zahlen hat. Eine Faustformel müsste die Überschreitung der Beseitigungszeit mit einem Grad der Beeinträchtigung koppeln und klarstellen, dass diese Minderungszeit unabhängig davon geltend gemacht wird, ob anschließend zusätzlich die Vertragsstrafe oder der pauschale Schadensersatz anfällt.

VII. Typische AGB und ihre Wirksamkeit

505 Bei dem Muster von *Heymann/Lensdorff*[429] wird in § 2 allgemein der Vertragsgegenstand geregelt, ohne die Pflegeleistungen im Einzelnen zu beschreiben.

§ 3 behandelt dann die »Mängelbeseitigung«, § 4 die Anpassung an geänderte Normen, § 5 Beratungsleistungen, § 6 Lieferung neuer Programmteile und § 7 sonstige Leistungen. Im folgenden werden auszugsweise zu den jeweiligen Paragrafen die Beispiele hierfür aufgeführt: Die konkreten Vorschläge enthalten zum Teil im Rahmen dieser Paragrafen, die eigentlich die Leistungsbeschreibung enthalten, zugleich auch Mitwirkungspflichten des Kunden. Insoweit wird auf oben verwiesen.[430] Dies gilt v. a. für § 3 Mangelbeseitigung, wo es heißt:

> »Voraussetzung für die Leistungsverpflichtung des Auftragnehmers nach diesem § 3 ist, dass der Auftraggeber das zu pflegende Programm a) an dem in dem Pflegeschein spezifizierten Ort sowie b) zu der in dem Pflegeschein spezifizierten Soft- und Hardwareumgebung betreibt.«

---

428 Zur Gestaltung von SLA mit Durchschnittswerten s. v. a. *Bräutigam* CR 2004, 248, allerdings bezogen auf Outsourcing. S. a. Kap. 7.
429 S. zu einem Muster etwa in *Redeker/Heymann/Lensdorff*, Hdb IT-Verträge, Kap. 1.12.
430 S. Rdn. 451 ff.

Zur Leistung:

> »Der Auftragnehmer beseitigt innerhalb angemessener Frist ihm gemeldete Mängel des Programms und der Programmdokumentation.« (§ 3 Abs. 2 in Kap. 1.12)

Das Beispiel *Heymann/Lensdorff* nennt dann mehrere Alternativen, die u. a. auch die Priorisierung und die sich daraus ergebenden Konsequenzen abhandeln. Die Alternative 2 lautet etwa: **506**

> »Auftretende Mängel werden von den Parteien einvernehmlich als betriebsverhindernde, betriebsbehindernde oder sonstige Mängel eingeordnet. Erzielen die Parteien kein Einvernehmen, entscheidet der Auftragnehmer/Auftraggeber über die Einordnung unter angemessener Berücksichtigung der Interessen des Auftraggebers/Auftragnehmers.«

> »Je nach Einordnung eines Mangels geltend folgende Reaktions- und Wiederherstellungszeiten: …«

Es werden dann auch noch durch Umschreibungen gewisse Restriktionen dahin gehend eingebaut, was als Mangel zu verstehen ist. So heißt es in Abs. 3: **507**

> »Mängel des Programms und der Dokumentation:
>
> a) Ein Mangel des Programms liegt vor, wenn (a) das Programm bei vertragsgemäßem Einsatz die in der Produkt-/Leistungsbeschreibung des Programms festgelegten Funktionalitäten nicht erbringt …«

Die Formulierung, die hier gewählt wird und die sich so fortsetzt, entspricht im Grunde genommen der Mängeldefinition. Ob dies allerdings dem Mängelrecht des Pflegevertrags gerecht wird, ist zweifelhaft, wenn sich die zu behebenden Einschränkungen zu der Verwendbarkeit eher auf den Beschaffungsvertrag beziehen.

Bei § 4, Anpassung an geänderte Normen, wird auf solche abgestellt, die für die Software und den Betriebsablauf des Auftragnehmers, richtig wohl des Auftraggebers, von Bedeutung sind. Üblich ist allerdings die Formulierung, die als Alternative vorgeschlagen wird: **508**

> »Der Auftragnehmer wird das Programm an sich ändernde gesetzliche Regelungen (im Rahmen seiner betrieblichen und wirtschaftlichen Möglichkeiten) innerhalb einer angemessenen Frist anpassen, die z. B. nicht besteht, wenn der Aufwand für den Auftragnehmer unzumutbar ist. Dann soll eine zusätzliche Vergütung erfolgen.«

§ 5 regelt die Beratungsleistungen. Im konkreten Beispielsfall von *Heymann/Lensdorff* werden dabei auch im Rahmen von Alternativen Regelungen vorgeschlagen, die Fehlfunktionen bzw. die Fehlerbehandlung betreffen. Im Rahmen der oben angedeuteten strikten Trennung zwischen den Leistungsbereichen erscheint dies allerdings eher problematisch. **509**

Die Lieferung neuer Programmteile (§ 6) verdeutlicht, dass unter Programmteilen hier verstanden werden: Updates/Upgrades/neue Versionen/Releases. Das bedeutet, dass es tatsächlich so sein kann, dass die Software zwar als Gegenstand der Pflegeleistungen als Softwareteil bezeichnet wird, aber dennoch eine Vollversion sein könnte. **510**

Zu den sonstigen Leistungen (§ 7) zählt das Beispiel u. a.: **511**
- Leistungen des Auftragnehmers vor Ort beim Auftraggeber
- Leistungen, die er auf Anforderung des Auftraggebers außerhalb der normalen Bürostunden (Betriebsbereitschaftszeiten) des Auftragnehmers vorgenommen werden.[431]
- Leistungen an dem Programm, die durch unsachgemäße Behandlung und/oder Obliegenheitsverletzungen des Auftraggebers, beispielsweise Nichtbeachtung von Gebrauchsanweisungen, erforderlich werden.
- …
- Leistungen an dem Programm, die im Zusammenhang mit der Installation eines auf den Auftraggeber überlassenen Updates/Upgrades/Version/Release notwendig sind, Einweisung und Schulung bezüglich dieser Programmstände.

---

431 Nicht im Muster erwähnt, s. oben zu SLA Rdn. 271.

- Anpassung des Programms an geänderte und/oder neue Anlagen, Geräte oder Betriebssysteme des Auftraggebers.

512 Sehr kurz sind oft die **Kündigungsfristen** gehalten, etwa 6 Wochen zum Quartalsende, evtl. zum Jahresende. Grundsätzlich ist das nicht zu beanstanden.[432] Unklar ist oft, ob das Kalenderjahr oder das Vertragsjahr, evtl. mit einem Rumpfmonat oder -quartal gelten soll. Wohl auch im Hinblick auf die kurzen Fristen und die Problematik vorzeitiger Kündigung (s. I.3) geben manche Hersteller »**End-of-life**«-Schreiben heraus bzw. kündigen allen Kunden an, dass die Leistungen zum ... eingestellt würden. Ob dies den Anforderungen an die Kündigung im Vertrag entspricht, darf bezweifelt werden.[433] Evtl. bleibt dem Anbieter keine andere Wahl, als zu kündigen, wenn er vorgesehene Leistungen, etwa Gesetzesänderungen nachzuvollziehen, nicht schafft.[434]

VIII. Datenschutz, Auftragsdatenverarbeitung

513 § 11 BDSG gilt entsprechend, wenn die Prüfung oder Wartung automatisierter Verfahren oder von Datenverarbeitungsanlagen durch andere Stellen im Auftrag vorgenommen wird und dabei Zugriff auf personenbezogene Daten nicht ausgeschlossen werden kann (Abs. 5). Für Pflege ist die Forderung des Auftragnehmers allein schon, seine Leistungen Remote erbringen zu können, Gegenstand von Mitwirkungsleistungen. Häufig wird dies auch als eigener Leistungsbereich, wenn er auch Hilfsfunktion hat, ausgewiesen. Wenn § 11 BDSG nicht greifen bzw. erfüllt werden soll, muss zwischen den Parteien sichergestellt sein, dass kein Zugriff auf personenbezogene Daten erfolgen kann. Dies muss ausgeschlossen sein. Dies geschieht dann dadurch, dass vor etwaigen Remote-Services die personenbezogenen Daten bzw. die entsprechende Datenbank völlig dem Zugriff des Serviceleistenden entzogen wird. In der Praxis dürfte dies kaum möglich sein.

514 Deshalb wird sich bei Softwarepflegeverträgen nahezu zwingend der Abschluss eines Vertrages gemäß § 11 BDSG empfehlen, mit hoher Wahrscheinlichkeit auch bei Wartung von Hardware, insbesondere, wenn im Rahmen von Mängelsuchen und Reorganisationen ebenfalls der Kontakt mit personenbezogenen Daten möglich ist. Es genügt die Gefahr. Konkreter Umgang mit personenbezogenen Daten ist nicht erforderlich.[435]

515 Praktisch bedeutet dies, dass die Parteien im Rahmen des Pflegevertrages die zehn Punkte des § 11 BDSG erfüllen und entsprechende Regelungen treffen oder aber eine zusätzliche Vereinbarung abschließen, auf die im Rahmen der Pflege verwiesen wird. Letzteres kann sich v. a. dann empfehlen, wenn zwischen den gleichen Parteien weitere Verträge mit Datenschutz-Belangen vereinbart wurden, also etwa ein Hardware-Wartungsvertrag, ein Software-Pflegevertrag (oder evtl. sogar mehrere) und etwa ein Servicevertrag oder auch ein vorgängiger Projekt- oder Anpassungsvertrag. Die zehn Punkte sind in § 11 BDSG aufgelistet. Hinsichtlich der Einzelheiten wird auf Kap. 7 Rdn. 183 und Kap. 20 Rdn. 84–94 verwiesen. Angemerkt sei noch, dass eine der wichtigen Regelungen unter diesen zehn Punkten etwa ist, dass die etwaige Berechtigung zur Begründung von Unterauftragsverhältnissen gerade im Bereich von Wartung und Pflege eine Rolle spielen kann. Aber noch wesentlich wichtiger ist, dass zu dem Vertrag eine klare Leistungsbeschreibung gehört, was im Rahmen des Vertrages und dessen Zweckbestimmung vom Auftragnehmer auszuführen und insbesondere auch, welche nach § 9 BDSG zu treffenden technischen und organisatorischen Maßnahmen vorgesehen sind.

---

432 S. aber I.3 zur evtl. Pflicht für längere Dauer.
433 S. aber OLG Koblenz CR 2005, 482, Auslegung nach § 133 BGB. Zur Wirkung von »End-of-Life«-Schreiben s. a. *Welker/Schmidt* CR 2002, 873.
434 S. OLG Köln CR 2003, 329.
435 S. z. B. Taeger/Gabel/*Gabel* § 11 BDSG Rn. 65 ff., 67.

F. Software-Anpassung

I. Vertragstyp

In Abschnitt A.IV. (Rdn. 48 ff.) war schon das Problem angesprochen worden, wie § 651 BGB bei Softwareerstellung und -anpassung berücksichtigt werden könnte bzw. wie die herrschende Meinung dazu steht. Im Folgenden soll praxisnah der Software-Anpassungs-Vertrag näher beleuchtet werden. Dabei wird davon ausgegangen, dass mit der überwiegenden Meinung § 651 BGB nicht Anwendung findet,[436] jedenfalls solange es um die reinen Anpassungsleistungen geht, also der Vertrag zur Beschaffung der Standardsoftware, die angepasst werden soll, eine untergeordnete oder gesonderte Rolle spielt. **516**

Dennoch wäre anzumerken, dass im Hinblick auf evtl. weitere Entwicklungen in der Rechtsprechung auch hier eine Neutralisierung zu empfehlen ist. Allerdings ist die Einordnung als Werkvertrag traditionell üblich, woran sich wohl nichts ändern wird.[437] **517**

Typischerweise handelt es sich bei vielen Anpassungsprojekten um eine Ausprägung als »Zuruf-Projekt«. Das bedeutet, dass nicht nur kein Pflichtenheft vorlag oder erstellt werden sollte, sondern die Projektleitung und -verantwortung beim Auftraggeber verbleibt. Dieser gibt nicht nur die fachlichen Weisungen, sondern letztlich auch die organisatorischen. Die Folge wäre, dass hier ein Dienstvertrag vorliegt, da die Erfolgsverantwortung nicht auf den Auftragnehmer übergehen konnte.[438] **518**

Die Rechtsprechung hat nur in wenigen Ausnahmen eine solche Einordnung vorgenommen. So hat etwa das OLG München zur Frage Programmentwicklung, Dienst- oder Werkvertrag 1994 Stellung genommen: »Ein Vertrag über Programmierleistungen nach Stunden, den die Parteien als Aufwandsprojekt eingestuft haben, ist auch dann ein Dienstvertrag, wenn beide Teile wissen, dass das Projekt zu einem bestimmten Programmergebnis führen soll«.[439] **519**

Gerade bei Anpassungsprojekten versuchen viele Anwender, den Aufwand für die Erstellung eines »Pflichtenhefts« zu umgehen und setzen an dessen Stelle Institutionen wie etwa Lenkungsausschuss, Teilprojektleiter u. ä. Bei der Vertragsgestaltung wird der Auftragnehmer diese Weichenstellung verdeutlichen können und den Auftraggeber vielleicht sogar im Angebot vor die Wahl stellen, nämlich **520**
- ob er lieber das Projekt selbst steuert, sich damit das Pflichtenheft spart und trotzdem eine individuelle Lösung (und nicht nur mittleren Ausführungsstandard) erhält oder
- ob er eine ganz spezielle Lösung mit Erfolgsrisiko haben will, dann aber in die Arbeiten zur Erstellung des Pflichtenhefts investieren muss.[440]

II. Verhältnis zum Beschaffungsvertrag

Anders als beim Verhältnis Hardwarebeschaffung und Wartung bzw. Standardsoftwarebeschaffung und Pflege schließt sich der Anpassungsvertrag nicht einfach als eine Art neue Vertragsausprägung nach Ablieferung/Installation an. Vielmehr entsteht in der Regel erst durch die Anpassung der Software eine für den Kunden brauchbare Ausgestaltung, so dass der Kunde vor Anpassung mit der beschafften Software in vielen Fällen nichts anfangen kann. **521**

---

436 Somit auch konform mit BGH K&R 2010, 407; dazu s. oben Rdn. 78.
437 BGH K&R 2010, 407. S. a. OLG Köln CR 2006, 440 m. w. N.
438 A. M. OLG Karlsruhe CR 2003, 95.
439 LG München I CR 1995, 33, LS 1.
440 Zur Abgrenzung Dienst-/Werkvertrag beim Projektsteuerungsvertrag selbst s. BGH NJW 1999, 3118.

522 Dessen ungeachtet machen viele Anbieter, wie erwähnt, nicht nur die Bezahlung der Standardsoftware spätestens mit Ablieferung zur Pflicht, sondern verlangen auch, dass die Software ab dann dem Pflegevertrag unterliegt. Bei Systemverträgen würde die Hardware bereits geliefert sein und evtl. der Wartung unterliegen, so dass während des Anpassungsprojekts auch die laufenden Kosten von Wartung und Pflege (zumindest teilweise) anfallen. Die Klammer zwischen dem Beschaffungsvertrag und dem Anpassungsvertrag ist also noch stärker als zwischen dem Beschaffungs- und dem Pflegevertrag.

523 In der Regel erfasst das Scheitern der Anpassung in der Folge auch den Beschaffungsvertrag. Unklar erscheint, wie mit den Wartungs-/Pflegevergütungen umzugehen ist. Wenn ein Schadenersatzanspruch des Kunden besteht, wird er diese Aufwendungen unschwer in den Schadenersatz einbeziehen können. Wenn man der oben vertretenen Auffassung folgt, dass die Pflege- und Wartungsverträge eigentlich nicht dem Rücktritt unterliegen können, sondern insoweit den Gesetzmäßigkeiten eines Dauerschuldverhältnisses folgen, würde allerdings dann, wenn kein Schadensersatzanspruch besteht, allenfalls ein wichtiger Grund oder Wegfall der Geschäftsgrundlage vorliegen. Dann besteht das Problem, was für bisher gezahlte Vergütungen gilt.

524 Wird die Software von dritter Seite beschafft, erschwert sich die Rückabwicklung des Beschaffungsvertrages naturgemäß. Dann sind die Voraussetzungen zu erfüllen, die im Zusammenhang mit der Einheit des Vertragsgegenstandes angesprochen sind. Etwa kann es darauf ankommen, ob für beide Vertragspartner klar war, dass dieser Beschaffungsvertrag mit dem Anpassungsvertrag »steht oder fällt«.[441]

III. Typische Leistungsmerkmale, Leistungsbeschreibungen, Vertragstyp

525 Im Zuge der Vermeidung der Pflichtenhefterstellung konzentrieren sich viele Anwender darauf, einige typische Leistungsmerkmale, auf die sie besonderen Wert legen, herauszustellen und im Übrigen auf eine detaillierte Leistungsbeschreibung i. S. einer fachlichen Feinspezifikation, zumindest eines Delta-Pflichtenheftes, zu verzichten. Im Rahmen der vom Anbieter für sich in Anspruch genommenen Branchenerfahrung/-kenntnis soll sogar ein erheblicher Teil der Leistungen dem Kriterium von best practice entsprechen, d. h., dass hier die gewonnenen Erfahrung des Auftragnehmers einzubringen sind, ohne dass diese vorher genau spezifiziert wurden. Implizit wird damit auch gesagt, dass sich der Auftraggeber dem anpassen wird. Diese Regelung der Pflichten des Auftragnehmers fehlt allerdings häufig.[442]

526 Zwangsläufig führt diese Vorgehensweise dazu, dass die Leistungskriterien bzw. Anforderungen seitens des Kunden relativ allgemein beschrieben werden. Im Laufe des Projekts stellt sich dann folgendes Problem: Handelt es sich bei der Forderung des Kunden im Rahmen des weiteren Fortschreitens des Projekts um einen Änderungswunsch oder (nur) um eine Konkretisierung der schon vorher bestehenden Forderung? Lässt sich die Rechtsprechung des BGH zum mittleren Ausführungsstandard auch auf die allgemeinen Spezifikationen seitens des Kunden übertragen? In diesen Fällen hätte der Kunde nicht mehr die Möglichkeit, eine Konkretisierung zu fordern, die evtl. aufwendiger als der mittlere Ausführungsstandard wäre.

527 Für diese Auffassung spricht, das Erst-Recht-Argument: Wenn schon bei völligem Fehlen von Anforderungen nur ein mittlerer Ausführungsstandard geschuldet ist, dann muss dies erst recht gelten, wenn Maßgaben aufgestellt werden, diese aber noch sehr allgemein sind. Diese werden dann im Rahmen der Projektarbeiten vom Auftragnehmer ausgeführt, ohne dass der Kunde noch spezifische Anforderungen stellen kann. Dies gilt naturgemäß erst

---
441 S. a. Rdn. 186 ff.
442 S a. sogleich Rdn. 532 ff.

recht für zusätzliche Forderungen, die von den bisherigen Anforderungen noch gar nicht erfasst sind.

Dagegen sprechen folgende Entscheidungen: Der Auftragnehmer hätte nach Ansicht des OLG Köln im Rahmen eines Vertrages für die Herstellung einer Individual-Software bei der Erstellung des Pflichtenhefts mitzuwirken. **528**

> »Der Anbieter muss z. B. von sich aus die innerbetrieblichen Bedürfnisse ermitteln, darauf drängen, dass der Anwender sie in ein Pflichtenheft niederlegt, für ihn erkennbare Unklarheiten und Bedürfnisse aufklären, bei der Formulierung der Aufgabenstellung mitwirken und einen Organisationsvorschlag zur Problemlösung unterbreiten.«[443]

Indem der Anbieter bei einem Anpassungsprojekt »seine« Standardsoftware in sein Angebot bzw. in den Vertrag einbezieht, erklärt er zugleich, dass die Standardsoftware an die Belange des Kunden anpassbar ist und dass sie sich auch für die Belange des Kunden eignet. Daraus kann man schließen, dass der Auftragnehmer in der Pflicht ist, entsprechende Erkundigungen eingeholt zu haben, ohne die er solche Angaben nicht oder nur »ins Blaue« machen könnte. **529**

Indirekt ergibt sich dies auch aus einer weiteren Entscheidung des OLG Köln, die bereits mehrfach zitiert wurde. Danach kann sich aus den Angeboten des Auftragnehmers ergeben, dass die im Angebot aufgeführte Soft- und Hardware »die gesamte für den Betrieb des Bestellers erforderliche Anwendersoftware enthalte«. Dann schuldet der Auftragnehmer aufgrund der Unterzeichnung der Produktscheine, die dieses Versprechen enthalten, »eine Gesamtlösung und kann sich nicht darauf berufen, der Besteller habe zunächst als Basislösung lediglich die in den einzelnen Produktscheinen aufgeführte Hard- und Software bestellt und für etwaige Ergänzungen hätte dieser zusätzliche Sondersoftware erwerben müssen«.[444] **530**

Die Folgerung aus solchen Aussagen ist für das Leistungsversprechen gerade bei werkvertraglicher Einordnung der Kombination von Standardsoftware plus Anpassung ohne explizite Ausformulierung einer Feinspezifikation sehr negativ für den Auftragnehmer: er verspricht, dass eine kundenindividuelle Lösung derart entsteht, indem der Kunde immer berechtigt ist, seine Anforderungen zu stellen, und zwar nicht nur die Konkretisierung von allgemeinen Kriterien, sondern auch und sogar neue und spezielle Anforderungen.[445] Die vorvertraglich geäußerten Anforderungen werden im Rahmen der Erstellung des Pflichtenhefts vom Auftraggeber noch geändert oder erheblich erweitert. Dies ist ein erhebliches Risiko für den Auftragnehmer.[446] **531**

IV. Mitwirkung des Kunden

Da bei den Projekten zur Anpassung häufig, wie ausgeführt, kein detailliertes Pflichtenheft (fachliche Feinspezifikation) erstellt wird, nicht einmal nach Vertragsschluss, ist zwangsläufig der Soll-Zustand der Software zu wenig beschrieben, um das Ergebnis der Mitwirkungsleistungen des Kunden genau zu beschreiben. Dies führt in der Praxis dazu, dass bei vielen Projekten die Kunden ihre Mitwirkung nicht bzw. nicht in geeigneter Weise erbringen, da für sie der Umfang der Mitwirkungsleistungen nicht erkennbar war, zum Teil auch wenig sinnvoll erscheint. Für die Softwareerstellung wird insofern der Aktivitäten- und Fristenplan als Pendant zum Pflichtenheft auch im Hinblick auf die Mitwirkungsleistungen des Kunden empfohlen (Rdn. 598 ff.). **532**

---

443 OLG Köln CR 1998, 459, S. 2 des LS.
444 OLG Köln CR 2003, 246, LS.
445 In diese Richtung OLG Köln CR 1994, 229, s. a. Rdn. 624.
446 OLG Köln CR 1994, 229.

533 Ganz generell wird der Kunde seine Mitwirkung, wenn Werkvertragsrecht anzuwenden ist, nicht abstreiten bzw. verweigern können (§§ 642, 643 BGB). Jedoch ist der genaue Gehalt dieser Mitwirkungsleistungen unklar. Diese Unklarheit besteht umso mehr, je allgemeiner das Leistungsergebnis der Anpassung beschrieben ist. Insofern ist die gefährlichste Aussage, dass die Software »an die Belange des Kunden« angepasst wird. Da es »die Belange« des Kunden nicht gibt, es sei denn, sie würden objektiv aufgeschrieben und Vertragsbestandteil, begegnet der Auftragnehmer in der Praxis einerseits den Wunschvorstellungen der Geschäftsführung, mit der der Vertrag geschlossen ist und andererseits den Anforderungen der Mitarbeiter, die es beim Alten lassen wollen. Einige Entscheidungen spiegeln dieses Dilemma wider.[447]

534 Zu den weiteren Mitwirkungsleistungen des Kunden können bei Anpassungsprojekten gehören:[448]
- Bereitstellung eines Systems, auf dem die Anpassung beim Kunden betrieben und parallel gefahren werden kann, so dass auch Vergleiche mit der bisherigen Anwendung leichter möglich sind,
- rechtzeitig Zurverfügungstellung der beim Kunden in Einsatz befindlichen Daten und Datenstrukturen,
- Bereitstellung von Testausgaben bzw. typischen Geschäftsvorfällen,
- Mitwirkung bei den Tests bzw. Durchführung dieser Aufgaben mit Vergleich mit dem bisherigen System.

V. Änderungswünsche

535 Hinsichtlich der Änderungswünsche beim Anpassungsprojekt gibt es auf den ersten Blick keine Besonderheiten. Tatsächlich aber gibt es zwei ganz wesentliche Problembereiche, die in der Praxis dann zusammenwirken. Einerseits gibt es, wie erwähnt, häufig keine genügend detaillierte Feinspezifikation. Ohne eine solche lässt sich nicht nur später eine Abnahme schwer oder gar nicht bewältigen, weil es an einer Referenz, gegen die geprüft werden kann, fehlt. Ohne eine solche Referenz kann auch nicht festgestellt werden, jedenfalls nicht vereinfacht, was als Änderung vom Kunden eingebracht wird.[449]

536 Das bedeutet in der Praxis, dass häufig eine Art Gemengelage aus Konkretisierung und Änderungsforderungen bzw. -wünschen vom Auftragnehmer zu berücksichtigen wäre. Selbst ein ausgearbeitetes Änderungsverfahren im Vertrag selbst hätte wenig Chancen auf Erfolg, wenn die fachliche Grundvoraussetzung, nämlich die Maßgabe fehlt, um welchen Grad oder in welchem Maße sich die Anforderung ändert.

537 Der zweite Problem-Faktor ist die Software selbst. Da die Software nicht von Grund auf neu hergestellt, sondern (nicht zuletzt auch aus Kosten- und Zeitgründen) nur angepasst werden soll, steht sie nicht generell zur Disposition, was den Umfang der Änderungen betrifft. Schwerwiegende Eingriffe sind, wenn überhaupt möglich, mit unverhältnismäßig hohem Aufwand verbunden.

538 Dies führt in der Praxis dazu, dass ein spezielles **Verfahren** eingeführt werden muss, bei dem nicht nur der Aufwand als solcher ermittelt wird. Vielmehr wird sogar im Vorfeld der Auftragnehmer beraten müssen, welche Änderungswünsche nicht erst verspätet eingebracht werden sollten, da sie den Kern der Software betreffen und einen unverhältnis-

---

[447] S. z. B. OLG Karlsruhe CR 2003, 95: Danach wurden 1999 Vereinbarungen über die neuen Anforderungen und deren Anpassung getroffen, im Mai 2000 ein sogen. Lastenheft erstellt, allerdings die Leistungen als »Softwarelösung« bezeichnet, was den werkvertraglichen Charakter betont.
[448] S. a. *Müglich/Lapp* CR 2004, 801.
[449] S. a. oben Rdn. 33 f., 151 ff. zu Leistungsmerkmalen.

mäßigen Aufwand verursachen. Insofern wäre dann im Vertrag auch festzulegen, dass bei fachlichen Vorgaben die Maßgabe, wie sie auszuführen sind, primär der Standard und die Werkzeuge bilden, mithilfe derer der Standard angepasst werden kann. Die Änderungswünsche sind also erheblich einzuengen.

Es könnte sich auch eine vertragliche Regelung empfehlen, dass Änderungswünsche grundsätzlich erst dann anzubringen und näher zu prüfen sowie auszuführen sind, wenn der vertraglich vereinbarte Leistungsumfang abgewickelt und erbracht (und abgenommen) ist. Dies lässt sich aber in der Praxis nicht zuletzt aufgrund der vagen Vereinbarungen häufig nicht durchsetzen. 539

Besonders fatal kann sich in der Praxis auswirken, dass die Rechtsprechung eher dazu neigt, Änderungen während eines Projekts als »natürlich« anzusehen (was zunächst einmal nichts über die Vergütungspflichtigkeit besagt). Der Auftragnehmer müsste umso mehr darauf drängen, dass das übliche Änderungsverfahren vereinbart und vollzogen wird, wenn er damit gehört werden will, 540

- nicht dazu in der Lage zu sein, den Änderungswunsch auszuführen,
- wenn er auf Problem die evtl. auch Leistungserschwerungen darstellen, verweisen will und
- wenn er sich die entsprechende Vergütung rechtzeitig sichern will.

Dass die Änderungen in einem Projekt als etwas Normales angesehen werden, ergibt sich indirekt aus einer BGH-Entscheidung, wo es vordergründig um die Frage der Fälligkeit der Dokumentation ging. Der hier angedeutete Gedanke hat indirekt sogar Eingang in den Leitsatz gefunden: »Lässt sich eine abweichende Vereinbarung (zur Fälligkeit der Dokumentation) nicht feststellen, kann von einem Softwarehersteller nicht ohne weiteres erwartet werden, dass er ohne Rücksicht auf mögliche künftige Erweiterungen und Änderungen des Programms in jedem Stadium seiner Arbeit eine diesen entsprechende Dokumentation gestaltet.«[450] D. h. also, dass der Auftragnehmer sogar im Hinblick auf die Gestaltung seiner Dokumentation (evtl. projektsynchrone Erstellung) berücksichtigen muss, dass Änderungen und Erweiterungen nachkommen, wenn diese als »normal« qualifizierbar sind. 541

VI. Ablieferung, Tests, Abnahme

Zusammen mit der Vertragstypik Werkvertrag ist eine Abnahme die selbstverständliche Pflicht bzw. Voraussetzung für den Beginn der Verjährungsfrist für Mängel. Hinsichtlich der Tests dafür, die evtl. Aufteilung nach Funktionen, nach Funktionstests, Integrationstest, Performancetest u. ä., gelten die Ausführungen zur Herstellung von Software. Eine Besonderheit ergibt sich i. V. m. der Ablieferung und evtl. der konkludenten Abnahme: 542

> »An der Abnahme einer EDV-Anlage fehlt es, wenn die Funktionsfähigkeit des Systems erst im Laufe der Benutzung festgestellt werden kann und der Besteller auftretende Mängel sofort rügt.«[451]

Die Standardsoftware, die evtl. schon Voreinstellungen enthält, wird in der Regel zu Projektbeginn bereits »abgeliefert, installiert und betriebsfähig gesetzt sein«. In vielen Fällen sollen sich die Mitarbeiter des Kunden an die Software bereits gewöhnen, nehmen sogar Teile dieser Software in Gebrauch. Infolgedessen entsteht eine Art fließender Übergang von der Standardsoftware hin zu deren Anpassung. Es wäre deshalb besonders bei Anpassungsprojekten denkbar, dass die Abnahme »konkludent« erfolgte. Dennoch sind hieran, insbesondere wenn eine explizite Abnahme und Abnahmekriterien vorgesehen sind, besondere Anforderungen zu stellen. 543

---

450 BGH CR 2001, 367.
451 BGH CR 1996, 667.

544 Ein besonderes Problem könnte der mehrfach angesprochene »mittlere Ausführungsstandard« bereiten. Dies hängt damit zusammen, dass die Auffassung darüber, was mittlerer Ausführungsstandard ist, von den Vertragspartnern naturgemäß sehr verschieden angesehen werden kann. Wenn also die entsprechende Referenz der fachlichen Feinspezifikation fehlt, stellt der Auftragnehmer nach Gewinnung eines mittleren Ausführungsstandards die Software zur Abnahme, während der Kunde möglicherweise erst bei dieser Gelegenheit feststellt, dass ihm die Software nicht »gefällt« und er Ergänzungen und Änderungen (möglicherweise ohne zusätzliche Vergütung) haben möchte. Da sich im Zweifel der mittlere Ausführungsstandard erst bei Gericht und dort mithilfe eines Sachverständigen ermitteln lassen wird, erscheint dies äußerst riskant. Andererseits sind die Anforderungen an eine »konkludente« Abnahme durchaus hoch, wenn eine explizite Abnahme vorgesehen ist.

545 Ein weiteres Problem ist, dass manche Anbieter die Software zur Abnahme stellen und damit eigentlich den Schluss-Stein für die Software selbst setzen wollen und erst danach die Dokumentation erstellen. Dies wäre mit der bereits zitierten BGH-Entscheidung nicht vereinbar.[452] Bei Rückrechnung von einem fest vereinbarten Termin, bis zu dem die Abnahmefähigkeit hergestellt und erklärt sein muss, ergibt sich dann, dass zuvor eine Abnahmeprüfung stattfinden wird und muss, für deren Beginn spätestens (ggf. i. V. m. Einweisung) die Dokumentation vorliegen muss, so dass sich von da aus wieder zurückrechnet, wann die letzten Änderungen eingebaut sein müssen bzw. wann die letzten Änderungen geäußert werden dürfen, damit schließlich noch die Dokumentation rechtzeitig zu Beginn der Abnahmeprüfung fertigstellbar ist. Wird dieses Schema nicht eingehalten, äußert also der Auftraggeber dann noch weitere Änderungswünsche, müsste der Auftragnehmer darauf verweisen, dass dann der Fertigstellungstermin gefährdet ist. Er wird sich nicht auf die BGH-Entscheidung berufen können, wenn für die Fertigstellung ein fester Termin verabredet ist.

546 Insofern würde diese Entscheidung wiederum dem Auftragnehmer die vorzügliche Position gewähren, dass er, etwa wenn die Frequenz der Änderungswünsche abnimmt oder er sich in der Endphase sieht, dem Auftraggeber mitteilt, dass er mit der Software selbst den Abschluss vornehmen möchte, um dann die Dokumentation erstellen zu können. Hierfür hat er nach der BGH-Entscheidung noch angemessen Zeit (im Hinblick auf den vereinbarten bzw. evtl. hinausgeschobenen Fertigstellungstermin). Das Problem mit dem mittleren Ausführungsstandard ergibt sich aus einer weiteren, älteren Entscheidung des BGH.[453] Entgegen dem Begriff »EDV-Anlage« ging es im konkreten Fall auch um Software.

547 Ganz generell gilt auch bei Anpassung, dass eine Abnahme begrifflich erst gefordert und wirksam erst erklärt werden kann, wenn die Bedienungshandbücher (und die Installationsanleitung) dem Zustand des aktuellen Standes der Software, wie sie im Einsatz sind und abgenommen werden sollen, entsprechen.[454]

VII. Mängelrecht, Verjährung

548 Die Mängelrechte des Auftraggebers sind bei Softwareanpassung grundsätzlich genauso zu sehen wie bei Softwareherstellung.[455] Die einzige Besonderheit besteht darin, dass das Schicksal der zugrunde liegenden Standardsoftware und der daraus erfolgten Verwendung

---

452 BGH CR 2001, 367.
453 BGH CR 1996, 667; s. Zitat zu Abnahme Rdn. 542.
454 S. schon BGH CR 1993, 203, und BGH CR 1993, 681.
455 S. dazu Rdn. 42 ff. und 635 f.

gesondert zu prüfen ist, wobei zu den Verwendungen auch die Pflege bzw. die Updates gehören.

Die Praxis hat damit aber bislang kaum Probleme gehabt, d. h., sie hat in der Regel bei Softwareanpassung ohne weiteres die Standardsoftware das Schicksal des Anpassungsvertrages erleiden lassen. Allenfalls bei Projekten, die nach Zeitaufwand vergütet werden, könnte es Besonderheiten geben. Es kam vor der Schuldrechtsmodernisierung häufig vor, dass Auftraggeber bei Scheitern des Projekts nicht die Rückabwicklung begehrten, also vom Vertrag zurücktraten, nachdem sie zuvor gem. § 326 BGB a. F. Nachfrist mit Ablehnungsandrohung gesetzt hatten, sondern Schadenersatz wählten. Die Einbeziehung der Standardsoftware in den Schadenersatz erschien in der Regel unproblematisch. 549

Wenn jedoch, was bei Zeitaufwandsprojekten häufiger vorkommt, ein Projektstopp verfügt wird und dieser eine fristlose Kündigung darstellen soll, heißt dies nicht automatisch, dass sämtliche bisher erbrachten Leistungen und darauf geleisteten Vergütungen rückabzuwickeln sind. Normalerweise wäre ein einfacher Projektstopp nach § 649 BGB zu beurteilen, befreit also nicht von der Zahlpflicht, sondern kann diese nur mindern. 550

Gem. BGH[456] berührt eine außerordentliche Kündigung des Werkvertrages durch den Besteller den Werklohnanspruch des Unternehmens für den bis zur Kündigung erbrachten Teil der Werkleistung grundsätzlich nicht (LS 1). Gegenüber dem Teil-Vergütungsanspruch des Auftragnehmers trifft die Beweislast dafür, »dass das Teilwerk wertlos ist, den Besteller, und dafür, dass das Teilwerk als solches mangelfrei ist, den Ersteller«.[457] 551

Ob und inwieweit hieran nach Einführung des § 314 BGB noch besondere Anforderungen zu stellen sind, war bisher nicht Gegenstand der Rechtsprechung. Es war aber anerkannt, dass eine außerordentliche Kündigung des Projektvertrages wegen des Dauerschuldcharakters möglich ist.[458] 552

Zur Verjährung gilt nach h. M. § 634a Abs. 1 Nr. 1 BGB ungeachtet der Problematik bzw. der evtl. Anwendbarkeit des § 651 BGB, s. Rdn. 71, 74, 77.

VIII. Verhältnis zu Pflege und v. a. Releases

Durch Anpassungen entsteht Kunden-individuelle Software. Infolgedessen wird sich der typische Pflegevertrag, der sowohl Mängelbeseitigung als auch Updates/neue Releases und Hotline zum Gegenstand hat, nur auf den Standard beziehen. Zumeist erfolgen bereits während des Anpassungs-Projekts laufend Änderungen an der Standardsoftware, insbesondere durch die Updates bzw. neuen Releases (der Sprachgebrauch ist wie erwähnt uneinheitlich). Dies führt zu zusätzlichem Aufwand während des laufenden Projektes bereits hinsichtlich des Einpflegens dieser neuen Version in den bisher erreichten Stand, was bis dahin gehen kann, Änderungen an der Software nachzuführen, was mit erheblichem Aufwand verbunden ist. 553

Die »Release-Festigkeit« der Anpassung wäre also ein wichtiges Anliegen des Kunden. Andererseits ist genau das Erscheinen solcher neuen Releases das Argument dafür, dass die Anbieter schon während des Anpassungsprojektes selbst auf dem Inkrafttreten des Pflege-

---

[456] CR 1993, 759.
[457] CR 1993, 759 LS 2.
[458] Zur Kündigung des evtl. als langfristig angelegten Werkvertrages (Softwareprojekt) OLG Frankfurt/M. CR 2001, 503; bei Dienstvertrag läge Kündigung nach § 626 BGB nahe; dafür kommt die Wertung als lex specialis in Betracht; s. aber zu § 314 BGB MMR 2011, 194 – DSL-Anschluss, wobei das Verhältnis zu § 314 BGB noch offen ist.

vertrages bestehen, damit nicht eine zu große Entwicklungs-Kluft zwischen dem Stand bei Vertragsschluss und bei Ende der Anpassung entstehen kann.

554 Nach Beendigung der Anpassung stellt der Kunde sich vor, dass die Pflege möglichst auch die Anpassungen umfasst. Dies würde einmal dazu führen, dass der Pflegevertrag insoweit entsprechend zu erweitern ist, evtl. schon während des Anpassungsprojekts entsprechend dem Projektfortschritt. Dies betrifft den Leistungsumfang. Zum anderen würde dies aber auch heißen, dass die Vergütung entsprechend anzupassen ist. In der Regel aber bieten die Auftragnehmer insoweit zunächst einmal nur an, die Änderungen, die sie für den Kunden individuell erstellt haben, nachzuführen. Dies wird aber in seltenen Fällen durch eine Pauschale abgegolten, vielmehr wird nach Aufwand, allenfalls mit Obergrenzen abgerechnet. Damit ist aber die Anpassung selbst noch nicht aktualisiert, so dass insoweit noch zusätzlicher Aufwand auf den Kunden zukommen kann.

IX. Typische AGB

555 Zu Kauf und Miete gibt es eine ganze Reihe gängiger Modelle. Für die Anpassung lässt sich dies wohl nicht so sagen. Hier klafft auch zwischen der Praxis der Anbieter und deren AGB in vielen Fällen eine erhebliche Lücke, was teilweise für die Anbieter zu nicht gewünschten Ergebnissen führt. Diese stellen sich nämlich anhand ihrer AGB Dienstvertrag vor, während tatsächlich weit überwiegend doch Werkvertragsrecht angewandt wird.

Für Softwareanpassung aber hat *Redeker* ein Modell vorgeschlagen.[459]

Das Interessante dabei ist, dass *Redeker* zwischen dem Vertragszweck (dort § 1) und dem Leistungsumfang (dort § 2) sowie dem Lieferumfang (§ 4) unterscheidet und sogar eine Verpflichtung für evtl. zukünftige Leistungen (§ 5) vorgesehen ist. Dazwischen liegen die Regelungen für die Rechte an der Software (§ 3). Hinsichtlich des Leistungsumfangs wird seitens *Redeker* in § 2 (1) wie beim Softwareerstellungsprojekt auf die Leistungsbeschreibung, die Anlage des Vertrages sein soll, verwiesen.

556 Wie auch in dem Muster von *Bartsch*, Rn. 268, schlägt *Redeker* vor:

> »Jede der Vertragsparteien ernennt für die Dauer des Projekts einen Projektleiter. Die Realisierung des Projekts wird zwischen den Projektleitern abgestimmt. ...«

(§ 2 Abs. 2 (2), Satz 1 und 2). Die Probleme evtl. fehlender Erfolgsverantwortung beim Auftragnehmer stellen sich entsprechend denen bei Softwareerstellung, Rdn. 98 f., 591 ff. Es folgen ein Eskalationsprozess und ein Änderungsverfahren.

557 Zum »Lieferumfang« schlägt *Redeker* vor:

> »Der Auftragnehmer ist verpflichtet, die vertraglich vereinbarten Anpassungen zu schaffen oder herzustellen und sie dem Auftraggeber zu liefern. Zum Lieferumfang gehört die Lieferung der Programme sowohl im Quellcode als auch im Objektcode, die Lieferung einer Benutzerdokumentation sowie von Herstellungs- und Wartungsdokumentation in dem Umfang, wie diese zur Pflege und Weiterentwicklung der angepassten Programme seitens des Auftraggebers benötigt werden. Zum Lieferumfang gehören ferner die zum Betrieb der angepassten notwendigen Dateien.« (§ 4).[460]

In § 10 ist noch dazu eine Abnahme vorgesehen. D. h. also, dass der Vertrag in wesentlichen Punkten ganz ähnlich ausgestattet ist wie ein – kundenfreundlicher – Softwareerstellungsvertrag.

---

[459] Redeker/*Redeker* Hdb IT-Verträge, Kap. 1.6.
[460] Redeker/*Redeker*, Hdb IT-Verträge, Kap. 1.6.

X. Der Anpassungsvertrag als »Unterstützungsleistung«

Es entspricht am ehesten dem Selbstverständnis vieler Anbieter, dass die Anpassung lediglich als Unterstützung und somit als Dienstvertrag geschuldet sei. Der Gedanke ist, dass die Kunden-Mitarbeiter zunächst einmal mit der Software im Standard und hinsichtlich ihrer Anpassungsmöglichkeiten vertraut gemacht, ggf. auch geschult werden. Dann werden die Mitarbeiter des Kunden darin ausgebildet, ggf. selbst entsprechende Anpassungen vorzunehmen, bei denen sie von den Mitarbeitern des Auftragnehmers unterstützt werden oder aber zumindest die Anforderungen zu formulieren, die dann wieder von anderen Mitarbeitern des Auftragnehmers umgesetzt werden. Auch Letzteres könnte dann wie ein Zurufprojekt als Dienstvertrag qualifiziert werden. 558

Die AGB der Anbieter entsprechen dem in vielen Fällen weitgehend. Die Praxis ist jedoch in vielen Fällen völlig anders, so dass die Rechtsprechung, wie erwähnt, weit überwiegend Werkvertragsrecht auch auf die Anpassungsprojekte, die ursprünglich als Unterstützung gedacht waren, anwendet. 559

G. Software-Erstellung

I. Planung, vorvertragliche Beratung

Im Folgenden wird davon ausgegangen, dass das typische Software-Erstellungs-Projekt[461] bzw. der entsprechende Vertrag unabhängig von § 651 BGB gesehen wird,[462] also als typischer Werkvertrag, wenn nicht die Besonderheiten des Dienstvertrages im Rahmen eines Zurufprojektes vorliegen. Die Einordnung als Werkvertrag erfolgt auch seitens des BGH traditionell und zwar seit der ersten bekannteren Entscheidung von 1971.[463] 560

Software-Erstellung betrifft auch solche Verträge bzw. Gegenstände, bei denen die Software nicht von Grund auf neu hergestellt oder entwickelt wird, sondern aus einzelnen kleineren Komponenten, z. B. aus Teilstücken einer Bibliothek, zusammengesetzt und weiterentwickelt wird. Dies ändert am werkvertraglichen Charakter nichts. Relevant ist dies v. a. im Hinblick auf die urheberrechtliche Betrachtung und Bewertung, inwieweit hier originär ein neues Werk geschaffen wird. 561

Eine andere Abgrenzung im Rahmen von Softwareprojekten wäre die gegenüber echten Entwicklungsverträgen i. S. v. Forschung und Entwicklung (man spricht auch häufig von Software-Entwicklung wenn man Software-Herstellung meint). Das Besondere beim Entwicklungsvertrag i. S. v. Forschung und Entwicklung ist, dass das Ergebnis zwar umrissen, vielleicht auch relativ klar bestimmt ist, aber unsicher ist, ob und bis zu welchem Grade es erreicht werden kann. Ein Forschungs- und Entwicklungsvertrag ist nicht per se ein Dienstvertrag. Vielmehr kommt es auf den Parteiwillen – wie auch im Übrigen bei entsprechenden Verträgen – an.[464] 562

Der Charakter der Forschungs- und Entwicklungstätigkeit könnte insofern eine Rolle spielen, als die Vorstufen einer besonderen Geheimhaltung und dem Know-how-Schutz unterliegen könnten (und müssten). Dies lässt Arbeitsverträge, die Gestaltung der Verträge mit 563

---

[461] Zum IT-Projektvertrag s. ausf. Kap. 6.
[462] Anders allenfalls unter besonderen Umständen: BGH CR 2010, 327 – Internet-System-Vertrag, dazu a. oben Rdn. 64 und 78 ff.
[463] BGH WM 1971, 615 – Testauswertung.
[464] BGH CR 2003, 244.

564 Eine der Hauptaufgaben bzw. -Probleme anwaltlicher Beratung beim Software-Projekt ist die Strukturierung und damit auch die klare Zuordnung von Risiken, Leistungspflichten und Beurteilung der Ergebnisse. Eine der einfachsten, aber schwierig durchzusetzenden Maßgaben ist die Trennung des Projekts in mindestens die zwei Phasen, Planung und Realisierung. »Vorbild« für die Planung könnten die BVB-Planung (die immer noch Anwendung finden) sein. Für die Software-Erstellung fehlt es an entsprechenden Vorbildern (weil BVB-Erstellung völlig veraltet ist, auch wenn ihre Anwendung bis zum Erscheinen des EVB-IT Systemvertrag empfohlen wurde).

565 Des Weiteren können sich über Gestaltung und auch Handhabung des Vertrags die typischen Merkmale des Vertragstyps ändern. Wenn die Projektverantwortung durch Maßnahmen des Anwenders/Auftraggebers zu sehr ausgehöhlt wird, besteht für diesen die Gefahr, dass sich aus dem Werkvertrag allmählich ein Dienstvertrag oder eine Kooperation entwickelt und die ursprünglich vorgesehene Risiko-Verteilung nicht mehr »passt«. Die Stichworte in diesem Zusammenhang sind v. a. die Aufweichung der Projektherrschaft seitens des Auftragnehmers durch Institutionen wie Lenkungsausschüsse, paritätisch besetzte oder sogar einseitig vom Auftraggeber gesteuerte Ausschüsse.[465]

566 Eines der weiteren Probleme vieler Erstellungsverträge ist, dass die Strukturierung praktisch nicht durchgeführt worden ist. Es gibt keine echte Planung mit dem Ergebnis einer fachlichen Feinspezifikation. Mangels klarer Feinspezifikation fehlt eine Referenz für die Abnahme und erst recht eine Ziellinie für die Mitwirkungsleistungen, um das Projekt zu fördern. Infolgedessen besteht der Streit oft darin, ob Mitwirkungsleistungen des Kunden überhaupt bestehen, ob sie richtig erbracht worden sind, ob deren Nichterbringung überhaupt kausal für das Scheitern des Projekts war.[466]

567 Wenn der gerichtlich bestellte Sachverständige die Ursachen für das Scheitern des Projekts aufgrund des Vortrags bei einer der beiden Parteien zu suchen hat, stellt sich des Öfteren heraus, dass »beide schuld sind«. Dies gilt v. a., weil eine Planungsphase mit
- Erstellung der fachlichen Feinspezifikation und
- Planung der Organisation und Durchführung des Projekts

praktisch fehlt.

568 Grundsätzlich wird diese Aufgabe den Auftragnehmern, ohne dass dies ausdrücklich vereinbart werden müsste, zugewiesen. Besonders deutlich hat dies das OLG Düsseldorf hervorgehoben, indem es der vertraglich vereinbarten Pflicht des Auftragnehmers, ein Pflichtenheft zu erstellen auch die Aufgabe zuordnete, die Ist-Analyse der Verhältnisse beim Kunden durchzuführen und »eine konkrete Darstellung der allgemeinen und besonderen Funktionen der Software derart, dass ein hinreichender Maßstab für die Bewertung des Endergebnisses zur Verfügung steht«.[467]

569 Ähnlich hat das OLG Köln immer wieder die Pflicht des Auftragnehmers zur Organisation und zur Erstellung von Organisationsvorschlägen im Rahmen des Pflichtenhefts und bei der Planung des Projekts betont:

»Der Pflicht des Anwenders, ein so genanntes Pflichtenheft zu erstellen, steht die Pflicht des Anbieters von Hard- und Software gegenüber, aufgrund seines Know-how und seiner Erfahrung die Bedürfnisse

---

[465] Zu Beispielen für solche Verträge s. etwa *Bartsch*, Vertrag über ein Software-Projekt, III.H.4; Redeker/Witte, Hdb IT-Verträge, Kap. 1.4; s. a. oben Rdn. 89 ff.
[466] Zu Software-Erstellungsverträgen insgesamt s. *Schneider/v. Westphalen*, Softwareerstellungsverträge.
[467] OLG Düsseldorf CR 1993, 689, aus LS 1.

des Anwenders zu ermitteln, an der Formulierung der Aufgabenstellung mitzuwirken und einen Organisationsvorschlag zur Problemlösung zu unterbreiten.«[468]

Dies provoziert förmlich die Haftung des Unternehmers.[469]

Eine relativ alte Entscheidung des OLG München hat in den Gründen, wohl auch indiziert durch den Sachverständigen, den Zusammenhang zwischen Projektleitung (für die es keiner explizite Regelung bedurfte), dem Projektmanagement, das dem Auftragnehmer obliegt und der Planung hergestellt. So heißt es etwa: **570**

> »An einer zureichenden Projektleitung hat es aber von Anfang an gefehlt. Ein Projektmanagement ist nach den Darlegungen von ... (SV), dem sich der Senat anschließt, weitgehend nicht zu erkennen. Hierin ist mit dem SV die eigentliche Ursache für die aufgetretenen Schwierigkeiten und Verzögerungen zu erblicken. Es mangelte insbesondere in hohem Maße an einer Projektstrukturplanung, dem Herzstück der Planung.«[470]

Die Planung obliegt als Aufgabe dem Auftragnehmer und bereitet diesem auch dann besondere Probleme, wenn diese Funktion nicht ausdrücklich vereinbart und vorgeschaltet wird. Von den Gerichten wird nicht die Ersparnis, die der Auftraggeber sich von der unmittelbaren Vergabe eines Realisierungsauftrages ohne Planung verspricht, als Risiko des Auftraggebers gesehen, etwa in dem Sinne, dass jemand sich ein Haus einfach bauen lässt, ohne eine entsprechende architektonische Vorleistung. Die einzige Kompensation ist die des »mittleren Ausführungsstandards«. **571**

Man kann mit der BGH-Rechtsprechung die einfache Formel aufstellen: Zwar muss eine Planungsphase nicht explizit vor die Software-Erstellung vorgeschaltet werden (wenn sie nicht ausdrücklich so beauftragt bzw. vereinbart wird), jedoch trägt auch dann der Auftragnehmer das volle Erfolgsrisiko im Hinblick auf die Softwareerstellung. Der Auftragnehmer kann sich allerdings darauf berufen, dass er, jedenfalls nach Rechtsprechung zum alten Recht, eine Leistung schuldet, die »unter Berücksichtigung des vertraglichen Zwecks des Programms dem Stand der Technik bei einem mittleren Ausführungsstandard entspricht«.[471] **572**

Die Rechtsprechung im Zusammenhang mit fehlender Planung bzw. der fehlenden Beauftragung zur Planung setzt an deren Stelle eine Pflicht zur vorvertraglichen, unentgeltlichen Beratung. Es wird nicht die Entscheidung des Auftraggebers berücksichtigt, sich die Planung zu sparen. Vielmehr wird dieses Risiko auf den Auftragnehmer, nur abgemildert durch den erwähnten »mittleren Ausführungsstandard«, als cic, v. a. bei unterlassener Beratung verlagert. **573**

Bei dieser vorvertraglichen Beratung ist allerdings zu beachten, dass sie nicht mehr damit begründet werden kann, dass es eine Art generelles Know-how-Gefälle zwischen Auftraggeber und Auftragnehmer gibt. Vielmehr hat in der Regel jeder Auftraggeber bereits mehrfach EDV-Projekte und insbesondere auch Softwareerstellungsprojekte erlebt und durchgeführt. Außerdem kennt allein der Auftraggeber seine eigenen Verhältnisse und das, was er letztlich will. Die Sachnähe bei den fachlichen Anforderungen liegt beim Auftraggeber. Dies wird häufig übersehen. Die Fachkunde, solche Anforderungen zu formulieren bzw. zu übersetzen und später zu realisieren, liegt naturgemäß beim Auftragnehmer, der sich dieser Kompetenz auch häufig berühmt, etwa im Rahmen seiner Beratungs-Kompetenz. **574**

Mangels entsprechenden Gefälles wird es grundsätzlich keine generelle Aufklärungs- und Beratungspflicht des Auftragnehmers geben. Wenn ihm etwas besonders auffällt bzw. wenn ihm Abweichungen beim Kunden bekannt werden, die er nicht von sich aus zu untersuchen **575**

---

468 OLG Köln CR 1993, 624, S. 1.
469 BGH CR 1986, 79.
470 OLG München CR 1989, 803.
471 BGH CR 2004, 490, aus LS 1 S. 1.

hätte, so wird er darauf hinweisen müssen. Die eigentliche vorvertragliche Beratung und das Einstehenmüssen hierfür entsteht, wenn der Auftragnehmer von sich aus tätig wird, etwa im Rahmen der Akquisition, den entsprechenden Vorarbeiten oder Präsentation, um den Auftrag zu erlangen. Aufgrund des typischen Verhaltens in solchen Situationen kommt es – immer noch – zu der Situation, dass der Vertrieb Aussagen tätigt, die später vertraglich/juristisch als Beratung seitens des Auftragnehmers verstanden werden können und müssen und insofern dann auch richtig sein müssen. Aus diesem Grunde wird empfohlen, sich Präsentationen nicht nur aushändigen zu lassen, sondern auch auftraggeberseitig in geeigneter Form in den Vertrag einzubauen, und sei es, dass in der Präambel darauf Bezug genommen wird.[472]

576 Hinsichtlich des Abschlusses der Planung wird man zwischen zwei verschiedenen Situationen unterscheiden müssen, was allerdings in der Praxis häufig nicht geschieht:
- Die Planung wird als eigenständige Phase bzw. als eigenständiger Auftrag vergeben. In diesem Fall wird als Ergebnis der Planung eine Spezifikation, am besten eine fachliche Feinspezifikation mit Ansätzen zur technischen Realisierung im Sinne der Planung und Strukturierung vorliegen und dem Auftraggeber zu übergeben sein. Grundsätzlich wäre eine solche Feinspezifikation vom Auftraggeber abzunehmen. Dessen Kompetenz reicht allerdings nur so weit, dass er seine eigenen fachlichen Anforderungen überprüfen kann, nicht, ob diese richtig formuliert sind. Evtl. muss er sich, insbesondere bei selbstständiger Vergabe der Planung, wenn er diese abnehmen soll, sachverständiger Hilfe bedienen.
- Ist die Planung einfach eine Leistung, die innerhalb des Projekts, sei sie vorgeschaltet, sei sie im Rahmen der Realisierung erbracht, wird sie nicht gesondert abzunehmen sein. Allerdings fordern dies viele Anbieter-AGB. Eine solche Abnahme wäre wohl eine Teilabnahme, zu der der Auftraggeber nicht verpflichtet werden kann. Andererseits ist das Interesse des Auftragnehmers verständlich, erst weiter arbeiten zu wollen bzw. die Realisierung beginnen zu wollen, wenn diese Spezifikationen von dem Auftraggeber akzeptiert sind. Hier empfiehlt sich eine Art Mittelweg in Form der »Freigabe«. Maßstab muss dabei allerdings sein, dass der Kunde nicht verpflichtet ist, die Planung hinsichtlich der Ausführung seitens des Auftragnehmers zu kontrollieren bzw. abzunehmen.[473]

II. Leistungsbeschreibung/Pflichtenheft

577 Unabhängig davon, ob eine Planungsphase vorgeschaltet wird oder nicht, gehört zur ordnungsgemäßen, an sich also vorzuziehenden Verfahrensweise bei einem Projekt zur Softwareerstellung, dass vor Beginn der Realisierung ein »Pflichtenheft« im Sinne einer fachlichen (Fein-) Spezifikation vorliegt bzw. vor der Phase der Realisierung erstellt wird. Die Beibringung dieses Pflichtenhefts oder dieser Leistungsbeschreibung im Sinne fachlicher Vorgaben ist **allein** Aufgabe des Bestellers,[474] auch wenn einige OLG diese Pflicht aufweichen.[475]

578 Der Auftragnehmer steht, wenn kein Pflichtenheft vorliegt und ihm nicht die Pflicht zu dessen Erstellung vertraglich auferlegt wurde, vor der Alternative,

---

472 Zur Gestaltung von Präambeln in IT-Projektverträgen unter Einbeziehung von Presales-Präsentationen s. *Bischof* ITRB 2006, 289; zur Kostenschätzung und Warnpflicht bei »Explosion«: OLG Köln CR 1998, 600.
473 S. v. a. BGH NZBau 2006, 638 Tz. 14: Der Auftraggeber hat nicht den »Konstruktionsansatz« des Auftragnehmers zu überprüfen. »Für die Fehlerfreiheit des geschuldeten Werks ist der Unternehmer, nicht der Besteller, verantwortlich«.
474 BGH CR 1989, 1202 und CR 1995, 265.
475 S. z. B. OLG Köln CR 1998, 459; oben Rdn. 108 ff.

- entweder sich ans Werk zu machen und dann das Problem bei der Abnahme zu haben, wie er die Abnahmefähigkeit im Sinne eines Leistungserfolgs mittleren Ausführungsstandards unter Berücksichtigung des Vertragszwecks, darstellt oder
- die Mitwirkungsleistung vom Auftraggeber einzufordern, die Anforderungen zu stellen mit dem Risiko, dann plötzlich mit weit über das erwartete Maß hinausgehenden Anforderungen konfrontiert zu werden. Allerdings verstecken sich diese Anforderungen möglicherweise auch in dem »vertraglichen Zweck« des Programms im Sinne der zitierten BGH-Entscheidung.[476]

Das für viele Projekte Fatale an dem Begriff des »Pflichtenhefts« ist dabei, dass er nicht nur im juristischen und im technischen Bereich unterschiedlich interpretiert wird, sondern unabhängig davon zwei Komponenten enthält. Deshalb wird die Bedeutung des Pflichtenhefts im Sinne einer **fachlichen Spezifikation**, besser einer fachlichen Feinspezifikation, betont. Die Problemstellung ist also, wie fein bzw. detailliert muss ein solches Pflichtenheft sein? Inwieweit hat es bereits die technische Spezifikation, ggf. mit welchem Detaillierungsgrad zu enthalten? 579

Wenn man zwischen der Planung und der Realisierung genau unterscheidet[477] und als Resultat der Planung die fachliche Feinspezifikation als wesentliches Ergebnis sieht, dann wäre die erste Aufgabe, die der Auftragnehmer zur Realisierung ergreift, die Erstellung der technischen Spezifikation. Auch bei schrittweisem Vorgehen im Rahmen des Projekts könnte der Auftragnehmer die Zweiteilung beibehalten, indem er den Auftraggeber zur Formulierung der fachlichen Anforderungen für bestimmte Bereiche/Pakete/Funktionen auffordert, Teilprojekte bildet und dann jeweils für diese Teilprojekte nach einer Grobplanung des Gesamtprojekts die Teilplanung und dabei auch die technische Spezifikation erstellt. 580

Die Mühe, das Pflichtenheft zu erstellen und dem Kunden die fachliche Feinspezifikation abzuverlangen oder notfalls selbst zu erstellen, machen sich viele Auftragnehmer nicht. Die Folge ist, dass zum Teil »Papiere« vorliegen, die aus unterschiedlichen Entwicklungsstadien eines Projekts stammen und die, gem. vielen Verträgen, sämtlich maßgeblich sein sollen. Dann stellt sich die Frage nach deren Rangfolge. Die Parteien sollten davon Abstand nehmen, in dieser Weise vorzugehen. Vielmehr muss eine klare Strukturierung auch der Anforderungen und deren Rangfolge vorgenommen werden, notfalls mit sachverständiger Hilfe. 581

Juristisch stellt sich das Problem v. a. in der Form, dass später die Frage gestellt wird, inwieweit die Beschreibung abschließend war. Dahinter verbirgt sich das weitere Problem, inwieweit der Auftragnehmer erkennen musste bzw. prüfen hätte müssen, ob der Kunde die Anforderungen richtiggestellt hat und ob sie vollständig sind. 582

Eine tiefer gehende Prüfungspflicht des Auftragnehmers gegenüber den Anforderungen des Auftraggebers wird ohne gesonderte Vereinbarung nicht bestehen. Erstellt der Auftragnehmer, auch im Rahmen der Akquisition, einen entsprechenden Vorschlag, haftet er für dessen Richtigkeit auch dann, wenn dieser Vorschlag nicht etwa unmittelbar Vertragsgegenstand wird. Der »Musterfall« hierzu betraf zwar einen Organisationsvorschlag für Hardware und insbesondere dort für die Kapazität, gleichwohl kann diese Entscheidung wohl auch heute noch für die entsprechenden Projektarbeiten »hochgerechnet« werden.[478] Da dort der Organisationsvorschlag als Akquisitionsmittel ohne Vergütung seitens des Auftragnehmers erstellt wurde und trotzdem die Haftung aufgrund cic bejaht wurde, wird man im Rahmen einer Erst-Recht-Argumentation eine entsprechende Haftung des Auftragneh- 583

---

476 BGH CR 2004, 490 und dazu insbesondere BGH CR 1992, 543.
477 S. oben Rdn. 89 ff.
478 BGH CR 1986, 73.

mers für entsprechende Konzepte akzeptieren müssen, die der Auftragnehmer im Rahmen des Vertrages erstellt.

584 Daraus wird folgen, dass solche Mängel/Fehler, die ein Fachmann auf dem Gebiet der entsprechenden Software und deren Erstellung einfach erkennen kann, der Auftragnehmer praktisch als offensichtliche Mängel des Pflichtenhefts feststellen und rügen muss. Es kann also sein, dass ihn die spiegelbildliche Haftung trifft, wenn er den Organisationsvorschlag des Kunden nicht wenigstens einer Art Sichtprüfung unterwirft. Oft zeigen die Pflichtenhefte aufgrund der Art der Formulierung, mit unterschiedlichem Grad der Präzision, teils auch durch Widersprüche, dass es sich um eine Art Sammelsurium von Nutzerwünschen handelt, die nicht redigiert, fachlich aufeinander abgestimmt und bearbeitet worden sind. In diesen Fällen wird der Auftragnehmer entweder die Verwendung als Pflichtenheft zurückzuweisen haben oder aber gleich auf die Nachbesserung dringen müssen. Es wird also nicht etwa für ihn zum Vorteil gereichen, solche lückenhaften Konzepte anzunehmen und in das Projekt einzubringen bzw. dies darauf aufzubauen. Allerdings besteht auch die Gefahr, dass der Service-orientierte Auftragnehmer dann seinerseits Erkundigungen anstellt. In diesem Fall übernimmt er dann praktisch das Risiko vom Auftraggeber und muss für die Richtigkeit seiner Arbeiten auch haften, ggf. sogar für dessen unvollständige Angaben.[479]

585 Der Umfang der **Mitwirkungsleistungen** des Bestellers ist oft selbst dann unklar, wenn solche Pflichten ausdrücklich vereinbart wurden. Die Mitwirkungsleistungen des Kunden werden dabei nicht oder nur ungenügend umschrieben.

586 Von der rechtlichen Einordnung her sind die Mitwirkungsleistungen grundsätzlich nur sog. Obliegenheiten, also Pflichten minderer Qualität. Man wird zwar argumentieren können, dass die Schuldrechtsmodernisierung diese Qualifizierung grundsätzlich bzw. diese Differenzierung aufgeben wollte. Da aber in §§ 642, 643 BGB die darin enthaltenen Rechtsfolgen völlig unverändert übernommen worden sind, wird man ebenfalls argumentieren können, dass sich an deren Qualifizierung nichts ändern sollte bzw. geändert hat.[480]

587 Die Wirkung der Vernachlässigung bzw. der Nichteinhaltung von Mitwirkungspflichten wird in der Regel deshalb v. a. für den Auftragnehmer darin bestehen, dass er seinerseits nicht mit seinen Leistungen in Verzug kommt. Allerdings müsste zum einen Kausalität hinsichtlich der Nichterbringung der Mitwirkungsleistungen und den Leistungen des Auftragnehmers bestehen (und dargelegt werden können). Zum anderen wird wohl der Auftragnehmer beweisen müssen, dass er im Rahmen seiner Projektsteuerung/-leitung die Mitwirkungsleistungen rechtzeitig angefordert hat. Erst recht wird aber erforderlich sein, dass der Auftraggeber überhaupt verpflichtet ist, eine derartige Mitwirkung zu erbringen.

588 Je nach Projekt sind folgende Mitwirkungsleistungen weitgehend »anerkannt«:
1. Die Beistellung des Pflichtenhefts[481]
2. Neben bzw. außer dem Pflichtenheft kommen auch Daten, Formate und (Geschäfts-)Fälle als Mitwirkungsleistungen in Betracht, die aber nicht immer vom Auftraggeber geschuldet sind, sondern sich am Vertragszweck und v. a. auch an der Art der Software und des Projekts zu orientieren haben. Der Kunde wird häufig das Ausmaß solcher Mitwirkungen bei Vertragsschluss nicht voll realisieren, insbesondere nicht seinen Anteil bei Vorbereitung und Ausführung.

---

479 S. OLG Köln CR 1996, 20.
480 Zur Qualifizierung als Obliegenheit s. Palandt/*Sprau* § 642 Rn. 2.
481 Zum Teil von den OLG anders gesehen, s. aber v. a. BGH CR 1992, 543; s. a. *Intveen/Lohmann* CR 2003, 640.

So wäre die Lieferung der **Altdaten** für die Migration Sache des Kunden. Allein schon das Zusammensuchen der noch relevanten Altdaten kann bei sehr verstreuter DV- bzw. bei verschiedenen Schichten verschiedene Generationen von Anwendungen ein erhebliches Problem darstellen. Noch problematischer wird die Qualität dieser Altdaten sein, für die man die Verantwortlichkeit grundsätzlich dem Auftraggeber zuordnen würde. Wenn aber der Auftragnehmer im Vertrag ausdrücklich die Migration pauschal übernimmt, verlagert sich nicht nur die Migration als geschuldeter Erfolg im Rahmen eines Werkvertrags auf den Auftragnehmer, sondern indirekt auch das Problem der Qualität der Daten, wenn der Auftragnehmer sich nicht ausdrücklich vorbehält, dass die Datenqualität ausschließlich Kundenrisiko darstellt. Es wird einen erheblichen Aufwand darstellen, die Formatierung der Altdaten so vorzunehmen, dass sie »problemlos« bzw. weitgehend korrekt übernommen werden können.

Zur Mitwirkung des Kunden können im Übrigen noch gehören: **589**
- Lieferung der Muster/Belege für die entsprechende Dokumentenverarbeitung, Belegungs-, Berichtigungs- u. ä. Zuordnungen im Hinblick auf Funktionen von Mitarbeitern, Lagepläne u. ä., wenn es um die räumliche/aufgabenmäßige Zuordnung geht, wie auch Kennzahlen, also Betriebsstätten, Arbeitsplätze, Auftragsnummern, Produktnummern u. ä.
- Das Stellen von Testdaten wird meist als trivial angesehen, das Stellen von Testfällen ist es dann schon sicher nicht mehr. Werden dem Auftraggeber »repräsentative« Fälle abverlangt, heißt dies nicht, dass die exotischsten Fälle beizubringen sind, sondern solche Fälle anhand derer man den Kern der Problemlösung auf seine richtige Funktion hin überprüfen kann.
- Das Ausmaß der Mitwirkungsleistungen vollends problematisch machen Forderungen nach »aktuellen« und »vollständigen« Lieferungen von
  – Daten/-Vorgängen
  – Prozessen
  – Regeln,

insbesondere, wenn es etwa um das kundenindividuelle Einstellen von Management-, Dokumenten-Managementsystemen, Work flow und evtl. auch deren Outsourcing geht. Die meisten solcher Unterlagen sind veraltet bzw. entsprechen nicht den Realitäten, v. a. auch nicht vollständig und oft auch nicht geeignet, rationalisiert zu werden. Die Frage ist dann, ab welchem Darstellungsgrad der Auftragnehmer verpflichtet sein könnte, seinerseits Untersuchungen vor Ort vorzunehmen (was für ihn eine erhebliche Risiko-Erhöhung darstellt).

Hinsichtlich der Erbringung solcher Mitwirkungsleistungen kann sich der Kunde evtl. **590** sachverständiger Berater bedienen. Dies ist grundsätzlich für die Förderung des Projekts zu begrüßen. Im Fall der Rückabwicklung bzw. v. a. im Fall eines Schadensersatzanspruchs des Kunden wegen gescheiterten Projekt allerdings wird dies den Anspruch gegenüber dem Auftragnehmer wesentlich noch erweitern, weil sich der Schaden seitens des Auftraggebers wesentlich erleichtert darlegen lässt.

III. Vertragstyp, Varianten, typische AGB

Nach den Ausführungen in I. ist klar, dass der Vertragstyp für Softwareerstellung klassisch **591** »Werkvertrag« ist.[482] Die Alternativen, also Dienstvertrag und evtl. Kooperation sind zwar

---
482 BGH WM 1971, 615 – Testauswertung; BGH CR 1993, 759 – Bauherrenmodell (zu Softwareanpassung (also erst recht Werkvertrag zur Softwareerstellung)) – Vergütung nach Zeitaufwand unproblematisch auch bei Werkvertrag; BGH CR 1993, 681 – Verkaufsabrechnung (zur Anpassung von Software, insbe-

theoretisch durchaus in Betracht zu ziehen, allerdings äußerst selten. Eine der ganz wenigen Ausnahme-Entscheidungen ist die des OLG München vom 23.04.1996. Die Programmierarbeiten wurden dort als Dienstvertrag u. a. deshalb eingeordnet, weil die Leistungen des hier einzelnen Programmierers nach Zeitaufwand vergütet wurden, aber auch, weil die »Herbeiführung des Erfolges von einem größeren Team abhängig« war.[483]

592 Die Alternative »Kooperation« stünde in vielen Fällen v. a. dann zur Debatte, wenn man die Zusammenarbeit zwischen verschiedenen Firmen, die als Auftraggeber kooperieren, betrachtet und sieht, dass diese wie eine ARGE auf Auftraggeberseite fungieren. Dies könnte im Hinblick auf die urheberrechtliche Würdigung der Autorenschaft beim Pflichtenheft von Bedeutung sein, aber auch, wenn unmittelbar die Anforderungen zu Anpassungen führen.

593 Das OLG Frankfurt hat im Zusammenhang mit einer speziell entwickelten Datenbank für die pharmazeutische Industrie die Personen als Mitautoren gesehen, die die Arbeitsergebnisse in sog. Workshops und Arbeitskreisen zur Verfügung gestellt und auf diese Weise eigene schöpferische Beiträge geleistet hatten.[484]

594 Theoretisch kämen auch Varianten und Kombinationen verschiedener Modelle in Betracht, v. a. Dienstvertrag für die Mit-Einschaltung von weiteren Beratern. Wenn ein solcher aber die Projektleitung übernehmen soll, liegt Werkvertrag im Sinne eines erfolgsorientierten Steuerungs-Vertrages nahe.[485]

595 Eine ganz wesentliche Anwendungs-Chance besteht für Dienstvertrag jedenfalls dann, wenn es sich um ein Subunternehmerverhältnis[486] handelt, wie die oben zitierte Entscheidung des OLG München zeigt. Bei größeren Projekten sind die Subunternehmer nicht nur von der Mitwirkungsleistung des Kunden, sondern auch von den übrigen Subunternehmern und vom Hauptauftragnehmer und dessen Rhythmus und der Steuerung abhängig. Es kommt deshalb ähnlich wie bei einem Zurufprojekt, hier nun aber auf Auftragnehmerseite, zu Kooperationsmodellen, die stärker am Dienstvertrag orientiert sind. Dies gilt insbesondere dann, wenn ein Gesamt-Pflichtenheft besteht, zu dem der einzelne Subunternehmer nur Teilleistungen erbringt, so dass die Gesamterfolgshaftung der Auftraggeber übernimmt.

596 Das Interessante ist, dass die typischen AGB anbieterseitig eher dienstvertraglich orientiert sind. Hier wird so getan, als ob ähnlich wie bei einem Anpassungsprojekt dem Kunden Beratertage zur Verfügung gestellt würden, die dieser abruft und sinnfällig nutzt, so dass die Erfolgsorientierung in manchen Anbieter-AGB überhaupt nicht erkennbar ist.

597 Dem gegenüber strapazieren naturgemäß die Anwender-AGB die Erfolgsorientierung sehr wohl, leiden allerdings dann darunter, dass sie bis hin zur Widersprüchlichkeit die Steuerung und Kontrolle des Projekts in Händen des Anwenders belassen.

IV. Mitwirkung des Kunden, Änderungen, typische Projektaktivitäten, Fristenplan, Projektsteuerung

598 Wie oben unter A.V.2. bereits angedeutet, hat grundsätzlich der Auftragnehmer mit der Projektverantwortung auch die Projektleitung und das Projekt-Controlling übernommen. Wenn man elaborierte Konzepte für die Vertragsgestaltung bzw. für die Verhandlung und

---
sondere zur Dokumentation); BGH CR 2002, 93 (zwar zur Portierung, aber durch die Bezugnahme auf zahlreiche Erstellungs-Urteile klare Aussage zum Werkvertrag); BGH CR 2004, 490 (zum mittleren Ausführungsstandard).
483 OLG München CR 1997, 27; ebenso schon LG München I CR 1996, 232.
484 OLG Frankfurt/M. CR 2003, 50.
485 Zu den Merkmalen des Projektsteuerungsvertrages s. v. a. BGH NJW 1997, 1634, allerdings nicht IT.
486 Zur Vertragsgestaltung *Redeker* CR 1999, 137.

IV. Mitwirkung des Kunden

die Projektdurchführung heranzieht, so insbesondere ITIL,[487] kommen noch weitere Gremien hinzu, die jeweils von einer der beiden, meist allerdings von beiden Vertragspartnern (was im Hinblick auf Werkvertrag nicht unproblematisch ist) zu beschicken sind. Des Weiteren gibt es Prozesse (Berichte, Kontrolle u. ä.) und Leistungsebenen, die beide Seiten zusammen ausführen.

Bei genauerer Betrachtung zeigt sich, dass – je nach genauer Ausgestaltung – schon vor der Übergabe der Software selbst eine Reihe von Leistungsgegenständen zu erbringen bzw. zu übergeben sind. Dazu gehören z. B. **599**
- Nachweise der Machbarkeit
- die Testergebnisse mit Übergabe zum Zwecke des Tests beim Kunden.

Es können aber auch noch zusätzliche Pflichten bzw. Leistungen vereinbart werden, so insbesondere bei größeren Projekten: **600**
- Auswahl bzw. Beratung hinsichtlich der Ziel-Hardware
- Migration der Daten, evtl. Projekt-parallel (d. h. des Öfteren, wenn mit den Altdaten noch weitergearbeitet wird)
- teils Betrieb der neuen Software bis zum endgültigen Übergang auf den Auftraggeber
- Schulung der Mitarbeiter des Kunden
- Einweisung.

Während die Einweisung ohne explizite Vereinbarung selbstverständlicher Bestandteil der Pflichten des Auftragnehmers ist, die nahe bei der Abnahme und bei Vorliegen der Dokumentation zu erfolgen hat (ohne dass die Dokumentation vorliegen würde, wird die Einweisung als nicht erbracht gelten müssen), ist die Schulung nicht geschuldet, wenn sie nicht gesondert vereinbart wurde. In der Regel wird die Schulung mit eigenem Material durchgeführt, d. h. also, dass die Bedienungsanleitung und die Schulungsunterlage nicht identisch sind. **601**

Die Schulung kann auch in der Form durchgeführt werden, dass die dafür besonders geeigneten Mitarbeiter des Kunden, sogenannte Key User vom Auftragnehmer geschult werden, um diese in die Lage zu versetzen, nun ihrerseits selbst den eigenen Mitarbeiter zu schulen, so genanntes Train-the-Trainer-Konzept. Dies hat Vorteile im Hinblick auf den Aufwand und die Kosten und kann die personelle/organisatorische Implementierung beim Kunden erleichtern – vorausgesetzt, dass das Konzept auch vom Kunden ausgeführt wird. Es gehört insofern dann der zweite Teil zur Mitwirkungsleistung des Kunden. **602**

Nicht geschuldet sind mangels expliziter Regelung insbesondere folgende Punkte, über die also im Vertrag möglichst Einigkeit vor Projektbeginn erzielt werden sollte: **603**
- Quellcode und dessen Zustand, Rechte daran
- Entwicklungs-Dokumentation und -Umgebung
- mit Stand aller Einstellungen/Parameter bei Übergabe/Ablieferung/Abnahme
- Wartungs-/Pflege-Dokumentation
- Datenmodell[488]
- Administrator-Handbuch,
- Die bei Generierung/Kompilierung entstandenen Ergebnisse
- sowohl in Text als auch in elektronischer Form
- Geschäftsmodell, Datenreferenzen, Datenmodell,

Während es zur Quellcodeherausgabe-Pflicht einige Entscheidungen gibt, ist hinsichtlich der übrigen Dokumentationen und insbesondere hinsichtlich der Ausgestaltung der Dokumentation die Informationslage relativ dünn. Es ergibt sich daraus folgende Situation: **604**

---

[487] Zu ITIL s. *Soebbing* ITRB 2005, 97.
[488] Zur evtl. Pflicht der Datenherausgabe s. OLG München CR 1999, 484.

Ohne dass besondere Umstände vorliegen bzw. Besonderes vereinbart ist, ist mit hoher Wahrscheinlichkeit die Mitlieferung des Quellcodes nicht geschuldet. Auch nach der Entscheidung des BGH v. 16.12.2003 (Rn. 371) kommt es auf die Umstände des Einzelfalles an. Diese sind wahrscheinlich kumulative Merkmale wie,
- ob die Software evtl. für die Vermarktung durch den Besteller erstellt wurde, der dafür, nämlich für Entwicklung und Wartung, den Quellcode benötigt und
- Höhe des Werklohns. Unter dieser Kategorie wird man zu verstehen haben, ob die Vergütung für den Auftragnehmer zumindest von der Soll-Kalkulation her kostendeckend sein sollte und infolgedessen es angemessen erscheint, dass der Auftragnehmer auch den Quellcode herausgibt. Dabei wäre noch zu klären, was bisher kaum eine Rolle gespielt hat, ob der Kunde einfach nur eine Kopie des Quellcodes erhält und der Auftragnehmer ebenfalls eine solche behält oder ob »der« Quellcode zu übergeben ist. Insolvenzrechtlich macht dies naturgemäß auch einen erheblichen Unterschied. Gerade im Hinblick auf diesen insolvenzrechtlichen Aspekt wird v. a. im Verbund mit der Regelung des Quellcodes bzw. der Überlassung einer Kopie die Frage des Nutzungsrechtsumfangs zu behandeln sein. Dies kann durch gezieltes Hinterlegen (einer weiteren Kopie oder der für den Kunden bestimmten Kopie), Escrow, unterstützt werden.[489]

605 Die Bedingung müsste sich an wesentlichen Maßgaben der Entscheidung des BGH v. 17.11.2005 orientieren.[490] Danach ist es möglich, auch aufschiebend eine Verfügung hinsichtlich der Rechte zu treffen, die dann einen Übergang einer Kopie des Quellcodes zur Folge hätte.

606 Unter diesem Aspekt wird man auch für eine Synchronisierung im gesamten Vertrag dahin gehend zu sorgen haben, dass einerseits die »körperlichen« Gegenstände bzw. das Arbeitsergebnis übergeben wird und passend zu dem, was der Kunde damit machen darf bzw. soll, auch die Rechtseinräumung ausgestaltet wird. In Verbindung mit dem Quellcode bedeutete dies v. a., dass klargestellt werden sollte,
- dass der Kunde ein Bearbeitungsrecht hat
- ob er Kopien der jeweiligen Ergebnisse ziehen und verbreiten darf oder ob er die Ergebnisse nur für eigene Zwecke nutzen darf.

607 Weitere Entscheidungen zum Quellcode sozusagen auf dem Weg von der Entscheidung BGH v. 30.10.1986, CR 1986, 377 (ohne explizite Vereinbarung keine Herausgabeverpflichtung) über
- LG München I DB 1989, 973 – Quellcode ist v. a. nach Ablauf der Verjährung für Mängel zwecks Selbstbehelf des Kunden herauszugeben und
- OLG München CR 1992, 208 (ablehnend)
- OLG Frankfurt/M. ECR OLG 1995 zu Schadenersatzansprüchen bei abgebrochenem Projekt, zu dem kein Quellcode übergeben worden war
- OLG Saarbrücken ECR OLG 173 m. Überl. nur am Rande zur Frage, ob eine Herausgabeverpflichtung besteht, wobei die Kriterien, volle Vergütung und Nichtübernahme der Pflegeverpflichtung bereits wesentliche Kriterien der BGH-Entscheidung vorwegnimmt
- LG Aschaffenburg CR 1998, 203, wo noch angenommen wurde, dass die Herausgabe des Quellcodes bei Softwareerstellung bzw. individuell für den Auftraggeber erstellter Software zwecks weiteren Absatzes der Regelfall sei. Dazu ist die BGH-Entscheidung v. 16.12.2003 die Revision (also korrigierend)
- OLG Karlsruhe CR 1999, 11, wonach Quellcode als Teil einer vereinbarten Wartungs-Dokumentation mit geschuldet ist

---

[489] Zum Escrow i. V. m. BGH CR 2006, 151 s. *Siegel* u. a. K&R 2006, 446; *Grützmacher* CR 2006, 289; s. a. oben Kap. 1 Rdn. 33, und unten Rdn. 895 ff.
[490] CR 2006, 151 m. Anm. *Plath/Scherenberg*.

- LG Köln CR 2000, 505, wonach grundsätzlich bei Individual-Software der Quellcode geschuldet ist, wenn nicht zugleich ein Wartungsvertrag abgeschlossen wird
- OLG Karlsruhe CR 2003, 95, wonach selbst bei Anpassungsleistungen i. S. v. Einstellung an der Fremdsoftware der Quellcode des Drittherstellers herauszugeben wäre
- LG Köln v. 15.04.2003, CR 2003, 484, besondere AGB-rechtlich wichtig: Der Ausschluss einer Herausgabepflicht hinsichtlich des Quellcodes ist in AGB wirksam vereinbart

Neue Impulse zur Quellcode-Diskussion ergeben sich aus der Open-Source-Entwicklung. Danach gehört zur Entwicklung von Softwareprogrammen unter den Bedingungen der GPL auch, dass der Quellcode zugänglich gemacht wird. Nach inzwischen sich anbahnender Kette von Rechtsprechung (derzeit nur wenige Urteile, die aber sehr konsistent sind) wird ein Verstoß gegen die GPL tatsächlich wirksam zu dem Rückfall gem. GPL führen.[491] 608

Von anderer Qualität, aber am Rande zu erwähnen ist der **Besichtigungsanspruch** bezüglich des Quellcodes.[492] 609

Change Management/Change Request (CR)

Es wird sich empfehlen, in relativ größerer Nähe zu den Regelungen sowohl des Pflichtenhefts als auch der Mitwirkung das Thema der Änderungen und das entsprechende Verfahren hierzu zu behandeln. Dabei geht es nicht um Änderungen des Vertragswortlauts, sondern um Änderungen in der Leistung. Dies kann aufgrund von Änderungswünschen des Kunden, aber ggf. auch Anregungen des Auftragnehmers angestoßen werden. »CR« im Sinne von Change Request ist zu wenig. Es ist erforderlich, ein Änderungsverfahren zu beschreiben, wonach beide Vertragspartner immer vorgehen und bei dem die Rechte und Pflichten der beiden Vertragspartner ebenso geregelt sind, wie der Fall der Nichteinigung, z. B. über Mehraufwand, wenn der Kunde einen zusätzlichen Wunsch äußert. 610

Ansatzweise kann § 5 BVB-Erstellung (nun Ziff. 16 EVB-IT System) eine Hilfe für die Formulierung bieten. Dort waren bereits die Grundelemente geregelt wie: 611
- Schriftliches Verlangen,
- Reaktionsfrist für Unternehmer,
- Unzumutbarkeit für Unternehmer,
- Prüfungsverfahren
- Anpassung der vertraglichen Regelungen
- Unterbrechung (nicht mehr in Ziff. 16 EVB-IT System)
- Mitteilungspflicht, falls ohne Unterbrechung Leistungen durch Änderung nicht mehr verwendbar sind,
- Verlängerung der Fristen.

Es empfiehlt sich, in den Vertrag eine klare Regelung hinsichtlich des **Verfahrens** bei möglichen Änderungen/Änderungswünschen des Auftraggebers aufzunehmen. Besonders zu **beachtende Punkte** sind: 612
- Differenzierungen bei der Dringlichkeit/Priorisierung;
- unabweisbare Änderungsforderungen des Auftraggebers

---

[491] Zur Anwendbarkeit der GPL s. v. a. LG Frankfurt/M. CR 2006, 729; s. a. LG München I CR 2004, 774 m. Anm. *Hoeren*; LG Bochum CR 2011, 289. Zu den Praxisproblemen bei der Open-Source-Lizenzierung s. *Gerlach* CR 2006, 649; zu den Softwarelizenzen in der Insolvenz des Softwarehauses mit Bezug auf BGH CR 2006, 151; s. a. *Berger* CR 2006, 505; zur Kombination bzw. zum Abgleich von einerseits Escrow und andererseits BGH CR 2006, 151; s. a. *Grützmacher* CR 2006, 289.
[492] OLG Hamburg CR 2005, 558; BVerfG CR 2004, 810 (Keine Quellcodeherausgabe zur Offenbarung einer technischen Lehre) und »Vorinstanz« so LG Hamburg: BGH CR 2002, 791; zu diesem Besichtigungsanspruch a. A. *Auer-Reinsdorff* ITRB 2004, 116.

- weniger dringende, gleichwohl vom Auftraggeber geäußerte Änderungsforderungen, die aber entweder geschoben oder aus guten Gründen abgelehnt werden könnten, besonders zu regeln
- Änderungen, die sich im Projektverlauf aus Gründen ergeben, dass der alte Ausführungsplan nicht tauglich ist, wobei es dann sehr darauf ankommt, wer diesen Ausführungsplan und die damit verbundene Kalkulation geschaffen hat. War dies allein der Auftragnehmer, gehen die Ausführungsrisiken zu seinen Lasten.[493]
- Entsprechende Differenzierung bei der Reaktion des Auftragnehmers;
- Prüfungsverfahren: Häufig wird weiter übersehen, dass Änderungsforderungen einer Überprüfung bedürfen und zwar sowohl hinsichtlich Aufwand als auch Terminen sowie Verträglichkeit mit den übrigen Leistungen und auch bisher schon erbrachte Leistungen obsolet machen. Insofern bedarf es einer ausgeklügelten Regelung, wonach auch der Prüfungsaufwand für die Änderungsforderungen zu erstatten ist und auch ein Verfahren, was in der Zwischenzeit mit dem Projekt zu geschehen hat (Weiterarbeit, Stillstand?). Einen Ansatz in diese Richtung bot etwa § 5 BVB-Erstellung.
- Einstellen der laufenden Arbeiten je nach Art des Änderungsverlangens;

Evtl. schon während der Prüfung; Wer entscheidet?

- Vergütungspflicht für umfangreichere Prüfung;
- Wegfall/entsprechende Verschiebung von Fristen/Terminen;
- Klare Regelung, was bei Nicht-Einigung passieren soll (Fortführung, Beendigung);
- Vorbereitung für diese Entscheidung: klares Angebot des Auftragnehmers;
- Klare Dokumentation der einzelnen Tools und deren Behandlung, einschließlich Fortschreibung des »Pflichtenhefts«, des Termin- und Aktivitätenplans;
- Einbettung in das Eskalationsverfahren;

613 Der Umgang mit Änderungsforderungen ist häufig sehr leichtfertig, weil übersehen wird, dass die Vielzahl von Anforderungen ein Projekt salopp gesagt, schnell ins Trudeln bringen kann. In diese Richtung geht auch folgender Formulierungsvorschlag:

> »§ 22 Leistungsänderungen
>
> (1) Der AG kann jederzeit Leistungsänderungen und -ergänzungen verlangen, die im Rahmen des Projektes liegen, es sei denn, sie wären für den AN unzumutbar. Für kleine Änderungen (vorausgeschätzter Aufwand bis 5 Arbeitstage) genügt die Festlegung durch das Teilprojektteam nach § 13 Abs. 2, wenn sich dadurch der Terminplan nicht ändert. Im Übrigen gilt § 12 Abs. 3.
>
> (2) Der AN schätzt sofort ab, ob der Mehraufwand mehr als 9 Arbeitstage beträgt. In diesem Falle verlangt er vom AG eine schriftliche Darstellung der Vorgaben und erstellt auf dieser Grundlage ein schriftliches Angebot. Hierbei ist er an die Kalkulation (Anlage Kalkulation) gebunden. Wenn der AG nichts anderes entscheidet, setzt der AN zunächst die Tätigkeit nach der bisherigen Vorgabe fort.
>
> (3) Falls sich die Vertragspartner nicht über die Vergütung und eine Änderung des Terminplans einigen, entscheidet in Bezug auf den Terminplan die Schlichtung (§ 23); in Bezug auf die Vergütung bleibt der Streit offen.
>
> (4) Alle Vorgänge in diesem Zusammenhang sind aufs Äußerste zu beschleunigen, um eine Projektverzögerung zu vermeiden.«[494]

Dass man mit einer Vielzahl solcher Anforderungen den Auftragnehmer praktisch schachmatt setzen kann, sei am Rande vermerkt.

Der oben zitierte § 12 Abs. 3 besagt im Übrigen sinngemäß, dass ein Teilprojektteam sein Budget unter dem Vorbehalt der Zustimmung der Projektleitung höchstens 20 % erhöhen kann.

---

493 S. a. BGH NJW 1998, 3707; zum Problem der Entwicklung neuer Lösungen und evtl. nicht gangbarer Lösungswege BGH DB 2006, 1953.
494 *Bartsch*, Vertrag über ein Software-Projekt, III. H. 4.

Gerade die Beschleunigung bei der Beantwortung des Änderungsaufwands führt dazu, dass **614** der Auftragnehmer in eine nahezu unübersehbare Gefahrenlage kommt, was die Durchführbarkeit der Änderungen bzw. deren Ausführbarkeit betrifft. Es kann deshalb empfehlenswert sein,
- ein Projekt in möglichst kleine, handhabbare, zeitlich überschaubare und fachlich tragfähige Einheiten zu zerlegen,
- Änderungswünsche auf die Zeit nach Fertigstellung eines solchen Abschnitts zu verlegen und vor den Beginn mit dem nächsten Abschnitt die Entscheidung darüber herbeizuführen, ob diese Änderungen ausgeführt werden sollen oder nicht. Wenn allerdings durch die Änderung bisherige Leistungen oder noch zu erbringende Leistungen sicher obsolet werden, dann sollte das Projekt zum Stillstand gebracht werden, eine umfangreiche Prüfung erfolgen und ggf. auch der Leistungsumfang selbst völlig neu gefasst werden.

Wenn es sich bei der Änderung dagegen v. a. um einen Zusatzwunsch handelt, würde eine **615** Vertagung oder Verlegung nach Fertigstellung des bereits vereinbarten Leistungsteils ratsam sein.

Vergütung von Mehraufwand: Nicht jede Änderung muss Mehraufwand implizieren. **616** Denkbar wären auch Minderungen des Aufwands. Aber es bedingt wohl jede Änderung die Frage nach den Folgen hinsichtlich der Fristen und der Synchronisation der verschiedenen Tätigkeiten, also der Projektleitung, aber auch der rechtzeitigen Vertragserfüllung. Grundsätzlich gilt, dass **zusätzliche Leistungen auch zusätzliche Vergütungen** auslösen.

Dies wird häufig übersehen, obwohl es jeweils gesondert für Dienst- und Werkvertrag im **617** Gesetz geregelt ist (§ 612 BGB für Dienst-, § 632 BGB für Werkvertrag; wichtig für über Angebot hinausgehende Vorarbeiten).[495] Evtl. kommt es auch darauf an, ob es sich um eine Zusatzleistung innerhalb des Vertrages oder um einen abgrenzbaren selbstständigen Auftrag handelt.[496]

Auch bei Pauschalpreis-Werkverträgen können nicht vorgesehene zusätzliche Werkleistungen **618** ohne Abschluss eines sie betreffenden zusätzlichen Werkvertrages vergütungspflichtig sein. Voraussetzung ist, dass es sich um erhebliche, zunächst nicht vorgesehene Leistungen auf Veranlassung des Bestellers handelt, wobei es nicht darauf ankommt, ob die Parteien über die neue Preisgestaltung eine Einigung erzielt haben.[497]

Das große **Problem** bei **Festpreis**verträgen ist, ob der Auftragnehmer im Nachhinein nachweisen **619** kann, dass ihm entweder eine verbindliche Änderung oder ein verbindlicher Zusatzauftrag erteilt worden ist und dass dieser Mehraufwand erforderte. Nicht jede Änderung bedeutet Mehraufwand, da in vielen Fällen statt der einen Leistung eine andere zu erbringen ist. Auch vergessen viele Auftragnehmer, sofort einen **Vorbehalt** anzubringen, dass sie den Mehraufwand geltend machen werden. Hinzu kommt, dass, wie bereits erwähnt, Sachverständige der Auffassung sind, der Auftragnehmer hätte das Pflichtenheft zu erstellen. Fehlt ein solches, sind sie der Auffassung, dass alle Veränderungen mangels Nachweisbarkeit der Abweichung vom Pflichtenheft zulasten des Auftragnehmers gehen.[498]

Diese Auffassung ist durch die Entscheidungen des BGH zum (fehlenden) Pflichtenheft **620** **überholt**.[499] In der Praxis bedeutet dies, dass der Auftragnehmer darauf achten kann, dass der Auftraggeber keine Änderungen wünscht, die entweder vom Pflichtenheft oder einem gewöhnlichen Ausführungsstandard abweichen. Tut der Auftraggeber dies, kann

---

495 S. OLG Nürnberg CR 1993, 553 m. Anm. *Bartsch* S. 557.
496 Zur Abgrenzung BGH NJW 2002, 1492.
497 BGH DB 2002, 1710.
498 So etwa typisch: OLG München CR 1989, 803.
499 CR 1992, 543 – Zugangskontrollsystem; BGH CR 2004, 490 – weil bei fehlendem Pflichtenheft ein mittlerer Ausführungsstandard geschuldet ist.

sich der Auftragnehmer mit dem Vorbehalt darauf einlassen, dass er den Mehraufwand später geltend macht.

621 Möglicherweise ist dies eine der großen, wichtigen Ansatzpunkte für eine permanente kaufmännische, letztlich aber auch juristische **Projektbegleitung**: Wenn sich der Auftraggeber in jedem Fall, also gleich ob Festpreis- oder Zeitaufwandprojekt, zunächst eine **Vorkalkulation** geben lässt, auf der entweder der Festpreis oder die Aufwandsschätzung beruht, hat er eine Referenz sowohl in fachlicher als auch in preislicher Hinsicht, um Änderungen als Mehrungen oder Minderungen qualifizieren zu können. **Ob** überhaupt Änderungen durchzuführen sind, ist dann eine Frage, der sogleich nachgegangen werden soll. Jedenfalls lässt sich der Projektverlauf im Hinblick auf solche Mehrungen und Minderungen nur dann beurteilen, wenn also eine solche nach Projektschritten und Modulen spezifizierte Vorkalkulation vorliegt.

622 Praktische Handhabung von Änderungsverlangen:

Grundsätzlich könnte der Auftragnehmer bei Festpreisaufträgen mit gutem Grund die Erbringung von weiteren Leistungen, also Ergänzungen vor Abnahme ablehnen, v. a. im Hinblick auf Termine, Risiken der Ausführung, Prüfungsaufwand oder auf eine Änderung des Vertrags, nämlich zu einem Dienstvertrag als »Zurufprojekt« nach Aufwand. Er könnte gegenüber Änderungen der Leistungen, wie sie im Pflichtenheft festgelegt sind, geltend machen, dass eine etwaige Änderung zumindest nicht vor Abnahme erfolgen soll, um nicht die Abnahmefähigkeit zu gefährden, weil das Pflichtenheft die Referenz hierfür ist.

623 Man wird jedoch zum einen aus dem Charakter des komplexen Langzeitvertrages ebenso wie aus der inzwischen mehrfach von den Gerichten festgestellten naturhaften Zwangsläufigkeit der Änderungen im Projektverlauf schließen müssen, dass sich der Auftragnehmer nur bei Unzumutbarkeit gegen Änderungen wehren kann.[500] Es empfiehlt sich schon deshalb, in den Vertrag ein Änderungsverfahren einzubauen. Wenn der Auftragnehmer noch während des Projektverlaufs zunächst die Vorgabe erstellen soll, wird man auch im Rahmen der Erstellung dieses Pflichtenhefts ein solches Änderungsverfahren sinnvollerweise einbauen.

624 Ansonsten drohen Probleme, wie sie etwas das OLG Köln zu beurteilen hatte. Dort hatte gem. Vertrag der Auftragnehmer dem Auftraggeber »ein Pflichtenheft mit Realisierungsplan« zu übergeben. Der Auftragnehmer sah sich hierzu nicht in der Pflicht, nachdem der Auftraggeber in der ersten Programmbesprechung weit über die ursprüngliche Besprechung (die der Auftragnehmer im Pflichtenheft dann wiedergeben wollte) hinausgehende Anforderungen geäußert hatte. Nach Ansicht des OLG Köln hätte der Auftragnehmer sich darauf einlassen müssen, das Pflichtenheft völlig umzuschreiben (und damit den gesamten Auftrag).[501]

625 Ein formelles Änderungsverfahren fehlt häufig. In diesen Fällen wird dann der Auftragnehmer sich nicht üblichen Änderungen widersetzen können. Dies ergibt sich aus einer Reihe von Urteilen, die allerdings dann die Frage aufwerfen, was eigentlich an Änderungsverfahren bzw. Änderungsverlangen noch »normal« ist:
- BGH CR 1986, 799 – S-Projekt I
- KG Berlin CR 1990, 768: »Mit gewissen Änderungen und Ergänzungen der Programme im Laufe der Programmierarbeiten und dadurch bedingten Verzögerungen hat der Auftragnehmer zu rechnen und sie von vornherein zu berücksichtigen, wenn eine Betriebsanalyse nicht erstellt und ein Pflichtenheft nicht erarbeitet worden war.« (LS 3)

---

500 S. v. a. BGH CR 1986, 799 zu Reservekapazitäten im Hardwaremengengerüst wegen der im Projektverlauf immer üblichen Änderungen.
501 OLG Köln CR 1994, 229.

- BGH CR 1990, 707 – Geräteverwaltung – Herausnahme einer Spezialsoftware aus einem Gesamtprojekt
- BGH CR 1991, 86 – Holzhandlung (nicht erfüllte Zusatzwünsche, »Selbstverständlichkeiten« trotz neuer Vertragsgestaltung)
- BGH CR 1993, 424 – S-Projekt II: Wirksame AGB- Klauseln, wonach sich der Auftraggeber bei Änderungs- oder Ergänzungsarbeiten, die auf seinen Wunsch hin an den Programmen vorgenommen werden, nicht mehr auf früher vereinbarte Fertigstellungsfristen berufen kann.
- BGH DB 1999, 1949, LS, Hat der Auftragnehmer im Nachtragsangebot für zusätzliche Leistungen selbst bereits Abzüge bei der Vergütung wegen Wegfalls anderer Leistungen, trägt er Beweislast für spätere Behauptung, der Abzug sei unberechtigt.
- BGH NJW 2001, 1718: Fälligkeit der Dokumentation mit Abschluss der Arbeiten am Programm insbesondere nach zahlreichen Änderungsverlangen.

Wenn im Vertrag verbindliche Termine und Fristen vorgesehen sind, lässt sich oft schwer feststellen, was im Fall einer erheblichen Änderung gelten soll: Hätte der Auftragnehmer eine solche Änderung einplanen müssen, hätte er sie ebenso auch bei der Fristenplanung berücksichtigen müssen. Geht es nur darum, dass immer Änderungen vorkommen, wäre die Folge, dass immer auch Fristen verschoben werden müssten. Vorschlag: Soweit die Verschiebungen als solche vorher hätten eingeplant werden können, weil sie vorhersehbar oder üblich waren, kommen Nachfristen gegenüber dem Auftragnehmer in Betracht. Soweit sie nicht vorhersehbar waren, entfallen Termine mangels anderweitiger Regelungen.[502] **626**

Wenn solche Verschiebungen aufgrund vereinbarter bzw. vom Auftraggeber gewünschter Erweiterungen erkennbar werden, ist eine wichtige Aufgabe der Projektbegleitung (Controlling), den Terminplan/rahmen angemessen anzupassen. Auch kann es sinnvoll sein, sich sogleich, noch während des Projektlaufs über die Ursachen und finanziellen Aspekte der Verschiebung (auch im Hinblick auf Poenalen, Prämien, Fälligkeit) zu verständigen, so dass hierüber späterer Streit vermieden werden kann. **627**

Bei diesem Streit stehen ansonsten Zahlungsverlangen des Auftragnehmers verbunden mit Leistungsverweigerung den angeblichen Erfüllungsansprüchen des Auftraggebers gegenüber. Diese Blockade ist zu vermeiden. **628**

Ist die Änderung durch ursprüngliche Fehler im Pflichtenheft veranlasst, bleibt wohl kein anderer Weg, als auch dann, wenn das förmliche Verfahren nicht eingehalten wird, eine Anpassung vorzunehmen. Dies gilt insbesondere, wenn der Auftragnehmer auf solche Änderungen drängt. Das Hauptproblem in diesem Zusammenhang stellt die Vergütung i. V. m. der Einhaltung der Frist dar. Evtl. sollte diese Alternative gesondert außerhalb dieses formellen Änderungsverfahrens geregelt werden. Dies hängt auch davon ab, ob der Auftragnehmer bereits nach dem Vertrag das Pflichtenheft zu prüfen hat (und insofern dann das erst spätere Erkennen einen Mangel seiner Leistung darstellen kann) oder ob er nur verpflichtet ist, dann, wenn er die unzureichende Ausführung des Pflichtenhefts erkennt, hierauf aufmerksam zu machen und ein entsprechendes Verfahren einzuleiten. In diesem Fall wäre es dann so, dass der Anstoß vom Auftragnehmer ausgeht und dieser den Auftraggeber veranlasst, ein förmliches Änderungsverlangen durchzuführen, das in diesem Fall der Auftragnehmer initiiert, zu dem der Auftraggeber den zweiten Schritt, nämlich die entsprechende Vorgabe, wie das Pflichtenheft beschaffen sein soll, nachholt. **629**

Unter dem Aspekt des Änderungsverfahrens (gleich ob förmlich oder mehr informativ) lohnt es, dass Projekte im Vorhinein kalkuliert werden, dass für einzelne Arbeitsschritte bzw. Bereiche (Module) die Arbeiten, die hierzu erbracht werden sollen, festgelegt und **630**

---
[502] BGH CI 1999, 48: Vereinbarung von Zusatzleistungen, Erweiterungen, lassen ursprünglich vorgesehenen Termin entfallen.

auch zeitlich bewertet werden. Diese Kalkulation muss nicht, könnte aber theoretisch auch Geschäftsgrundlage werden. Bei Abweichungen lässt sich dann ermitteln, welcher Aufwand entfallen ist, welcher hinzugekommen ist und wie sich dieser Aufwand zum Gesamtvertrag verhält. An der Möglichkeit eines solchen Soll-Ist-Vergleich fehlt es bei vielen Projekten.[503]

631 Wichtig und entscheidend ist bei Änderung der Ausführungsart für die Kostentragung, von wem die ursprüngliche Kalkulation stammt: wenn sie auch auf Angaben des Auftraggebers, und nicht allein des Auftragnehmer, beruht, ist nicht allein der Auftragnehmer verantwortlich.[504]

V. Ablieferung, Abnahme

632 Bei Anwendung von Kaufrecht (§ 651 BGB) würde zur Erfüllung »Ablieferung« genügen. Allenfalls wäre der Beginn der Verjährungsfrist für Mängel durch noch vereinbarte Leistungen, wie z. B. Installation, hinausgeschoben.[505] Die h. M. lehnt jedoch die Anwendung von Kaufrecht ab, so dass (derzeit) grundsätzlich von einer Abnahme als Erfordernis der Fertigstellung und Erfüllung auszugehen ist. Im Bewusstsein beider Parteien ist die Vorstellung von der Bedeutung der Abnahme in gleicher Weise verankert. Unterschiedlich werden die Notwendigkeit vorheriger Tests und die Bedeutung evtl. Produktivsetzung i. S. einer konkludenten Abnahme bewertet.[506] Anbieter-AGB sehen insofern eine Abnahmefiktion vor, die greifen soll, wenn der Kunde die Software für eine gewisse Zeit (die relativ kurz bemessen wird) im Einsatz hat und dabei keine Mängel rügt.

> »An der Abnahme einer EDV-Anlage fehlt es, wenn die Funktionsfähigkeit des Systems erst im Laufe der Benutzung festgestellt werden kann und der Besteller auftretende Mängel sofort rügt.«[507]

AGB-rechtlich droht solchen Klauseln trotz § 640 Abs. 1 S 3 BGB Unwirksamkeit,[508] weil die gesetzliche Regelung nur greift, wenn die Leistung wirklich abnahmereif,[509] also im Wesentlichen mangelfrei ist.

633 Ein (erfolgreicher) Probelauf wäre grundsätzlich, auch für bzw. vor Abnahme, nicht erforderlich,[510] wäre aber als individualvertragliche Regelung zu empfehlen (mit Testkriterien u. ä.).[511]

634 Die stillschweigende Abnahme wird weniger in den Probeläufen oder Tests zu sehen sein, als in einer Produktivsetzung und – Nutzung ohne Vorbehalt und Mängelrügen.[512] Voraussetzung wird sein, dass auch die Dokumentation vorliegt, s. a. Rdn. 603.

---

503 S. a. Probleme der Rückrechnung auf erforderlichen Aufwand trotz vorliegender Stundenzettel, OLG München CR 1989, 803.
504 BGH NJW 1998, 3707.
505 Analog BGH CR 2000, 207.
506 Zur Fälligkeit bei schlüssiger Abnahme s. BGH DB 1996, 1617; zur Frage, wie die fiktive Abnahme bzw. die Wirkung einer solchen ausgeschlossen werden kann, s. BGH DB 1997, 371.
507 BGH CR 1996, 667; s. aber zum Baurecht Brandenburgisches OLG 28.03.2007, 4 U 47/06: Eine Abnahme liegt bereits dann vor, wenn der Auftraggeber durch sein Verhalten konkludent erklärt, die Lieferung sei im Wesentlichen vertraggemäß. Dies setzt bei einer auf einer Vielzahl von Einzelleistungen bestehenden Gesamtleistung nicht voraus, dass dem Verhalten des Auftragnehmers entnommen werden kann, er halte die Leistung für insgesamt mangelfrei. Insoweit ist die Nutzung von Außenanlagen als Teil einer Gesamtheit zu erbringender Leistungen als konkludente Abnahme zu bewerten. Zur Inbetriebnahme als Abnahmeerfordernis s. OLG Düsseldorf CR 2002, 324 (»Anlage übergeben« betraf nicht die mangelfreie Funktion der Software).
508 § 308 Nr. 5 BGB, fingierte Erklärungen.
509 S. *Bartsch* CR 2006, 7, 8.
510 A. M. *Junker/Benecke* Rn. 229 m. w. N.
511 S. a. oben Rdn. 158.
512 BGH CR 1996, 667.

VI. Mängelrecht, Haftungsfragen

Den Parteien wird zu empfehlen sein, die Schritte bzw. Stufen mit den Tests
- modulweise,
- gesamt, Integrationstest
- Performance,

genau zu beschreiben und in den Aktivitäten- und Fristenplan einzubauen.[513]

VI. Mängelrecht, Haftungsfragen

Der Besteller hat bei Mängeln im Rahmen des Werkvertragsrechts keine Pflicht zu sofortiger Rüge nach § 377 HGB.[514] Er hat dem Unternehmer zunächst Gelegenheit zur Nacherfüllung zu bieten.[515] Davon unabhängig kann der Unternehmer in Verzug geraten (vereinbarter Fertigstellungstermin). Auch unabhängig kann ein Anspruch des Bestellers auf Ersatz des Betriebsstörungs- bzw. -ausfallschadens bestehen.[516] **635**

Beim Werkvertrag gibt es keine entsprechende Regelung, ab wann vermutet wird, dass die Nacherfüllung gescheitert ist. Beim Werkvertrag hat zudem der Unternehmer das Wahlrecht, so dass insoweit auch der Bedarf an einer solchen Regelung geringer erscheint.

Im Hinblick jedoch auf die erwähnten AGB ist wichtig, dass gerade beim Werkvertrag die Aufforderung zur Leistung nur geringen Anforderungen unterliegt. So reicht es **vor** Abnahme grundsätzlich aus, wenn der Auftragnehmer den Auftraggeber zur Leistung auffordert, ohne genau zu bestimmen, was der Auftragnehmer insoweit (noch) leisten soll. Es reicht also die Aufforderung, die vertragliche Leistung zu bewirken.[517]

Daraus ergibt sich andererseits, dass die Leistungsaufforderung im Rahmen der Mängelbeseitigung konkreter zu sein hat, was auch mit der Beweislast zusammenhängt. Dies entspricht in etwa der alten Aufteilung in allgemeine Anforderungen und die Aufforderung zur *Erfüllung* des Vertrages (geringe Anforderungen an die Präzision) im Gegensatz zu den wesentlich höheren Anforderungen an die Spezifizierung bei der Aufforderung zur Mängelbeseitigung.[518]

Das **Wahlrecht** hinsichtlich der Art der Nacherfüllung steht dem Unternehmer zu, § 635 Abs. 1 BGB. Nach Scheitern der Nacherfüllung stehen dem Besteller gem. § 634 BGB die Sekundärrechte zu, wobei zuvor **Fristsetzung** grundsätzlich erforderlich ist gem. § 636 bzw. §§ 281 Abs. 2 Satz 1, 323 Abs. 1 BGB. **636**

- Selbstvornahme mit Aufwendungsersatz nach § 637 BGB. Dies setzt allerdings faktisch – u. a. – die Herrschaft über den Quellcode (und dessen Beschreibung) voraus. Ansonsten wäre diese Maßnahme kaum machbar, zudem zu riskant.
- Rücktritt §§ 636, 323 und 326 Abs., 5 BGB oder Minderung, § 638,
- Schadensersatz gem. §§ 636, 280, 281, 283 und 311a BGB oder Ersatz vergeblicher Aufwendungen gem. § 284 BGB.

---

513 S. oben Rdn. 89 ff. zu den Projektphasen, zum Aktivitäten- und Fristenplan s. Rdn. 119–126.
514 BGH CR 2002, 93.
515 Zu den Ausnahmen der Unzumutbarkeit oder endgültigen Verweigerung Rdn. 46 f.; *J. Schneider* ITRB 2007, 27.
516 OLG Hamm 23.02.2006, 28 U 164/05; BGH NJW 2009, 2674 (Ersatzfähigkeit ohne Verzug und Nacherfüllungsfrist).
517 BGH NJW 2010, 2200.
518 BGH NJW 2010, 2200 Tz. 15.

VII. Rechtseinräumung, Übergang der Rechte, Umfang der Rechte

637 Die typischen Software-Erstellungsprojekte beinhalten die Erstellung von Individualsoftware für einen konkreten Auftraggeber, der die Software nicht weiter vertreiben, sondern bei sich einsetzen will. Insofern läge es auf der Hand, dass der Kunde per Vertrag die ausschließlichen Nutzungsrechte erhält und bestimmte Rechte dem Auftragnehmer quasi zurückgewährt, damit dieser für ihn die Software im Bedarfsfalle noch aktualisieren bzw. pflegen kann. Erforderlich ist diese Rückgewähr nicht, da der Auftragnehmer durch den jeweiligen Auftrag des Auftraggebers, der über die entsprechenden Rechte verfügt, legitimiert ist.

638 Dennoch werden in vielen AGB auch und gerade von großen Anbietern die Nutzungsrechte keineswegs in diesem Umfang auf den Auftraggeber übertragen bzw. diesem eingeräumt. Es fehlt sogar oft an der Rechtseinräumung hinsichtlich der Bearbeitungs-/Übersetzungs-Rechte, auch hinsichtlich Vervielfältigung und Verwertung. In manchen Fällen hat der Auftraggeber zwar bei Vertragsschluss nicht das Interesse gehabt, die Software zu vermarkten, kann sich aber später, v. a., wenn die Projektkosten überzogen worden sind, die Amortisation nur darüber wieder verschaffen, dass er die Software auch anderen überlässt, sie also vertreibt.

639 In vielen AGB wird die Rechtseinräumung auch davon abhängig gemacht, dass der Kunde die Projektkosten voll bezahlt hat. Wenn andererseits die Abnahme Voraussetzung für die Vergütung ist, insbesondere auch für evtl. noch ausstehende Vergütung, nachdem Abschlagszahlungen gezahlt worden waren, entsteht hier ein fast nicht auflösbarer Widerspruch. Der Kunde wäre berechtigt, die Abnahme zu verweigern, wenn er nicht im Vollbesitz der ihm zu übertragenden Rechte wäre und muss deshalb dann auch nicht zahlen.

640 Es kann deshalb sinnvoll sein, im Vertrag zwar einen Teil der Rechte oder einen bestimmten Rechtsumfang hinsichtlich des Übergangs an die volle Bezahlung zu knüpfen, andererseits aber den Kunden in die Lage zu versetzen, nicht nur zu testen, sondern auch produktiv zu arbeiten. Dies würde zu einer stufenweisen Einräumung bzw. Übertragung der Nutzungsrechte führen. Es ist also zu empfehlen, in den Verträgen ausdrücklich den Zeitpunkt der Rechtseinräumung und den Umfang der Rechtseinräumung zu regeln.[519]

641 *Karger* empfiehlt, auf folgende Zeitpunkte abzustellen:[520]
- Vertragsschluss
- Entstehen des Werks
- Übergabe des Werks
- Ablieferung des Werks
- Teillieferung und Abschlagszahlung
- Abnahme des Werks und
- Vollständige Zahlung der Vergütung

642 In diesem Zusammenhang ist darauf hinzuweisen, dass ein Eigentumsvorbehalt zwar in alten Verträgen vielleicht noch eine Weile hinnehmbar war, in Verträgen nach der Entscheidung Holzhandelsprogramm des BGH vom 1994[521] aber nicht mehr akzeptabel ist. Der BGH verlangte nicht zuletzt aufgrund der zuvor erfolgten Novellierung des Urheberrechts als Regel die strikte Trennung zwischen der sachenrechtlichen und der urheberrechtlichen Terminologie bzw. setzte diese voraus, damit der gewünschte Effekt eintreten konnte.[522]

---

519 S. v. a. Schneider/v. Westphalen/*Karger* Kap. A Rn. 120 ff.
520 Schneider/v. Westphalen/*Karger* Kap. A Rn. 122; s. a. *Karger* ITRB 2006, 255.
521 BGH CR 1994, 275.
522 S. zur Entscheidung Holzhandelsprogramm Schneider/v. Westphalen/*Karger* Kap. A Rn. 132; BGH CR 1994, 275, wo in einem Sicherungsübereignungsvertrag aus dem Jahr 1976 von der »Eigentumsübertragung« am Computerprogramm die Rede war.

Ansonsten, also wenn keine ausdrückliche Vereinbarung mit entsprechender Staffelung ge- **643** troffen wird, wird bei Werkvertrag der übliche bzw. der maßgebliche Zeitpunkt für die Rechtsübertragung (notfalls stillschweigend) – spätestens – im Zeitpunkt der Abnahme gegeben sein.[523] »Spätestens« wird deshalb gelten, weil bei der Abnahme selbst nur der Kunde erklärt, dass das Werk im Wesentlichen vertragsgemäß ist, während die Übergabe, Installation und damit das Zurverfügungstellen gegenüber dem Kunden schon vorher erfolgt und zwar mit genau dem Willen, dass der Kunde dies als vertragsgemäß akzeptiert. Das würde umgekehrt bedeuten, dass eigentlich der Rechtsübergang bei stillschweigender Übertragung eher für den Zeitpunkt der Installation anzunehmen ist.

H. Softwarebezogene Zusatzleistungen

I. Einweisung

Anders als die vorvertragliche Beratung wird die Einweisung grundsätzlich als eine zu ver- **644** einbarende Leistung angesehen.[524] Diese wird zumindest bei Projekten zu Erstellung und Anpassung weniger gelten, weil die Abnahmeverfahren und die Abnahmeerklärung (für die Wirksamkeit) eine Art gemeinsame »Begehung« im Sinne einer Kontrolle der Vertragsgemäßheit erfordert.[525]

II. Schulung

Eine Schulung wird, wenn sie geschuldet sein soll, eigens vereinbart.[526] Interessant wird die **645** Schulung bei Projekten im Zusammenhang mit angeblich nicht oder schlecht erbrachter Mitwirkung. Der Anwender kann sich ggf. auf eine noch ausstehende, vereinbarte Schulung berufen. Bei Rückabwicklung und/oder Schadensersatz im Fall des Scheiterns ist meist auch bereits erfolgte Schulung erfasst. »Wird der Vertrag über die Softwarelieferung rückabgewickelt, ist auch das für Schulungen gezahlte Entgelt wegen Wegfalls der Geschäftsgrundlage zu erstatten«.[527]

III. Installation

Ob die Erstinstallation mitgeschuldete Leistung oder eine gesondert zu vergütende Zusatz- **646** leistung ist, wird sich bei Projekten aus dem Vertrag ergeben; dies war manchmal bei Standard-Software, v. a. umfangreicheren Paketen, strittig.[528] Im Prinzip kann eine Gleichsetzung mit Montage erfolgen, so dass sich durch diese zusätzliche Leistung nichts an der Anwendung von Kaufrecht ändert.[529] Im Übrigen erscheint die Auffassung einer Einweisungspflicht, außer bei Eigenheiten des Produkts, als veraltet.[530]

> »Bei der erstmaligen Veräußerung eines umfangreichen Software-Pakets an einen neuen Kunden gehört die Erstinstallation bei sachgerechter Auslegung der getroffenen Vereinbarungen unter Berücksichtigung der beiderseitigen Interessen zu den übernommenen Pflichten des Lieferanten.

---

523 S. a. Schneider/v. Westphalen/*Karger* Kap. A Rn. 134 ff.
524 S. z. B. *Junker/Benecke* Rn. 201.
525 Zu »Ablieferungskontrolle« s. v. a. BGH NJW 1992, 1754.
526 Zur Abgrenzung zu Einweisung bei Hardware s. Rdn. 250.
527 OLG Hamm CR 1998, 202, LS 4.
528 Bejaht etwa von OLG Hamm CR 1998, 202.
529 A. M. bei Überlassung, Installation und Umstellung: OLG Hamm CR 2006, 442.
530 S. etwa *Junker/Benecke* Rn. 201.

Im Rahmen eines Wartungsvertrages muss der Softwarelieferant Änderungen der Software durch Updates integrieren und dem Kunden bei der Aufspielung der Updates beratend zur Seite stehen.«[531]

IV. Support

647 Unter Support werden – v. a. telefonisch, evt. per Mail ausgeübte – Leistungen gefasst, die weitgehend mit denen identisch sind, die im Rahmen der Pflege zu »Hotline« gehören und dort oft auch Support (first-/second line ...)[532] genannt werden. Als Zusatzleistung können sie einmalig als Unterstützung zu erbringen sein, wie etwa bei einer Portierung (ggf. auch beim Ende des Outsourcing).[533]

648 Laufende Leistungen beziehen sich auf Fehler der Software und Anwendungsprobleme. Sie staffeln sich meist (»Bronze, Silber, Gold«), wenn sie gesondert (nicht innerhalb der Pflege) angeboten werden, nach der Bemessung der Reaktions- und Beseitigungszeit, sowie den Stellen, die eingeschaltet werden (Fachzentren mit Betriebszeiten, europäisch, international rund um die Uhr...). Ebenso staffelt sich die Vergütung, wobei die Ausübung auf maximale Beanspruchung pro Monat je nach vereinbarter Support-Ebene begrenzt wird. Die Leistungen können auch als SLA i. V. m. Sanktionen bei Nichteinhaltung ausgestaltet sein.[534]

649 Grundsätzlich wird es sich um einen Dienstvertrag handeln. Problematisch erscheint – wie bei Pflege – v. a. die evtl. nicht transparente Überlagerung mit Mängelrechten.

I. Rechtsfragen der Open Source-Software

I. Einführung

1. Merkmale der Open Source-Software

650 Während viele Entwickler ihren Quellcode hüten wie Zeus das Feuer vor den Menschen, ist es das wesentliche Merkmal der Open Source-Software (OSS), dass der Quellcode entsprechender Programme einsehbar wie zugänglich – also **offen** – und dadurch insbesondere modifizierbar ist. Herkömmliche Software, welche oftmals nur in Objektcode-Form verfügbar ist,[535] hingegen wird als »closed source« oder gemeinhin als proprietär bezeichnet.[536]

651 Typisches, gleichwohl nicht notwendiges Merkmal ist daneben eine Klausel, welche bewirkt, dass Veränderungen an Open Source-Software und ggf. andere Verwendungen wiederum zu OSS werden müssen. Diese wird als **Copyleft** – als Verkehrung des Copyrights – oder mit impliziter Bewertung als **viraler**, Krebsgeschwür-[537] oder Midas[538]-Effekt bezeichnet. Den OSS-Gemeinschaften dienen entsprechende Klauseln dazu, dass »ihr« Werk auch »open« bleibt und darauf basierende Entwicklungen der Allgemeinheit als verfügbares Gut (»Commons«) erhalten bzw. zugeführt werden.[539] Bei *Creative Commons* hingegen, welche allerdings nicht für Software gedacht sind,[540] sondern für Bilder, Wikis u. a., wird diese Bestimmung als »share alike« bezeichnet. Beide Systeme folgen dabei einer

---

531 OLG Hamm CR 1998, 202, LS 1 und 2.
532 S. a. *Schreibauer/Taraschka* CR 2003, 507.
533 S. etwa *Heymann* CR 2005, 706; s. a. Kap. 7.
534 S. a. *Bräutigam* CR 2004, 248; *Hörl/Häuser* CR 2003, 713.
535 Vgl. Kap. 1 Rdn. 28.
536 Vgl. *Jaeger/Metzger* Rn. 3; s. auch http://www.gnu.org/philosophy/words-to-avoid.html.
537 Diese Aussage geht auf Microsoft-CEO *Ballmer* zurück.
538 Vgl. *Nordmeyer* JIPITEC 1/2010, 19 (20).
539 FA-UMR/*Peifer* Kap. 1 Rn. 12–13; *Rosen* S. 107.
540 S. http://de.creativecommons.org/faqs/#kannichauch.

vergleichbaren Doktrin. Wiederum verglichen mit Open Access ergibt sich das übereinstimmende Ziel, dass Inhalte frei zugänglich sein sollen, obgleich Open Access eine übergreifende Reaktion gänzlich fremd ist.[541]

OSS ist oftmals kostenlos verfügbar, insbesondere über das Internet. Diese Kostenlosigkeit ist ebenfalls keine zwingende Bedingung, sondern stattdessen Wesensmerkmal der **Freeware**, welche wiederum nicht quelloffen sein muss.[542] Nach einem bekannten Vergleich sei OSS zwar nicht kostenlos bzw. frei wie eben Freibier,[543] dafür aber in der Verwendung und unterliegt eben nicht den für Software typischen Verwendungs- und Überlassungsbeschränkungen wie insbesondere Kopierverboten, CPU-Klauseln, Aktivierungszwängen usf. **652**

Typisches oder zumindest originäres, aber definitorisch ebenfalls nicht zwingendes und gegenwärtig nicht mehr ausschließliches Merkmal der OSS ist, dass diese von überall auf der Welt zerstreuten, **unabhängigen**, sich lose koordinierenden, also heterarchischen **Gruppen** (»**communities**«) gemeinsam auf **freiwilliger** Basis entwickelt wird.[544] **653**

Bezüglich einer Feststellung, ob eine Software bzw. eine bestimmte Lizenz[545] als OS anzusehen ist, bestehen verschiedene Anforderungen, welche insbesondere durch OSS-Organisationen formuliert worden sind. So insbes. die **Open Source Definition** (OSD)[546] der *Open Source Initiative*, welche zudem entsprechende Zertifizierungen durchführt. Diese führen des Weiteren Listen darüber, welche Lizenzen sie als solche der OSS anerkennen.[547] Eine Legaldefinition hingegen existiert nicht und ist auch nicht zu erwarten. **654**

Nach der besagten OSD[548] muss eine OS-Lizenz nebst anderer Bedingungen vor allem die **freie Weitergabe und das Kopieren der Software erlauben**; den Quellcode zur Verfügung stellen mitsamt der Möglichkeit, diesen zu verändern und darauf basierende Programme ebenfalls weiterzugeben; die »Integrität«[549] des ursprünglichen Quellcodes bzw. Programmierers wahren; keine Personengruppen, Einsatzfelder oder andere Software benachteiligen (»diskriminieren«) und technologieneutral sein; sowie dafür Sorge tragen, dass sich die Rechte des Nutzers bereits aus dem Besitz des Programmes ergeben und keinerlei weiteren Verträge usf.[550] abzuschließen sind. **655**

Teilweise wird für Open Source synonym der Begriff **Freier Software** verwendet oder auch mit OSS kombiniert, woraus sich Akronyme wie FOSS oder FLOSS ergeben.[551] Unklarheiten über Begriffe wie »offen« und »frei«[552] können angesichts der offenkundigen Unbe- **656**

---

541 Es mag zwar nach einigen Kritikern faktische Zwänge zu Open Access geben, welche sich aber nicht daraus ergeben, dass jemand entsprechende Dokumente nutzt, insbes. zitiert. Dabei handelt es sich um externe Faktoren. S. ebenfalls http://oa.mpg.de/lang/en-uk/berlin-prozess/berliner-erklarung/.
542 Spindler/*Spindler*, Rechtsfragen, Kap. B Rn. 14; bzw. kein Bearbeitungsrecht besteht Schricker/Loewenheim/*Spindler* Vor §§ 69a ff. Rn. 20.
543 S. http://www.gnu.org/philosophy/free-sw.html – stattdessen vergleiche man sie mit »free speech«.
544 *Rosen* S. 43.
545 Der Begriff Lizenz wird hier neutral gebraucht und soll keinerlei Aussage über eine Qualifikation im Rahmen einer Vertragstypologie treffen (vgl. Rdn. 334, 399). »Lizenz« umfasst hierbei insb. die Bestimmungen in den zahlreichen OSS-Lizenzdokumenten (vgl. Sec. 0 GNU GPL v2 u. v3).
546 S. http://www.opensource.org/docs/osd.
547 S. http://www.gnu.org/licenses/license-list.html und http://www.opensource.org/licenses/alphabetical.
548 S. http://www.opensource.org/osd.html; dazu *Rosen* S. 6.
549 Gemeint ist primär die Zuordnungsmöglichkeit eines Programmierers zum von ihm verfassten Code.
550 Damit ist gemeint, dass kein weiteres Angebot einzuholen ist, nicht ob der Lizenzvertrag als solcher rechtlich abgeschlossen werden muss, vgl. dazu u. Rdn. 680, 721, 727, 735, 743.
551 Wobei bei Letzterem das »L« für »libre« steht, welches verdeutlichen solle, dass Freie Software nicht kostenlos, aber frei verwendbar sein müsse – http://www.fsfe.org/about/basics/freesoftware.de.html. Krit. *Stallman* http://www.gnu.org/philosophy/open-source-misses-the-point.html. Siehe Rdn. 652.
552 S. http://www.gnu.org/philosophy/categories.html.

stimmtheit beider Begriffe nicht überraschen. Statt »frei« wurde OSS als werbender Begriff zudem bewusst gewählt, da Freier Software tlw. nur geringe Reputation in Wirtschaftskreisen anhing.[553] Interessanterweise wird die bekannteste OSS-Lizenz, die GNU GPL, in ihrem Lizenztext als »frei« bezeichnet und schöpft bereits in der Präambel mehrfach aus diesem Wortkreis, nutzt hingegen das Wort »open« an keiner Stelle, verlangt aber gleichwohl Quelloffenheit.

657 Die GNU GPL wird – dies erklärt den vorherigen Umstand – seitens der *Free Software Foundation* (FSF) gepflegt, die vergleichbar zur OSD bereits zuvor ihre **Free Software Definition** (FSD) erklärt hatte, welche vier Grundfreiheiten verlangt:[554]

- 0. Freiheit – das Programm zu beliebigen Zwecken frei auszuführen;
- 1. Freiheit – das Programm zu studieren und zu ändern;
- 2. Freiheit – das Programm zu kopieren und weiterzugeben;
- 3. Freiheit – auch Modifikationen des Programms kopieren und weitergeben zu dürfen.

Die Quelloffenheit sieht die FSF dabei als Vorbedingung für die 1. und die 3. Freiheit an. Eine Copyleft-Bedingung ist somit nach den zwei bedeutendsten Definitionen keine zwingende Voraussetzung, um als OSS bzw. Free Software anerkannt zu werden.

2. Hintergründe und historische Entwicklung

658 Die Software-Märkte sind quasi seit Anbeginn durch starke Vormachtstellungen einzelner Unternehmen und Programme geprägt.[555] Insbesondere der Betriebssystemsektor wird nach wie vor von solchen Microsofts dominiert, welches in Kreisen der sog. Netzgemeinde kaum Beliebtheit genießt. 1992 ist das Betriebssystemprojekt GNU/Linux[556] mit Ursprüngen im quelloffenen Unix[557] aufgekeimt, dessen Kernel *Linus Torvalds* geschrieben[558] und unter der GNU GPL v2[559] veröffentlicht hat. Deren erste Version war seitens *Richard Stallmanns*[560] bereits 1989 veröffentlicht worden. Die Idee hinter OSS hingegen ist letztlich so alt wie gemeinsame Arbeit an Computerprogrammen, welche bereits in den Pionierjahren zuvor durchgeführt wurde und für welche die Quelloffenheit unabdingbar ist.[561] Doch erst diese Institutionalisierungen einschließlich der Verfassung der Lizenztexte als Reglement als auch durch die Beflügelung durch leistungsfähige Kommunikationsinfrastrukturen[562] als Basis für weltweite Kooperation beförderten den Erfolg dieser 80er-Jahre-Idee zum gegenwärtigen Siegeszug.

659 Viele sehen OSS als Gegenentwicklung zur proprietären Software der (großen) Unternehmen und ihre eigenen Projektgemeinschaften als demokratische, am Allgemeinwohl orientierte Bewegung für mehr Transparenz und Fortschritt durch weltumspannende, geeinigte Arbeit. Dieses Freiheitsparadigma umfasst primär die Forderung nach unbeschränktem Informationszugang. Längst ist OSS nicht mehr nur Vehikel einer **Hacker-Ideologie**, sondern auch ein Geschäftsmodell großer Unternehmen wie etwa IBM oder Google gewor-

---

553 *Jaeger/Metzger* Rn. 4.
554 S. http://www.gnu.org/philosophy/free-sw.html.
555 In den Anfängen waren Hard- und Softwareerwerb noch sehr viel stärker als heute miteinander verbunden.
556 Zu GNU s. Rdn. 719 (Fn.).
557 *Jaeger/Metzger* Rn. 15; *Koglin* S. 8, allerdings wurde die Nutzung bestimmter Unix-Varianten aufgrund steigender Lizenzgebühren zu einem späteren Zeitpunkt erschwert.
558 In der Version 0.1, s. *St. Laurent* S. 165.
559 S. u. Rdn. 720.
560 Er gilt als Vordenker der OSS bzw. Freien Software(!) mit strengem Copyleft, vgl. *St. Laurent* S. 164. S. *Stallman* http://www.gnu.org/gnu/manifesto.html.
561 *Jaeger/Metzger* Rn. 13.
562 *Grzeszick* MMR 2000, 412 (414).

den, die derartige Motive nicht teilen müssen, sondern zunächst an **Profiten** interessiert sind.[563]

3. Einsatzmöglichkeiten und -faktoren

OSS umfasst Betriebssysteme für Server, Einzelplatzcomputer sowie andere Geräte wie etwa Mobilrechner einschließlich Telefongeräte,[564] DVB-Receiver und Router (»**embedded systems**«), Anwendungsprogramme – von E-Mail-Klienten über Browser zu Office-Suiten – und nur vereinzelt Computerspiele, wenngleich zumindest »mods«, also Modifikationen für in der Regel proprietäre Computerspiele, oftmals Prinzipien freiwilliger Zusammenarbeit zugrunde liegen.[565] Prinzipielle technische Einsatzgrenzen existieren für OSS nicht, sind nicht durch OSS-Lizenzbedingungen vorgegeben, sondern vielmehr untersagt.[566] Gleichwohl haben sich in den letzten Dekaden Bereiche herausgebildet, in denen OSS-Gemeinschaften besonders produktiv und erfolgreich waren und die aufgrund bestimmter Faktoren leichter erschlossen werden konnten. Ob OSS proprietärer Software hinsichtlich ihrer Funktionalität über- oder unterlegen ist, ist Frage des konkreten Falles und abstrakt keinesfalls beantwortbar. Im Gegensatz zu proprietärer Software, deren Pflegezyklus häufig nach wenigen Jahren ausläuft, kann OSS noch danach aktualisiert werden.[567]

Sofern sich ein Entwickler für die Nutzung fremder OSS im Rahmen der eigenen Tätigkeiten entscheidet, muss dieser ggf. ein **Copyleft** berücksichtigen, damit die ihm geschenkte Software sich nicht als **Danaergeschenk** entlarvt – denn die Arbeit mit OSS kann dazu führen, dass eigene Programme samt des Quellcodes frei verfügbar werden müssen und sich dadurch Einnahmemöglichkeiten erschweren.[568] Andererseits nutzen Programmierer OSS, um sich zu profilieren und aufgrund gestiegener Reputation etwa lukrative Aufträge zu erhalten.[569] Neben Altruismus[570] ist dieses jedenfalls ein oftmals betontes **Motiv**, welches zu erklären hilft, dass Personen sich scheinbar ohne ökonomische Interessen – bloß intrinsisch veranlasst – engagieren. Selbstverständlich kann nicht abgestritten werden, dass Engagement in großem Umfang auf bloßen Freizeitspaß oder intellektuellen Reiz zurückführbar sein können.[571]

Entwickler können überlegen, ihre eigene Software ausschließlich oder etwa zumindest für die private Nutzung (ergänzend) einer OSS-Lizenz zu unterstellen.[572] Dadurch können sie sich erhoffen, dass andere an der Fortentwicklung ihrer Software freiwillig teilhaben und sich eine lebendige, produktive Nutzergemeinde bildet. Die Geschichte bietet zudem mindestens zwei Beispiele auf, in denen ein unterlegener Wettbewerber auf konzentrierten Märkten niederging, sein Produkt als OSS auf den Markt zurückführte und mittlerweile wieder Marktanteile hält – so verhielt es sich bei Netscapes Navigator, welcher gegenwärtig

---

563 Welche zunächst durch günstige Software erhöht werden können – Bitzer/Schroeder/*Rossi* S. 38–40.
564 Kap. 1 Rdn. 8. Also insb. Mobiltelefone/Smartphones, die etwa mit Symbian oder Android (beides OSS) betrieben werden.
565 Als »mod« (für »modification«) werden (u. a.) Veränderungen bestehender Computerspiele verstanden. Der Grad der Veränderung ist dabei fließend und reicht von Levels/»maps« mittels seitens der Hersteller zur Verfügung gestellter Editoren über einfache grafische Ergänzungen (wie »skins«) bis zu »total conversions«. Paradebeispiel für eine erfolgreiche »mod« ist Counter Strike, welches zunächst von bloßen Freizeitentwicklern für das Spiel Half Life 1 erstellt worden ist. S. auch Rdn. 693.
566 S. dazu oben die OSD und FSD unter Rdn. 654, 657.
567 *St. Laurent* S. 6. Quelloffenheit sorgt zudem für Erkennbarkeit von »back doors«, *Koglin* S. 5.
568 *Nordmeyer* JIPITEC 1/2010, 19 (25).
569 Durch Quelloffenheit und die durch Änderungsvermerke erkennbaren Individualleistungen wird dieses zudem deutlich vereinfacht, *Jaeger/Metzger* Rn. 122.
570 Vgl. *Grzeszick* MMR 2000, 412 (416); sehr kritisch *Sester* CR 2000, 797 (798).
571 *Metzger/Jaeger* GRUR Int 1999, 839 (840); *St. Laurent* S. 158; *Koglin* S. 4; *Grzeszick* MMR 2000, 412 (414); Spindler/*Spindler*, Rechtsfragen, Kap. A Rn. 5.
572 S. Rdn. 773.

fortentwickelt als Mozilla Firefox erfolgreich ist; und ebenfalls bei Suns Star Office, das nun als Open Office reüssiert.[573] Doch ist OSS nicht nur eine Strategie im Fanal der Hoffnungslosigkeit, sondern eine Möglichkeit, – auch durch die übliche Kostenlosigkeit – sehr schnell Marktanteile zu gewinnen,[574] wie es etwa Google mit Android auf dem Markt für Smartphonbetriebssysteme gelang.

663 Sog. **Distributoren** sind es eben, die OSS vermarkten und vermehrt für Endanwender leichter verwendbar – vor allem durch Installationsroutinen, Handbücher und Programmpakete – gestalten. Zu solchen gesellen sich kommerzielle Anbieter von Softwarepflege und Schulung. Diese spezialisierten Geschäftsmodelle sind Antwort auf die Frage, wie noch mit OSS Geld verdient werden kann, wenn durch besondere Bestimmungen Lizenzgebühren untersagt und infolgedessen konventionelle Einnahmequellen versiegelt sind.[575]

664 In Endanwenderkonstellationen spricht für OSS häufig der nicht vorhandene oder **geringere Anschaffungspreis** verbunden mit der üblichen Möglichkeit, die erworbene Software beliebig oft zu kopieren. Gegen OSS kann sprechen, dass diese eben zu sehr für Technik-affines Kreise geschrieben worden ist (Stichwort: Usability[576]) und dass in aller Regel keine Gewährleistung übernommen werden soll.[577] Hingegen kann zumindest bei fachkundigem Personal die Wartung selbst erfolgen, da die Programme offen, somit »erforschbar« und frei anpassbar sind und dadurch die strikte Angewiesenheit auf die Schöpfer entfällt. Mittlerweile haben sich vermehrt öffentliche Stellen für OSS entschieden, beispielsweise die Stadt München (»Limux«) sowie die Bundestagsverwaltung.[578]

665 Aus betriebswirtschaftlicher und informationstechnologischer Sicht müssen also vielfältige Erwägungen abgewogen werden. Sofern sich für eine spezielle Software entschieden wird, sind in aller Regel ohnehin die jeweiligen EULAs/OSS-Lizenzen zu akzeptieren. Insbesondere bei Entwicklern sind Risiken und Vorteile der Lizenzoptionen anwaltlich sorgsam aufzuzeigen; auch für Distributoren gilt es, deren Pflichten bei Nutzung von OSS darzustellen.

II. Typische OSS-Regelungsinhalte

666 Es existiert nicht eine, sondern eine Schar verschiedener OSS-Lizenzen unterschiedlicher Quellen und Daten. Diese bestehen aus einem Textdokument, welches sich i. d. R. in Definitionen und Lizenzgestattungen und -bedingungen gliedert. Diese können teilweise nur wenige Sätze umfassen, andererseits aber auch komplexe, verschachtelte, etliche Seiten umspannende Regelungen enthalten. Im weiteren Verlauf dieses Kapitels werden besonders bedeutsame OSS-Lizenzen vorgestellt und besprochen.[579] Trotz aller Vielfalt haben tatsächliche Anforderungen und Einfluss untereinander gleichwohl dafür gesorgt, dass sich ausgeprägte Gemeinsamkeiten der Lizenzen herausgebildet haben. Typischerweise werden Software oder Code unter eben diesen Einschränkungen – und ansonsten weitgehend frei – überlassen, wobei insbesondere zu folgenden Regelungspunkten Aussagen getroffen werden:

667 **Rechte des Nutzers**: Jede Lizenz räumt – bereits begrifflich – jemanden, der in OSS-Lizenzen oftmals als »Du« (»You«) adressiert wird, Rechte divergierenden Umfangs ein. Neben

---

573 Vgl. *Jaeger/Metzger* Rn. 17.
574 Vgl. zu OSS als Strategie *Raymond* S. 146–163.
575 Vgl. zu Ideen, wie mit Marken(namen) Geld verdient werden könnte *Rosen* S. 231. Zu den Lizenzgebührverboten s. u. Rdn. 722, 737, 764.
576 Lutterbeck/Gehring/Bärwolff/*Mühling* S. 93.
577 Solche sind ebenfalls bei herkömmlicher Software erschwert, s. Rdn. 42, 325–330.
578 Zu Fragen der Vergabe – für Quelloffenheit als zulässigen Vergabedifferenzierungsgrund *Jaeger/Metzger* Rn. 348; *Müller/Gerlach* CR 2005, 87; a. A. *Heckmann* CR 2004, 401 (407); Spindler/*Heckmann*, Rechtsfragen, Kap. H Rn. 67. S. dazu Rdn. 715.
579 Ab Rdn. 717.

II. Typische OSS-Regelungsinhalte

der Programmausführung (ggf. über Netzwerk, öffentlich) gehören gerade bei OSS die Möglichkeiten der Quellcodenutzung (erforschen, verändern) einschließlich des Kopierens und Verbreitens (kommerzieller Vertrieb) dazu. Diese Gestattung ist zunächst urheberrechtlicher Natur – dazu können ferner Patentlizenzen treten, die oftmals stärker eingeschränkt sind als die urheberrechtliche Erlaubnis.

Die »Freiheit besteht in erster Linie nicht aus Privilegien, sondern aus **Pflichten**.«[580] Entsprechend sind in den Lizenztexten umfassend solche geregelt. Üblicherweise treffen die lediglich das Programm Ausführende dennoch keinerlei Pflichten. Bei weiter gehender Nutzung sind es zunächst **Hinweis- und Informationspflichten**, die im Fall der Programmweitergabe bzw. des Vertriebes (oftmals als »distribute«/»convey« bezeichnet) eingreifen. Wenn bloß der übernommene Quellcode vertrieben werden soll, dürfen Autorenhinweise keinesfalls entfernt werden, auch haben es die Weitergebenden zu unterlassen, sich als Programmierer zu prätendieren. Üblich ist ferner, dass als aktive Pflicht der Lizenztext mitgeliefert werden muss, um nachgeordnete Empfänger über deren Rechte zu informieren. Eine wichtige Differenzierung ist danach anzustellen, ob das Programm in Quell- oder Objektform (tlw. »binary« genannt) vertrieben wird, denn in Objektform sind die besagten Hinweise nicht mehr erkennbar, da sie in aller Regel nicht (mit)kompiliert werden. Die letztere Weitergabeform löst auch daher regelmäßig weitere Pflichten aus. Dazu gehört es, entweder den **Ursprungsquellcode mitzuliefern oder anderweitig zur Verfügung zu stellen** und entsprechende Hinweise, ggf. im ablaufenden Programm, anzubringen.

668

Das erlaubte Modifizieren führt weitere Pflichten herbei. Stets müssen **Änderungen vermerkt**, grds. zumindest im Quellcode selbst. Ansonsten gelten im Fall des Vertriebes und der Transformation in Objektcode zumindest weite Teile der vorgenannten Regeln. Sofern eine Copyleft-Klausel greift, muss der hinzugetretene Programmierer Lizenzgeber seiner Veränderung bzw. seiner Entwicklungen (zu wessen Gunsten?) werden und zugleich **seine Codeveränderungen entsprechend offenlegen** bzw. verbreiten.

669

Unter welchen Umständen diese Pflicht bzw. **Copyleft** eintritt, ist dabei eine entscheidende Fragestellung. Die Problematik kann bereits zu erörtern sein, wenn jemand lediglich OSS mit Software unter anderer Lizenz gemeinsam – etwa auf einem Datenträger oder irgendwie kombiniert (»larger work«, »collective work«, »aggregation«; als »hybride« Software) – anbieten möchte. Der Code zu einem OSS-Projekt freiwillig oder unfreiwillig Beitragende wird für gewöhnlich als »**contributor**« bezeichnet. Programmteile, die dem Copyleft unterworfen werden, sind abgeleitete Werke (»derivative Works«) oder auf OSS basierende (»based on«). Möglicherweise bieten die OSS-Lizenzen zugleich (bewusste) Lücken, wenn es etwa erforderlich ist, die Programme weiterzugeben und nicht bloß intern zu benutzen.

670

Eine nicht unbedeutsame Frage stellt es dar, wie sich die OSS-Lizenz ausbreitet bzw. ob Unterlizenzen gewünscht oder zumindest möglich sind. Einige Lizenzen sollen sich sternartig- bzw. sonnenstrahlartig ohne Unterlizenzen verbreiten, was über eine (einfache) **Lizenz an jede(n)** erreicht werden soll, andere setzen auf **Rechteketten**.

671

Eng verbunden mit dem vorherigen Punkt ist die Regelung, was im Fall eines **Lizenzverstoßes** geschieht, denn oftmals ist dann ein **Rück- bzw. Fortfall** der Lizenz angeordnet, was sich auf alle Unterlizenzen und deren Folgelizenzen auszuwirken vermag, was wiederum tlw. ausgeschlossen sein soll.

672

(Software-) **Patente** stellen ein Reizthema insbesondere für OSS-Anhänger und nach deren Auffassung eine Bedrohung für Freie Software schlechthin dar. Neben Regelungen dazu, wer wem Patente lizenziert oder lizenzieren muss (was sich ebenfalls aus dem Copyleft

673

---

580 *Albert Camus.*

als korrespondierende Pflicht zur urheberrechtlichen Berechtigung ergeben kann), enthalten mehrere OS-Lizenzen Regelungen für den Fall, dass ein OSS-Nutzer **Patente gegen OSS geltend** macht – in dem Fall droht demjenigen häufig der Entzug seiner Rechte an der OSS.

674 Neben Patenten und Urheberrechten können noch weitere Immaterialgüter betroffen sein. Insbesondere kann der Gebrauch einer **Marke**[581] sowie die Nutzung ähnlicher, einzelner Worte bei der Bewerbung **untersagt** werden.[582]

675 Jeder Lizenztext enthält Aussagen zu **Gewährleistung** (»warranty«) und (deliktischer) **Haftung** (»liability«) bzw. ausschließende »**disclaimer**«.[583] Beide Formen der Verantwortlichkeiten sollen oftmals komplett abgedungen werden – die Software werde »**so wie sie nun einmal ist**« (»**as is**«) zu vollem Risiko des Nutzers überlassen. Teilweise werden von Distributoren noch Freistellungen gegenüber Dritten verlangt, andererseits wird es solchen dagegen auf freiwilliger Basis ermöglicht, Gewährleistungen gegen Entgelt anzubieten.

676 Besonderes Augenmerk ist zuletzt auf Klauseln zu nachfolgenden Versionen (»**any later**«) und den Übergang zu legen, in welchen mithin in der Regel eine Institution benannt wird, welche berechtigt wird, als »license steward« neue Lizenztextfassungen zu erarbeiten. Dem Lizenzgeber mag es dabei freigestellt sein, eine Software nicht nur nach einer bestimmten Version der Lizenz zu geben, sondern auch gemäß aller folgenden. Das Erscheinen einer neuen Lizenzversion besagt nämlich längst nicht, dass die unter vorheriger Version veröffentlichten Programme fortan unter das Regime einer neuen gestellt werden.

677 OSS-Lizenzen unterscheiden sich darin, ob sie viele Rechte (explizit) gewähren bzw. wie viele Auflagen und Pflichten sie regeln und ob sie eine Copyleft-Vorschrift enthalten.[584] Die jeweiligen Vorschriften sind dabei stets in Verbindung zu den oftmals vorangestellten Definitionen zu lesen und zu begreifen.[585]

678 Neben dem Bezug unter standardisierten OSS-Lizenzen mag es möglich sein, mit den jeweiligen Entwicklern auch **individuelle Überlassungsbedingungen** zu verhandeln, was allerdings bei Programmen, die nicht auf eine klar umrissene Gruppe zurückzuführen sind oder treuhänderisch bewahrt werden, praktisch unmöglich sein kann. Manche Entwickler bieten neben anderen OSS-Lizenzen noch weitere an, etwa für kommerzielle Nutzung. Grds. ist es im Rahmen von OSS aber nicht gestattet, die kommerzielle Verwertung vorzubehalten.[586]

III. Rechtliche Bewertung

1. Allgemeine und vertragsrechtliche Fragen

679 Rechtlich stellen sich primär die Fragen, ob einerseits aus Perspektive der Lizenznehmer die aufgestellten Lizenztexte verpflichtend sind und ggf. eine gerichtlich Durchsetzung gegen ihn im Fall des Zuwiderhandelns droht und spiegelbildlich aus Warte der Lizenzgeber, ob die auferlegten Bedingungen auch durchgesetzt werden können. Die zahlreichen unterschiedlichen Lizenzvarianten erschweren es gleichwohl, allgemeingültige rechtliche Aussagen zu treffen. Im Allgemeinen kann dennoch festgestellt werden, dass jedenfalls keine

---

581 Bspw. bei Linux, Apache, OSI-Zeichen handelt es sich um Marken, vgl. *Jaeger/Metzger* Rn. 327.
582 S. auch zum Titelschutz *Kreutzer* http://www.ifross.org/artikel/olg-duesseldorf-entscheidet-ueber-verhaeltnis-zwischen-gpl-und-markenrecht.
583 Beinahe jeder Softwarelizenztext, nicht bloß solche der OSS: *St. Laurent* S. 177.
584 Zu Systematisierungs- und Kategorisierungsversuchen s. u. Rdn. 718.
585 Zur Auslegung s. u. Rdn. 706.
586 Vgl. Rdn. 654, 655, 657, 773.

grundsätzlichen rechtlichen Bedenken bestehen, welche sich gegen das OSS-Modell als solches wenden.[587]

680 Wer ein Computerprogramm lediglich bestimmungsgemäß[588] nutzt, benötigt nach § 69d Abs. 1 UrhG sowie Art. 5 2009/24/EG keine besondere Gestattung. Wer OSS besitzt, kann in aller Regel auch als rechtmäßiger Erwerber gelten. Für die Ausführung eines Programmes (§ 69c Nr. 1 UrhG) sind in aller Regel zudem keinerlei Bedingungen vorgegeben.

681 Im Fall einer **weiter gehenden Nutzung**, die über die Grenzen dieser (gesetzlichen) Lizenz oder Schranke hinausgeht, bedarf es hingegen einer Gestattung durch den bzw. die Rechteinhaber. Dafür ist zumindest eine **dingliche** (urheberrechtliche) Einigung und ggf. eine ergänzende (urheber-) **vertraglicher** Natur erforderlich.[589] OSS wird oftmals über das Internet bezogen (etwa über Universitäts-»Mirrors«, spezielle Plattformen) oder über Datenträger, auf denen i. d. R. nicht der Lizenztext abgedruckt ist. Gleichwohl wird eine OSS-Bedingungen beinhaltende Einigung, entgegen zu anderen »shrink«/»browser«/»click wrap«-Modellen, selten in Zweifel gezogen, was darin begründet sein mag, dass derartige EULA-Praktiken für gewöhnlich Nutzungsrechte eingrenzen sollen, OSS-Lizenzen hingegen primär Vertrieb und Modifikationen (§ 69c Nr. 2 UrhG) betreffen, für welche die Rechte aus § 69d UrhG nicht ausreichend sind, also Rechte erweitern.[590] Es dürfte deswegen vom Nutzer eher erwartet werden, dass solche Rechte zunächst eingeholt werden müssen, zudem ist dies bei OSS verkehrsbekannt.[591] Das zugehörige Angebot der OSS-Entwickler ergeht in aller Regel **ad incertas personas**,[592] wobei die Erklärung der Annahme gem. § 151 S. 1 BGB nicht zugehen muss.[593] Dabei fungieren Portalbetreiber, Distributoren, Händler usf. als Boten[594] bzw. in Fällen der Unterlizenzierung ggf. selbst als Lizenzgeber nachfolgenden Ranges. **Die Annahme** muss dabei nicht bereits mit dem Herunterladen oder Erwerb des Datenträgers erfolgen, sondern kann vielmehr konkludent durch spätere, weiter gehende Nutzungshandlungen erfolgen.[595]

682 Bereits aufgeworfen worden ist die Problematik, ob diese Einigung(en) nur dinglicher[596] oder auch obligatorischer Natur (wohl h. M.) ist. Dinglich ist sie in jedem Fall, zumindest dann, wenn mit der mittlerweile vorherrschenden Ansicht die (quasi-)dingliche Natur (auch) einfacher Nutzungsrechte akzeptiert wird.[597] Ob nun neben diese Verfügung ein **schuldrechtlicher Vertrag** tritt, wird mit der Argumentation bestritten, dass ein solcher unnötig sei und bei Verstößen gegen die Lizenzbedingungen das Nutzungsrecht sich ohnehin nach § 158 auflöse. Außerdem sei die Vertragsgegenseite für den Lizenzgeber unbekannt und deren Solvenz mithin gleichermaßen eine unbekannte Größe, die den Willen zum Vertragsschluss unterminiere.[598] Gleichwohl pflichten die Befürworter eines Softwarevertrages prinzipiell einem auflösend bedingten Nutzungsrecht zu,[599] erkennen aber den Vorteil an, den ein zusätzliches vertragliches Gerüst bietet: nämlich die Einklagbarkeit

---

587 Vgl. zutreffend Schricker/Loewenheim/*Spindler* Vor §§ 69a ff. Rn. 28.
588 Zu einer GPL-spezifischen Auslegung Fromm/Nordemann/*Czychowski* Nach § 69c Rn. 9.
589 Bloß theoretisch würde lediglich eine Gestattung genügen, vgl. *Plaß* GRUR 2002, 670 (673).
590 Vgl. *Jaeger/Metzger* Rn. 181; Spindler/*Spindler*, Rechtsfragen, Kap. C Rn. 50.
591 *Spindler/Wiebe* CR 2003, 873 (874).
592 *Jaeger/Metzger* Rn. 126; *Koglin* S. 140.
593 *Jaeger/Metzger* Rn. 177.
594 S. ifrOSS/*Schulz* Sec. 5 GNU GPL v2 Rn. 6.
595 S. ifrOSS/*Schulz* Sec. 5 GNU GPL v2 Rn. 7; *Koglin* S. 146.
596 Dafür votieren lediglich *Sester* CR 2000, 797; *Heussen* MMR 2004, 445 (448); Wandtke/Bullinger/*Grützmacher* § 69c Rn. 75 (Gefälligkeitsverhältnis).
597 *Schack* Rn. 604.
598 Wandtke/Bullinger/*Grützmacher* § 69c Rn. 75; vgl. *Heussen* MMR 2004, 445 (446); vgl. Fromm/Nordemann/*Czychowski* Nach § 69c Rn. 8.
599 *Metzger/Jaeger* GRUR Int. 1999, 839 (843); *Jaeger/Metzger* Rn. 152 m. w. N.; *Schack* Rn. 613; Schricker/Loewenheim/*Spindler* Vor §§ 69a ff. Rn. 29.

der Pflichten des Lizenznehmers wie etwa die Herausgabe von Quellcode im Fall des Greifens der jeweiligen Copyleft-Klausel oder die Nennungspflichten bzgl. ursprünglicher Urheber sowie die weiteren Hinweispflichten. Auf die Identität als auch Solvenz der Lizenznehmer kommt es hingegen weniger an, da diese verpflichtet werden sollen, aber in aller Regel kein Kaufpreis zu begleichen ist.

683 Neben dem bereits angeführten Zeitpunkt der Einigung kann es fraglich sein, welcher **Zeitpunkt zur Auslegung**[600] des Vertragsinhaltes herangezogen wird. Diese Problematik stellt sich deshalb, da Programmangebote, insbes. ältere Versionen, Jahrzehnte im Internet angeboten werden können, gleichwohl die Einigung erst zu einem sehr viel späteren Zeitpunkt erfolgt. In Fällen der Angebote für jedermann ergehen dabei nicht beständig neue, sondern es bleibt auf die bereits verbreiteten hinzuweisen. Bzgl. unbekannter Nutzungsarten wurde zustimmungswürdig unter Berücksichtigung des § 31 Abs. 4 UrhG a. F. auf den Zeitpunkt des ersten Anbietens abgestellt.[601] Durch § 31a Abs. 1 S. 2 UrhG und dem Privileg für einfache Nutzungsrechte ist dies nicht mehr nötig.[602] Daher kann mittlerweile grds. der Zeitpunkt der Annahme im Rahmen der §§ 133, 157 BGB herangezogen werden.

684 Die starken Interessen der Lizenzgeber sprechen auch gegen ein bloßes Gefälligkeitsverhältnis[603] – Kostenlosigkeit allein widerlegt bekanntlich nicht den Vertragscharakter. Das Ergebnis, dass ein Lizenzvertrag[604] vorliegt, bleibt jedoch eine bloße rechtliche Hülle ohne Aussage. Dieses Kausalgeschäft ist – bei kostenloser Überlassung – als Vertrag mit typologisch überwiegendem Anteil einer **Schenkung** zu qualifizieren.[605] Der Anwendung des Schenkungsrechts wird vorgeworfen, dass sie den Geber zu sehr bevorzuge. Andererseits stellen mehrere ggf. sehr kostbare Software zur Verfügung, sodass die Anwendung dieses Rechts insbes. im Hinblick auf Distributoren gerechtfertigt ist. Im Fall eines Copylefts kann zwar in der (Rück-) Lizenzeinräumung des Bearbeiters ein synallagmatischer Aspekt erkannt werden, allerdings steht dagegen sprechend die Bearbeitung als solche absolut frei. Dies gilt ebenfalls für die ebenso freiwillige Distribution und dadurch ausgelöste Pflichten.[606] Sofern im Besonderen keine Unterlizensierung (oder Stellvertretung) vorgesehen ist, können in Fällen zahlreicher Urheber ebenso **zahlreiche Verträge** besagter Art nebeneinanderstehen.

685 Indes gilt die getroffene Einschätzung lediglich für die bloße Softwareüberlassung mit den Urhebern. Daneben können **weitere Verträge**[607] anderer Art treten. Etwa zusätzliche Garantieübernahmen durch Distributoren sowie bzgl. der Auswahl von Programmsammlungen, der Erwerb von Hardware samt Software, Dienstleistungen wie Schulungen, Programmanpassungen, Migrationsangebote sowie Dienstleistungen mittels Spezialsoftware, beispielsweise Datenrettung. In solchen Fällen sind primär **Kaufrecht** bzw. Geschäfts-

---

600 Dazu im Weiteren ab Rdn. 706.
601 *Jaeger/Metzger* Rn. 140; Spindler/*Spindler*, Rechtsfragen, Kap. C Rn. 67.
602 Allerdings existiert mit § 137l UrhG lediglich eine Übergangsvorschrift für Verträge mit ausschließlichen Nutzungsrechten, deswegen ist bzgl. OSS-Verträgen, welche vor dem 01.01.2008 abgeschlossen worden sind, die alte Rechtslage anzulegen. Bei (verdrängenden) Neuverträgen, die nach wie vor geschlossen werden können, allerdings nicht.
603 Dafür: Wandtke/Bullinger/*Grützmacher* § 69c Rn. 75.
604 So erst recht die Bezeichnung als Open Source-Vertrag bei *Teupen* S. 242.
605 *Metzger/Jaeger* GRUR Int. 1999, 839 (847); oder mit starkem Schenkungsanteil *Jaeger/Metzger* Rn. 217; im Erg. wohl zust. Spindler/*Spindler*, Rechtsfragen, Kap. D Rn. 10; *Schäfer* S. 56, 63; entschieden gegen Schenkung (sei »naiv«) *Sester* CR 2000, 797 (799); ebenfalls dagegen *Grützmacher* ITRB 2006, 108 (109), da kommerzielle Aspekte den »altruistischen« Charakter entfallen ließen.
606 *Metzger/Jaeger* GRUR Int 1999, 839 (843); *Koglin* S. 46; zumindest a. A. aus Sicht des IPR für eine mögliche Gegenleistung: *Deike* CR 2003, 9 (12).
607 Zur Unabhängigkeit/Trennbarkeit solcher *Lapp* ITRB 2007, 95 (97).

besorgung oder **Dienst-** oder Werkvertrag nach bekannten Regeln als prägende Elemente heranzuziehen.[608]

Aufgrund zahlreicher Beteiligter entstehen bei OSS oftmals komplexe Rechtsverhältnisse. Neben den dargelegten Vertragsbeziehungen der unmittelbar Beteiligten sind **Verträge zugunsten Dritter** anzunehmen, aus welchen Ansprüche aller (Dritter) auf Herausgabe des Quellcodes resultieren – im Fall des Distribuierens auf Lieferung des bestehenden und im Fall des Copyleft des Weiteren auf Zugänglichmachung des modifizierten.[609] Dies gilt, sofern die jeweilige OSS-Lizenz solche Pflichten vorsieht. **686**

Wie jeder Vertrag unterliegen dabei auch OSS-Verträge einer rechtlichen Kontrolle. Nach deutschem Recht müssen sich die OSS-Lizenzen primär als AGB an den **§§ 305 ff. BGB**, den Vorgaben des UrhG und weiteren Vorschriften wie AEUV/GWB[610] messen lassen. Zunächst aber bedarf der Klärung, ob die Lizenzbedingungen überhaupt Teil des Vertrages nach § 305 Abs. 2 BGB werden, wogegen zunächst sprechen kann, dass die meisten Lizenzen in englischer Sprache verfasst und keine (offiziellen) Übersetzungen existent sind. Andererseits bedarf es für die bloße Nutzung des Vertrages nicht[611] und in Entwicklerkreisen ist das Englische Arbeitssprache neben den Programmiersprachen.[612] Daher kann kein grundsätzliches Bedenken an der Möglichkeit des Einbeziehens gehegt werden – zumindest gegenüber Unternehmen.[613] An der rechtlichen Kontrolle scheitern offensichtlich die »disclaimer«. Im Fall (anteilig/analog) angewandten Schenkungsrecht sind dabei zwar §§ 521, 524 BGB zu bedenken, im Ergebnis muss ebenfalls dann jeder Versuch vollständiger Haftungsausschlüsse an §§ 308 ff. BGB[614] oder bereits an § 276 Abs. 3 BGB scheitern.[615] Bei der genauen Justierung des konkreten Haftungsmaßstabes kann herangezogen werden, dass der kundige Nutzer das Programm einsehen und nachvollziehen kann,[616] was aber bei komplexen Programmen eher als theoretische Möglichkeit verstanden werden muss, denn als maßgebliche Haftungsbeschränkung. **687**

Infrage gestellt worden ist u. a. im Einzelnen, ob das **Copyleft** den Vorgaben der **AGB-Kontrolle** genügt. Gegen den Bestand der Klausel wird ins Feld geführt, dass diese Regelung unklar und deswegen intransparent gem. § 307 Abs. 1 S. 2 BGB sei.[617] Im Einzelfall kann sie möglicherweise als unangemessen (§ 307 Abs. 1 S. 1) betrachtet werden, da ggf. umfassend eigene Entwicklungsarbeiten »verschenkt« werden müssen.[618] Gleichwohl erscheint keine einfache, zugleich den Interessen der ursprünglichen Lizenzgeber genügende Klauseln denkunmöglich, zumal gerade zu technisch-formale Vorschriften umgehbar wären.[619] Die Lizenzgeber verzichten dadurch auf Rechte, die ihnen originär zustehen.[620] Entsprechend fällt es in das Risiko des Lizenznehmers, ob er dieses Recht nutzt, statt eigenständig Code selbst zu verfassen. Auf Bedenken trifft ebenfalls manche »**any later**«-Formu- **688**

---

608 Detaillierte Darstellungen: *Jaeger/Metzger* Rn. 202; *Metzger/Jaeger* GRUR Int. 1999, 839 (847); *Spindler/Spindler*, Rechtsfragen, Kap. D Rn. 25; auch *Spindler/Arlt/Brinkel/Volkmann*, Rechtsfragen, Kap. I Rn. 21; sowie in diesem Buch Kap. 3 Rdn. 67 und Kap. 4 A.-H. (ab Rdn. 1).
609 *Jaeger/Metzger* Rn. 36; *Koglin* S. 142; nur »mittelbaren« Anspruch: *Schäfer* K&R 2010, 298 (302); a. A. *Koch* CR 2000, 333 (335). S. auch das zustimmende Urteil unter Rdn. 714.
610 Dazu insbesondere ab Rdn. 776 sowie im Speziellen Rdn. 691, 699.
611 Nach deutschem Urheberrecht und mehreren OSS-Lizenzen s. Rdn. 680, 721, 727, 735, 743.
612 *Koglin* S. 183.
613 Schricker/Loewenheim/*Spindler* Vor §§ 69a ff. Rn. 29 f.
614 S. ifrOSS/*Metzger* Sec. 11&12 GNU GPL v2 Rn. 6–8; *Hoeren*, ITVertragsR, Rn. 517; Spindler/*Spindler*, Rechtsfragen, Kap. D Rn. 17; *Grützmacher* ITRB 2006, 108 (110).
615 *Metzger/Jaeger* GRUR Int. 1999, 839 (847); *Koglin* S. 174; *Koch* ITRB 2007, 285 (287).
616 *Heussen* MMR 2004, 445 (449).
617 Zur GNU GPL v2: *Determann* GRUR Int 2006, 645 (652); Spinder/*Spindler*, Rechtsfragen, Kap. C Rn. 126; zur v3: *Funk/Zeifang* CR 2007, 617 (621).
618 Auf diesen Aspekt stützt sich ebenfalls die kartellrechtliche Argumentation, s. Rdn. 691 m. w. N.
619 *Jaeger/Metzger* Rn. 188.
620 Spindler/*Spindler*, Rechtsfragen, Kap. C Rn. 91.

lierung.[621] Gegen das **Transparenzgebot** mögen des Weiteren ebenfalls andere Klauseln verstoßen.[622]

689 Neben der vertraglichen Haftung stehen die deliktischen Haftung (§§ 823 ff. BGB) sowie jene des ProdHaftG.[623] Hinsichtlich Letzter gilt, dass Softwareentwickler gem. § 1 Abs. 2 Nr. 3 ProdHaftG, wenn sie bloß hobbymäßig entwickeln, nicht heranzuziehen sind. Die Feststellung dieses Umstandes kann durch den Kampf um höhere Reputation seitens der Programmierer erschwert sein.[624]

690 Urheberrechtlich ergeben sich bei Sternmodellen **einfache Nutzungsrechte** (§ 31 Abs. 1 S. 2 Alt. 1 UrhG), die direkt von den jeweiligen Urhebern[625] an »jedermann« (**erga omnes**) ausgehen.[626] In den anders gelagerten Fällen des Unterlizensierens können Rechte über andere bis zur n-ten Ebene gemittelt werden (Tochterrechte, Enkelinnenrechte[627] usf.). Um mögliche Konflikte zwischen OSS, der üblichen Unentgeltlichkeit für Lizenzen und dem Urhebervergütungsrecht zu vermeiden, hat der Gesetzgeber als Bekenntnis zu OSS §§ 31a Abs. 1 S. 2, 32 Abs. 3 S. 3 (sog. **Linux-Klausel**),[628] 32a Abs. 3 S. 3 und 32c Abs. 3 S. 2 UrhG als Erleichterung bei einfachen, unentgeltlichen Nutzungsrechten für jedermann eingeführt.[629] Das **Urheberpersönlichkeitsrecht** bleibt zu beachten. OSS-Lizenzen schließen dieses nicht direkt aus, räumen aber unbegrenzte Rechte ein, was wiederum mit dem Persönlichkeitsrecht kollidieren mag, welches insbesondere *ex ante*-Verzichte verbietet.[630] Zwar mag dergleichen in Bezug auf Computerprogramme vernachlässigbar sein, doch hat zumindest das Namensnennungsrecht (§ 13 UrhG[631]) auch persönlichkeitsrechtliche Färbung neben der wirtschaftlichen Bedeutung. Zudem kann es zumindest denkbar sein, dass ein Programmierer sein Programm nicht für bestimmte – extreme – Zwecke genutzt wissen will, wie etwa im Rahmen einer Steuerung für Langstreckenraketen mit Nuklearsprengköpfen.

691 Aus **kartellrechtlicher** Sicht[632] können zuvorderst das Copyleft sowie im Wirkungszusammenhang stehende Lizenzgebührverbote als Preisfestsetzung »auf Null« mit Art. 101 Abs. 1 AEUV bzw. § 1 GWB in Konflikt geraten, doch sind diese i. d. R. zumindest freigestellt nach Art. 101 Abs. 3 AEUV bzw. § 2 GWB, sofern zumindest das Copyleft nicht bloß zu Vorteilen einzelner Unternehmen führt, die sich durch ausschließliches »grant back« einseitige Vorteile sichern wollen. Die Technologietransfer-GVO 772/2004 ist in Fällen bloß auferlegter, nicht unbedingt genutzter Quellcodeweitergabe, wodurch ein Technologietransfer ausgeschlossen sein kann, und hauptsächlich wegen der Begrenzung auf höchstens zwei Parteien (Art. 2 TT-GVO) bei Sternlizensierungsmodellen – wie etwa nach der GNU GPL – nicht (direkt) anwendbar.[633] Im Rahmen der Fusionskontrolle kann OSS ebenfalls eine Rolle, insbes. im Zusammenhang mit Patenten, zukommen.[634]

---

621 Dazu: *Jaeger/Metzger* Rn. 141, 190; *Jaeger/Metzger* GRUR 2008, 130 (137); *Koglin* CR 2008, 137 (139); *Koglin* S. 217; Schricker/Loewenheim/*Spindler* Vor §§ 69a ff. Rn. 37.
622 Speziell wenn deutliche, effektive etc. Vorkehrungen ohne Konkretisierung verlangt werden.
623 Umfassend, auch zu Software als Produkt i. S. d. Gesetzes: Spindler/*Spindler*, Rechtsfragen, Kap. E Rn. 7.
624 *Jaeger/Metzger* Rn. 229; Spindler/*Spindler*, Rechtsfragen, Kap. E Rn. 14; vgl. Rdn. 661.
625 Zu diesen ab Rdn. 692.
626 Vgl. o Rdn. 681.
627 Kap. 18 Rdn. 77.
628 Dazu *Jaeger/Metzger* Rn. 128.
629 S. Rdn. 683.
630 *Metzger/Jaeger* GRUR Int. 1999, 839 (845) mit Hinweis auf § 14 UrhG, dazu auch *Koch* CR 2000, 273 (279); *Jaeger/Metzger* Rn. 130 mit Hinweis auf § 13 UrhG; ähnlich *Marly* Rn. 940.
631 Dazu FA-GewRS/*Haberstumpf* Kap. 7 Rn. 151–152.
632 S. dazu im Allg. ab Rdn. 776 u. Kap. 5 Rdn. 44–52.
633 *Nordmeyer* JIPITEC 1/2010, 19 (passim) m. w. N.; sehr kritisch Fromm/Nordemann/*Czychowski* Nach § 69c Rn. 21–28, 30–32; großzügiger Rdn. 838.
634 S. http://www.bundeskartellamt.de/wDeutsch/aktuelles/presse/110420_CPTN_final.pdf.

2. Geistiges Eigentum bei OSS und Einordnung der OSS-Akteure

Software unterfällt beinahe ausnahmslos dem urheberrechtlichen Schutz. Urheber ist dann der jeweilige Programmierer,[635] doch auch bei herkömmlicher und besonders bei OSS arbeitet nicht ein Programmierer allein, sondern üblicherweise mit anderen gemeinsam, die deswegen als **Miturheber** nach § 8 Abs. 1 UrhG gelten, sofern sie ein Mindestmaß an Koordinierung walten lassen.[636] Wird eine Programmversion von anderen bearbeitet, sind dieses als **Bearbeiter** (§ 3 UrhG) Urheber der Veränderungen. Des Weiteren können sich durch Zusammentragung verschiedener, aber eigenständiger Programme oder Programmteile und Bibliotheken unterschiedlicher Entwickler **verbundene Werke** nach § 9 UrhG ergeben.[637]

692

Dem Wesen oder OSS entspricht es, dass die Programme von einer Vielzahl verschiedener Entwickler modifiziert und erweitert werden, es somit zu einer Viel- bis Unzahl an (Mit)Urhebern und Bearbeitern und sich daraus ergebender Frakturierung der Rechtezuordnungen kommt – und zudem die Gefahr des Verwaisens besteht. Wesensmerkmal dieser Entwicklergemeinschaften ist in vielen Fällen eine weniger straffe Hierarchie, womit ein Gegenmodell zu fest organisierten Gruppen angestellter Programmierer ausgestaltet ist. Diese Organisationsform wird als **Basar-**, das herkömmliche als Kathedralen-Modell bezeichnet.[638] An solchen sind bis zu 10000 Programmierer beteiligt.[639] Ferner kann es auf dem Basar ebenso verantwortliche Einzelpersonen oder Gremien (»core teams«/»committees«[640]) geben, die über die Aufnahme in **offizielle Versionen** (»releases«[641]) entscheiden oder Arbeitsprozesse leitend organisieren.[642]

693

Urheberrechte sind nicht übertragbar, für gewöhnlich werden jedoch Verwertungsbefugnisse einschließlich ausschließlicher Nutzungsrechte an Arbeitgeber nach § 69b UrhG abgetreten.[643] Bei Fehlen eines Lohnverhältnisses kann diese Vorschrift jedoch nicht für das Verhältnis freier Entwickler zu jenen Entscheidern herangezogen werden. Im US-Recht hingegen werden üblicherweise die Urheberrechte bei den Entwicklungsstudios bzw. Publishern kumuliert.[644] Tlw. müssen in Fällen der Aufnahme in offizielle »releases« **besondere Contributor-Vereinbarungen** seitens der Entwickler mit den OS-Organisationen abgeschlossen werden. Den federführenden Organisationen – wie etwa die FSF oder *Apache Foundation*[645] – erhalten sodann ausschließliche Nutzungsrechte und nehmen eine treuhänderische Funktion ein.[646]

694

Im Fall einer Copyleft-Klausel sollte in der Regel eine Bearbeitung vorliegen, deren Urheber dafür ein Nutzungsrecht an unbestimmte Kreise einräumt. Je nach der Formulierung mag aber ein eigenständiges Werk vorliegen – dies hängt allein von tatsächlichen Umständen und der jeweiligen Formulierung ab. Der Urheber der dem **Copyleft** unterfallenden Bearbeitung als **Lizenznehmer** der Vorurheber **wird** sodann zum **Lizenzgeber**.

695

---

635 Vgl. Kap. 18 Rdn. 4, 12.
636 Kap. 18 Rdn. 16 sowie Spindler/*Spindler*, Rechtsfragen, Kap. C Rn. 10.
637 S. *Jaeger/Metzger* Rn. 144 (und insbes. Fn. 381).
638 *Raymond* S. 19–64; vgl. *Marly* Rn. 910.
639 Bitzer/Schroeder/*Bitzer/Schröder* S. 228.
640 Vgl. Rdn. 653, 658.
641 Vgl. Kap. 1 Rdn. 25.
642 Vgl. Bitzer/Schroeder/*Xu/Christley/Madey* S. 254; Bitzer/Schroeder/*Vujovic/Ulhoi* S. 189–199.
643 Dazu Schricker/Loewenheim/*Spindler* Vor §§ 69a ff. Rn. 53 m. w. N.; Fromm/Nordemann/*Czychowski* Nach § 69c Rn. 17.
644 »Work for hire«, *St. Laurent* S. 2; *Rosen* S. 20.
645 Vgl. Rdn. 657, 719, 751, 755.
646 S. ifrOSS/*Kreutzer* Sec. 10 GNU GPL v2 Rn. 10; *Jaeger/Metzger* Rn. 150; http://www.fsfe.org/projects/ftf/fla.de.html; krit. Fromm/Nordemann/*Czychowski* Nach § 69c Rn. 38–40.

696 Trotz aller ideologischen Bestrebungen gegen Patente und ggf. andere Immaterialgüter geben die OSS-Urheber ihre Rechte in keiner Form auf, sondern versuchen vielmehr, das Urheberrecht gegen proprietäre Programme zu instrumentalisieren.[647] Eine Preisgabe des Urheberrechts würde zudem in jedem Fall juristisch scheitern, wird zumal nicht einmal versucht. Dies mag in einem gewissen Umfang überraschen, wenn OSS begrifflich als diametrales Gegenmodell zu sog. proprietärer Software verstanden wird, doch meint frei in diesem nicht gemeinfrei, die Aufgabe des Eigentums und Überführung in **Public Domain** oder dergleichen. OSS wendet sich hingegen gegen Exklusivität – also »Monopolisierung« – von Nutzungsrechten.[648] Als Gegenmittel soll folgerichtig jeder ein (einfaches) Nutzungsrecht erhalten.

697 Neben der Software können **Graphiken, GUIs, Sounds, Animationen, sonstige Texte** usf., Sammlungen (§ 4 UrhG[649]) und Datenbanken und zugehörige Rechte samt Urhebern auftreten, soweit diese nicht im Computerprogrammschutz als Nebenaspekte aufgehen. Selbst wenn diese nicht aufgehen sollten, könnten sie immer noch über die GNU GPL und andere Lizenzen lizenziert werden, da solche Lizenzen weitgefächerte Urheberrechte einräumen.[650]

698 Zu überlegen bleibt, ob sich neben urheberrechtlichen Gesamthands- und Verwertungsgemeinschaften (§ 8 Abs. 2, 3; § 9 UrhG)[651] **gesellschaftsrechtliche** Verbindungen zwischen den Beteiligten ergeben. Sofern die Entwickler keine besondere Rechtsform eingehen, wird es für die Annahme einer BGB-Gesellschaft regelmäßig an verpflichtenden Beiträgen fehlen.[652] Gleichwohl sind die erwähnten Stiftungen (des US-Rechts) und Kapitalgesellschaften wie etwa IBM, Google u. a. im OSS-Sektor tätig. Zudem können sich einzelne, nicht weiter verfasste Gemeinschaften zu verpflichtenden Beiträgen durchringen.

699 **Kartellrechtlich** muss bei einer etwaigen Untersuchung der Akteure, der Unternehmen, die jeweilige Gemeinschaft untersucht und insbesondere beachtet werden, wem entscheidenden Einfluss bei Auswahl offizieller Versionen zukommt.[653]

3. Rechtliche Einzelfragen

a) Probleme bei Lizenzketten

700 Sofern nicht jeder Urheber Lizenzen an jedermann »ausstrahlt« und es stattdessen zu Lizenzketten kommt, können Implikationen bestehen, wenn ein Sublizensierender seiner Rechte verlustig wird. Dann bricht mangels Bindegliedes die gesamte nachgelagerte Kette.[654] Wenn hingegen gerade nicht solche Ketten bestehen, können im Fall der Insolvenz eines Urhebers Probleme auftreten, da ab dem Zeitpunkt keine neuen Lizenzen mehr – und eben nicht mehr durch Sublizenzierung – eingeräumt werden können.[655]

---

647 Spindler/*Spindler*, Rechtsfragen, Kap. C Rn. 6; *Jaeger/Metzger* Rn. 127; Dreier/Schulze/*Dreier* § 69c UrhG Rn. 38.
648 *St. Laurent* S. 4.
649 *Determann* GRUR Int. 2006, 645 (646).
650 Spindler/*Spindler*, Rechtsfragen, Kap. C Rn. 11.
651 Grds. Kap. 18 Rdn. 16, 18; bei OSS: *Koch* CR 2000, 273 (277); Spindler/*Spindler*, Rechtsfragen, Kap. C Rn. 10–22.
652 *Jaeger/Metzger* Rn. 199; *Koglin* S. 36; auch gegen einen Verein (analog) Spindler/*Spindler*, Rechtsfragen, Kap. C Rn. 12, vgl. Kap. D Rn. 9 (Fn. 24); a. A. *Sester* CR 2000, 797 (799).
653 *Nordmeyer* JIPITEC 1/2010, 19 (23) m. w. N.
654 *Jaeger/Metzger* Rn. 75.
655 Vgl. *Metzger/Barudi* CR 2009, 557 (561).

III. Rechtliche Bewertung

b) Auswirkung des Erschöpfungsgrundsatzes

Eine wichtige Frage wird durch den Erschöpfungsgrundsatz aufgeworfen (§ 69c **701** Nr. 3 UrhG), nämlich inwieweit dieser der Wirksamkeit von OSS-Lizenzen Grenzen setzt.[656] Dies betrifft zunächst das Verbreitungsrecht. Wird etwa OSS auf Datenträgern in Umlauf gebracht, ist nachfolgender Erwerber aufgrund der Erschöpfung nicht mehr an die **an der Weitergabe ansetzenden Pflichten** wie etwa der Mitlieferung des Lizenztextes gebunden.[657] Im Übrigen bleiben die Pflichten, insbes. hinsichtlich Bearbeitung (bspw. Copyleft) und Vervielfältigung, unberührt, denn der Empfänger enthält lediglich die Rechte des § 69d UrhG, nicht mehr.[658] Wenn entgegen der gefestigten Auffassung des BGH und anderer Stimmen[659] angenommen wird, dass Erschöpfung ebenfalls bei digitalen Distributionsformen eintrete,[660] beträfe dieses Fälle der häufigsten Verbreitungsform von OSS. Sodann wäre es kaum noch möglich, zwischen Vervielfältigung und Verbreitung hinsichtlich unveränderter, heruntergeladener Software zu unterschieden. In der nachfolgenden Vertriebskette ist ohnehin niemand gebunden. Aber selbst in einer solchen Konstellation kann die Freiheit der Empfänger letztlich nicht eingeschränkt werden, speziell wenn sowieso Lizenzen an »jedermann« eingeräumt werden. Die Erschöpfung gefährdet daher lediglich die zureichende Information der Empfänger.[661]

c) OSS-Lizensierung als eigenständige Nutzungsart

Eng in Verbindung zu diesem Aspekt steht die Problematik, inwieweit OSS eine eigenstän- **702** dige Nutzungsart darzustellen vermag. Dazu müssten sich Nutzungsrechte allerdings in eine quelloffene und eine kompilierte/binäre, kommerzielle und freie oder in offene und proprietäre oder anderweitig einteilen lassen.[662] Dual Licensing-Modelle legen nahe, dass eine wirtschaftliche Unterscheidung und Eigenständigkeit möglich sein kann.[663] Meist wird vertreten, OSS seine keine eigene,[664] insbesondere da sie nicht ausreichend klar abgegrenzt werden könne.[665] Dies ist zutreffend, könnte aber womöglich durch andere Lizenztexte, die den Voraussetzungen der OSD und FSD nicht unterlägen, änderbar sein.

d) Implikationen der Internationalität und des internationalen Rechts

Keinesfalls zu unterschätzen sind Belange des internationalen Rechts in allen Bereichen der **703** OSS. Sind die Entwicklergruppen wie in aller Regel international als »Basar« organisiert, werden Fragen des Urheber- und Vertragsrecht ebenso »internationalisiert«. Allgemein

---

[656] Im Fall dinglicher Abspaltbarkeit *Koch* CR 2000, 333 (335).
[657] Kap. 5 Rdn. 203; ifrOSS/*Jaeger* Sec. 4 GNU GPL v2 Rn. 20–21; *Jaeger/Metzger* Rn. 133; Wandtke/Bullinger/*Grützmacher* § 69c Rn. 78; unklar, aber gegen Erschöpfung: *Heussen* MMR 2004, 445 (449).
[658] Einschließlich der Bearbeitungs- und Vervielfältigungsrechte des §§ 69d Abs. 1, 69 c, *Schack* Rn. 612; Wandtke/Bullinger/*Grützmacher* § 69c Rn. 78; s. auch ifrOSS/*Jaeger* Sec. 4 GNU GPL v2 Rn. 15–17; diff. mit a. A. – dabei die Lizenz an jedermann der GNU GPL verkennend – *Spindler/Wiebe* CR 2003, 873 (874).
[659] Dazu umfassend ab Kap. 18 Rdn. 121 zum Meinungsstand m. w. N.
[660] Etwa Kap. 18 Rdn. 30, 121, 124.
[661] Vgl. *Jaeger/Metzger* Rn. 133.
[662] U. a. für OSS in Objektform usf. als eigene Nutzungsart *Koglin* S. 122.
[663] Zumindest für GNU/Linux und Apache nach *Koch* CR 2000, 333 mit wenig überzeugender Argumentation im Hinblick auf Distributoren.
[664] *Metzger/Jaeger* GRUR Int. 1999, 839 (843): »nicht kommerziell und frei…, sondern … kommerziell oder frei«; *Redeker* Rn. 93; *Heussen* MMR 2004, 445 (450). Auch Spindler/*Spindler*, Rechtsfragen, Kap. C Rn. 32, *Spindler* K&R 2004, 528 (530); *Spindler/Wiebe* CR 2003, 873 (875) mit einer Argumentation, die sich auf die GNU GPL v2 stützt und ausführt, dass diese dergleichen nicht konstruiere. Erwidernd kann gleichwohl angenommen werden, dass der Text der GNU GPL lediglich den Fortfall »aller« eingeräumten(!) Rechte anordne, nicht den Fortfall vorbehaltener bzw. anderweitig existenter.
[665] *Jaeger/Metzger* Rn. 153; *Deike* CR 2003, 9 (16); *Teupen* S. 202; Fromm/Nordemann/*Czychowski* Nach § 69c Rn. 29.

gilt das Territorialitäts- bzw. **Schutzlandprinzip** im Urheberrecht (vgl. § 121 Abs. 1 UrhG), hinsichtlich der Verträge das **Vertragsstatut**.[666] Trotz aller Unterschiede tauchen immer wieder ähnliche rechtliche Fragen zu OSS auf und die Unterschiede etwa zwischen BRD- und US-Recht werden im Softwareurheberrecht als nicht allzu groß eingestuft.[667] Dessen ungeachtet existieren zwischen dem dortigen Urheberrecht und unserem monistischen System gewichtige Unterschiede besonders im Hinblick auf die besagte Übertragbarkeit von Urheberrechten.

704 Das Territorialitätsprinzip gilt dabei nicht nur in Deutschland, sondern findet sich ebenfalls im internationalen Urheberrecht, also in den zahlreichen Verträgen wie der Berner Übereinkunft, WIPO, TRIPS usf.[668] Bzgl. der dinglichen Ebene kann keine Rechtswahl stattfinden.[669] Aus dem Schutzlandprinzip folgt somit ein Konglomerat bloß nationaler Rechte mit territorial begrenzter Wirkung.[670]

705 Bzgl. des Vertrages ist die Rechtswahl, anders als bei den vorherigen Ausführungen zur dinglichen Ebene, möglich.[671] Die entsprechen Kollisionsregelungen als auch die Zuständigkeitsregeln werden zumindest im Rahmen der EU (Rom I, Rom II, EuGVVO) zunehmend vereinheitlicht. Die Anwendbarkeit von CISG ist bei Software umstritten.[672] Es sei dabei auf die allgemeinen Regeln verwiesen, die lediglich durch die Unzahl beteiligter Personen und deren Nationalität verzweigt werden mag sowie bei Sternenlizensierung durch die Anzahl paralleler Verträge erweitert wird. Charakteristische Leistung (Art. 3 Nr. 1b EGBGB, Art. 4 Abs. 2 EGV 593/2008) ist die Lizenzierung[673] und daher ist i. d. R. und bei Fehlen einer Rechtswahl auf den Lizenzgeber abzustellen. Im Übrigen sei auf die allgemeinen Regeln verwiesen.[674] OSS modifiziert diese nicht, kompliziert ihre Anwendung jedoch stark.

e) Auslegungsregeln und -hilfen

706 Bei Auslegungen von Wörtern sollte zunächst berücksichtigt werden, dass die meisten Lizenzen in den USA und die neueren Versionen in der Regel von US-Juristen erstellt worden sind,[675] manche Eigenarten sich aber daraus ergeben, dass die ursprünglichen Fassungen von Informatikern verfasst worden sind – so etwa das Beginnen von Zählungen mit Null. Zumindest bei der GNU GPL v3 herrschte bereits das Ziel vor, eine weitgehend neutrale Sprache zu finden, also eine solche, die nicht zu sehr an einer nationalen Rechtsordnung hafte. Von rechtlichen Begriffen können sich Autoren bewusst entfernen,[676] hauptsächlich durch die Aufstellung eigener Begriffsdefinitionen.

707 Aus Sicht des deutschen Urheberrechts muss bei der Auslegung insbesondere die **Zweckübertragungslehre**[677] berücksichtigt werden. Im Zusammenhang mit OSS widerstreitet, dass andererseits die Rechtegewährung gerade besonders umfassend sein muss, da eben

---

666 *Jaeger/Metzger* Rn. 356, 362; Schricker/Loewenheim/*Spindler* Vor §§ 69a ff. Rn. 35.
667 Bzgl. der Copyleft-Klausel der GNU GPL v2: *Determann* GRUR Int. 2006, 645 (653).
668 Kap. 25 Rdn. 138, 142; Kap. 18 Rdn. 96.
669 *Marly* Rn. 907.
670 *Metzger/Jaeger* GRUR Int 1999, 839 (841); *Koch* CR 2000, 273 (277).
671 *Gerlach* CR 2006, 649 (654).
672 S. Kap. 25 Rdn. 69–73 – OSS kann in vielen Konstellationen als Standardsoftware angesehen werden.
673 Zur Gegenseitigkeit Rdn. 684.
674 Ab Kap. 25 Rdn. 14.
675 Vgl. *Jaeger/Metzger* Rn. 29; *Koglin* CR 2008, 137 (138) – maßgeblich ist dann der US-Copyright Act, zu diesem *Determann* GRUR Int. 2006, 645 (646). Vertragsrecht hingegen ist Regelungsmaterie der Bundesstaaten.
676 Vgl. *Jaeger/Metzger* Rn. 70.
677 Kap. 3 Rdn. 25, Kap. 18 Rdn. 76.

weitreichende »Freiheit« verbreitet werden soll.⁶⁷⁸ Die Zweckübertragungslehre (§ 31 Abs. 5 UrhG) muss in Verbindung mit dem Einräumungszeitpunkt und Ansehung der (damalig) bekannten Nutzungsarten betrachtet werden, woraus sich die Problematik ergibt, dass Rechte für damalig unbekannte Nutzungsarten nicht eingeräumt sein mögen.⁶⁷⁹ Dies galt insbes. in Zeiten des § 31 Abs. 4 UrhG a. F., doch enthält mittlerweile **§ 31a Abs. 1 S. 2 UrhG** ein Privileg für unentgeltlich erteilte einfache Nutzungsrechte.⁶⁸⁰ Nach **§ 305c Abs. 2 BGB** wirken sich Unklarheiten zulasten des AGB-Verwenders aus. Andererseits kann durch eine enge Auslegung die Empfängerfreundlichkeit auch verkehrt werden: Denn die Unwirksamkeit der Vereinbarungen gem. § 306 Abs. 3 BGB führt zu einem Fortfall der Lizenz.⁶⁸¹

f) Prozessuales

Prozessual ist einerseits auf **Beweisprobleme** hinzuweisen. Bislang ist eine große Welle an Prozessen hinsichtlich lizenzwidriger OSS-Nutzung oder fehlender Herausgabe »infizierten« Codes unterblieben. Dies mag an der faktischen Akzeptanz der Regeln oder der eingeschränkten, nicht aber unmöglichen Erforschungsmöglichkeit aufgrund lizenzwidriger Verbreitung in Objektform liegen. Gleichwohl wird eine Zunahme entsprechender Prozesse erwartet.⁶⁸² Da es keine Registrierungen, Anmeldungen oder explizite Vertragsschlüsse gibt, ist den OSS-Urhebern zunächst nicht bekannt, wer überhaupt ihre Software nutzt.⁶⁸³

Ein anderer prozessualer Aspekt, zu dem Basar-Organisation und verteilte Rechtsinhaber leiten, betrifft die Frage, **wer** überhaupt die (bzw. welche) **Rechte geltend machen** kann. Bei Gesellschaften aus Miturhebern ergeben sich mehrere Sonderregeln bzgl. Aktiv- und Passivlegitimation.⁶⁸⁴ Besondere Ermächtigungen können zudem im Rahmen »**Contributor**«-/»**Fiduciary Licence**«-Vereinbarungen getroffen werden.⁶⁸⁵ Fraglich ist, wer begünstigte **Dritte** im Rahmen der Verträge zugunsten dieser sind. Dieses sind i. d. R. zumindest all jene, die eine Kopie der Software erhalten.⁶⁸⁶

IV. Bewährung der OSS vor Gericht

Im Rahmen von Gerichtsprozessen steht immer nicht das Gesamtmodell OSS auf dem Prüfstein, sondern einzelne OSS-Lizenzen bzw. lediglich einzelne Klauseln dieser, welche sodann ihre »Gerichtsfestigkeit« in einem bestimmten Territorium zu beweisen haben:
- Die Feuerprobe für die GNU GPL v2 in Deutschland – und vermutlich sogar die Erste gerichtlich weltweit – war die Entscheidung des **LG München I** von 2004,⁶⁸⁷ welcher zahlreiche erfolglose Abmahnungen vorausgingen.⁶⁸⁸ Das Urteil wurde freudig als Anerkennung der OSS gefeiert. Das Gericht zeigte keine fundamentalen Bedenken bzgl. der besagten Lizenz, wendete entsprechend des Territorialitätsprinzips das deutsche UrhG an. In dem Fall selbst ging es um der GNU GPL unterliegende Firewall-Software in

---

678 Vgl. *Jaeger/Metzger* Rn. 30; Spindler/*Spindler*, Rechtsfragen, Kap. C Rn. 80.
679 *Hoeren*, ITVertragsR, Rn. 517.
680 S. o. Rdn. 683, 690 (auch zur Frage der Altverträge).
681 *Jaeger/Metzger* Rn. 183, 186.
682 *Jaeger* JIPITEC 1/2010, 34 (35); s. auch http://gpl-violations.org/.
683 *St. Laurent* S. 147.
684 Dabei ist insbesondere die Aktivlegitimation bei den zahlreichen Urhebern von Relevanz. Dazu *Marly* Rn. 915; *Koch* CR 2000, 273 (277); *Redeker* Rn. 230; Spindler/*Spindler*, Rechtsfragen, Kap. C Rn. 17; Schricker/Loewenheim/*Spindler* Vor §§ 69a ff. Rn. 33; *Jaeger/Metzger* Rn. 165; *Spindler* K&R 2004, 528; *Schäfer* K&R 2010, 298 (299).
685 S. dazu Rdn. 694.
686 Sec. 5 lit. c) i. V. m. Sec. 6 GNU GPL v3. S. dazu *Schäfer* K&R 2010, 298 (299).
687 CR 2004, 774; MMR 2004, 693.
688 S. *Metzger* http://www.ifross.org/artikel/erste-gerichtliche-durchsetzung-gpl.

einem Router. Das Gericht prüfte die GNU GPL v2 anhand der §§ 305 ff. BGB, unterzog gleichwohl nicht jeder einzelnen Bestimmung einer Prüfung. OSS als eigene Nutzungsart wurde verneint, die Sec. 2–4 seien mit dt. Recht vereinbar. Sofern das OSS-Prinzip nicht durchgriffe, wäre der Vertrag im Übrigen in Gänze nichtig. Das Urteil traf auf Lob[689] wie auf Kritik.[690] Erstaunlich war es in jedem Fall, dass sich das Gericht nicht auf den Originaltext der GNU GPL in englischer Sprache, sondern auf eine inoffizielle deutsche Fassung bezog.[691] Daneben sind in Deutschland mittlerweile mehrere vergleichbare Urteile in Rahmen ähnlicher Sachverhalte ergangen.[692] Das OLG Düsseldorf lehnte es 2010 ab, dass aus der GNU GPL eine Markenlizenz folge.[693]

712 • In den **USA** sah sich ein (potenzieller) Softwareentwickler namens *Wallace* durch die Kostenlosigkeit der OSS seitens FSF, IBM und andere daran gehindert, eigene Software entwickeln und verkaufen zu können. Er berief sich dabei auf den Sherman Act (Kartellrecht) und behauptete in mehreren Verfahren ein Preiskartell besagter und weiterer Organisationen. Die Gerichte folgten diesem Vorbringen nicht. Ein Gericht entschied, dass OSS nichts vom US-Kartellrecht »zu fürchten« habe.[694]

713 • In dem Verfahren *Jacobsen v. Katzer* – ebenso in den USA – stritten sich die Parteien um die Artistic License v1. *Jacobsen* u. a. hatten Software zur Modeleisenbahnprogrammierung im Internet unter dieser Lizenz angeboten, welchen *Katzer* bzw. sein Unternehmen in ein eigenes Programm für Modelleisenbahnen einarbeite, ohne das Ausgangsprodukt als OSS mit Hinweisen auf ursprüngliche Urheber, Veränderungen usf. zu vertreiben. Der United States Court of Appeals for the Federal Circuit in Washington D. C. entschied am 13.08.2008[695] als Berufungsinstanz für den District Court for the Northern District of California, welche die Klage zuvor ablehnte,[696] Lizenz- und Urheberrechtsverletzungen seitens Katzer. Schließlich endete das Verfahren mit einem gerichtlichen Vergleich am 18.02.2010, in welchem sich *Katzer* zu Unterlassung und Schadensersatz verpflichtete.[697] Mit einer Entscheidung für die Verbindlichkeit der GPL endete am 27.07.2010 der Fall ***Software Freedom Conservancy v. Westinghouse***.[698]

---

689 Anm. *Metzger* CR 2004, 778 – eher positive Resonanz; so auch Anm. *Kreutzer* MMR 2004, 695; mit Hoffnung auf weniger »puristische« Dogmatik und praktische Flexibilität, wie sie in der Entscheidung seitens Lutterbeck/Gehring/Bärwolff/*Ebinger*, S. 261 behauptet wird; im Erg. beipflichtend *Spindler* K&R 2004, 528.
690 Anm. *Hoeren* CR 2004, 774, hauptsächlich zur begrenzten Aussagekraft eines einzigen Urteils eines unteren Gerichts im Eil- bzw. Verfügungsverfahren, Begründungsmängel, fehlende Ausführungen zur Verkehrsfähigkeit (Rechtefortfall) und Befürchtung eines Überschwappens der eher liberalen Handhabung der OSS-Klauseln auf EULAs bei herkömmlicher Software.
691 Etwa *Determann* GRUR Int 2006, 645 (650).
692 LG Berlin CR 2006, 735 (zu GNU GPL und WLAN-Router; s. *Jaeger* http://www.ifross.org/artikel/entscheidung-des-lg-berlin-bestaetigt-durchsetzbarkeit-gpl); LG Frankfurt/M. CR 2006, 729 (zu GNU GPL und WLAN-Datenspeicher; s. auch Anm. *Grützmacher* CR 2006, 733, der eine tiefergehende Beschäftigung der Gerichte erhofft); erneut LG München I CR 2008, 57 (zu GNU GPL und VoIP-Telefonen; mit Anm. *Wimmers/Klett* CR 2008, 59; s. auch Anm. *Küng* http://www.ifross.org/artikel/neuerliche-gerichtliche-durchsetzung-gnu-gpl).
693 28.09.2010, I - 20 U 41/09, nur sehr knapp dazu; s. *Kreutzer* http://www.ifross.org/artikel/olg-duesseldorf-entscheidet-ueber-verhaeltnis-zwischen-gpl-und-markenrecht.
694 US Court of Appeals for the 7th Circuit, Case No. 06–2454 (GRUR Int. 2007, 358); s. *Nordmeyer* JIPITEC 1/2010, 19 (32) Endn. 85 sowie (24) zur Problematik.
695 S. http://www.cafc.uscourts.gov/opinions/08–1001.pdf oder GRUR Int 2008, 1056; zum gesamten Verfahren http://en.wikipedia.org/wiki/Jacobsen_v._Katzer; zum Urteil *Fitzner* MMR 2008, XV; *Jaeger/Gebert* IIC 2009, 345 (346); *Metzger* http://www.ifross.org/artikel/jacobsen-v-katzer-us-berufungsgericht-erklaert-artistic-license-fuer-bindend.
696 Case no. 06-CV-1905.
697 S. *Jaeger* http://ifross.org/artikel/berufungsverfahren-jacobsen-v-katzer-durch-vergleich-abgeschlossen.
698 US District Court Southern District of New York, Case No. 1:09-cv-10155-SAS: http://sfconservancy.

- In **Frankreich** entschied am 16.09.2009 der Cour D'Appel de Paris,[699] dass Empfänger von GPL-Software einen Anspruch auf Herausgabe des Quellcodes haben. Streitbeteiligt war als Kläger eine Erwachsenenbildungsorganisation, als Beklagte ein entsprechender IT-Anbieter, welcher unter GNU GPL v2 stehende Software lieferte, allerdings den Quellcode nicht zur Verfügung stellen wollte und zudem Urheberrechtshinweise aus einer Fernsteuerungssoftware entfernt hatte.[700]   714

- In **Italien** ist am 22.03.2010 seitens des Verfassungsgerichts[701] entschieden worden, dass eine Bevorzugung von OSS bei öffentlichen Ausschreibungen rechtens sei und hat somit eine entsprechende Ausschreibungsrichtline (des Märzes 2009) der Region (entspricht ungefähr einem Land der Bundesrepublik) Piemont bestätigt. Quelloffene Software als solche bevorzuge keine bestimmte Technologie und diskriminiere daher nicht andere in wettbewerbswidriger Form.[702]   715

Ein Aspekt der Gerichtsentscheidungen, ungeachtet der Rechtsordnungen, war immer wieder, ob es sich um eine rein urheberrechtlich-dingliche Gestattung oder auch vertragliche Vereinbarung handelt. Die Tendenz neigt eindeutig zu letzterer Auffassung.   716

V. Einzelne OSS-Lizenzen

Nach einer aktuellen Statistikhat die GNU GPL v2 mit beinahe 50 % Anteil – gemessen an Projektzahlen – an Projektzahlen einen deutlichen Vorrang unter den verwendeten Lizenzen,[703] wobei freilich der virale Effekt zur Lizenzverbreitung beiträgt.[704] Im Folgenden wird eine Auswahl der bedeutsamsten Lizenzen vorgestellt. Die GNU GPL gliedert sich wie andere Lizenzen in »sections«,[705] die hier als Sec. abgekürzt werden.   717

Zur **Systematisierung** dieser bietet sich zunächst das Vorhandensein einer (unterschiedlich stark ausgeprägten) Copyleft-Klausel[706] an.[707] Teilweise werden OSS-Lizenzen ohne Copyleft alternativ als »permissiv«[708] oder »academic« bezeichnet, weil diese ursprünglichen an US-Universitäten entstanden und nach diesen benannt sind, solche mit Copyleft hingegen als »reziprok« kategorisiert werden, also den »Rückfluss« von Lizenzen betonend.[709] Andererseits erfolgt tlw. eine Kategorisierung anhand der »template«-Eigenschaften, also inwieweit die Lizenz nicht nur seitens eines ursprünglichen Lizenzgebers verwendet wird und werden kann, sondern ebenso als Musterlizenz für andere Projekte genutzt zu werden vermag.[710] Zugleich können einzelne Lizenzen bestimmten Unternehmen zuge-   718

---

org/docs/2010-07-27_dj-opinion.pdf; dazu *Roger* http://ifross.org/artikel/erste-streitige-durchsetzung-gpl-usa.

699 S. http://fsffrance.org/news/arret-ca-paris-16.09.2009.pdf.
700 S. *Koglin* http://www.ifross.org/artikel/franzoesisches-gericht-bestaetigt-ansprueche-nutzern-gegen-distributoren-aus-gpl; *Lamon* CRi 2010, 93 (93).
701 No. 122 aus 2010=.
702 S. http://www.heise.de/newsticker/meldung/Italien-Amtliche-Praeferenz-fuer-Open-Source-ist-rechtmaessig-967579.html; http://softwarelibero.it/Corte_Costituzionale_favorisce_softwarelibero_en; http://www.ifosslr.org/ifosslr/article/view/38.
703 S. http://www.blackducksoftware.com/oss/licenses#top20.
704 *Rosen* S. 104.
705 Oder §§ oder Ziff.
706 Stark, schwach, keiner, mit »Sonderrechten«, also einseitig begünstigend – zu letzten und vergleichbaren Geschäftsmethoden *Jaeger/Metzger* Rn. 113; daneben noch solche mit Wahlrechten, also Wählmöglichkeiten wie insbes. die Artistic-License – zu dieser Rdn. 764.
707 *Jaeger/Metzger* Rn. 25.
708 *Gerlach* CR 2006, 649 (650).
709 *Rosen* S. 69, 73. Alternativ wird u. a. der Begriff »persistent« verwendet.
710 *Rosen* S. 68.

schrieben werden – so MPL und CPL –, wodurch sie als kommerziell beschrieben werden können.[711]

1. Die GNU General Public License-Reihe – GNU GPL

719 Die GNU GPL-Reihe ist letztlich der Prototyp aller Copyleft-OSS-Lizenzen und gilt weitgehend gar als **Inbegriff der OSS** schlechthin, weswegen sich mehrere Abhandlungen über OSS – mehr oder weniger explizit – weitgehend nur auf diese Lizenz beziehen.[712] Allein schon aufgrund ihrer Verbreitung verdient sie besondere Aufmerksamkeit. Die GNU GPL liegt etwa den Lizenzierungen von GNU/Linux, MySQL u.v.a. Programmen zugrunde. GPL ist das Akronym für **General Public License**.[713]

a) General Public License – GNU GPL v2

720 Die GNU GPL in ihrer nach wie vor stark genutzten **zweiten Fassung (v2)**[714] vom Juni 1991 als Nachfolgerin der Fassung vom 01.02.1989 beginnt zunächst mit einer umfassenden Präambel über Freiheit und Software. In Sec. 0 wird sodann der Anwendungsbereich dieser Lizenz markiert, nämlich bzgl. einer jeden Software, die einen entsprechenden Urheberhinweis trägt, wofür im Anhang der Lizenz ein Beispiel gegeben ist.

721 Die GNU GPL v2 statuiert, dass das Recht der Programmausführung nicht eingegrenzt wird und gewährt zusätzlich die Rechte des Kopierens, des Vertriebes als auch des Veränderns – »Activities other than copying, distribution and modification are not covered by this License; they are outside its scope« (Sec. 0 Abs. 2). Aufgrund dieser Begrenzung ist strittig, ob ebenfalls Rechte zum Vermieten oder zu **SaaS/ASP/Cloud** etc. umfasst sind bzw. ob diese als Distributionsformen verstanden werden können. In jedem Fall umfasst Distribution neben Datenträgerverbreitung das statische Anbieten im Internet, da dieses auch bereits zum Zeitpunkt der Lizenzformulierung die typische Verbreitungsform für OSS war.[715] Aus dem amerikanischen Recht kann geschlossen werden, dass das Vermietrecht umfasst sein soll.[716] ASP-Formen als Hybride zwischen Vermietung und öffentlicher Zugänglichmachung hingegen sind gleichwohl umfasst, mögen sie zum damaligen Zeitpunkt[717] unbekannt gewesen sein,[718] gilt doch mittlerweile § 31a Abs. 1 S. 2 UrhG.[719] Neben der ausdrücklichen **urheberrechtlichen** Rechteeinräumung wird eine **patentrechtliche** ebenfalls angenommen.[720]

722 Sec. 1 Abs. 1 erlaubt zunächst das **Verbreiten** (»copy and distribute«) des unveränderten Quellcodes unter der Auflage, alle Hinweise intakt zu lassen, einen Lizenztext mitzuliefern – auch im Fall, dass die Software in Hardware eingebettet wird (»embedded system«)[721] – sowie jede Kopie mit einen Haftungsausschluss und Urheberrechtshinweis zu versehen (»on each copy«), wobei die genauen Formen nicht präzisiert werden, somit ebenso nicht

---

711 Oder »corporate«; und berücksichtigen zudem Geschäftsinteressen, *Rosen* S. 141, 161.
712 *Jaeger/Metzger* Rn. 26 Fn. 85.
713 Dabei ist GNU das (rekursive) Akronym für »Gnu is Not Unix« und Name eines Entwicklungsprojekts für ein freies Betriebssystem und dafür notwendige Software, s. http://www.gnu.org/.
714 S. http://www.gnu.org/licenses/gpl-2.0.html; eine inoffizielle Übersetzung in Deutsche http://www.gnu.de/documents/gpl-2.0.de.html.
715 Zutreffend *Jaeger/Metzger* Rn. 29 – das Recht der öffentlichen Zugänglichmachung gem. § 69c Nr. 4 UrhG.
716 *Jaeger/Metzger* Rn. 30; *Marly* Rn. 948.
717 Vgl. Rdn. 681, 683.
718 Hinsichtlich des vormaligen § 31 Abs. 4 UrhG vgl. *Jaeger/Metzger* Rn. 31.
719 Vgl. Wandtke/Bullinger/*Grützmacher* § 69c Rn. 80, aber Rn. 74. Zur Vorschrift s. Rdn. 683 dieses Kapitels.
720 *Rosen* S. 126 (aus Sec. 7 geschlossen).
721 Kap. 5 Rdn. 202.

als restriktiv festgelegt gelten können.⁷²² Zusätzlich wird die Befugnis eingeräumt (Abs. 2), für das Kopieren bzw. die Zugänglichmachung sowie Gewährleistungen Geld entgegenzunehmen. Aus Sec. 6 S. 2 u. Sec. 11 S. 1 folgt, dass darüber hinaus **keine Lizenzgebühren** verlangt werden dürfen. Gleichwohl können die Gelder für die Zugänglichmachung beliebig hoch sein, nur darf der Empfänger wiederum in der Weitergabe nicht behindert werden.⁷²³

Für den Fall der Modifikation des ursprünglichen Quellcodes oder Teilen hiervon stellt Sec. 2 ergänzende Bedingungen für den Vertrieb auf, zu welchen insbesondere deutliche Hinweise der Veränderung innerhalb der Dateien (ohne weitere Spezifizierung) sowie die Pflicht, allen ohne finanzielle Gegenleistung bzw. Lizenzgebühren (»at no charge« – Abs. 1b) im Rahmen der GNU GPL v2 die Nutzung dieser neuen Modifikation zu gestatten. Damit ist das **Copyleft** umrissen, welches also (erst) eintritt, **sobald Modifikationen verbreitet werden**. Dieser Effekt tritt bezüglich des gesamten modifizierten Programmes ein. Im zweiten Absatz der Vorschrift wird zugleich eingegrenzt, unter welchen Umständen es sich nicht um derart abgeleitetes Programm (»work based on the Program«) handeln soll. Wenn identifizierbare Teile des neuen Programmes erkennbar, nicht bloß abgeleitet sowie eigenständig sind und nicht mit den übrigen Programmteilen vertrieben werden (»separate works«), so ergreife Copyleft davon nicht Besitz. Abgesehen von einer Absichtserklärung, nach welcher es nicht Ziel der GNU GPL sei, sich an fremden und eigenständigen Programmierleistungen zu bereichern, erfährt der Grad der informationstechnologischen Verbindung zwischen Programmteilen keine detaillierte Ausführung. Lediglich, dass der gemeinsame Vertrieb von Programmen auf einem Medium eine solche Verbindung noch nicht herstelle, ist niedergeschrieben.

723

Diese fehlende Trennschärfe einer auch widersprüchlich formulierten Regelung ist Anlass zu rechtlichen Erörterungen.⁷²⁴ Dem Problem begegnet einerseits ein **technisch-formaler und -funktionaler** Ansatz⁷²⁵ sowie zum anderen ein **rechtlicher**, welcher auf den Bearbeitungsbegriff des § 3 UrhG verweist und sich mithin an kreativer Eigenleistung orientiert,⁷²⁶ jedoch keine spezifische Abgrenzung entwickelt. Ein Rekurrieren auf nationale Rechtsbegriffe ist seitens der GNU GPL keinesfalls bezweckt, ansonsten hätte kein eigenständiger Definitionsversuch erfolgen, sondern lediglich auf das (US- oder jeweilige nationale) Recht verwiesen werden müssen.⁷²⁷ Zu fragen bleibt, ob aus der Abgrenzung zur LGPL, die Bibliotheken und damit bestimmte Verknüpfungsmethoden ausnimmt,⁷²⁸ Rückschlüsse gewonnen werden können. Dies gelingt zumindest nicht im Rahmen der GNU GPL v2 hinsichtlich zur zugehörigen GNU LGPL v2.1, da Letztere deutlich jünger ist.⁷²⁹ Aber bereits nach der Vorversion, die aus der Zeit der GPL v2 stammt, sind Programme weitgehend ausgenommen, die Bibliotheken lediglich nutzen (»work that uses the Library« – Sec. 5 LGPL).⁷³⁰ Andererseits fruchtet auch dieser Vergleich nicht in sichere Schlüsse. Ins-

724

---

722 Dazu ifrOSS/*Koglin* Sec. 1 GNU GPL v2 Rn. 36; *Jaeger/Metzger* Rn. 35, 37, 38 Fn. 121.
723 S. http://www.gnu.org/philosophy/selling.html; *Jaeger/Metzger* Rn. 40; ifrOSS/*Koglin* Sec. 1 GNU GPL v2 Rn. 54; *Koglin* S. 194; *Rosen* S. 131; gegen beliebigen Preis Spindler/*Spindler*, Rechtsfragen, Kap. A Rn. 4; Schricker/Loewenheim/*Spindler* Vor §§ 69a ff. Rn. 45; Wandtke/Bullinger/*Grützmacher* § 69c Rn. 74, 76 stuft die GNU GPL als Erwerbszwecken bzw. Gewinn gegenüber feindlich ein.
724 *Funk/Zeifang* CR 2007, 617 (619).
725 So bereits die FSF: http://www.gnu.org/licenses/old-licenses/gpl-2.0-faq.html#MereAggregation; *Wuermeling/Deike* CR 2003, 87 (88); ifrOSS/*Jaeger* Sec. 2 GNU GPL v2 Rn. 26.
726 *Determann* GRUR Int. 2006, 645 (650); Fromm/Nordemann/*Czychowski* Nach § 69c Rn. 11; *Schäfer* S. 120. Oder auf parallele Vorschriften des US-Rechts verweist.
727 Wie es etwa in der EUPL geschieht, vgl. in der Fn. zu Rdn. 771.
728 Vgl. Rdn. 750.
729 *Jaeger/Metzger* Rn. 58 Fn. 162.
730 Andererseits verstehen sowohl LGPL v2 wie 2.1 die GPL 2 diesbezüglich lt. der Präambel sowie der jeweiligen Sec. 5 jedenfalls strikt, d. h. das Copyleft umfassender.

gesamt ist tendenziell davon auszugehen, dass Programme, die formal vereint sind – insbesondere als Datei – oder statisch verknüpft sind, unter Copyleft fallen, dynamische Programminteraktionen eher nicht.[731] Bei Kerneln ist auf die Eigenständigkeit dieser abzustellen.[732] Zudem soll aus informationstechnischer Verkehrsanschauung hypothetisch betrachtet werden, ob die Teile als ein Programm anzusehen sind oder nicht.[733] Sofern Code übernommen wird, tritt Copyleft in aller Regel ein; Programmausgaben sowie die Arbeitserzeugnisse mit (Programmier-) Werkzeugen sind hingegen grds. nicht umfasst.[734] Umschiffbar mag das Copyleft dieser Lizenz weitgehend durch die getrennte Lieferung modifizierender Programmteile sein.[735]

725 Sec. 3 stellt weitere Pflichten für die Weitergabe des Programmes bzw. abgeleiteter modifizierter Fassungen in Objektform auf, die sicherstellen sollen, dass jeder Empfänger auch den **Quellcode** erhält oder zumindest erhalten kann. Die einfachste Erfüllung dieser Pflicht ist die Mitlieferung des Quellcodes auf dem Datenträger, dennoch genügt es, ein schriftliches Angebot mitzuliefern, welches für drei Jahre gelten und dessen Annahme es dem Empfänger ermöglichen muss, für die tatsächlichen Bereitstellungskosten den Quellcode zu erhalten.

726 Die nachfolgende Sec. 4 beschreibt, dass es im Fall eines Zuwiderhandelns – also für Verwendungen »außerhalb« der Bedingungen der GNU GPL – keine Lizenz gebe und diese **erlösche**. Davon seien jedoch nicht nachgelagerte Empfänger betroffen. Dieser Umstand hängt insbesondere davon ab, dass nach der GNU GPL ausdrücklich keine Lizenz zur Erteilung von Unterlizenzen eingeräumt wird. Nach Sec. 6 erhält jeder Empfänger des Programms direkt vom ursprünglichen Lizenzgeber eine Lizenz, die der Weitergebende nicht beschränken darf und kann.

727 Sec. 5 statuiert, dass für das Ablaufenlassen des Programmes die GNU GPL nicht abgeschlossen werden müsse, das Modifizieren oder jede andere weiter gehende Handlung jedoch als **(konkludente) Annahme der GNU GPL** angesehen wird.

728 Sollte es dem Verwender unmöglich sein aufgrund einer Pflichtenkollision – insbesondere in Ansehung von Urteilen, Vergleichen und Patentangelegenheiten – die GNU GPL nicht einzuhalten, dann verliert er in letzter Konsequenz die Lizenz, falls er gegen diese verstoßen sollte (Sec. 7 – als »**liberty or death**« bekannt). Diese Vorschrift räumt also Urteilen usf. keine derogierende Wirkung ein, welche geeignet wäre, Vorschriften der GNU GPL auszusetzen.

729 Sec. 8 eröffnet die (kaum genutzte) Möglichkeit, von der gewährten Lizenz Staaten als Verbreitungsgebiete auszuschließen. Bedingt ist eine solche Einschränkung durch drohende Einschränkungen insbes. durch Patente oder urheberrechtlich geschützte Schnittstellen.

730 »**From time to time**« erstellt die FSF neue Fassungen der GNU GPL. Nach Sec. 9 kann ein Entwickler für sein Code eine spezifische GNU GPL-Version auswählen, oder auch jede spätere (»**any later**«) Version einräumen, wobei die FSF verheißen lässt, dass jede spätere Version im Wesentlichen identisch zu vorherigen sein werde. Dann käme der FSF die Aufgabe zu, den Inhalt von Lizenzverträgen nachträglich zu bestimmen.

---

731 S. ifrOSS/*Jaeger* Sec. 2 GNU GPL v2 Rn. 43–47; *Jaeger/Metzger* Rn. 58; anders u. ausf. *Schäfer* S. 115–174.
732 S. ifrOSS/*Jaeger* Sec. 2 GNU GPL v2 Rn. 29–36; *Jaeger/Metzger* Rn. 56.
733 *Jaeger/Metzger* Rn. 52.
734 *Jaeger/Metzger* Rn. 60.
735 *Schäfer* S. 170.

Nach Sec. 10 sind Individual- bzw. Sondervereinbarungen nicht ausgeschlossen, sondern werden vielmehr infolge von Lizenzinkompatibilitäten zumindest im Fall anderer »freier« Software gelegentlich gestattet, wozu sich die FSF bekennt. 731

Sec. 11 und 12 formulieren – in aggressiven oder zumindest deutlichen – Großbuchstaben einen weitgehenden **Gewährleistungs- und Haftungsausschluss**. 732

Den Bedingungen selbst folgt die Anweisung, wie idealerweise die GNU GPL auf ein Programm angewendet werden kann (*boilerplate*). Sofern der Entwickler der Ausgangs- bzw. Erstentwickler ist, möge er in jede Quelldatei einen verkürzten Haftungsausschluss deutlich einfügen und mindestens eine Zeile mit dem Urheber- und Lizenzhinweis, der Name, Datum (Jahr) sowie den Hinweis auf die GNU GPL enthalte, füllen. Zudem gebe man mit dem Programm den Text der GNU GPL aus und idealerweise ergänze man Kontaktinformationen. Für den Fall der »interaktiven« Widergabe des Programms ist ebenfalls ein Muster enthalten, das am Bildschirm ausgegeben werden solle. Für den Fall, dass eine Modifikation erfolgt, gelten diese Vorschriften entsprechend. Unter keinen Umständen dürfen irgendwelche Hinweise entfernt werden, was nochmals betont wird. 733

b) General Public License – GNU GPL v3

»From time to time« betrug beim Übergang der GNU GPL von der zweiten in die dritte Version 16 Jahre: sie erschien am 29.06.2007. Der Formulierung der neuen Version seitens der FSF gingen umfassende Konsultationsprozesse voraus. Ziel der Veränderung war es, auf neue Rechtsfragen, neue Verbreitungsformen und mithin insbes. auf Softwarepatente und DRM zu reagieren.[736] Die Erneuerung wurde begrüßt, kritischer Wiederhall ist besonders in der Gestalt zu vernehmen, dass die neue Fassung sehr komplex und »sperrig« sei.[737] Tatsächlich ist die GNU GPL v3[738] deutlich umfangreicher. Viele Projekte haben sie (noch?) nicht angenommen und werden weiterhin nach Maßgabe der v2 lizenziert. Die dritte Version umfasst zunächst einen deutlich separierten, längeren Abschnitt mit Definitionen (Sec. 0). Augenfälligste Änderung dabei ist Terminologieänderung bzgl. des Verbreitens: aus »copy and distribute« wurde »**convey**«, welches ausdrücklich keine interaktiven Zurverfügungstellung durch Fernübertragung ohne Kopieren umfasst. 734

Sec. 2 listet nun die Basisbenutzungsrechte. Die Rechte hinsichtlich der Ausführung des Programmes sind unbegrenzt. Außerdem ist das Modifizieren und Benutzen unbegrenzt möglich, es sei denn, das Programm wird weitergegeben im Sinne des »convey«. Solange also Modifikationen ausdrücklich intern und in diesem Rahmen genutzt werden, müssen die Bedingungen der GNU GPL weiterhin insoweit nicht eingehalten werden.[739] Sublizenzen sind ausdrücklich ausgeschlossen, auch die v3 verbreitet sich nach den Regeln der Sternlizensierung. Erlaubt sind ebenfalls Formen der öffentlichen Zugänglichmachung (»propagate«), die allerdings unzureichend definiert sind (Sec. 0). 735

Neu ist Sec. 3 als Passage zu technischen Schutzmaßnahmen (**DRM**). Erstaunlich ist, dass nicht die technische Schutzmaßnahme bei Weitergabe von Modifikationen oder unveränderten Materials untersagt wird, sondern lediglich die rechtliche Durchsetzung solcher.[740] 736

Sec. 4 gestattet die Weitergabe (»convey«) unveränderten Quellcodes weitgehend nach den Regeln der Vorgängernorm. Neugefasst sind die Vorschriften zu den Gebühren: ausdrücklich gestattet sind Entgelte für die Kopien als auch Gebühren für Gewährleistungen usf., 737

---

736 *Jaeger/Metzger* GRUR 2008, 130 (131).
737 *Jaeger/Metzger* GRUR 2008, 130 (137).
738 S. http://www.gnu.org/licenses/gpl.html; inoffiziell http://www.gnu.de/documents/gpl.de.html.
739 *Beardwood/Alleyne* CRi 2008, 14 (15).
740 Ausführlicher zu den Bestimmungen *Jaeger/Metzger* GRUR 2008, 130 (131).

welche in ihrer Höhe nicht begrenzt werden (»**any price**«).[741] Lizenzgebühren sind gleichwohl durch Sec. 10 a. E. ausgeschlossen.

738 Die nachfolgende Sec. 5 regelt die Verbreitung modifizierten Quellcodes, die ergänzende Hinweispflichten statuiert – so etwa Hinweise auf die Veränderungen und ggf. »interaktive Hinweise«, für die Sec. 0 ein Muster enthält.

739 Sec. 5 regelt daneben das **Copyleft**, welches erneut eben nur im Fall des Verbreitens eintritt, aber im Fall des Eintretens das »gesamte« Programm, also auch neue Teile sowie Veränderungen, umfasst und in diesem Fall die Lizensierung unter der GNU GPL v3 verlangt. Andererseits ist Copyleft gem. Sec. 5 Abs. 2 ausgeschlossen, wenn die Programmteile bzw. Programme unabhängig sind und lediglich lose zu »Aggregaten« verbunden werden. Erneut enthält die Vorschrift keine technische Trennschärfe, sondern eher Zielvorstellungen. Wann ein Programm »natürlich« als eigenständig angesehen werden kann, bleibt somit fraglich. Gleichwohl ist erneut klargestellt worden, dass kein wildwucherndes Krebsgeschwür implantiert werden solle. Durch die Änderung wird insgesamt kein höheres Maß an Klarheit erreicht,[742] gleichwohl ist **ein stärkeres Copyleft nicht bezweckt** gewesen. Bei der Auslegung der v3 ist grds. dabei im geringen Umfang auf (US-) Urheberrecht zurückzugreifen, soll sie doch stärker davon gelöst sein.[743] Eine »combination« führt zum Copyleft, eine »aggregation«, die erneut auf einem Trägermedium beheimatet sein kann, nicht.[744] War es bei der v2 ggf. noch möglich, das Eingreifen des Copyleft durch Lieferung unselbstständiger Modifikationen noch zu umgehen, soll dieses nun durch die neue Klausel verhindert werden.[745]

740 Den Pflichtenkreis der Sec. 4 und 5 erweitert Sec. 6 um solche im Fall der Weitergabe in Objektform. Dies verlangt entweder die Mitlieferung des Quellcodes nach bekanntem Mustern oder alternative Zurverfügungstellung, etwa erneut nach schriftlichem Angebot für mindestens drei Jahre oder über das Internet. Diese Vorschrift ist deutlich komplexer geworden. Um der Gefahr der »**Tivoization**« zu begegnen, also der Auslieferung von OSS mit Hardware, ohne aber den Nutzern die Möglichkeit zu geben, diese OSS zu ändern und anschließend auf dieser Hardware wieder zu nutzen, ist bestimmt, dass Endnutzer die erforderlichen Installationsinformationen für ihre »User Products« erhalten müssen.[746]

741 Sec. 7 erlaubt **abweichende Vereinbarungen**, doch dürfen diese in der Regel nicht weitere Einschränkungen enthalten, welche nach Sec. 10 untersagt sind. Als weitere bzw. andere erlaubte Bedingungen sind möglich beispielsweise andere Haftungsausschlüsse oder Formen der Hinweise bzgl. der Urheberschaft.[747]

742 Sec. 8 bestimmt in vergleichbarer Form wie die Vorgängervorschrift, dass im Fall des Lizenzverstoßes die Lizenz entfällt. Neu ist allerdings, dass eine **Wiedereinräumung** der Lizenz möglich ist.[748] Für die automatische Wieder- bzw. Neubelebung der Lizenz ist es unerlässlich, die Lizenzverletzung einzustellen.

---

741 S. Rdn. 722.
742 *Jaeger/Metzger* GRUR 2008, 130 (135).
743 S. Rdn. 706.
744 *Beardwood/Alleyne* CRi 2008, 14 (16).
745 Die Passage »if the compilation and its resulting copyright are not used to limit the access or legal rights of the compilation's users beyond what the individual works permit« – *Funk/Zeifang* CR 2007, 617 (621); *Beardwood/Alleyne* CRi 2008, 14 (16); zweifelnd bzgl. Wirksamkeit und Einbeziehung *Schäfer* S. 184. Vgl. auch Rdn. 724.
746 *Jaeger/Metzger* GRUR 2008, 130 (131).
747 Ausführlich *Jaeger/Metzger* GRUR 2008, 130 (132).
748 Begrüßend *Jaeger/Metzger* GRUR 2008, 130 (136).

Sec. 9 stellt wiederkehrend klar, dass für das Ablaufenlassen des Programmes die GNU GPL nicht abgeschlossen werden muss. Erneut wird festgehalten, dass die darüber hinausgehende Nutzung als Annahme angesehen wird. **743**

Zweck der Sec. 10 zunächst ist es, die Sternlizenzierung niederzuschreiben: jeder Programmempfänger enthält eine Lizenz. Zudem ist es dem Weitergebenden nicht gestattet, in diese Rechte einzugreifen, etwa durch Lizenzgebühren. Ferner wird es dem Empfänger durch Sec. 10 untersagt, Patentverletzungen geltend zu machen. **744**

Sec. 11 ist dann gänzlich den **Patenten** gewidmet. Grundsätzlich hat jeder, der sich an der Fortentwicklung der OSS beteiligt, auch zugleich einfache Patenzlizenzen an alle zu erteilen.[749] Dieses wurde bereits in die Vorgängerlizenzversion weitgehend interpretiert. **745**

Sec. 14 verweist auf nachkommende Versionen der GNU GPL. Erneut sind »any later«-Klauseln gestattet, neuerdings kann die Entscheidungen durch zu benennende Dritte (»**proxies**«) durchgeführt werden. **746**

Sec. 15 und 16 enthalten erneut den Versuch, sich von beinahe jedweder Verantwortung weitestmöglich auszuschließen. Sollte dieses aufgrund lokaler Gesetzte nicht gelingen, so mögen die Gerichte nach der salvatorischen Sec. 17 Recht finden oder anwenden, dass dieser Vorstellung so weit wie möglich entgegenkomme. **747**

c) Sonderformen der GNU GPL

Neben dieser primären Formen der GNU GPL in drei Fassungen existieren Sonderformen,[750] zum einem die LGPL, zum anderen die AGPL. Daneben existiert für Anleitungen und sonstige Dokumentationen noch die GNU Free Documentation License (= FDL). **748**

aa) Affero General Public License – AGPL v1 u. GNU AGPL v3

Die AGPL liegt seit dem 19.11.2007 in ihrer zweiten Fassung vor und basiert auf der GNU GPL v3 und wird deshalb ebenso als v3[751] und nicht als v2 bezeichnet. Die erste Version der AGPL,[752] basierend auf der GNU GPL v2, wurde seitens *Affero* (im März 2002) und nicht seitens, aber mit Einverständnis der FSF publiziert und ist deshalb nicht Teil der GNU-Lizenzenreihe. Die AGPL enthält ersetzende Bestimmungen, nach denen auch bei Programmen, die per **Fern- bzw. Netzwerkzugriff** zur Verfügung gestellt werden, der Quellcode verpflichtend anzubieten ist. **749**

bb) Die Lesser-Variante: GNU LGPL v2, v2.1, v3

Die aktuelle Version der **Lesser** GPL (LGPL) ist die v3 vom 29.06.2007,[753] die also zeitgleich mit der GPL v3 herausgebracht worden ist. Ihr voraus ging die v2.1 vom Februar 1999[754] als Pendant zur GNU GPL v2, welche der Library/LIbrary GPL in der Version 2 (Juni 1991)[755] nachfolgte. Die LGPL-Variante wurde für **Programmbibliotheken** geschaffen, deren Verwendung einschließlich des Vertriebes nicht zum Eintreten des Copylefts führen sollte **750**

---

749 Dazu *Kumar/Koglin* CRi 2008, 33 (36); *Jaeger/Metzger* GRUR 2008, 130 (133); *Funk/Zeifang* CR 2007, 617 (623).
750 S. http://www.gnu.org/licenses/licenses.html.
751 S. http://www.gnu.org/licenses/agpl.html; zu dieser *Koch* ITRB 2007, 261 (262).
752 S. http://www.affero.org/oagpl.html.
753 S. http://www.gnu.org/licenses/lgpl.html; inoffiziell: http://www.gnu.de/documents/lgpl-3.0.de.html.
754 S. http://www.gnu.org/licenses/old-licenses/lgpl-2.1.html; inoffiziell: http://www.gnu.de/documents/lgpl-2.1.de.html. Eine ähnliche Funktion wird zudem durch die »Linking Exception« als Sonderklausel zur regulären GNU GPL versucht.
755 S. http://www.gnu.org/licenses/old-licenses/lgpl-2.0.html.

(schwächeres Copyleft). Deswegen wird in ihrem Rahmen zwischen »works based on« und »works using library« bzw. zwischen »libraries« und »applications« unterschieden (v3). Klarheit wird auch dadurch nicht zuteil.[756]

2. Apache

751 Die *Apache Software Foundation* ist bekannt für ihren HTTP-Server Apache, welcher der meistgenutzte des Internets ist.[757] Gegenwärtig ist die **zweite Version** der Apache-Lizenz vom Januar 2004 aktuell, neben welcher noch v1 und v1.1 genutzt werden.[758]

752 In Sec. 1 lassen sich, wie gewohnt, mehrere Definitionen vorfinden (eine Sec. 0 existiert nicht). Entscheidend sind vor allem die zum »derivativen« Werk wie auch zum »Contributor«. Ersteren, denen »basierende« Werke gleichgestellt bzw. als Untergruppe aufgeführt werden, werden vor allem dadurch eingeschränkt, dass abtrennbare Programme oder -teile sowie bloß durch Aufruffunktionen verbundene Programme nicht umfasst sein sollen. Entscheidend aber ist, dass Copyleft – sofern es in diesem Fall überhaupt als solches bezeichnet werden kann – überhaupt nur auftritt, wenn der bearbeitende Entwickler zum »Contributor« wird, wofür vor allem dessen **Willen** und Übersendung des neuen Codes an den ursprünglichen Lizenzgeber notwendig ist (so auch in Sec. 5). Dafür existiert ein spezieller Mustervertrag, das »**Contributor Agreement**«.[759]

753 Die urheberrechtliche Nutzungslizenz Apaches ist sehr umfassend und beinhaltet einfache, entgeltfreie usf. Rechte zum Ausführen, Modifizieren, Vertreiben, Unterlizensieren und öffentlichem Vorführen (Sec. 2). In Sec. 3 wird zugleich eine Patentlizenz mit paralleler Intention und Natur eingeräumt, die allerdings erlöscht, sofern ein Patentverfahren angestrengt wird.[760] Markenrechte werden weitgehend nicht gewährt, zumindest nicht solche, die darüber hinausgehen, andere Urheber auszuweisen (Sec. 6). Seitens der *Apache Software Foundation* werden allerdings Werbeaussagen wie »powered by Apache« akzeptiert.[761]

754 Im Rahmen des Vertriebes müssen die gewohnten Hinweis-, Lizenztextmitliefer- und ggf. Änderungskennzeichnungspflichten erfüllt werden (Sec. 4). Hinsichtlich letzterer ist die besondere Form einer spezifizierten »**Notice**«-Datei,[762] sofern eine solche vorhanden ist. Vorgegeben sind abschließend die weiteren Gewährleistungs- und Haftungsausschlüsse, von denen der Lizenznehmer auf eigenes Risiko erneut abweichen darf (Sec. 7–9).

3. Mozilla Public License – MPL

755 Der große »Browserkrieg« endete, trotz kartellrechtlicher Maßnahmen, mit dem Ende Netscapes Navigators. Nach seinem Niedergang kehrte dieser jedoch als Phönix-Fuchs zurück – als Firefox der *Mozilla Foundation*.[763] Die hauseigene OSS-Lizenz MPL liegt derzeitig in der **Version 1.1** vor[764] und ist neben anderen[765] Lizensierungsbasis für die eigene Software. Für 2011 ist eine Revision der Lizenz angekündigt.[766] Die MPL ist die Nachfolgerin

---

756 *Thalhofer* CRi 2008, 129 (133).
757 *Grützmacher* ITRB 2006, 108 (108).
758 S. http://www.apache.org/licenses/; zur Vorgängerin *Jaeger/Metzger* Rn. 104 (v1), 105 (v1.1).
759 S. http://www.apache.org/licenses/icla.txt.
760 *Grützmacher* ITRB 2006, 108 (111).
761 S. http://www.apache.org/foundation/licence-FAQ.html#Name-changes. Deshalb wird die Lizenz als solche mit starkem »branding« bezeichnet, werde doch die Akzeptanz von abgeleiteten Programmen ohne diese Marke eingeschränkt, *St. Laurent* S. 32; *Rosen* S. 92.
762 Muster: http://www.apache.org/licenses/example-NOTICE.txt.
763 Vgl. *Rosen* S. 141.
764 S. http://www.mozilla.org/MPL/MPL-1.1.html; ausdrückliches Lob bei *Rosen* S. 142.
765 Mozilla »tri-lizensiere« gewöhnlich in MPL, GNU GPL und GNU LGPL: http://www.mozilla.org/MPL/mpl-faq.html.
766 Mittlerweile sind bereits mehrere Entwurfsversionen zur MPL 2 veröffentlicht und kommentiert wor-

der Netscape Public License. Nach Sec. 11 werden Recht und Gericht **Kaliforniens** gewählt.

Die MPL beginnt mit Sec. 1, in welcher Definitionen erfolgen und auf den Anhang (Exhibit A) verwiesen wird, welcher in den Quellcode der Ausgangssoftware zu integrieren ist. In Sec. 2 wird sodann streng zwischen den Rechten, die der Ausgangsentwickler (»initial developer«) (2.1), sowie den Rechten, die ein Bearbeiter (»contributor«) gewährt (2.2), differenziert. Diese gewähren zunächst einfache, entgeltfreie, weltweite urheberrechtliche Nutzungsrechte zum Ausführen, Modifizieren, Weitergeben, Unterlizenzieren usf. des ursprünglichen bzw. bearbeiteten Werkes. **Copyleft** tritt für Bearbeiter bzw. Kontributoren auf (1.1), die eine Modifikation gem. Sec. 1.9 erstellen, wenn Originalcode verändert, anteilig gelöscht oder übernommen wird. Sammlungen – »larger works« (1.7) – sind gestattet und führen zu keiner Infektion. Lediglich hinsichtlich der unter MPL stehenden Teile müssen die Rechte aller Nutzer gewährleistet werden (Sec. 3.7). Die Copyleft-Klausel der MPL ist daher deutlich schwächer als bei der GNU GPL.[767]

756

Besonders Augenmerk verdient jedoch die **eingeschränkte Patentlizenz**. Diese ist zwar auch entgeltfreier und weltweiter Natur, erstreckt sich jedoch nicht auf Codeveränderungen aus Sicht des Ausgangsentwicklers bzw. auf Codeveränderungen, die nicht der jeweilige Bearbeiter durchgeführt hat. Somit besteht potenziell eine **Lizenzlücke** hinsichtlich Modifikationen einschl. ausgekoppelter Programmteile. Des Weiteren bezieht sich die Lizenz nicht auf alle anderen möglichen Nutzungsweisen eines Patents, sondern nur die auf das Programm und Teile des selbigen bezogenen.[768] Dies erklärt sich dadurch, dass der Lizenzgeber – insbesondere damals Netscape – sich vor unkalkulierbaren Risiken schützen wollte.[769]

757

Sofern die Modifikationen der MPL unterfallen, wird es gemäß Sec. 3.1 neben den angeführten, zu gewährenden Rechten erforderlich werden, bei Distributionen den MPL-Text mitzuliefern (bei Quellcodeform) als auch den Quellcode zur Verfügung zu stellen, ggf. über elektronische Vermittlungswege für i. d. R. zwölf Monate (Sec. 3.2). Dazu sind die Veränderungen und weitere Angaben umfassend im Code, ggf. in der Programmausführung oder in der Dokumentation auszuweisen sowie weitere Nachweise zu erfüllen (Sec. 3.3, 3.5, 3.6).

758

In bestimmten Fällen ist es notwendig, eine »**Legal**«-**Textdatei** dem Programm bzw. Code zuzufügen. Dies etwa dann, wenn ein Bearbeiter davon Kenntnis erlangt, dass für die Programmnutzung weitere Lizenzen, einschließlich Patentlizenzen, notwendig sind (Sec. 3.4). Sofern durch eine andere Rechtsordnung oder Klagen oder andere rechtliche Umstände es nicht möglich ist, die aus der MPL erwachsenden Pflichten vollständig zu erfüllen, erlöscht die Lizenz – anders als beispielsweise die GNU GPL – nicht, sondern bleibt in Kraft, ist aber so weit wie nur möglich zu erfüllen. Derartige Einschränkungen müssen ebenfalls in dieser Datei für rechtliche Hinweise beschrieben werden (Sec. 4).

759

Der Übergang zu neuen MPL-Versionen, der in Bälde bevorsteht, ist durch Sec. 6 geregelt. Demnach steht dieses ausschließlich Netscape bzw. seit ihrer Gründung der *Mozilla Foundation* zu.[770] Code unter einer bestimmten Version bleibt immer unter dieser nutzbar, wahl-

760

---

den – s. http://mpl.mozilla.org/. Zu erwarten sind, diese betrachtend, insbes. Erleichterungen hinsichtlich der Informations- und Dokumentationspflichten. Zudem solle die Kompatibilität zu GNU GPL-Lizenzen gesteigert werden.
[767] S. http://www.mozilla.org/MPL/mpl-faq.html; Spindler/*Arlt/Brinkel/Volkmann*, Rechtsfragen, Kap. I Rn. 45.
[768] *Rosen* S. 149.
[769] *Jaeger/Metzger* Rn. 83.
[770] S. http://www.mozilla.org/MPL/mpl-faq.html.

761 Sec. 7 und 9 enthalten den Versuch weitgehender Gewährleistungs- und Haftungsausschlüsse. Nach Sec. 8.1 erlöschen die Rechte am Code 30 Tage nach einer Verletzungshandlung automatisch, es sei denn, dass diese innerhalb dieser Frist unterlassen werden. Vergebene Unterlizenzen hins. der Bearbeitungen des Lizenzverletzers sollen aber gleichwohl nicht betroffen werden (Sec. 8.4). Ein Ende der Lizenz tritt daneben auch bei **Patentverfahren gegen** einen Lizenzgeber unter den detaillierten Voraussetzungen der Sec. 8.2 ein. Endnutzer sollen gleichwohl durch einen Fortfall der Lizenzen bzw. Unterlizenzen unberührt bleiben.

762 Die MPL (Sec. 13, Exhibit A) sieht ausdrücklich duale bzw. multiple Lizenzierung als Möglichkeit vor.

763 Der MPL-Text selbst darf durch Dritte bearbeitet werden, allerdings dann nicht mehr mit Begriffen und Akronymen von *Mozilla* oder Netscape bezeichnet werden (Sec. 6.3).

4. Artistic

764 Zahlreiche Kritik erfuhr die Artistic Licence[771] zumindest in der ersten Version, welche einfachen Anforderungen an sprachlicher Präzision keinesfalls genügte.[772] Ihre Bedeutung rührt daher, dass sie der Programmiersprache Perl (später neben der GNU GPL) als Lizenzmodell diente. Mittlerweile liegt sie in der zweiten Version vor und mithin ist die Kritik zurückgedrängt worden. Verantwortlich ist die *Perl Foundation*. Bemerkenswert an der Artistic v1 ist jene Regelung, nach welcher Veränderungen an der Ausgangssoftware, die auf Bugfixes u. a. aus »Public Domain« zurückgehen, dennoch weiterhin als Ausgangsprogramm gelten (Sec. 2). Sec. 3 und 4 liefern zahlreiche **Wahlmöglichkeiten** beim Vertrieb modifizierter Formen in Quell- und Objektcode. Sec. 5 erlaubt für die Vertriebspakete »vernünftige« Preise in Abhängigkeit von den tatsächlichen Kopierkosten und verbietet Gebühren für das Programm als solches, relativiert diese Vorgabe allerdings wiederum in den Definitionen auf unklare Art.

5. Eclipse Public License (EPL) u. Common Public License (CPL)

765 Offiziell wurde die CPL v1 im Frühjahr 2009 durch die **EPL v1**[773] abgelöst, gleichwohl bleibt die CPL, welche beinahe identisch zur EPL ist, fortgesetzt einsetz- und anwendbar. Verantwortlicher »Steward« der CPL war IBM und ist nun die *Eclipse Foundation* für EPL und CPL. Die EPL enthält zunächst eine Festlegung des Rechts, nämlich das des Staates **New York** sowie das Urheberrecht der **USA** (Sec. 7). Sie soll bereits als abgeschlossen gelten, sobald das jeweilige Programm in irgendeiner Form (»any use«) genutzt wird.

766 Die Copyleft-Auswirkung der EPL wird durch die Definitionen (Sec. 1) darauf begrenzt, dass nur abhängige Veränderungen und Ergänzungen (»changes and additions«), die abgeleitet sowie abhängige **Module** sind, der EPL unterfallen müssen. Dabei sind grds. auch kleinere, interagierende Module als eigenständig zu begreifen, ist doch die EPL gerade für solche erstellt worden – und können grds. gemeinsam mit EPL-Code vertrieben werden.[774] Die EPL gewährt umfassend bzw. alle möglichen[775] Rechte einschließlich jenem des Sublizensierens. Nach Sec. 2 lit. b) eine begrenzte Patentlizenz, vergleichbar zur

---

771 S. http://www.opensource.org/licenses/artistic-license.php.
772 *Rosen* S. 98 »when amateurs write licenses«.
773 S. http://www.eclipse.org/legal/epl-v10.html.
774 *Jaeger/Metzger* Rn. 79.
775 *Jaeger/Metzger* Rn. 74.

MPL.[776] Nach Sec. 7 Abs. 2 entfällt bei patentrechtlichen Vorgehen allein die Patentlizenz, ansonsten sollen in Fällen des Lizenzverstoßes alle Rechte, aber nicht Pflichten des Empfängers entfallen (Sec. 7 Abs. 3).

Sec. 3 stellt es frei im Fall des Weitergebens in Objektcode statt der EPL eine andere Lizenz zu nutzen. Diese muss jedoch den umfassenden Anforderungen (Sec. 3 Abs. 1 lit. b i-iv) der EPL genügen.[777] Dadurch verdient eine solche Regelung weitgehend ihren Reiz. Wichtiges Moment in der EPL ist die Haftungsfreistellung. Neben den üblichen »disclaimern« in Sec. 5 und 6 gilt im Fall kommerzieller Distribution nach Sec. 4, dass der Distributor die vorgelagerten Entwickler **zu verteidigen** und ggf. **freizustellen** hat. 767

6. Berkeley Software Distribution – BSD

Gemeinsam mit der MIT-Lizenz (zu jener im Nachfolgenden) gehört die BSD zu den ältesten OSS-Lizenzen (ohne Copyleft).[778] Die BSD enthält nur wenige Bestimmungen. Sie liegt in mehreren (überarbeiteten) Varianten vor, die eine unterscheidende Anzahl der durchnummerierten Absätze mit Pflichten enthalten.[779] 768

BSD-Software darf frei genutzt und bearbeitet und vertrieben werden,[780] allerdings dürfen Urheberhinweise nicht verändert werden, Urheberhinweise[781] und Haftungsausschluss sind anzubringen und in Werbematerialien muss – zumindest in der schärften, mittlerweile unüblichen Version – der ursprüngliche Urheber (die Universität Berkeley in Kalifornien) genannt werden (»**advertising clause**«). Andere Varianten sehen zumindest Hinweise in allen[782] Begleitmaterialien vor. Darüber hinaus ist die Nutzung frei. Zu Unterlizensierung wird keine Aussage getroffen und ein solches Recht ist wegen mangelnder Notwendigkeit nicht anzunehmen.[783] Ein Rechtefortfall bei Verstößen wird ebenfalls nicht angeordnet.[784] 769

7. Massachusetts Institute of Technology – MIT

Die Lizenz des MIT des Jahres 1988 (alternativ **X11** genannt) ist noch kürzer als die BSD.[785] Sie gewährt zusätzlich das Recht, Unterlizenzen zu erteilen. Es besteht lediglich die Pflicht, den Urheberhinweis und Lizenztext, der einen Haftungsausschluss enthält, mitzugeben. 770

---

776 Ausf. *Rosen* S. 164.
777 *Jaeger/Metzger* Rn. 78.
778 *St. Laurent* S. 14; vgl. *Grützmacher* ITRB 2006, 108 (108).
779 Sie liegt in mehreren Varianten vor: http://en.wikipedia.org/wiki/BSD_licenses. Die Varianten unterscheiden sich in der Anzahl der Absätze/Nrn. und somit am Umfang der Pflichten, eine eindeutige Versionszuordnung existiert hingegen nicht.
780 Spindler/*Arlt/Brinkel/Volkmann*, Rechtsfragen, Kap. I Rn. 10.
781 Details *Rosen* S. 81.
782 »And/or« ist zutreffend als »sowohl als auch« zu verstehen, vorausgesetzt, entsprechende Materialien liegen vor: *Grützmacher* ITRB 2006, 108 (110). Zu diesen Materialien sollten ebenfalls die EULA-Texte zugehörig sein.
783 *Jaeger/Metzger* Rn. 100; vgl. Spindler/*Arlt/Brinkel/Volkmann*, Rechtsfragen, Kap. I Rn. 28.
784 *Jaeger/Metzger* Rn. 101; a. A. Spindler/*Arlt/Brinkel/Volkmann*, Rechtsfragen, Kap. I Rn. 41.
785 S. http://www.opensource.org/licenses/mit-license.html.

8. Weitere Lizenzen

771 Die Darstellung der Lizenzen ist damit längst nicht abgeschlossen.[786] Es existieren spezielle Versuche einer europäischen (**EPL**[787]) wie einer deutschen (**D-FSL**[788]) OSS-Lizenz. Darüber hinaus ist die Zahl der weiteren Lizenzen Legion. Trotz aller Unterschiede einen sie die Quelloffenheit, Urheberhinweisbeibehaltung und die nicht nur für OSS typischen »disclaimer«.

9. Eigene Lizenz?

772 Wenn keine Fremdsoftware genutzt werden soll und keine existente oder verwendbare Lizenz allen eigenen Anforderungen genügt, wirft sich die Frage auf, ob nicht eine eigene Lizenz erstellt werden sollte. Ob ein vorhandener Lizenztext abgewandelt und als eigener angeboten werden darf, entscheiden die jeweiligen Urheber dieser.[789] Gerade aber eine eigene Lizenz muss sich dem Problem der Lizenzkompatibilität stellen. Ob die Vorgaben der OSD oder FSD erfüllt werden sollen, steht grundsätzlich frei. Aufgrund des erheblichen Aufwandes, ungewisser Beteiligungsmotivaton als auch des reichhaltigen Lizenzangebotes sowie der drohenden zunehmenden Zerkluftung durch immer weitere Lizenzen solle ein solcher Schritt gründlich durchdacht werden.[790]

10. Lizenzkompatibilität und Dual- und Multiple-Lizensierung

773 Probleme der **Lizenzkompatibilität** werden in der Gegenwart umfassend diskutiert.[791] Die zugrunde liegenden Szenarien stellen bspw. einen Urheber in das Zentrum der Fragestellung, welcher ein Programm unter einer Lizenz erhält und ein abgeleitetes Werk unter eine andere stellen möchte oder aber Code, gestellt unter verschiedene Lizenzen, kombinieren oder zumindest für ein Projekt – ggf. unter anderer Lizenz – nutzen möchte. Um dann dem Copyleft zu genügen oder weiteren Anforderungen zu entsprechen, muss diese andere Lizenz eben den vorgegebenen Anforderungen der jeweiligen Lizenz genügen, also in wesentlichen Punkten weitgehend identische oder sich ergänzende Regeln anordnen.[792] Diese Problematik tritt zudem auf, wenn Sammlungen mit OSS-Programmen unter divergenten Lizenzregimen oder gemeinsam mit proprietärer Software angeboten werden sollen.[793]

774 Wer Softwarenutzungsrechte einräumen möchte, kann daneben parallele Lizenzen anbieten. Einerseits etwa um Kompatibilitätsproblematiken zu vermeiden, andererseits um Profite zu maximieren. So kann es etwa ratsam sein, Privatpersonen kostenlos ein Programm nutzen und weiterentwickeln zu lassen, kommerziell Tätigen etwa die Weitergabe zu untersagen und von diesen Kaufpreis bzw. Lizenzgebühren zu verlangen. Für beide Empfängerkreise bedürfte es daher verschiedener Lizenzmodelle, also mindestens zweier (»**dual licensing**«, bei weiteren »triple«- oder multiple). Problematisch kann dabei sein, dass bereits die

---

786 Eine umfassendere, systematisierte Liste findet sich unter http://www.ifross.org/lizenz-center; unter http://www.opensource.org/licenses/alphabetical die seitens der OSI anerkannten.
787 Die European Union Public License (v1.1, Jan. 2007) ist seitens der Kommission herausgebracht worden und liegt in 22 verbindlichen Sprachfassungen vor (http://www.osor.eu/eupl). Sie dient vor allem Behörden und soll die Anpassung der GNU GPL sowie anderer OSS-Lizenzen an europäisches Recht darstellen. Die Lizenz enthält einen Copyleft-Effekt, der an die Bearbeitung im Rechtssinne anknüpft und zur Feststellung einer solchen auf das jeweilige anzuwendende nationale Recht verweist (Sec. 5). Nach dem EUPL-Anhang ist sie kompatibel zur GNU GPL v2, CPL v1, EPL u. a.
788 Deutsche Freie Software Lizenz (http://www.dipp.nrw.de/d-fsl/) – dazu deren Verf. *Jaeger/Metzger* Rn. 385.
789 S. http://www.gnu.org/licenses/gpl-faq.html#ModifyGPL; der Lizenztext hingegen untersagt es.
790 Dazu und mit einem Muster Schütze/Weipert/*Harte-Bavendamm/Metzger/Grützmacher* S. 486.
791 Etwa *Jaeger/Metzger* Rn. 106 zu GNU GPL und Apache; *Jaeger/Metzger* GRUR 2008, 130 (137) zu GNU GPL v2 und v3; http://www.gnu.org/licenses/license-list.html#GPLCompatibleLicenses.
792 Vgl. Rdn. 767, 741.
793 *Rosen* S. 243.

OSD/FSD Diskriminierungen und Einsatzbegrenzungen solcher Art nicht gestatten.[794] was zu weilen unerheblich sein kann. Ein Unternehmen kann aber etwa ihre Software unter GNU GPL stellen. Wer diese nun modifiziert, unterfällt dem Copyleft. Eine alternativ verfügbare – kommerzielle – Lizenz kann dieses sogleich verhindern.[795] Gleichwohl kann in diesem Fall das Unternehmen Errungenschaften Dritter, die allen und somit auch diesem über das Copyleft zugänglich werden, nicht allein wirtschaftlich verwerten. Dazu müsste es statt der GNU GPL eine andere Lizenz wählen, wobei dann äußerst fraglich wäre, ob Dritte mit gleichem Einsatz sich an einem derartigen Softwareprojekt beteiligten.[796] Es kann daneben möglich sein, fremde Software unter anderer Lizenz zu lizenzieren, wenn der jeweilige ein Recht zur Unterlizenzerteilung hat,[797] doch ist dieses meist uninteressant, da gewisse OSS-Lizenzen dieses zwar grds. zulassen, jedoch wiederum restriktive Anforderungen an solche neue Lizenz stellen.

VI. Schlussanmerkung

Generelle Aussagen verlangen eine verallgemeinerungsfähige Grundlage. OSD und FSD **775** enthalten zwar allgemeine Anforderungen an OSS-Lizenzen, spiegeln indessen typische Regelungsgehalte nur unzureichend wider. Für Verallgemeinerungen können, sofern sie getroffen werden sollen, daher nur häufig genutzte Lizenzen wie hauptsächlich jene der GNU GPL-Reihe und daneben BSD-artige herangezogen werden. Die gefundenen Prinzipien und Gemeinsamkeiten entlasten keinesfalls davon, die jeweilige Lizenz sorgfältig zu »erforschen«. Zugleich müssen, wie stets, die konkreten Sachverhalte betrachtet werden, die bei OSS mannigfaltig sein können. Was einmal als OSS veröffentlicht worden ist, kann nicht zuletzt aufgrund der Quelloffenheit kaum »zurückgeholt« werden. Deshalb bedarf ein solcher Schritt sorgfältiger Überlegung. Im Urheberrecht ist in den letzten Jahrzehnten wenig für Nutzer unternommen worden. Gleichwohl ist es auch § 69d UrhG zu verdanken,[798] dass zumindest für Nutzer im Sinne von Programmausführenden die Unterschiede der Lizenzen kaum von Gewicht sind.[799]

J. Kartellrecht

I. Einleitung

Wird Software zur Nutzung oder zum Vertrieb überlassen oder wird Software im Auftrag **776** entwickelt und enthalten die dazu gehörigen Vereinbarungen beschränkende Abreden, die kartellrechtlich als bedenklich erscheinen, so sind bei der kartellrechtlichen Prüfung mehrere Aspekte zu beachten:
- In grundsätzlicher Hinsicht inwieweit Softwareüberlassungsverträge der kartellrechtlichen Kontrolle zugänglich sind. Angesprochen ist damit das Verhältnis des Kartellrechts zu den Immaterialgüterrechten.
- Ob überhaupt eine wettbewerbsbeschränkende Vereinbarung vorliegt, die dem Kartellverbot unterfällt.

---

794 Vgl. *Gerlach* CR 2006, 649 (652).
795 So etwa bei MySQL als prominentestem Beispiel mit einer »Community Edition« (GNU GPL v2) und einer kommerziellen – s. http://www.mysql.com/downloads/mysql/. Dazu *Rosen* S. 262; Spindler/*Spindler*, Rechtsfragen, Kap. B Rn. 12; *Gerlach* CR 2006, 649 (651).
796 Vgl. *Thalhofer* CRi 2008, 129 (131).
797 Vgl. *Jaeger/Metzger* Rn. 115.
798 Zu einer GPL-spezifischen Auslegung des § 69d Fromm/Nordemann/*Czychowski* Nach § 69c Rn. 9.
799 Und auch ansonsten wären sie es nicht, vgl. *Rosen* S. 49.

- Ob die Vereinbarung nicht in jedem Fall durch eine Gruppenfreistellungsverordnung freigestellt ist. Ist dies der Fall, kann die Prüfung einer Wettbewerbsbeschränkung unterbleiben. Dabei kommen folgende Gruppenfreistellungsverordnungen in Betracht:
  - Die Technologietransfer-Gruppenfreistellungsverordnung (»**TTGVO**«),[800]
  - Die Gruppenfreistellungsverordnung für Forschungs- und Entwicklungsvereinbarungen (»**FuEGVO**«),[801] oder
  - Die Vertikal-Gruppenfreistellungsverordnung (»**VGVO**«)[802]
- Ob die wettbewerbsbeschränkende Vereinbarung unter den Voraussetzungen von Art. 101 Abs. 3 AEUV gerechtfertigt werden kann.

777 Sowohl für die Gruppenfreistellungsverordnungen als auch für die unmittelbare Anwendung von Art. 101 AEUV (ex. Art. 81 EG) hat die Kommission umfangreiche Leitlinien und Bekanntmachungen erlassen, die für die Anwendung der kartellrechtlichen Normen von überragender Bedeutung sind.[803]

1. Anpassung des GWB an Europäisches Recht

778 Nicht notwendig ist eine gesonderte Darstellung der Bestimmungen des GWB (mit Ausnahme der Missbrauchskontrolle, siehe Rdn. 839). §§ 1 und 2 GWB sind seit der siebenten GWB-Novelle zum 01.07.2005 inhaltlich vollständig an Art. 101 Abs. 1 und 3 AEUV angepasst. § 2 Abs. 2 GWB verweist zudem mittels einer sogenannten »dynamischen Verweisung« auf die jeweils gültige GVO. Diese findet daher auch dann Anwendung, wenn der Anwendungsbereich von Art. 101 Abs. 1 AEUV mangels einer möglichen spürbaren Beeinträchtigung des Handels zwischen den Mitgliedsstaaten nicht eröffnet ist.

2. Das Verhältnis von Kartell- und Urheberrecht

779 Die kartellrechtliche Kontrolle von Softwareüberlassungsverträgen ist im Ausgangspunkt vor dem Hintergrund des generellen Spannungsverhältnisses zwischen Ausschließlichkeitsrechten wie dem Urheberrecht und dem Kartellrecht zu sehen. Dabei wurde lange Zeit unter Rückgriff auf die Wertungen der §§ 17 f. GWB a. F. vertreten, dass eine kartellrechtliche Kontrolle von urheberrechtlichen Nutzungsverträgen nicht in Betracht komme, solange sich die Verwertungsabrede noch mit dem Inhalt des Schutzrechts decke. Diese Auffassung findet auch im deutschen Recht nach Abschaffung der §§ 17 f. GWB a. F. nunmehr keine Stütze mehr. Auch die Leitlinien zur TTGVO[804] halten in Nr. 7 Satz 2 fest, dass Art. 101 und 102 AEUV insbesondere für Vereinbarungen gelten, in denen der Schutzrechteinhaber einem anderen Unternehmen eine Lizenz zur Nutzung seiner Rechte erteilt.

780 Ebenso wenig kann die Rechtsprechung des EuGH mit der bekannten Differenzierung zwischen dem Inhalt des Schutzrechtes und seiner Ausübung als Beleg für die Inhaltstheorie bzw. für einen der Kontrolle des Kartellrechts entzogenen Bereich herangezogen werden.[805] Das bedeutet im Ergebnis freilich nicht, dass Lizenzvereinbarungen in kartellrecht-

---
800 Verordnung (EG) Nr. 772/2004 der Kommission v. 27.04.2004 über die Anwendung von Art. 81 Abs. 3 EG-Vertrag auf Gruppen von Technologietransfer-Vereinbarungen, ABl. 2004 Nr. L 123, 11.
801 Verordnung (EU) Nr. 1217/2010 der Kommission v. 14.12.2010 über die Anwendung von Art. 101 Abs. 3 des Vertrags über die Arbeitsweise der Europäischen Union auf bestimmte Gruppen von Vereinbarungen über Forschung und Entwicklung, ABl. 2010 Nr. L 335, 36.
802 Verordnung (EU) Nr. 330/2010 der Kommission v. 20.04.2010 über die Anwendung von Art. 101 Abs. 3 des Vertrags über die Arbeitsweise der Europäischen Union auf Gruppen von vertikalen Vereinbarungen und abgestimmten Verhaltensweisen, ABl. 2010 Nr. L 102, 1.
803 Siehe dazu den Überblick bei *Bechtold* Einl. Rn. 55.
804 Bekanntmachung der Kommission – Leitlinien zur Anwendung von Art. 81 EG-Vertrag auf Technologietransfer-Vereinbarungen, ABl. 2004 Nr. C 101, 2 (Leitlinien TTGVO) Nr. 50, S. 1.
805 Dazu umfassend *Heinemann* S. 305 ff. sowie – dessen Ausführungen zusammenfassend – *Matthiesen* S. 13 ff.

licher Hinsicht besonders skeptisch zu beurteilen sind. Erwägungsgrund 5 der TTGVO zeigt vielmehr, dass die Kommission der Lizenzvergabe grundsätzlich positiv gegenübersteht, weil sie prinzipiell wettbewerbsfördernde Potenziale enthält: »Solche Vereinbarungen steigern in der Regel die wirtschaftliche Leistungsfähigkeit und wirken sich positiv auf den Wettbewerb aus, da sie die Verbreitung der Technologie erleichtern, parallelen Forschungs- und Entwicklungsaufwand reduzieren, den Anreiz zur Aufnahme von Forschungs- und Entwicklungsarbeiten stärken, Anschlussinnovationen fördern und Wettbewerb auf den Produktmärkten erzeugen können.«

Im Spannungsfeld von Ausschließlichkeitsrechten und dem Kartellrecht hat Letzteres daher vor allem die Aufgabe sicherzustellen, dass die grundsätzlich innovations- und wettbewerbsfördernden Wirkungen von Lizenzvereinbarungen nicht durch vertragliche Abreden eingeschränkt oder unterbunden werden.[806]   **781**

II. Lizenzverträge und Artikel 101 AEUV

1. Bedeutung der Gruppenfreistellungsverordnungen

Stellt sich im Rahmen eines Softwareüberlassungsvertrages die Frage, ob bestimmte Vereinbarungen im Zusammenhang mit der Nutzung der Software kartellrechtlich unzulässig sind, so sind diese im Wege der **Selbstveranlagung** aufgrund von Art. 1 Abs. 2 der VO 1/2003[807] durch die Parteien auf die Vereinbarkeit mit Art. 101 AEUV zu prüfen. Die Frage, ob eine Wettbewerbsbeschränkung vorliegt und, wenn ja, ob diese nach Art. 101 Abs. 3 AEUV bzw. § 2 Abs. 1 GWB freigestellt ist, kann erhebliche Schwierigkeiten aufweisen: **782**

Zum einen enthalten Art. 101 Abs. 1 und 3 AEUV abstrakt und weit gefasste Tatbestandsmerkmale. Darüber hinaus ist jede Vereinbarung einzelfallbezogen, also im »konkreten rechtlichen und wirtschaftlichen Zusammenhang« zu würdigen – eine schematische Subsumtion verbietet sich damit in aller Regel (ausgenommen aber sog. »Kernbeschränkungen« wie etwa Preisbindungen der zweiten Hand).   **783**

Aus diesem Grunde kommt den Gruppenfreistellungsverordnungen (»**GVO**«) eine enorme praktische Bedeutung zu. Steht mit Sicherheit fest, dass der Anwendungsbereich einer GVO eröffnet ist und liegt auch keine Kernbeschränkung vor, so kann die oft schwierige Subsumtion von Art. 101 bzw. §§ 1 und 2 GWB entfallen, denn selbst wenn eine Wettbewerbsbeschränkung vorläge, so wäre die Vereinbarung dennoch nach der GVO freigestellt. Auch die folgende Darstellung richtet daher Ihren Blick erst auf den Anwendungsbereich der Gruppenfreistellungen, bevor sie auf die unmittelbare Anwendung des Art. 101 AEUV und näher zu untersuchende Klauseln eingeht.   **784**

2. Überlassung von Software an Endnutzer – Anwendungsbereich der TTGVO

Ausgangspunkt der folgenden Betrachtungen ist die **Überlassung von funktionsorientierter Standardsoftware an einen Endnutzer** (zu Systemsoftwares siehe Rdn. 804). Gemeint ist damit die Überlassung von Software, die eine betriebliche Funktion oder funktionsübergreifend Anwendungsbereiche unterstützt, zur eigenen Nutzung (Bsp.: Warenwirtschafts- oder Zeiterfassungsprogramme). Der erste Blick für die Freistellung nach einer GVO richtet sich auf die TTGVO. Diese stellt nach Art. 2 Abs. 1 TTGVO sogenannte »Technologietransfer-Vereinbarungen« frei. Dazu gehören nach Art. 1 (1) b) TTGVO auch Softwarelizenz-Vereinbarungen.   **785**

---

806 *Drexl* GRUR Int. 2004, 716 (721).
807 Verordnung (EG) Nr. 1/2003 des Rates v. 16.12.2002 zur Durchführung der in Art. 81 und 82 des Vertrags niedergelegten Wettbewerbsregeln, ABl. 2003 Nr. L 1/1.

786 Grundsätzlich in Betracht kommt auch eine Freistellung nach der der VGVO. Dies setzt voraus, dass es sich um eine vertikale Vereinbarung handelt, also eine Vereinbarung zwischen Parteien, die auf verschiedenen Marktstufen stehen – die im Fall der Überlassung von Software an Endnutzer in aller Regel vorliegende Konstellation. Ein solches vertikales Verhältnis ist auch Grundlage der folgenden Ausführungen.

787 Ist die TTGVO allerdings anwendbar, so verdrängt sie die VGVO, wie sich aus Art. 2 Abs. 5 VGVO ergibt. Danach gilt die VGVO nicht für vertikale Vereinbarungen, deren Gegenstand in den Geltungsbereich einer anderen Gruppenfreistellungsverordnung fällt. Zudem beschränkt Art. 2 Abs. 3 VGVO den Anwendungsbereich der VGVO erheblich, wenn im Rahmen der Vereinbarung auch Nutzungsrechte eingeräumt werden.

a) Die Voraussetzungen der Freistellung nach Art. 2 TTGVO

788 Erforderlich für eine Freistellung nach der TTGVO ist nach Art. 2 Abs. 1 TTGVO, dass eine Technologietransfer-Vereinbarung zwischen zwei Unternehmen vorliegt, welche die Produktion der Vertragsprodukte ermöglicht.

aa) Technologietransfer-Vereinbarung gemäß Art. 1 (1) b) TTGVO

789 Der Begriff der **Technologietransfer-Vereinbarung** ist in Art. 1 (1) b) TTGVO u. a. definiert als eine Softwarelizenz-Vereinbarung. Gemeint ist damit die Einräumung eines Nutzungsrechtes an urheberrechtlich geschützter Software.[808] Dieses Erfordernis ist bei der Überlassung von Software an einen Endnutzer und der damit einhergehenden Einräumung eines einfachen Nutzungsrechtes erfüllt.

790 **Keine Rolle** spielt insoweit auch die **vertragstypologische Einordnung** des Vertrages, welcher der Überlassung der Software und der Einräumung des Nutzungsrechtes zugrunde liegt.[809] Anders als bei der VGVO[810] besteht bei der Bestimmung des Anwendungsbereiches der TTGVO keine Differenzierung der Rechtsnatur des Vertrages, also etwa danach ob es sich um einen Miet- oder Kaufvertrag handelt. Auch der BGH behandelt die Einräumung von Nutzungsrechten unabhängig von der Rechtsnatur des Softwareüberlassungsvertrages.[811]

bb) Produktion der Vertragsprodukte

791 Die Technologietransfer-Vereinbarung muss zudem die »**Produktion der Vertragsprodukte**« ermöglichen.

792 An dieser Voraussetzung lässt die weit **überwiegende Auffassung** die Eröffnung des Anwendungsbereichs der TTGVO für Softwareüberlassungsverträge an Endnutzer in der Regel scheitern. Begründung: Die ganz überwiegende Anzahl von Softwareüberlassungsverträgen gegenüber Endanwendern legt gerade kein konkretes Vertragsprodukt fest, welches mit der Software produziert werden soll. Argumentiert wird insbesondere, dass die Bestimmung eines konkreten Vertragsproduktes zu den »essentialia negotii der Technologietransfer-Vereinbarung« gehöre, da zur Freistellung immer ein finaler Bezug zur Herstellung

---

808 Vgl. Leitlinien Technologietransfer Nr. 50, S. 1.
809 Vgl. *Matthiesen* S. 42 ff.
810 Vgl. Nr. 26 der Leitlinien zur VGVO (Mitteilung der Kommission – Leitlinien für vertikale Beschränkungen), ABl. Nr. C 130/1, wonach Miet- und Leasingvereinbarungen als solche nicht unter die VGVO fallen, da der Anbieter hier keine Waren oder Dienstleistungen verkauft.
811 BGH MMR 2007, 243 (244) – Rechtsnatur des ASP-Vertrages.

II. Lizenzverträge und Artikel 101 AEUV

eines Vertragsproduktes bestehen müsse.[812] Zudem werde in aller Regel auch kein Recht zur Verwertung eines bestimmten Vertragsproduktes eingeräumt.[813]

Diese Auffassung orientiert sich nach der hier vertretenen Auffassung zu einseitig am Wortlaut von Art. 2 Abs. 1 TTGVO und lässt dabei die Definition des Merkmals »Vertragsprodukt« in Art. 1 (1) f) TTGVO außer Acht. Ein »Vertragsprodukt« ist danach ein »Produkt, das mit der lizensierten Technologie hergestellt wird«. Ein »Produkt« ist nach Art. 1 (1) e) TTGVO wiederum eine Ware und/oder eine Dienstleistung in Form eines Zwischen- oder Endproduktes. Unter Einbeziehung der Definition der Merkmale »Vertragsprodukt« und »Produkt« würde Art. 2 Abs. 1 TT-GVO also wie folgt lauten: »*Art. 81 Abs. 1 EG-Vertrag wird [...] für nicht anwendbar erklärt auf Technologietransfer-Vereinbarungen [...], die die Produktion der Produkte (=Waren und/oder Dienstleistungen in Form eines Zwischen- oder Endproduktes), die mit der lizensierten Technologie produziert werden, ermöglichen.*« 793

Durch Art. 2 Abs. 1 TTGVO wird also gerade nicht die Vereinbarung über ein konkretes Produkt statuiert, sondern vielmehr nur, dass Waren oder Dienstleistungen mithilfe der Software produziert werden können. Es bedarf demnach lediglich der konkludent erteilten Erlaubnis für die Herstellung [irgend]eines Produkts, welches mit der Technologie erzeugt werden kann. Daher ist es ausreichend, wenn die Nutzung der Software dazu führt, dass Waren hergestellt oder Dienstleistungen erbracht werden können.[814] 794

Diese, sich eng an den Definitionen in Art. 1 TTGVO orientierende Auslegung, wird gestützt durch Erwägungsgrund 7 der TTGVO. Danach soll die Verordnung »nur für Vereinbarungen gelten, in denen der Lizenzgeber dem Lizenznehmer erlaubt, die lizensierte Technologie (...) zur Produktion von Waren oder Dienstleistungen zu nutzen«. Der Erwägungsgrund stellt alleine darauf ab, dass eine produktive Nutzung durch den Lizenznehmer erfolgt, nicht aber, dass ein solches Produkt konkret festzulegen ist, um den Anwendungsbereich der TTGVO zu eröffnen. 795

Deutlich wird aus Erwägungsgrund 7 zudem, dass das Merkmal »Vertragsprodukt« vor allem der **Abgrenzung** gegenüber Forschungs- und Entwicklungstätigkeiten sowie Lizenzvereinbarungen zur Errichtung von Technologiepools dient, die nicht in den Anwendungsbereich der TTGVO fallen.[815] 796

Die TTGVO beschränkt sich bei der Eröffnung des Anwendungsbereichs auf die Nutzung der Software als Mittel um damit bestimmte Ergebnisse produzieren zu können.[816] Die Vertragsprodukte können demnach in den Fällen, in denen der Lizenzgeber nur generell eine Nutzungsberechtigung für die Software gewährt, aus den Möglichkeiten bestimmt werden, welche Wertschöpfungen durch die Nutzung der Software erzielt werden können. Im Ergebnis sind damit sämtliche Ergebnisse, die der Lizenznehmer in bestimmungsgemäßer Anwendung der Software erzeugt Vertragsprodukte im Sinne der TTGVO, wenn keine gesonderte Absprache vorliegt.[817] 797

Keine Voraussetzung für die Eröffnung des Anwendungsbereichs der TTGVO stellt zudem der **Weitervertrieb** der Produkte dar. Es macht keinen Unterschied, ob die Software nur zur betriebsinternen Verwendung überlassen wird oder ob mit der Software hergestellte 798

---

812 Immenga/Mestmäcker/*Fuchs* TT-VO Rn. 119; *Polley* CR 2004, 641 (647); *Schultze/Pautke/Wagener*, TTGVO, Rn. 430; *Grützmacher* ITRB 2005, 205 f. Siehe zu dieser Diskussion auch umfassend *Matthiesen* S. 33 ff.
813 *Berger* K&R 2005, 15 (18).
814 Vgl. *Matthiesen* S. 34; ebenso im Ergebnis Loewenheim/Meessen/Riesenkampff/*v. Falck/Schmalz*, GVO-Technologie, Rn. 25.
815 Vgl. *Matthiesen* S. 36 m. w. N.
816 Vgl. *Matthiesen* S. 36 f.
817 Vgl. *Matthiesen* S. 35.

Produkte an Dritte weitervertrieben werden.[818] So wird vielfach vertreten die TTGVO verlange, dass mit der Software Produkte für Dritte hergestellt oder Dienstleistungen **gegenüber Dritten** erbracht werden.[819] Dieser Auffassung steht schon entgegen, dass der Wortlaut von Art. 2 TTGVO einen Weitervertrieb nicht verlangt.

799 Auch inhaltlich vermag ein solcher »Drittbezug« nicht zu überzeugen: Lagert etwa ein Unternehmen seine Lohnbuchhaltung aus und erwirbt der Auftragnehmer von einem Softwareanbieter zur Lohnabrechnung eine bestimmte Software, so wären die Voraussetzungen des Art. 2 Abs. 1 TTGVO erfüllt. Erwirbt das Unternehmen dagegen die Software, um die Lohnbuchhaltung eigenständig zu erbringen, so läge mangels »Drittbezug« kein Weitervertrieb der Dienstleistung »Lohnbuchhaltung« vor und die Anwendung der TTGVO käme nicht in Betracht. Beiden Fällen ist aber gemein, dass eine Software genutzt wird, von deren Anwendung sich Vorteile versprochen werden. Diese Vorteile treten unabhängig davon ein, ob die Technologie intern genutzt wird oder zur Erbringung von Dienstleistungen gegenüber Dritten. Auch intern genutzte Software wird mit dem Ziel eingesetzt die wirtschaftliche Leistungsfähigkeit zu steigern und fällt damit ihrem Sinne nach ebenfalls unter die TTGVO.[820] Wird Software also im Betrieb eingesetzt und können die damit erzielten Ergebnisse dem Grunde nach zur Leistungserbringung gegenüber Dritten verwendet werden, so ist der Anwendungsbereich der TTGVO eröffnet, auch wenn die Ergebnisse tatsächlich allein betriebsintern genutzt werden.

800 In **teleologischer Hinsicht** wird gegenüber der Erfassung von Softwareüberlassungsverträgen zur internen Nutzung insbesondere vorgebracht, dass **kein »Technologietransfer«** vorläge wenn der **Quellcode nicht überlassen** werde und daher auch keine Verbreitung des technischen Wissens stattfinde. Die Software werde als »fertiges« Produkt genutzt, es ginge gerade nicht um die eigenverantwortliche Gestaltung der Produktion wie bei einer Patentlizenz.[821]

801 Die Überlassung des Quellcodes wird von der TTGVO allerdings an keiner Stelle gefordert: Ausreichend ist vielmehr nach Art. 1 (1) b) TTGVO allein die Erteilung einer Softwarelizenz. Die weitere Offenbarung von programmiertechnischem Know-how muss nicht Bestandteil einer solchen Vereinbarung sein.[822] Das wird schon daraus deutlich, dass die Überlassung von »Know-how« im Sinne von Art. 1 (1) i) TTGVO neben der Einräumung einer Softwarelizenz nicht notwendig ist.

802 Auch für eine teleologische Reduktion der TTGVO in dem Sinne, dass Softwarelizenzvereinbarungen nur erfasst werden, wenn auch gleichzeitig der Quellcode offenbart wird, besteht sowohl angesichts des Willens der Kommission als auch der restriktiven Rechtsprechung des EuGH zur teleologischen Reduktion kein Raum.[823] Dies folgt letztlich aus Erwägungsgrund 5 TTGVO, wonach die Lizenzvergabe die wirtschaftliche Leistungsfähigkeit bereits aufgrund der Verbreitung der lizenzierten Technologie fördere. Entscheidend ist damit nicht die Mehrung technischen Wissens beim Lizenznehmer, sondern dass dieser durch die Lizenz in die Lage versetzt wird, das in dem Schutzrecht enthaltene Wissen verstärkt zu nutzen.[824] Diese Form der Wissensnutzung liegt vor, wenn die Software verwendet und damit als »Werkzeug« zur Durchführung bestimmter Arbeiten durch den Lizenznehmer genutzt wird; die Software wird dem Anwender als Problemlösungsverfahren zur Verfügung

---

818 Vgl. *Matthiesen* S. 38 f.
819 Schneider/*Ulmer*, Hdb EDV-Recht, C Rn. 361; *Schumacher/Schmid* GRUR 2006, 1 (4 f.).
820 Vgl. Erwägungsgrund 5 der TTGVO; *Matthiesen* S. 39.
821 Ullrich/Lejeune/*Konrad*/Timm-Goltzsch/Ullrich Teil I Rn. 778 ff.
822 Vgl. *Matthiesen* S. 44; ebenso Wandtke/Bullinger/*Grützmacher* § 69d Rn. 46.
823 Vgl. dazu ausf. *Matthiesen* S. 47 ff.
824 Immenga/Mestmäcker/*Fuchs* TT-VO Rn. 99.

gestellt, dass häufig zugleich die Problemlösung selbst ausführt.[825] Da die reine Anwendung der Software in der überlassenen Form also in der Lage ist, dem Nutzer Vorteile durch die Anwendung zu verschaffen, ohne dass hierfür programmiertechnisches Wissen erforderlich wäre und dies nach der TTGVO ausreicht, um die gemäß Art. 101 Abs. 3 AEUV erwarteten Verbesserungen zu erreichen (vgl. hier nochmals Erwägungsgrund 5 TTGVO), besteht keine Veranlassung zur Einschränkung des Anwendungsbereichs von Art. 2 Abs. 1 TTGVO.

Nach der hier vertretenen Auffassung ist bei der **Überlassung von Anwendungssoftware** der Anwendungsbereich der TTGVO in den meisten Fällen eröffnet. 803

Wird dagegen **Betriebssystemsoftware** überlassen, so scheidet eine Anwendung der TTGVO im Grundsatz aus: Ihre Funktion besteht letztlich darin, die Nutzung von Anwendungssoftware zu ermöglichen. Eigenständige Funktion kommt ihr dagegen nicht zu.[826] 804

b) Art. 3 TTGVO – Marktanteilsschwellen

Weitere Voraussetzung für die Anwendbarkeit der TTGVO ist, dass die in Art. 3 genannten Marktanteilsschwellen nicht überschritten werden. Dabei sind sowohl die Marktanteile der Parteien auf dem relevanten Technologie-, als auch auf dem relevanten Produktmarkt zu beachten. Überschreitet der Marktanteil auf einem dieser beiden Märkte die in Art. 3 (2) TTGVO vorgesehene Schwelle, so kommt eine Freistellung nach TTGVO nicht in Betracht, sondern nur unmittelbar nach Art. 101 AEUV. Beim Produktmarkt handelt es sich um den Marktanteil für die mithilfe der Software hergestellten Produkte. Beim Technologiemarkt handelt es sich um den Markt für die Verwertung der Software selbst. Wird die Software verwendet um tatsächlich Produkte zu erzeugen, die weiter abgesetzt werden, so spielt dieser Produktmarkt für den Technologiemarkt die entscheidende Rolle. Dies folgt aus Art. 3 (3) TTGVO, wonach sich auch der Marktanteil auf dem Technologiemarkt nach der Präsenz der lizenzierten Software auf dem Produktmarkt richtet. Der Marktanteil des Lizenzgebers wird also bestimmt aus den Marktanteilen, die einerseits a) der Lizenzgeber auf dem Technologiemarkt und andererseits b) der Lizenznehmer mit den Vertragsprodukten auf dem relevanten Produktmarkt erzielen. 805

Im Fall der Überlassung von Software in einem rein vertikalen Verhältnis, in dem die Parteien also keine Wettbewerber sind, kommt es für den Produktmarkt folglich allein auf die Marktstellung des Anwenders der Software an, für den Technologiemarkt dagegen auch auf die Marktanteile der sonstigen Lizenznehmer. Wird die Software dagegen nicht zum Weitervertrieb von Produkten genutzt, sondern nur intern, kann es im Ergebnis nur auf den Technologiemarkt ankommen. Dieser bemisst sich dann nach dem Marktanteil der Software im Verhältnis zu hiermit austauschbarer Software.[827] 806

Für die Bestimmung des Marktanteils bleibt es bei der grundsätzlichen Schwierigkeit, dass dieses Kriterium in der Praxis nur schwer handhabbar und mit erheblichen Unsicherheiten verbunden ist.[828] Die Kommission versucht der Kritik insofern entgegen zu kommen, als nach ihrer Ansicht eine Verletzung von Art. 101 AEUV unwahrscheinlich ist, wenn neben den von den Vertragsparteien kontrollierten Technologien mindestens vier weitere Technologien bestünden, von denen auch ausreichender Wettbewerbsdruck ausginge (sogenannter »4-Plus-Test«).[829] 807

---

825 Ullrich/Lejeune/*Konrad*/*Timm-Goltzsch*/*Ullrich* Teil I Rn. 714.
826 Vgl. *Matthiesen* S. 55.
827 Vgl. *Matthiesen* S. 63.
828 *Bechtold*/*Bosch*/*Brinkherr*/*Hirsbrunner* Art. 3 VO 772/2004 Rn. 1.
829 Der »4-Plus-Test« kann rechtlich nicht verbindlich sein, da er sich nur in den Leitlinien zur TTGVO (Nr. 131) wiederfindet und im Ergebnis nur für die Prüfung der Ausschaltung des Wettbewerbs sowie

c) Art. 4 TTGVO – Kernbeschränkungen; Art. 5 TTGVO – nicht freigestellte Beschränkungen

808 Die Freistellung nach Art. 2 TTGVO entfällt insgesamt, wenn die Vereinbarung eine Regelung enthält, die einen der in Art. 4 genannten Fälle bezweckt. Dabei differenziert **Art. 4 (1) und (2) TTGVO** zwischen Vereinbarungen von Wettbewerbern und nicht konkurrierenden Unternehmen.

809 Bei vertikalen Vereinbarungen (Vereinbarungen zwischen Nicht-Wettbewerbern) handelt es sich bei den Kernbeschränkungen im Wesentlichen um das Verbot der Festsetzung von Mindestpreisen (Art. 4 (2) a) TTGVO) sowie um Gebiets- oder Kundenkreisbeschränkungen in das oder an den Vertragsprodukte nicht verkauft werden dürfen (Art. 4 (2) b) TTGVO). Dabei sieht die letztgenannte Kernbeschränkung wiederum insbesondere gegenüber der VGVO bedeutsame Rückausnahmen vor:

- Die Möglichkeit zur Untersagung sogenannter **aktiver** Verkäufe. Im Gegensatz dazu handelt es sich bei den sogenannten passiven Verkäufen, um Verkäufe bei denen der Verkäufer unaufgeforderte Bestellungen einzelner Kunden erhält.[830] Damit besteht ein weiterer Freistellungsbereich als bei der VGVO, die im Grundsatz auch sämtliche Beschränkungen passiver Verkäufe an bestimmte Gebiete oder Gruppen als Kernbeschränkung ansieht (vgl. insofern aber die bedeutenden Rückausnahmen in Art. 4d) i) VGVO).
- Daneben enthält Art. 4 (2) b) TTGVO sechs Rückausnahmen, bei denen auch die Untersagung des **passiven** Verkaufs gestattet ist. Hervorzuheben ist hier die Beschränkung des passiven Verkaufs in Exklusivgebiete oder an Exklusivgruppen, die sich der Lizenzgeber vorbehält sowie die Beschränkung des passiven Verkaufs für die ersten beiden Jahre in ein Exklusivgebiet oder an eine Exklusivgruppe, das/die einem anderen Lizenznehmer zugewiesen wurde.

810 Darüber hinaus führt **Art. 5 TTGVO** nicht freigestellte Beschränkungen auf. Die Verwendung der hier genannten Klauseln führt nicht dazu, dass die Freistellung insgesamt entfällt. Vielmehr ist zu prüfen, ob diese bestimmte Regelung eine Wettbewerbsbeschränkung darstellt und wenn ja, ob diese dann nach Art. 101 Abs. 3 AEUV gerechtfertigt werden kann. Hervorzuheben ist hier für vertikale Vereinbarungen das Verbot weitere Forschungs- und Entwicklungsarbeiten durchzuführen, Art. 5 (2) TTGVO. Allerdings ist ein solches Verbot doch freigestellt, wenn die Beschränkung unerlässlich ist, um die Preisgabe des lizenzierten Know-hows an Dritte zu verhindern.

III. Softwareentwicklungsverträge, Softwareanpassung, Software als Input

811 Für die kartellrechtliche Beurteilung von Softwareentwicklungsverträgen ist zu differenzieren, ob eine Software mehr oder weniger »von Grund auf« neu entwickelt wird oder ob eine bestehende Standardsoftware des Auftragnehmers an die Bedürfnisse des Bestellers angepasst wird, etwa durch umfangreiche Konfigurierungen oder auch durch individuelle Weiterentwicklungen der Software. Wird Software speziell für den Besteller entwickelt, so ist die Eröffnung des Anwendungsbereiches der Gruppenfreistellungsverordnung für Vereinbarungen über Forschung und Entwicklung (FuEGVO) zu prüfen.

1. Neuentwicklung von Software exklusiv für Auftraggeber

812 Wird Software neu für den Auftraggeber entwickelt und sollen diesem an der entwickelten Software die exklusiven Nutzungsrechte nach § 31 Abs. 3 Satz 1 UrhG eingeräumt werden,

---

der Unerlässlichkeit der Beschränkung in systematischer Hinsicht genutzt werden kann (vgl. *Matthiesen* S. 73).
830 Zur Abgrenzung aktiver und passiver Verkäufe, insbesondere unter Berücksichtigung des Internets, siehe die Leitlinien zur VGVO, Nr. 51 ff. sowie *Wiring* MMR 2010, 659 ff.

III. Softwareentwicklungsverträge, Softwareanpassung, Software als Input

so liegt allein aufgrund der Übertragung der ausschließlichen Nutzungsrechte noch keine Wettbewerbsbeschränkung gem. Art. 101 Abs. 1 AEUV vor. Ein Rückgriff auf die FuEGVO oder die TTGVO ist jedenfalls insoweit entbehrlich: Die Übertragung eines Immaterialgüterrechts in Erfüllung eines Werkvertrages ist als solche kartellrechtlich nicht zu beanstanden.[831] Demzufolge ist auch die Einräumung eines ausschließlichen Nutzungsrechtes gemäß § 31 Abs. 3 Satz 1 UrhG als eine der Übertragung im Ergebnis entsprechende Nutzungsrechtseinräumung kartellrechtlich unbedenklich.

Liegen weitere Beschränkungen vor, etwa das dem Entwickler auferlegte Verbot, Software für Wettbewerber des Auftraggebers zu entwickeln, ist eine Rechtfertigung im Wege der Selbstveranlagung nach Art. 101 Abs. 3 AEUV erforderlich. 813

Ein Rückgriff auf die **FuEGVO scheidet aus**: Die FuEGVO erfasst zwar nunmehr nach Art. 1 (1) a) vi) auch die Auftragsentwicklung ohne eine gemeinsame Verwertung der Ergebnisse. Gemeint ist damit die Ausführung von Entwicklungsarbeiten durch eine Partei und deren Finanzierung durch eine andere Partei, wobei die finanzierende Partei selbst keine Entwicklungstätigkeiten ausübt (s. Art. 1 (1) p) und q) FuEGVO). Eine solche Vereinbarung ist dem Grundsatz nach ebenfalls durch Art. 2 (1) FuEGVO freigestellt. Allerdings sind darüber hinaus die Voraussetzungen von Art. 3 (2) bis (5) FuEGVO zu erfüllen. Hierzu gehört nach Art. 3 (2) FuEGVO, dass beide Parteien, also auch der Entwickler, uneingeschränkten Zugang zu den Endergebnissen der Auftragsentwicklung, inklusive der entstandenen Urheberrechte und des Know-hows, haben müssen. Werden gem. § 31 Abs. 3 Satz 2 UrhG dem Besteller ausschließliche Nutzungsrechte eingeräumt, ist genau dies aber nicht der Fall. Eine Freistellung scheitert in diesem Fall somit an Art. 3 (2) FuEGVO. 814

Ob die **TTGVO** daneben noch Anwendung findet erscheint nunmehr zweifelhaft: Im Gegensatz zur FuEGVO Nr. 2659/2000[832] ist seit dem 01.01.2011 auch die alleinige Forschung und Entwicklung durch ein Unternehmen und die Finanzierung durch die andere Vertragspartei grundsätzlich von der Freistellung erfasst – diese Konstellation wird also als Anwendungsfall der FuEGVO angesehen und nicht der TTGVO. Unabhängig hiervon scheidet eine Freistellung nach der TTGVO auch bei einer vollständigen Einräumung der Nutzungsrechte nach § 31 Abs. 3 Satz 1 UrhG[833] wegen Art. 1 (1) b) HS. 2 TTGVO aus, wenn das mit der Verwertung verbundene Risiko nicht zumindest zum Teil beim Entwickler liegt (etwa weil sich die Vergütung nach der Anzahl der Nutzer richtet). Die vereinbarte Vergütung für die Entwicklung und Überlassung der Software muss also »nutzungsabhängig« sein, damit die TTGVO eingreifen kann – ein eher seltener Fall. 815

Werden die vereinbarten Beschränkungen in der TTGVO oder der FuEGVO als Kernbeschränkungen (siehe dort jeweils Art. 4) angesehen, kann bei der Selbstveranlagung nach Art. 101 Abs. 3 AEUV auf die in diesen Verordnungen niedergelegten Wertungen zurückgegriffen werden – eine Rechtfertigung der Beschränkungen wird dann in aller Regel nicht in Betracht kommen.[834] 816

---

831 Vgl. *Sucker* CR 1989, 468 (477).
832 V. 29.11.2000, ABl. 2000 Nr. L 304, 7.
833 Zwar kann das Urheberrecht gem. § 29 UrhG nicht selbst übertragen werden. Die zeitlich unbegrenzte Einräumung eines ausschließlichen Nutzungsrechtes ohne Verbleib von Rechten beim Urheber (§ 31 Abs. 3 Satz 1 UrhG) ist aber als »Veräußerung« nach Art. 1 (1) b) TTGVO anzusehen, weil sich die Nutzungsrechtseinräumung dem Umfang nach wie eine Veräußerung darstellt und Folge der sich aus dem nationalen Recht ergebenden fehlenden Übertragbarkeit des Schutzrechtes ist. Vgl. *Berger* K&R 2005, 15 (18); *Matthiesen* S. 147.
834 Vgl. *Matthiesen* S. 75.

2. Softwareneuentwicklung aber Einräumung eines nur einfachen Nutzungsrechts

817 Wird Software im Auftrag des Bestellers neu entwickelt, dem Besteller aber nur ein einfaches Nutzungsrecht eingeräumt, so liegt im Ausgangspunkt wiederum eine Forschungs- und Entwicklungsvereinbarung gemäß Art. 2 (1) FuEGVO vor. Vereinbaren die Parteien zudem, dass der Besteller die lizenzierte Software nur zu internen Zwecken nutzen darf und die weiteren Verwertungsrechte ansonsten beim Auftragnehmer verbleiben, so ist dies als Spezialisierung im Rahmen der Verwertung nach Art. 3 (2) Satz 2 FuEGVO ebenfalls freigestellt: Solche Verhaltensweisen stellen nach Art. 5b iii) FuEGVO keine Kernbeschränkungen dar, wie sich aus der Definition in Art. 1 (1) o) FuEGVO ergibt. Solche Vereinbarungen unterliegen also der FuEGVO, solange sie durch beide Parteien eine weitere Entwicklung der Ergebnisse zulassen. Entscheidend ist letztlich immer, dass beide Parteien Zugang zum Quellcode sowie zu benötigtem Know-how haben und weitere Entwicklungs- und Forschungstätigkeiten nicht beschränkt werden.

3. Weiterentwicklung einer vom Auftraggeber entwickelten Software durch den Auftragnehmer

818 In dieser Konstellation kommt ebenso die Anwendung der FuEGVO in Betracht, (es sei denn dem Auftraggeber werden die ausschließlichen Nutzungsrechte eingeräumt, vgl. Rdn. 814). Für die Prüfung der Vereinbarung kann aber auch auf die Zulieferbekanntmachung der Kommission[835] zurückgegriffen werden, die verschiedene Hinweise gibt, unter welchen Umständen eine Wettbewerbsbeschränkung nicht vorliegt.[836]

4. Überlassung von Standardsoftware mit individuellen Anpassungen und/oder Konfiguration der Standardsoftware

819 Erwirbt der Auftraggeber eine Standardsoftware in einfacher Lizenz und lässt diese darüber hinaus seinen Bedürfnissen entsprechend anpassen, etwa indem weitere Programmierungen vorgenommen werden oder die Software nur generell konfiguriert wird, so liegt nach den unter II. 2. beschriebenen Voraussetzungen ebenfalls eine nach der TTGVO freigestellte Vereinbarung vor – der Überlassung der Software sind zwar noch individuelle Arbeiten für den Auftraggeber vorangestellt, es geht hier aber nicht um die Neuentwicklung eines Produkts, sondern es wird vor allem eine bereits bestehende Software dem Auftraggeber überlassen. Soweit hier also nach Maßgabe der Ausführungen unter II. 2. ein Vertragsprodukt identifiziert werden kann, ist eine solche Vereinbarung nach der TTGVO freigestellt.

IV. Inkorporation der Software in ein bestimmtes Produkt

820 Wird eine Software überlassen und diese Software als Zwischenprodukt für die Herstellung eines Endproduktes verwendet, so handelt es sich wohl unstrittig um eine von Art. 2 Abs. 1 TTGVO erfasste Vereinbarung: Beispiel wäre, dass ein Hersteller von Tresoren berechtigt wird, elektronische Schlösser in die Tresore zu integrieren und ihm hierfür die entsprechenden Vervielfältigungs- und Verbreitungsrechte eingeräumt werden. Die Lizenz ermöglicht hier die Produktion von Vertragsprodukten (= Tresore), die Vereinbarung ist daher im Rahmen der Marktanteilsgrenzen nach Art. 2 TTGVO freigestellt.

---

835 Bekanntmachung der Europäischen Kommission über die Beurteilung von Zulieferverträgen nach Art. 85 Abs. 1 des Vertrags zur Gründung der Europäischen Wirtschaftsgemeinschaft v. 03.01.1979, ABl. Nr. C 1/2.
836 Ausf. dazu *Matthiesen* S. 154 ff.

V. Softwarevertrieb (Hinweis)

Für die kartellrechtliche Beurteilung von EDV-Vertriebsverträgen und ihre Einordnung unter die TTGVO oder die VGVO sei auf die Darstellung in Kap. 5 verwiesen, insbesondere bei den Rdn. 48 ff.[837]

821

VI. Einzelfreistellungen

Greift keine der Gruppenfreistellungsverordnungen ein oder ist ihr Eingreifen nicht mit letzter Sicherheit festzustellen, so muss die kartellrechtliche Bewertung von Softwareüberlassungsverträgen unmittelbar anhand von Art. 101 AEUV erfolgen.

822

Dabei ist in einem ersten Schritt zu prüfen, ob eine Wettbewerbsbeschränkung vorliegt, Art. 101 Abs. 1 AEUV. Ist dies der Fall, so ist diese nach Art. 101 Abs. 3 AEUV zu rechtfertigen. Bei dieser Prüfung sollten auch die Bekanntmachungen und Leitlinien der Kommission herangezogen werden, insbesondere die Leitlinien zur TTGVO sowie zu Art. 81 Abs. 3 EG.[838]

823

1. Beschränkung des Wettbewerbs

Eine Beschränkung des Wettbewerbs setzt in jedem Fall voraus, dass die Vereinbarung die Handlungsfreiheit des Unternehmens beschränkt. Ob weitere Kriterien notwendig sind, ist umstritten.[839] Jedenfalls dürfte anerkannt sein, dass die Frage, ob eine Wettbewerbsbeschränkung vorliegt nicht nur allein anhand der Einschränkung der Handlungsfreiheit des Unternehmens zu entscheiden ist, sondern auch der rechtliche und wirtschaftliche Zusammenhang der Vereinbarung in die Prüfung mit einzubeziehen ist.[840] Die Marktverhältnisse müssen sich infolge der Vereinbarung verändern, etwa durch Einschränkung der Wahlfreiheit der Marktgegenseite oder Benachteiligung der Verbraucher.[841] Letzteres gilt freilich nicht, wenn die Vereinbarung eine Beschränkung des Wettbewerbs bezweckt wie etwa bei Preisbindungen der zweiten Hand oder Gebietsaufteilungen zwischen Wettbewerbern – in diesem Fall müssen die konkreten Auswirkungen auf dem relevanten Markt nicht betrachtet werden.[842]

824

Anerkannt sind zudem zwei weitere Fallgruppen, in denen keine Wettbewerbsbeschränkung vorliegt. Zum einen ist dies die sogenannte **Markteröffnungstheorie** im engeren Sinne, wenn eine Vereinbarung zwar beschränkende Klauseln enthält, die Vereinbarung aber insgesamt zu einer Zunahme des Wettbewerbs führt. Hier geht es darum, dem Lizenznehmer in einem bestimmten Gebiet oder für eine bestimmte Kundengruppe und für einen bestimmten Zeitraum Schutz vor Konkurrenz durch einen anderen Lizenznehmer zu gewähren. So soll dem Lizenznehmer der notwendige Anreiz gegeben werden in die Erschließung dieses Gebiets zu investieren.[843] Deutlich wird dies auch aus den Rückausnahmen in Art. 4 (2) b) i) und insbesondere ii) TTGVO. Allgemein müssen die Beschränkungen auf die Erschließung eines neuen Marktes oder auf die Eröffnung neuen Wettbewerbs abzielen und hierfür notwendig und angemessen sein.[844]

825

---

837 Vgl. zu inhaltlichen Neuerungen der VGVO gegenüber der Gruppenfreistellungsverordnung 2790/1999 auch *Polley* CR 2010, 625 ff.
838 Leitlinien zur Anwendung von Art. 81 Abs. 3 EG-Vertrag, ABl. 2004, C101/97.
839 Vgl. *Matthiesen* S. 65.
840 Vgl. EuGH, Rs. 65/65 Slg. 1966, 235 (247 ff.) – Société La Technique Minière v. Maschinenbau Ulm.
841 Vgl. *Matthiesen* S. 65 m.w.N.
842 Leitlinien Art. 81 Abs. 3 EG Rn. 20.
843 Vgl. EuGH, Rs. 258/78. Slg. 1982, 2015 Rn. 61 – Nungesser; Leitlinien TTGVO Rn. 165.
844 Vgl. *Heinemann* S. 26 f.

826 Diese besondere Konstellation weist zudem auf einen generellen Grundsatz hin, den die Kommission vertritt: Da die Schaffung von Immaterialgüterrechten häufig mit erheblichen Risiken verbunden ist und beträchtliche Investitionen erfordert, nimmt die Kommission an, dass innovative Unternehmen bei der Verwertung von Schutzrechten nicht über Gebühr eingeschränkt werden sollen, um die Anreize zu weiteren Investitionen zu erhalten.[845]

827 Daneben muss die Vereinbarung aber auch geeignet sein den Wettbewerb »**spürbar**« zu beschränken. Hier haben sowohl die Europäische Kommission als auch – für den deutschen Markt – das Bundeskartellamt Bagatellbekanntmachungen veröffentlicht.[846] Nach diesen Bekanntmachungen sind Wettbewerbsbeschränkungen regelmäßig als nicht spürbar anzusehen, wenn bei einer horizontalen Vereinbarung der Marktanteil der beteiligten Unternehmen auf den betroffenen Märkten 10 % und bei einer nicht horizontalen Vereinbarung 15 % nicht überschreitet. Dies gilt freilich nicht für Kernbeschränkungen wie Preisabsprachen oder absoluten Gebietsschutz (vgl. insofern Art. 4 TTGVO).[847]

828 Darüber hinaus hat die Kommission in der Vergangenheit erkennen lassen, bei welchen Klauseln sie im Allgemeinen nicht von einer Wettbewerbsbeschränkung ausgeht. Eine solche Aufzählung findet sich insbesondere in den Rn. 155 f. der Leitlinien zur TTGVO sowie in Art. 2 Abs. 1 des Vorgängers der TTGVO, der Verordnung Nr. 240/96.[848] Nicht als Wettbewerbsbeschränkung sieht die Kommission im Allgemeinen folgende Vereinbarungen an:
- Lizenzgebühren für Softwarelizenzen, die sich nach der Anzahl der Nutzer und nach Gerät bestimmen;[849]
- die Wahrung der Vertraulichkeit (auch über das Ende der Vereinbarung hinaus);
- die Verpflichtung des Lizenznehmers keine Unterlizenzen zu erteilen und die Lizenz nicht zu übertragen;
- Nutzungsverbote nach Ablauf der Vereinbarung, insofern das Schutzrecht noch besteht (das wird bei Software faktisch immer der Fall sein);
- Unterstützung des Lizenzgebers bei der Durchsetzung seiner lizenzierten Schutzrechte;
- die Zahlung von Mindestgebühren;
- Pflicht zur Verwendung des Markenzeichens des Lizenzgebers oder zur Angabe des Namens des Lizenzgebers auf dem Produkt;
- die Verpflichtung des Lizenznehmers die Nutzung auf einen oder mehrere Produktmärkte zu beschränken – entscheidende Bedeutung kommt hier der Marktabgrenzung zu, um auszuschließen, dass nicht etwa eine Aufteilung des Kundenkreises vorliegt;[850]
- Verpflichtungen des Lizenzgebers, dem Lizenznehmer die günstigeren Vertragsbedingungen zu gewähren, die er einem anderen Unternehmen nach Abschluss der Vereinbarung gewährt;
- die Verpflichtung des Lizenznehmers Erzeugnisse oder Dienstleistungen von dem Lizenzgeber zu beziehen, soweit diese notwendig sind, um eine technisch einwandfreie Nutzung der überlassenen Technologie zu gewährleisten – dies kann etwa bei der Verpflichtung des Lizenznehmers zum Abschluss einer Pflegevereinbarung von Bedeutung

---

845 Leitlinien TTGVO Rn. 8.
846 ABl. 2001 C368/13; Bekanntmachung Nr. 18/2007 des Bundeskartellamts über die Nichtverfolgung von Kooperationsverträgen mit geringer wettbewerbsbeschränkender Bedeutung (»Bagatellbekanntmachung«) v. 13.03.2007.
847 Die Schwelle wird allerdings auf 5 % von den Bekanntmachungen gesenkt, wenn die sogenannte »Bündeltheorie« eingreift, wenn also ein Bündel gleichartiger Vereinbarungen in seiner Gesamtheit zu einer Abschottung des relevanten Marktes führt – Voraussetzung ist insoweit, dass mindestens 30 % des Marktes von einem Netzwerk von Vereinbarungen abgedeckt wird und die konkrete Vereinbarung mehr als 5 % Marktanteil einnimmt.
848 Verordnung (EG) Nr. 240/96 der Kommission v. 31.01.1996 zur Anwendung von Art. 85 Abs. 3 des Vertrags auf Gruppen von Technologietransfer-Vereinbarungen, ABl. 1996 Nr. L31, 2.
849 S. Rn. 156 der Leitlinien zur TTGVO a. E.
850 Ausf. dazu *Matthiesen* S. 89 ff.; s. auch Leitlinien TTGVO Rn. 179 ff.

sein;[851] freilich besteht in diesem Fall das Problem, dass bei hohen Investitionen in die Anschaffung der Software (beispielsweise aufgrund individueller Anpassungen und umfangreicher Konfigurationen) die Softwarepflege als eigener Markt anzusehen ist (in dem der Lizenzgeber aufgrund der ihm zustehenden Urheberrechte in einer Vielzahl von Fällen eine marktbeherrschende Stellung gemäß Art. 102 AEUV einnehmen wird, vgl. dazu Rdn. 843).[852]

Keine Wettbewerbsbeschränkung liegt zudem im Grundsatz vor, wenn **829**
- der Lizenznehmer die Software nur zum Zwecke der Abwicklung eigener Geschäftsvorgänge nutzen darf, eine Nutzung der Software für die Zwecke Dritter also ausgeschlossen ist. Eine Nutzung für Zwecke Dritter würde genau wie die Unterlizenzierung die Nutzung in wirtschaftlich relevanter Weise erweitern und wäre daher Gegenstand eines berechtigten gesonderten Vergütungsinteresses des Softwareherstellers, in dessen grundsätzlichem Ermessen die Zulässigkeit und Ausgestaltung der Programmnutzung steht;
- der Lizenznehmer die Software nur mit Zustimmung des Softwareherstellers einem Outsourcinggeber überlassen darf.[853] Der Softwarehersteller hat sich einen konkreten Vertragspartner ausgesucht und muss in der Lage sein zu kontrollieren, ob seine Software in die Sphäre eines Dritten gelangt, mit dem er keine vertragliche Beziehung hat.

2. Freistellung der Wettbewerbsbeschränkung

Liegt eine Wettbewerbsbeschränkung vor, so kann diese nach Art. 101 Abs. 3 AEUV gerechtfertigt werden, wenn die dort genannten vier Voraussetzungen kumulativ vorliegen. Diese sind: **830**
- Die Vereinbarung muss zur Verbesserung der Warenerzeugung oder Verteilung oder zur Förderung des technischen oder wirtschaftlichen Vorschutzes beitragen,
- die Verbraucher müssen eine angemessene Beteiligung an dem entstehenden Gewinn behalten,
- die Beschränkung muss für die mögliche Verwirklichung dieser Ziele unerlässlich sein, und
- die Vereinbarung darf den Parteien nicht die Möglichkeit eröffnen für einen wesentlichen Teil der betreffenden Waren den Wettbewerb auszuschalten.

a) Die Voraussetzungen von Art. 101 Abs. 3 AEUV im Einzelnen

Hingewiesen sei für die Auslegung von Art. 101 insgesamt und Abs. 3 insbesondere auf die Leitlinien der Kommission zu Art. 81 Abs. 3 EG. **831**

Der **Effizienzgewinn** in Gestalt niedrigerer Kosten oder verbesserter Qualität entsteht nach Auffassung der Kommission regelmäßig schon aus der Lizenzerteilung selbst, da diese geeignet ist, die technische und bzw. oder wirtschaftliche Leistungsfähigkeit des Lizenznehmers zu fördern.[854] **832**

Die **Weitergabe eines solchen Gewinns an die Verbraucher** kann dabei, je nach Effizienzvorteil, in der Bereitstellung verbesserter Produkte oder in der Weitergabe von Kostensenkungen bestehen, die durch die Lizenzerteilung ermöglicht werden. Dabei ist jedoch nicht erforderlich, dass die günstigen Auswirkungen jedem einzelnen Verbraucher zugutekommen; ausreichend ist, dass die Vorteile den Verbrauchern insgesamt zugutekommen.[855] **833**

---

851 Vgl. Leitlinien TTGVO, Rn. 195; *Konrad/Timm-Goltzsch/Ullrich* Teil I Rn. 832.
852 Vgl. *Matthiesen* S. 99 f.
853 Dazu umfassend *Hilber/Litzka* ZUM 2009, 730; Wandtke/Bullinger/*Grützmacher* § 69d Rn. 13 m. w. N.
854 Leitlinien TTGVO Rn. 17; siehe auch Immenga/Mestmäcker/*Ellger* Art. 81 Abs. 3 EG Rn. 221.
855 EuGH EuZW 2006, 753 Tz. 70 – Asnef-Equifax./.Ausbanc.

834 Die **Unerlässlichkeit der Beschränkung** ist gegeben, wenn sich die Effizienzgewinne nur durch diese Vereinbarung insgesamt erzielen lassen und die einzelne Beschränkung zur Erzielung des Effizienzgewinnes notwendig ist.[856] Je strenger die Wettbewerbsbeschränkungen der einzelnen Vertragsregelungen sind, desto strenger sind dabei die Anforderungen an die Unerlässlichkeit. Zu berücksichtigen sind hierbei die wirtschaftlichen Umstände der Vereinbarung, insbesondere welche Investitionen die Parteien tätigen und wie hoch das wirtschaftliche Risiko ist.[857] Das kann dazu führen, dass Wettbewerbsbeschränkungen zeitlich begrenzt werden müssen. Jedenfalls wird die Unerlässlichkeit in aller Regel verneint werden, wenn es sich um Kernbeschränkungen handelt, wie sie in den Gruppenfreistellungsverordnungen niedergelegt wurden.[858]

835 Dadurch, dass es nicht zu einer **Ausschaltung des Wettbewerbs** kommen darf, wird deutlich, dass dem Schutz des Wettbewerbs letztlich der Vorrang vor potenziellen wettbewerbsfördernden Effizienzgewinnen eingeräumt wird, weil langfristige Dynamiken nur im Wettbewerb entstehen können.[859]

b) Berücksichtigung von Maßstäben der Gruppenfreistellungsverordnungen

836 Fraglich ist, in welchem Maße die Gruppenfreistellungsverordnungen bei der Prüfung von Art. 101 Abs. 3 AEUV herangezogen werden können. Schon weil die Vereinbarung in ihrem wirtschaftlichen und rechtlichen Zusammenhang zu prüfen ist, ist klar, dass bei der Beurteilung von Vereinbarungen, die nicht in den Anwendungsbereich einer GVO fallen, deren Maßstäbe nicht 1:1 angewendet werden dürfen, indem man bspw. nunmehr alle Beschränkungen, außer der in Art. 4 und 5 TTGVO genannten, als freigestellt ansieht (wie etwa CPU-Klauseln). Für Klauseln, die in den jeweiligen GVO keine Rolle spielen, wird der jeweiligen GVO keine Indizwirkung dergestalt entnommen werden können, dass sie nunmehr auch im Rahmen einer Einzelfreistellung nach Art. 101 Abs. 3 AEUV gerechtfertigt wäre. Hier ist Art. 101 AEUV ohne Beschränkung anzuwenden. Ein gewisses Indiz für die Zulässigkeit wird man dagegen vertraglichen Regelungen zusprechen können, die sich an Art. 4 und 5 TTGVO orientieren. Wird etwa eine Lizenz für eine neue Software vergeben, so kann in Übereinstimmung mit Art. 4 Abs. 2b) ii) TTGVO vereinbart werden, dass der passive Verkauf der Vertragsprodukte für die ersten beiden Jahre an Kundengruppen, die einem anderen Lizenznehmer exklusiv zugewiesen sind wegen des notwendigen Investitionsschutzes zu unterlassen ist. Eine Übernahme von Wertungen ist daher grundsätzlich nur insoweit zulässig, als die GVO selbst zu erkennen gibt, wo sie die Grenzen der möglichen Wettbewerbsbeschränkungen sieht.

c) Prüfung konkreter Beschränkungen

837 Hingewiesen sei noch auf die Bewertung einiger typischerweise auftretenden Beschränkungen: Wird ein **Weitergabeverbot** der Software vereinbart und ist Erschöpfung[860] eingetreten, so kommt eine Freistellung nach Art. 101 Abs. 3 AEUV in der Regel nicht in Betracht; es fehlt bereits an der Unerlässlichkeit der Beschränkung.[861] Allerdings muss die Beschränkung eine »spürbare« sein (siehe dazu oben Rdn. 701). **CPU-Klauseln**, nach denen ein Wechsel auf andere Prozessoren gänzlich untersagt ist, können ebenfalls nicht freigestellt werden.[862]

---

856 Leitlinien Art. 81 Abs. 3 EG Rn. 75 und 78.
857 Leitlinien Art. 81 Abs. 3 EG Rn. 79 f.
858 Immenga/Mestmäcker/*Ellger* Art. 81 Abs. 3 EG Rn. 267.
859 Leitlinien Art. 81 Abs. 3 EG Rn. 105.
860 Zur Diskussion über die Online-Erschöpfung siehe Kap. 18 Rdn. 119 ff.
861 Siehe etwa *Eilmannsberger* GRUR 2009, 1123 (1127); *Nordmeyer* GRUR Int. 2010, 489 (491 f.).
862 Vgl. nur Ullrich/Lejeune/*Konrad*/Timm-Goltzsch/*Ullrich* Teil I Rn. 807.

VII. Missbrauch einer marktbeherrschenden Stellung – Artikel 102 AEUV

Das Verbot, in **Open-Source**-Bedingungen Lizenzgebühren zu erheben stellt keine Preisbindung dar, denn die Weitergabe der Kopie gegen Vergütung ist gestattet, nur nicht die Vergütung für die Einräumung von Nutzungsrechten.[863] Die Verpflichtung, auch von Bearbeitungen den Quellcode offenzulegen, stellt zudem schon keine Wettbewerbsbeschränkung dar, weil sie dem innovationsfördernden Prinzip des »Copyleft« dient.[864] **838**

VII. Missbrauch einer marktbeherrschenden Stellung – Artikel 102 AEUV

Im Rahmen der Missbrauchskontrolle gegenüber marktbeherrschenden Unternehmen ist keine vollständige Harmonisierung zwischen europäischem und deutschem Kartellrecht erfolgt. Auch wenn keine Verletzung von Art. 102 AEUV (ex. Art. 82 EG) vorliegt, so kommt dennoch ein Verstoß gegen die §§ 19, 20 GWB in Betracht, die insbesondere aufgrund der Norm des § 20 Abs. 2 GWB niedrigere Anwendungsschwellen als Art. 102 AEUV vorsehen. Dies ergibt sich aus § 22 Abs. 3 GWB in Verbindung mit Art. 3 Abs. 2 Satz 2 der VO 1/2003. **839**

1. Relevanter Markt

Zur Feststellung, ob eine marktbeherrschende Stellung vorliegt, ist einleitend der **relevante Markt** zu definieren. Dies erfolgt unter Bestimmung des sachlich relevanten Produktmarktes und des geografisch relevanten Marktes. Beide sind aus Sicht der Marktgegenseite zu bestimmen; es ist zu fragen, wie sich der Markt aus Sicht der Nachfrager darstellt. Zum sachlich relevanten Produktmarkt gehören die Erzeugnisse, die von den Verbrauchern hinsichtlich ihrer Eigenschaften, Preise und ihres vorgesehenen Verwendungszwecks als austauschbar angesehen werden. Der geografisch relevante Markt umfasst das Gebiet, in dem die beteiligten Unternehmen die relevanten Produkte anbieten, in denen die Wettbewerbsbedingungen hinreichend homogen sind und das sich von benachbarten Gebieten durch spürbar andere Wettbewerbsbedingungen unterscheidet. Zu berücksichtigen ist auch potenzieller Wettbewerb. Ein solcher ist gegeben, wenn neue Anbieter/Nachfrager ohne größeren Aufwand in den Markt eintreten können. Die Prinzipien zur Marktabgrenzung hat die Kommission in einer Bekanntmachung 1997 zusammengefasst.[865] **840**

2. Marktbeherrschende Stellung

Voraussetzung für die Missbrauchskontrolle ist, dass das Unternehmen eine »beherrschende Stellung« auf dem relevanten Markt hat. § 19 Abs. 3 Satz 1 GWB stellt die gesetzliche Vermutung auf, dass ein Unternehmen marktbeherrschend ist, wenn es einen Marktanteil von mindestens einem Drittel hat. **841**

Eine marktbeherrschende Stellung kann dabei insbesondere durch die sogenannten »Netzwerkeffekte« entstehen. Ein solcher Netzwerkeffekt tritt ein, wenn eine Nutzensteigerung eines Produkts daraus folgt, dass möglichst viele Anwender das gleiche Produkt verwenden. Deutlich wird dies etwa an den Betriebssystemen von Windows, die auch deswegen so erfolgreich sind, weil sie das Bedürfnis der Nutzer nach störungsfreiem Austausch mit anderen Nutzern bedienen.[866] **842**

Eine marktbeherrschende Stellung kann ausnahmsweise auch aus einem Immaterialgüterrecht selbst resultieren, wenn dieses dem Rechtsinhaber einen nachgelagerten Markt mehr oder weniger ausschließlich zuweist. Das gilt insbesondere für die Softwarepflege, **843**

---

863 *Jaeger/Metzger* Rn. 334.
864 *Jaeger/Metzger* Rn. 335.
865 Bekanntmachung über die Definition des relevanten Marktes, ABl. 1997, Nr. C 372/1.
866 S. nur *Heinemann* CR 2005, 715 (716).

weil der Softwarehersteller wegen der ihm zustehenden Urheberrechte den Wettbewerb durch Dritte jederzeit unterbinden kann.[867] Zweifelhaft ist dieses Ergebnis aber, wenn der Nutzer leicht auf eine andere Software ausweichen könnte. Zudem wird vertreten, dass bei starkem Wettbewerb auf dem Markt für die Software selbst, eine gesonderte Betrachtung des nachgelagerten Marktes für die Pflege nicht angezeigt sei.[868] Das kann aber jedenfalls dann nicht gelten, wenn infolge hoher Investitionen in die erworbene Software ein Wechsel wirtschaftlich unsinnig wäre.[869] Dies kann beispielsweise bejaht werden, wenn die Software mit zeitlich, personell und finanziell erheblichem Aufwand implementiert wurde.

3. Missbrauch der marktbeherrschenden Stellung

844 Art. 102 AEUV und §§ 19, 20 GWB enthalten neben dem generalklauselartigen Verbot, die marktbeherrschende Stellung missbräuchlich auszunutzen, auch Regelbeispiele. Bei Art. 102 Abs. 2 AEUV handelt es sich etwa um
- a) die unmittelbare oder mittelbare Erzwingung von unangemessenen Einkaufs- oder Verkaufspreisen oder sonstigen Geschäftsbedingungen;
- b) die Einschränkung der Erzeugung, des Absatzes oder der technischen Entwicklung zum Schaden der Verbraucher;
- c) die Anwendung unterschiedlicher Bedingungen bei gleichwertigen Leistungen gegenüber Handelspartnern, wodurch diese im Wettbewerb benachteiligt werden;
- d) die an den Abschluss von Verträgen geknüpften Bedingung, dass die Vertragspartner zusätzliche Leistungen annehmen, die weder sachlich noch nach Handelsbrauch in Beziehung zum Vertragsgegenstand stehen.

845 Generell ist darauf hinzuweisen, dass allein das Bestehen einer marktbeherrschenden Stellung nicht zum Eingreifen des Kartellrechts führt. Das bedeutet insbesondere, dass durch Netzwerkeffekte entstandene marktbeherrschende Stellungen vom Kartellrecht hinzunehmen sind. In diesen Fällen ist es die Aufgabe des Kartellrechts, zu überprüfen, ob die aufgrund solcher Netzwerkeffekte marktbeherrschenden Unternehmen im Einklang mit dem Missbrauchsverbot handeln.

846 Für die Frage, ob die Weigerung eine Lizenz zu erteilen als Missbrauch einer marktbeherrschenden Stellung anzusehen ist, gilt in ständiger Rechtsprechung: Die Verweigerung der Lizenzerteilung »als solche stellt keinen Missbrauch einer beherrschenden Stellung« dar, sondern nur unter »außergewöhnlichen Umständen«.[870] Wann solche »außergewöhnlichen Umstände« vorliegen hat der EuG zuletzt im *Microsoft*-Verfahren entschieden. Dort ging es unter anderem um die Herstellung von Interoperabilität zwischen verschiedenen Softwareprogrammen. Microsoft hatte die Herausgabe der hierfür notwendigen Informationen verweigert und so die Dialogfähigkeit des Windows Betriebssystems mit fremder Serversoftware bewusst eingeschränkt. Nach Auffassung des EuG stellte dies einen Missbrauch der marktbeherrschenden Stellung dar.[871] Microsoft konnte also zur Herausgabe der Informationen und Erteilung einer entsprechenden Lizenz von der Kommission verpflichtet werden. Die »außergewöhnlichen Umstände« bejahte der EuG unter Verweis auf die *IMS Health*-Entscheidung des EuGH[872] weil nach seiner Ansicht folgende Voraussetzungen erfüllt waren:

---

867 Ullrich/Lejeune/*Konrad/Timm-Goltzsch/Ullrich* Teil I Rn. 896.
868 *Kühnert/Xeniadis* WuW 2008, 1054 (1062).
869 Europäische Kommission, Diskussionspapier zur Anwendung des Art. 82 EG Rn. 249.
870 Vgl. EuG 17.09.2007, T-201/04 Tz. 331 – Microsoft.
871 EuG 17.09.2007, T-201/04 – Microsoft.
872 EuGH EuZW 2004, 345 Tz. 38 – IMS Health/NDC Health.

- Die Weigerung eine Lizenz zu erteilen bzw. der Zugang zu Informationen zu ermöglichen betraf Erzeugnisse, die für die Ausübung einer bestimmten Tätigkeit auf einem benachbarten Markt unerlässlich sind,
- die Weigerung war geeignet jeglichen wirksamen Wettbewerb auf diesem benachbarten Markt auszuschließen und
- die Weigerung verhinderte das Auftreten eines neuen Produkts, nach dem eine potenzielle Nachfrage der Verbraucher besteht.

Unter Rückgriff auf Art. 82 Abs. 2b) EG (jetzt Art. 102 Abs. 2b) AEUV) hat der EuG in dem Microsoft-Verfahren allerdings in Erweiterung der bisherigen Rechtsprechung des EuGH festgehalten, dass dieses letzte Erfordernis schon dann erfüllt sein kann, wenn den Verbrauchern ein Schaden entsteht, weil die technische Entwicklung eingeschränkt wird.[873]
- Die Weigerung war auch nicht objektiv gerechtfertigt.

Die durch das *IMS Health*-Urteil zumindest scheinbar gefestigte Rechtsprechung, dass die Verweigerung der Lizenzerteilung nur dann missbräuchlich ist, wenn dadurch das Auftreten eines neuen Produktes verhindert wird, ist vielfach kritisiert worden.[874] Dieses Kriterium ist durch das Urteil des EuG nun aufgeweicht worden. Auch die Kommission setzt lediglich voraus, dass die Weigerung wahrscheinlich den Verbrauchern schaden wird.[875] Sowohl der EuG als auch die Kommission haben zudem klargestellt, dass die »außergewöhnlichen« Umstände damit nicht abschließend bestimmt wurden.[876] Dies ist zu begrüßen. 847

Auch der BGH hat in der *Spundfass*-Entscheidung klargestellt, dass unter besonderen Umständen eine Pflicht zur Lizenzierung in Betracht kommen könne.[877] Gestützt wurde ein möglicher Anspruch auf Lizenzierung auf das in § 20 Abs. 1 GWB niedergelegte **Diskriminierungsverbot**. Auch der BGH hält fest, dass es ein wesentliches Element der Ausschließungswirkung von Schutzrechten sei, ob und unter welchen Bedingungen eine Lizenz erteilt werde. Vergebe der marktbeherrschende Rechtsinhaber aber Lizenzen sei er zur Beachtung des Diskriminierungsverbots verpflichtet. Die Lizenzverweigerung bedarf also eines sachlich gerechtfertigten Grundes. Hier räumt der BGH dem Rechtsinhaber grundsätzlich einen weiten Spielraum ein, hält aber fest, dass strengere Anforderungen in Betracht kommen, wenn zu der Marktbeherrschung »zusätzliche Umstände hinzutreten«, die die Freiheit des Wettbewerbs gefährden. Auch der BGH verzichtet auf eine abschließende Aufzählung dieser zusätzlichen Umstände, sondern verweist darauf, dass sich solche Umstände nicht für alle denkbaren Fallgruppen abschließend bestimmen ließen.[878] 848

K. Besondere Aspekte des internationalen Software-Vertragsrechts

I. Einleitung

Als deutscher Jurist ist man es gewöhnt, in den erlernten und vertrauten Kategorien zu denken. Im internationalen Softwarevertragsrecht kommt man nicht umhin, sich sowohl innerhalb als außerhalb der EU mit anderen als den gewohnten Rechtsprinzipien auseinan- 849

---

873 EuG 17.09.2007, T-201/04 Tz. 647– Microsoft; kritisch dazu *Hausmann* MMR 2008, 381 (383 f.).
874 Zur Kritik am Urteil des EuGH in Sachen IMS Health s. *Heinemann* IIC 2005, 63 (72 ff.). sowie *Drexl* IIC 2004, 788; weitere Nachweise bei *Heinemann* CR 2005, 715 (717 Fn. 10).
875 Mitteilung der Kommission v. 24.02.2009 – Erläuterungen zu den Prioritäten der Kommission bei der Anwendung von Art. 82 des EG-Vertrags auf Fälle von Behinderungsmissbrauch durch marktbeherrschende Unternehmen, ABl. 2009, C-45/7, Rn. 81.
876 Vgl. EuG 17.09.2007, T-201/04 Tz. 332 f. – Microsoft. Dort hat der EuG hat ausgeführt, dass »insbesondere« unter diesen Voraussetzungen solche außergewöhnlichen Umstände gegeben seien.
877 BGH GRUR 2004, 966 (968).
878 BGH GRUR 2004, 966 (968).

Kapitel 4   K. Besondere Aspekte des internationalen Software-Vertragsrechts

dersetzen. Es ist die Absicht dieses Beitrages, einige typische Aspekte des internationalen Softwarevertragsrechts anzusprechen und anhand ausgewählter Beispiele aus verschiedenen Ländern zu verdeutlichen. Bereits aus Platzgründen ist es in diesem Rahmen unmöglich, eine umfassende Darstellung des Rechts der wichtigsten Industriestaaten vorzulegen.[879] Dem Leser soll aber vermittelt werden, bei welchen Fragestellungen typischerweise eine detaillierte Auseinandersetzung mit den Besonderheiten des jeweiligen Rechts bei der Erstellung oder Verhandlung internationaler Verträge erforderlich ist.

II. Urheberrechtliche Aspekte

1. Internationale Vereinheitlichung

850   Das internationale Urheberrecht wird nach h. M. vom Territorialitätsprinzip beherrscht. Daraus ergibt sich, dass es kein einheitliches weltweit geltendes Urheberrecht, sondern immer nur ein Bündel von nationalen Urheberrechten gibt.[880] Man hat deshalb schon früh, nämlich im Rahmen der Revidierten Berner Übereinkunft (»RBÜ«) vom 09.09.1886 versucht, eine gewisse Rechtsvereinheitlichung herbeizuführen. Allerdings werden in der RBÜ nur gewisse Grundprinzipien und Mindestrechte geregelt, wie z. B. der in Art. 5 Absatz 2 und 3 geregelte sog. Inländergleichbehandlungsgrundsatz. Staaten, die der RBÜ beigetreten sind, müssen sich u. a. verpflichten, die Urheberpersönlichkeitsrechte anzuerkennen und zu schützen (vgl. Art. 6bis RBÜ). Da die RBÜ aber nur grundlegende Fragen vereinheitlicht, muss man im Rahmen der Vertragsgestaltung von internationalen Softwareverträgen dennoch die detaillierten Regelungen des jeweils anwendbaren Urheberrechts beachten. Das gilt entsprechend für weitere internationale Abkommen, wie den WIPO Urheberrechtsvertrag vom 20.12.1996 und vor allem das sog. TRIPS-Übereinkommen vom 15.04.1994,[881] die in diesem Zusammenhang anzusprechen sind.

851   Innerhalb der EU wurde eine Rechtsvereinheitlichung im Bereich des Urheberrechts speziell für Computerprogramme durch die EU Computerrechtsrichtlinie aus dem Jahr 1991 geschaffen.[882] Diese Richtlinie sieht wesentlich konkretere Festlegungen zum urheberrechtlichen Schutz von Computerprogrammen vor als die vorgenannten Übereinkommen. Da es sich aber um eine Richtlinie handelt, die anders als eine direkt bindende Verordnung von den Mitgliedstaaten in das jeweilige nationale Recht umgesetzt werden muss, kann man letztlich nicht sicher sein, dass die Regelungen der Richtlinie tatsächlich unverändert umgesetzt wurden. Deshalb wird man auch in diesen Fällen nicht vermeiden können, das jeweilige nationale Urheberrecht zu studieren, bevor man Verträge unter diesem Recht verhandelt oder abschließt.

2. Ausgewählte Fragen des Urheberrechts

a) Schutz von Computerprogrammen im Allgemeinen

852   Im deutschen Urheberrecht findet man in §§ 69a ff. UrhG spezielle Vorschriften für den Schutz von Computerprogrammen, die als Folge der Umsetzung der Computerprogramm Richtlinie der EU in das Urheberrecht eingefügt wurden. Computerprogramme sind nach

---

879 Siehe hierzu *Ullrich/Lejeune* (Hrsg.), Der Internationale Softwarevertrag.
880 Intellectual Property, principles governing jurisdiction, choice of law and judgments in transnational disputes, The American Law Institute, St. Pauls MN, 2008, Introduction III p. 117; Schricker/*Katzenberger* Vor §§ 120 ff. Rn. 120.
881 Schricker/*Katzenberger* Vor §§ 120 ff. Rn. 14.
882 Richtlinie 91/250/EWG, ABL. Nr. L 122 v. 17.05.1991, abgedruckt auch in GRUR Int. 1991, 545; s. a. *Loewenheim* GRUR Int. 1997, 285; siehe hierzu bei *Walter/v. Lewinski/Blocher/Dreier/Daum/Dillenz*, Europ. UrheberR, S. 111 ff. und auf S. 276/277 die Auflistung der Gesetze in den Mitgliedstaaten der EU, in denen die EU Richtlinie umgesetzt wurde.

II. Urheberrechtliche Aspekte

§ 2 Abs. 1 Nr. 1 UrhG grundsätzlich als Sprachwerke anzusehen, die den wissenschaftlichen Werken zuzurechnen sind. Spezielle Regelungen über Computerprogramme findet man auch in vielen anderen Staaten, z. B. in **China**,[883] in der **Schweiz**,[884] in **Polen**,[885] den **Niederlanden**[886] **Frankreich**[887] und **Italien**[888] ebenso in den Common Law Staaten **England**[889] und **Australien**.[890]

Es gibt aber auch Staaten, in deren Urheberrecht Computerprogramme nicht durch spezielle Vorschriften geschützt sind, sondern es finden ausschließlich die allgemeinen Vorschriften für literarische Werke auch für Computerprogramme Anwendung, so z. B. in **USA**,[891] **Schweden**[892] oder **Russland**.[893] In **Japan**[894] dagegen werden Computerprogramme nicht als »literarische« sondern als »wissenschaftliche« Werke angesehen, mit der Folge, dass nur eine exakte Nachahmung des verletzten Programms eine Urheberrechtsverletzung darstellen kann.[895]   853

Wieweit der Schutz von Computerprogrammen geht, insbesondere inwieweit Entwurfsmaterialien und Dokumentation mit umfasst sind, ist sehr unterschiedlich geregelt. Innerhalb der Europäischen Union sieht die Computerprogramm Richtlinie keine spezifische Definition vor, um der technischen Weiterentwicklung freien Raum zulassen; das Entwurfsmaterial soll erfasst sein, die Benutzerdokumentation dagegen nicht.[896] In **China**[897] werden Object- und Source Code des gleichen Programms als Teil eines einheitlichen Werks geschützt, die Dokumentation wird weit gefasst, d. h. einschließlich graphischer Darstellungen, Flussprogrammen etc. und wird als Schriftwerk im Sinne des Urheberrechtsgesetzes verstanden. Anders dagegen ist die Rechtslage in **Frankreich**[898] und **England**.[899] Hier wird auch die Dokumentation einschließlich des Entwurfsmaterials ausdrücklich den für Computerprogramme geltenden Regelungen unterworfen, ähnlich in **Italien**.[900] In den **Niederlanden**[901] werden Object- und Quellcode eines Computerprogramms ebenso   854

---

883 Ullrich/Lejeune/*Shan/Tang*, Teil II Rn. 1, Computerprogramme sind als eigenständige und spezielle literarische Werke geschützt, vgl. Art. 3 Nr. 8 UrhG, vgl. GWY GB 2001, Nr. 33 S. 10 ff., 16, deutsch in CR 27.10.2001/1.
884 Art. 2 Abs. 3 Urheberrechtsgesetz (Schweiz) v. 09.10.1992, vgl. Ullrich/Lejeune/*Hepp/Müller/Herrmann* Teil II Rn. 1557.
885 Art. 1 Abs. 2 Nr. 1 des Gesetzes über Urheberrechte (Polen) von 1994, vgl. Ullrich/Lejeune/*Kępiński/Nowicka/Nestoruk* Teil II Rn. 1206.
886 Art. 10 Abs. 5 Urheberrechtsgesetz (Niederlande), vgl. Ullrich/Lejeune/*Quaedvlieg/Fleury/van Andel* Teil II Rn. 1029.
887 Art. L 122–6 ff Code de la Propriété Intellectuelle; siehe bei Ullrich/Lejeune/*Hauser* Teil II Rn. 428, dort bei Fn. 204–206 zu den Unterschieden zum deutschen Recht bei der Umsetzung der EU Richtlinie 91/250 in das französische Recht.
888 Art. 2 Abs. 8 Urheberrechtsgestz (Italien) v. 22.04.1941, vgl. Ullrich/Lejeune/*Ghidini/Arezzo/Montagnani* Teil II Rn. 783.
889 Copyright Designs and Patents Act (UK) 1988 Sec. 3 (1) c) as amended by the Copyright Registrations (1992), daneben aber auch als literarisches Werk angesehen, Section 3 (1) (b) CDBA.
890 Section 10 Copyright Act (Australien) 1968 (Cth).
891 17 U. S. C. § 101.
892 § 1 URL Urheberrechtsgesetz (Schweden), vgl. Ullrich/Lejeune/*Rosén* Teil II Rn. 1407.
893 Art. 1261 S. 1 a. E. ZGB (Russland), vgl. deutsche Übersetzung bei *Dietz* GRUR Int. 2009, 205 und 305 sowie bei *Labesius* GRUR Int. 2009, 994.
894 Art. 10 Abs. 1 Urheberrechtsgesetz (Japan) von 1899, umfassend reformiert 1970, vgl. Ullrich/Lejeune/*Pilny* Teil II Rn. 911.
895 Nach Art. 10 Nr. 1 TRIPS Agreement sind Computerprogramme grundsätzlich als literarische Werke im Sinne der RBÜ zu schützen.
896 *Walter/v. Lewinski/Blocher/Dreier/Daum/Dillenz*, Europ. UrheberR, S. 127.
897 Ullrich/Lejeune/*Shan/Tang* Teil II Rn. 2.
898 Art. L 112–2 No. 9 Code de la Propriété Intellectuelle, Anm. 72 und 77 m. w. N.
899 Siehe a. a. O. bei Fn. 11, Section 3 (1) (c) CDBA.
900 Art. 2 Nr. 8 des Urheberrechtsgesetzes (Italien) v. 22.04.1941 (»Lda«), vgl. Ullrich/Lejeune/*Ghidini/Arezzo/Montagnani* Teil II Rn. 784.
901 Ullrich/Lejeune/*Quaedvlieg/Fleury/van Andel* Teil II Rn. 1011.

wie die verschiedenen Entwicklungsstufen des Programms urheberrechtlich geschützt. In **Polen**[902] und **Russland**[903] werden zumindest Object- und Source Code eines Computerprogramms im Rahmen des Urheberrechts geschützt.

855 Im deutschen Recht und den meisten anderen Staaten[904] gibt das Urheberrecht aber keinen absoluten Schutz, d. h. es wird die konkrete Ausdrucksform eines Programms geschützt, aber nicht die dahinter stehenden Ideen.[905] Diese sog. »idea/expression dichotomy« wirft in der Praxis schwierige Abgrenzungsfragen auf. In den **USA** hatte man in der bekannten Entscheidung *Computer Ass. v. Altai*[906] versucht, eine genauere Abgrenzung zu treffen. Das Gericht entwickelte den sog. »abstraction- filtration-comparison« Test. Danach sind in einem dreistufigen Verfahren diejenigen Teile des Programms zu ermitteln und herauszufiltern, die die dahinter liegenden Ideen beschreiben. Nur diejenigen Teile des Programms, die schließlich übrig bleiben, sind schutzfähig und können zur Prüfung einer Urheberrechtsverletzung mit anderen Programmen verglichen werden. Diese amerikanische Entscheidung wurde später auch in **England**[907] aber nicht in **Indien**,[908] einem anderen Common Law Staat sowie in **Italien**[909] zur Lösung entsprechender Fälle berücksichtigt. Dagegen scheint es in **Frankreich**[910] kaum Rechtsprechung zu dieser Frage zu geben.

b) Urheberpersönlichkeitsrechte

856 Wie bereits oben ausgeführt, müssen alle Staaten, die der RBÜ beigetreten sind, die Urheberpersönlichkeitsrechte anerkennen (vgl. Art. 6bis RBÜ). Die Computerprogramm Richtlinie der EU sieht keine Regelungen zu den Urheberpersönlichkeitsrechten vor, sodass es insoweit auch in der EU keine Rechtsvereinheitlichung gibt.[911] Im deutschen Urheberrecht ist das Urheberpersönlichkeitsrecht nach § 29 Abs. 1 UrhG jedenfalls in seinem Kerngehalt unübertragbar und unverzichtbar.[912] In den **USA** hatte man das Urheberrecht zunächst nur als ein wirtschaftsbezogenes Recht anerkannt. Mit dem späten Beitritt der USA zur RBÜ im Jahr 1989 mussten sich dann auch die USA verpflichten, die Urheberpersönlichkeitsrechte anzuerkennen. Ausdrücklich ist dies aber nur im »Visual Artists Recording Act«[913] erfolgt. In den **USA** ist deshalb nicht ganz klar, wie weit der Schutz der Urheberpersönlichkeitsrechte wirklich geht. In **Israel** werden Urheberpersönlichkeitsrechte zwar grundsätzlich seit 1981 geschützt, es wurde aber im neuen Copyright Act von 2007 eine allgemeine Be-

---

902 Ullrich/Lejeune/*Kępiński/Nowicka/Nestoruk* Teil II Rn. 1207.
903 Ullrich/Lejeune/*Steininger* Teil II Rn. 1338; *Labesius* und *Dietz* GRUR Int. 2009, 205; *Hoeren* GRUR Int. 2008, 557.
904 Vgl. Art. 9 Zif. 2 TRIPS Agreement: Mitgliedstaaten sollen nur Ausdrucksform aber nicht die Ideen, Methoden oder mathematische Konzepte von Werken schützen; siehe auch Art. 1 (2) Computerprogramm Richtlinie a. a. O. bei Fn. 4.
905 Vgl. *Lim/Longdin* IIC 2009, 374.
906 Computer Associates Intern., Inc. v. Altai, Inc. 982 F. 2d 693, (2nd Cir. 1992), z. T. abgedruckt in CR 1992, 462 ff.
907 Ullrich/Lejeune/*Adams*, Teil II Rn. 180 unter Bezug auf die Entscheidung John Richardson Computers Ltd. v. Flanders, (1993) F. S. R. 497; es gibt insoweit keine gesetzliche Regelung im Copyright Act, »expression of ideas« wird aber weit ausgelegt, um eine »misappropriation of valuable information« zu verhindern, vgl. bei *Masiyakurima* IIC 2009, 548 (563).
908 Ullrich/Lejeune/*Verma* Teil II Rn. 612.
909 Ullrich/Lejeune/*Ghidini/Arezzo/Montagnani* Teil II Rn. 802.
910 Art. L 111–1 Code de la Propriété Intellectuelle, Anm. 7, Civ 1re, 25.05.1992, RIDA, Oct. 1992, p. 156 sowie Ullrich/Lejeune/*Hauser*, Teil II Rn. 324; Ideen werden nicht geschützt, siehe L. 111–1 No.7, aber andere Schutzwege sind möglich, z. B. über das Recht zum Schutz gegen unlauteren Wettbewerb, vgl. L. 111–1 No. 10.
911 *Walter/v. Lewinski/Blocher/Dreier/Daum/Dillenz*, Europ. UrheberR, S. 1162.
912 Schricker/*Dietz* Vor §§ 120 ff. Rn. 26 f.; dies ist Ausdruck der sog. monoistischen Theorie, wonach persönlichkeitsrechtliche und vermögensrechtliche Interessen nicht nebeneinander stehen, sondern unauflöslich miteinander verwoben sind, vgl. *Götting* in: FS Schricker, S. 64.
913 Visual Artists Rights Act of 1990, Pub. L. No. 101–650, §§ 601, 610 (a), 104 Stat. 5089; 17 U. S. C. § 106a.

II. Urheberrechtliche Aspekte

schränkung der Urheberpersönlichkeitsrechte eingeführt. Nach Section 50(b) des Israeli Copyright Act liegt keine Verletzung der Urheberpersönlichkeitsrechte vor, wenn die infrage stehende Handlung unter den Umständen des Einzelfalls als angemessen (»reasonable«) angesehen werden kann. Dafür sollen nach Section 50(c) folgende Faktoren von Bedeutung sein: (i) die Art (»character«) des Werks, das von der fraglichen Handlung betroffen ist, (ii) Zweck und Art (»nature«) der fraglichen Handlung, (iii) ob das Werk von einem Angestellten im Rahmen des Beschäftigungsverhältnisses oder gegen besondere Vergütung erstellt wurde, (iv) Geschäftsgewohnheiten in diesem Sektor und (v) die Abwägung zwischen der Erforderlichkeit der Handlung (»need for doing the act«) gegenüber dem dadurch verursachten Schaden des Urhebers.[914] Obwohl das Urheberrecht des Staates Israel stark vom US Recht beeinflusst zu sein scheint, wurde die vorgenannte Regelung entsprechend einer ähnlichen Regelung im Urheberrecht von **Australien** gestaltet.[915] In **England**[916] wurden erstmals im Jahr 1988 vier bestimmte Urheberpersönlichkeitsrechte, insbesondere das Recht als Urheber genannt zu werden und das Recht sich gegen das Werk beeinträchtigende Handlungen zur Wehr zu setzen, in das Urheberrecht eingefügt. In den **Niederlanden**[917] ist das Urheberpersönlichkeitsrecht zwar nicht generell ausgeschlossen, im Zusammenhang mit Computerprogrammen in der Praxis kaum jeweils anwendbar. Selbst in **Frankreich**, einem Land, in dem die Urheberpersönlichkeitsrechte seit Jahrhunderten anerkannt und geschützt wurden, hat der Gesetzgeber im Jahr 1985 die urheberpersönlichkeitsrechtlichen Befugnisse (»droits moraux«) des Urhebers beschränkt, um voraussehbaren Konflikten mit den berechtigten Benutzern der Software aus dem Weg zu gehen.[918] So wurde z. B. das urheberpersönlichkeitsrechtliche Rückrufsrecht (»droit de repentir, droit de retrait«) im Fall des Softwareschutzes schlicht beseitigt.[919] Es verbleibt dem Urheber von Software im Ergebnis offenbar nur das Recht, als solcher genannt zu werden und sich gegebenenfalls gegen gewisse entstellende Eingriffe in die Integrität der Software zur Wehr zu setzen.[920] In **Polen**[921] werden Urheberpersönlichkeitsrechte an Computerprogrammen kaum anerkannt. Ganz anders ist hingegen die Rechtslage in **Japan**.[922] Dort werden die Urheberpersönlichkeitsrechte weitgehend geschützt, neben einem Schadensersatzanspruch kommen bei einer Verletzung weitere Maßnahmen zur Wiederherstellung der Ehre und des Rufs des Urhebers in Betracht. Allerdings sollen Modifikationen des Programms, die notwendig sind, um das Programm entsprechend nutzen zu können, ohne Berücksichtigung einer Zustimmung des Urhebers zulässig sein.

Im Hinblick auf die Urheberpersönlichkeitsrechte ist ferner nicht einheitlich zu beurteilen, ob dem Urheber das Recht zusteht, auf seine Urheberpersönlichkeitsrechte verzichten zu können. In einigen Ländern wie z. B. der **Schweiz**,[923] ebenso in **Schweden**,[924] soweit nur eine begrenzte Nutzung gegeben ist, die an Art und Umfang des Werks angelehnt ist, **857**

---

914 *Pessach* IIC 2010, 187 (199).
915 Section 195 AS (1) des Australischen Copyright Act, vgl. Bei *Pessach* IIC 2010, 187 (199).
916 *Cornish* in: FS Schricker, S. 648.
917 Ullrich/Lejeune/*Quaedvlieg/Fleury/van Andel* Teil II Rn. 1086.
918 Ullrich/Lejeune/*Hauser* Teil II Rn. 373 ff.; in Frankreich gilt die dualistische Betrachtungsweise, d. h. Urheberpersönlichkeitsrechte und Vermögensrechte stellen selbstständige, eng verflochtene Rechte dar, die aber unterschiedlichen Regelungen folgen, vgl. *v. Lewinski* in: FS Schricker, S. 687.
919 Art. L 121–7 Code de la Propriété Intellectuelle.
920 CA Douai, 01.07.1996, JCP E 1997, 1, Nr. 657 mit Anm. *Vivant* und *Le Stanc*; Ullrich/Lejeune/*Hauser* Teil II Rn. 428; *McColley*, 41 Copyright Law Symposium 423; Paris Court of Appeals (4th Division, Section B, 19.12.2008, case No. RG 07/05821) La société des gens de lettres France (SGDL) and Pierre Hugo v. SA les Éditions Plon and Francois Céresa (»Viktor Hugo III«) IIC 2009, 929: ein Autor kann aufgrund der Urheberpersönlichkeitsrechte nicht gegen eine Adaption eines Werkes im gleichen Genre vorgehen.
921 Ullrich/Lejeune/*Kępiński/Nowicka/Nestoruk* Teil II Rn. 1213.
922 Ullrich/Lejeune/*Pilny* Teil II Rn. 873 und 879.
923 Ullrich/Lejeune/*Hopp/Müller/Herrmann* Teil II Rn. 1567.
924 Ullrich/Lejeune/*Rosén* Teil II Rn. 1548; Werbeunterbrechungen in Spielfilmen verletzen die Urheber-

wird dies als zulässig angesehen. In **Frankreich**[925] sind Vereinbarungen, in denen der Urheber es generell dem ausschließlichen Ermessen des Rechtsinhabers überlässt, das Werk nach seinem Belieben zu nutzen unzulässig. Die Frage nach dem Schutz der Urheberpersönlichkeitsrechte spielt in der Praxis bei Verträgen eine Rolle, bei denen eine Partei der anderen Rechte an einer neu entwickelten Software übertragen soll. Eine Übersicht derjenigen Staaten, deren Urheberrecht die Persönlichkeitsrechte schützt, findet man bei Schricker/ Dietz.[926]

c) Urheberschaft bei Arbeitsverhältnissen und »work for hire doctrine«

858 Eng mit der Thematik der Urheberpersönlichkeitsrechte verbunden ist die Frage, ob eine vertragliche Bestimmung des Urhebers einer Software möglich ist. Nach deutschem Urheberrecht ist bekanntlich nur derjenige der eine persönlich geistige Schöpfung gemäß § 2 Abs. 2 UrhG erbringt, als Urheber anzusehen. Daraus ergibt sich zunächst, dass nur natürlichen, aber nicht juristischen Personen die Urheberschaft zukommen kann.[927] Dies ist z. B. anders in **Italien**, dort können unter bestimmten Umständen auch juristische Personen als Urheber angesehen werden,[928] ebenso in **Spanien**[929] und in **Frankreich**.[930] Außerdem lässt sich aus Art. 2 Abs. 2 UrhG (Deutschland) ersehen, dass man die Urheberschaft nicht durch vertragliche Festlegungen regeln kann. Dies ist in Ländern wie **England** (Section 11 (1) CDPA)[931] oder den **USA**,[932] (Section 201b US Copyright Act), in denen die sog. work for hire doctrine anerkannt ist und vertragliche Festlegungen in einem gewissen Rahmen in Arbeits- und Auftragsverhältnissen zulässig sind, anders. Im deutschen Recht (ähnlich in **Italien**,[933] **Spanien**[934] und **Russland**)[935] sieht das Urheberrecht bekanntlich in § 69b UrhG für Arbeitnehmer in Arbeits- und Dienstverhältnissen unter bestimmten Umständen einen Übergang der vermögensrechtlichen Befugnisse auf den Arbeitgeber vor; davon sind aber die urheberpersönlichkeitsrechtlichen Befugnisse schon aufgrund des Wortlauts der Vorschrift ausgenommen.[936] In **England**, den **Niederlanden**, dort auch hinsichtlich der Urheberpersönlichkeitsrechte, in **Schweden**, in **Frankreich**[937] und in **Japan**[938] gilt dagegen der Arbeitgeber als Urheber unbeschadet anders lautender Vereinbarungen. In **China**[939] kann

---

persönlichkeitsrechte der Regisseure und Drehbuchautoren, vgl. Supreme Court of Justice Schweden 18.03.2008, Case No. T2117/06 »TV4«, IIC 2009,492.
925 Cour de Cassation GRUR Int. 2010, 350 (F. D.Sté Universal Music France v. Barbelivien, Montagné et autres) idem L. 121–1 CPI No. 58 bis.
926 Schricker/*Dietz* Vor §§ 12 ff. Rn. 21–25a.
927 Art. 2 (1) der Computerprogramm Richtlinie der EU lässt es zu, dass auch juristische Personen nach dem Recht der Einzelstaaten Urheber sein können.
928 Ullrich/Lejeune/*Ghidini/Arezzo/Montagnani* Teil II Rn. 820 unter Bezug auf Art. 11 Lda und Art. 2 Abs. 2 der EU Richtlinie 91/250.
929 § 97 Neufassung des Gesetzes über geistiges Eigentum (Spanien), vgl. Ullrich/Lejeune/*Mediano* Teil II Rn. 1755.
930 Art. L 113–1 Anm. 4: nur für »oeuvres collectives«, die im Namen der juristischen Person vermarktet werden.
931 Ullrich/Lejeune/*Adams* Teil II Rn. 164.
932 Zur Abgrenzung, wann die Voraussetzungen der »work for hire« Section vorliegen, siehe Community for Creative Non-Violence v. Reid, 109 St. C. 2166 (1989); der Auftrag- bzw. Arbeitgeber wird originärer Inhaber des Urheberrechts, vgl. *Bodewig* in: FS Schricker, S. 845.
933 Ullrich/Lejeune/*Ghidini/Arezzo/Montagnani* Teil II Rn. 823.
934 Ullrich/Lejeune/*Mediano* Teil II Rn. 1757.
935 Ullrich/Lejeune/*Steininger* Teil II Rn. 1343.
936 Art. 2 (3) Computerprogramm Richtlinie der EU überträgt vorbehaltlich vertraglicher Vereinbarungen nur die »wirtschaftlichen Rechte« dem Arbeitgeber.
937 Ullrich/Lejeune/*Hauser* Teil II Rn. 340, unter Bezug auf Art. L 113–9 Code de la Propriété Intellectuelle.
938 Ullrich/Lejeune/*Pilny* Teil II Rn. 872.
939 Art. 11 Abs. 3 UrhG, vgl. Ullrich/Lejeune/*Shan/Tang*, Teil II, Rn. 3 unter Bezug auf LI Mingde/XU Chao, Zhuzuoquanfa, (Urheberrecht, chinesisch), Beijing 2003.

eine juristische Person oder sonstige Organisation als Urheber angesehen werden, wenn das Werk in Vertretung des Willens der juristischen Person oder der sonstigen Organisation geschaffen worden ist.

d) Die Verwertungsrechte und ihre Schranken

Im deutschen Urheberrecht sehen die §§ 69a ff. UrhG genau auf Softwareprodukte angepasste Sondervorschriften vor, die in Zusammenhang mit den allgemeinen Regelungen in §§ 15 und 28 ff. UrhG diejenigen Verwertungsrechte festlegen, die dem Urheber zustehen und die er Dritten einräumen kann.[940] Ferner werden dort bestimmte Schranken festgelegt. In anderen Ländern wird man genau zu untersuchen haben, welche Nutzungs- bzw. Verwertungsrechte dem Urheber bzw. einem Lizenznehmer zustehen. In **Frankreich**[941] und in den **Niederlanden**[942] wird z. B. das Bearbeitungsrecht anders als im deutschen Recht als Bestandteil des Vervielfältigungsrechts angesehen. In **Italien**[943] und in **Schweden**[944] ist die Rechtslage ähnlich wie in Deutschland, der Urheber hat genau aufgeführte Verwertungsrechte, muss aber bestimmte im Gesetz aufgeführte nicht zustimmungspflichtige Handlungen des berechtigten Nutzers hinnehmen, so z. B. exemplarisch in **Spanien**[945] weniger ausführlich, aber ähnlich in **Frankreich**[946] geregelt.

859

Während es in Deutschland und vielen anderen europäischen Ländern, die die Computerrechtsrichtlinie der EU umgesetzt haben, relativ präzise Schranken für die Verwertungsrechte des Urhebers von Computerprogrammen gibt, ist das in den sog. Common Law Ländern anders. In den **USA** sieht Section 107 des US Copyright Act eine allgemeine Ausnahme (Generalklausel) vor, die als »fair use« bezeichnet wird. Es handelt sich jedoch um keine abschließende Definition, sondern um eine Auflistung von vier Faktoren, die vom Gericht in jedem Einzelfall zu prüfen und ggf. gegeneinander zu gewichten sind. Dabei kommt insbesondere dem letzten Faktor eine besondere Bedeutung zu:
1. Zweck und Charakter der Benutzung, insb. ob kommerziell oder gemeinnützig/für Unterrichtszwecke
2. die Art des geschützten Werks
3. Umfang und Bedeutung des verwendeten Teils im Verhältnis zum Werk im Ganzen
4. die Auswirkungen auf den Verkaufsmarkt und den Wert des geschützten Werkes

860

Ob eine bestimmte, nicht mit ausdrücklicher Zustimmung des Urhebers vorgenommene Nutzungshandlung nach dem »fair use« Grundsatz als erlaubt anzusehen ist, kann immer nur in Rahmen einer Gesamtabwägung der vorgenannten Kriterien ermittelt werden. Durch diese stark einzelfallbezogene Betrachtung wird aber eine gewisse Rechtsunsicherheit hervorgerufen. Im neuen Urheberrecht des Staates **Israel**[947] wurde deshalb eine m. E. sinnvolle Erweiterung der auch dort gegebenen »fair use« Regelung vorgesehen. Section 19 c des Israeli Copyright Act ermöglicht es dem Justizminister des Staates Vorschriften zu veröffentlichen, die diejenigen Bedingungen konkretisiert, unter denen eine Nutzungshandlung unter »fair use« fällt. Mit dieser Regelung wird auch eine Möglichkeit geschaffen,

861

---

940 Nach Art. 29 Abs. 1 deutsches Urheberrechtsgesetz ist das Urheberrecht nicht übertragbar, das ist z. B. in den USA anders, vgl. *Bodewig* in: FS Schricker, S. 848 f.
941 Ullrich/Lejeune/*Hauser* Teil II Rn. 370.
942 Ullrich/Lejeune/*Quaedvlieg/Fleury/van Andel* Teil II Rn. 1041.
943 Ullrich/Lejeune/*Ghidini/Arezzo/Montagnani* Teil II Rn. 804.
944 Ullrich/Lejeune/*Rosén* Teil II Rn. 1521.
945 §§ 99 (Nutzungsrechte) und 100 (Grenzen der Verwertungsrechte) Neufassung des Gesetzes über geistiges Eigentum, vgl. Ullrich/Lejeune/*Mediano* Teil II Rn. 1765.
946 Art. L 122–6 und 122-6-1 Code de la Propriété Intellectuelle.
947 *Reshumot* (offizielle Sammlung), 2007 Law Statutes of Israel, Ausgabe 2199, S. 34 v. 25.11.2007; siehe auch *Pessach* IIC 2010, 187 (199).

e) Der Erschöpfungsgrundsatz

862 Der Erschöpfungsgrundsatz setzt nach deutschem Recht eine Veräußerung des Computerprogramms voraus, ferner erfasst der Grundsatz nach h. M. nur das Verbreitungsrecht, aber nicht das Vervielfältigungsrecht und soll nach bisher h. M. nicht beim Onlineerwerb eingreifen.[949] Dies ist in vielen Staaten ähnlich, z. B. in **Frankreich**[950] oder **Indien**.[951] In diesem Zusammenhang stellt sich die Frage, ob beim Vorliegen einer Veräußerung, d. h. bei dauerhaften, zeitlich unbefristeten Nutzungsrechten und Vorliegens einer Einmalzahlung zusätzlich vereinbarte Nutzungsbeschränkungen Wirkung haben und die Anwendung des Erschöpfungsgrundsatzes ausschließen. Der deutsche Bundesgerichtshof hat mehrfach entschieden, dass die zusätzlichen Nutzungsbeschränkungen bei einer kaufrechtlichen Ausgestaltung des Nutzungsrechts unwirksam sind und der Erschöpfungsgrundsatz gilt.[952] Dies kann aber in anderen Staaten anders sein. In den **USA** z. B. ist die h. M. anderer Auffassung; Nutzungsbeschränkungen werden in einer derartigen Fallgestaltung als wirksam angesehen und der Erschöpfungsgrundsatz (»first sale doctrine« nach Section 109a US Copyright Act) soll dann keine Anwendung finden.[953] Ähnlich scheint die Rechtslage in **Japan**[954] zu sein. Nutzungsbeschränkungen werden als zulässig angesehen und auch nicht durch den Grundsatz der Erschöpfung infrage gestellt. Dieser betrifft aber nur den Weitervertrieb von Software und die Durchsetzbarkeit der Verwendungsbeschränkungen gegenüber Dritten. In **Schweden**[955] und der **Schweiz**[956] wiederum scheint die Rechtslage ähnlich wie in Deutschland zu sein.

f) Die Zweckübertragungstheorie

863 Im deutschen Recht ist die sog. Zweckübertragungstheorie in § 31 Abs. 5 UrhG geregelt. Danach ist im Zweifel bei der Auslegung von Vereinbarungen zur Lizenzierung urheberrechtlich geschützter Werke eine restriktive, den Urheber schützende Betrachtungsweise angezeigt. Mit anderen Worten, sofern die Vereinbarung entsprechender Nutzungsrechte nicht eindeutig geregelt ist, erfolgt eine restriktive, den Urheber schützende Betrachtungsweise. Deshalb ist bei der Einräumung von Nutzungsrechten möglichst genau festzulegen, welche Nutzungsrechte der Urheber einem Lizenznehmer einräumen will. Diese restriktive Betrachtung wird auch in anderen Staaten zugrunde gelegt. In **Frankreich**[957] schreibt Art. L 131–3 des Code de la Propriété Intellectuelle vor, dass die zu übertragenden Nutzungsrechte ausdrücklich im Einzelnen in der entsprechenden Vereinbarung aufgeführt werden müssen. Eine allgemeine Formulierung die z. B. »sämtliche Nutzungsrechte« er-

---

948 Siehe zu den unterschiedlichen Schrankensystemen *Geiger* IIC 2008, 178.
949 Schricker/*Löwenheim* § 69c UrhG Rn. 33.
950 Art. L 122–3-1 Code de la Propriété Intellectuelle.
951 Ullrich/Lejeune/*Verma* Teil II Rn. 620.
952 Ullrich/*Lejeune* Teil I Rn. 286.
953 Vernor v. Autodesk Inc. 621 F. 3d 1102 (9th Cir. Wash 2010); DSC Communications v. Pulse Communication Inc., 170 F. 3d 1354 8Fed. Cir. 1999), Adobe Systems Inc. v. One Stop Micro Inc. 84 F. Supp. 2d 1086 (N. D. Cal. 2000); Wall Data Inc. v. Los Angeles Country Sheriff's Department, 447 F. 3d 769 (9th Cir. 2006); a. A. Softman Products Company LLC v. Adobe Systems Inc., 171 F. Supp. 2d 1075 (C. D. Cal. 2001).
954 Ullrich/Lejeune/*Pilny* Teil II Rn. 966.
955 Ullrich/Lejeune/*Rosén* Teil II Rn. 1427.
956 *Rigamonti* GRUR Int. 2009, 14, 16: allenfalls schuldrechtlich zulässig, aber nur zwischen Software Anbieter und Ersterwerber.
957 Art. L 131–3 Anm. 3, Civ 1re, 9. Oct. 1991, RIDA Janv. 92, p. 293; siehe *v. Lewinski* in: FS Schricker, S. 692.

wähnt, ist nicht wirksam. Ähnlich ist die Rechtslage in **Spanien**.[958] Man sollte daher bei der Vereinbarung von Nutzungsrechten vorsichtig sein und diese genau spezifizieren. In den **USA** hingegen ist diese Theorie nicht bekannt, der Umfang der Rechtsübertragung ist vielmehr Gegenstand der gerichtlichen Auslegung.[959]

III. Vertragstypologie

Das deutsche Recht kennt bekanntlich typische oder sog. »benannte« Verträge. Nur wenn sich ein Vertrag nicht unter einen der gesetzlich normierten Verträge einordnen lässt, wird ein Vertrag ggfs. als sog. atypischer Vertrag individuell eingestuft.[960]   864

1. Softwareüberlassungsverträge

Softwareüberlassungsverträge werden in Deutschland entweder als Kauf- oder als Mietverträge klassifiziert, je nachdem, ob zeitlich befristete oder dauerhafte Nutzungsrechte eingeräumt werden und welche Gegenleistung (Einmalzahlung oder Zahlung von Lizenzgebühren pro rata temporis) vereinbart wurde.[961]   865

Eine derart klare Unterscheidung, wie wir diese in Deutschland kennen, ist in anderen Staaten nicht gegeben. In **Frankreich**[962] besteht Unsicherheit über die Einordnung von Softwarelizenzverträgen. Bei fertigen Betriebsprogrammen und bei Standardsoftware ist nicht ganz klar, ob Kaufrecht oder Pachtrecht anwendbar sein soll. Das französische Urheberrecht spricht zwar in Art. L 122–6-Abs. 3 des Code de la Propriété Intellectuelle vom »Verkauf« der Software, sieht aber keine weiteren Regelungen zum Vertragsrecht vor. Richtig scheint die Auffassung zu sein, die dann, wenn der Urheber sich ganz oder teilweise seiner urheberrechtlichen Befugnisse begeben sollte, das Kaufrecht ansonsten das Pachtrecht anwendet. Dies ist aber bei einer einfachen Gebrauchsüberlassung an einem Betriebsprogramm oder bei Standardsoftware nicht der Fall. Es wird ferner vertreten, dass ein Vertrag zur Überlassung von Standardsoftware als Vertrag »sui generis« anzusehen sein soll und nicht als Kaufvertrag, weil die Nutzungseinschränkungen und die Urheberpersönlichkeitsrechte nicht mit dem Charakter des Kaufvertrages vereinbar seien.[963] Ähnlich wie in Frankreich ist die Rechtslage auch in **Italien**.[964] Dort wird ebenfalls von einem Teil der Lehre die Anwendung des Kaufrechts von einem anderen Teil das Mietrecht als maßgeblich angesehen. Die Rechtsprechung scheint sich stärker an den Regeln über die Abtretbarkeit und Übertragung von Nutzungsrechten als an der Veräußerung von Vervielfältigungsstücken zu orientieren. In **Spanien**[965] wird bei einfachen Nutzungsrechten unterschieden, ob eine Verfügung gegeben ist (dann Kauf) oder nur eine schuldrechtliche Rechtseinräumung vorliegt (dann Miete). In **Indien**[966] wird Software als »goods« im Sinne des Sale of Goods Act verstanden, sodass für die kaufrechtliche Überlassung von Software dieses Gesetz gilt. Dagegen scheint für die bloße Lizenzierung, d. h. bei beschränkter Rechtseinräumung im Wesentlichen der konkrete Vertrag maßgeblich zu sein. Ähnlich ist die Rechtslage in den **USA**.[967] In Ermangelung eines speziellen Vertragsrechts wurde der Art. 2 UCC, also das US amerikanische Handelskaufrecht für Softwareverträge herangezogen und zwar auch   866

---

958 *Schlatter/Götz* in: FS Schricker, S. 792.
959 *Bodewig* in: FS Schricker, S. 875.
960 Palandt/*Grüneberg*, Überbl. v. § 311 Rn. 11 und 13.
961 *Schneider* Rn. D 4 ff., 20.
962 Ullrich/Lejeune/*Hauser* Teil II Rn. 434.
963 *Le Tourneau* S. 1184, No.5468.
964 Ullrich/Lejeune/*Ghidini/Arezzo/Montagnani* Teil II Rn. 838.
965 *Schlatter/Götz* in: FS Schricker, S. 803.
966 Ullrich/Lejeune/*Verma* Teil II Rn. 660, 669.
967 Advent Systems Ltd. v. Unisys Corporation, 925 F. 2d 670 (3rd Cir. 1991).

dann, wenn kein Verkauf sondern nur eine beschränkte Lizenz an der Software eingeräumt wurde. In **Japan**[968] wird für Standardsoftware das Kaufrecht oder das Mietrecht, für individuell erstellte Software das Werkvertragsrecht herangezogen. Im **niederländischen**[969] Recht sind weder »Lizenz« noch »Nutzungsrechte« gesetzlich definiert, sodass die allgemeinen Regelungen des Schuldrechts gelten. Die Vertragsfreiheit ist dort wichtiger als die dogmatische Einordnung auf einen bestimmten Vertragstyp. Die Einordnung als »Verkauf« oder »Miete« hat im niederländischen Recht keine harten Konsequenzen. In **Schweden**[970] steht das Urhebervertragsrecht dem Kaufrecht (Köpl) nahe. Ausgangspunkt der vertragstypologischen Einordnung ist deshalb das Kaufrecht, es werden vorsichtige Analogien bei anderen Vertragstypen gemacht. In **England**[971] gibt es ebenfalls kein spezielles Urhebervertragrecht, sondern nur einige wenige Regelungen im Copyright Designs and Patents Act 1988. In **Polen**[972] wird weder Kauf- noch Mietrecht als anwendbar angesehen. Stattdessen wird vertreten, dass ein »unbenannter« Vertragstyp gegeben sei, dessen Qualifikation in das Vertragssystem des polnischen ZGB ebenso unerlässlich wie schwierig sei. In **Russland**[973] richtet sich der Vertrieb von Standardsoftware nach urhebervertraglichem Lizenzrecht, ansonsten wird vertreten, dass es sich bei Softwareverträgen um gemischte Verträge mit Elementen verschiedener Vertragstypen handeln solle. In der **Schweiz**[974] sind Lizenzverträge im Schweizer Vertragsrecht (Obligationenrecht) nicht genormt. Es wird geprüft, ob das Schwergewicht eines Softwarelizenzvertrages oder seine Zuordnung beim Kauf, bei der Miete oder Pacht, beim typischen Lizenzvertrag oder beim Werkvertrag zu sehen ist. In der Praxis werden deshalb Softwarelizenzverträge je nach Ausgestaltung unterschiedlichen, im Gesetz vorgesehenen oder von der Praxis entwickelten, nicht im Gesetz vorgesehenen Vertragstypen zugeordnet. Gesetzlich sind zwar Kauf (Art. 184 ff. OR) und Miete (Art. 253 ff. OR) geregelt, nicht aber die Lizenz als sog. »Innominatvertrag«.[975] Sofern die Software dauerhaft gegen Einmalentgelt überlassen wird, dürfte der Vertrag nach Kaufrecht zu beurteilen sein, bei der Überlassung auf Zeit ist ein Lizenzvertrag gegeben.[976]

867 In diesem Zusammenhang ist noch auf das Verhältnis zwischen Verpflichtung und Verfügung einzugehen. Im deutschen Recht gilt bekanntlich im Allgemeinen das sog. Abstraktionsprinzip, aufgrund dessen auch bei fehlendem oder nichtigem Kausalgeschäft die aufgrund des Verpflichtungsgeschäfts bereits erfolgte Verfügung bestehen bleibt und ggfs. nach den Grundsätzen ungerechtfertigter Bereicherung zurückverlangt werden kann.[977] Es ist umstritten und wird wohl von der h. M. unter Bezug auf §§ 9 Abs. 1 VerlG und 40 Abs. 3 UrhG abgelehnt, ob das Abstraktionsprinzip auch im Urheberrecht gilt.[978] Nach der h. M. ist dann der Erwerb des Nutzungsrechts kausal vom schuldrechtlichen Vertrag abhängig, d. h. es wird kein Nutzungsrecht erworben, wenn der zugrunde liegende Vertrag unwirksam ist. Diese Rechtslage gilt auch in Österreich und der Schweiz, ebenso in

---

968 Ullrich/Lejeune/*Pilny* Teil II Rn. 959.
969 Ullrich/Lejeune/*Quaedvlieg/Fleury/van Andel* Teil II Rn. 1137, 1149.
970 Ullrich/Lejeune/*Rosén* Rn. 1469; die Vereinigung der Schwedischen Programmproductindustrien SPI hat unter der Bezeichnung EDEL 98 3 Standardvertragsmuster erstellt.
971 *Torremans*, Vortrag auf der ALAI Jahretagung 2008 Dubrovnik, S. 357.
972 Ullrich/Lejeune/*Kępiński/Nowicka/Nestoruk* Teil II Rn. 1302.
973 Ullrich/Lejeune/*Steininger* Teil II Rn. 1381.
974 Ullrich/Lejeune/*Hepp/Müller/Herrmann* Teil II Rn. 1612, 1617 m. w. N.
975 Siehe hierzu ausf. Honsell/Vogt/Wiegand/*Amstutz/Schluep* Einl. Vor Art. 184 ff. Rn. 5 und Rn. 267 ff. zum Lizenzvertrag.
976 Honsell/Vogt/Wiegand/*Amstutz/Schluep* Einl. Vor Art. 184 ff. Rn. 296.
977 Palandt/*Ellenberger*, Überbl. v. § 104 Rn. 22.
978 *Schricker* Vor §§ 28 ff. Rn. 58 ff.; *Götting* in: FS Schricker, S. 71.

Schweden,[979] Spanien[980] und England.[981] In vielen anderen Staaten z. B. USA,[982] Frankreich[983] oder der Schweiz[984] erfolgt der Erwerb der Nutzungsrechte direkt durch den abgeschlossenen Vertrag, d. h. die Unterscheidung in Verpflichtung und Verfügung ist unbekannt mit dem Ergebnis, dass auch in diesen Staaten bei unwirksamen Schuldvertrag kein Nutzungsrecht erworben werden kann.

2. Entwicklungs- und Pflegeverträge

Die strikte Trennung zwischen einem erfolgsbezogenen Werkvertrag und einem tätigkeitsbezogenen Dienstvertrag, die wir aus dem deutschen Recht kennen, ähnlich auch in **Polen**,[985] wird nicht überall nachvollzogen. Im **französischen**[986] Recht, ähnlich in **Spanien**,[987] ist die Unterscheidung zwischen Dienst- und Werkvertrag weniger ausgefeilt. Vielmehr wird in jedem Einzelfall nach »obligation de résultat«, d. h. Erfolgshaftung und »obligation de moyens«, d. h. dienstvertraglicher Ausgestaltung unterschieden und eine entsprechende vertragliche Festlegung getroffen.[988] Der Werkvertrag ist im französischen Zivilrecht nur unvollkommen geregelt (keine Regelung zur Abnahme, keine Gewährleistung) und umfasst auch Dienstverträge. Allerdings vertritt die Rechtsprechung die Auffassung, dass derjenige, der aufgrund des Gesetzes oder vertraglicher Vereinbarung die Verpflichtung zur Erteilung von Auskünften, Informationen oder bei Beratungsleistungen übernommen hat, hierfür nach den Grundsätzen der obligation de résultat zu haften hat.[989] In den **Niederlanden**[990] scheint die Rechtslage ähnlich wie in Frankreich zu sein.

868

Anders als in Deutschland ist die Rechtslage auch in den **USA**. Bei Verträgen, die wir in Deutschland als Werk- oder Dienstverträge bezeichnen würden, wird ein Vertragsmodell, das in etwa dem deutschen Dienstvertrag entspricht, angenommen. Der Lizenznehmer hat danach nur Anspruch darauf, dass der Lizenzgeber die zur ordnungsgemäßen Vertragserfüllung erforderlichen Kenntnisse und Erfahrungen besitzt. Es besteht aber kein An-

869

---

979 *Levin/Kur* in: FS Schricker, S. 736.
980 *Schlatter/Götz* in: FS Schricker, S. 789.
981 *Cornish* in: FS Schricker, S. 656: »jegliches Rechtsgeschäft im urheberrechtlichen Vertragsrecht ist einheitlich zu beurteilen«.
982 *Baretic/Niksic*, Vortrag ALAI Jahrestagung 2008 in Dubrovnik, S. 432.
983 *Le Tourneau* S. 1247 No. 5931.
984 Honsell/Vogt/Wiegand/*Amstutz/Schluep* Einl. Vor Art. 184 ff. Rn. 289: nach h. L. soll sowohl der ausschließlichen wie der einfachen Lizenz lediglich eine obligatorische Wirkung zukommen.
985 Ullrich/Lejeune/*Kępiński/Nowicka/Nestoruk* Rn. 1288.
986 *Le Tourneau* S. 1184 No. 5469; Ullrich/Lejeune/*Hauser* Teil II Rn. 441, dort Fn. 230.
987 Ullrich/Lejeune/*Mediano* Rn. 1788.
988 *Le Tourneau* S. 828 No. 3209 ff.: Im Vertragsrecht wird grundsätzlich unterschieden zwischen Pflichten, die sich darin erschöpfen, die erforderliche Sorgfalt anzuwenden (»obligation de moyens«) und solchen, die zu einem bestimmten Erfolg verpflichten (»obligation de résultat«). Während es erstere nur in bestimmten Fällen gibt, z. B. bei der Erbringung von Dienst- oder Arbeitsleistungen, sind letztere weiter verbreitet und finden insbesondere bei Lieferverpflichtungen eine Rolle. Im Gegensatz zu Garantien wird aber auch bei einer obligation de résultat nicht für verschuldensunabhängige Umstände gehaftet. Es ist zulässig, vertraglich festzulegen, welcher Masstab im Einzelfall für eine bestimmte Vertragspflicht gelten soll, vgl. S. 836 No. 3241; *Malaurie/Aynès/Gautier* No. 740, 741 bei einer »prestation intellectuelle« im Zweifel »obligation de moyens« gegeben, z. B. bei einem Vertrag mit einem Bauingenieur über Bauplanungsleistungen, aber bei der Umsetzung der Planung in den Bau liegt eine »obligation de résultat« vor.
989 Civ. 1re, 25 Févr. 1997, no 94–19.685, Bull. Civ. 1, no 75, *Hédreul*; RIDA 1997, 852; *Le Tourneau* S. 848 No. 3355.
990 Ullrich/Lejeune/*Quaedvlieg/Fleury/van Andel* Teil II Rn. 1191; im holländischen Recht gibt es keine allgemeine Abgrenzung nach dem Erfolgscharakter zwischen Werk- und Dienstvertrag wie in Deutschland siehe Rn. 1150.

spruch auf die Erreichung bestimmter Ergebnisse oder Funktionen (»no perfect tender rule« genannt),[991] sondern es ist lediglich maßgebend, ob der wesentliche Vertragszweck (»substantial performance«) erreicht wurde.

870 Es ist selbstverständlich möglich, im Wege vertraglicher Vereinbarungen andere Standards festzulegen. Wenn dies aber nicht lückenlos geschieht, dürfte sich ein US-amerikanisches Gericht auf die oben dargestellte grundsätzliche Rechtslage zurückziehen.

871 Eine strengere Haftung wird auf dem Umweg über das Recht der unerlaubten Handlungen (»Tort Law«) nur in den Fällen zugelassen, in denen Berater aufgrund besonderer gesetzlicher Pflichten eine besondere Vertrauensstellung innehaben, wie dies z. B. bei Ärzten und Anwälten (»higher standard of care«) der Fall ist. Für Consultants in der EDV-Industrie wird diese Ausnahme aber nicht anerkannt.[992]

872 Es gibt aber auch Länder, in denen die Rechtslage mit der in Deutschland vergleichbar ist. So wird z. B. in **England**[993] ebenfalls zwischen Dienstverträgen ohne Erfolgshaftung (»time and materials contract«) und echten Werkverträgen unterschieden. Pflegeverträge werden hier aber als Dienstleistungsverträge angesehen, d. h. es gibt keine Gewährleistung, das Unternehmen haftet für die geschuldeten Arbeiten mit der im Verkehr erforderlichen Sorgfalt (implied term- reasonable skill and care) ähnlich wie in den USA. In **Polen**[994] sieht das Werkvertragsrecht wie im deutschen Recht eine strenge Erfolgshaftung vor. In **Italien**[995] haftet ein Unternehmer nach dem Werkvertragsrecht für das Ergebnis, dagegen haftet ein selbstständiger Entwickler im Rahmen freiberuflicher Tätigkeit nach Art. 2237 Codice Civile lediglich für die Umsetzung der versprochenen Dienste (obbligazione di mezzi). Entwicklungsverträge mit Softwarehäusern sollen unter das Auftragsrecht fallen, mit der Folge, dass für das Ergebnis einzustehen ist. Anders ist die Rechtslage bei einem sog. Vertrag über die Herstellung eines geistigen Werkes; in diesem Fall besteht keine Erfolgshaftung. Der Unterschied scheint in der Praxis geringe Bedeutung zu haben, weil die Softwarehäuser üblicherweise im Rahmen der Vertragsgestaltung die Erfolgshaftung in die Pflicht zur Erbringung bestimmter Dienstleistungen umwandeln. In der **Schweiz**[996] werden Verträge zur Herstellung von Individualsoftware als Werkverträge im Sinne des Art. 363 OR angesehen.

3. Shrinkwrap- und Clickwrap-Verträge

873 In der Software Branche, vor allem in den USA wird viel mit sog. Enduser License Agreements (»EULAs«) gearbeitet. Diese werden üblicherweise zwischen dem Anbieter und dem Endkunden im Wege sog. »Shrinkwrap« oder »Clickwrap« Verträge vereinbart.

874 In Deutschland werden Shrinkwrap-Verträge bekanntlich nach h. M.[997] als nicht wirksam angesehen, weil der Kunde diese Vertragsbedingungen typischerweise erst nach Erwerb der Lizenz vom Distributor/Händler zu Gesicht bekommt und in dem Aufreißen der Verpackung nicht die Absicht besteht, einen weiteren Vertrag abzuschließen. Anders werden Clickwrap-Verträge eingestuft, sofern der Kunde die Vertragsbedingungen vor dem (Online) Vertragsschluss einsehen kann. International werden Shrinkwrap- und Clickwrap-Ver-

---

991 § 552 Restatement of Torts 2nd; Section 612 UCITA; Milau Associates Inc. v. North Avenue Development Corp.368 N. E. 2d 1247 unter Berufung auf § 299A Restatement of Torts und Micro Managers v. Gregory, 434 N. W. 2d 97 (Wiss. App. 1988); Data Processing v. L. H.Smith Oil Comp., 492 N. E. 2d 314 (Ind. App. 4 Dist. 1986).
992 Picker Intern. Inc. v. Mayo Foundation 6 F. Supp. 2d 685 (N. D.Ohio 1998) »This »special« relationship does not exist in ordinary business transactions«.
993 Ullrich/Lejeune/*Adams* Teil II Rn. 241.
994 Ullrich/Lejeune/*Kępiński/Nowicka/Nestoruk* Teil II Rn. 1275.
995 Ullrich/Lejeune/*Ghidini/Arezzo/Montagnani* Teil II Rn. 855, 858.
996 Honsell/Vogt/Wiegand/Zindel/*Pulver* Art. 363 N 11.
997 *Schneider* D Rn. 4.

träge in einigen Ländern anerkannt, in anderen bestehen z. T. ähnliche Bedenken wie in Deutschland. Neben den **USA**[998] werden Shrinkwrap-Verträge vor allem in **Frankreich**,[999] **Italien**[1000] und **Israel**[1001] als grundsätzlich wirksam angesehen. Dagegen werden derartige Verträge in **Indien**,[1002] **Polen**,[1003] der **Schweiz**,[1004] **Spanien**,[1005] **Niederlande**[1006] **Schweden**,[1007] **England**, wohl auch in **Australien** und insbesondere in **China** nicht anerkannt oder mindestens als sehr kritisch eingestuft.[1008]

Bei Clickwrap-Verträgen besteht technisch die Möglichkeit, die Vertragsbedingungen vor dem Vertragsschluss zur Kenntnis zu nehmen. Deshalb werden derartige Verträge generell als wirksam angesehen, sofern diese Möglichkeit eingeräumt wird, so z. B. in der **Schweiz**[1009] oder in **Schweden**.[1010]

IV. Allgemeines Vertragsrecht

1. Formfreiheit

In den meisten Staaten unterliegen Lizenzverträge keiner besonderen Form, aber teilweise müssen derartige Verträge in bestimmten Fällen schriftlich abgeschlossen werden. In **Polen**[1011] bedürfen z. B. Verträge zur Übertragung von Urhebervermögensrechten der Schriftform, sofern es um eine Vollrechtsübertragung und nicht nur um die Einräumung von Nutzungsrechten (Lizenz) geht, ähnlich in England[1012] für die Übertragung von Eigentumsrechten. In den **Niederlanden**[1013] ist nur für die Übertragung des Urheberrechts ebenfalls Schriftform erforderlich. In **Russland**[1014] schließlich müssen Verträge mit ausländischen Unternehmen generell schriftlich abgeschlossen werden.

In **Frankreich**[1015] hingegen gibt es ein Sprachenstatut, die sog. »Loi Toubon«. Diese findet aber bei internationalen Softwareverträgen keine Anwendung. Es ist auch nicht grundsätz-

---

998 ProD Inc. v. Zeidenberg, 86 F. 3d 1447 (7th Cir. 1996); Mortenson v. Timberline CRI 00, 53 m. Anm. *Lejeune*.
999 *Le Tourneau* S. 1184 No. 5468. Shrinkwrap ist grundsätzlich zulässig, solange die Bedingungen von außen sichtbar sind, aber es dürfen mindestens im B2C Geschäft keine Haftungsbeschränkungen oder -ausschlüsse enthalten sein.
1000 Ullrich/Lejeune/*Ghidini/Arezzo/Montagnani* Teil II Rn. 843. Shrinkwrap- und Clickwrap-Verträge sind nicht unumstritten, aber wohl zulässig, sofern die Anforderungen der Art. 1341 ff. Codice Civile erfüllt werden, d. h. es ist eine schriftliche Bestätigung bestimmter Klauseln erforderlich.
1001 Ullrich/Lejeune/*Assia/Alkalay* Teil II Rn. 762.
1002 Ullrich/Lejeune/*Verma* Teil II Rn. 664, 682: Wirksamkeit dieser Verträge wird als sehr kritisch angesehen.
1003 Ullrich/Lejeune/*Kępiński/Nowicka/Nestoruk* Teil II Rn. 1258.
1004 Ullrich/Lejeune/*Hopp/Müller/Herrmann* Teil II Rn. 1622.
1005 Ullrich/Lejeune/*Mediano* Teil II Rn. 1822.
1006 Landgericht Amsterdam 24.5.95, Computerrecht 97, 63 und Ullrich/Lejeune/*Quaedvlieg/Fleury/van Andel* Teil II Rn. 1162: Shrinkwrap-Verträge sind wohl unwirksam, jedenfalls sind unangemessene Bedingungen nichtig, wenn diese unbillig sind (Art. 6:2 und 6: 248 Zivilgesetzbuch) oder dem AGB Recht widersprechen, anders Clickwrap-Verträge, wenn die Bedingungen vor Vertragsschluss einsehbar waren.
1007 Ullrich/Lejeune/*Rosén* Teil II Rn. 1494.
1008 *Contreras/Slade* CRI 2000, 104 (108) mit einer länderbezogenen Auflistung.
1009 Ullrich/Lejeune/*Hopp/Müller/Herrmann* Teil II Rn. 1624.
1010 Ullrich/Lejeune/*Rosén* Teil II Rn. 1494.
1011 Ullrich/Lejeune/*Kępiński/Nowicka/Nestoruk* Teil II, Rn. 1248 unter Bezug auf Art. 53 Urheberrechtsgesetz Polen.
1012 *Cornish* in: FS Schricker, S. 652.
1013 Art. 2 Abs. 1 Urheberrechtsgesetz Niederlande, vgl. Ullrich/Lejeune/*Quaedvlieg/Fleury/van Andel* Teil II Rn. 1169.
1014 Ullrich/Lejeune/*Steininger* Teil II Rn. 1384 unter Bezug auf Art. 162 III ZGB, Art. 11 I CPG, Art. 32 I UrhG Russland.
1015 Ullrich/Lejeune/*Hauser* Teil II Rn. 447.

lich Schriftform erforderlich, aber vor den französischen Gerichten werden nur schriftliche Verträge akzeptiert, sofern der Wert der Angelegenheit 1.500,– € überschreitet.

In **China**[1016] bedürfen Verträge über die Einräumung eines ausschließlichen Nutzungsrechts der Schriftform gemäß Art. 19 der Software Regeln. Dagegen ist bei der Einräumung nicht ausschließlicher Nutzungsrechte keine Schriftform erforderlich, anders wiederum im Patentrecht, dort ist Schriftform vorgeschrieben (Art. 342 Abs. 2 Vertragsgesetz).

2. Haftungsfragen

878 In der Softwareindustrie wird in der Regel mit Vertragsmustern (»contract templates«) gearbeitet, die als allgemeine Geschäftsbedingungen im Sinne der §§ 305 ff. BGB anzusehen sind. Aufgrund der vielfältigen Beschränkungen im deutschen AGB Recht, weiterer durch die Rechtsprechung eingezogener Grenzen,[1017] des Verbots der sog. »geltungserhaltenden Reduktion« und der teilweise sehr restriktiven Bewertung von Vertragsklauseln durch den BGH kann man im Deutschen Recht auch im Geschäft zwischen Kaufleuten[1018] eigentlich nicht mehr von »Vertragsfreiheit« beim Abfassen von Haftungsbegrenzungsklauseln sprechen. Das Abfassen einer wirksamen Haftungsklausel ist inzwischen eine ebenso schwierige wie aufgrund der vielen Beschränkungen weitgehend nutzlose Beschäftigung.

879 Das totale Gegenteil, das freilich auch nicht überzeugen kann, findet man in den **USA**. Bei der Haftung auf Schadensersatz wird im US-amerikanischen Handelskaufrecht, dem Art. 2 Uniform Commercial Code[1019] (»UCC«) üblicherweise unterschieden zwischen direkten und indirekten Schäden. Des Weiteren ist in US-amerikanischen Vertragsklauseln von »**incidential**« und »**consequential**« damages die Rede (vgl. UCC 2–714 (3)). Wie aus UCC 2–715 hervorgeht, handelt es sich bei »incidental damages« um typische Folgekosten wie z. B. Kosten für die Inaugenscheinnahme, den Empfang, den Transport oder die Aufbewahrung bzw. Bewachung von Gütern. Dagegen handelt es sich bei den »consequential damages« um echte Folgeschäden wie z. B. Personenschäden oder Sachschäden, die aufgrund des Nichteinhaltens einer Gewährleistungspflicht entstanden sind (siehe insoweit UCC 2–715 (2)).

880 Anders als im deutschen Recht ist im US-amerikanischen Vertragsrecht der pauschale **Ausschluss sämtlicher incidential und consequential damages** zulässig, soweit darin nicht auch Personenschäden (»personal injury«) eingeschlossen sind.[1020] Insbesondere gibt es keine dem deutschen AGB-Recht entsprechenden Begrenzungen der Vertragsfreiheit. Die einzige Grenze findet sich in UCC 2–302, die sog. **doctrine of unconscionability**. Allerdings ist das Konzept nicht ganz klar.[1021] In einigen Bundesstaaten der USA wird zwischen »procedural«, also formaler und »substantial«, materieller »Unconscionability« unterschieden, einige Staaten kennen nur die »substantial« unconscionability. In jedem Fall greift diese »doctrine« nur in extremen Fällen ein, die man im deutschen Recht wohl unter § 138 BGB (Sittenwidrigkeit) fassen würde. Der Vertragsfreiheit im Bereich von Haftungs-

---

1016 Ullrich/Lejeune/*Shan/Tang* Teil II Rn. 94.
1017 BGH NJW 1993, 335; NJW 2001, 292 (302); Palandt/*Grüneberg* Rn. 49 zu § 307 BGB zur Haftung bei »wesentlichen Vertragspflichten« sowie Rn. 8 zu Vorb. § 307 zum Verbot der geltungserhaltenden Reduktion.
1018 BGH NJW 2007, 3774, danach entfalten die gemäß § 310 BGB nicht für das B2B Geschäft geltenden Vorschriften der §§ 308 und 309 BGB eine Indizwirkung auch für das B2B Geschäft, sodass derjenige, der eine dort aufgeführte für das B2C Geschäft bestimmte Vorschrift im B2B Geschäft verwenden will, im Einzelfall nachweisen muss, dass die Regelung aufgrund der Umstände des Einzelfalls angemessen ist.
1019 Abrufbar unter www.nccusl.org.
1020 Siehe M. A. Mortenson v. Timberline a. a. O. bei Fn. 123; nach UCC 2–719 (3) wäre sogar der Ausschluss von Personenschäden bei B2B Verträgen nicht »prima facie unconscionable«.
1021 *Calamari/Perillo* S. 365 ff.

IV. Allgemeines Vertragsrecht

beschränkungen kommt im US-Recht ein unvergleichlich höherer Stellenwert zu, als dies im deutschen Recht der Fall ist (siehe dazu auch UCC 2–719 (1) (a)).

Einschränkungen der Gewährleistung und der Rechtsansprüche des Käufers aus der Gewährleistung müssen nach UCC 2–316 »**conspicuous**«, d. h. deutlich erkennbar sein. Aus diesem Grunde findet man in US-amerikanischen Verträgen Begrenzungen der Gewährleistung oder der Haftung optisch durch Fettschrift oder Druck in Grossbuchstaben hervorgehoben. Schließlich ist noch zu erwähnen, dass das US-amerikanische Recht im Gegensatz zum deutschen Recht kein Verbot der sog. **geltungserhaltenden Reduktion** kennt.[1022] 881

Derart einseitige, die Lizenzgeber begünstigende Regelungen finden sich nicht in allen Common Law Ländern. In **England** z. B. sind bei unangemessener Vertragsgestaltung vor allem der Unfair Contract Terms Act 1977 (UCTA) und die Consumer Contracts Regulations einschlägig, die allerdings nicht für internationale Verträge im B2B anwendbar sind.[1023] Für die Beurteilung von Freizeichnungsklauseln ist insbesondere Sched. 2 UCTA maßgeblich. Allerdings sind die Kriterien dort wesentlich allgemeiner gehalten als z. B. in den §§ 308, 309 BGB. Die Gerichte haben insoweit einen relativ großen Einschätzungsspielraum.[1024] Allerdings kann die Haftung für fahrlässig verursachte Personenschäden nicht im Voraus begrenzt werden und die Freizeichnung für andere fahrlässig verursachte Schäden muss angemessen (»reasonable«) sein.[1025] Der Begriff der »Fahrlässigkeit« wird offenbar großzügig ausgelegt. In England hat aber vor Kurzem eine spektakuläre Entscheidung des Technology and Construction Courts für Aufsehen gesorgt. In der Angelegenheit BSkyB Ltd. and another (»SKY«) v. HP Enterprise Services UK Ltd. and Electronic Data Systems Ltd. (»EDS«)[1026] sollte EDS, die dann später von HP übernommen wurden, für SKY ein Customer Relationship Management System erstellen. EDS konnte die vertraglich vereinbarten Zusagen nicht einhalten und wurde deshalb von SKY verklagt. Der zugrunde liegende Vertrag sah eine Haftungsbegrenzung vor. Im Laufe des Gerichtsverfahrens stellte sich heraus, dass EDS bereits während der Vertragsverhandlungen klar geworden war, die vertraglich fixierten Anforderungen von SKY nicht erfüllen zu können. Das Gericht war deshalb der Auffassung, dass die vertragliche Haftungsbegrenzungsklausel wegen des Vorliegens einer »fraudulent misrepresentation« nicht zur Geltung kommen könne und verurteilte EDS dem Grunde nach. Das Verfahren wird als »Mammutprozess« in die englische Rechtsgeschichte eingehen.[1027] 882

Das aus dem US Recht bekannte Szenario für indirekte und Folgeschäden die Haftung auszuschließen zu wollen, scheint sich international immer stärker auszubreiten. Es gibt aber 883

1022 Eine entsprechende Regelung war ausdrücklich im Uniform Computer Information Transaction Act (»UCITA«) in Section 111 vorgesehen. Der UCITA war ein Gesetzentwurf zum Vertragsrecht für »intangible goods«, hat sich aber in den USA nicht durchgesetzt und wurde nur in wenigen Bundesstaaten in das jeweilige Landesrecht transferiert. Der UCITA ist abrufbar unter www.nccusl.org; siehe auch *Lejeune*, Der E-Commerce-Vertrag nach amerikanischem Recht.
1023 ST 1999/2083.
1024 Vgl. die Entscheidungen Salvage Association v. CAP, Urteil vom 21.10.1992 sowie St. Albans City and District Council v. International Computers Ltd. (1995) F. S. R. 686 sowie bei Ullrich/Lejeune/*Adams* Teil II Rn. 249 ff.
1025 Ullrich/Lejeune/*Adams* Teil II Rn. 249.
1026 BSkyB Limited and another v. HP Enterprise Services UK Limited, (formerly Electronic Data Systems Limited and another (2010) EWHC 86 TCC.
1027 Das Verfahren dauerte von Oktober 2007 bis Juli 2008, es wurde an 109 Tagen vor Gericht verhandelt, es wurden 70 Zeugen gehört, Anträge/Schriftsätze m Umfang von 1400 Seiten wurden ge- bzw. erstellt, EDS übergab ca. 200.000, SKY immerhin 80.000 Dokumente, das Gericht benötigte 15 Monate zur Urteilsfindung, das Urteil besteht aus 468 Seiten! Allein die Anwaltskosten, die HP zu tragen hat, dürften die Millionengrenze überschreiten. Das Urteil wird definitiv über England hinaus große Beachtung finden.

Kapitel 4   K. Besondere Aspekte des internationalen Software-Vertragsrechts

auch Staaten, in denen bereits kraft Gesetzes nur für direkte Schäden gehaftet werden muss. Dies ist z. B. der Fall in Frankreich.

884 Im **französischen** Recht ist bei Haftungsbeschränkungen zwischen vertraglicher und deliktischer Haftung zu unterscheiden. Im Rahmen der vertraglichen Haftung wird nur für vorhersehbare direkte Schäden gehaftet.[1028] Dagegen wird die deliktische Haftung als zwingend und Teil des »Ordre Public« angesehen.[1029] Vertragliche Haftungsbeschränkungen für Vertragsverletzungen sind grundsätzlich zulässig, aber nicht bei Vorsatz und/oder grober Fahrlässigkeit.[1030] Die Haftung für verdeckte Mängel, die es in Frankreich grundsätzlich sowohl beim Kauf-, Miet- und Werkverträgen gibt,[1031] kann man im Geschäft unter Kaufleuten wirksam ausschließen, anders im Geschäft mit Verbrauchern.[1032]

885 In den meisten Staaten scheint zumindest eine Haftung für Vorsatz und grobe Fahrlässigkeit nicht ausschließbar bzw. begrenzbar zu sein, so z. B. in den **Niederlanden**.[1033] In **Polen**[1034] ist lediglich die Haftung für Vorsatz nicht ausschließbar oder beschränkbar.

886 Außerhalb der EU wird bei Internationalen Verträgen oft das Schweizer Recht vereinbart. In der **Schweiz**[1035] haftet der Käufer bei der Wandlung für Schäden, die dem Käufer durch die Lieferung der fehlerhaften Ware unmittelbar verursacht sind, gem. Art. 208 Abs. 2 OR kausal aber ohne Verschuldenserfordernis. Lediglich bei weiteren Schäden, d. h. Mangelfolgeschäden, setzt die Haftung des Verkäufers gem. Art. 208 Abs. 3 OR ein Verschulden voraus.[1036] Mangelfolgeschäden sind Schäden, die durch die Fehlerhaftigkeit der Kaufsache an anderen Rechtsgütern des Käufers verursacht wurden; gemäß Art. 208 Abs. 3 OR kann es sich sowohl um mittelbare als auch um unmittelbare Schäden handeln. Sowohl ein entgangener Gewinn als auch Schäden, die der Käufer dadurch erleidet, dass er durch seine Abnehmer in Regress genommen wird, sind als weitere Schäden anzusehen, für die nur im Fall des Verschuldens gehaftet werden muss.

887 Im US-amerikanischen Recht ist noch auf eine Besonderheit hinzuweisen, den sog. Strafschadensersatz, als »punitive damages« bezeichnet. Die Gerichte haben die Möglichkeit über den zur Wiederherstellung erforderlichen kompensatorischen Schadensersatz bei besonders rücksichtsloser Schadensverursachung einen weiteren Schadensersatz als eine Art Strafschadensersatz zu verhängen. Insoweit hat der Supreme Court in den letzten Jahren aber die allzu großzügige Verfahrensweise der Untergerichte, die z. T. astronomisch hohe Summen zugesprochen hatten, in zwei wichtigen Urteilen eingeschränkt.[1037] Aufgrund

---

1028 *Le Tourneau* S. 361 No. 1034.
1029 *Le Tourneau* S. 366 No. 1056.
1030 *Le Tourneau* S. 387 No. 1177; *Malaurie/Aynès/Gautier* No. 753 ausdrücklich für den Werkvertrag, insoweit auch kein Ausschluss der Haftung für eine »inexecution d'une obligation essentielle«.
1031 *Le Tourneau* S. 1185 No. 5473 und No. 6506 (für Miete); *Malaurie/Aynès/Gautier* No. 378 für den Kauf, No. 683 für die Miete.
1032 *Le Tourneau* S. 390 No. 1183 und S. 938 No. 3933; *Malaurie/Aynès/Gautier* No. 434 für das B2B Geschäft, sofern der Käufer aus der gleichen Branche wie der Verkäufer kommt (»un professionnel de la meme specialité«).
1033 Ullrich/Lejeune/*Quaedvlieg/Fleury/van Andel* Teil II Rn. 1193.
1034 Ullrich/Lejeune/*Kępiński/Nowicka/Nestoruk* Teil II Rn. 1313 unter Bezugnahme auf Art. 473 § 2 ZGB.
1035 *Voser/Boog* RIW 2009, 126 (131).
1036 Allerdings muss der Verkäufer im Zweifel beweisen, dass ihn kein Verschulden trifft, d. h. das Verschulden wird vermutet, siehe Honsell/Vogt/Wiegand/*Honsell* Rn. 6 Art. 208 OR.
1037 BMW of North America v. Gore 517 U. S. 559 (1996) (urspr. eingeklagt 2 Millionen USD, der Supreme Court verhängte schließlich 50.000 USD) sowie State Farm Mutual Automobile Insurance Co. v. Campbell, 123 S.Ct.1513 (2003); In der *Campbell*-Entscheidung hatte die untere Instanz 1 Mio.USD an Schadensersatz und 145 Mio. an »punitive damages« zugesprochen. Der Supreme Court hat in seiner Entscheidung klargestellt, dass die »punitive damages« den tatsächlich zugesprochenen Schaden allenfalls in Höhe des Neunfachen (»one digit number«) überschreiten dürfen; siehe dazu im deutschen Schrifttum *Dolzer/Valen* RIW 2006, 252; BGHZ 118, 312 ff., »punitive damages« sind in Deutschland

des hohen Stellenwertes, den die Vertragsfreiheit in den USA genießt, dürfte es zulässig sein, die Anwendung von »punitive damages« vertraglich auszuschließen.

3. Recht der allgemeinen Geschäftsbedingungen

Wie bereits angedeutet haben wir im deutschen Recht sehr ausführliche Vorschriften zum Recht der allgemeinen Geschäftsbedingungen, die seit der Schuldrechtsreform in den §§ 305 ff. BGB verankert sind. In vielen Staaten ist dies anders. Wie bereits oben ausgeführt, gehören dazu die **USA**, ebenso **Russland**.[1038] In **Japan**[1039] gibt es entsprechende Vorschriften nur in speziellen Gesetzen, wie z. B. dem Abzahlungsgesetz und Maßstab der Kontrolle sind die guten Sitten, vergleichbar zu § 138 BGB. In **Schweden**[1040] erfolgt eine vorbeugende Inhaltskontrolle auf der Grundlage des Gesetzes über Vertragsbedingungen (AVNL) im Geschäftsverkehr zwischen Gewerbetreibenden, das sog. Marktgericht erklärt ggfs. Vertragsklauseln für unbillig. 888

In einigen Staaten werden allgemeine Geschäftsbedingungen anhand von Generalklauseln überprüft, die ohne Rückgriff auf die dazugehörige Rechtsprechung wenig aussagekräftig sind. Dies ist z. B. in **Schweden**[1041] der Fall. Maßgeblich ist dort, dass der Vertrag nicht zu unbilligen Ergebnissen führt. 889

Auch in **Frankreich**[1042] gibt es keine gesetzlichen Regelungen zum AGB Recht. Allerdings werden hohe Anforderungen an deren Einbeziehung gestellt; ggfs. müssen beide Parteien die AGB paraphieren. Bei der Auslegung von AGB (»contrat d'adhésion«) wird im Zweifel gegen den Verfasser entschieden, um das Vertragsgleichgewicht wiederherzustellen, die Vertragsauslegung liegt im richterlichen Ermessen. 890

Schließlich gibt es auch Staaten, in denen es wie im deutschen Recht ausführliche Vorschriften zum AGB Recht gibt. Dies ist z. B. in den **Niederlanden**[1043] der Fall; dort ist das AGB Recht offenbar stark vom deutschen Recht beeinflusst. In **Polen**[1044] enthält Art. 385³ ZGB eine Liste unzulässiger Klauseln, die auf der EU Richtlinie 93/13 beruht. 891

Das **Schweizer** Recht kennt im Gegensatz zum Deutschen Recht keine allgemeine Inhaltskontrolle von AGB,[1045] da die Schweiz bisher kein AGB Gesetz erlassen hat.[1046] Daraus ergibt sich, dass Haftungsbegrenzungsklauseln in AGB grundsätzlich zulässig sind, abgesehen von einer Einschränkung im Fall von Arglist/Vorsatz und grober Fahrlässigkeit. Es ist insbesondere möglich, summenmäßige Haftungsgrenzen zu vereinbaren oder die

---

nicht vollstreckbar. Ähnlich wie in den USA ist die Rechtslage neuerdings in Frankreich, Arrêt No 1090 du décembre 2010 (09-13.303) – Cour de Cassation: punitive damages sind zulässig, sofern zwischen dem Betrag für den kompensatorischen Schadensersatz und dem Betrag für die »punitive damages« ein angemessenes Verhältnis besteht.
1038 Ullrich/Lejeune/*Steininger* Teil II Rn. 1389.
1039 Ullrich/Lejeune/*Pilny* Teil II Rn. 963.
1040 *Levin/Kur* in: FS Schricker, S. 746.
1041 Ullrich/Lejeune/*Rosén* Teil II Rn. 1474 unter Bezugnahme auf § 36 AvtL (Allgemeines Vertragsgestz) (Schweden).
1042 Ullrich/Lejeune/*Hauser* Teil II Rn. 457; *Malaurie/Aynès/Gautier* No. 683 Fn. 57 m. w. N.; *v. Lewinski* in: FS Schricker, S. 699.
1043 Ullrich/Lejeune/*Quaedvlieg/Fleury/van Andel* Teil II Rn. 1166.
1044 Ullrich/Lejeune/*Kępiński/Nowicka/Nestoruk* Teil II Rn. 1254.
1045 Ullrich/Lejeune/*Hepp/Müller/Herrmann* Teil II Rn. 1628 es wird geprüft, ob Vertragsklauseln so aus dem erwarteten Rahmen fallen, dass mit diesen nach Treu und Glauben nicht gerechnet werden muss (Ungewöhnlichkeitsregel); Maßstab sind die »guten Sitten«; AGB sind zulasten des Verfassers auszulegen (Unklarheitsregel) und nach § 8 UWG handelt unlauter, wer irreführende Vertragsklauseln verwendet; siehe auch in Honsell/Vogt/Wiegand/*Wiegand* Art. 100 Rn. 3; siehe ferner den Mustervertrag des Schweizer Wirtschaftsverbandes der Informations-, Kommunikations- und Organisationstechnik (»SWICO«), abrufbar unter www.swico.ch.
1046 Honsell/Vogt/Wiegand/*Huguenin* Art. 19/20 Rn. 25.

Haftung für bestimmte Ansprüche wie z. B. entgangenen Gewinn oder indirekte bzw. Folgeschäden auszuschließen. Wie im Deutschen Recht können die Haftung für Körperschäden sowie die Produkthaftung nicht beschränkt oder ausgeschlossen werden. In der Schweiz geht die h. L. unter Berufung auf Art. 20 Abs. 2 OR davon aus, dass die geltungserhaltende Reduktion zulässig ist.[1047]

V. Insolvenz des Lizenzgebers

1. Schicksal der Nutzungsrechte in der Insolvenz des Lizenzgebers

892 Spätestens seit der BGH Entscheidung vom 17.11.2005[1048] dürfte allgemein bekannt sein, dass auch Lizenzverträge unter das Wahlrecht des Insolvenzverwalters nach § 103 InsO fallen. Der BGH hat dies in dem genannten Urteil ausdrücklich bestätigt und nur aufgrund der speziellen Umstände des Falles eine angemessene Lösung finden können. Dies bedeutet für den Lizenznehmer, dass er im Fall einer nach Lizenzgewährung eintretenden Insolvenz des Lizenzgebers in die Gefahr läuft, das gewährte Nutzungsrecht zu verlieren, sofern der Insolvenzverwalter sich dafür entscheidet, den Vertrag zu kündigen und nicht fortzuführen.[1049] Der deutsche Gesetzgeber hatte diese unbefriedigende Situation zwar im Jahr 2007 endlich erkannt, ein entsprechender Gesetzesentwurf,[1050] als § 108a InsO-E bezeichnet, konnte jedoch vom 16. Deutschen Bundestag nicht mehr verabschiedet werden und der derzeitige Bundestag hat dieses Thema bisher nicht wieder aufgegriffen.[1051]

893 In den **USA** als dem vielleicht wichtigsten Staat für die Softwarebranche hatte der Gesetzgeber dagegen bereits bei der Novellierung des Bankruptcy Codes im Jahr 1988 eine gesetzliche Regelung gefunden, die den Interessen der Lizenznehmer besser gerecht wird. § 365 (n) Bankcruptcy Code[1052] sieht seither vor, dass der Lizenznehmer bei Ablehnung der Erfüllung durch den Insolvenzverwalter wählen kann, den Vertrag als gekündigt zu betrachten (was zur Folge hat, dass er die Nutzungsrechte verliert) oder aber seine bestehenden Rechte zu behalten. Im letzteren Fall überlebt das Nutzungsrecht und es wird dem Insolvenzverwalter ausdrücklich untersagt, jegliche Handlungen vorzunehmen, die es dem Lizenznehmer unmöglich machen oder erschweren könnten, das Nutzungsrecht auszuüben.

894 Auch in **Japan** ist der Lizenznehmer bei einer nachfolgenden Insolvenz des Lizenzgebers besser geschützt. Seit der Neuregelung der Art. 53, 56 des Japanischen Insolvenzgesetzes am 01.01.2005 hat der Insolvenzverwalter zwar nach Art. 53 ähnlich wie bei § 103 InsO das Wahlrecht, den noch nicht vollständig erfüllten Vertrag zu kündigen oder fortzuführen. Das Kündigungsrecht ist aber nach Art. 56 ausgeschlossen, bei einem Vertrag, der ein Mietrecht oder andere Rechte gewährt, deren Zweck in dem Gebrauch oder der Gewinnerzielung liegt, wenn die andere Partei die Voraussetzungen für eine Einwendung dieses Rechts

---

1047 Honsell/Vogt/Wiegand/*Wiegand* Art. 100 Rn. 4, die Freizeichnung ist nur in dem Umfang ungültig, als sie das erlaubte Verschuldensmaß übersteigt, d. h. z. B. eine Freizeichnung für »jedes Verschulden« ist gültig, jedoch nicht für Vorsatz und grobe Fahrlässigkeit; die Beweislast für Vorsatz und grobe Fahrlässigkeit liegt beim Gläubiger; Art. 101 Abs. 2 OR lässt eine Freizeichnung für das Verschulden von Hilfspersonen zu.
1048 BGH NJW 2006, 915.
1049 Diese Konsequenz ist unstreitig bei mietvertraglicher Ausgestaltung, also bei nur zeitlich begrenztem Nutzungsrecht oder Lizenzzahlungen pro rata temporis, gegeben. Bei kaufrechtlicher Ausgestaltung, d. h. dauerhaftem Nutzungsrecht und Einmalzahlung sollten eigentlich beide Vertragsparteien den Vertrag vor Eintritt der Insolvenz erfüllt haben, sodass § 103 InsO nicht vollständig erfüllt wäre. Es wird aber dennoch vertreten, der Lizenzgeber habe seine Verpflichtungen nicht vollständig erfüllt, weil die Nutzungsrechtseinräumung über den Zeitpunkt des Insolvenzeintritts hinaus Wirkung zeige.
1050 BT-Drs. 16/7416.
1051 Aufgrund des verfassungsrechtlichen Grundsatzes der Diskontinuität müsste das Verfahren vollkommen neu in Gang gesetzt werden, was in diesem Fall sicherlich nicht förderlich ist.
1052 11 U.S.C. § 365 n.

gegenüber Dritten erfüllt, sei es durch Registrierung oder anderweitig. Allerdings dürfte diese Vorschrift vornehmlich bei Patentlizenzen anwendbar sein, die ins Patentregister eingetragen werden können, damit diese Dritten entgegengehalten werden können.[1053]

2. Rechtliche Durchsetzbarkeit von Escrow Agreements

Mit der Frage nach der Insolvenzfestigkeit von Lizenzen ist auch die Frage verbunden, inwieweit Escrow Agreements bei einer nach der Hinterlegung erfolgenden Insolvenz des Lizenzgebers wirksam sind. Zwar wird die Insolvenz üblicherweise als ein möglicher Herausgabefall vereinbart. Dies nützt aber dann nichts, wenn der Hinterlegungsvertrag als solcher nicht insolvenzfest ist. Deshalb sollte man bei Lizenzverträgen mit ausländischen Lizenzgebern diese Frage klären, denn es gilt das Insolvenzrecht des Ortes an dem der ausländische Lizenzgeber ansässig ist, da das Insolvenzrecht Teil des »Ordre Public« ist. 895

In **Israel**[1054] und in **England**[1055] werden Escrow Agreements anerkannt und offenbar auch als gegenüber dem Insolvenzverwalter wirksam angesehen. 896

In **Spanien**[1056] sind Escrow Agreements anerkannt, aber der Richter hat in der Insolvenz des Lizenzgebers das Recht der Insolvenz »rückwirkenden Charakter« zu verleihen, in dem Verträge, die bis zu 2 Jahren vor Insolvenzeintritt abgeschlossen wurden, als von der Insolvenz erfasst angesehen werden. Unter diesen Umständen wäre u. U. auch ein Escrow Agreement, das vor der Insolvenz abgeschlossen wurde, von der Insolvenz erfasst, sofern die Software hinterlegt wurde und das Escrow Agreement als Veräußerung (Verfügungshandlung) verstanden werden könnte. 897

In **Schweden**[1057] besteht das Risiko, dass Escrow Agreements gegenüber der Masse rechtlich wirkungslos sind. 898

In den **Niederlanden**[1058] kann bei Werkverträgen über die Erstellung von Individualsoftware, die vom Auftraggeber finanziert wird, in der Insolvenz des Auftragnehmers vom Insolvenzverwalter verlangt werden, den Source Code an den Auftraggeber herauszugeben. 899

1053 Vgl. *Dengler/Gruson/Spielberger* NZI 2006, 677.
1054 Ullrich/Lejeune/*Assia/Alkalay* Teil II Rn. 765.
1055 Ullrich/Lejeune/*Adams* Teil II Rn. 276, 305.
1056 Ullrich/Lejeune/*Mediano* Teil II Rn. 1809.
1057 Ullrich/Lejeune/*Rosén* Teil II Rn. 1503; siehe insoweit den Musterhinterlegungsvertrag der Stockholmer Handelskammer aus dem Jahr 2000, abrufbar unter www.chamber.se.
1058 Ullrich/Lejeune/*Quaedvlieg/Fleury/van Andel* Teil II Rn. 1160 m. w. N.

Kapitel 5
EDV-Vertriebsverträge – OEM, VAR

Schrifttum

Bachofer, Der OEM-Vertrag, CR 1988, 1; *ders.,* Der SHAP-Vertrag, CR 1989, 89; *Berger,* Zur Anwendbarkeit der neuen Technologietransfer-Gruppenfreistellungsverordnung auf Softwareverträge, K&R 2005, 15; *Böhner,* Recht zur außerordentlichen Kündigung des McDonald's-Franchisevertrags, NJW 1985, 2811; *Bräutigam/Wiesemann,* Der BGH und der Erschöpfungsgrundsatz bei Software, CR 2010, 215; *Feldhahn,* Die Störung der Geschäftsgrundlage im System des reformierten Schuldrechts, NJW, 2005, 3381; *Finger,* Die Verpflichtung des Herstellers zur Lieferung von Ersatzteilen, NJW 1970, 2049; *Fritzemeyer/Splittgerber,* Verpflichtung zum Abschluss von Softwarepflege- und Hardwarewartungsverträgen?, CR 2007, 209; *Funk/Zeitfang,* Die GNU General Public License Version 3, CR 2007, 617; *Heydn/Schmidl,* Handel mit »gebrauchten« Softwarelizenzen (Anmerkung zum Urteil des LG Hamburg), MMR 2006, 830; *dies.,* Der Handel mit gebrauchter Software und der Erschöpfungsgrundsatz, K&R 2006, 74; *Hoeren,* Der urheberrechtliche Erschöpfungsgrundsatz bei der Online-Übertragung von Computerprogrammen, CR 2006, 573; *Huppertz,* Handel mit Second Hand-Software, CR 2006, 145; *Jaeger/Metzger,* Open Content-Lizenzen nach deutschem Recht, MMR 2003, 431; *dies.,* Die neue Version 3 der GNU General Public License, GRUR 2008, 130; *Joerges,* Selektiver Vertrieb und Wettbewerbspolitik: Eine konzeptionelle Analyse der Entscheidungspraxis von Kommission und Gerichtshof zu Art. 85 EG-Vertrag – 1. Teil, GRUR Int. 1984, 222; *Koglin,* Die Nutzung von Open Source Soifdtware unter neuen GPL-Versionen nach der »*any later version*«-Klausel, CR 2008, 137; *Lejeune,* Die neue europäische Gruppenfreistellungsverordnung für Technologietransfer-Vereinbarungen, CR 2004, 467; *Lehmann,* Anmerkung zu BGH: Programmsperre und Vertragseinheit, CR 1987, 422; *Malec/von Bodungen,* Die neue Vertikal-GVO und ihre Auswirkungen auf die Gestaltung von Liefer- und Vertriebsverträgen, BB 2010, 2383; *Moritz,* Softwarelizenzverträge (I), CR 1993, 257; *ders.,* Vervielfältigungsstück eines Programms und seine berechtigte Verwendung – § 69d UrhG und die neueste BGH-Rechtsprechung, MMR 2001, 94; *Murach,* Die (neue) Vertikal-Gruppenfreistellungsverordnung, GWR 2010, 210; *Nordemann, J. B.,* Urhebervertragsrecht und neues Kartellrecht gem. Art. 81 EG und § 1 GWB, GRUR 2007, 203; *Nordmeyer,* Lizenzantiquitätenhandel: Der Handel mit »gebrauchter« Software aus kartellrechtlicher Perspektive, GRUR Int. 2010, 489; *Polley,* Softwareverträge und ihre kartellrechtliche Wirksamkeit, CR 2004, 641; *Scholz,* Zum Fortbestand abgeleiteter Nutzungsrechte nach Wegfall der Hauptlizenz, Zugleich Anmerkung zu BGH »Reifen Progressiv«, GRUR 2009, 1107; *Scholz/Wagener,* Kartellrechtliche Bewertung hardwarebezogener Verwendungsbeschränkungen in Software-Überlassungsverträgen, CR 2003, 880; *Schrader/Rautenstrauch,* Geltung des Erschöpfungsgrundsatzes beim Online-Erwerb durch unkörperliche Übertragung urheberrechtlich geschützter Werke, K&R 2007, 251; *Schumacher/Schmid,* Die neue Gruppenfreistellungsverordnung für Technologietransfer-Vereinbarungen, GRUR 2006, 1; *Schuppert/Greissinger,* Gebrauchthandel mit Softwarelizenzen, CR 2005, 81; *Seeliger/Klauß,* Auswirkungen der neuen Vertikal-GVO und Vertikal-Leitlinien auf den Internetvertrieb, GWR 2010, 233; *Sucker,* Lizenzierung von Computersoftware (II), CR 1989, 468; *Wolf,* Preisanpassungsklauseln in Allgemeinen Geschäftsbedingungen unter Kaufleuten, ZIP 1987, 341.

Übersicht

	Rdn.
A. Nicht-IT spezifische Vertragsinhalte	1
I. Vertriebsverträge	3
1. Eingliederung in die Vertriebsstruktur des Herstellers	4
a) Dauerrechtsbeziehung	5
b) Absatzförderungspflichten	8
c) Vertrieb von Markenware	9
II. Besonderheiten bei Vertragshändlern	10
1. Tätigwerden in eigenem Namen und auf eigene Rechnung	11
2. Verwendung des eigenen Zeichens des Vertragshändlers neben Herstellerzeichen	16
3. Abgrenzung zum Handelsvertreter	21
4. Analoge Anwendung des Handelsvertreterrechts auf den Vertragshändler	23
a) Ausgleichsanspruch nach § 89b HGB	25
b) Kündigungsfristen	29
5. Typisierung des Vertragshändlervertrages	30
a) Kaufvertrag: Sukzessivlieferungsvertrag	31
b) Rahmenvertrag: Geschäftsbesorgungsvertrag	37
III. Mindestabnahmepflicht	39

IV.	Kartellrechtliche Beschränkungen bei Vertriebsverträgen	44
V.	Beendigung des Vertragsverhältnisses	53
	1. Beendigungsmöglichkeiten	54
	2. Folgen der beendeten Zusammenarbeit	59
	a) Nutzung von Marken	61
	b) Übernahme des Kundenstamms	62
	c) Ausgleichsanspruch nach § 89b HGB analog	63
VI.	Vergütung des Vertragshändlers	66
VII.	Eigentums-/Rechtevorbehalt	67
VIII.	Vertragsanpassung	69
B.	**Vertrieb von Software für Endverbraucher**	**77**
I.	Strukturen	77
	1. Vertrieb in der für den Endverbraucher bestimmten Form (Box-Moving)	78
	2. OEM	79
	3. Vertrieb von selbst hergestellten Vervielfältigungsstücken und Online-Vertrieb	80
	4. VAR	81
II.	Einräumung von Nutzungsrechten	82
	1. Rechte zur Vervielfältigung, Weiterbearbeitung, Anpassung	86
	2. Direkte oder indirekte Rechteeinräumung und EULAs	88
	3. Vertikal-GVO	92
III.	Beschränkung auf OEM-Nutzung, sowie bei Updates und Test-/Demo-Versionen	96
IV.	Besonderheiten bei dem Online-Vertrieb	102
	1. Rechteeinräumung bei Online-Vertrieb	103
	2. Berichtspflichten	105
	3. Vertriebsbeschränkungen bei Online-Vertrieb	109
V.	Exklusivität	110
VI.	Sonstige Vertriebsbindungen	115
VII.	Mängel	118
	1. Mängelansprüche und Verjährung bei Verbrauchsgüterkauf in der Kette	119
	2. Sonderfall der Anfertigung von Vervielfältigungsstücken durch den Händler und reiner Online-Vertrieb	123
	3. Produktaktivierungspflichten	125
	4. Produkthaftung	128
VIII.	Geheimhaltung	129
C.	**Vertrieb von Software für Geschäftskunden**	**131**
I.	Gestaltungsformen	132
	1. VAR-Vertrag	133
	a) Zusatzdienste durch Erstellen von Zusatzprogrammen	139
	b) Gestaltung der Verträge mit Endkunden	142
	2. Umfang der Rechte zur Weiterentwicklung oder zur Kombination der Software mit weiterer Software oder Hardware oder beidem	146
	3. Beta-Testing	152
	4. Verwendung für Schulungs- und Testzwecke	154
	5. Interne Verwendung beim Vertriebshändler	155
	6. Sonderkonditionen für Pilotkunden	156
II.	Koppelung von Hardware und Software: CPU-Klauseln und Lizenzschlüssel	158
III.	Verhältnis zu Pflegeverträgen (Aufspaltung)	161
IV.	Gebrauchthandel und Verbote	165
V.	Exportkontrolle	172
D.	**Besonderheiten bei dem Vertrieb von Hardware**	**178**
I.	Abnahme- und Lieferverpflichtungen	180
	1. End-of-life Anzeigen und Vorhalten von Ersatzteilen	186
II.	Kombination mit Software	188
	1. Einräumung des Rechts zum Weitervertrieb der Systemsoftware	189
	2. Nutzung nur auf den Produkten des Herstellers	195
	a) als Händlerbindung wirksam	197
	b) Als Koppelungsgeschäft gegenüber (End-) Kunden	201
	3. Sonderproblem bei embedded Systemen	202
III.	Mängelansprüche	205
	1. Höhere Relevanz der Haftung in der Vertriebskette	205
	2. Serienfehler und Produkthaftung im Vertriebshändlervertrag	207
IV.	Verwendung eigener Marken	212

A. Nicht-IT spezifische Vertragsinhalte

1 Für den Absatz von Produkten der Informationstechnologie hat sich eine Reihe von typischen Verträgen herausgebildet, die in der Vertriebskette verwendet werden. Diese Verträge sind den Rechtsgeschäften mit den Endabnehmern vorgelagert, jedoch häufig geprägt durch die Notwendigkeit, die zwingend für die Geschäfte mit den Endabnehmern vorgesehenen Regelungen in der Vertriebskette weiterzugeben (die Mängelansprüche bei Verkäufen an Verbraucher und ihre Berücksichtigung bei Geschäften zwischen gewerblichen Parteien sind hier das beste Beispiel).

2 OEM- und VAR-Verträge sind als solche im Vertriebsrecht nicht besonders geregelt. Der »OEM« oder »**Original Equipment Manufacturer**«-**Vertrag** zeichnet sich dadurch aus, dass ein Hersteller von Produkten, z. B. einer für den Einbau in einen Desktop-Computer bestimmten Festplatte, diese an den Hersteller von solchen Computern liefert und die Festplatten dann im Gesamtprodukt unter der Marke des Computer-Herstellers vertrieben werden (und häufig die Marke des Festplatten-Zulieferers völlig verschwindet). Der »VAR« oder »**Value Added Reseller**«-**Vertrag** wird dadurch bestimmt, dass das Vorprodukt wie z. B. eine Router für Telekommunikationsanlagen nicht alleiniger Gegenstand des Weitervertriebs ist, sondern mit zusätzlichen Leistungen wie z. B. der Konfiguration der Telekommunikationsanlage, oder Beratungsleistungen, oder Software als »zusätzlichem Wert« (added value) weitervertrieben wird. OEM- und VAR-Verträge sind damit typische Erscheinungsformen, ohne dass mit diesen Begriffen automatisch bestimmte rechtliche Wertungen oder (über das soeben gesagte hinausgehende) Vertragsinhalte verbunden werden.[1]

I. Vertriebsverträge

3 Der Vertrag mit einem Vertriebshändler wird einige Merkmale berücksichtigen, die für alle Typen von Vertriebshändler anwendbar sind. Sie gelten für den (gesetzlich geregelten) Handelsvertreter,[2] den Kommissionär,[3] aber auch den gesetzlich nicht geregelten Vertragshändler oder den (im IT-Bereich seltenen) Franchisenehmers.

1. Eingliederung in die Vertriebsstruktur des Herstellers

4 Das wesentliche Merkmal, durch das ein Vertriebsvertrag sich von einem Kaufvertrag unterscheidet (obwohl beide dem Absatz der Produkte dienen) ist die **Eingliederung des Vertriebshändlers** in die Vertriebsstruktur des Herstellers.[4] Diese Eingliederung erfolgt durch mehrere vertragliche Regelungen.

a) Dauerrechtsbeziehung

5 Anders als bei einem einzelnen Kaufvertrag besteht ein beiderseitiges Interesse an einer dauerhaften Beziehung: Der Vertriebshändler investiert in sein Unternehmen, etwas durch Anstellung und Ausbildung von Mitarbeitern und die Werbung von Kunden. Für die Amortisation dieser Investition rechnet der Vertriebshändler mit einer längeren Laufzeit seines

---

1 Giesler/*Giesler* § 1 Rn. 24.
2 §§ 84 ff. HGB.
3 §§ 383 ff. HGB.
4 Maßgeblich hierzu (und zur Anwendbarkeit des Handelsvertreterrechts auf entsprechend in die Vertriebsstruktur eingebunden Vertragshändler) BGHZ 54, 338, 340, in neuerer Zeit BGH BB 1996, 1458, 1459; vgl. Giesler/*Giesler* § 1 Rn. 37–38 sowie Giesler/*Vogels/Köhnen* § 3 Rn. 6–10; Martinek/Semler/Habermeier/*Martinek* § 3 Rn. 6–10 (zur Eingliederung des Vertragshändlers in die Vertriebsorganisation des Herstellers).

Vertriebsvertrages. Der Hersteller wiederum erwartet ein Absatzbemühen über den einzelnen Verkauf hinaus, damit er für den Absatz seiner zukünftigen Produktion ein bestehendes Vertriebssystem hat. Vereinbart werden deshalb Laufzeiten in Abhängigkeiten von Gesichtspunkten wie Exklusivität, Höhe der erforderlichen Investitionen, und Markterwartungen.

Der Typ des Vertriebsvertrages ist dabei von dem im BGB geregelten Typ des Kaufvertrages abzugrenzen, auch wenn der Vertriebsvertrag auf den Verkauf zielt.[5] Gegenstand des Kaufvertrages ist das einzelne Produkt (Hardware, Software). Der Kaufvertrag kann auch als Sukzessivlieferungsvertrag abgefasst werden, sodass eine Mehrzahl von Gegenständen über eine bestimmte Laufzeit geliefert wird. Möglich ist auch, den Kaufvertrag so auszugestalten, dass die Lieferung der Gegenstände auf Abruf erfolgt; dabei wird jedoch bereits eine Pflicht vereinbart, eine bestimmte Anzahl an Gegenständen (vielleicht auch bezogen auf eine zeitliche Periode) abzunehmen. Ein solcher Kaufvertrag hat bereits Elemente eines Dauerschuldverhältnisses und wird deshalb teilweise bereits als mögliche Form eines Vertriebsvertrages angesehen, vor allem wenn sie neben der Kaufpreiszahlung bereits weitere Nebenpflichten vorsehen.[6] Solche Kaufverträge sind jedoch z. B. typisch für Verbrauchswaren, die regelmäßig von Endabnehmern bezogen werden; damit werden sie noch keine Vertriebsverträge.

Merkmal des Vertriebsvertrages ist jedoch die über den einzelnen Kaufvertrag hinausgehende, auf Dauer ausgerichtete Tätigkeit des Vertragspartners zum weiteren Absatz der Produkte. Für diese auf den Absatz ausgerichtete Tätigkeit bestehen mehrere Modelle, insbesondere die einzigen im Handelsrecht besonders geregelten und damit gesetzlich »vertypten« Modelle des Handelsvertreters (einschließlich des Handelsvertreters im Nebenberuf) und des Kommissionärs. Die im IT-Bereich wesentlich weiter verbreiteten Vertragshändler sind als solche gesetzlich nicht als Vertragstyp erfasst.

b) Absatzförderungspflichten

Weiteres Element ist die Pflicht des Vertriebshändlers, den Absatz der Produkte zu fördern. Diese Pflicht kann sich auf eine abstrakt formulierte Pflicht im Vertrag beschränken. Dies ist meist der Fall bei dem nicht-exklusiven Vertrieb und bei einer Vielzahl von Vertriebshändlern. Bei exklusiv in einem Vertriebsgebiet tätigen Vertriebshändlern wird der Hersteller in der Regel über eine ungenaue Pflicht hinausgehen und konkrete Pflichten festschreiben. Die stärkste Bindung dabei ist die Vereinbarung von Mindestabnahmemengen;[7] damit haftet der Vertriebshändler für den Erfolg seiner Absatzbemühungen.

c) Vertrieb von Markenware

Weiteres Merkmal ist, dass es sich um Markenware handelt, die vertrieben wird:[8] der Erfolg des Vertriebshändlers hängt somit auch von dem Wert der Marke ab. Dies hat Auswirkungen auf die Vertragsgestaltung, indem der Vertriebshändler häufig besonderen Regelungen bei der Werbung unter Nutzung dieser Marke unterliegt, aber auch – je nach Markt- und Verhandlungsmacht des Vertriebshändlers – der Hersteller Pflichten zur Freistellung des Vertriebshändlers übernimmt, wenn die Werbung des Herstellers für Produkte dieser Marke unlauter ist.

---

5 Vgl. Giesler/*Giesler* § 1 Rn. 31 zum »Belieferungsvertrag«.
6 Giesler/*Giesler* § 1 Rn. 32–35; Martinek/Semler/Habermeier/*Martinek* § 3 Rn. 3.
7 Martinek/Semler/Habermeier/*Manderla* § 18 Rn. 13.
8 Giesler/*Giesler* § 1 Rn. 9.

II. Besonderheiten bei Vertragshändlern

10 Die im IT-Bereich besonders häufig anzutreffenden Vertragshändler unterscheiden sich in einigen Punkten von sonstigen Vertriebshändlern (v. a. Handelsvertreter und Kommissionäre).

1. Tätigwerden in eigenem Namen und auf eigene Rechnung

11 Der Vertragshändler verkauft die Produkte (anders als der Handelsvertreter) im eigenen Namen und (anders als der Kommissionär) auf eigene Rechnung.[9] Der Vertragshändler trägt damit das **unternehmerische Risiko** für den Erfolg seiner Absatzbemühungen. Das Risiko besteht darin, überhaupt Geschäfte über die zu vertreibende Soft- und Hardware abzuschließen, sowie in dem Liquiditätsrisiko, dass der Abnehmer nicht zahlt.

12 Dieses Risiko kann vermindert werden durch Rücknahmepflichten des Herstellers (Retouren). Typische Pflichten zur Rücknahme bestehen bei dem Vertrieb von Software bei der Vermarktung von neuen Produktversionen: In der Regel wird der Vertragshändler die alten Versionen nicht mehr erfolgreich neben den neuen Versionen absetzen können. Gleichzeitig hat auch der Hersteller wenig Interesse an einem Nebeneinander verschiedener Versionen im Markt. Da die Produktionskosten für die Vervielfältigungsstücke (CD, DVD) samt Verpackung nur einen Bruchteil der Kosten (verglichen mit Software-Entwicklungskosten) ausmachen, wird eine Rücknahme sinnvoll sein.

13 Das Risiko kann gleichzeitig erhöht werden durch Mindestabnahmemengen. Sogar Faktoren außerhalb der Sphäre des Vertragshändlers, wie z. B. ein negativer Testbericht über das Produkt, können die Marktchancen senken und damit das Risiko für den Vertragshändler, die vereinbarten Mengen nicht abzusetzen, realisieren.

14 Das Tätigwerden im eigenen Namen dient der Abgrenzung zu dem **Handelsvertreter** nach §§ 84 ff. HGB, der nicht im eigenen Namen, sondern im Namen des Geschäftsherrn auftritt.

15 Ebenfalls auf eigene Rechnung und im eigenen Namen tätig wird der **Franchisenehmer**. Merkmal des Franchisesystems ist die Erlaubnis, die Marke und Firma des Franchisegebers für den eigenen Geschäftsbetrieb des Franchisenehmers zu nutzen, dafür aber die Vorgaben des Franchisegebers für den Geschäftsbetrieb im Detail (bis hin zu den Garzeiten von Fleischstücken) zu beachten.[10] Für die Nutzung von Marke und häufig auch Know-how zahlt der Franchisenehmer die Franchisegebühr. Der Franchisegeber ist von dem geschäftlichen Risiko des einzelnen Franchisenehmers abgekoppelt, er muss allenfalls den Ausfall der einzelnen Gebühr fürchten. Franchise-Modelle sind im IT-Bereich selten anzutreffen, sie bieten sich allenfalls z. B. für die Einrichtungen von IT-Schulungen und -Fortbildungen an, bei denen standardisierte Schulungsunterlagen genutzt werden können und die Schulungsmethoden unter der Marke des Franchisegebers genutzt werden. Für den Absatz von sonstigen IT-Produkten (Hardware, Software) findet das Franchising keine Anwendung. Es bleibt deshalb im Folgenden auch ausgeklammert.

2. Verwendung des eigenen Zeichens des Vertragshändlers neben Herstellerzeichen

16 Zu dem Vertrieb der Produkte wird der Vertragshändler auch die Marken des Herstellers verwenden. Dieses markenrechtliche Ankündigungsrecht besteht auch ohne ausdrückliche Einräumung von Markennutzungsrechten durch den Hersteller (als Markeninhaber oder

---

[9] Giesler/*Giesler* § 1 Rn. 37 (für Vertragshändler).
[10] Giesler/*Giesler* § 1 Rn. 59; vgl. auch die frühere Gruppenfreistellungsverordnung Nr. 4087/88, ABl. EG Nr. L 359 v. 28.12.1988, 46; BGH NJW 1985, 1894 – McDonalds, hierzu *Böhner* NJW 1985, 2811.

II. Besonderheiten bei Vertragshändlern

sonstiger Berechtigter an der Marke).[11] Es besteht sogar in Verbindung mit einer Nutzung der Firma und der Marke des Vertragshändlers neben dieser Hersteller-Marke, soweit keine Irreführung vorliegt.[12] Tatsächlich werden die Vertriebsverträge jedoch Regelungen zur Markennutzung enthalten. Insbesondere wird der Hersteller häufig ein Kompendium an Regeln zur Markennutzung (wo sind Marken anzubringen, welche Materialien und Farben sind zu nutzen, mit welchen anderen Zeichen dürfen die Marken kombiniert werden). Ergänzt wird dies um Regeln, dass die Nutzung der Marken einzustellen ist, wenn der Vertriebshändlervertrag beendet ist, zumindest nach Abschluss des erlaubten Abverkaufs.

Problematisch werden die Fälle, in denen hiesige Vertragshändler selbst die Marken anmelden und nutzen, die für im Ausland hergestellte Produkte dort genutzt werden, meist aufgrund einer Eintragung für den Hersteller dort. Formaler Inhaber der Marke wird damit der Vertragshändler. Nach § 11 MarkenG[13] kann der Hersteller von seinem »Agenten« die Herausgabe der Marken verlangen, die ohne Genehmigung[14] angemeldet wurden, und zwar auch während der Laufzeit des Vertrages.[15] 17

Da der Vertragshändler sein eigenes unternehmerisches Risiko trägt und bei nicht-exklusivem Vertrieb auch im Wettbewerb mit anderen Vertragshändlern im Absatz desselben Produkts steht, hat die eigene Marke des Vertragshändlers eine wichtige Aufgabe mit der Herkunftsfunktion[16] (»wer« bietet den Vertrieb des Produktes an) und damit auch der Qualitätsfunktion[17] (»was« leistet der Vertriebshändler). 18

Das Nebeneinander von Hersteller-Marke und Vertragshändler-Marke findet häufig Niederschlag in Regelungen, die den Vertragshändler zur Beachtung von »Richtlinien« der Markennutzung verpflichten. 19

Für den Bereich des Software-Vertriebs ist wesentlich, dass bereits der Titel eines Softwareprogrammes nach § 5 MarkenG Schutz genießt.[18] Zwar ist § 11 MarkenG zur Agentenmarke nicht auf den Titelschutz nach § 5 MarkenG analog anzuwenden.[19] Jedoch ist zu prüfen, ob nicht der Hersteller die bessere Priorität hat, da ein erstes Inverkehrbringen des Programms unter identischem Titel zunächst mittelbar für den Hersteller erfolgte.[20] 20

3. Abgrenzung zum Handelsvertreter

Während der Handelsvertreter im Namen des Herstellers (Geschäftsherrn oder Prinzipals) auftritt und die Verträge in seinem Namen als Vertreter schließt, handelt der Vertragshändler im eigenen Namen. 21

Dabei sind häufig **Mischformen** denkbar: so kann eine Software von dem Vertragshändler im eigenen Namen und auf eigene Rechnung verkauft werden, während die Unterstützung 22

---

11 *Fezer*, Markenrecht, § 14 Rn. 956; vgl. auch Martinek/Semler/Habermeier/*Habermeier* § 37 Rn. 8 (Zustimmung zur Markennutzung bei Abschluss eines Vertriebsvertrages).
12 Martinek/Semler/Habermeier/*Flohr* § 26 Rn. 92–94 (Irreführungsverbot bei Franchiseverträgen); OLG Bremen NJW 1994, 1292.
13 Es besteht Anspruchskonkurrenz zu § 667 BGB, nach dem der Geschäftsherr vom Geschäftsführer die Herausgabe des Verlangten fordern kann. Dies gilt auch von dem böswilligen Fremdgeschäftsführer ohne Auftrag.
14 Dies soll nach einer Auffassung für die nachträglich weggefallene oder widerrufene Erklärung ebenso gelten, sodass der Hersteller auch nach Jahren noch seine ursprünglich erteilte Genehmigung widerrufen und auch ohne entsprechende vertragliche Regelung die Herausgabe der angemeldeten Marken verlangen kann: *Fezer* Markenrecht, § 17 Rn. 11 und 12.
15 Zu den Ansprüchen bei Vertragsbeendigung siehe unten Rdn. 61.
16 Martinek/Semler/Habermeier/*Martinek* § 3 Rn. 10.
17 Martinek/Semler/Habermeier/*Martinek* § 3 Rn. 10.
18 BGH GRUR 1998, 155–159 – Powerpoint.
19 *Ingerl/Rohnke* § 11 Rn. 12.
20 Vgl. BGH GRUR 1994, 652 – Virion.

über eine Telefon-Hotline Gegenstand eines eigenständigen Vertrages mit dem Hersteller ist, dessen Abschluss der Vertragshändler dann als Handelsvertreter im Namen des Herstellers anbietet.[21]

4. Analoge Anwendung des Handelsvertreterrechts auf den Vertragshändler

23 Die Einbindung des Vertragshändlers in das Absatzbemühen des Herstellers, sowie die fehlenden gesetzlichen Regelungen eines besonders vertypten »Vertragshändlers« lassen die Frage nach einer Regelungslücke zu, die mit dem Recht des Handelsvertreters (§§ 84 ff. HGB) analog geschlossen werden könnten.

24 Für jede einzelne Vorschrift des Handelsvertreterrechts wird dabei geprüft, ob sie nach ihrem Sinn und Zweck entsprechend auf den Vertragshändler anwendbar ist.[22]

a) Ausgleichsanspruch nach § 89b HGB

25 Die wichtigste Vorschrift wegen der weitreichenden finanziellen Folgen ist dabei der Ausgleichsanspruch, den der Handelsvertreter gem. § 89b HGB bei einer vom Geschäftsherrn ausgesprochenen Kündigung des Handelsvertretervertrages hat. Er gibt dem Handelsvertreter einen Anspruch auf Ausgleich der Vorteile, die der Geschäftsherr in Zukunft aus der bisherigen Tätigkeit des Handelsvertreters noch ziehen wird.

26 Voraussetzung für eine analoge Anwendung sind zwei kumulative Elemente:[23] Zum einen muss der Vertragshändler **in die Vertriebsstruktur** des Geschäftsherrn in einer dem Handelsvertreter vergleichbaren Weise eingebunden sein.[24] Zum anderen muss eine **vertragliche Pflicht** des Vertragshändlers bestehen, dem Geschäftsherrn die Kundendaten offenzulegen und ihm damit die Möglichkeit zu geben, auch nach Beendigung des Vertrages mit dem Vertriebshändler diese Kunden selbst oder durch andere Vertriebshändler zu nutzen.[25]

27 Voraussetzung nach § 89b Abs. 1 HGB ist, dass der Hersteller zum einen noch Vorteile aus der Vertriebstätigkeit hat (insbesondere durch vom Vertragshändler gewonnene Neukunden)[26] und zum anderen die Zahlung der Billigkeit entspricht. § 89b Abs. 2 HGB stellt für die Berechnung auf die dem Handelsvertreter gezahlte Provision ab und begrenzt den Anspruch auf den Durchschnitt der Jahresprovision aus den letzten fünf Vertragsjahren. Die Provision muss auf den ja auf eigene Rechnung handelnden Vertragshändler und der Gewinnspanne (v. a. aus dem gewährten Rabatt) »umgerechnet« werden.[27]

28 Auf den Anspruch kann nicht im Voraus, also insbesondere nicht im Vertragshändlervertrag, verzichtet werden.[28]

---

21 Zur Kombination der Absatzmodell vgl. auch Giesler/*Giesler* § 1 Rn. 28–30, mit dem Beispiel des Tankstellenbestellers, der das Benzin als Kommissionär, sowie die Verkaufswaren (bis hin zu Lebensmitteln) als Franchisenehmer anbietet.
22 Vgl. Martinek/Semler/Habermeier/*Habermeier* § 6 Rn. 8.
23 BGHZ 54, 338, 340; BGH BB 1996, 1458 (1459).
24 Indizien hierfür sind die Bearbeitung eines bestimmten Vertragsgebietes, Absatzförderungs- und Interessenwahrnehmungspflichten, sowie Informations- und Berichtspflichten, vgl. Giesler/*Vogels/Köhnen*, § 3 Rn. 482–484.
25 BGH NJW 2000, 1413.
26 Giesler/*Vogels/Köhnen* § 3 Rn. 507.
27 Vgl. z. B. BGH ZIP 1996, 1299 (1230); BB 1997, 852.
28 Allerdings kann durch die Rechtswahl diese Folge des deutschen Vertragshändlerrechts vermieden werden; die zwingende Anwendung der EU-weit harmonisierten Vorschriften für Handelsvertreter (Richtlinie Nr. 86/653/EWG, ABl. EG 1986 Nr. L 382/17 v. 18.12.1986) auch bei Wahl ausländischen Rechts (EuGH NJW 2001, 2007 – Ingmar) kann auf Vertragshändler nicht entsprechend angewendet werden.

b) Kündigungsfristen

Für den Handelsvertretervertrag sieht § 89 HGB besondere Kündigungsfristen vor.[29] Diese Fristen werden auf den entsprechend in die Vertriebsstruktur des Herstellers eingebundenen Vertragshändler entsprechend angewendet.[30] Die gesetzlichen Fristen, die – nach einer Vertragsdauer von 5 Jahren – maximal 6 Monate betragen, werden aber häufig nicht der Tatsache gerecht, dass der Vertriebshändler ein eigenes Unternehmen mit geschäftlichem Risiko des Vertriebs betreibt und die Investitionen des Vertriebshändlers auch Einfluss auf Kündigungsfristen haben, gerade in der vertraglichen Gestaltung (der Vertriebshändler wird nur dann zu den vom Geschäftsherrn erwarteten Investitionen in die Vertriebsstruktur bereit sein, wenn er erwarten kann, dass sich diese Investitionen amortisieren und den erwarteten Gewinn verschaffen, bevor eine Beendigung des Vertrages gegen den Willen des Vertriebshändlers droht). Die Vertragsparteien können deshalb gegenseitige längere Kündigungsfristen vereinbaren (§ 89 Abs. 2 HGB analog); eine Verlängerung auf ein Jahr ist auch in AGB wirksam.[31]

5. Typisierung des Vertragshändlervertrages

Das Fehlen eines gesetzlich geregelten Vertragshändlervertrages führt dazu, dass der Vertragsgestalter nach entsprechend anwendbaren Typen sucht: Dies ist erforderlich, um z. B. die mangels vertraglicher Regelung geltenden gesetzlich anwendbaren Vorschriften für Leistungsmängel zu identifizieren. Vor allem aber Aussagen zu als AGB erlaubten Inhalten können wegen des Verbots einer unangemessenen Benachteiligung gem. § 307 Abs. 2 Nr. 1 BGB nur in Kenntnis des gesetzlichen Leitbilds getroffen werden.[32]

a) Kaufvertrag: Sukzessivlieferungsvertrag

Wegen des Absatzes liegt die Nähe zum Kaufvertrag als dem wesentlichen Absatzgeschäft nahe.[33] Wenn auch der Kaufvertrag dem unmittelbaren Absatz dient, ist er jedoch vom eigentlichen Vertragshändlervertrag zu unterscheiden: Allerdings werden im Rahmen des Vertragshändlervertrages Kaufverträge zwischen Hersteller und Vertragshändler über die einzelnen Produkte abgeschlossen. Dies kann im Wege des einzelnen Abrufes erfolgen oder über echte Sukzessivlieferungsverträge (Ratenlieferungsvertrag), bei denen die Warenmenge bereits definiert ist und nur die Lieferung über einen Zeitraum und mehrere Raten gestreckt wird.[34] Der echte Sukzessivlieferungsvertrag ist kein Dauerschuldverhältnis im Sinne von § 314 BGB.[35]

Kein echter Sukzessivlieferungsvertrag und auch kein Kaufvertrag wäre ein Rahmenvertrag, der ohne weitere Abnahme- und Vertriebspflichten nur die Bedingungen enthält, unter denen Soft- oder Hardware geliefert wird.[36] Diese Regelungen können Preise sein, aber auch Abruf- und Lieferfristen, Mängelansprüche, Haftung und Verjährung. Sofern keine weiter gehenden Pflichten enthalten sind, also beide Parteien frei sind, ob Kaufverträge angeboten und angenommen werden, kann der Vertrag auch jederzeit kündbar ausgestaltet werden.

---

29 Bei einer unbestimmten Vertragslaufzeit beträgt die Frist im ersten Jahr einen Monat, im zweiten Jahr zwei Monate. Im dritten bis zum fünften Jahr beträgt die Frist drei Monate, aber einer mehr als 5-jährigen Vertragslaufzeit kann der Vertrag mit einer Frist von sechs Monaten gekündigt werden.
30 BGH BB 1995, 1657; Stumpf/Jaletzke/Schultze/*Jaletzke* Rn. 621; Giesler/*Vogels/Köhnen* § 3 Rn. 329; Martinek/Semler/Habermeier/*Habermeier* § 6 Rn. 8.
31 BGH BB 1995, 1657; noch weiter gehend (2 Jahre) LG Stuttgart NJW-RR 1999, 329, beide Urteile anführend Palandt/*Grüneberg* § 307 Rn. 157.
32 Martinek/Semler/Habermeier/*Martinek* § 4 Rn. 12.
33 Vgl. Palandt/*Grüneberg* Überbl. v. § 311 Rn. 27.
34 Palandt/*Grüneberg* Überbl. v. § 311 Rn. 27.
35 Martinek/Semler/Habermeier/*Martinek* § 4 Rn. 3.
36 Vgl. *Schneider*, Hdb EDV, N Rn. 4 für Hardware-Vertrieb.

33 Aus Sicht des Vertragshändlers (Käufers) wäre zumindest eine Belieferungspflicht aufzunehmen. Da es in der Regel keine Produktionsengpässe bei Software gibt, besteht kein Grund, hier Liefervorbehalte des Verkäufers aufzunehmen (anders bei Hardware[37]). Bei einer Belieferungspflicht des Verkäufers wird von einem Bezugsvertrag[38] gesprochen. Der Bezugsvertrag ist ein Dauerschuldverhältnis im Sinne von § 314 BGB.[39]

34 Für den Vertrieb von Software ist ferner ein Modell anzutreffen, bei dem der Hersteller dem Vertragshändler nur ein Werkstück, den sog. Master, zur Verfügung stellt und dem Vertriebshändler Vervielfältigungs- und Vertriebsrechte einräumt. Sofern der Vertragshändler die Software in Form von Vervielfältigungsstücken weiter vertreibt, übernimmt der Vertragshändler damit ein Stück der »Produktion«.

35 Dieses Modell findet auch Anwendung bei dem Online-Vertrieb: Dabei vertreibt der Vertragshändler keine Vervielfältigungsstücke mehr, sondern gibt den Endnutzern nur noch die Gelegenheit, von der Website des Vertragshändlers die Software herunterzuladen und damit selbst eine neue Kopie auf den Medien des Endnutzers zu schaffen. Während das Rechtsgeschäft zwischen Endkunden und Vertragshändler dem Kaufrecht unterliegt (Erwerb von Software-Code und Nutzungsrechten auf unbestimmte Zeit gegen Einmalvergütung) ist die Nutzung durch den Vertragshändler nur auf der Grundlage des Vertriebsvertrages und den darin eingeräumten Rechen an dem Master zu beurteilen.

36 Nicht zu den Kauf-, sondern den Mietverträgen gehören die Konstruktionen, bei denen die Software nur zeitweise überlassen wird, entweder als echte Softwaremiete oder im Rahmen eines Application Service Providing (ASP). Diese Dienste erbringt in der Regel jedoch der Hersteller selbst.

b) Rahmenvertrag: Geschäftsbesorgungsvertrag

37 Der Vertrag zwischen Hersteller und Vertragshändler wird mittlerweile überwiegend als **Geschäftsbesorgungsvertrag nach §§ 675 ff. BGB** angesehen.[40]

38 Nebenpflichten in diesem Vertrag wie Absatzförderungspflicht, Kundenpflege und vertriebsspezifische Serviceleistungen sind dienstvertragliche Elemente.[41] Einer allgemeinen Typisierung als Geschäftsbesorgungsvertrags stehen sie nicht entgegen.

III. Mindestabnahmepflicht

39 Eine Mindestabnahmepflicht lässt sich in **verschiedenen Varianten** vereinbaren.

40 Mindestabnahmen sollen vor allem bei der Einräumung von exklusiven Vertriebsrechten den Hersteller davor schützen, einem Vertragshändler »ausgeliefert« zu sein, der nur unzureichende Vertriebserfolge verzeichnet, aber keine konkrete Pflicht seines Vertrages verletzt und damit nur im Wege einer ordentlichen Kündigung mit langen Kündigungspflichten ersetzt werden kann.

41 Die Erfüllung der Mindestabnahmepflicht kann – als schwächste Ausgestaltung – an den Fortbestand der Exklusivität gekoppelt werden. Verfehlt der Vertragshändler sein Ziel, ist der Hersteller berechtigt, weitere Händler einzusetzen.

42 Die Mindestabnahmepflicht kann auch als Garantie aufgenommen werden. Erreicht der Vertragshändler die garantierten Absatzmengen nicht, hat mangels weiterer vertraglicher

---

37 Lieferengpässe treten z. B. in der Praxis bei bestimmten Chips auf.
38 Palandt/*Grüneberg* Überbl. v. § 311 Rn. 28.
39 Palandt/*Grüneberg* Überbl. v. § 311 Rn. 28.
40 Martinek/Semler/Habermeier/*Martinek* § 4 Rn. 28; Giesler/*Vogels/Köhnen* § 3 Rn. 23.
41 Giesler/*Vogels/Köhnen* § 3 Rn. 172.

Konkretisierung der Hersteller – kumulativ – die Möglichkeit, wegen dieser Vertragsverletzung Schadensersatz zu verlangen und den Vertrag außerordentlich zu kündigen. Voraussetzung des Schadensersatzes ist jedoch, dass der Hersteller dem Vertragshändler den Abschluss der entsprechenden einzelnen Kaufverträge angeboten hat, und die Klage dann auch zunächst auf diesen Abschluss ausrichtet.[42] Anders kann es nur sein, wenn der Vertriebshändler bereits ernsthaft diesen Abschluss abgelehnt hat.[43] Die Höhe des Schadensersatzes ist dann nicht der Kaufpreis der noch abzunehmenden Produkte; denn insoweit erspart der Hersteller sich ja die Herstellung und Lieferung. Schaden kann nur der entgangene Gewinn des Herstellers sein.[44] Einfacher durchzusetzen für den Hersteller sind Vertragsklauseln, die bei Nichterreichen der Mindestabnahmemengen bestimmte Ausgleichszahlungen vorsehen. Ferner wird eine außerordentliche Kündigung voraussetzen, dass der Vertriebshändler zunächst mit Setzung einer angemessenen Frist zur Abstellung der Vertragsverletzung abgemahnt wurde. Vorzuziehen ist auch hier eine vertragliche Regelung, die für diese außerordentliche Kündigung das Verfahren, die Nachfrist, und auch eine verkürzte Kündigungsfrist vorsieht (eine fristlose Kündigung wird selten gerechtfertigt sein).

Wegen der mit Verfehlen der Mindestabnahmemengen verknüpften Rechtsfolgen ist diese, soweit es Standardverträge sind, an den Anforderungen des AGB-Rechtes zu messen. Dafür muss die Mindestabnahmemenge einer Erwartung entsprechen, die sachgerecht ist. Schwierig zu rechtfertigen ist z. B. eine Mindestabnahmemenge mit Bezug auf die in Vorjahren erzielten Umsätze, da diese von nicht beeinflussbaren Marktfaktoren abhängen können. **43**

IV. Kartellrechtliche Beschränkungen bei Vertriebsverträgen

Vertragliche Regelungen, mit denen der Vertriebshändler oder der Hersteller in seiner wirtschaftlichen Freiheit z. B. durch Exklusivitäten beschränkt wird, sind als vertikale Beschränkungen Wettbewerbsbeschränkungen und müssen als solche die Schranken des Kartellrechts beachten. **44**

Wesentlich sind vor allem die Einschränkungen des **europäischen Kartellrechts** (Art. 101, 102 Vertrag über die Arbeitsweise der Europäischen Union (AEUV)) und die Vorschriften der Gruppenfreistellung für Vertikale Vertriebsvereinbarungen[45] (»**Vertikal-GVO**«), im Softwarebereich auch für den Technologietransfer[46] (»**Technologietransfer-GVO**«) einschließlich der hierzu erlassenen Leitlinien.[47] Diese Vorgaben für Vereinbarungen zu Exklusivität, Wettbewerbsverboten oder sonstigen Vertriebsbeschränkungen sind bei der Abfassung von Vertriebsverträgen zu berücksichtigen (und werden unten bei den einzelnen Vertragsinhalten abgehandelt).[48] Die seit dem 01.06.2010[49] geltende neue Vertikal-GVO **45**

---

42 *Marly* Rn. 1066.
43 Martinek/Semler/Habermeier/*Manderla* § 18 Rn. 24.
44 Vgl. auch *Schneider*, Hdb EDV, N Rn. 19.
45 Verordnung (EU) Nr. 330/2010 der Kommission v. 20.04.2010 über die Anwendung von Art. 101 Abs. 3 des Vertrages über die Arbeitsweise der Europäischen Union auf Gruppen von vertikalen Vereinbarungen und aufeinander abgestimmten Verhaltensweisen, ABl. EU 2010 Nr. L 102/1 v. 23.04.2010.
46 Verordnung (EG) Nr. 772/2004 der Kommission v. 27.04.2004 über die Anwendung von Art. 81 Abs. 3 EG-Vertrag auf Gruppen von Technologietransfer-Vereinbarungen, ABl. 2004 Nr. L 123/11.
47 Mitteilung der Kommission – Leitlinien für vertikale Beschränkungen, ABl. EU 2010 Nr. C 130/1 v. 19.05.2010; Bekanntmachung der Kommission – Leitlinien über die Anwendung von Art. 81 Abs. 3 EG-Vertrag auf Gruppen von Technologietransfer-Vereinbarungen, ABl. 2004 Nr. C 101/2 v. 27.04.2004.
48 Für Softwareverträge vgl. *Lejeune* CR 2004, 467; *Polley* CR 2004, 641 und *Berger* K&R 2005, 15; zur GVO-Technologietransfer *Schumacher/Schmid* GRUR 2006, 1; *Nordemann* GRUR 2007, 203 zu Urheberrecht und Kartellrecht; Giesler/Vogels/*Köhnen* § 3 Rn. 557–559 zur Bedeutung des europäischen Kartellrechts im Vertriebsrecht.
49 Nach Art. 9 GVO-VV gilt in der Zeit v. 01.07.2010 bis zum 31.05.2011 das Verbot nach Art. 101 Abs. 1 AEUV für solche Verstöße nicht, die zwar nicht die Anforderungen der aktuellen, aber der bis zum 31.05.2010 geltenden GVO-VV am 31.05.2010 erfüllten.

nennt in Art. 4 sogenannte Kernbeschränkungen (hardcore restraints), also absolute Wettbewerbsverbote, und nicht freigestellte Beschränkungen in Art. 5. Damit wird im Grunde die bisherige Technik von der Beschreibung von verbotenen, nämlich schwarzen und roten,[50] Klauseln in Vertriebsverträgen fortgesetzt.[51] Vor allem stellen auch weiterhin Preisabsprachen eine Kernbeschränkung dar. Jedoch bringt die Kommission in den ebenfalls neuen Leitlinien zur Vertikal-GVO zum Ausdruck, dass Preisbindungen der zweiten Hand im Einzelfall wettbewerbsfördernd und daher nach Art. 101 Abs. 3 AEUV freigestellt sein könnten.[52] Dies könnte zu einer Lockerung des Verbots vertikaler Preisbindungen der zweiten Hand führen und Mindestverkaufspreisbindungen im Verhältnis Hersteller Vertriebshändler im Einzelfall freistellen.

46 Voraussetzung der Anwendung europäischen Kartellrechts ist die **Spürbarkeit innerhalb der EU**. Für die Konkretisierung dieser Spürbarkeit hat die Kommission die Bagatellbekanntmachung erlassen, die auf Umsatzgrenzen abstellt.[53] Überschreiten die Parteien diese Umsatzgrenzen, gilt die Wettbewerbsbeschränkung als spürbar und muss sich am EU-Rechtsrahmen messen lassen.

47 Das deutsche Kartellrecht hatte in der Vergangenheit vor allem durch das **Verbot der Konditionenbindung** in § 14 GWB a. F. Vertriebsverträge beeinflusst (insbesondere Vertragsregelungen zu Endkundenpreisen und Inhalte der Verträge mit den Endkunden verhindert). Mit der 7. GWB-Novelle ist diese Vorschrift entfallen. Damit gilt nur die allgemeine Regel des § 2 GWB, nach der auch im deutschen Kartellrecht dabei gem. § 2 Abs. 2 GWB auf die Freistellungsmöglichkeiten nach den EG-Gruppenfreistellungsverordnung abgestellt wird.[54]

48 Für den **Vertrieb von Hardware** ist die Gruppenfreistellungsverordnung für Vertikale Vertriebsverträge einschlägig, da bei Hardwarevertrieb regelmäßig ein Vertrieb von Waren vorliegt, auch wenn auf der Hardware sich vorinstallierte Software befindet.[55]

49 Bei dem **Vertrieb von Software** ist zu berücksichtigen, dass die Vertikal-GVO nur dann Anwendung auf Vereinbarungen mit Bestimmungen zur »Übertragung von geistigen Eigentumsrechten« findet, wenn diese »nicht Hauptgegenstand« sind und nur sofern sie sich »unmittelbar auf die Nutzungen, den Verkauf oder Weiterverkauf von Waren oder Dienstleistungen« beziehen (Art. 2 Abs. 3 Vertikal-GVO). Unmittelbar anwendbar wird die Vertikal-GVO deshalb nur sein, sofern der Vertriebshändler kein Nutzungsrecht an der Software erlangt, sondern lediglich berechtigt ist, Kopien weiterzuveräußern, insbesondere unter bloßer Weitergabe der »Schutzhüllen« Vertragsangebote des Herstellers unmittelbar an den Endkunden.[56] Hierbei muss es sich um Vervielfältigungsstücke handeln, die der Rechteinhaber dem Vertriebshändler zum Zwecke des Weiterverkaufs überlässt. Sind diese Voraussetzungen erfüllt, ist eine Vereinbarung über die Lieferung von Waren anzu-

---

50 Vgl. Loewenheim/Meessen/Riesenkampff/*Vogel* 7. Teil A. 3. a) Rn. 23 (schwarze Klausel führt zur Nichtigkeit der kompletten Vereinbarung; rote Klausel zur Teilnichtigkeit); auch Giesler/*Vogels/Köhnen* § 3 Rn. 575, *Malec/von Bodungen* BB 2010, 2383 (2385) zur Möglichkeit des Nachweises der wettbewerbsfördernden Wirkung.
51 Vgl. *Murach/Schaumburg* GWR 2010, 210 und *Malec/von Bodungen* BB 2010, 2383 zur neuen Vertikal-GVO.
52 Vgl. Mitteilung der Kommission – Leitlinien für vertikale Beschränkungen, ABl. EU 2010 Nr. C 130/1 v. 19.05.2010, Ziffer (225); *Malec/von Bodungen* BB 2010, 2383 (2386).
53 Giesler/*Vogels/Köhnen* § 3 Rn. 571–573.
54 *Nordemann* GRUR 2007, 203 (205).
55 Ziffer (42) der Mitteilung der Kommission – Leitlinien für vertikale Beschränkungen, ABl. EU 2010 Nr. C 130/1 v. 19.05.2010; *Berger* K&R 2005, 15 (17).
56 Evaluierungsbericht der Kommission über die Gruppenfreistellungs-Verordnung (EG) Nr. 240/96 für Technologietransfer-Vereinbarungen (GFTT) nach Art. 81 EG-Vertrag, COMP/2001/1712/1/0, Tz. 115; zu dem Konflikt mit deutschem AGB-Recht *Polley* CR 2004, 641 (645).

nehmen.⁵⁷ Die Vertikal-GVO gilt demnach nicht für den Online-Vertrieb von Software in Form von Downloads bzw. das Bereitstellen von Software (Application Hosting).⁵⁸ Zudem findet die Gruppenfreistellungsverordnung auch dann keine Anwendung, wenn der Vertriebshändler zwar Vervielfältigungsstücke an Endkunden verkauft, diese aber aufgrund des entsprechenden Lizenzvertrages mit dem Rechteinhaber selbst erstellen muss.⁵⁹

Die Gruppenfreistellungsverordnung für Technologie-Transfer-Vereinbarungen (»Technologietransfer-GVO«)⁶⁰ gilt seit ihrer Neufassung 2004 zwar auch für »Softwarelizenz-Vereinbarungen« und gemischte Patent-, Know-how- und Softwarelizenz-Vereinbarungen.⁶¹ Allerdings muss sich die Lizenz auf die Produktion von Vertragsprodukten beziehen.⁶² Sie gilt hingegen nicht für solche Verträge, die sich hauptsächlich auf den Erwerb oder Verkauf von Produkten beziehen. Da es sich bei einer Vereinbarung über die Lieferung und den Weiterverkauf von Software auf Datenträgern um eine solche Vereinbarung handelt, findet die Technologietransfer-GVO für diesen Fall keine Anwendung. Die Technologietransfer-GVO ist jedoch dann einschlägig, sobald dem Vertriebshändler eine Lizenz für die Herstellung und den Weiterverkauf von Vervielfältigungsstücken eingeräumt wird, da hierbei Vertragsprodukte hergestellt werden.⁶³ Dies ist sogar für den Fall anzunehmen, dass die Vertragsprodukte erst beim Erwerbsvorgang, und unter Umständen sogar durch den Kunden selbst, etwa beim Online-Erwerb durch Downloaden von Kopien der Software, erstellt werden.⁶⁴

50

Bei der – im Geschäftskunden-Bereich anzutreffenden – Konstellation der Überlassung von Vervielfältigungsstücken durch den Hersteller an den Vertriebshändler, jedoch ohne »Schutzhüllenvertrag«, sondern mit einer Rechteeinräumung durch den Vertriebshändler an den Endkunden, ist damit weder die Vertikal-GVO, noch die Technologietransfer-GVO anzuwenden.⁶⁵ Erforderlich ist für diesen Fall die »Einzelfreistellung« nach Art. 101 Abs. 3 AEUV, die im Wege der »Selbstprüfung« erfolgt,⁶⁶ also ohne dass z. B. auf eine Negativauskunft der Kommission zurückgegriffen werden kann. Für diese Fälle empfiehlt sich, die Beschränkungen vor allem der (engeren) Vertikal-GVO bei der Vertragsgestaltung zu berücksichtigen.⁶⁷

51

Im Ergebnis wird deshalb bei den einzelnen in Vertriebsverträgen verwendeten Klauseln zu prüfen sein, ob sie direkt unter eine Gruppenfreistellungsverordnung fallen, oder ob sie ansonsten freigestellt sind.

52

---

57 Vgl. Mitteilung der Kommission – Leitlinien für vertikale Beschränkungen, ABl. EU 2010 Nr. C 130/1 v. 19.05.2010, Ziffer (41).
58 *Berger* K&R 2005 15 (19).
59 Vgl. *Polley* CR 2004, 641 (644–648).
60 Verordnung (EG) Nr. 772/2004 der Kommission v. 27.04.2004 über die Anwendung von Art. 81 Abs. 3 EG-Vertrag auf Gruppen von Technologietransfer-Vereinbarungen, ABl. 2004 Nr. L 123/11; hierzu *Schumacher/Schmid* GRUR 2006, 1.
61 Art. 1. 1) b) Technologietransfer-GVO.
62 Zu dieser Einschränkung aus Art. 1 Technologietransfer-GVO *Polley* CR 2004, 641 (645).
63 Vgl. Leitlinien Technologietransfer-GVO Nr. 51; gegen *Scholz/Wagener* CR 2003, 880 (885) (mehr als reine Vervielfältigung nötig) richtige weite Auffassung von *Polley* CR 2004, 641 (646); *Berger* K&R 2005, 15 (17), sowie *Schumacher/Schmid* GRUR 2006, 1 (4) unter Bezug auf Technologietransfer-Leitlinien Ziffer 51 (»ihrer Art nach wie Technologietransfer-Vereinbarungen angesehen«).
64 *Polley* CR 2004 641 (647–648), lässt dieses offen; ob der Vertriebshändler die Software auf eine DVD brennt und versendet (Vertragsprodukt), oder dem Endkunden diese Software auf die eigene Festplatte spielt (oder ihn spielen lässt), ist für die kartellrechtlichen Beschränkungen der Vertriebsparteien nicht ausschlaggebend.
65 *Berger* K&R 2005, 15 (17); *Schumacher/Schmid* GRUR 2006, 1 (4); vgl. auch *Lejeune* CR 2004, 467.
66 *Berger* K&R 2005, 15 (17).
67 Insbesondere ist nach der engeren Vertikal-GVO zu beachten: (1) Vertriebsverträge zwischen Wettbewerbern sind nur in Ausnahmefällen freigestellt, (2) Wettbewerbsverbote dürfen nur auf 5 Jahre befristet sein, (3) passive Verkäufe in andere Vertragsgebiete sind nicht einzuschränken.

V. Beendigung des Vertragsverhältnisses

53 Der Vertriebshändlervertrag wird in der Regel eine **Mindestlaufzeit** vorsehen, die dem Vertriebshändler einen Schutz für die anfangs zu leistenden Investitionen gibt. Die Länge dieser Mindestlaufzeit beträgt bei dem Vertrieb von Software zwischen ein und fünf Jahren, in Abhängigkeit von Gesichtspunkten wie z. B. der Exklusivität, des Vertragsgebietes und der Notwendigkeit (z. B. bei einem neuen Produkt), in den Vertrieb langfristig zu investieren.

1. Beendigungsmöglichkeiten

54 Während es möglich ist, eine feste Vertragslaufzeit vorzusehen, wird in der Praxis häufig eine **automatische Verlängerung** des Vertrages vorgesehen, bis eine Partei »kündigt« (also das Angebot zur Vertragsverlängerung ablehnt).[68]

55 Die automatischen Verlängerungen der Vertriebshändlerverträge stoßen auf kartellrechtliche Grenzen für **Wettbewerbsverbote**. Nach Art. 5 der Vertikal-GVO (anwendbar auf den Vertrieb von Hardware, von Hardware mit vorinstallierter Software, oder auch von Software über Schutzhüllenverträge)[69] sind Klauseln in Vertriebsverträgen nicht freigestellt, die Wettbewerbsverbote von mehr als fünf Jahren vorsehen, oder Wettbewerbsverbote, die auf unbestimmte Zeit laufen. Auch Wettbewerbsverbote, die sich automatisch verlängern, gelten als auf unbestimmte Zeit geschlossen. Wenn diese Grenze nicht beachtet ist, ist die Klausel wegen Kartellrechtsverstoß rechtswidrig und nichtig. Sofern der Vertriebsvertrag eine salvatorische Klausel enthält, die den Rest des Vertrages fortbestehen lässt, wird dennoch zu prüfen sein, ob die Parteien auch bei Wegfall des Wettbewerbsverbotes den Vertrag tatsächlich bestehen und fortsetzen wollten. Die Leitlinien zur Vertikal-GVO sehen für sich verlängernde Wettbewerbsverbote eine Ausnahme vor: wenn der Vertragshändler faktisch die Möglichkeit hat, das Wettbewerbsverbot (durch Kündigung und Neuabschluss des Vertriebsvertrages) zu beenden, dann darf das Wettbewerbsverbot auch einvernehmlich verlängert werden.[70] Ergänzt werden die vertraglichen gerne durch nachvertragliche Wettbewerbsverbote. Bei Wechsel des Vertragshändlers will der Hersteller ausschließen, dass der alte Vertriebshändler die Kunden auf Konkurrenzprodukte anspricht, während der neue Vertriebshändler diese Kunden gerade zu halten versucht. Die Vertikal-GVO sieht solche nachvertraglichen Wettbewerbsverbote kritisch: Sie sind allenfalls bis zu maximal einem Jahr nach Vertragsbeendigung erlaubt und auch nur, wenn sie unerlässlich sind, um das Know-how des Herstellers zu schützen.

56 Im Anwendungsbereich der Technologietransfer-GVO (Überlassung von Software in Form eines Master zur Anfertigung der zu vertreibenden Vervielfältigungsstücke)[71] sind die Möglichkeiten für Wettbewerbsverbote weiter: Das vertragliche Wettbewerbsverbot kann für die gesamte Vertragsdauer vereinbart werden.[72]

57 Neben den ordentlichen Kündigungsmöglichkeiten können vertraglich die außerordentlichen Kündigungsrechte nicht ausgeschlossen werden. **Außerordentliche Kündigungen** sind gem. § 314 BGB bei einem Vertriebsvertrag als Dauerschuldverhältnis rechtmäßig, wenn es der kündigenden Partei unter Berücksichtigung aller Umstände des Einzelfalls und Abwägung der beiderseitigen Interessen unzumutbar ist, das Vertragsverhältnis bis zum Ablauf einer Kündigungsfrist oder zur vereinbarten Beendigung fortzusetzen. Nach

---

68 Bei diesen »Kündigungen« ist zu beachten, dass die Fristberechnung sich von einer echten Kündigung wegen der Berücksichtigung von Sonntagen, Feiertagen und Sonnabenden für den Stichtag unterscheidet (BGH NJW 1975, 40; Palandt/*Ellenberger* § 193 Rn. 3).
69 S. Rdn. 49.
70 Leitlinien Vertikal-GVO Rn. 66; Giesler/*Vogels/Köhnen* § 3 Rn. 633.
71 S. Rdn. 50.
72 *Berger* K&R 2005, 15 (20).

§ 314 Abs. 2 BGB ist bei Vertragsverletzungen als Grund einer außerordentlichen Kündigung vorab eine Abmahnung erforderlich. Die Kündigung kann nur innerhalb einer angemessenen Frist ausgesprochen werden, § 314 Abs. 3 BGB. Neben dieses außerordentliche Kündigungsrecht tritt das Recht auf Anpassung des Vertrages nach § 313 BGB bei Störung der Geschäftsgrundlage, das weiterhin ein Kündigungsrecht (§ 313 Abs. 3 S. 2 BGB) bei Dauerschuldverhältnissen vorsieht. Wegen der engeren Anforderungen (die bloße Unzumutbarkeit reicht nicht, es muss gerade auch eine Geschäftsgrundlage gestört oder weggefallen sein), hat das Kündigungsrecht nach § 314 BGB in der Regel eine größere Bedeutung.[73]

Das außerordentliche Kündigungsrecht bei Vertragshändlerverträgen wird durch den Hersteller häufig herangezogen, um einen Ausgleichsanspruch nach § 89b HGB zu vermeiden.[74] Nach § 89b Abs. 3 Nr. 2 HGB entfällt der Ausgleichsanspruch des Handelsvertreters, wenn der Hersteller den Vertrag aus wichtigem Grund kündigt und ein Verschulden des Handelsvertreters vorgelegen hat. Dieser Ausschluss ist auch auf den Vertragshändler anwendbar, soweit er sich auf § 89b HGB entsprechend berufen kann. Das kumulativ vorzuliegende Verschulden des Vertragshändlers ist ein wesentliches Element: Das bloße Verfehlen von vertraglich vereinbarten Absatzzielen muss nicht auf dem Verschulden des Vertragshändlers beruhen, sondern kann auch von der Produktqualität (für die der Hersteller verantwortlich ist) oder von der Marktsituation verursacht sein. Ein Verschulden liegt hier nicht vor. Selbst wenn also der Hersteller dem Vertragshändler aus wichtigem Grund kündigen würde, wäre er noch dem Ausgleichsanspruch ausgesetzt. **58**

2. Folgen der beendeten Zusammenarbeit

In der Regel trifft bereits der Vertriebsvertrag Vorkehrungen für die Beendigung des Vertrages, insbesondere im Fall des gesetzlich nicht geregelten Vertragshändlers. **59**

In erster Linie wird dies die Lagerbestände des Vertragshändlers betreffen: Da er die Waren im eigenen Namen und auf eigene Rechnung veräußert, ist der Vertragshändler Eigentümer der Waren (eventuell mit Eigentumsvorbehalt des Herstellers oder mit Einschränkung bei einer Sicherungsübereignung an sonstige Kreditgeber). Damit wäre der Vertragshändler zur weiteren Veräußerung ohne Einschränkung berechtigt. Dies kann aber – soweit kein nachvertragliches Wettbewerbsverbot vereinbart ist – den Interessen des Herstellers zuwiderlaufen, der den Wettbewerb mehrerer Vertragshändler in einem Vertragsgebiet (soweit dies rechtlich erlaubt ist) vermeiden möchte. Die Lösung sieht häufig so aus, dass es eine Wahlmöglichkeit zwischen einem Abverkauf (hier sind häufig die Lagerbestände bei Vertragsende anzugeben, sodass der Hersteller die noch zu erwartenden Mengen abschätzen kann), manchmal auch nur für begrenzte Zeit, und einem Rückverkauf an den Hersteller zum Erwerbs- oder Listenpreis. **60**

a) Nutzung von Marken

Sofern Vertriebsverträge Regelungen zu Marken enthalten (v. a. bei Vertragshändlern), sehen sie in der Regel eine schuldrechtliche Pflicht vor, bei Vertragsbeendigung alle Marken und auch Domains, die der Vertragshändler erworben hat, auf den Hersteller zu übertragen. Ein sicherer Weg ist es, in den Vertragshändlervertrag bereits die dingliche Übertragung solcher Marken und Domains aufzunehmen, aufschiebend bedingt durch die Beendigung des Vertriebshändlervertrages. Nach der neueren Rechtsprechung zur Insolvenzfestigkeit solcher aufschiebend bedingten Übertragungen von Rechten (entschieden zu Software-Nut- **61**

---

73 BGH ZIP 1997, 257 (259); Palandt/*Grüneberg* § 313 Rn. 14; vgl. auch *Feldhahn* NJW 2005, 3381.
74 S. Rdn. 25.

zungsrechten)[75] erreicht der Hersteller damit die größte Sicherheit, als materiell Berechtigter die Eintragung als Inhaber zu erreichen.

b) Übernahme des Kundenstamms

62 Da der Vertragshändler die Kaufverträge mit Endkunden im eigenen Namen schließt, bestehen keine unmittelbaren Kontakte zwischen Hersteller und Endkunde. Bei der Beendigung des Vertrages mit dem Vertragshändler hat der Hersteller ein Interesse daran, den vorhandenen Kundenstamm für weitere Vertriebshandlungen zu erhalten und auf einen neuen Vertriebshändler zu überführen. Bei dem Vertrieb von Software kommt hinzu, dass über den einmaligen Vertriebsvorgang hinaus der Endkunde weitere Beziehungen zu dem Hersteller unterhält: Dies reicht von der bloßen Registrierung der Software, um weiterhin kostenlose Ergänzungen (Patches, Updates) zu erhalten, wie es bei für den Verbraucher bestimmten Software der Fall ist, bis hin zu umfangreichen Verträgen für die kostenpflichtige Pflege (Support) der Software.[76] Auch bei Hardware, v. a. komplexen Systemen, bestehen Wartungsverträge, die dem Hersteller unmittelbare Kenntnis über die Person des Endkunden geben.

c) Ausgleichsanspruch nach § 89b HGB analog

63 Sofern der Vertragshändler in die Absatzorganisation des Herstellers eingebunden ist[77] und zudem eine vertragliche Verpflichtung zur Überlassung des Kundenstamms hat,[78] hat er einen Ausgleichsanspruch entsprechend der für Handelsvertreter geltenden Norm des § 89b HGB.

64 Gerade die vom Hersteller oft befürchtete Folge eines Ausgleichsanspruchs des Vertragshändlers nach § 89b HGB analog führt zu Vertragsformulierungen, dass der Vertragshändler »im Nebenberuf« nach § 92b Abs. 1 HGB tätig ist, soweit dies sachlich noch rechtfertigbar ist (etwa wenn ein Unternehmen, das hauptsächlich IT-Dienstleistungen anbietet, gleichsam »nebenbei« bestimmte Produkte mit vertreibt; also der Hauptanteil des Unternehmenseinkommen nicht aus der Handelsvertretertätigkeit generiert wird).[79] Soweit § 89b HGB analog anwendbar ist, gilt dies ebenso für die handelsvertreterrechtlichen Vorschriften, die Einfluss auf Entstehung oder Höhe des Ausgleichsanspruchs haben, wie § 92b HGB. Wichtig ist, dass bei Abschluss des Vertrages der Handelsvertreter ausdrücklich als Handelsvertreter im Nebenberuf beauftragt werden muss, da sich der Hersteller sonst nicht auf diese Eigenschaft, auch wenn sie faktisch vorliegt, berufen kann (§ 92b Abs. 2 HGB). Werden Vertragshändler-Verträge abgeschlossen, die nach ihrer Ausgestaltung das Risiko begründen, dass Handelsvertreterrecht zur Anwendung kommt, empfiehlt sich ebenfalls eine Klarstellung, dass der Vertragshändler hier im Nebenberuf handelt. Entscheidend ist jedoch, ob die Tätigkeit »nach der Verkehrsauffassung« eine nebenberufliche ist (§ 92b Abs. 3 HGB). Damit ist die vertragliche Regelung zwar wichtig zum Erhalt des Schutzes für den Hersteller, hat aber allenfalls Indizwirkung und kann – spätestens vom Richter – im Ergebnis anders sein.[80]

65 Im internationalen Verkehr ist die **Vorschrift des § 92c Abs. 1 HGB** wichtig. Danach kann in Verträgen mit Handelsvertretern, die ihr Vertragsgebiet außerhalb der EU und des EWR haben, von allen Vorschriften des HGB zum Handelsvertreter abgewichen werden. Damit kann ausdrücklich auch der Ausgleichsanspruch nach § 89b HGB ausdrücklich ausgeschlossen werden. Wenn § 89b HGB analog auf den Vertragshändler angewendet wird,

---

75 BGH GRUR 2006, 435–438.
76 Vgl. nur *Schneider*, Hdb EDV, K Rn. 4 (zur Uneinheitlichkeit des Begriffes Pflege).
77 S. Rdn. 26.
78 S. Rdn. 26.
79 Vgl. Giesler/*Prasse* § 2 Rn. 60.
80 Baumbach/Hopt/*Hopt* § 92b Rn. 2; BGH NJW 1999, 639.

kann dies aber auch nur in den Grenzen des §§ 92c HGB gelten,[81] sodass ein ausdrücklicher Ausschluss einer Ausgleichszahlung bei Vertragsbeendigung wirksam wäre. Heikel ist dies jedoch in der Vertragsberatung und -verhandlung, da bei ausländischen Vertragshändlern häufig erst der Vertragsvorschlag für den Ausschluss der Ausgleichszahlung hiervon Kenntnis verschafft und Begehrlichkeiten weckt. Da § 92c HGB nur davon spricht, dass »etwas anderes vereinbart« werden kann, empfiehlt sich eine Formulierung, die z. B. den Vorteil, den der Vertragshändler aus dem eingeräumten Vertragshändlerrabatt erhält, als abschließende Vergütung, auch für nachvertragliche Vorteile des Herstellers, und – pauschal – als jede weitere Nachforderung ausschließend regelt.

VI. Vergütung des Vertragshändlers

Der Vertragshändler erwirtschaftet seinen Gewinn durch die eigene Gewinnspanne. Diese wird erreicht durch einen Rabatt, den der Hersteller auf den Endverkaufspreis gewährt. Der Hersteller kann den Endverkaufspreis nicht vorschreiben: Selbst nach Aufhebung des § 14 GWB a. F., der jegliche Konditionenbindung untersagte (also dem Hersteller verbot, dem Vertriebshändler die Konditionen einschließlich des Verkaufspreises zu diktieren, die der Vertriebshändler gegenüber seinen eigenen Abnehmern verwendet) besteht das allgemeine Verbot von wettbewerbsbeschränkenden Abreden in vertikalen Vertriebsvereinbarungen. Die erlaubten Vorgaben für die Endpreisgestaltung sind aus der Vertikal-GVO oder Technolgoietransfer-GVO. Danach darf der Hersteller in den meisten Fällen[82] **Endverkaufspreise** empfehlen, sowie Höchstpreise verbindlich festlegen. Das Interesse des Herstellers besteht häufig jedoch gerade danach, Mindestpreise festzulegen (um ein bestimmtes Preisniveau für seine Waren am Markt zu halten). Dies ist kartellrechtswidrig (soweit kartellrechtliche Einschränkungen überhaupt zum Tragen kommen und nicht etwa wegen des geringen Marktanteils und mangels Spürbarkeit nicht anwendbar sind). Der Hersteller versucht dies, durch die Beschränkung des Rabatts bei Hardware oder durch Mindestlizenzgebühren pro weitergegebener Software zu erreichen, da er davon ausgeht, dass der Vertriebshändler die Ware zumindest zu einem höheren Preis als der an den Hersteller zu entrichtenden Preis oder Lizenzgebühr anbietet. Dies ist nach Vertikal-GVO und Technologietransfer-GVO zulässig.[83]

66

VII. Eigentums-/Rechtevorbehalt

Unter dem Vertragshändlervertrag werden bei dem klassischen Vertrieb von Hard- und Software (in Form von Vervielfältigungsstücken) einzelne Kaufverträge abgeschlossen. Wie für Kaufverträge üblich, hat der Lieferant (Hersteller) als Warenkreditgeber ein Sicherungsinteresse an dem Kaufpreis, das über einen Eigentumsvorbehalt befriedigt wird.

67

Regelungen zu dem **Eigentumsvorbehalt** finden sich bereits meist im Vertragshändlervertrag.

68

---

[81] Baumbach/Hopt/*Hopt* HGB § 92c Rn. 6.
[82] Sofern sich diese nicht infolge der Ausübung von Druck oder der Gewährung von Anreizen tatsächlich wie Fest- oder Mindestverkaufspreise auswirken: Art. 4a) Vertikal-GVO und – bei nicht-konkurrierenden Unternehmen – Art. 4 Abs. 2a) Technologietransfer-GVO; jeweils unter Berücksichtigung der Anwendbarkeit der GVO; vgl. auch *Nordemann* GRUR 2007, 203 (210).
[83] *Nordemann* GRUR 2007, 203 (210); vgl. Loewenheim/Meessen/Riesenkampff/*Nordemann*, Kartellrecht, 10. Teil GWB, erster Teil, erster Abschnitt, § 1, C. IV. 5. a) dd) (1) Rn. 223.

VIII. Vertragsanpassung

69 Als Dauerschuldverhältnisse unterliegen auch Vertragshändlerverträge dem Wandel: Die Produkte können sich ändern, wie auch die wirtschaftlichen Rahmenbedingungen, die den Hersteller z. B. dazu bewegen, Regelungen des Vertragsgebietes anpassen zu wollen.

70 Gerade Produkte der Informationstechnologien unterliegen schnellen Wechseln. Dies gilt insbesondere für Software, bei der nicht nur das Standardprodukt durch Updates und Ergänzungen (»Service Packs« bei Microsoft Windows z. B.) ergänzt werden, sondern u. U. auch Versionen aufeinanderfolgen, während noch Vertriebsverträge laufen oder sogar unter einem Vertriebsvertrag getätigte Kaufverträge noch nicht vollständig abgewickelt sind.

71 Für die Frage von Produktwechseln ist zu unterscheiden zwischen dem einzelnen Kaufvertrag und dem Vertriebsvertrag als Rahmen.

72 Bei dem **einzelnen Kaufvertrag** ist zunächst durch Auslegung zu ermitteln, ob Gegenstand das bei vereinbartem Lieferungszeitpunkt jeweils aktuell erhältliche Produkt (also die neueste Version) von den Parteien gemeint war.[84] Mangels ausdrücklicher Vereinbarung wird dies in der Regel das Interesse der Vertragsparteien sein. Entgegenstehen kann z. B. mangelnde Kompatibilität des neuen Produktes oder (bei Software) höhere Hardware-Anforderungen als das Vorgängerprodukt. In diesem Fall wird das bei Bestellzeitpunkt maßgebliche Produkt gemeint sein. Sofern dieses nicht mehr erhältlich ist, ist – bei wirksamen Kaufvertrag – der Hersteller vertragsbrüchig.

73 Hiervon zu unterscheiden ist die Anpassung der Produkte, die Gegenstand des **Vertriebsvertrages** sind. Sieht der Vertriebsvertrag keine Regelung zu den Vertragsprodukten vor, kann der Vertriebshändler die Belieferung mit der gesamten Produktpalette des Herstellers verlangen. Sind Produkte im Vertriebsvertrag identifiziert, kann der Vertragshändler mangels entgegenstehender Regelung auch die Belieferung mit einem Ersatz- oder Nachfolgeprodukt verlangen, wenn dieses während der Laufzeit des Vertragshändlervertrages an die Stelle des identifizierten Produkts tritt. Sofern der Hersteller neue Produkte auf den Markt bringt, die keine solchen Nachfolgeprodukte sind, hat der Vertragshändler keinen Anspruch, mit diesen beliefert zu werden, wenn der Vertrag keine Regelung hierzu vorsieht.

74 Bei den sonstigen Konditionen wird der Hersteller sich vorbehalten, während der Laufzeit des Vertriebsvertrages Anpassungen vorzunehmen, insbesondere den Preis der Vertragsprodukte anzupassen. Als wesentliche Vertragsregelungen bedürfen diese der Zustimmung durch den Vertragshändler. Ein einseitiges Änderungsrecht des Herstellers z. B. im Hinblick auf die Preise der Vertragsprodukte ist individuellvertraglich zwar zu vereinbaren. Auch eine Anknüpfung an Preiserhöhungen bei Kostenelementen ist möglich.[85] Sobald aber diese Regelung mit der Absicht verwendet wird, sie auch in weiteren Verträgen einzubeziehen und damit den AGB-Regelungen unterliegt, muss sie den Anforderungen an einseitige Änderungsvorbehalte genügen. Dabei wird das starre Preisänderungsverbot des § 309 Nr. 1 BGB im kaufmännischen Verkehr nicht angewendet.[86] Bei der Würdigung nach der Generalklausel des § 307 BGB[87] können Preiserhöhungsklauseln auch dann rechtmäßig sein, wenn die Erhöhungskriterien[88] nicht angegeben sind und dem Kunden kein Lösungsrecht für den Fall der Preiserhöhung gegeben wird, sofern die Kundeninteressen in an-

---

84 Giesler/*Vogels*/Köhnen § 3 Rn. 100.
85 Sogenannte »Kostenelementeklauseln« sind nach der Preisklauselverordnung v. 23.09.1998 (BGBl. I 3043) von einer Genehmigungspflicht frei. Zur Unterscheidung von Gleit- und Spannungs- und Leistungsvorbehaltsklauseln vgl. Palandt/*Grüneberg* Anh. zu § 245 (PrKlG) Rn. 1–6.
86 *Wolf* ZIP 1987, 344; Palandt/*Grüneberg* § 309 Rn. 7.
87 BGHZ 94, 335.
88 Vgl. *Schneider*, Hdb EDV, N Rn. 10: Kostenerhöhung bei den dann auszuweisenden Materialien.

derer Weise berücksichtigt werden;[89] hierfür kann der Bezug »auf den am Markt durchgesetzten Preis« dienen.[90] Bei Vertriebsverträgen kann dabei sowohl eine längere Vertragslaufzeit zugunsten eines Preiserhöhungsrechts berücksichtigt werden, wie auch die Tatsache, dass der Vertragshändler seinerseits ja die Preiserhöhung weitergeben kann. Allerdings sind die kartellrechtlichen Grenzen zu beachten: Die Möglichkeit der Preiserhöhung durch den Hersteller könnte auch das kartellrechtliche Verbot der Vorgabe von Mindestpreisen[91] umgehen und damit unwirksam sein.

In Branchen mit starker Nachfragemacht wird in den Verträgen mit Zulieferern (z. B. Automobil-Zulieferer), die insofern für diese auch Vertriebsverträge sind, häufig umgekehrt eine Preissenkungsklausel vereinbart: Danach muss der Hersteller seine Kosten über den Vertragszeitraum um einen bestimmten Prozentsatz senken und diese Kostensenkung auch an den Abnehmer weitergeben. Hier wird jedoch meist ein fester Prozentsatz pro Vertragsjahr bereits in den Vertrag aufgenommen.

Vertragsanpassungen zum Vertragsgebiet sind heikel, da die Größe des Vertragsgebietes für den Vertriebshändler ein wesentliches Element des Vertriebsvertrages ist, ganz besonders bei exklusivem Vertrieb. Einen Anspruch auf Anpassung des Vertrages hat jede Partei nach § 313 BGB bei Änderung der Geschäftsgrundlage; allerdings müssen die Faktoren, die für die Vereinbarung des Vertragsgebietes entscheidend sind, zur Geschäftsgrundlage für beide Parteien geworden sein (z. B. die Fähigkeit des Vertriebshändlers, Kundenwünsche mit ausreichendem Personal zu befriedigen). Ein vertraglicher Vorbehalt des Herstellers, das Vertragsgebiet des Vertriebshändlers einseitig zu beschränken, unterliegt den Schranken des AGB-Rechts für allgemeine einseitige Vertragsanpassungen bei Dauerschuldverhältnissen: Danach muss der Vertrag bereits die Kriterien benennen, die eine Anpassung rechtfertigen, und den Interessen der anderen Partei muss ausreichend Rechnung getragen werden.[92] Dies erfolgt häufig durch ein Kündigungsrecht der anderen Partei; gerade der Vertriebshändler hat aber kein Interesse an einer Kündigung, soweit seine Investitionen in den Aufbau des Vertriebsnetzes noch nicht amortisiert sind. Eher kommt infrage, die Größe des Vertriebsgebietes bereits an das Erreichen bestimmter Umsatzzahlen zu knüpfen, und mangelnden Umsatz bereits im Vertrag als Grund zu nennen, um den Vertrag anpassen zu können. Den Interessen des Vertragshändlers kann dabei insbesondere mit ausreichend langen Fristen für die Umsetzung der Änderungen Rechnung getragen werden.

B. Vertrieb von Software für Endverbraucher

I. Strukturen

Der Vertrieb von Software an Endverbraucher kann in verschiedenen Formen auftreten: Als Vertrieb der schon vom Hersteller angefertigten (und verpackten) Vervielfältigungsstücke (»Box-moving«), als Teil von ebenfalls vertriebener Hardware (häufig als OEM-Vertrieb bezeichnet), als Herstellung der Vervielfältigungsstücke von einem Master, als reiner Online-Vertrieb. Diese Unterschiede sind auch auf der Stufe zwischen Hersteller und seinen im Vertrieb tätigen Vertragspartnern zu berücksichtigen.

---

89 BGHZ 92, 203; BGHZ 93, 256.
90 BGHZ 92, 203; Palandt/*Grüneberg* § 309 Rn. 9.
91 Vgl. Art. 4a) der Vertikal-GVO.
92 Giesler/*Vogels*/*Köhnen* § 3 Rn. 85–87.

B. Vertrieb von Software für Endverbraucher

1. Vertrieb in der für den Endverbraucher bestimmten Form (Box-Moving)

78 Software für Endverbraucher wird häufig in Standardversionen »über den Ladentisch« des Einzelhandels verkauft. Die zwischen Hersteller (oder Importeur oder nationaler Vertriebsgesellschaft des Herstellers) und Vertriebshändler geschlossenen Verträge weisen dann keine Unterschiede zu Vertriebsverträgen zu anderen Endverbraucherwaren auf.

2. OEM

79 »OEM« steht für Original Equipment Manufacturer und bedeutet, dass die vertriebene Software als »originale Ausrüstung« als Vorleistungsprodukt mit einem anderen Gegenstand (meist die Hardware eines Computers) ergänzt wird und (nur) gemeinsam mit diesem anderen Gegenstand vertrieben wird.[93] Während in der Hardware-Industrie bei OEM-Verträgen in der Regel davon ausgegangen wird, dass der eigentliche Hersteller gerade nicht genannt und seine Marke gerade nicht verwendet wird, sondern nur die Marke des Endproduktes (das »Blaupunkt« Radio wird zu einem »Volkswagen« Radio und nur unter dieser Marke von Volkswagen als eingebautes Gerät vertrieben), wird bei dem Vertrieb von Software der Hersteller in der Regel bezeichnet: Der PC wird mit einem »Microsoft« Betriebssystem oder Anwendungsprogrammen angeboten.[94] In diesem Sinn dient die Beschreibung als OEM-Vertrieb dazu, zwischen einem Vertrieb an Endkunden der einzelnen Software alleinstehend und dem Vertrieb zusammen mit Hardware zu unterscheiden. (Die mit Hardware als Erstausstattung vertriebene Software ist in der Regel billiger).

3. Vertrieb von selbst hergestellten Vervielfältigungsstücken und Online-Vertrieb

80 Bei dieser Variante erhält der Händler nur eine Kopie der Software in ablauffähiger Form (Master), die er selbst kopiert und an seine Kunden vertreibt. Eine Variante hiervon ist der Online-Vertrieb, bei dem der Händler die Vervielfältigungshandlungen des Endkunden von der zum Abruf bereit gehaltenen Master-Kopie erlaubt oder auf einzelne Bestellung selbst vornimmt.

4. VAR

81 Der »VAR« ist ein »Value Added Reseller«, der das Produkt mit einem »zusätzlichen Wert« weiterveräußert.[95] Der zusätzliche Wert besteht bei Software häufig in der Anpassung oder dem Customizing der Software an die Bedürfnisse des Kunden. Bei Software für den Endverbraucher ist dies jedoch der Ausnahmefall.

II. Einräumung von Nutzungsrechten

82 Um die fertig verpackte und vom Hersteller bereits in den Verkehr gebrachte Vervielfältigungsstücke der Software an Endverbraucher weiter zu vertreiben, benötigt der Händler keine Nutzungsrechte: Zum einen nutzt der Händler die Software nicht, sondern verkauft und veräußert nur die Vervielfältigungsstücke.[96] Sobald diese Vervielfältigungsstücke vom Hersteller dem Vertriebshändler übergeben sind, damit er diese verkauft, sind sie vom Hersteller in den Verkehr gebracht.[97] Damit sind nach § 69c Nr. 3 UrhG die Verbreitungsrechte des Herstellers (sie sind nach § 69c Nr. 3 S. 1 UrhG dem Rechtsinhaber vorbehalten) an die-

---

[93] Vgl. Giesler/*Giesler* § 1 Rn. 24; bei Software: *Marly* Rn. 1060.
[94] Schneider bezeichnet deshalb die Bezeichnung als »OEM-Version« für diese Software deshalb zu Recht als »unpassend«, *Schneider*, Hdb EDV, N Rn. 37.
[95] Vgl. Giesler/*Giesler* § 1 Rn. 24.
[96] Vgl. Leitlinien Vertikal-GVO, Ziffer 41.
[97] BGH NJW 2000, 3571 – OEM-Version.

sem Werkstück erschöpft. Ausgenommen ist nach § 69c Nr. 3 UrhG lediglich das Vermietrecht.

Erforderlich ist immer, dass bereits eine »**Verbreitung**« vorliegt. Dieser Begriff ist weit auszulegen,[98] auch der Vertrieb an selbstständige Konzernunternehmen gehört dazu.[99] 83

Ein Inverkehrbringen liegt nicht erst vor, wenn die Software vom Händler an den endgültigen Kunden veräußert wurde, sondern bereits dann, wenn der Rechteeinhaber (Hersteller) die Vervielfältigungsstücke dem Vertriebshändler zu diesem Zweck übergeben hat. Denn aufgrund der eigenverantwortlichen Tätigkeit des Vertriebshändlers hat der Rechteinhaber (Hersteller) keinen Einfluss mehr auf die weitere Tätigkeit des Vertriebshändlers. 84

Bei der Frage der »Übergabe« an den Vertriebshändler ist nicht auf die Konzepte von Eigentum und Besitz des BGB abzustellen, da der Begriff in der grundlegenden Richtlinie weit und mit eigenständiger Bedeutung verstanden wird.[100] 85

1. Rechte zur Vervielfältigung, Weiterbearbeitung, Anpassung

Der Vertrag zwischen dem Rechteinhaber und dem Händler kann aber dem Händler auch **weiter gehende Pflichten und Rechte** einräumen: So ist möglich, dass der Rechteinhaber lediglich die Software selbst in einer Verkörperung dem Vertreibenden zugänglich macht, und ihm die Vervielfältigung, Verpackung und den Vertrieb überlässt. Ein Beispiel ist die Antiviren- und Firewall-Software, die ein Internetdienstleister seinen Kunden zusammen mit der Software für den Zugang zu seinen Diensten anbietet, und die er gebündelt mit seiner eigenen Zugangssoftware auf eine CD brennen lässt. In diesem Fall benötigt der Vertreibende neben dem tatsächlichen Software-Code auch die Rechte für die Vervielfältigung und die Verbreitung, die nach § 69c Nr. 1 und Nr. 3 S. 1 UrhG dem Rechteinhaber vorbehalten sind. Sofern der Vertrag zu der Rechteeinräumung schweigt und dem Vertreibenden lediglich die Pflicht zur Vervielfältigung und zum Vertrieb auferlegt, wird von einer stillschweigenden Rechteeinräumung, soweit es für die Zwecke der Vertragserfüllung zwingend erforderlich ist,[101] auszugehen sein. Weitere Regelungen können die Pflicht umfassen, nur vom Hersteller zertifizierte Kopieranstalten für die Erstellung der CD-Kopien zu verwenden, Audits zur Überprüfung der Vertragstreue zuzulassen und Regelungen zur Qualitätskontrolle der angefertigten Kopien mit der Möglichkeit, eine Teilkündigung im Hinblick auf die Berechtigung zur Ziehung von CD-Kopien auszusprechen. 86

Eine **Weiterbearbeitung** (z. B. Übersetzung der Texte der Software-Menus und der Hilfe-Funktion in eine andere Sprache) oder Anpassung (an die Bedürfnisse der Kunden) ist bei dem Vertrieb an Endverbraucher ungewöhnlich. 87

2. Direkte oder indirekte Rechteeinräumung und EULAs

Nahezu bei jeder Software wird der Endverbraucher mit einem Startmenu konfrontiert, das ihn bittet, die Nutzungsbedingungen des Rechteinhabers (Herstellers) zu akzeptieren, in denen auch die Rechte zu einer Nutzung der Software eingeräumt werden. Dies erfolgt bei dem »Offline«-Vertrieb von Software (also dem Verkauf von CDs und DVDs als Vervielfältigungsstücken der Software) in der Regel durch »Clicks« im Software-Menu, die zu einem unmittelbaren Vertrag mit dem Rechteinhaber (Hersteller) führen sollen, ohne dass der Händler hier Mittlerfunktionen bei der Rechteeinräumung hat. 88

---

98 Dreier/Schulze/*Dreier* § 69c Rn. 20; vgl. auch Vorlagebeschluss BGH GRUR 2007, 50 wegen des Ausstellens von Möbeln.
99 BFH MMR 2005, 529.
100 Vgl. Vorlagebeschluss BGH GRUR 2007, 50.
101 Zweckübertragungsregel nach § 31 Abs. 5 UrhG.

89 Allerdings sieht § 69d Abs. 1 UrhG vor, dass auch ohne eine vertragliche Einräumung von Nutzungsrechten die »Handlungen« der Vervielfältigung (einschließlich des Ladens, Anzeigen, Ablaufens, Übertragen oder Speichern, soweit hierzu eine Vervielfältigung nötig ist) und sogar der Umarbeitung des Programms dann erlaubt sind, wenn sie zur »bestimmungsgemäßen Benutzung des Computerprogramms einschließlich der Fehlerberichtigung durch jeden zur Verwendung eines Vervielfältigungsstücks des Programms Berechtigten notwendig sind«. Berechtigter ist derjenige, der zur Verwendung des jeweiligen Vervielfältigungsstücks des Programms berechtigt ist.[102] In der zugrunde liegenden Richtlinie wird er »rechtmäßiger Erwerber« genannt. Gerade offen gelassen wird damit aber die entscheidende Frage, ob die Berechtigung zur Verwendung des Vervielfältigungsstücks schon aus der bloßen Tatsache des faktischen Zugangs zu dem Programmcode auf einem rechtmäßig nach zivilrechtlichen Kriterien erworbenen Datenträgers (CD) folgt, oder ob es – zumindest bei dem ersten Nutzer – noch einer Rechteeinräumung[103] bedarf.[104] Einigkeit besteht jedoch über das Ergebnis, dass die Auswirkungen von (aus AGB-rechtlichen Gründen) unwirksamen Schutzhüllen-, Shrinkwrap- oder Clickwrap-Verträgen mit entsprechenden Nutzungsrechtseinräumungen oder die fehlende vertragliche Einräumung zugunsten des weiteren Erwerbers unschädlich für die Berechtigung zur Nutzung des Vervielfältigungsstücks sind.[105]

90 Insofern spielt bei dem »Offline«-Vertrieb von Software die Frage der Endnutzer-Nutzungsbestimmungen, wie sie in den »**End User License Agreement**« (**EULA**) vom Hersteller festgehalten werden, für den Händler keine Rolle. Bei dem Online-Vertrieb wird dies differenzierter zu beurteilen sein.

91 Ferner wird bei vertraglichen Einschränkungen zwischen Hersteller und Händler, insbesondere auf eine OEM-Nutzung, die Frage relevant, ob diese Einschränkung auch die End-Verbraucher als Dritte betrifft.

Für den Fall, dass der Händler seinen Kunden Nutzungsrechte im eigenen Namen eingeräumt hat, war streitig, was mit diesen »Tochterrechten« passiert, sobald das »Mutterrecht« des Händlers erloschen ist. Hier hat sich der BGH zumindest im Fall des Rückrufs wegen Nichtausübung und bei ausschließlich eingeräumten Nutzungsrechten für einen Fortbestand der Tochterrechte ausgesprochen: In dem vom BGH entschiedenen Fall »Reifen Progressiv« hatte der Urheber das ausschließliche Recht seines Lizenznehmers zum Vertrieb der Software nach § 41 UrhG wegen Nichtausübung zurückgerufen. Der BGH entschied, dass die vom Händler während seiner Nutzungsberechtigung eingeräumten einfachen Nutzungsrechte auch nach Rückruf fortbestehen und insofern vom Bestand des »Mutterrechts« unabhängig sind.[106]

3. Vertikal-GVO

92 Wegen der Regelungen, dass Verträge, mit denen Nutzungsrechte eingeräumt werden, nicht unter die Vertikal-GVO fallen, waren Zweifel an der Einstufung von Software-Vertriebsverträgen entstanden. Die Leitlinien zur Vertikal-GVO vom 13.10.2000 haben dann klargestellt, dass zumindest in den beschriebenen Fällen der »Box-Mover«, also der Vertriebs-

---

102 Dreier/Schulze/*Dreier* § 69d Rn. 6.
103 *Moritz* MMR 2001, 94 (95).
104 Dreier/Schulze/*Dreier* § 69d Rn. 2 m. w. N. und Beschreibung der Norm als »Mischform zwischen gesetzlicher Lizenz [...] und vertraglicher Auslegungsvorschrift [...]«, wie auch die ausf. Darstellung bei *Marly* Rn. 1543–1549.
105 Vgl. nur Dreier/Schulze/*Dreier* § 69d Rn. 2 m. w. N.; Schricker/*Loewenheim*, § 69d Rn. 7; *Schneider*, Hdb EDV, J Rn. 3 -18; etwas anderes gilt für weiter gehenden Nutzungen wie z. B. für Mehrplatzbetrieb oder im Outsourcing, vgl. Schricker/*Loewenheim* § 69d Rn. 8a; Wandtke/Bullinger/*Grützmacher* § 69d Rn. 25–28 m. w. N.
106 BGH MMR 2009, 838 – Reifen Progressiv; hierzu *Scholz* GRUR 2009, 1107.

III. Beschränkung auf OEM-Nutzung, sowie bei Updates und Test-/Demo-Versionen

händler, die vom Hersteller angefertigte Vervielfältigungsstücke weiter vertreiben, die Vertikal-GVO einschlägig ist. Die neuen Leitlinien zur Vertikal-GVO vom 19.05.2010 halten daran fest. Hingewiesen wird dabei insbesondere in Ziffer 41 der Leitlinien, dass die Rechteeinräumung häufig direkt durch EULAs durch den Rechteinhaber (Hersteller) erfolgt, also außerhalb der Vertriebskette:[107]

> »Vereinbarungen über die Lieferung von Kopien einer Software auf einem materiellen Träger zum Zweck des Weiterverkaufs, mit denen der Wiederverkäufer keine Lizenz für Rechte an der Software erwirbt, sondern lediglich das Recht, die Kopien weiterzuverkaufen, sind im Hinblick auf die Anwendung der GVO als Vereinbarungen über die Lieferung von Waren zum Weiterverkauf anzusehen. Bei dieser Art des Vertriebs wird die die Software betreffende Lizenzvereinbarung nur zwischen dem Inhaber der Urheberrechte und dem Nutzer der Software geschlossen, wobei die rechtliche Vermutung geschaffen wird, dass der Nutzer durch die Entsiegelung des Softwareprodukts die Bestimmungen der Vereinbarung annimmt.«

93

Verglichen mit den Leitlinien vom 13.10.2000, die das Öffnen der Verpackung des Softwareprodukts durch den Nutzer gegebenenfalls als Akzeptieren einer Reihe von Bedingungen erachtete,[108] besteht nun mit Geltung der neuen Leitlinien die »rechtliche Vermutung«, der Nutzer akzeptiere mit Entsiegelung des Softwareprodukts die Bestimmungen der Vereinbarungen.

94

Damit ist zum einen die Vertikal-GVO bei den Fällen des Vertriebs von Standardsoftware durch »Box-Mover« anzuwenden. Zum anderen ist klargestellt, dass in dieser Vertriebsform keine wettbewerbswidrige Konditionenbindung vorliegt, sondern von der Kommission lediglich zwei unterschiedliche Verträge, nämlich einen Vertrag über die Lieferung von Waren und einen anderen Vertrag über die Einräumung von Rechten, gesehen wird.[109] Dieses Auseinanderfallen von Vertrieb und Rechteeinräumung führt dazu, dass zumindest für einen solchen Fall es Schwierigkeiten bereitet, von einer Erschöpfung der Verbreitungsrechte auszugehen.[110]

95

III. Beschränkung auf OEM-Nutzung, sowie bei Updates und Test-/Demo-Versionen

Einige Rechteinhaber (Hersteller) unterscheiden bei den Preisen ihrer Produkte nach isoliert im Handel vertriebenen Versionen und denjenigen Versionen, die zusammen mit Hardware (PC) in den Handel gebracht werden soll (letztgenannte wird dann als OEM-Version bezeichnet). Im unmittelbaren Vertrag zwischen Hersteller und Vertriebshändler wird vereinbart, dass der Vertriebshändler diese Software nicht isoliert weitergeben darf (selbst wenn er eine Vielzahl von bereits gefertigten Vervielfältigungsstücken vom Hersteller erhält), sondern nur im Bündel mit anderen Produkten (Hardware).

96

Im Fall der Microsoft OEM-Verträge in ihrer damaligen Fassung ist die Wirksamkeit von Beschränkungen auf den OEM-Einsatz von Software vom BGH überprüft worden.[111] Der BGH sah eine Erschöpfung des Verbreitungsrechts des Rechteinhabers mit dem ordnungemäßen Inverkehrbringen der Vervielfältigungsstücke durch den »authorized replicator« (Kopierer) an, die vertraglich im Einzelnen bezeichneten Zwischenhändler und größere Hardware-Hersteller. Da sich der authorized replicator bei dieser Weitergabe an die Vor-

97

---

107 Mitteilung der Kommission – Leitlinien für vertikale Beschränkungen, ABl. EU Nr. C 130/1 v. 19.05.2010, Ziffer (41).
108 Mitteilung der Kommission – Leitlinien für vertikale Beschränkungen, ABl. EU Nr. C 291/9 v. 13.10.2000, Ziffer (40).
109 Allerdings werden die AGB-rechtlichen Bedenken im Verhältnis Hersteller-Endkunde damit nicht ausgeräumt, vgl. *Polley* CR 2004, 641 (645).
110 So *Moritz* MMR 2001, 94 (96).
111 BGH NJW 2000, 3571 – OEM-Version; zur Diskussion hierzu siehe *Schneider*, Hdb EDV N, Rn. 33–40; *Moritz* MMR 2001, 94.

gaben des Herstellers gehalten hatte, liege ein ordnungsgemäßes Inverkehrbringen mit der Folge der Erschöpfung des Verbreitungsrechts vor. Die vertragliche Beschränkung auf eine OEM-Nutzung könne Dritte (wie etwa die Zwischenhändler) wegen Eintritt dieser Erschöpfung nicht mehr binden. Zwar sei eine dinglich wirkende Aufspaltung des Verbreitungsrechtes möglich, wenn es sich um übliche, technisch und wirtschaftlich eigenständige und damit klar abgrenzbare Nutzungsformen handelt.[112] Ob dies bei einem auf OEM-Nutzung beschränkten Vertrieb der Fall sei, ließ der BGH offen (meldete aber Zweifel mangels einem schützenswerten Interesse an einer Aufspaltung der Preise an). Diese Beschränkung wirke jedoch nur bei dem erstmaligen Inverkehrbringen; erfolgt dies mit Zustimmung des Rechteinhabers, also in der erlaubten Weise, tritt die Erschöpfung des Verbreitungsrechts insgesamt ein.[113] Ansonsten ließ der BGH – nicht unerwartet – einige Fragen offen, so etwa durch den Hinweis, es bliebe den Herstellern »im Rahmen des kartell- und AGB-rechtlich Zulässigen unbenommen, ihre Vertragspartner vertraglich zu binden und sie zu verpflichten, bestimmte Verwendungsbeschränkungen an ihre jeweiligen Vertragspartner weiterzugeben«, und dass dem Hersteller weiter reichende Gestaltungsspielräume verbleiben, »wenn der Benutzer der jeweiligen Software auf Nutzungsrechte angewiesen ist, die ihm [der Hersteller] unmittelbar einräumen muss.«

98 Eine Vertragsklausel in dem Vertrag zwischen Hersteller und Vertriebshändler, mit der sich der Vertriebshändler verpflichtet, die Software an Dritte mit der Beschränkung weiterzugeben, dass der Dritte diese Software nur im Bündel mit Hardware nutzt oder weitergibt, ist eine Konditionenbindung.[114] Sie wäre kartellrechtlich unter der GVO-VV nur als Einschränkung des »field of use« zulässig, ansonsten als Koppelung rechtswidrig.[115]

99 Bei dem Ablaufenlassen einer für den Endverbraucher bestimmten Software ist der Endverbraucher zudem nicht darauf »angewiesen«, von dem Rechteinhaber entsprechende Nutzungsrechte eingeräumt zu erhalten, weil ihm § 69d Nr. 1 UrhG dieses Recht als rechtmäßiger Benutzer seines Vervielfältigungsstücks bereits gibt. Zwar kann § 69d Nr. 1 UrhG vertraglich eingeschränkt werden (anders als die Rechte zur Anfertigung einer Sicherungskopie aus § 69d Nr. 2 UrhG und das Recht zur Programmbeobachtung nach § 69d Nr. 3 UrhG, da dies nach § 69g Abs. 2 UrhG zwingende Normen sind). Eine Einschränkung in Standardverträgen, die ein Ablaufenlassen des Programms, selbst wenn damit die notwendigen Vervielfältigungshandlungen für Kopien im Arbeitsspeicher und auf einer Festplatte nötig sind, verhindert oder nach dem Erwerb des Vervielfältigungsstücks noch von einer weiteren Genehmigung des Rechteinhabers abhängig macht, scheitert entweder bereits an der erforderlichen wirksamen Einbeziehung (§§ 305c Abs. 2, 310 Abs. 1 BGB), oder ist als überraschende (§ 305c BGB) oder unangemessen benachteiligende (§ 307 BGB) Klausel unwirksam.

100 Das Verbreitungsrecht kann nicht dinglich gegenüber Dritten wirksam auf Weitergabe als reine Update-Version beschränkt werden, sofern das Vervielfältigungsstück eine vollständige Version der Software enthält.[116]

101 Bei Demo- und Testversionen erschöpft sich jedoch das Verbreitungsrecht auf diese Versionen als solche.[117]

---

112 Unter Verweis auf BGH NJW 1992, 1320 – Taschenbuchlizenz.
113 Unter Verweis auf BGH GRUR 1986, 736 – Schallplattenvermietung.
114 *Schneider*, Hdb EDV, N Rn. 36 und 38.
115 Vgl. zur kartellrechtlichen Zulässigkeit hardwarebezogener (CPU) Beschränkungen der Verwendung von Software: *Scholz/Wagener* CR 2003, 880.
116 OLG Frankfurt/M. CR 1999, 7 (9); GRUR 2004, 198 – Softwarefälschung; Dreier/Schulze/*Dreier* § 69c Rn. 31; a. A. LG München IR 1998, 141 (142) noch vor der BGH-Entscheidung im OEM-Fall.
117 OLG Düsseldorf CR 2002, 641; KG ZUM 2000, 1089. Allerdings ist auch schwer begründbar, wie die ja faktisch unterschiedliche Final-Version von der Erschöpfung mit umfasst sein sollte.

IV. Besonderheiten bei dem Online-Vertrieb

Bei dem Online-Vertrieb werden keine Vervielfältigungsstücke als Sachen vertrieben, sondern dem Endverbraucher die Möglichkeit verschafft, sich im Wege des Herunterladens ein eigenes Vervielfältigungsstück durch Kopieren der auf dem Server des Händlers liegenden Software anzufertigen. 102

1. Rechteeinräumung bei Online-Vertrieb

Anders als bei Weiterveräußerung durch den Vertriebshändler von Vervielfältigungsstücken, die bereits – an ihn – in den Verkehr gebracht sind, bedarf es für das Angebot an Endverbraucher, solche Kopien durch Herunterladen anzufertigen, einer **eigenständigen Rechteeinräumung**. Das Recht, das Computerprogramm zu vervielfältigen, ist dem Rechteinhaber (Hersteller) vorbehalten. Darüber hinaus kennt das UrhG einen eigenen Tatbestand des **Zugänglichmachen** gem. § 19a UrhG, dieser wird durch das Angebot, über das Internet von Orten und zu Zeiten nach Wahl des Endnutzers auf das Programm, wie es auf dem Server des Vertriebshändlers gespeichert ist, zuzugreifen, erfüllt. Der Vertriebshändler muss sich also sowohl das Recht, seine eigene Kopie öffentlich zugänglich zu machen, wie auch das Recht, Dritten die Anfertigung von Vervielfältigungsstücken im Wege des Herunterladens zu erlauben, vom Hersteller einräumen lassen. Der Endverbraucher erhält kein bereits vorliegendes Vervielfältigungsstück, sondern schafft sich ein solches erst selbst. 103

Alternativ kann der Vertriebshändler sich auf die technische Dienstleistung des **Hosting der Master-Kopie** der Software und der Verschaffung der Möglichkeit, sich hiervon Kopien anzufertigen, beschränken. Die Einräumung der Rechte kann dann unmittelbar durch den Hersteller als Rechteinhaber erfolgen, wenn diese Vervielfachung der vom Endverbraucher abzuschließenden Verträge AGB-rechtlich noch transparent und nicht überraschend ist.[118] 104

2. Berichtspflichten

Insbesondere bei dem Online-Vertrieb unterliegt der Vertriebshändler sehr viel intensiveren Aufzeichnungs-, Berichts- und Offenlegungspflichten, da der Hersteller ja nur aufgrund der vom Hersteller selbst genannten Zahlen ermitteln kann, welche Anzahl an Vervielfältigungsstücken angefertigt wurden. 105

Technisch wird diese Kontrolle dadurch erreicht, dass der Vertriebshändler **Lizenzschlüssel** benötigt, um jeweils eine Kopie zum Herunterladen zu erstellen; da jeder Lizenzschlüssel nur einmalig verwendet werden kann, verschafft dies dem Hersteller Sicherheit über die Absatzzahlen. Bei Vertragsbeendigung ist dann auch die Frage zu regeln, ob die einmal erworbenen Lizenzschlüssel vom Hersteller zurückverlangt und vor allem rückvergütet werden. Wichtig ist dabei, dass diese Lizenzschlüssel nur den Vertriebshändler in der Anzahl der Vervielfältigungsstücke beschränken, die er anzufertigen gestattet; eine Beschränkung des Endverbrauchers im Hinblick auf die Nutzung (oder Weiterveräußerung) könnte dagegen AGB-rechtlich unwirksam sein.[119] 106

---

118 Z. B. durch Struktur und Inhalt der Website, von der die Software herunter geladen wird und durch Nennung des Herstellers als Vertragspartner und Einbeziehung der AGB vor Abschluss des Kaufvertrages über die Software.
119 Ein Verbot, die online erworbene Software weiterzuveräußern, könnte zwar im Einklang mit dem Erschöpfungsgrundsatz stehen (der sich nur auf Vervielfältigungsstücke bezieht), widerspricht aber als AGB dem Grundgedanken des käuflichen Erwerbs von Gegenständen: der Kunde geht bei dem »Kauf« der Software gegen Einmalzahlung davon aus, wie ein Eigentümer hierüber frei verfügen zu können. Ein vollständiges Verbot der Weiterveräußerung kann deshalb nur in Ausnahmefällen gerechtfertigt sein, und dort, wo sich noch keine Kundenerwartung eines »Kaufes« gebildet hat.

107 Ferner wird durch ein System zur Rechteverwaltung (**Digital Rights Management – DRM**) häufig sichergestellt, dass der Nutzer keine weiteren Vervielfältigungshandlungen vornimmt, sondern nur die ihm überlassene Kopie nutzt. Wenn der Vertriebshändler selbst es übernimmt, die Software dem DRM-System zu unterstellen (häufig durch physische Einbettung des Software-Codes in einen »Mantel« der entsprechenden DRM-Software durch ein »wrapping«), liegt darin häufig eine Bearbeitung oder sonstige Umarbeitung der Software, für die ebenfalls Rechte vom Hersteller einzuräumen sind. Diese Rechteeinräumung wird in der Regel auf einen oder mehrere namentlich genannte Anbieter solcher DRM-Systeme beschränkt, da der Hersteller ein begründetes Interesse hat, die Sicherheit der DRM-Systeme (als Schutz gegen unberechtigte Vervielfältigungen) zu gewährleisten. Dies ist nicht als Konditionenbindung zu werten, sondern als eine rechtmäßige Bedingung der Rechteeinräumung: Die Erlaubnis, den Endverbrauchen die Anfertigung von Kopien zu gestatten, ist geknüpft an die Bedingung, dass ein bestimmtes DRM-System verwendet wird. Die Beibehaltung technischer Schutzmaßnahmen nach §§ 95a ff. UrhG kann als Endkunden-Vertragsbedingung dem Händler deshalb auch kartellrechtlich wirksam auferlegt werden.[120]

108 Eine »untechnische« Variante dieser Lizenzschlüssel sind die **Lizenz-Aufkleber**, die Hersteller von Software an Hardware-Hersteller ausgeben, die die Software auf ihre Hardware aufspielen: Vertraglich wird vereinbart, dass jeder PC, auf den die Software aufgespielt wird, einen solchen Lizenz-Aufkleber tragen muss. Aus der Anzahl der verbrauchten Lizenz-Aufkleber ersieht der Hersteller die Anzahl der vom Vertriebshändler angefertigten Vervielfältigungsstücke.[121] Ferner wird er durch Stichproben sicherstellen, dass der Vertriebshändler der Pflicht zur Aufbringung der Lizenz-Aufkleber nachkommt.

3. Vertriebsbeschränkungen bei Online-Vertrieb

109 Da bei dem Online-Vertrieb keine Erschöpfung eines Verbreitungsrechts eintritt, darf der Hersteller weiter gehende Beschränkungen vorschreiben,[122] insbesondere territoriale Beschränkungen für den weiteren (Online-) Vertrieb. Grundsätzlich gehört die **Gebietsausschließlichkeit** zu den gemäß § 31 Abs. 1 S. 2 UrhG mit dinglicher Wirkung abspaltbaren Rechten. Allerdings ist die Technologietransfer-GVO[123] zu beachten, die in Art. 4 Abs. 2b) ii) das Verbot des passiven Verkaufs in andere Exklusivgebiete nur für die Dauer von 2 Jahren freistellt.[124]

V. Exklusivität

110 Bei dem Vertrieb von Software an Endverbraucher ist die Exklusivität des Vertriebsverhältnisses für ein Vertragsgebiet die Ausnahme: Während die Exklusivität beim Geschäftskundenvertrieb sicherstellt, dass der Vertriebshändler aufgrund der sichereren Vertriebsmöglichkeiten höhere Investitionen und damit vermehrte Anstrengungen zur Ausbildung seines Personals und für die Betreuung der Kunden unternimmt, ist dies im Massengeschäft mit Endverbrauchern weniger relevant.

111 Anzutreffen ist die Exklusivität eher im Hinblick auf neue Produkte und auf einen begrenzten Zeitraum: Um ein neues Produkt am Markt zu platzieren, kann dieses einem Vertriebshändler für ein Vertragsgebiet exklusiv für einen bestimmten Zeitraum nach Vermarktungsbeginn zugewiesen werden. Dies ist z. B. bei Online-Spielen, die mit einem gewissen Auf-

---

120 *Nordemann* GRUR 2007, 203 (209); vgl. auch Immenga/Mestmäcker/*Ullrich* Teil D Rn. 17.
121 *Schneider*, Hdb EDV, N Rn. 39.
122 Vgl. *Nordemann* GRUR 2007, 203 (209) zur Auswirkung der Erschöpfung auf vertragliche Bindungen.
123 Zur Anwendbarkeit s. Rdn. 50.
124 *Nordemann* GRUR 2007, 203 (206).

wand zunächst technisch für die Bereitstellung zum Herunterladen aufbereitet werden müssen, üblich.

Die kartellrechtlichen Grenzen solcher Exklusivitätsvereinbarungen im Vertriebsrecht sind zu beachten. Die für den Vertrieb von durch den Hersteller angefertigten Vervielfältigungsstücken anwendbare Vertikal-GVO stuft in Art. 4b) Klauseln, die dem Gebiets- und Kundenschutz gelten, als »schwarze« Klauseln ein, wenn diese nicht die folgenden Ausnahmen erfüllen: Sie dürfen nur den aktiven Verkauf in einem Gebiet oder an Kunden verbieten, das oder die der Hersteller sich oder einem Dritten vorbehält. Passive Verkäufe in solche vorbehaltenen Gebiete, also auf direkte Anfragen von potenziellen Kunden an den Vertriebshändler, dürfen jedoch nicht untersagt und sollten in dem Vertrag deshalb ausdrücklich erlaubt sein.[125] Bei dem Vertrieb von durch den Händler aufgrund einer Rechteeinräumung angefertigten Vervielfältigungsstücken (wie auch beim Online-Vertrieb[126]) ist bei Nicht-Wettbewerbern sogar das Verbot des passiven Verkaufs in andere Exklusivitätsgebiete, allerdings nur für die Dauer von 2 Jahren, nach Art. 4 Abs. 2b) ii) freigestellt.[127]

Bei einem Kartellrechtsverstoß droht **Nichtigkeit der Klausel** und u. U. selbst bei der Aufnahme einer salvatorischen Klausel des gesamten Vertrages: Derjenige, der sich auf die Wirksamkeit der sonstigen Klauseln beruft, hat die Darlegungs- und Beweislast für die Wirksamkeit der Restklauseln bei Vertriebs-Kartellrechtsverstoß solcher Gebiets- und Kundenbeschränkungen.[128]

Selektive Vertriebssysteme, bei denen nur besonders zugelassene Fachhändler Aufnahme in das Vertriebssystem finden, sind in der EDV-Branche mittlerweile selten, ihre immanenten Wettbewerbsbeschränkungen jedoch freigestellt.[129] 1983 beantragte IBM für sein selektives Vertriebssystem für IBM-Personalcomputer, um durch eine Beschränkung des Vertriebssystems auf nach objektiven Kriterien ausgesuchte Händler eine ausreichende Beratung des – damals noch datenverarbeitungsunkundigen – Kunden zu gewährleisten.[130]

VI. Sonstige Vertriebsbindungen

Auch sonstige Beschränkungen in den Vertriebsverträgen unterliegen insbesondere den **Schranken des europäischen Kartellrechts**.

Unter Umständen kann die Regelung aus Art. 4e) Vertikal-GVO relevant werden, dass dem Hersteller nicht verboten werden darf, »Ersatzteile« selbst an Endkunden oder Dritte zu liefern;[131] eine Anwendung zumindest entsprechend auf Software-Updates erscheint sinnvoll.

Als sonstige Vertriebsbindung erlaubt ist das Verbot für Großhändler, direkt an Endverbraucher zu liefern.[132]

---

125 S. zur Definition von passiven Verkäufen Leitlinien zur Vertikal-GVO, Ziffer (51); zur Beibehaltung dieser Einordnung in der neuen Vertikal-GVO vgl. *Seeliger/Klauß* GWR 2010, 233.
126 S. Rdn. 50.
127 *Nordemann* GRUR 2007, 203 (206).
128 LG Frankfurt/M. 06.01.2006, 3–11 O 42/05, EWiR Art. 81 EG 1/07, 45 (Leitsätze) m. Anm. *Beyerlein* zu einem Lizenzvertrag über Merchandisingrechte.
129 Art. 4c) Vertikal-GVO; Art. 4 Abs. 2c) Technologietransfer-GVO.
130 Vgl. hierzu die Entscheidung der Kommission v. 18.04.1984, ABl. Nr. L 118 v. 04.05.1984, S. 24; *Joerges* GRUR Int. 1984, 222.
131 Hierzu Giesler/*Vogels*/Köhnen § 3 Rn. 630.
132 Art. 4 Abs. 2b) v) Technologietransfer-GVO, Art. 4b) ii) Vertikal-GVO; vgl. hierzu Giesler/*Vogels*/Köhnen § 3 Rn. 626; *Schumacher/Schmid* GRUR 2006, 1 (8) zur Technologietransfer-GVO.

VII. Mängel

118 Die Ansprüche des Händlers gegen den Hersteller wegen Mängel der Software bestimmen sich nach den **Regeln des Kaufvertrages**, die dem einzelnen Erwerb zugrunde liegen. Besonderheiten ergeben sich aus den Regeln zum Verbrauchsgüterkauf, wie auch bei einem Vertrieb von Vervielfältigungsstücken, die der Händler selbst anfertigt oder online vom Kunden anfertigen lässt.

1. Mängelansprüche und Verjährung bei Verbrauchsgüterkauf in der Kette

119 Für die Mängelansprüche, die der Händler gegen den Hersteller geltend macht, gelten (bei Vereinbarung deutschen Rechts) Kaufrecht und damit der Anspruch auf **Nacherfüllung** durch (seltener: Mangelbeseitigung, oder vielmehr:) **Lieferung einer mangelfreien Sache** gem. §§ 437 Nr. 1, 439 Abs. 1 BGB, wie auch die Rechte auf **Rücktritt** nach § 437 Nr. 2 BGB und auf **Schadensersatz** gem. § 437 Nr. 3 BGB bei Vorliegen der jeweiligen Voraussetzungen.

120 Zusätzlich ist der Händler bei dem Verkauf von Sachen an Endverbrauchern den **Regeln des Verbrauchsgüterkaufs** nach §§ 474 ff. BGB ausgesetzt: Damit hat der Einzelhändler gem. § 478 BGB einen Rückgriffsanspruch gegen die Lieferanten in der Lieferkette, um Ersatz seiner Aufwendungen zu verlangen, die er durch Mangelansprüche des Endkunden hatte. Die Vorschrift ist zwingend (§ 478 Abs. 4 BGB), allerdings kann in der Lieferkette ein »gleichwertiger Ausgleich« vorgesehen werden, der dann an die Stelle des Aufwendungsersatzanspruchs tritt. (Dies ist Hintergrund für die eigenen Garantie- und Unterstützungsleistungen, die der Hersteller häufig den Endkunden und auch den Einzelhändlern anbietet, um eigene Nacherfüllungen durch den Einzelhändler, die mit hohen Kosten verbunden sein könnten, zu vermeiden.)

121 Da diese Aufwendungsersatzansprüche erst nach zwei Jahren ab Ablieferung der Sache verjähren (§ 479 Abs. 1 BGB), und zudem eine weitere Ablaufhemmung in § 479 Abs. 2 BGB vorgesehen ist (die Frist läuft frühestens zwei Monate nach Erfüllung der Ansprüche des Endverbrauchers durch den Einzelhändler ab), kann der Händler noch **bis zu fünf Jahren** (§ 479 Abs. 2 S. 2 BGB) nach Lieferung an seinen Abnehmer mit Mängelansprüchen konfrontiert werden. Sofern deutsches Recht zwischen Händler und Hersteller Anwendung findet, ist der Hersteller als »letztes Glied« in der Kette wiederum dem Händler verpflichtet. Da der Händler häufig jedoch auch Importeur der Software eines ausländischen Herstellers ist, kann der Vertriebsvertrag u. U. einem ausländischen Recht unterliegen und dieses Recht auch für die einzelnen Erwerbsgeschäfte der Vertragsprodukte für anwendbar erklären. Dann empfiehlt es sich dringend, dass die Rückgriffsrechte, denen der Importeur als Händler ausgesetzt ist, bei der Risikoverteilung berücksichtigt werden, in dem für den Händler günstigsten Fall voll vertraglich an den Hersteller weitergegeben werden können. Selbst wenn der Vertriebsvertrag deutschem Recht unterliegt, ist bei einem ausländischen Hersteller zu prüfen, ob sich diese Rechtswahl auf die einzelnen Erwerbsgeschäfte erstreckt. In der Regel wird von einem solchen Parteiwillen auszugehen sein, selbst wenn eine ausdrückliche Regelung im Vertrag fehlt: Die Aufspaltung der Vertragsbeziehungen in einen Vertriebsvertrag und davon unabhängige einzelne Bezugs- (Kauf-)verträge ist keine leicht nachvollziehbare. Wenn jedoch diese Verträge auch in Bezug auf das anwendbare Recht zu unterscheiden sind, dann würde der Bezugs- oder Kaufvertrag nach Art. 3 Nr. 1b EGBGB i. V. m. Art. 3 Abs. (3) Rom I[133] dem Recht des Landes unterliegen, in dem die Vertragspartei sitzt, die die vertragstypische Leistung erbringt. Während dies beim Vertriebsvertrag der für den Vertrieb verantwortliche Händler ist, ist beim Kaufver-

---

[133] Verordnung (EG) Nr. 593/2008 des Europäischen Parlaments und Rates v. 17.06.2008 über das auf vertragliche Schuldverhältnisse anzuwendende Recht (Rom I), ABl. EU 2008 Nr. L 177/6 v. 04.07.2008.

trag dies der Verkäufer, hier also der Hersteller. Dies hat die für den Händler nachteilige Folge, dass selbst bei einem Vertriebsvertrag nach deutschem Recht die Mängelansprüche aus dem einzelnen Kaufvertrag nicht nach deutschem Recht, sondern nach dem Recht des Heimatlandes des Verkäufers richten. Damit droht auch der Schutz, den § 478 BGB für Rückgriffe in der Vertriebskette gibt, zu scheitern.

Unabhängig davon stellt sich die Frage, ob der Hersteller im Vertrag die **Verjährung von Mängelansprüchen** vom Gesetz (2 Jahre ab Ablieferung nach § 438 Abs. 1 Nr. 3 BGB) abweichend regeln kann. Nach Einführung der von 6 Monaten auf 2 Jahre durch das Schuldrechtsmodernisierungsgesetz verlängerten Verjährungsfrist wurde vertreten, dass eine Verkürzung auf 1 Jahr als keine unangemessene Benachteiligung zwischen Unternehmern nach § 307 BGB zu werten sei, da auch § 309 Nr. 8b) ff) BGB für bestimmte Fälle nur die »eine weniger als ein Jahr betragende Verjährungsfrist« für unwirksam hält.[134] Zwar hat der BGH in der Zwischenzeit zumindest für die Frage der Verschuldensabhängigkeit der Rechtsmängelhaftung, und für den Wegfall der Nachfristsetzung bei Nichtleistung entschieden, dass die Schuldrechtsmodernisierung nicht über AGB auszuheben sei.[135] Nach wie vor ist aber anzunehmen, dass auch eine Abkürzung der Verjährungsfrist von 2 Jahren im unternehmerischen Verkehr wirksam durch den Hersteller in AGB vereinbart werden kann.[136]

122

2. Sonderfall der Anfertigung von Vervielfältigungsstücken durch den Händler und reiner Online-Vertrieb

Wenn der Händler nicht als einfacher »Box mover« handelt, sondern von dem Hersteller nur den Master für die Software erhält, die einzelnen Vervielfältigungsstücke jedoch selbst anfertigt (oder anfertigen lässt), können identische Mängel bei Endkunden auftreten. Auch hier können Mängelansprüche des Kunden erst nach Ablauf von 2 Jahren nach Überlassung des Masters an den Vertriebshändler auftreten. Die Lösung kann zum einen in der Ausgestaltung des Vertriebsvertrages zwischen Hersteller und Vertriebshändler liegen: Ist der Master nur zeitlich befristet (für die Laufzeit des Vertriebsvertrages) überlassen, richten sich die Mängelansprüche des Vertriebshändlers nach Mietrecht.[137] Damit muss der Master während der gesamten Laufzeit mangelfrei sein. Ein Auseinanderlaufen der Verjährungsfristen ist damit unwahrscheinlich. Hat der Hersteller aber (auch zur Vermeidung mietvertraglicher Mängelansprüche) eine zeitlich unbefristete Überlassung vereinbart, wird der Rückgriffsanspruch nach § 478 BGB gegen den Hersteller dennoch vorliegen, auch wenn die dem Endkunden überlassene »Sache« erst vom Vertriebshändler geschaffen wurde. Aus dem Gebot des § 453 BGB, auch bei dem Kauf von Rechten die kaufrechtlichen Vorschriften anzuwenden, wie auch aus der Rechtsprechung, die die zeitliche unbegrenzte Überlassung auch unverkörperter Software dem Kaufrecht unterwirft,[138] kann es keinen Unterschied machen, ob ein unkörperlicher Softwarecode mit dem Recht, Kopien zu ziehen, überlassen wird, oder bereits die Kopie selbst. Zudem könnte dieses Vertragskonzept auch in der Weise gestaltet werden, dass der Vertriebshändler im Auftrag des Herstellers die jeweilige Kopie zieht, und erst nach »Durchgangserwerb« des Herstellers und Übertragung der Rechte an den Händler diese Sache dann dem Endkunden überlässt.

123

Entsprechend anzuwenden sind entweder die mietvertraglichen Regelungen oder die Rückgriffsansprüche nach § 478 BGB bei dem reinen Online-Vertrieb, bei dem der Vertriebs-

124

---

134 Palandt/*Grüneberg* § 309 Rn. 77; *Schneider* Hdb EDV, N Rn. 15.
135 BGH NJW 2006, 47 (dort auch ausdrücklich zur Erhöhung der Käuferfreundlichkeit als Gedanken der Schuldrechtsreform).
136 Palandt/*Grüneberg* § 309 Rn. 77; *Schneider* Hdb EDV, N Rn. 15.
137 Aus einem zeitlich befristeten Softwareüberlassungsvertrag ergibt sich grundsätzlich eine mietvertragliche Gewährleistung vgl. *Marly* Rn. 1283–1290.
138 *Marly* Rn. 689 zur Gleichbehandlung von körperlichen und unkörperlichen Programmüberlassungen; *Schrader/Rautenstrauch* K&R 2007, 251 (254).

händler also keine Vervielfältigungsstücke selbst mehr anfertigt, sondern dem Endkunden nur noch die Möglichkeit gibt, solche Vervielfältigungsstücke durch Zugriff auf online verfügbare Master Kopien anzufertigen.

3. Produktaktivierungspflichten

125 Produktaktivierungspflichten waren bislang vor allem bei dem Vertrieb von Software für Geschäftskunden üblich (Software-basierte Lizenzschlüssel). Mit dem zunehmenden Einsatz von DRM-Systemen im Endkundenbereich, vor allem bei Spiele-Software, wächst die Bedeutung.

126 Wichtig ist, dass im Vertrag zwischen Hersteller und Vertriebshändler geregelt wird, dass die Produkte einer Produktaktivierung bedürfen und wer für den Betrieb der technischen Infrastruktur verantwortlich ist. Ist der Händler z. B. der Betreiber eines Internet-Access Dienstes, der diese Software an seine- Kunden vertreibt, könnte dieser selbst die Server betreiben, die die Kunden authentifizieren und die Produkte freischalten.

127 Der Händler steht gegenüber seinen Endverbrauchern in der Pflicht zur Erfüllung und Nacherfüllung (Mängelhaftung) des Kaufvertrages. Damit muss der Händler gegenüber seinem Lieferanten sicherstellen, dass z. B. ein Hardwarewechsel, den der Endverbraucher vornimmt, nicht zu einer Funktionsbeeinträchtigung (oder Ausschluss der Nutzung) führt. Insbesondere wenn noch lange nach dem eigentlichen Kauf der Endverbraucher auf die Nachlieferung von Lizenzschlüsseln angewiesen ist (dies ist z. B. bei dem online Erwerb von Musikstücken üblich),[139] kann diese Pflicht über die Laufzeit des Vertriebsvertrages hinausgehen. Die Ansprüche des Händlers gegen den Hersteller können sich auf § 478 BGB als Aufwendungen für die Beseitigung von Mängeln stützen; dann ist eine – eventuell kürzere – Laufzeit des Vertrages unschädlich. Aus Sicht des Herstellers (sofern deutsches Recht zur Anwendung kommt) macht dann aber eine Regelung Sinn, die u. U. auch nach Ablauf des Vertrages noch zu einem »gleichwertigen Ersatz« führt (z. B. einen Anspruch auf Zurverfügungstellung der Schlüssel), damit die in der Regel höheren Kosten für die Aufwendungen der Mängelbeseitigung im Einzelfall durch den Vertriebshändler vermieden werden.

4. Produkthaftung

128 Bei einem klassischen OEM-Vertrag bringt der Vertreibende seine eigene Marke auf dem Produkt an und wird somit zum Quasi-Hersteller nach § 4 Abs. 1 S. 2 ProdHaftG.[140] Er tritt damit neben dem eigentlichen Hersteller als Gesamtschuldner in die Produkthaftpflicht gegenüber den Endverbrauchern nach § 5 S. 1 ProdHaftG ein. Die Regelung von § 426 Abs. 1 S. 1 BGB (Haftung zu gleichen Teilen) ist jedoch durch § 5 S. 2 ProdHaftG verdrängt. Danach hängt der Ausgleich von den »Umständen, insbesondere davon ab, inwieweit der Schaden vorwiegend von dem einen oder dem anderen Teil verursacht wurde«. Dies kann zu einer völligen Freistellung des Vertriebshändlers führen. Die Haftung untereinander (also der Ausgleich unter den Gesamtschuldnern) kann jedoch auch vertraglich geregelt werden (§ 5 S. 2 ProdHaftG) und dann der gesetzlichen Regelung vorgehen. Insbesondere versuchen Hersteller nicht selten in ihren Verträgen, die Produkthaftung auf die jeweiligen nationalen Vertriebspartner abzuwälzen.

---

139 So die AGB bei iTunes und Musicload; wegen des innovativen Charakters dieser Online-Musikmärkte erscheint zweifelhaft, ob bei einer Prüfung auf Vorliegen einer unangemessenen Benachteiligung gem. § 307 BGB auf den »Kauf« als gesetzliches Leitbild abgestellt werden darf.
140 *Schneider*, Hdb EDV, N Rn. 17.

VIII. Geheimhaltung

Der Vertriebsvertrag wird üblicherweise **Geheimhaltungsklauseln** enthalten, die vor allem die kaufmännischen Informationen (Preise, Abnahmemengen) vor Veröffentlichung schützen. **129**

Ergänzend kann der Schutz der Software selbst als **Geschäftsgeheimnis** hinzutreten.[141] Dies ist vor dem Hintergrund der Rechtslage US-amerikanischer Hersteller zu sehen, die neben Patent- und Urheberrechtsschutz auch den Schutz ihrer Software als »trade secret« gestalten. Allerdings kann auch in Deutschland u. U. ein Unterlassungs- und Schadensersatzanspruch auf § 17 UWG[142] gestützt werden, wenn ein Vertriebshändler die ihm zur Vervielfältigung (von einer Master-Kopie) überlassene Software »frei« zugänglich macht. Dann liegt nicht nur eine urheberrechtswidrige Vervielfältigung, Verbreitung (oder öffentliche Zugänglichmachung) vor, sondern auch eine Verletzung von Geschäftsgeheimnissen. **130**

C. Vertrieb von Software für Geschäftskunden

Der Vertrieb an Geschäftskunden weist einige Besonderheiten auf. **131**

I. Gestaltungsformen

Die besonderen Bedürfnisse von Geschäftskunden führen zu anderen Gestaltungen der Vertriebsverträge als im Endkundengeschäft. **132**

1. VAR-Vertrag

Von besonderer Bedeutung ist der VAR oder Value Added Reseller Vertrag. Dabei wird nicht nur die Software weitervertrieben, sondern dem Kunden ein zusätzlicher Wert (»value added«) geboten. **133**

Im Geschäftskundenbereich besteht dies häufig in der Erbringung von Dienstleistungen wie Beratung bei der Auswahl der Software, Anpassung (Customizing) der Software durch Einstellen der Software-vorgegebenen Parameter an die Bedürfnisse des Kunden. **134**

Während im Verhältnis zum Endkunden der VAR-Händler seine Verträge vor allem im Hinblick auf Verjährungsfristen bei Anpassungsleistungen (§§ 651, 634a BGB und die Frage, ob die 2-jährige Verjährungsfrist oder die regelmäßige Verjährungsfrist gilt)[143] vorsichtig gestalten muss, entspricht der Vertrag zwischen Hersteller und Vertriebshändler (sowohl Vertriebshändlervertrag als Rahmenvertrag, wie auch der einzelne Liefervertrag) dem sonstigen Vertrieb. **135**

Allerdings hat der VAR-Vertriebshändler bei der Lieferung von Software an gewerbliche Abnehmer nicht die Vorteile der Regressansprüche innerhalb der Lieferkette, die § 478 BGB für den Verbrauchsgüterkauf vorsieht. Insbesondere bei einer Vorab-Lieferung an den VAR-Vertriebshändler (anders als bei einer Direktlieferung an den Kunden durch den Hersteller auf Geheiß des Vertriebshändlers) läuft die Verjährungsfrist für Mängel bereits ab Ablieferung an den VAR-Vertriebshändler. Deshalb kann der VAR-Vertriebshändler noch gegenüber seinen eigenen Kunden in dem Risiko von Mängelansprüchen stehen, während die Verjährungsfrist für den Hersteller schon abgelaufen ist. Eine Lösung ist die **136**

---

141 *Schneider*, Hdb EDV, N Rn. 26; *Marly* Rn. 656.
142 Fezer/*Rengier* UWG, § 17 Rn. 23.
143 Vgl. Schneider/v. Westphalen/*Schneider*, Softwareerstellungsverträge, B Rn. 30–34.

Verlängerung der Verjährungsfrist für den Hersteller, die als vom Händler vorformulierte AGB-Klausel wohl zumindest dann nach der BGH-Rechtsprechung wirksam ist, wenn sie die Verjährung nicht über 3 Jahre ab Gefahrübergang hinaus verlängert.[144] Eine längere Frist kann sich auch nicht auf die Ausnahmeregelung der längeren Rückgriffshaftung nach §§ 478, 479 BGB stützen, diese gelten nicht im Vertrieb an gewerbliche Kunden. Eine andere Lösung ist die Anknüpfung des Beginns der Verjährungsfrist für den Hersteller nicht an die Ablieferung beim VAR-Vertriebshändler, sondern an die Ablieferung beim Endkunden; dabei wird jedoch eine Begrenzung z. B. auf die vertragliche Verjährungsfrist[145] zuzüglich 6 Monate »Lagerzeit« beim VAR-Vertriebshändler abzustellen sein.[146]

137 Da der VAR-Vertriebshändler die Software mit eigenen Software-, Hardware- oder Service-Produkten kombinieren kann, möchte der Hersteller in der Regel vermeiden, für Fehler verantwortlich gemacht zu werden, die nicht auf der im Vertriebshändler-Verhältnis gelieferten Software beruhen. Aus angloamerikanischen Verträgen übernommen werden deshalb häufig Klauseln, nach denen eine Verbindung mit nicht vom Hersteller gelieferten oder autorisierten Produkten, eine vertragswidrige Nutzung, oder Eingriffe in die Software die Mängelansprüche entfallen lassen.[147] Hier ist Vorsicht geboten: Zum einen könnte dies als AGB-Klausel insofern gegen den Verwender ausgelegt werden, dass der Hersteller davon ausgeht, für die Mängel des Endproduktes (also des vom VAR-Vertriebshändler weiterverarbeiteten Produkts) einstehen zu müssen und nur die konkret beschriebenen Ausnahmen vorsieht. Damit würde der Hersteller vertraglich weiter haften als nach dem Gesetz, nach dem nur für Mängel der Kaufsache einzustehen ist – und das kombinierte Produkt ist ja nicht die Kaufsache. Andererseits kann die Kaufsache einen Mangel haben, wenn sie sich nicht für die nach dem Vertrag vorausgesetzte Verwendung eignet (§ 434 Abs. 1 S. 2 Nr. 1 BGB). Die Verbindung mit einer anderen Sache (Hardware oder Software) kann aber gerade die nach dem VAR-Vertriebsvertrag vorausgesetzte Verwendung sein;[148] der Ausschluss für den Fall, dass diese andere Sache nicht vom Hersteller geliefert oder autorisiert wurde, wäre dann ein Ausschluss von Mängelansprüchen, der als AGB-Klausel auch im gewerblichen Verkehr unangemessen und damit unwirksam wäre.

138 Unterschiede kann es bei der **Rechteeinräumung** geben. In der Regel wird der Vertriebshändler bei den Zusatzdiensten im Auftrag des Kunden tätig. Bei dem Customizing im Sinne einer Kalibrierung der Software unter Verwendung der vom Hersteller vorgesehenen unterschiedlichen Parameter, ohne dass der Code der Software geändert wird, liegt in der Regel keine Bearbeitung der Software vor, da das Endergebnis noch dem Werk entspricht, wie es der Hersteller vertrieben hat (anders bei Eingriffen in den Sourcecode). Insofern liegt eine Nutzungshandlung vor, zu der der Kunde berechtigt ist. Mangels anderweitiger Regelung im Endkundenvertrag darf der Kunde sich hierfür Dritter bedienen, die in seinem Auftrag die Anpassung vornehmen. (Eine entgegenstehende Regelung in AGB wäre auch wohl unwirksam.) Insofern braucht der Vertriebshändler sich für ein solches Customizing keine weiteren Rechte vom Hersteller einräumen lassen.

a) Zusatzdienste durch Erstellen von Zusatzprogrammen

139 Zum Teil muss die Software jedoch noch weiter gehender, also noch über die schon vom Hersteller vorgegebenen Einstellmöglichkeiten hinaus, an die Bedürfnisse des Kunden angepasst werden, jedoch noch ohne Eingriff in den Quellcode der Software. In diesen Fällen

---

144 Vgl. BGH NJW 2006, 47, zu Einkaufsbedingungen im Baumarktbereich.
145 Zur Frage der AGB-rechtlich wirksamen Verkürzung der gesetzlichen Mängelverjährungsfristen s. Rdn. 122.
146 Vgl. *Schneider*, Hdb EDV, N Rn. 22 und 28.
147 Beispiele bei *Schneide*r, Hdb EDV, N Rn. 23.
148 So muss eine Anwendungssoftware immer auch mit einer Hardware und einer Betriebssoftware »kombiniert« werden.

sind häufig vom Hersteller an die Vertriebshändler zusätzlich zur Verfügung gestellte **»Werkzeugkästen« von Software** (toolbox) einzusetzen (Beispiel ist die ABAP Workbench für SAP R/3), mit denen Computerprogramme geschaffen werden können, die die Funktionen der zu vertreibenden Software ergänzen. In diesem Fall erhält der Vertriebshändler Rechte zur Nutzung dieser Toolboxes eingeräumt, die auf den Zweck beschränkt ist, die damit geschaffenen Computerprogramme zusammen mit der Haupt-Software zu vertreiben. Sofern an dieser Toolbox-Software eine auf Zeit beschränkte (für die Dauer des Vertriebshändlervertrages) Nutzungsüberlassung liegt, sind die Regeln des Mietvertrages oder einer unentgeltlichen Gebrauchsüberlassung anzuwenden. Anders als bei Anwendung von Kaufvertragsrecht kann der Hersteller nach Urhebervertragsrecht und nach AGB-Recht dabei umfangreichere Pflichten für den Nutzer der Software, hier den Vertriebshändler vorsehen. Die Beschränkung der Nutzung auf Ergänzungen zur Haupt-Software begegnet deshalb urheber- und AGB-rechtlich keinen Bedenken. Werden mit der Toolbox neue unabhängige Programme erstellt, unterliegt ihr Vertrieb den sonstigen Regelungen.

Kartellrechtlich liegt eine wettbewerbsbeschränkende Abrede vor, wenn der Vertriebshändler verpflichtet wird, eine Lizenz auch an dieser Toolbox-Software zu erwerben (Koppelung). Nach den Leitlinien zur Vertikal-GVO ist zu prüfen, ob unterschiedliche Produkte oder etwa eine gängige Produktkombination (»Schuhe mit Schnürsenkeln«) vorliegt, die schon den Tatbestand einer Koppelung ausschließt.[149] Dies ist etwa der Fall bei großen ERP-Softwarepaketen, die auch für den Kunden bereits die Kombination aus Software und Toolbox-Software enthalten (in diesen Fällen kann der Kunde der VAR-Vertriebshändler die erforderlichen Rechte einräumen). **140**

Sofern der Vertriebshändler Beschränkungen in der Nutzung der während der Laufzeit des Vertriebshändlervertrages überlassenen Toolbox-Software unterliegt, ist dies kein Fall der Vertriebsbeschränkung und damit Wettbewerbsbeschränkung: denn die Toolbox-Software ist nicht Gegenstand des Vertriebs, sondern wird dem Vertriebshändler als »Endkunden« zum eigenen Gebrauch überlassen. **141**

b) Gestaltung der Verträge mit Endkunden

Der Vertrieb an den geschäftlichen Endkunden erfolgt in **mindestens zwei Stufen**, zwischen Hersteller und Vertriebshändler auf der ersten Stufe, und zwischen Vertriebshändler und Endkunde auf der zweiten Stufe. Bei einigen Vertriebsmodellen wird eine dritte Stufe (je nach Begriffswahl Distributor, Reseller, Wiederverkäufer, Großhändler) zwischengeschaltet. Einem mittelbaren Vertrieb entsprechend, gestaltet der Vertriebshändler seine Verträge mit seinen Endkunden selbst, da er im eigenen Namen und auf eigene Rechnung auftritt. Insbesondere bei VAR-Vertriebsverträgen wird dabei wegen der Kombination der Überlassung der Software mit anderen Produkten oder Dienstleistungen häufig ein eigenes Vertragsmuster des Vertriebshändlers genutzt. Hierfür wird der Vertriebsvertrag des Herstellers zumindest Vorgaben enthalten, dass nicht mehr Rechte eingeräumt werden dürfen als dem Vertriebshändler erlaubt ist, und dass entsprechende Beschränkungen weiterzugeben sind. Hierin liegen zwar Konditionenbindungen, jedoch sind diese nicht zu beanstanden, soweit mit den Konditionen dinglich wirksame urheberrechtliche Beschränkungen erfasst und diese Regelungen auch ansonsten angemessen sind.[150] **142**

Häufig gibt der Hersteller auch den Text des Lizenzvertrages vor, den der Vertriebshändler gegenüber den Endkunden zu verwenden hat. Soweit sich dies auf eine Empfehlung beschränkt, gilt das soeben Gesagte zu der bloßen Verpflichtung des Vertriebshändlers, sich **143**

---

149 Leitlinien Vertikal-GVO, Ziffer. 215.
150 Zu Konditionenbindungen *Nordemann* GRUR 2007, 203 (208–209).

bei der weiteren Lizenzierung an die vertraglichen Einschränkungen zu halten. Vertraglich ist dann vorzusehen, dass bei Verwendung des Formulierungsvorschlags des Herstellers durch den Vertriebshändler die Pflichten im Hinblick auf Rechteeinräumungen gegenüber den Endkunden als erfüllt gelten.

144 Berücksichtigt wird bei diesem Modell, dass der Endkunde auch bei verschiedenen Vertriebshändlern im Hinblick auf die – identische – Ursprungs-Software des Herstellers nicht mit verschiedenen Lizenzverträgen konfrontiert wird, sondern einheitliche Bedingungen vorfindet.[151] Aus rechtlicher Sicht ist ein solcher Gleichlauf nicht zwingend: so bestimmen sich die Mängelansprüche des Kunden ja nach seinem Vertrag mit dem Vertriebshändler, und es besteht keine direkte Vertragsbeziehung mit dem Hersteller. Auch die Ansprüche des Endkunden auf Unterstützung und sonstige Pflege, auch soweit solche vom Hersteller als »second line support« (hinter dem »first line support«, den der Vertriebshändler leistet) erbracht werden, regelt sich nach dem Vertrag zwischen Endkunden und Vertriebshändler.[152] Verspricht der Vertriebshändler dem Endkunden mehr, als er vom Hersteller selbst in Anspruch nehmen kann, haftet der Vertriebshändler nach § 280 BGB für Nichterfüllung. Der Hersteller haftet als Dritter nicht aus diesem Vertrag. Soweit Produkthaftungsansprüche unmittelbar gegen den Hersteller bestehen, können vertragliche Regelungen diese nicht zugunsten des Herstellers ändern, da die Produkthaftungsansprüche zwingend sind.

145 Noch einen Schritt weiter geht das Model der **direkten Lizenzierung**, bei dem die Software zwar über den Vertriebshändler »vertrieben« wird, die Einräumung der Nutzungsrechte jedoch direkt durch den Hersteller (unter Umgehung des Vertriebshändlers) erfolgt. Hierzu gilt das oben zu dem Vertrieb an Verbraucher Gesagte.[153]

2. Umfang der Rechte zur Weiterentwicklung oder zur Kombination der Software mit weiterer Software oder Hardware oder beidem

146 Falls sogar Eingriffe in den Sourcecode erforderlich sind, muss der Hersteller hierfür die Rechte dem Vertriebshändler einräumen.[154] Gegenstand der Rechteeinräumung ist das Recht zur Bearbeitung der Software im Objekt- und Sourcecode, sowie das Recht, diese Bearbeitung zu vertreiben. Da der Vertriebshändler zwangsläufig Zugang zu dem Sourcecode haben muss, wird der Hersteller ferner Vertragsregelungen zum Schutz des Sourcecodes vorsehen: Dies kann von Regelungen zur Herausgabe am Vertragsende, über Vorschriften zum Umgang (sicheren Aufbewahrung und Vorgaben zu Firewalls etc.), bis hin zu Vertragsstrafregelungen für den Fall der Vertragsverletzungen, insbesondere durch unerlaubte Vervielfältigungen oder Bearbeitungen, reichen. Die Regelungen entsprechen denen in üblichen Softwareerstellungsverträgen.

147 Bei einer Weiterentwicklung durch den Vertriebshändler entsteht ein **eigenes Recht des Vertriebshändlers**. Zum einen benötigt der Vertriebshändler sowohl für die Bearbeitung,[155] wie auch für den weiteren Vertrieb der Bearbeitung der Zustimmung des Inhabers der Verwertungsrechte an der ursprünglichen Software (hier: des Herstellers). Zum anderen wird jedoch auch der Hersteller ein Interesse daran haben, die vom Vertriebshändler weiterentwickelte Software selbst zu nutzen oder anderen Vertriebshändlern zur Verfügung zu

---

151 *Schneider*, Hdb EDV, N Rn. 43 zum Interesse »an einheitlichen Vertragsgestaltungen gegenüber den Kunden«.
152 Vgl. *Schneider*, Hdb EDV, N Rn. 43, der dies als Grund für einheitliche Endkunden-Verträge betrachtet.
153 S. Rdn. 88–91.
154 Zum Weiterentwicklungsrecht bei Vertriebsverträgen vgl. auch *Schneider*, Hdb EDV, N Rn. 41–44, zur Rechteeinräumung bei der Anpassung von Standardsoftware Schneider/v. Westphalen/*Witzel*, Softwareerstellungsverträge, F Rn. 286–289.
155 Das Urheberrecht ist bei Computerprogrammen insofern strenger, als die Bearbeitung an sich schon der Zustimmung des ursprünglichen Urhebers bedarf, § 69c Nr. 2 UrhG, und nicht erst ihre Veröffentlichung oder Verwertung wie bei sonstigen Werken, § 23 UrhG.

stellen. Zumindest muss der Hersteller die Möglichkeit haben, bei Beendigung des Vertriebsvertrages den letzten »Stand« der vom Vertriebshändler weiterentwickelten Software selbst oder durch andere Vertriebshändler weiterpflegen zu lassen. Dies ist dann ausdrücklich in dem Vertriebsvertrag als Recht vorzusehen. Allerdings wird dies dazu führen, dass dem Vertriebshändler ein **Ausgleichsanspruch nach § 89b HGB** zusteht, da dies die Weiternutzungsmöglichkeit der geschaffenen Kundenkontakte sehr deutlich herausstellt.[156]

Andererseits droht dem Vertriebshändler bei Beendigung des Vertriebsvertrages, die Möglichkeit der Fortentwicklung seiner eigenen Weiterentwicklung zu verlieren. Theoretisch möglich ist damit auch die **gegenseitige Einräumung von Bearbeitungs- und Vertriebsrechten**.[157] Dies wird jedoch nur in seltenen Fällen mit dem wirtschaftlichen Interesse des Herstellers in Übereinklang zu bringen sein, der den Vertrieb des eigenen Produktes ja selbst steuern will. Denkbar sind allerdings abgestufte Varianten, etwa ein auf bestimmte Anwendungsfälle (field of use) beschränkter Weitervertrieb, oder das Recht, bestehende Kunden weiterhin zu betreuen. 148

Bei einer weiter gehenden Rücklizenzierung der Weiterentwicklungen lösen sich die Parteien zunehmend von einem reinen Vertriebsvertrag und gehen eher einen Kooperationsvertrag über die gemeinsame Entwicklung ein.[158] 149

Auch bei einer Kombination der Software mit den eigenen Produkten des Vertriebshändlers wird häufig von einem VAR-Vertrag gesprochen (der »zusätzliche Wert« besteht in den eigenen Produkten des Vertriebshändlers). Dies entspricht jedoch nicht der Systematik in sonstigen Branchen, da z. B. der OEM-Lieferant eines Autoradios auch davon ausgeht, dass der Autohersteller mit dem Fahrzeug einen »zusätzlichen Wert« schafft, der zusammen mit dem Autoradio veräußert wird. Dies gilt entsprechend, wenn die Software mit einer Hardware zusammen vertrieben wird. 150

Ein fließender Übergang besteht dort, wo der Vertriebshändler eigene Produkte, die z. B. besondere Anwendungsfälle der Software abdecken sollen, mit vertreibt. Unter Umständen müssen hier Schnittstellen der Software genutzt werden, deren Nutzung der Hersteller nur vertraglich einräumt. Nach § 69e UrhG ist zwar auch ohne Erlaubnis des Urhebers eine Dekompilierung gestattet, um Schnittstelleninformationen zu erhalten, die nötig sind, um die Interoperabilität mit einem selbstständig geschaffenen Computerprogramm zu erhalten (und herzustellen). Berechtigt ist aber nur derjenige, der zur Verwendung der Programmkopie berechtigt ist, oder ein von ihm ermächtigter Dritter (§ 69e Abs. 1 Nr. 1 UrhG). Damit darf zwar der Endkunde, der diese Interoperabilität herbeiführen will, ein Systemhaus als Hilfsperson hierzu ermächtigen;[159] hierfür müsste also der Vertriebshändler, sofern er nicht selbst zur Verwendung einer Programmkopie berechtigt ist (siehe dazu unten), also eine Rück-Rechteeinräumung durch einen im einzeln zu identifizierenden Kunden erhalten. 151

3. Beta-Testing

Sofern die Software noch nicht in ihrer Endfassung vorliegt, sondern nur in einer Beta-Fassung, wird diese Software häufig schon über Vertriebshändler an Testkunden vertrieben, die diese – in der Regel nicht produktiv – einsetzen, Testerfahrungen zurückmelden und dafür auf die weitere Entwicklung der Software Einfluss nehmen können. 152

---

156 Die von dem alten Vertriebshändler entwickelte Software kann ja auch bei entsprechender Rechteeinräumung vom neuen Vertriebshändler weitergepflegt werden.
157 So *Schneider*, Hdb EDV, N Rn. 42.
158 So auch *Schneider*, Hdb EDV, N Rn. 42.
159 Dreier/Schulze/*Dreier* § 69e Rn. 14 m. w. N.

153 Solche Beta-Fassungen sollen nicht den üblichen Regelungen zur Mängelhaftung und Nacherfüllung (oder gar Schadensersatz) unterliegen. Deshalb ist bei der Überlassung das Produkt in der Weise zu beschreiben, dass es nicht für den produktiven Einsatz geeignet ist, sondern lediglich der Erprobung dient und durch eine endgültige Fassung noch zu ersetzen sein wird (unter einem getrennten Vertrag). Diese Leistungsbeschreibung verringert das Risiko, dass die »Haftungsbeschränkung« des Herstellers für diese Beta-Fassung wegen Verstoßes gegen AGB-Recht unwirksam ist: denn die Beschaffenheitsangabe – sofern sie wirksam Vertragsinhalt wird – ist dafür maßgeblich, was der Kunde erwarten kann und damit auch für die Definition des »Mangels« (§ 536 Abs. 1 S. 1 BGB für den Mietvertrag[160] und § 434 Abs. 1 S. 1 BGB als vereinbarte Beschaffenheit bei Kauf). Ferner sollte die Beta-Fassung nicht auf unbestimmte Zeit überlassen werden, sondern nur auf beschränkte Zeit, um die Spielräume insbesondere für Beschränkungen der Nutzungsmöglichkeiten auszuschöpfen, die sich aus Anwendung des Mietrechts ergibt, die bei einem »Kauf« jedoch unwirksam wären.

4. Verwendung für Schulungs- und Testzwecke

154 Neben der Überlassung zwecks Vertriebs des jeweiligen Vervielfältigungsstücks erlaubt der Hersteller dem Vertriebshändler als Verkaufsförderungsmittel, die Software selbst einzusetzen, jedoch beschränkt auf den Zweck, (mögliche) Kunden zu schulen oder den Kunden die Erprobung der Software bei dem Vertriebshändler zu ermöglichen.

5. Interne Verwendung beim Vertriebshändler

155 Noch weiter geht die vertragliche Einräumung von Rechten zur Nutzung der Software durch den Vertriebshändler für eigene Zwecke. Dies ist in der Regel ebenfalls eine Verkaufsförderungsmaßnahme: Der Vertriebshändler setzt in seinem eigenen Unternehmen z. B. die ERP-Software ein, die er an Endkunden vertreibt, um damit sein »Vertrauen« zu dokumentieren.

6. Sonderkonditionen für Pilotkunden

156 Vergleichbar dem Einsatz von Beta-Fassungen der Software, geben Hersteller – auch über Vertriebshändler – Pilotkunden bei dem Ersteinsatz der Software besondere Konditionen (unentgeltliche Nutzung in einer Anfangszeit, jedoch meist verbunden mit besonderen Berichtspflichten).[161] Dies kann auch in den Verträgen mit den Vertriebshändlern gespiegelt werden: In diesem Fall erhält der Vertriebshändler das Vertriebsrecht mit den genannten Einschränkungen, vor allem der Weitergabe der Berichte über die Erfahrungen mit dem Einsatz der Software. Teilweise werden keine aktiven Berichte erwartet, sondern der Anwender soll dem Hersteller die Möglichkeit des direkten Online-Zugriffes auf seine Systeme geben, um die Anwendungen, ihre Nutzung, aber auch z. B. Anwendungsfehler oder Abstürze kontrollieren zu können. Dabei wird der Hersteller in der Regel unmittelbaren Zugriff auf den Kunden haben.

157 Sofern der Pilotkunde an der Weiterentwicklung der Software mitwirkt, kann dies so weit reichen, dass an urheberrechtlich geschützten Bearbeitungen **Miturheberrechte** der Mitarbeiter des Pilotkunden entstehen. Als Arbeitgeber seiner Mitarbeiter ist das als Pilotkunde tätige Unternehmen zur Wahrnehmung der wirtschaftlichen Verwertungsrechte berechtigt. Dann ist im Vertrag zwischen Hersteller und Vertriebshändler sicher zu stellen, dass der Vertriebshändler alle Rechte an solchen Weiterentwicklungen von dem Pilotkunden erwirbt und diese entweder an den Hersteller überträgt oder dem Hersteller zumindest

---

160 Vgl. BGH NJW 2005, 2152 zur Beschaffenheitsvereinbarung bei Mietvertrag.
161 *Schneider*, Hdb EDV, N Rn. 45; vgl. OLG München CR 1992, 208.

eine einfache Nutzungslizenz einräumt. In diesem Zusammenhang ist ferner das Risiko zu bedenken, dass bei den vom Pilotkunden mitbetreuten Weiterentwicklungen Arbeitnehmererfindungen vorliegen können.[162] Wenn die Mitarbeiter des Pilotkunden hieran beteiligt sind, sollte der Pilotkunde vertraglich verpflichtet werden, diese Arbeitnehmererfindungen in Anspruch zu nehmen oder dem Vertriebshändler zu ermöglichen, diese selbst wahrzunehmen.

II. Koppelung von Hardware und Software: CPU-Klauseln und Lizenzschlüssel

Bei dem Einsatz von Software im geschäftlichen Bereich besteht meist ein erhebliches wirtschaftliches Interesse des Lizenzgebers, Verwendungen aufseiten des Endkunden zu verhindern, die über den vertraglich eingeräumten Nutzungsrahmen hinausgehen. Wesentlichste Beschränkung ist meist die Anzahl der erlaubten Nutzer. Auch die Anzahl der »Sites« (Betriebsstätten oder Server) von der die Software genutzt wird, kann vertraglich beschränkt sein. Da eine weitere Nutzung meist an zusätzliche Lizenzgebühren geknüpft ist (pro erlaubtem Nutzer oder Site), werden technische Maßnahmen eingesetzt (Lizenzschlüssel) um eine **Begrenzung der Nutzung** sicherzustellen. Teilweise (eher in der Vergangenheit) war auch die Frage der Leistungsfähigkeit der Hardware von Bedeutung für die Höhe der Lizenzgebühr; deshalb sollte bei Zahlung eines bestimmten Lizenzpreises nur ein bestimmter Typ Hardware genutzt werden können. **158**

Während diese Beschränkungen vor allem im Verhältnis zum Endkunden und im Hinblick auf die Möglichkeit, sie wirksam in einem meist vorformulierten Vertrag zu vereinbaren, diskutiert werden, haben sie auch Auswirkungen auf den Vertrag zwischen Hersteller und Vertriebshändler. Denn der Vertriebshändler darf dann die Software nur in der Weise vertreiben, dass seine Endkunden zusätzlich Lizenzschlüssel bei ihm (oder direkt beim Hersteller) erhalten, und dass der Vertriebshändler die Einhaltung dieser Einschränkungen sicherstellen muss. **159**

Für die Wirksamkeit dieser Beschränkungen[163] kann nichts anderes gelten als im Verhältnis zum gewerblichen Endkunden. **160**

III. Verhältnis zu Pflegeverträgen (Aufspaltung)

Bei der Überlassung von Software an Geschäftskunden ist die Erbringung von Pflegeleistungen gegen ein wiederkehrend zu zahlendes Entgelt meist wesentlicher Bestandteil der Kalkulation des Herstellers. Die Pflege umfasst dabei meist die Zurverfügungstellung von Updates der Software, sowie der Zugang zu einem Dienst mit Informationen über die Software und mögliche Mängelbeseitigungsschritte, entweder als telefonische Hotline oder als Website mit entsprechenden Informationen.[164] **161**

Auch hier kann entweder ein direktes Modell gewählt werden, bei dem der Hersteller direkt und unmittelbar diese Pflege an den Endkunden auf der Grundlage eines Pflegevertrages zwischen Hersteller und Endkunde erbringt. Es kommt damit zur »Aufspaltung« des Vertriebsweges zwischen Software und der Pflege.[165] Dieses Modell setzt zwingend voraus, dass der Hersteller über alle Kundendaten verfügt, und bringt den Vertriebshändler in die **162**

---

162 Vgl. Schneider/v. Westphalen/*Brandi-Dohrn*, Softwareerstellungsverträge, E Rn. 79–81.
163 Etwa durch »time-bombs«, die eine regelmäßige neue Ausstellung der Lizenzschlüssel erfordern, ohne dass dies gerechtfertigt ist, wie etwa zur Durchsetzung der Anwendung von vorgegebenen kostenlosen Updates zum Ausschluss der Produkthaftungsrisiken des Herstellers.
164 Vgl. zur Pflicht zum Abschluss von Pflegeverträgen *Fritzemeyer/Splittgerber* CR 2007, 209.
165 Vgl. auch *Schneider*, Hdb EDV, N Rn. 32 mit Hinweis auf SHAP-Vertrag (Software House Assistance Program) und *Bachofer* CR 1989, 89 (93).

dem Handelsvertreter analoge Situation mit einem Ausgleichsanspruch bei entsprechender Vertragsbeendigung.

163 Sofern weitere Daten des Kunden vom Vertriebshändler an den Hersteller herausgegeben werden, ist zu überprüfen, ob es personenbezogene Daten sind: Auch die Daten des Namens eines Mitarbeiters des Kunden mit (dienstlicher) Telefonnummer und E-Mail-Adresse sind personenbezogene Daten, die der Vertriebshändler nur berechtigterweise weitergeben darf. In der Regel dient die Weitergabe den Interessen des Arbeitgebers des Mitarbeiters, und wird von dessen Befugnis zur Verarbeitung und Übermittlung der Daten im Rahmen des Arbeitsverhältnisses erfasst.

164 Der Vertriebshändler kann auch für den Abschluss dieser Verträge als Handelsvertreter des Herstellers auftreten und den Abschluss dann im Namen und auf Rechnung des Herstellers anbieten. Ferner kann die Pflege im Rahmen von Vertragsbeziehungen erbracht werden, die parallel zu dem Vertrieb der Haupt-Software laufen, d. h. der Vertriebshändler schließt im eigenen Namen und auf eigene Rechnung die Pflegeverträge ab. Für die Leistungserbringung bedient sich der Vertriebshändler dann des Herstellers als Erfüllungsgehilfen; damit kann die Leistung dann auch unmittelbar durch den Hersteller an den Endkunden erfolgen; sie gilt aber als Erfüllung der Pflicht des Vertriebshändlers aus seinem Pflegevertrag mit dem Endkunden.

IV. Gebrauchthandel und Verbote

165 Software für den geschäftlichen Bereich ist Gegenstand von Rechtsgeschäften nicht nur in der »ordentlichen« Kette von Hersteller über Vertriebshändler an den Endkunden, sondern auch nach Rechteeinräumung zwischen einem Endkunden und einem Dritten, der diese Rechte übernehmen möchte. Die rechtliche Beurteilung dieses »Gebrauchthandels« von Software ist umstritten.[166]

166 Soweit Vervielfältigungsstücke mit der Software gehandelt werden, die zuvor mit Zustimmung des Rechteinhabers in der Europäischen Union in Verkehr gebracht worden sind, ist das Vertriebsrecht des Urhebers und damit auch abgeleitete Rechte des Hersteller nach § 69c Nr. 3 S. 2 erlöscht; nur vermietet werden darf diese Software (von diesem Vervielfältigungsstück) dann nicht ohne Zustimmung des Urhebers (Herstellers). Vertragliche Beschränkungen eines solchen Gebrauchthandels mit den Vervielfältigungsstücken scheitern häufig an **AGB-Recht**, da bei entgeltlicher Überlassung auf unbestimmte Zeit die gesetzlichen Leitlinien des Kaufrechts anwendbar sind und darauf die Pflicht zur Verschaffung einer eigentümerähnlichen Stellung abgeleitet werden kann, von der unangemessen benachteiligend und damit unwirksam abgewichen würde (§ 307 BGB), wenn der Nutzer dieses Vervielfältigungsstück nicht weiterveräußern könnte. (Dabei ist das sachenrechtliche Eigentum an dem Datenträger nicht zwangsläufig dafür maßgeblich, wer der zur Nutzung Berechtigte ist.)[167] Ein »Gebrauchthandel« nur der »Lizenzen« (in Form von zahlenmäßig abgegrenzten Nutzungsrechten pro Nutzer für als Server-Client-Lizenzen veräußerte Software) ist heikler: an bloßen »Rechten« tritt keine Erschöpfung ein. Das Rechtsgeschäft ist die Abtretung von Rechten zur Nutzung der Software, häufig für eine bestimmte Anzahl von Nutzern. Fraglich ist bereits, ob solche **Nutzungsrechte abspaltbar** sind (also die er-

---

166 *Schuppert/Greissinger* CR 2005, 81 (85); *Heydn/Schmidl* K&R 2006, 74; *Heydn/Schmidl* MMR 2006, 830; *Huppertz* CR 2006, 145; *Hoeren* CR 2006, 573; *Bräutigam/Wiesemann* CR 2010, 215; OLG München MMR 2006, 748, Vorinstanz dazu LG München I MMR 2006, 175; OLG Hamburg MMR 2007, 317; Vorinstanz dazu: LG Hamburg MMR 2006, 827; OLG München CR 2008, 551; OLG Düsseldorf ZUM 2010, 60; OLG Düsseldorf CR 2010, 14. Grundlegend zur Erschöpfung BGH NJW 2000, 3571 – OEM-Version.
167 Vgl. Vorlagebeschluss BGH GRUR 2007, 50.

teilte Erstlizenz zur Nutzung der Software durch z. B. 100 Nutzer teilbar ist in ein – beim Erstkäufer verbleibende – Nutzung durch 60 Nutzer und in ein Recht in Bezug auf 40 Nutzer, das an Dritte übertragbar ist.) Gegen die Abspaltbarkeit spricht, dass zwar die »Berechnung« der Lizenzgebühr häufig unter Bezug auf die erlaubten Nutzer erfolgt, dass dies aber nicht ohne Weiteres für die Abspaltbarkeit deutet, weil der Hersteller auch genauso an die Dauer der Nutzung oder andere Faktoren anknüpfen könnte, um eine sachgerechte Lizenzvergütung zu erhalten, ohne dass ich dann solche »Zeiteinheiten« (»1 Stunde Softwarenutzung«) entsprechend auf dem Markt anbieten könnte. Selbst wenn ein abspaltbares Recht vorliege, dann ist eine solche Abtretung von Rechten nach § 399 BGB dann ausgeschlossen, wenn sie nicht ohne Veränderung des Inhalts erfolgen kann oder wenn die Abtretung vertraglich ausgeschlossen ist. Auch das Beispiel einer für eine beliebige Anzahl von erlaubten Nutzern gewährte Lizenz verdeutlicht dies: in diesem Fall wird der Lizenznehmer nicht unbeschränkt Nutzer »abspalten« und diese Rechte an Dritte veräußern dürfen.

Ein Vertriebshändler ist für die Vermittlung ideal platziert (neben »neuen« Lizenzen werden dazu »gebrauchte« Lizenzen angeboten, oder die Anzahl der erlaubten Benutzer kann durch »überschüssige« Benutzer von anderen Lizenznehmern ergänzt werden). Deshalb liegt es nahe, dass der Hersteller dem Vertriebshändler die entsprechende Handelstätigkeit untersagt. 167

Kartellrechtlich liegt hierin zunächst ein **Wettbewerbsverbot**. Wettbewerbsverbote in Vertikalvereinbarungen dürfen nach Art. 5 Abs. (1) a)der GVO-VV nicht länger als 5 Jahre oder auf unbestimmte Zeit vereinbart werden, stillschweigende Verlängerungen gelten dabei als Verbote auf unbestimmte Zeit (Art. 5 Abs. (1) am Ende) 168

Es kann auch keine Ausnahme hierzu unter Hinweis auf die urheberrechtlichen Verwertungsrechte des Herstellers angenommen werden: Vertikale Vereinbarungen, in denen es auch um die Übertragung von Rechten an geistigem Eigentum geht, sind nach Art. 2 Abs. (3) S. 1 der Gruppenfreistellungsverordnung ebenfalls vom Kartellverbot ausgenommen, wenn diese Bestimmungen nicht Hauptgegenstand der Vereinbarung sind und sich unmittelbar auf die Nutzung, den Verkauf oder den Weiterverkauf von Waren oder Dienstleistungen durch den Käufer (Vertragshändler) oder den Kunden (Endnutzer) beziehen. Allerdings dürfen nach Art. 2 Abs. (3) S. 2 GVO-VV diese Bestimmungen keine Wettbewerbsbeschränkungen mit demselben Zweck oder derselben Wirkung entfalten wie die oben genannten. 169

Ein **vertragliches Verbot der »Weiterveräußerung«** der vom Vertriebshändler selbst genutzten Software als »gebrauchte« Software ist zwar möglich und wäre wohl je nach der Nähe des Vertriebshändlers zu dem Hersteller im Vertriebssystem auch wirksam, da der Vertriebshändler wegen der Einbindung in das Vertriebssystem anderen Beschränkungen unterworfen sein kann als ein Endnutzer. Wegen der nur sehr eingeschränkten Nutzung solcher Software durch den Vertriebshändler selbst, und des Eigeninteresses des Vertriebshändlers, Software zum vollen Preis zu veräußern, ist diese wenig wahrscheinlich. 170

Relevanter ist die Verpflichtung in dem Vertrag mit dem Vertriebshändler, dass dieser in seinen Verträgen mit den Endkunden ein Verbot für den Endkunden aufnimmt, die Software weiterzuveräußern. An dieser Stelle werden zwei Gesichtspunkte relevant: Kann der Vertriebshändler im Vertrag mit dem Endkunden ein solches Verbot aufnehmen? Sofern der Vertriebshändler die Software online zur Verfügung stellt und damit keine Erschöpfung des Verbreitungsrechts eintritt,[168] verstößt dies nicht gegen Urhebervertrags- 171

---

[168] Dies ist strittig: bejahend wohl h. M., vgl. Schricker/*Loewenheim* § 69c Rn. 33; OLG München K&R 2006, 175; OLG Frankfurt/M. CR 2009, 423; OLG München CR 2008, 551 (nicht rechtskräftig; Entscheidung vom BGH angenommen mit Beschluss v. 12.11.2009 – I ZR 129/08 – Beschluss v. 03.02.2011 mit EuGH-Vorlage, GRUR 2011, 418, vgl. dazu *Bräutigam/Wiesemann* CR 2010, 215 m. w. N.; ablehnend: a. A. LG Hamburg CR 2006, 812.

recht.[169] AGB-rechtlich könnte zweifelhaft sein, ob bei einem dem Kaufrecht unterliegenden Softwarelizenzvertrag (mit einer Nutzungsrechtseinräumung auf unbestimmte Zeit gegen Einmalvergütung) diese Beschränkung der Erwerberstellung keine wesentliche Abweichung von Grundgedanken des Kaufrechts ist. Zumindest eine Abspaltung von einzelnen Nutzerrechten (bei einer Mehrzahl von erlaubten Nutzern) kann AGB-rechtlich wirksam verboten werden, weil die Berechtigung zur Nutzung der »gekauften« Sache durch eine Mehrzahl von Personen nicht zu den typischen Inhalten eines Kaufvertrages gehört; diese Berechtigung ausgestaltende Regelungen können demnach auch nicht nach § 307 BGB unangemessene Benachteiligungen wegen Abweichung vom gesetzlichen Leitbild sein. Die neuere Rechtsprechung des BGH weist in dieselbe Richtung: Der BGH hat in seiner Entscheidung zum Vertrieb von Gaming-Software eine Klausel für wirksam angesehen, nach der das Spiel erst nach der online erfolgten Zuweisung einer individuellen Kennung genutzt werden konnte und diese Kennung und das damit verbundene Benutzerkonto nicht an Dritte weitergegeben werden darf, selbst wenn die DVD mit dem Computerspiel wegen der ohne diese Kennung nur eingeschränkten Spielmöglichkeit vom Ersterwerber praktisch nicht mehr weiterveräußert werden kann.[170]

V. Exportkontrolle

172 Vertriebsverträge vor allem von deutschen Herstellern betreffen auch den internationalen Vertrieb, bei dem die Software in das Ausland geliefert wird. Die Ausfuhr von Software unterliegt wie jegliche Ausfuhr den Einschränkungen des **Außenwirtschaftsrechts**. Relevant ist dabei vor allem für Software mit einer Verschlüsselungsfunktion (über 128 kB Schlüssellänge), dass solche Software als »dual use« Gut eingestuft wird: Solche Güter mit doppeltem Verwendungszweck können neben ihrer zivilen Anwendung auch eine militärische Anwendung haben und unterliegen deshalb bestimmten Einschränkungen.

173 Hauptregelung ist die **Dual-Use-Verordnung** Nr. 428/2009 vom 05.05.2009.[171] Sie hält bereits in ihrem ersten Erwägungsgrund fest, dass »Güter mit doppeltem Verwendungszweck (einschließlich Software und Technologien)« bei ihrer Ausfuhr aus der Gemeinschaft wirksam kontrolliert werden. Dies soll nach dem Erwägungsgrund Nr. (8) ebenfalls für die »Übertragung von Software und Technologien mittels elektronischer Medien, Telefax und Telefon nach Bestimmungszielen außerhalb der Gemeinschaft« gelten. Nach Art. 3 Abs. 1 der VO Nr. 428/2009 ist die Ausfuhr der in der Anlage I zu der VO Nr. 428/2009 aufgeführten Güter mit doppeltem Verwendungszweck **genehmigungspflichtig**. Der Anhang I[172] enthält unter Kategorie 5 in Teil 2 »Informationssicherheit« eine Aufzählung von Gütern der Informationssicherheit, zu denen nach Ziffer 5A002 auch Software gehört, die Verschlüsselungstechnik unter Verwendung von symmetrischen Algorithmen mit einer Schlüssellänge größer 56 Bit oder bestimmte asymmetrische Algorithmen einschließlich des weit verbreiteten RSA-Verfahren verwendet.[173] Da es sich aber mittlerweile um weitverbreitete Systeme handelt, werden bereits eine Reihe von Produkten aus dem Anwendungsbereich ausgenommen, u. a. Software, die der Authentifizierung dient, die Digitale Signatur, personenbezogene Mikroprozessor-Karten (personalized smart cards), PayTV-Smartcards,

---

169 Vgl. *Nordmeyer* GRUR Int. 2010, 489 (490).
170 BGH CR 2010, 565 – Half Life 2.
171 Verordnung (EG) Nr. 428/2009 des Rates v. 05.05.2009 über eine Gemeinschaftsregelung für die Kontrolle der Ausfuhr, der Verbringung, der Vermittlung und der Durchfuhr von Gütern mit doppeltem Verwendungszweck, ABl. EU 2009 Nr. L 134/1 v. 29.05.2009.
172 Vgl. Anhang I Kategorie 5 Teil 2 der Dual Use Verordnung, ABl. EU 2009 Nr. L 134/167 ff. v. 29.05.2009.
173 ABl. EU 2009 Nr. L 134/168 v. 29.05.2009.

DRM-geschützte Audio/Video-Inhalte.[174] Da eine Kontrolle von Endkundensoftware kaum möglich ist, schließt die Verordnung ferner als Konzession an die realen Verhältnisse auch die frei im Handel und über Internet vertriebene Endkundensoftware aus, deren kryptografische Funktionalität nicht mit einfachen Mitteln durch den Benutzer geändert werden kann und die entwickelt sind, um vom Benutzer ohne umfangreiche Unterstützung durch den Anbieter installiert zu werden; allerdings muss der Anbieter eine technische Dokumentation vorhalten und diese auf Verlangen der Ausfuhrbehörde zugänglich machen.[175]

Sollte keine der Ausnahmen einschlägig sein und damit eine Genehmigungspflicht bestehen, ist meistens eine der Allgemeingenehmigungen anwendbar. So darf entsprechende Krypto-Software nach der Allgemeinen Genehmigung Nr. EU001, die bereits in Anhang II der VO Nr. 428/2009 enthalten ist,[176] in westliche Industrieländer[177] exportiert werden. **174**

Da die Genehmigung von der nationalen Behörde[178] erteilt werden muss, kann auch diese Allgemeine Genehmigungen erteilen. Relevant ist die Allgemeine Genehmigung Nr. 16,[179] nach der unter bestimmten Bedingungen (Anzeigepflicht, dass die Allgemeine Genehmigung Nr. 16 in Anspruch genommen wird und, auf Verlangen der Behörde, Auskunftspflicht) Krypto-Software in nahezu alle Länder mit besonders aufgeführten Ausnahmen[180] ausgeführt werden. **175**

Es bestehen weitere allgemeine Beschränkungen bei der Warenausfuhr, wie im Hinblick auf die besonderen Länder der »Länderliste K«[181] nach § 5c Abs. 1 AWV, bei bekannter Verwendung für kerntechnische Anlagen nach § 5c AWV, sowie in Embargo-Länder. **176**

Nach deutschem Recht[182] ist auch bereits die »Verbringung« von Gütern mit doppeltem Verwendungszweck in ein anderes EU-Mitgliedsland nach § 7 Abs. 2 AWV genehmigungspflichtig, wenn bekannt ist, dass das endgültige Bestimmungsziel außerhalb der EU liegt. **177**

D. Besonderheiten bei dem Vertrieb von Hardware

Im Hinblick auf Vertriebsverträge zu Hardware gelten nur wenige Abweichungen. **178**

Hardware kann dabei komplette Computer, wie auch deren Bestandteile (z. B. Festplatten, Platinen, Laufwerke) umfassen, entweder für den Einbau in zu vertreibende Geräte (OEM-Vertrag) oder zur unveränderten bloßen Weiterveräußerung an Endkunden. **179**

I. Abnahme- und Lieferverpflichtungen

Während bei Software noch die Vervielfältigung durch den Vertriebshändler selbst infrage kommt, führt das Vorliegen einer echten »Produktion« bei Hardware dazu, dass der Her- **180**

---

174 Anmerkung zu Ziffer 5A002, ABl. EU 2009 Nr. L 134/168 v. 29.05.2009.
175 Anmerkung 3 (Kryptotechnik-Anmerkung) zu Kategorie 5, Teil 2, ABl. EU 2009 Nr. L 134/167 v. 29.05.2009.
176 Anhang II, Allgemeine Ausfuhrgenehmigung der Gemeinschaft Nr. EU001, ABl. EU2009 Nr. L 134/253 v. 29.05.2009.
177 Australien, Japan, Kanada, Neuseeland, Norwegen, Schweiz, USA.
178 Bundesamt für Wirtschaft und Ausfuhrkontrolle (BAFA), vgl. www.bafa.de.
179 Bekanntmachung v. 18.07.2001 (BAnz. Nr. 145 v. 07.08.2001, S. 16804), zuletzt verlängert und geändert durch die Bekanntmachung vom 19.01.2010 (BAnz. Nr. 16 v. 29.01.2010, S. 349).
180 U. a. Afghanistan, Nordkorea.
181 Aktuelle Fassung v. 16.08.2007 (BAnz. Nr. 155, S. 7279 v. 21.08.2007): Kuba, Syrien.
182 Die VO Nr. 428/2009 gestattet dies dem nationalen Gesetzgeber in Art. 22 Abs. (2) erster Spiegelstrich unter bestimmten Voraussetzungen.

steller ein Interesse daran hat, einmal produzierte Waren auch abzusetzen. Eine einfache Ersetzung durch eine neue »Version« ist nicht in einer bei Software üblichen Weise möglich, da die Kosten der Herstellung bei Hardware höher liegen als bei dem Brennen von Software auf Datenträger (wenn Software nicht sogar online ohne Produktionskosten vertrieben wird). Deshalb wird der Hersteller in der Regel (und durchgängig bei exklusiven Vertriebsverträgen) eine **Pflicht zur Abnahme** der Vertragsprodukte aufnehmen. Dies kann im Rahmen einer Mindestabnahme pro Kalenderjahr erfolgen (bei Exklusivverträgen üblich, da der Hersteller für das Vertragsgebiet ja von dem Vertriebserfolg des Vertriebshändlers abhängt).

181 Abnahmepflichten können als **Garantie** ausgestaltet sein: In diesem Fall muss der Vertriebshändler, falls die tatsächlich abgenommene Menge unter der Mindestmenge liegt, dem Hersteller einen Ausgleich zahlen, der dem durch die Minderabnahme verursachten entgangenen Gewinn des Herstellers entspricht.[183] Während bei Online-Softwarevertriebsverträgen häufig pauschal auf die Lizenzgebühr abgestellt wird, die der Vertriebshändler zu entrichten hätte (es entstehen keine Produktionskosten für zu vertreibende Software, wenn von den Traffic-Kosten abgesehen wird), ist bei Hardwarelieferverträgen die Ersparnis für nicht produzierte Hardware in Abzug zu bringen. Mangels anderweitiger vertraglicher Regelung wird in dem Nichterreichen der Vertriebsziele bei gleichzeitiger Zahlung der Garantiesumme kein Grund für den Hersteller für eine außerordentliche Kündigung des Vertriebsvertrages liegen: wegen der Zahlung der Garantiesumme durch den Vertriebshändler ist dem Hersteller die weitere Zusammenarbeit zumutbar. Allerdings sollte sich der Vertriebshändler für diese Fälle ein außerordentliches Kündigungsrecht ausbedingen, da er diese Finanzierung des Herstellers nicht laufend fortsetzen möchte.

182 Eine typische Rechtsfolge für das Nichterreichen der Abnahmemengen ist der **Fortfall der Exklusivität** des Vertriebshändlers für sein Vertragsgebiet für den nachfolgenden Vertriebszeitraum (meist Kalenderjahr): denn der Hersteller hat dann ein Interesse daran, mehrere Vertriebshändler miteinander in Wettbewerb treten zu lassen.

183 Abnahmepflichten können auch als **einfache Vertragsverletzung** ausgestaltet sein, die (sofern kein Verschulden seitens des Vertriebshändlers vorliegt) nicht zur Geltendmachung von Schadenersatz, wohl aber zur (außerordentlichen) Kündigung berechtigen.

184 Aus Sicht des Vertriebshändlers wird die Notwendigkeit einer Produktion bei Hardware dazu führen, dass eine Lieferpflicht in den Vertrag aufgenommen wird: der Hersteller ist verpflichtet, die vom Vertriebshändler bestellten Mengen auch herzustellen und zu liefern. Um eine Vorausplanung zu ermöglichen, sehen die Vertriebsverträge hierfür einen regelmäßigen (rollierenden) »forecast« (Vorabschätzung) der vom Vertriebshändler abzurufenden Mengen z. B. für die jeweils folgenden zwölf Kalendermonate vor, die ab einem bestimmten Zeitpunkt (z. B. drei Monate vor dem beabsichtigten Liefertermin) verbindlich (»binding forecast«) werden und damit einen echten Kaufvertrag bilden.[184]

185 Verbunden wird diese Planungsregelung häufig mit einer Flexibilität, die dem Vertriebshändler eine Erhöhung der Bestellmengen ermöglicht, jedoch dann meist mit einem Widerspruchsrecht des Herstellers (der u. U. ja keine Produktionskapazitäten für die erhöhten Liefermengen hat), zumindest wenn die Erhöhung bestimmte Prozentsätze übersteigt.[185] Ferner können Liefertermine geringfügig verschoben werden, oder Liefermengen verringert, dies dann jedoch meistens gegen Zahlung einer Abstandssumme.

---

183 Vgl. *Schneider*, Hdb EDV, N Rn. 19 unter Hinweis auf Problem der Dimensionierung der Kostenanteile.
184 Vgl. zur Planung *Schneider*, Hdb EDV, N Rn. 7.
185 *Bachofer* CR 1988, 1 (5).

1. End-of-life Anzeigen und Vorhalten von Ersatzteilen

Der Vertriebshändler wird den Vertrieb von Hardware auch daran orientieren, ob noch ausreichend Ersatzteile zur Verfügung stehen und damit eine Wartung ausreichend sicher gestellt ist. Damit haben sich Vertragsklauseln ergeben, die den Hersteller verpflichten, während der Laufzeit des Vertriebsvertrages die Vertragsprodukte in der Produktion zu halten oder die Einstellung der Produktion (»End-of-life«, »EOL«) mit einer festgelegten Frist dem Vertriebshändler anzukündigen. Verbunden wird dies mit einer Pflicht, dem Vertriebshändler noch einen letzten Kauf über eine frei oder in bestimmten Grenzen beschränkte Menge dieses Vertragsproduktes zu beliefern, sowie Ersatzteile noch für einen bestimmten Zeitraum nach Produktionseinstellung vorzuhalten.

Sofern keine ausdrücklichen Vertragspflichten bestehen, kann nur in Ausnahmefällen von einer **gesetzlichen Pflicht** zu solchen Anzeigen ausgegangen werden. Im Nachgang einer amtsgerichtlichen Entscheidung[186] wird eine solche Pflicht zur Bereithaltung und Lieferung notwendiger Ersatzteile durch den Hersteller während eines angemessenen Zeitraums angenommen.[187] In der Vertriebskette müssten diese Ansprüche auch zugunsten des Vertriebshändlers gelten. Diese Pflicht des Herstellers erscheint aber aus zwei Gründen als sehr weitgehend: Zum einen haben Kunden in der Regel die Wahl zwischen Miet- (Leasing-) und Kauflösungen, und damit auch die Wahl zwischen unterschiedlichen Anspruchskonzepten; eine eher dem Vermieter obliegende Pflicht zur Sorge um zukünftige Gebrauchstauglichkeit ist systemfremd. Zudem hat die zwischenzeitliche Verlängerung der Verjährung von Mängelansprüchen durch die Schuldrechtsreform von 6 Monaten auf 2 Jahre bereits die gesetzlichen Rechte des Käufers weiter gestärkt.

II. Kombination mit Software

Da Hardware zumindest eine Betriebssoftware erfordert, muss an einer Stelle in der Vertriebskette Software hinzugefügt werden. Sofern der Vertriebshändler eigene Software aufspielt, wird der Vertriebsvertrag üblicherweise als VAR-Vertrag bezeichnet.[188] Meist jedoch erwirbt der Hersteller wegen seiner vorteilhaften Verhandlungssituation aufgrund hoher Stückzahlen (Skaleneffekt) die Software beim Lizenzgeber. Diese erwirbt der Hersteller als sogenannte OEM-Version beim Softwarehersteller.

1. Einräumung des Rechts zum Weitervertrieb der Systemsoftware

Die Software wird der Hersteller der Hardware meist unmittelbar auf die Hardware aufspielen. Insofern liegt dann mit der Festplatte ein Trägermedium vor, das als **Vervielfältigungsstück** gilt.[189] Wenn dieses Vervielfältigungsstück mit Zustimmung des Rechteinhabers (Software-Hersteller) in den Verkehr kommt, erlöschen die Verbreitungsrechte des Software-Herstellers daran.

Sofern keine Erschöpfung des Verbreitungsrechts innerhalb der EU vorliegt, ist das Weitervertriebsrecht ausdrücklich einzuräumen.[190]

Zudem werden häufig noch jeweils eine Sicherungskopie oder die Ausgangssoftware auf einer CD oder DVD dem Computer beigelegt.

---

186 AG München NJW 1970, 1852.
187 Palandt/*Grüneberg* § 242 Rn. 29; *Finger* NJW 1970, 2049 (2050); für Hardware: *Fritzemeyer/Splittgerber* CR 2007, 209 (210).
188 *Schneider*, Hdb EDV, N Rn. 32.
189 *Marly* Rn. 134.
190 So auch *Schneider*, Hdb EDV, N Rn. 19, jedoch ohne Verweis auf die Möglichkeit der Erschöpfung. Vgl. OLG München CR 1988, 292.

192 Bei dem Vertrieb werden häufig **Beschränkungen** vereinbart, die z. B. eine Vervielfältigung der Software untersagen. Die Leitlinien für vertikale Beschränkungen führen hierzu in Ziffer (42) aus:[191]

193 »Abnehmer von Hardware, die mit urheberrechtlich geschützter Software geliefert wird, können vom Urheberrechtsinhaber dazu verpflichtet werden, nicht gegen das Urheberrecht zu verstoßen, und daher die Software nicht zu kopieren oder weiterzuverkaufen oder in Verbindung mit einer anderen Hardware zu verwenden. Derartige Beschränkungen sind, soweit sie unter Artikel 101 Absatz 1 AEUV fallen, nach der GVO freigestellt.«

194 Interessant ist die Einschränkung »soweit sie unter Art. 101 Abs. 1 fallen«: denn dies setzt eine Einschränkung des Wettbewerbs voraus. Mit Wettbewerb ist der rechtmäßige Wettbewerb gemeint. Die rechtswidrige, weil urheberrechtswidrige Vervielfältigung kann keinen rechtmäßigen Wettbewerb in diesem Sinne schaffen, sodass auch das Verbot solcher urheberrechtswidriger Handlungen keine Wettbewerbsbeschränkung sein kann – auch ohne Gruppenfreistellung.

2. Nutzung nur auf den Produkten des Herstellers

195 Der Lizenzgeber wird dabei dem Hersteller vorschreiben, dass die Software nur als OEM-Version auf der Hardware des Herstellers verwendet werden darf, **nicht jedoch isoliert vertrieben** werden darf; zudem muss der Hersteller seinen Vertriebshändlern entsprechende Pflichten auferlegen.[192]

196 Nach dem Urteil des BGH ist diese Einschränkung nicht als (dingliche) Beschränkung gegenüber Endkunden wirksam, sobald die Software – mit Einwilligung des Software-Herstellers als Berechtigten – in den Verkehr gekommen ist. Der Vorbehalt der Einwilligung ist wegen des Verkehrsschutzes unbeachtlich. Offen ließ der BGH, zweifelte jedoch, ob überhaupt eine dingliche Wirkung dieses Vorbehalts sogar auf der ersten Vertriebsstufe gegenüber dem ersten Abnehmer vorliegen könne. Solche dinglich wirksamen Einschränkungen sah der BGH nur bei Abspaltungen des Vertriebsweges für selbstständige Nutzungsarten; bei der Verbreitung auf CD und Festplatte sei dies für die bloße Unterscheidung zwischen OEM-Version und Vollversion nicht ohne Weiteres nachvollziehbar.

a) als Händlerbindung wirksam

197 Die Pflicht des Vertriebshändlers aus einer ausdrücklichen Regelung im Vertriebsvertrag, diese Software nicht isoliert weiterzugeben, dürfte wirksam sein. Der BGH hat dies offen gelassen und nur das AGB- und Kartellrecht unbestimmt als mögliche Grenzen angesprochen. Angesichts dieser vorherrschend anzutreffenden Vorgehensweise der Software-Lizenzgeber sollte eine solche Klausel für den Vertriebshändler von Hardware nicht überraschend oder unangemessen i. S. v. § 307 BGB sein.

198 Kartellrechtlich ist zunächst fraglich, ob getrennte Produkte bei Hardware und Betriebssystem vorliegen,[193] und wenn ja, ob die Koppelung hieraus (also die zwangsläufige Verknüpfung der Software mit einer Hardware, ohne dass die Software allein vertrieben werden darf) unzulässig ist.

199 Die Koppelung zielt jedoch meist auf die Pflicht des Vertriebshändlers (oder des Endkunden), die Software nur zusammen mit einer vom Hersteller gelieferten Hardware abzunehmen, sodass der Endkunde, der die Software erwerben möchte, zwangsläufig auch die – viel-

---

191 Leitlinien Vertikal-GVO, Ziffer 42; vgl. auch *Schneider*, Hdb EDV, N Rn. 40.
192 Vgl. BGH NJW 2000, 3571 – OEM-Version.
193 Für herstellerspezifische Betriebssysteme verneinend LG Bielefeld CR 1986, 444 (445), allerdings geht die Entwicklung zu einer freien Austauschbarkeit, vgl. *Marly* Rn. 823, vor allem durch zunehmende Verwendung von Linux-basierten Betriebssystemen.

leicht gar nicht erwünschte – Hardware des Herstellers mit erwerben muss. Diese den Wettbewerb (hier: unter den Hardware-Herstellern und -Vertreibern) einschränkende Abrede verstößt gegen Art. 101 Abs. 1 lit. e) AEUV, der Bedingungen verbietet, dass die Vertragspartner zusätzliche Leistungen annehmen, die weder sachlich noch nach Handelsbrauch in Beziehung zum Vertragsgegenstand stehen. Zwar stehen Hard- und Software zueinander »in Beziehung«; jedoch ist die zwangsläufige Verknüpfung von Hard- und Software kein Handelsbrauch (mehr)[194] und kann sachlich nicht gerechtfertigt werden.[195] In der Regel wird allenfalls eine Empfehlung ausgesprochen, welche Software oder Hardware jeweils für ein Produkt geeignet oder besonders geeignet ist.

Bei dem OEM-Vertrieb von Software steht es jedoch sowohl dem Vertriebshändler wie dem Endkunden frei, die Hardware ohne Software zu beziehen und die Software – nur zu einem wahrscheinlich höheren Preis – unabhängig zu erwerben. Damit liegt keine echte Koppelung vor, sondern lediglich eine Preisdifferenzierung, die an unterschiedliche Rechteeinräumungen (einmal Vollversion, einmal OEM-Version) jeweils unterschiedliche Vergütungen anknüpft (geringere Vergütung bei OEM-Version). 200

b) Als Koppelungsgeschäft gegenüber (End-) Kunden

Der Vertriebshändler verpflichtet sich teilweise gegenüber dem Hersteller, auch gegenüber seinen eigenen Kunden eine vertragliche Verpflichtung aufzunehmen, dass diese Kunden die OEM-Version nicht selbstständig veräußern dürfen. Diese Pflicht wird auch als Koppelung angesehen,[196] ihr kritischer Punkt ist aber weniger die zwanghafte Bindung der zwei Produkte als vielmehr die Einschränkung im Hinblick auf den Vertrieb der Software: Diese Klausel zwischen Hersteller und Vertriebshändler ist eine typische Konditionenbindung (der Vertriebshändler ist in den von ihm gegenüber Endkunden verwendeten Vertragskonditionen eingeschränkt). Nach Art. 101 Abs. 1 lit. a) AEUV sind wettbewerbshindernde Vereinbarungen verboten, zu denen insbesondere die unmittelbare oder mittelbare Festsetzung sonstiger Geschäftsbedingungen gehört. Nach Art. 4a) der Vertikal-GVO sind ausdrücklich freigestellt nur Höchstverkaufspreise oder Preisempfehlungen. Sofern die Einschränkung eine dingliche Wirkung der ursprünglichen Einschränkung auch gegenüber Dritten hat, wäre eine entsprechende vertragliche Regelung entsprechend der urheberrechtlichen Nutzungsrechte wohl sachgerecht.[197] Nach der Entscheidung des BGH vom 06.07.2000, mit der ein dinglicher Charakter solcher Nutzungsbeschränkungen auf OEM-Versionen bezweifelt wurde,[198] ist dies nicht mehr ohne Weiteres anzunehmen. 201

3. Sonderproblem bei embedded Systemen

Neben der Software, die als Anwendungssoftware oder als Betriebssoftware in die Datenspeicher von Computern vervielfältigt wird, birgt die Hardware häufig auch weitere Software als sogenannte »embedded« Software, vor allem bei Geräten der Verbraucherelektronik (CD-Spieler, PC-Drucker). Eine getrennte Nutzungsrechtseinräumung ist bei dem Vertrieb nicht erforderlich. 202

Ausnahmen können im Hinblick auf ursprüngliche Lizenzklauseln gelten, die für Open Source Software nach der **GNU General Public License** der Version 3.0 (**GPL 3.0**) bestehen. Die GPL 3.0 unterscheidet Pflichten beim Vertrieb unveränderter und veränderter 203

---

194 Vgl. *Sucker* CR 1989, 468 (473) mit Hinweis auf Entkoppelungen von Hard- und Software; sowie *Lehmann* CR 1987, 422 (getrennter Vertrieb seit frühen siebziger Jahren).
195 *Marly* Rn. 824; *Moritz* CR 1993, 257 (263).
196 *Schneider*, Hdb EDV, N Rn. 21.
197 *Nordemann* GRUR 2007, 203 (206).
198 Vgl. hierzu auch OLG Düsseldorf GRUR-RR 2005, 213 – OEM-Versionen (zu Schadensersatzanspruch).

Quellversionen und Pflichten beim Vertrieb von Objektcodeversionen. Bei Ersterem besteht die Pflicht, bei dem Vertrieb der Open Source Software auf die Urheberschaft an der Software sowie auf die Tatsache der Lizenz unter der GPL und zusätzliche Lizenzpflichten im Sinn der Ziffer 7 GPL 3.0 hinzuweisen, den Lizenztext der GPL beizufügen oder schriftlich zu versprechen, dies auf Anfrage zu tun, sowie Haftung und Gewährleistung für die Open Source Software ausschließen (Nr. 4 GPL 3.0).[199] Bei Letzterem sind die Pflichten vor allem im Hinblick auf den sog. Copyleft-Effekt (Nr. 5 GPL 3.0) ausgestaltet, was das Erfordernis der Lizenzierung eigener Entwicklungen unter GPL, weil sie ja ganz oder teilweise aus einem anderen Programm, das der GPL unterliegt, abgeleitet wurde, beschreibt.[200] Zudem gibt es die Erleichterung, dass der Quellcode zur Überlieferung angeboten oder auf einem gebräuchlichen Datenträger mitgeliefert werden muss; es reicht vielmehr, einen kostenlosen Download dem Besitzer der Programmkopie zugänglich zu machen bzw. beim Austausch via Peer-to-Peer-Netzwerken auf ein öffentliches Downloadangebot hinzuweisen.[201] Nach der derzeitigen Gestaltung der GPL[202] darf der Hersteller die der GPL unterliegende Software nur bei jeweiliger Erfüllung dieser Voraussetzungen vervielfältigen und vertreiben.

204 Allerdings gilt auch hier der **Erschöpfungsgrundsatz**: sobald das Vervielfältigungsstück (in Form z. B. des PC-Druckers) mit Einwilligung des Herstellers in den Verkehr gebracht wurde, ist das Verbreitungsrecht erschöpft. Auch soweit die bestimmungsgemäße Nutzung der Software Vervielfältigungshandlungen erfordert (durch Vervielfältigung der Software in den Arbeitsspeicher des Geräts) kann dies der ursprüngliche Rechteinhaber nach § 69d Abs. 1 UrhG nicht mehr verhindern. Damit erfüllt der Hersteller diese Anforderungen, wenn er ihnen (nur) im Verhältnis zu seinem Vertriebshändler nachkommt. Es ist nicht erforderlich, dass der Hersteller den Vertriebshändler verpflichtet, seinerseits diese Anforderungen zu erfüllen. Der Vertriebshändler könnte damit die Geräte weitervertreiben, ohne einen Haftungsausschluss für die Open Source Software vorzusehen, oder ohne den Lizenztext der GPL weiterzugeben.

III. Mängelansprüche

1. Höhere Relevanz der Haftung in der Vertriebskette

205 Während Software keine Abnutzung kennt, unterliegt Hardware einem Verschleiß, der auch zu Funktionsstörungen innerhalb der Verjährungsfrist für Sachmängel, wie sie für den Käufer gilt (2 Jahre ab Übergabe), führen kann. Beruhen diese auf einem bei Gefahrübergang vorhandenen Mangel, bestehen Mängelansprüche des Käufers. Deshalb sind die Ansprüche, die der Einzelhändler gegen seinen Lieferanten in der Lieferkette (§ 478 BGB) hat, bei Hardware häufig relevanter als bei Software.

206 Eine Nacherfüllung durch den Einzelhändler (insbesondere in der Form einer Nachbesserung durch Reparatur) wird im Zweifel für den Hersteller, an den diese Ansprüche gem. § 478 BGB über die jeweiligen Aufwendungsersatzansprüche der Abnehmer zurückgereicht werden können, sehr viel teurer kommt als der Austausch. Deshalb wird der Hersteller ein »Garantie-System« einführen, bei dem er sicherstellt, dass (vermeintlich) defekte Geräte an ihn oder einen Dritten (Serviceprovider) gesandt werden und dort im Austausch repariert oder entsorgt werden.

---

199 Vgl. *Jaeger/Metzger* GRUR 2008, 130 (135); Zu GPL 2.0, vgl. *Jaeger/Metzger* Rn. 77; *Jaeger/Metzger* MMR 2003, 431 zu Open Content.
200 *Schneider*, Hdb EDV-Recht, C Rn. 42; s. auch *Koglin* CR 2008, 137 (140).
201 *Jaeger/Metzger* GRUR 2008, 130 (135).
202 GPL 3.0 v. 29.06.2007; für vor dem 29.06.2007 veröffentlichte Lizenzversionen besteht ein Wahlrecht hinsichtlich der GPL Versionen 2 und 3, vgl. *Funk/Zeitfang* CR 2007, 1617 (1618 f.).

2. Serienfehler und Produkthaftung im Vertriebshändlervertrag

Im Rahmen des Vertriebshändlervertrages richtet sich der Anspruch des Vertriebshändlers gegen den Hersteller nach **Kaufrecht**, ergänzt um die Regelungen zu Verbrauchsgüterkäufen und den Regress in der Lieferkette.

Bei Hardwarevertriebsverträgen sind häufiger als bei reinen Software-Vertriebsverträgen Regelungen anzutreffen, die Fälle des Serienfehlers (»epidemic failure«) erfassen sollen: Bei Serienfehlern liegen auf identischen konstruktions- oder herstellungsbedingten Fehlern (sogenannte identische »root cause«) beruhende Mängel vor. Sobald diese bei Endkunden aufgetreten sind, und der Hersteller erkennen kann, dass eine bestimmte Serie davon betroffen ist, wird er diese u. U. auch von den Vertriebshändlern zurückrufen wollen, um weitere Schäden zu vermeiden.

Sofern die Waren an Unternehmer als Endkunden veräußert werden, kommen die Regeln des **Verbrauchsgüterkaufes** mit Regressansprüchen des Vertriebshändlers nicht zur Anwendung. Ferner gelten die Regelungen zu den Regressansprüchen in der Lieferkette (§ 478 BGB) auch dann nicht, wenn lediglich Bauteile (z. B. eine Festplatte zum Einbau in einen Computer) geliefert werden.

Der Vertriebshändler wird deshalb ein Interesse haben, bei solchen Serienfehlern auch nach Ablauf der Verjährungsfrist für Mängel einen Rückgriff gegen den Hersteller nehmen zu können.[203] Zudem können die Schadenabwicklungskosten (Rückrufaktion, Umbau oder Umtausch der Geräte) wesentlich höher liegen als die bloße Nacherfüllung durch Lieferung intakter Geräte durch den Hersteller; einen Schadensersatzanspruch hat der Vertriebshändler gesetzlich nur unter den Voraussetzungen der §§ 437 Nr. 3, 280 BGB, also nicht, wenn der Hersteller die Pflichtverletzung nicht zu vertreten hat. Deshalb bestehen Vertriebshändler für Serienfehler – ohne dass es auf das Vertretenmüssen des Herstellers ankommt – bereits vertraglich auf der Übernahme eines bestimmten Kostenanteils an den Kosten für die Beseitigung solcher Serienfehler.

Bei möglichen Gefahren für die Gesundheit von Verbrauchern, oder für andere Sachen bei Endabnehmern, die Verbraucher sind, ist der Hersteller aufgrund der Produkthaftungsregelungen unter dem Risiko einer Produkthaftung und wird deshalb geeignete Maßnahmen ergreifen müssen. Bei einer Regelung im Vertriebshändlervertrag, die eine entsprechende Mitwirkung verlangt, wird dies einfacher sein. Auch wird der Vertrag bereits vorsehen, wie Aufwendungsersatzansprüche berechnet und vergütet werden.

IV. Verwendung eigener Marken

Merkmal des OEM-Vertriebshändlervertrages ist es, dass der Käufer (Vertriebshändler) seine eigenen Marken auf den Produkten aufbringen darf. Anders als bei der Software ist bei dem OEM-Vertrieb von Hardware in der Regel diese mit der Marke des Käufers ausgestattet.[204]

Aus Sicht beider Parteien ist zu beachten, dass Drittanbieter von Technologien wie z. B. Verschlüsselungs- oder Komprimierungstechnologien[205] an ihrer Technik Lizenzen erteilen, die Lizenznehmer aber verpflichten, die Lizenzprodukte unter ihrer eigenen Marken zu vertreiben. Dies führt dazu, dass der Käufer (Vertriebshändler) selbst eine Lizenz erwerben muss, um die OEM-Produkte unter der Marke des Endproduktes vertreiben zu können. Der Vorteil einer eventuell niedrigeren Lizenzgebühr wegen hoher Stückzahlen

---

203 *Schneider*, Hdb EDV, N Rn. 17.
204 *Schneider*, Hdb EDV, N Rn. 2.
205 Verschlüsselung kann z. B. Macrovision, Komprimierung kann z. B. MPEG3 sein.

kann dann nicht mehr genutzt werden. Diese vom Käufer zu erwerbenden Drittlizenzen sollten im Vertriebsvertrag ausdrücklich aufgeführt sein, um den Verkäufer nicht in die Haftung für Rechtsmängel zu bringen.

Kapitel 6
IT-Projektverträge

Schrifttum

Bartsch, Themenfelder einer umfassenden Regelung der Abnahme, CR 2006, 7; *Bräutigam/Rücker*, Softwareerstellung und § 651 BGB – Diskussion ohne Ende oder Ende der Diskussion, CR 2006, 361; *Ihde*, Das Pflichtenheft beim Softwareerstellungsvertrag, CR 1999, 409; *Müglich/Lapp*, Mitwirkungspflichten des Auftraggebers beim IT-Systemvertrag, CR 2004, 801; *Müller-Hengstenberg*, Vertragstypologie der Computersoftwareverträge, CR 2004, 161; *ders.*, Der Vertrag als Mittel des Risikomanagements, CR 2005, 385; *Müller-Hengstenberg/Krin*, Welche Bedeutung haben Prototyp und Pilot sowie Prototyping- und Pilotierungsphase bei IT-Projekten, CR 2010, 8; *Söbbing*, IT Contract Library (ITCL), ITRB 2006, 65; *Schelle*, Projekte zum Erfolg führen. Projektmanagement systematisch und kompakt., 5. Aufl., 2007; *Schneider,* »Neue« IT-Projektmethoden und »altes« Vertragsrecht, ITRB 2010, 18; *Schweinoch*; Geänderte Vertragstypen in Software-Projekten, CR 2010, 1; *Witzel*, Abnahme und Abnahmekriterien im IT-Projektvertrag, ITRB 2008, 160.

Übersicht

		Rdn.
A.	**IT-Projekte: Begriffserläuterung und Beispiele**	1
I.	Einführung	1
	1. Projektbegriff	1
	2. Projekte im Bereich der Informationstechnologie	4
II.	Systemeinführungen	6
III.	Migrationsprojekte	9
IV.	Softwareerstellungsprojekte	10
B.	**Vorbereitung von IT- Projekten**	11
I.	Projektplanung	11
	1. Ist-Analyse	12
	2. Anforderungsanalyse	13
II.	Ausschreibung	14
C.	**Vorgehensmodelle**	16
I.	Phasenmodell	17
II.	Wasserfall-Modell	18
III.	V-Modell	19
D.	**Projektphasen bei Implementierungsprojekten**	21
I.	Vorbereitungsphase	22
II.	Blueprint-Phase	23
III.	Realisierungsphase	26
IV.	Support-Phase und Endabnahme	28
V.	Realisierung der Phasen in einer mehrstufigen Systemumgebung	30
	1. Testumgebung	31
	2. Validierungsumgebung	32
	3. Produktivumgebung	33
E.	**Leistungsbeschreibungen**	34
I.	Maßgebliche Unterlagen	35
	1. Pflichtenhefte als Leistungsbeschreibung	36
	2. Begriffsverständnis: »Lastenheft/Pflichtenheft«	38
	a) Lastenheft	38
	b) Pflichtenhefte	39
	c) Juristisches Begriffsverständnis	40
II.	Verantwortung für das Pflichtenheft	43
III.	Blueprint als Leistungsbeschreibung in Projekten	46
IV.	Inhalte der Leistungsbeschreibung	51
V.	Fehlen einer konkreten Leistungsbeschreibung	54
VI.	Rechtliche Einordnung der Projektleistungen	57
F.	**Mitwirkung des Auftraggebers**	66
I.	Rechtliche Qualifikation der Mitwirkung	67
II.	Gegenstand der Mitwirkung	69
III.	Beschreibung im Vertrag	71
G.	**Leistungserbringer/Leistungsempfänger**	76

Kapitel 6   A. IT-Projekte: Begriffserläuterung und Beispiele

I.	Die Vertragsparteien und begünstigte Dritte	76
II.	Subunternehmer	77
H.	**Projektsteuerung**	**78**
I.	Projektteam	83
II.	Projektlenkungsausschuss	86
III.	Projektmeetings	88
IV.	Eskalationsprozedere	91
I.	**Termine und Fristen**	**94**
I.	Projektplan	95
II.	Milestones	98
III.	Zahlungstermine	101
J.	**Gewährleistung**	**102**
I.	Notwendigkeit vertraglicher Regelung	103
II.	Mängelbegriff	105
III.	Maßnahmen der Mängelbeseitigung	106
IV.	Vorgehen bei Rechtsmängeln	108
V.	Verjährung	109
K.	**Sonstige Leistungsstörungen**	**110**
I.	Rücktritt	113
II.	Schadensersatz	115
III.	Haftungsbeschränkungen	117
IV.	Schadenspauschalen und Vertragsstrafen	122
L.	**Abnahme**	**123**
I.	Verlauf der Abnahme	126
	1. Abnahmephasen	129
	2. Konkludente Abnahme	131
	3. Fiktion der Abnahmeerklärung	132
II.	Testfälle	134
III.	Fehlerklassen	137
IV.	Rechtsfolgen bei Scheitern der Abnahme	144
V.	Besonderheiten bei der Abnahme bzw. Freigabe von Pflichtenheften, Blueprints und Spezifikationen	146
M.	**Entgelte**	**151**
I.	Preismodelle	152
	1. Fixed Fee	154
	2. Time and Material	156
	3. Kombinationsmodelle	158
II.	Zahlungsbedingungen	160
N.	**Change Requests**	**164**
I.	Change Request Verfahren	165
II.	Auswirkungen von Change Requests	168
O.	**Urheberrechtliche Aspekte/Gewerbliche Schutzrechte**	**172**
P.	**Vorzeitige Projektbeendigung – Kündigungsmöglichkeiten**	**178**
Q.	**Streitbeilegung**	**184**
I.	Mediation	186
II.	Schlichtung	188
III.	Schiedsgerichtsklausel	190

A. IT-Projekte: Begriffserläuterung und Beispiele

I. Einführung

1. Projektbegriff

1   In vielen Unternehmen werden verschiedenste Vorhaben als »Projekte« deklariert, ohne dass die mit dem jeweiligen Vorhaben befassten Mitarbeiter genau sagen könnten, welche das konkrete Vorhaben kennzeichnenden Umstände dieses Vorhaben zu einem Projekt machen.[1]

---

1 *Schelle* definiert Projekte kurz und bündig als »Erst- und Einmalvorhaben«, S. 19.

Auch für den Juristen stellt sich bei der Erstellung von Projektverträgen unweigerlich die Frage, wie sich ein Projekt von anderen in vertraglicher Form zu regelnden Vorhaben abgrenzt. Hinweise gibt die DIN-Begriffsnorm 69901. Diese definiert ein Projekt als »ein Vorhaben, das im Wesentlichen durch die Einmaligkeit der Bedingungen in ihrer Gesamtheit gekennzeichnet ist, wie z. B.

- Zielvorgabe,
- Zeitliche, finanzielle, personelle und andere Begrenzungen,
- Abgrenzung gegenüber anderen Vorhaben,
- Projektspezifische Organisation.«

Für den Juristen bietet bereits diese sehr allgemein gehaltene Definition erste Anhaltspunkte für die vertragliche Gestaltung. Die Definition macht deutlich, dass die Erreichung der Zielvorgabe rechtlich abgesichert, die zeitlichen, finanziellen und personellen Rahmenbedingungen festgelegt und eine projektspezifische Organisation vereinbart werden müssen. Der typische Projektvertrag wird notwendigerweise durch diese Vorgaben geprägt.

Gerade aus der Tatsache, dass Ziel eines Projekts in aller Regel die Erreichung eines bestimmten Ergebnisses, d. h. eines vereinbarten Projekterfolgs, ist, ergeben sich zahlreiche rechtliche Konsequenzen, insbesondere hinsichtlich der vertragstypologischen Einordnung von Projektverträgen, der Gewährleistung, der Abnahme etc. Diese rechtlichen Fragestellungen gilt es bei der Gestaltung der IT-Projektverträge gebührend zu berücksichtigen.

2. Projekte im Bereich der Informationstechnologie

Als »IT-Projekt« wird allgemein ein Projekt verstanden, dessen Gegenstand die Erstellung, Einführung (Implementierung), Migration, Anpassung oder sonstige Veränderung von IT-Systemen, Hardware, Software, Datenbanken oder anderen IT-Produkten ist. Auch Projekte aus dem Bereich der Datenmigration oder Datenkonsolidierung werden regelmäßig den IT-Projekten zugerechnet.[2]

Wie die meisten Projekte sind auch IT-Projekte in aller Regel gerade dadurch gekennzeichnet, dass am Ende der Projektphase ein Ergebnis steht, mit dessen Erreichung das Projekt abgeschlossen ist. Das Projekt endet typischerweise nicht mit Ablauf einer vertraglich vereinbarten Zeitspanne, sondern mit Erreichung des Projektziels. Obwohl für die Zielerreichung in den allermeisten Fällen zeitliche Vorgaben gemacht werden, unterscheidet sich das IT-Projekt damit nach allgemeinem Verständnis doch wesentlich von Dauerschuldverhältnissen (z. B. Softwarepflege, Hardwaremiete). Unterschieden wird es häufig auch von sog. »offenen« Projekten, wie z. B. Forschungs- oder Entwicklungsprojekten, bei denen das Ergebnis und dessen Erreichung zwar unter Umständen vorgegeben sein können, aber nicht notwendigerweise sein müssen.

II. Systemeinführungen

Als typisches Beispiel für ein »IT-Projekt« kann die so genannte »Systemeinführung« genannt werden. Dabei handelt es sich um ein Projekt, dessen Gegenstand die Einführung eines in einem Unternehmen noch nicht eingesetzten IT-Systems in eben diesem Unternehmen ist. Das Projekt besteht regelmäßig in der Lieferung des jeweiligen IT-Systems (z. B. ein ERP System wie beispielsweise SAP), der Implementierung des Systems auf den Rechnern des Unternehmens, der Integration des Systems in die vorbestehende IT-Systemlandschaft,

---

[2] Einen Spezialfall des IT-Projekts stellt das IT-Outsourcing dar. Siehe hierzu Kap. 7.

dem Customizing des Systems und ggf. der Migration eines Altdatenbestands auf das neue System.

7   Bereits diese überblicksartige Darstellung des typischen Gegenstands eines Systemeinführungsprojekts macht deutlich, dass es hier um weit mehr als die bloße Lieferung von Standardsoftware geht. Die Projekte zeichnen sich in aller Regel vielmehr durch eine hohe Komplexität aus und erfordern häufig, gerade was die Anbindung des neuen Systems an bereits bei dem jeweiligen Unternehmen im Einsatz befindliche Systeme anbelangt, neben der Lieferung von Standardsoftware einen erheblichen Programmierungsaufwand.

8   Die hohe Komplexität von Systemeinführungsprojekten macht es erforderlich, dass diese vor dem Einstieg in die eigentliche Projektrealisierung sorgfältig geplant und vom Auftraggeber und Auftragnehmer vorbereitet werden.[3]

III. Migrationsprojekte

9   Das oben zur Komplexität von Systemeinführungen Gesagte gilt in nicht geringerem Umfang auch für die sog. Migrationsprojekte. Dabei handelt es sich um Projekte, deren Gegenstand die Migration, also vereinfacht gesagt, der Wechsel von einem IT-System auf ein anderes ist (zum Beispiel der Wechsel von einer älteren Version des im Unternehmen genutzten ERP-Systems [z.B. SAP 4.0] auf eine neuere Version [z.B. mySAP]). Dabei kommt zur Einführung des neuen IT-Systems die Überführung der im Altsystem verarbeiteten und in diesem (d. h. in den zugehörigen Datenbanken) gespeicherten Daten in das neue System. Erste Stufe einer solchen Datenmigration sind häufig mehr oder weniger umfangreiche Datenkonsolidierungen. Das im Rahmen der Migration zu ersetzende Altsystem kann zahlreiche Schnittstellen zu anderen im jeweiligen Unternehmen im Einsatz befindlichen Systemen aufweisen. Gegenstand eines Migrationsprojekts ist daher regelmäßig auch die Anpassung bzw. Programmierung von Schnittstellen, die eine dem Altsystem entsprechende Einbindung des neuen Systems in die im Unternehmen bestehende Systemlandschaft ermöglichen.

IV. Softwareerstellungsprojekte

10 Softwareerstellungsprojekte haben stets die Programmierung neuer Software zum Gegenstand. In der Praxis finden sich verschiedenste Formen dieser Projekte. Ein Erstellungsprojekt kann beispielsweise ein typisches Auftragsprojekt sein, bei dem der Auftragnehmer einen Softwareentwickler mit der Erstellung einer bestimmten Softwarelösung beauftragt. Es kann sich aber auch um ein Kooperationsprojekt handeln, bei dem mehrere Projektbeteiligte zusammenarbeiten, um eine Softwarelösung zu erstellen, die sie entweder selbst einsetzen oder später kommerziell vermarkten möchten. Abzugrenzen sind Softwareerstellungsprojekte von softwarebezogenen Forschungs- und Entwicklungsprojekten (F&E Projekte). Während ein Softwareerstellungsprojekt »lediglich« die Programmierung einer konkreten Softwarelösung zum Gegenstand hat, setzt das F&E Projekt früher, nämlich bei der Erforschung eines bestimmten Problems, an. Erst im Anschluss an die Erforschung des Problems gilt es dieses mittels der Programmierung einer Softwarelösung zu bewältigen.[4] Ein besonderer Schwerpunkt bei der Gestaltung von Softwareerstellungsverträgen sollte stets auf die Regelung der Verwertungsrechte hinsichtlich der neu zu erstellenden Software gelegt werden.

---

3 Eine umfassende Darstellung betreffend Verträge zur Anpassung, Einführung und Implementierung von Standardsoftware findet sich bei *Schneider/v. Westphalen/Witzel* S. 569 ff.
4 Zur Definition des F&E Projekts siehe Redeker/*Häuser* Kap. 6.2 Rn. 1.

B. Vorbereitung von IT- Projekten

I. Projektplanung

Die erfolgreiche Durchführung eines IT-Projekts erfordert eine gründliche Vorbereitung und Projektplanung. Die der eigentlichen Projektrealisierung vorgeschaltete Planungsphase ist dabei auch aus rechtlicher Sicht bereits von Bedeutung. Schon in dieser Phase sind Dokumente, wie z. B. Vertraulichkeitsvereinbarungen, Letter of Intent, Angebote und Ausschreibungen zu erstellen, die rechtliche Relevanz besitzen. Viele der in der Planungsphase erstellten Dokumente finden sich außerdem später häufig als die Leistungspflichten der Vertragspartner konkretisierende Anlagen zum Vertragswerk wieder. Auch diese besondere Bedeutung der vorbereitenden Dokumente sollte bereits bei ihrer Erstellung nicht unbeachtet bleiben. (Siehe zur Planung von Projekten am Beispiel des IT-Outsourcing ausführlich Kap. 7 Rdn. 21 ff.). 11

1. Ist-Analyse

Zu den ersten Schritten bei der Planung eines IT-Projekts gehört die Analyse des aktuellen Ist-Zustands der vom Projekt betroffenen Unternehmensprozesse einschließlich der innerhalb dieser Prozesse eingesetzten IT-Systeme. Diese Ist-Analyse ist Basis für alle weiteren Projektschritte. Die Ist-Analyse ist aus juristischer Sicht von Bedeutung, da es für die spätere vertragliche Festlegung konkreter Leistungspflichten erforderlich ist, die Ausgangssituation zu kennen, in der die Erbringung der Leistungen zu beginnen hat. Der Auftragnehmer darf nicht darüber im Zweifel gelassen werden, auf welche vorbestehenden Systeme und Prozesse er bei der Erbringung seiner Leistungen aufsetzen kann und aufsetzen muss. Teilweise wird der Auftragnehmer im Vertrag auch Voraussetzungen festhalten wollen, deren Bestehen als Bedingung für die Leistungspflicht des Auftragnehmers ausgestaltet ist. Ob diese Voraussetzungen in seinem Unternehmen tatsächlich erfüllt sind, kann der Auftraggeber nur auf Grundlage einer sorgfältigen Ist-Analyse einigermaßen sicher beurteilen. 12

2. Anforderungsanalyse

Ein weiterer wichtiger Schritt im Rahmen der Projektplanung ist eine sorgfältige Analyse der Unternehmensanforderungen an das Projektergebnis (z. B. an das im Projekt zu realisierende IT-System oder die im Projekt zu erstellende Softwarelösung). Auch die Ergebnisse der Anforderungsanalyse und die Art und Weise, wie diese dem Auftragnehmer mitgeteilt werden, sind aus juristischer Sicht von Bedeutung. Geht es beispielsweise in einem Projekt um die Erstellung einer neuen Softwarelösung, die geeignet sein soll, ganz bestimmte, beim Auftraggeber bestehende Anforderungen zu erfüllen, ist es im Sinne des Auftraggebers, diese Anforderungen im Vertragswerk auch im Rahmen der Definition des geschuldeten Erfolgs (Werkvertrag!) zu berücksichtigen. Dies kann entweder im Rahmen der Beschreibung der vertraglich geschuldeten Funktionen der Software oder aber unmittelbar im Sinne eines Anforderungsprofils geschehen. 13

II. Ausschreibung

Auch im nicht-öffentlichen Bereich werden IT-Projekte häufig ausgeschrieben. Die strengen Vorgaben des Vergaberechts müssen dabei im privaten Bereich nicht eingehalten werden. Je nach Zielrichtung der Ausschreibung spricht man im privaten Bereich häufig von 14 einem sog. Request for Proposal (siehe zum sog. RFP ausführlich Kap. 7 Rdn. 28 ff.) oder einem Request for Information (RFI).[5]

15 Im Rahmen der Ausschreibung eines IT-Projekts geht es für den Auftraggeber darum, zum einen seine Anforderungen und Erwartungen an das Projektergebnis, zum anderen aber auch die Rahmenbedingungen für die Durchführung des Projekts möglichst genau und verständlich zu beschreiben. Die Ausschreibungsunterlagen müssen so gestaltet sein, dass die Antworten der potenziellen Auftragnehmer auf die Ausschreibung es dem Auftraggeber ermöglichen, den oder die richtigen Kandidaten herauszufiltern. Je konkreter und detaillierter die Erwartungshaltung und die Rahmenbedingungen in den Ausschreibungsunterlagen festgelegt werden, umso eindeutiger werden auch die Antworten der potenziellen Auftragnehmer ausfallen. Fehlt es der Ausschreibung hingegen an der notwendigen Detailtiefe oder ist sie unklar formuliert oder aufgebaut, werden auch die Antworten keine belastbaren und mit anderen Antworten vergleichbaren Informationen enthalten. Die Auswahl des oder der richtigen Kandidaten ist dann kaum möglich. Eine gute Ausschreibung kann den Prozess der Vertragsgestaltung und Verhandlung enorm beschleunigen, da sie bereits vor Eintritt in die Verhandlungen den Leistungsgegenstand bestmöglich festlegt und der potenzielle Auftragnehmer mit dem Angebot, das er als Antwort auf die Ausschreibung abgibt, bereits konkret erkennen lässt, dass bzw. inwieweit über den Leistungsgegenstand und die Rahmenbedingung der Leistungserbringung Konsens besteht.

Es ist sinnvoll, auch den Text des Projektvertrags in die Ausschreibungsunterlagen aufzunehmen. Im Rahmen der Ausschreibung sollten die sich an der Ausschreibung beteiligenden potenziellen Auftragnehmer dann aufgefordert werden, mitzuteilen, an welchen Stellen sie hinsichtlich des (vom Ausschreibenden gestellten) Vertragsentwurfs Änderungsbedarf sehen. Auf diese Weise kann der zukünftige Auftraggeber sehen, inwieweit die potenziellen Auftragnehmer bereit sind, den vorgeschlagenen Vertragsentwurf zu akzeptieren. Gerade der Vergleich zwischen den Antworten der verschiedenen potenziellen Auftragnehmer kann mit Hinblick auf die Anbieterauswahl und die Verhandlungspositionen sehr aufschlussreich sein.[6]

C. Vorgehensmodelle

16 IT-Projekte orientieren sich wie viele andere Projekte häufig an einem sog. »Vorgehensmodell«.[7] Bei einem Vorgehensmodell handelt es sich – vereinfacht gesagt – um einen in verschiedene Phasen unterteilten Plan zur Organisation und systematischen Strukturierung des Projektablaufs. Typischerweise finden sich solche Modelle vor allem im Bereich der Softwareerstellungsprojekte, sie werden aber auch in anderen IT-Projekten (z. B. bei der Softwareimplementierung) häufig angewendet. Den mit der Vertragsgestaltung beauftragten Juristen sind diese Modelle oft fremd und es fällt Ihnen entsprechend schwer, die eigent-

---

5 Während ein RFP regelmäßig als Aufforderung zur Abgabe eines bindenden Angebots zu verstehen ist, wird ein RFI immer dann gewählt, wenn der Auftraggeber zunächst nur Informationen sammeln möchte, ihm aber noch konkrete Angaben zu einer vollständigen Projektausschreibung fehlen. Dementsprechend sind Antworten auf ein RFI grundsätzlich nicht als bindende Angebote zu verstehen.

6 Da die potenziellen Auftragnehmer wissen, dass sie sich mit anderen Unternehmen im Wettbewerb der Ausschreibung befinden, werden sie bestrebt sein, auf möglichst wenigen Vertragsänderungen zu bestehen. Dies erleichtert die Verhandlungsposition des Auftraggebers und kann die Verhandlungen deutlich beschleunigen. Teilweise kann es sogar vernünftig sein, mit mehreren potenziellen Vertragspartnern in Verhandlungen einzutreten, um zu sehen, bei welchem Partner die besten vertraglichen Konditionen zu erreichen sind.

7 Zur Notwendigkeit der Verwendung von Vorgehensmodellen siehe auch *Müller-Hengstenberg* CR 2005 385 (386).

I. Phasenmodell

Das Phasenmodell ist ein sehr einfaches Modell auf dem die meisten Vorgehensmodelle aufbauen. Im Rahmen der Softwareerstellung dient dieses Modell dazu, die verschiedenen Schritte von der Konzeption über Planung, Realisierung, Test und Einführung bis zur produktiven Nutzung des Programms darzustellen. Das Modell ist allerdings sehr wenig detailliert und daher in seiner Grundform allenfalls als Modell für einfachere Vorhaben geeignet.

17

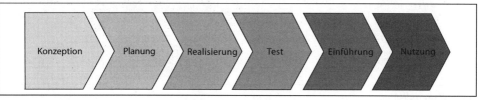

Abb.: Phasenmodell

II. Wasserfall-Modell

Das Wasserfall-Modell ordnet die unterschiedlichen Projektschritte in kaskadierender Form linear an. Es gibt keinen iterativen Prozess, d. h. jede Phase wird nur einmal durchlaufen und eine Rückkehr von einer Phase in die vorhergehende ist nicht möglich. Die einzelnen Stufen müssen daher jeweils komplett abgeschlossen sein, bevor zur nächsten Stufe gewechselt werden kann. Das Wasserfall-Modell wurde noch vor einigen Jahren häufig verwendet. Für das Modell spricht sein einfacher Aufbau. Die nicht iterative Vorgehensweise kann aber in vielen Projekten nicht durchgehalten werden. Das Modell wird daher immer seltener angewendet.

18

---

8 Zu Besonderheiten moderner Projektmethoden und Modelle siehe auch *Schneider* ITRB 2010, 18 (20).

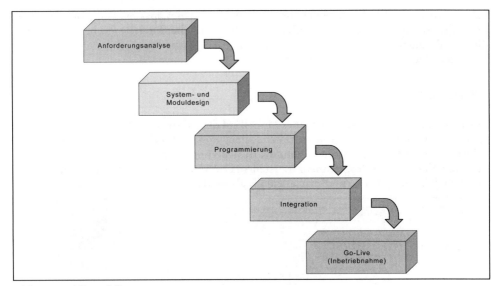

Abb.: Wasserfall-Modell

III. V-Modell

19 Das V-Modell ist ein Vorgehensmodell, das seinen Ursprung im militärischen Bereich hat und vor allem für IT-Projekte der öffentlichen Hand verwendet wird. Das Modell wird allerdings zunehmend häufiger auch in der Privatwirtschaft eingesetzt. Das Modell wird seit vielen Jahren von der Koordinierungs- und Beratungsstelle der Bundesregierung für Informationstechnik in der Bundesverwaltung (KBST) gepflegt und weiterentwickelt. Im Februar 2005 wurde das derzeit aktuelle V-Modell XT (eXtreme Tailoring) von der KBST fertig- und der Öffentlichkeit vorgestellt. Das neue V-Modell XT löste das V-Modell 97 ab.[9]

20 Aus einer Empfehlung des interministeriellen Koordinierungsausschusses (IMKA) an die Behörden der Bundesverwaltung geht hervor, dass die Anwendung des V-Modells XT für neu zu entwickelnde Systeme bei Projekten der Bundesbehörden verbindlich ist.

Die untenstehende Abbildung zeigt eine vereinfachte Version des V-Modells.

Im Gegensatz zum Wasserfall-Modell lässt sich anhand der V-Form gut erkennen, dass die letzten Phasen (rechter Arm des Modells) gerade auch der Verifikation der ersten Phasen (linker Arm des Modells) dienen.

---

[9] Die derzeitig aktuelle Version ist das V-Modell XT, Version 1.3. Diese kann über die Web-Seiten der KBST http://www.kbst.bund.de angesehen und heruntergeladen werden, wo sich auch zahlreiche weitere Informationen zum V-Modell finden lassen.

I. Vorbereitungsphase

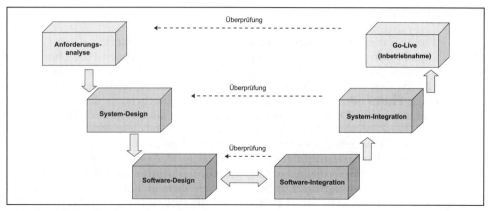

Abb.: Vereinfachte Version eines V-Modells

D. Projektphasen bei Implementierungsprojekten

Für die Erstellung von IT-Projektverträgen ist Voraussetzung, dass die verschiedenen Projektphasen richtig erfasst und juristisch richtig eingeordnet werden. Nachfolgend sollen am Beispiel eines Implementierungsvorhabens die typischen Projektphasen kurz dargestellt werden:

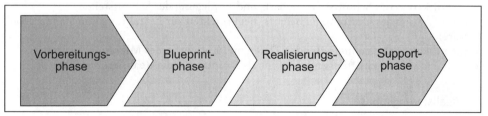

Abb.: Projektphasen

I. Vorbereitungsphase

Die Vorbereitungsphase ist diejenige Phase, in der der eigentliche Start des Projekts (»Kick-Off«) vorbereitet wird. Typischerweise fallen in diese Phase die folgenden Tätigkeiten:
- Besetzung des Projektteams, Lenkungsausschusses und anderer Gremien
- Terminierung von Aktivitäten (und soweit noch nicht geschehen auch von Meilensteinen)
- Auswertung vorbestehender Dokumentationen
- Auswahl der Projektplanungs- und Projektcontrolling-Instrumente
- Vorbereitung des Kick-Off
- Zusammenstellung der erforderlichen Informationen und Unterlagen
- Bereitstellung von Räumen und Sachmitteln (Projektinfrastruktur)

II. Blueprint-Phase

23 In dieser Phase wird ein sog. Business-Blueprint erstellt. Die Ausgestaltung dieser Phase als eigenständige Projektphase und die Benennung als Business-Blueprint-Phase findet sich häufig im Bereich der SAP-Implementierung. Der Sache nach gehören die in diese Phase fallenden Aktivitäten aber auch zu vielen anderen, nicht SAP-spezifischen IT-Projekten (auch »Design-Phase« oder »Entwurfs-Phase«). Bei einem Blueprint handelt es sich in seiner fertigen Form um ein Dokument, dass als »Bauplan« für die spätere Projektrealisierung dienen soll. In der Blueprint-Phase wird daher evaluiert, welche Geschäftsprozesse in dem jeweiligen IT-System abgebildet werden müssen. Es wird sodann festgelegt, wie die Abbildung dieser Geschäftsprozesse erfolgen kann und welche Maßnahmen hierzu zu ergreifen sind. Bei Implementierungsprojekten wird also mit dem Blueprint ein Soll-Konzept für die Einführung des Systems festgelegt. Der Blueprint dient dann im Rahmen der Projektrealisierungsphase als »Bauplan« oder »Leitfaden« für die systemseitige Abbildung der Geschäftsprozesse.

24 Handelt es sich um ein Projekt, bei dem ein neues System in eine bestehende Systemumgebung integriert wird, sind im Business-Blueprint auch die nötigen Schnittstellen zu identifizieren und festzulegen. Soweit Teil der Neuimplementierung eines Systems auch die Übernahme von Altdaten aus bereits bestehenden Systemen ist, gehört zur Blueprint-Phase auch die Erstellung eines Migrationskonzepts, das die Voraussetzungen und Aufgaben bei der Migration festlegt.

25 In die Blueprint-Phase fallen häufig:
- Aufnahme der abzubildenden Geschäftsprozesse
- Identifikation des Schnittstellenbedarfs und Festlegung der Schnittstellen
- Identifikation des Customizingbedarfs (bei Projekten zur Einführung von Standardsoftware)
- Identifikation der zu migrierenden Daten und Entwurf eines Migrationskonzepts
- Erstellung eines schriftlichen Blueprint als Bauplan für die Realisierungsphase

III. Realisierungsphase

26 Sobald die Vorbereitungsphase abgeschlossen und der »Bauplan« (Blueprint) für das Projekt erstellt ist, gelangt das Projekt in die Realisierungsphase. In einem Implementierungsprojekt bedeutet dies, dass das System konfiguriert und die Schnittstellen erstellt werden. Gegebenenfalls können Altdaten zu übernehmen sein. In diese Phase fallen teilweise auch bereits Schulungen für Anwender. Die Phase endet mit der Validierung der neuen Systeme und soweit vor Produktivsetzung der Systeme möglich, mit der entsprechenden Abnahmeprüfung. Endgültiger Abschluss der Phase ist dann der sog. Go-Live-Termin, d. h. die Produktivstellung des neuen Systems.

27 Typische Tätigkeiten in der Realisierungsphase sind:
- Erstellung und Implementierung von Schnittstellen
- Durchführung des Customizing
- Entwurf von Berechtigungskonzepten
- Datenmigration
- Anwenderschulung
- Validierung der Systeme, Durchführung der Tests
- Live-Schaltung des Systems

IV. Support-Phase und Endabnahme

Bei der als letzten Projektphase konzipierten Support-Phase geht es nicht um einen im Sinne eines Dauerschuldverhältnisses ausgestalteten Software- oder Anwender-Support, sondern um einen auf die Zeit unmittelbar nach der Produktivsetzung eines Systems beschränkten Support, in dem das neue System nach den ersten Erfahrungen aus dem Live-Betrieb optimiert werden kann und erste Probleme, die sich während der Validierung des Systems noch nicht zeigten, behoben werden können. Der so genannte »Nach-Go-Live-Support« beschränkt sich also auf die Phase unmittelbar nach dem Go-Live-Termin und ist dazu gedacht, die häufig während der ersten Tage der Produktivsetzung eines Systems auftretenden Anfangsschwierigkeiten zu beseitigen bzw. bei deren Beseitigung zu unterstützen.

Gerade in Software-Implementierungsprojekten findet die Endabnahme des implementierten Systems nicht selten erst nach dessen Produktivsetzung, also nach dem Go-Live-Termin, statt. Grund hierfür ist, dass die Mangelfreiheit und Abnahmefähigkeit des Systems trotz vieler Tests häufig erst im Echtbetrieb sicher beurteilt werden kann. Vor dem Go-Live-Termin muss der Auftragnehmer außerdem oftmals noch zahlreiche Anpassungen bei der Übernahme des zu implementierenden Systems aus der Test-/Validierungsumgebung in die Produktivumgebung durchführen. Bei der vertraglichen Gestaltung gilt es, diese Besonderheiten zu berücksichtigen. Im zum Vertragswerk gehörenden Projektplan muss zudem nicht nur der Abnahmezeitpunkt, sondern es müssen auch die vorgeschalteten Prüfungsschritte (Tests/Validierungsmaßnahmen) festgelegt werden.

V. Realisierung der Phasen in einer mehrstufigen Systemumgebung

Bei der Festlegung der zu einem Projekt gehörenden Test- und Validierungszeitpunkte und Verfahren kann es für den Juristen hilfreich sein, wenn er sich vor Augen hält, dass die verschiedenen Prüfungsprozesse in aller Regel in unterschiedlichen Systemumgebungen stattfinden. In den meisten Projekten wird das Projekt in 3 verschiedenen, auf einander aufbauenden Systemumgebungen realisiert:

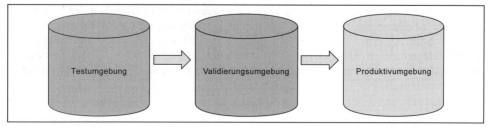

Abb.: *Systemumgebung*

1. Testumgebung

Zunächst wird das im Projekt zu realisierende oder implementierende System in einer Testumgebung aufgebaut. In dieser Umgebung werden alle Arbeiten und Tests ausgeführt, bis die Parteien den Eindruck gewonnen haben, dass das System im Wesentlichen ordnungsgemäß lauffähig ist. Zumindest in einem auftraggeberseitig ausgestalteten Vertrag sollten die vertraglichen Vereinbarungen vorsehen, dass der Auftraggeber zu diesem Zeitpunkt die Freigabe der Übernahme in die sog. Validierungsumgebung (teilweise auch Qualifizierungsumgebung oder Qualitätssicherungsumgebung genannt) erteilt.

2. Validierungsumgebung

32 In der Validierungsumgebung wird das System weiter geprüft, optimiert und ggf. noch ausgebaut. Häufig finden in dieser Umgebung Prüfungen mit umfangreichen Testdatensätzen statt, die in Art und Umfang den im Produktivbetrieb zu verarbeitenden Datensätzen entsprechen. Ein großer Unterschied zur Testumgebung besteht meist darin, dass alle Änderungen am System nach der Übernahme in die Validierungsumgebung, zum Zwecke der Qualitätssicherung und Nachverfolgbarkeit, schriftlich dokumentiert werden müssen. Ist das System, insbesondere durch Prüfung unter Livebedingungen, ausreichend validiert, kann es in die Produktivumgebung übernommen werden. Aus Auftraggebersicht empfiehlt es sich auch hier, vertraglich eine durch den Auftraggeber zu erteilende Freigabe vorzusehen. Der Sache nach ist diese Entscheidung allerdings meist nur durch beide Parteien gemeinsam zu treffen. Der Entschluss zur Übernahme des Systems in die Produktivumgebung wird oft auch als »Go-Live-Decision« bezeichnet.

3. Produktivumgebung

33 Nach der Übernahme des Systems in die Produktivumgebung werden letzte Anpassungen des Systems durchgeführt (die selbstverständlich zu dokumentieren sind). Sobald das System für den Echtbetrieb bereit ist, kann das System live-geschaltet werden. In den ersten Tagen und Wochen nach der Aufnahme des Echtbetriebs wird das System ständig beobachtet und es werden etwa noch auftretende kleinere Fehler beseitigt. Läuft das System im Echtbetrieb fehlerfrei oder nur mit marginalen Mängeln, kann die Endabnahme erklärt werden.

E. Leistungsbeschreibungen

34 Leistungsbeschreibungen sind ein zentraler Punkt innerhalb der vertraglichen Gestaltung von IT-Projekten. Die Leistungsbeschreibung enthält zum einen die für den Auftragnehmer maßgeblichen Festlegungen darüber, welche Leistungen er zu erbringen hat und ggf. in welcher Reihenfolge dies zu erfolgen hat. Zum anderen wird mit der vereinbarten Leistungsbeschreibung auch eine Aussage über die geschuldete Beschaffenheit der Leistungen getroffen. Sie bildet somit die Grundlage für die Feststellung, ob die im Rahmen der Vertragsdurchführung erbrachten Leistungen den von beiden Vertragspartnern vertraglich zugrunde gelegten Anforderungen gerecht werden. Vertragsrechtlich betrachtet legt die Leistungsbeschreibung die »vereinbarte Beschaffenheit« im Sinne von §§ 434 Abs. 1 Satz 1, 633 Abs. 2 Satz 1 BGB fest.[10]

I. Maßgebliche Unterlagen

35 Aufgrund der Komplexität von IT-Projekten unterscheiden sich der Aufbau und die Bedeutung der Leistungsbeschreibung deutlich von anderen Beschaffenheitsvereinbarungen in weniger komplexen Vertragsverhältnissen.[11]

1. Pflichtenhefte als Leistungsbeschreibung

36 Hat ein Projekt die Erstellung von Software zum Gegenstand, wird als (Teil der) Leistungsbeschreibung in aller Regel ein sog. Pflichtenheft erstellt, das der Beschreibung der zu ent-

---

[10] Schneider/v.Westphalen/*Witzel* S. 623.
[11] Siehe allgemein zu IT-Leistungsbeschreibungen auch *Söbbing* ITRB 2003, 155 ff.; *ders.* ITRB 2004, 91 ff.

wickelnden Software dient.[12] In der Rechtsprechung hat sich der Begriff »Pflichtenheft« als Bezeichnung für die Leistungsbeschreibung zumindest bei Sofwareerstellungsprojekten eingebürgert.[13]

Da die Bezeichnung »Pflichtenheft« jedoch nicht immer einheitlich in der Rechtsprechung verwendet wird[14] und auch das juristische Begriffsverständnis nicht zwingend mit dem übereinstimmt, was aus technischer Sicht unter einem Pflichtenheft zu verstehen ist, sollte man sich der verschiedenen Begriffsverständnisse bewusst sein. Hierbei ist auch die Einordnung des Pflichtenhefts in die übrigen Planungsphasen mit ihren jeweiligen Festlegungen im Lastenheft, Grobkonzept und Feinkonzept zu berücksichtigen. Andernfalls besteht die Gefahr, dass die Missverständnisse in unüberwindlichen, das Projekt gefährdenden Meinungsverschiedenheiten münden.[15] 37

2. Begriffsverständnis: »Lastenheft/Pflichtenheft«

a) Lastenheft

Definitionen zur Bezeichnung »Lastenheft« finden sich sowohl in DIN- als auch VDI-Vorschriften. Nach der DIN 69905 ist das Lastenheft die vom Auftraggeber festgelegte Gesamtheit der Forderungen an die Lieferungen und Leistungen eines Auftragnehmers innerhalb eines Auftrags. Die VDI-Vorschrift 2519 beschreibt das Lastenheft als den Ort, in dem alle Anforderungen aus Anwendersicht einschließlich aller Randbedingungen zu beschreiben sind. 38

b) Pflichtenhefte

Im Unterschied zum Lastenheft ist das technische Pflichtenheft nach der DIN 66901 eine ausführliche Beschreibung der Leistungen, die erforderlich sind oder gefordert werden, damit die Ziele des Projektes erreicht werden. Nach der DIN 69905 beinhaltet das Pflichtenheft die vom Auftragnehmer erarbeiteten Realisierungsvorhaben aufgrund der Umsetzung des vom Auftraggeber vorgegebenen Lastenheftes.[16] 39

c) Juristisches Begriffsverständnis

Bei einer Gegenüberstellung des technischen und juristischen Begriffsverständnisses von Pflichtenheft und Lastenheft ergibt sich, dass das Lastenheft, als die vom Auftraggeber erstellte Beschreibung der Anforderungen an die Leistungen, im Wesentlichen dem juristischen Verständnis vom Pflichtenheft entspricht,[17] während das technische Pflichtenheft schon als Beginn der Realisierungsphase angesehen werden kann, indem es die Herangehensweise an die Problemlösung beschreibt. 40

Eine frühzeitige Vorbereitung des Pflichtenhefts erscheint empfehlenswert, da dieses dann bereits bei der Ausschreibung als konkrete Beschreibung der vom Auftraggeber ausgeschriebenen Leistungen beigelegt werden kann. Regelmäßig wird das Pflichtenheft dann später als Teil der Leistungsbeschreibung dem Projektvertrag als Anlage beigefügt. 41

---

12 Die Erstellung des Pflichtenhefts kann u. U. Gegenstand eines eigenen Vertrags sein. Teilweise werden Softwareerstellungsprojekte auch in eine Pflichtenheftphase und eine Realisierungsphase unterteilt. Während in Ersterer das Pflichtenheft erstellt wird, dient Letztere dazu, das Pflichtenheft umzusetzen.
13 OLG Köln CR 1992, 470 (471).
14 Beispielhaft OLG Celle CR 1991, 610 (611), das vom »Lastenheft« spricht.
15 Zum möglichen Inhalt des Pflichtenhefts siehe auch Müller-Hengstenberg CR 2005, 385 (389).
16 Siehe zur rechtlichen Problematik des Pflichtenhefts auch den ausf. Beitrag von *Intveen/Lohmann* CR 2003, 640 ff.
17 In diese Richtung auch Schneider/v. Westphalen/*Schneider* S. 231.

42 Da das Pflichtenheft im juristischen Sinne nur die grundlegenden Anforderungen an die im Rahmen des Projektes zu erbringenden Leistungen in Form eines Anforderungsprofils wiedergibt, ist es notwendig, dass die Art der technischen Realisierung durch den Auftragnehmer als demjenigen, der über das hierfür notwendige Fachwissen verfügt, weiter konkretisiert und ggf. dokumentiert wird. Diese Angaben zur technischen Realisierung der Projektumsetzung werden als technisches Feinkonzept bezeichnet.[18]

II. Verantwortung für das Pflichtenheft

43 Ausgehend von dem vorhergehend Gesagten ist somit das Pflichtenheft[19] das Dokument, das die Leistungsbeschreibung in einem Softwareerstellungsprojekt beinhaltet. Versteht man in diesem Sinne unter dem Pflichtenheft die Beschreibung der Soll-Beschaffenheit der geschuldeten Leistung, ist eigentlich klar, dass dieses Dokument sinnvollerweise bei Auftragsvergabe vorliegen muss und damit notwendigerweise vom Auftraggeber zu erstellen ist (siehe Kap. 4 Rdn. 108). Soweit sich der Auftraggeber nicht in der Lage sieht, das Pflichtenheft selbst zu erstellen, wird er damit einen Dritten beauftragen. Dieser Dritte kann entweder dasjenige Unternehmen sein, welches das Projekt später auch realisiert oder aber ein unabhängiger Dritter (z. B. IT-Berater), der an der späteren Umsetzung beteiligt ist.

44 In einigen Fällen, in denen das Pflichtenheft bei der Auftragsvergabe noch nicht vorlag und unklar war, welche Partei dieses zu erstellen hatte, wurde in der instanzgerichtlichen Rechtsprechung[20] eine zunächst recht auftraggeberfreundliche Linie vertreten, wonach es grundsätzlich Aufgabe des Auftragnehmers sei, das Pflichtenheft zu erstellen.[21] Dem allgemeinen juristischen Begriffsverständnis vom Pflichtenheft entsprechend, ordnen inzwischen aber die Gerichte auch in solchen Fällen diese Verpflichtung regelmäßig der Sphäre des Auftraggebers zu.[22]

45 Diese Regel wird jedoch dahin gehend durch die Rechtsprechung eingeschränkt, dass die Gerichte dem Auftraggeber zwar grundsätzlich die Aufgabe zuweisen, das Pflichtenheft zu erstellen, dem Auftragnehmer aber gleichzeitig die Mitwirkungspflicht auferlegen, den Auftraggeber bei der Erstellung des Pflichtenhefts zu unterstützen.[23] So hat der Auftragnehmer an der Erstellung dergestalt mitzuwirken, dass er von sich aus die innerbetrieblichen Bedürfnisse, Wünsche und Vorstellungen des Auftraggebers ermittelt, für ihn erkennbare Unklarheiten aufklärt, bei der Formulierung der Bedürfnisse hilft und Organisationsvorschläge zur Problemlösung unterbreitet.[24] Diese Prüfungs- und Mitteilungspflichten sind dem Werkunternehmer nicht unbekannt, finden sie doch ihre Grundlage in § 645 Abs. 1 S. 1 BGB.[25] Zu weit geht jedoch die Ansicht einiger Gerichte,[26] der Auftragnehmer müsse den Auftraggeber gleichsam »an der Hand« nehmen, damit Letzterer die für die Erstellung des Pflichtenhefts notwendigen Informationen bereitstellen kann. Eine solche Auffassung wird der typischen Verteilung der Verantwortungsbereiche zwischen

---

18 Zur Begriffsbeschreibung siehe BVB-Planung und BVB-Erstellung, jeweils Anhang 1.
19 Soweit im weiteren Verlauf der Darstellung von Pflichtenheft gesprochen wird, ist damit das Pflichtenheft im Sinne des juristischen Begriffsverständnisses gemeint; nicht das technische Pflichtenheft nach der DIN 66901.
20 Siehe zur älteren Rechtsprechung auch den Überblick bei *Schaub* CR 1993, 329 ff.
21 LG Bamberg BB-Beilage 11/1989, 2; OLG Koblenz CR 1990, 41 (43).
22 Vgl. hierzu OLG Celle CR 1991, 610 (611); OLG Köln CR 1992, 470 (471).
23 Siehe zu den Verantwortlichkeiten ausf. auch *Ihde* CR 1999, 410 ff.
24 OLG Köln OLG-Report Köln 2005, 642 (644).
25 MüKo-BGB/*Busche* § 645 Rn. 10.
26 OLG Frankfurt/M. CR 2001, 503 (506).

Auftragnehmer und Auftraggeber nicht gerecht,[27] da es grundsätzlich der Auftraggeber ist, der die Anforderungen an die von ihm gewünschte Leistung darzulegen hat und hierbei auch seine Fachkenntnisse zur möglichst konkreten Beschreibung seiner Vorstellungen einzusetzen hat (siehe hierzu auch Kap. 4 Rdn. 108, 110). Dies gilt es zu berücksichtigen, will man dem kooperativen Charakter eines IT-Projektes Rechnung tragen. Das OLG Köln sieht daher zu Recht eine Abhängigkeit zwischen der Beratungspflicht des Auftragnehmers und dem Know-how des Auftraggebers. Die Intensität der Beratungspflicht nimmt dementsprechend mit der Zunahme der IT-Kenntnisse des Auftraggebers ab.[28]

III. Blueprint als Leistungsbeschreibung in Projekten

Pflichten- und Lastenhefte, Grob- und Feinspezifikationen finden sich in aller Regel im Bereich der Softwareerstellungsprojekte. In anderen Projekten, wie z. B. Implementierungsprojekten, müssen andere Wege gefunden werden, die zu erbringenden Leistungen in rechtlich verbindlicher Weise zu beschreiben. Dies ist häufig schon deshalb nicht einfach, weil die Parteien zu Beginn des Projekts zwar im Groben wissen, welcher Erfolg am Ende des Projekts erreicht sein soll, die genaue Ausgestaltung des Projektergebnisses und die zur Erreichung des Projekterfolgs nötigen Leistungen aber noch nicht eindeutig feststehen. 46

Dass eine konkrete Beschreibung der in einem Projekt zu erbringenden Leistungen nicht immer einfach ist, wird schnell deutlich, wenn man sich die oben skizzierten Projektphasen einmal genauer anschaut (siehe zu den einzelnen Projektphasen Rdn. 21 ff.). Diejenigen Phasen, die vor der eigentlichen Realisierungsphase liegen, beschäftigen sich zu einem großen Teil gerade mit der Festlegung der in der Realisierungsphase zu erbringenden Leistungen. Dies bedeutet, dass diese Leistungen zum Zeitpunkt des Vertragsschlusses noch nicht eindeutig festlegbar sind. Um dieses Problem zu beseitigen, bleibt dem Juristen keine andere Wahl, als sich selbst bei der vertraglichen Leistungsbeschreibung am Phasenmodell des jeweiligen Projekts zu orientieren. Dabei ist allerdings Vorsicht geboten: 47

Für den Bereich der Vorrealisierungsphasen ist es beispielsweise in keiner Weise ausreichend, wenn festgelegt wird, dass die in einer Blueprint-Phase zu erbringende Leistung die Erstellung des Blueprints (siehe zum Blueprint bereits Rdn. 23 ff.) ist. Festzuschreiben ist zumindest, welches Ziel der Blueprint ermöglichen soll, nämlich z. B. Bauplan zu sein für die Implementierung und Integration einer Standardsoftwarelösung in eine vorbestehende Systemumgebung (die dann genau zu beschreiben wäre) mit den entsprechenden Schnittstellenanforderungen (die dann ebenfalls genau zu beschreiben wären). 48

Um die Leistungsvorgaben für die Realisierungsphase genau zu definieren, wird teilweise vertraglich vereinbart, dass der einmal erstellte und von beiden Parteien freigegebene Blueprint als Leistungsbeschreibung für die Realisierungsphase dienen soll. Dieses Vorgehen hat den Vorteil, dass die Leistungsbeschreibung detaillierter und genauer sein wird, als man sie vor Beginn des Projekts hätte erstellen können. Der Nachteil ist aber, dass der Auftragnehmer im Bewusstsein, dass er sich später wird am Blueprint festhalten müssen, geneigt sein kann, eigentlich sachlich richtige Leistungsanforderungen, deren Realisierung ihm aber schwierig erscheinen, entweder nicht oder nicht in der gebotenen Klarheit in den Blueprint aufzunehmen. In diesem Zusammenhang kann auch die Gefahr bestehen, dass es hinsichtlich des Inhalts des Blueprints zu Meinungsverschiedenheiten zwischen den Parteien kommt. 49

Aus den vorgenannten Gründen scheint es wichtig, die im Rahmen der Realisierungsphase zu erbringenden Leistungen nicht allein durch Verweis auf das Blueprint-Dokument zu de- 50

---

27 In diesem Sinne auch *Ihde* CR 1999, 409 (411); *Schneider*, Hdb EDV-Recht, S. 926.
28 OLG Köln, OLG-Report Köln 2005, 642 (644).

finieren, sondern bereits bei Vertragsschluss, also vor dem Projektbeginn, die zu diesem Zeitpunkt bereits bekannten Anforderungen an das im Rahmen des Projekts zu erstellende oder zu implementierende IT-System (oder ein anderes Projektziel) in Form einer Leistungsbeschreibung festzuhalten. Als Grundlage für eine solche Beschreibung kann der Jurist dabei meist auf die Leistungsanforderungen aus einem im Rahmen der Projektausschreibung erstellten Request for Proposal (RFP) bzw. auf das als Antwort auf den RFP gemachte Angebot des potenziellen Auftragnehmers zurückgreifen.

IV. Inhalte der Leistungsbeschreibung

51 Unabhängig davon, ob die Leistungsbeschreibung – ganz oder teilweise – in Form eines Pflichtenhefts, eines Blueprints oder eines anderen Dokuments erstellt werden soll, müssen stets bestimmte inhaltliche Merkmale erfüllt sein, ohne die eine Leistungsbeschreibung ihrem Sinn und Zweck nicht gerecht werden kann. Wichtig erscheint insoweit der Hinweis von Witzel, dass die Leistungsbeschreibung »den Maßstab dafür festlegen muss, ob
- der Auftragnehmer seine Leistungspflicht erfüllt hat und der Auftraggeber damit zur Abnahme verpflichtet ist;
- die vom Auftragnehmer erbrachte Leistung Mängel [...] aufweist, und der Auftraggeber die Abnahme unter Vorbehalt erteilen oder gar vollständig verweigern kann;
- der Auftragnehmer sich (teilweise) in Verzug befindet;
- der Auftraggeber Anspruch auf einen Leistungsteil hat oder es sich um eine gesondert zu vereinbarende Zusatzleistung handelt.«[29]

52 Den Vorgaben der IT Contract Library (ITCL)[30] folgend, sollte eine Leistungsbeschreibung mindestens folgende Punkte enthalten:
- Leistungsdefinition
- Leistungsübergabepunkt (LÜP)[31]
- Prämissen und Ausschlüsse
- Mitwirkungspflichten.

53 Häufig finden sich in Leistungsbeschreibungen auch Aufzählungen von Leistungen, die gerade nicht zur geschuldeten Leistung gehören sollen (Ausschlüsse, s. o.). Die Aufnahme derartiger Ausschlüsse erscheint zwar auf den ersten Blick unnötig, da ohnehin nur das geschuldet ist, was auch positiv im Vertrag als Leistungspflicht vereinbart wird. Dennoch haben derartige Negativlisten oftmals durchaus ihren Sinn und ihre Berechtigung. Negativabgrenzungen können helfen, Missverständnisse über den Leistungsumfang zu vermeiden und positiven Leistungsbeschreibungen klarere Konturen zu geben.

V. Fehlen einer konkreten Leistungsbeschreibung

54 Ist es – aus welchem Grund auch immer – nicht zur Erstellung eines Pflichtenheftes oder einer anderen konkreten Leistungsbeschreibung gekommen, könnte man bereits daran zweifeln, ob mangels Vereinbarung der essentialia negotii überhaupt eine wirksame Vereinbarung zwischen den Parteien eines IT-Projektvertrags getroffen wurde. Da jedoch der Projektvertrag meist eine zumindest rudimentäre Beschreibung des Projektzieles enthält, ist beispielsweise nach Ansicht des BGH im Fall des Fehlens eines Pflichtenheftes[32] die vertragliche Leistung entsprechend dem Stand der Technik bei einem mittleren Ausführungs-

---

29 Schneider/v.Westphalen/*Witzel* S. 625. Diese Auflistung von *Witzel* erscheint essenziell und sollte unbedingt bei der Erstellung von Leistungsbeschreibungen beachtet werden.
30 Vgl. *Söbbing* ITRB 2006, 65 (66); *ders.* ITRB 2003, 155 (156).
31 Bei einem Werkvertrag liegt der LÜP in der Abnahme des Werks nach § 640 BGB.
32 Gleiches dürfte wohl auch für eine andere Leistungsbeschreibung gelten.

standard geschuldet.³³ Eine solche Situation ist für den Auftraggeber völlig unbefriedigend. Der Auftraggeber benötigt gerade keinen »mittleren Ausführungsstandard«, sondern eine konkrete, genau bestimmte und auf seine Bedürfnisse zugeschnittene Leistung. Im Fall einer gerichtlichen Auseinandersetzung zwischen den Parteien wäre es außerdem äußerst schwierig zu beurteilen, ob die tatsächlich erbrachte Leistung einem »mittleren Ausführungsstandard« entspricht. Insoweit dürfte bereits unklar sein, auf welcher Grundlage der mittlere Ausführungsstandard ermittelt werden soll.

Auch für den Auftragnehmer ist das Fehlen der korrekten Leistungsbeschreibung aber keineswegs vorteilhaft, da ohne die Leistungsbeschreibung schwer zu beurteilen ist, ob der Auftragnehmer eine vom Auftraggeber geforderte Leistung noch als Teil des vereinbarten Projektumfangs zu erbringen hat oder ob es sich dabei bereits um eine zusätzlich zu vergütende Sonderleistung handelt.³⁴ 55

Zudem darf nicht übersehen werden, dass eine Leistung, die einem solchen Bewertungsmaßstab – ließe er sich denn konkret bestimmen – entspricht, zumeist nicht den Vorstellungen der Vertragsparteien von der vertraglichen Leistung genügt. Um diese Unklarheiten zu vermeiden, ist den Parteien eines Projektvertrages dringend zu empfehlen, den mit der Erstellung eines Pflichtenheftes (oder einer gleichwertigen detaillierten Leistungsbeschreibung) verbundenen Aufwand nicht zu scheuen. Auch der BGH stellt insoweit fest, dass die Erstellung eines Pflichtenheftes bei der Softwareerstellung eine wesentliche Voraussetzung für den Abschluss der Arbeiten bildet.³⁵ 56

VI. Rechtliche Einordnung der Projektleistungen

Die Beschreibung der vom Auftragnehmer zu erbringenden Leistungen ist nicht nur für die Bestimmung des Leistungsumfangs maßgeblich, sondern auch für die rechtliche Qualifikation der einzelnen Projektleistungen. 57

Typische Leistungen bei einem IT-Projekt sind insbesondere Softwareentwicklung, Implementierung, Parametrisierung, Installation, Migration, Planung, Projektmanagement, Beratung und Schulung. Ausgehend vom Parteiwillen dürften die einzelnen Leistungspflichten häufig so eng voneinander abhängig sein, dass eine Trennung zu einer Zerstörung des Gesamtgefüges führen würde. Im Gegensatz zu einem zusammengesetzten Vertrag, bei dem jeder Vertragsteil nach dem Recht des auf ihn zutreffenden Vertragstypus zu beurteilen ist,³⁶ ist bei einem solchen gemischten Vertrag je nach Einzelfall danach zu entscheiden, ob ein Vertragsbestandteil überwiegt und für das Wesen des IT-Projektvertrages prägend ist, sodass das auf diesen Bestandteil anwendbare Recht auch auf den gesamten Vertrag Anwendung findet.³⁷ 58

Leistungen wie Planung, Projektmanagement, Beratung und Schulung dürfen als rein tätigkeitsbezogene, nicht auf einen konkreten Erfolg abzielende Handlungen nach den Vorschriften des Dienstvertragsrechts gem. §§ 611 ff. BGB zu beurteilen sein,³⁸ sofern der Schwerpunkt des Projektes beispielsweise mit der Softwareentwicklung der Erreichung eines konkreten Implementierungs- oder Migrationserfolgs nicht derart prägend auf diese 59

---

33 Grundlegend BGH CR 1992, 543 (544); zuletzt CR 2004, 490 (491). Siehe auch *Schneider* ITRB 2010, 18 (19).
34 Für den Auftragnehmer ist diese Situation besonders dann unbefriedigend, wenn der vertraglich vereinbarte Projektumfang von einem vereinbarten Festpreis abgedeckt ist.
35 BGH CR 2001, 367 (368).
36 BGHZ 63, 306 (309).
37 BGH NJW 1995, 324 (326).
38 Zu den Schwierigkeiten der Einordnung, wenn sich Planungs- und Realisierungsphasen vermischen, wie beispielsweise beim sog. Prototyping, siehe *Müller-Hengstenberg/Krin* CR 2010, 8 (11).

Leistungen wirkt, dass auch sie nach dem für die Entwicklung, Implementierung oder der Migration geltenden Recht zu bewerten sind.

60 Handelt es sich um ein Projekt bei dem die wesentliche Leistung in der Softwareentwicklung liegt, stellen sich hinsichtlich der rechtlichen Qualifizierung der Leistung besondere Fragen: Vor der Schuldrechtsreform wurden diese auf die Schaffung von Software und somit die Werkerstellung gerichteten Leistungen als Werkleistungen nach §§ 631 ff. BGB qualifiziert. Nach der Änderung des § 651 BGB durch die Schuldrechtsreform besteht nunmehr jedoch Unklarheit, ob an dieser Einordnung weiterhin festgehalten werden kann (siehe hierzu ausführlich Kap. 4 Rdn. 48 ff.).

61 Nach § 651 Satz 1 BGB sind auf einen Vertrag, der die Lieferung herzustellender oder zu erzeugender beweglicher Sachen zum Gegenstand hat, die Vorschriften des Kaufrechts anzuwenden.[39] Dass es sich bei Software um eine bewegliche Sache handelt, steht nach Auffassung des BGH außer Frage und ist auch bei der Gewährung der Onlinenutzung der Software gegeben, da immer eine Verkörperung der Software auf einem Speichermedium für deren Nutzung notwendig ist.[40] Nach derzeitiger Rechtslage völlig offen ist hingegen, ob Softwareerstellung und -anpassung von den Gerichten als »neu herzustellende Sache« i. S. v. § 651 BGB eingestuft werden (siehe hierzu auch Kap. 4 Rdn. 67). Damit entsteht gerade im Bereich derjenigen Projekte, die maßgeblich durch die Erstellung und/oder Anpassung von Software geprägt werden, große Unsicherheit.[41]

62 Festzuhalten ist, dass die Anwendung des § 651 BGB und der Verweis auf die kaufrechtlichen Vorschriften für den Bereich der Softwareerstellung/-anpassung vielfach als unsachgemäß angesehen wird. In der Literatur überwiegt die Ansicht,[42] dass die kaufrechtlichen Regelungen den Besonderheiten der Softwareerstellung nicht gerecht werden. Hier geht es gerade nicht um den bloßen Austausch einer Leistung, den das Kaufrecht im Blick hat. Bei der Erstellung von Software als Ergebnis einer intellektuellen Leistung, die anhand von Vorgaben des Auftraggebers erst geschaffen wird, ist es aus der Sicht des Auftragnehmers unbefriedigend, wenn entsprechend der kaufrechtlichen Regelung des § 442 BGB die Mängelhaftung ausgeschlossen ist, wenn der Auftraggeber den Mangel zum Zeitpunkt des Vertragsschlusses kannte, denn dies wird beispielsweise bei erst zu programmierender Software nie der Fall sein. Des Weiteren sind Abschlagzahlungen, wie in § 632a BGB geregelt, im Kaufrecht nicht vorgesehen, sodass die Bezahlung grundsätzlich erst Zug-um-Zug gegen Übergabe der Software verlangt werden kann. Zudem sieht das Kaufrecht eine bloße Ablieferung vor, wohingegen bei werkvertraglichen Leistungen die Abnahme eine eingehende Untersuchung der Sache durch den Besteller erfordert[43] und die Abnahme als Fälligkeitsvoraussetzung für die Vergütung bei lediglich unwesentlichen Mängeln nicht verweigert werden darf, § 640 Abs. 1 S. 2 BGB. Um diese als nicht den Besonderheiten der Softwareerstellung gerecht werdenden Rechtsfolgen zu vermeiden, sind verschiedene Ansätze denkbar.

---

39 Siehe zur Problematik des § 651 BGB zuletzt die BGH Entscheidungen: BGH MMR 2010, 23 – Silowände; 09.02.2010, X ZR 82/07 – Tiefladesattelauflieger; MMR 2010, 398 – Internet-System-Vertrag. Siehe zur neueren Rechtsprechung auch *Schweinoch* CR 2010, 1.
40 BGH CR 2007, 75 (76).
41 Die durch die Rechtsprechung des BGH etablierte Qualifikation der Software als Sache könnte mit Hinblick auf die Frage der Anwendbarkeit des § 651 BGB zukünftig in der Literatur wieder häufiger hinterfragt werden. Diese Diskussion wird von vielen als lästig empfunden. Dass diese Diskussion immer wieder zumindest sporadisch aufflackert, dürfte aber wohl daran liegen, dass gerade am Beispiel der Software deutlich wird, wie willkürlich die rechtliche Trennung zwischen körperlichen Gegenständen (Sachen i. S. d. § 90 BGB) und nicht körperlichen Gegenständen teilweise sein kann.
42 *Müller-Hengstenberg* CR 2004, 161 (165); *Bräutigam/Rücker* CR 2006, 361; Schneider/v. Westphalen/ *Witzel* S. 605.
43 Siehe hierzu auch *Witzel* ITRB 2008, 160.

I. Rechtliche Qualifikation der Mitwirkung

Die häufig in der Praxis anzutreffenden Versuche, die Anwendbarkeit der Regelungen eines bestimmten Vertragstyps des BGB durch die Bezeichnung des Vertrages als Kauf- oder Werkvertrag zu erreichen, sind jedoch zum Scheitern verurteilt. Weder die Bezeichnung eines Vertrages noch die Benennung der nach dem Willen der Parteien zur Anwendung kommenden Normen sind für die rechtliche Qualifikation eines Vertrages maßgebend. Entscheidend ist die Einordnung der einzelnen vertraglichen Leistungen. 63

Richtig erscheint es, wie von *Schneider* in Kap. 4 Rdn. 71 ff. vorgeschlagen, die Wirkungen des § 651 BGB zumindest in Projekten bei denen die Softwareherstellung oder -anpassung einen wesentlichen Anteil hat, durch eindeutige vertragliche Regelungen zu neutralisieren. 64

Um den Unsicherheiten hinsichtlich der Anwendbarkeit und den Auswirkungen der Anwendung des § 651 BGB aus dem Weg zu gehen, ist – vereinfacht gesagt – den Parteien (oder zumindest dem Auftraggeber) zu empfehlen, die Regelungen des Werkvertragsrechts, die den Bedürfnissen in einem IT-Projekt eher gerecht werden als die kaufrechtlichen Vorschriften, vertraglich nachzubilden und den Vertrag damit in die richtige Richtung zu bringen.[44] Demzufolge sollten Vereinbarungen zur Abnahme, Zahlungsterminen, Mängelbeseitigungsmaßnahmen sowie Verjährung im Projektvertrag enthalten sein.[45] 65

F. Mitwirkung des Auftraggebers

Infolge der Ausrichtung der vertraglichen Leistungen auf die spezifischen Anforderungen des Auftraggebers und erhöht durch die Komplexität der zu erbringenden Leistungen ist der Eintritt des Projekterfolges nicht unmaßgeblich von der Mitwirkung des Auftraggebers abhängig. Erfahrungen aus der Praxis besagen, dass ausgehend von den vertraglichen Leistungen der Auftraggeber 30–50 % zusätzlich als Eigenleistung erbringen muss.[46] Wenn der Mitwirkung des Auftraggebers eine so große Bedeutung für den Projekterfolg zukommt, fragt sich, wie die termingerechte und sachlich hinreichende Erbringung der Mitwirkungshandlungen sichergestellt werden kann.[47] 66

I. Rechtliche Qualifikation der Mitwirkung

Dabei gilt es, sich zunächst einmal bewusst zu machen, dass die Mitwirkung rechtlich unterschiedlich ausgestaltet sein kann. Einschneidende Auswirkungen für den Auftraggeber haben Mitwirkungspflichten, deren Erbringung der Auftragnehmer einklagen kann und deren Verletzung Schadensersatzansprüche auslöst. Obliegenheiten dagegen, wie die Mitwirkung des Bestellers nach § 642 BGB, haben bei ihrer unzureichenden Erbringung weniger dramatische Folgen für den Auftraggeber. Eine solche Gläubigerobliegenheit ist durch den Auftragnehmer nicht einklagbar und ihre Verletzung löst grundsätzlich auch keine Schadensersatzansprüche aus, es sei denn, dies ist gesetzlich angeordnet oder vertraglich vereinbart. Der Gläubiger erleidet durch das Unterlassen solcher Obliegenheit lediglich Nachteile in seiner eigenen Rechtsposition oder einen Rechtsverlust und ist insoweit belastet. 67

Anordnungen von Mitwirkungshandlungen finden ihre gesetzliche Grundlage entweder in Sondervorschriften wie beispielsweise in § 642 BGB und § 377 HGB oder werden aus dem 68

---

44 In diese Richtung auch *Müller-Hengstenberg* CR 2005, 385 (391).
45 Hinsichtlich der Wirksamkeit solcher evtl. vom gesetzlichen Leitbild abweichender vertraglicher Regelungen könnte es allerdings zu Problemen kommen, wenn der Projektvertrag nicht individuell erstellt oder zumindest ausgehandelt wird, sondern es sich dabei um AGB handelt.
46 *Müglich/Lapp* CR 2004, 801 (804).
47 Siehe ausf. zu den Mitwirkungspflichten des Auftraggebers bei IT-Projekten *Müller-Hengstenberg/Krcmar* CR 2002, 549 ff.; *Müglich/Lapp* CR 2004, 801 ff.

Grundsatz von Treu und Glauben nach § 242 BGB und der Pflicht zur gegenseitigen Rücksichtnahme gem. § 241 Abs. 2 BGB hergeleitet.[48] Insbesondere aufgrund des in § 642 BGB und § 377 HGB zum Ausdruck kommenden gesetzlichen Leitbilds, wonach solche Mitwirkungen grundsätzlich nur als Obliegenheit ausgestaltet sind, erscheint es zweifelhaft, ob der kooperative Charakter von IT-Projekten zur Qualifikation als »echte« Mitwirkungspflichten führt.[49] Solche Verpflichtungen sollten daher zur Erreichung von Rechtssicherheit ausdrücklich vertraglich vereinbart werden.[50]

II. Gegenstand der Mitwirkung

69 Die im Rahmen eines IT-Projektes geforderten Mitwirkungshandlungen des Auftraggebers lassen sich in mehrfacher Hinsicht charakterisieren. Mitwirkungen haben typischerweise einen bestimmten sachlichen Bezug. Dies betrifft
- die Bereitstellung von betriebs- und damit projektbezogenen Informationen und Unterlagen durch den Auftraggeber
- die Gewährung von Zutrittsrechten zu seinen Räumlichkeiten und Zugriffsrechten auf die IT-Infrastruktur im Rahmen des für die Leistungserfüllung Notwendigen
- im Fall der Erstellung des Pflichtenhefts durch den Auftragnehmer die Übermittlung der hierfür notwendigen Informationen und Unterlagen
- die Abnahme
- die Informationsmitteilung im Rahmen der Störungs- und Mängelbeseitigung sowie
- das Ergreifen von Datensicherungsmaßnahmen.

70 Daneben erfordern die Mitwirkungshandlungen auch die Bereitstellung personeller Unterstützung für den Auftragnehmer insbesondere durch Entsendung qualifizierter Mitarbeiter in das Projektteam. Schließlich lassen sich Mitwirkungshandlungen hinsichtlich ihres zeitlichen Umfangs beschreiben. Dabei sind Mitwirkungen, wie aus der obigen Beschreibung von Mitwirkungshandlungen ersichtlich, während der gesamten Projektdauer gefordert. Sie können – wie z. B. die Mitwirkung im Projektteam – dauerhaft und für die gesamte Vertragslaufzeit oder aber auch sporadisch oder nur einmalig ausgestaltet sein.

III. Beschreibung im Vertrag

71 Aufgrund der starken Abhängigkeit des Projekterfolges von der Mitwirkung des Auftraggebers scheitern IT-Projekte häufig allein an der unzureichenden oder gar fehlenden Mitwirkung. Für die unzureichende Mitwirkung lassen sich verschiedene Gründe anführen. Dies kann zum einen an der fehlenden Bereitschaft des Auftraggebers liegen, entsprechende Handlungen vorzunehmen. Häufiger dürfte die Ursache jedoch darin begründet sein, dass der Auftraggeber zur Vornahme der Mitwirkungshandlungen fachlich und/oder personell einfach nicht in der Lage ist. Aber auch eine unzureichende Dokumentation der Mitwirkungen kann schlicht und einfach der Grund sein, dass der Auftraggeber notwendige Handlungen nicht vornimmt, da er eben nicht weiß, dass sie von ihm für den Projekterfolg gefordert sind.

72 Aufgrund der entscheidenden Bedeutung der Mitwirkung des Auftraggebers bei IT-Projekten muss diesen Ursachen gleich bei der Vertragsgestaltung entgegengewirkt werden. Das geht zum einen über eine möglichst detaillierte Beschreibung der einzelnen Mitwirkungshandlungen im Projektvertrag und, damit auch der zeitliche Rahmen für die Erbringung

---
48 Palandt/*Heinrichs* § 242 Rn. 23.
49 Zweifelnd auch *Müglich*/*Lapp* CR 2004, 801 (802).
50 Siehe zu den Rechtsfolgen auch Schneider/v. Westphalen/*Redetzer* S. 377.

den Parteien bewusst ist, auch im Projektplan. Um eine Überforderung des Auftraggebers hinsichtlich der von ihm zu erbringenden Handlungen zu verhindern, ist der Sachverstand des Auftragnehmers bei der Beratung des Auftraggebers gefordert. Die Förderung der Bereitschaft des Auftraggebers zur Mitwirkung ist über die Dokumentation der Mitwirkungshandlungen und dadurch erreichbar, dass dem Auftraggeber die Bedeutung der Mitwirkung und die Konsequenz ihrer Nichterbringung vor Augen geführt werden.

Daneben können aber als Ausfluss der Privatautonomie im Rahmen der Vertragsgestaltung auch weitere wirkungsvolle Mechanismen vereinbart werden, die die Erbringung der Mitwirkungshandlungen sicherstellen helfen sollen. **73**

Wie bereits zuvor angesprochen, stellt sich ein IT-Projekt als kooperativer Prozess dar, der bereits ab der Planungsphase ein Miteinander der Vertragsparteien erfordert. So ist der Auftragnehmer bei einer ggf. notwendigen Konkretisierung eines von einem weniger sachkundigen Auftraggeber erstellten Pflichtenhefts auf dessen Mitwirkung angewiesen. Hinsichtlich dieser Mitwirkungshandlungen des Auftraggebers ist nach dem Gesetz, wie aus § 642 BGB folgt, eine bloße Obliegenheit gegeben.[51] Da eine Gläubigerobliegenheit durch den Auftragnehmer nicht einklagbar ist und auch die Möglichkeit der Kündigung des Vertrages nach § 643 BGB bei unterlassener Mitwirkung des Auftraggebers bei der Leistungsbeschreibung aus Sicht des Auftragnehmers unbefriedigend erscheint, sollte über eine andere Ausgestaltung der Mitwirkung nachgedacht werden. **74**

Insoweit können die Mitwirkungshandlungen, die das Gesetz nur als Obliegenheit ausgestaltet hat, als vertragliche und damit notfalls einklagbare Pflichten ausgestaltet werden. Neben der gerichtlichen Erzwingung der Mitwirkungshandlungen über § 887 ZPO könnte der Auftragnehmer ggf. auch den Weg über die Ersatzvornahme gehen, wenn er die unterbliebene Mitwirkungshandlung durch eigene Maßnahmen kompensieren kann.[52] Diese Maßnahmen stellen jedoch nur einen Weg dar, den Auftraggeber zur notwendigen Mitwirkung anzuhalten. Vereinbart man neben der Ausgestaltung der Mitwirkungshandlungen als vertragliche Pflichten auch effektive Sanktionsmaßnahmen für den Fall ihrer Nichteinhaltung, wie Vertragsstrafen, kann eine unter Umständen eintretende Eskalation zwischen den Partnern bei zwangsweiser Durchsetzung der Handlungen vermieden werden, da der Auftraggeber schon aufgrund der drohenden finanziellen Belastungen durch Verwirkung von Vertragsstrafen ein eigenes Interesse an der Mitwirkung hat. **75**

G. Leistungserbringer/Leistungsempfänger

I. Die Vertragsparteien und begünstigte Dritte

Die den Vertrag schließenden Parteien sind im Vertrag selbstverständlich eindeutig zu bezeichnen. Daneben erscheint es wichtig, im Vertrag zu regeln, ob und welche Dritten gegebenenfalls Rechte aus dem Vertrag herleiten können sollen. Gerade bei IT-Projekten ist es z. B. nicht selten der Fall, dass eine in Auftrag gegebene IT-Lösung nicht nur von der den Auftrag gebenden Vertragspartei, sondern auch von deren Töchtern oder anderen verbundenen Unternehmen genutzt werden soll. Grund hierfür kann z. B. der Wunsch nach Harmonisierung und Standardisierung der IT-Prozesse innerhalb einer Unternehmensgruppe sein. Bei der vertraglichen Gestaltung des Projekts sind solche Konstellationen im Vertrag abzubilden.[53] Nicht übersehen werden darf dabei, dass die innerhalb von IT-Projekten ent- **76**

---

51 MüKo-BGB/*Busche* § 642 Rn. 4.
52 M. w. N. zum Meinungsstand MüKo-BGB/*Busche* § 642 Rn. 23.
53 Infrage können hier z. B. bestimmte Bezugs- oder Abrufrechte für Gruppenunternehmen kommen.

stehenden Ergebnisse häufig Gegenstand urheberrechtlicher oder anderer immaterialrechtlicher Schutzrechte sind. Soll nicht nur die auftraggebende Vertragspartei, sondern auch ein Dritter (z. B. ein Tochterunternehmen) diese Ergebnisse nutzen dürfen, sind entsprechende Nutzungsrechte in den Vertrag aufzunehmen.

II. Subunternehmer

77 Hinsichtlich der Leistungserbringer kann es für beide Parteien von großer Bedeutung sein, ob der Auftragnehmer sich bei der Erbringung der vertraglich zugesagten Leistungen auch Dritter (als Erfüllungsgehilfen) bedienen kann. Während dem Auftragnehmer an einer solchen Einschaltung sehr gelegen sein kann, gibt es Situationen, in denen der Auftraggeber ein besonderes Interesse daran hat, dass eben nur sein von ihm erwählter Vertragspartner und kein Dritter die Leistungen erbringt (z. B. aus Vertraulichkeitsgründen, wg. besonderem Vertrauen auf die eigene Expertise oder Qualifikation des Vertragspartners etc.). Regelt der Projektvertrag hierzu nichts, ist davon auszugehen, dass Erfüllungsgehilfen, also Subunternehmer, eingeschaltet werden dürfen.[54] Will der Auftraggeber dies vermeiden, muss er daher auf eine entsprechende vertragliche Regelung drängen. Dabei sind neben einem totalen Verbot der Einschaltung Dritter noch zwei weitere Alternativen denkbar: (1) Der Einsatz von Subunternehmern ist grundsätzlich erlaubt, der Auftraggeber kann dem Einsatz aber aus bestimmten (im Vertrag festgelegten) Gründen widersprechen; oder (2) Der Einsatz ist nicht von vornherein gestattet, sondern es bedarf der ausdrücklichen Zustimmung des Auftraggebers, die aber nur verweigert werden darf, wenn hierfür besondere (am besten ebenfalls im Vertrag zu regelnde) Gründe vorliegen.

H. Projektsteuerung

78 Die Komplexität eines IT-Projektes, die sich schon in der häufig sehr umfangreichen Leistungsbeschreibung widerspiegelt, erfordert für eine erfolgreiche Projektdurchführung eine entsprechende Projektsteuerung, die bereits in der Vorbereitungsphase einsetzen muss. Neben einer unzureichenden Leistungsbeschreibung und Mitwirkungen des Auftraggebers stellt sich in der Praxis die mangelhafte Projektsteuerung als weitere Hauptursache für Krisen in IT-Projekten dar.[55]

79 Die Notwendigkeit einer Projektsteuerung steht außer Frage. Unklar ist jedoch, wer für die Projektsteuerung im Wesentlichen verantwortlich ist. Der kooperative Charakter von IT-Projekten, der regelmäßig ein Miteinander der Vertragsparteien erfordert, darf nicht so verstanden werden, dass auch die Projektsteuerung durch beide Vertragsparteien gemeinsam erfolgt. Vielmehr muss die Projektsteuerung mit der Verantwortung für den Projekterfolg korrespondieren. Diejenige der Vertragsparteien, die maßgeblich das Risiko des Erfolges des Projektes trägt, muss insoweit auch das Heft in der Hand behalten. Bei werkvertraglicher Qualifikation von IT-Projekten sieht das Gesetz den Auftragnehmer hier in der Pflicht. Aber auch nach Kaufrecht ist es am Auftragnehmer als Verkäufer, die Mangelfreiheit der Sache sicherzustellen. Entsprechend wird in aller Regel der Auftragnehmer die Verantwortung für den Projekterfolg tragen. Ihm sollte daher auch die generelle Verantwortung für die Projektsteuerung obliegen.

---

54 Es sei denn, es handelt sich um eine höchstpersönlich zu erbringende Leistung.
55 Redeker/*Schmidt* Kapitel 6.1 Rn. 202.

Die Projektsteuerung erfolgt dabei im Wesentlichen mittels des Risiko-Managements und der Projektkontrolle.[56] Das Risiko-Management betrifft die systematischen Aufgaben zur rechtzeitigen Erkennung, Bewertung und Bewältigung von potenziellen Risiken. Demgegenüber ist Gegenstand der Projektkontrolle die laufende Kontrolle der Einhaltung der finanziellen, terminlichen und inhaltlichen Projektziele und die Einleitung von Korrekturmaßnahmen bei Feststellung von Abweichungen der Ist-Werte mit diesen Zielen. Das Risiko-Management als präventiv wirkende Maßnahme und die Projektkontrolle zur Schadensbegrenzung bedingen sich im Rahmen der Projektsteuerung. 80

Die Verantwortlichkeit des Auftragnehmers für die Projektsteuerung darf jedoch nicht dahin gehend missverstanden werden, dass der Auftraggeber überhaupt nicht in die Projektsteuerung eingebunden wäre. Dies würde dem kooperativen Charakter von IT-Projekten widersprechen. Die für den Projekterfolg notwendigen Mitwirkungshandlungen des Auftraggebers gebieten es, dass er auch bei der Projektsteuerung mitwirkt. 81

Hinsichtlich der personellen Ausgestaltung der Projektsteuerung hat sich in der Praxis die zweistufige Projektorganisation bewährt.[57] Dabei erfolgt die Steuerung auf der Arbeits- und Entscheidungsebene innerhalb des Projektteams und Lenkungsausschusses. 82

I. Projektteam

Das Projektteam, das sich aus Mitarbeitern der Vertragsparteien, die für die technische Projektdurchführung verantwortlich sind, zusammensetzt, wird auf der Arbeitsebene tätig und ist für die alltäglichen Fragen innerhalb der Projektdurchführung verantwortlich. 83

Abhängig von der Größe und Bedeutung des Projektes sind neben den von beiden Vertragsparteien zu stellenden Projektleitern weitere Mitarbeiter dauerhaft während der Projektdurchführung in das Projektteam zu entsenden. Aufgrund der übergreifenden Verantwortung des Auftragnehmers für die Projektsteuerung bietet es sich an, dass der vom Auftragnehmer benannte Projektleiter auch gleichzeitig die Funktion der Projektkoordination übernimmt. 84

Die Komplexität als auch die häufig längerfristig dauernde Projektdurchführung erfordern eine gewisse Kontinuität bei der personellen Zusammensetzung der involvierten Mitarbeiter. Die Entscheidungsträger auf der Arbeits- als auch der Entscheidungsebene sollten daher möglichst nicht während der Durchführung des Projektes wechseln. Um dennoch notwendig werdende personelle Veränderungen möglichst reibungslos zu vollziehen, sollte bei umfangreichen Projekten neben den Projektleitern auch je ein Vertreter installiert werden. Die entsprechenden Regelungen zur Austauschbarkeit und zur Vertretung sind in den Projektvertrag aufzunehmen. 85

II. Projektlenkungsausschuss

Im Gegensatz zum Projektteam ist die Tätigkeit des Projektlenkungsausschusses auf die Entscheidungsebene beschränkt. Die Krisenbewältigung aber auch Änderungen bei der Projektdurchführung wie der Leistungserweiterung oder -beschränkung bedürfen verbindlicher Entscheidungen durch die Vertragsparteien. Der Lenkungsausschuss ist demzufolge auch mit Mitgliedern aus den Reihen der Parteien zu besetzen, die zumindest innerhalb des durch die Unternehmensleitung abgesegneten Projektumfangs entscheidungsbefugt sind. 86

---

56 Zum Projektcontrolling und Projektmanagement siehe ausf. Schneider/v. Westphalen/*Witzel* Rn. 197 ff.
57 Redeker/*Schmidt* Kapitel 6.1 Rn. 203.

Kapitel 6   H. Projektsteuerung

87   Um insbesondere ein effektives Krisenmanagement durch den Lenkungsausschuss sicherzustellen, sollten die Mitglieder nicht zugleich Teil des Projektteams sein.

III. Projektmeetings

88   Die Projektsteuerung kann nur bei hinreichender Koordination der notwendigen Tätigkeiten gelingen. Dies erfordert zum einen eine ausreichende Kommunikation zwischen den Vertragsparteien auf der Arbeitsebene. Zum anderen kann der Lenkungsausschuss seiner Funktion nur gerecht werden, wenn seine Mitglieder einen hinreichend aktuellen Informationsstand über den Projektfortschritt und ggf. aufgetretene Schwierigkeiten haben. Hierfür müssen der Projektkoordinator sowie die Projektleiter der Vertragsparteien Sorge tragen, indem sie in regelmäßigen kurzen Abständen die Mitglieder des Lenkungsausschusses über den Projektfortgang informieren und bei Maßnahmen wie Änderungen des Leistungsumfangs den hierfür entscheidungsbefugten Lenkungsausschuss unverzüglich in Kenntnis setzen. Projektmeetings müssen daher regelmäßig auf Arbeits- als auch Entscheidungsebene stattfinden.

Die Erstellung eines Projekttagebuchs durch den für die Projektsteuerung verantwortlichen Auftragnehmer dient dem Projekt-Management während der Projektausführung und zur Dokumentation der verschiedenen Abläufe.[58]

89   Neben dem Projekttagebuch sollten über mündliche Besprechungen des Projektteams als auch des Lenkungsausschusses Protokolle durch den mit der Projektleitung betrauten Auftragnehmer erstellt werden. Trotz der häufig in Verträgen zu findenden Schriftformklauseln dürfte die mündliche Abstimmung von Leistungsänderungen und anderen für das Projekt maßgeblichen Maßnahmen nicht selten vorkommen, sodass die Dokumentation dieser Absprachen in Protokollen dem Nachweis bei später auftretenden Unstimmigkeiten dienen kann.[59]

90   Im Gegensatz zum Projekttagebuch empfiehlt es sich, die Protokollierung von Besprechungen so auszugestalten, dass den Protokollen in Zweifelsfällen, zum Beispiel über Terminänderungen, ein gesteigerter Beweiswert zukommt bzw. eine Veränderung der Beweislastverteilung bewirkt wird. Die vertraglichen Regelungen zur Projektsteuerung sollten daher vorsehen, dass Besprechungsprotokolle von dem Ersteller der jeweils anderen Vertragspartei zur Durchsicht zugeleitet werden und innerhalb einer kurzen Frist diese Partei dann mögliche Änderungen und/oder Ergänzungen der Protokolle verlangen kann. Geschieht dies nicht, spricht der erste Anschein dafür, dass der protokollierte Inhalt dem tatsächlichen Geschehen entspricht.

IV. Eskalationsprozedere

91   Komplexere Verfahren bringen es mit sich, dass nicht alle Unklarheiten und Unstimmigkeiten zwischen den Vertragsparteien im Projektteam gelöst werden können. Ebenso wie die allgemeine Projektsteuerung im Vertrag geregelt werden sollte, sollte dieser auch das Prozedere bei der Eskalation von Streitigkeiten festlegen.

92   Da die Projektleiter die Entscheidungskompetenz auf der Arbeitsebene haben und auch über die notwendige Fachkompetenz verfügen sowie Nähe zu den zu klärenden Fragen besitzen, sind sie regelmäßig die erste Stufe in einem Eskalationsprozedere. Gerade aufgrund

---
58   Siehe zum Projekttagebuch und zu Protokollen auch *Redeker/Schmidt* Kapitel 6.1 Rn. 206.
59   Vergleiche zur projektbegleitenden Dokumentation und ihrer Bedeutung in Konfliktfällen auch Schneider/v. Westphalen/*Witzel* Rn. 194 ff.

der permanenten Einbindung in die Projektdurchführung und der damit einhergehenden emotionalen Bindung fällt es ihnen jedoch häufig schwer, aufgetretene Unstimmigkeiten einvernehmlich zu lösen. Insoweit ist das Verfahren dann an die nächsthöhere Instanz, den Lenkungsausschuss, zu eskalieren. Sofern auch deren Mitglieder innerhalb der vorgesehenen Frist keine einvernehmliche Lösung finden, könnte die Streitigkeit der Geschäftsführung der Vertragsparteien als letzter Instanz des zwischenparteilichen Konfliktmanagements vorgelegt werden.

Nutzen die Vertragsparteien das Eskalationsprozedere nicht, um die entstandenen Konflikte zu lösen, sind neben bzw. vor einer gerichtlichen Entscheidung alternative Streitbeilegungsmethoden unter Einschaltung eines Dritten erwägenswert. (Zur Streitbeilegung unter Einschaltung von Dritten siehe Kap. 27 Rdn. 7 ff.) 93

I. Termine und Fristen

Eng in Zusammenhang mit den Projektphasen stehen die Regelungen der Termine und Fristen für die einzelnen nach dem Vertrag zu erbringenden Leistungen des Auftragnehmers und Mitwirkungshandlungen des Auftraggebers, die zumeist in einem als Projektplan überschriebenen Dokument niedergelegt sind. 94

I. Projektplan

Der Projektplan stellt die konkrete Projektplanung durch Kombination von Fristen (bzw. Terminen) und Aktivitäten dar. Der Plan wird regelmäßig als Anlage zum Projektvertrag gefasst, um eine Aktualisierung durch Terminverschiebungen infolge von Änderungsverlangen oder Prioritätsverschiebungen zu vereinfachen. Aufgrund der während der gesamten Projektdurchführung kontinuierlich erfolgenden Terminänderungen und/oder -verschiebungen sind Regelungen bereits im Vertrag vorzusehen, wie eine damit verbundene notwendige Fortschreibung des Projektplans sichergestellt wird. Der regelmäßig mit der Projektsteuerung betraute Auftragnehmer wird sich üblicherweise dieser Aufgabe annehmen. Um Klarheit über die Verbindlichkeit der neu abgestimmten Termine zu erreichen, sollte zudem ein effektives Verfahren zur Genehmigung der Projektplanänderungen gefunden werden. Hier bietet es sich an, dass zumeist nur mündlich vereinbarte Änderungen durch den Auftragnehmer im Projektplan umgesetzt werden und dieser dann dem Auftraggeber vorgelegt wird. Erhebt dieser dann innerhalb einer bestimmten Frist keine Einwendungen gegen die Modifikationen, so ist von der Richtigkeit des überarbeiteten Projektplans auszugehen. Da die Ergebnisse mündlicher Besprechungen aber auch in entsprechenden Protokollen dokumentiert werden sollten, könnte die Prüfung der Protokolle und der Änderungen im Projektplan miteinander verbunden werden. 95

Der Projektplan fungiert im Rahmen der Projektdurchführung als Leitfaden für die Projektsteuerung. Von daher ist es von besonderer Bedeutung, dass in ihm möglichst konkret geregelt ist, welche Aktivitäten mit welchen Ressourcen innerhalb welchen Budgets und zu welchen Terminen erfolgt sein müssen. Um die Projektsteuerung zu optimieren, empfiehlt es sich, den Auftragnehmer zu verpflichten, drohende Terminüberschreitungen oder bereits eingetretene Abweichungen dem Auftraggeber unverzüglich zu melden. Diese Hinweispflicht zwingt den Auftragnehmer auch zu einem aktiven Abgleich des Projektplans mit den Ist-Werten während der gesamten Projektdurchführung.[60] 96

---

60 Redeker/*Schmidt* Kapitel 6.1 Rn. 97.

97 Da die Einhaltung des Projektplans bei kooperativen Projekten wie IT-Projekten jedoch nicht allein in der Hand des Auftragnehmers liegt, sondern auch der Auftraggeber zum Teil umfangreiche Mitwirkungshandlungen vornehmen muss, sollte der Vertrag Verfahren regeln, die dies sicherstellen helfen. Üblich ist hier eine Regelung, wonach sich die Vertragsparteien auf eine angemessene Terminverschiebung verständigen, wenn die Nichteinhaltung eines im Projektplan vorgesehenen Termins auf die unterbliebene oder verspätete Mitwirkungshandlung des Auftraggebers zurückzuführen ist.[61] Um eine Verschiebung der Projektsteuerung auf den Auftraggeber zu verhindern, sollte dies aber nur gelten, wenn der Auftragnehmer die Mitwirkung rechtzeitig beim Auftraggeber eingefordert und auf die Folgen ihrer Verzögerung oder ihr Unterlassen hingewiesen hat.

II. Milestones

98 In der Praxis hat sich die Vereinbarung von Meilensteinen (»Milestones«) für Termine, die den Abschluss einzelner Arbeiten innerhalb der Projektdurchführung beschreiben, etabliert. Häufig sind die Milestones im Projektplan so ausgestaltet, dass die Erreichung eines Milestone Voraussetzung für den Beginn der nächsten Projektphase ist, die dann wiederum mit Erreichen eines vorher festgelegten Milestone endet.

99 Die Vereinbarung von Milestones kann jedoch nicht nur genutzt werden, um gewisse Fixpunkte in der Projektausführung festzulegen, an denen der Stand des Projektfortschritts geprüft werden kann, sondern bei entsprechender vertraglicher Ausgestaltung können hierin auch verbindliche Fristen und Termine liegen, deren Nichteinhaltung entsprechende negative Rechtsfolgen für den Auftragnehmer nach sich ziehen kann.

100 Die gesetzlichen Regelungen hinsichtlich der Nichteinhaltung von Leistungsterminen sollten jedoch nicht unbesehen in Projektverträge übernommen werden bzw. diese sollten entsprechende Modifikationen der gesetzlichen Vorschriften enthalten. Insbesondere aufgrund der Komplexität von IT-Projekten und den Interdependenzen zwischen den Handlungen der Vertragsparteien erscheint die vom Gesetz vorgesehene Möglichkeit des Rücktritts vom Vertrag bei erfolglosem Verstreichen einer vom Auftraggeber gesetzten Frist zur Leistungserbringung zu rigide. Hier ist die Vereinbarung einer Karenzzeit angemessen, innerhalb derer der Auftragnehmer den jeweiligen Leistungserfolg noch nachholen kann, ohne dem Auftraggeber gleich bei jeder Terminüberschreitung die Möglichkeit der Vertragsbeendigung durch Ausübung des Rücktritts zu geben.

III. Zahlungstermine

101 In aller Regel erstrecken sich IT-Projekte über einen längeren, mehrere Monate oder auch Jahre andauernden Zeitraum und erfordern einen erheblichen personellen Aufwand aufseiten des Auftragnehmers. Es ist daher aus Sicht des Auftragnehmers wünschenswert, wenn im Projektplan auch Zahlungstermine abhängig z. B. vom Erreichen der Meilensteine vereinbart sind. Da der Auftraggeber häufig jedoch nicht prüfen kann, ob die Zwischenergebnisse den vertraglich vereinbarten Voraussetzungen entsprechen, sondern dies zumeist erst bei der Endabnahme erkennbar wird, kann sich der Auftraggeber durch Einbehalte oder das Verlangen von Bürgschaften absichern. Aus Auftraggebersicht sollte die Zahlung eines ausreichend großen Vergütungsanteils außerdem von der erfolgreichen Endabnahme der Projektergebnisse abhängig gemacht werden.

---

[61] Schneider/v.Westphalen/*Witzel* S. 644.

J. Gewährleistung

Nach dem Projektvertrag ist der Auftragnehmer verpflichtet, die insbesondere in der Leistungsbeschreibung beschriebenen Leistungen mit der entsprechenden Qualität zu erbringen. Gelingt ihm dies nicht, stellt sich die Frage, ob und wie er hierfür einstehen muss. 102

I. Notwendigkeit vertraglicher Regelung

Die Frage der Gewährleistung für Mängel der Arbeitsergebnisse wird nicht unmaßgeblich durch die rechtliche Qualifikation der Leistungen als Werkleistungen oder doch kaufvertraglich über § 651 BGB beeinflusst. Zwar steht was die Mangelbeseitigung angeht in beiden Fällen zunächst einmal die Nachbesserung im Vordergrund und erst bei deren Scheitern stehen dem Auftraggeber die weiteren Rechte wie Schadensersatz, Rücktritt und Minderung zu. Gerade hinsichtlich der Nachbesserung gehen das Kaufrecht und das Werkvertragsrecht jedoch unterschiedliche Wege. So steht beim Kauf dem Käufer das Wahlrecht hinsichtlich der Nacherfüllungsalternativen zu (§ 439 BGB), während beim Werkvertrag der Auftragnehmer entscheidet, ob er den Mangel beseitigt oder ein neues, mangelfreies Werk liefert (§ 635 BGB). Das Werkvertragsrecht kennt mit § 637 BGB auch das Recht der Selbstvornahme, dass den Auftraggeber im Gegensatz zum Kaufrecht zur Beseitigung von Mängeln auf Kosten des Auftragnehmers berechtigt, wenn dieser innerhalb einer angemessenen Frist nicht selbst aktiv wird. 103

Auch weil die kauf- und werkvertraglichen Gewährleistungsregelungen sich somit in einigen Punkten erheblich unterscheiden und das einschlägige Recht wegen § 651 BGB derzeit für viele Projektarten noch nicht abschließend geklärt ist,[62] empfiehlt es sich, die Gewährleistung individuell im Vertrag auszugestalten. 104

II. Mängelbegriff

Den Ausgangspunkt der Frage nach der Gewährleistung bildet jedoch zunächst einmal das Vorliegen eines Mangels an den Arbeitsergebnissen. Hier ist wieder die Leistungsbeschreibung von Relevanz, die den Bewertungsmaßstab darstellt, ob die geschaffenen Leistungsergebnisse die vereinbarten konkreten Leistungsmerkmale aufweisen und damit frei von Sachmängeln sind. Weist die Leistungsbeschreibung hier Lücken auf, ist nach dem gestuften Sachmängelbegriff der §§ 434 BGB bzw. 633 BGB zu prüfen, ob die Arbeitsergebnisse für die nach dem Vertrag vorausgesetzte Verwendung geeignet sind. In diesem Punkt werden insbesondere Aussagen in der Präambel sowie vorvertraglicher Korrespondenz von Bedeutung. Sind auch sie nicht aussagekräftig, ist auf die Eignung zur gewöhnlichen Verwendung und auf die Beschaffenheit abzustellen, die bei Leistungen gleicher Art üblich sind und daher vom Auftraggeber erwartet werden können. Bei IT-Projekten, die sich gerade durch ihre Einmaligkeit auszeichnen, ist die Bestimmung des Vorliegens von Mängeln anhand der Eignung für die gewöhnliche Verwendung jedoch kaum möglich. Auch die Prüfung der Eignung anhand der nach dem Vertrag vorausgesetzten Verwendung ist zu unpräzise, um auf dieser Grundlage über das Vorliegen von Mängeln zu entscheiden. Somit gilt nicht nur hinsichtlich der erfolgreichen Projektdurchführung, sondern auch bei der Frage der Gewährleistung, dass nur eine konkrete Leistungsbeschreibung mit eingehender Beschreibung der geforderten Beschaffenheit der Leistungen unnötige Auseinandersetzungen zwischen den Parteien vermeiden hilft. 105

---

62 Siehe hierzu bereits oben Rdn. 61.

III. Maßnahmen der Mängelbeseitigung

106 Stellt der Auftraggeber auf dieser Grundlage bei der Prüfung der Leistungen fest, dass eine Abweichung und damit eine Mangel vorliegt, greift die Pflicht des Auftragnehmers, diesen Mangel zu beseitigen, indem er zum Beispiel einen Softwarefehler durch Neuprogrammierung beseitigt oder eine fehlerfreie Version des Programms liefert. Auch wenn der in Zusammenhang mit § 651 BGB entstehenden Unklarheiten über die rechtliche Qualifikation erfolgsbezogener Leistungen in IT-Projekten, sollte vertraglich festgelegt werden, welcher Partei das Wahlrecht über die Art der Nacherfüllung zustehen soll. Bei Sachmängeln erscheint der Auftragnehmer aufgrund seiner Sachkunde hierfür geeigneter. Der Auftraggeber dürfte lediglich bei eigener hinreichender Fachkenntnis in der Lage sein zu beurteilen, welche der beiden Nacherfüllungsalternativen in der konkreten Situation zu einer schnellen Mangelbeseitigung am besten geeignet ist.

107 Um eine effektive Beseitigung der Mängel zu ermöglichen, sollten dem Auftragnehmer ausreichend Informationen über aufgetretene Mängel an die Hand gegeben werden. Die vertraglichen Bestimmungen sollten daher zum Beispiel in Form eines Musters die Anforderungen an eine Mängelanzeige regeln. So kann der Auftragnehmer nicht nur sicherstellen, dass er mittels der Informationen schnell die Ursache für den Fehler ermittelt, sondern der Auftraggeber wird hierdurch auch gezwungen, sich eingehender mit der Feststellung des Mangels zu beschäftigen. Pauschale Behauptungen, dies und jenes funktioniere nicht, kann er dann nicht mehr erfolgreich vorbringen, sondern muss einen Abgleich der Sollbeschaffenheit nach der Leistungsbeschreibung mit den erhaltenen Arbeitsergebnissen vornehmen.

IV. Vorgehen bei Rechtsmängeln

108 Beim Auftreten von Rechtsmängeln ist dagegen die bloße Mitteilung der entgegenstehenden Rechte ausreichend, um den Auftragnehmer in die Lage zu versetzen, Nachbesserungsmaßnahmen einzuleiten. Rechtsmängel, die nach dem Gesetz hinsichtlich der Rechtsfolgen wie Sachmängel behandelt werden, unterscheiden sich von Letzteren jedoch bezüglich der Auswirkung auf den bestimmungsgemäßen Gebrauch. Die Arbeitsergebnisse sind nämlich trotz des Mangels voll funktionstauglich und erfüllen die Anforderungen aus der Leistungsbeschreibung. Der Rechtsmangel führt jedoch dazu, dass ihre Nutzung untersagt ist. Neben der (in manchen Fällen eher theoretischen) Möglichkeit, das betroffene Arbeitsergebnis so abzuändern, dass es nicht mehr die Rechte Dritter verletzt und der Möglichkeit der Lieferung einer anderen rechtsmängelfreien Leistung, kann die Nacherfüllung auch in der Verschaffung der für die Nutzung benötigten Rechte von dem Dritten bestehen.

V. Verjährung

109 Neben der Vereinbarung von Regelungen hinsichtlich der Art und Weise der Mängelbeseitigung erscheint es aufgrund der Unklarheiten über die rechtliche Einordnung von erfolgsbezogenen Leistungen in IT-Projekten auch ratsam, die Verjährung der Mängelbeseitigungsansprüche zu regeln. So war bisher schon unklar, ob Mängelansprüche bei Verträgen, die auf die Herstellung von Software gerichtet und dem Werkvertragsrecht zugeordnet wurden, in 2 Jahren nach § 634a Abs. 1 Nr. 1 BGB oder in 3 Jahren nach § 634a Abs. 1 Nr. 3 BGB verjähren. Dabei ist nicht nur die unterschiedliche Länge der Verjährungsfrist sondern auch der Beginn der Verjährung von Bedeutung. So beginnt die Frist des § 634a Abs. 1 Nr. 3 BGB erst mit Ende des Jahres in dem der Anspruch entstanden ist[63] und nicht

---

63 § 199 Abs. 1 BGB.

schon mit der Abnahme. Zur Vermeidung von Unsicherheiten sollten die Parteien daher sowohl den Verjährungsbeginn als auch die Verjährungsfrist vertraglich eindeutig regeln. (Siehe zu den Grenzen solcher Vereinbarungen in AGB Palandt/*Sprau* § 634a BGB Rn. 26).

K. Sonstige Leistungsstörungen

Schon aufgrund der Komplexität von IT-Projekten sind verschiedenste Leistungsstörungen denkbar. Neben der Schlechtleistung, die hinsichtlich werk- und kaufvertraglicher Leistungen bereits bei der Gewährleistung erläutert wurden, können zahlreiche weitere Pflichtverletzungen eine Haftung der verpflichteten Partei auslösen. **110**

Leistungsstörungen können dabei nicht nur aus der Sphäre des Auftragnehmers herrühren, sondern, bei unzureichenden oder unterlassenen Mitwirkungen, auch aus der Sphäre des Auftraggebers. Eine Haftung des Auftraggebers für die Verletzung solcher Mitwirkungen kommt allerdings nur dort in Betracht, wo diese als echte Pflichten und nicht nur als Obliegenheiten ausgestaltet sind. (Siehe zu dieser Unterscheidung bereits Kap. 6 Rdn. 67). Die Haftung für Leistungsstörungen wird jedoch vorwiegend bei den durch den Auftragnehmer verursachten Störungen relevant. Die nachfolgende Darstellung beschränkt sich daher auf Leistungsstörungen, die aus der Sphäre des Auftragnehmers stammen. **111**

Solche Störungen treten in Form von Schlechtleistung, Nichtleistung, Verzug oder der Verletzung von Nebenpflichten auf. Die Rechtsfolgen bestehen neben den speziellen gewährleistungsrechtlichen Vorschriften in dem Recht des Auftraggebers zum Rücktritt vom Vertrag sowie dem Recht zur Geltendmachung verschiedener Formen des Schadensersatzes. **112**

I. Rücktritt

Die Möglichkeit des Rücktritts besteht für den Auftraggeber bereits dann, wenn der Auftragnehmer innerhalb einer angemessenen Frist die geforderte Leistung oder Nacherfüllung nicht durchführt und die Pflichtverletzung nicht nur unerheblich ist, § 323 Abs. 1, 5 BGB. Dieses Recht, die Rückabwicklung des gesamten Vertrages verlangen zu können, setzt kein Verschulden des Auftragnehmers bezüglich der Pflichtverletzung voraus. Bei jeder nicht nur unerheblichen Pflichtverletzung besteht somit für den Auftragnehmer die Gefahr der vorzeitigen Projektbeendigung. Gerade das Auftreten von Terminüberschreitungen wird sich jedoch bei komplexen, langwierigen IT-Projekten kaum vermeiden lassen, sodass es sich aus Auftragnehmersicht empfiehlt, vertraglich die Ausübung des Rücktrittsrechts auf wiederholte und/oder schwerwiegende Pflichtverletzungen zu beschränken oder ganz abzubedingen. Eine solche Regelung erscheint auch erforderlich, denn die Wirkungen des Rücktritts, wonach der Auftragnehmer nur Ersatz der vom Auftraggeber aus den bereits geschaffenen Arbeitsergebnissen gezogenen Nutzungen verlangen kann, sind für den Auftragnehmer inakzeptabel. Regelmäßig ist es so, dass bis zum Abschluss des Projektes noch keine für den Auftraggeber verwertbaren Leistungen vorliegen, die er dann nutzen könnte. Der Auftragnehmer hat dagegen bereits erhebliche personelle und damit finanzielle Aufwendungen gemacht, die er nicht vollständig vom Auftraggeber erstattet bekommt. Für Personalausgaben müsste der Auftraggeber Wertsatz nach § 346 Abs. 2 BGB leisten, sofern der Wertsatz nicht sogar nach § 346 Abs. 3 BGB ausgeschlossen ist. Gerade bei der nicht untypischen Konstellation einer Festpreisvereinbarung müsste der Auftragnehmer seine Kalkulation dann offen legen, um seinen Anspruch auf Wertsatz zu begründen. Zudem sind bei der Ermittlung des Wertersatzes mangelhafte Leistungen ersatzmindernd zu berücksichtigen. Gleiches gilt bei der Feststellung des Wertersatzes bei Ausübung gesetzlicher Rücktrittsrechte, bei denen der auf Grundlage der vertraglich vereinbarten Vergütung ermittelte Wertsatz um den Gewinn- **113** anteil zu kürzen ist.[64] Zudem sind die materiellen Leistungen häufig wegen der speziellen Abstimmung auf die Interessen des Auftraggebers auch nicht anderweitig verwertbar. Ein Rücktritt könnte daher gerade für viele mittelständische Auftragnehmer bei fortgeschrittenem Projektverlauf existenzgefährdende Auswirkungen haben.

114 Das Rücktrittsrecht sollte daher auf schwerwiegende Pflichtverletzungen beschränkt werden. Aus Sicht des Auftragnehmers kann es sogar angebracht erscheinen, das Rücktrittsrecht durch ein Kündigungsrecht zu ersetzen.

II. Schadensersatz

115 Sind die das Rücktrittsrecht begründenden Pflichtverletzungen vom Auftragnehmer zu vertreten, drohen Schadensersatzansprüche. Zum einen ist das der Ersatz des Verzögerungsschadens bei Nichteinhaltung von Terminen und Fristen,[65] zum anderen der Schadensersatzanspruch wegen Pflichtverletzung,[66] die beide neben dem Erfüllungsanspruch bestehen. An dessen Stelle tritt dagegen der Schadensersatzanspruch statt der Leistung bzw. der hierzu alternative Ersatzanspruch wegen vergeblicher Aufwendungen.[67]

116 Da, im Gegensatz zum Rücktritt, die Geltendmachung der Schadensersatzansprüche Verschulden voraussetzt, droht hier bei vordergründiger Betrachtung weniger Gefahr für den Auftragnehmer. Aufgrund der in § 280 Abs. 1 Satz 2 BGB enthaltenen Beweislastverteilung muss jedoch der Auftragnehmer darlegen und ggf. unter Beweis stellen, dass die Pflichtverletzung nicht von ihm zu vertreten ist. Ein solcher Nachweis wird jedoch häufig nur schwer gelingen, insbesondere da der Auftragnehmer die Pflichtverletzung schon bei einfacher Fahrlässigkeit zu vertreten hat.

III. Haftungsbeschränkungen

117 Nach den allgemeinen gesetzlichen Regelungen haftet eine Vertragspartei der anderen grundsätzlich unbeschränkt für jeden durch eine schuldhafte Pflichtverletzung oder die Verletzung einer Garantie entstandenen Schaden. Diese unbeschränkte Haftung ist in aller Regel zumindest für den Auftragnehmer nicht akzeptabel. Er muss daher versuchen, die Haftung soweit auszuschließen, zu begrenzen oder einzuschränken, dass das verbleibende Haftungsrisiko in einer vernünftigen Relation zu den mit der Durchführung des Projekts verbundenen Einnahmechancen steht.

118 Gerade im Bereich der IT-Projekte besteht häufig für den Auftragnehmer ein nicht zu unterschätzendes Haftungsrisiko. Fehler oder Verzögerungen bei der Leistungserbringung können – je nach Projekt – weitreichende Auswirkungen auf die Geschäftsprozesse des Auftraggebers haben und zu großen kommerziellen Schäden führen.

119 In einigen Bereichen kann der Auftragnehmer, so er die nötige Verhandlungsmacht besitzt, versuchen, einen vollständigen Haftungsausschluss verhandeln. Zu diesen Bereichen gehört sicher die Haftung für höhere Gewalt, gegebenenfalls aber auch die Haftung für fahrlässig, aber nicht grob fahrlässig verursachte Schäden, die durch Verletzung unwesentlicher Vertragspflichten entstehen.[68]

---

64 Palandt/*Grüneberg* § 346 Rn. 10.
65 §§ 280, 286 BGB.
66 § 280 BGB.
67 § 281 BGB bzw. § 284 BGB.
68 Da vertraglich regelmäßig neben der Vergütungspflicht auch weitere Pflichten des Auftraggebers vereinbart werden, kann der Auftraggeber auch ein eigenes Interesse daran haben, nicht für die »leicht« fahrlässig verursachte Verletzung einer unwesentlichen Vertragspflicht zu haften.

IV. Schadenspauschalen und Vertragsstrafen

In den meisten anderen Bereichen wird sich der Auftraggeber nicht auf einen vollständigen Ausschluss der Haftung einlassen wollen. Für diese Bereiche müssen interessengerechte Beschränkungen gefunden werden, die an verschiedenen Punkten ansetzen können. Typische Kategorien sind dabei (Siehe ausführlich Kap. 7 Rdn. 85 ff.) (a) Ausschluss für bestimmte Haftungsgründe; (b) Ausschluss für bestimmte Verschuldensgrade oder Verursachungsarten; (c) Ausschluss für bestimmte Schadensarten; (d) Vereinbarung bestimmter Haftungshöchstgrenzen (siehe zur Zulässigkeit von Haftungsbeschränkungen, insbesondere in AGB, Kap. 7 Rdn. 90 ff.). 120

Nicht übersehen werden sollte, dass dem Bereich der Haftungsbeschränkung auch mögliche Vereinbarungen über die Verjährung zuzuordnen sind. Insoweit haben die Parteien, wie bei der Gewährleistung bereits erläutert, die Möglichkeit, eine für beide Parteien interessengerechte Vereinbarung über den Beginn und die Dauer der Verjährung von Schadensersatzansprüchen zu treffen. 121

IV. Schadenspauschalen und Vertragsstrafen

Während mittels Haftungsbeschränkungen und -ausschlüssen das finanzielle Risiko, zumeist des Auftragnehmers, verringert werden soll, sind jedoch auch Konstellationen denkbar, in denen die Vereinbarung von konkreten Schadenspauschalen und/oder Vertragsstrafen geboten ist, um dem Auftraggeber ein effektives Druckmittel gegenüber dem Auftragnehmer in die Hand zu geben, mit dem er diesen zur Erfüllung der vertraglichen Pflichten anhalten kann. Gestaltet sich der Nachweis eines eingetretenen Schadens wie z. B. bei der Verletzung von Geheimhaltungspflichten und Beratungspflichten als schwierig, ist die Vereinbarung von Schadenspauschalen geeignet, das Nachweisrisiko des Gläubigers zu verringern und damit auch die Wahrscheinlichkeit der Erfüllung der Pflichten zu erhöhen, da ihre Verletzung nicht sanktionslos bleibt. Die Vereinbarung einer Vertragsstrafe für den Fall der Verletzung von Pflichten ist eine gute Möglichkeit, den Schuldner zur Einhaltung dieser Pflichten anzuhalten. In der Praxis finden sich Vertragsstrafen häufig zur Sanktionierung der Nichteinhaltung von Terminen und Fristen. 122

L. Abnahme

Mittels der Abnahme kann die ordnungsgemäße Leistungserbringung durch den Auftragnehmer festgestellt werden, indem das Leistungsergebnis mit der vereinbarten Leistungsbeschreibung abgeglichen wird.[69] 123

Bei werkvertraglicher Einordnung der Vertragsleistungen ist die Abnahme die Erklärung, dass das Werk als im Wesentlichen vertragsgerecht durch den Auftraggeber gebilligt wird, § 640 BGB. Mit einer erfolgreichen Abnahme erlischt der Erfüllungsanspruch, der Gefahrübergang tritt ein, die Vergütung des Auftragnehmers wird fällig und bezüglich der Gewährleistungshaftung beginnt die Verjährung zu laufen, schließlich kehrt sich auch die Beweislast für die Mangelfreiheit des Werkes zulasten des Auftraggebers um. 124

Findet demgegenüber über die Verweisung des § 651 BGB Kaufrecht Anwendung, muss der Auftragnehmer dem Auftraggeber die geschaffene Sache lediglich übergeben. Tests, wie bei der Abnahme i. S. d. § 640 BGB üblich, sind im Kaufrecht nicht vorgesehen. Solche Abnahmetests haben sich in der Praxis jedoch als üblich herausgebildet, da sie sich für beide Vertragsparteien als zweckmäßig erweisen.[70] 125

---

69 Ausf. zu den Themenfeldern einer umfassenden Regelung der Abnahme *Bartsch* CR 2006, 7 ff.
70 *Bartsch* CR 2006, 7.

I. Verlauf der Abnahme

126 Zur Feststellung, ob die vom Auftragnehmer erstellten, prüffähigen Leistungen dem vertraglich Vereinbarten entsprechen, ist Grundlage jeder Abnahmeprozedur die Leistungsbeschreibung. Diese enthält die herzustellenden Funktionalitäten und dient damit als Vorgabe für den Abgleich mit den Ist-Werten der Leistungsergebnisse.

127 Um unnötige Auseinandersetzungen über Art und Umfang der Abnahme zu vermeiden, empfiehlt es sich, die Abnahmeprozedur bereits im Vertrag konkret zu beschreiben.[71] Dies umfasst, neben den möglichen Testverfahren, auch Ort und Zeit für die Abnahme. Grundsätzlich erfordert der Test von IT-Leistungen auf Datenverarbeitungsanlagen natürlich auch entsprechende Testdaten. Auch über deren Umfang und Bereitstellung müssen die Abnahmeregelungen Aussagen enthalten, um eine Verzögerung oder gar Verhinderung der Abnahme mangels realistischer Daten zu vermeiden. Da die geschaffenen Werke regelmäßig beim Auftraggeber zum Einsatz kommen sollen, ist es fast schon zwangsläufig, dass der Auftraggeber nicht nur die Testdaten zur Verfügung stellt, sondern die Abnahme auch bei ihm stattfindet. In § 640 BGB sind diese Handlungen des Auftraggebers als Obliegenheit ausgestaltet. Da zum einen noch ungeklärt ist, ob nicht bei Einschlägigkeit des § 651 BGB diese Vorschrift überhaupt anwendbar ist und zum anderen eine Obliegenheit durch den Auftragnehmer nicht einklagbar ist, sollten die für die Abnahme zwingend notwendigen Mitwirkungshandlungen des Auftraggebers als vertragliche Pflicht ausgestaltet und ggf. durch Sanktionen (z. B. Vertragsstrafen) abgesichert werden.

128 Ist die Zahlung der Vergütung an die erfolgreiche Abnahme der Leistungen gebunden und sind einzelne Teilleistungen selbstständig durch den Auftraggeber nutzbar, ohne dass das Gesamtwerk bereits fertig gestellt ist, bietet es sich aus Sicht des Auftragnehmers an, Teilabnahmen zu vereinbaren. Auch bei Anwendung der werkvertraglichen Vorschriften ist eine solche Vereinbarung notwendig. Ein Anspruch auf Teilabnahmen steht dem Auftragnehmer nämlich nur bei ihrer Vereinbarung zu.[72] Für den Auftraggeber sind solche Teilabnahmen jedoch nicht unbedingt von Vorteil. Aus seiner Sicht sind Zwischentests besser geeignet, den Stand der Projektdurchführung zu prüfen und bei Auftreten von Mängeln eine sofortige Beseitigung durch den Auftragnehmer zu verlangen oder ggf. auch einen Projektstopp zu erklären.

1. Abnahmephasen

129 Die Abnahme gliedert sich in aller Regel in diese 3 Phasen:[73]
- Bereitstellung des aus Sicht des Auftragnehmers abnahmefähigen Werkes zur Abnahme
- Test durch den Auftraggeber
- Erklärung der Abnahme durch den Auftraggeber

130 Der Abschluss des erfolgreichen Abnahmeverfahrens ist die Erklärung der Abnahme durch den Auftraggeber. Geschieht diese ausdrücklich, ist sie zweckmäßigerweise im Abnahmeprotokoll zu dokumentieren. Im Protokoll sind dann auch eventuelle Vorbehalte bezüglich der Abnahmeerklärung, aufgetretene Mängel, Fristen für deren Beseitigung sowie Regeln für eine eventuelle Nachabnahme festzuhalten.[74]

---

[71] Musterformulierungen für Abnahmeklauseln finden sich z. B. bei *Witzel* ITRB 2008, 160 (163).
[72] BGH MDR 1994, 480.
[73] *Bartsch* CR 2006, 7.
[74] Siehe zu den einzelnen Teststufen innerhalb eines Abnahmeverfahrens auch *Witzel* ITRB 2008, 160 (161).

2. Konkludente Abnahme

Neben der ausdrücklich erklärten Abnahme kann diese aber auch konkludent erfolgen, indem der Auftragnehmer aus dem schlüssigen Verhalten des Auftraggebers nach Treu und Glauben und mit Rücksicht auf die Verkehrssitte schließen darf, der Auftraggeber billige die Leistung als im Wesentlichen vertragsgemäß.[75] Das setzt voraus, dass für den Auftraggeber die Möglichkeit zur Prüfung der vollständigen Leistung und damit eine objektive Abnahmesituation besteht. Sind diese Voraussetzungen gegeben, kann in der Zahlung der vereinbarten Vergütung, dem Weiterverkauf oder der produktiven Nutzung über eine gewisse Zeit eine entsprechende stillschweigende Billigung der Arbeitsergebnisse liegen.[76]

3. Fiktion der Abnahmeerklärung

Die Annahme einer solchen konkludenten Abnahme ist für den Auftragnehmer immer mit erheblicher Rechtsunsicherheit verbunden, da die zuvor erläuterten Handlungen zwar gewisse Indizien für eine Billigung seiner Leistung durch den Auftraggeber enthalten, aber dieser Schluss nicht zwingend sein muss, sondern von den Umständen des Einzelfalles abhängt. So kann die vermeintlich produktive Nutzung eines komplexen IT-Systems auch nur eine Nutzung zu Testzwecken in Gestalt eines Praxistests sein, die nicht als konkludente Abnahme zu werten ist. Daher bietet es sich aus Sicht des Auftragnehmers an, eine Regelung zur Abnahme zu vereinbaren, wonach diese als erklärt gilt, wenn der Auftraggeber innerhalb einer angemessenen Frist die Abnahmetests nicht durchführt bzw. bei durchgeführten Tests festgestellte Mängel nicht fristgerecht gerügt werden.

Von einer fehlenden oder verspäteten Rüge von Mängeln sind die in der Praxis häufig auftretenden Fallgestaltungen zu unterscheiden, bei denen der Auftraggeber Fehlermeldungen erst im Anschluss an die abgeschlossene Abnahme dem Auftragnehmer mitteilt, da sich die festgestellten Mängel erst zu einem späteren Zeitpunkt gezeigt haben. Derartige Mängel werden in aller Regel im Rahmen der Gewährleistung beseitigt.

II. Testfälle

Für die Bestimmung der Testfälle ist von den im Vertrag beschriebenen oder zumindest zum Ausdruck kommenden Anwendungsbereichen und -aufgaben der zu schaffenden Werke auszugehen. Insoweit zeigt sich auch beim Abschluss eines Projektes nochmals die Bedeutung der Leistungsbeschreibung. Werden hier die vertraglichen Leistungen nicht hinreichend genau beschrieben, fehlt bereits ein brauchbarer Bezugsrahmen für die Bestimmung des Abnahmeverfahrens. Es ist daher bereits bei der Erstellung der Leistungsbeschreibung und den im Rahmen der Vertragsdurchführung ggf. erfolgenden Änderungen derselben darauf zu achten, dass mittels der dort gemachten Angaben Verfahren hinsichtlich der verschiedenen Tests und Teststufen erstellt werden können.

Die zu durchlaufenden Teststufen und die jeweilige Verantwortlichkeit lassen sich zumindest in vielen IT-Projekten (z. B. Softwareerstellungsprojekten, Implementierungsprojekten) kurz wie folgt gliedern:
- Funktionstests bezüglich der einzelnen Module und soweit möglich des Gesamtsystems
- Integrationstest beim Auftraggeber
- Übernahme der Software in die Produktivumgebung und Prüfung im Praxistest beim Auftraggeber

---

75 BGH NJW 1974, 95.
76 M. w. N. Palandt/*Sprau* § 640 Rn. 6.

136 Insbesondere beim Praxistest ist sicherzustellen, dass nur fachlich qualifizierte und ggf. vom Auftragnehmer geschulte Mitarbeiter des Auftraggebers die Tests durchführen.[77]

III. Fehlerklassen

137 Stellen sich im Laufe der Tests Abweichungen der Ist-Werte von der vertraglich vereinbarten Sollbeschaffenheit heraus, gilt es diese Abweichungen zu bewerten, da nicht alle Abweichungen einer erfolgreichen Abnahme entgegenstehen müssen. In der Praxis hat sich die Abstufung nach Fehlerklassen als geeignetes Vorgehen herausgebildet. Häufig anzutreffen ist folgende Abstufung:

138 Fehlerklasse 1: Der Mangel führt dazu, dass (a) der jeweilige Abnahmetest nicht fortgeführt werden kann oder (b) damit gerechnet werden muss, dass bei einem produktiven Einsatz des Arbeitsergebnisses geschäftskritische Prozesse beim Auftraggeber unmittelbar gefährdet würden. Die abzunehmende Leistung oder ein wichtiger Teil davon ist damit für den Auftraggeber nicht zum vertraglich vereinbarten oder einvernehmlich vorausgesetzten Gebrauch produktiv nutzbar.

139 Fehlerklasse 2: Der Mangel des abzunehmenden Arbeitsergebnisses bedingt nicht nur unerhebliche Nutzungseinschränkungen für den Auftraggeber, die jedoch keine unmittelbare Gefahr für die geschäftskritischen Prozesse des Auftraggebers bedeuten und die einem produktiven Einsatz nicht ernsthaft entgegenstehen (z. B. Performanceprobleme, wenn der Anschlussjob noch erreicht wird).

140 Fehlerklasse 3: alle sonstigen Fehler.

141 Typischerweise wird vereinbart, dass der Auftraggeber die Abnahme verweigern kann, wenn ein Fehler der Klasse 1 oder 2 vorliegt. Je nachdem, wie kritisch Fehler der Klasse 2 von den Parteien eingeschätzt werden, kann auch vereinbart werden, dass ein einziger Klasse-2-Fehler noch nicht zur Verweigerung der Abnahme berechtigt, sondern die Abnahme nur bei Vorliegen von zwei oder mehr Klasse-2-Fehlern verweigert werden darf.

142 Bereits die Maßnahmen zur Ermittlung behaupteter Mängel sind für die Auftragnehmer oftmals mit erheblichen personellen und damit letztlich auch finanziellen Aufwendungen verbunden. Für den Fall, dass sich die im Rahmen der Abnahme gerügten Mängel als nicht existent erweisen, kann der Vertrag vorsehen, dass der Auftraggeber dem Auftragnehmer für die durch die Prüfung der behaupteten Mängel verursachten Kosten Ersatz leistet.

143 Nicht ungewöhnlich ist die Situation, dass zwischen den Vertragsparteien nicht nur Unstimmigkeiten über das Vorliegen von Mängeln entstehen, sondern auch deren Einstufung in die einzelnen Fehlerklassen streitig wird. Die Tendenz wird, ausgehend von der unterschiedlichen Interessenlage, dahin gehen, dass der Auftragnehmer eine Einordnung in eine Fehlerklasse geringerer Priorität anstrebt, wohingegen der Auftraggeber eine Einstufung bevorzugen wird, die ihn zur Verweigerung der Abnahme berechtigt. Es gilt daher bei der Regelung des Abnahmeverfahrens auch für diese Situation zu klären, wer mit Hinblick auf das weitere Procedere der Abnahme über die Einstufung entscheidet. Für die Frage, ob eine Verweigerung der Abnahme zulässig war oder nicht, ist hingegen letztendlich stets das objektive Vorliegen eines zur Verweigerung der Abnahme berechtigenden Tatbestandes entscheidend.

---

77 *Bartsch* CR 2006, 7 (9).

IV. Rechtsfolgen bei Scheitern der Abnahme

Scheitert die Abnahme, weil Mängel der Fehlerklasse 1 bereits die Fortführung der Tests unmöglich machen oder eine Abnahme bei Vorliegen von Mängeln der Fehlerklasse 2 durch den Auftraggeber verweigert werden kann, ist der Auftragnehmer zur Behebung der festgestellten Mängel aufgefordert. Das Abnahmeverfahren beginnt dann von vorne. Der Auftragnehmer hat die festgestellten Mängel beseitigen, sodass die Arbeitsergebnisse abnahmefähig sind. Nachdem der Auftragnehmer gegenüber dem Auftraggeber die Abnahmefähigkeit erklärt hat, sind die betroffenen Leistungen ggf. durch den Auftraggeber erneut zu testen. Sind diese Tests erfolgreich, ist mit dem weiteren Verfahren zur Abnahme fortzufahren. Neben der Frage über die Art und Weise der Behandlung von Abnahmeunterbrechungen sollten auch Regelungen darüber getroffen werden, welche der Parteien die finanziellen Konsequenzen, die mit einer verlängerten Abnahmephase regelmäßig verbunden sind, zu tragen hat. In Betracht zu ziehen sind hier auch Vertragsstrafregelungen wegen Überschreitung des vereinbarten Termins für den Beginn der produktiven Nutzung der Arbeitsergebnisse. **144**

Die Abnahme kann jedoch auch endgültig scheitern und dies kann dann zum Projektabbruch führen. Gründe hierfür können z. B. ein mehrfaches Fehlschlagen der Mangelbeseitigung oder aber eine unberechtigte Verweigerung der Mangelbeseitigung sein. Es können aber auch Terminüberschreitungen bei der Mangelbeseitigung eintreten, die ein Festhalten am Vertrag für den Auftraggeber unzumutbar machen. **145**

V. Besonderheiten bei der Abnahme bzw. Freigabe von Pflichtenheften, Blueprints und Spezifikationen

Eine besondere Situation bei der Abnahme einzelner Projektteile besteht hinsichtlich der Abnahme von Dokumenten, die während der Planungs- oder Konzeptionsphase vom Auftragnehmer für den Auftraggeber erstellt werden und auf deren Grundlage das Projekt realisiert werden soll. Zu diesen Dokumenten können beispielsweise verschiedene Spezifikationen, ein Blueprint (siehe zum Blueprint Kap. 6 Rdn. 23 ff.) oder ein Pflichtenheft gehören. Grundsätzlich gilt auch für diese Dokumente, dass es für den Auftraggeber günstiger ist, die Erstellung der Dokumente vertraglich als Werkleistung zu vereinbaren. Der Auftragnehmer wird hingegen auch hier häufig Richtung Dienstvertrag tendieren. **146**

Verständigen sich die Parteien darauf, dass die Erstellung der Dokumente eine werkvertragliche Pflicht darstellt, sind damit für den Auftraggeber aber nicht automatisch nur Vorteile verbunden. Mit der Qualifizierung des jeweiligen Dokuments als Werk, ist nämlich grundsätzlich auch das Erfordernis seiner Abnahme verknüpft. Diese Abnahme führt aber dazu, dass sich die Beweislastverteilung hinsichtlich etwaiger Mängel umkehrt. Nach der Abnahme ist es der Auftraggeber, der das Vorliegen von Mängeln nachzuweisen hat. Gerade bei Blueprints, Pflichtenheften oder anderen, die Projektrealisierung vorbereitenden Dokumenten, ist es für den Auftraggeber aber häufig schwierig, Mängel des Dokuments, die bereits bei dessen Ablieferung oder Übergabe vorlagen, zu erkennen, bevor die in den Dokumenten niedergelegten Planungen und Vorschläge auch umgesetzt und realisiert sind. Schneider[78] bemerkt daher richtigerweise, dass die Abnahme, die an sich folgerichtig aus der werkvertraglichen Konstruktion abzuleiten ist, zu einer Rechtsstellung des Auftraggebers führen kann, die dieser eigentlich nicht wünscht. Da es sich bei dem jeweiligen Dokument nur um eine Vorstufe auf dem Weg zum Projekterfolg handelt, ist dem Auftraggeber eigentlich nicht die Mangelfreiheit dieser Vorstufe als solcher wichtig, sondern es **147**

---

[78] Schneider/v. Westphalen/*Schneider* S. 289.

kommt ihm alleine darauf an, dass bei vollständiger und genauer Umsetzung der in der Vorstufe enthaltenen Planungen und Angaben innerhalb der Realisierungsphase am Ende des Projekts das vom Auftraggeber gewünschte Endergebnis hergestellt ist. Für ihn ist entscheidend, dass die Umsetzung der in dem jeweiligen Dokument enthaltenen Planung möglich ist und nicht durch Mängel des Dokuments behindert oder unmöglich gemacht wird.[79] Ob dem so ist, kann der Auftraggeber in aller Regel erst nach der Realisierungsphase erkennen.

148 Der die Interessen des Auftraggebers vertretende Jurist wird daher darauf achten müssen, dass die vermeintlich auftraggeberfreundliche Qualifikation der Erstellung des Blueprints, Pflichtenhefts oder der Spezifikation als Werkvertrag, sich nicht im Nachhinein für den Auftraggeber ungünstig auswirkt, weil der Auftraggeber verpflichtet wird, ein Dokument abzunehmen, dessen Mangelfreiheit er eigentlich erst nach Umsetzung des Dokumenteninhalts in der Realisierungsphase des Projekts erkennen kann. Aus Sicht des Auftraggebers ist es daher vorteilhaft, wenn die vertraglichen Vereinbarungen die Erstellung des Blueprints, Pflichtenhefts oder der Spezifikation zwar als werkvertragliche Komponente kennzeichnen, auf eine separate und eigenständige Abnahme dieser Dokumente aber verzichtet wird.

149 Aus oben genannten Gründen ist in Projektverträgen mit Hinblick auf die genannten Dokumente (Blueprint, Pflichtenheft, Spezifikation etc.) häufig nicht von einer Abnahme, sondern lediglich von einer »Freigabe« die Rede. Die Voraussetzungen dieser Freigabe, das Freigabeverfahren und die mit der Freigabe verbundenen Konsequenzen sollten im Vertrag zwischen den Parteien einvernehmlich geregelt werden. Dies kann in dem Sinne geschehen, dass der Auftragnehmer ihm übergebene Dokumente auf eine Übereinstimmung mit den von ihm an das Projektergebnis gestellten Anforderungen prüft. Stellt er fest, dass die in den Dokumenten enthaltenen Darstellungen und Planungen den an das Projektergebnis gestellten Anforderungen entsprechen, gibt er die Dokumente frei und das Projekt kann von der Planungs- in die Realisierungsphase übergehen. Um Missverständnisse zwischen den Parteien zu vermeiden, erscheint es empfehlenswert, im Vertrag eindeutig klarzustellen, dass es sich bei der Freigabe nicht um eine Abnahme oder Teilabnahme der Dokumente handelt, sondern dass eine solche Abnahme allenfalls am Ende des Projekts nach Fertigstellung der Realisierung vorgenommen wird.

150 Lässt sich diese für den Auftraggeber günstige Regelung in den Vertragsverhandlungen nicht durchsetzen, erscheint es empfehlenswert, die Abnahme der Dokumente auf solche Mängel zu begrenzen, die im Rahmen einer Erläuterung für den Auftraggeber erkennbar waren.[80] In diesem Zusammenhang ist insbesondere darauf hinzuwirken, dass die Parteien eine Vereinbarung treffen, nach der die Verjährungsfrist für die Mängel des jeweiligen Dokuments erst zu laufen beginnt, wenn die Realisierungsphase abgeschlossen ist und sich damit erwiesen hat, ob die abzunehmenden Dokumente tatsächlich geeignet waren, bei einer vollständigen Umsetzung der in den Dokumenten enthaltenen Vorgaben, während der Realisierungsphase den Projekterfolg herbeizuführen.

M. Entgelte

151 Projektverträge regeln die Vergütung zumeist eingehend, wobei die nachfolgend erläuterten drei Preismodelle die gängigsten Verfahren für Vergütungsvereinbarungen bilden. Ein vollständiges Fehlen von Vergütungsregeln dürfte die absolute Ausnahme sein, sodass den Vorschriften der §§ 632 Abs. II und 612 II BGB, wonach bei Fehlen der Vereinbarung

---

79 Schneider/v. Westphalen/*Schneider* S. 289.
80 Schneider/v. Westphalen/*Schneider* S. 289.

über die Höhe der Vergütung die übliche Vergütung als vereinbart gilt, praktisch keine Bedeutung zukommt.

I. Preismodelle

Die verschiedenen Preismodelle spiegeln die Interessenlage der Vertragsparteien, insbesondere den Wunsch nach Minderung oder gar Ausschluss des Kalkulationsrisikos, wider. Es verwundert daher nicht, dass der eine Vertragspartner grundsätzlich das eine Preismodell favorisiert, während der andere lieber das andere Modell vereinbaren will. Ein möglicher Kompromiss kann dann eine Kombination von Elementen der beiden bevorzugten Preisermittlungsmethoden sein.

152

Die Qualifikation der vertraglichen Leistungen richtet sich nicht (allein) nach dem gewählten Vergütungsmodell. Diese früher teilweise vertretene Rechtsansicht wurde vom BGH verworfen,[81] sodass auch bei einer Vergütung nach Aufwand der Gegenstand der jeweiligen Leistung über deren Qualifikation als Werk- oder Dienstleistung (oder sonstige Leistung) entscheidet.

153

1. Fixed Fee

Bei der Vereinbarung eines Festpreises, der alle vom Auftragnehmer zu erbringenden Leistungen abgelten soll, ist offensichtlich, dass eine solche Fixed Fee dem Auftraggeber entgegenkommt. Häufig ist zu Beginn eines IT-Projektes der genaue Umfang der Leistungen noch unklar. In einem solchen Fall ist eine Pauschalpreisvereinbarung jedoch nicht nur für den Auftragnehmer mit gewissen Risiken verbunden. Auch das vom Auftraggeber mit einem solchen Vergütungsmodell verfolgte Ziel, eine Budgetsicherheit zu erhalten, kann u. U. nicht erreicht werden. Zwar gehen Irrtümer bei der Kalkulation des Preises grundsätzlich zulasten des Auftragnehmers und die Anpassung der Vergütung über § 313 BGB bildet die Ausnahme. Aufgrund der häufig während einer Projektdurchführung erfolgenden Leistungsänderungen hat die Rechtsprechung das Kalkulationsrisiko des Auftragnehmers jedoch abgemildert. So hat der Auftragnehmer nach der Rechtsprechung auch ohne vertragliche Vereinbarung das Recht, bei wesentlichen Änderungen der vereinbarten Leistungen um mehr als 20 % eine Anpassung der Vergütung zu verlangen.[82]

154

Anpassungen des Preises können auch im Rahmen sog. Change Requests erforderlich werden. Häufig werden im Laufe der Projektdurchführung nicht nur die vereinbarten Leistungen weiter konkretisiert, ohne den hierfür notwendigen Aufwand zu erhöhen, sondern die Vertragsparteien vereinbaren zusätzliche Leistungen insbesondere im Rahmen von Change Requests. (siehe zu Change Requests Rdn. 164 ff. u. Kap. 7 Rdn. 64 ff.). Die Vereinbarung über solche zusätzlichen Leistungen ist eine eigenständige vertragliche Vereinbarung und daher grundsätzlich nicht von der im Projektvertrag vereinbarten Vergütung umfasst, sondern gesondert zu vergüten. Sofern hier der Projektvertrag keine Vorschriften zur Berechnungsmethode und Vergütungsumfang enthält, kann die Problematik auftreten, dass die übliche Vergütung im Sinne der §§ 632 Abs. 2 bzw. 612 Abs. 2 BGB geschuldet ist. Bei Streitigkeiten hierüber wird letztendlich ein Sachverständiger den üblichen Vergütungssatz feststellen müssen. Um den damit verbundenen Unsicherheiten aus dem Weg zu gehen, empfiehlt es sich, nicht nur das Verfahren bei Change Requests möglichst ausführlich zu gestalten, sondern auch die Regelungen für die ggf. notwendig werdende Anpassung der Vergütung so weit wie möglich bereits im Projektvertrag zu regeln.

155

---

81 BGH CR 1993, 759.
82 M. w. N. Palandt/*Sprau* § 632 Rn. 7.

2. Time and Material

156 Das Gegenstück zur Vereinbarung eines Pauschalpreises stellt die Vergütung nach dem tatsächlich für die Projektdurchführung vom Auftragnehmer erbrachten Aufwand an Zeit und Material dar. Während der Auftragnehmer bei diesem Vergütungsmodell fast keinem Kalkulationsrisiko unterliegt, sind die mit einem solchen Modell für den Auftraggeber verbundenen Risiken für die Budgeteinhaltung der Hauptgrund dafür, dass der Auftraggeber dieses Preismodell durchweg ablehnen wird. Neben der Abwälzung des Kalkulationsrisikos bringt diese Methode für den Auftragnehmer auch den Vorteil, dass Change Requests oder Masseerhöhungen in keinem Fall zu seinen Lasten gehen.

157 Diese Methode ist wegen ihrer unterschiedlichen Berücksichtigung der Interessen der Vertragsparteien in der Praxis eher unüblich, wenn es um die Vergütung der gesamten Projektarbeit geht. Erbringt der Auftragnehmer jedoch Leistungen, auf deren Umfang der Auftraggeber aktiv Einfluss nehmen kann (Beratungstätigkeit, Schulungen), erscheint es denkbar, hinsichtlich solcher Einzelleistungen die Vergütung nach Aufwand zu wählen.

3. Kombinationsmodelle

158 Da die beiden zuvor dargestellten Preismodelle entweder den Auftraggeber oder den Auftragnehmer bevorteilen, sind in der Praxis häufig Kombinationen der beiden Modelle anzutreffen.

159 Aufgrund der Vielzahl von Leistungen innerhalb eines IT-Projektes wie werk- und dienstvertraglichen Leistungen werden häufig je nach Leistungsart Festpreise oder eine Aufwandsvergütung vereinbart. Neben dieser aus der unterschiedlichen rechtlichen Qualifikation der Leistungen herrührenden Kombination der Vergütungsmethoden sind jedoch auch Modelle mit einer Festpreisvereinbarung nicht selten, die einen Spielraum von zum Beispiel 10 % für Budgetüberschreitungen oder -unterschreitungen vorsehen. Für den Auftraggeber ist so der mögliche Umfang von Budgetüberschreitungen kalkulierbar. Der Auftragnehmer hat gleichzeitig einen gewissen Spielraum, den er beim Auftreten von Mehraufwänden ausschöpfen kann. Das Ausschöpfen des Spielraums sollte allerdings an die Erfüllung von Nachweispflichten bzgl. der tatsächlich angefallenen Aufwände geknüpft werden. Wird ein Spielraum für Budgetüberschreitungen vereinbart, besteht für den Auftraggeber die Gefahr, dass dieser vom Auftragnehmer auch regelmäßig in Anspruch genommen wird. Aus Sicht des Auftraggebers empfiehlt es sich daher, solche Regelungen dahin gehend zu modifizieren, dass er sich zwar an der Budgetüberschreitung beteiligt, die Beteiligungsquote aber mit Zunahme der Überschreitung immer geringer wird. Zusätzlich können Bonus-Malus-Regelungen für den Auftraggeber ein geeigneter Weg sein, kosteneffizientes Arbeiten durch den Auftragnehmer zu fördern. Zum Beispiel kann vereinbart werden, dass der Auftragnehmer bei Unterschreiten von Leistungsterminen als Bonus einen Zuschlag zum vereinbarten Festpreis erhält. Die Sanktionierung von verschuldeten Termin- und Fristüberschreitungen kann gleichzeitig über Vertragsstrafen geregelt werden. Solche Bonus-Malus-Regelungen lassen sich über die Einhaltung von Terminen und Fristen hinaus aber auch auf andere kostenrelevante Bereiche erweitern. So bedeutet das Abstellen von Mitarbeitern für die Projektdurchführung für den Auftraggeber eine finanzielle Belastung, da diese Mitarbeiter für den entsprechenden Zeitraum nicht für das Tagesgeschäft zur Verfügung stehen. Zwar ist die Mitwirkung des Auftraggebers für den Projekterfolg wichtig, mit einer an die Nutzung paralleler Ressourcen des Auftraggebers anknüpfenden Bonus-Malus-Regelung kann der Auftragnehmer jedoch dazu angehalten werden, möglichst wenig Rückgriff auf die Mitarbeiter des Auftraggebers zu nehmen.[83]

---

[83] *Müglich/Lapp* CR 2004, 801 (806).

II. Zahlungsbedingungen

Die Zahlungstermine werden zweckmäßigerweise in einem eigenständigen Zahlungsplan vereinbart. Um dem Auftraggeber eine Prüfung der geltend gemachten Vergütungsansprüche zu ermöglichen, sollten die Regelungen zu Zahlungsbedingungen entsprechende Anforderungen an prüffähige Rechnungen enthalten. Je nach gewähltem Vergütungsmodell sollte gefordert werden die einzelnen Leistungen und die auf sie entfallenden Kosten bzw. Aufwand anzugeben. Bei der Vergütung nach Aufwand kann die Zahlung zudem von der Vorlage von Leistungsnachweisen abhängig gemacht werden, die der Auftraggeber während der Projektdurchführung jeweils abgezeichnet hat. Mit einem solchen Verfahren ist jedoch ein oft nicht unerheblicher administrativer Aufwand verbunden, sodass der Auftraggeber bei seinem Wunsch, den Umfang der erbrachten Leistungen kontrollieren zu können, auch stets die damit verbundenen Aufwände berücksichtigen sollte. **160**

Aufgrund der Dauer von IT-Projekten und der Vorleistungen des Auftragnehmers ist die Vereinbarung von Abschlagszahlungen in der Praxis üblich. Möglich ist dabei die Vereinbarung von Zahlungen pro rata temporis oder die Verbindung der Zahlungen mit dem Erreichen bestimmter Ergebnisse. Die Zahlung der Vergütung anhand von festen Zahlungsterminen kann für den Auftraggeber jedoch zu unbefriedigenden Ergebnissen führen, wenn die Zahlungen erfolgen, ohne dass schon verwertbare Projektergebnisse vorliegen. Insoweit ist es aus Sicht des Auftraggebers empfehlenswert, die Zahlungen an die erfolgreiche Durchführung von Zwischenabnahmen oder das Erreichen konkret feststellbarer Projektfortschritte (z. B. Meilensteine) zu knüpfen. **161**

Neben diesen den Zeitpunkt von Zahlungen betreffenden Vereinbarungen sollten die Vertragsparteien auch die Erstattung von Nebenkosten klären. Hierbei kann es sich z. B. um Reisekosten, Spesen, aber auch Lizenzgebühren, die für den Einsatz von Drittprodukten entstehen, handeln. Denkbar ist, dass diese Kosten in der Pauschalvergütung bereits einkalkuliert und somit bei den entsprechenden Rechnungen auszuweisen sind. Gerade bei der Abrechnung nach Aufwand werden solche Nebenkosten jedoch in aller Regel gesondert zu vergüten sein. **162**

Da Unstimmigkeiten zwischen den Vertragsparteien über die richtige Ausstellung von Rechnungen, das Erreichen von festgelegten Projektfortschritten, den Umfang erbrachter Leistungen usw. häufig entstehen, sollten Regelungen zur Behandlung solcher Situationen gefunden werden. Gerade im Interesse des Auftraggebers, der den Projektabschluss zu einem bestimmten Termin ins Auge gefasst hat, sollte eine Gefährdung der Projektdurchführung infolge der Geltendmachung der Einrede aus § 320 BGB durch den Auftragnehmer bereits bei der Vertragsgestaltung entgegengewirkt werden. Hier bietet es sich an zu vereinbaren, dass Streitigkeiten über die Berechtigung der geforderten Vergütung nicht zur Leistungseinstellung durch den Auftragnehmer berechtigen; vielmehr die Zahlung der unbestrittenen Teilforderungen durch den Auftraggeber erfolgen soll und der Betrag des streitigen Teils der Forderungen bis zur endgültigen Klärung hinterlegt wird. Um den Auftragnehmer nicht über Gebühr mit der Durchsetzbarkeit seiner Forderungen zu belasten, kann unter Umständen eine Obergrenze der zurückgehaltenen Forderungen vereinbart werden, bei deren Überschreiten der Auftragnehmer zur Geltendmachung seiner Rechte aus § 320 BGB berechtigt ist. Dies widerspricht mitunter auch nicht den Interessen des Auftraggebers. Hält dieser nämlich einen erheblichen Teil der Zahlungsforderungen des Auftragnehmers für nicht berechtigt, so wird er regelmäßig kein Interesse an der weiteren Vertragsdurchführung haben und kann dann u. a. von seinem Kündigungsrecht Gebrauch machen. Teilweise kann über den Einbehalt von Zahlungen bei sehr umfangreichen Leistungsstörungen ohnehin nicht mehr genügend Druck aufgebaut werden, um dem Auftraggeber noch zur ordnungsgemäßen Leistungserbringung zu bewegen. **163**

N. Change Requests

164 Die Durchführung von IT-Projekten ist wegen ihres häufig einmaligen Charakters für die Vertragsparteien ein Lernprozess. Nicht alle für das vom Auftraggeber beabsichtigte Projektziel notwendigen Leistungen sind bereits bei Vertragsschluss absehbar. Daneben kann sich Änderungsbedarf während der Projektdurchführung ergeben, wenn technische Neu- oder Weiterentwicklungen das Erreichen der Projektziele verbessern oder sich bestimmte Verfahren und Techniken zwischenzeitlich als Branchenstandard durchgesetzt haben, sodass der Auftragnehmer eigentlich nicht umhin kann, diese dem Auftraggeber anzubieten. Änderungen und Ergänzungen des Leistungsumfangs während der Durchführung von IT-Projekten sind daher auch die Regel und bedürfen eines geeigneten Umsetzungsverfahrens, um das IT-Projekt nicht zu gefährden.

I. Change Request Verfahren

165 Der Normalfall bei Leistungsänderungen ist, dass der Auftraggeber mit einem entsprechenden Wunsch an den Auftragnehmer herantritt. Denkbar ist aber auch, dass der Auftragnehmer zur Erkenntnis gelangt, dass gegenüber den ursprünglich vereinbarten Funktionalitäten und Leistungen eine Änderung zweckmäßig, wenn nicht sogar infolge von Weiterentwicklungen notwendig ist. Bereits bei dieser grundsätzlichen Frage der einseitigen oder beidseitigen Ausgestaltung des Initiativrechts bieten sich den Parteien verschiedene Optionen. In der Praxis ist es jedoch häufig dem Auftraggeber vorbehalten, Leistungsänderungen zu initiieren.

166 Die Umsetzung solcher Änderungswünsche ist von der bloßen Konkretisierung der bereits vertraglich vereinbarten Leistungen zu unterscheiden. Change Requests bewirken eine Vertragsänderung und sind daher als eigenständige vertragliche Regelungen grundsätzlich nur einvernehmlich möglich. Der Auftragnehmer kann somit Änderungswünsche allein durch sein Veto verhindern, sodass dem Auftraggeber daran gelegen sein wird, im Projektvertrag einen Kontrahierungszwang zu vereinbaren. Ein solches Änderungsrecht ist jedoch für den Auftragnehmer oft nicht akzeptabel. Interessengerecht ist daher die Vereinbarung einer Prüfungspflicht des Auftragnehmers hinsichtlich der vom Auftraggeber geforderten Änderungen, ohne dass der Auftragnehmer jedoch zur Umsetzung der gewünschten Änderungen verpflichtet wäre. Die Prüfung sollte innerhalb eines vorgegebenen Zeitrahmens nach Erhalt des Änderungswunsches erfolgen. Sofern sich der Auftragnehmer dann nicht in der Lage sieht, ein Angebot für die Umsetzung der Änderung zu unterbreiten, ist es sinnvoll, ihn vertraglich zu verpflichten, die Ablehnung zu begründen. Um ein aus Sicht des Auftraggebers effektives Change Request Verfahren zu gewährleisten, sollte das Recht zur Ablehnung von Änderungswünschen zudem auf solche Fälle beschränkt werden, in denen die Umsetzung des Change Request für den Auftragnehmer wirtschaftlich und/oder technisch unzumutbar ist.

167 Da nach der Rechtsprechung die Ausführung von zusätzlichen Leistungen zwar grundsätzlich gesondert zu vergüten ist, der Auftragnehmer jedoch darlegungs- und beweispflichtig für das Vorliegen des Änderungsverlangens des Auftraggebers und die Tatsache ist, dass die Leistung nicht bereits vom ursprünglich vereinbarten Leistungsumfang umfasst war,[84] sollte das Verfahren entsprechende Dokumentationsschritte umfassen. Dies beginnt mit dem Erfordernis der Abgabe eines schriftlichen Angebots des Auftragnehmers bezüglich der Durchführung des Änderungswunsches. Sich aus der Umsetzung der Änderung ggf. ergebende Auswirkungen auf die Projektdurchführung sollten als Hinweis für den Auftrag-

---

[84] BGH NJW-RR 2002, 740 (741).

geber in dem Angebot erwähnt und dann auch in der Projektdokumentation, insbesondere dem Projektplan, eingearbeitet werden.

II. Auswirkungen von Change Requests

Als Änderung des vereinbarten Leistungsumfangs und -inhalts sind die zusätzlichen Leistungen grundsätzlich nicht von der ursprünglich vereinbarten Vergütung gedeckt, sondern gesondert zu entlohnen.[85] Insoweit ist zur Vermeidung von Streitigkeiten nicht nur die Vereinbarung der Leistungsänderung geboten, sondern auch die Frage der Vergütung der zusätzlichen Leistungen sollte im Rahmen der Abstimmung des Change Requests geklärt werden. Die Praxis zeigt, dass das Offenlassen der Vergütungsproblematik zu langwierigen und damit kostspieligen Streitigkeiten führen kann, wenn die Parteien sich nach Abschluss des Projektes über die Frage streiten, was der mangels vereinbarten Vergütung übliche Preis für die Leistungen ist. 168

Sofern die mittels eines Change Requests vereinbarte Leistung an die Stelle einer ursprünglich vereinbarten Leistung tritt, stellt sich für den Auftraggeber regelmäßig die Frage, ob hier eine vergütungspflichtige Zusatzleistung vorliegt oder nicht, die den durch den Wegfall der ursprünglichen Leistung ersparten Aufwendungen anzurechnen sind. Auch dies gilt es bei der Vereinbarung von Change Requests, am besten schon bei der vertraglichen Regelung des Change Request Verfahrens, zu klären. 169

Neben der Vergütung der zusätzlich zu erbringenden Leistungen stellt sich für den Auftragnehmer aber auch die Frage, inwiefern er für die Prüfung der Änderungswünsche des Auftraggebers eine Vergütung verlangen kann. Man wird davon ausgehen müssen, dass ein gewisser Änderungsbedarf typisch für IT-Projekte ist und daher deren Prüfung vom Auftragnehmer ohne zusätzliche Vergütung zu erfolgen hat. Bei einem für mehrere Monate veranschlagten Projekt dürfte bei einem Aufwand von zwei bis drei Manntagen die Grenze für die unentgeltliche Prüfung erreicht sein. Für den Auftragnehmer empfiehlt es sich, in den Regelungen zum Change Request die grundsätzliche Vergütungspflicht bei Überschreiten dieses Umfangs zu vereinbaren, wobei sich diese Grenze auf die Prüfung eines einzelnen Änderungswunsches und/oder den Prüfungsumfang während der gesamten Projektlaufzeit beziehen kann. 170

Da Leistungsänderungen zumeist nicht bloße Zusatzleistungen zu den übrigen im IT-Projekt zu erbringenden Leistungen sind, sondern mit diesen eng verknüpft sind, haben solche Änderungen natürlich auch Auswirkungen auf die Projektplanung und -steuerung. Der für die Projektorganisation regelmäßig verantwortliche Auftragnehmer ist daher gehalten, den Projektplan entsprechend fortzuschreiben. Eine entsprechende Verpflichtung sollte in den Projektvertrag aufgenommen werden. 171

O. Urheberrechtliche Aspekte/Gewerbliche Schutzrechte

Im Regelfall werden bei der Ausführung von IT-Projekten durch den Auftragnehmer Arbeitsergebnisse geschaffen, die dem Schutz durch gewerbliche Schutzrechte und insbesondere durch das Urheberrecht zugänglich sind. Den Hauptanwendungsfall bildet der Schutz von Computerprogrammen nach dem Urheberrecht. Ist nicht allein der Einsatz der Programme beim Auftraggeber geplant, sondern sollen auch Unternehmen aus dem Konzernverbund oder anderer Dritter die Software nutzen können, sind im Projektvertrag ent- 172

---

85 BGH NJW-RR 2002, 740 (741).

sprechende Regelungen zur Einräumung der notwendigen Nutzungsrechte notwendig.[86] Gleiches gilt, wenn eine Vermietung der Programme und/oder deren Bearbeitung durch den Auftraggeber beabsichtigt sind.

173 Eng verbunden mit der Frage nach dem Umfang der Nutzungsrechtseinräumung, die für die nach dem Projektzweck beabsichtigte Verwendung erforderlich sind, stellt sich für den Auftraggeber auch die Problematik, inwieweit er für die geplante Verwendung der Arbeitsergebnisse auch Zugriff auf den Quellcode der vom Auftragnehmer erstellten Software benötigt. Hier sollte zumindest über die Hinterlegung des Quellcodes für den Fall der Insolvenz des Auftragnehmers nachgedacht werden.

174 Sofern der Auftragnehmer nicht nur eigene Mitarbeiter mit der Erstellung der Leistungen beauftragt, sondern auch auf das Know-how Externer zugreift, sollte der Auftraggeber durch eine entsprechende vertragliche Regelung sicherstellen, dass der Auftragnehmer an diese Dritten eine angemessene Vergütung für die Einräumung von Nutzungsrechten im Sinn des UrhG zahlt. Insoweit bietet sich die Vereinbarung einer Freistellungspflicht an, die dem Auftraggeber das Recht gewährt, vom Auftragnehmer die Übernahme der Kosten zu verlangen, die durch die Forderung des Urhebers nach einer weiteren Vergütung entstehen.

175 Regelmäßig fordert der Auftragnehmer, dass er exklusive Nutzungsrechte an solchen Arbeitsergebnissen erhält, die vom Auftragnehmer im Rahmen der Projektdurchführung speziell für den Auftraggeber erstellt werden. Dies erscheint insofern nachvollziehbar, als es der Auftraggeber ist, der die Erstellung und Entwicklung dieser Ergebnisse vollständig vergütet. Es kann aber durchaus Fälle geben, in denen der Auftraggeber für die von ihm beabsichtige Nutzung der Projektergebnisse nicht zwingend auf die Einräumung exklusiver Rechte angewiesen ist. In diesen Fällen kann es für beide Parteien sinnvoll sein, dem Auftraggeber nur nicht exklusive Nutzungsrechte an den Projektergebnissen einzuräumen. Dem Auftragnehmer wird damit ermöglicht, die Projektergebnisse auch in anderen Projekten für Dritte zu verwerten. Der Auftraggeber profitiert davon, dass diese Drittverwertungsmöglichkeit selbstverständlich auch Einfluss auf die vom Auftraggeber zu zahlende Vergütung haben wird.

176 Stellt der Auftragnehmer dem Auftraggeber im Rahmen des Projekts und ggf. darüber hinaus auch Standardprodukte (z. B. Standardsoftware) zur Verfügung, die er nicht speziell für den Auftraggeber erstellt hat, werden selbstverständlich an diesen Produkten keine ausschließlichen, sondern nur einfache Nutzungsrechte eingeräumt. Andernfalls wäre dem Auftragnehmer die Vergabe von Nutzungsrechten an Dritte nicht mehr möglich.

177 Im Rahmen der Vertragsgestaltung sollte auch eine Regelung entworfen werden, die sich mit den Nutzungsrechten an sog. vorbestehenden Werken befasst. Unter diesen vorbestehenden Werken sind typischerweise durch Urheberrecht oder gewerbliche Schutzrechte geschützte Gegenstände zu verstehen, die bereits vor Beginn des Projekts existieren und die im Rahmen des Projekts zur Erreichung des Projektziels eingesetzt werden. In aller Regel wird in den Verträgen klargestellt, dass die Rechtsinhaberschaft hinsichtlich dieser vorbestehenden Werke durch den Projektvertrag und die Durchführung des Projekts nicht beeinflusst wird und die Rechte an den Werken bei derjenigen Partei verbleiben, die sie vor Beginn des Projekts inne hatte. Eine solche Regelung erscheint unkritisch, solange der Auftragnehmer ihm zustehende vorbestehende Werke lediglich im Rahmen der Projektarbeit nutzt, um unter deren Zuhilfenahme das Projektziel zu erreichen. Sobald der Auftraggeber aber zur Erreichung des Projektziels selbst darauf angewiesen ist, auf vorbestehende Werke des Auftragnehmers zuzugreifen oder diese nutzen zu können, sind entsprechende Nut-

---

86 Zum Schicksal der Konzernlizenz bei Wechsel der Konzernmutter OLG Düsseldorf CR 2006, 656.

zungsrechtseinräumungen in den Projektvertrag aufzunehmen. Dies gilt selbstverständlich insbesondere dann, wenn geplant ist, dass der Auftraggeber auch über das Projektende hinaus derartige vorbestehende Werke des Auftragnehmers nutzen wird.

P. Vorzeitige Projektbeendigung – Kündigungsmöglichkeiten

Obwohl es sich bei dem nicht auf die wiederholte bzw. andauernde Erbringung von Leistungen gerichteten Projektvertrag um eine, wenn auch länger dauernde, aber auf den Eintritt eines Projektziels gerichtete Vertragsbeziehung handelt, und damit eine Projektbeendigung mit dem Erreichen des Projektziels eintritt, sind Situationen denkbar, in denen sich eine der Parteien vor Abschluss des Projektes trennen und das Projekt vorzeitig beenden möchte. Als Möglichkeiten für eine einseitige Vertragsbeendigung kommen Rücktritt und Kündigung in Betracht. 178

Die Rechtsfolgen eines Rücktritts, die vollständige Rückabwicklung der erbrachten Leistungen, sind jedoch bei IT-Projekten insbesondere für den Auftragnehmer inakzeptabel. Ein Großteil der getätigten Aufwendungen betrifft Personalausgaben, für die der Auftraggeber dann Wertersatz nach § 346 Abs. 2 BGB leisten muss, sofern der Wertersatz nicht sogar nach § 346 Abs. 3 BGB ausgeschlossen ist. Gerade bei der typischen Konstellation einer Festpreisvereinbarung müsste der Auftragnehmer seine Kalkulation dann offenlegen, um seinen Anspruch auf Wertersatz zu begründen. Zudem sind bei der Ermittlung des Wertersatzes mangelhafte Leistungen den Ersatz mindernd zu berücksichtigen. Gleiches gilt bei der Feststellung des Werteersatzes bei Ausübung gesetzlicher Rücktrittsrechte, bei denen der auf Grundlage der vertraglich vereinbarten Vergütung ermittelte Wertersatz um den Gewinnanteil zu kürzen ist.[87] Neben den nur beschränkt erstattungsfähigen Aufwendungen für die geleistete Arbeit stellt sich für den Auftragnehmer im Fall des Rücktritts auch das Problem, dass die speziell für den Auftraggeber erstellten Arbeitsergebnisse oftmals nicht anderweitig verwertbar sind und ihm daher mit deren Rückgewähr nicht gedient ist. Umgekehrt kann es ab einem gewissen Stadium des Projektes für den Auftraggeber von Interesse sein, dass er im Fall einer vorzeitigen Projektbeendigung bereits geschaffene Leistungen des Auftragnehmers behalten kann. Die Vertragsbeendigung durch Rücktritt und die damit einhergehende Begründung eines Rückabwicklungsverhältnisses ist daher für beide Vertragsparteien nicht immer interessengerecht. In der Praxis vereinbaren die Parteien daher häufig Kündigungsrechte. 179

Eine solche Kündigungsmöglichkeit sieht das Gesetz in § 649 BGB für den Auftraggeber vor. Demgegenüber kann sich der Auftragnehmer nach § 643 BGB nur dann vom Vertrag lösen, wenn eine von ihm gesetzte angemessene Frist mit der Aufforderung an den Auftraggeber, seine Mitwirkung vorzunehmen, erfolglos verstrichen ist. 180

Für den Auftragnehmer ist das an keine Gründe gebundene Kündigungsrecht des Auftraggebers nach § 649 BGB unbefriedigend. Während der gesamten Projektdurchführung könnte sich der Auftraggeber vom Vertrag lösen, auch wenn die Projektdurchführung problemlos verläuft. Hinsichtlich seines Anspruchs auf die vereinbarte Vergütung muss sich der Auftragnehmer die infolge der Vertragsaufhebung ersparten Aufwendungen anspruchsmindernd anrechnen lassen. Hier gilt das zur Berechnung des Wertersatzes beim Rücktritt Gesagte entsprechend, wonach der Auftragnehmer zur Feststellung des Ersparten seine Kalkulation offen legen muss.[88] Das ist jedoch zumeist nicht in seinem Sinne. 181

---

87 Palandt/*Grüneberg* § 346 Rn. 10.
88 BGH NJW 1996, 1282.

182 Ebenso unbefriedigend stellt sich aus Auftragnehmersicht die Kündigungsmöglichkeit nach § 643 BGB bei unterbliebener Mitwirkung des Auftraggebers dar. Das Recht des Auftragnehmers, einen seiner geleisteten Arbeit entsprechenden Teil der Vergütung nebst getätigten Auslagen nach § 645 Abs. 1 BGB zu verlangen, deckt nur bedingt seine Interessen ab. Denn auch bei einer solchen Fallgestaltung sind andere Mittel denkbar, die für die Projektdurchführung notwendige Mitwirkung des Auftraggebers sicherzustellen und die Kündigung nur als ultima ratio einzusetzen. Dem Auftragnehmer wird immer mehr daran gelegen sein, ein Projekt durchzuführen, um das so gewonnene Know-how geschäftsfördernd verwerten zu können, als sich auf den Ersatz seiner Aufwendungen, deren Berechnung unter Umständen problematisch ist, zu beschränken.

183 Es empfiehlt sich daher, sowohl mögliche Kündigungsgründe als auch die Rechtsfolgen, insbesondere die Behandlung und Erstattung von Aufwendungen, vertraglich zu regeln. Unter Ausschluss des Kündigungsrechts des Auftraggebers nach § 649 BGB sollten konkrete Kündigungsgründe benannt werden, in denen eine Kündigung beiden Parteien interessengerecht erscheint.[89]

Q. Streitbeilegung

184 Mitunter stoßen die Bemühungen der Parteien, Probleme und Unstimmigkeiten bei der Projektdurchführung einvernehmlich und ohne Hinzuziehung von Externen beizulegen, auch bei einem noch so vorausschauend ausgestalteten Eskalationsprozedere an ihre Grenzen. Um den Stillstand des Projektes und letzlich dessen endgültiges Scheitern zu vermeiden bzw. um eine abschließende Klärung der Meinungsverschiedenheiten ohne Einschaltung der staatlichen Gerichte zu erreichen, stehen den Parteien verschiedene Wege unter Einbeziehung Dritter offen (siehe zur Schlichtung und Mediation auch Kap. 27 Rdn. 7 ff.). Die Einschaltung solcher Externen bietet dabei die Möglichkeit, sich zum einen deren Sachkunde zunutze zu machen und zum anderen die Situation von einer unbefangenen Person analysieren zu lassen. Zudem kann es für beide Vertragsparteien von Bedeutung sein, dass solche Streitbeilegungsmechanismen vertraulich sind und damit, im Gegensatz zu Prozessen, vor ordentlichen Gerichten die Öffentlichkeit, insbesondere Wettbewerber und Kunden, außen vor bleibt.

185 Die Parteien können die verschiedensten Streitbeilegungsmechanismen vereinbaren. Diese können von der Hinzuziehung eines Externen als bloßer Gedankenanstoß für die eigene Konfliktlösung durch die Vertragsparteien selbst bis hin zu einer verbindlichen, für beide Parteien bindenden Entscheidung durch ein Schiedsgericht reichen. Gegenüber der gerichtlichen Klärung eines Rechtsstreits vor einem ordentlichen Gericht haben alle diese Verfahren den Vorteil, dass sie, bei entsprechender verfahrenstechnischer Ausgestaltung, schneller zu einem Ergebnis führen können, als dies bei den oft sehr langwierigen Verfahren vor den ordentlichen Gerichten der Fall ist. Daneben haben es grundsätzlich die Vertragsparteien in der Hand, die zur Entscheidung berufenen Dritten zu bestimmen. Sie können daher Personen mit der notwendigen Sach- und Fachkompetenz mit der Konfliktlösung betrauen.

I. Mediation

186 Eine Form der Weiterführung des parteiinternen Eskalationsprozederes stellt die Mediation dar, bei der außergerichtlich mit Unterstützung eines Dritten eine einvernehmliche

---

[89] So ist z. B. aus Sicht beider Parteien häufig ein Kündigungsrecht sinnvoll, wenn Veränderungen in der Unternehmensstruktur der einen Partei das Festhalten am Vertrag für die andere Partei unzumutbar machen.

Konfliktregelung, die den Bedürfnissen und Interessen der Vertragsparteien entspricht, gesucht wird. Die Tatsache, dass es sich lediglich um eine Verlängerung des Eskalationsverfahrens über das Zweipersonenverhältnis hinaus durch Einschaltung des Mediators handelt, stellt aber auch zugleich den Nachteil dieses Streitbeilegungsverfahrens gegenüber der Schlichtung und vor allem dem Schiedsverfahren dar. Dem Mediator kommt nur eine vermittelnde Rolle zu, indem er die Konfliktparteien bei der Suche nach Lösungen für die Streitigkeiten unterstützt. Anders als der Schlichter macht der Mediator in aller Regel keinen eigenen Vorschlag zur Streitbeilegung, der dann von den Parteien angenommen oder abgelehnt werden könnte. Er beschränkt sich vielmehr darauf, die Parteien zu einer eigenen Streitbeilegungslösung zu führen. Hinter der Mediation steht der Gedanke, dass ein von den Parteien selbst und gemeinsam nur mit unterstützender Hilfe eines Dritten erarbeiteter Weg zur Konfliktlösung die größte Akzeptanz haben wird.

Wird ein Mediationsverfahren vertraglich vereinbart, sollte auch geregelt werden, welche Schritte eine Partei unternehmen muss, um das Verfahren gegebenenfalls als gescheitert erklären und zur nächsten Stufe der Streitbeilegung weitergehen zu können. Diese nächste Stufe kann dann entweder ein Schlichtungsverfahren oder gleich ein Schiedsverfahren oder ein Verfahren vor den ordentlichen Gerichten sein. **187**

II. Schlichtung

Im Gegensatz zur Mediation soll innerhalb eines Schlichtungsverfahrens ein von den Parteien benannter Schlichter auf Grundlage des Vorbringens der Vertragsparteien einen Vorschlag zur Beilegung des Streits unterbreiten. Vereinzelt trifft man auf Schlichtungsverfahren, die so ausgestaltet sind, dass der Vorschlag des Schlichters für die Parteien bindend ist. Bei einer solchen bindenden Wirkung handelt es sich richtigerweise aber bereits um eine Schiedsvereinbarung und keine reine Schlichtungsvereinbarung. **188**

Das Schlichtungsverfahren stellt einen Versuch dar, mit dem die Vertragsparteien unter Hinzuziehung eines Dritten eine einvernehmliche Konfliktlösung unternehmen.[90] Die Parteien können den Spruch des Schlichters akzeptieren oder diesen ablehnen oder bereits während des Schlichtungsverfahrens das Verfahren ohne jede Begründung abbrechen. Der erfolgreiche Abschluss eines Verfahrens setzt somit Konsensbereitschaft der Vertragsparteien voraus. Denkbar ist es aber, die Schlichtungsvereinbarung so zu gestalten, dass für den Fall der Ablehnung des Schlichtungsvorschlags, in einem nachfolgenden Verfahren vor einem staatlichen Gericht oder Schiedsgericht, das Gericht an die Feststellungen der Tatumstände und Tatfragen durch den Schlichter gebunden und somit die in das Schlichtungsverfahren investierte Zeit nicht vollkommen nutzlos verstrichen ist. In einem IT-Schlichtungsverfahren kommt eine derartige Lösung insbesondere dann in Betracht, wenn der ausgewählte Schlichter vertiefte IT-Expertise besitzt, z. B. ein Sachverständiger/Gutachter ist. **189**

III. Schiedsgerichtsklausel

Den Gegenstand einer Schiedsklausel beschreibt das Gesetz in § 1029 ZPO, wonach die Parteien vereinbaren, dass alle oder einzelne Streitigkeiten, die zwischen ihnen in Bezug auf ein bestimmtes Rechtsverhältnis vertraglicher oder nichtvertraglicher Art entstanden sind oder künftig entstehen, der Entscheidung durch ein Schiedsgericht zu unterwerfen. Das Verfahren ist insoweit dem vor den staatlichen Gerichten anwendbaren Verfahren nachgebildet. **190**

---

90 Siehe beispielhaft die Schlichtungsordnungen von DGRI e. V. und DIS e. V.

Kapitel 6 Q. Streitbeilegung

191 Hierbei handelt es sich, im Gegensatz zu den beiden zuvor erläuterten Verfahren, um eine Konfliktlösung, die nicht einvernehmlich zwischen den Vertragsparteien, sondern infolge der Entscheidungskompetenz eines Dritten, dem Schiedsrichter, herbeigeführt wird. Die bindende Wirkung des Schiedsspruchs nach § 1055 ZPO und die lediglich beschränkte gerichtliche Überprüfbarkeit der Entscheidung durch ein staatliches Gericht schaffen Rechtssicherheit und einen Abschluss in der juristischen Auseinandersetzung.

192 Für die Durchführung von Schlichtungs- und Schiedsverfahren mit Bezug zu IT-relevanten Fragen bietet die Deutsche Gesellschaft für Recht und Informatik e. V. (DGRI) entsprechende Verfahren an. Der Verein hat sich insbesondere zur Aufgabe gemacht, durch die Einbindung von IT-Fachleuten, die oftmals bestehenden Diskrepanzen zwischen juristischem und technischem Sachverstand abzubauen. Daneben sind beispielsweise auf nationaler Ebene die Deutsche Institution für Schiedsgerichtsbarkeit e. V. (DIS)[91] und auf internationaler Ebene das Schiedsgericht der International Chamber of Commerce (ICC International Court of Arbitration)[92] häufig empfohlene Adressen für derartige Verfahren.

---

91 Die Schiedsgerichtsordnung der DIS kann unter http://www.dis-arb.de angesehen und heruntergeladen werden.
92 Zu näheren Informationen über den ICC International Court of Arbitration siehe http://www.iccwbo.org/court/.

Kapitel 7
IT-Outsourcing und Cloud Computing

Schrifttum

Becker/Nolte, IT-Compliance, BB Special 5 (zu BB 2008, Heft 25), 23; *Blöse/Pechardscheck*, Die rechtliche Absicherung von IT-Outsourcing-Projekten, CR 2002, 785; *Bräutigam*, IT-Outsourcing, Eine Darstellung aus rechtlicher, technischer, wirtschaftlicher und vertraglicher Sicht, 2004; *ders.*, SLA: In der Praxis alles klar?, CR 2004, 248; *Crisolli*, IT-Outsourcing und Betriebsübergang, CR 2002, 386; *Deister*, Der gute Fehler – Positive Auswirkungen der Fehlerbehandlung bei IT-Langzeitverträgen, ITRB 2009, 255; *Fritzemeyer/Schoch*, Übernahme von Softwareüberlassungsverträgen beim IT-Outsourcing, CR 2003, 793; *Gennen*, Outsourcing und § 613a BGB, ITRB 2002, 291; *Grützmacher*, Vertragliche Ansprüche auf Herausgabe von Daten gegenüber dem Outsourcing-Anbieter, ITRB 2004, 260; *ders.*, Außervertragliche Ansprüche auf Herausgabe von Daten gegenüber dem Outsourcing-Anbieter, ITRB 2004, 282; *ders.*, Gebrauchtsoftwarehandel mit erzwungener Zustimmung – eine gangbare Alternative?, CR 2010, 141; *Hamacher/Grund*, Outsourcing von Rechenzentren aus umsatzsteuerlicher Sicht, DStR 2005, 1589; *Heymann*, Outsourcing in Deutschland – eine Bestandsaufnahme zur Vertragsgestaltung, CR 2005, 707; *Hilber*, Die Übertragbarkeit von Softwarerechten bei Outsourcingtransaktionen, CR 2009, 749; *Hilber/Litzka*, Wer ist urheberrechtlicher Nutzer von Software bei Outsourcing-Vorhaben, ZUM 2009, 730; *Hörl/Häuser*, Service Level Agreements in IT-Outsourcingverträgen, CR 2002, 713; *Karger*, Desorganisierte Leisungsänderungen in IT-Verträgen, ITRB 2009, 18; *Koch*, IT-Change Management nach ITIL und ISO/IEC 20000, ITRB 2008, 61; *Lehmann*, Vermieten und Verleihen von Computerprogrammen, CR 1994, 271; *Lensdorf*, IT-Compliance – Maßnahmen zur Reduzierung von Haftungsrisikien von IT-Verantwortlichen, CR 2007, 413; *Lohse*, Versagung der Steuerbefreiung für im Wege des Outsourcings ausgelagerte Leistungselemente steuerbefreiter Umsätze, BB 2002, 559; *Moos*, Die EU-Standardvertragsklauseln für Auftragsverarbeiter 2010, CR 2010, 281; *Nolte*, Benchmarking in IT-Outsourcing-Verträgen, CR 2004, 81; *Räther*, Datenschutz und Outsourcing, DuD 2005, 461; *Roth/Dorschel*, Das Pflichtenheft in der IT-Vertragsgestaltung, ITRB 2009, 189; *Royla/Gramer*, Urheberrecht und Unternehmenskauf, Reichweite von Zustimmungserfordernis und Rückrufsrecht des Urhebers von Computerprogrammen, CR 2005, 154; *Salaman/Hoppe*, Zur Maßgabe von Wechselbeziehungen und Einsatzbereitschaft der Betriebsmittel beim Betriebsübergang nach »Klarenberg«, ArbRAktuell 2010, 338; *Scheja/Schmitt*, Vorvertragliche Pflichten bei der privaten Ausschreibung von Outsourcing-Vorhaben, CR 2005, 321; *Schneider, J.*, Outsourcing von Buchführungsleistungen in das EU-Ausland, CR 2005, 309; *Schuster*, Rechtsnatur der Service Level bei IT-Verträgen, CR 2009, 205; *Söbbing*, Das IT-Outsourcing- und Business Process Outsourcing-Vertragswerk, ITRB 2004, 44; *ders.*, Claim Management, ITRB 2009, 15; *ders.*, Auswirkungen der BDSG-Novelle II auf Outsourcing-Projekte, ITRB 2009, 15; *Ulmer, C. D.*, IT-Outsourcing und Datenschutz bei der Erfüllung öffentlicher Aufgaben, CR 2003, 701.

Übersicht

		Rdn.
A.	**Begriffsbestimmung**	1
B.	**Arten von IT-Outsourcing-Verträgen**	2
I.	Unterscheidung nach dem Umfang	3
II.	Unterscheidung nach der Zielsetzung	6
III.	Abgrenzung Application Service Providing und Cloud Computing	8
C.	**Gründe für und wider IT-Outsourcing**	9
I.	Reduzierung der IT-Kosten	10
II.	Erhöhung der Flexibilität	11
III.	Verbesserung der Qualität	13
IV.	Konzentration auf Kernkompetenzen	15
V.	IT-Compliance	16
VI.	Gründe gegen IT-Outsourcing	17
D.	**Vorbereitung von IT-Outsourcing-Verträgen**	21
I.	Bedarfsanalyse	23
II.	Request for Information	26
III.	Request for Proposal	28
	1. Beschreibung der auszulagernden Prozesse	30
	2. Planung der zu übernehmenden Assets	32
	3. Frist und Ansprechpartner	34
IV.	Auswertung der Angebote	36
V.	Vertragsverhandlungen	39

Kapitel 7 IT-Outsourcing und Cloud Computing

E.	**Struktur und Rechtsnatur von IT-Outsourcing-Verträgen**	45
I.	Überblick	46
	1. Rechtsnatur	46
	2. Struktur	47
	3. Rangfolge der Vertragsbestandteile	52
II.	Rahmenvertrag	54
	1. Verhältnis zu IT-Projekten	54
	2. Vertragsgegenstand und Abgrenzung	56
	3. Gegenleistung	58
	4. Kooperation	61
	5. Change Request Verfahren	64
	6. Gewährleistung	67
	a) Allgemeines	67
	b) Gesetzliche Gewährleistung	70
	aa) Kaufvertragliche Elemente	70
	bb) Werkvertragliche Elemente	71
	cc) Dienstvertragliche Elemente	73
	dd) Mietvertragliche Elemente	75
	c) Einheitliches Gewährleistungsregime	76
	aa) Problematik der gesetzlichen Gewährleistung	76
	bb) Bonus-/Malus-System	78
	7. Haftung	84
	a) Bedeutung und Interessen der Parteien	84
	b) Denkbare Haftungsbeschränkungen	85
	c) Zulässigkeit von Haftungsbeschränkungen	88
	8. Remigration	94
	a) Beendigungsunterstützung	95
	b) Rückführung der Assets	96
	c) Rückführung und Vernichtung von Daten und vertraulichen Informationen	98
	d) Ausreichende Übergangsfristen	99
	9. Benchmarking	100
	a) Festlegung des Leistungspakets	101
	b) Methode zur Feststellung des Marktpreises	102
	c) Verbindlichkeit	104
	10. Eskalation/Mediation/Schiedsverfahren	106
III.	Einzelverträge	110
	1. Asset-/Vertragsübernahme	114
	a) Asset Deal/Share Deal	114
	aa) Share Deal	115
	bb) Asset Deal	117
	b) Übernahmescheine	119
	aa) Übernahmeschein Hardware	120
	bb) Übernahmeschein Software	124
	cc) Übernahmeschein Verträge	128
	dd) Übernahmeschein Mitarbeiter	131
	2. Betriebsübernahme/Transition	133
	a) Build Phase	134
	b) Transformation	137
	3. Leistungsverträge mit Leistungsbeschreibungen	139
	a) Inhalt und Struktur	139
	b) Leistungsbeschreibungen	145
IV.	Service Level Agreement	148
	1. Verfügbarkeit	150
	2. Kennzahlen	155
	3. Antwortzeiten/Abgrenzung Nichterfüllung	158
	4. Messpunkte	165
	5. Monitoring/Tracking	168
	6. Reporting/Auditing	170
	7. Service Credits	173
	8. Service Level Management	176
F.	**Datenschutz und Datensicherheit**	177
I.	Allgemeines	177
II.	Auftragsdatenverarbeitung	181

III.	Funktionsübertragung	185
IV.	Übermittlung ins Ausland	189
V.	Datensicherheit	195
G.	**Urheberrechtliche Aspekte**	**197**
I.	Übertragung von Software	199
	1. Eigene Software des Auftraggebers	200
	2. Fremdsoftware	203
	a) Nutzung durch den Outsourcing-Anbieter	203
	b) Nutzung durch den Auftraggeber	205
	c) Beistellung von Software	208
II.	Softwareerstellung im Rahmen der Leistungserbringung	210
	1. Erstellung von Software durch eigene Arbeitnehmer	211
	2. Übertragung erworbener Rechte auf den Auftraggeber	213
H.	**Arbeitsrechtliche Aspekte**	**218**
I.	613a BGB	219
	1. Betrieb/Betriebsteil	220
	2. Betriebsübergang	222
	3. Unterrichtungspflichten und Widerspruchsrecht	225
	4. Folgen	228
II.	Kündigung infolge von IT-Outsourcing	233
	1. Kündigung vor Betriebsübergang	234
	2. Kündigung nach Betriebsübergang	236
	3. Aufhebungsverträge/Eigenkündigung	237
III.	Arbeitnehmerüberlassung im Rahmen von IT-Outsourcing	240
I.	**Cloud Computing**	**244**
I.	Einführung	244
II.	Technische Hintergründe von Cloud Computing	246
	1. Arten von Clouds	248
	2. Dienstleistungen im Rahmen von Cloud Computing	251
	a) Infrastructure as a Service (IaaS)	252
	b) Software as a Service (SaaS)	253
	c) Platform as a Service (PaaS)	254
III.	Abgrenzung von Cloud Computing zu Application Service Providing (ASP) und herkömmlichem (IT-) Outsourcing	255
IV.	Rechtliche Besonderheiten des Cloud Computing	261
	1. Anwendbares Recht/Rechtswahl	262
	2. Vertragstypologie	265
	3. Service Level/Change Requests	266
	4. Subunternehmerregelung	268
	5. Urheberrechtliche Aspekte	271
	6. Datenschutzrechtliche Aspekte	275
	7. IT-sicherheitsrechtliche Aspekte	279
	8. Sektorspezifische Aspekte	280
V.	Kommerzielle Besonderheiten des Cloud Computing	281
	1. Anbieterauswahl	281
	2. Vergütungsmodelle	284
	3. Wartungs- und Pflegeleistungen	286

A. Begriffsbestimmung

IT-Outsourcing beschreibt die Auslagerung von Funktionen der unternehmenseigenen Informationstechnologie auf einen externen IT-Anbieter. Der Begriff »Outsourcing« stellt dabei ein Kunstwort dar, das sich aus den englischen Begriffen **Out**side, Res**our**ce und U**sing** zusammensetzt.[1] Der Begriff zählte im Jahr 1996 zu den als »Unwort des Jahres« gerügten Wörtern, da er ein »Imponierwort« sei, das der »Auslagerung/Vernichtung von Ar-

---

[1] Zahlreiche Begriffe im Umfeld des Outsourcing sind englisch geprägt, nicht zuletzt, da die theoretischen Wurzeln des Outsourcing im angloamerikanischen Umfeld liegen. Zwar ließen sich (vergleichbar den Begriffen im Bereich des Internet) alle Begriffe auch verlustfrei auf deutsch übersetzen und diese wären dann

beitsplätzen einen seriösen Anstrich zu geben« versuche.[2] Diese Einschätzung liegt nun 15 Jahre zurück, und die Tatsache, dass die Auslagerung von unternehmensinternen Ressourcen heutzutage kaum noch für Aufregung sorgt, lässt erkennen, dass Outsourcing sich von seinem schlechten Ruf befreien konnte und sich als anerkanntes Mittel unternehmerischer Steuerung durchgesetzt hat.

B. Arten von IT-Outsourcing-Verträgen

2 Je nach Art und Umfang der ausgelagerten IT-Leistungen können folgende Arten von IT-Outsourcing-Verträgen unterschieden werden:[3]

I. Unterscheidung nach dem Umfang

3 **Full Outsourcing** (auch **Complete Outsourcing** oder **Comprehensive Outsourcing**) beschreibt die Auslagerung sämtlicher IT-Funktionen eines Unternehmens an einen Outsourcing-Anbieter. Soweit die Auslagerung an mehrere Outsourcing-Anbieter erfolgt, spricht man vom Multi Vendor Outsourcing.

4 Im Gegensatz zum Full Outsourcing steht das **Partial Outsourcing** (auch **Outtasking**): Hierbei werden nur einzelne IT-Funktionen ausgelagert. Der Begriff klingt bedeutender als er in der Sache ist; hierbei geht es schlicht um die Erbringung einzelner IT-Leistungen durch Dritte, z. B. der Erstellung einer Software, d. h. also um IT-Leistungen, die auch zu Zeiten, in denen IT-Outsourcing als Begriff noch nicht bekannt war, Gegenstand von IT-Verträgen waren. Gegenstand von Outtasking-Verträgen kann z. B. die Betreuung von Software-Applikationen (Application Management), die Desktop-Betreuung oder die Erbringung von User Help Desk (UHD) Leistungen sein. Anders als beim Business Process Outsourcing (vgl. Rdn. 5 ff.) verbleibt beim Partial Outsourcing die Prozesskontrolle beim Auftraggeber.

5 Lagert ein Unternehmen Geschäftsprozesse aus wie z. B. HR-Management, Lohn- und Gehaltsbuchhaltung, Einkauf oder Logistik, wird üblicherweise von **Business Process Outsourcing** (BPO) gesprochen.[4] Ein BPO-Projekt involviert nicht zwangsläufig IT-Funktionen, allerdings ist die Unternehmens-IT fast immer mit betroffen, da zahlreiche Unternehmensprozesse nur deshalb im Rahmen eines BPO ausgelagert werden können, weil sie IT-gestützt abgewickelt werden. Die Gestaltung eines Business-Process-Outsourcing-Vertrags unterscheidet sich in der Struktur nicht grundlegend von der nachfolgend aufgezeigten Struktur von IT-Outsourcing-Verträgen.

II. Unterscheidung nach der Zielsetzung

6 Werden Assets (z. B. Hardware und Software), die zur Erbringung von IT-Leistungen erforderlich sind, zum Betrieb an einen Outsourcing-Anbieter übertragen, damit dieser mithilfe der Assets die bisher intern bezogenen Leistungen nun extern erbringt, handelt es sich um ein »klassisches« IT-Outsourcing.

---

u. U. sogar klarer und eindeutiger, allerdings ist zu befürchten, dass dadurch zumindest Verwirrung gestiftet und Irrtümer hervorgerufen werden würden, die vermieden werden können.
2 S. http://www.unwortdesjahres.org.
3 Die nachfolgende Unterscheidung erhebt weder den Anspruch auf Vollständigkeit noch ist sie – mangels entsprechender Standards – zwingend. Sie stellt vielmehr einen Versuch dar, die vorherrschende Vielfalt von Begriffen sachlich zu ordnen.
4 Vgl. zur Definition auch *Heymann* CR 2005, 707.

In der Regel verbindet das auslagernde Unternehmen die Auslagerung der unternehmensinternen IT jedoch auch mit einer nachgelagerten Technologieumstellung, etwa einem zukünftigen Upgrade des eingesetzten Enterprise Resource Planning (ERP) System. In diesem Fall wird von **Transformational Outsourcing** (auch **Business Transformation Outsourcing**) gesprochen. Denkbar ist auch, die Auslagerung zeitgleich mit einem Technologiewechsel zu vollziehen. In diesem Fall wird häufig von **Migrational Outsourcing** gesprochen. Das auslagernde Unternehmen möchte in diesen Fällen mit dem Outsourcing nicht nur die eigene Fertigungstiefe verringern und sich auf die eigenen Kernkompetenzen beschränken, sondern erwartet von dem Outsourcing-Projekt gleichzeitig eine Qualitätsverbesserung der ausgelagerten IT-Leistungen.

III. Abgrenzung Application Service Providing und Cloud Computing

Vom IT-Outsourcing zu unterscheiden sind einerseits das sog. **Application Service Providing** (ASP) sowie andererseits das Cloud Computing. Im Unterschied zum IT-Outsourcing werden beim Application Service Providing keine internen IT-Funktionen an Dritte vergeben. Ein ASP-Anbieter stellt seinen Kunden i. d. R. vielmehr bestimmte Softwarefunktionalitäten zur Nutzung über das Internet zur Verfügung. Ein typisches Beispiel für ASP-Leistungen sind webbasierte E-Mail-Dienste, bei denen der ASP-Anbieter seinen Kunden Zugriff auf die von ihm betriebenen Server bietet und dort Speicherplatz für E-Mails bereithält. Ein ASP-Angebot ist inhaltlich typischerweise auf ein schmales Leistungsportfolio begrenzt, das standardisiert einer Vielzahl von Kunden in gleicher Weise angeboten wird. Auch wenn die charakteristische Leistung von ASP- und Outsourcing-Anbietern (Erbringung von IT-Leistungen durch einen Dritten) auf den ersten Blick ähnlich erscheinen mag, unterscheiden sich die Leistungen im Detail doch erheblich. Rechtlich mögen sich teilweise (z. B. im Bereich der Qualitätsvereinbarungen über Service Level Agreements) ähnliche Fragen stellen. Auch Outsourcing und Cloud Computing sollten nicht verwechselt werden. Beim Cloud Computing handelt es sich – anders als beim IT-Outsourcing – um die technische Umsetzung von IT-Prozessen auf gemeinsam genutzter Infrastruktur. Zwar findet Cloud Computing bei modernen Outsourcing-Projekten verstärkt Anwendung, in der Sache ist es jedoch vom Outsourcing als solchem zu unterscheiden. Einzelheiten zum Cloud Computing finden sich unter Rdn. 244 ff.

C. Gründe für und wider IT-Outsourcing

Die Gründe für und wider die Durchführung eines IT-Outsourcing-Projekts können vielfältig sein.[5] In der Praxis[6] geht es Unternehmen, die ihre IT auslagern wollen, häufig um folgende Aspekte:

I. Reduzierung der IT-Kosten

Aufgrund der vom Outsourcing-Anbieter erzielten Skaleneffekte (Verteilung der zur Erbringung der IT-Leistungen auf einen breiteren Nutzerstamm) können die Leistungen im Ergebnis häufig günstiger angeboten werden. Ein Outsourcing-Anbieter kann die eigenen Mitarbeiter effektiver – weil zielgerichteter – auslasten und die Infrastruktur aufgrund seiner Spezialisierung kostengünstiger betreiben. Letztlich erreicht der Outsourcing-Anbieter

---
[5] Vgl. auch die Übersicht bei *Heymann* CR 2005, 706 (708) sowie bei *Blöse/Pechardscheck* CR 2002, 785 (785).
[6] Vgl. zu wirtschaftlichen Rahmendaten *Räther* DuD 2005, 461.

bereits die vom auslagernden Unternehmen angestrebte Reduktion der Fertigungstiefe und kann daher rationeller arbeiten. Das auslagernde Unternehmen hofft, an dieser Kostenreduktion partizipieren zu können und langfristig (nach ersten Anschubkosten) die eigenen IT-Kosten senken zu können. Die Make or Buy Entscheidung ist mit Bedacht zu treffen; im Vorfeld sind sämtliche mit dem Betrieb der IT verbundene Kosten (Total Cost of Ownership – TCO) zu ermitteln. IT-Outsourcing-Projekte, die allein dadurch motiviert sind, die IT-Kosten zu senken, scheitern nicht selten daran, dass das auslagernde Unternehmen zu hohe Einsparungen erwartet.[7]

II. Erhöhung der Flexibilität

11 Neben der Senkung der IT-Kosten kann auch deren Flexibilisierung ein Grund für die Durchführung eines IT-Outsourcing-Projekts sein. Sofern die Abrechnung der externen Erbringung von IT-Leistungen vorwiegend transaktionsbasiert erfolgt, hat dieser Ansatz eine gewisse Berechtigung. In der Praxis wird ein Outsourcing-Anbieter jedoch häufig versuchen, eine möglichst hohe Grundvergütung durchzusetzen, die ihm einen konstanten, von der tatsächlichen Inanspruchnahme der IT-Leistungen unabhängigen laufenden Umsatz sichert. In diese Grundvergütung werden Gemeinkosten der Leistungserbringung hineingerechnet, die letztlich einer Flexibilisierung der Kostenstruktur entgegenstehen.

12 Abgesehen von der Flexibilisierung der IT-Kosten kann auch die Erhöhung der strategischen Flexibilität die Triebfeder für ein IT-Outsourcing-Projekt sein. Das auslagernde Unternehmen spart Inizialinvestitionen (insbesondere beim Transitional Outsourcing) und reduziert dadurch seine Kapitalbindung. Das Unternehmen kann dadurch leichter verschlankt werden.

III. Verbesserung der Qualität

13 Nicht selten erhoffen sich Unternehmen mit dem IT-Outsourcing auch eine Qualitätsverbesserung der bezogenen IT-Leistungen. Während mangelhafte IT-Leistungen im eigenen Unternehmen kaum sanktionierbar sind, lassen sich diese nach einem Outsourcing anhand von Service Levels messen und bewerten. Bei Nichteinhaltung der geschuldeten Qualität kann der Auftraggeber Pönalen (Service Credits) geltend machen, die ihn für die Nichteinhaltung der vereinbarten Leistungsqualität entschädigen.

14 Diese Motivation ist in der Praxis nicht selten mit der Erwartung verbunden, durch ein IT-Outsourcing-Projekt gleichzeitig IT-Kosten senken zu können (vgl. Kap. 6 Rdn. 10). Allerdings stehen diese Ziele häufig im Widerspruch: Die erhoffte – und vertraglich durch Service Levels abgesicherte – höhere Leistungsqualität zwingt den Outsourcing-Anbieter zur Bildung von Rückstellungen für Service Credits. Diese wirken sich preiserhöhend aus und unterlaufen das Ziel, mit dem IT-Outsourcing gleichzeitig Kosten zu senken. Berücksichtigt der Outsourcing-Anbieter mögliche Service Credits bei der Kalkulation der Preise nicht, schmälert dies im Ernstfall seinen Gewinn. Wenn der Outsourcing-Anbieter dann eine Anpassung der Preise oder Leistungen fordert und der Auftraggeber auf dem Vertrag beharrt, führt dieser in der Angebotsphase des Vertrags unterlaufene Fehler (und vom Auftraggeber als Verhandlungserfolg verbuchte Umstand) nicht selten zur Schieflage des Projekts.

---

[7] Vgl. z. B. auch zum Problem der Auslagerung steuerfreier Umsätze EuGH IStR 2002, 55 und Anmerkung *Lohse* BB 2002, 559 sowie speziell bei der Auslagerung von Rechenzentren *Hamacher/Grundt* DStR 2005, 1589.

IV. Konzentration auf Kernkompetenzen

Mit der Auslagerung der IT kann sich der Auftraggeber auf seine Kernkompetenzen konzentrieren. Er verringert seine Fertigungstiefe; fachfremdes Know-how wird überflüssig. Diejenigen Mitarbeiter, die in die Erbringung von IT-Leistungen involviert waren, können sich nunmehr wieder auf ihre Stärken konzentrieren und dadurch bessere Leistung in ihren eigentlichen Aufgabengebieten erbringen. Gleichzeitig wird der Aufwand der IT-Verwaltung reduziert. So kann mit einem IT-Outsourcing-Projekt ein Wettbewerbsvorsprung durch höhere Spezialisierung erreicht werden.[8]

15

V. IT-Compliance

Zum Teil dient die Auslagerung der IT dem Aufbau eines den gesetzlichen Anforderungen genügenden IT-Compliance-Systems. Hier kommen die oben beschriebenen Skaleneffekte zum Tragen: Ein spezialisierter Outsourcing-Anbieter hat angesichts der Vielzahl seiner Kunden festgelegte Prozesse etabliert, von denen ein in diesen Bereichen unerfahrener Auftraggeber profitieren kann.[9]

16

VI. Gründe gegen IT-Outsourcing

IT-Outsourcing-Projekte haben für das auslagernde Unternehmen nicht nur Vorteile, sondern führen in einigen Unternehmensbereichen zu erheblichen strukturellen Änderungen, die als Nachteil empfunden werden können.

17

Ein Unternehmen, das ein IT-Outsourcing-Projekt erwägt, muss sich darüber im Klaren sein, dass mit der Auslagerung der IT ein erheblicher Verlust von Entscheidungsspielräumen einhergeht.[10] Jede zuvor eigenständig getroffene Entscheidung über Veränderungen an der IT erfordert im Rahmen von IT-Outsourcing-Verträgen die Durchführung eines sog. Change Request Verfahrens (vgl. Rdn. 64 ff.), das durchlaufen werden muss und in der Regel die Zustimmung des Outsourcing-Anbieters erfordert.

18

Auch die Entscheidung über das »Wie« der Leistungserbringung ist dem Auftraggeber mit der Auslagerung der IT an einen Outsourcing-Anbieter entzogen. Im Ergebnis zählt für die vertragliche Erfüllung nur das Ergebnis, d. h. die Einhaltung von vereinbarten Service Levels. Auf welche Weise die Leistung vertragsgemäß erbracht wurde, kann der Auftraggeber häufig nicht kontrollieren bzw. beeinflussen. Zwar finden sich in zahlreichen IT-Outsourcing-Verträgen Hinweise darauf, dass der Outsourcing-Anbieter seine Leistungen nach den Grundsätzen der IT Infrastructure Library (ITIL) zu erbringen hat bzw. als ISO-zertifiziertes Unternehmen bestimmte Standards und Prozesse einzuhalten hat. Dies alles gibt dem Auftraggeber jedoch nicht die Entscheidungshoheit zurück, die er vor der Auslagerung der IT noch hatte.

19

Diese Aspekte sollten bei einer Entscheidung über die Durchführung eines IT-Outsourcing-Projekts neben den beschriebenen Vorteilen berücksichtigt werden. Ein IT-Outsourcing-Projekt bedingt eine nicht zu unterschätzende Abhängigkeit vom Outsourcing-Anbieter in technischer und organisatorischer Hinsicht. Jedes Re-Insourcing ist für den Auftraggeber mit erheblichen Kosten verbunden. Die Neubeschaffung der zuvor ausgelagerten Assets ist dabei häufig noch das geringste Problem. Ein Neuaufbau von Know-how

20

---

8 Vgl. auch *Blöse/Pechardscheck* CR 2002, 785 (786).
9 Vgl. *Nolte/Becker* BB Special 5 (zu BB 2008 Heft 25) S. 23; vgl. auch *Lensdorf* CR 2007, 413.
10 Vgl. zu den Risiken auch *Räther* DuD 2005, 461 (462).

ist i. d. R. nur mit unverhältnismäßig großem Aufwand möglich, wenn er denn überhaupt gelingt.

D. Vorbereitung von IT-Outsourcing-Verträgen

21 Ein Outsourcing-Vorhaben lässt sich grundsätzlich in folgende Abschnitte einteilen:[11]

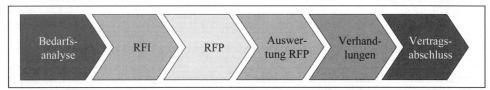

22 Mangelhafte Planung und schlechte Organisation führen regelmäßig zu der diffusen oder übertriebenen Annahme, mit dem Outsourcing-Anbieter werde sich die bislang als mangelhaft empfundene Situation endlich bessern. Diese Hoffnung verbunden mit unangemessen – weil unrealistisch – hohen Erwartungen an die mit dem Outsourcing-Projekt zu erzielenden Kosteneinsparungen ist ein typischer Grund für eine spätere Unzufriedenheit mit der Outsourcing-Beziehung. Vor diesem Hintergrund empfiehlt sich die Einhaltung des oben beschriebenen Ablaufs.

I. Bedarfsanalyse

23 Der Ausgangspunkt für jedes Outsourcing-/Outtasking-Vorhaben ist zwingend eine Bestandsaufnahme im eigenen Unternehmen.[12] Folgende Fragen sollten im Vorfeld beantwortet werden:
- Welche Ziele werden mit dem Outsourcing-Vorhaben verfolgt?
- Wie hoch sind die derzeitigen IT-Kosten? Welche Kosteneinsparung soll erzielt werden?
- Mit welcher Qualität werden die auslagernden Leistungen derzeit erbracht? Welche Servicequalität ist zukünftig tatsächlich erforderlich?
- Welche Unternehmensprozesse sind als geschäftskritisch anzusehen?
- Welche Kommunikationswege sind zwingend geboten und wie können diese nach einem Outsourcing weiter aufrechterhalten werden?

24 Das Ergebnis dieser Bestandsaufnahme ist die zwingende Voraussetzung dafür, dass ein Unternehmen überhaupt eine solide Entscheidung über das »Ob«, das »Wie« und den Umfang eines Auslagerungsvorhabens treffen kann. Werden solche Fragen nicht bereits im Vorfeld geklärt, werden ggf. bestehende strukturelle Probleme und technische Unzulänglichkeiten (Stichwort »Investitionsstau«) auf den Outsourcing-Anbieter übertragen. Dieser kann solche Probleme jedoch in der Regel nicht lösen.

25 Die Erfahrung zeigt, dass zahlreiche Unternehmen mit der für ein Outsourcing-Vorhaben notwendigen kritischen Selbsteinschätzung überfordert sind. Im Laufe der Zeit stellt sich in vielen Bereichen eine gewisse Betriebsblindheit ein, zu deren Überwindung es der Unterstützung von externen Beratern bedarf. So haben sich zahlreiche Unternehmen darauf spezialisiert, die für ein Outsourcing-Vorhaben notwendigen Analysen durchzuführen und in der Phase vor der Ausschreibung eines Outsourcing-Projekts qualifiziert zu unterstützen.

---

11 Vgl. hierzu auch *Scheja/Schmutt* CR 2005, 321 (322).
12 Vgl. auch *Blöse/Pechardscheck* CR 2002, 785 (786), die eine Entscheidungsmatrix vorschlagen.

II. Request for Information

Hat sich ein Unternehmen nach Klärung dieser Vorfragen entschieden, bestimmte Prozesse auf einen Dritten zu verlagern, sollte der Markt der hierfür in Betracht kommenden Anbieter sondiert werden. An diejenigen Anbieter, die aus Sicht des ein IT-Outsourcing planenden Unternehmens am ehesten als künftige Vertragspartner in Betracht kommen, wird ein sog. Request for Information (RFI) geschickt, in dem das geplante Projekt in groben Zügen dargestellt wird. Das auslagernde Unternehmen sollte diese Anbieter um Überlassung einer entsprechenden Unternehmensdarstellung bitten und sie gleichzeitig auffordern, einen Vorschlag für eine mögliche Herangehensweise an das geplante Outsourcing-Projekt zu erstellen. 26

Um die Vertraulichkeit des Projekts zu wahren, ist es empfehlenswert, dem RFI ein sog. Non-Disclosure Agreement (NDA) beizufügen, mit dem sich der Anbieter verpflichtet, über das Projekt als solches und seine Inhalte Stillschweigen zu bewahren.[13] Dabei sollte auch besonderer Wert darauf gelegt werden, dass die angeschriebenen Anbieter sich nicht mit infrage kommenden Wettbewerbern über die Ausschreibung austauschen dürfen. Anderenfalls besteht die Gefahr, dass die Leistungen in Kenntnis der Mitbewerber entsprechend günstig oder teuer angeboten werden – beides wäre nicht im Sinne einer objektiven Ausschreibung und langfristigen vertraglichen Bindung. Sinnvollerweise wird das auslagernde Unternehmen darauf hinweisen, dass eine Berücksichtigung der jeweiligen Anbieter im Rahmen des sich anschließenden Ausschreibungsverfahrens nur in Betracht kommt, wenn der Anbieter das NDA unverändert und binnen einer angemessenen Frist wirksam unterzeichnet zurücksendet. 27

III. Request for Proposal

Nach Sichtung der Ergebnisse des RFI empfiehlt es sich, eine Liste von vier bis sechs Anbietern zu erstellen, mit denen das auslagernde Unternehmen in näheren Kontakt tritt. Eine größere Anzahl von Anbietern kann dazu führen, dass der Prozess unübersichtlich und schwer handhabbar wird. 28

Im Rahmen des sog. Request for Proposal (RFP) werden diese Anbieter aufgefordert, verbindliche Angebote für die Erbringung der auszulagernden Leistungen abzugeben.[14] Damit die Angebote einerseits vergleichbar sind und andererseits als solide Grundlage für die Einschätzung der zukünftigen Auslagerungskosten dienen können, sind einige grundlegende Anforderungen an den RFP zu beachten. 29

1. Beschreibung der auszulagernden Prozesse

Die auszulagernden Prozesse sollten inhaltlich eindeutig und abschließend mit hohem Detailgrad beschrieben werden. Je genauer diese Beschreibung ausfällt, umso verlässlicher und vergleichbarer sind die verschiedenen Angebote und umso geringer ist die Wahrscheinlichkeit, dass im Rahmen der späteren Verhandlungen unangenehme Überraschungen hinsichtlich des Leistungsumfangs oder der damit verbundenen Kosten auftreten. 30

Aus Gründen der Übersichtlichkeit bietet es sich an, den RFP nach den Kategorien (1) technische Anforderungen, (2) kaufmännische Anforderungen, (3) erwartete Service Levels und (4) rechtliche Vorgaben zu untergliedern. 31

---

13 Dies empfiehlt sich insbesondere, da in diesem Stadium regelmäßig noch kein vorvertragliches Schuldverhältnis besteht. Vgl. *Scheja/Schmitt* CR 2005, 321 (322, 326).
14 Hiermit wird regelmäßig ein vorvertragliches Schuldverhältnis mit besonderen Rechten und Pflichten entstehen. Vgl. hierzu *Scheja/Schmitt* CR 2005, 321 (323, 327) sowie *Blöse/Pechardscheck* CR 2002, 788.

2. Planung der zu übernehmenden Assets

32 Soweit mit dem Outsourcing aufgrund § 613a BGB im Rahmen eines Betriebsübergangs der Übergang von Arbeitsverhältnissen zu erwarten ist (vgl. Rdn. 219 ff.), sollte der RFP die betroffenen Mitarbeiter ausweisen und Konzepte zu deren Weiterbeschäftigung abfragen. Gleiches gilt für zu übernehmende Assets (Hardware, Software); hier sollte der Anbieter Vorschläge für die Kaufpreisgestaltung unterbreiten.

33 Zur Vermeidung von Unklarheiten empfiehlt es sich, den geplanten Outsourcing-Rahmenvertrag dem RFP beizufügen (sei es als Entwurf oder unter Wiedergabe der Regelungen in Tabellenform) und den Anbieter aufzufordern, sein Einverständnis mit den vertraglichen Regelungen zu erklären oder etwaige Änderungswünsche bereits mit entsprechenden Formulierungen darzulegen. Dieses Vorgehen reduziert den Zeit- und Kostenaufwand späterer Verhandlungsrunden erheblich, da beide Seiten im RFP-Prozess bereits ihre rechtlichen Standpunkte ausgetauscht haben. Gleichzeitig wird mit diesem Vorgehen der Üblichkeit entsprochen, dass der Outsourcing-Vertrag vom auslagernden Unternehmen gestellt wird. Anderenfalls wird der Anbieter seinen Mustervertrag verwenden wollen, der die speziellen Anforderungen des Auftraggebers naturgemäß nicht abbilden kann.

3. Frist und Ansprechpartner

34 Um einerseits die Qualität der abgegebenen Angebote zu erhöhen und späteren Missverständnissen vorzubeugen, andererseits jedoch die Kommunikation mit den Anbietern nicht ausufern zu lassen, empfiehlt es sich, in dem RFP eine Frist zu setzen, bis zu deren Ablauf die angeschriebenen Anbieter Fragen zu dem geplanten Projekt stellen können. Sämtliche Kommunikation sollte über einen einzigen Ansprechpartner geführt werden, um auszuschließen, dass sich einzelne Wettbewerber über persönliche Kontakte einen Wettbewerbsvorteil verschaffen, und um später dokumentieren zu können, welche Informationen den Wettbewerbern tatsächlich übermittelt worden sind.

35 Der RFP stellt einen zentralen Bestandteil des Auslagerungsprozesses dar: Je detaillierter im RFP die enthaltene Leistung sowie die erwarteten Service Levels beschrieben werden und je genauer die Erwartungen an den Anbieter in rechtlicher Hinsicht formuliert werden, umso geringer ist die Wahrscheinlichkeit, dass ein begonnenes Outsourcing-Projekt »auf halber Strecke« verschoben oder gar gestoppt werden muss.

IV. Auswertung der Angebote

36 Nach Rücklauf der jeweiligen Angebote sind diese einander gegenüberzustellen, wobei ein Schwerpunkt darauf liegen sollte, die jeweiligen Abweichungen vom RFP hervorzuheben. Ziel dieser Auswertung ist es, eine weitere Einschränkung auf wenige Anbieter zu erreichen, die später zu einer Präsentation ihres Konzepts und Erläuterung ihres Angebots eingeladen werden.

37 Grundsätzlich gilt, dass derjenige Anbieter, der sich mit seinem Angebot am engsten an den RFP hält (und seine Leistungen später auch wie angeboten erbringt), am ehesten die Erwartungen des auslagernden Unternehmens erfüllt. Dass dieser Anbieter in der Regel nicht der günstigste Wettbewerber ist, liegt auf der Hand: Kosteneinsparungen lassen sich über Skaleneffekte und standardisierte Prozesse erreichen; diese hingegen sind mit einer individuellen Leistungserbringung nur selten vereinbar.

38 Bei der Einschätzung, welcher Anbieter sich für die Shortlist der infrage kommenden Anbieter eignet, sollten insbesondere auch die Änderungswünsche hinsichtlich des Rahmenvertrags nicht außer Betracht gelassen werden. Zwar handelt es sich hierbei »nur« um die

juristischen Feinheiten der späteren Zusammenarbeit, jedoch können gerade Regelungen im Bereich der Haftung, Gewährleistung, Mitwirkungsobliegenheiten etc. direkte kommerzielle Auswirkungen auf das Projekt haben. Gleiches gilt für die Vereinbarung von Vertragsstrafen- oder Minderungsregelungen im Fall der Nichterreichung von Service Levels. Dass auch die Frage, wie und an welcher Stelle die Erreichung von Service Levels gemessen und überwacht wird, direkte Folgen für die Wirtschaftlichkeit des Angebots hat, sei an dieser Stelle nur der Vollständigkeit halber erwähnt. So empfiehlt es sich, auch in diesem Zusammenhang einen entsprechend spezialisierten Anwalt einzuschalten, der die Bedeutung einzelner Abweichungen von den vorgeschlagenen vertraglichen Regelungen zutreffend beurteilen und die kommerziellen Auswirkungen einschätzen kann.

V. Vertragsverhandlungen

Nachdem die ausgewählten Anbieter Gelegenheit hatten, dem auslagernden Unternehmen ihre Angebote zu erläutern und letzte Fragen zu klären, empfiehlt es sich, die Zahl der infrage kommenden Anbieter auf zwei zu reduzieren, um mit diesen Parteien in parallele Vertragsverhandlungen einzutreten.[15] 39

Mit diesen Anbietern sollte das auslagernde Unternehmen eine Absichtserklärung in Form eines sog. Letter of Intent (LOI) abschließen, der dem Grunde nach für beide Parteien unverbindlich ist und keinesfalls zum späteren Vertragsabschluss verpflichtet, jedoch die Absicht beider Parteien dokumentiert, in Vertragsverhandlungen über einen Outsourcing-Vertrag zu treten. Diesem LOI kann – als Instrument moralischer Bindung – der entsprechend kommentierte und geänderte Rahmenvertrag beigefügt werden, der das insoweit bestehende Grundverständnis der Parteien dokumentiert. 40

Wenn das auslagernde Unternehmen sich in diesem Stadium bereits auf einen Anbieter festlegt, reduziert dies zwar den Verhandlungsaufwand, führt jedoch regelmäßig zu schlechteren Verhandlungsergebnissen, da der zukünftige Auftraggeber in Verhandlungen nicht darauf verweisen kann, dass von dem anderen im Verhandlungsprozess befindlichen Wettbewerber bestimmte Zugeständnisse gemacht wurden. Ferner fehlt bei Scheitern der Verhandlungen mit einem Wettbewerber jegliche Rückfallposition, und der Auswahlprozess müsste erneut begonnen werden. Eine erhebliche Verzögerung des Projekts und Erhöhung der Kosten wären die Folge. 41

Es ist empfehlenswert, den Vertragsverhandlungen den notwendigen Zeitrahmen einzuräumen. Unter Zeitdruck geführte Verhandlungen führen häufig dazu, dass wesentliche Aspekte der Zusammenarbeit ungenau oder für die spätere Praxis unpassend geregelt werden. Solche Regelungen sind die Problemstellen des Vertrags und können später das Projekt auf die Probe stellen. 42

An den Verhandlungen sollten neben den jeweiligen Projektleitern auch die betroffenen Techniker und Juristen teilnehmen. Erst eine multidisziplinäre Verhandlung führt zu für beide Parteien angemessenen Ergebnissen, die sich in der späteren Praxis auch tatsächlich umsetzen lassen. 43

An dieser Stelle sei abschließend vor dem Missbrauch einer übergroßen Verhandlungsmacht gewarnt. Einseitige Regelungen, die zunächst als guter Verhandlungserfolg empfunden werden, entpuppen sich nicht selten als Pyrrhussieg: Damit ein Outsourcing-Vertrag auch langfristig zur beiderseitigen Zufriedenheit gelebt werden kann, bedarf es ausgeglichener Regelungen, die beiden Parteien den nötigen Spielraum lassen. Anderenfalls besteht die Gefahr, dass das Projekt mangels Interesse einer Partei an der Aufrechterhaltung der Ver- 44

---

15 Vgl. zu den vorvertraglichen Pflichten in dieser Phase *Scheja/Schmitt* CR 2005, 321 (328).

tragsbeziehung in Schieflage gerät und das von gegenseitiger Abhängigkeit geprägte Vertragsverhältnis scheitert.

E. Struktur und Rechtsnatur von IT-Outsourcing-Verträgen

45 Outsourcing-Verträge sind komplexe Vertragswerke, die aus einer Vielzahl einzelner Verträge und Anlagen bestehen, deren Inhalte sich ergänzen und ineinander greifen. Erst die Kombination aller Einzelelemente führt zu einem Gesamtwerk, das alle rechtlichen und technischen Aspekte des IT-Outsourcing umfasst. Im Rahmen dieses Abschnitts soll zunächst ein Überblick über die Rechtsnatur und Struktur von IT-Outsourcing-Verträgen gegeben werden (I.), bevor anschließend auf die wesentlichen Vertragsbestandteile und deren Inhalte im Einzelnen eingegangen wird (II. bis IV.).

I. Überblick

1. Rechtsnatur

46 Ein IT-Outsourcing-Vertrag erfasst zahlreiche Lebenssachverhalte, die unterschiedlichen rechtlichen Regelungen unterfallen. Dementsprechend lässt sich ein IT-Outsourcing-Vertragswerk auch nicht einem der gesetzlich vorgegebenen Vertragstypen zuordnen, sondern enthält vielmehr Elemente aus vielen Bereichen. Ein IT-Outsourcing-Vertrag ist damit grundsätzlich als typengemischter Vertrag einzuordnen, sodass sich nach der Kombinationstheorie das anwendbare Recht nach dem jeweils betroffenen Vertragsbestandteil richtet, bei Gegensätzlichkeiten ergänzt um den mutmaßlichen Parteiwillen.[16] Um die damit verbundenen Unklarheiten zu vermeiden, ist es empfehlenswert, vertragliche Regelungen für die infrage kommenden Sachverhalte zu treffen.[17]

2. Struktur

47 Ein IT-Outsourcing-Vertrag ist in der Regel modular aufgebaut und besteht im Wesentlichen aus drei Bestandteilen: einem Rahmenvertrag mit vertragsübergreifenden Anlagen, dazugehörigen Einzelverträgen ergänzt um spezifische einzelvertragliche Anlagen und einem Service Level Agreement.[18] Dabei ist jeder einzelne Bestandteil durch Bezugnahmen und inhaltliche Abhängigkeiten mit den anderen Bestandteilen des gesamten Vertragswerks verbunden. Dieser Aufbau ermöglicht zum einen eine inhaltliche Strukturierung des Vertragswerks, vereinfacht aber vor allem spätere Änderungen, da lediglich die von der Änderung betroffenen Verträge ausgetauscht werden müssen.

48 Der Rahmenvertrag enthält dabei die allgemeinen Grundlagen der Zusammenarbeit zwischen dem Auftraggeber und dem Outsourcing-Anbieter und gilt in der Regel subsidiär zu den spezifischen Bestimmungen der Einzelverträge.[19] Er ist auf Dauer angelegt und bleibt in Kraft, bis der letzte Einzelvertrag ausgelaufen oder vollständig erfüllt ist.

---

16 Vgl. zum Streit Palandt/*Heinrichs* vor § 311 Rn. 24 und Bräutigam/*Bräutigam* Teil 11 A. VIII. 1a) Rn. 128.
17 Vgl. insb. zum Einfluss der Service Level Agreements auf die Vertragstypologie *Bräutigam* CR 2004, 248 (249).
18 Vgl. auch den Überblick bei *Söbbing* ITRB 2004, 44.
19 Denkbar ist auch, den Rahmenvertrag vorrangig gegenüber den Einzelverträgen gelten zu lassen. Dies ist die »juristischere« Alternative, da die Einzelverträge häufig von Technikern (mit-)gestaltet werden. Bei einem Vorrang des Rahmenvertrags vor den Einzelverträgen ist sichergestellt, dass die allgemeinen Parameter der Zusammenarbeit, die im Rahmenvertrag geregelt sind, nicht unbeabsichtigt durch Bestimmungen in den Einzelverträgen ausgehebelt werden.

II. Rahmenvertrag

Die Einzelverträge lassen sich grob in Verträge, die die Überführung des auszulagernden IT-Betriebs (Hardware, Software, ggf. Mitarbeiter) zum Gegenstand haben, und die Leistungsscheine einteilen. Jeder Leistungsschein spezifiziert eine Einzelleistung oder eine Gruppe zusammengehörender Leistungen, die der Outsourcing-Anbieter zu erbringen hat, und wird durch die technische Leistungsbeschreibung, leistungsspezifische Mitwirkungspflichten und gegebenenfalls eine individuelle Kündigungsvereinbarung ergänzt. In der Regel werden die zu erbringenden Leistungen in Leistungsbeschreibungen zu den Leistungsscheinen detailliert beschrieben. 49

Das Service Level Agreement bestimmt den jeweiligen Qualitätsstandard der in den Leistungsscheinen beschriebenen Einzelleistungen sowie etwaige Sanktionen im Fall der Nichterreichung.[20] Zur Überprüfung werden regelmäßig die Kennwerte (Key Performance Indicators – KPIs), Messverfahren (Monitoring) und Berichtspflichten (Reporting) sowie mögliche Nachprüfungsrechte des Auftraggebers (Auditing) festgelegt. Hierbei wird häufig zwischen der Transitionsphase, also der Phase, in der der Betrieb an den Outsourcing-Anbieter schrittweise überführt wird, und dem Normalbetrieb unterschieden. Der Outsourcing-Anbieter kann und will in der Transitionsphase naturgemäß nicht die Qualitätsstandards bieten, die er im Normalbetrieb zu erbringen bereit ist. 50

Bei der Verhandlung des Vertrags ist zu beachten, dass die einzelnen Teilbereiche nicht isoliert betrachtet werden. So wird der Outsourcing-Anbieter höhere Service Levels in der Regel nur gegen eine entsprechende Reduzierung von Haftung und Gewährleistung oder eine Erhöhung der Vergütung akzeptieren. 51

3. Rangfolge der Vertragsbestandteile

Der Rahmenvertrag enthält regelmäßig eine Bestimmung zur Rangfolge der Vertragsbestandteile, die im Fall von Widersprüchen, beispielsweise hinsichtlich der Leistungsbeschreibung, Gewährleistungs- oder Sanktionsbestimmungen, zu gelten hat. Allgemeine Geschäftsbedingungen der Parteien sollten generell ausgeschlossen werden, da zum einen der Outsourcing-Vertrag alle relevanten Bestimmungen enthalten sollte und zum anderen die Allgemeinen Geschäftsbedingungen zumeist ohnehin nicht für derart komplexe Projekte geeignet sind. 52

Da die Leistungsscheine und das Service Level Agreement im Zweifel Vorrang vor dem Rahmenvertrag haben und die maßgeblichen Regelungen über Leistungsumfang und Sanktionen enthalten (der wohl häufigste Streitpunkt!), ist beiden Parteien dringend zu empfehlen, sich auch für deren Gestaltung rechtliche Beratung einzuholen. 53

II. Rahmenvertrag

1. Verhältnis zu IT-Projekten

Der Rahmenvertrag ist als Hauptvertrag im Wesentlichen mit anderen IT-Projekten vergleichbar, sodass hinsichtlich der meisten Bestimmungen auf Kap. 6 (IT-Projektverträge) 54

---

20 Abweichend von dem hier vertretenen Vorschlag können auch mehrere Service Level Agreements, beispielsweise gegliedert nach Sachbereichen, abgeschlossen werden oder die betreffenden Bestimmungen in die jeweiligen Leistungsscheine aufgenommen werden (so etwa Bräutigam/*Bräutigam* Teil 11 A. II. Rn. 7). Allerdings hat die hier beschriebene Struktur den Vorteil, dass der mit der späteren Leistungsbeurteilung befasste Service Level Manager die erbrachten Leistungen nur an einem Dokument messen muss; anderenfalls wird dieser die jeweiligen Service Level in den unterschiedlichen Leistungsscheinen abfragen, was erhöhten Aufwand bedeutet. Außerdem können die Einzelverträge vertrauliche Informationen wie spezifische Vergütungsregelungen enthalten, die dem Service Level Manager u. U. nicht zugänglich gemacht werden sollen.

verwiesen werden kann. Hier sollen daher nur Besonderheiten des IT-Outsourcing gegenüber IT-Projektverträgen behandelt werden.

55 Der wohl wichtigste Unterschied eines IT-Outsourcing-Vertrags zu IT-Projektverträgen dürfte sein, dass ein Projektvertrag regelmäßig nur ein einzelnes Projekt mit überschaubarer Dauer umfasst, nach dessen Durchführung die Parteien sich wieder trennen. Es findet also gerade keine Zusammenarbeit im Rahmen eines Dauerschuldverhältnisses statt. Ein IT-Outsourcing ist demgegenüber auf eine langfristige, regelmäßig fünf bis zehn Jahre andauernde Zusammenarbeit angelegt und bedarf daher zusätzlich der Bestimmungen zur Regelung des Normalbetriebs. Ein IT-Projektvertrag ist also am ehesten mit der Transitionsphase eines IT-Outsourcing-Projekts vergleichbar.

2. Vertragsgegenstand und Abgrenzung

56 Als allgemeiner Teil des IT-Outsourcing-Vertragswerks enthält der Rahmenvertrag Regelungen zu folgenden Aspekten:
- allgemeine Leistungspflichten des Outsourcing-Anbieters (z. B. Verpflichtung zur Leistung nach dem Stand der Technik,[21] Einsatz von Subunternehmern,[22] Mitarbeiterqualifikation),
- Bestimmungen über die Projektorganisation und -verantwortung sowie Mitwirkungspflichten des Auftraggebers, die Zusammenarbeit und Eskalation (vgl. Rdn. 61 ff. und Rdn. 106 ff.),
- Beschreibung des Test- und Abnahmeverfahrens einschließlich allgemeiner Fehlerklassen (vgl. Kap. 6 Rdn. 123 ff.),
- Change Request Verfahren (vgl. Rdn. 64 ff.),
- Nutzungsrechte an Arbeitsergebnissen (vgl. Rdn. 197 ff.),
- Haftung und Gewährleistung (vgl. Rdn. 84 ff.),
- Zahlungsmodalitäten,
- Benchmarking-Prozess (vgl. Rdn. 100 ff.),
- Bestimmungen zur Geheimhaltung und zum Datenschutz (vgl. Rdn. 177 ff.),
- Laufzeit und Kündigung und Schlussbestimmungen.

57 Neben diesen allgemeinen Bestimmungen, die üblicherweise auch in IT-Projektverträgen enthalten sind, sind als für IT-Outsourcing-Verträge typische und wesentliche Bestimmungen der Sanktionsmechanismus bei Service Level Verletzungen zu nennen, der eng mit der Gewährleistung zusammenhängt (vgl. Rdn. 67 ff.) sowie die Remigration bei Beendigung des IT-Outsourcing (vgl. Rdn. 94 ff.).

3. Gegenleistung

58 Die Gestaltung der Vergütung im Rahmen eines IT-Outsourcing unterscheidet sich hinsichtlich der allgemeinen Bestimmungen zu den Zahlungsmodalitäten wie Fälligkeit, Verzug, Aufrechnungs- und Zurückbehaltungsrechten oder Eigentumsvorbehalten nicht grundlegend von sonstigen Verträgen. Ganz allgemein ist hier aber davor zu warnen, eine Vergütung für Leistungen zu verlangen, die vom Gewährleistungsrecht oder vertraglichen Instandhaltungspflichten abgedeckt sind. Das betrifft vor allem Pflege- und Wartungsverträge, die parallel zur Gewährleistungsfrist von Kauf- oder Werkverträgen laufen oder parallel zu einem Mietvertrag abgeschlossen werden.[23]

---

[21] Streitig ist regelmäßig, ob der Stand der Technik zum Zeitpunkt des Vertragsabschlusses oder der jeweils aktuelle Stand der Technik gelten soll.
[22] Hier sind unterschiedliche Konzepte der Beteiligung des Auftraggebers denkbar; die wohl häufigsten Konstellationen sind vorherige Zustimmung des Auftraggebers oder wenigstens ein Widerspruchsrecht, ggf. beschränkt auf einen wichtigen Grund.
[23] Vgl. hierzu *Schneider*, Hdb EDV-Recht, J II 4 Rn. 83 und K III 2.2 Rn. 86.

II. Rahmenvertrag

Die Langfristigkeit und Komplexität eines IT-Outsourcing-Vertrags bringt im Übrigen aber zwei Besonderheiten bei der Vergütungsregelung mit sich. Zum einen wird der Outsourcing-Anbieter wegen seiner hohen Fixkosten zumeist auf eine Mindestvergütung bestehen, die – je nach Ausgestaltung – auch auf die Vergütung für aufwandsbezogene Leistungen angerechnet werden kann. 59

Zum anderen ist zu berücksichtigen, dass insbesondere der IT-Bereich einer rasanten technischen Entwicklung und einem entsprechend schnellen Preisverfall unterliegt. Der Auftraggeber wird daher regelmäßig ein Interesse daran haben, die Preise während der Vertragslaufzeit entsprechend anpassen zu können. Dies kann durch eine automatische Preisanpassung oder ein Preisüberprüfungsverfahren (Benchmarking, vgl. Rdn. 100 ff.) erfolgen. 60

4. Kooperation

Die Kooperation der Parteien besteht beim IT-Outsourcing aus einer strukturierten Zusammenarbeit beider Parteien über die gesamte Vertragsdauer, insbesondere spezifischen Mitwirkungspflichten des Auftraggebers. 61

Diese bestehen dabei vor allem in der Gewährung von Zutrittsrechten, Beistellung von für den Betrieb erforderlichen Arbeitsmitteln und Materialien, aber auch in der Bereitstellung von Räumen oder Infrastruktur. Eine gesetzliche Regelung hierfür existiert nicht, sodass genaue vertragliche Regelungen erforderlich sind. Dabei finden sich im Rahmenvertrag allgemeine Mitwirkungspflichten sowie – bei deren Verletzung – Sanktionen, beispielsweise Regelungen zu Annahmeverzug und Leistungsstörung, Einstandspflichten oder Terminverschiebungen. Zudem kann ein Verfahren vorgesehen werden, auf welche Weise der Outsourcing-Anbieter im Zweifel Mitwirkungspflichten einfordern kann. 62

Wiederum vor dem Hintergrund, dass es sich beim IT-Outsourcing um ein komplexes, auf Dauer angelegtes Projekt handelt, treffen die Parteien besondere Treuepflichten und entsprechende Kooperations- und Koordinationspflichten. Die Rahmenbedingungen dieser Zusammenarbeit sind daher im Rahmenvertrag festzulegen, während die Verantwortlichkeiten hinsichtlich der Leistungserbringung in den Leistungsscheinen zu vereinbaren sind. Auch hier wird nach der Transitionsphase und dem Normalbetrieb unterschieden. Dabei entsprechen die Kommunikationsstrukturen im Wesentlichen denen eines IT-Projektvertrags (vgl. Kap. 6); es gibt feste Ansprechpartner bzw. Projektleiter auf Arbeitsebene und einen Lenkungsausschuss, der mit Entscheidungsträgern beider Parteien besetzt ist. Die jeweiligen Kompetenzen sind hier bereits im Rahmenvertrag bzw. in entsprechenden Anlagen zum Rahmenvertrag abzugrenzen, um einen späteren zusätzlichen Streit über das Verfahren zu vermeiden (vgl. zur Eskalation Kap. 7 Rdn. 106 ff.). 63

5. Change Request Verfahren

Wie bei IT-Projekten im Allgemeinen, so ist auch beim IT-Outsourcing ein Verfahren für Nachtragsvereinbarungen vorzusehen[24] (vgl. Kap. 6 Rdn. 164 ff.), um die Flexibilität hinsichtlich der geschuldeten Leistungen während der gesamten Laufzeit des IT-Outsourcing-Vertrags zu erhalten.[25] Dies liegt im Interesse beider Parteien. Der Outsourcing-Anbieter hat ein Interesse daran, möglichst viele zusätzliche Leistungen zu verkaufen und diese nach Aufwand abzurechnen. Er hat zudem als Spezialist für die erbrachten Leistungen möglicherweise Vorschläge, wie man diese effizienter gestalten, modernisieren oder sinnvoll ergänzen kann. Demgegenüber will der Auftraggeber möglichst alle benötigten Leistungen bereits umfasst und idealerweise mit einem Pauschalpreis abgegolten wissen. Er 64

---

24 Vgl. zu etwaigen Nachteilen bei Nichteinhaltung der vertraglich vereinbarten Leistungsänderungsverfahren *Karger* Desorganisierte ITRB 2009, 18.
25 Allg. zur vertraglichen Gestaltung eines Change Request Verfahrens *Koch* ITRB 2009, 15.

hat also nur insoweit ein Interesse an Change Requests, als er auf eine Leistungsänderung angewiesen ist. Gegenstand eines Change Request ist also jede Änderung des Vertrags, die Auswirkungen auf das vereinbarte Leistungsgefüge hat, sei es hinsichtlich der zu erbringenden Leistungen oder der Qualität oder hinsichtlich der vereinbarten Vergütung.[26]

65 Da der Auftraggeber mit dem Outsourcing nicht die Hoheit über die ausgelagerten (oft geschäftskritischen) Geschäftsprozesse verlieren möchte bzw. darf, kann es geboten sein, ein Anordnungsrecht festzuschreiben, mit dem der Auftraggeber bei Weigerung des Outsourcing-Anbieters, einen Change Request durchzuführen, diesen dennoch umsetzen kann – freilich gegen Bezahlung oder durch Dritte und möglicherweise sogar gegen entsprechende Haftungsfreistellung. Ein solches Recht kann auch auf bestimmte Umstände, beispielsweise die Fortentwicklung des Betriebs oder eine strategische Neuausrichtung, beschränkt werden.

66 Soweit es sich bei einem Change Request lediglich um eine Volumenänderung handelt (z. B. Integration weiterer Desktops in die Betreuung durch den Outsourcing-Anbieter), ist es sinnvoll, die Auswirkungen solcher Änderungen bereits im Vorfeld im Rahmen einer Anlage zur Vergütung und zu Mengengerüsten festzuschreiben. Erfahrungsgemäß lassen sich bei Vertragsabschluss schon bestimmte Bandbreiten an Volumenänderungen (nach oben und nach unten) festlegen, bei denen sich die Vergütung nicht ändert. Der Auftraggeber wird ein Interesse daran haben, die Volumen relativ frei verändern zu können. Gleichzeitig ist es das – dem zuwiderlaufende – Interesse des Outsourcing-Anbieters, eine Reduktion der Volumina über ein bestimmtes Maß zu unterbinden, um eine Aushöhlung der vertraglich kalkulierten Mengen und damit der gewährten Mengenrabatte zu vermeiden. Hier gilt es, bereits bei Vertragsschluss eine ausgewogene und für beide Parteien akzeptable Lösung zu finden.

6. Gewährleistung

a) Allgemeines

67 Da der Outsourcing-Vertrag ein typengemischter Vertrag ist, richtet sich, wie bereits oben dargelegt, die Gewährleistung danach, welchem Vertragstyp die jeweils geschuldete Leistung zuzuordnen ist.[27]

68 Daneben ist der Outsourcing-Vertrag aber auch ein Dauerschuldverhältnis, welches nach § 314 Abs. 1 BGB bzw. § 626 BGB insgesamt einer außerordentlichen Kündigung unterliegt, wenn Tatsachen vorliegen, die unter Berücksichtigung aller Umstände und unter Abwägung der beiderseitigen Interessen die Fortsetzung des Vertrags für den Kündigenden unzumutbar machen. Ein Verschulden ist hierfür nicht erforderlich. Dieses Kündigungsrecht kann auch im Individualvertrag nicht ausgeschlossen, jedoch beschränkt oder erweitert werden. So sind als besondere Kündigungsgründe insbesondere ein Wechsel der Unternehmensleitung (»Change of Control«), Insolvenz,[28] Zahlungsverzug[29] oder schwerwiegende Verstöße gegen Service Levels, die beispielhaft aufgezählt werden sollten, denkbar. Dabei darf nicht unberücksichtigt bleiben, ob bei einer Kündigung Abstandszahlungen zu erfolgen haben oder eine etwaige Rückvergütungspflicht entfallen soll. Einer Regelung

---

26 Ob eine Erweiterung der Vertragsleistungen durch ein Change Request im Einzelfall tatsächlich erforderlich ist, ist zunächst im Rahmen eines Claim Management Verfahrens zu ermitteln, welches im Vertragswerk ebenfalls hinreichend zu berücksichtigen ist. Dieses auch als »Nachforderungsmanagement« bezeichnete Verfahren dient der Ermittlung des Vertragsinhalts durch die Parteien vor dem Hintergrund etwaig geänderter Vertragsumstände. Vgl. zum Claim Management *Söbbing* ITRB 2009, 15.
27 Vgl. insbes. zum Einfluss der Service Level Agreements auf die Gewährleistung *Bräutigam* CR 2004, 248 (250).
28 Vgl. hierzu näher Bräutigam/*Bräutigam* Teil 11 A. XIII. 5. c) Rn. 271.
29 Hier dürfte eine Regelung, die sich an § 543 Abs. 2 S. 3 BGB anlehnt, in jedem Fall zulässig sein.

zugeführt werden sollte zudem die Frage, wie sich die Kündigung einzelner Leistungsscheine auf andere Leistungsscheine sowie auf den Gesamtvertrag auswirkt. Es ist dabei möglich, einzelne Leistungsscheine, die inhaltlich zusammenhängen, zu verknüpfen oder auch die allgemeinen Kündigungsvorschriften des Rahmenvertrags in den jeweiligen Leistungsscheinen zu modifizieren.

In den folgenden Ausführungen soll zunächst auf die Unterschiede der verschiedenen Gewährleistungsvorschriften und die jeweiligen Interessen der Parteien eingegangen werden, bevor ein sich daraus ergebendes einheitliches Gewährleistungsregime vorgestellt wird. **69**

b) Gesetzliche Gewährleistung
aa) Kaufvertragliche Elemente

Im Hinblick auf kaufvertragliche Elemente hat der Auftraggeber regelmäßig ein Interesse daran, fehlerfreie Gegenstände (i. d. R. Hardware- und Software) zu erhalten, sodass eine Minderung selten interessant sein dürfte, sondern vielmehr Nacherfüllungs- und Schadensersatzansprüche nach Wahl des Auftraggebers in Betracht kommen dürften. Hinsichtlich möglicher Rechtsmängel ist er an einer Freistellung von Ansprüchen Dritter interessiert. Ein vollständiger Ausschluss der Gewährleistung ist individualvertraglich außer bei der Übernahme von Garantien (§ 444 BGB) möglich. Es besteht also auch insoweit vertraglicher Gestaltungsspielraum. Auch die Untersuchungs- und Rügepflicht aus § 377 HGB ist individualvertraglich abdingbar,[30] und die Verjährung kann im kaufmännischen Verkehr auf ein Jahr verkürzt werden. In Formularverträgen sind die §§ 305 ff. BGB zu beachten. **70**

bb) Werkvertragliche Elemente

Auch bei werkvertraglichen Leistungen ist der Auftraggeber an einer mangelfreien Leistung mehr interessiert als an einer Minderung. Die Art der Nacherfüllung kann nach § 635 Abs. 1 BGB jedoch grundsätzlich der Unternehmer auswählen. Da die Untersuchungs- und Rügepflicht aus § 377 HGB zwar beim Werklieferungsvertrag besteht, dies für einen Werkvertrag aber strittig ist,[31] empfiehlt es sich, eine Regelung hierüber in den Vertrag aufzunehmen. Wie beim Kaufvertrag kann die Verjährung im kaufmännischen Verkehr formularmäßig auf ein Jahr verkürzt werden. **71**

Ein wesentlicher Unterschied ergibt sich dadurch, dass das Werkvertragsrecht eine Abnahmepflicht (§ 640 BGB) vorsieht. Virulent wird diese Problematik vor allem bei der Erstellung von Individualsoftware; deren Sachqualität (§ 90 BGB) ist zwar wohl zu bejahen, aber das Kaufrecht bietet keine entsprechenden Vorschriften der hierfür erforderlichen Kooperation. Da der Schwerpunkt regelmäßig in der intellektuellen Erstellung der Software besteht, nicht in der Lieferung der verkörperten Sache, muss eine Abnahme möglich bleiben. Nur so ist eine angemessene Kontrollmöglichkeit des Bestellers gewährleistet. Das Kaufrecht bietet überdies keine dem § 632a BGB entsprechende Vorschussregelung für länger andauernde Projekte, sodass die Erstellung von Individualsoftware dem Werkvertragsrecht zugeordnet werden sollte (vgl. eingehend zum Vertragstyp bei Softwareerstellung oben Kap. 4 Rdn. 560 ff., Rdn. 48 ff.). Wegen der Strittigkeit dieser Problematik empfiehlt sich in jedem Fall eine Regelung im Rahmenvertrag. **72**

cc) Dienstvertragliche Elemente

Dienstvertragliche Elemente nehmen einen großen Raum beim IT-Outsourcing ein. So sind Wartungs-, Pflege-, Beratungs- oder UHD-Leistungen regelmäßig diesem Vertragstypus **73**

---
30 Vgl. Baumbach/Hopt/*Hopt* § 377 HGB Rn. 56.
31 Vgl. Bräutigam/*Bräutigam* Teil 11 A. VIII. 1. d) cc) Rn. 158.

zuzuordnen. Im Gegensatz zum Werkvertrag ist beim Dienstvertrag kein bestimmter Erfolg (Werk), sondern die bloße Arbeitsleistung (Wirken) geschuldet. Eine Abgrenzung wird dabei vor allem bei Pflege- und Wartungsleistungen erforderlich. Je nachdem, ob die Fehlerbeseitigung oder die bloße Fehlerbehandlung geschuldet ist, wird der eine oder andere Vertragstyp vorliegen. Bei der Formulierung des Vertragsentwurfs ist hierauf besonders zu achten.

74 Typisch für dienstvertragliche Elemente ist zudem, dass sie oftmals absoluten Fixcharakter haben, weil sie nicht nachholbar sind. Fällt beispielsweise der User Help Desk zwischen 9:00 Uhr und 10:00 Uhr aus, so kann dies regelmäßig nicht durch eine Verfügbarkeit von 10:00 Uhr bis 11:00 Uhr nachgeholt werden. In solchen Fällen hat der Auftraggeber ein Interesse an einer Preisreduzierung, die in Form eines Schadensersatzanspruchs oder als Minderung ausgestaltet sein kann. Für solche Leistungen hat sich in der Praxis ein Bonus-/Malus-System mit Service Credits bewährt (vgl. Rdn. 78 ff.).

dd) Mietvertragliche Elemente

75 Auch mietvertragliche Elemente werden bei verspäteter Leistung i. d. R. unmöglich werden, sodass hier ebenfalls ein Interesse des Auftraggebers an einer Herabsetzung der Miete in Form eines Schadensersatzes oder der im Mietrecht vorgesehenen Minderung (§ 536 Abs. 1 BGB) besteht. Als wesentlicher Unterschied zu den anderen Vertragstypen ist insofern zu berücksichtigen, dass auch nachträglich entstehende Mängel zur Minderung führen und bei Verschulden des Vermieters auch einen Schadensersatzanspruch begründen. Letzterer ist allerdings zumindest in Individualvereinbarungen bis zur Grenze der Überbürdung der Sachgefahr abdingbar.[32] Es besteht also eine Instandhaltungspflicht des Vermieters, welche parallel zur Miete abgeschlossene (entgeltliche) Pflege- oder Wartungsverträge als problematisch erscheinen lässt (vgl. zur Problematik von Pflege und Wartung während der Mietzeit Kap. 4 Rdn. 418 ff.).

c) Einheitliches Gewährleistungsregime

aa) Problematik der gesetzlichen Gewährleistung

76 Schon nach dem bisher Gesagten ergäben sich also erhebliche Probleme, wollte man nur das gesetzliche Gewährleistungssystem auf das komplexe Vertragswerk eines IT-Outsourcing-Projekts anwenden. Zu berücksichtigen ist zudem, dass der überwiegende Teil der Leistungen des Outsourcing-Anbieters im Normalbetrieb aus Dienst- und Werkleistungen besteht, bei denen Nacherfüllung ebenso wenig erwünscht ist wie eine sofortige Kündigung. Hinzu kommt, dass es dem Auftraggeber regelmäßig recht schwerfallen dürfte, einen konkreten Schaden nachzuweisen. Das gesetzliche System stellt sich insoweit als ungeeignet dar, Leistungsstörungen beim IT-Outsourcing angemessen zu regulieren. Es empfiehlt sich daher, ein einheitliches vertragliches Gewährleistungs- und Sanktionssystem zu vereinbaren, welches Abgrenzungsschwierigkeiten verhindert.

77 Empfehlenswert ist zunächst, zwischen Leistungen zu unterscheiden, deren Qualität mittels Service Levels festgelegt wird, und solchen, für die keine Service Levels gelten.[33] Für Letztere werden zunächst die üblichen Möglichkeiten einer Nachfristsetzung zur Fehlerbeseitigung bzw. Nachbesserung sowie einer Minderung auszuschöpfen sein. Vertragsstrafen, Schadensersatz oder als *ultima ratio* eine außerordentliche Kündigung sollten dabei mindestens von einer weiteren Fristsetzung abhängig gemacht werden, um ein allzu leichtes Auftrennen des IT-Outsourcing- Vertrags zu verhindern.

---

32 Vgl. Bräutigam/*Bräutigam* Teil 11 A. VIII. 1. f) cc) Rn. 172.
33 Vgl. zum Einfluss der Service Level Agreements auf die Gewährleistung *Bräutigam* CR 2004, 248 (250).

bb) Bonus-/Malus-System

Im Hinblick auf Leistungen mit Service Levels bietet sich ein Bonus-/Malus-System mit Service Credits an. Der Outsourcing-Anbieter erhält dabei positive Service Credits, wenn er bessere Leistungen erbringt als verpflichtet, negative Service Credits hingegen, wenn er die vereinbarten Service Levels unterschreitet. Anzahl, Schwellen und Wert der Service Credits sind dabei für jede Einzelleistung im Service Level Agreement festzulegen (vgl. im Einzelnen Rdn. 148 ff.). Eine Abrechnung erfolgt dann periodisch, i. d. R. monatlich im Nachhinein, wobei der Rahmenvertrag die Konsequenzen eines positiven bzw. negativen Service Credit-Saldos beschreibt. Dabei können je nach Vereinbarung positive Service Credits entweder nur negative derselben Messperiode ausgleichen oder aber auch zu einer Auszahlung an den Outsourcing-Anbieter führen. Letzteres ist für den Auftraggeber allerdings nur dann sinnvoll, wenn er durch eine Übererfüllung auch tatsächlich einen Mehrwert erlangt. Anderenfalls werden falsche Anreize geschaffen. Als Rechtsfolge negativer Service Credits – je nach Verhandlungsstärke des Auftraggebers in nachstehender Reihenfolge – Vertragsstrafen, bieten sich ein pauschalierter Schadensersatz oder fest vereinbarte Minderungssätze an.[34]

78

Als mildeste Sanktion kann die Minderung gewählt werden. Ein weiter gehender Schadensersatz bleibt hier möglich. Allerdings ist die Minderung ihrer Natur nach auf die Höhe der betroffenen Vergütung beschränkt. Dies ist für den Auftraggeber nicht immer interessengerecht, da einzelne im Rahmen des IT-Outsourcing erbrachte Leistungen für ihn zwar besonders wichtig sein mögen, aber nur ein geringer Anteil der vertraglichen Vergütung auf sie entfällt. Ferner ist eine lineare Ausgestaltung der Minderung (z. B. bei vereinbarten Verfügbarkeiten) nicht geeignet, wenn Verfehlungen in den oberen Bereichen der Verfügbarkeit für den Auftraggeber schmerzhaft und kritisch sind. Ist jedoch die geschuldete Verfügbarkeit bereits weitgehend unterschritten, fällt eine weitere Unterschreitung, die bei linearer Ausgestaltung gleichermaßen sanktioniert wäre, kaum noch ins Gewicht.

79

Der pauschalierte Schadensersatz ist eine schärfere Sanktion. Zwar setzt er Verschulden voraus, aber zum einen sieht § 280 Abs. 1 S. 2 BGB eine Beweislastumkehr vor, und zum anderen erspart sich der Auftraggeber den Nachweis der konkreten Schadenshöhe. In Allgemeinen Geschäftsbedingungen sind jedoch § 309 Nr. 5a) und 5b) BGB zu beachten.

80

Die schärfste und flexibelste Sanktion stellt die Vertragsstrafe dar. Sie ist verschuldensunabhängig gestaltbar, gibt dem Auftraggeber einen Zahlungsanspruch und setzt zudem keinerlei Schaden voraus. Sollte ein Schaden entstanden sein, der über die Vertragsstrafe hinausgeht, so kann dieser nach § 340 Abs. 2 i. V. m. § 341 Abs. 2 BGB geltend gemacht werden. In Allgemeinen Geschäftsbedingungen verstößt jedoch eine unverhältnismäßig hohe Vertragsstrafe auch im kaufmännischen Verkehr gegen § 307 BGB und ist damit insgesamt unwirksam.[35]

81

Bei schwerwiegenden oder andauernden Service Level Verletzungen kann zudem ein außerordentliches Kündigungsrecht im Hinblick auf die Einzelleistungen oder den Gesamtvertrag im Rahmenvertrag vorgesehen werden.

82

Da ein solches Bonus-/Malus-System keiner juristisch dogmatischen Kategorie zuzuordnen ist, darf nicht vergessen werden, festzulegen, ob dieses System eine abschließende Regelung darstellen soll, oder ob daneben auch die gesetzlichen Gewährleistungsregeln anwendbar sein sollen.

83

---

34 Vgl. zu den möglichen Sanktionen auch *Bräutigam* CR 2004, 248 (251) sowie *Hörl/Häuser* CR 2002, 713 (717).
35 Vgl. BGH NJW 1981, 1509; KG NJW-RR 1989, 1066.

7. Haftung

a) Bedeutung und Interessen der Parteien

84 Die Haftung nach §§ 280 ff. BGB ist vor allem für dienstvertragliche Elemente relevant, gilt im Übrigen aber auch durch die Verweisungen in §§ 437 Nr. 3, 440, 634 Nr. 4 und 636 BGB für werkvertragliche Leistungen. Sie birgt für den Auftragnehmer ein nicht kalkulierbares Risiko, da sie per se weder auf direkte Schäden noch der Höhe nach beschränkt ist.[36] Gerade bei IT-gesteuerten Fertigungsprozessen kann bei einem Produktionsausfall schnell ein Schaden in erheblicher Höhe entstehen. Der Outsourcing-Anbieter wird daher ein Interesse an einer entsprechenden Begrenzung seiner Haftung haben. Demgegenüber gibt der Auftraggeber die Kontrolle teilweise sensibler Bereiche aus der Hand. Treten in solchen Bereichen Schäden auf, erwartet der Auftraggeber eine entsprechende Kompensation und Einstandspflichten durch entsprechende Haftungsübernahme.

b) Denkbare Haftungsbeschränkungen

85 Eine individualvertragliche Beschränkung der Haftung ist dabei denkbar im Hinblick auf bestimmte Rechtsgutverletzungen (z. B. Sachschäden, Schäden an Körper oder Gesundheit, Verletzung von Kardinalpflichten), bestimmte Verletzer (z. B. gesetzliche Vertreter, einfache oder leitende Erfüllungsgehilfen), bestimmte Verschuldensformen, bestimmte Anspruchsarten (z. B. aus ProdHaftG, § 823 BGB) oder auch bestimmte Schadensarten.

86 Im Bereich der Schadensarten ist beispielsweise eine Beschränkung auf den typischen vorhersehbaren Schaden möglich, wenngleich dieser im IT-Bereich recht hoch sein kann. Auch an die Gefahr eines Datenverlusts ist zu denken. Anders als bei IT-Projektverträgen ist eine Haftungsbeschränkung des Outsourcing-Anbieters auf den Schaden, der trotz regelmäßiger Datensicherung durch den Auftraggeber und entsprechender Recovery-Möglichkeiten eingetreten wäre, wenig interessengerecht, wenn dem Auftraggeber die Möglichkeit einer eigenständigen Datensicherung entzogen ist. Besonders hohe Schäden drohen dem Auftraggeber ferner aus entgangenem Gewinn oder Nutzungsausfällen.

87 Bei der Vereinbarung von Haftungshöchstsummen ist darauf zu achten, auf welche Zeitspanne sich die Haftungshöchstsumme bezieht. Soll sie je individuellem Schadensfall gelten, so ist dieser zu definieren und abzugrenzen (ggf. unter Ausschluss des Verweises auf einen Fortsetzungszusammenhang). In der Regel wird der Auftraggeber aber eher an einer vergleichsweise höheren Haftungssumme für die Gesamtlaufzeit interessiert sein, da so jeder einzelne Schadensfall hoch abgesichert ist. Die Bemessung der Summe hängt dabei u. a. von der Bedeutung der jeweiligen Leistung, aber auch der Versicherbarkeit des Risikos ab. Denkbar ist auch, eine gleitende Haftungshöchstsumme zu vereinbaren, die von der bisher gezahlten Auftragssumme abhängig ist. Allerdings hängt die Höhe der Absicherung in diesem Fall stark davon ab, wann der Schaden eintritt.

c) Zulässigkeit von Haftungsbeschränkungen

88 Haftungsbeschränkungen sind nicht unbegrenzt zulässig. Gerade im Bereich von Allgemeinen Geschäftsbedingungen hat sich durch die Rechtsprechung ein kompliziertes System zulässiger Haftungsbeschränkungen herausgebildet. An dieser Stelle soll lediglich ein grober Überblick gegeben und im Übrigen auf die einschlägige Fachliteratur verwiesen werden.

89 In Individualvereinbarungen sind Haftungsausschlüsse unzulässig
- für Garantien oder bei arglistigem Verschweigen des Mangels (§ 444 BGB),

---

36 Ausnahmen bestehen insofern jedoch in § 10 Abs. 1 ProdHaftG und § 44a TKG.

- im Fall von Vorsatz (§ 276 Abs. 3 BGB),
- für eine Haftung nach dem Produkthaftungsgesetz (§ 14 ProdHaftG),
- bei Sittenwidrigkeit (§ 138 BGB).

In Allgemeinen Geschäftsbedingungen ist ein Haftungsausschluss darüber hinaus unzulässig 90
- bei der Verletzung von Leben, Körper oder Gesundheit (§ 309 Nr. 7a) BGB),
- bei grober Fahrlässigkeit (§ 309 Nr. 7b) BGB), wobei strittig ist, ob im kaufmännischen Verkehr grobe Fahrlässigkeit einfacher Erfüllungsgehilfen ausgeschlossen werden kann,[37]
- bei der Verletzung von Kardinalpflichten, wobei im kaufmännischen Verkehr bei nur einfacher Fahrlässigkeit die Haftung auf den typischen, vorhersehbaren Schaden begrenzt werden kann.[38]

Eine Klausel, die eine Haftungsbeschränkung enthält, ist auch dann unwirksam, wenn diese eine Abkürzung der Verjährungsfrist enthält und darin die in § 309 Nr. 7a) und 7b) BGB vorgesehenen Schadensersatzansprüche nicht ausgenommen wurden.[39]

Im kaufmännischen Verkehr ist jedoch auch bei Verwendung von Allgemeinen Geschäfts- 91
bedingungen die Freizeichnung für entfernter liegende Schäden bei leichter Fahrlässigkeit möglich.[40]

Eine Ausschlussfrist für die Anzeige des Schadens mit der Folge des Wegfalls des Anspru- 92
ches ist selbst im kaufmännischen Verkehr als Haftungsbeschränkung zu werten, die sich in vorstehendem Rahmen halten muss. Sanktionslose Anzeigepflichten sind allerdings ohne Weiteres zulässig und zur schnelleren Schadensregulierung sinnvoll.

Die Haftung wegen Verzugs ist vor allem während der Transitionsphase von Bedeutung, da 93
hier aus Kostengründen eine möglichst rasche Überführung des Betriebs zum Outsourcing-Anbieter erforderlich ist. Für den Auftragnehmer empfiehlt es sich, während des Normalbetriebs auf eine Verschärfung der nach § 323 BGB ansonsten recht niedrigen Rücktrittsvoraussetzungen zu bestehen, beispielsweise dem Erfordernis einer zweiten Nachfrist, einer Mindestfrist und/oder einer Ablehnungsandrohung. In Allgemeinen Geschäftsbedingungen ist die Grenze des § 309 Nr. 4 und 7 BGB zu beachten.

8. Remigration

Ein entscheidender Teil des Rahmenvertrags sind auch die Bestimmungen über die Remi- 94
gration. Dabei geht es darum, die ausgelagerten IT-Leistungen bei Beendigung des Outsourcing-Vertrags wieder in das Unternehmen des Auftraggebers einzugliedern oder auf einen anderen Outsourcing-Anbieter zu übertragen. Da zu diesem Zeitpunkt regelmäßig eine starke Abhängigkeit von dem Outsourcing-Anbieter besteht, der Auftraggeber aber nach Beendigung des Vertrags i. d. R. nicht daran interessiert ist, den (ehemaligen) Auftraggeber bei dem anstehenden Übergang zu unterstützen, sollte bereits vorab eine präzise Regelung der Modalitäten der Beendigung getroffen werden. Dabei ist an mehrere Themenkomplexe zu denken:

a) Beendigungsunterstützung

Die Beendigungsunterstützung seitens des Outsourcing-Anbieters dient der störungsfreien 95
Übertragung des Betriebs. Dabei ist vor allem an Know-how-Transfer zu denken, der u. a.

---

[37] Vgl. Palandt/*Grüneberg* § 309 Rn. 48.
[38] Vgl. Palandt/*Heinrichs* § 307 Rn. 35; Palandt/*Grüneberg* § 309 Rn. 48.
[39] Vgl. BGH NJW 2009, 1486; Fortführung von BGH CR 2007, 351.
[40] Vgl. BGH NJW 1993, 335 (336).

die Herausgabe von Betriebsdokumentationen und ggf. Software-Quellcodes umfasst. Letzteres kann auch in Form der Hinterlegung bei einem Dritten geschehen (Software Escrow Agreement). Außerdem können Mitarbeiterschulungen oder die vorübergehende Unterstützung durch Personal des Outsourcing-Anbieters notwendig werden.[41]

b) Rückführung der Assets

96 Zum zweiten ist die Rückführung der ehemals übernommenen Vermögenswerte (»Assets«) zu regeln. Hierzu kann im Rahmenvertrag entweder eine Pflicht aufgenommen oder dem Auftraggeber eine Kaufoption zu einem bereits im Vorhinein festgelegten Preis (z. B. Buchwert) eingeräumt werden, deren Ausübung ihm freigestellt ist.

97 Neben Hardware- und Software sind auch bestehende Verträge mit Dritten, v. a. Wartungs- und Pflegeverträge zu übertragen.[42] Bei fehlender Zustimmung des Dritten ist im Zweifel eine Bevollmächtigung und Übertragung der Verwaltung der Verträge erforderlich. Ggf. ist der Vertrag durch den Outsourcing-Anbieter weiterzuführen, und der Auftraggeber ist im Innenverhältnis so zu stellen, wie wenn er selbst Vertragspartner des die Zustimmung verweigernden Dritten wäre.[43] Letztlich sollten Regelungen zum Mitarbeiterübergang getroffen werden (vgl. Rdn. 218 ff.).

c) Rückführung und Vernichtung von Daten und vertraulichen Informationen

98 Auch Datenbestände und vertrauliche Informationen müssen überführt werden. Hierzu sollte geregelt werden, in welchem Dateiformat Daten zurückzugeben sind und ob diese auf Datenträgern übergeben oder online übertragen werden. Geht es auch um die Rückgabe von Hardware im großen Stil (z. B. Rückgabe von Servern etc.), kommt der Vereinbarung des Erfüllungsorts besondere Bedeutung zu. Der Outsourcing-Anbieter ist dabei zu verpflichten, keine Daten und Informationen zurückzuhalten bzw. verbleibende zu vernichten und dem Auftraggeber dies schriftlich zu bestätigen.[44]

d) Ausreichende Übergangsfristen

99 Zuletzt ist an ausreichende Übergangsfristen zu denken, die sich an der Dauer der ehemaligen Transitionsphase orientieren können. Häufig wird der Betrieb auch nach der Beendigung noch eine Weile gegen die vereinbarte Vergütung fortgeführt. Diese Übergangsphase ist sowohl bei ordentlicher als auch außerordentlicher Kündigung sinnvoll, kann aber ggf. auf einen bestimmten Umfang oder unter bestimmten Voraussetzungen, etwa im Fall einer außerordentlichen Kündigung, beschränkt werden.

9. Benchmarking

100 Im Gegensatz zum Change Request Verfahren, in dem sich die Parteien über die Leistungsänderung einigen, wird im Rahmen eines Benchmarking-Verfahrens der Preis für die Leistungen in Abhängigkeit von der Marktentwicklung und vergleichbaren Leistungen Dritter neu festgelegt.[45] Auch wenn das Ergebnis eines Benchmarking-Verfahrens eine einfache Er-

---

41 Vgl. auch *Blöse/Pechardscheck* CR 2002, 786 (790).
42 Zur Rückübertragung von Software vgl. insbes. *Fritzemeyer/Schoch* CR 2003, 793 (799).
43 Gleiches gilt natürlich auch bei der erstmaligen Durchführung eines IT-Outsourcing, wenn Dritte ihre Zustimmung zur Übertragung von Verträgen auf den Outsourcing-Anbieter verweigern. Hier bleibt der Auftraggeber Vertragspartner des Dritten und stellt den Outsourcing-Anbieter im Innenverhältnis wirtschaftlich und administrativ so, als sei der Vertrag wirksam auf ihn übertragen worden.
44 Zu den Problemen bei unzureichender Regelung der Datenrückführung vgl. *Grützmacher* ITRB 2004, 260 sowie *ders.* ITRB 2004, 282.
45 Vgl. zu Begriffsdefinition und Gegenstand des Benchmarking *Nolte* CR 2004, 81.

höhung oder Verringerung des Entgelts ist, besteht das größte Problem beim Benchmarking in der Feststellung des vergleichbaren Marktpreises.

a) Festlegung des Leistungspakets

Um zu einem objektiven Vergleich zu kommen, bedarf es eines vergleichbaren Leistungspakets, einschließlich Service Levels, Vergütungs- und Sanktionssystem und Haftungs- und Gewährleistungsvorschriften. Da IT-Outsourcing-Verträge in den meisten Fällen individuell verhandelt werden, finden sich nur selten vergleichbare Bedingungen. Eine separate Betrachtung einzelner Leistungen ist aber wegen der zugrunde liegenden Mischkalkulation oder einer Abrechnung über nicht aufteilbare Parameter oft nicht möglich.[46]

b) Methode zur Feststellung des Marktpreises

Ungeachtet dessen stellt sich die Frage, mithilfe welcher Methode der Marktpreis festgestellt werden soll. Hierfür gibt es zwei Möglichkeiten. Zum einen kann ein Sachverständiger mit der Prüfung beauftragt werden. Dieser ist unabhängig von den Parteien, kann zur Verschwiegenheit verpflichtet werden und ist auch zur Überprüfung komplexer Leistungspakete in der Lage.[47] Alternativ kann der Marktpreis von den Parteien selbst durch Einholung vergleichbarer Angebote von Wettbewerbern des Outsourcing-Anbieters festgestellt werden. Allerdings erfordert dieses Vorgehen möglicherweise die Offenlegung von Know-how oder der Kalkulation des Outsourcing-Anbieters, und auch der Wettbewerber wird nicht daran interessiert sein, Anstrengungen auf die Unterbreitung eines Angebots zu verwenden, wenn er feststellt, dass sein Angebot lediglich Referenzzwecken dient und er nicht davon ausgehen kann, dass sein Angebot zum Vertragsabschluss führt. Am ehesten eignet sich diese Methode daher bei standardisierten Leistungen, nicht jedoch bei komplexen Outsourcing-Projekten. Zum Ausschluss von wettbewerbsverzerrenden Angeboten ist es außerdem empfehlenswert, eine bestimmte Anzahl von Angeboten festzulegen, die eingeholt werden sollen, und bei der späteren Bewertung das jeweils höchste und niedrigste Angebot außer Betracht zu lassen.

In jedem Fall ist darauf zu achten, dass der Vergleichsmaßstab, der Vergleichszeitraum und ein Intervall für das Benchmarking vertraglich festgelegt werden. Zudem muss bestimmt werden, welche Partei das Benchmarking initiiert und wie die nicht unerheblichen Kosten verteilt werden.

c) Verbindlichkeit

Zuletzt stellt sich die Frage, ob das Ergebnis des Benchmarking verbindlich sein soll. Bei Angeboten von Wettbewerbern ist dies unproblematisch; der Outsourcing-Anbieter kann zu einer entsprechenden Anpassung verpflichtet werden, andernfalls steht dem Auftraggeber ein Sonderkündigungsrecht zu. Bei Feststellung durch einen Sachverständigen ist die Überprüfung durch ein Schiedsgericht denkbar. In jedem Fall muss aber festgelegt werden, ab wann die neuen Preise gelten sollen.[48]

In der Praxis werden Benchmarking-Verfahren nur selten in letzter Konsequenz durchgeführt und umgesetzt. Häufig reicht bereits die Ankündigung des Auftraggebers, ein Benchmarking durchführen zu wollen, um den Outsourcing-Anbieter zu Gesprächen über die Verbesserung der Leistung bei gleichem Preis oder zur Preissenkung bei gleich bleibendem Leistungsportfolio zu bewegen. Der Benchmarking-Klausel kommt damit eine

---

46 Vgl. hierzu eingehend *Nolte* CR 2004, 81 (84).
47 Vgl. zu Auswahl und Anforderungen an Benchmarking-Unternehmen *Nolte* CR 2004, 81 (82) und zu alternativen und komplementären Regelungen *ders.* CR 2004, 81 (86).
48 Vgl. *Nolte* CR 2004, 81 (85).

10. Eskalation/Mediation/Schiedsverfahren

106 Bei Fehlen wirksamer Konfliktlösungsmechanismen besteht aufgrund der Komplexität und Dauer eines Outsourcing-Vertrags häufig die Tendenz, Probleme oder Unstimmigkeiten durch Nachgeben einer Seite auf Kulanzbasis zu lösen, statt diese einer sach- und interessengerechten Lösung zuzuführen. Dies kann auf Dauer zur Schieflage der Outsourcing-Beziehung und zum Scheitern des Projekts führen.

107 Werden gescheiterte Outsourcing-Verträge streitig, bietet die ordentliche Gerichtsbarkeit i. d. R. keine guten Voraussetzungen für eine weitere Zusammenarbeit der Parteien. Das kontradiktorische Verfahren führt vielmehr zur Verfestigung von Positionen und erschwert sachgerechte Lösungen. Auch bietet der Zivilprozess nur unzureichende Möglichkeiten, Dritte, wie Zulieferer, Subunternehmer oder Konzernunternehmen des Auftraggebers, in das Verfahren einzubinden. Der Öffentlichkeitsgrundsatz des § 169 GVG kann zudem den Interessen der Parteien an der Wahrung ihrer Geschäftsgeheimnisse und ihres Knowhow zuwiderlaufen. Letztlich kann nicht davon ausgegangen werden, dass alle Gerichte mit den technischen und kommerziellen Besonderheiten von Outsourcing-Projekten gut vertraut sind, und die lange Verfahrensdauer kann leicht dazu führen, dass in dem Verfahren Ressourcen für technisch längst überholte Projekte gebunden werden.

108 Es empfiehlt sich daher ein mehrstufiges Eskalationsverfahren (auch Eskalationspyramide genannt),[49] das neben internen Eskalationsstufen wie Projektleiter des Lenkungsausschuss (vgl. Rdn. 61 ff.) Mediation und Schiedsgerichtsverfahren vorsieht. Damit erfolgt auf den niedrigsten beiden Eskalationsstufen eine rein interne Entscheidung, auf der nächsten Stufe eine interne Entscheidung mit externer Vermittlung und auf letzter Stufe dann eine externe Entscheidung. Freilich müssen Regeln vorgegeben werden, wann die jeweils nächste Stufe beschritten werden kann.

109 Der Vorteil eines solchen Eskalationsverfahrens ist zum einen, dass es schneller als die ordentliche Gerichtsbarkeit ist, weil die jeweils nächste Eskalationsstufe unmittelbar bei Vorliegen der Voraussetzungen beschritten werden kann; zum anderen können bereits erzielte Teilergebnisse weiterverwendet werden. Außerdem können mehrere Parteien an dem Verfahren gleichberechtigt teilnehmen. Das Schiedsgericht kann letztlich auch dazu ermächtigt werden, nach Billigkeit zu entscheiden, was u. U. praxisgerechtere Lösungen ermöglicht, die von den Parteien eher akzeptiert werden.

III. Einzelverträge

110 Die Einzelverträge sind das Herzstück des IT-Outsourcing-Vertrags und sind in drei Themenkomplexe zu unterteilen:

111 Übertragung der Assets: Häufig sind die bisher im Unternehmen des Auftraggebers für die auszulagernden IT-Leistungen verwendeten Assets auf den Outsourcing-Anbieter zu übertragen. Hierzu gehören Hardware, Software, Verträge und im weiteren Sinne auch Mitarbeiter. Da es sich bei Hardware- und Software zumeist um gebrauchte Gegenstände handelt, wird der Auftraggeber keine oder nur beschränkte Verantwortung für diese übernehmen wollen. Die Übertragung kann in Form eines Anteilserwerbs der die Assets haltenden Gesellschaft (Share Deal) oder im Wege der Einzelrechtsübertragung (Asset Deal) erfolgen, im letzteren Fall dann regelmäßig nach Art der Assets getrennt (vgl. Rdn. 114 ff.).

---

49 *Deister* ITRB 2009, 255 (257).

III. Einzelverträge

Transition: Der wesentliche Teil eines IT-Outsourcing-Projekts ist aber regelmäßig nicht die Übertragung der Assets, sondern die Auslagerung der IT-Leistungen. Die Übertragung der Assets ist deshalb nur insofern relevant, als diese für die Erbringung der IT-Leistungen durch den Outsourcing-Anbieter erforderlich sind. Dieser Vorgang der Betriebsübernahme (Transition) ist Gegenstand eines weiteren Einzelvertrags (vgl. Rdn. 133 ff.). 112

IT-Leistungen: Der dritte Themenkomplex sind schließlich die Leistungsscheine, in welchen die jeweiligen Einzelleistungen bestimmt werden (vgl. Rdn. 139 ff.). 113

1. Asset-/Vertragsübernahme
a) Asset Deal/Share Deal

Vor jedem IT-Outsourcing ist die Frage zu klären, ob die Übertragung des IT-Betriebs in Form eines Share Deal oder eines Asset Deal erfolgen soll. 114

aa) Share Deal

Bei einem Share Deal erwirbt der Outsourcing-Anbieter nicht die einzelnen Assets, sondern die Anteile an dem Unternehmen, in dessen Eigentum die zu übertragenden Assets stehen. Ggf. wurden die Assets zunächst in die gesonderte Gesellschaft ausgelagert. Dabei müssen nicht von Anfang an alle Geschäftsanteile übernommen werden, dies kann vielmehr auch sukzessive erfolgen. Ein Share Deal setzt aber voraus, dass es sich bei dem auszulagernden Teil um eine eigenständige juristische Person handelt, deren Anteile handelbar sind. Ist dies nicht der Fall, so ist eine Umstrukturierung des Auftraggebers im Vorfeld des Outsourcing erforderlich. Da aber der Auftraggeber sich ohnehin vor einem Outsourcing intensiv mit den intern erbrachten IT-Leistungen und den damit verbundenen Assets und Organisationsstrukturen auseinandersetzen sollte, kann eine solche »interne Auslagerung« durchaus positive Effekte haben: Der Auftraggeber lernt seine eigenen Strukturen besser kennen und kann so seine Bedürfnisse und Ansprüche an den Outsourcing-Anbieter besser definieren. Auf die genaue Umsetzung eines Asset Deal und die damit verbundenen Probleme soll an dieser Stelle nicht näher eingegangen werden, es wird auf die einschlägige gesellschaftsrechtliche Literatur verwiesen. 115

Da bei einem Share Deal keine einzelnen Sachen, sondern eine Sachgesamtheit im Wege des Anteilserwerbs an der die Sachen zu Eigentum haltenden Gesellschaft übertragen wird, stellt sich hier die Frage der Übertragbarkeit von Verträgen oder Lizenzen ebenso wenig wie die Problematik des Betriebsübergangs nach § 613a BGB. Als Gegenstände einer Garantie kommen daher im Rahmen eines Share Deal regelmäßig auch nur Umstände in Betracht, die die Gesamtheit betreffen, wie sie in den Ergebnissen einer zuvor durchgeführten Due Diligence Prüfung festgehalten ist, vor allem also der rechtliche Bestand und Inhalt der Geschäftsanteile, die gesellschaftsrechtlichen Verhältnisse, die Bilanz und Nettoverschuldung, die Vollständigkeit und Richtigkeit der Verträge, insbesondere der Serviceverträge, sowie der Bestand und die Werthaltigkeit von Forderungen. Außerdem ist als Zusicherung die Abwesenheit von aus der Due Diligence Prüfung nicht erkennbaren Risiken bzw. deren Versicherungsdeckung, von Gerichtsprozessen, insbesondere Passivprozessen, von weiter gehenden Verbindlichkeiten, von rückständigen Abgaben und Steuern denkbar. Im Hinblick auf Arbeits- oder andere Dienstverhältnisse können auch bestehende Vergütungsansprüche oder Betriebsrenten von Bedeutung sein. 116

bb) Asset Deal

Demgegenüber werden bei einem Asset Deal die einzelnen Vermögensgegenstände übertragen. Aufgrund des sachenrechtlichen Bestimmtheitsgrundsatzes ist hierfür die Bezeichnung jedes einzelnen zu übertragenden Assets erforderlich. Die Auflistung erfolgt häufig 117 nach Art der Assets in den sogenannten Übernahmescheinen. Vorteilhaft ist der Asset Deal vor allem dann, wenn aus verschiedenen Konzernunternehmen Assets zusammengetragen werden müssen. Allerdings stellt sich beim Asset Deal häufig die Problematik des Betriebsübergangs nach § 613a BGB (vgl. Rdn. 219 ff.). Auch steuerrechtliche Aspekte sind zu beachten.

118 Als Garantien kommen neben einer Eigentumsgarantie bzw. einer Garantie über die Abwesenheit von Rechten Dritter an den zu übertragenen Gegenständen auch Garantien über die Übertragbarkeit fremder Software bzw. die Gültigkeit der zugrunde liegenden Lizenzverträge sowie die Vollständigkeit der aufgeführten Verträge in Betracht.

b) Übernahmescheine

119 Aufgrund der unterschiedlichen Probleme, die sich hinsichtlich der verschiedenen Assets ergeben, hat es sich bewährt, deren Übernahme und die damit verbundenen Folgeprobleme statt in einem einheitlichen Vertrag in mehreren Übernahmescheinen zu regeln. Diese werden regelmäßig in Übernahmescheine für Hardware, Software, Verträge und Mitarbeiter unterteilt.

aa) Übernahmeschein Hardware

120 Wegen des sachenrechtlichen Bestimmtheitsgrundsatzes sind die einzelnen zu übernehmenden Hardware-Komponenten möglichst eindeutig in einer Anlage zum Übernahmeschein aufzuführen. Dabei sollten zumindest Typ, Alter, Gerätenummer und Standort angegeben werden. Nicht aufzuführen sind jedoch geleaste oder gemietete Geräte. Hier sind vielmehr die Verträge mit dem Leasinggeber bzw. Vermieter zu übertragen.

121 Sind die einzelnen Hardwarekomponenten erfasst, so ist die Art der Übertragung für jedes einzelne Gerät zu bestimmen, also ob dieses übereignet oder in Form der Miete oder Leihe überlassen werden soll. In Outsourcing-Verträgen wird dies gern als »Beistellung« bezeichnet. Zu denken ist auch an die Möglichkeit eines Sale and Lease Back-Verfahrens, das bilanzielle Vorteile mit sich bringen kann. Welche Übertragungsart gewählt wird, hängt von zahlreichen Faktoren ab, beispielsweise der steuerlichen Beurteilung oder, in Bezug auf Software, einem lizenzrechtlichen Verbot, diese auf anderen Rechnern als denen des Auftraggebers laufen zu lassen oder diese weiterzuveräußern.

122 Da die Hardware bereits gebraucht ist, wird ein Verkauf zumeist unter Ausschluss oder Beschränkung der Sachmängelgewährleistung erfolgen. Noch bestehende Gewährleistungsansprüche gegen Dritte sollten jedoch an den Outsourcing-Anbieter abgetreten werden. Demgegenüber ist es durchaus üblich, eine Gewährleistung für Rechtsmängel zu übernehmen.

123 Eng hiermit zusammen hängt auch die Frage, zu welchem Preis eine Übertragung erfolgen soll. Zwar ist denkbar, dass eine Übertragung ohne gesonderte Vergütung erfolgt, und sich dies in günstigeren Preisen für die IT-Leistungen niederschlägt. Zu empfehlen ist aber schon aus buchhalterischen Gründen und um einen besseren Überblick (auch für ein späteres Benchmarking) zu bewahren, die Übertragung entgeltlich zu gestalten. Hierbei können beispielsweise der Verkehrswert oder der Buchwert zugrunde gelegt werden.

bb) Übernahmeschein Software

124 Auch im Hinblick auf Software ist eine genaue Aufschlüsselung der zu übertragenden Software vorzunehmen. Als Identifikationsmerkmale bieten sich vor allem Hersteller, Titel, erforderliches Betriebssystem und Versionsnummer an, sowie die Angabe, ob es sich um Anwendersoftware, Betriebssystemsoftware, Firmwareoder Ähnliches handelt. Außerdem

sollte auch die Art der Übergabe (CD, Installation auf PC etc.) vermerkt werden (zur urheberrechtlichen Zulässigkeit der Übertragbarkeit von (Gebraucht-)Software vgl. Rdn. 199 ff.).

Zur Übertragung empfiehlt es sich dann, eine Unterscheidung nach Eigen- und Fremdsoftware sowie nach Individual- und Standardsoftware vorzunehmen. Vor allem bei komplexerer Software und Individualsoftware wird nicht selten eine Zustimmung des Rechteinhabers zur Übertragung erforderlich sein. Zu klären ist dabei auch insbesondere, ob ein Outsourcing- oder Rechenzentrumsbetrieb zulässig ist.[50] Dies wird oft ausgeschlossen, sodass eine Nachlizenzierung erforderlich wird (zu den urheberrechtlichen Aspekten im Übrigen vgl. Rdn. 197 ff.). **125**

Soll die Software an den Outsourcing-Anbieter nicht verkauft, sondern vermietet oder verliehen werden, stellt sich regelmäßig die Frage, ob dies vom Nutzungsrecht des Auftraggebers umfasst ist.[51] Anders als das Recht zur Verbreitung der Software erschöpft sich das Recht des Urhebers zur Vermietung der Software mit dem Inverkehrbringen im Wege der Veräußerung im Gebiet der EU nicht, vgl. §§ 17 Abs. 2, 69c Nr. 3 UrhG.[52] Bei Zulässigkeit der Vermietung oder des Verleihs der Software sollte eine Koppelung der Laufzeit an die Laufzeit des Rahmenvertrags erfolgen. Beim Verkauf ist umgekehrt an ein Rückerwerbsrecht zu denken (vgl. hierzu bereits oben Rdn. 97). **126**

Sachmängelhaftung wird auch hier regelmäßig ausgeschlossen oder stark eingeschränkt. Da jedoch ein gutgläubiger Erwerb von urheberrechtlichen Nutzungsrechten nicht möglich ist, wird der Outsourcing-Anbieter ein großes Interesse an einer Rechtsmängelhaftung und zwar in Form einer verschuldensunabhängigen Garantie haben. Insbesondere ist dabei auch an eine Zusicherung des Auftraggebers zu denken, dass im Hinblick auf von Arbeitnehmern erstellte Software keine von § 69b UrhG abweichenden Vereinbarungen bestehen (vgl. Rdn. 200 ff.). Sollten Dritte dennoch Ansprüche geltend machen, so hat der Auftraggeber den Outsourcing-Anbieter hiervon freizustellen. Diesem sollte dafür allerdings ein Recht zur Führung oder zumindest Beteiligung am Rechtsstreit eingeräumt und entsprechende Unterrichtungs- und Mitwirkungspflichten des Outsourcing-Anbieters aufgestellt werden. Der Auftraggeber ist nämlich als ursprünglicher Rechteerwerber hierzu besser in der Lage.[53] **127**

cc) Übernahmeschein Verträge

Bei der Regelung zur Übernahme von Verträgen ist zunächst zu prüfen, welche Verträge überhaupt zu übernehmen sind. Oftmals wird der Outsourcing-Anbieter über günstigere Bezugsquellen oder bereits bestehende Verträge gleichen Inhalts verfügen. Es ist jedoch auch darauf zu achten, dass die betriebsnotwendigen Verträge, vor allem Provider-, Leasing- und Wartungsverträge, auf den Outsourcing-Anbieter überführt werden. **128**

Im Rahmen einer zuvor durchzuführenden Due Diligence Prüfung sollte besonders darauf geachtet werden, ob ein vorzeitiger Ausstieg aus den Verträgen möglich bzw. ob eine Zustimmung für deren Übertragung erforderlich ist. Die Verträge sollten in einer Anlage entsprechend sortiert aufgelistet werden, und für diejenigen Verträge, bei denen eine Zustimmung nicht bereits erteilt worden ist, eine Pflicht des Auftraggebers vorgesehen werden, diese einzuholen und hierfür ggf. auch die Kosten zu tragen. Wird die Zustimmung von dem Dritten verweigert, kann der Vertrag ggf. »beigestellt« werden, indem dem Outsour- **129**

---

50 Vgl. *Fritzemeyer/Schoch* CR 2003, 793 (797); so auch *Hilber* CR 2009, 749 (754).
51 Vgl. hierzu *Fritzemeyer/Schoch* CR 2003, 793 (794).
52 Das Verleihrecht ist nach dem Willen des Gesetzgebers von der Erschöpfung hingegen umfasst. Krit. hierzu *Lehmann* CR 1994, 271 (274).
53 Vgl. im Einzelnen *Redeker* B IV 3a.

cing-Anbieter eine Bevollmächtigung erteilt wird und er die administrative Verantwortung für den Vertrag übernimmt. Der Vertrag wird so im Innenverhältnis faktisch übernommen, nicht aber im Außenverhältnis. Hierbei dürfen Regelungen zur Verantwortlichkeit, zur Kostentragung und zur Haftung nicht vergessen werden.

130 Der Auftraggeber übernimmt regelmäßig nur die Haftung für die Vollständigkeit der Aufzählung der Verträge, deren rechtlichen Bestand und die Abwesenheit gerichtlicher Auseinandersetzungen oder offener Vergütungen. Die Wirtschaftlichkeit der Verträge sollte im Rahmen der Due Diligence Prüfung vom Outsourcing-Anbieter selbst bewertet werden.

dd) Übernahmeschein Mitarbeiter

131 Während die Übernahme von Mitarbeitern sich im Außenverhältnis nach § 613a BGB bestimmt (vgl. Rdn. 219 ff.), ist das Innenverhältnis zwischen Auftraggeber und Outsourcing-Anbieter weitgehend frei gestaltbar. Um Unsicherheiten darüber zu vermeiden, welche Arbeitnehmer im Wege des Betriebsübergangs übergehen, ist auf eine genaue Definition der zu übertragenden Geschäftsgegenstände, Betriebsmittel und sonstigen Werte zu achten. Arbeitnehmerlisten haben insofern nur Indizwirkung. Es kann sich anbieten, Regelungen darüber zu treffen, wer die Gehälter von Arbeitnehmern zu tragen hat, die nicht in den Listen aufgeführt sind, dennoch aber nach § 613a BGB übergehen. Auch an die Verteilung von Gerichtskosten für den Fall des Widerspruchs von Mitarbeitern gegen den Übergang ist zu denken.

132 Im Rahmen der Personalüberführung sind zahlreiche weitere, vom jeweiligen Einzelfall abhängige Probleme zu berücksichtigen, die hier aus Platzgründen nicht vertieft werden können:
- Es sollte ein genauer Zeitpunkt für den Übergang bestimmt werden.
- Es bedarf einer Kostentragungsregel für Abfindungszahlungen.
- Die Arbeitsbedingungen sind zu überprüfen, da sich aus diesen Kosten und Verpflichtungen des Outsourcing-Anbieters ergeben können. Ggf. ist eine Pflicht zur Kündigung von Tarifverträgen oder Betriebsvereinbarungen angezeigt.
- Der Outsourcing-Anbieter ist von rückständigen Lohnzahlungen freizustellen.
- Bestehende betriebliche Übungen, Zusagen, Abänderungsvereinbarungen und Gepflogenheiten sind mitzuteilen und ggf. Ersatzansprüche bei Unrichtigkeit vorzusehen.
- Der Outsourcing-Anbieter ist über einen bestehenden Sonderkündigungsschutz einzelner Arbeitnehmer (Betriebsräte, Mutterschutz, Schwerbehindertenschutz, Elternzeit) zu informieren.
- Die Haftung für Vergütungsansprüche bis zum und ab dem Betriebsübergang ist zu regeln.
- Es ist ggf. ein Ausgleich für Überstunden, Zeitwertguthaben bzw. -defizite sowie Urlaubsansprüche vorzusehen.
- Versorgungsanwartschaften sind ggf. zu übertragen.
- Die Arbeitnehmer müssen über den Betriebsübergang informiert werden.
- Betriebszugehörigkeitszeiten sind möglicherweise anzurechnen.

2. Betriebsübernahme/Transition

133 Wesentlicher Teil eines IT-Outsourcing ist die schrittweise Überführung des IT-Betriebs (Transition). Im Einzelvertrag Transition ist daher vor allem ein Zeitplan für diese Überführung vorzusehen. Die Phase der Transition lässt sich dabei in eine »Build Phase«, in der die Vorbereitung und Übertragung der Assets erfolgt, und eine »Transformationsphase«, in der die eigentliche Leistungserbringung auf den Outsourcing-Anbieter überführt wird, unterscheiden. Nach Abschluss der Transition sollten alle Voraussetzungen für einen Normal-

betrieb geschaffen sein. Dementsprechend überwiegt bei der Transition das werkvertragliche Element und es besteht eine starke Ähnlichkeit zu IT-Projektverträgen.

a) Build Phase

In der Build Phase wird zunächst ein Pflichtenheft, in der Regel durch den Outsourcing-Anbieter unter Mitwirkung des Auftraggebers, erstellt. Es sind bestimmte Meilensteine für die Erreichung von Zwischenzielen (Milestones) zu definieren und Termine und Voraussetzungen für deren Erreichung und Abnahme vorzusehen. Ein wichtiger Meilenstein ist die Überführung der Daten, wobei darauf zu achten ist, dass neben dem Zeitpunkt auch deren genaue Bezeichnung, deren Format und die Übermittlungsart bestimmt werden. Als weiterer Milestone kommt die Überführung von Assets in Betracht, einschließlich der Zeitpunkte und Verantwortlichkeiten für die Einholung von Genehmigungen für die Einräumung von Nutzungsrechten an Software oder die Übertragung von Verträgen. Zuletzt ist auch der Zeitplan für die Überführung von Mitarbeitern aufzustellen, insbesondere bei einem Betriebsübergang i. S. d. § 613a BGB auch hinsichtlich der Mitteilungspflichten nach § 613a Abs. 5 BGB.[54] Neben der inhaltlichen Ausgestaltung des Pflichtenhefts ist von den Parteien auch dessen rechtliche Bedeutung zu regeln. Das Pflichtenheft enthält detaillierte Vorgaben zur Realisierung des Outsourcing-Projekts, welche möglicherweise genauer sind als die übrigen Vertragsdokumente. Es gilt daher von vornherein das Verhältnis von Outsourcing-Vertrag und Pflichtenheft festzulegen, um Streitigkeiten über die rechtliche Bedeutung der jeweiligen Dokumente zu vermeiden.[55] 134

Oft wird der Outsourcing-Anbieter auf Teilvergütungen nach erfolgreichen Teilabnahmen bestehen. Fehlerklassen können hier Rechtssicherheit bringen und vermeiden, dass der Projektfortschritt aufgrund unbedeutender Fehler aufgehalten wird. Sofern keine Besonderheiten zu regeln sind, kann hier auch auf die Abnahmeregeln im Rahmenvertrag verwiesen werden. In jedem Fall sollte eine Endabnahme vorgesehen werden, bei der das Zusammenspiel sämtlicher im Rahmen von Teilabnahmen geprüften Teilleistungen untersucht wird. 135

Dem Auftraggeber ist die Termin- und Budgettreue besonders wichtig, da jede Verzögerung und Einschränkung von notwendigen IT-Leistungen zu finanziellen Einbußen führen kann. Er hat daher ein großes Interesse daran, diesem Aspekt durch entsprechende Sanktionen wie Vertragsstrafen oder pauschaliertem Schadensersatz Nachdruck zu verleihen. Hierfür bietet sich eine Staffelung in Abhängigkeit der Termin- oder Budgetüberschreitung an. 136

b) Transformation

Die Transformation stellt die Überführung von der internen zur externen Leistungserbringung dar. Hierzu ist von einem vollständigen Parallelbetrieb über mehrere Wochen bis hin zu einer Überführung »über Nacht« alles denkbar. Ein Parallelbetrieb ist möglicherweise dann nicht sinnvoll, wenn binnen kurzer Zeit zahlreiche Datentransaktionen vorgenommen werden. Hier wäre mit der doppelten Datenpflege ein erheblicher Aufwand verbunden. 137

Während der Transformation wird es regelmäßig auch eine Testphase geben, in der die Service Levels noch nicht eingehalten werden können und daher Einschränkungen bei den Sanktionen erforderlich sind. Ob während der Transitionsphase für jede Einzelleistung abweichende Service Levels im Service Level Agreement definiert werden oder Service Levels im Einzelvertrag Transition während der Transformation für unverbindlich erklärt und als bloße Bemühenspflichten aufrechterhalten werden, ist letztlich einzelfallabhängig. 138

---

54 Vgl. zur Bedeutung der Gestaltung des Pflichtenhefts *Roth/Dorschel* ITRB 2008, 189.
55 Vgl. zu den Mitteilungspflichten *Gennen* ITRB 2002, 291 (292).

3. Leistungsverträge mit Leistungsbeschreibungen

a) Inhalt und Struktur

139 Die Leistungsverträge oder Leistungsscheine enthalten die Leistungspflichten, Mitwirkungspflichten sowie die Verteilung der Verantwortlichkeiten. Ggf. können auch besondere einzelvertragliche Kündigungsbestimmungen aufgenommen werden. Die Service Levels, also die Bestimmung von Quantität und Qualität der Leistungen, werden demgegenüber vorzugsweise zusammengefasst im Service Level Agreement festgelegt (vgl. Rdn. 148 ff.). Auch die Vergütung findet sich in der Regel in einer gesonderten Anlage.

140 Die Leistungsscheine weisen üblicherweise folgende Gliederung auf:
- Beschreibung der Leistung und deren Umfang, einschließlich technischer Spezifikationen
- Mitwirkungspflichten, Randbedingungen und Verantwortlichkeiten
- ggf. besondere Kündigungsvorschriften, Abhängigkeit von anderen Leistungsscheinen
- Verweis auf den Rahmenvertrag, das Service Level Agreement und die Anlage Vergütung

141 Wenn die Leistungsscheine als speziellere Regelung Vorrang vor dem Rahmenvertrag haben, können hier abweichende Vorschriften aufgenommen werden, soweit dies ausnahmsweise aufgrund der Besonderheit der Leistung erforderlich ist. Der Übersichtlichkeit halber sollte hiervon aber nur sparsam Gebrauch gemacht und in den Leistungsscheinen tatsächlich nur die unmittelbar mit der Leistung zusammenhängenden Pflichten geregelt werden.

142 Die in den Leistungsscheinen zu regelnden Einzelleistungen können grob in Querschnittsleistungen, welche also das gesamte Outsourcing-Projekt betreffen, und einzelne Technik- und Serviceleistungen unterteilt werden.

143 Beispiele für typische Querschnittsleistungen sind:
- User Help Desk (UHD) als Anlauf- und Verteilstelle für sämtliche Probleme und Anfragen
- Betriebssteuerungs- und Betriebsmanagementleistungen (Steuerung, Koordinierung, Dokumentation, Monitoring, Tracking, Reporting usw.)

144 Beispiele für einzelne Technik- und Serviceleistungen sind:
- Desktop Services (Beschaffung, Installation, Wartung, Pflege etc.)
- Netzwerkleistungen (Bereitstellung und Wartung von WAN, LAN, VPN)
- serverbezogene Leistungen, Hosting, Housing
- softwarebezogene Leistungen wie Entwicklung und Anpassung

b) Leistungsbeschreibungen

145 Im Hinblick auf die Vereinbarungen im Service Level Agreement ist eine möglichst präzise Beschreibung der Leistung erforderlich. Regelmäßig entsteht Streit allein darüber, ob bestimmte Leistungen geschuldet waren und daher für deren Nicht- oder Schlechterbringung zu haften ist. Hierzu sind Skizzen, Aufstellungen und technische Angaben sinnvoll. Entsprechend sollten neben Juristen insbesondere auch Techniker und Kaufleute an den Verhandlungen teilnehmen. Auch eine allgemeine Beschreibung der erwarteten Ergebnisse kann durchaus sinnvoll sein. Dies ermöglicht zum einen dem Outsourcing-Anbieter, das vom Auftraggeber mit der Leistung verfolgte Ziel zu erkennen, statt sich an Einzelaspekten zu orientieren, und zum anderen erhöht es für Dritte, wie Richter oder Schiedsrichter, im Fall der Überprüfung die Verständlichkeit.

146 Die Regelungen im Leistungsschein sind überdies auch ein Indiz für die vertragstypologische Einordnung der Leistung. Diese muss dennoch nicht immer eindeutig sein, und häufig wird ein typengemischter Vertrag vorliegen. Für die Abgrenzung zwischen Dienst- und

Werkvertrag bedarf es einer klaren Zuordnung der Erfolgsverantwortung. Dennoch führt die bloße Definition des Leistungsniveaus einer Dienstleistung (z. B. 99,8 % Verfügbarkeit) noch nicht für sich allein genommen zu einer Werkleistung.

Wie bereits angesprochen, hängt die Leistungsbeschreibung eng mit den Haftungs- und Mängelvorschriften zusammen. Die Leistungsbeschreibung sollte auch mit den Vereinbarungen im Service Level Agreement konform gehen. Es ist beispielsweise Vorsicht geboten, wenn eine verschuldensunabhängige Minderung für Dienstleistungen vereinbart wird. Dies ist individualvertraglich ohne Weiteres zulässig. Knüpft die Minderung jedoch an das Nichterreichen eines Erfolges an, so wird es sich bei der Leistung letztlich wohl um eine Werkleistung mit den entsprechenden Konsequenzen handeln. 147

IV. Service Level Agreement

Das Service Level Agreement bestimmt den jeweiligen Qualitätsstandard der in den Leistungsscheinen beschriebenen Einzelleistungen sowie die Sanktionen im Fall der Nichterreichung.[56] Hierbei wird regelmäßig zwischen der Transitionsphase und dem Normalbetrieb unterschieden. Zur Überprüfung der Einhaltung werden regelmäßig die Kennwerte, Messverfahren (Monitoring) und Berichtspflichten (Reporting) sowie mögliche Nachprüfungsrechte des Auftraggebers (Auditing) festgelegt.[57] 148

Aus Platzgründen können hier nur einige wesentliche Aspekte von Service Level Agreements aufgegriffen und erläutert werden. 149

1. Verfügbarkeit

Der wohl bekannteste Kennwert in Service Level Agreements ist die Verfügbarkeit einer Leistung (z. B. von Servern). Allerdings dürfen die oft recht einfach und einleuchtend erscheinenden Verfügbarkeitswerte nicht über die dahinter stehende Komplexität hinwegtäuschen. Es bedarf einer genauen Definition des Begriffs, der maßgeblichen Parameter und Prämissen, um im Einzelfall entscheiden zu können, ob eine Leistung verfügbar ist oder nicht. Ungenauigkeiten in diesem Bereich bieten Anlass zu Auseinandersetzungen. 150

Zu unterscheiden ist auch, auf welchen Leistungsgegenstand sich die Verfügbarkeit bezieht, insbesondere ob sie sich auf Einzelkomponenten bezieht oder es sich um eine Gesamtverfügbarkeit handelt. Hierdurch können sich erhebliche Auswirkungen auf die zulässigen Zeiten der Nichtverfügbarkeit ergeben.[58] Denn werden etwa für einen Datenbankserver, die Netzwerkverbindung zum Nutzer und schließlich den Desktop jeweils 98% Verfügbarkeit zugesagt, so kann der Nutzer bei drei Komponenten doch nur mit 98% multipliziert mit 98% multipliziert mit 98%, d. h. insgesamt mit 94,1% Verfügbarkeit auf die Datenbank zugreifen. Umgekehrt müsste für eine Gesamtverfügbarkeit von 98% jede Einzelkomponente eine Verfügbarkeit von über 99,3% aufweisen. Wird für die eigentlich gewünschte Leistung (hier der Zugriff auf die Datenbank) eine Gesamtverfügbarkeit beim tatsächlichen Nutzer zugesagt (hier am Desktop), so spricht man insofern auch von einem End-to-End Service Level. 151

Ausschlaggebend für die Verfügbarkeit sind auch die Hardware-Konfiguration (beispielsweise die Geschwindigkeit der Rechner) sowie das verwendete Betriebssystem und die genutzte Anwendersoftware. Auch die Anzahl der zugriffsberechtigten Anwender (User) 152

---

[56] Vgl. zum Sinn und Zweck sowie zur Bestimmung von Service Level Agreements auch *Hörl/Häuser* CR 2003, 713; vgl. zur Rechtsnatur der Service Levels *Schuster* CR 2009, 205.
[57] Vgl. näher zur Funktion und rechtlichen Bedeutung von Service Level Agreements *Bräutigam* CR 2004, 248, (249) sowie *Blöse/Pechardscheck* CR 2002, 785 (787).
[58] Vgl. *Bräutigam* CR 2004, 248 (252).

und die Zahl der gleichzeitig zugreifenden Anwender (Concurrent User) sollten festgelegt werden. Schließlich kann ein zeitlicher Schwellenwert definiert werden, ab dem ein Ausbleiben einer Reaktion als Nichtverfügbarkeit zu werten ist.

153 Die Verfügbarkeit wird regelmäßig als Quotient aus tatsächlicher Nutzbarkeit und Soll-Gesamtbetriebszeit in einer Zeitperiode angegeben. Dabei sind erlaubte und geplante Wartungszeiten (Scheduled Downtime) zu berücksichtigen (und im Service Level Agreement zu regeln), sodass lediglich ungeplante Ausfallzeiten (Unscheduled Downtime) zu einer Minderung der Verfügbarkeit führen können, die sich in Service Credits niederschlägt.

154 Nicht zu vernachlässigen ist auch die Bestimmung der für die Messung maßgeblichen Zeitperiode, denn diese gibt letztlich die maximal erlaubte zusammenhängende Ausfallzeit vor. Je größer der Bezugszeitraum ist, desto größer ist auch die maximal erlaubte zusammenhängende Ausfallzeit. Bei langen Bezugszeiträumen empfiehlt es sich für den Auftraggeber, maximale Ausfallzeiten oder maximale Ausfallhäufigkeiten vertraglich festzulegen.

2. Kennzahlen

155 Zur Messung anderer Kennwerte haben sich in der Praxis im Wesentlichen drei Methoden herausgebildet.[59] Zum ersten können Durchschnittsgrößen zugrunde gelegt werden. Hier werden in der Praxis vor allem die Zeit zwischen Störungsmeldung und Störungsbeseitigung (Mean Time To Repair – MTTR) sowie die Zeit zwischen zwei Ausfällen (Mean Time Between Failures – MTBF) verwendet. Auch hier ist ein Bezugszeitraum zu definieren. Ferner sollte festgelegt werden, ob MTBF für jegliche Ausfälle oder nur für Ausfälle mit gleicher Ursache gelten soll.

156 Zum zweiten können statistische Größen zur Messung der Kennwerte herangezogen werden, regelmäßig Prozentsätze. Es bedarf hier – wie bereits beschrieben – einer detaillierten Beschreibung der Rahmenbedingungen und Messverfahren, um eine effektive Umsetzung und Kontrolle zu ermöglichen. Der Referenzzeitraum muss zudem groß genug für eine statistische Auswertung sein. Problematisch an dieser Methode ist, dass sie die Dauer einer einzelnen Nichtverfügbarkeit nicht berücksichtigt. Es können daher Regelungen sinnvoll sein, wonach ein Ausfall ab einer gewissen Dauer als zwei oder mehrere Ereignisse gewertet wird.

157 Eine dritte Methode der Qualitätsmessung ist eine Kundenzufriedenheitsauswertung (Customer Satisfaction Index – CSI). Da es sich hierbei um eine subjektive Größe handelt, sind Verzerrungen möglich. Die Bewertung der Qualität anhand von CSI empfiehlt sich nur flankierend zu objektiven Größen.[60] Um einen gewissen Grad an Objektivität zu erreichen, sollte die Häufigkeit und der Umfang der Befragung im Service Level Agreement festgeschrieben werden. Diese Methode eignet sich nur für Leistungen, bei denen unmittelbarer Kundenkontakt besteht, wie beim UHD oder Leistungen mit Bezug zu Endgeräten.

3. Antwortzeiten/Abgrenzung Nichterfüllung

158 Weitere Kennwerte für die Leistungserbringung sind die Betriebszeit, die Reaktions- oder Antwortzeit (Response Time) sowie die Antritts- und Fehlerbehebungszeit.

159 Die Betriebszeit ist diejenige Zeit, zu der die Leistungen generell abrufbar sind. Bei einem UHD könnte dies beispielsweise werktags von 9:00 Uhr bis 18:00 Uhr sein.

---

59 Vgl. auch die Übersicht bei *Bräutigam* CR 2004, 248 (253).
60 Vgl. zu objektiven und subjektiven Service Levels *Hörl/Häuser* CR 2003, 713 (715).

Die Antwortzeit ist diejenige Zeit, die vergeht, bis der Outsourcing-Anbieter eine erste Reaktion zeigt, im Beispiel des UHD also die Zeit, bis der Kunde aus der Warteschlange zum Mitarbeiter durchgestellt wird. 160

Die Antrittszeit beschreibt dann diejenige Zeit, die vergeht, bis der Dienst mit der eigentlichen Lösung des Problems beginnt, der UHD also Lösungsmaßnahmen vorschlägt oder Mitarbeiter des Field Service vor Ort erscheinen, um ein defektes Gerät auszutauschen. 161

Letztlich stellt die Fehlerbehebungszeit diejenige Zeitspanne dar, die benötigt wird, um das Problem endgültig zu lösen – im vorstehenden Beispiel die Bereitstellung eines voll funktionsfähigen Ersatzgeräts. 162

Soweit die vorstehenden Kennwerte vereinbart werden, ist zu regeln, wie zu verfahren ist, wenn ein Problem außerhalb der Betriebszeit auftritt (ab welchem Zeitpunkt laufen die Fristen?) oder eine vereinbarte Frist außerhalb der Betriebszeit endet (Hemmung des Fristablaufs?). 163

Die jeweils vereinbarten Zeiten können nach Schwere der Störung (kritisch/unkritisch), nach Bedeutung der betroffenen Geschäftsprozesse, nach den betroffenen Endgeräten oder nach Art der Endnutzer (Management/einfacher Mitarbeiter) gestaffelt werden. 164

4. Messpunkte

Auch die Punkte, an denen die Kennwerte gemessen werden (Leistungsübergabepunkte – LÜP), haben entscheidenden Einfluss auf die Ermittlung der vereinbarten Leistungsqualität. Sie sind für jede Leistung getrennt zu bestimmen. 165

Wenn für die Messung der Verfügbarkeit einer Datenbank angenommen wird, dass die Anbindung der Datenbank über das Internet erfolgt, so ergeben sich unterschiedliche Werte der Verfügbarkeit, je nachdem, ob an dem Ort gemessen wird, an dem der Outsourcing-Anbieter die Leistung an das Internet übergibt, oder dort, wo der Auftraggeber die Leistung aus dem Internet bezieht. In ersten Fall trägt der Auftraggeber das Übermittlungsrisiko, im zweiten Fall der Outsourcing-Anbieter. Es stellt sich also die Frage, wer Risiken, die weder im Verantwortungsbereich des einen noch des anderen Vertragspartners liegen, zu tragen hat. Für diese Fälle hat sich eine Aufteilung nach Einflusssphären durchgesetzt. 166

Aber auch wenn die gesamte Strecke der Übermittlung vom Outsourcing-Anbieter verantwortet wird, ergibt sich das Problem, dass sich bei der Messung der Einzelleistungen an deren jeweiligen Übergabepunkten die Downtime summiert. Unterstellt sei hier eine zulässige Downtime von jeweils 10 Minuten pro Tag für Datenbankserver, Netzwerkanbindung und Desktop. Fällt jedes dieser Geräte an einem bestimmten Tag für 10 Minuten aus, so kann der Nutzer letztlich für insgesamt 30 Minuten nicht auf die Datenbank zugreifen. Bei kritischen Prozessen sollte der Auftraggeber daher auf eine Gesamtverantwortlichkeit des Outsourcing-Anbieters bestehen und die Kennwerte nur beim Endnutzer messen (End-to-End Service Level Agreement). Er erhält so eine Gesamtleistung mit einheitlichen Leistungskriterien. Die entsprechenden Kennwerte können die End-to-End System Availability oder die End-to-End Response Time sein. Für den Outsourcing-Anbieter bedeutet die Übernahme der Gesamtverantwortung auch eine Potenzierung des Risikos, das sich regelmäßig in höheren Preisen niederschlägt. Zu bedenken ist auch, dass eine solche Verknüpfung von Einzelleistungen nur dann sinnvoll ist, wenn der Outsourcing-Anbieter selbst alle Leistungen erbringt und wenn auch eine getrennte Kündigung der Einzelleistungen nicht gewünscht ist. 167

5. Monitoring/Tracking

168 Für eine Kontrolle der Einhaltung der Service Levels ist die ständige oder zumindest regelmäßige Überwachung der Systeme durch Experten und entsprechende Softwaretools erforderlich (Monitoring). Hierdurch können Fehler schneller entdeckt und behoben werden, und die bessere Einhaltung der Service Levels ist gewährleistet.[61] Im Service Level Agreement sind entsprechende Messmethoden, Messintervalle, Messzeitpunkte und Messpunkte festzulegen, da die Systemauslastung von Tageszeit, Wochentag und Entfernung von der Leistungsquelle abhängen kann.

169 Die einzelnen Messungen sollten miteinander in Bezug gesetzt werden, sodass Veränderungen der gemessenen Werte über einen gewissen Zeitraum sichtbar werden (Tracking).

6. Reporting/Auditing

170 Der Auftraggeber wird sich regelmäßig nicht damit zufriedengeben, dass der Outsourcing-Anbieter ihm die Einhaltung der Service Levels bestätigt. Er möchte vielmehr die Ergebnisse des Monitoring und Tracking in aufbereiteter Form erhalten (Reporting), um sich selbst ein Bild von der Leistungsqualität machen zu können. Dies kann monatlich in Form von Präsentationen oder durch Überlassung von Ausdrucken erfolgen oder auch durch ein jederzeit aktuelles Online-Reporting.

171 Anhand der so vorgelegten Informationen kann der Auftraggeber zum einen überprüfen, inwieweit die Service Levels eingehalten wurden, und so die angefallenen Service Credits (Bonus und Malus) berechnen. Zum anderen dienen die Analysen aber auch als Entscheidungshilfe für die Weiterentwicklung und Anpassung des Systems. Auftraggeber und Outsourcing-Anbieter sollten gemeinsam über die aus dem Bericht zu ziehenden Konsequenzen beraten. Diese Pflicht zur Abstimmung sollte vertraglich fixiert werden. Um alle für die Abstimmung notwendigen Grundlagen zu haben, die auch einer späteren Nachverfolgung dienen, empfiehlt es sich, eine Aufschlüsselung nach den einzelnen Leistungen vorzunehmen sowie Erstellernamen, Erstellungszeitpunkt, Erstellungszeitraum, Erstellungsturnus und Empfänger anzugeben. Ggf. kann dafür ein Muster als Anlage dem Service Level Agreement beigefügt werden, aus welchem sich Aufbau und Art und Weise der Erfüllung der Berichtspflicht ergibt.

172 Als weitestgehende Kontrollmöglichkeit des Auftraggebers kann diesem die Überprüfung der Messungen des Outsourcing-Anbieters durch eigene Messungen gestattet werden (Auditing). Entsprechende Regelungen sind insbesondere dann bedeutend, wenn der Auftraggeber die Überprüfung nicht bei sich selbst vornehmen kann, sondern hierzu Zugang zu den Räumlichkeiten oder Zugriff auf die Messpunkte des Outsourcing-Anbieters benötigt. Ein Auditing ist jedoch nur dann sinnvoll, wenn der Auftraggeber auch Zugriff auf die ermittelten Rohdaten hat; eine Überprüfung von konsolidierten Reports ist nicht sinnvoll und kann fehlerhafte Messungen in der Regel nicht aufdecken.

7. Service Credits

173 Dass sich Service Credits als mögliche Sanktion bei Verfehlung der Service Levels anbieten, wurde bereits bei der Behandlung des Rahmenvertrags angesprochen (vgl. Rdn. 78). Im Service Level Agreement ist nun der Wert dieser Service Credits – entweder in Prozent der laufenden Vergütung oder als Fixbetrag – festzulegen. Außerdem sollte für die einzelnen Leistungen geregelt werden, welche Über- oder Unterschreitung der Service Levels wie viele positive oder negative Service Credits auslöst.

---

61 Vgl. *Hörl/Häuser* CR 2003, 713 (716).

Dadurch ist auch eine Gewichtung verschiedener Service Levels nach deren Wichtigkeit für 174
die Leistungserbringung möglich (sog. Key Service Level). Regelmäßig werden Service
Credits nach Schwere (z. B. Zeiteinheiten bei Downtime, Prozentpunkte bei statistischen
Größen) oder Häufigkeit von Service Level Verletzungen gestaffelt. Dies kann linear,
aber auch degressiv erfolgen. Ebenso ist eine Toleranzschwelle denkbar, innerhalb derer
trotz Service-Level-Verletzung noch keine Service Credits ausgelöst werden.

Im Service Level Agreement (oder alternativ im Rahmenvertrag) zu regeln ist auch die Fra- 175
ge, ob positive Service Credits zu einer Erstattung führen oder lediglich dem Ausgleich negativer Service Credits dienen. Ein Bonus macht für den Auftraggeber allerdings nur Sinn,
wenn die überobligatorische Erfüllung der Leistungspflichten auch einen echten Mehrwert
bietet.

8. Service Level Management

Da das Service Level Agreement eine komplexe, auf lange Zeit angelegte Vereinbarung ist, 176
bedarf es ebenfalls einer ständigen Weiterentwicklung und Anpassung an die aktuellen Entwicklungen. Die formellen Erfordernisse hierzu sind in den Bestimmungen zum Change
Request Verfahren niedergelegt. Solange allerdings keine merklichen Einbußen bei den
Leistungen zu Tage treten, besteht in der Regel nur eine geringe Motivation, Änderungen
vorzunehmen. Unabhängig von dem förmlichen Verfahren des Change Request bedarf es
daher einer vorbereitenden Zusammenarbeit der Parteien. Diese als Service Level Management bezeichnete Vorgehensweise baut zwar auf dem Monitoring, Tracking, Reporting und
Auditing auf, dient aber darüber hinaus der Weiterentwicklung und Verbesserung der Service Levels durch enge Zusammenarbeit der technischen Ansprechpartner. Eine solche Zusammenarbeit bedarf einer klaren Zuständigkeitsordnung sowie einer klaren Regelung über
die Verbindlichkeit gemeinsamer Feststellungen und Absprachen. Entsprechend sollte dies
in Protokollen schriftlich festgehalten werden.

F. Datenschutz und Datensicherheit

I. Allgemeines

Fragen des Datenschutzes spielen auch im Bereich von IT-Outsourcing-Projekten eine 177
nicht zu vernachlässigende Rolle. Es ist kaum ein IT-Outsourcing-Vertrag denkbar, in
dem keine Übermittlung personenbezogener Daten stattfände. Gerade im Bereich des Hosting von Datenbanken, das regelmäßig eine zentrale Rolle beim IT-Outsourcing einnimmt,
ist die Übertragung von Daten vom Outsourcing-Anbieter an den Auftraggeber und umgekehrt notwendige Voraussetzung.[62] Im Folgenden sollen die möglichen Modelle dieses Datentransfers beim Outsourcing aufgezeigt und bewertet werden.[63] Im Übrigen wird auf die
Ausführungen in Kap. 20 verwiesen.

Regelmäßig unproblematisch ist die Datenerfassung des Outsourcing-Anbieters, die sich 178
auf das Vertragsverhältnis mit dem Auftraggeber selbst bezieht. So darf der Outsourcing-
Anbieter schon allein zu Zwecken der Abrechnung oder des Nachweises der Einhaltung
der Service Levels Kennwerte messen und Daten von Hilfe ersuchenden Mitarbeitern
oder deren Rechnern aufnehmen. In diesem Fall liegt eine Datenverarbeitung für eigene
Zwecke der Vertragserfüllung vor, die nach § 28 Abs. 1 S. 1 Nr. 1 BDSG zulässig ist. Der
Outsourcing-Anbieter ist in diesem Fall verantwortliche Stelle, muss also ggf. einen Daten-

---
62 Vgl. *Räther* DuD 2005, 461.
63 Vgl. speziell zum IT-Outsourcing öffentlicher Aufgaben *Ulmer* CR 2003, 701.

schutzbeauftragten bestellen, die technischen und organisatorischen Maßnahmen gem. Anlage zu § 9 BDSG ergreifen sowie Melde- und Vorabkontrollpflichten erfüllen.

179 Im Übrigen verarbeitet der Outsourcing-Anbieter regelmäßig Drittdaten des Auftraggebers, beispielsweise personenbezogene Kunden- oder Mitarbeiterdaten. Dementsprechend handelt er nicht für eigene, sondern für fremde Zwecke und die Ausnahmeregelung des § 28 Abs. 1 S. 1 Nr. 1 BDSG greift hier nicht ein. Der Outsourcing-Anbieter benötigt hierfür eine Einwilligung der betroffenen Personen in die Datenverarbeitung oder eine gesetzlichen Genehmigung. Insoweit bestehen grundsätzlich zwei Möglichkeiten, die das BDSG zulässt und die in der Praxis gelebt werden: zum einen die Auftragsdatenverarbeitung durch den Outsourcing-Anbieter für den Auftraggeber, zum anderen eine Funktionsübertragung auf den Outsourcing-Anbieter. Die Modelle können für einzelne Leistungen auch unterschiedlich gewählt werden.

180 Wenngleich sich die rechtliche Beurteilung, welches Modell vorliegt, nicht nach den vertraglichen Bestimmungen, sondern alleine nach den tatsächlichen Gegebenheiten richtet, so empfiehlt es sich dennoch, in den Outsourcing-Vertrag eine Regelung aufzunehmen, die das verfolgte Modell detailliert regelt.

II. Auftragsdatenverarbeitung

181 Mit der Auftragsdatenverwaltung behält der Auftraggeber die volle Kontrolle über die verarbeiteten Daten. Der Outsourcing-Anbieter wird als »verlängerte Werkbank« des Auftraggebers tätig und ist daher datenschutzrechtlich dem Auftraggeber zugeordnet. Der Outsourcing-Anbieter ist dabei streng an die Weisungen des Auftraggebers gebunden und verarbeitet die Daten allein für diesen, sodass deren Transfer an ihn keine erlaubnispflichtige Datenübertragung darstellt. Der Auftraggeber ist alleiniger Herr der Daten, der die volle Verfügungsgewalt und Kontrolle innehat. Entsprechend bleibt der Auftraggeber gem. § 11 Abs. 1 S. 1 BDSG verantwortliche Stelle mit den damit verbundenen Pflichten, ggf. einen Datenschutzbeauftragten zu bestellen, die technischen und organisatorischen Maßnahmen gem. Anlage zu § 9 BDSG zu ergreifen sowie Melde- und Vorabkontrollpflichten zu erfüllen. Er alleine ist Adressat für Widersprüche nach § 28 Abs. 4 BDSG und sonstige Rechte der Betroffenen nach §§ 32 ff. BDSG.

182 Umgekehrt darf der Outsourcing-Anbieter die Daten keinesfalls für eigene Zwecke verwenden. Er ist lediglich verlängerter Arm des Auftraggebers und kein Dritter i. S. d. § 3 Abs. 8 S. 2 BDSG.

183 • Die inhaltlichen Mindestanforderungen an den schriftlich zu erteilenden Auftrag zur Datenverarbeitung hat der Gesetzgeber im Zuge der BDSG-Novelle II, welche am 01.09.2009 in Kraft trat, detailliert durch einen 10-Punkte-Katalog in § 11 Abs. 2 S. 2 Nr. 1 bis 10 BDSG geregelt.[64] Die darin enthaltene ausführliche Regelung des festzulegenden Mindestinhalts eines Vertrags soll sicherstellen, dass auch im Fall einer Auftragsdatenverarbeitung Datenschutz- und Datensicherheitsstandards gewahrt werden. Die neu gestaltete Regelung konkretisiert die im Gesetz zuvor nur allgemein gehaltenen Anforderungen an die Auftragserteilung und verleiht dem Verhältnis zwischen Auftraggeber und Auftragnehmer damit deutlichere Konturen. Aus der Gesetzesfassung geht nunmehr deutlicher hervor, dass der Auftragnehmer als weisungsgebundener Dienstleister für den weiterhin für die Daten verantwortlichen Auftraggeber tätig ist.[65]

---

64 Vgl. ausf. zur BDSG-Novelle II und den Mindestanforderungen an einen Datenverarbeitungsvertrag *Söbbing* ITRB 2010, 36.
65 Taeger/Gabel/*Gabel* § 11 Rn. 3.

Weitergehende datenschutzrechtliche Probleme ergeben sich, wenn der Outsourcing-Anbieter seinen Sitz nicht in der EU oder dem EWR hat, z. B. beim sog. Offshoring (vgl. Rdn. 189). 184

III. Funktionsübertragung

Das alternative Modell zur Auftragsdatenverarbeitung gem. § 11 BDSG ist die sog. Funktionsübertragung. Bei der Funktionsübertragung verarbeitet der Outsourcing-Anbieter die personenbezogenen Daten überwiegend selbstständig, es erfolgt also nicht nur eine Auslagerung der Datenverarbeitung, sondern auch der Kompetenz hierzu. Der Outsourcing-Anbieter kann inhaltlich auf die Daten und die Datenverarbeitung Einfluss nehmen. Damit ist er Dritter i. S. d. BDSG und verfolgt eigene Zwecke, nämlich die Erfüllung seiner Leistungspflicht, auch inhaltlich die Daten zu verwalten. Der Transfer der Daten vom und zum Auftraggeber ist dementsprechend als Übermittlung ein datenschutzrechtlich relevanter Vorgang. 185

Die Abgrenzung zur Auftragsdatenverarbeitung erfolgt dabei allein nach der tatsächlichen Ausgestaltung. Die vertragliche Bezeichnung ist allenfalls ein Indiz.[66] Aus Sicht eines außenstehenden Dritten nutzt der Auftragsdatenverarbeiter nur die vom Auftraggeber erhobenen Daten und tritt nicht gegenüber Kunden auf. Demgegenüber übernimmt der Outsourcing-Anbieter bei der Funktionsübertragung auch die eigentliche Aufgabe, die der Datenverarbeitung zugrunde liegt. Maßgeblich ist also für die Abgrenzung, ob dem Outsourcing-Anbieter eine eigene Entscheidungsbefugnis zusteht oder dieser streng weisungsgebunden handelt. Damit ist letztlich der vertraglich gewährte und in der Praxis umgesetzte Handlungs- und Gestaltungsspielraum das entscheidende Kriterium. 186

Bei der Funktionsübertragung sind beide Parteien verantwortliche Stelle i. S. d. Datenschutzrechts und müssen daher jeweils den Voraussetzungen des BDSG genügen. Jede Übermittlung zwischen ihnen bedarf einer gesetzlichen Gestattung oder der Einwilligung der Betroffenen. Als gesetzliche Gestattungstatbestände kommen vor allem die Zweckbestimmung des Vertragsverhältnisses zwischen dem Auftraggeber und dessen Kunden (§ 28 Abs. 1 S. 1 Nr. 1 BDSG) in Betracht oder die Wahrung berechtigter Interessen, sofern kein Grund zur Annahme besteht, dass schutzwürdige Interessen des Betroffenen überwiegen (§ 28 Abs. 1 S. 1 Nr. 2 BDSG). Die Rückübermittlung der Daten an den Auftraggeber für denselben Zweck, zu dem die ursprüngliche Übermittlung erfolgte, ist nach § 28 Abs. 5 BDSG zulässig. 187

Trotz der grundsätzlichen Verantwortlichkeit des Outsourcing-Anbieters für die Datenverarbeitung empfiehlt es sich, eine genaue Regelung des Umfangs der übertragenen Aufgaben vorzunehmen, da für den Auftraggeber die grundsätzliche Gefahr der Rufschädigung bei unvorsichtigem Umgang mit den Daten besteht. Sinnvoll ist, eine Beschreibung der technischen und organisatorischen Maßnahmen nach Anlage zu § 9 BDSG vorzunehmen. 188

IV. Übermittlung ins Ausland

Während für einen Datentransfer in andere EU-Staaten oder den EWR dieselben Bestimmungen wie innerhalb Deutschlands gelten,[67] sind bei Übermittlungen von personenbezogenen Daten in andere Staaten, wie z. B. im Rahmen des sog. Offshoring, besondere daten- 189

---

66 Vgl. zum Streit *Räther* DuD 2005, 461 (465).
67 Es können jedoch auch innerhalb der EU zusätzliche Anforderungen zu berücksichtigen sein. Dies ist beispielsweise beim Outsourcing der Buchführung nach §§ 146 Abs. 2, 148 AO der Fall, vgl. *Schneider* CR 2005, 309 (312).

schutzrechtliche Vorgaben zu beachten. Das BDSG sieht in solchen Fällen eine zweistufige Prüfung vor: Auf der ersten Stufe sind die allgemeinen Zulässigkeitsvoraussetzungen der §§ 28 bis 30a BDSG für die Übermittlung der Daten im Inland zu prüfen. Auf der zweiten Stufe werden anhand von §§ 4b und 4c BDSG die Voraussetzungen der Datenübermittlung ins Ausland geprüft.[68] Letzteres ist insbesondere dann der Fall, wenn der Drittstaat kein angemessenes Datenschutzniveau bietet (§ 4b Abs. 2 S. 2 BDSG).[69]

190 Als Staaten mit angemessenem Datenschutzniveau wurden von der EU-Kommission bislang lediglich die Schweiz, Kanada, Argentinien, Guernsey und die Isle of Man anerkannt.[70] Für eine Übermittlung in andere Länder kann jedoch, sofern nicht eine Einwilligung der Betroffenen vorliegt, auch eine Genehmigung durch die Aufsichtsbehörde erteilt werden. Hierzu ist erforderlich, dass eine Vereinbarung zwischen Übermittlungs- und Empfangsstelle mit entsprechenden Garantien geschlossen wird, die ein angemessenes Datenschutzniveau sicherstellen.

191 Für die USA wurde bislang kein angemessenes Datenschutzniveau anerkannt. Die Bundesstaaten haben nur vereinzelt Regelungen für bestimmte Bereiche erlassen, ein einheitliches allgemeines Datenschutzrecht fehlt. Die EU-Kommission hat daher mit der US-Regierung gemeinsame Datenschutzstandards erarbeitet und diese im sog. Safe Harbor Abkommen vom 27.07.2000 festgehalten.[71]

192 Unterwirft sich ein Unternehmen in den USA den im Safe Harbor Abkommen festgelegten Prinzipien (Safe Harbor Principles), so ist von einem angemessenen Datenschutzniveau i. S. d. § 4b Abs. 2 S. 2 BDSG bei der empfangenden Stelle auszugehen. Deutsche Datenexporteure dürfen jedoch nicht blind auf die Behauptung einer Safe Harbor Zertifizierung vertrauen, sondern sind verpflichtet, eine Mindestprüfung durchzuführen. Der Auftraggeber hat bezüglich dem verarbeitenden Unternehmen sicherzustellen, dass die Zertifizierung nicht mehr als sieben Jahre zurückliegt. Zudem muss der Nachweis erbracht werden, wie den Informationspflichten nachgekommen wird, die das Safe Harbor Zertifikat vorsieht. Hinsichtlich dieser Mindestprüfung besteht auch eine Dokumentationspflicht.[72]

193 Die wesentlichen Bestimmungen der Safe Harbor Principles sind:[73]
- Es bestehen Informationspflichten über Zweck der Erhebung und Verwendung der Daten gegenüber den Betroffenen.
- Bei Weitergabe der Daten an Dritte oder Zweckänderung muss für den Betroffenen eine Widerspruchsmöglichkeit bestehen (opt out); soweit es sich um sensible Daten handelt, muss seine vorherige Einwilligung eingeholt werden (opt in).[74]
- Bei Weitergabe der Daten an Dritte muss dieser mindestens den beiden vorstehenden Voraussetzungen genügen, es sei denn, es handelt sich um eine Auftragsdatenverwaltung.
- Es sind angemessene Sicherheitsmaßnahmen zu ergreifen.
- Es gilt der Zweckbindungsgrundsatz.
- Es bestehen Auskunfts- und Berichtigungsrechte des Betroffenen.
- Es sind Durchsetzungs- und Kontrollmechanismen im Unternehmen vorzusehen.

Das US Department of Commerce führt eine Liste, in der alle Unternehmen geführt sind, die sich den Safe Harbor Principles unterworfen haben, sowie diejenigen, die diese Unter-

---

[68] Vgl. Taeger/Gabel/Gabel § 4b BDSG Rn. 9.
[69] Vgl. Räther DuD 2005, 461 (463); vgl. auch Moos CR 2010, 281 (281).
[70] Vgl. http://ec.europa.eu/justice/policies/privacy/thridcountries/index_en.htm.
[71] Informationen zu den Safe Harbor Principles finden sich auf einer vom US-Handelsministerium zu diesem Thema eingerichteten Website unter http://www.export.gov/safeharbor/.
[72] Beschluss der obersten Aufsichtsbehörden (Düsseldorfer Kreis) für den Datenschutz im nicht-öffentlichen Bereich am 28./29.04.2010 in Hannover.
[73] Vgl. Söbbing C. II. 2. c) dd) Rn. 382.
[74] Vgl. zur Übermittlung sensibler Daten ins Ausland Räther DuD 2005, 461 (464).

werfung nachträglich wieder zurückgenommen haben. Eine Überwachung und Kontrolle findet durch von der EU-Kommission anerkannte US-Stellen statt.[75]

Zur Ermöglichung der Übermittlung von personenbezogenen Daten in einen anderen Drittstaat als die USA wurden von der EU-Kommission Standardvertragsklauseln geschaffen (sog. EU Model Clauses), welche durch Festlegung bestimmter Mindestanforderungen ausreichenden Datenschutz gewährleisten sollen. Anders als bei der Unterwerfung unter die Prinzipien des Safe Harbor Zertifikats schafft der Abschluss einer Vereinbarung unter Verwendung der EU-Standardvertragsklauseln systematisch kein angemessenes Datenschutzniveau i. S. v. § 4b Abs. 2 S. 1 BDSG, sondern bietet eine ausreichende Garantie hinsichtlich des Schutzes des Persönlichkeitsrechts und der damit verbundenen Rechte i. S. d. Ausnahmetatbestands in § 4c Abs. 2 S. 1 BDSG. Sofern ein ausreichender Schutz also durch die Verwendung der EU-Standardvertragsklauseln garantiert werden kann, sieht die in § 4c BDSG vorgesehene Ausnahme die Möglichkeit einer Genehmigung der Datenübermittlung durch die zuständige Aufsichtsbehörde vor. Die im Gesetz vorgesehene Genehmigung erübrigt sich in der Praxis jedoch in häufigen Fällen. Wird in einem Vertrag, der eine Übermittlung personenbezogener Daten zum Gegenstand hat, von dem Datenexporteur und dem im Drittstaat befindlichen Datenverarbeiter von den EU-Standardvertragsklauseln in unveränderter Form Gebrauch gemacht, erübrigt sich die von der Behörde zu erteilenden Genehmigung, da dies lediglich eine überflüssige Förmlichkeit darstellen würde.[76] Wenn auch die systematische Herleitung unterschiedlich ist, ermöglicht also auch die Verwendung der EU-Standardvertragsklauseln die Datenübermittlung in einen Drittstaat gleichermaßen ohne eine Genehmigung wie das Safe Harbor Zertifikat.

194

Neben der Verwendung der EU-Standardvertragsklauseln sieht der Ausnahmetatbestand in § 4b Abs. 2 S. 1 Hs. 2 BDSG auch die Möglichkeit der Verwendung von »verbindlichen Unternehmensregelungen« vor. Diese sog. »Binding Coporate Rules« sind besonders für multinationale Konzerne relevant, um einen internationalen Datentransfer innerhalb der Konzernunternehmen zu ermöglichen. Um den Anforderungen des Ausnahmetatbestands durch Binding Corporate Rules zu genügen, ist ratsam, sich bei der Erstellung verbindlicher Unternehmensregelungen die Vorgaben der EU-Standardvertragsklauseln zu übernehmen.[77]

V. Datensicherheit

Wesentlicher Bestandteil des BDSG sind auch die in der Anlage zu § 9 BDSG geregelten Maßnahmen der Datensicherheit. Hierbei geht es im Wesentlichen um Aspekte der physischen Datensicherheit, also beispielsweise den Schutz von Servern vor schädlichen Umwelteinflüssen (Feuer, Wasser, Erdbeben) oder unbefugtem Zugriff Dritter (Firewall, Zugangskontrollsysteme, Kameraüberwachung). Aber auch die logische Datensicherheit, also der Schutz vor Störungen der Datenintegrität, ist Gegenstand der in der Anlage zu § 9 BDSG genannten Maßnahmen. Hier ist beispielsweise an Backup-Lösungen, die Aufzeichnung von Transaktionsprotokollen, die Implementierung von Recovery-Prozessen sowie die sichere Archivierung und Vernichtung der Daten zu denken.

195

Im Outsourcing-Vertrag sollte geregelt werden, welche Partei für diese Maßnahmen zuständig ist. In der Regel wird nur der Outsourcing-Anbieter diesen Pflichten nachkommen können, da er nach Auslagerung der IT die Kontrolle über die Technik ausübt. Da jedoch der Auftraggeber weiterhin Normadressat und damit verantwortlich für die Einhaltung

196

---

75 Vgl. ausf. zur Situation in den USA und zu Safe Harbor *Söbbing* C. II. 2. c) dd) Rn. 382.
76 *Moos* CR 2010, 281 (281); vgl. auch Taeger/Gabel/*Gabel* § 4c BDSG Rn. 22.
77 Vgl. Taeger/Gabel/*Gabel* § 4c BDSG Rn. 28 ff.

der Datensicherheitsmaßnahmen bleibt, ist es empfehlenswert, in den Leistungsscheinen eine genaue Beschreibung der jeweiligen Sicherheitsvorkehrungen aufzunehmen, Backup-Intervalle festzulegen und Hinweispflichten für den Fall einer Störung aufzustellen. Als Leitfaden für die anzuwendenden Maßstäbe können die vom Bundesamt für Sicherheit in der Informationstechnologie (BSI) aufgestellten Grundsätze des IT-Grundschutzes dienen.[78] Zu Einzelheiten der IT-Sicherheit wird auf Kap. 21 verwiesen.

G. Urheberrechtliche Aspekte

197 Im Zusammenhang mit der Erbringung von Leistungen im Rahmen von IT-Outsourcing-Projekten stellen sich regelmäßig auch urheberrechtliche Fragen, und zwar in zweierlei Hinsicht:
- Der Outsourcing-Anbieter übernimmt Software vom Auftraggeber und betreibt diese für ihn. Alternativ dazu überlässt der Outsourcing-Anbieter dem Auftraggeber im Rahmen der Leistungserbringung Software Dritter. Es stellt sich die Frage nach der urheberrechtlichen Zulässigkeit und Gestaltung dieser Softwareüberlassungen.
- Der Outsourcing-Anbieter erstellt oder verändert im Rahmen seiner Leistungserbringung Software für den Auftraggeber. In diesem Zusammenhang stellt sich die Frage nach den Rechten an der erstellten Software.

198 Im Folgenden sollen die angesprochenen Aspekte kurz dargestellt werden. Zu urheberrechtlichen Fragen im Zusammenhang mit Software wird im Übrigen auf Kap. 18 verwiesen.

I. Übertragung von Software

199 Bei der Übertragung von Software vom Auftraggeber an den Outsourcing-Anbieter ist zwischen Software, die der Auftraggeber entwickelt hat, und Fremdsoftware zu unterscheiden.

1. Eigene Software des Auftraggebers

200 Die Übertragung von Software, die der Auftraggeber selbst entwickelt hat, ist rechtlich unproblematisch, soweit dem Auftraggeber hieran die Urheberrechte zustehen und er dem Outsourcing-Anbieter entsprechende Nutzungsrechte einräumen kann.[79] Allerdings sollte sich der Outsourcing-Anbieter zusichern lassen, dass keine von § 69b UrhG abweichenden Regelungen mit den Mitarbeitern getroffen wurden, die die Programmierung vorgenommen haben.

201 Aber auch bei durch Dritte – wozu auch freie Mitarbeiter gehören – entwickelter Individualsoftware sind keine rechtlichen Probleme zu erwarten, sofern dem Auftraggeber ausschließliche und uneingeschränkte Nutzungsrechte eingeräumt wurden. Ob der Auftraggeber über sämtliche Rechte verfügt, die der Outsourcing-Anbieter benötigt, sollte der Outsourcing-Anbieter im Rahmen einer dem Outsourcing-Vorhaben vorgeschalteten Due Diligence Prüfung untersuchen und sich ggf. vertraglich zusichern lassen.

202 Für die Zwecke der Leistungserbringung durch den Outsourcing-Anbieter genügt regelmäßig die Einräumung einfacher Nutzungsrechte, da die Individualsoftware zumeist ex-

---
[78] Vgl. zu weiteren Informationen die speziell zu diesem Thema vom BSI eingerichtete Website unter http://www.bsi.de/gshb/index.htm.
[79] Vgl. auch *Fritzemeyer/Schoch* CR 2003, 793 (794).

klusiv für den Auftraggeber und also auch nur während der Vertragslaufzeit eingesetzt werden soll. Dies sollte im Vertrag klargestellt werden.

2. Fremdsoftware

a) Nutzung durch den Outsourcing-Anbieter

Schwieriger kann sich die Lage bei Fremdsoftware gestalten, also solcher Software, an der der Auftraggeber selbst nur einfache Nutzungsrechte besitzt. Wenngleich teilweise die Zustimmung zur Übertragung an Dritte bereits ausdrücklich in der Lizenz erteilt oder ein Weitergabeverbot unzulässig sein kann, ist es zur Vermeidung späterer Auseinandersetzungen mit den Rechteinhabern grundsätzlich zu empfehlen, deren Zustimmung vorab einzuholen (zur urheberrechtlichen Zulässigkeit der Übertragbarkeit von (Gebraucht-) Software vgl. Kap. 18 Rdn. 124).[80]

203

Eine Zustimmung zur Übertragung von Nutzungsrechten ist nach § 34 Abs. 3 UrhG jedenfalls dann entbehrlich, wenn eine Gesamtveräußerung eines Unternehmens oder eine Veräußerung von Teilen eines Unternehmens vorliegt.[81] Im Rahmen eines IT-Outsourcing wird bei einem Asset Deal regelmäßig nur die zweite Variante infrage kommen, beim Share Deal ist eine Zustimmung ohnehin nicht erforderlich (vgl. Rdn. 115).[82] Problematisch ist jedoch, dass eine Anwendung des § 34 Abs. 3 UrhG ausscheidet, wenn eine Übertragung ohne Zustimmung für den Rechteinhaber nach Treu und Glauben unzumutbar ist; in diesem Fall kann der Urheber das Nutzungsrecht zurückrufen, § 34 Abs. 3 S. 2 UrhG. Es sprechen gute Gründe dafür, dass dies jedenfalls dann der Fall ist, wenn durch die Übertragung ein Wettbewerber Zugriff auf den Quellcode erhalten würde. Ob ein ausreichend großer Teil eines Unternehmens veräußert wird, hängt davon ab, ob eine nach sachlichen Gesichtspunkten abgrenzbare Fachabteilung existiert, die übertragen wird – eine ebenfalls unscharf beschriebene Voraussetzung. Soweit die Übertragung der Nutzungsrechte also der Zustimmung des Rechteinhabers bedarf, wird sich der Outsourcing-Anbieter nicht auf den Entfall des Zustimmungserfordernisses nach § 34 Abs. 3 UrhG verlassen können.[83]

204

b) Nutzung durch den Auftraggeber

Auch der umgekehrte Fall ist denkbar: Der Outsourcing-Anbieter setzt zur Leistungserbringung Software von Dritten ein, die er zur eigenen Nutzung erworben hat. Die Software bleibt beim Outsourcing-Anbieter installiert, und der Outsourcing-Anbieter gewährt dem Auftraggeber Zugriff auf die Software. Abhängig von der technischen Ausgestaltung bedarf dies entsprechender Nutzungsrechte aufseiten des Outsourcing-Anbieters. Anderenfalls stellt die Gestattung des Zugriffs auf die Software durch den Outsourcing-Anbieter an den Auftraggeber eine Überschreitung der dem Outsourcing-Anbieter zustehenden Nutzungsrechte dar.

205

Stellt der Outsourcing-Anbieter dem Auftraggeber hingegen lediglich die Funktionalität der Software zur Verfügung (z. B. im Client Server Betrieb), ist die Rechtslage nicht eindeutig. Entscheidend wird hier sein, ob durch die Nutzung der Software durch den Auftraggeber eine technische Vervielfältigung der Software erfolgt.

206

---

80 Vgl. *Hilber* CR 2008, 749 (751, 753); vgl. zum Überblick über den Meinungsstand zum Gebrauchtsoftwarehandel *Grützmacher* CR 2010, 141.
81 Vgl. *Fritzemeyer/Schoch* CR 2003, 793 (795).
82 Teilweise wird vertreten, dass die Veräußerung von Gesellschaftsanteilen im Wege des Share Deal unter den Begriff der Unternehmensveräußerung nach § 34 Abs. 3 S. 1 UrhG fällt, vgl. Wandtke/Bullinger/*Wandtke/Grunert* § 34 Rn. 22 m. w. N. Dem wird entgegengehalten, dass der bloße Erwerb von Anteilen an einem Unternehmen keinen Erwerb von Nutzungsrechten darstellt und § 34 Abs. 3 UrhG schon begrifflich keine Anwendung findet, vgl. *Royla/Cramer* CR 2005, 154 (156).
83 Vgl. näher Wandtke/Bullinger/*Wandtke/Grunert* § 34 Rn. 17.

207 Soweit der Outsourcing-Anbieter dem Auftraggeber die Nutzungsrechte an der Drittsoftware unter Aufgabe seiner eigenen Rechtsposition einräumt, gilt das unter Rdn. 203 Gesagte entsprechend.

c) Beistellung von Software

208 Wenn die Übertragung von Software rechtlichen Hindernissen begegnet, versuchen sich Parteien eines IT-Outsourcing-Vertrags häufig mit dem Hilfsmittel der »Beistellung« zu behelfen. Letztlich wird durch die Beistellung die gewünschte Übertragung im Innenverhältnis vollzogen, während im Außenverhältnis formell der Auftraggeber Lizenznehmer bleibt.[84] Dem Outsourcing-Anbieter werden hierzu Vollmachten zur Geltendmachung der Rechte und Erfüllung der Pflichten aus dem Lizenzvertrag erteilt und dessen Administration zugewiesen. Im Ergebnis nutzt damit ein Nichtberechtigter eine Software anstelle eines hierzu Berechtigten zu dessen Gunsten.[85]

209 Die Beistellung von Software findet im deutschen Urheberrecht keinen Niederschlag. Sie ist vielmehr ein Mittel, um bei verweigerter Zustimmung oder fehlenden Rechten dennoch den wirtschaftlichen Erfolg der gewünschten Übertragung oder Nutzungsrechtseinräumung an den Outsourcing-Anbieter zu erreichen und stellt damit eine Umgehung bestehender Übertragungsverbote dar. Vor diesem Hintergrund ist dem Vorgehen, zuvor die Zustimmung der betreffenden Lizenznehmer zur Übertragung der Software einzuholen, grundsätzlich der Vorzug zu geben.[86]

II. Softwareerstellung im Rahmen der Leistungserbringung

210 Nicht selten erstellt oder verändert der Outsourcing-Anbieter im Rahmen der Durchführung des IT-Outsourcing-Vertrags Software für den Auftraggeber und schafft dadurch urheberrechtlich schutzfähige Werke. Nachdem diese im Outsourcing-Betrieb nun nicht mehr von eigenen Arbeitnehmern des Auftraggebers ausgeführt werden, greift bei der Erstellung urheberrechtlich schutzfähiger Werke während der Leistungserbringung nicht mehr die Regelung des § 69b UrhG. Die Rechte entstehen vielmehr beim Outsourcing-Anbieter und müssen von diesem einzeln auf den Auftraggeber übertragen werden.

1. Erstellung von Software durch eigene Arbeitnehmer

211 Nach § 69b UrhG gehen alle vermögensrechtlichen Befugnisse an erstellter Software automatisch und ohne gesonderte Vergütung auf den Arbeitgeber über, soweit nichts Abweichendes vereinbart ist. Der Arbeitnehmer behält nur seine Urheberpersönlichkeitsrechte. Dies stellt eine Umkehr des Grundsatzes aus § 43 UrhG dar, nach dem Rechteinhaber der Werkschöpfer ist.

212 Dennoch gibt es einige Einschränkungen. Es muss sich zum Ersten um echte Arbeitnehmer handeln. Freie Mitarbeiter sind nicht von der Regelung umfasst, sodass für sie eine ausdrückliche oder stillschweigende Übertragung von Nutzungsrechten auch schon vor dem Outsourcing erforderlich war. Zum Zweiten gilt § 69b UrhG auch nur bei einer Erstellung

---

[84] Vgl. zur Möglichkeit, die Übertragung von Nutzungsrechten im Rahmen von Outsourcingprojekten zu vermeiden *Hilber/Litzka* ZUM 2009, 730.
[85] Denkbar wäre es, diese Form der Überlassung als urheberrechtlich vom Erschöpfungsgrundsatz nicht umfasste Verleihhandlung und damit als zulässig anzusehen. Dagegen könnte jedoch eingewandt werden, dass die Überlassung den wirtschaftlichen Interessen des Auftraggebers und damit mittelbar Erwerbszwecken dient. Bei der Überlassung handelte es sich in diesem Fall trotz der Unentgeltlichkeit um eine Vermietung (vgl. insoweit Schricker/*Heerma* § 17 Rn. 26), die als solche von dem Softwarelizenzgeber wirksam untersagt werden kann.
[86] Vgl. hierzu *Fritzemeyer/Schoch* CR 2003, 793 (796), die insofern vier Eskalationsstufen vorschlagen.

II. Softwareerstellung im Rahmen der Leistungserbringung

durch den Arbeitnehmer in »Wahrnehmung seiner Aufgaben oder nach den Anweisungen seines Arbeitgebers«. Es sind also auch keine Freizeitwerke von dem Privileg umfasst. Die Aufgabe »Softwareerstellung« muss dabei wohl nicht ausdrücklich im Arbeitsvertrag erwähnt sein. Nach der Rechtsprechung soll es ausreichen, wenn die Software mit Billigung und auf Kosten des Arbeitgebers während der Arbeitszeit erstellt wurde.[87] Zum dritten müssen bei ausnahmsweise patentfähiger Software zudem die Voraussetzungen des Arbeitnehmererfindungsgesetzes (ArbEG) berücksichtigt werden, wonach zumindest der Vergütungsanspruch nicht im Vorhinein ausgeschlossen werden kann (§ 22 ArbEG).

2. Übertragung erworbener Rechte auf den Auftraggeber

213 Für Software und andere Werke, die während der Outsourcing-Beziehung erstellt werden, müssen dem Auftraggeber also benötigte Rechte gesondert und einzeln eingeräumt werden.[88] Es bedarf einer genauen Regelung dazu, welcher Partei welche (Nutzungs-) Rechte zustehen. Im Hinblick auf die Zweckübertragungslehre ist dabei auch auf den Vertragszweck einzugehen, aus dem die Interessenlage – und damit eine Zuordnung der Rechte – oftmals besser erkennbar ist.

214 Für den Auftraggeber können solche Werke einen Wettbewerbsvorteil gegenüber Konkurrenten verschaffen. Einerseits bringt der Auftraggeber Know-how oder Betriebsgeheimnisse ein und erwartet daher die Einräumung umfassender Rechte, einschließlich des Zugangs zum Quellcode. Eine Weitergabe der Werke an oder eine Nutzung für Wettbewerber sollte in diesem Fall ausgeschlossen werden. Andererseits bringt der Auftragnehmer die Programmierleistung und das technische Know-how ein und möchte daher die Software möglichst wirtschaftlich verwenden. Als IT-Unternehmen lebt der Outsourcing-Anbieter davon, bestimmte Erfahrungen weiterverwenden zu können und dadurch seinen Wettbewerbsvorsprung zu sichern. Eine Exklusivität wird er sich entsprechend bezahlen lassen.

215 Sofern ausschließliche Nutzungsrechte übertragen werden sollen, ist in den Rahmenvertrag eine Klausel aufzunehmen, die die Rechte an erstellter Software und geänderten, selbstständig schutzfähigen Werken regelt. Ggf. ist auch daran zu denken, einen Verzicht auf die Geltendmachung von Urheberpersönlichkeitsrechten aufzunehmen, soweit dies die Ausübung der eingeräumten Nutzungsrechte behindern könnte. Als Zeitpunkt der Rechteeinräumung wird der Auftraggeber den Zeitpunkt der Rechteentstehung präferieren, während sich der Outsourcing-Anbieter erst nach vollständiger Bezahlung aller Leistungen seiner Rechte begeben möchte. Zur Weiterentwicklung oder dem Weitervertrieb kann schließlich noch eine Rücklizenzierung zugunsten des Outsourcing-Anbieters vorgenommen werden, evtl. auch gegen Lizenzzahlungen oder Umsatzbeteiligungen.

216 Bei der Einräumung einfacher Nutzungsrechte sollte zumindest eine Hinterlegungsvereinbarung (Escrow Agreement) getroffen werden, aufgrund derer der Quellcode der erstellten Software dem Auftraggeber im Fall von vorher festgelegten Umständen (sog. Release-Fälle) ausgehändigt wird.[89]

217 Bei enger Zusammenarbeit von Mitarbeitern beider Parteien kommt es auch nicht selten vor, dass Software gemeinsam entwickelt wird und eine Miturheberschaft an den erstellten Werken besteht. Hier bietet es sich an, dass eine Partei auf ihre Miturheberschaft verzichtet und die weitere Verteilung durch Einräumung von Nutzungsrechten erfolgt. Ähnlich kann auch die Verwertung von Vorstufen oder einzelnen Modulen des Werkes geregelt werden.

---

[87] Vgl. LG Berlin CR 1997, 612.
[88] So auch *Fritzemeyer/Schoch* CR 2003, 793 (798).
[89] Zur Insolvenzfestigkeit solcher Vereinbarungen im Fall von aufschiebend bedingten Verfügungen über eine Sache (Quellcode) vgl. BGH NJW 2006, 915.

H. Arbeitsrechtliche Aspekte

218 Arbeitsrechtliche Aspekte von IT-Outsourcing-Projekten dürfen nicht außer Acht gelassen werden. IT-Leistungen sind oft in besonderem Maße von hoch spezialisierten Fachkräften abhängig, die einen wesentlichen Teil des Know-how auf sich vereinigen. Die menschliche Arbeitskraft ist zudem ein entscheidender Kostenfaktor. Aufgrund der arbeitsrechtlichen Grundsätze zum Betriebsübergang entsteht rasch eine zum Teil unerwünschte und möglicherweise das gesamte Outsourcing-Projekt gefährdende Situation; die Folgen sollten von vornherein berücksichtigt und durch systematische Maßnahmen ggf. gezielt gesteuert werden. Wenngleich hinsichtlich der objektiven Tatbestandsvoraussetzungen eines Betriebsübergangs nur eingeschränkter Handlungsspielraum besteht, so können doch im Innenverhältnis zwischen Auftraggeber und Outsourcing-Anbieter die Pflichten und Lasten gezielt verteilt werden.

I. 613a BGB

219 Die zentrale arbeitsrechtliche Vorschrift für Outsourcing-Verträge ist § 613a BGB, die einen automatischen Übergang von Arbeitnehmern festlegt, wenn ein Betrieb oder ein Betriebsteil auf einen anderen Inhaber übergeht.

1. Betrieb/Betriebsteil

220 Als Betrieb ist eine organisatorische Einheit anzusehen, innerhalb derer der Arbeitgeber allein oder mit seinen Arbeitnehmern mithilfe von sächlichen und immateriellen Mitteln bestimmte arbeitstechnische Zwecke fortgesetzt verfolgt.[90] Aus dieser Definition wird deutlich, dass die IT eines Unternehmens regelmäßig keinen eigenen Betrieb darstellt. Eine IT-Abteilung kann jedoch durchaus ein Betriebsteil sein. Als solcher gilt eine abgrenzbare, eigenständige Organisationseinheit eines Betriebs, mit der innerhalb des betrieblichen Gesamtzwecks ein Teilzweck verfolgt wird.[91] Dabei ist es unerheblich, ob der Teilzweck in Zusammenhang mit dem eigentlichen Unternehmenszweck steht oder nur eine untergeordnete Hilfsfunktion erfüllt.[92] Wichtig ist nur, dass die Teileinheit organisatorisch hinreichend strukturiert, abgrenzbar und selbstständig ist.[93]

221 Nicht als Betriebsteil anzusehen ist daher eine unselbstständige Abteilung, die nicht über eine abgrenzbare Organisation, abgrenzbare Funktionen, Arbeitsmittel und Arbeitskräfte sowie eine eigene Führung verfügt. Hinweise hierauf können sich aus dem (gelebten) Organigramm, aus speziellen Arbeitsmitteln, die nur in dieser Abteilung verwendet werden sowie dem Vorhandensein hinsichtlich ihrer Funktion nicht austauschbarer Spezialisten und zuständiger Führungskräfte mit eigenen Personalweisungs- und -betreuungsbefugnissen ergeben.

2. Betriebsübergang

222 Die zweite Voraussetzung des § 613a BGB ist der identitätswahrende Übergang des Betriebs oder Betriebsteils. Von einem solchen ist und war auch nach früherer Rechtsprechung des BAG dann auszugehen, sofern nach einer Beurteilung der Gesamtumstände der Betrieb oder Betriebsteil unter Wahrung der ursprünglichen Identität beim Erwerber im Wesent-

---

[90] Vgl. BAG NZA 1998 31; NZA 1998, 251; NZA 1998, 534.
[91] Vgl. BAG AP Nr. 105 zu § 613a BGB; DB 1997, 2540; NJW 2000, 1589.
[92] Vgl. EuGH EuZW 1994, 374; NZA 1994, 545.
[93] Vgl. EuGH NZA 1999, 189; BAG NZA 1999, 147.

lichen unverändert fortgeführt wird.⁹⁴ Es kommt maßgeblich darauf an, ob die übergegangene Einheit auch nach Übergang als Betrieb oder Betriebsteil qualifiziert werden kann.⁹⁵ Ist die wirtschaftliche Einheit nach Übergang gewahrt, ist auch nach neuerer Rechtsprechung von einem Betriebsübergang auszugehen.

Zur Wahrung der wirtschaftlichen Einheit darf nicht lediglich eine Summe von Betriebsmitteln übernommen werden, sondern es muss eine Organisationseinheit übergehen, die im Wesentlichen unverändert fortgeführt werden kann. Für die Frage, ob eine wirtschaftliche Einheit übergegangen ist, ist eine Abgrenzung der zum Betrieb bzw. Betriebsteil gehörenden Assets vorzunehmen und zu untersuchen, welches die identitätsprägenden Merkmale des Betriebs bzw. des Betriebsteils sind. Im produzierenden Gewerbe kommt es überwiegend auf den Übergang von sächlichen Mitteln, wie zum Beispiel Gebäude, Maschinen, Produktionsanlagen, Werkzeuge, Fahrzeuge und Transportgeräte an. Für Handels- und Dienstleistungsbetriebe, deren Betriebsvermögen hauptsächlich aus Rechtsbeziehungen besteht, sind in erster Linie die immateriellen Betriebsmittel von Bedeutung, das Know-how und der Goodwill, also die Einführung des Unternehmens auf dem Markt.

223 Ob folglich die identitätsprägenden Merkmale der wirtschaftlichen Einheit unberührt geblieben sind, beurteilt sich anhand einer Gesamtwertung unter Berücksichtigung der folgenden Kriterien:⁹⁶
- Art des betreffenden Unternehmens
- Übergang materieller Aktiva (Arbeitsmittel, Gebäude, Dokumentation)
- Übergang immaterieller Aktiva (Know-how, Kundenstamm, Namen, Marken, erwartete Zukunftschancen, Geschäftsbeziehungen, Schutzrechte, Goodwill)
- Wert der übernommenen materiellen und immateriellen Güter
- Übernahme der Hauptbelegschaft, insbesondere der Know-how-Träger und Führungskräfte
- Fortführung der Organisationsstrukturen
- Ähnlichkeit der vor und nach dem Übergang ausgeübten Tätigkeiten
- Dauer einer eventuellen Unterbrechung der Leistungserbringung
- insgesamt: Übergang der wesentlichen Assets und deren Fortführung

224 Nach alter Rechtsprechung war ein Betriebsübergang jedenfalls dann abzulehnen, wenn die übernommene Einheit vollständig in die Organisationsstruktur des Erwerbers eingegliedert wurde und dadurch seine Identität verlor. Diese Betrachtungsweise schuf einen in der Praxis auch vielfach ausgenutzten Gestaltungsspielraum, durch individuelle Einbeziehung oder Ausklammerung bestimmter Assets das Vorliegen bzw. den Umfang eines Betriebsübergangs gezielt zu steuern.⁹⁷ Nach der zu dieser Zeit gefestigten Rechtsprechung war es möglich, einen Betriebsübergang beispielsweise durch rechtzeitige Zerschlagung der Identität der Einheit durch Neuaufbau und Übernahme nur einzelner Assets verhindern.⁹⁸ Ebenso kam in Betracht, einen Betriebsübergang durch die Nichtübernahme der wesentlichen Betriebsmittel bzw. der Belegschaft oder der zeitweisen Stilllegung des betreffenden Betriebs oder Betriebsteils zu umgehen.

Die Möglichkeit, einen Betriebsübergang rechtssicher durch die gezielte (wenn auch frühzeitige) Gestaltung der Outsourcingtransaktion zu vermeiden, wurde jedoch erstmals in einer Entscheidung des EuGH vom 12.02.2009⁹⁹ beschränkt. In seinem Urteil entschied der EuGH, dass es bei der Beantwortung der Frage, ob ein identitätswahrender Übergang

---
94 Vgl. BAG NZA 2009, 144.
95 Vgl. EuGH NZA 1997, 433; LAG Schleswig-Holstein NZA-RR 2002, 70.
96 Vgl. *Gennen* ITRB 2002, 291 (293); vgl. auch BAG NZA 2010, 499.
97 Vgl. *Grobys* NJW 2009, 2029 (2032).
98 Vgl. *Hoppe/Salamon* ArbRAktuell 2010, 338.
99 EuGH NJW 2009, 2029.

stattgefunden hat, nicht mehr allein auf die Eingliederung in die Organisationsstruktur des Erwerbers ankommt, sondern auch das Merkmal der »Verfolgung der wirtschaftlichen Tätigkeit« zu berücksichtigen ist.[100] Ist es dem Erwerber möglich, durch die Beibehaltung der funktionellen Verknüpfung zwischen den übertragenen Faktoren derselben oder einer gleichartigen wirtschaftlichen Tätigkeit nachzugehen, ist trotz Zerschlagung der ursprünglichen Organisationsstruktur der übergegangenen Einheit die Annahme eines identitätswahrenden Betriebsübergangs möglich.[101] Maßgeblich ist, ob die bisherige Organisationsstruktur auch nach einer etwaigen Zerschlagung in ihrer Funktionalität für die wirtschaftliche Tätigkeit des Erwerbers von Nutzen sein kann. Nach dieser Auffassung ist die auch bisher bei der Beurteilung der wirtschaftlichen Identität zu berücksichtigende Organisationsstruktur vom EuGH zwar nicht vollkommen außer Acht gelassen worden, jedoch ist dieses Kriterium nunmehr auch anhand der wirtschaftlichen Tätigkeit zu betrachten.[102]

Das BAG ist der Entscheidung des EuGH auf nationaler Ebene gefolgt, indem es von seinem bisherigen Standpunkt abrückte, nach welchem der Identitätsverlust der übertragenen Einheit einem Betriebsübergang jedenfalls entgegenstand. Das BAG entschied nunmehr im Einklang mit dem EuGH, dass es neben einer etwaig geänderten Organisationsstruktur auch darauf ankommt, ob der Funktions- und Zweckzusammenhang zwischen den verschiedenen übertragenen Faktoren zur Verfolgung einer bestimmten wirtschaftlichen Tätigkeit beibehalten worden ist.[103]

Gleichwohl stellte das Gericht fest, dass eine reine Auftragsnachfolge oder die bloße Übertragung von Betriebsmitteln (ohne Hinzutreten weiterer Umstände) nach wie vor für die Annahme eines Betriebsübergangs nicht ausreichend ist. Denn eine Tätigkeit (z. B. im Fall einer Auftragsnachfolge bei einer Dienstleistung) allein stellt keine wirtschaftliche Einheit dar.[104] Ebenso stellte das BAG in einer weiteren Entscheidung[105] klar, dass ein Betriebsübergang abzulehnen ist, wenn zwar Betriebsmittel zur Verfügung gestellt werden, diese jedoch zu einem anderen Zweck verwendet werden. Im konkreten Fall wurde ein Betriebsübergang zwischen altem und neuem Betreiber einer Betriebskantine abgelehnt, da der neue Betreiber – obwohl er im Wesentlichen die selben Räumlichkeiten nutzte – Speisen nicht mehr frisch zubereitete, sondern diese nur noch erwärmte. Darin sah das BAG eine Zweckänderung, wodurch mangels Indentitätswahrung ein Betriebsübergang i. S. d. § 613a BGB abzulehnen ist.

Die Entscheidung des EuGH und die anschließenden Urteile des BAG haben, was die Beurteilung von Betriebsübergängen angeht, für erhebliche Unsicherheit gesorgt. Insbesondere für den Bereich des IT-Outsourcing bedeutet der Rechtsprechungswandel, dass ein Betriebsübergang nicht mehr nur durch die Umstrukturierung oder der Eingliederung der übernommenen Einheit verhindert werden kann. Im Regelfall werden jedoch durch ein Outsourcing-Projekt Betriebsmittel verlagert und mit diesen nach Übergang auch derselbe Zweck verfolgt. Deshalb sind die bevorstehenden Transaktionen arbeitsrechtlich nun mehr als zuvor detailliert zu analysieren und vor dem Hintergrund der eben dargestellten Tendenz der Rechtsprechung bei der Planung von Outsourcing-Projekten früh mit in die Planung einzubeziehen, um im Einzelfall bestehende Gestaltungsspielräume zu erkennen und interessengerecht zu nutzen.

---

100 EuGH NJW 2009, 2029 Tz. 45.
101 EuGH NJW 2009, 2029 Tz. 47 f.
102 Vgl. *Hoppe/Salamon* ArbRAktuell 2010, 338.
103 BAG NZA 2009, 905, Orientierungssatz 4.
104 BAG NZA 2009, 905, Orientierungssatz 5 u. Tz. 21.
105 BAG NZA 2010, 499.

3. Unterrichtspflichten und Widerspruchsrecht

Gem. § 613a Abs. 5 BGB sind die Arbeitnehmer über einen bevorstehenden Betriebsübergang in qualifizierter Weise zu unterrichten.[106] Hierzu gehören gem. § 613a Abs. 5 Nr. 1 bis 4 BGB Informationen über Zeitpunkt und Gründe des Übergangs sowie rechtliche und soziale Folgen für die Arbeitnehmer, einschließlich der vom Outsourcing-Anbieter geplanten Maßnahmen. Die Rechtsprechung fordert sogar noch weiter gehende Informationen. 225

Im Outsourcing-Vertrag (namentlich im Übernahmeschein Personal) sollte daher geregelt werden, welche Partei die betreffenden Arbeitnehmer unterrichtet und in welcher Form dies zu geschehen hat. Eine Unterrichtung kann auch gemeinsam erfolgen. Ggf. kann dem Übernahmeschein Personal ein Muster der Unterrichtung als Anlage beigefügt werden. Geregelt werden sollte auch, dass die Unterrichtung rechtzeitig vor Vollzug des Übergangs erfolgt. In Anbetracht des einmonatigen Widerspruchsrechts aus § 613a Abs. 6 BGB erscheint eine Unterrichtung spätestens einen Monat vor dem Übergang in der gesetzlich erforderlichen Textform geboten. Es ist auch zu empfehlen, sich von den betreffenden Arbeitnehmern den Empfang zu Beweiszwecken bestätigen zu lassen. Zur Beschreibung der Gründe des Übergangs wird regelmäßig eine kurze Schilderung der zugrunde liegenden Transaktionen und ggf. eine Einordnung in den wirtschaftlichen Kontext des Unternehmens erforderlich sein. Zu den Folgen für den Arbeitnehmer zählen vor allem der Hinweis, dass das Arbeitsverhältnis mit allen Rechten und Pflichten übergeht, wie mit Zeitkonten, Urlaubsansprüchen, Sonderzahlungen und Sonderleistungen umgegangen wird, ob und inwieweit Tarifverträge und Betriebsvereinbarungen weiter gelten, ob ein Betriebsrat beim Erwerber besteht oder ein Insolvenzverfahren anhängig ist. Außerdem ist auf die Kündigungssperre des § 613a Abs. 4 BGB, d. h. auf das Verbot von Kündigungen wegen des Betriebsübergangs, hinzuweisen. Auch die vom Outsourcing-Anbieter geplanten Maßnahmen wie Umorganisationen, Umschulungen, Umzüge, Änderungen an der Führungsstruktur und Umstrukturierungen (z. B. Zusammenlegung von Abteilungen, Umstellung der Arbeitsmethoden, Maßnahmen, die die berufliche Entwicklung der Arbeitnehmer betreffen) sind den Arbeitnehmern mitzuteilen, sofern sie bereits hinreichend konkret geplant sind. Schließlich ist der Outsourcing-Anbieter konkret zu bezeichnen. 226

Folge einer ordnungsgemäßen Unterrichtung ist der Beginn der einmonatigen Frist zur Ausübung des Widerspruchsrechts aus § 613a Abs. 6 BGB.[107] Bei fehlender oder unvollständiger Unterrichtung besteht ein unbefristetes, allenfalls durch Verwirkung begrenztes Widerspruchsrecht. Macht der Arbeitnehmer von diesem Gebrauch, so geht sein Arbeitsverhältnis nicht auf den Outsourcing-Anbieter über. Der Auftraggeber kann dann unter Beachtung der Einschränkungen des Kündigungsschutzgesetzes ggf. eine betriebsbedingte Kündigung aussprechen, wenn der bisherige Arbeitsbereich des Arbeitnehmers vollständig aufgegeben wird und auch kein anderer Arbeitsplatz zur Verfügung steht.[108] 227

4. Folgen

Folge des Betriebs- bzw. Betriebsteilübergangs ist der Übergang der Arbeitsverhältnisse der funktionell in dem betreffenden Betrieb bzw. Betriebsteil zum Zeitpunkt des Betriebs- bzw. Betriebsteilübergangs beschäftigten Arbeitnehmer. Notwendig ist, dass der Arbeitnehmer in dem übergegangenen Betrieb oder Betriebsteil tatsächlich eingegliedert war. Als Arbeitnehmer zählen auch sämtliche Mitarbeiter mit befristeten oder ruhenden Arbeitsverhältnissen, Praktikanten, Arbeitnehmer in Probezeit, Teilzeitkräfte, Aushilfen sowie gekündigte Arbeitnehmer, deren Kündigungsfrist noch nicht ausgelaufen ist. Organmitglieder, freie 228

---

106 Vgl. auch *Gennen* ITRB 2002, 291 (292) und ausf. *Crisolli* CR 2002, 386.
107 Vgl. *Crisolli* CR 2002, 386 (388).
108 Vgl. *Gennen* ITRB 2002, 291 (294).

Mitarbeiter, Werkvertragsnehmer, freie Berater sowie ausgeschiedene Mitarbeiter und Pensionäre gehen dagegen nicht über.[109]

229 Der Erwerber tritt dabei in alle Rechte und Pflichten des Veräußerers in deren jeweiligen rechtlichen Bestand ein. Das betrifft die Löhne und Gehälter, einschließlich der rückständigen, Gratifikationen, Sonderzahlungen, Ansprüche aus betrieblicher Übung, den Kündigungsschutz, Kündigungsfristen, Urlaubsansprüche sowie Versorgungsanwartschaften. Nicht umfasst sind dagegen rückständige Sozialversicherungsbeiträge[110] und Lohnsteuern.

230 Tarifverträge und Betriebsvereinbarungen werden nach § 613a Abs. 1 S. 2 BGB grundsätzlich in Individualvereinbarungen umgewandelt. Für Änderungen zum Nachteil des Arbeitnehmers gilt eine Sperrfrist von einem Jahr. Ausnahmsweise kommt es trotz der gesetzlichen Regelung in § 613a Abs. 1 S. 2 BGB zu einer kollektivrechtlichen Fortgeltung, soweit Betriebserwerber und Arbeitnehmer tarifgebunden sind. Ist die Materie beim Betriebserwerber bereits kollektivrechtlich geregelt, gelten die bisherigen kollektivrechtlichen Regelungen nicht weiter.

231 Die einvernehmliche Vereinbarung neuer (schlechterer) Arbeitsbedingungen ist nur zulässig, wenn diese durch sachliche Gründe gerechtfertigt sind,[111] beispielsweise wenn eine Notlage beim Erwerber vorliegt oder diese zur Erhaltung der Arbeitsplätze erforderlich ist.[112] Ein Gleichbehandlungsgrundsatz bei gleichzeitiger Fortführung eines eigenen Betriebs durch den Erwerber gilt in Ansehung der Arbeitnehmer des eigenen und des erworbenen Betriebs nicht.

232 Da das Gesetz in § 613a Abs. 2 BGB grundsätzlich eine gesamtschuldnerische Haftung des Veräußerers und des Erwerbers vorsieht, empfiehlt es sich, den Innenausgleich im Übernahmeschein Personal festzulegen. Der bisherige Arbeitgeber haftet gesetzlich allerdings nur für Ansprüche, die vor dem Betriebsübergang entstanden und bis zu einem Jahr nach dem Betriebsübergang fällig geworden sind, für nach dem Betriebsübergang fällig gewordenen Ansprüche nur pro rata temporis.[113]

II. Kündigung infolge von IT-Outsourcing

233 Das gesetzliche System des Arbeitnehmerübergangs wäre leicht auszuhebeln, würde nicht ein Kündigungsverbot nach § 613a Abs. 4 BGB bestehen, das zudem recht weit von der Rechtsprechung ausgelegt wird. Hierbei ist zunächst zwischen einer Kündigung des Arbeitgebers vor und nach dem Betriebsübergang zu unterscheiden. Darüber hinaus werden die Besonderheiten der Kündigung durch den Arbeitnehmer bzw. bei einem Aufhebungsvertrag dargestellt.

1. Kündigung vor Betriebsübergang

234 Eine Kündigung ist nach § 613a Abs. 4 BGB unzulässig, wenn sie wegen des Betriebsübergangs erfolgt. Hierbei handelt es sich um ein eigenständiges Kündigungsverbot wegen des Betriebsübergangs, das unabhängig von der Art der Kündigung (ordentlich/außerordentlich) oder dem Kündigungsschutzgesetz besteht. Dabei muss der Betriebsübergang der maßgebliche und überwiegende, wenn auch nicht alleinige Grund sein. Entscheidend ist insofern die Motivationslage des Kündigenden. Das Recht zur Kündigung aus anderem Grund bleibt unberührt, sodass bei Vorliegen der entsprechenden Voraussetzungen verhal-

---
109 Vgl. Bräutigam/*Mahr*, IT-Outsourcing, Teil 6 A. I. 7. d) Rn. 25.
110 Vgl. BayObLG BB 1974, 1582; Palandt/*Putzo* § 613a Rn. 26.
111 Vgl. BAG NZA 1992, 1080.
112 Vgl. BAG AP Nr. 4 zu § 613a BGB; AP Nr. 5 zu § 613a BGB; AP Nr. 18 zu § 613a BGB.
113 Vgl. im Einzelnen Bräutigam/*Mahr*, IT-Outsourcing, Teil 6 A. I. 7. c) Rn. 29.

tensbedingte, personenbedingte oder auch betriebsbedingte Kündigungen ausgesprochen werden können.

Probleme bei der Abgrenzung ergeben sich jedoch bei einer (grundsätzlich zulässigen) unternehmerischen Rationalisierungsmaßnahme oder Sanierung im Zusammenhang mit einem Betriebsübergang, da hier oft eine gezielte Verschlankung im Sinne der Wünsche des potenziellen Erwerbers vorgenommen wird. In diesem Fall muss wohl darauf abgestellt werden, wie stark sich der Auftraggeber an den Wünschen des Erwerbers orientiert, statt die eigenen betrieblichen Bedürfnisse in den Vordergrund zu stellen.

2. Kündigung nach Betriebsübergang

Das Kündigungsverbot des § 613a Abs. 4 BGB gilt auch nach Betriebsübergang für den Erwerber. Diesem steht es aber ebenso offen, wegen anderer Gründe, beispielsweise eines bereits vor dem Betriebsübergang geplanten Umstrukturierungskonzepts, eine Kündigung auszusprechen. Ein solches Umstrukturierungskonzept wäre allerdings von der Mitteilungspflicht des § 613a Abs. 5 BGB erfasst. Nachträgliche Maßnahmen sind sehr sorgfältig vorzubereiten und zu prüfen. Es ist insbesondere darauf zu achten, dass es sich um umfassende Maßnahmen handelt und nicht nur übergegangene Arbeitnehmer betroffen sind.

3. Aufhebungsverträge/Eigenkündigung

Einvernehmliche Aufhebungsverträge sind wegen der Vertragsfreiheit grundsätzlich zulässig und von § 613a Abs. 4 BGB jedenfalls nicht unmittelbar erfasst. Dennoch erachtet das BAG einen Aufhebungsvertrag als Umgehung des Kündigungsverbots aus § 613a Abs. 4 BGB gem. § 134 BGB für nichtig, wenn dieser maßgeblich vom Arbeitgeber veranlasst worden ist. Dies sei insbesondere der Fall, wenn der Aufhebungsvertrag vom Veräußerer mit dem Zweck geschlossen wurde, beim Erwerber einen neuen Arbeitsvertrag abzuschließen. Hier bestehe der Zweck der Aufhebung allein darin, aus Anlass des Betriebsübergangs eine inhaltliche Änderung des Arbeitsverhältnisses und das Erlöschen sozialer Besitzstände zu erreichen.[114]

Dem Arbeitgeber ist daher bei einem Aufhebungsvertrag stets zu raten, hinreichende Gründe hierfür aufseiten des Arbeitnehmers, insbesondere den eigenen Willensentschluss und persönliche Umstände betreffend, zu dokumentieren. Der Aufhebungsvertrag bedarf zudem der Schriftform. Der Arbeitgeber sollte dabei nicht vergessen, den Arbeitnehmer auf dessen Meldepflicht bei der Agentur für Arbeit nach § 37b Abs. 3 SGB III hinzuweisen. Hierzu ist er nach § 2 Abs. 2 Nr. 3 SGB III verpflichtet.

Für eine Eigenkündigung des Arbeitnehmers gelten im Wesentlichen dieselben Einschränkungen wie für den Aufhebungsvertrag.[115]

III. Arbeitnehmerüberlassung im Rahmen von IT-Outsourcing

Als Folgeproblematik eines fehlenden Übergangs von Arbeitnehmern, die der Outsourcing-Anbieter aber für eine ordnungsgemäße Leistungserfüllung benötigt, stellt sich die Frage einer Arbeitnehmerüberlassung. Grundsätzlich bietet sich eine solche an. Sofern die Arbeitnehmerüberlassung jedoch gewerbsmäßig betrieben wird, bedarf sie einer behördlichen Erlaubnis nach dem Arbeitnehmerüberlassungsgesetz (AÜG).

Im Fall einer zulässigen Arbeitnehmerüberlassung besteht ein Arbeitsverhältnis nur zwischen Verleiher und Arbeitnehmer, während ein Überlassungsvertrag die Beziehung von

---
114 Vgl. BAG NZA 1988, 198; NZA 1992, 1080.
115 Vgl. BAG NZA 1988, 198; NZA 1992, 1080.

Verleiher und Entleiher regelt. Ausnahmsweise wird ein Arbeitsverhältnis zwischen Entleiher und Arbeitnehmer fingiert, sofern die Überlassung nach § 9 Nr. 1 AÜG wegen einer fehlenden Verleiherlaubnis unwirksam ist.

242 Darüber hinaus ist das für den Verleiher bestehende Verbot von Bedeutung, dem Arbeitnehmer schlechtere Arbeitsbedingungen zu bieten als für vergleichbare Arbeitnehmer beim Entleiher gelten. Ein Verstoß hiergegen hat die Unwirksamkeit der Schlechterstellung zur Folge und begründet einen Anspruch gegen den Verleiher auf Gleichstellung nach § 10 Abs. 4 AÜG. Außerdem kann dem Verleiher die Verleiherlaubnis nach § 3 Abs. 1 Nr. 3 AÜG entzogen werden. Macht die Aufsichtsbehörde von dieser Möglichkeit Gebrauch, so führt dies zur Unwirksamkeit des Überlassungsvertrags (§ 9 Nr. 1 AÜG). Fehlt sodann ein wirksamer Überlassungsvertrag, so kann zwar der Entleiher Schadenersatz nach § 10 Abs. 2 AÜG von dem Verleiher verlangen, er wird jedoch durch die Fiktion eines Arbeitsverhältnisses mit dem Arbeitnehmer nach § 10 Abs. 1 AÜG beschwert.

243 Der Inhalt des fingierten Arbeitsverhältnisses richtet sich im Wesentlichen nach den Bedingungen im Betrieb des Entleihers und dem Überlassungsvertrag. So ist das Arbeitsverhältnis befristet, wenn auch die Überlassung nur befristet war. Auch die Arbeitszeit richtet sich nach dem zwischen Verleiher und Entleiher vereinbarten Umfang. Im Übrigen ist der Arbeitnehmer grundsätzlich so zu behandeln wie vergleichbare Arbeitnehmer des Entleihers, er hat jedoch den Anspruch auf eine Vergütung in mindestens der Höhe, wie er sie auch vom Verleiher erhalten hätte. Die Fiktion tritt unmittelbar mit Unwirksamkeit der Verleiherlaubnis oder mit Beginn der Tätigkeit beim Entleiher ein, je nachdem, welches Ereignis später eintritt. Allerdings ist zu berücksichtigen, dass die Erlaubnis für bereits vor deren Erlöschen abgeschlossene (also zulässige) Überlassungsverträge zwölf Monate lang nachwirkt.

I. Cloud Computing

1. Einführung

244 Der Begriff »Cloud Computing« hat sich in der jüngeren Vergangenheit zu einem Modebegriff der IT-Branche entwickelt. Die Diskussion um den als »Verkaufsschlager«[116] angepriesenen Trend beschränkte sich nicht nur auf technische Aspekte, sondern befasste sich auch mit juristischen Belangen. Ein Grund für die immer noch bestehende vorsichtige Haltung gegenüber Cloud Computing ist, dass der Begriff selbst nicht sehr griffig ist und sich eine allgemein anerkannte Definition bislang noch nicht durchsetzen konnte.[117] Ein weiterer Grund besteht darin, dass alle neuen Nutzungsformen in der IT-Branche in Ermangelung explizit abgestimmter gesetzlicher Regelungen gewisse Risiken und auch Konfliktpotenzial mit sich bringen.[118]

245 Unter Cloud Computing versteht man die Bereitstellung eines Zugangs zu flexiblen und gemeinsam nutzbaren IT-Ressourcen über ein Netzwerk.[119] Hinter dem abstrakten Begriff Cloud Computing verbirgt sich also ein Modell, bei welchem Hardware- und Software-Ressourcen jeder Art flexibel skalierbar sowie nach den jeweiligen Bedürfnissen konfigurierbar über ein Netzwerk bereitgestellt werden.[120] Zweck dieses innovativen Konzepts ist, durch die genaue Anpassung der IT-Ressourcen an den jeweiligen Bedarf Kosten ein-

---

116 Vgl. *Schulz* MMR 2010, 75 (75).
117 Vgl. *Niemann/Paul* K&R 2009, 444 (445).
118 Vgl. *Pohle/Ammann* CR 2009, 273 (274).
119 BITKOM Leitfaden »Cloud Computing« Oktober 2009/*Siebers*, S. 14. Siehe auch Kap. 1 Rdn. 41 ff.
120 Vgl. *Böhm/Leimeister/Riedl/Krcmar*, Information Management and Consulting 24 (2009), 6 (8).

zusparen. Die Idee hinter Cloud Computing ist ebenso einfach wie bestechend: Während eine Inhouse-IT konstant die in Spitzenzeiten benötigte Kapazität bei Hardware- und Software bereithält, bietet eine stets bedarfsgerechte Abrufbarkeit von IT-Leistungen diesbezüglich erhebliches Einsparpotenzial. Ist es möglich, jeden in Betracht kommenden Bedarf variabel durch eine Quelle von außen zu beziehen oder innerhalb eines geschlossenen Verbundes flexibel zu verteilen (so genanntes elastic scaling),[121] so ist eine separate IT-Struktur zumindest nicht mehr an jedem einzelnen Standort erforderlich. Damit können Anschaffungs- und Vorhaltekosten eingespart werden. Noch deutlicher wird der Gedanke durch einen Vergleich zu anderen Infrastrukturen der Grundversorgung wie etwa der Stromversorgung: Einen eigenen Stromgenerator zu betreiben und ständig zu warten, ist wegen des unstetigen Bedarfs kostspieliger, als den Strom aus der Steckdose zu beziehen.[122] Die Voraussetzung für das Einsparpotenzial ist eine bedarfsgerechte Leitung, über welche die Dienste bezogen bzw. innerhalb eines Verbundes verteilt werden können. Da Breitbandverbindungen im Geschäftsverkehr mittlerweile zum Standard gehören und in Relation zu den restlichen IT-Ressourcen nur geringe Kosten verursachen, ist die bisweilen größte technische Hürde für Cloud Computing genommen.

II. Technische Hintergründe von Cloud Computing

Technischer Grundbaustein von Cloud Services aufseiten des Anbieters sind informationstechnische Virtualisierungslösungen.[123] Im Regelfall stellt der Cloud-Anbieter eine bei ihm bereitgehaltene IT-Landschaft zur Verfügung, auf welche der Cloud-Nutzer über eine Netzwerkverbindung (z. B. auch das Internet) zugreifen kann. Der Nutzer profitiert von Hardware- und Software-Ressourcen, als bestünde nach wie vor eine Inhouse-IT, wobei die Ressourcen in Wahrheit ausgelagert sind und für den Nutzer damit nur virtuell bestehen. Für den Anwender, der bei einem Anbieter Rechenleistung oder Speicherplatz gebucht hat, ist nur von Bedeutung, ob er die bestellte Leistung über das Netzwerk auch erhält. Dem Anbieter steht es frei, dem Anwender die Leistungen aus verschiedenen miteinander verbundenen Servern (»Grid«) bereitzustellen. Ist ein Server ausgelastet, kann der Anbieter sich eines womöglich örtlich weit entfernten weiteren Servers bedienen, um die vom Anwender gewünschte Kapazität zu gewährleisten.[124] Eine Virtualisierung von Ressourcen kann auch darin bestehen, dass innerhalb eines Unternehmens alle bestehenden Ressourcen vernetzt werden und dem Ort zur Verfügung gestellt werden, der sie gerade benötigt.

Die Virtualisierung der benötigten Ressourcen ermöglicht es dem Cloud-Anwender, die eigens vorgehaltene IT-Struktur schlank zu halten – es genügt eine ausreichenden Netzwerkverbindung und ein Client, der lediglich Inhalte darstellen können muss (»Thin Client«).[125] Damit ermöglicht Cloud Computing beispielsweise, rechenintensive Anwendungen von einem Browser aus aufzurufen, welcher auf einem spärlich ausgestatteten Rechner beim Anwenderunternehmen installiert ist.

1. Arten von Clouds

Clouds lassen sich anhand der Zugriffsmöglichkeiten unterscheiden. Es gibt Private, Public und Hybrid Clouds. Besteht eine Cloud aus einer Vernetzung von Servern, welche durch eine unternehmensspezifische Firewall umgrenzt ist, spricht man von einer Private Cloud. Typisch für eine Private Cloud ist, dass sie unter der Kontrolle des Unternehmens steht und

---

121 Vgl. *Niemann/Paul* K&R 2009, 444 (444).
122 Beispiel nach *Schulz* MMR 2010, 75 (75); vgl. auch *Söbbing* MMR 2008 Heft 5, XII (XIII).
123 Vgl. *Pohle/Ammann* CR 2009, 273 (274); vgl. auch *Nägele/Jacobs* ZUM 2010, 281.
124 Vgl. *Söbbing* MMR 2008, XII (XIII).
125 Vgl. *Schuster/Reichl* CR 2010, 38 (40).

die darin enthaltenen Daten die Sphäre des Unternehmens nicht verlassen.[126] D. h. ein Außenstehender kann weder Hardware- noch Software-Ressourcen der Private Cloud nutzen; ein Zutritt zur Cloud bleibt ihm verwehrt.

249 Werden Hardware- und Softwareressourcen über die gleiche Anbindung von mehreren Nutzern verwendet, spricht man von einer Public Cloud. Typisch für die Public Cloud ist, dass diese es mehreren Nutzern erlaubt, auf ähnlich flexible IT-Ressourcen zuzugreifen.[127] Als Beispiel für eine Public Cloud sei ein auch von Privaten genutzter E-Mail-Dienst bei einem kostenlosen Anbieter genannt. Denn hier nutzen verschiedene voneinander unabhängige Anwender die Hardware- und Softwareressourcen des Providers, ohne jedoch Zugriff auf die fremden Daten zu haben.

250 Eine Mischung von Public und Private Clouds nennt sich Hybrid Cloud. Die Entscheidung für eine Hybrid Cloud mag in den Konstellationen sinnvoll sein, in welchen beispielsweise eine Symbiose aus der (Daten-) Sicherheit einer Private Cloud und der Flexibilität einer Public Cloud für die IT-Struktur des Unternehmens gefragt ist.

2. Dienstleistungen im Rahmen von Cloud Computing

251 Die durch Cloud Computing angebotenen Dienste lassen sich in folgende (Haupt-) Kategorien einteilen:[128]

a) Infrastructure as a Service (IaaS)

252 Bei IaaS wird dem Cloud-Nutzer eine IT-Infrastruktur über Netzwerk nutzbar gemacht. Dabei kann vom Nutzer Rechenleistung wie auch Speicherplatz des Anbieters verwendet werden. Gerade IaaS bietet großes Einsparpotenzial für Unternehmen, da die Vorhaltung einer eigenen Hardware nicht mehr nötig ist bzw. im Fall einer Private Cloud die Ressourcen unternehmensweit verteilt werden können. Der für Cloud Computing typische Thin Client kann sich über das Netzwerk der Rechenleistung eines leistungsstarken Servers bedienen, indem er an diesen eine Anfrage sendet, das extern errechnete Ergebnis übertragen bekommt und dieses lediglich darstellen muss.

b) Software as a Service (SaaS)

253 Im Rahmen von SaaS wird in der Cloud Software betrieben, die von den Nutzern der Cloud verwendet werden kann, ohne die Software selbst auf ihren lokalen Rechnern installiert zu haben. Der Client greift auf die Software zu und stellt lediglich ein Frontend dar, während die Rechenabläufe der Software in der Cloud stattfinden.

c) Platform as a Service (PaaS)

254 Bei PaaS wird den Nutzern in der Cloud eine Laufzeit- oder Entwicklungsumgebung zur Verfügung gestellt.

III. Abgrenzung von Cloud Computing zu Application Service Providing (ASP) und herkömmlichem (IT-) Outsourcing

255 Durch eine Abgrenzung des Cloud Computing von ASP und herkömmlichem Outsourcing anhand der jeweils prägenden Merkmale sollen die Konturen Cloud Computing noch klarer dargestellt werden:

---

126 Vgl. *Niemann/Paul* K&R 2009, 444 (445).
127 Vgl. *Pohle/Ammann* CR 2009, 273 (274).
128 Vgl. *Nieman/Paul* K&R 2009, 444 (445); vgl. auch *Nägele/Jakobs* ZUM 2010, 281 (282).

ASP ist keine Form von IT-Outsourcing, wohingegen Cloud Computing unter bestimmten Umständen eine neue Form von IT-Outsourcing sein kann. Während beim ASP keine internen IT-Funktionen an Dritte vergeben, sondern lediglich neue IT-Services von außen in ein Unternehmen geholt werden, verlagert man bei Nutzung einer Public Cloud in Form von IaaS eine interne IT-Funktion (Rechenleistung oder Speicherplatz) in die Wolke. Bedient sich ein Unternehmen zur Herstellung einer Private Cloud eines Dritten, so kann dadurch auch eine Form von IT-Outsourcing gegeben sein.

256

Obwohl auch beim ASP Software über Netzwerk verfügbar gemacht wird, unterscheiden sich ASP und Cloud Computing in Form von SaaS wesentlich in der hinter den jeweiligen Services stehenden Serverarchitektur. Beim ASP liegt der Unterschied zu einer lokal betriebenen Software lediglich darin, dass die Software über ein Netzwerk zur Verfügung gestellt wird. Die an einem anderen Ort betriebene Software steht jedoch beim ASP nur einem Client zur Verfügung (sog. Single Tenancy). Beim SaaS hingegen kann die in der Cloud betriebene Software von mehreren Nutzern gleichzeitig und unabhängig voneinander genutzt werden (sog. Multi Tenancy).[129]

257

Der Unterschied zum klassischen Outsourcing liegt insbesondere in der fehlenden festen Zuordnung von physikalischen Ressourcen.[130] Für IT-Outsourcing ist kennzeichnend, beispielsweise einen dezidierten Server zu mieten. Im Gegensatz dazu besteht beim Cloud Computing die Besonderheit in der oben dargelegten Virtualisierung. Für den Anwender ist nicht ausschlaggebend, ob ihm eine physikalische Ressource zugewiesen wird, sondern ob er die gewünscht Leistung erhält.

258

Aus der oben dargestellten Abgrenzung lassen sich Vor- und Nachteile von Cloud Computing erkennen. Entscheidende Vorteile sind die Möglichkeiten, die jeweils benötigten Hardware-Ressourcen bedarfsgerecht zu beziehen (Elastic Scaling) und darüber hinaus durch weit flexiblere Steuerung von Software-Lizenzen eine Überlizenzierung zu vermeiden.

259

Gegen Cloud Computing wird vorgebracht, dass die Datenspeicherung und die Datensicherung nicht transparent seien, da es an einer festen Zuordnung der Ressourcen gerade fehlt. Die Virtualisierung der Ressourcen bringt einen gewissen Kontrollverlust mit sich, wenn der physikalische Speicherort von Daten innerhalb einer Wolke nicht nachvollziehbar ist. Zudem wird befürchtet, dass es in einem frühen Stadium der neuen Technologie zu Schwierigkeiten bei der Interoperabilität zwischen einzelnen Cloud-Diensten beziehungsweise zwischen ganzen Clouds geben könnte.[131] Gegen Multi Tenancy wird angeführt, dass unter diesem Modell die Flexibilität leide.[132] Da beim SaaS die Software für viele unabhängige Nutzer verwendbar sein soll, muss die Software auch möglichst vielen Ansprüchen genügen, also standardisiert werden, und kann nicht immer auf individuelle Anforderungen angepasst werden.

260

IV. Rechtliche Besonderheiten des Cloud Computing

Wegen der grundlegenden Ähnlichkeit von Cloud Computing und IT-Outsourcing-Projekten sind nur wenige vollkommen neue Rechtsfragen aufgetaucht.[133] Denn bei der rechtlichen Beurteilung stellen sich im Wesentlichen die gleichen Fragen wie bei herkömmlichen IT-Outsourcing-Projekten[134] und es kann diesbezüglich auf die vorhergehenden Ausfüh-

261

---

129 Am Bsp. von SaaS *Pohle/Ammann* K&R 2009, 625 (626); vgl. auch *Nägele/Jacobs* ZUM 2010, 281.
130 Vgl. *Nägele/Jacobs* ZUM 2010, 281.
131 *Nägele/Jacobs* ZUM 2010, 281 (283).
132 *Stiemerling/Hirschmeier* ITRB 2010 146.
133 Vgl. Bitkom Leitfaden »Cloud Computing« Oktober 2009/*Siebers*, S. 48.
134 Vgl. *Söbbing* MMR 2008, XII (XIII).

rungen verwiesen werden. Soweit Cloud Computing rechtliche Besonderheiten aufweist, wird auf diese nachfolgend eingegangen.

1. Anwendbares Recht/Rechtswahl

262 Die Virtualisierungstechnik des Cloud Computing ermöglicht es, Standortvorteile flexibel und dynamisch auszunutzen. Cloud-Anbieter können ihre Hardware an Orten platzieren, die ihnen zur Schaffung der Cloud sinnvoll erscheinen und sind nicht an den Standort des Anwenders gebunden. Dabei mögen bei der Standortwahl für die Server neben dem Kostenaspekt für den Serverbetrieb beispielsweise auch die Bandbreite und Zuverlässigkeit der Netzanbindung Berücksichtigung finden. Die Folge dieser örtlichen Ungebundenheit ist, dass sich das Netzwerk einer Cloud über mehrere Länder erstrecken kann. Für das Verhältnis zwischen Anwender und Anbieter sollte zur Vermeidung von Rechtsunsicherheiten eine Rechtswahl getroffen werden.

263 Wird im Fall einer gewerblich genutzten Cloud[135] keine Rechtswahl getroffen, entfaltet die Vermutungsregelung aus Art. 4 Rom-I-VO[136] ihre Wirkung. Dass diese Regelung an die typologische Einordnung des Vertrags anknüpft, ist beim Cloud Computing problematisch, da wegen der Kombination von verschiedenen einzelnen Leistungen Unsicherheit darüber besteht, welchem Vertragstyp der Cloud Computing-Vertrag beziehungsweise dessen einzelne Vertragsleistungen letztlich zuzuordnen sind.[137] Die Auswirkungen einer solchen Unsicherheit sollten die Parteien durch eine Rechtswahl vermeiden.

264 Noch deutlicher tritt die Notwendigkeit einer von den Parteien zu treffenden Rechtswahl bezüglich deliktischer Ansprüche zu Tage. Stammen Anbieter- und Anwenderunternehmen aus unterschiedlichen Ländern, so findet gem. Art. 4 Rom-II-VO[138] das Recht des Staates Anwendung, in welchem der Schaden eingetreten ist. Eine Bestimmung des anzuwendenden Rechts kann sich jedoch im Fall von Cloud Computing schwierig gestalten, wenn der Speicherort von beschädigten Daten nicht nachvollziehbar ist, oder die Daten in verschiedenen Ländern beschädigt wurden. Es kommt dann zu einer so genannten »Mosaikbetrachtung«.[139] Um diese Unsicherheit von vornherein auszuräumen, ist folglich auch hinsichtlich der deliktischen Ansprüche eine Rechtswahl zu treffen, was gem. Art. 14 Abs. 1 Lit. b) Rom-II-VO zulässig ist.[140]

2. Vertragstypologie

265 Wie auch bei herkömmlichem IT-Outsourcing beinhaltet ein Cloud-Computing-Vertrag verschiedene Vertragsleistungen (Bereitstellung von Hardware- und Software, Beratungs- und Schulungsleistungen, Customizing etc.), die verschiedenen Vertragstypen des BGB zuzuordnen sind. Da die Einordnung nach der Kombinationstheorie gerade bei neuen IT-Konzepten oftmals schwerfällt, ist es beim Cloud Computing unerlässlich, durch die vertragliche Vereinbarung von Service Levels ein einheitliches Gewährleistungsrecht zu schaffen.

---

135 Gegenüber Verbrauchern kommt gem. Art. 6 Abs. 1 Rom-I-VO das Recht zur Anwendung, welches an dem gewöhnlichen Aufenthaltsort des Verbrauchers gilt. Eine Rechtswahl ist gegenüber Verbrauchern nicht möglich.
136 Verordnung über vertragliche Schuldverhältnisse (Rom I), VO (EG) 593/2008.
137 Die Problematik bezüglich des Vertragstyps beim Cloud Computing entspricht derjenigen beim IT-Outsourcing, s. Rdn. 265.
138 EU-VO Gesetzliche Schuldverhältnisse (Rom II), VO (EG) 864/2007.
139 *Schulz/Rosenkranz* ITRB 2009, 232 (236); *Nägele/Jacobs* ZUM 2010, 281 (283).
140 Ausf. zur Problematik des anwendbaren Rechts beim Cloud Computing *Nordmeier* MMR 2010, 151; vgl. auch *Nieman/Paul* K&R 2009, 444 (446); vgl. auch *Nägele/Jacobs* ZUM 2010, 281 (283).

3. Service Level/Change Requests

Hinsichtlich der Service Levels bestehen grundsätzlich keine wesentlichen Unterschiede zu herkömmlichen IT-Outsourcing-Verträgen. Dennoch sei wegen der Besonderheiten an dieser Stelle darauf hingewiesen, dass einerseits beachtet werden muss, dass für Cloud Computing (noch) keine allgemeinen Standards existieren.[141] Bei der Vertragsgestaltung ist darauf zu achten, dass die Flexibilität ein Kernaspekt des Cloud-Konzepts ist und die Wandelbarkeit der einzelnen Dienste sowie der Umfang der einzelnen Dienstleistungen nicht von einem herkömmlich verwendeten Change-Request-Verfahren beschränkt werden sollte.[142] 266

Bei der Vertragsgestaltung ist daher eine Regelung zu treffen, die eine Erfassung der Leistung im Rahmen der Service Levels ermöglicht, dem Cloud-Projekt jedoch keine Starre auferlegt, welche die Vorzüge gegenüber herkömmlichem IT-Outsourcing beseitigen würde. 267

4. Subunternehmerregelung

Innerhalb eines Cloud-Projekts können rechtliche Beziehungen nicht nur zwischen Anwender und Anbieter entstehen: Es besteht die Möglichkeit, dass der Anbieter seinerseits zur Erbringung der geschuldeten Leistung Subunternehmer beauftragt.[143] Die vertragliche Regelung der Zulässigkeit von Subunternehmern ist dabei für Anwender wie Anbieter gleichermaßen von Bedeutung. Das Anwenderunternehmen hat ein Interesse daran, dass die Leistung trotz der Einbeziehung von Subunternehmern in vereinbarter Qualität erbracht wird und eine mangelhafte Leistung des Subunternehmers die Durchsetzung der daraus resultierenden Rechte gegenüber dem Cloud-Anbieter nicht beeinflusst. Aus Sicht des Anbieters kann es Schwierigkeiten bereiten, wenn er sich gegenüber dem Anwender zur Bereitstellung sämtlicher Einzelleistungen in Bezug der Cloud-Nutzung verpflichtet hat, er sich jedoch zur Erfüllung dieser Pflichten zwangsläufig bestimmter Subunternehmer bedienen muss. In diesem Fall sollte eine Regelung getroffen werden, inwiefern der Cloud-Anbieter für die Schlechtleistung des Subunternehmers gegenüber dem Anwenderunternehmen einzustehen hat. Das Anwenderunternehmen sollte sich die Durchsetzung seiner Rechte sichern, wohingegen das Anbieterunternehmen sich gegenüber dem Subunternehmer absichern muss, um nicht für Risiken zu haften, welche nicht der kontrollierbaren Sphäre des Anbieters angehören. 268

Zu denken ist dabei insbesondere an die für Cloud Computing essenzielle Telekommunikationsanbindung, welche nur in wenigen Fällen originär vom Cloud-Anbieter stammen wird. Ein diesbezüglich bestehender Subunternehmervertrag ist auch im Hauptvertrag zwischen Cloud-Anbieter und Anwender hinreichend zu berücksichtigen. 269

Im Allgemeinen ist hinsichtlich jeglicher Subunternehmerregelungen darauf zu achten, dass zwischen Hauptvertrag und den auf diesen ausgerichteten Subunternehmerverträgen ein interessengerechter Einklang geschaffen wird. 270

5. Urheberrechtliche Aspekte

Im Rahmen von SaaS wird dem Anwender Software zur Nutzung verfügbar gemacht. Insbesondere wenn die dem Anwender zur Verfügung gestellte Software ein Produkt eines Dritten ist, stellt sich die Frage nach der urheberrechtlichen Relevanz der Vorgänge. Da Cloud-Projekte nicht selten international angelegt sind, ist zunächst zu klären, ob deutsches Urheberrecht zur Anwendung kommt. Das Urheberrecht entfaltet seine Schutzwirkung je- 271

---

141 *Niemann/Paul* K&R 2009, 444 (447).
142 *Schulz/Rosenkranz* ITRB 2009, 232 (234).
143 *Söbbing* MMR 2008, XII (XIII).

doch nur innerhalb der jeweiligen Landesgrenzen, während ein international geltendes Urheberrecht bislang nicht existiert. Eine Urheberrechtsverletzung verstößt somit nur gegen ein nationales Gesetz, sofern der Verstoß auch auf dem jeweiligen Territorium begangen wurde (sogenannte Mosaikbetrachtung).[144] Eine davon abweichende Vereinbarung zwischen den Parteien in Form einer Rechtswahl ist gem. Art. 8 Rom-II-VO unzulässig. Die Mosaikbetrachtung erfordert für grenzüberschreitende Sachverhalte, dass die jeweiligen Nutzungsrechte für jedes Land, in welchem urheberrechtliche Nutzungen stattfinden, vertraglich gesichert werden.[145]

272 Dies wirft sodann die sich anschließende Frage auf: Worin ist beim Cloud Computing eine urheberrechtlich relevante Nutzung zu sehen? Diese Frage kann nur durch eine differenzierte Beurteilung der Rechtsverhältnisse zwischen Anbieter und Anwender beziehungsweise zwischen dem Anbieter und dessen Softwarehersteller beantwortet werden.

273 Betrachtet man zunächst das Verhältnis zwischen Anbieter und Anwender, so ist umstritten, inwiefern durch die Nutzung eine urheberrechtlich relevante Handlung vorliegt. Anders als bei herkömmlichen Modellen liegt beim Cloud Computing eine Art Terminalbetrieb der Software vor, bei welchem die Applikation einzig auf dem Server des Anbieters ausgeführt wird. Nach einer Auffassung liegt keine Vervielfältigung auf dem Client des Anwenders vor, da die Software ausschließlich auf dem Rechner des Anbieters ausgeführt wird und diesen auch nicht verlässt. Dagegen wird angeführt, dass der Zugriff auf die Software mittels Browser oder Client-Software jedenfalls mit einer Zwischenspeicherung im Cache des Clients verbunden ist und darin eine urheberrechtliche Vervielfältigung zu sehen ist, welche dann wegen §§ 44a oder 69d Abs. 1 UrhG zulässig ist.[146] Um bereits im Vorfeld jede Unsicherheit über die urheberrechtliche Beurteilung auszuräumen, ist dem Anwender anzuraten, sich die Nutzungsrechte in notwendigem Maße einräumen zu lassen und vertraglich zu sichern. Der Anbieter sollte sich die entsprechende Berechtigung für die Bereitstellung der Software in einer Cloud-Umgebung verschaffen.[147]

274 Anders beurteilt sich das Verhältnis zwischen dem Anbieter und dem Softwarehersteller. Diesbezüglich herrscht weitestgehend Einigkeit darüber, dass urheberrechtlich relevante Vorgänge vorgenommen werden, die auch die Einräumung entsprechender Rechte erfordern. Der Anbieter speichert die Software auf seinem Server, worin jedenfalls eine Vervielfältigung im Sinne des § 69d Nr. 1 UrhG zu sehen ist. Zwar ist mangels körperlicher Überlassung eines Vervielfältigungsstücks eine urheberrechtliche Vermietung wohl zu verneinen, jedoch liegt durch die Bereitstellung der Software für den Anwender ein öffentliches Zugänglichmachen gem. § 19a UrhG vor.[148] Der Cloud-Anbieter muss sich daher vom Rechteinhaber der Software die für das Anbieten von Cloud Computing notwendigen Rechte einräumen lassen.

6. Datenschutzrechtliche Aspekte

275 Cloud Computing besteht strukturell aus einem Netz aus Servern, aus welchem die für den jeweiligen Anwender notwendigen Ressourcen kollektiv entnommen werden können. Aus dieser dezentralen Struktur ergeben sich im Vergleich zu herkömmlichen Outsourcing-Projekten datenschutzrechtliche Besonderheiten.[149]

---

144 Vgl. *Nägele/Jacobs* ZUM 2010, 281 (284).
145 *Schulz/Rosenkranz* ITRB 2009, 232 (236).
146 Str. *Schuster/Reichl* CR 2010, 38 (40); vgl. *Nägele/Jacobs* ZUM 2010, 281 (288 f.); vgl. auch *Niemann/Paul* K&R 2009, 444 (448).
147 *Bierekoven* ITRB 2010, 42 (44).
148 *Nägele/Jacobs* ZUM 2010, 281 (285); vgl. auch *Niemann/Paul* K&R 2009, 444 (448).
149 Ausf. zu datenschutzrechtlichen Aspekten beim Cloud Computing *Niemann/Paul* K&R 2009, 444 (448 f.).

IV. Rechtliche Besonderheiten des Cloud Computing

Auch hierbei ist zunächst die Frage nach der Anwendbarkeit des deutschen Datenschutzrechts zu klären. Gemäß dem in Europa geltenden Territorialitätsprinzip bestimmt sich das auf personenbezogene Daten anzuwendende Recht nach dem Ort deren Erhebung oder Verarbeitung. Da bei Cloud-Strukturen jedoch womöglich noch nicht einmal der Anbieter weiß, wo sich die Daten im Einzelnen befinden[150] und sich die Anwendbarkeit eines bestimmten nationalen Datenschutzrechts daher nicht zweifelsfrei ermitteln ließe, bestimmt § 1 Abs. 5 BDSG immerhin für EU-Clouds, dass sich die Anwendbarkeit nach dem Sitzland des in der EU ansässigen Anbieters richtet.[151] Um sich datenschutzrechtlich nicht einer Ungewissheit auszusetzen, empfiehlt es sich nach derzeitiger Rechtslage, einen in der EU oder dem EWR ansässigen Cloud-Anbieter auszuwählen. Anderenfalls besteht die Gefahr, dass das anwendbare Recht nicht zweifelsfrei feststellbar ist und sich gegebenenfalls ein Richter in Rechtsstreit für örtlich unzuständig erklärt.[152]

276

Überdies resultieren aus den Besonderheiten des Cloud Computings weitere datenschutzrechtliche Herausforderungen, welchen sich die Parteien zu stellen haben. Eine privilegierte Auftragsdatenverarbeitung gem. § 11 BDSG liegt nur dann vor, wenn die Daten innerhalb der EU oder dem EWR verbleiben. Daher hat sich in der Praxis durchgesetzt, in dem Cloud-Computing-Vertrag zu vereinbaren, dass die Daten innerhalb die EU oder den EWR nicht verlassen dürfen.[153]

277

Zum anderen verlangt § 11 Abs. 2 S. 2 BDSG eine detaillierte Vereinbarung über die Behandlung und Umstände des Auftrags. Anders als beim herkömmlichen IT-Outsourcing vermag schon die konkrete Benennung Schwierigkeiten bereiten. Da die personenbezogenen Daten flexibel und womöglich verteilt über mehrere Server verteilt gespeichert sein können, ist eine vertragliche Bestimmung des Speicherorts nicht möglich. Zudem bereitet auch die Überprüfung der nach § 9 BDSG zu treffenden Maßnahmen Probleme. Um trotz der Nutzung einer europaweiten Cloud den Anforderungen des § 11 BDSG zu genügen, ist es den Parteien anzuraten, eine möglichst detaillierte Regelung zu treffen, die eine hinreichend genaue Dokumentationspflicht des Anbieters enthält. Nur so kann gewährleistet werden, dass der Anwender tatsächlich Herr der Daten bleibt.

278

7. IT-sicherheitsrechtliche Aspekte

Jedes Outsourcing-Projekt bringt durch die Verlagerung von unternehmensinternen Vorgängen nach außen Risiken mit sich. So auch beim Cloud Computing, wobei durch die dezentrale Struktur der Server spezielle Probleme hinzukommen: Dem Anwenderunternehmen fehlen zum einen die unmittelbare Steuerbarkeit und zum anderen die unmittelbare Überprüfbarkeit der Einhaltung der relevanten Rechtsnormen durch den Anbieter. Da bei Verstößen eine persönliche Haftung der Unternehmensorgane beziehungsweise -mitglieder des Anwenders möglich ist (§§ 76 AktG, 43 GmbHG), sollte der Anbieter vertraglich zur Einhaltung der wichtigsten gesetzlichen Regelungen verpflichtet werden.[154]

279

8. Sektorspezifische Aspekte

Schließlich sei abschließend noch auf Besonderheiten hingewiesen, die sich aus den jeweiligen Tätigkeitsfeldern der Anwenderunternehmen ergeben können. Dabei sind insbesondere die Sonderregelungen für Finanzdienstleister und Berufsgeheimnisträger zu nennen, die es bei der Nutzung von Cloud Computing zu beachten gilt.[155]

280

---

150 Vgl. *Nägele/Jacobs* ZUM 2010, 281 (290).
151 Vgl. *Niemann/Paul* K&R 2009, 444 (449).
152 Vgl. *Nägele/Jacobs* ZUM 2010, 281 (290).
153 So auch *Schuster/Reichl* CR 2010, 38 (42).
154 *Pohle/Ammann* CR 2009, 273 (277).
155 Näher dazu *Niemann/Paul* K&R 2009, 444 (451).

V. Kommerzielle Besonderheiten des Cloud Computing

1. Anbieterauswahl

281 Die modulare Struktur von Cloud Services ermöglicht es dem Anwender theoretisch, Hardware- und Software in der Cloud separat von verschiedenen Anbietern zu beziehen. Dabei sind seitens des Anwenders frühzeitig die Vor- und Nachteile der jeweiligen Variante gegeneinander abzuwägen.

282 Werden alle Leistungen von einem Anbieter bezogen, werden dadurch zwar die rechtliche und technische Komplexität des gesamten Projekts reduziert, trotzdem können sich aus dieser Variante auch Nachteile ergeben. Bindet sich ein Unternehmen beispielsweise an nur einen Anbieter, ergibt sich daraus ein Abhängigkeitsverhältnis, welches die Flexibilität des gesamten Cloud Projektes beschränken kann.

283 Auf der anderen Seite birgt der Einzelbezug (Multi-Vendor-Strategie) der Cloud Services neben höherer Flexibilität durch die Möglichkeit des Austauschs eines einzelnen Vertragspartners auch Nachteile. Dabei sei insbesondere auf die Gefahren einer womöglich nicht gewährleisteten Interoperabilität zwischen einzelnen Komponenten hingewiesen, welche aufgrund der noch nicht weit fortgeschrittenen Standardisierung Schwierigkeiten bereiten kann. Zudem könnten sich im Fall von Leistungsstörungen Probleme ergeben, wenn sich aus Sicht des Anwenderunternehmens die Quelle des Fehlers nicht mehr nachvollziehen lässt.[156]

2. Vergütungsmodelle

284 Die Vergütung stellt für die Beteiligten an einem Cloud-Projekt-Vertrag einen zentralen Punkt dar. Werden dem Anwender Hardware-Ressourcen zur Verfügung gestellt, hat sich im Rahmen von Cloud Computing in der Praxis eine nutzungsabhängige Vergütung bewährt. Nimmt der Anwender Speicherplatz oder Rechenkapazität in Anspruch, so stellt die tatsächliche Nutzung einen tauglichen Parameter für die Vergütung dar, der aus Sicht des Anwenders das Einsparungspotenzial für wegen bedarfsgerechter IT-Kosten eröffnet. Da die tatsächliche Nutzung jedoch stark variieren beziehungsweise zu Vertragsschluss noch nicht ausreichend voraussehbar sein kann, werden die Vertragsparteien sich regelmäßig auf einen Grundbetrag für die Bereitstellung eines bestimmten Kontingents einigen, um den Cloud-Anbieter hinsichtlich seines Risikos interessengerecht zu entlasten.

285 Nimmt der Anwender zusätzlich oder einzig die Bereitstellung von Software in Anspruch, kommen verschiedene Abrechnungsmodelle in Betracht. Neben einer Abrechnung anhand der Anzahl der Arbeitsplätze, von welchen auf die Applikationen zugegriffen werden kann, bietet sich auch eine Vergütung für die jeweils in Anspruch genommenen Software-Module an.[157]

3. Wartungs- und Pflegeleistungen

286 Lagert ein Anwenderunternehmen IT-Dienste gleich welcher Art aus dem eigenen Hause auf einen externen Dienstleister aus, so ist damit stets ein faktischer Kontrollverlust über den zuvor eigenen Prozess verbunden. Beim Cloud Computing kommt gegenüber klassischem IT-Outsourcing hinzu, dass es an einer festen physischen Zuordnung einer IT-Ressource fehlt. Das Anwenderunternehmen weiß womöglich noch nicht einmal, wo der Anbieter Serverstandorte betreibt und wo sich daher die eigenen Daten befinden können. Daraus ergibt sich für das Anwenderunternehmen die Schwierigkeit, dass es keinen tatsäch-

---

156 *Söbbing* MMR 2008, XII (XIII); vgl. auch *Niemann/Paul* K&R 2009, 444 (446).
157 Vgl. *Bierekoven* ITRB 2010, 42 (43).

lichen Zugriff auf die Hardware- und auch auf die Software-Ressourcen hat. Der Anwender ist daher, auch was Wartung- und Pflegeleistungen und auch Problembehebung angeht, vom Anbieter abhängig.

Beim Abschluss eines Cloud Computing Vertrags kann das Anwenderunternehmen diesen faktischen Kontrollverlust dadurch ausgleichen, dass der Anspruch auf die Durchführung bestimmter Maßnahmen vertraglich vereinbart wird. Dafür bedarf es detaillierter Regelungen über Art, Umfang, Servicezeiten, Reaktionszeiten auslösende Ereignisse sowie Lösungszeiten bei bestimmten Problemen. Hinsichtlich der Problembehebung bietet sich eine Kategorisierung der zu treffenden Maßnahmen und der Lösungszeiten anhand von Fehlerklassen an.[158]

287

---

[158] *Pohle/Ammann* K&R 2009, 625 (628).

Kapitel 8
Internet-Provider-Verträge

Schrifttum

Appt, Rechtsfragen bei der Abwicklung von Zahlungsströmen über E-Commerce Plattformen – oder: unterliegt der Betreiber eines virtuellen Hochzeitstisches der Aufsicht der Bafin?, Deutsche Stiftung für Recht und Informatik: Tagungsband Herbstakademie 2010, 769; *Bauer*, Personalisierte Werbung auf Social Community-Websites – Datenschutzrechtliche Zulässigkeit der Verwendung von Bestandsdaten und Nutzungsprofilen, MMR 2008, 435; *von Baum*, Gestaltung von Software-Maintenance-Verträgen in der internationalen Praxis, CR 2002, 705; *Bender/Kahlen*, Neues Telemediengesetz verbessert den Rechtsrahmen für Neue Dienste und Schutz vor Spammails, MMR 2006, 590; *Bettinger/Freytag*, Privatrechtliche Verantwortlichkeit für Links, CR 1998, 445; *Bohne*, Zur Auskunftserteilung durch Access-Provider nach Schutzrechtsverletzung im Internet, GRUR-RR 2005, 145; *Bröhl*, EGG – Gesetz über rechtliche Rahmenbedingungen des elektrischen Geschäftsverkehrs – Erläuterungen zum Referentenentwurf, MMR 2001, 67; *Czychowski*, Auskunftsansprüche gegenüber Internetzugangs-Providern »vor« dem 2. Korb und »nach« der Enforcement-Richtlinie der EU, MMR 2004, 514; *Deckers*, Allgemeine Geschäftsbedingungen im Web-Designvertrag, CR 2002, 900; *Dieselhorst*, Keine Auskunftspflicht des Internet-Providers über Nutzerdaten, ITRB 2007, 131; *Dippelhofer*, Haftung für Hyperlinks, Dissertation, 2004; *Engels/Köster*, Haftung für »werbende« Links in Online-Angeboten, MMR 1999, 522; *Ernst*, Verträge rund um die Domain, MMR 2002, 714; *ders.*, Die Verfügbarkeit des Source Codes – Rechtlicher Know-how-Schutz bei Software und Web-Design, MMR 2001, 208; *Freytag*, Haftung im Netz, 1999; *Fülbier*, Web2.0 – Haftungsprivilegierungen bei MySpace und YouTube, CR 2007, 515; *Gercke*, Anmerkung zur Entscheidung des AG Potsdam, CR 2005, 233; *ders.*, Anmerkung zur Entscheidung des LG Hamburg MMR 2006, 493; *Gercke/Brunst*, Praxishandbuch Internetstrafrecht 2009; *Graulich*, Telekommunikationsgesetz und Vorratsdatenspeicherung, NVwZ 2008, 485; *Härting*, Gesetzesentwurf zur Umsetzung der E-Commerce-Richtlinie, CR 2001, 271; *ders.*, Die Gewährleistungspflichten von Internetdienstleitern, CR 2001, 37; *Heghmanns*, Musiktauschbörsen im Internet aus strafrechtlicher Sicht, MMR 2004, 17; *Heydn*, Deep Link: Feuerprobe bestanden – Das Aus für den Schutz von Web Content oder die Rettung des World Wide Web? NJW 2004, 1361; *Hoeren*, Keine wettbewerbsrechtlichen Bedenken mehr gegen Hyperlinks? – Anmerkung zum BGH-Urteil »Paperboy«, GRUR 2004, 1; *ders.*, Skriptum Internetrecht, 2011; *ders.*, Das Telemediengesetz, NJW 2007, 801; *Hoeren/Gräbig*, Entwicklung des Internet- und Multimediarechts im Jahr 2009, MMR-Beilage 2010,1; *Hoffmann*, Das Auskunftsverfahren nach § 101 Abs. 9 UrhG n. F. – Überblick über die Rechtsprechung im ersten Jahr nach Inkrafttreten der gesetzlichen Neuregelung, MMR 2009, 655; *ders.*, Zivilrechtliche Haftung im Internet, MMR 2002, 284; *Hornung*, Die Haftung von W-LAN Betreibern, CR 2007, 88; *Jandt*, Das neue TMG – Nachbesserungsbedarf für den Datenschutz im Mehrpersonenverhältnis, MMR 2006, 652; *Kaeding*, Haftung für Hot Spot Netze, CR 2010, 169; *Kitz*, Die Auskunftspflicht des Zugangsvermittlers bei Urheberrechtsverletzungen durch seine Nutzer, GRUR 2003, 1014; *Klein*, Offen und (deshalb) einfach – Zur Sicherstellung und Beschlagnahme von E-Mails beim Provider, NJW 2009, 2996; *Köster/Jürgens*, Haftung professioneller Informationsvermittler im Internet – Eine Bestandsaufnahme nach der Novellierung der Haftungsregelungen MMR 2002, 422; *Koch*, Zivilrechtliche Haftung für Inhalte in Kommunikationsnetzen, CR 1997, 193; *ders.*, Strafrechtliche Verantwortlichkeit beim Setzen von Hyperlinks auf missbilligte Inhalte, MMR 1999, 704; *ders.*, Die Telekommunikationsüberwachungsverordnung: Neue Belastungen für Internet-Service-Provider und Mobilfunkbetreiber?, K&R 2002, 289; *Kreutzer*, Napster, Gnutella & Co.: Rechtsfragen zu Filesharing-Netzen aus der Sicht des deutschen Urheberrechts de lege lata und de lege ferenda – Teil 2, GRUR 2001, 311; *Krieg*, Herausforderungen bei der Gestaltung der Nutzungsbedingungen für Web2.0-Plattformen, Deutsche Stiftung für Recht und Informatik: Tagungsband Herbstakademie 2009, 367; *Lehr*, E-Commerce, Umsatzsteuer-Falle Werbebanner, DStR 2002, 988; *Lement*, Zur Haftung von Internetauktionshäusern – Anmerkung zum Urteil des BGH »Internet-Versteigerung«, GRUR 2005, 210; *Libertus/Schneider*, Die Anbieterhaftung bei internetspezifischen Kommunikationsplattformen, CR 2006, 626; *Lindhorst*, BGH: Vorleistungspflicht des Kunden bei »Internet-System-Vertrag« nach Werkvertragsrecht ist AGB-rechtlich zulässig, GRUR-Prax 2010, 186; *Maaßen*, Urheberrechtlicher Anspruch und Vorratsdatenspeicherung, MMR 2009, 513; *Maennel*, Elektronischer Geschäftsverkehr ohne Grenzen – der Richtlinienvorschlag der Europäischen Kommission, MMR 1999, 187; *Martini/v. Zimmermann*, E-mail und integrierte VOIP Services: Telekommunikationsdienste i. S. d. § 3 Nr. 24 TKG, CR 2007, 427; *Maume*, Bestehen und Grenzen des virtuellen Hausrechts, MMR 2007, 620; *Meyer*, Haftung der Internetauktionshäuser für Bewertungsportale, NJW 2004, 3152; *Müller-Hengstenberg*, Nationale und internationale Rechtsprobleme im Internet, NJW 1996, 1777; *Münster*, Anmerkung zu AG Charlottenburg, MMR 2002, 260; *Nordemann*, Störerhaftung für Urheberrechtsverletzungen – Welche konkreten Prüfpflichten haben Hostprovider (Contentprovider)?, CR 2010, 653; *Obenhaus*, Cloud Computing als neue Herausforderung für Strafverfolgungsbehörden und Rechtsanwaltschaft, NJW 2010, 651; *Ott*, Haftung für verlinkte urheberrechtswidrige Inhalte in Deutschland, Österreich und den USA, GRUR Int. 2007, 14; *Otten*, Die auskunftsrechtliche Anordnung nach § 101 Abs. 9 UrhG in der gerichtlichen Praxis, GRUR-RR 2009, 369; *Pelz*, Die strafrechtliche Verantwortlichkeit von Internet-Providern, ZUM 1998, 530; *Petri/Göckel*, Vertragsstruktur der Internet-Backbone-Betreiber: Backbone-Access, CR 2002, 329; *Rauda*, Der Rückruf wegen gewandelter Überzeugung nach § 42 UrhG – Vom Web2.0 aus dem Dornröschenschlaf geweckt?, GRUR 2010, 22; *Redeker*, ITRB 2003, 82; *Rehart*, Sperren oder Löschen? Oder beides? – Das nächste Kapitel, MMR-Aktuell 2010, 303415; *Röhrborn/Katko*, Rechtliche Anforderungen an Wireless LAN, CR 2002, 882; *Rössel*, Unwirksamkeit einer Verfügbarkeitsklausel bei Hosting, ITRB 2007, 106; *Rössel/Kruse*, Schadensersatzhaftung bei Verletzung von Filterpflichten, CR 2008, 35; *Rossnagel*, Neues Recht für Multimediadienste Informations- und Kommunikationsdienste-Gesetz und Mediendienste-Staatsvertrag NwVZ 1998, 3; *Roth/Haber*, Verträge über Server-Housing, ITRB 2007, 21; *Sandor*, Eltern haften für ihre Kinder?, ITRB 2010, 9; *Schaar P.*, Datenschutzrechtliche Einwilligung im Internet, MMR 2001, 644; *Schaar O.*, »In-Game-Advertising«, CR 2006, 619; *Schack*, Urheberrechtliche Gestaltung von Webseiten unter Einsatz von Links und Frames, MMR 2001, 9; *Scherer*, Das neue Telekommunikationsgesetz, NJW 2004, 3002; *Scherer/Butt*, Rechtsprobleme bei Vertragsschluss via Internet, DB 2000, 1009; *Schmittmann*, Bannerwerbung – Rechtsprobleme insbesondere bei kammergebundenen Berufen, MMR 2001, 792; *Schulz/Rosenkranz*, Cloud Computing – Bedarfsorientierte Nutzung von IT-Resourcen, ITRB 2009, 232; *Schuppert*, Web-Hostingverträge, CR 2000, 227; *Schuster/Kemper/Schütze/Schulze zur Wiesche/Chargé/Dierking*, Entwicklung des Internet-, Multimedia- und TK-Rechts im Jahre 2005, MMR-Beilage 5/2006; *Schuster/Reichl*, Cloud Computing & SaaS: Was sind die wirklich neuen Fragen?, CR 2010, 38; *Sieber*, Verantwortlichkeit im Internet, 1999; *Sieber/Höflinger*, Drittauskunftsansprüche nach § 101a UrhG gegen Internet-Provider zur Verfolgung von Urheberrechtsverletzungen, MMR 2004, 575; *Spindler*, Inhaltskontrolle von Internet-Providerverträgen, BB 1999, 2037; *ders.*, Die zivilrechtliche Verantwortlichkeit von Internetauktionshäusern – Haftung für automatisch registrierte und publizierte Inhalte, MMR 2001, 741; *ders.*, Das Gesetz zum elektronischen Geschäftsverkehr – Verantwortlichkeit der Diensteanbieter und Herkunftslandprinzip, NJW 2002, 924; *ders.*, Haftungsrechtliche Grundprobleme der neuen Medien, NJW 1997, 3193; *ders.*, Neues im Vertragsrecht der Internet-Provider, CR 2004, 203; *ders.*, Das neue Telemediengesetz – Konvergenz in sachten Schritten, CR 2007, 239; *Spindler/Leistner*, Die Verantwortlichkeit für Urheberrechtsverletzungen im Internet – Neue Entwicklungen in Deutschland und in den USA, GRUR Int. 2005; *Spindler/Schuster*, Recht der elektronischen Medien 2011; *Spindler/Volkmann*, Die öffentlich-rechtliche Störerhaftung der Access-Provider, K&R 2002, 398; *Stadler*; Haftung für Informationen im Internet, K&R 2006, 253; *ders.*, Sperrungsverfügungen gegen Access-Provider, MMR 2002, 343; *Stenzel*, Ergänzung der Reform der Telemedien um eine Haftungsprivilegierung für Hyperlinks notwendig, MMR 2006, V; *Tettenborn*, Europäischer Rechtsrahmen für den elektronischen Geschäftsverkehr, K&R 1999, 252; *Verweyen*, Grenzen der Störerhaftung in Peer to Peer-Netzwerken, MMR 2009, 590; *Volkmann*, Haftung für fremde Inhalte: Unterlassungs- und Beseitigungsansprüche gegen Hyperlinksetzer im Urheberrecht, GRUR 2005, 200; *ders.*, Verkehrspflichten für Internet-Provider, CR 2008, 232; *Welzel*, Anmerkung zu BGH: ambiente.de, MMR 2001, 744; *Wischmann*, Rechtsnatur des Access-Providing, MMR 2000, 461; *Wolff*, Störerhaftung des Betreibers eines Usenet-Zugangsdienstes, ITRB 2007, 200; *Wulf*, Serververträge und Haftung für Serverausfälle, CR 2004, 43.

Übersicht   Rdn.

A. **Überblick** 1
I. Einführung 1
II. Begriff des Internet-Providers und Abgrenzung 6
   1. Provider und Providerverträge 6
   2. Abgrenzung zu anderen Dienstleistern und Leistungen 12
      a) Online-Shopping und andere Online-Dienste 13
      b) Application-Service-Provider 14
      c) Telekommunikationsanbieter 15
B. **Leistungsbereiche der Providerverträge und rechtliche Einordnung** 16
I. Access-Provider 17
   1. Leistungen des Access-Providers 17
   2. Vertragstypologische Einordnung 19
II. Presence-Provider 24
   1. Leistungen des Presence-Providers 24
   2. Vertragstypologische Einordnung 27
III. Content-Provider 32
   1. Leistungen des Content-Providers 32
   2. Vertragstypologische Einordnung 36
IV. Exkurs: Web2.0-Provider 38
   1. Leistungen bei Web2.0-Diensten 38
   2. Vertragstypologische Einordnung 42

	3. Einzelne Vertragsinhalte	43
	4. Regulatorische Besonderheiten bei Zahlungsabwicklung über die Plattform	45
V.	Weitere Providerverträge	47
	1. Web-Designvertrag	48
	2. Domainvertrag	50
	3. Linkingvertrag	53
	4. Werbebannervertrag und andere Werbeformen	56
VI.	Zusammenfassung	59
C.	**Das rechtliche und regulatorische Umfeld der Internet-Provider**	**60**
I.	Vorbemerkung	60
II.	Regulatorische Rahmenbedingungen	61
	1. Teledienste, Mediendienste, Telemediendienste	62
	2. Telemediendienste als Telekommunikationsanbieter?	64
	3. Relevante Regelungen aus dem Telekommunikationsrecht	69
	4. Relevante Regelungen aus dem TMG	73
III.	Haftung und Haftungsprivilegierungen der Provider (§§ 7 ff. TMG)	75
	1. Einführung	75
	2. Haftung für eigene Inhalte, § 7 TMG	77
	3. Haftung für die Speicherung fremder Inhalte, § 10 TMG/Störerhaftung	79
	4. Haftung für Durchleitung von Informationen, § 8 TMG	88
	5. Haftung für Zwischenspeicherung von Informationen, § 9 TMG	92
	6. Haftung für Hyperlinks	93
	7. Zusammenfassung	96
IV.	Auskunftpflichten des Providers	97
D.	**Vertragsgestaltung bei Providerverträgen**	**103**
I.	Der Access-Providervertrag	104
	1. Überblick über die Leistungsbereiche	104
	2. Einzelne Klauseln des Access-Providervertrages	108
	a) Bestimmung der Pflichten des Providers	109
	aa) Zugangsvermittlung und Beschränkung der Verfügbarkeit	109
	bb) Weitere Leistungen des Providers	115
	b) Pflichten des Nutzers	117
	c) Sperrung, Löschung und Kündigung	119
	d) Vergütung und Abrechnung	123
	e) Gewährleistung	127
	f) Haftung und Haftungsbeschränkung nach TKG	130
II.	Presence-Providervertrag	133
	1. Überblick über die Leistungsbereiche	133
	2. Einzelne Klauseln des Presence-Providervertrages	135
	a) Bestimmung der Pflichten des Providers	136
	b) Pflichten des Kunden	144
	c) Sperrung und Löschung von Inhalten, Kündigung	146
	d) Vergütungsregelungen	149
	e) Gewährleistung und Haftung	152

A. Überblick

I. Einführung

1   Das **Internet** nimmt in der Informationstechnologie eine technisch wie ökonomisch zentrale Position ein. Aus dem wirtschaftlichen und privaten Leben ist es nicht mehr weg zu denken. Nach der elektronischen Datenverarbeitung in einem Rechenzentrum und der darauf folgenden Entwicklung von dezentralen Client/Server-Architekturen wird die weltweite Vernetzung über das Internet als »eigentliche Revolution« in der Informationstechnologie bezeichnet.[1]

---

1 *Müller-Hengstenberg* NJW 1996, 1777.

I. Einführung

Die Anzahl der Teilnehmer im Internet ist nicht exakt bestimmbar. Schätzungen gehen von weltweit 1,2 Mrd. Internetnutzern im Jahr 2008 aus. In Deutschland verfügen ungefähr 68 Prozent der Erwachsenen über einen Internetanschluss. Etwa 60 Prozent aller Deutschen nutzen regelmäßig das Internet, mit einer steigenden Tendenz von ca. 2–3 Prozent jährlich. In den USA sind es bereits 75 Prozent.[2]

Dabei könnte man provokant behaupten, dass es *das* Internet gar nicht gibt, sondern nur einen Zusammenschluss vieler einzelner Netze.[3] An Internet-Knoten werden die verschiedenen Netze über leistungsstarke Verbindungen (Backbones) miteinander vernetzt. Ein solcher Internet-Knoten kann prinzipiell beliebig viele Netzwerke miteinander verbinden. Am größten Internet-Knoten Deutschlands (DE-CIX) in Frankfurt am Main sind es beispielsweise mehr als hundert Netzwerke.[4] Das Internet ist als »Netz der Netze« nicht mit dem **World Wide Web** (www) gleichzusetzen, das jedenfalls der meist verbreitete Dienst des Internets ist. Das Internet »gehört« auch niemandem. Es funktioniert lediglich aufgrund freiwilliger Zusammenschlüsse der Einzelnetzbetreiber, jedoch ohne konkrete verbindliche Absprachen.[5] Eine neue Entwicklung stellt das sog. mobile Internet dar, wobei dieser Begriff keine andere Form des Internets bezeichnet, sondern lediglich die Möglichkeit des Zugangs in das Internet mittels mobiler Endgeräte. Neue Mobilfunkstandards mit hohen Übertragungsraten wie z. B. UMTS und HSDPA sowie zukünftig Long Term Evolution (LTE) machen dies möglich. Neue mobile Endgeräte wie Netbooks, Smartphones oder das neue iPad haben für Akzeptanz beim Verbraucher gesorgt. Anders als beim oft schon anarchischen »Wildwuchs« des Internets scheinen sich bei diesen neuen Entwicklungen jedoch die Hersteller der Endgeräte durch Reglementierung, Vorauswahl und Kontrolle sehr viel mehr in das inhaltliche Angebot für die Nutzer zu involvieren. Interessante neue Geschäftsmodelle haben sich rund um die neuen Smartphones und deren Applications (»Apps«) entwickelt, mit einer Vielzahl neuer rechtlicher Fragestellungen.

Internet-Provider haben an sich keine »Herrschaft« oder Verfügungsgewalt über das Internet. Selbst wenn ein Provider ein eigenes Netz betreibt und damit Telekommunikationsanbieter ist (vgl. unten Rdn. 15), endet sein eigener »Herrschaftsbereich« am jeweiligen Gateway. Gleichwohl kommt den Providern mit ganz unterschiedlichen Aufgaben *die* zentrale Rolle bei der Nutzung des Internets zu. Für den Provider gibt es keine einheitliche und keine rechtliche Definition. Die Rolle des Providers bestimmt sich nach seinem jeweiligen Aufgabenbereich. Nutzt der Nutzer das Internet lediglich »passiv«, sorgen Access-Provider für den Zugang des Nutzers zum Netz. Hinzu kommen hierbei oftmals noch Nebenleistungen, wie Bereitstellung eines E-Mail-Accounts, inklusive der Weiterleitung und Speicherung von E-Mails, oder News- und andere Foren-Services. Will der Nutzer darüber hinaus aktiv im Internet auftreten, z. B. durch Einrichten einer eigenen Website oder das Anbieten von Inhalten oder Leistungen über das Netz, geschieht dies durch sog. Presence-Provider, zu denen u. a. der Website-Hosting-Provider gehört. In diesem Zusammenhang bieten Provider auch die Registrierung und Verwaltung von Domains an. Daneben gibt es noch eine Vielzahl anderer Provider, auf die weiter unten ausführlicher eingegangen wird (vgl. unten Rdn. 47–58).

Entgegen einer früher verbreiteten Meinung kann man das Internet heute nicht mehr als »rechtsfreien Raum« bezeichnen.[6] Eine Vielzahl von Gesetzen und Vorschriften, zumeist auf europäischen Vorgaben basierend, haben den rechtlichen und regulatorischen Rahmen für Provider abgesteckt. Auch für die Beurteilung vertragsrechtlicher Sachverhalte gibt das

---

2 So die Statistik im März 2007 unter www.internetworldstats.com/stats.htm.
3 Vgl. *Schneider*, Hdb EDV-Recht, Rn. 4: Es handelt sich lediglich um ein Protokoll zur Kommunikation.
4 Vgl. Angaben unter http://de.wikipedia.org/wiki/Internet.
5 *Müller-Hengstenberg* NJW 1996, 1777 (1780).
6 *Spindler*, Vertragsrecht Internet-Provider, I 1.

deutsche Recht, auch wenn der Providervertrag als solcher sich nicht im Typenkatalog des BGB wiederfindet, ausreichende Grundlage. Rechtsunsicherheiten ergeben sich immer wieder, weil das Internet nahezu täglich neue Geschäftsideen, Leistungen und technische Innovationen hervorbringt, die u. U. zu einer Neubeurteilung und alternativen rechtlichen Überlegungen zwingen.[7] Da die Möglichkeiten im Internet wörtlich genommen grenzenlos sind, sind auch die juristischen Sachverhalte. Darüber hinaus ist eine wesentliche Herausforderung an den IT-Juristen, die **Internationalität des Internets** und die damit einhergehende Schwierigkeit zu begreifen, auftretende Rechtsfragen allein auf Grundlage nur eines nationalen Rechts zu sehen.

5 Dieses Kapitel beschäftigt sich mit den vertraglichen Beziehungen der Provider zu den jeweiligen Nutzern. Die Nutzer können wiederum selbst als Provider auftreten. Die Unterscheidung und Abgrenzung zwischen Anbietern und Nutzern wird damit zunehmend schwierig. In einem allgemeinen Teil soll zunächst ein Überblick über die verschiedenen Arten und Leistungsbereiche der Internet-Provider gegeben und eine erste vertragstypologische Einordnung der jeweiligen Providerverträge unternommen werden (vgl. unten Rdn. 16–59). Darauf folgt eine Betrachtung des rechtlichen und regulatorischen Umfelds der Provider, insbesondere hinsichtlich der Haftung der Provider für Inhalte, die über sie in das Internet eingespeist werden, und mögliche Haftungsprivilegierungen (vgl. unten Rdn. 60–96). Zum Schluss wird dann auf die konkrete Gestaltung von Verträgen, die Provider für ihre Leistungsbereiche mit Nutzern abschließen, eingegangen, wobei der Access-Provider und der Presence-Provider im Vordergrund stehen sollen (vgl. unten Rdn. 103–156).

II. Begriff des Internet-Providers und Abgrenzung

1. Provider und Providerverträge

6 Eine systematische Einordnung von Provider- oder Providing-Verträgen fällt zunächst nicht leicht. Sie bilden den vorläufigen »Endpunkt« der vertragsrechtlichen Entwicklung im Bereich der Informationstechnologie. Standen zunächst die hardwarelastigen Rechenzentrumsverträge für große Mainframe-Systeme mit einer mietvertraglichen Ausgestaltung der Vertragsbeziehungen im Vordergrund, stieg die Bedeutung der Software in den später folgenden Client-/Serversystemen. Software wurde und wird als Standardprodukt oder in angepasster »individualisierter« Form und häufig als proprietäres Werkstück im Rahmen von Lizenzverträgen angeboten (zur Rechtsnatur dieser Lizenzverträge bei Softwareüberlassung, vgl. oben Kapitel 4). In einer dritten Phase erfolgt nunmehr die Abkehr der Leistungserbringung vom konkret lizenzierten Werkstück im Rahmen einer »Entmaterialisierung« hin zur Charakterisierung als »Dienst« oder »Service«. Die Leistungserbringung erfolgt nunmehr verstärkt »online« über das Internet durch Systeme, die beim Leistungserbringer vorhanden sind und der nicht mehr als Lizenzgeber, sondern als Dienstleister oder »Provider« auftritt.[8] Application Service Providing, Software as a Service (SaaS) oder Cloud Computing[9] sind weitere Ausprägungen dieser Entwicklung.

7 Unterschieden werden kann zwischen Verträgen, die den Zugang zum Internet, die Präsenz im Internet und die Übernahme von Inhalten im Internet zum Gegenstand haben und solchen Verträgen, die lediglich im Internet geschlossen werden (z. B. im Rahmen des Online-

---

[7] Z. B. neue Entwicklungen des mobilen Internets oder Web2.0.
[8] Vgl. dazu die grundlegenden Ausführungen von *Kosmides* S. 163 f.
[9] Vgl. dazu *Schuster/Reichl* CR 2010, 38. Auf diese Entwicklungen musste der Gesetzgeber u. a. auch im Rahmen der Strafverfolgung reagieren und hat mit § 110 Abs. 3 StPO den Zugriff auf bzw. das Recht zur Durchsicht dezentral gespeicherter Daten durch die Strafverfolgungsbehörden eröffnet, vgl. dazu *Obenhaus* NJW 2010, 651.

II. Begriff des Internet-Providers und Abgrenzung

Shoppings oder über Auktionsplattformen) oder deren Leistungsbewirkung mittels Internet vorgenommen wird (das Internet dient also als Mittel der Erfüllung, wie z. B. im Rahmen des Application-Service-Providing).[10] Anbieter dieser Leistungen sind keine Internet-Provider im hier verstandenen Sinne und daher nicht Gegenstand dieses Kapitels.[11]

8 Internet-Provider, wie der Begriff hier verstanden wird, sind also all jene Dienstleister, die entweder den **Zugang (Access)** zum oder die **Präsenz (Presence)** im Internet besorgen. Eine Mittelstellung nehmen die Leistungen ein, die zwar über das Internet »bezogen« werden können, aber für die Präsenz des Nutzers im Internet wichtig sind. Dazu gehören z. B. die Lieferung von **Inhalten (Content)**, die Verbindung zu anderen Websites (**Linking**) oder die Platzierung von **Werbung** auf einer Website. Schließlich haben sich rund um das Internet weitere Dienstleister etabliert, die besondere Leistungen für (aktive und passive) Nutzer des Internets anbieten, wie z. B. **E-Mail-Dienste** (unabhängig von der Verschaffung des Zugangs, wie z. B. GMX oder Hotmail), **Web-Designer**, die die Gestaltung des Internetauftritts von Unternehmen besorgen, oder **Domain Dienstleister**, die sich um die Registrierung und Verwaltung der Internet-Domain kümmern. Auch diese Leistungen stehen im unmittelbaren Zusammenhang mit dem Zugang oder der Präsenz des Nutzers bzw. den Inhalten im Internet und werden von dem hier verwendeten Providerbegriff erfasst.

9 Sinnvoll mag auch eine Unterscheidung nach der technischen oder mehr inhaltlichen Anknüpfung der Leistung sein. Tritt der reine Access-Provider lediglich als technischer Dienstleister auf und der Content-Provider ausschließlich als Lieferant von Inhalten, kommt dem Presence-Provider oft schon eine Mittelstellung zu.[12]

10 Der heutigen Praxis entspricht es, dass Provider kaum noch ausschließlich in dem einen oder anderen trennscharf abgrenzbaren Bereich tätig sind. Providerverträge sehen regelmäßig eine Kombination verschiedener Leistungen vor. So besorgt der Access-Provider oftmals auch das Hosten der Website, die Registrierung und die Verwaltung der Domain. Als Plattformbetreiber liefert er den Nutzern gegebenenfalls noch Inhalte. Häufig bezeichnen sich solche Provider selbst dann auch verallgemeinernd als **Internet-Service-Provider (ISP)**, was aufgrund der unterschiedlichen Aufgabenbereiche durchaus sinnvoll ist. Die Leistungsbündelung sorgt jedoch für Schwierigkeiten bei der jeweiligen vertragstypologischen Einordnung der Leistungen eines solchen »Internet-System-Vertrages« (vgl. dazu unten Rdn. 19 ff.).[13]

11 Die Natur des Internets, das jedem Einzelnen ermöglicht, seinen Beitrag im Internet zu verbreiten, verbietet auch eine allzu starre Trennung zwischen Kunden und Anbietern. Eine Privatperson als Nutzer eines bestimmten Internet-Dienstes kann demnach Lieferant von Inhalten, also Provider in dem hier dargestellten Sinne sein, wenn sie die Inhalte z. B. auf der eigenen Website zum Abruf bereithält. Das Web2.0 sorgt für eine Intensivierung des interaktiven Austausches und eine ständige Rollenumkehr der jeweils beteiligten Personen. Besondere Aufmerksamkeit erfahren sog. Social Networks, Communities und andere Plattformen,[14] wie Facebook, StudiVZ oder Xing, die ihren Mitgliedern und Nutzern eine offene oder geschlossene Präsenz im Internet vermitteln. Auch die Betreiber solcher Dienste fallen unter den Providerbegriff, weil sie dem Nutzer die Möglichkeit des Einstellens eigener Inhalte ins Netz verschaffen (vgl. dazu näher Rdn. 38).

---

10 Zugang zu bestimmten Software Anwendungen (Applications) wird mittels Internet gewährt; es bedarf also keiner »Überlassung« der Software mehr beim Nutzer (vgl. dazu oben Kap. 7).
11 Jedoch können diese Anbieter, sofern sie auf ihren Websites auch Inhalte zur Nutzung anbieten, wiederum als Content Provider eingestuft werden.
12 *Haug* Rn. 236.
13 Vgl. dazu jüngst BGH NJW 2010, 1449, mit Besprechung von *Lindhorst* GRUR-Prax 2010, 186.
14 Vgl. dazu *Kunz* S. 30.

2. Abgrenzung zu anderen Dienstleistern und Leistungen

12 Von dem hier verwendeten Begriff des Providers sind andere Anbieter zu unterscheiden, die nicht auf der Zugangs-, Präsenz- oder Inhaltsebene auftreten. Diese erbringen keine Leistungen, die die Nutzung des Internets durch den Nutzer selbst betreffen, auch wenn das Internet maßgeblichen Einfluss auf die Erbringung der Leistungen bzw. den Vertragsabschluss hat.

a) Online-Shopping und andere Online-Dienste

13 Der Bezug von Waren online über das Internet oder die Online-Bestellung von Waren, die dann »offline« angeliefert werden, ist keine Providerleistung, wie sie hier verstanden wird. Das Internet dient lediglich als Verkaufsplattform und -kanal und wird als Mittel der Leistungserfüllung genutzt (z. B. Download von Software, Spielen oder Musikstücken usw.). Gleiches gilt auch für andere Angebote, die im Internet wahrgenommen werden können, wie Datenbankrecherchen oder kostenpflichtiges Browsen. Insbesondere Suchmaschinen und andere Internet-Datenbanken ermöglichen den Nutzern die effektive Nutzung des Internets. Nach dem hiesigen Verständnis fallen sie jedoch nicht unter den Providerbegriff, solange sie keine Inhalte für die Verwendung durch Dritte bereithalten und damit zu Content-Providern werden (vgl. dazu aber unten Kapitel 10 bis 15).

b) Application-Service-Provider

14 Trotz der terminologischen Überlappung mag man behaupten, dass auch der Application-Service-Provider grundsätzlich keine Leistung auf der Zugangs-, Präsenz- oder Inhaltsebene des Internets anbietet. Der Application-Service-Provider nutzt lediglich die Internet-Verbindung zu seinen Kunden, um dem Kunden bestimmte Softwareanwendungen (»Applications«) zur Verfügung zu stellen[15] (dazu oben ausführlich Kapitel 7). Gerade im Hinblick auf Weiterentwicklungen wie Software as a Service oder Cloud Computing sind jedoch die Grenzen und Übergänge fließend.

c) Telekommunikationsanbieter

15 Telekommunikationsanbieter, wie Betreiber von Router-Rechnern und Leitungsnetzen (z. B. die Deutsche Telekom AG), schaffen die technische Infrastruktur für die Nutzung des Internets. Soweit sie jedoch nicht den Zugang selbst vermitteln, bleiben sie bei der Betrachtung der Providerverträge außen vor und sind nicht Gegenstand dieses Kapitels (vgl. dazu unten Kapitel 9).

B. Leistungsbereiche der Providerverträge und rechtliche Einordnung

16 Zunächst sollen die typischen Leistungsbereiche der Internet-Provider auf der Zugangs-, Präsenz- und Inhaltsebene und die jeweilige vertragstypologische Einordnung der entsprechenden Verträge untersucht werden. Mangels ausdrücklicher Erwähnung bei den Vertragstypen des BGB macht diese Einordnung regelmäßig Schwierigkeiten.

---

15 *Schneider*, Hdb EDV-Recht, M Rn. 5. Vgl. dazu ausf. Kap. 7.

I. Access-Provider

1. Leistungen des Access-Providers

Hauptleistung des Access-Providers ist es, dem Nutzer als Endkunden über technische Einrichtungen des Providers (Einwahlknotenpunkt, Rechner, Verbindung zum Internetknoten) die Verbindung zum Internet zu verschaffen. Dazu gewährt er dem Nutzer zunächst Zugang zum eigenen Netzrechner (Einwahlknoten) und verbindet ihn dann weiter entweder zu einem übergeordneten Netzbetreiber (Primär-Provider) oder direkt zu einem Internetknotenpunkt.[16] Der Verbindungsaufbau erfolgt mittels spezieller Programme, die vom Provider häufig kostenlos zur Verfügung gestellt werden. Bekannte Access-Provider sind die großen Online-Dienste wie T-Online, Vodafone oder HanseNet, aber auch die Festnetztelefongesellschaften, die über die entsprechenden Netze verfügen. Kleinere Anbieter, die über kein eigenes Netz verfügen, mieten Leitungen der großen Provider.

17

Daneben erbringt der Access-Provider regelmäßig noch andere Leistungen, wie z. B. das Einrichten eines E-Mail-Accounts und die Möglichkeit über diesen Account E-Mails zu versenden und E-Mails zu empfangen. Dabei werden eingehende E-Mails vom Provider empfangen, zwischengespeichert und im Account des Nutzers zum Abruf bereitgehalten. Weitere Leistungen der Access-Provider beinhalten Newsgroups oder Chat-Foren. Beliebter werden auch Instant-Messaging-Boards, die eine Kommunikation der Nutzer in Echtzeit ermöglichen.

18

2. Vertragstypologische Einordnung

Im Mittelpunkt steht für den Nutzer die Verfügbarkeit des Zugangs. Dies könnte eine Erfolgshaftung des Providers begründen. Davon ausgehend wird von manchen Autoren vertreten, dass es sich beim Access-Providervertrag um einen **Werkvertrag** i. S. d. § 631 ff. BGB handeln würde.[17] Zumindest würde die Erwartung und das Interesse des Nutzers an der Zuverlässigkeit der Verbindung zum Internet die Einordnung des Vertrages als Dienstvertrag gem. §§ 611 ff. BGB ausscheiden lassen.[18] Differenzierter schichtet *Wischmann* bei der Zugangsvermittlung die einzelnen Leistungsschritte ab und will auf die Zugangsgewährung zum Point of Presence des Providers aufgrund der Erfolgsorientiertheit Werkvertragsrecht, dagegen auf die störungsfreie Funktion der Datenübertragung Dienstvertragsrecht anwenden.[19] Je nach Ausgestaltung im konkreten Fall spricht *Kosmides* von einem atypischen Werkvertrag oder einem atypischen Dienstvertrag.[20] Es gebe kein allgemein durchgesetztes Vertragskonzept des Access-Providing-Vertrages.[21] So nimmt auch *Haug* bei einem Vergütungsmodell, das auf das jeweilige Nutzungsintervall oder auf das Volumen der transferierten Daten abstellt, einen Werkvertrag an, bei Grundgebühren oder Flatrate-Modellen hingegen einen Dienstvertrag.[22]

19

Gegen die Einordnung als Werkvertrag wird eingewendet, dass nicht lediglich ein einmaliger Erfolg geschuldet ist, sondern ein immer wiederkehrender, nämlich ein dauerhafter Zugang oder ein Zugang bei jeder Einwahl ins Internet, oder beim jeweiligen Versenden oder Empfangen von E-Mails. Die Hauptleistungspflicht, nämlich die Verschaffung des Zugangs, im Visier, sieht die wohl h. M. das Werkvertragsrecht nicht als geeigneten Vertragstyp

20

---

16 *Cichon* Rn. 34; Spindler/*Schuppert*, Vertragsrecht Internetprovider, II Rn. 13.
17 So z. B. Loewenheim/Koch/*Roth* S. 56 (66); *Schwarz* Rn. 6–2.1.
18 Für Dienstvertrag aber *Schneider* A., Verträge über Internet Access, S. 157.
19 *Wischmann* MMR 2000, 461 (464).
20 *Kosmides* S. 204 ff.
21 *Kosmides* S. 209.
22 *Haug* Rn. 252.

für den Access-Providervertrag an.[23] Die einschlägigen gesetzlichen Regelungen zur Abnahme (insbesondere hinsichtlich der insofern »passiven« Rolle des Providers im Widerspruch zu § 646 BGB), zur Vertragserfüllung bzw. Vertragslaufzeit (wann hat der Provider erfüllt, soll der Nutzer ein ordentliches jederzeitiges Kündigungsrecht gem. § 649 BGB haben?), aber auch zur Gewährleistung (z. B. würde Nichtverfügbarkeit des Zugangs zu einem Zeitpunkt, der für den Nutzer nicht relevant ist, zu Gewährleistungsansprüchen führen) lassen eine Einordnung im Werkvertragsrecht problematisch erscheinen. *Spindler* plädiert für eine als Tätigkeit geschuldete Pflicht und daher für eine Einordnung in das Dienstvertragsrecht mit einer stark auf einen Erfolg ausgerichteten Komponente, die den Vertrag zumindest in die Nähe des Werkvertrags bringt.[24]

21 Der Access-Providervertrag beinhaltet regelmäßig ein Bündel an Leistungen. Daher ist es wohl richtiger, den Vertrag im Grundsatz als **Rahmenvertrag** zu qualifizieren und dann nach der diesen Rahmenvertrag prägenden Leistung einzuordnen. Dies ist unbestritten die Verschaffung des Zugangs zum Internet. *Cichon* argumentiert für die Anwendung der Vorschriften des **Mietrechts**, §§ 535 ff. BGB. Zwar überlässt der Provider dem Nutzer nicht den Besitz an den technischen Einrichtungen zur Verbindung ins Internet, ausreichend soll aber der Zugriff auf die Sache zur Gebrauchsüberlassung sein.[25] Auch die Pflichten des Providers zur vertragsgemäßen Überlassung und den damit einhergehenden Pflichten zur Wartung der Anlagen, sowie die Vorschriften zur Vertragslaufzeit und stillschweigenden Verlängerung des Vertrages, zur Kündigung und Gewährleistung sprechen für eine Anwendung des Mietrechts auf die Hauptleistung des Providervertrages.

22 Der BGH tendiert in seiner Entscheidungspraxis dazu, den Schwerpunkt des Access-Providervertrages im **Dienstvertragsrecht** zu verorten.[26] Gegen die Qualifizierung als Mietvertrag spreche, dass dem Kunden mit der Nutzung des Rechners nicht gedient sei, sondern es vielmehr um den Transport der Daten in das und aus dem Internet gehe. Andererseits würden auch die werkvertraglichen Regelungen dem Bild der geschuldeten Leistung nicht gerecht. Der Provider schulde neben dem Bereitstellen und Betreiben der technischen Anlagen und dem Anschluss lediglich sachgerechte Bemühungen um die Herstellung einer Verbindung. Eine Erfolgshaftung auf jederzeitiges Zustandekommen einer Verbindung mit dem Internet könne dagegen nicht angenommen werden.[27] Im Ergebnis ist dieser Ansicht zuzustimmen. Im Gegensatz zum Presence-Provider geht es dem Nutzer nicht um die Überlassungs- oder Nutzungsmöglichkeit technischer Anlagen, sodass das Mietrecht insoweit die Leistungen nicht abdeckt. Andererseits ist eine strikte Erfolgshaftung i. S. d. Werkvertragsrechts nicht sachgerecht.

23 Das bedeutet nicht, dass auch sämtliche Nebenleistungspflichten ohne Weiteres den Vorschriften des Dienstvertragsrechts folgen müssten. Solange eine anderweitige Einordnung der Nebenpflicht nicht dem Zweck und der Eigenart des Gesamtvertrages entgegensteht, kann auf die jeweilige Nebenpflicht das für diese geltende Vertragsregime zur Anwendung kommen.

Für E-Mail-Dienste ist nach ganz h. M. Werkvertragsrecht anwendbar, da der Erfolg der jeweiligen Übermittlung im Vordergrund steht.[28] Differenzierend weist *Spindler* darauf hin, dass der Provider lediglich für den Erfolg des Empfangs von E-Mails, die über seine Schnittstelle eingehen, haften könne, aber nicht für die Versendung von E-Mails über die eigene

---

23 Spindler/*Schuppert*; Vertragsrecht Internet-Provider, II. Rn. 17; *Cichon* Rn. 69.
24 Spindler/*Spindler*; Vertragsrecht Internet-Provider, IV Rn. 74.
25 *Cichon* Rn. 79; im Ergebnis wohl auch *Schneider*, Hdb EDV-Recht, O Rn. 132.
26 BGH NJW 2005, 2076; jüngst BGH NJW 2010, 1449 (1450).
27 So auch *Härting* CR 2001, 37; *Spindler* CR 2004, 203 (207); *Redeker* ITRB 2003, 82; *Petri/Göckel* CR 2002, 329 (333).
28 *Cichon* S. 44; *Schneider*, Hdb EDV-Recht, O Rn. 157.

Schnittstelle hinaus.²⁹ Für die Versendung von Mitteilungen über die Schnittstelle in andere Netze solle daher Dienstvertragsrecht gelten. Richtigerweise könnte man jedoch auch die Erfolgshaftung im Rahmen des Werkvertrages an der Schnittstelle enden lassen, da eine Übertragung im Internet selbst nicht geschuldet ist und vom Provider gar nicht übernommen werden kann. Insbesondere sind andere Provider und Netzbetreiber keine Erfüllungsgehilfen des Providers, für die der Provider i. S. d. § 278 BGB einzustehen hätte.³⁰

Für andere Dienste wie Newsgroup- und Foren-Services wird, da kein konkreter Erfolg geschuldet ist, wohl am ehesten Dienstvertragsrecht einschlägig sein.

II. Presence-Provider

1. Leistungen des Presence-Providers

Im Rahmen des Presence-Providing besorgt der Provider die Zugänglichmachung der Website des Nutzers im Internet.³¹ Der Provider überlässt dem Nutzer eine bestimmte Menge **Speicher- oder Technikplatz**, den der Kunde zur Speicherung von Daten oder zur Aufstellung von Hardware zur Speicherung benutzen kann. Die Daten für die Website, die dem entsprechenden Browser-Programm des Empfängercomputers mitteilen, wie die Website auszusehen hat, kommen regelmäßig vom Nutzer selbst und werden dem Provider zur Verfügung gestellt. Die Herstellung der Website erfolgt im Rahmen von Web-Designverträgen, die weiter unten beschrieben werden (vgl. dazu unten Rdn. 48 f.). 24

Presence-Providing wird je nach Ausgestaltung entweder in Form des **Website-Hosting** oder des **Website/Server-Housing** angeboten.³² Während beim Hosting der Provider dem Nutzer Platz auf dem eigenen Server des Providers (Host-Rechner) unter einer eigenen IP-Adresse anbietet, gehört der Server beim Website-Housing oder Server-Housing regelmäßig dem Kunden und wird lediglich in den Räumlichkeiten des Providers aufgestellt und betrieben. Der üblicherweise im Eigentum des Kunden verbleibende Rechner kann auch in einem Rack montiert werden (ein Metallschrank, in dem verschiedene Rechner übereinander befestigt und verkabelt werden).³³ Hinzu kommen in beiden Varianten entsprechende Wartungsleistungen und Sicherungsmaßnahmen (Firewall-Systeme) für den Server, die im Fall des Server-Housings sogar im Vordergrund stehen können.³⁴ 25

Des Weiteren schuldet der Presence-Provider die **Anbindung der Website oder des Rechners ans Internet** mittels entsprechender technischer Infrastruktur (Übertragungswege, Schnittstellen, Software und Hardware). Über den Netzrechner erhalten Dritte die Möglichkeit, die Website aufzurufen. Das bedeutet, dass der Provider auch sicherzustellen hat, dass Internetnutzer die auf der Website gespeicherten Daten abrufen können, also zur Ansicht in den Arbeitsspeicher ihres Rechners laden können und gleichzeitig Nachrichten hinterlassen können (Internet-Connectivity oder Dialogfähigkeit).³⁵ 26

---

29 Spindler/*Spindler*, Vertragsrecht Internet-Provider, S. 272.
30 So auch *Redeker* Rn. 944.
31 Die Zugänglichmachung erfolgt im World Wide Web, das aufgrund der grafischen Benutzeroberfläche dafür der beste »Kanal« ist, vgl. *Cichon* Rn. 156.
32 Spindler/*Schuppert*, Vertragsrecht Internet-Provider, II Rn. 42 unterscheidet zusätzlich zwischen Website-Hosting, Virtual Server, -Hosting und Webspace-Provider einerseits und Website-Housing und Server-Housing andererseits.
33 *Roth/Haber* ITRB 2007, 21.
34 *Haug* Rn. 262.
35 Loewenheim/Koch/*Roth* S. 57 (78); *Schuppert* CR 2000, 227 (228).

2. Vertragstypologische Einordnung

27 Hauptleistungspflichten des Presence-Providingvertrages sind also einerseits die Zurverfügungstellung von Speicher- oder Technikplatz, andererseits die Anbindung des jeweiligen Rechners ans Internet. Umstritten ist dabei, wie diese einzelnen Pflichten vertragstypologisch einzuordnen sind, und darüber hinaus, ob es sich um ein einheitliches Schuldverhältnis handelt mit *einer* prägenden Leistung, die die Vertragsnatur bestimmt, oder ob es sich zwei verschiedene Hauptleistungspflichten handelt, die jeweils zwei unterschiedlichen Vertragstypen folgen.

28 Die Überlassung von Speicher- oder Technikplatz wurde teilweise als Verwahrungsvertrag oder als Geschäftsbesorgungsvertrag angesehen.[36] Die ganz h. M. und bisherige Rechtsprechung bejaht jedoch die **Anwendung mietvertraglicher Vorschriften** gem. den §§ 535 ff. BGB.[37] Gegen die Einordnung als Mietvertrag spreche insbesondere nicht, dass der Kunde keinen tatsächlichen Besitz an der Sache, die zur Miete überlassen wird, erhält. Schon in Bezug auf Rechenzentrumsverträge wandte der BGH die mietvertraglichen Vorschriften an, auch ohne Recht zum Besitz an der Sache.[38] Die Einordnung als Mietvertrag erfordert lediglich die Gebrauchsüberlassung, also die Ermöglichung des vertragsgemäßen Gebrauchs.

29 Bezüglich der Dialogfähigkeit bzw. Internet-Connectivity der Website ist zweifelhaft, ob es sich dabei um eine selbstständige Hauptleistungspflicht handelt, auf die werkvertragliche oder dienstvertragliche Vorschriften anwendbar sind,[39] oder ob es sich lediglich um eine mietvertragliche Nebenpflicht handelt. Die meisten Verträge darüber enthalten diesbezüglich keine klaren Regelungen.[40]

Nach verbreiteter Auffassung wird auch die Anbindung an das Internet sowie andere technische Parameter als Gegenstand der Gebrauchsgewährungspflicht des Anbieters und damit als geschuldete Eigenschaft der Mietsache eingeordnet.[41] Die Verbindung zum Internet ist danach Ausfluss der Erhaltungspflicht des Vermieters, sodass sich bei einer Nichtabrufbarkeit der gehosteten Website Ansprüche nach den §§ 536 ff. BGB ergeben. Dagegen steht die Meinung, dass die Leistung des Presence-Providers schwerpunktmäßig durch die Internet-Connectivity gekennzeichnet ist und daraus folgend wiederum allein Werkvertrags- oder Dienstvertragsrecht anwendbar sein soll.[42]

Nach anderer Ansicht ist die Internetanbindung eine eigenständige Hauptleistungspflicht, die prägend neben der Pflicht zur Überlassung von Speicherplatz steht.[43] Dieser Auffassung ist im Ergebnis zuzustimmen. Mit der Gebrauchüberlassung allein ist dem Kunden nicht geholfen. Sofern die Verbindung mit dem Internet unterbrochen ist, schuldet der Provider im Rahmen von Service Level Agreements regelmäßig auch ein aktives Tätigwerden, nämlich zur Beseitigung der jeweiligen Störung. Es handelt sich damit um eine Hauptleistungspflicht, die den Charakter des Gesamtvertrages beeinflusst.[44] Im Rahmen eines sog. Inter-

---

36 Für Geschäftsbesorgung z. B. LG Hamburg CR 1997, 157.
37 AG Charlottenburg CR 2002, 297; OLG Köln MMR 2003, 191; *Cichon* Rn. 187 ff.; Spindler/*Schuppert*, Vertragsrecht Internet-Provider, S. 399.; *Müller/Bohne* S. 83; *Scherer/Butt* DB 2000, 1009; *Schuppert* CR 2000, 227 (228); *Wulf* CR 2004, 43.
38 BGH NJW-RR 1993, 178.
39 *Haug* Rn. 262; *Spindler* BB 1999, 2037; Spindler/*Spindler*, Vertragsrecht Internet-Provider, IV Rn. 121; *Müller/Bohne* S. 84; unklar Spindler/*Schuppert*, Vertragsrecht Internet-Provider, II Rn. 49; *Wulf* CR 2004, 43 f.
40 Spindler/*Schuppert*, Vertragsrecht Internet-Provider, II Rn. 49 und *ders*. CR 2000, 227 (228); für dienstvertragliches Element *Schneider* A., Verträge über Internet Access, S. 197.
41 *Münster* in Anmerkung zu AG Charlottenburg MMR 2002, 260 (261); *Cichon* Rn. 184; *Wulf* CR 2004, 43 (46).
42 *Kosmides* S. 228 ff.
43 *Müller/Bohne* S. 84; Redeker/*Schuppert*, Hdb IT-Verträge, 3.3 Rn. 18.
44 Ebenso *Müller/Bohne* S. 84; Redeker/*Schuppert*, Hdb der IT-Verträge, 3.3 Rn. 18.

net-System-Vertrages, der neben dem Web-Hosting auch noch weitere Leistungen wie z. B. Einrichtung einer Website sowie das Unterhalten und die Zugänglichmachung über das Internet, beinhaltet, hat der BGH in einer jüngeren Entscheidung das Web-Hosting als werkvertragliche Leistung qualifiziert. Es ginge in erster Linie darum, die Abrufbarkeit der Website im Internet zu gewährleisten. Geschuldet sei daher ein konkreter Erfolg.[45]

Bei Annahme einer selbstständigen Hauptleistungspflicht ist wiederum fraglich, ob die Anbindung eine auf einen konkreten Erfolg gerichtete Tätigkeit ist und daher den werkvertraglichen Vorschriften folgt, oder ob nur eine Pflicht zum Tätigwerden nach dienstvertraglichen Vorschriften besteht. Als Zugangsvermittlung würde die Internetanbindung, wie der Access-Providervertrag, nach h. M. und nach Auffassung des BGH den dienstvertraglichen Vorschriften folgen.[46] 30

Auch für den Website/Server-Housingvertrag wendet die h. M. Mietrecht an; Gegenstand des Mietvertrages ist die Anmietung von Raum und Infrastruktur für den Rechner des Nutzers.[47] Anders als beim Website-Hosting, bei dem der Provider Speicherplatz auf einem angeschlossenen Netzrechner schuldet, besteht bei Website/Server-Housing zusätzlich die Pflicht, den Rechner des Nutzers an eine Internetleitung anzuschließen und diesen Anschluss zu warten und zu betreuen. Insofern soll dafür Werkvertragsrecht[48] oder Dienstvertragsrecht[49] zur Anwendung kommen. Entsprechend der Diskussion zur Rechtsnatur des Website-Hostingvertrages werden auch diese Leistungen teilweise als mietvertragliche Nebenpflichten angesehen.[50] 31

III. Content-Provider

1. Leistungen des Content-Providers

Nach der Zugangs- und Präsenzebene geht es nun um die **inhaltliche Ausgestaltung** des Webauftritts des Nutzers. Die Attraktivität einer Website und dementsprechend die Effektivität als Marketing- oder Kommunikationsmedium für ein Unternehmen (oder eine Privatperson) hängt im Wesentlichen von dem Design und den Inhalten der Website ab. Während das Design der Website Gegenstand des Web-Designvertrages ist (vgl. unten Rdn. 48 f.), können die Inhalte (Content) vom Betreiber der Website entweder selbst generiert oder von Dritten zugeliefert worden sein. Sofern Inhalte von Dritten zugeliefert wurden, werden sie vom Betreiber der Website entweder als eigene Inhalte oder als fremde Inhalte verwendet. Diese Unterscheidung ist insbesondere für die Haftung des Websitebetreibers für ggf. rechtswidrige Inhalte und eine Haftungsprivilegierung nach dem TMG bedeutsam (vgl. dazu unten ausführlich Rdn. 75 ff.). 32

Der Begriff des Content-Providers wird in der Literatur durchaus in unterschiedlichen Facetten genutzt. Während *Cichon* den Content-Provider (oder Inhalteanbieter) als »*Person oder Unternehmen, welche/s für den Inhalt eines Internetauftritts verantwortlich ist, weil es ihn beherrscht und über den Inhalt entscheidet*« begreift,[51] und *Stadler* verallgemeinert: »*Content-Provider ist jeder, der aktiv eigene Inhalte in beliebiger Form so in das Netz stellt, dass diese Inhalte zumindest für eine gewisse Dauer allgemeinen abgerufen werden kön-* 33

---

45 BGH NJW 2010, 1449 (1450 f.).
46 *Roth/Haber* ITRB 2007, 21 (22); so auch *Härting* CR 2001, 37 (39); vgl. auch oben zu Access Providern Rdn. 22.
47 *Roth/Haber* ITRB 2007, 21.
48 *Cichon* Rn. 277.
49 *Haug* Rn. 262.
50 *Wulf* CR 2004, 43 (46).
51 *Cichon* S. XXXVI.

nen«,[52] unterscheidet *Koch* zwischen »*Informationsanbietern im Internet mit eigener Website*« und »*sonstigen Informationsanbietern ohne eigene Dienste im Netz (reine »Content-Provider«)*«.[53] *Riehmer/Hessler* definieren den Content-Provider als »*Diensteanbieter, der eigene Inhalte ... zur Nutzung durch Dritte anbietet*«.[54] Ähnlich sieht *Struppler* den Content-Provider als »*Anbieter der einzustellenden Information*«.[55]

34 Als Content kann jedes Objekt und jede Information verstanden werden, die auf der Website veröffentlicht wird, wie z. B. Daten aus Datenbanken oder Datenbanken in ihrer Gesamtheit, Grafiken, Videos, Fotos, Softwareprogramme, Spiele und jegliche Art von redaktionellen Beiträgen.[56]

35 Auch für dieses Kapitel wird der Content-Provider als Anbieter von Inhalten und Informationen begriffen, die ein Betreiber für seine Website entweder als eigenen oder als fremden Inhalt verwendet. In technischer Hinsicht kommen unterschiedliche Verwendungsmöglichkeiten in Betracht. Die Inhalte können als vollumfänglicher inhaltlicher Bestandteil in die Website integriert sein. In Betracht kommen aber auch internetspezifische Nutzungsformen, z. B. durch Setzen eines Links oder eines Frames, mittels dessen der Nutzer der Website auf den fremden Inhalt zugreifen kann.[57] Diese internetspezifischen Weiterleitungsfunktionen sorgen zwar auch für eine Nutzung der Inhalte von Dritten, sollen hier aber einem eigenen Abschnitt vorbehalten bleiben (vgl. dazu unten Rdn. 53 ff.). Sofern der Provider fremden Content auf seiner Website platziert, könnte er wiederum gegenüber dem fremden Content-Provider als virtueller Host-Provider angesehen werden.

2. Vertragstypologische Einordnung

36 Der Erwerb des fremden Contents und/oder die Einräumung der entsprechenden Nutzungsrechte bestimmen sich nach den auch im Allgemeinen dafür geltenden Regelungen. Vertragtypologisch wird man den einmaligen und auf unbestimmte Zeit erfolgenden entgeltlichen Erwerb von Inhalten bzw. den Nutzungsrechten daran als Kaufvertrag i. S. d. §§ 433 ff. BGB einordnen können; zumindest wird man in Anlehnung an die Rechtsprechung zum dauerhaften Erwerb von Computerprogrammen die kaufrechtlichen Vorschriften zur Anwendung kommen lassen.[58] Sofern keine Vergütung geschuldet sein sollte, kommt auch eine Schenkung bzw. die Anwendung schenkungsrechtlicher Vorschriften in Betracht. Werkvertragsrecht kommt zur Anwendung, falls bestimmte Inhalte speziell für den Betreiber der Website hergestellt werden, z. B. bestimmte Spiele oder Animationen.

37 Unabhängig von der vertragstypologischen Einordnung steht im Mittelpunkt des Content-Providervertrages die Frage der ausreichenden Rechtseinräumung zur Nutzung der Inhalte auf der Website des Betreibers. Insbesondere muss gesichert sein, dass der Content-Provider überhaupt in der Lage ist, die Rechte einzuräumen. Bei Multimedia-Inhalten (z. B. Musikvideos, die zum Download angeboten werden), wird sich der Nutzer regelmäßig mit einer Vielzahl von Rechteinhabern auseinandersetzen müssen, um die Inhalte rechtmäßig nutzen zu können. Nicht außer Acht gelassen werden dürfen auch die Rechte der Wahrnehmungsgesellschaften, wie GEMA, VG Wort usw.

---

52 *Stadler* S. 33.
53 *Koch*, Internet-Recht, S. 3.
54 Spindler/*Riehmer/Hessler*, Vertragsrecht Internet-Provider, S. 22.
55 Lediger/*Struppler* S. 139.
56 Lediger/*Struppler* S. 139.
57 Lediger/*Struppler* S. 140.
58 Spindler/*Schuppert*, Vertragsrecht Internet-Provider, II Rn. 56 mit Verweis auf BGH NJW 1990, 3011 (3012).

IV. Exkurs: Web2.0-Provider

1. Leistungen bei Web2.0-Diensten

Während Inhalte im Internet in der Vergangenheit von einer vergleichsweise kleinen Anzahl von Content-Providern (meist große Medienunternehmen und Internetdienstleister) für eine Vielzahl von unabhängigen Nutzern zentralisiert erstellt und vorgehalten wurden, spielt heute die Interaktivität zwischen Nutzern und Providern eine große Rolle. Diese veränderte Anwendung des World Wide Web, in der die Nutzer die zentrale Rolle spielen und mittels interaktiver Anwendungen in zunehmendem Maße selbst Inhalte (sog. »**User Generated Content**«) erstellen, bearbeiten und weitergeben und sich mittels Software-Applikationen untereinander vernetzen, wird allgemein mit dem Begriff Web2.0 beschrieben.[59] User Generated Content reicht z. B. von Gedichten über Fotografien bis hin zu Filmen oder Musik und betrifft somit Bereiche, die sowohl eine erhöhte urheberrechtliche als auch persönlichkeitsrechtliche Relevanz haben.[60]

Für die Anbieter entsprechender Plattformen, auf denen Web2.0-Dienste (Web2.0-Provider) genutzt werden können, ist diese Art interaktive Internet-Publizistik attraktiv und riskant zugleich. Die Erzeugung von Inhalten durch die Nutzer kostet den Anbieter nichts, als Gegenleistung erhält der Nutzer die Möglichkeit, die Dienste zu nutzen. Die fremden Inhalte fallen allerdings oft massenhaft an, eine Kontrolle der Qualität und rechtlichen Unbedenklichkeit wäre faktisch meist kaum möglich. Auch hier stellt sich die Frage der Haftung des Diensteanbieters für rechtswidrigen (User Generated) Content (vgl. dazu unten ausführlich Rdn. 75 ff.).

Die zurzeit meist diskutierte »Spielart« des Web2.0 dürften sogenannte Community-Plattformen sein (z. B. Xing, Facebook, StudiVZ oder itsmy.com für das mobile Internet), über die sich deren Nutzer vernetzen und (meist unentgeltliche) Inhalte und Informationen austauschen. Neuerdings entstehen aber auch eigene Marktplätze, über die User Generated Content monetarisiert wird (z. B. www.Loxicon.de) bzw. Web-Shops, in denen Nutzer Produkte, z. B. T-Shirts oder Fotos, zunächst selbst gestalten (bzw. überarbeiten) und dann bestellen, oder auch Dritten entsprechend selbst gestaltete Designs bzw. überarbeitete Fotos anbieten können (z. B. auf www.Spreadshirt.de und www.PixelTalents.com. Ähnliches gilt auch bei Apple's App Store, über den App-Entwickler ihre selbst entwickelten Apps anderen iPhone-Nutzern anbieten können etc.). Eine weitere neue Art von Web2.0-Applikation bieten Dienste, über die der Nutzer eine personalisierte Startseite, ein sog. »Dashboard« einrichten und diese Browserseite mit individuellen Inhalten wie Online-Zeitungen, Blogs, Wetter, E-Mail, Suchmaschinen, Videos, Fotos, Sozialen Netzwerken, Podcasts etc. anlegen kann (vgl. z. B. www.netvibes.com). Während auf solch einem Dashboard einerseits User Generated Content integriert werden kann, wird dem Nutzer aber auch Content aus Dritt-Quellen zugänglich gemacht, z. B. Zeitungsinhalte per RSS-Feed.

Wie auch beim Presence Providing besteht die erbrachte Leistung der Provider auch bei Web2.0-Diensten in der Bereitstellung und Bereithaltung der notwendigen technischen Infrastrukturen. Hinzu kommt der für den jeweiligen Dienst charakteristische Leistungsteil, z. B. Bereitstellung und Gebrauchsüberlassung von Speicherkapazität im Rahmen von Sozialen Netzwerkplattformen, Datentransfer (z. B. Kommunikation mit anderen Netzwerkmitgliedern), Bereitstellung der Abrufmöglichkeit von Dritt-Content durch Suchmaschinen bzw. RSS-Feeds etc.

---

59 Vgl. dazu Wikipedia zu »Web2.0« unter http://de.wikipedia.org/wiki/Web2.0. Hierzu werden u. a. auch Videoplattformen, Social Bookmarking Dienste, Wikis, Blogs etc. gezählt.
60 *Rauda* GRUR 2010, 22.

2. Vertragstypologische Einordnung

42 Anbieter von Web2.0-Diensten können je nach Ausgestaltung des Dienstes rechtlich sowohl als Presence-Provider als auch als Content-Provider eingeordnet werden.[61] Bei Social Communities z. B. erhalten die Nutzer die Möglichkeit, eigene Inhalte in abgetrennten Accounts zu speichern. Bereitgestellt wird nicht die technische Infrastruktur für den Zugang zur, sondern bestimmter Speicherplatz auf der Website des Anbieters, was man als virtuelle Überlassung der technischen Infrastruktur im Rahmen eines Untermietverhältnisses oder eines unentgeltlichen Unter-Überlassungsvertrages unter (entsprechender) Anwendung der Vorschriften über die Leihe einordnen könnte. Zwar erscheint das Anbieten der Inhalte für die Öffentlichkeit (Content-Providing) auf den ersten Blick als Schwerpunkt ihrer Tätigkeit. Soweit sich aber die Leistung dieser Anbieter in der Zurverfügungstellung von Serverkapazitäten für fremde Inhalte erschöpft, treten diese Provider nicht als Anbieter eigener Inhalte auf. Sie verschaffen Dritten daher ihre eigene Präsenz im Internet. Vor allem im Hinblick auf die Haftung dieser Unternehmen ist diese Qualifizierung auch sachgerecht. Auch soweit den Nutzern ein Platz im Rahmen einer Web-Shop-Applikation zur Verfügung gestellt wird, lässt sich dies als Presence-Providing einordnen. Soweit Web2.0-Applikationen dem Nutzer Inhalte Dritter zur Verfügung stellen, geht es gegebenenfalls wieder um Content-Providing, wobei hier allerdings auch für die Frage der Haftung bzw. Notwendigkeit der Einholung entsprechender Nutzungsrechte[62] zu differenzieren ist, inwieweit Content auf den jeweiligen Plattformen tatsächlich gespeichert wird bzw. ob sich dieser tatsächlich in der Zugriffssphäre des Anbieters befindet[63] oder ob dieser Content (z. B. beim Zugänglichmachen von Inhalten durch Links bzw. RSS-Feeds) für den Nutzer nur leichter erreichbar gemacht wird.[64]

3. Einzelne Vertragsinhalte

43 Unabhängig von der vertragstypologischen Einordnung geben auch im Bereich Web2.0 vor allem die Nutzungsbedingungen der einzelnen Dienste den Regelungsrahmen für deren Nutzung vor. Dabei ist allgemein zu konstatieren, dass es den Anbietern von Web2.0-Angeboten oft schwerfällt, rechtswirksame AGB vorzugeben. So genügen häufig Klauseln, die den Leistungsgegenstand der Services beschränken, diesbezügliche Änderungsvorbehalte oder pauschale Löschungsvorbehalte nicht den rechtlichen Anforderungen. Auch die Auslagerung von Regelungsinhalten in frei änderbaren sog. Policies verschiedenster Art begegnet vor dem Hintergrund des AGB-rechtlichen Transparenzgebots Bedenken.[65]

44 Insbesondere wenn User Generated Content eine Rolle spielt, enthalten die Nutzungsbedingungen der Anbieter ausführliche Regelungen zum Umfang der Einräumung von Nutzungsrechten an den Inhalten[66] und entsprechende Freistellungsverpflichtungen für den Fall, dass die Nutzung der Inhalte für die Zwecke des Dienstes Rechte Dritter verletzt. Betreiber von Social Community Plattformen spezifizieren ihr »virtuelles Hausrecht«,[67] indem genaue Vorgaben gemacht werden, welche Regeln für den Umgang unter den Mitglie-

---

61 *Haug* Rn. 300.
62 Vgl. dazu allgemein für die Frage der Vervielfältigung i. S. d. § 16 UrhG bei Hyperlinks auch BGH MMR 2003, 719 – Paperboy.
63 Vgl. BGH GRUR 2010, 628 – Vorschaubilder.
64 Vgl. hierzu LG Hamburg MMR 2009, 55, das für die Frage der Verletzung des Rechts auf öffentliche Zugänglichmachung (§ 19a UrhG) insoweit zusätzlich danach differenziert, ob die Inhalte mit oder ohne Quellenangabe zugänglich gemacht wurden.
65 *Krieg*, Deutsche Stiftung für Recht und Informatik: Tagungsband Herbstakademie 2009, S. 367.
66 Dabei ist allerdings u. U. Vorsicht geboten, da Gerichte die ausf.e Rechtseinräumung in der Vergangenheit schon als Indiz für ein »sich zu Eigen machen« fremder Inhalte gewertet, und eine Haftung für solche rechtsverletzenden Inhalte bejaht haben, vgl. z. B. OLG Köln MMR 2002, 548.
67 Vgl. allgemein dazu *Maume* MMR 2007, 620.

dern der Netzwerke gelten sollen. Meist wird auch geregelt, welche Inhalte für welche Zwecke gerade nicht auf die Plattform aufgespielt werden dürfen, z. B. Werbung. Andererseits behalten sich die Betreiber das Recht vor, selbst Werbung auf den Seiten der Community-Plattform zu schalten, geht es doch dabei meist um die Haupteinnahmequelle der Plattformbetreiber. Werbung wird oft kontextbezogen bzw. personalisiert geschaltet, wobei diese Art der Werbung je nach Ausgestaltung an datenschutzrechtliche Grenzen stößt bzw. nur bei ausdrücklicher Einwilligung des Nutzers zulässig ist.[68]

4. Regulatorische Besonderheiten bei Zahlungsabwicklung über die Plattform

Einige gesetzliche Neuregelungen werfen neuerdings auch im Bereich Web2.0 regulatorische Fragen (nach einer Registrierungs- bzw. Erlaubnispflicht) auf, nämlich dann, wenn Kunden die Möglichkeit haben, über eine Web2.0-Plattform mit Anbietern in Kontakt zu treten und Verträge über den Bezug von Produkten/Dienstleistungen zu schließen und abzuwickeln, während der Betreiber der Plattform nicht nur lediglich die technische Infrastruktur dafür bietet, sondern auch die Zahlungsabwicklung organisiert (so z. B. beim App Store: Hier schließen der App-Anbieter und der iPhone-Nutzer rechtlich selbstständig einen Vertrag über den Bezug einer App, während Apple hierfür lediglich den App Store als Plattform bereithält.). Gewünschter Effekt ist dabei, dass der Betreiber bei dieser Gelegenheit seine Provision aus dem Geschäft des Anbieters mit dem Kunden direkt einbehalten kann (dies ist für den Betreiber insbesondere bei Micro-Payments interessant, da die separate Einziehung der Provision vom Anbieter mit unverhältnismäßigen Kosten bzw. Ausfallrisiken verbunden ist). 45

Je nachdem, ob die Forderung auf den Betreiber übertragen wird, oder ob er nur zur Einziehung ermächtigt wird, gestaltet sich die rechtliche Ausgestaltung der Zahlungsabwicklung aus unterschiedlichen Gründen teilweise schwierig:[69] Wenn der Betreiber die Forderungen im Wege des Factoring erwirbt oder wenn er nur zur Einziehung ermächtigt wird, besteht u. U. eine Erlaubnispflicht nach dem Kreditwesengesetz (KWG) bzw. eine Registrierungspflicht nach dem Rechtsdienstleistungsgesetz (RDG).[70] Durch die Vereinbarung eines Fälligkeitsfactorings kann zwar die Erlaubnispflicht (KWG) entfallen, weil dann keine Finanzierungsfunktion gegeben ist.[71] Seit 31.10.2009 gilt nunmehr aber auch das Zahlungsdiensteaufsichtsgesetz (ZAG), welches Finanztransfergeschäfte[72] unter eine Erlaubnispflicht stellt.[73] Interessengerecht wäre es, in solchen Fällen eine Erlaubnispflicht bzw. das Vorliegen eines Finanztransfergeschäfts abzulehnen, weil der Schwerpunkt der Dienstleistungen in der Bereitstellung der technischen Infrastruktur des Web Shops bzw. der Ermöglichung des Geschäfts zwischen Anbieter und Kunden liegt, das überhaupt erst Anlass zum Zahlungsvorgang gibt, der sozusagen nur als Nebenleistung abgewickelt wird.[74] Trotzdem verbleibt hier derzeit eine Grauzone, die auch bei der zuständigen Aufsichtsbehörde 46

---

68 *Bauer* MMR 2008, 438.
69 Vgl. hierzu im Einzelnen *Appt*, Tagungsband Herbstakademie 2010, S. 769.
70 Insofern könnte es sich beim Einzug fremder Forderungen gemäß § 2 Abs. 2 RDG um eine Rechtsdienstleistung handeln, was zur Registrierungspflicht nach § 10 Abs. 1 Nr. 1 RDG führen kann. Die Registrierungsvoraussetzungen (persönliche Eignung, Zuverlässigkeit, theoretische und praktische Sachkunde, Berufshaftpflicht) sind in § 12 RDG geregelt; *Appt*, Tagungsband Herbstakademie 2010, S. 771.
71 Vgl. dazu das Merkblatt »Hinweise zum Tatbestand des Factoring« der BaFin vom 05.01.2009, abrufbar über www.bafin.de.
72 Ein Finanztransfergeschäft liegt u. a. dann vor, wenn der Zahlungsdienstleister von dem Zahlenden Gelder zur Übermittlung an den Zahlungsempfänger entgegennimmt und zwischen dem Zahlungsdienstleister und Zahlenden keine kontenmäßige Beziehung besteht.
73 Vgl. § 1 Abs. 2 Nr. 6 ZAG; *Appt*, Tagungsband Herbstakademie 2010, S. 777; vgl. allgemein dazu *Schäfer/Lang* BKR 2009, 15.
74 Vgl. eine ähnliche Argumentation bzgl. der gesetzlich geregelten Ausnahme für Handelsvertreter und Zentralregulierer (§ 1 Abs. 10 Nr. 2 ZAG) im Merkblatt »über die Erteilung einer Erlaubnis zum Erbringen von Zahlungsdiensten gemäß § 8 Abs. 1 ZAG« der Deutschen Bundesbank, S. 8.

(Bundesanstalt für Finanzdienstleistungsaufsicht – BaFin) intern nach eigener Auskunft noch weitgehend ungeklärt ist.

V. Weitere Providerverträge

47 Neben den Leistungen Zugangsverschaffung, Präsenzverschaffung und Inhalteverschaffung gibt es rund um den Auftritt und die Nutzung des Internets noch eine Reihe anderer Leistungserbringer, die im Folgenden etwas kürzer Erwähnung finden sollen. Teilweise handelt es sich dabei um Leistungen, die üblicherweise von den o. g. Providern in deren Leistungsangebot aufgenommen worden sind (z. B. Domainanmeldung, Verwaltung, manchmal auch Web-Design), oder um Verträge, die zwischen Betreibern von Websites abgeschlossen werden, was die daran beteiligten Parteien wiederum zu Providern nach der hier vertretenen Definition werden lässt (Linkingvereinbarungen, Werbebannerverträge).

1. Web-Designvertrag

48 Die Herstellung der Website in HTML[75] erfolgt im Rahmen eines Web-Designvertrages durch Web-Design-Agenturen.[76] Das Web-Design mag auch Gegenstand des Leistungsangebots des Website-Hosters sein. Da die Herstellung und das Design der Website neben Programmierkenntnissen jedoch im Wesentlichen kreative, marketing- oder public-relation-bezogene Qualifikationen bedarf, werden diese Aufgaben häufiger von Werbe- und Marketing bzw. PR-Unternehmen oder spezialisierten Web-Design-Agenturen wahrgenommen. Regelmäßig ist die Website Ausgangspunkt oder zumindest integraler Bestandteil der Corporate Identity (CI) eines Unternehmens und damit Gegenstand der weiter reichenden Kommunikationsstrategie des Unternehmens.

49 An der vertragstypologischen Einordnung ändert dies nichts. Mehrheitlich wurde der Web-Designvertrag als Werkvertrag eingestuft.[77] Begründet wurde dies mit der Ähnlichkeit zur individuellen Softwareerstellung, die gleichfalls den werkvertraglichen Vorschriften folge. Mit der Schuldrechtsreform stellt sich auch hier die Frage der Auswirkung des geänderten § 651 BGB, auf den an anderer Stelle im Detail eingegangen wird (vgl. dazu Kap. 4 Rdn. 48–447). Die gleichen Überlegungen sind für den Web-Designvertrag anzustellen. Sofern man dem Programm Sachqualität zuweisen möchte, wären die Vorschriften des Kaufrechts gem. § 651 S. 1 BGB anwendbar, andernfalls würde es bei den werkrechtlichen Vorschriften bleiben. Auch hier gilt, dass die Anwendung kaufrechtlicher Vorschriften regelmäßig zu nicht interessengerechten Ergebnissen führen würde, gerade was die intensive Abstimmung und Mitwirkungspflichten des Kunden, aber auch die Frage der Abnahme und der Kündigungsmöglichkeiten des Bestellers angeht.[78]

2. Domainvertrag

50 Anstelle der numerischen IP-Adresse möchte der Betreiber seine Website einem bestimmten identifizierenden Namen zuordnen. Dieser Name, unter dem die Website erreichbar ist, wird als Domain bezeichnet (zum Recht der Domain ausführlich unten Kap. 19). Die Do-

---

75 HTML steht für »Hypertext Markup Language« und bezeichnet die Programmiersprache für eine Website des WWW. Immer verbreiteter auch die XHTML (»Extensible Hypertext Markup Language«).
76 Zur Frage der urheberrechtlichen Qualität und zum Know-how Schutz beim Web Design vgl. *Ernst* MMR 2004, 208.
77 Spindler/*Schmidt*, Vertragsrecht Internet-Provider, VIII Rn. 4; *Koch*, Internet-Recht, S. 38; *Deckers* CR 2002, 900 (901), allerdings offen gelassen in der jüngsten Entscheidung BGH NJW 2010, 1449 (1451) – Internet-System-Vertrag.
78 So auch *Cichon* Rn. 416; Lediger/*May* S. 100; im Ergebnis genauso *Haug* Rn. 263: »normaler Werkvertrag«.

main besteht aus der sog. Top Level Domain (TLD), die den country- oder generic code angibt (»de«, »eu«, »com« usw.) und der Second Level Domain (SLD), die der Betreiber frei, allerdings im Rahmen des marken- und kennzeichnungsrechtlich Zulässigen und unter Beachtung sonstiger Priorität anderer Anmelder, wählen kann.

Die Domain ist bei der zuständigen Registrierungsstelle anzumelden. Für Domains mit der TLD »de« ist dies das Deutsche Network Information Center, DENIC eG, für die TLD »eu« die EURid.[79]

Die Vornahme der Anmeldung und die laufende Verwaltung der Domains wird von Providern angeboten, die als Genossen bei der Denic oder als autorisierte Partner der EURid eingetragen sind. Häufig ist die Anmeldung und Verwaltung der Domain bereits Gegenstand des Website-Hostingvertrages. Auf dem Markt tätig sind aber auch zahlreiche andere Provider, die dies als eigenständige Leistung anbieten.

51 Geschuldet wird vom Provider ein Tätigwerden, nämlich die Anmeldung und weitere Verwaltung der Domains zu besorgen. Die wohl h. M. qualifiziert diesen Vertrag als dienstvertraglichen Geschäftsbesorgungsvertrag i. S. d. § 675 BGB.[80] Vereinzelt wird die Tätigkeit auch als erfolgsbezogen (nämlich die erfolgreiche Registrierung) angesehen, mit der Folge der Anwendung werkvertraglicher Vorschriften.[81]

52 Davon zu unterscheiden ist das rechtliche Verhältnis zur Registrierungsstelle, das über den Provider in Stellvertretung gem. § 164 ff. BGB zustande kommt. Schwierigkeiten macht dabei die noch nicht letztlich geklärte Rechtsnatur der Domain. Registrierungsstellen wie die Denic sind ja selbst nicht Inhaber der jeweiligen Domainnamen, deren Nutzung sie für den jeweiligen Domaininhaber zulässt. Die Berechtigung an den Bezeichnungen ergibt sich aus den allgemeinen namens-, marken- und kennzeichnungsrechtlichen Vorschriften. Daher kommt auch die Anwendung von Kaufrecht oder Mietrecht nicht in Betracht. Teilweise wird die Anwendung der Vorschriften über die Rechtspacht gem. §§ 581 ff. BGB vertreten;[82] aber auch hier bedarf zunächst der Klärung, ob die Vergabebefugnis der DENIC tatsächlich geeignet ist, ein Recht der DENIC an der Domain zu begründen, das im Wege der Rechtspacht verpachtet werden kann.

3. Linkingvertrag

53 Durch Setzen eines Hyperlinks kann der Betreiber einer Website den Nutzer auf die Website eines dritten Betreibers verweisen. Bei Anklicken des Links wird die betreffende Seite abgerufen. Dies kann auch im Wege des sog. Deep-Linkings geschehen, bei dem der Nutzer direkt auf eine bestimmte Seite der Website gelangt, ohne zuvor die Homepage des Betreibers anzusteuern.

Das Setzen eines Links ist ein tatsächlicher Vorgang und ist zunächst unabhängig von einem Vertrag zwischen den beiden Betreibern von Websites. Links können auch (oftmals) im gegenseitigen Einvernehmen wechselseitig gesetzt werden.[83] Tatsächlich kommt der ausdrücklich geschlossene Linkingvertrag in der Praxis eher selten vor.

54 Lange Zeit war unklar, ob das Setzen eines Links ohne Zustimmung des Inhabers der anderen Website aus urheber- und wettbewerbsrechtlicher Sicht überhaupt zulässig ist. Sofern man dies verneint, wäre für das Verlinken einer Website eine zuvor eingeholte vertragliche

---

[79] EURid steht für »European Registry for Internet Domains«.
[80] *Cichon* Rn. 383 m. w. N.; OLG München NJW-RR 2003, 1423.
[81] Spindler/*Schuppert*, Vertragsrecht Internet-Provider, VI, so auch *Ernst* MMR 2002, 714 (717).
[82] *Cichon* Rn. 372; insoweit ablehnend OLG Brandenburg GRUR-RR 2010, 485 – Domainherausgabe.
[83] Zur umsatzsteuerrechtlichen Relevanz bei gegenseitigen Bannerwerbungen und Hyperlinks *Lehr* DStR 2002, 988.

Gestattung notwendig. Der BGH hat in seiner Entscheidung »Paperboy« klargestellt, dass das Setzen eines Links keine öffentliche Wiedergabe gem. § 15 Abs. 2 UrhG bzw. kein öffentliches Zugänglichmachen gem. § 19a UrhG darstellt,[84] da der bloße Link lediglich auf eine öffentlich zugängliche Webseite hinweist. Werden dagegen fremde urheberrechtsfähige Inhalte in das eigene Webangebot integriert, wie bspw. durch Frames, Inline-Links oder Thumbnails, so liegt (dagegen) unter Umständen eine Vervielfältigung bzw. öffentliche Zugänglichmachung vor, die eine Zustimmung des Schutzrechtsinhabers erforderlich machen würde.[85]

55 Im Urteil »Paperboy« hat der BGH außerdem klargestellt, dass derjenige, der ein eigenes Webangebot für die Öffentlichkeit bereithält, Links Dritter auf diese Angebote grundsätzlich dulden muss. Wettbewerbswidrig ist der Einsatz von Links aber dann, wenn der Verweis als solcher für den Nutzer nicht deutlich wird und mit der Linksetzung eine Herkunftstäuschung oder Rufausbeutung i. S. d. § 4 UWG verbunden ist.[86] Mit dem Urteil »Vorschaubilder« ging der BGH zuletzt noch einen Schritt weiter. Er bejahte zwar einen Eingriff in das Recht auf öffentliche Zugänglichmachung (§ 19a UrhG) durch die Zurverfügungstellung eines Bildes als Thumbnail im Suchergebnis durch den (Bilder-) Suchmaschinenbetreiber Google und lehnte die Einschlägigkeit von Schrankenbestimmungen[87] ab. Gleichwohl nahm der BGH eine die Rechtsverletzung rechtfertigende »schlichte Einwilligung« an, da dem schlüssigen Verhalten der Klägerin entnommen werden konnte, sie sei mit der Nutzung ihrer Werke durch die Bildersuchmaschine einverstanden.[88] Diese hatte durch spezielle Gestaltung ihrer Webseiten (Suchmaschinenoptimierung) den Einsatz von Suchmaschinen erleichtert und gerade nicht von der technischen Möglichkeit Gebrauch gemacht, die Indexierung der Bilder zu verhindern.[89] Der BGH führte weiter aus, wer Texte oder Bilder im Internet ohne Einschränkungen frei zugänglich mache, müsse mit den nach den Umständen üblichen Nutzungshandlungen rechnen.[90] Die Umgehung technischer Schutzmaßnahmen wiederum kann eine Urheberrechtsverletzung darstellen. Der BGH entschied zuletzt,[91] das Setzen von Deeplinks durch Dritte sei urheberrechtswidrig, wenn der Berechtigte den öffentlichen Zugang zum geschützten Werk nur auf dem Weg über die Startseite seiner Webseite eröffnen wolle und z. B. durch Session-IDs den direkten Zugriff zu verhindern suche. Der BGH bejaht insofern eine Verletzung des § 19a UrhG selbst dann, wenn die Schutzmaßnahme keine technische Schutzmaßnahme im Sinne des § 95a UrhG ist. Es reiche aus, dass die Schutzmaßnahme den Willen des Berechtigten erkennbar mache, den öffentlichen Zugang zu dem geschützten Werk nur auf dem vorgesehenen Weg zu ermöglichen.

Linkingverträge, die die Verwendung von Inhalten durch Framing, Inline-Links etc. erlauben und ggf. näher regeln, sind, sofern die urheberrechtliche Nutzung der anderen Website betroffen ist, als Lizenzverträge anzusehen und in schuldrechtlicher Hinsicht ggf. als nicht weiter gesetzlich geregelte Gestattungsverträge zu beurteilen.

---

84 BGH GRUR 2003, 958 – Paperboy; Vgl. dazu: Wandtke/*Bullinger* § 87b Rn. 58; *Heydn* NJW 2004, 1361; *Hoeren* GRUR 2004, 1; *Volkmann* GRUR 2005, 200; FA-GewRS/*Haberstumpf* Kap. 7 Rn. 167, 186.
85 Schricker/*Vogel* § 87b Rn. 20.
86 *Hoeren* GRUR 2004, 1.
87 Wie z. B. § 23 S. 1 UrhG (Umgestaltung), § 24 Abs. 1 UrhG (Freie Benutzung), § 12 Abs. 2 UrhG (öffentliche Mitteilung bzw. Beschreibung), § 44a UrhG (vorübergehende Vervielfältigung) und § 51 UrhG (Zitatrecht).
88 BGH GRUR 2010, 628 Tz. 33 – Vorschaubilder.
89 BGH GRUR 2010, 628 Tz. 37 – Vorschaubilder; LG Hamburg 12.04.2011, 310 O 201/10; FA-UMR/*Hecker* Kap. 3 Rn. 186.
90 BGH GRUR 2010, 628 Tz. 36 – Vorschaubilder mit Bezugnahme auf BGH WRP 2008, 367 – Drucker und Plotter.
91 BGH GRUR 2011, 56 – Session-ID.

4. Werbebannervertrag und andere Werbeformen

Unter einem Werbebannervertrag wird die Vereinbarung zwischen einem werbenden Unternehmen und einem Werbeträger (Betreiber der Website und insofern »Werbe-Provider«) über die Platzierung von Werbung in Form eines sog. Werbebanners auf der Website des Providers verstanden. Oftmals treten zwischen das werbende Unternehmen und den Provider spezialisierte Agenturen, die die Schaltung der Werbung entweder in eigenem Namen und auf eigene Rechnung oder aber im Auftrag des werbenden Unternehmens vornehmen.

Dabei sind insbesondere die Größe, Ausgestaltung, genaue Platzierung und der zeitliche Umfang der Präsentation des Werbebanners zu vereinbaren. Üblicherweise werden die Daten für das Bannerformat vom werbenden Unternehmen erstellt und an den Provider übergeben. Das Werbebanner ist mit einem Link auf die Website oder spezielle Produktseiten des werbenden Unternehmens versehen. Weiterentwicklungen stellen im Banner integrierte Fenster, sog. Pop-Up-Ads, Ticker-, Realtime- und Rich-Media-Banner dar, die den Informations- oder Aufmerksamkeitswert der Werbung erhöhen sollen.[92]

Im Gegensatz zur traditionellen Anzeigenwerbung/Werbung im Print- oder TV-Bereich unterscheidet sich die Werbebanner-Werbung lediglich in einigen operativen Ausgestaltungen (Dauer, Link). I. Ü. wird der Werbebannervertrag, wie auch der Anzeigenvertrag, als Werkvertrag i. S. d. § 631 BGB eingeordnet. Der vertraglich geschuldete Erfolg liegt in der Veröffentlichung des Werbebanners, wie vertraglich vereinbart.[93]

Das Internet kennt mittlerweile eine Vielzahl anderer Werbemethoden. So kommt auch dem Sponsoring von Websites (mittlerweile) größere Bedeutung zu.[94] Im Bereich Entertainment, insbesondere im Bereich Online-Gamings, lassen sich Produkte ähnlich wie in Filmen platzieren (In-Game-Advertising).[95]

Auch die entgeltliche vorrangige Platzierung von Links unter bestimmten Suchkriterien und -begriffen, wie bei Suchmaschinen wie (Google und Yahoo) üblich, fällt darunter.

VI. Zusammenfassung

Die wesentlichen Verträge, die für die Nutzung des Internets auf der Zugangs-, Präsenz- und Inhaltsebene maßgeblich sind, lassen sich wie folgt zusammenfassen:

Zugangsebene	Access-Providervertrag	Rahmenvertrag mit stark dienstvertraglicher Prägung der Hauptleistungspflicht (strittig). Weitere Leistungen (E-Mail, Newsgroups, Foren) richten sich grundsätzlich nach den dafür einschlägigen Regelungen
Präsenzebene	Website-Hosting (Website/Server-Housing)-verträge	Einordnung als Mietvertrag mit dienst- und werkrechtlichen Komponenten (z. B. für Anschluss an Internetleitung) oder gemischter Vertrag mit gleichrangigen Hauptleistungspflichten (Miete, Dienst- oder Werkvertrag)
	Domain-Servicesvertrag	Geschäftsbesorgungsvertrag mit dienstrechtlicher Prägung

---

92 *Schmittmann* MMR 2001, 792.
93 *Spindler/Schuppert*, Vertragsrecht Internet-Provider, IX, Rn. 3; *Cichon* Rn. 538; *Schmittmann* MMR 2001, 792; zur umsatzsteuerrechtlichen Relevanz bei gegenseitigen Bannerwerbungen und Hyperlinks: *Lehr* DStR 2002, 988.
94 Vgl. dazu ausf. *Cichon* Rn. 613 ff.
95 Vgl. dazu *Schaar* CR 2006, 619.

Präsenz-und Inhaltsebene	Werbebannerverträge	Werkvertrag über die Platzierung von Werbung auf der Website
	Web2.0-Provider	Je nach Ausgestaltung des Dienstes Einordnung als Leihe (z. B. bei unentgeltlicher Überlassung von Accounts) oder gemischter Vertrag mit Hauptleistungspflichten aus dem Miet-, Dienst- oder Werkvertragsrecht
Inhaltsebene	Content-Providerverträge	Kauf- oder Werkvertrag oder Werklieferungsvertrag unter Anwendung kaufrechtlicher Vorschriften sowie mit lizenzrechtlichen Aspekten
	Webdesignvertrag	Werkvertrag oder Werklieferungsvertrag unter Anwendung kaufrechtlicher Vorschriften sowie mit lizenzrechtlichen Aspekten
	Linkingvertrag	Lizenz- und Gestattungsvertrag eigener Art

C. Das rechtliche und regulatorische Umfeld der Internet-Provider

I. Vorbemerkung

60 Eine Vielzahl von gesetzlichen Vorschriften regelt das rechtliche und regulatorische Umfeld, in dem sich Internet-Provider bewegen. Verschiedene Ebenen lassen sich dabei unterscheiden:[96]

- **Technische (Übertragungs-) Ebene** (soweit für Internet-Provider einschlägig): telekommunikationsrechtliche Vorschriften, insbesondere TKG.
- **Dienste-Ebene** (Informations-, Medien und Kommunikationsdienste): telemediendienstgesetzliche und spezielle datenschutzrechtliche Regelungen, TMG, Regelungen des Rundfunkstaatsvertrags (RStV) und allgemeine datenschutzrechtliche Bestimmungen, BDSG.
- **Rechtsgeschäftliche Ebene**: allgemeine zivil- und handelsrechtliche Vorschriften, Verbraucherschutzrecht.

Im Vordergrund dieses Abschnitts stehen die regulatorischen Rahmenbedingungen, die für Internet-Provider gelten. Weiter unten wird dann speziell auf die Haftung von Internet-Providern eingegangen, sowie auf Auskunftsansprüche von Ermittlungsbehörden und von privaten Dritten.

II. Regulatorische Rahmenbedingungen

61 Leistungen der Internetdienste sind aufgrund ihres grenzüberschreitenden Charakters Gegenstand zahlreicher europäischer Richtlinien und Verordnungen. Auf dem Gebiet der Telekommunikation sind die Richtlinien und Verordnungen der Europäischen Union[97] richtungsweisend für den »Weg zum Netz« und das dafür auf nationaler Ebene maßgebliche TKG[98] gewesen. Im Bestreben, einheitliche gesetzliche Rahmenbedingungen für Informations- und Kommunikationsdienste zu schaffen, kam es in Deutschland bzgl. der »Tätigkeit

---

96 *Schneider*, Hdb EDV Recht, O Rn. 16.
97 Für einen umfassenden Überblick bzgl. der telekommunikationsrechtlichen Rahmenbedingungen auf europäischer Ebene siehe Moritz/Dreier/*Lammich* S. 20.
98 Schwarz/Peschel-Mehner/*Kraatz* Kap. 14 G Rn. 13.

im Netz« mit Einführung des Teledienstegesetzes (TDG) als Teil des Informations- und Kommunikationsdienstegesetz (IuKDG) und des Mediendienste-Staatsvertrags (MDStV) im Jahr 1997 allerdings bereits vor dem Erlass europäischer Regelungen zu einer frühzeitigen Weichenstellung für die Entwicklung neuer elektronischer Dienste.[99] Auf europäischer Ebene setzte man dem Dienstleistungsverkehr im Internet mit der Richtlinie 2000/31/EG über bestimmte rechtliche Aspekte der Dienste der Informationsgesellschaft, insbesondere des elektronischen Geschäftsverkehrs im Binnenmarkt (»E-Commerce-Richtlinie«)[100] erst später einen rechtlichen Rahmen, der dann in nationales Recht umgesetzt wurde.[101]

1. Teledienste, Mediendienste, Telemediendienste

Die frühere Unterscheidung zwischen Telediensten und Mediendiensten lag am Kompetenzgerangel zwischen Bund und Ländern.[102] Der Bund verwies auf seine Zuständigkeit für den Telekommunikationsbereich, die Länder auf ihre für Rundfunk bzw. rundfunkähnliche Dienste. Im Rahmen der Föderalismusreform einigten sich Bund und Länder aber schließlich auf die Zusammenführung der wirtschaftsbezogenen Regelungen für Tele- und Mediendienste in einem Telemediengesetz des Bundes – dem TMG. Das TMG beruht nunmehr auf Art. 74 Abs. 1 Nr. 11 GG (Recht der Wirtschaft).[103]

62

Durch das **bundeseinheitliche Telemediengesetz** (TMG) wurden die Regelungen der TDG/MDStV/TDDSG zusammengeführt. Die Unterscheidung zwischen Tele- und Mediendiensten wurde damit aufgegeben und somit die Rechtsanwendung vereinfacht.[104] Inhaltlich wurden die Vorschriften der TDG/MDStV/TDDSG später weitgehend unverändert im TMG übernommen. Der Anwendungsbereich des TMG ist für alle Telemedien eröffnet und vereint in § 1 TMG die früher in § 2 TDG und § 2 MDStV enthaltenen Bestimmungen zum Geltungsbereich für Tele- und Mediendienste.[105] Unter »Telemediendienste« fallen alle Informations- und Kommunikationsdienste, die nicht ausschließlich Telekommunikationsdienste- oder Rundfunk sind.[106]

63

2. Telemediendienste als Telekommunikationsanbieter?

Darüber hinaus ist zu unterscheiden, ob für den Provider die telekommunikationsrechtlichen Pflichten aus dem TKG oder die telemedienrechtlichen Pflichten aus dem TMG anwendbar sind. Die Unterscheidung ist in erster Linie **funktional** vorzunehmen, also danach, in welcher Funktion der Provider (insbesondere Access-, Host- oder Content-Provider) auftritt. Sofern es dabei lediglich um den technischen Vorgang der Übertragung der Informationen geht (es also auf den Inhalt der Übertragung nicht ankommt), gilt Telekommunikationsrecht.[107] Im Gegensatz dazu ist das TMG für den spezifischen Inhalt der Kommunikationsvorgänge (für Tele- und Mediendienste) einschlägig.

64

---

99 Nur das als Teil des IuKDG eingeführte TDDSG berücksichtigte inhaltlich bereits die Europäische Richtlinie zum Datenschutz (Richtlinie 95/46/EG des Europäischen Parlamentes und des Rates zum Schutz natürlicher Personen bei der Verarbeitung personenbezogener Daten und zum freien Warenverkehr, ABl. EG Nr. L 281 v. 23.11.1995, 31 – »EU-Datenschutzrichtlinie«).
100 ABl. EG Nr. L 178/1 v. 17.07.2000; vgl. dazu *Maennel* MMR 1999, 187; *Tettenborn* K&R 1999, 252; Spindler/Schmitz/Geis/*Spindler* § 1 Einf. Rn. 2; *Stadler* S. 36.
101 Vgl. dazu *Bröhl* MMR 2001, 67; *Härting* CR 2001, 271.
102 *Haug* Rn. 45.
103 Vgl. dazu *Hoeren* NJW 2007, 801; *Spindler* CR 2007, 239 (240).
104 Allerdings bleibt die alte Unterscheidung zwischen Telediensten und Mediendiensten weiterhin insoweit relevant, als im Hinblick auf Informationspflichten, Gegendarstellungsrechte, Datenschutz etc. aus § 54 ff. RfStV zwischen Telemedien und Telemedien mit journalistisch-redaktionellen Angeboten unterschieden wird; vgl. hierzu *Hoeren* NJW 2007, 801 (803); *Spindler* CR 2007, 239 (240).
105 *Berner/Kahlen* MMR 2006, 590.
106 BT-Drs. 16/3078, S. 13; *Hoeren* NJW 2007, 801 (802).
107 *Haug* Rn. 23.

65 Die Unterscheidung zwischen der technischen und der inhaltlichen Ebene ist vor allem bei reinen Access-Providern relevant.[108] Die Leistung eines Access-Providers besteht im Angebot aller erforderlichen Funktionen (z. B. IP-Adressenzuweisung), die zur Einwahl ins Internet notwendig sind und stellt sich im Ergebnis als Bereitstellung von technischer Durchleitung von Informationen dar. Dabei handelt es sich um »Telekommunikation« i. S. von § 3 Nr. 22 TKG. Teilweise wird jedoch neben dem reinen Bereitstellen des Netzzugangs auch eine von der technischen Komponente abtrennbare inhaltliche Seite des Access-Providings ausgemacht, sodass die Dienstleistung des Access-Providers gleichzeitig dem TMG und dem TKG zuzuordnen wäre.[109] Stimmen in der Literatur gingen unter Geltung des TDG davon aus, dass eine Trennung zwischen den technischen und den inhaltlichen Aspekten möglich sei.[110] Auch gestützt auf die Definition des Diensteanbieters im früheren § 3 Nr. 1 TDG, wonach nicht nur diejenigen als Diensteanbieter gelten, die Teledienste zur Nutzung bereithalten, sondern auch diejenigen die den Zugang zur Nutzung vermitteln, sprach sich letztendlich die h. M. für die Anwendung des vormaligen TDG auch auf Access-Provider aus.[111]

66 Diese Auffassung wird durch § 1 TMG bestätigt, der nur Telekommunikationsdienste, telekommunikationsgestützte Dienste sowie den Rundfunk vom Anwendungsbereich des TMG ausschließt und allein den Regelungen des TKG überlässt. Diskutiert wurde im Gesetzgebungsverfahren z. B. die Einordnung von Internet-Telefonie (Voice over IP – VoIP), bei der jedoch kein relevanter Unterschied zur herkömmlichen Telefonie gemacht wurde.[112] Unter den Rundfunkbegriff fallen alle linearen Informations- und Kommunikationsdienste für die Allgemeinheit und zum zeitgleichen Empfang (vgl. § 2 Abs. 1 RStV). Darunter fallen nicht nur die klassischen TV- und Radioprogramme, sondern auch Live-Streaming und Webcasting,[113] nicht hingegen Dienste wie »Video-on-Demand«.[114] Telekommunikationsdienste, bei denen zwar die technische Komponente überwiegt, die aber auch eine inhaltliche Dienstleistung anbieten (z. B. Internetzugang durch einen Access-Provider, E-Mail-Übertragung oder Anbieten von Newsgroups) fallen mit Ausnahme der Vorschriften zum Datenschutz auch unter das TMG.[115] Für Telemediendienste, die dem TKG-Datenschutz unterliegen, gelten gem. § 11 Abs. 3 TMG aus dem TMG ergänzend nur § 15 Abs. 8 TMG (Datenverarbeitung zur Bekämpfung von missbräuchlichen Nutzungen) und § 16 Abs. 2 Nr. 4 TMG (Sanktionen).

67 Beim Website-Hosting stellt der Provider (Presence-Provider) auf einem von ihm betriebenen Rechner Speicherplatz für die Informationen des Vertragspartners zur Verfügung. Die Literatur geht dabei ohne weitere Begründung davon aus, dass die Regelungen des TMG auf einen Presence-Provider anwendbar sind.[116] Dieser Auffassung ist zuzustimmen, da sich die Leistung des Presence-Providers nicht lediglich in der Vermittlung des Netzzugangs oder in der technischen Speicherung von Inhalten erschöpft, sondern vor allem hinsichtlich des Bereithaltens und der Zugänglichmachung fremder Inhalte (vgl. § 2 Nr. 1 TMG) eine inhaltliche Komponente aufweist. Die Anwendung des TKG auf einen Presence-Provider ist zu bejahen, soweit er die Daten an Dritte zumindest auch über eigene technische Anlagen übermittelt. Soweit die Informationen auf fremden Servern gespeichert sind, erbringt der

---

108 *Spindler* CR 2007, 239 (242); *Spindler/Volkmann* K&R 2002, 399; *Stadler* MMR 2002, 344.
109 OLG Stuttgart, MMR 2002, 746 (748).
110 *Sieber* Rn. 267.
111 LG München I K&R 2000, 193; *Koch* CR 1997, 193 (200); OVG Münster MMR 2003, 348 (351); Spindler/Schmitz/Geis/*Spindler* § 2 Rn. 25.
112 *Hoeren* NJW 2007, 801 (803).
113 *Haug* Rn. 24.
114 *Hoeren* NJW 2007, 801 (803); *Spindler* CR 2007, 239 (240).
115 BT-Drs. 16/3078, S. 13, *Berner/Kahlen* MMR 2006, 590 (591); zu E-Mail und integrierten VoIP Services vgl. *Martini/v. Zimmermann* CR 2007, 427.
116 *Redeker*, Handbuch IT-Verträge, 3.3 Rn. 80; missverständlich *Müller/Bohne* S. 83.

Presence-Provider dagegen keine eigenen Telekommunikationsdienstleitungen, sodass das TKG nicht anzuwenden ist.[117]

Die Leistung eines Content-Providers besteht in der Bereitstellung von Inhalten. Die Regelungen des TMG sind auf einen Content-Provider, der seine Informationen online zur Verfügung stellt, ohne Weiteres anwendbar, soweit der Content-Provider seine Inhalte im Rahmen eines Telemediendienstes anbietet. Ein Offline Content-Provider unterfällt dagegen nicht dem Anwendungsbereich des TMG. Bei lediglich offline angebotenen Informationen handelt es sich nicht um Telemediendienste. Der Anwendungsbereich des TKG ist von vornherein nicht eröffnet, da es nicht um eine Übertragung von Signalen über Telekommunikationsnetze im Sinne des § 3 Nr. 24 TKG geht. 68

3. Relevante Regelungen aus dem Telekommunikationsrecht

Soweit der Anwendungsbereich des TKG für die technische Ebene eröffnet ist, haben auch Internet-Provider die telekommunikationsrechtlichen Vorgaben (insbesondere aus dem TKG) zu beachten. Ziel des TKG ist es, durch gemeinschaftsrechtlich vorgegebene Regelungen den Wettbewerb im Bereich der Telekommunikation zu fördern und angemessene und ausreichende Dienstleistungen zu gewährleisten (gemeinschaftsrechtlich verankert in Art. 8 Abs. 2 lit. c der Richtlinie 2002/21/EG über einen gemeinsamen Rechtsrahmen für elektronische Kommunikationsnetze und -dienste).[118] Zum TKG und anderen telekommunikationsrechtlichen Vorschriften unten ausführlich Kap. 9. 69

Bedeutung für Provider hat insbesondere die Meldepflicht gem. § 6 TKG. Bis zur Neufassung im Juni 2004 unterlagen Telekommunikationsdienstleitungen einer Lizenzpflicht nach § 6 TKG (a. F.). Zweck der Regelung war ein reibungsloser Übergang der bis dahin monopolisierten zu den liberalisierten Kommunikationsmärkten (Telefondienstmonopol, Mobilfunk- und Satellitenkommunikation).[119] Nunmehr ist es ausreichend, die Aufnahme, Änderung oder Beendigung des Betriebs eines öffentlichen Telekommunikationsnetzes oder die Erbringung von Telekommunikationsdiensten, lediglich bei der Regulierungsbehörde anzumelden. 70

Im Übrigen enthält das TKG eine Reihe von Verpflichtungen, die sich unmittelbar an Provider (vor allem Access-Provider) richten und je nach Größe und Marktmacht des Adressaten verschiedene Regelungen aufweisen. Hervorzuheben ist vor allem die Befugnis der Regulierungsbehörde, Unternehmen mit beträchtlicher Marktmacht zu verpflichten, ihren Teilnehmern (meistens den Endkunden an der »letzten Meile«) den Zugang zu den Diensten aller vernetzten Anbieter zu ermöglichen, § 40 Abs. 1 TKG (z. B. die Verpflichtung der Deutschen Telekom, ihre Netze auch anderen Access-Providern zur Verfügung zu stellen).

Eine weitere wichtige Regelung ergibt sich aus § 44 Abs. 1 TKG, wonach Unternehmen, die gegen das TKG, eine aufgrund des TKG erlassene Rechtsverordnung oder Verfügungen der Bundesnetzagentur verstoßen, gegenüber dem davon betroffenen Endverbraucher oder Wettbewerber zur Beseitigung, Unterlassung und bei Vorsatz oder Fahrlässigkeit auch zum Schadensersatz verpflichtet sind.

Hervorzuheben ist schließlich noch die Regelung des § 47b TKG, die alle Vereinbarungen, die zuungunsten des Kunden von den Kundenschutzregelungen des TKG (§§ 43a bis 47b TKG) abweichen, für unwirksam erklärt.

Bis vor Kurzem galt gemäß § 113a TKG für alle Telekommunikationsdienstleister die Pflicht, wesentliche Verkehrsdaten (u. a. die jeweilige IP-Adresse und Anschlusskennung 71

---

117 *Müller/Bohne* S. 82.
118 *Scherer* NJW 2004, 3002.
119 Beck'scher TKG-Kommentar § 6 Rn. 2 (zum TKG in der Fassung bis 2004).

des Users) verdachts- und anlassunabhängig sechs Monate lang zu speichern (Vorratsdatenspeicherung). Diese Daten sollten dann gemäß § 113b TKG auf Verlangen der zuständigen Behörden zur Verfolgung von Straftaten, zur Abwehr von erheblichen Gefahren für die öffentliche Sicherheit oder zur Erfüllung der gesetzlichen Aufgaben der Verfassungsschutzbehörden des Bundes und der Länder, des Bundesnachrichtendienstes und des Militärischen Abschirmdienstes übermittelt werden. Gemäß Urteil des BVerfG vom 02.03.2010 verstößt § 113a TKG gegen Art. 10 Abs. 1 GG und ist nichtig.[120] Allerdings hat das BVerfG auch klargestellt, dass eine Vorratsdatenspeicherung nicht per se verfassungswidrig ist. Sie kann zulässig sein, wenn die gesetzliche Ausgestaltung einer solchen Datenspeicherung dem besonderen Gewicht des mit der Speicherung verbundenen Grundrechtseingriffs angemessen Rechnung trägt. Erforderlich sind hinreichend anspruchsvolle und normenklare Regelungen hinsichtlich der Datensicherheit, der Datenverwendung, der Transparenz und des Rechtsschutzes.[121] Es bleibt abzuwarten, ob und wie der Gesetzgeber dies umsetzt.

72 Ebenfalls noch offen ist die regulatorische Frage, inwieweit Access Provider verpflichtet werden sollen, den Zugang zu kinderpornographischen Inhalten zu sperren bzw. zu erschweren.[122] Zwar ist seit 23.02.2010 das Gesetz zur Erschwerung des Zugangs zu kinderpornographischen Inhalten in Kommunikationsnetzen (Zugangserschwerungsgesetz – ZugErschwG) in Kraft. Gleichzeitig wurde aber die Aussetzung der Maßnahmen nach dem ZugErschwG angeordnet. Inzwischen hat das Bundeskabinett auch schon ein »Gesetz zur Aufhebung von Sperregelungen bei der Bekämpfung von Internetpornographie in Kommunikationsnetzen« beschlossen., Zugleich plant man allerdings auch auf europäischer Ebene eine Verbesserung der strafrechtlichen Verfolgung von Kinderpornographie, das u. a. Maßnahmen der Mitgliedstaaten bzgl. des Sperrens und Entfernens von Internetseiten vorsieht.[123] Die weitere Entwicklung bleibt abzuwarten. Klar scheint nur, dass zivilrechtliche Ansprüche mit dem Ziel der Durchsetzung von Sperr- und Filtermaßnahmen gegen Access Provider bei diesen legislativen Vorhaben jedenfalls keine Rolle spielen werden.

4. Relevante Regelungen aus dem TMG

73 Die inhaltliche Ebene der Providertätigkeit wird seit dem 01.03.2007 vor allem durch bundeseinheitliches Recht im **Telemediengesetz** (TMG) geregelt (früher: Teledienstegesetz (TDG), Mediendienste-Staatsvertrag (MDStV)[124] und Teledienstedatenschutzgesetz (TDDSG)). Hinzu kommen nachrangig noch die datenschutzrechtlichen Regelungen des BDSG.[125]

---

120 BVerfG MMR 2010, 356; Zur Rechtslage bis zur vorgenannten Entscheidung: *Graulich* NVwZ 2008, 485.
121 BVerfG MMR 2010, 356.
122 Vgl. dazu *Rehart* MMR-Aktuell 2010, 303415.
123 Vgl. Art. 21 des Vorschlags für eine Richtlinie des Europäischen Parlaments und des Rates zur Bekämpfung des sexuellen Missbrauchs und der sexuellen Ausbeutung von Kindern sowie der Kinderpornografie und zur Aufhebung des Rahmenbeschlusses 2004/68/JI des Rates 2010/0064 (COD).
124 Nach früherer Rechtslage schloss sich die Anwendung des MDStV und des TDG gegenseitig aus (§ 2 Abs. 4 Nr. 3 TDG). Die jeweiligen Definitionen eines Tele- und eines Mediendienstes ergaben sich aus § 2 Abs. 1 MDStV bzw. § 2 Abs. 1 TDG. Maßgeblich für die Unterscheidung war allein die Zwecksetzung des Dienstes (vgl. *Rossnagel* NwVZ 1998, 3). Mediendienste waren als Informations- und Kommunikationsdienste mit publizistisch-massenkommunikativer Ausrichtung an die Allgemeinheit (d. h. an eine beliebige Öffentlichkeit) gerichtet und waren daher aus dem Blickwinkel des Anbieters zu betrachten (vgl. Begründung zu § 2 Abs. 1 MDStV; *Berner/Kahlen* MMR 2006, 590 (592)). Teledienste waren für eine individuelle Nutzung bestimmt und somit im Unterschied zu den Mediendiensten gerade nicht mit Ziel der Meinungsbildung für die Allgemeinheit redaktionell aufbereitet, sondern dienten der individuellen Kommunikation und Information.; vgl. BT-Drs. 13/7385, S. 17; *Spindler*, Vertragsrecht Internet-Provider, Teil II Rn. 77.
125 *Jandt* MMR 2006, 652 (655). Zu den Anforderungen des Datenschutzes vgl. Kap. 20.

Das TMG gibt bestimmte **Informationspflichten** für gewerblich angebotene Telemedien 74
vor, die vor allem der Informationsmöglichkeit und dem Schutz des Verbrauchers dienen
sollen (§ 5 TMG). Telemedien, die journalistisch-redaktionell gestaltete Inhalte enthalten,
unterliegen allerdings den strengeren Anforderungen des § 55 Abs. 2 RStV. Als Ergänzung
des TMG sieht der RStV für solche Inhalte außerdem Bestimmungen zur Verpflichtung zur
Gegendarstellung, zum Datenschutz und zur Aufsicht durch zuständige Kontrollbehörden
der Länder vor.

Die Verantwortlichkeit der Anbieter für Informationen ist in §§ 7 bis 10 TMG geregelt und
entspricht den früheren §§ 8 bis 11 TDG und §§ 6 bis 9 MDStV. Diese Vorschriften sind
Spezialregelungen zum Straf-, Delikts- und Jugendschutzrecht[126] (vgl. dazu unten
Rdn. 75 ff.).

Bereichsspezifische Regelungen zum Datenschutz sind in §§ 11–15 TMG enthalten.[127]
Diese Vorschriften gehen in ihrem Anwendungsbereich den Bundes- und den Landesdatenschutzgesetzen vor.[128] Inhaltlich wurden dabei im TMG die Datenschutzregelungen des
TDDSG und des MDStV mit lediglich redaktionellen Anpassungen unverändert übernommen.[129] Hervorzuheben sind zwei Neuerungen, die von der Rechtsprechung entwickelt
wurden und mit der Einführung des TMG geltendes Recht wurden. § 15 TMG regelt,
dass die personenbezogenen Daten eines Nutzers (Nutzungsdaten wie IP-Adresse oder
Dauer der Verbindung) nur erhoben werden dürfen, soweit dies erforderlich ist, um die Inanspruchnahme von Telemedien zu ermöglichen und abzurechnen. In § 14 Abs. 2 TMG
wurde ein Auskunftsanspruch der zuständigen Stellen über die Bestandsdaten der Nutzer,
soweit dies zur Strafverfolgung oder zur Durchsetzung der Rechte am geistigen Eigentum
erforderlich ist, eingeführt (Umsetzung der sog. »Enforcement Richtlinie« 2004/48/EG).[130]
Zum Datenschutz vgl. unten ausführlich Kap. 20.

III. Haftung und Haftungsprivilegierungen der Provider (§§ 7 ff. TMG)

1. Einführung

Die Vorschriften des TDG und des MDStV zur Haftung und zur Haftungsprivilegierung 75
von Providern wurden inhaltlich unverändert in das TMG übernommen. Es verblieb also
bei der bisherigen Gesetzeslage. Der nationale Gesetzgeber hatte hinsichtlich der Bestimmungen zur Verantwortlichkeit auch wenig Spielraum; die E-Commerce-Richtlinie (siehe
dazu bereits oben Rdn. 61), auf deren Umsetzung schon die bisherigen Regelungen beruhten, lässt kaum weiter gehende oder ergänzende Regelungen zu.[131]

Auch unter dem TMG gilt eine gestufte Verantwortlichkeit der Provider in Abhängigkeit 76
vom Umfang der Mitwirkung an der Verbreitung von Inhalten.[132] Die Frage nach der Haftung der Provider für Informationen, die sie zur Nutzung bereithalten, übermitteln oder
speichern, stellt sich, soweit damit rechtswidrige Handlungen vorgenommen oder verbunden sind (beispielsweise bei Urheber- oder Markenrechtsverletzungen durch für die Nutzer
gespeicherten Content). Daneben besteht das Risiko der Haftung für strafrechtlich relevante Inhalte, so z. B. pornographische, beleidigende oder volksverhetzende Äußerungen.
Eine Beschränkung der Haftung der Provider wurde allgemein als unumgänglich und inte-

---

126 *Rossnagel* NwVZ 1998, 3.
127 Vgl. dazu Spindler/Schuster/*Nink* § 14 TMG; *Hoeren*, Skriptum Internetrecht, S. 392, abrufbar unter
    http://www.uni-muenster.de/Jura.itm/hoeren/INHALTE/lehre/lehrematerialien.htm.
128 *Rossnagel* NwVZ 1998, 3 (4).
129 *Jandt* MMR 2006, 652 (653).
130 BT-Drs. 16/3078, S. 16; Spindler/Schuster/*Nink* § 14 TMG Rn. 7.
131 Spindler/Schmitz/Geis/*Spindler* Vor § 8 Rn. 4 (noch zum TDG); *Stadler* S. 36.
132 *Berner/Kahlen* MMR 2006, 590 (593).

ressengerecht angesehen, da dem Provider etwaige Prüfungspflichten aufgrund großer Datenmengen und der Fülle an Information nicht zugemutet werden können und die Haftung für fremde Inhalte ohne Privilegierung weder sinnvoll, noch wirtschaftspolitisch vertretbar erscheint.[133]

Der Haftungsgrund ergibt sich aus den **allgemeinen Gesetzen** (z.B. § 823 BGB, § 97 UrhG, § 14 MarkenG).[134] Das TMG enthält mit §§ 7 ff. TMG also keine haftungsrechtlichen Anspruchsgrundlagen, sondern vielmehr Zurechnungsnormen bzw. Schuldausschließungsgründe.[135] Es ersetzt somit nicht die Prüfung allgemeiner und spezialgesetzlicher Voraussetzungen der Haftung für durch Provider bereitgehaltene Inhalte, sondern hält lediglich Vorschriften über eine mögliche Haftungsprivilegierung der Provider bereit.[136]

Die Haftungsprivilegierung für Provider, deren Tätigkeit unter die Anwendung des TMG fällt, ist in §§ 7 bis 10 TMG für verschiedene Arten von Inhalten und Diensten differenziert ausgestaltet. Die wichtigste Unterscheidung bezieht sich darauf, ob die Inhalte für den Anbieter »eigen«, »fremd« oder »fremd, aber zu Eigen gemacht« sind.

2. Haftung für eigene Inhalte, § 7 TMG

77 Die Haftung für eigene Inhalte und Informationen, die bereitgestellt werden, erfolgt nach den allgemeinen Gesetzen, § 7 Abs. 1 TMG, d.h. der Provider ist für eigene rechtswidrige Inhalte grundsätzlich vollständig verantwortlich.[137] Diese Vorschrift gilt für alle Provider, die dem Anwendungsbereich des TMG unterfallen (also sowohl für die Online-Content-, als auch für die Presence- und Access-Provider), soweit im Rahmen ihrer Dienste Informationen bereitgehalten werden.

78 Soweit Diensteanbieter im Sinne der §§ 8 bis 10 TMG fremde Inhalte übermitteln oder speichern sind sie grundsätzlich nicht verpflichtet, diese Informationen zu überwachen oder nach rechtswidrigen Informationen zu forschen, § 7 Abs. 2 Satz 1 TMG. Damit wird dem Umstand Rechnung getragen, dass der Provider die erheblichen Datenmengen, die er für Dritte übermittelt oder speichert, nicht umfassend kontrollieren kann.[138] In Satz 2 wird dann jedoch klargestellt, dass Verpflichtungen zur Entfernung oder Sperrung der Nutzung von Informationen nach den allgemeinen Grundsätzen auch im Fall der Nichtverantwortlichkeit des Diensteanbieters nach den §§ 8 bis 10 unberührt bleiben.[139] Die Regelung des deutschen Gesetzgebers in § 7 Abs. 2 Satz 2 TMG deckt sich insofern mit den Anforderungen der E-Commerce-Richtlinie 2000/31/EG.[140] Die Klarstellung aus § 7 Abs. 2 TMG bezieht sich dabei auf Pflichten allgemeiner Art und verhindert nicht die Annahme spezifischer Überwachungs- und Prüfungspflichten der Provider im Einzelfall.[141] Von den Überwachungspflichten sind außerdem die Prüfpflichten zu unterscheiden, die den Provider im Einzelfall nach Kenntnis von potenziell rechtswidrigen Inhalten treffen und gegebenenfalls dann zur Entfernung oder Sperrung der Inhalte führen.

---

133 Vgl. dazu auch § 7 Abs. 2 TMG; *Haug* Rn. 272; Spindler/Schmitz/Geis/*Spindler* § 11 Rn. 2 (noch zum TDG); Spindler/Schuster/*Hoffmann* § 7 TMG Rn. 1 ff.
134 Spindler/Schmitz/Geis/*Spindler* Vor § 8 Rn. 14 (noch zum TDG); FA-UMR/*Burkart* Kap. 10 Rn. 139.
135 Schwarz/Peschel-Mehner/*Schwarz/Poll* Kap. 20 G Rn. 52; FA-UMR/*Burkart* Kap. 10 Rn. 142.
136 *Hoffmann* MMR 2002, 285.
137 *Schneider*, Handbuch EDV-Recht, O, Rn. 119; Spindler/Schuster/*Stender-Vorwachs* § 7 Rn. 59.
138 Schwarz/Peschel-Mehner/*Schwarz/Poll* Kap. 20 G Rn. 87.
139 *Moritz/Dreier* D Rn. 116 u. 122; FA-UMR/*Burkart* Kap. 10 Rn. 144.
140 BT-Drs. 14/6098, S. 23; *Spindler* MMR 2001, 741.
141 Spindler/Schmitz/Geis/*Spindler* § 8 Rn. 11; Schwarz/Peschel-Mehner/*Schwarz/Poll* Kap. 20 G Rn. 88 (noch zum TDG); FA-UMR/*Burkart* Kap. 10 Rn. 158.

3. Haftung für die Speicherung fremder Inhalte, § 10 TMG/Störerhaftung

Die Haftung aufgrund des Speicherns fremder Inhalte ist in der Vergangenheit Gegenstand zahlreicher gerichtlicher Auseinandersetzungen gewesen. Insbesondere haben sich Betreiber von Foren und Community-Plattformen gegenüber Ansprüchen von Urheberrechtsinhabern[142] und Verwertungsberechtigten oder Ansprüchen aus allgemeinem Persönlichkeitsrecht[143] und Marktplatzbetreiber gegenüber Ansprüchen aus Markenrecht[144] zu verantworten. Besonders prominent sind die Klagen von US-amerikanischen Medienkonzernen wie NBC und Viacom gegen den Video-Anbieter YouTube wegen Urheberrechtsverletzungen.[145] Nach der deutschen Regelung (basierend auf den europäischen Vorgaben) spielt dabei die Haftungsprivilegierung des § 10 TMG eine hervorgehobene Rolle. 79

Im Gegensatz zur Haftung für eigene Inhalte soll der Provider für fremde Inhalte, die er für den Nutzer speichert nur eingeschränkt haften. Die Verantwortlichkeit des Providers für diese fremden Inhalte beurteilt sich nach Maßgabe des § 10 TMG. Danach sind Diensteanbieter für fremde Informationen nicht verantwortlich, wenn sie: 80
- keine Kenntnis von rechtswidrigen Handlungen (z. B. Verstöße gegen das Urheberrecht, Markenrecht oder gegen sonstige Gesetze) oder Informationen haben, oder
- unverzüglich nach Kenntniserlangung im Hinblick auf Entfernung oder Zugangssperrung tätig wurden.

Grund für diese Haftungsprivilegierung ist, dass einem Provider nicht zugemutet werden kann, jeden Inhalt, den er speichert, zunächst auf seine Rechtmäßigkeit hin zu kontrollieren. Diese Haftungsprivilegierung gilt zunächst für die **strafrechtliche Verantwortlichkeit** und die **Haftung auf Schadensersatz**.

Bei **Unterlassungsansprüchen** (wenn der Provider in irgendeiner Form willentlich und kausal zur Verletzung eines Rechtsguts beiträgt – also beispielsweise aufgrund der bloßen Bereitstellung von Serverkapazitäten und der Ermöglichung der Veröffentlichung von Inhalten)[146] ist dagegen umstritten, ob die Privilegierung des § 10 TMG Anwendung findet.[147] Der BGH und die wohl h. M. verneint die Privilegierung für Unterlassungsansprüche und wendet in diesen Fällen die allgemeinen Regelungen der Störerhaftung (§§ 823, 1004 BGB) an, wobei der Provider dabei nur bei einer Verletzung ihm zumutbarer Pflichten haften soll,[148] d. h. wenn zumutbare Kontrollmöglichkeiten bestehen, um eine Rechtsverletzung zu verhindern.[149] Das Maß der Zumutbarkeit wird dann im Wege einer Interessenabwä- 81

---

142 Z. B. BGH GRUR 2010, 616 – marions-kochbuch.de; OLG Hamburg MMR 2009, 405 – Alphaload (Usenet II); LG Hamburg ZUM 2009, 587.
143 BGH MMR 2009, 608 – www.spickmich.de.
144 Z. B. OLG Hamburg MMR 2009, 129 – Kinderhochstühle im Internet; BGH GRUR 2007, 708 – Internet-Versteigerung II.
145 Vgl. das Verfahren Viacom gegen YouTube. Die Klageschrift von Viacom ist abrufbar unter http://news.findlaw.com/hdocs/docs/google/viacomYouTube31307cmp.html. Die Klage wurde zunächst zeitlich eingeschränkt auf einen behaupteten Verletzungszeitraum vor Mai 2008 und hat einen Umfang von ca. 1 Mrd. US-Dollar. Da das US-Urheberrecht – der sogenannte Digital Millennium Copyright Act (DMCA) – für Online-Dienste keine Haftung vorsieht, wenn diese Urheberrechtsverletzungen auf ihren Plattformen nicht willentlich hinnehmen, sondern den Löschungsaufforderungen der Rechtsinhaber nachkommen, wies der zuständige Richter *Louis Stanton* eine Klage des Medienkonzerns Viacom noch vor dem eigentlichen Verfahren zurück. Viacom beabsichtigt nun, die Sache in der nächsten Instanz vor dem U. S. Court of Appeals for the Second Circuit weiter zu verfolgen.
146 Vgl. *Libertus/Schneider* CR 2006, 626 (627).
147 Für die Anwendbarkeit des § 10 TMG auf Unterlassungsansprüche OLG Brandenburg CR 2004, 696; OLG Düsseldorf MMR 2004, 315; LG Düsseldorf, CR 2003, 211; *Lement* GRUR 2005, 210; *Gercke* CR 2005, 233; *ders.* MMR 2006, 493; *Fülbier* CR 2007, 518; FA-UMR/*Burkart* Kap. 10 Rn. 140.
148 Zuletzt BGH CR 2007, 586 - Meinungsforum mit Anmerkung *Schuppert*; BGH GRUR 2004, 864 – Internet Versteigerung; OLG Hamburg MMR 2009, 407 – Alphaload (Usenet II); BGH WRP 2001, 1305 – ambiente.de; vgl. dazu *Welzel* MMR 2001, 744; *Lediger* S. 192; *Nordemann* CR 2010, 654.
149 BGH GRUR 2004, 864 – Internet-Versteigerung: Diensteanbietern ist es nicht zuzumuten, jedes in

gung ermittelt.[150] Dabei muss auch den Belangen der Medien- und Meinungsfreiheit (Internetportale als moderne Einrichtungen zur Meinungsbildung), aber auch den kommerziellen Interessen (z. B. Provision bei Onlineauktionen) des Plattformbetreibers Rechnung getragen werden. Allerdings steigt die Unzumutbarkeitsschwelle umso mehr, je intensiver ein Provider durch sein Verhalten Rechtsverletzungen provoziert, etwa illegal gehostete Inhalte bewirbt oder verletzungsanfällige Angebote macht und damit Provisionen verdient oder mittelbar über Werbeeinnahmen von illegalen Handlungen Dritter profitiert.[151]

Der Umstand der nur eingeschränkten Überprüfungsmöglichkeiten des Providers bei der Speicherung fremder Inhalte wird beim Haftungsmaßstab berücksichtigt, was im Ergebnis die gleiche Folge wie die Haftungsprivilegierungen des TMG hat, nämlich eine nur eingeschränkte Haftung.[152] In Anlehnung an die *ambiente*-Entscheidung des BGH[153] gilt dies wohl auch dann, wenn der Provider von den rechtswidrigen Inhalten in Kenntnis gesetzt wurde, es sei denn es handelt sich um offensichtliche Verstöße.[154] Erhält der Provider Hinweise auf klar erkennbare Rechtsverletzungen so ist er allerdings gehalten, die konkreten Inhalte unverzüglich zu sperren und technisch mögliche und zumutbare Maßnahmen zu treffen, dass es möglichst nicht zu weiteren Rechtsverletzungen kommt.[155] Dabei bejaht der BGH, neuerdings als Konkretisierung einer Verletzung wettbewerbsrechtlicher Verkehrspflichten,[156] teilweise auch Prüfungspflichten hinsichtlich anderer Inhalte, die von demjenigen Nutzer stammen, der die ursprünglichen rechtsverletzenden Inhalte eingestellt hat.[157]

82 Allerdings kommt das Haftungsprivileg des § 10 TMG nur dann zum Tragen, wenn die gespeicherten Inhalte dem Anbieter **nicht als eigene Inhalte** zugerechnet werden können, sondern für diesen fremd sind. Bei den »technischen« Presence-Providern, die lediglich Serverplatz zur Verfügung stellen und den Anschluss zum Internet besorgen, ist diese Frage regelmäßig nicht relevant. Informationen ihrer Kunden, also z. B. der Websitebetreiber sind für sie grundsätzlich »fremde« Informationen. Schwieriger zu beurteilen ist das bei all jenen Anbietern, die selbst Inhalte bereithalten, also als Content-Provider fungieren, im Rahmen ihres Auftritts aber fremde Informationen eingliedern. Dies gilt für sämtliche interaktiven Websites, die ihren Nutzern ein »Mitmachen« ermöglichen, also insbesondere Diskussionsforen, Video- oder andere Inhalteplattformen (z. B. YouTube oder FlickR), Informationsplattformen (z. B. Wikipedia), oder Social Networks (z. B. StudiVZ, Xing, Facebook). Hier werden eigentliche Content-Provider selbst zu »virtuellen« Presence-Pro-

---

einem automatisierten Verfahren ins Internet gestellte Angebot darauf zu überprüfen, ob Schutzrechte Dritter verletzt werden; *Nordemann* CR 2010, 654; FA-UMR/*Burkart* Kap. 10 Rn. 140.
150 Vgl. BGH GRUR 2007, 708 – Internetversteigerung II; BGH CR 2004, 764 – Internet-Versteigerung; BGH MDR 2004, 1369 – Rolex; zuletzt auch für den Betreiber eines Usenet, LG Düsseldorf MMR 2007, 534; vgl. *Wolff* ITBR 2007, 200; *Lediger* S. 192; *Stadler* K&R 2006, 253 (254); *Libertus/Schneider* CR 2006, 626; *Hornung* CR 2007, 88 (91).
151 *Nordemann* CR 2010, 658.
152 BGH MDR 2004, 1369 – Rolex.
153 BGH WRP 2001, 1305 – ambiente.de.
154 *Lediger* S. 193.
155 BGH GRUR 2007, 708 – Internet-Versteigerung II; GRUR 2004, 864; OLG München MMR 2006, 740 – Lateinlehrbuch.
156 BGH CR 2007, 729 – Jugendgefährdende Medien bei eBay: Wer gegen eine wettbewerbsrechtliche Verkehrspflicht verstößt, ist Täter einer unlauteren Wettbewerbshandlung, auch wenn die eigentliche unmittelbare Verletzungshandlung von einem Dritten begangen wird. Denn jeder, der in seinem Verantwortungsbereich eine Gefahrenbereich schafft oder andauern lässt, muss die ihm zumutbaren Maßnahmen und Vorkehrungen treffen, die zur Abwehr der daraus Dritten drohenden Gefahren notwendig sind.
157 BGH NJW 2008, 758 – Jugendgefährdende Medien bei eBay; allgemein zu den Verkehrspflichten für Internet-Provider im Lichte dieser Rechtsprechung: *Volkmann* CR 2008, 232 und *Rössel/Kruse* CR 2008, 39.

vidern, die fremde Inhalte abspeichern. Fraglich ist dabei, ob diese fremden Inhalte durch die Integration auf der eigenen Website zu eigenen Inhalten gemacht werden.[158]

Grundsätzlich wird zwar angenommen, dass ein Anbieter sich fremde Informationen nicht zu Eigen machen will, solange keine tatsächlichen gegenteiligen Anhaltspunkte ersichtlich sind.[159] Die Beurteilung, wann sich der Anbieter die Inhalte seiner Kunden zu eigen macht, ist jedoch sehr umstritten. **83**

Teilweise legt die Rechtsprechung zur Haftung von Internet-Intermediären (wie Forenbetreiber oder Suchmaschinenbetreiber etc.) den Begriff des »sich zu Eigen Machens« sehr weit aus. Der Provider mache sich die Beiträge seiner Nutzer schon dann zu eigen, wenn er diese nicht regelmäßig auf Rechtsverletzungen kontrolliere.[160] Der Besucher schließe aus dem Umstand, dass der rechtsverletzende Beitrag eine bestimmte Zeit lang[161] bestehen bleibe und nicht gelöscht werde, dass der Provider den Beitrag billige. Nach einer Entscheidung des *LG Köln* handelt es sich um zu eigen gemachte Informationen, wenn die Beiträge in den »Frames« des Anbieters mit dessen Logo (oder sonstiger Bezeichnung) abzurufen sind.[162] Ähnlich auch das *OLG Köln*: der Betreiber einer Internetplattform lenkt bzw. initiiert durch Vorgabe von Themengebieten und/oder grober Gliederung seiner Homepage die Nutzerbeiträge.[163] Der Betreiber müsse sich dabei klar und weitreichend von diesen Inhalten distanzieren, da sie ihm sonst zugerechnet würden.[164] Das LG *Hamburg* sah die Grenze der Zurechnung erst dann erreicht, wenn durch das Umfeld, in dem die jeweilige Information steht, hinreichend deutlich wird, dass es sich dabei um eine solche Äußerung handelt, deren Verbreitung der Inhaber der Domain trotz ihrer Aufnahme in den Internetauftritt gerade nicht wünscht.[165] Weil das Gericht Internetforen generell als redaktionell gestaltete Angebote ansah, gelten alle Beiträge als »eigene Information, die der Betreiber zum Abruf bereit hält«; unabhängig davon, ob der Betreiber selbst oder eine dritte Person diese Beiträge verfasst hat. Für eine Befreiung von der Haftung müsse sich der Betreiber von der betreffenden Äußerung nicht pauschal, sondern konkret und ausdrücklich distanzieren.[166] Der überwiegende Teil der Rechtsprechung geht jedoch davon aus, dass der Betreiber einer Plattform sich die Inhalte seiner Nutzer in aller Regel nicht zu Eigen machen will.[167] Der Betreiber des Forums hafte für rechtswidrige Inhalte erst ab Kenntniserlangung. Eine Prüfungspflicht bezüglich aller Inhalte kann ihm nicht auferlegt werden, da diese für ihn regelmäßig in technischer, persönlicher und wirtschaftlicher Hinsicht nicht zumutbar ist.[168]

Der BGH hat nun in seinem jüngsten Urteil[169] zur Frage des sich zu Eigen Machens entschieden, der Betreiber eines Internetportals, in das Dritte für die Öffentlichkeit bestimmte Inhalte (hier: Rezepte) einstellen können, hafte für diese Inhalte nach den allgemeinen Vorschriften, wenn er die eingestellten Inhalte vor ihrer Freischaltung auf Vollständigkeit und Richtigkeit überprüft und sie sich damit zu eigen gemacht habe. Dies gelte auch dann, wenn **84**

---

158 Vgl. dazu LG Hamburg MMR 2010, 833 – YouTube.
159 *Libertus/Schneider* CR 2006, 626 (628).
160 LG Trier, MMR 2002, 694.
161 LG Trier MMR 2002, 694: 4 Wochen.; LG Düsseldorf 14.08.2002, 2 a O 312/01: 3–4 Monate.
162 LG Köln MMR 2002, 254.
163 OLG Köln CR 2002, 678.
164 A. A. OLG Hamburg MMR 2009, 479, das davon ausgeht, dass Betreiber von Foren allein dadurch, dass sie Themengruppen und Struktur der Diskussionsmöglichkeiten vorgeben, sich nicht automatisch auch die Inhalte konkret zu Eigen machen wollen.
165 LG Hamburg MMR 2007, 450.
166 LG Hamburg MMR 2007, 450.
167 LG Köln MMR 2003, 601 – Telefaxabruf II; *Libertus/Schneider* CR 2006, 626 (628).
168 LG Köln MMR 2003, 601- Telefaxabruf II; OLG Düsseldorf MMR 2006, 618; LG München MMR 2006, 332; BGH MDR 2004, 1369; *Fülbier* CR 2007, 519.
169 BGH GRUR 2010, 616 – marions-kochbuch.de.

für die Nutzer des Internetportals erkennbar sei, dass die Inhalte (ursprünglich) nicht vom Betreiber, sondern von Dritten stammen. Ein Hinweis darauf, dass sich der Portalbetreiber die Inhalte zu Eigen mache, liege auch darin, dass er sich umfassende Nutzungsrechte an den fremden Inhalten habe einräumen lassen und Dritten angeboten habe, diese Inhalte kommerziell zu nutzen. Es besteht die Gefahr, dass durch diese Rechtsprechung das »Wegsehen« bei »User-generated Content« privilegiert wird. Wer Nutzerbeiträge unbesehen veröffentlicht, haftet in der Regel ab Kenntnis rechtswidriger Inhalte nur auf Unterlassung. Wer dagegen versucht, die Inhalte vorab auf rechtliche Unbedenklichkeit zu überprüfen und herauszufiltern, bevor sie veröffentlicht werden, läuft Gefahr, für die nach Vorabprüfung veröffentlichten Inhalte vollumfänglich zu haften. Möglicherweise beschränkt sich diese weitgehende Rechtsprechung in ihrer Anwendbarkeit auf die relativ außergewöhnlichen Gesamtumstände des konkret vom BGH entschiedenen Falls[170] und lässt bei anders gelagerten Fällen Raum für differenzierte Lösungen. In Anlehnung an die vorbeschriebene Rechtsprechung des BGH hat allerdings nunmehr bereits das LG Hamburg entschieden, der Betreiber der Plattform »YouTube« mache sich die dort eingestellten Inhalte Dritter zu eigen und hafte entsprechend für damit verbundene Urheberrechtsverletzungen.[171] Ein Indiz hierfür sei die Tatsache, dass sich YouTube vom Nutzer umfassende Nutzungsrechte einräumen lasse, bevor dieser die Inhalte auf der Plattform einstellen könne. Weitere Indizien für ein zu Eigen Machen ergeben sich für das LG Hamburg u. a. bereits aus dem äußeren Erscheinungsbild der Plattform: YouTube präsentiere sich durch die mehrmalige prominente Anordnung des Logos »YouTube« rund um den rechtsverletzenden Inhalt in erster Linie selbst als Anbieter der Inhalte. Dieser Eindruck werde noch verstärkt, wenn die Videoinhalte auch auf anderen Internetseiten eingebettet würden und dabei das Logo von YouTube als maßgebliches Herkunftszeichen für das Video verwendet werde. Auch die Einbindung kontextbezogener Werbung erwecke beim Betrachter den Eindruck, YouTube präsentiere eigene Inhalte. Die weitere Entwicklung dieser u. U. zu weit gehenden Rechtsprechung bleibt insoweit abzuwarten.

85 Die zweite Voraussetzung der Haftungsprivilegierung ist die fehlende Kenntnis[172] von den rechtswidrigen Handlungen oder Inhalten, § 10 Satz 1 Nr. 1 TMG. Nach Auffassung mehrerer OLG erlangt der Provider nicht schon mit der Eingabe des Inhaltes Kenntnis, wenn dies in einem vom Provider nicht überprüften, automatisierten Verfahren erfolgt. Während im Zivilrecht zur Begründung einer Verantwortlichkeit im Rahmen von Schadensersatzansprüchen bereits die Kenntnis von Umständen ausreicht, aus denen rechtswidrige Handlungen oder Informationen offensichtlich werden (§ 10 Satz 1 Nr. 1 TMG), setzt die strafrechtliche Verantwortlichkeit voraus, dass eine positive Kenntnis der rechtswidrigen Inhalte vorliegt.[173]

86 Umstritten ist aber auch die Frage, ob der Provider nur Kenntnis von der Information selbst oder auch von ihrer Rechtswidrigkeit haben muss.[174] Gegen Letzteres spricht, dass den Pro-

---

170 Die Inhalte wurden in dem BGH GRUR 2010, 616 – marions-kochbuch.de zugrunde liegenden Fall vor der Veröffentlichung redaktionell geprüft. Auf der Webseite wurde darauf hingewiesen, dass die Inhalte vorab von der Redaktion bearbeitet werden können; die Bilder wurden mit dem Logo des Betreibers als Wasserzeichen versehen; die Betreiber ließen sich ein sehr weitreichendes Nutzungsrecht an den Bildern der Nutzer einräumen und die Rezepte der Nutzer stellen den »redaktionellen Kerngehalt« der Webseite dar etc. Auch wenn der BGH in diesem Fall das sich zu Eigen machen bejaht hat, erscheint bei anders gelagerten Fällen Raum für differenzierte Lösungen zu verbleiben.
171 LG Hamburg MMR 2010, 833 – YouTube.
172 Abzustellen ist auf eine menschliche Kenntnis, nicht die Erfassung der Information durch EDV; vgl. *Mayer* NJW 2004, 3152.
173 Gercke/Brunst/*Gercke* Rn. 598.
174 *Härting* CR 2001, 276; *Stadler* K&R 2006, 253; Spindler/Schmitz/Geis/*Spindler* § 11 Rn. 18 (noch zum TDG).

vider gerade keine Prüfungspflicht bezüglich der Rechtmäßigkeit der Inhalte trifft,[175] da die Anbieter durch die Regelung des § 7 Abs. 2 Satz 1 TMG gerade von einer umfassenden Prüfungs- und Überwachungspflicht befreit sind. Zudem wäre der Diensteanbieter sonst gezwungen, schon auf den bloßen Verdacht der Rechtswidrigkeit die Löschung der ihm als rechtswidrig angezeigten Informationen zu veranlassen. Zutreffend ist wohl die Unterscheidung, ob es sich um eine »objektive« also gegenüber jedermann wirkende Rechtsverletzung (insbesondere strafrechtlich relevante Tatbestände) handelt oder um eine »subjektive« Verletzung individueller Rechtsgüter (z. B. Urheberrechtsverletzungen). Ist im ersten Fall nur die Kenntnis vom Inhalt ausschlaggebend, wäre im letzteren Fall auch die Kenntnis von der Rechtswidrigkeit notwendig.[176]

Entsprechend § 10 Nr. 2 TMG hat der Anbieter unverzüglich nach Kenntniserlangung die Informationen zu entfernen bzw. zu sperren, d. h. jede Möglichkeit Dritter, auf die Inhalte zuzugreifen, zu verhindern.[177] Da der Provider nicht verpflichtet ist, auf seinen Servern gespeicherte Inhalte auf Rechtsverletzungen zu untersuchen (§ 7 Abs. 2 TMG),[178] trifft ihn die Pflicht zu Entfernung und Sperrung von rechtswidrigen Inhalten erst nach positiver Kenntnis, z. B. wenn ein bestimmter Inhalt unter konkreter Angabe des Fundortes/Links beanstandet wird.[179] Dabei reicht nicht nur die Kenntnis von der rechtswidrigen Handlung. Denn um Verstöße überhaupt beseitigen zu können, benötigt der Provider auch Kenntnis vom Speicherplatz der entsprechenden Information.[180] Der Provider kann seine Privilegierung ab Kenntnis nur noch für die Zeitspanne aufrechterhalten, die er ohne schuldhaftes Zögern für die Entfernung der Inhalte benötigt.[181] Eine reine Erschwerung des Zugangs bzw. Entfernung der Links auf der Homepage ist nicht ausreichend.[182] 87

4. Haftung für Durchleitung von Informationen, § 8 TMG

Die Verantwortlichkeit der Provider für fremde Inhalte, die lediglich durchgeleitet werden, bestimmt sich nach der Vorschrift des § 8 TMG. Nach dieser Regelung sind die Provider für fremde Inhalte, die sie lediglich übermitteln bzw. zu denen sie den Zugang vermitteln, nicht verantwortlich, sofern sie die Übermittlung nicht veranlasst haben, den Adressaten der übermittelten Inhalte nicht ausgewählt haben und die Informationen weder ausgewählt, noch verändert haben. Für die Privilegierung des § 8 TMG müssen sich die Diensteanbieter also aus dem Datenfluss konsequent heraushalten.[183] 88

---

175 BGHZ 148, 13, 17 – ambiente-de; BGH MMR 2004, 668 (671) – Rolex; Spindler/Schmitz/Geis/*Spindler* § 11 Rn. 20 (noch zum TDG); a. A. LG Köln MMR 2004, 184 für Daten, die das Persönlichkeitsrecht berühren.
176 So auch *Haug* Rn. 284 mit Hinweis auf die Gesetzesbegründung BT-Drs. 14/6098, S. 25.
177 OLG Hamburg, MMR 2006, 745 – heise.de; Spindler/Schmitz/Geis/*Spindler* § 11 Rn. 50 (noch zum TDG).
178 Da gem. § 7 Abs. 2 TMG keine Pflicht zur aktiven Prüfung von Tatsachen besteht, geht es dabei nicht um grob fahrlässige Unkenntnis sondern um eine Evidenzgrenze. Der Einwand, der rechtswidrige Inhalt sei dem Provider verborgen geblieben, soll bei offensichtlich gewordener Rechtswidrigkeit der Information ausgeschlossen sein; vgl. *Mayer* NJW 2004, 3152; a. A. *Tettenborn* K&R 2001, Beilage 1 zu Heft 12.
179 OLG Brandenburg CR 2004, 696; OLG Düsseldorf MMR 2004, 315; solche Beanstandungen erfolgen üblicherweise durch ein sog. »Notice-and-Takedown-Letter« mit der Aufforderung, die Rechtsverletzung zu unterbinden. Für dieses Schreiben kann im Übrigen keine Kostenerstattung gem. § 97 Abs. 1 UrhG verlangt werden, da die Haftung des Providers durch dieses Schreiben erst begründet wurde.
180 Schwarz/Peschel-Mehner/*Schwarz/Poll* Kap. 20 G Rn. 120; a. A. *Spindler* NJW 2002, 924, der Kenntnis von den Umständen genügen lässt, aus denen sich die Existenz der rechtswidrigen Informationen ergibt.
181 *Schwarz/Peschel-Mehner* Kap. 20 G Rn. 123; *Mayer* NJW 2004, 3153.
182 LG Berlin MMR 2002, 399 (400).
183 *Haug* Rn. 276; *Fülbier* CR 2007, 517.

89 Die Privilegierung des § 8 Abs. 1 TMG gilt nach allgemeiner Ansicht insbesondere für Access-Provider,[184] da sie gerade den Zugang zum Internet vermitteln und keinerlei Einfluss auf die von den Nutzern abgerufene Inhalte oder Informationen haben. Allerdings gilt auch hier, dass § 8 TMG bei Unterlassungsansprüchen nicht anwendbar ist, d. h. auch ein Access-Provider unterliegt grundsätzlich der Störerhaftung.[185] Diese wird aber zumeist im Ergebnis verneint, weil es den Access-Providern weder rechtlich noch tatsächlich möglich ist, geeignete Maßnahmen zur Verhinderung der rechtswidrigen Handlungen zu treffen.[186] In wettbewerbsrechtlicher Hinsicht sind Access-Provider schon mangels einer wettbewerbsrechtlichen Verkehrspflicht für den Inhalt der Webseiten, zu denen sie ihren Kunden den Zugang vermitteln, grundsätzlich nicht verantwortlich.[187] Auf Presence- und Content-Provider ist die Regelung des § 8 TMG wohl nicht anwendbar. Dies ergibt sich jedoch nicht unmittelbar aus dem Wortlaut der Vorschrift (§ 8 Abs. 1 TMG); man könnte durchaus daran denken, dass auch dabei die Inhalte übermittelt bzw. den Zugang zu fremden Informationen vermittelt werden.

90 Auch Anbieter von Wireless-LANs (W-LAN) fallen als Access-Provider grundsätzlich unter das Haftungsprivileg des § 8 TMG.[188] Vor allem bei der Vermittlung eines Internetzugangs mittels eines ungesicherten W-LANs kann die Haftungsprivilegierung eine Rolle spielen, wenn unbefugte Dritte rechtswidrige Inhalte per W-LAN übermitteln. Für Unterlassungsansprüche aber gilt auch hier die allgemeine Störerhaftung, d. h. auch privaten Anschlussinhabern obliegen insoweit Prüfungspflichten, deren Verletzung zu einer Störerhaftung führt.[189] Beachtung verdient hierbei die sog. »W-LAN-Entscheidung« des *LG Hamburg*.[190] Das Gericht ist dabei davon ausgegangen, dass ein Betreiber eines ungesicherten privaten W-LANs für die mithilfe seines Anschlusses begangenen Urheberrechtsverletzungen haftet, weil er sein Netz durch zumutbare Schutzmaßnahmen hätte sichern müssen. Der BGH[191] hat dies jüngst bestätigt und entschieden, der Betrieb eines nicht ausreichend gesicherten WLAN-Anschlusses sei adäquat kausal für Urheberrechtsverletzungen, die unbekannte Dritte unter Einsatz dieses Anschlusses begingen. Auch privaten Anschlussinhabern oblägen insoweit Prüfungspflichten, deren Verletzung zu einer Störerhaftung führe.[192] Welche konkreten Maßnahmen zumutbar sind, bestimmt sich laut BGH auch für eine Privatperson zunächst nach den jeweiligen technischen Möglichkeiten. Zwar müsse ein privater Verwender der WLAN-Technologie nicht die Netzwerksicherheit fortlaufend dem neuesten Stand der Technik anpassen und dafür entsprechende finanzielle Mittel aufwenden. Er habe aber die im Kaufzeitpunkt des Routers für den privaten Bereich marktüblichen Sicherungen einzusetzen, wobei die werkseitigen Standardsicherheitseinstellungen durch ein persönliches, ausreichend langes und sicheres Passwort ersetzt werden müssten. Diese

---

184 *Hoffmann* MMR 2002, 286; Spindler/Schmitz/Geis/*Spindler* § 9 Rn. 14 (noch zum TDG); FA-UMR/ *Burkart* Kap. 10 Rn. 162.
185 LG Hamburg ZUM 2009, 589; LG Hamburg MMR 2009, 506.
186 LG Kiel MMR 2008, 123; LG Hamburg ZUM 2009, 587.
187 OLG Frankfurt GRUR-RR 2008, 93 – Access-Provider; LG Düsseldorf MMR 2008, 349; LG Kiel MMR 2008, 123.
188 *Röhrborn/Katko* CR 2002, 882 (887) (noch zum TDG); FA-UMR/*Burkart* Kap. 10 Rn. 163. Auch Teilnehmer eines sog. TOR (The-Onion-Router)-Netzwerk sind Access-Provider. Bei einem TOR handelt es sich um ein Anonymisierungsverfahren, bei dem mehrere private Computer zur Durchleitung von Informationen zur Verfügung gestellt werden und durch Verschlüsselung der Kommunikation eine Analyse des Datenverkehrs verhindert wird. Der Betreiber eines TOR-Nodes ist ein Diensteanbieter i. S. d. TMG, da es nach der Legaldefinition des § 2 Satz 1 Nr. 1 TMG (§ 3 Satz 1 Nr. 1 TDG) nicht darauf ankommt, ob der Zugang zur Nutzung von Telemedien vom Anbieter gewerblich oder privat bereitgestellt wird.
189 BGH GRUR 2010, 633 – Sommer unseres Lebens; LG Hamburg MMR 2006, 763.
190 LG Hamburg MMR 2006, 763; LG Frankfurt/M. ZUM 2007, 406. Zu diesem Themenkreis auch *Hornung* CR 2007, 88.
191 BGH GRUR 2010, 633 – Sommer unseres Lebens.
192 Zu den Verkehrssicherungspflichten des Betreibers eines Hot-Spots vgl. *Kaeding* CR 2010, 169.

Pflicht besteht ab Inbetriebnahme des Anschlusses, nicht erst bei Kenntnis einer Rechtsverletzung.

Die Anwendbarkeit des § 8 TMG auf Anbieter von Peer-to-Peer-Diensten (»P2P«) wurde insbesondere im Hinblick auf die Aktivitäten von P2P-Anbietern wie Napster, Gnutella, eDonkey oder Kazaa diskutiert. Im Ergebnis kommt die Privilegierung diesen Anbietern aber nicht zugute. Im Fall von zentralisierten P2P-Systemen, die auf eigenen Servern Suchmaschinen zur Verfügung stellen, um eine schnelle Vermittlung von Anbieter und Abnehmer der Tauschinhalte zu ermöglichen, steht einer Privilegierung § 8 Abs. 1 Nr. 3 TMG entgegen, da durch den Suchvorgang eine Auswahl der übermittelten Informationen erfolgt und damit nicht lediglich der Zugang zu Informationen im Netz vermittelt wird.[193] Bei dezentralisierten Tauschplattformen werden lediglich entsprechend geeignete Software-Tools angeboten d. h. Anbieter wie Gnutella, eDonkey oder Kazaa selbst sind demnach keine Informationsvermittler, sondern Anbieter eines Informationsvermittlungsprogramms und sind somit nicht als Diensteanbieter zu qualifizieren.[194] Gleichwohl kommt auch hier die Störerhaftung nach den Grundsätzen der BGH-Rechtsprechung in Betracht.[195] Auch hier wägt die Rechtsprechung die Interessen der Beteiligten miteinander ab. Die aufzuerlegenden Prüfpflichten dürfen ein an sich von der Rechtsordnung gebilligtes Geschäftsmodell nicht gefährden oder unverhältnismäßig erschweren,[196] d. h. der Serverbetreiber muss zum Beispiel Filter gegen die ihm zur Kenntnis gebrachten und »kerngleichen« Rechtsverletzungen einrichten. Er muss aber nicht darüber hinausgehende Filter einrichten, die im Sinne einer möglichst effektiven Filterung auch »legale« Inhalte unterdrücken oder gar personalintensive Nachkontrollen installieren.[197]

5. Haftung für Zwischenspeicherung von Informationen, § 9 TMG

Die Privilegierung des § 9 TMG betrifft die zeitlich begrenzte Zwischenspeicherung von Inhalten, die lediglich der beschleunigten Übermittlung von Informationen dienen soll (sog. Caching- oder Mirrorverfahren) und ohne konkrete Veranlassung durch den Nutzer erfolgt. Der Dienstanbieter wird privilegiert, wenn die Zwischenspeicherung rein automatisch und ohne Einfluss auf die Inhalte oder auf den Zugang zu ihnen durch den Diensteanbieter erfolgt.[198] Es handelt sich dabei um eine unter Umständen länger dauernde Speicherung im Sinne eines allgemeinen Vorhaltens von Informationen ohne konkrete Veranlassung durch einen bestimmten Nutzer zum Zwecke der Erleichterung der Datenkommunikation. Soweit Access-Provider zur Durchführung der Übermittlung von Informationen Inhalte zwischenspeichern, steht im Gegensatz dazu die Hilfsfunktion der automatischen Zwischenspeicherung für eine konkrete Übermittlungsleistung im Vordergrund; § 9 TMG ist insoweit nicht einschlägig.[199] Nach Kenntnis von der Entfernung oder Sperrung der Quellinformationen ist der Provider im Übrigen verpflichtet, die Zwischenspeicherung unverzüglich zu löschen, § 9 Satz 1 Nr. 5 TMG. Bei den Presence- und Content-Providern ist die Anwendung des § 9 TMG zu bejahen, soweit sie ihre technischen Kapazitäten für die Zwischenspeicherung von Inhalten zur Verfügung stellen. Allerdings bestehen gewisse Abgrenzungsprobleme zu der Privilegierung nach § 10 TMG, da es sich bei § 9 TMG ebenfalls um eine (wenn auch sehr kurze) Speicherung von fremden Inhalten handelt.[200]

---

193 *Köster/Jürgens* MMR 2002, 422; *Heghmanns* MMR 2004, 17.
194 *Kreutzer* GRUR 2001, 311; *Heghmanns* MMR 2004, 17; *Spindler/Leistner* GRUR Int. 2005, 787 (noch zum TDG).
195 OLG Düsseldorf MMR 2008, 676.
196 OLG Düsseldorf MMR 2008, 675 ff.
197 *Verweyen* MMR 2009, 594.
198 Spindler/Schuster/*Hoffmann*, § 9 TMG Rn. 1 ff.; Spindler/Schmitz/Geis/*Spindler* § 10 Rn. 1 (noch zum TDG); FA-UMR/*Burkart* Kap. 10 Rn. 167.
199 Spindler/Schmitz/Geis/*Spindler* § 9 Rn. 7 (noch zum TDG).
200 Spindler/Schmitz/Geis/*Spindler* § 10 Rn. 3 (noch zum TDG).

6. Haftung für Hyperlinks

93 Da es sich bei Hyperlinks letztendlich lediglich um eine elektronische Verknüpfung innerhalb eines HTML-Textes handelt, spielen diese für sich genommen haftungsrechtlich keine Rolle. Das bloße Setzen eines Links unterfällt keinem der von § 7 ff. TMG erfassten Tatbestände. Zu den urheber- und wettbewerbsrechtlichen Aspekten des Linking vgl. oben Rdn. 53 ff.

Relevanz kommt vielmehr den mit dem Link verbundenen Inhalten zu. Die Rechtsprechung lehnte früher eine Analogie zu §§ 11 TDG auf Links mangels planwidriger Lücke ab.[201] Der Gesetzgeber des TDG habe sich unter Berufung auf Art. 21 Abs. 2 der E-Commerce-Richtlinie einer Regelung bewusst enthalten. Da die bisherigen Haftungsregelungen des TDG unverändert in das TMG übernommen wurden, ist eine Änderung dieser Rechtsprechung nicht zu erwarten und die Haftung für durch Links zugänglich gemachte Inhalte bestimmt sich nach den allgemeinen Grundsätzen der Störerhaftung.[202]

94 Mangels einer gesetzlich ausgestalteten Haftungsprivilegierung für Hyperlinks besteht also auch nach Einführung des TMG keine Rechtssicherheit; es verbleibt vielmehr bei einem Flickenteppich von einzelfallbezogener Rechtsprechung.[203] Allerdings spielt auch hier grundsätzlich die Frage eine Rolle, inwieweit sich der Verwender von Links die damit zugänglich gemachten Inhalte zu Eigen macht oder – wie z. B. bei wissenschaftlichen oder redaktionellen Beiträgen – ein Link auf fremde Webseiten lediglich einen Hinweis auf Inhalte Dritter darstellt. Der Grad der Solidarisierung mit den verlinkten Inhalten ist letztlich also dafür ausschlaggebend, ob die Grundgedanken der Haftungsprivilegierungen aus dem TMG auch bei der Haftung nach allgemeinen Grundsätzen eine Rolle spielen.[204] Die damit verbundene Abgrenzung ist allerdings höchst umstritten; teilweise wurde vertreten, wer einen Link setze, mache sich den verlinkten Inhalt immer zu eigen;[205] ein zu Eigen Machen sei gegeben, wenn die Gestaltung des Links und seine Beschreibung objektiv dafür sprechen[206] und teilweise wurde ein zu Eigen Machen ausschließlich bei Frame-Links und Inline-Links bejaht.[207] Die wohl h. M. geht dagegen davon aus, dass ein zu Eigen Machen nur vorliegt, wenn dem verlinkten Inhalt in der Beschreibung des Links erkennbar zugestimmt wird, ein besonderes Interesse des Linksetzenden an dem verlinkten Inhalt erkennbar ist oder wenn der Link nur zu dem Zweck gesetzt wurde, eine eigene Veröffentlichung zu ersetzen.[208]

95 Auf Beseitigung und Unterlassen haften Setzer von Hyperlinks außerdem nur, wenn sie im konkreten Einzelfall eine Prüfpflicht trifft.[209] Der Umfang einer solchen Prüfpflicht bestimmt sich nach Zumutbarkeitskriterien, also vor allem danach, ob die jeweiligen Rechtsverstöße für den Linksetzer erkennbar, d. h. grob rechtswidrig und offensichtlich

---

201 Vgl. BGH GRUR 2004, 693 (694) – Schöner Wetten; OLG Hamburg MMR 2005, 53 – polonia-hamburg.de; OLG Hamburg CR 2003, 56 (57); LG München I 11.12.2003, 7 O 13310/03; LG Hamburg CR 2004, 938.; LG Berlin ITRB 2005, 103; LG Berlin MMR 2005, 324 (325); ausf. dazu *Ott* GRUR Int. 2007, 16; a. A. *Hörnle* NJW 2002, 1008 (1011); *Dippelhofer* S. 75; *Gounalakis/Rhode* Rn. 303; *Koch* K&R 2002, 120.
202 Vgl. BGH MMR 2004, 529 – Schöner Wetten; BGH NJW 2008. 1882 – ueber18.de; Spndler/Schuster/*Mann/Smid*, Recht der elektronischen Medien, 7. Teil, Rn. 74; *Ott* GRUR Int 2007, 16; *Schuster/Kemper/Schütze/Schulze/zur Wiesche/Chargé/Dierking* MMR-Beil. 2006, 23.
203 *Stenzel* MMR 2006, Aktuell VI: *Schuster/Kemper/Schütze/Schulze zur Wiesche/Chargé/Dierking* MMR-Beil. 2006, 23 f.
204 Vgl. OLG München ZUM 2001, 809; *Schuster/Kemper/Schütze/Schulze zur Wiesche/Chargé/Dierking* MMR-Beil. 2006, 23; *Hoeren*, Internetrecht, S. 458 f.
205 LG Hamburg NJW-CoR 1998, 302.
206 OLG Schleswig MMR 2001, 401 – Pfaelzer-Links.
207 *Koch* MMR 1999, 704; *Freytag* S. 18.
208 *Spindler* NJW 1997, 3193 (3196); ebenso *Pelz* ZUM 1998, 530 (532); *Engels/Köster* MMR 1999, 522.
209 BGH MMR 2004, 529 – Schöner Wetten; BGH GRUR 1999, 420 – Möbelklassiker; BGHZ 148, 13 (17) – DENIC; *Ott* GRUR Int. 2007, 15; *Stenzel* MMR 2006, Aktuell VI.

waren.²¹⁰ Hintergrund ist, dass Hyperlinks an sich schließlich zur Förderung von Kommunikation und Information sozial erwünscht und nützlich sind²¹¹ und zu hohe Anforderungen an Prüfpflichten einen kontraproduktiven organisatorischen und rechtsberatenden Aufwand nach sich ziehen würden.²¹² Außerdem stellt sich regelmäßig die Frage, inwieweit es dem Linksetzenden obliegt, die verlinkten Inhalte regelmäßig zu überprüfen²¹³ und inwieweit er gegebenenfalls verpflichtet ist, dafür zu sorgen, dass gleichartige Rechtsverstöße für die Zukunft vermieden werden.²¹⁴ Für die Bestimmung, ob und welche Prüfpflichten im Einzelfall anzunehmen sind, kommen insbesondere Kriterien in Betracht wie Ausmaß der Distanzierung gegenüber dem Inhalt, Rang der geschützten widerstreitenden Rechtsgüter, Ausmaß des wirtschaftlichen Nutzens des Links für den Linksetzenden oder inwieweit diesem grob fahrlässige Unkenntnis von rechtswidrigen Inhalten vorgeworfen werden kann.²¹⁵ Im Ergebnis scheint es angemessen, die Kontroll- und Überwachungspflicht inhaltlich auf grobe und leicht erkennbare Gesetzesverstöße zu begrenzen, zeitlich keine ständig fortlaufende Kontrollpflicht zu verlangen und nur die Seiten der Kontrollpflicht zu unterwerfen, die unmittelbar vom Linksetzenden verlinkt sind.²¹⁶

7. Zusammenfassung

Die Haftung der Provider und die Anwendung der nach dem TMG maßgeblichen Haftungsprivilegierungen lassen sich, jeweils auf Basis der typischen Leistungsbereiche der Provider, wie folgt zusammenfassend darstellen:

	Haftung/Haftungsprivilegierung	Access-Provider	Presence-Provider	Content-Provider (online)
§ 7 TMG	Haftung für eigene Informationen nach den allg. Gesetzen	anwendbar	anwendbar	anwendbar
§ 8 TMG	Privilegierung für Durchleitung von fremden Informationen	anwendbar	Nicht einschlägig	Nicht einschlägig
§ 9 TMG	Privilegierung bei Zwischenspeicherung zur beschleunigten Übermittlung fremder Informationen	Nicht einschlägig	anwendbar	anwendbar
§ 10 TMG	Privilegierung bei Speicherung fremder Informationen bei fehlender Kenntnis oder unverzüglichem Tätigwerden	Nicht einschlägig	anwendbar	anwendbar

---

210 BGH MDR 2004, 1432 – Schöner Wetten; *Bettinger/Freytag* CR 1998, 552; *Vielhaber* MMR 2001, 16; *Volkmann* GRUR 2005, 205. In Bezug auf Suchmaschinen vgl. LG München I MMR 2001, 56 – Explorer; LG Frankfurt/M. NJW-RR 2002, 545 (546) – Wobenzym N II; LG München I MMR 2008, 192 – AnyDVD II; OLG München ZUM-RD 2009, 80 – AnyDVD II.
211 Zum Teil auch grundrechtlich über Art. 5 Abs. 1 GG geschützt; vgl. *Ott* GRUR Int. 2007, 15.
212 *Marwitz* K&R 1998, 369 (370).
213 Eine solche Prüfpflicht hat z. B. das OLG München bejaht, OLG München MMR 2002, 625 – Internet-Verkehrssicherungspflicht. Es ging offenbar davon aus, dass auch für Inhalte gehaftet wird, die erst nach Erstellung des Links auf der verlinkten Website veröffentlicht werden: »*Der Linksetzer geht bewusst das Risiko ein, dass die Verweisseite später geändert wird; jedem Internetnutzer ist das Problem späterer Änderungen der Seite, auf welche verwiesen wird, bekannt*«.
214 Dies ist insbesondere für Betreiber von Suchmaschinen von Bedeutung. Zu Haftungsfragen bei Suchmaschinen vgl. LG Berlin CR 2005, 530; Spindler/Schmitz/Geis/*Spindler* Vor § 8 Rn. 59 (noch zum TDG).
215 Vgl. im Überblick Spindler/Schmitz/Geis/*Spindler* Vor § 8 Rn. 46 (noch zum TDG).
216 *Haug* Rn. 353.

IV. Auskunftspflichten des Providers

97 Abzugrenzen von der Haftung und einer möglichen Haftungsprivilegierung der Provider sind Verpflichtungen der Provider zur Auskunft in Bezug auf Nutzer und Inhalte der übermittelten oder gespeicherten Informationen. Vor allem Access-Provider werden oft mit Auskunftsansprüchen (von Strafverfolgungsbehörden sowie auch von privaten Personen) konfrontiert. Dabei geht es regelmäßig um die Herausgabe von persönlichen Daten (die aufgrund der IP-Adresse nur vom jeweiligen Provider ermittelt werden können) zum Zwecke der Strafverfolgung oder Geltendmachung von privatrechtlichen Ansprüchen (z. B. urheberrechtliche Schadensersatzansprüche).

98 Das TMG enthält dafür allerdings **keine Ermächtigungstatbestände**. Die entsprechenden Anordnungen erfolgen nach Maßgabe der Strafprozessordnung, Verfassungsschutzgesetze, Bundesnachrichtendienstgesetz etc. So sind beispielsweise Verbindungsdaten bei Straftaten von erheblicher Bedeutung auf Anordnung gem. § 100g und h StPO und Verkehrsdaten bei schwerwiegenden Gefahren für staatlichen Sicherheitsinteressen gem. § 8a Abs. 2 Nr. 4 und 5 BVerfSchG i. V. m. § 113 TKG herauszugeben. Durch das TMG wird allein die Befugnis des Providers zur Auskunftserteilung als datenschutzrechtliche Rechtfertigung für bestimmte Fälle geregelt.

99 Die früher schon bestehende Befugnis zur Auskunftserteilung aus § 5 S. 2 TDDSG für Zwecke der Strafverfolgung wurde durch § 14 Abs. 2 TMG und § 15 Abs. 5 S. 4 TMG ergänzt und hinsichtlich der Auskunft über Bestands- und Nutzungsdaten erweitert. Im Gegensatz zur Rechtslage vor Inkrafttreten des TMG dürfen Auskunftsersuche jetzt auch gegenüber Verfassungsschutzbehörden, dem Bundesnachrichtendienst und dem militärischen Abschirmdienst vom Provider nicht aus datenschutzrechtlichen Erwägungen zurückgewiesen werden. Die Erlaubnis zur Mitteilung von Daten umfasst Auskunftsansprüche der Behörden nicht nur zu Strafverfolgungszwecken, sondern auch zur Gefahrenabwehr und somit aus präventiven Gesichtspunkten.[217] Kritisiert wurde diese Neuerung, weil sie eine unbestimmte Ermächtigung enthalte und das Sammeln von Daten nicht nur für öffentliche sondern auch für private Zwecke erleichtere und außerdem Strafverfolgung-, Sicherheits- und Verfassungsinteressen mit privaten Schutzinteressen gleichsetze.[218]

100 Die Auskünfte dürfen nämlich auch erteilt werden, wenn dies zur Durchsetzung der Rechte am geistigen Eigentum erforderlich ist. Damit ist die Zweckbestimmung des Auskunftsanspruchs in Umsetzung der europäischen Richtlinie zur Durchsetzung der Rechte des geistigen Eigentums (Enforcement Richtlinie) ergänzt worden.[219] Durch § 101 Abs. 2 UrhG sind vor allem Auskunftsansprüche zur Durchsetzung von Urheberrechten durch private Dritte gegen Access-Provider möglich.[220] Soweit der Auskunftsanspruch Verkehrsdaten im Sinne des § 3 Nr. 30 TKG umfasst, ist gemäß § 101 Abs. 9 UrhG für die Auskunftserteilung eine vorherige richterliche Anordnung über die Zulässigkeit der Verwendung der Verkehrsdaten erforderlich.[221] Der zum 01.09.2008 erweiterte Auskunftsanspruch nach

---

217 *Spindler* CR 2007, 239 (243).
218 *Hoeren* NJW 2007, 804; *Jandt* MMR 2006, 653.
219 Richtlinie 2004/48/EG des Europäischen Parlaments und des Rates v. 29.04.2004 zur Durchsetzung der Rechte des geistigen Eigentums, ABl. EG Nr. L 157 v. 30.04.2004, 0045–0086; vgl. *Jandt* MMR 2006, 654; *Czychowski* MMR 2004, 514.
220 Vgl. *Hoffmann* MMR 2009, 655 ff.; *Otten* GRUR-RR 2009, 369. Zwar wurde teilweise schon vor Einführung des § 101 UrhG und des TMG ein Auskunftsanspruch gegen Provider bei Verletzungen des Urheberrechts aus § 101a analog UrhG hergeleitet, mit Verweis auf datenschutzrechtliche Bedenken und die Privilegierung des § 8 TMG (bis zum 01.03.2007 § 9 Abs. 1 TDG) aber überwiegend abgelehnt, vgl. dazu *Sieber/Höflinger* MMR 2004, 575; *Czychowski* MMR 2004, 514 (516); *Bohne* GRUR-RR 2005, 145; ausf. zu weiteren potenziellen Anspruchsgrundlagen *Kitz* GRUR 2003, 1014 und zuletzt KG CR 2007, 261, dazu *Dieselhorst* ITRB 2007, 131.
221 FA-GewRS/*Haberstumpf* Kap. 7 Rn. 325.

§ 101 UrhG war zuletzt Gegenstand zahlreicher gerichtlicher Entscheidungen insbesondere bzgl. der auslegungsbedürftigen Begrifflichkeiten »gewerbliches Ausmaß« und »Offensichtlichkeit« der Urheberrechtsverletzungen.[222]

Beim Auskunftsanspruch gegen einen Access-Provider ist allerdings zu beachten, dass dieser erst besteht, wenn ein Gericht zuvor den konkreten Einzelfall prüfen konnte und nur dann, wenn der Provider die begehrten Daten (IP-Adressen) auch tatsächlich gespeichert hat. Ein Access-Provider ist nicht verpflichtet, wegen des Verdachts einer Urheberrechtsverletzung Verkehrsdaten seiner Nutzer »auf Zuruf« des Rechteinhabers zu speichern, um eine spätere Auskunftserteilung erst zu ermöglichen.[223]

101

In datenschutzrechtlicher Hinsicht gelten Auskunftsbefugnisse gem. § 14 Abs. 2 TMG bzgl. Bestandsdaten und § 15 Abs. 5 TMG bzgl. Nutzungsdaten (z. B. auf Herausgabe von IP-Adressen oder Personendaten) nach der Intention des Gesetzgebers zwar nicht für Access-Provider (aber z. B. für Presence-Provider), da eine entsprechende Verweisung auf diese Vorschriften in § 11 Abs. 3 TMG fehlt.[224] Ein Ersuchen um Mitteilung von IP-Adressen von Nutzern gegenüber Access-Providern wird durch das TMG somit nach wie vor nicht erleichtert. Bei Urheberrechtsverletzungen wird aber seit Einführung des § 101 Abs. 9 UrhG, diese Vorschrift als ausreichende datenschutzrechtliche Erlaubnis für die Datenübermittlung angesehen.[225] Für Auskunftsansprüche, die nicht von § 101 UrhG gedeckt sind und sich gegen reine Access-Provider richten, die ausschließlich den Zugang (also lediglich den technischen Aspekt des Providings) vermitteln, bestehen Auskunftspflichten nur nach den Maßgaben des § 113 TKG und der §§ 100g, 100h StPO.[226]

102

D. Vertragsgestaltung bei Providerverträgen

Der letzte Abschnitt dieses Kapitels widmet sich der konkreten Ausgestaltung von Providerverträgen. Exemplarisch soll dies an den Verträgen für den Access-Provider und den Presence-Provider dargestellt werden.

103

---

222 Dabei spielten vor allem die auslegungsbedürftigen Begrifflichkeiten »gewerbliches Ausmaß« und »Offensichtlichkeit« der Urheberrechtsverletzungen eine Rolle. Zum Beispiel soll bei der Bereitstellung von neuen Filmen (OLG Frankfurt MMR 2009, 542 – Vorratsdatenauskunft; LG Köln MMR 2009, 645), Alben oder Songs in der aktuellen Verkaufsphase (OLG Köln MMR 2009, 334 – Die schöne Müllerin) ein gewerbliches Ausmaß gegeben sein, wobei ein einmaliger Download oder Upload regelmäßig nicht genügt (OLG Oldenburg MMR 2009, 188 – Ein Download), OLG Zweibrücken MMR 2009, 43 – Internet-Tauschbörse), es sei denn, es handelt sich um besonders wertvolle Inhalte (LG Kiel MMR 2009, 643; OLG Zweibrücken MMR 2009, 702 – Erheblicher Marktwert). Vgl. die Übersicht bei *Hoeren/Gräbig*, Entwicklung des Internet- und Multimediarechts im Jahr 2009, MMR-Beil. 2010,1; FA-UMR/*Drücke* Kap. 18 Rn. 39.
223 OLG Frankfurt/M. MMR 2010, 62; a. A. LG Hamburg MMR 2009, 570.
224 BT-Drs. 16/3078, S. 15; *Hoeren* NJW 2007, 804 (805); *Spindler* CR 2007, 239 (243).
225 *Hoffmann* MMR 2009, 655; unklar bleibt allerdings auf welche datenschutzrechtliche Erlaubnisnorm sich die vorangehende Speicherung der Daten zugunsten der Rechtsdurchsetzung privater Dritter durch den Provider stützen könnte, vgl. Wandtke/Bullinger/*Bohne*, § 101 Rn. 34; *Maaßen* MMR 2010, 64 Anmerkung zu OLG Frankfurt/M. MMR 2010, 62; OLG Frankfurt GRUR-RR 2010, 91 – Speicherung auf Zuruf; *Maaßen* MMR 2009, 513. Nach OLG Karlsruhe MMR 2010, 412 kann die Speicherung ohne entsprechende Erlaubnis zu einem Beweisverwertungsverbot führen.
226 *Schuster/Kemper/Schütze/Schulze zur Wiesche/Chargé/Dierking* MMR-Beil. 2006, 26.

Kapitel 8   D. Vertragsgestaltung bei Providerverträgen

I. Der Access-Providervertrag

1. Überblick über die Leistungsbereiche

104   Wie oben bereits ausführlicher beschrieben, umfasst der Access-Providervertrag regelmäßig ein Bündel von Leistungen (vgl. dazu oben Rdn. 17 ff.). Bei diesem Vertragstyp handelt es sich daher nach wohl h. M. um einen Typenkombinationsvertrag. Im Rahmen des Access-Providervertrages vermittelt der Provider dem Nutzer den Zugang zum Internet, der Vertrag ist daher insoweit als Vertrag über Telekommunikationsdienstleistungen anzusehen.[227] Daneben kann dieser Vertrag auch die Einrichtung und den Betrieb eines E-Mail-Accounts mit Zwischenspeicherkapazität zur Übersendung und zum Empfang von elektronischen Mitteilungen des Nutzers vorsehen. Andere Leistungen bestehen in der Einrichtung einer verfügbaren Second-Level-Domain für den Nutzer oder im Angebot von Newsgroups oder Chatforen.

105   Unabhängig von der vertragstypologischen Einordnung ist der Access-Providervertrag typischerweise als **Dauerschuldverhältnis** ausgestaltet. Die technische Zugangsvermittlung wird über die gesamte Vertragslaufzeit geschuldet. Gleiches gilt grundsätzlich auch für die Möglichkeit E-Mails zu versenden und zu empfangen. Allerdings wird man dafür eher einen Sukzessiv-Werkvertrag anzunehmen haben. Andere Gestaltungen sehen Call-by-Call Vereinbarungen vor (»Internet-by-call«), bei denen jeweils Einzelverträge für die jeweilige Nutzung geschlossen werden. Allgemeine Geschäftsbedingungen des Providers können in diesen Fällen über das Einbeziehungsprivileg des § 305a Nr. 2b BGB auf das jeweilige (Einzel-) Vertragsverhältnis Anwendung finden.[228]

106   Im Mittelpunkt steht also die (technische) Zugangsvermittlung über eigene oder gemietete technische Anlagen des Providers. Der Provider betreibt und unterhält einen Netzwerkrechner, den sog. Point of Presence (PoP) oder Einwahlknoten. Dieser ist einerseits angebunden an das Internet (bzw. an andere Internet-Rechner), andererseits über Standleitungen oder über das normale Telefonnetz zu den Anschlüssen der Nutzer. Der PoP wandelt die Daten des Nutzers in das Internetformat TCP/IP um und schickt sie über das Gateway ins Internet und geht umgekehrt mit Daten um, die aus dem Internet an den Nutzer geschickt werden.[229]

Die Verbindung vom Nutzer zum Einwahlknoten des Providers erfolgt dabei über die Telekommunikationsleitung, an die der Nutzer angeschlossen ist bzw. für die sich der Nutzer im Rahmen des Angebots des Providers entscheidet, also im gewerblichen Bereich häufig über eine Anbindung über eine Standleitung mit hoher Bandbreite; im privaten Bereich wird die Nutzung regelmäßig über die individuelle Einwahl über Einwahlknoten mittels Modem- oder ISDN-Leitung vermittelt. Eine weitere Leitung, die allein im Herrschaftsbereich des Providers liegt, ist seine Verbindung zum Internet (Internet Gateway).[230] Der Access-Providervertrag sollte eine genaue Leistungsbeschreibung enthalten, über welche Internetverbindung der Zugang des Nutzers erfolgen soll.

Zusätzlich vergibt der Provider eine IP-Adresse für den jeweiligen Rechner des Nutzers, unter der Daten empfangen oder versendet werden können. Darüber hinaus wird der Provider dem Nutzer zur Herstellung der Verbindung (regelmäßig kostenlos) eine Zugangssoftware zur Verfügung stellen sowie die Möglichkeit zur Eingabe eines Benutzernamens und eines Kennworts vor Aufnahme der Benutzung.

---

227   *Müller/Bohne* S. 48.
228   *Müller/Bohne* S. 51.
229   *Wischmann* MMR 2000, 461.
230   *Müller/Bohne* S. 50.

Ob und inwieweit den Provider darüber hinaus Beratungspflichten über die Gestaltung des Internetzugangs treffen, ist nicht abschließend geklärt. Eine vertragliche Abrede darüber empfiehlt sich jedoch. Oftmals sehen die Angebote der Provider auch Hilfestellungen und Beratungsleistungen vor (z. B. über sog. Help-Desk- oder Hotline-Services bei Störungen).

2. Einzelne Klauseln des Access-Providervertrages

Im folgenden Abschnitt soll ein Überblick über die in der Praxis der Access-Providerverträge üblichen Klauseln und ggf. ihrer AGB-rechtlichen Zulässigkeit gegeben werden. Der Umfang der Darstellung lässt nur eine Auswahl bedeutsamer Regelungsmaterien zu.

Das BGB sieht keinen konkreten Vertragstypus für den Access-Providervertrag vor, sodass eine genaue Beschreibung der Rechte und Pflichten der Parteien notwendig ist.[231] Der Inhalt der Access-Providerverträge richtet sich regelmäßig nach den von den Providern vorgegebenen Standardverträgen. Individuelle Absprachen zwischen den Parteien kommen außerhalb von möglicherweise kommerziellen Sondervereinbarungen mit Großkunden so gut wie nicht vor; die Nutzung von kundenseitigen Einkaufsbedingungen scheidet in der Praxis genauso aus. Daher ist für den üblichen Fall davon auszugehen, dass die Bedingungen des Access-Providervertrages den Vorschriften über die Einbeziehung und Inhaltskontrolle von Allgemeinen Geschäftsbedingungen der §§ 305 ff. BGB unterliegen. Mangels ausdrücklichen gesetzlichen Leitbilds ist maßgeblich auf die vertragstypologische Einordnung des Vertrages abzustellen.

a) Bestimmung der Pflichten des Providers

aa) Zugangsvermittlung und Beschränkung der Verfügbarkeit

Im Mittelpunkt der Leistungserbringung des Access-Providers steht die **Vermittlung des Zugangs** des Kunden zum Internet. Ein Blick auf die in der Praxis verwendeten Vertragsmuster von Access-Providern zeigt regelmäßig folgende Beschreibung des Vertragsgegenstands:

> »Bereitstellung eines Zugangs zum Internet« (ggf. mit Beschreibung der Art des Zugangs bzw. der Verbindung zum Einwahlknoten)«, oder

> »Der Anbieter ermöglicht dem Kunden … die Einwahl in den Netzzugangsknoten des Anbieters und damit den Zugang zu den Internet-Backbones«.

Schwierig ist dabei die Bestimmung der providerseitigen Verantwortlichkeit. Der Provider hat entsprechend der obigen Formulierung für die dauerhafte Bereitstellung des Netzzugangs zu sorgen und dafür die notwendigen technischen Einrichtungen vorzuhalten und zu pflegen. Das gilt sowohl für die Funktionstauglichkeit des Systems als auch für dessen Kapazität, den Datenverkehr der Kunden übermitteln zu können. Als weitere Aufgaben, die sich reflexartig aus der Verpflichtung zur Zugangsverschaffung ergeben, bestehen für den Provider Datensicherungspflichten sowie weitere IT-sicherheitsrelevante Pflichten, die sich im Einzelnen aus der Leistungsbeschreibung ergeben können. Teilweise werden diese Pflichten als »Sekundärpflichten« oder Nebenpflichten qualifiziert; in bestimmten sensiblen Bereichen können sie dagegen auch als Hauptleistungspflichten gewertet werden.[232]

Dagegen ist anerkannt, dass es eine Garantie für den jederzeitigen Zugang zum Internet nicht geben kann.[233] Die Vertragsmuster enthalten daher üblicherweise Einschränkungen der Leistungspflicht, insbesondere was die **Verfügbarkeit des Zugangs** angeht:

---

231 Spindler/*Spindler*, Vertragsrecht Internet-Provider, S. 240.
232 Spindler/*Spindler*, Vertragsrecht Internet-Provider, S. 243.
233 BGH NJW 2005, 2076; Spindler/*Spindler*, Vertragsrecht Internet-Provider, S. 248 f.; *Wischmann* MMR 2000, 461.

> »Soweit nicht im Einzelfall eine höhere Verfügbarkeit vereinbart ist, gilt eine im Monatsmittel gegebene Verfügbarkeit des Netzes und des Internet-Backbones sowie gegebenenfalls vom Provider zur Verfügung gestellten Mietleitungen von 98 % als dauerhafte Bereitstellung. Ein Anspruch auf jederzeitige freie Leitung besteht nicht.«

> »Den Internet-Zugang sowie sonstige Dauerleistungen hält der Anbieter mit einem Zeitanteil von mindestens 99 %, gerechnet auf das Kalenderjahr, verfügbar.«

Solche Beschränkungen sind AGB-rechtlich nicht unkritisch.[234] Soweit eine Klausel das Hauptleistungsversprechen einschränkt, abändert oder aushöhlt, könnte sie nach §§ 307 BGB unwirksam sein.[235] Nach h. M. werden solche Klauseln, wie oben, jedoch nicht als Haftungsbeschränkung gewertet, die der Inhaltskontrolle der § 307 ff. BGB unterliegen, sondern lediglich als eingeschränkte Definition der positiven Leistungszusage, also als eine Festlegung des Vertragsgegenstands im Rahmen der Leistungsbeschreibung i. S. d. § 307 Abs. 3 BGB.[236] Dies gilt zunächst unabhängig von der Frage, ob man den Access-Providervertrag als Dienstvertrag, Mietvertrag oder Werkvertrag einordnet. Allerdings erscheint zumindest bei einer werkvertraglichen Qualifizierung fraglich, ob für den Erfolg der konkreten Leistung auf das Erreichen eines durchschnittlichen Wertes in einem bestimmten kalendermäßig bestimmten Zeitraum abgestellt werden kann.[237] Im Einzelfall wäre nicht klar, zu welchem Zeitpunkt eine Vertragsverletzung mit Gewährleistungsfolgen anzunehmen ist, oder welcher konkrete Ausfall zu Schadenersatzansprüchen führen könnte (vgl. dazu noch unten Rdn. 129 und 154).

112 Darüber hinaus enthalten Access-Providerverträge noch andere Einschränkungen der Leistungspflicht. Unkritisch sind sog. Wartungsfenster zur Weiterentwicklung und Pflege des Systems und der technischen Anlagen. Soweit diese Fenster klar definiert sind und nicht zu den Ballungszeiten des Dienstes angesetzt werden, sind entsprechende Einschränkungen des Dienstes als zulässig anzusehen.

113 Dagegen begegnen nicht klar umrissene Einschränkungen der Leistungspflicht, wie z. B. der generelle Vorbehalt der technischen und organisatorischen Möglichkeiten des Providers, AGB-rechtlichen Bedenken schon aufgrund des Bestimmtheitsgebots gem. § 305c Abs. 2 BGB. Solche allgemeinen Einschränkungen lassen den Kunden im Ungewissen, in welchem Umfang der Anbieter seinen Leistungsumfang erbringen wird.[238]

114 Kritisch zu beurteilen sind daher auch **einseitige Änderungsrechte** hinsichtlich der Leistungen des Providers. Diese unterfallen der Inhaltskontrolle gem. § 308 Nr. 4 BGB bzw. im unternehmerischen Verkehr der allgemeinen Inhaltskontrolle nach § 307 BGB. Jedoch hat der Provider ein nachvollziehbares Interesse, seine Leistungen dem technologischen Fortschritt anzupassen. Dabei ist er darauf verwiesen, seine Leistungen insgesamt für alle Kunden zu ändern; Ausnahmen im Einzelfall sind technisch schwierig durchzuführen. Soweit sich der Provider also kein Änderungsrecht seiner Leistungen vorbehält, wäre er auf ewig auf seinen Leistungsumfang fixiert. Klauseln, die einen Änderungsvorbehalt vorsehen, sollten daher eine möglichst genaue Umschreibung der Gründe, aus denen eine Änderung möglich sein soll, beinhalten, genauso wie eine ausreichende Ankündigungsfrist sowie ein

---

234 Vgl. z. B. OLG Köln 15.05.1998, 6 U 72/97.
235 So BGH NJW 2001, 751 für eine Klausel, nach der beim Online Banking für zeitweilige Unterbrechungen des Zugangs zum Online Service nicht gehaftet wird. Vgl. auch jüngst LG Karlsruhe CR 2007, 396; dazu *Rössel* ITRB 2007, 106.
236 Münchener Vertragshandbuch/*Bahnsen*, Bd. 2. Wirtschaftsrecht I, S. 1233; *Cichon* Rn. 110; *Müller/Bohne* S. 55; Spindler/*Spindler*, Vertragsrecht Internet-Provider, S. 250; *Bräutigam* S. 811; *Schuppert* CR 2000, 227 (230); *Härting* CR 2001, 37 (38).
237 Bejahend allerdings *Wischmann* MMR 2000, 461 (464).
238 *Müller/Bohne* S. 56; Spindler/*Spindler*, Vertragsrecht Internet-Provider, S. 253; a. A. zumindest im Vertragsmuster Münchener Vertragshandbuch/*Bahnsen*, Bd. 2. Wirtschaftsrecht I, S. 1228.

Kündigungsrecht des Kunden.[239] In einer jüngeren Entscheidung zieht der BGH noch engere Grenzen für einseitige Änderungsrechte sowie Zustimmungsfiktionen.[240] Einseitige Änderungen sollen danach überhaupt nur möglich sein, wenn durch unvorhersehbare Umstände das Äquivalenzinteresse zwischen den Parteien so gestört ist, dass eine Änderung dadurch gerechtfertigt wird. Sofern Essentialia eines Vertrages geändert werden sollen, kann dies auch nicht durch eine Zustimmungsfiktion aufgrund eines innerhalb bestimmter Frist unterbliebenen Widerspruchs zur Änderung erfolgen. Für solche weitreichenden Änderungen soll ein den Erfordernissen der §§ 145 ff. BGB genügender Änderungsvertrag notwendig sein.

bb) Weitere Leistungen des Providers

In den meisten Fällen bieten Provider neben dem bloßen Zugang zum Internet noch weitere Leistungen an. *Cichon* bezeichnet diese als Nebenleistungspflichten[241] bzw. als unselbstständige Leistungen von sekundärer Bedeutung.[242] Im Einzelfall kann es sich dabei aber durchaus um Hauptleistungspflichten handeln, die im Rahmen eines typenkombinierten Vertrages neben der Pflicht zur Zugangsvermittlung stehen können. Inwieweit bei einer Leistungsstörung bei diesen »Nebenleistungen« der Gesamtvertrag betroffen sein kann, ist eine Frage des Einzelfalles und bestimmt sich danach, welche Bedeutung die Nebenleistung für den Gesamtvertrag hat.

115

Dies gilt insbesondere für E-Mail-Dienste, bei denen der Provider dem Kunden den notwendigen Speicherplatz mit Adressdaten und Kennungen zur Verfügung stellt und den Empfang und die Versendung von E-Mails ausführt. Nach der hier vertretenen Auffassung findet auf diese Dienste, zumindest soweit sie im Einflussbereich des Providers stattfinden, Werkvertragsrecht Anwendung. Ein bloßes Bemühen zum Empfang und Versenden der Mitteilungen ist nicht ausreichend. Klauseln in Providerverträgen, die die Erfolgshaftung für den Empfang oder die Versendung einschränken oder ausschließen, unterliegen daher der AGB-rechtlichen Inhaltskontrolle. Dies gilt jedoch wiederum nur eingeschränkt für Klauseln, die den Umfang der E-Mail-Services selbst i. S. einer Leistungsbeschreibung näher definieren, wie z. B. die Einschränkung, dass täglich nur eine bestimmte Anzahl von E-Mails versendet werden kann oder dass empfangene E-Mails nur 30 Tage zwischengespeichert werden und dann gelöscht werden.[243] Eine andere Sicht kann bei automatischen Löschungsrechten des Providers im Fall von Kapazitätsüberschreitungen gerechtfertigt sein, da die Beanspruchung von Speicherplatz vom Kunden kaum überblickt werden kann. In diesen Fällen sollte zuvor eine Mitteilung des Providers erfolgen.[244]

116

b) Pflichten des Nutzers

Neben der Vergütungspflicht sehen Access-Providerverträge eine Reihe von weiteren Verpflichtungen, Mitwirkungshandlungen und Vorleistungspflichten des Kunden vor. Im Einzelfall sollte klar sein, welche Pflichten des Kunden echte Leistungspflichten sind und welche als **Obliegenheiten** lediglich unter die Regelungen des Annahmeverzugs gem. §§ 293 ff. BGB fallen und insbesondere keine Schadenersatzpflichten auslösen. Bei Verletzung dieser Nutzerpflichten sehen Access-Providerverträge oftmals Kündigungsrechte sowie Sperr- oder Löschungsrechte des Providers vor.

117

---

239 Vgl. dazu ausf. Spindler/*Spindler*, Vertragsrecht Internet-Provider, S. 279.
240 BGH MMR 2008, 26.
241 *Cichon* S. 39.
242 *Cichon* S. 42.
243 Spindler/*Spindler*, Vertragsrecht Internet-Provider, S. 274.
244 Spindler/*Spindler*, Vertragsrecht Internet-Provider, S. 275.

118 Bedeutsam ist die Regelung zum **Verbot des Missbrauchs** der Dienste, also die Pflicht, rechtwidrige Handlungen mittels oder im Zusammenhang mit den Diensten zu unterlassen. Dies betrifft konkret das Verbot zur Übersendung oder Bereitstellung strafrechtlich relevanter, jugendgefährdender oder anderer illegaler Inhalte. Der Provider steht diesbezüglich im Spannungsfeld zwischen einer möglichen eigenen Haftung gegenüber Dritten, soweit die Haftungsprivilegierungen aus dem TMG nicht greifen, und andererseits einer indirekten Wirkung der Grundrechte, z. B. zur Meinungs-, Kunst- und Religionsfreiheit. Diese können zumindest bei der Auslegung von nur allgemein gefassten vertraglichen Ausgestaltungen der Nutzerpflichten durchaus relevant werden, insbesondere, wenn der Provider aufgrund solcher Handlungen von seinen Kündigungs-, Sperr- oder Löschungsrechten Gebrauch macht. Verbote sollten daher so konkret wie möglich gefasst werden.

Einen weiteren Fall des Missbrauchs der Dienste kann in der Versendung von Massen-E-Mails (Spamming) liegen, die viele Verträge ausdrücklich untersagen. Gleiches gilt selbstverständlich für das Verbot von Einspeisung oder Verbreitung von Viren und anderen schadhaften Programmen.

Andere Pflichten des Nutzers betreffen die Mitteilung über die Änderung seiner persönlichen Daten, Informationsabfragepflichten sowie Untersuchungs- und Rügepflichten. Die meisten Access-Providerverträge enthalten darüber hinaus Klauseln, die das unbefugte Nutzen der Dienste durch Dritte dem Risikobereich des Kunden zuordnen. Der Kunde hat Zugang nur über einen Benutzernamen und ein Passwort. Passwörter hat der Kunde geheim zu halten und gegebenenfalls zu ändern oder sogar routinemäßig zu wechseln.

c) Sperrung, Löschung und Kündigung

119 Als Konsequenz von Verstößen gegen die Nutzerpflichten, insbesondere bei Missbrauch des Dienstes und bei strafbaren Handlungen, sehen Access-Providerverträge üblicherweise Sperr- und Löschungsklauseln vor. Erhebliche Verstöße können für den Anbieter auch ein sofortiges außerordentliches Kündigungsrecht begründen. Trotz der weitgehenden Haftungsprivilegierung des Access-Providers gem. TMG (früher TDG) hat der Provider ein berechtigtes Interesse daran, Missbrauch und strafbare Inhalte zu unterbinden. Dies gilt insbesondere dann, wenn der Dienst über die reine Zugangsvermittlung hinausgeht und Inhalte und Informationen der Nutzer gespeichert oder zwischengespeichert werden. Vor diesem Hintergrund stellen Sperrung, Löschung und Kündigung grundsätzlich geeignete und angemessene Maßnahmen dar. Um nicht selbst für fremde Inhalte zu haften, muss der Provider sogar die Möglichkeit haben, diese Maßnahmen zu ergreifen.

120 Die Sperrung des Zugangs oder des Dienstes für einen Kunden stellt sich rechtlich als Zurückbehaltungsrecht gem. § 273 BGB dar.[245] Als Eingriff in eigentumsrechtliche Positionen des Nutzers geht die Löschung von Inhalten noch weiter. Im Einzelfall ist daher zu beurteilen, ob die Sperrung als das mildere Mittel nicht ausreichend ist. Eine Löschung von Inhalten wird nur dann als zulässig erachtet, wenn ein Vertragsverstoß so schwerwiegend ist, dass dem Provider auch ein fristloses Kündigungsrecht zustehen würde.[246]

121 Klauseln zur Sperrung, Löschung und Kündigung unterliegen der AGB-rechtlichen Kontrolle. Dabei stehen diesen Regelungen keine AGB-rechtlichen Bedenken entgegen, wenn diese Maßnahmen an strafbare Handlungen des Nutzers geknüpft sind. Schwieriger sind allerdings allgemein gehaltene Klauseln, die lediglich auf den Missbrauch des Dienstes abstellen ohne Eingrenzung, was darunter zu verstehen ist. Empfehlenswert ist es daher, Missbrauchstatbestände zumindest beispielhaft aufzuzählen.[247]

---

[245] *Müller/Bohne* S. 158; *Lediger* S. 184; Spindler/*Spindler*, Vertragsrecht Internet-Provider, S. 311.
[246] Spindler/*Spindler*, Vertragsrecht Internet-Provider, S. 313.
[247] *Müller/Bohne* S. 157.

Problematisch sind ferner Regelungen, die die Sperrung, Löschung oder Kündigung bereits bei Verdacht von Missbrauch oder strafbarer Handlungen erlauben. Gerade im Fall der Löschung wird eine solche Verdachtsregelung als unangemessen angesehen, wenn dem Kunden nicht zuvor eine Abmahnung oder zumindest eine Gelegenheit zur Aufklärung oder Stellungnahme eingeräumt wurde.[248] **122**

d) Vergütung und Abrechnung

Den Leistungen der Provider liegen **unterschiedliche Vergütungsmodelle** zugrunde. Die Vergütungsklauseln zahlreicher Providerverträge verweisen auf gesondert abrufbare Tarife, die für bestimmte bestellte Leistungen gelten. Üblicherweise unterscheiden diese Tarife zwischen einmal anfallenden Einrichtungsgebühren, monatlich fällig werdenden Pauschal- oder Grundgebühren sowie nutzungsabhängigen Gebühren, die sich entweder nach der Zeit der Nutzung oder nach den übertragenen Datenmengen richten. Bekannt sind auch Mischformen dieser Modelle. Soweit es um eine nutzungsabhängige Vergütung geht, sollte der Vertrag den Abrechnungstakt (z. B. pro Sekunde, pro 15 Sekunden) oder den Preis pro gesendete Datenmenge angeben. **123**

Im Rahmen der nutzungsabhängigen Abrechnung bereiten der Nachweis und die Behandlung von **Einwendungen gegen die Abrechnung** oftmals Probleme. Providerverträge sehen häufig die Pflicht des Kunden vor, Einwendungen gegen die Abrechnung innerhalb von sechs Wochen nach Zugang der Rechnung geltend zu machen.[249] Grundsätzlich hält eine solche Ausschlussfrist aufgrund des nachvollziehbaren Interesses des Providers an der Klarheit und Rechtmäßigkeit des Zahlungsanspruchs einer AGB-rechtlichen Inhaltskontrolle stand.[250] In diesem Zusammenhang ist auch auf § 45i Abs. 2 TKG hinzuweisen, wonach Kunden keinen Anspruch auf Einzelnachweis der Verbindungsdaten haben, soweit der Provider seiner gesetzlichen Pflicht zur Löschung der Daten nachgekommen ist. Gem. § 45i TKG können die Verbindungsdaten acht Wochen nach Versendung der Rechnung gelöscht werden und Einwendungen müssen innerhalb dieser achtwöchigen Frist geltend gemacht werden. Ob in diesen Fällen ein Einwendungsausschluss in AGB nach 6 Wochen möglich ist, wird bezweifelt, zumindest sollte ein Hinweis auf die Rechte gem. § 45i TKG erfolgen.[251] **124**

Ob im Rahmen der volumenabhängigen Abrechnung die Grundsätze des Anscheinsbeweises wie im Bereich der Festnetztelefonie gelten, ist nach einem Urteil des OLG Düsseldorf zum Aufzeichnungsverfahren eines Website-Hosting-Anbieters mehr als fraglich.[252] Das Gericht entschied, dass die automatischen Zähl- und Auswertungsmethoden bei diesen Anbietern noch nicht den gleichen Sicherheitsstandard wie im Bereich der Festnetztelefonie erreicht haben. Die Art und die Details der Mess-, Berechnungs- und Nachweismethode sollte daher mit dem Kunden genau vereinbart werden.[253] **125**

Der Provider hat ein nachvollziehbares Interesse daran, über die Vertragslaufzeit hinweg sein Vergütungsmodell samt Preisen zu ändern. Im Massengeschäft mit seinen Kunden kann der Provider jedoch nicht darauf verwiesen werden, mit jedem Kunden individuell eine Anpassung der Tarife auszumachen. Zur Lösung werden zwei unterschiedliche Wege vorgeschlagen. Eine Preisänderungsklausel kann z. B. vorsehen, dass der Anbieter die Preise mit einer bestimmten Vorankündigungsfrist ändern kann und, soweit der Kunde **126**

---

248 *Lediger* S. 185; Spindler/*Spindler*, Vertragsrecht Internet-Provider, S. 313.
249 Vgl. z. B. § 4.6 der Bedingungen von AOL Webdienste und für Access Produkte, § 7.7 der AGB von Compuserve.
250 Spindler/*Spindler*, Vertragsrecht Internet-Provider, S. 334.
251 Vgl. dazu ausf. Spindler/*Spindler*, Vertragsrecht Internet-Provider, S. 333; *Müller/Bohne* S. 149.
252 OLG Düsseldorf CR 2003, 581.
253 *Roth/Haber* ITRB 2007, 21 (23).

dem nicht innerhalb einer bestimmten Frist widerspricht, von einer Vereinbarung über den geänderten Preis auszugehen ist. Sofern der Kunde mit der Änderung nicht einverstanden ist, hat er das Recht, den Vertrag mit Wirkung auf den Zeitpunkt der Preisänderung zu kündigen.[254]

Im Verkehr mit Verbrauchern wurde eine solche Klausel für zulässig erachtet, wenn die Fristen für die Vorankündigung und die Frist für die Genehmigungsfiktion gem. § 308 Nr. 5 BGB ausreichend lang sind (z. B. vier bis sechs Wochen) und der Kunde auf die Rechtsfolgen eines Schweigens ausdrücklich hingewiesen wird. Allerdings verbleiben Zweifel an der Wirksamkeit, da der Provider sich damit ohne Weiteres seinen vertraglichen Verpflichtungen für die Restlaufzeit des Vertrages entziehen könnte, indem er eine unangemessene und nicht akzeptable Preisänderung vorgibt. Eine andere Möglichkeit wäre, statt eines Kündigungsrechts des Kunden, dem Provider ein Lösungsrecht vom Vertrag einzuräumen, falls der Kunde der Preisänderung widerspricht.[255] *Cichon* will ein Lösungsrecht aber erst zum Zeitpunkt der nächsten ordentlichen Kündigung zulassen,[256] sodass der Provider für die jeweilige Restlaufzeit des Vertrages mit unterschiedlichen Vergütungsmodellen arbeiten müsste. Nach einer jüngeren Entscheidung des BGH sollen einseitige Preisänderungen überhaupt nur zulässig sein, wenn sie nicht lediglich die Kostensteigerungen des Anbieters reflektieren, sondern darüber hinaus noch einen zusätzlichen Gewinn ermöglichen sollen.[257]

e) Gewährleistung

127 Die in der Praxis geläufigen Standardbedingungen der Access-Provider enthalten in den seltensten Fällen Vorschriften zur Gewährleistung. Einige Vertragsmuster verweisen zumindest auf die Geltung der gesetzlichen Gewährleistungsregelungen.[258] Soweit man jedoch, wie die h. M. und jüngst der BGH von der dienstvertragsrechtlichen Natur der Zugangsvermittlung ausgeht,[259] kommen für die Hauptleistung der Zugangsvermittlung keine Gewährleistungsansprüche in Betracht, sondern lediglich die Rechtsfolgen bei einer Verletzung dienstvertraglicher Pflichten, nämlich Schadenersatz und Kündigung und, soweit vereinbart, verwirkte Vertragsstrafen. *Härting* nimmt gleichwohl an, dass der Provider die »Gewähr« dafür zu übernehmen hat, für die Funktionsfähigkeit seiner Zugangsserver zu sorgen, oder ausreichend Einwahlleitungen vorzuhalten.[260]

Im Ergebnis erkennen dies auch *Müller/Bohne* an, die bei werkvertragsrechtlicher Einordnung des Access-Providervertrages die wesentlichen werkvertragsrechtlichen Gewährleistungsrechte wie z. B. Nachbesserung und Selbst- bzw. Ersatzvornahme aufgrund des Fixgeschäftscharakters für unanwendbar halten. Da aufgrund des Dauerschuldverhältnisses auch das Rücktrittsrecht nicht praktikabel erscheint, wird vorgeschlagen, anstelle des Rücktrittsrechts ein außerordentliches Kündigungsrecht zu vereinbaren.[261] Soweit es dem Kunden um Schadenersatzansprüche geht, setzt dies gem. § 280 Abs. 1 BGB ein Vertretenmüssen des Providers voraus, das jedoch durch die Pflichtverletzung indiziert wird.

128 Ein erheblicher Unterschied in den Rechtsfolgen ergibt sich, sofern man die Zugangsvermittlung als Mietvertrag ansehen möchte. *Cichon* weist auf die verschuldens-unabhängige Haftung des Providers hinsichtlich des Äquivalenzinteresses, also der Gegenleistung, i. S. d.

---

254 Vgl. *Müller/Bohne* S. 150; *Lediger* S. 187; Spindler/*Spindler*, Vertragsrecht Internet-Provider, S. 319.
255 *Cichon* Rn. 100.
256 *Cichon* Rn. 101.
257 BGH MMR 2008, 36.
258 *Müller/Bohne* S. 138; Münchener Vertragshandbuch/*Bahnsen*, Bd. 2. Wirtschaftsrecht I, S. 1231.
259 BGH NJW 2005, 2076. Vgl. auch oben Rdn. 22.
260 *Härting* CR 2001, 37 (38).
261 *Müller/Bohne* S. 140.

§ 536 BGB hin, sofern der Internetzugang mangelhaft ist. Ebenso haftet der Provider verschuldensunabhängig für anfängliche Mängel gem. § 536a BGB, auch in Bezug auf weitere Schäden.²⁶²

Fraglich und – soweit erkennbar – nicht von der einschlägigen Literatur behandelt ist das Problem, wie sich einzelne schuldhaft vom Provider verursachte Unterbrechungen des Dienstes (z. B. fallen die Zugangsserver aufgrund fehlerhafter oder unterlassener Wartung aus), zu dem trotzdem eingehaltenen Verfügbarkeitsmittel (vgl. oben Rdn. 111) verhalten. Die Leistung wurde auf den relevanten Zeitraum gesehen vertragsgemäß erbracht, jedoch führt der singuläre Ausfall zu einem Schaden beim Kunden. Die Lösung dieses Konflikts kann nur lauten, dass die Einhaltung des Verfügbarkeitsmittels lediglich eine bestimmte Anforderung an den Dienst ist, die bei Nichterfüllung gegebenenfalls weitere Schadenersatzansprüche oder Kündigungsrechte auslösen kann; oder aus Sicht des Providers: der Dienst wurde über den jeweilig relevanten Zeitraum nicht mangelhaft erbracht, wenn die durchschnittliche Verfügbarkeit erreicht wurde. Soweit singuläre Ausfälle des Dienstes jedoch schuldhaft verursacht wurden, können und müssen diese zu konkreten Schadenersatzansprüchen führen, selbst wenn das Verfügbarkeitsmittel erreicht wurde.

129

f) Haftung und Haftungsbeschränkung nach TKG

Aufgrund der von der h. M. und Rspr. vorgenommenen dienstvertraglichen Einordnung des Access-Providervertrages gewinnen Haftungsbegrenzungsklauseln besondere Bedeutung, da Sekundäransprüche der Kunden bei Leistungsstörungen neben Kündigungsrechten auf Schadenersatz beschränkt sind. Die Haftungsrisiken des Providers, gerade was Folgeschäden bei den Kunden betrifft, sind hoch. Daher liegt es im nachvollziehbaren Interesse der Provider, ihre Haftung so weit wie möglich und rechtlich zulässig zu begrenzen. Dabei kommt es insbesondere auf die AGB-rechtliche Zulässigkeit an.

130

Soweit die Leistungen des Providers auf die reine Zugangsvermittlung beschränkt sind, kann sich der Provider auf die Haftungsprivilegierung des § 44a TKG berufen. Für die Erbringung von Telekommunikationsdienstleistungen gilt eine Haftungsbegrenzung im jeweiligen Schadensfall in Höhe von 12.500,– € und gegenüber der Gesamtheit aller Geschädigten in Höhe von 10 Mio. €, soweit der Schaden nicht vorsätzlich hervorgerufen wurde. Soweit es sich um Telekommunikationsdienstleistungen handelt, entzieht sich diese Beschränkung der Inhaltskontrolle nach den §§ 307 ff. BGB.²⁶³ Sinnvollerweise verweisen auch die meisten in der Praxis gebräuchlichen Access-Providerverträge auf diese Haftungsbeschränkung und geben sie mehr oder minder wörtlich wieder. Durch einzelvertragliche Regelung kann gegenüber Unternehmern auch eine abweichende Haftungshöhe vereinbart werden (§ 44a S. 5 TKG).

131

Jedoch bezieht sich diese Haftungsbegrenzung lediglich auf die Haftungshöchstsumme; für Einschränkungen bezüglich des Verschuldensgrads und über Haftungshöchstgrenzen außerhalb der Zugangsvermittlung gibt § 44a TKG nichts her. Deshalb beinhalten die Access-Providerverträge regelmäßig weitere Klauseln zur Haftungsbegrenzung, die sich jedoch an die Vorgaben von § 309 Nr. 7b und § 307 BGB und die dazu ergangenen Entscheidungen zu halten haben. Danach gilt, dass die Haftung für vorsätzlich und grob fahrlässig verursachte Schäden, sowie für Schäden, die sich aus der Verletzung von Kardinalpflichten ergeben, nicht beschränkt werden kann. Lediglich bei der leicht fahrlässigen Verletzung dieser Kardinalpflichten soll eine Begrenzung auf den typischen Schaden, der bei Vertragsschluss vorhersehbar war, möglich sein. Eine Einschränkung der Haftung bei Personenschäden scheidet aus. Auch die Abkürzung gesetzlich vorgesehener Verjährungsfristen kann, soweit

132

---

262 *Cichon* Rn. 106.
263 *Müller/Bohne* S. 144.

dadurch Schadenersatzansprüche betroffen sind, zu einer AGB-rechtswidrigen Beschränkung führen.[264]

II. Presence-Providervertrag

1. Überblick über die Leistungsbereiche

133 Der Presence-Providervertrag in seiner Ausgestaltung als Website-Hosting- oder Website/Server-Housingvertrag hat die Überlassung von Speicherplatz einerseits, und die Anbindung ans Internet andererseits zum Hauptgegenstand (vgl. dazu oben Rdn. 24 ff.). Daneben sind weitere technische und administrative Leistungen denkbar, insbesondere die Einspielung von Updates, Sicherheitsmaßnahmen, Spiegelung der Website und Daten-Back-up.

Beim Website-Hosting wird dem Kunden auf dem Server des Providers der Betrieb eines »virtuellen« Servers ermöglicht, zumeist mit eigener Domain- und IP-Adresse. Bei Website-Housing nutzt der Kunde einen realen Server beim Provider. In beiden Fällen übermittelt der Kunde üblicherweise dem Provider die Daten für seine Website, die auf dem Server des Providers gespeichert und für Dritte (Clients) zum Abruf im Internet bereitgehalten werden sollen. Der Provider gewährleistet damit die Präsenz des Kunden im Internet über die gesamte Vertragslaufzeit. Im Gegensatz zum Access-Providervertrag, der auch im Fall des Call-by-Call einzelvertraglichen Charakter haben kann, ist der Presence-Providervertrag immer ein Dauerschuldverhältnis.

134 Im Bereich des Server-Housings, bei dem der Kunde nicht Speicherplatz auf dem Rechner des Anbieters, sondern Stellplatz zur Aufstellung des Rechners des Kunden erhält, kommen noch Leistungen wie Stromversorgung, Klimatechnik und Brandschutztechnik hinzu.[265]

2. Einzelne Klauseln des Presence-Providervertrages

135 Presence-Provider-Verträge sind regelmäßig Standardverträge, die von den Anbietern vorgegeben werden. Als allgemeine Geschäftsbedingungen unterliegen sie den Anforderungen der §§ 305 ff. BGB, insbesondere der Inhaltskontrolle der §§ 307 bis 309 BGB. Allerdings sind die Anbieter frei, den Umfang ihrer Leistungen im Rahmen der Leistungsbeschreibung inhaltlich und technisch auszugestalten und damit mittelbar den Umfang ihrer Verantwortlichkeit zu beschränken. Solche Beschränkungen sind, da sie nicht von den gesetzlichen Regelungen abweichen, grundsätzlich der AGB-rechtlichen Inhaltskontrolle entzogen; sie müssen aber klar und verständlich formuliert sein, um dem AGB-rechtlichen Transparenzgebot zu genügen.

a) Bestimmung der Pflichten des Providers

136 Mangels gesetzlich unmittelbar einschlägiger Vorschriften zum Presence-Providing, die die Leistungspflichten des Providers näher beschreiben, ist die genaue Festlegung der Leistung im Rahmen der Leistungsbeschreibung oder der Vereinbarung über den Vertragsgegenstand bzw. über die Leistungspflichten des Providers notwendig.

137 Bei der **Überlassung des Speicher- oder Technikplatzes** als einer der Hauptleistungspflichten sollte der Umfang genau angegeben werden (in Megabyte, MB, oder Gigabyte, GB). Der Provider hat darauf zu achten, nicht mehr Speicherkapazität zu vermieten als auf seinem Server zur Verfügung steht. Im Interesse des Providers kann daher auch eine »Rückholklausel« liegen, die es ihm erlaubt, bei nicht gegebener Auslastung der Kapazität durch einen Kunden, diesem Kunden Speicherplatz zu entziehen und auf andere Kunden zu ver-

---

264 Vgl. dazu BGH NJW 2007, 674.
265 *Roth/Haber* ITRB 2007, 21.

teilen.²⁶⁶ Im Ergebnis wäre eine solche Klausel jedoch als ein Teilkündigungsrecht oder einseitige Teiländerung anzusehen, die eine entsprechende Vertragsanpassung insbesondere bei der Vergütung notwendig macht. Der Kunde wäre auch rechtzeitig davor zu informieren.

Manche Anbieter sehen auch sog. On-Demand-Modelle mit einer festen Mindestauftragsmenge zur Nutzung und einer darüber hinausgehenden Pufferkapazität vor, die individuell für bestimmte Spitzengeschäftszeiten vorgehalten werden. Aus Providersicht ist darauf zu achten, auch hier eine maximale Begrenzung für den Ausbau zu vereinbaren. **138**

Der Vertrag sollte darüber hinaus Vorschriften über das **Laden der Inhalte und Updates** auf die Website vorsehen und darüber, welche Partei dafür verantwortlich ist. Teilweise erhalten die Kunden über Zugangsdaten und Passwort die Möglichkeit, die Daten selbst oder über Dritte (z. B. die Web-Design-Agentur) einzuspeisen und Änderungen vorzunehmen. In manchen Fällen besorgt dies aber auch der Provider als zusätzliche Leistung. Als urheberrechtlich relevante Vervielfältigungshandlung muss ihm dieses Recht aber durch den Kunden eingeräumt werden. Die Verpflichtung zum Laden der Daten kann unproblematisch als Werkvertrag angesehen werden. Der geschuldete Erfolg liegt in der Abrufbarkeit der Daten unter der jeweiligen IP-Adresse.²⁶⁷ Weiterhin sollte der Vertrag Regelungen über die Abnahme des Werkes vorsehen. Sofern die Abnahme nicht erklärt wird, aber die Website gleichwohl genutzt wird, sollte eine Abnahmefiktion vereinbart werden.²⁶⁸ **139**

Als weitere Hauptleistungspflicht des Providers hat er für die **dauerhafte Anbindung der Website bzw. des Servers an das Internet** zu sorgen. Die technischen Parameter der Anbindung, wie z. B. die Belegenheit des Servers (vor allem aus datenschutzrechtlichen Gründen, wenn der Server des Providers außerhalb der EU aufgestellt ist), die Bandbreite der Schnittstelle, Unterstützung von bestimmten Techniken und Datenbank und E-Commerce Anwendungen sind im Einzelnen festzulegen. **140**

Wie beim Access-Providervertrag ist dem Anbieter zu raten, die **Verfügbarkeit** des Services auf der Ebene der Leistungsbeschreibung zu beschränken. Eine Einschränkung von 2 bis 4 % wird dabei durchaus als zumutbar angesehen.²⁶⁹ Im Übrigen kann auf die Ausführung zum Access-Providervertrag verwiesen werden (Rdn. 109 ff.). Eng verbunden mit der Verfügbarkeit des Dienstes sind sog. **Service Level Agreements** (SLA), meist als technische Annexe dem Haupt- oder Standardvertrag angegliedert, die Vorschriften über die technischen Parameter und weitere Support- und Wartungsleistungen enthalten. Neben der Verfügbarkeit des Dienstes sollte der Kunde darauf achten, dass das SLA auch Reaktionszeiten und Behebungszeiten im Fall von Störungen vorsieht. Größere Kunden mögen sich mit den Providern auch über konkrete Rechtsfolgen im Fall des Nichterreichens der Service Levels einigen. Ratsam können hier die Vereinbarung von Vertragsstrafen oder pauschalierte Abzüge der Vergütung für den Provider sein (auch Service Credits genannt). Teilweise werden Störungsbehebungspflichten lediglich als Nebenpflichten charakterisiert.²⁷⁰ *Schuppert* wendet auf Hotline-Dienste (Beratung) Dienstvertragsrecht und auf Störungsbehebungsdienste Werkvertragsrecht an.²⁷¹ Allerdings sehen die meisten SLAs ein einheitliches, wenn auch gestuftes Modell vor, das bei einer Fehlermeldung und Hotlineberatung beginnt und dann in einen Second- oder Third Line Support mündet. Richtigerweise sollten diese Pflichten aber dann Hauptleistungspflichten im Rahmen der Anbindung der Website ans **141**

---

266 *Müller/Bohne* S. 89.
267 Spindler/*Schuppert*, Vertragsrecht Internet-Provider, S. 406; ders. in Redeker/*Schuppert*, Hdb IT-Verträge, 3.3 Rn. 48; ders. auch zu den erforderlichen Nutzungsrechten des Providers in CR 2000, 227 (230).
268 Redeker/*Schuppert*, IT-Verträge, 3.3 Rn. 52.
269 *Müller/Bohne* S. 92.
270 *Müller/Bohne* S. 94.
271 Spindler/*Schuppert*, Vertragsrecht Internet-Provider, S. 423.

Internet sein und nach der hier vertretenen Auffassung Dienstvertragsrecht unterstellt werden.

142 Weitere (Neben-)Pflichten des Providers, die sich häufig in Presence-Provider Verträgen finden, betreffen die regelmäßige Lieferung von Server Log Files, die über die Zugriffszahlen und (Server-) Herkunft der Besuche auf der betreffenden Website Auskunft geben; des Weiteren sollte der Vertrag einen Herausgabeanspruch bezüglich der die Website betreffenden Daten sowie Löschung bzw. Herausgabe sämtlicher Vervielfältigungen am Ende der Vertragslaufzeit vorsehen.

143 Der Provider hat ein berechtigtes Interesse daran, die Leistungen, aber auch die kommerziellen und rechtlichen Rahmenbedingungen von Zeit zu Zeit anzupassen. **Einseitige Änderungsrechte** sind jedoch AGB-rechtlich kritisch zu beleuchten (vgl. dazu oben schon zum Access-Providervertrag Rdn. 114 und 126).

b) Pflichten des Kunden

144 Die Inhalte des Kunden werden auf dem Server des Providers abgespeichert. Unabhängig von der technischen und vertraglichen Ausgestaltung des Hochladens und Abspeicherns sowie der Änderung an den Inhalten, ist es naheliegend, dass die Handlungen des Providers in geistige oder gewerbliche Schutzrechte und verwandte Schutzrechtspositionen, insbesondere was Rechte an Texten, Bildern, Videos, Datenbanken sowie Marken und Kennzeichen angeht, eingreifen. Selten enthalten die Verträge ausdrückliche Rechteeinräumungen, sodass man (wohl) von einer konkludenten oder stillschweigenden Einräumung der entsprechenden Nutzungsrechte bezogen auf den jeweiligen Vertragszweck gem. § 31 Abs. 5 UrhG auszugehen hat.

145 Die Kunden, also die eigentlichen Betreiber der Website, haben darüber hinaus für die Einhaltung der rechtlichen Vorgaben an die Website (z. B. **Informationspflichten** nach dem TMG) zu sorgen sowie für die **Rechtmäßigkeit der jeweils gespeicherten Inhalte** einzustehen. Der Presence-Provider kann sich zwar grundsätzlich auf die Haftungsprivilegierung des § 10 TMG (Speicherung fremder Inhalte) berufen; jedoch sind die jeweils zu beachtenden Pflichten u. U. nur schwer zu bestimmen und unterliegen unterschiedlichen tatsächlichen und rechtlichen Bewertungen der einzelnen Gerichte (vgl. oben Rdn. 79 ff.). Insoweit empfiehlt sich eine klare Regelung, die die Verantwortung für die Einhaltung der gesetzlichen Vorgaben sowie für die Rechtmäßigkeit der Inhalte dem Kunden, also dem Betreiber der Website zuweist. Als Folge eines Verstoßes sollte der Vertrag ausdrücklich Schadenersatz- und Freistellungsansprüche des Providers gegen den Kunden vorsehen.

c) Sperrung und Löschung von Inhalten, Kündigung

146 Das Recht des Providers, Inhalte, die im Verdacht stehen, rechtswidrig zu sein, zu entfernen oder den Zugang zu sperren, hat bei Presence-Providern aufgrund der gesetzlich vorgegebenen **Haftungsprivilegierung des § 10 TMG** besondere Bedeutung. Fraglich ist, ob der Provider dieses Recht schon aufgrund gesetzlicher Vorschriften hat, zumindest aber die gesetzliche Haftungsprivilegierung dem Provider ein solches Recht inzident zubilligt, oder ob es dazu einer eigenen ausdrücklichen vertraglichen Regelung bedarf. In jedem Fall bietet es sich jedoch an, die Rechte zur Sperrung und Löschung vertraglich im Einzelnen zu konkretisieren.[272]

147 Zu den Voraussetzungen der Sperrung und Löschung von Inhalten, vgl. oben zum Access-Providervertrag Rdn. 119 ff.

---

[272] *Müller/Bohne* S. 183.

Im Nachgang wird es dem Provider auch darum gehen, den Vertrag außerordentlich und fristlos kündigen zu können, wenn der Kunde rechtswidrige Inhalte abspeichert oder abspeichern lässt. Ob einer **außerordentlichen Kündigung** des Vertrages zuvor eine Fristsetzung zur Abhilfe oder eine Abmahnung vorauszugehen hat, beurteilt sich aufgrund des mietvertraglichen Charakters des Presence-Provider-Vertrages nach § 543 Abs. 3 BGB. Problematisch könnte hierbei sein, dass bei der Einstellung von rechtswidrigen Inhalten auf der Website der Provider im Zweifel selbst zu Maßnahmen wie Sperrung und/oder Entfernung greift und damit den Kündigungsgrund zunächst selbst beseitigt. Daher ist es ratsam, ausdrücklich klarzustellen, dass eine außerordentliche Kündigung zumindest bei schwerwiegenden Verstößen auch dann möglich ist, wenn der Provider die Ursache der Störung selbst beseitigt hat.

d) Vergütungsregelungen

Als Hauptleistungspflicht schuldet der Kunde die Vergütung für die Speicherung und die Anbindung. Vergütungsregelungen sehen üblicherweise entweder pauschale Monatsvergütungen oder Vergütung nach dem jeweilig genutzten Datenvolumen vor, häufig auch Kombinationen mit einem monatlichen Grundpreis und einem nutzungsabhängigen Anteil. Als Teil der Leistungsbeschreibung sind diese Regelungen nicht Gegenstand einer AGB-rechtlichen Überprüfung.[273] Bei flexibleren Modellen wie z. B. On-Demand-Lösungen haben die Verträge auch entsprechende Einzelpreise (z. B. pro MB oder GB) für die dann verbrauchte Menge oberhalb der Mindestauftragsmenge vorzusehen.

Hinsichtlich Abrechnung und Nachweis über die volumenmäßige Nutzung, vgl. oben zum Access-Providervertrag Rdn. 124 f.

Soweit der Provider weitere entgeltliche Leistungen anbietet, wie z. B. das Laden und Pflegen der Website, sehen Verträge oftmals entsprechende Vergütungen nach Aufwand oder Pauschalen vor. Kritisch hingegen sind Regelungen zu beurteilen, die für Störungsbeseitigungen im Rahmen separater Service Level Agreements weitere Vergütungen vorsehen. Diese können im Einzelfall mit den mietrechtlichen Gewährleistungspflichten des Anbieters kollidieren.[274]

e) Gewährleistung und Haftung

Die hier vorgenommene unterschiedliche Qualifizierung der Hauptleistungspflichten beim Presence-Provider-Vertrag, nämlich die mietrechtliche Einordnung der Überlassung des Speicherplatzes einerseits und die dienstvertragliche Typologisierung der Anbindung ans Internet (vgl. oben Rdn. 27 ff.), führt auch zu unterschiedlichen Leistungsstörungsrechten, je nachdem welche Leistung betroffen ist.[275]

Im Rahmen der mietrechtlichen Überlassung steht dem Nutzer ein Minderungsrecht gem. § 536 Abs. 1 BGB zu, Schadenersatzansprüche können (sogar) verschuldensunabhängig bestehen, wenn der Mangel bereits bei Vertragsschluss vorhanden gewesen ist (§ 536a BGB), andernfalls, wenn der Provider den Mangel zu vertreten hat. Die **verschuldensunabhängige Haftung** kann auch im Rahmen von Allgemeinen Geschäftsbedingungen ausgeschlossen werden.[276]

Hingegen haftet der Provider im Rahmen der Anbindung ans Internet nur auf Schadenersatz nach der allgemeinen Vorschrift des § 280 BGB für die Verletzung von Vertrags-

---

273 Spindler/*Schuppert*, Vertragsrecht Internet-Provider, S. 437.
274 Vgl. zum parallelen Problem bei Software Maintenance Verträgen, *v. Baum* CR 2002, 705 (709).
275 *Müller/Bohne* S. 175 ff.; *Härting* CR 2001, 37 (39).
276 Palandt/*Weidenkaff*, § 536a Rn. 7 m. w. N.; *Müller/Bohne* S. 176.

pflichten, die der Provider zu vertreten hat. Eine solche Pflichtverletzung wird dem Provider z. B. vorzuwerfen sein, wenn er das System nicht nach dem Stand der Technik gegen Stromausfälle schützt.[277] Schwierig wiederum ist die Frage zu beurteilen, wie sich eine im Rahmen der Leistungsbeschreibung eingeschränkte Verfügbarkeit (z. B. auf 98 oder 99 %) zu konkreten Ausfällen, die der Provider zu vertreten hat, verhält. Der Provider würde sich mit guten Argumenten gegen eine Inanspruchnahme zur Wehr setzen, er habe seine Vertragspflichten durch die erreichte Verfügbarkeit erfüllt; Ansprüche wären deswegen ausgeschlossen. Dagegen spricht jedoch, dass es bei einem konkreten Ausfall allein vom Zufall abhinge, ob im relevanten Zeitraum weitere Ausfälle vorkommen, die dann insgesamt zu einem Nichterreichen des Verfügbarkeitswerts führen. Welcher Ausfall dann die schadensbegründende Ursache darstellt und zu welchen Schadenersatzansprüchen führen könnte wäre ebenso zufällig wie ungewiss. Die einschlägigen Vertragsformulierungen nehmen zu diesem Konflikt (bewusst) nicht Stellung. Helfen könnten u. U. weitere Vereinbarungen im Rahmen von Service Level Agreements, die bestimmte Zeiten für die Beseitigung von Störungen vorsehen. Aber auch bei Nichteinhalten dieser Behebungszeiten könnte sich der Provider immer noch auf den Standpunkt stellen, die insgesamt geschuldete Verfügbarkeit sei gegeben gewesen. Nach der hier bereits für den Access-Providervertrag vertretenen Auffassung (vgl. oben Rdn. 129), stellt ein konkreter vom Provider zu vertretener Ausfall eine selbstständige Pflichtverletzung dar, die zu konkreten Schadenersatzansprüchen führen kann.

155 Weitere Beschränkungen der Haftung haben sich an den AGB-rechtlichen Beschränkungen des § 307 BGB und den dazu ergangenen Entscheidungen zu orientieren. Danach gilt, dass die Haftung für vorsätzlich und grob fahrlässig verursachte Schäden, sowie für Schäden, die sich aus der Verletzung von Kardinalpflichten ergeben, nicht beschränkt werden kann. Lediglich bei der leicht fahrlässigen Verletzung dieser Kardinalpflichten soll eine Begrenzung auf den typischen Schaden, der bei Vertragsschluss vorhersehbar war, möglich sein. Eine Einschränkung der Haftung bei Personenschäden scheidet aus. Eine Verkürzung der gesetzlich vorgesehenen Verjährungsfristen kann, soweit dadurch Schadenersatzansprüche betroffen sind, zu einer AGB-rechtswidrigen Beschränkung führen.[278]

156 Fraglich ist, ob sich der Presence-Provider auf die Haftungsprivilegierung des § 44a TKG berufen kann. Für die Erbringung von Telekommunikationsdienstleistungen gilt grundsätzlich eine Haftungsbegrenzung im jeweiligen Schadensfall in Höhe von 12.500,– € und gegenüber der Gesamtheit aller Geschädigten in Höhe von 10 Mio. €, soweit der Schaden nicht vorsätzlich hervorgerufen wurde (vgl. oben zum Access-Providervertrag Rdn. 131). Bejaht wird dies, soweit die Leistungen über das reine Website-Hosting hinausgehen und eingehende Nachrichten an den Kunden weitergeleitet werden.[279] In jedem Fall kann sich dann aber diese Haftungsbeschränkung nur auf diese dem TKG unterfallende Tätigkeit beziehen und nicht eine allgemeine vertraglich Beschränkung der Haftung für Vertragsverletzungen des Providers darstellen.[280]

---

277 Spindler/*Schuppert*, Vertragsrecht Internet-Provider, S. 456.
278 Vgl. dazu jüngst BGH NJW 2007, 674.
279 Spindler/*Schuppert*, Vertragsrecht Internet-Provider, S. 468, ablehnend *Müller/Bohne* S. 181.
280 *Müller/Bohne* S. 181.

Kapitel 9
Vertragsrecht der Telekommunikation und Kundenschutz

Schrifttum

Ditscheid, Der neue Telekommunikationskundenschutz, MMR 2007, 210; *Ditscheid/Ufer*, Die Novellierung des TKG 2009 – ein erster Überblick, MMR 2009, 367; *v. Westfalen/Grote/Pohle*, Der Telefondienstvertrag, 2000; *Gramlich*, Rechtsfragen bei Zusammenschaltungsvereinbarungen, CR 1997, 65; *Heun*, Die TKG-Novelle 2011, CR 2011, 152; *Holznagel*, Die TKG-Novelle 2010, K&R 2010, 761; *Klaes*, Die neuen Regelungen zum Kundenschutz im TKG-Änderungsgesetz, CR 2007, 220; *Mankowski*, Kein eigener Vergütungsanspruch für dem Kunden unbekannte Verbindungsnetzbetreiber, NJW 2005, 3614; *Scherer/Heinickel*, Die Entwicklung des TK-Rechts in den Jahren 2007–2009, NVwZ 2009, 1405; *Schuster*, Der Telekommunikationsvertrag (Festnetz, Internet, Mobilfunk), CR 2006, 444; *Vander*, Forderungsberechtigung und Einwendungsmöglichkeiten bei der Inanspruchnahme von Mehrwertdiensten, K&R 2007, 155.

Übersicht

	Rdn.
A. Einführung	1
B. Zugangsvereinbarungen in Vorleistungsmärkten	7
I. Kontrahierungszwang des § 22 TKG	10
II. Verpflichtung zum Standardangebot nach § 23 TKG	12
III. Einordnung, Vorgaben und Struktur von Zugangsvereinbarungen	20
1. Zusammenschaltungsvereinbarung mit der Telekom	24
2. Zusammenschaltungsvereinbarungen mit Mobilfunknetzbetreibern	27
3. Sonstige Zusammenschaltungsvereinbarungen im Festnetzbereich	29
a) Festnetztelefonie	30
b) IP-Verkehr	32
4. Vereinbarung über den Zugang zum Teilnehmeranschluss mit der Telekom	35
5. Vereinbarung über den IP-Bitstrom-Zugang mit der Telekom	38
6. Sonstige Verträge	40
IV. Rechtsschutz	41
C. Kundenverträge in Endnutzermärkten	43
I. Begrifflichkeiten des TKG	46
1. Telekommunikationsdienste und telekommunikationsgestützte Dienste	47
2. Öffentliches Telefonnetz und öffentlich zugänglicher Telefondienst	49
3. Nutzer	51
4. Teilnehmer und Endnutzer	52
II. Vertragsrechtliche Einordnung von Telekommunikationsdiensten und vertragliche Probleme bei Mehrwertdiensten	56
1. Breitbandkabelanschluss, Internet-Zugang, Telefondienst- und Mobilfunkvertrag sowie sonstige typischen Telekommunikationsverträge	61
2. Vertragsbeziehung und Abrechnung bei Mehrwertdiensten	64
a) Vertragsbeziehungen	65
b) Abrechnungsfragen	68
III. Universaldienst und Kontrahierungszwang	71
IV. Kundenschutz	75
1. Leistungs- und vertragsbezogener Kundenschutz der §§ 43a ff. TKG	77
a) Anwendungsbereich und Grundprinzipien	78
aa) Berechtigter und verpflichteter Personenkreis	79
bb) Abweichungsverbot (§ 47b)	81
b) Vorvertragliche Informationspflichten der Anbieter (§ 45n TKG)	82
c) Anbieterpflichten und -rechte in Bezug auf Vertragsschluss und -inhalte	84
aa) Mindestinhalte (§ 43a TKG)	85
bb) Anforderungen an den Netzzugang (§§ 45, 45b, 45c, 45d TKG)	88
cc) Sonderkündigungsrecht bei Nutzung von Grundstücken (§ 45a TKG)	91
d) Abrechnung	94
aa) Einzelverbindungsnachweis (§ 45e TKG)	95
bb) Vorausbezahlte Leistung (§ 45f TKG)	98
cc) Verbindungspreisberechnung (§ 45g TKG)	100
dd) Rechnungsinhalt, Teilzahlungen (§ 45h TKG)	103

Kapitel 9   A. Einführung

	e) Beanstandungen bzw. Einwendungen (§ 45i TKG)		107
	aa) Zurechnungsfragen und Beweislast		111
	bb) Entgeltermittlung bei unrichtiger Berechnung des Verbindungsaufkommens (§ 45j TKG)		115
	f) Sperre und Rufnummernmissbrauch (§§ 45k, 45o TKG)		116
	g) Haftungsbegrenzung (§ 44a TKG)		122
	h) Kundenrechte im Rahmen der Vertragsdurchführung und -beendigung		125
	aa) Aufnahme in öffentliche Teilnehmerverzeichnisse (§ 45m TKG)		126
	bb) Rufnummernübertragbarkeit (§ 46 TKG)		129
	i) Rechtsschutz		135
	aa) Schlichtungsverfahren		136
	bb) Rechtsschutz nach § 44 TKG		138
	2. Rufnummernbezogene Sonderregelungen für bestimmte Dienste		140
	a) Die Pflichten aus §§ 66a ff. TKG		142
	b) Besondere Befugnisse der BNetzA		150
	c) Zusätzliche Pflichten bei Kurzwahldiensten (§ 45l TKG) und Auskunftsanspruch über zusätzliche Leistungen (§ 45p TKG)		151
	d) Rechtsschutz		153
V.	Sonderfragen zu Allgemeinen Geschäftsbedingungen für Telekommunikationsdienste und zur Vertragsgestaltung		154
	1. Erleichterte Einbeziehung		157
	2. Laufzeitklauseln und Kündigung		158
	3. Leistungsbeschreibungen und Service Levels		161
	4. Leistungsvorbehalte, Leistungs- und Preisänderungen		165
	5. Zahlungsmethoden, Einwendungsausschlüsse und Sperre		171
	6. Haftungsregelungen		174
	7. Guthabenverfallklauseln und Entgelte im Zusammenhang mit Deaktivierung und/oder Vertragsbeendigung		176
D.	Fazit		178

A. Einführung

1   Verträge im Bereich der oder mit Bezug zur Telekommunikation sind vielfältig. Sie können sich unmittelbar auf **Telekommunikationsdienste** beziehen, wie etwa die Verträge für Telefon-, Mobilfunk- und/oder DSL-Anschlüsse. Sie können aber auch Leistungen betreffen, die **Vorprodukte** für Telekommunikationsdienste darstellen. Solche Vorprodukte sind nicht nur Lieferverträge für Hard- und Softwareprodukte, die für die Erbringung von Telekommunikationsdiensten benötigt werden. Es geht dabei auch um Verträge für physische Telekommunikationsinfrastrukturen. Solche Verträge beziehen sich etwa auf die Benutzung von Einrichtungen, Gebäuden und Grundstücken für Telekommunikationsanlagen, Antennenanlagen und Leitungstrassen sowie auf die Verlegung, Mitverlegung oder Nutzung von Telekommunikationslinien. Bei solchen Verträgen handelt es sich z. B. um sog. »Equipment Housing« oder Kollokation, Standortverträge für Funkanlagen, schuldrechtliche oder dingliche Grundstücksnutzungsverträge zur Leitungsverlegung, Leerrohrnutzungsverträge, Verträge über die Nutzung von Lichtwellenleitern (LWL- bzw. Dark-Fiber-Verträge).[1]

2   Die meisten dieser Verträge werden unmittelbar oder mittelbar durch spezielle gesetzliche Regelungen des **Telekommunikationsgesetzes** (TKG) vom 22.06.2004[2] beeinflusst, durch das der EG-Rechtsrahmen für elektronische Kommunikationsnetz und -dienste von 2002 umgesetzt wurde. Eine für die Vertragsgestaltung und -abwicklung zusätzliche wesentliche

---

1 Dabei existiert keine Verpflichtung für ein TK-Unternehmen, für die Verlegung von TK-Linien vorrangig öffentlichen Grund und Boden in Anspruch zu nehmen, so LG Bonn MMR 2008, 489.
2 BGBl. I, 1190.

Änderung des TKG erfolgte durch das **TKG-Änderungsgesetz 2007** vom 18.02.2007,[3] mit welchem insbesondere Regelungen zum Kundenschutz in das TKG aufgenommen wurden, die bis dato noch in der Telekommunikations-Kundenschutzverordnung 1997 (TKV 1997 i. d. F. vom 20.08.2002),[4] enthalten waren. Die TKV 1997 galt mit Ausnahme des § 4 TKV 1997 auch unter dem TKG 2004 vorläufig weiter und wurde erst mit Inkrafttreten des TKG-Änderungsgesetzes 2007 vollständig aufgehoben. Die Regelungsbereiche Datenschutz, Verbraucherschutz und Gebührenrecht wurden ferner mit Wirkung ab dem 04.08.2009 durch das »Gesetz zur Bekämpfung unerlaubter Telefonwerbung und zur Verbesserung des Verbraucherschutzes bei besonderen Vertriebsformen« und »Erstes Gesetz zur Änderung des TKG und des Gesetzes über die elektromagnetische Verträglichkeit von Betriebsmitteln« zugunsten der Verbraucher ergänzt, **TKG-Änderungsgesetz 2009**.[5]

Das TKG ist ein eingriffsintensives Gesetz, das Kommunikationsnetze und -dienste einer behördlichen Aufsicht und Kontrolle unterstellt, welche die Rahmenbedingungen für die (Tele-) Kommunikation in ganz erheblichem Umfang prägen. Die nationale gesetzgeberische Aktivität beim TKG wird wiederum nach Zeitpunkt, Struktur und Inhalt maßgeblich durch europarechtliche Vorgaben bestimmt[6] (zu den Einzelheiten und europarechtlichen Grundlagen s. Kap. 23). Das Bundesministerium für Wirtschaft und Technologie (BMWi) hat daher am 23.09.2010 abermals einen Referentenentwurf zur Novellierung des TKG veröffentlicht, für den am 02.03.2011 auch ein Kabinettsentwurf vorgelegt wurde.[7] Anlass für diese Initiative bildet eine Reform der EU-Richtlinienvorgaben zur elektronischen Kommunikation durch die Verabschiedung der beiden Änderungsrichtlinien »Bessere Regulierung« und »Rechte der Bürger«,[8] die bis zum 25.05.2011 in nationales Recht umzusetzen sind (und in Deutschland erst für den Jahresbeginn 2012 geplant ist). Die Änderungsrichtlinien bilden den Kern des **EU TK-Reformpakets 2009** und beziehen sich wie ein Artikelgesetz auf das EU-Richtlinienpaket 2002 bestehend aus Rahmenrichtlinie[9] (RRL), Genehmigungsrichtlinie[10] (GRL), Zugangsrichtlinie[11] (ZRL), Universaldienstrichtlinie[12] (URL) sowie Datenschutzrichtlinie[13] (DRL). Regelungsgegenstände sind im Wesentlichen der Ausbau neuer Hochgeschwindigkeitsnetze, eine besser europaweit abgestimmte und koordinierte Regulierung sowie insbesondere eine Verbesserung des Kunden- und Datenschut-

---

3 BGBl. I, 106.
4 Verordnung v. 11.12.1997 (BGBl. I, 2910), zuletzt geändert durch Art. 1 Zweite Verordnung zur Änderung der Telekommunikations-Kundenschutzverordnung v. 20.08.2002 (BGBl. I, 3365).
5 BGBl. I 2409 bzw. 2413; siehe dazu auch *Scherer/Heinicke* NVwZ 2009, 1405; *Ufer* K&R 2008, 493; *Hecker* K&R 2009, 601; *Ditscheid/Ufer* MMR 2009, 367.
6 Dazu *Heun* CR 2005, 725.
7 Entwurf eines Gesetzes zur Änderung telekommunikationsrechtlicher Regelungen v. 02.03.2011, abrufbar über www.bmwi.de.
8 RL 2009/140/EG bzw. RL 2009/136/EG, ABl. EU Nr. L 337 v. 18.12.2009, S. 37 bzw. 11.
9 Richtlinie 2002/21/EG des Europäischen Parlaments und des Rates v. 07.03.2002 über einen gemeinsamen Rechtsrahmen für elektronische Kommunikationsnetze und -dienste (Rahmenrichtlinie), Amtsblatt EU Nr. L 108 v. 24.04.2002, S. 33.
10 Richtlinie 2002/20/EG des Europäischen Parlaments und des Rates v. 07.03.2002 über die Genehmigung elektronischer Kommunikationsnetze und -dienste (Genehmigungsrichtlinie), Amtsblatt EU Nr. L 108 v. 24.04.2002, S. 21.
11 Richtlinie 2002/19/EG des Europäischen Parlaments und des Rates v. 07.03.2002 über den Zugang zu elektronischen Kommunikationsnetzen und zugehörigen Einrichtungen sowie deren Zusammenschaltung (Zugangsrichtlinie), Amtsblatt EU Nr. L 108 v. 24.04.2002, S. 7.
12 Richtlinie 2002/22/EG des Europäischen Parlaments und des Rates v. 07.03.2002 über den Universaldienst und Nutzerrechte bei elektronischen Kommunikationsnetzen und -diensten (Universaldienstrichtlinie), Amtsblatt EU Nr. L 108 v. 24.04.2002, S. 51.
13 Richtlinie 2002/58/EG des Europäischen Parlaments und des Rates v. 12.07.2002 über die Verarbeitung personenbezogener Daten und den Schutz der Privatsphäre in der elektronischen Kommunikation (Datenschutzrichtlinie für elektronische Kommunikation), Amtsblatt EU Nr. L 201 v. 31.07.2002, S. 37.

zes.¹⁴ Mit der anstehenden **TKG-Novelle 2011** werden insbesondere die Kundenschutzregelungen des TKG ganz erheblich erweitert.

4 **Zuständige Behörde** für die Regulierung und Aufsicht nach dem TKG ist die »Bundesnetzagentur für Elektrizität, Gas, Telekommunikation, Post und Eisenbahnen« (**Bundesnetzagentur**, kurz: **BNetzA**). Unter dem TKG 1996 nannte sich die Behörde Regulierungsbehörde für Telekommunikation und Post (RegTP).

5 Die gesetzlichen Bestimmungen des TKG wie auch die hoheitlichen Eingriffsbefugnisse der BNetzA begründen **einerseits öffentlich-rechtliche Rechtsverhältnisse** im Verhältnis zwischen den Regelungsadressaten, der BNetzA und etwaigen begünstigten Personen. Andererseits werden hierdurch aber auch **zivilrechtliche Rechtsverhältnisse begründet** (s. u. Rdn. 11) und/oder wird hierdurch **unmittelbar oder mittelbar auf die zivilrechtlichen Vertragsverhältnisse** der Marktteilnehmer untereinander oder zwischen diesen und ihren Endkunden **eingewirkt**.

6 Eine **grundsätzliche Einteilung** von Telekommunikationsverträgen und der diesbezüglichen Regulierung lässt sich anhand der beteiligten Vertragspartner vornehmen. So bestehen zum einen Verträge zwischen zugangsberechtigten und zugangsverpflichteten Unternehmen im sog. **Vorleistungsbereich**, die als **Zugangsvereinbarungen** bezeichnet werden. Die Regulierung durch das TKG und die Regulierungseingriffe der BNetzA beziehen sich hier auf die Sicherstellung (oder Herstellung) **chancengleichen Wettbewerbs** auf der nachgelagerten Ebene der Endkundenmärkte. Auf dieser nachgelagerten Ebene werden Verträge zwischen Anbietern von **Telekommunikationsdiensten oder von damit in Zusammenhang stehenden Leistungen** und ihren **Endkunden** geschlossen.¹⁵ Hier betreffen die Regulierung durch das TKG und die Regulierungseingriffe der BNetzA vornehmlich den **Kunden- bzw. Verbraucherschutz**. Die folgende Darstellung orientiert sich an dieser grundsätzlichen Unterscheidung. Dabei ist freilich zu berücksichtigen, dass eine Vielzahl von Regulierungsvorgaben bereits im weiten Vorfeld des Vertragsschlusses relevant sind. Diese Vorgaben werden zusammenhängend in Kap. 23 behandelt.

B. Zugangsvereinbarungen in Vorleistungsmärkten

7 Seit der vollständigen Liberalisierung der deutschen Telekommunikationsmärkte 1998 hat sich eine umfassende **Vertragspraxis** in Bezug auf **Zusammenschaltungsvereinbarungen** für Telekommunikationsnetze und Zugangsvereinbarungen für den **Zugang zum Teilnehmeranschluss** sowie für **Mietleitungen** zwischen der Deutschen Telekom AG (DTAG) bzw. nunmehr der Telekom Deutschland GmbH (TDG) – im Folgenden: Telekom – und den Wettbewerbern herausgebildet. Ebenso hat sich zwischen den Wettbewerbern sowie insbesondere im Verhältnis zwischen Festnetz- und **Mobilfunknetzbetreibern** eine Vertragspraxis entwickelt. Für jüngere Zugangsleistungen wie beispielsweise **Bitstrom-Zugang** ist dies ebenfalls mittlerweile geschehen.¹⁶ Daneben besteht eine dauerhafte Vertragspraxis im Bereich des Mobilfunks für sog. **Diensteanbieterverträge**, die als Vertriebsverträge den Diensteanbietern (z. B. mobilcom debitel, Drillisch, Simyo etc.) den Verkauf von Mobilfunkdiensten an Endkunden auf Basis der Mobilfunknetze der Mobilfunknetzbetreiber, und zwar aufgrund einer rechtlicher Verpflichtung der Mobilfunknetzbetreiber (s. Kap. 23 Rdn. 347) ermöglichen. Eine solche Praxis existiert auch im Festnetz im Bereich

---

14 Siehe dazu im Überblick *Heun* CR 2011, 152; *Holznagel* K&R 2010, 761.
15 Die Terminologie im TKG und auf europäischer Ebene ist etwas uneinheitlich, indem zugleich von Endnutzer- und von Endkundenmärkten gesprochen wird. Die Begriffe werden im Folgenden zumeist als Synonym verwendet.
16 Vgl. dazu *Berger-Kögler* MMR 2010, 303; BNetzA 18.05.2010, BK 3b-09/069.

DSL-Resale, wobei dies dort auf freiwilliger Basis von der Telekom unter der Bezeichnung WIA (Wholesale Internet Access) angeboten wird. Ergänzt werden Zugangsvereinbarungen durch Verträge, die z. B. **Fakturierung und Inkasso** beinhalten und in gewissen Fällen (§ 21 Abs. 2 Nr. 7 TKG) selbst als Zugangsvereinbarungen anzusehen sind.

Vor diesem Hintergrund lassen sich etwa folgende **Kategorien** von Zugangsvereinbarungen im Bereich der Vorleistungsmärkte anhand der unterschiedlichen **Wertschöpfungsebenen** bilden: 8

- **infrastrukturbezogene (rein physikalische) Leistungen** unterhalb der Schwelle von Telekommunikationsdiensten, z. B. Kollokation, Equipment Housing, Leerrohrmiete, Dark Fibre Miete, Mitbenutzung von Antennenstandorten oder -anlagen, entbündelter Zugang zum Teilnehmeranschluss;[17]
- **netz- und einrichtungsbezogene Übertragungs- bzw. Zugangsleistungen** (auf der Ebene eines Telekommunikationsdienstes i. S. v. § 3 Nr. 24 TKG), z. B. Zusammenschaltung, Verbindungsleistungen, Bitstrom, Mietleitungen, Roaming, Zugang zu Diensteplattformen, gebündelter Zugang zum Teilnehmeranschluss, jeweils einschließlich der hierfür erforderlichen Anschlüsse;
- **Annex- bzw. Nebenleistungen** wie Inkasso- und Fakturierung, Zugang zu betriebsunterstützenden und sonstigen Softwaresystemen (etwa Provisionierungs- bzw. Bestellmanagementsysteme wie das WITA-System der Telekom und Störungsmanagementsysteme), Zugang zu Schnittstellen und Protokollen;
- **Wiederverkauf** von (fertigen) Telekommunikationsdiensten an Endkunden durch Diensteanbieter (Resale).[18]

Hinzu kommen freilich Lieferverträge für Hard- und Software sowie typische **IT-Leistungen, Outsourcing** und Mischformen sog. **Managed Services** für Software- und Netzplattformen, die in anderen Kapiteln behandelt werden sowie ferner eine Vielzahl von Vertriebsgestaltungen. Mit Blick auf die von der BNetzA auferlegten Verpflichtungen zur Veröffentlichung eines Standardangebots (unten Rdn. 12 ff.) wird hier allerdings lediglich ein kurzer Überblick über die jeweiligen Vertragsstrukturen für solche Verträge gegeben, für die eine diesbezügliche Verpflichtung besteht. 9

I. Kontrahierungszwang des § 22 TKG

Sofern einem Betreiber eines öffentlichen Telekommunikationsnetzes mit beträchtlicher Marktmacht nach § 21 TKG eine Zugangsgewährungsverpflichtung auferlegt worden ist (dazu Kap. 23 Rdn. 296 ff.), knüpft das TKG unmittelbar hieran die weitere Verpflichtung dieses Betreibers, **unverzüglich**, spätestens aber **drei Monate** nach Auferlegung der Zugangsverpflichtung, auf Nachfrage ein **Zugangsangebot** gegenüber anderen Unternehmen abzugeben (§ 22 TKG). Damit besteht für die nach § 21 TKG verpflichteten Unternehmen ein **Kontrahierungszwang** hinsichtlich der auferlegten Zugangsgewährungsverpflichtungen. Denn wenn die Verhandlungen über das nach § 22 TKG vorzulegende Angebot scheitern, kann nach § 25 TKG eine Zugangsanordnung durch die BNetzA ergehen (dazu Kap. 23 Rdn. 357 ff.), die den Vertragsschluss ersetzt. 10

Dies hat zur Folge, dass manche Rechtsverhältnisse über Zugangsleistungen ausschließlich auf Anordnungen der BNetzA beruhen, wodurch sie **gleichzeitig** ein **öffentlich-rechtliches Rechtsverhältnis** zwischen den beteiligten Parteien und der BNetzA sowie ein **zivil-** 11

---

[17] Vgl. dazu BGH MMR 2009, 831 m. Anm. *Boms*: Der Netzbetreiber kann die Haftung für die Nachentschädigungsansprüche der Grundstückseigentümer aus § 76 Abs. 2 TKG im Verhältnis zu dem Betreiber der Telekommunikationslinie nicht durch AGB auf diesen abwälzen.

[18] Zur Diensteanbieterverpflichtung im Rahmen der Vergabe neuer Mobilfunkfrequenzen: *Berger-Kögler* K&R 2008, 346.

rechtliches Vertragsverhältnis zwischen den Parteien in Bezug auf den Anordnungsgegenstand begründen (s. Kap. 23 Rdn. 366).[19]

II. Verpflichtung zum Standardangebot nach § 23 TKG

12 Der Betreiber eines öffentlichen Telekommunikationsnetzes, der über beträchtliche Marktmacht verfügt, **kann** (Ermessensentscheidung!) überdies von der BNetzA gem. § 23 TKG verpflichtet werden, ein **Standardangebot für die Zugangsleistungen zu veröffentlichen, für die eine allgemeine Nachfrage besteht**.[20] Mit dieser Regelung wird Art. 9 Abs. 2 Zugangsrichtlinie[21] in deutsches Recht umgesetzt. Die Verpflichtung kann, muss aber nicht gemeinsam mit der Auferlegung einer Zugangsverpflichtung nach § 21 TKG durch Regulierungsverfügung gem. § 13 TKG ergehen (dazu unten Rdn. 18 und Kap. 23 Rdn. 244 ff.).

13 Die Bestimmungen des § 23 TKG sehen ein **eigenständiges Verfahren** für die Erstellung und Kontrolle von Standardverträgen im Bereich der Zugangsleistungen vor. Dies führt zu einem komplexen und mehrstufig ausgestalteten Verfahren, bei dem sich zunächst **zwei Auferlegungsvarianten** unterscheiden lassen:
- Die Auferlegung der Verpflichtung erfolgt nach § 23 Abs. 1 TKG »abstrakt« innerhalb oder außerhalb einer Regulierungsverfügung (**Variante 1: Grundvariante**); in der Grundvariante kann der Inhalt des Standardangebots von der BNetzA im Weiteren geprüft und geändert werden (§ 23 Abs. 2–4 TKG).
- Die Auferlegung der Verpflichtung erfolgt nach § 23 Abs. 5 TKG **auf Grundlage** einer bereits vorhandenen **Zugangsvereinbarung** (§ 22 TKG) oder **Zugangsanordnung** (§ 25 TKG) in der Weise, dass die betreffende Vorlage künftig als Standardangebot anzubieten ist (**Variante 2: Verallgemeinerungsvariante**); in der Verallgemeinerungsvariante ist die inhaltliche Prüfung und Änderung nicht ausdrücklich vorgesehen.

14 Steht die grundsätzliche Verpflichtung fest, schließen sich **zwei** hauptsächliche **Verfahrenswege zur Überprüfung und Festlegung** des Standardangebots an. Diese unterscheiden im Wesentlichen danach,
- ob es sich um die **erstmalige Ausgestaltung** des Standardangebots handelt (§ 23 Abs. 2–4 TKG) oder
- ob es um **Änderungen** an einem bestehenden Standardangebot geht (§ 23 Abs. 6 i. V. m. Abs. 2–5 TKG).

15 Das **Überprüfungsverfahren** selbst schließlich ist wiederum **mehrstufig** ausgestaltet und findet entweder statt, weil das verpflichtete Unternehmen die Pflicht zur Vorlage des Standardangebots nicht erfüllt hat oder weil das vorgelegte Standardangebot unzureichend ist (§ 23 Abs. 2 S. 1 TKG):
- Zunächst erfolgt die Ermittlung der allgemeinen Nachfrage von Zugangsleistungen durch die BNetzA unter Beteiligung der relevanten Marktteilnehmer (§ 23 Abs. 2 TKG): **Ermittlung der Zugangsleistungen**.

---

19 BVerwG CR 2004, 586 (587); siehe dazu auch OLG Frankfurt/M. MMR 2008, 679.
20 Mit dem TKG-Änderungsgesetz 2007 ist § 23 TKG an verschiedenen Stellen geändert worden, was die Anwendung der Regelung erleichtert und europarechtskonform macht. Insbesondere ist die Auferlegung nunmehr keine »Soll-Regelung« mehr, sondern eine »Kann-Regelung«, setzt dafür aber nicht mehr voraus, dass eine Zugangsverpflichtung nach § 21 TKG auferlegt worden ist.
21 Richtlinie 2002/19/EG des Europäischen Parlaments und des Rates v. 07.03.2002 über den Zugang zu elektronischen Kommunikationsnetzen und zugehörigen Einrichtungen sowie deren Zusammenschaltung (Zugangsrichtlinie), ABl. EU Nr. L 108 v. 24.04.2002, S. 7–20 in der konsolidierten Fassung Richtlinie 2009/140/EG des Europäischen Parlaments und des Rates v. 25.11.2009 zur Änderung der Richtlinie 2002/19/EG über den Zugang zu elektronischen Kommunikationsnetzen und zugehörigen Einrichtungen sowie deren Zusammenschaltung.

II. Verpflichtung zum Standardangebot nach § 23 TKG

- Nach der Feststellung der allgemeinen Nachfrage legt die Behörde die Zugangsleistungen fest, für die ein Standardangebot zu erstellen ist, und fordert den Betreiber gleichzeitig zur Abgabe eines entsprechenden Angebots auf, wobei umfassende inhaltliche Vorgaben gemacht werden können (§ 23 Abs. 3 TKG): **Festlegung der Zugangsleistungen und Bedingungen bzw. Vorgaben.**
- Die vorgelegten Standardangebote werden sodann von der BNetzA überprüft und gegebenenfalls abgeändert und mit einer Mindestlaufzeit versehen (§ 23 Abs. 4 TKG): **Inhaltliche Festlegung (»Anordnung«) des Standardangebots.**

In der Praxis erfolgt die Ermittlung der Nachfrage zumeist im Wege einer Anhörung über das vom verpflichteten Unternehmen vorgelegte Standardangebot. Dann legt die BNetzA mittels einer ersten Teilentscheidung die Zugangsleistungen fest und macht entsprechende Vorgaben nach § 23 Abs. 3 TKG. Hieran schließt sich ggf. eine zweite Teilentscheidung mit der Festlegung des Standardangebots nach § 23 Abs. 4 TKG an.

Am Anfang und Ende der Verfahren steht die Pflicht des durch die Auferlegung verpflichteten Unternehmens, das Standardangebot zu veröffentlichen (§ 23 Abs. 1 TKG) und in seine **Allgemeinen Geschäftsbedingungen** aufzunehmen (§ 23 Abs. 7 TKG). Da es sich bei den im Rahmen der dargestellten Verfahren von der BNetzA zu treffenden Entscheidungen um solche des Teils 2 des TKG handelt, werden diese nach § 132 Abs. 1 TKG durch die zuständige Beschlusskammer der BNetzA im **Beschlusskammerverfahren** (dazu Kap. 23 Rdn. 74 ff.) getroffen. **16**

Nach Entscheidung über die vorstehend dargestellten Auferlegungsvarianten und innerhalb der Verfahrensschritte für die Überprüfung und Festlegung des Standardangebots besitzt die BNetzA mehrere »Stellschrauben«, um die **Inhalte des Standardangebots** zu beeinflussen und festzulegen. Dies betrifft zum Ersten die **Bestimmung des Leistungsumfangs**, d. h. die Festlegung der Zugangsleistungen, die vertraglich angeboten werden müssen (§ 23 Abs. 2 und 3 TKG). Zum Zweiten kann die BNetzA inhaltliche **Vorgaben zur Ausgestaltung** machen, insbesondere hinsichtlich **Chancengleichheit, Billigkeit** und **Rechtzeitigkeit** (§ 23 Abs. 3 TKG). Zum Dritten kann die BNetzA das **Standardangebot** inhaltlich anhand der getroffenen Vorgaben **selbst gestalten** sowie weitere Vorgaben über den **Gültigkeitszeitraum** des Standardangebots und künftige **Vorlagepflichten** des verpflichteten Unternehmens treffen (§ 23 Abs. 4 TKG). **17**

Die BNetzA hat auf der Grundlage der bis zum TKG-Änderungsgesetz 2007 geltenden Fassung des § 23 TKG die Verpflichtung zur Veröffentlichung eines Standardangebots immer innerhalb einer Regulierungsverfügung und gemeinsam mit der Auferlegung einer Zugangsgewährungsverpflichtung auferlegt. Dies betrifft insbesondere die **Telekom** in Bezug auf den **Zugang zum Teilnehmeranschluss**, die **Zusammenschaltung** im Bereich der Festnetztelefonie und den **Bitstrom-Zugang** sowie die **Mobilfunknetzbetreiber** in Bezug auf die Zusammenschaltung hinsichtlich der **Terminierung** von Verbindungen in ihren Netzen.[22] Die Auferlegung der Verpflichtung zum Standardangebot nach § 23 Abs. 5 TKG auf Basis einer individuellen Zugangsvereinbarung nach § 22 TKG oder einer Zugangsanordnung nach § 25 TKG sowie eine Änderungsverpflichtung für ein Standardangebot nach § 23 Abs. 6 TKG ist, soweit ersichtlich, bislang nicht erfolgt. **18**

In sämtlichen Fällen der Auferlegung der Verpflichtung zum Standardangebot hat die BNetzA auch ein **Überprüfungsverfahren** eingeleitet. Die Verfahren befinden sich je nach Zeitpunkt des Erlasses der Regulierungsverfügung sowie etwaigen Vertrags- oder Produktänderungen durch die verpflichteten Unternehmen in unterschiedlichen Stadien.[23] **19**

---

22 Siehe zuletzt zum Bitstrom-Zugang BNetzA 18.05.2010, BK 3b-09/069 (Bitstrom-Zugang), BNetzA Mitteilung Nr. 540/2010, ABl. Nr. 19/2010.
23 Abrufbar unter www.bundesnetzagentur.de – Einheitliche Informationsstelle – Zugangsregulierung;

III. Einordnung, Vorgaben und Struktur von Zugangsvereinbarungen

20 Hinsichtlich der Einordnung von Zugangsvereinbarungen ist deren **privatrechtliche Natur** ebenso unstreitig, wie dass es sich um **Dauerschuldverhältnisse** handelt. Im Hinblick auf die vielfältigen und unterschiedlichen Regelungen für die einzelnen Leistungsinhalte wie z. B. die (Telekommunikations-) Dienste, die Kollokation oder die unterschiedlichen Qualitätsparameter (Service Levels) kommen inhaltlich sowohl miet-, dienst- wie auch werkvertragliche Elemente in Betracht, die eine Festlegung auf einen einzelnen Vertragstypus häufig nicht zulassen. Daher werden die Zugangsvereinbarungen auch als **Vertragsverhältnis »sui generis«** angesehen,[24] in welchem die unterschiedlichen Elemente der einzelnen Vertragstypen zusammengeführt werden. Allerdings ist ein Rückgriff auf eine eigene Vertragsform nicht unbedingt erforderlich, da das BGB auch **gemischte Verträge** kennt, bei denen jeweils die Rechtsnormen angewendet werden, die auf die **jeweilige Leistung** am besten passen oder sich das anzuwendende Recht nach dem **Leistungsschwerpunkt** bestimmt.[25] Soweit ersichtlich hat sich die Rechtsprechung noch nicht systematisch mit der vertragsrechtlichen Einordnung einzelner Zugangsvereinbarungen befasst (s. aber zu Verträgen mit Endkunden, unten Rdn. 61). Angesichts der regelmäßig detaillierten vertraglichen Regelung der gegenseitigen Leistungsbeziehungen ist dies auch nicht unbedingt erforderlich.

21 **Inhaltliche Vorgaben** für Zugangsvereinbarungen ergeben sich einerseits aus ggf. auferlegten Zugangsverpflichtungen nach den §§ 18–21 TKG (dazu Kap. 23 Rdn. 267 ff.), andererseits aus der Auferlegung einer Verpflichtung zur Veröffentlichung eines Standardangebots nach § 23 TKG. Ein **Katalog** mit Vereinbarungsbestandteilen für einen **besonderen Netzzugang** findet sich einzig im Anhang II der Zugangsrichtlinie[26] für den Zugang zum Teilnehmeranschluss gem. Art. 9 Abs. 4 Zugangsrichtlinie. Allerdings orientieren sich die meisten bestehenden Vereinbarungen über den **Zugang zu Netzen und Einrichtungen** an den Vorgaben des früheren § 5 Abs. 2 Netzzugangsverordnung (NZV). Daher sollen sie hier kurz aufgelistet werden, zumal der Gesetzgeber u. a. auf diese Anlage hinsichtlich des Gegenstands einer Zugangsanordnung nach § 25 TKG verweist:[27]

a) Beschreibung der einzelnen Leistungen sowie Festlegung, wie und innerhalb welcher Frist diese bereitzustellen sind
b) Zugang zu zusätzlichen Dienstleistungen (Hilfs-, Zusatz- und fortgeschrittene Dienstleistungen)
c) Sicherstellung eines gleichwertigen Zugangs
d) Standorte der Anschlusspunkte
e) Gemeinsame Nutzung von Einrichtungen und Kollokation
f) Technische Normen für den besonderen Netzzugang
g) Interoperabilitätstests
h) Verkehrs-/Netzmanagement
i) Aufrechterhaltung und Qualitätssicherung der Dienstleistungen (einschließlich Entstörung)

Stellungnahmen der Wettbewerberseite zu einzelnen Standardangeboten sind beispielsweise zu finden auf der Website des VATM unter www.vatm.de – Publikationen – Stellungnahmen.
24 Vgl. *Gramlich* CR 1997, 68.
25 Vgl. Palandt/*Grüneberg* Überbl. v. § 311 Rn. 19 ff.
26 Richtlinie 2002/19/EG des Europäischen Parlaments und des Rates v. 07.03.2002 über den Zugang zu elektronischen Kommunikationsnetzen und zugehörigen Einrichtungen sowie deren Zusammenschaltung (Zugangsrichtlinie), ABl. EU Nr. L 108 v. 24.04.2002, S. 7–20, in der konsolidierten Fassung Richtlinie 2009/140/EG des Europäischen Parlaments und des Rates v. 25.11.2009 zur Änderung der Richtlinie 2002/19/EG über den Zugang zu elektronischen Kommunikationsnetzen und zugehörigen Einrichtungen sowie deren Zusammenschaltung.
27 BT-Drs. 15/2316, 66.

j) Festlegung der Entgelte und deren Laufzeit für die bereitzustellenden Leistungen und den Zugang zu zusätzlichen Dienstleistungen
k) Zahlungsbedingungen einschließlich Abrechnungsverfahren
l) Festlegung der Haftungs- und Schadensersatzpflichten
m) Regelungen in Bezug auf geistiges Eigentum
n) Maßnahmen zur Erfüllung grundlegender Anforderungen
o) Schulung des Personals
p) Laufzeit und Neuaushandlung der Vereinbarung
q) Verfahren für den Fall, dass Änderungen der Leistungen einer der Parteien vorgeschlagen werden
r) Verfahren, die die Parteien einleiten, um eine Entscheidung der Regulierungsbehörde herbeizuführen
s) Schutz der vertraulichen Teile der Vereinbarung

Die nachstehend dargestellten Zugangsvereinbarungen beinhalten üblicherweise den Großteil der genannten Punkte.

Zugangsvereinbarungen sind in der Regel komplexe Verträge, die sich durch einen **modularen Aufbau** kennzeichnen. Hintergrund dieser modularen Struktur sind ständig erforderliche Änderungen und Produktergänzungen, denen die Vereinbarungen aufgrund technischer und regulatorischer Erfordernisse ausgesetzt sind. Durch den modularen Aufbau wird zumindest grundsätzlich eine zeitnahe Aktualisierung in Form einer Ergänzung einzelner Vertragsteile ermöglicht, ohne dass der komplette Vertrag und damit die nicht von der Ergänzung betroffenen Vertragsteile ausgetauscht bzw. neu aufgesetzt werden müssten. Der modulare Aufbau folgt regelmäßig dem Prinzip eines **Hauptteils (Hauptvertrags)** mit **Anlagen** und/oder **Anhängen**. Allgemein betrachtet umfasst der Hauptteil die für die wesentlichen Vertragsinhalte geltenden **Grundsatzregelungen**, die dann auf die **konkreteren Regelungen** in den Anlagen und Anhängen verweisen. Der Hauptteil beinhaltet also allgemeine, vor die Klammer gezogene rechtliche Klauseln, die für sämtliche Anlagen und Anhänge Gültigkeit besitzen. Die Anlagen und Anhänge enthalten dagegen die **Leistungsbeschreibung**(en) sowie **technische** und **betriebliche** Details, **Preise** und **Verfahren**. Diese Struktur ist zugleich auch eine **rahmenvertragliche Struktur,** die durch Abrufe bzw. Bestellungen einzelner Leistungen und Leistungsbestandteile mit Leben erfüllt wird. Denn erst mit der Bestellung von beispielsweise Zusammenschaltungsanschlüssen bzw. einzelner Teilnehmer- oder DSL-Anschlüsse beginnt die tatsächliche Leistungsbeziehung zwischen den Vertragspartnern. Zugangsvereinbarungen sind daher auch immer **dauerhafte** Rahmenverträge, unter deren Dach viele, umfängliche und vielgestaltige einmalige und dauerhafte Leistungsbeziehungen entstehen.

In der historischen Entwicklung betrachtet sind die wichtigsten Zugangsvereinbarungen die Zusammenschaltungsvereinbarung, die Vereinbarung über Zugang zum Teilnehmeranschluss sowie Vereinbarung über den Bitstrom-Zugang. Die Vereinbarungen werden daher nachfolgend in dieser Reihenfolge betrachtet. In aktueller sowie ökonomischer und rechtlicher Hinsicht ist freilich zu beachten, dass Bitstrom und Teilnehmeranschluss mittlerweile weitaus bedeutender sind als die Zusammenschaltung. Denn die beiden erstgenannte Zugangsprodukte stellen die entscheidenden Kostenfaktoren für den Wettbewerb beim Zugang zu Endkunden dar.

1. Zusammenschaltungsvereinbarung mit der Telekom

Die Zusammenschaltungsvereinbarung mit der Telekom ist eine der ersten und im Bereich der Telefonie wichtigsten Zugangsvereinbarungen überhaupt. Nur mittels dieses Vertrags können Wettbewerber sicherstellen, dass sie ihre **Teilnehmer** etwa im Wege der Betreiber(vor)auswahl **erreichen** bzw. sie für ihre auf dem Betrieb eines Teilnehmernetzes beruhenden Teilnehmer auch andere Teilnehmer in anderen Netzen erreichen können. Angesichts der marktbeherrschenden Stellung der Telekom auf den Märkten Nr. 2–3 der **Märkteempfehlung 2007**[28] (ehemals Nr. 8–10 der **Märkteempfehlung 2003**),[29] die sich mit Zuführung, Terminierung und Transit im Bereich der Festnetztelefonie befassen, sind dieser auch von der BNetzA mittels Regulierungsverfügung[30] entsprechende **Zugangsgewährungsverpflichtungen** sowie die Verpflichtung zur Veröffentlichung eines **Standardangebots** nach § 23 TKG auferlegt worden. Die Zusammenschaltungsvereinbarung bezieht sich daher auf schmalbandige Verbindungen im Bereich der PSTN/ISDN-Telekommunikationsnetze, die diesbezügliche Zusammenschaltung und Kollokation sowie die Zulassung von Kooperationsmöglichkeiten zwischen den Kollokationsnehmern.

25 Die Zusammenschaltungsvereinbarung gliedert sich in einen Hauptteil, sieben Anlagen und acht Anhänge. In den Anlagen A bis G werden insbesondere die **Hauptleistungspflichten** der Vertragspartner und deren konkrete Ausgestaltung aufgeführt. In den Anhängen A bis H sind die Regelungen zu betrieblichen Abläufen wie z. B. das Bestell- und Bereitstellungsverfahren (Anhang B), das Testverfahren (Anhang C) und der Netzbetrieb (Anhang D) aufgenommen worden. **Schwerpunkt** des Regelungsinhalts der Zusammenschaltungsvereinbarungen sind neben den Regelungen über die Interconnection-Anschlüsse (ICAs) in Anlage B die gegenseitige Erbringung von Zusammenschaltungsdiensten der Vertragspartner auf Basis der Zusammenschaltung (Anlage C) sowie die diesbezüglichen Entgelte (Anlage D). Qualitätsparameter finden sich in Anlage E, die Orte der Zusammenschaltung in Anlage F. Die Kollokation ist separat in Anhang E, die Abrechnungsmodalitäten sind in Anhang F geregelt.[31]

26 Zwar hat sich das Zusammenschaltungsregime in der Zeit von 1998 bis 2005 weitgehend eingespielt. Weil dieses allerdings auch maßgeblich durch Zusammenschaltungsanordnungen der RegTP bzw. BNetzA geprägt wurde, ist eine Befriedung erst mit dem **Standardangebot-Überprüfungsverfahren** durch die BNetzA nach § 23 Abs. 2–4 TKG eingetreten. Das Verfahren ist im Juli 2007 abgeschlossen worden (s. Rdn. 19) und seither sind lediglich kleinere Anpassungen erfolgt.[32]

2. Zusammenschaltungsvereinbarungen mit Mobilfunknetzbetreibern

27 Mit der **Regulierungsverfügung zu Markt Nr. 7 (ehemals Nr. 16) der Märkteempfehlung** ist (auch) den Mobilfunknetzbetreibern die Verpflichtung zur Veröffentlichung eines Standardangebots auferlegt worden,[33] die sich auf die Netzzusammenschaltung, die Terminierung von Verbindungen in deren Netzen und Kollokation bezieht. Die von den Mobilfunknetzbetreibern veröffentlichten Angebote sind infolge von **Standardvertrag-Überprüfungsverfahren** durch die BNetzA nach § 23 Abs. 2–4 TKG in 2007 angeordnet worden.[34]

---

28 Empfehlung der Kommission v. 17.12.2007 über relevante Produkt- und Dienstmärkte des elektronischen Kommunikationssektors, die aufgrund der Richtlinie 2002/21/EG des Europäischen Parlaments und des Rates über einen gemeinsamen Rechtsrahmen für elektronische Kommunikationsnetze und -dienste für eine Vorabregulierung in Betracht kommen (2007/879/EG), ABl. EU 2007 L 344, S. 65–69 v. 28.12.2007.
29 Empfehlung der Kommission v. 11.02.2003 (2003/311/EG), ABl. EU Nr. L 114, S. 45–49 v. 08.05.2003.
30 BNetzA 22.04.2009, BK3d-08–023 (Zusammenschaltung DTAG), BNetzA Mitteilung Nr. 239/2009 ABl. Nr. 7/2009 unter Änderung BNetzA 05.10.2005, BK4c-05–002/R, BNetzA Mitteilung Nr. 244/2005 ABl. Nr. 19/2005.
31 Zu den Einzelheiten s. Heun/Heun, Hdb TK, H. Rn. 543.
32 Siehe BNetzA Mitteilung Nr. 624/2009 ABl. Nr. 24/2009.
33 BNetzA 05.12.2008, BK3-08–016 (-019) (Zusammenschaltung Mobilfunknetzbetreiber); BNetzA Mitteilung Nr. 710–713/2008, ABl. Nr. 24/2008, im Anschluss an Beschl. v. 30.08.2006, BK4c-06–001 (-004)/R, BNetzA Mitteilung Nr. 283/2006 ABl. Nr. 17/2006, S. 2271.
34 BNetzA 06.07.2007, BK3a-06–040 bis 043, BNetzA Mitteilung Nr. 571–574/2007, ABl. Nr. 15/2007; siehe auch BNetzA 30.09.2009, BK3-09–050, BNetzA Mitteilung Nr. 578/2009, ABl. Nr. 23/2009.

III. Einordnung, Vorgaben und Struktur von Zugangsvereinbarungen

Die Zusammenschaltungsvereinbarungen der Mobilfunknetzbetreiber folgen dem gleichen **modularen Prinzip** wie die Zusammenschaltungsvereinbarung der Telekom, sind aber in ihrer Struktur wie auch in ihrem Inhalt **schlanker** ausgestaltet. Typischerweise bestehen sie aus einem **Hauptteil** und bis zu elf Anlagen, welche die **Leistungsbeschreibung**(en) für die relevanten (ggf. gegenseitigen) **Terminierungsdienste**, die **Netzanschlüsse** bzw. Netzübergänge, **Orte der Zusammenschaltung** und **Kollokation**, betriebliche Absprachen (**Entstörung**) sowie **Verkehrs- und Netzmanagement, technische Parameter** und **Tests**, und schließlich **Preise, Abrechnung** und **Ansprechpersonen** enthalten. Hieran wird deutlich, dass sich zwischenzeitlich ein Standard am Markt herausgebildet hat, wobei freilich zu berücksichtigen ist, dass die Telekom wesentlich umfassenderen Zugangsgewährungsverpflichtungen im Bereich der Zusammenschaltung unterliegt und ihre Zusammenschaltungsvereinbarung bereits häufig Gegenstand von Anordnungsverfahren vor der BNetzA bzw. Reg IP war. Dies könnte den Mobilfunknetzbetreibern noch bevorstehen,[35] da deren Standardangebote Fragen etwa zu **Mindestlaufzeiten** für Netzanschlüsse und **Mindestverkehrsmengen** aufwerfen, welche die BNetzA (RegTP) bereits im Rahmen der Zusammenschaltung mit der Telekom seit 1998 beschäftigt haben.

28

3. Sonstige Zusammenschaltungsvereinbarungen im Festnetzbereich

Unabhängig von der Zusammenschaltungsvereinbarung mit der Telekom bestehen unterschiedliche Formen von Zusammenschaltungsverträgen für den nationalen wie den internationalen Verkehr zwischen nationalen und internationalen Netzbetreibern. Diese Verträge haben in der Regel den Transport von Gesprächs- oder Datenvolumen zum Inhalt, wobei in den meisten Fällen die Varianten des **Transits** (Übergabe an einen dritten Netzbetreiber) oder die der **Terminierung** vereinbart werden. Sie sind ebenfalls modular aufgebaut und bilden dabei im Bereich der Telefonie häufig die Vertragsstruktur der Zusammenschaltungsvereinbarung mit der Telekom nach, erreichen aber selten deren Umfang und Komplexität.

29

a) Festnetztelefonie

Der Unterschied solcher Verträge zu der Zusammenschaltungsvereinbarung mit der Telekom besteht vor allem darin, dass diese Verträge entweder in vollem Umfang auf dem Prinzip der **Gegenseitigkeit** hinsichtlich der zu erbringenden Telekommunikationsdienste basieren oder **reine einseitige Transit- bzw. Terminierungsverträge** darstellen. Dies führt dazu, dass es im Rahmen der Verhandlungen und der Abschlüsse dieser Verträge in den seltensten Fällen zu einem großen Verhandlungsbedarf kommt oder Dissens hinsichtlich der Zugangsfragen entsteht. Vielmehr konzentrieren sich die Verhandlungen auf **Preise** und **Qualitätsparameter**. Allerdings muss hier mit Blick auf die **alternativen Teilnehmernetzbetreiber** berücksichtigt werden, dass diesen die Gleichbehandlungsverpflichtung (§ 19 TKG) und die Transparenzverpflichtung (§ 20 TKG) auferlegt worden ist.[36] Dies führt im Zweifel zu einem höheren Maß an Standardisierung der Vertragsverhältnisse, aber auch zu statischeren Vereinbarungen.

30

Freier sind dagegen nach wie vor diejenigen Verträge, welche die **Terminierung von Verbindungen im Ausland** zum Gegenstand haben. Wesentliche kommerzielle Hintergründe dieser Verträge bestehen darin, aus den am Markt vorhandenen Kapazitäten im Sinne eines **Spot-Marktes** hinsichtlich der verschiedenen Destinationen die jeweils günstigsten Ange-

31

---

35 S. BNetzA 06.07.2007, BK3a-06-040 bis 043, BNetzA Mitteilung Nr. 571–574, ABl. Nr. 15/2007; BNetzA 30.09.2009, BK3-09-050, BNetzA Mitteilung Nr. 578/2009, ABl. Nr. 23/2009.
36 So z. B. BNetzA 07.09.2009, BK3-08-030 (-080) (Zusammenschaltung alternative TNB), BNetzA Mitteilung Nr. 482/2009 ABl. Nr. 18/2009 unter Aufhebung der zuvor bestehenden Zusammenschaltungsverpflichtung.

bote in Anspruch nehmen zu können bzw. möglicherweise vorhandene **Kapazitätsengpässe** im eigenen Netz durch die Übergabe des Überlastverkehrs durch diese Verträge zu überbrücken und somit Verfügbarkeitsprobleme gegenüber den eigenen Teilnehmern aufzufangen. Im Gegensatz zu der Zusammenschaltungsvereinbarung mit der Telekom sind in diesen Verträgen häufig keine Regelungen zur Kollokation enthalten, sondern die physische Verbindung erfolgt über **2 Mbit/s-Festverbindungen**, deren **Kosten** sich die Vertragspartner **teilen**. Typisch ist auch, dass die **Entgeltanpassung** häufig im Monats-, Wochen- oder gar Tagesrhythmus durch Austausch der entsprechenden Preislisten durchgeführt wird, um den sehr dynamischen Preisveränderungen in diesem Markt in ausreichendem Maße gerecht zu werden. Weitere relevante Klauseln sind im Rahmen der jeweiligen Leistungspflichten die genaue Bestimmung der **Grenzen der Verantwortung** in technischer und betrieblicher Hinsicht sowie die **Qualitätsparameter** der einzelnen Dienste.

b) IP-Verkehr

32 Da der Begriff der »Zusammenschaltung« im TKG (dazu Kap. 23 Rdn. 328 ff.) sämtliche Arten von Netzen erfasst, gehört auch die Zusammenschaltung von IP-Netzen (einschließlich **Peering**) zu den Telekommunikationsverträgen und wird vom TKG erfasst. Allerdings ist diesbezüglich noch keine Regulierung erfolgt.[37] (s. Kap. 23 Rdn. 267 ff.). In diesem Zusammenhang ist aber darauf hinzuweisen, dass die voranschreitende Verbreitung von DSL und VoIP dazu führt, dass mit Blick auf den **netzübergreifenden** Telefonverkehr zwischen PSTN/ISDN-Netzen und IP-Netzen sowie mit Blick auf die absehbare technische Entwicklung zu »All IP-Netzen« eine regulierungsseitige Befassung unausweichlich geworden ist.

33 Daher hat die BNetzA ein Expertengremium für die **IP-Zusammenschaltung** eingesetzt, dessen Abschlussbericht im Dezember 2006 veröffentlicht wurde.[38] Der Bericht spricht sich u. a. aus
- für die Reduzierung der Anzahl der bestehenden (ISDN/PSTN) **Orte der Zusammenschaltung**;
- für die Einführung von (Quality of) **Service Klassen** für IP-basierte Netze;
- für einen Gleitpfad zur Anpassung und **Vereinheitlichung der Preise** für herkömmliche und IP-basierte Netze;
- für weitere Untersuchungen bei der Frage des anzuwendenden **Abrechnungssystems**: soll das Zielnetz einer Verbindung Terminierungsentgelte erhalten (CPNP: Calling Party Network Pays Prinzip) oder soll unter Verzicht auf Zahlungen zwischen den Netzen das Quellnetz sich aus Teilnehmerentgelten finanzieren (Bill & Keep Prinzip)?

Zugleich hat der Bericht viele Fragen offen gelassen, die der weiteren Untersuchung und Bewertung bedürfen, wie etwa die nach einem Realisierungszeitrahmen für den Übergang bzw. Migration auf IP-basierte Netze, Fragen der Rufnummernportierung und der technischen Netzkopplung. Diese Fragen sind weiterhin regulierungsseitig nicht geklärt, haben sich aber zwischenzeitlich in eine Diskussion über den Zugang zu sog. Next Generation Networks (NGN), insbesondere unter dem Stichwort der »**Netzneutralität**« verlagert.[39]

34 Neben der Diskussion über Zugang und Netzneutralität, die sich (noch) vornehmlich auf den Zugang zum Endkunden und die Qualität der angebotenen Leistungen bezieht, bilden sich in der Praxis aber wiederum Zusammenschaltungsvereinbarungen zum Transport und

---

[37] Siehe zum Regulierungserfordernis im Next Generation Network: *Klaes* MMR 2008, 90.
[38] Abschlussbericht Rahmenbedingungen für die Zusammenschaltung IP-basierter Netze v. 15.12.2006, über www.bundesnetzagentur.de. Zum Folgenden insb. S. 49.
[39] Siehe etwa BNetzA: Eckpunkte über die regulatorischen Rahmenbedingungen für die Weiterentwicklung moderner Telekommunikationsnetze und die Schaffung einer leistungsfähigen Breitbandinfrastruktur von März 2010; abrufbar unter www.bundesnetzagentur.de.

zur Terminierung von VoIP (Voice over IP) Verkehr ähnlich den oben genannten Transit- und Terminierungsverträgen im Festnetz (Rdn. 30) heraus. Diese Verträge beruhen auf dem immer weiter verbreiteten Einsatz von VoIP durch Endkunden auf der Basis von DSL-Anschlüssen. Die VoIP-Gespräche müssen wiederum häufig auf PSTN/ISDN-Standard umgewandelt werden, bevor sie beim inländischen oder ausländischen Ziel-Teilnehmer terminiert werden können. Nationale DSL- und VoIP-Anbieter vereinbaren daher neuerdings VoIP-Terminierungsleistungen mit nationalen und internationalen Netzbetreibern.

4. Vereinbarung über den Zugang zum Teilnehmeranschluss mit der Telekom

Ähnlich wie die Zusammenschaltungsvereinbarung der Telekom existiert der Vertrag über den **Zugang zum Teilnehmeranschluss** bereits seit 1998. Allerdings war der Vertrag **seltener Gegenstand von Entscheidungen der RegTP**, weil unter dem TKG 1996 kein für die Zusammenschaltungsanordnung vergleichbares Verfahren bestand. Stattdessen war dieser Vertrag (nur) über die besondere Missbrauchsaufsicht des § 33 in Verbindung mit § 35 TKG 1996 überprüfbar.[40] Der Zugang zum Teilnehmeranschluss ermöglicht es den Wettbewerbern, basierend auf der Infrastruktur der Telekom eigene Zugänge zu ihrem Netz für die betreffenden Teilnehmer anzubieten und diese zu einem **vollständigen Anbieterechsel** für den gesamten, bislang von der Telekom bereit gestellten Anschluss zu einem neuen Anbieter zu veranlassen. Anders als bei der Betreiber(vor)auswahl liegen daher nicht nur die Verbindungsleistungen (abgehende Anrufe), sondern auch der Zugang (Anschluss) selbst in den Händen des Wettbewerbers. Damit können dann schmalbandige (analog, ISDN) und/oder breitbandige (DSL und VoIP) Produkte angeboten werden. 35

Mit der Regulierungsverfügung für **Markt Nr. 4 (ehemals Nr. 11) der Märkteempfehlung**,[41] sind der Telekom **Zugangsgewährungsverpflichtungen** sowie die Verpflichtung zur Veröffentlichung eines **Standardangebots** für den Bereich des Teilnehmeranschlusses auferlegt worden. Dies bezieht sich auf den vollständig entbündelten Zugang zum Teilnehmerschluss, Line Sharing, den gebündelten Zugang zum Teilnehmeranschluss einschließlich OPAL/ISIS, den Zugang zu Kabelkanalrohren sowie Kollokation und die Zulassung von Kooperationsmöglichkeiten zwischen den Kollokationsnehmern. Hierfür hat die Telekom **vier Vertragswerke** vorgelegt, die sich auf den **entbündelten und gebündelten Zugang zum Teilnehmeranschluss**, das **Line Sharing**, die **Endleitung (Inhouse Verkabelung)** und die **Kollokation** beziehen. Diese Verträge wie auch die Zusammenschaltungsvereinbarung waren seit Dezember 2005 Gegenstand eines **Standardangebot-Überprüfungsverfahrens** durch die BNetzA nach § 23 Abs. 2–4 TKG, das mit der 2. Teilentscheidung vom 21.12.2007 abgeschlossen worden ist[42] und seitdem nur noch Anpassungen umfasst. 36

Auch diese Verträge besitzen eine **modulare Struktur** wie die Zusammenschaltungsvereinbarungen, liegen aber im Aufbau und (teilweise) in der Länge zwischen den Zusammenschaltungsvereinbarungen der Mobilfunknetzbetreiber und der Zusammenschaltungsvereinbarung der Telekom. Allen Verträgen gemeinsam ist der Hauptteil, Anlagen mit der Leistungsbeschreibung in einzelnen Produktvarianten, Bestellung und Bereitstellung, Entstörung, Preise sowie verschieden Verfahrensregelungen. Besonders bedeutsam, aber auch problematisch sind hier die Regelungen zur **Bereitstellung**, zu dem diesbezüglichen Verfahren und zu Bereitstellungsfristen, die unmittelbare Auswirkungen darauf haben, wann dem Teilnehmer von einem Wettbewerber der Anschluss zur Verfügung gestellt werden kann. 37

---

40 Zu den wesentlichen Entscheidungen s. Beck TKGKomm/*Schütz* § 42 Rn. 49.
41 BNetzA 20.04.2005, BK4a-04–075/R (TAL), BNetzA Mitteilung Nr. 83/2005, ABl. Nr. 7/2005, erweitert durch Beschl. v. 27.06.2007, BK4a-07–002/R, BNetzA Mitteilung Nr. 504/2007, ABl. Nr. 13/2007 sowie das erneute Verfahren lt. BNetzA Mitteilung Nr. 521/2010, ABl. Nr. 18/2010.
42 S. BNetzA Mitteilung Nr. 2/2008, ABl. Nr. 1/2008.

5. Vereinbarung über den IP-Bitstrom-Zugang mit der Telekom

38 Ein relativ junges Standardangebot basiert auf der diesbezüglichen Verpflichtung sowie den Zugangsgewährungsverpflichtungen (IP-Bitstrom, Kollokation und die Zulassung von Kooperationsmöglichkeiten zwischen den Kollokationsnehmern) in der Regulierungsverfügung für den **IP-Bitstrom-Zugang**,[43] welcher wie der Zugang zum Teilnehmeranschluss ein Vorprodukt für DSL (und VoIP) ist. Dieser Vertrag, der einem Überprüfungsverfahren für das Standardangebot unterliegt,[44] beschreibt eine bislang so nicht am deutschen Markt vorhandene Zugangsleistung. Der **Inhalt** des Vertrags ist zusammengesetzt aus den von der Telekom bereits am Markt angebotenen Produkten Wholesale DSL und ZISP bzw. nunmehr WIA (Wholesale Internet Access), und wird dementsprechend von den Nachfragern kritisiert. **Strukturell** besteht der Vertrag aus einem Hauptteil, einer Leistungsbeschreibung, einem Preisanhang sowie technischen und betrieblichen Anlagen. Hinsichtlich der Kollokation wird auf den auch im Rahmen des Zugangs zum Teilnehmeranschluss separat angebotenen Vertrag über Kollokationsflächen verwiesen.

39 Auch hier tauchen mit Blick auf Regelungen zu **Mindestlaufzeiten**, zur **Anzahl und Struktur der Übergabepunkte**, zu **Qualitätsparametern** und zur Gestaltung der Leistungsbeziehungen Fragen auf, die schon im Rahmen des Zusammenschaltungsregimes mit der Telekom streitig waren. Hinzu kommen besondere Fragen des IP-Bitstrom-Zugangs, die insbesondere damit zu tun haben, welche **xDSL-Leistungen** erfasst sein müssen (etwa mit oder ohne sog. **Endleitung**) und wie das Verfahren über den **Anbieterwechsel** auszugestalten ist. Die früher umstrittene Frage, ob ein sogenannter **Standalone Bitstrom-Zugang** angeboten werden muss, hat sich zwischenzeitlich durch ein entsprechendes Angebot der Telekom erledigt. Hier geht es darum, dass die Inanspruchnahme von Bitstrom-Zugang ermöglicht wird, ohne dass zugleich auch ein Telefon- bzw. ISDN-Anschluss auf der Teilnehmerseite vorhanden ist oder mitbestellt wird (sog. xDSL-Shared Variante, die auch noch weiter existiert).

6. Sonstige Verträge

40 Wie bereits erwähnt, erschöpft sich die Vertragspraxis im Vorleistungsbereich nicht in den soeben angesprochenen Zugangsverträgen. Mindestens ebenso wichtig sind die Verträge über die Bereitstellung von **Mietleitungen**, das **Reselling** (Wiederverkauf) von Telekommunikationsdiensten, die Signallieferung bei Breitbandkabelnetzen sowie Verträge über **Fakturierung und Inkasso** von Telekommunikationsdiensten und telekommunikationsgestützten Diensten und die letzteren zugrunde liegenden Verträge über die **Einrichtung der betreffenden Rufnummern** in Telekommunikationsnetzen.[45] Ebenso wie für die genannten Zugangsvereinbarungen ergeben sich die Rahmenbedingungen und Vorgaben für derartige Verträge aus den (ggf. auferlegten) Verpflichtungen gegenüber Unternehmen mit beträchtlicher Marktmacht im Rahmen der Zugangsregulierung (s. Kap. 23 Rdn. 267 ff.). In jüngster Zeit hat außerdem das **Outsourcing** von Netzbetriebsleistungen sowie die Erbringung von sog. Managed Services an Bedeutung gewonnen. Eine vertiefte

---

[43] BNetzA 13.09.2006, BK4a-06/039/R (IP-Bitstrom-Zugang), BNetzA Mitteilung Nr. 302/2006, ABl. Nr. 18/2006, teilweise bestätigt und geändert durch Beschl. v. 17.09.2010, BK3–09–069/R, BNetzA Mitteilung Nr. 540/2010, ABl. Nr. 19/2010.

[44] S. BNetzA 08.04.2008, BK3-06/045; ein erneutes Standardangebotsverfahren läuft unter dem Az. BK3-10-112 seit Ende 2010, weil das BVerwG die zugrunde liegende Regulierungsverfügung insoweit aufgehoben hat, als die Zugangsentgelte der Genehmigung unterworfen wurden und der Telekom insoweit die Pflicht zur Veröffentlichung eines Standardangebots auferlegt worden ist: BVerwG CR 2009, 366 (370 f.).; siehe auch *Nacimiento* K&R 2009, 87.

[45] Zur Vertragspraxis insgesamt: *Schuster* (Hrsg.), Vertragshandbuch Telemedia sowie *Spindler* (Hrsg.), Vertragsrecht der Telekommunikationsanbieter.

Betrachtung solcher, zumeist hoch komplexer und individueller Verträge ist allerdings hier nicht möglich.

IV. Rechtsschutz

Eine Besonderheit des TKG im Bereich des Rechtsschutzes ist, dass sowohl verwaltungsverfahrensrechtlicher und verwaltungsgerichtlicher als auch kartellverfahrensrechtlicher sowie kartell- und zivilgerichtlicher Rechtsschutz in Betracht kommen kann. Dies liegt daran, dass das TKG der BNetzA Rechtsschutz- und Streitbeilegungsbefugnisse für Parteiverfahren zuweist (§§ 25 und 133 TKG, s. Kap. 23 Rdn. 355 ff.), gleichzeitig nach § 2 Abs. 3 TKG die Zuständigkeit des Bundeskartellamts unberührt lässt (Kap. 23 Rdn. 10) und mit § 44 TKG eine zivilrechtliche Anspruchsgrundlage für Wettbewerber (und Endverbraucher) bei der Verletzung von Verpflichtungen aus dem oder aufgrund des TKG vorsieht (Kap. 23 Rdn. 374 ff.). 41

Die vorstehend genannten Verfahren können in der Regel **parallel** zueinander verfolgt werden; in Bezug auf Kartellverfahren vor dem Bundeskartellamt jedenfalls solange die BNetzA nicht über den (gleichen) Sachverhalt entschieden hat (s. Kap. 23 Rdn. 376). 42

C. Kundenverträge in Endnutzermärkten

Verträge in den Endnutzer- bzw. Endkundenmärkten der Telekommunikation sind hinsichtlich der Wertschöpfungsebenen einerseits ebenso vielgestaltig wie Verträge im Vorleistungsbereich (oben Rdn. 8), andererseits gehen sie durch die Vielzahl von Anbietern und insbesondere die sog. **telekommunikationsgestützten Dienste** (§ 3 Nr. 25 TKG) weit darüber hinaus. Zu Letzteren gehören neben den klassischen **Mehrwertdiensten** (z. B. Premium-Dienste in der Rufnummerngasse 0900 gem. § 3 Nr. 17a TKG) auch der Auskunftsdienst (§ 3 Nr. 2a S. 1 TKG)[46] sowie ggf. Kurzwahldienste (§ 3 Nr. 11a bis 11d TKG), jeweils abhängig davon, ob eine **Inhaltsleistung** während der Telekommunikationsverbindung erbracht wird. 43

Die Teilnahme an elektronischer Kommunikation erfordert nicht nur den Kauf von Hard- und Software, welche in technischer Hinsicht die Kommunikation des Teilnehmers ermöglichen. Auch die für die Kommunikation erforderlichen Dienstleistungen müssen eingekauft werden. Waren bis 1989 Dienstleistungen im Bereich der Telekommunikation noch im Wesentlichen zugunsten der Deutschen Bundespost monopolisiert, und damit einfach und übersichtlich, wenn auch wenig innovativ und teuer, so hat sich diese Situation in der Zwischenzeit dramatisch verändert. Das Angebot für Kommunikationsleistungen hat sich in seiner Struktur und Vielfalt zu einem immer weniger überschaubaren **Massenmarkt** entwickelt. Damit treten immer häufiger Rechtsfragen in den Vordergrund der aktuellen Praxis, die sich aus der Inanspruchnahme von solchen Leistungen ergeben. 44

Die nachstehenden Ausführungen geben einen Überblick über die für Kundenverträge relevante Terminologie des TKG, Fragen der rechtlichen Einordnung von Telekommunikationsverträgen mit Endkunden, die Kundenschutzregelungen des TKG und einzelne AGB-rechtliche Fragen. 45

---

46 Ebenso Beck TKGKomm/*Schütz/Piepenbrock/Attendorn* § 3 Rn. 51 mit weiteren Beispielen. Zu den Anforderungen an einen Auskunftsdienst siehe VG Köln MMR 2008, 846.

I. Begrifflichkeiten des TKG

46 Auf Endnutzer- bzw. Endkundenmärkten werden Telekommunikationsverträge geschlossen zwischen Anbietern von Telekommunikationsdiensten (sog. **Diensteanbieter** gem. § 3 Nr. 6 TKG, dazu Kap. 23 Rdn. 22 ff.) einerseits und **Teilnehmern** (§ 3 Nr. 20 TKG) andererseits. Daneben kennt das TKG aber auch die Begriffe des Nutzers und des Endnutzers. Die Verträge beziehen sich auf Telekommunikationsdienste (§ 3 Nr. 24 TKG) oder telekommunikationsgestützte Dienste (§ 3 Nr. 25 TKG).

1. Telekommunikationsdienste und telekommunikationsgestützte Dienste

47 Der Anwendungsbereich des TKG bezieht sich vornehmlich auf Dienste, die **Telekommunikation**, also das Aussenden, Übermitteln und Empfangen von Signalen (§ 3 Nr. 22 TKG) betreffen oder damit in unmittelbarem Zusammenhang stehen. Anders als im Vorleistungsbereich, wo es auch um die Regulierung von Leistungen bzw. Märkten geht, die unterhalb der Wertschöpfungsebene eines Telekommunikationsdienstes liegen (oben Rdn. 8; Kap. 23 Rdn. 272 f.), sind solche Verträge im Endnutzerbereich unreguliert und werden daher hier nicht betrachtet.

48 Telekommunikationsdienste sind gem. § 3 Nr. 24 TKG

> »in der Regel gegen Entgelt erbrachte Dienste, die ganz oder überwiegend in der Übertragung von Signalen über Telekommunikationsnetze bestehen, einschließlich Übertragungsdienste in Rundfunknetzen«.

Mit dieser Definition erfolgt die Abgrenzung zu Inhaltsdiensten wie **Rundfunk** und **Telemediendiensten** (s. § 1 Abs. 1 TMG), weil dort die Übertragung von Signalen nicht im Vordergrund steht. Neben klassischen Telekommunikationsdiensten wie dem festen Telefondienst, den Mobilfunk- und Datenübertragungsdiensten (einschließlich DSL) sowie der Bereitstellung von Mietleitungen gehören hierhin auch der **Internet-Zugang**, **E-Mail-Übertragung** wie auch **Voice over IP** (**VoIP**),[47] auch wenn diese Dienste zugleich Telemediendienste sind bzw. beinhalten (s. Kap. 23 Rdn. 23). Überwiegt dagegen der Inhaltsanteil eines Dienstes, handelt es sich nicht mehr um einen Telekommunikationsdienst. Dies gilt im Bereich der Telekommunikation insbesondere für sog. **Mehrwertdienste**.[48] Das TKG spricht hier von sog. **telekommunikationsgestützten Diensten**. Derartige Dienste sind nach § 3 Nr. 25 TKG Dienste,

> »die keinen räumlich und zeitlich trennbaren Leistungsfluss auslösen, sondern bei denen die Inhaltsleistung noch während der Telekommunikationsverbindung erfüllt wird«.

Neben den klassischen Mehrwertdiensten (z. B. **Premium-Dienste** in der Rufnummerngasse 0900 gem. § 3 Nr. 17a TKG) trifft dies auch auf den **Auskunftsdienst** im Sinne von § 3 Nr. 2a S. 1 TKG zu.[49] Gleichwohl findet auf diese Dienste das TKG (zu den rechtsgeschäftlichen Konsequenzen s. Rdn. 65 ff.) und **nicht das TMG** Anwendung (§ 1 Abs. 1 TMG). Wegen der Abgrenzung und Legaldefinition von »**Telemedien**« in § 1 Abs. 1 TMG finden auf telekommunikationsgestützte Dienste die Regelungen des BGB zum **elektronischen Geschäftsverkehrs** (§ 312e BGB) keine Anwendung.[50]

---

[47] Für VoIP stellt dies die BNetzA ausdrücklich in ihren »Eckpunkten zur regulatorischen Behandlung von Voice over IP (VoIP)« unter Eckpunkt 2 fest, abrufbar unter www.bundesnetzagentur.de.
[48] Siehe VG Köln CR 2003, 109 (110 f.); anders: *Schütz*, Kommunikationsrecht, Rn. 178, der telekommunikationsgestützte Dienste für eine Teilmenge der Telekommunikationsdienste nach § 3 Nr. 24 TKG hält. Siehe auch die Gesetzesbegründung zu § 1 TMG v. 26.02.2007: BT-Drs. 16/3078, 13, wo telekommunikationsgestützte Dienste als »Individualkommunikation mit Inhaltsleistung« bezeichnet werden.
[49] Ebenso Beck TKGKomm/*Schütz/Piepenbrock/Attendorn* § 3 Rn. 51 mit weiteren Beispielen; BerlKommTKG/*Säcker*, § 3 Rn. 75.
[50] Ebenso *Ditscheid* MMR 2007, 211.

2. Öffentliches Telefonnetz und öffentlich zugänglicher Telefondienst

In § 3 Nr. 16 und Nr. 17 TKG finden sich ferner Legaldefinitionen für das **öffentliche Telefonnetz** und den **öffentlich zugänglichen Telefondienst** (engl. Publicly Available Telephone Service, kurz: PATS). Diese Legaldefinitionen sind deswegen im Bereich des Kundenschutzes von besonderer Bedeutung, weil die Anbieter von Zugängen zu einem öffentlichen Telefonnetz wie auch die Anbieter eines öffentlichen Telefondienstes **besonders hohen Anforderungen** unterliegen. Beide Legaldefinitionen bauen aufeinander auf und knüpfen an das typischerweise über Telefonnetze erhältliche Dienstespektrum an (Gesprächsverbindungen für den Telefondienst, zzgl. Telefax- und Datenverbindungen sowie funktionalen Internet-Zugang für das Telefonnetz).

49

Eine Qualifikation nach der Art oder Technik des betreffenden Netzes wird in den Definitionen nicht vorgenommen. Daher beziehen sich die Begriffe »öffentliches Telefonnetz« und »öffentlich zugänglicher Telefondienst« gleichermaßen auf das herkömmliche **Telefonfestnetz** (analog, ISDN) wie auch auf **Mobilfunknetze** oder **IP-Netze** (VoIP), wenn und soweit die genannten Dienste hierüber erbracht werden. Um im Einzelfall aber das öffentliche Telefonfestnetz (analog, ISDN) vom öffentlichen Mobiltelefonnetz (GSM, UMTS, Bündelfunk) abgrenzen zu können, verwendet des TKG an verschiedenen Stellen den Zusatz »**an festen Standorten**« (z. B. § 45k Abs. 1 TKG bei der Sperre von Anschlüssen, der allerdings im Rahmen der TKG-Novelle 2011 (oben Rdn. 3) entfallen soll.

50

3. Nutzer

Nach § 3 Nr. 14 TKG ist Nutzer »jede natürliche Person, die einen Telekommunikationsdienst für private oder geschäftliche Zwecke nutzt, ohne notwendigerweise Teilnehmer zu sein«. Durch die Beschränkung auf **natürliche Personen** wird hier der Nutzerbegriff aus Art. 2 S. 2 lit. a) der **Datenschutzrichtlinie**[51] verwendet.[52] Die Legaldefinition taugt daher nicht als Oberbegriff für Endnutzer oder für die Verwendung des Begriffs des Nutzers in anderen als den datenschutzrechtlichen Bestimmungen des TKG. Sie ist für den Bereich des rein vertragsrechtlichen Kundenschutzes des TKG derzeit irrelevant. Dies soll sich aber mit der TKG-Novelle 2011 ändern (oben Rdn. 3), die eine Erweiterung des Nutzerbegriffs auf juristische Personen vorsieht.

51

4. Teilnehmer und Endnutzer

Unter einem **Teilnehmer** versteht das TKG gem. § 3 Nr. 20

52

»jede natürliche oder juristische Person, die mit einem Anbieter von Telekommunikationsdiensten einen Vertrag über die Erbringung derartiger Dienste geschlossen hat«.

Daraus folgt zunächst, dass Verträge über Leistungen unterhalb der Schwelle eines **Telekommunikationsdienstes** nicht den Regelungen des TKG unterfallen, soweit sie sich auf Teilnehmer beziehen. Ferner wird deutlich, dass sämtliche vertragsbezogenen Kundenschutzvorschriften des TKG an den Teilnehmer als geschütztes Subjekt anknüpfen, wenn nicht auch andere Personen (z. B. Endnutzer) ausdrücklich genannt werden.

Endnutzer ist demgegenüber nach § 3 Nr. 8 eine

53

»juristische oder natürliche Person, die weder öffentliche Telekommunikationsnetze betreibt noch Telekommunikationsdienste für die Öffentlichkeit erbringt«

---

51 Richtlinie 2002/58/EG des Europäischen Parlaments und des Rates v. 12.07.2002 über die Verarbeitung personenbezogener Daten und den Schutz der Privatsphäre in der elektronischen Kommunikation (Datenschutzrichtlinie [für elektronische Kommunikation]), ABl. EU Nr. L 201 v. 31.07.2002, S. 37–47.
52 BT-Drs. 15/2316, 58.

Damit wird die Abgrenzung zu den nach § 6 TKG meldepflichtigen Personen (Kap. 23 Rdn. 15 ff.) deutlich und auf den ersten Blick scheinbar klar, dass Endnutzer selbst keine Telekommunikationsdienste anbieten.

54 Zunächst erfassen beide Legaldefinitionen die **private wie auch die geschäftliche** Inanspruchnahme von Telekommunikationsdiensten. Allerdings erlauben die Legaldefinitionen von Endnutzer und Teilnehmer bei genauer Betrachtung auch, dass diese Personen **selbst Telekommunikationsdienste erbringen**. Die Definition des Endnutzers schließt lediglich aus, dass dieser **Telekommunikationsdienste für die Öffentlichkeit** erbringt. Die Erbringung von nicht öffentlichen Telekommunikationsdiensten, etwa für die interne Kommunikation in privaten Netzen (s. Kap. 23 Rdn. 26 f.), ist daher auch Endnutzern möglich. Ebenso kann zumindest nach dem Wortlaut der Definition in § 3 Nr. 20 Teilnehmer auch eine Person sein, die selbst Telekommunikationsdienste erbringt. Zwar verwendet das TKG den Begriff Teilnehmer vornehmlich im Sinne eines »Endkunden«, der die Leistung in Anspruch nimmt, selbst aber keine Telekommunikationsdienste erbringt. Dies gilt aber mit Blick auf §§ 45m Abs. 2, 46 Abs. 2 TKG nicht in Bezug auf Wiederverkäufer (Reseller), die dort als Teilnehmer betrachtet werden (s. u. Rdn. 127, 131). Deswegen wird man solche Anbieter regelmäßig auch als Teilnehmer anzusehen haben; gegenüber ihren eigenen Kunden sind sie indes (auch) Anbieter.

55 Andererseits setzte das TKG 2004 in der bis 23.02.2007 geltenden Fassung des § 45 Abs. 1 S. 1 TKG den Begriff des **Endnutzers** gesetzlich mit dem Begriff des **Kunden** gleich, was darauf schließen lässt, dass das Gesetz jedenfalls Endnutzer grundsätzlich als Personen ansieht, die Telekommunikationsdienste nur für den **Eigengebrauch** in Anspruch nehmen.[53] Dies gilt nunmehr erst recht mit Blick auf § 43a TKG. Diese Regelung im Bereich des Kundenschutzes (Teil 5 des Gesetzes) liegt außerhalb der Zugangsregulierung und spricht von Verträgen mit Teilnehmern (in der Entwurfsfassung sogar von Endnutzern[54] während unter der TKG-Novelle 2011 künftig von »Verbraucher« die Rede sein wird), bei denen es sich zwangsläufig nicht auch um Zugangsvereinbarungen etwa nach § 22 TKG handeln kann. Diese Einordnungsfrage ist relevant für die Behandlung von **Anbietern von Telekommunikationsdiensten**, nämlich ob diese als Endnutzer bzw. Teilnehmer oder (zumindest auch) als Unternehmen, das Nachfrager eines Zugangs für die Zwecke nicht-öffentlicher Telekommunikationsdienste ist, zu klassifizieren sind. Die Rechte solcher Unternehmen richten sich dann entweder nach dem fünften Teil des Gesetzes (Kundenschutz) oder dem für Zugangsleistungen relevanten zweiten Teil des Gesetzes. So stellt sich in der Praxis etwa die Frage, ob ein Wiederverkäufer von Telekommunikationsdiensten berechtigt ist, nach § 45i Abs. 1 TKG einen technischen Prüfbericht zu verlangen oder nicht. Im Zweifel wird man hier im Einzelfall zu entscheiden haben, ob die betreffende Norm auch den Schutz von Wiederverkäufern bzw. Anbietern von Telekommunikationsdiensten bezweckt. In der Regel wird dies nicht der Fall sein.

II. Vertragsrechtliche Einordnung von Telekommunikationsdiensten und vertragliche Probleme bei Mehrwertdiensten

56 Wie bereits erwähnt, sind Telekommunikationsdienste ihrem Inhalt nach vielgestaltig. Als Vertragstypen bieten sich der **Kaufvertrag**, der **Mietvertrag**, der **Dienstvertrag** oder der **Werkvertrag** an oder schließlich, wenn die Leistung keines der Merkmale der vorgenannten Vertragstypen hinreichend erfüllt, ein ungeregelter Vertragstypus mit seinen jeweils eigenen Besonderheiten. Die Unterscheidung ist praktisch bedeutsam, da die unterschied-

---

53 So BerlKommTKG/*Säcker* § 3 Rn. 16.
54 Was zu Recht vom Bundesrat moniert worden war, BT-Drs. 16/2581, 35.

II. Vertragsrechtliche Einordnung von Telekommunikationsdiensten

lichen Vertragstypen im Fall von **Leistungsstörungen** unterschiedlichen Regelungen unterliegen.

Häufig wird vom Teilnehmer im Rahmen von Netzzugängen ein ganzes **Paket** von Telekommunikationsdienstleistungen gewünscht und beauftragt oder es wird jenem ein solches Paket angeboten. Bestandteil eines Vertrags mit dem Anbieter kann die Bereitstellung von Hard- und Software beim Kunden sein, die Gewährung des Zugangs/Anschluss (feste Telefonnetze wie das PSTN und ISDN und Internet wie DSL sowie Mobilfunknetze durch einen sog. **Teilnehmernetzbetreiber – TNB**), Telefonverbindungen, Datenübertragung, Mietleitungen etc. Hinzu treten z. B. Telefonverbindungen, die im Wege der Betreiber(vor)auswahl (Call-by-Call und Preselection) von anderen Netzbetreibern (sog. **Verbindungsnetzbetreiber – VNB**) als dem TNB erbracht werden sowie Leistungen, die auf den angewählten Rufnummern der Mehrwertdiensteanbieter beruhen. 57

Die Bereitstellung von Hard- und Software kann z. B. im Wege des Kaufs oder der Miete erfolgen. Die Gewährung des Zugangs wie die Herstellung von Verbindungen könnten als erfolgsgerichtete Tätigkeit dem Bereich des Werkvertrags zuzuordnen sein, der Zugang könnte aber auch eine Miete von System- und Netzressourcen darstellen. Mehrwertdienste können Dienst- oder Werkleistungen sein. Der das Leistungspaket schnürende Rahmenvertrag entzieht sich zudem u. U. einer eindeutigen rechtlichen Zuordnung, die allenfalls bei den Einzelleistungen vorgenommen werden kann. In aller Regel handelt es sich aber um Verträge, die ein **Dauerschuldverhältnis** begründen (§ 314 BGB). 58

Ähnlich wie im Vorleistungsbereich folgen auch Telekommunikationsverträge mit Endkunden typischerweise einem modularen Aufbau, der im privaten **Massengeschäft** zumeist aus fünf Teilen besteht: 59
- Auftragsformular, in dem zumeist neben der Spezifizierung der beauftragen Leistung auch Optionen und Wahlrechte mit Blick auf Kunden- und Datenschutzregelungen enthalten sind (Rufnummern, Einzelverbindungsnachweis, Speicherung der Daten etc.);
- Vertrag bzw. AGB;
- Leistungsbeschreibung;
- Preisliste;
- sonstige Dokumente wie datenschutzrechtliche Hinweise, Nutzungsrichtlinien etc.

Die meisten Dokumente sind im **Amtsblatt der BNetzA** veröffentlicht (s. u. Rdn. 157) oder auf den Internet-Seiten der betreffenden Anbieter abrufbar.

Im **kaufmännischen Verkehr** ähnelt auch die Vertragsstruktur derjenigen im Vorleistungsbereich der Telekommunikation (s. o. Rdn. 25 ff.). Die in diesem Geschäftsbereich verwendeten Vertragsdokumente sind zwar häufig auch dem Massenverkehr zuzuordnen und daher öffentlich zugänglich. Ab einem bestimmten Vertragsvolumen gilt dies aber regelmäßig nicht mehr. 60

1. Breitbandkabelanschluss, Internet-Zugang, Telefondienst- und Mobilfunkvertrag sowie sonstige typischen Telekommunikationsverträge

Die höchstrichterliche Rechtsprechung hat sich bislang mit der Einordnung des **Breitbandkabelanschlussvertrags**, des **Internet-Zugangs** sowie des **Telefondienst-** und des **Mobilfunkvertrags** befasst. In den drei letztgenannten Fällen neigt die jüngere Rechtsprechung des BGH zur Annahme eines **Dauerschuldverhältnisses** in Form des **Dienstvertrags**,[55] der offenbar Anschluss und Verbindungs- bzw. Übertragungsleistungen umfasst. Mit den gleichen Überlegungen hat die Rechtsprechung bisher auch den **DSL-Anschluss** (nebst 61

---

[55] Internet-Zugang: BGH CR 2005, 816 m. Anm. *Schuppert*; Mobilfunkvertrag: BGH NJW 2002, 362; Telefonfestnetz- und Mobilfunkvertrag: BGH MMR 2007, 179.

der damit verbundenen IP-Datenübertragung und des Internet-Zugangs) als Dienstvertrag angesehen.[56] Wenngleich diese Einordnung umstritten ist,[57] hat sie freilich den Vorteil großer Übersichtlichkeit hinsichtlich der auf den Vertrag anwendbaren rechtlichen Bestimmungen. Dennoch erscheint es mit Blick auf die unterschiedlichen Leistungsinhalte im Einzelfall überlegenswert, die dafür jeweils anhand der Vertragstypologie des BGB anwendbaren Regelungen genauer zu betrachten und ggf. einen **gemischten Vertrag**[58] anzunehmen (s. o. Rdn. 20). Auch die jüngere Rechtsprechung des BGH verschließt sich allerdings diesen Überlegungen und nimmt eine Einordnung nach dem angenommenen Leistungsschwerpunkt vor, indem ein »Internet-System-Vertrag«, welcher umfassend den Internet-Auftritt eines Unternehmens regelt, als Werkvertrag qualifiziert wird.[59]

62 Demgegenüber hat der BGH den **Breitbandkabelanschlussvertrag** in einer älteren Entscheidung als **Mietvertrag bzw. mietvertragsähnlichen Vertrag** bezeichnet.[60] Angesichts der zwischenzeitlich erfolgten Entwicklung, dass im Rahmen dieser Verträge auch Telefondienste und Internet-Zugang angeboten werden (sog. **Triple Play**), dürfte freilich eine neuerliche Befassung des BGH mit diesen Verträgen vermutlich auch zur Annahme eines Dienstvertrags führen. Andererseits gibt es typische Telekommunikationsverträge, die inhaltlich wie auch begrifflich als Mietverträge, zumindest aber als mietvertragsähnliche Verträge anzusehen sind. Dies betrifft insbesondere die sog. **Mietleitungen**, die am Markt unter der Bezeichnung (Standard-) Festverbindungen, Datendirektverbindungen, Access Lines, Leased Lines etc. erhältlich sind. Gleiches gilt etwa für die Miete von Telefonnebenstellenanlagen, was allerdings nicht als Telekommunikationsdienst zu klassifizieren ist.

63 Soweit ersichtlich, hat dagegen eine vertragstypologische Einordnung der **Mehrwertdienste** durch die höchstrichterliche Rechtsprechung noch nicht stattgefunden.[61]

2. Vertragsbeziehung und Abrechnung bei Mehrwertdiensten

64 Auf der Grundlage von Telefondienst- und Mobilfunkverträgen besteht nicht nur der Anschluss an bzw. der Zugang zum jeweiligen Netz, um darüber angerufen zu werden oder darüber einfache Anrufe zu tätigen. Mittels der getätigten Anrufe können auch weitere Leistungen in Anspruch genommen werden, die sich auf über die reine Telefonverbindung hinausgehende Inhalte beziehen. Diese Konstellation ist typisch bei der Inanspruchnahme von **Mehrwertdiensten** durch Anwahl einer 0900-Nummer (früher 0190), die als Grundfall des telekommunikationsgestützten Dienstes gem. § 3 Nr. 25 TKG gilt (oben Rdn. 43, 48). Bei diesen nach § 3 Nr. 17a TKG legaldefinierten Premium-Diensten wird über die Telekommunikationsdienstleistung hinaus eine weitere Dienstleistung erbracht, die gegenüber dem Anrufer gemeinsam mit der Telekommunikationsdienstleistung (Verbindung) abgerechnet wird. Ausgangspunkt für die hieraus erwachsene Problematik ist, dass die Entgelte für die Inanspruchnahme des Mehrwertdienstes dem Teilnehmer regelmäßig vom Anbieter seines Anschlusses (Zugangs) zum Telefonnetz (egal ob Festnetz oder Mobilfunknetz) einheitlich in Rechnung gestellt werden, und zwar regelmäßig auf Basis von **Fakturierungs- und Inkassovereinbarungen** aus dem Bereich der Vorleistungen (dazu Kap. 23 Rdn. 320 ff.), welche die vertragsrechtliche Grundlage für die Forderung des Entgelts sind.

---

56 AG Oldenburg MMR 2010, 497.
57 S. zum Diskussionsstand *Schuster* CR 2005, 733; *ders.* CR 2006, 444.
58 Näher mit ausf. Diskussion des Meinungsstands *Schuster* CR 2006, 444.
59 BGH CR 2010, 327 m. Anm. *Hilbert/Rabus* (Rn. 16 ff.).
60 BGH NJW 1993, 1133 (1134).
61 Für die Einordnung als Dienstvertrag aber LG Deggendorf NJW-RR 2009, 843.

II. Vertragsrechtliche Einordnung von Telekommunikationsdiensten

a) Vertragsbeziehungen

Nach der Rechtsprechung des BGH[62] liegen hier regelmäßig (nur) **zwei Rechtsverhältnisse** 65
aufseiten des Teilnehmers bzw. Anrufers vor:
- der **Telefondienstvertrag** mit dem **Teilnehmernetzbetreiber (TNB)**, der dem Anrufer den Anschluss (Zugang) zum öffentlichen Telekommunikationsnetz gewährt und die Möglichkeit Sprache oder Daten auszutauschen beinhaltet;
- der **Vertrag mit dem Erbringer des jeweiligen Mehrwertdienstes**, der auch die (untergeordnete) Verbindungsleistung umfasst.

Der letztgenannte Vertrag, für den der BGH eine vertragstypologische Einordnung offen lässt, kommt wie im Fall des **offenen**[63] **Call-by-Call** im Wege einer **Realofferte des Mehrwertdiensteanbieters** zustande, die der Teilnehmer/Anrufer durch Anwahl der betreffenden Rufnummer annimmt.[64] Ähnliches gilt bei R-Gesprächen durch die mittlerweile vorgesehene Tastenwahl zur Annahme.[65] Daher ist in solchen Fällen das umstrittene **Widerrufsrecht** für derartige Dienste nach § 312d Abs. 3 BGB jedenfalls durch die vom Verbraucher veranlasste Ausführung der Leistung **erloschen**, und zwar auch dann, wenn zuvor die Unterrichtung nach § 312c BGB unterblieben ist.[66]

Demgegenüber entsteht zwischen Teilnehmer/Anrufer und einem in die Leistungskette 66
ggf. zusätzlich einbezogenen **Verbindungsnetzbetreiber (VNB)**, auf dessen Plattform die Mehrwertdiensterufnummer geschaltet ist bzw. von dessen Plattform der Erbringer des Mehrwertdienstes agiert, kein Vertragsverhältnis, wenn dieser – was regelmäßig der Fall ist – nicht sichtbar in Erscheinung tritt.[67] Diese Konstellation betrifft Fälle, in denen im Verhältnis zwischen den beteiligten Netzbetreibern (TNB und VNB) ein Abrechnungsmodus bei Mehrwertdiensten vereinbart ist, der demjenigen beim sog. **Call-by-Call** (= Betreiberauswahl nach § 40 TKG) entspricht (sog. **Offline-Billing**, dazu Kap. 23 Rdn. 321). Nicht der TNB »erbringt« nach den Vorstellungen der beteiligten Netzbetreiber hier die Leistung gegenüber dem Teilnehmer/Anrufer, sondern der VNB. Anders als beim Call-by-Call, wo eine dem VNB zugeteilte Verbindungsnetzbetreiberkennziffer (010xy, 0100xy) der gewählten Zielrufnummer vorangestellt wird, wird der VNB aber bei der Inanspruchnahme eines Mehrwertdienstes für den Anrufer nicht sichtbar, weil der betreffende Mehrwertdienst allein durch die Mehrwertdiensterufnummer (0900) identifiziert ist. Aus Sicht des Teilnehmers/Anrufers kann daher wegen fehlender Erkennbarkeit des VNB mit diesem auch kein Vertrag zustande kommen. Dies bedeutet für den VNB, dass im Fall von Einwendungen des Teilnehmers/Anrufers gegen die aus der Inanspruchnahme des Mehrwertdienstes resultierenden Forderungen, er zur Durchsetzung dieser Forderungen eine Abtretungskette nachweisen muss; denn im Verhältnis zwischen den Netzbetreibern haben die Einwendungen zur Folge, dass der TNB die ursprünglich in seiner Rechnung enthaltenen Forderungen im Rahmen des Fakturierungs- und Inkassoverhältnisses an den VNB rückbelastet.[68]

Anders ist dies wiederum im Fall von **R-Gesprächen**, weil hier ein Drittanbieter durch die 67
Aufforderung an den Angerufenen zur entgeltpflichtigen Annahme des Gesprächs auf-

---

62 BGH CR 2007, 85 = MMR 2007, 179 m. Anm. *Ditscheid*; ausf. dazu *Schmitz/Eckhardt* CR 2007, 560; so auch LG Braunschweig 26.02.2010, 8 S 289/09.
63 Die Leistung wird beim Wählen der Rufnummer schlicht durch Voranstellung der Verbindungsnetzbetreiberkennziffer (010xy, 0100xy), die etwa aus der Werbung bekannt ist, in Anspruch genommen und unmittelbar kontrahiert.
64 BGH NJW 2005, 3636 = MMR 2005, 597 (598) m. Anm. *Ditscheid*.
65 BGH MMR 2006, 453 m. Anm. *Mankowski*.
66 BGH MMR 2006, 453 m. w. N. aus der Literatur; siehe auch LG Saarbrücken CR 2010, 173.
67 BGH NJW 2005, 3636 = MMR 2005, 597 (598) m. Anm. *Ditscheid*. Ebenso für den Fall der Rückforderung des Entgelts vom VNB durch den Teilnehmer: BGH MMR 2006, 27.
68 Dazu *Mankowski* NJW 2005, 3615 (3617).

gefordert wird; ob der Drittanbieter dabei seine Identität zu erkennen gibt, ist angesichts des Massengeschäftscharakters unerheblich.[69]

b) Abrechnungsfragen

68 Die dargestellte Rechtsprechung des BGH zu Mehrwertdiensten bedeutet für die Frage der Abrechnung der zwei entstehenden Rechtsverhältnisse, dass der TNB in Bezug auf die Entgelte für den Mehrwertdienst regelmäßig eine **Fremdforderung** für eine Fremdleistung abrechnet, und zwar nicht nur, wenn er sie nach § 45h TKG in der eigenen Rechnung gegenüber dem Teilnehmer als Fremdleistung aufführt. Für die gerichtliche Geltendmachung bedarf es daher normalerweise entweder eines Nachweises der Abtretung oder einer Einziehungsermächtigung,[70] auf die – wie oben dargestellt – der VNB immer angewiesen ist und bleibt.

69 Allerdings hat der BGH dazu festgestellt,[71] im Telefondienstvertrag des TNB könne auch vereinbart sein, dass der TNB die Entgelte für den Mehrwertdienst als **eigene Forderungen** geltend machen kann. Hierfür reicht die Vereinbarung in **AGB** aus,[72] und zwar in der Weise, dass auf die zu zahlenden Verbindungspreise hingewiesen wird und die Preisliste auch Preise für die Mehrwertdienste enthält. Dies führt zu einer **Gesamtgläubigerschaft** von Mehrwertdiensteanbieter und TNB, deren Notwendigkeit der BGH vor allem mit dem Massengeschäftscharakter der betreffenden Leistungen begründet.

70 Dem Teilnehmer müssen dabei aber wegen § 45h Abs. 3 TKG die **Einwendungen** aus dem Rechtsverhältnis mit dem Mehrwertdiensteanbieter auch gegenüber dem TNB **erhalten bleiben**.[73] Der TNB wiederum darf das Risiko der Uneinbringlichkeit der Forderung gegenüber dem Teilnehmer auch mittels **AGB** auf den Mehrwertdiensteanbieter abwälzen.[74]

III. Universaldienst und Kontrahierungszwang

71 Mit dem Begriff **Universaldienst** ist ein Mindestangebot von Telekommunikationsdiensten gemeint, das im Telekommunikationsmarkt generell verfügbar sein muss. Der Universaldienst dient daher unmittelbar dem Regulierungsziel des § 2 Abs. 2 Nr. 5 TKG, eine **flächendeckende Grundversorgung mit Telekommunikationsdiensten** – so die dortige Legaldefinition von Universaldienst – zu erschwinglichen Preisen sicherzustellen.

72 In § 78 Abs. 2 TKG werden folgende Dienste und Leistungen als Universaldienste bestimmt:
- **Anschluss** an ein öffentliches Telefonnetz an einem festen Standort und **Zugang** zu öffentlichen Telefondiensten an festen Standorten (Nr. 1);
- Verfügbarkeit eines von der BNetzA gebilligten **gedruckten öffentlichen Teilnehmerverzeichnisses** (§ 104 TKG), das dem allgemeinen Bedarf entspricht und regelmäßig mindestens einmal jährlich aktualisiert wird (Nr. 2);

---

69 BGH MMR 2006, 453 m. Anm. *Mankowski*. Im konkreten Fall kam es dennoch zur Zurückverweisung, weil festzustellen war, ob die Inanspruchnahme des Dienstes durch die Tochter der Teilnehmerin von dieser kraft Rechtsscheins zu vertreten war.
70 S. OLG Koblenz CR 2007, 572.
71 BGH CR 2007, 85 = MMR 2007, 179 m. Anm. *Ditscheid*.
72 Kritisch *Vander* K&R 2007, 155.
73 Der vermeintlichen Sittenwidrigkeit von Telefonsex-Angeboten mit der Folge der Nichtigkeit des Vertrags hatte der BGH schon früher eine Absage erteilt: BGH NJW 2002, 362. S. zuletzt BGH CR 2008, 93 Tz. 11 f. m. w. N.
74 BGH CR 2007, 437 Tz. 16 ff.

- Verfügbarkeit mindestens eines **umfassenden öffentlichen Telefonauskunftsdienstes**, auch für Nutzer öffentlicher Münz- und Kartentelefone, einschließlich der Netzkennzahl von Teilnehmern und ausländischer Anschlussinhaber (Nr. 3);
- flächendeckende Bereitstellung von **öffentlichen Münz- oder Kartentelefonen**[75] an allgemeinen und jederzeit für jedermann zugänglichen Standorten entsprechend dem allgemeinen Bedarf (Nr. 4);
- Möglichkeit, von allen öffentlichen Münz- und Kartentelefonen unentgeltlich und ohne Verwendung eines Zahlungsmittels **Notrufe** mit den Nummern 112 und 110 durchzuführen (Nr. 5).

Trotz einer laufenden Diskussion hierüber, ist ein Breitbandanschluss an das Internet bislang nicht als Universaldienst bestimmt.

Sofern derartige Dienste und Leistungen nicht allgemein am Markt erhältlich sind (§ 80 TKG), kann die BNetzA **Verpflichtungen** im Zusammenhang mit Universaldiensten nach § 81 TKG **auferlegen**, an die weitere Verpflichtungen aus §§ 82 bis 87 TKG anknüpfen. In der **Praxis** ist die Pflicht zur Erbringung eines Universaldienstes bisher allerdings **nicht relevant** geworden; die BNetzA hat weder ein Auferlegungsverfahren eingeleitet, noch festgestellt, dass eine ausreichende Grundversorgung nicht (mehr) gewährleistet sei. Auch hinsichtlich der Versorgung des ländlichen Raums mit Breitbandanschlüssen hat das Universaldienstregime bislang keine Rolle gespielt. **73**

Daraus folgt, dass ein **allgemeiner Leistungsanspruch (Kontrahierungszwang)**[76] jedenfalls für den Anschluss an öffentliche Festtelefonnetze nicht besteht. Lediglich dann, wenn ein Universaldienst – egal ob auferlegt oder nicht[77] – grundsätzlich angeboten wird, besteht auch ein Anspruch der Endnutzer (Kunden) auf Erbringung der darin enthaltenen Leistungen gegen den betreffenden Anbieter. Der Kontrahierungszwang besteht dann im Rahmen des allgemeinen Leistungsangebots des Anbieters, was sich aus § 84 TKG ergibt. **74**

IV. Kundenschutz

Die kundenschutzrechtlichen Regelungen im Bereich der Telekommunikation sind durch das TKG-Änderungsgesetz 2007 sämtlich unmittelbar in das TKG überführt und dabei erheblich erweitert worden. Die diesbezüglichen europäischen Vorgaben finden sich in der **Universaldienstrichtlinie**, deren Änderung mit dem EU TK-Reformpaket 2009 und der sich daran anschließenden TKG-Novelle 2011 (siehe oben Rdn. 3) zu erheblichen Erweiterungen des Kunden- und Verbraucherschutzes in der Telekommunikation führt. **75**

Grundsätzlich einteilen lässt sich der Kundenschutz des TKG in allgemeine Regelungen zu leistungs- und vertragsbezogener Transparenz, Vertragsgestaltung und Durchführung in **§§ 43a ff. TKG** einerseits und in besondere rufnummernbezogene Regelungen mit Schwerpunkt bei telekommunikationsgestützten Diensten in **§§ 66a ff. TKG** andererseits. Die zuletzt genannten Bestimmungen traten erst zum 01.09.2007 in Kraft.[78] **76**

1. Leistungs- und vertragsbezogener Kundenschutz der §§ 43a ff. TKG

Eine **Strukturierung** der vorgesehenen Rechte und Pflichten der Anbieter bzw. der Rechte der Kunden ist nicht einfach, soll aber nachstehend versucht werden. Danach kann systematisch unterschieden werden nach den **77**

---

75 S. auch die Kriterien der BNetzA (RegTP) zur Sicherstellung einer flächendeckenden Bereitstellung von öffentlichen Telefonstellen, Mitteilung Nr. 136/2002, ABl. 2002, S. 400.
76 S. VG Köln CR 2007, 508 (511).
77 S. Beck TKGKomm/*Cornils* § 84 Rn. 10.
78 Siehe zum Ganzen auch Heun/*Soerup*, Hdb TK, K.

- Gemeinsamkeiten der Kundenschutzregelungen in Bezug auf deren Anwendungsbereich und bestimmte Grundprinzipien;
- Vorvertraglichen Informationspflichten;
- Regelungen zu Vertragsschluss und Vertragsinhalten;
- Regelungen zur Abrechnung;
- Sperre;
- Haftung;
- Kundenrechte im Zusammenhang mit Vertragsabwicklung und Beendigung;
- Rechtsschutz.

Die folgende Darstellung legt diese Struktur zugrunde.

a) Anwendungsbereich und Grundprinzipien

78 Bei genauer Betrachtung der einzelnen Regelungen des Kundenschutzes kristallisieren sich Gemeinsamkeiten heraus, deren Darstellung vorangestellt wird. Dies betrifft den Anwendungsbereich der Regelungen ebenso wie ein gesetzlich geregeltes Abweichungsverbot.

aa) Berechtigter und verpflichteter Personenkreis

79 Die hier betrachteten Kundenschutzregelungen setzen mit Blick auf den **verpflichteten Personenkreis** – mit Ausnahme von § 45i TKG – mindestens voraus, dass es sich um Anbieter von Telekommunikationsdiensten **für die Öffentlichkeit** handelt. Dieser gemeinsame Nenner gilt auch für einzelne Verpflichtungen, die sich darüber hinaus lediglich an Anbieter von Zugängen zu öffentlichen Telefonnetzen bzw. des öffentlichen Telefondienstes richten (in einem Fall mit beträchtlicher Marktmacht). Bei speziell rufnummernbezogenen Regelungen, die sich neben §§ 66a ff. TKG auch hier befinden, wird allerdings eine andere Terminologie verwendet, die den dortigen Diensteangeboten geschuldet ist. Wenn im Folgenden nicht besonders erwähnt, gelten daher die Verpflichtungen nur gegenüber Anbietern von Telekommunikationsdiensten für die Öffentlichkeit.

80 Aufseiten des berechtigten Personenkreises fällt auf, dass sich die meisten Vorschriften auf **Teilnehmer** beziehen. Daran wird der vertragliche Schwerpunkt der Regelungen in den §§ 43a ff. TKG deutlich.

bb) Abweichungsverbot (§ 47b)

81 In § 47b TKG wird ein **Abweichungsverbot** in Bezug auf sämtliche Vorschriften in Teil 3 des TKG, also der §§ 43a bis 47 TKG festgelegt. Von den Regelungen darf **nicht zum Nachteil des Teilnehmers abgewichen** werden, es sei denn, dies wäre in den betreffenden Bestimmungen selbst vorgesehen (etwa in § 45h Abs. 1 TKG, wonach letztlich der Teilnehmer entscheidet, von wem er welche Rechnungen erhält).

b) Vorvertragliche Informationspflichten der Anbieter (§ 45n TKG)

82 Die Bestimmung des § 45n TKG enthält **Veröffentlichungspflichten** der Anbieter in Bezug auf deren Identität, Diensteangebot, Preise, AGB sowie Rechte der Teilnehmer und Endnutzer. Unter Berücksichtigung der Besonderheiten für Telekommunikationsdienste sind die Pflichten mit der Regelung des früheren § 1 Abs. 1 BGB-InfoV (heute: Art. 246 Abs. 1 EGBGB) vergleichbar.

83 Sofern der Anbieter die Information nicht im **Amtsblatt der BNetzA** veröffentlicht (was durchaus üblich ist), hat er der BNetzA den Ort der Veröffentlichung (z. B. Internet) mitzuteilen. Zu beachten ist ferner, dass die BNetzA das Recht besitzt, die Anbieter auch zur Veröffentlichung von **technischen Informationen** zu verpflichten. Eine Verpflichtung zur

Mitteilung von Qualitätskennwerten und zur Qualitätsberichterstattung besteht dagegen derzeit nicht. Dies wird sich mit der TKG-Novelle 2011 ändern, indem die Informationspflichten erweitert und die Kundenschutzregelungen um durch die BNetzA auferlegbare Verpflichtungen zur Dienstequalität ergänzt werden.[79] Die Erweiterungen und Ergänzungen dienen neben der Erhöhung der Transparenz für den Kunden insbesondere der Sicherstellung der sog. Netzneutralität beim Internetzugang.[80]

c) Anbieterpflichten und -rechte in Bezug auf Vertragsschluss und -inhalte

Im Folgenden werden besondere Pflichten der Anbieter in Bezug auf Vertragsinhalte, die sich auf den Vertrag selbst wie auch das Diensteangebot beziehen, näher erläutert. **84**

aa) Mindestinhalte (§ 43a TKG)

In § 43a S. 1 TKG werden die **Mindestvertragsinhalte** für einen Vertrag über Telekommunikationsdienste für die Öffentlichkeit festgelegt. Die Veröffentlichung von AGB ist dagegen speziell in § 45n TKG geregelt. **Einzelne Vorgaben** sind allerdings **nicht zwingend**, d. h. sie sind abhängig davon, ob der Anbieter überhaupt entsprechende Regelungen oder Angebote vorsieht (Nr. 4: »die angebotenen Wartungs- und Entstörungsdienste«, Nr. 9: »etwaige Entschädigungs- und Erstattungsregelungen …«). **85**

Nicht erfasst von der Verpflichtung aus Satz 1 sind nach § 43a S. 2 TKG Verträge **86**
- mit Teilnehmern, die **keine Verbraucher** (§ 13 BGB) sind **und**
- mit denen der Anbieter eine **Individualvereinbarung** getroffen hat.

Weder das Gesetz noch der Gesetzgeber liefern Anhaltspunkte dafür, was mit Individualvereinbarung gemeint ist. Zwar scheint beabsichtigt gewesen zu sein, den **kaufmännischen Verkehr** auszunehmen.[81] Allerdings führt die kumulative Wortwahl dazu, dass unter Zugrundelegung von §§ 305 Abs. 1 S. 3, 305b BGB auch im kaufmännischen Verkehr die Regelung nur dann nicht gilt, wenn der Vertrag zwischen den Parteien **ausgehandelt** worden ist. Mit der TKG-Novelle 2011 wird sich dies allerdings dahin gehend ändern, dass die Verpflichtung zunächst auf Verbraucher beschränkt wird und andere Teilnehmer nur auf Verlangen die Mindestinhalte erhalten sollen.

Nach den Vorstellungen des Gesetzgebers soll die **Verletzung** von § 43a TKG durch den Anbieter die gleichen Rechtsfolgen auslösen wie Verstöße gegen die BGB-InfoV (heute: § 246 EGBGB).[82] Solche lassen die Wirksamkeit des Vertrags in der Regel unberührt.[83] Allerdings betraf die BGB-InfoV bzw. betrifft § 246 EGBGB vornehmlich Regelungen zu vorvertraglichen Informationspflichten während nach § 43a TKG die Informationen **im Vertrag** zur Verfügung zu stellen sind. Es ist daher denkbar, im Fall mangelnder Informationen insoweit von einem **versteckten Einigungsmangel** nach § 155 BGB auszugehen, der im Extremfall auch die Nichtigkeit des Vertrags zur Folge haben kann. Ansonsten kommen Ansprüche des Teilnehmers auf Beseitigung, Unterlassung und/oder (bei Verschulden) Schadenersatz nach § 44 Abs. 1 TKG in Betracht. **87**

bb) Anforderungen an den Netzzugang (§§ 45, 45b, 45c, 45d TKG)

Über die reinen Vertragsinhalte hinaus beinhaltet das TKG auch Regelungen, die Anforderungen an die technische Ausgestaltung bestimmter Leistungen stellen. Diese sind zunächst: **88**

---
79 Siehe die §§ 45n und 45o neu des Kabinettsentwurfs.
80 Siehe die Gesetzesbegründung des Kabinettsentwurfs, S. 75.
81 BT-Drs. 16/2581, 24.
82 BT-Drs. 16/2581, 24.
83 Palandt/*Sprau*, Einf. Art. 238 EGBGB Rn. 3.

- Berücksichtigung der **Interessen behinderter Menschen** bei der Planung und Erbringung von Telekommunikationsdiensten für die Öffentlichkeit, wobei die daraus folgenden Verpflichtungen erst durch die BNetzA konkretisiert werden müssen (§ 45 TKG);[84]
- Verpflichtung von Anbietern eines öffentlich zugänglichen Telefondienstes mit beträchtlicher Marktmacht zur unverzüglichen Bearbeitung von Störungen rund um die Uhr (§ 45b TKG);
- Verpflichtung zur Einhaltung von **verbindlichen Normen und technischen Anforderungen** bei der Bereitstellung von Diensten (§ 45c TKG).

89 Hinzu kommen die Regelungen in § 45d TKG. Danach bestehen folgende Anforderungen:
- Verpflichtung zu geeigneter, mit dem Teilnehmer zu vereinbarender Schnittstelle für den **Zugang zu öffentlichen Telekommunikationsnetzen an festen Standorten** (§ 45d Abs. 1 TKG), mit der Folge, dass die Interessen des Teilnehmers hier zu berücksichtigen sind;
- Verpflichtung der Anbieter von öffentlich zugänglichen **Telefondiensten** und des Anbieters des Anschlusses an das öffentliche **Telefonnetz – jeweils an festen Standorten** (also nicht Mobilfunkanbieter oder Mobilfunknetzbetreiber) – auf Verlangen des Teilnehmers eine **netzseitige Sperre** bestimmter Rufnummernbereiche i. S. v. § 3 Nr. 18a TKG (also etwa Premium-Dienste des Rufnummernbereichs 0900) vorzunehmen, soweit dies technisch möglich ist (§ 45d Abs. 2 TKG); die Sperre hat unentgeltlich zu erfolgen, die erneute Freischaltung kann aber kostenpflichtig sein.[85]

90 An den vorstehend aufgeführten Verpflichtungen zeigt sich deutlich die Hierarchie von Kundenschutzregelungen, die am **schärfsten** bei dem öffentlich zugänglichen Telefondienst bzw. Zugängen zu öffentlichen Telefonnetzen an festen Standorten sind (s. auch Anhang 1 zu Kap. 23).

cc) Sonderkündigungsrecht bei Nutzung von Grundstücken (§ 45a TKG)

91 Ungeachtet des eigentlich nicht mehr bestehenden Kontrahierungszwangs (Rdn. 74) enthält § 45a Abs. 1 TKG eine Regelung, die den Anbieter von Zugängen zu einem öffentlichen Telekommunikationsnetz berechtigt, den Vertrag mit dem Teilnehmer fristlos zu **kündigen**, wenn dieser auf Verlangen des Anbieters innerhalb eines Monats keinen Nachweis für die **Nutzung des Grundstücks** durch den Anbieter vom dinglich Berechtigten beibringt (fehlendes Angebot für Nutzungsvertrag entsprechend Anlage zum TKG bzw. Kündigung durch den dinglich Berechtigten). Dieses Sonderkündigungsrecht trägt dem Problem Rechnung, dass Anschlussverträge heute häufig geschlossen werden, ohne dass bereits feststeht, ob der Anbieter das Grundstück zur Herstellung des Anschlusses überhaupt nutzen darf.[86]

92 **Umgekehrt** darf der Teilnehmer nach § 45a Abs. 2 TKG den Vertrag fristlos kündigen, wenn trotz Nachweis durch den Teilnehmer der Anbieter nicht innerhalb eines Monats den Nutzungsvertrag mit dem dinglich Berechtigten schließt.

93 Der in § 45a TKG erwähnte Nutzungsvertrag ersetzt die unter § 10 TKV 1997 verwendete **Grundstückseigentümererklärung und Gegenerklärung**; Absatz 3 der Vorschrift ent-

---

84 Siehe zum europarechtlichen Hintergrund die Mitteilung der Kommission »Für eine barrierefreie Informationsgesellschaft«, KOM/2008/0804.
85 Da die Sperre von 0900-Rufnummern ohne Weiteres schnell möglich ist, müssen sich Eltern die Anwahl der entsprechenden Rufnummern durch deren Kinder zurechnen lassen, wenn sie keine ausreichenden Vorkehrungen zur Unterbindung einer unkontrollierten Nutzung des Telefonanschlusses getroffen haben, so LG Braunschweig 26.02.2010, 8 S 289/09.
86 Zur Rechtsstellung des Gebäudeeigentümers gegenüber einem TK-Unternehmen siehe *Schmittmann* MMR 2009, 520.

hält eine **Mitbenutzungsregelung**, die den Nutzungsvertrag u. U. entbehrlich macht (dazu Kap. 23 Rdn. 220 ff.).

d) Abrechnung

Traditionell ist die Abrechnung von Telekommunikationsdiensten **stark reguliert** und ein **häufiger Streitpunkt** zwischen den Vertragspartnern. Dies gilt insbesondere wegen des Massengeschäftscharakters vieler Telekommunikationsdienste, mit der Folge, dass einerseits von Fehlern auf Anbieterseite viele Teilnehmer betroffen sein können, anderseits aber auch die große Zahl der Teilnehmer die statistische Wahrscheinlichkeit von Streitigkeiten über die Abrechnung erhöht. Hinsichtlich der Form der Abrechnung stellt dabei die AGB-Klausel eines Mobilfunk-Service-Providers, wonach der Kunde bei Auswahl eines sog. »Online-Tarifs« lediglich eine **Online-Rechnung** erhält, die im Internetportal des Anbieters bereit gestellt und vom Kunden abgerufen, aber auch heruntergeladen und ausgedruckt werden kann, jedenfalls dann keine unangemessene Benachteiligung dar, wenn die Online-Rechnung in den Vertragsbedingungen ausdrücklich als rechtlich unverbindlich bezeichnet wird.[87]

94

aa) Einzelverbindungsnachweis (§ 45e TKG)

Nach § 45e Abs. 1 TKG hat der Teilnehmer gegenüber dem Anbieter einen Anspruch, jederzeit mit Wirkung für die Zukunft einen **Einzelverbindungsnachweis** (EVN) zu verlangen, der die Nachprüfung von Teilbeträgen der Rechnung ermöglicht. Die Einzelheiten für die **kostenlose Variante** des Einzelverbindungsnachweises (**Standardnachweis**) wurde gem. § 45e Abs. 2 TKG von der BNetzA durch Verfügung im Amtsblatt festgelegt.[88] Unter Berücksichtigung geänderter **datenschutzrechtlicher Vorgaben** – die aus **§§ 97 und 99 TKG folgenden Vorgaben müssen** beim EVN beachtet werden (dazu Kap. 20 Rdn. 249 ff.) – sind zumindest folgende Angaben nötig:

95

- **Datum** des Beginns des Telekommunikationsvorgangs;
- **Anschlussnummer**, d. h. die dem Kunden vom Anbieter zugeteilte Rufnummer, nicht aber die vom Kunden intern selbst vergebenen Rufnummern der Nebenstellen;
- **Zielrufnummer** oder Kennung;
- Zwei der Merkmale **Beginn, Ende und/oder Dauer** des Telekommunikationsvorgangs bei zeitbasierter Abrechnung;
- Das **Entgelt** für den einzelnen Telekommunikationsvorgang bei zeitbasierter Abrechnung.

Angesichts des weiten Anwendungsbereichs von § 45e TKG sind die weiteren dienstespezifischen Anforderungen durch die BNetzA näher in der genannten Verfügung bestimmt worden. Denn der Anspruch besteht auch für (öffentliche) **Datendienste** (Online-Verbindungen).[89]

Eine Ausnahme sieht § 45e Abs. 1 S. 2 TKG vor, soweit **technische Hindernisse** der Erteilung entgegenstehen oder wegen der Art der Leistung eine Rechnung grundsätzlich nicht erteilt wird. Im Ergebnis aber entfällt damit der Anspruch bei Telekommunikationsdiensten, für die üblicherweise keine Rechnung gestellt wird. Dies sind z. B. **Prepaid-Produkte**, bei denen der Kunde ein betragsmäßig limitiertes Kartenguthaben erwirbt und dieses anschließend aufbraucht.[90]

96

---

87 BGH MMR 2010, 49.
88 Verfügung der BNetzA 35/2008, ABl. 07/2008.
89 So der Gesetzgeber: BT-Drs. 16/2581, 25.
90 Siehe BT-Drs. 16/2581, 25.

97 Der Einzelverbindungsnachweis erstreckt sich auch auf die **Verbindungen dritter Anbieter**, die vom rechnungsstellenden Anbieter nach § 45h Abs. 1 TKG in der Rechnung ausgewiesen und fakturiert werden.[91]

bb) Vorausbezahlte Leistung (§ 45f TKG)

98 Nach § 45f TKG muss der Teilnehmer die Möglichkeit haben, auf **Vorauszahlungsbasis** Zugang zum **öffentlichen Telefonnetz** zu erhalten oder **öffentlich zugängliche Telefondienste** in Anspruch nehmen zu können. Die Einzelheiten können wiederum von der BNetzA durch Verfügung im Amtsblatt festgelegt werden. Bisher existiert nur zu der etwas anders lautenden Vorgängerregelung des § 18 TKV 1997 eine solche Verfügung, die alternativ **Prepaid-Produkte**, eine Ansage nach Erreichen des Entgeltlimits oder eine ständige Entgeltinformation im Display des Kunden für zulässig hält.[92]

99 Zu beachten ist, dass § 45f TKG ähnlich wie die Regelungen zu Universaldiensten ausgestaltet ist (oben Rdn. 73), es sich hierbei also zunächst nicht um eine konkrete Verpflichtung jedes einzelnen Anbieters handelt, sondern vielmehr um eine »abstrakte« Verpflichtung des Marktes. Dementsprechend wird die Verpflichtung heute am Markt durch das Angebot von **Prepaid-Produkten im Mobilfunkbereich** und durch **Calling-Karten** im Festnetzbereich erfüllt.[93]

cc) Verbindungspreisberechnung (§ 45g TKG)

100 § 45g TKG beinhaltet die **technischen Anforderungen** an die Berechnung und Abrechnung von Verbindungen (Abrechnungsgenauigkeit). Die in § 45g Abs. 1 Nr. 1 bis 4 TKG aufgeführten Anforderungen hat der Anbieter gem. § 45g Abs. 2 TKG **entweder** durch ein zertifiziertes **Qualitätssicherungssystem** sicherzustellen **oder** durch eine **jährliche Überprüfung** seitens eines öffentlich bestellten und vereidigten **Sachverständigen** (oder einer vergleichbaren Stelle). Hierüber hat der Anbieter nach Maßgabe von § 45g Abs. 2 S. 2 TKG gegenüber der BNetzA Nachweis zu erbringen. Bislang richten sich die Anforderungen an den Nachweis für zeitabhängig tarifierte Verbindungen nach Verfügungen und Mitteilungen der RegTP, die unter § 5 TKV 1997 ergangen sind.[94]

101 Neben zeitabhängiger Tariffierung ist auch eine **volumenabhängige Tariffierung** von Verbindungen gemäß § 45g Abs. 1 Nr. 3 TKG erfasst, was sich insbesondere auf **Daten**(tarife) bezieht. Nach § 45g Abs. 3 TKG legt die BNetzA im dort vorgesehenen Verfahren die Anforderungen an die Systeme und Verfahren in Bezug auf volumenabhängig tarifierte Verbindungen durch Verfügung im Amtsblatt fest.

102 Zu beachten ist schließlich, dass die in § 45g Abs. 2 TKG vorgesehenen Nachweise **nicht** die nach § 45i Abs. 1 TKG bei Beanstandungen gegen eine Rechnung vorgesehene **technische Prüfung** ersetzen.[95] Dort handelt es sich nämlich um eine einzelfallbezogene Regelung.

dd) Rechnungsinhalt, Teilzahlungen (§ 45h TKG)

103 Aus den Bestimmungen in § 45h TKG lässt sich kein besonderes Formerfordernis für die Rechnung entnehmen, sodass auch eine **Online-Rechnung** zulässig ist (Rdn. 94). Sie enthalten auch keine unbedingte Verpflichtung des die Rechnung erstellenden Anbieters, die

---

[91] Vgl. Beck TKGKomm/*Dahlke* § 45e TKG-E 2005 Rn. 12.
[92] RegTP Mitteilung Nr. 730/2000, ABl. Nr. 24/2000, S. 4200 (4211).
[93] So auch der Gesetzgeber: BT-Drs. 16/2581, 25.
[94] Siehe u. a. RegTP Vfg. Nr. 18/2000, ABl. Nr. 4/2000, S. 582; Vfg. Nr. 6/2001, ABl. Nr. 1/2001, S. 23; Mitteilung Nr. 367/2001, ABl. Nr. 12/2001, S. 1876.
[95] Siehe *Ditscheid* MMR 2007, 212 m. w. N., der allerdings kritisch anmerkt, dass ein laufendes Qualitätssicherungssystem die technische Überprüfung im Einzelfall entbehrlich machen könnte.

Entgelte anderer Anbieter für die dort genannten Leistungen zu fakturieren und mit befreiender Wirkung anzunehmen.[96] Dies liegt daran, dass eine solche Verpflichtung nur noch über die Zugangsregulierung nach § 21 Abs. 2 Nr. 7 oder § 18 Abs. 2 TKG infrage kommt und durch die BNetzA auferlegt worden sein muss (dazu Kap. 23 Rdn. 320 ff., 341 ff.). Der **Anwendungsbereich** der aus § 45h Abs. 1 TKG folgenden Verpflichtung (»Soweit«) ist daher darauf beschränkt, dass der Anbieter

- nach § 21 Abs. 2 Nr. 7 oder § 18 Abs. 2 TKG zu Fakturierung und Inkasso **verpflichtet** worden ist (noch nicht erfolgt) oder
- zur Vermeidung einer solchen Verpflichtung Fakturierung und Inkasso gegenüber den aus § 21 Abs. 2 Nr. 7 oder § 18 Abs. 2 TKG berechtigten Anbietern **freiwillig** (derzeitige Praxis der Telekom und voraussichtlich künftige Praxis von Mobilfunknetzbetreibern für mobile Bezahldienste) erbringt.

Ferner ist der Anwendungsbereich dadurch beschränkt, dass der Teilnehmer mit dem/den anderen Anbieter/n eine **abweichende Vereinbarung** trifft, wie häufig bei dem sog. **registrierten**[97] **Call-by-Call** und bei **Preselection**. In diesen Fällen wird oft vereinbart, dass der Teilnehmer (auch) eine separate Rechnung für diese Leistungen erhält.

Die so verstandene Verpflichtung des § 45h Abs. 1 TKG erstreckt sich auf **104**
- Telekommunikationsdienste,
- **Auskunftsdienste** (§ 78 Abs. 2 Nr. 3 TKG) und
- sonstige telekommunikationsgestützte Dienste

anderer Anbieter, die – wie der fehlende Zusatz bei Telekommunikationsdiensten und der Hinweis auf telekommunikationsgestützte Dienste zeigen – nicht notwendigerweise Anbieter von Telekommunikationsdiensten für die Öffentlichkeit sein müssen (s. oben Rdn. 79 und Kap. 23 Rdn. 23). Hauptanwendungsfälle der Abrechnung sind offenes Call-by-Call, Auskunfts- und Mehrwertdienste (insbesondere 0900 Premium-Dienste).

Die **Berechtigung** des die Rechnung erstellenden Anbieters zum Inkasso der Fremdforderungen gegenüber dem Teilnehmer ergibt sich entweder aus (Ketten von) Abtretungen oder Einziehungsermächtigungen; sie kann aber auch nach der Rechtsprechung des BGH in den **AGB des Anbieters** gegenüber dem Teilnehmer – gerade wegen § 45h TKG ohne Verstoß gegen § 307 BGB – vereinbart werden (ausführlich oben Rdn. 69), wenn – und das ist mit der Hinweispflicht in § 45h Abs. 3 TKG vorgesehen – dem Teilnehmer die Einwendungen auch gegen diese Forderungen gegenüber dem die Rechnung erstellenden Anbieter erhalten bleiben.[98] Dementsprechend kann der Teilnehmer nicht nur Einwendungen gegen einzelne Forderungen erheben, sondern auch bestimmen, wie etwaige Teilzahlungen anteilig auf die Gesamtforderung aufzuteilen sind (§ 45h Abs. 2 TKG). **105**

In eine ähnliche Richtung wie die mit dem Teilnehmer vereinbarte Forderungsberechtigung des Anbieters geht die Bestimmung des § 45h Abs. 4 TKG. Danach werden nämlich **umsatzsteuerrechtlich** auch die den Fremdforderungen zugrunde liegenden Leistungen des die Rechnung erstellenden Anbieters als in eigenem Namen (und für fremde Rechnung) erbracht. Damit findet ein einheitlicher Steuersatz auf alle Forderungen Anwendung. **106**

e) Beanstandungen bzw. Einwendungen (§ 45i TKG)

In § 45i TKG sind Regelungen zu **Beanstandungen/Einwendungen** und zum **Nachweis der Entgeltforderung** durch jeden Anbieter von Telekommunikationsdiensten (nicht nur **107**

---

96 Die Einzelheiten der Fakturierung und Weiterleitung des Geldes richten sich nach zwischen den beteiligten Anbietern geschlossenen Fakturierungs- und Inkassovereinbarungen.
97 Hier wird anders als beim offenen Call-by-Call vorher ein schriftlicher Vertrag geschlossen, infolgedessen der Kunde beim Anbieter freigeschaltet wird.
98 BGH CR 2007, 85, = MMR 2007, 179 mit Anm. *Ditscheid*.

für die Öffentlichkeit)[99] in Bezug auf die Abrechnung getroffen. Mit Blick auf den Begriff »Abrechnung« sind hier nicht nur herkömmliche Rechnungen erfasst, sondern auch **Prepaid-Produkte**.[100]

108 § 45i Abs. 1 S. 1 TKG erlaubt dem Anbieter, eine **Beanstandungsfrist** für den Teilnehmer vorzusehen, die allerdings **mindestens acht Wochen** betragen muss. Damit dürfte sich die Rechtsprechung des BGH, welche die Beanstandung bis zur datenschutzrechtlich vorgesehenen Löschungsfrist von sechs Monaten (nunmehr nach § 97 Abs. 3 S. 3 und 4 TKG) entgegen einer in AGB vorgesehenen Genehmigungsfrist von acht Wochen zuließ,[101] erledigt haben. **Rechtsfolge** der unterbliebenen Beanstandung ist, dass den Anbieter keine Nachweispflicht mehr für die erbrachten Verbindungsleistungen trifft und er von den sonstigen bei rechtzeitiger Beanstandung bestehenden Pflichten des § 45i Abs. 2 TKG befreit ist, **wenn** er daraufhin die Verkehrsdaten **gelöscht** hat, kurz: **Beweislastumkehr**. Dies gilt auch für die Fälle, in denen aus technischen Gründen keine Verkehrsdaten (§ 3 Nr. 30 TKG) gespeichert wurden[102] oder diese aufgrund gesetzlicher Löschungsfristen (§ 97 Abs. 3 TKG) gelöscht wurden oder wenn der Teilnehmer unter **deutlich erkennbarem Hinweis**[103] auf die Befreiung des Anbieters von seinen Pflichten die Löschung verlangt hat (§ 45i Abs. 2 TKG i. V. m. § 97 Abs. 4 TKG).[104]

109 In allen anderen Fällen der Beanstandung – diese erfordert nicht einfach Nichtzahlung, sondern wenigstens andeutungsweise Einwendungen[105] – ist der Anbieter nach § 45i Abs. 1 S. 2–5 TKG zum Nachweis der richtigen Abrechnung verpflichtet, indem er das Verbindungsaufkommen
- als Entgeltnachweis nach den einzelnen Verbindungsdaten **aufzuschlüsseln** (d. h. Erstellung eines Einzelverbindungsnachweises)[106] und
- eine **technische Prüfung** durchzuführen hat.

Für Ersteres genügt der Anbieter seiner Substantiierungslast nicht, wenn er lediglich einen um die letzten drei Ziffern verkürzten Verbindungsnachweis vorlegt.[107] Letzteres ist freilich nicht erforderlich, wenn die Beanstandung nachweislich (Beweislast beim Anbieter!) nicht auf technische Mängel zurückzuführen ist (z. B. falscher Tarif, falscher Rechnungsempfänger, kein Vertrag).[108]

110 Was eine erforderliche **technische Prüfung** betrifft, so werden von der BNetzA nach § 45i Abs. 1 S. 5 TKG die hierfür geeigneten Verfahren veröffentlicht. Bis dahin allerdings bleibt nach wie vor unklar, was unter der technischen Prüfung eigentlich zu verstehen ist.[109] Dies ist deswegen von Bedeutung, weil der Teilnehmer die **Vorlage** von Entgeltnachweis und Ergebnissen der technischen Prüfung innerhalb der Beanstandungsfrist verlangen kann und bei Vorlage außerhalb einer weiteren achtwöchigen Frist durch den Anbieter dessen Verzugsansprüche erlöschen und die abgerechnete (und beanstandete) Forderung erst (wieder)

---

99 Auch wenn nicht ausdrücklich erwähnt, wird man die Bestimmung auch auf Forderungen von Anbietern telekommunikationsgestützter Dienste wie insbesondere Mehrwertdiensteanbieter anwenden können. S. BT-Drs. 16/2581, 26, wo auch von über die Verbindungsleistung hinausgehenden Entgelten die Rede ist.
100 BT-Drs. 16/2581, 26.
101 BGH CR 2006, 31.
102 Damit ist keine Befreiung von einer wegen technischer Fehler unterbliebenen Speicherung gemeint.
103 Dazu BGH CR 2006, 31.
104 AGB-Klauseln, die eine Löschung unter Verstoß gegen diese Vorgaben vorsehen, sind unwirksam: LG Flensburg NJW-RR 2001, 488.
105 BGH CR 2006, 31.
106 BT-Drs. 16/2581, 26.
107 AG Bad Kissingen NJW-RR 2007, 1712.
108 Vgl. zu einem vermeintlich falsch eingestellten DSL-Router LG Bonn CR 2011, 21.
109 Die Nachweise nach § 45g TKG reichen hierfür im Zweifel nicht aus.

mit Vorlage fällig wird (§ 45h Abs. 1 S. 3 und 4 TKG). Hinsichtlich der Anforderungen an einen **technischen Prüfbericht** kann jedenfalls ein pauschal gehaltenes Schreiben für eine unbestimmte Vielzahl von Reklamationen nicht als ausreichend erachtet werden. Vielmehr muss aus dem Schreiben hervorgehen, wer, wann und mit welchen Mitteln die Richtigkeit der Erfassung und Berechnung überprüft hat. Folge eines inhaltlich unzureichenden Prüfberichts ist das Erlöschen des Entgeltanspruchs gegen den Teilnehmer.[110]

aa) Zurechnungsfragen und Beweislast

Die Absätze 3 und 4 von § 45i TKG enthalten Beweislastregeln, betreffen im Ergebnis aber auch Fragen der Abgrenzung von Risikosphären und Zurechnungsfragen. Nach § 45i Abs. 3 TKG trifft den Anbieter die Beweislast für die technisch fehlerfreie Leistung (aus Netzsicht) bis zum **Übergabepunkt** (Anschluss) des Teilnehmerzugangs zum Netz.[111] Dabei wird zulasten des Anbieters die Unrichtigkeit der Abrechnung **widerleglich vermutet**, wenn die technische Prüfung nach Absatz 1 Mängel ergeben hat oder später als zwei Monate nach der Beanstandung abgeschlossen wurde. Damit ist die Risiko- und Beweissphäre des Anbieters beschrieben. **111**

Demgegenüber entfällt der Zahlungsanspruch des Anbieters nach § 45i Abs. 4 TKG (nur dann), **112**
- wenn der Teilnehmer nachweist, dass ihm die Inanspruchnahme der Leistungen **nicht zugerechnet** werden kann oder
- Tatsachen die Annahme rechtfertigen, dass Dritte durch **unbefugte Veränderungen** an öffentlichen Telefonnetzen das in Rechnung gestellte Verbindungsentgelt beeinflusst haben.

Damit erstreckt sich die Risiko- und Beweissphäre des Teilnehmers auf seinen Anschluss und dessen Nutzung.[112] In Bezug auf die Nutzung des Telefonschlusses erstreckt die Rechtsprechung dabei die Wirkungen des § 45i Abs. 4 TKG im Ergebnis auf sämtliche Dienste, die über den Anschluss in Anspruch genommen und abgerechnet werden.[113]

Die Zurechnung ist nach der Rechtsprechung des BGH keine Frage der Rechtsscheinhaftung, sondern erfolgt nach **allgemeinen Haftungsmaßstäben** in Bezug auf die dem Teilnehmer nach § 45i Abs. 4 TKG zugeordnete **Risikosphäre seines Anschlusses**.[114] Es geht daher hier darum, ob der Teilnehmer nachweislich das ihm **Zumutbare an Vorkehrungen** getroffen hat, um eine von ihm nicht gebilligte Nutzung seines Telefons zu unterbinden; das sind diejenigen Maßnahmen, die einem gewissenhaften durchschnittlichen Telefonkunden bekannt sind und zu deren Durchführung er mit vertretbarem Aufwand in der Lage ist.[115] Allerdings können den Anbieter unabhängig von der teilnehmerseitigen Risikosphäre besondere Fürsorgepflichten bei dauerhaft hohem Verbindungs- bzw. Nutzungsaufkommen infolge eines Nutzungsverhaltens treffen, wenn dieses Nutzungsverhalten »in krassem Widerspruch« zum gewählten Tarif steht.[116] **113**

---

110 AG Papenburg BeckRS 2008, 24187.
111 Zu den Anforderungen s. LG Augsburg CR 2007, 577.
112 Siehe aus der jüngeren Rechtsprechung etwa LG Braunschweig Urt. v. 26.02.2010, 8 S 289/09; AG Freiburg BeckRS 2009, 20581; AG Amberg CR 2010, 35.
113 Siehe etwa zum Download von Klingeltönen AG Berlin Mitte MMR 2009, 783 mit kritischer Anm. *Mankowski*. Insgesamt kritisch zum Anwendungsbereich des § 45i Abs. 4 TKG: *Mankowski* MMR 2009, 808, der allerdings keine überzeugende und insoweit tragfähige Abgrenzung zwischen telekommunikationsgestützten Diensten einerseits und Telemediendiensten andererseits vornimmt (811).
114 So ausdrücklich noch zum insoweit ähnlich lautenden § 16 TKV: BGH MMR 2006, 453.
115 BGH MMR 2006, 453. Für die Unterbindung der Annahme von R-Gesprächen durch ein Haushaltsmitglied waren dabei nach dem BGH bis zum Inkrafttreten von § 66i TKG, der den Eintrag in eine Sperrliste vorsieht, keine zumutbaren technischen Möglichkeiten vorhanden, während eine Obliegenheit zu einem Verbot mangels Kenntnis des Teilnehmers von R-Gesprächen abgelehnt wurde.
116 LG Bonn CR 2011, 21; ähnlich AG Frankfurt/M. MMR 2008, 496.

114 Bei der Zuordnung von Risikosphären ist allerdings auch zu berücksichtigen, dass nach dem BGH in Ermangelung vertraglich geregelter Risikoabgrenzung den Teilnehmer nicht die Verantwortung für Zugriffe Dritter auf seine Risikosphäre trifft, wie etwa bei der **heimlichen Installation eines Dialers** aus dem Netz.[117] Denn insoweit geht es um Gefahren, die sich aus dem eröffneten Verkehr ergeben und nicht um die alleinige Risikosphäre des Anschlusses. Diese Sichtweise scheint eine Kodifizierung in den Hinweispflichten über Risiken für die Netzsicherheit in dem durch das TKG-Änderungsgesetz 2007 eingefügten § 93 Abs. 2 TKG gefunden zu haben; die Regelung beruht allerdings auf einer europäischen Vorgabe aus 2002.[118] Dennoch wird man hier bei Unterlassung von Hinweisen künftig damit rechnen müssen, dass die betreffenden Risiken zulasten des Anbieters und nicht des Teilnehmers gehen. Dies kann insbesondere bei den durch die Nutzung des Internet für Telefonie (VoIP) eröffneten Angriffs- und Missbrauchsmöglichkeiten erhöhte Relevanz erfahren. Andererseits muss ggf. durch Sachverständigengutachten ermittelt werden, ob ein Schadprogramm auch kausal für ein bestrittenes überhöhtes Verbindungsaufkommen war.[119] Anschlussrisiken sind dagegen die typischerweise im Mobilfunk auftretenden unerwünschten abgehenden Anrufe, die z. B. durch Tasteneinwirkung während des Transports in Taschen und Handtaschen erfolgen (sog. Handbag Dials). Hier ist es dem Teilnehmer zuzumuten, die auf allen Geräten verfügbare Tastensperre einzurichten, um unerwünschte Einwirkungen auf die Tastatur zu verhindern.

bb) Entgeltermittlung bei unrichtiger Berechnung des Verbindungsaufkommens (§ 45j TKG)

115 Sofern die beschriebene Rechtsfolge des § 45i Abs. 3 TKG eintritt, dass das abgerechnete Verbindungsaufkommen unrichtig ermittelt worden ist, sieht § 45j TKG ein **Verfahren** vor, um dem Anbieter dennoch einen Zahlungsanspruch zu ermöglichen. Dieses Verfahren betrachtet den **Durchschnitt** der vorangegangenen **sechs Abrechnungszeiträume**, sieht aber auch weitere Gegenbeweismöglichkeiten für den Teilnehmer vor. Die Relevanz der Regelung in der Praxis ist gering.

f) Sperre und Rufnummernmissbrauch (§§ 45k, 45o TKG)

116 In §§ 45k und 45o TKG wird die vom Anbieter **öffentlich zugänglicher Telefondienste an festen Standorten** (Mobilfunk und Datendienste wie DSL fallen also nicht unter die dortigen Verpflichtungen, wobei nach der TKG-Novelle 2011 künftig auch Mobiltelefonie[120] erfasst werden soll) selbst veranlasste (nicht die auf Maßnahmen der BNetzA beruhende) **Sperre** seiner Leistungen **abschließend**, wenn auch unbeschadet anderer gesetzlicher Vorschriften, geregelt (§ 45k Abs. 1 TKG). Die Sperre ist danach auf vier Anwendungsfälle begrenzt:
- **Verzug** mit mehr als 75,– €, abzüglich etwaiger Anzahlungen und der form- und fristgerecht sowie mit schlüssiger Begründung beanstandeten Beträge (§ 45k Abs. 2 TKG);
- Wirksamwerden einer **Vertragskündigung** (§ 45k Abs. 3 TKG);
- **Besonderer Anstieg** der Entgeltforderung infolge besonderer Steigerung des Verbindungsaufkommens gegenüber den vorangegangenen sechs Abrechnungszeiträumen, wenn Tatsachen die Annahme rechtfertigen, dass der Teilnehmer die Forderung beanstanden wird (§ 45k Abs. 4 TKG);
- Verpflichtung zur Rufnummernsperre bei **gesicherter Kenntnis von Missbrauch** (§ 45o TKG).

---

117 S. auch BGH CR 2004, 355 = MMR 2004, 308 m. Anm. *Mankowski*.
118 BT-Drs. 16/2581, 27.
119 BGH CR 2007, 235.
120 Zur unzulässigen Klausel im Mobilfunk-AGB mit Sperrberechtigung nach der jetzigen Rechtslage: OLG Schleswig BeckRS 2009, 27633.

Sämtliche Sperren nach § 45k TKG dürfen nur solange bestehen, wie der Grund hierfür gegeben ist. Sie sind möglichst auf bestimmte Leistungen (z. B. nur bestimmte abgehende Anrufe) zu begrenzen, der Notruf muss erhalten bleiben und eine Vollsperrung (auch für ankommende Anrufe) darf erst frühestens eine Woche nach Sperrung der abgehenden Anrufe erfolgen (§ 45 Abs. 1 und 5 TKG). Die Sperre wegen **Verzugs** muss darüber hinaus mindestens **zwei Wochen vorher schriftlich angedroht** werden, und zwar unter Hinweis auf Rechtsschutzmöglichkeiten des Teilnehmers.

117

Die Bestimmungen des § 45k TKG gelten auch im **kaufmännischen Verkehr** und mit Blick auf das Begriffsverständnis von »Teilnehmer« (oben Rdn. 54) möglicherweise auch für **Reseller**, sind aber insbesondere angesichts der dort in dem Ankündigungszeitraum von zwei Wochen ggf. anfallenden Entgelte untauglich. Regelungen des BGB (etwa §§ 273, 320, 321) helfen hier nicht weiter, da zwar andere gesetzliche Vorschriften grundsätzlich unberührt bleiben, hier aber eine Verdrängung durch den spezielleren § 45k TKG erfolgt.[121]

118

Andererseits ist zu beachten, dass § 45k TKG eben nur für öffentlich zugängliche Telefondienste an festen Standorten gilt, und damit **nicht** für andere Dienste wie etwa **Mobilfunk** (noch) und **DSL** (im Zweifel aber für VoIP über DSL). Hier gelten dann die genannten zivilrechtlichen Regelungen der Leistungsverweigerung bzw. vertraglich (z. B. in AGB) vereinbarte Sperrmöglichkeiten. Typischerweise finden sich hier Regelungen über den Verzug mit der Zahlung von Entgelten für mindestens zwei Abrechnungszeiträume oder einen Betrag, der die Grundentgelte für zwei Abrechnungszeiträume erreicht, die Sperre wegen behördlicher oder gerichtlicher Anordnungen, wegen Vertragsverletzungen des Kunden etc. Bei Verträgen, die sowohl von § 45k erfasste als auch nicht erfasste Leistungen beinhalten, greift die Vertragspraxis ferner zumeist darauf zurück, die sonst üblichen Klauseln zur Sperre im Anwendungsbereich von § 45k TKG für nicht anwendbar zu erklären.

119

Ein **Sonderfall der Sperre** ist § 45o TKG in Bezug auf den **Rufnummernmissbrauch**, der denjenigen, die Rufnummern in ihrem Telekommunikationsnetz einrichten, erhebliche Pflichten aufbürdet. So muss dieser Netzbetreiber den direkten oder abgeleiteten (s. Kap. 23 Rdn. 151) Zuteilungsnehmer schriftlich darauf **hinweisen**, dass die Übersendung bestimmter Informationen, Sachen oder sonstiger Leistungen gesetzlich verboten sein kann (Spam! Dialer! etc.). Insofern ist zu beachten, dass z. B. ein Mehrwertdiensteanbieter als Inhaber der Rufnummernzuteilung – genau um diese Fälle geht es hier – selbst Teilnehmer im Verhältnis zum Netzbetreiber ist, weil er dort auf vertraglicher Grundlage die ihm zugeteilte Rufnummer einrichten lässt und darunter erreichbar ist. Die Hinweispflicht dürfte sich dabei insbesondere auf die §§ 66a ff. TKG beziehen (dazu unten Rdn. 140 ff.). Ein in der Praxis nicht selten anzutreffender Fall ist, dass der Netzbetreiber eine Mehrwertdienste-Rufnummer in seinem Netz implementiert, die der Inhaber der Zuteilung aber selbst nutzt, um Dritten darüber Diensteangebote zu ermöglichen. Die Rufnummern-Zuteilungsregeln[122] etwa für Service-Dienste (0180) lassen dies zu und machen damit die Auskunftsansprüche nach §§ 45p und 66h TKG (Rdn. 149, 152) besonders wichtig.

120

Hat der Betreiber zudem **gesicherte** (also immerhin nicht nur einfache positive) **Kenntnis**, dass die Rufnummer unter Verstoß gegen die mitgeteilten Verpflichtungen genutzt wird, hat er unverzüglich Abhilfemaßnahmen zu ergreifen, die bei wiederholten oder schwerwiegenden Verstößen zur **Sperre** der Rufnummer nach Abmahnung mit kurzer Fristsetzung verpflichten. Für gesicherte Kenntnis reicht die bloße Mitteilung (etwa einer Verbraucherzentrale) nicht aus, sondern es ist eine »Zweifel praktisch ausschließende positive Kenntnis« erforderlich.[123]

121

---

121 Vgl. Beck TKGKomm/*Dahlke* § 45k TKG-E 2005 Rn. 3.
122 Abrufbar unter www.bundesnetzagentur.de.
123 OLG Köln CR 2004, 750 (751).

g) Haftungsbegrenzung (§ 44a TKG)

122 In § 44a TKG ist eine **Haftungsprivilegierung**[124] der Anbieter für **reine**[125] **Vermögensschäden** auf **12.500,– € je Schadensfall und Endnutzer** sowie insgesamt 10 Mio. € je Schadensfall (bei mehreren Geschädigten mit ggf. erfolgender Kürzung des Einzelbetrags bei Überschreitung der individuellen Höchstgrenze) normiert. Die Haftungsbegrenzung entfällt aber bei **vorsätzlicher** Schadensverursachung.[126] Zu beachten ist, dass sich diese Regelung auf Endnutzer und nicht lediglich auf Teilnehmer bezieht, d. h. dass auch deliktische Ansprüche derjenigen, die nicht Vertragspartner des Anbieters sind, erfasst werden. Als gesetzliche Regelung durchbricht § 44a TKG die Regelungen für AGB in §§ 307 bis 309 BGB. Die von § 44a TKG nicht erfassten Schäden unterliegen aber der normalen rechtlichen Kontrolle.

123 Nach § 44a S. 5 TKG besteht die Möglichkeit, für Endnutzer, die keine Verbraucher (§ 13 BGB) sind, die Haftungshöhe durch **einzelvertragliche Regelung** gesondert zu bestimmen. Dies bedeutet, dass neben gegenüber allen potenziell Betroffenen erlaubten Haftungserweiterungen[127] im **geschäftlichen Verkehr** auch unter den Höchstgrenzen liegende Haftungssummen vereinbart werden dürfen. Allerdings sind insoweit dann die AGB-rechtlichen Grenzen zu beachten, die eine Haftungsbegrenzung bzw. einen Haftungsausschluss außerhalb individualvertraglicher Regelungen weitgehend verhindern.

124 In diesem Zusammenhang ist auch auf die bei Anbietern im kaufmännischen Geschäftsverkehr übliche **Vertragspraxis** hinzuweisen, wegen § 44a TKG die dort vorgesehene Höchstsumme als **vertragstypischen Schaden** im Rahmen AGB-rechtlich zulässiger Haftungsbegrenzungen zu bezeichnen. Ferner folgen aus § 44a TKG auch Anforderungen an die Vertragsgestaltung bei **Anbieterketten** im Vorleistungsbereich. Denn ein Vorlieferant von Telekommunikationsdiensten will im Zweifel gegenüber den Endnutzern seines Vertragspartners (der wiederum im Zweifel etwaige Haftungsbeträge durchreichen will) nicht höher haften, als dies in § 44a TKG vorgesehen ist. Allerdings gilt § 44a TKG normalerweise nicht zwischen (öffentlichen) Anbietern (keine Endnutzer i. S. v. § 3 Nr. 8 TKG, oben Rdn. 53 f.), und der Vorlieferant hat keinen Einfluss auf die Vertragsgestaltung seines Vertragspartners mit dessen Teilnehmern. Mit Blick auf den allgemeinen Regelungsanspruch in § 44a TKG (für reine Vermögensschäden) dürfte es daher zulässig sein, dass der Vorlieferant die Schadensersatzpflicht gegenüber seinem Vertragspartner für die diesem aufgrund von Schadensersatzansprüchen der Endnutzer entstehenden Schäden auf die in § 44a TKG vorgesehenen Beträge begrenzt. Dies gilt freilich nicht für die »originären« Schäden des Vertragspartners.

h) Kundenrechte im Rahmen der Vertragsdurchführung und -beendigung

125 Das TKG sieht im Rahmen von Vertragsdurchführung und Vertragsbeendigung schließlich zusätzliche Rechte der Kunden vor, die sich insbesondere auf die dem Teilnehmer abgeleitet zugeteilten Rufnummern (dazu Kap. 23 Rdn. 151) beziehen.

---

124 Es handelt sich bei dieser Bestimmung daher eher um Anbieter- als Kundenschutz.
125 Folgeschäden aus Sach- oder Personenschäden sind dagegen nicht privilegiert; s. BT-Drs. 15/5213, 21 zum ursprünglichen Entwurf aus 2005. Vgl. auch Beck TKGKomm/*Ehmer* (2. Aufl.), Anh. § 41, § 7 TKV Rn. 4.
126 Im Gesetzgebungsverfahren waren Verschärfungen gefordert worden, wie etwa das Entfallen der individuellen Grenze von 12.500,– € und die Nichtanwendbarkeit auch auf grob fahrlässig verursachte Schäden.
127 Das Abweichungsverbot in § 47b TKG verbietet nur Abweichungen zum Nachteil des Teilnehmers.

aa) Aufnahme in öffentliche Teilnehmerverzeichnisse (§ 45m TKG)

Nach § 45m Abs. 1 TKG kann der Teilnehmer von seinem Anbieter eines öffentlich (zugänglichen) **Telefondienstes** verlangen, mit seiner Rufnummer, seinem Namen und Vornamen und seiner Anschrift in ein allgemein zugängliches, nicht notwendig anbietereigenes[128] **Teilnehmerverzeichnis** (Telefonbuch) sowie in Verzeichnisse für **Auskunftsdienste** unentgeltlich eingetragen oder dort wieder gelöscht zu werden (**Standardeintrag**). **Zusätzliche Angaben** wie Beruf, Branche und Art des Anschlusses, aber auch akademische Titel und E-Mail Adresse[129] u. ä. sind auf Verlangen des Teilnehmers nach § 104 TKG ebenfalls aufzunehmen, aber **nicht unentgeltlich**. Die weiteren Rahmenbedingungen für die Nutzung der Teilnehmerdaten durch den Anbieter und Dritte sind in den datenschutzrechtlichen Bestimmungen des TKG geregelt (insbesondere §§ 104, 105 TKG, dazu Kap. 20 Rdn. 243 ff.).[130]

126

Der Anspruch erstreckt sich auch auf **Mitbenutzer** des Zugangs (Anschlusses) in Bezug auf deren Namen und Vornamen, ist aber ebenfalls **nicht unentgeltlich**. Allerdings ist hier der Datenschutz besonders zu beachten, d. h. deren **Erlaubnis** ist erforderlich (s. § 104 S. 3 TKG). Ferner steht der Anspruch auch **Wiederverkäufern** (Resellern) von »Sprachkommunikationsdienstleistungen« (gemeint ist: öffentlich zugänglichen Telefondiensten) für deren Endnutzer (gemeint ist: Teilnehmer) zu (§ 45m Abs. 2 TKG). Dies ist deswegen erforderlich, weil in der typischen Kette Teilnehmer/Endnutzer – Reseller (Anbieter/Teilnehmer) – Netzbetreiber (Anbieter) sonst eine Lücke bestünde.

127

Nach § 45m Abs. 1 S. 2 TKG hat der Teilnehmer auch einen Anspruch auf **Berichtigung** eines unrichtigen Eintrags. Mit Blick auf den Berichtigungsanspruch wie auch den **Löschungsanspruch** nimmt die Rechtsprechung allerdings hier unter deliktsrechtlichen Gesichtspunkten anders als im Wettbewerbsrecht für einen Unterlassungsanspruch trotz einmaliger Verletzung **keine Wiederholungsgefahr** an, wenn der betroffene Anbieter mit einfachem Vortrag die Gründe der Verletzung nachvollziehbar erläutert und die Löschung bzw. Berichtigung erklärt.[131]

128

bb) Rufnummernübertragbarkeit (§ 46 TKG)

Mit Blick auf die den Teilnehmern abgeleitet zugeteilten Rufnummern sind die **Betreiber öffentlicher Telefonnetze** nach § 46 Abs. 1 S. 1 TKG verpflichtet, sicherzustellen, dass die Teilnehmer bei einem **Anbieterwechsel** die Rufnummer beibehalten können, sog. **Portierung** von Rufnummern. Die Verpflichtung bezieht sich
- im Fall **geografisch gebundener Rufnummern** auf einen bestimmten Standort (Abs. 1 S. 1 Nr. 1), d. h. unter Beibehaltung des Standorts[132] kann die **Ortsnetzrufnummer** be-

129

---

128 In der Praxis übermitteln die meisten Anbieter ihre Teilnehmerdaten an die Telekom, von wo aus die Teilnehmerdaten dann an die Herausgeber von Teilnehmerverzeichnissen und Anbieter von Auskunftsdiensten überlassen werden.
129 Vgl. Beck TKG Komm/*Wilms* § 104 Rn. 17.
130 Zum Begriff der Teilnehmerdaten siehe *Dietlein/Brandenberg* MMR 2008, 372; zum Unterlassungsanspruch hinsichtlich der Aufnahme in ein Kommunikationsverzeichnis: LG Bielefeld NJW-RR 2009, 554.
131 OLG Frankfurt/M. NJW 2002, 1277 (1278) zur Vorgängerbestimmung von § 44 TKG (§ 40 TKG 1996) mit der Folge, dass der Anbieter nicht zur Abgabe einer strafbewehrten Unterlassungserklärung verpflichtet war.
132 Interessante Frage ist, ob mit Standort der Ort des Anschlusses oder lediglich das Ortsnetz gemeint ist. Im erstgenannten Fall wäre die Beibehaltung der Rufnummer bei Umzug innerhalb des Ortsnetzes nicht erfasst. Im letztgenannten Fall, wofür die betreffenden Regelungen der BNetzA sprechen (s. Kap. 23 Rdn. 160), wäre dagegen auch bei Umzug die Beibehaltung argumentierbar. Die Frage wird durch die TKG-Novelle 2011 gesetzgeberisch gelöst (siehe Rdn. 134).

halten werden; sie wird zwischen den Beteiligten Anbietern und/oder Betreibern **portiert**.
- im Fall **nicht geografisch gebundener Rufnummern** auf jeden Standort (Abs. 1 S. 1 Nr. 2), d. h. **Mobilfunkrufnummern**, sog. **nationale Teilnehmerrufnummern (NTR, 032)** wie auch sämtliche **Mehrwertdiensterufnummern** werden ebenfalls portiert.

130 Die Verpflichtung besteht **nur innerhalb** der betreffenden Nummernräume bzw. Nummernteilräume für einen Telefondienst. Dies bedeutet insbesondere, dass eine Mobilfunkrufnummer nicht zu einem Festnetzanschluss portiert werden darf (§ 45 Abs. 1 S. 2 und 3).

131 Nach § 46 Abs. 2 TKG trifft dieselbe Verpflichtung auch **Anbieter** (die nicht zugleich Betreiber sind, also **Wiederverkäufer** bzw. Reseller) im Verhältnis zu ihren **Endnutzern**. Wie bei der Aufnahme in Teilnehmerverzeichnisse (s. Rdn. 127) wird daher die Einhaltung der Verpflichtung auch bei Anbieterketten sichergestellt.

132 Die **Entgelte** sämtlicher (auch nicht marktbeherrschender) Anbieter/Betreiber für die Rufnummernportierung unterliegen nach § 46 Abs. 3 TKG der **nachträglichen Entgeltregulierung**[133] (dazu Kap. 23 Rdn. 395) und zwar sowohl im Verhältnis Teilnehmer – Anbieter als auch Anbieter – Netzbetreiber. Zusätzlich gilt, dass nur die **Kosten** in Rechnung gestellt werden dürfen, die beim Wechsel **einmalig** entstehen. Die **Obergrenze** liegt dabei für den Mobilfunk infolge einer Entgeltregulierungsentscheidung der BNetzA und unter Berücksichtigung der erfolgten Anhebung der Mehrwertsteuer nunmehr bei 30,72 €,[134] im Festnetzbereich werden ca. 5,– € bis 8,– € verlangt.

133 Die Regelungen für die Rufnummernportierung beim Anbieterwechsel werden durch die TKG-Novelle 2011 (Rdn. 3) zugunsten des Teilnehmers erheblich erweitert bzw. verschärft.[135] Wesentliche Eckpunkte der künftigen Regelung sind, dass
- der Dienst für den Teilnehmer nicht länger als **einen Kalendertag** unterbrochen sein darf,
- das abgebende Unternehmen bei Fehlschlagen des Wechsel weiterhin zur Leistung verpflichtet ist, allerdings mit einem um die Hälfte reduzierten Entgelt, und
- der Zahlungsanspruch des aufnehmenden Unternehmens nicht vor erfolgreichem Abschluss des Anbieterwechsels entsteht.

Die Umsetzung dieser Anforderungen in den Geschäftsprozessen der beteiligten Anbieter kann durch Festlegungen der BNetzA näher bestimmt werden.

Im Bereich der Mobilfunkdienste soll die Rufnummernportierung künftig unabhängig vom Vertragsende sein. Damit soll die für den Mobilfunk typische Mindestlaufzeit von 24 Monaten als Hindernis für den Anbieterwechsel an Bedeutung verlieren.

134 Ferner sollen Verbraucher ein Recht erhalten, den bestehenden Vertrag bei einem **Umzug** mit dem bestehenden Anbieter fortzuführen, soweit dies am neuen Wohnort technisch möglich ist. Anderenfalls soll der Verbraucher den Vertrag kündigen können.

i) Rechtsschutz

135 Neben den allgemeinen zivilrechtlichen Rechtsschutzmöglichkeiten sieht das TKG für die aus den dortigen Bestimmungen Berechtigten sowie insbesondere für die Teilnehmer **zusätzliche Rechtsschutzmöglichkeiten** in zivilrechtlicher wie auch verwaltungsverfahrensrechtlicher Hinsicht vor.

---

133 VG Köln BeckRS 2006, 27215.
134 S. VG Köln BeckRS 2006, 27215.
135 Dazu *Heun* CR 2011, 159.

IV. Kundenschutz

aa) Schlichtungsverfahren

Nach § 47a TKG haben die Teilnehmer die Möglichkeit, im Streit mit einem Anbieter über die Einhaltung von Verpflichtungen aus §§ 43a, 45 bis 46 Abs. 2 und § 84 TKG bei der BNetzA die Einleitung eines **Schlichtungsverfahrens** zu beantragen. Die Einzelheiten zum Verfahren hat die BNetzA gem. § 47a Abs. 4 TKG in einer Schlichtungsordnung veröffentlicht.[136]

136

Die Schlichtung nach § 47a TKG ist gem. § 145 TKG kostenpflichtig, enthält eigene Verfahrensregelungen zur Anhörung und ist auf eine gütliche Einigung zwischen den Parteien gerichtet. Dementsprechend endet das Verfahren nach § 47a Abs. 3 TKG entweder mit der Einigung, Erledigung oder der Feststellung, dass eine Einigung nicht erreicht werden konnte. Laut ihrem Jahresbericht für 2009 hat die BNetzA im Jahr 2009 insgesamt 537 Schlichtungsanträge bearbeitet.[137]

137

bb) Rechtsschutz nach § 44 TKG

Gemäß § 44 Abs. 1 TKG erhalten auch die Endverbraucher **Beseitigungs-, Unterlassungs- und Schadenersatzansprüche** bei Verstößen der Anbieter gegen das TKG, gegen eine aufgrund des TKG erlassene Rechtsverordnung oder gegen eine aufgrund des TKG in einer Zuteilung (Frequenzen und Nummern) enthaltene Verpflichtung oder Verfügungen der BNetzA (s. auch Kap. 23 Rdn. 374 ff.). Für die Ansprüche ist es wie in § 33 GWB nicht erforderlich, dass die verletzte Bestimmung eine **Schutznorm**[138] zugunsten des Anspruchstellers ist; vielmehr reicht eine **Beeinträchtigung** aus. Der Anspruch besteht bereits dann, wenn eine Zuwiderhandlung droht.[139]

138

Mit **Endverbraucher** meint § 44 Abs. 1 TKG nicht »Verbraucher« i. S. v. § 13 BGB, sondern einen **Endnutzer** (Rdn. 53 f.), d. h. also auch eine Person, die Telekommunikationsdienste gewerblich für den eigenen Geschäftsbetrieb nutzt.[140] Dies ist allerdings anders für die in § 44 Abs. 2 TKG zusätzlich enthaltene **Verbandsklagebefugnis**, die ausschließlich für den Schutz von **Verbrauchern** gilt.[141]

139

2. Rufnummernbezogene Sonderregelungen für bestimmte Dienste

Zusätzlich zu den bereits angesprochenen Kundenschutzregelungen kennt das TKG eine Vielzahl von Schutzregelungen, die sich vornehmlich auf **Pflichten und Missbräuche bei Mehrwert-Diensten** beziehen.[142] Eine vertiefte Behandlung ist hier nicht möglich, weswegen nur ein kurzer Überblick erfolgt.[143] Im Einzelnen geht es um Pflichten zur Preisangabe (§ 66a TKG),[144] Preisansage (§ 66b TKG), Preisanzeige (§ 66c TKG), Preishöchstgrenzen (§ 66d TKG), Verbindungstrennung (§ 66e TKG), Dialer (§ 66f TKG), Auskunftsansprüche (§ 66h TKG), R-Gespräche (§ 66i TKG), Ping-Anrufe (§ 66j TKG) und international Freephone (§ 66k TKG) sowie um weitere Auskunftsansprüche (§ 45p TKG) und Pflichten

140

---

136 Abrufbar über www.bundesnetzagentur.de.
137 BNetzA Jahresbericht 2009, S. 38, abrufbar über www.bundesnetzagentur.de.
138 Dazu Palandt/*Sprau* § 823 Rn. 56.
139 S. BT-Drs. 15/2316, 72 (zu § 42 TKG-E).
140 Ausf. und zutreffende Herleitung bei BerlKommTKG/*Rugullis* § 44 Rn. 8 ff.
141 Beck TKGKomm/*Heimann* § 44 Rn. 28.
142 Hinzuweisen ist dabei auch auf den Verhaltenskodex des »Freiwillige Selbstkontrolle Telefonmehrwertdienste e. V.« (FST), abrufbar unter www.fst-ev.org.
143 Näher zum Thema *Klaes* CR 2007, 224 mit instruktiver tabellarischer Übersicht (226) und *Ditscheid* MMR 2007, 215 sowie *Ditscheid/Ufer* MMR 2009, 367.
144 Im Rahmen der Preisangabe muss auch ein Hinweis auf die Zeitabhängigkeit des Preises gegeben werden, so VG Köln K&R 2008, 323.

bei Kurzwahldiensten (§ 45l TKG). Die beiden letztgenannten Regelungen passen thematisch besser in diesen Bereich als in den sonstigen Kundenschutz.

141 Gemeinsam ist den Bestimmungen, dass – wie auch beim sonstigen Kundenschutz – gem. § 66l TKG ein **Umgehungsverbot** statuiert wird. Anders als beim sonstigen Kundenschutz bestehen hier aber zudem besondere Rechtsfolgen sowie besondere und umfassende Eingriffsbefugnisse der BNetzA. Besondere Rechtsfolge ist, dass nach § 66g die **Verpflichtung des Endnutzers zur Entgeltzahlung entfällt**, wenn und soweit[145] gegen die dort beschriebenen Verpflichtungen aus §§ 66b bis 66f und 66i TKG verstoßen wird. In Bezug auf den Kreis der Verpflichteten und Berechtigten bezieht sich die Terminologie hier einerseits auf die Anbieter der betreffenden (telekommunikationsgestützten) Dienste und andererseits vornehmlich auf Endnutzer, also jeden, der die mit einem Teilnehmer vertraglich vereinbarten Telekommunikationsdienste (für z. B. telekommunikationsgestützte Dienste wie Mehrwertdienste) nutzt. Wie bereits erwähnt, sind die Anbieter dabei im Verhältnis zu dem Netzbetreiber, der die ihnen zugeteilte Rufnummer geschaltet hat, auch selbst Teilnehmer; das schützt sie aber nicht vor der Verpflichtung zur Einhaltung der einschlägigen Kundenschutzregelungen. Auch in diesem Regelungsbereich sind durch die TKG-Novelle 2011 (siehe Rdn. 3) erhebliche Erweiterungen des Kundenschutzes geplant.

a) Die Pflichten aus §§ 66a ff. TKG

142 Die **Preisangabeverpflichtung** des § 66a TKG verpflichtet die Anbieter von Premium-, Auskunfts-, Massenverkehrs- Service-, Neuartigen Diensten oder Kurzwahldiensten zur Preisangabe in ihrer Werbung nach Maßgabe der in der Bestimmung enthaltenen Einzelheiten. Sämtliche genannten Dienste sind in § 3 TKG legaldefiniert und dürften als telekommunikationsgestützte Dienste (§ 3 Nr. 25 TKG) anzusehen sein.

143 Die vor Beginn der Entgeltpflichtigkeit des Gesprächs vorgesehene **Preisansagepflicht** des § 66b TKG trifft dagegen uneingeschränkt lediglich sprachgestützte **Premium-Dienste**, und zwar – ungeachtet der entstehenden Vertragsbeziehung (Rdn. 64 ff.) – denjenigen, der gegenüber dem Endnutzer den zu zahlenden Preis festlegt. Das kann der Teilnehmernetzbetreiber (insbesondere im Mobilfunk) sein, aber auch derjenige Netzbetreiber, in dessen Netz die Rufnummer des Premium-Dienstes geschaltet ist.[146] Mit Einschränkungen gilt die Preisansagepflicht aber auch für sprachgestützte Auskunftsdienste und deren Weitervermittlung sowie Kurzwahl-Sprachdienste und sprachgestützte Neuartige Dienste, jeweils ab einem Preis von 2,– € pro Minute, sowie für Massenverkehrs-Dienste, aber nach Erbringung des Dienstes. Eine ähnliche Regelung wie für Premium-Dienste mit einer **Preisanzeigepflicht** nach § 66c TKG gilt für Kurzwahl-Datendienste und nichtsprachgestützte Neuartige Dienste wiederum ab 2,– € pro Inanspruchnahme.

144 **Preishöchstgrenzen** sind in § 66d vorgesehen, und zwar für zeitabhängig tarifierte Premium-Dienste in Höhe von 3,– € pro Minute (auch bei Weitervermittlung durch einen Auskunftsdienst) und bei zeitunabhängiger Tariffierung (Blocktarife) in Höhe von 30,– €. Auch die Kombination ist möglich, erfordert aber eine getrennte Ausweisung in einem Einzelverbindungsnachweis. Für Service-Dienste (0180) gilt seit 01.03.2010 für Festnetze ein Höchstpreis von 0,14 € pro Minute und von 0,20 € pro Anruf und für Mobilfunknetze von 0,42 € pro Minute und von 0,60 € pro Anruf. Bei Anwendung eines von der BNetzA zu regelnden **Legitimationsverfahrens** nach § 66d Abs. 4 TKG können die Beträge auch überschritten werden. Die BNetzA hat hierzu eine Verfügung veröffentlicht.[147]

---

145 Zur Frage des Verhältnisses zu § 138 BGB und des Entfallens »berechtigter« Ansprüche *Ditscheid* MMR 2007, 216.
146 *Klaes* CR 2007, 224.
147 BNetzA Vfg. Nr. 44/2007, ABl. Nr. 16/2007.

Für Premium-Dienste und Kurzwahl-Sprachdienste ist wiederum der Diensteanbieter, bei dem die Rufnummer eingerichtet ist (also regelmäßig ein Netzbetreiber), nach § 66e TKG zur **Zwangstrennung** einer zeitabhängig tarifierten Verbindung nach 60 Minuten verpflichtet, und zwar auch im Fall einer Weitervermittlung. Auch hier kann die Anwendung eines **Legitimationsverfahrens** die Zwangstrennung verhindern. 145

Mit der TKG-Novelle 2011 wird die Position des Verbrauchers in Bezug auf **Warteschleifen**, die eine Legaldefinition erhalten, gestärkt. Durch einen neu eingefügten § 66g TKG müssen Warteschleifen künftig entweder kostenlos für den aus dem Inland anrufenden Anrufer sein, einen Festpreis pro Verbindung haben oder dürfen nur bei »normalen« Ortsnetz- oder Mobilfunkrufnummern eingesetzt werden.[148] 146

Für sog. »**Dialer**« führt § 66f TKG die schon vor dem TKG-Änderungsgesetz 2007 bestehende Praxis fort, dass sie nur im Fall der **Registrierung** bei der BNetzA und damit nur in der Rufnummerngasse 0900–9 betrieben werden dürfen. Die weiteren Einzelheiten und das weitere Verfahren werden von der BNetzA geregelt, wofür nach alter Rechtslage bereits Verfügungen bestehen.[149] 147

Neuere, auf dem TKG-Änderungsgesetz 2007 beruhende Regelungen betreffen **R-Gespräche** (§ 66i TKG), **Ping-Anrufe** (§ 66j TKG) und den **internationalen Freephone Dienst** (§ 66k TKG). Für R-Gespräche, d. h. Verbindungen, bei denen der Angerufene zahlt, wird festgelegt, dass keine Auszahlung an den Anrufer erfolgen darf und die BNetzA eine Sperr-Liste auflegt. Mit der Liste besteht eine Vorkehrungsmöglichkeit gegen solche Verbindungen, bei deren Nichtvornahme die Verbindungen dem Teilnehmer nach § 45i Abs. 4 TKG zuzurechnen sein dürften (s. o. Rdn. 113).[150] In Bezug auf Ping-Anrufe (Anrufe, bei denen kein Gespräch, sondern lediglich unter Angabe einer hoch tarifierten 0900- oder 0137-Rufnummer im Display ein Rückruf gewünscht ist) wird festgelegt, dass die Rufnummer des Anrufers keine Rufnummer für Auskunfts-, Massenverkehrs-, Neuartige- oder Premium-Dienste sowie Kurzwahl-Sprachdienste sein darf. Service-Dienste werden hier nicht erfasst, weil viele Call Center mit diesen Rufnummern arbeiten. Zusätzlich dürfen Teilnehmer keine Rufnummern aufsetzen (d. h. in die Signalisierung einbeziehen), an denen sie kein Nutzungsrecht besitzen. Für den internationalen Freephone Dienst (00800) wird schließlich klargestellt, dass (auch) hierfür kein Entgelt erhoben werden darf. 148

Ergänzt werden die vorstehenden Verpflichtungen durch den **Auskunftsanspruch** in § 66h TKG, nach dem jedermann von der BNetzA oder Netzbetreibern Auskunft über Namen und ladungsfähige Anschrift desjenigen erhält, der die dort genannten Mehrwertdienste erbringt. 149

b) Besondere Befugnisse der BNetzA

In § 67 TKG sind für die BNetzA im Rahmen der Rufnummernverwaltung **umfassende Befugnisse** vorgesehen (s. Kap. 23 Rdn. 163) Diese Befugnisse beinhalten nicht nur die Anordnung der Abschaltung von Rufnummern und/oder Maßnahmen gegen unzulässige Dialer oder sonstige gegen die Rufnummernbestimmungen des TKG verstoßende Nutzungen.[151] Vielmehr ist auf Basis der Generalklausel in § 67 Abs. 1 S. 1 TKG auch das auf das 150

---

148 Siehe auch *Holznagel* K&R 2010, 761, 765.
149 Insbes. RegTP Vfg. Nr. 4/2005, ABl. Nr. 3/2005; Vfg. Nr. 54/2003, ABl. Nr. 24/2003.
150 BGH MMR 2006, 453.
151 So etwa OVG NRW MMR 2010, 722 (zur Verschleierung eines Premium-Dienstes); VG Köln MMR 2008, 846 (Weitervermittlung bei Auskunftsdiensten ausschließlich zu Unterhaltungsdiensten mit 0900-Rufnummern); OVG NRW MMR 2009, 286 (Verbot von Werbeanrufen sowie der Weitervermittlung zu 0900er-Nummer per Tastendruck); VG Köln MMR 2008, 499 (zeitl. begrenzte Abschaltung von Rufnummern); VG Köln BeckRS 2006, 27213 (Abschaltung Rufnummer und Verbot der Rechnungslegung für Dialer) und VG Köln MMR 2005, 561 (Rücknahme Dialerregistrierung).

UWG gestützte generelle Verbot von Ping-Anrufen[152] oder von Telefax-Spam[153] gegenüber diesbezüglich aktiven Personen umfasst. Insgesamt steht der BNetzA somit die Befugnis zu, bei Geschäftsmodellen einzuschreiten, die darauf abzielen, den Anwendungsbereich der besonderen telekommunikationsrechtlichen Schutzvorschriften zu umgehen.[154]

c) Zusätzliche Pflichten bei Kurzwahldiensten (§ 45l TKG) und Auskunftsanspruch über zusätzliche Leistungen (§ 45p TKG)

151 Ergänzt werden die Pflichten der §§ 66a ff. TKG durch eine vor allem aus Gründen des Jugendschutzes[155] eingeführte Sonderregelung für Kurzwahldienste und einen Auskunftsanspruch. Die Sonderregelung für **Kurzwahldienste** in § 45l Abs. 1 TKG verpflichtet den Anbieter solcher Dienste als Dauerschuldverhältnis (»Abo-Dienste«) zu einem kostenlosen Hinweis ab 20,– € aufgelaufenem Entgeltaufkommen (»Bill-Warning«) auf Verlangen des Teilnehmers. Außerdem hat der Teilnehmer eine kurze Kündigungsfrist von einer Woche zum Ende eines Abrechnungszeitraums (§ 45l Abs. 2 TKG). Hinzu kommen besondere Informationspflichten des Anbieters vor Vertragsschluss (§ 45l Abs. 3 TKG).

152 Der **Auskunftsanspruch** in § 45p TKG betrifft dagegen die Verpflichtung jedes Anbieters von neben der Verbindung erbrachten Diensten, auf Verlangen des Teilnehmers Auskunft über Grund und Gegenstand des Entgeltanspruchs zu erteilen und insbesondere über die Art der erbrachten Leistung zu unterrichten. Der Teilnehmernetzbetreiber kann hierüber nämlich keine Auskunft geben. Der Anspruch ergänzt den Anspruch aus § 66h TKG bzw. baut auf diesem auf.

d) Rechtsschutz

153 Die meisten Verpflichtungen der §§ 66a TKG sind als **Verbotsgesetze** i. S. v. § 134 BGB mit Nichtigkeitsfolge anzusehen, wobei mit Blick auf den Wortlaut (»wenn und soweit«) in § 66g TKG (oben Rdn. 141) argumentiert werden kann, dass »rechtmäßige« Teilansprüche erhalten bleiben.[156] Neben den zivilrechtlichen Rechtsschutzmöglichkeiten gegen Entgeltforderungen oder den wettbewerbsrechtlichen Schutzmöglichkeiten gegen rechtswidriges Verhalten ist für den Rechtsschutz außerdem insbesondere § 44 TKG relevant (oben Rdn. 138 f.). Ein Schlichtungsverfahren ist nicht vorgesehen und angesichts der Eingriffsbefugnisse der BNetzA auch nicht erforderlich. Denn wie dargestellt (Rdn. 150), spricht die BNetzA sogar generelle Spam-Verbote aus.

V. Sonderfragen zu Allgemeinen Geschäftsbedingungen für Telekommunikationsdienste und zur Vertragsgestaltung

154 In den weitaus meisten Fällen werden Telekommunikationsleistungen und -dienste vom Kunden auf der Grundlage von Verträgen des Anbieters eingekauft, die regelmäßig Allgemeine Geschäftsbedingungen (AGB) darstellen. Dies folgt bereits aus dem vielfach gegebenen **Massengeschäftscharakter** in der Telekommunikation. Daher unterliegen Telekommunikationsverträge auch regelmäßig der AGB-rechtlichen Kontrolle. Nachstehend wird ohne Anspruch auf Vollständigkeit eine Auswahl an AGB- und vertragsgestalterischen Problemen und Fragestellungen im Bereich der Telekommunikation getroffen.

---

152 VG Köln CR 2005, 638 (639).
153 VG Köln MMR 2005, 641 Lt. OVG NRW BeckRS 2010, 51803 gilt dies aber nicht für eine mittels Spam-Fax beworbene Rufnummer, wenn diese nicht (wie etwa bei 0900 Premium-Diensten) selbst Bestandteil eines rechtswidrigen Geschäftsmodells mit hochpreisigen Rufnummern ist.
154 OVG NRW MMR 2010, 722.
155 BT-Drs. 16/2581, 30.
156 *Ditscheid* MMR 2007, 215.

V. Sonderfragen zu Allgemeinen Geschäftsbedingungen für Telekommunikationsdienste

Eingangs ist dabei zu betonen, dass durch AGB selbstverständlich von den bereits dargestellten **Kundenschutzregelungen** nicht zum Nachteil des Kunden abgewichen werden darf. Dies gilt auch für die **Datenschutzregelungen** des TKG.[157] Daher sind AGB und Verträge in der Telekommunikation trotz ansonsten marktüblicher Struktur und marktüblichen Inhalts an vielen Stellen durch diese Regelungen beeinflusst. 155

Eine weitere Besonderheit von Telekommunikationsverträgen und diesbezüglichen AGB ist die aus der EDV-Vertragspraxis bekannte Ausführlichkeit bei den **Pflichten und Obliegenheiten des Kunden**. Dies wird für den Bereich der Telekommunikation noch dadurch ergänzt, dass die Nutzung der Dienste durch den Teilnehmer/Endnutzer bei Missbräuchen auch Risiken für den Anbieter und Dritte beinhalten und der Anbieter aufgrund regulierungsrechtlicher Vorgaben zu Hinweisen verpflichtet ist oder dazu im Interesse der Minimierung eigener Interessen »eingeladen« wird. Daher finden sich neben ausführlichen Klauseln in AGB zu Kundenpflichten und Obliegenheiten dort auch Hinweise auf **Nutzungsrichtlinien** (Usage Policies), Verhaltenskodices (Codes of Conduct) und ähnliche Dokumente, die über die AGB oder das Auftragsformular für den Dienst in den Vertrag einbezogen werden (sollen). Für Netzbetreiber, die Rufnummern in ihren Netzen einrichten, besteht auch eine Hinweispflicht nach § 45o TKG gegen Rufnummernmissbrauch (oben Rdn. 120). 156

1. Erleichterte Einbeziehung

Gemäß § 305a Nr. 2 lit. b) BGB werden AGB bei Verträgen über **Telekommunikations-, Informations- und andere Dienstleistungen** auch ohne Einhaltung der Voraussetzungen des § 305 Abs. 2 BGB in Verträge einbezogen, wenn 157

- die Dienstleistung unmittelbar durch den Einsatz von Fernkommunikationsmitteln (insbesondere Telefon) während der Erbringung der Telekommunikationsdienstleistung in einem Mal erbracht wird,
- die Kenntnisverschaffung der AGB nur unter unverhältnismäßigen Schwierigkeiten möglich ist, und
- die AGB im Amtsblatt der BNetzA veröffentlicht sowie in den Geschäftsstellen des Verwenders (Anbieters) zur Einsichtnahme bereitgehalten werden.

Die Tatsache allein, dass es sich bei Telekommunikationsdiensten um ein Massengeschäft handelt, rechtfertigt allerdings keine generelle Ausnahme von den Voraussetzungen des § 305 Abs. 2 BGB.[158] Die Voraussetzungen treffen aber typischerweise auf das offene **Call-by-Call** sowie bei den meisten **telekommunikationsgestützten Diensten** (insbesondere Mehrwert- und Informationsdienste, wie Premium-Dienste etc.) zu, bei denen die Leistung typischerweise während der Verbindung erbracht wird; in derartigen Fällen wird auch vermutet, dass die zweite Voraussetzung gegeben ist, weil es hier dem Anrufer um die schnelle Verbindung und die damit verbundene Leistungserbringung geht.[159]

2. Laufzeitklauseln und Kündigung

Angesichts des Dauerschuldcharakters von Telekommunikationsverträgen einerseits und dem Interesse der Anbieter andererseits, ihre Leistungen zu amortisieren, beinhalten Diensteangebote, die über den normalen Telefonanschluss hinausgehen oder **besondere Preisgestaltungen** (z. B. Flatrates, Bündelprodukte mit subventionierter Hardware in Form von Mobiltelefonen, DSL-Routern, PC-Karten etc.) vorsehen, regelmäßig Laufzeitregelungen, die an die **maximale Laufzeitregelung von zwei Jahren** in § 309 Nr. 9 lit. a) 158

---

157 Näher dazu Heun/*Soerup*, Hdb TK, K. Rn. 549, 571.
158 BT-Drs. 14/6040, 152.
159 BT-Drs. 14/6040, 153.

BGB heranreichen. Zudem werden regelmäßig **Vertragsverlängerungsklauseln** für den Fall nicht rechtzeitiger Kündigung verwendet.[160]

159 Der BGH hatte sich allerdings auch mit Laufzeitregelungen zu befassen, die wegen ihres (zumindest damals) angenommenen mietvertraglichen Charakters nicht der Vorgängerbestimmung von § 309 BGB unterfielen. Vor diesem Hintergrund hat er eine Laufzeit von 12(!) Jahren für einen **Breitbandkabelanschlussvertrag** im nicht kaufmännischen Verkehr ebenso als zulässig erachtet,[161] wie eine Laufzeit von zehn Jahren für die **Überlassung einer Telefonnebenstellenanlage** im kaufmännischen Verkehr.[162] Diese Rechtsprechung dürfte allerdings zumindest beim Breitbandkabelanschluss aus rechtlichen Gründen (Einordnung als Dienstvertrag, s. o. Rdn. 61) sowie bei Nebenstellenanlagen aus tatsächlichen Gründen (fehlende Marktakzeptanz) überholt sein.

160 In einem anders gelagerten Fall zur Laufzeit eines **Gestattungsvertrags** zwischen dem Breitbandkabelnetzbetreiber bzw. dessen Servicegesellschaft einerseits und einer Wohnungsgesellschaft (also nicht wie im vorgenannten Fall mit den Teilnehmern) andererseits über die Nutzung der Grundstücke zur Errichtung und zum Betrieb von Breitbandkabelanschlüssen hat der BGH auf den **Amortisationszeitraum** abgestellt.[163] Dieser Zeitraum war vom Instanzgericht infolge der Zurückverweisung festzustellen, um so zu ermitteln, ob die formularmäßig vereinbarte Laufzeit von 25 Jahren rechtmäßig war. In einem ähnlich gelagerten Fall hatte der BGH zuvor eine 20-jährige Vertragslaufzeit gegenüber Grundeigentümern als unzulässig erachtet.[164]

In Bezug auf die **Kündigung** und **Kündigungsfristen** hat der BGH festgestellt, dass die häufig in AGB der Telekom anzutreffende Kündigungsfrist von sechs Werktagen zulässig ist.[165]

3. Leistungsbeschreibungen und Service Levels

161 Von überragender Bedeutung für die Gestaltung von Verträgen, die Telekommunikationsleistungen zum Gegenstand haben, ist die Bestimmung des vertraglich geschuldeten **Leistungsumfangs**. Wie in sonstigen IT-Verträgen ist die Erstellung von Leistungsbeschreibungen, Leistungsscheinen und Service Level Agreements mittlerweile selbstverständlich, auch wenn die betreffenden Dokumente, insbesondere im Massengeschäft, nicht immer so bezeichnet werden. Insbesondere bei Individualvereinbarungen im kaufmännischen Verkehr ist dabei darauf zu achten, dass umfangreiche Gewährleistungs- oder Schadensersatzansprüche nutzlos sind, wenn die geschuldete Leistung so umschrieben ist, dass ein Gewährleistungs- oder Schadensersatzfall überhaupt nicht eintritt. Andererseits liegt es im Interesse des Anbieters von Telekommunikationsdiensten, seine Leistungspflichten genau zu kennen, um das bestehende Gewährleistungs- und Schadensersatzrisiko einzuschätzen, kalkulieren und gegebenenfalls (vertraglich oder durch Einsatz entsprechender Technik) reduzieren zu können. Die (positive) Beschreibung der Leistungsinhalte unterliegt dabei – anders als deren nachträgliche Einschränkung über Zusatzformulierungen, Gewährleistungs- oder Haftungsausschlüsse – gem. § 307 Abs. 3 BGB **nicht der AGB-rechtlichen Inhaltskontrolle**.[166] Zugleich besteht hier auch der größte Spielraum mit Blick auf die Kunden-

---

160 Vgl. zur grundsätzlichen Zulässigkeit von Vertragsverlängerungsklauseln: OLG Hamm MMR 2010, 607; zur Vertragsverlängerung als Änderung und nicht als Novation des Vertrags, die aber dem Fernabsetzrecht unterliegen soll siehe AG Hannover MMR 2008, 494.
161 BGH NJW 1993, 1133 (1134).
162 BGH NJW 1985, 2328.
163 BGH NJW 2003, 1313 (1314).
164 BGH NJW 1997, 3022 (3023).
165 BGH K&R 2009, 335.
166 Palandt/*Heinrichs* § 307 Rn. 44.

V. Sonderfragen zu Allgemeinen Geschäftsbedingungen für Telekommunikationsdienste

schutzregelungen des TKG. Dabei ist freilich zu beachten, dass Verhandlungsspielräume für den Kunden regelmäßig nur bei Individualvereinbarungen im kaufmännischen Geschäftsverkehr bestehen, nicht aber im privaten Massengeschäft.

Wesentliche Leistungsinhalte und Qualitätsparameter (Service Levels) für den Bereich der Kommunikation sind beispielsweise die **Bereitstellungszeit** für Zugänge (Anschlüsse) und Dienste, die zur Verfügung stehende **Übertragungskapazität** (z. B. bei DSL und Mietleitungen), die **Verfügbarkeit** der Leistung im zeitlichen (regelmäßig jährlichen) Durchschnitt und die **maximale Dauer von Blockausfallzeiten**, die **Antwort- bzw. Laufzeiten** des Telekommunikationssystems des Anbieters, **Bitfehlerraten** (bei Mietleitungen und Datenübertragung) sowie die zur Verfügung stehenden Schnittstellen. Ferner sind für den Kunden von Bedeutung die **Reaktionszeiten** des Systems bei aufgetretenen Fehlern, Reaktionszeiten des Anbieters bei vom Kunden gemeldeten Fehlern und **Reparaturzeiten bzw. Entstörungszeiten**, innerhalb derer das System wieder zur Verfügung steht, sowie schließlich Service, Bereitstellungs- und Fehlermanagement und etwaige Eskalationsmöglichkeiten beim Management des Anbieters. 162

Häufig steckt dabei die Tücke im Detail. Einzelheiten werden hier anhand öffentlich zugänglicher AGB kurz dargestellt. Die im Rahmen des Telefondienstes angebotene mittlere **Durchlasswahrscheinlichkeit** von 97 % bedeutet, dass nicht in 100 % der Fälle eine Herstellung der Verbindung (auch Freizeichen oder Besetztzeichen) geschuldet ist. Schlägt also in drei von 100 Fällen die Herstellung der Verbindung fehl, ist die Leistung noch immer ordnungsgemäß und berechtigt den Teilnehmer nicht zur Geltendmachung von Ansprüchen. Noch deutlicher zeigt sich die Relevanz der Bestimmung der Leistungsinhalte bei DSL-Anschlüssen oder der Überlassung von Übertragungswegen (z. B. Festverbindungen, Datendirektverbindungen und internationale Mietleitungen). Die angebotene **jährliche mittlere Verfügbarkeit** solcher Leistungen liegt zwischen 97 (DSL) und 99 % (bestimmte Mietleitungen). Eine mittlere jährliche Verfügbarkeit von 97 % erlaubt eine maximale andauernde (bzw. gesamte) Ausfallzeit der betroffenen Anschlüsse oder Leitungen von etwa elf (!) Tagen, ohne dass der Anbieter dabei die so beschriebenen Leistungspflichten verletzen würde. Demgegenüber würde beispielsweise eine mittlere monatliche Verfügbarkeit in dieser Höhe lediglich eine maximale andauernde Ausfallzeit von nur etwa 21 Stunden erlauben. Bei einer mietvertraglichen Qualifizierung des Vertragsverhältnisses, was jedenfalls auf Mietleitungen zutreffen würde, wäre ohne derartige Regelungen grundsätzlich eine Verfügbarkeit von 100 % geschuldet. Aus diesem Grunde spielt es insbesondere im kaufmännischen Verkehr für den von der hohen Verfügbarkeit der eingekauften Telekommunikationsleistung abhängigen Kunden eine erhebliche Rolle, die **maximale Dauer von Blockausfallzeiten bzw. feste Entstörzeiten** festzulegen. Andererseits dürfen dabei die Erwartungen an die technischen Möglichkeiten des Anbieters nicht überspannt werden. Eine höhere und andauernde Verfügbarkeit lässt sich zwar durch die Vereinbarung von Ersatzwegeschaltungen erreichen, derartige Leistungen müssen aber zusätzlich eingekauft werden. Dabei wird es auf die individuellen Bedürfnisse des jeweiligen Kunden im Verhältnis zum jeweiligen Preis der Leistung ankommen. 163

Zu beachten ist in diesem Zusammenhang ferner, dass bei Qualifizierung des den Leistungen zugrunde liegenden Vertrags als **Dienstvertrag** eine **Minderung** des vereinbarten Entgelts (wie im Kauf-, Miet- oder Werkvertragsrecht) **nicht** ohne Weiteres in Betracht kommt. Vielmehr richtet sich dies nach den Grundsätzen des **Schadensersatzrechts** und erfordert ein **Verschulden** des Anbieters (§ 280 BGB).[167] Dies ist auch mit Blick auf die **Haftungsregelung** in § 44a TKG (s. o. Rdn. 122 ff.), insbesondere im kaufmännischen Geschäftsverkehr, unbefriedigend. Daher erlangen hier vertragliche Regelungen zu **Gutschriften, Vertragsstrafen** und/oder **pauschaliertem Schadensersatz** bei Nichteinhaltung von vereinbar- 164

---

167 S. etwa *Schneider*, Hdb EDV-Recht, O. Rn. 197.

ten (oder zu vereinbarenden) Qualitätsparametern (Service Levels) besondere Bedeutung. Typischerweise werden diese von den Anbietern (wenn angeboten) an das Entgelt für die betroffene Leistung geknüpft, und zwar abhängig vom Grad der Verletzung des Qualitätsparameters; dabei ist wiederum zu klären, ob ein Verschulden aufseiten des Anbieters erforderlich ist oder nicht.

4. Leistungsvorbehalte, Leistungs- und Preisänderungen

165 Leistungs- und Leistungsänderungsvorbehalte, die wie erwähnt der AGB-rechtlichen Kontrolle unterliegen, spielen in der Telekommunikation aus mehreren Gründen eine wichtige Rolle, und zwar insbesondere wegen
- der Anzahl der an einem Telekommunikationsdienst beteiligten Personen (Vorlieferanten) aufseiten des Anbieters;
- technischer Veränderungen und Entwicklungen;
- etwaiger regulierungsrechtlicher Eingriffe durch die BNetzA mit Auswirkungen auf die Leistung.

Daher haben die damit in Zusammenhang stehenden Vertragsklauseln der Anbieter häufig Anlass zu Rechtsstreitigkeiten gegeben. Hierzu zwei Beispiele aus jüngerer Zeit:

166 Im ersten Fall ging es um die Frage von Leistungseinschränkungen eines mit **Flatrate-Tarif** angebotenen DSL-Anschlusses bei mehr als verkehrs- und marktüblicher Nutzung (Stichwort: »**Port-Drosselung**«). Hintergrund ist, dass Flatrate-Tarifen eine Mischkalkulation hinsichtlich der Nutzungsintensität durch den Teilnehmer zugrunde liegt. Bei besonders intensiver Nutzung durch einzelne Teilnehmer entsteht daher für den Anbieter ein finanzielles Risiko, wenn seine Vorlieferanten ihm gegenüber nach Datenvolumen abrechnen. Deswegen neigen manche Anbieter dazu, offen oder versteckt die Übertragungskapazität des DSL-Anschlusses zu Drosseln, wofür unterschiedliche technische Möglichkeiten zur Verfügung stehen und was nicht zwangsläufig offensichtlich ist, weil Übertragungsgeschwindigkeiten bei den DSL-Produkten häufig (zulässigerweise) als Maximalgeschwindigkeit angegeben werden, d. h. ohne Leistungsversprechen, dass die Kapazität immer zur Verfügung steht. Das LG Düsseldorf hielt eine AGB-Klausel, die den Anbieter zur Sperre oder Kündigung bei mehr als verkehrs- und marktüblicher Nutzung durch den Teilnehmer berechtigt, wegen Verstoßes gegen § 307 BGB für **unwirksam**, weil der Begriff »verkehrs- und marktübliche Nutzung« intransparent sei, dem Anbieter im Ergebnis ein einseitiges Leistungsbestimmungsrecht vorbehalte und die Klausel nicht dem Charakter eines Flatrate-Produkts entspreche.[168] Für die **Vertragspraxis** bedeutet dies, dass sich die Anbieter nur durch Klauseln schützen können, die das erlaubte bzw. übliche Volumen näher beschreiben und/oder eine z. B. monatliche Mengenbegrenzung vorsehen. So gehen mittlerweile die Mobilfunknetzbetreiber vor, wenn sie bei **mobilen Flatrate-Tarifen** für Datendienste mit sog. Sternchentext erläutern, ab welchem vom Teilnehmer abgerufenen Datenvolumen die Anschlussgeschwindigkeit, also die Bandbreite des Anschlusses, begrenzt wird, typischerweise für den Rest des Abrechnungszeitraums.

167 Im zweiten Fall mit genereller Bedeutung über die Telekommunikation hieraus hat der BGH in zwei viel beachteten Urteilen entschieden, dass die verbreitet auch in der Telekommunikation genutzten **Leistungsänderungsvorbehalte bei »Zumutbarkeit«** für den Kunden und/oder unter Verwendung einer **Erklärungsfiktion mit Widerspruchslösung unwirksam** seien.[169] Die Kernaussagen des BGH sind, dass einseitige und nachträgliche Anpassung von essenziellen Regelungen grundsätzlich nur zulässig sind

---

168 LG Düsseldorf CR 2007, 579.
169 BGH CR 2008, 104 – Internetzugang, und CR 2008, 178 – Pay-TV; nachfolgend auch OLG Schleswig BeckRS 2009, 27633.

V. Sonderfragen zu Allgemeinen Geschäftsbedingungen für Telekommunikationsdienste

- bei unvorhersehbaren, vom Verwender nicht veranlassten Änderungen, zur Wiederherstellung der Äquivalenz oder
- bei Lücken (auch nachträglich bei unwirksamen Klauseln).[170]

Weder eine Widerspruchslösung mit Zustimmungsfiktion[171] noch ein Sonderkündigungsrecht für den Kunden[172] heilen die Nichtbeachtung der AGB-rechtlichen Anforderungen an Anpassungsklauseln. Ein Sonderkündigungsrecht des Verwenders bei Widerspruch des Kunden ist zudem unwirksam.[173] Auch technischer Wandel bei Telekommunikationsleistungen[174] oder deren Massengeschäftscharakter[175] befreien nicht von den AGB-rechtlichen Anforderungen an Anpassungsklauseln.

Aus den BGH-Urteilen lässt sich etwa folgendes Raster für Vertragsänderungen nach AGB-Recht des BGB anlegen: **168**

Leistung (§ 308 Nr. 4)	Preis (§ 307)	AGB (§ 307)
Anpassung zumutbar nur • bei »triftigen Gründen« und • wenn diese Gründe vorher benannt werden und • wenn davon keine essenziellen Vertragsbestandteile betroffen sind, es sei denn, die Anpassung stellt das vertragliche Gleichgewicht wieder her.	Anpassung nur • zur Wiederherstellung, nicht zur Erhöhung der Marge und nur • bei Kostenerhöhungen, wenn die einzelnen Kostenelemente und deren kalkulatorische Gewichtung offengelegt werden, aber ggf. auch geringere Konkretisierung ausreichend i. V. m. Kündigungsrecht des Teilnehmers.	Essenzielle Vertragsbestandteile (Laufzeit, Kündigung, auch (Neben-) Leistungen): • wie bei Leistung. Nicht essenzielle Vertragsbestandteile: Widerspruchslösung mit Zustimmungsfiktion denkbar.

Für die **Vertragspraxis** ist daraus bereits gefolgert worden, dass statt Verwendung des Begriffs Zumutbarkeit typische Änderungsgründe aufgeführt werden, etwa technische Veränderungen und Anpassungen (soweit die Leistung grundsätzlich erhalten bleibt, d. h. ohne dass Kosten verursachende Änderungen aufseiten des Teilnehmers notwendig sind) sowie regulierungsrechtliche Anforderungen. Der Anwendungsbereich für Änderungsvorbehalte ist damit allerdings sehr klein geworden.

Aus älterer Zeit stammen zwei divergierende Entscheidungen, die sich mit der Frage beschäftigen, inwieweit die typischerweise in Mobilfunkverträgen enthaltenen Hinweise auf die möglicherweise **nicht flächendeckende Versorgung**, die beeinträchtigte Versorgung in Gebäuden sowie zeitweilige Beschränkungen wegen ggf. vorhandener **Kapazitätsgrenzen** wirksame (und kontrollfreie) Leistungsbeschreibungen oder unzulässige Leistungsvorbehalte bedeuten.[176] Hier sprechen allerdings die besseren Gründe dafür, eine zulässige Leistungsbeschreibung anzunehmen. Anders sind freilich Vorbehalte zu beurteilen, welche die eigene Leistungspflicht sowie den Leistungsumfang davon abhängig machen, ob und in welchem Umfang **Vorleistungen Dritter** bei der jeweiligen Leistungserbringung zur Verfügung stehen. Leitungsausfälle bei einem Vorlieferanten können den Anbieter gegenüber seinem Teilnehmer nicht generell von der Leistungspflicht befreien.[177] **169**

---

170 BGH CR 2008, 104 Tz. 11 – Internetzugang.
171 BGH CR 2008, 104 Tz. 30 ff. – Internetzugang.
172 BGH CR 2008, 178 Tz. 13 – Pay-TV.
173 BGH CR 2008, 178 Tz. 37 ff. – Pay-TV.
174 BGH CR 2008, 104 Tz. 22 – Internetzugang.
175 BGH CR 2008, 178 Tz. 23 – Pay-TV.
176 Leistungsbeschreibung: OLG Düsseldorf NJW-RR 1997, 374 (378); Leistungseinschränkung: OLG Köln 15.05.1998, 6 U 72/97, Rn. 114.
177 So für den ähnlich gelagerten Haftungsausschluss gegenüber Schäden des Teilnehmers, die diesem im Rahmen der Inanspruchnahme des vom Anbieter angebotenen international Roamings durch ausländische Netzbetreiber entstehen: OLG Düsseldorf NJW-RR 1997, 374 (375).

170 Demgegenüber dürften Leistungsänderungsvorbehalte, die auf **Entscheidungen der BNetzA beruhen**, zulässig sein, wenn die betreffende Klausel auf diese Fälle hinweist. Sofern dabei dem Teilnehmer Kosten und/oder Schäden entstehen und die Entscheidung der BNetzA auf vom Anbieter zu vertretenden Gründen beruht, hat der Teilnehmer allerdings einen **Schadenersatzanspruch** gegen den Anbieter. Dabei ist fraglich, ob auf solche Fälle die Haftungsprivilegierung des § 44a TKG zugunsten des Anbieters anzuwenden ist. Denn die Vorschrift betrifft nach ihrem Sinn und Zweck Schäden, die bei der Erbringung von Telekommunikationsdiensten entstehen, nicht aber durch Leistungsstörungen, die außerhalb der eigentlichen Leistungserbringung liegen.

5. Zahlungsmethoden, Einwendungsausschlüsse und Sperre

171 Die vor allem im Mobilfunk typischerweise mit AGB-Klauseln vom Teilnehmer verlangte Teilnahme am Lastschriftverfahren, d. h. Erteilung einer **Einzugsermächtigung** durch den Teilnehmer zur Begleichung der Rechnung ist nur dann zulässig, wenn zwischen Rechnungsstellung und Einzug der Forderung bei der Bank des Teilnehmers wenigstens **fünf Werktage** liegen.[178] Der BGH begründet dies mit den nicht gleich bleibenden monatlichen Entgeltbeträgen für Mobilfunk-Verbindungen, sodass der Teilnehmer die Möglichkeit haben müsse, die Rechnung zu prüfen und ggf. für Deckung auf seinem Konto zu sorgen. Umgekehrt besteht für den Teilnehmer aber auch eine Pflicht zur zeitnahen Überprüfung der Rechnung, wenn er Einwände erheben möchte.[179] Bei Flatrate-Tarifen stellt sich diese Frage allerdings nicht (mehr).

172 In diesem Zusammenhang hält das OLG Düsseldorf eine Entgeltklausel, die für jede Art des **Wechsels des vereinbarten Zahlungsmodus'** ein Entgelt vorsieht, ebenfalls für unwirksam.[180] Ob dies auch für den Fall gilt, dass sich die Klausel auf den Wechsel vom Lastschriftverfahren zu einem anderen Zahlungsverfahren beschränkt, hat das Gericht dabei aber offen gelassen, jedoch bereits in einer früheren Entscheidung bejaht.[181] Auch die verbreiteten Klauseln zu Gebühren für Rücklastschriften hält das Gericht für unwirksam.[182]

173 Eine Klausel in Mobilfunk-AGB, wonach der Verwender sich bei jeglichem Zahlungsverzug des Kunden eine **Vollsperre** ohne vorherige Androhung vorbehält, ist wegen unangemessener Benachteiligung unwirksam, wenn schon Zahlungsverzug in beliebiger Höhe ein Recht zur Sperrung begründet und die AGB des Verwenders gleichzeitig vorsehen, dass der Kunde für die gesperrte Zeit gleichwohl grundentgeltpflichtig bleibt.[183] Zu vereinbaren sind vielmehr abgestufte Maßnahmen wie etwa eine vorläufige Abgangssperre.[184]

6. Haftungsregelungen

174 **Haftungsausschlüsse** für Schäden, die dem Teilnehmer von ausländischen Netzbetreibern im Rahmen des von seinem Mobilfunkanbieter angebotenen **international Roamings** zugefügt werden, verstoßen gegen § 309 Nr. 7 BGB und sind deswegen unwirksam, weil der Anbieter für deren Handlungen wie für **Erfüllungsgehilfen** einzustehen hat.[185] Dieser Gedanke ist auf sämtliche Telekommunikationsdienste verallgemeinerungsfähig, weil diese

---

178 BGH CR 2003, 819.
179 LG Bonn CR 2011, 21.
180 OLG Düsseldorf NJW-RR 2002, 1716.
181 OLG Düsseldorf NJW-RR 1997, 374 (377).
182 OLG Düsseldorf NJW-RR 2002, 1716 (1617).
183 OLG Schleswig BeckRS 2009, 27633; ähnlich OLG Köln MMR 2010 238 (240), bestätigt durch BGH MDR 2011, 408.
184 LG Itzehoe BeckRS 2009, 23867.
185 OLG Düsseldorf NJW-RR 1997, 374 (375).

V. Sonderfragen zu Allgemeinen Geschäftsbedingungen für Telekommunikationsdienste

häufig in Anbieterketten oder durch Einschaltung mehrerer Vorlieferanten erbracht werden.

In Bezug auf den **Verlust einer SIM-Karte** hat das OLG Schleswig im Jahr 1997 entschieden, dass eine Klausel, die dem Teilnehmer eine verschuldensunabhängige Risikohaftung für die nach Verlust der Karte aufgelaufenen Entgelte aufbürdet, unwirksam ist.[186] Wirksam ist dagegen eine Klausel, wonach der Kunde auch die Preise zu zahlen hat, die durch unbefugte Nutzung der überlassenen Leistungen durch Dritte entstanden sind, wenn und soweit er diese Nutzung zu vertreten hat (siehe auch oben Rdn. 112). Im Übrigen hat er nach Verlust der Karte nur die Verbindungspreise zu zahlen, die bis zum Eingang der Meldung über den Verlust der Karte angefallen sind.[187] Dies ist interessengerecht. 175

7. Guthabenverfallklauseln und Entgelte im Zusammenhang mit Deaktivierung und/oder Vertragsbeendigung

Zur Frage des **Guthabenverfalls** bei **Prepaid-Produkten** oder **Telefonkarten** nach Ablauf von einem Jahr oder bei Vertragsbeendigung liegen mehrere Urteile vor, die derartige AGB-Klauseln als **unwirksam** erachten.[188] Aus dieser Rechtsprechung folgt für die Praxis, dass etwaige Guthaben nicht verfallen dürfen, also bei Vertragsbeendigung ausbezahlt werden müssen. Dies dürfte im Ergebnis auch für Produktgestaltungen gelten, die dem Prepaid ähnlich sind und entsprechend zu berücksichtigen sein. 176

AGB-Klauseln, die **Deaktivierungsgebühren** von Mobilfunknetzbetreibern bei Vertragsbeendigung vorsehen, sind nach der Rechtsprechung des BGH und des OLG Düsseldorf **unwirksam**, weil hiermit keine Leistung erbracht wird, sondern der Netzbetreiber hier eigene Interessen wahrnimmt.[189] Das Gleiche gilt für Klauseln, die ein Entgelt für die Auflösung des Kundenkontos mit Abschlussrechnung vorsehen.[190] Die Ausgestaltung einer solchen Klausel als pauschalierter Aufwendungsersatz unter Beachtung von § 308 Nr. 7 BGB wird vom BGH allerdings offen gelassen.[191] Die gleichen Erwägungen dürften auch für die **Sperre** der Leistungen des Anbieters (etwa nach § 45k TKG) gelten. Dabei dürfte insbesondere eine Klausel zum Aufwendungsersatz bei Aufhebung der Sperre bzw. Wiederanschaltung in Betracht kommen, was in der Praxis auch oft anzutreffen ist. 177

D. Fazit

Das Vertragsrecht der Telekommunikation und der damit verbundene Verbraucherschutz haben in den letzten Jahren die höchstrichterliche Rechtsprechung beschäftigt. In der Folge wurden durch die TKG-Änderungsgesetze umfangreiche Neuerungen für den Kundenschutz eingeführt. Die Entwicklungen am Markt, wie auch die immer wieder auftretenden Missbräuche durch Anbieter werden daher viel Anlass zu weiteren streitigen Verfahren vor den Zivilgerichten, der BNetzA und den Verwaltungsgerichten geben. Dies gilt umso mehr mit Blick auf die geplanten Neuerungen der TKG-Novelle 2011. 178

Zugleich hat sich auf den Vorleistungs- und Endnutzermärkten eine Vertragspraxis entwickelt, die durch Veröffentlichungen von AGB im Amtsblatt der BNetzA und der Verfügbarkeit auf den Internet-Seiten der Anbieter ein hohes Maß an Öffentlichkeit besitzt. Dies 179

---

186 OLG Schleswig NJW-RR 1998, 54 (55).
187 OLG Köln MMR 2010, 238, bestätigt durch BGH MDR 2011, 408.
188 OLG München NJW 2006, 2416 zu Prepaid-Produkten im Mobilfunk; BGH NJW 2001, 2635 zu Telefonkarten im Festnetz.
189 BGH NJW 2002, 2386 = CR 2002, 658 m. Anm. *Heun*; ebenso OLG Düsseldorf NJW-RR 2002, 1716.
190 OLG Düsseldorf NJW-RR 2002, 1716.
191 BGH NJW 2002, 2386 (2388) = CR 2002, 658 (660) mit diesbezüglich erläuternder Anm. *Heun*.

geht aber nicht zwangsläufig mit Transparenz einher, wenngleich festgestellt werden kann, dass der Großteil des Marktes die Informationspflichten und Pflichten für Vertragsinhalte erfüllt.

180 Im kaufmännischen Verkehr werden Telekommunikationsverträge dagegen ab einer bestimmten Größenordnung individuell oder zumindest individualisierter gestaltet. Inhaltlich lehnen sich solche Verträge sowohl an die im Vorleistungsbereich der Telekommunikationsmärkte anzutreffenden Vereinbarungen wie auch an den in IT-Verträgen mittlerweile üblichen Standard an. Man wird daher insgesamt sagen können, dass die Telekommunikation und das zugehörige Vertragsrecht erwachsen geworden sind.

Teil 3
Recht des elektronischen Geschäftsverkehrs

Kapitel 10
Electronic Business: Der internationale und europäische Rahmen

Schrifttum

Dreier, Kabelweiterleitung und Urheberrecht, 1991 (zitiert: *Dreier*, Kabelweiterleitung); *Lehmann*, The Answer to the Machine Is Not in the Machine, in: Beier/Brüning-Petit/Heath, FS Pagenberg, 2006, S. 413 (zit. *Lehmann* in: FS Pagenberg); *Maennel*, Die europäische Richtlinie zum Electronic Commerce, in: Lehmann, Electronic Business in Europa. Internationales, europäisches und deutsches Online-Recht, 2002, S. 44 (zit. Lehmann/*Maennel*, Electronic Business); *Mankowski*, Herkunftslandprinzip und deutsches Umsetzungsgesetz zur E-Commerce-Richtlinie, IPRax 2002, 257; *Roßnagel*, Die europäische Richtlinie für elektronische Signaturen und ihre Umsetzung im neuen Signaturgesetz, in: Lehmann, Electronic Business in Europa. Internationales, europäisches und deutsches Online-Recht, 2002, S. 131 (zit. Lehmann/*Roßnagel*, Electronic Business); *ders.*, Elektronische Signaturen mit der Bankkarte? – Das Erste Gesetz zur Änderung des Signaturgesetzes, NJW 2005, 385; *Tettenborn*, Die Umsetzung der EG-Richtlinie über den elektronischen Geschäftsverkehr, in: Lehmann, Electronic Business in Europa. Internationales, europäisches und deutsches Online-Recht, 2002, S. 69 (zit. Lehmann/*Tettenborn*, Electronic Business, S. 69).

Übersicht

		Rdn.
A.	Die nationalen Rechtsentwicklungen	1
B.	Die europarechtlichen Grundlagen	2
I.	Die Richtlinie über den elektronischen Geschäftsverkehr und das Telemediengesetz (TMG)	2
	1. Überblick	2
	2. Der Vertragsabschluss	7
	3. Die Verantwortlichkeit im Netz	10
	4. Internationale Verpflichtungen	12
II.	Sonstige europäische Rechtsquellen	14
	1. Fernabsatz	15
	2. Schutz der Privatsphäre und elektronische Kommunikation	16
	3. Elektronische Signaturen	17
	4. Multimedia-Produkte	18
	5. Die Richtlinien zum Verbraucherkredit und zu den Zahlungsdiensten	19
	6. Einige Besonderheiten des Zivil- und Zivilprozessrechts	20
	a) AGB-Recht	21
	b) Art. 29, 29a EGBGB – Zwingender Verbraucherschutz	23
	c) Zuständigkeit in Verbrauchersachen – EuGVVO	25

A. Die nationalen Rechtsentwicklungen

Am 01.03.2007 ist das deutsche **Telemediengesetz (TMG)** als Teil des Gesetzes zur Vereinheitlichung von Vorschriften über bestimmte Informations- und Kommunikationsdienste (Elektronischer Geschäftsverkehr-Vereinheitlichungsgesetz – ElGVG)[1] in Kraft getreten. Es löst auf Bundesebene das alte Informations- und Kommunikationsdienstegesetz (IuKDG) und deren Nachfolgeregelungen, das Elektronische-Geschäftsverkehr-Gesetz (EGG) im Rahmen des Teledienstegesetzes (TDG) sowie auf Landesebene den Mediendienste-Staatsvertrag (MDStV) aus dem Jahr 1997 ab.[2] Denn das Telemediengesetz (TMG) behandelt nunmehr umfassend und ausschließlich zum Zweck der Vereinheitlichung der

1

---

[1] V. 26.02.2007, BGBl. 2007 I, 179 C (v. 28.02.2007); zum Inkrafttreten s. BGBl. 2007 I, 251 (v. 05.03.2007). S. auch *Roßnagel* K&R 2007, 2; *Spindler* CR 2007, 239; *Hoeren* NJW 2007, 801.

[2] Vgl. dazu *Moritz/Dreier* S. 103; *Gounalakis*, Rechtshdb. E-Business, S. 93; *Lehmann*, Electronic Business, S. 22. Die inhaltsbezogenen Anforderungen an Telemedien, die früher im Mediendienste-Staatsvertrag geregelt wurden, finden sich im 9. Staatsvertrag für Rundfunk und Telemedien, der gleichfalls am 01.03.2007 in Kraft getreten ist.

Rechtsregeln für alle Tele- und Mediendienste das Herkunftslandprinzip, die Zulassungsfreiheit, die allgemeinen Informationspflichten für Mediendiensteanbieter, die besonderen Informationspflichten der Werbung (»kommerzielle Kommunikationen«), die Verantwortlichkeit der Diensteanbieter, den Datenschutz sowie gewisse kleinere Änderungen des Jugendschutzgesetzes, des Zugangs- Kontrolldiensteschutz-Gesetzes sowie des Signaturgesetzes. Gleichzeitig traten das Teledienstegesetz (TDG)[3] und das Teledienstedatenschutzgesetz (TDDSG)[4] außer Kraft. Das neue Telemediengesetz dient der Zusammenführung der Regelungen für Tele- und Mediendienste sowie, wie seine Vorläufer, der Umsetzung der Richtlinie 2000/31/EG[5] über bestimmte rechtliche Aspekte der Dienste der Informationsgesellschaft, insbesondere des Elektronischen Geschäftsverkehrs (E-Commerce-Richtlinie).[6] Diese Richtlinie steht erneut auf der Agenda der Kommission der EU, die eine Überprüfung aller Vorschriften, die den digitalen Sektor betreffen, angekündigt hat, und die einen Evaluierungsbericht einer Expertengruppe[7] speziell zu dieser Richtlinie vorlegen will. Parallel dazu haben die Reformarbeiten zur Revision der Richtlinie »Fernsehen ohne Grenzen«,[8] deren Anwendungsbereich auf alle Mediendienste erstreckt.[9]

B. Die europarechtlichen Grundlagen

I. Die Richtlinie über den elektronischen Geschäftsverkehr und das Telemediengesetz (TMG)

1. Überblick

2   Die Richtlinie 2000/31/EG[10] über bestimmte rechtliche Aspekte der Informationsgesellschaft, insbesondere des elektronischen Geschäftsverkehrs im Binnenmarkt (»Richtlinie über den Elektronischen Geschäftsverkehr«, »E-Commerce-Richtlinie«) behandelt nicht nur die Werbung (»commercial communication«), den Vertragsschluss und die Neuregelung der Verantwortlichkeit im Netz, sondern möchte auch sonstige Rechtsfragen in horizontaler Hinsicht in Europa einheitlich regeln. Einige wichtige Wertungsansätze sollen hier zuerst hervorgehoben und sodann kritisch gewürdigt werden. Insoweit muss zunächst auf Art. 1 Abs. 3 und Erwägungsgrund 23 i. V. m. Art. 1 Abs. 4 der Richtlinie hingewiesen werden, welche deutlich zeigen, dass die »Freiheit« der Dienste der Informationsgesellschaft geradezu über den bisherigen europäischen Verbraucherschutz und über die traditionellen Regeln des IPR gestellt wurden. Dies ist aufgrund von Art. 12, 114 Abs. 3 AEUV (früher Art. 95 Abs. 3 EGV: hohes Schutzniveau für den Verbraucherschutz) und der völkerrechtlichen Verpflichtungen der Mitgliedstaaten, die z. B. aus dem Rom- und Brüssel-Übereinkommen sowie sonstigem Europäischen Recht (z. B. EuGVVO) resultieren, bedenklich.

---

3   V. 22.07.1997, BGBl. I, 1870.
4   V. 22.07.1997, BGBl. I, 1870 (1871).
5   V. 08.06.2000, ABl. EG L 178/1 (vom 17.07.2000).
6   Vgl. dazu ausf. Lehmann/*Maennel*, Electronic Business, S. 44.
7   ABl. EG L 282/20 (v. 26.10.2005). Vgl. auch: Eine Digitale Agenda für Europa, KOM (2010) 245.
8   Richtlinie 97/36/EG v. 30.06.1997 zur Änderung der Richtlinie 89/552/EWG, zur Koordinierung bestimmter Rechts- und Verwaltungsvorschriften der Mitgliedstaaten über die Ausübung der Fernsehtätigkeit, ABl. EG L 202/60 (v. 30.07.1997).
9   Vgl. Richtlinie 2007/65/EG v. 11.12.2007 über die Ausübung der Fernsehtätigkeit, ABl. EU L 332/27, vom 18.12.2007.
10 Vom 08.06.2000, ABl. EG L 178 (v. 17.07.2000); vgl. dazu den Bericht der Kommission v. 21.11.2003, KOM (2003) 702 endg. S. dazu insbesondere Lehmann/*Maennel*, Electronic Business, S. 44; Lehmann/ *Tettenborn*, Electronic Business, S. 69.

I. Die Richtlinie über den elektronischen Geschäftsverkehr und das Telemediengesetz (TMG)

Art. 1–3 definieren den Anwendungsbereich dieser Richtlinie (vgl. § 1 TMG), geben umfangreiche Begriffsbestimmungen, z. B. zur Definition der »**kommerziellen Kommunikation**« (vgl. § 2 Nr. 5 TMG), also jede Wirtschaftswerbung im weitesten Sinn, einschließlich product placement, Sponsoring, Public-Relation-Aktivitäten, und schreiben in Art. 3 Abs. 1 den Grundsatz des **Herkunftslandprinzips**[11] fest, welcher durch Art. 3 Abs. 3 i. V. m. dem Anhang, also insbesondere für das Urheberrecht, die verwandten Schutzrechte, die Topografien und den Datenbankschutz sowie alle sonstigen gewerblichen Schutzrechte wieder dergestalt gelockert wird, dass für diese das althergebrachte Territorialitätsprinzip erhalten bleibt (vgl. § 3 Abs. 3 TMG). Auch das Markenrecht musste freilich wegen des Territorialitätsprinzips aus dem Binnenmarktprinzip ausgeklammert werden (vgl. § 3 Abs. 3 Nr. 3 TMG). Dies gilt allerdings nicht für das Wettbewerbsrecht. Dieses Herkunfts- bzw. Ursprungslandprinzip, welches z. B. auch in der Fernseh- sowie Kabel- und Satellitenrichtlinie[12] niedergelegt worden ist, setzt allerdings schon das Bestehen eines einigermaßen gleichmäßigen Rechtsniveaus in der EU voraus; andernfalls ist geradezu ein Wettbewerb um die niedrigste Eingriffsschwelle zwischen den EU-Staaten, ein »race to the bottom«, vorprogrammiert.

3

Jedoch sollte im Netz auch nicht z. B. für Pornografieverbote das besonders niedrige Niveau einiger skandinavischer Länder den EU-Maßstab bestimmen, genauso wenig wie die Beurteilung von Schmähkritik und von Verletzungen des Allgemeinen Persönlichkeitsrechts das englische Recht, dem z. B. eine Caroline-von-Monaco-Rechtsprechung[13] nach deutschem Vorbild weitgehend fremd ist. Gerade weil das Internet, z. B. für Schmähkritik,[14] besonders weitreichende Möglichkeiten eröffnet, sollten besonders niedrige nationale Schutzstandards für die EU nicht entscheidungserheblich werden. Deshalb ist für den Electronic Commerce das Herkunftslandprinzip eigentlich ungeeignet; es führt nur zu einer Rechtsharmonisierung auf dem kleinsten gemeinsamen Nenner und somit zu einer Art Wirtschaftsrechtsdumping. Demgegenüber vorzugswürdiger erscheint ein modifiziertes Wirkungsstatut, das wir aus dem Kartell- und Wettbewerbsrecht kennen. Die EU-Kommission wollte die E-Commerce-Dienstleister aber nicht mit 27 verschiedenen Rechtsordnungen konfrontieren. Bei der Dienstleistungs-Richtlinie[15] wurde allerdings dieses Prinzip nicht spezifisch weiter verfolgt.

4

In den Art. 4 und 5 wurden die **Zulassungs- und Lizenzfreiheit** für alle Dienstleister (vgl. § 4 TMG) rund um das Netz, sowie bestimmte allgemeine Informationspflichten geregelt, welche der Erhöhung der Transparenz der am Electronic Commerce beteiligten Unternehmen dienen sollen. Insofern ergeben sich gewisse Parallelen zur Fernabsatzrichtlinie,[16] die ursprünglich nicht für den Electronic Commerce, sondern primär für den Verbraucherschutz beim Versandhandel geschaffen worden ist, aber zweifelsohne für ersteres Geschäftsfeld gleichermaßen Anwendung findet. Vor allem die Widerspruchsfrist von sieben Werktagen des Art. 6 dieser Richtlinie (vgl. §§ 312d, 355 BGB: Widerrufsfrist von zwei Wochen) wird hier für die Praxis relevant sowie der Art. 29a EGBGB, der gleichfalls in Zusammenhang mit der Umsetzung der Fernabsatzrichtlinie geschaffen wurde (Verbraucher-

5

---

[11] Vgl. statt vieler *Mankowski* IPRax 2002, 257; *ders.* EWS 2002, 401; *ders.* ZvglRWiss 100 (2001), 137.
[12] Richtlinie 93/83/EWG v. 27.09.1993, ABl. L 248/15; vgl. ausf. *Dreier*, Kabelweiterleitung, S. 13; *Dreier*, in: Quellen des Urheberrechts, Europäisches Gemeinschaftsrecht II-3, 1994; *Dreier* ZUM 1995, 458.
[13] Vgl. BGH NJW 1996, 1128; *Steffen* NJW 1997, 10; *Prinz* NJW 1996, 953. Vgl. als Ausnahmeregelung zum Herkunftslandprinzip für bestimmte Sachgebiete § 3 Abs. 5 TMG zur Abwendung von »Beeinträchtigungen oder ernsthaften und schwerwiegenden Gefahren« auf nationaler Ebene (öffentliche Sicherheit und Ordnung, Gesundheit und Verbraucherschutz).
[14] LG München CR 1997, 155 – Schmähkritik via Internet; OLG Nürnberg CR 1998, 686. Zur Abgrenzung s. auch BGH CR 2009, 593 – Spick mich.
[15] V. 12.12.2006, Richtlinie 2006/123/EG über Dienstleistungen im Binnenmarkt; ABl. EG L 376/36 (v. 27.12.2006); vgl. dazu auch *Basedow* EuZW 2004, 423.
[16] Richtlinie 97/7/EG v. 20.05.1997, ABl. EG L 144/19 (v. 04.06.1997).

schutz für die Sondergebiete: AGB-Recht, Fernabsatzgesetz, Fernunterrichtschutzgesetz und Teilzeit-Wohnrechtegesetz).

6 In den Art. 6–8 wurden einige Grundsätze für die Werbung im Netz niedergelegt, welche entsprechend einer anderen Initiative der EU-Kommission mit »kommerzieller Kommunikation« benannt worden sind. Inzwischen ist gem. § 7 Abs. 2 Nr. 2 UWG jeder Spam wettbewerbswidrig und muss darüber hinaus als Werbung beim Eingang vom Nutzer klar und unzweideutig als solches erkennbar sein. In § 16 TMG findet sich nun eine Bußgeldvorschrift gegen »verschleierte oder verheimlichte« Spams.

2. Der Vertragsabschluss

7 Akzeptabel ist die Regelung des **Vertragsabschlusses im Netz** gem. Art. 11 der Richtlinie (vgl. § 312e BGB). Danach sollen wie üblich zwei Willenserklärungen i. S. d. §§ 145, 147 BGB zu einem Vertragsabschluss führen, eine Bestellung des Verbrauchers und eine Bestätigung des Anbieters. Gemäß Art. 11 wird dabei offen gelassen, ob die Anpreisung einer Ware oder Dienstleistung im Netz als invitatio ad offerendum oder, offenbar dem spanischen Modell folgend, schon als Antrag i. S. d. § 145 BGB zu bewerten ist. Durch z. B. »das Anklicken eines Symbols«[17] kann dieser Antrag gem. § 147 BGB angenommen werden. Der Vertrag gilt erst dann als geschlossen, wenn der Nutzer vom Diensteanbieter auf elektronischem Wege die Bestätigung des Zugangs seiner Annahme beim Diensteanbieter erhalten hat oder diese Bestätigung beim Anbieter abrufen kann. Erleichtert wird dieses Verfahren durch eine juristische Fiktion, die dem § 151 Satz 1 BGB nahe kommt, denn die erwähnte Empfangsbestätigung gilt als beim Verbraucher eingegangen, »wenn die Partei, für die sie bestimmt ist, sie abrufen kann«.

Dieses Verfahren erscheint als netztauglich und auch der Anbieter muss nicht Gefahr laufen, dass ihm entgegengehalten wird, seine Bestätigung sei dem Verbraucher nicht zugegangen.

8 Durch die E-Commerce-Richtlinie (vgl. auch § 312e Abs. 1 BGB) werden in Art. 11 Abs. 2 dem Verbraucher außerdem umfangreiche Korrekturmöglichkeiten bei einer Bestellung eröffnet. Gemäß Art. 10 Abs. 3 müssen weiterhin die Vertragsbestimmungen und die Allgemeinen Geschäftsbedingungen dem Nutzer »so zur Verfügung gestellt werden, dass er sie speichern und reproduzieren kann«.

9 Außerdem gilt grundsätzlich Art. 29a EGBGB, sodass auch bei einer wirksamen Vereinbarung der Geltung ausländischen Rechts die nationale AGB-Kontrolle nicht ausgeschlossen ist. Die Voraussetzungen dieser Vorschrift werden gerade beim verbrauchergerichteten Electronic Commerce, B2C, regelmäßig erfüllt sein. Dabei handelt es sich auch um ein europa-rechtliches Prinzip, denn diese Kontrollvorschrift resultiert aus Art. 6 Abs. 2 der Richtlinie 93/13/EWG vom 05.04.1993 über missbräuchliche Klauseln in Verbraucherverträgen. Im Ergebnis wird daher häufig ausländisches Recht durch den »Kontrollfilter« der nationalen, europäischen AGB-Kontrolle »gereinigt«. Viele Allgemeine Geschäftsbedingungen des ausländischen Rechts vermögen nämlich erfahrungsgemäß dieser Kontrolle nicht standzuhalten und können daher im konkreten Einzelfall keine Wirkung zulasten des europäischen Verbrauchers in der EU entfalten; dies gilt insbesondere für schweizerische und amerikanische Anbieter.

---

17 Vgl. BGH NJW 2002, 363 – Internet-Auktion (mouse-click als Willenserklärung); Einzelheiten vgl. in Kap. 11.

I. Die Richtlinie über den elektronischen Geschäftsverkehr und das Telemediengesetz (TMG)

3. Die Verantwortlichkeit im Netz

Ein weiteres Kernstück dieser Richtlinie sowie des neuen TMG sind die Haftungsregelungen, welche sowohl strafrechtliche[18] als auch zivilrechtliche Relevanz beanspruchen; für den Verbraucherschutz können sie dabei freilich nur eine reflexartige Wirkung entfalten. Ziel dieser Vorschriften ist es insbesondere, die Net-Service-Provider, soweit sie nur als technische Gehilfen den Internet-Verkehr ermöglichen und unterstützen, möglichst weitgehend haftungsfrei zu stellen. Als Telekommunikatoren sollen sie nicht verpflichtet werden, sich mit den übermittelten Inhalten näher zu beschäftigen (vgl. §§ 7–10 TMG). Demgemäß statuiert Art. 15 (vgl. § 7 Abs. 2 TMG) der Richtlinie, dass den Diensteanbietern keine »allgemeine Verpflichtung« auferlegt werden darf, die von ihnen übermittelten und gespeicherten Informationen zu überwachen oder aktiv nach Umständen Ausschau zu halten, die auf eine rechtswidrige Tätigkeit hinweisen. Gleichermaßen haften reine Durchleitungsdienste, also z. B. Router oder Kommunikationsrelaisstationen, gem. Art. 12 (vgl. § 8 TMG) genauso wenig wie reine Zugangsvermittler zum Internet (access provider, connectivity provider). Art. 12 Abs. 2 korrespondiert dabei mit Art. 5 Abs. 1 der Richtlinie zum Urheberrecht in der Informationsgesellschaft,[19] der bestimmte, primär technische Vervielfältigungshandlungen ausdrücklich nicht als »Vervielfältigung« im Sinne des Urheberrechts definiert. Ähnlich sieht Art. 13 vor, dass automatische kurzzeitige Zwischenspeicherungen, etwa durch einen Proxy-Server (vgl. § 9 TMG) grundsätzlich nicht zu einer zivilrechtlichen Haftung führen. Ausgenommen von dieser Privilegierung sind nur Unterlassungsansprüche,[20] etwa analog § 1004 BGB oder gem. § 97 UrhG, die verschuldensunabhängig sind.

Ähnlich kompliziert wie die noch detaillierter, aber inhaltlich auch besser ausgearbeiteten amerikanischen Haftungsregeln im »Digital Millennium Copyright Act«[21] ist Art. 14 (vgl. § 10 TMG), der die Haftung für die Bereithaltung fremder Inhalte in einem Server (sog. »hosting« etwa durch einen bulletin board service) regeln soll. Hier kann eine Haftung nur dann ausgeschlossen werden, wenn dieser service provider »keine tatsächliche Kenntnis von der rechtswidrigen Tätigkeit oder Information« hat, und er sich, wenn es um Schadensersatzansprüche geht, »auch keiner Tatsachen oder Umstände bewusst« ist, »aus denen die rechtswidrige Tätigkeit oder Information offensichtlich wird«. Außerdem muss er, nachdem er erfahren hat oder ihm bewusst geworden ist, dass die Tätigkeit illegal ist, unverzüglich tätig werden, »um die Information zu entfernen oder den Zugang zu ihr zu sperren«. Dies kann z. B. eine adäquate Reaktion auf eine Abmahnung sein, dass auf seinem Server urheberrechtsverletzendes Material, etwa plagiierte Musikwerke, vorgehalten wird.

Diese weitgehende Haftungsfreistellung, die zu einer völligen Überarbeitung des deutschen Haftungsrechts im Netz führte (vgl. IuKDG, EGG und jetzt TMG), ist insoweit verwunderlich, als rechtshistorisch betrachtet bereits seit *Savigny* für neue und insbesondere technische im Wesentlichen vom Betreiber zu beherrschende Gefahren (z. B. Eisenbahn, KfZ-

---

18 Zur strafrechtlichen Verantwortlichkeit vgl. ausf. Kap. 26; *Sieber*, Verantwortlichkeit im Internet, passim. Zur zivilrechtlichen Haftung nach dem alten TDG siehe auch *Freytag*, Haftung im Netz, passim; BGH MMR 2004, 668 – Internetversteigerung-ROLEX.
19 S. oben Kap. 3 Rdn. 59: Vorübergehende Vervielfältigungshandlungen, wie vergängliche und begleitende Vervielfältigungen, die einen wesentlichen und integralen Teil eines technischen Verfahrens darstellen, einschließlich solcher, die ein effektives Funktionieren von Übertragungssystemen erleichtern, und deren alleiniger Zweck es ist, eine Nutzung eines Werkes oder sonstigen Schutzgegenstands zu ermöglichen und die keine eigenständige wirtschaftliche Bedeutung haben, sind keine Vervielfältigungen.
20 Für Unterlassungsansprüche findet sich zudem in der Info-Urheberrechtsrichtlinie eine Sonderregelung in Art. 8 Abs. 3 i. V. m. Erwägungsgrund 58: »gerichtliche Anordnungen« müssen auch »gegen Vermittler beantragt werden können, und zwar auch dann, wenn sie keine Vervielfältigung i. S. d. Art. 2 Abs. 1 der Richtlinie tätigen«. Vgl. oben Kap. 3 Rdn. 64. S. auch BGH MMR 2004, 668 – Internetversteigerung-ROLEX (zu § 11 TDG). Zur Provider-Haftung für Musiktauschbörsen OLG München CR 2001, 333; zur Haftung für Suchmaschinen EuGH GRUR Int. 2010, 385 – Google/Vuitton.
21 H. R. 2281, sec. 202, §§ 512 ff.; vgl. dazu auch *Bettinger/Freytag* CR 1998, 545 (552).

Halter) grundsätzlich eine Gefährdungshaftung, also eine Haftung ohne Verschulden, vom deutschen Gesetzgeber eingeführt worden ist.

4. Internationale Verpflichtungen

12 Darüber hinaus müssen derartige Haftungsregeln dem europäischen Recht und den völkerrechtlichen Verpflichtungen entsprechen, welche auf diesem Gebiet, z. B. für das Urheberrecht, Patentrecht und Markenrecht existieren, und dies sind die WTO/TRIPS[22] sowie die Enforcement-Richtlinie.[23]

13 Gemäß Art. 41 TRIPS müssen die Mitgliedstaaten dieses Vertragswerks sicherstellen, »dass die in diesem Teil aufgeführten Durchsetzungsverfahren in ihrem Recht vorgegeben werden, um ein wirksames Vorgehen gegen jede Verletzung von unter dieses Übereinkommen fallenden Rechten des geistigen Eigentums ... zu ermöglichen«. Es erscheint daher höchst bedenklich, ob die Art. 12 ff. der E-Commerce-Richtlinie wegen ihrer weitgehenden Haftungsfreistellungen dieser grundsätzlichen Verpflichtung noch zu entsprechen vermögen. Speziell schreibt Art. 45 TRIPS weiter für den Schadensersatz vor, »dass der Verletzer dem Rechtsinhaber zum Ausgleich des von diesem wegen einer Verletzung seines Rechts des geistigen Eigentums durch einen Verletzer, der wusste oder **vernünftigerweise hätte wissen müssen**, dass er eine Verletzungshandlung vornahm, erlittenen Schadens angemessenen Schadensersatz zu leisten hat«. Auch die Enforcement-Richtlinie generiert weitgehende Schadensersatz- und Gewinnabschöpfungsansprüche, welche das TMG grundsätzlich versperrt. Eine bessere Integration der Haftung der E-Commerce-Dienstleister in das allgemeine Haftungsrecht ist daher angezeigt. Der BGH hat daher zu Recht diese Haftungsbeschränkungen für Unterlassungsansprüche aufgrund von Verletzungen des geistigen und gewerblichen Eigentums prinzipiell abgelehnt und auch eine Störerhaftung bejaht.[24]

II. Sonstige europäische Rechtsquellen

14 Neben der E-Commerce-Richtlinie (s. o. Rdn. 2) gibt es zahlreiche andere europäische Rechtsvorschriften, die trotz einer weniger zielgerichtet ausgestalteten Regelung für den Bereich des electronic business erhebliche Relevanz erlangen. Unter den mehr topisch orientierten Gesichtspunkten des Verbraucherschutzes[25] und des Datenschutzes[26] werden sie im Folgenden im Detail dargestellt, sodass hier nur ein zusammenfassender Überblick über die europäischen Rechtsquellen angeboten werden soll.

---

22 *Lehmann* CR 1998, 232 (234).
23 V. 29.04.2004, Richtlinie 2004/48/EG zur Durchsetzung der Rechte des geistigen Eigentums, ABl. EU L 195, S. 16; vgl. dazu *Koch* ITRB 2006, 40. Umsetzung durch Gesetz zur Verbesserung der Durchsetzung von Rechten des geistigen Eigentums v. 07.07.2008, BGBL. 2008 I 1191 (v. 11.07.2008), in Kraft ab 01.09.2008.
24 BGH GRUR 2004, 860 – Internet-Versteigerung I; BGH GRUR 2008, 702 – Internet-Versteigerung III. Zu den wettbewerbsrechtlichen Verkehrspflichten vgl. BGH GRUR 2007, 890 – Jugendgefährdende Schriften bei eBay; eine Übertragung dieser Rechtsprechung auf das UrhG lehnt der BGH allerdings ab, BGH NJW 2010, 2061 – Störerhaftung des WLAN-Inhabers; s. auch FA-GewRS/*Haberstumpf* Kap. 7 Rn. 312 ff.
25 Vgl. dazu Kap. 11. Vgl. in diesem Zusammenhang auch den Vorschlag einer Richtlinie über Rechte der Verbraucher v. 08.10.2008, KOM (2008) 614/4, insbesondere S. 7 ff zum Internethandel. Hiermit sollen die Haustürgeschäfte-, AGB-Recht-, Fernabsatz- und Verbrauchsgüterkauf-Richtlinien konsolidiert werden.
26 Vgl. Kap. 20.

II. Sonstige europäische Rechtsquellen

1. Fernabsatz

Erwähnt werden muss dabei zunächst die Fernabsatzrichtlinie,[27] welche zwar ursprünglich die Vorschriften für den Versandhandel in der EU harmonisieren sollte, aber ebenso auch auf alle Verbraucherverträge Anwendung findet, die unter ausschließlichem Einsatz von »Fernkommunikationstechniken« abgeschlossen wurden. In diesem Fall ist vor allem das zweiwöchige Widerrufsrecht der §§ 312d, 355 BGB einschlägig. Umstritten ist, unter welchen Umständen das einmonatige Widerrufsrecht bei Verbrauchsgüterkäufen, z. B. via eBay, zu beachten ist, wenn bestimmte Informationspflichten nicht erfüllt worden sind.[28]

15

2. Schutz der Privatsphäre und elektronische Kommunikation

Hatte die E-Commerce-Richtlinie im Anhang[29] die Bewältigung des Problems des Spamming (ähnlich wie »cold calling«, unerbetene Anrufe, Nachrichten oder Werbung) noch den Mitgliedstaaten zur nationalen Regelung überantwortet, wurde durch die Richtlinie 2002/58/EG über die Verarbeitung personenbezogener Daten und den Schutz der Privatsphäre in der elektronischen Kommunikation,[30] die sog. opt-in-Lösung in Art. 13 festgeschrieben. Dies bedeutet, dass der Einsatz von automatischen Anrufmaschinen, Faxgeräten oder von elektronischer Post in der EU für Zwecke der »Direktwerbung« nur nach vorheriger Einwilligung der Teilnehmer erlaubt ist.[31] Nach der UWG-Novelle findet sich nun die entsprechende Regelung in § 7 Abs. 2 Nr. 3 UWG, die Werbung mittels elektronischer Post ohne vorherige, ausdrückliche Einwilligung des Adressaten, per se untersagt.[32] Verschärft wird diese Regelung nunmehr noch durch §§ 6, 16 TMG, die bei einer Verschleierung oder Verheimlichung unerbetener Kommunikationen durch einen Diensteanbieter im Netz ein Bußgeld zur Ahndung dieser Ordnungswidrigkeit von bis zu 50.000,– € androht.

16

3. Elektronische Signaturen

Erleichtert werden sollte auch die elektronische Unterschrift durch die Signaturrichtlinie,[33] deren Akzeptanz und Durchsetzung in der Praxis überall in der EU freilich bis heute sehr zu wünschen übrig lässt; dies vielleicht auch deshalb, weil die typischen Alltagsgeschäfte im Internet keiner besonderen Form bedürfen. Ob sich dies nach der Änderung des Signaturgesetzes, in Kraft getreten am 11.01.2005,[34] verändern wird, bleibt vorerst noch abzuwarten. Der Vertrieb von Signaturkarten im Fernabsatz ist jedenfalls nunmehr möglich, sodass die Kreditinstitute mit ihren Bankkarten auch die Ermöglichung der Verwendung von Signaturverfahren verbinden können.

17

---

27 V. 20.05.1997, Richtlinie 97/7/EG, ABl. EG L 144/19 (v. 04.06.1997); s. dazu *Härting*, Fernabsatzgesetz, passim; *Lütcke*, Fernabsatzrecht, S. 3; Grabitz/Hilf/*Micklitz*, Recht der Europäischen Union, A3 (Erg.Lfg. 15, 2000), 1.Vgl. in diesem Zusammenhang auch Richtlinie 2002/65/EG über den Fernabsatz von Finanzdienstleistungen an Verbraucher und zu Änderung der Richtllinie 90/619/EWG des Rates und der Richtlinie 97/7/EG (Fernabsatz) und 98/27/EG, v. 23.09.2002, ABl. EG L271/16 (v. 09.10.2002). Dadurch wurden u. a. neue Pflichten der Unterrichtung des Verbrauchers vor Abschluss eines Fernabschlussvertrages statuiert.Hinsichtlich der Zusendung unbestellter Waren vgl. 241a BGB (unbestellte Leistungen) und die Richtlinie über unlautere Geschäftspraktiken, Richtlinie 2005/29/EG v. 11.05.2005, ABl. EU L149/22 v. 11.06.2005, Art. 15 – unbestellte Waren oder Dienstleistungen.
28 Vgl. KG CR 2006, 680; OLG Hamburg CR 2006, 854; s. dazu *Waitkewitsch/Pfitzer* MDR 2007, 61. Ein Widerrufsrecht besteht selbst auch dann, wenn der Fernabsatzvertrag nichtig ist, BGH NJW 2005, 1490 – Radarwarngerät.
29 S. oben Fn. 10.
30 V. 12.07.2002, ABl. EG L 201/37 (v. 31.07.2002).
31 Vgl. ebenso zum »cold calling« EuGH GRUR Int. 1995, 900 – Alpine Investments.
32 Vgl. *Piper/Ohly/Sosnitza* § 7 Rn. 41 ff.
33 V. 13.12.1999, ABl. EG L 13/12 (v. 19.01.2000); vgl. dazu ausf. Lehmann/*Roßnagel*, Electronic Business, S. 131; *Roßnagel* NJW 2005, 385.
34 BGBl. I 2005, 2; vgl. dazu *Roßnagel* NJW 2005, 385.

4. Multimedia-Produkte

18 Für über das Netz vertriebene Multimedia-Produkte, etwa Werke der Musik oder Film- und Videowerke, spielen die urheberrechtlichen Richtlinien, insbesondere die Datenbank-[35] und Info-Richtlinie,[36] eine wichtige Rolle, wobei die Marktdurchsetzung von praxistauglichen Digital-Rights-Management-Systemen (DRM),[37] vielleicht mit Ausnahme von i-Tunes, bislang – auch in den USA – noch nicht richtig geglückt zu sein scheint. Die mangelnde Verbraucherakzeptanz von technischen Sperren und Sicherungssystemen (»copy control«), etwa gem. § 95a ff. UrhG, sowie das evolutive Gegenspiel von digitalen Sicherungssystemen (»digital locks«) einerseits, und digitalen Umgehungsstrategien andererseits, verlangt eine Abkehr von urheberrechtlich geschützten technischen Maßnahmen (»digital watermarks«) und eine Hinwendung zum Vertragsrecht unter Entwicklung netzadäquater Geschäftsmodelle.[38] Langfristig wird außerdem zu prüfen sein, ob die Integration von Multimedia-Produkten in das Schutzsystem des Urheberrechts ebenso gelingen kann, wie dies bei den Computerprogrammen und Datenbanken im Großen und Ganzen der Fall ist; die Diskussion über den »Zweiten und Dritten Korb« zur Urheberrechtsnovellierung[39] zeigt deutlich, dass hier das klassische Urheberrecht an seine immanenten Grenzen stößt.

5. Die Richtlinien zum Verbraucherkredit und zu den Zahlungsdiensten

19 Erwähnt werden soll noch die Richtlinie 2008/48/EG über Verbraucherkreditverträge[40] und die Richtlinie 2007/64/EG über Zahlungsdienste[41] die durch das am 11.06.2010 in Kraft getretene »Gesetz zur Umsetzung der Verbraucherrichtlinie, des zivilrechtlichen Teils der Zahlungsrichtlinie sowie zur Neuordnung der Vorschriften über das Widerrufs- und Rückgaberecht«[42] in das deutsche Recht überführt worden sind und dabei erneut zu einer weitreichenden Überarbeitung unseres BGB, insbesondere der §§ 491a ff. BGB (besondere Vorschriften für Verbraucherdarlehensverträge) und der §§ 675c ff. (Zahlungsdienste) geführt haben. Diese europäischen Regelungen verfolgen zwar keine netzspezifischen Intentionen, haben aber für viele elektronische Rechtsgeschäfte gleichermaßen Relevanz, wie in der »analogen Welt«, was insbesondere für die Zahlungsdienste gilt.

6. Einige Besonderheiten des Zivil- und Zivilprozessrechts

20 Einige Besonderheiten mit EU-weiter Geltung des Zivil- und Zivilprozessrechts, die spezifische Bedeutung für das europäische electronic business haben, sollen abschließend hier noch aufgelistet werden.

a) AGB-Recht

21 Durch die AGB-Richtlinie[43] für Verbraucherverträge werden im Anhang, lit. i) zu Art. 3 Abs. 3, Klauseln für unwirksam erklärt, hinsichtlich welcher einem Verbraucher keine rea-

---

35 S. oben Kap. 3 Rdn. 31.
36 S. oben Kap. 3 Rdn. 52.
37 S. oben Kap. 3 Rdn. 63 und Kap. 18 Rdn. 240.
38 Vgl. dazu *Zypries*, Warum wir ein NetGB brauchen – auch die digitale Gesellschaft braucht Regeln, K&R 2010/6 – editorial; *Lehmann* in: FS Pagenberg, S. 413.
39 Vgl. Gesetzesentwurf der Bundesregierung eines Zweiten Gesetzes zur Regelung des Urheberrechts in der Informationsgesellschaft v. 15.06.2006, BT-Drucks. 16/1828; s. etwa die Abstimmungsprobleme von § 53 UrhG (private Vervielfältigung) mit § 95b UrhG (Durchsetzung der Schrankenbestimmung); hier wird bewusst die digitale Privatkopie ausgeklammert.
40 V. 23.04.2008, ABl. EU L133/66 (v. 22.05.2008).
41 V. 13.11.2007, ABl. EU L319/1 (v. 05.12.2007).
42 V. 29.07.2009, BGBl. 2009 I Nr. 49 (v. 03.08.2009).
43 V. 05.04.1993, Richtlinie 93/13/EG, ABl. EG L 95/29 (v. 21.04.1993).

listische Möglichkeit der Kenntnisnahme vor Abschluss eines Vertrages eingeräumt worden ist (vgl. dazu auch § 305 Abs. 2 Nr. 2 BGB).

Bei Verwendung von Schutzhüllen-Verträgen (»shrink-wrap licences«, »tear-open contracts«) wird regelmäßig diese Rechtsfolge eintreten, wenn diese Klauseln nicht in Cellophan so eingeschweißt worden sind, dass der Verbraucher sie ganz und vollständig vor Vertragsabschluss zur Kenntnis nehmen kann. Gemäß § 312e Abs. 1. Nr. 4 BGB muss im elektronischen Geschäftsverkehr zudem jedem europäischen Verbraucher die Möglichkeit verschafft werden, die »Vertragbestimmungen einschließlich der Allgemeinen Geschäftsbedingungen bei Vertragsabschluss abzurufen und in wiedergabefähiger Form zu speichern«.[44] Verstöße gegen diese Informationspflichten können auch gem. §§ 307, 306 BGB (Transparenzgebot) zur Nichtigkeit der entsprechenden Klauseln führen. 22

b) Art. 29, 29a EGBGB – Zwingender Verbraucherschutz

Der Grundsatz der freien Rechtswahl gem. Art. 27 EGBGB darf nicht dazu führen, dass für Verbraucherverträge die zwingenden Schutzbestimmungen des Rechts des Staates, in dem der Verbraucher seinen gewöhnlichen Aufenthalt hat, ausgeschlossen werden (vgl. Art. 29 EGBGB), wenn dem Vertragsschluss ein ausdrückliches Angebot oder eine **Werbung**[45] in diesem Staat vorausgegangen ist (also z. B. eine Marketingmaßnahme im Internet) und wenn der Verbraucher in diesem Staat die zum Abschluss des Vertrages erforderlichen Rechtshandlungen vorgenommen, also z. B. den mouse-click der Bestellung[46] i. S. d. § 312e BGB, getätigt hat. Entsprechendes gilt, wenn der Anbieter oder sein Vertreter die Bestellung des Verbrauchers in diesem Staat entgegen genommen hat oder wenn der Verbraucher auf einer »Kaffeefahrt« im Ausland die Bestellung aufgegeben hat. 23

Art. 29a EGBGB bestimmt weiterhin zwingend die Anwendung zahlreicher verbraucherschutzrechtlicher EU-Richtlinien (z. B. AGB, Fernabsatz, Verbrauchsgüterkauf),[47] wenn die Rechtswahl zur Anwendung des Rechts eines Staates führt, der nicht Mitglied der EU ist, also z. B. schweizerischen oder amerikanischen Kaufrechts. Dieser europa-rechtliche »ordre public« (vgl. auch Art. 6 Abs. 2 ROM I) des Verbraucherschutzes sichert, genauso wie die Ausnahme der »Vorschriften für vertragliche Schuldverhältnisse in Bezug auf Verbraucherverträge« vom Herkunftslandprinzip (vgl. § 3 Abs. 2 und 3 Nr. 2 TMG), die Einhaltung der europäischen Standards des Verbraucherschutzes auch beim Abschluss von internationalen Verbraucherverträgen zu. Für den europäischen Binnenmarkt verbessert auch ROM I die Rechtsstellung der Verbraucher in Europa (vgl. Art. 6: »Verbraucherverträge«). 24

c) Zuständigkeit in Verbrauchersachen – EuGVVO

Aus zivilprozessualer Sicht wird der europäische Verbraucher auch begünstigt, wenn er innerhalb der EU grenzüberschreitend einen Vertrag zu einem Zweck abgeschlossen hat, »der nicht der beruflichen oder gewerblichen Tätigkeit dieser Person zugerechnet werden kann«, und es sich um einen Kaufvertrag für bewegliche Sachen auf Teilzahlung handelt, oder der Anbieter mit Sitz in einem Mitgliedstaat, der Wohnsitzstaat des Verbrauchers ist, seine berufliche oder gewerbliche Tätigkeit zumindest auch auf diesen Mitgliedstaat 25

---

44 Vgl. die E-Commerce-Richtlinie, s. o. Rdn. 2.
45 Zur Haftung für Werbeangaben in der EU vgl. Richtlinie v. 25.05.1999, 1999/44/EG zu bestimmten Aspekten des Verbrauchsgüterkaufs und der Garantien für Verbrauchsgüter, ABl. EG L 171/12 = NJW 1999, 242; zur Umsetzung s. *Jorden/Lehmann* JZ 2001, 952; *Lehmann*, Electronic Business, S. 30; *Lehmann* DB 2002, 1090; *Bernreuther* MDR 2003, 63. S. auch §§ 434, 443, 474 ff. BGB.
46 BGH NJW 2002, 363 – Internet-Auktion.
47 Strittig ist, inwieweit dieser Katalog, etwa durch analoge Anwendung, erweitert werden kann, vgl. *Paefgen* ZEuP 2003, 266 (292); *Lehmann* in: FS A. Heldrich, S. 838.

ausgerichtet hat (vgl. Art. 15 EuGVVO – Verbrauchersachen).[48] Anders und verkürzt formuliert, wenn ein Verbraucher in der EU einen Verbrauchervertrag abschließt, der ihm gegenüber von einem beruflich oder gewerblich tätigen Anbieter mit Sitz in der EU zuvor im Netz angebahnt oder beworben worden ist, muss Art. 16 EuGVVO zur Anwendung kommen. Dies hat zur Konsequenz, dass der Verbraucher am Wohn- bzw. Geschäftssitz des Anbieters oder an seinem eigenen Wohnsitz (Heimatgerichtsstand) einen Gerichtsstand findet, zumal zu seinen Lasten eine Prorogation prinzipiell nicht möglich ist (vgl. Art. 17, 23 Abs. 5 EuGVVO). Der europäische Verbraucher kann also »forum shopping« betreiben und hat, wenn er seinen eigenen Heimatgerichtsstand wählt, den Vorteil des direkten Verkehrs mit seinen Anwälten, in seiner Heimatsprache, der Anwendung des eigenen Zivilprozessrechts (»lex fori«) und der Regeln des eigenen, nationalen und internationalen IPR (einschließlich von ROM I und II) und IZPR. Der EU-Ausländer, als verklagter Unternehmer, muss sich folglich vor dem Heimatgericht des Verbrauchers verteidigen.[49]

---

48 Verordnung (EG) Nr. 44/2001 v. 22.12.2000 über die gerichtliche Zuständigkeit und die Anerkennung und Vollstreckung von Entscheidungen in Zivil- und Handelssachen, ABl. EG L 12/1 (v. 16.01.2001).
49 Weitere Einzelheiten vgl. in Kap. 2 und 25.

Kapitel 11
Verbraucherschutz, Fernabsatz

Schrifttum

Arnold/Doetsch, Verschärfte Verbraucherhaftung beim Widerruf, NJW 2003, 187; *Artz,* Neues Verbraucherkreditrecht im BGB, Jahrbuch Junger Zivilrechtswissenschaftler 2001, 227; *Benicke,* Pflicht zum Wertersatz im neuen Rücktrittsrecht bei Verbrauch und Veräußerung, ZGS 2002, 369; *Brönneke,* Abwicklungsprobleme beim Widerruf von Fernabsatzgeschäften, MMR 2004, 127; *Bülow/Artz,* Fernabsatzverträge und Strukturen eines Verbraucherprivatrechts im BGB, NJW 2000, 2049; *Bürger,* Das Fernabsatzrecht und seine Anwendbarkeit auf Rechtsanwälte, NJW 2002, 465; *Drexl,* Die wirtschaftliche Selbstbestimmung des Verbrauchers: eine Studie zum Privat- und Wirtschaftsrecht unter Berücksichtigung gemeinschaftsrechtlicher Bezüge, 1998; *ders.,* Verbraucherrecht – Allgemeines Privatrecht – Handelsrecht, in: Schlechtriem (Hrsg.): Wandlungen des Schuldrechts, 2002, S. 97 (zit. Schlechtriem/*Drexl*); *Effer-Uhe/Watson,* Der Entwurf einer horizontalen Richtlinie über Rechte der Verbraucher, GPR 2009, 7; *Enders,* Neuerungen im Recht der Verbraucherdarlehensverträge – Fortschritt oder Rückschritt für den Verbraucherschutz?, 2004; *ders.,* Haustürgeschäft des Sicherungsgebers bei der Bestellung akzessorischer Sicherheiten, Anm. zu BGH, Urt. v. 10.01.2006, XI ZR 169/05, JZ 571; *Flume, W.,* Vom Beruf unserer Zeit für Gesetzgebung, ZIP 2000, 1427; *Fritsche,* Die Einführung des elektronischen Rechtsverkehrs im Privatrecht – eine Übersicht, NJ 2002, 169; *Gaertner/Gierschmann,* Das neue Fernabsatzgesetz, DB 2000, 1601; *Grigoleit,* Besondere Vertriebsformen im BGB, NJW 2002, 1151; *Grohmann/Gruschinske,* Kostentragung bei widerrufenen Fernabsatzgeschäften – Zugleich Besprechung von EuGH, Urt. v. 15.04.2010 – C-511/08, ZGS 2010, 268, ZGS 2010, 250; *Gsell,* Entscheidungsanmerkung zu EuGH, Urt. v. 15.04.2010 – C-511/08, ZJS 2010, 438; *Härting/Schirmbacher,* Fernabsatzgesetz – Ein Überblick über den Anwendungsbereich, die Systematik und die wichtigsten Regelungen, MDR 2000, 917; *Hager,* Das geplante Recht des Rücktritts und des Widerrufs, in: Ernst/Zimmermann (Hrsg.), Zivilrechtswissenschaft und Schuldrechtsreform, 2001, S. 429 (zit. Ernst/Zimmermann/*Hager*); *Hassemer,* Elektronischer Geschäftsverkehr im Regierungsentwurf zum Schuldrechtsmodernisierungsgesetz, MMR 2001, 635; *Held/Schulz, N.-K.,* Fernabsatz von Finanzdienstleistungen – Umsetzung in der Bankpraxis, BKR 2005, 270; *Hoeren,* Das Telemediengesetz, NJW 2007, 801; *Höhne,* Anmerkung zu EuGH, Urt. v. 15.04.2010 – C-511/08, jurisPR-ITR 11/2010 Anm. 2; *Junker,* Die Entwicklung des Computerrechts in den Jahren 2003/2004, NJW 2005, 2829; *Kohler,* Rücktrittsgleiche Bereicherungshaftung, JZ 2002, 682; *Köhler,* Neue Regelungen zum Verbraucherschutz bei Telefonwerbung und Fernabsatzverträgen, NJW 2009, 2567; *Kulke,* Der Gesetzesentwurf zur Umsetzung der Verbraucherkreditrichtlinie, des zivilrechtlichen Teils der Zahlungsdiensterichtlinie sowie zur Neuordnung der Vorschriften über das Widerrufs- und Rückgaberecht – Teil 1, VuR 2009, 12; *ders.,* Das Gesetz zur Umsetzung der Verbraucherkreditrichtlinie, des zivilrechtlichen Teils der Zahlungsdiensterichtlinie sowie zur Neuordnung der Vorschriften über das Widerrufs- und Rückgaberecht – Teil 2, VuR 2009, 373; *Leverenz,* Auswirkungen des § 312e BGB auf das Versicherungsgeschäft im Internet, VersR 2003, 698; *Mankowski,* Welche Bedeutung hat das Fernabsatzrecht für die Wohnungswirtschaft?, ZMR 2002, 317; *ders.,* Kurzkommentar zum AG Wolfenbüttel, Urt. v. 14.03.2003 – 17 C 477/02, EWiR 2003, 961; *ders.,* Anmerkung zu AG Berlin-Mitte v. 23.10.2008, MMR 2009, 280, MMR 2009, 282; *Mankowski/Siemonsen,* Das fernabsatzrechtliche Widerrufsrecht nach dem Telefonwerbungsbekämpfungsgesetz, MMR 2009, 515; *Martinek,* Verbraucherschutz im Fernabsatz – Lesehilfe mit Merkpunkten zur neuen EU-Richtlinie, NJW 1998, 207; *Meents,* Ausgewählte Probleme des Fernabsatzrechts bei Rechtsgeschäften im Internet, CR 2000, 610; *ders.,* Vertragsschlussmodalitäten, in: Micklitz/Pfeiffer/Tonner/Willingmann (Hrsg.), Schuldrechtsreform und Verbraucherschutz, 2001, S. 191; *Micklitz/Reich* (Hrsg.), Die Fernabsatzrichtlinie im deutschen Recht, 1998; *Moos,* Unterscheidung der Dienstformen Teledienste, Mediendienste und Rundfunk, in: Kröger/Gimmy (Hrsg.), Handbuch zum Internetrecht, 2002, S. 267 (zitiert: Kröger/Gimmy/*Kröger*); *Pauly,* Die Vorverlagerung der Widerrufsbelehrung im Fernabsatzrecht: Praktische Konsequenzen für den M-Commerc, MMR 2005, 811; *Pfeiffer,* Vom kaufmännischen Verkehr zum Unternehmensverkehr – Die Änderungen des AGB-Gesetzes durch das Handelsrechtsreformgesetz, NJW 1999, 169; *Roßnagel/Pfitzmann,* Der Beweiswert von E-Mail, NJW 2003, 1209; *Rössler,* Die Bekämpfung des Missbrauchs von Mehrwertdiensterufnummern, NJW 2003, 2633; *Rott,* Widerruf und Rückabwicklung nach der Umsetzung der Fernabsatzrichtlinie und dem Entwurf eines Schuldrechtsmodernisierungsgesetzes, VuR 2001, 78; *Ruff,* Vertriebsrecht im Internet – Der Vertrieb und Fernabsatz von Waren und Dienstleistungen, 2003; *Rühl,* Die Kosten der Rücksendung bei Fernabsatzverträgen: Verbraucherschutz versus Vertragsfreiheit?, EuZW 2005, 199; *Schinkels,* Drum prüfe, wer sich ewig bindet – Die Wertersatzverpflichtung des Verbrauchers bei Widerruf im Warenfernabsatz nach EuGH, Urt. v. 03.09.2009 – C-489/07 (Messner), ZGS 2009, 539; *Schulte, Th./Schulte, U.,* Informationspflichten im elektronischen Rechtsverkehr – wettbewerbsrechtlich betrachtet, NJW 2003, 2140; *Spindler,* Das Gesetz zum elektronischen Geschäftsverkehr – Verantwortlichkeit der Diensteanbieter und Herkunftslandprinzip,

Kapitel 11 Verbraucherschutz, Fernabsatz

NJW 2002, 921; *Stickelbrock,* »Impressumspflicht« im Internet – eine kritische Analyse der neueren Rechtsprechung zur Anbieterkennzeichnung nach § 6 TDG, GRUR 2004, 111; *Taxhet/Artz,* Das Gesetz zur Bekämpfung unerlaubter Telefonwerbung und zur Verbesserung des Verbraucherschutzes bei besonderen Vertriebsformen – Änderungen im UWG und BGB, ZGS 2009, 264; *Tonner/Tamm,* Der Vorschlag einer Richtlinie über Rechte der Verbraucher und seine Auswirkungen auf das nationale Verbraucherrecht, JZ 2009, 277; *Ultsch,* Kommentar zu EuGH, Urt. v. 15.04.2010 – C-511/08, K&R 2010, 395; *Vander,* Eingriffe in das allgemeine Fernabsatzrecht – Gesetz zur Änderung der Vorschriften über Fernabsatzverträge bei Finanzdienstleistungen, MMR 2005, 139; *ders.,* Vorschlag einer Richtlinie über Rechte der Verbraucher, in: Taeger/Wiebe (Hrsg.), Tagungsband Herbstakademie 2009: Inside the Cloud – Neue Herausforderungen für das Informationsrecht, S. 369; *Wendehorst,* Das neue Gesetz über Fernabsatzverträge und andere Fragen des Verbraucherrechts, DStR 2000, 1311; *v. Westphalen,* Die Novelle zum AGB-Gesetz, BB 1996, 2101; *Woitke,* Das »Wie« der Anbieterkennzeichnung nach § 6 TDG, NJW 2003, 871; *Zöllner,* Regelungsspielräume im Schuldvertragsrecht – Bemerkungen zur Grundrechtsanwendung im Privatrecht und zu den so genannten Ungleichgewichtslagen, AcP 196 (1996), 1; *Zypries,* Der Vorschlag für eine Richtlinie über Verbraucherrechte, ZEuP 2009, 225.

Übersicht

		Rdn.
A.	**Einführung**	1
I.	Das Schutzanliegen der Regelungen über den Fernabsatz	3
II.	Das Schutzanliegen der Regelungen über den E-Commerce	6
III.	Regelungshintergrund und Historie	9
B.	**Der Anwendungsbereich des Fernabsatzrechts und des E-Commerce-Rechts**	17
I.	Persönlicher Anwendungsbereich	18
	1. § 312b BGB	18
	a) Der Verbrauchervertrag im engeren Sinn	19
	b) Der Vertragszweck als maßgebliches Unterscheidungskriterium: Verbraucher/Unternehmer	20
	aa) Nichtgewerbliche und gemischte Zwecksetzung sowie die auf eine unselbstständige Tätigkeit zielende Zwecksetzung	23
	bb) Gewerbliche oder selbstständige berufliche Zwecksetzung	25
	2. § 312e BGB	28
II.	Sachlicher Anwendungsbereich	30
	1. § 312b BGB	31
	a) Abschlussmodalitäten	32
	aa) Vertragsschluss unter ausschließlicher Verwendung von Fernkommunikationsmitteln	33
	bb) Vertragsschluss im Rahmen eines für den Fernabsatz organisierten Vertriebs- oder Dienstleistungssystems	36
	cc) Beweislast	39
	b) Vertragsgegenstände	40
	aa) Lieferung von Waren	41
	bb) Dienstleistungen	43
	cc) Sondervorschriften für Finanzdienstleistungen	44
	c) Ausnahmetatbestände	45
	d) Dauerschuldverhältnisse	52
	e) Sondergesetzliche Einschränkungen bei der Verwendung von Fernkommunikationsmitteln	55
	2. § 312e BGB	56
	a) Vertragsgegenstände und Abschlussmodalitäten	57
	b) Ausnahmetatbestände	62
III.	Das Verhältnis von Fernabsatzrecht und E-Commerce-Recht	66
C.	**Schutzinstrumente bei Verbraucherverträgen im Fernabsatz**	67
I.	Informationspflichten	67
	1. Vorvertragliche Informationspflichten	69
	a) Pflichtenprogramm	70
	aa) Inhalt	71
	bb) Zeitpunkt	79
	cc) Form	82
	dd) Insbesondere: Die Information über das Widerrufsrecht	84
	b) Rechtsfolgen von Pflichtverstößen	87
	2. Nachvertragliche Informationspflichten	88
	a) Pflichtenprogramm	90

			aa) Inhalt	90
			bb) Zeitpunkt	95
			cc) Form	97
		b)	Rechtsfolgen von Pflichtverstößen	103
			aa) Allgemeine Rechtsfolgen	103
			bb) Auswirkungen auf die Widerrufsfrist – insbesondere die Unterscheidung von fehlerhafter Informationsmitteilung und fehlerhafter Widerrufsbelehrung	104
	3.	Informationspflichtenerfüllung und § 305 Abs. 2 BGB		107
	4.	Weitergehende Informationspflichten		108
II.	Das Widerrufs- und Rückgaberecht			109
	1.	Rechtsnatur und Gesetzessystematik		111
	2.	Ausübungsmodalitäten		113
		a)	Widerrufsfrist und Widerrufsform	113
		b)	Erlöschen des Widerrufsrechts und Fristende	118
			aa) Die nicht oder nicht ordnungsgemäß erfolgte Widerrufs- oder Rückgabebelehrung und ihre Rechtsfolgen	121
			bb) Besonderer Erlöschenstatbestand bei Dienstleistungen	126
	3.	Ausschluss des Widerrufsrechts		127
	4.	Verhältnis zu anderen Widerrufsrechten		133
	5.	Rechtsfolgen von Widerruf und Rückgabe		137
		a)	Rückgewähr von Leistungen und Nutzungen	138
			aa) Rücksendepflicht (§ 357 Abs. 2 BGB)	140
			bb) Versandkosten	141
		b)	Verzug	150
		c)	Verpflichtung zum Wertersatz	151
			aa) Bestimmungsgemäße Ingebrauchnahme	152
			bb) Wertersatz trotz Beachtung der eigenüblichen Sorgfalt – insbesondere die Abwälzung des Zufallrisikos	156
			cc) Umfang der Wertersatzpflicht	158
III.	Wirksamkeit von Kündigung und Vollmacht zur Kündigung bei Dauerschuldverhältnissen			162
IV.	Halbzwingende Ausgestaltung, Günstigkeitsgebot			166
V.	Sonstiges			168
	1.	Sprache		168
	2.	Gerichtsstand		170
VI.	Informationspflichten, Formvorschriften und Widerrufsrecht bei Fernabsatzverträgen nach dem Vorschlag einer Richtlinie über Rechte der Verbraucher			171
D.	**Schutzinstrumente bei Verträgen im E-Commerce**			**174**
I.	Anwendungsbereich			174
II.	Schutzinstrumente			175
	1.	Möglichkeit zur Korrektur von Eingabefehlern		178
	2.	Informationspflichten gegenüber dem Kunden		180
	3.	Zugangsbestätigung		186
	4.	Möglichkeit des Abrufs und Speicherns von Vertragsbestimmungen		189
	5.	Rechtsfolgen von Pflichtverstößen		190

A. Einführung

Die Vorschriften über Fernabsatzverträge (§§ 312b bis 312d, 312f und 312g BGB) und die Vorschriften über den elektronischen Rechtsverkehr, den sog. E-Commerce (§§ 312e bis 312g BGB) setzen den rechtlichen Rahmen für besondere Formen des Vertriebs von Waren und Dienstleistungen. Anders als die Regelungen über den Direktvertrieb in Form von Haustür- und ähnlichen Geschäften (§§ 312, 312a BGB) behandeln sie modernere Vertriebsformen. Regelungsgegenstände sind der Internetvertrieb, der Vertrieb per E-Mail oder das Teleshopping, daneben aber auch klassische Distanzgeschäfte, insbesondere der Katalogverkauf und der Versandhandel. Während die Bestimmungen über den Fernabsatz spezifische Verbraucherschutzbestimmungen enthalten, d. h. Schutzbestimmungen, die allein auf Verträge zwischen einem Unternehmer und einem Verbraucher zur Anwendung kommen, sind die Regelungen über den E-Commerce nicht auf Verbraucherverträge beschränkt. In sachlicher Hinsicht decken die Vorschriften teils unterschiedliche Fälle ab, teils weisen die Anwendungsbereiche aber auch weitreichende Überschneidungen auf.

2 Der folgende Beitrag konzentriert sich auf die Darstellung der Grundbegriffe und die Erläuterung der Schutzkonzeptionen des Fernabsatz- und E-Commerce-Rechts. Daneben berücksichtigt er auch angrenzende Rechtsfragen, etwa solche konkurrenzrechtlicher, verfahrensrechtlicher oder AGB-rechtlicher Art.

I. Das Schutzanliegen der Regelungen über den Fernabsatz

3 Ansatzpunkt der verbraucherschützenden Sonderregelungen im Fernabsatz ist der Umstand, dass der Vertrag seine Funktion als Instrument des Interessenausgleichs zwischen den Vertragparteien nur dann erfüllen kann, wenn die Vertragsparteien jeweils über ein hinreichendes Maß an tatsächlicher **Entscheidungsfreiheit** verfügen. Tatsächlich freie Entscheidungen setzen voraus, dass dem potenziellen Vertragspartner die für die Entscheidungsfindung maßgeblichen Informationen zur Verfügung stehen und er somit zumindest die Möglichkeit hat, die Vertragsentscheidung auf informierter Grundlage zu treffen.[1] Beim Vertrieb von Waren und Dienstleistungen im Fernabsatz ist die Entscheidungsfreiheit aufseiten des Verbrauchers aus Sicht des Gesetzgebers in nicht mehr hinnehmbarem Maße[2] situativ eingeschränkt. Die besondere Vertriebsform bedingt eine **besondere Vertragsabschlusssituation**, die sich von der Situation beim Vertragsschluss im Ladengeschäft unterscheidet. Vertragspartner und Vertragsgegenstand sind nämlich unsichtbar.[3] Beim Vertrieb von Waren im Ladengeschäft vermag der Kunde die konkret zu erwerbende Ware oder jedenfalls ein Muster zu begutachten und er kann Fragen zum Vertragsgegenstand durch das anwesende und informierte Verkaufspersonal klären lassen. Bei Dienstleistungen ist zwar mangels Körperlichkeit eine Begutachtung des Vertragsgegenstands nicht möglich. Der Verbraucher ist aber in der Lage, sich den Vertrag von dem potenziellen Vertragspartner oder dessen Personal erläutern zu lassen und Zweifelsfragen durch gegebenenfalls wiederholtes Nachfragen zu klären. Häufig wird der Verbraucher insoweit durch die einzelnen Vertragsklauseln geführt. Beim Fernabsatz von Waren und Dienstleistungen hingegen bestehen aufseiten des Verbrauchers mitunter erhebliche Informationsdefizite. Anstelle der realen einer Überprüfung zugänglichen Ware tritt eine Kurzbeschreibung in Papier- oder elektronischer Form mit Preisangabe und ggf. mit Foto. Der Vertragsgegenstand ist somit – wenn überhaupt – nur eingeschränkt visualisierbar, er ist nicht überprüfbar und er wird nicht weiter erläutert. Bei Dienstleistungen im Fernabsatz werden die zu erbringende Dienstleistung und die vertraglichen Rahmenbedingungen ohne weitere Erläuterungen zur Verfügung gestellt. Ein Eingehen auf die individuellen Verständnismöglichkeiten des Verbrauchers ist beim Distanzgeschäft anders als bei der persönlichen Begegnung typischerweise nicht oder jedenfalls schlechter möglich. Beim Waren- wie beim Dienstleistungsvertrieb führt schließlich die häufig mangelnde Fixierung der telefonisch oder elektronisch übermittelten Informationen zu einem erschwerten Marktvergleich und zu übereilten Vertragsschlüssen.[4]

---

1 Grundlegend zum Verbraucherschutz im Rahmen eines Informationsmodells *Dauner-Lieb*, Verbraucherschutz durch Ausbildung eines Sonderprivatrechts für Verbraucher; einen normativen Ansatz unter grundsätzlicher Befürwortung eines Informationsmodells vertritt *Drexl*, Die wirtschaftliche Selbstbestimmung des Verbrauchers.
2 Nicht jeder Beeinträchtigung der tatsächlichen Entscheidungsfreiheit darf in einer auf Rechtssicherheit und Vertragstreue angewiesenen Privatrechtsordnung Relevanz beigemessen werden, vgl. hierzu *Enders* S. 49 f.; *Zöllner* AcP 196 (1996) 1 (24 f., 28).
3 So die plastische Schutzzweckanalyse bei *Martinek* NJW 1998, 207.
4 Zur Schutzrichtung des Fernabsatzrechts einschließlich seines europäischen Hintergrunds vgl. statt vieler Bamberger/Roth/*Schmidt-Räntsch* § 312b Rn. 1 und 4.

II. Das Schutzanliegen der Regelungen über den E-Commerce

Bei der Ausgestaltung der Schutzkonzeption gehen deutsches wie europäisches Recht von einem **typisierenden Schutzansatz** bei der Bestimmung des Verbraucherbegriffs aus. Dass die Schutzwürdigkeit typischerweise nur bei Vertragsschlüssen mit privater Zwecksetzung besteht, ist eine vom europäischen Gesetzgeber vorgegebene Wertentscheidung, die sich dadurch rechtfertigen lässt, dass bei gewerblicher oder beruflicher Zwecksetzung trotz eines denkbaren Informationsdefizits noch eine zumindest hinreichende Wahrscheinlichkeit für eine Entscheidung auf informierter, sachlicher Grundlage besteht.[5] 4

Das Gesetz reagiert auf die beschriebenen Defizite durch das Bereithalten von Schutzinstrumenten, die die Rahmenbedingungen des Vertragsschlusses regeln, indem sie im Wesentlichen darauf abzielen, Informationsdefizite auszugleichen. Dem Unternehmer werden hierzu umfassende Informationspflichten auferlegt und Formvorgaben für die Informationserteilung gemacht. Daneben ist als zentrales Schutzinstrument das dem Verbraucher zustehende Widerrufs- oder Rückgaberecht zu nennen. Dieses ermöglicht dem Verbraucher innerhalb der Widerrufsfrist die erteilten Informationen (abermals) zur Kenntnis zu nehmen und auszuwerten, um so die Entscheidung zu treffen, ob er tatsächlich am Vertrag festhalten möchte oder nicht. Die Normierung des **Günstigkeitsprinzip**s sowie die Ausgestaltung der Schutzregeln als halbzwingendes Recht runden das Schutzkonzept ab. 5

II. Das Schutzanliegen der Regelungen über den E-Commerce

Die Regelungen in § 312e BGB verfolgen den Zweck, den besonderen Risiken des elektronischen Geschäftsverkehrs zu begegnen, die auch hier in der Unsichtbarkeit von Vertragsgegenstand und Vertragspartner liegen, insbesondere aber auch in der fehlenden Verkörperung übermittelter Erklärungen und Informationen. Es soll verhindert werden, dass der Kunde infolge der technischen Ausgestaltung des Programms eine andere **Bestellung** als die gewollte abgibt, eine Bestellung unbeabsichtigt mehrfach abgibt oder einfach nicht weiß, ob nun eine rechtsverbindliche Erklärung abgegeben wurde oder nicht. Indem dem Kunden die Möglichkeit eröffnet wird, seine Eingaben vor Abgabe seiner Willenserklärung noch mal zu prüfen und zu korrigieren und ihm bestimmte Informationen zur Verfügung gestellt werden müssen, wird er vor einer übereilten Bindung geschützt.[6] Hinsichtlich des »ob« der vertraglichen Bindung und auch hinsichtlich des »wie« also bzgl. der konkreten inhaltlichen Ausgestaltung einschließlich des Vertragspartners soll für den Kunden Transparenz herrschen und so sein Vertrauen in die moderne Vertriebsform des E-Commerce gestärkt werden.[7] 6

Gesetzestechnisch realisiert wird das Schutzanliegen durch Informationspflichten (§ 312e Abs. 1 S. 1 Nr. 2 BGB) sowie Bereitstellungspflichten (§ 312e Abs. 1 S. 1 Nr. 1, 3 und 4 BGB), die den **technischen Mindeststandard** für die zum Vertragsschluss gewählten Programme bestimmen. 7

Insgesamt dient § 312e BGB nicht ausschließlich, aber zumindest auch dem Verbraucherschutz. Speziell für Verbraucherverträge gelten das Abdingungsverbot in § 312e Abs. 2 S. 2, § 312g S. 1 BGB sowie die Bestimmung über den Beginn der Widerrufsfrist in § 312e Abs. 3 S. 2 BGB. Daneben wird § 312e BGB von § 2 Abs. 2 Nr. 2 UKlaG als Verbraucherschutzgesetz definiert. 8

---

5 Näher zur Rechtfertigung der privaten Zweckrichtung eines Vertragsschlusses im Hinblick auf die Bestimmung des personalen Anwendungsbereichs verbraucherschützender Regelungen am Beispiel des Verbraucherdarlehensvertrags *Enders* S. 76 ff.; zur situativen Deutung des persönlichen Anwendungsbereichs vgl. Schlechtriem/*Drexl* S. 97, 128 ff.
6 *Fritsche* NJ 2002, 169.
7 OLG Hamburg NJW-RR 2003, 985 (986); MüKo-BGB/*Wendehorst* § 312e Rn. 1 mit Verweis auf den Erwägungsgrund 2 ECRL.

III. Regelungshintergrund und Historie

9 Das Fernabsatzrecht in §§ 312b bis 312d, 312f und 312g BGB sowie die Regelungen zum elektronischen Geschäftsverkehr, dem sog. E-COMMERCE, in §§ 312e bis 312g BGB sind Teil des Rechts der besonderen Vertriebsformen. Dieses ist seit der Schuldrechtsmodernisierung im Jahr 2002 im BGB geregelt, namentlich im zweiten Buch, Abschnitt 3, Titel 1, Untertitel 2. Die in Zusammenhang mit diesen Regelungen etablierten Informationspflichten zugunsten des Verbrauchers bzw. Kunden werden nunmehr durch das Einführungsgesetz zum Bürgerlichen Gesetzbuche, das EGBGB (früher: die BGB-Informationspflichten-Verordnung; BGB-InfoVO) konkretisiert, und zwar durch Art. 246 §§ 1 und 2 EGBGB für den Fernabsatz und durch Art. 246 § 3 EGBGB für den E-Commerce. Daneben enthält das EGBGB in Art. 246 § 2 Abs. 3 S. 1 i. V. m. Anlagen 1 und 2 Muster für die Erstellung von Widerrufs- und Rückgabebelehrungen.

10 Das in §§ 312b bis 312d BGB niedergelegte Fernabsatzrecht fußt im Wesentlichen auf Vorgaben der Richtlinie 97/7/EG des Europäischen Parlaments und des Rates vom 20.05.1997 über den Verbraucherschutz bei Vertragsschlüssen im Fernabsatz (**Fernabsatzrichtlinie**, im Folgenden auch FernAbsRL).[8] Die ursprünglich vom Schutz der Bestimmungen über Fernabsatzverträge ausgenommenen Finanzdienstleistungen wurden durch die Richtlinie 2002/65/EG des Europäischen Parlaments und des Rates vom 23.09.2002 über den Fernabsatz von Finanzdienstleistungen an Verbraucher und zur Änderung der Richtlinie 90/619/EWG des Rates und der Richtlinien 97/7/EG[9] (**Finanzfernabsatzrichtlinie**, im Folgenden auch FernAbsÄndRL) und 98/27/EG in den Schutzbereich der Bestimmungen über Fernabsatzverträge miteinbezogen. Im Zuge der Umsetzung dieser Richtlinie hat der deutsche Gesetzgeber sich im **Fernabsatzänderungsgesetz** vom 02.12.2004[10] (im Folgenden auch FernAbsÄndG) allerdings nicht darauf beschränkt, entsprechend den europäischen Vorgaben den Schutz auf Finanzdienstleistungen zu erweitern und die hierzu erforderlichen Sonderregelungen aufzustellen. Neben den Änderungen, die ausschließlich den Vertrieb von Finanzdienstleistungen per Telefon, Fax oder Internet betreffen, hat der Gesetzgeber vielmehr im Interesse einer weitestmöglichen Vereinheitlichung des Fernabsatzrechts für Waren, Dienstleistungen und Finanzdienstleistungen an Sonderregeln für den Fernabsatz von Finanzdienstleistungen gespart und stattdessen bereits bestehende allgemeine Schutzbestimmungen ergänzt und modifiziert. In diesem Kontext wurden auch die Regelungen in der BGB-InfoVO um Bestimmungen für Finanzdienstleistungen ergänzt und im Übrigen modifiziert. Insbesondere sind die Informationspflichten betreffend Fernabsatzverträge erweitert worden, auch sofern sie nicht Finanzdienstleistungen betreffen.[11]

11 Die Regelungen zum Fernabsatz sowie zum elektronischen Geschäftsverkehr wurden 2009 novelliert. Durch das **Gesetz zur Bekämpfung unerlaubter Telefonwerbung und zur Verbesserung des Verbraucherschutzes bei besonderen Vertriebsformen** vom 29.07.2009 (BGBl. I, S. 2413)[12] hat der Gesetzgeber § 312d Abs. 3, 4 und 6 BGB geändert

---

8 ABl. EG 1997 Nr. L 144, S. 19; eine weiteres wesentliches Regelungsziel, nämlich der Schutz des Verbrauchers vor unbestellten Leistungen (Art. 9 der FernAbsRL) wurde durch die Einführung des § 241a BGB umgesetzt; zu weiteren Gegenständen der FernAbsRL vgl. Bamberger/Roth/*Schmidt-Räntsch* § 312b Rn. 5.
9 ABl. EG 2002 Nr. L 271, S. 16.
10 BGBl. I 2004, Nr. 64, 3102.
11 Kritisch zur Erweiterung der Informationspflichten außerhalb des Fernabsatzes von Finanzdienstleistungen *Vander* MMR 2005, 139 (142).
12 Vgl. hierzu *Köhler* NJW 2009, 2567 ff.; speziell zu den Änderungen beim fernabsatzrechtlichen Widerrufsrecht *Mankowski/Siemonsen* MMR 2009, 515 ff.; *Taxhet/Artz* ZGS 2009, 264 ff.

III. Regelungshintergrund und Historie

und § 312f BGB neu eingefügt.[13] Der bisherige § 312f BGB ist ohne inhaltliche Änderungen zu § 312g BGB geworden. Dieses Gesetz sieht darüber hinaus zwei Änderungen im Muster für die Widerrufsbelehrung (Anlage 2 zu § 14 Abs. 1 und 3 BGB-Info-VO) vor. Die Muster für die Widerrufs- und Rückgabebelehrung in den Anlagen 2 und 3 zu § 14 BGB-Info-VO wurden bereits früher durch die dritte Verordnung zur Änderung der BGB-Info-VO vom 04.03.2008 (BGBl. I, S. 292) geändert.

Eine weitere Novelle im hier interessierenden Kontext erfolgte aufgrund des **Gesetzes zur Umsetzung der Verbraucherkreditrichtlinie, des zivilrechtlichen Teils der Zahlungsdiensterichtlinie sowie zur Neuordnung der Vorschriften über das Widerrufs- und Rückgaberecht** vom 29.07.2009 (BGBl. I, S. 2355).[14] Die entsprechenden Änderungen betrafen § 312c, § 312d, § 312e, §§ 355 bis 357 sowie § 359 BGB. Daneben wurden zwei Neuregelungen, die §§ 359a[15] und 360 BGB, eingefügt. Schließlich wurden §§ 1, 3 und 14 BGB-Info-VO sowie die Anlagen 2 und 3 aufgehoben und in Art. 246 §§ 1 bis 3 nebst Anlagen 1 und 2 sowie in § 360 BGB überführt.[16]

§ 312e BGB setzt die Art. 10 und 11 der Richtlinie 2000/31/EG des Europäischen Parlaments und des Rates vom 08.06.2000 über bestimmte rechtliche Aspekte der Dienste der Informationsgesellschaft, insbesondere des elektronischen Geschäftsverkehrs im Binnenmarkt (E-Commerce-Richtlinie, im Folgenden: ECRL)[17] um.[18]

Als Regelungen europäischen Ursprungs sind entsprechend dem aus Art. 4 Abs. 3 EUV (vgl. ex-Art. 10 EG) und dem Umsetzungsgebot aus Art. 288 Abs. 3 AEUV (ex-Art. 249 Abs. 3 EG) ableitbaren **Gebot richtlinienkonformer Auslegung**[19] die nationalen Vorschriften im Lichte des Wortlauts und des Zwecks der europäischen Vorgabe auszulegen. Dabei ist dem Umstand Rechnung zu tragen, dass die Fernabsatzrichtlinie eine Mindeststandardrichtlinie[20] darstellt, sodass die Mitgliedstaaten zugunsten des Verbrauchers von dem in der Richtlinie vorgegebenen Schutzstandard abweichen dürfen. Die Finanzfernabsatzrichtlinie zielt hingegen auf eine **Vollharmonisierung**,[21] sodass der vorgegebene Standard von den Mitgliedstaaten weder über- noch unterboten werden darf, sofern dies nicht ausdrücklich von der Richtlinie zugelassen wird.[22]

12

13

14

---

13 Die Neuregelung des § 312f BGB ist auf alle besonderen Vertriebsformen i. S. d. §§ 312 ff. BGB anwendbar, also auch auf Fernabsatz- und E-Commerce-Verträge, Palandt/*Grüneberg* § 312f Rn. 1.
14 Vgl. hierzu *Kulke* VuR 2009, 12 ff; *ders.* VuR 2009, 373 ff.
15 § 359a Abs. 2 BGB wurde durch das Gesetz zur Einführung einer Musterwiderrufsinformation für Verbraucherdarlehensverträge, zur Änderung der Vorschriften über das Widerrufsrecht bei Verbraucherdarlehensverträgen und zur Änderung des Darlehensvermittlungsrechts v. 24.07.2010 (BGBl. I 2010, 977) mit Wirkung zum 30.07.2010 aus Klarstellungsgründen geändert; s. Begr. RegE Drs. 17/1394, 14. Darüber hinaus wurde durch dieses Gesetz § 358 Abs. 2 S. 2 und 3 BGB aufgehoben.
16 Siehe auch Palandt/*Grüneberg* Einf v BGB-InfoVO Rn. 2.
17 ABl. EG 2000 Nr. L 178, S. 1.
18 Die weiteren Vorgaben der Richtlinie sind durch das Gesetz über die rechtlichen Rahmenbedingungen für den elektronischen Geschäftsverkehr vom 14.12.2001 (BGBl. I, 3721) umgesetzt worden, dessen zivilrechtlicher Schwerpunkt in der Etablierung des Herkunftslandsprinzips und der Regelung der Verantwortlichkeit der Diensteanbieter liegt, vgl. *Spindler* NJW 2002, 921; weiterhin durch das Gesetz zur Anpassung der Formvorschriften des Privatrechts und anderer Vorschriften an den modernen Rechtsverkehr v. 13.07.2001 (BGBl. I, 1542) i. V. m. der Neufassung des Signaturgesetzes v. 16.05.2001 (BGBl. I, 876) und durch das Gesetz zur Vereinheitlichung von Vorschriften über bestimmte elektronische Informations- und Kommunikationsdienste vom 26.02.1007 (BGBl. I, 179); zu Letzterem sowie zur ECRL insgesamt vgl. auch Kap. 10 Rdn. 2–13.
19 Grundlegend EuGH NJW 1984, 2021 (2022) – Colson und Kamann.
20 Vgl. Art. 14 FernAbsRL.
21 Vgl. Erwägungsgrund 13 FernAbsÄndRL.
22 Eine Ausnahme vom Grundsatz der Vollharmonisierung enthält Art. 4 FernAbsÄndRL, wonach die Einführung oder Beibehaltung zusätzlicher Informationspflichten zulässig ist.

Kapitel 11 B. Der Anwendungsbereich des Fernabsatzrechts und des E-Commerce-Rechts

15   Die Europäische Kommission hat am 08.10.2008 den Vorschlag für eine Richtlinie über EU-weit gültige Verbraucherrechte[23] vorgelegt.[24] Die Verbraucherrechtsrichtlinie soll vier geltende Richtlinien zu einem einzigen horizontalen Rechtsakt zusammenführen. Das sind die Richtlinie 85/577/EWG des Rates vom 20.12.1985 über außerhalb von Geschäftsräumen geschlossene Verträge,[25] die Richtlinie 93/13/EWG des Rates vom 05.04.1993 über missbräuchliche Klauseln in Verbraucherverträgen,[26] die Richtlinie 97/7/EG des Europäischen Parlaments und des Rates vom 20.05.1997 über Vertragsabschlüsse im Fernabsatz[27] und die Richtlinie 1999/44/EG des Europäischen Parlaments und des Rates vom 25.05.1999 über den Verbrauchsgüterkauf und Garantien für Verbrauchsgüter.[28] Der Geltungsbereich des Richtlinienvorschlags ergibt sich aus Art. 3. Nach Abs. 1 soll »die Richtlinie unter den Bedingungen und in dem Umfang, wie sie in ihren Bestimmungen festgelegt sind, für Kauf- und Dienstleistungsverträge, die zwischen einem Gewerbetreibenden und einem Verbraucher geschlossen werden«, gelten. Aufgrund der Abs. 2 und 3 werden Bereichsausnahmen für Finanzdienstleistungen, Verträge über den Erwerb von Teilzeitnutzungsrechten an Immobilien und Pauschalreisen eingeführt. Darüber hinaus sieht der Erwägungsgrund 25 vor, dass die Vorschriften über Fernabsatzverträge die Bestimmungen über den Abschluss von elektronischen Verträgen und Bestellungen gemäß den Art. 9 und 11 der Richtlinie 2000/31/EG unberührt lassen.

16   Der Richtlinienvorschlag zielt darauf ab, die gemeinsamen Aspekte dieser Richtlinien systematisch zu regeln sowie das geltende Recht zu optimieren, zu vereinfachen und zu aktualisieren.[29] Mit diesem Vorschlag wird in Abkehr vom Mindestharmonisierungskonzept ein Vollharmonisierungsansatz (Art. 4) verfolgt,[30] der grundsätzlich keinen Umsetzungsspielraum den Mitgliedstaaten einräumt.[31] Neben den Informationspflichten aus Kapitel II enthält der Richtlinienvorschlag im Kapitel III Regelungen betreffend »Information der Verbraucher und Widerrufsrecht bei Fernabsatz- und außerhalb von Geschäftsräumen geschlossenen Verträgen«. Die im hiesigen Kontext relevanten Vorschriften sollen unten präsentiert werden (Rdn. 171 ff.).

B. Der Anwendungsbereich des Fernabsatzrechts und des E-Commerce-Rechts

17   Die Anwendungsbereiche des Fernabsatzrechts und des E-Commerce-Rechts unterscheiden sich in persönlicher wie sachlicher Hinsicht, weisen aber auch weite Überschneidungen auf.

I. Persönlicher Anwendungsbereich

1. § 312b BGB

18   Der Begriff des **Fernabsatzvertrags** ist in § 312b Abs. 1 S. 1 BGB legaldefiniert. Danach handelt es sich um »Verträge über die Lieferung von Waren oder über die Erbringung

---

23 »Vorschlag für eine Richtlinie des Europäischen Parlaments und des Rates über Rechte der Verbraucher«, KOM (2008) 614/4 endg.
24 Vgl. hierzu *Effer-Uhe/Watson* GPR 2009, 7 ff.; Taeger/Wiebe/*Vander*, Tagungsband Herbstakademie 2009, S. 369 ff.; *Zypries* ZEuP 2009, 225 ff.; zu den Auswirkungen des Richtlinienvorschlags auf das nationale Recht *Tonner/Tamm* JZ 2009, 277 ff.
25 ABl. L 372 v. 31.12.1985, S. 31.
26 ABl. L 95 v. 21.04.1993, S. 29.
27 ABl. L 144 v. 04.06.1997, S. 19.
28 ABl. L 171 v. 07.07.1999, S. 12.
29 KOM (2008) 614/4 endg., S. 3.
30 KOM (2008) 614/4 endg., S. 3.
31 Taeger/Wiebe/*Vander*, Tagungsband Herbstakademie 2009, S. 369 (370).

von Dienstleistungen einschließlich Finanzdienstleistungen, die zwischen einem Unternehmer und einem Verbraucher unter ausschließlicher Verwendung von Fernkommunikationsmitteln abgeschlossen werden, es sei denn, dass der Vertragsschluss nicht im Rahmen eines für den Fernabsatz organisierten Vertriebs- oder Dienstleistungssystems erfolgt.«

a) Der Verbrauchervertrag im engeren Sinn

In persönlicher Hinsicht setzt die Bestimmung einen Verbrauchervertrag im engeren Sinne voraus. Es muss ein Vertrag zwischen einem **Unternehmer** (§ 14 BGB) und einem **Verbraucher** (§ 13 BGB) in Rede stehen. Ein Vertrag zwischen Unternehmern ist ebenso unzureichend wie ein Vertrag zwischen Verbrauchern. 19

b) Der Vertragszweck als maßgebliches Unterscheidungskriterium: Verbraucher/Unternehmer

»Verbraucher« ist nach der Legaldefinition des § 13 BGB »jede natürliche Person, die ein Rechtsgeschäft zu einem Zweck abschließt, der weder ihrer gewerblichen noch ihrer selbstständigen beruflichen Tätigkeit zugerechnet werden kann«. Abgesehen von der ausnahmslosen Ausgrenzung juristischer Personen und der damit verbundenen statusrechtlichen Diskriminierung[32] verfolgt die Regelung mit dieser Definition prinzipiell keinen statusrechtlichen Schutzansatz.[33] Entgegen ihrer irreführenden Formulierung[34] setzt sie auch nicht voraus, dass der Verbraucher gewerblich oder selbstständig tätig ist. Ausschlaggebend für die Verbrauchereigenschaft ist vielmehr grundsätzlich **der mit dem konkreten Vertragsschluss verfolgte Zweck**. Dieser muss **im privaten Bereich** liegen, oder – präziser formuliert – nicht einer gewerblichen oder selbstständigen beruflichen Tätigkeit zugerechnet werden können.[35] Für die Beantwortung der Frage, ob Verbraucherhandeln vorhanden ist, ist nicht maßgeblich, ob der Erklärende sich seinem Vertragspartner eindeutig als Verbraucher zu erkennen gibt.[36] So gesehen reicht die bloße Angabe der Anschrift der Firma, in der die Privatperson arbeitet, als Liefer- und Rechnungsanschrift für im Internet gekaufte Waren nicht aus, um diese Person als Unternehmer einzustufen.[37] Dass nicht der Status einer Person, sondern der Vertragszweck das ausschlaggebende Kriterium zur Ermittlung des personalen Anwendungsbereichs der verbraucherschützenden Regelungen ist, bestätigt auch § 14 BGB. Dieser enthält den Gegenbegriff zum Verbraucher, nämlich den des Unternehmers. Der **Unternehmer** in § 14 BGB wird ausschließlich über den durch die Geschäftlichkeit des Handels geprägten wirtschaftlichen Vertragszweck definiert: »Unternehmer ist eine natürliche oder juristische Person oder eine rechtsfähige Personengesellschaft, die bei Abschluss eines Rechtsgeschäfts in Ausübung ihrer gewerblichen oder selbstständigen beruflichen Tätigkeit handelt.« 20

Diese der Bestimmung des persönlichen Anwendungsbereichs des Fernabsatzrechts zugrunde liegende Konzeption wird als Ausdruck eines rollenspezifischen Schutzkonzepts, 21

---

32 Vgl. etwa BGH NJW 2009, 3780 Tz. 10f., der entschieden hat, dass aus der negativen Formulierung der Vorschrift des § 13 Hs. 2 BGB deutlich werde, dass rechtsgeschäftliches Handeln einer natürlichen Person grundsätzlich als Verbraucherhandeln anzusehen sei.
33 Zum Ausschluss von juristischen Personen, Idealvereinen und gemeinnützigen Stiftungen vgl. EuGH NJW 2002, 205 im Kontext mit dem Verbraucherbegriff der Richtlinie 93/13/EWG des Rates vom 05.04.1993 über missbräuchliche Klauseln in Verbraucherverträgen; zur Verbrauchereigenschaft einer GbR vgl. BGH NJW 2002, 368 (369).
34 Kritik an der sprachlichen Ausgestaltung, der inhaltlichen Aussagekraft und der systematischen Verortung der Regelung – Letzteres insbesondere hinsichtlich der Legaldefinition des Unternehmers in § 14 BGB übt *Flume* ZIP 2000, 1427.
35 LG Köln, Urt. v. 15.05.2008, juris Rn. 28.
36 BGH NJW 2009, 3780 Tz. 11; a. A.LG Hamburg MMR 2009, 350.
37 BGH NJW 2009, 3780 Tz. 12; AG Hamburg-Wandsbek MMR 2008, 844; a. A. LG Hamburg MMR 2009, 350.

im Gegensatz zu einem statusrechtlichen Schutzansatz verstanden:[38] So wie der Verbraucher Schutz erfährt, nicht weil er Verbraucher ist, sondern weil er in einer konkreten Vertragsschlusssituation als solcher handelt, so wird der Unternehmer vom Schutz nicht etwa ausgenommen, weil er Unternehmer ist, sondern weil er in concreto mit einer professionellen Zwecksetzung agiert.

22 ▶ **Beispiel:**

Dementsprechend handelt ein Arzt bei der Bestellung eines PC zur privaten Verwendung als Verbraucher und kann sich unter den weiteren gesetzlichen Voraussetzungen auf die Schutzbestimmungen über den Fernabsatz berufen. Soll der PC hingegen in seiner Praxis eingesetzt werden, so handelt er im Rahmen seiner selbstständigen beruflichen Tätigkeit und damit nicht als Verbraucher.

aa) Nichtgewerbliche und gemischte Zwecksetzung sowie die auf eine unselbstständige Tätigkeit zielende Zwecksetzung

23 Zur »privaten« Zwecksetzung gehören Heim, Freizeit, Urlaub, Sport, Gesundheitsvorsorge und ähnliche Vorsorgemaßnahmen,[39] aber auch die Verwaltung und Anlage von eigenem Vermögen,[40] z. B. die Anlage von Geld in Mietshäusern oder Wertpapieren. Soweit mit dem getätigten Rechtsgeschäft berufliche Zwecke verfolgt werden, reicht der Schutz des deutschen Rechts weiter als der des europäischen Rechts. Während nach der europäischen Vorgabe jeder Bezug zu einer beruflichen Tätigkeit die Verbrauchereigenschaft entfallen lässt, hindert nach § 13 BGB allein die Verwendung zu einer **selbstständigen beruflichen Tätigkeit** die Verbrauchereigenschaft. Damit ist nach deutschem Recht auch ein Arbeitnehmer Verbraucher, wenn er beispielsweise Berufskleidung oder einen Pkw für den Weg zur Arbeit kauft. Diese Schutzerweiterung durch das nationale Recht ist insoweit zulässig, als die Fernabsatzrichtlinie nach Art. 14 FernAbsRL eine Mindestharmonisierung vorsieht und damit Abweichungen *zugunsten* der Verbraucher zulässt. Soweit Finanzdienstleistungen betroffen sind, ist § 13 BGB hingegen einschränkend auszulegen, denn die Finanzdienstleistungsrichtlinie folgt nach Erwägungsgrund 13 FernAbsÄndRL dem Konzept der Vollharmonisierung und verbietet damit einen über sie hinausgehenden Schutz.

24 Bei sog. **dual-use Gütern**, die sowohl zu privaten als auch zu beruflichen Zwecken eingesetzt werden können, ist die Behandlung umstritten. Wird ein PkW beispielsweise teils zu privaten, teils zu selbstständigen beruflichen Zwecken eingesetzt, so ist dies nach einer Auffassung als Verbrauchergeschäft einzuordnen,[41] nach anderer Ansicht nicht.[42] Andere wollen auf den Schwerpunkt der Verwendung abheben, also danach fragen, welche Zwecksetzung überwiegt.[43] Dafür, dass bereits eine teilweise gewerbliche Zwecksetzung dem Geschäft den Charakter eines Verbrauchergeschäfts nimmt, spricht m. E. bereits der Wortlaut des § 13 BGB. Im Übrigen vermeidet diese Sicht auch Abgrenzungsschwierigkeiten mit Zufallsergebnissen, wie sie bei der Abgrenzung nach einer wie auch immer zu konkretisierenden überwiegenden Nutzung entstehen. Zweifel gehen insoweit zulasten des Verbrauchers, denn dieser hat nach allgemeinen Darlegungs- und Beweislastregeln das Vorliegen der für ihn günstigen Umstände darzulegen und nachzuweisen. Das dürfte ihn freilich nicht

---

38 Zur Abgrenzung einer statusrechtlichen von einer rollenspezifischen Schutzkonzeption vgl. *Drexl* S. 400 ff.
39 Palandt/*Ellenberger* § 13 Rn. 3.
40 Hierzu BGH NJW 2002, 368 (369).
41 Im Kontext mit dem Recht der Allgemeinen Geschäftsbedingungen z. B. *v. Westphalen* BB 1996, 2101.
42 *Pfeiffer* NJW 1999, 169 (173); Dauner-Lieb/Heidel/Lepa/Ring/*Reiff* § 10 Rn. 29 m. w. N.
43 *Wendehorst* DStR 2000, 1311; ebenso Palandt/*Ellenberger* § 13 Rn. 4, nach dem der Inhalt des Rechtsgeschäfts unter Berücksichtigung aller Umstände aus *ex ante* Sicht maßgeblich sein soll; LG Wuppertal VRR 2008, 322.

allzu sehr belasten. Ist der dem Unternehmer im Fernabsatzgeschäft gegenübertretende Geschäftspartner ohnehin nicht unternehmerisch tätig – wie dies entgegen der missratenen Formulierung des § 13 BGB der Regelfall ist – fällt dem Verbraucher der Beweis der Verbrauchereigenschaft nicht schwer. Ist der Geschäftspartner hingegen unternehmerisch tätig und dient das Fernabsatzgeschäft der Anschaffung eines dual-use Gutes, so wird man anhand der Buchführungsunterlagen oder der Steuererklärung ohne größeren Aufwand nachweisen können, ob der Gegenstand lediglich privat genutzt wird oder nicht.

bb) Gewerbliche oder selbstständige berufliche Zwecksetzung

Der Unternehmerbegriff aus § 14 BGB kennt *per definitionem* keine statusrechtlichen Einschränkungen, denn nach § 14 Abs. 1 BGB kann sowohl eine natürliche als auch eine juristische Person oder eine rechtsfähige Personengesellschaft nach (§ 14 Abs. 2 BGB) »Unternehmer« sein. Maßgeblich für die Unternehmereigenschaft ist allein, dass das Rechtssubjekt überhaupt eine gewerbliche oder selbstständige Tätigkeit ausübt und dass es bei Abschluss des zu qualifizierenden Geschäfts in Ausübung dieser Tätigkeit handelt. Dabei gehört zu dem gewerblichen oder selbstständigen Tätigsein jedes planmäßige und dauerhafte Angebot von Leistungen gegen Entgelt, wobei es auf eine Gewinnerzielungsabsicht nicht ankommt.[44]

Damit können natürliche wie juristische Personen, Freiberufler, Handwerker und Landwirte ebenso Unternehmer sein wie Kleingewerbetreibende, die nicht im Handelsregister eingetragen sind. Da es auch nicht auf eine Gewinnerzielungsabsicht ankommt, kommen auch gesetzliche Vermögensverwalter, die ein Unternehmen verwalten ebenso als Unternehmer in Betracht wie Einrichtungen des öffentlichen Rechts, sofern diese nicht ausschließlich öffentlich-rechtlich organisiert sind.[45]

Letztlich ist entscheidend darauf abzuheben, ob das abzuschließende **Geschäft seinem Inhalt nach auf die gewerbliche oder selbstständige berufliche Tätigkeit des Rechtssubjekts** zielt. Damit kann auch eine nebenberufliche Tätigkeit unternehmerisch i.S.d. § 14 BGB sein. Wer beispielsweise bei einer Internet-Auktionsplattform wie eBay planmäßig und mit Wiederholungsabsicht Waren zum Kauf anbietet, ist Unternehmer,[46] wenn das konkrete rechtsgeschäftliche Tätigwerden dieser Tätigkeit zuzuordnen ist. Beschäftigt sich hingegen der Verkäufer nur als Hobby mit der verkauften Ware und ist er zum Zeitpunkt des Verkaufs mit einer geringen Anzahl von Umsätzen bei dem Auktionshaus registriert, so ist die Anwendung des Fernabsatzrechts auf den auf der Internet-Auktionsplattform abgeschlossenen Vertrag ausgeschlossen.[47]

2. § 312e BGB

Während der persönliche Anwendungsbereich der Bestimmungen über Fernabsatzverträge nach § 312b Abs. 1 S. 1 BGB auf Verbraucherverträge im engeren Sinn beschränkt ist, kennt § 312e BGB eine solche Beschränkung nicht. Der persönliche Anwendungsbereich des § 312e BGB ist nach § 312e Abs. 1 S. 1 BGB eröffnet für Verträge zwischen einem Unternehmer (§ 14 BGB) und einem »Kunden«. Dabei hat die Unternehmereigenschaft in der Person des Warenlieferanten bzw. Dienstleisters vorzuliegen. Unerheblich ist hingegen, ob der Kunde Verbraucher (§ 13 BGB) oder Unternehmer (§ 14 BGB) ist.

---

44 Überwiegende Ansicht vgl. etwa zum Verbrauchsgüterkauf: BGH NJW 2006, 2250 (2251) mit Verweis auf die entsprechende Sicht im Verbraucherkreditrecht in NJW 2003 2742 (2743); Palandt/*Ellenberger* § 14 Rn. 2; *Härting* Einl. 64 m.w.N.; a.A., allerdings außerhalb des Verbraucherrechts: BGH NJW 1968, 639.
45 Vgl. die Beispiele bei Palandt/*Ellenberger* § 14 Rn. 2.
46 OLG Frankfurt/M. NJW 2005, 1438; AG Bad Kissingen NJW 2005, 2463.
47 LG München ZUM-RD 2009, 360.

29 Die Bestimmung ist daher anwendbar in der Konstellation **Unternehmer – Unternehmer** sowie in der Konstellation **Unternehmer – Verbraucher**. Nur wenn ausschließlich Verbraucher untereinander kontrahieren, ist die Bestimmung unanwendbar.[48]

II. Sachlicher Anwendungsbereich

30 Die sachlichen Anwendungsbereiche des Fernabsatzrechts und des E-Commerce-Rechts unterscheiden sich in vielerlei Hinsicht. Sie weisen aber auch Überschneidungen auf. Hinsichtlich der Absatztechniken bzw. Abschlussmedien ist der Anwendungsbereich des Fernabsatzrechts weiter gefasst, da er allgemein Distanzgeschäfte erfasst, also beispielsweise den Versandhandel auf Grundlage von Katalogen und Anzeigen ebenso wie den Internethandel. § 312e BGB hingegen beschränkt sich auf Rechtsgeschäfte, die unter Einsatz von Tele- und Mediendiensten (Telemedien) geschlossen werden. Andererseits genügt bei § 312e BGB, dass sich der Unternehmer dieser vorbezeichneten Dienste bedient, während das Fernabsatzrecht fordert, dass der Vertragsschluss unter ausschließlicher Verwendung von Fernkommunikationsmitteln erfolgt und zwar im Rahmen eines für den Fernabsatz organisierten Systems. Schließlich macht § 312b Abs. 3 BGB einige Bereichsausnahmen vom Anwendungsbereich des Fernabsatzrechts, die das E-Commerce-Recht nicht kennt.

1. § 312b BGB

31 § 312b BGB ist die **Einstiegsnorm** im Fernabsatzrecht. § 312b Abs. 1 S. 1 BGB enthält die Legaldefinition für Fernabsatzverträge. Es handelt sich hiernach um »Verträge über die Lieferung von Waren oder über die Erbringung von Dienstleistungen einschließlich Finanzdienstleistungen, die zwischen einem Unternehmer und einem Verbraucher unter ausschließlicher Verwendung von Fernkommunikationsmitteln abgeschlossen werden, es sei denn, dass der Vertragsschluss nicht im Rahmen eines für den Fernabsatz organisierten Vertriebs- oder Dienstleistungssystems erfolgt«. § 312b Abs. 1 S. 2 BGB definiert im Anschluss daran den Begriff der Finanzdienstleistungen, § 312b Abs. 2 BGB konkretisiert den Begriff der Fernkommunikationsmittel. Absatz 3 listet die nicht vom Fernabsatzrecht erfassten Bereichsausnahmen auf. § 312b Abs. 4 BGB schließlich enthält eine partielle Bereichsausnahme für Dauerschuldverhältnisse.

a) Abschlussmodalitäten

32 Nach § 312b Abs. 1 S. 1 BGB setzt ein dem Fernabsatzrecht unterfallender Vertrag voraus, dass der Vertrag **unter ausschließlicher Verwendung von Fernkommunikationsmitteln** abgeschlossen wird. »Fernkommunikationsmittel« sind nach § 312b Abs. 2 BGB sämtliche »Kommunikationsmittel, die zur Anbahnung oder zum Abschluss eines Vertrags zwischen einem Verbraucher und einem Unternehmer ohne gleichzeitige körperliche Anwesenheit der Vertragsparteien eingesetzt werden können«. Beispielhaft (»insbesondere«) nennt die Vorschrift die traditionellen Medien des Distanzgeschäfts wie »Briefe, Kataloge, Telefonanrufe« aber auch moderne Kommunikationsmittel wie »Telekopien, E-mails sowie Rundfunk, Tele- und Mediendienste«. Erfasst sind damit Vertragsschlüsse im E-Commerce, aber auch solche im traditionellen Versandhandel.

aa) Vertragsschluss unter ausschließlicher Verwendung von Fernkommunikationsmitteln

33 Der Vertrag muss unter »ausschließlicher« Verwendung von Fernkommunikationsmitteln geschlossen worden sein. Das ist der Fall, wenn von der Anbahnung des Vertrages bis zum

---

[48] Auf gemeinschaftsrechtlicher Grundlage sehr kritisch zur Beschränkung des Anwendungsbereichs der Pflichten des E-Commerce-Rechts auf Unternehmer: MüKo-BGB/*Wendehorst* § 312e Rn. 14 ff.

Moment des Vertragsschlusses **ausschließlich** Fernkommunikationsmittel eingesetzt worden sind.[49]

Problematisch ist die Qualifikation als Fernabsatzvertrag, wenn während der Vertragsanbahnungsphase ein **persönlicher Kontakt** im Sinne einer gleichzeitigen physischen Anwesenheit der Vertragsparteien stattgefunden hat, z. B. ein Besuch des Verbrauchers im Ladengeschäft des Unternehmers. Während eine Ansicht diese Fälle ohne Weiteres aus dem Anwendungsbereich des Fernabsatzrechts herausnehmen möchte,[50] verneint die Gegenansicht die Anwendbarkeit des Fernabsatzrechts nur unter der zusätzlichen Voraussetzung, dass die Vorverhandlung von einer solchen Qualität war, dass diese geeignet ist, dem Schutzanliegen des Fernabsatzrechts Rechnung zu tragen.[51] Erforderlich ist nach dieser einschränkenden Sicht, dass der Verbraucher im Rahmen der Vertragsanbahnung zumindest die Möglichkeit hatte, alle für den Vertragsschluss wesentlichen Informationen vom Unternehmer zu erhalten und dass der Vertragsschluss der Direktkommunikation unmittelbar zeitlich nachfolgt.[52]

Meiner Ansicht nach sollten physische Begegnungen während der Vertragsanbahnungsphase zum Ausschluss der Anwendbarkeit des Fernabsatzrechts führen. Der unter teleologischen Gesichtspunkten nachvollziehbare und Schutzlücken vermeidende Gegenansatz vermag sich gegen den klaren Gesetzeswortlaut nicht durchzusetzen. Insbesondere aber führt er zu einer für die praktische Rechtsanwendung unerträglichen Rechtsunsicherheit. Soweit das zeitliche Moment zwischen Direktkontakt und Vertragsschluss betroffen ist, dürften sich noch irgendwelche – freilich gegriffenen – Kriterien finden lassen. Wie aber soll das die Schutzbedürftigkeit beim Fernabsatzgeschäft kompensierende hinreichende Maß an Information bei den Vorverhandlungen verlässlich bestimmt werden? Der Verweis auf den Informationskatalog aus § 312c Abs. 1 BGB, der zudem nur Anhaltspunkte für die wesentlichen Informationen liefern soll, zeigt die mangelnde Praktikabilität und Handhabbarkeit dieses Ansatzes. Soweit durch die hier vertretene, streng am Gesetzeswortlaut ausgerichtete Sicht die Gefahr verschärft wird, dass Unternehmer durch vorgeschaltete Direktkontakte den Schutzzweck der Bestimmungen des Fernabsatzrechts partiell unterlaufen, ist dieses Manko in der Fernabsatzrichtlinie selbst angelegt, namentlich im Ausschließlichkeitserfordernis des Art. 2 Nr. 1 FernAbsRL. Diese setzt dem Umgehungsverbot eine formale Grenze.[53] Im Übrigen gewährt § 312 BGB Schutz im Direktabsatz.[54]

bb) Vertragsschluss im Rahmen eines für den Fernabsatz organisierten Vertriebs- oder Dienstleistungssystems

Schließlich muss der Vertragsschluss »im Rahmen eines für den Fernabsatz organisierten Vertriebs- oder Dienstleistungssystems« erfolgt sein. Eine Definition dessen, was unter einem solchen Vertriebs- und Dienstleistungssystem zu verstehen ist, hält weder die Richtlinie noch das deutsche Umsetzungsgesetz bereit. Nach verbreiteter Ansicht liegt ein sol-

---

49 Allg. Ansicht vgl. etwa *Lütcke* § 312b Rn. 59; Palandt/*Grüneberg* § 312b Rn. 8; *Grigoleit* NJW 2002, 1151 (1152); *Bülow/Artz* NJW 2000, 2049 (2053); Bamberger/Roth/*Schmidt-Räntsch* § 312b Rn. 33 m. w. N.; ebenso LG Wuppertal VRR 2008, 322 über den finanzierten Neuwagenkauf unter Verwendung von Fernkommunikationsmitteln.
50 *Grigoleit* NJW 2002, 1151 (1152); *Bülow/Artz* NJW 2000, 2049 (2053).
51 Palandt/*Grüneberg* § 312b Rn. 8; MüKo-BGB/*Wendehorst* § 312b Rn. 54.
52 Ausführl. bei MüKo-BGB/*Wendehorst* § 312b Rn. 54 f.; ebenso Bamberger/Roth/*Schmidt-Räntsch* § 312b Rn. 35 ff.; Palandt/*Grüneberg* § 312b Rn. 8 hebt sogar darauf ab, ob der Verbraucher die Informationen *tatsächlich* erhalten hat.
53 Zutreffend *Grigoleit* NJW 2002, 1151 (1152).
54 Nach allg. Ansicht fällt auch bei § 312 BGB die Vertragsanbahnungsphase bereits in den Schutzbereich der Norm, vgl. BGH NJW 1996, 926 (929) m. w. N.; zum Konkurrenzverhältnis von »Haustürgeschäften« und »Fernabsatzgeschäften« vgl. Rdn. 135, insbesondere Fn. 180.

ches Vertriebs- und Dienstleistungssystem vor, wenn der Unternehmer objektiv[55] in seinem Betrieb die personellen, sachlichen und organisatorischen Voraussetzungen geschaffen hat, die notwendig sind, um regelmäßig Geschäfte im Fernabsatz zu bewältigen.[56] Dabei wird man unter Verbraucherschutzgesichtspunkten keinen großen organisatorischen Aufwand fordern dürfen. Ausreichend sind z. B. ein Telefonanschluss und Werbemaßnahmen, die auf die Möglichkeit einer telefonischen Bestellung hinweisen.[57] Unzureichend unter dem Gesichtspunkt der regelmäßigen Geschäftsabschlüsse ist es hingegen, wenn nur gelegentlich eine Bestellung am Telefon entgegengenommen oder ab und an eine Ware per Post versandt wird.[58]

37 Eine weitere Präzisierung des Tatbestandsmerkmals ist dahin gehend vorzunehmen, dass der Begriff des organisierten Vertriebs- oder Dienstleistungssystems **nicht rein vertragsabschlussbezogen**, sondern **auch leistungsbezogen** zu verstehen ist.[59] Der Richtlinienwortlaut legt nahe,[60] dass es nicht allein auf die organisatorischen Voraussetzungen für regelmäßige Vertragsschlüsse unter ausschließlicher Verwendung von Fernkommunikationsmitteln ankommt, sondern auch darauf, dass die in Rede stehenden Verträge hinsichtlich der angebotenen unternehmerischen Leistung, also hinsichtlich des Vertragsgegenstands zum Bild eines Distanzgeschäfts passen müssen. Diese Einschränkung wird insbesondere bei Dienstleistungen relevant. Zu denken ist etwa an Dienst- oder Werkverträge mit einem Arzt, einem Frisör oder einem Anwalt. Hier werden typischerweise Termine per Telefon vereinbart und damit Fernkommunikationsmittel eingesetzt, allerdings steht oft die persönliche Leistungserbringung im unmittelbaren Kontakt zum Vertragspartner ganz im Vordergrund. Wenn der Vertragsschluss nicht ohnehin erst bei der persönlichen Begegnung erfolgt und somit eine Anwendung der §§ 312b ff. BGB ausscheidet, so wird doch häufig der Vertragsinhalt erst bei der persönlichen Begegnung hinreichend konkretisiert. Insoweit passen diese Verträge nicht zum Schutzzweck des Fernabsatzrechts. Sie sollten daher, sofern der Unternehmer für die Leistungserbringung nicht die Vorteile des Fernabsatzsystems nutzt – etwa durch telefonische Beratung – vom Schutzbereich ausgenommen werden. Insoweit wird mitunter eine Beschränkung des Anwendungsbereichs auf »typische Distanzgeschäfte« gefordert.[61] Der Begriff des »typischen Distanzgeschäfts« ist freilich schwer zu fassen und birgt die Gefahr, dass der Anwendungsbereich der §§ 312b ff. BGB zu stark verengt wird. Insoweit möchte ich lieber wie folgt formulieren: Von einem Vertragsschluss »im Rahmen eines für den Fernabsatz organisierten Vertriebs- oder Dienstleistungssystems« wird man nur dann sprechen können, wenn sich der Unternehmer Fernkommunikationsmittel systematisch zu Nutze macht und zusätzlich bei den intendierten Geschäften die persönliche Leistungserbringung durch den Unternehmer nicht so sehr im Vordergrund steht, dass die Schutzbestimmungen des Fernabsatzrechts unpassend sind. Unpassend sind sie dann, wenn die typischen Gefahren, vor denen das Fern-

---

55 Nicht erforderlich ist, dass sich der Unternehmer subjektiv und bewusst für den Fernabsatz entschieden hat oder gar damit wirbt, denn Art. 2 Nr. 1 FernAbsRL stellt allein auf objektive Elemente ab: »Vertrag, der im Rahmen [...] geschlossen wird«; ebenso *Härting* § 1 Rn. 75 ff.; *Härting/Schirmbacher* MDR 2000, 917 (918); Bamberger/Roth/*Schmidt-Räntsch* § 312b Rn. 23.
56 BGH NJW 2004, 3699 (3701) zu einer Bestellhotline; vgl. auch schon BT-Drs. 14/2658, 30.
57 Palandt/*Grüneberg* § 312b Rn. 11.
58 BT-Drs. 14/2658, 30.
59 *Micklitz/Reich* S. 7; MüKo-BGB/*Wendehorst* § 312b Rn. 58; differenzierend zur (Nicht-) Anwendbarkeit des Fernabsatzrechts auf Rechtsanwälte: *Bürger* NJW 2002, 465 (466); a. A. *Lütcke* § 312b Rn. 58, der den Begriff rein vertragsabschlussbezogen versteht.
60 MüKo-BGB/*Wendehorst* § 312b Rn. 58 mit Verweis auf den Terminus »Dienstleistungssystem« sowie den noch deutlicheren englischen (»organised distance sales or service-provision scheme«) und französischen Richtlinienwortlaut (»système de vente ou de prestations des services à distance organisé par le fornisseur«).
61 MüKo-BGB/*Wendehorst* § 312b Rn. 58; für ein auch leistungsbezogenes Verständnis des Begriffs des Vertriebs- und Dienstleistungssystems: AG Wiesloch JZ 2002, 671 mit ablehnender Anm. *Bürger*.

absatzrecht schützen will, wegen der persönlichen Leistungserbringung im Kundenkontakt, insbesondere der Konkretisierung und Überprüfbarkeit der vertraglichen Leistung im persönlichen Kontakt, gar nicht bestehen.[62]

»Im Rahmen« eines Fernabsatzsystems ist der Vertragsschluss erfolgt, wenn der konkrete Vertragsschluss in einem **bereits bestehenden Fernabsatzsystem** getätigt wurde. 38

cc) Beweislast

Wie die Formulierung der Bestimmung in § 312b Abs. 1 S. 1 a. E. BGB (»es sei denn«) zeigt, erachtet das Gesetz die Verwendung eines organisierten Vertriebs- und Dienstleistungssystems als Regelfall, für dessen Nichtvorliegen der Unternehmer die Beweislast trägt. 39

b) Vertragsgegenstände

Gegenstand des Vertrages muss die Lieferung von Waren oder die Erbringung von Dienstleistungen sein. Die Bestimmung der denkbaren Vertragsgegenstände hat entsprechend dem weitgefassten Wortlaut der Art. 2 Nr. 1, 3 FernAbsRL zu erfolgen.[63] 40

aa) Lieferung von Waren

Während einige Stimmen den **Begriff der »Ware«** im weitest denkbaren Sinn definieren und darunter jedwede gegen Entgelt zu erlangende Leistung verstehen[64] und damit vermeintlich die Grenze zur »Dienstleistung« verwischen, haben andere ein deutlich engeres Verständnis. Konsens besteht jedenfalls dahin gehend, dass unter den Begriff der »Ware« zumindest alle beweglichen körperlichen Gegenstände fallen.[65] Dabei erachtet aber auch die engere Ansicht Strom, Wasser, Gas, Fernwärme und auch Software als denkbare Vertragsgegenstände.[66] Um Inkonsequenzen zu vermeiden und den europarechtlichen Vorgaben zu entsprechen, erscheint m. E. ein weites Verständnis überzeugender. Die Abgrenzung zwischen Ware und Dienstleistung kann danach erfolgen, dass eine Ware eine im Gegensatz zur Dienstleistung gegenständliche Leistung darstellt, die zu einem bestimmten Zeitpunkt in die Verfügungsgewalt des Verbrauchers übergehen soll und zumindest theoretisch in natura zurückgewährt werden kann.[67] Die eingangs gegebene weite Definition des Begriffs der Ware als eine gegen Entgelt zu erlangende Leistung ist in diesem Sinne zu konkretisieren. Hinsichtlich der so umschriebenen Ware muss weiterhin zulasten des Unternehmers vertraglich eine Lieferpflicht vereinbart worden sein, vgl. § 312b Abs. S. 1 BGB. Fehlt es an einer entsprechenden Lieferpflicht oder hat nicht der Unternehmer, sondern der Verbraucher eine Lieferpflicht übernommen, liegt kein den Anwendungsbereich des Fernabsatzrechts eröffnender Vertragsgegenstand vor. 41

Wachsende Bedeutung haben in den letzten Jahren Verträge über die Lieferung elektronisch gespeicherter Daten und Computerprogramme sowie über die Lieferung von Audio- und Videoaufzeichnungen erhalten. Soweit diese jeweils auf dauerhaften Datenträgern verkör- 42

---

62 Ebenso in Richtung einer teleologischen Anwendungsbereichseinschränkung: *Bürger* NJW 2002, 465 (466).
63 Die eng formulierten Ausnahmen in Art. 3 FernAbsRL lassen den Rückschluss auf ein weites Verständnis der Begriffe »Ware« und »Dienstleitung« zu.
64 So MüKo-BGB/*Wendehorst*, 4. Aufl. 2003, § 312b Rn. 23 ff., die die Unterscheidung von Waren und Dienstleistungen als Hilfskonstrukt und notwendiges Kriterium zur Binnendifferenzierung erachtet und als Vertragsgegenstand jedwede Leistung genügen lassen will, sofern sie ihrem Wesen nach geeignet ist, den Gegenstand von entgeltlichen Geschäften zu bilden; in diese Richtung, an die Grundfreiheiten anknüpfend: Bamberger/Roth/*Schmidt-Räntsch* § 312b Rn. 20.
65 So die restriktive Sicht bei Palandt/*Grüneberg* § 312b Rn. 10.
66 Vgl. Palandt/*Grüneberg* § 312b Rn. 10 und § 312d Rn. 9, nach dem auch ein Vertrag über die Lieferung von Software erfasst sein soll, sofern diese durch Download geliefert wird.
67 Vgl. MüKo-BGB/*Wendehorst* § 312b Rn. 29.

pert sind und der Datenträger in das Eigentum des Verbrauchers übergehen soll, handelt es sich unproblematisch um Verträge über gegenständliche Leistungen im vorbezeichneten Sinn und damit um Verträge über die Lieferung von Waren. Nicht anders ist dies zu beurteilen bei Daten oder Programmen, die dem Verbraucher zum Zweck des Downloads online zur Verfügung gestellt werden,[68] denn dies stellt allein eine vereinfachte Form des Vertriebs dar, die keine andere rechtliche Beurteilung rechtfertigt. Werden Daten hingegen nur auf Zeit zur Nutzung überlassen, steht also nicht das Zur-Verfügung-Stellen als solches im Mittelpunkt der Leistungspflicht, dann wird man nicht von der Lieferung einer Ware, sondern vielmehr von einer Dienstleistung auszugehen haben.

bb) Dienstleistungen

43 Der **Begriff der Dienstleistung** ist richtlinienkonform und damit weit auszulegen. Er umfasst in Abgrenzung zum Begriff der Lieferung von Waren alle nicht gegenständlichen Leistungen, die gegen Entgelt zu erlangen sind. Damit sind, soweit die Sonderregelung in § 312b Abs. 1 S. 2 BGB und die Ausnahmetatbestände in § 312b Abs. 3 BGB nicht entgegenstehen, die meisten Werkverträge, Dienstverträge und Geschäftsbesorgungsverträge aber auch Maklerverträge, Partnerschaftsvermittlungsverträge, Verwahrungsverträge, und weitere typische sowie atypische Verträge erfasst,[69] unabhängig von ihrer exakten Einordnung nach den Regelungen des BGB.[70] Sicherungsgeschäfte fallen grundsätzlich auch unter den Begriff der Dienstleistung,[71] wobei insoweit zu prüfen ist, ob nicht eine Finanzdienstleistung i. S. d. § 312b Abs. 1 S. 2 BGB vorliegt. Sofern freilich die Sicherheit vom Verbraucher gegenüber dem Unternehmer gewährt wird, sollte das Fernabsatzrecht nicht zur Anwendung gelangen.[72] Wie das OLG Dresden entschieden hat, stellt die Bürgschaft des Verbrauchers keine unter § 312b BGB fallende Finanzdienstleistung dar.[73] Mietverträge und sonstige Gebrauchsüberlassungsverträge stellen, auch wenn hier eine gegenständliche Leistung der Verfügungsgewalt des Verbrauchers überlassen wird, nicht die Lieferung einer Ware dar. Da der eigentliche Vertragsgegenstand die Gebrauchsmöglichkeit ist und diese gerade nicht in natura zurückgewährt werden kann, handelt es sich vielmehr um eine Dienstleistung.

cc) Sondervorschriften für Finanzdienstleistungen

44 Seit Inkrafttreten des FernAbsÄndG erstreckt sich der Schutz des Fernabsatzrechts auch auf Finanzdienstleistungen. Abweichend von den sonstigen Dienstleistungen gelten für diese zahlreiche Sonderregeln, die im Detail nicht Gegenstand dieser allgemeinen Darstellung zum Fernabsatzrecht sind. Sie sollen aber an dieser Stelle zumindest schlagwortartig zusammengefasst werden und an relevanter Stelle Erwähnung finden. **Sonderregelungen** betreffen folgende Punkte:
- Zeitpunkt und Umfang der Informationspflichten (§ 312c Abs. 1 i. V. m. Art. 246 § 1 Abs. 2 EGBGB; § 312c Abs. 1 i. V. m. Art. 246 § 2 Abs. 1 S. 1 Nr. 1 i. V. m. S. 2 Nr. 3 i. V. m. § 1 Abs. 2 EGBGB);
- Anspruch auf Überlassung einer Vertragsurkunde (§ 312c Abs. 3 BGB);
- Ausschluss des Widerrufsrechts bei Finanzdienstleistungen, deren Preis Schwankungen unterliegt, auf die der Unternehmer keinen Einfluss hat (§ 312d Abs. 4 Nr. 6 BGB);

---

[68] I. E. ebenso Bamberger/Roth/*Schmidt-Räntsch* § 312b Rn. 20.
[69] Vgl. die beispielhafte Aufzählung bei MüKo-BGB/*Wendehorst* § 312b Rn. 33 m. w. N.
[70] Ausführl. zum gemeinschaftsautonom zu bestimmenden Begriff der »Dienstleistung«: BGH NJW 1994, 262 (263); vgl. auch BT-Drs. 14/2658, 31.
[71] Zur Bürgschaft vgl. EuGH NJW 1998, 1295.
[72] *Lütcke* § 312b Rn. 55 weist zutreffend darauf hin, dass nach dem Schutzzweck des Gesetzes nur solche Verträge in den Anwendungsbereich des Fernabsatzrechts fallen, in denen sich der Unternehmer zur Leistungserbringung verpflichtet.
[73] OLGR Dresden 2009, 521.

- Wertersatzpflicht des Verbrauchers für erbrachte Dienstleistungen (§ 312d Abs. 6 BGB);
- Beginn der Widerrufsfrist (§ 355 Abs. 4 S. 3 Hs. 2 BGB).

c) Ausnahmetatbestände

§ 312b Abs. 3 BGB enthält acht **Bereichsausnahmen**, die den sachlichen Anwendungsbereich des Fernabsatzrechts einschränken. Diese sind numerisch aufgelistet:

Nr. 1 nimmt **Fernunterrichtsverträge**, Nr. 2 nimmt **Verträge über Teilzeitwohnrechte** vom Anwendungsbereich der §§ 312b ff. BGB aus, da ein hinreichender Verbraucherschutz über das Fernunterrichtsschutzgesetz bzw. über die §§ 481 ff. BGB gewährleistet ist.[74]

Versicherungen und deren Vermittlung sind nach Nr. 3 ausgenommen.

Nach Nr. 4 unterfallen bestimmte **Immobiliengeschäfte** nicht dem Anwendungsbereich des Fernabsatzrechts. Der Gesetzgeber ging hier von einem hinreichenden Schutz durch die allgemeinen Form- und Schutzvorschriften (§§ 311b Abs. 1, 873, 925 BGB) aus, die einen Vertragsschluss im Fernabsatz typischerweise ausschließen und einen zusätzlichen Schutz durch Informationspflichten und ein Widerrufsrecht überflüssig machen. Soweit auch Verträge über die Errichtung von Bauwerken vom Anwendungsbereich des Fernabsatzgesetzes ausgeschlossen sind, verfängt diese Argumentation freilich nicht, da hier keine entsprechenden schützenden Formvorgaben bestehen. Die Ausnahme ist insoweit rechtspolitisch verfehlt.[75] Die Regelung ist als Ausnahmevorschrift allerdings zumindest restriktiv auszulegen. Verträge über Erneuerungs- und Umbauarbeiten stellen dementsprechend keine Verträge über die »Errichtung eines Bauwerks« dar, auch wenn die betroffenen Arbeiten ein erhebliches Ausmaß haben.[76]

Nr. 5 erfasst **Verträge über die Lieferung von Lebensmitteln und Haushaltsgegenständen** des täglichen Bedarfs und umfasst damit praktisch das gesamte Sortiment eines Supermarktes, einschließlich Zeitschriften, DVDs und CD-ROM.[77] Voraussetzung für die Bereichsausnahme ist dabei weiter, dass diese Gegenstände »am Wohnsitz, am Aufenthaltsort oder am Arbeitsplatz eines Verbrauchers von Unternehmern im Rahmen häufiger und regelmäßiger Fahrten geliefert werden.« Dabei muss der Unternehmer die Lieferung selbst vornehmen oder organisieren; eine Zusendung durch die Post unterfällt nicht der Bereichsausnahme.[78]

Nr. 6 nimmt Verträge über die Erbringung von »Dienstleistungen in den Bereichen Unterbringung, Beförderung, Lieferung von Speisen und Getränken sowie Freizeitgestaltung« vom Anwendungsbereich des Fernabsatzrechts aus, »wenn sich der Unternehmer bei Vertragsschluss verpflichtet, die Dienstleistungen zu einem bestimmten Zeitpunkt oder innerhalb eines genau angegebenen Zeitraums zu erbringen«. Damit erfasst die Regelung beispielsweise das Anmieten eines Hotelzimmers oder einer Ferienwohnung, den Abschluss

---

74 Direktunterrichtsverträge unterfallen § 312b BGB, sofern sie durch ausschließlichen Einsatz von Fernkommunikationsmitteln geschlossen werden.
75 Ebenso *Härting* § 1 Rn. 120 f.
76 Vgl. *Lütcke* § 312b Rn. 115; *Härting* § 1 Rn. 123 f.
77 Der Begriff der »sonstigen Haushaltsgegenstände« ist deutlich enger zu verstehen als die »Gegenstände des ehelichen Haushalts« in § 1369 BGB, da die im Rahmen dieser Bestimmung mögliche Erfassung hochwertiger Güter dem Verbraucherschutzziel zuwiderliefe, vgl. hierzu *Micklitz/Tonner* § 312b Rn. 81 f.; wie hier auf den Warenbestand eines Supermarktes abhebend: Palandt/*Grüneberg* § 312b Rn. 15; zustimmend Bamberger/Roth/*Schmidt-Räntsch* § 312b Rn. 49 mit Nachw. zu weiteren Abgrenzungsansätzen.
78 Dementsprechend ist bei der Beauftragung Dritter wie im Rahmen des § 447 BGB das Fernabsatzrecht anwendbar; allgemeine Ansicht, vgl. u. a. *Lütcke* § 312b Rn. 120; MüKo-BGB/*Wendehorst* § 312b Rn. 80.

eines Pauschalreisevertrags,[79] den Erwerb einer Bahnfahrkarte, die den Verbraucher innerhalb eines Zeitraums von 11 Wochen zu zwei einfachen Bahnfahrten seiner Wahl berechtigt[80] oder die Bestellung von Eintrittskarten für Konzerte oder Sportveranstaltungen.

51 Die zwei Fallgruppen in Nr. 7 enthalten Bereichsausnahmen für Verträge, bei denen die vertraglichen Leistungen sofort ausgetauscht werden und die Erfüllung von Informationspflichten oder die Einräumung eines Widerrufsrechts nicht sinnvoll erscheint. Nr. 7 lit. a) betrifft Vertragsschlüsse unter Verwendung von **Warenautomaten** oder automatisierten Geschäftsräumen. Nr. 7 lit. b) betrifft **Benutzungsverträge an öffentlichen Fernsprechern** über die Benutzung der Fernsprecheinrichtung.[81]

d) Dauerschuldverhältnisse

52 § 312b Abs. 4 BGB sieht eine partielle Einschränkung des Anwendungsbereichs der fernabsatzrechtlichen Schutzbestimmungen für bestimmte Dauerschuldverhältnisse vor.

53 § 312b Abs. 4 S. 1 BGB bestimmt, dass bei Dauerschuldverhältnissen, in deren Vollzug es zu aufeinanderfolgenden Vorgängen oder aber zu getrennten, in einem zeitlichen Zusammenhang stehenden Vorgängen der gleichen Art kommt, die §§ 312b ff. BGB nur im Hinblick auf die erste Vereinbarung Anwendung finden. Die Informationspflichten des Unternehmers und das Recht zum Widerruf des Vertrages bestehen also nur hinsichtlich der ersten Vereinbarung. Das ist selbstverständlich, solange Leistungen ohne den Abschluss von Folgeverträgen aufgrund der ersten Vereinbarung erbracht werden. Denn in dieser Situation fehlt den Informationspflichten oder dem Widerrufsrecht der rechtliche Bezugspunkt. Bedeutsam ist die Vorschrift dann, wenn die dem ersten Vertragsschluss folgenden »Vorgänge« als Folgeverträge zu qualifizieren sind, die in Abwicklung des Erstvertrags geschlossen werden. Bei diesen griffe nämlich grundsätzlich das Schutzinstrumentarium der §§ 312b ff. BGB, die anwendungsbereichseröffnenden Voraussetzungen des Fernabsatzrechts unterstellt. Hinsichtlich der Folgeverträge ist wegen des Tatbestandsmerkmals »in deren Vollzug« freilich ein hinreichender innerer Zusammenhang zum Erstvertrag zu fordern.[82]

54 ▶ **Beispiel:**

Ein wichtiges Beispiel aus der Praxis sind **Giro- und Depotverträge** und die aufgrund dieser Verträge für die einzelnen Transaktionen geschlossenen Folgeverträge.[83] Aber auch Rahmenverträge über die Lieferung von Waren und die im Vollzug der Rahmenvereinbarung geschlossenen Verträge über die Einzelleistungen stellen einen Anwendungsbereich der Sonderregelung in § 312b Abs. 4 S. 1 BGB dar.

e) Sondergesetzliche Einschränkungen bei der Verwendung von Fernkommunikationsmitteln

55 Während vorbezeichnete (partielle) Bereichsausnahmen den Anwendungsbereich der fernabsatzrechtlichen Schutzbestimmungen zurückdrängen, weil der Gesetzgeber bei ihnen ein hinreichendes Bedürfnis an Schutz entweder generell verneint oder anderweitig gewährleistet sieht, gibt es auch Fälle, in denen er die Verwendung von Fernkommunikationsmitteln beim Vertragsschluss noch stärker reglementieren möchte als dies die fernabsatzrechtlichen Schutzbestimmungen zulassen oder den Fernabsatz gänzlich unterbinden möchte. Dem-

---

79 Vgl. MüKo-BGB/*Wendehorst* § 312b BGB Rn. 82, 84.
80 OLG Frankfurt/M. MMR 2010, 535.
81 Näher zum Anwendungsbereich AnwK-BGB/*Ring* § 312b Rn. 138 f.
82 Im bankrechtlichen Kontext verlangen *Held/Schulz* BKR 2005, 270 (272), dass die Folgeverträge nicht produktfremd sind.
83 BT-Drs. 15/2946, 19.

entsprechend bestimmt § 312c Abs. 4 BGB, dass außerhalb des Fernabsatzrechts bestehende Einschränkungen bei der Verwendung von Fernkommunikationsmitteln möglich bleiben. Ein Beispiel hierfür ist etwa die Unzulässigkeit des Vertriebs von bestimmten Arzneimitteln im Fernabsatz nach § 43 AMG.

2. § 312e BGB

Während der Begriff des Fernabsatzvertrags jede Form des Distanzgeschäfts und damit auch den postalischen oder telefonischen Vertragsabschluss erfasst, fallen unter § 312e BGB nur solche Verträge unter physisch abwesenden Personen, die unter Einsatz von *elektronischen* Kommunikationsmitteln zustande kommen. 56

a) Vertragsgegenstände und Abschlussmodalitäten

Die Eröffnung des sachlichen Anwendungsbereichs des § 312e BGB setzt dabei zweierlei voraus: Zum einen muss der Vertragsgegenstand die **Lieferung von Waren** oder die **Erbringung von Dienstleistungen** betreffen. Hinsichtlich des Vertragsgegenstands und der Begriffe der »Warenlieferung« sowie der »Dienstleistung« kann insoweit grundsätzlich[84] auf die Ausführungen zum Fernabsatzrecht verwiesen werden.[85] Zum anderen muss sich der Unternehmer zum Zwecke des Vertragsschlusses eines **Tele- oder Mediendienstes** bedienen. Der Anwendungsbereich setzt insoweit die Verwendung bestimmter technischer Kommunikationsmittel voraus und erfordert weiterhin deren Einsatz gerade zum Zwecke des Vertragsschlusses. So ist etwa § 312e BGB unanwendbar, wenn der Vertrag per Sprachtelefon, Telefax oder Telex abgeschlossen wird, denn der Unternehmer bedient sich zum Zwecke des Vertragsabschlusses keines Telemediums.[86] 57

Die zu verwendenden technischen Kommunikationsmittel sind gem. § 312e Abs. 1 S. 1 BGB auf »Tele- oder Mediendienste« beschränkt. Der Gesetzgeber weicht mit dieser Formulierung von dem in Art. 2 lit. a ECRL enthaltenen Begriff »Dienste der Informationsgesellschaft«[87] ab. Erreicht werden sollte damit ursprünglich ein Definitionsgleichlauf mit den Begriffen **»Teledienst«** bzw. **»Mediendienst«**, wie sie seinerzeit im Teledienstegesetz (TDG) bzw. dem auf Landesebene geltenden Mediendienste-Staatsvertrag (MDStV) enthalten waren.[88] Mit Inkrafttreten des neuen Telemediengesetzes (TMG)[89] am 01.03.2007 und dem gleichzeitigen Außerkrafttreten des TDG ist dieses Ziel hinfällig geworden. Das TMG hat die Regelungen zu Tele- und Mediendiensten vereinheitlicht und die Begriffe Tele- und Mediendienste zugunsten des einheitlichen Begriffs **»Telemedien«** bzw. **»Telemediendienste«** aufgegeben. Inhaltliche Änderungen waren damit, jedenfalls im hier interessierenden Kontext, weder bezweckt,[90] noch sind solche ersichtlich[91] (zu letzterem Gesichts- 58

---

84 Quelle der gemeinschaftsautonomen Begriffsbestimmung ist hier freilich nicht die FernAbsRL, sondern die ECRL.
85 Zahlreiche Bereichsausnahmen der ECRL wurden von § 312e BGB nicht übernommen, z. B. Vereinbarungen betreffend die Tätigkeit von Notaren oder von Angehörigen gleichartiger Befugnisse, soweit diese eine unmittelbare und besondere Verbindung zur Ausübung öffentlicher Befugnisse aufweisen oder auch bestimmte Gewinnspiele, einschließlich Lotterien und Wetten.
86 Vgl. AG Bonn CR 2008, 740.
87 So die Begrifflichkeit der ECRL, die allerdings keine eigenständige Definition enthält sondern in Art. 2 lit. a ECRL auf Art. 1 Nr. 2 der Richtlinie 98/34/EG in der Fassung der Richtlinie 98/48/EG verweist, wonach umfasst ist »jede in der Regel gegen Entgelt elektronisch im Fernabsatz und auf individuellen Abruf eines Empfängers erbrachte Dienstleistung.« Dabei wird diese Definition u. a. durch Erwägungsgrund 18 ECRL wiederum modifiziert. Sehr kritisch zu dieser Gesetzgebungstechnik und der damit verbundenen Rechtsunsicherheit MüKo-BGB/*Wendehorst* § 312e Rn. 23.
88 BT-Drs. 14/6040, 170.
89 Zu den Grundlagen des Telemedienrechts vgl. u. a. FA-UMR/*Burkart* Kap. 10 Rn. 17 ff.
90 BT-Drs. 16/3078, 11.
91 »Nichts Neues unter der Sonne« ist das Fazit der allgemeinen Gesetzesanalyse von *Hoeren* NJW 2007,

punkt vgl. die nachfolgenden Ausführungen unter Rdn. 59). Eine redaktionelle Anpassung des § 312e Abs. 1 S. 1 BGB ist nicht erfolgt. Das Gesetz verlangt nach seinem Wortlaut weiter den Einsatz eines »Tele- oder Mediendienstes«.

59 Der **Begriff des Teledienstes** in § 2 Abs. 1 TDG erfasste alle auf Individualkommunikation ausgerichteten Teledienste und damit nahezu jedwede Internetpräsenz, die dem Nutzer einen Datenabruf[92] sowie eine aktive Teilnahme am Datenaustausch ermöglichte.[93] Die Mediendienste waren durch ihre nicht an den Einzelnen sondern ihre an die Allgemeinheit gerichtete Zielrichtung von den Telediensten zu unterscheiden.[94] Ohne Differenzierung des Adressatenkreises erfassen Telemedien i. S. d. § 1 Abs. 1 S. 1 TMG »alle elektronischen Informations- und Kommunikationsdienste«; nicht erfasst sind lediglich bestimmte Telekommunikationsdienste und der Rundfunk.[95] Das TMG geht damit von einem weiten Verständnis des Begriffs der Telemedien aus, behält insofern die Linie des TDG und des MDStV unter Aufgabe schwieriger Abgrenzungsfragen[96] bei und erachtet es als unerheblich (vgl. § 1 Abs. 1 S. 2 TMG), ob der zu erbringende Dienst entgeltlich oder unentgeltlich angeboten wird. Dies entspricht der Einschätzung des Gesetzgebers, dass die vorherigen Begrifflichkeiten im neuen Terminus »Telemedien« aufgehen sollen. Hinsichtlich der Auslegung von § 312e Abs. 1 S. 1 BGB ist das Tatbestandsmerkmal »Tele- oder Mediendienst« in § 312e Abs. 1 S. 1 BGB dementsprechend aus historischen, systematischen wie teleologischen Erwägungen nunmehr als Verweis auf die Nachfolgeregelung zum TDG und MDStV, namentlich als Verweis auf das TMG zu verstehen. Die bis dahin bestehenden Auslegungsprobleme im Rahmen des § 312e Abs. 1 S. 1 BGB, die auf die Weite der beschriebenen Kommunikationsdienste (Tele- oder Mediendienste) und die Abweichung von der europarechtlichen Vorlage zurückzuführen waren, bestehen damit unverändert fort.

60 Die Bezugnahme auf die weit gefassten Begriffe »Teledienst« und »Mediendienst« bzw. auf den Begriff der »Telemedien« bedingt gegenüber dem engeren europäischen Begriff »Dienste der Informationsgesellschaft« eine Ausweitung des Anwendungsbereichs der Schutzbestimmungen, die ausweislich der Gesetzesmaterialien nicht der Intention des Gesetzgebers entspricht.[97] Die somit erforderliche Einschränkung des Anwendungsbereichs der nationalen Regelung wird allerdings dadurch erreicht, dass allein solche Dienste von § 312e BGB erfasst werden, die **gerade zum Zweck des Abschlusses eines Vertrages eingesetzt** werden.[98] Die Regelung stellt damit auf einen gewerbsmäßigen Einsatz des Tele- und Mediendienstes ab. Zusätzlich muss der Dienst für den Kunden gerade zum Zweck einer Bestellung, bzw. Vertragserklärung individuell abgerufen werden können, d. h. das eingesetzte Kommunikationsmittel muss über eine Vorrichtung verfügen, über die der Kunde Daten anfordern und seine Bestellung übermitteln kann.[99] Damit wird der Anwendungsbereich der Regelung auf die in der ECRL bezeichneten »Dienste der Informationsgesellschaft« zurückgeführt, die »jede in der Regel gegen Entgelt elektronisch im Fernabsatz und

---

801 (806), wobei er aber neue Abgrenzungsfragen von Telemedien zu Rundfunk und Telekommunikation erkennt.
92 *Stickelbrock* GRUR 2004, 111 (112).
93 *Woitke* NJW 2003, 871 (872).
94 *Stickelbrock* GRUR 2004, 111 (112).
95 Nach § 1 Abs. 1 S. 1 TMG sind vom Begriff der Telemedien ausgenommen: Telekommunikationsdienste nach § 3 Nr. 24 TKG, die ganz in der Übertragung von Signalen über Telekommunikationsnetze bestehen, telekommunikationsgestützte Dienste nach § 3 Nr. 25 TKG und der Rundfunk nach § 2 des Rundfunkstaatsvertrags.
96 Neue Abgrenzungsprobleme ergeben sich allerdings zu Rundfunk und Telekommunikation, vgl. *Hoeren* NJW 2007, 801 (802 ff.).
97 Vgl. BT-Drs. 14/6040, 170, 171.
98 So schon früher allgemeine Ansicht vgl. AnwK-BGB/*Ring* § 312e Rn. 3; Micklitz/Pfeiffer/Tonner/Willingmann/*Meents* S. 191, 212; *Lorenz/Riehm* Rn. 139; *Lütcke* § 312e Rn. 16.
99 Vgl. Bamberger/Roth/*Masuch* § 312e Rn. 12 m. w. N.

auf individuellen Abruf eines Empfängers erbrachte Dienstleistung«[100] erfassen. Gleichzeitig werden die Tele- oder Mediendienste (Telemedien) aus dem Anwendungsbereich des § 312e BGB ausgeschieden, die nicht der Vorbereitung eines Vertragsschlusses dienen, sondern z. B. bloße »Verteildienste« erbringen.[101]

▸ **Beispiel:** 61

Praktisch besonders bedeutsame Anwendungsfälle von Telemedien sind etwa Online-Angebote von Waren und Dienstleistungen mit unmittelbarer Bestellmöglichkeit, Online-Dienste, die Instrumente zur Datensuche, zum Datenzugang oder zur Datenabfrage bereitstellen[102] oder auch das Telebanking.

b) Ausnahmetatbestände

Trotz Vorliegens der persönlichen wie sachlichen Anwendungsvoraussetzungen des § 312e BGB gibt es Fallgestaltungen, in denen die Schutzregeln für den elektronischen Rechtsverkehr kraft Gesetzes oder aufgrund Parteivereinbarung nur eingeschränkt anwendbar sind. 62

§ 312e Abs. 2 S. 1 BGB erklärt die Pflichten aus § 312e Abs. 1 S. 1 Nr. 1 bis 3 BGB auf solche Verträge nicht für anwendbar, die ausschließlich im Wege individueller Kommunikation geschlossen wurden. Diese Verträge weisen nämlich nicht die spezifischen Besonderheiten eines Online-Einkaufs auf, sodass es der entsprechenden Schutzmechanismen nicht bedarf.[103] Als Beispiel dienen etwa Verträge, die ausschließlich im Wege der E-Mail-Korrespondenz zwischen Unternehmer und Kunden geschlossen werden. Unberührt bleibt dabei aber die Pflicht des Unternehmers aus § 312e Abs. 1 S. 1 Nr. 4 BGB: Er hat seinem Kunden die Möglichkeit des Abrufs der Vertragsbestimmungen einschließlich AGB zu gewähren und sicherzustellen, dass diese in wiedergabefähiger Form gespeichert werden können. 63

§ 312e Abs. 2 S. 2 BGB schließlich erklärt einzelne Schutzregelungen, namentlich § 312e Abs. 1 S. 1 Nr. 1 bis 3 und S. 2 BGB für nicht anwendbar, sofern die Vertragsparteien, die nicht Verbraucher sind, Entsprechendes vereinbaren. Während die Schutzbestimmungen bei Verbraucherbeteilung also zwingend sind, können Unternehmer untereinander abweichende Regelungen treffen. Allerdings bleibt auch hier die Pflicht aus § 312e Abs. 1 S. 1 Nr. 4 BGB der Parteidisposition gänzlich entzogen. 64

▸ **Praxistipp:** 65

Möchten Unternehmer das grundsätzlich zu beachtende Pflichtenprogramm bei Vertragsschlüssen im elektronischen Geschäftsverkehr einschränken, so sind sie in den gesetzlich vorgegebenen Grenzen frei, eine entsprechende Vereinbarung zu treffen, sofern nur ihr Geschäftspartner ebenfalls Unternehmer ist. Dabei sollte wegen § 307 Abs. 2 Nr. 1 BGB eine abweichende Vereinbarung im Wege der Individualvereinbarung getroffen werden.[104]

---

100 Art. 2 lit. a ECRL, der auf Art. 1 Nr. 2 der Richtlinie 98/34/EG in der Fassung der Richtlinie 98/48/EG verweist.
101 Kommunikationsdienste lassen sich unterteilen in Verteil-, Zugriffs- und Abrufdienste; daran hat sich durch das TMG nichts geändert; zu den Begrifflichkeiten vgl. Kröger/Gimmy/*Moos* S. 267 ff.; ferner AnwK-BGB/*Ring* § 312e Rn. 6 und 16 ff.
102 Vgl. diese und weitere Beispiele in BT-Drs. 16/3078, 13 f.
103 BT-Drs. 14/6040, 172.
104 Ebenso Palandt/*Grüneberg* § 312e Rn. 10; allein den Maßstab des § 307 Abs. 1 BGB will anwenden Bamberger/Roth/*Masuch* § 312e Rdn. 37.1 m. w. N. zu beiden Ansichten.

III. Das Verhältnis von Fernabsatzrecht und E-Commerce-Recht

66 Fernabsatzrecht und E-Commerce-Recht sind eng miteinander verflochten. Ihr Verhältnis zueinander lässt sich wie folgt zusammenfassen: Bei Verbraucherverträgen im Fernabsatz, bei denen sich der Unternehmer zum Vertragsabschluss elektronischer Kommunikationsmittel im Sinne eines Tele- oder Mediendienstes (Telemedien) bedient, sind nach dem bisher Gesagten § 312e BGB und §§ 312b ff. BGB kumulativ anzuwenden. Werden bei Vorliegen eines Fernabsatzvertrages mit einem Verbraucher keine elektronischen Kommunikationsmittel eingesetzt, gelten allein die §§ 312b ff. BGB. Wird schließlich ein Distanzgeschäft unter Einsatz eines Tele- oder Mediendienstes (Telemedien) mit einem Unternehmer geschlossen, gilt allein § 312e BGB.

C. Schutzinstrumente bei Verbraucherverträgen im Fernabsatz

I. Informationspflichten

67 Anders als bei Finanzdienstleistungen, bei denen der Verbraucher außer im Fall der telefonischen Kommunikation bereits vorvertraglich sämtliche vertragsrelevanten Informationen zur Verfügung gestellt bekommen muss,[105] sieht das Gesetz im Grundsatz ein **zweistufiges Informationssystem** vor: In einer ersten Stufe, die zeitlich dem Vertragsschluss vorausgeht, soll der Verbraucher die Grundinformationen hinsichtlich des in Aussicht genommenen Vertrags erhalten, wobei der Umfang der Informationspflicht auch durch die Art des eingesetzten Kommunikationsmittels bestimmt wird. Der Unternehmer kann in engen Grenzen wählen, zu welchem Zeitpunkt genau und auf welche Weise er die Information übermittelt. Damit berücksichtigt das Gesetz die Besonderheiten des Fernabsatzes, soweit diese in den Spezifika des jeweils gewählten Kommunikationsmittels wurzeln. Damit der Verbraucher allerdings letzten Endes sämtliche Informationen erhält, die er benötigt, um eine informierte, eigenverantwortliche Entscheidung über den Vertragsschluss treffen zu können, sieht das Gesetz eine zweite Stufe der Information vor: Der Unternehmer hat – so schnell wie dies unter Berücksichtigung des Kommunikationsmittels und des Vertragsgegenstands möglich ist – dem Verbraucher auf einem dauerhaften Datenträger, namentlich in Textform (§ 126b BGB), die vorbezeichneten Basisinformationen nochmals zur Verfügung zu stellen, zuzüglich sämtlicher weiterer vertragsrelevanter Informationen, auch soweit diese die Geltendmachung seiner Rechte betreffen. Auf der Grundlage dieser dauerhaft und unverändert beim Verbraucher verbleibenden Informationsbasis hat der Verbraucher dann die Möglichkeit, sämtliche vertragsrelevanten Informationen in Ruhe zu sichten, auszuwerten und so – zumindest theoretisch[106] – eine in tatsächlicher Hinsicht freie Entscheidung über den Vertragsschluss einschließlich der Widerrufsmöglichkeit zu treffen.

68 Regelungstechnisch hat sich der Gesetzgeber dafür entschieden, im BGB selber nur die Pflicht zur Information und die Eckdaten ihrer Ausgestaltung zu regeln. Die Details der Information ergeben sich grundsätzlich aus dem EGBGB. Die durch das Gesetz vom 29.07.2009 (BGBl. I, S. 2355) herbeigeführten Änderungen dienen sogar dazu, die Regelungen des BGB zu vereinfachen, indem die darin enthaltenen Informationspflichten zum Teil in Art. 246 §§ 1 bis 3 EGBGB ausgelagert werden.[107]

---

105 Vgl. § 312c Abs. 1 BGB i. V. m. Art. 246 § 2 Abs. 1 S. 1 Nr. 1 EGBGB.
106 In der Praxis drohen freilich die für die Vertragsabschlussentscheidung tatsächlich relevanten Informationen »in einem Wust von Nebensächlichkeiten« unterzugehen, so zutreffend Bamberger/Roth/*Schmidt-Räntsch* § 312c Rn. 1.
107 Palandt/*Grüneberg* Vorb. v. 312 Rn. 2.

I. Informationspflichten

1. Vorvertragliche Informationspflichten

Das vom Unternehmer vorvertraglich zu erfüllende Pflichtenprogramm richtet sich nach § 312c Abs. 1 BGB i. V. m. Art. 246 § 1 Abs. 1 bis 3 EGBGB sowie § 312c Abs. 2 BGB. Bei Verträgen im elektronischen Geschäftsverkehr ist zusätzlich § 312e Abs. 1 S. 1 Nr. 2 i. V. m. Art. 246 § 3 EGBGB zu beachten. **69**

a) Pflichtenprogramm

Nach § 312c Abs. 1 BGB i. V. m. Art. 246 § 1 EGBGB hat der Unternehmer dem Verbraucher rechtzeitig vor Abgabe von dessen Vertragserklärung in einer dem eingesetzten Fernkommunikationsmittel entsprechenden Weise klar und verständlich und unter Angabe des geschäftlichen Zwecks die Informationen zur Verfügung zu stellen, für die dies in der letztgenannten Vorschrift bestimmt ist. **70**

aa) Inhalt

Der Unternehmer muss dem Verbraucher mitteilen, dass er einen **geschäftlichen Zweck** verfolgt. Dazu reicht es aus, dass er deutlich macht, mit dem Verbraucher in Geschäftskontakt treten zu wollen, z. B. durch ein eindeutig gekennzeichnetes Verkaufsportal im Internet.[108] **71**

Der **notwendige Inhalt** der weiteren Informationen ist Art. 246 § 1 EGBGB zu entnehmen. Der Lieferant von Waren oder Anbieter von Dienstleistungen schuldet nach Art. 246 § 1 Abs. 1 EGBGB vorvertraglich bis zu 12 Informationen, der Anbieter von Finanzdienstleistungen gem. Art. 246 § 1 Abs. 2 EGBGB bis zu acht weitere, zuzüglich seiner Vertragsbestimmungen einschließlich AGB. Während einige dieser Informationen bei jedem Vertragsschluss erteilt werden müssen (Art. 246 § 1 Abs. 1 Nr. 1, Nr. 3 Alt. 1 und 3, Nr. 4, Nr. 7, Nr. 9, Abs. 2 Nr. 1, 3, 4, 6 EGBGB), werden andere nur in bestimmten Vertragskonstellationen (Art. 246 § 1 Abs. 1 Nr. 2, Nr. 3 Alt. 2, Nr. 5, Nr. 6, Nr. 8, Nr. 10, Nr. 11, Nr. 12 EGBGB) relevant.[109] **72**

Die Informationen aus Art. 246 § 1 Abs. 1 EGBGB betreffen – stichpunktartig formuliert – folgende Punkte: **73**
- Identität des Unternehmers (Nr. 1);
- Identität eines Vertreters des Unternehmers (Nr. 2);
- Ladungsfähige Anschrift des Unternehmers (Nr. 3 Alt. 1); Anschrift eines Vertreters (Nr. 3 Alt. 2); bei juristischen Personen, Personenvereinigungen oder -gruppen auch der Name eines Vertretungsberechtigten (Nr. 3 Alt. 3);[110]
- Wesentliche Merkmale der Ware oder Dienstleistung und die Umstände, wie der Vertrag zustande kommt (Nr. 4);
- Mindestlaufzeit des Vertrages (Nr. 5);
- Vorbehalt, eine gleichwertige Leistung zu erbringen oder bei Nichtverfügbarkeit der versprochenen Leistung, diese nicht zu erbringen (Nr. 6);
- Gesamtpreis (Nr. 7);
- Zusatzkosten (Liefer- und Versandkosten, Steuern und sonstige Kosten) (Nr. 8);
- Einzelheiten hinsichtlich Zahlung, Lieferung, Erfüllung (Nr. 9);

---

108 Ausf. *Lütcke* § 312c Rn. 52.
109 Zur Unterscheidung »unbedingter« und »bedingter« Informationspflichten vgl. Bamberger/Roth/ *Schmidt-Räntsch* § 1 BGB-InfoVO Rn. 5 ff.
110 Zum Namen des Vertretungsberechtigten gehört nicht nur seiner Nachname, sondern vielmehr auch der ausgeschriebene, nicht abgekürzte, Vorname. Wird die Vertretungsperson nicht mit vollem Namen benannt, so genügt das nicht den Anforderungen des Gesetzes, so KG Berlin GRUR-RR 2008, 352.

- Bestehen oder Nichtbestehen eines Widerrufsrechts sowie Ausübungs- und Abwicklungsmodalitäten (Nr. 10);[111]
- Vom Unternehmer abzurechnende Kosten für Benutzung des Fernkommunikationsmittels (Nr. 11);
- Befristung der Gültigkeitsdauer der zur Verfügung gestellten Informationen (Nr. 12).

74 Der **Anbieter von Finanzdienstleistungen** gem. Art. 246 § 1 Abs. 2 EGBGB schuldet **darüber hinaus** Informationen betreffend die folgenden Gegenstände:
- Hauptgeschäftstätigkeit des Unternehmers sowie die zuständige Aufsichtsbehörde (Nr. 1);
- Ggf. Risikohinweise hinsichtlich des konkreten Finanzinstruments (Nr. 2);
- Kündigungsbedingungen einschließlich Vertragsstrafen (Nr. 3);
- Das Recht, das der Unternehmer der Vertragsanbahnung und dem Vertrag zugrunde legt sowie das zuständige Gericht (Nr. 4 und 5);
- Sprache des Vertrags, der Vorabinformation sowie der Vertragsabwicklung (Nr. 6);
- Zugang des Verbrauchers zu einem außergerichtlichen Beschwerde- und Rechtsbehelfverfahren (Nr. 7);
- Bestehen eines Garantiefonds oder anderer Entschädigungsregelungen (Nr. 8).

75 Bezüglich der Ausgestaltung der Informationen im Einzelfall sollte der Rechtsanwender auf die einschlägige Rechtsprechung und Kommentarliteratur zurückgreifen.[112] Im Rahmen dieses Handbuchs werden allein die verallgemeinerungsfähigen Punkte herausgegriffen und vertieft.

76 Eine zentrale Frage geht dahin, inwieweit der Unternehmer aufgrund der **Entsprechungsklausel** (»in einer dem eingesetzten Fernkommunikationsmittel entsprechenden Weise«) die Möglichkeit hat, einzelne Informationen zu unterlassen, die mit dem eingesetzten Fernkommunikationsmittel nach dessen objektiver Beschaffenheit vernünftigerweise nicht zu erbringen sind.[113] Bei den »klassischen« Vertriebsmethoden des Fernabsatzes wie Brief, Fax oder Internet kann der Unternehmer keine der gesetzlich geforderten Informationen weglassen. Denn diesen Medien entspricht nach ihrer Beschaffenheit ohne Weiteres die Übermittlung vollständiger Informationen an den Verbraucher. Die Übermittlung der vollständigen Information ist technisch möglich und dem Unternehmer nicht unzumutbar. Praktische Relevanz könnte die Entsprechungsklausel hingegen in den Fällen des Telefonvertriebs haben, da hier die Erfüllung sämtlicher Informationen praktisch kaum sinnvoll zu leisten ist. Insbesondere wäre ein Aufsagen der durch den Informationskatalog geforderten Informationen aus § 312c Abs. 1 BGB i. V. m. Art. 246 § 1 Abs. 1 EGBGB nicht geeignet, den Durchschnittsverbraucher in die Lage zu versetzen, die Informationen überhaupt

---

111 LG Braunschweig MMR 2008, 59 hat klargestellt, dass eine Widerrufsbelehrung, die dem Verbraucher zur Kenntnis gibt, dass »die Widerrufsfrist frühestens mit Erhalt der Ware und einer in Textform mitzuteilenden Widerrufsbelehrung beginnt,« den gesetzlichen Anforderungen nach § 312c BGB i. V. m. § 1 BGB-InfoVO (nunmehr: Art. 246 § 1 EGBGB), § 312d Abs. 2 Satz 1 Halbsatz 2 BGB entspricht, während eine Information dahin gehend, dass die Widerrufsfrist am Tag nach Erhalt der Ware und der Widerrufsbelehrung in Textform beginne, den gesetzlichen Anforderungen nicht entspricht.
112 Zur weggefallenen Regelung des § 1 Abs. 1 BGB-InfoVO vgl. Palandt/*Grüneberg* § 1 BGB-InfoVO Rn. 2 ff.; Bamberger/Roth/*Schmidt-Räntsch* § 1 BGB-InfoVO Rn. 6 ff.; außerdem: MüKo-BGB/*Wendehorst*, 4. Aufl. 2003, § 312c Rn. 42 ff.; *Ruff* S. 222 ff.; zur weggefallenen Regelung des § 1 Abs. 2 BGB-InfoVO vgl. Palandt/*Grüneberg* § 1 BGB-InfoVO Rn. 10 ff. Beide kommentierten Vorschriften sind i. d. F. der Bekanntmachung v. 05.08.2002 (BGBl. I, S. 3002), zuletzt geändert durch das Gesetz zur Bekämpfung unerlaubter Telefonwerbung und zur Verbesserung des Verbraucherschutzes bei besonderen Vertriebsformen v. 29.07.2009 (BGBl. I, S. 2413). Sie wurden durch das Gesetz zur Umsetzung der Verbraucherkreditrichtlinie, des zivilrechtlichen Teils der Zahlungsdiensterichtlinie sowie zur Neuordnung der Vorschriften über das Widerrufs- und Rückgaberecht v. 29.07.2009 (BGBl. I, S. 2355) mit Wirkung ab 11.06.2010 aufgehoben.
113 Bamberger/Roth/*Schmidt-Räntsch* § 312c Rn. 16; auf die technische Machbarkeit abhebend: MüKo-BGB/*Wendehorst*, 4. Aufl. 2003, § 312c Rn. 31.

noch zur Kenntnis zu nehmen oder gar (nach Wichtigkeit) auszuwerten. Das Ziel der verbraucherschützenden Bestimmungen im Fernabsatz besteht aber darin, dem Verbraucher die für die Entscheidung über den Vertragsschluss maßgebliche Informationsbasis zu liefern. Es besteht nicht darin, den Unternehmer mit sinnentleerten, da keinen Schutz gewährenden Pflichten zu belasten. Dem eingesetzten Fernkommunikationsmittel »Telefon« entspricht daher meiner Ansicht nach im vorvertraglichen Bereich eine Beschränkung auf die essentialia negotii und etwaige den Verbraucher treffende Zusatzkosten. Immer erforderlich wäre damit die Erfüllung der Pflichten aus Art. 246 § 1 Abs. 1 Nr. 1, Nr. 3 Alt. 1 und 3, Nr. 4, 7, 8 EGBGB,[114] die weiteren Pflichten könnten später erfüllt werden.

▸ **Praxistipp:** 77

Da diese restriktive Sicht allerdings nicht allgemeiner Konsens ist, sondern trotz Entsprechungsklausel tendenziell keine Einschränkung der Informationslast zugelassen wird,[115] sollte der vorsichtige Unternehmer seinen Informationspflichten auch bereits vorvertraglich vollumfänglich nachkommen. Dabei ist ein bloßer Verweis auf AGB nicht zulässig.[116]

Eine explizite **Einschränkung der Informationslast** aufseiten des Unternehmers sieht 78 Art. 246 § 1 Abs. 3 EGBGB für Vertragsschlüsse im telefonischen Fernabsatz vor. Entbehrlich werden durch diese Ausnahmeregelung die Informationen aus Art. 246 § 1 Abs. 2 EGBGB, weswegen die Regelung faktisch nur Bedeutung für den Fernabsatz von Finanzdienstleistungen hat. Die Informationspflichten aus § 312c Abs. 1 BGB i. V. m. Art. 246 § 1 Abs. 1 EGBGB müssen – mit einer möglichen Einschränkung – jedenfalls übermittelt werden. Voraussetzung für das Eingreifen der Einschränkung ist, dass der Unternehmer den Verbraucher darüber aufgeklärt hat, dass auf Wunsch weitere Informationen übermittelt werden können und welcher Art diese weiteren Informationen sind. Außerdem muss der Verbraucher ausdrücklich auf die Zusatzinformationen im Vorfeld der Abgabe der für ihn bindenden Erklärung verzichtet haben. Außerhalb des Absatzes von Finanzdienstleistungen gibt es lediglich *eine* Erleichterung der Informationslast: Hat der Verbraucher eine Vorauszahlung zu leisten, so ist die Angabe der ladungsfähigen Anschrift (Art. 246 § 1 Abs. 1 Nr. 3 EGBGB) entbehrlich.

bb) Zeitpunkt

Im Zuge des FernAbsÄndG wurde der für die Erfüllung der Informationspflichten maß- 79 gebliche Zeitpunkt vorverlagert. Während nach § 312c Abs. 1 BGB a. F. die Informationen rechtzeitig vor Abschluss des Fernabsatzvertrags erteilt werden mussten, stellt das Gesetz (§ 312c Abs. 1 BGB i. V. m. Art. 246 § 1 Abs. 1 EGBGB) nun auf den Zeitpunkt der **Abgabe der »Vertragserklärung« durch den Verbraucher** ab und damit auf die Erklärung des Verbrauchers, die ihn bindet. Mit der Neuregelung wird klargestellt, dass es nicht ausreicht, wenn der Verbraucher die Informationen nach Abgabe seines Angebots, aber vor Vertragsschluss erhält.[117] Der Verbraucher muss informiert sein, bevor er sein bindendes Angebot oder die Annahme erklärt. Damit kann allein die Kontaktaufnahme durch den Verbraucher oder den Unternehmer die Informationspflicht des § 312c Abs. 1 BGB auslösen.[118] Gibt

---

114 Ähnlich Bamberger/Roth/*Schmidt-Räntsch* § 1 BGB-InfoVO Rn. 45 abhebend auf die weggefallene Vorschrift des § 1 Abs. 1 Nr. 1 bis 4, 7, 8; anders aber *ders.*, ebd. § 312c Rn. 17 mit einer Beschränkung auf die weggefallene Vorschrift des § 1 Abs. 1 Nr. 1 bis 3, 6, 8; vgl. auch *Lütcke* § 312c Rn. 66 f.
115 Entgegen der »Entsprechungsklausel« lässt i. E. nahezu keine Einschränkung zu: MüKo-BGB/*Wendehorst*, 4. Aufl. 2003, § 312c Rn. 31; ohne Einschränkung wohl auch Bamberger/Roth/*Schmidt-Räntsch* § 1 BGB-InfoVO Rn. 45, der an dieser Stelle der unter § 312c Rn. 17 geäußerten restriktiven Sicht widerspricht.
116 Bamberger/Roth/*Schmidt-Räntsch* § 1 BGB-InfoVO Rn. 45.
117 Zu dieser Zielrichtung: BT-Drs. 15/2946, 20.
118 *Pauly* MMR 2005, 811 (813); offener AnwK-BGB/*Ring* § 312c Abs. 1 Rn. 12.

nämlich der Verbraucher aufgrund einer *invitatio ad offerendum* ein Angebot ab, so führt dies für ihn bereits zu einer vertraglichen Bindung. Diesem Umstand ist in der Praxis durch eine frühestmögliche Informationsmitteilung Rechnung zu tragen.

80 Eine Besonderheit für den **Fernabsatz per Telefon** enthält außerdem § 312c Abs. 2 BGB. Danach müssen Identität des Unternehmers und der geschäftliche Zweck immer, und zwar gleich »zu Beginn eines jeden Gesprächs« ausdrücklich offengelegt werden, wenn das Gespräch vom Unternehmer veranlasst ist.[119] Der Verbraucher soll von Anbeginn des Gesprächs dessen geschäftsbezogene Zielrichtung erkennen und damit entscheiden können, ob er sich auf das Gespräch einlassen möchte oder nicht. Entsprechend diesem Regelungsziel muss die Information gleich nach der Begrüßung erfolgen.[120]

81 Bei **Finanzdienstleistungen** im Fernabsatz reichen die vorvertraglichen Informationspflichten weiter als bei sonstigen Dienstleistungen oder Waren. Bei Finanzdienstleistungen sind nämlich gem. § 312c Abs. 1 BGB i. V. m. Art. 246 § 2 Abs. 1 S. 1 Nr. 1 EGBGB neben den Informationspflichten nach letztgenanntem Gesetz auch die Vertragsbedingungen sowie die AGB dem Verbraucher grundsätzlich schon vor Abgabe seiner Vertragserklärung in Textform mitzuteilen.[121] Bei sonstigen Dienstleistungen müssen diese Informationen einschließlich Vertragsbedingungen und AGB gem. § 312c Abs. 1 BGB i. V. m. Art. 246 § 2 Abs. 1 S. 1 Nr. 2 EGBGB erst bis zur vollständigen Vertragserfüllung, bei Waren spätestens bis zur Lieferung derselben mitgeteilt worden sein.

cc) Form

82 Hinsichtlich der vorvertraglichen Informationspflichten legen weder § 312c BGB noch Art. 246 EGBGB den Unternehmer auf die Verwendung eines bestimmten Mediums oder die Beachtung spezifischer Formvorgaben fest. Die Information hat allein »in einer dem eingesetzten Fernkommunikationsmittel entsprechenden Weise klar und verständlich« zu erfolgen, § 312c Abs. 1 BGB i. V. m. Art. 246 § 1 Abs. 1 EGBGB. Aus der Entsprechungsklausel wird allerdings eine formale Einschränkung dahin gehend abgeleitet, dass die Informationen dem Verbraucher unter Verwendung genau des Kommunikationsmittels zur Verfügung gestellt werden muss, unter dessen Einsatz der Vertrag geschlossen werden soll, da sonst die zu erteilende Information nicht dem eingesetzten Fernkommunikationsmittel »entspricht«.[122] Bei einem anvisierten Vertragsschluss im Internet muss dementsprechend die maßgebliche Information auf der für den Vertragsschluss zur Verfügung stehenden Website abrufbar sein; ein Verweis auf eine Telefonhotline hingegen wäre unzulässig.[123]

83 Neben der Entsprechungsklausel setzt das **Transparenzgebot** den Gestaltungsmöglichkeiten des Unternehmers Grenzen. Die Informationen müssen hiernach »klar und verständlich« erteilt werden.[124] Maßstab für die Verständlichkeit sind die Verständnismöglichkeiten eines durchschnittlich aufmerksamen und verständigen Verbrauchers.[125] Der Unternehmer muss bei der Zusammenstellung der relevanten Informationen zum einen darauf achten,

---

119 *Lütcke* § 312c Rn. 74.
120 Staudinger/*Thüsing* § 312c Rn. 14.
121 Ausnahmsweise reicht eine Übermittlung unverzüglich (§ 121 BGB) nach Vertragsschluss, wenn auf Verlangen des Verbrauchers der Vertrag telefonisch oder unter Verwendung eines anderen Fernkommunikationsmittels geschlossen wird, das die Mitteilung in Textform vor Vertragsschluss nicht gestattet, vgl. Art. 246 § 2 Abs. 1 S. 1 Nr. 1 Hs. 2 EGBGB.
122 Bamberger/Roth/*Schmidt-Räntsch* § 312c Rn. 20; Staudinger/*Thüsing* § 312c Rn. 22.
123 Beispiel bei Staudinger/*Thüsing* § 312c Rn. 22; *Lütcke* § 312c Rn. 65.
124 Wird eine Information klar und verständlich erteilt, muss sie bei Abschluss der Bestellung nicht noch einmal wiederholt werden, auch wenn dies für den Verbraucher nützlich sein könnte vgl. BGH NJW 2006, 211 (212) betreffend die Nichtaufnahme der zuvor klar und verständlich dargestellten Versandkosten in der Zusammenfassung der Bestellung.
125 Staudinger/*Thüsing* § 312c Rn. 28.

dass er sich einer hinreichend präzisen, allerdings auch Laien verständlichen Sprache bedient. Zum anderen müssen auch die grafische oder sonst optische Gestaltung (z. B. Schriftgröße und Schriftart) und die Stelle, an der die Information Erwähnung findet, dem Transparenzgebot entsprechen. So dürfen die notwendigen Angaben nicht an versteckter Stelle erfolgen, sondern müssen im Zusammenhang mit dem Bestellvorgang gemacht werden.[126] Bei elektronischen Medien sind besondere Hervorhebungstechniken, wie z. B. farbige Hinterlegungen denkbar und sinnvoll. Zurückhaltung geboten ist bei der **Verwendung eines sog. »Links«** anstelle einer ausdrücklichen Angabe der geforderten Informationen. Denn die Zulässigkeit eines Links, sofern sie nicht generell verneint wird,[127] wird doch teilweise nur unter der Einschränkung zugelassen, dass der Unternehmer sicherstellt, dass der Verbraucher ihn bereits vor Vertragsschluss abruft.[128]

dd) Insbesondere: Die Information über das Widerrufsrecht

Inhaltlich reicht seit Inkrafttreten des FernAbsÄndG der bloße Hinweis auf das Bestehen des Widerrufs- oder Rückgaberechts nicht mehr aus. Besteht im konkreten Fall kein Widerrufsrecht, so ist auch hierauf hinzuweisen.[129] Insbesondere aber sind bei Bestehen eines Widerrufsrechts **bereits vorvertraglich** und nicht – wie früher – erst nachvertraglich zusätzlich gem. § 312c Abs. 1 BGB i. V. m. Art. 246 § 1 Abs. 1 Nr. 10 EGBGB mitzuteilen die »Bedingungen, Einzelheiten der Ausübung, insbesondere den Namen und die Anschrift desjenigen, gegenüber dem der Widerruf zu erklären ist, und die Rechtsfolgen des Widerrufs oder der Rückgabe, einschließlich Informationen über den Betrag, den der Verbraucher im Fall des Widerrufs oder der Rückgabe gemäß § 357 Abs. 1 des Bürgerlichen Gesetzbuchs für die erbrachte Dienstleistung zu zahlen hat«. Inhaltlich weicht die Informationspflicht betreffend das Widerrufsrecht damit nicht mehr von den Anforderungen einer Widerrufsbelehrung ab.

84

Soweit das eingesetzte Fernkommunikationsmittel dies zulässt und dies nicht zu aufwendig ist, bietet es sich dementsprechend m. E. an, bereits vorvertraglich die Information über das Widerrufsrecht als ordnungsgemäße, insbesondere auch formgerechte Widerrufsbelehrung zu übermitteln.[130] Art. 246 § 2 Abs. 3 S. 1 EGBGB belegt, dass den Informationspflichten durch eine ordnungsgemäße Widerrufsbelehrung Genüge getan ist.[131]

85

Die Vorverlagerung des Informationszeitpunktes bei gleichzeitiger Verschiebung von früher nachvertraglich zu erfüllenden umfangreichen Informationspflichten führt insbesondere im Bereich des **M-Commerce**[132] bei Geschäftsmodellen, die darauf ausgelegt sind, möglichst viele Geschäftsstufen – von der Anbahnung bis zur Erfüllung des Vertrages – über ein mobiles Endgerät abzuwickeln dazu, dass diese praktisch nicht mehr gesetzkonform abgewickelt werden können; beispielhaft sei insoweit auf die technischen Unzulänglichkeiten eines Mobiltelefons hingewiesen, namentlich dessen vergleichsweise kleines Display, auf dem sich derart komplexe inhaltliche Erklärungen wie die durch § 312c

86

---

126 OLG Hamburg NJW 2004, 1114 (1116); weitere Beispiele bei Bamberger/Roth/*Schmidt-Räntsch* § 312c Rn. 21.
127 Erman/*Saenger* § 312c Rn. 35.
128 OLG Frankfurt/M.MMR 2001, 529 (530); gegen diese Einschränkung *Wilmer/Hahn* § 312c Rn. 13; *Steins* MMR 2001, 530 (531).
129 Vor Inkrafttreten des FernabsÄndG war die Frage umstritten. Für eine Informationspflicht bzgl. des Nichtbestehens eines Widerrufsrechts MüKo-BGB/*Wendehorst*, § 312c Rn. 40; dagegen *Härting* § 2 Rn. 132.
130 Näher hierzu nachfolgend unter Rdn. 90.
131 Zur inhaltlichen Kongruenz von Belehrung und Information über das Widerrufsrecht vgl. auch Bamberger/Roth/*Schmidt-Räntsch* § 312c Rn. 49 noch zur weggefallenen Vorschrift des § 1 Abs. 3 S. 2 BGB-InfoVO.
132 Der Begriff bezeichnet eine spezielle Form des E-Commerce unter Verwendung drahtloser Kommunikation und mobiler Endgeräte; vgl. auch Kap. 16 Rdn. 1–4.

Abs. 1 BGB i. V. m. Art. 246 § 1 Abs. 1 Nr. 10 EGBGB geforderte Information kaum dem Transparenzgebot entsprechend anzeigen lassen;[133] anders verhält es sich in diesem Bereich nur dann, wenn es einer Widerrufsbelehrung ausnahmsweise nicht bedarf.[134]

b) Rechtsfolgen von Pflichtverstößen

87   Verletzt der Unternehmer seine vorvertraglichen Pflichten aus § 312c BGB können dem Verbraucher hieraus Schadensersatzansprüche, insbesondere aus **culpa in contrahendo** (§§ 280 Abs. 1, 311 Abs. 2 BGB) erwachsen, sofern die verletzte Pflicht den Verbraucher nicht lediglich informieren, sondern auch vor Schaden bewahren soll.[135] Handelt es sich bei einer gegebenen Information nicht lediglich um die Erfüllung einer Informationspflicht, sondern ausnahmsweise auch um eine verbindliche Leistungsbeschreibung, so kommen Erfüllungsansprüche und sonstige vertragliche Ansprüche in Betracht. Nach § 2 UKlaG besteht außerdem die Möglichkeit im Wege der Verbandsklage wegen verbraucherschutzgesetzwidriger Praktiken Unterlassungsansprüche geltend zu machen. Aus dem Wettbewerbsrecht ist an Unterlassungsansprüche aus § 3 oder § 7 i. V. m. § 8 UWG[136] sowie Gewinnabschöpfungsansprüche nach § 10 UWG zu denken.

2. Nachvertragliche Informationspflichten

88   Aufgrund der nachvertraglichen Informationspflichten sind dem Verbraucher die bereits vorvertraglich übermittelten Basisinformationen ein weiteres Mal zur Verfügung zu stellen, zuzüglich sämtlicher weiterer vertragsrelevanter Informationen auch soweit diese die Geltendmachung seiner Rechte betreffen. Da dies in Textform und damit auf einem die dauerhafte und unveränderte Wiedergabe gewährleistenden Datenträger zu geschehen hat, wird dem Verbraucher die Möglichkeit zur dauerhaften Kenntnisnahme eröffnet. Er vermag somit sämtliche vertragsrelevanten Informationen in Ruhe, namentlich während des Laufs der Widerrufsfrist, zu sichten, auszuwerten und auf dieser Grundlage über die Aufrechterhaltung der vertraglichen Bindung oder den Widerruf zu entscheiden. Als »Nebeneffekt« stellen die nachvertraglichen Informationspflichten zusätzlich sicher, dass in den Fällen, in denen vorvertraglich wegen der Besonderheiten des eingesetzten Kommunikationsmittels ausnahmsweise nicht sämtliche Informationen erteilt werden konnten, die zunächst unterbliebenen Informationen später nachgeholt werden.[137]

---

133 Dieses Problem ist zwar keineswegs neu, es hatte aber bis dahin kaum praktische Relevanz; vgl. hierzu die Ausführungen bei *Pauly* MMR 2005, 811 (812 ff.) am Beispiel der Übermittlung von Daten auf ein mobiles Endgerät oder am Beispiel eines vom Verbraucher vorgenommenen Downloads: Das Widerrufsrecht erlosch nach der weggefallenen Vorschrift des § 312d Abs. 3 Nr. 2 BGB, wenn der Unternehmer mit der Ausführung der Dienstleistung mit ausdrücklicher Zustimmung des Verbrauchers begonnen hatte oder der Verbraucher diese selbst veranlasst hatte. Da der Verbraucher die begehrten Daten häufig sofort auf sein mobiles Endgerät übermittelt bekommen wollte, hatte er den Unternehmer entweder zur Ausführung der Dienstleistung aufgefordert oder die Dienstleistung selbst veranlasst, z. B. durch einen Download. In diesen Fällen war dann das Widerrufsrecht bereits erloschen und es bedurfte einer ausf. Information oder gar einer Belehrung über die Modalitäten und Rechtsfolgen der Widerrufsausübung nicht mehr. Durch die zeitliche Vorverlagerung umfänglicher Informationspflichten ist aus diesem einstmals theoretischen Problem ein Praxisproblem geworden. Die Neuregelung des § 312d Abs. 3 BGB besagt nunmehr, dass das Widerrufsrecht bei einer Dienstleistung auch dann erlischt, »wenn der Vertrag von beiden Seiten auf ausdrücklichen Wunsch des Verbrauchers vollständig erfüllt ist, bevor der Verbraucher sein Widerrufsrecht ausgeübt hat«. Diese Regelung entspricht der weggefallenen Sonderregelung des Art. 312d Abs. 3 Nr. 1 BGB über das Erlöschen des Widerrufsrechts bei Finanzdienstleistungen, die aufgrund des Gesetzes v. 29.07.2009 (BGBl. I, S. 2413) auf alle Dienstleistungen erstreckt wurde.
134 Ausführl. hierzu *Pauly* MMR 2005, 811 (813 ff.).
135 Zu letztgenannter Einschränkung im Detail Bamberger/Roth/*Schmidt-Räntsch* § 312c Rn. 51 m. w. N.
136 Vgl. hierzu u. a. FA-GewRS/*Schmittmann* Kap. 6 Rn. 965 ff., insb. 978 ff.
137 Bamberger/Roth/*Schmidt-Räntsch* § 312c Rn. 26 sieht darin eine eigene Zielsetzung, was m. E. nicht überzeugt, da praktische Fälle, in denen eine vollständige Informationsübermittlung dem eingesetzten

I. Informationspflichten

Nachvertragliche Informationspflichten bestehen bei Verträgen über Dienstleistungen, die keine Finanzdienstleistungen sind, und bei Warenlieferungen. Die maßgeblichen Regelungen finden sich in § 312c Abs. 1 BGB i. V. m. Art. 246 § 2 Abs. 1 EGBGB. Anbieter von Finanzdienstleistungen hingegen müssen sämtliche Informationen grundsätzlich bereits vorvertraglich in Textform erfüllen, d. h. vor Abgabe der Vertragserklärung des Verbrauchers (zur Ausnahme in § 312c Abs. 1 BGB i. V. m. Art. 246 § 2 Abs. 1 S. 1 Nr. 1 Hs. 2 EGBGB vgl. vorstehend Rdn. 81 Fn. 97). **89**

a) Pflichtenprogramm

aa) Inhalt

Die Informationspflichten umfassen gem. § 312c Abs. 1 BGB i. V. m. Art. 246 § 2 Abs. 1 EGBGB die **Vertragsbestimmungen** einschließlich der **Allgemeinen Geschäftsbestimmungen** (Art. 246 § 2 Abs. 1 S. 2 Nr. 1 EGBGB) sowie die nach Art. 246 § 2 Abs. 1 S. 2 Nr. 2 bis 4 EGBGB erforderlichen Informationen. Art. 246 § 2 Abs. 1 S. 2 Nr. 2 und Nr. 3 EGBGB fordern dabei eine erneute Übermittlung der Informationen, die bereits vorvertraglich zu erteilen sind. Insoweit kommt es nach der gesetzlichen Grundkonzeption zu Wiederholungen. Entgegen dieser Grundkonzeption wird man allerdings eine einmalige Information des Verbrauchers genügen lassen können, wenn der Unternehmer den Verbraucher bereits vorvertraglich in der für die nachvertraglichen Informationspflichten nötigen (Text-)form unterrichtet hat. Eine erneute Wiederholung würde nicht nur tendenziell zu Irritationen führen und die Wahrnehmungsfähigkeit des Verbrauchers überfordern,[138] sondern wäre insbesondere eine bloße Förmelei, da der Verbraucher sämtliche Informationen nicht nur bereits einmal zur Kenntnis nehmen konnte, sondern dies wegen der Übermittlung in Textform sogar dauerhaft und wiederholt tun kann. Dem Schutzzweck der Informationspflicht ist damit Genüge getan. Dementsprechend besteht auch weitgehender Konsens, dass die nachvertraglichen Informationspflichten schon vorvertraglich erfüllt werden können, sofern der Unternehmer nur die Textform einhält.[139] Soweit diese Sicht dahin gehend eingeschränkt wird, dass dies nicht für die Informationspflichten aus § 1 Abs. 3 BGB-InfoVO a. F. (später: § 1 Abs. 1 Nr. 1, 3, 10, Abs. 4 S. 1 Nr. 3 BGB-InfoVO (weggefallen); jetzt: Art. 246 § 1 Abs. 1 Nr. 1, 3, 10, § 2 Abs. 1 S. 2 Nr. 4 EGBGB) gelte, weil deren Appellfunktion verloren gehe,[140] kann dem mangels gesetzlicher Grundlage nicht gefolgt werden. Insbesondere zeigt auch (§ 312c Abs. 1 BGB i. V. m.) Art. 246 § 2 Abs. 1 S. 1 Nr. 1 EGBGB, dass eine Vorverlagerung der Informationspflichten möglich ist: Wenn das Gesetz die vorvertragliche Information sogar für die tendenziell gefährlicheren, weil komplexeren und finanziell belastenderen Geschäfte im Finanzdienstleistungsbereich vorsieht, muss die vorvertragliche Unterrichtung erst recht für sonstige Dienstleistungen und Warenlieferungen zulässig sein. Letztlich wird man den Streit für die Praxis nicht überbewerten dürfen, da die meisten Unternehmer die aufwendigere Unterrichtung in Textform typischerweise erst dann vornehmen werden, wenn bereits ein Vertragsschluss erfolgt ist.[141] Insoweit ist dann zweimal zu informieren. **90**

Was den **Umfang der erforderlichen Informationen** angeht, so stellt sich in Ermangelung einer Entsprechungsklausel bei den nachvertraglichen Informationspflichten nicht die Frage, ob es dem Unternehmer aufgrund der Spezifika des eingesetzten Kommunikationsmittels nicht möglich ist, bestimmte Informationen zu erteilen und ob deswegen seine Infor- **91**

Fernkommunikationsmittel nicht entspricht, kaum denkbar sind oder jedenfalls gemeinhin nicht anerkannt werden, vgl. vorstehend Rdn. 76 f.
138 Zu letzterem Gesichtspunkt *Grigoleit* NJW 2002, 1151 (1157).
139 Bamberger/Roth/*Schmidt-Räntsch* § 312c Rn. 27; Palandt/*Grüneberg* § 312c Rn. 8; *Grigoleit* NJW 2002, 1151 (1157): *Lütcke* § 312c Rn. 101 f.
140 So zur Altregelung MüKo-BGB/*Wendehorst*, 4. Aufl. 2003, § 312c Rn. 82.
141 Zutreffend beobachtet von Bamberger/Roth/*Schmidt-Räntsch* § 312c Rn. 27.

mationslast zu mindern ist. Unabhängig davon, welches Fernkommunikationsmittel der Unternehmer zur Vertragsanbahnung oder zum Vertragsschluss eingesetzt hat, muss er nach Vertragsschluss ein Kommunikationsmittel wählen, mit dem er dem Verbraucher sämtliche Informationen und zwar in Textform übermitteln kann. Das Gesetz sieht keine Einschränkung vor.

92 In Sonderfällen kann es schließlich zu **Erweiterungen bzw. Verkürzungen** der nachvertraglichen Informationspflichten kommen:

93 Art. 246 § 2 Abs. 1 S. 2 Nr. 4 EGBGB stellt zusätzliche Anforderungen bei Verträgen über die Lieferung von Waren oder über Dienstleistungen, die keine Finanzdienstleistungen sind. Hier sind Informationen über den Kundendienst und geltende Gewährleistungs- und Garantiebedingungen mitzuteilen (Art. 246 § 2 Abs. 1 S. 2 Nr. 4 lit. b) EGBGB). Handelt es sich außerdem um **Dauerschuldverhältnisse**, die auf längere Zeit als ein Jahr oder unbestimmte Zeit abgeschlossen wurden, so sind auch die Kündigungsbedingungen mitzuteilen (Art. 246 § 2 Abs. 1 S. 2 Nr. 4 lit. a) EGBGB). Im elektronischen Geschäftsverkehr sind weiterhin § 312e Abs. 1 S. 1 Nr. 3 und 4 BGB zu beachten.

94 **Ausnahmsweise entbehrlich** sind die nachvertraglichen Informationspflichten bei Dienstleistungen, die unmittelbar durch den Einsatz von Fernkommunikationsmitteln erbracht werden, sofern diese Leistungen in einem Mal erfolgen[142] und außerdem über den Betreiber der Fernkommunikationsmittel abgerechnet werden, Art. 246 § 2 Abs. 2 S. 1 EGBGB. In diesen Fällen wäre die Erfüllung der gesonderten Information nur unter unverhältnismäßig großem Aufwand möglich. Hauptanwendungsfall der Ausnahmeregelung sind Dienstleistungen durch Telefondienste oder Faxabrufe. Nach Art. 246 § 2 Abs. 2 S. 2 EGBGB besteht allerdings auch in diesen Fällen die Pflicht des Dienstleisters zumindest die Anschrift der Niederlassung zu bezeichnen, bei der der Verbraucher Beanstandungen vorbringen kann.

bb) Zeitpunkt

95 Hinsichtlich des Zeitpunkts der Informationsmitteilung unterscheidet das Gesetz nach dem Vertragsgegenstand. Zu bewirken ist die Mitteilung gem. § 312c Abs. 1 BGB i. V. m. Art. 246 § 2 Abs. 1 S. 1 EGBGB:
- bei **Finanzdienstleistungen** rechtzeitig vor Abgabe der Vertragserklärung durch den Verbraucher; eine Ausnahme gilt dann, wenn der Vertrag über die Finanzdienstleistung auf Verlangen des Verbrauchers telefonisch oder unter Verwendung eines Fernkommunikationsmittels geschlossen wird, das die Mitteilung in Textform nicht gestattet; dann darf die Mitteilung noch »unverzüglich« nach Vertragsschluss erfolgen (Nr. 1);
- bei **sonstigen Dienstleistungen** alsbald, spätestens bis zur vollständigen Erfüllung des Vertrages (Nr. 2);
- bei der **Lieferung von Waren** alsbald, spätestens bis zur Lieferung an den Verbraucher (Nr. 2).

96 Da das Gesetz keine Sanktion bei Informationsmitteilung zum spätestmöglichen Zeitpunkt vorsieht, ist es nicht zwingend erforderlich für das schwammige **Tatbestandsmerkmal »alsbald«**[143] eine allgemeingültige Definition zu finden. Bei Warenlieferungen bietet es sich an, die nachvertragliche Informationsmitteilung der Lieferung – etwa dem Lieferschein – beizufügen.[144] Bei Dienstleistungen ist zu beachten, dass der Begriff der »vollständigen Erfül-

---

[142] Bei wiederholter Leistung greift die Ausnahme nur, sofern der Gegenstand jeweils ein anderer ist, vgl. Bamberger/Roth/*Schmidt-Räntsch* § 312c Rn. 36; ähnlich Erman/*Saenger* § 312c Rn. 49; für ein großzügigeres Eingreifen der Ausnahmeregelung aber *Meents* CR 2000, 610 (612 f.).
[143] Die in BT-Drs. 14/2658, 39 vorgesehene Formulierung »unmittelbar nach Vertragsschluss«, mit welcher »möglichst schnell« gemeint war, ist nicht Gesetz geworden.
[144] BT-Drs. 14/2658, 39.

I. Informationspflichten

lung« nicht dahin gehend missverstanden werden darf, dass er die beiderseitige Erfüllung bezeichnet; vielmehr ist damit die Erfüllung durch den Unternehmer gemeint.[145]

cc) Form

Anders als bei den vorvertraglichen Informationspflichten hat der Unternehmer bei der Erfüllung der nachvertraglichen Informationspflichten nicht nur dem Transparenzgebot zu entsprechen, sondern zusätzlich dem **Textformgebot** Rechnung zu tragen. Die Informationen sind in »Textform« (§ 126b BGB) »mitzuteilen«. Nach § 126b BGB muss die Mitteilung dementsprechend »in einer Urkunde oder auf andere zur dauerhaften Wiedergabe in Schriftzeichen geeigneten Weise abgegeben, die Person des Erklärenden genannt und der Abschluss der Erklärung durch Nachbildung der Namensunterschrift oder anders erkennbar gemacht werden«. Erforderlich und hinreichend ist somit eine fixierte Erklärung in lesbar zu machenden auf einem zur dauerhaften Wiedergabe von Schriftzeichen geeigneten Datenträger;[146] dabei muss aus der Erklärung der Erklärende erkennbar hervorgehen ohne dass es einer eigenhändigen Unterschrift oder sonstigen Signatur bedürfte und der Erklärungsabschluss muss irgendwie deutlich gemacht werden. Unter einem **dauerhaften Datenträger** ist eine Urkunde oder ein anderes lesbares, zur dauerhaften unveränderten Wiedergabe von Schriftzeichen geeignetes Medium zu verstehen;[147] denkbar sind insoweit schriftliche Erklärungen, Telegramme, Telefaxe, aber auch nicht verkörperte, durch elektronische Medien übermittelte Erklärungen, etwa auf Disketten, CD-ROM oder Erklärungen per E-Mail.[148]

97

▶ **Praxistipp:**

98

Eine **Erklärung auf einer Homepage** wird man nur dann als ausreichend erachten können, wenn es tatsächlich zum Download kommt.[149] Denn nur in diesem Fall ist eine Veränderung der Information durch den Unternehmer ausgeschlossen und eine dauerhafte Wiedergabe im Sinne einer dauerhaft **unveränderten Wiedergabe auf Seiten des Verbrauchers** gegeben.[150] Problematisch hieran ist freilich, dass es der Verbraucher in der Hand hat, durch die Vornahme des Downloads den Zugang der Erklärung herbeizuführen oder zu vereiteln.[151] Will der Unternehmer sichergehen, dass er einen Zugang der Informationen beim Verbraucher in der gesetzlich geforderten Form herbeiführt, sollte er

---

145 *Härting* § 2 Rn. 208; MüKo-BGB/*Wendehorst* § 312c Rn. 103; Staudinger/*Thüsing* § 312c Rn. 102.
146 Vgl. BT-Drs. 14/4987, 18; AnwK-BGB/*Noack* § 126b Rn. 10 ff.
147 Der Begriff der Textform erschließt sich seinem Inhalt nach über den Begriff des dauerhaften Datenträgers, den das BGB vor der Schuldrechtsmodernisierung in § 361a Abs. 3 S. 1 BGB a. F. verwendete, vgl. *Enders* S. 218 ff.; AnwK-BGB/*Noack* § 126b Rn. 10 ff. spricht nach Aufgabe des Begriffs im Gesetzestext nun vom »Erklärungsträger« und erachtet die Unveränderbarkeit der bereitgehaltenen Erklärung nicht als konstitutiv für die Textform; in diese Richtung auch MüKo-BGB/*Wendehorst* § 312c Rn. 106, die inhaltliche Unterschiede zwischen dem älteren Begriff des »dauerhaften Datenträgers« und dem Begriff der »Textform« dahin gehend sieht, dass § 126b BGB nicht sicherstelle, dass die Informationen dauerhaft in Schriftzeichen verfügbar seien; diese m. E. unzutreffende Sicht wird aber dann als Ergebnis einer richtlinienkonformen Auslegung des Begriffs der Textform in § 312c BGB doch noch dahin gehend korrigiert, dass die »Textform« dem »dauerhaften Datenträger« entspricht.
148 Palandt/*Grüneberg* § 312c Rn. 7.
149 OLG Hamburg MMR 2006, 675 (676) zur Widerrufsbelehrung auf einer Homepage; ebenso KG Berlin NJW 2006, 3215 (3217); LG Kleve NJW-RR 2003, 196; MüKo-BGB/*Wendehorst* § 312c Rn. 106; ohne die Einschränkung des Downloads OLG München ZIP 2001, 520 (523).
150 Sofern die Regelung des § 126b BGB den Begriff des dauerhaften Datenträgers nicht explizit bezeichnet und deswegen – entgegen der hier vertretenen Ansicht – teilweise dahin verstanden wird, dass sie anders als § 361a Abs. 3 S. 1 BGB a. F. nicht fordere, dass die Erklärung *unverändert* im Machtbereich des Empfängers verbleibt, ist die Regelung im Rahmen des Fernabsatzrechts, das in Art. 5 Abs. 1 FernAbsRL auf den dauerhaften Datenträger abhebt, zumindest einschränkend auszulegen, vgl. MüKo-BGB/*Wendehorst* § 312c Rn. 106 f.
151 Für die Frage der Zugangsvereitelung differenziert MüKo-BGB/*Wendehorst*, 4. Aufl. 2003,§ 312c Rn. 96 danach, ob der Unternehmer eine virenanfällige Datei, wie z. B. eine *Word*-Datei oder ein ver-

die Informationen per E-Mail senden. Mit Eingang der E-Mail in der Mailbox des Verbrauchers ist sie zugegangen und es ist Sache des Verbrauchers, ob er sie liest oder nicht.[152]

99 Dem **Begriff der »Mitteilung«** in Art. 246 § 2 EGBGB ist zu entnehmen, dass die Information dem Verbraucher zugegangen sein muss; die bloße Erklärung reicht nicht. Ob Zugang vorliegt, richtet sich nach den allgemeinen Regeln, also gem. § 130 BGB danach, ob die Erklärung so in den Machtbereich des Empfängers gelangt ist, dass dieser unter normalen Verhältnissen die Möglichkeit hat, vom Inhalt Kenntnis zu nehmen.[153] Im E-Commerce ist die Erklärung nach allgemeiner Ansicht bereits dann im vorbezeichneten Sinn in den Machtbereich des Verbrauchers gelangt, wenn sie beim Provider eingegangen ist, sofern nur der Provider nicht näher mit dem Unternehmer verbunden ist.[154]

100 ▶ **Praxistipp:**

In der Praxis ist Folgendes zu beachten: Da die ordnungsgemäße Information des Verbrauchers Voraussetzung für den Beginn der Widerrufsfrist ist, hat der Unternehmer den Zugang und die Vollständigkeit der Informationen nach allgemeinen Regeln als ihm günstige Tatsachen zu beweisen. Deswegen sollte sich der Unternehmer den Empfang der Informationen durch den Verbraucher bestätigen lassen. Bei einer Information per E-Mail kann der Unternehmer hierzu eine Empfangsbestätigung anfordern.[155]

101 **Erhöhte Anforderungen** an eine formgerechte Informationsübermittlung bestehen gem. Art. 246 § 2 Abs. 3 S. 2 EGBGB bei den Informationen betreffend
- ladungsfähige Anschriften (Art. 246 § 1 Abs. 1 Nr. 3 EGBGB),
- das Widerrufsrecht (Art. 246 § 1 Abs. 1 Nr. 10 EGBGB),
- etwaige Kündigungsbedingungen (Art. 246 § 1 Abs. 2 Nr. 3 EGBGB) sowie
- Kundendienst, Gewährleistungs- und Garantiebedingungen (Art. 246 § 2 Abs. 1 S. 2 Nr. 4 lit. b) EGBGB),

sofern die Mitteilung dieser Informationen **durch Übermittlung der Vertragsbestimmungen einschließlich der Allgemeinen Geschäftsbedingungen** erfolgt. In diesem Fall bedürfen die vorbezeichneten Informationen »einer hervorgehobenen und deutlich gestalteten Form«. Das Gesetz fordert damit die Beachtung des Transparenzgebots, wie es auch in §§ 355 Abs. 3 S. 1 i. V. m. 360 Abs. 1 BGB (§ 355 Abs. 2 S. 1 BGB a. F.) enthalten ist.[156] Danach müssen die Informationen sich aus dem übrigen Text in unübersehbarer Weise herausheben, was durch unterschiedliche Gestaltungsmerkmale bewirkt werden kann, z. B. durch Farbe, größere Buchstaben, Sperrschrift oder Fettdruck.[157] Bei einem im Übrigen gleichförmigen Schriftbild ist die Variation der Randabstände oder die Verwendung größerer Absät-

---

gleichsweise sicheres Format (z. B. *rich text*) verwendet, oder ob der Verbraucher über Sicherheitsrisiken und deren Vermeidbarkeit aufgeklärt wurde.
152 *Bülow/Artz* NJW 2000, 2049 (2055); *Gaertner/Gierschmann* DB 2000, 1601 (1602).
153 Zur Definition des Zugangs vgl. BGHZ 67, 271 (275); BGH NJW 1980, 990; NJW 1983, 929 (930).
154 BT-Drs. 14/2658; *Lütcke* Rn. 123.
155 Dass er sich vor dem Absenden der E-mail selbst ins »cc« setzt, ist ebenfalls (zusätzlich) denkbar und wird den juristisch nicht geschulten Verbraucher, der nicht um den fehlenden Beweiswert eines solchen Vorgehens weiß, u. U. davon abhalten, Empfang und Inhalt der Nachricht zu bestreiten; gegen einen Beweiswert ungesicherter E-mails und auch einen Anscheinsbeweis betreffend die Unverfälschtheit und Authentizität der Erklärung sprechen sich u. a. aus *Roßnagel/Pfitzmann* NJW 2003, 1209 m. w. N.
156 Palandt/*Grüneberg* § 1 BGB-InfoVO Rn. 23 will das Transparenzgebot allerdings insoweit eingeschränkt wissen, als bei einem Hinweis auf (bis zu) vier Informationen nicht die gleiche Deutlichkeit erreicht werden könne, wie bei einem Hinweis auf lediglich eine Information; dem ist beizupflichten; soll die Information allerdings gleichzeitig als Widerrufsbelehrung erteilt werden, dürfen keine Abstriche an den Transparenzanforderungen zugelassen werden – vorsichtshalber ist die Widerrufsbelehrung noch durch weitere Hervorhebungen zu kennzeichnen; vgl. die nachfolgenden Erläuterungen.
157 BGH NJW 1996, 1964 (1965).

ze[158] oder die bloße Heraushebung einer Überschrift[159] allerdings als unzureichend erachtet worden. Teilweise wurde eine graue Hinterlegung des Textes einer Widerrufsbelehrung als dem Deutlichkeitsgebot nicht genügend angesehen.[160]

▶ **Praxistipp:** 102

Dem Unternehmer kann insoweit nur empfohlen werden, die aktuelle Rechtsprechung zu verfolgen und im Zweifel bei der Gestaltung eine Vielzahl an Hervorhebungselementen zu kombinieren. Maßstab muss jeweils die Eignung der Gestaltung sein, die Aufmerksamkeit des Verbrauchers zu wecken und seinen Blick auf diese wichtigen Angaben zu lenken.[161] Innerhalb der hervorzuhebenden Informationen sollte die Widerrufsbelehrung – sofern sie gemeinsam mit der Information über das Widerrufsrecht erfolgt – wegen der sonst drohenden Rechtsfolge aus § 355 Abs. 4 S. 3 BGB, **besonders deutlich** ausgestaltet werden (zum Verhältnis Information über das Widerrufsrecht/Belehrung über das Widerrufsrecht vgl. nachfolgend Rdn. 106).

b) Rechtsfolgen von Pflichtverstößen

aa) Allgemeine Rechtsfolgen

Die Verletzung nachvertraglicher Informationspflichten kann ebenso wie die Verletzung vorvertraglicher Informationspflichten Unterlassungsansprüche nach § 2 UKlaG, wettbewerbsrechtliche Ansprüche sowie Schadensersatzansprüche nach §§ 280 Abs. 1, 241 Abs. 2 BGB begründen. 103

bb) Auswirkungen auf die Widerrufsfrist – insbesondere die Unterscheidung von fehlerhafter Informationsmitteilung und fehlerhafter Widerrufsbelehrung

Die in der Praxis bedeutsamste Sanktion betrifft den **Lauf der Widerrufsfrist**. Kommt der Unternehmer den ihm nach § 312c Abs. 1 BGB i. V. m. Art. 246 § 2 EGBGB obliegenden Informationspflichten nicht nach, bestimmt § 312d Abs. 2 BGB, dass abweichend von § 355 Abs. 3 S. 1 BGB die Widerrufsfrist nicht vor Erfüllung dieser Pflichten zu laufen beginnt. 104

Fraglich ist, ob der Unternehmer den Lauf der Widerrufsfrist auch durch **Nachholung** einer ordnungsgemäßen, d. h. vollständigen und formgerechten Information nach den in Art. 246 § 2 EGBGB genannten Zeitpunkten in Gang setzen kann. Aus der Formulierung des § 312d Abs. 2 BGB kann abgeleitet werden, dass dies möglich sein muss. Anders lässt sich die in § 312d Abs. 2 BGB angeordnete Hemmung hinsichtlich des Fristbeginns nicht erklären. Die Widerrufsfrist soll nicht vor Erfüllung der Informationspflichten zu laufen beginnen. Das impliziert, dass eine Nachholung der gebotenen Information möglich sein muss. Im Übrigen spricht für die Nachholbarkeit versäumter Informationen auch die Regelung in § 355 Abs. 2 S. 3 BGB. Diese sieht vor, dass die Widerrufsfrist einen Monat beträgt, wenn die Widerrufsbelehrung dem Verbraucher nach dem gem. S. 1 oder 2 maßgeblichen Zeitpunkt mitgeteilt wird. Die Mitteilung muss nach S. 1 »spätestens bei Vertragsschluss« erfolgen. Für den Fall einer nach Vertragsschluss erfolgten Widerrufsbelehrung gilt also eine verlängerte Widerrufsfrist. Wenn das Gesetz aber sogar eine Nachholung der Widerrufsbelehrung gestattet, dann muss erst recht eine Nachholung der Erfüllung »einfacher« Informationspflichten möglich sein. Jede andere Beurteilung wäre auch teleologisch verfehlt. Die Informationspflichten sind schließlich kein Selbstzweck, sondern sol- 105

---

158 BGH NJW 1994, 1800.
159 OLG Stuttgart NJW 1992, 3245.
160 LG Gießen MDR 2000, 693.
161 Zu dieser Zielsetzung Bamberger/Roth/*Schmidt-Räntsch* § 1 BGB-InfoVO Rn. 54.

len aufseiten des Verbrauchers bestehende Informationsdefizite ausgleichen, um ihm eine tatsächlich freie, eigenverantwortliche Entscheidung über den Vertragsschluss zu ermöglichen. Bis zu dem Zeitpunkt, zu dem das vom Gesetzgeber auf Verbraucherseite angenommene Informationsdefizit besteht, darf dementsprechend die Widerrufsmöglichkeit und damit die Entscheidung über das Festhalten an der vertraglichen Bindung nicht genommen werden – zumindest grundsätzlich nicht (zur zeitlichen Obergrenze von sechs Monaten nach Vertragsschluss vgl. die Ausführungen unter Rdn. 106). Ab dem Zeitpunkt, ab dem das Defizit durch Übermittlung der geforderten Informationen aber ausgeglichen ist, besteht kein Grund mehr für eine dauerhafte Lösungsmöglichkeit vom Vertrag. Der Unternehmer kann den Lauf der Frist also dadurch in Gang setzen, dass er die versäumten oder nicht ordnungsgemäß erteilten Informationen nachholt.

106 Soweit Versäumnisse bei der »Aufklärung« des Verbrauchers sein Widerrufsrecht betreffen, ist freilich Folgendes zu beachten: Grundsätzlich ist zwischen **Versäumnissen bei der Information** über das Widerrufsrecht und solchen **bei der Belehrung** über das Widerrufsrecht zu unterscheiden. Hinsichtlich nicht oder nicht ordnungsgemäß erteilter Informationen sieht § 355 Abs. 4 S. 1 BGB nämlich eine Höchstfrist von sechs Monaten nach Vertragsschluss vor, mit deren Ablauf das Widerrufsrecht spätestens erlischt.[162] Selbst wenn der Unternehmer seinen Informationspflichten überhaupt nicht nachgekommen ist, entfällt die Widerrufsmöglichkeit also spätestens sechs Monate nach Vertragsschluss. Nichts anderes gilt für versäumte oder nicht ordnungsgemäß erteilte Informationen über das Widerrufsrecht. Eine abweichende Regelung sieht § 355 Abs. 4 S. 3 Hs. 1 BGB allerdings für den Fall einer nicht ordnungsgemäßen Widerrufs*belehrung* vor.[163] Ist der Verbraucher nicht oder nicht ordnungsgemäß über sein Widerrufsrecht belehrt worden, steht ihm ein **zeitlich unbefristetes Widerrufsrecht** zu. Die fehlerhafte Belehrung sieht also eine deutlich härtere Sanktion vor, da sie – bis zu ihrer Korrektur – zu einem dauerhaften Zustand der Rechtsunsicherheit führt. In der Praxis wird sich die unterschiedliche Behandlung von Information und Belehrung über das Widerrufsrecht typischerweise selten auswirken, da der Unternehmer Information und Belehrung häufig miteinander verbinden wird. Davon geht auch Art. 246 § 2 Abs. 3 S. 1 EGBGB aus, wonach der Unternehmer zur Erfüllung seiner Informationspflicht über das Widerrufsrecht auf die in den Anlagen 1 und 2 vorgesehenen **Muster für die Belehrung** über das Widerrufs- oder Rückgaberecht zurückgreifen kann. Selbst wenn die Verbindung von Information und Belehrung im vorvertraglichen Bereich aufgrund des eingesetzten Fernkommunikationsmittels nicht (formgerecht) möglich sein sollte, sie zu aufwendig ist oder wenn man die vorvertragliche Belehrung entgegen der hier vertretenen Auffassung für unzulässig hielte, so bliebe doch die Erfüllung der Informations- und Belehrungspflicht in einem Akt jedenfalls nachvertraglich möglich und zur Vermeidung von Wiederholungen empfehlenswert.

3. Informationspflichtenerfüllung und § 305 Abs. 2 BGB

107 Wie sich die Erfüllung der Informationspflichten zu den Voraussetzungen der Einbeziehung der entsprechenden Vertragsbedingungen in den Vertrag verhält, ist im Gesetz nicht explizit geregelt. Die Meinungen gehen insoweit auseinander. Während das Zusammenspiel

---

162 Eine Ausnahmeregelung ist in § 355 Abs. 4 S. 3 Hs. 2 BGB enthalten, wonach bei Finanzdienstleistungen im Fernabsatz ein unbefristetes Widerrufsrecht selbst bei der Verletzung von sonstigen Informationspflichten aus Art. 246 § 2 Abs. 1 S. 1 Nr. 1 und S. 2 Nr. 1 bis 3 EGBGB besteht.
163 Im Rahmen eines Unterlassungsvertrages kann vereinbart werden, dass sich ein Unternehmer gegenüber seinem Vertragspartner verpflichtet, es zu unterlassen, den Verbraucher bei Fernabsatzverträgen nicht ordnungsgemäß über das Bestehen eines Widerrufsrechts zu unterrichten. Eine solche Vertragsvereinbarung führt allerdings nicht dazu, dass jede Unrichtigkeit der Widerrufsbelehrung eine Vertragsverletzung darstellt; s. OLG Düsseldorf 01.09.2009, I-20 U 220/08.

teilweise rein wettbewerbsrechtlich gedeutet wird,[164] beurteilt eine andere Sicht die Erfüllung der Informationspflichten aus § 312c Abs. 1 BGB a. F. (jetzt: § 312c Abs. 1 und 2 BGB) als besondere Einbeziehungsvoraussetzung, die §§ 305 Abs. 2, 3, 305a ergänzt.[165] Die wohl überwiegende Ansicht hingegen betrachtet Informationspflichten und Einbeziehungsvoraussetzungen als selbstständig nebeneinanderstehende Umstände, die jeweils autonomen Maßstäben folgen.[166] Letztere Ansicht verdient den Vorzug. Während die wettbewerbsrechtliche Sicht eindeutig zu kurz greift, verkennt die Ansicht von der besonderen Einbeziehungsvoraussetzung, dass die Informationspflichten ausschließlich auf die Information des Verbrauchers zielen, nicht aber regeln, wie die in den Informationen beschriebenen Vertragsbestimmungen Vertragsbestandteil werden. Auch aus Gründen der anwaltlichen Vorsicht sollten die fernabsatzrechtlichen und AGB-rechtlichen Bestimmungen »hart am Gesetz« und das heißt kumulativ angewendet werden. Um wirksamer Vertragsbestandteil zu werden, muss die Information somit den AGB-rechtlichen Bestimmungen genügen. Das schließt nicht aus, dass die Erfüllung der Informationspflichten und die Erfüllung der Einbeziehungsvoraussetzungen in einem Akt zusammenfallen können.[167] Die Informationserteilung führt allerdings nur dann zur Einbeziehung in den Vertrag, wenn sie § 305 Abs. 2 BGB genügt.[168] Umgekehrt kann der Unternehmer seinen Informationspflichten auch im Rahmen seiner AGB nachkommen. Das belegt Art. 246 § 2 Abs. 3 S. 2 EGBGB, der dies hinsichtlich der Informationen über das Widerrufsrecht voraussetzt.[169]

4. Weitergehende Informationspflichten

Für die Praxis besonders bedeutsame Informationspflichten folgen außerhalb der fernabsatzrechtlichen Bestimmungen aus der **Preisangabenverordnung**, insbesondere § 1 Abs. 2 PAngVO. Weitergehende Informationspflichten können sich aus § 66 Abs. 4 TKG[170] sowie aus §§ 5 und 6 TMG[171] ergeben.

II. Das Widerrufs- und Rückgaberecht

Der Schutz des Verbrauchers wird durch das in § 312d BGB gewährte Widerrufs- oder Rückgaberecht vervollständigt: Die Möglichkeit, sich von der einmal eingegangenen vertraglichen Bindung innerhalb einer bestimmten Frist zu lösen, sichert die effektive Wirkung der durch § 312c BGB i. V. m. Art. 246 §§ 1 und 2 EGBGB etablierten Informationspflich-

---

164 *Härting* § 2 Rn. 14; *Lütcke* § 312c Rn. 6.
165 MüKo-BGB/*Wendehorst*, 4. Aufl. 2003, § 312c Rn. 22 f.; vgl. aber MüKo-BGB/*Wendehorst*, § 312c Rn. 70 f.
166 Bamberger/Roth/*Schmidt-Räntsch* § 312c Rn. 53; Palandt/*Grüneberg* § 1 BGB-InfoVO Rn. 18; *Micklitz/Reich* S. 39 ff.; *Grigoleit* NJW 2002, 1151 (1156).
167 So aber der Vorwurf bei MüKo-BGB/*Wendehorst*, 4. Aufl. 2003, § 312c Rn. 22.
168 Palandt/*Grüneberg* § 1 BGB-InfoVO Rn. 18; Bamberger/Roth/*Schmidt-Räntsch* § 312c Rn. 53.
169 A. A. MüKo-BGB/*Wendehorst*, 4. Aufl. 2003, § 312c Rn. 22, die dann von einer »überraschenden Klausel« i. S. d. § 305c Abs. 1 BGB ausgeht.
170 Zu Informationspflichten zur Vermeidung des Missbrauchs von Mehrwertdiensterufnummern vgl. *Rössler* NJW 2003, 2633 (2634).
171 Ausweislich der Gesetzesbegründung (BT-Drs. 16/3078, 14) zum TMG ist § 5 TMG im Wesentlichen inhaltsgleich (freilich mit der Beschränkung auf »geschäftsmäßige, in der Regel gegen Entgelt angebotene« Telemedien) an die Stelle von § 6 TDG getreten und § 6 Abs. 1 und 3 TMG ersetzen § 7 TDG und § 10 Abs. 4 MStVG; neu ist die in § 6 Abs. 2 TMG enthaltene Informationspflicht für das Spamming; zur Anbieterkennzeichnung im Internet nach TDG und MDStV: OLG Münster NJW-RR 2004, 913; zur »Impressumspflicht« und den allgemeinen Informationspflichten beim Online-Marketing vgl. außerdem Kap. 13; kritisch zur Neuregelung *Hoeren* NJW 2007, 801 (803 f.); noch zu § 6 TDG vgl. *Stickelbrock* GRUR 2004, 111; eine wettbewerbsrechtliche Analyse der Altregelungen findet sich bei *Schulte/Schulte* NJW 2003, 2140.

ten ab, bzw. verstärkt sie.¹⁷² Während des Laufs der Widerrufsfrist hat der Verbraucher nämlich die Möglichkeit, sämtliche vertragsrelevanten Informationen in Ruhe zu sichten, zur Kenntnis zu nehmen und auszuwerten. Ist die Lieferung einer Ware vereinbart, hat er außerdem die Möglichkeit, die bestellte Ware wie beim Erwerb im Ladengeschäft zu prüfen. Kommt er auf dieser Informationsgrundlage zu dem Ergebnis, dass die Abstandnahme von der vertraglichen Bindung seinen Interessen eher entspricht als ihre Aufrechterhaltung, so gestattet ihm die Widerrufsmöglichkeit, dieser Überzeugung entsprechend mit rechtsgestaltender Wirkung zu handeln. Informationspflichten und Widerrufsrecht sichern damit als komplementäre Schutzinstrumente die Möglichkeit einer in tatsächlicher Hinsicht freien und eigenverantwortlichen Entscheidungsfindung.

110 Statt dem Widerrufsrecht kann dem Verbraucher bei **Vertragsschlüssen aufgrund eines Verkaufsprospektes** gem. § 356 Abs. 1 BGB auch ein uneingeschränktes **Rückgaberecht** eingeräumt werden. Dabei wird nach S. 2 vorausgesetzt, dass der Verkaufsprospekt eine den Anforderungen des § 360 Abs. 2 BGB entsprechende Belehrung über das Rückgaberecht enthält (Nr. 1) und der Verbraucher ihn in Abwesenheit des Unternehmers eingehend zur Kenntnis nehmen konnte (Nr. 2). Das Rückgaberecht ist mit Ausnahme der in § 356 Abs. 2 BGB genannten Sonderregelungen dem Widerrufsrecht gleichgestellt.

1. Rechtsnatur und Gesetzessystematik

111 Während § 312d Abs. 1 BGB bestimmt, dass dem Verbraucher bei einem Fernabsatzvertrag ein Widerrufsrecht zusteht,¹⁷³ finden sich die Einzelheiten der Ausübung des Widerrufsrechts und dessen Rechtsfolgen in den einheitlich für verbraucherschützende Widerrufsrechte geltenden **Vorschriften der §§ 355 bis 360 BGB**. § 312d Abs. 2 bis 6 BGB enthält einige Sonderregelungen für das fernabsatzrechtliche Widerrufsrecht.

112 Übt der Verbraucher sein Widerrufsrecht form- und fristgerecht aus, geht die Wirkung des Widerrufs dahin, dass der Verbraucher »an seine auf den Abschluss des Vertrags gerichtete Willenserklärung nicht mehr gebunden« ist, § 355 Abs. 1 S. 1 BGB. Das Gesetz folgt damit dem Konzept der bis zum Ablauf der Widerrufsfrist bestehenden »**schwebenden Wirksamkeit**« des Vertrages: Der Vertrag ist bereits mit formgerechtem Abschluss wirksam und bringt Erfüllungsansprüche hervor. Ein Schwebezustand besteht, weil die Verbindlichkeit der Willenserklärung des Verbrauchers mit dem Widerruf endet und es damit am Vorliegen zweier korrespondierender Willenserklärungen fehlt. Der Vertrag wird **ex nunc unwirksam**.¹⁷⁴ Das Widerrufsrecht gewährt dem Verbraucher somit die Macht, ein bestehendes Vertragsverhältnis zu beseitigen und in ein Abwicklungsverhältnis umzugestalten. Die Rechtsfolgen richten sich dabei nach § 357 BGB, der in seinem Absatz 1 Satz 1 auf das Rücktrittsrecht (§§ 346 ff. BGB) verweist und damit vorbehaltlich etwaiger Sonderregelungen in § 357 BGB eine Gleichstellung mit dem allgemeinen Rücktrittsrecht bewirkt. Seiner Rechtsnatur nach ist das Widerrufsrecht nach alledem als rücktrittsgleiches Gestaltungsrecht zu charakterisieren.¹⁷⁵

---

172 Bamberger/Roth/*Schmidt-Räntsch* § 312d Rn. 6 sieht Informationspflichten und Widerrufsrecht als »Einheit« an; zur Schutzrichtung des Widerrufsrechts vgl. ferner Erman/*Saenger* § 312d Rn. 3.
173 Wie der BGH (K&R 2010, 113) entschieden hat, besteht das Widerrufsrecht des Verbrauchers nach § 312d BGB in den Grenzen des Grundsatzes von Treu und Glauben gem. § 242 BGB auch dann, wenn der Fernabsatzvertrag nichtig ist.
174 Die Ausübung des Widerrufsrechts hat insoweit die Wirkung einer auflösenden Rechtsbedingung vgl. *Enders* S. 214 Rn. 342.
175 Zur Rechtsnatur des Widerrufsrechts vgl. u. a. BGH, VU v. 17.03.2004, BB 2004, 1246; Palandt/*Grüneberg* § 355 Rn. 3; Haas/Medicus/Rolland/Schäfer/Wendtland/*Schäfer* Kap. 7 Rn. 36.

2. Ausübungsmodalitäten

a) Widerrufsfrist und Widerrufsform

Nach § 355 Abs. 1 S. 2 BGB hat die Widerrufserklärung **in Textform** (§ 126b BGB) oder konkludent durch **Rücksendung der Sache** zu erfolgen. Den Begriff »Widerruf« muss zwar der Verbraucher nicht verwenden.[176] Aus einer E-Mail-Mitteilung des Käufers an den Verkäufer nach einer Online-Bestellung, er habe »eine Rücksendung«, lässt sich allerdings alleine nicht auf einen Widerrufswillen schließen, weil sich aus der Mitteilung nicht ergibt, aus welchen Gründen eine Rücksendung erfolgen soll. Eine solche Mitteilung ist daher nicht als Ausübung des Widerrufsrechts zu verstehen.[177] Der Verbraucher ist gem. § 355 Abs. 1 S. 2 BGB nicht verpflichtet, den Widerruf zu begründen. 113

Die Frist zum Widerruf beträgt nach § 355 Abs. 2 S. 1 BGB grundsätzlich **14 Tage**. Die Widerrufsfrist beginnt erst zu laufen, wenn der Unternehmer dem Verbraucher eine nach §§ 355 Abs. 3 S. 1 i. V. m. 360 Abs. 1 BGB ordnungsgemäße Widerrufsbelehrung erteilt hat. Die Sonderregelung des § 312d Abs. 2 S. 1 Hs. 1 BGB macht den Fristbeginn im Fernabsatzrecht außerdem von der ordnungsgemäßen Erfüllung der Informationspflichten aus Art. 246 § 2 i. V. m. § 1 Abs. 1 und 2 EGBGB abhängig. Erst wenn der Unternehmer seinen Informationspflichten ordnungsgemäß nachgekommen ist, beginnt die Widerrufsfrist gem. § 312d Abs. 2 BGB zu laufen und zwar differenzierend nach Vertragsgegenstand: 114
- bei der Lieferung von Waren nicht vor dem Tag ihres Eingangs beim Empfänger;
- bei der wiederkehrenden Lieferung gleichartiger Waren nicht vor dem Tag des Eingangs der ersten Teillieferung;
- bei Dienstleistungen nicht vor dem Tag des Vertragsschlusses.

Im E-Commerce ist zusätzlich § 312e Abs. 3 S. 2 BGB zu beachten, wonach die Widerrufsfrist nicht vor Erfüllung des Pflichtenkatalogs aus § 312e Abs. 1 S. 1 BGB zu laufen beginnt (zur einschränkenden Auslegung dieser Bestimmung vgl. nachstehend Rdn. 190). 115

▶ **Praxistipp:** 116

Bei **Vertragsschlüssen im Internet** ist der Beginn des Laufs der Widerrufsfrist somit an **vier Voraussetzungen** geknüpft: eine ordnungsgemäße Widerrufsbelehrung, eine ordnungsgemäße Mitteilung der Informationen nach § 312c Abs. 1 BGB i. V. m. Art. 246 § 2 i. V. m. § 1 Abs. 1 und 2 EGBGB, die Beachtung der Informations- und Bereitstellungspflichten aus § 312e Abs. 1 S. 1 BGB und die qualifizierte Ingangsetzung des Vertrages.

Gemäß § 355 Abs. 3 S. 3 BGB trägt der Unternehmer die **Beweislast** für alle Tatsachen, auf die er die Nichteinhaltung der Widerrufsfrist durch den Verbraucher stützt, insbesondere die nach Zeitpunkt, Inhalt und Form ordnungsgemäße Belehrung sowie die Beachtung der sonstigen für den Fristbeginn maßgeblichen Pflichten. Daher sollte der Unternehmer auf den Erhalt einer Empfangsbestätigung betreffend die Informationsmitteilung und die Widerrufsbelehrung durch den Verbraucher hinwirken. Der Verbraucher hingegen hat nach allgemeinen Grundsätzen Inhalt, Absendung und Zugang des Widerrufs nachzuweisen.[178] 117

b) Erlöschen des Widerrufsrechts und Fristende

Bei ordnungsgemäßer Widerrufsbelehrung und Beachtung der sonstigen den Fristbeginn begründenden Pflichten, erlischt das Widerrufsrecht – wie gesehen – mit Ablauf von 14 Ta- 118

---

176 BGH NJW 1996, 2156; vgl. auch BVerfG 25.03.2010, 1 BvR 2446/09 Tz. 12, http://www.bverfg.de/entscheidungen/rk20100325_1bvr244609.html.
177 AG Schopfheim MMR 2008, 427.
178 Staudinger/*Kaiser* § 355 Rn. 69.

gen. Voraussetzung ist dabei, dass »dem Verbraucher spätestens bei Vertragsschluss eine den Anforderungen des § 360 Abs. 1 entsprechende Widerrufsbelehrung in Textform mitgeteilt wird«. Nach § 355 Abs. 2 S. 2 BGB, den der Gesetzgeber durch das Gesetz vom 29.07.2009 (BGBl. I, S. 2355) eingeführt hat, steht bei Fernabsatzverträgen »eine unverzüglich nach Vertragsschluss in Textform mitgeteilte Widerrufsbelehrung einer solchen bei Vertragsschluss gleich, wenn der Unternehmer den Verbraucher« gem. Art. 246 § 1 Abs. 1 Nr. 10 EGBGB unterrichtet hat. Mit S. 2 wird dem Umstand Rechnung getragen, dass der Unternehmer bei Fernabsatzverträgen über eine Internetauktionsplattform erst nach Vertragsschluss weiß, wer sein Vertragspartner ist.[179]

119 Wird eine ordnungsgemäße Widerrufsbelehrung nach dem gem. § 355 Abs. 2 S. 1 oder S. 2 BGB maßgeblichen Zeitpunkt erteilt, so bestimmt § 355 Abs. 2 S. 3 BGB, dass die Widerrufsfrist nicht 14 Tage, sondern einen Monat beträgt.

120 Mit dem durch das Gesetz vom 29.07.2009 (BGBl. I, S. 2355) neu eingefügten § 355 Abs. 2 S. 4 BGB wird klargestellt, dass die verlängerte Widerrufsfrist auch dann gilt, »wenn der Unternehmer den Verbraucher über das Widerrufsrecht« gem. Art. 246 § 2 Abs. 1 S. 1 Nr. 2 EGBGB »zu einem späteren als dem in Satz 1 oder Satz 2 genannten Zeitpunkt unterrichten darf«.

aa) Die nicht oder nicht ordnungsgemäß erfolgte Widerrufs- oder Rückgabebelehrung und ihre Rechtsfolgen

121 Durch das Gesetz vom 29.07.2009 (BGBl. I, S. 2355) wurde ein neuer § 360 BGB eingefügt. Dieser fasst die Anforderungen an eine ordnungsgemäße Widerrufs- und Rückgabebelehrung zusammen.[180] § 360 Abs. 1 S. 1 BGB legt das »Gebot deutlicher Gestaltung« hinsichtlich der Widerrufsbelehrung fest. Er sieht vor, dass die Widerrufsbelehrung »deutlich gestaltet sein« »und dem Verbraucher entsprechend den Erfordernissen des eingesetzten Kommunikationsmittels seine wesentliche Rechte deutlich machen« muss. Diese Regelung gilt über § 360 Abs. 2 S. 1 BGB auch für die Rückgabebelehrung. Die Regelungen des § 360 Abs. 1 S. 2 Nr. 1 bis 4 und Abs. 2 S. 2 Nr. 1 bis 5 BGB bestimmen die Einzelheiten für die Widerrufs- bzw. Rückgabebelehrung.

122 Fehler bei der Belehrung über das Widerrufs- oder Rückgaberecht wiegen schwer.[181] Anders als bei der Verletzung von Informationspflichten gilt hier nicht die in § 355 Abs. 4 S. 1 BGB vorgesehene Höchstfrist von sechs Monaten, nach deren Ablauf das Widerrufsrecht spätestens erlischt und der Vertrag – sofern er nicht unter anderen Mängeln leidet – endgültig wirksam bleibt. Vielmehr steht dem nicht ordnungsgemäß belehrten Verbraucher ein **zeitlich unbefristetes Widerrufsrecht** zu, § 355 Abs. 3 S. 1 und Abs. 4 S. 3 Hs. 1 BGB (zum Verhältnis fehlerhafte Information über das Widerrufsrecht/fehlerhafte Belehrung über das Widerrufsrecht s. o. Rdn. 106). Eine zeitliche Beschränkung ist allein in den engen Grenzen der **Verwirkung** (§ 242 BGB) denkbar.[182]

---

179 Palandt/*Grüneberg* § 355 Rn. 25.
180 BT-Drs. 16/11643, S. 73; *Kulke* VuR 2009, 373 (376).
181 Die ordnungsgemäße Widerrufs- bzw. Rückgabebelehrung kann auch für die AGB-Kontrolle von Bedeutung sein. Die formularmäßige Verwendung einer nicht den gesetzlichen Anforderungen genügenden Belehrung begründet die Gefahr der Irreführung der Verbraucher, weshalb sie die Verbraucher unangemessen i. S. d. § 307 Abs. 1 S. 2 BGB benachteiligt. Die entsprechende AGB-Klausel hält somit der Inhaltskontrolle nicht stand; vgl. BGH DB 2010, 271.
182 Allg. zu den Voraussetzungen der Verwirkung BGHZ 25, 47 (51 ff.); 67, 56 (68); fraglich ist freilich die gemeinschaftsrechtliche Zulässigkeit einer zeitlichen Begrenzung der Widerrufsmöglichkeit, denn die Fernabsatzrichtlinie sieht eine solche Begrenzung nicht explizit vor; für eine Zulässigkeit in den engen Grenzen der Verwirkung spricht, dass die Grundsätze der Verwirkung einen Unterfall des Rechtsmissbrauchs darstellen und auch das Gemeinschaftsrecht das Verbot des Rechtsmissbrauchs kennt, vgl. EuGH DStR 1998, 1526 – Kefalas.

II. Das Widerrufs- und Rückgaberecht

Fehler bei der Erfüllung der komplexen Belehrungspflichten können dadurch vermieden werden, dass der Unternehmer von den **Belehrungsmustern** für die Widerrufsbelehrung in Art. 246 § 2 Abs. 3 S. 1 EGBGB i. V. m. Anlage 1 und für die Rückgabebelehrung in Art. 246 § 2 Abs. 3 S. 1 EGBGB i. V. m. Anlage 2 EGBGB Gebrauch macht. Durch ihre Verwendung kann das durch die grundsätzlich unbefristete Lösungsmöglichkeit entstehende Risiko für den Bestand des Vertrages beseitigt werden. Dies folgt aus § 360 Abs. 3 BGB, der dem bisher geltenden § 14 Abs. 1 bis 3 BGB-InfoVO inhaltlich entspricht. Nach § 360 Abs. 3 S. 1 BGB genügt die dem Verbraucher gem. § 355 Abs. 3 S. 1 BGB mitzuteilende Widerrufsbelehrung »den Anforderungen des Abs. 1 und den diesen ergänzenden Vorschriften dieses Gesetzes«, wenn das in der Anlage 1 vorgesehene Muster in Textform verwendet wird. Dasselbe gilt für die dem Verbraucher gem. 356 Abs. 2 S. 2 i. V. m. § 355 Abs. 3 S. 1 BGB mitzuteilende Rückgabebelehrung, wenn das in der Anlage 2 vorgesehene Muster in Textform verwendet wird. Der Unternehmer darf nach § 360 Abs. 3 S. 3 BGB in Format und Schriftgröße von den Mustern abweichen sowie Zusätze anbringen, sofern das Gebot deutlicher Gestaltung i. S. d. Abs. 1 S. 1 beachtet wird. 123

Die Verwendung der genannten Muster führt dazu, dass die Belehrung den gesetzlichen Anforderungen entspricht. § 360 Abs. 3 BGB enthält eine Gesetzlichkeitsfiktion. Aufgrund der Aufnahme der Gesetzlichkeitsfiktion in das BGB hat diese nunmehr den Rang eines formellen Gesetzes. Auch die Musterbelehrungen haben durch ihre Aufnahme als Anlagen zum EGBGB den Rang eines formellen Gesetzes. Mit dem Gesetzesrang werden mögliche Zweifel an der Verbindlichkeit der Gesetzlichkeitsfiktion und der Wirksamkeit der Muster ausgeräumt.[183] Die Rechtsprechung kann keine weiter gehenden Belehrungen fordern.[184] 124

▶ **Praxistipp:** 125

Es empfiehlt sich daher grundsätzlich für den Unternehmer, das Muster für die Widerrufs- bzw. die Rückgabebelehrung in Art. 246 § 2 Abs. 3 S. 1 EGBGB i. V. m. Anlage 1 bzw. Anlage 2 zu verwenden. Dadurch wird einerseits sichergestellt, dass der Verbraucher sich nur zeitlich befristet vom Vertrag lösen kann. Andererseits kann die Verwendung der Muster einen nicht unerheblichen Beitrag zum Zwecke der Minimierung von Kosten und Mühe des Unternehmers leisten.

bb) Besonderer Erlöschenstatbestand bei Dienstleistungen

Für Dienstleistungen sieht das Gesetz unter bestimmten Voraussetzungen in § 312d Abs. 3 BGB einen besonderen Erlöschenstatbestand vor.[185] Danach erlischt das Widerrufsrecht bei einer Dienstleistung, »wenn der Vertrag von beiden Seiten auf ausdrücklichen Wunsch des Verbrauchers vollständig erfüllt ist, bevor der Verbraucher sein Widerrufsrecht ausgeübt hat«. Die Bedeutung der Regelung liegt u. a. darin, eine Rückabwicklung bereits vollständig abgewickelter Verträge zu verhindern.[186] Hier bedarf es einer **ausdrücklichen Erklärung** des Verbrauchers. Der Versuch, diese in den AGB des Unternehmers vorwegzunehmen, scheitert an § 307 Abs. 2 Nr. 1 BGB.[187] Handelt der Unternehmer rechtsmissbräuchlich i. S. d. 242 BGB, so kann das Widerrufsrecht gem. § 312d Abs. 3 BGB nicht ausgeschlossen werden, auch wenn die Voraussetzungen der letztgenannten Vorschrift erfüllt werden.[188] Der bloße Beginn der Ausführung führt nicht zum Erlöschen des Widerrufs- 126

---

183 Vgl. BT-Drs. 16/11643, S. 74; Palandt/*Grüneberg* § 360 n. F. Rn. 4.
184 BT-Drs. 16/11643, S. 74; Palandt/*Grüneberg* § 360 n. F. Rn. 4.
185 Die Erlöschenstatbestände gelten selbst dann, wenn der Verbraucher nicht oder nicht ordnungsgemäß informiert oder über sein Widerrufsrecht belehrt worden ist, vgl. bereits vorstehend Rdn. 96.
186 Vgl. Bamberger/Roth/*Schmidt-Räntsch* § 312d Rn. 32.
187 Palandt/*Grüneberg* § 312d Rn. 7.
188 Vgl. AG Charlottenburg MMR 2008, 493, das im Zusammenhang mit der weggefallenen Vorschrift des

rechts. Erforderlich ist neben den sonstigen Voraussetzungen des § 312d Abs. 3 BGB vielmehr, dass sowohl der Dienstleister als auch der Verbraucher ihre Leistungen vollständig erfüllt haben.[189] § 312d Abs. 3 BGB findet auch dann Anwendung, wenn der Verbraucher nicht oder nicht ordnungsgemäß über sein Widerrufsrecht belehrt wurde.[190]

3. Ausschluss des Widerrufsrechts

127 Von **vornherein ausgeschlossen** ist das Widerrufsrecht in den sieben numerisch aufgelisteten Fällen des § 312d Abs. 4 BGB,[191] soweit nicht ein anderes gesetzlich oder vertraglich bestimmt ist. Grundsätzlich besteht demnach ein Widerrufsrecht **nicht** bei Fernabsatzverträgen:

- »1. zur Lieferung von Waren, die **nach Kundenspezifikation angefertigt** werden oder eindeutig auf die persönlichen Bedürfnisse zugeschnitten sind[192] oder die auf Grund ihrer Beschaffenheit nicht für eine Rücksendung geeignet sind oder schnell verderben können oder deren Verfallsdatum überschritten würde,[193]
- 2. zur **Lieferung von Audio- oder Videoaufzeichnungen** oder von **Software**, sofern die gelieferten Datenträger vom Verbraucher entsiegelt worden sind,[194]
- 3. zur Lieferung von **Zeitungen, Zeitschriften** und **Illustrierten**, es sei denn, dass der Verbraucher seine Vertragserklärung telefonisch abgegeben hat,
- 4. zur Erbringung von **Wett- und Lotterie-Dienstleistungen**, es sei denn, dass der Verbraucher seine Vertragserklärung telefonisch abgegeben hat,
- 5. die in der Form von **Versteigerungen** (§ 156) geschlossen werden,

---

§ 312d Abs. 3 Nr. 2 BGB klargestellt hat, dass das Widerrufsrecht nicht deshalb erlischt, weil der Kunde auf dem vom Internet-Provider zur Verfügung gestellten Onlineformular die Erklärung ankreuzt, er beauftrage ihn ausdrücklich, mit der Erbringung der Dienstleistung sofort zu beginnen, wenn der Vertrag ohne das Setzen des Häckchens auf dem Formular nicht abgeschlossen werden kann. Denn in solchen Fällen dient die Abgabe der Zustimmung nur dazu, das Widerrufsrecht des Verbrauchers auszuschließen, weshalb der Provider rechtsmissbräuchlich handelt.

189 Palandt/*Grüneberg* § 312d Rn. 7.

190 Palandt/*Grüneberg* § 312d Rn. 7; ebenso AG Sinsheim NJW-RR 2009, 1290 noch zur weggefallenen Vorschrift des § 312d Abs. 3 Nr. 2 2. Alt. BGB; zur weggefallenen Vorschrift des § 312d Abs. 3 Nr. 2 BGB vgl. auch das mutige Urteil des AG Berlin-Mitte MMR 2009, 280 – so zu Recht *Mankowski* in seiner Anm. (MMR 2009, 282 ff.) –, das die genannte Vorschrift teleologisch dahin gehend reduziert hat, dass bei einem teilbaren Vertrag über die Erbringung von Telekommunikationsdienstleistungen das Widerrufsrecht des Verbrauchers nur für die in der Vergangenheit erbrachten, nicht jedoch für die in der Zukunft noch zu erbringenden TK-Leistungen erlischt.

191 Nach dem BGH (DB 2010, 271) ist der Unternehmer nicht verpflichtet, für jeden im Fernabsatz angebotenen Artikel gesondert anzugeben, ob dem Verbraucher insoweit ein Rückgaberecht zusteht. Eine Belehrung, welche dem Verbraucher die Beurteilung überlässt, ob die von ihm erworbene Ware unter einen Ausschlusstatbestand fällt, ist nicht als missverständlich anzusehen. Es besteht keine Pflicht, sämtliche in § 312d Abs. 4 BGB enthaltenen Ausschlusstatbestände aufzuführen.

192 Das AG Hoyerswerda (VuR 2009, 70) hat entschieden, dass das Widerrufs des Verbrauchers bei einem Vertrag über den Kauf eines Computersystems nicht ausgeschlossen ist, wenn die vom Verbraucher/Käufer zusätzlich bzw. abweichend vom Standardangebot gewünschte Ausführung im Angebot des Verkäufers war und es sich um übliche bzw. Standardcomputerkomponenten geht.

193 Der BGH (MMR 2009, 434) hat dem EuGH folgende Frage zur Auslegung des Gemeinschaftsrechts gemäß Art. 234 EG zur Vorabentscheidung vorgelegt: »Ist die Bestimmung des Art. 6 Abs. 3 Spiegelstrich 3 Fall 3 der Richtlinie 1997/7/EG des Europäischen Parlaments und des Rates vom 20.05.1997 über den Verbraucherschutz bei Vertragsabschlüssen im Fernabsatz dahin auszulegen, dass ein Widerrufsrecht nicht besteht bei Vertragsabschlüssen im Fernabsatz über die leitungsgebundene Lieferung von Strom und Gas?«.

194 Wird der Datenträger entsiegelt, ohne dass dieser dem Verbraucher geliefert wird, so reicht dies nicht aus, um die Voraussetzungen des Ausschlusstatbestandes der Nr. 2 zu erfüllen; so AG Hoyerswerda VuR 2009, 70. Auch ist das Widerrufsrecht nach Nr. 2 nicht ausgeschlossen, wenn die im Rahmen eines Vertrages über den Kauf eines Computersystems mitgelieferte Software entsiegelt wird, sofern der Schwerpunkt der Leistung nicht in der Lieferung der Software, sondern in der Lieferung der Hardwarekomponenten liegt und die Feststellung der Funktionsfähigkeit der Hardwarekomponenten die Installation der Software voraussetzt; so AG Schönebeck VuR 2008, 356.

II. Das Widerrufs- und Rückgaberecht

- 6. die die Lieferung von Waren oder die Erbringung von Finanzdienstleistungen zum Gegenstand haben, deren Preis **auf dem Finanzmarkt Schwankungen unterliegt**, auf die der Unternehmer keinen Einfluss hat und die innerhalb der Widerrufsfrist auftreten können, insbesondere Dienstleistungen im Zusammenhang mit Aktien, Anteilsscheinen, die von einer Kapitalanlagegesellschaft oder einer ausländischen Investmentgesellschaft ausgegeben werden, und anderen handelbaren Wertpapieren, Devisen, Derivaten oder Geldmarktinstrumenten, oder
- 7. zur Erbringung **telekommunikationsgestützter Dienste**, die auf Veranlassung des Verbrauchers unmittelbar per Telefon oder Telefax in einem Mal erbracht werden, sofern es sich nicht um Finanzdienstleistungen handelt.«

Genereller Maßstab für das Eingreifen der Sonderregelungen in den Nummern eins bis sieben ist die **Unzumutbarkeit einer Rücknahme** des Vertragsgegenstands, die nach der gesetzlichen Wertung die Ausnahme darstellt.[195] **128**

Eine **Anfertigung nach »Kundenspezifikation«** oder ein eindeutiger Zuschnitt »auf die persönlichen Bedürfnisse« des Verbrauchers i. S. d. Nr. 1 liegt bei der insoweit gebotenen restriktiven Auslegung[196] nur vor, »wenn der Unternehmer durch die Rücknahme der Ware **erhebliche** wirtschaftliche Nachteile erleidet, die **spezifisch** damit zusammenhängen und dadurch entstehen, dass die Ware erst auf Bestellung des Kunden nach dessen besonderen Wünschen angefertigt wurde.«[197] Ist die zu liefernde Sache hingegen auf Bestellung des Verbrauchers aus vorgefertigten Standardbauteilen zusammengesetzt, die ohne Substanzbeeinträchtigung mit geringem Aufwand wieder getrennt werden können, ist die Rücknahme der Ware dem Unternehmer nicht unzumutbar, sodass der Ausnahmetatbestand der Nummer 1 keine Anwendung findet.[198] Softwarelieferungsverträge hingegen, bei denen die Lieferung durch Download geschieht, fallen nach bestrittener, aber zutreffender Ansicht unter die Ausnahmebestimmung, weil die Software wegen der Möglichkeit zur Weiterbenutzung nicht »rückstandslos«[199] zurückgegeben werden kann.[200] **129**

Nr. 2 will insbesondere illegale Kopien und damit die Aneignung des wirtschaftlichen Werts der Software verhindern. Deswegen erscheint eine einschränkende Auslegung in den Fällen sinnvoll, in denen die Entsiegelung mitgelieferter Software zur Überprüfung der Funktionsfähigkeit von Hardware erforderlich ist, jedenfalls sofern die mitgelieferte Software frei verfügbar ist oder wertmäßig gegenüber der Hardware nicht ins Gewicht fällt.[201] Die Ausnahme in Nr. 3 erfasst die dort bezeichneten Presseerzeugnisse, Nr. 4 Wett- und Lotteriedienstleistungen, sofern diese staatlich genehmigt und gem. § 763 BGB rechtsverbindlich[202] sind. Die Nummern 3 und 4 gelten nicht, sofern die Vertragserklärung des Verbrauchers telefonisch abgegeben worden ist.[203] **130**

Die Ausnahmeregelung in Nr. 5 erfasst nur Verträge, die entsprechend § 156 BGB durch das Gebot des Teilnehmers und den Zuschlag des Versteigerers zustande kommen, nicht aber **131**

---

195 Hierzu BGH NJW 2003, 1665 (1666).
196 Zur restriktiven Auslegung von Ausnahmen von verbraucherschützenden Vorschriften vgl. z. B. EuGH BKR 2002, 76 Tz. 31 – Heininger; speziell zum Fernabsatzrecht: *Lütcke* § 312d Rn. 66.
197 Vgl. BGH NJW 2003, 1665.
198 Vgl. BGH, a. a. O.
199 Vgl. BT-Drs. 14/2658, 44.
200 A. A. Erman/*Saenger* § 312d Rn. 24; wie hier: AnwK-BGB/*Ring* § 312d Rn. 67; Palandt/*Grüneberg* § 312d Rn. 9; Bamberger/Roth/*Schmidt-Räntsch* § 312d Rn. 36 m. w. N.
201 Vgl. *Junker* NJW 2005, 2819 (2832 f.); sehr kritisch und differenziert, auch zu Fragen des Teilwiderrufs und der Berechnung der einzelnen Erstattungsposten bei der Widerrufsrückabwicklung *Brönneke* MMR 2004, 127 (127 ff.).
202 Bei den Fällen der bloßen Naturalobligation (§ 762 BGB) hätte das Widerrufsrecht ohnehin keine Relevanz, da diese keine durchsetzbare Verpflichtung begründen.
203 Palandt/*Grüneberg* § 312d Rn. 11 f.

Vertragsschlüsse nach §§ 145 ff. BGB, insbesondere auch keine Veräußerungen über Plattformen wie eBay.[204] Der Widerrufsausschluss durch Nr. 6 rechtfertigt sich dadurch, dass aufgrund des spekulativen Charakters der beschriebenen Geschäfte die Gewährung eines Widerrufsrechts unbillig wäre. Denn hierdurch würde das geschäftliche Risiko einseitig auf den Unternehmer abgewälzt.[205] Von der durch das Gesetz vom 29.07.2009 (BGBl. I, S. 2413) neu eingefügten Regelung in Nr. 7 werden nur telekommunikationsgestützte Dienste erfasst, die unmittelbar per Telefon oder Telefax in einem Mal erbracht werden.

132 Ist das Widerrufsrecht in den vorbezeichneten Fallgruppen ausgeschlossen, so ist doch zu beachten, dass aufgrund Gesetzes oder Parteivereinbarung ein Widerrufsrecht bestehen kann. Vor allem kommen in diesem Zusammenhang die §§ 495 BGB, 510 BGB (§ 505 BGB a. F.) in Betracht.

4. Verhältnis zu anderen Widerrufsrechten

133 Das Verhältnis zu anderen Widerrufsrechten wird durch § 312d Abs. 5 BGB bestimmt. Nach § 312d Abs. 5 S. 1 BGB besteht das Widerrufsrecht nicht bei Fernabsatzverträgen, bei denen dem Verbraucher bereits ein Widerrufs- oder Rückgaberecht nach § 355 oder § 356 aufgrund der §§ 495, 506 bis 512 BGB »zusteht«. S. 2 sieht vor, dass Abs. 2 bei Ratenlieferungsverträgen entsprechend gilt. Somit beschränkt sich die entsprechende Anwendung von Abs. 2 (nur) auf Ratenlieferungsverträge. Demgegenüber werden Darlehensverträge und entgeltliche Finanzierungshilfen davon nicht erfasst.[206]

134 Ein Widerrufsrecht »steht« dem Verbraucher i. S. d. § 312d Abs. 5 S. 1 BGB dann »zu«, wenn sämtliche Voraussetzungen für seine Entstehung vorliegen. Bei einem Ratenlieferungsvertrag unterhalb der Bagatellgrenze der §§ 510 Abs. 1 S. 2, 3 i. V. m. § 491 Abs. 2 Nr. 1 BGB (vgl. auch Art. 247 § 3 Abs. 2 EGBGB) beispielsweise steht dem Verbraucher kein Widerrufsrecht nach § 510 Abs. 1 BGB zu, sodass es beim fernabsatzrechtlichen Widerrufsrecht bleibt.

135 Bzgl. des **Widerrufsrechts bei »Haustürgeschäften«** nach § 312 BGB bestimmt § 312a BGB den Vorrang sonstiger Widerrufsrechte und damit auch den Vorrang des fernabsatzrechtlichen Widerrufsrechts. In den meisten Fällen wird sich freilich die Frage einer Konkurrenz gar nicht stellen, da sich Haustür- und Fernabsatzgeschäfte grundsätzlich tatbestandlich ausschließen[207] und für eine vor Inkrafttreten des Fernabsatzrechts angenommene Regelungslücke betreffend Vertragsschlüsse unter Einsatz von Fernkommunikationsmitteln kein Raum mehr bleibt.[208]

136 Bzgl. **Fernunterrichtsverträgen** sowie **Pauschalreisen** schließen die Bereichsausnahmen in § 312b Abs. 4 Nr. 1 und 6 BGB grundsätzlich eine Überschneidung der Widerrufsrechte aus.[209] Grundsätzlich sollten außerhalb des BGB gewährte Widerrufs- und Rücktrittsrechte neben § 312d Abs. 1 S. 1 BGB bestehen bleiben, sofern sie an andere Voraussetzungen anknüpfen und anderweitige Schutzzwecke verfolgen.

---

204 BGH NJW 2005, 53 (54); ebenso Palandt/*Grüneberg* § 312d Rn. 13 mit weiterführenden Nachweisen aus Literatur und Rechtsprechung auch zur teilweise vertretenen Gegenansicht.
205 Eine über den Beispielskatalog des § 312d Abs. 4 Nr. 6 BGB hinausgehende Aufzählung von erfassten Geschäften findet sich bei Palandt/*Grüneberg* § 312d Rn. 14.
206 Palandt/*Grüneberg* § 312d Rn. 19.
207 MüKo-BGB/*Masuch* § 312 Rn. 63 f.; Staudinger/*Thüsing* § 312 Rn. 75.
208 Bei telefonischer Kontaktaufnahme und anschließendem Vertragsabschluss unter physisch gleichzeitig anwesenden Vertragspartnern kommt unter den Voraussetzungen des § 312 BGB m. E. durchaus ein Widerruf nach § 312 BGB in Betracht, vgl. *Enders* JZ 2006, 573 (576) m. w. N. auch zur Gegenansicht; ähnlich wie hier misst MüKo-BGB/*Wendehorst* § 312d Rn. 125 dem § 312 BGB eine Auffangfunktion bei, sofern der Schwerpunkt des jeweiligen Vertragsabschlusses im Bereich des Direktmarketings liegt.
209 Zu Ausnahmen im Einzelfall vgl. MüKo-BGB/*Wendehorst* § 312d Rn. 123.

5. Rechtsfolgen von Widerruf und Rückgabe

Mit der form- und fristgerechten Ausübung des Widerrufsrechts wandelt sich der zunächst wirksame Vertrag – wie bereits ausgeführt – ex nunc in ein **rücktrittsgleiches Abwicklungsverhältnis** um: Die Rechtsfolgen des Widerrufs richten sich gem. § 357 Abs. 1 S. 1 BGB nach allgemeinem Rücktrittsrecht (§§ 346 ff. BGB), sofern nicht § 357 BGB Sonderregelungen enthält.[210]

a) Rückgewähr von Leistungen und Nutzungen

Bei der Widerrufsabwicklung sind gem. §§ 357 Abs. 1 S. 1, 346 Abs. 1 BGB die jeweils empfangenen Leistungen zurückzugewähren und gezogene Nutzungen herauszugeben.[211] Der Ersatz nicht gezogener Nutzungen sowie von Verwendungen richtet sich nach § 347 BGB. Die Zug um Zug (§ 348 BGB) zu erfolgende Widerrufsabwicklung weist insoweit keine Besonderheiten gegenüber dem allgemeinen Rücktrittsrecht auf.

Betreffend die Rücksendung erworbener Waren enthält § 357 Abs. 2 BGB allerdings verbraucherrechtliche Sonderregelungen.

aa) Rücksendepflicht (§ 357 Abs. 2 BGB)

Gemäß § 357 Abs. 2 S. 1 BGB ist der Verbraucher nach erfolgtem Widerruf grundsätzlich zur Rücksendung der erworbenen Sache verpflichtet. Anderes gilt nur, wenn ein Versand durch Paket nicht möglich ist. Bei fehlender Paketversandfähigkeit kann der Unternehmer somit wegen § 357 Abs. 2 S. 1 BGB *e contrario* keine Rücksendung verlangen kann, und muss sich die Sache selbst abholen.

bb) Versandkosten

Kommt es zur Rücksendung, stellen sich folgende Fragen: Wer trägt die Gefahr der Beschädigung oder des Untergangs beim Versand? Wem sind die Kosten aufzubürden und wie verhält es sich mit vermeidbar hohen Versandkosten?

Hinsichtlich der ersten beiden Fragen enthält § 357 Abs. 2 S. 2 BGB eine Kosten- und Gefahrtragungsregel, nach der die Kosten und die Gefahr der Rücksendung grundsätzlich vom Unternehmer zu tragen sind. Anderes gilt aber nach der durch das FernAbsÄndG modifizierten Sonderregelung in § 357 Abs. 2 S. 3 BGB,[212] nach der unter bestimmten Voraussetzungen eine vertragliche Abwälzung der Rücksendekosten auf den Verbraucher zulässig ist.[213]

---

210 Für verbundene Verträge enthalten §§ 358, 359 BGB weitere Sonderregelungen, insbesondere den Widerrufs- und Einwendungsdurchgriff, die als originär kreditrechtliche Materien hier allerdings nicht weiter interessieren sollen. Durch das Gesetz v. 29.07.2009 (BGBl., S. 2355) wurde § 359a BGB eingefügt, der Ausdehnungen (Abs. 1 und 2) und Einschränkungen (Abs. 3 und 4) des Anwendungsbereichs der §§ 358, 359 BGB vorschreibt; Palandt/*Grüneberg* § 359a n. F. Rn. 1.
211 Zu besonderen Problemen bei der Rückabwicklung von finanzierten Geschäften und Gesellschaftsbeitritten vgl. die Überblicke bei Palandt/*Grüneberg* § 357 Rn. 4 und 4a und Bamberger/Roth/*Grothe* § 357 Rn. 3 und 4.
212 Kritisch zur Neuregelung *Rühl* EuZW 2005, 199, die die tendenzielle Ausweitung der Vertragsgestaltungsfreiheit begrüßt, das Festhalten an der grundsätzlichen Kostentragungspflicht durch den Unternehmer aber als wettbewerbsschädlich und preistreibend erachtet und auch das Beibehalten einer Wertgrenze als dem Verbraucherschutz abträglichen Regelungsansatz kritisiert.
213 Die Regelung des § 357 Abs. 2 S. 3 BGB setzt notwendigerweise eine vertragliche Auferlegung der Kosten voraus. Die Widerrufsbelehrung als solche reicht hierfür nicht aus; so jurisPK-BGB/*Junker* § 312g Rn. 13 mit Verweis auf OLG Hamm 02.03.2010, 4 U 174/09, 05.01.2010, I-4 U 197/09, OLG Koblenz 08.03.2010, 9 U 1283/09, OLG Stuttgart 10.12.2009, 2 U 51/09.

Zu unterscheiden sind zwei Fälle.

143 Fall 1:

Bei einer Ware **bis zu einem Bruttopreis von 40,- €** können die regelmäßigen Kosten der Rücksendung durch vertragliche Vereinbarung dem Verbraucher auferlegt werden. Die Aufnahme einer entsprechenden Klausel in den AGB des Unternehmers ist dabei unproblematisch möglich. Bei Verwendung derartiger Klauseln ist in der Praxis allerdings darauf zu achten, dass eine rechtzeitige – also vor Vertragsschluss liegende – Möglichkeit der Kenntnisnahme gewährleistet ist.[214] Hinsichtlich der Wertgrenze von 40,- € kommt es seit Inkrafttreten des FernAbsÄndG auf den **Wert der zurückgesandten Ware** an und nicht wie bis dahin auf den Wert der insgesamt bestellten Ware(n). Durch die Änderung soll die Zahl nicht ernst gemeinter Bestellungen zurückgedrängt und damit einhergehende Missbrauchmöglichkeiten vonseiten des Verbrauchers ausgeschlossen werden.[215] Unter der Altregelung hatte es der Verbraucher in der Hand, Rücksendekosten zu vermeiden, indem er ohne ernsthafte Erwerbsabsicht eine Mehrzahl von Waren bestellte und so den Grenzwert von 40,- € in der Summe seiner Bestellungen überschritt.

144 Fall 2:

Bei einer Ware mit einem **Bruttopreis über 40,- €** ist eine vertragliche Abwälzung der Rücksendekosten ebenfalls zulässig, sofern der Verbraucher im Zeitpunkt des Widerrufs weder die Gegenleistung noch eine Teilzahlung erbracht hat, § 357 Abs. 2 S. 3 Hs. 2 BGB. Anders gewandt: Hat der Verbraucher bereits (teilweise) gezahlt, ist es dem Unternehmer verwehrt, die ihm durch die Ausnahmeregelung in § 357 Abs. 2 S. 3 BGB gewährte Vertragsgestaltungsfreiheit zu nutzen und die Rücksendekosten abzuwälzen. Die Abwälzung der Kostentragungslast auf den Verbraucher ist daher nicht möglich, wenn dieser gegen Vorkasse bestellt oder per Nachnahme zahlt. Gleiches gilt bei Erteilung einer Einzugsermächtigung oder Kreditkartenabrechnung, jedenfalls soweit die Buchung tatsächlich ausgeführt werden kann.

145 ▶ **Praxistipp:**

Bei einer Ware mit einem Bruttopreis über 40,- € empfiehlt sich dementsprechend der – im Internethandel zugegebenermaßen unübliche – Versand auf Rechnung, wenn der Unternehmer das Risiko vermeiden möchte, die Kosten einer Rücksendung tragen zu müssen. Gegen dieses Risiko ist freilich das bei Leistung auf Rechnung erhöhte Risiko abzuwägen, überhaupt die Gegenleistung für die bestellte Ware zu erhalten.

146 Soweit eine Abwälzung der Versandkosten auf den Verbraucher nicht zulässig ist, wird die eingangs aufgeworfene Frage virulent, ob der Unternehmer auch **vermeidbar hohe Versandkosten** zu tragen hat. Die Frage stellt sich zum einen in dem Fall, in dem der Verbraucher die gelieferte Ware »unfrei« zurücksendet und deswegen erhöhte Portogebühren verlangt werden, zum anderen in dem Fall, in dem er nicht den günstigsten Versandweg wählt.

147 Im Ergebnis wird man dem Verbraucher die Möglichkeit eines »unfreien« Versands und damit die Verursachung erhöhter Transportkosten nicht verbieten können.[216] Um die Kosten aber zumindest gering zu halten, wird vorgeschlagen, mit einem Versandunternehmen eine besondere Retourenvereinbarung zu treffen und der Lieferung der bestellten Ware bereits

---

214 *Brönneke* MMR 2004, 127 (129).
215 Diese Missbrauchsmöglichkeiten wurden schon im Gesetzgebungsverfahren zur Altregelung erkannt, vgl. *Tiemann*, BT-Plenarprot.14/99, S. 9355 f. und von zahlreichen Autoren kritisiert, vgl. nur *Gaertner/Gierschmann* DB 2000, 1601 (1604); *Härting/Schirmbacher* MDR 2000, 917 (921 f.).
216 MüKo-BGB/*Masuch* § 357 Rn. 17 sowie *Bülow/Artz* NJW 2000, 2049 (2052) sehen den Unternehmer hinsichtlich der Kostentragung in der Vorleistungspflicht und stützen den Anspruch des Verbrauchers auf § 669 BGB analog; gegen die Annahme einer Vorleistungspflicht Palandt/*Grüneberg* § 357 Rn. 5, der dem Verbraucher aber zumindest die Möglichkeit der Rücksendung per Nachnahme gewährt.

einen entsprechenden und voradressierten Retourenaufkleber für den Fall des Widerrufs beizulegen.[217] Zuzugeben ist diesem Vorschlag, dass hierdurch die Rücksendekosten trotz zunächst unfreien Versands unter den sonst üblichen Preis gedrückt werden können. Allerdings werden sich die durch Produktion und Adressierung der Aufkleber verursachten Mehrkosten für den Unternehmer nur dann rechnen, wenn er von einer nicht unerheblichen Zahl an rückabzuwickelnden Verträgen auszugehen hat. Insoweit sind die jeweiligen Kosten aufgrund einer Prognoseentscheidung gegeneinander abzuwägen.

▶ **Praxistipp:** 148

Ob und inwieweit der Verbraucher zur Wahl eines günstigen Versandweges verpflichtet ist, ist – soweit ersichtlich – noch nicht obergerichtlich entschieden.[218] Sinnvoll dürfte es allerdings sein, dem Verbraucher im Zusammenhang mit der Information über das Widerrufsrecht einen günstigen Rückversandweg aufzuzeigen.[219] Sollte dies im Rahmen der Widerrufsbelehrung erfolgen, ist aber unmissverständlich klarzustellen, dass der Verbraucher nicht zur Kostentragung verpflichtet ist. Wäre die Belehrung insoweit missverständlich, so wäre sie wegen Verstoß gegen das Transparenzgebot aus §§ 355 Abs. 3 S. 1 i. V. m. 360 Abs. 1 BGB nicht ordnungsgemäß erteilt und hätte ein zeitlich unbefristetes Widerrufsrecht zur Folge.

Anders als bei den Rücksendekosten hat die Frage, wer im Fall des Widerrufs die Hinsendekosten zu tragen hat, keine ausdrückliche gesetzliche Regelung erfahren. Diese Frage kann und muss vor dem Hintergrund der Fernabsatzrichtlinie beantwortet werden.[220] Auf Vorlage des BGH[221] hin hat der EuGH jüngst entschieden, dass die Fernabsatzrichtlinie (Art. 6 Abs. 1 Unterabs. 1 Satz 2 und Abs. 2) einer nationalen Regelung entgegensteht, nach der bei einem Fernabsatzvertrag die Kosten für die Zusendung der Ware auf den Verbraucher abgewälzt werden dürfen, wenn er sein Widerrufsrecht ausübt.[222] Denn nur so ist gewährleistet, dass der Verbraucher von der Ausübung seines Rechts nicht abgehalten wird.[223] Dem Verbraucher dürfen demnach im Fall des fernabsatzrechtlichen Widerrufs keine Hinsendekosten auferlegt werden. Vielmehr ist die Vorschrift des § 312d Abs. 1 BGB in Verbindung mit § 357 Abs. 1 Satz 1 und § 346 Abs. 1 BGB richtlinienkonform dahin auszulegen, dass vom Käufer an den Verkäufer bereits gezahlte Zusendungskosten nach dem Widerruf des Fernabsatzvertrags zu erstatten sind. 149

b) Verzug

Gemäß §§ 357 Abs. 1 S. 2, 3 i. V. m. 286 Abs. 3 BGB kommt der Unternehmer spätestens 30 Tage nach Zugang der Widerrufserklärung mit der Verpflichtung zur Entgeltrückzahlung in Verzug. Seit Inkrafttreten des FernAbsÄndG gilt diese Bestimmung auch zulasten des Verbrauchers. Für ihn beginnt die Frist zur Entgeltrückzahlung gem. § 357 Abs. 1 S. 3 BGB bereits mit Abgabe der Widerrufserklärung zu laufen. Der Begriff der »Entgeltforderung« ist restriktiv zu verstehen und erfasst nur Forderungen, die auf Zahlung eines Entgelts für die Lieferung von Waren oder die Erbringung einer Dienstleistung gerichtet sind, nicht aber Bereicherungs- oder Schadensersatzansprüche oder Ansprüche aus GoA.[224] 150

---

217 So *Brönneke* MMR 2004, 127 (130).
218 Das LG Düsseldorf hält in einer Entscheidung betreffend § 9 Abs. 2 Nr. 1 AGBG überhöhte Kosten nicht für erstattungsfähig, gewährt aber Kostenerstattung bzgl. solcher Versandkosten, die über den günstigsten Tarifen liegen, sofern sie den durchschnittlichen Kosten entsprechen, VuR 2002, 452, 454.
219 Vgl. *Brönneke* MMR 2004 127 (131).
220 Siehe auch *Grohmann/Gruschinske* ZGS 2010, 250 (251).
221 BGH NJW 2009, 66.
222 EuGH MMR 2010, 396 – Heine; vgl. hierzu *Grohmann/Gruschinske* ZGS 2010, 250 ff.; *Gsel* ZJS 2010, 438 ff.; *Ultsch* K&R 2010, 395 ff.; *Höhne* jurisPR-ITR 11/2010 Anm. 2.
223 EuGH MMR 2010, 396 Tz. 54 – Heine.
224 Vgl. BT-Drs. 14/7052, 276 mit dem Verweis auf Art. 1 und 2 Nr. 1 der Richtlinie 2000/35/EG des Eu-

c) Verpflichtung zum Wertersatz

151 Als rücktrittsgleiches Gestaltungsrecht folgt die Widerrufsabwicklung im Grundsatz dem Regelungssystem des Rücktrittsrechts: Danach sind empfangene Leistungen zurückzugewähren und gezogene Nutzungen herauszugeben, § 346 Abs. 1 BGB. Ist das ausnahmsweise nicht möglich, trifft den Widerrufsabwicklungsschuldner gleichermaßen wie den Rücktrittsschuldner eine Wertersatzpflicht, wenn und soweit die Rückgewähr der empfangenen Leistung oder die Herausgabe des Erlangten nach § 346 Abs. 2 S. 1 Nr. 1 bis 3 BGB ausgeschlossen ist.[225] Ausnahmsweise entfällt die Wertersatzpflicht in den Fällen des § 346 Abs. 3 S. 1 Nr. 1 bis 3 BGB. Von diesem Grundsystem weicht das Verbraucherrecht durch § 357 Abs. 3 BGB teilweise sehr weitreichend ab. Die folgenden Ausführungen konzentrieren sich auf diese verbraucherspezifischen Besonderheiten.

aa) Bestimmungsgemäße Ingebrauchnahme

152 § 357 Abs. 3 S. 1 BGB weicht zulasten des Verbrauchers von § 346 Abs. 2 S. 1 Nr. 3 BGB dahin gehend ab, dass dieser – anders als der Rücktrittsschuldner – im Fall des Widerrufs für solche Verschlechterungen der bestellten Sache Wertersatz zu leisten hat, die aufgrund der bestimmungsgemäßen Ingebrauchnahme der Sache entstanden sind. Die Wertersatzpflicht tritt aber nur dann ein, wenn der Verbraucher spätestens bei Vertragsschluss in Textform zum einen auf diese Rechtsfolge und zum anderen auf eine Möglichkeit ihrer Vermeidung hingewiesen wurde, § 357 Abs. 3 S. 1 Hs. 2 BGB.[226]

153 In der Vorauflage wurde mit folgender Begründung die Meinung vertreten, dass § 357 Abs. 3 S. 1 BGB unter verbraucherschutzdogmatischen Gesichtspunkten verfehlt und **mit den Vorgaben der Fernabsatzrichtlinie unvereinbar** ist:[227] Die Anordnung einer Wertersatzpflicht kann zu einer faktischen Aushöhlung des Widerrufsrechts führen, insbesondere, wenn der durch die bestimmungsgemäße Ingebrauchnahme eintretende Wertverlust sehr hoch ist, wie etwa im Fall eines Neuwagenkaufs, bei dem durch die Erstzulassung ein Wertverlust von ca. 20% eintritt.[228] Die Bedingungen des abgeschlossenen Geschäfts können in einem solchen Fall gar nicht so schlecht sein, als dass der Verbraucher nach Ausübung des Widerrufsrechts weniger belastet wäre als im Fall des Festhaltens am Vertrag. Eine tatsächlich freie Entscheidung über die Aufrechterhaltung der vertraglichen Bindung ist damit nicht gewährleistet.[229] Die Aufklärungsobliegenheit des Unternehmers aus § 357 Abs. 3 S. 1 Hs. 2 BGB, nach der der Unternehmer den Verbraucher spätestens bei Vertragsschluss auf die drohende Wertersatzpflicht in Textform hinzuweisen und ihm eine Möglichkeit aufzuzeigen hat, wie er sie vermeiden kann, ist nicht geeignet, dieses Schutzdefizit auszugleichen.[230] Zum einen wird durch sie die vom Verbraucher zur Kenntnis zu nehmende und

---

ropäischen Parlaments und des Rates vom 29.06.2000 zur Bekämpfung des Zahlungsverzugs im Geschäftsverkehr; ausnahmsweise werden Bereicherungsansprüche und solche aus GoA erfasst, wenn sie ein Äquivalent zur erbrachten Leistung darstellen, vgl. Palandt/*Grüneberg* § 286 Rn. 27.

225 Nach *Schinkels* ZGS 2009, 539 (543) sind die §§ 357 Abs. 1 Satz 1, 346 Abs. 1, 2. Alt., Abs. 2 BGB im Lichte der Vorgaben des Urteils des EuGH MMR 2009, 744 – Messner.richtlinienkonform teleologisch zu reduzieren. Zur Bedeutung dieses Urteils für die Beurteilung der Richtlinienkonformität der Wertersatzpflicht für die Verschlechterung der Sache i. S. v. § 357 Abs. 3 BGB s. unten Rdn. 154.

226 Vgl. LG Wuppertal 05.11.2008, 3 O 220/08.

227 Ausf. hierzu wie zum Folgenden *Enders* S. 240 ff.; einen Europarechtsverstoß erkennen u. a. auch *Hager* in: *Ernst/Zimmermann*, S. 429, 448; MüKo-BGB/*Masuch* § 357 Rn. 6; AnwK-BGB/*Ring* § 357 Rn. 91 ff.; *Arnold/Dötsch* NJW 2003, 187; a. A. Bamberger/Roth/*Grothe* § 357 Rn. 12; Palandt/*Grüneberg* § 357 Rn. 14; Erman/*Saenger* § 357 Rn. 16.

228 Dieses Beispiel verwendete der Gesetzgeber als Begründung für (!) die Einführung der Wertersatzpflicht, vgl. BT-Drs. 14/6040, 199 f.

229 *Artz*, Jahrbuch Junger Zivilrechtswissenschaftler 2001, S. 227, 252 erachtet das Widerrufsrecht im Zusammenhang mit Darlehensverträgen als »wertlos«; *Hager* in: *Ernst/Zimmermann*, S. 429, 448 spricht zutreffend von einem faktischen Kaufzwang.

230 A. A. aber wohl in BT-Drs. 14/6040, 199 f.

zu verarbeitende Informationslast weiter erhöht, zum anderen begünstigt die gesetzliche Regelung ein Verhalten auf Unternehmerseite, durch das die Überlegungsfrist aufseiten des Verbrauchers faktisch entfällt.[231] Das fehlende Risiko, den Wertverlust der bestimmungsgemäßen Ingebrauchnahme tragen zu müssen und die Chance, den Verbraucher durch die wirtschaftlichen Folgen einer Ingebrauchnahme am Vertragsschluss festhalten zu können, werden den Unternehmer dazu veranlassen, die Sache dem Verbraucher alsbald nach Vertragsschluss zur Verfügung zu stellen und die Möglichkeit einer Ingebrauchnahme zu eröffnen. Damit wird der Verbraucher in die Lage versetzt, ohne jede Überlegungsfrist, d. h. *ad hoc* darüber entscheiden zu müssen, ob er die Sache in Gebrauch nimmt und damit faktisch auf sein Widerrufsrecht verzichtet oder nicht. Damit verstößt die Regelung in § 357 Abs. 3 S. 1 BGB gegen Art. 6 Abs. 2 S. 2 und 12 Abs. 1 FernAbsRL. In Art. 6 Abs. 2 S. 2 FernAbsRL heißt es: »Die einzigen Kosten, die dem Verbraucher infolge der Ausübung seines Widerrufsrechts auferlegt werden dürfen, sind die unmittelbaren Kosten der Rücksendung.« Entgegen der Ansicht des Gesetzgebers und einiger Literaturstimmen[232] handelt es sich nach grammatischer, systematischer sowie teleologischer Richtlinienauslegung bei der Wertersatzpflicht um Kosten »infolge« des Widerrufs, sodass der Gesetzgeber die Grenze seines nationalen Umsetzungsspielraums überschritten hat. Die Wertersatzpflicht setzt die Ausübung des Widerrufsrechts voraus, sodass der zur Auffüllung des Tatbestandsmerkmals »infolge« erforderliche Kausalzusammenhang gegeben ist. Soweit die Befürworter der verschärften Verbraucherhaftung auf Erwägungsgrund 14 FernAbsRL verweisen, ist dem entgegenzuhalten, dass die hierdurch gewährte Möglichkeit, Bedingungen und Einzelheiten des Widerrufsrechts nach nationalem Recht auszugestalten, jedenfalls nicht dazu führen darf, dass das Widerrufsrecht faktisch ausgeschlossen wird. Das folgt aus dem Grundsatz der praktischen Wirksamkeit des Gemeinschaftsrechts (*effet utile*) und im Übrigen daraus, dass die Richtlinie selbst in Art. 6 Abs. 3 FernabsRL für den Ausschluss des Widerrufsrechts abschließende Ausnahmeregelungen enthält und das Widerrufsrecht in Art. 12 Abs. 1 FernAbsRL als zwingendes Recht ausgestaltet ist. Die Entscheidung über die bestimmungsgemäße Ingebrauchnahme kann sich aber – wie erläutert – als faktischer Verzicht auf das Widerrufsrecht darstellen. Damit widerspricht die Wertersatzpflicht dem *telos* des gemeinschaftsrechtlichen Widerrufsrechts im Fernabsatzrecht. Denn sie höhlt den Schutz aus, der dem Verbraucher aufgrund der besonderen Abschlusssituation gewährt wird.

154 Der EuGH hat im Fall »Messner« klargestellt,[233] dass »die Bestimmungen des Art. 6 Abs. 1 Satz 2 und Abs. 2 der Richtlinie 97/7 dahin auszulegen sind, dass sie einer nationalen Regelung entgegenstehen, wonach der Verkäufer vom Verbraucher für die Nutzung einer durch Vertragsabschluss im Fernabsatz gekauften Ware in dem Fall, dass der Verbraucher sein Widerrufsrecht fristgerecht ausübt, generell Wertersatz für die Nutzung der Ware verlangen kann. Diese Bestimmungen stehen jedoch nicht einer Verpflichtung des Verbrauchers entgegen, für die Benutzung der Ware Wertersatz zu leisten, wenn er diese auf eine mit den Grundsätzen des bürgerlichen Rechts wie denen von Treu und Glauben oder der ungerechtfertigten Bereicherung unvereinbare Art und Weise benutzt hat, sofern die Zielsetzung dieser Richtlinie und insbesondere die Wirksamkeit und die Effektivität des Rechts auf Widerruf nicht beeinträchtigt werden.« Zwar hat der EuGH über die Ersatzpflicht für gezogene Nutzungen entschieden. Seine Vorgaben sind jedoch grundsätzlich auch auf die obige Problematik über die Wertersatzpflicht für die Verschlechterung der Sache i. S. v. § 357 Abs. 3 BGB übertragbar. In seiner Entscheidung betont der EuGH, dass die Wirksamkeit und die Effektivität des Widerrufsrechts beeinträchtigt würden, »wenn dem Verbraucher auferlegt würde, allein deshalb Wertersatz zu zahlen, weil er die durch Vertragsabschluss im Fern-

---

231 Zum letztbezeichneten Punkt *Rott* VuR 2001, 78 (85).
232 Vgl. BT-Drs. 14/6040, 199; zustimmend Bamberger/Roth/*Grothe* § 357 Rn. 12; Palandt/*Grüneberg* § 357 Rn. 14; *Grigoleit* NJW 2002, 1151 (1154 f.).
233 EuGH MMR 2009, 744 – Messner.

absatz gekaufte Ware geprüft und ausprobiert hat.«[234] Daraus folgt, dass der Verbraucher die Ware im Rahmen der erforderlichen Prüfung sowie des Ausprobierens erstattungsfrei nutzen kann.[235] Im Lichte vom Messner-Urteil[236] ist ferner festzustellen, dass § 357 Abs. 3 S. 3 BGB dahin gehend richtlinienkonform auszulegen ist (teleologische Reduktion), dass den Verbraucher die Ersatzpflicht im Fall einer Verschlechterung durch bestimmungsgemäße Ingebrauchnahme nur dann trifft, wenn der Unternehmer beweist, dass die Verschlechterung auf einer Verwendung zurückzuführen ist, die über den zur Prüfung und zum Ausprobieren der Sache angemessenen Umfang hinausgeht.[237]

155 Durch das Gesetz vom 29.07.2009 (BGBl. I, S. 2355) wurde in § 357 Abs. 3 ein neuer S. 2 eingefügt, während die bisherigen S. 2 und 3 ohne inhaltliche Änderung zu S. 3 und 4 wurden. Der neu eingefügte § 357 Abs. 3 S. 2 BGB ist § 355 Abs. 2 S. 2 BGB nachgebildet.[238] Dieser sieht vor, dass bei Fernabsatzverträgen »ein unverzüglich nach Vertragsschluss in Textform mitgeteilter Hinweis einem solchen bei Vertragsschluss gleich« steht, »wenn der Unternehmer den Verbraucher rechtzeitig vor Abgabe von dessen Vertragserklärung in einer dem eingesetzten Fernkommunikationsmittel entsprechenden Weise über die Wertersatzpflicht und eine Möglichkeit zu ihrer Vermeidung unterrichtet hat«. Mit der Neuregelung wird den Besonderheiten bei Internetauktionen Rechnung getragen.[239] Aufgrund des neuen S. 2 sollen Fernabsatzverträge über eine Internetauktionsplattform und Fernabsatzgeschäfte bei einem »normalen« Internetshop rechtlich gleich behandelt werden.[240]

bb) Wertersatz trotz Beachtung der eigenüblichen Sorgfalt – insbesondere die Abwälzung des Zufallrisikos

156 Eine weitere **Haftungsverschärfung zulasten des Verbrauchers** enthält § 357 Abs. 3 S. 4 BGB. Hat der Unternehmer den Verbraucher über sein Widerrufsrecht belehrt oder hat der Verbraucher anderweitige Kenntnis hiervon, so schließt § 357 Abs. 3 S. 4 BGB die Anwendung des § 346 Abs. 3 S. 1 Nr. 3 BGB aus. Nach letztgenannter Bestimmung entfällt die Wertersatzpflicht aus § 346 Abs. 2 BGB für Verschlechterungen oder den Untergang des Vertragsgegenstands, wenn derjenige, dem ein gesetzliches Rücktrittsrecht eingeräumt ist, die eigenübliche Sorgfalt beachtet hat. Der Inhaber eines gesetzlichen Rücktrittsrechts wird insoweit gegenüber dem Inhaber eines vertraglichen Rücktrittsrechts privilegiert: er muss nicht für jedes sorgfaltswidrige Verhalten, sondern lediglich für die Nichtbeachtung der eigenüblichen Sorgfalt (§ 277 BGB) einstehen. Dem Verbraucher wird diese Privilegierung bei Kenntnis der Widerrufsmöglichkeit versagt. Er haftet sogar, wenn die Verschlechterung oder der Untergang ohne sein Verschulden, mithin **zufällig**, eingetreten ist. Alleine wenn der Verbraucher nicht über sein Widerrufsrecht belehrt wurde und auch keine anderweitige Kenntnis von der Widerrufsmöglichkeit hat, ist seine Haftung ebenfalls auf die eigenübliche Sorgfalt beschränkt.

157 Jedenfalls soweit die Gefahr der zufälligen Verschlechterung oder des zufälligen Untergangs auf den Verbraucher abgewälzt wird, dürfte § 357 Abs. 3 S. 4 BGB ebenso wie § 357 Abs. 3 S. 1 BGB **gemeinschaftsrechtwidrig** sein.[241] Während die Kenntnis von der Widerrufsmöglichkeit noch geeignet ist, gesteigerte Sorgfaltspflichten zu rechtfertigen,

---

234 EuGH MMR 2009, 744 – Messner.
235 *Schinkels* ZGS 2009, 539 (543).
236 Vgl. EuGH MMR 2009, 744 – Messner, wonach die nationale Regelung dem Verbraucher die Beweislast nicht dafür auferlegen darf, »dass er die Ware während der Widerrufsfrist nicht in einer Weise benutzt hat, die über das hinausgeht, was zur zweckdienlichen Ausübung seines Widerrufsrechts erforderlich ist.«.
237 *Schinkels* ZGS 2009, 539 (543).
238 Palandt/*Grüneberg* § 357 Rn. 17.
239 Hierzu eingehend BT-Drs. 16/11643, S. 72.
240 BT-Drs. 16/11643.
241 Die Wertersatzpflicht für die verschuldete Verschlechterung und den verschuldeten Untergang wird

die über die *diligentia quam in suis* hinausgehen, ist die Abwälzung des Zufallrisikos auf den Verbraucher nicht zu rechtfertigen. Denn sie trifft den Verbraucher nicht etwa weil er trotz Kenntnis der Rückabwicklungsmöglichkeit mit dem Vertragsgegenstand nicht sorgsam umgegangen ist, sondern allein und ausschließlich deswegen, weil er sich zunächst auf den Vertragsschluss eingelassen hat. Der Verbraucher wird insoweit an den Folgen seiner ursprünglichen Entscheidung festgehalten, die durch eine situative, vom Gesetzgeber grundsätzlich als korrekturbedürftig erachtete Einschränkung seiner Entscheidungsfreiheit gekennzeichnet war. Der Schutz der tatsächlichen Entscheidungsfreiheit, den die Einräumung des Widerrufsrechts bezweckt, wird damit im Fall des zufälligen Untergangs ohne rechtfertigenden Grund versagt.[242]

cc) Umfang der Wertersatzpflicht

Auch die Regelung in § 346 Abs. 2 S. 2 BGB, die den Umfang der Wertersatzpflicht bei der Rückabwicklung festlegt, sieht sich verbraucherschutzdogmatischen Bedenken ausgesetzt. Die Orientierung an der vertraglich vereinbarten Gegenleistung bei der Rückabwicklung passt im allgemeinen Rücktrittsrecht, nicht aber im Verbrauchervertragsrecht. Für das Rücktrittsrecht passt sie, da die subjektiv vereinbarte Gegenleistung in einer freien Marktwirtschaft grundsätzlich die bestmögliche Annäherung an den objektiven Wert eines Gutes darstellt und im Bereich des allgemeinen Privatrechts auch davon ausgegangen werden kann, dass beide Parteien beim Vertragsschluss ihre Interessen angemessen zum Ausgleich bringen konnten. Im Verbrauchervertragsrecht im Allgemeinen und im Fernabsatzrecht im Besonderen kann wegen der situativen Beschränkung der Entscheidungsfreiheit auf Verbraucherseite aber schon bei Vertragsschluss nicht von einem angemessenen Interessenausgleich ausgegangen werden. Durch die Fortgeltung des subjektiven Äquivalenzprinzips im Rahmen der Wertersatzpflicht wird der Verbraucher dann aber auch noch an den wirtschaftlichen Folgen seiner ursprünglichen Entscheidung festgehalten, wenn es zur Rückabwicklung kommt. Der Unternehmer kann bei der Rückabwicklung nämlich nicht nur – wie unter Geltung von § 361a Abs. 2 S. 4 BGB a. F. – den objektiven Wert seiner Leistung, sondern auch den im vertraglich vereinbarten Preis enthaltenen Gewinnanteil herausverlangen. Die Ausübung des Widerrufsrechts ist unter diesen Voraussetzungen für den Verbraucher sinnlos. **158**

Dementsprechend sollte die Ersatzpflicht bei der Widerrufsabwicklung grundsätzlich auf den **Ersatz des objektiven Werts** des Gegenstands beschränkt werden.[243] Auf diese Weise kann der Wertungswiderspruch aufgelöst werden, der darin besteht, dass sich der Verbraucher einerseits mithilfe des Widerrufsrechts vom Vertrag lösen kann, andererseits aber bei der Rückabwicklung am vertraglich vereinbarten Äquivalenzverhältnis festgehalten wird. Eine entsprechende teleologische Reduktion des § 346 Abs. 2 S. 2 Hs. 1 BGB ist auch zulässig,[244] da durch sie die Norm selbst auf ihren Regelungszweck zurückgeführt wird.[245] Dieser besteht letztendlich darin, der Vertragsfreiheit der Privatrechtssubjekte nicht nur beim Vertragsabschluss, sondern auch bei der Rückabwicklung Geltung zu ver- **159**

---

man hingegen als zulässige Ausgestaltung des Widerrufsrechts nach Erwägungsgrund 14 FernAbsRL ansehen können; hierzu sowie zum Folgenden *Enders* S. 252 ff.
242 Zur Zulässigkeit einer teleologischen Reduktion des § 357 Abs. 3 S. 3 BGB a. F. (jetzt: § 357 Abs. 3 S. 4 BGB) dahin gehend, dass er auf die Fälle des zufälligen Untergangs oder der zufälligen Verschlechterung keine Anwendung finden sollte, vgl. *Enders* S. 255 f.; eine solche teleologische Korrektur ist bis dahin allerdings, trotz rechtspolitischer Kritik an der Regelung – vgl. etwa Bamberger/Roth/*Grothe* § 357 Rn. 14 – kein Konsens.
243 Ebenso *Grigoleit* NJW 2002, 1151 (1154); ähnlich *Benicke* ZGS 2002, 369 (375); ferner Palandt/*Grüneberg* § 357 Rn. 15, der darauf hinweist, der Unternehmer habe aufgrund des Widerrufsrechts keinen Gewinnanspruch mehr.
244 Ausf. hierzu wie zum Folgenden *Enders* S. 259 ff.
245 Zum Begriff der teleologischen Reduktion vgl. *Larenz* S. 391 ff.

schaffen.²⁴⁶ Wenn es aber darum geht, Vertragsfreiheit zu sichern, dann bedeutet dies im Verbrauchervertragsrecht und damit im Fernabsatzrecht, dass Störungen der Entscheidungsfreiheit auf Verbraucherseite *effektiv* ausgeglichen werden müssen. Dies gelingt nur durch ein Widerrufsrecht, das nicht entwertet ist. Dementsprechend kann nicht der vertraglich vereinbarte, sondern nur der objektive Wert des Gegenstands unter Ausschluss des Unternehmergewinns den Umfang der Ersatzpflicht bestimmen.

160 Nicht anders ist zu entscheiden für Gebrauchsüberlassungen und andere Leistungen, die nicht in Natur zurückgewährt werden können. Auch hier sollte § 346 Abs. 2 S. 2 Hs. 1 BGB teleologisch dahin gehend reduziert werden, dass allein der objektive Wert, respektive die übliche Vergütung zu ersetzen ist. Da diese mitunter den branchenüblichen Gewinnanteil enthält, war es bereits unter Geltung des § 361 Abs. 2 S. 6 BGB a. F. verbreitete Ansicht, zur Vermeidung einer Aushöhlung des Widerrufsrechts, dem Verbraucher den Einwand aus § 818 Abs. 3 BGB zu gewähren, dass sein Vermögen nicht in Höhe des objektiven Werts der Leistung vermehrt sei.²⁴⁷ Wegen der Bereicherungsähnlichkeit des Rücktrittsrechts²⁴⁸ sollte dies auch weiterhin gelten; einer entsprechenden teleologischen Reduktion steht insbesondere auch nicht § 346 Abs. 2 S. 2 Hs. 2 BGB entgegen.²⁴⁹

161 Bei **Dienstleistungen** bestimmt § 312d Abs. 6 BGB, dass eine Wertersatzpflicht für erbrachte Dienstleistungen nur dann besteht, wenn der Unternehmer den Verbraucher vor Abgabe seiner Vertragserklärung hierauf hingewiesen hat und wenn der Verbraucher ausdrücklich zugestimmt hat, dass der Unternehmer vor Ende der Widerrufsfrist mit der Ausführung der Dienstleistung beginnt.

III. Wirksamkeit von Kündigung und Vollmacht zur Kündigung bei Dauerschuldverhältnissen

162 Der Gesetzgeber hat durch das Gesetz zur Bekämpfung unerlaubter Telefonwerbung und zur Verbesserung des Verbraucherschutzes bei besonderen Vertriebsformen (BGBl. I, S. 2413) einen neuen § 312f BGB eingeführt. Die Norm dient dem Schutz der Verbraucher vor bestimmten unseriösen Geschäftspraktiken.²⁵⁰ Begründet ein Unternehmer unter Verwendung besonderer Vertriebsformen ein Dauerschuldverhältnis mit einem Verbraucher, das ein anderes Dauerschuldverhältnis ersetzt, so war er bislang nicht angehalten, die seitens des Verbrauchers erfolgende Kündigung oder die Vollmacht zur Kündigung gegenüber seiner bisherigen Vertragspartei in einer bestimmten Form nachzuweisen. Dies hatte zur Folge, dass den Verbrauchern öfter nicht hinreichend bewusst war, dass sie die Kündigung eines bestehenden Vertrags veranlasst haben und bei Widerruf des neu abgeschlossenen Vertrags an diese Kündigung gebunden bleiben.²⁵¹ Durch die Festlegung eines Formerfordernisses wird darauf abgezielt, die Verbraucher auf diese Gefahr hinzuweisen (Warnfunktion) sowie das »Unterschieben« von Verträgen zu erschweren, die unter Verwendung von besonderen Vertriebsformen i. S. d. §§ 312 ff. BGB abgeschlossen werden.²⁵²

---

246 *Canaris* XXXIX sieht die Funktion des § 346 Abs. 2 S. 2 Hs. 1 BGB ebenfalls im Schutz der Privatautonomie, weil dieser »der Wahrung des subjektiven Äquivalenzprinzips« diene.
247 OLG Düsseldorf WM 1991, 1998 (2001).
248 Zur bereicherungsähnlichen Natur des § 346 Abs. 2 S. 1 Nr. 1 BGB in der Fassung des Schuldrechtsmodernisierungsgesetzes (jetzt: § 346 Abs. 2 S. 2 Hs. 1 BGB), vgl. *Canaris* XXXVII; weitreichender *Kohler* JZ 2002, 682.
249 Ausf. *Enders* S. 261 ff.; i. E. ebenso *Arnold/Dötsch* NJW 2003, 187 (188).
250 BT- Drs. 16/10734, 12.
251 BT- Drs. 16/10734, 12.
252 BT- Drs. 16/10734, 12.

§ 312f BGB gilt für alle besonderen Vertriebsformen i. S. d. §§ 312 ff., also auch für Fern- **163** absatz- und E-Commerce-Verträge.²⁵³ Mangels einer Parallelregelung im TKG findet jedoch diese Norm keine Anwendung auf Erklärungen des Verbrauchers gegenüber Telekommunikationsunternehmen hinsichtlich Tarifwechsel oder Änderung der Betreibervorauswahl (Preselektion).²⁵⁴ Der fragliche Vertrag hat ein Dauerschuldverhältnis darzustellen. Er muss zwischen einem Unternehmer und einem Verbraucher abgeschlossen werden. Durch den Vertragsschluss muss ferner ein Anbieterwechsel bewirkt werden. Dies ist der Fall, wenn ein bestehender Vertrag durch einen neuen ersetzt wird.

Vom § 312f Nr. 1 BGB werden Fälle erfasst, in denen die Kündigung des bestehenden Dau- **164** erschuldverhältnisses vom Verbraucher selbst »erklärt und der Unternehmer oder ein von ihm beauftragter Dritter zur Übermittlung der Kündigung an den bisherigen Vertragspartner des Verbrauchers beauftragt« wird. Hier übermittelt der Unternehmer oder die beauftragte dritte Person die Kündigungserklärung des Verbrauchers als Bote.²⁵⁵ Nr. 2 bezieht sich auf Fälle, in denen »der Unternehmer oder ein von ihm beauftragter Dritter zur Erklärung der Kündigung gegenüber dem bisherigen Vertragspartner des Verbrauchers bevollmächtigt« wird. Diese Personen erklären dabei die Kündigung als Vertreter des Verbrauchers.²⁵⁶

Die Erfüllung der Voraussetzungen der Regelung des § 312f BGB führt dazu, dass die Kün- **165** digung des Verbrauchers (Nr. 1) oder die Vollmacht des Verbrauchers zur Kündigung (Nr. 2) der Textform i. S. d. § 126b BGB bedarf. Ist die Textform nicht eingehalten, ist die Kündigung oder die Vollmacht zur Kündigung des bestehenden Dauerschuldverhältnisses unwirksam,²⁵⁷ denn die Erklärung ist gem. § 125 S. 1 BGB nichtig.²⁵⁸

IV. Halbzwingende Ausgestaltung, Günstigkeitsgebot

Indem § 312g S. 1 BGB die §§ 312 ff. BGB als halbzwingendes Recht qualifiziert, bestimmt **166** die Regelung, dass von den verbraucherschützenden Bestimmungen des Fernabsatzrechts zwar zugunsten, nicht aber zulasten des Verbrauchers abgewichen werden darf. Nichts anderes kann freilich hinsichtlich der einheitlich für sämtliche Verbraucherverträge geltenden Bestimmungen über das Widerrufsrecht gelten; insoweit ist § 312g BGB richtlinienkonform auszulegen. Ob auch der einseitige Verzicht des Verbrauchers auf den Schutz verbraucherschützender Bestimmungen unzulässig ist, war unter Geltung des § 5 FernabsG umstritten, da die Bestimmung vom Verbot abweichender »Vereinbarungen« sprach.²⁵⁹ Mit der nun gewählten neutralen Formulierung (»darf nicht abgewichen werden«) dürfte sich die Diskussion erledigt haben. Unzulässig ist jede Abweichung, und damit auch der einseitige Verzicht. Einen durch ein gegenseitiges Nachgeben gekennzeichneten Vergleich wird man hingegen als wirksam ansehen können.²⁶⁰ Neben dem **Abweichungsverbot** in § 312g S. 1 BGB enthält Satz 2 der Regelung ein **Umgehungsverbot**. Eine Umgehung ist anzunehmen, wenn die §§ 312b bis 312f BGB nach ihrem Regelungszweck Anwendung finden müssten, allerdings eine rechtliche Gestaltung gewählt wird, aufgrund derer die Bestimmungen bei formaler Betrachtung mangels Einschlägigkeit des Tatbestands nicht anwendbar sind.²⁶¹ Dabei genügt das Vorliegen der objektiven Voraussetzungen einer Umgehung, eine Umgehungs-

---

253 Palandt/*Grüneberg* § 312f Rn. 1.
254 *Köhler* NJW 2009, 2567 (2571).
255 Palandt/*Grüneberg* § 312f Rn. 2.
256 Vgl. a. a. O.
257 BT- Drs. 16/10734, 12.
258 *Köhler* NJW 2009, 2567 (2571).
259 Die Diskussion wurde vor allem im Bereich des Verbraucherkreditrechts geführt, dessen Abweichungsverbot wortgleich formuliert war, vgl. *Enders* S. 170 Fn. 221 mit zahlreichen Nachw.
260 MüKo-BGB/*Wendehorst* § 312f Rn. 10 f.; Palandt/*Grüneberg* § 312g Rn. 2 m. w. N.
261 Ähnlich MüKo-BGB/*Wendehorst* § 312f Rn. 14.

absicht ist nicht erforderlich.²⁶² Über die weggefallenen Art. 29, 29a EGBGB wurde die halbzwingende Geltung der Schutzbestimmungen schließlich auch gegen eine Umgehung durch freie Rechtswahl abgesichert (zu den weggefallenen Art. 29, 29a EGBGB vgl. Kap. 10 Rdn. 22 f.). Art. 29, 29a EGBGB wurden sogar mit Wirkung vom 17.12.2009 durch das Gesetz vom 25.06.2009 (BGBl. I, S. 1574) aufgehoben. Art. 29a EGBGB wurde durch dieses Gesetz als neuer Art. 46b EGBGB in den siebenten Abschnitt verschoben.

167 Schließlich bleibt als Schutzinstrument das in § 312b Abs. 5 BGB niedergelegte Günstigkeitsgebot zu erwähnen, nach dem bei Konkurrenzen mit anderen Verbraucherschutznormen die für den Verbraucher jeweils günstigere Regelung anzuwenden ist. Sonderregelungen hierzu enthalten § 312c Abs. 4 BGB sowie § 312d Abs. 5 BGB.

V. Sonstiges

1. Sprache

168 Hinsichtlich der Frage, in welcher Sprache Vertragsverhandlungen und Vertragsabschlüsse zu erfolgen haben und in welcher Sprache die Vertragsabwicklung stattfinden soll, schweigt das Gesetz, jedenfalls soweit Warenlieferungen und Dienstleistungen, die keine Finanzdienstleistungen sind, betroffen sind. Bezüglich Finanzdienstleistungen geht Art. 246 § 1 Abs. 2 Nr. 6 EGBGB von einem **Wahlrecht des Anbieters** aus: Der Anbieter von Finanzdienstleistungen kann selbst bestimmen, in welcher Sprache Vertragsbedingungen und -informationen vorgehalten werden und in welcher Sprache Verträge abgewickelt werden sollen; er muss lediglich mitteilen, für welche Sprache(n) er sich entschieden hat.

169 ▶ **Praxistipp:**

Begrenzt wird das **Wahlrecht des Finanzdienstleisters** allerdings durch das in § 312c Abs. 1 BGB i. V. m. Art. 246 § 1 EGBGB verankerte und für die Anbieter von Warenlieferungen und sonstigen Dienstleistungen gleichermaßen geltende Transparenzgebot, wonach Informationen »klar und verständlich« zu erteilen sind. Maßstab für die Verständlichkeit ist der in Betracht kommende Kundenkreis und dabei der durchschnittlich aufmerksame und verständige Verbraucher (vgl. vorstehend Rdn. 83). Auch wenn damit nicht zwingend eine Festlegung auf die deutsche Sprache als Vertragssprache vorgegeben ist, empfiehlt es sich doch, vertragsrelevante Texte zumindest auch in deutscher Sprache vorzuhalten. Denn die deutsche Sprache ist für den deutschen Markt typischerweise Verhandlungssprache²⁶³ und damit Kommunikationsmedium des Durchschnittsverbrauchers.

2. Gerichtsstand

170 Anders als bei Haustürgeschäften in § 29c ZPO, sieht das Fernabsatzrecht keinen besonderen Gerichtsstand zugunsten des Verbrauchers vor. Es gelten die **allgemeinen Regeln**. Kontrahiert der Verbraucher allerdings mit einem im EU-Ausland (Ausnahme: Dänemark)²⁶⁴ ansässigen Unternehmer, so enthalten Art. 15 und 16 EuGVVO Regelungen, die den Verbraucher bei der Rechtsdurchsetzung aus zwischenstaatlichen Verträgen dahin gehend privilegieren, dass er an seinem Wohnsitz klagen kann und nur an seinem Wohnsitz verklagt werden darf. Die Regelungen gelten zwar allgemein für Verbraucherverträge, haben aber

---

262 Vgl. Palandt/*Grüneberg* § 312g Rn. 3 und Bamberger/Roth/*Ann* § 312f Rn. 6 mit Beispielen zu unzulässigen Umgehungen.
263 AnwK-BGB/Ring § 312c Rn. 37; ausf. mit zahlreichen Nachweisen zur Problematik: Bamberger/Roth/*Schmidt-Räntsch* § 312c Rn. 22.
264 Nach Erwägungsgrund 21 der Verordnung (EG) Nr. 44/2001 des Rates v. 22.12.2000 über die gerichtliche Zuständigkeit und die Anerkennung und Vollstreckung von Entscheidungen in Zivil- und Handelssachen (ABl. EG 2001 Nr. L 12, S. 1) hat Dänemark die Verordnung nicht angenommen.

VI. Informationspflichten, Formvorschriften und Widerrufsrecht bei Fernabsatzverträgen

insbesondere im Fernabsatzrecht, namentlich für den Internetvertrieb[265] eine gesteigerte Praxisrelevanz. Einschränkungen vorbezeichneter Privilegierung sind lediglich in engen Grenzen nach Art. 17 EuGVVO zulässig (zur Zuständigkeit in Verbrauchersachen vgl. Kap. 10 Rdn. 24).

VI. Informationspflichten, Formvorschriften und Widerrufsrecht bei Fernabsatzverträgen nach dem Vorschlag einer Richtlinie über Rechte der Verbraucher

Der Vorschlag der Kommission für eine Richtlinie über Rechte der Verbraucher vom 08.10.2008 (s. Rdn. 15 f.) enthält Regelungen zu Informationspflichten, Formvorschriften sowie zum Widerrufsrecht bei Fernabsatzverträgen.[266] In Art. 5 des Richtlinienvorschlags sind allgemeine Informationspflichten vorgesehen, die jeden Kauf- oder Dienstleistungsvertrag zwischen einem Gewerbetreibenden i. S. d. Art. 2 Nr. 2 und einem Verbraucher i. S. d. Art. 2 Nr. 1 betreffen. Art. 6 schreibt die Rechtsfolgen einer Verletzung der Informationspflichten vor. In Art. 7 werden besondere Informationspflichten für Gewerbetreibende geregelt, die den Vertrag im Namen oder im Auftrag des Verbrauchers schließen (sog. Vermittler i. S. d. Art. 2 Nr. 19). **171**

Was speziell Fernabsatzgeschäfte (und Haustürgeschäfte) angeht, so erfasst Kapitel III des Richtlinienvorschlags besondere Bestimmungen. Art. 9 des Vorschlags sieht allgemeine Informationspflichten vor. Die entsprechenden Angaben sollen sich beziehen auf Modalitäten der Zahlung, Lieferung und Erfüllung (lit. a), Bedingungen und Verfahren der Ausübung eines bestehenden Widerrufsrechts (lit. b), die Geschäftsanschrift des Gewerbetreibenden (lit. c), die Existenz von Verhaltenskodizes und Information, wo diese erhältlich sind (lit. d), die Möglichkeit der gütlichen Beilegung von Streitigkeiten (lit. e) sowie den Umstand, dass der Verbraucher den Schutz dieser Richtlinie genießt (lit. f). Der Richtlinienvorschlag beschränkt sich demnach auf zentrale Informationspflichten, sodass der Informationspflichtenkatalog im deutschen Recht deutlich umfangreicher als dieser im Richtlinienvorschlag ist.[267] Die Form der Informationserteilung für Fernabsatzverträge ist in Art. 11 des Richtlinienvorschlags normiert. **172**

Dem Widerrufsrecht sind die Regelungen in den Art. 12 ff. des Richtlinienvorschlags gewidmet. Die Widerrufsfrist beträgt gem. Art. 12 Abs. 1 14 Tage. Liegt ein Fernabsatzvertrag über den Kauf von Waren vor, so bestimmt Abs. 2 S. 2, dass die Widerrufsfrist an dem Tag zu laufen beginnt, »an dem der Verbraucher oder ein vom Verbraucher benannter Dritter, der nicht der Beförderer ist, in den Besitz der einzelnen bestellten Waren gelangt«. Bei Fernabsatzverträgen über die Erbringung von Dienstleistungen beginnt die Widerrufsfrist nach S. 3 am Tag des Vertragsschlusses. Die Nichtaufklärung über das Widerrufsrecht führt nach Art. 13 des Richtlinienvorschlags dazu, dass die Widerrufsfrist 3 Monate nach dem Tag abläuft, an welchen »der Gewerbetreibende seinen anderen vertraglichen Verpflichtungen in vollem Umfang nachgekommen ist«. Anders als das BGB (§ 355 Abs. 3 S. 1 und Abs. 4 S. 3) sieht also der Richtlinienvorschlag kein unbegrenztes Widerrufsrecht vor, wenn eine Nicht- oder nicht ordnungsgemäße Belehrung über das Widerrufsrecht erfolgt. Ferner macht der Richtlinienvorschlag im Gegensatz zum BGB (§ 312d Abs. 2 S. 1) den Fristbeginn nicht von der Erfüllung sonstiger Informationspflichten abhängig.[268] Die Einzelhei- **173**

---

[265] Verträge, die über eine Internetwebsite geschlossen werden, fallen unter Art. 15 Abs. 1 lit. c EuGVVO; Unternehmer, die eine entsprechende Geschäftspolitik verfolgen, sind somit im Zweifel in allen Mitgliedstaaten gerichtspflichtig, vgl. Zöller/*Geimer* Anh. I Art. 15–17 Rn. 21.
[266] Hierzu Taeger/Wiebe/*Vander*, Tagungsband Herbstakademie 2009, S. 369, 374 ff.; vgl. auch *Effer-Uhe/Watson* GPR 2009, 7 (10 ff.).
[267] So auch Taeger/Wiebe/*Vander*, Tagungsband Herbstakademie 2009, S. 369, 375.
[268] Vgl. *Tonner/Tamm* JZ 2009, 277 (281); Taeger/Wiebe/*Vander*, Tagungsband Herbstakademie 2009, S. 369, 378.

ten zur Ausübung des Widerrufsrechts bestimmt Art. 14, während Art. 15 und 18 die Wirkungen des Widerrufs regeln. Die Pflichten des Gewerbetreibenden und des Verbrauchers im Widerrufsfall werden in den Art. 16 und 17 vorgeschrieben. In Art. 19 Abs. 1 des Vorschlags werden Fälle von Fernabsatzverträgen genannt, in denen das Widerrufsrecht ausgeschlossen ist. Aufgrund des Art. 20 wird schließlich der Anwendungsbereich der Art. 8 bis 19 eingeschränkt.

D. Schutzinstrumente bei Verträgen im E-Commerce

I. Anwendungsbereich

174 Sind der persönliche und der sachliche Anwendungsbereich des § 312e BGB eröffnet (vorstehend Rdn. 28 f. und Rdn. 56 ff.), sind zum Schutz des Kunden die in § 312e Abs. 1 S. 1 BGB aufgeführten Pflichten zu beachten.

II. Schutzinstrumente

175 Die Pflichten, die den Unternehmer treffen, der Tele- oder Mediendienste (Telemedien) zum Zwecke des Vertragsschlusses einsetzt, sind in vier Punkten in § 312e Abs. 1 S. 1 BGB numerisch aufgelistet.[269]

176 Soweit es sich bei diesen Pflichten um vorvertragliche Pflichten handelt, kommt es für deren Verbindlichkeit nicht darauf an, ob es tatsächlich zum Vertragsschluss kommt.[270] Das Pflichtenprogramm der Nummern 1 und 2 wird allein dadurch ausgelöst, dass sich der Unternehmer eines Tele- oder Mediendienstes (Telemedien) zum Abschluss von Verträgen bedient und dem Kunden die Möglichkeit eröffnet, Willenserklärungen elektronisch abzugeben. Die Bestellungsbestätigung in § 312e Abs. 1 S. 1 Nr. 3 hingegen setzt logisch zwingend voraus, dass der Kunde bereits eine Bestellung getätigt hat. Die Pflicht in Nummer 4 schließlich greift nur, wenn überhaupt ein Vertrag geschlossen wird. Auf die Erfüllung dieser Nebenpflichten hat der Kunde einen Leistungsanspruch.[271]

177 Bei Verbraucherverträgen im Fernabsatz treten die vorbezeichneten Pflichten **neben** die verbraucherrechtlichen Schutzbestimmungen. Hinsichtlich der Informationspflichten stellt dies § 312e Abs. 3 S. 1 BGB klar.

1. Möglichkeit zur Korrektur von Eingabefehlern

178 Gemäß § 312e Abs. 1 S. 1 Nr. 1 BGB hat der Unternehmer die Pflicht, dem Kunden zu ermöglichen, *vor* Absendung seiner Bestellung Eingabefehler zu erkennen und zu berichtigen, wobei diese Möglichkeit angemessen, wirksam und zugänglich sein muss. Angemessen ist sie, wenn die Möglichkeit zur Fehlererkennung nicht von einer besonderen Sachkunde oder von besonderen Fähigkeiten abhängt, die von einem durchschnittlichen Kunden nicht verlangt werden können.[272] Ausreichend ist insoweit die Bereitstellung von Bestätigungsanzeigen, die die Angaben des Kunden zusammenfassen und eine Möglichkeit zur Fehler-

---

[269] Eine Verletzung der Pflichten nach § 312e Abs. 1 BGB steht der Wirksamkeit des zwischen den Parteien geschlossenen Vertrags nicht entgegen; vgl. BGH NJW 2008, 2026 (2028).
[270] Vgl. Bamberger/Roth/*Masuch* § 312e Rn. 13; unterbleibt letztlich der Vertragsschluss, kann der potenzielle Kunde aus einer Pflichtverletzung zwar keine Rechte ableiten, der Unternehmer kann aber mit einer Unterlassungsklage überzogen werden.
[271] BT-Drs. 14/6040, 173.
[272] Vgl. Bamberger/Roth/*Masuch* § 312e Rn. 21.

erkennung und -korrektur oder zum Abschicken der Bestellung bieten.[273] Diese stellen gleichzeitig auch eine wirksame und zugängliche Möglichkeit zur Fehlererkennung und -korrektur dar.[274] Über die zur Verfügung stehenden Mittel ist der Kunde gem. § 312e Abs. 1 S. 1 Nr. 2 i. V. m. Art. 246 § 3 Nr. 3 EGBGB zu informieren.

Der **Begriff der Bestellung** ist aus Schutzzweckerwägungen **weit auszulegen** und umfasst nicht allein rechtsverbindliche Erklärungen, sondern jede den Vertragsgegenstand betreffende Datenübermittlung an den Unternehmer, auch etwa eine bloße Anfrage über die Verfügbarkeit einer Ware.[275]

179

2. Informationspflichten gegenüber dem Kunden

Die Informationspflichten aus § 312e Abs. 1 S. 1 Nr. 2 BGB i. V. m. Art. 246 § 3 Nr. 1 bis 5 EGBGB zielen darauf, dem Kunden den Vorgang eines Vertragsschlusses im E-Commerce transparent werden zu lassen und sollen damit letztlich auch das Vertrauen in diese Absatzmethode stärken.[276] Hierzu ist der Kunde im Einzelnen über **folgende Punkte** klar und verständlich zu unterrichten:

180

- »1. über die einzelnen technischen Schritte, die zu einem Vertragsschluss führen,
- 2. darüber, ob der Vertragstext nach dem Vertragsschluss von dem Unternehmer gespeichert wird und ob er dem Kunden zugänglich ist,
- 3. darüber, wie er mit den gem. § 312e Abs. 1 S. 1 Nr. 1 des Bürgerlichen Gesetzbuchs zur Verfügung gestellten technischen Mitteln Eingabefehler vor Abgabe der Bestellung erkennen und berichtigen kann,[277]
- 4. über die für den Vertragsschluss zur Verfügung stehenden Sprachen und
- 5. über sämtliche einschlägigen Verhaltenskodizes, denen sich der Unternehmer unterwirft, sowie die Möglichkeit eines elektronischen Zugangs zu diesen Regelwerken«.

Nach Nr. 1 ist der Kunde darüber zu informieren, **welche Handlungen** von ihm sowie vom Unternehmer vorzunehmen sind, um einen Vertragsschluss herbeizuführen. Dementsprechend ist auch darüber aufzuklären, welche rechtlichen Wirkungen die jeweiligen Handlungen haben,[278] insbesondere wodurch und zu welchem Zeitpunkt eine rechtsverbindliche Erklärung abgegeben wird und welchen Handlungen noch keine Rechtsverbindlichkeit beizumessen ist, etwa einer *invitatio ad offerendum* oder einer bloßen Empfangsbestätigung.

181

Die Informationspflicht aus Nr. 2 verlangt vom Unternehmer zwar nicht, dass dieser selbst den Vertragstext abspeichert und diesen dem Kunden zugänglich macht, allerdings ist ein Verzicht hierauf in der Praxis wegen § 312e Abs. 1 S. 1 Nr. 4 BGB kaum denkbar, da den

182

---

273 *Lütcke* § 312e Rn. 31; *Grigoleit* NJW 2002, 1151 (1157).
274 Die Adjektive »wirksam« und »zugänglich« enthalten keine über die Angemessenheit hinausgehende Verpflichtung, vgl. Bamberger/Roth/*Masuch* § 312e Rn. 21; MüKo-BGB/*Wendehorst* § 312e Rn. 62.
275 MüKo-BGB/*Wendehorst* § 312e Rn. 63; Palandt/*Grüneberg* § 312e Rn. 5.
276 Zum Transparenzziel und zur »Entwicklung gewisser Standards« vgl. OLG Hamburg NJW-RR 2003, 985 (986); MüKo-BGB/*Wendehorst* § 312e Rn. 1.
277 Nach der Beurteilung des LG Frankenthal (MIR 2008, Dok, 063, S. 4, http://medien-internet-und-recht.de/volltext.php?mir_dok_id=1527) muss ein Unternehmer den Verbraucher im Rahmen von eBay-Geschäften keine eigene Kundeninformation über die technischen Schritte, die zum Vertragsschluss führen (Art. 246 § 3 Nr. 1), darüber, ob der Vertragstext nach dem Vertragsschluss vom Unternehmer gespeichert wird und ob er dem Kunden zugänglich ist (Art. 246 § 3 Nr. 2) und die Information, wie der Käufer mit den zur Verfügung gestellten technischen Mitteln Eingabefehler vor Abgabe der Bestellung erkennen und berichtigen kann (Art. 246 § 3 Nr. 3), erteilen. Dies gilt, weil der potenzielle Kunde sämtliche erforderlichen Informationen im Rahmen der Begründung seiner Mitgliedschaft bei eBay aus den AGB der Handelsplattform erlangt.
278 Ebenso: MüKo-BGB/*Wendehorst* § 312e Rn. 78; Bamberger/Roth/*Masuch* § 3 BGB-InfoVO Rn. 4; a. A. *Leverenz* VersR 2003, 698, 701, der schutzzweckwidrig aus dem Begriff »technisch« schließe, dass keine Pflicht bestände, den Kunden über den rechtlichen Ablauf des Vertragsschlusses zu informieren.

Unternehmer hiernach eine Pflicht trifft, dem Kunden die Möglichkeit zum Abruf und zur Speicherung bei Vertragsschluss zu verschaffen. Neben dem datenschutzrechtlichen Charakter der Verpflichtung aus Nr. 2[279] ist der Regelung damit ein eigener, freilich impliziter[280] Aussagegehalt dahin gehend zu entnehmen, dass darüber aufzuklären ist, **wie und wann** der Kunde die Vertragsbestimmungen **abrufen** und in wiedergabefähiger Form **speichern** kann. Dazu gehört beispielsweise auch die Information darüber, ob für die Wiedergabe ein spezieller Viewer (z. B. AcrobatReader) notwendig ist.

183 Die Informationspflicht betreffend die zur Verfügung stehenden Mittel zur **Korrektur von Eingabefehlern** ist deklaratorischer Natur.[281] Denn bereits die Bereithaltung von »angemessenen, wirksamen und zugänglichen technischen Mitteln« nach § 312e Abs. 1 S. 1 Nr. 1 BGB erfordert eine Anleitung, wie diese Mittel einzusetzen sind und schließt solche Mittel aus, die die Fähigkeiten und das Verständnis des Durchschnittskunden übersteigen. Ausreichend ist grundsätzlich der Hinweis auf die Möglichkeit einer Kontrolle und Korrektur der getätigten Eingaben durch ein vor Abgabe der Bestellung erscheinendes Bestätigungsfenster.[282]

184 Nr. 4 beinhaltet eine **Hinweispflicht**, die nur dann relevant wird, wenn sich der Unternehmer dazu entschlossen hat, mehrere Sprachen zur Verfügung zu stellen. Der Pflicht wird genügt durch symbolische Hinweise, etwa durch die Verwendung von Landesflaggen auf der Eingangsseite des Online-Angebots.[283]

185 Nr. 5 ist nur beachtlich, wenn sich der Unternehmer entsprechenden Verhaltenskodizes freiwillig unterworfen hat. In diesen Fällen ist ein Hinweis erforderlich aber auch hinreichend, wie ein elektronischer Zugang zu den relevanten Regelwerken erreicht wird.[284] Eine Negativanzeige in den Fällen, in denen sich der Unternehmer keinen Verhaltenskodizes unterworfen hat, ist nicht notwendig.[285]

3. Zugangsbestätigung

186 Nach § 312e Abs. 1 S. 1 Nr. 3 BGB hat der Unternehmer dem Kunden den Zugang seiner Bestellung **unverzüglich** (§ 121 BGB) **auf elektronischem Weg zu bestätigen**, damit dieser Gewissheit darüber hat, dass der Unternehmer seine Bestellung erhalten hat.

187 ▶ **Praxistipp:**

Mit der Empfangsbestätigung kann die Vertragserklärung des Unternehmers – regelmäßig die Annahme des vom Kunden erklärten Angebots[286] – verbunden werden. Soll dies ausnahmsweise nicht geschehen, sollte der Unternehmer, auch wenn die Zugangsbestätigung als solche keine zum Vertragsschluss führende Erklärung darstellt,[287] ausdrücklich darauf hinweisen, dass in der Empfangsbestätigung keine rechtsverbindliche Annahmeerklärung zu sehen ist.[288]

---

279 Der allgemeine Hinweis, die für die Geschäftsabwicklung nötigen Daten würden unter Beobachtung datenschutzrechtlicher Bestimmungen gespeichert genügt insoweit nicht, LG Stuttgart NJW-RR 2004, 911 (912).
280 Hierzu wie zum Folgenden MüKo-BGB/*Wendehorst* § 312e Rn. 81, die die Regelung im Übrigen sogar als »überflüssig« erachtet.
281 MüKo-BGB/*Wendehorst* § 312e Rn. 83 erachtet auch diese Regelung als »überflüssig«.
282 *Mankowski* ZMR 2002, 317 (326); Palandt/*Grüneberg* § 3 BGB-InfoVO Rn. 4.
283 Bamberger/Roth/*Masuch* § 3 BGB-InfoVO Rn. 11.
284 Vgl. Bamberger/Roth/*Masuch* § 3 BGB-InfoVO Rn. 12.
285 So auch Palandt/*Grüneberg* § 3 BGB-InfoVO Rn. 6.
286 Zur Qualifikation der Bestellung vgl. BGH NJW 2005, 976; *Mankowski* EWiR 2003, 961; Bamberger/Roth/*Masuch* § 312e Rn. 24 m. w. N.
287 Hierzu LG Hamburg NJW-RR 2004, 1568.
288 *Mankowski* EWiR 2003, 961 (962).

II. Schutzinstrumente

188 § 312e Abs. 1 S. 2 BGB enthält eine **gesetzliche Fiktion**,[289] nach der die Bestellung und die Empfangsbestätigung bereits dann als zugegangen gelten, wenn die Parteien sie unter gewöhnlichen Umständen abrufen können. Eine solche Abrufmöglichkeit besteht nach umstrittener, aber wegen Art. 11 Abs. 1 Spiegelstrich 2 ECRL zutreffender Ansicht bereits dann, wenn der Abruf technisch möglich ist, also die Erklärung auf dem Server des Empfängerproviders eingegangen ist.[290] Anders als nach den allgemeinen Voraussetzungen des Zugangs i. S. d. § 130 BGB ist es somit unerheblich, ob auch eine Kenntnisnahme durch den Empfänger zu erwarten ist.[291] Insoweit hat die Regelung in § 312e Abs. 1 S. 2 BGB nicht lediglich deklaratorischen Charakter: Ein Zugang ist nach ihr in Abweichung von den allgemeinen Regeln auch dann anzunehmen, wenn die Erklärung nachts oder an Sonn- und Feiertagen eingeht.[292] Der Unternehmer sollte daher eine **Möglichkeit zur automatischen Versendung von Empfangsbestätigungen** einrichten.

4. Möglichkeit des Abrufs und Speicherns von Vertragsbestimmungen

189 Nach § 312e Abs. 1 S. 1 Nr. 4 BGB muss dem Kunden schließlich ermöglicht werden, die Vertragsbestimmungen einschließlich AGB bei Vertragsschluss abzurufen und in wiedergabefähiger Form zu speichern. Damit will die Vorschrift nicht die Bestimmungen über die Einbeziehung allgemeiner Geschäftsbedingungen modifizieren; deren Einbeziehung richtet sich vielmehr auch im E-Commerce nach den allgemeinen Regeln.[293] Nach § 305 Abs. 2 BGB werden AGB nur dann Vertragsbestandteil, wenn der Kunde bereits vor Vertragsschluss auf sie hingewiesen und ihm die Möglichkeit verschafft wurde, von ihrem Inhalt in zumutbarerweise Kenntnis zu nehmen. Im E-Commerce wird der Unternehmer dies typischerweise dadurch erreichen, dass er dem Kunden ermöglicht, die Vertragsbedingungen im Wege des Downloads abzurufen und zu speichern.[294] Dementsprechend fällt die Erfüllung der Unternehmerobliegenheiten aus § 305 Abs. 2 BGB und die Beobachtung der Pflicht aus § 312e Abs. 1 S. 1 Nr. 4 BGB in der Regel in einem Akt zusammen. Zwingend ist das allerdings nicht. Die auslegungsbedürftige Formulierung »bei Vertragsschluss« gestattet durchaus eine Pflichterfüllung nach Vertragsschluss, ja legt diese Möglichkeit sogar nahe.[295]

5. Rechtsfolgen von Pflichtverstößen

190 Die Rechtsfolgen von Pflichtverstößen sind mit Ausnahme der Sonderregelung in § 312e Abs. 3 S. 2 BGB für widerrufliche Verbraucherverträge nicht gesondert im E-Commerce-Recht geregelt. Sie richten sich **nach allgemeinen Regeln**, insbesondere nach dem allgemeinen Leistungsstörungsrecht. Aus § 312e Abs. 3 S. 2 BGB, der die Ingangsetzung der Widerrufsfrist bei widerruflichen Verbraucherverträgen von der Beachtung der Pflichten aus

---

[289] BT-Drs. 14/6040, 172; AnwK-BGB/*Ring* § 312e Rn. 43; a. A. Bamberger/Roth/*Masuch* § 312e Rn. 26, der von einer unwiderleglichen gesetzlichen Vermutung ausgeht.
[290] A. A. Palandt/*Grüneberg* § 312e Rn. 7, der die Fiktion als überflüssig erachtet und damit implizit die Erfüllung der allgemeinen Zugangsvoraussetzungen fordert; wie hier Bamberger/Roth/*Masuch* § 312e Rn. 25 f. mit zahlreichen Nachw. zum Meinungsstand.
[291] Bamberger/Roth/*Masuch* § 312e Rn. 25; *Fritsche* NJ 2002, 169 (172); am allgemeinen Zugangsbegriff festhaltend, aber zweifelnd an der europarechtlichen Zulässigkeit: *Hassemer* MMR 2001, 635 (638).
[292] Bamberger/Roth/*Masuch* § 312e Rn. 26; *Hassemer* MMR 2001, 635 (637).
[293] Staudinger/*Thüsing* § 312e Rn. 57; MüKo-BGB/Wendehorst § 312e Rn. 108; Erman/*Saenger* § 312e Rn. 19; vgl. auch die Parallelproblematik vorstehend Rdn. 107.
[294] Erman/*Saenger* § 312e Rn. 19; *Grigoleit* NJW 2002, 1151 (1157) m. w. N.
[295] Vgl. etwa *Grigoleit* NJW 2002, 1151 (1157), der »bei Vertragsschluss« als »unmittelbar nach Vertragsschluss« liest; anders MüKo-BGB/*Wendehorst* § 312e Rn. 108, die hervorhebt, dass dem Kunden die Möglichkeit zum Abruf und Speichern nicht punktuell sondern innerhalb eines angemessenen Zeitraums gewährt werden sollte und vorschlägt, diesen Zeitraum spätestens bei Zugang der zweiten korrespondierenden Willenserklärung beginnen und frühestens nach vollständiger Leistungserbringung enden zu lassen.

§ 312e BGB abhängig macht, folgt, dass ein Pflichtverstoß nicht die Unwirksamkeit des Vertrages zur Folge hat, andernfalls wäre die verbraucherrechtliche Sonderregelung überflüssig.[296] Soweit die Missachtung der Unternehmerpflichten aus § 312e BGB dadurch sanktioniert wird, dass die Widerrufsfrist eines grundsätzlich widerruflichen Vertrages wegen § 312e Abs. 3 S. 2 BGB nicht zu laufen beginnt, sollte diese Sanktion dahin gehend einschränkend ausgelegt werden, dass sie uneingeschränkt nur dort Anwendung findet, wo die Nachholung der verletzten Pflicht tatsächlich aus Sicht des Verbrauchers sinnvoll ist und nicht eine bloße Formalie darstellt; technische Mittel zum Erkennen und Korrigieren von Eingabefehlern beispielsweise helfen dem Kunden nach Vertragsschluss nicht mehr, wohingegen der Hinweis auf den Unternehmer verpflichtende Verhaltenskodizes auch noch nach Vertragsschluss Sinn machen kann.[297]

191 Eine Pflichtverletzung nach § 312e Abs. 1 S. 1 BGB kann dazu führen, dass dem Unternehmer nach erfolgter Anfechtung durch den Kunden der Ersatzanspruch aus § 122 Abs. 1 BGB zu versagen ist, wenn die verletzte Pflicht jedenfalls auch darauf zielte, einen Erklärungs- oder Inhaltsirrtum des Kunden zu vermeiden.[298] Die Pflicht zur Information über Erkennungs- und Korrekturmöglichkeiten betreffend Eingabefehler beispielsweise dient der Vermeidung entsprechender Erklärungsirrtümer.[299] Ein dennoch geltend gemachter Ersatzanspruch wäre als *venire contra factum proprium* gem. § 242 unzulässig.[300] Daneben kommen Ersatzansprüche wegen der Verletzung vorvertraglicher Pflichten nach § 311 Abs. 2 i. V. m. §§ 241 Abs. 2, 280 BGB in Betracht.[301] Schließlich sind Unterlassungsansprüche nach § 2 UKlaG denkbar, sowie wettbewerbsrechtliche Unterlassungsansprüche nach den jeweils einschlägigen Vorschriften des UWG.[302]

---

[296] Es entsprach auch ausweislich der Gesetzesbegründung nicht der gesetzgeberischen Intention, die Beachtung der Unternehmerpflichten als Wirksamkeitsvoraussetzung auszugestalten, vgl. BT-Drs. 14/6040, 173.
[297] Ausf. mit überzeugenden Vorschlägen zur Behandlung der einzelnen Gruppen von Pflichtverstößen MüKo-BGB/*Wendehorst* § 312e Rn. 114 ff.; für eine differenzierende Lösung plädiert auch Palandt/*Grüneberg* § 312e Rn. 11; ohne Einschränkung hingegen Bamberger/Roth/*Masuch* § 312e Rn. 35.
[298] Vgl. hierzu *Lütcke* § 312e Rn. 62; *Hassemer* MMR 2001, 635 (639).
[299] Hierzu sowie mit einem Beispiel zum Inhaltsirrtum Bamberger/Roth/*Masuch* § 312e Rn. 31.
[300] Vgl. *Lütcke* § 312e Rn. 62 und auch schon BT-Drs. 14/6040, S. 173; unter Zustimmung zum Ergebnis bevorzugt *Hassemer* MMR 2001, 635 (639) mit Verweis auf weitere Literaturstimmen eine Argumentation über den Sphärengedanken in § 122 BGB.
[301] Palandt/*Grüneberg* § 312e Rn. 11; AnwK-BGB/*Ring* § 312e Rn. 68; zu den möglichen Rechtsfolgen von Schadensersatzansprüchen wegen Verletzung vorvertraglicher Informationspflichten wie Schadensersatz in Geld oder Schadensersatz in Form von Vertragsrückabwicklung sowie Vertragsanpassung vgl. Bamberger/Roth/*Masuch* § 312e Rn. 32.
[302] Vgl. hierzu u. a. FA-GewRS/*Schmittmann* Kap. 6 Rn. 965 ff., insb. Rn. 978 ff.

Kapitel 12
Wettbewerbsrecht des elektronischen Geschäftsverkehrs

Schrifttum

Ayad, E-Mail-Werbung – Rechtsgrundlagen und Regelungsbedarf, CR 2001, 533; *Ayad/Schafft*, Einwilligung ins Direktmarketing formularmäßig unwirksam?, BB 2002, 1711; *Beater*, Unlauterer Wettbewerb, 2002; *Bettinger/Leistner* (Hrsg.), Werbung und Vertrieb im Internet, 2003; *Boehme-Neßler*, Rechtsprobleme der Internet-Werbung, ZUM 2001, 547; *Bornkamm/Seichter*, Das Internet im Spiegel des UWG, CR 2005, 747; *Bräutigam/Leupold* (Hrsg.), Online-Handel, 2003; *Eckhardt*, Datenschutzrichtlinie für elektronische Kommunikation – Auswirkungen auf Werbung mittels elektronischer Post, MMR 2003, 557; *Engels/Salomon*, Vom Lauterkeitsrecht zum Verbraucherschutz: UWG-Reform 2003, WRP 2004, 32; *Ernst, S.*, Rechtliche Zulässigkeit von Preisnachlässen an virtuelle Einkaufsgemeinschaften im Internet, CR 2000, 239; *ders.*, Suchmaschinenmarketing (Keyword-Advertising, Doorwaypages u. ä.) im Wettbewerbs- und Markenrecht, WRP 2004, 278; *Ernst/Vassilaki/Wiebe*, Hyperlinks: Rechtsschutz, Haftung, Gestaltung, 2002; *Ernst/Wiebe*, Immaterialgüterrechtliche Haftung für das Setzen von Links und vertragliche Gestaltungsmöglichkeiten, MMR Beilage 8/2001, S. 20; *Fezer*, Plädoyer für eine offensive Umsetzung der Richtlinie über unlautere Geschäftspraktiken in das deutsche UWG, Originärer Verbraucherschutz als Paradigma der europäischen Rechtsharmonisierung, WRP 2006, 781; *ders.*, Der Dualismus der Lauterkeitsrechtsordnung des b2c-Geschäftsverkehrs und des b2b-Geschäftsverkehrs im UWG, WRP 2009, 1163; *ders.*, Eine Replik: Die Auslegung der UGP-RL vom UWG aus? Methodensynkretismus zur Abwehr des rechtsverbindlichen Richtlinienbegriffs der Unlauterkeit im Sinne des Art. 5 Abs. 2 lit. a und b UGP-RL; *Glöckner/Henning-Bodewig*, EG-Richtlinie über unlautere Geschäftspraktiken: Was wird aus dem »neuen« UWG?, WRP 2005, 1311; *Gloy/Loschelder/Erdmann* (Hrsg.), Handbuch des Wettbewerbsrechts, 4. Aufl. 2010; *Gummig*, Rechtsfragen bei Werbung im Internet, ZUM 1996, 573; *Haedicke*, Die Haftung für mittelbare Urheber- und Wettbewerbsrechtsverletzungen, GRUR 1999, 397; *Heim*, Zur Markenbenutzung durch Meta-Tags, CR 2005, 200; *Heermann*, Die Erheblichkeitsschwelle i. S. d. § 3 UWG-E, GRUR 2004, 94; *Henning-Bodewig*, Richtlinienvorschlag über unlautere Geschäftspraktiken und UWG-Reform, GRUR Int. 2004, 183; *Hoeren*, Cybermanners und Wettbewerbsrecht – Einige Überlegungen zum Lauterkeitsrecht im Internet, WRP 1997, 993; *ders.*, Keine wettbewerbsrechtlichen Bedenken mehr gegen Hyperlinks?, GRUR 2004, 1; *ders.*, Werbung im WWW – aus der Sicht des neuen UWG, MMR 2004, 643; *ders.*, Das Telemediengesetz, NJW 2007, 801; *Hohl u. a.* (Hrsg.), Vernetztes Recht – das Internet als Herausforderung an eine moderne Rechtsordnung, 2002; *Huppertz*, Wettbewerbsrechtliche Zulässigkeit von Verbraucher-Einkaufsgemeinschaften im Web, MMR 2000, 329; *Jergolla*, Das Ende der wettbewerbsrechtlichen Störerhaftung, WRP 2004, 655; *Jöhri*, Werbung im Internet, 2000; *Kaufmann*, Metatagging – Markenrecht oder reformiertes UWG?, MMR 2005, 348; *Keßler/Micklitz*, BB-Europareport: Der Richtlinienvorschlag über unlautere Praktiken im binnenmarktinternen Geschäftsverkehr, BB 2003, 2073; *Koch*, Grundlagen des Urheberrechtsschutz im Internet und in Online-Diensten, GRUR 1997, 417; *Kochinke/Tröndle*, Links, Frames und Meta-Tags, CR 1999, 190; *Köhler*, Die Beteiligung an fremden Wettbewerbsverstößen, WRP 1997, 897; *ders.*, Zum Anwendungsbereich der §§ 1 und 3 UWG nach Aufhebung von RabattG und ZugabeVO, GRUR 2001, 1067; *ders.*, UWG-Reform und Verbraucherschutz, GRUR 2003, 265; *ders.*, Das neue UWG, NJW 2004, 2121; *ders.*, Der Rechtsbruchtatbestand im neuen UWG, GRUR 2004, 381; *ders.*, Die »Bagatellklausel« in § 3 UWG, GRUR 2005, 1; *ders.*, Zur Umsetzung der Richtlinie über unlautere Geschäftspraktiken, GRUR 2005, 793; *Köhler/Lettl*, Das geltende europäische Lauterkeitsrecht, der Vorschlag für eine EG-Richtlinie über unlautere Geschäftspraktiken und die UWG-Reform, WRP 2003, 1019; *Leible/Sosnitza*, Virtuelle Einkaufsgemeinschaften, ZIP 2000, 732; *dies.*, Urteilsanmerkung zu OLG Köln – Unzulässiges Powershopping, CR 2001, 547; *dies.*, Neues zur Störerhaftung von Internet-Auktionshäusern, NJW 2004, 3225; *Leistner*, Werbung, Commercial Communication und E-Commerce, in: Lehmann (Hrsg.), Electronic Business in Europa, 1. Aufl., 2002, S. 275 (zit. Lehmann/*Leistner*, Electronic Business); *ders.*, Verbraucher- und Kundenschutz, in: Bettinger/Leistner (Hrsg.), Werbung und Vertrieb im Internet, 2003, S. 665 (zit. Bettinger/*Leistner*, Verbraucher- und Kundenschutz); *ders.*, Werberecht im Internet, in: Bettinger/Leistner (Hrsg.), Werbung und Vertrieb im Internet, 2003, S. 5 (zit. Bettinger/*Leistner*, Werberecht im Internet); *ders.*, Richtiger Vertrag und unlauter Wettbewerb – Eine grundlagenorientierte Studie unter besonderer Berücksichtigung der europäischen Perspektive, 2007 (zit. *Leistner*, Richtiger Vertrag und unlauterer Wettbewerb); *ders.*, Unfair Competition or Consumer Protection? The Commission's Unfair Commercial Practices Directive Proposal 2003, in: Bell/Kilpatrick (eds), Vol. 6 Cambridge Yearbook of European Legal Studies 2003/2004, 2005, S. 141 (zit. *Leistner*, Unfair Competition); *ders.*, Verbraucherschutz oder Recht des unlauteren Wettbewerbs? Die aktuellen Initiativen der Europäischen Kommission auf dem Feld der unlauteren Geschäftspraktiken, in: Tietze/McGuire (Hrsg.), Europäisches Privatrecht – Über die Verknüpfung von nationalem und Gemeinschaftsrecht, Jahrbuch Junger Zivilrechtswissenschaftler 2004, 2005, S. 185 (zit. Tietze/McGuire/*Leistner*); *ders.*, Von »Grundig-Repor-

Kapitel 12 Wettbewerbsrecht des elektronischen Geschäftsverkehrs

ter(n) zu Paperboy(s)« – Entwicklungsperspektiven der Verantwortlichkeit im Urheberrecht, GRUR 2006, 801; *ders.*, Störerhaftung und mittelbare Schutzrechtsverletzung, GRUR-Beil. 2010, 1; *Leistner/Pothmann*, E-Mail-Direktmarketing im neuen europäischen Recht und in der UWG-Reform, WRP 2003, 815; *Leistner/Stang*, Die Neuerung der wettbewerbsrechtlichen Verkehrspflichten – Ein Siegeszug der Prüfpflichten?, WRP 2008, 533; *Lettl*, Der Schutz der Verbraucher nach der UWG-Reform, GRUR 2004, 449; *ders.*, Gemeinschaftsrecht und neues UWG, WRP 2004, 1079; *ders.*, Das neue UWG, Eine Einführung, 2004 (zit. *Lettl*, Das neue UWG); *ders.*, Wettbewerbsrecht, 2009; *Leupold/Bräutigam/Pfeiffer*, Von der Werbung zur kommerziellen Kommunikation: Die Vermarktung von Waren und Dienstleistungen im Internet, WRP 2000, 575; *Loewenheim/Koch* (Hrsg.), Praxis des Online-Rechts, 1998; *Loschelder* (Hrsg.), UWG, Gesetz gegen den unlauteren Wettbewerb mit Begriffs- und §§-Synopse und Materialien, 2004; *Menke*, Die Verwendung fremder Kennzeichen in Meta Tags: Ein Fall für das Kennzeichen- und/oder das Wettbewerbsrecht?, WRP 1999, 982; *ders.*, Community Shopping und Wettbewerbsrecht, WRP 2000, 337; *Moritz/Dreier* (Hrsg.), Rechts-Handbuch zum E-Commerce, 2. Aufl. 2005; *Neuberger*, Der wettbewerbsrechtliche Gewinnabschöpfungsanspruch im europäischen Rechtsvergleich, 2006; *Ohlenburg*, Die neue EU-Datenschutzrichtlinie 2002/58/EG – Auswirkungen und Neuerungen für elektronische Kommunikation, MMR 2003, 82; *Ohly*, »Volenti non fit iniuria«, Die Einwilligung im Privatrecht, 2002; *ders.*, Das neue UWG – Mehr Freiheit für den Wettbewerb?, GRUR 2004, 889; *Plaß*, Hyperlinks im Spannungsfeld von Urheber-, Wettbewerbs- und Haftungsrecht, WRP 2000, 599; *Pohle*, Urteilsanmerkung, MMR 2003, 409; *Schaefer*, Kennzeichenrechtliche Haftung von Suchmaschinen für Adwords – Rechtsprechungsübersicht und kritische Analyse, MMR 2005, 807; *Scherer*, Die »Verbrauchergeneralklausel« des § 3 II 1 UWG – eine überflüssige Norm, WRP 2010, 586; *Schreibauer/Mulch*, Die im Jahr 2000 veröffentlichte Rechtsprechung zum Internetrecht, WRP 2001, 481; *Schulte-Nölke/Busch*, Der Vorschlag der Kommission für eine Richtlinie über unlautere Geschäftspraktiken KOM (2003) 356 endg., ZEuP 2004, 99; *Schünemann*, »Unlauterkeit« in den Generalklauseln und Interessenabwägung nach neuem UWG, WRP 2004, 925; *ders.*, Generalklausel und Regelbeispiele, JZ 2005, 271; *Seichter*, Der Umsetzungsbedarf der Richtlinie über unlautere Geschäftspraktiken, WRP 2005, 1087; *Sosnitza*, Das Koordinatensystem des Rechts des unlauteren Wettbewerbs im Spannungsfeld zwischen Europa und Deutschland – Zum Regierungsentwurf zur Reform des UWG vom 09.05.2003, GRUR 2003, 739; *Spindler*, Urteilsanmerkung, JZ 2005, 37; *Spindler/Leistner*, Die Verantwortlichkeit für Urheberrechtsverletzungen im Internet – Neue Entwicklungen in Deutschland und in den USA, GRUR Int. 2005, 773; *Spindler/Volkmann*, Die zivilrechtliche Störerhaftung der Internet-Provider, WRP 2003, 1; *Stang/Hühner*, Haftung des Anschlussinhabers für fremde Rechtsverletzungen beim Betrieb eines ungesicherten WLAN-Funknetzes – Zugleich Anmerkung zu OLG Frankfurt a. M., GRUR-RR 2008, 279; *Wiebe*, »Deep links« – Neue Kommunikationsformen im Internet aus lauterkeitsrechtlicher Sicht, WRP 1999, 734.

Übersicht

		Rdn.
A.	**Einführung und Überblick**	1
I.	Besonderheiten von Werbung und Vertrieb im elektronischen Geschäftsverkehr	1
II.	Wesentliche Rechtsquellen und diesbezügliche Perspektiven	3
B.	**Anwendungsbereich**	5
I.	Vorliegen einer geschäftlichen Handlung	5
	1. Objektive Elemente der geschäftlichen Handlung	6
	2. Objektiver Zusammenhang mit der Absatz- oder Bezugsförderung	10
II.	Mitbewerber i. S. d. § 2 Abs. 1 Nr. 3 UWG	12
C.	**Unlauterkeit der geschäftlichen Handlung**	13
I.	Grundlagen im Überblick: Schutzzweck und Systematik des UWG, Generalklauseln und Beispielstatbestände	13
II.	Problemfelder im elektronischen Geschäftsverkehr	20
	1. Internetspezifische Probleme im Belästigungsschutz	21
	a) E-Mail- und SMS-Werbung	21
	aa) Ausgangspunkt	21
	bb) Gesetzliche Regelung nach der UWG-Novelle 2008	22
	cc) Einzelprobleme der Einwilligung	28
	dd) Die Ausnahmeregelung des § 7 Abs. 3 UWG	35
	b) Bannerwerbung, Pop-ups und Interstitials	36
	2. Internetspezifische Probleme im Irreführungsschutz	39
	a) Trennungsgebot für Telemedien und sonstige besondere Informationspflichten	39
	b) Bannerwerbung und Pop-ups	44
	c) Links in redaktionellen Beiträgen	45
	d) Suchmaschinen	46
	aa) Allgemein	46

I. Besonderheiten von Werbung und Vertrieb im elektronischen Geschäftsverkehr

      bb) Verfälschung der Suchergebnisse durch technische Manipulation rankingerhöhender Faktoren 47
      cc) Meta Tags 48
      dd) Keyword-Search Advertising (AdWords u. ä.) 51
  3. Internetspezifische Probleme der unlauteren unsachlichen Beeinflussung (§§ 4 Nr. 1, 3 UWG) 55
    a) Virtuelle Käufergemeinschaften (Community shopping, PowerShopping u. ä.) 55
    b) Kundenbindungsmodelle im Internet 60
  4. Ergänzender wettbewerbsrechtlicher Leistungsschutz im Internet – Die wettbewerbsrechtliche Beurteilung von Links und Frames 61
    a) Ausgangspunkt 61
    b) »Einfache« Hyperlinks 62
    c) Deep Links 63
    d) Frame Links und Inline Links 64
  5. Exkurs: IT-spezifische Probleme des Jugendschutzes 67
D. Rechtsfolgen 70

A. Einführung und Überblick

I. Besonderheiten von Werbung und Vertrieb im elektronischen Geschäftsverkehr

Die internetspezifische wettbewerbsrechtliche Beurteilung von Internet-Marketing und -Vertrieb hat an den **werbespezifischen Besonderheiten des Mediums »World Wide Web«** anzusetzen.[1]

An erster Stelle ist in diesem Zusammenhang die **Multimedialität der Internetwerbung** zu nennen, die es ermöglicht im Rahmen ganz neuartig verwobener Bildschirmoberflächen mit durch Links verknüpften grafischen, Bild- und Tonelementen auf die Sinne des Nutzers einzuwirken, wobei insbesondere den baumartigen Link-Strukturen, die die einzelnen Elemente in einer den Assoziationen potenzieller Nutzer nachempfundenen Weise verknüpfen, besondere Bedeutung zukommt.[2] Aus rechtlicher Sicht führen derartig freie Verknüpfungsmöglichkeiten auch zu neuartigen Möglichkeiten der direkten Vernetzung von Informationen, die wettbewerbsrechtlich etwa im Hinblick auf daraus folgende Möglichkeiten der unlauteren, unsachlichen Einflussnahme auf die Entscheidungsfreiheit der angesprochenen Nutzer, aber auch beispielsweise im Hinblick auf dadurch ermöglichte (potenziell wettbewerbswidrige) unmittelbare Übernahmen fremder Inhalte zu untersuchen sind.[3]

Mit der Möglichkeit, sehr direkte Verknüpfungen von redaktionellen Informationen, Werbung und Vertrieb durch unmittelbare Verlinkung von Informationen im Netz zu erstellen, ist als zweites prägendes Merkmal von Marketing und Vertrieb im World Wide Web zugleich bereits die **Interaktivität der Angebote im Netz** angesprochen, die es dem Nutzer potenziell ermöglicht unmittelbaren Einfluss auf die an ihn gerichtete Botschaft zu nehmen. Für die Werbung hat das eine entscheidende Konsequenz: Da die eingesetzten Werbeformen in der Regel für den Nutzer die Möglichkeit bieten direkten Kontakt mit dem Anbieter aufzunehmen, kommt es zu einem ständigen und unmittelbaren Wechsel zwischen an die Öffentlichkeit gerichteter Kommunikation und individueller Kontaktaufnahme; öffentliche und individuelle Kommunikation fließen auf diese Weise ineinander.[4] Zudem kann die Werbung gezielt anhand des Nutzerverhaltens **kontextsensitiv** auf die Bedürfnisse

---
1 Bettinger/*Leistner*, Werbung und Vertrieb im Internet, Teil 1 A Rn. 1; Fezer/*Mankowski* § 4 – S 12 Rn. 1.
2 Vgl. eingehend hierzu *Leistner*/Bettinger, CR-Beilage 12/1999, S. 3 f. und 8 ff. m. w. N.
3 Bettinger/*Leistner*, Werbung und Vertrieb im Internet, Teil 1 A Rn. 2.
4 Ebenso *Jöhri* S. 161.

der spezifisch angesprochenen Nutzergruppe ausgerichtet werden. Eine große Rolle spielt dies etwa bei der rechtlichen Beurteilung der unterschiedlichen Geschäftsmodelle im Suchmaschinenmarketing, welches im Rahmen der folgenden Ausführungen dementsprechend einen der Schwerpunkte bildet.

Schließlich ist als eine dritte Besonderheit die Möglichkeit zu nennen, im Internet zu **verschwindenden Grenzkosten** einen nahezu unbegrenzten Personenkreis – insbesondere vermittels E-Mail-Direktmarketing – anzusprechen;[5] die internetspezifische Kostengünstigkeit hat zur Folge, dass insoweit besonders drängend Probleme des wettbewerbsrechtlichen Belästigungsschutzes aufgeworfen sind, die dementsprechend in diesem Teil gleichfalls aufgegriffen werden.

Zuletzt bildet die **Ubiquität** der Informationsvermittlung im World Wide Web ein weiteres prägendes Kennzeichen jeglicher Werbe- oder Vertriebsmaßnahme im Netz: Eine Homepage oder ein Banner sind grundsätzlich weltweit für einen globalen Nutzerkreis abrufbar; eine territoriale Begrenzung ist derzeit technisch kaum möglich und wohl auch in Zukunft nicht wünschenswert, da sie mit der Globalität gerade einen der Vorzüge dieses Mediums konterkarieren würde. Auf die damit verbundenen internationalprivatrechtlichen Problemstellungen wird angesichts ihrer besonderen Bedeutung noch an anderer Stelle eigenständig eingegangen.[6]

2 Sucht man aus den genannten Sondermerkmalen des elektronischen Geschäftsverkehrs unter wettbewerbsrechtlicher Perspektive die **spezifischen Problemstellungen** zu destillieren, so ergibt sich als eine Art Vorüberlegung Folgendes.[7] Sämtliche auf den Inhalt werblicher Botschaften bezogene Regelungen werden im Hinblick auf die wettbewerbsrechtliche Beurteilung von Werbemaßnahmen im Netz kaum jemals internetspezifische Besonderheiten aufweisen; dasselbe gilt für eine Reihe weiterer Wettbewerbsrechtsverstöße, insbesondere in der Fallgruppe des Rechtsbruchs.[8] Denn das bloße Vorkommen einer Werbemaßnahme im Internet verleiht ihr für sich genommen noch keine internetspezifische Besonderheit. Insbesondere dürfte nach richtiger Auffassung die Annahme einer spezifischen Verkehrsanschauung »der« durchschnittlichen Internet-Nutzer ausscheiden;[9] vielmehr sind für die Ermittlung der Anschauungen der durchschnittlichen Verbraucher und sonstigen Marktteilnehmer die allgemeinen Regeln heranzuziehen, was je nach dem durch ein Internet-Angebot angesprochenen Kundenkreis zu einer differenzierteren Beurteilung führen dürfte, als das Abstellen auf einen vermeintlich existenten »Internet-Durchschnittsnutzer«. Für eine solche gruppenspezifische Betrachtung spricht auch der durch die UGP-Richtlinie eingefügte § 3 Abs. 2 Satz 2 2. Fall UWG.[10] Im folgenden Teil werden derartige allgemeine Problemstellungen nicht behandelt, da dies den Rahmen eines auf die Ausbildung des Fachanwalts »IT-Recht« ausgerichteten Werkes sprengen würde. Vielmehr sind die IT-spezifischen Fragestellungen der wettbewerbsrechtlichen Beurteilung von Werbung und Vertrieb im E-Commerce ganz in den Mittelpunkt zu stellen, wie sie sich aus der vorgeschilderten Darstellung bestimmter internetspezifischer Besonderheiten aus wettbewerbsrechtlicher Perspektive bereits andeutungsweise ergeben.

---

5 S. Bettinger/*Leistner*, Werbung und Vertrieb im Internet, Teil 1 A Rn. 1; zustimmend Fezer/*Mankowski* § 4 – S 12 Rn. 2. Zu grundlegenden Folgerungen aus dieser grenzkostenorientierten Betrachtung unterschiedlicher Formen des Direktmarketing im Hinblick auf den wettbewerbsrechtlichen Belästigungsschutz zuletzt *Leistner*, Richtiger Vertrag und lauterer Wettbewerb, S. 701–705.
6 S. unten Kap. 25.
7 Vgl. hierzu treffend auch Fezer/*Mankowski* § 4 – S 12 Rn. 4–18.
8 Zutreffend Fezer/*Mankowski* § 4 – S 12 Rn. 6–7 m. w. N.
9 Nach heutigem Stand zutreffend Fezer/*Mankowski* § 4 – S 12 Rn. 9–11; a. A. Hohl/Leible/Sosnitza/*Wiebe*, Vernetztes Recht: das Internet als Herausforderung an eine moderne Rechtsordnung, Stuttgart, 2002, S. 133 (148).
10 *Köhler*/Bornkamm § 3 Rn. 10 ff.

II. Wesentliche Rechtsquellen und diesbezügliche Perspektiven

Als zentrale Rechtsquelle des **deutschen Rechts** steht für den hier behandelten Bereich das 3 UWG im Mittelpunkt, das zunächst grundlegend im Jahr 2004 reformiert wurde[11] und nun in der durch die UWG-Novelle 2008 geänderten Form vorliegt. Das mit der UWG-Reform verfolgte Ziel einer Liberalisierung und Modernisierung des Rechts gegen den unlauteren Wettbewerb wurde in Festschreibung der ohnedies zu beobachtenden Liberalisierungstendenz der deutschen Rechtsprechung in diesem Bereich in maßvoller Form erreicht.[12] Daneben ist für das deutsche Recht als allgemeine Regelung weiterhin die Preisangaben-VO zu beachten, deren Vorschriften insbesondere Bedeutung für einzelne der neuen Vertriebsformen mit »interaktiver« Preisgestaltung im Netz haben mögen.[13] Zudem waren für die Zeit bis zum 01.03.2007 das Teledienstegesetz (TDG) und der Mediendienstestaatsvertrag (MDStV) zu beachten, welche auch einige medienspezifische Vorschriften, kommerzielle Kommunikationen im Netz betreffend, enthalten; seit dem 01.03.2007 sind diese Vorschriften einheitlich unter dem neuen Begriff der »Telemedien« im Telemediengesetz (TMG) zusammengefasst.[14]

Die **europäische Harmonisierung** des Lauterkeitsrechts hat ihren Anfang mit der auf eine 4 Mindestharmonisierung ausgerichteten Richtlinie über die irreführende Werbung[15] und der diese ergänzenden (und für ihren Bereich punktgenaue Harmonisierung erstrebenden) Richtlinie über die vergleichende Werbung[16] genommen.[17] Mittlerweile steht für den Bereich des verbraucherschützenden Lauterkeitsrechts die **Richtlinie über unlautere Geschäftspraktiken vom 11.05.2005**[18] ganz im Mittelpunkt, die den Bereich des verbraucherschützenden Lauterkeitsrechts abschließend und punktgenau (wenn auch unter Verwendung einer Vielzahl unbestimmter Rechtsbegriffe samt einer zentralen Generalklausel) harmonisiert, während es im B2B-Bereich bei der Geltung allein der älteren Richtlinien bleibt.[19]

Zur Umsetzung der UGP-Richtlinie wurde mit dem **Ersten Gesetz zur Änderung des Gesetzes gegen den unlauteren Wettbewerb** vom 22.12.2008 das »neue« UWG wiederum

---

11 S. für eine Begriffs- und §§-Synopse im Vergleich zum alten Recht samt Materialien der Reform *Loschelder*, UWG, 2004.
12 S. statt vieler *Ohly* GRUR 2004, 889 (900); vgl. im Übrigen zu den zentral bedeutsamen Schutzzwecken und der Struktur des UWG noch unten Rdn. 13.
13 S. schon Bettinger/*Leistner*, Werbung und Vertrieb im Internet, Teil 1 A Rn. 10; vgl. näher noch unten Rdn. 56 und 59.
14 S. BGBl. I 2007, S. 179 und 251. Vgl. näher noch unten Rdn. 39–42.
15 RL 84/850 EWG über irreführende Werbung, GRUR Int. 1984, 688 ff.
16 RL 97/55 EG über vergleichende Werbung, GRUR Int. 1998, 117 ff.
17 Vgl. an dieser Stelle nur Bettinger/*Leistner*, Werbung und Vertrieb im Internet, Teil 1 A Rn. 15 m. w. N.
18 Richtlinie 2005/29/EG des Europäischen Parlaments und des Rates v. 11.05.2005 über unlautere Geschäftspraktiken im binnenmarktinternen Geschäftsverkehr zwischen Unternehmen und Verbrauchern und zur Änderung der Richtlinie 84/450/EWG des Rates, der Richtlinien 97/7/EG, 98/27/EG und 2002/65/EG des Europäischen Parlaments und des Rates sowie der Verordnung (EG) Nr. 2006/2004 des Europäischen Parlaments und des Rates, ABl. EG Nr. L 149 v. 11.06.2005, 22 ff.
19 Diese sozusagen »halbseitig« geratene Vollharmonisierung des europäischen Lauterkeitsrechts nur hinsichtlich der – sinnvoll gar nicht stets aus dem einheitlichen institutionellen Schutzzweck des Lauterkeitsrechts abtrennbaren – verbraucherschützenden Aspekte ist weithin als im Vergleich zu einer umfassenden Lösung suboptimaler und reduktionistischer Ansatz kritisiert worden, vgl. aus der reichen Literatur zur Richtlinie nur *Köhler/Lettl* WRP 2003, 1019; *Henning-Bodewig* GRUR Int. 2004, 183 (188); *Köhler* NJW 2004, 2121 (2126); *Leistner*, Unfair Competition, S. 141 (172); *Leistner* in: Jb. J.ZivRWiss. 2004, S. 185 (227); Harte/Henning/*Glöckner* Einl. B Rn. 175 ff. m. w. N. Positiver gestimmt bezüglich des rein verbraucherschützenden Ansatzes *Keßler/Micklitz* BB 2003, 2073 (2074); abgewogen *Schulte-Nölke/Busch* ZEuP 2004, 99 (101) unter Hinweis auf die diesbezüglichen Spaltungslösungen in einigen Mitgliedstaaten (insbesondere Skandinaviens), deren praktische Durchführbarkeit allerdings für den spezifischen europäischen Rahmen an den Nachteilen der »Spaltungslösung« nichts ändert, s. spezifisch zu diesem Aspekt *Leistner*, Unfair Competition, S. 141 (176).

novelliert.[20] Dabei hat der deutsche Gesetzgeber versucht, die Richtlinie zumindest ohne grundlegende Neustrukturierung des gerade reformierten UWG umzusetzen.

Die bisher einheitliche Generalklausel des § 3 UWG a. F. findet sich nun in § 3 Abs. 1 UWG n. F. wieder. Der neue § 3 Abs. 2 dient der Umsetzung des Art. 5 Abs. 2 der UGP-Richtlinie mit der sogenannten »Verbrauchergeneralklausel«. Schließlich dient § 3 Abs. 3 UWG n. F. i. V. m. dem Anhang zum UWG der Umsetzung der per-se Verbote des Anhangs der UGP-Richtlinie, indem die geschäftliche Relevanz der im Anhang zum UWG aufgeführten Handlungen nunmehr unwiderleglich vermutet wird.[21]

Die UGP-Richtlinie hat auch einen eigenständigen Begriff der Irreführung eingeführt, der im B2C-Verhältnis den der Irreführungsrichtlinie[22] verdrängt. Da aufgrund der Vollharmonisierung durch die UGP-Richtlinie eine abweichende Umsetzung im nationalen Recht für den Verbraucherbereich nicht zulässig ist, droht an dieser Stelle auf der Grundlage des europäischen Rechts die Spaltung in zwei unterschiedliche Irreführungsbegriffe im B2B- und B2C-Bereich. Zumindest für das nationale Recht ist diese Spaltung, soweit möglich, zu vermeiden. Maßgeblich für das deutsche Recht sollte daher eine einheitliche Anwendung des Begriffs der UGP-Richtlinie sein.[23]

Spezifisch für den **Bereich des E-Commerce** wesentlich sind zudem die vereinzelten lauterkeitsrechtlichen Vorschriften der Richtlinie über den elektronischen Geschäftsverkehr (E-Commerce-RL)[24] sowie einige weitere bereichsspezifische Vorschriften europäischen Verbraucherschutz- und Datenschutzrechts, die lauterkeitsrechtlich relevante Regelungen enthalten.[25]

B. Anwendungsbereich

I. Vorliegen einer geschäftlichen Handlung

5 Der bisherige Begriff der **Wettbewerbshandlung** wurde mit der UWG-Novelle 2008 durch den Begriff der geschäftlichen Handlung ersetzt. An seiner Funktion zur Weichenstellung zwischen dem allgemeinen Deliktsrecht der §§ 823 ff. BGB und den strengeren Maßstäben des UWG für den marktbezogenen unternehmerischen Verkehr hat sich dabei jedoch nichts geändert.[26] Denn § 3 UWG n. F., als grundlegendes generalklauselartiges Verbot unlauteren Wettbewerbs, setzt entsprechend weiterhin das Vorliegen einer geschäftlichen Handlung als Anknüpfungspunkt voraus.[27]

Der demnach zentrale Begriff der geschäftlichen Handlung wird in § 2 Abs. 1 Nr. 1 UWG definiert. Danach ist eine geschäftliche Handlung »jedes Verhalten einer Person zugunsten des eigenen oder eines fremden Unternehmens vor, bei oder nach einem Geschäfts-

---

20 S. zur Umsetzung *Lettl* GRUR-RR 2009, 41; *Hoeren* BB 2008, 1182; *Sosnitza* WRP 2008, 1014; *Köhler* WRP 2009, 109.
21 *Köhler*/Bornkamm § 3 Rn. 25.
22 Vgl. Art. 2 lit. b) RL 2006/114/EG.
23 *Köhler*/Bornkamm § 5 Rn. 1.23.
24 Richtlinie 2000/31/EG vom 08.06.2000 über bestimmte rechtliche Aspekte der Dienste der Informationsgesellschaft, insbesondere des elektronischen Geschäftsverkehrs, im Binnenmarkt, ABl. L 178 v. 17.07.2000, 1–16.
25 Vgl. insoweit etwas ausf. schon Bettinger/*Leistner*, Werbung und Vertrieb im Internet, Teil 1 A Rn. 16–17; sowie spezifisch betreffend die Vorgaben neuerer europäischen Datenschutzrechts betreffend E-Mail-Direktmarketing auch *Leistner*/Pothmann WRP 2003, 815 m. w. N.; vgl. insoweit näher auch unten Rdn. 8 ff.
26 *Lettl* § 1 Rn. 124; *Köhler*/Bornkamm § 2 Rn. 3.
27 *Lettl* § 1 Rn. 124.

abschluss, das mit der Förderung des Absatzes oder des Bezugs von Waren oder Dienstleistungen oder mit dem Abschluss oder der Durchführung eines Vertrags über Waren oder Dienstleistungen objektiv zusammenhängt; als Waren gelten auch Grundstücke, als Dienstleistungen auch Rechte und Verpflichtungen«.

1. Objektive Elemente der geschäftlichen Handlung

Objektive Grundvoraussetzung der geschäftlichen Handlung ist demnach das **Verhalten einer Person.** Die Abwendung vom Begriff des »Handelns einer Person« macht deutlich, dass der Gesetzgeber ausdrücklich positives Tun und auch Unterlassen erfassen will. Ein einfaches Unterlassen entspricht dabei jedoch nur einem positiven Tun, wenn der Tatbestand – wie etwa in § 5a UWG – ein unlauteres Unterlassen normiert.[28] Andernfalls entspricht ein Unterlassen dann einem positiven Tun, wenn eine Rechtspflicht zum Handeln (zur Erfolgsabwendung) aus Gesetz, Vertrag oder vorangegangenem – auch schuldlosem – gefährlichen Tun besteht.[29]

Das Verhalten muss zugunsten des eigenen oder eines fremden Unternehmens erfolgen, mithin **Unternehmensbezug** aufweisen. Unternehmen im weiten Sinne des UWG ist – ohne dass es im Rahmen der gebotenen wirtschaftlichen Betrachtungsweise auf die Rechtsform im Einzelnen ankäme – jede betriebliche Tätigkeit oder Organisation, die im Rahmen einer auf Dauer angelegten wirtschaftlichen Betätigung darauf gerichtet ist, Waren oder Dienstleistungen gegen Entgelt abzusetzen oder zu beziehen.[30] Auch die freiberufliche Tätigkeit sowie wissenschaftliche und künstlerische Tätigkeiten sind demnach erfasst.[31] Entscheidend ist an dieser Stelle letztlich, dass die Handlung nicht lediglich die Privatsphäre betreffen darf.[32] Die Abgrenzung mag gerade im Bereich des geschäftlichen Handelns Privater im Internet nicht immer ganz leicht zu treffen sein. So begründet der gelegentliche Verkauf einzelner Gegenstände aus dem Privatvermögen über eine Internet-Plattform grundsätzlich noch keine Unternehmereigenschaft; andererseits ist die private Sphäre verlassen, wenn zahlreiche, gleichartige Waren kurz hintereinander gekauft und verkauft werden, sodass der Umfang der An- und Verkaufstätigkeit über die Plattform nicht unerhebliche Ausmaße annimmt.[33] Bei 86 Versteigerungen in zwei Monaten, bzw. über 50 Versteigerungen im Verlauf von vier Wochen, wurde bereits ein geschäftliches Handeln angenommen.[34] Hinsichtlich der Unternehmereigenschaft i. S. d. § 14 BGB ist die Registrierung als »Power-Seller« differenziert zu berücksichtigen: Erfolgt die Registrierung freiwillig, kann sie ein Indiz für die gewerbliche Tätigkeit sein, ohne jedoch eine notwendige Voraussetzung darzustellen.[35] Die Einstufung als »Power-Seller« durch den Plattformanbieter kann zurückhaltend als Anscheinsbeweis für die Unternehmereigenschaft herangezogen werden, wenn die Kriterien des Plattformanbieters mit denen der Rechtsprechung zu § 14 BGB übereinstimmen.[36] In jedem Fall sind auch hier die Umstände des Einzelfalls zu berücksichtigen, wobei Dauer und Umfang der Verkaufstätigkeit wesentliche Bedeutung zukommt. So ist etwa bei 484 vorgenommenen Geschäften innerhalb eines Jahres

---

28 *Köhler*/Bornkamm § 2 Rn. 12.
29 BGH GRUR 2001, 82 (83) – Neu in Bielefeld I; Moritz/Dreier/*Moritz*/*Hermann* D Rn. 339; *Lettl* § 1 Rn. 128; *Köhler*/Bornkamm § 2 Rn. 12.
30 *Lettl* § 1 Rn. 128; Moritz/Dreier/*Moritz*/*Hermann* D Rn. 338–339c mit weiteren Einzelheiten; *Köhler*/Bornkamm § 2 Rn. 17 mit umfassenden weiteren Nachweisen.
31 *Lettl* § 1 Rn. 131; *Köhler*/Bornkamm § 2 Rn. 29 m. w. N.
32 Moritz/Dreier/*Moritz*/*Hermann* D Rn. 338.
33 LG Berlin GRUR-RR 2004, 16 (17) – Fernglas; *Lettl* § 1 Rn. 131; Moritz/Dreier/*Moritz*/*Hermann* D Rn. 338.
34 OLG Frankfurt/M. GRUR 2004, 1042 (1042).
35 OLG Frankfurt/M. MMR 2007, 378 (378); OLG Frankfurt/M. NJOZ 2008, 836 (837).
36 BGH MMR 2005, 37 (44).

von einer gewerblichen Tätigkeit auszugehen.[37] Ohnedies ist auch das Handeln Privater vom Anwendungsbereich des UWG erfasst, solange es nur geeignet ist, den Wettbewerb eines Unternehmens zu fördern.[38]

8 Weiterhin muss die Handlung auf die Förderung des Absatzes oder Bezugs von Waren oder Dienstleistungen[39] eines Unternehmens gerichtet sein, was zur Voraussetzung eines **Marktbezugs** der Handlung führt.[40] Da bereits eine entsprechende Zielsetzung genügt, ist für den objektiven Teil der Definition lediglich eine Eignung zur Absatz- oder Bezugsförderung im geschäftlichen Verkehr zu fordern.[41] Dabei ist der Begriff des geschäftlichen Verkehrs – der insoweit nach dem alten UWG den Zentralbegriff verkörperte[42] – weit auszulegen und erfasst demnach die Förderung eines beliebigen – insbesondere auch fremden – Geschäftszwecks im allerweitesten Sinne und mit jeglichen Mitteln.[43] Insofern werden durch das Erfordernis im Wesentlichen wiederum rein privates Handeln (etwa der Warenbezug eines Verbrauchers im Privatinteresse),[44] rein unternehmensinterne Vorgänge ohne Außenwirkung sowie rein amtlich-hoheitliche Handlungen vom Anwendungsbereich des UWG ausgeschlossen.[45]

9 Vor der UWG Novelle 2008 war die Fragestellung, inwieweit auch die bloße Durchführung eines Rechtsgeschäfts und insbesondere die Durchsetzung von Ansprüchen aus bereits unlauter angebahnten Verträgen eine Wettbewerbshandlung darstellen kann, nicht unumstritten.[46] In Bezug auf bloße **Durchsetzungshandlungen** galt nach damaligem Recht, dass diese insbesondere dann noch eine Wettbewerbshandlung mit Marktbezug darstellen, wenn sie aufgrund ihrer werblichen Wirkung, der Erweiterung des ursprünglichen Rechtsgeschäfts oder innerhalb eines betrügerischen Gesamtkonzeptes,[47] jenseits des reinen Vollzugs der vertraglichen Ansprüche liegen. Die resultierenden Abgrenzungsfragen haben sich insofern auf der Ebene des Begriffs der geschäftlichen Handlung geklärt, als die UGP-Richtlinie einerseits alle Handlungen vor, während und nach Geschäftsabschluss einbezieht und andererseits das Erfordernis einer Wettbewerbsförderungsabsicht entfallen ist (dazu sogleich). Dadurch wurde der Anwendungsbereich des UWG grundsätzlich auf das geschäftliche Verhalten gegenüber Verbrauchern als Vertragspartner und die Durchführung dieser Verträge erweitert, ohne dass die Förderung eines zusätzlichen Absatzes nötig ist.[48] Zu bemerken ist auch, dass die Fassung des § 1 a. F. von 2004 den Schutz vor »unlauterem Wettbewerb« vorsah, die jetzige jedoch den vor »unlauteren geschäftlichen Handlungen«, um so auch außerhalb des Wettbewerbs gelegene Handlungen während und nach Vertragsschluss zu erfassen, womit das UWG zunehmend die Gestalt eines Rechts der unlauteren geschäftlichen Handlung annimmt.[49]

Konsequenterweise muss demnach das UWG als Sonderdeliktsrecht die zivilrechtlichen Behelfe der Vertragsparteien flankieren, wo dies insbesondere aufgrund von Durchsetzungsdefiziten im Individualvertragsrecht notwendig ist. Im Ergebnis sollte sich auf dieser

---

37 OLG Frankfurt/M. MMR 2007, 378 (378).
38 *Lettl* § 1 Rn. 127.
39 S. näher zu den Begriffen der Ware bzw. der Dienstleistung bei *Lettl* § 1 Rn. 129–130.
40 *Köhler*/Bornkamm § 2 Rn. 35.
41 *Lettl* § 1 Rn. 143.
42 *Köhler*/Bornkamm § 2 Rn. 4.
43 *Lettl* § 1 Rn. 143.
44 Dementsprechend besteht bei Unternehmen für ein Handeln im geschäftlichen Verkehr eine Vermutung (vgl. BGH GRUR 1990, 522, 524 – HBV-Familien- und Wohnungsrechtsschutz, während bei Privaten das Handeln im geschäftlichen Verkehr stets positiv festzustellen ist, s. *Lettl* § 1 Rn. 137).
45 *Lettl* § 1 Rn. 143; *Köhler*/Bornkamm § 2 Rn. 17–19.
46 S. umfassend *Leistner*, Richtiger Vertrag und lauterer Wettbewerb, S. 580–600 und 1036–1053 m. w. N.
47 Vgl. zutreffend die bündige Darstellung bei *Lettl*, Das neue UWG, Rn. 82–85.
48 *Köhler*/Bornkamm § 2 Rn. 31 und Rn. 74.
49 *Köhler*/Bornkamm § 1 Rn. 5.

Grundlage dann aber bei **wertender, konkurrenzmäßiger Abgrenzung zum Zivilrecht** auch aufgrund des heutigen weiten Begriffs der geschäftlichen Handlung vergleichsweise wenig ändern. Denn nach richtiger Auffassung kommt ein Eingriff von Wettbewerbern und Verbänden in einmal abgeschlossene Individualvertragsverhältnisse aufgrund lauterkeitsrechtlicher Tatbestände auch weiterhin nur unter bestimmten besonderen Verhältnissen – insbesondere bei bestimmten systematischen Wettbewerbsverstößen nach Vertragsschluss – in Betracht. Diese Situationen dürften im Wesentlichen gerade den (allenfalls behutsam zu erweiternden) bisherigen diesbezüglichen Fallgruppen der Rechtsprechung entsprechen.[50]

Im Hinblick auf die **verbraucherschützenden Widerrufsrechte im E-Commerce** ist relevant, dass insbesondere das planmäßige und systematische Unterlassen entsprechender Widerrufsbelehrung und die Durchsetzung von Forderungen aus Verträgen, bezüglich derer die Widerrufsfristen wegen der fehlenden Belehrung noch nicht abgelaufen sind, ohne dass sich die Kunden dessen bewusst wären, sich als unlauterer Wettbewerb darstellen können.[51]

2. Objektiver Zusammenhang mit der Absatz- oder Bezugsförderung

Vor der UWG-Novelle 2008 setzte der Begriff der Wettbewerbshandlung i. S. d. § 2 Abs. 1 Nr. 1 UWG a. F. die Absicht voraus, mit dem Handeln den Absatz oder Bezug von Waren durch das eigene oder ein fremdes Unternehmen zu fördern (**Wettbewerbsabsicht**).[52] **10**

Die neue Begrifflichkeit des UWG setzt für die geschäftliche Handlung nun keine Wettbewerbsabsicht mehr voraus, sondern stellt auf den objektiven Zusammenhang zwischen dem Verhalten einer Person und der Förderung des Absatzes oder des Bezugs von Waren oder dem Abschluss oder der Durchführung eines Vertrags ab. Dieses **Unmittelbarkeitskriterium** ist funktional so zu verstehen, dass bei objektiver Betrachtung die Handlung darauf gerichtet ist, durch Beeinflussung der geschäftlichen Entscheidung der Marktteilnehmer den Absatz oder Bezug von Waren zu fördern.[53] Zur Feststellung dieses objektiven Zusammenhangs ist auf die Umstände des Einzelfalls abzustellen, wobei dieser schon gegeben sein soll, wenn ein wirtschaftliches Interesse des Handelnden an der Beeinflussung der Entscheidung der Marktgegenseite besteht.[54]

Indem das UWG auf den objektiven – und nicht wie die UGP-Richtlinie auf einen unmittelbaren – Zusammenhang abstellt, soll sich keine inhaltliche Änderung ergeben, sondern verdeutlicht werden, dass das UWG sowohl das Verhalten im B2C- als auch B2B-Bereich erfasst.[55]

Der Verzicht auf die Wettbewerbsabsicht und die damit einhergehende Verobjektivierung **11** des Begriffs der geschäftlichen Handlung hat im Ergebnis keine wesentlichen inhaltlichen Abweichungen von der alten Rechtslage gebracht, da die bisherige Rechtsprechung in Fällen unternehmerischen Handelns die Wettbewerbsabsicht regelmäßig widerleglich vermutete.[56] Für Tätigkeiten, die nicht primär dem unternehmerischen Handeln zugeordnet werden können, insbesondere die Tätigkeit von **Medienunternehmen** mit Hinblick auf den verfassungsrechtlichen Schutz aus Art. 5 Abs. 1 GG, wurde jedoch nach der bisherigen Rechtslage ein positiver Nachweis der Wettbewerbsabsicht verlangt. Denn für diesen Bereich sei im Lichte der verfassungsrechtlichen Vorgaben davon auszugehen, dass Medien-

---

50 S. dazu im Einzelnen *Leistner*, Richtiger Vertrag und lauterer Wettbewerb, S. 580 ff. und 597 ff.
51 S. grundlegend BGH GRUR 1986, 816 – Widerrufsbelehrung bei Teilzahlungskauf; Umfassend *Leistner*, Richtiger Vertrag und lauterer Wettbewerb, S. 580–600.
52 *Lettl*, Das neue UWG, Rn. 88; Hefermehl/*Köhler*/Bornkamm, 25 Aufl. 2007, § 2 Rn. 24.
53 *Köhler*/Bornkamm § 2 Rn. 48.
54 *Lettl* § 1 Rn. 143.
55 Piper/Ohly/*Sosnitza* § 3 Rn. 24.
56 *Köhler*/Bornkamm § 2 Rn. 46 und Rn. 67; *Lettl* § 1 Rn. 145.

unternehmen mit ihrer Tätigkeit grundsätzlich lediglich die Öffentlichkeit informieren wollten.[57]

Nun ist in diesen Fällen die (subjektive) Wettbewerbsförderungsabsicht kein zulässiges Abgrenzungskriterium mehr, sodass eine differenzierte wettbewerbsrechtliche Behandlung von Medienunternehmen auf der Ebene des Anwendungsbereichs nur über das (objektive) Kriterium des unmittelbaren Zusammenhangs erreicht werden kann. Auf dieser Grundlage sucht die herrschende Meinung auch zum neuen UWG die bisherigen Maßstäbe für die Behandlung von Medienunternehmen im Wesentlichen aufrechtzuerhalten. Demnach soll der unmittelbare Zusammenhang dann entfallen, wenn sich die Handlung zwar auf die geschäftliche Entscheidung der Marktgegenseite auswirken kann, aber primär auf andere Ziele als die Absatz- oder Bezugsförderung gerichtet ist.[58]

Die Indizien, die unter dem alten Recht für das Vorliegen einer Wettbewerbsförderungsabsicht sprachen, können in der Regel nun zur Feststellung des unmittelbaren Zusammenhangs herangezogen werden.[59] Soweit ersichtlich wendet auch die Rechtsprechung weiterhin die hergebrachten Grundsätze an.[60] Der unmittelbare Zusammenhang ist etwa zu bejahen, wenn ein Beitrag voreingenommen und einseitig berichtet oder irreführende Behauptungen über ein anderes Unternehmen enthält.[61] Darüber hinaus ist eine geschäftliche Handlung auch bei Medienunternehmen anzunehmen, wenn diese sich außerhalb des durch Art. 5 Abs. 1 GG geschützten redaktionellen Bereichs, etwa im Anzeigengeschäft oder bei der Abonnentenwerbung, betätigen.[62] Dies mag auch für Internet-Medienunternehmen in Bezug auf ihre Subscriberwerbung oder auf das Geschäft mit Banneranzeigen eine Rolle spielen. Für den Bereich der Internet-Medien ist festzuhalten, dass es für die Annahme einer Wettbewerbsabsicht nach der bisherigen Rechtsprechung aber noch nicht genügte, wenn in einem redaktionellen Bericht über ein Unternehmen auch ein Hyperlink zum Internet-Auftritt dieses Unternehmens gesetzt wird.[63] Allenfalls aus besonderen, zusätzlichen Umständen konnte dann die Wettbewerbsabsicht folgen.[64] Auch diese Grundsätze zu Links in redaktionellen Inhalten sind im Wesentlichen zu übertragen.[65]

II. Mitbewerber i. S. d. § 2 Abs. 1 Nr. 3 UWG

12 Neben der gesetzlichen Definition der geschäftlichen Handlung ist als wesentlich noch die **Definition des Mitbewerberbegriffs** in § 2 Abs. 1 Nr. 3 UWG zu nennen, der zufolge Mitbewerber »jeder Unternehmer [ist], der mit einem oder mehreren Unternehmen als Anbieter oder Nachfrager von Waren oder Dienstleistungen in einem konkreten Wettbewerbsverhältnis steht«. Zur Bestimmung des **konkreten Wettbewerbsverhältnisses** haben sich verschiedene Ansatzpunkte entwickelt, die üblicherweise aufeinander aufbauend geprüft werden.[66] Im hier besonders relevanten Fall des Absatzwettbewerbs müssen grundsätzlich zwei oder mehr Unternehmen auf demselben sachlich, räumlich und zeitlich relevanten Markt tätig sein, wofür sie Waren oder Dienstleistungen anbieten müssen, die aus Sicht

---

57 *Lettl* § 1 Rn. 148; *Köhler*/Bornkamm § 2 Rn. 66–67.
58 *Lettl* § 1 Rn. 146.
59 S. zur Darstellung von Einzelfällen Gloy/Loschelder/Erdmann/*Erdmann* § 31 Rn. 71.
60 In der bisher vereinzelten obergerichtlichen Rechtsprechung nehmen etwa OLG Köln GRUR 2010, 219, sowie OLG Hamburg WRP 2009, 1012, auf die Änderung der Rechtslage Bezug.
61 *Köhler*/Bornkamm § 2 Rn. 67.
62 *Lettl* § 1 Rn. 150; *Köhler*/Bornkamm § 2 Rn. 68.
63 BGH 2004, 693 (694) – Schöner Wetten.
64 Vgl. etwa BGH NJW 2002, 2882 – Wir Schuldenmacher.
65 OLG München WRP 2010, 671 (672).
66 Vergleiche zum Meinungsstand *Köhler*/Bornkamm § 2 Rn. 97–105, der dem Normzweck entsprechend zwischen Substitutionswettbewerb und Behinderungswettbewerb unterscheidet und im letzteren Fall – § 4 Nr. 7–10 UWG – auf das Merkmal des gemeinsamen relevanten Marktes verzichten möchte.

der angesprochenen Verkehrskreise austauschbar (substituierbar) sind.[67] Letztlich ist eine Wechselbeziehung zwischen den Vorteilen des handelnden Unternehmens und den Nachteilen der Mitbewerber nötig, in dem Sinne, dass die geschäftliche Handlung den eigenen Wettbewerb fördert und den fremden Wettbewerb beeinträchtigen kann.[68] Das konkrete Wettbewerbsverhältnis kann aber auch zwischen Gewerbetreibenden verschiedener Wirtschaftsstufen gegeben sein, wenn etwa der Hersteller eines Grundprodukts im Endabnehmermarkt mit verarbeitenden Herstellern oder Einzelhändlern konkurriert.[69] Selbst zwischen Unternehmern auf unterschiedlichen Märkten kann ein konkretes Wettbewerbsverhältnis bestehen, wenn diese Märkte gekoppelt sind.[70] Insgesamt stellt die Rechtsprechung an dieser Stelle keine strengen Anforderungen, um die Schlagkraft des wettbewerbsrechtlichen Individualschutzes nicht unnötig zu beschränken.[71]

Zu betonen ist, dass das Erfordernis eines konkreten Wettbewerbsverhältnisses nicht – wie im UWG vor 2004 – schon Voraussetzung des Wettbewerbshandelns ist.[72] Vielmehr kommt es auf ein konkretes Wettbewerbsverhältnis allein für die Eigenschaft als Mitbewerber an, die neben ihrer Rolle in den einzelnen Tatbeständen des UWG in erster Linie Bedeutung für die Frage der individuellen **Anspruchsberechtigung** hat, da nach § 8 Abs. 3 Nr. 1 UWG individuelle Ansprüche auf Beseitigung und Unterlassung bzw. nach § 9 UWG auf Schadensersatz nur den Mitbewerbern zustehen.[73]

C. Unlauterkeit der geschäftlichen Handlung

I. Grundlagen im Überblick: Schutzzweck und Systematik des UWG, Generalklauseln und Beispielstatbestände

Seit der Reform von 2004 ist dem UWG eine **Schutzzweckklausel** vorangestellt, der zufolge das Gesetz »dem Schutz der Mitbewerber, der Verbraucherinnen und Verbraucher sowie der sonstigen Marktteilnehmer vor unlauteren geschäftlichen Handlungen« dient und »zugleich das Interesse der Allgemeinheit an einem unverfälschten Wettbewerb« schützt. Was die Aufgliederung in den Schutz der Interessen der Mitbewerber, Verbraucher und sonstigen Marktteilnehmer sowie der Allgemeinheit betrifft, wird damit die so genannte »**Schutzzwecktrias**«, wie sie schon der Rechtsprechung zum alten UWG zugrunde lag, deklaratorisch dem Gesetz vorangestellt.[74] Mit dieser rein deklaratorischen Kodifizierung verbindet sich also insbesondere nicht, wie in der Frühzeit schon der damaligen Gesetzesreform gelegentlich postuliert,[75] eine Umverwandlung des UWG in eine Art Verbraucherschutzgesetz.[76] Auch beim Ausschluss individueller Ansprüche der Verbraucher wegen unlauteren Wettbewerbs bleibt es deshalb nach dem neuen UWG; insbesondere kommt trotz der neuen Schutzzweckklausel ein Schadensersatzanspruch von unlauterem Wettbewerb betroffener Verbraucher auf Grundlage des § 823 Abs. 2 BGB i. V. m. dem UWG als Schutz-

13

---

67 *Lettl* § 1 Rn. 69–70; *Köhler*/Bornkamm § 2 Rn. 98.
68 *Lettl* § 1 Rn. 68; *Köhler*/Bornkamm § 2 Rn. 99.
69 *Köhler*/Bornkamm § 2 Rn. 96d; *Lettl* § 1 Rn. 71.
70 So ist ein Vertreiber eines Systems zur Ausfilterung der Werbung aus dem TV-Programm Mitbewerber von privaten, werbefinanzierten Fernsehsendern, die auf dem Werbemarkt ihre Leistungen entgeltlich anbieten, aber den Fernsehzuschauern ihr Programm kostenfrei bieten, s. BGH GRUR 2004, 877 (878) – TV-Werbeblocker; *Köhler*/Bornkamm § 2 Rn. 96b.
71 BGH GRUR 2004, 877 (878) – TV-Werbeblocker; *Köhler*/Bornkamm § 2 Rn. 95.
72 *Lettl* § 1 Rn. 79; *Köhler*/Bornkamm § 2 Rn. 94 m. w. N.
73 *Köhler*/Bornkamm § 8 Rn. 3.26–3.27.
74 S. statt aller *Ohly* GRUR 2004, 889 (894).
75 Vgl. zu verkürzt *Engels/Salomon* WRP 2004, 32.
76 Zutreffend *Lettl* GRUR 2004, 449; *Ohly* GRUR 2004, 889 (894).

gesetz aus Gründen der Gesetzessystematik auch weiterhin nicht in Betracht.[77] Ihre eigentliche Bedeutung entfaltet die Schutzzweckklausel sogar eher umgekehrt im Sinne einer gewissen Beschränkungsfunktion. Ausdrücklich ist nämlich festgehalten, dass der Schutzzweck des UWG, insbesondere das Interesse der Allgemeinheit, sich auf den **Schutz unverfälschten Wettbewerbs** beschränkt. Damit kommt eine Verfolgung sonstiger Allgemeininteressen, etwa der Zielsetzung, geschmacklose Werbung zu unterbinden, (die aber mangels unzulässiger Beeinflussung der Entscheidungsfreiheit der Verbraucher den Wettbewerb nicht verzerrt), mit den Mitteln des UWG nach der herrschenden Meinung nicht in Betracht.[78] Wesentlich ist die Schutzzweckklausel in ihrer klarstellenden Strukturierungs- und Beschränkungsfunktion aus methodologischer Sicht als **Interpretationsleitlinie** für das gesamte UWG, da sie insbesondere dem Rechtsanwender einen verlässlichen und bindenden Maßstab für die teleologische Auslegung bietet.[79]

14 Mit der Novelle 2008 hat sich die **Systematik des UWG** nochmals, wenn auch weniger umfassend als 2004, geändert. Ausgehend von der Anspruchsvoraussetzung der »unzulässigen geschäftlichen Handlung« in § 8 Abs. 1 UWG ist zunächst zwischen den per-se unzulässigen Handlungen des § 3 Abs. 3 UWG i. V. m. dem Anhang zum UWG, den unlauteren geschäftlichen Handlungen der §§ 4–6, § 3 UWG und der – jetzt als eigenständiger, unabhängiger Tatbestand geregelten – unzumutbaren Belästigung nach § 7 UWG zu unterscheiden.

Die Gruppe der unlauteren geschäftlichen Handlungen unterteilt sich wiederum in die Beispielstatbestände nach § 4 UWG sowie die Sondertatbestände nach §§ 5–6 UWG. Die bisherige Systematik wird insofern fortgebildet, als § 3 UWG – auf den als »große Generalklausel« von den Beispielstatbeständen des § 4 UWG und den »kleinen« Generalklauseln der §§ 5–6 UWG zurückverwiesen wird (»unlauter handelt, wer ...«) – sich nunmehr in eine **allgemeine Generalklausel** (Abs. 1) und in eine **Verbrauchergeneralklausel** (Abs. 2) teilt.[80] Daraus ergibt sich, dass im Fall der Unlauterkeit eines Verhaltens nach §§ 4–6 UWG dieses eben nicht, wie bei den per-se-Verboten, stets unzulässig ist, sondern dass in einem zweiten Schritt die Unzulässigkeit i. S. d. § 3 UWG noch endgültig festgestellt werden muss. Dabei wird der in § 3 UWG vorausgesetzte Begriff der Unlauterkeit durch die Tatbestände der §§ 4–6 UWG konkretisiert.[81] Die Generalklausel des § 3 Abs. 1 UWG »überwölbt« also die Tatbestände der §§ 4–6 UWG im Sinne eines Baukastensystems.

15 Die Unzulässigkeit eines unlauteren Verhaltens ergibt sich nach der allgemeinen Generalklausel des § 3 Abs. 1 UWG erst, wenn dieses Verhalten »geeignet [ist], die Interessen von Mitbewerbern, Verbrauchern oder sonstigen Marktteilnehmern spürbar zu beeinträchtigen«.[82] Diese sogenannte **Bagatellklausel** dient der Aussonderung solchen Verhaltens, das sich nicht tatsächlich oder potenziell auf die Schutzgutträger auswirkt[83] und beugt so auch dem Abmahnunwesen vor. Eine potenzielle Auswirkung des beanstandeten Verhaltens auf die Schutzgutträger ist dann anzunehmen – und aufgrund der praktischen Hindernisse des

---

[77] S. umfassend *Leistner*, Richtiger Vertrag und lauterer Wettbewerb, S. 556 m. w. N. Ebenda auch grundlegend zu demgegenüber sehr wohl bestehenden Möglichkeiten, mit dem allgemeinen Instrumentarium des Zivilrechts, insbesondere des neuen Kaufrechts und der culpa in contrahendo nach §§ 280 Abs. 1, 311 Abs. 2 und 3, 241 Abs. 2 BGB, einen effektiven Schutz von Individualverbrauchern zu leisten, die von unlauterem Wettbewerb betroffen sind.
[78] S. illustrativ *Ohly* GRUR 2004, 889 (894); für die h. M. im Übrigen etwa *Köhler*/Bornkamm § 4 Rn. 1.220 ff.; Harte-Bavendamm/Henning-Bodewig/*Stuckel* § 4 Rn. 111a; *Lettl* § 1 Rn. 56 f.; Fezer/Scherer § 4 – 2 Rn. 2; *Leistner*, Richtiger Vertrag und lauterer Wettbewerb, S. 221–227; a. A. prononciert Fezer/*Fezer* § 1 Rn. 74–83.
[79] *Köhler*/Bornkamm § 1 Rn. 6.
[80] Piper/Ohly/*Sosnitza* § 3 Rn. 1.
[81] *Lettl* § 2 Rn. 2.
[82] *Lettl* § 2 Rn. 3.
[83] Mithin kommt es nicht auf eine tatsächliche Beeinträchtigung des Wettbewerbs an, sondern es muss lediglich die Gefahr einer solchen bestehen: *Lettl* § 2 Rn. 14; *Köhler*/Bornkamm § 3 Rn. 114.

konkreten Nachweises auch nur insoweit vom Kläger zu beweisen –, wenn eine objektive Wahrscheinlichkeit besteht, dass die konkrete Handlung zu einer spürbaren Beeinträchtigung der geschützten Interessen führt.[84] Die **Spürbarkeit** der Interessenbeeinträchtigung ist gegeben, wenn die geschäftliche Handlung geeignet ist, eine Wirkung von gewissem Gewicht für die Interessen der Marktteilnehmer hervorzurufen.[85] Hinsichtlich der betroffenen Interessen ist zwischen Mitbewerbern und Verbrauchern zu unterscheiden, wobei im ersten Fall eine Verminderung der Erwerbschancen und im zweiten eine Beeinträchtigung der informierten Verbraucherentscheidung ausreichen.[86] Der Nachweis der Beeinträchtigung muss im Rahmen einer Wertung der Umstände des Einzelfalls auf Grundlage von Kriterien wie der Art und Schwere der Handlung, der Marktmacht des Unternehmens oder der Wiederholungsgefahr erfolgen.[87] Für die Praxis kommt dabei der Einschlägigkeit eines der Beispiels- oder Sondertatbestände aber typischerweise doch entscheidende Indizwirkung zu.

Neben der »allgemeinen Generalklausel« des § 3 Abs. 1 UWG hat der Gesetzgeber des UWG 2008 eine weitere »**Verbrauchergeneralklausel**« in § 3 Abs. 2 Satz 1 UWG eingeführt, nach der geschäftliche Handlungen gegenüber Verbrauchern dann unzulässig sind, »wenn sie nicht der für den Unternehmer geltenden fachlichen Sorgfalt entsprechen und dazu geeignet sind, die Fähigkeit des Verbrauchers, sich auf Grund von Informationen zu entscheiden, spürbar zu beeinträchtigen und ihn damit zu einer geschäftlichen Entscheidung zu veranlassen, die er andernfalls nicht getroffen hätte«. Diese Klausel hat in der Literatur zu erheblichen Kontroversen hinsichtlich ihres Anwendungsbereichs und ihres Verhältnisses zu § 3 Abs. 1 UWG geführt.[88] Pointiert dargestellt, geht es um die Frage, ob § 3 Abs. 2 UWG lediglich eine Auffangfunktion für solche Konstellationen zukommt, die nicht bereits von §§ 4–6 UWG, § 3 Abs. 1 UWG erfasst werden,[89] oder ob die Norm die speziellere Regelung hinsichtlich jeglichen Wettbewerbsverstosses im Verhältnis zu Verbrauchern darstellt.[90] Für die Auffangfunktion (i. S. d. wohl herrschenden Meinung) spricht maßgeblich, dass § 3 Abs. 2 UWG den Art. 5 Abs. 2 der UGP-Richtlinie umsetzt, der jedoch seinerseits nur für geschäftliche Handlungen gegenüber Verbrauchern greift, die nicht schon von den spezielleren Tatbeständen der Art. 6–9 UGP-Richtlinie (irreführende und aggressive Praktiken) erfasst sind. Damit verbleiben für § 3 Abs. 2 UWG an sich nur irreführende und aggressive Verhaltensweisen, die nicht schon unter die Tatbestände der §§ 4–6 i. V. m. § 3 Abs. 1 UWG zu subsumieren sind, soweit diese gerade die Art. 6–9 der UGP-Richtlinie umsetzen.[91] Von der Gegenauffassung wird demgegenüber die Spezialität der Verbrauchergeneralklausel für jegliche Geschäftspraktiken gegenüber Verbrauchern maßgeblich mit der erschöpfenden Regelung des B2C-Verhältnisses durch die UGP-Richtlinie begründet. Für die Anwendung des § 3 Abs. 1 UWG verblieben nur die spezifischen B2B-Fallgruppen wie § 4 Nr. 6 und Nr. 7 UWG.[92] Von Bedeutung für die Praxis ist vor allem, ob die in § 3 Abs. 2 UWG normierte Relevanz der geschäftlichen Handlung wesentlich anders zu beurteilen ist als die Spürbarkeit in § 3 Abs. 1 UWG. *Fezer*[93] betont die Unterschiede zwischen Marktrelevanzkriterien in Abs. 1, die vornehmlich auf die Mitbewerberinteressen abstellen und den Verbraucherrelevanzkriterien nach Abs. 2, die eine normative Prognose der Eignung zur Beeinträchtigung der Verbraucherentscheidung umfassen. Im praktischen Ergebnis fallen beide Ansichten jedoch nur im Hinblick auf die systematische

---

84 *Köhler*/Bornkamm § 3 Rn. 116.
85 *Lettl* § 2 Rn. 17.
86 *Köhler*/Bornkamm § 3 Rn. 119–122.
87 Ausf. Darstellung bei *Köhler*/Bornkamm § 3 Rn. 123 ff; *Lettl* § 2 Rn. 18–23.
88 Siehe nur *Scherer* WRP 2010, 586 (586); *Fezer* WRP 2009, 1163.
89 So etwa *Scherer* WRP 2010, 586 m. w. N.; *Köhler*/Bornkamm § 3 Rn. 8.
90 *Fezer* WRP 2009, 1163 (1171); *Fezer* WRP 2010, 677 (683); *Lettl* § 2 Rn. 5; *Fezer*/*Fezer* § 3 Rn. 19.
91 *Köhler*/Bornkamm § 3 Rn. 8 und Rn. 37.
92 *Fezer* WRP 2009, 1163 (1172); *Fezer*/*Fezer* § 3 Rn. 21.
93 Zum Ganzen *Fezer*/*Fezer* § 3 Rn. 97–114.

Einordnung auseinander, denn auch *Köhler*[94] betont die Notwendigkeit, bei Anwendung des § 3 Abs. 1 UWG auf B2C-Konstellationen das Spürbarkeitskriterium im Lichte der UGP-Richtlinie auszulegen, wobei dann insbesondere § 3 Abs. 2 Satz 2 und 3 UWG mit der gruppenspezifischen Differenzierungsmöglichkeit des Verbraucherleitbilds ohnedies allgemeine Grundsätze normieren.

16 Die Bagatellklausel des § 3 UWG ist seit der UWG-Novelle 2008 jedenfalls insgesamt nicht mehr für § 7 UWG anwendbar: Eine **unzumutbare Belästigung** ist nicht mehr »unlauter im Sinne von § 3 UWG«, sondern schon »unzulässig«. Die Unzumutbarkeit des § 7 Abs. 1 UWG stellt nunmehr eine eigenständige, abschließende Wertung dar. Folglich ist eine unzumutbare Belästigung stets unzulässig.[95] Wann eine Belästigung unzumutbar ist, hängt von den Umständen des Einzelfalls ab, wobei jedoch keine zu strengen Maßstäbe anzulegen sind.[96] Die Beispielstatbestände des § 7 Abs. 2 UWG n. F. normieren per-se unzumutbare Belästigungen ohne Wertungsmöglichkeit. Auf sie findet die Zumutbarkeitsschwelle des § 7 Abs. 1 UWG keine Anwendung und auch ein Rückgriff auf die Bagatellschwelle des § 3 Abs. 1 UWG ist nicht möglich, denn § 7 Abs. 2 UWG dient der Umsetzung des per-se Verbotes aus Nr. 26 des Anhang der UGP-Richtlinie.[97] Damit stellen diese Tatbestände **vorrangige Sonderregelungen** zu der Generalklausel in § 7 Abs. 1 UWG dar.[98] In § 7 Abs. 3 UWG finden sich schließlich Ausnahmeregelungen zu § 7 Abs. 2 Nr. 3 UWG.

17 Die **per-se Verbote** nach § 3 Abs. 3 UWG i. V. m. dem Anhang zum UWG dienen der Umsetzung des Anhangs der UGP-Richtlinie und wirken nur im B2C-Verhältnis. Die generelle Unzulässigkeit der normierten Handlungen führt dazu, dass weder die Umstände des Einzelfalles noch die Bagatellklausel zu prüfen sind und die Vorschriften somit vorrangige Sonderregelungen darstellen.[99]

18 Schließlich finden sich in § 3 Abs. 2 Satz 2 und Satz 3 UWG Normierungen des **europäischen Verbraucherleitbildes,** so wie es bisher von der Rechtsprechung schon angewendet wurde, d. h. es ist auf den angemessen gut unterrichteten und angemessen aufmerksamen und kritischen Durchschnittsverbraucher der angesprochenen Verbraucher-gruppe abzustellen, wobei gegebenenfalls auch eine gruppenspezifisch besondere Schutzbedürftigkeit berücksichtigt werden muss.[100]

19 Was das **Verhältnis von Generalklausel und Beispielstatbeständen** angeht, so wurde zuerst unmittelbar nach Erlass des UWG teilweise vertreten, die Beispielstatbestände dienten ohnedies nur als weitere Auslegungshilfen, neben denen eine Unlauterkeit stets und in jedem Fall völlig uneingeschränkt auch selbstständig auf Grundlage der Generalklausel des § 3 UWG begründet werden könne.[101] Richtigerweise dürften die Dinge doch etwas komplexer liegen. Zwar sind die Beispielstatbestände in § 4 UWG und die Sondertatbestände in §§ 5–6 UWG natürlich nicht als abschließende Regeln aufzufassen, wie dies auch die jeweilige Formulierung »insbesondere« unmissverständlich verdeutlicht.[102] Damit ist klargestellt, dass für bestimmte, gänzlich neuartige, dem »Ausstrahlungsbereich« keines der Beispielstatbestände zuzuordnende wettbewerbliche Verhaltensweisen ein Rückgriff auf die Generalklausel im Rahmen ihrer Entwicklungsfunktion ohne Weiteres in Betracht

---

94 *Köhler*/Bornkamm § 3 Rn. 11; Fezer/*Fezer* § 3 Rn. 98 fürchtet hierbei die Übertragung von Marktrelevanzkriterien auf die besonderen Verbraucherrelevanzkriterien.
95 S. Begründung des Regierungsentwurfs, BT-Drs. 16/10145 zu § 7, S. 28; *Lettl* § 3 Rn. 12.
96 *Köhler*/Bornkamm § 7 Rn. 20 ff.
97 S. Begründung des Regierungsentwurfes, BT-Drs. 16/10145 zu § 7 Absatz 2, S. 29.
98 *Köhler*/Bornkamm § 7 Rn. 4 ff.
99 *Köhler*/Bornkamm § 3 Rn. 6 und Anh. zu § 3 Abs. 3 Rn. 0.10.
100 So z. B. EuGH EuZW 2000, 286 Tz. 27 – Lifting; *Scherer* WRP 2010, 586 (586).
101 S. in diesem Sinne zu verkürzt etwa Moritz/Dreier/*Moritz*/Hermann D Rn. 344.
102 Vollkommen eindeutig auch die diesbezügliche Begründung des Regierungsentwurfs, BT-Drs. 15/1487 zu § 4 und § 7 Abs. 2 UWG.

I. Grundlagen im Überblick

kommt. Zugleich ist aber mit Blick auf die Funktion der Beispielstatbestände auch Vorsicht vor allzu leichthändigem Rückgriff auf die Generalklausel geboten.[103] Indem die Beispielstatbestände ausdrücklich als nicht abschließend ausgestaltet wurden, sollte dem Rechtsanwender nämlich nur die Flexibilität in der Rechtsanwendung und die Möglichkeit einer Fortentwicklung des Lauterkeitsrechts auf Grundlage des § 3 UWG erhalten bleiben, da »nicht alle denkbaren Fälle unlauteren Handelns geregelt werden können«.[104] Insofern sollte die Generalklausel neben den Beispielstatbeständen natürlich eine Entwicklungs- und durchaus auch eine Auffangfunktion haben. Zugleich sollten die Beispielstatbestände aber auch hinsichtlich bestimmter Regelungsbereiche durch Konkretisierung der Generalklausel berechenbare Regelungen für die Marktteilnehmer schaffen. Die in ihnen enthaltenen Wertungen und Interessenabwägungen des Gesetzgebers sind im Hinblick auf bestimmte bekannte, durch sie im Einzelnen regulierte Erscheinungsformen wettbewerblichen Handelns also sehr wohl als abschließend anzusehen, soweit nicht ersichtlich vom Gesetzgeber nicht berücksichtigte Aspekte im genuin atypischen Einzelfall hinzutreten. Die typisierte Wertung des Gesetzgebers, wie sie sich in einzelnen der Beispielstatbestände auch hinsichtlich der Zulässigkeit einzelner Formen des Wettbewerbshandelns verkörpert, darf also, soweit sie reicht, nicht durch einen vorschnellen Rückgriff auf die Generalklausel unterlaufen werden.[105]

> Es lassen sich insofern hinsichtlich (vermeintlichen) Erweiterungsbedarfs einzelner Beispielstatbestände unter Rückgriff auf die Generalklausel im Wesentlichen drei Fälle unterscheiden: Im ersten Fall sind die interessenbezogenen Besonderheiten einer bestimmten (»schlicht« atypischen) Situation in die durch Interpretation zu ermittelnde Reichweite der typisierten gesetzgeberischen Interessenabwägung – wie sie einem Beispielstatbestand zugrunde liegt – bereits miteinbezogen. Dennoch ist im Beispielstatbestand nur ein begrenztes Verbot erfolgt. In diesem Fall kommt ein Rückgriff auf die Generalklausel nicht in Betracht, die gesetzgeberische Wertung des Beispielstatbestands geht insoweit als abschließend vor. Im zweiten Fall wurde eine bestimmte Sondersituation – die hinsichtlich der zugrunde liegenden spezifischen Interessensituation einem Beispielstatbestand genau vergleichbar ist und auch als wettbewerbsrechtliche Handlungsform in nicht nur vollkommen vereinzelten Fällen existent und bekannt war – vom Gesetzgeber schlichtweg übersehen; in diesem Fall ist mit sorgsam begründeten teleologischen Erweiterungen der bzw. mit Analogien zu den Beispielsfällen auszuhelfen.[106] Ein Rückgriff auf § 3 UWG kommt wiederum typischerweise nicht in Betracht. Schließlich kann – als dritter denkbarer Fall – ein einzelner Sachverhalt im Umfeld eines Beispielstatbestands derart atypisch gelagert sein, dass er – insbesondere wegen des Hinzutretens ganz anders gelagerter, eigenständiger Interessenkonstellationen, die vom Gesetzgeber so keinesfalls vorgesehen werden konnten – sich von dem typischen Fall des Beispielstatbestands als vereinzelte Ausnahme klar abhebt; in diesem – und nur in diesem – Fall kann auf § 3 UWG zurückgegriffen werden, um ein wettbewerbsrechtliches Verbot zu begründen.
>
> Praktisch ist also stets zuerst – unter Ausschöpfung aller methodischen Möglichkeiten, mithin des gesamten Auslegungskanons insbesondere einschließlich der Möglichkeit teleologischer Erweiterung bzw. Reduktion – zu prüfen, ob und inwieweit die gesetzgeberische Wertung in einzelnen Beispielstatbeständen schon eine entsprechende Erweiterung oder Reduktion des Tatbestands durch Interpretation gestattet; ist dies nicht der Fall, ist zugleich durch Auslegung zu ermitteln, ob und inwieweit sie – sozusagen umgekehrt – als für einen bestimmten Bereich abschließend zu betrachten ist. Nur soweit der bereichsspezifisch abschließende Charakter verneint wird, kann in einem zweiten Schritt die Bildung von Analogien erwogen werden, sofern die entscheidende Voraussetzung einer systemwidrigen Lücke im System der Beispielstatbestände bejaht werden kann. Nur nach Ausschöpfung dieser Möglichkeiten kommt überhaupt ein Rückgriff auf die Generalklausel insbesondere zur erweiternden »Korrektur« der Wertung eines Beispielstatbestands in Betracht, sofern und soweit dieser »Korrektur« im Einzelfall Interessenpositionen zugrunde liegen, die in die typisierte gesetzgeberische Wertung bei der Fassung des Beispielstatbestands noch nicht eingeflossen waren.[107]

---

103 S. zum Folgenden auch *Leistner*, Richtiger Vertrag und lauterer Wettbewerb, S. 638–645 m. w. N.
104 S. Begründung des Regierungsentwurfs, BT-Drs. 15/1487 zu § 4.
105 Weitgehend zutreffend *Schünemann* WRP 2004, 925; *ders.* JZ 2005, 271; etwas weniger weitgehend *Köhler*/Bornkamm § 4 Rn. 0.6.
106 Bezüglich teleologischer Auslegung und Analogien hinsichtlich der Beispielstatbestände gelten die allgemeinen Grundsätze, s. *Köhler*/Bornkamm § 4 Rn. 0.5–0.6.
107 Ähnlich wie hier im Grundsatz insbesondere *Schünemann* JZ 2005, 271 (278).

Stets und auch im Fall einer Erfüllung der Tatbestandsvoraussetzungen eines der Beispielstatbestände ist daneben unabhängig die Bagatellklausel des § 3 UWG zu prüfen.[108] Die Beispielstatbestände typisieren also nur die »Unlauterkeit« als solche; freilich dürfte ganz typischerweise, wenn einer der Beispielstatbestände erfüllt ist, auch die Eignung zur nicht unerheblichen Wettbewerbsbeeinträchtigung zu bejahen sein.

> Immerhin mag eine korrigierende Verengung eines der Beispielstatbestände auf Grundlage der Bagatellklausel des § 3 UWG insofern etwas eher in Betracht kommen, als die Möglichkeit, unter Rückfall auf die Generalklausel die Beispielstatbestände auszudehnen. Auch insoweit ist aber der Vorrang der in den Beispielstatbeständen verkörperten gesetzgeberischen Wertung zu wahren. Wiederum dürfte deshalb die Verneinung der »erheblichen« Wettbewerbsbeeinträchtigung in einem derartigen Fall doch zumindest die sorgsame Begründung einer relevanten *Abweichung* von dem durch den gesetzgeberischen Beispielstatbestand anvisierten »Normalfall« erfordern, da für diesen Normalfall der Gesetzgeber ja offenbar von der typischen Eignung zur nicht nur unerheblichen Beeinträchtigung des Wettbewerbs ausging, ohne die eine typisierende Regelung kaum notwendig gewesen wäre.

Nach alldem ist festzuhalten, dass die Generalklausel zu den Beispielstatbeständen nicht nur im Sinne eines Anwendungsvorrangs der Beispielstatbestände sozusagen »anwendungsmethodisch« subsidiär ist, sondern vielmehr in einem Sinne echter materieller Subsidiarität überall dort zurückzutreten hat, wo die Begründung oder Verneinung der Unlauterkeit eines wettbewerblichen Verhaltens über § 3 UWG die entgegenstehende gesetzgeberische Wertung eines oder mehrerer Beispielstatbestände unterläuft.[109] Dabei ist zudem die generell liberalisierende Intention schon des UWG-Reformgesetzgebers von 2004[110] in dem Sinne mit in die Betrachtung einzubeziehen, dass im Zweifel die den Beispielstatbeständen zugrunde liegende gesetzgeberische Interessenabwägung eher für eine *weitere* Sphäre nicht unmittelbar geregelter, aber doch in einem dann permissiven Sinne bereits mitbedachter Fälle als vorrangig und abschließend anzusehen ist. Insofern darf in diesen Ausstrahlungsbereichen die typisierte gesetzgeberische Wertung auch hinsichtlich der *Gestattung* bestimmter Wettbewerbsformen am bloßen Rande zur beispielsartig typisierbaren Unlauterkeit nicht unter Begründung neuer (angeblicher) Verbotsnotwendigkeiten auf dem Umweg über die Generalklausel unterlaufen werden.[111]

II. Problemfelder im elektronischen Geschäftsverkehr

20 Ist somit der generelle Rahmen des UWG für unlautere geschäftliche Handlungen umrissen, so ist nunmehr auf **einzelne Problemfelder** einzugehen, die sich spezifisch mit Blick auf den elektronischen Geschäftsverkehr in der Praxis ausgeprägt haben.

1. Internetspezifische Probleme im Belästigungsschutz

a) E-Mail- und SMS-Werbung

aa) Ausgangspunkt

21 Die wettbewerbsrechtliche Beurteilung unverlangt zugesandter **E-Mail-Werbung** mag man mit Fug und Recht als den »Klassiker« unter den wettbewerbsrechtlichen Problemstellungen des E-Commerce bezeichnen.[112] Bereits zum UWG 2004 war die Rechtslage auf-

---

108 S. Begründung des Regierungsentwurfs, BT-Drs. 15/1487 zu § 4.
109 Ganz ähnlich wie hier *Schünemann* JZ 2005, 271 (278 f.); etwas zurückhaltender *Köhler*/Bornkamm § 4 Rn. 0.6.
110 S. nur deutlich und grundlegend die Begründung des Regierungsentwurfs, BT-Drs. 15/1487 A I.
111 Ähnlich, wenn auch allgemeiner im Sinne einer »herzustellenden Balance« zwischen »Ausschöpfungs- und Zurückhaltungsgebot« formuliert bei *Schünemann* JZ 2005, 271 (278).
112 S. zur diesbezüglichen Kontroverse schon unter Geltung des alten UWG Bettinger/*Leistner*, Werbung und Vertrieb im Internet, Teil 1 A Rn. 23–41.

grund europäischer Vorgaben[113] weitestgehend geklärt und hatte ihren Niederschlag in den Beispielstatbeständen belästigender Werbung des § 7 Abs. 2 Nr. 3 und 4, Abs. 3 UWG a. F. gefunden.[114] In jüngerer Zeit hat der Anwendungsbereich des Belästigungsschutzes dahin gehend eine Erweiterung erfahren, dass unter den Begriff der »Werbung« nun ausdrücklich auch die unerbetene Nachfragewerbung fällt, da diese ebenso belästigend und zeitraubend sein kann wie die klassische Angebotswerbung.[115] Außerdem hat der Gesetzgeber der UWG-Novelle 2008 die Zulässigkeitsvoraussetzungen der Einwilligung des Empfängers von E-Mail-Werbung in § 7 Abs. 2 Nr. 3 UWG hin zu einer »ausdrücklichen« Einwilligung verschärft (s. näher sogleich unten Rdn. 22).

Das Direktmarketing mittels Fernkommunikationsmedien unterliegt je nach genutztem Medium und angesprochenem Adressatenkreis unterschiedlich strengen Zulässigkeitsvoraussetzungen. Während hier schon festgehalten werden kann, dass jedenfalls für die E-Mail-Werbung die vorherige Einwilligung des Adressaten in die Zusendung nötig ist, sind Inhalt und Reichweite der Einwilligung noch nicht abschließend geklärt.[116] Die Einführung des **opt-in-Prinzips** geht auf die Umsetzung der EKDatenschutz-RL[117] in § 7 Abs. 2 UWG a. F. zurück, die in Art. 13 Abs. 1 für natürliche Personen vorschreibt, dass die Werbung mittels elektronischer Anrufmaschinen, Telefax und elektronischer Post nur mit vorheriger Einwilligung des Adressaten zulässig ist. Indem der Gesetzgeber von der Wahlmöglichkeit des Art. 13 Abs. 5 EKDatenschutz-RL Gebrauch machte, erstreckte er die opt-in-Regelung auf alle Marktteilnehmer[118] und gab somit die bis dahin herrschende Differenzierung[119] zwischen tatsächlichem Einverständnis für Verbraucher einerseits und mutmaßlichem Einverständnis für Gewerbetreibende andererseits auf. Die UGP-Richtlinie schreibt nun in Nr. 26 des Anhangs vor, dass *hartnäckiges und unerwünschtes* Ansprechen über Fernkommunikationsmedien per-se unzulässig ist, wenn der Verbraucher dies erkennbar nicht wünscht. Damit ordnet die UGP-Richtlinie im Wege der Vollharmonisierung den Grundsatz des opt-out an, denn der Adressat muss der Zusendung von unerwünschten Werbenachrichten mittels Fernkommunikationsmedien aktiv widersprechen. Von diesem Grundsatz besteht jedoch eine Ausnahme für die Medien der EKDatenschutz-RL, die auch strengeren Zulässigkeitsvoraussetzungen unterliegen dürfen. Damit bleibt für diese Medien, d. h. für automatische Anrufmaschinen, Telefax und elektronische Post, die bereits bestehende opt-in-Regelung unberührt. Damit ist für diese Medien weiterhin das erstmalige unerwünschte Ansprechen unzulässig, unabhängig von einer gewissen Hartnäckigkeit und einem entgegenstehenden Willen. In der Systematik des neuen § 7 Abs. 2 UWG wurde dieses Regel-Ausnahme-Verhältnis dadurch umgesetzt, dass für Direktmarketing mittels automatischer Anrufmaschinen, Telefax und elektronischer Post die strengeren Anforderungen des § 7 Abs. 2 Nr. 3 UWG gelten (opt-in) und für sonstige Medien (insbesondere Briefe, Prospekte und Kataloge) die geringeren Voraussetzungen des § 7 Abs. 2 Nr. 1 UWG.

Gemein haben diese Vorschriften, dass die per-se-Unzulässigkeit dieser Werbeformen einen Rückgriff auf die Interessenabwägung i. R. d. Unzumutbarkeit des § 7 Abs. 1 oder die Bagatellschwelle des § 3 Abs. 1 UWG verbietet.[120] Es handelt sich daher nicht mehr um Beispielstatbestände, sondern um Spezialtatbestände ohne Wertungsmöglichkeit.[121] Allerdings

---

113 S. dazu ausf. *Leistner/Pothmann* WRP 2003, 815 m. w. N.
114 S. noch zum alten UWG auch zuletzt BGH GRUR 2004, 517.
115 BGH GRUR 2008, 923 Tz. 11 ff. – Faxanfrage im Autohandel; GRUR 2008, 925 Tz. 15 – FC Troschenreuth; zustimmend *Köhler*/Bornkamm § 7 Rn. 129; Fezer/*Mankowski* § 7 Rn. 63.
116 S. dazu Rdn. 22.
117 RL 2002/58/EG.
118 *Köhler*/Bornkamm § 7 Rn. 183–184.
119 So noch BGH GRUR 2004, 517 – E-Mail-Werbung.
120 S. Begründung des Regierungsentwurfes, BT-Drs. 16/10145 zu § 7, S. 28.
121 *Köhler*/Bornkamm § 7 Rn. 5.

ist unter den kumulierten Voraussetzungen des § 7 Abs. 3 UWG eine unzumutbare Belästigung durch E-Mail-Werbung nach § 7 Abs. 2 Nr. 3 UWG nicht anzunehmen.

bb) Gesetzliche Regelung nach der UWG-Novelle 2008

22 Im Mittelpunkt der Betrachtung steht hier die Zulässigkeit von Direktmarketing unter Verwendung elektronischer Post, das seit der UWG-Novelle 2008 stets als eine **unzumutbare Belästigung** anzusehen ist, wenn es erfolgt, ohne dass eine **vorherige ausdrückliche Einwilligung** des Adressaten vorliegt (§ 7 Abs. 2 Nr. 3 UWG).[122] Dies bringt insofern Klarheit, als die Einwilligung jedenfalls vor Zusendung der ersten E-Mail vorliegen muss, wodurch der bis dahin herrschende Streit um den Zeitpunkt der wirksamen Einwilligung entschieden ist.[123] Unklarheit besteht nun allerdings über die Auslegung des Merkmals der »Ausdrücklichkeit« der Einwilligung, das eine Verschärfung der Zulässigkeitsvoraussetzungen darstellt.

23 Teilweise[124] wird aufgrund der Umsetzung der EKDatenschutz-RL in § 7 Abs. 2 Nr. 3 UWG gefolgert, dass der Begriff der Einwilligung **richtlinienkonform auszulegen** sei. Die Definition der Einwilligung in der EKDatenschutz-RL[125] lasse auch eine **konkludente Einwilligung** genügen, da nach der Richtlinie lediglich eine Willensbekundung ohne Zwang für den konkreten Fall und in Kenntnis der Sachlage erforderlich sei. Unter Berücksichtigung des Regel-Ausnahme-Verhältnisses zu Nr. 26 des Anhangs der UGP-Richtlinie, der als grundsätzlich abschließender Tatbestand eine strengere Regelung der E-Mail-Werbung gerade nur ausnahmsweise aufgrund der EKDatenschutz-RL zulasse, dürfe der Gesetzgeber nicht sogar noch über deren Wortlaut hinausgehen und eine *ausdrückliche* Einwilligung fordern. Der BGH hatte bereits in *Faxanfrage im Autohandel*[126] zum UWG 2004 die richtlinienkonforme Auslegung des § 7 Abs. 2 Nr. 3 UWG a. F. herangezogen und eine konkludente Einwilligung für weiterhin zulässig erklärt. Ein Gewerbetreibender erkläre mit der Veröffentlichung seiner Faxadresse konkludent sein Einverständnis, die Anfragen potenzieller, gewerblicher Kunden zu empfangen (Nachfragewettbewerb). Auf dieser Basis war nach damaliger Ansicht des BGH letztlich nur noch zu differenzieren, unter welchen genauen Voraussetzungen ein schlüssiges Verhalten als konkludente Einwilligung zu werten ist. So hat der BGH in *FC Troschenreuth*[127] die Veröffentlichung der E-Mail-Adresse eines Idealvereins auf seiner Website *nicht* als konkludente Einwilligung in die Zu-

---

122 Der Spezialtatbestand gilt gleichermaßen für die Werbung mittels automatischer Anrufmaschinen (voicemail) und Faxgeräten, worauf im Folgenden nicht näher eingegangen wird, da derartige Formen der Direktansprache den Bereich des IT-Rechts im engeren Sinne nicht betreffen. Vgl. im Übrigen auch bezüglich individuellen Telefonmarketings den Sondertatbestand des § 7 Abs. 2 Nr. 2 UWG und ganz allgemein bezüglich werblicher Direktansprache der Kunden § 7 Abs. 1 Satz 2 UWG, der als allgemeinster Grundsatz zumindest stets ein opt-out-Prinzip vorsieht.
123 Vgl. § 183 BGB sowie auch die eindeutige Vorgabe in Art. 13 EKDatenschutz-RL hinsichtlich des Einverständnisses im Vorhinein. S. aber auch *Lettl* § 7 Rn. 21, der zu Recht darauf hinweist, dass das Tatbestandsmerkmal der Einwilligung in § 7 Abs. 2 UWG dogmatisch nicht gleichbedeutend mit der in § 183 BGB geregelten Zustimmung zu einem Rechtsgeschäft ist, da es sich zivilrechtsdogmatisch um das vorherige Einverständnis mit einem tatsächlichen Eingriff in ein Rechtsgut handelt, welches sowohl vertraglich als auch einseitig (dann im Rahmen einer geschäftsähnlichen Tathandlung) erklärt werden kann, wobei die § 104 ff. BGB stets weitgehend zumindest analog anwendbar sein dürften. Vgl. grundlegend zum Rechtscharakter der Einwilligung in tatsächliche Eingriffe in Rechtsgüter und zu den unterschiedlichen (vertraglichen und einseitigen) Erscheinungsformen zuletzt *Ohly* S. 141–237.
124 *Köhler*/Bornkamm § 7 Rn. 185.
125 Nach der Begriffsbestimmung in Art. 2 lit. f) der EKDatenschutz-RL bestimmt sich der Begriff der Einwilligung nach Art. 1 Abs. 2 lit. h) der RL 95/46/EG: »Einwilligung der betroffenen Person« ist jede Willensbekundung, die ohne Zwang, für den konkreten Fall und in Kenntnis der Sachlage erfolgt und mit der die betroffene Person akzeptiert, dass personenbezogene Daten, die sie betreffen, verarbeitet werden.
126 BGH GRUR 2008, 923 Tz. 16 – Faxanfrage im Autohandel.
127 BGH GRUR 2008, 925 Tz. 25 – FC Troschenreuth.

sendung von E-Mail-Werbung genügen lassen, da der Verein lediglich die Anfragen solcher Personen erwarte, die am ideellen Zweck des Vereins interessiert seien. Strenge Anforderungen waren dann lediglich an den **Konkretisierungsgrad der Einwilligung** (»für den konkreten Fall«) zu stellen (vgl. näher auch unten Rdn. 28 ff.).[128]

Der aufgrund unabweisbarer Probleme (und bereits zu beobachtender Umgehungstendenzen) in der Praxis gebotenen Erweiterung auch des neuen § 7 Abs. 2 Nr. 3 UWG auf konkludente Einwilligungserklärungen im Wege richtlinienkonformer Auslegung steht der klare Wortlaut der Vorschrift als Auslegungsgrenze entgegen.[129] Lässt sich der Widerspruch zur EKDatenschutz-RL in ihrem Zusammenspiel mit Nr. 26 des Anhangs der UGP-Richtlinie aufgrund der Wortlautgrenze demzufolge nicht mehr mit den klassischen Auslegungsmethoden beseitigen, wäre allerdings gegebenenfalls auch an eine **richtlinienkonforme Rechtsfortbildung** im Sinne des BGH *Quelle*-Urteils[130] zu denken. Dabei handelt es sich um eine *Fortbildung* des nationalen Rechts, die vom Grundsatz der richtlinienkonformen Auslegung getragen wird.[131] Diese könnte hier im Wege der teleologischen Reduktion die Vorgaben der EKDatenschutz-RL bezüglich der Einwilligungsvoraussetzungen umsetzen und so in jedem Fall eine konkludente Einwilligung genügen lassen. 24

Allerdings stellt sich an dieser Stelle vor dem Hintergrund des **europäischen** Rechts ein weiteres Problem. Denn wird der nach der hier vertretenen Auffassung gebotenen richtlinienkonformen Rechtsfortbildung gefolgt, sind dabei die zwingenden Anwendungsbereiche der Richtlinien zu berücksichtigen: Die UGP-Richtlinie regelt im Wege der Vollharmonisierung nur solche Geschäftspraktiken *abschließend*, die das wirtschaftliche Verhalten von *Verbrauchern* beeinflussen können.[132] Die EKDatenschutz-RL wiederum ist nur für unerbetene Nachrichten gegenüber *natürlichen Personen* zwingend und überlässt es dem nationalen Recht, die berechtigten Interessen von juristischen Personen zu schützen[133] (vgl. Art. 13 Abs. 5 EKDatenschutz-RL). Durch die Überlagerung dieser Anwendungsbereiche ergibt sich, dass lediglich für *natürliche Personen als Verbraucher* die Vorgaben der EKDatenschutz-RL im Wege der Vollharmonisierung umzusetzen sind. Als Folge der richtlinienkonformen Rechtsfortbildung wäre also für diese Gruppe bereits eine konkludente Einwilligung ausreichend. Demgegenüber wäre für *natürliche Personen als sonstige Marktteilnehmer* sowie insgesamt für *juristische Personen* nach dem klaren Wortlaut des § 7 Abs. 2 Nr. 3 UWG weiterhin nur eine ausdrückliche Einwilligung wirksam. Denn außerhalb des Anwendungsbereichs der Vollharmonisierung kann der nationale Gesetzgeber auch strengere Zulässigkeitsvoraussetzungen schaffen, § 7 Abs. 2 Nr. 3 UWG wäre insoweit also nicht zwingend durch das Gebot richtlinienkonformer Rechtsfortbildung überformt. Letztlich stellt sich an dieser Stelle das allgemeine Problem der Auslegung einer nationalen Norm mit »Hybridcharakter«, die für einen Teilbereich der Umsetzung vollharmonisierenden europäischen Rechts dient, für einen anderen Teilbereich aber nicht von der europäischen Harmonisierung erfasst ist. Um an dieser Stelle den in der Schlechterstellung gerade natürlicher Personen als Verbraucher liegenden klaren Wertungswiderspruch zu vermeiden, ist § 7 Abs. 2 Nr. 3 UWG insoweit im Wege **richtlinienorientierter Auslegung**[134] *einheitlich für seinen gesamten Anwendungsbereich* im Einklang mit den Vorgaben des europäischen Rechts auszulegen. Schließlich machen der Wortlaut der Norm gleichermaßen wie

---

128 S. ausf. *Köhler*/Bornkamm § 7 Rn. 186 f.
129 BGH EuZW 2009, 155 (156).
130 BGH EuZW 2009, 155.
131 BGH EuZW 2009, 155 (157) m. w. N.
132 S. Begründung des Regierungsentwurfes, BT-Drs. 16/10145 S. 10; *Köhler*/Bornkamm § 7 Rn. 9.
133 Piper/*Ohly*/Sosnitza § 7 Rn. 66 sieht den Wertungswiderspruch in der Ungleichbehandlung von natürlichen Personen und juristischen Personen. Dabei wird aber die »vorgelagerte« zwingende Umsetzung der UGP-Richtlinie außer Acht gelassen.
134 Nachweis s. unten bei Fn. 145.

ihre Entstehungsgeschichte schon seit der UWG-Reform von 2004 deutlich, dass der Gesetzgeber bei Formulierung der Norm einerseits die Umsetzung der Nr. 26 des Anhangs der UGP-Richtlinie in ihrem Zusammenspiel mit den Vorgaben der EKDatenschutz-RL beabsichtigte, andererseits aber die dafür notwendigen Umgestaltungen des deutschen Rechts gerade mit *allgemeiner* Geltung – auch für den B2B-Bereich – versehen wollte.[135] Kann daher vom Willen des Gesetzgebers zur richtlinienkonformen Umsetzung der UGP-Richtlinie und der EKDatenschutz-RL mit Geltungsanspruch auch gegenüber sonstigen Marktteilnehmern und juristischen Personen ausgegangen werden, ist es konsequenterweise geboten, den Wortlaut des § 7 Abs. 2 Nr. 3 UWG dahin gehend teleologisch zu reduzieren, dass auf die Ausdrücklichkeit der Einwilligung *generell* verzichtet wird. Im Ergebnis könnte so die konkludente Einwilligung – den Vorgaben der Richtlinien entsprechend – als Zulässigkeitsvoraussetzung der E-Mail-Werbung weiterhin genügen.

25 In der Literatur mehren sich demgegenüber die Stimmen, die dem Wortlaut der Norm folgend lediglich eine ausdrückliche Einwilligung gelten lassen wollen.[136] Dabei wird allerdings zum Teil auf eine starre Grenzziehung zwischen ausdrücklicher und konkludenter Einwilligung verzichtet.[137] Demgegenüber hat der Gesetzgeber deutlich gemacht, dass er das Erfordernis einer ausdrücklichen Einwilligung dahin gehend verstanden haben möchte, dass ein stillschweigendes Einverständnis durch konkludentes Verhalten gerade nicht ausreichen soll.[138] Demnach wäre E-Mail-Werbung sowohl gegenüber natürlichen als auch juristischen Personen nur im Fall einer vorherigen ausdrücklichen Einwilligung zulässig, unabhängig von der Rolle der Adressaten als Verbraucher oder sonstige Marktteilnehmer.[139]

Der BGH hat seit der UWG-Novelle noch nicht eindeutig Stellung bezogen. Einzig im Rahmen der durch wettbewerbswidriges Verhalten indizierten deliktischen Rechtswidrigkeit hat er eine ausdrückliche Einwilligung gefordert.[140] Zuletzt hat der BGH in der Entscheidung *Unverlangte E-Mail-Werbung an Gewerbetreibende* die Auslegung des Einverständnisses offen gelassen, aber zumindest auf dessen unklare Reichweite hingewiesen.[141] Damit bleibt letztlich wohl eine Klärung durch den EuGH abzuwarten.

26 Festzuhalten ist, dass bei der E-Mail-Werbung nach allgemeiner Ansicht jedenfalls eine lediglich **mutmaßliche Einwilligung** nicht mehr genügt.[142] Allenfalls in regelrechten Notfällen, in denen Gefahr im Verzug ist (wenn z. B. die Versicherungsgesellschaft den Kunden anmailt, um ihm mitzuteilen, dass ein vermeintlich gedecktes Risiko vor einer Auslandsreise doch nicht von seinem Auslandsreisekrankenversicherungsschutz erfasst ist), soll nach umstrittener Auffassung eine werbliche Ansprache ohne vorherige tatsächliche Einwilligung möglich sein, wobei die juristische Konstruktion im Einzelnen umstritten ist.[143]

---

135 S. Begründung des Regierungsentwurfs, BT-Drs. 15/1487 zu § 7 Abs. 2 Nr. 3, S. 21, der auf den stark belästigenden Charakter von E-Mail-Werbung gerade im geschäftlichen Bereich hinweist und daher von der Möglichkeit zur Differenzierung zwischen natürlichen und juristischen Personen kein Gebrauch gemacht wird. Andererseits Begründung des Regierungsentwurfes, BT-Drs. 16/10145 zu § 7 Abs. 2, S. 29, nach dem die bestehende Regelung des opt-in Systems unberührt bleiben soll.
136 Deutlich *Lettl* § 7 Rn. 47; Harte-Bavendamm/Henning-Bodewig/*Ubber* § 7 Rn. 196.
137 So *Köhler* GRUR 2008, 925 (928) in seiner Anm. zu BGH »Faxanfrage im Autohandel« (Fn. 126), die seiner Ansicht nach unter neuem Recht wohl anders zu entscheiden gewesen wäre. Andererseits will er auf die dem deutschen bürgerlichen Recht entnommene Unterscheidung zwischen ausdrücklicher und konkludenter Einwilligung mit Blick auf die gemeinschaftsrechtliche Definition der Einwilligung weitgehend verzichten. Zustimmend Fezer/*Mankowski* § 7 Rn. 209; Gloy/Loschelder/Erdmann/*Hasselblatt* § 61 Rn. 142.
138 S. Begründung des Regierungsentwurfes, BT-Drs. 16/10145 zu § 7 Abs. 2 Nr. 2, 3 und 4, S. 30.
139 Deutlich *Lettl* § 7 Rn. 47.
140 BGH GRUR 2009, 980 Tz. 14.
141 BGH MMR 2010, 183 Tz. 12 – Unverlangte E-Mail-Werbung an Gewerbetreibende.
142 *Köhler*/Bornkamm § 7 Rn. 185; Fezer/*Mankowski* § 7 Rn. 207; Gloy/Loschelder/Erdmann/*Hasselblatt* § 61 Rn. 141; Harte-Bavendamm/Henning-Bodewig/*Ubber* § 7 Rn. 195.
143 Zum Teil wird eine ausnahmsweise zulässige mutmaßliche Einwilligung in derartigen Fällen unter den

II. Problemfelder im elektronischen Geschäftsverkehr

Zusätzliche **allgemeine Voraussetzungen** der legalen Werbung mit E-Mails, SMS und sonstigen Nachrichten jeglicher Art i. S. d. § 2 Abs. 1 Nr. 4 UWG (also zum Beispiel neben E-Mails und SMS-Nachrichten auch Telefonanrufe, Faxe oder auch Postwurfsendungen u. ä.) bringt im praktischen Ergebnis § 7 Abs. 2 Nr. 4 UWG. Demnach ist allgemein eine Werbung mittels Nachrichten als unzumutbare Belästigung anzusehen, bei der die **Identität des Absenders** verschleiert oder verheimlicht wird oder bei der keine gültige Adresse vorhanden ist, an die der Empfänger eine Aufforderung zur Einstellung solcher Nachrichten senden kann, ohne dass hierfür andere als die Übermittlungskosten nach den Basistarifen entstehen. Umgekehrt gewendet: stets ist bei werbenden Nachrichten die Identität des Absenders anzugeben, in dessen Auftrag die Nachricht versandt wird (**Verbot anonymer Direktwerbung**); außerdem ist stets eine **Adresse** zu nennen, an die eine **opt-out-Aufforderung** versandt werden kann, um die Einstellung der werblichen Ansprache per E-Mail zu erreichen. Dabei dürfen lediglich die Übermittlungskosten nach den Basistarifen entstehen, was insbesondere dann nicht der Fall ist, wenn die opt-out-Nachricht an eine Mehrwertdienstenummer gesendet werden muss[144] oder sonst zusätzliche Kosten anfallen.

cc) Einzelprobleme der Einwilligung

Sind nun die geltenden Anforderungen an eine vorherige ausdrückliche Einwilligung dargestellt, ist in einem weiteren Schritt zu klären, inwiefern die Einwilligung in praxi wirksam erklärt wurde. Von herausragender Bedeutung ist dabei die Erklärung der Einwilligung im Rahmen vorformulierter Geschäftsbedingungen, da sich das Direktmarketing typischerweise im Massengeschäft vollzieht und die Nutzung von allgemeinen Geschäftsbedingungen die kostenintensive Einholung der Einwilligung auf Unternehmerseite effizient gestaltet.

Zunächst müssen gewisse Mindestanforderungen an die erklärte Einwilligung gestellt werden, wie diese in Erwägungsgrund 17 S. 2 der EKDatenschutz-RL vorgezeichnet sind. Zu unterscheiden sind insoweit mehrere Aspekte. Zum einen muss selbstverständlich – schon als allgemeine Voraussetzung der Erteilung einer wirksamen Einwilligung – die **Freiwilligkeit und Informiertheit** der Entscheidung gewahrt sein. Die abschließende europarechtliche Wertung gibt – soweit natürliche Personen betroffen sind unmittelbar, soweit es um den Schutz von Unternehmen geht (die von § 7 Abs. 2 Nr. 3 UWG in überschießender Umsetzung mit erfasst sind), im Wege richtlinienorientierter Auslegung[145] – für die diesbezügliche Abschlusskontrolle zugleich auch das Gebot hinreichender **Konkretisierung und Klarheit** vor.[146] Im Bereich des § 7 Abs. 2 Nr. 3 UWG kommt – für die E-Mail-Werbung diese Gebote hinsichtlich der Abschlusskontrolle konkretisierend – im Wege richtlinienkonformer bzw. richtlinienorientierter Auslegung noch die europarechtliche Vorausset-

---

Voraussetzungen einer berechtigten Geschäftsführung ohne Auftrag angenommen (so *Köhler*/Bornkamm § 7 Rn. 157), womit sich die Voraussetzungen einer derartigen Ansprache aufgrund mutmaßlicher Einwilligung aus § 683 S. 1 BGB ergäben; teils wird stattdessen – um einer allzu uferlosen Ausdehnung derartiger »Notargumentationen« vorzubeugen – auf die strengeren Voraussetzungen des rechtfertigenden Notstands nach § 34 StGB verwiesen, die das notwendige Element drohender Gefahr im Sinne einer echten Notsituation doch besser zu erfassen scheinen (so *Leistner*, Richtiger Vertrag und lauterer Wettbewerb, S. 559–566). Derartige Ausnahmefälle sollten unter Geltung des UWG 2008 noch an Interesse gewinnen, da ein Rückgriff auf eine konkludente Einwilligung vorerst ausscheidet und insbesondere die Interessenabwägung nach § 7 Abs. 1 UWG oder § 3 Abs. 1 UWG gerade nicht mehr möglich ist.

144 Begr. RegE UWG zu § 7 Abs. 2 Nr. 4 UWG, BT-Drs. 15/1487 S. 21; *Lettl* § 7 Rn. 62.
145 Die hier geboten ist, da der Gesetzgeber bewusst die europarechtliche Wertung über den Bereich der an natürliche Personen gerichteten Werbung hinaus ausgedehnt hat, s. *Leistner*, Richtiger Vertrag und lauterer Wettbewerb, S. 549 mit weiterem Hinweis.
146 S. Art. 13 Abs. 1, 3, Art. 2 S. 2 lit. f) EKDatenschutz-Richtlinie i. V. m. Art. 2 lit. h) Datenschutz-Richtlinie.

zung hinzu, dass **schon bei Erhebung der elektronischen Kontaktinformation**[147] ein deutlicher und klarer Hinweis auf die Möglichkeit, die werbliche Verwendung der Kontaktinformation gebührenfrei und problemlos abzulehnen, erfolgen muss.

29 Die Einwilligungserklärung wird nicht wirksam in vorformulierte Vertragsbedingungen einbezogen, wenn sich die Klausel im Rahmen der Abschlusskontrolle als **überraschend i. S. d. § 305c Abs. 1 BGB** darstellt. Dies kann sich einerseits aus der graphischen oder textlichen Gestaltung der Erklärung ergeben. Insbesondere sind leicht zu übersehende Klauseln in umfangreichen Verträgen[148] sowie unübersichtlich aufgemachte Websites und Onlineshops gegebenenfalls als überraschend i. S. d. § 305c Abs. 1 BGB anzusehen. Der BGH hat in der Entscheidung *Payback*[149] klargestellt, dass die Einwilligung nicht in Textpassagen eingefügt sein darf, die auch andere Erklärungen oder Hinweise enthalten, sondern eine **gestalterisch isolierte und spezifische Erklärung** vorliegen muss, wie etwa das Ankreuzen einer eigenständigen »Tick-Box« oder eine separate Unterschrift. Andererseits kann die Einwilligungsklausel ihrem inhaltlichen Umfang nach überraschend sein, wenn z. B. in Zusammenhang mit der Abwicklung eines konkreten Vertragsverhältnisses auch in die werbliche Ansprache durch Dritte eingewilligt wird, ohne dass ein Bezug zu dem Vertragsverhältnis besteht.[150]

30 Ist eine Klausel noch nicht derart überraschend in ihrer Gestaltung oder ihrem Inhalt, dass ihre Einbeziehung an § 305c Abs. 1 BGB scheitert, so kann sie zumindest dem **Transparenzgebot** des § 307 Abs. 1 Satz 2 BGB widersprechen. Besonders bei unklaren und missverständlichen Formulierungen, die ein durchschnittlich informierter, aufmerksamer und verständiger Kunde nicht zu verstehen vermag oder die in ihrer inhaltlichen Reichweite nicht hinreichend bestimmt sind, kann dies der Fall sein.[151]

31 Darüber hinaus verstoßen Fälle einer vorformulierten **opt-out-Klausel** gegen die gesetzliche Regelung des § 7 Abs. 2 Nr. 3 UWG und können daher nach § **307 Abs. 2 Nr. 1 BGB** unwirksam sein.[152] Diese Klauseln sehen vor, dass der Kunde dann seinen Willen äußern muss, wenn er keine Werbung empfangen will. Dies widerspricht schon der Vorgabe des Art. 13 EKDatenschutz-RL, die eine opt-in-Lösung vorsieht und entsprechend vom Gesetzgeber umgesetzt wurde. Eine opt-out-Lösung lässt jedoch eben nicht das bewusste Einverständnis mit künftigen Werbenachrichten erkennen; dem kann allein ein positiver Akt im Sinne einer ausdrücklichen Erklärung genügen.[153]

32 Letztlich bleiben damit für die Prüfung einer **unangemessenen Benachteiligung** i. S. d. § 307 Abs. 1 Satz 2 BGB die Fälle, in denen der Kunde zwar eine echte Wahlmöglichkeit hat, aber den inhaltlichen Umfang seiner Erklärung nicht überschauen kann. So etwa, wenn die vorformulierte Einwilligungserklärung sich auf die telefonische Beratung in Geldangelegenheiten bezieht, dadurch aber Vertragsabschlüsse mit Dritten ermöglicht werden sollen.[154] Nach Ansicht des BGH kann sich im praktischen Ergebnis die unangemessene Be-

---

147 Insoweit nämlich nicht eindeutig § 7 Abs. 1 Nr. 4 UWG, der sich in Anlehnung an Art. 13 Abs. 4 EK-Datenschutz-RL nur auf die Möglichkeit der Aufforderung zur Einstellung von Nachrichten bei den *nachfolgenden* Übertragungen bezieht (vgl. auch oben nach Art. 13 Abs. 2 EKDatenschutz-Richtlinie hat ein entsprechender klarer und deutlicher Hinweis auf die Möglichkeit, eine werbliche Nutzung abzulehnen, schon *bei Erhebung* der Kontaktdaten (Faxnummer, Telefonnummer, E-Mail-Adresse) zu erfolgen).
148 *Köhler*/Bornkamm § 7 Rn. 139.
149 BGH GRUR 2008, 1010 Tz. 29 – Payback.
150 *Lettl* § 7 Rn. 29, der die aufgrund der unbestimmten Reichweite der erklärten Einwilligung in BGH MMR 2000, 607 (609) – Telefonwerbung VI bereits die wirksame Einbeziehung der Einwilligung verneint.
151 *Köhler*/Bornkamm § 7 Rn. 139; *Lettl* § 7 Rn. 28.
152 BGH GRUR 2008, 1010 Tz. 33 – Payback; *Köhler*/Bornkamm § 7 Rn. 141.
153 BGH GRUR 2008, 1010 Tz. 33 – Payback; *Fezer/Mankowski* § 7 Rn. 145.
154 BGH MMR 2000, 607 (609) – Telefonwerbung VI; *Köhler*/Bornkamm § 7 Rn. 140.

nachteiligung des Kunden unter dem Aspekt der Umkehrung der Initiativlast ergeben, da nunmehr entgegen der Konzeption des wettbewerbsrechtlichen Rahmens gegebenenfalls der Kunde die Beendigung der werblichen Ansprache durch ein erneutes opt-out seinerseits aktiv anstreben müsse. Bedenkt man zugleich, dass aber auch aus Sicht und im Interesse des Kunden in gewissem Umfang ein formularmäßiges Einverständnis im Vorhinein möglich sein muss, da andernfalls im praktischen Ergebnis mit angemessenem ökonomischen Aufwand überhaupt keine E-Mail-Werbung betrieben werden könnte, so kann eine derartige Umkehrung der Initiativlast nur dann als unangemessene Benachteiligung angesehen werden, wenn die formularmäßige Einwilligung in ihrem Umfang hinsichtlich der später zuzusendenden Werbungen nicht hinreichend konkret überschaubar ist, worauf der BGH im entschiedenen Sachverhalt dann auch wesentlich abstellte.[155] Denn lediglich dann wird dem Kunden ein für ihn nicht überschaubares Risiko hinsichtlich des Umfangs der später zugesandten Werbebotschaften überwälzt.[156] Die Unangemessenheit der vorformulierten Einwilligung wird auch nicht dadurch beseitigt, dass dem Kunden ein jederzeitiges Recht zum Widerruf der Einwilligung eingeräumt wird.[157] Maßgeblich ist also, dass der Kunde den Inhalt und Umfang der künftigen E-Mail-Werbung überschauen kann, sodass eine Generaleinwilligung ausgeschlossen ist.[158]

Im praktischen Ergebnis bedeutet dies nach herrschender Lehre und höchstrichterlicher Rechtsprechung, dass folgende Voraussetzungen für eine wirksame Einwilligung nach § 7 Abs. 2 Nr. 3 UWG notwendig sind, wobei gemäß § 305c Abs. 2 BGB Zweifel bei der Auslegung zulasten des Verwenders gehen: **33**

Nach der wohl herrschenden Meinung muss die Einwilligung **ausdrücklich** erfolgen. Nach der hier vertretenen Auffassung genügt demgegenüber im Wege richtlinienkonformer Rechtsfortbildung auch eine konkludente Einwilligung. Doch bietet diese Auffassung ohne entsprechende Klärung durch den EuGH bisher naturgemäß keine Gewähr für eine rechtssichere Gestaltung.

Die Einwilligung muss individuell erklärt worden sein oder, falls in AGB vereinbart, weitere Voraussetzungen erfüllen: Nach der Entscheidung *Payback* ist eine **deutlich getrennte, eigenständige Erklärung** der Einwilligung nötig, die etwa durch eine »Tick-Box« realisiert werden kann. Diese muss dem Kunden ein **Wahlrecht** hinsichtlich seiner Erklärung geben und darf nicht von sonstigen Vertragserklärungen abhängig gemacht werden. Die vorformulierte Einwilligung muss so **konkret gestaltet** sein, dass der Erklärende sich eine genaue Vorstellung von der inhaltlichen Reichweite zulässiger E-Mail-Werbung machen kann. Letztlich kann ein **jederzeitiges Widerrufsrecht** eine unangemessene Benachteiligung in der Gesamtabwägung zumindest abschwächen.

Die **Beweislast** für eine die Wettbewerbswidrigkeit ausschließende vorherige Einwilligung trägt der Werbende.[159] Der Kern des Problems ist dabei aber nicht der Nachweis der Eintragung der E-Mail-Adresse des Empfängers auf einem Webformular oder das Ankreuzen einer »Tick-Box«, sondern vielmehr der Nachweis, dass die Erklärung auch tatsächlich von dem betroffenen Empfänger stammt.[160] **34**

---

155 Wie hier (nämlich die *ratio decidendi* des Urteils »Telefonwerbung VI« gerade auf Sachverhalte begrenzend, in denen die AGB-Optionsklausel so unbestimmt ist, dass es zu einer von vornherein hinsichtlich ihres Umfangs nicht klar abschätzbaren Überwälzung der Initiativlast auf den Kunden kommt) *Köhler/Bornkamm* § 7 Rn. 141; Harte-Bavendamm/Henning-Bodewig/*Ubber* § 7 Rn. 157.
156 *Köhler*/Bornkamm § 7 Rn. 141.
157 BGH MMR 2000, 607 (609) – Telefonwerbung VI; Gloy/Loschelder/Erdmann/*Hasselblatt* § 61 Rn. 128, der der Widerrufsmöglichkeit gerade eine die Unzumutbarkeit ausräumende Funktion einräumt.
158 *Köhler*/Bornkamm § 7 Rn. 141.
159 BGH GRUR 2004, 517 – E-Mail-Werbung.
160 Harte-Bavendamm/Henning-Bodewig/*Ubber* § 7 Rn. 205; Fezer/*Mankowski* § 7 Rn. 220.

Zur Feststellung der Identität des Erklärenden sind dabei zwei verschiedene Systeme zu unterscheiden:[161] Beim *confirmed opt-in* wird dem Einwilligenden nach Hinterlassen seiner Adresse auf einem Formular lediglich eine Bestätigung geschickt, dass seine E-Mail-Adresse fortan in der Mailinglist geführt wird. Wurde die Adresse jedoch von Dritten in die Mailinglist eingetragen, so muss der Empfänger nun tätig werden, um diese wieder zu entfernen, mithin einen opt-out vornehmen. Aufgrund der realistischen Missbrauchswahrscheinlichkeit soll dieses System noch nicht ausreichen, um einen Anscheinsbeweis für den Werbenden zu erbringen, auch wenn dies den Geschehensabläufen im Internet entsprechen würde.[162] Einen solchen sollte dann zumindest das *double-opt-in* Verfahren erbringen können,[163] bei dem der Empfänger seinerseits dem Werbenden mit einer Bestätigungs-E-Mail antwortet. Dieser zweite Schritt stellt nach überwiegender Ansicht einen ausreichenden Sicherungsmechanismus dar,[164] denn die Rückantwort des Empfängers ist vom Zugang zu dessen E-Mail-Account abhängig, zu dessen Sicherung grundsätzlich der Inhaber berufen ist. Auch für Versehen bei der Versendung von E-Mails – etwa Übertragungsfehler, Schreibfehler Dritter o. ä. – aufgrund derer versehentlich Empfänger die E-Mail enthalten, die keine vorherige Einwilligung erteilt haben, trägt der Werbende das Risiko. Er muss sicherstellen, dass es aufgrund derartiger Versehen nicht zu einer Versendung der E-Mail-Werbung an Empfänger kommt, die in eine derartige Ansprache nicht eingewilligt haben.[165]

dd) Die Ausnahmeregelung des § 7 Abs. 3 UWG

35   Die **Ausnahmeregelung zugunsten Werbender** in § 7 Abs. 3 UWG für elektronische Post stellt eine Ausnahme vom Anwendungsbereich des § 7 Abs. 2 Nr. 3 UWG dar, bei der es sich dogmatisch um einen gesetzlich normierten Fall einer unwiderleglich vermuteten Einwilligung handelt.[166] Die Regelung beruht auf den Vorgaben der EKDatenschutz-RL und bleibt auch nach Umsetzung der UGP-Richtlinie unberührt.[167] Eine Direktwerbung per elektronischer Post (E-Mail oder SMS) ist zulässig, wenn **kumulativ die folgenden Bedingungen** erfüllt sind:

- der Unternehmer hat die elektronische Postadresse[168] im Zusammenhang mit dem Verkauf einer Ware oder Dienstleistung von einem Kunden erhalten (§ 7 Abs. 3 Nr. 1 UWG);
- der Unternehmer verwendet die Adresse zur Direktwerbung für eigene ähnliche Waren oder Dienstleistungen (§ 7 Abs. 3 Nr. 2 UWG);
- der Kunde hat dieser Verwendung nicht widersprochen (§ 7 Abs. 3 Nr. 3 UWG) und
- der Kunde wurde bei der Erhebung der Adresse und wird bei jeder Verwendung klar und deutlich darauf hingewiesen, dass er der Verwendung jederzeit widersprechen kann, ohne dass hierfür andere als die Übermittlungskosten nach den Basistarifen entstehen (§ 7 Abs. 3 Nr. 4 UWG).

Die elektronische Postadresse muss demnach **im Zusammenhang mit dem Verkauf einer Ware oder Dienstleistung** vom Kunden erlangt worden sein. Umstritten ist, ob hierfür bereits das Hinterlassen der Adresse im Rahmen konkreter Vertragsanbahnung bezüglich

---

161 Deutlich bei LG Heidelberg MMR 2010, 66.
162 *Leistner/Pothmann* WRP 2003, 815 (818); Harte-Bavendamm/Henning-Bodewig/*Ubber* § 7 Rn. 205.
163 Für einen Anscheinsbeweis durch das double-opt-in Verfahren auch: MüKo-UWG/*Leible* § 7 Rn. 164; zustimmend insoweit Fezer/*Mankowski* § 7 Rn. 220 mit Hinweisen zur überwiegend älteren und ablehnenden Rechtsprechung.
164 LG Essen GRUR-RR 2009, 353 (354); S. die Nachweise bei Fezer/*Mankowski* § 7 Rn. 219.
165 Vgl. BGH GRUR 2004, 517 (519) – E-Mail-Werbung.
166 *Leistner/Pothmann* WRP 2003, 815 (822 und 827); ebenso: Fezer/*Mankowski* § 7 Rn. 233; Harte-Bavendamm/Henning-Bodewig/*Ubber* § 7 Rn. 218.
167 S. Begründung des Regierungsentwurfes, BT-Drs. 16/10145 zu § 7 Abs. 2 Nr. 2, 3 und 4, S. 30.
168 Der Begriff umfasst, entsprechend dem Anwendungsbereich der Vorschrift, die E-Mail-Adresse und – soweit es um die Versendung von SMS geht – auch die Telefonnummer, s. zutreffend Harte-Bavendamm/Henning-Bodewig/*Ubber* § 7 Rn. 219.

konkretisierter Waren- oder Dienstleistungskategorien genügt[169] oder ob – mit der wohl herrschenden Meinung[170] – in strikter Anlehnung an den Wortlaut der Norm, ein Vertragsabschluss zu fordern ist. Wiederum muss die elektronische Postadresse gerade vom Kunden – nicht von Dritten – erlangt sein; die Beweislast hierfür trägt wiederum der Werbende.[171]

Die Werbe-E-Mail muss sich auf »**eigene ähnliche Waren oder Dienstleistungen**« des Werbenden beziehen, wie der ursprüngliche Geschäftskontakt in dessen Zusammenhang die Adresse hinterlassen wurde. Wiederum ist die Interpretation des Tatbestandsmerkmals umstritten. Einerseits ist der Gedanke entwickelt worden, bezüglich der Ähnlichkeit von Waren auf das kartellrechtliche Bedarfsmarktkonzept zurückzugreifen, demzufolge entscheidend danach zu fragen wäre, inwieweit die beworbene Ware aus der Sicht der Kunden einen ähnlichen Bedarf befriedigt wie die im Rahmen des ursprünglichen Geschäftskontakts betroffenen Waren; insoweit stünde dann zur dringend notwendigen Verobjektivierung des Kriteriums – wie im Kartellrecht – zwanglos das Konzept der Kreuzpreiselastizität zur Verfügung und es wäre danach zu unterscheiden, ob ein Preissprung bezüglich einer der Waren-/Dienstleistungsgruppen auch Rückwirkung auf den Bedarf (und den Preis) der anderen Waren-/Dienstleistungskategorie hat.[172] Andererseits wird vertreten, es sei mehr subjektiv auf das Bedarfsziel des Kunden abzustellen, sodass etwa auch ergänzende Waren, Zubehör u. ä. miterfasst wären.[173]

Weiterhin darf der Kunde der Verwendung **nicht widersprochen** haben, wobei die Untersagung – ebenso wie die Einwilligung – auch konkludent möglich ist.[174] Der Widerspruch ist wiederum – wie die einseitige Einwilligung – eine geschäftsähnliche Handlung, bezüglich derer die §§ 104 ff. BGB weitestgehend entsprechend heranzuziehen sind, weshalb der Widerspruch, um wirksam zu werden, auch insbesondere dem Werbenden zugehen muss (§ 130 BGB).[175]

Schließlich muss der Kunde entsprechend den Vorgaben des § 7 Abs. 3 Nr. 4 UWG bei der Erhebung der Adresse und in der Folge bei jeglicher Zusendung von Werbe-E-Mails oder -SMS klar und deutlich darauf **hingewiesen** werden, dass er der Verwendung jederzeit widersprechen kann, ohne dass hierfür andere als die Übermittlungskosten nach den Basistarifen entstehen, und es muss eine entsprechende Möglichkeit, zu den Basistarifen jederzeit eine opt-out-Nachricht versenden zu können, geschaffen werden (vgl. auch § 7 Abs. 2 Nr. 4 UWG).[176]

Ist nur eine dieser Bedingungen nicht erfüllt, greift der Ausnahmetatbestand des § 7 Abs. 3 UWG nicht, und es bleibt bei der Wettbewerbswidrigkeit der Werbe-E-Mails bzw. -SMS gem. §§ 7 Abs. 2 Nr. 3, 7 Abs. 1, 3 UWG.

b) Bannerwerbung, Pop-ups und Interstitials

Unter dem Gesichtspunkt des Belästigungsschutzes (s. zu Problemen des Trennungsgebots und Irreführungsverbots in diesem Zusammenhang noch unten Rdn. 39 ff.) mögen schließ- **36**

---

169 S. Leistner/Pothmann WRP 2003, 815 (822); Ohlenburg MMR 2003, 82 (84); Eckhardt MMR 2003, 557 (559); Harte-Bavendamm/Henning-Bodewig/Ubber § 7 Rn. 221.
170 So Köhler/Lettl WRP 2003, 1019 (1027); Lettl § 7 Rn. 55; Köhler/Bornkamm § 7 Rn. 204; Fezer/Mankowski § 7 Rn. 239; Gloy/Loschelder/Erdmann/Hasselblatt § 61 Rn. 153.
171 Köhler/Bornkamm § 7 Rn. 204.
172 Leistner/Pothmann WRP 2003, 815 (822); zustimmend Harte-Bavendamm/Henning-Bodewig/Ubber § 7 Rn. 225.
173 Köhler/Lettl WRP 2003, 1019 (1028); Eckhardt MMR 2003, 557 (559); Köhler/Bornkamm § 7 Rn. 205; Fezer/Mankowski § 7 Rn. 261.
174 Harte-Bavendamm/Henning-Bodewig/Ubber § 7 Rn. 224.
175 Köhler/Bornkamm § 7 Rn. 206.
176 S. zu den Einzelheiten Köhler/Bornkamm § 7 Rn. 207; Harte-Bavendamm/Henning-Bodewig/Ubber § 7 Rn. 223.

lich auch die üblichen Internet-Werbeformen, wie Bannerwerbung, Pop-up-windows mit werblichen Inhalten und Interstitials, welche sich vor dem Aufruf einer Website gewissermaßen »zwischenschalten«,[177] gelegentlich zu wettbewerbsrechtlichen Problemen führen.

37 Dabei ist die verbreiteste Erscheinungsform der **Bannerwerbung** – bei der ein oder mehrere Werbebanner typischerweise an prominenter Stelle der Seite in mehr oder minder interaktiver Weise um die Aufmerksamkeit der Nutzer wetteifern – unter dem Aspekt des Verbots belästigender Werbung weitestgehend unproblematisch. Allein der begrenzt zur Verfügung stehende Raum auf der Bildschirmseite verhindert, dass derartige Werbeformen – selbst unter Berücksichtigung drohender Nachahmungseffekte – derart überhandnehmen könnten, dass es zu einer unzumutbaren Belästigung i. S. d. § 7 Abs. 1 UWG kommt. Hinzu tritt noch die Tatsache, dass diese »klassische« Form der Internet-Werbung derart verbreitet ist, dass praktisch sämtliche Internet-Nutzer damit vertraut und an derartige Werbung vollkommen gewöhnt sind, sodass ein durchschnittliches Mitglied der angesprochenen Verkehrskreise – der durchschnittlich empfindliche Durchschnittsverbraucher bzw. sonstige Marktteilnehmer in diesem Bereich[178] – sich durch derartige Werbeformen kaum jemals unzumutbar belästigt fühlen dürfte.

38 Etwas problematischer ist die wettbewerbsrechtliche Beurteilung von **Interstitials und Pop-up-windows** ganz allgemein. Teils wird insoweit vertreten, Pop-ups seien stets **belästigende Werbung** und nach § 7 Abs. 1 UWG wettbewerbswidrig, da sie verdeckten, was der Nutzer eigentlich sehen will, erhebliche Ladezeiten beanspruchen könnten und gegebenenfalls noch einer Aktion des Nutzers bedürften, um sie »wegzuklicken«.[179] Richtigerweise wird man aber dennoch differenzieren müssen. Mittlerweile hat sich diese Erscheinungsform der Internet-Werbung derart durchgesetzt, dass eine weitgehende Vertrautheit der Nutzer, insbesondere mit schlichten Pop-up-windows der üblichen Erscheinungsform, vorausgesetzt werden kann. In diesem Zusammenhang sind relevante Ausweichbewegungen oder Unzufriedenheitsreaktionen der Internet-Community – die aufgrund ihrer effektiven Selbstorganisation ja typischerweise echte Missstände im Netz auch im Wege negativer Publicity in Blogs o. ä. aufgreift – nicht bekannt geworden. Angesichts ihrer Verbreitung haben die Pop-ups auch keinesfalls überraschenden Charakter, der etwa der Belästigung ein hinterhältiges, den Nutzer in ungeschützter Situation unangemessen belästigendes Element verleihen könnte. Legt man das Leitbild des durchschnittlich empfindlichen Mitglieds der angesprochenen Nutzer zugrunde, so wird man daher nicht umhin kommen, die Werbeform des »schlichten« Pop-ups oder Interstitials, welches ohne jeden Aufwand und typischerweise ja auch schon vor Beendigung des kompletten Ladevorgangs »weggeklickt« werden kann, als zulässig anzusehen. Nur in Situationen, in denen Pop-ups trickreich so gestaltet sind, dass das »Wegklicken« gerade neue Pop-ups hervorruft und solcherart ganze Kaskaden sich öffnender Fenster bilden, die unter Umständen sogar die Computeranlage oder zumindest das Browser-Programm ganz lahmlegen können,[180] ist nach richtiger Auffassung von einer wettbewerbswidrigen Belästigung i. S. d. § 7 Abs. 1 UWG auszugehen.[181] Dies kann im Einzelfall auch für neue Sonderformen von Pop-up-windows gelten, die mittels hoher Datengeschwindigkeit der Internetverbindungen nun auch Video- oder Audio-

---

[177] S. zu den einzelnen Erscheinungsformen schon Bettinger/*Leistner*, Werbung und Vertrieb im Internet, Teil A I Rn. 3–8 m. w. N. und (zur rechtlichen Beurteilung) Rn. 42–44; *Köhler*/Bornkamm § 7 Rn. 93; Fezer/*Mankowski* § 4–S 12 Rn. 144–148; Harte-Bavendamm/Henning-Bodewig/*Frank* Einl. G Rn. 33–34.

[178] Vgl. zu dieser Kategorie als Ergänzung des angestammten, im Irreführungsschutz verwurzelten Verbraucherleitbilds *Köhler*/Bornkamm § 7 Rn. 93; § 1 Rn. 36.

[179] So aufgrund ausf. und sorgsamer Überlegung Fezer/*Mankowski* § 4 – S 12 Rn. 149–153.

[180] Vgl. für die Technik so genannter Exit-pop-up-windows, welche durch das Öffnen immer neuer Fenster dem Nutzer faktisch verunmöglichen, die Seite zu verlassen, wie hier LG Düsseldorf MMR 2003, 486.

[181] So schon Bettinger/*Leistner*, Werbung und Vertrieb im Internet, Teil A I Rn. 42–44; *Bornkamm/Seichter* CR 2005, 747 (752); *Köhler*/Bornkamm § 7 Rn. 93.

inhalte darstellen können, falls im Einzelfall die technischen Möglichkeiten genutzt werden, um zusätzlich zur reinen Lästigkeit dieser Fenster den Kunden in überraschender Weise gleichsam unmittelbar anzusprechen. Jeglicher strengere Maßstab ginge letztlich an der Realität der Internet-Nutzung vorbei und liefe so Gefahr, die Glaubwürdigkeit und den Geltungsanspruch der rechtlichen Maßstäbe des UWG in diesem Bereich durch allzu exorbitante Entfernung von den realen Maßstäben der betroffenen Anbieter- und Nutzerkreise zu unterhöhlen.

2. Internetspezifische Probleme im Irreführungsschutz

a) Trennungsgebot für Telemedien und sonstige besondere Informationspflichten

Die Beurteilung bestimmter Werbeformen und diesbezüglicher Geschäftsmodelle im Internet anhand des wettbewerbsrechtlichen Irreführungsverbots ist überlagert vom spezialgesetzlichen **Trennungsgebot für Telemedien,** welches der eigentlichen Irreführungsprüfung vorgelagert stets mit zu prüfen ist, wobei die Vorschriften des UWG durch das Trennungsgebot und die zusätzlichen besonderen Informationspflichten für Telemedien unberührt bleiben (vgl. § 6 Abs. 3 TMG). 39

Das Trennungsgebot für Telemedien ergibt sich aus dem Telemediengesetz, das am 01.03.2007 in Kraft trat und das Teledienstegesetz ablöste. Es schreibt vor, dass kommerzielle Kommunikation als solche klar erkennbar sein muss (vgl. § 6 Abs. 1 Nr. 1 TMG). Telemedien sind nach der Legaldefinition des § 1 Abs. 1 TMG solche Informations- und Kommunikationsdienste, die nicht Telekommunikationsdienste nach § 3 Nr. 24 Telekommunikationsgesetz, telekommunikationsgestützte Dienste nach § 3 Nr. 25 Telekommunikationsgesetz oder Rundfunk nach § 2 Rundfunkstaatsvertrag sind. Der Begriff der Telemedien erfasst nunmehr sowohl Telemedien als auch Mediendienste im Sinne der Rechtslage vor dem 01.03.2007, wodurch sich die Abgrenzungsschwierigkeiten der Reichweite von Teledienstegesetz und Mediendienstestaatsvertrag in alter Rechtslage geklärt haben. Das TMG richtet sich zunächst an alle natürlichen oder juristischen Personen, die eigene oder fremde Telemedien zur Nutzung bereithalten oder den Zugang zur Nutzung vermitteln, unabhängig von der Entgeltlichkeit der Nutzung (vgl. § 1 Abs. 1 Satz 2 und § 2 Nr. 1 TMG). Die besonderen Informationspflichten und das Trennungsgebot betreffen jedoch nur solche Telemedien oder Bestandteile von Telemedien, die kommerzielle Kommunikationen darstellen (Definition § 2 Nr. 5 TMG). 40

Im Einzelnen haben Diensteanbieter die folgenden **besonderen Informationspflichten**[182] zu beachten (§ 6 Abs. 1 TMG):[183] 41

- Kommerzielle Kommunikationen müssen als solche klar erkennbar sein (**Trennungsgebot von kommerzieller Kommunikation und (redaktionellem) Inhalt,** § 6 Abs. 1 Nr. 1 TMG).
- Die natürliche oder juristische Person, in deren Auftrag kommerzielle Kommunikationen erfolgen, muss klar identifizierbar sein (**Verbot anonymer kommerzieller Kommunikation,** § 6 Abs. 1 Nr. 2 TMG).

---

182 Vgl. zu den allgemeinen Informationspflichten der Diensteanbieter (Impressumspflicht usf.) oben Rdn. 27.
183 Hinzu kommt noch in § 6 Abs. 2 TMG einmal mehr eine Regelung bezüglich kommerzieller Kommunikation per elektronischer Post, der zufolge in derartigen Kommunikationen der kommerzielle Charakter und die Identität des Absenders nicht verschleiert oder verheimlicht werden dürfen. Gegenüber § 7 Abs. 2 UWG, der gem. § 6 Abs. 3 TMG unberührt bleibt, bringt diese bereichsspezifische Regelung letztlich nichts Neues; insbesondere führt § 6 Abs. 2 TMG natürlich nicht im Wege eines Umkehrschlusses zu der Zulässigkeit unverlangter E-Mail-Werbung im Fall der Erfüllung der dort genannten Pflichten, da insoweit das grundsätzliche opt-in-Prinzip in § 7 Abs. 2 Nr. 3 UWG unberührt bleibt.

- Angebote zur **Verkaufsförderung,** wie Preisnachlässe, Zugaben oder Geschenke müssen klar als solche erkennbar sein, und die Bedingungen für ihre Inanspruchnahme müssen leicht zugänglich sein sowie klar und unzweideutig angegeben werden (§ 6 Abs. 1 Nr. 3 TMG).[184]
- **Preisausschreiben oder Gewinnspiele** mit Werbecharakter müssen klar als solche erkennbar und die Teilnahmebedingungen leicht zugänglich sein sowie klar und unzweideutig angegeben werden (§ 6 Abs. 1 Nr. 4 TMG).[185]

Daneben bleiben die Vorschriften des UWG unberührt.[186]

42 Für den hier behandelten Schwerpunkt des Irreführungsschutzes steht das **Trennungsgebot** im Mittelpunkt der Betrachtung, wie es sich aus § 6 Abs. 1 Nr. 1 TMG ergibt.[187] Demzufolge müssen kommerzielle Kommunikationen, die Telemedien oder Bestandteile von Telemedien sind – also insbesondere auf Internet-Plattformen und Onlinewerbung – als solche klar erkennbar und mithin von sonstigen (insbesondere redaktionellen) Inhalten klar und eindeutig getrennt sein.[188] Außerdem darf – schon nach allgemeinen wettbewerbsrechtlichen Grundsätzen – innerhalb des redaktionellen, informierenden Teils eines Informations- oder Kommunikationsdienstes nicht im inhaltlichen Kern doch – etwa durch übertrieben anpreisende Berichterstattung gegen Entgelt – Werbung betrieben werden (**Verbot getarnter Werbung**).[189]

Dabei gelten im Allgemeinen dieselben Grundsätze wie bei klassischen offline-Werbemedien. Insbesondere die strengen Anforderungen an die Trennung redaktioneller Inhalte von Werbung und das Verbot getarnter Werbung bei **Presseerzeugnissen** sind auf redaktionelle Veröffentlichungen (Homepages, Newsletter u. ä.) im Internet grundsätzlich entsprechend übertragbar.[190] Weniger strenge Maßstäbe können allerdings gelten für kommerziell geprägte Berichte auf einer insgesamt als kommerziell motiviert einzuschätzenden Homepage, etwa insbesondere dem **Auftritt eines Unternehmens** im Internet, welches dann in informierender Form über seine Produkte und Dienstleistungen berichtet.[191] Denn dann wird vom durchschnittlich informierten, durchschnittlich aufmerksamen und verständigen Durchschnittsnutzer ohnedies keine rein neutrale Information erwartet, sondern vielmehr eine von kommerziellen Absatzzielen geprägte Darstellung.[192] Allerdings besteht insoweit

---

184 Insoweit sind dann im Rahmen des allgemeinen UWG insbesondere das Transparenzgebot des § 4 Nr. 4 i. V. m. § 3 UWG sowie auch die sonstigen wettbewerbsrechtlichen Grenzen für Sales promotion-Maßnahmen zu beachten.
185 Insoweit sind dann im Rahmen des allgemeinen UWG zudem auch das allgemeine Transparenzgebot und das Verbot sachfremder Kopplung der § 4 Nrn. 5 und 6 i. V. m. § 3 UWG zu beachten.
186 § 6 Abs. 3 TMG.
187 Ein Verstoß gegen die anderen der hier aufgeführten besonderen Informationspflichten wird im Übrigen wettbewerbsrechtlich stets unter dem Aspekt des Rechtsbruchs gem. §§ 4 Nr. 11, 3 UWG zu sanktionieren sein, da es sich bei den besonderen Informationspflichten des § 6 TMG um Marktverhaltensregeln i. S. d. § 4 Nr. 3 UWG handelt.
188 *Köhler*/Bornkamm § 4 Rn. 1.273.
189 Vgl. zu den diesbezüglichen Grundsätzen über das Verbot getarnter Werbung in »klassischen« offline-Medien (etwa in Zeitungen, Zeitschriften oder Filmen), die in den online-Bereich übertragen werden können, BGH GRUR 1995, 744 [750] – Feuer, Eis & Dynamit). Zur Übertragbarkeit in den Online-Bereich zutreffend schon *Leupold/Bräutigam/Pfeiffer* WRP 2000, 575 (589); *Köhler*/Bornkamm § 4 Rn. 1.273 m. w. N.
190 S. BGH WRP 1995, 613 – Chris Revue; BGH GRUR 1995, 125 – Editorial I; BGH WRP 1997, 843 – Emil-Grünbär-Klub; *Köhler*/Bornkamm § 4 Rn. 1.273 m. w. N.
191 So noch recht pauschal und weiter gehend als hier zuerst *Hoeren* WRP 1997, 993 (995), demzufolge praktisch jeder Unternehmensauftritt im Netz komplett vom Geltungsbereich des Trennungsgebots auszunehmen wäre; ähnlich wohl auch *Köhler*/Bornkamm § 4 Rn. 1.273 m. w. N.
192 *Gummig* ZUM 1996, 573; *Hoeren* WRP 1997, 993 (995); wohl auch *Leupold/Bräutigam/Pfeiffer* WRP 2000, 575 (590); *Köhler*/Bornkamm § 4 Rn. 1.273.

kein Grund – wie in der älteren Literatur noch teilweise vertreten[193] – den gesamten Unternehmensauftritt ohne Differenzierung nach den einzelnen Elementen der Homepage – also z. B. Berichte über die eigenen Produkte einerseits und einen neutral »aufgemachten« Newsticker andererseits – von vornherein komplett dem Geltungsbereich des Trennungsgebots und des Verbots getarnter Werbung zu entziehen. Vielmehr sollte eine differenzierte Beurteilung der Einzelelemente der Homepage am Maßstab des Empfängerhorizonts des durchschnittlich aufmerksamen und verständigen Durchschnittsverbrauchers erfolgen. Entscheidend muss es insoweit darauf ankommen, ob der Nutzer bei einer Betrachtung des entsprechenden **Einzelangebots** auf der Homepage berechtigterweise verobjektivierte, redaktionelle Informationen erwartet. Insoweit lassen sich Websites – auch Unternehmensauftritte im Internet – nicht von vornherein pauschal als Ganzes bewerten. Vielmehr ist auf das jeweils konkret zu beurteilende Service-Angebot auf der Seite abzustellen.[194]

43 Neben dem spezialgesetzlichen Gebot klarer Erkennbarkeit der kommerziellen Kommunikation (Trennungsgebot) und dem allgemein wettbewerbsrechtlichen Trennungsgebot und Verbot getarnter Werbung sind zudem die allgemeinen Grundsätze des **Verbots irreführender Werbung nach §§ 5 und 5a UWG** zu berücksichtigen. Innerhalb dieses rechtlichen Koordinatensystems sollen in der Folge die typischen Erscheinungsformen und Geschäftsmodelle der Werbung im Netz unter wettbewerbsrechtlicher Perspektive jeweils kurz beleuchtet werden.

b) Bannerwerbung und Pop-ups

44 Dabei sind »klassische« Bannerwerbung und Pop-up-windows[195] im Hinblick auf das **Trennungsgebot** vergleichsweise unproblematisch. Häufig wird bereits deren grafische Gestaltungsform bzw. die Erscheinung in einem eigenen, mit unabhängigem Menübalken versehenen Fenster diese Werbeformen hinreichend deutlich von den inhaltlichen Elementen der werbetragenden Homepage abheben. Dann ist es in der Regel auch nicht notwendig, derartige Banner oder Pop-ups noch ausdrücklich deutlich als »Werbung« oder »Anzeige« zu kennzeichnen. Ist eine entsprechende Trennung nicht schon aufgrund der grafischen Gestaltung eindeutig gegeben, muss eine entsprechende Kennzeichnung als »Werbung« oder »Anzeige« erfolgen.[196]

c) Links in redaktionellen Beiträgen

45 Vom Privileg der Pressefreiheit nach Art. 5 Abs. 1 GG in der Regel gedeckt ist die Verlinkung zu Unternehmenshomepages oder anderen Netzangeboten in redaktionellen Beiträgen, die über diese Unternehmen oder Angebote berichten. Zum UWG 2004 galt, dass in aller Regel dann schon gar keine Wettbewerbshandlung vorlag. Es fehlte an der notwendigen Wettbewerbsabsicht, die in derartigen Fällen nicht zu vermuten war, da die Verlinkung grundsätzlich nur die informierende Berichterstattung, den Gepflogenheiten des Netzes

---

193 *Hoeren* WRP 1997, 993 (995); *Leupold/Bräutigam/Pfeiffer* WRP 2000, 575 (590); *Köhler*/Bornkamm § 4 Rn. 1.273.
194 Vgl. schon Bettinger/*Leistner*, Werbung und Vertrieb im Internet, Teil 1 A Rn. 48; vgl. allgemein auch BGH GRUR 1995, 744 (747).
195 Vgl. auch schon oben Rdn. 36 unter dem Blickwinkel des Belästigungsverbots.
196 S. *Leupold/Bräutigam/Pfeiffer* WRP 2000, 575 (590); *Bettinger*/Leistner, Werbung und Vertrieb im Internet, Teil 1 A Rn. 50 dort auch zu denkbaren Sondergestaltungen, in denen ausnahmsweise eine deutliche Kennzeichnung noch zusätzlich erforderlich ist; Loewenheim/Koch/*Niebler* S. 256; Fezer/*Mankowski* § 4 – S 12 Rn. 28–31 und Rn. 70; *Köhler*/Bornkamm § 4 Rn. 1.273. Vgl. aber auch für einen Einzelfall, in dem nicht einmal die Kennzeichnung als Anzeige genügen sollte, da ein vermeintlich »redaktioneller« Bericht (mit letztlich werbenden Links) von dieser Kennzeichnung grafisch nicht mehr hinreichend deutlich mit erfasst war, KG Berlin MMR 2006, 680.

entsprechend, komplementär ergänzte.[197] Dementsprechend ist unter geltendem Recht zu fragen, ob ein **objektiver Zusammenhang** zwischen dem Verhalten, d. h. dem Setzen des Links, und der Absatzförderung des verlinkten Unternehmens besteht.[198] Dieser ist zu verneinen, wenn bei funktionaler Betrachtung[199] die Verlinkung nicht auf die Förderung des Unternehmens abzielt, sondern lediglich der objektiven und unvoreingenommenen Illustration der redaktionellen Inhalte dient. Sofern neben die informierende Zwecksetzung des Beitrags aber auch selbstständig und nicht ganz untergeordnet das Ziel tritt, das fremde Unternehmen – etwa insbesondere gegen Zahlung eines Entgelts – durch besonders lobende, anpreisende Berichterstattung zu fördern, kann anderes gelten, und es wird dann in aller Regel auch gegen das **Verbot getarnter Werbung** verstoßen sein.[200]

d) Suchmaschinen

aa) Allgemein

46 Stellen sich die vorgenannten »klassischen« Werbeformen im Netz mithin unter wettbewerbsrechtlicher Perspektive vergleichsweise unproblematisch dar, so sind die werblichen Geschäftsmodelle und Erscheinungsformen, die sich um Funktionsweise und Angebot von **Suchmaschinen**[201] ranken, aus wettbewerbsrechtlicher Sicht vielfach problematisch.[202] Nur die wesentlichsten Geschäftsmodelle und Erscheinungsformen, die wettbewerbsrechtliche Probleme aufwerfen, seien an dieser Stelle kurz aufgegriffen und diskutiert.[203]

bb) Verfälschung der Suchergebnisse durch technische Manipulation rankingerhöhender Faktoren

47 Die (weit verbreitete) Verfälschung der Suchergebnisse der gängigen Suchmaschinen durch rein technische Manipulation der Faktoren (insbesondere des Grads der wechselseitigen Verlinkung einer Homepage), welche den Suchalgorithmen dieser Suchmaschinen zugrunde liegen (insbesondere durch Generierung rein technischer, inhaltlich »leerer« Verlinkungsstrukturen in unterschiedlichem technischen Gewand), ist zweifellos als **irreführende Werbung i. S. d. § 5 Abs. 1 Nr. 3 i. V. m. § 3 UWG** anzusehen.[204]

Mit der Manipulation der Suchergebnisse wird der suchende Nutzer nämlich – ohne dass er insoweit die Einzelheiten des Suchalgorithmus kennen oder im Einzelnen nachvollziehen müsste – über die Attraktivität und Relevanz[205] des Webangebots des Werbenden – und damit über die geschäftlichen Verhältnisse als Eigenschaft des Werbenden i. S. d. § 5 Abs. 1 Nr. 3 UWG – in relevanter Weise getäuscht, um solcherart die Reichweite des eigenen Angebots zu erhöhen.

---

197 So im Ergebnis auch BGH GRUR 2004, 693 (694) – Schöner Wetten; *Bornkamm/Seichter* CR 2005, 747 (751); *Köhler*/Bornkamm § 4 Rn. 1.277.
198 Zur geschäftlichen Handlung siehe oben Rdn. 10.
199 *Köhler*/Bornkamm § 2 Rn. 48.
200 Vgl. schon oben Rdn. 42.
201 S. zu den neuesten technischen Entwicklungen (und insbesondere auch zu Manipulationsversuchen und den technischen Lösungsansätzen der Suchmaschinenbetreiber, um Manipulationen vorzubeugen) *Ernst* WRP 2004, 278; *Fezer*/*Mankowski* § 4 – S 12 Rn. 77–81.
202 S. unter dem Blickwinkel des Trennungsgebots Bettinger/*Leistner*, Werbung und Vertrieb im Internet, Teil 1 A Rn. 53–54; umfassend Fezer/*Mankowski* § 4 – S 12 Rn. 76–116; Hoeren/Sieber/*Wolff* Teil 11 Rn. 83 jeweils m. w. N.
203 Für eine ausf. Darstellung sämtlicher, auch weniger verbreiteter Geschäftsmodelle s. Fezer/*Mankowski* § 4 – S 12 Rn. 76–116 m. w. N.
204 *Ernst* WRP 2004, 278; Fezer/*Mankowski* § 4 – S 12 Rn. 83.
205 A. A. *Köhler*/Bornkamm § 4 Rn. 10.31a, der der Rangfolge in der Trefferliste keine entscheidende Bedeutung beimisst.

Dass der Werbende insoweit nicht im engeren Sinne eine Aussage macht, sondern nur das Suchergebnis einer Suchmaschine manipuliert oder manipulieren lässt, die als Mittler die irreführende Angabe generiert, ist unerheblich, da es für § 5 UWG auf die Ausdrucksform der werblichen Angabe nicht ankommt, solange sich diese nur in irgendeiner Form auf Tatsachen bezieht, die objektiv nachprüfbar sind und da die letztliche Verbreitung des konkreten Suchergebnisses durch den Suchmaschinenbetreiber dem manipulierenden Homepage-Inhaber auch zuzurechnen ist.[206]

cc) Meta Tags

Eine direktere Technik, um die gängigen Suchmechanismen zu beeinflussen, liegt in der Verwendung sogenannter **Meta Tags**, die – im Header des Quelltexts der Homepage verborgen – dafür sorgen, dass die Suchmaschinen bei Eingabe des entsprechenden Suchbegriffs einen Treffer auf der Homepage ausweisen, selbst wenn diese mit dem als Meta Tag im Header versteckten Suchbegriff keinerlei Zusammenhang aufweist.

48

Insoweit lassen sich aus rechtlicher Sicht zwei Vorgehensweisen unterscheiden: Zum einen können rechtlich geschützte Marken, sonstige Produkt- oder Unternehmenskennzeichen oder anderweit »**fremde**« **Begriffe** eines Konkurrenten oder sonstigen Dritten als Meta Tag eingesetzt werden, um Verkehr auf die eigene Homepage zu leiten (also etwa »Chanel« auf einer Seite eines anderen Parfumherstellers). Zum anderen kann dasselbe Ziel erstrebt werden durch Verwendung **allgemeiner (generischer) Begriffe** von hohem Attraktivitätsgrad im Netz (also zum Beispiel »Sex« für eine Seite, die letztlich Bettwäsche vertreibt).[207]

Aus wettbewerbsrechtlicher Sicht[208] ist die Verwendung **fremder Begriffe** unter mehreren Aspekten problematisch. Im Hinblick auf den betroffenen Konkurrenten ist zu prüfen, ob eine Behinderung gem. §§ 4 Nr. 10, § 3 UWG im Rahmen der Fallgruppen der Absatzbehinderung oder der Rufausbeutung durch Verwendung eines fremden Kennzeichens vorliegt. Im Ergebnis sind beide Fallgruppen jedoch abzulehnen. Zunächst liegt der Schwerpunkt der Handlung nicht auf dem Ablenken der Kunden von der Website des Kennzeicheninhabers sondern vielmehr auf dem Hinlenken zur eigenen Seite. Dies beeinträchtigt nicht die fremde Werbung und vereitelt nicht die Kaufentscheidung des Kunden.[209] Denn die Kunden bezwecken mit der Eingabe bestimmter Unternehmens- oder Produktkennzeichnungen häufig zuerst eine allgemeine Suche bevor konkrete Angebote berücksichtigt werden. Nur bei Hinzutreten besonderer Umstände im Einzelfall kommt demnach eine wettbewerbswidrige Absatzbehinderung oder Rufausbeutung in Betracht.[210]

49

Im Hinblick auf den Schutz der betroffenen Verbraucher und sonstigen Marktteilnehmer (der Suchenden) ist in erster Linie ein Verstoß gegen das Irreführungsverbot (§ 5 Abs. 1

---

206 Vgl. allgemein Köhler/*Bornkamm* § 5 Rn. 2.37 (bezüglich der Form der Angabe) und *Köhler*/Bornkamm § 8 Rn. 2.2 ff. bezüglich der Zurechnungsvoraussetzungen für die Zurechnung der letztlichen Verbreitung zur Handlung des Manipulierenden. S. konkret für Suchmaschinenmanipulation im Ergebnis wie hier *Ernst* WRP 2004, 278 (281); Fezer/*Mankowski* § 4 – S 12 Rn. 83.
207 Vgl. Bräutigam/Leupold/*Bräutigam/Leupold* B IX Rn. 315; Hoeren/Sieber/*Wolff* Teil 11 Rn. 84; Fezer/*Mankowski* § 4 – S 12 Rn. 90; *Kaufmann* MMR 2005, 348; *Heim* CR 2005, 200.
208 Vgl. zur marken- und kennzeichenrechtlichen Beurteilung allgemein Kap. 19.
209 *Köhler*/Bornkamm § 4 Rn. 10.31.
210 Vgl. OLG Düsseldorf GRUR-RR 2003, 48 – Meta Tags; OLG Düsseldorf CR 2004, 462, 464; MMR 2004, 319 (321); zurückhaltender auch *Kotthoff* K&R 1999, 157; *Köhler*/Bornkamm § 4 Rn. 10.31. Teils soll dann zudem danach differenziert werden, ob der »Meta Tagger« den betroffenen Konkurrenten durch die Verwendung des Meta Tags von seinem eigenen Platz auf der Trefferliste der Suchmaschine oder – noch differenzierter – von der ersten Bildschirmseite der angezeigten Treffer verdränge (vgl. *Menke* WRP 1999, 982 [990]); doch kann es darauf kaum ankommen, da dies ein sehr volatiles, von technischen und sonstigen Faktoren bestimmtes Kriterium wäre (s. zutreffend *Köhler*/Bornkamm § 4 Rn. 10.31 [Kriterium von der »zufälligen Anzahl von Treffern« abhängig]; Fezer/*Mankowski* § 4 – S 12 Rn. 88).

UWG) zu prüfen.[211] Doch wird es insoweit in der Regel an einer relevanten Irreführung fehlen, da der typische Nutzer nicht zwingend erwartet, dass ein bestimmter – von ihm eingegebener Suchbegriff – auch tatsächlich auf der nach außen gestalteten Internet-Seite auftaucht, solange nur ein innerer Zusammenhang zu dem Angebot des »Meta Taggers« besteht.[212]

Durch **höchstrichterliche Rechtsprechung** ist allerdings zwischenzeitlich geklärt, dass sowohl die Verwendung eines Markenzeichens als Meta Tag[213] als auch als »Weiß-auf-Weiß«[214] Schrift im HTML-Code eine **Kennzeichenrechtsverletzung** darstellt.[215] Der Nutzer ist sich zwar bewusst, dass er auch Treffer erhalten kann, die mit dem Suchwort nicht in Bezug stehen, andererseits besteht jedoch eine Verwechslungsgefahr, wenn er zu dem Internetauftritt eines Unternehmens geführt wird, das die gleichen Dienstleistungen anbietet wie der Kennzeichenrechtsinhaber.[216] Kommt eine Kennzeichenrechtsverletzung in Betracht, wird zum Teil der Tatbestand der Rufausbeutung als ergänzender wettbewerbsrechtlicher Kennzeichenschutz aufgrund der abschließenden Regelung des Markengesetzes dennoch abgelehnt.[217]

50 Die Verwendung **allgemeiner, nicht einem Konkurrenten oder sonstigen Dritten zugeordneter Begriffe** ist demgegenüber in der Regel wettbewerbsrechtlich unproblematisch.[218] Insbesondere dürfen natürlich Gattungsbegriffe jeglicher Couleur, seien sie auch dem eigenen Angebot nur benachbart oder im weitesten Sinne verwandt (also etwa: »Kamera« für einen Spezialanbieter von Fotopapier; »Copacabana« für den Anbieter eines Portugiesisch-Reisewörterbuchs), zur Orientierung des Kunden über die Suchmaschine verwendet werden. Hierin liegt im Regelfall weder eine Verletzung fremder Rechte noch ein unlauteres Anlocken, eine Irreführung oder Belästigung.[219] Allenfalls mag im Einzelfall eine Irreführung in Betracht kommen, wenn der als Meta Tag verwendete (Such-) Begriff mit dem eigenen Angebot überhaupt nichts zu tun hat, sondern einer vollkommen allgemeinen, sachfremden Anlockung der Kunden dient;[220] in Extremfällen einer Verwendung unzähliger Meta Tags mag auch an eine unzumutbare Belästigung der hierdurch »umgesteuerten« Internet-Nutzer gedacht werden.[221]

dd) Keyword-Search Advertising (AdWords u. ä.)

51 Die Möglichkeit, durch Anknüpfung an die Eingabe bestimmter Suchwörter kontextsensitive Werbung zu schalten, ist schließlich auch zur Basis eines eigenständigen Geschäftsmodells der Suchmaschinenbetreiber geworden, wobei das **AdWords-Programm** von »Google«[222] die bekannteste dieser Varianten ist. Bei Eingabe eines oder mehrerer definier-

---

211 So z.B. Hoeren/Sieber/*Wolff* Teil 11 Rn. 85.
212 Wie hier Köhler/*Bornkamm* § 5 Rn. 4.126 m. w. N.
213 BGH MMR 2006, 812 – Impuls III.
214 BGH GRUR 2007, 784 – AIDOL.
215 So schon OLG München WRP 2000, 775; OLG Karlsruhe CR 2004, 535; *Köhler*/Bornkamm § 4 Rn. 10.31; a. A. OLG Düsseldorf CR 2004, 462; CR 2004, 936; s. näher unten Rdn. 51.
216 BGH MMR 2006, 812 (814) – Impuls III.
217 So Piper/*Ohly*/Sosnitza § 4 Rn. 10/53; a. A. *Fezer*/Mankowski § 4 S – 12 Rn. 78.
218 Hoeren/Sieber/*Wolff* Teil 11 Rn. 86; *Köhler*/Bornkamm § 4 Rn. 10.31; Fezer/*Mankowski* § 4 – S 12 Rn. 90–96.
219 S. OLG Düsseldorf GRUR-RR 2003, 48 – Meta Tags; OLG Düsseldorf MMR 2004, 257 (259) – Impuls; Köhler/Bornkamm § 4 Rn. 10.31; Fezer/*Mankowski* § 4 – S 12 Rn. 90–96 jeweils m. w. N.
220 Vgl. *Pohle* MMR 2003, 409 (410); *Ernst* WRP 2004, 278; Fezer/*Mankowski* § 4 S – 12 Rn. 94 m. w. N.
221 Vgl. LG Frankfurt/M. CR 2002, 222 (224) zum so genannten »Index-Spamming«; Köhler/Bornkamm § 4 Rn. 10.31; Fezer/*Mankowski* § 4 S – 12 Rn. 98.
222 Vgl. die Seite für Kunden des AdWords-Programms https://www.google.com/accounts/ServiceLogin?service=adwords&hl=de_DE&ltmpl=adwords&passive=true&ifr=false&alwf=true&continue=https%3A%2F%2Fadwords.google.de%2Fum%2Fgaiaauth%3Fapt%3DNone%26ugl%3Dtrue (zuletzt besucht am 01.06.2011).

ter Suchwörter, die der Werbende frei wählen kann, erscheint die vom Werbenden im Ad-Words-Programm eigenständig gestaltete Anzeige seitlich oder zu Beginn der Trefferliste.[223]

In diesem Zusammenhang sind als Grundvoraussetzung lauteren Wettbewerbs zuerst das **Trennungsgebot und das Verbot getarnter Werbung** zu beachten.[224] Denn der Nutzer geht in diesem Zusammenhang davon aus, dass ihm die Suchmaschine als ein neutrales Telemedium mit informatorischem Charakter zuerst die relevantesten Seiten für seine Suchanfrage aufgrund bestimmter wesentlich objektiver Kriterien liefert.[225] Dementsprechend sind Suchtreffer auf den ersten Plätzen, die auf entsprechenden Vereinbarungen zwischen Suchmaschinenbetreiber und Werbendem beruhen, als Anzeigen zu kennzeichnen, wie dies auch typischerweise durch entsprechende farbliche Unterlegung geschieht.[226] Unproblematisch sind insoweit dann natürlich erst recht die sich nicht als Suchtreffer präsentierenden kontextsensitiven Banner, die typischerweise zusätzlich seitlich neben oder über der Ergebnisliste eingeblendet werden.[227] 52

Neben der Berücksichtigung des Trennungsgebots und des Verbots getarnter Werbung ist das Keyword-Search Advertising schließlich wiederum unter dem **Blickwinkel der Rufausbeutung und Absatzbehinderung** problematisch, wenn **fremde Unternehmens- oder Produktkennzeichen** als kontextsensitiv das eigene Banner auslösende Suchwörter ver- 53

---

[223] Vgl. *Schaefer* MMR 2005, 807; *Ernst* WRP 2004, 278 jeweils m. w. N.
[224] S. schon *Leupold/Bräutigam/Pfeiffer* WRP 2000, 575 (590); Bettinger/*Leistner*, Werbung und Vertrieb im Internet, Teil 1 A Rn. 53–54 m. w. N.; zustimmend Fezer/*Mankowski* § 4 – S 12 Rn. 105.
[225] A. A. jedenfalls für den Fall bezahlter Suchmaschineneinträge *Köhler*/Bornkamm § 4 Rn. 10.31a, der die Situation mit der zulässigen »Regalmiete« im Einzelhandel vergleicht, die ebenfalls Aufmerksamkeit des Kunden auf das eigene Angebot lenke. Doch trägt der Vergleich bei genauem Hinsehen wohl in mindestens zweifacher Hinsicht nicht: Erstens verbindet der angesprochene Durchschnittskunde im Einzelhandel mit der Platzierung der Ware in den Regalen keine Erwartung bezüglich einer neutral vom Händler gewichteten Rangordnung der Relevanz der einzelnen Angebote; er sieht den Händler insoweit auch nicht als neutralen Informationsmakler, sondern vielmehr als ein Vertriebsunternehmen, zu dessen Geschäft es gehört, die Handelsware nach *kommerziellen* Gesichtspunkten im eigenen Interesse möglichst günstig anzuordnen und zu präsentieren. Die Suchmaschine im Internet präsentiert sich dem Kunden demgegenüber als ein neutraler Informationsmakler, dessen Refinanzierung typischerweise über Bannerwerbung und die erkennbar gestalteten »Anzeigentreffer« erfolgt, während die Erstellung der Rangfolge der Treffer nach Relevanz die eigentliche, kundenorientierte Dienstleistung bildet, bezüglich derer ein neutraler Service des Anbieters erwartet wird (s. schon Bettinger/*Leistner*, Werbung und Vertrieb im Internet, Teil 1 A Rn. 53; zustimmend Fezer/*Mankowski* § 4 – S 12 Rn. 110–112). Den Kern des Suchmaschinengeschäfts bildet also die Erbringung einer informationsorientierten Dienstleistung, während im Einzelhandel die Anordnung in den Regalen allenfalls ein reflexartiger Nebeneffekt des eigentlich angestrebten Verkaufsgeschäfts ist. Die demnach unterschiedliche Erwartung der Kundenseite bezüglich der Neutralität und Objektivität des jeweiligen Anbieters rechtfertigt und erfordert bereits die abweichende wettbewerbsrechtliche Beurteilung gegenüber der »Regalmiete« im Einzelhandel. Als weiterer – zweiter – Aspekt tritt noch hinzu, dass der Kunde der Reihenfolge der einzelnen Treffer bei einer Suchmaschine im Hinblick auf die jeweils erwartete Relevanz für die eigene Suche wesentliche Bedeutung beimisst (zutreffend Fezer/*Mankowski* § 4 – S 12 Rn. 111; a. A. konsequent *Köhler*/Bornkamm § 4 Rn. 10.31a), was zu einer entsprechenden Kanalisierung des Nutzerverkehrs auf die höchstgeranten Angebote führt. Demgegenüber führt die »Regalmiete« im Einzelhandel zwar zu einer unterschiedlichen Aufmerksamkeit für das jeweilige Angebot, doch kommt es in diesem Zusammenhang nicht zu einem vergleichbar starken Kanalisierungseffekt wie bei den Suchmaschinen, bei denen die nachgelagerten Treffer – spätestens ab der zweiten Bildschirmseite, die erst eines weiteren Aufrufs bedürfte – typischerweise kaum noch wahrgenommen werden, während die Anordnung der Waren im Supermarktregal zwar einzelne Waren hervorheben mag, dann aber dennoch die Wahrnehmbarkeit der Konkurrenzprodukte dadurch nicht wesentlich einschränkt, da diese doch jedenfalls »auf den ersten Blick« sichtbar bleiben.
[226] Bettinger/*Leistner*, Werbung und Vertrieb im Internet, Teil 1 A Rn. 53; Fezer/*Mankowski* § 4 – S 12 Rn. 112; a. A. wohl *Köhler*/Bornkamm § 4 Rn. 1.273.
[227] Insoweit vollkommen h. M., s. etwa Bettinger/*Leistner*, Werbung und Vertrieb im Internet, Teil 1 A Rn. 53; *Köhler*/Bornkamm § 4 Rn. 10.31; Fezer/*Mankowski* § 4 – S 12 Rn. 70 und Rn. 106.

wendet werden.[228] Entgegen vereinzelter Stimmen in Rechtsprechung und Literatur[229] ist mit höchstrichterlicher Rechtsprechung des BGH im Fall *Beta Layout*[230] nun geklärt, dass ohne Hinzutreten besonderer, die Unlauterkeit begründender Umstände weder von einer Rufausbeutung noch von einer Absatzbehinderung nach §§ 4 Nr. 10, § 3 UWG ausgegangen werden kann. Hinsichtlich der Rufausbeutung wurde festgestellt, dass der Nutzer zwar seine Güte- oder Wertvorstellung, die er mit dem Unternehmenskennzeichen verbindet, auf die Produkte des Werbenden überträgt; durch die graphische Trennung von Suchergebnissen und Werbeanzeigen wird indes auch einem unerfahrenen Internetnutzer deutlich, dass die dargestellten Einblendungen Anzeigen von Werbekunden des AdWord-Anbieters sind und keine Suchergebnisse. Entscheidend ist, dass die angesprochenen Verkehrskreise die Anzeige als bloße Eigenwerbung ohne geschäftliche Verbindung zum Rechtsinhaber verstehen.[231] Hierin unterscheidet sich die Verwendung von AdWords von Meta Tags, bei denen eine Verwechslungsgefahr vorliegen kann.[232] Bezüglich der Absatzbehinderung hat der BGH seine bisherige Rechtsprechung bestätigt, dass eine unlautere Behinderung der Mitbewerber erst vorliegt, wenn der Mitbewerber in unangemessener Weise auf den Kaufentschluss des Kunden einwirkt und sich geradezu zwischen den Mitbewerber und den Kunden stellt. Eine solche unangemessene Beeinflussung des Kunden ist aber noch nicht in der Schaltung einer suchwortabhängigen Anzeige durch AdWords zu sehen.[233] Der Rechteinhaber wird auch nicht dadurch behindert, dass er für vorrangige Rankingergebnisse seiner Werbung einen höheren Preis als seine Mitbewerber zahlen muss, wenn diese ebenfalls den geschützten Begriff als AdWord benutzten, denn gerade dies ist ein wettbewerbsimmanentes Resultat.[234] Dem ist zuzustimmen, denn letztlich wird der fremde Begriff in dieser Fallkonstellation in der Regel nur genutzt, um ein bestimmtes – unter Umständen auch ganz allgemein ausgerichtetes – Suchinteresse der Nutzer zu identifizieren; die Nutzer werden also nicht notwendig – wie im Fall der »klassischen« Absatzbehinderung – in ihrem bereits auf das Geschäft des Konkurrenten ausgerichteten Erwerbswillen aktiv umgelenkt. Vielmehr wird ihnen – mit eindeutig gekennzeichnetem werblichen Charakter – ein ihrem allgemeinen Suchinteresse entsprechendes Angebot präsentiert; ist ihr Suchinteresse doch spezifischerer Natur, sind sie durch nichts gezwungen, auf dieses allgemeine Angebot einzugehen. Dies ist insbesondere dann der Fall, wenn die durch die Keyword-Eingabe ausgelöste Werbeanzeige ihrer Gestaltung und Formulierung nach keine besondere Verbindung mit dem fremden Produkt oder Unternehmen beansprucht, sondern lediglich das allgemeine Interesse des Suchenden aufgreift. Daher sollte wohl letztlich eine unlautere geschäftliche Handlung richtigerweise allenfalls dann angenommen werden, wenn – insbesondere auch hinsichtlich der Gestaltung und Formulierung entsprechend ausgelöster Anzeigen selbst – besondere Umstände hinzutreten, die dazu führen, dass der fremde Ruf tatsächlich als Vorspann ausgenutzt wird, um Kunden über eine bloße Identifizierung ihres allgemeinen Suchinteresses hinaus, übermäßig auf die eigene Seite zu locken.[235]

---

228 Vgl. LG Hamburg CR 2000, 392 – Estée Lauder; LG Berlin K&R 2001, 171 – Keyword Advertising; *Boehme-Neßler* ZUM 2001, 547 (553); *Ernst/Vassilaki/Wiebe* Rn. 101; Bräutigam/Leupold/*Bräutigam/Leupold* B. IX. Rn. 308; Gounalakis/*Backhaus* § 26 Rn. 13; Fezer/*Mankowski* § 4 – S 12 Rn. 101–106; zweifelnd *Schreibauer/Mulch* WRP 2001, 481 (490).
229 LG Hamburg CR 2000, 392 – Estée Lauder; Gounalakis/*Backhaus* § 26 Rn. 13.
230 BGH MMR 2009, 329 – Beta Layout, mit Anm. *Hoeren*.
231 BGH MMR 2009, 329 Tz. 19 – Beta Layout mit Anm. *Hoeren*. Der BGH verweist hinsichtlich des Imagetransfers auf die Feststellungen zur Bewertung der Verletzung von Unternehmenskennzeichen.
232 BGH MMR 2006, 812 – Impuls III; s. schon oben Rdn. 49.
233 BGH MMR 2009, 329 Tz. 23 – Beta Layout mit Anm. *Hoeren*.
234 OLG Düsseldorf MMR 2007, 247 Tz. 24. Interessant insofern der Vergleich zum Urteil des EuGH GRUR 2010, 445 – Google France und Google, denn dies stellt auch noch keinen Eingriff in die Werbefunktion der Marke dar.
235 Vgl. zutreffend im Zusammenhang der allgemeinen Meta Tags die Differenzierung bei *Köhler*/Bornkamm § 4 Rn. 10.31; kritisch zur h. M. auch *Schreibauer/Mulch* WRP 2001, 481 (490).

Während im Fall *Beta Layout* das nicht harmonisierte Recht der Unternehmenskennzeichnung bestimmend war und insofern dem EuGH gar nicht hätte vorgelegt werden können, hat der BGH dies im **Fall *Bananabay*[236] zum Markenschutz** getan. In dem Beschluss zu *Bananabay*[237] ist der Europäische Gerichtshof den Entwicklungen seiner jüngeren Rechtsprechung aus dem Urteil *Google France und Google*[238] gefolgt und hat eine Markenrechtsverletzung abgelehnt. Die Benutzung einer Marke im Rahmen eines Referenzierungsdienstes ist einerseits nicht geeignet die Werbefunktion der Marke zu beeinträchtigen, da eine ausreichende Wahrung der Werbeinteressen des Rechteinhabers an der Werbewirkung der Marke erfolge, indem dieser in der Trefferliste der natürlichen Suchergebnisse erscheine. Andererseits ist die Herkunftsfunktion erst dann beeinträchtigt, wenn ein normal informierter und angemessen aufmerksamer Internetnutzer nicht oder nur schwer erkennen kann, ob die Ware aus der mit dem AdWord verknüpften Werbung von dem Markeninhaber stammt oder von einem mit diesem wirtschaftlich verbundenen Unternehmen oder von einem Dritten.[239]

Unproblematisch ist nach allgemeiner Auffassung jedenfalls in aller Regel die Verwendung **allgemeiner generischer Begriffe** als Auslöser der kontextsensitiven Werbung, denn die hierdurch genutzte Möglichkeit, die Werbung gezielt und ansatzweise interaktiv auf empfängliche, interessierte Nutzer auszurichten, stellt gerade einen der großen Vorteile der Internet-Werbung dar, ohne dass insoweit im Lichte der Schutzzwecke des UWG im Interesse unverfälschten Wettbewerbs ein Einschreiten notwendig erscheint.[240]

54

3. Internetspezifische Probleme der unlauteren unsachlichen Beeinflussung (§§ 4 Nr. 1, 3 UWG)

a) Virtuelle Käufergemeinschaften (Community shopping, PowerShopping u. ä.)

Neben dem weitgespannten Problemfeld der Internet-Auktionen, welches aufgrund der größeren Vielschichtigkeit der rechtlichen Probleme eigenständiger Behandlung bedarf,[241] sind unter den neuartigen Endkundenvertriebsmodellen im Netz insbesondere die unterschiedlichen Erscheinungsformen von **Community shopping-Modellen, wie PowerShopping und ähnliche Modelle** in den Fokus des Wettbewerbsrechts geraten. Die unterschiedlichen Modelle zeichnen sich jedenfalls allesamt dadurch aus, dass in Abhängigkeit von bestimmten Gesamtabnahmemengen unterschiedliche Preisstufen erreicht werden können, wobei mit der Anzahl der sich beteiligenden Käufer (bzw. der abgenommenen Menge) stufenweise niedrigere Preise erreichbar sind.[242] So werden einerseits der Spieltrieb der Verkäufer auf der Jagd nach niedrigen Preisen angeregt, andererseits die Käufer animiert, gewissermaßen virtuelle Einkaufsgemeinschaften zu bilden, sich also gegenseitig zu werben.[243] Dabei verstärkt sich der erstgenannte Effekt noch zusätzlich, wenn die einzelnen Preisstufen »geschlossen« sind, sodass bei Erreichen der benötigten Abnahmemenge nur diejenigen Kunden, die sich auf der »geschlossenen« Preisstufe noch rechtzeitig beteiligt haben, die Ware erwerben, während alle anderen Kunden erst auf die Auffüllung einer neuen, noch

55

---

236 BGH MMR 2009, 326 – Bananabay mit Anm. *Hoeren*.
237 EuGH EuZW 2010, 430 Tz. 24 – Eis.de GmbH/BBY Vertriebsgesellschaft mbH.
238 EuGH GRUR 2010, 445 – Google France und Google.
239 So auch schon EuGH GRUR 2010, 445 Tz. 84 – Google France und Google.
240 Ebenso im Ergebnis LG Frankfurt/M. K&R 2001, 173 – Buderus; LG Düsseldorf K&R 2002, 380, verlangt allerdings zumindest einen inneren Zusammenhang zwischen dem allgemeinen Gattungsbegriff und dem Angebot des Werbenden; *Bettinger*/Leistner, Werbung und Vertrieb im Internet, Teil 1 A Rn. 52; Fezer/*Mankowski* § 4 – S 12 Rn. 107–108; Gounalakis/*Backhaus* § 26 Rn. 13 jeweils m. w. N.
241 S. daher unten Kap. 14.
242 Vgl. für eine Darstellung der Einzelheiten etwa *Schafft* CR 2001, 393; Bräutigam/Leupold/*Meyer*/Specht/Friemel A. II. Rn. 95–96, 101–109.
243 Treffend Fezer/*Mankowski* § 4 – S 12 Rn. 285–286.

günstigeren Preisstufe hoffen müssen, ohne noch auf der bereits »geschlossenen« Stufe mit einsteigen zu können.[244]

56 Stand im Zentrum der älteren wettbewerbsrechtlichen Diskussion noch die Fragestellung, inwieweit derartige Rabattmodelle mit dem (mittlerweile seit Jahren aufgehobenen) Rabattgesetz vereinbar sind,[245] so verbleiben als wettbewerbsrechtlich potenziell problematische Aspekte nach heutiger Rechtslage nur die Gesichtspunkte einer unlauteren **aleatorische Reize** ausnutzenden Werbung i. S. d. § 4 Nr. 1, § 3 UWG, einer unlauteren **Laienwerbung** gem. § 4 Nr. 1, § 3 UWG sowie die Frage nach den Vorgaben der **PreisangabenVO** für diesen Bereich. Bei genauem Hinsehen greift aber keiner dieser Aspekte durch; die unterschiedlichen Erscheinungsformen der virtuellen Einkaufsgemeinschaften im Netz sind grundsätzlich als **wettbewerbsrechtlich zulässig** anzusehen. Im Einzelnen ergibt sich dies aus folgenden Überlegungen:

57 Insbesondere eine unlautere unsachliche Beeinflussung durch **Ausnutzung des Spieltriebs** der Verbraucher und Kunden scheidet aus, da die angesprochenen Durchschnittsverbraucher – zumal bei Vertrieb höherwertiger Waren – sich schwerlich durch das bloße spielerische Element in ihrer Erwerbsentscheidung wesentlich beeinflussen lassen, sondern vielmehr – zumal wenn dies, wie im Internet, leicht möglich ist – nur aufgrund eines sorgsamen, über das einzelne, spielerisch ausgestaltete Angebot hinausgehenden Preisvergleichs entscheiden.[246] Hinzu kommt die Überlegung, dass aufgrund des Widerrufsrechts im Fernabsatz den Kunden in derartigen Konstellationen in aller Regel nach ihrer Erwerbsentscheidung noch eine mindestens zweiwöchige Überlegungsfrist eingeräumt wird, die bereits genügen dürfte, um die Gefahr einer durch den Spieltrieb unangemessen beeinflussten Kaufentscheidung wirksam auszuräumen.[247] Insoweit dürfte letztlich auch die Differenzierung zwischen den unterschiedlichen Formen des Community-Shopping und eine Annahme von Wettbewerbswidrigkeit für die Systeme mit geschlossenen Preisstufen[248] richtigerweise unnötig sein. Denn auch für diese Fälle dürfte die Entscheidungsfindung des Durchschnittsverbrauchers durch die zivilrechtlichen Widerrufsrechte nach zutreffender Auffassung hinreichend robust gegen unangemessene, unsachliche Beeinflussung abgesichert sein.

---

244 Vgl. schon Bettinger/*Leistner*, Werbung und Vertrieb im Internet, Teil 1 A Rn. 58 und 64.
245 S. OLG Hamburg CR 2000, 182; Bettinger/*Leistner*, Werbung und Vertrieb im Internet, Teil 1 A Rn. 62.
246 Vgl. grundlegend BGH GRUR 2003, 626 (627) – Umgekehrte Versteigerung II (für eine »umgekehrte« Auktion eines Gebrauchtwagens in einer Tageszeitung, wobei die Entscheidung ausdrücklich feststellt, dass an der anderslautenden Auffassung aus dem Senatsurteil BGH GRUR 1986, 622 – Umgekehrte Versteigerung (ebenfalls für die Versteigerung mehrerer Gebrauchtwagen aufgrund von Anzeigen in Tageszeitungen mit wöchentlich fallenden Preisen) nicht mehr festgehalten wird. S. für eine Internet-Versteigerung auch BGH GRUR 2004, 249 (251) – Internet-Auktion, wobei der BGH in diesem Zusammenhang wesentlich auch darauf abstellt, dass die spielerisch zum Erwerb gelockten Kunden in der spezifischen Konstellation zunächst nur ein Bezugsrecht erwarben, sodass ihnen letztlich dann noch eine gewisse Überlegungs- und Beratungszeit blieb, die bereits einer Kaufentscheidung aufgrund unangemessener Beeinflussung wirksam vorbeugen konnte. Unzutreffend demgegenüber OLG Köln CR 2001, 545 (547) – Powershopping mit ablehnender Anm. *Leible/Sosnitza*; kritisch dazu auch *Leistner*, Richtiger Vertrag und lauterer Wettbewerb, S. 698. Vgl. für die h. M. in der Literatur schon die Tendenz bei Bettinger/*Leistner*, Werbung und Vertrieb im Internet, Teil A 1 Rn. 68; *Menke* WRP 2000, 337; *Leible/Sosnitza* ZIP 2000, 732; *Leible/Sosnitza* CR 2001, 547 (548); *Köhler* GRUR 2001, 1067 (1075); *Köhler*/Bornkamm § 4 Rn. 1.265 m. w. N.; ausf. *Leistner*, Richtiger Vertrag und lauterer Wettbewerb, S. 695–701 m. w. N.; differenzierend zwischen offenen und geschlossenen Systemen Fezer/*Mankowski* § 4 – S 12 Rn. 282–284 m. w. N.
247 S. dazu grundlegend *Leistner*, Richtiger Vertrag und lauterer Wettbewerb, S. 695–701 m. w. N.; ähnlich im Übrigen der Ansatzpunkt des BGH in GRUR 2004, 249 (251) – Internet-Auktion. Unzutreffend OLG Köln CR 2001, 545 (547) – Powershopping mit ablehnender Anm. *Leible/Sosnitza*.
248 So im Anschluss an die ursprünglich h. M. noch (wenn auch kritisch) Bettinger/*Leistner*, Werbung und Vertrieb im Internet, Teil 1 A Rn. 64–68; zuletzt ähnlich noch Fezer/*Mankowski* § 4 – S 12 Rn. 282–284.

Ebenso ist für den Normalfall ohne Hinzutreten besonderer Umstände keine unlautere **Laienwerbung** anzunehmen.[249] Denn derartige Werbeformen, bei denen Privatleute als Kundenwerber eingesetzt werden,[250] sind gerade nicht per se als wettbewerbswidrig anzusehen.[251] Nur wo übermäßige Prämien, progressive Ausgestaltung der Systeme (Schneeball-Effekt) oder eine Verschleierung der Werbung hinzutreten, kann von Wettbewerbswidrigkeit ausgegangen werden.[252] Dies ist bei den gängigen Community-Shopping-Modellen nicht der Fall, die daher unter diesem Blickwinkel wettbewerbsrechtlich grundsätzlich als zulässig anzusehen sind.[253]   58

Schließlich genügen die unterschiedlichen Formen des Community-Shopping auch den Vorgaben der **PreisangabenVO**, da die einzelnen Preisstufen eindeutig festgelegt und für den jeweils eintretenden Fall – je nach letztlicher Abnahmemenge – fix definiert sind; damit werden nicht mehrere Normalpreise für dasselbe Angebot offeriert, sondern vielmehr unterschiedliche Fälle unterschieden, für die jeweils ein eindeutiger Preis festgelegt ist, der sich für die Verbraucher und Kunden auch ohne Weiteres mit dem Marktpreis vergleichen lässt. Damit ist dem Zweck des § 1 PreisangabenVO genügt.[254]   59

b) Kundenbindungsmodelle im Internet

Ebenso wie im klassischen Vertrieb (wo das Miles & More Programm der Lufthansa das bekannteste Beispiel bildet) existieren **Modelle der Kundenbindung** durch Gewährung zusätzlicher Vorteile beim Erwerb der Ware oder Dienstleistung, die dann im Rahmen eines Bonusprogramms gesammelt und schließlich in andere Waren, Dienstleistungen oder Rabatte umgetauscht werden können, auch im Internet.[255] Das bekannteste Modell dürfte in diesem Bereich das **»Webmiles«-System** sein.[256] Wettbewerbsrechtlich stellen derartige Systeme nach dem Wegfall der ZugabeVO im Regelfall kein Problem mehr dar, insbesondere führen sie nicht zu einer unangemessenen, unsachlichen Einflussnahme auf die Kundenentscheidungen i. S. d. § 4 Nr. 1, § 3 UWG.[257] Allenfalls ist natürlich auf die notwendige eindeutige Information der Kunden über die Bedingungen für die Inanspruchnahme der Prämien zu achten (§ 4 Nr. 4, § 3 UWG).   60

4. Ergänzender wettbewerbsrechtlicher Leistungsschutz im Internet – Die wettbewerbsrechtliche Beurteilung von Links und Frames

a) Ausgangspunkt

Die unterschiedlichen Linking-Techniken im Netz[258] können aus wettbewerbsrechtlicher Sicht in zweifacher Hinsicht rechtliche Probleme aufwerfen. Einerseits stellt sich die Frage,   61

---

249 S. zutreffend Fezer/*Mankowski* § 4 – S 12 Rn. 285–286 m. w. N.
250 Vgl. zum Begriff *Köhler*/Bornkamm § 4 Rn. 1.192 m. w. N.
251 S. allgemein *Köhler*/Bornkamm § 4 Rn. 1.203; bezogen auf Community-Shopping Fezer/*Mankowski* § 4 – S 12 Rn. 285–286.
252 S. *Köhler*/Bornkamm § 4 Rn. 1.203–1.212.
253 Zutreffend Fezer/*Mankowski* § 4 – S 12 Rn. 285–286 m. w. N.
254 Vgl. schon Bettinger/*Leistner*, Werbung und Vertrieb im Internet, Teil 1 A Rn. 63; für die ganz h. M. auch nach heutigem Stand s. *Leible*/Sosnitza ZIP 2000, 732 (739); *Ernst* CR 2000, 239 (242); *Menke* WRP 2000, 338 (343); *Bräutigam*/*Leupold*/*Huppertz* B VI Rn. 15; Spindler/Wiebe/*Ernst* Teil C Rn. 84; Fezer/*Mankowski* § 4 – S 12 Rn. 289 m. w. N.
255 S. Harte-Bavendamm/Henning-Bodewig/*Frank* Einl. G Rn. 37.
256 S. http://www.webmiles.de (zuletzt besucht am 01.06.2011); vgl. auch Harte-Bavendamm/Henning-Bodewig/*Frank* Einl. G Rn. 37 mit weiteren Beispielen.
257 Zutreffend statt aller Harte-Bavendamm/Henning-Bodewig/*Frank* Einl. G Rn. 37.
258 S. zu den Grundbegriffen *Koch* GRUR 1997, 417 (430); *Kochinke*/Tröndle CR 1999, 190 (191); *Plaß* WRP 2000, 6; *Ernst*/Wiebe, MMR Beilage 8/2001, 20; Bettinger/*Leistner*, Werbung und Vertrieb im Internet, Teil 1 B Rn. 64–67 jeweils m. w. N.

inwieweit der Link-Setzer für Wettbewerbsverstöße auf der verlinkten Seite mit-haftet. Dies ist eine Frage wettbewerbsrechtlicher Verantwortlichkeit im Internet; daher wird die Problematik unten D kurz behandelt. Andererseits ist die Frage zu beantworten, in welchen Fällen die **Setzung des Links als solche** eine unlautere geschäftliche Handlung darstellen kann. Der alten Rechtslage entsprechend wird ein objektiver Zusammenhang zwischen der Setzung des Links und der Absatzförderung außerhalb der Besonderheiten des Medienbereichs in der Regel anzunehmen sein, sodass die Grundvoraussetzungen einer geschäftlichen Handlung vorliegen.[259] Entscheidend ist dann die Frage, in welchen Fällen dieses geschäftliche Verhalten als unlauter einzustufen ist, wobei – aus Sicht der betroffenen (»verlinkten«) Seitenanbieter – insbesondere eine unlautere Nachahmung i. S. d. § 4 Nr. 9 UWG oder eine Behinderung i. S. d. § 4 Nr. 10 UWG und – aus Sicht der angesprochenen Internet-Nutzer – insbesondere eine irreführende Werbung i. S. d. § 5 UWG in Betracht kommen.[260] Für die nähere Beurteilung ist zwischen den einzelnen Linking-Techniken zu differenzieren.[261]

b) »Einfache« Hyperlinks

62 Rechtlich unproblematisch ist im Regelfall die Beurteilung der **»schlichten« Hyperlinks** als flächendeckend verbreiteter und unerlässlicher Methode der Informationsverknüpfung im Netz. Hierbei wird auf der Website des Verlinkers – gekennzeichnet durch die übliche Unterstreichung und farbliche Hervorhebung – die Adresse der Homepage eines anderen Anbieters oder eine andere Einzelseite der eigenen Website zum Abruf bereitgestellt. Klickt der Benutzer den entsprechenden Text oder das entsprechende Icon an, so wird automatisch die »gelinkte« Web-Seite angewählt, die dann auf dem Bildschirm erscheint. Der Sprung zur fremden Homepage gestaltet sich dabei für den Nutzer insofern offen, als in der Adresszeile des Browsers die URL der neuen Homepage erscheint und ein entsprechend erkennbarer neuer Ladevorgang beginnt.[262]

Wettbewerbsrechtlich wirft dies für den Regelfall **keinerlei Probleme** auf, da aus der Sicht des Nutzers der Sprung auf die fremde Homepage aufgedeckt wird, sodass letztlich der Zugriff auf das fremde Angebot nur vereinfacht und dadurch sogar intensiviert wird, ohne dass aus Sicht des Nutzers die fremde Leistung dem Verlinkenden zugeordnet werden könnte. Etwas anderes könnte allenfalls gelten, wenn der Kontext, in dem der Link präsentiert wird, dergestalt ist, dass der Mitbewerber durch die Zuordnung des Links verunglimpft oder andersartig herabgesetzt wird, sodass eine unlautere Herabsetzung oder Verunglimpfung des Mitbewerbers i. S. d. § 4 Nr. 7, § 3 UWG in Betracht käme.

c) Deep Links

63 In der älteren Literatur wurden demgegenüber die sogenannten Deep Links, bei denen der Hyperlink nicht auf die erste Seite (Homepage) der Website eines anderen Anbieters verweist, sondern direkt auf eine »unterliegende« Seite oder Datei innerhalb dieses Angebots,[263] verbreitet teilweise als wettbewerbsrechtlich problematisch angesehen. Dies wurde damit begründet, dass derlei Direktverweise zu einer (teils auch durchaus bewusst erstrebten) Umgehung fremder Bannerwerbung führen könnten, an der der »verlinkte« Anbieter zur Refinanzierung seiner Seite die Kunden »auf dem Weg« zu dem tiefer liegenden Inhalt

---

259 Vgl. Bettinger/*Leistner*, Werbung und Vertrieb im Internet, Teil 1 B Rn. 58.
260 Vgl. im Ansatz zutreffend Harte-Bavendamm/Henning-Bodewig/*Frank* Einl. G Rn. 20.
261 Vgl. Bettinger/*Leistner*, Werbung und Vertrieb im Internet, Teil 1 B Rn. 79.
262 S. statt aller Bettinger/*Leistner*, Werbung und Vertrieb im Internet, Teil 1 B Rn. 65 m. w. N.
263 S. etwa *Kochinke/Tröndle* CR 1999, 190 (191).

innerhalb der Seitenstruktur »vorbeileite«. Hierin könne eine unlautere Behinderung des Mitbewerbers bzw. eine unlautere Leistungsübernahme[264] liegen.[265]

Mittlerweile hat der **BGH in der *Paperboy*-Entscheidung** klargestellt, dass das offene Setzen eines Deep Link als solches – als eine verbreitete und angesichts der Informationsfülle notwendige Form der Informationsvernetzung im Internet – für sich genommen noch keine wettbewerbswidrige Werbebehinderung und auch keine Irreführung konstituiert.[266] Hierfür müssten vielmehr – so der BGH – weitere unlauterkeitsbegründende Umstände hinzutreten, die sich insbesondere aus einer Umgehung technischer Schutzvorkehrungen des Inhabers der »verlinkten« Website gegen Deep Linking ergeben können. Dem ist im Ergebnis zuzustimmen, widerspräche doch jegliche andere Lösung der Realität des World Wide Web, zu dessen Vorteilen gerade die Möglichkeit der effektiven und auch zielgenauen Vernetzung von Inhalten zählt, wie sie zumal die Deep Links von Suchmaschinen[267] nutzen.[268] Wer derartige Vorteile durch Erstellung einer Internet-Präsenz nutzt, vermittels derer er seine Inhalte öffentlich macht, kann es auch nicht als unlautere Behinderung beanstanden, wenn andere die insoweit etablierten Techniken zur weiteren Erschließung des betreffenden Webangebots für die Öffentlichkeit nutzen und einsetzen. Schließlich kann sich der Anbieter der »verlinkten« Seite auch helfen, indem er seine Werbung auf die tiefer liegenden, inhaltsbezogenen Seiten verlagert oder indem er technische Vorkehrungen[269] gegen direkte Deep Links auf diese tiefer liegenden Seiten trifft.[270]

Weiterhin in Betracht kommt jedoch eine relevante **Irreführung** der Nutzer i. S. d. §§ 5, 3 UWG, sofern bei ihnen aufgrund der Einbindung des Deep Links der Eindruck hervorgerufen wird, dass das direkt verlinkte Material vom Linksetzenden stamme und sofern die sonstigen Voraussetzungen des Irreführungsverbots vorliegen.[271] Unter derartigen Umständen kann dann wohl auch eine unlautere Leistungsübernahme gem. § 4 Nr. 9 lit. a), § 3 UWG zu bejahen sein. Denn dann könnte – im Vergleich zum »Normalfall« der Paperboy-Entscheidung – ein zusätzlicher unlauterkeitsbegründender Umstand der Leistungsübernahme in der vermeidbaren Herkunftstäuschung erblickt werden. Dies gilt umso mehr, als der BGH in seiner ablehnenden Entscheidung bezüglich des wettbewerbsrechtlichen Leistungsschutzes ausdrücklich hervorhebt, dass die Nutzer aufgrund des »schlichten« Deep Links im Paperboy-Sachverhalt nach der Auffassung des BGH über die Herkunft der nachgewiesenen Artikel gerade nicht in die Irre geführt wurden.[272]

d) Frame Links und Inline Links

Frame Links nutzen die technische Möglichkeit, einzelne Webpages in mehrere Rahmen (»Frames«) einzuteilen, um in derartigen Rahmen – mit eigener Menüleiste oder auch gänz- **64**

---

264 Verneinend allerdings (wenn auch aufgrund fehlender wettbewerblicher Eigenart der durch Deep Linking übernommenen Seite) von jeher OLG Düsseldorf CR 2000, 184 (186) – baumarkt.de mit Anm. *Leistner*; eine wettbewerbswidrige unmittelbare Leistungsübernahme bejahend demgegenüber OLG Celle CR 1999, 523 – Deep Links mit Anm. *Wiebe*.
265 S. *Wiebe* WRP 1999, 734 (739); ähnlich auch noch Bettinger/*Leistner*, Werbung und Vertrieb im Internet, Teil 1 B Rn. 81 m. w. N.
266 S. BGH GRUR 2003, 958, 963 – Paperboy; zustimmend die mittlerweile h. M. in der Literatur, s. *Hoeren* GRUR 2004, 1 (3); Piper/*Ohly*/Sosnitza § 4.10 Rn. 10/65; *Köhler*/Bornkamm § 4 Rn. 1.277 jeweils m. w. N.
267 Auf diesen spezifischen Aspekt weist zutreffend Fezer/*Mankowski* § 4 – S 12 Rn. 123 hin.
268 Vgl. auch *Plaß* WRP 2000, 599 (607); *Sosnitza* CR 2001, 693 (702 f.).
269 S. zu derartigen technischen Schutzmaßnahmen näher Fezer/*Mankowski* § 4 – S 12 Rn. 128–130 m. w. N.
270 BGH GRUR 2003, 958 (963) – Paperboy; Piper/*Ohly*/Sosnitza § 4.10 Rn. 10/65 m. w. N.
271 Vgl. OLG Köln GRUR-RR 2001, 97 (insoweit im Rahmen der Entscheidung BGH GRUR 2003, 958 – Paperboy, nicht in die Revision gelangt, s. auch den entsprechenden Hinweis bei Köhler/*Bornkamm* § 5 Rn. 4.124).
272 BGH GRUR 2003, 958 (963) – Paperboy.

lich untergeordnet – fremde Angebote per Link in das eigene Angebot einzubauen. Das fremde Angebot wird somit von der grafisch-optischen – insbesondere der werblichen – Umgebung der eigenen Seite gewissermaßen eingerahmt.[273] Erfolgt dabei der Import des fremden Materials vollkommen verdeckt, ist also keinerlei eigenständiger Fensterbalken mehr vorhanden, sondern wird eine fremde Quelle schlichtweg unerkennbar (insbesondere ohne Angabe der Quellen-URL) und ohne dass ein eigenständiger Aufruf des Nutzers notwendig wäre von vornherein in einen Rahmen der eigenen Seite übernommen, so spricht man von sogenannten **Inline Links**.[274]

65 Diese letztgenannte Kategorie von Links ist wettbewerbsrechtlich ersichtlich problematisch. Aus der Sicht der betroffenen Mitbewerber, deren Material auf diese Weise unmittelbar übernommen wird, ohne dies zu verdeutlichen, dürfte sich der Einsatz von Inline Links in der Regel als eine **unlautere Leistungsübernahme** in der Fallgruppe der **Herkunftstäuschung** gem. § 4 Nr. 9 lit. a), § 3 UWG darstellen, sofern die übernommenen Materialien eine hinreichende wettbewerbliche Eigenart aufweisen. Besondere Bedeutung kommt insofern dem Herkunftshinweis zu, dies muss unter Berücksichtigung aller Umstände des konkreten Einzelfalls beurteilt werden. Eine höchstrichterliche Rechtsprechung ist bisher noch nicht ergangen.[275] Im Einzelfall kommt auch die Fallgruppe der unangemessenen Ausnutzung oder Beeinträchtigung der Wertschätzung des fremden Inhalts in Betracht.[276] Soweit in der Literatur vertreten wird, aufgrund der *Paperboy*-Entscheidung des BGH sei eine unlautere Leistungsübernahme nach § 4 Nr. 9 UWG nunmehr auch für Inline Links grundsätzlich abzulehnen,[277] ist dem nicht zu folgen. Denn in der bewussten Täuschung der Nutzer über die Herkunft des importierten Materials, dessen Quelle – anders als in der Situation des Deep Links, bei welchem dem Nutzer jedenfalls der Sprung auf die neue URL des direkt verlinkten fremden Angebots in jedem Fall offensichtlich wird, da er diesen erst selbst aufrufen muss – gerade nicht offengelegt wird, sondern das wie eigenes Material von vornherein durch den Verlinkenden selbst in seine Homepage eingebunden ist, liegt ein zusätzlicher Umstand, der bei Vorliegen der sonstigen Voraussetzungen des wettbewerbsrechtlichen Leistungsschutzes zur Erfüllung des Beispielstatbestands der § 4 Nr. 9, § 3 UWG führt. Eine derartige Verschleierung der Herkunft des fremden Materials lag in der Paperboy-Entscheidung demgegenüber gerade nicht vor.[278] Aus der Sicht der von Inline Links betroffenen Nutzer kann sich die Einbindung des fremden Materials zudem bei Vorliegen der sonstigen Voraussetzungen als **Irreführung i. S. d. §§ 5, 3 UWG** darstellen, da der Nutzer nicht erkennt, dass es sich bei den importierten Informationen um fremde Informationen handelt.[279]

66 Bei den schlichten **Frame Links** wird im Übrigen zu differenzieren sein.[280] Hat der vom Frame-Link betroffene Anbieter keine technischen Schutzvorkehrungen getroffen und ist die Tatsache, dass durch den Frame-Link ein fremdes Angebot aufgerufen wird, für den Nutzer aufgrund der Präsentation und technischen Ausgestaltung des Frame Links erkennbar – weil dieser etwa erst im Rahmen einer Suchmaschine des Verlinkenden das fremde Angebot ermitteln und »anklicken« muss oder weil dieses seine eigene Menüleiste

---

273 S. zu dieser Technik Bettinger/*Leistner*, Werbung und Vertrieb im Internet, Teil 1 B Rn. 67; Fezer/*Mankowski* § 4 – S 12 Rn. 141; Harte-Bavendamm/Henning-Bodewig/*Frank* Einl. G Rn. 22.
274 S. (auch zur technischen Grundlage in HTML) Bettinger/*Leistner*, Werbung und Vertrieb im Internet, Teil 1 B Rn. 66; Harte-Bavendamm/Henning-Bodewig/*Frank* Einl. G Rn. 21.
275 Soweit ersichtlich ist die Thematik bisher in OLG Düsseldorf MMR 1999, 729; LG Köln MMR 2008, 64 und MMR 2009, 640 behandelt worden.
276 Vgl. Harte-Bavendamm/Henning-Bodewig/*Frank* Einl. G Rn. 24.
277 So Moritz/Dreier/*Moritz/Herrmann* Teil D Rn. 473.
278 S. ausdrücklich diesen Aspekt betonend BGH GRUR 2003, 958 (963) – Paperboy.
279 Insoweit zutreffend Moritz/Dreier/*Moritz/Herrmann* Teil D Rn. 472; vgl. auch Köhler/*Bornkamm* § 5 Rn. 4.124 unter Hinweis auf OLG Köln GRUR-RR 2001, 97 (für Deep Links).
280 S. schon Bettinger/*Leistner*, Werbung und Vertrieb im Internet, Teil 1 B Rn. 80 m. w. N.

samt fremder URL eindeutig behält – so wird in aller Regel sowohl eine Irreführung i. S. d. §§ 5, 3 UWG[281] als auch eine unlautere Leistungsübernahme nach § 4 Nr. 9, § 3 UWG – insoweit aufgrund der Grundsätze aus dem Paperboy-Urteil[282] – ausscheiden.[283] Ist der Frame-Link allerdings in einer Art und Weise in das eigene Angebot eingebunden, die aufgrund der Präsentation und technischen Ausgestaltung aus der Sicht des durchschnittlichen Nutzers den Sprung zu fremdem Material verdeckt und den Eindruck hervorruft, es handele sich von vornherein um ein eigenes Angebot des Verlinkenden, so kommen wiederum sowohl eine Irreführung i. S. d. §§ 5, 3 UWG als auch eine unlautere Leistungsübernahme nach § 4 Nr. 9 lit. b), § 3 UWG in Betracht.[284]

5. Exkurs: IT-spezifische Probleme des Jugendschutzes

Seit dem 01.04.2003 ist das **Jugendmedienrecht** im Wesentlichen im **Jugendschutzgesetz** (JuSchG) einerseits und im **Jugendmedienschutzstaatsvertrag** (JMStV) andererseits geregelt.[285]

67

Dabei regelt das JuSchG die sogenannten **Trägermedien**, d. h. alle »Medien mit Texten, Bildern oder Tönen auf gegenständlichen Trägern, die zur Weitergabe geeignet, zur unmittelbaren Wahrnehmung bestimmt oder in einem Vorführ- oder Spielgerät eingebaut sind« (§ 1 Abs. 2 JuSchG), während der JMStV auf **Telemedien** nach dem TMG und **Rundfunk** nach § 2 Rundfunkstaatsvertrag anwendbar ist (§ 2 Abs. 1 JMStV).[286] Im Jugendschutz gelten demnach für Trägermedien und deren elektronisches Verbreiten, Überlassen, Anbieten oder Zugänglichmachen, soweit es sich nicht um Rundfunk nach § 2 RStV handelt, die Regelungen des JuSchG. Sobald aber eine digitale Kopie auf einem nicht als Trägermedium einzuordnenden Gerät gespeichert wird – also etwa der Festplatte des Computers, der es an der Eignung zur unmittelbaren Wahrnehmung fehlt –, um sie dann im Rahmen von Online-Angeboten (Telemedien) zu verbreiten, ist der JMStV anwendbar.[287]

Im Mittelpunkt des Jugendmedienrechts steht zum einen das **Indizierungsverfahren für Träger- und Telemedien der Bundesprüfstelle**, wie es in §§ 17 ff. JuSchG näher geregelt ist. Bezüglich der Einzelheiten des Indizierungsverfahrens ergeben sich keine internetspezifischen Besonderheiten, weshalb insoweit auf die einschlägigen Darstellungen in der Literatur verwiesen werden kann.[288] Zum anderen enthält der JMStV eine **Klassifizierung** ver-

68

---

281 Für Situationen, in denen der Fremdcharakter des Materials aufgrund der technischen Ausgestaltung erkennbar wird, zutreffend OLG Düsseldorf CR 2000, 184 (186) – baumarkt.de mit Anm. *Leistner*. Zustimmend Bettinger/*Leistner*, Werbung und Vertrieb im Internet, Teil 1 B Rn. 80, wonach insoweit entscheidend ist, ob aufgrund der Präsentation und technischen Ausgestaltung des Frame Links erkennbar wird, dass dieser eine Verbindung zu einem fremden Angebot im Internet aufbaut; zweifelnd aber Köhler/*Bornkamm* § 5 Rn. 4.125; *Bornkamm/Seichter* CR 2005, 747 (750).
282 S. schon oben Rdn. 63.
283 S. zutreffend bezüglich des bei fehlender Herkunftstäuschung in der Regel zu verneinenden wettbewerbsrechtlichen Leistungsschutzes Moritz/Dreier/*Moritz/Herrmann* Teil D Rn. 479, die allerdings zu weitgehend die Fallgruppe des wettbewerbsrechtlichen Leistungsschutzes nach § 4 Nr. 9 lit. b), § 3 UWG offenbar selbst dann ablehnen wollen, wenn es aufgrund der Präsentation und technischen Ausgestaltung des Links zu einer Täuschung der Kunden über die Herkunft des Materials kommt.
284 Bettinger/*Leistner*, Werbung und Vertrieb im Internet, Teil 1 B Rn. 80; *Bornkamm/Seichter* CR 2005, 747 (750); Köhler/*Bornkamm* § 5 Rn. 1.125; a. A. bezüglich der unlauteren Leistungsübernahme offenbar Moritz/Dreier/*Moritz/Herrmann* Teil D Rn. 479, die jedoch die Einschränkung übersehen, die der BGH in der Paperboy-Entscheidung selbst (s. BGH GRUR 2003, 958 [963]) dahin gehend vorgenommen hat, dass im entschiedenen Sachverhalt die Herkunft der nachgewiesenen Artikel aufgrund der technischen Ausgestaltung des Links, der eigens aufgerufen werden musste, nach der Auffassung der BGH-Richter gerade nicht verschleiert wurde.
285 S. Gounalakis/*Dietmeier* § 21 Rn. 85; Hoeren/Sieber/*Altenhain* Teil 20.
286 Vergleiche dazu den Verweis auf Landesrecht in § 16 JuSchG und die Definition von Telemedien in § 1 Abs. 3 JuSchG.
287 S. die Abgrenzung bei Gounalakis/*Dietmeier* § 21 Rn. 89 m. w. N.
288 S. Gounalakis/*Dietmeier* § 21 Rn. 90–97.

schiedener Stufen jugendgefährdender Inhalte in Telemedien und Rundfunk, für die jeweils spezifische Vorschriften – insbesondere hinsichtlich der notwendigen Beschränkung der Wahrnehmbarkeit für Jugendliche – seitens der Anbieter zu beachten sind.[289] Schließlich sieht § 7 JMStV für geschäftsmäßige Anbieter von allgemein zugänglichen Telemedien, die zum Teil entwicklungsbeeinträchtigende oder jugendgefährdende Inhalte enthalten, sowie für Anbieter von Suchmaschinen die **Bestellung eines Jugendschutzbeauftragten** vor und regelt dessen Aufgaben näher.[290] Unternehmen mit weniger als 50 Mitarbeitern oder weniger als zehn Millionen Zugriffen im Monatsdurchschnitt können auf die Bestellung verzichten, wenn sie sich einer **Einrichtung der freiwilligen Selbstkontrolle** (s. § 19 JMStV) anschließen und diese zur Wahrnehmung der Aufgaben des Jugendschutzbeauftragten verpflichten und entsprechend informieren.

69 Die Nichtbeachtung dieser sämtlichen Vorschriften ist in den genannten Regelungen zum Teil mit **Ordnungswidrigkeitentatbeständen** sanktioniert. Daneben stellt nach richtiger Ansicht jeder Verstoß gegen Regelungen des Jugendschutzes des Bundes oder der Länder zugleich im wettbewerbsrechtlichen Sinne die Verletzung einer marktverhaltensbezogenen Regelung zum Schutze der Verbraucher dar und löst daher im Rahmen der Fallgruppe des **Rechtsbruchs** nach § 4 Nr. 11, § 3 UWG auch das komplette **wettbewerbsrechtliche Sanktioneninstrumentarium aus**.[291] § 4 Nr. 11, § 3 UWG soll auch solche Vorschriften erfassen, die neben der Entscheidungs- und Verhaltensfreiheit auch sonstige Rechte und Rechtsgüter der Verbraucher bei der Marktteilnahme schützen.[292] Das JuSchG stellt nach höchstrichterlicher Rechtsprechung eine solche Marktverhaltensregelung dar.[293] Daran hat sich auch durch die UGP-Richtlinie nichts geändert, denn diese lässt mitgliedstaatliche Regelungen, die dem Schutz der Verbraucher vor Gesundheits- und Sicherheitsschäden dienen, weiterhin zu.[294]

D. Rechtsfolgen

70 Für die Rechtsfolgen unzulässiger unlauterer Geschäftshandlungen im Netz gelten im Grundsatz die allgemeinen Regelungen der **§§ 8–11 UWG**.[295] Zu beachten sind dabei insbesondere die Eigenheiten der Verantwortlichkeit der Provider für fremde Wettbewerbsverstöße im Netz – die ursprünglich vom BGH im Rahmen der Störerhaftung entwickelt wurden, während die aktuelle höchstrichterliche Rechtsprechung hierfür auf die neue Haftungsfigur der **wettbewerbsrechtlichen Verkehrspflichten** zurückgreift – sowie die diesbezüglichen besonderen gesetzlichen **Haftungsprivilegierungen der Provider** nach §§ 7 ff. TMG.[296]

71 Rechtspraktisch im Mittelpunkt stehen der **Beseitigungs- und der (gegebenenfalls vorbeugende) Unterlassungsanspruch** nach § 8 UWG. Aktivlegitimiert sind (individuelle) Mitbewerber (§ 8 Abs. 3 Nr. 1 UWG) sowie die in § 8 Abs. 3 Nr. 2–4 UWG genannten Verbände, qualifizierten Einrichtungen sowie Industrie-, Handels- und Handwerkskammern. Weniger Bedeutung in der Praxis hat der **verschuldensabhängige Schadensersatz-**

---

289 S. Gounalakis/*Dietmeier* § 21 Rn. 99–103.
290 S. Gounalakis/*Dietmeier* § 21 Rn. 104.
291 Vgl. OLG Celle GRUR-RR 2003, 221; OLG Koblenz GRUR 2005, 266; *Engels* WRP 1997, 6 (8); *Köhler*/Bornkamm § 4 Rn. 11.35d.
292 *Köhler*/Bornkamm § 4 Rn. 11.35d.
293 BGH GRUR 2007, 890 Tz. 35 – Jugendgefährdende Medien auf eBay.
294 *Köhler*/Bornkamm § 4 Rn. 11.180.
295 S. daher für einen kurzen Überblick die allgemeine Darstellung bei *Lettl* § 8 m. w. N.
296 Vgl. dazu näher (noch zum alten TDG) etwa Spindler/Schmitz/Geis/*Spindler* Vor § 8 TDG Rn. 1 ff. m. w. N.; S. zum neuen TMG und diesbezüglichen Besonderheiten etwa *Hoeren* NJW 2007, 801 ff.

II. Problemfelder im elektronischen Geschäftsverkehr

anspruch gem. § 9 UWG. Unter besonderen Voraussetzungen (Vorsatz, Gewinn zulasten einer Vielzahl von Abnehmern) können die gem. § 8 Abs. 3 Nr. 2–4 UWG aktivlegitimierten Verbände, qualifizierten Einrichtungen und Kammern den wettbewerbswidrig handelnden Unternehmer nach § 10 UWG auch auf Herausgabe dieses Gewinns an den Bundeshaushalt in Anspruch nehmen (**Gewinnabschöpfungsanspruch**).[297] Die **Verjährung** der Ansprüche ist in § 11 UWG geregelt. Bestimmte wettbewerbsrechtlich spezifische **Verfahrensvorschriften,** unter anderem betreffend die im Wettbewerbsrecht praktisch überragend wesentlichen Anträge auf **einstweilige Verfügung,** bringen §§ 12–15 UWG. Die (mit Ausnahme des Verrats von Geschäfts- und Betriebsgeheimnissen praktisch wenig bedeutsamen) Tatbestände **strafbaren unlauteren Wettbewerbs** sind in §§ 16–19 UWG geregelt.

Internetspezifische Besonderheiten sind hinsichtlich der Verantwortlichkeit der Provider für Wettbewerbsverstöße unmittelbar handelnder Dritter zu berücksichtigen. Die einschlägige höchstrichterliche Rechtsprechung hatte die diesbezüglichen – über die spezifische Regelung der Passivlegitimation des Unternehmensinhabers im Wettbewerbsrecht nach § 8 Abs. 2 UWG weit hinausreichenden – Maßstäbe ursprünglich im Rahmen der wettbewerbsrechtlichen **Störerhaftung** entwickelt.[298] Nach dieser Rechtsprechung sind **Unterlassungs- und Beseitigungsansprüche** (einschließlich vorbeugender Unterlassungsansprüche[299]) nicht nur gegen den eigentlichen Verletzer, sondern gegen jeden sogenannten »Störer« begründet, der einen adäquat und relevant kausalen Beitrag zum Wettbewerbsverstoß eines Dritten geleistet und nicht im Rahmen der sogenannten **Prüfungspflichten** das rechtlich und tatsächlich Mögliche und Zumutbare getan hat, um die Gefahr von Wettbewerbsverstößen Dritter zu vermindern.[300] Dabei sollen Umfang und Intensität derartiger Prüfungspflichten von Rolle und Funktion des Störers einerseits und vom eigenverantwortlichen Handeln des unmittelbaren Verletzers andererseits sowie insgesamt von den Umständen des Einzelfalls abhängen.[301] So wurde etwa – um einen Fall aus dem Bereich des Wettbewerbsrechts im Internet hervorzuheben – die Haftung eines Presseunternehmens, welches in einem redaktionellen Beitrag einen Link zu einem Veranstalter wettbewerbswidriger Glücksspiele im Internet gesetzt hatte, schon nach allgemeinen Grundsätzen der Störerhaftung verneint, da das Presseunternehmen zumutbare Prüfungspflichten nach Auffassung des BGH nicht verletzt hatte. Insbesondere an Prüfungen seitens des Verlinkenden bezüglich des Inhalts von Seiten, auf die im Rahmen redaktioneller Beiträge verwiesen werde, seien nämlich im Interesse der Meinungs- und Pressefreiheit (Art. 5 Abs. 1 GG) keine zu strengen Anforderungen zu stellen, zumal auch zu berücksichtigen sei, »dass die sinnvolle Nutzung der unübersehbaren Informationsfülle im ›World Wide Web‹ ohne den Einsatz von Hyperlinks zur Verknüpfung der dort zugänglichen Daten praktisch ausgeschlossen wäre«.[302]

---

297 Dazu umfassend und rechtsvergleichend zuletzt *Neuberger*, Der wettbewerbsrechtliche Gewinnabschöpfungsanspruch im europäischen Rechtsvergleich, 2006.
298 Grundlegend zur Störerhaftung im Wettbewerbsrecht: BGH GRUR 2002, 618 – Meißner Dekor I; GRUR 2003, 624 – Kleidersack.
299 BGH GRUR 2007, 708 – Internet-Versteigerung II.
300 BGH GRUR 2004, 860 (864) – Internet-Versteigerung I; GRUR 2007, 708 (712) – Internet-Versteigerung II; Fezer/*Mankowski* § 8 Rn. 132–135, der bei seiner Darstellung allerdings die neuere Rechtsprechungsentwicklung (insbesondere im Hinblick auf die Eindämmung und möglicherweise die vollkommene Aufgabe der Figur der Störerhaftung im Wettbewerbsrecht), wie sie im Folgenden holzschnittartig zumindest angedeutet wird, nicht hinreichend berücksichtigt. Für eine umfassende Darstellung der Entwicklung der Störerhaftung im Urheberrecht, mit systematisch vergleichenden Seitenblicken auch auf das Wettbewerbsrecht s. auch *Leistner* GRUR 2006, 801.
301 BGH GRUR 2003, 969 (971) – Ausschreibung von Vermessungsleistungen; GRUR 2004, 693 (695) – Schöner Wetten.
302 S. BGH GRUR 2004, 693 (695–696) – Schöner Wetten.

73 Zwischenzeitlich hatte der BGH – in Reaktion auf anhaltende Kritik grundsätzlicher Art in der Literatur[303] – angedeutet, an der Figur der Störerhaftung nurmehr für den Bereich der Verletzung absoluter Schutzrechte – wie Urheber- oder Markenrechte – festhalten zu wollen, während für den mehr handlungsbezogenen, von Verhaltensunrecht geprägten Bereich des Wettbewerbsrechts, der als besondere Täterqualifikation zudem das Vorliegen einer geschäftlichen Handlung voraussetzt,[304] die Haftung Dritter für fremde Wettbewerbsverstöße offenbar auf die **klassischen Kategorien von Täterschaft und Teilnahme** i. S. d. § 830 BGB zurückgeführt werden sollte.[305]

Schließlich wählte der BGH in seiner grundlegenden Entscheidung *Jugendgefährdende Medien bei eBay*[306] von 2007 einen eigenständigen wettbewerbsrechtlichen Weg, um die Verantwortlichkeit von Vermittlern für Wettbewerbsverstöße unmittelbar handelnder Dritter zu begründen. Sind die Voraussetzungen einer Haftung als Teilnehmer eines Wettbewerbsverstoßes nicht gegeben, so kommt eine eigene **täterschaftliche Haftung** aufgrund eines Verstoßes gegen **wettbewerbliche Verkehrspflichten** in Betracht. In der besagten Entscheidung nahm das Gericht einen täterschaftlichen Verstoß des Betreibers einer Internethandelsplattform gegen die Generalklausel des § 3 UWG an, da dieser, in eigenem wirtschaftlichen Interesse und somit im Rahmen einer geschäftlichen Handlung, den Nutzern der Plattform den Verkauf von jugendgefährdenden Medien ermöglichte. Aus der konkreten Kenntnis von vorhergegangenen, gegen das Jugendschutzgesetz verstoßenden, Versteigerungen ergibt sich nach Rechtsprechung des BGH eine Prüfungspflicht des Betreibers hinsichtlich künftiger Versteigerungen die ihm möglichen und zumutbaren Kontrollen durchzuführen, um bereits die Gefahr weiterer Verstöße der Anbieter zu beseitigen. Damit übernimmt der BGH in der Sache die Prüfungspflichten seiner bisherigen Rechtsprechung – nun allerdings als **wettbewerbliche Verkehrspflichten** bezeichnet – die er aus dem allgemeinen Rechtsgrundsatz ableitet, dass ein Jeder für die Gefahrenquellen in seinem Verantwortungsbereich zumutbare Vorkehrungen zum Schutz Dritter treffen muss.[307] Die wettbewerbliche Verkehrspflicht trifft den Betreiber dann unmittelbar, sodass ein Unterlassen der Kontrollen und Ausräumen der Gefahr für weitere Verstöße einen täterschaftlichen Verstoß gegen die Generalklausel des § 3 Abs. 1 UWG darstellt.[308] Der Unterschied zur Störerhaftung besteht darin, dass einerseits nur derjenige Adressat wettbewerblicher Verkehrspflichten sein kann, der eine eigene geschäftliche Handlung vornimmt, andererseits die Haftung nicht akzessorisch zum Wettbewerbsverstoß eines unmittelbar handelnden Dritten ist.[309] Damit ist die Haftung für wettbewerbliche Verkehrspflichten zu einer eigenständigen Gefährdungshaftung verdichtet, die unabhängig von den durch sie begünstigten unmittelbaren Wettbewerbsverstößen ist und insbesondere nicht lediglich Unterlassungs- und Beseitigungs-, sondern – bei Verschulden – **auch Schadensersatzansprüche** nach sich zieht (wobei natürlich insoweit die besonderen Haftungsprivilegierungen der Provider nach dem TMG zu berücksichtigen sind, vgl. unten Rdn. 79).[310]

---

303 S. nur *Köhler* WRP 1997, 897 (898); *Jergolla* WRP 2004, 655 (659); *Köhler*/Bornkamm § 8 Rn. 2.15–2.17 m. w. N.; vgl. auch den Versuch einer Synthese beider Bereiche (der Verletzung absoluter Schutzrechte einerseits und der mehr handlungsbezogenen Wettbewerbsverstößen andererseits) bei *Haedicke* GRUR 1999, 397.
304 Diesen Aspekt betont besonders *Köhler*/Bornkamm § 8 Rn. 2.16 in seinem Plädoyer für eine komplette Aufgabe des Störerbegriffs im Wettbewerbsrecht.
305 Zuletzt in diese Richtung BGHZ 155, 189 (194) – Buchpreisbindung; BGH GRUR 2003, 969 (970) – Ausschreibung von Vermessungsleistungen; und am deutlichsten BGH NJW 2004, 3102 (3105) – Internet-Versteigerung; s. zum Ganzen *Köhler*/Bornkamm § 8 Rn. 2.14 m. w. N.; zuletzt auch *Spindler*/Leistner GRUR Int. 2005, 773 (789 f.).
306 BGH ZUM 2007, 846 – Jugendgefährdende Medien bei eBay.
307 BGH ZUM 2007, 846 Tz. 36 f. – Jugendgefährdende Medien bei eBay.
308 BGH ZUM 2007, 846 Tz. 22 – Jugendgefährdende Medien bei eBay.
309 *Leistner* GRUR-Beil. 2010, 1 (3).
310 *Leistner* GRUR-Beil. 2010, 1 (3).

Mit diesem Urteil wird die Figur der Störerhaftung – zumindest im Bereich des geschäftlichen Verhaltens – entbehrlich, ohne jedoch ausdrücklich durch den BGH aufgegeben worden zu sein.³¹¹ Für Fälle des fehlenden geschäftlichen Verhaltens, d. h. wenn ein täterschaftlicher Verstoß gegen wettbewerbliche Verkehrspflichten ausscheidet, bleibt die Störerhaftung auch nach der Entscheidung *Jugendgefährdende Medien bei eBay* grundsätzlich eine denkbare Lösung, wobei jedoch vorrangig auf die **Teilnehmerhaftung** abzustellen ist.³¹² Der dafür nötige Vorsatz der Rechtswidrigkeit der geförderten geschäftlichen Handlung besteht nach Ansicht des BGH in der *Kommunalversicherer*-Entscheidung bereits dann, wenn der Teilnehmer sich der Kenntnisnahme von der Unlauterkeit des geförderten Verhaltens entzieht.³¹³ Diese Ausweitung der Teilnehmerhaftung berücksichtigt den jeweiligen Grad der Solidarisierung der Person, die fremde Wettbewerbsverstöße verursacht, mit den Verstößen des unmittelbar im Wettbewerb Handelnden. Danach haften diejenigen verschärft, die nicht lediglich neutrale Dienstleistungen anbieten, sondern entweder mit ihren Geschäftsmodellen regelrecht speziell auf Rechtsverletzungen ausgerichtete Strukturen anbieten und von den Verstößen profitieren, oder die ihre Geschäftsmodelle durch entsprechende Hinweise oder Informationen dahin gehend widmen.³¹⁴

Relevant für die Praxis ist die Möglichkeit, durch eine **Abmahnung** das für die Annahme eines Vorsatzes erforderliche Bewusstsein herbeizuführen, wodurch jedoch noch keine Haftung für die Abmahnkosten nach § 12 Abs. 1 Satz 2 UWG begründet wird.³¹⁵

Durch die Absenkung der Anforderungen an eine Teilnehmerhaftung hat der BGH auch den denkbaren verbleibenden Anwendungsbereich der Störerhaftung weiter eingeschränkt. Scheidet eine Teilnehmerhaftung jedoch mangels Kenntnis der Haupttat aus und liegt auch kein geschäftliches Verhalten vor, bleibt eine Lücke bestehen,³¹⁶ die potenziell weiterhin durch die Störerhaftung gefüllt werden könnte.

Die wesentlichste, in diesem Bereich verbleibende praktische »Haftungslücke«³¹⁷ hat der BGH jedoch letzthin mit der Begründung einer eigenständigen Haftungsfigur für die **Überlassung von Accountdaten** geschlossen. Denn für die Haftung Privater, außerhalb eigenen geschäftlichen Verhaltens, hat der BGH in der *Halzband*-Entscheidung³¹⁸ einen **selbstständigen Zurechnungsgrund** in Form einer selbstständigen Pflicht zur sicheren Verwahrung von Account-Zugangsdaten, geschaffen.³¹⁹ Damit wird die Störerhaftung auch hier – wenngleich ohne ausdrücklich aufgegeben worden zu sein – zunehmend entbehrlich. In der Entscheidung hatte die Ehefrau des Inhabers eines eBay-Accounts ohne dessen Wissen nachgeahmte Schmuckstücke über den Account vertrieben. Der BGH stellt für die mittelbare Haftung des Account-Inhabers auf eine Pflicht zum sorgsamen Umgang mit Account-Zugangsdaten ab, die sich wiederum aus dem Grundsatz der Verantwortlichkeit desjenigen, der Gefahrenquellen in seinem Machtbereich nutzt und beherrschen kann, ableitet.³²⁰ Im Unterschied zur Haftung wegen Verletzung eigener wettbewerblicher Verkehrspflichten, ist diese Account-Sicherungspflicht von dem täterschaftlichen Wettbewerbsverstoß eines Dritten abhängig und somit streng akzessorisch. Sie ist damit keine selbstständige Verpflichtung, die eine täterschaftliche Haftung begründet, sondern dient der Zurechnung

---

311 Zum Ganzen *Leistner* GRUR-Beil. 2010, 1; *Leistner/Stang* WRP 2008, 533 (538); *Köhler*/Bornkamm § 8 Rn. 2.14a.
312 *Leistner* GRUR-Beil. 2010, 1 (5).
313 BGH GRUR 2008, 810 Tz. 45 – Kommunalversicherer; *Köhler*/Bornkamm § 8 Rn. 2.16.
314 *Leistner* GRUR-Beil. 2010, 1 (5).
315 *Köhler*/Bornkamm § 8 Rn. 2.16.
316 Vgl. in diesem Zusammenhang nunmehr eindeutig auch BGH GRUR 2010, 633 – Sommer unseres Lebens.
317 Vgl. schon *Leistner/Stang* WRP 2008, 533 (540).
318 BGH MMR 2009, 391 – Halzband.
319 BGH MMR 2009, 391 Tz. 16 – Halzband.
320 BGH MMR 2009, 391 Tz. 23 – Halzband.

des Verhaltens eines unmittelbar handelnden Dritten.[321] Damit haftet der Account-Inhaber als **mittelbarer Täter** auch wenn er selber keine Täterqualifikation hinsichtlich wettbewerblicher Sicherungspflichten hat, solange der unmittelbar Handelnde ein geschäftliches Verhalten aufweist.[322]

76 Bleibt damit für einen möglichen Anwendungsbereich der Störerhaftung die **Haftung von Presseunternehmen**, so wird doch häufig auch in diesen Fällen eine vorrangige Anwendbarkeit der wettbewerbsrechtlichen Verkehrspflichten in Betracht kommen. Handelt das Presseunternehmen im redaktionellen Bereich, so ist in Anbetracht des verfassungsrechtlichen Schutzes der Presse, nicht von einem geschäftlichen Verhalten auszugehen, womit der Anwendungsbereich wettbewerblicher Verkehrspflichten verschlossen bleibt. Während nun eine Störerhaftung durch die Verletzung zumutbarer Prüfpflichten denkbar wäre, muss berücksichtigt werden, dass die Argumentation zur Reichweite der dann einschlägigen Prüfungspflichten ohnedies regelmäßig derjenigen zu den Voraussetzungen der geschäftlichen Handlung folgt.[323] So wird bei Verstoß gegen eine Prüfungspflicht im Rahmen des besonders privilegierten Pressebereichs typischerweise auch bereits ein geschäftliches Verhalten außerhalb des grundrechtlich geschützten Bereichs vorliegen. Im praktischen Ergebnis ist dann schon ein täterschaftlicher Verstoß gegen eine wettbewerbliche Verkehrspflicht anzunehmen. Damit tritt die Störerhaftung auch hier in den Hintergrund.[324]

77 Im Ergebnis bleibt damit die Störerhaftung den Fällen der Verletzung absoluter Schutzrechte vorbehalten und die täterschaftliche Haftung für wettbewerbliche Verkehrspflichten ist hingegen lediglich auf geschäftliche Handlungen anwendbar, wie dies der BGH in der Entscheidung *Sommer unseres Lebens*[325] deutlich gemacht hat. Denn die Eröffnung einer Gefahrenquelle für die geschützten Interessen Dritter kann ohne Weiteres eine eigene geschäftliche Handlung des Betreibers der Gefahrenquelle darstellen. Dies ist etwa für Urheberrechtsverletzungen nicht möglich, denn nach dem gesetzlichen Haftungskonzept des Urheberrechtsgesetzes ist das Vorliegen eines der handlungsbezogenen Verletzungstatbestände notwendig um eine täterschaftliche Haftung zu begründen.

78 Festzuhalten bleibt, dass an die Stelle der Störerhaftung im Wettbewerbsrecht weitgehend ein Dreiklang aus erweiterter Teilnehmerhaftung, der Haftung für die Verletzung von wettbewerblichen Verkehrspflichten und der Haftung bei unzureichender Sicherung von Accountdaten getreten ist. Die beiden letztgenannten Bereiche können dogmatisch auf den allgemeinen Rechtsgrundsatz der zumutbaren Sicherung von Gefahrenquellen zur Vermeidung von Beeinträchtigungen der geschützten Interessen Dritter zurückgeführt werden, wie sich dieser etwa auch im Patentrecht wiederfindet. Hierin könnte ein Anstoß genommen werden das Haftungsregime des Wettbewerbsrechts und geistigen Eigentums für **mittelbare Schutzrechtsverletzungen** insgesamt auf eine einheitliche Grundlage zu stellen.[326]

79 Schließlich sind bezüglich Wettbewerbsverstößen im Netz natürlich stets die **Haftungsprivilegierungen der Provider** nach §§ 7–10 TMG zu berücksichtigen, die an anderer Stelle behandelt wurden, wobei die dortigen Ausführungen (in Bezug auch auf Wettbewerbsverstöße) verallgemeinerungsfähig sind.[327] Praktisch wesentlich für das Wettbewerbsrecht ist

---

321 *Leistner* GRUR-Beil. 2010, 1 (7).
322 *Leistner* GRUR-Beil. 2010, 1 (7).
323 Mit weiteren Nachweisen zur jüngeren Rechtsprechung: *Leistner* GRUR-Beil. 2010, 1 (6); so auch schon zum Begriff der Wettbewerbsförderungsabsicht *Leistner/Stang* WRP 2008, 533 (540).
324 *Leistner* GRUR-Beil. 2010, 1 (6).
325 BGH GRUR 2010, 633 Tz. 13 – Sommer unseres Lebens; dazu *Stang/Hühner* GRUR-RR 2008, 279.
326 Vertiefend und mit Anregungen zu einem einheitlichen Haftungssystem für mittelbare Schutzrechtsverletzungen im Wettbewerbsrecht und Geistigen Eigentum: *Leistner* GRUR-Beil. 2010, 1 (9 und 30 ff.).
327 Vgl. im Übrigen für kurze Überblicke bezogen auf die Providerhaftung im Hinblick auf Wettbewerbsverstöße *Köhler*/Bornkamm § 8 Rn. 2.25–2.29; Fezer/*Mankowski* § 4 – S 12 Rn. 307–311 jeweils m. w. N.

insbesondere, dass – jedenfalls nach umstrittener[328] Auffassung der höchstrichterlichen Rechtsprechung[329] und der wohl herrschenden Meinung in der Literatur[330] – der Unterlassungsanspruch von den Sonderregelungen über die Providerhaftung nicht erfasst sein soll.

---

328 Zweifelnd etwa *Leible/Sosnitza* NJW 2004, 3225 (3226) m. w. N.
329 BGH NJW 2004, 3102 (3103–3104) – Internet-Versteigerung; GRUR 2007, 708 Tz. 41 – Internet-Versteigerung II (Bestätigung und Ausdehnung auf vorbeugende Unterlassungsansprüche); ZUM 2007, 846 Tz. 20 – Jugendgefährdende Medien bei eBay.
330 S. etwa *Spindler/Volkmann* WRP 2003, 1 (3); *Spindler* JZ 2005, 37 m. w. N.

Kapitel 13
Online-Marketing – Allgemeine Informationspflichten

Schrifttum

Graf, Die Impressumspflicht des § 6 TDG im Lichte der §§ 3, 4 Nr. 1 UWG, ITRB 2007, 45; *Hoeren*, Das Telemediengesetz, NJW 2007, 801; *Hoeren/Pfaff*, Pflichtangaben im elektronischen Geschäftsverkehr aus juristischer und technischer Sicht, MMR 2007, 207; *Kitz*, Kommerzielle Kommunikation per E-Mail im neuen Telemediengesetz, DB 2007, 385; *Lorenz*, Informationspflichten bei eBay, VuR 2008, 321; *Ott*, Impressumspflicht für Webseiten, MMR 2007, 354; *Schöttler*, Das neue Telemediengesetz (Teil 2) – Die Informationspflichten der Diensteanbieter, jurisPR-ITR 5/2007 Anm. 6; *Spindler*, Das neue Telemediengesetz – Konvergenz in sachten Schritten, CR 2007, 239.

Übersicht

		Rdn.
A.	**Vorbemerkung**	1
B.	**Impressumspflichten auf der Website**	2
I.	Pflichtbegründende Normen	2
II.	Das Impressum auf der Website (§ 5 TMG)	4
	1. Anwendungsbereich	4
	a) Normzweck	4
	b) Private Websites	5
	c) Idealvereine	6
	d) Werbende Websites	7
	e) Keine Angaben für Dritte	8
	2. Die Angaben im Einzelnen	10
	a) Name oder Firmenname (§ 5 Abs. 1 Nr. 1 TMG)	11
	b) Der Name des Vertretungsberechtigten (§ 5 Abs. 1 Nr. 1 TMG)	13
	c) Anschrift (§ 5 Abs. 1 Nr. 1 TMG)	15
	d) Telefon, Fax und Mailanschrift (§ 5 Abs. 1 Nr. 2 TMG)	16
	e) Aufsichtsbehörde (§ 5 Abs. 1 Nr. 3 TMG)	20
	f) Registerangaben (§ 5 Abs. 1 Nr. 4 TMG)	21
	g) Kammer (§ 5 Abs. 1 Nr. 5 TMG)	22
	h) Umsatzsteuer- oder Wirtschafts-Identifikationsnummer (§ 5 Abs. 1 Nr. 6 TMG)	23
	3. Erreichbarkeit des Impressums	25
	a) Leichte Erkennbarkeit	26
	b) Unmittelbare Erreichbarkeit	28
	aa) Kein Scrollen	29
	bb) Two clicks away	31
	cc) Keine Zusatzprogramme	32
	c) Ständige Verfügbarkeit	33
III.	Weitere Pflichten nach § 55 RStV	34
IV.	Rechtsfolgen von Verstößen	36
	1. Bußgeldbestimmungen	36
	2. Wettbewerbsverstoß gem. § 4 Nr. 11 UWG	38
	a) Gesetzeszweck und Wettbewerbsbezug	38
	b) Bagatellklausel	39
	3. Ansprüche aus BGB	41
C.	**Pflichtangaben in E-Mails**	42
I.	Rechtsgrundlagen	43
II.	E-Mails als Geschäftsbriefe	45
III.	Rechtsfolgen von Verstößen	48
	1. Zwangsgelder	48
	2. Wettbewerbsverstoß gem. § 4 Nr. 11 UWG	49
	a) Gesetzeszweck und Wettbewerbsbezug	49
	b) Bagatellklausel	50
	c) Einzelfälle	52
D.	**Sonstige Informationspflichten**	54
I.	Kommerzielle Kommunikationen (§ 6 TMG)	54
	1. Allgemeines (§ 6 Abs. 1 TMG)	54

  2. Mail-Versand (§ 6 Abs. 2 TMG) 57
  3. Folgen bei Verstößen 60
   a) Ordnungswidrigkeit 60
   b) Wettbewerbsrecht und BGB 61
II. Sonstige Normen 63

A. Vorbemerkung

Ob aus Gründen des Verbraucher- oder des Datenschutzes – der auch zum Verbraucherschutz im weiteren Sinne zu rechnen ist –, um den Interessen der (potenziellen) Geschäftspartner gerecht zu werden, den Wettbewerb an sich zu bewahren oder auch um öffentliche Interessen zu fördern: Das deutsche Recht stellt auch und gerade für den Online-Sektor eine Vielzahl von Informationspflichten auf, denen die meisten Anbieter im Internet genügen müssen. Die Schwierigkeit liegt dabei in der Tatsache begründet, dass diese Pflichten nicht etwa en bloc geregelt, sondern an verschiedenen Stellen verstreut und zuweilen versteckt liegen. Auch sind die Rechtsfolgen inkonsistent. Im Folgenden werden die wichtigsten Normen vorgestellt. Weitere Anforderungen können sich aus dem auf den jeweiligen Anbieter anzuwendenden Branchen- oder Berufsrecht ergeben. Insoweit wird auf die einschlägigen Kapitel dieses Buches verwiesen. **1**

B. Impressumspflichten auf der Website

I. Pflichtbegründende Normen

Für die Pflichtangaben auf der Website hat sich ungeachtet der eigentlich allein presserechtlichen Herkunft des Begriffs die Bezeichnung »**Impressum**« eingebürgert. Solche Impressumspflichten ergeben sich in erster Linie aus § 5 TMG, der die weitgehend identische Norm des § 6 TDG ersetzt hat.[1] Ebenfalls pflichtbegründend ist § 55 RStV,[2] der allerdings einen anderen, weitaus beschränkteren Anwendungsbereich hat. **2**

Sowohl TMG als auch RStV nehmen »Telemedien« in ihren Regelungsbereich auf. Dies wirft die Frage nach der Abgrenzung der Anwendungsbereiche auf. Die Bestimmungen zur Impressumspflicht sind in § 5 TMG einerseits und § 55 RStV andererseits nämlich nicht identisch, sodass eine Stellungnahme erforderlich ist. Letztlich unterfallen aber ungeachtet der Frage der Gesetzgebungszuständigkeit[3] alle Telemedien dem TMG.[4] Dieser Quasi-Vorrang des § 5 TMG wird in § 55 Abs. 2 S. 1 RStV bekräftigt, sodass der in den Pflichten ohnehin enger gefasste § 55 Abs. 1 RStV eigentlich (abgesehen von der Bußgeldbewehrung) überflüssig erscheint. § 55 RStV ist jedoch insbesondere insofern von Bedeutung, als § 55 Abs. 2 RStV besondere Anforderungen an Telemediendienste mit journalistisch-redaktionell gestalteten Inhalten stellt. Damit ist letztlich die vormalige Abgrenzung von Tele- und Mediendiensten wieder neu aufgelegt worden,[5] da es hier wiederum auf die Feststellung von journalistisch-redaktionell gestalteten Inhalten ankommt.[6] **3**

---

1 BGBl. I 2007, 179.
2 GBl. BW 2007, 111.
3 S. dazu bereits *Bullinger/Mestmäcker*, Multimediadienste, passim.
4 *Hoeren* NJW 2007, 801 (803).
5 *Hoeren* NJW 2007, 801 (803).
6 Dazu *Spindler* CR 2007, 239 (240 f.); *Spindler*/Schmitz/Geis § 2 Rn. 11 ff. m. w. N.; vgl. LG Düsseldorf K&R 2011, 281.

II. Das Impressum auf der Website (§ 5 TMG)

1. Anwendungsbereich

a) Normzweck

4 § 5 TMG will einen Mindeststandard an Anbietertransparenz bieten und statuiert aus diesem Grunde eine Reihe von Informationspflichten für alle Anbieter von geschäftsmäßigen Telemedien – und damit die Anbieter der meisten Websites –, die klar und leicht auffindbar auf der Website[7] stehen müssen. Die Erfüllung der **Informationspflichten** dient in erster Linie dem Verbraucherschutz.[8] Gleichzeitig dient sie freilich in ebenso starkem Maße den Mitbewerbern oder auch staatlichen Organen, die sich über den Inhaber einer Website informieren bzw. gegen ihn vorgehen wollen.[9] Zweck der Angabe ist aber auch und im Besonderen, einem Kläger zu ermöglichen, seinen Pflichten aus § 130 Nr. 1 ZPO nachzukommen.[10]

b) Private Websites

5 Diensteanbieter müssen für geschäftsmäßige Teledienste die im Folgenden genannten Informationen bereitstellen. Der Begriff »geschäftsmäßig« ist dabei allerdings weit auszulegen. Es genügt die Absicht, die Website über Werbung etwa in Form von bezahlten Bannern oder über Einblendungen eines Affiliate-Programms zu finanzieren, auch wenn eine Gewinnerzielungsabsicht fehlt.[11] Dies gilt jedoch nicht (mehr) für gewöhnliche **private Webseiten**. Eine rein private Website mochte zwar dem aufgehobenen § 6 TDG unterfallen, wenn sie dauerhaft online gestellt wurde;[12] für § 5 TMG gilt dies aufgrund der Neufassung und der Bedingung, das das Angebot »in der Regel gegen Entgelt« stattfinden muss, nicht mehr.[13]

c) Idealvereine

6 Webangebote von **Idealvereine** sind im Ergebnis wie solche von Privatpersonen zu behandeln, da auch diese eben nicht »in der Regel gegen Entgelt« angeboten werden.[14] Auch hier gilt allerdings, dass die (kostendeckende) Finanzierung durch Werbebanner o. ä. pflichtbegründend wirken kann.

d) Werbende Websites

7 Die Änderung des Wortlauts der Norm legt die Annahme nahe, dass nur »gegen Entgelt angebotene Telemedien« eine Impressumspflicht begründen könnten. Dies hätte – wörtlich genommen – zur Folge, dass solche Websites, die nicht das entgeltliche Telemedium selbst betreffen, sondern allein eine sonstige – entgeltliche – Leistung bewerben, von dieser Pflicht ausgenommen wären (z. B. Anwaltssites). Diese Auslegung aber widerspräche nicht nur dem Gesetz selbst, weil dann Anforderungen wie die des § 5 Nr. 5 TMG sinnlos wären, sondern auch der E-Commerce-Richtlinie,[15] die diese Pflichten letztlich begründete.[16] Zudem findet sich in der Begründung zum TMG kein Hinweis auf eine so weitreichende Änderung

---

7 Zur Impressumspflicht von Anbietern in Portalen siehe etwa OLG Düsseldorf MMR 2008, 682; *Lorenz* VuR 2008, 321.
8 Amtl. Begr. zu § 6 TDG-RefE, BT-Drs. 13/7385, 21.
9 *Spindler*/Schmitz/Geis § 6 TDG Rn. 2.
10 *Spindler*/Schmitz/Geis § 6 TDG Rn. 24.
11 Moritz/Dreier/*Lammich* Rn. B 267.
12 *Spindler*/Schmitz/Geis § 6 TDG Rn. 8 m. w. N.; Roßnagel/*Brönneke* § 6 TDG Rn. 37 f. m. w. N.
13 Begr. RegE, BT-Drs. 16/3078, 28; *Spindler* CR 2007, 239 (244); *Hoeren* NJW 2007, 801 (803).
14 Begr. RegE, BT-Drs. 16/3078, 28; *Spindler* CR 2007, 239 (244); *Hoeren* NJW 2007, 801 (803).
15 Richtlinie 2001/31/EG, ABl. EG Nr. L 178 v. 17.07.2000, S. 1.
16 *Spindler*/Schmitz/Geis § 6 Rn. 8.

der bisherigen Rechtspraxis.[17] Es ist daher davon auszugehen, dass es sich bei der unglücklichen Formulierung allein um ein Redaktionsversehens handelt, das im Wege der historischen, systematischen, teleologischen und richtlinienkonformen Auslegung zu korrigieren ist. Schließlich bedeutet dies in der Folge auch, dass selbst kostenlose Dienstleistungsangebote impressumspflichtig sind, wenn sich der Anbieter für sich oder ein verbundenes Unternehmen andere Vorteile verspricht.[18]

e) Keine Angaben für Dritte

Jeder Anbieter hat Angaben allein zu sich selbst zu machen. Der Betreiber etwa eines **Portals** 8 ist nicht gezwungen, für die Teilnehmer oder für von ihm vermietete Subdomain-Adressen die Impressumspflichten selbst anzugeben.[19] Gleiches gilt, wenn der Sitebetreiber Werbebanner schaltet.[20] Dass er bei Rechtsverletzungen und Nichterreichbarkeit des eigentlichen Verantwortlichen gleichwohl ggf. unmittelbar oder aus Störerhaftung in Anspruch genommen werden kann,[21] steht auf einem anderen Blatt. Die Verpflichtung zur Angabe eines Impressums kann in diesen Fällen allerdings den Anbieter der Sub-Seiten treffen.[22] Dies gilt allerdings noch nicht ohne Weiteres beim bloßen Verwenden von Werbebannern.[23]

Schaltet ein **Franchisegeber** oder ein **Konzern** eine zentrale Website, wird es in der Regel 9 genügen, wenn dieser als Anbieter der Website seine eigenen Pflichtangaben macht. Es bedarf auch bei Nennung der selbstständigen Konzernunternehmen oder Franchisenehmer mit Adressen nicht ohne Weiteres auch der Angabe aller Einzelangaben dieser Firmen im Firmenverbund bzw. Konzern.[24]

2. Die Angaben im Einzelnen

§ 5 Abs. 1 TMG nennt folgende Angaben, die leicht erkennbar, unmittelbar erreichbar und 10 ständig verfügbar zu halten sind:
- Name, Anschrift und Vertretungsberechtigten (Nr. 1)
- Angaben zur elektronischen Kontaktaufnahme und unmittelbaren Kommunikation inkl. Mail-Adresse (Nr. 2)
- Angaben zur Aufsichtsbehörde, soweit die Tätigkeit des Anbieters zulassungspflichtig ist (Nr. 3)
- Registernummer (Nr. 4)
- Berufsrechtliche Spezialangaben (Nr. 5)
- Umsatzsteuer-ID bzw. Wirtschaftsidentifikationsnummer, soweit vorhanden (Nr. 6)

a) Name oder Firmenname (§ 5 Abs. 1 Nr. 1 TMG)

Ist Betreiber der Site eine natürliche Person, ist die Angabe des **Vor- und Nachnamens** er- 11 forderlich. Ein nur abgekürzter Vorname ist dabei schon wegen möglicher Verwechslungs-

---

17 Die Anwendbarkeit des § 6 TDG auf werbende Websites bejahend: OLG Hamburg AfP 2008, 511; OLG Frankfurt/M. MMR 2007, 379; *Spindler*/Schmitz/Geis § 2 TDG Rn. 7 f., 47, § 6 TDG Rn. 8; Fezer/*Mankowski*, UWG, § 4-S 12 Rn. 163; *Kaestner/Tews* WRP 2002, 1011; *Stickelbrock* GRUR 2004, 111, 112; a. A. OLG Hamm OLGR 2003, 344 (346); *Wüstenberg* WRP 2002, 782.
18 *Spindler* CR 2007, 239 (245); Spindler/Schuster/*Micklitz* § 5 TMG Rn. 10.
19 *Spindler*/Schmitz/Geis § 6 TDG Rn. 8; vgl. oben Fn. 7.
20 *Spindler*/Schmitz/Geis § 6 TDG Rn. 8.
21 Dazu etwa in wettbewerbsrechtlicher Hinsicht jurisPK-UWG/*Seichter* § 8 Rn. 74 ff. m. w. N.
22 OLG Frankfurt/M. 06.03.2007, 6 U 115/06; OLG Oldenburg NJW-RR 2007, 189; OLG Karlsruhe CR 2006, 689.
23 OLG Frankfurt/M. 06.03.2007, 6 U 115/06; vgl. *Spindler*/Schmitz/Geis § 7 TDG Rn. 14.
24 OLG Frankfurt/M. 06.03.2007, 6 U 115/06.

gefahren und der erschwerten Erreichbarkeit des Anbieters nicht hinreichend.[25] In Ausnahmefällen mag auch ein Pseudonym oder Künstlername genügen, doch gilt dies allenfalls bei hohem Bekanntheitsgrad.[26] Im Zweifel sind sowohl das Pseudonym als auch der wirkliche Name anzugeben.

12 Der Kaufmann kann unter seiner **Firma** verklagt werden (§ 17 Abs. 2 HGB), weshalb die Nennung dieser im Handelsregister genannten Firma genügt. Ein Gewerbetreibender, der einen firmenartigen Namen führt, ohne Kaufmann zu sein, muss hingegen seinen vollen Namen angeben. Hier genügt die Angabe seiner Geschäftsbezeichnung nicht.[27] Gleiches gilt für Personenhandels- oder Kapitalgesellschaften, deren Firma (§ 17 HGB) zu nennen ist. Obwohl die GbR nunmehr parteifähig (§ 50 ZPO) ist,[28] führt sie keine Firma, weshalb hier die Namen der Gesellschafter als Diensteanbieter anzugeben sind.

b) Der Name des Vertretungsberechtigten (§ 5 Abs. 1 Nr. 1 TMG)

13 Bei juristischen Personen (e. V., GmbH, AG usw.) ist der Name des Vertretungsberechtigten zu nennen.[29] Dies ist der Geschäftsführer bzw. der Vorstand/Vorstandsvorsitzende. Es genügt allerdings nicht die Angabe »vertreten durch den (jeweiligen) Geschäftsführer«. Es muss letztlich der (volle)[30] Name einer natürlichen Person genannt werden. Dies bedeutet, dass bei einer Kapitalgesellschaft & Co KG auch die haftende Kapitalgesellschaft nebst ihrem Vertretungsberechtigten angegeben werden muss.[31] Je nach Registerlage kann dies zu einer kleinen Vertretungskette führen, die erst bei einer natürlichen Person endet (z. B. Die XY GmbH & Co KG, Adresse, vertreten durch die XY Verwaltungs-GmbH, Adresse, diese wiederum vertreten durch den Geschäftsführer YZ).

14 Bei Personengesellschaften wie der GbR sind in der Regel alle Gesellschafter vertretungsberechtigt, weshalb auch insoweit alle zu nennen sind. Bei Personenhandelsgesellschaften (oHG, KG) werden nur die persönlich haftenden Gesellschafter genannt. Unerheblich ist, ob die Angabe letztlich einen korrekten Titel angibt (ein einzelkaufmännisches Unternehmen oder eine GbR hat keinen Geschäftsführer, auch wenn sich der Inhaber oder die Gesellschafter zuweilen so bezeichnen), ist in der Regel allein eine Frage des Wettbewerbsrechts, nicht aber der Impressumspflicht.

c) Anschrift (§ 5 Abs. 1 Nr. 1 TMG)

15 Das Erfordernis, eine Anschrift zu nennen, meint eine – in der Neufassung jetzt ausdrücklich – **ladungsfähige Postanschrift**. Keineswegs genügt somit eine bloße Postfachanschrift oder gar lediglich eine E-Mail-Adresse.[32] Anders als in § 355 Abs. 2 BGB, wo Zweck der Anschrift lediglich die Zustellbarkeit eines Widerrufs ist und daher die Angabe eines Postfachs genügte,[33] ist Zweck des § 5 TMG zugleich, einem potenziell Verletzten die Möglichkeit zur Klage gegen den Sitebetreiber zu geben. Bei mehreren Niederlassungen ist diejenige

---

25 Vgl. KG MD 2007, 325 zu § 312c BGB.
26 *Bettinger*/Leistner Rn. 3 A 37; Roßnagel/*Brönnecke* § 6 TDG Rn. 43; generell ablehnend jedoch *Spindler*/Schmitz/Geis § 6 TDG Rn. 22.
27 OLG Sachsen-Anhalt CR 2006, 779.
28 BGHZ 146, 341.
29 Hier ist ggf. eine Vertretungskette anzugeben (z. B. bei der Kapitalgesellschaft & Co), bis eine natürliche Person genannt wird.
30 OLG Düsseldorf MMR 2009, 266.
31 Roßnagel/*Brönnecke* § 6 TDG Rn. 49.
32 *Spindler*/Schmitz/Geis § 6 TDG Rn. 23; Fezer/*Mankowski*, UWG, § 4-S 12 Rn. 167; *Bettinger*/Leistner Rn. 3 A 37.
33 BGH VuR 2002, 337 (338) mit Hinweisen zur Änderung der BGB-InfoV in der Anm. *Schirmbacher.*

II. Das Impressum auf der Website (§ 5 TMG)

anzugeben, die die Website betreibt; im Zweifel aber die Hauptniederlassung.[34] Unzulässig ist allerdings, bei einer deutschen Firma eine formal für die Site zuständige ausländische Niederlassungs-Anschrift anzugeben, um Haftungsschwierigkeiten zu umgehen. In keinem Fall ausreichend wäre es, eine c/o-Adresse anzugeben – insbesondere etwa die des Providers.

d) Telefon, Fax und Mailanschrift (§ 5 Abs. 1 Nr. 2 TMG)

Es sind ferner Angaben zur schnellen elektronischen Kontaktaufnahme und unmittelbaren Kommunikation zu machen. Dies ist in erster Linie die **Telefonnummer**.[35] Allerdings genügt es nach einer Entscheidung des EuGH,[36] wenn dem Nutzer eine elektronische Anfragemaske zur Verfügung steht, über die sich die Nutzer des Dienstes im Internet an den Diensteanbieter wenden können, woraufhin dieser (binnen kurzer Frist) mit elektronischer Post antwortet. Dies gilt allerdings schon dann nicht, wenn ein Nutzer des Dienstes nach elektronischer Kontaktaufnahme mit dem Diensteanbieter keinen Zugang zum elektronischen Netz hat und diesen um Zugang zu einem anderen, nicht-elektronischen Kommunikationsweg ersucht. Im Ergebnis dürfte die Ausnahme von der Pflicht zur Angabe einer Telefonnummer eng auszulegen sein.[37] Ferner auch eine **Faxnummer** ist anzugeben (soweit ein Fax vorhanden ist). Beide Angaben sind – von den durch den EuGH benannten Ausnahmen abgesehen – nicht entbehrlich, so beharrlich manche Anbieter sie auch weglassen. Dies ergibt sich schon daraus, dass die E-Mail gesondert und zusätzlich (»einschließlich«) bezeichnet wird. Das Telefon darf dabei zeitweilig auch mit einem Anrufbeantworter ausgestattet sein.[38] Die dauerhafte Umleitung auf einen Anrufbeantworter oder gar Abweisung des Anrufers – auch wenn sie verschleiert wird (»alle unsere Plätze sind derzeit besetzt; bitte rufen Sie später an«) – ist jedoch unstatthaft. 16

Es ist auch nicht unzulässig, eine mit höheren Kosten verbundene Nummer (0180/0900) anzugeben, da das Gesetz keine kostenlose Kontaktaufnahmemöglichkeit verlangt, wobei deren Kosten allerdings nicht prohibitiv sein dürfen.[39] In diesen Fällen ist allerdings nach den Vorgaben des § 66a TKG der Preis eines Anrufs zu nennen. 17

Die **Mailanschrift** ist ebenfalls anzugeben. Es ist aber nicht erforderlich, dem Kunden einen automatisierten Link zu dieser Mailanschrift zu bieten oder ein Formular zur Verfügung zu stellen. Dies wäre angesichts der Gefahr durch automatisierte Adresssammler (Spam-Robots) im Internet auch nicht zumutbar.[40] Das Bereitstellen eines Formulars zur Kontaktaufnahme, das die E-Mail-Adresse nicht erkennbar macht, dürfte angesichts des Wortlauts des § 5 TMG nicht genügen. 18

Alle Kommunikationsangaben müssen tatsächlich, schnell und unmittelbar **erreichbar** sein. Dies bedeutet nicht, dass der Angerufene 24 Stunden verfügbar sein muss, doch sind Anrufbeantworter ebenso wie Mailboxen abzurufen.[41] Durchgängig besetze Leitungen erfüllen die Anforderungen nicht. Umgekehrt sind Warteschleifen unzulässig, wenn der Anruf mehr als das übliche Telefonentgelt kostet. Warteschleifen über 10 Minuten sind generell unzumutbar.[42] Gleiches gilt generell für Warteschleifen bei Mehrwertnummern. 19

---

34 *Hoenike/Hülsdunk* MMR 2002, 415 (418); *Brunst* MMR 2004, 8 (10); *Spindler*/Schmitz/Geis § 6 TDG Rn. 23 m. w. N.; *Fezer/Mankowski*, UWG, § 4-S 12 Rn. 167.
35 OLG Oldenburg NJW-RR 2007, 189; OLG Köln NJW-RR 2004, 1570; Amtl. Begr. BT-Drs. 14/6098, 21; *Spindler*/Schmitz/Geis § 6 TDG Rn. 25; *Bettinger*/Leistner Rn. 3 A 37; *Kaestner/Tews* WRP 2002, 1011 (1013); *Brunst* MMR 2004, 8 (10); *Stickelbrock* GRUR 2004, 111 (113); vgl. BGH MMR 2007, 505.
36 EuGH MMR 2009, 52.
37 Vgl. jurisPK-InternetR/*Heckmann* Kap. 1.5 Rn. 34.
38 *Spindler*/Schmitz/Geis § 6 TDG Rn. 26.
39 *Spindler*/Schmitz/Geis § 6 TDG Rn. 26; a. A. Fezer/*Mankowski*, UWG, § 4-S 12 Rn. 169.
40 *Spindler*/Schmitz/Geis § 6 TDG Rn. 27; a. A. *Hoenike/Hülsdunk* MMR 2002, 415 (418).
41 *Spindler*/Schmitz/Geis § 6 TDG Rn. 28.
42 *Spindler*/Schmitz/Geis § 6 TDG Rn. 28.

e) Aufsichtsbehörde (§ 5 Abs. 1 Nr. 3 TMG)

20 Sofern die gewerbliche und mit der Website beworbene Tätigkeit des Anbieters – ob sich dies auch auf den Betrieb des Telemediums selbst bezieht, ist unerheblich – einer behördlichen Zulassung bedarf, muss dieser Angaben zur Aufsichtsbehörde machen. Dadurch wird der Nutzer in die Lage versetzt, sich bei dieser Behörde danach zu erkundigen, ob dem Diensteanbieter überhaupt die erforderliche behördliche Genehmigung für seine Tätigkeit erteilt worden ist und ob diese noch Bestand hat. Damit sind allerdings nicht allgemeine Erfordernisse wie Gewerbeanmeldung oder Missbrauchsaufsicht gemeint, sondern in erster Linie (aber nicht nur) berufsrechtliche Spezialerfordernisse.[43] Beispielhaft zu nennen ist etwa § 34c Abs. 1 Nr. 1 GewO, der die Genehmigungsbedürftigkeit der Maklertätigkeit regelt. Die für die Erteilung der Gewerbeerlaubnis zuständige Behörde ist als Aufsichtsbehörde i. S. v. § 5 Abs. 1 Nr. 3 TMG anzusehen, weil sich ihre Tätigkeit nicht nur auf die einmalige Erlaubniserteilung beschränkt, sondern sie auch nachträglich prüfen muss, ob ein Widerruf der Gewerbeerlaubnis wegen Wegfalls der für die Erteilung erforderlichen Voraussetzungen oder eine Gewerbeuntersagung wegen Unzuverlässigkeit gem. § 55 GewO geboten ist.[44]

f) Registerangaben (§ 5 Abs. 1 Nr. 4 TMG)

21 Soweit der Anbieter in einem dieser Register eingetragen ist, sind das Handels-, Vereins-, Partnerschafts- oder Genossenschaftsregister anzugeben. Damit ist gemeint, dass sowohl der Ort des **Registergerichts** (also z. B. AmtsG Hamburg oder AG Hamburg) als auch die **Registernummer** zu nennen sind. Auch wenn es nicht ausdrücklich genannt wird, fällt das Gewerberegister bei richtlinienkonformer Auslegung nach h. M. hierunter.[45] Werden mehrere Firmen im Impressum genannt (etwa bei der Kapitalgesellschaft & Co KG auch die persönlich haftende Firma), so müssen Registerangaben für beide Unternehmen gemacht werden.

g) Kammer (§ 5 Abs. 1 Nr. 5 TMG)

22 Bei Berufen, die ein Diplom, einen verliehenen Titel oder eine sonstige verliehene Bezeichnung verlangen, kommen Angaben zur zuständigen Berufskammer, zur gesetzlichen Berufsbezeichnung, zu den berufsrechtlichen Regeln einschließlich Angaben dazu, wo diese eingesehen werden können.[46] Die Kammern der freien Berufe haben dabei für ihre Mitglieder in der Regel die entsprechenden Angaben bereitgestellt. In diesen Fällen genügt demzufolge der Link auf die entsprechende Kammerwebsite.

h) Umsatzsteuer- oder Wirtschafts-Identifikationsnummer (§ 5 Abs. 1 Nr. 6 TMG)

23 Die Umsatzsteueridentifikationsnummer (§ 27a Abs. 1 UStG) wird vom Bundesamt für Finanzen vergeben und ist nicht mit der (Umsatz-) Steuernummer beim zuständigen Finanzamt zu verwechseln. Ist keine USt-ID vorhanden, muss nicht etwa an ihrer Stelle die Steuernummer angegeben werden. Vielmehr entfällt diese Angabepflicht dann vollständig.

24 Neu ist die Verpflichtung zur Angabe der im Jahr 2003 eingeführten Wirtschafts-Identifikationsnummer (§ 139c AO). Insofern erweitert sich der Anwendungsbereich der Pflicht gegenüber dem TDG, da nunmehr auch nicht umsatzsteuerpflichtige bzw. keine Umsatz-

---

43 Spindler/Schmitz/Geis § 6 TDG Rn. 30; Kaestner/Tews WRP 2002, 1011 (1013); Fezer/Mankowski, UWG, § 4-S 12 Rn. 170.
44 OLG Hamburg AfP 2008, 511; OLG Koblenz MMR 2006, 624.
45 Roßnagel/Brönnecke § 5 TDG Rn. 21, 58; Spindler/Schmitz/Geis § 6 TDG Rn. 31 m. w. N.
46 Zur Gestaltung von Anwaltswebsites siehe etwa Schneider MDR 2002, 1236.

steuer-ID führende Diensteanbieter zu einer solchen Angabe verpflichtet werden, soweit sie diese Nummer besitzen.

3. Erreichbarkeit des Impressums

Die Informationen müssen darüber hinaus

- leicht erkennbar,
- unmittelbar erreichbar und
- ständig verfügbar

sein (§ 5 Abs. 1 TMG).

a) Leichte Erkennbarkeit

Die Pflichtangaben sind dann leicht erkennbar, wenn sich zumindest ein Hinweis auf sie sich bereits auf der Homepage der Website befindet.[47] Die Informationen selbst müssen dann nicht auf der Eingangsseite stehen, sofern ein solcher Hinweis auch als solcher erkennbar ist. Dafür genügt eine Bezeichnung »Impressum«. Ebenso hinreichend ist die Angabe »Kontakt«, auch wenn hierunter oft nur ein Mailkontakt vermutet wird;[48] nicht jedoch der allein aus der Musikindustrie bekannte Begriff »Backstage«.[49] Soweit der Nutzer sich auf einer anderen Seite als der Startseite befindet, ist aber ausreichend, dort einen Link »Home« o. Ä. zu finden, wenn sich der Link zum »Impressum« befindet.[50]

Ein Link muss schnell gefunden und als solcher auch erkannt werden können. Dies gilt sowohl hinsichtlich der Schriftgröße und -farbe als auch hinsichtlich der Tatsache, dass es sich um einen Link handelt.

b) Unmittelbare Erreichbarkeit

Unmittelbare Erreichbarkeit des Impressums verlangt eine Zugangsmöglichkeit ohne wesentliche Zwischenschritte.[51] Aufwand und Mühe dürfen nicht nur nicht so groß sein, dass der Nutzer geneigt ist, auf die Informationserlangung zu verzichten,[52] es ist schon unzureichend, wenn sie ihm in irgendeiner Weise schwerer gemacht wird.

aa) Kein Scrollen

Ob der Link zum Impressum sofort zu sehen sein muss, sollte von der Gestaltung der Website abhängen. Sofern der Nutzer nicht die gesamte Eingangsseite erkennen kann, muss das virtuelle Blättern (Scrollen) einer unmittelbaren Erreichbarkeit aber nicht zwingend entgegenstehen. In Einzelfällen – etwa bei sehr umfangreichen oder unübersichtlichen Seiten, mag auch das Erfordernis, auf der Seite nach unten zu scrollen, die leichte Erkennbarkeit hindern.[53] Soweit der Bildschirmausschnitt nur ein wenig bewegt werden muss, sollte dies jedoch genügen.

---

[47] Es besteht kein Zwang, den Nutzer beim Besuch unbedingt über die Angaben zu führen, *Hoenike/Hülsdunk* MMR 2002, 415 (416).
[48] BGH MMR 2007, 40 (41) – Anbieterkennzeichnung im Internet; Angaben zum zuvor bestehenden Streitstand ebd. sowie bei Fezer/*Mankowski*, UWG, § 4-S 12 Rn. 174.
[49] OLG Hamburg MD 2003, 154, (158) – Backstage.
[50] Fezer/*Mankowski*, UWG, § 4-S 12 Rn. 177; Fezer/*Hoeren*, UWG, § 4-S 13 Rn. 35.
[51] BGH MMR 2007, 40 (41) – Anbieterkennzeichnung im Internet; OLG Hamburg MMR 2003, 105; OLG München CR 2004, 53 (54); Fezer/*Mankowski*, UWG, § 4-S 12 Rn. 175.
[52] Vgl. Fezer/*Mankowski*, UWG, § 4-S 12 Rn. 175.
[53] So aber generell OLG Hamburg MD 2003, 154 (158) – Backstage (obgleich hier das Scrollen nur bei einer kleineren Auflösung erforderlich wurde); *Mankowski* CR 2001, 767 (770); *Spindler*/Schmitz/Geis § 6 TDG Rn. 19; *Hoenike/Hülsdunk* MMR 2002, 415 (416); vgl. auch LG Hamburg VuR 2002, 418.

30 Weder kann sich ein Anbieter damit herausreden, dass eine neue Technik mit besonders guter Bildschirmauflösung die Angaben unmittelbar sichtbar mache, noch muss er sich eine veraltete Technik vorhalten lassen, bei der ein gewöhnlich gut sichtbares Impressum eben noch nicht zu sehen ist.[54] Zur Sicherheit kann jedem Anbieter nur empfohlen werden, den Link »Impressum« oben und weit links auf der Site zu schalten, sodass die Sichtbarkeit des Impressums unabhängig von Bildschirmauflösung und Browser-Einstellungen stets sofort bei Aufruf der Site gegeben ist.

bb) Two clicks away

31 Das Impressum muss letztlich ohne Weiteres von jeder Seite der Website aus zugänglich sein. Es genügt nicht, wenn sich allein auf der Eingangsseite ein Hinweis befindet, der womöglich erst nach mehreren Klicks zum Auffinden der Pflichtangaben führt. Es ist aber anzunehmen, dass ein Link von jeder Seite zur Startseite dann genügt, wenn von dort Zugang zum Impressum mit einem einfachen Klick gewährleistet ist (two clicks away).[55] Denn dort wird der Nutzer diese Informationen am ehesten suchen.

cc) Keine Zusatzprogramme

32 Unmittelbare Erreichbarkeit bedeutet, dass alle Angaben in frei zugänglichem html-Format in jedem üblichen Standardbrowser verfügbar sein müssen. Die Verwendung anderer Formate oder das Erfordernis, zusätzliche Software zu laden bzw. Bestandteile von Software zu aktivieren, die nicht standardmäßig vorhanden oder aktiviert sind (pdf-Dateien, Plug-ins, Flash-Programme) oder auch aus Sicherheitsgründen zuweilen deaktiviert werden (JavaScript, Cookies) macht die Angaben nicht mehr hinreichend leicht verfügbar.[56] Dies gründet darauf, dass nicht alle Nutzer diese Funktionen besitzen bzw. eingeschaltet haben. Hier würde auch etwa das Angebot zum Download eines pdf-Readers nicht helfen, da auch dies eine unmittelbare Erreichbarkeit nicht herzustellen vermag.

c) Ständige Verfügbarkeit

33 Das Impressum muss ständig verfügbar sein, also jederzeit ohne Hindernisse – von Wartungszeiten abgesehen,[57] in denen aber auch die gesamte Site offline ist[58] – mithin 24 Stunden lang abrufbar und ausdruckbar sein.[59]

III. Weitere Pflichten nach § 55 RStV

34 Für Telemedien mit journalistisch-redaktionell gestalteten Inhalten, also letztlich vor allem für presseähnliche Websites, gilt zusätzlich die Pflicht des § 55 Abs. 2 RStV, dass bei diesen zusätzlich zu den Angaben der §§ 5, 6 TMG ein Verantwortlicher zu benennen und mit Namen und Anschrift anzugeben ist. Bei journalistisch-redaktionell gestalteten Angeboten ist aber – wie im Übrigen Presserecht – die Benennung eines Verantwortlichen (»V. i. S. d. P.«) obligatorisch. Es ist auch möglich, mehrere Verantwortliche für eine Website zu bestimmen, sofern die Verantwortlichkeitsbereiche klar ist (§ 55 Abs. 2 S. 2 RStV). Als Verantwort-

---

54 *Spindler*/Schmitz/Geis § 6 TDG Rn. 10.
55 BGH MMR 2007, 40 (41) – Anbieterkennzeichnung im Internet; *Spindler*/Schmitz/Geis § 6 TDG Rn. 18; Fezer/*Mankowski*, UWG, § 4-S 12 Rn. 175 ff.; *Bettinger*/Leistner Rn. 3 A 41.
56 *Spindler*/Schmitz/Geis § 6 TDG Rn. 20; Fezer/*Mankowski*, UWG, § 4-S 12 Rn. 180; Fezer/*Hoeren*, UWG, § 4-S 13 Rn. 36 ff.
57 OLG Düsseldorf MMR 2009, 266.
58 Weitergehend LG Düsseldorf K&R 2011, 281, wonach der mit kurzen Werbetexten versehene Hinweis auf eine gerade erfolgende Überarbeitung der Website als nicht geschäftsmäßig angesehen wird.
59 *Spindler*/Schmitz/Geis § 6 TDG Rn. 21.

licher benannt werden darf nur ein voll Geschäftsfähiger (§§ 104 ff. BGB), der seinen ständigen Aufenthalt im Inland besitzt, nicht infolge Richterspruchs die Fähigkeit zur Bekleidung öffentlicher Ämter verloren hat und unbeschränkt strafrechtlich verfolgt werden kann (§ 55 Abs. 2 S. 3 RStV).

In der Praxis ist seltsamerweise ein breiter Trend zu beobachten, auch bei solchen Telemedien, die keine journalistisch-redaktionell gestalteten Inhalte aufweisen, (vorsorglich oder aus Unkenntnis) einen »Verantwortlichen i. S. d. Mediendienste-Staatsvertrages« (jetzt RStV) zu benennen. Dies ist jedoch ohne Rechtsfolgen. 35

IV. Rechtsfolgen von Verstößen

1. Bußgeldbestimmungen

Die Impressumspflichten des § 5 Abs. 1 TMG sind nicht bußgeldbewehrt. Etwas anderes gilt allerdings für die Normierungen des § 55 RStV, die in § 49 Abs. 1 Nr. 7 RStV für § 55 Abs. 1 RStV und in § 49 Abs. 1 Nr. 8 RStV für § 55 Abs. 2 RStV Verstöße zu Ordnungswidrigkeiten erklären, die mit Geldbuße bis zu 50.000,– € (§ 49 Abs. 2 RStV) geahndet werden können. 36

Für die Ahndung dieser Verstöße zuständig ist die jeweilige Landesmedienanstalt, bei der die Zulassung erteilt wurde (§ 49 Abs. 3 RStV). Allerdings ist zu beachten, dass nicht für alle Online-Dienste eine Zulassung erteilt wurde, sondern dies letztlich allein für die Webangebote von Rundfunksendern gelten kann. 37

2. Wettbewerbsverstoß gem. § 4 Nr. 11 UWG

a) Gesetzeszweck und Wettbewerbsbezug

Um einen (abmahnfähigen) Verstoß gegen das Gesetz gegen den unlauteren Wettbewerb (UWG) annehmen zu können, muss es sich bei den o. g. Normen um wettbewerbsbezogene Vorschriften i. S. d. § 4 Nr. 11 UWG handeln. Hiervon ist auszugehen.[60] Die Tatsache, dass und welche Pflichtangaben in Websites zu machen sind, dient dem Schutz auch und gerade der Abnehmer, also der Verbraucher und der sonstigen Marktteilnehmer, die beide vom Schutzzweck des UWG erfasst werden (§§ 1, 2 UWG). Eine Ausnahme mag allein die Angabe der Umsatzsteuer-ID sein, da diese ungeachtet der Gesetzesbegründung allein fiskalischen Zwecken dient.[61] 38

b) Bagatellklausel

Des Weiteren muss der Verstoß jedoch auch die Spürbarkeitsschwelle des § 3 Abs. 1 UWG überschreiten. Unlautere Handlungen, die den Wettbewerb nur unerheblich beeinträchtigen, sind – auch wenn sie rechtswidrig bleiben – lauterkeitsrechtlich als Bagatellfälle hinzunehmen.[62] 39

Der Anwendungsbereich der Bagatellklausel kann sich bei Verstößen gegen zum Schutz des Verbrauchers erlassene (Kennzeichnungs-)Vorschriften eröffnen, wenn der Inhalt des gebotenen, aber unterlassenen Hinweises sich aus dem übrigen Kontext dem Verbraucher erschließt.[63] Maßgeblich für die Frage der Erheblichkeit sind u. a. die Art der Handlung, die Schwere, die Häufigkeit, die Marktmacht und die Anzahl der Betroffenen, wobei Letzteres 40

---

60 OLG Hamburg AfP 2008, 511; OLG Düsseldorf MMR 2008, 682.
61 Ernst VuR 1999, 397 (401); Fezer/*Mankowski*, UWG, § 4-S 12 Rn. 199; a. A. OLG Hamm MMR 2009, 552.
62 JurisPK-UWG/*Ullmann* § 3 Rn. 58 ff.
63 Vgl. jurisPK-UWG/*Ullmann* § 3 Rn. 77 ff.

im Internet freilich stets eine unabsehbare Vielzahl von Personen betrifft.[64] Ob und inwieweit dies bei Einzelverstößen der Fall ist, soll im Folgenden geprüft werden:
- Fehlen des Namens, auch bei Angabe einer Geschäftsbezeichnung, die nicht Firma (§ 17 HGB) ist, ist kein Bagatellfall;[65]
- Fehlen einer Adresse ist kein Bagatellfall;[66] Gleiches gilt bei Angabe einer falschen Anschrift
- Fehlen der Telefonnummer ist kein Bagatellfall;[67] Gleiches gilt bei Nichterreichbarkeit
- Fehlen (allein) der Registernummer ist ein Bagatellfall.[68]
- Fehlen der Angabe einer Aufsichtsbehörde ist i. d. R. ein Bagatellfall;[69]
- Fehlen der Umsatzsteuer-ID dürfte schon kein Fall des § 4 Nr. 11 UWG sein, ist aber in jedem Fall eine Bagatelle.[70]

Solche Verstöße können auch über das UKlaG verfolgt werden.

3. Ansprüche aus BGB

41 § 5 TMG ist Schutzgesetz i. S. d. § 823 Abs. 2 BGB[71] und kann bei Nachweis eines Schadens demzufolge zu entsprechenden Ansprüchen führen. Bei fehlenden oder öfter falschen Angaben und entsprechender Kausalität für einen Vertragsschluss wird auch ein Anspruch aus § 311 BGB oder § 826 BGB vorliegen.[72]

C. Pflichtangaben in E-Mails

42 Auch der Versand von E-Mails unterliegt (im geschäftlichen Verkehr) diversen Pflichten. Dies wurde durch das seit dem 01.01.2007 in Kraft befindliche EHUG[73] lediglich bekräftigt. Dieses Gesetz nahm an verschiedenen Stellen Änderungen in den Normen zu Pflichtangaben in Geschäftsbriefen vor. Sein Inkrafttreten hatte auch einige Abmahnwellen wegen vermeintlich neuer und vermeintlich wettbewerbswidriger Verstöße gegen das Gesetz ausgelöst, insbesondere wegen fehlender Angaben in E-Mails.

I. Rechtsgrundlagen

43 Eine Reihe von Gesetzen des Handels- und Gesellschaftsrechts bestimmt die auf den **Geschäftsbriefen** einer Firma anzugebenden **Informationen**. Zu nennen sind hier insbesondere §§ 37a, 125a, 177a HGB, § 7 Abs. 5 PartGG, § 35a GmbHG, § 80 AktG § 25a GenG, § 25 SCEAG. Inhaltlich ähneln sich diese Normen im Wesentlichen; es finden sich allein wenige Abweichungen aufgrund der Besonderheiten der jeweiligen Rechtsform eines Unternehmens. Sinn und Zweck der Pflichtangaben ist es, dem Geschäftsverkehr stets und jederzeit allgemeine Grundinformationen über den jeweiligen Gegenüber bereitzustellen.

---

64 OLG Karlsruhe CR 2006, 689.
65 OLG Sachsen-Anhalt CR 2006, 779.
66 OLG Karlsruhe CR 2006, 689.
67 OLG Oldenburg NJW-RR 2007, 189; vgl. BGH, MMR 2007, 505.
68 OLG Hamburg AfP 2008, 511.
69 OLG Hamburg AfP 2008, 511; OLG Koblenz MMR 2006, 624.
70 *Spindler*/Schmitz/Geis § 6 Rn. 42; Fezer/*Mankowski*, UWG, § 4-S 12 Rn. 199; a. A. OLG Hamm MMR 2009, 552.
71 AG Mönchengladbach MMR 2003, 606 (608); *Spindler*/Schmitz/Geis § 6 Rn. 43; Roßnagel/*Brönnecke* § 5 TDG Rn. 31.
72 *Spindler*/Schmitz/Geis § 6 Rn. 43.
73 Gesetz über elektronische Handelsregister und Genossenschaftsregister sowie das Unternehmensregister v. 10.11.2006 (EHUG; BGBl. I 2006, 2253).

Dazu gehören insbesondere etwa Informationen darüber, wer für eine ordnungsgemäße Vertragserfüllung letztlich haftet. Auf allen Geschäftsbriefen anzugeben sind:
- Firma
- Rechtsform
- Sitz
- Registergericht und Handelsregisternummer
- bei einer Kapital- & Co-Personengesellschaft auch die Firma der persönlich haftenden Gesellschafterin nebst deren Pflichtangaben
- den/die Geschäftsführer bzw. Vorstände
- der Name des Aufsichtsratsvorsitzenden (soweit vorhanden)

Unschädlich sollte es dabei sein, wenn ein international aufgestelltes Unternehmen dabei von vornherein auch im inländischen Briefverkehr englischsprachige Begriffe wie »Head Office« o. ä. verwendet, da diese ohne Weiteres verständlich sind. 44

II. E-Mails als Geschäftsbriefe

Das EHUG erweitert in den meisten o. g. Normen die Formulierung des Begriffs »Geschäftsbriefe« durch den Zusatz »gleichviel welcher Form« (für § 37a HGB in Art. 1 Nr. 13 EHUG; § 25a GenG in Art. 3 Nr. 7; § 80 AktG in Art. 9 Nr. 5; § 35a GmbHG in Art. 10 Nr. 3 und § 25 Abs. 1 SCEAG in Art. 12 Abs. 11a). Damit sollte offenbar klargestellt werden, dass auch E-Mails hierunter fallen.[74] 45

Diese Erkenntnis war allerdings auch bei Inkrafttreten des EHUG nicht neu. Zum einen gilt, dass der Begriff Geschäftsbriefe ohne den Zusatz »gleichviel welcher Form« nicht enger war bzw. durch ihn nicht erweitert wurde. Er umfasste also auch ohne Erweiterung jedwede Geschäftsbriefe in gleich welchem Aggregatzustand. Zum zweiten sind Geschäftsbriefe schriftliche – wegen § 126 BGB besser: verkörperte – Mitteilungen der Gesellschaft gegenüber bestimmten Dritten (nicht: Werbeschriften und Anzeigen; dort gilt allein § 6 TMG). Elektronische Werbeschriften wie Newsletter werden nur zu Geschäftsbriefen, wenn sie an einen bestimmten Empfänger gerichtet sind.[75] Auch geschäftliche E-Mails waren schon in der Vergangenheit grundsätzlich als Geschäftsbriefe zu qualifizieren.[76] Die »neuen« Pflichtangaben waren also bereits vor Erlass des EHUG auch auf E-Mails anzugeben. Das EHUG änderte demzufolge an der zuvor bestehenden Rechtslage nichts – und befreite umkehrt auch nicht die bei der Novellierung »vergessenen« oHG, KG und PartG von diesen Pflichten. 46

Problematisch ist allein die Einordnung von elektronischen Kurzmitteilungen über Mobiltelefone (**SMS**). Auch diese können Geschäftsbriefcharakter besitzen, doch würde die Erweiterung der genannten Pflichten auf diese Form von Nachrichten den – bislang ohnehin kaum praktizierten – Gebrauch von SMS im geschäftlichen Verkehr von vornherein konterkarieren.[77] 47

---

74 Ein Hinweis auf eine »Kollision« mit Netiquette-Guidelines (z. B. 2.1.1 RFC 1855: »If you include a signature keep it short. Rule of thumb is no longer than 4 lines«) ist schon wegen deren Unverbindlichkeit irrig, s. bereits *Ernst* JuS 1997, 776 (778).
75 Vgl. Ebenroth/Boujong/Joost/*Hillmann* § 35a Rn. 6; *Hüffer* § 80 Rn. 2; *Baumbach/Hopt* § 37a Rn. 4.
76 Ebenroth/Boujong/Joost/*Hillmann* § 35a Rn. 5; Baumbach/Hueck/*Zöllner* § 35a Rn. 7; *Baumbach/Hopt* § 37a Rn. 4; *Ernst*, Vertragsgestaltung im Internet, Rn. 132; Schmittmann/*Ahrens* DB 2002, 1038 (1040 f.).
77 Vgl. *Hoeren/Pfaff* MMR 2007, 207 (208).

III. Rechtsfolgen von Verstößen

1. Zwangsgelder

48 Werden die Pflichten nicht befolgt, ist das Registergericht gehalten, dies durch die Festsetzung von – in der Praxis vergleichsweise unbedeutenden – Zwangsgeldern durchzusetzen (§ 37a Abs. 4 S. 1 HGB; § 125a Abs. 2 HGB; § 177a HGB; § 7 Abs. 5 PartGG; § 79 Abs. 1 GmbHG; § 407 Abs. 1 AktG).

2. Wettbewerbsverstoß gem. § 4 Nr. 11 UWG

a) Gesetzeszweck und Wettbewerbsbezug

49 Um einen (abmahnfähigen) Verstoß gegen das Gesetz gegen den unlauteren Wettbewerb (UWG) annehmen zu können, muss es sich bei den o. g. Normen um wettbewerbsbezogene Vorschriften i. S. d. § 4 Nr. 11 UWG handeln. Hiervon ist auszugehen. Die Tatsache, dass und welche Pflichtangaben auf Geschäftsbriefen zu machen sind, dient dem Schutz auch und gerade der Abnehmer, also der Verbraucher und der sonstigen Marktteilnehmer, die beide vom Schutzzweck des UWG erfasst werden (§§ 1, 2 UWG).

b) Bagatellklausel

50 Des Weiteren muss der Verstoß jedoch auch die Erheblichkeitsschwelle des § 3 UWG überschreiten. Unlautere Handlungen, die den Wettbewerb nur unerheblich beeinträchtigen, sind – auch wenn sie rechtswidrig bleiben – lauterkeitsrechtlich als Bagatellfälle hinzunehmen.[78]

51 Der Anwendungsbereich der Bagatellklausel kann sich bei Verstößen gegen zum Schutz des Verbrauchers erlassene (Kennzeichnungs-) Vorschriften eröffnen, wenn der Inhalt des gebotenen, aber unterlassenen Hinweises sich aus dem übrigen Kontext dem Verbraucher erschließt.[79] Dies wird bei den meisten Fällen fehlender Angaben in E-Mails der Fall sein.

c) Einzelfälle

52 Die meisten Verstöße gegen die genannten Normen zu Pflichtangaben in Geschäftsbriefen – insbesondere und auch in Bezug auf E-Mails – werden der Bagatellklausel unterfallen. Dies gilt gerade für die unmittelbar nach Erlass des EHUG berichteten Fälle, in denen eine Firma die Mitbewerber angeschrieben und um ein Angebot gebeten hatte. In solchen Fällen erfolgte die Kontaktaufnahme aufgrund der Angaben auf der Website. Enthält diese aber alle relevanten Informationen, ist das Gegenüber auf diese Weise bereits hinreichend informiert, sodass es an einer wettbewerbsrechtlichen Relevanz des Verstoßes fehlt.

53 Gleiches gilt, wenn nur Einzelangaben fehlen (z. B. nicht ausgeschriebener Vorname) oder eine Bezeichnung unrichtig erläutert wird (z. B. ein oHG-Gesellschafter als Geschäftsführer bezeichnet wird). Zuzugeben ist, dass die Verwendung einer angehängten »elektronischen Visitenkarte« den Informationspflichten ebenso wenig genügen wird[80] wie ein Link in der Mail auf das Website-Impressum.[81] Dies gilt nicht nur wegen der berechtigten Scheu, Mail-Anhänge zu öffnen. Gleichwohl dürfte es selbst in diesen Fällen in der Regel an einem die Bagatellgrenze überschreitenden Fall fehlen. Um bei einem Verstoß gegen die genannten Normen bei fehlenden Einzelangaben in E-Mails einen UWG-Verstoß annehmen zu können, wird man schon eine besondere Fallkonstellation vorfinden müssen. Dies gilt

---

[78] Vgl. jurisPK-UWG/*Ullmann* § 3 Rn. 58 ff.
[79] Vgl. jurisPK-UWG/*Ullmann* § 3 Rn. 77 ff.
[80] *Hoeren/Pfaff* MMR 2007, 207 (208).
[81] *Hoeren/Pfaff* MMR 2007, 207 (208 f.).

etwa bei evidentem Vorsatz und Missbrauch mit der Absicht, die eigene Ladungsfähigkeit zu verschleiern. Ob auch die Nachahmungsgefahr eine Rolle spielen kann, ist streitig.[82] Allerdings ist darauf hinzuweisen, dass etwa bei der Begründung der Unlauterkeit unverlangter E-Mail-Werbung die Nachahmungsgefahr eine erhebliche Rolle gespielt hat. Sie dürfte vorliegend aber auch kaum eine Rolle spielen. Die meisten Verstöße gegen Vorschriften zur Begründung von Pflichtangaben beruhen ohnehin auf Unkenntnis.

D. Sonstige Informationspflichten[83]

I. Kommerzielle Kommunikationen (§ 6 TMG)

1. Allgemeines (§ 6 Abs. 1 TMG)

Die Norm des § 6 Abs. 1 TMG, die § 7 TDG a. F. als Umsetzung von Art. 6 ECRL ablöst, dient der Transparenz im elektronischen Verkehr, insbesondere der klaren Erkennbarkeit von Werbung.[84] Da sich diese Pflichten aber bereits aus dem UWG ergeben, handelt es sich lediglich um eine Klarstellung.[85] Die Geltung des UWG wird in § 6 Abs. 3 TMG nochmals bekräftigt. 54

Im Einzelnen benennt § 6 Abs. 1 TMG vier Anforderungen an kommerzielle Websites, während für kommerzielle Kommunikation per Mail § 6 Abs. 2 TMG spezielle Anforderungen benennt. Der zweite Absatz ist aber bei E-Mails als zusätzliche Anforderung und wegen der anders gearteten Anforderungen nicht die Anwendbarkeit des ersten Absatzes ausschließend zu sehen. § 6 Abs. 1 TMG benennt: 55
- Jede Form von kommerzieller Kommunikation muss as solche klar zu erkennen sein (Nr. 1);
- Die natürliche oder juristische Person, in deren Auftrag die kommerzielle Kommunikation erfolgt, muss klar identifizierbar sein (Nr. 2);
- Angebote zur Verkaufsförderung (Preisnachlässe, Zugaben, Geschenke) müssen klar als solche erkennbar und die Bedingungen ihrer Inanspruchnahme leicht zugänglich sowie klar und deutlich angegeben sein (Nr. 3);
- Preisausschreiben und Gewinnspiele mit Werbecharakter müssen klar als solche erkennbar und die Teilnahmebedingungen leicht zugänglich sowie klar und deutlich angegeben werden (Nr. 4).

Diese Anforderungen gehen über die Bestimmungen des § 5 TMG, der unten beschriebenen Kennzeichnungspflichten für geschäftliche E-Mails sowie des Fernabsatzrechts und die allgemeinen Regeln des UWG und das berufsständische Werberecht nicht hinaus. Für Einzelheiten sei auf die entsprechenden Kapitel verwiesen. 56

2. Mail-Versand (§ 6 Abs. 2 TMG)

Mit dem TMG neu eingeführt wurde die Bestimmung zum Versand kommerzieller Kommunikation per elektronischer Post in § 6 Abs. 2 TMG, die bestimmt, dass in der Kopf- und Betreffzeile weder der Absender noch der kommerzielle Charakter der Nachricht verschleiert oder verheimlicht werden dürfen. Ein Verstoß hiergegen liegt vor, wenn Kopf- und Betreffzeile **absichtlich** so gestaltet sind, dass der Empfänger vor Einsichtnahme in 57

---

82 Ablehnend jurisPK-UWG/*Ullmann* § 3 Rn. 70 m. w. N.
83 Zu den Informationspflichten im Fernabsatzrecht nach der BGB-InfoV vgl. ausf. Kap. 11.
84 *Spindler*/Schmitz/Geis § 7 TDG Rn. 1.
85 Amtl. Begr. zu § 7 TDG, BT-Drs. 14/6098, 22; *Spindler*/Schmitz/Geis § 7 TDG Rn. 1.

den Inhalt der Mail keine oder irreführende Informationen über die tatsächliche Identität oder den kommerziellen Charakter der Nachricht erhält.

58   Dem Grundsatz nach scheint also das Erfordernis aufgestellt zu werden, dass der Absender und der kommerzielle Zweck stets bereits erkennbar sein müssen, ohne dass die Mail geöffnet wurde. Zu beachten ist jedoch, dass allein das Verschleiern und Verheimlichen verboten werden soll, wobei diese Begriffe eng auszulegen sind.[86]

59   Diese Norm betrifft zum einen das Spamming, also unverlangte E-Mail-Werbung, die ungeachtet dessen ohnehin unzulässig ist (§ 7 UWG; §§ 823, 1004 BGB; § 6 Abs. 3 TMG). Ferner fallen hierunter Phishing-Mails. Für diese Fälle ist ihre Durchsetzung schon wegen des Regelfalls, dass eine Absenderadresse im Ausland gegeben ist, sehr fraglich.[87] Sie gilt aber auch für zulässige Mail-Werbung und kommerzielle Direktkommunikation. In diesem Fall muss für einen Verstoß jedoch eine Absicht nachgewiesen sein, auf die nicht bei jeder Gestaltung geschlossen werden kann. Unzulässig dürfte etwa die Verwendung eines Remailers zur Vertuschung des wahren Absenders sein.[88] Bei der Verwendung einer nicht kommerziell erscheinenden Betreffzeile ist diese im Zusammenhang mit dem Absender zu lesen. Stammt die Mail von einem aus der Mailadresse als solchem erkennbaren Modehaus, so ist in der Betreffzeile »Der Frühling ist da« nichts Unlauteres zu sehen.[89]

3. Folgen bei Verstößen

a) Ordnungswidrigkeit

60   Anders als § 5 Abs. 1 TMG ist ein Verstoß gegen § 6 Abs. 1 TMG nicht bußgeldbewehrt. Etwas anders gilt allerdings für § 6 Abs. 2 TMG, der in § 16 Abs. 1 TMG prominent erwähnt und mit einem Bußgeld von bis zu 50.000,– € bedroht wird, dessen Durchsetzung freilich wegen der beschriebenen Unerreichbarkeit im Regelfall fraglich bleiben wird.[90]

b) Wettbewerbsrecht und BGB

61   Eine Verfolgung über UWG und UKlaG dürfte im Regelfall möglich sein, da § 6 TMG Wettbewerbsbezug i. S. d. § 4 Nr. 11 UWG besitzt und ein Verstoß hiergegen normalerweise auch keine Bagatelle sein kann.

62   Auch zivilrechtliche Ansprüche aus § 823 Abs. 2 BGB kommen in Betracht, da es sich zumindest bei § 6 Abs. 2 TMG um ein Schutzgesetz im Sinne der Norm handelt.[91]

II. Sonstige Normen

63   § 5 Abs. 2 TMG verweist darauf, dass sonstige (weiter gehende) Informationspflichten nach anderen Rechtsnormen unberührt bleiben und stellt damit klar, dass das TMG lediglich einen Mindeststandard setzen und keineswegs Ausschließlichkeitscharakter besitzen soll. Solche Pflichten – etwa aus dem Preisangaben-, Lauterkeits-, E-Commerce- und Fernabsatzrecht (§§ 312c, 312e BGB, BGB-InfoV), der auf § 6c GewO beruhenden DL-InfoV oder aus dem Datenschutzbereich – werden in den jeweiligen Kapiteln dieses Buches behandelt.

---

[86] Amtl. Begr. zu § 6 TMG; *Kitz* DB 2007, 385 (387).
[87] *Hoeren* NJW 2007, 801 (804).
[88] *Kitz* DB 2007, 385 (388).
[89] *Kitz* DB 2007, 385 (388).
[90] *Hoeren* NJW 2007, 801 (804).
[91] *Kitz* DB 2007, 385 (387).

Kapitel 14
Internet-Auktionen

Schrifttum

Alpert, Virtuelle Marktplätze im Internet: Typische Haftungsrisiken des Anbieters von B2B-Portalen, CR 2001, 604; *Bierekoven*, Die Neuregelungen des Widerrufs- und Rückgaberechts im Fernabsatz und E-Commerce, CR 2008, 785; *Bonke/Gellmann*, Die Widerrufsfrist bei eBay-Auktionen – Ein Beitrag zur Problematik der rechtzeitigen Belehrung des Verbrauchers in Textform, NJW 2006, 3169; *Borges*, Das Widerrufsrecht in der Internet-Auktion, DB 2005, 319; *Cornelius*, Vertragsabschluss durch autonome elektronische Agenten, MMR 2002, 353; *Fischer*, Zur Abgrenzung von privatem und unternehmerischen Handeln auf Auktionsplattformen im Internet, WRP 2008, 193; *Föhlisch*, Ist die Musterwiderrufsbelehrung für den Internethandel noch zu retten?, MMR 2007, 139; *Fürst*, Störerhaftung – Fragen der haftungsbegründenden Zumutbarkeit und Konsequenzen – Das Ende von eBay?, WRP 2009, 378; *Gitter/Roßnagel*, Rechtsfragen mobiler Agentensysteme im E-Commerce, K&R 2003, 64; *Hoenike/Hülsdunk*, Rechtliche Vorgaben für Fernabsatzangebote im elektronischen Geschäftsverkehr bei und nach Vertragsschluss – Ein Überblick über die gesetzlichen Anforderungen und die Rechtsfolgensystematik bei Verstößen, MMR 2002, 516; *Holznagel*, Die Urteile in Tiffany v. eBay (USA) – zugleich zu den aktuellen Problemen der europäischen Providerhaftung, GRUR Int. 2010, 654; *Kaestner/Tews*, Informations- und Gestaltungspflichten bei Internet-Auktionen, WRP 2004, 391; *Köhler*, »Täter« und »Störer« im Wettbewerbs- und Markenrecht. Zur BGH-Entscheidung »Jugendgefährdende Medien bei eBay«, GRUR 2008, 1; *Leible/Sosnitza*, Haftung von Internetauktionshäusern – reloaded, NJW 2007, 3324; *Leistner*, Störerhaftung und mittelbare Schutzrechtsverletzung, GRUR-Beilage 2010, 1; *Lensing-Kramer/Ruess*, Markenrechtliche Verantwortlichkeit von Internet-Auktionsportalen im Rechtsvergleich – Deutschland als Vorbild für Europa?, GRUR 2009, 722; *Lubberger*, Schutzrechtsverletzungen bei eBay und Co. – Einordnung, Verantwortlichkeit, Abwehrstrategien, MarkenR 2006, 515; *Petershagen*, Rechtsschutz gegen Negativkommentare im Bewertungsportal von Internetauktionshäusern. Einstweilige Verfügung oder Hauptsacheverfahren?, NJW 2008, 953; *Schirmbacher*, Von der Ausnahme zur Regel: Neue Widerrufsfristen im Online-Handel?, CR 2006, 673; *Schlömer/Dittrich*, eBay und Recht – Rechtsprechungsübersicht zum Jahr 2006/II, K&R 2007, 117; *Schröder*, Gesetz zur Neuordnung der Vorschriften über das Widerrufs- und Rückgaberecht – Rückblick und Ausblick, NJW 2010, 1933; *Spindler*, Vertragsabschluss und Inhaltskontrolle bei Internet-Auktionen, ZIP 2001, 809; *Szczesny/Holthusen*, Zur Unternehmereigenschaft und ihren zivilrechtlichen Folgen im Rahmen von Internet-Auktionen, K&R 2005, 302; *Trinks*, Die Online-Auktion in Deutschland, 2004.

Übersicht

	Rdn.
A. Einführung	1
I. Auktionsbeteiligte	2
II. Eigen- und Fremdversteigerungen	4
III. Arten der Preisfindung	5
1. Aufwärtsauktionen	5
2. Abwärtsauktionen	6
IV. Langzeit- und Live-Auktionen	7
B. Der Ablauf einer Internet-Auktion	8
I. Anmeldung	9
II. Warenpräsentation	10
III. Zeitablauf und »Zuschlag«	12
IV. Bewertungssysteme	16
C. Anwendbares Recht	20
D. Vertragsrecht	21
I. Vertragsverhältnisse bei Internet-Auktionen	21
1. Benutzungsverhältnis	22
a) Verhältnis Plattformbetreiber – Einlieferer	22
aa) Allgemeiner Nutzungsvertrag	23
bb) Besonderer Nutzungsvertrag	25
b) Verhältnis Plattformbetreiber – Bieter	28
2. Marktverhältnis	29
II. Informations- und Gestaltungspflichten	30
1. Informationspflichten	32
a) Informationspflichten nach dem Telemediengesetz	32
b) Informationspflichten nach dem Fernabsatzrecht	35

Kapitel 14   Internet-Auktionen

		aa) Vorvertragliche Informationspflichten	36
		bb) Nachvertragliche Informationspflichten	38
		c) Informationspflichten nach der Preisangabenverordnung	40
		d) Sonstige Informationspflichten	41
	2.	Gestaltungspflichten	42
		a) Ermöglichung der Korrektur von Eingabefehlern	43
		b) Informationen zum Vertragsschluss	44
		c) Zugangsbestätigung	45
		d) Abrufbarkeit und Speicherbarkeit der Vertragsbedingungen	46
III.	Vertragsschluss über Auktionsartikel		48
	1. Antrag		49
	2. Annahme		51
	3. Handeln »im Auftrag eines Dritten« und unter fremdem Mitgliedsnamen		52
IV.	Vertragsgestaltung durch Allgemeine Geschäftsbedingungen		55
	1. Einbeziehung		56
		a) Allgemeine Geschäftsbedingungen im Benutzungsverhältnis	56
		b) Allgemeine Geschäftsbedingungen im Marktverhältnis	59
		aa) Allgemeine Geschäftsbedingungen des Plattformbetreibers	60
		bb) Allgemeine Geschäftsbedingungen des Verkäufers	61
	2. Inhaltskontrolle		65
		a) Problematische Bestimmungen	66
		aa) Verlagerung des Versandrisikos auf den Verbraucher	67
		bb) Haftungsausschluss	68
		cc) Verkürzung von Gewährleistungsansprüchen	70
		dd) Regelungen bzgl. des Widerrufsrechts	71
		ee) Abwälzung der Gefahr bei Rücksendung	72
		ff) Beweislastverteilung	73
		b) Mehrdeutige Klauseln	74
		c) Folgen der Unwirksamkeit von Klauseln	75
V.	Vertragsauflösung		76
	1. Widerrufs- bzw. Rückgaberecht		77
		a) Grundsätzliches	77
		b) Nichtbestehen eines Widerrufsrechts	80
		c) Form der Widerrufsbelehrung und Widerrufsfrist	83
	2. Anfechtung		85
	3. Gewährleistung		88
	4. Kündigung		91
E.	**Kennzeichenrechtsverletzungen bei Internet-Auktionen**		92
I.	Kennzeichenrechtliche Ansprüche		93
II.	Voraussetzungen einer Kennzeichenrechtsverletzung		95
	1. Handeln im geschäftlichen Verkehr		95
	2. Kennzeichenmäßige Benutzung		96
	3. Weitere Anspruchsvoraussetzungen		97
		a) Identität	98
		b) Verwechslungsgefahr	101
		c) Bekanntheitsschutz	102
	4. Beschreibende Angaben		103
	5. Weitervertrieb von Originalware		105
F.	**Internet-Auktionen und unlauterer Wettbewerb**		106
I.	Rechtsbruch		107
II.	Irreführende Werbung		108
III.	Vergleichende Werbung		110
	1. Offene Imitationswerbung		111
	2. Rufausnutzende vergleichende Werbung		112
	3. Verleitung zum Vertragsbruch – Sniper-Software		113
G.	**Strafrechtliche Aspekte**		116
H.	**Verantwortlichkeit des Auktionshauses für Angebote Dritter**		117
I.	Anwendbarkeit der §§ 7–10 TMG		118
II.	Haftungsprivilegierung nach § 10 TMG		120
	1. Fremde Information		120
	2. Weitere Voraussetzungen des § 10 TMG		123
III.	Unterlassungs-/Beseitigungsansprüche		126
IV.	Haftung als Täter aufgrund Verkehrspflichtverletzung?		128

A. Einführung

Internet-Auktionen spielen seit Jahren eine wichtige Rolle im Rahmen des Online-Handels. 1

Versteigert werden Restposten, Auslaufmodelle und kurzfristig freiwerdende Flugplätze ebenso wie gebrauchte Autos und Neuwaren. Sogar leicht verderbliche Lebensmittel und Blumen sowie Domainnamen und Patente werden angeboten.

Neben dem bekannten Auktionshaus eBay existieren mittlerweile zahlreiche andere Auktionshäuser, die zum Teil ebenfalls große Produktmengen vertreiben. Die Art und Weise, in der diese Auktionen durchführen, unterscheidet sich teilweise erheblich. Je nach Ausgestaltung können unterschiedliche rechtliche Fragen auftreten. Bevor näher auf die rechtlichen Aspekte eingegangen wird, wird im Folgenden zunächst kurz dargestellt, welche Arten von Auktionen existieren. Zu differenzieren ist insbesondere danach, wer an der Auktion beteiligt ist, wer Eigentümer des jeweils angebotenen Produkts ist, sowie wie und zu welchem Zeitpunkt die Preisfindung erfolgt:

I. Auktionsbeteiligte

Bei den an einer Internet-Auktion Beteiligten ist zu unterscheiden zwischen dem Auktionsbetreiber einerseits und dem Verkäufer sowie dem (potenziellen) Käufer andererseits. Auktionsbetreiber und Verkäufer können ein und dieselbe Person sein. Je nachdem, wer auf Käufer- und Verkäuferseite steht, unterscheidet man die folgenden Auktionsformen: 2

- Consumer-to-Consumer (C2C) 3
- Business-to-Consumer (B2C)
- **Business-to-Business (B2B)** (»open shops« oder bei Begrenzung auf bestimmte Teilnehmer »closed shops«)
- Business-to-Government (B2G) oder Business-to-Administration (B2A)[1]
- Government-to-Consumer (G2C) oder Administration-to-Consumer (A2C)[2]

II. Eigen- und Fremdversteigerungen

Bei einer Eigenversteigerung werden im Eigentum des Plattformbetreibers stehende Produkte versteigert (Beispiel hierfür war ricardo.de). 4

Bei Fremdversteigerungen stellt der Plattformbetreiber dagegen lediglich die technische und organisatorische Infrastruktur zur Verfügung, die zu versteigernden Waren stehen jedoch im Eigentum eines Dritten (dies ist die gängige Auktionsform).

III. Arten der Preisfindung

1. Aufwärtsauktionen

Die bekannteste Form der Preisfindung bei Internet-Auktionen ist die Aufwärtsauktion, die auch als **Englische Auktion, Vorwärtsauktion** oder **Forward Auction** bezeichnet wird. Bei einer solchen Auktion erhält derjenige Bieter den Zuschlag, der am Ende eines vorgegebenen Zeitraums das Höchstgebot abgegeben hat. Es werden in der Regel Mindest- 5

---

[1] Zu möglichen vergaberechtliche Fragen bei einer Beteiligung der öffentlichen Hand vgl. Kap. 24.
[2] Denkbar ist Letzteres z. B. bei Veräußerung von Waren, die durch den Zoll beschlagnahmt wurden.

gebote vorgegeben und dann jeweils das aktuell höchste Gebot und die noch verbleibende Zeit im Internet sichtbar gemacht. Teilweise ist auch die Höhe der Preisschritte festgelegt.

Eine besondere Form der Aufwärtsauktion ist die **Höchstpreisauktion**. Bei dieser, auch als verdeckte Auktion, Auktion mit versiegelten Geboten oder Undercover Auction bezeichneten Auktionsform, darf jeder Bieter nur ein Gebot abgeben. Die Abgabe der Gebote erfolgt verdeckt, die Bieter kennen die Gebote der Mitbietenden daher nicht. Den Zuschlag erhält ebenfalls der Meistbietende.

Die **Vickery**-Auktion wiederum ist eine spezielle Variante der Höchstpreisauktion. Auch bei dieser gibt jeder Bieter nur ein verstecktes Gebot ab und der Meistbietende erhält den Zuschlag. Gezahlt werden muss jedoch nur die Summe, die dem zweithöchsten Gebot entspricht.

2. Abwärtsauktionen

6 Bei Abwärtsauktionen wird mit einem tendenziell hohen Startpreis begonnen, der dann im Verlauf der Auktion sinkt. Dabei gibt es unterschiedliche Formen des Preissinkens, für die auch unterschiedliche Bezeichnungen verwendet werden, z. B. umgekehrte Versteigerung, Reverse Auction oder Holländische Auktion.

IV. Langzeit- und Live-Auktionen

7 Bei der Internet-typischen **Langzeit-Auktion** werden die Auktionsgegenstände jeweils mit individuellem Start- und Endtermin für einen bestimmten Zeitraum angeboten. Mit Ablauf des Zeitraums findet automatisch das bis dahin eingehende Höchst- bzw. Niedrigstgebot Berücksichtigung. Es wird also nicht aktiv durch einen Auktionator in das Geschehen eingegriffen.

Bei manchen Langzeit-Auktionen verlängert sich das Ende der Auktion automatisch, wenn in der Schlussphase ein höheres Angebot eingeht (sog. Soft Close-Auktion, im Gegensatz zur zeitlich genau begrenzten Hard Close-Auktion).

Bei einer **Live**-Express-Auktion werden – vergleichbar einer klassischen Versteigerung – nacheinander einzelne Gegenstände von einem namentlich bezeichneten Auktionator ausgerufen. Die Informationsvermittlung erfolgt mittels Lauftext über den Computerbildschirm. Jeder registrierte Bieter kann per Mausklick ein Gebot abgeben. In der Regel sind solche Auktionen auf wenige Minuten begrenzt.

B. Der Ablauf einer Internet-Auktion

8 Im Folgenden wird der Ablauf der wohl bekanntesten, von dem Internet-Auktionshaus eBay verwendeten Auktionsform kurz und vereinfacht dargestellt.

eBay-Auktionen sind Fremdversteigerungen. Auf Käufer- und Verkäuferseite stehen sich Privatpersonen und/oder Unternehmen gegenüber. Die Preisfindung erfolgt im Wege der Aufwärtsversteigerung. In zeitlicher Hinsicht handelt es sich um Langzeitversteigerungen.

I. Anmeldung

9 Die Teilnahme an einer Internet-Auktion setzt die Eröffnung eines Mitgliedskontos voraus. Für eine Registrierung müssen u. a. Vor- und Nachname, Adresse, Telefonnummer, Ge-

burtsdatum (der Teilnehmer muss älter als 18 Jahre sein) und eine E-Mail-Adresse angeben werden. Bei einem gewerblichen Konto sind außerdem der Name des Unternehmens sowie eines gesetzlichen Vertreters mitzuteilen.

Neben der Wahl eines Mitgliedsnamens und eines Passwortes ist weitere Voraussetzung für die Teilnahme an einer Internet-Auktion die Anerkennung der Nutzungsbedingungen des Auktionshauses sowie die Zustimmung zur Verarbeitung der Pflichtangaben.

Beim Auktionshaus eBay erhält der Anmelder nach Eingabe aller Daten eine Bestätigung mit näheren Angaben dazu, wie die Anmeldung abgeschlossen werden kann. Erst nach Abschluss der Anmeldung besteht die Möglichkeit, bei Auktionen mitzusteigern. Um Waren verkaufen zu können, verlangt eBay zudem die explizite Einrichtung eines Verkäuferkontos, wobei u. a. die Zahlungsmethode für Verkäufergebühren zu wählen ist (hierzu II.).

II. Warenpräsentation

Die Präsentation eines Produktes auf der Website des Auktionshauses setzt die Eingabe bestimmter Daten zum Auktionsgegenstand in eine Online-Maske voraus. Der jeweilige Anbieter hat insbesondere eine Artikelbezeichnung, eine Beschreibung des Gegenstandes sowie eine Kategorie anzugeben, in der der Artikel angeboten werden soll. Soweit ein Anbieter dies wünscht, kann er auch Bilder von dem Auktionsgegenstand einstellen. Darüber hinaus sind Angaben zum Startpreis und der Dauer der Auktion sowie zu Zahlungsmethoden, Verpackungs- und Portokosten erforderlich. 10

▶ **Praxistipp:**

Die meisten Auktionshäuser verfügen über eine Online-Suchmaske. Die Eingabe der Artikelbeschreibung sollte sorgfältig erfolgen, da bereits ein einziger Tippfehler die Auffindbarkeit eines Artikels erheblich erschweren und damit letztlich bares Geld kosten kann. Zudem ist darauf zu achten, dass die Beschreibung des Gegenstandes zutreffend ist, da ansonsten zivilrechtliche, kennzeichenrechtliche oder wettbewerbsrechtliche Ansprüche drohen können. Auch bei der Einstellung von Bildern von dem Produkt ist Vorsicht geboten, da eine unzulässige Verwendung von fremden Bildern Rechte Dritter verletzen kann.

Teilweise verlangen Plattformbetreiber von jedem Anbieter eine Anbietergebühr. In anderen Fällen wird nur im Fall eines Verkaufs eine Provision in Höhe eines bestimmten Prozentsatzes des erzielten Preises erhoben. Vielfach müssen auch sowohl eine generelle Anbietergebühr als auch eine Erfolgsprovision gezahlt werden. 11

III. Zeitablauf und »Zuschlag«

Bei Langzeit-Auktionen wird grundsätzlich jedem Gegenstand eine separate Auktionszeit zugeordnet. Üblich ist eine Auktionslaufzeit von drei bis zehn Tagen. Die Auktionsfrist läuft typischerweise von dem Moment an, in dem der Einlieferer sein Angebot in die Datenbank des Auktionshauses eingestellt hat. 12

Gebote können über die Bildschirmmaske unter Nennung des jeweiligen Mitgliednamens und Passwortes abgegeben werden. 13

Derjenige Bieter, der zum Zeitpunkt des Auktionsablaufs das höchste Gebot abgegeben hat, erhält mit Zeitablauf den »Zuschlag«, ohne dass zuvor noch eine besondere Aufforderung oder Mitteilung erfolgt.

Exkurs: Der Einsatz von Bietagenten und Sniper-Software

14 Damit ein Bieter nicht bis zum Ende einer Auktion vor dem Monitor verbringen muss, besteht die Möglichkeit des Einsatzes spezieller Software, sog. **Bietagenten**, die auf jedes eingehende konkurrierende Gebot reagiert, bis ein vom Nutzer vorher festgelegter Maximalbetrag erreicht ist.[3] Durch den Einsatz von Bietagenten kann sich der Auktionspreis schneller erhöhen und insgesamt ein höherer Preis erzielt werden als ohne den Einsatz derartiger Software. Die Verwendung von Bietagenten ist daher kritisiert worden.[4]

15 Ein automatisches Mitbieten kann zudem mittels sog. **Sniper-Software** erfolgen.[5] Im Gegensatz zu Bietagenten reagiert Sniper-Software nicht auf jedes Angebot, sondern gibt nur ein Angebot zu dem vom Nutzer vorher festgelegten Zeitpunkt ab, in der Regel kurz vor Auktionsende. Wird das Angebot erst kurz vor Ende der Auktion abgegeben, ist ein manuelles Überbieten durch andere Bieter in der Regel nicht mehr möglich. Der Einsatz von Sniper-Software kann somit zu niedrigeren Verkaufspreisen und, soweit die Provision des Auktionshauses auf der Basis des Höchstgebots berechnet wird, zu einem Provisionsausfall aufseiten des Auktionshauses führen. Das Anbieten derartiger Software ist daher bereits mehrfach als wettbewerbsrechtlich unzulässig angegriffen worden (s. Rdn. 113 ff.).

Nach Auktionsende erhalten Einlieferer und Ersteigerer eine Nachricht über den Ausgang der Auktion sowie Daten über die jeweils andere Vertragspartei, um die Kontaktaufnahme und die Abwicklung des Kaufs zu ermöglichen. In aller Regel hat der Ersteigerer Vorkasse zu leisten. Um die Bezahlung zu erleichtern, bieten Internetversteigerer ihren Mitgliedern oftmals Online-Bezahlsysteme an. Ein Beispiel hierfür ist PayPal.[6] Auf die verschiedenen Zahlungsmöglichkeiten und mögliche Schwierigkeiten bei der Abwicklung von Zahlungen soll hier jedoch nicht eingegangen werden.

IV. Bewertungssysteme

16 Auktionshäuser stellen ihren Mitgliedern üblicherweise eine allgemein zugängliche Bewertungstabelle zur Verfügung, in die Einlieferer und Ersteigerer nach Auktionsende Kommentare und Grundbewertungen über die jeweils andere Partei eingeben können. Die zur Verfügung stehenden Bewertungen können für Entscheidungen Dritter über die Abgabe eines Gebots von erheblicher Bedeutung sein.

Exkurs: Negative Äußerungen im Rahmen einer Bewertung

17 Insbesondere negative Bewertungen waren bereits vielfach Gegenstand von Gerichtsverfahren.

Bei der Frage der Zulässigkeit einer negativen Aussage ist von Bedeutung, ob es sich um eine Meinungsäußerung oder um eine Tatsachenbehauptung handelt. Subjektive Meinungsäußerungen können wegen des Rechts auf freie Meinungsäußerung nur begrenzt angegriffen werden. Tatsachenbehauptungen sind dagegen objektiv überprüfbar und daher leichter angreifbar.

Bei negativen Bewertungen kommen sowohl zivilrechtliche als auch strafrechtliche Ansprüche in Betracht.

---

3 Vgl. etwa das Bietsystem von eBay http://pages.ebay.de/help/buy/proxy-bidding.html (Stand: 01.06.2011).
4 Vgl. u. a. *Cornelius* MMR 2002, 353 sowie *Gitter/Roßnagel* K&R 2003, 64.
5 Die Abgabe von Geboten mittels Sniper-Programmen ist ausdrücklich nach § 10 Abs. 9 der eBay-AGB verboten, vgl. http://pages.ebay.de/help/policies/user-agreement.html#auktion (Stand 01.06.2011).
6 Vgl. www.paypal.de (Stand 01.06.2011).

In **strafrechtlicher Hinsicht** sind die Tatbestände der Beleidigung (§ 185 StGB) oder, bei bewusst falsch abgegebenen Kommentaren, der üblen Nachrede (§ 186 StGB) relevant. Wegen dieser kann jeweils Anzeige erhoben werden.

Die Rechtsprechung zu **zivilrechtlichen Folgen** von Negativbewertungen ist uneinheitlich.[7] Teilweise nehmen Gerichte – u. a. unter Berufung auf die AGB des jeweiligen Auktionshauses – Ansprüche auf Zustimmung zur Rücknahme der Aussage sowie Unterlassung wegen Verletzung vertraglicher Nebenpflichten gem. §§ 280 Abs. 1, 241 Abs. 2 BGB an.[8]

Andere Gerichte bejahen Ansprüche aus Deliktsrecht. Hier kommen insbesondere in Betracht § 823 Abs. 1 BGB (Eingriff in das allgemeine Persönlichkeitsrecht oder einen eingerichteten und ausgeübten Gewerbebetrieb), § 823 Abs. 2 BGB (Verletzung eines Schutzgesetzes), § 824 BGB (Kreditgefährdung) und § 826 BGB (sittenwidrige Schädigung). Das OLG Oldenburg[9] nahm z. B. einen Anspruch auf Zustimmung zur Rücknahme einer unwahren Tatsachenbehauptung wegen Verletzung des allgemeinen Persönlichkeitsrechts gem. §§ 823 Abs. 1 i. V. m. 1004 BGB analog an. Der Betroffene hatte die Bemerkung »nimmt die Ware nicht ab« ohne Aufklärung über den Hintergrund der »Nichtabnahme« – Streitigkeiten über die Mangelfreiheit der Ware – in das Bewertungssystem eingestellt.[10] Das LG Köln[11] dagegen lehnte das Vorliegen eines Anspruchs nach Deliktsrecht bei der Äußerung »nie, nie, nie wieder! Geld zurück, Ware trotzdem einbehalten – frech & dreist!!« ab, soweit die Tatsachenbehauptung »Geld zurück, Ware trotzdem einbehalten« im Zeitpunkt der Abgabe der Bewertung zutreffend war.

Darüber hinaus sind Schadensersatz- und Unterlassungsansprüche denkbar. Die einmalige Möglichkeit der Bewertungsangabe soll jedoch allein noch keine widerlegliche Vermutung einer Wiederholungsgefahr und somit noch keinen Unterlassungsanspruch begründen können.[12]

Manche Gerichte bejahen sowohl vertragliche als auch deliktische Ansprüche. So wurde etwa die grundlose Bezeichnung eines Käufers als »Spaßanbieter« im eBay-Bewertungsforum als beleidigend angesehen und ein Unterlassungs- und Widerrufsanspruch aufgrund der Verletzung vertraglicher Nebenpflichten gem. §§ 280 Abs. 1, 249 Abs. 1 BGB sowie des allgemeinen Persönlichkeitsrechts und der allgemeinen Handlungsfreiheit gem. §§ 823 Abs. 1, 1004 BGB angenommen.[13]

▶ **Praxistipp:**

Äußerungen im Rahmen von Bewertungssystemen sollten tatsächlich zutreffend, unmissverständlich formuliert und nicht beleidigend sein. Ansonsten können zivilrechtliche Ansprüche bestehen oder sogar eine strafrechtliche Verfolgung drohen.

---

7 Vgl. zur Rechtsprechung zu Negativbewertungen *Dörre/Kochmann* ZUM 2007, 30 sowie *Petershagen* NJW 2008, 953.
8 Vgl. etwa AG Erlangen 26.04.2006, 1 C 457/04; AG Peine NJW-RR 2005, 275; a. A. LG Arnsberg 18.05.2005, 3 S 22/05.
9 OLG Oldenburg MMR 2006, 556.
10 Zur Frage, ob neben einem Anspruch auf Beseitigung bzw. Schadensersatz im Sinne eines Anspruchs auf Wiederherstellung des früheren Zustandes im Wege der Naturalrestitution gem. § 249 Abs. 1 BGB auch Unterlassungsansprüche bestehen s. *Schlömer/Dittrich* K&R 2007, 117 (119) unter Verweis auf die unterschiedlichen Ansichten der Instanzgerichte.
11 LG Köln MMR 2010, 244 (Leits.); vgl. auch LG Hannover MMR 2009, 870 (Leits.) bzgl. einer zulässigen Meinungsäußerung.
12 LG Bad Kreuznach MMR 2007, 823.
13 AG Koblenz NJW-RR 2006, 1643. Unter Berufung auf eine mögliche Beeinträchtigung weiterer Geschäftsabschlüsse durch ungerechtfertigte negative Bewertungen wurde der Streitwert der Klage auf 3.000,- € bemessen, obwohl die Bewertung einen Kaufvertrag über lediglich einen Euro betraf und dieser unter Privaten geschlossen wurde.

Es wurde im Übrigen für zulässig erachtet, dass ein Internet-Auktionshaus in seinen ABG ein Kündigungsrecht mit einer Frist von 14 Tagen für den Fall vorsieht, dass ein Verkäufer zu viele negative Bewertungen durch andere Nutzer erhält.[14]

C. Anwendbares Recht

20 Bei der Frage, welches Recht auf Internet-Auktionen anwendbar ist, bestehen grundsätzlich keine Besonderheiten. Es sind dieselben Aspekte zu beachten wie bei anderen Internet-Sachverhalten.[15]

D. Vertragsrecht

I. Vertragsverhältnisse bei Internet-Auktionen

21 Bei Internet-Auktionen sind insbesondere zwei Vertragsbeziehungen zu unterscheiden: Einerseits die Vertragsbeziehungen zwischen dem Auktionshaus und den einzelnen Auktionsmitgliedern bzw. Account-Inhabern (»Benutzungsoder Plattformverhältnis«) und andererseits die Vertragsbeziehungen der Auktionsteilnehmer untereinander (»Marktverhältnis«).

1. Benutzungsverhältnis

a) Verhältnis Plattformbetreiber – Einlieferer

22 Die vertragsrechtliche Einordnung des Verhältnisses zwischen dem Betreiber einer Auktionsplattform und den einzelnen Anbietern ist von der konkreten Ausgestaltung des Verhältnisses im Einzelfall abhängig.

Teilweise wird zwischen einem allgemeinen Nutzungsvertrag über die grundsätzliche Zulassung zur Auktionsplattform und einem besonderen Nutzungsvertrag bei der Einstellung von Auktionsgegenständen unterschieden.

aa) Allgemeiner Nutzungsvertrag

23 Die Anmeldung des Internet-Nutzers bei einem Internet-Auktionshaus stellt regelmäßig den Antrag zum Abschluss eines allgemeinen Nutzungsvertrages dar, der durch die Mitteilung der Zulassung durch das Auktionshaus angenommen wird.[16]

24 Da die Anmeldung als Versteigerer regelmäßig kostenlos ist, wird teilweise vertreten, dass es sich bei dem allgemeinen Nutzungsverhältnis um ein **Auftragsverhältnis** gem. § 662 BGB handelt.[17] Dies gelte insbesondere, wenn sich das Auktionshaus durch den Abschluss des Nutzungsvertrages dazu verpflichte, die technische Infrastruktur für die Online-Auktion zur Verfügung zu stellen und die von den Nutzern abgegebenen Willenserklärungen weiterzuleiten.[18]

---

14 So das Brandenburgische OLG MMR 2005, 698; zur Unzulässigkeit einer Eröffnung eines neuen Accounts nach einer solchen Sperrung KG MMR 2005, 764.
15 Zum anwendbaren Recht bei im Internet geschlossenen Verträgen s. Kap. 25 Rdn. 8 ff.
16 Borges/*Biallaß* S. 14 mit Verweis auf Leible/Sosnitza/*Hoffmann* Rn. 84.
17 Spindler/Wiebe/*Wiebe* Kap. 4 Rn. 4, 16; *Trinks* S. 47.
18 *Alpert* CR 2001, 604 (607); Spindler/Wiebe/*Wiebe* Kap. 4 Rn. 3, 7, 16; Bräutigam/Leupold/*v. Samson-Himmelstjerna*/*Rücker* B. V. Rn. 7.

Soweit Auktionshäuser sich durch den Nutzungsvertrag nicht zur Bereitstellung einer Plattform verpflichten, handelt es sich bei dem allgemeinen Nutzungsvertrag dann wohl um einen **Rahmenvertrag**, der den Inhalt für künftig abzuschließende Einzelverträge regelt.[19]

bb) Besonderer Nutzungsvertrag

Durch das Einstellen eines bestimmten Auktionsgegenstands und die Bestätigung der Freischaltung der Angebotsseite durch das Auktionshaus wird regelmäßig ein besonderer Nutzungsvertrag geschlossen. Die Meinungen zur vertragsrechtlichen Einordnung dieses besonderen Nutzungsvertrages unterscheiden sich zum Teil erheblich voneinander. Angenommen wird u. a. ein Dienstvertrag (§ 611 BGB), ein auf Geschäftsbesorgung gerichteter Dienstvertrag (§§ 611, 675 BGB), ein Auftragsverhältnis (§ 662 BGB), ein Vermittlungsvertrag (§§ 93 ff. HGB bzw. §§ 652 ff. BGB), ein Werkvertrag (§ 631 BGB) oder ein Vertrages sui generis (§ 311 Abs. 1 BGB).[20] 25

Letztlich hängt die Rechtsnatur des besonderen Nutzungsvertrages von den **konkreten Pflichten** der Parteien ab. Es erscheint regelmäßig am sachgerechtesten, von einem **atypischen bzw. zusammengesetzten Vertrag** auszugehen. Je nachdem, welche Elemente des Vertrages im Einzelfall betroffen sind, können dann unterschiedliche Regelungen der im Gesetz vorgesehenen Vertragstypen zur Anwendung kommen. 26

Hat der Einlieferer gegenüber dem Auktionshaus eine Vergütungspflicht für das Anbieten von Ware oder bei abgeschlossenem Kauf, so scheidet ein Auftragsverhältnis gem. § 662 BGB wegen Entgeltlichkeit aus. 27

Die mit der Vermittlungstätigkeit bei klassischen Auktionen vergleichbare Pflicht des Auktionshauses zur Organisation der Versteigerung spricht für einen »Maklerdienstvertrag«. Die Bereitstellung einer Online-Shop-Funktionalität oder die Ermöglichung der Einstellung von Produkten in Kataloge sind dagegen eher dienstvertragliche Komponenten. Zusatzleistungen wie die Übernahme von Garantien oder ein Treuhandservice bei der Abwicklung in Form einer »Zwischenlagerung« des Kaufpreises auf einem Treuhandkonto bis zur Prüfung der Ware haben den Charakter eines Geschäftsbesorgungsvertrages mit dienst- bzw. werkvertraglichen Elementen.

b) Verhältnis Plattformbetreiber – Bieter

Auch in dem Verhältnis zwischen dem Betreiber einer Auktionsplattform und den jeweiligen Bietern kommen einerseits allgemeine Nutzungsverträge und andererseits konkrete Nutzungsverträge in Betracht. Verpflichtet sich der Betreiber der Plattform allerdings bereits mit Abschluss eines allgemeinen Nutzungsvertrages zum Tätigwerden, setzt das Mitbieten bei einer Auktion regelmäßig keinen weiteren Vertragsschluss zwischen Bieter und Auktionshaus voraus. 28

2. Marktverhältnis

Soweit das Auktionshaus nicht im eigenen Namen handelt, kommt im Marktverhältnis ein Vertrag zwischen dem jeweiligen Anbieter (Einlieferer) und der Person, die die Auktion »gewinnt«, d. h. regelmäßig dem Höchstbietenden, zustande. In der Regel handelt es sich bei dem Vertrag um einen Kaufvertrag. Soweit jedoch eine Dienstleistung oder ein Werk Gegenstand der Auktion war, findet Dienstvertrags- oder Werkvertragsrecht Anwendung. 29

---

19 So z. B. Leible/Sosnitza/*Hoffmann* Rn. 94; Hoeren/Müglich/Nielen/*Meyer/Mönig* S. 79.
20 Einen Überblick über die unterschiedlichen Ansichten gibt Borges/*Biallaß* S. 16 ff.

II. Informations- und Gestaltungspflichten

30 Insbesondere für Unternehmer, die im Internet gegenüber Verbrauchern tätig werden, bestehen zahlreiche Informations- und Gestaltungspflichten. Diese wurden bereits in Kap. 11 erläutert. Die Pflichten gelten sowohl für die Betreiber von Internet-Auktionsplattformen, als auch für Unternehmer, die Verbrauchern im Rahmen von Internet-Auktionen Produkte anbieten. Im Folgenden werden die verschiedenen Pflichten im Hinblick auf Internet-Auktionen nochmals dargestellt.

Exkurs: Handeln als Unternehmer?

31 Die Frage, ob ein Anbieter im Rahmen einer Internet-Auktion als Unternehmer handelt, ist für den Umfang der Informations- und Gestaltungspflichten wesentlich. Daneben hat sie für das Widerrufsrecht eines Verbrauchers, das AGB-Recht sowie die Bestimmungen zum Verbrauchsgüterkauf Bedeutung.[21]

Teilweise versuchen Anbieter, ihre Unternehmereigenschaft zu verbergen, indem sie ihr Angebot z. B. als »**von privat**« bezeichnen. Dies ändert an ihren Pflichten jedoch nichts.

Für die **Unternehmereigenschaft** ist vielmehr maßgeblich, dass der Anbieter eine gewerbliche oder selbstständige Tätigkeit ausübt, und dass er bei dem Abschluss des Auktionsgeschäfts in Ausübung dieser Tätigkeit handelt. Ein gewerbliches oder selbstständiges Tätigsein ist letztlich jedes planmäßige und dauerhafte Angebot von Leistungen gegen Entgelt. Auch eine nebenberufliche Tätigkeit kann unternehmerisch i. S. d. § 14 BGB sein (s. Kap. 11 Rdn. 20 ff.).

Hinweise auf ein Handeln als Unternehmer können sich u. a. aus dem **Bewertungsprofil** eines Anbieters ergeben. Die Anzahl der Bewertungen lässt in der Regel darauf schließen, dass das Mitglied bereits mindestens die gleiche Anzahl an Transaktionen getätigt hat.[22] Allein ein aus dem Bewertungsprofil ersichtliches, regelmäßiges Anbieten von Waren bedeutet jedoch noch nicht zwangsläufig, dass das Handeln auch dauerhaft und planmäßig erfolgt.[23] Ist der Anbieter jedoch zudem Teilnehmer des **Powerseller**-Programms von eBay, ist dies ein starkes Indiz für die Unternehmereigenschaft.[24] Gleiches gilt bei einem Auftreten als Inhaber eines **eBay-Shops**.[25] Von Gerichten bejaht wurde die Unternehmereigenschaft auch in Fällen, in denen ein Anbieter – ohne Powerseller oder Shop-Inhaber zu sein – »immer wieder« über eine Auktionsplattform Ware verkauft und gleichzeitig meh-

---

21 Daneben gibt es zahlreiche weitere Regelungen, die auf ein Handeln als Unternehmer bzw. geschäftsmäßiges Handeln abstellen. So ist es etwa gem. § 3 Buchpreisbindungsgesetz für die Frage, ob die Buchpreisbindung Anwendung findet, von Bedeutung, ob der Verkauf der Bücher gewerbs- oder geschäftsmäßig erfolgt oder nicht. Das OLG Frankfurt/M. 15.06.2004, 11 U (Kart) 18/2004, bejahte das Vorliegen eines geschäftlichen Handels i. d. S. bei einem Angebot von mehr als 40 Büchern innerhalb von sechs Wochen über eine Auktions-Plattform.
22 Vgl. LG Hof CR 2003, 854; AG Detmold MMR 2004, 638; OLG Frankfurt/M. CR 2005, 883; OLG Frankfurt/M. NJW 2004, 3433, 270; LG Coburg, K&R 2007, 106. Letzteres betonte, dass allein die Anzahl der Mitgliederbewertungen eines eBay-Verkäufers nicht ohne Hinzutreten weiterer Begleitumstände die Einstufung als unternehmerische Tätigkeit rechtfertige.
23 So verweist etwa das LG Hof CR 2003, 854, darauf, dass es gerade in jüngeren Bevölkerungskreisen üblich sei, Rechtsgeschäfte über das Internet zu schließen.
24 So etwa LG Mainz MMR 2005, 51; OLG Frankfurt/M. MMR 2007, 378; GRUR 2004, 1042; GRUR 2005, 319 (320); OLG Koblenz MMR 2006, 236.
25 So nahm etwa das OLG Frankfurt/M. NJW 2004, 3433, an, dass jemand, der einen eBay-Shop eingerichtet hat, zum Ausdruck bringe, dass er professionell handle. Anders LG Berlin MMR 2007, 401; dagegen wiederum *Szczesny/Holthusen* NJW 2007, 2586, 2588. Nach ihrer Auffassung muss sich ein Verkäufer, der eine Bezeichnung wie »Shop« oder »Powerseller« wählt, sich nach dem Grundsatz »venire contra factum proprium« so behandeln lassen, als wäre er tatsächlich ein Unternehmer.

rere Artikel angeboten hatte.[26] So wurde etwa angenommen, dass bei 39 Verkäufen innerhalb von fünf Monaten der Bereich der privaten Tätigkeit überschritten wurde.[27]

Letztlich ist die Frage der Unternehmereigenschaft durch eine Würdigung der Gesamtumstände des Einzelfalls anhand von Indizien zu beurteilen.[28] Neben der Dauer der Handelstätigkeit, der absoluten Zahl der Geschäfte und deren Regelmäßigkeit kann z. B. der Wert der einzelnen Transaktionen oder auch der insgesamt über die Plattform getätigte Umsatz von Bedeutung sein. So wird etwa angenommen, dass die Unternehmereigenschaft umso eher zu bejahen ist, desto höher der durchschnittliche Wert der Transaktionen ist.[29] Ein starkes Indiz für unternehmerisches Handeln ist zudem gegeben, wenn ein Anbieter – wie für Unternehmer typisch – gleichzeitig mehrere gleichartige oder mehrere neuwertige Gegenstände über eine Auktionsplattform anbietet.[30] Ein weiteres Indiz ist der Ankauf zum Weiterverkauf. Aber auch die Auflösung einer bereits im Privatbesitz befindlichen größeren Sammlung mit einer Vielzahl von Verkäufen kann unternehmerisch geschehen.[31]

1. Informationspflichten

a) Informationspflichten nach dem Telemediengesetz

Nach § 5 des Telemediengesetzes (TMG) muss ein Anbieter von geschäftsmäßigen Telemedien[32] bestimmte Informationen bereitstellen (**Impressumspflicht**). Diese Verpflichtung gilt nicht nur für den Betreiber einer Auktionsplattform, sondern auch für Anbieter, die über eine Auktionsplattform versteigern.[33]

32

Nach § 5 TMG muss das Impressum unter anderem folgende Angaben enthalten:
- den **Namen und die ladungsfähige Anschrift** des Anbieters, bei juristischen Personen zusätzlich den Vor- und Zunamen des Vertretungsberechtigten,[34]
- Angaben, die eine schnelle elektronische Kontaktaufnahme und unmittelbare Kommunikation mit dem Anbieter ermöglichen, einschließlich der **E-Mail-Adresse**,[35]
- das **Handelsregister**,[36] Vereinsregister, Partnerschaftsregister oder Genossenschaftsregister, in das der Anbieter eingetragen ist, und die entsprechende Registernummer,
- die **Umsatzsteueridentifikationsnummer** nach § 27a Umsatzsteuergesetz,[37]

---

26 AG Radolfzell NJW 2004, 3342.
27 LG Berlin CR 2002, 371 (372) im Zusammenhang mit dem Begriff des geschäftlichen Handelns i. S. d. § 14 MarkenG; vgl. auch LG München I MMR 2009, 504 zur Unternehmereigenschaft eines Antikhändlers.
28 Vgl. u. a. OLG Zweibrücken CR 2001, 681; AG Saarbrücken 15.02.2008, 37 C 1251/06; zu den Kriterien und Urteilen zur Abgrenzung von privatem und unternehmerischen Handeln ausf. *Fischer* WRP 2008, 93.
29 *Borges* DB 2005, 319 (326); *Szczesny/Holthusen* K&R 2005, 302 (306).
30 LG Hannover 15.04.2005, 18 O 115/05 (zu § 6 TDG).
31 OLG Frankfurt/M. MMR 2007, 378; a. A. OLG Zweibrücken, CR 2007, 681, welches zusätzliche Anforderungen an Dauerhaftigkeit und Planmäßigkeit stellt.
32 Zum Begriff »Telemedien« s. Kap. 11 Rdn. 58.
33 LG Braunschweig GRUR-RR 2005, 25, zu § 6 TDG.
34 Schon ein abgekürzter Vorname eines Geschäftsführers stellt einen wettbewerbsrechtlichen Verstoß dar, vgl. OLG Düsseldorf MMR 2009, 266; a. A. KG MMR 2008, 541, welches Unerheblichkeit annimmt.
35 Es war lange Zeit strittig, ob auch die Angabe einer Telefonnummer notwendig ist. Der EuGH hat mit Urteil vom 16.10.2008 entschieden, dass die Angabe einer Telefonnummer nicht zwingend notwendig ist, da nicht allein die Angabe einer Telefonnummer eine schnelle Kontaktaufnahme und unmittelbare Kommunikation gewährleiste, vgl. EuGH EuZW 2009, 692.
36 OLG Hamm MMR 2008, 469 (Hinweisbeschl.): Das Fehlen der Handelsregisternummer kann keinesfalls als Bagatelle gewertet werden.
37 Eine Umsatzsteueridentifikationsnummer benötigt man, wenn man Auslandsgeschäfte tätigt. Das Finanzamt vergibt eine solche Nummer nur auf Antrag. Wenn ein Anbieter keine Umsatzsteueridentifikationsnummer hat, ist er auch nicht verpflichtet, Angaben über eine solche Nummer in das Impressum aufzunehmen, LG Frankfurt/ M. MMR 2003, 597 (598). Ihr Fehlen stellt niemals einen Bagatellverstoß dar, OLG Hamm MMR 2009, 552.

- die **Wirtschaftsidentifikationsnummer** nach § 139c der Abgabenordnung (sofern vorhanden),
- bei Anbietern, deren Tätigkeit der behördlichen Zulassung bedarf, Angaben zur zuständigen **Aufsichtsbehörde**, bei bestimmten Berufen Angaben zur Zugehörigkeit zu einer Kammer (z. B. Apothekerkammer), zur gesetzlichen Berufsbezeichnung (z. B. Apotheker) und zu berufsrechtlichen Regelungen (z. B. Berufsordnung für Apotheker).

33 Diese Informationen müssen **leicht erkennbar, unmittelbar erreichbar und ständig verfügbar** sein. Es genügt grundsätzlich, dass die Informationen über klar gekennzeichnete Links (z. B. »Impressum« oder »Anbieterkennzeichnung«) erreichbar sind.[38] Bei eBay können die Angaben auf der »mich«-Seite hinterlegt werden, da davon auszugehen ist, dass einem durchschnittlich informierten eBay-Nutzer bekannt ist, dass sich die Angaben zur Anbieterkennzeichnung auf der »mich«-Seite befinden.[39] Selbst wenn sich auf der über einen Hyperlink auf der Angebotsseite zugänglichen »mich«-Seite ein weiterer Hyperlink zur Anbieterkennzeichnung befindet, sollte dies den Anforderungen des § 5 TMG genügen.[40]

Unschädlich ist es, wenn die Informationen aufgrund technischer Gegebenheiten, wie etwa Wartungsarbeiten, kurzzeitig nicht abrufbar sind.[41]

▸ **Praxistipp:**

Die gem. § 5 TMG erforderlichen Angaben müssen klar erkennbar sein. Nimmt man die Informationen in die Angebotsseite auf, bietet es sich beispielsweise an, die Angaben unter einem horizontalen Trennstrich vor den Angaben zu Zahlung und Versand einzufügen, da sich Letztere im Regelfall alle Bietenden ansehen. Auch auf einer erst mittels Hyperlinks erreichbaren Seite, wie etwa der »mich«-Seite bei eBay, sollte ein eigener Bereich für die Anbieterkennzeichnung reserviert werden oder die Anbieterkennzeichnung auf andere Art (durch Farbe, Schriftgröße oder Schriftart) hervorgehoben werden

34 **Verstöße** gegen diese Impressumspflichten können wettbewerbsrechtlich geahndet werden und Unterlassungsansprüche gemäß § 2 Abs. 1 S. 1 UKlaG begründen.[42]

b) Informationspflichten nach dem Fernabsatzrecht

35 Plattformbetreiber sowie Unternehmer, die Produkte mittels einer Internet-Auktion an Verbraucher vertreiben, haben zudem die Informationspflichten nach dem Fernabsatzrecht zu beachten.[43] Diese decken sich teilweise mit den Pflichten nach dem Telemediengesetz.

aa) Vorvertragliche Informationspflichten

36 Gemäß § 312c Abs. 1 BGB i. V. m. Art. 246 § 1 Abs. 1 EGBGB müssen dem Verbraucher rechtzeitig vor Abgabe von dessen Vertragserklärung unter anderem die folgenden Informationen klar und verständlich[44] zur Verfügung gestellt werden:

---

38 BGH MMR 2007, 40. Als nicht ausreichend hat das OLG Hamm (MMR 2010, 29) jedoch einen Link zu einem richtigen Impressum gewertet, wenn auf der Angebotsseite bereits ein unrichtiges oder unklares Impressum vorliegt.
39 Vgl. KG K&R 2007, 406; LG Hamburg MMR 2007, 130; *Kaestner/Tews* WRP 2004, 391 (396).
40 Zur Zumutbarkeit von mehreren Mausklicks zwischen dem konkreten Angebot und der Anbieterkennzeichnung BGH 20.07.2006, ZR 228/03.
41 OLG Düsseldorf MMR 2009, 266.
42 Vgl. OLG Hamm MMR 2009, 552; OLG München NJW-RR 2002, 348.
43 Zum persönlichen und sachlichen Anwendungsbereich der Regelung s. Kap. 11 Rdn. 18 ff.
44 Zu den formalen Anforderungen und Gestaltungsmöglichkeiten s. Kap. 11 Rdn. 82 f.

II. Informations- und Gestaltungspflichten

- die **Identität**[45] **und Anschrift des Unternehmers**, d. h. Firmenname und ladungsfähige Anschrift (kein Postfach),
- ggf. das **Unternehmensregister,** in das das Unternehmen eingetragen ist, mit Registernummer (z. B. Handelsregister-Nummer),
- der Name eines **Vertretungsberechtigten** des Unternehmens in dem Mitgliedstaat, in dem der Verbraucher seine Wohnsitz hat, wenn es einen solchen Vertreter gibt, oder die Identität einer anderen gewerblich tätigen Person als dem Anbieter, wenn der Verbraucher mit dieser geschäftlich zu tun hat,
- die **wesentlichen Merkmale der Ware** (z. B. Fehler der Ware, die den Warenwert mindern können[46]) oder Dienstleistung (z. B. der Arbeitsumfang, die ausführende Person, auf die es dem Dienstberechtigten wesentlich ankommen wird, sowie Arbeitszeit und Ort der Dienstleistung, soweit sie sich nicht aus der Natur des Dienstvertrages ergibt[47]),
- Informationen über das **Zustandekommen des Vertrages**[48] (dies ergibt sich regelmäßig aus den AGB des Auktionshauses),
- anfallende **Liefer- oder Versandkosten** sowie ein Hinweis auf mögliche weitere Steuern oder Kosten, die nicht über den Unternehmer abgeführt oder von ihm in Rechnung gestellt werden,
- Einzelheiten über die **Zahlung und Lieferung oder Erfüllung** (z. B. Vorauszahlung, Zahlungsarten[49] und -modalitäten, Inanspruchnahme eines Treuhänders, Lieferung nach Zahlungseingang, Versandart),
- Information über **Widerrufs- oder Rückgaberecht**),[50] insbesondere Bedingungen und Einzelheiten der Ausübung sowie Rechtsfolgen des Widerrufs oder der Rückgabe.

Zu den **Rechtsfolgen einer Verletzung** dieser vorvertraglichen Pflichten vgl. Kap. 11 Rdn. 87.   37

bb) Nachvertragliche Informationspflichten

Aufgrund der nachvertraglichen Informationspflichten, die § 312c Abs. 1 BGB i. V. m. Art. 246 § 2 Abs. 1 EGBGB statuieren, sind einem Verbraucher die vorvertraglich zu übermittelnden Informationen spätestens bis zur vollständigen Erfüllung des Vertrages, bei Internet-Auktionen über Waren spätestens bei deren Lieferung, in Textform (§ 126b BGB) zur Verfügung zu stellen.[51] Zusätzlich hat ein Unternehmer über sämtliche weitere vertragsrelevanten Informationen, einschließlich der allgemeinen Geschäftsbedingungen, Gewährleistungs- und Garantiebedingungen, Kundendienst sowie bei Dauerschuldverhältnissen über Kündigungsbedingungen zu informieren. Zu Inhalt und Form der Information über das Bestehen sowie die Einzelheiten eines Widerrufsrechts wird unter V.1.c) eingegangen.   38

Die **Verletzung** der nachvertraglichen Informationspflichten kann ebenso wie die Verletzung vorvertraglicher Informationspflichten Unterlassungsansprüche nach § 2 UKlaG, wettbewerbsrechtliche Ansprüche sowie Schadensersatzansprüche nach §§ 280 Abs. 1, 241 Abs. 2 BGB begründen.   39

---

45 Nach Auffassung des KG MMR 2007, 440 hat ein Einzelunternehmer seinen vollen Namen, d. h. Vor- und Zuname, anzugeben.
46 Die Verpflichtung zur Angabe von Fehlern ergibt sich vielfach auch aus den Versteigerungsbedingungen der Auktionsplattformen, s. z. B. § 9 Abs. 3 S. 3 eBay-AGB, Stand 01.06.2011.
47 *Kaestner/Tews* WRP 2004, 391 (398).
48 Die Informationspflicht über die Art und Weise des Zustandekommens des Vertrages wurde vom Gesetzgeber gerade im Hinblick auf Internet-Auktionen auferlegt, vgl. *Kaestner/Tews* WRP 2004, 391 (398) m. w. N. Im elektronischen Geschäftsverkehr fordert Art. 246 § 3 Nr. 1 EGBGB außerdem eine Unterrichtung über die zum Vertragsschluss führenden technischen Schritte.
49 EBay sieht hierfür eine gesonderte Rubrik »Akzeptierte Zahlungsmethoden« vor.
50 Hierzu ausf. Kap. 11 Rdn. 84 ff.
51 Zu den nachvertraglichen Informationspflichten sowie einer möglichen Entbehrlichkeit einer erneuten Übermittlung ausf. Kap. 11 Rdn. 88 ff.

c) Informationspflichten nach der Preisangabenverordnung

40 Anbieter, die gewerbs- oder geschäftsmäßig oder regelmäßig in sonstiger Weise Waren oder Dienstleistungen anbieten, haben gegenüber Letztverbrauchern grundsätzlich die Vorgaben der Preisangabenverordnung (PAngV) zu beachten. Gemäß § 1 PAngV müssen sie insbesondere den sog. Endpreis, d. h. den Preis, der einschließlich der Umsatzsteuer und sonstiger Preisbestandteile (z. B. Bearbeitungskosten) zu zahlen ist, mitteilen. Sie sind zudem verpflichtet, darüber zu informieren, dass der Preis die Umsatzsteuer und sonstigen Preisbestandteile enthält, sowie ob zusätzlich Liefer- und Versandkosten anfallen. Die Informationspflichten entsprechen somit weitgehend den Informationspflichten nach den Fernabsatzbestimmungen.

d) Sonstige Informationspflichten

41 Je nachdem, welche Produkte angeboten werden, können weitere Informationspflichten bestehen.

So muss etwa der gewerbliche Verkäufer bestimmter elektrischer Haushaltsgroßgeräte (z. B. Geschirrspülern oder Waschmaschinen) nach der **Energieverbrauchskennzeichnungsverordnung** (EnVKV) umfangreiche Kennzeichnungspflichten hinsichtlich des Energieverbrauchs einhalten. Verstöße gegen die Vorgaben der EnVKV stellen eine Ordnungswidrigkeit dar und können zudem als Wettbewerbsverstoß von Mitbewerbern und Verbraucherschutzverbänden geltend gemacht werden.

Gewerbliche Verkäufer von Neufahrzeugen müssen die **Verordnung über Verbraucherinformationen zu Kraftstoffverbrauch und CO_2-Emissionen** neuer Personenkraftwagen (Pkw-EnVKV) beachten, die Verpflichtungen zur Angabe von Kraftstoffverbrauch und CO_2-Emissionen enthält.

2. Gestaltungspflichten

42 § 312e Abs. 1 S. 1 BGB zählt vier weitere Pflichten auf, die auch ein Unternehmer, der Auktionsware im Internet versteigert, zu erfüllen hat.[52]

a) Ermöglichung der Korrektur von Eingabefehlern

43 § 312e Abs. 1 S. 1 Nr. 1 BGB verpflichtet den Anbieter dazu, die Erkennung und Berichtigung von Eingabefehlern vor Absendung eines Gebotes zu ermöglichen. Über die hierzu zur Verfügung stehenden Mittel ist der Kunde gem. § 312e Abs. 1 S. 1 Nr. 2 i. V. m. Art. 246 § 3 Nr. 3 EGBGB zu informieren.

Da der Anbieter von Waren bei Internet-Auktionen regelmäßig selbst keine Möglichkeit hat, auf die technische Gestaltung der Internet-Auktionsplattform einzuwirken, stellen die Auktionshäuser in der Regel die nötigen technischen Mittel zur Verfügung, mittels derer nach Abgabe eines Gebots auf die Bindungswirkung des Gebots hingewiesen und eine Korrektur- bzw. Bestätigungsmöglichkeit geboten wird.

▶ **Praxistipp:**

Internet-Auktionsplattformen, die keine Bestätigungs- und Berichtigungsmittel vorsehen, sollten von Unternehmern gemieden werden, weil den Gestaltungsanforderungen ansonsten kaum entsprochen werden kann.

---

52 Zum persönlichen und sachlichen Anwendungsbereich der Vorschrift s. Kap. 11 Rdn. 28 und 56 ff.

b) Informationen zum Vertragsschluss

Gemäß § 312e Abs. 1 Nr. 2 BGB i. V. m. Art. 246 § 3 EGBGB hat ein Unternehmer zudem über die einzelnen rechtlichen Schritte, die zu einem Vertragsschluss führen, zu informieren (Nr. 1), sowie darüber, ob der Vertragstext nach Vertragsschluss gespeichert wird und zugänglich ist (Nr. 2). Diese Informationspflichten werden regelmäßig über den Plattformbetreiber erfüllt. Für eine mehrsprachige Artikelbeschreibung (Informationspflicht zur Angabe der zur Verfügung stehenden Sprachen (Nr. 4) und die Information über mögliche Verhaltenskodizes, denen sich der Unternehmer unterwirft (Nr. 5) muss der Anbietende dagegen meistens selbst sorgen.

c) Zugangsbestätigung

Um die Pflicht des § 312e Abs. 1 S. 1 Nr. 3 BGB bei einer Internet-Auktion zu erfüllen, hat der Anbieter nach dem Ende der Auktion zu prüfen, ob die eingestellte Ware ersteigert wurde. Ist dies der Fall, muss er dem Ersteigerer grundsätzlich unverzüglich[53] eine Bestellbestätigung per E-Mail übersenden. Ausreichend dürfte auch die elektronische Bestätigung durch die Auktionsplattform sein, die in den meisten Fällen automatisch innerhalb weniger Minuten nach dem Ende der Auktion versandt wird.

d) Abrufbarkeit und Speicherbarkeit der Vertragsbedingungen

§ 312e Abs. 1 S. 1 Nr. 4 BGB verlangt, dass die »Vertragsbestimmungen einschließlich der Allgemeinen Geschäftsbedingungen bei Vertragsschluss abzurufen und in wiedergabefähiger Form zu speichern« sind. Um diesem Erfordernis Genüge zu tun, müssen die Bestimmungen unproblematisch aus dem Browser heraus ausgedruckt werden können und die Möglichkeit einer elektronischen Speicherung bestehen. Sieht der Anbieter eigene AGB vor, muss auch auf diese deutlich hingewiesen und ein elektronischer Abruf ermöglicht werden.[54]

Zu den Folgen der Nichteinhaltung der Gestaltungspflichten des § 312e Abs. 1 S. 1 BGB s. Kap. 11 Rdn. 190 f.

III. Vertragsschluss über Auktionsartikel

Der Vertragsschluss erfolgt bei Internet-Auktionen gem. §§ 145 ff. BGB durch **Antrag und Annahme**. Die Sonderregelung des § 156 BGB für den Vertragsschluss bei Versteigerungen findet nach Auffassung des BGH auf Internet-Auktionen keine Anwendung.[55] Begründet wird dies insbesondere damit, dass es bei Internet-Auktionen im Gegensatz zu traditionellen Auktionen keinen Zuschlag gibt. Der Zeitablauf als solcher ist keine Willenserklärung und kann eine solche auch nicht ersetzen.

1. Antrag

Der Antrag auf Abschluss eines (Kauf-) Vertrages über einen bestimmten Artikel liegt regelmäßig im Freischalten der entsprechenden Angebotsseite.[56] Er richtet sich ad incertas personas und geht jedem zu, der die Website, auf der das Angebot präsentiert wird, abruft.

---

53 Für eine Frist von 24 Stunden *Kaestner/Tews* WRP 2004, 509 (513); *Micklitz* EuZW 2001, 133 (142); für eine Frist von zwei Tagen *Borges/Dohmgoergen* S. 95; zu den technischen Möglichkeiten, eine Bestellung elektronisch zu bestätigen, *Hoenike/Hülsdunk* MMR 2002, 516 (519).
54 *Kaestner/Tews* WRP 2004, 509 (513). S. zu möglichen Konflikten, wenn nicht nur der Plattformbetreiber, sondern auch der Anbieter AGB stellt, s. Rdn. 64.
55 BGH NJW 2005, 53 (54).
56 BGH NJW 2005, 53; NJW 2002, 363 – Internet-Auktionen; LG Bonn 12.11.2004, 1 O 307/04.

Der Antrag ist grundsätzlich **verbindlich** und gem. § 148 BGB bis zum Ablauf der Auktion **befristet**. Die Wirksamkeit des Antrags wird auch durch eine nach AGB-Regelungen mögliche vorzeitige Beendigung der Auktion nicht berührt.[57] Bei einer vorzeitigen Beendigung der Auktion kommt vielmehr in der Regel ein Vertrag zwischen dem Anbieter und dem bis dahin Höchstbietenden über den eingestellten Artikel zustande.[58] Dies gilt selbst bei einem krassen Missverhältnis von Kaufpreis und Marktwert.[59] Der Anbieter kann seine Willenserklärung nur im Wege der Anfechtung beseitigen.[60]

50 Eine andere Beurteilung ergibt sich allerdings, wenn der Einlieferer beim Einstellen seines Angebots eindeutig klarstellt, dass er **keinen Rechtsbindungswillen** hat. Ein solcher Fall wurde etwa angenommen bei der Ankündigung eines Einstellers, lediglich eine unverbindliche Umfrage durchführen zu wollen[61] sowie bei der ausdrücklichen Bitte in der Artikelbeschreibung, von Geboten abzusehen und der Nennung eines Preises als »Verhandlungsbasis«.[62] Es liegt dann weder ein Antrag vor, noch kann ein solcher auf der Grundlage von Nutzungsbedingungen fingiert werden.[63]

2. Annahme

51 Die Annahme des Antrags liegt regelmäßig im **Höchstgebot**.[64] Von einem Zugang ist bei Auktionsende auszugehen, da anzunehmen ist, dass der Verkäufer sich zu diesem Zeitpunkt auf der Seite des Auktionshauses einloggt und überprüft, wie viel geboten wurde. Die Annahme ist grundsätzlich bindend.[65]

Alle anderen Gebote erlöschen aufgrund einer auflösenden Bedingung (§ 158 Abs. 2 BGB) jeweils, wenn ein höheres Gebot eingeht.

3. Handeln »im Auftrag eines Dritten« und unter fremdem Mitgliedsnamen

52 Bei einer Ersteigerung über eine Auktions-Plattform kommt es regelmäßig zum Vertragsschluss zwischen den Auktions-Teilnehmern, für die die bei der Ersteigerung verwendeten Benutzerkennungen registriert sind (Account-Inhaber). Wird ein Angebot von einem »gefakten« eigenen Account abgegeben, bei dem im Vorfeld falsche Nutzerdaten eingegeben wurden und kein Interesse an der Ersteigerung besteht, so kommt zwischen dem Inhaber des »gefakten« (eigenen) Accounts und dem Anbieter unmittelbar ein Vertag zustande. Ein »Spaßbieter« kann sich nicht auf seine fehlende Ernstlichkeit, § 118 BGB, oder einen geheimen Vorbehalt, § 116 BGB, berufen, da der Anbieter hiervon keine Kenntnis hat.

53 Teilweise machen Account-Inhaber geltend, sie hätten bei einer Auktion »**im Auftrag eines Dritten**« gehandelt. Das Angebot bzw. die Annahme erfolgt jedoch regelmäßig im Namen

---
57 KG MMR 2005, 709; OLG Oldenburg MMR 2005, 766. Eine vorzeitige Beendigung einer Auktion ist z. B. in § 9 Abs. 11 eBay-AGB vorgesehen, Stand 13.04.2010.
58 LG Berlin NJW 2005, 1052; LG Berlin MMR 2005, 330 (331); AG Duisburg 25.03.2004, 27 C 4288/03.
59 OLG Köln MMR 2007, 446. Der Durchsetzbarkeit eines Schadensersatzanspruchs wegen Nichterfüllung eines im Rahmen einer Internet-Auktion, nach vorzeitiger Auktionsbeendigung zustande gekommenen Kaufvertrags über einen hochwertigen Artikel zu einem unrealistisch niedrigen Preis kann allerdings der Einwand unzulässiger Rechtsausübung entgegenstehen, vgl. LG Koblenz MMR 2009, 419 – Porsche Carrera für EUR 5,50.
60 OLG Oldenburg NJW-RR 2007, 268; OLG Oldenburg, MMR 2005, 766. S. zur Anfechtung Rdn. 85 ff.
61 LG Darmstadt CR 2003, 295. In der Artikelbeschreibung hieß es: »Achtung, dies ist vorerst eine Umfrage!!!! Nicht bieten!!«.
62 AG Kerpen NJW 2001, 3274. Der Einsteller bat in der Artikelbeschreibung ausdrücklich, von Geboten abzusehen (»hier bitte nicht bieten«) und nannte einen Betrag von 1.900 DM als »Verhandlungsbasis«.
63 LG Aachen 02.06.2005, 12 O 55/5; LG Darmstadt CR 2003, 295; AG Kerpen NJW 2001, 3274.
64 BGH NJW 2005, 53; LG Bonn 12.11.2004, 1 O 307/04; AG Hannover NJW-RR 2002, 131; LG Berlin NJW 2004, 2831 (2832); AG Menden NJW 2004, 1329; AG Kehl CR 2004, 60 (61); AG Wiesbaden CR 2001, 52.
65 Spindler/Wiebe/*Wiebe* Kap. 4 Rn. 37; Leible/Sosnitza/*Hoffmann* Rn. 153.

des Account-Inhabers, da die verwendete Benutzererkennung ausschließlich auf den jeweiligen Account-Inhaber hinweist. Eine Vertretung würde gem. § 164 Abs. 1 BGB ein erkennbares Auftreten im Namen des Vertretenen voraussetzen. Tritt der Wille, in fremdem Namen zu handeln, nicht erkennbar hervor, so kommt nach § 164 Abs. 2 BGB auch der Mangel des Willens, in eigenem Namen zu handeln, nicht in Betracht. Damit liegt auch bei einem angeblichen Handeln »im Auftrag eines Dritten« regelmäßig keine Stellvertretung vor.[66]

Ein Geschäft mit dem Account-Inhaber kommt allerdings nur zu Stande, wenn die durch den Dritten abgegebene Vertragserklärung auch **mit Einwilligung** des wahren Account-Inhabers erfolgt.[67] Anderenfalls haftet der Dritte entsprechend § 179 BGB. Hat der Account-Inhaber es jedoch einem Dritten durch eigene Fahrlässigkeit ermöglicht, unter **Verwendung seines Benutzernamens und Passworts** an der Auktion teilzunehmen, kommt eine Haftung des Account-Inhabers nach Rechtsscheingrundsätzen in Betracht.[68] **54**

Nach Auffassung des BGH[69] muss sich ein Account-Inhaber sich dann, wenn er die Zugangsdaten zu seinem Mitgliedskontos nicht hinreichend vor einem Zugriff durch Dritte gesichert hat und ein Dritter das Mitgliedskonto zu Rechtsverletzungen nutzt, so behandeln lassen, als ob er selbst gehandelt hätte. In dem konkreten Fall hatte der Beklagte nicht hinreichend dafür gesorgt, dass seine Ehefrau keinen Zugang zu den Anmeldedaten erlangen konnte und die Ehefrau dann ohne sein Wissen rechtsverletzende Angebote eingestellt. Der BGH vertritt die Auffassung, dass dem Account-Inhaber bereits die erste auf der unzureichenden Sicherung der Daten beruhende Rechtsverletzung als eigenes täterschaftliches Handeln zuzurechnen ist, auf die Kenntnis des Account-Inhabers komme es nicht an.[70] Ein für einen Schadensersatzanspruch erforderliches Verschulden wird allerdings im Regelfall nur zu bejahen sein, wenn der Account-Inhaber zumindest damit rechnen musste, dass die Kontaktdaten zu dem rechtsverletzenden Handeln verwendet werden.

IV. Vertragsgestaltung durch Allgemeine Geschäftsbedingungen

Die Teilnahme an einer Internet-Auktion setzt regelmäßig die Annahme der Allgemeinen Geschäftsbedingungen (AGB) des jeweiligen Auktionshauses voraus. Diese enthalten vielfach nicht nur Bestimmungen zur Regelung des Benutzungsverhältnisses zwischen dem Auktionshaus und den Nutzern der Auktionsplattform, sondern auch solche, die das Marktverhältnis, d. h. das Verhältnis der Nutzer untereinander betreffen. Es stellt sich dann die Frage, ob die Regelungen wirksam in den bzw. die Verträge einbezogen wurden und einer rechtlichen Überprüfung standhalten. Teilweise nehmen die Anbieter der Waren auch eigene Bedingungen in den Angebotstext auf. In einem solchen Fall kann fraglich sein, ob diese Verkäuferbedingungen wirksam in den Kaufvertrag einbezogen wurden und in welchem Verhältnis sie zu den Nutzungsbedingungen des Auktionshauses stehen. **55**

---

66 Zum Angebot von Artikeln »im Auftrag von Dritten« über eBay auch AG Aachen NJW-RR 2005, 1143.
67 OLG Köln MMR 2006, 321. S. hierzu auch *Schlömer/Dittrich* K&R 2006, 373 (374 f.). Mit Urteil v. 11.05.2011 hat der BGH ausdrücklich klargestellt, dass sich die vertragliche Verpflichtung des Inhabers eines eBay-Accounts nach den regulären Stellvertretungsregeln richtet, wenn sein Account unbefugt durch Dritte benutzt wird (MMR-Aktuell 2011, 318506).
68 AG Bremen NJW 2006, 518.
69 BGH GRUR 2009, 597 – Halzband.
70 Vgl. ausf. zur täterschaftlichen Haftung für die fahrlässige Überlassung eigener Account-Zugangsdaten an Dritte *Leistner* GRUR Beilage 2010, 1 (7).

1. Einbeziehung

a) Allgemeine Geschäftsbedingungen im Benutzungsverhältnis

56 Die Einbeziehung von AGB in den Vertrag zwischen dem Plattformbetreiber und den Nutzern der Auktionsplattform setzt – soweit die Nutzer Verbraucher sind – gem. § 305 Abs. 2 BGB voraus, dass das Auktionshaus die Nutzer bei Vertragsschluss ausdrücklich auf seine AGB hinweist und ihnen die Möglichkeit verschafft, in zumutbarer Weise von den AGB Kenntnis zu nehmen.

57 Ein **ausdrücklicher Hinweis** i. S. d. § 305 Abs. 2 Nr. 1 BGB liegt vor, wenn klar und inhaltlich unmissverständlich zum Ausdruck gebracht wird, dass der Vertrag unter Einbeziehung der AGB geschlossen werden soll. Der Hinweis muss so angeordnet und gestaltet sein, dass er von einem Durchschnittsnutzer auch bei flüchtiger Betrachtung nicht übersehen werden kann. Er muss sich hierzu auf der Website befinden, auf der die zum Vertragsschluss führende Willenserklärung abzugeben ist.

Die Frage, wann ein Mitglied eine zumutbare **Möglichkeit der Kenntnisnahme** i. S. d. § 305 Abs. 2 Nr. 2 BGB hat, ist nach den Umständen des Einzelfalls zu beurteilen. Allgemein wird verlangt, dass der Text für einen Durchschnittsnutzer mühelos lesbar ist, ein Mindestmaß an Übersichtlichkeit und einen im Verhältnis zur Bedeutung des Rechtsgeschäfts angemessenen Umfang aufweist.

58 Im unternehmerischen (B2B)-Verhältnis ist die Einbeziehung von ABG weitgehend unproblematisch möglich. Es reicht aus, dass der Verwender erkennbar auf seine AGB verweist und der unternehmerische Vertragspartner deren Geltung nicht widerspricht.

b) Allgemeine Geschäftsbedingungen im Marktverhältnis

59 Bei Allgemeinen Geschäftsbedingungen im Marktverhältnis zwischen Verkäufer und Käufer ist zu unterscheiden zwischen Bedingungen des Plattformbetreibers, die zunächst nur Vertragsbedingungen des Nutzungsvertrages zwischen Auktionshaus und Nutzer geworden sind, und solchen Bedingungen, die der Verkäufer selbst stellt.

aa) Allgemeine Geschäftsbedingungen des Plattformbetreibers

60 Von einem Plattformbetreiber gestellte, aber das Marktverhältnis der Nutzer untereinander betreffende Regelungen sind etwa Regelungen dazu, wie der Vertragsschluss über die Auktionsware zu erfolgen hat. Da alle Nutzer die Nutzungsbedingungen des Plattformbetreibers bei ihrer Anmeldung akzeptieren, liegt es nahe, dass derartigen Regelungen auch im Verhältnis der Nutzer untereinander Geltung zukommt.[71] Es ist jedoch umstritten, ob solche Bedingungen bereits vor einer Internet-Auktion zwischen zwei Nutzern gelten und somit auch vor einer Auktion eine Inhaltskontrolle im Marktverhältnis stattfinden kann. Zudem ist ungeklärt, wie solche Bedingungen in das Marktverhältnis zwischen Verkäufer und Käufer einbezogen werden. Im Ergebnis herrscht jedoch weitgehend Einigkeit darüber, dass Allgemeinen Geschäftsbedingungen, die ein Plattformbetreiber stellt, die aber das Marktverhältnis der Nutzer untereinander betreffen, in das Marktverhältnis einbezogen werden und inhaltlich überprüft werden können.[72]

---

[71] Von einer unmittelbaren Geltung im Verhältnis der Nutzer untereinander geht etwa das AG Erlangen NJW 2004, 3720 (3721) ohne nähere Begründung aus. Unklar insoweit KG NJW 2005, 1053 (1054).
[72] Ausf. hierzu Borges/*Meyer* S. 32 ff.; Spindler/Wiebe/*Wiebe/Neubauer* Kap. 15 Rn. 23 ff.

IV. Vertragsgestaltung durch Allgemeine Geschäftsbedingungen

bb) Allgemeine Geschäftsbedingungen des Verkäufers

Allgemeine Geschäftsbedingungen eines Verkäufers i. S. d. § 305 Abs. 1 BGB können bereits bei drei bis fünf Verwendungen vorliegen.[73] Bei Verträgen zwischen einem Unternehmer und einem Verbraucher finden die Regelung zu mehrdeutigen Klauseln, § 305c Abs. 2 BGB, sowie die Klauselverbote des § 308 BGB und § 309 BGB selbst dann Anwendung, wenn die Bedingungen nur zur einmaligen Verwendung bestimmt sind und der Verbraucher aufgrund der Vorformulierung auf ihren Inhalt keinen Einfluss nehmen konnte (§ 310 Abs. 3 BGB). Soweit der Verkäufer eigene AGB in das Vertragsverhältnis zum Käufer einbeziehen will, müssen die Voraussetzungen des § 305 Abs. 2 BGB ebenfalls erfüllt sein.

61

Wie der BGH[74] mittlerweile klargestellt hat, sind die Anforderungen des § 305 Abs. 2 BGB erfüllt, wenn die AGB bei einer Bestellung über einen auf der Bestellseite gut sichtbaren Link aufgerufen, ausgedruckt und abgespeichert werden können. Für die Einbeziehung von AGB von Auktions-Verkäufern ist es daher ausreichend, aber auch erforderlich, dass die AGB aus der Artikelbeschreibung heraus über einen gut sichtbaren Hyperlink aufgerufen, ausgedruckt und abgespeichert werden können. Bei eBay ist allerdings zu beachten, dass Verlinkungen von der Artikelseite zu eBay-externen Websites nicht erlaubt sind.[75] Eine Verweisung in der Artikelbeschreibung hat daher stets auf eine eBay-interne Website, wie etwa die »mich-Seite« oder die persönliche Website des Anbieters innerhalb eines eBay-Shops, zu erfolgen.

62

Da der Hinweis auf die AGB bei Vertragsschluss, d. h. vor Abgabe des zum Vertragsschluss führenden Gebots, erfolgen muss, sind Bezugnahmen auf AGB auf Rechnungen des Verkäufers oder auf sonstigen nach Vertragsschluss versandten Schreiben nicht ausreichend. Es genügt auch nicht, wenn erst in der E-Mail, die üblicherweise nach Abschluss der Auktion durch den Plattformbetreiber verschickt wird, auf die ABG hingewiesen wird, da zu diesem Zeitpunkt der Vertrag bereits zustande gekommen ist.

63

Probleme können sich ergeben, wenn die AGB des Verkäufers den Nutzungsbedingungen des Auktionshauses widersprechen. Eine von den Nutzungsbedingungen des Auktionshauses abweichende Klausel kann unter Umständen als überraschende Klausel im Sinne des § 305c Abs. 1 BGB unwirksam sein. In einem vom LG Osnabrück[76] entschiedenen Fall wurde allerdings das Vorliegen einer überraschenden Klausel des Verkäufers, nach der der Kaufpreis als Nettopreis zzgl. Mehrwertsteuer verstanden werden sollte, verneint, obwohl die Klausel von den Nutzungsbedingungen des Auktionshauses abwich, da sich die Angabe des Verkäufers unmittelbar über der Abbildung des Versteigerungsgegenstandes befand.[77]

64

▶ **Praxistipp:**

Um das Risiko einer Unwirksamkeit gem. § 305c BGB unter dem Gesichtspunkt einer überraschenden Klausel zu verringern, sollte ein Verkäufer Vertragsbestimmungen, die von den Nutzungsbedingungen des Auktionshauses abweichen, ausreichend deutlich hervorheben.

---

73 Vgl. Palandt/*Heinrichs* § 305 Rn. 9 m. w. N.
74 BGH MMR 2006, 737.
75 Grundsatz für die Verwendung von Links auf den eBay-Artikelseiten, abrufbar unter http://pages.ebay.de/help/policies/listing-links.html (Stand 13.04.2010).
76 LG Osnabrück MMR 2005, 125.
77 Hierzu auch Borges/*Meyer* S. 44 f., mit dem Hinweis darauf, dass abweichende Bedingungen möglicherweise gar nicht erst einbezogen werden.

2. Inhaltskontrolle

65 In der Praxis treten Fragen der AGB-rechtlichen Inhaltskontrolle gem. §§ 305 ff. BGB insbesondere im Rahmen des Marktverhältnisses zwischen Käufer und Verkäufer auf. Es wurden aber auch bereits Klauseln, die das Nutzungsverhältnis betreffen, als unwirksam beanstandet und einer gerichtlichen Überprüfung unterzogen.

a) Problematische Bestimmungen

66 Ob eine Klausel einer Inhaltskontrolle standhält, kann davon abhängen, ob diese gegenüber einem Unternehmer oder einer Privatperson verwendet wird, da gegenüber Privatpersonen strengere Maßstäbe gelten als gegenüber Unternehmern (vgl. § 310 BGB). Generell gelten bei Internet-Auktionen dieselben Grundsätze wie bei anderen über das Internet geschlossenen Kaufverträgen. Da es eine Fülle unterschiedlicher Klauseln gibt, soll im Folgenden nur beispielhaft auf einige bei Internet-Auktionen zuweilen verwendete Regelungen eingegangen werden. Dabei wird von einer Benutzung gegenüber Privaten ausgegangen.

aa) Verlagerung des Versandrisikos auf den Verbraucher

67 Bei einem Vertrag zwischen einem Unternehmer und einem Verbraucher trägt nach § 474 Abs. 2 BGB immer der Verkäufer das Versandrisiko, d. h. die Gefahr des zufälligen Untergangs oder der zufälligen Beschädigung der Sache auf dem Transportweg. Eine abweichende Regelung in AGB ist gem. § 475 BGB unwirksam.[78]

bb) Haftungsausschluss

68 Ein genereller Ausschluss jeglicher Haftung ist jedenfalls gegenüber Privatpersonen unzulässig. Unwirksam ist insbesondere ein Ausschluss oder die Begrenzung der Haftung für Schäden bei einer Verletzung von Leben, Gesundheit oder Körper, die auf einer Fahrlässigkeit oder einem Verschulden des Verwenders der AGB beruhen (§ 309 Nr. 7a BGB). Gleiches gilt für sonstige Schäden aufgrund einer vorsätzlichen oder grob fahrlässigen Pflichtverletzung des Verwenders (§ 309 Nr. 7b BGB). Es wäre daher z. B. ein Haftungsausschluss für das Vorliegen einer Fälschung unwirksam, wenn die Fälschung für den Anbieter ohne Weiteres erkennbar war.

69 Bei einem Ausschluss der Haftung für Mängel ist danach zu differenzieren, ob es sich bei der versteigerten Ware um Neu- oder Gebrauchtware handelt. Bei Gebrauchtwaren ist ein formularmäßiger, vollständiger Ausschluss von Gewährleistungsansprüchen aufgrund der Wertung des § 309 Nr. 8b BGB grundsätzlich zulässig, soweit dabei nicht gegen § 309 Nr. 7 BGB verstoßen wird. Für den Ausschluss oder die Begrenzung von Gewährleistungsansprüchen bei Neuwaren werden in § 309 Nr. 8b BGB einige Fälle der allgemeinen Unwirksamkeit aufgezählt. Unzulässig ist etwa die Beschränkung von Gewährleistungsansprüchen auf Nacherfüllung, ohne eine Möglichkeit der Minderung oder des Rücktritts für den Fall, dass die Nacherfüllung fehlschlägt (§ 309 Nr. 8b bb) BGB).

cc) Verkürzung von Gewährleistungsansprüchen

70 Für Verkäufer gilt grundsätzlich eine gesetzliche Gewährleistungsfrist von zwei Jahren, unabhängig davon, ob der Verkäufer als Unternehmer oder Privater auftritt (§ 438 Abs. 1 Nr. 3 BGB). Diese Gewährleistungsfrist darf gegenüber Verbrauchern bei Neuwaren überhaupt nicht, bei Gebrauchtwaren auf höchstens ein Jahr verkürzt werden (§ 475 Abs. 2 BGB). Alle weitergehenden Regelungen sind unwirksam (vgl. § 309 Nr. 8b ff. BGB bzw. § 307 Abs. 2 Nr. 1 BGB i. V. m. § 475 Abs. 2 BGB).

---

[78] Hierzu ausf. Borges/*Jahn* S. 57 f.

dd) Regelungen bzgl. des Widerrufsrechts

Ein völliger Ausschluss des gesetzlichen Widerrufsrechts eines Verbrauchers ist unzulässig und daher unwirksam.[79] Eine Abbedingung des Widerrufsrechts hat zudem zur Folge, dass das Widerrufsrecht grundsätzlich zeitlich unbegrenzt gilt (vgl. § 355 Abs. 3 S. 3 BGB). Es kann lediglich anstelle eines Widerrufsrechts ein Rückgaberecht vereinbart werden.

71

Eine Beschränkung des Widerrufsrechts ist unzulässig, wenn die Beschränkung von wesentlichen Grundgedanken der gesetzlichen Regelungen der §§ 312d, 312f BGB abweicht.[80] Es ist z. B. unzulässig, das Widerrufsrecht auf Fälle einzugrenzen, in denen der Verbraucher die Ware in der originalen Verpackung und/oder zusammen mit der Rechnung zurücksendet.[81]

Wird eine nicht den Anforderungen des Gesetzes entsprechende Belehrung formularmäßig verwendet, kann die Gefahr einer Irreführung der Verbraucher und eine unangemessene Benachteiligung i. S. d. § 307 Abs. 1 S. 2 BGB bestehen.[82]

Das OLG Hamm hat zudem die Angabe einer Telefonnummer in AGB, an die der Widerruf zu richten sei, als Verstoß gegen § 355 BGB angesehen, da der Eindruck vermittelt werde, der Widerruf könne auch telefonisch und nicht nur in Textform erklärt werden.[83]

ee) Abwälzung der Gefahr bei Rücksendung

Bei Verträgen mit Verbrauchern ist es ferner unzulässig, dem Verbraucher die Gefahr der Rücksendung im Fall eines Widerrufs aufzubürden. So verstößt etwa nach Auffassung des LG Düsseldorf[84] die Klausel »Bei einer Rücksendung haften wir weder für Beschädigungen noch für Verlust der Ware« gegen die Regelungen der §§ 357 Abs. 2 S. 2, 307 BGB und ist daher unwirksam, mit der Folge, dass der Verbraucher auch bei einer Verschlechterung oder dem Untergang der Sache bei der Rücksendung von seiner Rückgewährpflicht frei wird.

72

ff) Beweislastverteilung

Es können zudem Bestimmungen, die die Beweislast zum Nachteil der anderen Vertragspartei ändern, unzulässig sein (§ 309 Nr. 12 BGB). Gegenstand einer gerichtlichen Auseinandersetzung war etwa die Frage, ob eine Regelung eines Auktionshauses, wonach der Nutzer beim Abschluss des Nutzungsvertrages mit dem Auktionshaus die Erklärung: »Ich […] erkläre, dass ich volljährig und voll geschäftsfähig bin« abzugeben hat, gem. § 309 Nr. 12b BGB unwirksam ist. Nach Auffassung des OLG Brandenburg[85] bewirkt eine solche Erklärung keine Veränderung der Beweislast zum Nachteil des Nutzers, da das Bestehen uneingeschränkter Geschäftsfähigkeit ohnehin als der Regelfall anzusehen ist und das Fehlen dieser von demjenigen zu beweisen ist, der sich zu seinen Gunsten hierauf beruft. Die Klausel bewirke daher keine Veränderung der Beweislast zum Nachteil des Nutzers.

73

---

79 Zum Widerruf ausf. Rdn. 77 ff.
80 Zu möglicherweise unzulässigen Klauseln in Bezug auf das Widerrufsrecht Borges/*Jahn* S. 51 ff.
81 Ausf. hierzu *Schlömer/Dittrich* K&R 2007, 117 (121) mit Verweis auf die Rechtsprechung der Instanzgerichte.
82 Vgl. BGH MMR 2010, 166 m. Anm. *Föhlisch*.
83 OLG Hamm MMR 2009, 850.
84 LG Düsseldorf CR 2006, 858.
85 OLG Brandenburg MMR 2006, 405 (nicht rechtskräftig).

b) Mehrdeutige Klauseln

74 Zu bedenken ist weiterhin, dass AGB bei unklaren Formulierungen immer zuungunsten des Verwenders ausgelegt werden (§ 305c Abs. 2 BGB).

So bedeutet etwa die Angabe »ohne Garantie« zwar in der Regel keinen Ausschluss der Gewährleistung nach §§ 437 ff. BGB. Der Durchschnittsverbraucher kennt jedoch den rechtlichen Unterschied zwischen Gewährleistungsansprüchen und Garantieansprüchen in der Regel nicht und wird den Ausschluss einer Garantie daher im Zweifel so verstehen, dass nicht nach den gesetzlichen Bestimmungen für die Beschaffenheit der Sache eingestanden werden soll. Die Unklarheit geht daher gem. § 305c Abs. 2 BGB zulasten des Verkäufers mit der Folge, dass die Klausel wegen des Verbots des gänzlichen Ausschlusses von Gewährleistungsansprüchen unwirksam ist.[86]

c) Folgen der Unwirksamkeit von Klauseln

75 Ist eine Klausel unwirksam, so wird sie durch die jeweilig gesetzliche Regelung ersetzt (§ 306 Abs. 2 BGB). Der Vertrag bleibt im Übrigen wirksam (§ 306 Abs. 1 BGB). Die Verwendung von unwirksamen AGB-Klauseln wird zudem regelmäßig auch als Verstoß gegen das Recht des unlauteren Wettbewerbs angesehen.[87] Zudem kann die Verwendung nichtiger AGB Schadensersatzansprüche aus §§ 280, 311 BGB auslösen.

V. Vertragsauflösung

76 Für die Auflösung eines im Rahmen einer Internet-Auktion geschlossenen Kauf- oder Dienstvertrages gelten grundsätzlich keine Besonderheiten. Bei Verträgen zwischen Unternehmern und Verbrauchern ist – wie bei anderen im Wege des Fernabsatzes geschlossenen Verträgen – insbesondere das Widerrufsrecht des Verbrauchers von Bedeutung. Daher wird im Folgenden auf dieses ausführlicher eingegangen als auf andere Formen der Vertragsauflösung.

1. Widerrufs- bzw. Rückgaberecht

a) Grundsätzliches

77 Wenn ein Verbraucher einen Auktionsgegenstand von einem Unternehmer erwirbt, hat er grundsätzlich ein **Widerrufsrecht** (§§ 312d, 355 BGB). Er kann sich innerhalb einer bestimmten Frist ohne Angabe von Gründen von dem im Wege der Auktion geschlossenen Vertrag lösen. Das Widerrufsrecht kann auch geltend gemacht werden, wenn der Vertrag nach §§ 134, 138 BGB nichtig ist.[88] Der Widerruf erfolgt gem. § 355 Abs. 1 S. 2 BGB durch Erklärung in Textform (§ 126b BGB), z. B. per Brief, Fax oder E-Mail, oder konkludent durch Rücksendung der Ware innerhalb der Widerrufsfrist. Für nicht ausreichend befunden wurde allerdings z. B. die Mitteilung eines Verbrauchers, er habe »eine Rücksendung«.[89]

78 Im Fall eines Widerrufs ist der Verbraucher zur **Rücksendung** der erworbenen Sache verpflichtet, es sei denn eine Versendung als Paket ist nicht möglich (§ 357 Abs. 2 S. 1 BGB). Die Kosten und die Gefahr der Rücksendung trägt der Unternehmer (§ 357 Abs. 2 S. 2 BGB). Die regelmäßigen Kosten der Rücksendung dürfen dem Verbraucher jedoch aus-

---

[86] Vgl. Borges/*Jahn* S. 55.
[87] OLG Frankfurt 2009, 869; KG 25.01.2008, 5 W 34408; OLG Celle 28.02.2008, 13 U 195/07; a. A. OLG Köln MMR 2008, 540 (allerdings in Bezug auf Verstöße vor Geltung der Richtlinie 2005/29/EG über unlautere Geschäftspraktiken).
[88] BGH BGH 2010, 174.
[89] AG Schopfheim MMR 2008, 427.

nahmsweise dann auferlegt werden, wenn der Preis der zurückgesendeten Sache einen Betrag von 40,- € nicht übersteigt oder der Verbraucher die Gegenleistung oder eine Teilzahlung zum Zeitpunkt des Widerrufs noch nicht erbracht hat, es sei denn, dass die gelieferte Ware nicht der bestellten entspricht (§ 357 Abs. 2 S. 3 BGB).[90] Die Auferlegung der Kosten der Rücksendung kann jedoch nicht allein über die Widerrufsbelehrung erfolgen, sondern bedarf einer zusätzlichen vertraglichen Vereinbarung.[91]

Anstelle des Widerrufsrechts kann an sich auch ein **Rückgaberecht** vertraglich vereinbart werden (§ 356 Abs. 1 BGB). Bei diesem ist die Ware sofort zurück zu geben (§ 356 BGB), während der Verbraucher bei einem Widerruf die Ware grundsätzlich zunächst behalten und nutzen darf. Die Vereinbarung eines Rückgaberechts setzt allerdings die Textform voraus.[92] Hinweise auf der Homepage reichen nicht aus, um wirksam ein Rückgaberecht zu vereinbaren.[93] 79

b) Nichtbestehen eines Widerrufsrechts

Wie bereits in Kap. 11 ausgeführt (s. dort. Rdn. 127), sieht § 312d Abs. 4 Nr. 5 BGB zwar eine Ausnahme vom Widerrufsrecht für Verträge vor, die in der Form von Versteigerungen (§ 156 BGB) geschlossen wurden«. Nach Auffassung des BGH[94] findet die Ausnahme aber auf Internet-Auktionen keine Anwendung, da es sich bei Internet-Auktionen nicht um Versteigerungen i. S. d. § 156 BGB handelt.[95] Eine AGB-Klausel, nach der Widerrufsrecht nicht für Versteigerungen gelte, wurde als irreführend und somit verboten angesehen.[96] 80

Gesetzlich festgelegte Ausnahmen bestehen ferner für Waren, die nach Kundenspezifikation angefertigt werden, eindeutig auf die persönlichen Bedürfnisse des Käufers zugeschnitten wurden (z. B. maßgeschneiderte Kleider), aufgrund ihrer Beschaffenheit nicht für eine Rücksendung geeignet sind oder schnell verderben können (z. B. bestimmte Lebensmittel, Arzneimittel oder Blumen). Für die Lieferung von Audio- oder Videoaufzeichnungen sowie Software bestehen weder ein Widerrufs- noch ein Rückgaberecht, wenn der gelieferte Datenträger vom Käufer entsiegelt wurde. Vom Widerrufsrecht ausgenommen sind zudem Verträge über die Lieferung von Zeitungen, Zeitschriften oder Illustrierte.[97] 81

Bei Dienstleistungen erlischt das Widerrufsrecht, wenn der Vertrag von beiden Seiten auf ausdrücklichen Wunsch des Verbrauchers vollständig erfüllt ist, bevor der Verbraucher sein Widerrufsrecht ausgeübt hat (§ 312d Abs. 3 BGB). Im Unterschied zur alten Rechtslage (§ 312d Abs. 3 Nr. 2 BGB a. F.) reicht es für ein Erlöschen des Widerrufsrechts nicht mehr aus, wenn lediglich mit der Ausführung der Dienstleistung begonnen wird. 82

c) Form der Widerrufsbelehrung und Widerrufsfrist

Die Frist für einen Widerruf beträgt nach § 355 Abs. 2 BGB grundsätzlich 14 Tage. Um die 14-tägige Frist in Gang zu setzen, muss der Verbraucher allerdings umfassend gemäß Art. 246 § 1 Abs. 1 Nr. 10 EGBGB über das Bestehen des Widerrufsrechts sowie die Bedin- 83

---

90 Hierzu und zu den übrigen Rechtsfolgen eines Widerrufs ausf. Kap. 11 Rdn. 137 ff.
91 LG Dortmund 26.03.2009, 16 O 46/09. Der Verkäufer darf bei Widerruf eines Verbrauchers diesen nicht mit den Hinsendekosten belasten, vgl. EuGH MMR 2010, 396 sowie BGH MMR 2010, 676.
92 LG Berlin 07.05.2007, 103 O 91/07.
93 LG Leipzig 27.06.2007, 05 HKO2050/07.
94 BGH NJW 2005, 53, in Bezug auf die Plattform von eBay.
95 Nach Auffassung des LG Dortmund, 22.12.2005, 8 O 349/05, ist daher auch ein formularmäßiger Hinweis dahingehend unzulässig, dass das Widerrufs- bzw. Rückgaberecht entsprechend § 312d Abs. 4 BGB nicht bei Verträgen besteht, die bei Versteigerungen geschlossen werden. Ein solcher Vermerk sei – wenn auch inhaltlich richtig – für den Verbraucher irreführend i. S. d. §§ 3, 5 UWG, da ein Verbraucher den Begriff der »Versteigerung« in der Regel mit dem der »Auktion« gleichsetze.
96 Vgl. OLG München WRP 2008, 1396.
97 Zu einzelnen Ausnahmen s. Kap. 11 Rdn. 127 ff.

gungen, Einzelheiten der Ausübung, insbesondere den Namen und die Anschrift desjenigen, gegenüber dem der Widerruf zu erklären ist, und die Rechtsfolgen des Widerrufs unterrichtet werden. Anzugeben ist auch, dass der Widerruf keiner Begründung bedarf und in Textform oder durch Rücksendung der Sache innerhalb der Widerrufsfrist erklärt werden kann (§ 360 Abs. 1 BGB).

Die Widerrufsbelehrung hat in Textform (§ 126b BGB) zu erfolgen. Soweit die Informationen in den Vertragsbestimmungen einschließlich der Allgemeinen Geschäftsbedingungen enthalten sind, bedürfen diese einer hervorgehobenen und deutlich gestalteten Form (Art. 246 § 2 Abs. 3 EGBGB). Die Informationen über das Widerrufsrecht müssen sich dann aus dem übrigen Text in unübersehbarer Weise herausheben.

Seit dem 11.06.2010 gilt eine 14-tägige Widerrufsfrist auch dann, wenn die Widerrufsbelehrung in Textform nicht spätestens bei, sondern erst unverzüglich nach Vertragsschluss erteilt wird. Als »unverzüglich« gilt eine spätestens am Tag nach Vertragsschluss in Textform, z. B. per E-Mail, versandte Belehrung.

Diese Regelung wurde unter anderem im Hinblick auf Internet-Auktionen eingeführt, da hier regelmäßig erst mit der Bestätigung über den Kauf per E-Mail den formalen Anforderungen an die Widerrufsbelehrung genügt wird und nicht bereits die Belehrung auf einer Internetseite.[98] Aufgrund der umfangreichen Diskussion um die Frage der Wirksamkeit der alten Fassung der Widerrufsbelehrung im elektronischen Geschäftsverkehr[99] hat der deutsche Gesetzgeber zudem mit Anlage 1 zu Artikel 246 § 2 Abs. 3 S. 1 zum EGBG eine neue Musterwiderrufsbelehrung eingeführt, die seit dem 11.06.2010 in Kraft ist und Gesetzesrang hat (§ 360 Abs. 3 BGB). Sie kann von Instanzgerichten nicht mehr als unzureichend verworfen werden.

Erfolgt eine ordnungsgemäße Widerrufsbelehrung nicht (spätestens) unverzüglich nach Vertragsschluss, beträgt die Widerrufsfrist einen Monat (§ 55 Abs. 2 S. 3 BGB). Die Frist beginnt jedoch bei der Lieferung von Waren nicht vor deren Eingang beim Empfänger (§ 355 Abs. 4 S. 2 BGB).

Erfolgt auch nach Vertragsschluss keine ordnungsgemäße Belehrung, steht dem Verbraucher ein zeitlich unbefristetes Widerrufsrecht zu (§ 355 Abs. 4 S. 3 BGB).

84 ▶ **Praxistipp:**

Um Rechtssicherheit zu haben, sollte die neue Muster-Widerrufsbelehrung wortwörtlich verwendet werden. Das Muster nebst Gestaltungshinweisen ist auf der Webseite des BMJ abrufbar. Wenn eine ältere Form der Widerrufsbelehrung weiter verwendet werden soll, muss diese an die nunmehr geltenden gesetzlichen Vorgaben angepasst werden.

2. Anfechtung

85 Die häufigsten Fehler bei Internet-Auktionen dürften **Eingabefehler** sein. Diese können ein Anfechtungsrecht gem. § 119 Abs. 1 BGB begründen. So kann etwa die versehentliche Angabe eines Mindestpreises von 1.000,– € anstelle von 10.000,– € durch den Anbieter einen

---

[98] Ausf. zu Gründen und Inhalt der neuen Vorschriften *Bonke/Gellmann* NJW 2006, 3169; *Schröder* NJW 2010, 1933.
[99] Vgl. u. a. OLG Naumburg MMR 2008, 548; OLG Hamburg MMR 2008, 44; OLG Stuttgart MMR 2008, 616; OLG München MMR 2008, 677; einerseits und u. a. LG Flensburg MMR 2006, 686 sowie LG Paderborn MMR 2007, 191 andererseits. Ausf. zu Gründen und Inhalt der neuen Bestimmungen *Bierekoven* CR 2008, 785; *Buchmann* K&R 2007, 14; *Fröhlich* MMR 2007, 139; *ders.* MMR 8/2008, S. XXIV; *Hoffmann* NJW 2007, 2594; *Schirmbacher* CR 2006, 673; *Waitkewitsch/Pfitzer* MDR 2007, 61.

Erklärungsirrtum i. S. d. § 119 Abs. 1 2. Alt BGB darstellen.[100] Ebenso kann ein Bieter seine Erklärung anfechten, wenn er sich bei der Eingabe seines Gebotes vertippt.

In Betracht kommt auch eine Anfechtung wegen Irrtums über eine verkehrswesentliche **Eigenschaft** einer Person gem. § 119 Abs. 2 BGB. Bei Internet-Auktionen kann etwa ein Irrtum über die Bonität eines Nutzers vorliegen. Ob dieser Irrtum i. S. d. § 119 Abs. 2 BGB wesentlich ist, hängt jedoch vom jeweiligen Einzelfall ab.[101]

Bei fehlerhafter Übermittlung des Angebots durch das Auktionshaus ist grundsätzlich § 120 BGB[102] relevant. Fehler sind insoweit dem Bereich des Erklärenden zuzuordnen.[103]

Hardware- und Softwarefehler ebenso wie die Verwendung fehlerhaften Datenmaterials sind im Allgemeinen der Willensbildung zuzurechnen und berechtigen daher nicht zur Anfechtung.[104]

Möchte ein Käufer seine Willenserklärung anfechten ist eine **Anfechtungserklärung per E-Mail** grundsätzlich ausreichend. Die Erklärung muss lediglich erkennen lassen, dass die Partei das Geschäft wegen eines Willensmangels nicht gelten lassen will. Eine Verwendung des Wortes »Anfechtung« ist nicht erforderlich.[105]

3. Gewährleistung

Wenn ein **Sachmangel** vorliegt, die Kaufsache also nicht die vereinbarte Beschaffenheit aufweist (§ 434 Abs. 1 BGB), stehen dem Käufer grundsätzlich die Rechte aus § 437 BGB zu: Er kann Nacherfüllung verlangen, vom Vertrag zurücktreten bzw. den Kaufpreis mindern oder Schadensersatz oder den Ersatz vergeblicher Aufwendungen verlangen. Hier bestehen keine Besonderheiten gegenüber einem auf »klassischem Wege« geschlossenen Vertrag.

Grundlage für die Bestimmung der **vertraglich vereinbarten Beschaffenheit** ist die Produktbeschreibung auf der Angebotsseite. Hat der Verkäufer den Artikel dort nicht näher beschrieben, ist die Beschaffenheit maßgeblich, die üblicherweise von einer Ware der gleichen Art erwartet werden kann.

Die **Beweislast** für das Vorliegen eines Mangels zum Zeitpunkt der Übergabe trägt grundsätzlich der Käufer. Ersteigert ein Privater einen Artikel von einem gewerblichen Verkäufer wird jedoch gem. § 476 BGB gesetzlich vermutet, dass der Mangel bereits bei Übergabe der Ware vorhanden war, wenn der Mangel innerhalb der ersten sechs Monate nach Übergabe auftritt. Diese Vermutung gilt nur dann nicht, wenn sie mit der Art der Ware oder des Mangels nicht vereinbar ist, etwa weil es sich bei der um Gebrauchtware handelt.

Wie bereits ausgeführt (Rdn. 68 ff.), können Gewährleistungsrechte nur bedingt formularmäßig ausgeschlossen oder beschränkt werden. Ein **Gewährleistungsausschluss** unter Privaten ist grundsätzlich möglich,[106] setzt jedoch einen entsprechenden eindeutigen Hinweis auf der Artikelseite voraus. Ein Haftungsausschluss gem. § 444 BGB ist zudem unwirksam, wenn der Verkäufer den Mangel arglistig verschwiegen oder eine Garantie übernommen hat. Dem Verschweigen steht das Vorspiegeln einer bestimmten Beschaffenheit oder einer nicht gegebenen Freiheit von Mängeln gleich.

---

100 Vgl. OLG Oldenburg NJW 2004, 168.
101 Vgl. *Spindler* ZIP 2001, 809 (818 f.).
102 Vgl. Spindler/Wiebe/*Wiebe/Ernst* Kap. 15 Rn. 53 mit dem Hinweis, dass auch § 166 BGB in Betracht kommen kann.
103 Vgl. OLG Frankfurt/M. MMR 2003, 405.
104 LG Köln MMR 2003, 481 (482).
105 Vgl. in Bezug auf Internet-Auktionen OLG Oldenburg NJW-RR 2007, 268.
106 AG Kamen MMR 2005, 392.

Die Sonderregel des § 445 BGB für Haftungsbeschränkungen bei öffentlichen Versteigerungen findet bei Online-Auktionen keine Anwendung.[107]

4. Kündigung

91 Eine Kündigung kommt insbesondere im Hinblick auf das Nutzerverhältnis zwischen Plattformbetreiber und Auktionsteilnehmern in Betracht.

In der Regel sehen die AGB der Auktionshäuser ein Recht des Auktionshauses vor, im Fall von Verletzungen von gesetzlichen Vorschriften oder der AGB des jeweiligen Auktionshauses den Mitgliedsvertrag zu kündigen. Daneben besteht vielfach die Möglichkeit, Inhalte auf Angebotsseiten zu löschen, Mitglieder zu verwarnen, die Nutzung der Website einzuschränken oder ein Mitgliedskonto vorläufig oder endgültig zu sperren.[108] Letztlich bestehen auch hier keine Besonderheiten.

E. Kennzeichenrechtsverletzungen bei Internet-Auktionen

92 Bei dem Angebot und Vertrieb von Produkten über Auktions-Plattformen kommt es immer wieder zu Verletzungen von Schutzrechten. So kann etwa der Vertrieb von Musikdateien oder Filmen Urheberrechte, das Angebot von Designer-Möbeln Geschmacksmusterrechte und der Vertrieb von Uhren unter dem Namen eines bekannten Herstellers Kennzeichenrechte verletzen. Auch die Verletzung von Patenten ist möglich, etwa wenn über eine Auktionsplattform MP3-Player vertrieben werden, die von Patenten Dritter Gebrauch machen, ohne dass hierfür eine Lizenz vorliegt.

Da Kennzeichenrechtsverletzungen, insbesondere Markenrechtsverletzungen, in der Praxis am häufigsten auftreten, soll hierauf im Folgenden genauer eingegangen werden.

I. Kennzeichenrechtliche Ansprüche

93 Im Rahmen des Kennzeichenrechts sind insbesondere § 14 MarkenG und § 15 MarkenG relevant.[109] Durch § 14 MarkenG geschützt werden sowohl eingetragene als auch Benutzungsmarken (vgl. § 4 MarkenG), unabhängig von der Markenform. Ansprüche können sowohl bei der Verletzung von Wort-, als auch Wort-Bild-, reinen Bild-, Form- oder Farbmarken bestehen. § 15 MarkenG befasst sich – in entsprechender Weise – mit dem Schutz von geschäftlichen Bezeichnungen, insbesondere Unternehmenskennzeichen i. S. d. § 5 Abs. 2 S. 1 MarkenG.

94 Soweit eine Verletzung gegeben ist, kann der Inhaber des Kennzeichenrechts gem. § 14 Abs. 5 MarkenG bzw. § 15 Abs. 4 MarkenG die **Unterlassung** weiterer Beeinträchtigungen verlangen. Für den Fall des Verschuldens besteht nach § 14 Abs. 6 MarkenG bzw. § 15 Abs. 5 MarkenG ein Anspruch auf **Schadensersatz**. Zudem kann der Rechtsinhaber gem. § 18 MarkenG die **Vernichtung** eventuell noch vorhandener weiterer rechtsverletzender Produkte sowie nach § 19 MarkenG **Auskunft** über deren Herkunft und den Vertriebsweg fordern.

---

107 Spindler/Wiebe/*Wiebe*/*Ernst* Kap. 15 Rn. 72.
108 Die Zulässigkeit derartiger Klauseln diskutieren Spindler/Wiebe/*Wiebe*/*Ernst* Kap. 15 Rn. 42 ff.
109 Ausf. zum Kennzeichenrecht FA-GewRS/*Boeckh* Kap. 5 Rn. 415 ff.

II. Voraussetzungen einer Kennzeichenrechtsverletzung

1. Handeln im geschäftlichen Verkehr

Unabdingbare Voraussetzung für die Geltendmachung von Ansprüchen nach §§ 14, 15 MarkenG ist ein Handeln im geschäftlichen Verkehr.[110]

Nach Auffassung des BGH[111] ist für die Beurteilung, ob ein Handeln im geschäftlichen Verkehr vorliegt, eine Gesamtschau der relevanten Umstände vorzunehmen. Ein Zeichen werde im geschäftlichen Verkehr verwendet, wenn seine Benutzung im Zusammenhang mit einer auf einen wirtschaftlichen Vorteil gerichteten kommerziellen Tätigkeit und nicht im privaten Bereich erfolgt.[112] Dabei sind an dieses Merkmal im Interesse des Markenschutzes keine hohen Anforderungen zu stellen und letztlich dieselben Kriterien von Bedeutung wie bei der Frage, ob ein Handeln als Unternehmer i. S. d. § 14 BGB vorliegt (s. hierzu Rdn. 31 ff.). Relevant sind beispielsweise wiederholte, gleichartige Angebote, gegebenenfalls auch von neuen Gegenständen, Angebote erst kurz zuvor erworbener Waren, eine ansonsten gewerbliche Tätigkeit des Anbieters sowie häufige Feedbacks und Verkaufsaktivitäten für Dritte. Das Vorliegen eines Handelns im geschäftlichen Verkehr wurde etwa bejaht bei Verkaufsangeboten von insgesamt 91 Gegenständen innerhalb gut eines Monats, darunter 18 Schmuckstücken, acht Handtaschen, vier Sonnenbrillen und drei Paar Schuhen. Verkauft worden waren auch Gegenstände im Auftrag Dritter.[113]

Die Darlegungs- und Beweislast für ein Handeln im geschäftlichen Verkehr liegt in einem Verletzungsprozess bei demjenigen, der Ansprüche geltend macht. Hat der jedoch einen Sachverhalt dargelegt und bewiesen, der ein Handeln im geschäftlichen Verkehr nahelegt, so kann der Betreiber der Auktionsplattform nach den Grundsätzen der sekundären Darlegungslast gehalten sein, zum Handeln des Anbieters substantiiert vorzutragen, wenn er ein Handeln im geschäftlichen Verkehr in Abrede stellen will.[114]

2. Kennzeichenmäßige Benutzung

Das Vorliegen einer Kennzeichenrechtsverletzung setzt darüber hinaus eine kennzeichenmäßige Benutzung voraus. An einer kennzeichenmäßigen Benutzung fehlt es in der Regel, wenn ein Kennzeichen im Rahmen eines Auktionsangebots nur als dekoratives Element verwendet wird, ohne eine Hinweisfunktion zu haben. Zudem kann es an einer kennzeichenmäßigen Benutzung fehlen, wenn ein Zeichen lediglich zur Beschreibung eines Produktes verwendet wird (s. hierzu noch Rdn. 103 f.). Soweit eine kennzeichenmäßige Benutzung zu verneinen ist, kommt u. U. ein Verstoß gegen das Recht des unlauteren Wettbewerbs in Betracht (s. Rdn. 106 ff.).

3. Weitere Anspruchsvoraussetzungen

Gemäß § 14 Abs. 2 MarkenG bzw. § 15 Abs. 2 und 3 MarkenG ist zudem erforderlich, dass das verwendete Zeichen ohne Zustimmung des Rechtsinhabers benutzt wird. Darüber hinaus muss entweder Identität oder Verwechslungsgefahr bestehen, oder es müssen die weiteren Voraussetzungen des Bekanntheitsschutzes nach § 14 MarkenG bzw. § 15 MarkenG erfüllt sein.

---

110 S. hierzu auch Kap. 19 Rdn. 186 ff.
111 BGH GRUR 2008, 702 – Internet-Versteigerung III; MMR 2009, 538 – Ohrclips; K&R 2007, 387 – Internet-Versteigerung II; NJW 2004, 3102 (3104) – Internet-Versteigerung I.
112 Das OLG Köln MMR 2008, 197, hatte es zuvor ausreichen lassen, dass private Personen die Marke benutzen und das Warenangebot dabei an eine unbestimmte Anzahl von Personen richten.
113 BGH MMR 2009, 538 – Ohrclips.
114 BGH GRUR 2008, 702 – Internetersteigerung III.

a) Identität

98 Der häufigste Fall einer Kennzeichenrechtsverletzung bei Internet-Auktionen ist die Verwendung eines mit dem geschützten Kennzeichen identischen Zeichens für Produkte, die mit denen, für die das Kennzeichen geschützt ist, identisch sind. Ein solcher Fall der Identität i. S. d. § 14 Abs. 2 Nr. 1 MarkenG kann z. B. bei dem Angebot von Kleidungsstücken unter dem Zeichen eines Markenherstellers vorliegen, ohne dass der Markeninhaber eine entsprechende Lizenz erteilt hat.

99 Vielfach handelt es sich bei derartigen Identitätsfällen um solche der Produktpiraterie. Lässt sich anhand der Präsentation der Ware auf der jeweiligen Angebotsseite nicht erkennen, ob es sich bei dem angebotenen Produkte um ein Originalprodukt oder um gefälschte Ware handelt, kann ein »Testkauf« sinnvoll sein.

100 Auch im Hinblick auf Unternehmenskennzeichen kann Identität bestehen, wenn etwa für einen eBay-Shop eine Shop Bezeichnung gewählt wird, die einem Unternehmensnamen eines Dritten entspricht und ähnliche Produkte angeboten werden.

b) Verwechslungsgefahr

101 Rechtsverletzend kann auch die Verwendung eines identischen oder ähnlichen Zeichens für identische oder ähnliche Produkte sein, soweit eine Gefahr von Verwechslungen, d. h. die Gefahr der irrtümlichen Zuordnung zum Zeichenrechtsinhaber, besteht (§ 14 Abs. 2 Nr. 2 MarkenG).[115]

Eine Markenrechtsverletzung wegen Verwechslungsgefahr kann etwa vorliegen, wenn ein Anbieter das zu versteigernde Produkt mit einem in wenigen oder sogar nur einem einzigen Buchstaben von einem geschützten Kennzeichen abweichenden Kennzeichen versieht und Produktidentität oder zumindest -ähnlichkeit besteht. Die Verwechslungsgefahr wird regelmäßig auch nicht durch Hinweise wie »Imitat«, »Replik« oder »Nachahmung« in der Artikelbeschreibung ausgeschlossen.[116] Derartige Hinweise sind nicht mehr sichtbar, wenn das Produkt nicht mehr in der entsprechenden Plattform eingestellt ist, etwa wenn das Produkt weiterverkauft wird.

c) Bekanntheitsschutz

102 Bekannte Zeichen sind auch gegen die Verwendung identischer oder ähnlicher Zeichen in einem Waren- und Dienstleistungsbereich, der nicht mehr mit dem Waren- und Dienstleistungsbereich der Marke ähnlich ist, geschützt, wenn die Gefahr einer Ausnutzung oder Beeinträchtigung der Wertschätzung oder Unterscheidungskraft besteht (vgl. §§ 14 Abs. 2 Nr. 3 MarkenG bzw. § 15 Abs. 3 MarkenG).

Im Rahmen von Online-Auktionen werden bekannte Zeichen[117] besonders gerne verwendet, um das Interesse potenzieller Bieter zu wecken und die Trefferquote bei der Suche nach Auktionsware zu erhöhen. Neben direkten Bezeichnungen von Produkten mit Namen, die bekannten Marken identisch oder ähnlich sind, werden zum Teil auch in der Produktbeschreibung Formulierungen gebraucht, die auf Markennamen Bezug nehmen.[118]

---

[115] Ausf. zur Verwechslungsgefahr *Ingerl/Rohnke* § 14 Rn. 226 ff., s. auch Kap. 19 Rdn. 202 ff.
[116] BGH NJW 2004, 3102 (3104) – Internet-Versteigerung I; NJW-RR 2008, 1136 – Internet-Versteigerung III.
[117] Zur Frage, wann ein bekanntes Zeichen vorliegt, vgl. *Ingerl/Rohnke* § 14 Rn. 782 ff.
[118] In Produktbeschreibungen können auch Zeichen im Rahmen eines »Vergleichs« verwendet werden, die die Bekanntheitsvoraussetzungen des § 14 Abs. 2 Nr. 3 MarkenG nicht erfüllen. Das Vorliegen eines kennzeichenmäßigen Gebrauchs ist dann umso problematischer. Nach Auffassung des OLG Frankfurt/M. GRUR 2004, 1043, erweckt etwa jemand, der »eine edle Brosche im X-Stil« anbietet, nicht

II. Voraussetzungen einer Kennzeichenrechtsverletzung

Es ist dann nach den Umständen des Einzelfalls zu beurteilen, ob eine kennzeichenmäßige Nutzung sowie **Ausnutzung der Wertschätzung oder Unterscheidungskraft** i. S. d. § 14 Abs. 2 Nr. 3 MarkenG vorliegt.[119] Eine Ausnutzung der Unterscheidungskraft (Aufmerksamkeitsausbeutung) i. S. d. § 14 Abs. 2 Nr. 3 MarkenG kann nach Auffassung des BGH[120] bereits dann vorliegen, wenn bei den angesprochenen Verkehrskreisen durch die Zeichenverwendung eine gedankliche Verknüpfung zwischen dem verwendeten Zeichen und einer bekannten Marke hervorgerufen wird. Sofern ein Vergleich zu einem anderen Produkt hergestellt wird, können Ansprüche nach dem Recht des unlauteren Wettbewerbs wegen Verstoßes gegen das Verbot der offenen Imitationswerbung vorliegen (§ 6 Abs. 2 Nr. 6 UWG, s. Rdn. 111).

4. Beschreibende Angaben

Ausnahmsweise zulässig ist die Verwendung fremder Markennamen als sog. beschreibende Angaben (§ 23 MarkenG). Relevant wird § 23 MarkenG vor allem beim Angebot von Zubehör- und Ersatzteilen, die nicht vom Markenhersteller des Hauptprodukts stammen (§ 23 Nr. 3 MarkenG). Derartige Produkte werden vielfach mit Formulierungen wie »**passt zu X**« oder »**ersetzt X**« beworben. 103

Um zulässig zu sein, muss die Benutzung des Zeichens im Interesse der Abnehmer an einem bestimmungsgemäßen Produktgebrauch liegen und auch ihrem konkreten Umfang und der Form der Darstellung nach erforderlich sein.[121] Zudem darf die Verwendung nicht gegen die guten Sitten verstoßen, d. h. nicht zu einer Rufausbeutung oder Irreführung über nicht bestehende Handelsbeziehungen mit dem Markeninhaber führen.[122] 104

5. Weitervertrieb von Originalware

Das Angebot von Markenware unter ihrem Markennamen durch Dritte ist zulässig, wenn die Ware ursprünglich vom Markenhersteller selbst oder mit dessen Zustimmung von einem Dritten (z. B. durch einen Lizenznehmer) in einen Mitgliedstaat der Europäischen Union (EU) oder einen anderen Vertragsstaat des Abkommens über den Europäischen Wirtschaftsraum (EWR) auf den Markt gebracht wurde (§ 24 MarkenG). Der Markeninhaber kann sich jedoch auch in einem solchen Fall einer Verwendung des Markennamens widersetzen, wenn er einen berechtigten Grund vorbringen kann. Ein solcher liegt in der Regel vor, wenn der Zustand der Ware, nachdem sie auf den Markt gebracht wurde, durch Manipulationen Dritter verändert oder verschlechtert wurde (z. B. Entfernung der »SIM-Lock«-Sperre nach Verkauf eines Mobiltelefons). 105

F. Internet-Auktionen und unlauterer Wettbewerb

Auf das Recht des unlauteren Wettbewerbs wurde bereits in Kap. 12 ausführlich eingegangen. 106

Bei Angeboten im Rahmen von Internet-Auktionen können insbesondere relevant werden:

---

den Anschein, bei der Brosche handele es sich um einen »X-Schmuck« oder es bestehe eine Verbindung zwischen der Ware und dem Inhaber der Marke »X«.
119 Zum Tatbestand der Rufausbeutung ausf. *Ingerl/Rohnke* § 14 Rn. 848.
120 Vgl. hierzu BGH NJW 2005, 2856 – Lila Postkarte. Der BGH nahm hier einen markenmäßigen Gebrauch an.
121 Zum Begriff der »Notwendigkeit« der Verwendung einer Bestimmungsangabe i. S. d. § 23 Nr. 3 MarkenG s. *Ingerl/Rohnke* § 23 Rn. 72.
122 Zu § 23 Nr. 3 MarkenG vgl. BGH GRUR 2005, 164 – Aluminiumräder; GRUR 2005, 423 – Staubsaugerfiltertüten, sowie zum Merkmal »gute Sitten« *Ingerl/Rohnke* § 23 Rn. 60 ff.

I. Rechtsbruch

107 Ansprüche wegen Rechtsbruchs, §§ 3, 4 Nr. 11 UWG, kommen grundsätzlich bei jedem Zuwiderhandeln gegen eine gesetzliche Vorschrift in Betracht, die zumindest auch dazu bestimmt ist, das Marktverhalten im Interesse der Marktteilnehmer zu regeln.[123] Die Fülle möglicher Rechtsverletzungen im Rahmen von Internet-Auktionen ist weit und umfasst u. a. Verstöße gegen die Preisangabenverordnung, fernabsatzrechtliche und sonstige Informationspflichten sowie Vorgaben des Telemediengesetzes. Voraussetzung eines Anspruchs nach dem Lauterkeitsrecht ist allerdings, dass die Rechtsverletzung geschäftliche Relevanz aufweist. Es kommt darauf an, ob die Handlung geeignet ist, die Interessen von Mitbewerbern, Verbrauchern oder sonstigen Marktteilnehmern spürbar zu beeinträchtigen und nicht lediglich ein Bagatellverstoß vorliegt.[124] Als relevant wird z. B. das Fehlen einer Widerrufsbelehrung gegenüber einem Verbraucher angesehen.

II. Irreführende Werbung

108 Als irreführende Werbung i. S. d. § 5 UWG (nunmehr eine Möglichkeit einer irreführenden geschäftlichen Handlung i. S. d. § 5 UWG) wurde etwa die Klausel: »Dem Kunden obliegt es, die Ware in der Originalverpackung samt Innenverpackung zurückzusenden« angesehen. Nach Auffassung des zuständigen LG Frankfurt a. M.[125] könnte die Klausel von einem durchschnittlichen Verbraucher dahin gehend verstanden werden, dass er zur Rücksendung in der Originalverpackung verpflichtet ist, und das Widerrufs- bzw. Rückgaberecht ansonsten entfällt.

109 Ein Verstoß gegen das Irreführungsverbot kann zudem dann vorliegen, wenn ein Anbieter von Auktionsware mit der Gegenüberstellung von überhöhten oder tatsächlich nicht existierenden unverbindlichen Preisempfehlungen wirbt.[126] Bei der Angabe eines extrem niedrigen Mindestgebots wird dagegen in der Regel keine Gefahr einer Irreführung bestehen, da ein durchschnittlicher Teilnehmer einer Internet-Auktion weiß, dass das Mindestgebot nur der Startpreis ist und der letztendlich zu zahlende (in der Regel höhere) Preis erst infolge des Bieterwettbewerbs festgelegt wird.

III. Vergleichende Werbung

110 Im Rahmen des § 6 UWG ist bei Internet-Auktionen insbesondere das Verbot der sog. offenen Imitationswerbung und der unlauteren Rufausnutzung relevant.

1. Offene Imitationswerbung

111 Gemäß § 6 Abs. 2 Nr. 6 UWG ist es verboten, Ware als Imitation oder Nachahmung einer Markenware darzustellen. Um vom Tatbestand erfüllt zu sein, muss die eigene Ware durch einen Vergleich mit einem Markenprodukt hervorgehoben werden. Entscheidend ist, dass die angesprochenen Verkehrskreise den Eindruck gewinnen, das Erzeugnis sei die Nachahmung eines fremden Markenprodukts.[127] Als unzulässig wurde z. B. die folgende Aussage im Rahmen eines Auktionsangebots angesehen: »Sie lieben den Duft von Joop homme?

---

123 Hierzu ausf. *Köhler*/Bornkamm § 4 Rn. 11.33 ff.
124 Vgl. *Köhler*/Bornkamm § 4 Rn. 11.58a.
125 LG Frankfurt/ M. WRP 2005, 922.
126 BGH GRUR 2001, 78 – falsche Herstellerpreisempfehlung; OLG Frankfurt/ M. MDR 2000, 100 (101); *Köhler*/*Bornkamm* § 5 Rn. 7.51.
127 Vgl. Borges/*Weidert* S. 145.

Dann sind Sie hier genau richtig!«.[128] § 6 Abs. 2 Nr. 6 UWG verbietet nur die Darstellung des eigenen Produkts als Imitation oder Nachahmung, nicht dagegen seinen Vertrieb. Ein Verbot des Vertriebs kann sich aus den §§ 3 I, 4 Nr. 9 UWG und aus Markenrecht ergeben.

2. Rufausnutzende vergleichende Werbung

Nach § 6 Abs. 2 Nr. 4 UWG ist vergleichende Werbung unzulässig, wenn sie »die Wertschätzung des von einem Mitbewerber verwendeten Kennzeichens in unlauterer Weise ausnutzt oder beeinträchtigt«. Nicht ausreichend ist allein das Erwecken der Aufmerksamkeit des Verbrauchers durch bloße Assoziationen mit einem fremden Kennzeichen.[129] Soweit allerdings ein fremdes Zeichen in der Gestaltung der Artikelbezeichnung als »eye-catcher« verwendet wird, wird regelmäßig ein Verstoß gegen § 6 Abs. 2 Nr. 4 UWG vorliegen.[130]

112

Eine unlautere Rufausnutzung i. S. d. § 6 Abs. 2 Nr. 4 UWG wurde etwa angenommen bei der Anpreisung eines Schmuckstücks als »à la Cartier«, weil damit dem Verkehr signalisiert werde, die angebotenen Schmuckstücke seien im Design vergleichbar mit Cartier-Schmuckstücken.[131] Eine unlautere Rufausbeutung wurde zudem angenommen bei der Erwähnung der Unternehmensbezeichnung und der namhaften Marken eines Mitbewerbers, weil diese Art der Produktgegenüberstellung nicht durch ein Bedürfnis der angesprochenen Fachkreise nach Information und Aufklärung gerechtfertigt war und ein Hinweis auf die Substituierbarkeit durch Angabe der Artikelnummern gereicht hätte.[132]

3. Verleitung zum Vertragsbruch – Sniper-Software

Beim Einsatz von Sniper-Software stellt sich die Frage, ob diese gem. § 4 Nr. 10 UWG unter dem Gesichtspunkt der Verleitung zum Vertragsbruch unzulässig ist.

113

In der ersten veröffentlichten Entscheidung zur rechtlichen Zulässigkeit von Sniper-Diensten wurde dem Verfügungsantrag des Auktionshauses eBay stattgegeben und die Herstellung und der Vertrieb des Programms »Biet-O-Matic« untersagt. Das LG Hamburg[133] war der Auffassung, dass der Anbieter der Software Mitglieder des Auktionshauses sittenwidrig zum Vertragsbruch verleite, weil er diese dazu veranlasse, ihm ihr Passwort weiter zu geben, obwohl die Weitergabe des Passwortes nach den AGB des Auktionshauses untersagt ist. Zudem liege eine unlautere Absatzbehinderung vor, da sich ein verbreiteter Einsatz von Sniper-Diensten sowohl für Kaufinteressenten »deutlich abschreckend« auswirke. Diese Auffassung hat das LG Hamburg später bestätigt.[134]

Das LG Berlin[135] hat die Verbreitung der Sniper-Software »LastMinuteGebot« dagegen mit der Begründung, dass die Benutzer des Auktionshauses auch manuell erst kurz vor Auktionsende ihr Gebot abgeben könnten, für wettbewerbsrechtlich zulässig erklärt. Es käme grundsätzlich immer das höchste Gebot zum Zuge. Dass durch den Einsatz von Sniper-Software die umsatzabhängigen Einnahmen von eBay gefährdet würden, erklärte die Kammer für unbeachtlich. Es könne nicht Aufgabe des Wettbewerbsrechts sein, einem Unternehmen bestimmte Einkünfte zu garantieren.

114

---

128 LG Hamburg MMR 2005, 326 (nicht rechtskräftig).
129 BGH GRUR 2003, 973 (975) – Tupperwareparty; OLG Frankfurt/M. GRUR-RR 2004, 359 (360) – Markenparfüm.
130 KG MMR 2005, 315.
131 BGH GRUR 2009, 871 – Ohrclips.
132 OLG Köln GRUR-RR 2008, 315 – Produktalternative.
133 Vgl. insb. LG Hamburg CR 2002, 763 (764).
134 Vgl. *Lindenberg* S. 258.
135 LG Berlin K&R 2003, 294.

115 Im Ergebnis ist nicht auszuschließen, dass ein Gericht den Einsatz von Sniper-Software als wettbewerbsrechtlich unzulässig ansehen würde.[136]

G. Strafrechtliche Aspekte

116 Auf strafrechtliche Aspekte im Zusammenhang mit Internet-Auktionen, insbesondere solche des Phishing und Farming,[137] wird ausführlich in Kap. 26 eingegangen (s. dort Rdn. 54 ff.). Denkbar sind zudem Delikte der Hehlerei (§§ 258 ff. StGB), des Betrugs (§§ 263 ff. StGB) sowie Beleidigungen (§§ 185 ff. StGB) und Datenschutzverletzungen. In Betracht kommt ferner eine strafrechtliche Verantwortlichkeit bei Verstößen gegen das Marken-, Urheber- und Wettbewerbsrecht.

H. Verantwortlichkeit des Auktionshauses für Angebote Dritter

117 Es erscheint selbstverständlich, dass der Anbieter eines Produkts über eine Online-Auktion für die Rechtmäßigkeit dieses Angebots z. B. in markenrechtlicher Hinsicht verantwortlich ist. Insbesondere in Fällen, in denen ein Vorgehen gegen den Anbieter selbst schwierig ist, stellt sich aber oftmals die Frage, ob auch der Betreiber einer Auktionsplattform wegen eines solchen Angebots in Anspruch genommen werden kann. Hierbei sind die Regelungen des §§ 7–10 TMG zu beachten, die wie ein Filter vor der Anwendung spezieller Haftungsregelungen wirken können (vgl. Kap. 8 Rdn. 75 ff.) (hierzu unter I. und II.).[138] Unabhängig davon kommen Unterlassungs- bzw. Beseitigungsansprüche gegen den Plattformbetreiber in Betracht (hierzu unter III.). Zudem wird – neben der Haftung des Plattformbetreibers als Störer – in letzter Zeit vermehrt eine Haftung als Täter diskutiert (hierzu unter IV.).

I. Anwendbarkeit der §§ 7–10 TMG

118 Die Betreiber von Auktionsplattformen sind regelmäßig Diensteanbieter i. S. d. Telemediengesetzes. Gemäß § 7 Abs. 1 TMG besteht für Diensteanbieter eine uneingeschränkte Verantwortlichkeit für eigene Informationen. Nach § 7 Abs. 2 TMG darf ihnen jedoch keine »allgemeine Verpflichtung« auferlegt werden, die von ihnen übermittelten und gespeicherten Informationen zu überwachen oder aktiv nach Umständen Ausschau zu halten, die auf eine rechtswidrige Tätigkeit hinweisen.

119 Für fremde Informationen besteht unter bestimmten Voraussetzungen eine Haftungsprivilegierung nach §§ 8 ff. TMG. Da Auktionshäuser nicht nur eine bloß übermittelnde bzw. vermittelnde Tätigkeit i. S. d. § 8 TMG und auch nicht nur vorübergehendes Caching i. S. d. § 9 TMG ausüben, sind die Haftungsprivilegierungstatbestände der §§ 8 und 9 TMG auf Auktionshäuser regelmäßig nicht anwendbar. In Betracht kommt jedoch die Haftungsprivilegierung für Host-Provider nach § 10 TMG.[139]

---

136 Für eine ausf. Diskussion zur Zulässigkeit von Sniper-Software siehe *Lindenberg* S. 255 ff.
137 Zu straf- und zivilrechtlichen Aspekten des Phishing ausf. Borges/*Schwenk*/*Gajek* S. 180 ff.
138 Zu den §§ 7–10 TMG siehe auch FA-UMR/*Burkart* Kap. 10 Rn. 892.
139 Die Frage, inwieweit sich eBay auf die Haftungsprivilegierung für Hosting berufen kann, die in Art. 14 der Richtlinie 2000/31 über den elektronischen Geschäftsverkehr verankert ist, ist Gegenstand des von englischen High Court am 16.07.2009 beschlossenen Vorlageverfahrens C-324/09 vor dem EuGH.

II. Haftungsprivilegierung nach § 10 TMG

1. Fremde Information

Voraussetzung der Haftungsprivilegierung nach § 10 TMG ist zunächst, dass es sich bei den vom jeweiligen Anbieter eingestellten Informationen um für Plattformbetreiber fremde Informationen handelt.

Bei **Fremdauktionen** handelt es sich in Bezug auf das Auktionshaus regelmäßig um fremde Informationen.[140] Nach Auffassung des BGH[141] liegen keine fremden Informationen mehr vor, wenn der Betreiber einer Plattform eine echte redaktionelle Kontrolle und Gestaltung vornimmt. Erfolgt die Veröffentlichung der Inhalte jedoch in einem automatisierten Verfahren ohne Einschaltung eines Kontrollmechanismus, dann bleiben die Angaben über den Kaufgegenstand ausschließlich Informationen des Anbieters. Dass ein Auktionshaus den Nutzern vorformatierte Seiten vorgibt, auf denen Anbieter unter Verwendung eines Pseudonyms Angebote einstellen und Bieter Gebote abgeben können, ändert hieran grundsätzlich nichts.[142]

Bei **Eigenauktionen** handelt es sich bei den eingestellten Inhalten allerdings um eigene Informationen des Plattformbetreibers, da der Plattformbetreiber dann zugleich Anbieter der Produkte ist. In einem solchen Fall besteht gem. § 7 TMG eine Haftung nach allgemeinen Grundsätzen.

2. Weitere Voraussetzungen des § 10 TMG

Nach § 10 S. 1 TMG ist ein Diensteanbieter für fremde Informationen, die er für einen Nutzer speichert, nicht verantwortlich, sofern er »keine tatsächliche Kenntnis von der rechtswidrigen Tätigkeit oder Information« hat und er sich, wenn es um Schadensersatzansprüche geht, »auch keiner Tatsachen oder Umstände bewusst« ist, »aus denen die rechtswidrige Tätigkeit oder Information offensichtlich wird« (S. 1 Nr. 1). Der Haftungsausschluss setzt zudem voraus, dass der Diensteanbieter bei Kenntniserlangung unverzüglich tätig wird, um die Information zu entfernen oder den Zugang zu ihr zu sperren (S. 1 Nr. 2). Darüber hinaus darf derjenige, der die Information ins Internet stellt, dem Diensteanbieter – vorliegend also dem Betreiber der Auktions-Plattform – gem. § 10 S. 2 TMG nicht unterstehen oder von ihm beaufsichtigt sein.

Von Bedeutung ist insbesondere das Vorliegen von **Kenntnis** bzw. **offensichtlicher Rechtswidrigkeit** i. S. d. § 10 S. 1 Nr. 1 TMG. Zumindest für die zivilrechtliche Haftung muss sich die Kenntnis bzw. das Kennenmüssen nach h. M. sowohl auf den Inhalt des Angebots, als auch auf dessen Rechtswidrigkeit beziehen. Die Haftungsprivilegierung entfällt somit bei Schadensersatzansprüchen regelmäßig erst dann, wenn der Plattformbetreiber einerseits positive Kenntnis von den Tatsachen oder Umständen hat, aus denen die rechtswidrige Handlung oder Information offensichtlich wird, und andererseits die Rechtswidrigkeit der Handlung wenigstens grob fahrlässig verkennt. Der Anspruchsteller trägt die **Darlegungs- und Beweislast** für das Vorliegen dieser Kenntnis bzw. grobfahrlässigen Unkenntnis.[143]

---

140 LG Berlin MMR 2004, 195.
141 BGH MMR 2004, 668 (670); vgl. auch BGH GRUR 2010, 616 – marions-Kochbuch.de: Der BGH nahm hier ein Zu-Eigen-Machen an, da die Inhalte von dem Webseitenbetreiber vor Veröffentlichung reaktionell geprüft wurden, vom Betreiber bearbeitet werden konnten und der Betreiber sich ein weitreichendes Nutzungsrecht einräumen ließ.
142 Das Tribunal de Commerce de Paris nahm dagegen in verschiedenen Entscheidungen an, dass das Hosting-Haftungspriviled auf eBay nicht anwendbar sei, da eBay nicht nur (passiv) fremde Inhalte hoste, sondern wie ein »Broker« aktiv Käufer und Verkäufer zusammenführe. Vgl. hierzu sowie zur Rechtsprechung in anderen europäischen Staaten und den USA *Holznagel* GRUR Int. 2010, 654.
143 BGH MMR 2004, 166 zu § 5 Abs. 2 TDG a. F.

125 Liegt ein entsprechend konkreter Hinweis vor, muss das Auktionshaus nach § 10 S. 1 Nr. 2 TMG unverzüglich handeln und geeignete **Löschungs- und Sperrungsmechanismen** in Bezug auf das beanstandete Angebot anwenden. Ansonsten entfällt die Haftungsprivilegierung des § 10 TMG.

III. Unterlassungs-/Beseitigungsansprüche

126 Die Haftungsprivilegierung des § 10 TMG umfasst keine Unterlassungs- bzw. Beseitigungsansprüche, so dass solche Ansprüche auch dann gegen den Betreiber einer Auktionsplattform bestehen können, wenn es sich bei den eingestellten Inhalten um fremde handelt, unabhängig davon, ob die Voraussetzungen der Privilegierung nach § 10 TMG erfüllt sind.[144] Schuldner eines Unterlassungsbzw. Beseitigungsanspruchs können sowohl Verletzer als auch sog. Störer sein.

127 In seinen Urteilen »**Internet-Versteigerung I und II**« hat der BGH[145] klargestellt, dass eine Haftung des Plattformbetreibers als **Störer** in Betracht kommt, wenn und soweit dieser technisch mögliche und zumutbare Kontrollmöglichkeiten hatte, um eine Rechtsverletzung zu unterbinden. Es sei einem Plattformbetreiber zwar nicht zuzumuten, jedes Angebot, das in einem automatisierten Verfahren unmittelbar vom Anbieter ins Internet gestellt wird, darauf zu überprüfen, ob Schutzrechte Dritter verletzt werden. Auch generelle Hinweise Dritter, dass sich (nicht näher namhaft gemachte) rechtswidrige Angebote auf der Website des Auktionshauses befinden, reichen nicht aus. Werde dem Betreiber jedoch ein konkreter Fall einer Rechtsverletzung bekannt, hat er das konkrete Angebot unverzüglich zu sperren und zudem alle technisch möglichen und zumutbaren Maßnahmen ergreifen, um Vorsorge dafür zu treffen, dass es nicht zu weiteren entsprechenden Rechtsverletzungen kommt.

Bei Markenverletzungen etwa müssen die beanstandeten Angebote identifizierbar bezeichnet werden.[146] Zudem muss der Hinweis auf eine Markenverletzung auch einen Hinweis darauf umfassen, dass der jeweilige Anbieter im geschäftlichen Verkehr handelt.[147]

Ähnlich entschied das OLG München[148] in einem früheren urheberrechtlichen Fall. Das Gericht war der Auffassung, dass es dem Betreiber eines Online-Marktplatzes zwar grundsätzlich nicht zuzumuten sei, jedes Angebot vor Veröffentlichung im Internet auf mögliche Rechtsverletzungen hin zu überprüfen. Eine Prüfungspflicht des Markplatzbetreibers werde aber dann »aktiviert«, wenn dieser auf eine klare Rechtsverletzung hingewiesen worden sei und somit Kenntnis von dem rechtsverletzenden Verhalten erhalte. Dabei seien jedoch mitunter nähere Darlegungen erforderlich, in dem entschiedenen Fall etwa zur Urheberrechtsschutzfähigkeit des streitgegenständlichen Werkes und zur Rechtsinhaberschaft.

Wenn das Internet-Auktionshaus infolge eines Hinweises die zumutbaren Kontrollmaßnahmen ergreift, aber z. B. keine Verletzungen vorliegen oder nicht mit zumutbaren Filter-

---

144 Nach BGH K&R 2007, 387 – Internet-Versteigerung II gilt dies auch für vorbeugende Unterlassungsansprüche.
145 BGH GRUR 2004, 860 – Internet-Versteigerung I und BGH K&R 2007, 387 – Internet-Versteigerung II; hierzu u. a. *Leible/Sosnitza* NJW 2007, 3324.
146 Das Vorliegen von klar erkennbaren Rechtsverletzungen wurde in dem Fall Internet-Versteigerung II nach Zurückweisung an das OLG Düsseldorf von diesem verneint (MMR 2009, 402), die beanstandeten Angebote seien nicht ausreichend identifizierbar.
147 BGH K&R 2007, 387 – Internet-Versteigerung II.
148 OLG München K&R 2006, 585. Das Gericht verneinte im Übrigen eine Haftung als Teilnehmer. Eine Gehilfenstellung setze zumindest bedingten Vorsatz voraus. Wenn der Marktplatzbetreiber die Angebote vor Veröffentlichung nicht zur Kenntnis genommen habe, sondern diese automatisch durch die Anbieter eingestellt werden, fehle es bereits am Bewusstsein der Rechtswidrigkeit. Ähnlich das OLG Brandenburg MMR 2006, 617.

verfahren und eventueller anschließender manueller Kontrolle der dadurch ermittelten Treffer erkennbar sind, scheidet eine Haftung als Störer nach Auffassung des BGH aus (vgl. »Internet-Versteigerung III«).[149]

Die Frage, was zur Vermeidung künftiger, kerngleicher Rechtsverletzungen technisch möglich und zumutbar ist, kann im Einzelfall problematisch sein. Hier spielen insbesondere die Verfügbarkeit sowie die Effektivität von Filtersoftware und anderen Such- und Selektionssystemen bei der Überprüfung von Text- und Bildelementen in Angeboten eine wichtige Rolle.[150]

Nach Ansicht des BGH[151] trifft einen Zeicheninhaber grundsätzlich die Darlegungs- und Beweislast dafür, dass es dem Betreiber der Auktionsplattform technisch möglich und zumutbar ist, nach dem ersten Hinweis auf eine Verletzung des Schutzrechts weitere von Nutzern der Plattform begangene Verletzungen zu verhindern. Da der Gläubiger regelmäßig über entsprechende Kenntnisse nicht verfüge, treffe den Betreiber der Internet-Aktionsplattform eine sekundäre Darlegungslast. Es obliege dem Betreiber der Internet-Auktionsplattform, im Einzelnen vorzutragen, welche Schutzmaßnahmen er ergreifen kann und weshalb ihm – falls diese Maßnahmen keinen lückenlosen Schutz gewährleisten – weitergehende Maßnahmen nicht zuzumuten sind.

IV. Haftung als Täter aufgrund Verkehrspflichtverletzung?

Für Aufsehen sorgte die Entscheidung des BGH[152] »Jugendgefährdende Medien bei eBay«, **128** da hier nicht nur eine Haftung eines Online-Auktionshauses als Störer, sondern als Täter erörtert wurde. Gegenstand des zugrunde liegenden Rechtsstreits war das Angebot jugendgefährdender Schriften über eine Internet-Auktionsseite.

Der BGH lehnte eine **Haftung** des Aukionshauses **als Täter** von Wettbewerbsverstößen nach § 4 Nr. 11 UWG (Rechtsbruch) ab, da der Plattformbetreiber die Medien nicht selbst anbiete und somit nicht nicht gegen das Verbot des Versandhandels mit jugendgefährdenden Medien verstoße. Eine Haftung als Teilnehmer verneinte der BGH mit der Begründung, dass der Plattformbetreiber keine Kenntnis von den konkret drohenden Haupttaten hatte, sondern die Angebote im Rahmen des Registrierungsverfahrens automatisch ins Internet stellte. Der BGH hielt jedoch einen täterschaftlichen Verstoß des Plattformbetreibers gegen die Generalklausel des § 3 UWG für denkbar. Hierzu führte der BGH aus, dass jemand, der durch sein Handeln im geschäftlichen Verkehr in einer ihm zurechenbaren Weise die Gefahr eröffne, dass Dritte durch das Wettbewerbsrecht geschützte Interessen von Marktteilnehmern verletzen, aufgrund einer wettbewerbsrechtlichen Verkehrspflicht dazu verpflichtet sei, diese Gefahr im Rahmen des Möglichen und Zumutbaren zu begrenzen. Wer gegen eine solche wettbewerbsrechtliche Verkehrspflicht verstoße, sei Täter einer unlauteren Wettbewerbshandlung.

Im relevanten Fall habe das Auktionshaus in seinem eigenen geschäftlichen Interesse eine allgemein zugängliche Handelsplattform geschaffen, deren Nutzung in naheliegender Weise mit der Gefahr verbunden ist, schutzwürdige Interessen von Verbrauchern zu beeinträchtigen. Es sei auch bekannt, dass Versteigerer unter Nutzung ihrer Handelsplattform mit konkreten Angeboten gegen das Jugendschutzgesetz verstoßen. Voraussetzung einer

---

149 BGH GRUR 2008, 702 Tz. 50 f. – Internet-Versteigerung III; vgl. zur eingeschränkten Prüfungspflicht von eBay auch BGH LMK 2011, 314820.
150 Ausführungen dazu, was zumutbar ist, finden sich u. a. in BGH GRUR 2007, 890 – Jugendgefährdende Medien; zu diesem Thema auch *Lubberger* MarkenR 2006, 515 (520).
151 Vgl. BGH GRUR 2008, 1097 – Namensklau im Internet.
152 BGH GRUR 2007, 890 – Jugendgefährdende Medien bei eBay; zur Unterscheidung von »Täter« und »Störer« vor dem Hintergrund der Entscheidung *Köhler* GRUR 2008, 1.

Haftung als Täter sei ein konkreter Hinweis auf ein jugendgefährdendes Angebot und das Unterlassen einer Löschung des Angebots bzw. von zumutbaren Vorkehrungen, um derartige Rechtsverletzungen künftig zu verhindern. Der Plattformbetreiber sei dabei nicht nur verpflichtet, das konkret beanstandete Angebot unverzüglich zu sperren, sondern müsse auch Vorsorge dafür treffen, dass es möglichst nicht zu weiteren gleichartigen Rechtsverletzungen kommt. Als gleichartige Rechtsverletzungen betrachtet der BGH nicht nur Angebote des gleichen Artikels durch denselben Anbieter, sondern auch das Angebot derselben Medien durch andere Bieter, sowie Angebote, bei denen derselbe Versteigerer auf demselben Trägermedium Inhalte derselben jugendgefährdenden Kategorie anbietet.

Die Konstruktion einer derartigen eigenständigen wettbewerblichen Haftung hat in der Rechtsliteratur zu Diskussionen geführt. Es wird teilweise eine Ausdehnung der Haftung von Plattformbetreibern befürchtet, da z. B. der Verstoß gegen wettbewerbsrechtliche Verkehrspflichten – anders als die auf Unterlassungs- und Beseitigungsansprüche begrenzte Störerhaftung im Urheber-, Marken- und bisher im Wettbewerbsrecht – auch Schadensersatz- und Gewinnabführungsansprüche nach §§ 9, 10 UWG begründen kann.[153] Zudem könnten Plattformbetreiber nach Kenntniserlangung von Rechtsverstößen nun breitflächigere Prüfungspflichten treffen.[154]

Es bleibt abzuwarten, welche Bedeutung derartige Verkehrspflichten, ggfs. auch außerhalb des Wettbewerbsrechts (und speziell des Jugendschutzes), künftig haben werden, welcher Spielraum neben einer eigenständigen Haftung für die Störerhaftung bleiben wird, und ob Internet-Auktionshäuser im Ergebnis eher haften müssen als bisher. Um einer unangemessenen Ausdehnung der Haftung von Plattformbetreibern entgegenwirken zu können, dürften – und sollten jedenfalls bei der Begründung einer Verkehrspflicht wegen einer »ernsthaften Gefahr« für Wettbewerbsverstöße Dritter – strenge Maßstäbe angelegt werden. Dabei sollten auch das im Einzelfall zu schützende Interesse sowie der spezifische Konkretisierungsgrad einer Gefahr berücksichtigen werden.[155]

---

[153] Ausf. zu den möglichen Folgen der neuen Rechtsprechung zu Störerhaftung und mittelbaren Schutzrechtsverletzungen sowie dem Diskussionsstand diesbzgl. *Leistner* GRUR-Beilage 2010, 1; *Lensing-Kramer/Ruess* GRUR 2009, 722.
[154] Vgl. etwa *Fürst* WRP 2009, 378.
[155] Vgl. auch *Köhler* GRUR 2008, 1.

Kapitel 15
Online Apotheken

Schrifttum

Diekmann/Reinhardt, Fremdbesitz, Apotheken und Niederlassungsfreiheit, WRP 2006, 1165; *Doepner*, Heilmittelwerbegesetz, 2. Aufl., 2000; *Eichenhofer*, Auswirkungen europäischen Rechts auf das deutsche Gesundheitswesen – Chancen und Risiken der Diskussion um »Doc Morris«, MedR 2007, 329; *Herrmann/Streinz*, Und wieder Doc Morris: Das apothekenrechtliche Mehr- und Fremdbesitzverbot aus der Perspektive des Gemeinschaftsrechts, EuZW 2006, 455; *Koch, B.*, Eine erste Bewertung der Entscheidung »DocMorris« des EuGH, EuZW 2004, 50; *Koenig/Bache*, Verfassungsrechtliche Bewertung eines Versandhandelsverbots für verschreibungspflichtige Arzneimittel, PharmR 2009, 261; *Kruis*, Das Leitbild des Apothekers in der (nicht notwendig eigenen) Apotheke, EuZW 2007, 175; *Lorz*, Internetwerbung für verschreibungspflichtige Arzneimittel aus gemeinschaftsrechtlicher Perspektive, GRUR Int. 2005, 894; *Mand*, Der EuGH und das Fremdbesitzverbot für Apotheken, WRP 2010, 702; *ders.* Internationaler Anwendungsbereich des deutschen Preisrechts für Arzneimittel gemäß AMG, AMPreisV und § 130a SGB V – Zugleich eine Anmerkung zu BSG, Urt. v. 28.07.2008, Az. B 1 KR 4/08 R – PharmR 2008, 582; *ders.*, Internationaler Versandhandel mit Arzneimittel – Das Ende der einheitlichen Apothekenverkaufspreise gem. AMPreisV?, GRUR Int. 2005, 637; *ders.*, Anmerkung zur Entscheidung des EuGH v. 11.12.2003 – Rs. C-322/01 – DocMorris, MMR 2004, 155; *Peter, M.*, Der Apothekengutschein – ein Wettbewerbsverstoß?, GRUR 2006, 910.

Übersicht

		Rdn.
A.	Einführung in die Problematik	1
B.	Angebot und Vertrieb in Deutschland zugelassener Arzneimittel im Wege des Versandhandels durch Online Apotheken an private Endverbraucher	3
I.	Rechtlicher Rahmen	3
II.	Die Doc Morris Entscheidung des EuGH vom 11.12.2003	5
C.	Angebot und Vertrieb in Deutschland nicht zugelassener Arzneimittel im Wege des Versandhandels durch Online Apotheken an private Endverbraucher	7
D.	Anwendung der Arzneimittelpreisverordnung auf ausländische Versandapotheken?	10
E.	Informationen über verschreibungspflichtige Arzneimittel im Internet	15
I.	Einführung in die Problematik	15
II.	Auslegung des Werbebegriffs	17
F.	Verstoß gegen die Niederlassungsfreiheit durch das Verbot von Mehr- und Fremdbesitz im deutschen Apothekenrecht?	22
G.	Verbot des Versandhandels mit apothekenpflichtigen Tierarzneimitteln	27

A. Einführung in die Problematik

Die Vielzahl an Online Apotheken Anbietern, allen voran die Aktiengesellschaft niederländischen Rechts DocMorris NV, verdeutlicht den zunehmenden wirtschaftlichen Stellenwert des elektronischen Geschäftsverkehrs auch im Arzneimittelmarkt. Hier stellt sich allerdings die Frage, ob für das Angebot und den Vertrieb von Arzneimittel über das Internet im Wege des Versandhandels angesichts der besonderen Bedeutung des Gesundheitsschutzes die gleichen Grundsätze gelten können wie für das Angebot und den Vertrieb von sonstigen Waren und Dienstleistungen. 1

Der Europäische Gesetzgeber hat dem **Gesundheits- und Verbraucherschutz** dadurch Rechnung getragen, dass er in Art. 14 der Richtlinie 97/7/EG[1] des europäischen Parlaments und des Rates vom 20.05.1997 über den Verbraucherschutz bei Vertragsabschlüssen im Fernabsatz (»Fernabsatz-Richtlinie«) den Mitgliedstaaten erlaubt, für bestimmte Waren, 2

---
[1] ABL EG 1997 Nr. L 144, S. 19 (v. 20.05.1997).

wie etwa Arzneimittel, den Vertrieb im Fernabsatz auszuschließen. Dies hat allerdings »unter Beachtung des EG-Vertrages« zu geschehen. Weiter stellt die Richtlinie 2000/31/EG[2] über bestimmte rechtliche Aspekte der Informationsgesellschaft, insbesondere des elektronischen Geschäftsverkehrs, im Binnenmarkt (»Richtlinie über den Elektronischen Geschäftsverkehr«) in Erwägungsgrund Nr. 21 und Art. 2h, ii klar, dass die Lieferung von Humanarzneimittel nicht dem koordinierten Bereich der Richtlinie unterfällt. Es stellen sich somit einige Sonderfragen, denen im Folgenden nachgegangen werden soll:

- Angebot und Vertrieb zugelassener Arzneimittel durch ausländische Versandapotheken an private Endverbraucher
- Angebot und Vertrieb nicht zugelassener Arzneimittel durch ausländische Versandapotheken an private Endverbraucher
- Anwendung der Arzneimittelpreisverordnung auf ausländische Versandapotheken?
- Informationen über verschreibungspflichtige Arzneimittel im Internet
- Verstoß gegen die Niederlassungsfreiheit durch das Verbot von Mehr- und Fremdbesitz im deutschen Apothekenrecht?
- Verbot des Versandhandels mit apothekenpflichtigen Tierarzneimitteln

B. Angebot und Vertrieb in Deutschland zugelassener Arzneimittel im Wege des Versandhandels durch Online Apotheken an private Endverbraucher

I. Rechtlicher Rahmen

3   Mit Beschluss vom 10.01.2001 hatte das Landgericht Frankfurt a. M. dem EuGH gem. Art 268 AEUV (ex Art. 234 EG) die Frage zur **Vorabentscheidung** vorgelegt, ob der Grundsatz des freien Warenverkehrs i. S. d. Art. 34–36 AEUV (ex Art. 28 bis Art. 30 EG) einer nationalen Vorschrift entgegensteht, die den Versandhandel mit Arzneimittel generell verbietet. Im Ausgangsverfahren hatte der Deutsche Apothekenverband gegen die in den Niederlanden niedergelassene Aktiengesellschaft 0800 DocMorris NV (im Folgenden: DocMorris) wegen Verstoßes gegen die damals geltenden Verbote des § 43 Abs. 1 und § 73 Abs. 1 des Gesetzes über den Verkehr mit Arzneimittel (AMG) geklagt. Außer dem Versandhandel von Arzneimittel übt DocMorris in den Niederlanden einen herkömmlichen Apothekenbetrieb aus. Sowohl diese Tätigkeit als auch der Internetauftritt werden von der niederländischen staatlichen Genehmigung und Überwachung der Apotheke umfasst.

4   Noch bevor der EuGH am 11.12.2003 seine Entscheidung in Sachen DocMorris[3] gefällt hat, hatte der deutsche Gesetzgeber quasi im Wege des »vorauseilenden Gehorsams«[4] die einschlägigen Bestimmungen des AMG mit Wirkung zum 01.01.2004 geändert. Danach **gestatten** nun mehr die novellierten bzw. neu eingeführten §§ 43 Abs. 1, 73 Abs. 1 Nr. 1a AMG i. V. m. § 11a des Gesetzes über das Apothekenwesen (ApoG) und § 17 der Verordnung über den Betrieb von Apotheken (ApBetrO) grds. den **Versandhandel mit allen in Deutschland zugelassenen Arzneimitteln**.

II. Die Doc Morris Entscheidung des EuGH vom 11.12.2003

5   Die DocMorris Entscheidung des EuGH v. 11.12.2003 ist im Hinblick auf die Freizügigkeit des Arzneimittelverkehrs deutlich hinter den Neuregelungen zurückgeblieben. Während

---

2   V. 08.06.2000, ABl. EG L 178 (v. 17.07.2000).
3   EuGH NJW 2004, 131 – DocMorris.
4   *Koch* EuZW 2004, 50 (51).

II. Die Doc Morris Entscheidung des EuGH vom 11.12.2003

die novellierten Vorschriften nun mehr sowohl den Versand von verschreibungspflichtigen wie auch nicht verschreibungspflichtigen in Deutschland zugelassener Arzneimittel erlauben, erachtete der EuGH nur das Verbot des Versandhandels für nicht verschreibungspflichtige Arzneimittel als unvereinbar mit dem freien Warenverkehr gem. Art. 34–36 AEUV (ex Art. 28 bis Art. 30 EG): Die Vorschrift des § 43 Abs. 1 AMG a. F., wonach Arzneimittel ausschließlich in Apotheken und nicht im Wege des Versandhandels verkauft werden durften, beurteilt der EuGH als **Maßnahme gleicher Wirkung** i. S. v. Art. 34 AEUV (ex Art. 28 EG). Nach Ansicht des EuGH handelt es sich auch nicht um eine bloße **Verkaufsmodalität**, die für alle Wirtschaftsteilnehmer gilt und den Absatz der Arzneimittel aus den EU-Mitgliedstaaten rechtlich wie tatsächlich in gleicher Weise berührt, sodass die Maßnahme nach den Grundsätzen der **Keck-Rechtsprechung**[5] aus dem Anwendungsbereich der Dassonville-Formel herausfallen würde. Der EuGH ist der Auffassung, dass sich das Verbot auf außerhalb des deutschen Hoheitsgebiets ansässige Apotheken stärker auswirkt und daher geeignet sein könnte, den Marktzugang für Waren aus anderen Mitgliedstaaten stärker zu behindern als für inländische Erzeugnisse, sodass die Keck-Ausnahme im vorliegenden Fall nicht greift.[6]

Eine **Rechtfertigung nach Art. 36 AEUG (ex Art. 30 EG)** zum Schutz der Gesundheit und des Lebens von Menschen nimmt der EuGH nur im Hinblick auf **verschreibungspflichtige** Arzneimittel an. Nur bei diesen rechtfertige die erhöhte Gefahr, die von verschreibungspflichtigen Arzneimitteln ausgehe, das Erfordernis einer persönlichen Aushändigung sowie einer wirksamen und verantwortlichen Kontrolle der Echtheit von ärztlichen Verordnungen.[7] Der EuGH hat mit dieser Entscheidung, den Mitgliedstaaten das Recht zugebilligt, den Versandhandel mit verschreibungspflichtigen Arzneimitteln vollständig zu verbieten. Es steht den Mitgliedstaaten jedoch frei, weniger einschränkende Regelungen zu treffen, wovon zuletzt die Bundesrepublik Deutschland mit der Freigabe des Versandhandels für zugelassene Arzneimittel ohne Differenzierung zwischen verschreibungspflichtigen und nicht verschreibungspflichtigen Arzneimitteln Gebrauch gemacht hat.[8]

C. Angebot und Vertrieb in Deutschland nicht zugelassener Arzneimittel im Wege des Versandhandels durch Online Apotheken an private Endverbraucher

Nicht beanstandet hat der EuGH in der DocMorris Entscheidung das von § 73 Abs. 1 HS. 1 AMG erfasste Einfuhrverbot nicht zugelassener Arzneimittel. Da dieses Verbot Art. 6 Abs. 1 der Richtlinie 2001/83/EG (Gemeinschaftskodex für Humanarzneimittel)[9] und damit EG-Sekundärrecht entspricht, erachtete der EuGH eine Überprüfung anhand der Art. 34–36 AEUV (ex Art. 28 EG bis 30 EG) nicht für erforderlich.[10]

Dennoch ist dieses Verbot weiterhin Gegenstand von Gerichtsverfahren, da DocMorris über seine Versandapotheke auch in Deutschland nicht zugelassene Arzneimittel angeboten und beworben hat. Gem. § 73 Abs. 1 Nr. 1a AMG ist Versandhandel mit verschreibungspflichtigen Arzneimitteln aus einem anderen Mitgliedstaat der Europäischen Union nur zulässig, wenn er in dem Ursprungsland zugelassen ist und dort ein der deutschen Rechtslage vergleichbares Schutzniveau besteht. Das mit dem Fall betraute KG hatte auf das in den Niederlanden geltende geschriebene Gesetzesrecht abgestellt, weil DocMorris von dort

---

5 EuGH GRUR Int. 1994, 56 Tz. 15 – Keck und Mithouard.
6 EuGH NJW 2004, 131 Tz. 74 – DocMorris.
7 EuGH NJW 2004, 131 Tz. 119 – DocMorris.
8 *Mand* MMR 2004, 155.
9 Richtlinie 2001/83/EG des Europäischen Parlaments und des Rates v. 06.11.2001 über die Schaffung eines Gemeinschaftskodexes für Humanarzneimittel (ABl. EG Nr. L 311 v. 28.11.2001, S. 67).
10 EuGH NJW 2004, 131 Tz. 52 ff. – DocMorris.

Kapitel 15   D. Anwendung der ArzneimittelpreisVO auf ausländische Versandapotheken?

aus agiert. Dieses werde den deutschen Schutzstandards nicht gerecht. Im Übrigen fehle es bei Versandapotheken in den Niederlanden schon an einem Gebot zur Führung einer Präsenzapotheke.[11]

9   Der BGH[12] hat sich dieser Beurteilung nicht angeschlossen. Beim Vergleich der Sicherheitsstandards in Deutschland und in den Niederlanden sei nicht allein auf die jeweils gegebene Gesetzeslage, sondern gem. § 73 Abs. 1 S. 3 AMG auf die jeweilige Rechtslage im Blick auf die **tatsächlich bestehenden Sicherheitsstandards** abzustellen. Zwar mache das niederländische Recht den Versandhandel mit Arzneimitteln nicht von der Führung einer Präsenzapotheke abhängig. Dies könne einem Versandhandelsunternehmen jedoch nicht entgegengehalten werden, das tatsächlich eine Präsenzapotheke betreibe. Das Berufungsgericht werde daher insbesondere zu prüfen haben, ob DocMorris auch früher schon eine den niederländischen Vorschriften entsprechende Präsenzapotheke betrieben habe.

D. Anwendung der Arzneimittelpreisverordnung auf ausländische Versandapotheken?

10   Der Onlineversand von Arzneimitteln durch DocMorris ist nicht zuletzt deshalb immer wieder Gegenstand gerichtlicher Auseinandersetzungen, weil die Online Apotheke DocMorris ihre Arzneimittel zu deutlich günstigeren Preisen als deutsche Apotheken anbietet. Sie bietet ihre Arzneimittel in Deutschland ansässigen Bestellern zu Preisen an, die zwar dem niederländischen Preisniveau entsprechen, aber durchschnittlich um 15 % und in Einzelfällen bis zu 60 % günstiger sind als die Preise, die nach der deutschen **Arzneimittelpreisverordnung** (AMPreisV) als Abgabepreise für die Produkte vorgesehen sind. Sie verlangt von den gesetzlich krankenversicherten deutschen Bestellern auch nicht die im SGB V vorgesehene Zuzahlung in Form einer Eigenbeteiligung an den Kosten. Sie rechnet vielmehr zu 95 % unmittelbar mit deren Krankenkassen ab, die auf die Arzneimittelpreise zusätzlich einen Rabatt von 10–15 % erhalten.

11   Gegen dieses Verhalten wurde verschiedentlich auf Unterlassung geklagt. Begründet wurde dies mit einen Verstoß gegen die deutsche AMPreisV und gegen die §§ 31 Abs. 3, 43b SGB V, weil sie von Bestellern, die in gesetzlichen Krankenkassen versichert sind, die dort vorgesehene Zuzahlung nicht als Eigenleistung einfordere. Es handle sich um Verstöße gegen Marktverhaltensvorschriften, die einen wettbewerbsrechtlichen Unterlassungsanspruch begründeten.

12   Die entscheidende Frage hierbei ist, ob **auch auf ausländische Versandapotheken die AMPreisV Anwendung findet**.

13   Sowohl das OLG Hamburg,[13] das OLG München[14] sowie das OLG Frankfurt a. M.[15] haben dies bejaht. Wegen der Ausrichtung des Versandhandels auf den deutschen Markt (Verkauf an deutsche Kunden, deutsche Sprache, Abrechnung mit deutschen Krankenkassen, Verkauf in Deutschland zugelassener Medikamente) ist auf den Internet-Versandhandel nach Deutschland nach dem **kollisionsrechtlichen Marktortprinzip** deutsches Wettbewerbsrecht als Recht des Ortes anzuwenden, auf dessen Markt die wettbewerblichen Interessen der Parteien aufeinandertreffen.[16]

---

11   KG GRUR-RR 2005, 170 – DocMorris.
12   BGH GRUR 2008, 275 – Versandhandel mit Arzneimittel.
13   OLG Hamburg GRUR-RR 2010, 78 – Doc Morris.
14   OLG München GRUR-RR 2010, 53 – Treuebonus II.
15   OLG Frankfurt/M. GRUR- RR 2008, 306 – Internetapotheke.
16   OLG Hamburg GRUR-RR 2010, 78 – Doc Morris.

D. Anwendung der ArzneimittelpreisVO auf ausländische Versandapotheken?

Aus dem Umstand, dass die angegriffenen Maßnahmen im Internet beworben wurden, ergibt sich nicht die Anwendbarkeit eines anderen, insbesondere des niederländischen Rechts. Das gemäß § 3 Abs. 2 TMG für Diensteanbieter aus Mitgliedstaaten geltende **Herkunftslandprinzip ist im Streitfall nicht anwendbar**. Das folge nach Ansicht des OLG München zum einen bereits daraus, dass der Streitfall verschreibungspflichtige Arzneimittel betrifft. Mit Rücksicht auf die Rezeptpflicht besteht keine unmittelbare Bestellmöglichkeit, weil der Vertragsschluss die Zusendung des Original-Rezepts per Post verlangt. Das Erfordernis des Angebots von Waren und Dienstleistungen mit unmittelbarer Bestellmöglichkeit war früher in § 2 Abs. 2 Nr. 5 TDG ausdrücklich normiert. Das Telemediengesetz enthält keine ausdrückliche Regelung hierzu. Aus der Gesetzesbegründung ergibt sich allerdings, dass an dem Erfordernis der unmittelbaren Bestellmöglichkeit für Online-Angebote festgehalten werden sollte (BT-Drs. 16/3078, S. 13). Bereits der in der Übersendung des Rezepts per Post liegende **Medienbruch führt deshalb aus dem Anwendungsbereich des Herkunftslandsprinzips heraus**. Zum anderen unterliegen auch das Angebot und die Erbringung von Telemedien durch einen Diensteanbieter in einem Mitgliedstaat den **Einschränkungen des innerstaatlichen Rechts**, soweit dieses dem **Schutz der öffentlichen Gesundheit** vor Beeinträchtigungen dient (vgl. § 3 Abs. 5 Satz 1 Nr. 2 TMG). Den Vorschriften § 78 Abs. 2 Satz 2 AMG, § 3 Abs. 1 AMPreisV kommt diese Schutzfunktion zu; sie beanspruchen deshalb auch im Anwendungsbereich des TMG Geltung.[17] Die Anwendung der AMPreisV auf eine in einem anderen Mitgliedstaat ansässige Versandapotheke, die sich an Endverbraucher in Deutschland wendet, verstößt nach Ansicht des OLG München nicht gegen Gemeinschaftsrecht. Eine Beschränkung der Warenverkehrsfreiheit ist gerechtfertigt, da die Arzneimittelpreisbindung verhindern soll, dass Apotheken in einen – möglicherweise ruinösen – Preiswettbewerb zueinander treten und dient so der Sicherstellung einer flächendeckenden und gleichmäßigen Versorgung der Bevölkerung mit Arzneimitteln.[18]

Da die Entscheidung des OLG München von den Entscheidungen des Bundessozialgerichts[19] und des Oberlandesgerichts Hamm[20] abweicht, hat das OLG die Revision zum BGH zugelassen.[21] Eine weitere Revision ist beim BGH unter dem Az. I ZR 77/09 gegen die Entscheidung des OLG Köln vom 08.05.2009[22] anhängig, das die deutschen Arzneimittelpreisvorschriften auf den Medikamenten-Versandhandel ausländischer Apotheken für nicht anwendbar hält. Im Revisionsverfahren[23] gegen das des OLG Frankfurt/M.[24] hat der BGH[25] dem Gemeinsamen Senat der obersten Gerichtshöfe des Bundes die Frage zur Entscheidung vorgelegt, ob das deutsche Arzneimittelpreisrecht auch für im Wege des Versandhandels nach Deutschland eingeführte Arzneimittel gilt. Der BGH möchte von der Entscheidung des Bundessozialgerichts abweichen, das die Arzneimittel-Preisvorschriften als klassisches hoheitliches Eingriffsrecht ansieht, das daher schon nach dem völkerrechtlichen Territorialitätsprinzip auf Arzneimittel außerhalb des Inlands unanwendbar sei.[26]

---

17 OLG München GRUR-RR 2010, 53 (54) – Treuebonus II.
18 OLG München GRUR-RR 2010, 53 (55) – Treuebonus II.
19 BSG NJOZ 2009, 880.
20 OLG Hamm MMR 2005, 101 (104).
21 OLG München GRUR-RR 2010, 53 – Treuebonus II; die zugelassene Revision wird beim BGH unter dem Az. I ZR 112/09 geführt.
22 OLG Köln PharmR 2010, 197.
23 Az. I ZR 72/08.
24 OLG Frankfurt/M. GRUR-RR 2008, 306 – Internetapotheke.
25 BGH GRUR 2010, 1130 – Sparen Sie beim Medikamentenkauf!.
26 BSG NJOZ 2009, 880 Tz. 23.

E. Informationen über verschreibungspflichtige Arzneimittel im Internet

I. Einführung in die Problematik

15 Das Gesetz über die Werbung auf dem Gebiet des Heilwesens (HWG) sieht in § 10 Abs. 1 ein Werbeverbot für verschreibungspflichtige Arzneimittel außerhalb der Fachkreise (= Ärzte, Zahnärzte, Tierärzte, Apotheker und Personen, die mit diesen Arzneimitteln erlaubterweise Handel treiben) vor. § 10 Abs. 2 HWG erweitert dieses Verbot für Arzneimittel, die dazu bestimmt sind, bei Menschen Schlaflosigkeit oder psychische Störungen zu beseitigen oder die Stimmungslage zu beeinflussen, unabhängig von deren Verschreibungspflicht. Dieses **umfassende Publikumswerbeverbot** beruht auf den Vorgaben von Art. 88 Abs. 1 und Abs. 2 der Richtlinie 2001/83/EG (Gemeinschaftskodex für Humanarzneimittel).[27]

16 Vor diesem Hintergrund stellt sich die Frage, ob es einer Online-Apotheke gestattet ist, Informationen beispielsweise in Form der **Packungsbeilage im Internet** zu veröffentlichen. Ist diese Art der Absatzförderung als Werbung im Sinne des HWG bzw. des Gemeinschaftskodex für Humanarzneimittel zu werten und wenn ja, verstößt ein derartig umfassendes Werbeverbot möglicherweise gegen Gemeinschaftsrecht?

II. Auslegung des Werbebegriffs

17 Art. 86 Abs. 1 des Gemeinschaftskodexes für Humanarzneimittel **definiert** als »Werbung für Arzneimittel« alle Maßnahmen zur Information, zur Marktuntersuchung und zur Schaffung von Anreizen mit dem Ziel, die Verschreibung, die Abgabe, den Verkauf oder den Verbrauch von Arzneimitteln zu fördern; sie umfasst insbesondere die Öffentlichkeitswerbung für Arzneimittel. Vom Anwendungsbereich der werberechtlichen Vorschriften werden in Art. 86 Abs. 2 des Gemeinschaftskodexes für Humanarzneimittel u. a. die Etikettierung und die Packungsbeilage ausdrücklich ausgenommen.

18 Der deutsche Gesetzgeber hat auf die Aufnahme einer Definition der Werbung ins HWG verzichtet. Nach allgemeiner Auffassung ist die Definition des Art. 86 Abs. 1 des Gemeinschaftskodexes für Humanarzneimittel jedoch auch den Tatbeständen des HWG zugrunde zu legen.[28]

19 Die Definition der Werbung in Art. 86 Abs. 1 des Gemeinschaftskodexes für Humanarzneimittel setzt in ihrem **objektiven** Element eine arzneimittelbezogene Information und in ihrem **subjektiven** Element eine Absatzförderungsabsicht voraus. Eine reißerische Anpreisung oder Übertreibung, wie man sie häufig mit »Reklame« in Verbindung bringt, ist gerade keine Voraussetzung.[29] Nach dieser weiten Definition wäre demnach auch die Veröffentlichung von sachlichen Informationen über ein Arzneimittel, wie beispielsweise der Text der Packungsbeilage als Werbung zu qualifizieren, da neben der Wissensvermittlung mittelbar zumindest auch der Absatz der jeweiligen Medikamente gefördert werden soll. Die Ausnahmevorschrift des Art. 86 Abs. 2 des Gemeinschaftskodexes für Humanarzneimittel greift nicht ein, da es sich nicht um eine »Packungsbeilage«, sondern nur um deren Inhalt ohne Packung handelt.

---

27 Richtlinie 2001/83/EG des Europäischen Parlaments und des Rates v. 06.11.2001 über die Schaffung eines Gemeinschaftskodexes für Humanarzneimittel (ABl. EG Nr. L 311 v. 28.11.2001, S. 67).
28 *Lorz* GRUR Int. 2005, 894 (895 m. w. N.).
29 *Doepner* § 1 Rn. 9.

II. Auslegung des Werbebegriffs

Möglicherweise ist nach **Sinn und Zweck** des Gemeinschaftskodexes für Humanarzneimittel und des HWG das umfassende Publikumswerbeverbot einschränkend dahin gehend auszulegen, dass die Bereitstellung sachlicher Information über ein Arzneimittel im Internet nicht unter das Werbeverbot fällt. Hierfür sprechen drei Gesichtspunkte. Zum einen stellt sich die **Kommunikationsstruktur im Internet** anders dar als in der klassischen Werbung, bei der sich der Werbende gezielt an mehr oder weniger bestimmte Personenkreise wendet (sog. »Push-Situation«). Bei der Veröffentlichung von Informationen über ein bestimmtes Arzneimittel im Internet wird diese Information grds. nur von demjenigen abgerufen, der gezielt nach Informationen zu einem bestimmten Arzneimittel sucht (sog. »Pull-Situation«). Ein Schutz von Bürgern vor Informationen, die sich ihnen nicht unvorbereitet aufdrängen, ist nicht in gleicher Weise erforderlich wie bei der klassischen Werbung, die den Empfänger häufig unvorbereitet und ungewollt trifft.[30] Hier ist die Besonderheit des Internets als »**passiver Darstellungsplattform**« zu berücksichtigen. In diese Richtung weist auch Art. 86 Abs. 2 des Gemeinschaftskodexes für Humanarzneimittel der vom Anwendungsbereich der werberechtlichen Regelung Informationen, die zur Beantwortung einer konkreten Anfrage über ein Arzneimittel erforderlich sind, ausnimmt. Der zweite Gesichtspunkt, der für eine restriktive Auslegung des Werbeverbots spricht, ist die Bedeutung des sog. **informierten Patienten** für den Dialog zwischen Arzt und Patient. Die Veröffentlichung einer behördlich geprüften Packungsbeilage im Internet ermöglicht es dem Patienten, sich bereits im Vorfeld einer Verschreibung mit einem Medikament eingehend auseinanderzusetzen und mit seinem Arzt die Vor- und Nachteile einer Verschreibung und Einnahme zu diskutieren. Schließlich ist als dritter Punkt der Vergleich zu **sonstigen Veröffentlichungen über Medikamente im Internet** anzuführen. Medien und Privatpersonen ist es – grds. ohne jegliche Kontrolle – möglich, über Medikamente zu berichten und zu urteilen. Dabei können fachlich ungeprüfte Veröffentlichungen zu schwerwiegenden Irrtümern und Fehlinformationen in der Öffentlichkeit führen. Die Veröffentlichung der Packungsbeilage im Internet würde eher dazu beitragen, mögliche Fehlinformationen zu beseitigen als Gesundheitsgefahren zu verursachen.

Es sprechen somit gute Argumente dafür, die Veröffentlichung der Packungsbeilage im Internet bereits tatbestandlich von dem umfassenden Publikumswerbeverbot des § 10 HWG auszunehmen. Die Instanzgerichte beurteilen diese Frage bislang uneinheitlich. Das LG München[31] und das OLG München[32] verneinen die objektive Eignung der Packungsbeilage zu Werbezwecken und betonten die Besonderheiten der Informationsvermittlung über das Internet, während das LG Hamburg[33] und das OLG Hamburg[34] die Online-Publikation der Packungsbeilage als unzulässige Werbung erachten. Der BGH, bei dem die Revision gegen das OLG Hamburg Urteil anhängig ist, hat dem Gerichtshof der Europäischen Gemeinschaften folgende Frage zur Vorabentscheidung vorgelegt: Erfasst Art. 88 Abs. 1 lit. a der Richtlinie 2001/83/EG zur Schaffung eines Gemeinschaftskodexes für Humanarzneimittel auch eine Öffentlichkeitswerbung für verschreibungspflichtige Arzneimittel, wenn sie allein Angaben enthält, die der Zulassungsbehörde im Rahmen des Zulassungsverfahrens vorgelegen haben und jedem, der das Präparat erwirbt, ohnehin zugänglich werden, und wenn die Angaben dem Interessenten nicht unaufgefordert dargeboten werden, sondern nur demjenigen im Internet zugänglich sind, der sich selbst um sie bemüht?[35]

---

30 *Lorz* GRUR Int. 2005, 894 (896).
31 LG München Pharma Recht 2004, 114.
32 OLG München Pharma Recht 2004, 308.
33 LG Hamburg 03.02.2005, 315 O 303/04 (unveröffentlicht) – Hinweise zu diesem Urteil in *Lorz* GRUR Int. 2005, 894 (908).
34 OLG Hamburg LMRR 2006, 76.
35 BGH GRUR 2009, 988 – Arzneimittelpräsentation im Internet.

F. Verstoß gegen die Niederlassungsfreiheit durch das Verbot von Mehr- und Fremdbesitz im deutschen Apothekenrecht?

22 Bis zum 01.01.2004 galt ein völliges **Verbot von Mehrbesitz** für deutsche Apotheker. Dieses Verbot wurde mit Wirkung ab dem 01.01.2004 insofern gelockert, als § 1 Abs. 2 ApoG einem approbierten Apotheker nunmehr gestattet, neben der »Hauptapotheke« drei Filialapotheken zu betreiben, die jedoch gem. § 2 Abs. 4 ApoG eine **räumliche Nähe** zur Hauptapotheke aufweisen müssen. Die Hauptapotheke hat der Apotheker gem. § 2 Abs. 5 ApoG **persönlich zu führen**.

23 Darüber hinaus sieht das deutsche Apothekenrecht in § 8 ApoG das **Verbot von Fremdbesitz** vor. Eine Beteiligung Dritter an der Apotheke ist gem. § 8 S. 2 Alt. 1 ApoG ebenso untersagt wie die Beteiligung Dritter am Gewinn gem. § 8 S. 2 Alt. 2 ApoG. Gem. § 7 S. 1 ApoG ist die Apotheke grds. **persönlich in eigener Verantwortung** zu leiten. Die Bildung einer Kapitalgesellschaft als Träger der Apotheke ist nicht gestattet. Mehrere Apotheker können eine Apotheke gem. § 8 S. 1 ApoG lediglich in Form einer GbR oder OHG betreiben.

24 Angesichts dieser Gesetzeslage war die Eröffnung einer Apothekenfiliale der Aktiengesellschaft niederländischen Rechts DocMorris am 03.07.2006 in Saarbrücken eine kleine juristische und auch politische Sensation. Das saarländische Gesundheitsministerium begründete die Erteilung der Betriebserlaubnis damit, dass die Einschränkung im deutschen Apothekenrecht nicht mit Europarecht vereinbar sei.

25 Sowohl die öffentlich-rechtliche Erteilung der Betriebserlaubnis war Gegenstand gerichtlicher Auseinandersetzungen vor den Verwaltungsgerichten als auch der Betrieb der Zweigniederlassung vor den ordentlichen Gerichten als Wettbewerbssache unter dem Gesichtspunkt des Rechtsbruchstatbestandes des § 4 Nr. 11 UWG. Von entscheidender Bedeutung war dabei jeweils die Frage, ob das Verbot von Mehr- und Fremdbesitz gegen die Niederlassungsfreiheit gem. Art. 49 (ex Art. 43 EG) verstößt.

26 Das Verwaltungsgericht Saarbrücken, das über die Rechtmäßigkeit der Erlaubnis der Doc Morris Filiale zu entscheiden hatte, hat mit Beschlüssen vom 20. und 21.03.2007 (3 K 361/06 und 3 K 364/06) die Klageverfahren der Apothekerkammer des Saarlandes, des Deutschen Apothekerverbandes und einzelner Apotheker gegen die erteilte Erlaubnis zum Betrieb der Filialapotheke ausgesetzt und dem EuGH zur **Vorabentscheidung** vorgelegt. Der Europäische Gerichtshof[36] hat hierzu entschieden, dass die Art. 49 AEUV (ex Art. 43 EG) und Art. 54 AEUV (ex Art. 48 EG) einer nationalen Regelung, die Personen, die keine Apotheker sind, den Besitz und den Betrieb von Apotheken verwehrt, **nicht entgegenstehen**. Die Regel des Ausschlusses von Nichtapothekern stellt eine Beschränkung der Niederlassungsfreiheit dar, weil sie den Betrieb von Apotheken Apothekern vorbehält und die übrigen Wirtschaftsteilnehmer von der Aufnahme dieser selbstständigen Tätigkeit im betreffenden Mitgliedstaat ausschließt. Beschränkungen der Niederlassungsfreiheit, die ohne Diskriminierung aus Gründen der Staatsangehörigkeit anwendbar sind, können durch zwingende Gründe des Allgemeininteresses gerechtfertigt sein, sofern sie geeignet sind, die Erreichung des mit ihnen verfolgten Ziels zu gewährleisten, und nicht über das hinausgehen, was zur Erreichung dieses Ziels erforderlich ist. Dies hat der EuGH im vorliegenden Fall bejaht. Die fragliche Regelung sei **geeignet**, die Erreichung des Ziels zu gewährleisten, eine **sichere und qualitativ hochwertige Versorgung der Bevölkerung mit Arzneimitteln und somit den Schutz der Gesundheit der Bevölkerung sicherzustellen**. Es sei auch nicht erwiesen, dass eine andere Maßnahme, die die von Art. 49 AEUV (ex

---

36 EuGH NJW 2009, 2112 – Apothekerkammer des Saarlandes u. a./Saarland.

Art. 43 EG) garantierte Freiheit weniger beschränkt als die Regel des Ausschlusses von Nichtapothekern, es erlauben würde, ebenso wirksam das sich aus der Anwendung dieser Regel ergebende Niveau der Sicherheit und Qualität der Versorgung der Bevölkerung mit Arzneimitteln sicherzustellen. Folglich erweise sich die in den Ausgangsverfahren fragliche nationale Regelung als geeignet, die Erreichung des mit ihr verfolgten Ziels zu gewährleisten, und **gehe nicht über dasjenige hinaus, was zur Erreichung dieses Ziels erforderlich ist.** Die aus dieser Regelung folgenden Beschränkungen lassen sich daher durch dieses Ziel rechtfertigen.[37] Mit der Anerkennung und Respektierung eines nur eingeschränkt kontrollierbaren Wertungsspielraums der Mitgliedstaaten gilt die Entscheidung des EuGH zum Fremdbesitzverbot als wegweisend und bedeutungsvoll über den konkreten Fall hinaus.[38]

G. Verbot des Versandhandels mit apothekenpflichtigen Tierarzneimitteln

§ 43 Abs. 5 AMG sieht ein grundsätzliches Verbot des Inverkehrbringens von apothekenpflichtigen Tierarzneimitteln durch Versandapotheken vor. Mit Urteil vom 12.11.2009[39] hat der BGH jedoch in verfassungskonformer Auslegung von Art. 12 Abs. 1 GG entschieden, dass das in § 43 Abs. 5 AMG geregelte Verbot des Versandhandels mit apothekenpflichtigen Tierarzneimitteln **solche Fälle nicht erfasst, in denen eine durch die spezifischen Risiken des Versandhandels verursachte Fehlmedikation weder eine Gesundheitsgefahr für den Menschen noch eine im Blick auf Art. 20a GG relevante Gefahr für die Gesundheit des behandelten Tieres begründet.** Eine solche Gefahr ist grundsätzlich bei Tierarzneimittel ausgeschlossen, die bestimmungsgemäß nur bei nicht zu Ernährungszwecken gehaltenen Haustieren anzuwenden sind. Im konkreten Fall ging es um den Versand des apothekenpflichtigen Tierarzneimittels »exspot« zur Bekämpfung von Flöhen und Zecken bei Hunden.

27

---

37 EuGH NJW 2009, 2112 Tz. 55–58 – Apothekerkammer des Saarlandes u. a./Saarland.
38 *Mand* WRP 2010, 702 (707).
39 BGH GRUR 2010, 542 – Tierarzneimittelversand.

Kapitel 16
Mobile Commerce und E-Payment

Schrifttum

Arlt, Ansprüche des Rechteinhabers bei Umgehung seiner technischen Schutzmaßnahmen, MMR 2005, 148; BDOA e. V. Jahresbericht, 2009/2010, 18; BDOA, E-Commerce-Leitfaden, ibi Research, 2. Aufl. 2009; *Becker/Dreier,* Urheberrecht und digitale Technologie, 1994; *Berger,* Perlentaucher: Die Zulässigkeit der öffentlichen Wiedergabe von Abstracts, K&R 2007, 151; *ders.,* Jugendschutz im Internet: Geschlossene Benutzergruppen nach § 4 Abs. 2 Satz 2 JMStV, MMR 2003, 773; *Berlit,* Auswirkungen der Aufhebung des Rabattgesetzes und der Zugabeverordnung auf die Auslegung von § 1 UWG und § 3 UWG, WRP 2001, 349; *Boente/Riehm,* Das BGB im Zeitalter digitaler Kommunikation – Neue Formvorschriften, JURA 2001, 793; *Bornemann,* Der Jugendmedienschutz-Staatsvertrag der Länder, NJW 2003, 787; *Bortloff,* Internationale Lizenzierung von Internet-Simulcasts durch die Tonträgerindustrie, GRUR Int. 2003, 669; *Bremer,* Möglichkeiten und Grenzen des Mobile Commerce, CR 2009, 12; *Canaris,* Bankvertragsrecht, 3. Aufl. 1988; *Döring/Günther,* Jugendmedienschutz: Alterskontrollierte geschlossene Benutzergruppen im Internet gem. § 4 Abs. 2 Satz 2 JMStV, MMR 2004, 231; *Dreier,* Verwertung von Pressespiegeln, JZ 2003, 477; *Ellenberger/ Findeisen/Nobbe* (Hrsg.), Kommentar zum Zahlungsverkehrsrecht, 2010; *Eichmann/Sörup,* Das Telefongewinnspiel, MMR 2002, 142; *Einsele,* Haftung der Kreditinstitute bei nationalen und grenzüberschreitenden Banküberweisungen, AcP 199, 145; *Enders,* Darstellung und Bedeutung des Jugend(medien)schutzes im Direktmarketing, ZUM 2006, 353; *Fechner/Schipanski,* Werbung für Handyklingeltöne – Rechtsfragen im Jugendschutz-, Telekommunikations- und Wettbewerbsrecht, ZUM 2006, 898; *Frey,* Neue Herausforderungen für die exklusive Contentverwertung – Der wettbewerbsrechtliche Rahmen für die Vermarktung von und den Erwerb von Medienrechten, GRUR 2003, 931; *Fuchs,* Das Fernabsatzgesetz im neuen System des Verbraucherschutzrechts, ZIP 2000, 1273; *Fritsch/Muntermann,* Aktuelle Hinderungsgründe für den kommerziellen Erfolg von Location Based Service-Angeboten, Konferenz Mobile Commerce Technologien und Anwendungen (MCTA), Augsburg 2005; *Goerth,* Schuldenfalle Mobiltelefon – Der zivilrechtliche Verbraucherschutz vor übertuerten Service-Angeboten unter besonderer Berücksichtigung des Minderjährigenrechts, VuR 2004, 277; *Gomille,* Das Mobiltelefon als Peilsender, ITRB 2007, 144; *Grundmann,* WM 2009, 1109 unter Bezugnahme auf BR-Drucks. 848/08, 184; *Haberstumpf,* Der Schutz elektronischer Datenbanken nach dem Urheberrecht, GRUR 2003, 14; *Häuser/Haertlein,* in: MüKo-HGB, 2. Aufl. 2009, ZahlungsV; *Hallaschka/ Jandt,* Standortbezogene Dienste im Unternehmen, MMR 2006, 436; *Härting/Kuon,* Von Klingeltönen und anderen SMS-Diensten, Änderungen des TKG, ITRB 2007, 98; *Härting/Schirmbacher,* Finanzdienstleistungen im Fernabsatz, CR 2005, 48; *Häuser,* Sound und Sampling. Der Schutz der Urheber, ausübenden Künstler und Tonträgerhersteller gegen digitales Soundsampling nach deutschem und US-amerikanischem Recht, 2002; *Hecht,* Zulässigkeit von Abstracts, ITRB 2007, 63; *Hecker/Ruttig,* »Versuchen Sie es noch einmal« – Telefon-Gewinnspiele im Rundfunk unter Einsatz von Mehrwertdienste-Rufnummern und ihre Beurteilung nach StGB und neuem UWG, GRUR 2005, 393; *Hellmich,* Location Based Services – Datenschutzrechtliche Anforderungen, MMR 2002, 152; *Hellner/Steuer,* Bankrecht und Bankpraxis (BuB), Onlineausgabe; *Hertin,* Sounds von der Datenbank, GRUR 1989, 578; *Heutz,* Freiwild Internetdesign? – Urheber- und geschmacksmusterrechtlicher Schutz der Gestaltung von Internetseiten, MMR 2005, 567; *Hoenike/Hülsdunk,* Rechtliche Vorgaben für Fernabsatzangebote im elektronischen Geschäftsverkehr bei und nach Vertragsschluss – Ein Überblick über die gesetzlichen Anforderungen und die Rechtsfolgensystematik bei Verstößen, MMR 2002, 516; *Hoeren,* Zum Schutz des Tonträgerherstellers gegen Sampling, GRUR 1989, 580; *Hoeren,* Pressespiegel und das Urheberrecht, GRUR 2002, 1022; *Hoeren/Pfaff,* Pflichtangaben im elektronischen Geschäftsverkehr aus juristischer und technischer Sicht, MMR 2007, 207; *Holznagel,* Innovationsanreize durch Regierungsfreistellung – Vom Umgang mit neuen Diensten und Märkten im Medien- und TK-Recht, MMR 2006, 661; *Jaguttis/Parameswaran,* Bei Anruf: Betrug – erschlichene »Zuneigungsgeschäfte« am Telefon, NJW 2003, 2277; *Jandt,* Datenschutz bei Location Based Services – Voraussetzungen und Grenzen der rechtmäßigen Verwendung von Positionsdaten, MMR 2007, 74; *Jandt/Schnabel,* Location Based Services im Fokus des Datenschutzes, K&R 2008, 723; *Jani,* Was sind offensichtlich rechtswidrig hergestellte Vorlagen? – Erste Überlegungen zur Neufassung von § 53 Abs. 1 Satz 1 UrhG, ZUM 2003, 842; *Jungmann,* Die Verteilung des Missbrauchsrisikos beim Einsatz von Kreditkarten im E-Commerce, WM 2005, 1350; *Kahler/Werner,* Electronic Banking und Datenschutz, Rechtsfragen und Praxis, 2008; *Karasu,* Die neue Konkurrenz, Die Bank 7/2009; *Kaufmann,* Unbestellte Dating-SMS: Das Geschäft mit der Sehnsucht, MMR 2005, Heft 3, VII; *Klaes,* Die neuen Regelungen zum Kundenschutz im TKG-Änderungsgesetz, CR 2007, 220; *Klaes,* Verbraucherschutzregelungen in der Telekommunikation im europäischen Vergleich, MMR 2007, 21; *Klees,* Der Erwerb von Handyklingeltönen durch Minderjährige, CR 2005, 626; *Klees/Lange,* Bewerbung, Nutzung und Herstellung von Handyklingeltönen, CR 2005, 684;/*Krajewski,* Werbung über das Handy, Zur Zulässigkeit kommerzieller SMS-Nachrichten, MMR 2001, 86; *Kreile/Becker,* Das Internet und digitales Rechtemanagement aus Sicht der GEMA; *Kümpel,* Rechtliche Aspekte der neuen Geldkarte als elektronische Geldbörse, WM 1997, 1037; *Laitenberger,* Das Einzugsermächtigungs-lastschriftverfahren nach Umsetzung der Richtlinie über Zahlungsdienste im Binnenmarkt, NJW 2010, 192; *Lammer/Stroborn* in: Handbuch E-Money, E-Payment & M-Payment, 2006; *Langenbucher,* Zusatzkreditkarten – Haftungsrisiko ohne Ende?, NJW 2004, 3522; *Liesching,* Das neue Jugendgesetz, NJW 2002, 3281; *Loewenheim,* Urheberrechtliche Probleme bei Multimediaanwendungen, GRUR 1996, 830; *Maaßen,* Urheberrechtliche Probleme der elektronischen Bildverarbeitung, ZUM 1992, 338; *Mehrings,* Vertragsabschluss im Internet – Eine neue Herausforderung für das »alte« BGB, MMR 1998, 30; *Moser/Scheuermann,* Das Handbuch der Musikwirtschaft, 6. Aufl., 2003; *Mynarik,* »Mobile Entertainment« und das Jugendmedienschutzrecht, ZUM 2006, 183; *Nobbe/Ellenberger,* Unberechtigte Widersprüche des Schuldners im Lastschriftverkehr, »sittliche Läuterung« durch den vorläufigen Insolvenzverwalter?, WM 2006, 1885; *Nordmann/Nelles,* Consumer Protection Laws vs. Growth in M-Commerce, CRi 2006, 105; *Oechsler,* Die Haftung nach § 675 V BGB im kreditkartengestützten Mailorderverfahren, WM 2010, 1381 (1385); *Ohlenburg,* Der neue Telekommunikationsdatenschutz, MMR 2004, 431; *Ory,* Rechtliche Überlegungen aus Anlass des »Handy-TV« nach dem DMB-Standard, ZUM 2007, 7; *Ott,* Die urheberrechtliche Zulässigkeit des Framing nach der BGH-Entscheidung im Fall »Paperboy«, ZUM 2004, 357; *Pauly,* Die Vorverlagerung der Widerrufsbelehrung im Fernabsatzrecht: Praktische Konsequenzen für den M-Commerce, MMR 2005, 811; *Pfeiffer,* Die Geldkarte – Ein Problemaufriss, NJW 1997, 1039; *Poll,* Urheberrechtliche Beurteilung der Lizenzierungspraxis von Klingeltönen, MMR 2004, 67; *Ranke,* M-Commerce – Einbeziehung von AGB und Erfüllung von Informationspflichten, MMR 2002, 509; *Remmertz,* Werbebotschaften per Handy, MMR 2003, 314; *Rössel,* Unwirksamkeit von Klingeltonverträgen mit Minderjährigen, ITRB 2007, 36; *Schimansky/Bunte/Lwowsky,* Bankrecht-Handbuch, 3. Aufl. 2007; *Schorn,* Sounds von der Datenbank, GRUR 1989, 579; *Schrey/Meister,* Beschränkte Verwendbarkeit von Standortdaten – Hemmschuh für den M-Commerce?, K&R 2002, 177; *Schulze zur Wiesche,* Die neuen Zulässigkeitsgrenzen für Direktmarketing, CR 2004, 742; *Schwarz,* Urheberrecht und unkörperliche Verbreitung multimedialer Werke, GRUR 1996, 836; *Spindler,* Das neue Telemediengesetz – Konvergenz in sachten Schritten, CR 2007, 239; *Timmerbeil,* Der neue § 355 III BGB – ein Schnellschuss des Gesetzgebers?, NJW 2003, 569; *Toussaint,* Das Recht des Zahlungsverkehrs im Überblick, 2009; *Vander,* Entwurf eines TKG-Änderungsgesetzes – Kurzwahldienste im Visier, MMR 2005, 429; *v. Münch,* Die Einbeziehung von AGB im Fernsehmarketing, MMR 2006, 202; *von Wallenberg,* B2B-Onlineshop – betriebswirtschaftliche und rechtliche Fragen, MMR 2005, 661; *Weiler,* Psychischer Kaufzwang – Ein Abschiedsplädoyer, WRP 2002, 871; *Werner,* Recht der Wirtschaft Bd. 2, Recht des Zahlungsverkehrs, 4. Aufl. 2004; *Weßling,* Der zivilrechtliche Schutz gegen digitales Sound-Sampling, 1995.

Übersicht

		Rdn.
A.	**Einführung** *Nordmann*	1
B.	**Vertragsrecht**	5
I.	Vertragsschluss	5
	1. Form der Vertragserklärungen	6
	2. Zeitpunkt des Vertragsschlusses	10
	3. Schlüssige (konkludente) Erklärungen	12
	4. Frist zur Annahme des Angebots	13
	5. Anfechtung von Willenserklärungen	17
II.	Prozessuales	18
C.	**Allgemeine Geschäftsbedingungen**	19
I.	Einbeziehung von Allgemeinen Geschäftsbedingungen	19
	1. Regelfall der Einbeziehung	19
	a) Ausdrücklicher Hinweis	20
	b) Möglichkeit der Kenntnisnahme	21
	c) Einverständnis des Kunden	25
	2. Einbeziehung durch freiwilligen Verzicht des Kunden	26
	3. Einbeziehung im Wege einer Rahmenvereinbarung	27
	4. Veröffentlichung im Amtsblatt der Bundesnetzagentur	28
II.	Abrufbarkeit und Speicherfähigkeit der AGB	29
D.	**Fernabsatzrecht**	30
I.	Vorvertragliche Informationspflichten	31
	1. Informationen über das Bestehen eines Widerrufsrechts	31
	a) Zeitpunkt der Widerrufsbelehrung	32
	b) Inhalt der Widerrufsbelehrung	33
	c) Ausnahmen von der Verpflichtung zur Widerrufsbelehrung	35
	aa) Lieferung von individuell angefertigten Produkten	36
	bb) Lieferung von für die Rücksendung ungeeigneten Produkten	37
	cc) Öffnung von versiegelten Datenträgern	38

Kapitel 16 Mobile Commerce und E-Payment

		dd) Ausgenommene Fernabsatzverträge	39
		ee) Mehrwertdienste	40
		ff) Teilweise Nichtanwendbarkeit des Fernabsatzrechts	41
		d) Rechtsfolgen bei Verstößen	42
		2. Allgemeine Pflichtangaben	46
		a) Zeitpunkt der Information	47
		b) Inhalt der Informationspflicht	48
		c) Form der Information	51
		3. Erleichterungen für Angebote über das Telefon	52
	II.	Informationspflichten nach Vertragsschluss	53
		1. Zeitpunkt der Information	54
		2. Inhalt der Informationspflicht	55
		3. Form der Information	56
E.		Elektronischer Geschäftsverkehr	57
	I.	Informationspflichten	58
		1. Inhalt der Information	58
		2. Zeitpunkt und Form der Information	60
	II.	Technische Vorkehrungen	61
F.		Informations- und Transparenzpflichten für Telemediendienste	62
	I.	Allgemeine Anbieterkennzeichnung (Impressum)	63
	II.	Spezielle telemedienrechtliche Informationspflichten	68
G.		Urheberrechtliche Besonderheiten	70
	I.	Urheberrechtliche Schutzfähigkeit	70
		1. Allgemeines	70
		2. Musikwerke	73
		3. Fotos, Bilder	76
		4. Computerprogramme	78
		5. Multimediawerke	79
	II.	Nutzungsrechte	81
		1. Allgemeines	81
		2. Nutzungsrechte im Einzelnen	87
		a) Vervielfältigung	88
		b) Bearbeitung	97
		c) Öffentliche Wiedergabe	101
		3. Datenbankrechte	105
		4. Erwerb der Nutzungsrechte	106
		a) Erstellung von Inhalten für den M-Commerce	106
		b) Verbreitung von Inhalten im M-Commerce	107
		c) Rolle der Verwertungsgesellschaften	108
		d) Besonderheiten bei Audio-Content	109
		e) Besonderheiten im Filmbereich	112
	III.	Schranken des Urheberrechts	113
		1. Sicherheitskopie und Dekompilierung von Software	114
		2. Pressespiegel, Archivierung	115
	IV.	Urheberpersönlichkeitsrecht	117
		1. Entstellungsgefahr	118
		2. Veröffentlichung	121
		3. Nennung des Urhebers	122
	V.	Ansprüche bei Verletzungen	123
H.		Werbung im M-Commerce	125
	I.	SMS-Werbung	126
		1. Überprüfung anhand der Fallgruppen des Wettbewerbsrechts	127
		a) Irreführende Werbung	129
		b) Weitere Fallgruppen der Unlauterkeit	132
		2. Unverlangte SMS-Werbung	136
		3. Spam	138
	II.	Preisausschreiben/Glücksspiele	139
	III.	Werbung für Premium-Dienste	141
		1. Preisangaben bei Premium-SMS	142
		2. Werbung für SMS-Abos und Kurzwahldienste	144
	IV.	Bluetooth Marketing	146
	V.	In-Game und In-App Advertising	147
I.		**Jugendschutz im M-Commerce**	148

Kapitel 16 Mobile Commerce und E-Payment

I.	Anwendbares Recht		148
II.	Jugendschutz nach dem Jugendmedienschutz-Staatsvertrag		151
III.	Jugendschutz in anderen Gesetzen		154
J.	**Datenschutz**		**156**
I.	Allgemeines		156
II.	Anwendbare Gesetze		158
III.	Verwendung von Standortdaten		159
IV.	Rechtsfolgen einer rechtswidrigen Nutzung von Standortdaten		160
V.	Praktische Konsequenzen		161
K.	**Klingeltöne und Handylogos**		**162**
I.	Klingeltöne		162
	1. Erwerb von Klingeltönen durch Minderjährige		163
	a) Zivilrechtlicher Schutz von Minderjährigen		164
	b) Sittenwidriger Wucher		165
	c) Schutzmaßnahmen der Erziehungsberechtigten		166
	d) Stellvertretung		167
	2. GEMA		168
II.	Handy-Logos, Hintergrundbilder und Menügestaltungen		170
L.	**Handy-TV**		**173**
M.	**Überblick über elektronische Bezahlverfahren – E-Payment** *Schicker*		**180**
I.	Praktische Einführung und Begrifflichkeiten		180
	1. Begriff »E-Payment«		180
	2. Begriff »POS«-Payment		182
	3. Begriffe im Lastschriftverfahren		186
	4. Begriffe im Kreditkartenverfahren		188
	5. Begriffe im »Card-not-present«-Verfahren		191
	6. Zahlungsdiensteplattformen		192
	7. Risikomanagement		193
	8. Spezielle Online-Verfahren		194
	9. Ausblick		196
II.	Abwicklung bei gängigen Zahlungsverfahren		199
	1. Lastschrift-Verfahren		202
	a) Ablauf		203
	b) Vorteile und Nachteile		204
	2. Nachnahme		206
	a) Ablauf		206
	b) Vor- und Nachteile		207
	3. Kreditkarte		208
	a) Ablauf		209
	b) Vor- und Nachteile		210
	4. Online-Payment		211
	a) Ablauf		213
	b) Vor- und Nachteile		214
	5. Mobile-Payment		215
	a) Ablauf		217
	b) Vor- und Nachteile		218
III.	Rechtliche Grundlagen		220
	1. EU-Zahlungsdiensterichtlinie (Payment Services Directive – kurz PSD)		220
	a) Historie		221
	b) Zielsetzung der PSD		223
	2. Umsetzung der Payment Service Directive in deutsches Recht		227
	a) Zweigeteilte Umsetzung		227
	b) Erleichterung des Marktzutritts		228
	c) Erschließung neuer und Erweiterung bestehender Geschäftsfelder		229
	3. Grundlagen des neuen Zahlungsverkehrsrechts		230
	a) Wesen der Zahlung		230
	b) Rechtsbeziehungen der am Zahlungsverkehr Beteiligten		235
	aa) Valutaverhältnis		236
	bb) Deckungsverhältnis		237
	cc) Inkassoverhältnis		239
	dd) Garantieverhältnis		240
	ee) Keine Vertragsbeziehungen »in den Diagonalen«		241
	c) Anwendungsbereich der §§ 675c bis 676c BGB		243

        d) Vertragstypen und Begriffsbestimmungen 245
           aa) Zahlungsdienstvertag (§ 675f BGB) 245
           bb) Wichtige Begriffsbestimmungen 246
               (1) Einzelzahlungsvertrag (§ 675f Abs. 1 BGB) 248
               (2) Zahlungsdiensterahmenvertrag (§ 675f Abs. 2 BGB) 249
               (3) Zahlungsvorgang (§ 675f Abs. 3 S. 1 BGB) 250
               (4) Zahlungsauftrag (§ 675f Abs. 3 S. 2 BGB) 252
    4. Grundzüge einzelner Zahlungsverfahren 255
        a) Überweisungsverkehr 255
           aa) Überweisung ist erlaubnispflichtiger Zahlungsdienst (§ 1 Abs. 2 Nr. 2b ZAG,
               § 8 ZAG) 255
           bb) Rechtliche Besonderheiten des Überweisungsverkehrs 257
               (1) Ausführungspflicht 257
               (2) Sorgfaltspflicht 258
               (3) Erfolgspflicht 259
               (4) Haftung 261
               (5) Entgelte 262
               (6) Aufwendungsersatzansprüche 263
        b) Lastschriftverkehr 265
           aa) Lastschrift ist erlaubnispflichtiger Zahlungsdienst (§ 1 Abs. 2 Nr. 2b ZAG,
               § 8 ZAG) 265
           bb) Begriff der Lastschrift (§ 1 Abs. 4 ZAG) 266
           cc) Rechtliche Grundlagen 267
               (1) Maßgebliche Vorschriften zum Lastschriftverkehr 267
               (2) Rechtsbeziehungen zwischen den Beteiligten 268
               (3) »Abkommen über den Lastschriftverkehr« 270
               (4) Sonderbedingungen für den Lastschriftverkehr 272
               (5) Zulassung zur Teilnahme am Lastschriftverfahren als Zahlungsempfänger .. 274
           dd) Einzelne Lastschriftverfahren 276
               (1) Einzugsermächtigungslastschrift 277
               (2) Abbuchungsauftragslastschrift 283
               (3) SEPA-Basis-Lastschriftverfahren 285
               (4) SEPA-Firmen-Lastschriftverfahren 288
               (5) Wilde Lastschriften (Elektronisches Lastschriftverfahren-ELV) 290
        c) Kartenzahlung 292
           aa) Grundlagen der Kartenzahlung 292
               (1) Garantiefunktion 293
               (2) Zahlungskarte ist ein Zahlungsauthentifizierungsinstrument
                   (§ 1 Abs. 5 ZAG) 294
               (3) Sorgfaltspflichten hinsichtlich der Zahlungskarte 297
           bb) Vertragsbeziehungen der an der Kartenzahlung Beteiligten 299
               (1) Valutaverhältnis 300
               (2) Deckungsverhältnis 301
               (3) Zuwendungsverhältnis 302
           cc) Einzelne Zahlungskartenverfahren 303
               (1) girocard (früher ec-Karte) 303
               (2) Geldkarte 306
               (3) Kreditkarte 307

A. Einführung

1   Die erste große Welle der **Digitalisierung des Alltags** in den 1990er Jahren hat den E-Commerce hervorgebracht, der sich im Wesentlichen online im Internet abspielte. Das vorrangige Medium für die Teilnahme am E-Commerce war und ist der Personal Computer (PC). Heute, im Jahr 2011, sind mobile Endgeräte, speziell Smartphones und Tablet-PC, die Treiber der Digitalisierung. In Deutschland besitzt heute ein großer Teil der Jugendlichen und Erwachsenen mindestens ein solches Gerät und die Nutzung des Internets über das mobile Endgerät, speziell der Mobile Commerce (M-Commerce) als einer der wichtigsten Einsatz-

bereiche nach den reinen Kommunikationsdiensten wie Sprachtelefonie, SMS und E-Mail, gehören zu den großen Wachstumsfeldern.[1] Zum M-Commerce gehören **Anwendungsformen** wie der Abruf von Text- oder Bilddateien (z. B. Klingeltöne, Handy-Logos oder Bildschirmhintergrundbilder), der Download oder flüchtige Abruf (Streaming) von Audiodateien (z. B. Musikstücke, Podcasts oder Hörbücher) oder audiovisuellen Inhalten (z. B. Spielfilme, Nachrichten- oder Comedy-Spots), insbesondere aber auch der Download von Softwareprogrammen und Spielen (sog. Apps von englisch: applications). Diese bestehen häufig nur aus kleinen Datenmengen, sind aber mit dem Internet verbunden und erlauben so den Zugriff auf beim Anbieter vorgehaltene umfangreiche Datenbanken. Beispiele sind Fahrplanauskünfte, Übersetzungsprogramme, Navigationsanwendungen, Social Media Tools, Geschicklichkeits-, Wissens- oder Unterhaltungsspiele. Die jüngste Generation der mobilen Endgeräten lässt aber auch den freien Zugang zum Internet zu, sodass vom mobilen Endgerät aus das gesamte Angebot des Internets verfügbar ist. Auch vom mobilen Endgerät aus kann an Versteigerungen teilgenommen werden, können Büchern, DVDs und anderen Medien oder Waren erworben oder Reiseleistungen wie Bahn- oder Flugtickets gebucht werden. Angeboten werden aber auch der Abruf von lokalen Infos wie Verkehrsmeldungen, touristischen Informationen und Informationen über Museen oder Nachtleben, der Erwerb von Tickets für Konzerte oder den öffentlichen Nahverkehr. Zudem gibt es mobiles Fernsehen, ob als Free- oder Pay-TV. Derartige Produkte oder Leistungen werden entweder von den Mobilfunkanbietern auf ihren proprietären Mobilfunkportalen angeboten (in der Regel in Form von Kooperationen zwischen den Mobilfunkanbietern und führenden Anbietern aus dem jeweiligen Servicebereich) oder aber von den spezialisierten Anbietern selbst als App oder in einer frei im Internet verfügbaren, aber auf mobile Endgeräte mehr oder weniger zugeschnittenen Form. Durch die Verbindung mit dem Internet und auch aufgrund von Apps sind Anbieter nicht nur mehr große kommerzielle Anbieter, sondern auch kleinste Unternehmen und Privatpersonen.

Ein wesentlicher Treiber für die Verbreitung von mobilen Diensten sind die sog. Smartphones, speziell das Apple iPhone, zu dessen Standardausstattung der App Store gehört. Über den App Store können Apps heruntergeladen werden, die mit dem iPhone SDK entwickelt und von Apple freigegeben wurden. Die Apps werden nach dem Download direkt auf dem iPhone installiert und mit der iTunes Mediathek synchronisiert; auch der umgekehrte Weg ist möglich. Der App Store stellt die einzige Möglichkeit dar, Programme und Spiele von Dritten auf das iPhone zu laden. Da die Freigabe durch Apple nicht immer nachvollziehbar und transparent ist, bestehen hier zum Teil kartellrechtlich Bedenken.

Es spricht daher einiges dafür, dass im Bereich der Alltagsgeschäfte von Verbrauchern die mobilen Endgeräte den PC und der M-Commerce den E-Commerce stark verdrängen werden. So bietet das mobile Gerät gegenüber dem PC sowohl aus Anwender- als auch aus Anbietersicht **erhebliche Vorteile**. Der Nutzer trägt es fast jederzeit und an fast jedem Ort mit sich und füllt bereits heute typische Wartezeiten, wie z. B. im täglichen Nahverkehr (S-Bahn, Zug, Stau), aber auch Teile seiner Freizeit mit Kommunikation oder Transaktionen über das mobile Endgerät. Die stets und überall verfügbaren mobilen Informationsdienste bieten dem Nutzer die Möglichkeit, sich jederzeit über Wissenswertes zu informieren, wie z. B. über Nachrichten, Verkehrsmeldungen oder Börsennachrichten. Ein anderer für den Verbraucher nützlicher Aspekt ist, nichts verpassen zu müssen, sondern sich z. B. während der Fahrt zur Arbeit über die Vorabendfernsehserie bereits vor deren Ausstrahlung im Fernsehen in Form eines Preview oder am folgenden Tag in Form einer Zusammenfassung der Ausstrahlung des vorangegangenen Tages zu informieren.

2

---

[1] Zu den verschiedenen Zahlungswegen und Zahlungsmitteln im M-Commerce s. den gesonderten Abschnitt in Rdn. 180 ff.

3 Aus Sicht der Anbieter besteht der Reiz der Mobilgeräte darin, dass sie im Wesentlichen nur von ihrem Besitzer genutzt werden, die somit zu fast jedem Zeitpunkt persönlich erreicht werden können, wohingegen PC nicht selten von mehreren Personen, z. B. allen Familienmitgliedern, genutzt werden. Aus diesem Grund ist die Entwicklung des M-Commerce Marktes auch für die werbetreibende Industrie von besonderem Interesse. Zu den neuen Werbeformen gehören z. B. Klingelton- oder Apps-Gutscheine in Flaschendeckeln oder die Übermittlung von elektronischen Coupons für das Lieblingsrestaurant oder die Teilnahme an einer Verkaufsaktion. Andere Bespiele sind Videoclips über ein neues Automodell inklusive der Registrierungsmöglichkeit direkt vom Smartphone für eine Probefahrt. Andere Beispiele sind Werbeplakate, die per Bluetooth oder SMS mit dem Handy kommunizieren oder auf denen Bar-Codes angebracht sind, die mittels der Kamera der Smartphones gelesen werden können, sodass Gutscheine, Klingeltöne oder Ähnliches quasi direkt »aus dem Plakat« auf das Handy herunter geladen werden können.

4 Doch bringt – wie sich im Folgenden zeigen wird – genau der Vorzug der aufgrund der Kompaktheit der Geräte erhöhten Mobilität zugleich eine der aus rechtlicher Sicht größten **Schwierigkeiten** mit sich, nämlich den gegenüber dem PC-Bildschirm für die Anzeige längerer Texte erheblich zu kleinen Bildschirm der meisten Mobilgeräte. Weitere praktische Einschränkungen ergeben sich aufgrund der in den üblichen Mobilfunknetzen (und bei höherer Auslastung pro Mobilfunkzelle selbst im UMTS-Netz) noch immer recht niedrigen Übertragungsgeschwindigkeiten. Heute gilt daher noch der Grundsatz, dass sowohl mediale Inhalte als auch rechtlich relevante Texte im Hinblick auf das Datenvolumen und somit auch inhaltlich auf ein Minimum reduziert werden sollten. Wesentliche Verbesserungen werden die in Zukunft zumindest für die Großstädte und Ballungsräume zu erwartenden höheren Bandbreiten im Mobilfunk (z. B. der WiMAX Standard) oder Wifi-Netzwerke (wie z. B. The Cloud) mit sich bringen.

B. Vertragsrecht

I. Vertragsschluss

5 Auch im Bereich des M-Commerce gilt, dass Verträge durch den Zugang übereinstimmender Willenserklärungen in Form von Angebot und Annahme zustande kommen. Ein Vertragsschluss setzt zumindest eine **Einigung** über die wesentlichen Eckpunkte des Vertrages, die sog. **essentialia negotii**, voraus,[2] was im Zweifel im Wege der Auslegung zu ermitteln ist (§§ 133, 157 BGB). Im Einzelfalle ist dabei die Angebotserklärung von einer sog. **invitatio ad offerendum** abzugrenzen,[3] mit der im vorliegenden Zusammenhang des M-Commerce in der Regel der Anbieter über seine Webseiten oder Portale den Nutzer auffordert, ein Angebot in Form einer Bestellung abzugeben, welches dann in der Regel explizit (etwa durch Bestätigung per E-Mail oder SMS) oder konkludent durch Lieferung vom Anbieter angenommen wird.

1. Form der Vertragserklärungen

6 Die Form des Vertragsschlusses steht den Parteien grundsätzlich frei. Sie kann somit schriftlich oder in Textform (§ 126b BGB) oder gar mündlich regelmäßig auch über mobile Endgeräte erfolgen.[4] Etwas anderes gilt nur, wenn gesetzlich zwingende Formvorschriften zu beachten sind, so z. B. beim Abschluss von Bürgschaftsverträgen das Schriftformerforder-

---

2 Palandt/*Heinrichs* Überbl. v. § 104 Rn. 3.
3 MüKo-BGB/*Kramer* § 145 Rn. 10.
4 Eingehend zu Formvorschriften im Zeitalter digitaler Kommunikation s. *Boente/Riehm* Jura 2001, 793.

nis (vgl. § 766 BGB) oder beim Abschluss von Verträgen über Grundstücke, Vermögen, Nachlass oder GmbH-Geschäftsanteile die notarielle Form (§ 311b BGB bzw. § 15 Abs. 3 und 4 GmbHG), weshalb Transaktionen über das Handy in diesen Bereichen zumindest heute noch nicht möglich sind. Zudem kann sich trotz der somit grundsätzlich herrschenden Formfreiheit aus Gründen der erleichterten Nachweisbarkeit im Einzelfall die **Schriftform** empfehlen. Ob und wann dies auch für Alltagsgeschäfte im M-Commerce gilt, wird im Einzelfall aufgrund einer Aufwand-/Nutzen- und einer Risikoabwägung zu entscheiden sein.

Ist im Gesetz nichts Gegenteiliges geregelt, so kann die Schriftform auch durch die **elektronische Form** ersetzt werden. Dies setzt jedoch die Verwendung einer qualifizierten Signatur nach dem Signaturgesetz voraus (§§ 126 Abs. 3, 126a BGB), die zumindest heute noch nicht den gängigen Mobilgerätestandards entspricht. 7

Die im Bereich des M-Commerce wohl am häufigsten vorkommende Form des Vertragsschlusses bzw. der sonstigen Willenserklärungen wie dem Widerruf ist die einfache **Textform** (§ 126b BGB). Verträge können laut Gesetz auch in Textform geschlossen werden, wenn (i) die Vertragserklärungen in einer Urkunde oder auf andere zur dauerhaften Wiedergabe in Schriftzeichen geeignete Weise, (ii) die Person des Erklärenden angegeben, und (iii) der Abschluss der Erklärung durch Nachbildung der Namensunterschrift oder anders erkennbar gemacht werden. Eine unter Verwendung eines mobilen Endgeräts abgegebene Willenserklärung liegt demnach vor, wenn der Nutzer sie mit seinem mobilen Endgerät selbst formuliert hat oder er auf formularmäßige Erklärungen, wie z. B. Bestellmasken, zurückgreift und diese von sich aus verschickt. 8

In der Praxis häufig anzutreffen sind aber auch die für den Bereich des E-Commerce anerkannten **automatisierten Computererklärungen**.[5] Diese kommen im Bereich des M-Commerce insbesondere dort vor, wo der Nutzer standardisierte Informationen oder Produkte zum Download abrufen kann. Ein Beispiel einer automatisierten Annahmeerklärung liegt vor, wenn der Nutzer durch Versenden einer SMS an den Anbieter einen Klingelton abruft und die Server des Anbieters diese Bestellung automatisiert ausführen, dem Kunden den Klingelton zusenden und ihm die entsprechenden Kosten automatisch in Rechnung stellen bzw. abbuchen.[6] 9

2. Zeitpunkt des Vertragsschlusses

Zeitpunkt des Vertragsschlusses ist in der Regel das Wirksamwerden der Annahmeerklärung, mithin unter Abwesenden der **Zugang** der Annahmeerklärung bei der Vertragspartei des Vertragsangebots (§ 130 Abs. 1 S. 1 BGB). Schriftliche Vertragserklärungen gelten als zugegangen, wenn sie in den Bereich des Empfängers gelangt sind, sodass dieser unter normalen Umständen die Möglichkeit hat, vom Inhalt der Erklärung Kenntnis zu nehmen,[7] regelmäßig wenn also z. B. die schriftliche Erklärung im Briefkasten oder Postfach eingegangen ist. Im Fall einer mündlichen Erklärung genügt es, wenn die Erklärung auf den Anrufbeantworter der anderen Partei gesprochen wird. 10

Dies zugrunde gelegt gelten elektronische Willenserklärungen in der Regel dann als zugegangen, wenn sie nach den Eigenarten der gewählten Kommunikationsform in den Bereich des Empfängers gelangt sind, sodass dieser die Möglichkeit der Kenntnisnahme hatte. Für digitale Erklärungen im Bereich des M-Commerce bedeutet dies, dass die Erklärung z. B. per E-Mail oder SMS beim Empfänger oder dessen Provider eingegangen sein muss und dort in einer Form gespeichert wird, dass der Empfänger in der Lage ist, von der Erklärung 11

---

5 Vgl. dazu bereits *Mehrings* MMR 1998, 30 (31 ff.).
6 Zum Abruf von Klingeltönen s. auch unten Rdn. 108, 162 ff.
7 BGHZ 67, 271 (275).

Kenntnis zu nehmen, vorausgesetzt der Empfänger hat in irgendeiner Weise auf diese Art der Kommunikationsmöglichkeit hingewiesen.[8] Bei der Frage, ob eine Kenntnisnahme von der Vertragserklärung im Bereich des M-Commerce möglich war, kommt es aufseiten des Anbieters darauf an, wann Bestellungen oder andere M-Commerce Vertragserklärungen üblicherweise bearbeitet werden. Erfolgt z. B. die Verarbeitung von Bestellungen automatisiert auf den Servern des Anbieters rund um die Uhr, so kann ganztägig von der Möglichkeit der Kenntnisnahme ausgegangen werden, andernfalls nur zu üblichen Geschäftszeiten und mithin bei nach Geschäftsschluss eingehenden Erklärungen erst am folgenden Werktag. Beim Verbraucher hingegen ist es nicht selbstverständlich, dass dieser die bei ihm per E-Mail oder SMS eingehenden Erklärungen ständig prüft. Es kann wohl auch nicht einmal davon ausgegangen werden, dass der durchschnittliche Verbraucher seine E-Mails täglich abruft. Dies könnte jedoch bei mobilen Endgeräten im Einzelfall anders sein: Vorbehaltlich der typischen Gewohnheiten des Durchschnittsnutzers im Hinblick auf den konkreten Dienst und das konkrete Gerät kann davon ausgegangen werden, dass der Nutzer spätestens an dem auf den Eingang der Erklärung folgenden Tag die Möglichkeit hat, die Erklärung zur Kenntnis zu nehmen. Denn gerade bei Mobiltelefonen, Blackberrys und Smartphones kann davon ausgegangen werden, dass der Nutzer diese ständig bei sich trägt bzw. zumindest einmal am Tag einsetzt. Hinzu kommt, dass viele Geräte dem Nutzer per Signalton mitteilen, wenn eine neue Nachricht eingegangen ist. Allenfalls am Wochenende, an Feiertagen oder in typischen Urlaubszeiten mag eine andere Beurteilung angezeigt sein.

3. Schlüssige (konkludente) Erklärungen

12 Möglich ist aber auch ein Vertragsschluss ohne ausdrückliche Erklärung, nämlich durch schlüssiges (konkludentes) Verhalten. So ist bei einer Transaktion im M-Commerce keine explizite Vertragserklärung des Nutzers erforderlich, wenn der Nutzer bereits die Leistung, z. B. einen Musik-Download, abruft.

4. Frist zur Annahme des Angebots

13 Des Weiteren kann sich gerade im Bereich des M-Commerce die Frage nach der Annahmefrist stellen, d. h. nach derjenigen Frist, innerhalb derer die anbietende Partei an ihre Angebotserklärung gebunden ist, bzw. nach deren Ablauf sie von ihrem Angebot wieder frei wird. Insoweit ist nach Erklärungen, die zwischen Anwesenden und solchen, die zwischen Abwesenden erfolgen, zu unterscheiden (§ 147 BGB).

14 Ein Vertragsangebot, welches z. B. während eines vom Mobiltelefon aus geführten Telefonates erfolgt, gilt als **Angebot zwischen Anwesenden**, welches – vorbehaltlich abweichender vertraglicher Abreden – nur sofort angenommen werden kann (§ 147 Abs. 1 S. 1 BGB). Gleiches gilt für Angebote, die während einer über das mobile Endgerät stattfindenden Videokonferenz oder eines Chats, gemacht werden.[9] Wird das Telefonat, die Videokonferenz oder der Chat vor der Erklärung der Annahme durch die andere Partei abgebrochen, so erlischt das Angebot.[10]

15 Ein Vertragsangebot gegenüber einem oder durch einen Sprachcomputer stellt keine Kommunikation von Person zu Person dar (vgl. § 147 Abs. 1 S. 2 BGB) und gilt daher wie Erklärungen mittels Fax, E-Mail oder Videotext als **Erklärung unter Abwesenden**. In diesen Fällen kann die Annahme bis zu dem Zeitpunkt erfolgen, in dem derjenige, der das Angebot abgegeben hat, mit dem Eingang der Annahme unter regelmäßigen Umständen rechnen

---

8 Palandt/*Heinrichs* § 130 Rn. 7a.
9 MüKo-BGB/*Kramer* § 147 Rn. 3.
10 Palandt/*Heinrichs* § 147 Rn. 5.

durfte (§ 147 Abs. 2 BGB). Ein Angebot per Fax muss unter regelmäßigen Umständen innerhalb von zwei Tagen angenommen werden.[11] Eine ähnliche Zeitspanne kann daher wohl auch für Kommunikation per E-Mail oder SMS angenommen werden.

Die Grundsätze des **kaufmännischen Bestätigungsschreibens**, wonach ein Widerspruch gegen ein Schreiben, das den Stand von Vertragsverhandlungen festhält, unverzüglich zu erfolgen hat,[12] kann auf den Bereich des M-Commerce unter Kaufleuten übertragen werden. **16**

5. Anfechtung von Willenserklärungen

Für die Anfechtung von fehlerhaften Willenserklärungen gelten grundsätzlich keine Besonderheiten. Hat ein Nutzer über sein Mobiltelefon einen Musikclip per Download angefordert, war ihm dabei jedoch nicht bewusst, dass er zugleich ein Abonnement über weitere Downloads eingeht, so hat der Kunde genau das erklärt, was er erklären wollte, er hat sich jedoch über den Erklärungsinhalt und dessen Bedeutung geirrt. In Betracht kommt eine Anfechtung wegen **Inhaltsirrtums** (§ 119 Abs. 1 Alt. 1 BGB). Enthält ein vom Nutzer ausgefülltes Bestellformular einen Zahlendreher (»71« statt »17« Stück) oder sind dem Nutzer sonst in SMS oder Bestellformular Tippfehler unterlaufen oder hat er die falschen Optionen beim Opt-in oder Opt-out oder bei der Produktauswahl angeklickt, so kann eine Anfechtung wegen **Erklärungsirrtums** in Betracht kommen (§ 119 Abs. 1 Alt. 2 BGB). Ein anderes Beispiel ist die Übersendung der richtigen Vertragserklärung an eine falsche Rufnummer, unter welcher der Erklärende den Vertragspartner vermutet, die in Wirklichkeit jedoch einem unbeteiligten Dritten gehört. Auch bei einem solchen Irrtum über die verkehrswesentlichen Eigenschaften einer Person oder Sache kommt eine Anfechtung aufgrund Inhaltsirrtums infrage.[13] Bei Fehlern im Übertragungsprozess der vom Mobilgerät per SMS, E-Mail oder sonst versandten Vertragserklärung kommt eine Anfechtung wegen **falscher Übermittlung** in Betracht (§ 120 BGB).[14] **17**

II. Prozessuales

Die Abgabe und der Zugang elektronischer Willenserklärungen, die mittels mobiler Endgeräte erfolgt sind, sind im Streitfalle mithilfe der gesetzlich abschließend geregelten Beweismittel nachzuweisen (*numerus clausus*). Die Schwierigkeiten liegen dabei sehr ähnlich wie in anderen Bereichen des elektronischen Geschäftsverkehrs, z. B. bei Vertragsabschlüssen mittels eines PC, der an das Internet angeschlossen ist. In all diesen Fällen sind die Abläufe weitestgehend digitalisiert und automatisiert, sodass im Streitfalle in der Regel nur der Ausdruck der digital gespeicherten Daten, die der elektronischen Willenserklärung zugrunde liegen, infrage kommt. Die so gedruckten Dokumente sind jedoch keine Privaturkunden im prozessrechtlichen Sinne, sodass ein Urkundenbeweis regelmäßig nicht infrage kommt (§§ 416, 440 Abs. 2 ZPO), es sei denn, die entsprechenden Erklärungen sind qualifiziert elektronisch signiert (vgl. § 371a Abs. 1 ZPO). Stattdessen sind diese Ausdrucke allein einer **Inaugenscheinnahme** durch das Gericht zugänglich (vgl. §§ 371 ff. ZPO), der im Gerichtsprozess üblicherweise nur ein geringerer Beweiswert zukommt.[15] Hinzu kommt vorliegend, dass bei mobilen Endgeräten, insbesondere einfacheren Geräten, zusätzliche technische Schwierigkeiten bestehen, Erklärungen oder Inhalte auszudrucken. In der Praxis besteht daher immer Restunsicherheit, ob ein elektronischer Vertragsschluss mittels mobi- **18**

---

11 LG Wiesbaden NJW-RR 1998, 1435.
12 S. dazu nur BGHZ 7, 189; 11, 3; st. Rspr.
13 Beispiel bei Steinmassl/Borck/Trautmann/Pohle/*Borck/Pohle* S. 85 Rn. 76.
14 Ungeachtet dessen kann ein Schadensersatzanspruch aus § 280 BGB oder §§ 823 ff. BGB gegen den Übermittler, d. h. den Mobilfunkanbieter, in Betracht kommen; s. auch *Hoeren/Pfaff* MMR 2007, 207 (210).
15 Zu den sog. öffentlichen elektronischen Dokumenten s. §§ 371a Abs. 2, 437 ZPO und zur Verwendung von Ausdrucken dieser Dokumente im Gerichtsverfahren s. § 416a ZPO.

ler Endgeräte auch bewiesen werden kann, es sei denn, es sind zugleich andere Beweismittel zur Hand.

C. Allgemeine Geschäftsbedingungen

I. Einbeziehung von Allgemeinen Geschäftsbedingungen

1. Regelfall der Einbeziehung

19 Der Anbieter von M-Commerce Diensten hat das Interesse, das Vertragsverhältnis zum Kunden seinen eigenen allgemeinen Geschäftsbedingungen (AGB) zu unterwerfen. Er wird daher in der Regel versuchen, seine AGB in den Bestell- oder Anmeldeprozess einzubinden. Um eine wirksame Einbeziehung der AGB sicherzustellen, hat er allerdings die u. a. dem Ausgleich zwischen Anbieter- und Verbraucherinteressen dienenden Regelungen der §§ 305 ff. BGB zu beachten, die neben inhaltlichen Maßstäben auch bestimmte **Transparenz- und Informationsanforderungen** aufstellen.[16] So hat der Anbieter als (im Sprachgebrauch des Gesetzes) Verwender der AGB sicherzustellen, dass er den Kunden bei Vertragsschluss ausdrücklich auf die AGB hinweist und dem Kunden die Möglichkeit verschafft, in zumutbarer Weise vom Inhalt der AGB Kenntnis zu nehmen (§ 305 Abs. 2 BGB). Eine **Nichtbeachtung** oder fehlerhafte Umsetzung dieser Vorgaben führt in der Regel dazu, dass die entsprechenden AGB nicht in das jeweilige Vertragsverhältnis einbezogen werden. Typische und für den Anbieter wichtige AGB-Regelungen wie Haftungs- und Gewährleistungsbeschränkungen werden in solchen Fällen somit nicht Vertragsbestandteil.[17]

a) Ausdrücklicher Hinweis

20 Für den erforderlichen ausdrücklichen Hinweis auf die AGB (§ 305 Abs. 2 Nr. 1 BGB) genügt grundsätzlich, dass ein auffällig platzierter und gestalteter **Hinweis** oder ein **Hyperlink** von der Web- oder Portalseite des Anbieters auf die AGB verweist. Dies ist für Onlinedienste anerkannt und wird auch auf M-Commerce Portale übertragen werden können.[18] Hingegen ist eine solche Lösung bei SMS-Diensten nicht möglich, da die SMS-Technologie keine Möglichkeit der Verlinkung vorsieht. Bei M-Commerce Portalen oder Mobile-TV Angeboten ist auch an eine Einbeziehung des AGB-Textes in Form eines horizontal umlaufenden Textes (sog. **Bauchbinde**) zu denken, wobei die sehr kleinen Bildschirme auch hierfür in der Regel nicht sehr viel Platz bieten.

b) Möglichkeit der Kenntnisnahme

21 Dem Kunden ist zudem die Möglichkeit zu geben, in zumutbarer Weise von den AGB Kenntnis zu nehmen (§ 305 Abs. 2 Nr. 2 BGB). Die AGB sind danach so zu gestalten, dass sie trotz des beschränkten Platzangebots auf den Bildschirmen der Mobilgeräte auch für einen durchschnittlichen Kunden **leicht lesbar und verständlich** sind.[19] Daraus folgt, dass die AGB einen noch **zumutbaren Umfang** haben und ein **Mindestmaß an Übersichtlichkeit** bieten müssen,[20] indem sie z. B. in sich sinnvoll gegliedert sind. Seitenlange Fließtexte, die auf einem vergleichsweise kleinen Bildschirm des Mobilgerätes gelesen werden müssen, sind unzumutbar.

---

16 Hierzu umfassend *Nordmann/Nelles* CRi 2006, 105.
17 Zur Einbeziehung von AGB vgl. z. B. *Ranke* MMR 2002, 509; s. auch Kap. 10 und 11.
18 *Strömer* S. 320.
19 *S. v. Münch* MMR 2006, 202.
20 Palandt/*Heinrichs* § 305 Rn. 39.

I. Einbeziehung von Allgemeinen Geschäftsbedingungen

Eine Lösung könnte darin bestehen, den Kunden mittels **Hyperlink** auf eine spezielle Internetwebsite oder eine WAP-Seite des Anbieters zu führen. Diese Lösung bedeutet für den Anbieter jedoch noch keine ausreichende Rechtssicherheit, da derzeit noch nicht davon ausgegangen werden kann, dass alle gängigen Mobilgeräte die Anzeige solcher Seiten erlauben. Zudem ist davon auszugehen, dass nur wenige Nutzer eine Flatrate für den Datentransfer besitzen, sodass das Abrufen von Internet- oder WAP-Seiten zu zusätzlichen Übertragungskosten beim Kunden führt. Eine solche Lösung müsste daher bei den meisten eher geringwertigen Alltagsgeschäften als nicht verhältnismäßig und somit unzumutbar betrachtet werden. 22

Denkbar wäre weiter auch, dass der Anbieter die AGB dem Kunden per **SMS** zuschickt. Es stellt sich allerdings erneut die Frage nach der Zumutbarkeit der Kenntnisnahme, da sich der Kunde auch hier mühsam durch die SMS scrollen müsste. Da zudem eine SMS nicht mehr als 160 Zeichen enthält, müsste der Anbieter dem Kunden mehrere SMS mit Bruchstücken der AGB zusenden, was wohl ebenfalls als unzumutbar, weil belästigend angesehen werden müsste. Der Anbieter wird sich daher auf die zentralen Aussagen seiner üblichen AGB beschränken müssen, sodass insgesamt allenfalls ein oder zwei SMS gelesen werden müssen, wobei die Klauseln trotz der inhaltlichen und äußerlichen Reduzierung auf das Minimum nicht irreführen dürfen. 23

Eine Lösung könnte sich allerdings auf technischem Gebiet abzeichnen. Soweit der Anbieter im Fall einer mobilen Bestellung zusammen mit den übersandten Bestelldaten des Nutzers auch **Daten betreffend den Browser-Typ und die Displaygröße** erhält oder zumindest Rückschlüsse auf die Displaygröße ziehen kann, könnte er unterschiedlich ausführliche AGB vorhalten, für die kleinsten Displays nur die Kernaussagen der Standard-AGB und für die nächst größeren Displays unterschiedlich lange AGB-Varianten. 24

c) Einverständnis des Kunden

Des Weiteren ist erforderlich, dass der Kunde mit der Geltung der AGB des Anbieters einverstanden ist (§ 305 Abs. 2 a. E. BGB). Das Einverständnis muss nicht ausdrücklich, sondern kann auch schlüssig erklärt werden. Es kann in der Regel als gegeben angenommen werden, wenn die vorstehend unter Rdn. 20–24 beschriebenen Voraussetzung erfüllt sind und es zum Vertragsabschluss kommt.[21] Hingegen genügt es nicht, dass auf die AGB erstmals in der Auftragsbestätigung oder der Rechnung des Anbieters hingewiesen wird und der Kunde daraufhin schweigt.[22] Auch die Entgegennahme der Leistung kann im nichtkaufmännischen Verkehr in der Regel nicht als Einverständnis mit den erst nach Vertragsschluss mitgeteilten AGB angesehen werden.[23] Da dem Anbieter regelmäßig die **Beweislast** für das Einverständnis des Kunden mit der Geltung der AGB obliegt, ist zu empfehlen, dass der Anbieter auf seinen Seiten einen Bestell- oder sonstigen Vertragsschlussprozess aufsetzt, während dessen der Kunde ausdrücklich sein Einverständnis mit der Geltung der AGB mittels einer **Opt-In Lösung** erklärt und der Anbieter diese Einverständniserklärung in seinen Systemen auch aufzeichnet, um im Streitfalle zu Beweiszwecken darauf zurückgreifen zu können. 25

2. Einbeziehung durch freiwilligen Verzicht des Kunden

Denkbar ist auch eine Einbeziehung von AGB durch freiwilligen Verzicht des Kunden auf die Möglichkeit der zumutbaren Kenntnisnahme i. S. v. § 305 Abs. 2 Nr. 2 BGB. Ein entsprechender Verzicht könnte im Rahmen der Privatautonomie zwischen Anbieter und 26

---

21 Palandt/*Heinrichs* § 305 Rn. 43.
22 BGHZ 18, 212; 61, 287.
23 Palandt/*Heinrichs* § 305 Rn. 43.

Kunde ohne Weiteres vereinbart werden.[24] Der Kunde müsste also im Vorfeld der Transaktion seinen **freiwilligen Verzicht** in Form der Annahme oder des Angebots einer entsprechenden frei verhandelten Vereinbarung erklärt haben. Dies zu gewährleisten, erscheint in der Praxis des M-Commerce schwierig, da der Kunde bereits im Rahmen des Vertragsschlusses aufgefordert werden müsste, mit einer gesonderten SMS oder anderen Form der Willenserklärung seinen individuellen Verzicht zu formulieren, was den Bestellprozess erheblich behindern dürfte. Hinzu kommt, dass auch die Annahme einer vom Auftraggeber vorformulierten Verzichtserklärung durch den Kunden leicht als eine AGB-Regelung (anstelle einer erforderlichen Individualvereinbarung) verstanden werden könnte. Für die Praxis des M-Commerce ist diese Lösung daher, nicht zuletzt auch aus Marketinggründen, weniger attraktiv.

3. Einbeziehung im Wege einer Rahmenvereinbarung

27 Der Anbieter kann die Geltung der AGB für eine bestimmte Art von Geschäften bereits im Voraus in Form einer Rahmenvereinbarung mit dem Kunden vereinbaren (§ 305 Abs. 3 BGB). Da, wie bereits oben ausgeführt, die kleinen Bildschirme von Mobilgeräten die Kenntnisnahme von längeren Texten erheblich erschweren, wird sich aber auch der Abschluss von Rahmenverträgen über die Mobilgeräte als äußerst schwierig gestalten. Ein solcher Abschluss erscheint daher ohne **Medienbruch** kaum praktikabel, er könnte aber z. B. im Rahmen einer vorgeschalteten Registrierung online über den PC erfolgen. Diese Lösung scheint daher in erster Linie für länger andauernde Geschäftsbeziehungen wie Abonnementverträge oder Ähnliches sinnvoll zu sein, wohingegen wegen weiterer Formerfordernisse im Bereich des Online-Banking sogar auf schriftliche Rahmenverträge zurückgegriffen werden müsste. Denkbar sind Rahmenvereinbarungen aber auch bei der Registrierung für Auktionshäuser, Musik-Download-, Reise- oder Bücherwebsites und M-Commerce-Angebote und würden die Einzelbestellung erheblich erleichtern. Die Registrierung im Internet könnte zudem durch weitere Anreize, wie z. B. Rabatte, Boni oder Ähnliches incentiviert werden.

4. Veröffentlichung im Amtsblatt der Bundesnetzagentur

28 Gesetzlich anerkannt ist außerdem auch, dass AGB einbezogen werden können, indem sie im Amtsblatt der Bundesnetzagentur für Elektrizität, Gas, Telekommunikation, Post und Eisenbahn veröffentlicht werden (§ 305a Nr. 2b BGB). Diese Ausnahme gilt jedoch nur für Telekommunikations- und Informationsanbieter, die ihre Leistungen unmittelbar während des eigentlichen Telekommunikationsvorganges in einem Mal erbringen. Ein Beispiel hierfür sind telefonische Informationsdienste. Angewandt auf den Bereich des M-Commerce zeigt sich, dass nur wenige Dienste hierunter fallen dürften. Zu denken ist z. B. an **Mehrwertdienste** in Form von Informationsdiensten zum Abruf von Wertpapierkursen, lokalisierten Restaurantempfehlungen oder Verkehrsinfos. Andere M-Commerce Dienste, wie z. B. das Mitsteigern bei Auktionen oder die Bestellung von Waren, erfolgen in mehreren Schritten, und fallen somit nicht unter die Ausnahmeregelung. Eine Anwendung auch für solche Dienste wäre wünschenswert, besteht aber derzeit noch nicht. Eine entsprechende Klarstellung bzw. Ausweitung der gesetzlichen Regelung durch den Gesetzgeber wäre wünschenswert.

---

24 LG Braunschweig NJW-RR 1986, 639; ebenso die h. M. in der Literatur mit Nachw. bei MüKo-BGB/*Basedow* § 305 Rn. 63.

II. Abrufbarkeit und Speicherfähigkeit der AGB

Einem anderen Rechtsbereich, nämlich den Vorschriften über den elektronischen Geschäftsverkehr des BGB, entlehnt ist die Verpflichtung des Verwenders von AGB, dem Kunden die Vertragsbestimmungen einschließlich der AGB bei Vertragsschluss so zur Verfügung zu stellen, dass dieser sie abrufen und in wiedergabefähiger Form speichern kann (§ 312e Abs. 1 S. 1 Nr. 4 BGB). Eben dies ist aber auf Mobiltelefonen und auch auf anderen einfacheren Mobilgeräten häufig nicht möglich, da diese anders als PC oder Laptops in der Regel **keine technischen Möglichkeiten zur Speicherung** (z. B. als .pdf) oder zum Druck umfangreicher AGB vorsehen. Im Ergebnis erscheint eine Umsetzung der gesetzlichen Vorgaben im Bereich des M-Commerce daher ohne Gesetzesänderung wohl nicht möglich. Ein Verstoß gegen die gesetzlichen Vorgaben kann, sofern ein Widerrufsrecht besteht (vgl. § 355 BGB), dazu führen, dass das Widerrufsrecht praktisch nicht erlischt, da die Widerrufsfrist erst nach Erfüllung der gesetzlichen Vorgaben zu laufen beginnt (vgl. § 312e Abs. 3 S. 2 BGB). Auch kann der Anbieter aus Verletzung vorvertraglicher Pflichten in Anspruch genommen werden (§§ 311 Abs. 2, 280 BGB). Schließlich ist nicht auszuschließen, dass auch Wettbewerber den Anbieter wegen wettbewerbswidrigem Verhalten in Anspruch nehmen. Aus praktischer Sicht bleibt dem Anbieter daher nur die Möglichkeit, sein Risiko dadurch zu reduzieren, dass er die AGB auf seiner Internetwebsite zu Abruf und Speicherung vorhält.

29

D. Fernabsatzrecht

Bestehen zwischen Anbieter und Kunde – wie im M-Commerce regelmäßig der Fall – Fernabsatzverträge, so ergeben sich für den M-Commerce Anbieter umfangreiche Informationsverpflichtungen, von denen einige im vorvertraglichen Bereich und andere erst nach Vertragsschluss zu erfüllen sind. Die Nichtbeachtung bringt zum Teil einschneidende Konsequenzen für das Geschäftsmodell des M-Commerce Anbieters mit sich (vgl. §§ 312b bis 312e und §§ 355 bis 359 BGB).

30

I. Vorvertragliche Informationspflichten

1. Informationen über das Bestehen eines Widerrufsrechts

Der Nutzer ist über das Bestehen eines Widerrufs- oder Rückgaberechts zu informieren (§ 312c Abs. 1 BGB i. V. m. Art. 246 §§ 1 und 2 EGBGB). Die Gesetzesfassung vor Inkrafttreten des Gesetzes zur Änderung der Vorschriften über Fernabsatzverträge bei Finanzdienstleistungen vom 02.12.2004 sah vor, dass diese Informationen rechtzeitig vor Abschluss eines Fernabsatzvertrages zur Verfügung gestellt werden mussten.[25] Inhaltlich war nur mitzuteilen, dass ein Widerrufs- oder Rückgaberecht besteht. Eine solche Mitteilung konnte selbst auf Endgeräten mit kleinsten Displays ohne Weiteres in angemessener Form angezeigt werden. Mit Inkrafttreten des vorgenannten Gesetzes wurde aber sowohl der Zeitpunkt der Information **vorverlegt** als auch der Inhalt der Pflichtinformation **ausgeweitet**, was zu erheblichen Schwierigkeiten in der Praxis führt.[26]

31

---

25 § 312c Abs. 1 S. 1 Nr. 1 BGB a. F. i. V. m. § 1 Abs. 1 Nr. 9 BGB-InfoV.
26 Hierzu ausf. *Pauly* MMR 2005, 811.

a) Zeitpunkt der Widerrufsbelehrung

32 Der Hinweis über das Bestehen des Widerrufrechts hat rechtzeitig **vor der Vertragserklärung des Kunden** zu erfolgen (§ 312c Abs. 1 BGB i. V. m. Art. 246 § 1 und 2 EGBGB). Vertragserklärung des Kunden kann, je nach Konstellation, das Angebot oder die Annahme des abzuschließenden Vertrages sein. Ob im Einzelfall der Hinweis des Anbieters vor der Vertragserklärung des Kunden erfolgt ist, hängt von der Gestaltung des Dienstes, speziell vom Mechanismus des Vertragsschlusses ab. Daraus folgt aber, dass der Anbieter des M-Commerce Dienstes bereits bei der Aufforderung zur Abgabe eines Vertragsangebots, d. h. bei der sog. **invitatio ad offerendum**, die Widerrufsbelehrung übermitteln muss, da der Kunde hierauf bereits ein Angebot, mithin seine Vertragserklärung, abgeben könnte. Der Anbieter hat mithin, bevor es überhaupt zu einer bindenden Bestellung des Kunden kommt, dem Kunden den umfangreichen Text einer Widerrufsbelehrung auf der entsprechenden Web- oder WAP-Seite des Anbieters oder aber – bei Vertragsschluss per SMS – in Form weiterer SMS vorab zu schicken. Dies belastet den Vertragsanbahnungsprozess erheblich.

b) Inhalt der Widerrufsbelehrung

33 Während nach der oben erwähnten alten Gesetzesfassung der einfache Hinweis auf das Bestehen eines Widerrufs- oder Rückgaberecht ausreichend gewesen wäre, sind nun zusätzlich zu dieser Information die Bedingungen des Widerrufs bzw. der Rückgabe und Einzelheiten der Ausübung, insbesondere der Name und die Anschrift desjenigen, gegenüber dem der Widerruf zu erklären ist, sowie die Rechtsfolgen des Widerrufs bzw. der Rückgabe, einschließlich der Informationen über den Betrag, den der Kunden im Fall des Widerrufs bzw. der Rückgabe gem. § 357 Abs. 1 BGB für die erbrachte Dienstleistung zu zahlen hat, mitzuteilen (§ 312c Abs. 1 BGB i. V. m. Art 246 § 1 Nr. 10 EGBGB). Ein weiterer Hinweis, der nach altem Recht erst nach Vertragsschluss vorgenommen werden musste,[27] wurde ebenfalls in den vorvertraglichen Bereich verlegt. So hat ein spezieller Hinweis auch dann zu erfolgen, sofern ein Widerrufsrecht nicht besteht (vgl. § 312c Abs. 1 BGB i. V. m. Art. 246 § 1 Nr. 10 EGBGB). Der Grund hierfür ist nach den Vorstellungen des Gesetzgebers, dass der Verbraucher in vielen Fällen davon ausgehen wird, dass ihm ein Widerrufsrecht zusteht.

34 Bei seinen Hinweispflichten kann der Anbieter auf eine **Musterbelehrung** zurückgreifen (§ 360 Abs. 3 BGB i. V. m. Art 246 § 2 Abs. 3 Satz 1 EGBGB i. V. m. Anlage 1 zu Art. 246 § 2 Abs. 3 Satz 1 EGBGB), die nunmehr Gesetzesrang hat, deren Verwendung aber nach wie vor nicht verpflichtend ist. Diese Belehrung umfasst jedoch, je nach Lage des Falls ca. 80–200 Worte, sodass sich der Anbieter erneut mit den Problemen der Darstellbarkeit, Zumutbarkeit und Transparenz konfrontiert sieht. Im Ergebnis kann daher eine den gesetzlichen Vorgaben entsprechende Gestaltung von M-Commerce Diensten in der Regel nur noch dann gewährleistet werden, wenn keine Widerrufsbelehrung erforderlich ist, worauf im Folgenden eingegangen wird. Hier bieten sich einige Gestaltungsmöglichkeiten.

c) Ausnahmen von der Verpflichtung zur Widerrufsbelehrung

35 Eine Widerrufsbelehrung hat nicht zu erfolgen, wenn nach den Vorschriften des Fernabsatzrechts **kein Widerrufsrecht** besteht, wenn die Widerrufsbelehrung aufgrund gesetzlicher Vorschriften **entbehrlich** ist oder wenn das **Fernabsatzrecht nicht einschlägig** ist. Etwas anderes gilt allerdings, wenn das Widerrufsrecht nur **nachträglich erlischt**.

---

[27] § 312c Abs. 2 BGB a. F. i. V. m. § 1 Abs. 3 BGB-InfoV.

I. Vorvertragliche Informationspflichten

aa) Lieferung von individuell angefertigten Produkten

Eine Widerrufsbelehrung ist insbesondere dann entbehrlich, wenn dem Verbraucher kein Widerrufsrecht zusteht. Dies ist insbesondere der Fall, wenn der Kunde sich Waren liefern lässt, die nach seinen **besonderen Wünschen** angefertigt oder auf **persönliche Bedürfnisse** zugeschnitten worden sind (§ 312d Abs. 4 Nr. 1, 1. und 2. Alt. BGB). Beispiele hierfür sind Maßanfertigungen jeder Art, wie Maßhemden oder aus digitalen Fotos individuell zusammengestellte und gedruckte Fotoalben.

36

bb) Lieferung von für die Rücksendung ungeeigneten Produkten

Des Weiteren ist ein Widerrufsrecht auch dann ausgeschlossen, wenn Waren bestellt werden, die **für eine Rücksendung ungeeignet** sind oder schnell verderben oder deren Verfallsdatum überschritten ist (§ 312d Abs. 4 Nr. 1, 3. bis 5. Alt. BGB). Beispiele hierfür sind insbesondere frische Nahrungsmittel. Für den Bereich des M-Commerce bedeutet dies, dass im Fall von Lebensmittelbestellungen des Kunden per Handy bei seinem Supermarkt, sofern überhaupt Fernabsatzrecht Anwendung findet (vgl. § 312b Abs. 3 Nr. 5 BGB), das Widerrufsrecht ausgeschlossen sein kann und somit keine Widerrufsbelehrung zu erfolgen hätte.

37

cc) Öffnung von versiegelten Datenträgern

Für versiegelte Software oder versiegelte Audio- oder Videodateien bestehen insofern Besonderheiten, als dass das Widerrufsrecht nicht besteht, wenn der Verbraucher die entsprechenden Datenträger **entsiegelt** hat (§ 312d Abs. 4 Nr. 2 BGB). Der Anbieter soll insoweit davor geschützt werden, dass der Verbraucher die versiegelten Dateien nutzt (z. B. vervielfältigt) und anschließend zurücksendet. Demgegenüber gilt für den Download von Software eine andere Ausnahmeregelung (§ 312d Abs. 3 Nr. 2 BGB), wonach das Widerrufsrecht nur erlischt, nachdem es aber zunächst bestand; ein Hinweis ist in diesem Fall nicht entbehrlich.

38

dd) Ausgenommene Fernabsatzverträge

Ausgenommen von der Verpflichtung zur Widerrufsbelehrung sind des Weiteren z. B.

39

1. Fernabsatzverträge über die Lieferung von Zeitungen, Zeitschriften und Illustrierten, es sei denn, der Verbraucher hat seine Vertragserklärung telefonisch abgegeben, (§ 312d Abs. 4 Nr. 3 BGB),[28]
2. die Erbringung von Wett- und Lotteriedienstleistungen, es sei denn, der Verbraucher hat seine Vertragserklärung telefonisch abgegeben, (§ 312d Abs. 4 Nr. 4 BGB),
3. Verträge, die in der Form der Versteigerung geschlossen werden (§ 312d Abs. 4 Nr. 5 i. V. m. 156 BGB) und
4. Verträge, welche die Lieferung von Waren zum Gegenstand haben, deren Preis auf den Finanzmärkten Schwankungen unterliegt, die vom Unternehmer nicht beeinflusst werden können, wie z. B. Aktien, Devisen, Derivate oder Ähnliches, oder wenn der Verbraucher aufgrund anderer Regelungen den Fernabsatzvertrag widerrufen kann (§ 312d Abs. 5 S. 1 BGB).

---

[28] Beachte aber insofern die eventuell gleichzeitig einschlägigen Regelungen bei Verbraucherkreditgeschäften zu Zahlungsaufschub und Finanzierungshilfen gem. § 499 BGB oder Ratenlieferungsverträgen nach § 505 BGB.

ee) Mehrwertdienste

40 Die nach § 312c Abs. 1 BGB i. V. m. Art. 246 § 1 und 2 EGBGB zu übermittelnden Informationen, mithin auch die Widerrufsbelehrung, können unterbleiben, wenn die Leistungen des Anbieters unmittelbar durch den Einsatz von **Fernkommunikationsmitteln** erbracht werden, die Leistungen in einem Mal erfolgen und über den Betreiber des Fernkommunikationsmittels abgerechnet werden (§ 312c Abs. 1 BGB i. V. m. Art. 246 § 2 Abs. 2 Satz 1 EGBGB). Dies ist der Fall bei den sog. Mehrwertdiensten, wie z. B. Ansagediensten, Faxabrufen oder der Übermittlung von Klingeltönen mittels Einwahlnummer wie z. B. 0800, 0190 oder 09001. Andere Beispiele sind Angebote des Mobilfunkanbieters zur Nutzung von Datenbanken, Download von Software oder Abruf sonstiger Informationen vom Mobilfunkanbieter.[29]

ff) Teilweise Nichtanwendbarkeit des Fernabsatzrechts

41 Eine Widerrufsbelehrung kann nach Gesetz auch dann zum Teil entfallen, wenn ein Vertragsverhältnis eine erstmalige Dienstleistungsvereinbarung umfasst, an die sich weitere in einem zeitlichen Zusammenhang stehende, aufeinander folgende **Vorgänge der gleichen Art** anschließen (§ 312b Abs. 4 S. 1 BGB). Als Beispiel solcher teilweise privilegierter Angebote kann das Online-Banking oder die Kreditkartennutzung genannt werden.[30] Im Anschluss an die Kontoeröffnung bzw. die Ausstellung der Kreditkarte folgt eine Vielzahl gleichartiger Vorgänge wie Kontobewegungen oder Wertpapierkäufe bzw. Zahlungen mit der Kreditkarte. Andere Beispiele sind der Abschluss eines Internet-Access- oder eines Mobilfunkvertrages als zugrunde liegende Dienstleistungsvereinbarungen, an die sich eine Vielzahl gleichartiger Geschäfte anschließt, wie z. B. Internettransaktionen, Datenabrufe oder Telefonate.[31] In diesen Konstellationen hat die Widerrufsbelehrung beim Abschluss der ersten Vereinbarung in einer Kette von gleichartigen Transaktionen einmalig zu erfolgen, wohingegen sie bei den folgenden Transaktionen entbehrlich ist.

d) Rechtsfolgen bei Verstößen

42 Die Rechtsfolgen einer Nichtbeachtung der Verpflichtung zur Widerrufsbelehrung können schwerwiegend sein.

43 Eine besonders nachteilige Folge für die Abwicklung von M-Commerce Geschäften und somit für das Geschäftsmodell des M-Commerce Anbieters besteht darin, dass die Frist für den Widerruf durch den Verbraucher abweichend vom Regelfristenlauf (§ 355 Abs. 2 S. 1 BGB) **erst bei ordnungsgemäßer Belehrung** zu laufen beginnt (§ 312d Abs. 2 BGB i. V. m. Art. 246 § 1 Abs. 1 und 2 EGBGB).[32] Normalerweise endet die Widerrufsfrist spätestens sechs Monate nach dem Vertragsschluss bzw. dem Erhalt der Waren (§ 355 Abs. 4 S. 1 BGB). Ist hingegen nicht ordnungsgemäß nach § 360 BGB über das Widerrufsrecht informiert worden, so besteht für den Anbieter erhebliche Rechtsunsicherheit im Hinblick auf das abgeschlossene Geschäft, da mangels Fristbeginn der Verbraucher theoretisch auch noch nach vielen Monaten den Vertrag widerrufen kann (§ 355 Abs. 4 S. 3 Alt. 1 BGB).[33] Erfolgt die Widerrufsbelehrung ordnungsgemäß, aber erst nach dem Vertragsschluss, wovon wegen der Schwierigkeiten der Darstellung auf kleinen Displays regelmäßig auszugehen ist, so tritt an die Stelle der vierzehntägigen Regelwiderrufsfrist (§ 355 Abs. 2 S. 1 BGB) zudem eine Einmonatsfrist (§ 355 Abs. 2 S. 3 BGB), es sei denn, die ordnungsgemäße Widerrufsbelehrung erfolgte unverzüglich nach Vertragsschluss und der Unterneh-

---

29 Steinmassl/Borck/Trautmann/Pohle/*Borck/Pohle* S. 100 Rn. 98.
30 *Pauly* MMR 2005, 811 (815).
31 *Härting/Schirmbacher* CR 2005, 48.
32 Zu weiteren Folgen vgl. *Hoenike/Hülsdunk* MMR 2002, 516 (519 f.).
33 Dazu im Einzelnen *Timmerbeil* NJW 2003, 569.

I. Vorvertragliche Informationspflichten

mer hat den Verbraucher gemäß Art 246 § 1 Abs. 1 Nr. 10 EGBGB unterrichtet (§ 355 Abs. 2 Satz 2 BGB). Unverzüglich bedeutet hierbei, dass der Unternehmer die erste ihm zumutbare Möglichkeit ergreifen muss, um den Vertragspartner die Widerrufsbelehrung in Textform mitzuteilen.[34] Eine schuldhafte Verzögerung soll z. B. vorliegen, wenn der Unternehmer nicht spätestens am Tag nach dem Vertragsschluss die Widerrufsbelehrung in Textform auf den Weg bringt.

Durch die Missachtung der gesetzlichen Hinweispflichten würde sich der Anbieter zudem einen unlauteren Wettbewerbsvorteil durch Rechtsbruch verschaffen. Der Anbieter sieht sich daher dem Risiko von Abmahnungen durch Wettbewerber oder Verbraucherschutzverbände wegen Wettbewerbsverstoßes nach UWG bzw. UKlaG ausgesetzt.[35] **44**

Des Weiteren kann der Verbraucher, der nicht ordnungsgemäß über sein Widerrufsrecht belehrt wurde, vom Anbieter ggf. Ersatz entstandener Schäden verlangen, sofern der Anbieter schuldhaft gegen seine Verpflichtungen verstoßen hat (§§ 311 Abs. 2, 281 Abs. 1, 241 Abs. 2 BGB).[36] **45**

2. Allgemeine Pflichtangaben

Im Fall von Fernabsatzverträgen sind neben der Belehrung über das Bestehen eines Widerrufs- oder Rückgaberechts zahlreiche weitere allgemeine Pflichtangaben zu machen (§ 312c Abs. 1 BGB). **46**

a) Zeitpunkt der Information

Auch im Hinblick auf diese allgemeinen Informationen handelt es sich um eine vorvertragliche Pflicht des Anbieters, die wie die Widerrufsbelehrung rechtzeitig vor Abgabe der Vertragserklärung des Kunden zu erfüllen ist.[37] **47**

b) Inhalt der Informationspflicht

Der Umfang der allgemeinen Pflichtangaben ist im Detail in § 312c Abs. 1 BGB i. V. m. Art. 246 §§ 1 und 2 EGBGB geregelt. Im Ergebnis soll der Verbraucher sich über den Anbieter (vgl. Art. 246 § 1 Abs. 1 Nrn. 1 bis 3 EGBGB), dessen Produkt (vgl. Art. 246 § 1 Abs. 1 Nr. 4 EGBGB) und das abzuschließende Rechtsgeschäft (vgl. Art. 246 § 1 Abs. 1 Nr. 5 bis 9, 11 und 12 EGBGB) bereits im Voraus ein ausreichendes Bild machen können. Im **Regelfall** sind folgende Angaben zu machen: **48**
1. die **Identität des Anbieters**, anzugeben ist auch das öffentliche Unternehmensregister, bei dem der Anbieter eingetragen ist, und die zugehörige Registernummer oder gleichwertige Kennung,
2. die **Identität eines Vertreters des Unternehmers** in dem Mitgliedstaat, in dem der Verbraucher seinen Wohnsitz hat, wenn es einen solchen Vertreter gibt, oder die Identität einer anderen gewerblich tätigen Person als dem Anbieter, wenn der Verbraucher mit dieser geschäftlich zu tun hat, und die Eigenschaft, in der diese Person gegenüber dem Verbraucher tätig wird,
3. die **ladungsfähige Anschrift des Anbieters** und jede andere Anschrift, die für die Geschäftsbeziehung zwischen diesem, seinem Vertreter oder einer anderen gewerblich tätigen Person gem. Nr. 2 und dem Verbraucher maßgeblich ist, bei juristischen Personen, Personenvereinigungen oder -gruppen auch den Namen eines Vertretungsberechtigten,

---
34 Vgl. die Begründung zum Gesetz zur Umsetzung der Verbraucherkreditrichtlinie v. 05.11.2008, 106.
35 OLG Karlsruhe OLGR 2002, 299 (301); LG Magdeburg NJW-RR 2003, 409; LG Frankfurt/M. NJW-RR 2002, 1468 (1469).
36 Dazu mit weiteren Details MüKo-BGB/*Wendehorst* § 312c Rn. 123 f.
37 Dazu *Fuchs* ZIP 2000, 1273.

4. **wesentliche Merkmale der Ware oder Dienstleistung** sowie Angaben darüber, wie der Vertrag zustande kommt,
5. die **Mindestlaufzeit** des Vertrags, wenn dieser eine dauernde oder regelmäßig wiederkehrende Leistung zum Inhalt hat,
6. einen **Vorbehalt**, eine in Qualität und Preis gleichwertige Leistung (Ware oder Dienstleistung) zu erbringen, und einen Vorbehalt, die versprochene Leistung im Fall ihrer Nichtverfügbarkeit nicht zu erbringen,
7. den **Gesamtpreis der Ware oder Dienstleistung** einschließlich aller damit verbundenen Preisbestandteile sowie alle über den Anbieter abgeführten Steuern oder, wenn kein genauer Preis angegeben werden kann, Angaben über die Grundlage für seine Berechnung, die dem Verbraucher eine Überprüfung des Preises ermöglicht,
8. ggf. zusätzlich anfallende **Liefer- und Versandkosten** sowie einen Hinweis auf mögliche weitere Steuern oder Kosten, die nicht über den Anbieter abgeführt oder von ihm in Rechnung gestellt werden,
9. **Einzelheiten hinsichtlich der Zahlung** und der Lieferung oder Erfüllung,
10. das **Bestehen oder Nichtbestehen eines Widerrufs- oder Rückgaberechts** sowie die Bedingungen, Einzelheiten der Ausübung, insbesondere Namen und Anschrift desjenigen, gegenüber dem der Widerruf zu erklären ist, und die Rechtsfolgen des Widerrufs oder der Rückgabe, einschließlich Informationen über den Betrag, den der Verbraucher im Fall des Widerrufs oder der Rückgabe gem. § 357 Abs. 1 BGB für die erbrachte Dienstleistung zu zahlen hat,
11. alle spezifischen, **zusätzlichen Kosten**, die der Verbraucher für die Benutzung des Fernkommunikationsmittels zu tragen hat, wenn solche zusätzlichen Kosten durch den Unternehmer in Rechnung gestellt werden, und
12. eine **Befristung** der Gültigkeitsdauer der zur Verfügung gestellten Informationen, beispielsweise die Gültigkeitsdauer befristeter Angebote, insbesondere hinsichtlich des Preises.

49 Bei Fernabsatzverträgen über **Finanzdienstleistungen** muss der Anbieter dem Verbraucher ferner folgende Informationen zur Verfügung stellen (§ 312c Abs. 1 BGB i. V. m. Art. 246 § 1 Abs. 2 EGBGB):
1. die **Hauptgeschäftstätigkeit des Anbieters** und die für seine Zulassung **zuständige Aufsichtsbehörde**,
2. ggf. den **Hinweis**, dass sich die Finanzdienstleistung **auf Finanzinstrumente** bezieht, die wegen ihrer spezifischen Merkmale oder der durchzuführenden Vorgänge mit speziellen Risiken behaftet sind oder deren Preis Schwankungen auf dem Finanzmarkt unterliegt, auf die der Anbieter keinen Einfluss hat, und dass in der Vergangenheit erwirtschaftete Erträge kein Indikator für künftige Erträge sind,
3. die **vertraglichen Kündigungsbedingungen** einschließlich etwaiger Vertragsstrafen,
4. die **Mitgliedstaaten der Europäischen Union**, deren Recht der Unternehmer der Aufnahme von Beziehungen zum Verbraucher vor Abschluss des Fernabsatzvertrags zugrunde legt,
5. eine **Vertragsklausel** über das auf den Fernabsatzvertrag anwendbare Recht oder über das zuständige Gericht,
6. die **Sprachen**, in welchen die Vertragsbedingungen und die in dieser Vorschrift genannten Vorabinformationen mitgeteilt werden, sowie die Sprachen, in welchen sich der Anbieter verpflichtet, mit Zustimmung des Verbrauchers die Kommunikation während der Laufzeit dieses Vertrags zu führen,
7. einen möglichen **Zugang des Verbrauchers** zu einem außergerichtlichen Beschwerde- und Rechtsbehelfsverfahren und gegebenenfalls die Voraussetzungen für diesen Zugang und

8. das **Bestehen eines Garantiefonds** oder anderer Entschädigungsregelungen, die nicht unter die Richtlinie 94/19/EG des Europäischen Parlaments und des Rates vom 30.05.1994 über Einlagensicherungssysteme (ABl. EG Nr. L 135 S. 5) und die Richtlinie 97/9/EG des Europäischen Parlaments und des Rates vom 03.03.1997 über Systeme für die Entschädigung der Anleger (ABl. EG Nr. L 84 S. 22) fallen.

Zwar können diese Informationen bei Beachtung der Anforderungen an Übersichtlichkeit und Verständlichkeit sprachlich **auf Stichpunkte reduziert** werden. Zudem braucht der Anbieter keine Informationen zu Pflichtangaben zur Verfügung zu stellen, deren Voraussetzungen bei dem konkreten Angebot nicht gegeben sind. Erhebt der Anbieter z. B. keine Liefer- und Versandkosten, so muss er hierzu **keine Negativmeldung** zu machen, sondern kann auf diesen Punkt ganz verzichten. Schließlich kann ein Teil der genannten Information bei geschickter Gestaltung auch **an anderen Stellen**, z. B. in den AGB und in den Angebotstext der Portalseite oder an ähnlicher Stelle integriert werden, sofern die nachfolgend aufgeführten Anforderungen erfüllt sind. Für den auf die Darstellung auf kleinen Bildschirmen angewiesenen Anbieter von M-Commerce Diensten stellen diese umfangreichen Pflichtangaben aber erneut eine erhebliche Erschwerung bei der Gestaltung des Angebots dar.[38] 50

c) Form der Information

Die vorgenannten allgemeinen Informationen hat der Anbieter dem Kunden klar und verständlich »zur Verfügung zu stellen« (Art 246 § 1 Abs. 1 EGBGB). Es könnte sich daher anbieten, dass der Unternehmer dem Kunden einen **Hyperlink** bereitstellt, über den die Pflichtangaben abgerufen werden können. Jedoch kann selbst heute nicht davon ausgegangen werden, dass alle Endgeräte mit Technologien ausgestattet sind, die es erlauben, einen solchen Link aufzurufen. Zudem müsste es wohl als unzumutbar bezeichnet werden, wenn der Kunde diese großen Mengen an Informationen auf den typischen, kleinen Bildschirmen der mobilen Endgeräte abrufen und lesen müsste, insbesondere da eine Möglichkeit, die Informationen auszudrucken, in der Regel nicht bestehen wird. Zusätzliche Unsicherheiten bestehen, da die Frage der Form der Zur-Verfügung-Stellung höchstrichterlich noch ungeklärt ist.[39] Das OLG Hamm hat in einer neueren Entscheidung eine verschuldensunabhängige wettbewerbsrechtliche Haftung des Anbieters für eine fehlerhafte Darstellung von Informationspflichten angenommen. Wird danach ein auf einer Internet-Handelsplattform eingestelltes Angebot vom Betreiber der Plattform automatisch für den Abruf durch mobile Endgeräte optimiert und kommt es beim mobilen Abruf auf einem Apple iPhone dazu, dass Pflichtangaben wie das Bestehen eines Widerrufsrecht oder die Anbieterkennzeichnung nicht mehr angezeigt werden, so haftet der Anbieter, ohne dass es auf ein eigenes Verschulden ankäme.[40] 51

3. Erleichterungen für Angebote über das Telefon

Bestimmte Erleichterungen gelten für Angebote, die in **Telefongesprächen** gemacht werden. In diesen Fällen, auch bei Finanzdienstleistungen, hat der Anbieter dem Kunden gem. Art. 246 § 1 Abs. 3 EGBGB die allgemeinen Informationen nach Art. 246 § 1 Abs. 1 EGBGB zu machen, wohingegen die Informationspflichten nach Art 246 § 1 Abs. 2 EGBGB entfallen können. Zudem ist die ladungsfähige Anschrift des Anbieters nur dann mitzuteilen, wenn der Kunde eine Vorauszahlung zu leisten hat. Für den telefonischen Absatz von Finanzdienstleistungen bedeutet diese Regelung somit eine begrüßenswerte Verringerung der Pflichtangaben, wohingegen die Erleichterungen für den sonstigen Fernabsatz minimal sind, da allenfalls die Angabe der ladungsfähigen Anschrift entfallen kann. 52

---

38 S. dazu auch *Ranke* MMR 2002, 509 (512 ff.).
39 S. dazu BGH NJW 2006, 211, 212 m. w. N., welcher diese Frage offen lässt.
40 OLG Hamm NJW-RR 2010, 1481.

Diese Erleichterungen kommen dem Anbieter zudem nur dann zugute, wenn er den Kunden darüber informiert hat, dass auf Wunsch weitere Informationen übermittelt werden können und welcher Art diese Informationen sind, und der Kunde ausdrücklich auf die Übermittlung der weiteren Informationen vor Abgabe seiner Vertragserklärung verzichtet hat (Art. 246 § 1 Abs. 3 S. 2 EGBGB).

II. Informationspflichten nach Vertragsschluss

53 Darüber hinaus hat der Anbieter dem Kunden weitere allgemeine Informationen mitzuteilen (§ 312c Abs. 1 BGB i. V. m. Art. 246 § 2 Abs. 1 Satz 2 EGBGB).

1. Zeitpunkt der Information

54 Diese weiteren Informationen können auch nach Vertragsschluss mitgeteilt werden. Sie sind dem Verbraucher allerdings bei Dienstleistungen, die nicht Finanzdienstleistungen sind,[41] und bei Lieferung von Waren alsbald, spätestens bis zur vollständigen Erfüllung des Vertrages und bei Waren spätestens bis zur Lieferung mitzuteilen (Art. 246 § 2 Abs. 1 Satz 1 Nr. 2 EGBGB). Eine Bereitstellung dieser Informationen durch den M-Commerce Anbieter noch vor dem Vertragsschluss ist wohl trotzdem möglich.[42]

2. Inhalt der Informationspflicht

55 Von diesen Informationspflichten nach Vertragsschluss umfasst sind
1. die **Vertragsbestimmungen** einschließlich der AGB des Anbieters,
2. die in Art 246 § 1 Abs. 1 EGBGB aufgeführten **allgemeinen Informationen** und bei Finanzdienstleistungen zusätzlich die in Art. 246 § 1 Abs. 2 EGBGB aufgeführten allgemeinen Informationen,[43]
3. im Fall der Lieferung von Waren und sonstigen Dienstleistungen die **vertraglichen Kündigungsbedingungen** einschließlich etwaiger Vertragsstrafen, sofern es sich bei dem zugrunde liegenden Vertragsverhältnis um ein Dauerschuldverhältnis handelt, welches für längere Zeit als ein Jahr oder für unbestimmte Zeit geschlossen wurde, sowie
4. im Fall der Lieferung von Waren und sonstigen Dienstleistungen auch **Informationen über den Kundendienst** und geltende Gewährleistungs- und Garantiebestimmungen.

3. Form der Information

56 Die hier gegenständlichen allgemeinen Informationen sind dem Kunden in **Textform**, d. h. in Form einer Urkunde oder einer anderen zur dauerhaften Wiedergabe in Schriftzeichen geeigneten Form mitzuteilen (§ 126b BGB). Die Textform kann gegenüber Kunden von M-Commerce Diensten daher nur eingehalten werden, wenn das mobile Endgerät des Kunden die technische Möglichkeit vorsieht, die mitgeteilten Informationen herunter zu laden und zu speichern. In Rechtsprechung und Literatur finden sich Stimmen, die ein tatsächliches Herunterladens von im Internet auf Websites zur Verfügung gestellten Texten für erforderlich halten.[44] Andere Stimmen verlangen bei E-Mail oder Computerfax (und vermutlich auch für vergleichbare Kommunikationsformen wie SMS) neben der Fähigkeit des Speicherns des Textes sogar die Möglichkeit ihn auszudrucken.[45] Danach wäre eine Umsetzung der Anforderungen für einen Anbieter von M-Commerce Diensten nicht möglich, da

---

[41] Zum relevanten Zeitpunkt im Fall von Finanzdienstleistungen s. § 312c Abs. 2 S. 1 Nr. 1 BGB.
[42] RegE BT-Drs. 14/2658, 39.
[43] S. dazu Rdn. 31–43.
[44] LG Kleve NJW-RR 2003, 196; anders OLG München NJW 2001, 2263 = CR 2001, 401 m. Anm. *Mankowski*.
[45] Palandt/*Heinrichs* § 126b Rn. 3; *Boente/Riehm* Jura 2001, 793.

die Mehrzahl der heute üblichen mobilen Endgeräte keine derartigen Download- und Speicherfunktionen vorsieht und in der Regel erst recht keine Möglichkeit besteht, heruntergeladene Texte vom Mobilgerät auszudrucken. Allerdings besteht zumindest bei M-Commerce Angeboten über die Lieferung von Waren für den Anbieter die Möglichkeit, die geforderten Informationen der Lieferung in Papierform beizufügen.

E. Elektronischer Geschäftsverkehr

Sofern sich der Anbieter im M-Commerce zum Abschluss des Vertrages mit dem Kunden über die Lieferung von Waren oder Erbringung von Dienstleistungen eines Telemediendienstes bedient, schreibt ihm das Gesetz vor, bestimmte Informationen zur Verfügung zu stellen und bestimmte technische Vorkehrungen zu treffen (§ 312e Abs. 1 BGB). Während die unter Rdn. 31 ff. unter dem Gesichtspunkt des Fernabsatzes behandelten Informationspflichten nur im Geschäftsverkehr mit Verbrauchern Anwendung finden, sind, sofern elektronischer Geschäftsverkehr vorliegt, die nachfolgenden Informationspflichten und technischen Vorkehrungen nicht nur im Verhältnis zu Verbrauchern, sondern **auch gegenüber Unternehmern** zu erfüllen. Diese Pflichten, mit Ausnahmen der Pflicht nach § 312e Abs. 1 S. 1 Nr. 4 BGB (Bereitstellung von Vertragstext und AGB),[46] sind allerdings auch gegenüber dem Kunden, der Verbraucher ist, durch Individualvereinbarung abdingbar. 57

I. Informationspflichten

1. Inhalt der Information

Danach hat der Anbieter dem Kunden Informationen über die folgenden Punkte zur Verfügung zu stellen (§ 312e Abs. 1 S. 1 Nr. 2 BGB i. V. m. Art. 246 § 3 EGBGB): 58
1. über die einzelnen **technischen Schritte**, die zu einem Vertragsschluss führen,
2. darüber, ob der **Vertragstext** nach dem Vertragsschluss vom Anbieter gespeichert wird und ob er dem Kunden zugänglich ist,
3. darüber, wie der Kunde mit den zur Verfügung gestellten technischen Mitteln **Eingabefehler** vor Absendung der Bestellung erkennen und berichtigen kann,
4. über die für den Vertragsschluss zur Verfügung stehenden **Sprachen** und
5. über sämtliche **einschlägigen Verhaltenskodizes**, denen sich der Unternehmer unterwirft, sowie die Möglichkeit eines elektronischen Zugangs zu diesen Regelwerken.

Die meisten dieser Punkte können von Anbietern geschickt in den Bestellprozess und/oder die AGB eingebunden werden. Ansonsten bestehen auch hier die bereits beschriebenen Schwierigkeiten. 59

2. Zeitpunkt und Form der Information

Auch bei diesen Informationen handelt es sich um eine vorvertragliche Pflicht. So sind die vorstehend genannten Informationen dem Kunden rechtzeitig vor dem Absenden der Bestellung in klarer und verständlicher Form mitzuteilen (§ 312e Abs. 1 Nr. 2 BGB). Die Rechtsfolgen für Verstöße richten sich nach den allgemeinen Regelungen, insbesondere dem Leistungsstörungsrecht. Der Bestand des Vertrages hingegen bleibt unberührt.[47] Besteht ein Widerrufsrecht nach § 355 BGB, wie z. B. beim M-Commerce über den Fernabsatz von Waren häufig der Fall, so beginnt der Lauf der Widerrufsfrist abweichend von 60

---
46 S. dazu Rdn. 19 ff.
47 S. dazu auch Begr. RegE, BT-Drs. 14/6040, 173.

§ 355 Abs. 2 S. 2 BGB nicht vor Erfüllung der vorgenannten Informationspflichten (§§ 312e Abs. 3 S. 2 i. V. m. Abs. 1 S. 1 BGB).

II. Technische Vorkehrungen

61 Im Fall des elektronischen Geschäftsverkehrs, der bei M-Commerce regelmäßig vorliegt, ist es selbst mit den vorgenannten umfangreichen Informationspflichten nach § 312e Abs. 1 Nr. 2 BGB i. V. m. Art. 246 § 3 EGBGB noch nicht getan. Der Anbieter hat darüber hinaus bestimmte technische Vorkehrungen zu treffen (§ 312e Abs. 1 Nr. 1, 3 and 4 BGB). So hat er dem Kunden

1. angemessene, wirksame und zugängliche technische Mittel, mit deren Hilfe der Kunde **Eingabefehler** vor Abgabe seiner Bestellung erkennen und berichtigen kann, zur Verfügung zu stellen,
2. unverzüglich auf elektronischem Wege den **Zugang der Bestellung** des Kunden zu **bestätigen**, wobei Bestellung und Empfangsbestätigung als zugegangen gelten, wenn die Partei, für die sie jeweils bestimmt sind, sie unter gewöhnlichen Umständen abrufen kann, und
3. die Möglichkeit zu verschaffen, die **Vertragsbestimmungen** einschließlich der Allgemeinen Geschäftsbedingungen bei Vertragsschluss **abzurufen** und in wiedergabefähiger Form zu speichern, wobei die Einbeziehungsvoraussetzungen der §§ 305, 305a BGB hiervon unberührt bleiben.[48]

Verstöße gegen diese Pflichten können die Voraussetzung für eine Anfechtung des Vertrages und weitere Ansprüche des Kunden bilden.[49]

F. Informations- und Transparenzpflichten für Telemediendienste

62 Weitere Informations- und Transparenzanforderungen für den Anbieter von M-Commerce Diensten ergeben sich z. B. aus dem **Telemediengesetz**, welches das Teledienstegesetz und den Mediendienstestaatsvertrag ersetzt. Auf Informationspflichten nach dem **Telekommunikationsgesetz**[50] und auf die **freiwilligen Selbstbeschränkungen** der betroffenen Anbieter, wie z. B. den umfangreichen und detaillierten Verhaltenskodex der Freiwilligen Selbstkontrolle Telefonmehrwertdienste e. V. (**FST**)[51] kann an dieser Stelle nur verwiesen werden.

I. Allgemeine Anbieterkennzeichnung (Impressum)

63 Die allgemeinen Informationspflichten gem. § 5 Abs. 1 TMG gelten für geschäftsmäßige Anbieter von **Telemediendiensten**. Telemediendienste sind alle elektronischen Informations- und Kommunikationsdienste, soweit sie nicht Telekommunikationsdienste,[52] die ganz in der Übertragung von Signalen über Telekommunikationsnetze bestehen, telekom-

---

48 S. dazu bereits Rdn. 19 ff., 29.
49 Dazu ausf. MüKo-BGB/*Wendehorst* § 312e Rn. 121 ff. m. w. N.
50 So gelten z. B. ab 01.09.2007 zusätzliche telekommunikationsrechtliche Informationspflichten, insbesondere solche nach §§ 66a ff. TKG.
51 Verhaltenskodex der Freiwilligen Selbstkontrolle Telefonmehrwertdienste e. V. in der Fassung v. 22.06.2007, abrufbar unter www.fst-ev.org.
52 § 3 Nr. 24 TKG: Telekommunikationsdienste sind in der Regel gegen Entgelt erbrachte Dienste, die ganz oder überwiegend in der Übertragung von Signalen über Telekommunikationsnetze bestehen, einschließlich Übertragungsdienste in Rundfunknetzen.

I. Allgemeine Anbieterkennzeichnung (Impressum)

munikationsgestützte Dienste[53] oder Rundfunk[54] sind (§ 1 Abs. 1 TMG).[55] Dabei ist davon auszugehen, dass zu den Telemediendiensten diejenigen Dienste zu zählen sind, die nach Gesetzeslage vor dem Inkrafttreten des TMG als **Teledienste**[56] oder **Mediendienste**[57] zu qualifizieren waren. Eine entsprechende gesetzliche Klarstellung fehlt allerdings. Zu den Telemediendiensten zählen insbesondere Dienste wie Telebanking, Datendienste (z. B. Verkehrs-, Wetter-, Umwelt- und Börsendaten, Verbreitung von Informationen über Waren und Dienstleistungsangebote), Internetzugangsdienste, Telespiele sowie E-Commerce und M-Commerce Dienste, die Waren und Dienstleistungen in elektronisch abrufbaren Datenbanken mit interaktivem Zugriff und unmittelbarer Bestellmöglichkeit anbieten. Ebenso dazu gehören aber auch Teleshopping, Fernsehtext und vergleichbare Textdienste, Abrufdienste, bei denen Text-, Ton- oder Bilddarbietungen auf Anforderung aus elektronischen Speichern zur Nutzung übermittelt werden.

Aus dem Telemediengesetz folgt weiterhin, dass **private Webseitenbetreiber**, wie z. B. die Betreiber von Blogs, die ausschließlich persönlichen oder familiären Zwecken dienen, kein Impressum vorzuhalten haben. Demgegenüber haben **kommerzielle Anbieter**, ungeachtet dessen, ob ein Vertragsschluss erfolgt ist oder erfolgen wird, folgende Angaben (sog. Anbieterkennzeichnung oder Impressum) zu machen (§ 5 Abs. 1 TMG):[58]

64

1. den Namen des M-Commerce Anbieters und die ladungsfähige Anschrift, unter welcher der M-Commerce Anbieter niedergelassen ist, bei juristischen Personen zusätzlich den Vertretungsberechtigten und, sofern Angaben über das Kapital der Gesellschaft gemacht werden, das Stamm- oder Grundkapital sowie, wenn nicht alle in Geld zu leistenden Einlagen eingezahlt sind, der Gesamtbetrag der ausstehenden Einlagen,
2. Angaben, die eine schnelle elektronische Kontaktaufnahme und unmittelbare Kommunikation mit dem M-Commerce Anbieter ermöglichen, einschließlich der Adresse der elektronischen Post, also insbesondere Telefonnummer, Telefaxnummer und E-Mail-Adresse,
3. soweit der Dienst im Rahmen einer Tätigkeit angeboten oder erbracht wird, die der behördlichen Zulassung bedarf, Angaben zur zuständigen Aufsichtsbehörde,
4. das Handelsregister, Vereinsregister, Partnerschaftsregister oder Genossenschaftsregister, in das der M-Commerce Anbieter eingetragen ist, und die entsprechende Registernummer,
5. weitere im Gesetz näher bezeichnete Angaben, sofern der M-Commerce Anbieter zu einer besonderen (regulierten oder sonst geschützten) Berufsgruppe gehört,[59]

---

53 § 3 Nr. 25 TKG: telekommunikationsgestützte Dienste sind Dienste, die keinen räumlich und zeitlich trennbaren Leistungsfluss auslösen, sondern bei denen die Inhaltsleistung noch während der Telekommunikationsverbindung erfüllt wird.
54 § 2 Abs. 1 RStV: Rundfunk ist definiert als die für die Allgemeinheit bestimmte Veranstaltung und Verbreitung von Darbietungen aller Art in Wort, Ton und Bild unter Benutzung elektromagnetischer Schwingungen ohne Verbindungsleitung oder längs oder mittels eines Leiters. Der Begriff schließt Darbietungen ein, die verschlüsselt verbreitet werden oder gegen besonderes Entgelt empfangbar sind.
55 Zur Abgrenzung vgl. *Spindler* CR 2007, 239 (240 ff.).
56 § 2 Abs. 1 und 2 TDG: Teledienste waren definiert als elektronische Informations- und Kommunikationsdienste, die für eine individuelle Nutzung von kombinierbaren Daten wie Zeichen, Bilder oder Töne bestimmt sind und denen eine Übermittlung mittels Telekommunikation zugrunde liegt.
57 § 2 Abs. 1 und 2 MDStV: Mediendienste waren definiert als an die Allgemeinheit gerichtete Informations- und Kommunikationsdienste in Text, Ton oder Bild, die unter Benutzung elektromagnetischer Schwingungen ohne Verbindungsleitung oder längs oder mittels eines Leiters verbreitet werden.
58 Ebenso auch schon § 6 TDG bzw. § 10 Abs. 2 MDStV; vgl. auch Art. 5 Abs. 1 der E-Commerce-Richtlinie der EU, 2000/31/EG v. 17.07.2000.
59 So sind, soweit der Dienst in Ausübung eines Berufs i. S. v. Art. 1 Buchstabe d der Richtlinie 89/48/EWG des Rates v. 21.12.1988 über eine allgemeine Regelung zur Anerkennung der Hochschuldiplome, die eine mindestens 3-jährige Berufsausbildung abschließen (ABl. EG Nr. L 19 S. 16), oder i. S. v. Art. 1 Buchst. f der Richtlinie 92/51/EWG des Rates v. 18.06.1992 über eine zweite allgemeine Regelung zur Anerkennung beruflicher Befähigungsnachweise in Ergänzung zur Richtlinie 89/48/EWG (ABl. EG Nr. L 209

6. in Fällen, in denen der M-Commerce Anbieter eine Umsatzsteueridentifikationsnummer nach § 27a des Umsatzsteuergesetzes oder eine Wirtschafts-Identifikationsnummer nach § 139c der Abgabenordnung besitzt, die Angabe dieser Nummer,
7. bei Aktiengesellschaften, Kommanditgesellschaften auf Aktien und Gesellschaften mit beschränkter Haftung, die sich in Abwicklung oder Liquidation befinden, die Angabe hierüber.

65 Das Gesetz sieht vor, dass diese Angaben **leicht erkennbar, unmittelbar erreichbar und ständig verfügbar** sein müssen (§ 5 Abs. 1 TMG). Üblicherweise wird dies durch das Setzen eines Hyperlinks gewährleistet, was grundsätzlich auch auf kleineren Bildschirmen wie denen von Smartphones oder Mobiltelefonen möglich erscheint, wobei auch hier wieder darauf hingewiesen werden muss, dass zumindest heute noch nicht alle mobilen Endgeräte in der Lage sind, solche Links aufzurufen. Rechtssicherheit kann auf diese Weise somit nicht erlangt werden. Sofern ein Link zum Einsatz kommt, sollte er zum Zwecke der leichteren Erkennbarkeit mit unzweideutigen Begriffen wie z. B. »Impressum«, »Über uns« oder »Anbieterinformationen« oder ähnlich überschrieben sein. Des Weiteren sollte dafür gesorgt sein, dass der Nutzer nicht seitenweise nach unten scrollen muss, um zu den Informationen oder dem Link zu gelangen.[60] Außerdem sollte der Nutzer nicht mehr als zwei Klicks brauchen, um auf die Angaben zu gelangen.[61] Bei der graphischen Gestaltung sollte darauf geachtet werden, dass die Anbieterinformationen in Farbe und Form nicht zu unauffällig gestaltet sind und dass die Schriftgröße für die Bezeichnung des Links nicht kleiner ist als für andere Links im selben Angebot.[62]

66 Im Fall von M-Commerce Angeboten kann wohl davon ausgegangen werden, dass die genannten Anbieterinformationen auch mittels einer oder zwei **kostenlosen SMS** zur Verfügung gestellt werden können, sofern die Zeichenanzahl der SMS hierfür genügt. Ob dies aus Marketinggesichtspunkte sinnvoll ist, steht auf einem anderen Blatt.

67 Die **Nichteinhaltung** der Anbieterinformationsverpflichtung stellt, sofern sie vorsätzlich oder fahrlässig erfolgt, eine mit einem Bußgeld von bis zu 50.000,- € bewehrte Ordnungswidrigkeit dar (§ 16 Abs. 2 Nr. 1 und Abs. 3 TMG). Zudem dürfte ein Anbieter, dessen auf einer Internet-Handelsplattform eingestelltes Angebot vom Betreiber der Plattform automatisch für den Abruf durch mobile Endgeräte optimiert wird, haften, ohne dass es auf ein eigenes Verschulden ankäme, wenn es beim mobilen Abruf auf dem mobilen Endgerät dazu kommt, dass z. B. die Anbieterkennzeichnung nicht mehr angezeigt wird.[63]

II. Spezielle telemedienrechtliche Informationspflichten

68 Bei kommerzieller Kommunikation, die als Telemedien oder Bestandteil von Telemedien zu qualifizieren ist, haben M-Commerce Anbieter zusätzlich mindestens die folgenden Voraussetzungen zu beachten (§ 6 Abs. 1 TMG):
1. Kommerzielle Kommunikationen müssen klar als solche zu erkennen sein.
2. Die natürliche oder juristische Person, in deren Auftrag die kommerzielle Kommunikation erfolgt, muss klar identifizierbar sein.

S. 25, 1995 Nr. L 17 S. 20), zuletzt geändert durch die Richtlinie 97/38/EG der Kommission v. 20.06.1997 (ABl. EG Nr. 184 S. 31), angeboten oder erbracht wird, zusätzlich folgende Angaben zu machen: (a) Angaben über die Kammer, welcher der Diensteanbieter angehört, (b) Angaben zur gesetzlichen Berufsbezeichnung und den Staat, in dem die Berufsbezeichnung verliehen worden ist, (c) die Bezeichnung der berufsrechtlichen Regelungen und Angaben dazu, wie diese zugänglich sind.
60 Vgl. dazu OLG München 12.02.2004, JurPC Web.Doc 136/2004 und OLG Hamburg 20.11.2002, JurPC Web.Doc 79/2003.
61 Vgl. dazu OLG München 11.09.2003, JurPC Web.Doc 276/2003.
62 Vgl. *von Wallenberg* MMR 2005, 661 (663).
63 Vgl. dazu OLG Hamm NJW-RR 2010, 1481.

3. Angebote zur Verkaufsförderung wie Preisnachlässe, Zugaben und Geschenke müssen klar als solche erkennbar sein, und die Bedingungen für ihre Inanspruchnahme müssen leicht zugänglich sein sowie klar und unzweideutig angegeben werden.
4. Preisausschreiben oder Gewinnspiele mit Werbecharakter müssen klar als solche erkennbar und die Teilnahmebedingungen leicht zugänglich sein sowie klar und unzweideutig angegeben werden.

Ungeachtet der Regelungen des unlauteren Wettbewerbs[64] darf, wenn kommerzielle Kommunikation per elektronischer Post (z. B. E-Mail oder SMS) versandt wird, in der Kopf- oder Betreffzeile daher weder der Absender noch der kommerzielle Charakter der Nachricht verschleiert oder verheimlicht werden.[65] **69**

G. Urheberrechtliche Besonderheiten

I. Urheberrechtliche Schutzfähigkeit

1. Allgemeines

Gerade im Bereich digitaler Erscheinungsformen von Inhalten, wie sie im Wege des M-Commerce vertrieben werden (z. B. Musikdateien als Download oder Klingeltöne, Textnachrichten, Videoclips, Computerspiele, Apps oder andere Software), stellt sich häufig die Frage, ob und wie diese Inhalte urheberrechtlich geschützt sind. Schutzfähig sind nach § 1 UrhG Werke der Literatur, Wissenschaft und Kunst. § 2 UrhG regelt den **Werkbegriff** und zählt in Form von Regelbeispielen typische geschützte Werke auf. Als urheberrechtliches Grundprinzip gilt, dass die Erscheinungsform eines Werkes über dessen Schutzfähigkeit entscheidet, nicht der Inhalt oder die Idee, die hinter einem Werk stehen. Geschützt sind damit Ergebnisse individueller menschlicher Schöpfungsvorgänge, soweit sie über das Handwerksmäßige und Durchschnittliche hinausragen. Nach dem sog. Recht der »kleinen Münze«[66] sind auch diejenigen Gestaltungen noch schutzfähig, die gerade noch die minimal zu fordernde Schöpfungshöhe in Form einer individuellen Gestaltung erreichen. Nur bei Werken der angewandten Kunst und bei Gebrauchstexten wird auch hier zusätzlich eine gewisse Gestaltungshöhe gefordert. **70**

Das Urheberrecht schützt dabei auch Aufwand und Mühe durch die sog. **Leistungsschutzrechte** (§§ 70 ff. UrhG). Im Hinblick auf den M-Commerce relevant sind hier der Lichtbildschutz (§ 72 UrhG), der Leistungsschutz der ausübenden Künstler (§§ 73 bis 83 UrhG), die Leistungen der Tonträger- und Filmhersteller (§§ 85 f. sowie 88 bis 94 UrhG), sowie der Schutz des Herstellers einer Datenbank (§§ 87a bis 87e UrhG). Unklar ist derzeit, ob die neuen Anbieter von Handy-TV als Sendeunternehmen im Sinne von § 87 UrhG anzusehen sind. Nach § 87 Abs. 1 Nr. 1 UrhG hat das Sendeunternehmen das ausschließliche Recht, seine Funksendungen weiterzusenden und öffentlich zugänglich zu machen. Vereinfacht gesagt geht es um die Frage, ob Handy-TV Anbieter die Inhalte in nahezu unveränderter Form nur weiterleiten oder ob sie für die Funksendung eines eigenen Programms organisatorisch und wirtschaftlich verantwortlich sind (wobei sie die Inhalte nicht notwendiger- **71**

---

64 S. Rdn. 127.
65 Nach § 6 Abs. 2 S. 2 TMG liegt ein Verschleiern oder Verheimlichen dann vor, wenn die Kopf- und Betreffzeile absichtlich so gestaltet sind, dass der Empfänger vor Einsichtnahme in den Inhalt der Kommunikation keine oder irreführende Informationen über die tatsächliche Identität des Absenders oder den kommerziellen Charakter der Nachricht erhält.
66 Der bereits früh in der Literatur (*Elster*, Gewerblicher Rechtsschutz, 1. Aufl. 1921) begründete Begriff der »kleinen Münze« geht davon aus, dass bereits ein geringer Grad individuellen Schaffens zur Begründung der Schutzfähigkeit ausreichen kann.

72 Was im Rahmen des Urheberrechts nicht mehr schutzfähig ist, kann gegen Nachahmung und unerlaubte sonstige Verwendung immer noch im Rahmen des Wettbewerbsrechts geschützt sein, wenn dessen Voraussetzungen vorliegen.[68]

Im Folgenden werden einige für den M-Commerce relevante typische Werkformen näher beleuchtet.

2. Musikwerke

73 Im Bereich des M-Commerce spielen Musikwerke eine große Rolle. Zum einen werden Musikstücke, insbesondere aus den aktuellen Charts, vollständig zum Download oder Streaming auf das Mobilgerät angeboten. Musikwerke können aber auch nur auszugsweise oder vereinfachte Erkennungsmelodien, wie z. B. Klingeltöne, sein. Problematisch ist dabei vor allem die Frage, ab wann kleine Teile von geschützten Werken selbst noch urheberrechtlichen Schutz genießen. Als Klingeltöne werden meist kleine **Teilstücke** von bekannten Werken verwendet (»Samples«/»Licks«) oder nur ein bestimmter **Sound oder Rhythmus** kopiert oder nachgeahmt. Auch hier gilt die Regel, dass die Form, nicht Idee oder Inhalt schutzfähig sind.[69] Das heißt, dass im Bereich der Musik regelmäßig die wiedererkennungsfähigen Melodiebestandteile in ihrer rhythmischen Ausgestaltung geschützt sind (vgl. auch 24 Abs. 2 UrhG), wohingegen alle abstrakten Gestaltungselemente, die auf den anerkannten Regeln der Rhythmik, Harmonik etc. beruhen, selbst nicht schutzfähig sind. Die Rechtsprechung[70] erkennt dabei den Schutz von Sounds oder nur kleinen Melodieteilen nicht an, obwohl in der Literatur[71] teilweise vertreten wird, dass insoweit zumindest der Tonträgerhersteller nicht autorisierte Verwendungen untersagen können müsse.

74 Im Bereich der Musikwerke ist des Weiteren zu beachten, dass derjenige, der ein bekanntes Stück neu **interpretiert**, damit in der Regel, wenn er im Wesentlichen werkgetreu interpretiert, nicht selbst Miturheber wird, sondern lediglich Leistungsschutzrechte als ausübender Künstler erwirbt (§§ 73 bis 83 UrhG).

75 Gerade im Bereich der **Klingeltöne**[72] werden verschiedene urheberrechtliche Problemstellungen relevant. So sind für die urheberrechtliche Beurteilung zunächst verschiedene Arten von Klingeltönen zu unterscheiden. Die herkömmlichen, eher einfach strukturierten mono- oder polyfonen Klingeltöne greifen in der Regel nicht direkt auf die Tonträgeraufnahme eines Musikwerkes zurück, sondern sind meist starke Vereinfachungen und damit Bearbeitungen der Originalkomposition (vgl. § 23 UrhG). Dadurch sind in der Regel die Urheberrechte und möglicherweise Urheberpersönlichkeitsrechte des Komponisten betroffen. Gesichtspunkte für eine Verletzung des Urheberpersönlichkeitsrechts sind insbesondere die schlechte Wiedergabequalität und die Trennung von Musik und Text sowie die Technisierung des Originalwerks (Unwertcharakter eines Signaltons, der unterbrochen werden soll).[73] Nur bei den sog. Realtones werden Interpreten erkennbar wiedergegeben, sodass auch die Leistungsschutzrechte der aufführenden Künstler sowie die Rechte der Tonträgerfirmen betroffen sein können.

---

67 Dazu siehe z. B. *Hoeren* MMR 2008, 139 (140) m. w. N.
68 Strittig; ausf. dazu m. w. N. Schricker/*Schricker* Einl. Rn. 36 ff., insb. Rn. 40 ff.
69 Dazu näher *Häuser*, Sound und Sampling, 2002; *Weßling*, Der zivilrechtliche Schutz gegen digitales Sound-Sampling, 1995.
70 S. z. B. OLG Hamburg NJW-RR 1992, 746 – Konzertmitschnitt Rolling Stones.
71 *Hertin* GRUR 1989, 578; *Schorn* GRUR 1989, 579; *Hoeren* GRUR 1989, 11.
72 Zu Fragen des Rechteerwerbs und des Jugendschutzes bei der Klingeltonwerbung s. Rdn. 81 ff., 154.
73 Vgl. z. B. OLG Hamburg ZUM 2006, 335.

I. Urheberrechtliche Schutzfähigkeit

3. Fotos, Bilder

Bei Fotos ist zwischen künstlerischen Werken, sog. **Lichtbildwerken**, die für die Regelfrist von 70 Jahren nach dem Tod des Urhebers geschützt sind (§§ 2, 64 UrhG), und einfachen **Lichtbildern** zu unterscheiden, bei denen dem Fotografen grundsätzlich nur für einen Zeitraum von 50 Jahren nach dem Erscheinen des Lichtbilds Schutz gegen identische Nachbildung zugebilligt wird (§ 72 Abs. 3 UrhG). Die vorstehenden Schutzfristen beginnen dabei jeweils mit dem Ende desjenigen Kalenderjahres, in den das relevante Ereignis fällt (§ 69 UrhG). Relevant werden kann diese Unterscheidung z. B. dann, wenn für Handy-Hintergrundbilder bekannte Foto-Klassiker ohne Genehmigung angeboten oder verwendet werden. 76

Als **Bilder** geschützt sein können insbesondere grafische Gestaltungen wie Logos, Werbegrafiken, Hintergrundbilder, etc. Hier ist jedoch unter Umständen problematisch, ob die geforderte Gestaltungshöhe erreicht wird. 77

4. Computerprogramme

Computerprogramme sind dann geschützt, wenn sie individuelle Werke, also das Ergebnis einer eigenen geistigen Schöpfung darstellen (§ 69a Abs. 3 S. 1 UrhG). Qualitative oder ästhetische Kriterien sind bei der Bewertung der Schutzfähigkeit nicht heranzuziehen. Stellen Computerprogramme nach den Programmvorgaben neue, eigene Werke her, können auch diese Schutzfähigkeit erlangen. Urheber bleibt der Programmierer des ursprünglichen Programms. Ein Beispiel für Nutzungen von Computerprogrammen im Bereich des M-Commerce ist der Download von speziellen Software-Applikationen auf das Handy, wie z. B. Browser- oder Bürosoftware sowie andere Anwendungen, mit denen sich die Anwendungsmöglichkeiten des Mobilgeräts verbessern oder erweitern lassen. Ein Teil der sog. Apps, insbesondere derjenigen aus dem App-Store des Unternehmens Apple lässt sich in diese Werkkategorie einordnen. Hingegen ist zwar die einem Computerspiele zugrunde liegende Software ebenfalls als Computerprogramm im Sinne von § 69a Abs. 3 S. 1 UrhG schutzfähig, die Spiele selber sind jedoch nach h. M. in der Regel als Filmwerke zu qualifizieren.[74] 78

5. Multimediawerke

Gegenstand des M-Commerce sind häufig auch Multimediawerke. Dieser Begriff beschreibt ein Zusammentreffen **mehrerer Werkarten**, die so kombiniert sind, dass letztlich alle im gleichen digitalen Dateiformat verkörpert sind.[75] 79

Bei der rechtlichen Einordnung multimedialer Werke muss in jedem Einzelfall die Frage der Schutzfähigkeit der konkret betroffenen Werkarten beurteilt werden. Ein Schutzrecht *sui generis* gibt es dafür nicht. Obwohl die digitale Gestaltung zunächst nahe legt, dass es sich hier auch um **Computerprogramme** handeln könnte, wird ein Schutz nach den Regeln über Sprachwerke, zu denen auch Computerprogramme gehören,[76] dem Werk deshalb schon nicht gerecht, weil oft visuell und/oder musikalisch gestaltete Elemente im Vordergrund stehen. Auch als **Datenbankwerk** oder **Sammelwerk** wird ein Multimediawerk nicht einzustufen sein,[77] da die individuelle Eigenart des Werkes sich nicht in der reinen Zusammenstellung und Ordnung der Einzelelemente erschöpft.[78] Eine pauschale Qualifikation als **Filmwerk**[79] erfasst wiederum vor allem nicht die Besonderheiten interaktiver Mul- 80

---

74 Wandtke/*Bullinger* § 2 Rn. 129 f. m. w. N.
75 *Becker/Dreier* 1994, 123 (139).
76 § 2 Abs. 1 Nr. 1 UrhG; näher dazu auch Schricker/*Loewenheim* § 2 Rn. 78 ff.
77 Vgl. § 4 Abs. 1 und 2 UrhG.
78 So auch *Haberstumpf* GRUR 2003, 14.
79 Vgl. § 2 Abs. 1 Nr. 6 UrhG.

timediawerke und der häufig zugrunde liegenden Computerprogramme. Entsprechend kann ein Multimediawerk als Sprachwerk, Musikwerk, Lichtbildwerk und/oder als Filmwerk geschützt sein.[80]

Ein großer Teil der sog. Apps dürfte nicht nur, wie zuvor beschrieben, in die Kategorie Computerprogramme fallen, sondern als Multimediawerke zu qualifizieren sein, da sie, insbesondere wenn es sich um Spiele handelt, häufig Text-, Bild-, und audiovisuelle Inhalte beinhalten.[81] Apps sind daher in der Regel als Computerprogramm (Sprachwerk) sowie, je nach Gegenstand der App, auch als Musik-, Lichtbild- und/oder Filmwerk schutzfähig.

II. Nutzungsrechte

1. Allgemeines

81 Mit dem Urheberrecht entstehen die Nutzungsrechte, die zunächst dem Urheber selbst zustehen, und die er kommerzialisieren kann, indem er Dritten alle oder spezifizierte, einzelne Rechte einräumt (für diesen Vorgang der Einräumung wird häufig der Begriff der Lizenzierung gebraucht). Diese **Einräumung bzw. Lizenzierung** kann ausschließlich (d. h. exklusiv) erfolgen, oder aber so, dass weiteren Personen dasselbe zur parallelen Nutzung erlaubt sein kann (§ 31 Abs. 2 und 3 UrhG). Wenn der Lizenznehmer selbst weitere (Unter- oder Sub-) Lizenzen vergeben oder das Werk abändern will, braucht er dazu grundsätzlich die Zustimmung des Lizenzgebers (vgl. §§ 34 f., 39 UrhG).

82 Für Nutzungsrechte ist, anders als im Sachenrecht, der **gutgläubige Erwerb ausgeschlossen**.[82] Tauchen im konkreten Fall Zweifel auf, ob jemand Rechteinhaber geworden ist, kann der Urheber deshalb verlangen, dass ihm eine lückenlose Kette an Rechteübertragungen nachgewiesen wird (sog. *chain of title*).

83 Bestehen Zweifel über den Umfang der Rechteeinräumung, so kann im Rahmen der Auslegung des zugrunde liegenden Rechtsgeschäfts auf den **Zweckübertragungsgrundsatz** zurückgegriffen werden (§ 31 Abs. 5 UrhG). Danach sind, soweit explizit nichts Gegenteiliges geregelt wurde, nur diejenigen Rechte übertragen, die der Nutzer nach dem Zweck des Vertrages auch benötigt. Für die Lizenzierung von M-Commerce-Anwendungen wird dies in verschiedener Hinsicht relevant. Zum einen sollte in Verträgen, die Rechteübertragungen regeln, im beiderseitigen Interesse möglichst genau der Zweck der derzeitigen und weiter geplanten Verwendung festgelegt werden. Erwirbt beispielsweise jemand nur das Recht, Inhalte bestimmter Internetseiten unbeschränkt zu archivieren und zum Abruf bereitzuhalten (Pull-Dienst), so ist ihm damit noch nicht zwingend gestattet, diese Inhalte etwa im Rahmen eines Informationsdienstes auch zu versenden (Push-Dienst).

84 Andererseits ist im Bereich des M-Commerce, in dem ständig neue Arten der Nutzung von Inhalten entwickelt werden, auch der Aspekt der **unbekannten Nutzungsarten** von besonderer Bedeutung. So waren nach alter Rechtslage Nutzungsarten, die zum Zeitpunkt des Vertragsschlusses noch nicht bekannt waren, von der Rechteübertragung grundsätzlich nicht erfasst (vgl. § 31 Abs. 4 UrhG a. F.). Unbekannte Nutzungsarten sind nunmehr in § 31a UrhG geregelt,[83] wonach deren Einräumung der Schriftform bedarf (§ 31a Abs. 1

---

80 Dazu ausf. *Loewenheim* GRUR 1996, 830.
81 Derzeit stehen bereits mehrere 100.000 teils kostenfreie, teils kostenpflichtige Apps zum Abruf bereit.
82 BGHZ 5, 116 (119) – Parkstraße 13; BGH GRUR 1959, 200 (203) – Der Heiligenhof; GRUR 1959, 335 (336) – Wenn wir alle Engel wären; KG ZUM 1997, 397 (398) – Franz Hessel; allg. M., s. nur Loewenheim/*J. B. Nordemann*, Hdb UrhR, § 26 Rn. 9; Schricker/*Schricker* Vor §§ 28 ff. Rn. 63; Fromm/Nordemann/*Hertin* Vor § 31 Rn. 9; Wandtke/Bullinger/*Block* Vor §§ 31 ff. Rn. 47 f.
83 Änderung des UrhG durch das Zweite Gesetz zur Regelung des Urheberrechts in der Informationsgesellschaft v. 26.10.2007.

Satz 1 UrhG) und dem Urheber ein Widerrufsrecht für einen Zeitraum von drei Monaten ab Absendung einer Mitteilung über die beabsichtigte Nutzung dieser unbekannten Nutzungsarten durch den Vertragspartner zusteht (§ 31a Abs. 1 Sätze 3, 4 UrhG). Die Nutzung von Inhalten etwa per Handy-TV,[84] SMS-Push-Dienst oder in Form von Handyklingeltönen[85] kann also problematisch sein, sofern sie aufgrund von alten Verträgen erfolgt, die aus einer Zeit stammen, zu der diese Nutzungsarten noch unbekannt waren und der Urheber der Nutzung gemäß § 31a Abs. 1 Sätze 3 und 4 UrhG widerspricht.

Zwar liegt die Beweislast dafür, welche Rechte eingeräumt wurden, beim Lizenznehmer, jedoch tendiert die Rechtsprechung gerade dann dazu, den Vertragszweck sehr weit auszulegen, wenn ein Werk im Auftrag des Lizenznehmers erstellt wurde. Gerade bei der Auftragserteilung sollte also auf eine genaue Definition der Zweckübertragung des Vertrages und der umfassten Nutzungen geachtet werden. Bei der Auslegung von Nutzungsrechtseinräumungsklauseln kann ein Anhaltspunkt für den diesbezüglichen Willen der Parteien die Strukturierung der Lizenzgebühren sein. Sind z. B. für bestimmte Nutzungen separate Lizenzgebühren bestimmt, spricht dies dafür, dass Nachvergütungen für weitere, noch nicht festgelegte Bereiche gefordert werden können, sobald diese kommerzialisiert werden. Hingegen spricht eine pauschale Gebühr als Vergütung für die Einräumung eines nicht näher bestimmten Katalogs an Rechten, die dem Lizenznehmer uneingeschränkt eingeräumt werden, für einen sog. »**Buy-Out**« der Rechte, also dafür, dass keine Nachforderungen mehr geltend gemacht werden können.[86] **85**

Unbeschadet bleibt lediglich der Bereich der nicht übertragbaren Urheberpersönlichkeitsrechte sowie der Anspruch des Urhebers auf angemessene Vergütung nach § 32 UrhG und die gesetzliche Nachvergütung, die nach § 32a UrhG fällig werden kann sowie die angemessene Vergütung für unbekannte Nutzungsarten gemäß § 32c UrhG. Die Regelungen der §§ 32 und 32a UrhG stehen mit jeweils eigenem Anwendungsbereich selbstständig nebeneinander. So lässt sich anhand von § 32 Abs. 1 S. 3 UrhG die Angemessenheit der vertraglichen Vergütung für den Normalfall der vertraglichen Nutzung überprüfen, wohingegen § 32a UrhG (sog. »Bestsellerparagraph«) dem Urheber im Nachhinein immer dann zusätzliche Beteiligungsansprüche verschafft, wenn das Werk unerwartet erfolgreich ist; zu derartigen Nachvergütungsansprüchen kann es im Bereich des M-Commerce kommen, wenn z. B. bestimmte zum Download auf das Handy angebotene Klingeltöne, Musik- oder Video-Clips, Spiele oder Apps plötzlich aus kaum vorherzusehenden Gründen einen wahren Boom erleben. Die angemessene Vergütung nach § 32c UrhG steht dem Urheber zu, wenn der Vertragspartner die ursprünglich vereinbarte, aber noch unbekannte Art der Werknutzung aufnimmt. **86**

2. Nutzungsrechte im Einzelnen

Der Inhaber der Schutzrechte kann das Werk grundsätzlich uneingeschränkt verwerten. Im Bereich des M-Commerce geht es dabei insbesondere um die Rechte zur Vervielfältigung und Bearbeitung, aber auch das Recht zur öffentlichen Wiedergabe. **87**

a) Vervielfältigung

Der weite Vervielfältigungsbegriff umfasst auch alle Speichervorgänge, die nicht nur vorübergehend erfolgen und die dazu dienen, ein Werk mit den menschlichen Sinnen wahrnehmbar zu machen.[87] Die Digitalisierung eines Werks und dessen **Download** auf oder **88**

---

84 Zu Handy-TV als eigene Nutzungsart: Wandtke/Bullinger/*Wandtke/Grunert* § 31a Rn. 51.
85 S. hierzu Rdn. 73, 74, 162 ff.
86 Sollte in einem Vertrag eine umfassende Rechteeinräumung gewollt sein, so empfiehlt es sich, im Zusammenhang mit der Zweckbestimmung den Begriff »Buy-Out« oder ähnliche Begriffe zu verwenden.
87 BGH GRUR 1999, 325 (327) – Elektronische Pressearchive.

Upload vom mobilen Endgerät stellen Vervielfältigungsvorgänge dar (§ 16 Abs. 2 UrhG), die vom Rechteinhaber erlaubt werden müssen. Unerheblich ist dabei, ob das Werk bereits durch den Urheber digitalisiert wurde, oder ob erst der Nutzer die erste Digitalisierung bewerkstelligt.[88] Jeder Download von geschützten Inhalten aus dem Internet, der mittels eines mobilen Endgerätes auch zur Speicherung erfolgt, wie z. B. der Download von Musikdateien oder Apps, ist damit ein urheberrechtlich relevanter Vervielfältigungsvorgang. Gleiches gilt für jede Speicherung von geschützten Daten, die dem Nutzer zugesendet werden, auf dem Mobilgerät. Darunter fallen beispielsweise Speichervorgänge von Fotos, die mithilfe der Kamera des mobilen Geräts entstehen, soweit diese sich auf urheberrechtlich geschütztes Material beziehen, wie z. B. das Abfotografieren von Szenen aus einem Kinofilm oder von zeitgenössischer Kunst in einer Galerie. Selbst bei der flüchtigen Übertragung von Werken im Wege des Streaming ist wegen der – wenn auch sehr kurzfristigen – Zwischenspeicherung nach überwiegender Meinung der Tatbestand einer Vervielfältigung erfüllt.[89]

89 Eine Vervielfältigungshandlung kann auch bereits im **Versenden eines Links**, z. B. per E-Mail, oder in dessen Bereitstellung auf einer Website begründet liegen, wenn durch das Aufrufen des Links das Werk unmittelbar sichtbar und speicherbar wird, jedenfalls dann, wenn das Werk in einem Pop-up-Fenster ohne Adresszeile erscheint, also der ursprüngliche Rechteinhaber nicht mehr erkennbar ist (sog. Framing).[90] Zwar hat der BGH in seiner »Paperboy« Entscheidung für das Setzen von Links, die direkt zu den Inhalten der Rechteinhaber führen, festgehalten, dass es sich hier nicht um Vervielfältigungsvorgänge handeln soll. In diesem Fall war für den Nutzer allerdings klar, dass er auf eine andere Domain und somit zu einem anderen Anbieter wechselte.[91]

90 Schwierig ist dagegen die Einordnung reiner **Browsing-Vorgänge**, bei denen Inhalte lediglich kurz auf dem Bildschirm sichtbar gemacht werden. Obwohl vielfach betont wurde, dass diese Vorgänge urheberrechtlich nicht relevant seien, kann auch hier eine Vervielfältigungshandlung vorliegen, wenn die typische Nutzung der Inhalte gerade in einer nur kurzen Wahrnehmung liegt.[92]

91 **Verantwortliche einer Vervielfältigungshandlung** i. S. d. § 97 Abs. 1 S. 1 UrhG sind dabei sowohl der Versender, als auch der Empfänger der Daten, soweit dieser aktiv einen Abruf- und Speichervorgang auf seinem Gerät in die Wege leitet, der das Werk in einer wahrnehmbaren Form erscheinen lässt.[93] Der Versender der Daten ist schon deshalb Täter einer solchen Handlung, weil er bewusst Einfluss darauf nehmen kann, ob ein Vervielfältigungsvorgang vorgenommen wird oder nicht, schließlich muss er dafür zunächst den Upload bzw. den Sendevorgang veranlassen.

92 Daneben kann selbst der **Hersteller von mobilen Endgeräten** urheberrechtlich verantwortlich sein und muss eine sog. **Geräteabgabe** gem. § 54 Abs. 1 S. 1 UrhG entrichten, soweit dessen Voraussetzungen erfüllt sind. Je größer die Speichermöglichkeiten und je breiter die Anwendungsformen von Handys, Smartphones, Handhelds, etc. werden, desto mehr ist davon auszugehen, dass auch die Gerätehersteller im Rahmen der Mithaftungsvorschriften zu Gerätepauschalabgaben herangezogen werden, wenn die Geräte nicht mehr nur der Telekommunikation, sondern gerade auch der urheberrechtlich relevanten Speicherung bzw. Vervielfältigung von geschützten Werken dienen.

---

88 Schricker/*Loewenheim* § 16 Rn. 17 f.
89 Zu den Einzelheiten beim Streaming *Bortloff* GRUR Int. 2003, 674.
90 OLG Hamburg GRUR 2001, 831 – Online-Lexikon.
91 BGH NJW-RR 2003, 3406 – paperboy; s. hierzu auch *Ott* ZUM 2004, 357.
92 *Schwarz* GRUR 1996, 836 (841).
93 Schricker/*Loewenheim* § 16 Rn. 23.

II. Nutzungsrechte

Privilegiert sind unter den Voraussetzungen des § 53 UrhG **Vervielfältigungen zum pri-** 93
vaten und zum sonstigen eigenen Gebrauch. Da jedes beliebige Speichermedium umfasst ist,[94] erfasst diese Vorschrift insbesondere auch die Speicherung auf mobilen Endgeräten.

Die Vervielfältigung zum privaten Gebrauch gem. § 53 Abs. 1 S. 1 UrhG gestattet dabei nur 94
die Herstellung **einzelner Vervielfältigungen**, die nicht kommerziellen Zwecken dienen dürfen.[95] Umfasst sein dürfen in der Regel nicht mehr als sieben Vervielfältigungsexemplare. Darüber hinaus darf die Vorlage nicht in **offensichtlich rechtswidriger** Weise erstellt worden sein. Beim privaten Vervielfältigen über mobile Endgeräte ergeben sich hier Probleme: Es ist für den Nutzer meist nicht einfach festzustellen, ob seine Vorlage rechtswidrig erstellt wurde. Die Rechtsprechung legt hier meist strenge Maßstäbe an die Prüfungspflichten des Nutzers an und stellt insbesondere darauf ab, ob das Werk bereits zuvor veröffentlicht wurde, ob das Forum, in dem das Werk dem Nutzer zugänglich gemacht wurde, in seiner Gesamterscheinung rechtswidrige Kopien enthalten könnte und ob ein Angebot zum Download kostenlos erfolgte, das üblicherweise nur gegen Bezahlung zugänglich ist.[96] Gerade aufgrund der Neuheit der mobilen Anwendungen sind hier gesicherte Erfahrungswerte für den privaten Nutzer nicht verfügbar.

Nach § 53 Abs. 2 UrhG dürfen auch für den **sonstigen eigenen Gebrauch** einzelne Verviel- 95
fältigungsstücke gefertigt werden, wenn das Werk zur Herstellung eines eigenen, nicht kommerziellen, elektronischen Archivs erfolgt (§ 53 Abs. 2 S. 1 Nr. 2 UrhG) oder nur kleine Teile von Werken vervielfältigt werden (§ 53 Abs. 2 S. 1 Nr. 4a UrhG). Andere sonst nach § 53 UrhG zulässige Gebrauchszwecke sind entweder für mobile Nutzungen kaum relevant oder umfassen keine Kopien in elektronischer Form.[97] Umfasst sind bei der Variante des § 53 Abs. 2 S. 1 Nr. 2 UrhG auch Vervielfältigungen, die kommerziellen Zwecken dienen, allerdings ist eine Weitergabe der Kopien untersagt.[98]

Auch der **Erschöpfungsgrundsatz** i. S. v. § 17 Abs. 2 UrhG (wonach eine Weiterverbrei- 96
tung rechtmäßig ist, wenn das Original oder Vervielfältigungsstücke eines Werkes rechtmäßig im Wege der Veräußerung innerhalb der EU oder des EWR in den Verkehr gebracht wurden) kann dem unberechtigten Verwerter bei den im M-Commerce typischen Vervielfältigungshandlungen nicht nützen. Selbst wenn das erste Vervielfältigungsstück rechtmäßig erworben wird, ist die Weiterverbreitung des betroffenen Vervielfältigungsstückes auf digitalem Wege keine nach § 17 Abs. 2 UrhG zulässige Handlung, sondern eine neue Vervielfältigungshandlung, die von § 17 Abs. 2 UrhG nicht privilegiert wird.[99]

b) Bearbeitung

Nach § 23 UrhG erfordern **Bearbeitungen und andere Umgestaltungen** eines geschütz- 97
ten Werkes die Einwilligung des Urhebers. Dagegen sind sog. freie Benutzungen eines Werkes, bei denen das Ausgangswerk nur als Anregung für die Schaffung eines neuen Werkes dient, ohne Einwilligung zulässig. Die Abgrenzung der zustimmungspflichtigen Bearbeitungsvorgänge von freien Benutzungen eines Werkes wird im Bereich M-Commerce meist dann relevant, wenn auf der Grundlage geschützter Werke speziell für die Bereitstellung auf mobilen Endgeräten neue Werke erstellt werden. Aber auch Hintergrundbilder mit bekannten Motiven, die für die besonders kleinen Bildschirme der mobilen Endgeräte in modifizierter Form dargestellt werden, Melodien, die zu Klingeltönen umgestaltet werden, oder technische Vereinfachung großvolumiger audiovisueller Werke zu mobilgerätfähigen,

---

[94] Schricker/*Loewenheim* § 53 Rn. 14a.
[95] Schricker/*Loewenheim* § 53 Rn. 12a.
[96] Zur »offensichtlich rechtswidrig hergestellten Vorlage« ausf. *Jani* ZUM 2003, 842.
[97] So z. B. für § 53 Abs. 2 S. 1 Nr. 3 UrhG: AmtlBegr. BT-Drs. 15/38, 21.
[98] Im Detail dazu s. z. B. BGH GRUR 1997, 459 (461).
[99] Wandtke/Bullinger/*Heerma* § 17 Rn. 19.

grobkörnigen audiovisuellen Dateien fallen hierunter. Solche »Verkleinerungen« eines Werkes, die eine Vereinfachung beinhalten, stellen in der Regel zustimmungspflichtige Bearbeitungen i. S. v. § 23 UrhG dar.[100]

98   Bei **Software** ist dagegen jede Form der Umgestaltung unzulässig (§ 69c Nr. 2 UrhG). Die Bearbeitung eines PC-Spiels, um es für mobile Geräte lauffähig zu machen, oder die Anpassung einer Software, um sie als App im App-Store des Unternehmens Apple verfügbar zu machen, ist somit ebenfalls zustimmungspflichtig.

99   Dagegen sind **freie Benutzungen** i. S. v. § 24 UrhG zulässig, wenn die Charakteristika des Ausgangswerks hinter dem neuen Werk »verblassen«. Die Abgrenzung im Einzelfall ist oft schwierig, da die Rechtsprechung eine Formel aufgestellt hat, die im Einzelfall nur selten klare Ergebnisse liefert. Zulässig ist eine Benutzung zum einen dann, wenn das Ausgangswerk nur schwach in dem neuen Werk durchscheint, zum anderen, wenn der Ersteller des neuen Werkes einen großen Abstand wahrt und damit ein eigenständiges Werk schafft.[101] Gerade wenn die Bearbeitung nur deswegen erfolgt, um das Ausgangswerk wie vorstehend beschrieben den technischen Wiedergabegegebenheiten bestimmter mobiler Geräte anzupassen, wird eine freie Bearbeitung daher in der Regel abzulehnen sein.

100 Bei der Erstellung von Klingeltönen kann allenfalls helfen, dass nur so kleine Teile des Ausgangswerkes verwendet werden, dass diese für sich genommen nicht mehr schutzfähig sind. Gerade bei Melodien ist die Rechtsprechung hier allerdings streng. Schon wenige Takte können ein schutzfähiges Werk bilden.[102]

c) Öffentliche Wiedergabe

101 Ein Werk wird öffentlich wiedergegeben, wenn es gleichzeitig von einer Mehrzahl von Empfängern wahrgenommen werden kann. Das Gesetz zählt dabei mehrere Formen der öffentlichen Wiedergabe auf, die aber erneut nur als Regelbeispiele ausgestaltet sind, um die Regelung für neue Entwicklungen offen zu halten (vgl. § 15 Abs. 2 UrhG). Zu den typischen Formen gehören insbesondere das Vortrags-, Aufführungs- und Vorführungsrecht, das Recht der Wiedergabe durch Bild- und Tonträger, das Recht der Wiedergabe von Funksendungen sowie mit besonderer Bedeutung gerade für den Bereich des E-Commerce und M-Commerce das Recht der öffentlichen Zugänglichmachung sowie das Senderecht.

102 Aufgrund der in der Regel immer noch nur begrenzten Übertragungskapazitäten und der häufig nach Datenvolumen abgerechneten Angebote der Mobilfunk-Provider basieren fast alle mobilen **Content-Dienste** auf dem Prinzip, dem Empfänger die Inhalte erst auf Wunsch in Datenpaketen zur Verfügung zu stellen (»Pull-Dienst«). Der Nutzer fordert gezielt Inhalte an und nimmt oftmals sogar interaktiv Einfluss auf die angebotenen Inhalte. Ein klassischer Sendebetrieb wie im Rundfunk findet eher selten statt, obwohl auch diese Formen vorkommen können.

103 Im Bereich des **Handy-TV** entwickeln sich momentan Konzepte einer Wiedergabe von Inhalten, die auf Abruf zur Verfügung stehen, und die – entgegen der typischen Situation im Rundfunk – gerade nicht auf einer Sendung beruhen. Statt einer gleichzeitigen Übermittlung der Inhalte an eine unbestimmte Anzahl an Personen findet hier eine Vielzahl an einzelnen, zeitversetzten Vorgängen statt, bei denen Datenpakete den Kunden zugesandt werden, die diese zuvor angefordert haben. Die digitale Übertragung mittels Abrufdienst ist also gerade nicht als Sendung i. S. v. § 20 UrhG und auch nicht als öffentliche Vorführung

---

100 Darüber hinaus kann das Urheberpersönlichkeitsrecht des ursprünglichen Urhebers berührt sein, dazu s. Rdn. 117 ff.
101 BGH GRUR 1994, 191 (193) – Asterix.
102 OLG München ZUM 1997, 275 (278) – O Fortuna.

i. S. v. §§ 15 Abs. 2 Nr. 1, 19 Abs. 4 UrhG) einzustufen.[103] Hingegen liegt eine öffentliche Zugänglichmachung nach § 19a UrhG vor (»Browsen« bzw. »Download«). Dafür ist nur erforderlich, dass die Inhalte der Öffentlichkeit dergestalt zugänglich gemacht werden, dass die Mitglieder der Öffentlichkeit über drahtlose oder drahtgebundene Kommunikationsmittel jederzeit darauf zugreifen können. Keine Sendung im urheberrechtlichen Sinne sind somit Handy-TV-Angebote, bei denen der Nutzer zum Zeitpunkt seiner Wahl audiovisuelle Inhalte abruft.

Hingegen sind alle echten (d. h. gleichmäßigen) »**Streaming**«-Angebote (Audio- oder Video-Angebote auch mit evtl. verfügbaren Zusatzleistungen wie Videotext) als Sendung i. S. v. § 20 UrhG einzustufen. Zeitversetzte on-demand Streams, die an keine feste Abfolgen gebunden sind, sind wiederum als als öffentliche Zugänglichmachung zu qualifizieren (§ 19a UrhG).[104] Streitig ist allerdings immer noch die Einordnung von sog. **Simulcasting, Webcasting** und **Near-Video-on-Demand**. Beim Near-Video-on-Demand ruft der Nutzer die Inhalte zwar ab, jedoch stellt der Anbieter sie in kurzen Zeitabständen in einer Art Programmauswahl zur Verfügung. Auch beim Web- und Simulcasting gibt es eine Auswahl mehrerer Sendungen, die gleichzeitig nach Wahl des Nutzers angeboten werden. Daher ist derzeit wohl eher davon auszugehen, dass diese Übertragungsformen als Sendungen und nicht als Online-Abruf-Dienste einzustufen sind.[105] Es empfiehlt sich, in Verträgen sicherheitshalber beide Rechte zu regeln.

3. Datenbankrechte

Datenbankrechte schützen den Aufwand und die Ordnungssystematik, die eine Datenbank ausmachen. Datenbankrechte können insbesondere dann betroffen sein, wenn **wesentliche Teile der Datenbank** vervielfältigt werden (§§ 87a ff. UrhG). Zudem ist die Verwendung auch von unwesentlichen Teilen unzulässig, wenn die Nutzungshandlungen wiederholt und systematisch erfolgen. Im Bereich des M-Commerce wird dies insbesondere bei Informationsdiensten, wie z. B. Nachrichtendiensten oder Fachinformationssystemen, relevant, die ihre Dienste in Form Einzelabrufen oder Abrufen im Rahmen von Abonnements aus geschützten Datenbanken anbieten. Ein Dienstleister, der auf Anfrage Bahnverbindungen aus der Internetseite der Bahn benennt, verletzt die Rechte der Bahn, die diese Datenbanken zwar kostenfrei dem potenziellen Kunden zur Verfügung gestellt, nicht aber eine gewerbliche Verwendung gestattet hat.

4. Erwerb der Nutzungsrechte

a) Erstellung von Inhalten für den M-Commerce

Im Grundsatz gilt, dass der Produzent von Inhalten zur Verwertung mittels M-Commerce, sofern er auf vorbestehende Werke zurückgreift, das Vervielfältigungsrecht (§ 16 UrhG) und das Bearbeitungsrecht (§ 23 Abs. 1 UrhG) benötigt, um die Inhalte für mobile Endgeräte anzupassen, insbesondere zu kürzen, zu vereinfachen und technisch anzupassen.

b) Verbreitung von Inhalten im M-Commerce

Für die Verbreitung von Inhalten im M-Commerce mittels **Push-Technologien,** d. h. mittels Übermittlung, die vom Content-Anbieter ausgeht, benötigt der Anbieter das Vervielfältigungsrecht, insbesondere sofern die Inhalte nach Empfang auf dem Handy auch gespeichert werden. Gleichzeitig muss er sich auch das Senderecht einräumen lassen, soweit die Inhalte gleichzeitig mehreren Nutzern übermittelt werden sollen. Bei **Pull-Technologien,**

---

103 *Schwarz* GRUR 1996, 836.
104 Wandtke/Bullinger/*Erhardt* § 206 Rn. 14.
105 *Bortloff* GRUR Int. 2003, 674.

d. h. Download-Vorgängen, die vonseiten des Nutzers initiiert werden, benötigt der Anbieter neben dem Vervielfältigungsrecht statt des Senderechts das Recht der öffentlichen Zugänglichmachung.

c) Rolle der Verwertungsgesellschaften

108 Bestimmte Werknutzungen sind auch ohne explizite Einwilligung des Urhebers bereits von Gesetzes wegen zulässig. Das Urheberrecht bestimmt jedoch für diese Nutzungen einen **gesetzlichen Vergütungsanspruch** des Rechteinhabers, der jedoch oft nicht vom Rechteinhaber selbst, sondern typischerweise durch Verwertungsgesellschaften wie die GEMA wahrgenommen wird. Beispiele hierfür finden sich insbes. in den §§ 54, 54a UrhG. Daneben vergibt die GEMA auch echte Verwertungsrechte. Für den M-Commerce Anbieter bedeutet dies, dass er Vergütungspflichten gegenüber verschiedenen Dritten unterliegen kann. In Betracht kommen bei Texten, wie z. B. Zeitungs- oder Zeitschriftenartikeln, Vergütungspflichten gegenüber der **VG Wort**, bei der Nutzung von Musikstücken, wie z. B. Klingel- oder Signaltönen für Handys, Abgaben für die Rechte am Musikstück an die **GEMA** und Abgaben für die der Musikaufnahme zugrunde liegenden Leistungsschutzrechte der ausführenden Musiker und Tonträgerhersteller an die **GVL**. Insbesondere bei Radio-Streamings, d. h. einer Vielzahl an Stücken, wird die Frage der Rechteklärung hierdurch merklich vereinfacht: Die GEMA nimmt die entsprechenden Rechte wahr, wohingegen Urheber (soweit sie GEMA-Mitglied sind) bzw. Tonträgerhersteller (oder die GVL, wenn sie deren Rechte wahrnimmt) die Sendung nicht verbieten können. Rechte müssen also nur mit der GEMA geklärt werden. Dies gilt jedoch nur für bereits erschienene Tonträger, da andernfalls ein Verbietungsrecht der ausübenden Künstler und Tonträgerhersteller bestünde.

d) Besonderheiten bei Audio-Content

109 Für das **Senderecht** besteht im Musikbereich die Besonderheit, dass eine Musikaufnahme nach ihrem Erscheinen bzw. erlaubter öffentlicher Zugänglichmachung des Tonträgers, auf dem die Darbietung aufgenommen wurde, ohne Erlaubnis des Künstlers in einer Sendung verwendet werden darf, dafür aber eine angemessene Vergütung fällig wird.[106]

110 Lizenziert der Künstler seine Rechte an einen Tonträgerhersteller zur Herstellung von Tonträgern, so ist dieser in der Folge aufgrund des Zweckübertragungsgrundsatzes in der Regel Inhaber der ausschließlichen Vervielfältigungs-, Verbreitungs- und Onlinerechte, nicht aber zwingend auch des Senderechts. Über dessen Einräumung wird meist gesondert verhandelt.

111 Im Bereich der Musikrechte ist die **GEMA** für die Wahrnehmung der Ton- und Bildträgerrechte und zwar sowohl für die Aufnahmerechte wie für die Vervielfältigungs- und Verbreitungsrechte zuständig. Damit ist aber zunächst die Nutzung ganzer, ungekürzter Werke gemeint. Jedoch ist nach dem Wahrnehmungsvertrag auch eine Lizenzierung der Teilnutzung möglich, nicht aber der Verbindung mit anderen Werkgattungen, z. B. mit einem Handyspiel. Der Wahrnehmungsvertrag der GEMA regelt zudem die Multimediaverwendung von Musik auf jedem Speichermedium, auch wenn interaktive Nutzung dabei möglich ist. Erhält die GEMA Nachfragen nach solchen Nutzungen, so gewährt sie dem Rechteinhaber eine Frist von 4 Wochen, zu entscheiden, ob er selbst diese Rechte wahrnehmen möchte. Meldet er sich hingegen nicht oder verzichtet er ausdrücklich, so ist die GEMA endgültig zuständig. Auch für den On-Demand Download von Klingeltönen sieht der GEMA-Vertrag einen eigenen Tarif vor (VR-OD1).[107]

---

[106] Die Vergütungsansprüche der Künstler werden in der Regel von den jeweils zuständigen Verwertungsgesellschaften wahrgenommen, s. Schricker/*v. Ungern-Sternberg* vor §§ 20 ff. Rn. 20 ff.
[107] Zur urheberrechtlichen Beurteilung der Lizenzierungspraxis von Klingeltönen s. z. B. *Poll* MMR 2004, 67; vgl. dazu auch unten Rdn. 75, 87 ff.

e) Besonderheiten im Filmbereich

Im Filmbereich gilt die Besonderheit, dass der Filmhersteller aufgrund gesetzlicher Vermutung die in § 89 Abs. 1 UrhG genannten Rechte erhält. Im Zweifel werden ihm die Rechte zur **Verwertung in allen bekannten Nutzungsarten** eingeräumt. Sein eigenes Leistungsschutzrecht, das mit der Filmherstellung entsteht, gewährt ihm u. a. Sende- und Onlinerechte an dem Werk (§ 94 Abs. 1 S. 1 UrhG).

III. Schranken des Urheberrechts

Trotz der sehr weiten Befugnisse des Urhebers hat dieser einige gesetzliche Beschränkungen hinzunehmen, die in den sog. Schranken (vgl. §§ 44a bis 63 UrhG) sowie den außerhalb dieses Abschnittes eingefügten speziellen Schrankenregelungen (vgl. §§ 69d, 69e und 87c UrhG) geregelt sind. Einige für den M-Commerce relevante Schranken werden nachfolgend eingehender betrachtet.

1. Sicherheitskopie und Dekompilierung von Software

Um Softwareprodukte bestimmungsgemäß nutzen zu können, benötigt der rechtmäßige Nutzer gewisse Zugriffsrechte auf die Software. Grundlage hierfür können entweder vertraglich vereinbarte »Lizenzrechte« sein oder die gesetzlichen Schrankentatbestände. So kann der Urheber dem rechtmäßigen Nutzer schon von Gesetzes wegen nicht untersagen, Vervielfältigungsstücke einer Software als **Sicherheitskopie** für den eigenen Bedarf zu fertigen. Gleichzeitig muss der Nutzer in der Lage sein, alle nötigen Handlungen für die Ausführung, Untersuchung und Installation von Programmen durchzuführen (§ 69d UrhG). Des Weiteren ist dem rechtmäßigen Nutzer die **Dekompilierung** gestattet, soweit dies für die Herstellung der Interoperabilität eines Computerprogramms mit anderen Computerprogrammen erforderlich ist (§ 69e UrhG). Demgegenüber stellt § 69f UrhG für Softwarereprodukte klar, dass unerlaubte Vervielfältigungsstücke der Vernichtung unterliegen. Im Ergebnis finden diese gesetzlichen Ausnahmetatbestände auch auf Software Anwendung, die im Rahmen des M-Commerce über Mobilfunk verbreitet wird, wie z. B. Apps. Zu beachten ist dabei, dass der Schutz vor Umgehung von technischen Schutzmaßnahmen, der detailliert in den §§ 95a ff. UrhG geregelt ist, nicht für Softwareprodukte gilt (§ 69a Abs. 5 UrhG).[108]

2. Pressespiegel, Archivierung

Viele Content-Angebote im M-Commerce basieren auf der Idee, dass der Nutzer Informationen im Internet gerade nicht mühsam heraussuchen muss, sondern durch einen Dienstleister gefiltert nur diejenigen Informationen erhält, die aktuell und seinen Vorgaben entsprechend auf ihn zugeschnitten sind. Zwar stellt auch in diesem Zusammenhang grundsätzlich jede unerlaubte Vervielfältigung fremder Inhalte eine Urheberrechtsverletzung dar, allerdings ist die Erstellung von sog. **Pressespiegeln** in engen Grenzen privilegiert.

Der BGH hat im Jahr 2002 grundlegend auch die Erstellung von Pressespiegeln in elektronischer Form anerkannt.[109] In einer Abwägung der eng auszulegenden Schrankenbestimmung des § 49 UrhG mit den Interessen des Urhebers hat er dafür folgende Einschränkungen entwickelt: Während zum einen die allgemeinen inhaltlichen Anforderungen des § 49 Abs. 2 UrhG, wonach nur Nachrichten tatsächlichen Inhalts und Tagesneuigkeiten in Pressespiegeln wiedergegeben werden dürfen, erfüllt sein müssen, dürfen diese zudem nur einem beschränkten Nutzerkreis (»Inhouse-Pressespiegel«) zugänglich gemacht werden.

---

108 S. dazu näher *Arlt* MMR 2005, 148.
109 BGH GRUR 2002, 963 – Elektronische Pressespiegel.

Eine entgeltliche Verbreitung darüber hinaus ist nicht zulässig. Die Artikel dürfen auch nur als grafische Datei zur Verfügung stehen, nicht aber einer Volltextsuche zugänglich sein.[110] Es steht zu erwarten, dass zu kommerziellen elektronischen Pressespiegeln und Abstracts, wie sie im Bereich des E-Commerce oder M-Commerce relevant werden, demnächst noch weitere Entscheidungen ergehen werden.[111]

IV. Urheberpersönlichkeitsrecht

117 Das Urheberpersönlichkeitsrecht verbleibt beim Urheber, selbst wenn der Urheber sämtliche Nutzungsrechte zur kommerziellen Verwertung an einen anderen übertragen hat (arg. ex § 29 UrhG). Geschützt bleibt der Urheber danach vor der Entstellung seiner Werke (§ 14 UrhG). Es bleibt ihm auch überlassen, wann und wie er sein Werk veröffentlichen will (§ 13 UrhG). Schließlich hat der Urheber ein Recht auf Anerkennung seiner Urheberschaft (§ 12 UrhG).

1. Entstellungsgefahr

118 Eine Entstellung i. S. v. § 14 UrhG kann schon darin liegen, dass z. B. ein Bild technisch so verändert wird, dass es zu einem Austausch von Farben, zu Verzerrungen oder ähnlichen Veränderungen kommt.[112] Wegen der Darstellung von Inhalten auf den zum Teil sehr **kleinen Bildschirmen mit geringer Auflösung** ist die Gefahr der Entstellung eines Werkes im M-Commerce daher schon allein durch die Übertragung auf ein mobiles Endgerät gegeben. Auch die teilweise noch **geringe Geschwindigkeit der Datenübertragung** kann es mit sich bringen, dass Inhalte auf Handys und mobilen Endgeräten nur verzerrt wiedergegeben werden.

119 Bei der Wiedergabe von **Filmen** sind die Hürden einer Verletzung allerdings hoch gesetzt. Gem. § 93 Abs. 1 S. 1 UrhG können Urheber und Leistungsschutzrechtsinhaber nur schwere Entstellungen oder andere grobe Beeinträchtigungen, bzw. gem. § 94 Abs. 1 S. 2 UrhG die Filmhersteller nur Entstellungen, welche die berechtigten Interessen des Filmherstellers zu gefährden geeignet sind, verbieten. Als Überschreitung dieser Hürde schwerer oder Interessen verletzender Beeinträchtigungen werden z. B. die Darstellung von Einzelsequenzen oder eine Neuzusammenstellung von Szenenmaterial angesehen. Eine Entstellung kann auch durch eine übermäßig häufige oder dominante Einblendung von Werbung gegeben sein, die auch im Einblenden von Logos liegen kann. Im M-Commerce ist die Gefahr der Entstellung besonders groß, da die noch recht langsamen Übertragungsgeschwindigkeiten dazu führen können, dass der Erzählfluss und die Laufgeschwindigkeiten der Filme stark verändert werden.[113]

120 Schließlich kommt bei allen Werkarten eine Entstellung dann in Betracht, wenn der **Kontext des Werkes** verändert wird, indem beispielsweise das Werk mit unpassenden anderen Inhalten im Zusammenhang präsentiert wird.[114]

2. Veröffentlichung

121 Der Urheber hat ein Recht darauf, zu bestimmen, wann und wie eine Veröffentlichung seines Werks erfolgen soll. Für den Bereich des M-Commerce ergeben sich hier keine Beson-

---
110 Kritisch dazu *Hoeren* GRUR 2002, 1022; *Dreier* JZ 2003, 477.
111 Vgl. z. B. BGH GRUR 2011, 34 – Perlentaucher; BeckRS 2010, 31033 mit Anm. von *Hoeren* in GRUR-Prax 2011, 27.
112 BGH GRUR 1971, 525 – Petite Jaqueline; LG Mannheim GRUR 1997, 364 – Holbein-Pferd.
113 *Schack* Rn. 363 f.
114 OLG Frankfurt/M. GRUR 1995, 215 – Springtoifel.

derheiten. Zu beachten ist allerdings, dass der Vorgang der Digitalisierung eines Werkes als solcher keine neue Veröffentlichung darstellt. Eine bereits erfolgte erstmalige Veröffentlichung, gleich in welcher Form, beschränkt das Verbotsrecht des Urhebers zur Veröffentlichung in einem bestimmten Medium. Wurde beispielsweise ein Foto in einer Zeitschrift bereits veröffentlicht, kann sich der Fotograf nicht darauf berufen, dass er eine Veröffentlichung als Mobile Content nicht billigt.[115]

3. Nennung des Urhebers

Nach § 13 UrhG hat der Urheber ein Recht auf Nennung seines Namens. Aufgrund der begrenzten Darstellungsmöglichkeiten bei mobilen Endgeräten kann wohl davon ausgegangen werden, dass derjenige Urheber, der Material zur Darstellung auf solchen Geräten lizenziert, gleichzeitig konkludent seine Einwilligung zur Veröffentlichung ohne Namensnennung gibt, da die Urheberbezeichnung technisch kaum machbar wäre. Es empfiehlt sich aber, in Lizenzverträgen mit Urhebern zur Verwendung des Materials im M-Commerce eine entsprechende Klarstellung aufzunehmen bzw. sich von anderen Lizenzgebern zusichern zu lassen, dass der Urheber eine entsprechende Einwilligung erteilt hat. 122

V. Ansprüche bei Verletzungen

Im Fall von Urheberrechtsverletzungen kommen insbesondere Ansprüche auf Unterlassung bzw. Beseitigung in Betracht. Daneben kann ein auf drei verschiedene Arten berechenbarer Schadensersatz gefordert werden (§ 97 Abs. 1 UrhG).[116] Unter Umständen bestehen auch Schmerzensgeldansprüche (§ 97 Abs. 2 Nr. 1 UrhG), die jedoch in der Regel betragsmäßig eher gering ausfallen dürften. Flankierend können Auskunftsansprüche geltend gemacht werden, die eine Durchsetzung erst ermöglichen und die im Urheberrecht zum Teil sehr genau spezifiziert sind. Insbesondere gibt § 101a UrhG einen Anspruch auf Auskunft über die Herkunft und den weiteren Vertriebsweg von unrechtmäßig erstellten Vervielfältigungsstücken. 123

Dabei haben Anbieter im Bereich des M-Commerce, die in der Regel als Telemediendienst zu qualifizieren sein werden, zusätzlich die **Verantwortlichkeitsregelungen** gem. §§ 7 bis 10 TMG zu beachten. Die Rechtsprechung hat diese Regelungen (im Zusammenhang mit den Vorgängervorschriften des TDG und des MDStV) noch um das Prinzip der **Störerhaftung** erweitert.[117] 124

In der Praxis wird einer gerichtlichen Entscheidung über eine Urheberrechtsverletzung und deren Rechtsfolgen in der Regel eine **Abmahnung** vorausgehen, durch die der Verletzer auf seine Rechtsverletzung hingewiesen wird. Dabei können die Kosten, die durch ein solches Vorgehen entstehen, dem Verletzer unter dem Gesichtspunkt der Geschäftsführung ohne Auftrag auferlegt werden. Allerdings ist die Höhe der Abmahnkosten in einfach gelagerten Fällen auf maximal 100,-€ beschränkt (§ 97a Abs. 2 UrhG).[118]

---

115 Zur elektronischen Bildverarbeitung s. bereits *Maaßen* ZUM 1992, 338.
116 Entgangener eigener Gewinn, Lizenzanalogie und Herausgabe des Verletzergewinns, i. E. zu den jeweiligen Berechnungsarten sowie deren Geltendmachung im Prozess: Schricker/*Wild* § 97 Rn. 69 ff.
117 Vgl. z. B. BGH GRUR 2004, 860 – Internet-Versteigerung.
118 Gesetz zur Verbesserung der Durchsetzung von Rechten des geistigen Eigentums v. 07.07.2008.

H. Werbung im M-Commerce

125 Die erweiterten Nutzungsmöglichkeiten, die mobile Endgeräte eröffnen, werden insbesondere von der Werbung geschätzt. Aus ihrer Sicht ist von besonderem Interesse, dass der Nutzer fast **jederzeit erreichbar** und eine stark **personalisierte Ansprache** möglich ist, da ein mobiles Endgerät in der Regel nur von einer einzigen Person genutzt wird, die es überall hin mit sich trägt. Lokal ausgerichtete Werbung, die sich zunutze macht, dass die Funkzelle, in der sich ein Nutzer aufhält, identifiziert werden kann und damit auf dessen konkrete Situation eingeht (Bahnhof, Flughafen, Kneipenviertel etc.), steckt noch in den Kinderschuhen, nicht zuletzt wegen der datenschutzrechtlichen Bedenken aufseiten der Nutzer (hierzu siehe unten Rdn. 159). Es wird jedoch erwartet, dass sich dieser Bereich schon in naher Zukunft stark entwickeln wird, indem Konzepte wie **Permission Marketing** und **Incentive Marketing** auch im Mobilfunkbereich stärker zur Anwendung kommen. In großem Umfang bereits praktiziert wird allerdings die Übersendung von Werbebotschaften per SMS und Bluetooth. Immer beliebter wird Werbung in Form von In-Game- und In-App-Advertising. Wird so per SMS, über Bluetooth Hotspots oder in Spielen oder Apps integriert für Produkte geworben, sind für die Prüfung der Zulässigkeit des Vorgehens insbesondere die Regeln des Wettbewerbsrechts zu prüfen (vgl. §§ 3, 5 und 7 UWG).

I. SMS-Werbung

126 Die Werbung per SMS[119] hat sich am Wettbewerbsrecht messen zu lassen. Voraussetzung für die Anwendung des Wettbewerbsrechts ist allerdings zunächst, dass der Anbieter, dessen Handeln der rechtlichen Überprüfung unterliegt, im geschäftlichen Verkehr zu Zwecken des Wettbewerbs handelt. Bei **Werbemaßnahmen** sind diese Voraussetzungen regelmäßig gegeben und zwar selbst dann, wenn für Geschäfte Dritter geworben wird oder geschäftlich relevante Informationen z. B. in Chats oder auf Internetplattformen eingestellt werden. Selbst werbende Tätigkeiten hoheitlich Handelnder, z. B. Werbe-SMS der hoheitlich organisierten Stadtwerke etc., fallen unter die wettbewerbsrechtlichen Vorschriften.[120] Hingegen sind privat versandte SMS ohne geschäftlichen Hintergrund nicht erfasst.

1. Überprüfung anhand der Fallgruppen des Wettbewerbsrechts

127 Nach der Generalklausel des § 3 UWG sind unlautere Wettbewerbshandlungen, die geeignet sind, den Wettbewerb zum Nachteil der Mitbewerber, Verbraucher oder anderer Marktteilnehmer nicht nur unerheblich zu verfälschen, unzulässig. Das Merkmal der Unlauterkeit hat der Gesetzgeber nicht legal definiert, sondern stattdessen einen Katalog an Fallgruppen unlauteren Handelns in den §§ 4 bis 7 UWG aufgestellt. Dennoch bleibt die Rechtsprechung zur Konkretisierung des Merkmals der Unlauterkeit anhand des Schutzzwecks von § 1 UWG, des Grundgesetzes und der Maßstäbe des Gemeinschaftsrechts aufgerufen. Im Rahmen der Auslegung können auch außerwettbewerbsrechtliche Normen zur Anwendung kommen, wenn sie sog. Marktverhaltensregelungen darstellen.[121] Im Bereich des M-Commerce kommen hier insbesondere die Regelungen des TMG sowie des TKG in Betracht.

128 Wegen § 7 Abs. 1 UWG sind **unzumutbare Belästigungen** generell verboten, deren wichtigster Unterfall für den Bereich des M-Commerce der Fall der unerwünschten Werbung ist

---

119 Zu rechtlichen Aspekten der SMS-Werbung insgesamt s. z. B. *Remmertz* MMR 2003, 314, aber auch bereits *Krajewski* MMR 2001, 86.
120 Harte-Bavendamm/Henning-Bodewig/*Keller* § 2 Rn. 26 ff.
121 *Köhler*/Bornkamm § 3 Rn. 8.

(§ 7 Abs. 2 Nr. 1 UWG). Demgegenüber erfasst § 5 Abs. 1 UWG unabhängig von der Bewertung der Methoden die **irreführende Werbung**. § 4 UWG zählt schließlich eine Vielzahl weiterer Fallgruppen der Unlauterkeit auf. Besonders relevant sind hier die der unangemessenen, unsachlichen Einflussnahme. Die §§ 4, 5 und 7 UWG können nebeneinander zur Anwendung kommen und weisen zahlreiche Überschneidungen auf.[122]

a) Irreführende Werbung

Besonders relevant sind im Bereich des M-Commerce die Fälle der irreführenden Werbung § 5 Abs. 1 und 2 UWG. Die bekannt gewordenen Fälle zeigen, dass insbesondere **Preisangaben** für M-Commerce Dienste immer wieder in die Kritik geraten. Bei unklaren oder mehrdeutigen Angaben muss der M-Commerce Anbieter die für ihn nachteilige Auslegungsvariante gegen sich gelten lassen.[123] Auch das Erscheinungsbild der Werbung (Schriftgröße, Zeilenumbrüche etc.) und andere Gestaltungsmerkmale (Sternchen-Verweis)[124] fließen in die Beurteilung ein.

129

Nach der neueren Rechtsprechung sind Hinweise gegenüber Verbrauchern, die zunächst **unvollständig oder unklar** sind, dann nicht irreführend, wenn der Verbraucher noch vor dem Vertragsabschluss die vollständigen Informationen erhält, so z. B., wenn zunächst nur ein Grundpreis genannt wird und erst kurz vor dem eigentlichen Vertragsschluss der vollständige Endpreis angezeigt wird, vorausgesetzt, der Verbraucher wurde zuvor hierauf klar und unmissverständlich hingewiesen.[125] Dagegen werden solche Fälle als irreführend bewertet, in denen dem Verbraucher die vollständigen Informationen nur durch einen Verweis zugänglich gemacht werden, den der Verbraucher vor dem Vertragsschluss nicht notwendigerweise zur Kenntnis nehmen muss.[126]

130

Die Fälle der **Verschleierung von Werbung** regelt § 4 Nr. 3 UWG. Irreführend und gleichzeitig unlauter i. S. v. § 4 Nr. 3 UWG kann es sein, wenn dem Verbraucher beispielsweise vorgegaukelt wird, eine SMS oder ein Anruf käme von einem privaten Teilnehmer und damit Werbung als private Kommunikation getarnt wird.[127] Weitere Fälle der getarnten Werbung i. S. d. § 4 Nr. 3 UWG können vorliegen, wenn z. B. redaktionelle Inhalte in vom Nutzer bestellten News-Tickern missverständlich mit Werbung vermischt werden,[128] insbesondere, wenn eine neutrale Berichterstattung vorgegaukelt wird.[129] Unter diese Fallgruppe fallen auch die Fälle des Product Placement (Schleichwerbung), die insbesondere im Bereich des Handy-TV und bei Handy-Soaps auftreten können. Da gem. § 6 Abs. 1 Nr. 1, Abs. 2 TMG kommerzielle Angebote klar erkennbar sein müssen, sind solche Fälle nicht nur wettbewerbswidrig, sondern darüber hinaus auch bußgeldbewehrt gem. § 16 TMG, soweit es sich bei der konkreten Werbeform um einen Telemediendienst handelt.

131

b) Weitere Fallgruppen der Unlauterkeit

Als unlauter i. S. v. § 4 Nr. 1 UWG gelten auch die Fälle der Ausübung unangemessener und unsachlicher Einflussnahme. Darunter fallen z. B. psychischer Kaufzwang, übertriebenes Anlocken und die oben bereits erwähnten Fälle der unzureichenden Information, die auch unter diesem Aspekt als wettbewerbswidrig einzustufen sind.

132

---

122 Harte-Bavendamm/Henning-Bodewig/*Ubber* § 7 Rn. 193.
123 BGH GRUR 2000, 436 (438) – Ehemalige Herstellerpreisempfehlung.
124 OLG Hamburg CR 2000, 828.
125 BGH GRUR 2003, 889 (890) – Internet-Reservierungssystem; OLG Köln GRUR-RR 2005, 90 – Flugpreistarife.
126 BGH GRUR 2005, 438 (441) – Epson-Tinte; OLG Hamburg GRUR-RR 2005, 27 – Internetversandhandel; anders OLG Köln GRUR-RR 2004, 307 – Preisinformationen durch Link.
127 *Vander* MMR 2005, 429.
128 *Köhler*/Bornkamm § 4 Rn. 3.20.
129 *Köhler*/Bornkamm § 4 Rn. 3.27 ff. m. w. N. aus der Rspr.

133 **Übertriebenes Anlocken** wird in der Rechtsprechung zunehmend seltener angenommen, nicht zuletzt deshalb, weil auch auf europäischer Ebene das Bild vom »**mündigen Verbraucher**« immer stärker betont wird. Fälle des übertriebenen Anlockens liegen danach nur dann vor, wenn die Werbung die Rationalität der Nachfrageentscheidung des Verbrauchers ausschaltet.[130] Zumindest im Zeitschriftenbereich ist eine kostenlose Bereitstellung eines Zeitschriftenabonnements über einen Zeitraum von vier Wochen als unzulässig angesehen worden.[131] Fälle des übertriebenen Anlockens können im M-Commerce dann auftreten, wenn Leistungen wie SMS-Dienste, Apps oder Handy-TV Zugang für längere Zeit kostenlos angeboten werden und dann, wenn ein Gewöhnungseffekt beim Nutzer eingetreten ist, das Angebot plötzlich auf Kostenpflichtigkeit umgestellt wird. Auch hier wird man jedoch nur in krassen Fällen zur Wettbewerbswidrigkeit gelangen.[132]

134 **Psychischer Kaufzwang** liegt dann vor, wenn der Anbieter einer Leistung mit außerhalb der Sache liegenden Mitteln so auf die Willensentscheidung des Käufers einwirkt, dass dieser meint, das Angebot anstandshalber annehmen zu müssen.[133] Auch die Fallgruppe des psychischen Kaufzwangs wird in Zeiten, in denen der Verbraucher bei mobilen Diensten wegen der großen Ähnlichkeit zu Internet-Leistungen erwartet, dass viele durchaus werthaltige Inhalte auch **kostenlos zur Verfügung stehen** und sich allein wegen der Möglichkeit der Inanspruchnahme solcher Leistungen nicht zur Eingehung eines kostenpflichtigen Vertrages verpflichtet fühlt, zunehmend an Bedeutung verlieren.[134] Insbesondere im M-Commerce, in dem ein persönlicher Kundenkontakt nicht stattfindet, sind die mittlerweile sehr strengen Anforderungen der Rechtsprechung an eine entsprechende Zwangslage nur selten gegeben.[135]

135 Werbung im M-Commerce kann auch einen Verstoß gegen § 4 Nr. 2 UWG bedeuten, wenn sie die geschäftliche **Unerfahrenheit Minderjähriger ausnützen** soll.[136]

2. Unverlangte SMS-Werbung

136 Unverlangt zugesandte SMS-Werbung, wie z. B. sog. Dating-SMS,[137] sind als wettbewerbswidrige »unzumutbare Belästigung« i. S. d. § 7 Abs. 2 Nr. 3 UWG zu qualifizieren. Danach gelten unverlangt zugesandte Werbe-SMS als wettbewerbswidrig, wenn keine Einwilligung des Empfängers vorliegt. Die Rechtfertigung hierfür wird darin gesehen, dass für den Empfänger einer SMS der Absender und der Betreff nicht auf den ersten Blick erkennbar sind. Der Empfänger wird daher zunächst gestört, muss dann die SMS öffnen, um Inhalt und Absender zu identifizieren und die Werbe-SMS dann zu löschen. Basierend auf Artikel 13 Abs. 1 der EU-Datenschutzrichtlinie für elektronische Kommunikation[138] hat sich der Gesetzgeber daher im Hinblick auf die Versendung unerwünschter SMS an Verbraucher zu Werbezwecken grundsätzlich für eine **Opt-in-Lösung** entschieden.

137 Ein Ausnahmetatbestand ist für Werbung mit elektronischer Post (z. B. E-Mail-, SMS- oder MMS Werbung) normiert. Ausnahmsweise dürfen E-Mails MMS oder SMS zu Werbezwe-

---

130 *Köhler*/Bornkamm § 4 Rn. 1.35 ff.
131 OLG München WRP 1996, 54 – Bunte.
132 Diese Tendenz der neueren Rechtsprechung spiegeln insbes. BGH GRUR 2002, 976 – Kopplungsangebot I; GRUR 2002, 979 – Kopplungsangebot II wieder.
133 *Köhler*/Bornkamm § 4 Rn. 1.32 ff.
134 *Berlit* WRP 2001, 349 (352); *Weiler* WRP 2002, 871.
135 Für den Fall von Online-Diensten vgl. BGH GRUR 2000, 820 (821) – Space Fidelity Peep-Show.
136 Zu Fragen des Jugendschutzes im M-Commerce s. ausf. dazu auch unten Rdn. 148 ff.
137 Dazu *Kaufmann* MMR 2005, Heft 3, S.VII.
138 Richtlinie 2002/58/EG des Europäischen Parlaments und des Rates v. 12.07.2002 über die Verarbeitung Personenbezogener Daten und den Schutz der Privatsphäre in der elektronischen Kommunikation, AB1. EG L 201 v. 31.07.2002, S. 37.

cken unter den strengen Voraussetzungen des § 7 Abs. 3 UWG versandt werden. Dies setzt voraus, dass
- der Unternehmer die elektronische Postadresse des Kunden im Rahmen einer bereits bestehenden Kundenbeziehung erhalten hat,
- der Unternehmer diese Nummer des Kunden zur Direktwerbung nur für eigene ähnliche Waren oder Dienstleistungen verwendet,
- der Kunde der Werbung per elektronischer Post nicht widersprochen hat und
- der Kunde auf eine solche Widerspruchsmöglichkeit hingewiesen wurde.[139]

3. Spam

SMS oder MMS mit verschleiertem, verheimlichtem oder sogar anonymem Absender (»Spam«) sind als besonders belästigend und somit wettbewerbswidrig anzusehen (§ 7 Abs. 2 Nr. 4 UWG). Zudem besteht eine Pflicht zur Angabe relevanter Informationen zur Identifikation kommerzieller Anbieter; die absichtliche Unterlassung stellt eine Ordnungswidrigkeit dar (§§ 6 Abs. 1 Nr. 2 und 16 Abs. 1 TMG).[140] Der Verbraucher muss nach den Wertungen des UWG jederzeit und ohne weiteren Gebührenaufwand (außer den Basistarifen) den Empfang von werbenden SMS- oder MMS-Sendungen abstellen können.[141] Ist der Absender nicht zu identifizieren, hat der Verbraucher auch keine Möglichkeit, den Empfang weiterer SMS- oder MMS Nachrichten zu verhindern. Da die Zusendung anonymer SMS oder MMS zugleich auch ein Eindringen in die Privatsphäre des Empfängers mit sich bringt, kommt parallel zu Ansprüchen wegen wettbewerbswidrigen Verhaltens auch die Verletzung des allgemeinen Persönlichkeitsrechts (§ 823 Abs. 1 BGB) in Betracht. Zudem kann das Grundrecht der negativen Informationsfreiheit (Art. 5 Abs. 1 GG) betroffen sein. Entsprechend können nicht nur wettbewerbsrechtliche Abwehransprüche bestehen, sondern auch die allgemeinen zivilrechtlichen Ansprüche nach § 1004 BGB.[142] Daneben können unverlangte SMS oder MMS auch strafrechtliche Relevanz nach § 263 StGB besitzen, wenn sie unter Vorspiegelung falscher Tatsachen den Empfänger veranlassen, mehrkostenpflichtige Anrufe zu tätigen oder Dienste in Anspruch zu nehmen. Je nachdem, ob der Empfänger diese weiteren Investitionen tätigt oder nicht, kann somit sogar versuchter oder vollendeter Betrug vorliegen.[143]

138

II. Preisausschreiben/Glücksspiele

Ist die Teilnahme an Gewinnspielen mit der Inanspruchnahme von Telefonmehrwertdiensten verbunden, hat ein **Hinweis** auf deren **Kostenpflichtigkeit** zu erfolgen (§ 6 Abs. 1 Nr. 4 TMG). Derartige Gewinnspiele können auch wettbewerbswidrig sein, wenn an die Teilnahme am Gewinnspiel die Eingehung eines Erwerbsgeschäfts gekoppelt wird (§ 4 Nr. 6 UWG). Eine solche **Kopplung** wird auch dann angenommen, wenn der Verbraucher zur Teilnahme am Gewinnspiel nicht nur die üblichen Kommunikationskosten (Briefmarke oder reguläre SMS- oder Telefonpreise) aufbringen, sondern eine teure Mehrwertdienstrufnummer wählen muss.[144] Gleiches gilt für die Teilnahme per Premium-SMS, sofern keine alternative Teilnahmemöglichkeit zu Basis-Kommunikationstarifen besteht.[145] In Ermangelung eines Wettbewerbsverhältnisses können entsprechende wettbewerbsrechtliche Ver-

139

---

139 Zur Auslegung der Tatbestände i. E.: *Schulze zur Wiesche* CR 2004, 742.
140 Vgl. hierzu *Spindler* CR 2007, 239 (243 f.).
141 Harte-Bavendamm/Henning-Bodewig/*Ubber* § 7 Rn. 176 ff.
142 LG Berlin CR 2003, 339; BGH GRUR 2008, 263.
143 *Jaguttis/Parameswaran* NJW 2003, 2277.
144 LG Memmingen GRUR-RR 2001, 135.
145 *Eichmann/Sörup* MMR 2002, 142.

stöße allerdings nicht vom Nutzer selbst geltend gemacht werden, sondern nur von Wettbewerbern des Gewinnspielveranstalters oder durch die Verbraucherverbände.

140 Zu beachten ist in diesem Zusammenhang weiterhin, dass die Durchführung von Glücksspielen, d. h. Spielen, bei denen der Teilnehmer ein Vermögensopfer zum Zwecke der Teilnahme zu erbringen hat und bei denen die Preisvergabe wesentlich vom Zufall und nicht von den Leistungen oder Fähigkeiten des Teilnehmers abhängt, strafbar sein kann, wenn sie ohne **behördliche Genehmigung** durchgeführt wird (§ 284 Abs. 1 StGB).[146] Gleichzeitig besteht in diesen Fällen immer auch ein Wettbewerbsverstoß (§§ 3, 4 Nr. 11 UWG).[147]

III. Werbung für Premium-Dienste

141 Unter Premium-SMS versteht man Kurznachrichten, bei denen neben der Telekommunikationsdienstleistung weitere Dienstleistungen erbracht werden, die gemeinsam mit der Telekommunikationsdienstleistung zu in der Regel erhöhten Preisen abgerechnet werden (vgl. § 3 Nr. 17a TKG). Unterschieden werden kann zwischen **Einmal-Diensten**, bei denen der Abruf einer Leistung durch den Kunden zur einmaligen Auslieferung und einmaligen Bezahlung per SMS erfolgt (z. B. einmaliger Download eines Klingeltons). Andererseits gibt es **Abonnement-Dienste**, bei denen regelmäßige automatische Auslieferungen erfolgen, die einzeln bei Auslieferung abgerechnet werden (klassische Abo-Dienste) oder bei denen in einem Abrechnungszeitraum eine feststehende Anzahl von Leistungen abgerufen werden können (Paket-Abo-Dienste) oder bei denen in einem Bezugszeitraum zu einem regelmäßigen Preis eine Anzahl von Leistungen verbilligt abgerufen werden können (Rabatt-Abo-Dienst). Beispiele hierfür sind Informationsdienste (Börsen-, Wetter-, Sport- oder Nachrichtendienste), Logos, Klingeltöne,[148] Spiele, Gewinnspiele, Votings oder Chat-Dienste. In jedem Fall entstehen bei solchen Premium-Diensten für den Kunden zum Teil erheblich erhöhte Gebühren. Für den **Verbraucher** besteht somit ein erhöhtes Schutzbedürfnis, insbesondere ist er davor zu schützen, dass er die erhöhte Entgeltpflicht nicht zur Kenntnis nimmt und nach der Inanspruchnahme der Dienste, gleich ob Einmal-Dienst oder Abo-Dienst, von einer erhöhten Abrechnung überrascht wird.[149] Ein großer Teil der in dem entsprechenden Markt tätigen Unternehmen hat sich daher freiwilligen Selbstkontrollvorschriften unterworfen, die detailliert regeln, wie wettbewerbskonforme Werbung für derartige Premium-SMS-Dienste ausgestaltet sein sollte (sog. Verhaltenskodex der Freiwillige Selbstkontrolle Telefonmehrwertdienste e. V.- FST).[150] Die Regelungen dieses Verhaltenskodexes sind inzwischen vereinzelt sogar von der Rechtsprechung zur Auslegung der wettbewerbsrechtlichen Generalklauseln herangezogen worden[151] und zum Teil auch in das TKG-Änderungsgesetz vom 18.02.2007[152] bzw. in das TMG vom 01.03.2007 eingeflossen. Zum 01.09.2007 sind in den §§ 66a ff. TKG weitere detaillierte Regelungen in Kraft getreten.[153] Bis dahin galten diese allenfalls mittelbar über die Generalklauseln.

---

146 Schönke/Schröder/*Eser/Heine* § 284 Rn. 5 f.
147 *Hecker/Ruttig* GRUR 2005, 393.
148 Zur Werbung für Handyklingeltöne in Jugendzeitschriften s. insb. KG ZUM 2006, 56; OLG Hamburg MMR 2003, 467; LG Hamburg MMR 2002, 834.
149 Zur Beweislast des Anbieters im Hinblick auf das Zustandekommen des Premium-SMS-Vertrages s. AG Aachen MMR 2004, 831; zur Beweislast des Handy-Nutzers dafür, dass nicht er, sondern unberechtigte Dritte von seinem Handy aus Premium-SMS verschickt haben, s. AG Elmshorn 12.10.2005, 49 C 144/05, JurPC Web-Dok. 132/2005 – nicht veröffentlicht.
150 So gelten z. B. ab 01.09.2007 zusätzliche telekommunikationsrechtliche Informationspflichten, insb. solche nach §§ 66a ff. TKG.
151 BGH MMR 2006, 542 – BRAVO Girl.
152 BGBl. 2007 I, 106.
153 Zu den Regelungen des Kundenschutzes im TKG-Änderungsgesetz s. z. B. *Klaes* CR 2007, 220; *Härting/Kuon* ITRB 2007, 98.

1. Preisangaben bei Premium-SMS

Preisangaben für Premium-SMS in **Printmedien** und im **Internet** sollten gut lesbar sowie in horizontaler Schriftrichtung gestaltet sein und mindestens eine Schriftgröße von 10 Punkt aufweisen. Preisangaben sollten in unmittelbarem Zusammenhang zum Werbetext gedruckt werden. Ein mehrfaches Scrollen am Handy-Display, um zu der Preisangabe zu gelangen, soll nicht ausreichend sein.[154] In **akustischer Werbung** sollten die Preisangaben gut hörbar sein und in gleicher Lautstärke im unmittelbaren zeitlichen Zusammenhang gesendet werden. Ähnliche Regelungen gelten auch für die Videotext-Werbung.[155] **142**

Weitere Besonderheiten ergeben sich unter dem Aspekt des Jugendschutzes (s. dazu auch unten Rdn. 148 ff.). So regelt § 6 JMStV allgemein die Bedingungen für Werbung, die sich an Kinder und Jugendliche richtet und betrifft damit auch die Werbung für Premium-SMS. Danach sind insbesondere unmittelbare Kaufappelle verboten (§ 6 Abs. 2 Nr. 2 JMStV). Hierzu zählen insbesondere Werbespots für Klingeltöne, in denen Kurzwahlnummern genannt werden, die Jugendliche dazu animieren sollen, auf den Spot mit einer sofortigen Kaufentscheidung zu reagieren (sog. »**Direct Response**« Elemente).[156] Auch Werbung, welche die **Unerfahrenheit von Kindern und Jugendlichen** ausnützt oder sonst deren Interessen schadet, ist verboten (§ 6 Abs. 4 JMStV).[157] Gegenüber den Anforderungen des UWG entfällt somit das Erfordernis des Nachweises einer Täuschung oder einer Vertrauenserschleichung bzw. einer Irreführung. Schließlich gelten die Hinweispflichten des § 12 Abs. 2 S. 3 JuSchG, wenn Filme, Film- und Spielprogramme mobil vertrieben werden. **143**

2. Werbung für SMS-Abos und Kurzwahldienste

Wie oben bereits dargestellt, sieht das neue TKG weitreichende Informationspflichten für diese Bereiche vor, die zum 01.09.2007 in Kraft getreten sind.[158] Werbung für SMS-Abos hatte jedoch schon vorher – zumindest nach den Regelungen des Selbstregulierungsvereins[159] – hohen **Transparenzanforderungen** zu genügen. Dem potenziellen Nutzer sollen schon im vorvertraglichen Bereich bestimmte Informationen mitgeteilt werden. Dies kann in der Regel in Form sog. Handshake-SMS erfolgen, d. h., dass die wesentlichen Vertragsbestandteile per SMS mitgeteilt und vom Kunden ebenfalls per SMS bestätigt werden. Dabei sollen auch die Kosten, d. h. der Bruttopreis je Einzelleistungsauslieferung, angegeben werden. **144**

Kurzwahldienste haben die Merkmale eines Premium-Dienstes, nutzen aber eine andere, abgekürzte Nummernart (vgl. § 3 Nr. 11b TKG). Da bei Kurzwahldiensten dem Verbraucher oft am wenigsten bewusst ist, dass Produkte und Dienstleistungen zu deutlich erhöhten Preisen erworben werden, sind die Transparenzvorgaben der Selbstregulierung hier besonders streng. Derjenige, der für solche Dienste wirbt, soll detaillierte Preisangaben machen und Preishöchstgrenzen beachten, die der FST und nunmehr die §§ 66a ff. TKG vorgeben. **145**

IV. Bluetooth Marketing

Unter **Bluetooth Marketing** versteht man eine Form des Mobile Marketing, bei der über eine Funkzelle mittels Bluetooth Technologie Werbeinhalte auf ein mobiles Endgerät über- **146**

---

154 LG Hannover MMR 2005, 714 (715).
155 S. dazu *Klaes* CR 2007, 220 (224).
156 *Klees/Lange* CR 2005, 684 (685).
157 *Enders* ZUM 2006, 353.
158 Dazu ausf. MüKo-BGB/*Wendehorst* § 312e Rn. 121 ff. m. w. N.; LG Hannover MMR 2005, 714 (715).
159 So gelten z. B. ab 01.09.2007 zusätzliche telekommunikationsrechtliche Informationspflichten, insb. solche nach §§ 66a ff. TKG.

mittelt werden.[160] Ist das mobile Endgerät im »Discoverable Mode«, so kann es von anderen Geräten mit Bluetooth Technologie »gesehen« werden. Sofern auch der »Connectable Mode« eingeschaltet ist, ist ein Verbindungsaufbau zwischen dem mobilen Endgerät und dem Bluetooth Hotspot möglich, bei dem Daten übertragen werden können. Verwendet wird diese Möglichkeit der Werbung etwa in Kinos, wo der Kunde z.B. Filmtrailer auf sein Handy gesendet bekommen kann. Auch auf Bluetooth Marketing ist wie bei SMS-Werbung das Wettbewerbsrecht anwendbar. Infrage kommt eine unzumutbare Belästigung (§ 7 Abs. 1 UWG) und deren wichtigster Unterfall, die unerwünschte Werbung gemäß § 7 Abs. 2 Nr. 1 UWG. Das Ansprechen einzelner Passanten durch den Bluetooth Hotspot führt dazu, dass Bluetooth Marketing als Individualwerbung einzustufen ist.[161] Die Werbung ist erkennbar unerwünscht im Sinne des § 7 Abs. 2 Nr. 1 UWG, wenn sich das Handy weder im Discoverable noch im Connectable Mode befindet. Erhält ein Nutzer trotzdem Werbung, so ist diese nicht erwünscht und damit auch unzulässig. Mittlerweile kann man davon ausgehen, dass die Nutzer sich dieser Einstellungen bewusst sind und die Bluetooth-Funktion ausschalten oder ihr Gerät »unsichtbar« machen können, wenn sie keine Kontaktaufnahme wünschen. Zusätzlich ist diese Form der Werbung als unzumutbare Belästigung gemäß § 7 Abs. 1 UWG einzustufen nach den bereits zur unverlangten SMS-Werbung dargelegten Grundsätzen.[162] Eine Einwilligung, die die unzumutbare Belästigung ausschließt, ist etwa das bewusste Hinhalten des Geräts an den Bluetooth Hotspot, um den gewünschten Inhalt herunterzuladen.

V. In-Game und In-App Advertising

147 Werbung wird im M-Commerce vielfach auch über Einbindung in Spiele oder Apps betrieben. Dabei kann zwischen Spielen, die speziell für Werbezwecke programmiert wurden, Sponsoring, bei dem Spiele von einem Werbepartner präsentiert werden, Product Placement, bei dem die zu bewerbenden Produkte in das laufende Spiel integriert werden, sowie zwischen dynamischer und statischer Werbung unterschieden werden.[163] Vor allem stellt sich das Problem der Verschleierung des Werbecharakters (§ 4 Nr. 3 UWG), was insbesondere bei Product Placement vorliegen wird, wenn der Werbecharakter nicht offengelegt wird, während im Fall von Sponsoring und Werbespielen den Nutzern bewusst ist, dass es sich um Werbung handelt. Zusätzlich kann eine unzumutbare Belästigung (§ 7 Abs. 2 Nr. 1 UWG) vorliegen, wenn der Empfänger eine Werbung erkennbar nicht wünscht. Dies wird allerdings erst dann der Fall sein, wenn durch die Werbung der Spielverlauf beeinträchtigt oder gar unterbrochen wird. Denn auch hier gilt der Grundsatz, dass nur Individualwerbung eine unzumutbare Belästigung darstellt, wenn erkennbar ist, dass der Empfänger zum Ausdruck gebracht hat, dass er Werbung ablehnt. Dabei wird es sich jedoch immer nur um Einzelfälle (etwa bei dynamischer Werbung) handeln. Für den Bereich der dynamischen Werbung können auch datenschutzrechtliche Vorschriften relevant werden, wenn etwa ein Benutzerprofil hergestellt wird, indem personenbezogene Daten des Nutzers gesammelt werden, um personalisierte Werbung schalten zu können. Für die Erhebung, Verarbeitung und Nutzung solcher Daten ist die Einwilligung des Betroffenen notwendig, die freiwillig erklärt werden muss.

---

160 Sassenberg/Berger K&R 2007, 499.
161 *Enders* ZUM 2006, 353.
162 S. bereits oben Rdn. 126 ff.
163 S. dazu z. B. *Lober* MMR 2006, 643 (644).

I. Jugendschutz im M-Commerce

I. Anwendbares Recht

Der Jugendschutz im Bereich M-Commerce ist in verschiedenen gesetzlichen Regelungen verankert. Grundsätzlich ist er im **Jugendmedienschutz-Staatsvertrag** der Länder (JMStV) geregelt, der auf Telemedien (also vormals Teledienste und Mediendienste) und Rundfunk Anwendung findet (§ 2 Abs. 1 JMStV). Er lässt jedoch die Regelungen des Teledienstegesetzes und des Mediendienstestaatsvertrages, bzw. nach der Gesetzesänderung des Telemediengesetzes (TMG) unberührt (§ 2 Abs. 3 JMStV). Demgegenüber finden sich die Regelungen für den Jugendschutz in Bezug auf Trägermedien im **Jugendschutzgesetz** des Bundes (JuSchG). Trägermedien sind alle Medien mit Texten, Bildern oder Tönen auf gegenständlichen Trägern, die zur Weitergabe geeignet, zur unmittelbaren Wahrnehmung bestimmt oder in einem in einem Vorführ- oder Spielgerät eingebaut sind (§ 1 Abs. 2 JuSchG).[164] Umfasst davon sind Schriften, CDs, DVDs etc., wohingegen Festplatten und ähnliche Speichermedien nicht dazu gehören. Trägermedien spielen im Bereich des M-Commerce daher nur eine untergeordnete Rolle. Reine Telekommunikationsdienstleistungen i. S. v. § 3 TKG sind vom Anwendungsbereich JMStV ebenfalls nicht umfasst (§ 2 Abs. 2 JMStV). Dies bedeutet, dass alle Dienste der nichtkommerziellen Individualkommunikation (Sprachtelefonie, Videotelefonie, Konferenzen, SMS, MMS, Chats, E-Mail, etc.) nicht unter den JMStV fallen. Jeder echte »Media-Content« dagegen, der zu kommerziellen Zwecken an ein breites Publikum gerichtet ist, ist dagegen vom JMStV umfasst. Dazu gehört auch Handy-TV unabhängig davon, in welchem Format gesendet wird. Auch kommerzielle SMS-Dienstleistungen, bei denen Inhalte übermittelt werden, müssen sich am JMStV messen lassen.[165]

Unabhängig davon gilt für schwere Fälle und unabhängig vom gewählten Medium der **strafrechtlich** geregelte Jugendschutz des StGB. So sind beispielsweise Anleitungen zu Straftaten und Gewaltdarstellungen in Schriften strafrechtlich verfolgbar (§§ 130a, 131 StGB). Auch die §§ 184 Abs. 1, 184c StGB (Verbreitung pornographischer Schriften) stellen auf den Begriff der »Schriften« ab, der in § 11 Abs. 3 StGB bewusst weit definiert wurde, um auch elektronisch gespeicherte Inhalte zu erfassen. Der Schriftenbegriff umfasst nunmehr auch SMS und E-Mails.[166]

Eine gewisse Gesetzeslücke scheint weiterhin im Bereich des sog. **Streaming** zu bestehen, d. h. der flüchtigen Ausstrahlung von Inhalten auf das Mobilgerät, wo sie nicht gespeichert werden. Das Streaming ist aufgrund mangelnder »dauerhafter stofflicher Verkörperung«[167] nicht von der StGB-Definition der »Schriften« umfasst. Es fällt nach der herrschenden Meinung auch nicht unter den Rundfunkbegriff, ist aber immerhin dann, wenn es sich um schwer jugendgefährdende Angebote handelt, strafbar (§§ 4 Abs. 2 S. 1 Nr. 3, 23 JMStV) oder, wenn es sich um strafrechtlich relevante Inhalte handelt, als Ordnungswidrigkeit zu ahnden (§§ 4 Abs. 1 Nr. 5, 24 Abs. 1 Nr. 1e) JMStV).

II. Jugendschutz nach dem Jugendmedienschutz-Staatsvertrag

§ 4 Abs. 1 JMStV beschreibt zunächst diejenigen Inhalte, die in Rundfunk und Telemedien **absolut verboten** sind, unabhängig davon, ob die Tatbestandsvoraussetzungen der Straf-

---

[164] Ausf. zur Subsumtion unter diese Tatbestände *Liesching* NJW 2002, 3281 (3282 ff.).
[165] Die zivilrechtlichen Vorschriften des Jugendschutzes werden unter Rdn. 163 ff. am Beispiel des Erwerbs von Klingeltönen durch Minderjährige näher behandelt.
[166] BGHSt 47, 55.
[167] Vgl. Schönke/Schröder/*Eser* § 11 Rn. 78.; s. auch BT-Drs. 13/7585, 36.

barkeitsnormen der §§ 131 Abs. 2 bzw. 184 Abs. 2 StGB vorliegen.[168] Diese Liste umfasst vor allem pornographische und die Menschenwürde verletzende Inhalte.

152 § 4 Abs. 2 JMStV listet **relativ unzulässige** Angebote auf, deren Verbreitung nur dann zulässig ist, wenn sie bei Telemedien in geschlossenen Benutzergruppen gezeigt werden, zu denen Jugendliche keinen Zugang haben. Geschlossene Benutzergruppen können in der Praxis nur durch effektiv funktionierende Altersverifikationssysteme geschaffen werden.[169] Dies ist technisch und praktisch schwierig. Nach den Anforderungen der Rechtsprechung[170] muss vor oder während des Vertragsschlusses ein persönlicher Kundenkontakt stattfinden und in diesem Zusammenhang amtliche Ausweisdokumente geprüft werden. Im Bereich des M-Commerce entwickeln sich derzeit noch diverse Systeme.[171] Auch gibt es einen Standard für die Konfiguration der Kommunikationsschnittstellen nach Alterskategorien, der auf dem Gerät eingerichtet werden kann (UCI = »Universal Communications Identifier«). Angedacht sind auch Handymodule, die Sperrcodes aussenden.

153 **Entwicklungsbeeinträchtigende Angebote,** die als weniger gravierend angesehen werden, listet § 5 JMStV auf. Auch für diese gilt ein Schutzmaßnahmenkatalog, der dafür Sorge tragen soll, dass Kinder und Jugendliche diese Inhalte nicht wahrnehmen. Das Gesetz bietet zwei Möglichkeiten. Der Anbieter kann entweder durch technische Mittel oder sonstige Vorkehrungen ausschließen, dass Kinder und Jugendliche, solche Angebote wahrnehmen, oder eine Uhrzeit wählen, zu der er sein Angebot unterbreitet, sodass eine Wahrnehmung durch Kinder und Jugendliche üblicherweise nicht zu erwarten ist. Die praktische Ausgestaltung für die Content-Anbieter im M-Commerce ist nicht einfach, da für sie nicht eindeutig ist, wer das Gerät tatsächlich in der Hand hält. Schließlich werden die Mobilfunkverträge häufig von den Erziehungsberechtigten geschlossen und die Geräte dann an Minderjährige weitergegeben. Die Anbieter stellen daher jugendgefährdende Inhalte meist erst nach 22 Uhr in ihr Angebot ein, um zu vermeiden, dass Jugendliche diesen ausgesetzt werden.

III. Jugendschutz in anderen Gesetzen

154 Beim Angebot von Diensten gegen Entgelt mit der Zielgruppe Minderjährige muss sichergestellt sein, dass dabei nicht die geschäftliche **Unerfahrenheit, Leichtgläubigkeit, Angst oder Zwangslage Minderjähriger** ausgenutzt wird (§ 4 Nr. 2 UWG). Die technische Versiertheit von Kindern und Jugendlichen im Umgang mit Mobiltelefonen ist dabei nicht relevant, es kommt auf die geschäftliche Unerfahrenheit an. Das OLG Hamm[172] hat die Vorschrift des § 4 Nr. 2 UWG im Zusammenhang mit Klingeltonwerbungen angewandt, und betont, dass Kinder und Jugendliche gerade vor unbedachten Angaben geschützt werden müssen. Eine besondere Gefährdungslage besteht, weil die Bestellung zeit- und ortsunabhängig stattfindet. Dies bedeutet insbesondere, dass keine Animation zu Wiederholungsanrufen erfolgen darf, es sei denn, es handelt sich um eine kostenlose Rufnummer. Preisangaben so transparent zu gestalten, dass dies der Vorschrift genügt, ist nach der Rechtsprechung nur schwer möglich, da z. B. jede Abonnement-Funktion mit Angabe von monatlichen Preisen bereits als Verstoß angesehen wird. Die Preisangabenverordnung ist in diesem Zusammenhang ebenfalls zu berücksichtigen (vgl. § 1 Abs. 6 S. 2 PAngV).

---

168 Dazu ausf. *Bornemann* NJW 2003, 787 (788 f.).
169 Dazu ausf. *Mynarik* ZUM 2006, 183.
170 BVerwG JW 2002, 2966 (2968); vgl. auch *Döring/Günter* MMR 2004, 231; *Berger* MMR 2003, 773.
171 Vgl. z. B. auf der Website der Kommission für Jugendmedienschutz der Landesmedienanstalten (KJM) unter www.kjm-online.de.
172 OLG Hamm UM-RD 2004, 589; vgl. *Fechner/Schipanski* ZUM 2006, 898 (899).

Wie in den meisten europäischen Ländern werden darüber hinaus auch weiterhin die Konzepte der freiwilligen Selbstkontrolle praktiziert, daneben besteht der Jugendschutz nach den allgemeinen Gesetzen.[173]

J. Datenschutz

I. Allgemeines

Mit zu den attraktivsten M-Commerce Angeboten gehören solche, die sich die Lokalisierung des Nutzers über die Mobilfunkzelle oder Satellit zunutze machen und dem Nutzer auf diese Weise Dienste anbieten können, die auf seinen konkreten Standort zugeschnitten sind (sog. »**Location Based Services**«). Beispiele hierfür sind Navigationsdienste (touristische Angebote, Management von Kraftfahrzeugflotten oder Außendienstmitarbeitern etc.),[174] Computerspiele und andere Spiele unter Nutzbarmachung der Lokalisierung der Spieler (Schnitzeljagd, Quiz etc.), Informationsdienste (Wetter, Freizeit, Gastronomie, Shopping etc.), Werbung (Gutscheine, Lockangebote etc.), Sicherheits- und Notfalldienste (Medizinische Dienste, Zivilschutz, Lawinensuchdienst, Notrufe etc.) sowie gesellschaftliche und Community Dienste (Partner- und Kontaktsuche etc.).

Während die vorgenannten Dienste von großem kommerziellem Reiz sind, begründen sie zugleich erhebliche datenschutzrechtliche Bedenken, da die Nutzer unter ständiger Beobachtung stehen und jederzeit geortet werden können.[175] Dies birgt das Risiko, dass aus den so gewonnenen sog. **Standortdaten** umfassende und aussagekräftige Verhaltens- und Bewegungsprofile abgeleitet werden können. Erstaunlicherweise sind die Wachstumsraten für Location Based Services bisher weitaus geringer geblieben als ursprünglich erwartet.

II. Anwendbare Gesetze

Anbieter von M-Commerce Diensten, die den gesetzlichen Anforderung genügen wollen, um den Sorgen ihrer Nutzer Rechnung zu tragen, sehen sich einer Vielzahl potenziell einschlägiger Gesetze gegenüber. Zu unterscheiden ist hierbei zwischen netzwerkbasierten Verfahren mithilfe der Übertragung der Daten über die Funkzelle, wie sie von den jeweiligen Mobilfunkanbietern angewendet werden, und terminalbasierten Verfahren (GPS), bei denen die Lokalisierung satellitengestützt nur mithilfe des mobilen Endgeräts direkt durch den Diensteanbieter erfolgt.[176] So unterliegen z. B. die über einen Location Based Service durch einen Mobilfunkanbieter (Transportebene) generierten Standortdaten sowohl datenschutz- als auch fernmeldegeheimnisrechtlichen Vorschriften des **TKG**.[177] Hingegen hat der Anbieter des konkreten Location Based Service (Inhalts- oder Mehrwertebene) insoweit die Regelungen des **TMG** zu beachten.[178] Sofern diese Gesetze für die konkrete Datenverwendung keine speziellen Regelungen enthalten, ist auf das subsidiäre **BDSG** zurückzugreifen.[179] Obwohl diesen Gesetzen größtenteils ähnliche Prinzipien zugrunde liegen (wie z. B. Datenvermeidung und Datenminimierung, grundsätzlicher Vorrang des Rechts auf Informationsfreiheit gegenüber kommerziellen Anbieterinteressen, Transparenz, Da-

---

[173] Eine Übersicht über die Regelungen für die europäischen Länder findet sich bei *Klaes* MMR 2007, 21.
[174] Zu Formen der Location Based Services im Unternehmen vgl. z. B. *Hallaschka/Jandt* MMR 2006, 436.
[175] Zu den Besonderheiten einer rein maschinellen Ortung durch sog. »IMSI«-Catcher s. BVerfG K&R 2007 32; *Gomille* ITRB 2007, 114; allgemein dazu auch Kap. 20.
[176] *Bremer* CR 2009, 12; *Jandt/Schnabel* K&R 2008, 723, 725.
[177] §§ 88 sowie 91 bis 107 TKG.
[178] §§ 11 bis 15 TMG.
[179] § 1 Abs. 3 BDSG.

III. Verwendung von Standortdaten

159 Das geänderte TKG ist im Hinblick auf die Verwendung von standortbezogenen Daten bereits einigen der Bedenken der Nutzer begegnet.[180] Standortbezogene Daten sind danach Daten, die in einem Telekommunikationsnetz erhoben oder verwendet werden und die den Standort des Endgeräts eines Endnutzers eines Telekommunikationsdienstes für die Öffentlichkeit angeben (§ 3 Nr. 19 TKG). Die Erhebung von Verkehrsdaten ist zunächst zulässig, soweit dies für die im Gesetz genannten Zwecke erforderlich ist (§ 96 Abs. 1 TKG). Hiervon sind ausdrücklich auch Standortdaten umfasst, soweit sie zum Aufbau und zur Aufrechterhaltung der Telekommunikation notwendig sind (§ 96 Abs. 1 Nr. 1 i. V. m. Nr. 5 TKG). Die Standortdaten werden so in der Regel zunächst ohne Bezug zur späteren Verwendung für den Location Based Service erhoben. Eine spätere Zweckänderung in Form der Verwendung dieser Daten für Location Based Services ist durch § 96 TKG nicht legitimiert. Die Zulässigkeit der Verwendung richtet sich dann nach § 98 TKG.[181] Danach dürfen die Standortdaten, soweit sie nicht für die Bereitstellung des konkreten Dienstes durch den Anbieter erforderlich sind, nur **anonymisiert** oder nur insoweit verwendet werden, wie der Teilnehmer eine wirksame, vorherige **Einwilligung** erteilt hat (§ 98 Abs. 1 S. 1 TKG). Die Einwilligung kann für jede einzelne Verwendung der Standortdaten eingeholt werden oder pauschal für eine Vielzahl von Verwendungen gleicher Art, z. B. innerhalb eines zwischen Anbieter und Nutzer geschlossenen Rahmenvertrages über die Dienste.[182] Voraussetzung für eine rechtswirksame Einwilligung des Nutzers ist allerdings, dass der Nutzer vor der Verwendung der Standortdaten über die Art der Daten, die Art und Weise, den Umfang und den Ort und den Zweck der Verwendung der Standortdaten sowie darüber zu unterrichten ist, ob die Daten an Dritte übermittelt werden und wenn ja, an wen.[183] Dem Nutzer sind zudem alle Handlungsoptionen offenzulegen, die ihm rechtlich zur Verfügung stehen (§ 93 S. 1 TKG). Des Weiteren hat der Anbieter sicherzustellen, dass die Einwilligung, sofern sie **elektronisch** erfolgt, vom Nutzer freiwillig und ausdrücklich erteilt wird, dass sie aufgezeichnet wird und anschließend für den Nutzer jederzeit wieder zugänglich ist (§ 94 TKG).[184] Schließlich hat der Anbieter dafür zu sorgen, dass der Nutzer seine Einwilligung jederzeit leicht und ohne Anfall weiterer Kosten ganz oder zeitweilig widerrufen kann,[185] worüber der Nutzer im Voraus zu informieren ist. Sofern der Anbieter keine nach den vorstehenden Voraussetzungen wirksame Einwilligung eingeholt hat, insbesondere, wenn der Nutzer nicht ausreichend im Voraus informiert wurde, sind die bereits erteilte Einwilligung und damit auch die bereits erfolgten Erhebungen, Verarbeitungen und Nutzungen der Standortdaten unwirksam.

---

180 Vgl. § 98 TKG, der auf die EU-Datenschutzrichtlinien für elektronische Kommunikation zurückgeht, vgl. Fn. 130. Vgl. aber noch *Schrey/Meister* K&R 2002, 177.
181 Vgl. *Jandt* MMR 2007, 74 (75).
182 S. z. B. *Ohlenburg* MMR 2004, 431 (436); BerlKomm TKG/*Klesczewski* § 98 Rn. 9.
183 Dieses Erfordernis ist nicht ausdrücklich in § 98 TKG enthalten, kann aber aus den einschlägigen allgemeinen Grundsätzen des Datenschutzes und speziell des Einwilligungserfordernisses abgeleitet werden, vgl. Art. 9 der EU Datenschutzrichtlinie für elektronische Kommunikation, vgl. Fn. 130; BerlKomm TKG/*Klesczewski* § 98 Rn. 10.
184 Sofern die Einwilligung nicht elektronisch erfolgt, ist § 4a Abs. 1 BDSG einschlägig.
185 § 98 Abs. 2 TKG entspricht insoweit Art. 9 Abs. 2 der EU Datenschutzrichtlinie für elektronische Kommunikation, s. Fn. 130.

Bei Location Based Services, für die die Nutzungsdaten durch GPS verwendet werden, ist das TMG, speziell § 15 TMG, anwendbar. Danach darf der Anbieter personenbezogene Daten eines Nutzers, erheben, soweit dies für die Erbringung der Leistung erforderlich ist. Hierzu gehört auch der Standort des Nutzers. Der Anbieter von Location Based Services ist gemäß § 13 Abs. 1 TMG verpflichtet, den Nutzer vor Beginn des Nutzungsvorgangs über Art, Umfang und Zwecke der Erhebung und Verwendung personenbezogener Daten sowie über die Verbreitung seiner Daten in Drittstaaten in allgemein verständlicher Form zu unterrichten. Die Einwilligung in die Verwendung personenbezogener Daten kann auch elektronisch erklärt werden, wobei der Anbieter verpflichtet ist, dem Anbieter vor Erklärung der Einwilligung darauf hinweisen muss, dass die Einwilligung mit Wirkung für die Zukunft widerrufen werden kann (§ 13 Abs. 2, 3 TMG).

IV. Rechtsfolgen einer rechtswidrigen Nutzung von Standortdaten

Die (z. B. infolge unwirksamer Einwilligung oder sonst wegen Überschreitung des zulässigen Rahmens der Verwendung der Standortdaten) rechtswidrige Nutzung von Standortdaten ist nach dem TKG mit einem Bußgeld von bis zu 300.000,- € (§§ 149 Abs. 1 Nr. 16 und 96 Abs. 2 S. 1 TKG) und nach dem TMG mit einem Bußgeld von bis zu 50.000,- € bewehrt (§ 16 Abs. 1 Nr. 3 bis 6 TMG). Das Bußgeld nach dem TKG soll zudem die wirtschaftlichen Vorteile, die der Anbieter aus der rechtswidrigen Verwendung der Daten gezogen hat, übersteigen (§ 149 Abs. 2 Satz 2 und 3 TKG). Fahrlässigkeit ist ausreichend (§ 149 Abs. 1 TKG). Darüber hinaus kann der betroffene Nutzer jederzeit Auskunft über die verwendeten Daten verlangen (§ 93 Abs. 1 S. 4 TKG, § 13 Abs. 7 TMG und § 34 BDSG). Sofern die Daten rechtswidrig gespeichert und verwendet werden, kann der betroffene Nutzer Unterlassung, sowie Berichtigung, Löschung oder Sperrung sowie gegebenenfalls Schadensersatz verlangen (§§ 6, 7, 35 BDSG).[186] Schließlich sollte der Anbieter dabei auch beachten, dass ein Datenschutzrechtsverstoß in der Regel als wettbewerbsrechtlicher Verstoß gewertet werden kann und daher auch Wettbewerber und Verbraucherschutzverbände berechtigt sind, aus dem Verstoß gegen den Anbieter vorzugehen, woraus für den Anbieter z. B. weitere Unterlassungs-, Schadensersatz- und/oder Offenlegungsverpflichtungen erwachsen können.[187]

160

V. Praktische Konsequenzen

Angesichts dieser einschneidenden Rechtsfolgen sollte der Anbieter von Location Based Services daher dem Schutz der Standortdaten besondere Aufmerksamkeit widmen. Um sichergehen zu können, dass eine vom Nutzer erteilte Einwilligung wirksam ist und so die geplanten Verwendungen der Standortdaten rechtfertigt, sollte der Nutzer im Voraus umfassend und detailliert informiert werden. Hier zeigt sich jedoch erneut das bereits mehrfach behandelte Problem der sehr kleinen Displays der mobilen Endgeräte. So ist die Darstellung langer Informationstexte auf kleinen Displays nicht nur aus Marketinggründen unerwünscht. Vielmehr ist zudem darauf zu achten, dass die Texte nicht unübersichtlich geraten und ihre Kenntnisnahme als unzumutbar erscheinen muss. Eben hierin liegt erneut eine kaum zu überwindende Hürde für den Anbieter, angesichts derer ihm wenig anderes übrig bleibt, als eine Risikoabwägung zu treffen und den Umfang des Textes an den Ergebnissen der Abwägung auszurichten, oder die Einwilligungserklärung im Wege eines **»Medienbruchs«** an anderer Stelle, z. B. beim Abschluss eines Rahmenvertrages über die

161

---

186 BerlKomm TKG/*Klesczewski* § 91 Rn. 15.
187 Dazu s. *Hellmich* MMR 2002, 152 (157).

Nutzung der Location Based Services am PC oder Tablet-PC oder sogar in Papierform einzuholen.

K. Klingeltöne und Handylogos

I. Klingeltöne

162 Während einige rechtliche Aspekte von Klingeltönen bereits weiter oben beleuchtet wurden,[188] soll an dieser Stelle insbesondere auf vertragsrechtliche Fragen beim Erwerb von Klingeltönen durch Minderjährige und die spezielle Problematik der Einräumung von Rechten an Klingeltönen durch die GEMA eingegangen werden.

1. Erwerb von Klingeltönen durch Minderjährige

163 Der rechtsgeschäftliche Erwerb von Klingeltönen durch Minderjährige wird in der Rechtsprechung in zahlreichen Entscheidungen behandelt.[189] Denkbar sind dabei einzelne Erwerbsvorgänge oder Abonnementverträge, bei denen die Abrechnung meist über Premium-SMS erfolgt. Denkbar sind aber auch Gestaltungen, bei denen der Kunde durch Freischaltung eines Links den Klingelton von einer Internet-Seite herunter lädt. Die Abrechnung erfolgt entweder über die Belastung einer Prepaid-Karte[190] oder über die Mobilfunkrechnung. Für den Vertragsschluss mit Minderjährigen sind in Rechtsprechung und Literatur die folgenden Besonderheiten herausgearbeitet worden:

a) Zivilrechtlicher Schutz von Minderjährigen

164 Die **Minderjährigenschutzvorschriften des BGB** gehen dem Verkehrsschutz des Content-Providers oder Mobilfunkanbieters vor.[191] Grundsätzlich gilt daher, dass Geschäfte mit dem Minderjährigen außerhalb des Anwendungsbereiches des sog. Taschengeldparagraphen (§ 110 BGB) unwirksam sind, solange nicht die Zustimmung der Erziehungsberechtigten vorliegt. Allerdings kann wohl davon ausgegangen werden, dass mit einem nur beschränkt geschäftsfähigen Vertragspartner zumindest dann ein gültiger Vertragsschluss zustande kommt, wenn die Gebühren nicht (der Höhe nach unbegrenzt) über einen Laufzeitvertrag abgerechnet, sondern von einer Prepaid-Karte abgebucht werden. Sinn und Zweck der Überlassung eines Mobiltelefons mit Guthaben an einen Minderjährigen ist zwar sicherlich in erster Linie, dass dieser Kontaktmöglichkeiten zu seinen Eltern, Verwandten und Freunden hat. Aufgrund der weiten Verbreitung der Nutzung von Klingeltönen durch Jugendliche, die auch den Erziehungsberechtigten bekannt sein dürfte, wird davon ausgegangen werden können, dass die Überlassung des Prepaid-Handys durch die Erziehungsberechtigten an Minderjährige auch die Zustimmung zum Herunterladen von Klingeltönen umfasst.[192] Ob aber ein Prepaid-Handy im Einzelfall als Mittel qualifiziert werden kann, das zur freien Verfügung i. S. v. § 110 BGB überlassen wurde, hängt allerdings stark von der Wertung des Gerichts im jeweiligen Fall ab.[193]

---

188 Zur urheberrechtlichen Schutzzfähigkeit von Klingeltönen s. bereits oben Rdn. 73–75. Zu Fragen des Jugendschutzes bei Klingeltonwerbung s. auch Rdn. 154.
189 Zur Werbung für Handyklingeltöne in Jugendzeitschriften s. insb. KG ZUM 2006, 56.
190 Zur AGB-rechtlichen Prüfung von Prepaidkarten-Bedingungen OLG München ITRP 2007, 35.
191 *Klees* CR 2005, 626 (630).
192 Anders insoweit zuletzt *Rössel* ITRB 2007, 36.
193 Insoweit ablehnend AG Düsseldorf ITRB 2007, 36.

b) Sittenwidriger Wucher

Zum Teil wird den Anbietern teurer Premium-Dienste auch der Vorwurf des **sittenwidrigen Wuchers** gemacht (§ 138 Abs. 2 BGB). Allerdings wird es regelmäßig schwer fallen, einen »angemessenen« Preis zu ermitteln, auf dessen Grundlage das für den Wucher charakteristische Missverhältnis bestimmt werden könnte. Zum Teil wurde auf die Kosten für eine einfache Kurznachricht abgestellt, da der Dienstleister keinen besonderen Aufwand oder wirtschaftliche Risiken zu tragen habe.[194]

165

c) Schutzmaßnahmen der Erziehungsberechtigten

Anbieter führen zum Teil zu ihrem Schutze an, dass die Erziehungsberechtigten, die entsprechende Mehrwertrufnummern für die Handys ihrer Kinder nicht **sperren** lassen, ihrerseits die nötigen Schutzvorkehrungen unterlassen. Eine solche Argumentation würde jedoch den gesetzlichen Minderjährigenschutz unterlaufen. Es obliegt dem Anbieter, dafür zu sorgen, dass eine wirksame Zustimmung der Eltern zu dem Geschäft erfolgt.

166

d) Stellvertretung

Der Minderjährige handelt in solchen Fällen auch nicht als **Stellvertreter** des Erziehungsberechtigten, da der Minderjährige beim Herunterladen eines Klingeltons gerade keinen Fremdgeschäftsführungswillen für den Erziehungsberechtigten besitzt. Selbst eine Anscheinsvollmacht der Eltern an den Minderjährigen liegt nicht vor. Vielmehr muss ein Anbieter von Klingeltönen damit rechnen, dass ein Minderjähriger mit einem Prepaid-Handy Geschäfte tätigt, zu denen er keine Zustimmung hat.[195] Dies muss insbesondere dann gelten, wenn der Anbieter hauptsächlich in Jugendzeitschriften Werbung platziert.

167

2. GEMA

Es stellt sich die Frage, ob der Anbieter oder Hersteller von Klingeltönen von der GEMA die entsprechenden Rechte erwerben kann.[196] Dies ist gleichzusetzen mit der Frage, ob die **Wahrnehmungsverträge der GEMA** mit den Urhebern die Rechte für Klingeltöne umfasst. Die allgemeine Öffnungsklausel in GEMA-Berechtigungsverträgen[197] (»künftige technische Entwicklungen« bzw. nach 1996 »digitale Nutzung«) vor 2002 umfasst keine Klingeltöne. Seit Sommer 2002 gibt es jedoch § 1h des Berechtigungsvertrags, wonach »die Rechteübertragung erfolgt zur Nutzung der Werke der Tonkunst auch als Ruftonmelodien«. Bei der Lizenzierung von Ruftonmelodien vergibt die GEMA die sog. »mechanischen Rechte«, also das Recht, das Werk aufzunehmen und technisch aufzubereiten, das Recht das Werk in Datenbanken einzubringen (»Upload«) sowie das Recht, das Werk zum privaten Gebrauch beim Endnutzer zu speichern (»Download«). Dazu wird auch das Aufführungsrecht (§ 19 UrhG) und das Recht der öffentlichen Zugänglichmachung (§ 19a UrhG) vergeben. An allen Kompositionen, die nach Juli 2002 zur Wahrnehmung

168

---

194 Siehe dazu ausf. *Goerth* VuR 2004, 277 (280 f.).
195 BGH CR 2006, 454 – R-Gespräche; CR 2004, 355 – Webdialer.
196 Der Katalog der GEMA enthält diejenigen Titel, die von den zwischen GEMA und Urheber geschlossenen Wahrnehmungsverträgen erfasst werden. Die Rechtevergabe in Bezug auf ausländische Kompositionen erfolgt auf Grundlage von Gegenseitigkeitsverträgen, welche die GEMA im Rahmen des sog. Santiago- bzw. Barcelona-Abkommens geschlossen hat, vgl. dazu z. B. Moser/Scheuermann/*Kreile/Becker* S. 687 (690).
197 Im Berechtigungsvertrag (häufig auch als Wahrnehmungsvertrag bezeichnet) verpflichtet sich der Rechteinhaber, bestimmte Verwertungsrechte auf die Verwertungsgesellschaft zu übertragen. Von der Rechtsprechung wird er als urheberrechtlicher Nutzungsvertrag eigener Art eingestuft, der Elemente des Auftrags, insbesondere eines Treuhänderverhältnisses, sowie des Gesellschafts-, Dienst- und Geschäftsbesorgungsvertrages aufweist; dazu BGH GRUR 1966, 569 – GELU; GRUR 1968, 327 – Haselnuß; GRUR 1982, 309 – Kunsthändler.

bei der GEMA angemeldet wurden, kann die GEMA danach diese Rechte vergeben. Hingegen wurde der Wahrnehmungsvertrag von 1996, der auch Rechte zur digitalen Nutzung einräumte, vom Hanseatischen OLG Hamburg dahin gehend ausgelegt, dass die Nutzung einer Melodie als Ruftonmelodie eine noch unbekannte Nutzungsart (§ 31 Abs. 4 UrhG) darstellte und somit nicht umfasst war.[198] Im Berechtigungsvertrag der GEMA wurde nunmehr klarstellend auch die mobile Internetnutzung von Musikwerken in Musiktauschsystemen ergänzt. Zu den mobilen Internetnutzungen (einschließlich der Nutzung auf der Grundlage vergleichbarer Datennetze) zählt z. B. iMode.[199]

169 Ein weiteres Problem stellt sich im Hinblick auf das **Bearbeitungsrecht**. Außer es wurde ein spezieller Vertrag zur Vergabe von Bearbeitungsrechten abgeschlossen, ist die GEMA nicht befugt, diese Bearbeitungsrechte einzuräumen (§§ 14, 39 Abs. 2 UrhG). Die Rechtsprechung hat der GEMA zudem untersagt, die Vergabe der von ihr an den Klingeltönen eingeräumten Rechte unter die Bedingung der Einräumung eines Bearbeitungsrechts durch den berechtigten Dritten zu stellen.[200]

II. Handy-Logos, Hintergrundbilder und Menügestaltungen

170 Der urheberrechtliche Schutz von Handy-Logos ist umstritten. Es wird vertreten, dass sie, wenn überhaupt, urheberrechtlich nur nach dem Recht der »Kleinen Münze« schutzfähig sind.[201] Schutzfähig sind sie aber meist weder als Werke der bildenden Kunst (§ 2 Abs. 1 Nr. 4 UrhG) noch als Lichtbilder (§ 72 UrhG). In der Regel wird bei der Entfremdung einer Fotografie durch Computertechniken auch die notwendige Gestaltungshöhe nicht erreicht.[202]

171 Denkbar ist, Logos auch über das Geschmacksmusterrecht oder Markenrecht zu schützen. Darüber hinaus kann evtl. der wettbewerbsrechtliche Schutz weiterhelfen, wenn eine urheberrechtliche Schutzfähigkeit nicht gegeben ist. Eine unlautere Nachahmung (§ 4 Nr. 9 UWG) kann bei Grafiken, die urheberrechtlich nicht geschützt sind, allerdings nur gegeben sein, wenn zusätzliche Umstände vorliegen, die zur Unlauterkeit der Übernahme führen.

172 Sofern die Hintergrundbildgestaltung auch Menüführungen umfasst, kann im Hinblick auf deren Schutzfähigkeit auch auf die Rechtsprechung für Websitegestaltungen zurückgegriffen werden.[203] Zumindest für Websites wird teilweise auch der Schutz als Sammelwerk (vgl. § 4 Abs. 1 UrhG), als Datenbankwerk (vgl. § 4 Abs. 2 UrhG) oder als Ausdruck eines Quellcodes (vgl. § 69a Abs. 2 S. 1 UrhG) oder als Multimediawerk diskutiert.[204] Bejaht wurde eine entsprechende Gestaltungshöhe, wenn eine »ansprechende Menüführung« vorhanden war, oder spezielle Effekte beim Aufruf von Einzeldateien kurzfilmartig abgespielt wurden.[205]

---

198 OLG Hamburg MMR 2003, 49.
199 S. Berechtigungsvertrag in der Fassung von 2005, § 1 lit. h).
200 LG München MMR 2006, 49 – GEMA Wahrnehmung. Vgl. auch LG Hamburg GRUR-RR 2006, 316 – Musikwerk als Handyklingelton.
201 OLG Hamburg MMR 2004, 407. Zum Begriff der »Kleinen Münze« s. bereits oben Rdn. 70.
202 OLG Hamm MMR 2005, 106.
203 Vgl. dazu Schricker/*Loewenheim* § 2 Rn. 96 und 201.
204 *Heutz* MMR 2005, 567 (569).
205 LG München I CR 2005, 187 ff.

II. Handy-Logos, Hintergrundbilder und Menügestaltungen

L. Handy-TV

Handy-TV (auch Mobile-TV oder Mobilfernsehen genannt) ist aufgrund der technischen Besonderheiten ein schwer zu fassender Begriff. Üblicherweise wird unter Handy-TV die Verbreitung audiovisueller Inhalte zum Empfang auf mobilen Endgeräten verstanden. Als Übertragungsweg für Handy-TV kommen einerseits Rundfunktechniken (z. B. DVB-H[206] oder DMB)[207] andererseits aber auch Mobilfunk (z. B. UMTS[208] bzw. HSDPA)[209] oder drahtlose IP-basierte Breitbanddienste (z. B. WLAN)[210] in Betracht.

173

In Europa haben sich über einige Jahre DVB-H und DMB parallel entwickelt, bis die EU-Mitgliedstaaten Ende 2007 ein entsprechendes Konzept der EU-Kommission gebilligt und so DVB-H zum neuen Standard für Handy-TV in Form von Rundfunk erhoben haben. Das deutsche DMB-Versuchsprojekt »Mobiles Fernsehen Deutschland GmbH« wurde nicht zuletzt aus diesem Grunde Anfang 2008 eingestellt.[211]

174

Den Übertragungswegen UMTS und DVB-H ist gemeinsam, dass sie eine echte Fernsehausstrahlung bewirken können, die allerdings aus Kapazitätsgründen nur bei DVB-H praktisch auch umgesetzt wird. Im UMTS-Format stellen die Mobile-Provider meist lediglich kurze Filme, Sendungen, häufig im Clip-Format, zur flüchtigen Betrachtung oder zum Erwerb und Download zur Verfügung, eine Sendung im rundfunkrechtlichen Sinne erfolgt hier in der Regel nicht. Je mehr Nutzer in einer UMTS Mobilfunkzelle Daten abrufen, desto schlechter wird die Übertragungsgeschwindigkeit und somit die Qualität.

175

Urheberrechtliche Aspekte des Handy-TVs, insbesondere in Bezug auf unbekannte Nutzungsarten, sind bereits weiter oben behandelt worden.[212]

176

Für die Regulierung von Handy-TV kommen grundsätzlich zwei Regime in Betracht, Rundfunkrecht und Telemedienrecht. Voraussetzung der Anwendbarkeit des Rundfunkrechts ist zunächst, das die ausgestrahlten Programme Relevanz für die Meinungsbildung des Zuschauers hat; dies ist zum Beispiel bei reinen Teleshopping-Programmen nicht der Fall, sie sind als Telemediendienst zu qualifizieren.[213] Ist diese Voraussetzung aber gegeben, so unterliegt Handy-TV in Form linearer Programme, d. h. mobiles Fernsehen, bei dem die Sendezeit vom Handy-TV-Anbieter und nicht von Nutzer festgelegt wird, den Regeln des Rundfunkstaatsvertrages (RStV).[214] Gleiches gilt für audiovisuelle Inhalte für mobile Endgeräte, sofern sie speziell hierfür redaktionell zusammengestellt wurden. Demgegenüber unterfallen Handy-TV-Angebote in Form von On-Demand-Nutzungen, also Handy-TV, bei dem der Nutzer über Inhalt und Zeitpunkt der Übertragung entscheidet (Pull-Dienste), regelmäßig dem Telemedienrecht.[215]

177

---

206 DVB-H = Digital Video Broadcast-Handheld.
207 DMB = Digital Multimedia Broadcasting.
208 UMTS = Universal Mobil Telecommunication System.
209 HSDPA = High Speed Downlink Package Access.
210 WLAN = Wireless Local Area Network.
211 Vgl. aber zu Rechtsfragen in Bezug auf DMB noch *Ory* ZUM 2007, 7 ff.
212 Siehe oben Rdn. 84 und 103.
213 Vgl. *Bauer/v.Einem* MMR 2007, 423 (424).
214 So stellt die Gesetzesbegründung zu § 1 Abs. 1 Satz 1 TMG ausdrücklich fest, dass das Live-Streaming herkömmlicher Rundfunkprogramme (oder auch Simulcast) im Internet als Rundfunk zu qualifizieren ist, vgl. BT-Drs. 16/3078, S. 13.
215 BT-Drs. 16/3078, S. 13. Demgegenüber kommt es für die regulatorische Einordnung von Handy-TV nicht auf die Frage an, ob die Dienste entgeltlich oder unentgeltlich angeboten werden, denn nach § 2 Abs. 1 Satz 2 RStV fällt auch Pay-TV unter den Rundfunkbegriff, was unabhängig vom Übertragungsweg auch auf Handy-TV Anwendung findet. Wird das Programm gegen Bezahlung übertragen (Pay-per-Channel), so handelt es sich um Rundfunk, nicht jedoch, wenn einzelne Sendungen zum Abruf bereitgehalten werden (Pay-per-View); so auch *Bauer/v.Einem* MMR 2007, 423 (425).

178 Schwierigkeiten bestanden jedoch bei der regulatorischen Einordnung von Mischformen. Eine solche Mischform stellen z. B. die sog. »Near-Video-on-Demand«-Dienste dar, bei denen die Übertragung desselben Programms zu unterschiedlichen, teilweise sich überschneidenden Zeit oder in Sendeschleifen erfolgt, sodass der Nutzer zu verschiedenen Zeiten die Nutzung beginnen kann. Die regulatorische Einordnung ist inzwischen durch den EuGH gelöst, der derartige Dienste als Fernsehsendung qualifiziert.[216] Eine andere Mischform sind z. B. Dienste, die redaktionelle Inhalte auf mobile Endgeräte ausstrahlen und somit grundsätzlich als Rundfunk einzuordnen sind, die aber mit interaktiven Elementen kombiniert werden. Diese sind nach der wohl herrschenden Meinung nicht einheitlich zu bewerten, sondern in die unterschiedlichen Bestandteile zu zerlegen, die wiederum regulatorisch auch unterschiedlich bewertet werden.[217]

179 Schließen sich mehrere Content Anbieter zusammen, oder werden Verträge zur exklusiven Verwertung von Handy-TV Inhalten mit langer Laufzeit geschlossen, können hier auch kartellrechtliche Aspekte relevant werden, insbesondere, weil die Wettbewerbskommission hier bereits betont hat, dass besonders bei Sport-Übertragungsrechten erwartet werde, dass sich für Handy-TV Angebote eigenständige Märkte entwickeln werden.[218]

M. Überblick über elektronische Bezahlverfahren – E-Payment

I. Praktische Einführung und Begrifflichkeiten

1. Begriff »E-Payment«[219]

180 Bereits der klassische Themeneinstieg über eine Begriffsklärung offenbart die Komplexität dieser Materie: Viele denken bei elektronischen Bezahlverfahren (»E-Payment«) primär an neuartige und vornehmlich aus dem Internet bekannte Bezahlverfahren wie PayPal, Giropay, Paysafecard oder MPass. Wikipedia[220] stellt das spezielle E-Geld bei E-Payment vorne an und kategorisiert nach Zahlzeitpunkt, Höhe des Betrags oder systemischem Hintergrund. Interessant ist, dass die meisten Banken unter E-Payment grundsätzlich die gesamte elektronische Zahlungsabwicklung verstehen, d. h. am Point of Sale (»POS«) und im Internet bzw. MailOrder/TelefonOrder (»MOTO«) Geschäft. Vereinzelt wird jedoch das physische Kartengeschäft wie Girocard (früher »EC-Karte«) oder Kreditkarte aus der Definition ausgenommen.

181 Der Arbeitskreis ePayment des BDOA e. V.,[221] dem neben vielen Marktteilnehmern auch Mitarbeiter der Bundesbank, EZB sowie verschiedener Hochschulen informell angehörten, erarbeitete eine verständliche Definition. Unter E-Payment sind demnach alle Maßnahmen zu verstehen, die erforderlich sind, um zuvor festgelegte Zahlungsbeträge auf elektronischem Weg zu übertragen. Die schließt technische (Übertragungswege, Protokolle, Sicherheitsmaßnahmen, usw.), kaufmännische (Gebührenstrukturen, Marketing/Kooperationen) und juristische Aspekte ein.

---

216 EuGH EuZW 2005, 470 (472) unter Verweis auf Art. 1 lit. a) der Fernsehrichtlinie (Richtlinie 89/552/EWG des Rates v. 03.10.1989 zur Koordinierung bestimmter Rechts- und Verwaltungsvorschriften der Mitgliedstaaten über die Ausübung der Fernsehtätigkeit in der durch die Richtlinie 97/36/EG des Europäischen Parlaments und des Rates v. 30.06.1997 geänderten Fassung).
217 *Bauer/v.Einem* MMR 2007, 423 (425) m. w. N.
218 Dazu i. E. *Frey* GRUR 2003, 931 (935).
219 Der Autor dankt den Herren *Manfred Wolff* und *Frank Müller* für die tatkräftige Unterstützung bei diesem Kapitel.
220 Siehe http://de.wikipedia.org/wiki/Elektronisches_Geld.
221 Siehe http://www.bdoa.de.

2. Begriff »POS«-Payment

Grundsätzlich haben die meisten E-Payment Verfahren eine Gemeinsamkeit: Sie enden am Girokonto des Nutzers. Von den Konten werden Karten aufgeladen, Lastschriften direkt durchgeführt oder Kreditkartenforderungen beglichen. Händler und Zahlungsdiensteanbieter trennen nach wie vor den »Distanzhandel« (Internet, Versandhandel) und das POS-Geschäft. Die Karte hat dabei die Funktion, den Zahlenden klar zu authentifizieren (»Wer zahlt?«) und die Zahlung danach zu autorisieren (»Will zahlen! Kann zahlen!«). **182**

Authentifizierung – vor Ort allein – mit Rückmeldung	→	Autorisierung – Zahlungswilligkeit – Zahlungsfähigkeit	→	Zahlungsabwicklung	→	Optional: – Chargeback – Mahnung/Inkasso

Die Karte dient derzeit dazu, den richtigen Vertragspartner zu identifizieren. Künftig können Karten auch durch kleine Tokens oder Identifikations-Chips ersetzt werden. Teilweise muss der Zahlende zur Authentifizierung noch Zusatzdokumente wie z. B. seinen Personalausweis vorlegen. Dies dient zur Vermeidung von Zahlungsvorgängen mit Karten, die gestohlen wurden oder deren Unterschrift gefälscht worden ist. Da beispielsweise auf einem Magnetstreifen oder einem Chip zusätzliche Daten gespeichert sind, können diese mithilfe einer Rückmeldung über elektronische Netze zusätzlich genutzt werden, um die Authentizität zu verifizieren. **183**

Der Nachweis der Zahlungswilligkeit erfolgt durch Unterschrift (z. B. bei Kreditkartenzahlungen oder Elektronisches Lastschriftverfahren ELV) oder Eingabe einer persönlichen Identifikationsnummer (»PIN«, z. B. EC-Cash Verfahren). Auch in diesen Fällen ist eine Rückmeldung zur Zahlungsfähigkeit erforderlich, d. h. es wird geprüft, ob überhaupt eine Zahlungsabwicklung wirksam angestoßen werden kann. Die eigentliche Übergabe der Bezahlvorgänge erfolgt dann meist gesammelt über Nacht durch den Zahlungsnetzbetreiber im Auftrag des Händlers. Die während des Tages gesammelten und vorgemerkten Transaktionen werden in diesem Zeitpunkt gemeinsam realisiert. **184**

Immer häufiger treten auch am POS vorausbezahlte Guthabenkarten (»prepaid«), auch »Voucher« oder »GiftCards« genannt, auf. Hierbei handelt es sich im überragenden Fall um bereits bezahlte Leistungen bei einem bestimmten Händler. Der Kaufbetrag wird dann bei Leistung direkt auf der Karte vom Guthabenbetrag abgezogen. Solche Karten können eine Ausnahme zu dem oben genannten Grundsatz bilden, dass alle E-Payment-Verfahren am Girokonto des zahlenden Kunden enden, denn diese Karten lassen sich auch mit Bargeld kaufen. Wenn bei diesen Prepaid-Karten der Leistungserbringer zum Zeitpunkt des Kartenkaufes (oder Aufladens mit Geldwert) noch nicht feststeht, handelt es sich um E-Geld oder sogar Einlagengeschäft nach KWG, für das besondere Anforderungen gelten. **185**

3. Begriffe im Lastschriftverfahren

Die Struktur des Lastschriftverfahrens (»German Direct Debit«) hat ein besonderes Alleinstellungsmerkmal in Deutschland. Im Ausland ist das System daher häufig schwer zu erklären. Das zeigen schon die langen Diskussionen und Abstimmungsrunden zu einem einheitlichen europäischen Lastschriftverfahren im Rahmen von SEPA (»Single European Payments Area«).[222] **186**

Faktisch greift der Händler auf das Girokonto des Kunden zu und überträgt sich einen Geldbetrag auf sein eigenes Konto. Eingeführt wurde das Lastschriftverfahren Ende der sechziger Jahre zur vereinfachten Abrechnung von Leistungen der Stadtwerte (z. B. Strom/ **187**

---

[222] S. u. Rdn. 222.

Gas/Wasser) mit jeweils leicht wechselnden Beträgen. Am POS heute unterscheidet sich das offizielle EC-Cash Verfahren des Zentralen Kreditausschusses[223] vom Elektronischen Lastschriftverfahren[224] per Unterschrift. Während im ZKA-Verfahren eine echte Autorisierung gegen den Kontostand des Zahlenden mithilfe einer PIN im bankinternen Ablauf erfolgt, ist das ELV mit dem Risiko der Rücklastschrift (»RLS«) durch den Zahlenden entweder mangels Kontodeckung durch die kontoführende Bank oder bewusster RLS-Verursachung durch den Kontoinhaber verbunden. Dieses »Point of Sale ohne Zahlungsgarantie«-Verfahren[225] wird durch manche Zahlungsdiensteanbieter erweitert, indem sie dem Händler auf ihre eigene Rechnung eine Zahlungsgarantie anbieten. Dafür werden oft interne Sperrlisten geführt und online geprüft. Für den Handel ist das aus wirtschaftlicher Sicht attraktiv, denn bei EC-Cash fallen als Gebühr rund 0,3% der Betragssumme, mindestens jedoch 8 Cent/Transaktion an während das durch den Zahlungsdiensteanbieter gesicherte Verfahren i. d. R. um ein Drittel günstiger sein kann.

4. Begriffe im Kreditkartenverfahren

188 Im Kreditkartenverfahren gibt es heute grundsätzlich zwei Akteure auf der Seite der Banken: die Issuer und die Akquirer. Diese Trennung bestand am Anfang der Geschichte der Kreditkarten nicht. Die Erfinder der Kreditkarten wollten beim Essengehen[226] die offenen Beträge anschreiben lassen. Ein solches System wurde für mehrere Händler übergreifend organisiert und resultierte kurze Zeit später im ersten Kreditkartensystem. Jedoch hat sich das von den Wettbewerbern VISA Card und Mastercard eingeführte System der Trennung von Issuer und Acquirer als vertriebsmäßig wesentlich erfolgreicher durchgesetzt. Proprietäre Gesamtsysteme bleiben deshalb volumenseitig zurück und besetzen meist Nischen, wie z. B. American Express im Exklusivbereich. Rechtliche Fragen ergeben sich aus der Interaktion dieser Marktpartner in einem System sowie bei der Markennutzung, z. B. beim Co-Branding von Karten.

189 Die Issuer geben Kreditkarten an Kunden aus, damit diese bargeldlos bezahlen können. Hierbei handelt es sich um ein Massengeschäft/Privatkundengeschäft, in besonderen Fällen auch um BusinessCards, je nach Konzept jeweils erweitert um Zusatzleistungen mit Drittanbietern wie z. B. Versicherungen, Lounge-Zugängen in Flughäfen oder Bonuspunktesystemen.

190 Auf der anderen Seite stehen die Akquirer. Sie schließen mit den Händlern Akzeptanzverträge ab. Auf diese Weise versetzen sie den Händler in die Lage, mithilfe einer vorliegenden Karte eine Zahlung zu erhalten. Die Geschäftsbeziehung zu Akquirern ist Unternehmen vorbehalten, sie haben keine direkten Beziehungen zu Privatkunden.

5. Begriffe im »Card-not-present«-Verfahren

191 Die Abläufe im Distanzhandel, beispielsweise über Zahlungseingabe im Internet, unterscheiden sich strukturell nicht wesentlich von denen am POS. Es gibt jedoch zwei wesentliche Unterschiede, die diese Abläufe wesentlich komplexer machen: Zum einen sind Authentifizierung und Autorisierung nicht so einfach möglich. Durch die Internetverbindung

---

[223] Im Zentralen Kreditausschuss (ZKA) sind seit 1932 die fünf Spitzenverbände der deutschen Kreditwirtschaft (Bundesverband der Deutschen Volksbanken und Raiffeisenbanken e. V., Bundesverband deutscher Banken e. V., Bundesverband Öffentlicher Banken Deutschlands e. V., Deutscher Sparkassen- und Giroverband e. V. und Verband deutscher Pfandbriefbanken e. V. – hervorgegangen aus dem Verband deutscher Hypothekenbanken e. V. – zusammengeschlossen.

[224] Kurz »ELV«.

[225] Sog. »POZ-Verfahren«.

[226] Die Konzentration auf das Abendessen hat die ersten Kreditkarten-Anbieter angeblich zur Verwendung des Namens »Diners« (von engl. »Diner« – Abendessen) veranlasst. Siehe auch http://www.dinersclub-international.com/about-us-timeline.html.

erreichen nur binäre Daten den Händler bzw. den Zahlungsdiensteanbieter. Persönliche Kriterien – die im direkten Kundegeschäft automatische vorhanden sind – werden nicht übermittelt. Deshalb müssen wesentlich aufwendigere Sicherungsmaßnahmen durchgeführt werden. Zum anderen ist die Anzahl verschiedener innovativer Verfahren, die oft auch nicht lange existieren, fast unüberschaubar. Dennoch will ein Händler möglichst alle Umsatzpotenziale nutzen und dafür möglichst viele Verfahren anbieten, um die Kaufwahrscheinlichkeit zu erhöhen und den Kunden ein angenehmes Einkaufserlebnis zu bieten.

6. Zahlungsdiensteplattformen

Das hat dazu geführt, dass neben den klassischen Zahlungsanbietern (z. B. für Lastschriftabwicklung, Kreditkartenakzeptanz, Guthabenkarten) zusätzlich Zahlungsdienstanbieterplattformen entstanden sind, die jeweils verschiedene Zahlungsverfahren über eine Plattform ermöglichen. Häufig werden die verschiedenen Verfahren jedoch nicht selber betrieben, sondern nur technisch für den Händler zusammengeführt und zur Verfügung gestellt.[227] Sie sind dann Widerverkäufer oder Makler elektronischer Netzdienstleistungen zur Zahlungsabwicklung. Die Übergänge zwischen Netzbetreibern und PSPs sind jedoch fließend, eine scharfe Trennung ist vielfach nicht möglich. So werden manche Zahlungsdiensteanbieter oder Akquirer zu PSPs, um Kreditkartenakzeptanzverträge oder Lastschriftverfahren direkt mit Nebenleistungen verkaufen zu können. Mittlerweile betreiben sogar Inkassounternehmen komplette PSP-Plattformen, um ihr Geschäft vertikal zu integrieren.

192

7. Risikomanagement

Im Risikomanagement hat sich für Internetzahlungen die Notwendigkeit ergeben, möglichst viele Verfahren der Risikoprüfung wie z. B. Kontenchecks, Kartenchecks, Personenscoring, Adressverifizierung, Adressscoring, usw. von gleichzeitig auch möglichst vielen Anbietern zu nutzen. Es existieren differenzierte Plattformen, die je nach Händlertyp, gewünschter Warengruppe, Kundenart, Risikobereitschaft, usw. einen unterschiedlichen Fluss an möglichen Informationen automatisiert anstoßen. Der Händler kann sich oft seine gewünschten Risiko-Checks zusammenstellen.

193

8. Spezielle Online-Verfahren

Die innovativen Bezahlverfahren greifen am Ende fast auch immer auf Kreditkarten- oder Lastschriftzahlungen zurück. Der Nutzen solcher Verfahren liegt u. a. darin, dass zahlreiche Kleinbeträge nicht durch das gesamte Zahlungssystem einzeln abgearbeitet werden müssen. Vielmehr kann in längeren Zeiträumen, z. B. monatlich, ein akkumulierter größerer Zahlungsbetrag abgewickelt werden kann. Eine solche Sammlung der Beträge kann die Abwicklungskosten erheblich verringern.

194

Interessant, weil nur unter Zuhilfenahme verschiedenster Akteure möglich, sind die Verfahren Giropay und Sofortüberweisung. Bei beiden Verfahren übergibt der Endkunde seine E-Banking Authentifizierungs- und Autorisierungsunterlagen an einen Drittanbieter, der dann vereinfacht für ihn die Zahlungen vornimmt.

195

9. Ausblick

Die Anzahl verschiedener Verfahren im E-Payment ist in den letzten Jahren nicht kleiner sondern größer geworden. Verschiedene Anforderungen (Vorteile für Händler, Vorteile

196

---

227 Engl. »Payment-Service-Provider«, kurz »PSP«.

für Kunden, Co-Branding verschiedener Partner, usw.) führen zu einem differenzierten Einsatz der Systeme. Die Vielfalt führt zu mehr Wettbewerb, jedoch auch zu mehr Kosten, insbesondere aufgrund des Zwangs zur Einbindung mehrerer Anbieter.

197 Eine andere Vorstellung, vorgetragen bei der Europäischen Zentralbank vom Bundesverband der Dienstleister für Online-Anbieter BDOA e. V.,[228] besagt, dass die EZB selber ihr Bargeld in elektronischer Form ausgeben könnte. Anstelle von gepresstem Metall und bedrucktem Papier könnten elektronische Einwegtokens herausgegeben werden, die dann bei jeder Zahlung durch Weitergabe von neuen Tokens an den Zahlungsempfänger ersetzt werden. Ein ähnliches System sollte mit Digicash[229] schon einmal als eigenes Geld herausgegeben werden. Die aufwendigen und datenschutzrechtlich unangenehmen Bonitätsprüfungen könnten so komplett entfallen.

198 Ein anderes Szenario besteht darin, dass eine Social Community eine eigene Währung herausgibt, wie z. B., Second Life's »Linden Dollars«.[230] Deren Kontrollmöglichkeit durch die Banken ist jedoch umstritten.

II. Abwicklung bei gängigen Zahlungsverfahren

199 In Deutschland stehen derzeit über vierzig verschiedene Bezahlsysteme zur Verfügung.[231] Je nach Blickwinkel weisen alle Bezahlsysteme Vorteile und Nachteile auf. Die beiden Hauptbeteiligten an einer Zahlungsabwicklung sind der Kunde und der Händler. Die Interessen des Händlers liegen in einer reibundlosen Abwicklung der Zahlung und einer Sicherheit, dass er die Zahlung vom Kunden erhält. Zudem sollen die Kosten für die Transkation so gering wie möglich sein. Der Kunde auf der anderen Seite möchte die Bezahlung so einfach wie möglich durchführen können. Gleichzeitig soll die Transaktion für ihn im Regelfall keine Kosten verursachen und er möchte Sicherheit haben, dass er die bestellte Ware auch erhält, wenn die Kosten dafür eingezogen werden.

200 Zur Einteilung der verschiedenen Bezahlsysteme gibt es diverse Ansätze. So kommt eine Aufteilung nach regionaler Verbreitung oder Höhe des Betrages in Betracht. Nachdem die Höhe der Transaktionskosten meistens eine dominante Rolle spielt, überzeugt auch eine Einteilung nach der Höhe des Kaufbetrages. Die hierfür verwendeten Kategorien sind Macropayment (meist Beträge über 5 bis 10 €), Micropayment (wenige Cent bis max. 5 bis 10 €) und Nanopayment (bis wenige Cent). Diese Einteilung ist aus wirtschaftlicher Sicht sinnvoll, da einige Transaktionen aufgrund der Hohen Kosten unterhalb eines gewissen Betrages nicht kostendeckend durchgeführt werden können. Insgesamt stellt die direkte Abwicklung von Beträgen unter 5 bis 10 € die meisten Anbieter vor große Herausforderungen. Eine weitere Einteilung erfolgt oft nach dem Zeitpunkt der Zahlungsabwicklung (z. B. Prepaid, Pay-Now, Pay-Later)[232] Die eindeutige Zuweisung vor Bezahldiensten zu nur einer Kategorie ist in der Praxis aber meist schwierig.

201 Nachfolgend sollen einige Beispiele jeweils mit skizziertem Ablauf und Vor- und Nachteilen dargestellt werden, um die grundsätzlichen Abläufe zu veranschaulichen. Aus Gründen der Übersichtlichkeit soll aber eine Zuweisung zu möglichen Kategorien ausbleiben.

---

228 BDOA e. V. Jahresbericht, 2009/2010, S. 18, http://www.bdoa.de.
229 Z. B. http://www.wired.com/techbiz/media/news/2001/06/44507, abgerufen am 01.06.2011.
230 S. unter http://wiki.secondlife.com/wiki/Linden_Dollar.
231 *Stahl/Wittmann u.a.*, E-Commerce Leitfaden, ibi Resarch, 2009, S. 109.
232 *Lammer/Stroborn* S. 59.

II. Abwicklung bei gängigen Zahlungsverfahren

1. Lastschrift-Verfahren

Das Lastschrift-Verfahren erfreut sich in Deutschland besonderer Beliebtheit.[233] Es wird daher von vielen Händlern im innerdeutschen Zahlungsverkehr angeboten.

a) Ablauf

Der Kunde gibt auf einer (mobilen) Webseite oder Applikation seine Bankverbindung, bestehend aus Kontoinhaber, Kontonummer und Bankleitzahl an. Durch einfachen Klick löst der die Zahlung aus und weist den Händler an, den Betrag von seinem Konto einzuziehen. Diese Information leitet der Händler an seine Bank weiter. Die Händlerbank zieht dann den offenen Betrag bei der Bank des Kunden von dessen Konto ein und schreibt den Betrag dem Händler auf seinem Konto gut.

b) Vorteile und Nachteile

Für den Kunden ist dieses Verfahren vorteilhaft, da keine spezielle Anmeldung vorher erforderlich ist, solange der Kunde über ein Girokonto verfügt. Auch die Sicherheit ist für den Kunden gewährleistet. Denn der Kunde hat das Recht, die Lastschrift zu widerrufen. Die Frist zur Ausübung des Widerrufs beträgt meist sechs Wochen oder länger.

Während die Lastschrift im Regelfall für den Händler sehr kostengünstig ist, muss diese im Fall einer Rücklastschrift mit hohen Kosten rechnen. In einem solchen Fall liegt dem Händler meist auch kein schriftlicher Auftrag vor, mit dem er sich direkt zur Erfüllung an den Kunden wenden und die Rechtmäßigkeit des Auftrags belegen kann. Zudem muss der Händler bei der Bank vorher einen Lastschrift-Vertrag abschließen, der zusätzliche Kreditwürdigkeit des Händlers voraussetzt.

2. Nachnahme

a) Ablauf

Der Kunde beauftragt den Händler und bittet um Zahlung per Nachnahme. Der Händler übergibt die Bestellung einem Transportunternehmen, welches die Lieferung an den Kunden zustellt. Nach Bezahlung durch den Kunden wir der Rechnungsbetrag dem Händler auf seinem Konto gutgeschrieben.

b) Vor- und Nachteile

Im Gegensatz zum Lastschriftverfahren weist das Nachnahme-Verfahren eine höhere Sicherheit für den Händler auf. Denn er erhält sein Geld vom Transportunternehmen, nachdem die Ware ausgeliefert wurde. Das Nachname-Verfahren ist aber relativ teuer, da der Händler eine Nachnahmegebühr weiter berechnet und zusätzlich bei Auslieferung ein Übermittlungsentgelt anfällt. Sofern der Kunde bei der Auslieferung nicht angetroffen wird, ist eine Auslieferung nicht möglich. Auch verlangen die meisten Transportunternehmen die Begleichung des Betrages in Bar.

3. Kreditkarte

Die Bezahlung per Kreditkarte hat sich im Offline-Bereich weltweit als gängiges Bezahlsystem etabliert. Mit steigender Nachfrage haben die Kreditkartenanbieter auch die Online-Zahlung ermöglicht und dazu spezielle Anpassungen für den Online-Bereich vorgenommen.

---

[233] S. u. Rdn. 265.

a) Ablauf

209 Der Kunde initiiert die Zahlung beim Händler durch Angabe seiner Kreditkarten-Nummer, der Prüfziffer,[234] sowie des Ablaufdatums der Karte. Der Händler leitet diese Daten weiter an die kreditkartenbetreuende Bank,[235] lässt die Zahlung Autorisieren und beantragt die Umsatz-Gutschrift. Die kreditkartenbetreuende Bank zieht den Betrag von der Bank des Kunden ein und zahlt diesen an die Bank des Händlers aus.

b) Vor- und Nachteile

210 Der wohl größte Vorteil der Abrechnung über Kreditkarten ist die weltweite Verbreitung. Auch ist der Händler meist gegen Zahlungsausfall abgesichert. Nachteil sind die hohen Transaktionskosten und die meist nur wöchentlich oder monatlich erfolgende Auszahlung der Beträge.

4. Online-Payment

211 Während viele Verfahren aus dem Offline-Bereich in den Online-Bereich übertragen wurden, gibt es auch spezielle Zahlungsverfahren, die ausschließlich für den Online-Bereich entwickelt wurden.

212 Weite Verbreitung hat dabei PayPal[236] erreicht, das ein Tochterunternehmen von eBay ist. Das Besondere an diesem Service ist, dass verschiedene Bezahlverfahren[237] gebündelt werden und der Händler mit nur einem Vertragspartner ein umfassendes Bezahlangebot hat.

a) Ablauf

213 Der Kunde löst die Bezahlung beim Händler aus. Daraufhin wird ihm über den Online-Payment-Anbieter ein Bezahl- und Bestätigungsdialog angeboten. Bei PayPal ist dabei z. B. die Eingabe der Zugangsdaten von PayPal (Login, Passwort) erforderlich. In manchen Fällen können auch z. B. Kreditkartendatenzahlungen ohne vorherige Anmeldung über PayPal durchgeführt werden. Sofern die Zahlung autorisiert wurde, erhält der Händler eine Bestätigung. Der Online-Payment-Anbieter übernimmt die Abwicklung des Geldeinzugs und die Gutschrift auf dem Konto des Händlers.

b) Vor- und Nachteile

214 Zumeist sind solche Dienste bereits für den internationalen Einsatz vorbereitet und können daher auch bei grenzüberschreitenden Zahlungen verwendet werden. Sofern aber vorher eine Anmeldung des Kunden erforderlich ist, kann dies zu einer Verringerung der erfolgreichen Kaufvorgänge führen.

5. Mobile-Payment

215 Der Markt für reine mobile Bezahlsysteme ist nach wie vor hinter den Erwartungen der Analysten zurückgeblieben. Aufgrund der zunehmenden Online-Fähigkeiten der mobilen Endgeräte, verringert sich der Bedarf an reinen Mobile-Payment-Systemen gegebenenfalls.

---

[234] Sog. Card Verification Number, (»CVC«); zusätzliche Zahlenkombination, die sich auf der Vorder- (z. B. American Express, 4 Stellen) oder Rückseite (z. B. Visa/Mastercard, 3 Stellen) befindet.
[235] Sog. »Acquirer«, s. o. Rdn. 188.
[236] Siehe http://www.paypal.de.
[237] In Deutschland derzeit Visa, Mastercard, Girocard, Giropay und Lastschrift; Stand 14.02.2011.

Einer der wenigen verbliebenen Anbieter für Mobile-Payment ist das von einer Kooperation zwischen O2, Vodafone und der Telekom betriebene System »mPass«.[238] Die Nutzung des Systems steht grundsätzlich allen Mobiltelefonnutzern offen.

216

a) Ablauf

Der Kunde wählt auf einer Webseite oder Applikation beispielsweise mPass als Zahlungsart aus. Anschließend werden die eigene Handynummer sowie eine persönliche PIN eingegeben. Der Kunde erhält dann eine SMS[239] auf sein Mobiltelefon mit einer Aufforderung zur Bestätigung des Kaufes. Wenn der Kunde die SMS mit einer Antwort-SMS mit dem Text »Ja« bestätigt, wird die Zahlung freigegeben. Der Kaufbetrage wird dann vom Bankkonto des Kunden abgebucht.

217

b) Vor- und Nachteile

Das Handy ist das Gerät, das einem potenziellen Kunden am nächsten ist. Zudem haben Kunden meist ein Mobiltelefon bei sich, sodass grundsätzlich ein sehr breiter Zugang zu den Systemen von Mobile-Payment gegeben ist.

218

Allerdings müssen sich Kunden vor der ersten Nutzung zunächst beim Systembetreiber anmelden. Kunden, die nicht bei O2, Vodafone oder der Telekom sind, müssen dabei ihre vollständigen Kontodaten angeben, was viele Kunden abschreckt. Zudem erweisen sich die Systeme regelmäßig als sehr komplex, weil viele verschiedene Akteure an der Zahlungsabwicklung beteiligt sind.

219

III. Rechtliche Grundlagen

1. EU-Zahlungsdiensterichtlinie (Payment Services Directive – kurz PSD)

Die neuen Regelungen zum Zahlungsverkehr im Bürgerlichen Gesetzbuch gehen zurück auf die »Richtlinie 2007/64/EG des Europäischen Parlaments und des Rates vom 13.11.2007 über Zahlungsdienste im Binnenmarkt, zur Änderung der Richtlinie 97/7/EG, 2002/65/EG, 2005/60/EG und 2006/48/EG sowie zur Aufhebung der Richtlinie 97/5/EG« (nachfolgend **Payment Services Directive**, kurz PSD genannt).[240] Mit dem **Zahlungsdienste-Umsetzungsgesetz** vom 25.06.2009[241] setzt Deutschland die aufsichtsrechtlichen Normen der PSD um. Der Inhalt dieses Gesetzes besteht in dem neu geschaffenen Zahlungsdienste-Aufsichtsgesetz (Art. 1) und beinhaltet die Änderungen im Kreditwesengesetz (Art. 2). Das Zahlungsdienste-Umsetzungsgesetz ist zum 31.10.2009 in Kraft getreten (siehe Art. 9 Abs. 2).

220

a) Historie

Die PSD ist nach fünfjähriger Diskussion und Konsultation der EU-Kommission mit führenden Kredit- und Finanzinstituten, Verbraucherorganisationen und Interessenverbänden der Zahlungsverkehrswirtschaft im November 2007 durch den Europäischen Rat und das Europäische Parlament verabschiedet worden.[242] Bis zum Erlass der PSD war der Zahlungsverkehr durch den EU-Gesetzgeber weitgehend ungeregelt. Um das Ziel eines einheitlichen Binnenmarktes in der EU zu verwirklichen, hat der EU-Gesetzgeber den Zahlungsverkehr sukzessive weiter reguliert. Während die beiden bisherigen rechtsver-

221

---

238 Siehe http://www.mpass.de/, aufgerufen am 01.06.2011.
239 Kurznachricht des »Short Message Service« der Mobilfunknetze.
240 ABl. EU L 319/1 vom 05.12.2007.
241 BGBl. I. 2009, 1506.
242 Ausf. zur Historie Ellenberger/*Findeisen*/Nobbe § 1 ZAG Rn. 2.

bindlichen Akte sich auf grenzüberschreitende Zahlungen beschränkten[243] und keine aufsichtsrechtlichen Inhalte hatten, regelt die PSD nunmehr den europäischen Zahlungsverkehr erstmals einheitlich und weitgehend umfassend. Es werden insbesondere die rechtlichen Rahmenbedingungen für sämtliche Arten des bargeldlosen Zahlungsverkehrs (ausgenommen Scheckverkehr) festgelegt.

222 Auf der Grundlage der PSD entsteht zusätzlich ein europaweiter einheitlicher Zahlungsverkehrsraum, die sogenannte »**Single-Euro-Payments-Area**«, kurz **SEPA**. Dieser Zahlungsverkehrsraum umfasst die Mitgliedsstaaten der EU sowie Island, Norwegen, Liechtenstein und die Schweiz und bezweckt, inländische wie grenzüberschreitende Zahlungen nach einheitlichen Standards abzuwickeln.[244] Die im **European Payment Council (EPC)** zusammengefassten europäischen Kreditinstitute sollen über Industriestandards (sog. **Rulebooks**) einheitliche Abwicklungsverfahren, Formate, Rechte und Pflichten (**SEPA-Standards**) als Basis einer voll automatisierten Zahlungsverkehrsabwicklung schaffen, in denen nicht mehr zwischen grenzüberschreitenden und nationalen Zahlungsformen bei der Überweisung, bei der Kreditkartenzahlung und der Lastschrift unterschieden wird.[245] Für den Überweisungsverkehr und den Lastschriftverkehr sind entsprechende Rulebooks bereits vorhanden;[246] für das Zahlungskartengeschäft sind bereits erhebliche Vorarbeiten geleistet.[247]

b) Zielsetzung der PSD

223 Ziel der PSD ist ein harmonisierter Rechtsrahmen für unbare Zahlungen im europäischen Binnenmarkt. Durch die PSD soll eine **Vollharmonisierung** (Art. 86 PSD) erfolgen, d. h. von der Richtlinie sind Abweichungen im nationalen Recht, unbeschadet einzelner Optionsmöglichkeiten der Mitgliedsstaaten, ausgeschlossen. Damit schafft die PSD zusammen mit der sogenannten **SEPA-Initiative** der europäischen Kreditwirtschaft zur Schaffung eines einheitlichen Euro-Zahlungsverkehrsraums das bisher ambitionierteste Vorhaben auf dem Gebiet des Zahlungsverkehrs in Europa.[248] Die PSD bezweckte vorrangig das Ziel, den europäischen Binnenmarkt zu fördern und den Wettbewerb auf dem Gebiet der Massenzahlungen zu beleben und einen **fairen und ungehinderten Zugang** zu den Zahlungsverkehrsmärkten zu schaffen.[249]

224 Zudem sollen rechtliche **Marktzutrittsschranken** durch Einführung der neuen Kategorie der »Zahlungsinstitute« beseitigt und für die neue Aufsichtskategorie der Zahlungsinstitute ein einheitliches Erlaubnisverfahren mit harmonisierten Aufsichtsinhalten geschaffen werden, wie dies etwa für Banken seit Langem gebräuchlich ist. Ähnlich wie bei Banken werden für die Zahlungsinstitute die Zulassungsvoraussetzungen geregelt, insbesondere Anfangskapital und laufende Eigenmittel sowie deren Berechnung, ebenso wie die Erteilung und der Entzug der Zulassung, die Sicherungsanforderungen für den Schutz der weitergeleiteten Gelder, der genaue Umfang der von den Zahlungsinstituten zu erbringenden Tätigkeiten, die Beaufsichtigung der Zahlungsinstitute, der **Europäische Pass** für Zahlungsinstitute sowie das Recht der Zahlungsinstitute als Subspezies der Zahlungsdienstleister zum Zugang

---

243 Richtlinie 97/5/EG des Europäischen Parlaments des Rates v. 27.01.1997 über grenzüberschreitende Überweisungen, ABl. EU 1997 L 43/25 (Überweisungsrichtlinie) und Verordnung 2560/2001/EG des Europäischen Parlaments und des Rates v. 19.12.2001 über grenzüberschreitende Zahlungen in Euro, ABl. EG 2001 L 344/13.
244 Palandt/*Sprau* Einf. v. § 675c Rn. 13.
245 Ellenberger/*Findeisen*/Nobbe § 1 ZAG Rn. 7.
246 Abrufbar unter http://www.europeanpaymentscouncil.eu.
247 *Hellner/Steuer/Dippel*, BuB Onlineausgabe, Rn. 20/121.; weitere Informationen hierzu finden sich unter http://www.bundesbank.de unter dem Stichwort Zahlungsverkehr/SEPA.
248 S. jurisPR-BKR/*Meckel* 11/2009.
249 Vgl. Erwägungsgrund 5 der PSD.

zu Zahlungssystemen und der Einschaltung von Agenten durch ein Zahlungsinstitut einschließlich deren Überwachung.[250]

Schließlich verfolgt die PSD im Kern auch **Verbraucherschutzanliegen**. So sollen beispielsweise Zahlungen innerhalb Europas künftig genauso schnell, zuverlässig, sicher und kostengünstig abgewickelt werden, wie inländische Zahlungen. Dadurch soll ein **EU-weiter kohärenter rechtlicher Rahmen für Zahlungsdienste** geschaffen werden, der neutral ist und gleiche Wettbewerbsbedingungen für alle Zahlungssysteme gewährleistet.[251] 225

Von der PSD erfasst sind u. a. Überweisungen, Lastschriften, Kartenzahlungen und Barein- und Barauszahlungen über ein Konto innerhalb der EU bzw. dem EWR-Raum, und zwar unabhängig davon, ob es sich um innereuropäische oder rein nationale Transaktionen handelt. 226

2. Umsetzung der Payment Service Directive in deutsches Recht

a) Zweigeteilte Umsetzung

Die Umsetzung der PSD in deutsches Recht erfolgte zweigeteilt. Die aufsichtsrechtlichen Bestimmungen wurden durch das Zahlungsdiensteumsetzungsgesetz[252] vom 25.06.2009 umgesetzt. Die zivilrechtlichen Regelungen für die Zahlungsdiensteanbieter (z. B. Kreditinstitute, E-Geldinstitute, Zahlungsinstitute) und ihre Zahlungsverfahren (z. B.: Überweisung, Zahlungskarte, Lastschrift) wurden in einem zeitlich nachfolgenden Gesetzgebungsverfahren durch das »Gesetz zur Umsetzung der Verbraucherkreditrichtlinie, des zivilrechtlichen Teils der Zahlungsdienste-Richtlinie sowie zur Neuordnung der Vorschriften über das Widerrufs- und Rückgaberecht vom 27.07.2009«[253] umgesetzt. 227

b) Erleichterung des Marktzutritts

Typische Bankgeschäfte, wie beispielsweise die Durchführung des bargeldlosen Zahlungs- und Abrechnungsverkehrs (Girogeschäft), des Überweisungs- und Lastschriftgeschäfts und der Ausgabe von Zahlungskarten (ec-Karte, girocard, Kreditkarte) waren Kreditinstituten vorbehalten; die Vornahme dieser Geschäfte bedurften einer »Bankerlaubnis« nach § 32 KWG. Durch die neuen Zahlungsverkehrsvorschriften wird der Markt für diese Geschäfte für die neu geschaffene Kategorie der »Zahlungsinstitute« geöffnet. Diese können zur Vornahme von Zahlungsdienstleistungen (§ 1 Abs. 2 ZAG) eine entsprechende Erlaubnis (§ 8 ZAG) bei der BaFin beantragen.[254] Die Umsetzung der PSD ermöglicht außerdem Zahlungsinstituten aus anderen Zahlungsverkehrsmärkten in der EU in den deutschen Markt einzutreten und umgekehrt, deutschen Zahlungsinstituten sich in anderen Zahlungsverkehrsmärkten in der EU zu positionieren und dort in den Wettbewerb einzutreten. 228

c) Erschließung neuer und Erweiterung bestehender Geschäftsfelder

Durch die Umsetzung der PSD wird aber nicht nur der Marktzutritt für neue Zahlungsdienstleister eröffnet, sondern auch die Geschäftsfelder bereits am Markt tätiger Unternehmen erweitert. Die Geschäftsaktivitäten potenzieller Zahlungsinstitute und das Angebot möglicher Zahlungsdienste in Konkurrenz zu Kreditinstituten sind vielfältig. Erfasst werden könnten beispielsweise folgende Unternehmen:[255] 229

---

250 Ellenberger/*Findeisen*/Nobbe § 1 ZAG Rn. 81.
251 Vgl. Erwägungsgrund 4 der PSD.
252 BGBl. 2009, Seite 1506.
253 BGBl. I 2009, 2355.
254 Detailliert Ausführungen zum Erlaubnisverfahren finden sich bei Ellenberger/Findeisen/Nobbe/*Walz* § 8 und § 9 ZAG.
255 *Karasu* Die Bank 7/2009; Ellenberger/*Findeisen*/Nobbe § 1 ZAG Rn. 36.

- Unternehmen aus dem Bereich der Bargeldlogistik;
- Geld- und Wertdienstunternehmen, die »Cash-Recycling«[256] für Kreditinstitute anbieten;
- Handelsunternehmen könnten das Finanzierungsgeschäft zu einem eigenen Geschäftsfeld ausbauen und z. B. eigene Zahlungskarten ausgeben und den Zahlungsverkehr mit ihren Kunden direkt abwickeln;
- es könnten sich weitere Dienstleister im Bereich kontenungebundener Zahlungen etablieren und den Markt der Zahlungstransaktionen beleben;
- Anbieter von E-Payment-Lösungen und Telekommunikationsunternehmen könnten Zahlungen zwischen ihren Kunden abwickeln;
- Unternehmen im Rahmen des Kartengeschäfts (Netzbetreiber, Acquirer) könnten als Prozessoren die gesamte Palette von Zahlungsdiensten anbieten;
- Anbieter von Zahlungs- und Risikomanagementlösungen könnten ihre Acquiring- und Bankdienstleistungen erweitern und ebenfalls Zahlungsdienste anbieten;
- Clearer und Datenverarbeiter könnten mit einer Erlaubnis für das Erbringen von Zahlungsdiensten für Endkunden selbst Zahlungskonten führen und Zahlungsdienste unmittelbar erbringen;
- etc.

3. Grundlagen des neuen Zahlungsverkehrsrechts

a) Wesen der Zahlung

230 Unter einer **Zahlung** ist die zweckgerichtete Übertragung von Zahlungsmitteln (z. B. Bar- oder Buchgeld) durch den Zahler an den Zahlungsempfänger, in der Regel zur Tilgung einer Verbindlichkeit, zu verstehen.[257] Kernstück der Zahlung ist der tatsächliche Geldfluss an den Zahlungsempfänger, der im Gesetz als **Zahlungsvorgang** bezeichnet wird (§ 675f Abs. 3 S. 1 BGB).

231 Die Übertragung der Zahlungsmittel kann bar oder unbar geschehen. Bei einem Bargeschäft übergibt der Zahler den zu zahlenden Geldbetrag unmittelbar an den Zahlungsempfänger. Regelmäßig erfolgen die Zahlungen heute bargeldlos unter Einschaltung hierfür besonders zugelassener Zahlungsdienstleister.[258]

232 Bei der bargeldlosen Zahlung handelt es sich um bestimmten Geldinstituten vorbehaltene Geschäfte (§ 8 ZAG, § 1 Abs. 1 Nr. 9 KWG), bei denen Buchgeld dadurch auf den Begünstigten bzw. Zahlungsempfänger übertragen wird, indem für den Empfänger eine Forderung gegen sein Geldinstitut begründet wird, in der Regel durch Gutschrift auf seinem Konto.[259] Der Zahlungsdienstleister des Zahlungsempfängers ist verpflichtet, dem Zahlungsempfänger den Zahlungsbetrag unverzüglich verfügbar zu machen, nachdem er auf dem Konto des Zahlungsdienstleisters eingegangen ist (§ 675t Abs. 1 S. 1 BGB). Die Verminderung des Schuldnerkontos ergibt sich aus der Belastung mit dem Aufwendungsersatzanspruch der Zahlstelle (§§ 669, 670 BGB).

233 Die bargeldlose Zahlung kann in verschiedenen Formen durchgeführt werden. Der Anstoß des Zahlungsvorgangs kann von Zahler selbst ausgehen, indem er z. B. seinen Zahlungsdienstleister (Zahlstelle) anweist, einen bestimmten Geldbetrag auf ein Konto des Zahlungsempfängers zu übertragen (**Überweisung**). Der Zahlungsvorgang kann jedoch auch

---

256 Hierunter versteht man die Ein- und Auszahlung an kombinierten Ein- und Auszahlungsautomaten, sogenannte Cash Recycler. Einbezahlte Noten werden nach Prüfung und anschließender Freigabe abgelegt und bei der nächsten Auszahlung wieder ausgegeben. Der Vorteil liegt in einer hohen Verfügbarkeit und der Verlängerung der Befüllungsintervalle der Geldautomaten, wodurch sich die Betriebskosten verringern.
257 Palandt/*Sprau* Einf. v. § 675c Rn. 1.
258 Palandt/*Sprau* Einf. v. § 675c Rn. 1.
259 *Schimansky*/Bunte/Lwowski § 46 Rn. 1.

von dem Zahlungsempfänger initiiert werden, indem dieser sich z. B. vom Zahler eine Einzugsermächtigung erteilen lässt, fällige Forderungen durch seinen Zahlungsdienstleister (1. Inkassostelle) über den Zahlungsdienstleister des Zahlers (Zahlstelle) per Lastschrift einziehen zu lassen. Auch beim Scheckverkehr, der im täglichen Zahlungsverkehr weitgehend an Bedeutung verloren hat, geht die Initiative für den Zahlungsvorgang vom Zahlungsempfänger aus.

Zu den bargeldlosen Zahlungen gehören außerdem noch Kartenzahlungen, z. B. per Girocard, Kreditkarte oder electronic-cash. 234

b) Rechtsbeziehungen der am Zahlungsverkehr Beteiligten

An den meisten bargeldlosen Zahlungsvorgängen (Überweisung, Lastschrift, Kartenzahlung, etc.) sind regelmäßig mehrere Personen beteiligt, zwischen denen gesonderte vertragliche Beziehungen bestehen. Die vertraglichen Beziehungen lassen sich vereinfacht wie folgt unterscheiden:[260] 235

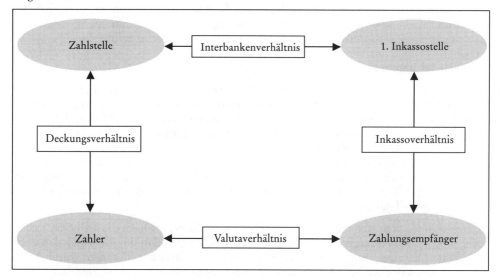

aa) Valutaverhältnis

Zwischen dem Zahler und dem Zahlungsempfänger besteht das **Valutaverhältnis**, das den Rechtsgrund des Zahlungsvorgangs bildet (z. B. eine Kaufpreisforderung). 236

bb) Deckungsverhältnis

Das Rechtsverhältnis zwischen dem Zahler und seinem Zahlungsdienstleister (Zahlstelle) wird als **Deckungsverhältnis** bezeichnet. Es bildet die Grundlage für das Tätigwerden des Zahlungsdienstleisters. Dem Deckungsverhältnis liegt regelmäßig ein Zahlungsdiensterahmenvertrag (§ 675f Abs. 2 S. 1 BGB) zugrunde, z. B. ein Girovertrag, der in der Praxis durch Allgemeine Geschäftsbedingungen der Zahlungsdienstleister (z. B. AGB-Banken; AGB-Sparkassen; Sonderbedingungen für den Überweisungsverkehr, etc.) ergänzt wird und im Rahmen dessen der Zahlungsdienstleister sich verpflichtet, einzelne Zahlungsaufträge (§ 675f Abs. 3 S. 2 BGB; z. B. Überweisungen) auszuführen. 237

---

[260] Näher Palandt/*Sprau* Einf. v. § 675c Rn. 3.

238 Im Kreditkartenverkehr wird der dem Deckungsverhältnis, also der Beziehung zwischen dem Karteninhaber (Zahler) und dem Kartenaussteller, zugrunde liegende Zahlungsdiensterahmenvertrag »Emissions-(Kreditkarten-)vertrag« genannt.[261]

cc) Inkassoverhältnis

239 Als **Inkassoverhältnis** bezeichnet man die Rechtsbeziehung zwischen dem Zahlungsempfänger und seinem Zahlungsdienstleister (1. Inkassostelle). Auch hier liegt regelmäßig ein **Zahlungsdiensterahmenvertrag** (§ 675f Abs. 2 S. 1 BGB) zugrunde.

dd) Garantieverhältnis

240 Bei der Zahlung im sog. »electronic-cash-System«[262] der deutschen Kreditwirtschaft besteht zusätzlich zum Akzeptanzvertrag zwischen dem Zahlungsempfänger und seinem Zahlungsdienstleister ein Vertrag zwischen dem Zahlungsempfänger und dem Kartenemittenten (Issuer), der durch die sogenannten Händlerbedingungen – Bedingungen für die Teilnahme am electronic-cash-System der deutschen Kreditwirtschaft – konkretisiert wird. Auf der Grundlage dieses Vertrages gibt der Issuer gegenüber dem Zahlungsempfänger eine Zahlungsgarantie ab, sofern die formalen Voraussetzungen hierfür erfüllt sind.[263]

ee) Keine Vertragsbeziehungen »in den Diagonalen«

241 Wird ein Zahlungsauftrag nicht oder fehlerhaft ausgeführt, stellt sich in der Praxis die Frage, wer den hierdurch entstandenen Schaden tragen muss. Neben deliktischen Ansprüchen, die in der Praxis nur eine untergeordnete Rolle spielen, kommen hauptsächlich Schadensersatzansprüche in Betracht, die aus bestehenden Vertragsbeziehungen erwachsen (z. B. Ansprüche aus pVV, § 280 Abs. 1 BGB). In diesem Zusammen ist wesentlich darauf hinzuweisen, dass keine Vertragsbeziehungen bzw. Schuldverhältnisse »in den Diagonalen«, d. h. im Verhältnis zwischen dem Zahler und dem Zahlungsdienstleister des Zahlungsempfängers (1. Inkassostelle) bzw. zwischen dem Zahlungsempfänger und dem Zahlungsdienstleister des Zahlers (Zahlstelle), bestehen.

242 Während unter dem Regime des alten Zahlungsverkehrsrechts nach der früheren Rechtsprechung in dem Vertragsverhältnis zwischen den beteiligten Zahlungsdienstleistern unter bestimmten Voraussetzungen ein **Vertrag zugunsten Dritter** angenommen wurde,[264] sodass dem Begünstigten Schadensersatzansprüche gegen einen zwischengeschalteten Zahlungsdienstleister zustehen konnten, ist hierfür nach dem neuen Zahlungsverkehrsrecht kein Raum mehr;[265] das Gleiche gilt für die Annahme von Schadensersatzansprüchen nach den Grundsätzen der Drittschadensliquidation.[266] Die neuen Regelungen zum Zahlungsverkehr sehen nämlich detaillierte Haftungsregelungen für fehlerhafte oder nicht autorisierte Zahlungsvorgänge vor, insbesondere in **§ 675u BGB** (Haftung des Zahlungsdienstleisters für nicht autorisierte Zahlungsvorgänge), **§ 675v BGB** (Haftung des Zahlers bei missbräuchlicher Nutzung eines Zahlungsauthentifizierungsinstruments), **§ 675x BGB** (Erstattungsanspruch bei einem vom oder über den Zahlungsempfänger ausgelösten autorisierten Zahlungsvorgang), **§ 675y BGB** (Haftung der Zahlungsdienstleister bei nicht erfolgter oder fehlerhafter Ausführung eines Zahlungsauftrags), **§ 675z BGB** (Sonstige Ansprüche bei nicht erfolgter oder fehlerhafter Ausführung eines Zahlungsauftrags oder eines nicht autorisierten Zahlungsvorgangs).

---

261 Schimansky/Bunte/Lwowski/*Martinek/Oechsler* § 67 Rn. 3.
262 Siehe hierzu *Werner*, BuB, Rn. 6/1516.
263 Detailliert hierzu *Werner*, BuB, Rn. 6/1584.
264 Siehe Palandt/*Sprau* Einf. v.§ 675c Rn. 9; *Einsele* AcP 199, 145.
265 Zutreffend Palandt/*Sprau* Einf. v. § 675c Rn. 9 m. w. N.
266 Hierzu Schimansky/Bunte/Lwowski/*van Gelder* § 58 Rn. 210 m. w. N.; offen noch BGHZ 144, 245.

c) Anwendungsbereich der §§ 675c bis 676c BGB

Der Anwendungsbereich der §§ 675c bis 676c BGB wird definiert in § 675c BGB. Er erfasst sämtliche Verträge über die Erbringung von **Zahlungsdiensten** (§ 675c Abs. 1 BGB, § 1 Abs. 2 ZAG). Hierunter fallen neben den klassischen Zahlungsverfahren wie der Überweisung (§ 1 Abs. 2 Nr. 2b ZAG), der Lastschrift (§ 1 Abs. 4 ZAG, § 675c Abs. 3), dem Zahlungskartengeschäft (§ 1 Abs. 2 Nr. 2c ZAG) und dem Finanztransfergeschäft (§ 1 Abs. 2 Nr. 6 ZAG, § 675c Abs. 3 BGB) auch Geschäfte über die Ausgabe und Nutzung von elektronischem Geld (§ 1 Abs. 14 KWG, § 675c Abs. 3 BGB).[267] 243

Nach der Dogmatik des neuen Rechts sind Zahlungsdiensteverträge Geschäftsbesorgungsverträge (§ 675 BGB), die wegen des Verweises auf das Auftragsrecht (§§ 662 BGB) ein entgeltliches Tätigwerden nicht zwingend voraussetzen.[268] Die Vorschriften §§ 675c f. BGB gelten im Anwendungsbereich des BGB grundsätzlich sowohl für inländische, als auch für grenzüberschreitende Sachverhalte, unabhängig von der Transaktionswährung und auch unabhängig davon, ob es sich bei dem Vertragspartner um einen Verbraucher (§ 13 BGB) oder einen Unternehmer (§ 14 BGB) handelt. Allerdings ist bei einzelnen Vorschriften danach zu differenzieren, ob es sich um einen grenzüberschreitenden Sachverhalt innerhalb des europäischen Wirtschaftsraums handelt oder um einen Sachverhalt mit einem Drittstaat (§ 675d Abs. 1 S. 2 BGB, § 675e Abs. 2 BGB).[269] Bei Vertragspartnern, die keine Verbraucher sind, können teilweise abweichende Regelungen getroffen werden (§ 675e Abs. 4 BGB).[270] 244

d) Vertragstypen und Begriffsbestimmungen

aa) Zahlungsdienstvertrag (§ 675f BGB)

Mit der Umsetzung der Payment Service Directive in deutsches Recht wurde die frühere Unterscheidung in verschiedene Vertragstypen, wie dem Geschäftsbesorgungsvertrag (Übertragungsvertrag, § 676 BGB a. F.), dem Überweisungsvertrag (§§ 676a f. BGB a. F.), dem Zahlungsvertrag (§§ 676b f. BGB a. F.), dem Girovertrag (§§ 676f f. BGB a. F.) sowie dem Zahlungskartenvertrag (§ 676h BGB a. F.), wieder aufgegeben. Nach neuem Recht gibt es nun den **Zahlungsdienstevertrag** (§ 675f BGB), der sich untergliedert in den **Einzelzahlungsvertrag** (§ 676f Abs. 1 BGB) und den **Zahlungsdiensterahmenvertrag** (§ 676 f. Abs. 2 BGB). Diese Regelungen gelten für **alle Arten von Zahlungsdiensten** und damit auch für die klassischen Zahlungsverfahren Lastschrift, Überweisung, Kartengeschäft, etc. 245

bb) Wichtige Begriffsbestimmungen

Die für das neue Zahlungsverkehrsrecht maßgeblichen Begriffe werden weitgehend legal definiert.[271] Für die zivilrechtlichen Vorschriften relevant sind insbesondere die im ZAG (bzw. im KWG) definierten Begriffe des **Zahlungsdienstleisters** (§ 1 Abs. 1 ZAG), des **Zahlungsdienstes** (§ 1 Abs. 2 und 10 ZAG), des **Zahlungskontos** (§ 1 Abs. 3 ZAG), der **Lastschrift** (§ 1 Abs. 4 ZAG), des **Zahlungsauthentifizierungsinstruments** (§ 1 Abs. 5 ZAG), des **Agenten** (§ 1 Abs. 7 ZAG) und des **elektronischen Geldes** (§ 1 Abs. 14 KWG). 246

Daneben enthält § 675f BGB weitere Begriffsbestimmungen zum Zahlungsdienstevertrag, die nicht im ZAG definiert sind: 247

---

[267] Regierungsbegründung, BT-Drs. 16/11643, 98.
[268] Regierungsbegründung, BT-Drs. 16/11643, 102.
[269] Regierungsbegründung, BT-Drs. 16/11643, 98 f.
[270] Hierzu Ellenberger/Findeisen/Nobbe/*Pfeifer* § 675c Rn. 2 sowie Rn. 27.
[271] Eine Übersicht der wichtigsten Begriffsbestimmungen findet sich bei Palandt/*Sprau* § 675c Rn. 10.

(1) Einzelzahlungsvertrag (§ 675f Abs. 1 BGB)

248 Der **Einzelzahlungsvertrag** ist ein Vertrag, durch den der Zahlungsdienstleister verpflichtet wird, für eine Person, die einen Zahlungsdienst als Zahler, Zahlungsempfänger oder in beiden Eigenschaften in Anspruch nimmt (Zahlungsdienstnutzer), **einen** Zahlungsvorgang auszuführen (z. B. eine Überweisung).

(2) Zahlungsdiensterahmenvertrag (§ 675f Abs. 2 BGB)

249 Durch einen **Zahlungsdiensterahmenvertrag** wird der Zahlungsdienstleister verpflichtet, für den Zahlungsdienstnutzer einzelne und aufeinander folgende Zahlungsvorgänge auszuführen sowie ggf. für den Zahlungsdienstnutzer ein Zahlungskonto (§ 1 Abs. 3 ZAG) zu führen (§ 675f Abs. 2 Satz 1 BGB). Beispiele für einen Zahlungsdiensterahmenvertrag sind der Girovertrag und der Kreditkartenvertrag.

(3) Zahlungsvorgang (§ 675f Abs. 3 S. 1 BGB)

250 Unter einem **Zahlungsvorgang** ist jede Bereitstellung, Übermittlung oder Abhebung eines Geldbetrags zu verstehen, unabhängig von der zugrunde liegenden Rechtsbeziehung zwischen Zahler und Zahlungsempfänger (§ 675f Abs. 3 Satz 1 BGB).

251 Diese Definition ist relevant für die Frage, ob ein **Zahlungsdienst** nach § 1 Abs. 2 Nr. 2 bis 6 ZAG vorliegt, zu dessen Vornahme eine Erlaubnis (§ 8 ZAG) bei der BaFin beantragt werden muss.[272] Zahlungsdienste im Sinne dieser Vorschriften sind insbesondere das **Lastschrift-** (§ 1 Abs. 2 Nr. 2a ZAG), das **Überweisungs-** (§ 1 Abs. 2 Nr. 2b ZAG) und das **Zahlungskartengeschäft** (§ 1 Abs. 2 Nr. 2c ZAG).

(4) Zahlungsauftrag (§ 675f Abs. 3 S. 2 BGB)

252 Ein **Zahlungsauftrag** ist jeder Auftrag, den ein Zahler seinem Zahlungsdienstleister zur Ausführung eines Zahlungsvorgangs entweder unmittelbar (z. B. bei der Überweisung) oder mittelbar (z. B. bei der SEPA-Basislastschrift)[273] über den Zahlungsempfänger erteilt.

253 Liegt ein Zahlungsdiensterahmenvertrag vor, ist der Zahlungsauftrag die **geschäftsbesorgungsrechtliche Weisung** (§ 665 BGB) zur Ausführung eines Zahlungsvorgangs, z. B. Überweisungsauftrag, Abbuchungsauftrag, SEPA-Mandat, Unterschrift auf dem Kreditkartenbeleg, PIN-Eingabe bei einer electronic-cash-Transaktion, während beim Einzelzahlungsvertrag der Zahlungsauftrag in der Regel mit dem Vertragsschluss zusammenfällt.[274]

254 Die wesentliche Bedeutung des Zahlungsauftrags liegt darin, dass dessen Bestehen den daraufhin ausgeführten Zahlungsvorgang **autorisiert** (§ 675j Abs. 1 Satz 1 BGB). Die Autorisierung wiederum ist Voraussetzung für den Aufwendungsersatzanspruch des den Zahlungsvorgang durchführenden Zahlungsdienstleisters (§ 675u Satz 1 BGB).

4. Grundzüge einzelner Zahlungsverfahren

a) Überweisungsverkehr

aa) Überweisung ist erlaubnispflichtiger Zahlungsdienst (§ 1 Abs. 2 Nr. 2b ZAG, § 8 ZAG)

255 Die Überweisung ist neben dem Lastschriftverkehr und der Kreditkartenzahlung eines der Hauptzahlungsinstrumente des bargeldlosen Zahlungsverkehrs.

---

272 Detaillierte Ausführungen zum Erlaubnisverfahren finden sich bei Ellenberger/Findeisen/Nobbe/*Walz* § 8 und § 9 ZAG.
273 Hierzu Palandt/*Sprau* § 675f Rn. 40.
274 Ellenberger/Findeisen/Nobbe/*Walz* § 675f BGB Rn. 5.

Die Vornahme von Überweisungen war früher als klassisches erlaubnispflichtiges Bankgeschäft (§ 1 Abs. 1 Satz 2 Nr. 9 KWG a. F., § 32 KWG) Kreditinstituten vorbehalten. Mit Inkrafttreten des ZAG bedarf es zur Vornahme von Überweisungen (§ 1 Abs. 2 Nr. 2b ZAG) und anderen Zahlungsdiensten (§ 1 Abs. 2 ZAG) keiner »Bankerlaubnis« mehr nach § 32 KWG, sondern einer Erlaubnis nach § 8 ZAG, die auch von Nichtbanken bei der BaFin beantragt werden kann.[275]

256

bb) Rechtliche Besonderheiten des Überweisungsverkehrs

(1) Ausführungspflicht

Das beauftragte Institut ist **verpflichtet**, einen Zahlungsauftrag auszuführen. Dies folgt aus dem zugrunde liegenden Zahlungsdiensterahmenvertrag (Girovertrag) und § 675o Abs. 2 BGB. Sofern der Überweisung kein Zahlungsdiensterahmenvertrag zugrunde liegt und es sich um eine Einzelüberweisung handelt (Einzelzahlungsvertrag), muss das beauftragte Institut den Zahler **unverzüglich darüber informieren**, wenn es den Zahlungsauftrag ablehnt (§ 675o Abs. 1 Satz 1 BGB). Da die Ausführung eines Zahlungsauftrags gemäß § 675o Abs. 1 BGB gegebenenfalls abgelehnt werden muss, führt ein Schweigen des beauftragten Instituts auf einen gemäß § 675n BGB zugegangenen und damit wirksamen Zahlungsauftrag nicht dazu, dass keine Ausführungspflicht begründet wird.[276]

257

(2) Sorgfaltspflicht

Bei der Ausführung der Überweisung hat das **beauftragte Institut** die gesetzliche Sorgfalt zu beachten, insbesondere die Ausführungsfristen (§ 675s BGB) sowie die Ausführungsvoraussetzungen (§§ 675n, 675o BGB). Das **Institut des Begünstigten** muss vor allem die Vorschriften zur Gutschrift und Wertstellung des übermittelten Betrags berücksichtigen (§ 675t BGB). Werden diese Pflichten verletzt, stehen dem jeweiligen Zahlungsdienstnutzer **Schadenersatzansprüche** zu (§§ 675u ff. BGB).

258

(3) Erfolgspflicht

Das beauftragte Institut schuldet dem Zahler nicht nur das Bemühen um den Erfolg, sondern den **Erfolgseintritt der Überweisung**.

259

Hinsichtlich des Erfolgseintritts der Überweisung ist grundsätzlich zwischen einer **Haus- und Filialüberweisung** und einer **außerbetrieblichen Überweisung** zu unterscheiden. Bei einer Haus- und Filialüberweisung schuldet die Zahlstelle eine **rechtzeitige** (§ 675s BGB) und **ungekürzte** (§ 675q Abs. 1 BGB) Übermittlung des Betrags auf das Konto des Begünstigten (675t BGB). Bei außerbetrieblichen Überweisungen schuldet der Zahlungsdienstleister die **Gutschrift auf dem Konto des Instituts des Zahlungsempfängers**, nicht jedoch die Gutschrift auf dem Konto des Zahlungsempfängers selbst (§ 675 Abs. 1 Satz 4 BGB). Zur Gutschrift auf dem Zahlungskonto des Begünstigten ist in diesen Fällen das Institut des Begünstigten verpflichtet, das dem Begünstigten den übermittelten Betrag **unverzüglich verfügbar** machen muss, nachdem der Betrag auf dem Konto des Zahlungsdienstleisters eingegangen ist (§ 675t Abs. 1 Satz 1 BGB).

260

(4) Haftung

Für nicht erfolgte oder fehlerhaft ausgeführte Überweisungen (insbesondere verspätet ausgeführte Überweisungen, § 675s BGB) haftet das beauftragte Institut gegenüber dem Zahler (§ 675y BGB).

261

---

275 Hierzu Ellenberger/Findeisen/Nobbe/*Walz* § 8 und § 9 ZAG.
276 Palandt/*Sprau* § 675o Rn. 4.

(5) Entgelte

262 Der Zahlungsdienstnutzer ist verpflichtet, dem Zahlungsdienstleister das für die Erbringung eines Zahlungsdienstes **vereinbarte Entgelt** zu entrichten (§ 675f Abs. 4 Satz 1 BGB). Für die Erfüllung von **Nebenpflichten** (siehe § 675o Abs. 1 Satz 4, § 675p Abs. 4 Satz 3, § 675y Abs. 3 Satz 3 und § 675d Abs. 3 BGB) hat der Zahlungsdienstleister nur dann einen Anspruch auf ein Entgelt, sofern dies zugelassen und zwischen dem Zahlungsdienstnutzer und dem Zahlungsdienstleister vereinbart worden ist, wobei dieses Entgelt angemessen und an den tatsächlichen Kosten des Zahlungsdienstleisters ausgerichtet sein muss (§ 675f Abs. 4 Satz 2 BGB).

(6) Aufwendungsersatzansprüche

263 Nach bisherigem Recht hat ein Zahlungsinstitut das Konto des Auftraggebers bereits belastet, nachdem ein Zahlungsauftrag erteilt wurde und bevor der überwiesene Betrag auf dem Konto des Zahlungsinstituts des Begünstigten gutgeschrieben worden ist. Das Zahlungsinstitut machte damit einen **Anspruch auf Vorschuss** gemäß §§ 675 Abs. 1, 669 BGB geltend.[277]

264 Dies ist nach neuem Recht nicht mehr möglich. Eine Belastung darf – wie sich aus § 675t Abs. 3 BGB ergibt – nur noch als **Aufwendungsersatzanspruch** (§ 670 BGB) geltend gemacht werden.[278] Bei außerbetrieblichen Überweisungen entsteht der Aufwendungsersatzanspruch **mit Gutschrift** des übermittelten Betrags auf dem Konto des Instituts des Begünstigten, da zu diesem Zeitpunkt der Erfolg des Zahlungsauftrags (Überweisung) eintritt. Bei nicht autorisierten Überweisungen steht dem Zahlungsinstitut des Überweisenden **kein Aufwendungsersatzanspruch** zu (§ 675u Satz 1 BGB), eventuell bereits erfolgte Belastungen müssen unverzüglich rückgängig gemacht werden (§ 675u Satz 2 BGB).

b) Lastschriftverkehr

aa) Lastschrift ist erlaubnispflichtiger Zahlungsdienst (§ 1 Abs. 2 Nr. 2b ZAG, § 8 ZAG)

265 Auch der Lastschriftverkehr war nach bisherigem Recht ein klassisches erlaubnispflichtiges Bankgeschäft und somit Kreditinstituten vorbehalten. Seit Inkrafttreten des ZAG ist die Überweisung ein Zahlungsdienst (§ 1 Abs. 2 Nr. 2a ZAG) und kann daher auch von Nichtbanken vorgenommen werden, die eine entsprechende Erlaubnis zur Durchführung von Zahlungsdiensten (§ 8 ZAG) besitzen.

bb) Begriff der Lastschrift (§ 1 Abs. 4 ZAG)

266 Die Lastschrift ist ein vom Zahlungsempfänger ausgelöster Zahlungsvorgang (§ 675f. Abs. 3 Satz 1 BGB) zur Belastung des Zahlungskontos des Zahlers, dem dieser gegenüber dem Zahlungsempfänger, dessen Zahlungsdienstleister oder seinem eigenen Zahlungsdienstleister zustimmt (§ 1 Abs. 4 ZAG). Der Bundesgerichtshof charakterisiert die Lastschrift daher als eine Art »rückläufige Überweisung«.[279]

---

277 Vgl. BGHZ 4, 244 (248); s. a. Canaris Rn. 343; *Schimansky*/Bunte/Lwowski § 49 Rn. 71.
278 Siehe *Grundmann* WM 2009, 1109 (1113) unter Bezugnahme auf BR-Drs. 848/08, 184.
279 BGHZ 69, 82 (84); 69, 186 (187); BGH WM 2005, 2130 (2132).

cc) Rechtliche Grundlagen

(1) Maßgebliche Vorschriften zum Lastschriftverkehr

Bis zur Umsetzung der Payment Service Directive war die Lastschrift gesetzlich nicht geregelt. Auch nach Maßgabe des neuen Rechts ist die Lastschrift nicht explizit geregelt und fällt daher in den Anwendungsbereich der §§ 675c f. BGB.   **267**

Bedeutsam für die Lastschrift sind insbesondere die §§ 675f, 675j, 675n, 675p, 675x und 675y BGB.

(2) Rechtsbeziehungen zwischen den Beteiligten

Bei der Lastschrift bestehen die oben unter Rn. (»siehe Rdn. 235«) dargestellten rechtlichen Beziehungen zwischen den Beteiligten. Es gilt auch der Grundsatz, dass zwischen den Beteiligten des Lastschriftverkehrs keine Ansprüche »in den Diagonalen« bestehen, sondern nur zwischen den unmittelbar nachgeordneten Gliedern der Zahlungskette,[280] mithin zwischen dem Gläubiger (Zahlungsempfänger) und dem Schuldner (Zahlungspflichtiger) im **Valutaverhältnis**, zwischen der ersten Inkassostelle (Zahlungsinstitut des Zahlungsempfängers) und der Zahlstelle (Zahlungsinstitut des Zahlungspflichtigen) im **Interbankenverhältnis**, zwischen dem Zahlungsempfänger und seiner Bank im **Inkassoverhältnis** sowie zwischen dem Zahlungspflichtigen und der Zahlstelle im **Deckungsverhältnis**.   **268**

Dies gilt auch für SEPA-Lastschriften.[281]   **269**

(3) »Abkommen über den Lastschriftverkehr«

Grundlage des Lastschriftverkehrs im Interbankenverhältnis ist das zwischen den Spitzenverbänden der Kreditwirtschaft und der Deutschen Bundesbank als Vertragspartnern abgeschlossene »**Abkommen über den Lastschriftverkehr**« (LSA),[282] das am 01.01.1964 in Kraft getreten und seither mehrfach aktualisiert worden ist; **aktuell** gilt das LSA in der Fassung vom 03.09.2007.   **270**

Das LSA begründet Rechte und Pflichten **nur** zwischen den beteiligten Kreditinstituten (Abschnitt IV Nr. 1 LSA).   **271**

(4) Sonderbedingungen für den Lastschriftverkehr

Der Lastschriftverkehr wird im Bankenbereich traditionell durch Allgemeine Geschäftsbedingungen geregelt. Für die Zahlungen des Zahlungspflichtigen an den Zahlungsempfänger mittels herkömmlicher deutscher Lastschrift gelten im **Sparkassenbereich** seit dem 31.10.2009 die   **272**
- »Bedingungen für Zahlungen mittels Lastschrift im Einzugsermächtigungs- und Abbuchungsauftragsverfahren«,
- »Bedingungen für Zahlungen mittels Lastschrift im SEPA-Basis-Lastschriftverfahren« und
- »Bedingungen für Zahlungen mittels Lastschrift im SEPA-Firmen-Lastschriftverfahren«.

Im **Bankenbereich** gelten jeweils ab dem 31.10.2009 für die herkömmliche deutsche Einzugsermächtigungslastschrift die   **273**
- »Bedingungen für Zahlungen mittels Lastschrift im Einzugsermächtigungsverfahren«,

---

280 BGHZ 69, 82 (84); 69, 186 (187); BGH WM 1991, 317 (318).
281 Hierzu Palandt/*Sprau* § 675f Rn. 40.
282 Abgedruckt bei *Baumbach/Hopt* S. 1967.

- »Besondere Bedingungen für Zahlungen mittels Lastschrift im Abbuchungsauftragsverfahren«,
- »Bedingungen für Zahlungen mittels Lastschrift im SEPA-Basislastschriftverfahren« und
- »Bedingungen für Zahlungen mittels Lastschrift im SEPA-Firmenlastschriftverfahren«.

(5) Zulassung zur Teilnahme am Lastschriftverfahren als Zahlungsempfänger

274 Nachdem das Lastschriftverfahren zahlreiche Missbrauchsmöglichkeiten bietet[283] und insbesondere für die erste Inkassostelle Risiken begründet, prüft diese im eigenen Interesse die **Seriosität und Bonität** des Zahlungsempfängers, bevor sie diesen zur (aktiven) Teilnahme am Lastschriftverfahren zulässt;[284] häufig werden auch Sicherheiten verlangt.

275 Die (passive) Teilnahme am Lastschriftverfahren als Zahler ist dagegen regelmäßig bereits mit Abschluss eines Zahlungsdiensterahmenvertrags (Girovertrag) möglich,[285] ohne entsprechende Prüfung der Bonität des Zahlers.

dd) Einzelne Lastschriftverfahren

276 Neben den neu eingeführten SEPA-Lastschriftverfahren können weiterhin die herkömmlichen deutschen Lastschriftverfahren praktiziert werden,[286] da § 675j BGB grundsätzlich die nachträgliche Autorisierung eines Zahlungsvorgangs erlaubt;[287] in der Praxis kommen daher folgende Lastschriftverfahren vor:

(1) Einzugsermächtigungslastschrift

277 Die Einzugsermächtigungslastschrift[288] ist in Deutschland mit Abstand die am häufigsten vorkommende Lastschrift.

Bei der herkömmlichen Einzugsermächtigungslastschrift ermächtigt der Zahlungspflichtige (Schuldner) im **Valutaverhältnis** den Zahlungsempfänger (Gläubiger) durch Erteilung einer Einzugsermächtigung, alle oder bestimmte fällige Forderungen zulasten seines Kontos bei der Zahlstelle einzuziehen.[289] Der Zahlungsempfänger reicht im Inkassoverhältnis bei der ersten Inkassostelle – meist auf elektronischem Weg – eine Lastschrift zur Einziehung ein, in der aufgrund der vom Zahlungspflichtigen erteilten Einzugsermächtigung als Kundenkennung die Kontonummer des Zahlungspflichtigen sowie die Bankleitzahl der Zahlstelle anzugeben sind. Daraufhin schreibt die erste Inkassostelle den Einzugsbetrag dem Konto des Zahlungsempfängers sofort »unter dem Vorbehalt der Einlösung und des Eingangs des Gegenwerts« gut (Nr. 9 Abs. 1 S. 1 AGB-Banken und Nr. 9 Abs. 1 S. 1 AGB-Sparkassen). Diese Gutschrift beinhaltet trotz ihres vorläufigen Charakters bereits ein bedingtes abstraktes Schuldversprechen.[290]

278 Die erste Inkassostelle erteilt der Zahlstelle im **Interbankenverhältnis** – gegebenenfalls über eine Zwischenbank – unter Mitteilung der Kundenkennung (§ 675r BGB) auf elektronischem Wege den Auftrag, die Lastschrift vom Konto des Zahlungspflichtigen einzuziehen.

279 Die Zahlstelle belastet dann das Konto des Zahlungspflichtigen im **Deckungsverhältnis** allein aufgrund der Kundenkennung (§ 675r BGB) ohne Vornahme eines Kontonummer-Na-

---

283 Hierzu Schimansky/Bunte/Lwowski/*van Gelder* § 56 Rn. 35 ff.
284 OLG Dresden WM 2007, 547 (548).
285 Schimansky/Bunte/Lwowski/*van Gelder* § 56 Rn. 40.
286 *Werner* BKR 2010, 9.
287 BGH WM 2010, 1546; BT-Drs. 16/11643, 106.
288 Ausf. hierzu Schimansky/Bunte/Lwowski/*van Gelder* § 57 Rn. 3.
289 Siehe Nr. 2.1.1 der Einzugsermächtigungslastschrift-Bedingungen Banken und Sparkassen.
290 BGHZ 70, 181.

mensvergleichs (Nr. 2.1.2 Einzugsermächtigungslastschrift-Bedingungen Banken und Sparkassen) mit der Lastschrift, wenn dieses ein **ausreichendes Guthaben** oder aber eine entsprechende **Kreditlinie** aufweist.[291] Sofern auf dem Konto weder ein ausreichendes Guthaben, noch eine entsprechende Kreditlinie vorhanden ist, gibt die Zahlstelle die Lastschrift im **Interbankenverhältnis** zurück und nimmt eine Rückbelastung gegenüber der ersten Inkassostelle vor, die ihrerseits im **Inkassoverhältnis** das Konto des Zahlungsempfängers rückbelastet und das Konto ggf. mit einer Rücklastschriftgebühr belastet. Diese Rücklastschriftgebühr kann der Zahlungsempfänger im Valutaverhältnis regelmäßig aus Gründen des Verzugs gegen den Zahlungspflichtigen geltend machen (§§ 286, 280 Abs. 2 BGB).

Sofern die Lastschrift im Textschlüssel den Einzugsermächtigungsvermerk trägt, wird von der Zahlstelle im Deckungsverhältnis das ausreichend gedeckte Schuldnerkonto ohne weitere Prüfung belastet. Hierbei handelt die Zahlstelle **ohne Weisung des Schuldners**, die Belastung ist folglich nicht autorisiert (§ 675j Abs. 1 S. 1 BGB) und muss vom Zahlungspflichtigen (nach der ganz herrschenden Genehmigungstheorie)[292] nachträglich genehmigt werden. Erst mit Genehmigung der Lastschrift steht der Zahlstelle ein kontokorrentfähiger Aufwendungsersatzanspruch gegen den Zahlungspflichten zu (§ 675j Abs. 1 S. 2, § 675u S. 1 BGB).[293] Der Zahler kann die Lastschrift rückgängig machen, indem er der Lastschrift widerspricht. In diesem Fall ist die Inkassostelle im Verhältnis zur Zahlstelle (Interbankenverhältnis) nach Abschnitt III Nr. 1 und 2 LSA zur Rücknahme und Rückberechnung verpflichtet, wenn der Widerspruch sechs Wochen nach Kontobelastung erhoben worden ist.[294] **280**

Die Genehmigung der Belastungsbuchung, die zum Verlust der Widerspruchsmöglichkeit des Zahlungspflichtigen führt, setzt eine empfangsbedürftige Willenserklärung des Zahlungspflichtigen gegenüber der Zahlstelle voraus.[295] Sie muss nicht ausdrücklich, sondern kann auch stillschweigend erfolgen, muss der Zahlstelle aber zugehen. Nach ständiger Rechtsprechung genügt bloßes Schweigen grundsätzlich nicht, um eine Genehmigung anzunehmen.[296] **281**

Die Allgemeinen Geschäftsbedingungen der Banken und Sparkassen enthalten Regelungen, wonach eine Belastungsbuchung als genehmigt gilt (sog. Genehmigungsfiktion), wenn der Zahlungspflichtige nicht innerhalb von sechs Wochen nach Zugang des letzten Rechnungsabschlusses, in dessen Saldo die Belastungsbuchung enthalten ist, widerspricht, wenn auf diese Rechtsfolge besonders hingewiesen wird (Nr. 2.4 der Bedingungen für Zahlungen mittels Lastschrift im Einzugsermächtigungsverfahren der Banken und Sparkassen; früher Nr. 7 Abs. 3 AGB-Banken bzw. Nr. 7 Abs. 4 AGB-Sparkassen). Gegen die AGB-rechtliche Wirksamkeit bestanden[297] und bestehen auch weiterhin (wegen § 675j Abs. 3 BGB) keine Bedenken.[298] **282**

(2) Abbuchungsauftragslastschrift

Anders als beim Einzugsermächtigungsverfahren erteilt der Zahler neben der Ermächtigung des Zahlungsempfängers (im Valutaverhältnis) auch eine Anweisung an seinen Zahlungsdienstleister (im Deckungsverhältnis), Abbuchungsauftragslastschriften eines be- **283**

---

291 BGH WM 1996, 335 (337).
292 Siehe nur BGH WM 2010, 1546 m. w. N.
293 St. Rspr. seit BGHZ 69, 82 (85); besonders lesenswert OLG Düsseldorf BKR 2007, 514 mit zahlreichen weiteren Nachweisen.
294 Schimansky/Bunte/Lwowski/*van Gelder* § 56 Rn. 44.
295 BGHZ 144, 349 (354); OLG Dresden ZinsO 2005, 1272 (1274); OLG München ZIP 2006, 2122 (2124).
296 BGH WM 2010, 1546.
297 Ausf. hierzu *Nobbe/Ellenberger* WM 2006, 1885.
298 *Laitenberger* NJW 2010, 192 (194).

stimmten Gläubigers seinem Zahlungskonto zu belasten und den Lastschriftbetrag an den Zahlungsdienstleister des Zahlungsempfängers zu übermitteln.[299] Damit autorisiert der Zahler bereits mit der Erteilung des Abbuchungsauftrages gegenüber seinem Zahlungsdienstleister (im Deckungsverhältnis) die Einlösung von Abbuchungsauftragslastschriften des Zahlungsempfängers (§ 675j Abs. 1 S. 2 Alt. 1 BGB, Ziffer 2.2.1 der Bedingungen für Zahlungen mittels Lastschrift im Abbuchungsauftragsverfahren der Banken und Sparkassen).[300]

284 Aufgrund dieser Weisung kann der Zahlungspflichtige der vorgenommenen Belastungsbuchung, anders als beim herkömmlichen Einzugsermächtigungsverfahren, grundsätzlich **nicht widersprechen** und somit auch nicht Erstattung des Lastschriftbetrages verlangen (Nr. 2.5 Abbuchungsauftragslastschrift-Bedingungen Banken; B. Nr. 2.5 Abbuchungsauftragslastschrift-Bedingungen Sparkassen).

(3) SEPA-Basis-Lastschriftverfahren

285 Beim SEPA-Basis-Lastschriftverfahren[301] muss der Zahlungspflichtige dem Zahlungsempfänger vor dem Zahlungsvorgang ein datiertes **SEPA-Lastschriftmandat** erteilen (Nr. 2.1.1 SEPA-Basis-Lastschriftbedingungen Banken und Sparkassen).

286 Anders als im herkömmlichen Einzugsermächtigungsverfahren handelt es sich bei der SEPA-Basis-Lastschrift sowohl um eine Ermächtigung an den Zahlungsempfänger zur Einziehung von Zahlungen mittels SEPA-Lastschrift im Valutaverhältnis, als auch um eine Weisung an die Bank des Zahlungspflichtigen (Zahlstelle) im Deckungsverhältnis die Lastschrift einzulösen (Nr. 2.2.1 SEPA-Basis-Lastschriftbedingungen Banken und Sparkassen). Das SEPA-Lastschriftmandat enthält damit zugleich die erforderliche Autorisierung der Belastung des Schuldnerkontos (§ 675j Abs. 1 BGB). Die Bearbeitung des gesamten Zahlungsverkehrsvorgangs erfolgt wie beim herkömmlichen Lastschriftverfahren nur anhand der Kundenkennung (§ 675r Abs. 1 S. 1 BGB) ohne eine Kontonummer-Namensvergleich, allerdings mit der **Besonderheit**, dass die Belastungsbuchung auf dem Konto des Zahlungspflichtigen bei ausreichender Deckung nicht mit Vorlage des Lastschrifteinziehungsauftrags bei der Zahlstelle, sondern zu dem im übermittelten Datensatz mitgeteilten (Fälligkeits-) Datum vorgenommen wird.[302]

287 Obwohl im SEPA-Basis-Lastschriftverfahren ein Mandat zur Belastung des Schuldnerkontos vorliegt und die Zahlung damit (bereits vor der Belastungsbuchung) autorisiert ist, kann der Zahlungspflichtige binnen einer Frist von **acht Wochen** ab Belastungsbuchung von der Zahlstelle die Erstattung des belasteten Lastschriftbetrages verlangen (§ 675x Abs. 2 und 4 BGB, Nr. 2.1.1 SEPA-Basis-Lastschriftbedingungen Banken und Sparkassen).

(4) SEPA-Firmen-Lastschriftverfahren

288 Das SEPA-Firmen-Lastschriftverfahren kann nur im Geschäftsverkehr mit Firmenkunden genutzt werden. Bei diesem Verfahren muss der Zahlungspflichtige dem Zahlungsempfänger vor dem Zahlungsvorgang ein datiertes besonderes SEPA-Firmen-Lastschriftmandat erteilen und seinem Zahlungsdienstleister, der Zahlstelle, dieses Mandat schriftlich bestätigen.[303] Die Bearbeitung des Zahlungsverkehrsvorgangs erfolgt nur anhand der Kundenkennung (§ 675r Abs. 1 S. 1 BGB) ohne eine Kontonummer-Namensvergleich.

---

299 Ausf. hierzu Schimansky/Bunte/Lwowski/*van Gelder* § 57 Rn. 57 ff.
300 BGH WM 2003, 524 (525).
301 Siehe *Laitenberger* NJW 2010, 192.
302 *Werner* BKR 2010, 9 (13).
303 Palandt/*Sprau* § 675f Rn. 40; *Laitenberger* NJW 2010, 192.

III. Rechtliche Grundlagen

Anders als beim SEPA-Basis-Lastschriftverfahrens hat der Zahlungspflichtige keinen Erstattungsanspruch nach § 675x Abs. 2 und 4 BGB (Nr. 2.1.1 SEPA-Firmen-Lastschriftbedingungen Banken und Sparkassen). 289

(5) Wilde Lastschriften (Elektronisches Lastschriftverfahren-ELV)

Als »wilde Lastschrift« wird das sog. Elektronische Lastschriftverfahren bezeichnet. Beim ELV wird mithilfe eines Kartenlesegerätes oder einer automatisierten Kasse aus der ec-Karte (girocard) die Kontonummer und das Kreditinstitut ermittelt. Diese Daten befinden sich auf dem Magnetstreifen der ec-Karte (girocard). Auf der Rückseite eines Kassenbons erteilt der Kunde dem Unternehmer eine formularmäßige Einzugsermächtigung und weist seine Bank an, dem Unternehmen im Fall der Nichteinlösung der Lastschrift oder bei Widerspruch auf Anforderung seine Anschrift mitzuteilen.[304] 290

Aufgrund dieser Anweisung ist das Zahlungsinstitut des Kunden zwar berechtigt, dem Händler Name und Anschrift des Kunden mitzuteilen, da der Kunde wirksam auf die Einhaltung des Bankgeheimnisses verzichtet hat. Dennoch besteht eine Verpflichtung der Bank zur Mitteilung dieser Anschrift nicht, da der mit dem Kunden geschlossene Girovertrag diesem nicht das Recht gibt, seine Bank zur Mitteilung seines Namens und seiner Anschrift an einen Dritten anzuweisen.[305] 291

c) Kartenzahlung

aa) Grundlagen der Kartenzahlung

Im Zahlungsverkehr wird eine Vielzahl von Kartentypen verwandt, wobei zwischen drei Grundtypen unterschieden werden kann, der EC-Karte bzw. girocard, der Geldkarte und der Kreditkarte. 292

(1) Garantiefunktion

Grundsätzlich handelt es sich bei einer Zahlungskarte um eine (privatrechtliche) **Urkunde**, mit deren Hilfe der Karteninhaber den Emittenten der Karte (Issuer) verpflichten kann, an einen Dritten, in der Regel ein Vertragsunternehmen des Kartenausstellers, eine bestimmte Geldleistung zu erbringen, und zwar grundsätzlich ohne Rücksicht auf Einwendungen aus dem der Transaktion zugrunde liegenden Valutaverhältnis.[306] Die Verwendung der Karte dient dabei als Bargeldersatz.[307] 293

(2) Zahlungskarte ist ein Zahlungsauthentifizierungsinstrument (§ 1 Abs. 5 ZAG)

Bei Zahlungskarten handelt es sich um ein **Zahlungsauthentifizierungsinstrument** (§ 1 Abs. 5 ZAG). Ein Zahlungsauthentifizierungsinstrument ist ein personalisiertes Instrument oder Verfahren, das zwischen dem Zahlungsdienstnutzer und dem Zahlungsdienstleister für die Erteilung von Zahlungsaufträgen vereinbart und vom Zahlungsdienstnutzer zur Erteilung eines Zahlungsauftrages eingesetzt wird (§ 1 Abs. 5 ZAG). 294

Der Begriff Zahlungsauthentifizierungsinstrument wird in den §§ 675c ff. BGB vielfach verwendet, wobei nicht immer die Gesamtheit der das Instrument konstituierenden Bestandteile, sondern nur einzelne Komponenten (Karte, persönliche Sicherheitsmerkmale) angesprochen sind, z. B. in § 675l BGB. 295

---

[304] Ausf. hierzu Schimansky/Bunte/Lwowski/*van Gelder* § 56 Rn. 78 ff.
[305] MüKo-HGB/*Häuser/Haertlein* ZahlungsV Rn. E98.
[306] Palandt/*Sprau* § 675f Rn. 41.
[307] BGH NJW 2002, 285 (286); *Oechsler* WM 2010, 1381 (1385).

296 Der Einsatz eines Zahlungsauthentifizierungsinstruments bezweckt, die Abwicklung eines Zahlungsvorgangs zu erleichtern und den zu seiner Ausführung führenden Zahlungsauftrag eindeutig diesem Nutzer als Veranlasser zuordenbar zu machen und ihn zu authentifizieren (siehe § 675w Abs. 1 S. 2 BGB). Das klassische Authentifizierungsinstrument ist die Unterschrift des Zahlers, wobei dieses immer häufiger – insbesondere im e-Payment – durch personalisierte Sicherheitsmerkmale ersetzt wird. Der Zahlungsdienstleister teilt dem Nutzer bestimmte, nur diesem bekannte und/oder zugängliche Codes mit, wie z. B. persönliche Identifikationsnummern (PIN), Transaktionsnummern (TAN), Card Verification Code (CVC), elektronische Signatur oder Kenn- bzw. Passwörter.

(3) Sorgfaltspflichten hinsichtlich der Zahlungskarte

297 Da der Zahler durch den Einsatz des Zahlungsauthentifizierungsinstruments authentifiziert wird, ist der Zahler verpflichtet, unmittelbar nach Erhalt eines Zahlungsauthentifizierungsinstruments alle zumutbaren Vorkehrungen zu treffen, um die personalisierten Sicherheitsmerkmale **vor unbefugtem Zugriff zu schützen** (§ 675l Abs. 1 BGB). Auch muss der Zahlungsdienstnutzer den Zahlungsdienstleister den Verlust, den Diebstahl, die missbräuchliche Verwendung oder die sonstige nicht autorisierte Nutzung eines Zahlungsauthentifizierungsinstruments **unverzüglich nach Kenntniserlangung anzeigen** (§ 675l S. 2 BGB). Die dem Zahlungsdienstnutzer obliegenden Sorgfaltspflichten werden in der Praxis durch Allgemeine Geschäftsbedingungen näher definiert (siehe z. B. die »Bedingungen für die girocard«, dort Ziffer II.6.).

298 Verletzt der Zahlungsdienstnutzer gesetzliche und/oder vertragliche Sorgfaltspflichten, haftet er gegenüber dem Zahlungsdienstleister bzw. Issuer nach Maßgabe von § 675v BGB.

bb) Vertragsbeziehungen der an der Kartenzahlung Beteiligten

299 An einer Zahlungskartentransaktion sind grundsätzlich drei Personen beteiligt, nämlich der **Karteninhaber** (bzw. dessen Ehegatten bei Ausstellung einer Zusatzkarte),[308] der **Kartenaussteller/Issuer** (in der Praxis regelmäßig auf mehrere Unternehmen verteilt, insbesondere bei Kreditkarten)[309] und das Vertragsunternehmen. Zwischen diesen Beteiligten bestehen jeweils gesonderte vertragliche Beziehungen.

(1) Valutaverhältnis

300 Zwischen dem Karteninhaber und dem Vertragsunternehmer besteht das **Valutaverhältnis**, das Anlass für die Zahlungskartentransaktion ist (z. B. Kaufpreisforderung). Der Einsatz der Zahlungskarte bzw. der dadurch angestoßene Zahlungsvorgang stellt in der Regel eine Leistung erfüllungshalber dar.[310]

(2) Deckungsverhältnis

301 Zwischen dem Karteninhaber und dem Kartenaussteller besteht das **Deckungsverhältnis**, welches durch den sogenannten **Emissions(Kreditkarten-)vertrag** näher ausgestaltet ist. Hierbei handelt es sich um einen **Zahlungsdiensterahmenvertrag** im Sinne von § 675f Abs. 2 BGB, dessen wesentlicher Inhalt darin besteht, dass der Emittent dem Karteninhaber gegen ein entsprechendes Entgelt eine Zahlungskarte und die mit ihr verbundenen Leistungen zur Verfügung stellt, damit bei den Vertrags-/Akzeptanzunternehmen bargeldlos unter Nutzung der Kreditkarte Leistungen in Anspruch genommen werden können.[311] Im Ge-

---

308 *Langenbucher* NJW 2004, 3522.
309 *Jungmann* WM 2005, 1350.
310 *Pfeiffer* NJW 1997, 1039; *Kümpel* WM 1997, 1037.
311 Schimansky/Bunte/Lwowski/*Martinek/Oechsler* § 67 Rn. 3 f.

genzug verpflichtet sich der Karteninhaber gegenüber dem Kartenaussteller zur Zahlung des vereinbarten Entgelts. Gleicht der Kartenemittent/Issuer die gegen den Karteninhaber begründeten Forderungen aus, steht ihm im Deckungsverhältnis ein entsprechender **Aufwendungsersatzanspruch** gegen den Karteninhaber zu (§ 670 BGB), der regelmäßig in periodischen Abständen abgerechnet wird.

(3) Zuwendungsverhältnis

Zwischen dem Kartenaussteller/Issuer und dem Vertragsunternehmer besteht das sogenannte **Zuwendungsverhältnis**. Es hat Zahlungsdienste (§ 1 Abs. 2 ZAG) zum Gegenstand und wird in der Regel durch den sogenannten Akquisitionsvertrag ausgestaltet.[312] Dabei korrespondiert die Verpflichtung des Händlers, **Karten zu akzeptieren**, mit der Verpflichtung des Kartenemittenten/Issuer, dem Vertragsunternehmer die von einem (Kredit-)Karteninhaber veranlassten **Transaktionen zu vergüten**. Als Entgelt für die mit Zahlung verbundenen Dienstleistungen zahlt das Vertragsunternehmen an die Kartengesellschaft ein Disagio in der Form, dass es nicht den ihm gegenüber dem Karteninhaber zustehenden Gesamtbetrag, sondern einen verminderten Betrag erhält. In der Praxis liegt dieses Disagio zwischen 3% und 5% der zwischen Vertragsunternehmen und Karteninhaber umgesetzten Summe.[313]

302

cc) Einzelne Zahlungskartenverfahren

(1) girocard (früher ec-Karte)

Die girocard kann für verschiedene bargeldlose Zahlungsverfahren eingesetzt werden.

303

Im Rahmen des **electronic-cash-Verfahrens** erfolgt die bargeldlose Bezahlung von Waren und Dienstleistungen an automatisierten Kassen unter Einsatz einer PIN.[314] Das electronic-cash-Verfahren gehört zum Point of Sale(POS)-System der deutschen Kreditwirtschaft. Grundlage für das electronic-cash-System bildet die Vereinbarung über ein institutsübergreifendes System zur bargeldlosen Zahlung an automatisierten Kassen »electronic-cash-System«, die die Spitzenverbände der deutschen Kreditwirtschaft ursprünglich 1990 abgeschlossen hatten; aktuelle gilt die Fassung vom 01.07.2007. Diese Vereinbarung enthält neben der Verpflichtung, ein institutsübergreifendes System zur bargeldlosen Zahlung an automatisierten Kassen aufzubauen und zu betreiben, auch die an die einzelnen Institute gerichtete Verpflichtung, mit den einzelnen Systembeteiligten verschiedene Regelwerke zu vereinbaren. Die wichtigsten Vereinbarungen sind:

304

- »Händlerbedingungen« für die Teilnahme am electronic-cash-System der deutschen Kreditwirtschaft;
- »Netzbetreibervertrag« über die Zulassung als Netzbetreiber im electronic-cash-System der deutschen Kreditwirtschaft;
- Bedingungen für die girocard.

Die girocard wird darüber hinaus im Rahmen der sogenannten »wilden Lastschrift« verwendet.[315]

305

(2) Geldkarte

Die Geldkarte[316] besteht aus einem Chip, der mit Geldwerteinheiten aufgeladen werden kann und ist überwiegend für Kleinbetragszahlungen konzipiert. Der Ladebetrag wird

306

---

312 Schimansky/Bunte/Lwowski/*Martinek/Oechsler* § 67 Rn. 4.
313 Schimansky/Bunte/Lwowski/*Martinek/Oechsler* § 67 Rn. 4.
314 Hierzu *Canaris* Rn. 527; außerdem *Werner*, BuB, Rn. 6/1516 ff.
315 Siehe Rdn. 290.
316 Ausf. hierzu Schimansky/Bunte/Lwowski/*Gößmann* § 68 Rn. 18.

einem sog. Börsenverrechnungskonto³¹⁷ des Issuer gutgeschrieben. Mit der durch den Kunden zulasten seines Kontos aufgeladenen Geldkarte kann der Kunde an speziellen Terminals offline, d. h. ohne Eingabe einer PIN und ohne eine Unterschrift bezahlen, wobei mit jeder Transaktion der Kartenbetrag reduziert wird.³¹⁸

(3) Kreditkarte

307 Für die Kreditkarte bestehen (weiterhin) keine speziellen gesetzlichen Regelungen. Die Kreditkarte ist ein Zahlungsauthentifizierungsinstrument (§ 1 Abs. 5 ZAG), die Kreditkartenzahlung ein Zahlungsdienst (§ 1 Abs. 2 Nr. 2c, Nr. 3 ZAG). Damit unterfällt die Kreditkartenzahlung dem Recht der Zahlungsdienste gemäß §§ 675c ff. BGB.

308 Beim Einsatz einer Universalkreditkarte (z. B. MasterCard) unterzeichnet der Karteninhaber im Präsenzgeschäft (Belegverfahren) bei dem Vertragsunternehmen zur Erfüllung einer Zahlungsverpflichtung im Valutaverhältnis einen Belastungsbeleg (sog. Slip) bzw. übermittelt dem Vertragsunternehmen im Distanzgeschäft (Mail-Order-Verfahren) per Online-Formular, E-Mail, Telefon oder Telefax bestimmte Karteninformationen (i. d. R. Kartennummer, Verfallsdatum, CVC), anhand derer das Vertragsunternehmen selbst einen Leistungsbeleg erstellt.³¹⁹ Das Vertragsunternehmen reicht diese Zahlungsbelege beim Issuer ein und löst hierdurch den Zahlungsvorgang aus.³²⁰ Im Deckungsverhältnis erteilt der Karteninhaber dem Issuer den verbindlichen Zahlungsauftrag die Verbindlichkeit gegenüber dem Vertragsunternehmen aus dem Valutaverhältnis zu tilgen. Der Karteninhaber kann dem Aufwendungsersatzanspruch des Issuer (§ 670 BGB) Einwendungen gegen die Wirksamkeit der Weisung bzw. der Autorisierung (§ 675u BGB) entgegenhalten. Der Issuer trägt insofern die Beweislast dafür, dass die Autorisierung vorliegt (§ 675u, § 675w Satz 1 BGB). Damit trägt der Issuer als Zahlungsdienstleister grundsätzlich das Missbrauchsrisiko, insbesondere beim Mail-Order-Verfahren. Allerdings kann auch der Karteninhaber bei missbräuchlicher Verwendung der Kreditkarte haften und zwar nach Maßgabe von § 675u BGB i. V. m. mit den jeweiligen Allgemeinen Geschäftsbedingungen des Issuer (z. B. AGB-MasterCard). Da der Zahlungsvorgang vom Vertragsunternehmen (Zahlungsempfänger) ausgelöst wird, steht dem Karteninhaber u. U. auch ein Erstattungsanspruch nach § 675x BGB zu.

---

317 Schimansky/Bunte/Lwowski/*Gößmann* § 68 Rn. 18.
318 Schimansky/Bunte/Lwowski/*Gößmann* § 68 Rn. 15.
319 Ausf. hierzu *Oechsler* WM 2010, 1381.
320 Palandt/*Sprau* § 675f Rn. 47.

Teil 4
Immaterialgüterrecht im Bereich der Informationstechnologien

Kapitel 17
Patentrecht

Schrifttum

Anders, Wie viel technischen Charakter braucht eine computerimplementierte Geschäftsmethode um auf erfinderischer Tätigkeit zu beruhen?, GRUR 2001, 555; *ders.*, Die Patentierbarkeit von Programmen für Datenverarbeitungsanlagen: Rechtsprechung im Fluss, GRUR 1989, 861; *Beier*, Die Bedeutung des Patentsystems für den technischen, wirtschaftlichen und sozialen Fortschritt, GRUR Int. 1979, 227; *Beier/Straus*, Das Patentwesen und seine Informationsfunktion – Gestern und Heute, GRUR 1977, 282; *Busche*, Der Schutz von Computerprogrammen – Eine Ordnungsaufgabe für Urheberrecht und Patentrecht, Mitt. 2000, 164; *ders.*, Softwarebezogene Erfindungen in der Entscheidungspraxis des Bundespatentgerichts und des Bundesgerichtshofs, Mitt. 2001, 49; *ders.*, Die Reichweite des Patentschutzes – Zur Auslegung von Patentansprüchen im Spannungsverhältnis von Patentinhaberschutz und Rechtssicherheit, Mitt. 1999, 161; *ders.*, Zur Auslegung von Patentansprüchen, in: Ann/Anders/Dreiss/Jestaedt/Stauder (Hrsg.), FS König, 2003, S. 49 (zitiert: *Busche* in: FS König); *Dreiss*, Streitregelungsprotokoll EPLA -Vision oder Utopie?, GRUR Int. 2004, 712; *Engel*, Über den Wortsinn von Patentansprüchen, GRUR 2001, 897; *Götting*, Der Begriff des Geistigen Eigentums, GRUR 2006, 353; *Grabinski*, Kann und darf die Bestimmung des Schutzbereichs eines Europäischen Patents in verschiedenen Ländern zu unterschiedlichen Ergebnissen führen?, GRUR 1998, 857; *ders.*, »Schneidmesser« versus »Amgen«, GRUR 2006, 714; *Horns*, Anmerkung zu begrifflichen Fragen des Softwareschutzes, GRUR 2001, 1; *Hössle*, Der nicht-statische Technikbegriff, Mitt. 2000, 343; *ders.*, Patentierung von Geschäftsmethoden – Aufregung umsonst? – Zur vergleichenden Studie um das trilaterale Projekt B3b, Mitt. 2000, 331; *Kiesewetter-Köbinger*, Über die Patentprüfung von Programmen für Datenverarbeitungsanlagen, GRUR 2001, 185; *König*, Patentfähige Datenverarbeitungsprogramme – ein Widerspruch in sich, GRUR 2001, 577; *ders.*, Anm. zum Urteil »Faxkarte«, Mitt. 2002, 457; *Krieger*, Durchsetzung gewerblicher Schutzrechte in Deutschland und die TRIPS-Standards, GRUR Int. 1997, 421; *Kühnen*, Äquivalenzschutz und patentierte Verletzungsform, GRUR 1996, 729; *ders.*, Kann der Entschädigungsanspruch gem. § 33 PatG 1981, § 24 Abs. 5 PatG 1968 im besonderen Gerichtsstand der unerlaubten Handlung geltend gemacht werden?, GRUR 1997, 19; *ders.*, Eine neue Ära bei der Antragsfassung, GRUR 2006, 180; *Machlup*, Die wirtschaftlichen Grundlagen des Patentrechts, GRUR Int. 1961, 373, 473, 524; *Meier-Beck*, Aktuelle Fragen des Patentverletzungsverfahrens, GRUR 2000, 355; *ders.*, Die einstweilige Verfügung wegen Verletzung von Patent- und Gebrauchsmusterrechten, GRUR 1988, 861; *ders.*, Probleme des Sachantrags im Patentverletzungsprozess, GRUR 1998, 276; *Nack/Phélip*, Bericht über die Diplomatische Konferenz zur Revision des Europäischen Patentübereinkommens München 20- 29.11.2000, GRUR Int. 2001, 322; *Oser*, European Patent Litigation Agreement – Zulässigkeit und Zukunft einer Streitregelung für Europa, GRUR Int. 2006, 539; *Pagenberg*, Europäische Patentrichter fordern dezentrale europäische Patentverletzungsgerichte für eine harmonisierte Rechtsprechung, GRUR Int. 2006, 35; *Schäfers*, Normsetzung zum geistigen Eigentum in internationalen Organisationen: WIPO und WTO – ein Vergleich, GRUR Int. 1996, 763; *Schickedanz*, Das Patentierungsverbot von »mathematischen Methoden«, »Regeln und Verfahren für gedankliche Tätigkeit« und die Verwendung mathematischer Formeln im Patentanspruch, Mitt. 2000, 173; *ders.*, Die rückschauende Betrachtung bei der Beurteilung der erfinderischen Tätigkeit, GRUR 2001, 459; *Schulte*, Der Richtlinienvorschlag für die Patentierbarkeit computerimplementierter Erfindungen – eine Anmerkung, Mitt. 2002, 97; *ders.*, Verwirrung durch Klarstellung im Softwarepatentrecht, Mitt. 2002, 55; *Steinbrener*, Die aktuelle Rechtsprechung der Europäischen Beschwerdekammern zur Patentierbarkeit computerimplementierter Erfindungen, VPP Rundbrief 2006, 113; *Stjerna*, Neues zur Patentierbarkeit computerimplementierter Erfindungen, Mitt. 2005, 49; *Tilmann*, Community Patent and European Litigation Agreement, Mitt. 2004, 388; *Tilmann/Schreibauer*, Die neueste BGH-Rechtsprechung zum Besichtigungsanspruch nach § 809 BGB – Anmerkungen zum Urteil des BGH »Faxkarte«, GRUR 2002, 1015; *v. Falck*, Überlegungen zum »Formstein«-Einwand, GRUR 1998, 218; *v. Falk*, Patentauslegung und Schutzumfang, in: FS zum hundertjährigen Bestehen der Deutschen Vereinigung für gewerblichen Rechtsschutz und Urheberrecht und ihrer Zeitschrift, Band I, 1991, S. 543 (zitiert: *v. Falk*, in: FS GRUR, S. 543); *Wiebe/Heidinger*, Ende der Technizitätsdebatte zu programmbezogenen Lehren? Anmerkungen zur EPA-Entscheidung Auktionsverfahren/Hitachi, GRUR 2006, 177.

Übersicht

		Rdn.
A.	Grundlagen	1
I.	Grundbegriffe des Patentrechts	1
	1. Patentrecht als Schutz des geistigen Eigentums	1
	2. Relevanz des Patentrechts für die Informationstechnologie	8

Kapitel 17 Patentrecht

	3. Rechtsgrundlagen des Patentrechts	13
II.	Patent und Technologietransfer	16
III.	Patente zum Schutz von Industriestandards	19
IV.	Grundzüge des internationalen Patentrechts	24
	1. Pariser Verbandsübereinkunft	25
	2. Patent Cooperation Treaty	26
	3. TRIPS	27
V.	Grundzüge des Europäischen Patentrechts	28
	1. Europäisches Patentübereinkommen	28
	2. Projekt Gemeinschaftspatent und EU-Patentstreitsystem (EEUPC)	35
B.	**Gegenstand des Patentschutzes**	40
I.	Einführung	40
II.	Schutzvoraussetzungen für computerimplementierte Erfindungen	44
	1. Begriff der Erfindung	44
	2. Zur Neuheit	54
	3. Zur erfinderischen Tätigkeit	56
	4. Ergebnisse	57
	5. Entscheidungspraxis des Europäischen Patentamts	58
III.	Wirkung des Patents	71
	1. Unmittelbare Benutzung	71
	2. Mittelbare Benutzung	78
IV.	Ansprüche im Fall einer Patentverletzung	82
	1. Grundlagen	82
	2. Unterlassungsanspruch	84
	3. Schadensersatzanspruch	85
	4. Entschädigungsanspruch für angemeldete Erfindungen	90
	5. Bereicherungsanspruch	91
	6. Sonstige Ansprüche	92
V.	Grenzen der Schutzwirkung	96
	1. Dauer des Patentschutzes	96
	2. Vorzeitiges Erlöschen	99
	3. Vorbenutzungsrecht	102
	4. Erschöpfung	104
C.	**Geltendmachung der Patentverletzung im Verletzungsprozess**	106
I.	Grundlagen des Verletzungsprozesses	106
	1. Einführung	106
	2. Sachverhaltsermittlung	113
	3. Vorlage- und Besichtigungsanspruch	116
II.	Schutzbereichsbestimmung	122
	1. Grundlagen	122
	2. Wortsinngemäße Patentverletzung	125
	3. Äquivalenzlehre	126
D.	**Patent im Rechtsverkehr**	135
I.	Lizenzvertrag	135
	1. Einführung	135
	2. Erscheinungsform der Lizenz	141
	3. Weitere Regelungsinhalte von Lizenzverträgen	143
	4. Rechte und Pflichten des Lizenzgebers	145
	5. Rechte und Pflichten des Lizenznehmers	148
	6. Kartellrechtliche Rahmenbedingungen für Lizenzverträge	156
	a) Einführung	156
	b) Anwendung des nationalen/europäischen Kartellrechts	159
	c) Systematik des Art. 101 AEUV (Art. 81 EG a. F.)	161
II.	Übertragung	166
E.	**Arbeitnehmererfindungsrecht**	177
I.	Grundlagen	177
II.	Besonderheiten bei Softwareentwicklungen	184

A. Grundlagen

I. Grundbegriffe des Patentrechts

1. Patentrecht als Schutz des geistigen Eigentums

Das Patentrecht handelt von dem **Schutz für technische Erfindungen**, die neu sind, auf **1**
einer erfinderischen Tätigkeit beruhen und gewerblich anwendbar sind.[1]

Patente werden von den Patentämtern nach Prüfung, ob die materiellrechtlichen Patentie- **2**
rungsvoraussetzungen für die zu überprüfende Anmeldung vorliegen, erteilt und begründen einen zeitlich begrenzten Schutz für die Verwertung der patentierten Erfindung. Der Schutz ist territorial auf das Schutzgebiet des Staates beschränkt, dessen Patentamt das Patent erteilt hat.

Dem Patentinhaber steht nach der Patenterteilung ein **ausschließliches Verwertungsrecht** **3**
an der geschützten Erfindung zu. Er kann jeden Dritten an einer Verwertung der geschützten Technologie durch Geltendmachung von Unterlassungsansprüchen hindern. Für nicht autorisierte Verletzungshandlungen in der Vergangenheit kann er vom Verletzer Schadensersatz verlangen. Der Patentinhaber kann andererseits Dritten Nutzungsrechte an dem Patent gewähren oder seine Rechtsposition übertragen.

Das vorstehend in wenigen Worten skizzierte Grundprinzip des Patentsystems stellt einen **4**
der wesentlichen Eckpfeiler der rechtlichen Rahmenbedingungen des Wettbewerbs dar.[2] Dies gilt umso mehr, als Wettbewerb heute mehr denn je Innovationswettbewerb ist.

Dies gilt insbesondere für technologieorientierte Wirtschaftsbereiche, und somit auch für **5**
den Bereich der Informationstechnologien. Wie kaum ein anderer Industriebereich erlebt die Informationstechnologie eine rasante technologische Entwicklung, die sich eindrucksvoll auch in den Patentstatistiken der nationalen Patentämter wie insbesondere des Europäischen Patentamts niederschlägt,[3] wobei sich gerade im Bereich der Informationstechnologie das durch den Patentschutz begründete Spannungsverhältnis zwischen der für den Einzelnen durch das Patent begründeten **Monopolsituation** einerseits und die dadurch für den Wettbewerber begründete Beschränkung der »freedom to act« andererseits besonders deutlich offenbart – nicht zuletzt an diesem Spannungsverhältnis und den in diesem Zusammenhang noch ungelösten Fragen sind die auf EU-Ebene unternommenen Versuche einer europäischen Harmonisierung des Patentrechts für computerimplementierte Erfindungen zumindest bisher gescheitert.

---

[1] Neben dem Patentrecht dient auch das Gebrauchsmusterrecht dem Schutz technischer Erfindungen, die neu sind, auf einem erfinderischen Schritt beruhen und gewerblich anwendbar sind. Anders als das Patentrecht ist das Gebrauchsmuster ein Schutzrecht, welches ohne materiellrechtliche Prüfung der Schutzvoraussetzungen entsteht. Es genügt die Anmeldung und die Eintragung in das Gebrauchsmusterregister. Hinsichtlich der materiellen Schutzvoraussetzungen differenziert der Gesetzeswortlaut zwischen der »erfinderischen Tätigkeit« im Patentrecht und dem »erfinderischen Schritt« beim Gebrauchsmuster, womit zum Ausdruck gebracht werden soll, dass für den Gebrauchsmusterschutz ein geringeres Maß an erfinderischer Tätigkeit verlangt wird. Ob diese Differenzierung nach der Rechtsprechung des Bundesgerichtshofs (BGH GRUR 2006, 842 [843] – Demonstrationsschrank) noch Bestand hat, ist umstritten. Grundsätzlich sind auch Erfindungen auf dem Gebiet der Informationstechnologie dem Gebrauchsmusterschutz zugänglich, soweit es sich nicht um Verfahrenserfindungen handelt, § 2 Ziff. 3 GebrMG. Von einer detaillierten Darstellung des Gebrauchsmusterrechts wird nachfolgend abgesehen und auf weiterführende Literatur verwiesen (*Loth*, Gebrauchsmustergesetz, 2001; *Bühring*, Gebrauchsmustergesetz, 8. Aufl. 2011; *Osterrieth* Rn. 262 ff.).
[2] Einführende Literatur: *Beier* GRUR Int. 1979, 227; *Beier/Straus* GRUR 1977, 282; *Däbritz/Jesse/Bröcher* S. 6 ff.; *Götting* GRUR 2006, 353; *Götting* § 4 Rn. 1 ff.; *Machlup* GRUR Int. 1961, 373, 473, 524; *Osterrieth* Rn. 5 ff., 10 ff., 14.
[3] Europäisches Patentamt – Jahresbericht 2009; www.epo.org.

6 Die Bedeutung des Patentsystems erschöpft sich aber nicht in der Eröffnung der Möglichkeit eines punktuellen Schutzes für eine bestimmte Erfindung, etwa einer computerimplementierten Erfindung im Bereich der Informationstechnologie. So sehr es dem Patentrecht in erster Linie und seit jeher darum geht, dem Erfinder einen Schutz für die geistige Leistung zu gewähren, die hinter einer neuen technologischen Entwicklung steht, so sehr gewinnen Patente heute als Wirtschaftsgüter, die für den Wert ganzer Betriebsteile oder ganzer Unternehmen von entscheidender Bedeutung sind, an Gewicht. Nicht zuletzt im Zeitalter der Globalisierung, d. h. der Diversifizierung von Arbeit, der Verlagerung von Produktionsanlagen in Drittländer, stehen die sog. immateriellen Wirtschaftsgüter, und hierbei das geistige Eigentum an Innovationen im Mittelpunkt einer Unternehmensbewertung selbst. Mergers und Acquisitions, IPOs, d. h. Börsengänge, Finanzierungen etc. sind heutzutage ohne eine Bestandsaufnahme hinsichtlich der Schutzrechtssituation im Allgemeinen und eine Bewertung des Patentportfolios im Besonderen nicht mehr denkbar. Die Innovationskraft eines Unternehmens wird häufig an der Zahl der in seinem Namen vorgenommenen Patentanmeldungen gemessen. Patente dienen immer mehr dem Zweck, das Unternehmen als solches im Innovationswettbewerb zu positionieren. Nicht zuletzt vor diesem Hintergrund spielt die Befassung mit den Fragen des Patentrechts auch im Bereich der Informationstechnologie eine wachsende Rolle und Bedeutung.

7 Die Erkenntnis, dass durch eine zeitlich begrenzte Privilegierung, d. h. durch die Gewährung eines zeitlich begrenzten **Ausschließlichkeitsrechts** hinsichtlich der Verwertung neuer technologischer Erfindungen zugunsten des Erfinders ein wesentlicher Beitrag für eine technologische Entwicklung begründet werden kann, hat sich schon zu einem sehr frühen Zeitpunkt durchgesetzt.[4] Bereits die ersten nationalen Patentgesetzgebungen zu Beginn des 19. Jahrhunderts haben das mittelalterliche Privilegienwesen zum Zwecke des Schutzes technologischer Erfindungen nutzbar gemacht und hierbei als rechtliche Form eines Schutzes den Rechtsgedanken des Eigentums zugrunde gelegt. Eigentum sollte nicht nur an geschaffenen materiellen Gütern, sondern auch an immateriellen Gütern entstehen, wobei der Begriff des Eigentums als Rechtsinstitut mit dem Gegenstand, Dritte von einer Benutzung auszuschließen und die Verfügungsrechte bei einer einzelnen Person, dem Inhaber zu begründen, verstanden wurde. Der Gedanke eines Schutzes der geistigen Leistung im Sinne eines Schutzes am geistigen Eigentum hat sich jedenfalls in den Industrieländern seit Langem durchgesetzt und findet seinen anschaulichen Niederschlag auch im internationalen Recht betreffend den gewerblichen Rechtsschutz, wie insbesondere in der sog. »Pariser Verbandsübereinkunft zum Schutze des gewerblichen Eigentums« (Convention d'Union pour la Protéction de la Propriété Industrielle) von 1983 und der World Intellectual Property Organization (Organisation Mondial de la Propriété Intellectuelle (WIPO/OMPI)) sowie der Association Internationale pour la Protection de la Propriété Industrielle (AIPPI), wie auch zuletzt in dem so genannten TRIPS-Übereinkommen (Agreement on Trade-Related Aspects of Intellectual Property Rights), dem Ergänzungsabkommen über Fragen des gewerblichen Rechtsschutzes zur WTO-Übereinkunft.

2. Relevanz des Patentrechts für die Informationstechnologie

8 Die Informationstechnologie gehört zu den innovativsten Technologiebereichen überhaupt. Erfindungen auf dem Gebiet der Elektronik, der Halbleitertechnik, Telekommunikationstechnologie für digitale Medien sowie computerimplementierte Erfindungen werden in der Regel, soweit die Patentierungsvoraussetzungen vorliegen, durch Patente geschützt.

---

[4] *Götting* GRUR 2006, 353 (354).

Zur Illustrierung der infrage kommenden technischen Bereiche im Einzelnen wird auf   9
Kapitel 1 – Technische Einführung – verwiesen. Technische Erfindungen, die grundsätzlich dem Patentschutz unterliegen können, finden sich danach im Wesentlichen im Bereich der Hardware-Komponenten von IT-Systemen, insbesondere Netzsystemen bis hin zu kryptographischen Verschlüsselungstechniken.

Besonderen Raum nehmen **Software-Entwicklungen** ein, die unter Umständen als sog. computerimplementierte Erfindungen dem Patentschutz zugänglich sind. Hierzu wird auf die Ausführungen unten unter Rdn. 44 ff. verwiesen.

Soweit der Einsatzbereich der Informationstechnologie in der Organisation und Verein- 10
fachung von geschäftlichen Tätigkeiten liegt und mithilfe informationstechnologischer Entwicklungen neue **Geschäftsmethoden** zum Einsatz kommen werden, stellt sich die grundsätzliche Frage, in wieweit derartige Entwicklungen als technische Erfindungen zu qualifizieren sind und damit grundsätzlich dem Patentschutz zugänglich sein können. Bei reinen Geschäftsmethoden bzw. Verfahren für geschäftliche Tätigkeiten, die jedenfalls keine technische Regel oder Anweisung enthalten, wird nach dem geltenden europäischen Recht eine Patentfähigkeit abgelehnt. Insoweit weicht die Rechtslage in Europa von der Rechtslage in den USA ab, wo derzeit die Patentierbarkeit nicht auf technische Gegenstände beschränkt ist.[5] Soweit allerdings bestimmte technische Vorrichtungen für geschäftliche Tätigkeiten verwendet werden, schließt dies die Patentfähigkeit nicht aus.[6] Der Schutz für eine geschäftliche Tätigkeit per se ist jedoch dem Patentschutz auf der Grundlage des derzeitig geltenden europäischen Patentrechts nicht zugänglich.

Darüber hinaus weist der Bereich der Informationstechnologie hinsichtlich der Verwertung   11
von Patenten Besonderheiten auf: Wie kaum in einem anderen Technologiebereich tragen hier Patente häufig dazu bei, **Industrienormen und Standards** zu definieren und abzusichern wie z. B. GSM, UMTS, CDMA, MPEG etc. Sind Patente für diese Standards relevant, d. h. können diese Standards ohne eine Berechtigung der Patentinhaber nicht genutzt werden, sieht sich unter Umständen der Patentinhaber dem sog. kartellrechtlichen Zwangslizenzeinwand ausgesetzt (vgl. hierzu unten Rdn. 20).

Patente betreffend Erfindungen auf dem Gebiet der Informationstechnologie weisen darü- 12
ber hinaus im Patentverletzungsprozess insoweit Besonderheiten auf, als dem Patentinhaber der Nachweis einer Patentverletzung häufig nur unter erschwerten Bedingungen gelingt, und ohne eine Analyse, etwa des Quellcodes im Fall einer computerimplementierten Softwareerfindung nicht möglich ist. Für diese Fälle hat die neueste Rechtsprechung des Bundesgerichtshofs die Rechte des Patentinhabers erheblich gestärkt (vgl. hierzu unten Rdn. 116 ff.).

3. Rechtsgrundlagen des Patentrechts

Das deutsche Patentrecht ist im **Patentgesetz** von 1981 geregelt.[7] Die ursprüngliche Fas- 13
sung stammt aus dem Jahr 1877. Seit dieser Zeit ist das Patentrecht mehrfach reformiert worden, wobei die Schaffung und das Inkrafttreten des Europäischen Patentsystems ab 1978 eine weitgehende Änderung, und eine Harmonisierung des materiellen Patentrechts in den anderen Mitgliedstaaten des EPÜ in Europa herbeigeführt hat.[8]

Nach der Neufassung des Patentgesetzes 1981 sind wesentliche Veränderungen durch das Gesetz zur Stärkung des Schutzes des Geistigen Eigentums und zur Bekämpfung der Pro-

---

5 Benkard/*Melullis*, EPÜ, Art. 52 Rn. 83 unter Verweis auf US Court of Appeal, GRUR Int. 1999, 633 (636) – Finanzdienstleistungs-Anordnung.
6 Benkard/*Melullis*, EPÜ, Art. 52 Rn. 184.
7 BGBl. 1981 I, 1.
8 BGBl. 1976 II, 826.

duktpiraterie vom 07.03.1990 eingeführt worden.[9] Eine weitere wesentliche Änderung hat die Umsetzung des Gesetzes vom 21.01.2005 zum Zwecke der Umsetzung der EG-Richtlinie zum Schutz biotechnologischer Erfindungen herbeigeführt.[10]

14 Die Umsetzung der Richtlinie 2004/48/EG vom 29.04.2004 zur Durchsetzung der Rechte des geistigen Eigentums[11] (auch »Enforcement-Richtlinie« genannt) erfolgte in Deutschland zum 01.09.2008. Dabei sind insbesondere die in §§ 139 ff. PatG geregelten Rechte des Patentinhabers bei Verletzungen seines Schutzrechts gestärkt und ausgedehnt worden. Schließlich ist am 01.10.2009 das »Gesetz zur Vereinfachung und Modernisierung des Patentrechts«[12] in Kraft getreten. Ziel dieser letzten wesentlichen Änderung ist es, das Patentnichtigkeitsverfahren zu straffen und zu beschleunigen. Darüber hinaus ersetzt im Arbeitnehmererfinderrecht die Fiktion, dass die Inanspruchnahme einer Diensterfindung durch den Arbeitgeber als erklärt gilt, sofern der Arbeitgeber die Diensterfindung nicht binnen einer Frist von 4 Monaten nach der Erfindungsmeldung ausdrücklich freigibt, die bis dahin geltende Rechtslage, dass die Erfindung binnen dieser Frist schriftlich in Anspruch genommen werden musste und andernfalls frei wurde. Daraus ergeben sich erhebliche Erleichterungen in der täglichen Praxis der Unternehmen.

15 Wichtigste Rechtsquelle im Europäischen Patentrecht ist das **Europäische Patentübereinkommen** vom 05.10.1973 und die dazu erlassene Ausführungsordnung.[13]

II. Patent und Technologietransfer

16 Das Patent bzw. die Patentschrift ist in doppelter Hinsicht ein Mittel des Technologietransfers: Indem die Patentanmeldung nach ihrer Offenlegung bzw. Patentschrift den Gegenstand der Erfindung in einer für den Fachmann nachvollziehbaren Weise offenbart, wird durch die Patentschrift technologisches Wissen der Allgemeinheit zugänglich gemacht – insofern stellt die Gesamtheit der bei den Patentämtern zur Verfügung gestellten Patentschriften bzw. Patentanmeldungen einen unvergleichlichen Fundus von technologischem Wissen dar.[14]

17 Soweit die Patentanmeldungen jedoch zur Patenterteilung führen und die Patente in Kraft sind, ist jedem Dritten ohne Zustimmung des Patentinhabers die Nutzung dieses technologischen Wissens zwar untersagt – gleichwohl bietet dieses technologische Wissen häufig die Grundlage für die Entwicklung von Abwandlungen und/oder Weiterentwicklungen.

18 Eine weitaus größere Rolle für den Technologietransfer spielt das Patent jedoch im Zusammenhang mit der **Erteilung von Patentlizenzen**. Indem durch das Patent technologisches Wissen zum Gegenstand eines Rechts des Patentinhabers wird, ist es als solches zugleich Objekt des Rechtsverkehrs. Nach § 15 PatG können in Bezug auf das Recht auf das Patent sowie in Bezug auf das Recht aus dem Patent Nutzungsrechte einfacher und/oder ausschließlicher Art Dritten – Lizenznehmern – eingeräumt werden. Insbesondere im Bereich der Informationstechnologie kommt dieser Form des Technologietransfers eine wesentliche Bedeutung zu, da technologisch komplexe Produkte, die unterschiedliche Technologien integrieren, häufig nicht ohne die vorherige Einlizenzierung wesentlicher Technologien hergestellt werden können.

---

9 BGBl. 1990 I, 422.
10 BGBl. 2005 I, 146.
11 ABl. EU Nr. L 195 S. 16.
12 BGBl. 2009 I, Nr. 50 v. 04.08.2009, S. 2521.
13 BGBl. 1977 II, 792, aktuelle Fassung: BGBl. 1997 II, 1446; Ausführungsordnung BGBl. 1976 II, 915.
14 Osterrieth Rn. 14.

III. Patente zum Schutz von Industriestandards

Die Verbreitung der Nutzungsbefugnisse an patentgeschützten Technologien hat besondere Bedeutung bei Technologien, die einer Standardisierung unterliegen, wie etwa Technologien im Bereich MPEG, MP3, JPEG sowie den insbesondere für die Informationstechnologie maßgeblichen Standards wie UMTS, GSM u. a. Soweit der Standard in diesen Fällen durch Patente oder ganze Patentportfolios abgedeckt ist, ist eine Benutzung des Standards nur im Wege der Erteilung einer Lizenz an den standardbildenden und diesen definierenden Patenten möglich. Insofern dient die Patentlizenz in hohem Maße der Verbreitung standardisierter Technologie und damit der Erleichterung der Bereitstellung und Nutzbarmachung modernster Technologien an breite Verbraucherkreise. 19

Soweit durch Patente jedoch Industriestandards definiert und abgebildet werden und die Nutzungsinteressierten an einem Standard auf die Erteilung einer Lizenz an standardbildenden Patenten angewiesen sind, werden zugleich im Einzelfall dem Patentschutz inhaltliche Grenzen insoweit gezogen, als dem Inhaber eines standardbildenden Patents zwar nach wie vor ein Ausschließlichkeits- und Ausschließungsrecht zusteht, seine Teilhabe an dem Patent jedoch zugleich eine marktbeherrschende Stellung im Sinne von Art. 101, 102 AEUV (Art. 81, 82 EG a. F.) begründet, mit der Folge, dass die Verweigerung einer Lizenz zu angemessenen Bedingungen im Einzelfall zugleich den Missbrauch einer marktbeherrschenden Stellung begründen kann. Spätestens seit der Entscheidung »Spundfass« des Bundesgerichtshofes[15] ist es in der Rechtsprechung anerkannt, dass ein vermeintlicher Patentverletzer im Verletzungsprozess einen **kartellrechtlichen Zwangslizenzeinwand** erheben kann mit der Begründung, es liege ein Fall des Missbrauchs einer marktbeherrschenden Stellung vor. Wenn der Kartellrechtseinwand Erfolg hat, führt dies dazu, dass das Gericht eine Unterlassungsklage abzuweisen hat, weil der Patentinhaber verpflichtet ist, dem vermeintlichen Patentverletzer eine Lizenz zur Benutzung seines Schutzrechts einzuräumen. 20

Nach der Rechtsprechung[16] ist Voraussetzung für einen solchen Anspruch auf Erteilung einer Lizenz zunächst, dass der Patentinhaber **marktbeherrschend** und der Zugang zu einem nachgelagerten Markt aufgrund der Industrienorm oder normähnlicher Rahmenbedingungen von der Befolgung der patentgemäßen Lehre tatsächlich **abhängig** ist. Dabei bildet die Vergabe von Lizenzen an dem infrage stehenden Patent sachlich einen eigenen Markt. Ist durch eine Industrienorm oder durch ein anderes, von den Nachfragern wie eine Norm beachtetes Regelwerk eine standardisierte, durch Schutzrechte geschützte Gestaltung eines Produkts vorgegeben, so bildet die Vergabe von Rechten, die potenzielle Anbieter dieses Produkts in die Lage versetzen, das Produkt auf den Markt zu bringen, regelmäßig einen eigenen, dem Produktmarkt vorgelagerten Markt. Somit kann der Patentinhaber bereits einzig und allein deswegen als marktbeherrschend angesehen werden, weil sein Patent einen wesentlichen Teil einer Industrienorm oder normähnlicher Rahmenbedingungen schützt. 21

In diesem Zusammenhang muss der Patentinhaber, um nicht gegen das Diskriminierungsverbot des Art. 102 AEUV (Art. 82 EG a. F.) zu verstoßen, einem Dritten eine Lizenz an dem Standardpatent einräumen, und zwar zu den Bedingungen, zu denen er inländischen oder ausländischen Konkurrenzunternehmen eine Lizenz erteilt hat. Eine diskriminierende Behandlung ohne gerechtfertigten Grund ist nicht zulässig.[17] 22

---

15 BGH GRUR 2004, 966 – Standard-Spundfass.
16 BGH GRUR 2004, 966 – Standard-Spundfass; NJW 1996, 595 – Backofenmarkt; GRUR 1996, 808 – Pay-TV-Durchleitung; vgl. auch *Osterrieth* Rn. 464.
17 *Osterrieth* Rn. 464.

23 In der Folge der Entscheidung »Standard-Spundfass« gab es eine Reihe von Urteilen der Instanzgerichte, die sich mit der Zulässigkeit des kartellrechtlichen Zwangslizenzeinwands sowie dessen dogmatischer Herleitung und seinen Voraussetzungen befassten.[18] Diese Entscheidungen hat der BGH in seinem vielbeachteten Urteil »Orange-Book-Standard«[19] weitgehend bestätigt, zugleich aber zwei Bedingungen genannt, die der Beklagte erfüllen muss, um sich erfolgreich auf den Kartellrechtseinwand zu stützen:

Erstens muss dem Patentinhaber seitens des Beklagten ein unbedingtes Lizenzangebot unterbreitet werden, dessen Ablehnung als unbillige Behinderung des Lizenzsuchers oder Verstoß gegen das Diskriminierungsverbot zu qualifizieren wäre. Das Angebot darf nicht unter die Bedingung der Feststellung der Patentverletzung durch das Verletzungsgericht gestellt werden. Zweitens – so der BGH weiter – muss sich der Lizenzsuchende bereits »vertragstreu« verhalten, indem er seinen sich aus dem eigenen Lizenzvertragsangebot resultierenden Verpflichtungen »vorgreift«. D. h. er muss insbesondere bereits über die (vermeintliche) Benutzung abrechnen und die sich aus dieser Abrechnung ergebenden Lizenzgebühren an den Patentinhaber zahlen. Anstatt der Zahlung kann der Lizenzsucher den entsprechenden Betrag auch nach § 372 S. 1 BGB hinterlegen. Fraglich bleibt aber nach den vom BGH aufgestellten Voraussetzungen, in welcher Höhe die geforderten Lizenzgebühren zu hinterlegen sind, wenn die Parteien – wie üblich – über deren Angemessenheit streiten. Der BGH spricht in diesem Zusammenhang lediglich von einem »ausreichenden« Betrag, der wohl auch höher liegen kann als das, was der Beklagte selbst für angemessen erachtet, sodass das Risiko einer Fehleinschätzung insoweit dem Lizenzsuchenden auferlegt wird.

IV. Grundzüge des internationalen Patentrechts

24 Wie oben bereits ausgeführt, gewährt das Patentrecht Schutz für Erfindungen nur aufgrund eines staatlich gewährten Ausschließlichkeitsrechts – der Schutz findet daher territorial eine Beschränkung auf das entsprechende Hoheitsgebiet. Aus dem **Grundsatz der Territorialität** des Patentrechts[20] folgt, dass der Erfinder daher auf allen intendierten Märkten um Patentschutz nachzusuchen hat, wobei zu berücksichtigen ist, dass sich ungeachtet einer weitgehenden Harmonisierung der Patentgesetzgebung in den Mitgliedstaaten des Europäischen Patentübereinkommens nach wie vor in der Rechtsprechung unterschiedliche Tendenzen und Akzentuierungen ausmachen lassen. Dies gilt gerade für die Rechtsprechung zum Schutze von computerimplementierten Erfindungen.[21] Der Grundsatz der Territorialität der Schutzrechte bedeutet darüber hinaus, dass einmal erteilte Patente auch dann, wenn sie für die gleiche Erfindung erteilt worden sind, voneinander unabhängig sind und in den jeweils verschiedenen Hoheitsgebieten einem individuellen Schicksal unterliegen.

1. Pariser Verbandsübereinkunft

25 Bereits Ende des 19. Jahrhunderts sind daher Bemühungen unternommen worden, die Nachteile des Territorialitätsprinzips in der Form abzumildern, dass zum einen eine Harmonisierung des nationalen Patentrechts in Form von Mindeststandards angestrebt wird und zum anderen Verfahrensgrundsätze vereinbart werden, die die Erlangung einer Mehr-

---

18 Vgl. etwa LG Düsseldorf InstGE 7, 70 (90) – Videosignal-Codierung; InstGE 10, 66 (69) – Videosignal-Codierung III; OLG Karlsruhe GRUR-RR 2007, 177 (178).
19 BGH GRUR 2009, 694 – Orange-Book-Standard.
20 *Osterrieth* Rn. 54 ff.
21 Benkard/*Bacher*/*Melullis*, PatG, § 1 Rn. 137 f.; Benkard/*Melullis*, EPÜ, Art. 52 Rn. 210 f.; Busse/*Keukenschrijver* § 1 Rn. 69–74.

zahl ausländischer Patente für ein und dieselbe Erfindung verfahrensrechtlich erleichtern. In erster Linie sei in diesem Zusammenhang die Pariser Verbandsübereinkunft zum Schutze des gewerblichen Eigentums[22] aus dem Jahr 1883 genannt, die den Grundsatz der Inländergleichbehandlung, Art. 2 Abs. 1 PVÜ, etabliert und Angehörigen eines jeden der Verbandsländer in allen übrigen Ländern des Verbandes im Bezug auf den Schutz des geistigen Eigentums die Vorteile einräumt, welche die betreffenden Gesetze den eigenen Staatsangehörigen gewähren.[23] Daneben begründet Art. 3 PVÜ das sog. Prioritätsrecht, wonach derjenige, der in einem der Verbandsländer eine Anmeldung für ein Patent hinterlegt hat, für die Hinterlegung in den anderen Mitgliedsländern während einer Frist von 12 Monaten die sog. Prioritätswirkung in Anspruch nehmen kann. Diese liegt darin begründet, dass spätere, noch vor Ablauf der Prioritätsfrist in anderen Verbandsländern bewirkte Hinterlegungen nicht durch zwischenzeitlich eingetretene Tatsachen, wie etwa durch andere Hinterlegungen, durch die Veröffentlichung der Erfindung oder durch neu hinzugetretenen Stand der Technik gefährdet werden. Für Nachanmeldungen innerhalb der Prioritätsfrist von 12 Monaten nach der Erstanmeldung wird daher bei der Beurteilung der Schutzvoraussetzungen grundsätzlich der gleiche Stand wie bei der Erstanmeldung zugrunde gelegt.

2. Patent Cooperation Treaty

Neben der Pariser Verbandsübereinkunft spielt auf dem Gebiet des Internationalen Patentrechts der Vertrag über die internationale Zusammenarbeit auf dem Gebiet des Patentwesens[24] (Patent Cooperation Treaty, PCT) eine maßgebliche Rolle. Die Mitgliedstaaten, zu denen auch die Bundesrepublik Deutschland gehört, bilden einen Verband, der vom internationalen Büro der Weltorganisation für geistiges Eigentum (WIPO/OMPI) verwaltet wird. Der PCT vom 19.06.1970 hat insoweit zu einer Weiterentwicklung des internationalen Patentrechts geführt, als er dem Patentanmelder die Möglichkeit gibt, im Wege der Hinterlegung einer einzigen internationalen Anmeldung bei einem nationalen Patentamt oder dem europäischen Patentamt einen multinationalen Schutz der Erfindung für das Gebiet der Mitgliedsländer nachzusuchen, wobei Gegenstand der Vereinheitlichung lediglich das Anmeldeverfahren für internationale Patentanmeldungen und die Neuheitsrecherche ist. Eine Prüfung der Patentierungsvoraussetzungen findet nach wie vor in der alleinigen Verantwortung der nationalen Patentämter bzw. des Europäischen Patentamts statt. Eine einzige internationale PCT-Anmeldung hat nach Art. 3, 4, 11 PCT in jedem Bestimmungsland die Wirkung einer vorschriftsmäßig hinterlegten nationalen Anmeldung mit dem internationalen Anmeldedatum. Die PCT-Anmeldung bietet dem Anmelder die Möglichkeit, die Durchführung eines nationalen Prüfungsverfahrens solange aufzuschieben, bis er auf der Grundlage des Rechercheberichts zum Stand der Technik selbst die Möglichkeit hatte, die Schutzfähigkeit seiner Erfindung zu beurteilen.

3. TRIPS

Einen wesentlichen Beitrag zur Intensivierung des internationalen Patentschutzes und zur Erhöhung der Schutzstandards wird durch das sog. TRIPS-Übereinkommen – Übereinkommen über handelsbezogene Aspekte der Rechte des geistigen Eigentums vom 15.04.1994, welches am 01.01.1995 in Kraft getreten ist – geleistet.[25] Das Übereinkommen, welches weltweit von mehr als 100 Staaten, hierunter auch viele Entwicklungsländer; ratifiziert wurde, stellt ein völkerrechtliches Abkommen im Zusammenhang mit der Gründung der Welthandelsorganisation (WTO) dar. Insbesondere die Entwicklungs- und

---

22 BGBl. 1970 II, 391; BGBl. 1970 II, 1073; *Osterrieth* Rn. 59, 61.
23 Benkard/*Ullmann*, PatG, Internationaler Teil Rn. 19; BGBl. 1970 II, 1073.
24 BGBl. 1976 II, 649; *Osterrieth* Rn. 67 ff.
25 BGBl. 1994 II, 1730; *Krieger* GRUR Int. 1997, 421 (422); *Schäfers* GRUR Int. 1996, 763 (774); *Osterrieth* Rn. 71 ff.

Schwellenländer haben sich in diesem Übereinkommen verpflichtet, grundsätzlich für Erfindungen auf allen technischen Gebieten, und so auch auf dem Gebiet der computerimplementierten Erfindungen, soweit sie dem Patentschutz zugänglich sind, einen wirksamen und angemessenen Schutz der Rechte und Maßnahmen und Verfahren zu deren Durchsetzung bereitzustellen.[26] Das TRIPS-Übereinkommen geht wie die Pariser Übereinkunft vom Grundsatz der Inländergleichbehandlung, Art. 2 TRIPS, sowie vom Grundsatz der Meistbegünstigung, Art. 3, aus. Es enthält detaillierte Regelungen für alle wesentlichen Schutzrechte, wie etwa das Urheberrecht und die verbundenen Schutzrechte sowie Regelungen für Computerprogramme und Zusammenstellungen von Daten, Art. 10 TRIPS. Der Anspruch auf ein faires und gerechtes Verfahren im Fall von Patentverletzungen, Art. 42 TRIPS, wird ergänzt durch eine ausdrückliche Ermächtigung der Gerichte, die jeweilige Gegenpartei zur Vorlage von Beweismitteln verpflichten zu können, sollte der beweisbelasteten Partei eine Vorlage nicht möglich sein, Art. 43 TRIPS. Nicht zuletzt diese Vorschrift hat in der Rechtsprechung des Bundesgerichtshofs unmittelbar ihren Niederschlag gefunden und auch für den Schutz von Patenten für computerimplementierte Erfindungen eine Vorlagepflicht des Source-Codes zum Zwecke des Nachweises des Vorliegens einer Patentverletzung begründet.

V. Grundzüge des Europäischen Patentrechts

1. Europäisches Patentübereinkommen

28 Das sog. »Übereinkommen über die Erteilung Europäischer Patente« (EPÜ) ist am 15.10.1973 unterzeichnet worden.[27] Es führte zur Gründung der Europäischen Patentorganisation, deren Organe das Europäische Patentamt mit Sitz in München und der Verwaltungsrat sind. Dem Europäischen Patentübereinkommen gehören derzeit 38 Mitgliedstaaten, darunter die Bundesrepublik Deutschland, an.[28] Zuletzt ist mit Wirkung zum 01.10.2010 die Republik Serbien dem EPÜ beigetreten.[29] Die Europäische Patentorganisation stellt keine Einrichtung der Europäischen Gemeinschaft dar.

29 Durch das Europäische Patentübereinkommen wird das internationale Patentrecht insoweit weiterentwickelt, als es ein einheitliches Patenterteilungsverfahren für alle Mitgliedstaaten durch das **Europäische Patentamt** vorsieht. Ein aufgrund dieses Übereinkommens erteiltes Europäisches Patent stellt jedoch keinen supranationalen Rechtstitel dar, sondern hat für den Inhaber dieselbe Wirkung und unterliegt denselben Vorschriften wie ein in diesem Staat erteiltes nationales Patent. Man bezeichnet das Europäische Patent deshalb auch als ein Bündelpatent, da es nach Erteilung zu einem Bündel nationaler Patente in den einzelnen Schutzstaaten führt. Diese auf einer Europäischen Patentanmeldung beruhenden nationalen Patente unterliegen indessen – Territorialitätsgrundsatz – jeweils einem individuellen Schicksal und sind voneinander unabhängig. Aus der bloßen Existenz eines europäischen Patents darf daher noch nicht ohne Weiteres auf einen Schutz in den jeweiligen Bestimmungsländern geschlossen werden, da in einzelnen Mitgliedstaaten durchaus eine Vernichtung des nationalen Patents eingetreten sein könnte.

30 Das im EPÜ geregelte **Europäische Erteilungsverfahren** beginnt mit der Hinterlegung der Anmeldung und endet mit der Erteilung des Europäischen Patents. Das EPÜ enthält jedoch auch umfangreiche materielle Regelungen. So werden in den Art. 52–57 EPÜ die Voraus-

---

26 *Krieger* GRUR Int. 1997, 421 (422); *Schäfers* GRUR Int. 1996, 763 (774); *Osterrieth* Rn. 75 ff.
27 BGBl. 1976 II, 649.
28 Stand 01.06.2011; vgl. Europäisches Patentamt: http://www.epo.org/about-us/epo/member-states/by-accession-date_de.html.
29 Vgl. Europäisches Patentamt: http://www.epo.org/patents/law/legal-texts/journal/informationEPO/archive/20100730_de.html.

setzungen der Patentierbarkeit definiert, im Übrigen enthält das EPÜ Regelungen betreffend die Übertragung, die Lizenzierbarkeit (Art. 71–74 EPÜ) sowie Regelungen zur Laufzeit (nach Art. 63 EPÜ beträgt die Laufzeit gerechnet vom Anmeldetag 20 Jahre). Wesentlich sind weiterhin die Regelungen zu Bestimmungen des Schutzbereichs Europäischer Patente in Art. 69 EPÜ und dem hierzu ergangenen Protokoll. Die materiellrechtlichen Bestimmungen entsprechen denen des materiellen Patentrechts der Mitgliedstaaten, weshalb im Folgenden bei der Darstellung des materiellen Patentrechts, soweit es insbesondere um den Schutz von computerimplementierten Erfindungen geht, neben den nationalen auch die Bestimmungen des EPÜ benannt werden.

Das Europäische Patentamt arbeitet mit den drei Amtssprachen Deutsch, Englisch und Französisch. Europäische Patentanmeldungen sind in einer dieser Sprachen einzureichen. Anmelder aus Vertragsstaaten, in denen nicht eine der Amtssprachen des Amtes Amtssprache ist, müssen bei der Anmeldung eine Übersetzung in einer der Amtssprachen des Europäischen Patentamts einreichen (Art. 14 Abs. 2 EPÜ). Die Amtssprache, in der die Europäische Patentanmeldung eingereicht wurde oder in die sie übersetzt worden ist, ist in allen Verfahren vor dem Europäischen Patentamt als Verfahrenssprache anzuwenden. Die Europäische Patentanmeldung wird in der als Verfahrenssprache gewählten Amtssprache veröffentlicht, enthält jedoch eine Übersetzung der Patentansprüche in den beiden anderen Amtssprachen des Europäischen Patentamts, Art. 14 Abs. 6 und 7 EPÜ. **31**

Im November 2000 fand eine Revisionskonferenz des Europäischen Patentübereinkommens statt,[30] die den Auftrag hatte, die Vorschriften des EPÜ der Rechtsentwicklung anzupassen und die Entwicklung der Standardisierung und Harmonisierung des Europäischen Patentrechts weiter voranzutreiben. Die Patentierbarkeit von Programmen für Datenverarbeitungsanlagen war einer der wesentlichen Diskussionspunkte. Hierbei ging es darum, die Möglichkeit der Erlangung des Patentschutzes für computerimplementierte Erfindungen dadurch zu erleichtern, dass im Wege einer Streichung von Art. 52 Abs. 2c EPÜ das Patentierungsverbot für Computerprogramme als solche (»as such«) beseitigt werden sollte. Im Ergebnis konnte sich jedoch eine Mehrheit nicht darauf verständigen, Computerprogramme als solche aus der Liste der nichtpatentfähigen Erfindungen zu streichen. **32**

Die auf der Konferenz beschlossene grundlegende Überarbeitung des EPÜ – kurz als »EPÜ 2000« bezeichnet – trat am 13.12.2007 in Kraft Das EPÜ 2000 modernisiert das EPÜ, um das Patenterteilungsverfahren zu vereinfachen und zu straffen. **33**

Die im Europäischen Patentrecht geltende Bündelwirkung Europäischer Patente hat Konsequenzen nicht nur hinsichtlich der rechtlichen Unabhängigkeit der aufgrund des Erteilungsverfahrens nach dem EPÜ erteilten Patente, sondern Auswirkungen für das Rechtsschutzsystem. Auch im Rahmen des EPÜ kann im Fall einer Patentverletzung Rechtsschutz nur auf nationaler Basis nachgesucht werden – jede Entscheidung findet hinsichtlich ihrer territorialen Wirksamkeit ihre Grenze in dem betreffenden Hoheitsgebiet. Dies schließt nicht aus, dass ein nationales Gericht auch über die Verletzung von Schutzrechten in anderen Mitgliedstaaten des EPÜ entscheiden kann (sog. Cross-Border-Injunction), jedoch verliert eine nationale Jurisdiktion ihre Zuständigkeit auch für das Verletzungsverfahren in den Fällen, in denen in Bezug auf das Patent im Drittland der Beklagte im Verletzungsverfahren den Einwand der mangelnden Schutzfähigkeit erhebt.[31] In der Praxis bedeutet dies, dass im Fall der Verletzung eines europäischen Patents Rechtsschutz in den einzelnen Mitgliedstaaten des EPÜ nachgesucht werden muss, was zu einer Vervielfältigung paralleler Verletzungsverfahren führt. Der hiermit verbundene Aufwand ist erheblich, weshalb sich Patentinhaber im Zweifel auf die Einleitung von Verletzungsverfahren in we- **34**

---

30 *Nack/Phélip* GRUR Int. 2001, 322; vgl. Benkard/*Schäfers*, EPÜ, Art. 172 Rn. 8; *Osterrieth* Rn. 78.
31 EuGH GRUR Int. 2006, 839 – LUK/GAT.

nigen einzelnen Mitgliedstaaten beschränken. Um nicht nur den hiermit verbundenen Aufwand, sondern auch das Risiko sich widersprechender Entscheidungen innerhalb der Mitgliedstaaten des EPÜ zu vermeiden, werden derzeit Wege gesucht, eine supranationale Jurisdiktion für Streitigkeiten aus EP-Patenten zu etablieren. Die Verhandlung zum Abschluss des sog. **Europäischen Übereinkommens für Patentstreitigkeiten** (EPLA)[32] sind im Detail schon weit vorangeschritten, auf rechtspolitischer Ebene konnte jedoch noch kein Kompromiss insbesondere hinsichtlich des Sprachenregimes gefunden werden. Seit 1999 wurden mehrere Entwürfe eines solchen Abkommens erstellt.[33]

2. Projekt Gemeinschaftspatent und EU-Patentstreitsystem (EEUPC)

35 Das Europäische Patentsystem und die zuvor geschilderten Bemühungen, dieses um ein europäisches Übereinkommen über Patentstreitigkeiten zu ergänzen, sind abzugrenzen von den seit 1975 laufenden Bemühungen um die Verabschiedung eines EU-Gemeinschaftspatentübereinkommens.[34] Auch hier liegen seit vielen Jahren im Detail ausgearbeitete Entwürfe vor, die das materielle wie das verfahrensrechtliche Patentrecht als Gemeinschaftsrecht definieren.[35] Ungeachtet zahlreicher Initiativen ist es jedoch bis jetzt nicht zu einer Verabschiedung eines EU-Gemeinschaftspatentübereinkommens gekommen. Die Gründe hierfür lagen lange Zeit zum einen in einem ungeklärten Sprachenregime und zum anderen in noch offenen Fragen hinsichtlich der Europäischen Gerichtsbarkeit.

36 Am 23.03.2009 wurde von der Kommission der Entwurf eines Übereinkommens über das Gericht für europäische Patente und Gemeinschaftspatente (Dok. 7928/09) sowie die Empfehlung der Kommission zur Ermächtigung der Kommission zur Aufnahme von Verhandlungen über ein internationales Übereinkommen »zur Schaffung eines einheitlichen Patentgerichtssystems« für europäische Patente und Gemeinschaftspatente (Dok. 7927/09) vorgelegt. Am 07.04.2009 wurde ein weiteres Dokument betreffend den überarbeiteten Vorschlag für eine Verordnung des Rates über das Gemeinschaftspatent (Dok. 8588/09) vorgelegt.

37 Der Entwurf betreffend das Übereinkommen über das Gericht für europäische Patente und Gemeinschaftspatente sah eine Vereinbarung zwischen der EU-Kommission, sämtlichen Mitgliedstaaten der EU sowie den beitragsinteressierten weiteren EPÜ-Mitgliedstaaten vor. Der Verordnungsentwurf für das Gemeinschaftspatent stellte einen umfassenden, materiell-rechtlichen Regelungskomplex, d. h. ein autonomes, für das Gemeinschaftspatent geschaffenes Patentrecht dar.

38 Der Gerichtshof der Europäischen Union hat sich jedoch in seinem Gutachten vom 08.03.2011[36] (37) dahingehend geäußert, dass das geplante Übereinkommen zur Schaffung eines einheitlichen Patentgerichtssystems (Gericht für europäische Patente und Gemeinschaftspatente) mit den Bestimmungen des EU-Vertrages und des Vertrages über die Arbeitsweise der europäischen Union (AEUV) nicht vereinbar sei.

39 Spanien und Italien haben sich wegen des intendierten Sprachenregimes grundsätzlich gegen die geplante Lösung des Gemeinschaftspatents ausgesprochen. Die Kommission hat da-

---

32 Vgl. *Dreiss* GRUR Int. 2004, 712 (713); *Oser* GRUR Int. 2006, 539 (541); *Pagenberg* GRUR Int. 2006, 35; *Tilmann* Mitt. 2004, 388 (389); ABl. EPA 1999, 546 (548); GRUR Int. 1999, 722 (723); *Osterrieth* Rn. 80 ff.
33 Der derzeitige Entwurfstext aus dem Jahr 2005 ist – allerdings nur in englischer Sprache – online abrufbar unter http://www.epo.org/patents/law/legislative-initiatives/epla/latestdrafts_de.html.
34 GPÜ in überarbeiteter Fassung ABl. Nr. 1.401 v. 30.12.1989.
35 Dokument-Nr. 10786/00PI49 v. 16.04.2003 – 8539/03 – aktualisiert durch Dok-Nr. 12219/03 PI77 v. 04.09.2003 unter Berücksichtigung der Änderungen gem. Dok.-Nr. 14130/2/03 Rev 2 PI 111 v. 13.11.2003.
36 Gutachten 1/09 des Gerichtshofs der Europäischen Union vom 08.03.2011.

raufhin auf der Grundlage eines Beschlusses des Rates vom 10.03.2011 zur Ermächtigung zur verstärkten Zusammenarbeit Vorschläge für (1) eine Verordnung des europäischen Parlaments und des Rates über die Umsetzung der verstärkten Zusammenarbeit im Bereich der Schaffung eines einheitlichen Patentschutzes (Dok. KOM (2011) 215/3) durch Schaffung eines Europäischen Patents mit einheitlicher Wirkung i. S. v. Art. 142 EPÜ und (2) für eine Verordnung des Rates über die Umsetzung der verstärkten Zusammenarbeit bei der Schaffung eines einheitlichen Patentschutzes im Hinblick auf die anzuwendenden Übersetzungsregelungen (Dok. KOM (2011) 216/3) vorgelegt. Letztere Verordnung begründet im Kern den Wegfall des Übersetzungserfordernisses. Ob auf der Grundlage dieser Vorschläge das Projekt realisiert werden kann, ist offen (Stand: Ende Mai 2011).

B. Gegenstand des Patentschutzes

I. Einführung

Patente werden für **Erfindungen** erteilt, die neu sind, auf einer erfinderischen Tätigkeit beruhen und gewerblich anwendbar sind, § 1 Abs. 1 PatG, Art. 52 Abs. 1 EPÜ. **40**

Während der Begriff der Neuheit einer Erfindung in § 3 PatG, Art. 54 EPÜ sowie das Kriterium der erfinderischen Tätigkeit in § 4 PatG, Art. 56 EPÜ näher definiert sind, wird der Begriff der Erfindung im Patentrecht vorausgesetzt – er ist im Patentgesetz nicht definiert. Insbesondere im Zusammenhang mit der Prüfung der Patentierungsvoraussetzungen von computerimplementierten Erfindungen erweist sich der Begriff der Erfindung als hoch problematisch. Die Rechtsprechung hat die Definition dieses Begriffes seit Jahren fortgeschrieben – alle Versuche einer Definition des Begriffs sind von dem Bemühen gekennzeichnet, die im Patentgesetz aufgestellten Anforderungen im Wesentlichen zu erfassen, hierbei aber auch der technischen Entwicklung Rechnung zu tragen. In der Rechtsprechung des Bundesgerichtshofs hat sich eine Begriffsbestimmung der patentierbaren Erfindung herausgebildet, die derzeit als maßgebliche Definition gelten kann. Danach ist unter einer patentierbaren Erfindung eine »Lehre zum technischen Handeln« zu verstehen, wobei technisches Handeln ein »planmäßiges Handeln unter Einsatz beherrschbarer Naturkräfte zur unmittelbaren Erreichung eines kausal übersehbaren Erfolges« bedeutet.[37] Stets hat die Rechtsprechung in diesem Zusammenhang betont, dass es sich um eine Lehre auf dem Gebiet der Technik handeln müsse.[38] Auch die Erteilungspraxis des Europäischen Patentamts geht davon aus, dass jeder Erfindung ein technischer Charakter innewohnen muss.[39] **41**

Zwar ist der Begriff der Erfindung positiv-rechtlich im Patentrecht nicht definiert, jedoch enthalten § 1 Abs. 3 PatG, Art. 52 Abs. 2 EPÜ negative Abgrenzungstatbestände: Danach werden als Erfindungen im Sinne des § 1 Abs. 1 PatG, Art. 52 Abs. 1 EPÜ nicht angesehen: **Entdeckungen** sowie **wissenschaftliche Theorien und mathematische Methoden**, Art. 1 Abs. 3 Ziff. 1, Art. 52 Abs. 2 lit. a) EPÜ,[40] **ästhetische Formschöpfungen**, § 1 Abs. 3 Ziff. 2 PatG, Art. 52 Abs. 2 lit. b) EPÜ, **Pläne**,[41] **Regeln und Verfahren für gedankliche Tätigkeiten**,[42] **für Spiele oder geschäftliche Tätigkeiten** sowie – und dies ist im vorliegen- **42**

---

[37] BGH GRUR 1969, 672 – Rote Taube; GRUR 1977, 96 – Dispositionsprogramm; GRUR 1980, 849 (850) – Antiblockiersystem; GRUR 1986, 531 – Flugkostenminimierung; BPatG GRUR 1987, 800 (802) – elektronisches Kurvenzeichengerät; s. eingehend *Kraßer* § 11; *Osterrieth* Rn. 105 ff.
[38] BGH GRUR 1992, 36 – Chinesische Schriftzeichen; GRUR 2000, 498 (499) – Logikverifikation.
[39] EPA GRUR Int. 1999, 1053 – Computerprogrammprodukt/IBM.
[40] BPatG GRUR 1996, 866 – Viterbi-Algorithmus.
[41] BGH GRUR 1988, 290 – Kehlrinne.
[42] BPatGE 16, 21 (25).

den Fall von besonderer Bedeutung – **Programme für Datenverarbeitungsanlagen**, § 1 Abs. 3 Ziff. 3 PatG, Art. 52 Abs. 2 lit. c) EPÜ.[43] Zuletzt wird die Wiedergabe von Informationen ausdrücklich aus dem Bereich der Erfindungen herausgenommen, § 1 Abs. 3 Ziff. 4 PatG, Art. 52 Abs. 2 lit. d) EPÜ.

43 Aus der ausdrücklichen Herausnahme von Programmen für Datenverarbeitungsanlagen aus dem Patentschutz darf jedoch nicht gefolgert werden, dass Programme für Datenverarbeitungsanlagen notwendigerweise unter keinem rechtlichen Gesichtspunkt patentierbar sind, da § 1 Abs. 4 PatG, Art. 52 Abs. 3 EPÜ ausdrücklich bestimmen, dass der Patentfähigkeit der in § 1 Abs. 3 PatG, Art. 52 Abs. 2 EPÜ genannten Gegenstände oder Tätigkeiten diese Bestimmungen nur insoweit entgegenstehen, als Schutz für die genannten Gegenstände oder Tätigkeiten als solche begehrt wird. Als Teil oder als Element einer technischen Erfindung kann in Anwendung dieser Vorschrift auch ein **Computerprogramm** durchaus am Patentschutz teilhaben.[44] Dies macht es erforderlich, die Zusammenhänge, in denen es zur Entwicklung des Computerprogramms gekommen ist, mit in die rechtliche Beurteilung einzubeziehen. Hierbei kommt es sowohl auf den Inhalt des Programms als auch auf den Zusammenhang an, in dem das Programm seine Wirkung entfalten soll. An dem Spannungsverhältnis zwischen dem Verbot eines Patentschutzes für Computerprogramme als solche und der Öffnung eines Patentschutzes für technische Erfindungen jeder Art, die auch Computerprogramme beinhalten können, entzünden sich zahlreiche grundsätzliche und bis heute noch nicht abschließend geklärte Fragen. Dieser freilich unbefriedigende Zustand wird sinnfällig durch das Scheitern der Verabschiedung der Richtlinie des Europäischen Parlaments und des Rates über die Patentierbarkeit computerimplementierter Erfindungen (EU-Softwarerichtlinie)[45] belegt, mit der der Versuch unternommen werden sollte, für den Bereich der EU einheitliche rechtliche Standards für die Schutzfähigkeit und den Schutzumfang von computerimplementierten Erfindungen zu schaffen. Die derzeitige Rechtslage ist jedenfalls auf europäischer Ebene im Wesentlichen durch Rechtsunsicherheit gekennzeichnet. Dies bedeutet, dass die Prüfung der Werthaltigkeit eines europäischen Patents für computerimplementierte Erfindungen stets vor dem Hintergrund der nationalen Rechtsprechung der einzelnen Mitgliedstaaten vorgenommen werden muss. Die relativ großzügige Erteilungspraxis des Europäischen Patentamts findet nicht in allen Mitgliedstaaten uneingeschränkt Zustimmung.

II. Schutzvoraussetzungen für computerimplementierte Erfindungen

1. Begriff der Erfindung

44 Der Patentschutz dient bestimmungsgemäß dem Schutz technischer Erfindungen. Patentgeschützten Erfindungen muss daher eine Technizität innewohnen. Die praktische Erfahrung zeigt, dass die Feststellung der Technizität einer computerimplementierten Erfindung im Einzelfall erhebliche Schwierigkeiten bereiten kann. Technizität einer Erfindung kann sich ergeben aus der Lösung einer technischen Aufgabe, der Erzielung bestimmter technischer Effekte oder dem Bestehen technischer Wechselwirkungen.[46] Gleichwohl bleibt im Einzelfall die Bestimmung des technischen Charakters einer Erfindung unklar. Es geht u. a. um die Problematik, in welchem Verhältnis die Begriffe »Technik« und »Erfindung« zueinander stehen. Soll eine technische Erfindung dann vorliegen, wenn der Kern

---

43 Grundlegend *Kraßer* § 12 III.
44 Einführende Literatur: *Anders* GRUR 2001, 867; *ders.* GRUR 1989, 861; *Busche* Mitt. 2000, 164; *ders.* GRUR 2001, 49; *Horns* GRUR 2001, 1; *Hössle* Mitt. 2000, 343; *ders.* Mitt. 2000, 331; *Kiesewetter-Köbinger* GRUR 2001, 185; *König* GRUR 2001, 577; *Osterrieth* Rn. 131 ff.; *Schickedanz* Mitt. 2000, 173; *ders.* GRUR 2001, 459; *Schulte* Mitt. 2002, 97; *ders.* Mitt. 2002, 55.
45 ABl. Nr. C 151/129 v. 25.06.2002.
46 *Steinbrener* VPP Rundbrief 2006, 113 (114).

II. Schutzvoraussetzungen für computerimplementierte Erfindungen

der Erfindung technischer Natur ist (sog. Kerntheorie)[47] oder auch dann, wenn der Beitrag schwerpunktmäßig auf einem nicht technischen Gebiet liegt?[48]

Grundlegend zum Begriff der patentierbaren Erfindung führte der Bundesgerichtshof in der Entscheidung »Rote Taube« 1969 aus, eine Erfindung sei eine »Lehre zur planmäßigen Benutzung beherrschbarer Naturkräfte außerhalb der menschlichen Verstandestätigkeit zur unmittelbaren Herbeiführung eines kausal übersehbaren Erfolges«.[49] **45**

In Anwendung dieser Rechtsprechung auf **computerimplementierte Erfindungen** sah es der Bundesgerichtshof als entscheidend an, dass die Auffindung der technischen Lehre den Einsatz des Computers gebiete.[50] Sollte hingegen die Ausführung der Lehre auf einem Computer nur zweckmäßig oder sinnvoll, jedoch nicht zwingend erforderlich sein, sprach dies eindeutig gegen die Technizität der Lehre. **46**

In der Entscheidung »Tauchcomputer« legte der Bundesgerichtshof das Erfordernis der »engen Beziehung« zwischen der Rechenregel und den genannten technischen Mitteln derart aus, dass es einer notwendigen Kausalbeziehung zwischen dem Einsatz der technischen Mittel und der Problemlösung bedürfe.[51] **47**

Bis zu der Entscheidung »Logikverifikation« vertrat demnach der Bundesgerichtshof in Fortführung seiner Entscheidung »Rote Taube« die Auffassung, eine patentierbare, also Technizität aufweisende Erfindung setze zwingend den planmäßigen Einsatz beherrschbarer Naturkräfte außerhalb der menschlichen Verstandestätigkeit voraus. Ohne den zwingend erforderlichen Einsatz technischer Mittel war demnach Technizität im Sinne des Patentgesetzes nicht realisierbar. Die Sichtweise wurde als sog. statischer Technikbegriff verstanden.[52] Dieses Verständnis wurde in der Folgezeit überwunden: In späteren Entscheidungen hat der Bundesgerichtshof die Auffassung vertreten, dass der Begriff der Technik und damit auch die Technizität ein unbestimmter Rechtsbegriff sei, der sich einer abschließenden und eindeutigen Festlegung entziehe.[53] Was unter **Technik** in diesem Sinne zu verstehen sei, sei demnach unter Berücksichtigung der jeweiligen technologischen Entwicklungen und des damit einhergehenden Technologieverständnisses zu ermitteln.[54] **48**

Im Hinblick auf computerimplementierte Erfindungen hat der Bundesgerichtshof in der Entscheidung »Logikverifikation« hervorgehoben, dass diese auch einer technologischen Entwicklung unterliegen und deshalb grundsätzlich ein effektiver Patentschutz auch für computerimplementierte Erfindungen in Betracht gezogen werden müsse.[55] In Fortführung seiner Entscheidung »Tauchcomputer« stellte der Senat fest, dass es einer Gesamtbetrachtung aller Merkmale aus Sicht des Fachmanns bedürfe. Hierbei seien nicht nur technische und nicht-technische Merkmale in die Gesamtbetrachtung einzubeziehen, sondern auch technische Vorüberlegungen.[56] **49**

---

47 BGH GRUR 1978, 102 – Prüfverfahren; GRUR 1978, 420 (421) – Fehlerortung; GRUR 1977, 96 – Dispositionsprogramm.
48 *Wiebe/Heidinger* GRUR 2006, 177; BGHZ 115, 11 (21) – Seitenpuffer; 143, 255 (263) – Logikverifikation; *Osterrieth* Rn. 131–134.
49 BGH GRUR 1969, 672 – Rote Taube.
50 BGH GRUR 1978, 102 m. w. N. – Prüfverfahren.
51 BGH GRUR 1992, 430 – Tauchcomputer; in den Entscheidungen »Seitenpuffer«, GRUR 1992, 33, sowie »Chinesische Schriftzeichen«, GRUR 1992, 36, sprach der Bundesgerichtshof hingegen von einer »unmittelbaren« Beziehung. Die jeweiligen Begründungen lassen aber den Schluss zu, dass er mit dem Merkmal der »Unmittelbarkeit« und der »Enge« dasselbe gemeint haben wird, so *Busche* Mitt. 2001, 49 (54); *Osterrieth* Rn. 135 ff.
52 Vgl. zum statischen und nicht-statischen Technikbegriff auch *Hössle* Mitt. 2000, 343.
53 BGH Mitt. 2000, 359 (360) – Sprachanalyseeinrichtung.
54 *Hössle* Mitt. 2000, 343 (345).
55 BGH GRUR 2000, 498 (501) – Logikverifikation.
56 BGH GRUR 2000, 498 (500) – Logikverifikation.

50 Der Bundesgerichtshof schien danach auf das Erfordernis des planmäßigen Einsatzes von beherrschbaren Naturkräften zu verzichten und ließ technische Vorüberlegungen aufgrund des vorhandenen technischen Wissens und die Umsetzung dieser Überlegungen zur Annahme von **Technizität** ausreichen.

51 In der im Jahr 2001 ergangenen Entscheidung »Suche fehlerhafter Zeichenketten« konkretisierte der X. Zivilsenat den Begriff des Computerprogramms als solches, indem er feststellte, es komme bei dieser Beurteilung nicht nur auf die Sichtweise des Durchschnittsfachmannes an, sondern vor allem auf den Gesetzeszweck.[57] Obwohl das Patentrecht dazu diene, neue, nicht naheliegende Problemlösungen auf dem Gebiet der Technik zu fördern, könne nicht jede irgendwie geartete Lehre, die computergerechte Anweisungen enthalte und die in irgendeiner Form über die Bereitstellung der Mittel (der Hardware) hinausgehe, die Patentfähigkeit begründen. Entscheidend sei vielmehr, dass die prägenden Anweisungen der Lehre der Lösung eines konkreten technischen Problems dienen müssten.[58] Daher könnten Anweisungen an den Computer, die von einem konkreten Problem losgelöst sind, die Patentfähigkeit mangels konkretem technischem Bezug nicht begründen und unterfallen demnach dem Begriff des – nicht schutzfähigen – Programms für Datenverarbeitungsanlagen als solches im Sinne des § 1 Abs. 2 Nr. 3, Abs. 3 PatG.

52 In Konkretisierung der Entscheidung »Suche fehlerhafter Zeichenketten« führte die Rechtsprechung in der Entscheidung »Anbieten interaktiver Hilfe« aus, dass die beanspruchte Lehre Anweisungen enthalten müsse, die der Lösung eines konkreten technischen Problems mit technischen Mitteln dienten.[59] Zudem führt der Bundesgerichtshof aus, dass der Patentierungsausschlusstatbestand des § 1 Abs. 2 Nr. 3, Abs. 3 PatG schon dann nicht anwendbar sei, wenn zumindest ein Teil der beanspruchten Lehre der Lösung eines konkreten technischen Problems diene.[60] Wesentlich ist die Aussage in der Entscheidung »Anbieten interaktiver Hilfe«, dass das zu lösende technische Problem den Einsatz beherrschbarer Naturkräfte zur Herbeiführung eines kausal übersehbaren Erfolges erfordern müsse.[61] Ein technisches Problem liegt also nur dann vor, wenn es zur Lösung auf den Einsatz beherrschbarer Naturkräfte ankomme. Allerdings hat der Senat diese Sichtweise in der Entscheidung »Logikverifikation« vor dem Hintergrund des nicht-statischen Technikbegriffes gerade aufgegeben.[62] In Anbetracht dieser Rechtsprechung ist davon auszugehen, dass der Einsatz beherrschbarer Naturkräfte nicht mehr unmittelbar ohne Zwischenschaltung menschlicher Verstandeskräfte erfolgen muss, dass vielmehr auch die mittelbare Verwendung beherrschbarer Naturkräfte unter Einschaltung menschlicher Verstandesoperationen zur Annahme von Technizität ausreicht.[63]

53 Zuletzt hat der BGH in der Entscheidung »Steuerungseinrichtung für Untersuchungsmodalitäten«[64] ausdrücklich festgestellt, dass die Kerntheorie als Kriterium für die Feststellung des Technizitätserfordernisses mit der Entscheidung »Tauchcomputer« aufgegeben wurde. Die Verarbeitung, Speicherung und Übermittlung von Daten mittels eines technischen Geräts genügen für die Bejahung der Technizität. Ob Kombinationen technischer und nichttechnischer Merkmale patentfähig seien, sei daher allein eine Frage der erfinderischen Tätigkeit. Der BGH stellt weiterhin fest, dass ein Computerprogramm oder ein durch Software realisiertes Verfahren über die für die Patentfähigkeit unabdingbare Technizität

---

57 BGH GRUR Int. 2002, 323 (325) – Suche fehlerhafter Zeichenketten.
58 So auch BGH GRUR 2004, 667 (669) – Elektronischer Zahlungsverkehr; GRUR 2005, 141 (142) – Anbieten interaktiver Hilfe.
59 BGH GRUR 2005, 141 (142) – Anbieten interaktiver Hilfe.
60 BGH GRUR 2005, 141 (142) – Anbieten interaktiver Hilfe.
61 BGH GRUR 2005, 141 (142) – Anbieten interaktiver Hilfe.
62 BGH GRUR 2000, 498 (501) – Logikverifikation.
63 So *Stjerna* Mitt. 2005, 49 (51).
64 BGH GRUR 2009, 479 – Steuerungseinrichtung für Untersuchungsmodalitäten; vgl. dazu auch *Ensthaler* GRUR 2010, 1 ff.

hinaus verfahrensbestimmende Anweisungen enthalten muss, welche die Lösung eines konkreten technischen Problems mit technischen Mitteln zum Gegenstand haben. Nicht der Einsatz eines Computerprogramms selbst, sondern die Lösung eines Problems mithilfe eines programmierten Computers ist entscheidend, wobei die Lösung des technischen Problems neu und erfinderisch sein muss.

2. Zur Neuheit

Nach der vom Bundesgerichtshof bei der Beurteilung der Patentfähigkeit angewendeten Gesamtbetrachtungslehre sind technische und nicht-technische Merkmale der Erfindung als Einheit zu betrachten. **54**

Geht man im Einzelfall vom Vorliegen einer Erfindung aus, stellt sich bei dem Kriterium der **Neuheit** die Frage, ob auch eine Erfindung, die sich vom Stand der Technik nur in einem nicht-technischen Merkmal abhebt, als »neu« im Sinne des Patentgesetzes zu beurteilen ist. Der Bundesgerichtshof hat bislang zu dieser Frage unmittelbar keine Stellung genommen. Allerdings führt der Senat in der Entscheidung »Elektronischer Zahlungsverkehr« aus, Zweck des Patentrechts sei ausschließlich die Förderung erfinderischer Problemlösungen auf dem Gebiet der Technik.[65] Hieraus kann entnommen werden, dass auch nur Merkmale technischer Natur die Neuheit begründen können, sodass Erfindungen, die sich nur in einem nicht-technischen Merkmal vom Stand der Technik unterscheiden, nicht dem Patentschutz zugänglich sind.[66] **55**

3. Zur erfinderischen Tätigkeit

Dieselbe Frage stellt sich auch bei der Beurteilung der erfinderischen Tätigkeit, wenn die hierfür erforderliche Erfindungshöhe nur aus einem nicht-technischen Merkmal resultiert. Auch in diesem Aspekt bringt die Entscheidung »Elektronischer Zahlungsverkehr« Klarheit insoweit, als es hier um eine schutzwürdige Bereicherung der Technik geht, sodass nur die Erfindungen schutzfähig seien, die im Vergleich zum Stand der Technik auf einem erfinderischen Schritt beruhen.[67] Hieraus kann gefolgert werden, dass nur technische Merkmale die notwendige Erfindungshöhe herbeiführen. **56**

4. Ergebnisse

Der Stand der deutschen Rechtsprechung zu computerimplementierten Erfindungen kann demnach wie folgt charakterisiert werden: **57**
- Die Frage der **Technizität** der Erfindung sowie deren Neuheit und erfinderischer Tätigkeit sind strikt zu trennen;
- bei der Beurteilung der Patentfähigkeit erfolgt eine **Gesamtbetrachtung** der technischen und nicht-technischen Merkmale (sog. Gesamtbetrachtungslehre);
- entscheidend ist der dynamische **Technikbegriff**, d. h. der Einsatz beherrschbarer Naturkräfte ist nicht unmittelbar zur Erzielung eines Erfolges notwendig; ausreichend sind insofern auch technische Vorüberlegungen aufgrund des vorhandenen technischen Wissens sowie deren Umsetzung;
- die beanspruchte Lehre muss in ihren prägenden Anweisungen der Lösung eines konkreten technischen Problems mit technischen Mitteln dienen;
- auch Vorrichtungsansprüche müssen in ihren prägenden Anweisungen der Lösung eines konkreten technischen Problems dienen;

---

65 BGH GRUR 2004, 667 (669) – Elektronischer Zahlungsverkehr; zum Begriff des Standes der Technik vgl. *Osterrieth* Rn. 202.
66 Vgl. *Stjerna* Mitt. 2005, 49 (53).
67 BGH GRUR 2004, 667 (669) – Elektronischer Zahlungsverkehr.

- im Hinblick auf die Erfindungshöhe sind untechnische Merkmale wegen des Zweckes des Patentschutzes zum Schutz technischer Erfindungen unbeachtlich.

5. Entscheidungspraxis des Europäischen Patentamts

58 Zum Bereich computerimplementierter Erfindungen erging mit der Entscheidung »Vicom« im Juli 1986 die erste Grundsatzentscheidung.[68] Zwar beruhte der erfinderische Gedanke auf einer mathematischen Methode und war mathematisch beschreibbar, sodass der Ausschlusstatbestand des Art. 52 Abs. 2 Buchst. a) EPÜ anwendbar gewesen wäre. Aufgrund der Durchführung der Erfindung mittels eines Computerprogramms war zudem der Ausschlusstatbestand des Buchst. c) einschlägig. Die Beschwerdekammer nahm allerdings die Patentfähigkeit unter Rückgriff auf das Kriterium des technischen Beitrages an. Dieser lag darin, dass die mathematische Methode in einem technischen Verfahren verwendet wurde, das wiederum durch technische Mittel (z. B. Rechner mit Hardware) zur Erzeugung von physikalischen Erscheinungen (z. B. Bildpixel) führte. Entscheidend war, dass die durch die mathematische Methode geschaffenen Daten Veränderungen physikalischer Erscheinungen erzeugten und dass der Gegenstand des technischen Verfahrens angegeben wurde.[69]

59 Die nächste Grundsatzentscheidung erfolgte 1987.[70] Die Beschwerdekammer führte aus, dass das eine Röntgeneinrichtung steuernde Ablaufprogramm in der Einrichtung eine technische Wirkung ausübt, indem die Röntgenröhren durch das Ablaufprogramm so gesteuert werden, dass eine Überbelastung der Röntgenrohren ausgeschlossen ist. Für die Frage der Patentfähigkeit komme es maßgeblich darauf an, ob die technische Wirkung erzielt werde.[71]

60 Des Weiteren lehnte die Beschwerdekammer die Anwendung der **Kerntheorie-Rechtsprechung** des Bundesgerichtshofes ab, da diese zum einen keine gesetzliche Grundlage im EPÜ habe und zudem in der praktischen Anwendung nur schwer realisierbar sei bzw. häufig ungerechte Ergebnisse hervorrufe. Sie vertrat vielmehr die Auffassung, die Erfindung sei in ihrer Gesamtheit der technischen und nicht-technischen Merkmale zu würdigen. Durch die Verwendung nicht-technischer Mittel könne der Erfindung keineswegs der technische Charakter genommen werden.[72] Das EPA vertrat insoweit schon frühzeitig die Gesamtbetrachtungslehre, der sich der Bundesgerichtshof erst in der Entscheidung »Tauchcomputer« 1992 ausdrücklich anschloss.

61 Die Entscheidung »Sohei« aus Mai 1994 stellte den nächsten Schritt in der Rechtsprechung der Beschwerdekammern dar.[73] Zunächst führte die Kammer aus, dass die Ausführung eines nicht patentfähigen, z. B. mathematischen Verfahrens auf einem Universalrechner mit konventioneller Hardware nicht patentfähig sei, da durch die Ausführung auf einem konventionellen Rechner kein technischer Beitrag zum relevanten Stand der Computer-Technik geleistet werde. Arbeite aber der Rechner aufgrund der Steuerung durch das Computerprogramm aus technischer Sicht andersartig, so werde ein technischer Beitrag zum Stand der Computer-Technik geleistet, der das Verfahren patentfähig mache.[74]

62 Zudem wurde klargestellt, dass durch technische Vorüberlegungen zu den Einzelheiten der Ausführung der Erfindung indiziert werde, dass eine technische Aufgabe gelöst werde und dass technische Merkmale zur Lösung derselben vorlägen.[75] Die Notwendigkeit tech-

---

68 EPA GRUR Int. 1987, 173 – Vicom; *Osterrieth* Rn. 142 ff.
69 EPA GRUR Int. 1987, 173 – Vicom, Entscheidungsgründe 5 und 7.
70 EPA GRUR Int. 1988, 585 – Röntgeneinrichtung.
71 EPA GRUR Int. 1988, 585 – Röntgeneinrichtung, Entscheidungsgründe 3.1 und 3.2.
72 EPA GRUR Int. 1988, 585 – Röntgeneinrichtung, Entscheidungsgrund 3.4.
73 EPA GRUR Int. 1995, 909 – Sohei.
74 EPA GRUR Int. 1995, 909 – Sohei, Entscheidungsgrund 3.3; vgl. auch GRUR Int. 1988, 585 – Röntgeneinrichtung, Entscheidungsgrund 3.3.
75 EPA GRUR Int. 1995, 909 – Sohei, Entscheidungsgrund 3.3.

II. Schutzvoraussetzungen für computerimplementierte Erfindungen

nischer Vorüberlegungen lasse demnach den Schluss auf den technischen Charakter und damit die Patentfähigkeit der Erfindung zu.

Einen weiteren Schritt in der Entwicklung brachte die Entscheidung »Computerprogrammprodukt/IBM« aus dem Jahr 1998.[76] Nach einem Hinweis der Beschwerdeführerin auf die Erteilungspraxis in den USA und in Japan wurde zunächst ausdrücklich festgestellt, dass die Rechtslage aufgrund der Regelungen des Art. 52 Abs. 2 und 3 EPÜ unter dem europäischen Rechtssystem eine vollkommen andere im Vergleich zu der in den USA und in Japan sei, dass die Erteilungspraxis in den USA und Japan aber hilfreiche Hinweise auf dem Weg zu einer Harmonisierung gäbe.[77] 63

Im weiteren Verlauf der Entscheidung ging es konkret um die Auslegung der Wendung Computerprogramm »als solche«. Hierzu wurde auf die Notwendigkeit eines technischen Charakters einer Erfindung als wesentliche Patentierungsvoraussetzung verwiesen, sodass nur Computerprogramme mit einem technischen Charakter als patentfähige Erfindungen angesehen werden könnten.[78] Allerdings bestünde das maßgebliche Problem in der Bestimmung des Begriffes »technischer Charakter«. In Anknüpfung an ähnliche Ausführungen in den Entscheidungen »Röntgeneinrichtung« sowie »Sohei« wurde diesbezüglich gesagt, dass die bei Ausführung von Programmbefehlen auftretenden physikalischen Veränderungen in der Hardware nicht per se den technischen Charakter ausmachen könnten, da diese Veränderungen bei Computerprogrammen mit und ohne technischen Charakter aufträten. Der technische Charakter entstehe erst durch das Auftreten weiterer Effekte technischer Art, die mit der Ausführung der Programmbefehle hervorgerufen würden.[79] 64

Festgestellt wurde letztlich auch, dass ein Computerprogrammprodukt einen zuvor beschriebenen technischen Charakter aufweist, wenn dieser weitere technische Effekt unmittelbar hervorgerufen wird, als auch dann, wenn das Programm lediglich das Potenzial zur Herbeiführung des Effektes aufweist.[80] 65

Besonders hervorzuheben ist allerdings der Hinweis der Kammer, dass der weitere technische Effekt, wenn es um die Markierung der Grenzen des Patentierungsverbotes geht, auch aus dem Stand der Technik bekannt sein könne. Hieraus wird in dieser Entscheidung erstmals gefolgert, dass der technische Beitrag weniger ein geeignetes Mittel zur Entscheidung über den Patentierungsausschluss darstelle, als vielmehr zur Prüfung der Neuheit und der erfinderischen Tätigkeit.[81] 66

Den letztgenannten Aspekt hat die Beschwerdekammer in der Entscheidung »Steuerung eines Pensionssystems« aufgegriffen.[82] Die Kammer führt hierin aus, dass gem. ständiger Rechtsprechung der **technische Charakter der Erfindung** ein implizites Erfordernis des EPÜ sei, um von einer Erfindung im Sinne des Art. 52 Abs. 1 EPÜ ausgehen zu können. Allerdings betont sie die Unbestimmtheit der Begriffe »technischer Charakter« und »Erfindung« und stellt fest, dass es im EPÜ keine Rechtsgrundlage dafür gebe, bei der Prüfung auf Erfindungscharakter im Sinne des Art. 52 Abs. 1 EPÜ zwischen »neuen« Merkmalen und Merkmalen gem. dem Stand der Technik zu unterscheiden, sodass auch jeglicher Ansatz fehle, insoweit einen technischen Beitrag zu fordern.[83] Im Hinblick auf die vorgenannten Äußerungen nimmt das EPA vollumfänglich Bezug auf die BGH-Entscheidung »Sprach- 67

---

76 EPA GRUR Int. 1999, 1053 – Computerprogrammprodukt/IBM.
77 EPA GRUR Int. 1999, 1053 – Computerprogrammprodukt/IBM, Entscheidungsgründe 2.5 und 2.6.
78 EPA GRUR Int. 1999, 1053 – Computerprogrammprodukt/IBM, Entscheidungsgründe 5.1 bis 5.3.
79 EPA GRUR Int. 1999, 1053 – Computerprogrammprodukt/IBM, Entscheidungsgründe 6.2. bis 6.4.
80 EPA GRUR Int. 1999, 1053 – Computerprogrammprodukt/IBM, Entscheidungsgründe 9.4.
81 EPA GRUR Int. 1999, 1053 – Computerprogrammprodukt/IBM, Entscheidungsgrund 8.
82 EPA GRUR Int. 2002, 87 – Steuerung eines Pensionssystems.
83 EPA GRUR Int. 2002, 87 (90) – Steuerung eines Pensionssystems.

analyseeinrichtung«,[84] in der der erkennende Senat ebenfalls die Unbestimmtheit des »technischen Charakters« herausstellte und daraus die entsprechenden zitierten Schlüsse zog.

68 Eine weitere Entwicklung stellt die Entscheidung »Comvik« aus September 2002 dar.[85] Hierbei ging es um die Prüfung der erfinderischen Tätigkeit einer Erfindung im Sinne des Art. 56 EPÜ. Die Beschwerdekammer stellt heraus, dass die rechtliche Definition des Art. 56 EPÜ im Zusammenhang mit den übrigen Patentierbarkeitsvoraussetzungen der Art. 52 bis 57 EPÜ gesehen werden müsse, die unter anderem als allgemeinen Grundsatz enthielten, dass eine Erfindung im Sinne des EPÜ technischen Charakter aufweisen müsse.[86]

Hieraus wird erkennbar, dass das EPA den technischen Charakter zumindest noch vorläufig auch bei der Prüfung auf Erfindungseigenschaft im Sinne des Art. 52 Abs. 1 EPÜ prüft. Anders ist jedenfalls die Aussage, nach einem allgemeinen Erfordernis müsse eine Erfindung technischen Charakter aufweisen,[87] nicht zu verstehen.

69 Zu einer weitgehenden Klärung der Position des Europäischen Patentamts hat zuletzt die Entscheidung der Beschwerdekammer in Sachen Auktionsverfahren/HITACHI geführt.[88] Die Beschwerdekammer hat in einem Fall, in dem es um eine Methode zur automatisierten Durchführung einer Auktion auf einem Computernetzwerk ging, der beanspruchten Lehre die notwendige Technizität zugebilligt, im Ergebnis aber die Patentierung wegen mangelnder Erfindungshöhe abgelehnt. Das EPA hat hierbei einen weiten, großzügigen Erfindungsbegriff zugrundegelegt und bei den geltend gemachten Verfahrensansprüchen der Erfindung die Technizität verleihenden Merkmale darin gesehen, dass in dem Auktionsverfahren Server-Computer und Client-Computer als zweifellos technisch zu beurteilende Komponenten in das Verfahren einbezogen waren und diesem damit die notwendig Technizität gegeben haben. Wiebe/Heidinger bringen diese Ansicht prägnant auf den Punkt: Ein Computerprogramm ist »technisch« im Sinne des Patentrechts, weil es bei der Ausführung der Programmbefehle physikalische Veränderungen der Hardware bewirkt.[89]

70 Folgt man dieser Ansicht, stellt sich spätestens im Rahmen der Frage der Beurteilung der erfinderischen Tätigkeit das Problem der Qualifizierung der Erfindung als technischer Beitrag zum Stande der Technik. Auf dieses Kriterium verlagert sich der nunmehrige Schwerpunkt der Patentprüfung. Gerade im Fall der weiten Auslegung des Erfindungsbegriffs bedarf es mehr denn je eines kritischen Filters, um zu vermeiden, dass alle Verfahren, bei denen technische Mittel zum Einsatz kommen, als patentfähig erachtet werden. Nicht zuletzt zum Zwecke der Vermeidung sog. Trivialpatente wird man an das Erfordernis der erfinderischen Tätigkeit nicht zu niedrige Anforderungen stellen dürfen. Diese Beurteilung kann jedoch nur stets in jedem Einzelfall vorgenommen werden.

III. Wirkung des Patents

1. Unmittelbare Benutzung

71 Nach § 9 S. 1 PatG hat das Patent die Wirkung, dass allein der Patentinhaber befugt ist, die patentierte Erfindung zu benutzen.[90] Jedem Dritten ist es verboten, ohne seine Zustimmung ein Erzeugnis, das Gegenstand des Patents ist, herzustellen, anzubieten, in Verkehr zu brin-

---

84 EPA GRUR Int. 2002, 87 (90) – Steuerung eines Pensionssystems.
85 EPA GRUR Int. 2003, 852 – Comvik.
86 EPA GRUR Int. 2003, 852 – Comvik, Entscheidungsgrund 3; vgl. auch Entscheidungsgrund 6.
87 EPA GRUR Int. 2003, 852 – Comvik, Entscheidungsgrund 6.
88 EPA GRUR Int. 2005, 332 – Auktionsverfahren/HITACHI.
89 *Wiebe/Heidinge* GRUR 2006, 177 (178).
90 *Osterrieth* Rn. 241, 242 ff.

gen oder zu gebrauchen oder zu den genannten Zwecken entweder einzuführen oder zu besitzen. Wenn Gegenstand des Patents ein Verfahren ist – was bei computerimplementierten Erfindungen der Fall sein kann – ist es gleichermaßen jedem Dritten verboten, das Verfahren anzuwenden oder, wenn der Dritte weiß oder es aufgrund der Umstände offensichtlich ist, dass die Anwendung des Verfahrens ohne Zustimmung des Patentinhabers verboten ist, das Verfahren zur Anwendung im Geltungsbereich des Gesetzes anzubieten.

Das in § 9 S. 1 PatG begründete Benutzungsrecht ist nicht im Sinne einer allumfassenden und uneingeschränkten **Benutzungserlaubnis** zu verstehen, vielmehr unterliegt das Benutzungsrecht gegebenenfalls öffentlich-rechtlichen Genehmigungserfordernissen, aber auch Rechten Dritter, wie etwa Patentrechten Dritter, wenn seine Benutzung in den Schutzbereich fremder Schutzrechte eingreifen sollte. Man spricht in diesen Fällen von einem abhängigen Patent. **72**

Die Wirkungen nach § 9 PatG treten mit der **Veröffentlichung** der Patentschrift im Patentblatt ein (§ 58 Abs. 1 S. 3 PatG) und gelten nur für die vom Deutschen Patent- und Markenamt oder vom Europäischen Patentamt für die Bundesrepublik Deutschland erteilten Patente, Art. 64 Abs. 1, 97 Abs. 4 EPÜ. Auf die Rechtskraft des Erteilungsbeschlusses kommt es nicht an. Einspruch, Beschwerde oder Rechtsbeschwerde haben hinsichtlich der Schutzwirkung des Patents keine aufschiebende Wirkung. Bei europäischen Patenten ist jedoch zu beachten, dass der Eintritt der Wirkung von der Einreichung einer Übersetzung der Patentschrift in die Deutsche Sprache abhängt, Art. II § 3 IntPatÜG. **73**

Die Rechtsprechung versteht den Begriff des **Herstellens** im umfassenden Sinne.[91] Alle Tätigkeiten, durch die das Erzeugnis geschaffen wird, sind von dem Begriff mit umfasst – es kommt nicht allein auf den letzten Tätigkeitsakt an. Und auch die Herstellung von Teilen eines insgesamt patentgeschützten Erzeugnisses kann eine vorbehaltene Benutzungshandlung darstellen, wenn die Teile nach ihrer Beschaffenheit und ihrer Beziehung zu dem geschützten Gegenstand als erfindungsfunktionell individualisierte Teile beschrieben werden können.[92] So kann durchaus allein die Herstellung eines Computerprogramms zum Zwecke der Implementierung desselben in eine computerimplementierte Erfindung einen ersten, maßgeblichen Akt der Herstellung eines patentierten Erzeugnisses darstellen. Vom Begriff der Herstellung ist der Begriff der **Reparatur** abzugrenzen. Hierbei kommt es unter anderem mit darauf an, ob es sich bei den der Reparatur unterliegenden Teilen um solche handelt, mit deren Austausch üblicherweise während der Lebensdauer der Vorrichtung gerechnet werden muss oder ob es sich um Maßnahmen handelt, die die Lebensdauer der Vorrichtung erheblich verlängern.[93] **74**

Auch das **Anbieten** eines patentierten Erzeugnisses stellt eine selbstständige Benutzungshandlung dar.[94] Es kommt in diesem Zusammenhang nicht darauf an, ob das angebotene Erzeugnis entgeltlich oder unentgeltlich angeboten wird oder ob es bereits vollständig hergestellt wurde. **75**

Wenn das Erzeugnis noch nicht hergestellt ist, ist zum Nachweis einer Patentverletzung jedoch erforderlich, dass sich zumindest aus dem Angebot die technische Spezifizierung des **76**

---

[91] BGHZ 2, 387 (391) – Mülltonne II; Benkard/*Scharen*, PatG, § 9 Rn. 32 ff.; LG Düsseldorf GRUR-RR 2001, 201 – Cam-Carpet.
[92] BGH GRUR 1971, 78 (80) – Dia-Rähmchen V; GRUR 1961, 466 (469) – Gewinderollkopf; GRUR 1977, 250 (252) – Kunststoffhohlprofil.
[93] BGH GRUR 1959, 232 (235) – Förderrinne; Benkard/*Scharen*, PatG, § 9 Rn. 38; BGH GRUR 2006, 837 (838) – Laufkranz; GRUR 1973, 518 (520) – Spielautomat II; GRUR 2004, 758 (762) – Flügelradzähler; ausf. zur Abgrenzung BGH GRUR 2007, 769 – Pipettensystem.
[94] BGH GRUR 1970, 358 (360) – Heißläuferdetektor; GRUR 1960, 423 (425) – KreuzbodenventilsäckeI; GRUR 1969, 35 (36) – Europareise; LG Düsseldorf GRUR 1953, 285; BGH GRUR 2003, 1031 (1032) – Kupplung für optische Geräte; GRUR 2005, 665 (667) – Radschützer.

angebotenen Erzeugnisses mit der Deutlichkeit ergibt, die erforderlich ist, um auf der Grundlage der Beschreibung die Patentverletzung tatsächlich auch nachvollziehbar begründen zu können. Daneben begründen auch das bloße Inverkehrbringen, der Gebrauch und die Einfuhr wie auch der Besitz eine Patentverletzung. Insbesondere bei computerimplementierten Erfindungen kommt der Patentverletzung durch Einfuhr von komplexen Gegenständen, in denen eine computerimplementierte Erfindung in einer Komponente verwirklicht wurde, eine hohe praktische Bedeutung zu. Häufig werden nicht zuletzt Vertriebsunternehmen von Zollbeschlagnahmeverfahren betroffen, die sich auf die Verletzung von Patenten beziehen, ohne dass der Importeur im Einzelfall Kenntnis von den technischen Umständen und insbesondere den technischen Details bestimmter Komponenten hat.

77 Softwarebezogene Erfindungen sind häufig in **Verfahrenspatenten** implementiert. Bei Verfahrenspatenten wird herkömmlich zwischen Herstellungs- und bloßem Arbeitsverfahren unterschieden.[95] In beiden Fällen spielen Software-Komponenten im Rahmen der Automatisierung bestimmter Vorgänge eine erhebliche praktische Rolle. Schutzgegenstand eines Verfahrenspatents ist die Benutzung des Verfahrens selbst unabhängig von dem mit der Verwendung des Verfahrens intendierten Erzeugnisses. Andererseits erstreckt der Gesetzgeber den Schutz eines Verfahrenspatents nach § 9 Satz 2 Nr. 3 PatG zugleich auf das in Anwendung des geschützten Verfahrens unmittelbar hergestellte Erzeugnis und ordnet das Recht, dieses Erzeugnis anzubieten, in Verkehr zu bringen, zu gebrauchen, einzuführen oder zu besitzen allein dem Patentinhaber zu, vgl. hierzu auch Art. 64 Abs. 2 EPÜ. Grund für die Erstreckung des Patentschutzes auf durch das Verfahren unmittelbar hergestellte Erzeugnisse ist die Erkenntnis, dass dem Patentinhaber nur auf diese Weise ein effizienter Rechtsschutz im Fall der Verletzung des Verfahrenspatents eingeräumt wird. Könnte der Patentverletzer damit rechnen, die in Anwendung eines geschützten Verfahrens ohne Zustimmung des Patentinhabers hergestellten Gegenstände als patentfreie Erzeugnisse ungehindert anzubieten und in Verkehr zu bringen, würde das Verfahrenspatent einen wesentlichen Teil seiner abschreckenden Wirkung verlieren. Insoweit wird allgemein von einem bedingten Erzeugnisschutz des Verfahrenspatents gesprochen.[96]

2. Mittelbare Benutzung

78 Neben der unmittelbaren Wirkung des Patents nach § 9 PatG kommt der sog. **mittelbaren Patentverletzung** nach § 10 PatG auch bei computerimplementierten Erfindungen eine hohe praktische Bedeutung zu. Nach § 10 PatG[97] hat das Patent darüber hinaus die Wirkung, dass es jedem Dritten verboten ist, ohne Zustimmung des Patentinhabers im Geltungsbereich des Gesetzes anderen als zur Bestimmung der patentierten Erfindung berechtigten Personen Mittel, die sich auf ein wesentliches Element der Erfindung beziehen, zur Benutzung der Erfindung anzubieten oder zu liefern, wenn der Dritte weiß oder es aufgrund der Umstände offensichtlich ist, dass diese Mittel dazu geeignet und bestimmt sind, für die Benutzung der Erfindung verwendet zu werden.

79 § 10 PatG erstreckt daher die Wirkung des Patents auf das Anbieten oder auf das Liefern von Mitteln, häufig ihrerseits Komponenten, wie etwa Softwarekomponenten komplexer Erzeugnisse, die es dem Lieferungsempfänger bzw. dem Adressaten des Angebots ermöglichen, die patentierte Erfindung zu nutzen. Die hohe praktische Bedeutung der mittelbaren Patentverletzung liegt indessen darin, dass sie nicht voraussetzt, dass dem Lieferungs- bzw. Angebotsempfänger dieser Mittel tatsächlich eine unmittelbare Patentverletzung im Sinne

---

95 Schulte/*Kühnen* § 9 Rn. 66; *Osterrieth* Rn. 251.
96 BGH GRUR 1969, 672 (674) – Rote Taube; OLG Düsseldorf GRUR 1963, 78 (80) – Metallspritzverfahren II; Benkard/*Scharen*, PatG, § 9 Rn. 51.
97 *Osterrieth* Rn. 254 ff.

von § 9 PatG nachgewiesen werden muss. § 10 PatG ist insoweit als Gefährdungstatbestand konzipiert, mit dem Ziel, die unmittelbare Patentverletzung bereits im Vorfeld zu verhindern.[98] Der in § 10 PatG verwendete Begriff der »Mittel« ist weit zu fassen und es ist kaum ein Gegenstand denkbar, der nicht Element einer Erfindung sein kann. Hinsichtlich seiner Zweckbestimmung ist der Begriff jedoch eng zu fassen, da nur solche Mittel in Betracht kommen, die sich auf ein wesentliches Element der Erfindung beziehen.[99] Nach Ansicht des BGH ist dies bereits dann der Fall, wenn das Mittel geeignet ist, mit einem solchen Element bei der Verwirklichung des geschützten Erfindungsgedankens funktional zusammenzuwirken.[100] Ausgeschlossen sind danach nur solche Mittel, die zur Verwirklichung der technischen Lehre der Erfindung nichts beitragen, wobei ein völlig untergeordnetes Merkmal als nicht wesentliches Element der Erfindung außer Betracht zu lassen sein kann, wenn es zur erfindungsgemäßen Lösung des dem Patent zugrunde liegenden technischen Problems nichts beiträgt.[101]

Systementwickler, die Softwarekomponenten liefern, die von Dritten in Erzeugnisse implementiert werden, die ihrerseits Gegenstand eines Patentschutzes sind, müssen daher im Einzelfall damit rechnen, einem Verfolgungsrisiko ausgesetzt zu sein, wobei allerdings nach ständiger Rechtsprechung des Bundesgerichtshof aufseiten des Anbieters/Lieferanten, etwa einer Softwarekomponente, positives Wissen von der Eignung und Bestimmung des Mittels durch den Belieferten vorliegen muss.[102] Über die Bestimmung des Mittels, das heißt etwa seine Verwendung im Zusammenhang mit der Herstellung eines Erzeugnisses, welches Gegenstand des Patentschutzes ist, entscheidet jedoch letztlich der Belieferte. Die Bestimmung zur Benutzung der Erfindung setzt somit einen besonderen Handlungswillen des Abnehmers voraus. Allerdings lässt es die Rechtsprechung ausreichen, wenn eine Bestimmung der Mittel zur patentverletzenden Verwendung für den Dritten den Umständen nach offensichtlich ist. Dies rechtfertigt es nach Auffassung des Bundesgerichtshofes, den Tatbestand der mittelbaren Patentverletzung bereits dann als verwirklicht anzusehen, wenn aus der Sicht des Dritten bei objektiver Betrachtung nach den Umständen die hinreichend sichere Erwartung besteht, dass der Abnehmer die angebotenen oder gelieferten Mittel zur patentverletzenden Verwendung bestimmen wird.[103] Sowohl die objektiven als auch die subjektiven Voraussetzungen müssen im Zeitpunkt des Angebots oder der Lieferung vorliegen.[104] **80**

§ 10 PatG erfasst nur das Anbieten und Liefern im Inland und trägt damit dem Territorialitätsgrundsatz Rechnung. Folge hiervon ist, dass nicht nur die Handlung selbst im Inland erfolgen, sondern auch der bezweckte Erfolg im Inland eintreten muss. Bezweckt das Angebot eine Lieferung ins Ausland, kann durch die Belieferung keine Patentverletzung im Inland, sondern allenfalls eine Verletzung nach dem Patentrecht des Bestimmungslandes herbeigeführt werden. Der doppelte Inlandsbezug ist jedoch gegeben, wenn Mittel, die sich auf ein wesentliches Element der Erfindung beziehen, ins Ausland geliefert werden, wenn sie dort zur Herstellung eines erfindungsgemäßen Erzeugnisses beitragen sollen, welches seinerseits wiederum zur Lieferung nach Deutschland bestimmt ist, und wenn dies dem Lieferanten bekannt oder jedenfalls nach den Umständen offensichtlich war.[105] **81**

---

98 Benkard/*Scharen*, PatG, § 10 Rn. 2; BGH GRUR 1961, 627 – Metallspritzverfahren.
99 Benkard/*Scharen*, PatG, § 10 Rn. 4 ff.; *Mes* § 10 Rn. 13; BGH GRUR 2004, 758 (760) – Flügelradzähler; GRUR 2005, 848 (851) – Antriebsscheibenaufzug; GRUR 2006, 839 (841) – Deckenheizung.
100 BGH GRUR 2004, 758 (760 f.) – Flügelradzähler.
101 BGH GRUR 2004, 758 (761) – Flügelradzähler; BGH GRUR 2007, 769 – Pipettensystem.
102 BGH GRUR 2005, 848 – Antriebsscheibenaufzug.
103 BGH GRUR 2006, 839 (841) – Deckenheizung.
104 BGH GRUR 2007, 679 – Haubenstretchautomat.
105 BGH GRUR 2007, 430 – Funkuhr II.

IV. Ansprüche im Fall einer Patentverletzung

1. Grundlagen

82 Die im Fall einer Patentverletzung den Berechtigten zustehenden zivilrechtlichen Ansprüche sind in den §§ 139–141 PatG geregelt. Strafrechtliche Sanktionen sind in § 142 PatG aufgeführt.[106] Die sog. Enforcement-Richtlinie[107] hat mit ihrer Umsetzung zum 01.09.2008 zu zahlreichen Änderungen der §§ 139 ff. PatG geführt und deren Anwendungsbereich teilweise erweitert. Mit dem Rückruf- und Entfernungsanspruch nach § 140a Abs. 3 PatG und dem Anspruch auf Urteilsveröffentlichung in § 140e PatG sind darüber hinaus gänzlich neue Anspruchsgrundlagen in das PatG eingefügt worden.

83 Die genannten Sanktionen gelten für den Fall einer Verletzung jedes deutschen Patents sowie jedes europäischen Patents, das mit Wirkung für die Bundesrepublik Deutschland erteilt wurde (Art. 2, Art. 62 EPÜ, Art. II § 1 ff. IntPatÜG). Die Aktivlegitimation für die in den §§ 139 ff. PatG geregelten Ansprüche steht sowohl dem Patentinhaber, als auch dem ausschließlichen Lizenznehmer zu.

2. Unterlassungsanspruch

84 Dem Geschädigten steht nach § 139 Abs. 1 PatG zunächst ein – verschuldensunabhängiger – Unterlassungsanspruch zu.[108] Zur Geltendmachung des Unterlassungsanspruches ist das Vorliegen einer sog. Erstbegehungsgefahr ausreichend.

3. Schadensersatzanspruch

85 Nach § 139 Abs. 2 PatG steht dem Geschädigten ein – verschuldensabhängiger – Schadensersatzanspruch zu, wobei die Rechtsprechung hinsichtlich des Verschuldens strenge Maßstäbe anlegt.[109] Auch derjenige, der sich zuvor rechtskundigen Rat eingeholt hat, handelt zumindest fahrlässig, wenn entgegen der Sachverständigenbegutachtung das Gericht auf das Vorliegen einer Patentverletzung entscheiden sollte.

86 Dem Verletzten stehen zur Berechnung der Höhe des Schadensersatzanspruches wahlweise drei unterschiedliche **Berechnungsmethoden** zur Verfügung:
- Berechnung nach der Lizenzanalogie
- Herausgabe des Verletzergewinns
- entgangener Gewinn.

Im Einzelnen:

87 In der Praxis kommt der Berechnungsmethode der **Lizenzanalogie** die größte Bedeutung zu.[110] Sie ist gewohnheitsrechtlich als Berechnungsart für den Schadensersatz anerkannt. Die Schadensberechnung beruht auf der Überlegung, dass sich der Verletzte durch die unerlaubte Benutzung des Schutzrechts einen geldwerten Vorteil geschaffen hat, dessen Höhe dadurch ermittelt werden kann, dass festgestellt wird, welche Lizenzgebühr im Fall einer

---

106 *Osterrieth* Rn. 421 ff.; *Busche* Mitt. 1999, 161; *Busche* in: FS König, S. 49; *Engel* GRUR 2001, 897; *Grabinski* GRUR 1998, 857; *ders.* GRUR 2006, 714; *v. Falck* in: FS Deutsche Vereinigung für gewerblichen Rechtsschutz und Urheberrecht, S. 543; *ders.* GRUR 1998, 218; Benkard/*Rogge/Grabinski*, PatG, § 142 Rn. 1 ff.; Schulte/*Kühnen* § 142 Rn. 1 ff.; *Mes* § 142 Rn. 1 ff.; Busse/*Keukenschrijver* § 142 Rn. 1 ff.; *Kraßer* § 38.
107 Hierzu bereits oben Rdn. 14.
108 Benkard/*Rogge/Grabinski*, PatG, § 139 Rn. 27 ff.; Schulte/*Kühnen* § 139 Rn. 30 ff.; *Mes* § 139 Rn. 31 ff.; Busse/*Keukenschrijver* § 139 Rn. 35 ff.; *Kraßer* § 35 I; *Osterrieth* Rn. 471.
109 Benkard/*Rogge/Grabinski*, PatG, § 139 Rn. 39 ff.; Schulte/*Kühnen* § 139 Rn. 60 ff.; *Mes* § 139 Rn. 61 ff.; Busse/*Keukenschrijver* § 139 Rn. 85 ff.; *Kraßer* § 35 II. u. IV; *Osterrieth* Rn. 472.
110 *Osterrieth* Rn. 474 ff.

erlaubten Benutzung hätte gezahlt werden müssen. Die Ermittlung der für die in Rede stehende Technologie angemessene Vergütung erfolgt häufig aufgrund eines Sachverständigengutachtens. Anhaltspunkte für in einzelnen Branchen übliche Lizenzsätze können aus dem Arbeitnehmererfindungsrecht gewonnen werden.

Daneben findet die Berechnungsmethode der **Herausgabe des Verletzergewinns** zunehmend Anwendung. Dies gilt umso mehr, als nach der Rechtsprechung des Bundesgerichtshofs in Abkehr einer früheren Rechtsprechung bei der Berechnung des Verletzergewinns Gewinn mindernde Vollkostenberechnungen nicht mehr zugelassen werden und Gemeinkosten, die nicht spezifisch durch die Verletzungshandlungen verursacht wurden, nicht Gewinn mindernd berücksichtigt werden können.[111] Gleichwohl ist in der Regel nur in den seltensten Fällen der volle Verletzergewinn herauszugeben, da nach der Rechtsprechung im Rahmen von Kausalitätserwägungen in jedem Einzelfall zu prüfen ist, ob der Umsatz – und damit auch der Verletzergewinn – im Wesentlichen aufgrund des Umstandes erzielt worden ist, dass die patentverletzenden Gegenstände in schutzrechtsverletzender Weise hergestellt wurden. Dies wird bei komplexeren Gegenständen, bei denen sich der Patentschutz nur auf einzelne Komponenten erstreckt, in der Regel nicht der Fall sein. Nur in den Fällen, in denen das Patent das Gesamterzeugnis als solches erfasst, kommt eine Herausgabe des vollen Verletzergewinns infrage.[112] 88

Grundsätzlich ist der Verletzte berechtigt, innerhalb einer Lieferkette von allen Lieferanten in dieser Kette die Herausgabe des jeweils erzielten Gewinns als Schadensersatz zu fordern. Der jeweilig herauszugebende Gewinn wird indes durch diejenigen Ersatzzahlungen gemindert, welche der Lieferant seinen Abnehmern wegen deren Inanspruchnahme durch den Verletzten erbringt.[113]

Die Schadensersatzberechnung aufgrund des dem Verletzten tatsächlich **entgangenen Gewinns** spielt in der Praxis nur eine untergeordnete Rolle, da der Verletzte in diesem Fall seine Kalkulation zu offenbaren hat und im Übrigen auch hier im Rahmen von Kausalitätserwägungen geprüft wird, ob tatsächlich allein der Sachverhalt der Patentverletzung für den eingetretenen Schaden verantwortlich ist.[114] 89

4. Entschädigungsanspruch für angemeldete Erfindungen

Nach § 33 Abs. 1 PatG steht dem Berechtigten von dem Zeitpunkt der Offenlegung der Patentanmeldung an ein **Entschädigungsanspruch** zu, der sich gegen denjenigen richtet, der den Gegenstand der Anmeldung benutzt hat, obwohl er wusste oder wissen musste, dass die von ihm benutzte Erfindung Gegenstand einer Anmeldung war.[115] Nach Art. II § 1a Abs. 1 IntPatÜG gilt der Entschädigungsanspruch auch für den Fall der Veröffentlichung einer europäischen Patentanmeldung, mit der für die Bundesrepublik Deutschland Schutz begehrt wird, jedoch mit der Maßgabe, dass die europäische Patentanmeldung in deutscher Sprache veröffentlicht wurde oder der Anmelder dem Benutzer der Erfindung eine Übersetzung übermittelt hat. 90

---

111 BGH GRUR 2001, 329 (331) – Gemeinkostenanteil; vgl. dazu ausf. *Grabinski* GRUR 2009, 260; *Haft/Lunze* Mitt. 2006, S. 193 ff.
112 OLG Düsseldorf InstGE 5, 251 – Lifter.
113 BGH GRUR 2009, 856 – Tripp-Trapp-Stuhl.
114 Benkard/*Rogge/Grabinski*, PatG, § 139 Rn. 39 ff.; Schulte/*Kühnen* § 139 Rn. 95 ff.; *Mes* § 139 Rn. 61 ff.; Busse/*Keukenschrijver* § 139 Rn. 85 ff.; *Kraßer* § 35 II. und IV.
115 Benkard/*Schäfers*, PatG, § 33 Rn. 1 ff.; Schulte/*Kühnen* § 33 Rn. 1 ff.; *Mes* § 33 Rn. 1 ff.; Busse/*Keukenschrijver* § 33 Rn. 1 ff.; *Kraßer* § 37; *Osterrieth* Rn. 487.

5. Bereicherungsanspruch

91 Neben den im Patentgesetz ausdrücklich geregelten Vorschriften bleiben die allgemeinen Grundsätze insbesondere des Bereicherungsrechts nach § 812 BGB unberührt.[116] Dies gilt insbesondere für Fallkonstellationen, in denen der Schadensersatzanspruch verjährt ist. Der **Bereicherungsanspruch** wird nach der Rechtsprechung nach den Grundsätzen der Lizenzanalogie berechnet.

6. Sonstige Ansprüche

92 Daneben regelt § 140b PatG einen **Auskunftsanspruch** des Berechtigten gegenüber dem Verletzer auf unverzügliche Auskunft über die Herkunft und den Vertriebsweg des Erzeugnisses.[117] Im Rahmen dieser Auskunft hat der Verpflichtete Angaben zu machen über Namen und Anschrift des Herstellers, des Lieferanten und anderer Vorbesitzer der Erzeugnisse, der gewerblichen Abnehmer oder Auftraggeber, über die Menge der hergestellten, ausgelieferten, erhaltenen oder bestellten Erzeugnisse sowie über die Preise, die für die betreffenden Erzeugnisse oder Dienstleistungen gezahlt wurden (§ 140 Abs. 3 PatG). Der im Zuge der Enforcement-Richtlinie neu eingeführte Abs. 2 der Vorschrift regelt unter besonderen Voraussetzungen einen Auskunftsanspruch auch gegen Dritte.

93 Nach Maßgabe des 140a PatG steht dem Berechtigten weiterhin ein **Anspruch auf Vernichtung** der patentverletzenden Gegenstände zu.[118]

In § 140a Abs. 3 PatG neu eingeführt wurde der **Rückruf-** und **Entfernungsanspruch**, welcher es dem Berechtigten ermöglicht, vom Verletzer den Rückruf bzw. die endgültige Entfernung solcher Erzeugnisse zu verlangen, die bereits von ihm auf den Markt gebracht wurden, sich aber noch in der nachgelagerten Vertriebskette befinden.[119]

94 Ebenfalls im Rahmen der Enforcement-Richtlinie neu eingeführt wurde der **Anspruch auf Veröffentlichung des rechtskräftigen Urteils**, § 140e PatG. Hiernach kann auf Antrag der obsiegenden Partei – also sowohl des Klägers als auch des Beklagten, je nach Ausgang des Rechtsstreits – im Urteil die Befugnis ausgesprochen werden, das Urteil auf Kosten der unterliegenden Partei bekannt zu machen, sofern ein entsprechendes berechtigtes Interesse dargelegt worden ist. Art und Umfang der Bekanntmachung sind dabei im Urteil zu bestimmen.

95 Darüber hinaus können in Anwendung der Bestimmungen des § 142a PatG sowie der EU-Verordnung 1383/2003 des Rates über das Vorgehen der Zollbehörden gegen Waren, die im Verdacht stehen, bestimmte Rechte geistigen Eigentums zu verletzen, patentverletzende Gegenstände durch die Zollbehörden beschlagnahmt werden.[120]

---

[116] Benkard/*Rogge/Grabinski*, PatG, § 139 Rn. 81 ff.; Schulte/*Kühnen* § 139 Rn. 161 ff.; *Mes* § 139 Rn. 101 ff.; Busse/*Keukenschrijver* § 139 Rn. 174 ff.; *Kraßer* § 35 III. u. IV. e); *Osterrieth* Rn. 489.
[117] Benkard/*Rogge/Grabinski*, PatG, § 140b Rn. 1 ff.; Schulte/*Kühnen* § 140b Rn. 1 ff.; *Mes* § 140b Rn. 1 ff.; Busse/*Keukenschrijver* § 140b Rn. 1 ff.; *Kraßer* § 35 I. c).
[118] Benkard/*Rogge/Grabinski*, PatG, § 140a Rn. 1 ff.; Schulte/*Kühnen* § 140a Rn. 1 ff.; *Mes* § 140a. Rn. 1 ff.; Busse/*Keukenschrijver* § 140a Rn. 1 ff.; *Kraßer* § 35 I. b).
[119] LG Düsseldorf Mitt. 2009, 469.
[120] Benkard/*Rogge/Grabinski*, PatG, § 142a Rn. 1 ff.; Schulte/*Kühnen* § 142a Rn. 1 ff.; *Mes* § 142a Rn. 1 ff.; Busse/*Keukenschrijver* § 142a Rn. 1 ff.; *Kraßer* § 36 X.

V. Grenzen der Schutzwirkung

1. Dauer des Patentschutzes

Der Patentschutz unterliegt nicht nur der territorialen Beschränkung[121] in Bezug auf das Hoheitsgebiet, für dessen Wirkung er erteilt wurde – vgl. zum Territorialitätsprinzip oben Rdn. 24 f., 28 ff. –, sondern unterliegt darüber hinaus der **zeitlichen Beschränkung**. Nach § 16 Abs. 1 S. 1 PatG, Art. 63 Abs. 1 EPÜ dauert der Patentschutz, beginnend mit dem Tag, der auf die Anmeldung der Erfindung folgt, 20 Jahre, vorausgesetzt, dass die Jahresgebühren nach § 17 PatG gezahlt werden.[122] Daraus folgt die Notwendigkeit, im Zusammenhang mit der Prüfung der Frage, ob die »freedom to act« durch Schutzrechte Dritter eingeschränkt ist, sich nicht nur inhaltlich mit der Bestimmung des Schutzbereichs zu befassen, sondern zunächst der Frage nachzugehen, ob das in Betracht gezogene Schutzrecht tatsächlich noch in Kraft ist.

96

Von der gesetzlichen Patentdauer ist die effektive Schutzdauer des Patents zu unterscheiden. Da die Wirkungen des Patents erst mit der Veröffentlichung der Patenterteilung, d. h. nach erfolgter Prüfung auf Patentfähigkeit durch das Patentamt eintreten – diese Prüfung kann bisweilen einen mehrjährigen Zeitraum in Anspruch nehmen –, die Schutzdauer jedoch mit dem Tage beginnt, der der Anmeldung folgt, ist die effektive Schutzdauer des Patents, d. h. der Zeitraum, für den Unterlassungs- und/oder Schadensersatzansprüche gegen Patentverletzer geltend gemacht werden können, zum Teil erheblich kürzer.

97

Für den Zeitraum zwischen Einreichung der Patentanmeldung und der Erteilung treten Wirkungen der Anmeldung nur insoweit in Kraft, als der Inhaber der Anmeldung berechtigt ist, von demjenigen, der den Gegenstand der Anmeldung benutzt, obwohl er wusste oder wissen musste, dass die von ihm benutzte Erfindung Gegenstand der Anmeldung war, nach § 33 PatG eine nach den Umständen angemessene Entschädigung verlangen kann. Nach der Rechtsprechung wird diese Entschädigung in Form einer Lizenzanalogie berechnet.

98

2. Vorzeitiges Erlöschen

Neben der territorialen und der zeitlichen Beschränkung des Patentschutzes ist die Möglichkeit des vorzeitigen Erlöschens des Patentschutzes nach § 20 PatG in Betracht zu ziehen. Danach kann das Patent vorzeitig erlöschen aufgrund eines Verzichts des Patentinhabers, § 20 Abs. 1 Ziff. 1 PatG,[123] einer nicht fristgerecht abgegebenen Erfinderbenennung nach §§ 37, 20 Abs. 1 Ziff. 2 PatG oder durch nicht rechtzeitige Zahlung der Jahresgebühr, § 20 Abs. 1 Ziff. 3 PatG. Von erheblicher praktischer Bedeutung sind daneben die Fälle, in denen der einmal eingetretene Patentschutz nachträglich mit ex nunc-Wirkung beseitigt oder eingeschränkt wird. Dies ist der Fall, wenn das Patent nach § 21 PatG ganz oder teilweise widerrufen wird (entspricht im Wesentlichen Art. 100 EPÜ). Die Widerrufsgründe können entweder im Einspruchsverfahren nach §§ 59 ff. PatG oder in einem gerichtlichen Nichtigkeitsverfahren nach § 81 PatG geltend gemacht werden.

99

Die **Widerrufsgründe** des § 21 PatG sind im Wesentlichen:
- **fehlende Patentfähigkeit** nach § 1–5 PatG, d. h. fehlende Neuheit, fehlende Erfindungshöhe oder fehlende gewerbliche Anwendbarkeit,
- nicht hinreichend deutliche oder **unvollständige Offenbarung** der Erfindung, sodass ein Fachmann nicht in der Lage ist, sie auszuführen,

100

---

121 BGH GRUR 1968, 195 (196) – Voran; BGHZ 23, 100 (106) – Taeschner-Pertussin; Benkard/*Scharen*, PatG, § 9 Rn. 11; *Osterrieth* Rn. 262.
122 *Osterrieth* Rn. 264.
123 BPatG GRUR 1994, 605 – Lizenzbereitschaftserklärung; *Osterrieth* Rn. 267 ff.

- **widerrechtliche Entnahme** des wesentlichen Inhalts des Patents aus Beschreibungen oder Zeichnungen eines Anderen,
- die **unzulässige Erweiterung** des Gegenstandes des Patents gegenüber dem Inhalt der ursprünglichen Anmeldung.

101 Von den sonstigen Grenzen der Wirkung des Patents sind für den Bereich der computerimplementierten Erfindungen im Wesentlichen die Benutzungshandlungen im privaten Bereich zu nicht gewerblichen Zwecken nach § 11 Ziff. 1 PatG von Relevanz. Die Beschränkung des Anwendungsbereichs auf den gewerblichen Bereich ergibt sich aus der gewerblichen Steuerungsfunktion des Patentsystems: Der Patentinhaber wird im Interesse der Allgemeinheit dafür belohnt, den Stand der Technik mit einer neuen Erfindung bereichert zu haben. In einer bloß privaten Nutzung einer patentgeschützten Lehre wird kein relevanter Eingriff in die Rechte des Patentinhabers gesehen. Allerdings ist zu beachten, dass die Ausnahme der privaten Benutzung eng ausgelegt wird. Als gewerblich gilt jede Benutzung, die nicht für rein persönliche, häusliche oder wissenschaftliche Zwecke erfolgt. Zur gewerblichen Nutzung, etwa einer computerimplementierten Erfindung, gehört daher nicht nur die Benutzung durch Gewerbebetriebe, sondern auch die Nutzung im Bereich der Land- und Forstwirtschaft, durch Behörden, Krankenhäuser, Kirchen, aber auch durch freiberuflich tätige Personen.

3. Vorbenutzungsrecht

102 Weiterhin kann die Wirkung des Patents durch Bestehen eines privaten Vorbenutzungsrechts nach § 12 PatG gegenüber den Vorbenutzungsberechtigten eingeschränkt sein. So tritt nach § 12 PatG, Art. 64 EPÜ die Wirkung des Patents gegenüber demjenigen nicht ein, der zur Zeit der Anmeldung bereits im Inland die Erfindung in Besitz genommen und die Erfindung benutzt hat oder zum Zwecke ihrer Verwertung die dazu erforderlichen Veranstaltungen getroffen hatte.[124] Dieser ist befugt, die Erfindung für die Bedürfnisse seines eigenen Betriebs in eigenen oder fremden Werkstätten auszunutzen. Die Befugnis ist jedoch derart mit dem Betrieb verbunden, dass sie nur zusammen mit dem Betrieb vererbt oder veräußert werden kann. Der gesetzgeberische Grund der Einräumung des Vorbenutzungsrechts beruht letztlich auf dem Gesichtspunkt der Wahrung eines erworbenen gewerblichen oder wirtschaftlichen Besitzstandes.[125]

103 Insoweit setzt sich das Patent gegenüber demjenigen nicht durch, der den Beweis dafür erbringen kann, dass er bereits vor Anmeldung des Patents in Erfindungsbesitz gewesen ist, d. h. den Nachweis dafür erbringt, dass ihm sämtliche Merkmale der erfindungsgeschützten Lehre zuvor bereits bekannt waren und er bereits zumindest Veranstaltungen getroffen hat, diese Erfindung in Benutzung zu nehmen.[126] Der Benutzungswille muss sich durch konkrete Handlungen manifestiert haben. Die hierbei zu beurteilenden Handlungen sind strikt von den Tätigkeiten abzugrenzen, die erst der Gewinnung des Erfindungsbesitzes dienen – mit anderen Worten: Auf Benutzungshandlungen kommt es erst dann an, wenn der mutmaßliche Patentverletzer den Nachweis dafür erbringt, dass bereits zuvor eine dem Patentschutz identische Erfindung bei ihm fertig und abgeschlossen war.

4. Erschöpfung

104 Neben den zuvor erwähnten Patentrechts-immanenten Grenzen der Schutzwirkung ergibt sich eine Beschränkung der Schutzwirkung des Patents auch aus dem Erschöpfungsgrund-

---

124 *Osterrieth* Rn. 286 ff.
125 RGZ 123, 58 (61); BGH GRUR 1964, 673 (675) – Kasten für Fußabtrittsroste; GRUR 1964, 496 – Formsand II; Benkard/*Rogge*, PatG, § 12 Rn. 2.
126 BGH GRUR 1964, 491 – Chloramphenicol; GRUR 1964, 496 (497) – Formsand II; GRUR 1960, 546 (548) – Bierhahn; Benkard/*Rogge*, PatG, § 12 Rn. 5.

satz. Danach entfaltet das Patent in Bezug auf diejenigen Gegenstände keine Wirkung mehr, die zwar von Dritten angeboten, in Verkehr gebracht, importiert oder gebraucht werden, jedoch zuvor mit Wissen und Wollen des Patentinhabers in Verkehr gebracht worden sind.[127] In Bezug auf diese Gegenstände hat der Patentinhaber bereits mit dem erstmaligen Inverkehrbringen seine Monopolposition in der Form verwerten können, dass er etwa den Preis oder die Menge der in Verkehr gebrachten Produkte in eigenem Ermessen festlegen konnte. Hat indessen der Patentinhaber im Rahmen des erstmaligen Inverkehrbringens patentgeschützter Gegenstände von diesen Vorteilen Gebrauch gemacht, erscheint es gerechtfertigt, ihn nicht an weiteren denkbaren Wertschöpfungen auf nachfolgenden Vertriebsstufen erneut partizipieren zu lassen.

105 Aus dem Grundsatz der Territorialität der Schutzrechte folgt zunächst, dass nur ein Inverkehrbringen mit Wissen und Wollen des Patentinhabers im Inland zur Erschöpfung führt. Innerhalb des Gemeinsamen Marktes überlagern sich jedoch patentrechtliche Erwägungen mit den Garantiebestimmungen des EU-Vertrages zum freien Warenverkehr. Auf der Grundlage der Rechtsprechung des Europäischen Gerichtshofs gilt daher für die Mitgliedstaaten der Europäischen Gemeinschaft und des Europäischen Wirtschaftsraums (EWR), dass angesichts der besonderen Bedeutung des freien Warenverkehrs der Inhalt des Erschöpfungsgrundsatzes neu definiert und erheblich erweitert wird.[128] Für den Bereich der EU und des EWR gilt daher der Grundsatz, dass ein Inverkehrbringen eines patentgeschützten Erzeugnisses durch den Patentinhaber selbst oder durch einen Dritten mit seiner Zustimmung in einem Vertragsstaat eine Erschöpfungswirkung für das gesamte Gebiet der EU und des EWR bewirkt. Daraus folgt, dass vor der Geltendmachung von Ansprüchen in Bezug auf einzelne Erzeugnisse der Patentinhaber zunächst die Provenienz der vermeintlich patentverletzenden Gegenstände zu prüfen hat, um auszuschließen, dass es sich um von ihm oder mit seiner Zustimmung hergestellte und innerhalb der EU in Verkehr gebrachte Gegenstände handelt.

C. Geltendmachung der Patentverletzung im Verletzungsprozess

I. Grundlagen des Verletzungsprozesses

1. Einführung

106 Der Verletzungsprozess dient der **gerichtlichen Durchsetzung** der durch das Patent gewährten Ausschließlichkeitsansprüche und seiner Folgeansprüche im Fall der Patentverletzung.[129] Nach § 143 Abs. 1 PatG sind für Patentverletzungsverfahren die **Zivilkammern der Landgerichte** ohne Rücksicht auf den Streitwert ausschließlich zuständig, wobei die Landesregierungen im Rahmen einer nach § 143 Abs. 2 PatG erteilten Ermächtigung für Patentstreitsachen die Zuständigkeit eines bestimmten Landgerichts für mehrere Landgerichtsbezirke zuweisen können. Derzeit sind für Patentstreitsachen in der Bundesrepublik Deutschland zuständig: Berlin (Zivilgerichtsbarkeit, I. Instanz), Braunschweig, Düs-

---

127 Schulte/*Kühnen* § 9 Rn. 15 m.w.N.; *Osterrieth* Rn. 294 ff.
128 Für den EWR gelten die gleichen Grundsätze wie für die EU, Art. 2 Protokoll 28 BGBl. 1993 II, 414; EuGH GRUR Int. 1974, 454 – Negram II; GRUR Int. 1982, 47 (48) – Moduretik; GRUR Int. 1985, 822 (824) – Pharmon; GRUR Int. 1997, 250 (252) – Merck II; GRUR Int. 1997, 911 (912) – Generics/Smith Kline and French Laboratories; bestätigt durch BGH GRUR 1976, 579 (582) – Tylosin; GRUR 2000, 299 – Karate; Schulte/*Kühnen* § 9 Rn. 29 ff.; EuGH GRUR Int. 1982, 47 (48) – Moduretik.
129 Einführende Literatur Benkard/*Rogge/Grabinski*, PatG, § 143 Rn. 1 ff.; *Kühnen/Geschke* S. 227 ff.; *Kühnen* GRUR 1996, 729; *ders.* GRUR 1997, 19; *ders.* GRUR 2006, 180; *Meier-Beck* GRUR 2000, 355; *ders.* GRUR 1988, 861; *ders.* GRUR 1998, 276; *Schramm* 3. Abschnitt; Schulte/*Kühnen* § 143 Rn. 7 ff.; *Osterrieth* Rn. 501 ff.

seldorf, Erfurt, Frankfurt/Main, Hamburg, Leipzig, Magdeburg, Mannheim, München I, Nürnberg-Fürth, Saarbrücken, wobei in der Praxis den Landgerichten Düsseldorf, Mannheim und München die größte Bedeutung zukommt.

107 Praktisch ausnahmslos wirken an Patentverletzungsverfahren neben den Rechtsanwälten auch **Patentanwälte** mit. Die Beiziehung von Patentanwälten in Verletzungsverfahren wird insoweit auch kostenrechtlich anerkannt, als die hiermit verbundenen Kosten als notwendige Kosten im Sinne von § 91 ZPO anerkannt und im Obsiegensfalle in vollem Umfang erstattungsfähig sind.

108 Im Hinblick auf die bei computerimplementierten Erfindungen aufgeworfenen, zum Teil sehr schwierigen technischen Fragen ist die Beiziehung eines Patentanwalts im Verletzungsverfahren auch uneingeschränkt zu empfehlen.

Gegenstand eines Patentverletzungsverfahrens sind die oben bereits erwähnten Ansprüche auf Unterlassung, Schadensersatz, ggf. Entschädigung sowie die weiteren sich aus §§ 139 ff. PatG ergebenden Ansprüche.

109 Das Verletzungsgericht hat im Rahmen des Patentverletzungsprozesses das Patent als den die geltend gemachten Ansprüche begründenden und diesen definierenden Rechtsakt so hinzunehmen, wie es ist. Man spricht insoweit auch von der Bindung des Verletzungsgerichts an das geltend gemachte Klagepatent.[130] Dies bedeutet, dass das Verletzungsgericht sich nicht mit der Schutzfähigkeit des Patents zu befassen hat, d. h. die Einhaltung der materiellen Patentierungsvoraussetzungen wie Neuheit und Erfindungshöhe nicht zu überprüfen hat, sondern vielmehr die Entscheidung des sachverständigen Patentamts zugrunde zu legen hat, dass der Gegenstand der Anmeldung auch schutzfähig war.

110 Erhebt der Beklagte den Einwand fehlender Schutzfähigkeit des geltend gemachten Klagepatents – ein Einwand, der in der Praxis sehr häufig erhoben wird –, muss sich das Verletzungsgericht insoweit mit der Frage der Schutzfähigkeit befassen, als es die möglichen Aussichten eines Verfahrens zumindest kursorisch zu prüfen hat. Wenn der Beklagte rechtliche Schritte zur Vernichtung bzw. Einschränkung des Klagepatents eingeleitet hat – hierzu gehören im Geltungsbereich des Patentgesetzes Einspruchsverfahren nach § 59 PatG und Nichtigkeitsverfahren nach § 81 PatG –, sind diese Maßnahmen als Verteidigungsmittel rechtzeitig im Verletzungsverfahren einzuführen, um dem Verletzungsgericht die Möglichkeit zu geben, zu prüfen, ob im Einzelfall die Voraussetzungen für eine **Aussetzung des Verletzungsverfahrens** nach § 148 ZPO vorliegen.

111 Die Praxis der Verletzungsgerichte geht dahin, allein die Einleitung von Maßnahmen zur Vernichtung des Klagepatents nicht als ausreichend zu erachten. Nur wenn eine überwiegende Wahrscheinlichkeit für die Vernichtung des Klagepatents spricht, kann der Beklagte mit einer Aussetzung des Verfahrens rechnen.[131] Dies setzt im Zweifel die Vorlage eines neuheitsschädlichen Standes der Technik voraus, der, und dies ist wesentlich, im Erteilungsverfahren noch nicht berücksichtigt wurde. Soweit die Angriffe allein gegen eine fehlende Erfindungshöhe gerichtet sind, kann grundsätzlich mit einer Aussetzung ebenso wenig gerechnet werden wie beim Vortrag eines Sachverhalts in Bezug auf eine offenkundige Vorbenutzung, wenn diese vom Patentinhaber bestritten wird, da das Verletzungsgericht im Rahmen seiner kursorischen Prüfung der Erfolgsaussichten von Einspruch und Nichtigkeitsverfahren keine eigenen Beweisermittlungen vornimmt, um insoweit der zuständigen

---

130 Schulte/*Kühnen* § 14 Rn. 77; BGH GRUR 1999, 914 – Kontaktfederblock.
131 St. Rspr.: BGH GRUR 1987, 284 – Transportfahrzeug; OLG Düsseldorf GRUR 1979, 188 – Flachdachabläufe; Mitt. 1997, 257 – Steinknacker; LG Düsseldorf Mitt. 1988, 91 – Nickel-Chrom-Legierung; LG Düsseldorf BlPMZ 1995, 121 – Hepatitis-C-Virus.

Einspruchsabteilung bzw. dem zuständigen Nichtigkeitssenat beim Bundespatentgericht nicht vorzugreifen.

Angesichts der Komplexität der in Rede stehenden Sachverhalte wird das Verletzungsgericht im Einzelfall zu prüfen haben, ob im Rahmen der Beweisermittlung die Einholung eines **Sachverständigengutachtens** geboten ist.[132] Insbesondere wenn die Klage nicht auf eine wortlautgemäße Patentverletzung, sondern auf eine Patentverletzung in Anwendung der Grundsätze der Äquivalenzlehre gestützt wird, wird sich eine belastbare Sachentscheidung häufig nicht ohne Einholung eines Sachverständigengutachtens treffen lassen. 112

2. Sachverhaltsermittlung

Der Einleitung gerichtlicher Schritte hat eine vollständige Ermittlung des Sachverhalts voranzugehen. Hierzu ist zunächst auf Klägerseite die Aktivlegitimation zu prüfen. Als Kläger können grundsätzlich ohne Weiteres der Patentinhaber sowie der ausschließliche Lizenznehmer auftreten.[133] In allen anderen Fällen bedarf es einer besonderen Darlegung der Aktivlegitimation und einer Prozessstandschaft. 113

Als Beklagter eines Verletzungsverfahrens kommt jeder mutmaßliche Verletzer infrage, der die patentierte Erfindung nutzt oder in irgendeiner Weise willentlich oder adäquat an der Herbeiführung der rechtswidrigen Patentverletzung mitwirkt.[134] Im Rahmen einer Klageschrift sind daher die in § 9 PatG im Einzelnen aufgeführten möglichen Verletzungshandlungen substantiiert darzulegen. Im Übrigen ist zum technischen Umfeld der Erfindung und zur Erfindung selbst erschöpfend vorzutragen – das Gericht muss sich auch von dem technischen Sachverhalt ein vollständiges Bild machen können. 114

Insbesondere bei der Geltendmachung von Patenten für **computerimplementierte Erfindungen** wirft die Darstellung der sog. angegriffenen Ausführungsform nicht unerhebliche Probleme auf. Häufig lässt sich fertig konfektionierten, technisch hoch komplexen Produkten die Eigenart einer technischen Gestaltung nicht ansehen, oft führt auch eine vollständige Demontage oder auch ein reverse engineering nicht zur Ermittlung der Fakten, die benötigt werden, um den Beweis für eine Patentverletzung antreten zu können. Allein der Hinweis auf eine bestimmte Leistungsfähigkeit einer Vorrichtung, die die Verwendung eines bestimmten technischen Merkmals einer computerimplementierten Erfindung als sehr wahrscheinlich erachten lässt, genügt in der Regel nicht zum Nachweis der Patentverletzung, da der Beklagte sich – häufig unter Verweis auf ein Geheimhaltungsinteresse – darauf beruft, einen alternativen Lösungsweg gefunden zu haben. 115

3. Vorlage- und Besichtigungsanspruch

Die Rechtsprechung hat diese für die Inhaber von Patenten für computerimplementierte Erfindungen sehr nachteilige Ausgangssituation erkannt und in Abkehr einer früheren, sehr strengen Rechtsprechung zum Vorlage-Besichtigungsanspruch nach § 809 BGB[135] durch die Entscheidung »Faxkarte«[136] neue Maßstäbe geschaffen: § 809 BGB gewährt demjenigen, der gegen den Besitzer einer Sache einen Anspruch in Ansehung der Sache hat, oder sich Gewissheit darüber verschaffen will, ob ihm ein solcher Anspruch zusteht, einen Vorlage- und Besichtigungsanspruch. Zwar wurde in der Rechtsprechung von vornherein anerkannt, dass ein Anspruch auf Vorlegung einer Sache grundsätzlich auch im Patentverlet- 116

---

132 BGH GRUR 2004, 413 (416) – Geflügelkörperhalterung; GRUR 2006, 131 (133) – Seitenspiegel; Schulte/*Kühnen* § 139 Rn. 291 ff.; BGH GRUR 1964, 196 – Mischmaschine; GRUR 1978, 699 – Windschutzblech; GRUR 2001, 770 – Kabeldurchführung II.
133 Schulte/*Kühnen* § 139 Rn. 13 f.; BGH GRUR 2002, 599 – Funkuhr.
134 Schulte/*Kühnen* § 139 Rn. 20 ff.
135 BGH GRUR 1985, 512 (514) – Druckbalken; *Osterrieth* Rn. 505 ff.
136 BGH GRUR 2002, 1046 – Faxkarte; zust. *König* Mitt. 2002, 457.

zungsprozess dem Berechtigten zustehen kann, wenn er sich vergewissern möchte, ob eine angegriffene Ausführungsform Merkmale des Patents verletzt. Während die Rechtsprechung in der Vergangenheit voraussetzte, dass bereits ein erheblicher Grad an Wahrscheinlichkeit dafür dargetan wird, dass eine Patentverletzung tatsächlich stattgefunden hat und die Rechtsprechung in der Vergangenheit überdies Substanzeingriffe zur genauen Analyse nicht für zulässig erachtet hat, genügt nach der Faxkarten-Entscheidung des Bundesgerichtshofes nunmehr für die Geltendmachung eines Besichtigungsanspruchs nach § 809 BGB, dass nur eine »gewisse Wahrscheinlichkeit« dafür besteht, dass eine Patentverletzung vorliegt. Der Entscheidung lag ein Sachverhalt betreffend die streitige Übernahme einer Hardwarekonfiguration und eines Teils der Software einer Faxkarte für Computer zugrunde. Die Klägerin sah hierin eine Urheberrechtsverletzung und begehrte Einblick in den Quellcode der Software. Der Bundesgerichtshof hat den Beklagten im vorliegenden Fall zur Vorlage des Quellcodes verurteilt und dabei ausgeführt, dass der Anwendung von § 809 BGB nicht entgegensteht, dass der Kläger sich durch die Besichtigung erst Gewissheit über das Vorliegen eines Anspruchs verschaffen wollte. Im Einzelfall dürfte die Abgrenzung zu dem prozessualen Ausforschungsverbot problematisch sein – gleichwohl ist der Rechtsprechung des Bundesgerichtshofes die Tendenz zu entnehmen, dieses Verbot auch unter Berücksichtigung des Interesses des Patentinhabers auszulegen.

117 Für die Praxis ist wesentlich, dass der Besichtigungsanspruch nach § 809 BGB auch unabhängig von weiter gehenden Unterlassungs- und Schadensersatzansprüchen geltend gemacht werden kann.[137] Er kann insbesondere im Verfahren auf Erlass einer einstweiligen Verfügung bzw. in dem selbstständigen Beweisverfahren nach §§ 485 ff. ZPO geltend gemacht werden.[138] Er ist jedoch nur auf die Besichtigung einer konkreten Sache gerichtet und umfasst daher nicht Nachforschungs- und Kontrollmaßnahmen, mit denen der Kläger erst ermitteln will, ob sich der Beklagte überhaupt im Besitz derjenigen Sache befindet, in Ansehung derer er das Bestehen eines Anspruchs prüft.[139]

118 Einen weiteren Schritt in der Rechtsprechung des Bundesgerichtshofs zur Stärkung der Rechte der Patentinhaber im Rahmen der Sachverhaltsermittlung stellte die Entscheidung vom 01.08.2006 – Restschadstoffentfernung[140] – dar. Der Bundesgerichtshof hatte in dieser Entscheidung auch den Weg zur Geltendmachung von **Ansprüchen auf Vorlage von Urkunden und sonstigen Unterlagen** gegenüber Dritten nach § 142 ZPO zur Aufklärung des Sachverhalts eröffnet. Es wurde ausdrücklich klargestellt, dass § 142 ZPO – wie auch § 809 BGB – als Mittel verstanden werden soll, einem Beweisnotstand des Klägers zu begegnen, wie er sich gerade im Bereich der besonders verletzlichen technischen Schutzrechte ergeben kann.

119 Zur Begründung hatte sich der BGH in seiner Restschadstoffentfernung-Entscheidung noch ausdrücklich auf Art. 6 der Enforcement-Richtlinie gestützt.[141] Im Zuge der Umsetzung der Richtlinie hat der Vorlage- und Besichtigungsanspruch nunmehr seine positivrechtliche Regelung in § 140c PatG gefunden.[142]

120 § 140c PatG regelt jetzt ausdrücklich, dass der vermeintliche Verletzer auf Vorlage einer Urkunde oder Besichtigung einer Sache in Anspruch genommen werden kann, wenn mit **hinreichender Wahrscheinlichkeit** eine Patentverletzung vorliegt und dies zur Begründung

---

137 Vgl. auch *Tilmann/Schreibauer* GRUR 2002, 1015.
138 So die v. LG Düsseldorf eingeführte Praxis, LG Düsseldorf InstGE 5, 236 (237); InstGE 6, 294 (295); InstGE 6, 189 (191).
139 BGH GRUR 2004, 420 (421) – Kontrollbesuch; zustimmend *Tilmann/Schreibauer* GRUR 2002, 1015 (1017); zu den dazu bestehenden Möglichkeiten vgl. *König* Mitt. 2002, 457.
140 BGH GRUR 2006, 962 – Restschadstoffentfernung.
141 BGH GRUR 2006, 962 Tz. 42 – Restschadstoffentfernung.
142 Vgl. hierzu *Osterrieth* Rn. 507a.

von Ansprüchen des Rechtsinhabers erforderlich ist. Der Anspruch steht gemäß § 140c Abs. 2 PatG unter dem Vorbehalt der Verhältnismäßigkeit. Zur Durchsetzung des Anspruches bedarf es aber wohl nach wie vor einer Duldungsverfügung, da § 140c PatG selbst keinen Anspruch auf Duldung des Zutritts zu Geschäftsräumen eröffnet. Gemäß § 140c Abs. 3 PatG kann die Durchsetzung der Ansprüche im Wege der einstweiligen Verfügung erfolgen. Damit normiert § 140c PatG letztlich die bisher zu § 809 BGB entwickelte Rechtspraxis.

121 Bei der Prüfung der Anspruchsvoraussetzungen des § 140c PatG kommt es entscheidend auf eine Interessenabwägung an. Auf der einen Seite steht dabei das Bedürfnis des Verletzten, einen Beweis zu führen, der auf andere Weise schwierig oder gar unmöglich zu erbringen wäre. Dem steht das Interesse des mutmaßlichen Verletzers daran gegenüber, dass der Besichtigungsanspruch letztlich nicht zu einer Ausspähung führt. Die gilt insbesondere für solche Informationen, die aus schutzwürdigen Gründen geheim zu halten sind, § 140c Abs. 1 S. 3 PatG. Solchen berechtigten Geheimhaltungsinteressen kann insbesondere dadurch genügt werden, dass bei der Besichtigung nur gesondert zur Verschwiegenheit verpflichtete Anwälte des Verletzten gemeinsam mit dem Sachverständigen anwesend sind. Ersteren wird ein entsprechendes Gutachten sodann nur mit der Maßgabe der Verschwiegenheit dem Rechtsinhaber gegenüber übermittelt, bis der mutmaßliche Verletzer Gelegenheit hatte, seine Geheimhaltungsinteressen geltend zu machen. Dieser hat dabei konkret darzulegen, welche der Informationen Geschäftsgeheimnisse offenbaren und welche Nachteile ihm daraus entstehen könnten.[143]

II. Schutzbereichsbestimmung

1. Grundlagen

122 Im Folgenden geht es um das in der Praxis relevante und sehr schwierige Problem der Bemessung eines angemessenen **Schutzbereichs** eines Patents im Einzelfall. Welche Regeln sind zu beachten und welche Umstände sind hierbei zu berücksichtigen?[144]

123 Nach § 14 PatG – Gleiches gilt nach Art. 69 Abs. 1 EPÜ – wird der Schutzbereich des Patents durch den Inhalt der **Patentansprüche** bestimmt. Die Beschreibung und die Zeichnungen sind zur Auslegung der Patentansprüche heranzuziehen. Wie sich aus dem Protokoll über die Auslegung des Art. 69 EPÜ ergibt, das auch für die Anwendung von § 14 PatG maßgeblich ist, fällt unter den Schutzbereich eines Patents einerseits nicht allein das, was sich aus dem genauen Wortlaut der Patentansprüche ergibt. Andererseits dienen Patentansprüche aber auch nicht als bloße Richtlinie, mit der Folge, dass sich der Schutzbereich auch auf das erstreckt, was sich dem Fachmann nach Prüfung der Beschreibung und der Zeichnung als Schutzbegehren des Patentinhabers darstellt. Vielmehr sollte die Auslegung zwischen diesen beiden Auffassungen liegen und einen angemessenen Schutz für den Patentinhaber mit ausreichender Rechtssicherheit für Dritte verbinden – so der Bundesgerichtshof in der Entscheidung »Zerlegvorrichtung für Baumstämme«.[145]

124 Ausgangspunkt der Prüfung sind die Patentansprüche, und zwar in der Form, wie sie zuletzt durch das Patentamt oder eine gerichtliche Entscheidung im Fall einer Nichtigkeitsklage festgelegt wurden.[146] Dem Anmelder im Erteilungsverfahren obliegt es, dafür Sorge zu tragen, dass der gesamte Offenbarungsgehalt seiner Patentschrift durch eine entsprechende Fassung der Patentansprüche abgedeckt wird.[147] Spiegelbildlich bedeutet dies,

---

[143] Ausf. BGH GRUR 2010, 318 – Lichtbogenschnüre.
[144] *Osterrieth* Rn. 428 ff.
[145] BGH GRUR 1994, 597 – Zerlegvorrichtung für Baumstämme.
[146] BGH GRUR 1961, 335 (337) – Bettcouch.
[147] BGH GRUR 1980, 219 (220) – Überströmventil.

dass der Offenbarungsgehalt der Beschreibung nur insoweit als Auslegungshilfe dienen kann, als er tatsächlich Niederschlag in den Patentansprüchen gefunden hat.[148] Durch die Heranziehung der Beschreibung kann sichergestellt werden, dass der tatsächliche Sprachgebrauch des Patents und insbesondere der Sprachgebrauch im Patentanspruch berücksichtigt wird. Die Patentschrift kann somit im Hinblick auf die in ihr gebrauchten Begriffe gleichsam den Charakter eines Lexikons haben.[149]

2. Wortsinngemäße Patentverletzung

125 Eine wortsinngemäße Verletzung des Patents[150] liegt dann vor, wenn die angegriffene Ausführungsform den geltend gemachten Patentanspruch wörtlich, d. h. seinem technischen Wortsinn gem. erfüllt, mit anderen Worten: Sich der technisch wohlverstandene Wortlaut des Patentanspruchs ohne Weiteres auf die angegriffene Ausführungsform »liest«. Zum Zwecke der Prüfung werden die einzelnen Merkmale des Patentanspruchs in Form einer Merkmalsanalyse gegliedert und mit der angegriffenen Ausführungsform abgeglichen. Für die wortsinngemäße Patentverletzung ist charakteristisch, dass von den technischen Merkmalen in räumlich-körperlicher Ausgestaltung praktisch identisch Gebrauch gemacht wird. Hierbei kommt den Begriffen keineswegs nur eine philologische Bedeutung zu – vielmehr ist bei der Schutzbereichsbestimmung stets vom technischen Sinngehalt der Begriffe auszugehen, weshalb fachnotorische Austauschmittel in der Regel aus einer wortsinngemäßen Patentverletzung nicht herausführen.

3. Äquivalenzlehre

126 Nach der vom Bundesgerichtshof in ständiger Rechtsprechung vertretenen Auffassung kann der Patentschutz auch Abwandlungen der im Wortlaut des Patentanspruchs formulierten Lehre umfassen.[151] Unter den Schutzbereich des Patents fällt daher nicht allein das, was sich aus dem genauen Wortlaut der Patentansprüche ergibt. Dies findet letztlich seine Rechtfertigung darin, dass die Erteilungsbehörde und der Anmelder sich zwar um eine Fassung des erteilten Patentanspruchs bemühen, die im Zeitpunkt der Patenterteilung als die am ehesten angemessene Umschreibung der zu schützenden technischen Lehre erscheint – aber auch die sorgfältigste Formulierung vermag nicht alle denkbaren künftigen Möglichkeiten zu erfassen.

127 Um dem Patentinhaber einen angemessenen Schutz für seine Bereicherung des Standes der Technik zu bieten, wird daher der Schutzbereich eines Patents auch auf solche Ausführungsformen ausgedehnt, die zwar im Anspruch nicht genannt sind, die aber vom Sinn und Zweck der Erfindung durch die Verwendung gleich wirkender Austauschmittel Gebrauch machen.

128 Die in diesem Zusammenhang anzuwendenden Grundsätze bilden die sog. **patentrechtliche Äquivalenzlehre**. Eine äquivalente Benutzung der Erfindung liegt vor, wenn in Bezug auf das Ersatzmittel **kumulativ** die folgenden Voraussetzungen erfüllt sind:
- Das Austauschmittel muss dieselbe technische Wirkung erzielen, die das im Patentanspruch beschriebene Lösungsmittel nach der Lehre des Klagepatents erreichen soll (**Gleichwirkung**);
- der Durchschnittsfachmann muss mit dem Kenntnisstand des Anmeldetages ohne erfinderische Überlegungen in der Lage sein, das Austauschmittel als funktionsgleiches Lösungsmittel aufzufinden (**Naheliegen**);

---

148 BGH GRUR 1999, 909 (911) – Spannschraube.
149 BGH GRUR 1999, 909 (912) – Spannschraube.
150 *Osterrieth* Rn. 449; Benkard/*Scharen*, PatG, § 14 Rn. 96.
151 BGH GRUR 1986, 805 – Formstein; BGH GRUR 1988, 896 (898) – Ionenanalyse; *Meier-Beck* GRUR 2003, 905; *Osterrieth* Rn. 451.

- der Fachmann muss schließlich die abweichende Ausführung mit ihren abgewandelten Mitteln als eine Lösung in Betracht gezogen haben, die zu der im Wortsinn des Patentanspruchs liegenden gegenständlichen Ausführungsform gleichwertig ist (**Gleichwertigkeit**).

Die Beantwortung dieser drei Fragen setzt zunächst ein technisch zutreffendes Verständnis der Lehre des Klagepatents voraus. 129

Die dort beschriebene technische Lehre ist nicht unter dem Blickwinkel und unter dem Vorverständnis eines Philologen zu würdigen; vielmehr muss auf das auf dem betreffenden Gebiet der Technik allgemeine Fachwissen sowie die durchschnittlichen Kenntnisse, Erfahrungen und Fähigkeit des dort tätigen Durchschnittsfachmanns zurückgegriffen werden.[152] Denn erst das hierdurch geprägte Verständnis vom Inhalt einer Lehre zum technischen Handeln kann sinnvollerweise bei der Schutzbereichsbestimmung zugrunde gelegt werden. 130

Bei dem sog. **Fachwissen des »Durchschnittsfachmanns«** handelt es sich nicht um das Wissen einer realen Person, sondern um eine Fiktion im Sinne einer verkürzten Beschreibung des einschlägigen Fachwissens zu dem Zweck, das maßgebliche fachmännische Denken, Erkennen und Vorstellen zu erfassen. Dieser Durchschnittsfachmann verfügt über allgemeines Grundlagenwissen auf seinem Fachgebiet sowie über Wissen auf technischen Nachbargebieten und auf einem übergeordneten allgemeinen technischen Gebiet, auf dem sich in größerem Umfang gleiche oder ähnliche Probleme stellen.[153] Das Fachwissen des Durchschnittsfachmanns ist jedoch begrifflich vom allgemeinen Stand der Technik zu unterscheiden – dieser geht über das Wissen des Durchschnittsfachmanns hinaus. 131

Unbestritten ist, dass neben dem allgemeinen Fachwissen des Durchschnittsfachmanns auch der in der Patentschrift mitgeteilte Stand der Technik eine wichtige Verständnishilfe darstellt. Dies hat der Bundesgerichtshof in ständiger Rechtsprechung hervorgehoben.[154] Dieser Stand der Technik ist als Teil der Beschreibung heranzuziehen. 132

Der in der Patentschrift mitgeteilte Stand der Technik hat insoweit für die Schutzbereichsbestimmung Bedeutung, als eine einschränkende Beurteilung des Gegenstands der Erfindung veranlasst sein kann, wenn das über den Stand der Technik Mitgeteilte den Offenbarungsgehalt des Patents so begrenzt, dass der Fachmann der Patentschrift eine engere Lehre entnimmt, als die, die der Wortlaut des Patentanspruchs zunächst zu vermitteln scheint. 133

Die Rechtsprechung hatte sich mehrfach mit der Frage zu befassen, ob nicht für die **Schutzbereichsbestimmung** und die Auslegung des Patentanspruchs auch Vorgänge im Patenterteilungsverfahren zu berücksichtigen sind. Es geht hier insbesondere um Erklärungen des Patentanmelders, seine technische Lehre sei vor dem Hintergrund eines bestimmten Standes der Technik nur in einem bestimmten, eingeschränkten Sinne zu verstehen. Der Bundesgerichtshof hat zuletzt in der Entscheidung Kunststoffrohrteil aus dem Jahr 2002[155] hierzu entschieden, dass kein praktisches Bedürfnis dafür bestehe, Vorgängen im Erteilungs- wie im Einspruchsverfahren als solchen, die in der Patentschrift keinen Niederschlag gefunden haben, Schutz begrenzende Wirkungen zuzuerkennen. Als entscheidend hebt der Bundesgerichtshof unter Bezugnahme auf frühere Entscheidungen hervor, dass sich aus dem Ablauf des Erteilungsverfahrens ergebende Tatsachen schon im Hinblick auf das Gebot der Rechtssicherheit bei der Bemessung des Schutzbereichs grundsätzlich keine Berücksichtigung finden können. 134

---

152 BGH GRUR 2004, 1023 (1025) – Bodenseitige Vereinzelungsvorrichtung.
153 BGH GRUR 1986, 372 (374) – Trombozyten-Zählung; *Mes* § 14 Rn. 18.
154 BGH GRUR 1978, 235 (237) – Stromwandler; Benkard/*Scharen*, PatG, § 14 Rn. 61.
155 BGH GRUR 2002, 511 – Kunststoffrohrteil.

D. Patent im Rechtsverkehr

I. Lizenzvertrag

1. Einführung

135 Nach § 15 Abs. 2 PatG, Art. 73 EPÜ kann der Inhaber des Rechts auf das Patent, der Inhaber einer Patentanmeldung sowie der Inhaber des erteilten Patents Dritten in Bezug auf dieses Recht ausschließliche oder nicht ausschließliche Lizenzen einräumen.[156]

136 Die Verwertung von Rechten an Patentanmeldungen und erteilten Patenten im Wege der Lizenzerteilung ist eine sehr verbreitete Form der wirtschaftlichen Verwertung von Patentrechten. Ihre wachsende Bedeutung spiegelt die wirtschaftliche Bedeutung von technischen Innovationen wider. Durch Abschluss von Lizenzverträgen erspart in der Regel der Lizenznehmer eigene Forschungs- und Entwicklungsanstrengungen, um ein Substitut zu der patentgeschützten Technologie zu entwickeln – für den Lizenzgeber bietet die Lizenzvergabe die Chance, neben einer eventuellen eigenen Nutzung die Nutzungsbasis erheblich zu erweitern und über Lizenzeinnahmen ggf. neben eigenen Einkünften aus der Verwertung der geschützten Technologie einen wirtschaftlichen Mehrwert aus der Erfindung zu ziehen. Besondere praktische Bedeutung haben Lizenzverträge für Institutionen und Unternehmen, die primär Forschung und Entwicklung betreiben und hierbei Erfindungen generieren, wie etwa Universitäten und auf Forschung und Entwicklung spezialisierte Unternehmen.

137 Im Hinblick auf die Verbreitung computerimplementierter Technologien kommt der Lizenzierung von **Softwarepatenten** in der Praxis besondere Bedeutung zu. Entwickler von Großanwendungen oder Systemhäuser vertreiben ihre Produkte im Wesentlichen auf der Grundlage von Lizenzverträgen, da die diesbezüglichen Produkte in der Regel auch dem Urheberrechtsschutz unterliegen, dessen Verwertung ausschließlich in Form einer Lizenzierung möglich ist.

138 Eine besondere Bedeutung gewinnt die Verwertung durch Lizenzierung in den bereits oben erwähnten Fällen der Verwertung der sog. **Standard-relevanten Patente**, wie sie in der Informationstechnologie eine herausragende Rolle spielen. Wird mit einer patentgeschützten Erfindung zugleich ein Industrie-relevanter Standard definiert, steht grundsätzlich dem Interessenten an einer Nutzungsbefugnis ein kartellrechtlich begründeter Anspruch auf Erteilung einer Lizenz zu.

139 Lizenzverträge über computerimplementierte Erfindungen können in den unterschiedlichsten Erscheinungsformen und wirtschaftlichen Zusammenhängen auftreten. Je nach zu regelndem Lebenssachverhalt sind ganz unterschiedliche Regelungsinhalte geboten. Das Spektrum reicht von Lizenzkomponenten enthaltenden **Forschungs- und Entwicklungsaufträgen** für die Herstellung einer komplexen **Individualsoftware** bis hin zu Vereinbarungen, die **Massensoftware** betreffen und reinen Vertriebscharakter haben und deshalb rechtlich dem Kauf sehr nahe stehen. In all diesen Fällen kommt es darauf an, aus der Vielfalt der Arten und Verwendungsmöglichkeiten von Software die intendierte Verwendungsmöglichkeit zu definieren. Hierbei spielt insbesondere die Unterscheidung zwischen einer Individualsoftware und einer Massensoftware eine große Rolle. Während in Bezug auf die Individualsoftware eine Vielzahl individueller Regelungen vereinbart werden kann, geht es bei dem Vertrieb von Massensoftware um standardisierte Verkaufsbedingungen. Gleichwohl ist auch in diesen Fällen die lizenzvertragsrechtliche Komponente nicht zu un-

---

[156] Einführende Literatur: Benkard/*Ullmann*, PatG, § 15 Rn. 1 ff.; *Kraßer* § 40 IV.; *Bartenbach* S. 1 ff.; *Pagenberg/Beier* S. 146 ff.; Schulte/*Kühnen* § 15 Rn. 1 ff.; *Stumpf/Groß* S. 29 ff.; *Osterrieth* Rn. 310 ff.

terschätzen, unterscheidet sich der Lizenzvertrag doch gerade von dem Kaufvertrag darin, dass der Erwerber nicht eine uneingeschränkte Benutzungsbefugnis erwirbt, sondern die erworbene bzw. nur lizenzierte Massensoftware nur im Rahmen der Lizenzbedingungen nutzen darf. Nicht zuletzt aus dem Urheberrecht ergeben sich praxisrelevante Nutzungsbeschränkungen, insbesondere das Verbot der Vervielfältigung und der Verbreitung, §§ 16, 17 UrhG.

Zu Recht wird darauf hingewiesen, dass auch Massensoftware dann, wenn sie dem Urheberrechtsschutz nicht zugänglich ist, unter dem Gesichtspunkt des Verbots der unmittelbaren Leistungsübernahme nach §§ 3, 4 Nr. 9 UWG einem wettbewerbsrechtlichen Kopierschutz unterliegt.[157] **140**

2. Erscheinungsform der Lizenz

Schon § 15 Abs. 2 PatG unterscheidet zwischen sog. ausschließlichen und einfachen Lizenzen. Bei einer **ausschließlichen Lizenz** begibt sich der Lizenzgeber der Möglichkeit, weitere Nutzungsrechte im Vertragsgebiet einzuräumen und – und dies ist wesentlich und wird häufig übersehen –, zugleich der Möglichkeit, das Vertragsschutzrecht im Vertragsgebiet selbst zu nutzen. Ihm bleibt allein die formale Rechtsposition des Schutzrechtsinhabers. Sämtliche Nutzungsrechte einschließlich der damit verbundenen Ausschließlichkeitsrechte liegen beim Lizenznehmer, der die patentrechtlichen Ansprüche nach §§ 139 ff. PatG auch gegen den Lizenzgeber geltend machen kann, wenn dieser ungeachtet der vereinbarten Ausschließlichkeit den Gegenstand des Vertragspatents selbst nutzt. Will sich der Lizenzgeber für den Fall, dass er nur einen Lizenznehmer zur Nutzung berechtigen will, sich die Nutzung selbst vorbehalten, muss dieser Vorbehalt ausdrücklich im Lizenzvertrag erklärt werden. Angesichts der weitreichenden Konsequenz der Erteilung einer ausschließlichen Lizenz wird auch – jedenfalls in Bezug auf den deutschen Rechtskreis – von einer dinglichen Wirkung der ausschließlichen Lizenz gesprochen. **141**

Von der ausschließlichen Lizenz abzugrenzen ist die **einfache Lizenz**, mit der nur ein schuldrechtlich wirkendes Benutzungsrecht eingeräumt wird und der Lizenzgeber berechtigt bleibt, Dritten ebenfalls Nutzungsrechte einzuräumen. **142**

3. Weitere Regelungsinhalte von Lizenzverträgen

Neben der Festlegung, ob es sich um eine einfache oder ausschließliche Lizenz handeln soll, sind der Gegenstand des Lizenzvertrages, d. h. die Vertragsschutzrechte – ggf. auch weiter gehendes geheimes **Vertrags-Know-how** – sowie das **Vertragsprodukt** zu definieren.[158] Weiterhin sind die von der Nutzungserlaubnis erfassten Tätigkeiten zu definieren. Da durch die Lizenz die Wirkungen eines Patents nach § 9 PatG in Bezug auf den Lizenznehmer außer Kraft gesetzt werden sollen, bietet sich in der Regel an, die in § 9 PatG aufgeführten, infrage kommenden **Benutzungsarten** ausdrücklich aufzuführen (Herstellen, Anbieten, Inverkehrbringen, Gebrauch, oder der Import oder der Besitz zu den genannten Zwecken). Im Hinblick auf die auch im Patentlizenzvertragsrecht geltende Zweckübertragungstheorie ist auf eine sorgfältige und aus der Sicht des Lizenznehmers erschöpfende Aufzählung aller Nutzungsarten zu achten, da nach der Zweckübertragungstheorie Nutzungsbefugnisse nur in restriktivem Umfang eingeräumt werden und im Zweifel Nutzungsrechte beim Lizenzgeber verbleiben. So wird man beispielsweise bei einer Lizenz an einem Patent für eine computerimplementierte Erfindung, die sich in verschiedenen technischen Anwendungsbereichen zum Einsatz bringen ließe, im Einzelnen die Anwen- **143**

---

157 *Pagenberg/Beier* Nr. 13 Rn. 23.
158 Pfaff/Osterrieth/*Pfaff/Nagel* A. I.; *Bartenbach* S. 1 ff.; *Stumpf/Groß* S. 29 ff.; *Pagenberg/Beier* S. 2 ff.; *Osterrieth* Rn. 310 ff.

dungsbereiche aufzuführen – oder ausdrücklich klarzustellen haben, dass die Nutzungsbefugnis uneingeschränkt für alle denkbaren Anwendungsbereiche der patentgeschützten Erfindung geltend soll.

144 Hinsichtlich der Definition des **räumlichen Anwendungsbereiches** ist darauf zu achten, dass Patentlizenzen, auch soweit es sich um Lizenzen an sog. europäischen Patenten handelt, stets nur in Bezug auf die Vertragsgebiete erteilt werden können, die zugleich Territorium des Patentschutzes sind. In zeitlicher Hinsicht ist eine Patentlizenz maximal durch die Dauer des Vertragsschutzrechtes begrenzt.

4. Rechte und Pflichten des Lizenzgebers

145 Der Lizenzgeber muss dem Lizenznehmer ein positives Benutzungsrecht an dem Patentrecht einräumen.[159] Er ist daher verpflichtet, das Schutzrecht für die maximale Laufzeit des Vertrages aufrechtzuerhalten. Bei der Lizenzierung von computerimplementierten Erfindungen kommt es in besonderer Weise darauf an, dass sich der Lizenzgeber vor der Lizenzierung seiner Rechtsinhaberschaft vergewissert. Insbesondere im Lichte einer Weiterlizenzierung hat er zu prüfen, ob ihm die Auswertungsrechte tatsächlich zustehen. Dies kann etwa dann problematisch sein, wenn der Lizenzgeber seinerseits Elemente eines komplexeren Werkes einlizenziert hat.[160]

146 Große Sorgfalt ist bei der Bestimmung des Umfangs der Gewährleistung des Lizenzgebers anzuwenden. Ein absolut fehlerfreies Softwareprogramm ist in der Praxis kaum denkbar, weshalb der Lizenzgeber häufig ein Interesse an einem weitgehenden Gewährleistungsausschluss haben muss. Mit entscheidend dürfte es darauf ankommen, ob es sich bei dem lizenzierten Produkt um ein Standardprodukt oder um eine individuelle Softwarelösung handelt – im letzteren Fall sind differenzierte Gewährleistungsregelungen geboten.[161] Ob im Einzelfall der Lizenzgeber oder der Lizenznehmer gegen mögliche Patentverletzungen Dritter vorzugehen hat, sollte geklärt werden. Da grundsätzlich im Fall der ausschließlichen Lizenz der Lizenznehmer die Aktivlegitimation zur Verfolgung von Rechtsverletzungen Dritter besitzt, bedarf es in diesem Fall einer ausdrücklichen Regelung, wenn – ausnahmsweise – der Lizenzgeber das alleinige Verfolgungsrecht haben sollte.

147 Für eine derartige Regelung spricht dann umso mehr, wenn – wovon in der Regel auszugehen ist – das Softwareprogramm zugleich Urheberrechtsschutz nach § 97 UrhG genießt. Dies ist nicht zuletzt deshalb sinnvoll, weil in einem solchen Fall der Kläger den Nachweis für die urheberrechtliche Schutzfähigkeit des Softwareprogramms zu erbringen hat. Dies ist zwar heute unter leichteren Umständen möglich, als dies noch früher der Fall war,[162] kann aber im Einzelfall durchaus auch noch eine Vorlagepflicht des Quellprogramms voraussetzen – einer Verpflichtung, der in der Regel nur der Lizenzgeber nachkommen kann.[163] Falls deshalb vertraglich der Lizenznehmer berechtigt sein soll, selbstständig gegen Verletzer vorzugehen, ist eine weitgehende Mitwirkungspflicht des Lizenzgebers, die bis zur Vorlage des Quellcodes reichen kann, vorzusehen. Geheimhaltungsinteressen des Lizenzgebers müssen in diesem Fall durch geeignete Geheimhaltungsvereinbarungen Berücksichtigung finden.

---

159 *Osterrieth* Rn. 366 ff.
160 *Pagenberg/Beier* Nr. 13 Rn. 9.
161 *Pagenberg/Beier* Nr. 13 Rn. 68 ff.
162 BGH GRUR 1985, 1041 – Inkasso-Programm.
163 *Pagenberg/Beier* Nr. 13 Rn. 95.

5. Rechte und Pflichten des Lizenznehmers

Den Lizenznehmer trifft zunächst die Pflicht zur Zahlung von Lizenzgebühren. Bei Lizenzen über computerimplementierte Erfindungen ist häufig eine Kombination von Pauschallizenz und umsatzbezogener Lizenz jedenfalls dann empfehlenswert, wenn auch geheimes Know-how lizenziert und es Lizenznehmern offenbart wird.[164]

148

Bei Vereinbarung einer umsatzbezogenen Lizenz ist es geboten, den **Begriff des relevanten Umsatzes** exakt zu definieren und hierbei klarzustellen, welches Produkt als Bezugsgröße für die Umsatzberechnung zugrunde zu legen ist. Insbesondere wenn es sich bei dem Vertragsprodukt um ein Zubehörteil oder um ein einzelnes Bauteil handeln sollte, welches bestimmungsgemäß nur in Kombination mit anderen, nicht vertragsgegenständlichen Produkten genutzt wird, kommt es auf eine eindeutige Definition an. In dem Vertrag sollte zugleich klargestellt werden, ob Abzüge für Skonti, Rabatte, Provisionen, Transport, Verpackung, Versicherung etc., die der Lizenznehmer seinen Abnehmern gewährt, bei der Berechnung des Umsatzes zu berücksichtigen sind oder nicht.

149

Mit der Vereinbarung umsatzbezogener Lizenzen einher geht die Verpflichtung des Lizenznehmers zur ordnungsgemäßen Erfassung der für die Berechnung relevanten Daten, sowie die Verpflichtung zur ordnungsgemäßen Buchführung und Abrechnung.

150

Es wird auch zu prüfen sein, ob eine Vereinbarung einer **Mindestlizenzgebühr** oder einer Ausübungspflicht sinnvoll ist. Letzteres gilt insbesondere dann, wenn die Lizenz eine ausschließliche Lizenz ist und der Lizenzgeber daher auf eine wirtschaftliche Verwertung durch den Lizenznehmer angewiesen ist.

151

Weiterhin sind Regelungen betreffend die **Durchführung von Werbemaßnahmen**, der Benutzung von Marken, aber auch mögliche Pflichten des Lizenznehmers, den Lizenzgeber umfassend über seine Markterfahrungen zu informieren, zu treffen. Letzteres ist für den Lizenzgeber insbesondere dann wesentlich, wenn es ihm um eine marktangepasste Fortentwicklung der Softwareprodukte geht und er primär aufgrund derartiger Informationen des Lizenznehmers Hinweise auf mögliche Verbesserungen und/oder Fehlerbeseitigungen erhält.

152

Ob und in welchem Umfang **Weiterentwicklungsrechte** des Lizenznehmers sinnvoll sind, kann nur im Einzelfall geklärt werden. Im Hinblick darauf, dass Weiterentwicklungen computerimplementierter Erfindungen im Zweifel nicht ohne Zugriff auf den Quellcode durchgeführt werden können, wird man stets die Sinnhaftigkeit einer derartigen Verpflichtung zu prüfen haben. Wenn eine Verpflichtung des Lizenznehmers zur Weitergabe von Rechten an Verbesserungen an den Lizenzgeber vorgesehen sind, sind hierbei die kartellrechtlichen Rahmenbedingungen nach Art. 5 TT-GVO zu beachten, wonach eine ausschließliche Rücklizenzierung bzw. eine Verpflichtung des Lizenznehmers, seine Verbesserungen auf den Lizenzgeber zu übertragen, kartellrechtlich unwirksam sind.

153

Von wesentlicher Bedeutung ist in der Praxis weiterhin die Vereinbarung einer **Geheimhaltungsverpflichtung** zulasten des Lizenznehmers. Dies gilt insbesondere für die Komponenten der lizenzierten Technologie, die über den reinen Wortlaut dessen, was mit der Patentschrift offenbart ist und deshalb keinem Geheimnischarakter mehr unterliegt, hinausgehen. Dies kann für bestimmte Programminformationen gelten, die unter Umständen nachträglich erst durch ein Disassembling des Programms ermittelt werden. In besonderer Weise gilt die Notwendigkeit einer Verpflichtung zur Geheimhaltung dann, wenn Teile des Quellcodes oder dieser insgesamt dem Lizenznehmer zur Verfügung gestellt wird, ins-

154

---

[164] *Osterrieth* Rn. 379 ff.

besondere dann, wenn eine Verknüpfung des lizenzierten Programms mit anderen Softwarekomponenten erforderlich ist.

155 In der Praxis zeigt sich häufig die Schwierigkeit, die der Geheimhaltung unterliegenden Dokumente als solche zu identifizieren. Insbesondere dann, wenn es um die Lizenz eines Individualprogramms geht, welches in verschiedenen Stufen vom Lizenzgeber entwickelt wird und die einzelnen Entwicklungsstufen mit dem Auftraggeber – Lizenznehmer – besprochen werden, wird in diesen Dokumenten häufig der wesentliche Grundgedanke des Designs des Programms festgelegt, weshalb es sachgerecht ist, auch jegliche Formen von Vorstufen des Programms durch eine ausdrückliche Markierung als geheimhaltungsbedürftig unter den Schutz einer Geheimhaltungsvereinbarung zu stellen, um spätere Diskussionen über den Umfang dieser Verpflichtung zu vermeiden.

6. Kartellrechtliche Rahmenbedingungen für Lizenzverträge

a) Einführung

156 Gewerbliche Schutzrechte wie Patente gewähren ein gesetzlich geschütztes **Monopol**. Die Berechtigung eines derartigen Monopols ergibt sich sowohl aus dem Eigentumsschutz[165] als auch aus der Erkenntnis, dass die Gewährung eines Monopols zur Förderung der technologischen Entwicklung nicht nur hilfreich, sondern auch notwendig ist. So wird zwischenzeitlich die Berechtigung von Monopolrechten auch in der kartellrechtlichen Diskussion nicht mehr bestritten – allein die Verwertung gewerblicher Schutzrechte begründet die Gefahr ihrer missbräuchlichen Ausnutzung durch die Begründung von Wettbewerbsbeschränkungen.

157 Die Verwertung von Patenten steht daher im Spannungsverhältnis zwischen der durch Art. 345 AEUV (Art. 295 EG a. F.) grundrechtsähnlich anerkannten Eigentumsgarantie einerseits und der in Art. 3 AEUV (Art. 28 EG a. F.) enthaltenen Zielsetzung des freien Warenverkehrs innerhalb der Gemeinschaft andererseits. Zu deren Schutz sind »mengenmäßige Einfuhrbeschränkungen sowie Maßnahmen gleicher Wirkung ... zwischen den Mitgliedstaaten verboten«, Art. 34 AEUV (Art. 28 EG a. F.).

158 Hat sich die Frage der mengenmäßigen Beschränkungen mit der Abschaffung aller Binnenzölle erledigt, ist das Verbot der »Maßnahmen gleicher Wirkung« nach wie vor von hoher praktischer Relevanz. Ausgenommen von dem Verbot der »Maßnahmen gleicher Wirkung« sind nach Art. 36 AEUV (Art. 30 EG a. F.) jedoch die Maßnahmen, die zum Schutze u. a. des »gewerblichen und kommerziellen Eigentums« gerechtfertigt sind. Dies führt jedoch keineswegs von vornherein zu einer kartellrechtlichen Immunisierung insbesondere der Lizenzverträge: Nach der Rechtsprechung des EuGH erstreckt sich die Eigentumsgarantie allein auf den Bestand der gewerblichen Schutzrechte, nicht aber auf jede Form ihrer Verwertung.[166] Diese ist stets an den Bestimmungen nach Art. 81, 82 EG zu messen, die die Kernbestimmungen des europäischen Kartellrechts zum Schutze vor wettbewerbsbeschränkenden Vereinbarungen darstellen.

b) Anwendung des nationalen/europäischen Kartellrechts

159 Voraussetzung für die Anwendbarkeit des europäischen Kartellrechts nach Art. 101 AEUV (Art. 81 EG a. F.) ist, dass der Handel zwischen den Mitgliedstaaten betroffen ist. Diese sog. Zwischenstaatlichkeitsklausel ist sowohl Tatbestandsmerkmal bei der Begrenzung des

---

165 BVerfGE 18, 85 (90); BGHZ 70, 268 (275); Benkard/*Scharen*, PatG, § 13 Rn. 1; Busse/*Keukenschrijver* Einl. Rn. 48; *Hubmann/Götting* § 2 Rn. 23; *Osterrieth* Rn. 327 ff.
166 Pfaff/Osterrieth/*Axster/Osterrieth* A. III Rn. 186 ff. m. w. N.; *Osterrieth* Rn. 327 ff.

sachlichen Anwendungsbereichs des Kartell- und Missbrauchsverbots als auch Kollisionsnorm.[167]

Liegt eine spürbare Beeinträchtigung des zwischenstaatlichen Handels vor, stellt sich die Frage, in welchem Verhältnis nationales und europäisches Kartellrecht zueinander stehen. Grundsätzlich gilt, dass das Gemeinschaftsrecht das nationale Kartellrecht auf normativer Ebene nicht verdrängt. Es ist daher von dem Grundsatz auszugehen, dass beide Rechtsordnungen parallel Anwendung finden.[168] 160

c) Systematik des Art. 101 AEUV (Art. 81 EG a. F.)

Nach Art. 101 Abs. 1 AEUV (Art. 81 Abs. 1 EG a. F.) sind für den gemeinsamen Markt alle Vereinbarungen zwischen Unternehmen, Beschlüsse von Unternehmensvereinigungen und aufeinander abgestimmte Verhaltensweisen verboten, welche den Handel zwischen Mitgliedstaaten zu beeinträchtigen geeignet sind und eine Verhinderung, Einschränkung oder Verfälschung des Wettbewerbs innerhalb des gemeinsamen Marktes bezwecken oder bewirken.[169] In der Vorschrift sind einzelne Fälle aufgeführt, bei denen ein Verstoß gegen das Kartellverbot vorliegt. Hierzu zählen die unmittelbare Festsetzung von An- und Verkaufspreisen oder die Aufteilung von Märkten oder Versorgungsquellen. Die Aufzählung in Art. 101 Abs. 1 AEUV (Art. 81 Abs. 1 EG a. F.) ist nicht abschließend. 161

Art. 101 Abs. 2 AEUV (Art. 81 Abs. 2 EG a. F.) bestimmt als Rechtsfolge die **Nichtigkeit** der Vereinbarung oder Beschlüsse. 162

Art. 101 Abs. 3 AEUV (Art. 81 Abs. 3 EG a. F.) sieht vor, dass das Verbot des Art. 101 Abs. 1 AEUV (Art. 81 Abs. 1 EG a. F.) unter bestimmten Voraussetzungen für nicht anwendbar erklärt werden kann, wobei sich die Erklärung sowohl auf den Einzelfall als auch eine ganze Gruppe von Fällen beziehen kann. 163

Die Prüfung der Frage, ob im Zusammenhang mit Technologie-Lizenzverträgen eine wettbewerbsbeschränkende Vereinbarung im Sinne von Art. 101 AEUV (Art. 81 EG a. F.) vorliegt, kann nicht ohne Berücksichtigung der dem Patentinhaber gewährten eigentumsähnlichen Rechtsposition beantwortet werden. Wettbewerbsbeschränkungen, die ihren Ursprung in dem spezifischen Gegenstand des Patents haben, sind deshalb grundsätzlich nicht mit der Nichtigkeitsfolge sanktioniert. Anderenfalls würde das Patent als Mittel des Technologietransfers seiner wirtschaftlichen Bedeutung beraubt. Der Patentinhaber muss auch im Fall der Bereitschaft, eine Lizenz zu erteilen, weiterhin von den wirtschaftlichen Vorzügen seiner Monopolstellung profitieren können. 164

Im Fall des Patents sieht die Rechtsprechung des EuGH den »**spezifischen Gegenstand**« **des Schutzrechts** in der Sicherung des Erfinderlohnes.[170] Wird ihm dieser Lohn vorenthalten, dann sind Maßnahmen, die den zwischenstaatlichen Handel beeinträchtigen, gerechtfertigt. Der »spezifische Gegenstand« eines solchen geistigen Eigentums besteht in dem Recht, die betreffenden Produkte erstmals in den Verkehr zu bringen, und Maßnahmen zur Verhinderung eines solchen ersten Inverkehrbringens durch Unbefugte durchzuführen, auch wenn sie den zwischenstaatlichen Handel beeinträchtigen. Auf dem Gebiet des Lizenzvertragsrechts wird die Abgrenzung der Beschränkungen, die dem »spezifischen Gegenstand« des Patentrechts entsprechen und daher vom Kartellverbot des Art. 101 Abs. 1 AEUV (Art. 81 Abs. 1 EG a. F.) ausgenommen sind von denjenigen Beschränkungen, die über den spezifischen Gegenstand des Patents hinausgehen, in der derzeit gültigen Verord- 165

---
167 *Bunte* § 2 II.
168 *Bunte* § 2 II. 2.
169 *Osterrieth* Rn. 329 ff.
170 EuGH Slg. 1974, 1147 (1163) – Centrafarm/Sterling Drug; Slg. 1981, 2063 – Merck/Stephar; Slg. 1985, 2281 – Pharmon/Hoechst.

nung Nr. 772/2004 der Kommission vom 27.04.2004 für Technologietransfer-Vereinbarungen (TT-GVO) vorgenommen.[171]

II. Übertragung

166 Das Recht auf das Patent, der Anspruch auf Erteilung des Patents und das Recht aus dem Patent gehen auf die Erben über und können beschränkt oder unbeschränkt auf andere übertragen werden, § 15 Abs. 1 PatG. Dies gilt in Bezug auf den vermögensrechtlichen Inhalt der erwähnten Rechte – das Erfinderpersönlichkeitsrecht ist von der Vererblichkeit oder Übertragbarkeit ausgeschlossen, da es sich um ein höchstpersönliches Recht handelt.[172]

167 Die in § 15 Abs. 1 PatG bestimmte **Übertragbarkeit** auch des Rechts auf das Patent bedeutet, dass der Erfinder bereits vor der Einreichung einer Patentanmeldung seine Rechte an der Erfindung übertragen kann. Die Übertragung setzt jedoch die Fertigstellung der Erfindung voraus. Sie muss in einer Art und Weise dokumentiert sein, dass sie vom Fachmann als eine ausführbare technische Lehre verstanden und umgesetzt werden kann.

168 Auch Rechte an künftigen Erfindungen sind übertragbar, sofern die künftigen Erfindungen ausreichend bestimmbar sind. Denkbar ist nach der Rechtsprechung eine dingliche Vorausverfügung mit der Folge, dass nach Vollendung der Erfindung der Erwerber das Recht ohne weiteren Übertragungsakt unmittelbar erhält. Im Fall einer nur schuldrechtlichen Verpflichtung bedarf es nach Fertigstellung der Erfindung noch eines separaten Übertragungsaktes.[173]

169 Auch bei der Übertragung der Rechte gem. § 15 Abs. 1 PatG ist zwischen dem Kausalgeschäft (Verpflichtungsgeschäft) und dem Vollzugsgeschäft (dingliche Übertragung) zu unterscheiden, wenngleich praktisch beide Geschäfte zusammenfallen.[174] Nur der materiell Berechtigte kann wirksam Eigentumsrechte übertragen. Ein gutgläubiger Erwerb ist nicht möglich.[175]

170 Die Übertragung kann im Wege der Gesamtrechtsnachfolge (z. B. durch Fusionen, Umwandlungen etc.), aber auch im Wege der Einzelrechtsnachfolge erfolgen.

171 Sowohl das schuldrechtliche Verpflichtungsgeschäft als auch die Übertragung bedarf, soweit deutsche Patente betroffen sind, keiner Form. Für europäische Patentanmeldungen, für deren Übertragung grundsätzlich das Recht des jeweiligen Vertragsstaates maßgeblich ist,[176] ist hingegen Schriftform erforderlich, Art. 72 EPÜ. Allerdings richtet sich die Übertragung der nationalen Einzelpatente nach Erteilung eines europäischen Patents nach den nationalen Rechtsvorschriften.[177]

172 Die **Eintragung des Inhaberwechsels** in der Patentrolle gem. § 30 PatG hat nur deklaratorische Wirkung. Gleichwohl empfiehlt sich in jedem Fall die Eintragung, da Eintragungen in der Patentrolle Legitimationswirkung haben.

173 Grundsätzlich hat der Verkäufer des Patents für den Bestand des verkauften Rechts zur Zeit des Vertragsschlusses einzustehen. Beim Verkauf einer Patentanmeldung kommen jedoch, wenn nichts anderes vereinbart ist, Gewährleistungsansprüche des Käufers nicht infrage,

---

[171] ABl. EG Nr. L 123/11.
[172] *Osterrieth* Rn. 414 ff.
[173] So Schulte/*Kühnen* § 15 Rn. 11; BGH GRUR 1955, 286 – Kopiergerät.
[174] Benkard/*Ullmann*, PatG, § 15 Rn. 16.
[175] Benkard/*Ullmann*, PatG, § 15 Rn. 8.
[176] Art. 74 EPÜ; Benkard/*Ullmann/Grabinski*, EPÜ, Art. 74 Rn. 4.
[177] Oberster Gerichtshof Österreich GRUR Int. 1992, 131 – Duschtrennwand.

wenn das Patent nicht erteilt wird.¹⁷⁸ Insoweit wird der Kauf einer Patentanmeldung als ein Wagnisgeschäft betrachtet. Aus diesem Grund haftet in der Regel der Veräußerer auch dann nicht, wenn ein bereits erteiltes übertragenes Patent nachträglich für nichtig erklärt wird.¹⁷⁹

Bei multinationalen Schutzrechtsübertragungen ist zu beachten, dass sich der Vollzug der Schutzrechtsübertragung nach dem Schutzlandsstatut richtet.¹⁸⁰ **174**

Bei der Übertragung von Rechten an **computerimplementierten Erfindungen** ist jedoch stets zu berücksichtigen, dass in der Regel Patentschutz nur eine Komponente des Schutzes darstellt und die Übertragungstatbestände auch noch urheberrechtlich im Rahmen des Zulässigen abzubilden sind. Hierbei ist zu berücksichtigen, dass nicht das Urheberrecht als solches, welches unveräußerlich ist, übertragen werden kann, sondern allenfalls Nutzungsrechte hieran Gegenstand des Rechtsverkehrs sein können. **175**

In Bezug auf computerimplementierte Erfindungen ist weiterhin vertraglich festzulegen, in welchem Umfang programmbezogene Dokumentationen Gegenstand der Übertragungsvereinbarung sind. Dies gilt insbesondere für die Verpflichtung betreffend die Übergabe des Quellcodes bzw. aller Entwicklungsvorstufen des Programms. **176**

E. Arbeitnehmererfindungsrecht

I. Grundlagen

Das Arbeitnehmererfindergesetz befasst sich mit dem Spannungsverhältnis zwischen den allgemeinen Grundsätzen des deutschen Arbeitsrechts, nach denen die Arbeitsergebnisse eines Arbeitnehmers dem Betrieb gehören und den Grundsätzen des Patentrechts, wonach das Recht auf das Patent und das Recht aus dem Patent dem Erfinder zusteht (§ 6 PatG, Art. 60 Abs. 1 S. 1 EPÜ). **177**

Das Arbeitnehmererfindungsrecht löst diesen Konflikt prinzipiell dadurch, dass das Recht auf das Patent und das Recht aus dem Patent für Erfindungen eines Arbeitnehmers unter bestimmten Bedingungen durch einseitige Erklärung des Arbeitgebers auf diesen übergehen können, womit dieser zugleich die Verpflichtung übernimmt, die Erfindung zum Patent anzumelden und den Erfinder zu vergüten.¹⁸¹ Nimmt der Arbeitgeber die Erfindung nicht in Anspruch, steht sie dem Arbeitnehmer zu. **178**

Im Einzelnen:

Nach § 5 ArbnErfG hat der Arbeitnehmer, der eine **Diensterfindung** gemacht hat, diese unverzüglich dem Arbeitgeber gesondert zu melden und hierbei kenntlich zu machen, dass es sich um eine **Meldung einer Erfindung** handelt. In der Meldung ist die technische Aufgabe, ihre Lösung und das Zustandekommen der Erfindung darzulegen. Für bis zum 30.09.2009 gemeldete Erfindungen gilt hierfür das Schriftformerfordernis des § 5 ArbnErfG a. F., während für nach diesem Zeitpunkt erfolgende Meldungen Textform ausreichend ist. Diese Änderung ist im Zuge des Patentrechtsmodernisierungsgesetzes aufgenommen worden, um betriebliche Abläufe zu erleichtern, indem beispielsweise eine Erfindungsmeldung per Email möglich ist. **179**

---

178 BGH GRUR 1961, 466 (468) – Gewinderollkopf; Benkard/*Ullmann*, PatG, § 15 Rn. 38.
179 *Mes* § 15 Rn. 16.
180 Benkard/*Ullmann*, PatG, § 15 Rn. 231.
181 *Osterrieth* Rn. 623 ff.

180 Nach § 6 ArbnErfG kann der Arbeitgeber durch ausdrücklich schriftliche Erklärung gegenüber dem Arbeitnehmer die Diensterfindung unbeschränkt oder beschränkt **in Anspruch nehmen**. Nach § 6 ArbnErfG a. F., der ebenfalls für bis zum 30.09.2009 gemeldete Erfindungen fortgilt, war die Erklärung alsbald, spätestens jedoch bis zum Ablauf von vier Monaten nach Eingang der Meldung in Schriftform abzugeben, anderenfalls wurde die Erfindung frei. Durch das Patentrechtsmodernisierungsgesetz ist § 6 Abs. 2 ArbnErfG dahin gehend geändert worden, dass die Inanspruchnahme einer Diensterfindung als erklärt gilt, wenn der Arbeitgeber die Diensterfindung nicht bis zum Ablauf von vier Monaten nach Eingang der ordnungsgemäßen Erfindungsmeldung (§ 5 Abs. 2 S. 1 und 3 ArbnErfG) oder nach anderweitiger Kenntniserlangung durch den Arbeitgeber gegenüber dem Arbeitnehmer durch eine Erklärung in Textform freigibt.[182] Erfolgt keine Inanspruchnahme, wird die Erfindung frei. Der Arbeitnehmer kann sie in diesem Fall selbst zum Schutzrecht anmelden und verwerten, er kann sie aber insbesondere auch dem Arbeitgeber selbst entgegenhalten.

181 Nimmt der Arbeitgeber die Erfindungsmeldung in Anspruch, folgt daraus zunächst die Pflicht, diese unverzüglich zum Patent anzumelden, § 13 Abs. 1 ArbnErfG. Die Verpflichtung entfällt nur dann, wenn die Diensterfindung frei geworden ist, der Arbeitnehmer der Nichtanmeldung zustimmt oder die Erfindung ein Betriebsgeheimnis betrifft, welches nicht bekannt werden darf. Nach § 14 ArbnErfG ist der Arbeitgeber auch berechtigt, die Erfindung im Ausland anzumelden.

182 Neben der **Pflicht zur Anmeldung** obliegt dem Arbeitgeber insbesondere die Pflicht zur Zahlung einer Vergütung:

183 Sobald der Arbeitgeber die Diensterfindung unbeschränkt in Anspruch genommen hat, hat der Arbeitnehmer einen Anspruch auf angemessene Vergütung. Für die Bemessung der Vergütung sind die wirtschaftliche Verwertbarkeit der Erfindung, die Aufgaben und die Stellung des Arbeitnehmers im Betrieb sowie der Anteil des Betriebes an dem Zustandekommen der Diensterfindung maßgebend, § 9 ArbnErfG. Details der Bemessung der Vergütung sind in den »Richtlinien für die Vergütung von Arbeitnehmererfindungen im Privaten Dienst« gem. § 11 ArbnErfG[183] sehr ausführlich geregelt. § 12 ArbnErfG sieht vor, dass die Art und Höhe der Vergütung in angemessener Frist durch Vereinbarung zwischen Arbeitgeber und Arbeitnehmer festgestellt werden soll.

II. Besonderheiten bei Softwareentwicklungen

184 Macht ein Angestellter eines Unternehmens eine Erfindung, die patentfähig ist, so stehen ihm grundsätzlich gem. §§ 9, 10 oder 20 ArbnErfG Vergütungsansprüche zu. Problematisch ist dies jedoch, wenn »Erfindungsgegenstand« ein Computerprogramm ist. Gemäß § 69b UrhG ist ausschließlich der Arbeitgeber zur Ausübung der vermögensrechtlichen Befugnisse berechtigt. Der Rechtsübergang vollzieht sich kraft Gesetzes und ist vollumfänglich.[184] § 69b UrhG selbst aber sieht keine Vergütung für die Überlassung der Rechte an dem Programm vor. Damit stellt sich die Frage, ob dem Programmentwickler nicht aus anderen Vorschriften wie zum Beispiel denen des Arbeitnehmererfindungsgesetzes Vergütungsansprüche zustehen. Dies ist grundsätzlich zu verneinen, da § 69b UrhG bei Vorliegen seiner Voraussetzungen als lex specialis die Vorschriften des ArbnErfG verdrängt. Der Bundesgerichtshof[185] vergleicht diesen Fall mit der sonstigen »Behandlung entsprechender Ent-

---

182 Vgl. dazu *Lunze/Hessel* Mitt. 2009, 433, 439.
183 Abgedruckt bei *Bartenbach/Volz*, Arbeitnehmererfindervergütung, 3. Aufl., Anhang 1 zu § 11.
184 Wandtke/Bullinger/*Grützmacher* § 69b Rn. 18.
185 BGH GRUR 2001, 155 (157) – Wetterführungspläne I.

II. Besonderheiten bei Softwareentwicklungen

wicklungen durch Arbeitnehmer im Urheberrecht«. Dort wird davon ausgegangen, dass die besondere Leistung des Arbeitnehmers bei der Schaffung des Werks durch seinen Arbeitslohn abgegolten ist, wenn der Arbeitgeber das geschaffene Werk zu betrieblichen Zwecken nutzt.[186] Jedoch hat der Bundesgerichtshof ausdrücklich offen gelassen, ob ein Anspruch nach § 36 UrhG a. F. (§ 32 UrhG n. F.) neben § 69b UrhG treten kann. In der Literatur und unterinstanzlichen Rechtsprechung ist dies umstritten.[187]

Fraglich ist jedoch, ob nicht etwas anderes gilt, wenn ein Computerprogramm einen technischen Anteil enthält und somit einer Patentanmeldung zugänglich ist. Dies wurde vom Bundesgerichtshof[188] in einem Verfahren zwar angesprochen, aber nicht entschieden. In dem Verfahren hatte der Kläger, ein angestellter Bergbauingenieur der Beklagten, zusammen mit einer weiteren Mitarbeiterin ein Computerprogramm für die grafische Darstellung von Grubengebäuden entwickelt. Dies war zuvor nur unzureichend und nur mit erheblichem personellen, zeitlichen und finanziellen Aufwand möglich. Dieses Programm verwendete die Beklagte nicht nur für ihre eigenen Gruben, sondern bot es auch anderen Unternehmen zur Lizenznahme bzw. zum Kauf an. Nach Auffassung des Klägers stellte dieses Programm eine Diensterfindung dar, für welche er eine Vergütung gem. §§ 9, 10 und 20 ArbnErfG verlangte. Da dem Programm aus Sicht des Bundesgerichtshofs bereits der technische Charakter fehlte, ließ er offen, ob eine Vergütungspflicht gem. §§ 9, 10 ArbnErfG in Betracht kommt, wenn die Entwicklung des Arbeitnehmers einen von § 69b UrhG nicht mehr erfassten weiteren Gegenstand betrifft, insbesondere, wenn das nach dem Urheberrecht schutzfähige Werk einen übersteigenden technischen Anteil aufweist. Allein der Umstand, dass die Ergebnisse des eingesetzten, durch das Computerprogramm definierten Verfahrens auch oder primär einen technischen Bereich betreffen, kann dem Verfahren selbst einen technischen Charakter, welcher den Anwendungsbereich von § 69b UrhG übersteigt, nicht verleihen. Bezüglich § 20 ArbnErfG führte der Bundesgerichtshof[189] aus, dass eine solche Vergütungspflicht nur bestehe, wenn der Verbesserungsvorschlag dem Arbeitnehmer eine »ähnliche Vorzugsstellung verleiht wie ein gewerbliches Schutzrecht«. Zwar sieht der Bundesgerichtshof ein solches Recht im Urheberrecht an dem Programm, jedoch verneint er trotzdem die Vergütungspflicht gem. § 20 ArbnErfG, da die entstandene Vorzugsstellung des Arbeitgebers nicht auf dem Verbesserungsvorschlag des Arbeitnehmers beruht sondern darauf, dass die Rechte an dem Programm dem Arbeitgeber allein kraft Gesetzes durch das Urheberrecht zugewiesen worden und nicht durch den Arbeitnehmer vermittelt worden.

185

Während somit Arbeitnehmererfindern Vergütungsansprüche zustehen, können Schöpfer nach dem Urhebergesetz, die in einem abhängigen Beschäftigungsverhältnis stehen, grundsätzlich nach § 69b UrhG keine über den Arbeitslohn hinausgehende Vergütung verlangen. Nach den vom Bundesverfassungsgericht[190] entwickelten Grundsätzen kann eine solche Ungleichbehandlung gerechtfertigt sein, wobei jedoch ein strenger Maßstab anzulegen ist. In seiner Entscheidung »Wetterführungspläne II«[191] befasste der Bundesgerichtshof sich mit dieser Frage. Der Bundesgerichtshof kam zu dem Ergebnis, dass die Ungleichbehandlung gerechtfertigt sei und nicht gegen höherrangiges Recht verstoße. Zur Begründung führte er an, dass die arbeitsvertraglichen Verpflichtungen im Hinblick auf technische Entwicklungen einerseits und urheberrechtsfähigen Werken andererseits sich im Laufe der Jahre unterschiedlich entwickelt hätten.[192] So wird grundsätzlich die Pflicht von Arbeitneh-

186

---

186 Schricker/*Rojahn*, UrhR, § 43 Rn. 64.
187 Vgl. *Bartenbach/Volz*, Arbeitnehmererfindungen, Rn. 46.
188 BGH GRUR 2001, 155 (157) – Wetterführungspläne I.
189 BGH GRUR 2002, 149 (151) – Wetterführungspläne II.
190 BVerfGE 55, 72 (88); 95, 267 (316).
191 BGH GRUR 2002, 149 – Wetterführungspläne II.
192 BGH GRUR 2002, 149 (152) – Wetterführungspläne II.

mern aus ihrem Arbeitsvertrag zur Schaffung von Entwicklungen, die beispielsweise nach dem Patentgesetz schutzfähig sind, verneint, sodass die Abgeltung von solchen Entwicklungen allgemein nicht vom Arbeitslohn erfasst wird. Bei urheberrechtsschutzfähigen Werken wird hingegen eine entsprechende arbeitsvertragliche Verpflichtung jedenfalls grundsätzlich bejaht, wenn der Arbeitnehmer für ihre Entwicklung und Anfertigung angestellt oder im Rahmen des Arbeitsverhältnisses in zulässiger Weise hierzu angewiesen wurde.[193] Die Vergütung für solche Werke ist daher vom Arbeitslohn erfasst.

187 Als weiteres Argument führt der Bundesgerichtshof[194] an, dass der Anfall der vermögensrechtlichen Befugnisse und Vorteile im ArbNErfG und im UrhG jeweils unterschiedlich ausgestaltet ist. Während im Rahmen des ArbNErfG die Übertragung Ergebnis einer dem Arbeitnehmer auferlegten Andienungs- und Überlassungspflicht ist, erfolgt sie im Rahmen von § 69b UrhG kraft Gesetzes. Auch dies führt zu dem Schluss, dass nach dem Willen des Gesetzgebers die Vergütung der urheberrechtlich geschützten Werke mit dem Arbeitslohn abgegolten sein sollte.

188 Die Rechtsprechung des Bundesgerichtshofs ist für sich betrachtet überzeugend. Jedoch ist darüber hinaus noch die Frage zu beantworten, was gilt, wenn neben der Entwicklung der Software das Vorliegen einer technischen Erfindung, die auf einer Implementierung der Software beruht, festgestellt werden kann. Ist diese Erfindung dem Patentschutz zugänglich, so kann die zusätzliche Vergütung des angestellten Erfinders nicht mit dem Argument verneint werden, dass der Rechtsübergang bereits nach § 69b UrhG von Gesetzes wegen erfolgt ist. Denn das Recht an der Erfindung stellt gegenüber dem Urheberrecht ein eigenständiges, vermögenswertes Gut dar, das mit dem Urheberrecht voll konkurriert.[195] Dementsprechend wird im Fall des Vorliegens einer patentrechtlichen Erfindung das ArbNErfG nicht von § 69b UrhG verdrängt, mit der Folge, dass das entwickelte Programm der Meldepflicht und der Inanspruchnahme unterliegt. Macht der Arbeitgeber davon Gebrauch, so ist er gem. §§ 9, 10 ArbNErfG vergütungspflichtig.

---

193 Schricker/*Rojahn*, UrhR, § 43 UrhG Rn. 64.
194 BGH GRUR 2002, 149 (152) – Wetterführungspläne II.
195 *Bayreuther* GRUR 2003, 570 (578).

Kapitel 18
Urheberrecht

Schrifttum

Arlt, Marktabschottend wirkender Einsatz von DRM-Technik, GRUR 2005, 1003; *Bahr*, JurPC, The Wayback Machine und Google Cache – eine Verletzung deutschen Urheberrechts?, Web-Dok. 29/2002; *Baus*, Umgehung der Erschöpfungswirkung durch Zurückhaltung von Nutzungsrechten?, MMR 2002, 14; *Bechtold*, Multimedia und Urheberrecht – einige grundsätzliche Anmerkungen, GRUR 1998, 18; *Berger*, Der Schutz elektronischer Datenbanken nach der EG-Richtlinie vom 11–03–1996, GRUR 1997, 169; *Berger*, Urheberrechtliche Erschöpfungslehre und digitale Informationstechnologie, GRUR 2002, 198; *Bettinger/Scheffelt*, Application Service Providing – Vertragsgestaltung und Konflikt-Management, CR 2001, 729; *Bohne*, Zur Auskunftserteilung durch Access-Provider nach Schutzrechtsverletzung im Internet – Anmerkung zu OLG Frankfurt a. M., GRUR-RR 2005, 147; *ders.*, Zum Erfordernis eines gewerblichen Ausmaßes der Rechtsverletzung in § 101 Abs. 2 UrhG, CR 2010, 104; *Bothe/Kilian*, Rechtsfragen grenzüberschreitender Datenflüsse, Köln 1992; *Brandi-Dohrn*, Zur Reichweite und Durchsetzung des urheberrechtlichen Softwareschutzes, GRUR 1985, 179; *Breyer*, Rechtsprobleme der Richtlinie 2006/24/EG zur Vorratsdatenspeicherung und ihrer Umsetzung in Deutschland, Strafverteidiger 2007, 214; *Dieselhorst*, Anwendbares Recht bei internationalen Online-Diensten, ZUM 1998, 293; *Dreier*, Die Umsetzung der Urheberrechtsrichtlinie 2001/29/EG in deutsches Recht, ZUM 2002, 28; *ders.*, »De fine«: vom Ende des Definierens? – Zur Abgrenzung von Münzkopierern, Personal Video Recordern und Serverdiensten, in: Ahrens/Bornkamm/Kunz-Hallstein (Hrsg.), Festschrift für Eike Ullmann, 2006, S. 37 (zit. *Dreier* in: FS Ullmann); *Flatau*, Neue Verbreitungsformen für Fernsehen und ihre rechtliche Einordnung: IPTV aus technischer Sicht, ZUM 2007, 1; *Flechsig*, Grundlagen des Europäischen Urheberrechts, ZUM 2002, 1; *Gaster*, Zur anstehenden Umsetzung der EG-Datenbankrichtlinie (I), CR 1997, 669; *ders.*, Der Rechtsschutz von Datenbanken, Kommentar zur Richtlinie 96/9/EG, 1999; *Götz*, Schaden und Bereicherung in der Verletzerkette, GRUR 2001, 295; *Grützmacher*, Application Service Providing – Urhebervertragsrechtliche Aspekte, ITRB 2001, 59; *ders.*, Das Recht des Softwarevertriebs, ITRB 2003, 199; *ders.*, Gebrauchtsoftwarehandel mit erzwungener Zustimmung – eine gangbare Alternative?, CR 2010, 141; *ders.*, Urheber-, Leistungs- und Sui-generis-Schutz von Datenbanken, 1999; *Haberstumpf*, Der urheberrechtliche Schutz von Computerprogrammen, in: Lehmann (Hrsg.), Rechtsschutz und Verwertung von Computerprogrammen, 2. Aufl. 1993, S. 69 (zit. Lehmann/*Haberstumpf*, Rechtsschutz und Verwertung); *Hoeren*, Der urheberrechtliche Erschöpfungsgrundsatz bei der Online-Übertragung von Computerprogrammen, CR 2006, 573; *ders.*, Vorratsdaten und Urheberrecht – Keine Nutzung gespeicherter Daten, NJW 2008, 3099; *Hüsch*, Thumbnails in Bildersuchmaschinen – Zur rechtfertigenden Einwilligung in die Nutzung von Thumbnails – zugleich eine Besprechung von BGH, Urt. v. 29.04.2010 – I ZR 69/08, CR 2010, 452; *Intveen*, Internationales Urheberrecht und Internet – Zur Frage des anzuwendenden Urheberrechts bei grenzüberschreitenden Datenübertragungen, 1999; *Kitz*, Das neue Recht der elektronischen Medien in Deutschland – sein Charme, seine Fallstricke, ZUM 2007, 368; *ders.*, Urheberschutz im Internet und seine Einfügung in den Gesamtrechtsrahmen, ZUM 2006, 444; *Knies*, Erschöpfung Online?, GRUR Int. 2002, 314; *Koch*, Application Service Providing als neue IT-Leistung, ITRB 2001, 39; *ders.*, Grundlagen des Urheberrechtsschutzes im Internet und in Online-Diensten, GRUR 1997, 417; *ders.*, Zur Regelung des Online-Übermittlung von Datenbanken und Datenbankwerken im Diskussionsentwurf zum Fünften Urheberrechtsänderungsgesetz, ZUM 2001, 839; *Kotthoff*, Zum Schutz von Datenbanken beim Einsatz von CD-ROMs in Netzwerken, GRUR 1997, 597; *Kubis*, Digitalisierung von Druckwerken zur Volltextsuche im Internet – die Buchsuche von Google (Google Book Search) im Konflikt mit dem Urheberrecht, ZUM 2006, 370; *Kuck*, Kontrolle von Musterverträgen im Urheberrecht, GRUR 2000, 285; *Lapp*, Überblick zu DRM, insbesondere zum § 95a UrhG, ITRB 2003, 151; *Lehmann*, Das neue Software-Vertragsrecht – Verkauf und Lizenzierung von Computerprogrammen, NJW 1993, 1822; *ders.*, Die europäische Datenbankrichtlinie und Multimedia, in: Lehmann (Hrsg.), Internet- und Multimediarecht (Cyberlaw), 1997, S. 67 (zitiert: Lehmann/*Lehmann*, Internet- und MultimediaR); *ders.*, Die Europäische Richtlinie über den Schutz von Computerprogrammen, GRUR Int. 1991, 327; *ders.*, Die europäische Richtlinie über den Schutz von Computerprogrammen, in: *Lehmann* (Hrsg.), Rechtsschutz und Verwertung von Computerprogrammen, 2. Aufl., 1993, S. 1 (zit. Lehmann/*Lehmann*, Rechtsschutz und Verwertung); *ders.*, Die neue Datenbankrichtlinie und Multimedia, NJW-CoR 1996, 249; *ders.*, The Answer to the Machine Is Not in the Machine, in: Beier/Brünig-Petit/Heath (Hrsg.), Festschrift für Jochen Pagenberg, 2006, S. 413 (zit. *Lehmann* in: FS Pagenberg); *Leistner*, Rechtsschutz von Datenbanken im deutschen und europäischen Recht, 2000; *Lesshaft/Ulmer*, Urheberrechtliche Schutzwürdigkeit und tatsächliche Schutzfähigkeit von Software, CR 1993, 607; *Leupold*, Auswirkungen der Multimedia-Gesetzgebung auf das Urheberrecht, CR 1998, 234; *ders.*, Push und Narrowcasting im Lichte des Medien- und Urheberrechts, ZUM 1998, 99; *Libertus*, Determinanten der Störerhaftung für Inhalte in Onlinearchiven, MMR 2007, 143; *Lindhorst*, Schutz von und vor technischen

Kapitel 18   Urheberrecht

Maßnahmen, Osnabrück 2002; *Linnenborn*, Keine Chance für Piraten – Zugangskontrolldienste werden geschützt, K&R 2002, 571; *Loewenheim*, Höhere Schutzuntergrenze des Urheberrechts bei Werken der angewandten Kunst?, GRUR Int. 2004, 765; *Lutz*, Verträge für die Multimedia-Produktion, 1996; *Mäger*, Der urheberrechtliche Erschöpfungsgrundsatz bei der Veräußerung von Software, CR 1996, 522; *Marly*, Urheberschutz für Computersoftware in der EU, 1995; *Moritz*, Vervielfältigungsstück eines Programms und seine berechtigte Verwendung, MMR 2001, 94; *Nordemann/Czychowski* Entscheidungsbesprechung, Der Schutz von Gesetzessammlungen auf CD-ROM nach altem und neuem Recht, NJW 1998, 1603; *Otten*, Die auskunftsrechtliche Anordnung nach § 101 IX UrhG in der gerichtlichen Praxis, GRUR-RR 2009, 369; *Raubenheimer*, Entscheidungsbesprechung, Die jüngste Rechtsprechung zur Umgehung/Beseitigung eines Dongles, NJW-CoR 1996, 174; *Rehbinder*, Urheberrecht, 16. Aufl. München 2010; *Reinbothe/von Lewinski*, The WIPO Treaties 1996, London, 2002; *Reinbothe*, Die EG-Richtlinie zum Urheberrecht in der Informationsgesellschaft, GRUR Int. 2001, 733; *Roggenkamp*, Verstößt das Content-Caching von Suchmaschinen gegen das Urheberrecht?, K&R 2006, 405; *Rössel*, Telemediengesetz – Ein Zwischenschritt: neues Gesetz mit Novellierungsbedarf, ITRB 2007, 158; *Sack*, Computerprogramme und Arbeitnehmer-Urheberrecht, BB 1991, 2165; *Schippan*, § 95a UrhG – eine Vorschrift (erstmals richtig) auf dem Prüfstand, ZUM 2006, 853; *Schmittmann*, IPTV und Mobile TV – Kabelweiterverbreitung i. S. d. Satelliten- und Kabel-RL, MR-Int 2010, 68; *Scholz*, Zum Fortbestand abgeleiteter Nutzungsrechte nach Wegfall der Hauptlizenz, GRUR 2009, 1107; *Spieker*, Bestehen zivilrechtliche Ansprüche bei Umgehung von Kopierschutz und beim Anbieten von Erzeugnissen zu dessen Umgehung?, GRUR 2004, 475; *Spindler*, Europäisches Urheberrecht in der Informationsgesellschaft, GRUR 2002, 105; *ders.*, Haftung für private WLANs im Delikts- und Urheberrecht – Zugleich Anmerkung zur Entscheidung des BGH, Urt. v. 12.05.2010 – I ZR 121/08 – Sommer unseres Lebens, CR 2010, 592; *Spindler/Weber*, Der Geheimnisschutz nach Art. 7 der Enforcement-Richtlinie, MMR 2006, 711; *Thum*, Internationalprivatrechtliche Aspekte der Verwertung urheberrechtlich geschützter Werke im Internet, GRUR Int. 2001, 9; *Ulbricht*, Der Handyklingelton – das Ende der Verwertungsgesellschaften? – Eine Absage an das Modell der Doppellizenzierung von Handyklingeltönen, CR 2006, 468; *Ullmann*, Die Einbindung der elektronischen Datenbanken in den Immaterialgüterschutz, in: Pfeiffer/Kummer/Scheuch (Hrsg.), Festschrift für Hans Erich Brandner, 1996, S. 507 (zit. *Ullmann* in: FS Brandner); *Ulmer*, Online-Bezug von Software, ITRB 2007, 68; *ders.*, Softwareüberlassung – Formulierung eines Lizenzvertrags, ITRB 2004, 213; *ders.*, Werkgebrauch und Urheberrecht, ITRB 2001, 214; *v. Gamm*, Der urheber- und wettbewerbsrechtliche Schutz von Rechenprogrammen, WRP 1969, 96; *v. Gerlach*, Making available right – Böhmische Dörfer?, ZUM 1999, 278; *Wandtke/C. Dietz*, Anmerkung zum Urteil des BGH vom 02.10.2008 (I ZR 18/06, ZUM 2009, 152), ZUM 2009, 155; *Wiebe*, Vergütungspflicht für PC gemäß § 54a Abs. 1 UrhG, ZUM 2009, 155; *Wiebe*, Der virtuelle Videorecorder, CR 2007, 28; *ders.*, Zur Frage der Zulässigkeit von Hyperlinks, MMR 2003, 724; *Witte*, Online-Vertrieb von Software, ITRB 2005, 86; *Zecher*, Zur Umgehung des Erschöpfungsgrundsatzes bei Computerprogrammen, 2004.

Übersicht

		Rdn.
A.	Einführung	1
B.	Grundzüge des Urheber- und Leistungsschutzes	9
I.	Werkbegriff und Schutzvoraussetzungen	9
	1. Werke	10
	2. Schutzvoraussetzungen	12
II.	Urheber und erster Rechtsinhaber	14
	1. Urheber- und Schöpferprinzip	14
	2. Miturheberschaft	16
	3. Verbundene Werke	18
	4. Vermutung der Urheberschaft	19
III.	Verwertungs- und Nutzungsrechte	20
	1. Systematik	20
	2. Vervielfältigungsrecht	23
	3. Bearbeitungsrecht	26
	4. Verbreitungsrecht	28
	5. Vermietrecht	31
	6. Ausstellungsrecht	32
	7. Recht der öffentlichen Wiedergabe und Recht der öffentlichen Zugänglichmachung	33
	8. Vortrags-, Aufführungs- und Vorführungsrecht	37
	9. Recht der Sendung, europäischen Satellitensendung und Kabelweitersendung	39
IV.	Urheberpersönlichkeitsrechte	40
V.	Schrankenbestimmungen	44
	1. Inhaltliche Schranken	44
	a) Übersicht	44
	b) Vorübergehende Vervielfältigungshandlungen	45

		c) Zitatrecht	46
		d) Privater Gebrauch	47
		e) Sonstiger eigener Gebrauch	50
		f) Zeitungsartikel und Rundfunkkommentare	53
		g) Ohne Erwerbszwecke erfolgende öffentliche Wiedergabe	54
		h) Öffentliche Zugänglichmachung für Unterricht und Forschung und an öffentlichen elektronischen Leseplätzen	55
		i) Vergütungsansprüche	57
	2.	Zeitliche Schranken (Schutzdauer)	58
VI.	Leistungsschutzrechte		59
	1.	Überblick	59
	2.	Lichtbildschutz	62
	3.	Schutz ausübender Künstler	64
	4.	Leistungsschutzrecht des Veranstalters	66
	5.	Tonträgerherstellerrecht	67
	6.	Schutz des Sendeunternehmers	70
	7.	Schutz des Filmherstellers	72
	8.	Laufbildschutz	74
VII.	Rechtseinräumung		75
	1.	Allgemeines	75
	2.	Gestaltungen in der Praxis	78
	3.	Gesetzliche Vergütungsansprüche	79
VIII.	Sanktionen		81
	1.	Zivilrechtliche Ansprüche	81
		a) Unterlassungsanspruch	81
		b) Beseitigungsanspruch	84
		c) Auskunftsanspruch	85
		d) Schadensersatzanspruch	86
		e) Bereicherungsrecht	90
		f) Ersatz immaterieller Schäden	91
		g) Anspruch auf Vernichtung bzw. Überlassung und Rückruf	92
	2.	Strafrechtliche Sanktionen	93
IX.	Internationaler Schutz		95
	1.	Staatsverträge	95
		a) Urheberschutz	96
		b) Leistungsschutz	97
	2.	Fremdenrecht	98
	3.	Kollisionsrecht	99
C.	**Softwareurheberrecht**		100
I.	Urheberschutz von Computerprogrammen		100
	1.	Begriff des Computerprogramms	101
		a) Computerprogramm	101
		b) »in jeder Gestalt einschließlich Entwurfsmaterialen«	102
		c) Schutz der Ausdrucksform und nicht der Ideen und Grundsätze	104
	2.	Schutzvoraussetzungen	106
	3.	Rechtsinhaber und Arbeitnehmerurheberrecht	108
		a) Erster Rechtsinhaber	108
		b) Rechtsinhaberschaft im Arbeitsverhältnis	109
		aa) Arbeitnehmer oder Dienstverpflichteter	110
		bb) In Wahrnehmung seiner Aufgaben	111
		cc) Übertragung aller vermögensrechtlichen Befugnisse	114
		c) Dispositives Recht und sonstige Aspekte	116
	4.	Verwertungs- bzw. Nutzungsrechte und Urheberpersönlichkeitsrechte	117
		a) Verwertungs- und Nutzungsrechte	117
		aa) Vervielfältigungsrecht	117
		bb) Bearbeitungsrecht	118
		cc) Verbreitungsrecht	119
		dd) Vermietrecht	125
		ee) Recht der öffentlichen Wiedergabe einschließlich der öffentlichen Zugänglichmachung	126
		(1) Öffentliche Wiedergabe	127
		(2) Öffentliche Zugänglichmachung	128
		(3) Anwendungsfälle	129

Kapitel 18   Urheberrecht

	(4) Erschöpfung	131
	b) Urheberpersönlichkeitsrechte	132
5.	Ausnahmen und Beschränkungen des Urheberschutzes	133
	a) Allgemeines	133
	b) Ausnahmen von den zustimmungsbedürftigen Handlungen im Rahmen der bestimmungsgemäßen Nutzung	134
	aa) Bestimmungsgemäße Nutzung	136
	bb) Notwendigkeit	138
	cc) Berechtigter	139
	c) Ausnahmen von zustimmungsbedürftigen Handlungen zu Zwecken des Beobachtens, Untersuchens und Testens	140
	d) Gestattung der Dekompilierung	141
	e) Allgemeine Schranken	147
6.	Sanktionen	148
	a) Allgemeines	148
	b) Die Spezialnorm des § 69f UrhG	149
II. Schutz von Datenbanken		153
1.	Datenbankbegriff	153
	a) Allgemeines	153
	b) Sammlung	154
	c) Unabhängige Elemente	155
	d) Systematische oder methodische Anordnung	156
	e) Isolierte Zugänglichkeit	157
	f) Nichtelektronische Datenbanken	158
	g) Betriebsmaterial	159
2.	Urheberschutz von Datenbankwerken	160
	a) Schutzgegenstand	160
	b) Schutzvoraussetzung	161
	c) Erster Rechtsinhaber und Arbeitnehmerurheberrecht	165
	d) Verwertungs- und Nutzungsrechte	166
	aa) Vervielfältigungsrecht	167
	bb) Verbreitungsrecht	170
	cc) Bearbeitungsrecht	172
	dd) Öffentliche Wiedergabe und Zugänglichmachung	175
	f) Ausnahmen und Beschränkungen des Schutzes	177
	aa) Bestimmungsgemäße Benutzung eines Datenbankwerkes	177
	bb) Allgemeine Schranken	180
	cc) Schutzdauer	181
3.	Sui-generis-Schutz von Datenbanken	182
	a) Schutzgegenstand	183
	b) Schutzvoraussetzung	184
	c) Rechte	185
	aa) Allgemeines	185
	bb) Entnahmerecht	186
	cc) Verwendungsrecht	188
	(1) Verbreitung von Vervielfältigungsstücken	188
	(2) Vermietung und Verleih	190
	(3) Öffentliche Wiedergabe	191
	dd) Wesentliche Teile oder wiederholte Entnahme unwesentlicher Teile	192
	d) Beschränkungen des Schutzes und Rechte des rechtmäßigen Nutzers	194
	aa) Unwesentliche Entnahmen	194
	bb) Sonstige Beschränkungen	196
	cc) Kartellrechtliche Zwangslizenzen	198
	dd) Schutzdauer	199
	e) Rechtsinhaber und Begünstigte	201
D.	**Urheberrecht und Internet**	204
I. Websites		205
II. Tauschbörsen, Share-Hosting, user-generated Content und Online-Handelsplattformen		208
1.	Tauschbörsen und Peer-to-Peer-Netzwerke	209
	a) Upload und Ansprüche gegen den Einstellenden	210
	b) Download und Ansprüche gegen den Nutzer	211
	c) Ansprüche gegen den Anschlussinhaber	212
	d) Auskunftsansprüche gegen Access-Provider	213

	2. Sharehoster und User-generated-Content	218
	3. Online-Handelsplattformen	219
III.	Suchmaschinen und -agenten	220
	1. Suchmaschinen	221
	2. Metasuchmaschinen	223
	3. Suchagenten und Screen-Scraping	224
IV.	Digitales Kartenmaterial	226
V.	Virtuelle Bibliotheken	228
VI.	Personal Videorecorder	230
	1. Eingriff in das Vervielfältigungsrecht	231
	2. Eingriff in das Recht der öffentlichen Zugänglichmachung bzw. das Senderecht	232
	3. Privilegierung der Privatkopie	234
VII.	IP- und Mobile-TV	236
VIII.	Grenzüberschreitende Kollisionen	237
E.	**DRM-Systeme**	241
I.	Der Schutz von und vor technischen Maßnahmen und DRM-Informationen	241
	1. Schutzgegenstände	246
	a) Technische Maßnahmen	247
	b) Zur Rechtewahrnehmung erforderliche Informationen	251
	2. Verbotene Handlungen	254
	a) Verbotene Handlungen bei technischen Schutzmaßnahmen	254
	aa) Verbot der Umgehung technischer Maßnahmen	254
	bb) Verbotene Vorbereitungshandlungen	257
	b) Verbotene Handlungen bei zur Rechtewahrnehmung erforderlichen Informationen	264
	aa) Verbot der Entfernung oder Veränderung von Informationen	264
	bb) Verbotene Verwertungshandlungen	265
	3. Grenzen des Schutzes von DRM-Systemen	266
	a) Ausnahme vom Schutz technischer Maßnahmen	266
	b) Durchsetzung von Schrankenbestimmungen	267
	c) Kartellrechtliche Beschränkungen	271
	4. Sanktionen	272
II.	Kennzeichnungspflichten	273

A. Einführung

Nach der anfänglichen Skepsis über die Anwendung des Urheberrechts auf Computerprogramme Ende der 60er[1] schien sich dieses in den 80er Jahren entsprechend der Linie der WIPO[2] als zweckmäßiger Kompromiss zum Schutz von Computerprogrammen durchzusetzen. In der Folge jedoch sorgte der Bundesgerichtshof Ende der 80er Jahre[3] dafür, dass sich nicht etwa das Urheberrecht, sondern plötzlich wieder das Wettbewerbsrecht als zentrales Schutzinstrument für Computerprogramme darstellte. Nach diesem hin und her hat sich heute das Urheberrecht nicht zuletzt aufgrund

- der Richtlinie des Rates über den Rechtsschutz von Computerprogrammen vom 14.05.1991 (250/91/EWG)[4] – nunmehr fast wortgleich ersetzt durch die Richtlinie des Europäischen Parlaments und des Rates über den Rechtsschutz von Computerprogrammen vom 23.04.2009 (2009/24/EG) –,[5]
- der Richtlinie des Europäischen Parlaments und des Rates vom 11.03.1996 über den rechtlichen Schutz von Datenbanken (96/9/EG)[6] und

1

---

[1] Grundlegend *v. Gamm* WRP 1969, 96.
[2] Vgl. Mustervorschriften der WIPO für den Urheberschutz von Computerprogrammen, abgedruckt in: GRUR 1979, 300 (307); GRUR Int. 1978, 286 (290).
[3] BGHZ 94, 276 – Inkassoprogramm; 112, 264 – Betriebssystem.
[4] ABl. EG Nr. L 122 v. 17.05.1991, S. 44.
[5] ABl. EG Nr. L 111 v. 05.05.2009, S. 16.
[6] ABl. EG Nr. L 77 v. 27.03.1996, S. 20.

- der Richtlinie vom 22.05.2001 zur Harmonisierung bestimmter Aspekte des Urheberrechts und der verwandten Schutzrechte in der Informationsgesellschaft (2001/29/EG)[7]

im IT-Recht durchgesetzt.

2 Hinzu kam, dass sowohl das TRIPS-Abkommen von 1995 (GATT-TRIPS)[8] als auch der WIPO-Urheberrechtsvertrag von 1996 (WIPO Copyright Treaty = WCT)[9] den Schutz von Computerprogrammen und Datenbanken festschreiben. Stand früher im Fokus des IT-Rechts die Erstellung und Verwertung von Software (Computerprogramme und Datenbanken), so sind spätestens mit dem Erfolg des Internets und der verbreiteten Nutzung von Multimediawerkern auch klassische urheberrechtliche Werke betroffen.

3 Wie sich aus § 1 UrhG ergibt, soll das Urheberrecht einen **Schutz für Urheber von Werken der Literatur, Wissenschaft und Kunst** gewährleisten. Das Urheberrechtsgesetz kodifiziert in diesem Sinne das Recht der Kulturschaffenden. Das Urheberrecht ist ausgehend hiervon nach deutschem Verständnis nicht ein reines Copyright (»Kopierschutzrecht«), also nicht lediglich ein Recht zum Investitionsschutz. Vielmehr zeigt sich in diversen Regelungen des Urheberrechtsgesetzes, insbesondere an den Regelungen der §§ 7 und 43 sowie 11 ff. UrhG, dass das Urheberrecht nach deutschem Verständnis eine persönlichkeitsrechtliche Prägung hat. So wird zum einen in Anlehnung an die Lehre vom geistigen Eigentum teils von einem Naturrecht ausgegangen. Zum anderen ist nach heute ganz h. M. das deutsche Urheberrechtsgesetz von der monistischen Theorie geprägt. Das heißt, dass das Urheberrechtsgesetz in Weiterentwicklung der noch dualistischen Auffassung des Urheberrechts von *Josef Kohler* in allen seinen Regelungen sowohl die Vermögensinteressen als auch die ideellen Interessen des Urhebers vereint.[10] Dabei schlagen teils die urheberpersönlichkeitsrechtlichen, teils die wirtschaftlichen Wurzeln in den Einzelregelungen stärker durch. Vom Copyright unterscheidet sich das deutsche Urheberrecht weiter dadurch, dass es strikt das sog. Schöpferprinzip durchhält,[11] wonach erster Rechtsinhaber – zumindest für eine logische Sekunde – immer der Urheber ist. Darüber hinaus ist das Urheberrecht nach deutschem Rechtsverständnis, da eben Persönlichkeitsrecht, unübertragbar.

4 Im Bereich des IT-Rechts bereiten diese Grundsätze teils Schwierigkeiten. So sind die Software- und Multimediawerke, welche oftmals in abhängiger Arbeit von einer Vielzahl von Urhebern geschaffen werden, nicht so sehr von der Persönlichkeit des Urhebers geprägt. Auch zeichnen sich diese Werke regelmäßig – so zumindest im Fall von Computerprogrammen und Datenbanken – weniger durch die Person des Schaffenden als vielmehr durch die technische und sachlich geprägte Gestaltung aus. Nicht umsonst hat sich der Gesetzgeber insofern für den Schutz von Computerprogrammen in einem eigenen Abschnitt entschieden. Auch der Gesetzgeber ging nämlich davon aus, dass Computerprogramme keine klassischen Urheberwerke sind.[12] Laut Regierungsbegründung sollte eine »Ausstrahlung von Sonderregelungen für Computerprogramme auf das ›klassische‹ Urheberrecht« vermieden werden können.

5 Haben Computerprogramme auch nach dem Verständnis des Gesetzgebers die Eigenschaften von Industrieprodukten,[13] so gilt dies für die klassischen Werke von Kulturschaffenden nicht. Auch diese sind aber heute in Zeiten des Internets einer weiter gehenden Verwertung in digitalisierter Form ausgesetzt. Über den Bereich des klassischen Urheberrechts hinaus sind bei Internetsachverhalten immer auch die Leistungsschutzrechte und verwandten

---

7 ABl. EG Nr. L 167 v. 22.06.2001, S. 10.
8 BGBl. 1994 II S. 1730.
9 Abgedruckt in GRUR Int. 2004, 112; s. dazu auch BT-Drs. 15/15.
10 Dazu *Ulmer*, Urheber- und VerlagsR, S. 112 f.; *Schack* Rn. 343–345.
11 Vgl. §§ 7, 8, 43, 69b UrhG; dazu unten unter Rdn. 14 f.
12 Begr. RegE BT-Drs. XII/4022, 7 f., 9.
13 Begr. RegE BT-Drs., XII/4022, 7.

Schutzrechte zu beachten, welche das deutsche Urheberrechtsgesetz in den §§ 70 ff. UrhG[14] regelt. Bei diesen handelt es sich nur ausnahmsweise um Rechte mit persönlichkeitsrechtlichem Bezug. Vielmehr ist ein Gutteil dieser Regelungen so gefasst, dass die Schutzrechte als Ganzes übertragbar sind.

Abzugrenzen ist der Schutz gemäß Urheberrechtsgesetz weiter von dem Schutz durch gewerbliche Schutzrechte (namentlich durch das Geschmacksmusterrecht, das Patentrecht, das Gebrauchsmusterrecht), vom Schutz durch das UWG (nämlich durch den Schutz vor unmittelbaren oder herkunftstäuschenden Leistungsübernahmen und den Geheimnisschutz) sowie schließlich vor dem Kennzeichenschutz (insbesondere dem Marken- und Titelschutz). Dabei bleibt es nicht aus, dass auch zu diesen Materien gewisse Schnittmengen bestehen, auch wenn das Urheberrecht grundsätzlich weder Ideen noch Erfindungen, Know-how oder Kennzeichen schützt.

Es ergibt sich in etwa folgendes Bild:

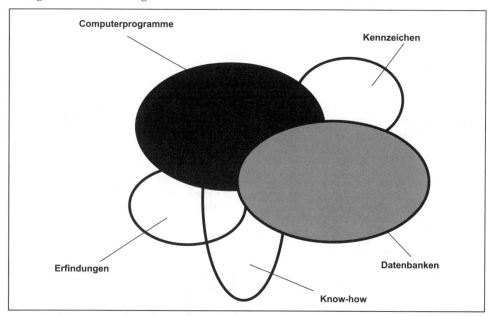

Mit Blick auf die übrige Eigentumsordnung, insbesondere das Sachenrecht des BGB, ist anzumerken, dass das Urheberrecht, die Leistungsschutzrechte und die benachbarten Rechte unabhängig vom sachenrechtlichem Eigentum grundsätzlich koexistieren. Das Urheberrecht, die Leistungsschutzrechte und verwandten Schutzrechte sind aber geeignet, die dinglichen Rechte des Eigentümers i. S. v. § 903 BGB zu beschränken.[15] Auch das Urheberrecht, die verwandten Schutzrechte und die Leistungsschutzrechte genießen den Schutz des Eigentums gem. Art. 14 GG.[16]

---

14 Zu diesen unten unter Rdn. 59–74.
15 Vgl. Palandt/*Bassenge* § 903 Rn. 27.
16 S. etwa BVerfG GRUR 1982, 481 – Schulgebrauch; GRUR 1989, 193 – Vollzugsanstalten.

B. Grundzüge des Urheber- und Leistungsschutzes

I. Werkbegriff und Schutzvoraussetzungen

9 Das Urheberrechtsgesetz erwähnt die nach ihm geschützten Werke in den §§ 2, 4 und 69a UrhG. Für diese Werke gelten die Vorschriften des 1.–7. bzw. für Computerprogramme primär die des 8. Abschnitts des Urheberrechtsgesetzes. Demgegenüber finden sich in den §§ 70 ff. UrhG Regelungen über Leistungsschutzrechte, verwandte Schutzrechte und das sog. Sui-generis-Recht des Datenbankherstellers.[17]

1. Werke

10 Der **Katalogtatbestand des § 2 UrhG** nennt insbesondere folgende Urheberrechtswerke:
- Sprachwerke (Nr. 1),
- Werke der Musik (Nr. 2),
- pantomimische Werke (Nr. 3),
- Werke der bildenden Künste (Nr. 4),
- Lichtbildwerke (Nr. 5),
- Filmwerke (Nr. 6) und
- Darstellungen wissenschaftlicher oder technischer Art (Nr. 7).

11 Hinzu treten die in § 4 UrhG genannten **Sammelwerke und Datenbankwerke** sowie nach § 69a UrhG **Computerprogramme**.[18] Der Katalogtatbestand des § 2 Abs. 1 UrhG ist, wie das Wort »insbesondere« zeigt, nicht abschließend. Allerdings fordert § 2 Abs. 1 UrhG im Grundsatz für jedes Werk, für das Schutz nach dem Urheberrecht gesucht wird, dass es sich um ein Werk der Literatur, Wissenschaft oder Kunst handelt. Zu den Katalogtatbeständen des § 2 Abs. 1 UrhG hat sich eine umfangreiche Kasuistik herausgebildet.[19] Die Orientierung an den einzelnen Untergruppen des Katalogs ist deshalb relevant, weil die Rechtsprechung mitunter recht unterschiedliche Anforderungen an die sog. Schöpfungshöhe stellt.[20]

2. Schutzvoraussetzungen

12 Voraussetzungen für den Urheberrechtsschutz ist gemäß § 2 Abs. 2 UrhG weiter, dass eine »**persönliche geistige Schöpfung**« vorliegt.[21] Dabei erfordert das Merkmal der persönlichen Schöpfung zunächst, dass das Werk durch eine menschlich-gestalterische Tätigkeit seine individuelle Prägung erhält. Keinen Schutz genießen demgegenüber computergenerierte Erzeugnisse wie etwa durch ein Computerprogramm erzeugte Übersetzungen. Auch die von sonstigen Maschinen und Apparaten erzeugten Ergebnisse stellen kein menschliches Schaffen und damit keine schöpferische Leistung i. S. d. Urheberrechts dar. Allerdings ist ein Urheberrechtsschutz bei computerunterstützten Werken (computer aided works) nicht ausgeschlossen. Weiter fordert § 2 Abs. 2 UrhG einen gewissen **geistigen Gehalt**. Mit dem Werk zum Ausdruck gebracht werden müssen also Gedanken oder Gefühle.[22] Diese Voraussetzung ist nicht zu verwechseln mit einem vom Urheberrecht nicht geforderten ästhetischen Gehalt. Schließlich wird mit Blick auf den Begriff der »Schöpfung« darüber gestritten, in welchem Umfang über die bloße Individualität hinaus das Erreichen einer gewissen **Schöpfungshöhe** erforderlich ist. In diesem Rahmen wird danach gefragt, in

---

17 Dazu unten unter Rdn. 182–203.
18 S. a. § 3 UrhG.
19 Hierzu eingehend Wandtke/Bullinger/*Bullinger* § 2 Rn. 45–150.
20 Dazu in der Folge unten unter Rdn. 12 f.
21 Aus prozessualer Sicht FA-GewRS/*Haberstumpf* Kap. 7 Rn. 64–66.
22 BGH GRUR 1998, 916 (917) – Stadtplanwerk; GRUR 1999, 923 (924) – Tele-Info-CD.

welchem Umfang das Werk von der Persönlichkeit des Urhebers geprägt sein muss. Insofern ist einerseits zu bedenken, dass § 2 Abs. 2 UrhG von einer »persönlichen« – im Gegensatz zur »eigenen« (§ 69a Abs. 3 UrhG) - Schöpfung spricht, zum anderen, dass das Urheberrechtsgesetz eben in seiner Gesamtheit von persönlichkeitsrechtlichen Regelungen geprägt ist. Daher fordern Teile der Literatur zu Recht, dass im Rahmen des § 2 Abs. 1 UrhG eine deutlich über den durchschnittlichen Schaffen liegende Leistung vorliegen muss.[23] Demgegenüber hat die Rechtsprechung, um entsprechende Leistungen nicht einfach schutzlos zu stellen bzw. allein dem Schutz durch das Wettbewerbsrecht zu überlassen, nicht nur in den Bereichen, in denen durch die europäische Rechtsentwicklung die Schutzanforderung abgesenkt wurden, namentlich bei Computerprogrammen und Datenbanken,[24] teils explizit auch die sog. **kleine Münze** geschützt.[25] Allerdings finden sich uneinheitliche Untergrenzen je nach Werkart.[26] Niedrige Anforderungen werden etwa an den Schutz von Darstellungen wissenschaftlicher oder technischer Art sowie an den Schutz sonstiger Sammelwerke gestellt, höhere bei Werken der bildenden Künste[27] sowie Lichtbildwerken und Filmwerken – Letzteres nicht zuletzt deshalb, weil dort ein sonstiger Schutz in Form des Geschmackmusterrechts nach dem GeschmMG, Lichtbildschutzes nach § 72 UrhG und Laufbildschutz gem. §§ 94, 95 UrhG gewährleistet ist.

Ausreichend individuell kann eine Gestaltung im Einzelfall nur sein, wenn überhaupt ein ausreichender Spielraum für die Entfaltung im Rahmen des persönlichen Werkschaffens vorhanden ist. Keine individuelle Prägung vermögen daher Gestaltungen zu bringen, welche auf literarischem oder künstlerischem Gemeingut aufbauen, durch Sachzwänge geprägt oder aus Gründen der Zweckmäßigkeiten oder der Logik so gewählt werden. Ist der Spielraum für individuelle Gestaltung gering, besteht daher im Zweifelsfall auch allenfalls ein geringer Schutzbereich. Auch kleinste Teile eines Werkes sind aber prinzipiell einem Schutz zugänglich.[28] **13**

II. Urheber und erster Rechtsinhaber

1. Urheber- und Schöpferprinzip

Gemäß § 7 UrhG ist der Schöpfer »Urheber« des Werkes und mithin Inhaber entsprechender Verwertungs- sowie Urheberpersönlichkeitsrechte, wie sich aus den auf den Begriff des »Urhebers« referenzierenden §§ 11 ff. UrhG ergibt. Das deutsche Recht geht damit vom sog. **Schöpferprinzip** aus. Zudem sieht es vor, dass das Urheberrecht als solches nicht übertragen werden kann.[29] All dieses ist Ausfluss der monistischen Prägung des deutschen Urheberrechts, nach dem nur Nutzungsrechte, sei es in Form von Tochter- oder von Enkelrechten, übertragen werden können. In dieser Hinsicht unterscheidet sich das deutsche Urheberrechtsgesetz deutlich von dem Copyright-Ansatz des US- und des britischen Rechts. Nach dem angloamerikanischen Rechtssystem ist das Copyright als solches übertragbar und abweichend vom Schöpferprinzip beim sog. »work made for hire« erster **14**

---

23 Vgl. *Schack* Rn. 294, 297 f.; *Rehbinder* Rn. 61.
24 Insofern existiert nur eine partiell harmonisierte Rechtslage (siehe aber auch die Entscheidung EuGH GRUR 2009, 1041 (1043 ff.) – Infopaq/DDF, der für Spezialvorschriften eine gewisse einheitliche Auslegung fordert, dabei aber wohl eher von einem Mindeststandard, nämlich der eigenen geistigen Schöpfung des Urhebers ausgeht).
25 BGHZ 116, 136 (144) – Leitsätze: »ein bescheidenes Maß geistiger schöpferischer Tätigkeit [soll] genügen«.
26 Wandtke/Bullinger/*Bullinger* § 2 Rn. 25; krit. dazu *Loewenheim* GRUR Int. 2004, 765.
27 Siehe etwa BGH GRUR 2008, 984 (985 f.) – St. Gottfried; LG Köln CR 2008, 463 f.: kein Schutz für Textur des (virtuellen) Kölner Doms in Second Life.
28 Vgl. BGH GRUR 2008, 1081 (1082) – Musical Starlights; siehe auch EuGH GRUR 2009, 1041 (1044 f.) – Infopaq/DDF.
29 Vgl. § 29 Abs. 1 UrhG.

Rechtsinhaber der Arbeitgeber bzw. Auftraggeber. Demgegenüber hat der deutsche Gesetzgeber selbst im Rahmen der unpersönlichen, industriell gefertigten Computerprogramme und Datenbanken am Schöpferprinzip festgehalten, wie sich aus den §§ 43, 69b UrhG ergibt. Die EG hatte in Art. 2 Abs. 1 und 3 Computerprogramm-Richtlinie sowie Art. 4 Abs. 1 Datenbank-Richtlinie den nationalen Gesetzgebern die Option gelassen, Regelungen vorzusehen, nach denen der Auftraggeber eines entsprechenden Werkes unmittelbarer Rechtsinhaber wird. Gemäß §§ 43, 69b UrhG hingegen wird zunächst – zumindest für eine logische Sekunde – der Urheber Rechtsinhaber, dem Arbeitgeber werden die Nutzungsrechte dann nach Maßgabe des §§ 43, 31 ff. UrhG eingeräumt bzw. sämtliche vermögenswerten Befugnisse gemäß § 69b UrhG übertragen.[30]

15 Entscheidend für die Frage nach dem Urheber und damit dem ersten Rechtsinhaber ist, wer die schöpferischen Beiträge i. S. v. §§ 2 Abs. 2, 4, 69a Abs. 3 UrhG erbracht hat. Nur soweit eine Person schutzfähige Leistungen beigetragen hat, ist sie auch Urheber. Nicht Urheber ist, wer lediglich Ideen vorbringt oder seinen Beitrag auf die Ausarbeitung der Aufgabenstellung beschränkt.[31]

2. Miturheberschaft

16 Haben mehrere ein Werk gemeinsam geschaffen,[32] ohne dass sich ihre Anteile gesondert verwerten lassen,[33] so liegt laut § 8 Abs. 1 UrhG ein Fall der Miturheberschaft vor. Gemäß § 8 Abs. 2 UrhG resultiert hieraus ein **Gesamthandsverhältnis**. Die Veröffentlichung und Verwertung des Werkes ist den Miturhebern nur gemeinsam bzw. mit Einwilligung der jeweiligen anderen Miturheber erlaubt. Ihre Einwilligung dürfen die Miturheber jedoch nicht wider Treu und Glauben verweigern. Nach ganz h. M. wird im Übrigen ergänzend zu den Regelungen der Gesamthandsgemeinschaft gemäß § 8 Abs. 2 UrhG zur Schließung von Regelungslücken auf die §§ 705 ff. BGB zurückgegriffen.[34] Da die Regelungen der §§ 8 Abs. 2–4 UrhG dispositiv sind, können die Miturheber durch abweichende Regelungen auch etwa ein Gesellschaftsverhältnis gem. §§ 705 ff. BGB begründen.

17 Das Gesetz sieht weiter gem. § 8 Abs. 2 S. 3 UrhG vor, dass **Rechtsverletzungen** von jedem Miturheber geltend gemacht werden können. Dies gilt vor allem für die Geltendmachung von Unterlassungsansprüchen gem. § 97 UrhG, aber auch für Auskunfts- und Schadensersatzansprüche. Der klagende Miturheber kann insofern ein fremdes Recht im eigenen Namen geltend machen; es handelt sich bei § 8 Abs. 2 S. 3 UrhG um einen Fall der gesetzlichen Prozessstandschaft. Gemäß Halbsatz 2 des § 8 Abs. 2 S. 3 UrhG muss der Miturheber anders als bei der Geltendmachung von Unterlassungs- und Beseitigungsansprüchen, bei Ansprüchen auf Leistung, insbesondere auf Schadensersatz, den Anspruch als Leistung an alle Miturheber einklagen. Streitig ist, ob die Alleinbefugnis, wie sie bei Unterlassungs- und Beseitigungsansprüchen besteht, auch bei Auskunfts- und Rechnungslegungsansprüchen sowie Schadensersatzfeststellungsansprüchen greift.[35]

---

30 Dazu Rdn. 114 f.
31 Vgl. OLG Köln CR 2005, 624 (625 f.).
32 Schon ein geringfügiger, ausreichend eigenschöpferischer Beitrag genügt, vgl. BGH GRUR 2009, 1046 (1050) – Kranhäuser.
33 Zu diesem Tatbestandsmerkmal BGH GRUR 2009, 1046 (1048) – Kranhäuser.
34 Vgl. Wandtke/Bullinger/*Thum* § 8 Rn. 22–50 m. w. N.
35 So LG Frankfurt/M. CR 2006, 729; Dreier/*Schulze* § 8 Rn. 21; a. A. OLG Düsseldorf CR 2009 214 f.; wohl auch BGH GRUR 2003, 1035 (1037) – Hundertwasser-Haus; OLG München ZUM 2002, 922 (926) – Der Zauberberg; Schricker/*Loewenheim* § 8 Rn. 21; offen lassend BGHZ 56, 317 (319) – Gaspatrone II.

3. Verbundene Werke

Schließlich sieht § 9 UrhG alternativ zu § 8 UrhG vor, dass Werke, die sich entgegen § 8 Abs. 1 UrhG gesondert verwerten lassen, zur gemeinsamen Verwertung miteinander verbunden werden. Nach h. M. geht mit einer solchen Werkverbindung der **Abschluss eines Gesellschaftsvertrages** einher.[36] Nach abweichender Meinung hingegen begründet der bloße Realakt noch keine gesamthänderische Bindung. Entscheidend ist dieser Meinungsstreit für die Frage, inwieweit der einzelne Urheber noch weiter verwertungsberechtigt hinsichtlich seiner Nutzungsrechte ist. So wird teilweise die vermittelnde Auffassung vertreten, dass die Verwertungsrechte an Einzelwerken nicht zwingend in das Gesellschaftsvermögen eingehen.[37] Geht man von einem Gesellschaftsverhältnis aus, so gilt zunächst einmal der **Grundsatz der Gesamtgeschäftsführung und -vertretung** (§§ 709 Abs. 1, 714 BGB) sowie ergänzend ein Notverwaltungsrecht (§ 744 Abs. 2 BGB). Aus der gesellschaftsrechtlichen Verbindung resultiert zudem eine wechselseitige Treuepflicht, die insbesondere bei der gesonderten Verwertung der Einzelwerke relevant wird und in einer Verpflichtung des Urhebers münden kann, eine gesonderte Verwertung nicht vorzunehmen.[38] Was die Werkverbindung, mithin die Gesamtheit der verbundenen Werke, anbelangt, so regelt § 9 UrhG, dass jeder der Urheber von dem anderen die Einwilligung zur Veröffentlichung, Verwertung und Änderung der verbundenen Werke verlangen kann, wenn die Einwilligung dem anderen nach Treu und Glauben zuzumuten ist. Dabei wird die Zumutbarkeit im Rahmen einer Interessenabwägung dann abzulehnen sein, wenn die Verwertbarkeit des gemeinsamen Gesamtwerkes empfindlich beeinträchtigt und die Einnahmen eines der Urheber dadurch erheblich geschmälert würden.[39] Besondere Bedeutung kommt dem § 9 UrhG im IT-Recht bei Websites und Multimediawerken zu, die durch nachträgliches Zusammenfügen unterschiedlicher Werkgattungen (etwa Filmen, Liedern und Texten) geschaffen werden. Aber auch bei Computerprogrammen (insbesondere Computerspielen) ist an § 9 UrhG zu denken.

4. Vermutung der Urheberschaft

Wer auf den Vervielfältigungsstücken eines erschienenen Werkes oder im Fall von Werken der bildenden Kunst auf den Originalen als Urheber bezeichnet wird, kann im Streitfall für die Aktivlegitimation auf die **Beweiserleichterung** des § 10 Abs. 1 UrhG zurückgreifen. Nach dieser Vermutung der Urheberschaft kehrt sich die Beweislast um, wobei strittig ist, ob es sich um eine gesetzliche Tatsachenvermutung i. S. v. § 292 ZPO,[40] um eine tatsächliche Vermutung[41] oder aber um eine Rechtsvermutung[42] handelt. Offen ist auch, ob den Urheber im Rahmen des Zumutbaren ggf. doch eine sekundäre Darlegungslast für seine Urheberschaft treffen kann.[43] Bürgerlicher Name, Deckname, Pseudonym oder Künstlerzeichen müssen dazu in der üblichen Weise, d. h. an der üblichen Stelle und mit dem üblichen Inhalt kenntlich gemacht sein. Für Computerprogramme etwa wird davon ausgegangen, wenn der Name in der Kopfleiste der Bildschirmmaske und darüber hinaus auch in der Fußzeile des Bedienungshandbuchs mit der Angabe »Copyright [Name]« als Urheber aus-

---

36 BGH GRUR 1982, 41 (42) – Musikverleger III; GRUR 1982, 743 (744) – Verbundene Werke; Schricker/*Loewenheim* § 9 Rn. 9; a. A. BGH GRUR 1973, 328 (329) – Musikverleger II; BGH GRUR 1964, 326 (330) – Subverleger; Wandtke/Bullinger/*Thum* § 9 Rn. 7.
37 Schricker/*Loewenheim* § 9 Rn. 9.
38 Vgl. Schricker/*Loewenheim* § 9 Rn. 7, 10 (Rn. 16 nur in 2. Aufl.).
39 Vgl. OLG Hamburg ZUM 1994, 738 (739).
40 So BGH GRUR 2009, 1046 (1048) – Kranhäuser; OLG Koblenz GRUR 1987, 435 – Verfremdete Fotografien; Wandtke/Bullinger/*Thum* § 10 Rn. 23.
41 So BGH GRUR 1991, 456 (457 f.) – Goggolore; GRUR 1994, 39 (40) – Buchhaltungsprogramm.
42 So Schricker/*Loewenheim* § 10 Rn. 1.
43 Vgl. BGH GRUR 2009, 1046 (1049) – Kranhäuser.

gewiesen ist.[44] Üblich ist darüber hinaus auch die Bezeichnung in Kopfzeilen des Quellcodes eines Programms oder Programm-Moduls.[45] Weiter wird gemäß § 10 Abs. 2 UrhG vermutet, dass derjenige, der bei Vervielfältigungsstücken des Werkes als Herausgeber bezeichnet ist, zur Geltendmachung der Rechte des Urhebers ermächtigt ist. Ersatzweise wird eine solche Ermächtigung für den Verleger vermutet. In der Vergangenheit hat die Rechtsprechung etwa Copyright-Vermerke bei Computer- und Videospielen in analoger Anwendung von § 10 Abs. 2 UrhG als Nachweis der vertraglichen oder originären Rechtsinhaberschaft bei Laufbildern gem. § 95 UrhG angesehen.[46] Angesichts der Rechtsprechung des BGH zum Herstellervermerk auf Tonträgern[47] stand aber infrage, inwieweit diese Rechtsprechung zumindest für Leistungsschutzrechte sowie vertraglich erworbene exklusive Nutzungsrechte an Urheberrechtswerken (insbesondere Software) noch aufrechterhalten werden konnte.[48] Eine solche Vermutung auch für exklusive Nutzungsrechtsinhaber wurde in der Folge für Verfahren des einstweiligen Rechtsschutzes und für Unterlassungsansprüche durch § 10 Abs. 3 UrhG eingeführt.

III. Verwertungs- und Nutzungsrechte

1. Systematik

20   Das Urheberrecht gewährt dem Urheber gem. § 15 UrhG das alleinige Recht, sein Werk zu nutzen und Dritte von der Verwertung und Nutzung auszuschließen. Nach § 15 UrhG hat der Urheber also ein positives Benutzungs- und ein negatives Verbietungsrecht. Dabei gewährt § 15 Abs. 1 UrhG ein ausschließliches Recht, das Werk in **körperlicher Form** zu verwerten, während § 15 Abs. 2 und 3 UrhG das Recht statuieren, das Werk in **unkörperlicher Form** öffentlich wiederzugeben (Recht der öffentlichen Wiedergabe). Sowohl das Recht der körperlichen Verwertung als auch das der unkörperlichen Wiedergabe sind als Generalklausel abgefasst. Die einzelnen vom Gesetz speziell aufgeführten Rechte werden näher spezifiziert, nämlich als **Recht zur Verwertung in körperlicher Form,** insbesondere

- das Vervielfältigungsrecht (§ 16),
- das Verbreitungsrecht (§ 17),
- das Ausstellungsrecht (§ 18),

sowie als **Recht der öffentlichen Wiedergabe,** insbesondere

- das Vortrags-, Aufführungs- und Vorführungsrecht (§ 19),
- das Recht der öffentlichen Zugänglichmachung (§ 19a)
- das Senderecht (§ 20),
- das Recht der Wiedergabe durch Bild- oder Tonträger (§ 21),
- das Recht der Wiedergabe von Funksendungen und von öffentlicher Zugänglichmachung (§ 22).

21   Die Aufzählungen sind bewusst **nicht abschließend,** wie sich aus dem Wort »insbesondere« in Absätzen 1 und 2 ergibt. Mithin sind unbenannte Verwertungsrechte für neue Verwertungsformen möglich.[49] Allerdings ist hiervon angesichts der bestehenden, speziell ausgeformten Schrankenbestimmung nur ganz ausnahmsweise auszugehen. Die einzelnen Verwertungsrechte stehen in keinerlei Konkurrenzverhältnis, sondern können durchaus

---

44 BGH GRUR 1994, 39 (40) – Buchhaltungsprogramm; s. a. LG Frankfurt/M. CR 2006, 729.
45 Wandtke/Bullinger/*Grützmacher* § 69a Rn. 47.
46 OLG Köln GRUR 1992, 312 – Amiga-Club; OLG Hamm NJW 1991, 2161 (2162); LG Hannover GRUR 1987, 635; LG Hannover CR 1988, 826.
47 BGH GRUR 2003, 228 (230 f.) – P-Vermerk.
48 Kritisch insofern Wandtke/Bullinger/*Thum* § 10 Rn. 48–51.
49 Wandtke/Bullinger/*Heerma* § 15 Rn. 11; Begr. BT-Drs. 15/38, 17.

kumulativ eingreifen. So sind etwa beim Downloading ggf. sowohl das Recht der öffentlichen Zugänglichmachung als auch das Vervielfältigungsrecht betroffen.[50]

Über die Verwertungsrechte hinaus regelt § 23 UrhG Bearbeitungen oder andere Umgestaltungen des Werkes, welche nach dieser Vorschrift nur mit Einwilligung des Urhebers veröffentlicht oder verwertet werden dürfen. Anders als bei den in § 15 UrhG benannten Rechten wird insofern nur ein **Einwilligungsvorbehalt** konstituiert, der strikt genommen nicht direkt in ein positives Benutzungs- und negatives Verbotsrecht mündet, wenngleich auch in der Einwilligung gem. § 23 S. 1 UrhG eine Nutzungsrechtseinräumung gem. § 31 UrhG liegt. Insofern geht das Bearbeitungsrecht des § 69c Nr. 2 UrhG weiter, während die dort benannten Rechte der körperlichen Verwertung, nämlich der Vervielfältigung und Verbreitung gem. § 69c Nr. 1 und 3 sowie der öffentlichen Wiedergabe und Zugänglichmachung gem. § 69c Nr. 4 UrhG den Rechten und der Systematik des § 15 UrhG gleichen.

2. Vervielfältigungsrecht

Unter einer Vervielfältigung i. S. v. § 16 UrhG versteht man jede körperliche Festlegung, die geeignet ist, ein Werk auf irgendeine Weise dem menschlichen Sinn unmittelbar oder mittelbar zugänglich zu machen.[51] Auf Basis dieses tendenziell weiten Vervielfältigungsbegriffes wird nicht nur die Vervielfältigung in herkömmlicher Form (Papier, auf elektro-mechanischen Trägermedien wie Schallplatten sowie elektro-magnetischen Trägermedien wie Musik- und Videokassetten), sondern auch auf digitalen Datenträgern (CD-ROM, Festplatte, Disketten, etc.) dem Vervielfältigungsrecht unterstellt.[52] Heute lässt sich mit Blick auf vorübergehende Speicherungen nicht mehr argumentieren, dass es auf die **Dauerhaftigkeit** des Vervielfältigungsstückes ankomme. Denn dass dieses nicht gefordert ist, ergibt sich im Gegenschluss schon aus § 44a UrhG. Hersteller der Vervielfältigung ist laut BGH (nur) derjenige, der die körperliche Festlegung technisch bewerkstelligt; im Sinne einer normativen Auslegung ist dafür ohne Bedeutung, ob jemand sich dabei technischer Hilfsmittel bedient, die von Dritten zur Verfügung gestellt werden.[53]

Mithin ist das Vervielfältigungsrecht etwa betroffen beim Überspielen von digitalisierten Werken, dem Ausdrucken von Dateien oder dem Scannen und anderen Formen der Digitalisierung von Werken sowie im Internet beim Downloading,[54] File Sharing und Uploading[55] sowie bei der Versendung von E-Mails.[56] Auch vorübergehende Zwischenspeicherungen im Rahmen des Browsing und Caching tangieren das Vervielfältigungsrecht, sind dann aber ggf. im Rahmen des § 44a UrhG erlaubt. Heute stellt § 16 UrhG dies auch mit den Worten »gleich viel ob vorübergehend oder dauerhaft« klar.

Eine Vervielfältigung i. S. v. § 16 UrhG liegt aber nur dann vor, wenn auch wirklich ein **schutzfähiger Teil eines Werkes** übernommen wird. Dass Teile eines Werkes ausreichend sind, ergibt sich im Übrigen mittelbar auch aus §§ 46 Abs. 1, 51 sowie § 53 Abs. 3 UrhG. Ab wann der vervielfältigte Teil schutzfähig und damit von § 16 UrhG gedeckt ist, ist eine Frage des Einzelfalles, die im Wesentlichen danach zu beurteilen ist, ob der übernommene Teil als solcher ein individuelles Werkschaffen i. S. v. § 2 Abs. 2 bzw. § 4 oder § 69a Abs. 3 UrhG

---

50 So auch LG München CR 2006, 159; weitere Nachweise unten unter Rdn. 35.
51 Begr. BT-Drs. 4/72, 47; so schon BGHZ 17, 266 (269 f.) – Grundig-Reporter.
52 Ganz h. M., so etwa OLG Celle CR 1995, 16; Dreier/*Schulze* § 16 Rn. 13; OLG Hamburg GRUR 2001, 831 – Verlinkung eines Internet-Lexikons; LG München CR 2003, 526 – Framing; a. A. *Brandi-Dohrn* GRUR 1985, 179 (185); Möhring/Nicolini/*Hoeren* § 69c Rn. 5.
53 BGH CR 2009, 598 (599 f.) – Internet-Videorecorder.
54 KG CR 2000, 812; OLG München GRUR 2001, 499 (503) – Midi-Files.
55 OLG München GRUR 2001, 499 (503) – Midi-Files.
56 OLG Köln GRUR 2000, 414 (416).

darstellt. Besonders schwierig ist diese Abgrenzung etwa im Musikurheberrecht und dort insbesondere beim Soundsampling.[57]

3. Bearbeitungsrecht

26 Kein Verwertungsrecht im klassischen Sinne ist der **Einwilligungsvorbehalt** des § 23 S. 1 UrhG. Nach diesem dürfen Bearbeitungen oder andere Umgestaltungen eines Werkes nur mit Einwilligung des Urhebers veröffentlicht oder verwertet werden. Die Bearbeitung und Umgestaltung als solche bedürfen hingegen nach S. 2 nur bei einer Verfilmung des Werkes, der Ausführung von Plänen und Entwürfen eines Werkes der Bildenden Künste, dem Nachbau eines Werkes der Baukunst oder bei der Bearbeitung und Umgestaltung eines Datenbankwerkes schon der Einwilligung des Urhebers.[58] Es besteht also im Rahmen der Privatsphäre – abgesehen von dieser Ausnahme – eine gewisse Herstellungsfreiheit. Jedermann kann sich zunächst mit geschützten Werken als Vorlage gestalterisch auseinandersetzen. Erst die Veröffentlichung oder Verwertung bedarf dann der Einwilligung des Urhebers des bearbeiteten bzw. umgestalteten Werkes. § 23 UrhG regelt mithin nicht etwa ein besonderes Verwertungsrecht, sondern im Kern den Schutzumfang des Urheberrechts, in dem klargestellt wird, dass das Recht zur Verwertung des Werkes auch das Recht umfasst, Verwertung bzw. Veröffentlichung in umgestalteter Form zu bewilligen oder zu untersagen.[59] Der verwertungsrechtliche Schwerpunkt der Vorschrift des § 23 UrhG wird im Übrigen ergänzt durch die persönlichkeitsrechtlichen Regelungen der §§ 14, 39 und 62 UrhG.[60] **Klassische Beispiele** der Bearbeitung sind etwa Übersetzungen, Kürzungen und/oder Streichungen von Texten, die Variationen von Musikwerken oder die Nachbildung von Werken der Bildenden Kunst. Im Bereich der Informationstechnologie liegen Bearbeitungen insbesondere dann vor, wenn eine Digitalisierung von Werken eine Modifizierung derselben mit sich bringt; in der Literatur wird dieses etwa für die Veränderung von Musikwerken für Handy-Klingeltöne diskutiert.[61]

27 Keine urheberrechtsrelevante Bearbeitung i. S. v. § 23 UrhG, sondern eine sog. **freie Benutzung i. S. v. § 24 UrhG** liegt vor, wenn der innere Abstand zu den entnommenen eigenpersönlichen Zügen des älteren Werkes so groß ist, dass das neue Werk seinem Wesen nach als selbstständig anzusehen ist bzw. die entlehnten eigenpersönlichen Züge des älteren Werkes letztlich gegenüber dem neu geschaffenen Werk verblassen;[62] relevant sind ohnehin nur die im Schutzbereich des benutzten Werkes liegenden Entlehnungen, also schutzfähige Elemente i. S. d. §§ 2 Abs. 2, 4, 69a Abs. 3 UrhG (nicht etwa bloße Ideen oder durch Sachzwänge vorgegebene Gestaltungsmerkmale).

4. Verbreitungsrecht

28 Gemäß § 17 Abs. 1 UrhG umfasst das Verbreitungsrecht das Recht, das Original oder Vervielfältigungsstücke des Werkes der Öffentlichkeit anzubieten oder in den Verkehr zu bringen. Der Urheber kann so kontrollieren und bestimmen, ob und wie sein Werk in verkörperter Form, also als Original oder Vervielfältigungsstück, an die Öffentlichkeit gelangt. Da § 17 Abs. 1 UrhG seinem Wortlaut nach auf ein **körperliches Vervielfältigungsstück** abstellt, unterfällt die Übermittlung elektronischer Kopien per Datenfernübertragung (Downloading oder E-Mail) nicht dem Verbreitungsrecht.[63] Die Gegenauffassung, nach

---

57 Vgl. dazu Schricker/*Loewenheim* § 2 Rn. 125 m. w. N.
58 Gleiches gilt gemäß § 69c Nr. 2 UrhG auch für Computerprogramme.
59 *Ulmer, E.*, Urheber- und Verlagsrecht, § 56 II 2.
60 Schricker/*Loewenheim* § 23 Rn. 1.
61 Wandtke/Bullinger/*Bullinger* § 23 Rn. 9; s. a. Kap. 16 Rdn. 75, 100.
62 Nicht ganz so strikt unter Hinweis auf Art. 5 Abs. 1 GG für im Internet veröffentlichte Abstracts OLG Frankfurt/M. ZUM 2008, 233 (236); siehe aber auch BGH WRP 2011, 249 – Perlentaucher.
63 So etwa auch Wandtke/Bullinger/*Bullinger* § 19a Rn. 27; vgl. Schricker/*Loewenheim* § 17 Rn. 6, 36.

III. Verwertungs- und Nutzungsrechte

der das Recht in extensiver Auslegung auch auf derartige Übertragungsvorgänge anzuwenden ist,[64] überzeugt schon angesichts der strikten Trennung von körperlichen und unkörperlichen Rechten in § 15 UrhG, erst recht aber angesichts der auf Basis des Art. 8 WCT, Art. 3 Abs. 1 Multimedia-Richtlinie erfolgten Einführung der §§ 19a, 69c Nr. 4 UrhG nicht.[65] Demgegenüber ist es für die Anwendung des § 17 UrhG ausreichend, wenn ein öffentliches Angebot nicht ein bestimmtes bzw. bestimmbares Vervielfältigungsstück betrifft, sondern abstrakt und unbestimmt bleibt.[66] Eine effektive Bekämpfung der Produktpiraterie fordert einen Vorfeldschutz, mithin, dass § 17 Abs. 1 UrhG schon bei abstrakten und unbestimmten Angeboten eingreift. Dies gilt umso mehr in einer Zeit, in der jedermann auf die Schnelle digitale Kopien herstellen kann. Ein Angebot i. S. d. § 17 Abs. 1 UrhG erfordert dementsprechend auch nicht, dass ein Antrag i. S. d. §§ 145 ff. BGB vorliegt. Vielmehr reicht Werbung, welche zivilrechtlich allenfalls als invitatio ad offerendum zu werten ist. Erforderlich ist aber, dass das Anbieten auf einen Eigentumserwerb gerichtet ist. Nicht von § 17 Abs. 1 UrhG erfasst werden demgegenüber Sachverhalte, bei denen Werkstücke der Öffentlichkeit nur zum (vorübergehenden) Gebrauch überlassen bzw. gezeigt werden.[67] Soweit § 17 Abs. 1 UrhG verlangt, dass ein **Angebot gegenüber der Öffentlichkeit** erfolgt, erfordert dies, dass es an eine Mehrzahl von Personen gerichtet ist, die nicht persönlich verbunden ist. Danach erfasst § 17 UrhG die Verbreitung innerhalb von Konzernen,[68] während eine Verbreitung innerhalb geschlossener Abteilungen sowie kleinerer Unternehmen nicht die öffentliche Sphäre i. S. v. § 17 Abs. 1 UrhG tangiert.[69] Zur Öffentlichkeit gehört in Anlehnung an § 15 Abs. 3 S. 2 UrhG jeder, der nicht mit demjenigen, der das Werk verwertet, durch persönliche Beziehungen verbunden ist, sodass auch ein Angebot gegenüber einer einzigen Person schon eine Verbreitungshandlung i. S. v. § 17 Abs. 1 UrhG sein kann.[70] Erst recht ist nach § 17 Abs. 1 UrhG das Inverkehrbringen eine Verbreitungshandlung. Ein **Inverkehrbringen** liegt vor, wenn mindestens ein Einzelstück eines Werkes aus der internen Betriebssphäre an die Öffentlichkeit gelangt.[71] Der klassische Fall des Inverkehrbringens ist insofern die Weitergabe des Werkstücks an Dritte, mit denen eine persönliche Beziehung nicht besteht, wobei strikt genommen eine Übertragung des Eigentums nicht erforderlich ist, sondern schon die Übertragung des Besitzes ausreichend sein kann.[72]

Mit dem Inverkehrbringen tritt gemäß § 17 Abs. 2 UrhG die **Erschöpfung des Verbreitungsrechts** ein. Voraussetzung für die Erschöpfung i. S. v. Abs. 2 ist, dass das Werk veräußert wurde. Neben dem Verkauf führen also etwa auch die Schenkung oder der Tausch zur Erschöpfung des Verbreitungsrechts. Hingegen sind die Miete und die Leihe – für die Vermietung ist dies durch § 17 Abs. 2 UrhG explizit klargestellt – keine erschöpfungsbegründenden Handlungen. Der Erschöpfungsgrundsatz greift gem. § 17 Abs. 2 UrhG jedoch nur für die Europäische Union bzw. andere Vertragsstaaten des Abkommens über den Europäischen Wirtschaftsraum ein, wobei der Ort des Inverkehrbringens mit Zustimmung des Urhebers bzw. des exklusiven Nutzungsrechtsinhabers ausschlaggebend ist. Dem-

29

---

64 So etwa *Berger* GRUR 2002, 198 (201, 203); *Koch* GRUR 1997, 417 (426); *Zecher* S. 236–241 sowie AG-Cottbus ITRB 2004, 252 zum Upload von Files und OLG München ZUM 2002, 562 (564); LG Frankfurt/M. ZUM-RD 2002, 619 (621) jeweils zum E-Mail-Versand.
65 So auch Wandtke/Bullinger/*Heerma* § 17 Rn. 6; Dreier/*Schulze* § 17 Rn. 6.
66 So BGH GRUR 1991, 316 (317) – Einzelangebot; Schricker/*Loewenheim* § 17 Rn. 9 f.; *Schack* Rn. 428; a. A. KG GRUR 1983, 174 – Videoraubkassetten; OLG Köln GRUR 1995, 265 (268) – CB-Infobank.
67 EuGH GRUR 2008, 604 Tz. 33 – Le-Corbusier-Möbel; siehe auch BGH GRUR 2007, 49 (51 f.) – Le-Corbusier-Möbel I; GRUR 2009, 840 (841) – Le-Corbusier-Möbel II.
68 Strittig, so tendenziell auch BFH CR 2006, 12 (13); BGH GRUR 1985, 924 (925); demgegenüber ablehnend, sofern kein Eintritt in den allgemeinen Verkehr erfolgt ist, OLG Hamburg GRUR Int. 1970, 377 (379) – Polydor; Schricker/*Loewenheim* § 17 Rn. 46, 66; Dreier/*Schulze* § 17 Rn. 27.
69 Vgl. BGHZ 17, 367 (380 f.) – Betriebsfeier.
70 BGHZ 113, 159 (161) – Einzelangebot; BGH GRUR 1982, 102 (103) – Masterbänder.
71 BGHZ 113, 159 (161) – Einzelangebot; BGH GRUR 1985, 129 (130) – Elektrodenfabrik.
72 Wandtke/Bullinger/*Heerma* § 17 Rn. 11.

gegenüber tritt entsprechend der harmonisierten europäischen Rechtslage keine internationale Erschöpfung ein.[73] So können also Importe in die EU ohne Weiteres verhindert werden. Durch die Erschöpfung verliert nach der Rechtsprechung sogar eine dingliche Beschränkung des Verbreitungsrechts ihre urheberrechtliche Wirkung.[74]

30 Schließlich erscheint es richtig, die Erschöpfungslehre des § 17 Abs. 2 UrhG analog in den Fällen anzuwenden, in denen eine Erstübermittlung in unkörperlicher Form durch Datenfernübertragung, etwa per E-Mail, anderer Push-Dienste oder Download erfolgt.[75]

5. Vermietrecht

31 Weil die Vermietung gem. § 17 Abs. 2 UrhG von der Erschöpfungswirkung ausgenommen ist, steht dem Urheber bzw. dem exklusiven Rechteinhaber insofern (de facto) ein gesondertes Verwertungsrecht zu. Die Vermietung wird in § 17 Abs. 3 UrhG legal definiert als zeitlich begrenzte, unmittelbar oder mittelbar Erwerbszwecken dienende **Gebrauchsüberlassung**. Voraussetzung ist also, dass ein körperliches Werkstück überlassen wird, dessen uneingeschränkte Werknutzung durch Einräumung des unmittelbaren Besitzes ermöglicht wird. Die unkörperliche Überlassung hingegen unterfällt § 17 UrhG nicht. Für den Begriff der Vermietung ist es nicht erforderlich, dass eine Vermietung i. S. d. Schuldrechts (§§ 535 ff. BGB) vorliegt, vielmehr kann im Fall von Verkaufsvorgängen mit weitgehenden Rückgaberechten eine Vermietung i. S. d. § 17 Abs. 3 UrhG vorliegen.[76] Nicht als Vermietung und damit als Verbreitung i. S. v. § 17 UrhG ist das nicht an Erwerbszwecke ausgerichtete **Verleihen** von Werkstücken zu qualifizieren.[77] Nach deutschem Recht greift hier gem. § 27 UrhG nur ein Vergütungsanspruch ein, welcher allerdings nach § 27 Abs. 3 UrhG nur von einer Verwertungsgesellschaft geltend gemacht werden kann. Verleihen in diesem Sinne ist mithin die zeitlich begrenzte, weder unmittelbar noch mittelbar Erwerbszwecken dienende Gebrauchsüberlassung (§ 27 Abs. 2 S. 2 UrhG).

6. Ausstellungsrecht

32 Kaum eine Rolle spielt im IT-Recht das in § 18 UrhG geregelte Ausstellungsrecht, welches dem Urheber das Recht gewährt, das Original oder Vervielfältigungsstücke eines unveröffentlichten Werkes der Bildenden Künste oder eines unveröffentlichten Lichtbildwerkes öffentlich zur Schau zu stellen. Denn auch dieses Recht erfordert ein körperliches Werkstück und ist mithin nicht auf virtuelle Ausstellungen anwendbar.

7. Recht der öffentlichen Wiedergabe und Recht der öffentlichen Zugänglichmachung

33 Nach § 19a UrhG steht dem Urheber das Recht zu, das Werk drahtgebunden oder drahtlos der Öffentlichkeit in einer Weise zugängig zu machen, dass es Mitgliedern der Öffentlichkeit von Orten und Zeiten ihrer Wahl zugängig ist. Die Regelung basiert im Wesentlichen auf den internationalen Vorgaben des Art. 8 WCT sowie auf dessen Perpetuierung in Art. 3 Abs. 1 und 2 der Multimedia-Richtlinie. Sie soll insofern der Harmonisierung entsprechend internationaler Vorgaben dienen, welche durch die neuen technischen Möglichkeiten insbesondere des Internets erforderlich wurden, ohne dass damit das ggf. kumulativ eingrei-

---

73 Vgl. dazu ausf. EuGH Slg. 2006 I-08089 – Laserdisken ApS gegen Kulturministeriet; EuG Slg. 1999 II-3989 Tz. 34, 54 – Micro Leader Business.
74 BGH CR 2000, 651 (652 f.) – OEM; KG ZUM 2001, 592 (594); a. A. Wandtke/Bullinger/*Grützmacher* § 69c Rn. 91.
75 Strittig; Art. 3 Abs. 3 Multimediarichtlinie sowie Erwägungsgrund 29 der Richtlinie sprechen hiergegen jedenfalls nicht; s. dazu im Detail unten unter Rdn. 121.
76 Vgl. BGH GRUR 1989, 417 (418) – Kauf mit Rückgaberecht; GRUR 2001, 1036 – Kauf auf Probe.
77 S. dazu auch Art. 2 und 4 der Richtlinie 92/100/EWG zum Vermietrecht und Verleihrecht sowie zu bestimmten dem Urheberrecht verwandten Schutzrechten im Bereich des geistigen Eigentums, ABl. EG Nr. L 346 v. 27.11.1992, S. 61 (Vermiet- und Verleih-Richtlinie).

III. Verwertungs- und Nutzungsrechte

fende Vervielfältigungsrecht verdrängt wäre.[78] Die öffentliche Zugänglichmachung von Werken erfasst als Spezialnorm der öffentlichen Wiedergabe insbesondere Verwertungshandlungen, die durch **interaktive Übertragungen auf Abruf** gekennzeichnet werden. Dies gilt etwa für on-demand-services,[79] nicht hingegen für near-on-demand-services.[80] Aber nicht nur das Bereithalten im Internet,[81] sondern auch das Bereithalten im Intranet kann § 19a UrhG tangieren, sofern hierdurch eine Öffentlichkeit i. S. d. § 15 Abs. 3 UrhG erreicht wird, also insbesondere wenn das Intranet nicht mehr persönlich verbundene Nutzerkreise erfasst. Dies gilt mithin auch für das betriebseigene Intranet oder PC-Netze größerer Unternehmen.[82] Weiter nennt die Gesetzesbegründung beispielhaft für derartige Angebote gegenüber der Öffentlichkeit File-Sharing-Systeme.[83]

Demgegenüber unterfallen **Pushdienste** mangels Abrufs nur der allgemeinen öffentlichen Wiedergabe i. S. v. § 15 Abs. 2 und 3 UrhG.[84] Derartige Pushdienste sind etwa E-Mail-Verteildienste.[85] Hier greift der Auffangtatbestand des § 15 Abs. 2 und 3 UrhG. **34**

Ausreichend als Verwertungshandlung i. S. v. § 19a UrhG ist bereits das **Zugänglichmachen** des Werkes zum interaktiven Abruf. Auch hier soll also – ähnlich wie beim Verbreitungsrecht – ein Vorfeldschutz ermöglicht[86] und schon das unerlaubte Bereithalten zur bzw. Anbieten der Online-Übertragung unterbunden werden. Ausreichend ist insofern allerdings noch nicht das Setzen eines Hyperlinks,[87] sehr wohl aber ein Framing[88] oder das Setzen eines Deeplinks bei zusätzlicher Umgehung einer Session-ID.[89] Darüber hinaus erfasst § 19a UrhG auch die eigentliche Abruf- bzw. Übertragungshandlung. Diese Zweigliedrigkeit des Tatbestands ist insbesondere im Rahmen grenzüberschreitender Handlungen relevant, denn so wird eine Flucht in Urheberrechtsoasen verhindert.[90] **35**

Da sowohl drahtgebundene als auch drahtlose Übertragungsvorgänge erfasst werden, ist die Regelung technikneutral. Sie erfasst etwa ebenso kabelgebundene Telekommunikationssysteme (wie Telefon-, Glasfaser- und Breitbandnetze) wie funkgestützte Übertragungstechniken (wie GSM, GPRS und UMTS). Die Werke müssen von Orten und zu Zeiten nach Wahl der Mitglieder der Öffentlichkeit zugänglich gemacht werden. Hierdurch wird u. a. klargestellt, dass auch eine »sukzessive« **Öffentlichkeit** ausreichend ist.[91] Nicht gegenüber der Öffentlichkeit erfolgt das Zugänglichmachen hingegen, wenn das Werk **36**

---

78 S. etwa OLG Köln MMR 2006, 35; LG München CR 2006, 787 (788 f.); LG Hamburg CR 2004, 855 – Thumbnails; AG Köln GRUR-RR 2006, 396 – E-Paper.
79 Streitig ist dies etwa für virtuelle Videorecorder; dazu näher unter Rdn. 232 f.
80 Vgl. Erwägungsgrund 25 S. 2 und 3 Multimedia-Richtlinie; *Reinbothe* GRUR Int. 2001, 733 (736); *Spindler* GRUR 2002, 105 (108), a. A. Wandtke/Bullinger/*Bullinger* § 19a Rn. 19–21.
81 BGH CR 2010, 463 – Thumbnails; BGH CR 2010, 458 f. – Sommer unseres Lebens; OLG Stuttgart NJW 2008, 1605 (1606 f.); OLG Hamburg CR 2005, 512 (514); GRUR-RR 2006, 355 – Stadtkartenausschnitt; LG Hamburg CR 2004, 855 f. – Thumbnails; MMR 2006, 50 – Haftung für editierte Links; AG - Köln GRUR-RR 2006, 396 – E-Paper; AG Hamburg, Urt. v. 28.03.2006, ZUM 2006, 586 (587); vgl. auch LG Frankfurt/M. CR 2008, 534 f.: u. U. auch bei »Mülldatei« für Google-Indexierungssuche, zumindest soweit dadurch kurzfristig lesbar; siehe aber auch zur Abgrenzung BGH CR 2009, 598 (601) – Internet-Videorecorder.
82 Vgl. BGHZ 17, 367 (380 f.) – Betriebsfeier; *Spindler* GRUR 2002, 105 (108 f.); differenzierend und m. w. N. zur Rspr. *Kotthoff* GRUR 1997, 597 (600): je nach Mitarbeiteranzahl und Fluktuation.
83 Begr. RegE BR-Drs. 684/02, 37.
84 Ebenso Wandtke/Bullinger/*Bullinger* § 19a Rn. 30 f.; a. A. *Leupold* ZUM 1998, 99 (106 f.): Sendung i. S. v. § 20 UrhG; vgl. auch *Dreier*/Schulze § 19a Rn. 10.
85 Vgl. KG ZUM 2002, 828 (831) – Versendung von Pressespiegeln per E-Mail; Wandtke/Bullinger/*Bullinger* § 19a Rn. 27 a. E.
86 Vgl. Begr. RegE BR-Drs. 684/02, 36.
87 BGH MMR 2003, 719 (722 f.) – Paperboy; a. A. *Wiebe* MMR 2003, 724.
88 LG München Mitt. 2008, 37 (38).
89 BGH CR 2010, 41 (42 f.) – Session-ID.
90 Vgl. *v. Gerlach* ZUM 1999, 278 (280); *Spindler* GRUR 2002, 105 (109, 120).
91 Siehe etwa OLG Stuttgart NJW 2008, 1605 (1606) m. w. N.; strittig noch nach alter Rechtslage, s. dazu

für jeden Nutzer einzeln auf einem individuellen Speicherplatz vorgehalten und zum Abruf bereitgestellt wird bzw. für jeden Nutzer nur für diesen bestimmte Teile.[92]

8. Vortrags-, Aufführungs- und Vorführungsrecht

37 Dem Recht der öffentlichen Wiedergabe (§ 15 Abs. 2 UrhG) zuzuordnen sind das Vortrags-, Aufführungs- und Vorführungsrecht gem. § 19 UrhG. Diese sog. **Erstverwertungsrechte** erfassen **persönliche Darbietungen** von Sprach- und Musikwerken sowie das Recht, ein Werk der Bildenden Künste, ein Lichtbild, ein Filmwerk oder Darstellungen wissenschaftlicher oder technischer Art durch technische Einrichtungen öffentlich wahrnehmbar zu machen. Auch diese Rechte greifen tendenziell bei Verwertungsformen der unkörperlichen Wiedergabe, welche die klassischen Bühnenwerke (Theater und Oper) sowie Musikwerke (Konzerte) und Sprachwerke (Lesungen) betreffen. Dies schließt es aber nicht aus, dass aufgrund des Internets heutzutage auch diesen Formen der öffentlichen Wiedergabe ähnelnde Angebote, etwa die Präsentation von Aufführungen über das Internet oder Opernpremieren mittels Livestreaming erfolgen.[93]

38 Ergänzt werden die Rechte des § 19 durch die **Zweitverwertungsrechte**, nämlich das Recht der Wiedergabe durch Bild- oder Tonträger (§ 21 UrhG) sowie das Recht der Wiedergabe von Funksendungen (§ 22 UrhG).

9. Recht der Sendung, europäischen Satellitensendung und Kabelweitersendung

39 In den §§ 20 bis 20b UrhG sind diverse Formen des Senderechts geregelt. Das Senderecht zeichnet sich dadurch aus, dass es von einem tradierten Begriff der Öffentlichkeit ausgeht, nämlich dem der **gleichzeitigen Öffentlichkeit**, und dabei als urheberrechtsrelevanten Vorgang die einseitige Übermittlung an die Öffentlichkeit durch Übertragung von Zeichen, Tönen und Bildern unter Benutzung elektromagnetischer Schwingungen erfordert.[94] Umfasst werden dabei nicht nur terrestrische, allgemein zugängliche Sendungen, sondern etwa auch Pay-TV, Video- und Kabeltext. Demgegenüber unterfällt die Übertragung von E-Mails nach h. M. nicht dem Senderecht i. S. v. § 20 UrhG.[95] Und auch Zugriffs- und Abrufdienste sowie near-on-demand-services unterliegen nach der h.Lit. nicht dem Senderecht.[96] Der BGH-Entscheidung Internet-Recorder lässt sich jedoch entnehmen, dass dies auch in derartigen Konstellationen im Sinne einer wertenden Betrachtung nicht von vornherein ausgeschlossen erscheint.[97] Weitere Abgrenzungsschwierigkeiten ergeben sich beim Streaming von TV- und Hörfunkprogrammen.[98]

KG GRUR 2002, 252 (253) – Mantellieferung; LG Köln MMR 2002, 689 (690) – Online-Fahrauskunft; LG München K&R 2002, 261 (264).
92 BGH CR 2009, 598 (601) – Internet-Videorecorder; GRUR 2010, 1004 (1006) – Autobahnmaut; a. A. noch die Vorinstanz OLG Hamburg CR 2009, 775 (LS) – Abschlagsdaten.
93 S. dazu Wandtke/Bullinger/*Ehrhardt* § 19 Rn. 5.
94 Vgl. amtl. Begr. zu § 20 BT-Drs. IV/279; *Dreier*/Schulze § 19 Rn. 6; Wandtke/Bullinger/*Ehrhardt* § 19 Rn. 9 f.
95 Differenzierend Schricker/Loewenheim/*v. Ungern-Sternberg* § 20 Rn. 49 f.; Dreyer/Kotthoff/Meckel/ *Dreyer* § 20 Rn. 25, die normale E-Mails insofern von Massenwerbe-E-Mails und Mailinglisten unterscheiden wollen.
96 Wandtke/Bullinger/*Ehrhardt* §§ 20 bis 20b Rn. 12 m. w. N. auch zur Gegenauffassung.
97 BGH CR 2009, 598 (600 ff.) – Internet-Videorecorder.
98 Vgl. dazu Wandtke/Bullinger/*Ehrhardt* §§ 20 bis 20b Rn. 14 m. w. N; dazu unten unter Rdn. 236; s. a. Kap. 16 Rdn. 104.

IV. Urheberpersönlichkeitsrechte

In den §§ 11 bis 13 sowie 25 und 39 UrhG finden sich das deutsche Recht auszeichnende 40
Urheberpersönlichkeitsrechte, nämlich:
- das Veröffentlichungsrecht (§ 12),
- das Recht auf Anerkennung der Urheberschaft am Werk (§ 13),
- das Verbot der Entstellung des Werkes (§ 14),
- das Recht auf Zugang zu den Werkstücken (§ 25)

sowie
- eine Regelung über Änderungen des Werkes als Ausnahme vom urheberpersönlichkeitsrechtlichen Änderungsschutz des § 14 UrhG (§ 39 UrhG).[99]

Nach § 12 UrhG hat allein der Urheber das Recht zu bestimmen, ob und wie sein Werk veröffentlich wird, wobei der Begriff der Veröffentlichung dem gemäß § 6 Abs. 1 UrhG entspricht. Das **Veröffentlichungsrecht** ist mit der ersten Veröffentlichung des Werkes verbraucht.[100] 41

Das **Recht auf Anerkennung der Urheberschaft** gemäß § 13 S. 1 UrhG wird in S. 2 ergänzt durch das Recht zu bestimmen, ob das Werk mit einer **Urheberbezeichnung** zu versehen und welche Bezeichnung zu verwenden ist. Der Urheber kann insofern durchsetzen, dass die wahre Urheberschaft festgestellt wird, und verhindern, dass eine Urheberbezeichnung entfernt wird. Umgesetzt wird durch § 13 UrhG insbesondere die Regelung des Art. 6bis RBÜ. Auf das Recht auf Anerkennung der Urheberschaft kann nicht unwiderruflich verzichtet werden. 42

Grundsätzlich darf auch der Inhaber eines Nutzungsrechts gemäß § 39 Abs. 1 UrhG – ebenso wir der Miturheber[101] – ein Werk nicht verändern, wenn nichts anderes vereinbart ist. Dieser Integritätsschutz steht jedoch unter dem Vorbehalt des § 39 Abs. 2 UrhG, nach dem Änderungen, zu denen der Urheber seine Einwilligung nach Treu und Glauben nicht versagen kann, zulässig sind. Nach h. M. stellt § 39 UrhG insofern nur für das Verhältnis des Urhebers zum nicht berechtigten Werknutzer klar, dass zwar auch diesem gegenüber das allgemeine **Beeinträchtigungs- und Änderungsverbot** des § 14 UrhG gilt, allerdings wie in § 39 Abs. 2 UrhG geregelt nicht absolut.[102] Werkentstellungen und Beeinträchtigungen i. S. v. § 14 UrhG sind in aller Regel Werkänderungen, insbesondere Verfälschungen, Verstümmelungen oder anderen Beeinträchtigungen, welche die objektiven Urheberinteressen gefährden. Nicht umfasst ist hingegen nach h. M. die Werkvernichtung.[103] Im Kontext digitaler Medien wurde in der Vergangenheit insbesondere kontrovers diskutiert, inwieweit die Nutzung von Musikwerken als Handy-Klingeltöne eine Entstellung nach § 14 UrhG darstellen kann.[104] Unterscheiden lassen sich hier hinsichtlich ihrer klanglichen Qualität monophone und polyphone Klingeltöne sowie Realtones. Der BGH hingegen hat entschieden, dass hiervon unabhängig immer ein Eingriff in § 14 UrhG vorliegt.[105] Weiter 43

---

99 Zu den Urheberpersönlichkeitsrechten auch FA-GewRS/*Haberstumpf* Kap. 7 Rn. 138–159.
100 OLG München NJW-RR 1997, 463 (464); Wandtke/Bullinger/*Bullinger* § 12 Rn. 9; Schricker/Loewenheim/*Dietz/Peukert* § 12 Rn. 7; a. A. Möhring/Nicolini/*Kroitz* § 12 Rn. 2 unter Hinweis auf LG Berlin GRUR 1983, 761 (762) – Portraitbild; Fromm/Nordemann/*Dustmann* § 12 Rn. 9.
101 Vgl. § 8 Abs. 2 UrhG.
102 *Schack* Rn. 390, 392; Wandtke/Bullinger/*Wandtke/Grunert* § 39 Rn. 2–4 mit umfangreichen Nachweisen zum Meinungsstand.
103 LG Hamburg GRUR 2005, 672 (674); KG GRUR 1981, 742 (743) – Totenmaske; Wandtke/Bullinger/*Bullinger* § 14 Rn. 21; a. A. Schricker/Loewenheim/*Dietz/Peukert* § 14 Rn. 38; Dreier/*Schulze* § 14 Rn. 27.
104 Bejahend OLG Hamburg ZUM 2002, 480 (483); CR 2006, 235 – Handy-Klingeltöne II; CR 2008, 425 (426); dazu *Ulbricht* CR 2006, 468.
105 BGH GRUR 2009, 395 – Klingeltöne für Mobiltelefone.

ist nach h. M. seit der Aufnahme von Handy-Klingeltönen in § 1h des GEMA-Berechtigungsvertrages für die Anwendung von § 14 UrhG nur noch eingeschränkt Platz.[106] Es fragt sich schließlich im Rahmen der Internetnutzung, inwieweit eine Überfrachtung einer Seite mit Werbebannern eine Entstellung i. S. v. § 14 UrhG darstellen kann.[107]

V. Schrankenbestimmungen

1. Inhaltliche Schranken

a) Übersicht

44 Die §§ 44a ff. UrhG regeln diverse Schranken zu den urheberrechtlichen Verwertungsrechten. Mit Hilfe dieser Schranken werden speziellen Interessen der Verbraucher, des Staates sowie der Wirtschaft Rechnung getragen. Die Aufzählung der Schranken ist **abschließend** (Enumerationsprinzip). Spezielle Regelungen für Computerprogramme und Datenbanken (nicht Datenbankenwerke) finden sich in den §§ 69a ff., 87a ff. UrhG. Im Zeitalter technischer Kopierschutzmaßnahmen müssen die Schranken auch derartigen Mitteln gegenüber durchgesetzt werden, was in gewissem Umfang in § 95b UrhG vorgesehen ist.[108] Insofern versucht das Gesetz, hier einerseits technische Kopierschutzmaßnahmen zu schützen, andererseits aber auch vor diesen zu schützen.

b) Vorübergehende Vervielfältigungshandlungen

45 Zulässig sind gem. § 44a UrhG vorübergehende Vervielfältigungshandlungen, die flüchtig oder begleitend sind, einen integralen und wesentlichen Teil eines technischen Verfahrens darstellen und deren alleiniger Zweck es dabei ist, entweder eine Übertragung in einem Netz zwischen Dritten durch einen Vermittler oder eine rechtmäßige Nutzung eines Werkes oder sonstigen Schutzgegenstandes zu ermöglichen, und die keine eigenständige wirtschaftliche Bedeutung haben. Hintergrund dieser Regelung ist Art. 2 der Multimedia-Richtlinie. Typischer Anwendungsfall ist insbesondere die **Internetnutzung**, bei der Websites vorübergehend aufgerufen oder zu Zwecken der Übertragung zwischengespeichert werden. Privilegiert werden insofern in der Tat auch Vervielfältigungshandlungen im Rahmen des Browsing und des Caching, sofern sie entweder durch den Vermittler (Provider) oder aber durch den berechtigten Nutzer erfolgen. So erfasst § 44a Nr. 1 UrhG typischerweise das Proxy-Caching und § 44a Nr. 2 UrhG das Browsing und Client-Caching.[109] Ergänzend ist in den Wortlaut des § 44a UrhG immer noch der sog. 3-Stufen-Test hineinzulesen, wie ihn Art. 5 Abs. 5 der Multimedia-Richtlinie bzw. Art. 10 Abs. 1 WCT und Art. 16 Abs. 2 WPPT vorgeben.[110]

---

106 Vgl. Wandtke/Bullinger/*Bullinger* § 14 Rn. 54 m. w. N.; BGH GRUR 2009, 395, LS 2 – Klingeltöne für Mobiltelefone: »Komponisten räumen der GEMA zwar nicht mit dem Abschluss eines Berechtigungsvertrages in der Fassung des Jahres 1996, wohl aber mit dem Abschluss eines Berechtigungsvertrages in der Fassung der Jahre 2002 oder 2005 sämtliche Rechte ein, die zur Nutzung ihrer Musikwerke als Klingeltöne für Mobiltelefone erforderlich sind. Wird das Musikwerk so zum Klingelton umgestaltet, wie dies bei Einräumung der Nutzungsrechte üblich und voraussehbar war (§ 39 UrhG), bedarf es für die Nutzung eines Musikwerks als Klingelton lediglich einer Lizenz der GEMA und keiner zusätzlichen Einwilligung des Urhebers.«.
107 Wandtke/Bullinger/*Bullinger* § 14 Rn. 60.
108 S. dazu Rdn. 266–269.
109 Wandtke/Bullinger/*v. Welser* § 44a Rn. 8; krit. zum Proxy-Caching *Spindler* GRUR 2002, 105 (112).
110 Dazu etwa *Reinbothe* GRUR Int. 2001, 733 (740).

V. Schrankenbestimmungen

c) Zitatrecht

Gemäß § 51 UrhG sind weiterhin als Ausnahme zu den Rechten der Vervielfältigung, Verbreitung und öffentlichen Wiedergabe
- das Großzitat (Nr. 1),
- das Kleinzitat (Nr. 2)

und
- das Musikzitat (Nr. 3)

zulässig. Diese Zitatarten sind laut § 51 UrhG nur exemplarisch. Die Schrankenregelungen haben Belegfunktionen und sollen die innere Verbindung zwischen dem eigenen und zitierten Werk ermöglichen. Das zitierte Werk soll dabei Gegenstand geistiger Auseinandersetzung werden.[111] Es soll eine Anregung zur Beschäftigung mit dem fremden Werk gegeben werden, was gleichzeitig dazu führt, dass Musikzitate eher selten erlaubt sind, zumal für sämtliche Zitate das Änderungsverbot des § 62 UrhG sowie das Gebot der Quellenangabe nach § 63 UrhG zu beachten ist. Die Übernahme in ein selber urheberrechtlich geschütztes Werk ist laut § 51 UrhG in der seit 2008 geltenden Fassung nicht mehr erforderlich.[112]

46

d) Privater Gebrauch

Soweit § 53 Abs. 1 S. 1 UrhG die Vervielfältigung zum privaten Gebrauch erlaubt, umfasst dieses lediglich den Werkgenuss, der **in privater Sphäre**, also im Familien- oder engen Freundeskreis stattfindet und **nur persönlichen Zwecken** dient, nicht hingegen die Vervielfältigung zu beruflichen oder Ausbildungszwecken.[113] Zulässig sind nur einzelne Vervielfältigungen, was eine Begrenzung auf maximal sieben Vervielfältigungsstücke mit sich bringen soll.[114] An der Zulässigkeit ist trotz gegenteiligen Lobbyings auch für den Bereich digitaler Privatkopien festgehalten worden, da es faktisch unmöglich erscheint, eine gegenteilige Lösung zu überwachen.[115] Bedeutung hat dieses für die Betreiber von entsprechenden Kopiergeräten zur Nutzung durch Privatpersonen.[116]

47

Nach Abs. 1 S. 2 kann die Herstellung zum privaten Gebrauch auch **durch einen Dritten** erfolgen, nämlich dann, wenn der zur Vervielfältigung Befugte Vervielfältigungsstücke durch einen Dritten herstellen lässt. Voraussetzung für die Zulässigkeit des Herstellenlassens ist nach § 53 Abs. 1 Abs. 1 S. 2 UrhG, dass entweder eine analoge Kopie erstellt wird oder dass das Herstellenlassen unentgeltlich ist.[117] Von einem Herstellenlassen durch einen Dritten ist weiter nur dann auszugehen, wenn dieser sich im Rahmen der konkreten Anweisungen durch den vom Gesetz begünstigten Nutzer hält[118] und wenn es nicht zu einer Verlagerung der Organisationshoheit über Gegenstand und Umfang der Vervielfältigung kommt.[119] Dieses aber ist der Fall, wenn etwa von einem Dritten betriebene Recherchedienste von sich aus auf interessierende Dokumente hinweisen oder diese zusammenstellen, während andererseits die Übermittlung von Zeitschriftenbeiträgen per Telefax durch öffentliche Bibliotheken als zulässige Vervielfältigung erachtet wurden.[120] Ange-

48

---

111 BGH GRUR 1986, 59 (60) – Geistchristentum; BGH CR 2010, 463 (465) – Thumbnails; in Ansehung des Art. 5 Abs. 3 Satz 1 GG ist bei Kunstwerken demgegenüber allein maßgeblich, ob sich das Zitat »funktional in die künstlerische Gestaltung und Intention des Werkes einfügt«, vgl. BGHZ 175, 135 44 f. – TV-Total unter Hinweis auf BVerfG GRUR 2001, 149 (151 f.).
112 Str., dazu BGH CR 2010, 463 (465) – Thumbnails m. w. N.
113 *Schack* Rn. 555.
114 BGH GRUR 1978, 474 (476) – Wolfsblut; nach a. A. sind nur drei Vervielfältigungen erlaubt.
115 Amtliche Begr. BT-Drs. 15/38, 20.
116 S. dazu OLG München GRUR-RR 2003, 365 – CD-Münzkopierautomaten.
117 Hieran scheitert das Angebot sog. virtueller Videorecorder regelmäßig. S. dazu unten unter Rdn. 234.
118 BGH GRUR 1997, 459 (463) – CB-Infobank I; GRUR 1997, 464 – CB-Infobank II.
119 OLG Frankfurt/M. CR 1996, 408 (410) – CB-Infobank.
120 BGH GRUR 1999, 707 – Kopienversanddienst.

stoßen wurde die gerichtliche Klärung der Frage, inwieweit dieses auch gilt, wenn entsprechende Kopien geschützter Werke auf Anfrage von Bibliotheken per E-Mail versandt werden.[121] Dieser Streit hat sich durch die seit 2008 geltende Fassung des § 53a UrhG weitgehend erledigt. Denn durch diese Norm wird die Zulässigkeit des Post- und Faxversands bestätigt, die des E-Mail-Versands aber unter den Vorbehalt gestellt, dass ausschließlich grafische Dateien übermittelt werden und dass »der Zugang zu den Beiträgen oder kleinen Teilen eines Werkes den Mitgliedern der Öffentlichkeit nicht von Orten und zu Zeiten ihrer Wahl mittels einer vertraglichen Vereinbarung ermöglicht wird«.

49 Zu beachten ist schließlich, dass die Privilegierung des § 53 Abs. 1 UrhG nicht greift, wenn eine offensichtlich **rechtswidrig hergestellte**[122] oder eine offensichtlich **rechtswidrig öffentlich zugänglich gemachte** Vorlage verwendet wird

e) Sonstiger eigener Gebrauch

50 Gem. § 53 Abs. 2 S. 1 UrhG ist der sonstige eigene Gebrauch erlaubt, d. h. der nicht private Gebrauch für eigene Zwecke. Hierzu zählt der **wissenschaftliche Gebrauch** (Nr. 1),[123] der Gebrauch **für Archivzwecke** (Nr. 2), der Gebrauch **zur Unterrichtung über Tagesfragen** (Nr. 3) sowie der sonstige eigene Gebrauch **kleiner Teile** eines erschienenen Werkes oder einzelner Beiträge aus Zeitungen oder Zeitschriften, wenn es sich um ein seit mindestens zwei Jahren vergriffenes Werk handelt.

51 Mit Blick auf die Archivierung, die Unterrichtung über Tagesfragen und den sonstigen eigenen Gebrauch wird zusätzlich in den Sätzen 2 und 3 noch gefordert, dass die Herstellung nur auf Papier oder ausschließlich zur analogen Nutzung stattfindet oder aber bezogen auf die Schranke zur Archivierung das Archiv keinen unmittelbaren oder mittelbaren wirtschaftlichen oder Erwerbszwecken dient.[124] Diese Qualifizierung entspreche den Vorgaben der Multimedia-Richtlinie und soll offenbar der Gefahr einer ausufernden Nutzung digitaler Kopien entgegenwirken.

52 Sowohl im Rahmen von § 53 Abs. 1 als auch im Rahmen von § 53 Abs. 2 UrhG hergestellte Vervielfältigungsstücke dürfen nicht an Dritte weitergegeben oder veröffentlicht wiedergeben werden (§ 53 Abs. 6, S. 1 UrhG).

f) Zeitungsartikel und Rundfunkkommentare

53 Gemäß § 49 Abs. 1 S. 1 UrhG dürfen einzelne Rundfunkkommentare und einzelne Artikel aus Zeitungen und anderen lediglich Tagesinteressen dienenden Informationsblättern in anderen Zeitungen und Informationsblättern vervielfältigt und verbreitet sowie unter bestimmten Umständen öffentlich wiedergegeben werden. Erfasst werden nach § 49 Abs. 1 S. 1 UrhG auch mit diesen zusammen hängende Abbildungen. Unbeschränkt zulässig ist nach Abs. 2 die Vervielfältigung, Verbreitung und öffentliche Wiedergabe von vermischten Nachrichten tatsächlichen Inhalts und von Tagesneuigkeiten, die durch Presse oder Funk veröffentlicht worden sind. Im Rahmen einer großzügigen Auslegung der Schrankenbestimmung des § 49 Abs. 1 UrhG durch die Rechtsprechung des BGH soll auch ein an die Stelle üblicher Pressemappen tretender elektronischer Pressespiegel zulässig sein,[125] und zwar zumindest dann, wenn dieser nur betriebs- oder behördenintern zugänglich ist,

---

121 Verneinend OLG München MMR 2007, 525; LG München, Teilurt. v. 15.12.2005, 7 O 11479/04; bejahend Wandtke/Bullinger/*Lüft* § 53 Rn. 18; offen lassend *Dreier*/Schulze § 53 Rn. 15.
122 Vgl. dazu BT-Drs. 15/38, 39 sowie 15/1353; dazu näher unten unter Rdn. 211.
123 Gem. § 53 Abs. 2 S. 1 Nr. 1 UrhG n. F. muss die Vervielfältigung zu diesem Zweck geboten sein und zu nichtkommerziellen Zwecken erfolgen – d. h. keinen gewerblichen Zwecken dienen.
124 § 53 Abs. 2 S. 2 Nr. 3 UrhG n. F. fordert zudem noch, dass das Archiv im öffentlichen Interessen tätig ist.
125 So BGH GRUR 2002, 963 – Elektronischer Pressespiegel; KG GRUR-RR 2004, 228 – Ausschnittdienst.

wenn also keine entgeltliche Verbreitung an Dritte und keine Erfassung im Volltext stattfindet.[126]

g) Ohne Erwerbszwecke erfolgende öffentliche Wiedergabe

Gemäß § 52 UrhG ist die öffentliche Wiedergabe eines veröffentlichten Werkes zulässig, wenn mit dieser keine Erwerbszwecke verfolgt bzw. für diese kein gesondertes Entgelt verlangt wird. Demgegenüber fehlt es an einer Unentgeltlichkeit der insofern eng auszulegenden Tatbestandsvoraussetzungen dann, wenn eine mittelbare Finanzierung erfolgt.[127] In Betracht kommt dieses etwa bei Werbefinanzierungen im Internet. 54

Der Schranke des § 52 UrhG unterfällt nach nunmehr durch die Umsetzung der Multimedia-Richtlinie klargestellter Fassung gemäß Abs. 3 nicht mehr die öffentliche Zugänglichmachung i. S. v. § 19a UrhG, wie sie insbesondere bei der Zurverfügungstellung im Internet relevant ist.[128]

h) Öffentliche Zugänglichmachung für Unterricht und Forschung und an öffentlichen elektronischen Leseplätzen

Mit Blick auf § 19a UrhG besonders privilegiert sind Veranschaulichungen im Unterricht (§ 52a Nr. 1 UrhG) und zum Zweck der eigenen wissenschaftlichen Forschung (§ 52a Nr. 2 UrhG). In beiden Fällen ist es erforderlich, dass die (etwa ins Intranet gestellten) Werke nur privilegierten Teilnehmer- bzw. Nutzerkreisen zur Verfügung gestellt werden.[129] Ggf. sind entsprechende technische Beschränkungen (Passwörter etc.) einzusetzen. 55

Gem. § 52b UrhG sollen – wenn auch zeitgleich nur entsprechend der Zahl der Bestandexemplare und in den jeweiligen Einrichtungen – Werke an elektronischen Leseplätzen in öffentlichen Bibliotheken, Museen und Archiven, die weder unmittelbar noch mittelbar kommerzielle Zwecke verfolgen, zur Forschung und für private Studien zugänglich gemacht werden. 56

i) Vergütungsansprüche

Ergänzend zu den Schrankenbestimmungen regeln die §§ 54 ff. UrhG Vergütungspflichten für Hersteller von Geräten und Speichermedien, die erkennbar zur Vornahme von Vervielfältigungen i. S. v. § 53 Abs. 1–3 UrhG bestimmt sind. Als Geräte i. S. d. § 54 Abs. 1 UrhG a. F. anerkannt wurden durch die Rechtsprechung etwa CD-Brenner;[130] als Geräte i. S. v. § 54a UrhG a. F. klassifiziert wurden neben Telefaxgeräten[131] auch Scanner,[132] nicht aber Drucker und Plotter,[133] sog. Kopierstationen[134] und normale PC.[135] Inwieweit die Entschei- 57

---

126 Demgegenüber restriktiv OLG Köln GRUR 2000, 417 – Elektronischer Pressespiegel; OLG Hamburg CR 2000, 658 – Elektronischer Pressespiegel.
127 BGHZ 58, 262 (267- 269) – Landesversicherungsanstalt; BGHZ 17, 367 (381) – Betriebsfeier.
128 Überholt ist daher wohl das Urteil des AG Charlottenburg GRUR-RR 2004, 132, welches zur alten Rechtslage § 52 Abs. 1 UrhG a. F. auf einen Fall der Verfügbarmachung im Internet angewendet hat.
129 *Dreier*/Schulze § 52a Rn. 8, 11.
130 Vgl. LG Stuttgart ZUM 2001, 614 – Gerätevergütung für CD-Brenner.
131 BGHZ 140, 326 (331) – Telefaxgeräte.
132 BGH GRUR 2010, 57 – Scannertarif; BGH GRUR 2002, 246 – Scanner; OLG Hamburg CR 1999, 415; LG Düsseldorf NJW-RR 1999, 552.
133 BGH CR 2008, 211 – Drucker und Plotter; OLG Stuttgart GRUR 2005, 943 – Drucker und Plotter; OLG Düsseldorf GRUR 2007, 416; OLG Düsseldorf MMR 2008, 780; anders bei Multifunktionsgeräten: BGH CR 2008, 622 – Multifunktionsgeräte; OLG Stuttgart GRUR 2005, 944 (946) – Multifunktionsgeräteabgabe. Laut dem BVerfG GRUR 223 (224 f.); ZUM 2011, 313 (315) muss der BGH die Geräteabgaben auf Drucker und Plotter mit Blick auf die rasante Verbreitung digitaler Vervielfältigungsformen und in Ansehung der Gefahr einer absoluten Schutzlücke neu verhandeln.
134 BGH CR 2008, 696; zustimmend BVerfG GRUR 2011, 227.
135 BGH ZUM 2009, 152; GRUR 2009, 53 – Drucker und Plotter; s. dazu auch OLG München ZUM 2006,

dungen auch auf das neue Vergütungsrecht anzuwenden sind, bleibt abzuwarten. Im Kontext der Internetnutzung ist streitig, ob das freiwillige Zugänglichmachen im Internet und die darin liegende Einwilligung einem Vergütungsanspruch entgegenstehen.[136]

2. Zeitliche Schranken (Schutzdauer)

58 Gemäß § 64 UrhG genießen Urheber grundsätzlich einen **Schutz von 70 Jahren** post mortem auctoris (p. m. a.). Danach erlischt das subjektive Recht des Urhebers. Es handelt sich insofern nicht um eine Verjährungsfrist. Gibt es mehrere Miturheber ist entscheidend, wer am längsten gelebt hat (§ 65 UrhG). Maßgeblich für das Ende des Schutzes ist der Ablauf des Kalenderjahres (§ 69 UrhG). Da in der Vergangenheit die Schutzfristen wiederholt angepasst wurden, finden sich in §§ 129 ff. UrhG Übergangsregelungen zu Schutzfristverlängerungen.

VI. Leistungsschutzrechte

1. Überblick

59 In den §§ 70 bis 95 UrhG kodifiziert dieses verschiedene Leistungsschutzrechte. Teils werden diese auch als **verwandte Schutzrechte** bezeichnet, weil sie im weiteren Sinne kulturvermittelnde Leistungen zum Gegenstand haben. Letztlich lassen sich die in den §§ 70 bis 95 UrhG geregelten Schutzrechte aber in **drei Kategorien** klassifizieren:
- **Urheberrechtsähnliche Leistungen** mit persönlichkeitsrechtlichem Einschlag liegen wissenschaftlichen Ausgaben (§ 70 UrhG), Lichtbildern (§ 72 UrhG) und Leistungen ausübender Künstler (§ 73 ff. UrhG) zugrunde.
- **Unternehmerische Leistungen** auf organisatorisch-technischem Gebiet kennzeichnen nachgelassene Werke (§ 71 UrhG), Leistungen des Tonträgerherstellers (§ 85 f. UrhG), Leistungen des Sendeunternehmens (§ 87 UrhG), Leistungen des Filmherstellers (§ 94 UrhG) und Laufbilder (§ 95 UrhG).
- Eine Sonderstellung nimmt das Sui-generis-Recht zum **Schutz von Datenbanken** (§§ 87a ff. UrhG) ein.[137]

60 Insbesondere die letztgenannten Leistungsschutzrechte zeichnen sich dadurch aus, dass bei ihnen persönlichkeitsrechtliche Aspekte keine Rolle spielen. Folgerichtig werden sie originär auch juristischen Personen zugewiesen. Das Schöpferprinzip findet also keine Anwendung. Auch sind diese Leistungsschutzrechte vollständig übertragbar. Persönlichkeitsrechtliche Normen im Sinne eines Integritätsschutzes finden sich für diese nicht. Anders sieht es hingegen bei der erstgenannten Gruppe aus, bei der es im Einzelfall durchaus strittig sein kann, inwieweit sie vollständig übertragbar sind[138] und bei denen durchaus Regelungen zum Integritätsschutz vorgesehen sind.[139]

61 In der Folge soll kursorisch nur auf die Leistungsschutzrechte eingegangen werden, welche für Multimediawerke, bei Vorgängen der digitalen Verwertung sowie in Internetsachverhalten regelmäßig von Bedeutung sein können. Die Darstellung des Sui-generis-Schutzes von Datenbanken erfolgt gesondert.[140]

239; LG München CR 2005, 217 mit Anm. *Büchner*. Laut dem BVerfG ZUM 2011, 309 (310 f.) muss der BGH die Geräteabgaben auf PC neu verhandeln. Siehe im Übrigen auch OLG München GRUR-RR 2010, 187.
136 Dazu *Wandtke/Dietz* ZUM 2009, 155 (159); ablehnend BVerfG GRUR 223 (225); ZUM 2011, 313 (315).
137 So auch *Gaster* CR 1997, 669 (673); *Lehmann* NJW-CoR 1996, 249 (251).
138 S. zu § 72 UrhG etwa Wandtke/Bullinger/*Thum* § 72 Rn. 46 m. w. N. zum Meinungsstreit.
139 Vgl. § 72 Abs. 1 i. V. m. § 14 UrhG sowie § 75 UrhG.
140 Dazu unten unter Rdn. 182–203.

2. Lichtbildschutz

Einen Schutz für Lichtbilder und Erzeugnisse, die ähnlich wie Lichtbilder hergestellt werden, erlangt der **Lichtbildner** (§ 72 UrhG). Dabei wird hinsichtlich der Rechte auf die Vorschriften des ersten Teils des Urheberrechtsgesetzes, also auf die Vorschriften für Urheberwerke verwiesen. Dies umfasst insbesondere auch die urheberpersönlichkeitsrechtlichen Befugnisse, wobei diese regelmäßig, wenn überhaupt, nur restriktiv angewendet werden. Das Schöpferprinzip (§ 7 UrhG) führt dazu, dass der Lichtbildschutz nur natürlichen Personen zustehen kann, während juristischen Personen und sonstigen Dritten nur Nutzungsrechte eingeräumt werden können (abgeleiteter Erwerb), sich also argumentieren lässt, dass keine Übertragung des Lichtbildschutzes als Ganzes möglich ist.[141] Schutzvoraussetzung ist zumindest ein minimaler Gestaltungsraum, sodass reine Reproduktionen keinen Schutz genießen.

62

Hinsichtlich des Schutzgegenstandes ist strittig, inwieweit von Computern erzeugte Bilder und insbesondere auch Bildschirmmasken (GUI) Lichtbildschutz genießen können.[142] Im Internetkontext ist es jüngst wiederholt zu einem Streit gekommen, inwieweit sog. Thumbnails die Rechte aus § 72 i. V. m. §§ 15 ff. UrhG verletzten. In der Rechtsprechung wurde bei der Wiedergabe in Linklisten durch Suchmaschinen von einer unzulässigen öffentlichen Zugänglichmachung und Vervielfältigung ausgegangen.[143] Auch der Medienbruch kann zu Rechtsverletzungen führen. Werden etwa für Werbebroschüren oder sonstige Zwecke in Printform erstellte Fotos ohne Einwilligung auch für die Internetpräsenz eines Unternehmens genutzt, liegt darin eine entsprechende Rechtsverletzung.[144] In diesen Fällen wie bei der Übernahme von Fotos von einer anderen Website ist bei der Schadensberechnung mitunter sogar ein Aufschlag wegen fehlender Urheberbenennung anzusetzen.[145]

63

3. Schutz ausübender Künstler

Schutzgegenstand der §§ 73 ff. UrhG ist die **interpretatorische Leistung des Künstlers**. Voraussetzung ist dabei, dass ein urheberrechtsfähiges Werk dargeboten wird. Den ausübenden Künstlern, die in § 73 UrhG legal definiert werden, also insbesondere Schauspielern, Sängern, Musikern und Tänzern sowie auch Mitwirkenden wie Regisseur und Dirigent stehen nach §§ 77 und 78 UrhG Verwertungsrechte und Vergütungsansprüche ähnlich denen des allgemeinen Urheberrechts zu. Die Schutzdauer ergibt sich aus § 82 UrhG. Danach besteht ein **Schutz für 50 Jahre** nach Erscheinen entsprechender Bild- oder Tonträger bzw. mangels Erscheinen ab der Darbietung. Darüber hinaus gewähren die §§ 74 und 75 UrhG einen persönlichkeitsrechtlichen Schutz, nämlich auf Anerkennung als ausübender Künstler sowie gegen die Beeinträchtigung der Darbietung. Dieser persönlichkeitsrechtliche Schutz endet 50 Jahre nach der Darbietung, wenn der ausübende Künstler vor Ablauf dieser Frist verstorben ist (§ 76 UrhG).

64

Im Rahmen von **Multimediawerken** und **Internet-Sachverhalten** können diese Verwertungs- und Persönlichkeitsrechte insbesondere bei audiovisueller Wiedergabe entsprechen-

65

---

141 Strittig, dazu Wandtke/Bullinger/*Thum* § 72 Rn. 46 m. w. N.
142 Dagegen *Schack* Rn. 721; befürwortend LG Bochum CR 1995, 274; Wandtke/Bullinger/*Grützmacher* § 69g Rn. 6; Wandtke/Bullinger/*Thum* § 72 Rn. 12.
143 LG Hamburg CR 2004, 855 – Thumbnails; zu Fragen der Haftung des Suchmaschinenanbieters, AG - Bielefeld CR 2006, 72.
144 S. etwa OLG Düsseldorf GRUR-RR 2006, 393 (394 f.) – Informationsbroschüre; OLG Köln CR 2004, 533 – Portraitfoto im Internet.
145 S. etwa OLG Düsseldorf GRUR-RR 2006, 393 (394 f.) – Informationsbroschüre: Verdopplung der Lizenzgebühr; AG Hamburg ZUM 2006, 586 (589): 50 % Aufschlag; siehe zur Schadensberechung bei Lichtbildern im Internet auch OLG Brandenburg GRUR-RR 2009, 413; OLG Brandenburg CR 2009, 251.

der Darbietungen verletzt werden. Diskutiert werden etwa der Entstellungsschutz im Rahmen von digitalem Remastering und Soundsampling[146] sowie der Eingriff in entsprechende Vervielfältigungs- und Verbreitungsrechte sowie das Recht der öffentlichen Wiedergabe (§§ 77, 78 UrhG), beim digitalen Remastering und Soundsampling sowie bei der Bereithaltung zum Download, Streaming[147] oder etwa im Rahmen von Internetradios oder in File-Sharing-Systemen.[148]

4. Leistungsschutzrecht des Veranstalters

66 Das Leistungsschutzrecht des Veranstalters gemäß § 81 UrhG schützt ergänzend zu den §§ 73 ff. UrhG (Schutz des ausübenden Künstlers) den Theater- und Konzertveranstalter. Schutzvoraussetzung für Veranstalterschutz ist die **Live-Darbietung** eines schutzfähigen Werkes. Demgegenüber werden etwa Sportereignisse durch § 81 UrhG nicht geschützt. Gem. § 81 S. 1 UrhG stehen dem Veranstalter die Verwertungsrechte – nicht aber die Vergütungsansprüche gem. §§ 77 und 78 UrhG entsprechend zu. Er kann also etwa unautorisierte Vervielfältigungen, Verbreitungen und öffentliche Zugänglichmachung bzw. Wiedergaben der Darbietung unterbinden, was etwa bei der Wiedergabe über das Internet relevant werden kann. Die Schutzdauer ist entsprechend dem des Schutzes der ausübenden Künstler geregelt, jedoch auf 25 Jahre beschränkt.

5. Tonträgerherstellerrecht

67 Auch das Tonträgerherstellerrecht gemäß § 85 UrhG schützt eine organisatorische Leistung. Schutzgegenstand ist der durch den Hersteller – nämlich die natürliche oder juristische Person, die erstmals die Töne einer Darbietung oder andere Töne festlegt[149] – erstellte Tonträger. Dieser ist in § 16 Abs. 2 UrhG legal definiert, wobei ergänzend auf die Definition gem. Art. 3 lit. b Rom-Abkommen abzustellen ist, nach der ein Tonträger jede ausschließliche auf den Ton beschränkte Festlegung der Töne einer Darbietung oder anderer Töne ist. Genau genommen ist Schutzgegenstand damit die im Tonträger verkörperte Herstellerleistung als immaterielles Gut.[150] Schutzvoraussetzung ist, dass ein gewisses Produktionsrisiko besteht, weshalb als Hersteller eines Tonträgers nur der Hersteller der ersten Festlegung, also üblicherweise des Masters, geschützt ist (§ 85 Abs. 1 S. 3 UrhG).

68 Der Hersteller hat sodann gem. § 85 UrhG das übertragbare und 50 Jahre nach Erscheinen des Tonträgers andauernde ausschließliche Recht, den Tonträger zu vervielfältigen, zu verbreiten und öffentlich zugänglich zu machen. Für die Nutzungsrechtseinräumung gelten im Wesentlichen die Regelungen des Urhebervertragsrechts, namentlich die §§ 31 Abs. 1–3 und 5 UrhG sowie die §§ 33 und 38 UrhG.

69 Neben der Frage, inwieweit beim Soundsampling auch in die Tonträgerherstellerrechte eingegriffen wird,[151] stellt sich heute im digitalen Kontext weiterhin die Frage der Zulässigkeit von Internet-Tauschbörsen.[152]

6. Schutz des Sendeunternehmers

70 Auch § 87 UrhG schützt eine organisatorisch-technische Leistung, nämlich die des Sendeunternehmers. Voraussetzung dabei ist, dass eine **Funksendung** vorliegt. Hingegen ist nicht

---

146 Wandtke/Bullinger/*Büscher* § 75 Rn. 10.
147 Vgl. OLG Hamburg MMR 2009, 561 (562).
148 Vgl. dazu ausf. Wandtke/Bullinger/*Büscher* § 78 Rn. 8.
149 Art. 3 lit. c Rom-Abkommen.
150 Begr. RegE BT-Drs. IV/270, 47, 96.
151 Dazu BGH GRUR 2009, 403; OLG Hamburg GRUR-RR 2007, 3; Wandtke/Bullinger/*Schaefer* § 85 Rn. 25 m. w. N.
152 Dazu näher unter Rdn. 209–219.

zu fordern, dass Gegenstand der Sendung ein urheberschutzfähiges Werk ist.[153] Eine Funksendung ist gemäß Art. 3 lit. f Rom-Abkommen jede »Ausstrahlung von Tönen oder von Bildern und Tönen mittels radioelektrischer Wellen zum Zwecke des Empfangs durch die Öffentlichkeit«. Inhaber des für 50 Jahre nach Erstsendung gewährten übertragbaren Rechts ist der Sendeunternehmer, d. h. die natürliche oder juristische Person, die die Entscheidung über das Programm trifft, nicht hingegen die Person, die lediglich technische Anlagen bzw. Systeme bereitstellt. Das gem. § 87 Abs. 1 UrhG gewährte Recht umfasst das **ausschließliche Recht,**

- Funksendungen weiterzusenden und öffentlich zugänglich zu machen, auf Bild- oder Tonträger aufzunehmen,
- Lichtbilder von diesen herzustellen sowie die Bild- oder Tonträger oder Lichtbilder zu vervielfältigen und zu verbreiten[154]

sowie

- die Funksendung nur gegen Zahlung eines Eintrittsgeldes öffentlich wahrnehmbar zu machen.

Mit den heute bestehenden technischen Möglichkeiten, d. h. den hohen Bandbreiten im Internet, sehen sich Sendeunternehmen mitunter entsprechenden Rechtsverletzungen ausgesetzt. So werden etwa Mitschnitte von Sendungen unautorisiert auf Video-Tauschplattformen (wie Youtube) der Öffentlichkeit zugänglich gemacht[155] oder virtuelle Videorecorder[156] angeboten. Gleichzeitig entstehen neue Verteildienste (IP-TV),[157] aber auch On-demand-Dienste, die ggf. entsprechender Lizenzen des Sendeunternehmers bedürfen. 71

7. Schutz des Filmherstellers

Im dritten Teil des Urheberrechtsgesetzes finden sich besondere Bestimmungen für Filme. So regeln zunächst die §§ 88–93 UrhG auf Basis von – von dem allgemeinen Urhebervertragsrecht abweichenden – Vermutungen die Rechtseinräumung am Filmwerk (§ 89 UrhG) und sonstiger Werke (§ 88 UrhG) sowie den Rechten der ausübenden Künstler (§ 92 UrhG). Während der Filmhersteller auf diesem Wege abgeleitete Rechte erhält, steht ihm aufgrund von § 94 UrhG ein originäres Leistungsschutzrecht mit Blick auf seine organisatorisch-technische Leistung zu. Dieses ähnelt dem Schutzrecht des Tonträgerherstellers. So knüpft das Schutzrecht am Filmträger (Bild- und Tonträger) an.[158] Für Live-Sendungen hingegen greift das Urheberrechtsgesetz mangels Erstfixierung nicht ein.[159] Hersteller ist die natürliche oder die juristische Person oder gesamthänderisch verbundene Personenmehrheit, welche die Herstellung der sog. Nullkopie inhaltlich und organisatorisch steuert, wirtschaftlich verantwortet und die zur Filmherstellung erforderlichen Immaterialgüterrechte sowie zumindest vorübergehend auch die Auswertungsrechte am Film erwirbt.[160] Dieser Person steht im Rahmen des § 94 UrhG ein übertragbares Recht zu, welches das ausschließliche Recht umfasst, den Bildträger oder Bild- und Tonträger, auf dem das Filmwerk aufgenommen ist, zu vervielfältigen, zu verbreiten und zur öffentlichen Vorführung, Funksendung oder öffentlichen Zugänglichmachung zu nutzen (§ 94 Abs. 1 S. 1 UrhG). Anders als 72

---

153 *Schack* Rn. 705 unter Hinweis auf ÖstOGH GRUR Int. 1991, 653 – Oberndorfer-Gschichtn.
154 Ausgenommen ist nach § 87 Abs. 1 Nr. 3 UrhG das Vermietrecht.
155 Vgl. dazu Rdn. 209–219.
156 Dazu näher unter Rdn. 230–235.
157 Zu den technischen Details *Flatau* ZUM 2007, 1.
158 Auch hier sind neben den herkömmlichen Trägermaterialien wie Fotomaterial, Magnet- und Videobändern sowie digitalen Speicherbändern auch Arbeitsspeicher und Festplatte eines Computers denkbare Filmträger.
159 Dreier/*Schulze* § 95 Rn. 12; Wandtke/Bullinger/*Manegold* § 94 Rn. 21.
160 Wandtke/Bullinger/*Manegold* § 94 Rn. 30; zur Darlegungs- und Beweislast OLG Hamm ZUM 2009, 159.

der Tonträgerhersteller hat der Filmhersteller darüber hinaus das Recht, jede Entstellung oder Kürzung des Bildträgers oder Bild- und Tonträgers zu verbieten, die geeignet ist, seine berechtigten Interessen an diesen zu gefährden (§ 94 Abs. 1 S. 2 UrhG). Der Schutz besteht gem. § 94 Abs. 3 UrhG 50 Jahre ab Erscheinen des Bild- und Tonträgers bzw. – soweit früher – ab dessen erster öffentlicher Wiedergabe, mangels Erscheinen oder öffentlicher Wiedergabe ab Herstellung des Bild- und Tonträgers.

73 Diskutiert wird, inwieweit die Filmrestaurierung und -kolorierung durch Digitaltechniken zu einem gewissermaßen erneuten Schutzrecht gem. § 94 UrhG führen kann.[161] Noch weiter gehender als Sendeunternehmer sehen sich Filmhersteller mittlerweile im Internet illegaler Download-Angebote und Tauschbörsen ausgesetzt.[162]

8. Laufbildschutz

74 Neben den Schutz des Filmherstellers mit Blick auf den Filmträger und den ggf. abgeleiteten Schutz aus § 2 Abs. 1 Nr. 6 UrhG (Filmwerke) tritt gemäß § 95 UrhG der Laufbildschutz. Der Hersteller von Filmen bzw. Laufbildern muss sich also hinsichtlich des Films nicht auf seinen derivativen Nutzungsrechtserwerb allein verlassen, sondern kann sich direkt auf § 95 UrhG berufen. Im Gegensatz zu Filmwerken können bloße Laufbilder etwa vorliegen bei der Aufzeichnung von Sportveranstaltungen und Unterhaltungssendungen. Strittig ist, inwieweit auch Computerspiele Laufbildschutz genießen können. Teils wird hier zu Unrecht vertreten, die Leistung des Programmierens eines Videospiels sei vollständig in dem gem. § 69a UrhG geschützten Computerprogramm verkörpert.[163] Dies übersieht, dass die visuelle Gestaltung eines Computerspiels eine gesonderte Leistung ist, welche im Übrigen auch durch unterschiedliche Programmierungen realisiert werden könnte. Richtig ist es daher, nach wie vor an der früheren Rechtsprechung[164] eines Schutzes von Videospielen als Laufbild festzuhalten.[165]

VII. Rechtseinräumung

1. Allgemeines

75 Wie bereits erwähnt ist das Urheberrecht anders als die Leistungsschutzrechte **als solches nicht übertragbar**.[166] Es gilt zudem das sog. **Schöpferprinzip**, und zwar auch im Arbeitnehmerurheberrecht. Nutzungsrechtsinhaber können sich also nur auf abgeleitete Nutzungsrechte (§ 31 UrhG) berufen, sonstige Nutzungsberechtigte u. U. sogar nur auf schuldrechtliche Einwilligungen und Vereinbarungen zu Verwertungsrechten.[167] Umstritten ist, inwieweit mit Blick auf die Nutzungsrechtseinräumung neben dem Trennungsprinzip auch das Abstraktionsprinzip gilt. Die h. M. lehnt dieses unter Verweis auf § 9 VerlagsG, welcher insoweit entsprechend herangezogen wird, ab; die Rechtsprechung ist insoweit aber wenig konsistent und die Analogie im Übrigen zweifelhaft.[168]

---

161 Dazu Wandtke/Bullinger/*Manegold* § 94 Rn. 24–28.
162 S. dazu näher unter Rdn. 209–219.
163 So etwa *Schack* Rn. 732.
164 OLG Karlsruhe CR 1986, 723 – »1942«; OLG Hamm NJW 1991, 2161 (2162); BayObLG GRUR 1992, 508; OLG Hamburg GRUR 1990, 127 (128) – Super Mario III; ZUM 1996, 687 (688).
165 Wandtke/Bullinger/*Grützmacher* § 69g Rn. 4; vgl. auch Wandtke/Bullinger/*Manegold* § 95 Rn. 12–15; a. A. *Schack* Rn. 733.
166 Vgl. dazu Rdn. 14.
167 Vgl. § 29 UrhG.
168 Die Anwendung des Abstraktionsprinzips ablehnend OLG Hamburg GRUR Int. 1999, 76; GRUR 2002, 335; LG Mannheim CR 2004, 811 (814); *Schricker/Loewenheim* Vor § 28 Rn. 100; wohl auch BGH GRUR 1966, 567 (569); GRUR 1982, 308 (309); NJW 1990, 1989 – Musikverleger IV; a. A. BGHZ 27, 90 (95 f.); Brandenburg OLG NJW-RR 1999, 839; *Schack* Rn. 589 ff.

VII. Rechtseinräumung

Die **Einräumung von Nutzungsrechten** ist in den §§ 31 ff. UrhG geregelt. So regelt § 31 UrhG zunächst einmal die originäre Einräumung dinglicher Nutzungsrechte.[169] Zu beachten ist, dass nicht nur sämtliche Nutzungsrechte, sondern für diese jeweils auch einzelne Nutzungsarten isoliert – mit dinglicher Wirkung – eingeräumt werden können. Dabei versteht man unter einer Nutzungsart jede Nutzungsmöglichkeit im Sinne einer wirtschaftlich-technisch selbstständigen und abgrenzbaren Art und Weise der Auswertung des Werkes.[170] Durch die Rechtsprechung anerkannt ist insofern aber etwa auch, dass Techniken, die alte einfach nur ersetzen, keine eigenständige Nutzungsart begründen.[171] Aufgrund der Zweckübertragungslehre, welche in § 31 Abs. 5 UrhG kodifiziert ist, gilt, dass die Einräumung eines Nutzungsrechts sowie entsprechender Nutzungsarten im Zweifel nur dann erfolgt, wenn die entsprechenden Nutzungsrechte bzw. Nutzungsarten ausdrücklich bezeichnet wurden;[172] ist dieses nicht der Fall, kann sich etwas anderes allein aus dem Vertragszweck oder der Branchenübung ergeben. In Anlehnung an die Zweckübertragungslehre war bisher gem. § 31 Abs. 4 UrhG a. F. die Einräumung von Nutzungsrechten für noch nicht bekannte Nutzungsarten sowie Verpflichtungen hierzu unwirksam. Dieses soll jedoch seit dem 01.01.2008[173] nach §§ 31a, 32c UrhG[174] anders geregelt werden, nämlich durch die Möglichkeit einer schriftlichen Vereinbarung mit (eingeschränktem) dreimonatigem Widerrufsrecht und einem korrespondierenden Vergütungsanspruch. Das Widerrufsrecht soll ab Ankündigung der Aufnahme der neuen Werknutzung gelten. Im Einzelfall kann es zu Abgrenzungsschwierigkeiten kommen, ab wann eine bekannte Nutzungsart vorliegt.[175] Die Nutzungsrechtseinräumung als solche unterliegt nach der Rechtsprechung[176] nicht der AGB-Kontrolle gem. § 307 BGB.

76

Die gem. § 31 UrhG eingeräumten Nutzungsrechte, welche sich als sog. **Tochterrechte** und auf der nächsten Stufe der Einräumung, nämlich der durch den exklusiven Nutzungsrechteinhaber als **Enkelrechte** darstellen, können im Rahmen der Vorgaben des § 34 UrhG auf einen Dritten übertragen werden (sog. **translative Übertragung**). Dabei darf der Urheber mangels sonstiger Regelung seine Zustimmung nicht wider Treu und Glauben verweigern (Abs. 1),[177] kann jedoch etwas Abweichendes, insbesondere die Unübertragbarkeit, mit dem Lizenznehmer vereinbaren.[178] Soweit nichts anderes vereinbart ist, kann entgegen § 34 Abs. 1 UrhG das Nutzungsrecht ohne Zustimmung des Urhebers übertragen werden, wenn die Übertragung im Rahmen der Gesamtveräußerung eines Unternehmens oder der Veräußerung von Teilen eines Unternehmens geschieht (§ 34 Abs. 3 S. 1 UrhG). In diesem Fall (S. 2), aber auch im Fall einer Veränderung der Beteiligungsverhältnisse am Unternehmen ohne Nutzungsrechtsübertragung (S. 3) kann der Urheber seine Rechte zurückrufen, wenn ihm die Ausübung des Nutzungsrechts durch den Erwerb nach Treu und Glauben nicht mehr zuzumuten ist.

77

---

169 Auch einfache Nutzungsrechte haben einen dinglichen Charakter, vgl. BGHZ 180, 344 – Reifen Progressiv – m. Anm. *Scholz* GRUR 2009, 1107.
170 *Schricker/Loewenheim* Vor § 28 Rn. 87 m. w. N.; s. für anerkannte Nutzungsarten die Übersicht bei FA-GewRS/*Haberstumpf* Kap. 7 Rn. 259.
171 So für DVD im Verhältnis zur VHS-Kassetten BGH GRUR 2005, 937; für Blue-Ray im Verhältnis zur DVD LG München K&R 2010, 750 f.; offen lassend für die Frage, ob eine E-Paper-Ausgabe einer Zeitung im Vergleich zur Printausgabe eine neue Nutzungsart darstellt, OLG Düsseldorf K&R 2010, 672.
172 Dieses spielt insbesondere eine Rolle, wenn es bei alten Lizenzverträgen um die Frage geht, ob diese auch die Verwertung im Internet abdecken, vgl. etwa OLG Hamburg ZUM 2010, 886 (889 f.).
173 Siehe auch die Überleitungsregelung des § 137l UrhG.
174 Zur Verfassungsmäßigkeit dieser Regelungen BVerfG GRUR 2010, 332.
175 Vgl. zu der Frage sog. Risikogeschäfte Wandtke/Bullinger/*Wandtke/Grunert* § 31 Rn. 43.
176 S. etwa BGH GRUR 1994, 119 (120) – Synchronisationssprecher; GRUR 1984, 45 (49) – Honorarbedingungen; dazu eingehend *Kuck* GRUR 2000, 285; a. A. neuerdings OLG Hamburg GRUR-RR 2011, 293 – Buy-out mit Pauschalabgeltung.
177 Siehe dazu BGH CR 2005, 854 – Fash 2000.
178 Vgl. § 34 Abs. 5 S. 2 UrhG.

2. Gestaltungen in der Praxis

78 In der Praxis finden sich je nach Branche und Zweck entsprechender Vereinbarungen umfangreiche Klauselapparate, um den Anforderungen der Zweckübertragungslehre gerecht zu werden.[179] Im Grundsatz ist dabei zu unterscheiden, ob die Rechte exklusiv oder nicht exklusiv sowie zeitlich unbegrenzt und räumlich unbeschränkt oder nicht eingeräumt werden. Der unwiderruflichen Einräumung stehen ggf. die §§ 41 und 42 UrhG[180] sowie § 34 Abs. 5 S. 1 UrhG entgegen. Sachlich inhaltlich ist darauf zu achten, dass sämtliche nach dem Vertragszweck erforderlichen Nutzungsarten **ausdrücklich benannt** werden, um Zweifel erst gar nicht aufkommen zu lassen. Die Einräumung von Nutzungsrechten an künftigen Werken unterliegt dem Schriftformerfordernis des § 40 UrhG, welches unstritig für die entsprechenden Verpflichtungsgeschäfte gilt, während darüber gestritten wird, inwieweit dies auch für Verfügungen und Vorausverfügungen gilt.[181] § 40 UrhG können auch Vorverträge und Optionsverträge unterfallen, und zwar zumindest analog.[182]

3. Gesetzliche Vergütungsansprüche

79 Als Konsequenz der vertraglichen Einräumung von Nutzungsrechten steht dem Urheber nach dem Gesetz gem. § 32 UrhG ein **Anspruch auf angemessene Vergütung** zu, und zwar ex-ante betrachtet bei fortlaufender Nutzung des Werkes in Form einer erfolgsabhängigen Vergütung oder u. U. auch nur einer Pauschalvergütung.[183] Der Urheber kann dafür ggf. die Einwilligung in die Änderung des Vertrages von seinem Vertragspartner verlangen. Diese Rechte sind **nicht abdingbar** (§ 32 Abs. 3 UrhG); kollektive Vergütungsregelungen im Rahmen des § 36 UrhG gelten jedoch als angemessene Vergütung. Bei Tarifverträgen besteht ein Anspruch gem. § 32 Abs. 1 S. 3 UrhG gar nicht, wie sich aus § 36 Abs. 1 S. 3 UrhG ergibt.

80 Weiter steht dem Urheber gem. § 32a UrhG ein **Anspruch auf eine angemessene Beteiligung** zu, wenn die vereinbarte Gegenleistung in einem auffälligen Missverhältnis zu den Erträgen und Vorteilen aus der Nutzung des Werkes steht, und zwar gem. § 32a Abs. 2 UrhG auch gegenüber späteren Nutzungsrechtserwerbern. Auf diesen Anspruch kann der Urheber ebenfalls nicht im Vorhinein verzichten; auch hier gehen jedoch kollektive Regelungen im Rahmen von Vergütungsregelungen gem. § 36 UrhG sowie Tarifverträgen vor.[184] Höchst strittig ist, inwieweit die §§ 32, 32a UrhG auf Arbeitnehmerurheber Anwendung finden.[185]

VIII. Sanktionen

1. Zivilrechtliche Ansprüche

a) Unterlassungsanspruch

81 Gemäß § 97 Abs. 1 UrhG kann der Verletzte, also der Urheber bzw. der exklusive Nutzungsrechtsinhaber im Fall von Urheberrechtsverletzungen bzw. von Leistungsschutzrechten Unterlassung verlangen. Der jeweilige Unterlassungsanspruch bezieht sich nur

---

179 Vgl. etwa die Muster bei *Lutz*, Verträge für die Multimedia-Produktion, 1996; s. a. Kap. 3 Rdn. 66–83 (für Computerprogramme); Kap. 16 Rdn. 83–85, 106–112 (für M-Commerce).
180 Zum Fortbestand einfacher Unterlizenzen im Fall des Rückrufs nach § 41 UrhG vgl. BGHZ 180, 344 – Reifen Progressiv m. Anm. *Scholz* GRUR 2009, 1107.
181 Wandtke/Bullinger/*Bullinger* § 40 Rn. 3 m. w. N.
182 *Schack* Rn. 1109; Schicker/Loewenheim/*Schricker/Peukert* § 40 Rn. 4 und 7.
183 Dazu im Detail BGH GRUR 2009, 1148 – Talking to Addison.
184 Vgl. § 32a Abs. 3 und 4 UrhG.
185 Vgl. dazu Wandtke/Bullinger/*Grützmacher* § 69b Rn. 22–24 m. w. N.

auf die konkret begangene Verletzung, die jedoch abstrahiert werden kann bzw. im Rahmen der sog. **Kerntheorie**[186] abstrakt interpretiert wird. Der Antrag muss, um vollstreckbar zu sein, die untersagende Handlung eindeutig beschreiben.[187] Die Frage, was genau vom Schuldner zu unterlassen ist, darf nämlich im Rahmen des Möglichen nicht in das Zwangsvollstreckungsverfahren verlagert werden, es sei denn, dies lässt sich nicht vermeiden.[188] Im **Softwareurheberrecht** (Computerprogramme, Datenbanken, etc.) reicht es nach der Rechtsprechung im Zweifel nicht, im Antrag namentlich auf die verletzten Programme zu verweisen oder auf Listen, in denen die Namen der jeweiligen Dateien, ihre Größe in Bytes, die Daten des letzten Veränderungszugriffs und der Erstellung sowie Zuordnungskriterien angegeben sind.[189] Vielmehr wird gefordert, einen Datenträger mit den entsprechenden Dateien als Anlage beizufügen und auf diese Anlage zu verweisen. Der Antrag ist dabei im Zweifel an dem verletzenden Programm auszurichten.[190] Anders stellt sich die Situation nur bei Raubkopien dar, bei denen die Marktbezeichnung (einschließlich Versionsbezeichnung) unter Verweis auf die Originalprogramme ausreichend sein dürfte.

Voraussetzung für einen Unterlassungsanspruch ist entweder das Vorliegen einer **Erstbegehungs- oder einer Wiederholungsgefahr**.[191] Beide können bis zum Erlass eines rechtskräftigen Urteils durch eine entsprechende strafbewehrte Unterlassungserklärung ausgeräumt werden. Die bloße Erklärung, eine entsprechende Rechtsverletzung nicht mehr zu begehen, reicht nicht. 82

Ein Unterlassungsanspruch gem. § 97 Abs. 1 UrhG besteht auch **gegenüber Störern**, also Personen, die nicht schuldhaft gehandelt haben, sondern lediglich einen kausalen zurechenbaren Beitrag zur Verletzung geleistet haben. Der Schuldner muss sich schließlich, soweit er ein Unternehmen ist, auch das Verhalten seiner Arbeitnehmer oder von Beauftragten zurechnen lassen. Dies ergibt sich aus § 99 UrhG. 83

b) Beseitigungsanspruch

Ergänzend zum Unterlassungsanspruch steht dem Verletzten gem. § 97 Abs. 1 S. 1 UrhG auch ein Beseitigungsanspruch zu. Auch dieser ist verschuldensunabhängig, aber darauf gerichtet, eine fortdauernde Störung abzustellen. Auch dieser Anspruch kann gegenüber Störern geltend gemacht werden. 84

c) Auskunftsanspruch

Gemäß § 101 UrhG kann der Verletzte vom Verletzer unverzüglich Auskunft über die Herkunft und den Vertriebsweg von Vervielfältigungsstücken verlangen. Dies umfasst insbesondere die Informationen, von wem die rechtsverletzenden Vervielfältigungsstücke bezogen und an wen diese weiterverkauft wurden. Schwierigkeiten bereitete den Rechteinhabern in der Vergangenheit, dass sie insbesondere bei Download-Angeboten im Internet oftmals dem Verletzer wegen dessen Anonymität nicht habhaft werden konnten, die entsprechenden Access- oder Service-Provider sich jedoch bei Anfragen zu den sich hinter den Angeboten verbergenden Personen – nicht nur angesichts datenschutzrechtlicher Bestimmungen[192] – die Auskunft verweigerten. Dementsprechend hat der Gesetzgeber nun- 85

---

186 S. dazu Wandtke/Bullinger/*Kefferpütz* Vor § 97 ff. Rn. 48 unter Hinweis auf BGH GRUR 1991, 138 – Flacon; OLG Hamburg GRUR 1990, 637 (638).
187 Vgl. allg. BGH GRUR, 2002, 72 (73) – Preisgegenüberstellung im Schaufenster.
188 Vgl. dazu etwa BGH GRUR, 2002, 1089 (1089) – Zugabenbündel; GRUR 1997, 459 (460) – CB-Infobank I.
189 BGH GRUR 2003, 786 (787) – Innungsprogramm; K&R 2007, 296 (297 f.); OLG Hamm GRUR 1990, 185.
190 BGH GRUR 2003, 786 (787) – Innungsprogramm.
191 Vgl. § 97 Abs. 1 S. 2 UrhG.
192 Gem. § 5 Abs. 2 TDDSG a. F. war es Providern lediglich gegenüber der Staatsanwaltschaft erlaubt, die

mehr im Rahmen der Umsetzung der sog. Durchsetzungs-Richtlinie die Befugnis der Rechteinhaber erweitert. So besteht zumindest in Fällen der offensichtlichen Rechtsverletzung[193] oder in Fällen, in denen der Verletzte gegen den Verletzer Klage erhoben hat, ein **erweiterter Auskunftsanspruch** nach § 101 Abs. 2 UrhG, und zwar in der Regel etwa auch gegen Personen, die in gewerblichem Ausmaß für rechtsverletzende Tätigkeiten Dienstleistungen erbracht haben.[194]

d) Schadensersatzanspruch

86 Gemäß § 97 UrhG haftet der Verletzer dem Verletzten auf Schadensersatz, soweit er **schuldhaft** handelt. Es gelten insofern die Maßstäbe des § 276 BGB. **Fahrlässig** handelt, wer die im Verkehr übliche Sorgfalt außer Acht lässt. Dabei gelten strenge Sorgfaltsanforderungen, sodass der Verletzer sogar gehalten sein kann, die Kette der einzelnen Rechtsübertragungen nachzuverfolgen.[195] Auch kann sich der Verletzer nicht darauf berufen, er habe die Urheberrechtslage nicht gekannt. Selbst in Grenzbereichen der rechtlichen Zulässigkeit und selbst wenn er auf eine ihm günstige Rechtsprechung einzelner Instanzgerichte vertraut hat, ist dem Verletzer ein Risiko solange zuzurechnen, wie die Rechtsfrage noch nicht abschließend höchstrichterlich geklärt ist.[196]

87 Der Verletzte kann sodann im Rahmen eines ihm zustehenden **Wahlrechts (elektive Konkurrenz)**[197] zwischen folgenden Arten der Schadensberechnung wählen:
- Er kann Schadensersatz i. S. d. §§ 249 ff. BGB fordern, also den **konkreten Schaden** einschließlich des entgangenen Gewinns.
- Er kann im Rahmen des von der Rechtsprechung herausgearbeiteten normativen Schadensbegriffs[198] Schadensersatz im Rahmen der sog. **Lizenzanalogie** fordern, also die übliche sonst genommene Lizenzgebühr geltend machen.
- Und schließlich hat er die Möglichkeit, den **Verletzergewinn** abzuschöpfen,[199] wobei sog. Gemeinkosten außen vor bleiben müssen.[200] Dieser Anspruch, welcher sich auch entsprechend §§ 687 Abs. 2, 681, 667 BGB ergibt, hat den Vorteil einer längeren Verjährungsfrist (§ 102 S. 2 UrhG).

88 Schwierig und umstritten ist, wie der Schadensersatz zu berechnen ist, soweit dieser gegenüber unterschiedlichen **Verletzern einer Vertriebskette** auf unterschiedlichen Stufen derselben geltend gemacht werden kann.[201] Eine Besonderheit ergibt sich schließlich bei Verletzungen von Rechten, die durch die **GEMA** wahrgenommen werden. Die GEMA darf nämlich angesichts ihres beträchtlichen Rechtsverfolgungsaufwandes eine doppelte GEMA-Lizenz-Gebühr fordern.[202] Aber auch bei ohne Einwilligung und Bildquellennachweis

---

Daten herauszugeben. Dementsprechend haben einige Gerichte den Rechteinhabern einen entsprechenden erweiterten Auskunftsanspruch verweigert. §§ 14 Abs. 2, 15 Abs. 5 TMG sind nunmehr etwas weiter gefasst. Dazu näher unten unter Rn. 213–217.
193 Zu diesem Tatbestandsmerkmal Kitz ZUM 2006, 444 (446) unter Hinweis auf Begr. RefE, S. 82: Verpflichtete kann »kaum beurteilen«, ob eine Rechtsverletzung vorliegt.
194 Dazu im Detail unter Rdn. 213 ff.
195 BGH GRUR 1988, 373 (375) – Schallplattenimport III; OLG Hamm ZUM 2009, 159.
196 *Schack* Rn. 765, der jedoch darauf hinweist, dass der BGH den Fahrlässigkeitsvorwurf ausnahmsweise dann entfallen lässt, wenn eine »besonders schwierige neuartige Rechtsfrage von besonders großer wirtschaftlicher Bedeutung« im Raume steht und es dem Verletzer daher unzumutbar ist, seine unternehmerische Tätigkeit auf den bloßen Verdacht hin zu beenden (BGHZ 17, 266 [295 f.] – Grundig-Reporter).
197 § 97 Abs. 2 UrhG; s. schon RGZ 35, 63 (76 f., 80 f.); BGH GRUR 1959, 378 (379) – Gaspatrone.
198 BGH GRUR 1975, 323 (324 f.) – Geflügelte Melodien.
199 § 97 Abs. 2 S. 2 UrhG; zu den Details FA-GewRS/*Haberstumpf* Kap. 7 Rn. 319.
200 Dazu BGH GRUR 2001, 329 – Gemeinkostenanteil; OLG Düsseldorf GRUR 2004, 53 – Gewinnherausgabeanspruch.
201 Dazu BGH GRUR 2009, 856 – Tripp-Trapp-Stuhl; *Götz* GRUR 2001, 295; s. a. OLG Düsseldorf GRUR-RR 2005, 213 – OEM-Versionen.
202 BGHZ 59, 286 (287) – doppelte Tarifgebühr; BGHZ 97, 37 (50 f.) – Filmmusik.

– Urheberbenennung – genutzten Fotos wird von der Rechtsprechung bei der Schadensberechnung ein Aufschlag oder gar die doppelte Lizenzgebühr angesetzt.[203]

Schließlich ist zu beachten, dass **Rechtsverletzungen von Arbeitnehmern** oder Beauftragten einem Unternehmen nicht gem. § 99 UrhG für die Begründung eines Schadensersatzanspruches zugerechnet werden. Hier bleibt es entweder bei der allgemeinen Möglichkeit der Exkulpation nach § 831 BGB oder aber in extremen Fällen bei einer Haftung für eigenes Organisationsverschulden. 89

e) Bereicherungsrecht

Gemäß §§ 812 ff. BGB haftet der Verletzer dem Verletzten zudem im Wege der sog. Eingriffskondiktion bereicherungsrechtlich. Dabei geht der Anspruch regelmäßig ebenfalls auf die sog. Lizenzanalogie. Auf den Wegfall der Bereicherung kann sich der Verletzer normalerweise nicht berufen. Der Anspruch verjährt grundsätzlich in der Regelfrist des § 852 S. 2 BGB. 90

f) Ersatz immaterieller Schäden

Gemäß § 97 Abs. 2 UrhG können der Urheber, Verfasser wissenschaftlicher Ausgaben, Lichtbildner und ausübende Künstler bei schuldhaften Rechtsverletzungen ein Entschädigungsentgelt auch bei einem Schaden verlangen, der nicht Vermögensschaden ist, wenn und soweit es der Billigkeit entspricht. Letztlich ist dieser Anspruch auf Geldentschädigung also auf den Schutz von ideellen Interessen ausgerichtet. 91

g) Anspruch auf Vernichtung bzw. Überlassung und Rückruf

Gemäß §§ § 98 Abs. 1 UrhG steht dem Verletzten der Anspruch zu, dass alle rechtswidrig hergestellten, verbreiteten oder zur rechtswidrigen Verbreitung bestimmten Vervielfältigungsstücke, die im Besitz oder Eigentum des Verletzers stehen, vernichtet werden bzw. ihm gegen angemessene Vergütung überlassen werden. Das Gleiche gilt für im Eigentum des Verletzers stehende Vorrichtungen, soweit diese vorwiegend (§ 98 Abs. 1 UrhG) zur rechtswidrigen Herstellung von Vervielfältigungsstücken benutzt werden oder bestimmt sind. Der Vernichtungs- und Überlassungsanspruch steht unter dem Vorbehalt einer Verhältnismäßigkeitsprüfung. Zusätzlich gibt es einen Rückrufanspruch (§ 98 Abs. 2 UrhG). 92

2. Strafrechtliche Sanktionen

Gemäß § 106 UrhG bzw. § 108 UrhG ist die Verletzung von Urheberrechten bzw. verwandten Schutzrechten mit Freiheitsstrafe bis zu drei Jahren oder Geldstrafe sanktioniert. Gleiches gilt für die unzulässige Anbringung von Urheberbezeichnungen (§ 107 UrhG). Dabei handelt es sich grundsätzlich um Antragsdelikte, die jedoch ausnahmsweise auch ohne Antrag von den Strafverfolgungsbehörden verfolgt werden können, wenn ein besonderes öffentliches Interesse an der Strafverfolgung besteht (§ 109 StGB). Kein Antragsdelikt und mit einer Freiheitsstrafe von bis zu 5 Jahren oder Geldstrafe sanktioniert ist die gewerbsmäßige unerlaubte Verwertung (§ 108a UrhG). 93

Wie allgemein im Strafrecht, so gilt auch im Urheberstrafrecht das **Analogieverbot** des Art. 103 Abs. 2 GG bzw. § 1 StGB. Danach darf die Wortlautgrenze einzelner Normen im Rahmen der strafrechtlichen Beurteilung nicht überschritten werden. Der insoweit bestehende Bestimmtheitsgrundsatz führt dazu, dass es an der nötigen Vorhersehbarkeit des Risikos einer Bestrafung in solchen Fällen fehlen kann, »in denen erstens das Fachgericht 94

---

203 S. etwa OLG Düsseldorf GRUR-RR 2006, 393 (394 f.) – Informationsbroschüre: Verdoppelung; AG - Hamburg ZUM 2006, 586 (589): 50 % Aufschlag.

ein Tatbestandsmerkmal weit auslegt, dies zweitens dem Gericht erhebliche Entscheidungsspielräume eröffnet, so dass Willkür nicht ausgeschlossen werden kann, und drittens die Entscheidung mangels gefestigter Rechtsprechung nicht vorhersehbar ist«.[204] Darüber hinaus sind auch Fälle denkbar, in denen eine Strafbarkeit aufgrund Verbotsirrtums ausscheidet (§ 17 StGB).

IX. Internationaler Schutz

1. Staatsverträge

95 Auf internationaler Ebene wird Urheber- und Leistungsschutz durch zahlreiche multilaterale – und teils auch durch bilaterale – Abkommen und Konventionen[205] gewährt. Einzig das in der Folge noch im Detail zu besprechende Sui-generis-Recht für Datenbanken (§§ 87a ff. UrhG)[206] kann sich auf internationale Verträge nicht berufen und hat sich vielleicht deshalb bisher in Rechtsordnungen außerhalb der EU kaum durchgesetzt.

a) Urheberschutz

96 Im Bereich des Urheberschutzes stellt die **Revidierte Berner Übereinkunft (RBÜ)**[207] die zentrale Konvention dar. Im Grundsatz gewährleistet sie Verbandsurhebern bzw. -werken neben bestimmten Mindestrechten[208] vor allem die sog. Inländerbehandlung.[209] Diese ist nicht zuletzt deshalb von Bedeutung, weil sie zukunftsoffen ist und auch ungeahnte technische Entwicklungen wie neue Werkarten und Verwertungsrechte zu erfassen hilft. So kann man etwa darüber streiten, ob unter der RBÜ auch für Computerprogramme und Datenbankwerke gewisse Mindestrechte zu gewähren sind,[210] nicht aber darüber, dass diese dem Inländerbehandlungsgrundsatz unterliegen. Weniger anspruchsvoll mit Blick auf die Frage, welche Werke zu schützen sind, dafür aber mit weniger Mindestrechten ausgestattet ist das **Welturheberrechtsabkommen (WUA)**.[211] Heute werden sich im Detail für das IT-Recht ergebene Probleme dieser Konventionen dadurch kompensiert, dass das **GATT-TRIPS**[212] und der **World Copyright Treaty (WCT)**[213] klarstellen, dass Computerprogramme und Datenbanken zu schützen sind und dass Art. 8 WCT zudem auch das Recht der öffentlichen Wiedergabe und Zugänglichmachung fordert.

b) Leistungsschutz

97 Im Bereich des Leistungsschutzes sind neben dem GATT-TRIPS vor allem das **Rom-Abkommen**,[214] das **Genfer-Tonträger-Abkommen (GTA)**[215] und der WIPO-Vertrag über Darbietungen und Tonträger (**WIPO Performances and Phonogram Treaty = WPPT**)[216] zu beachten.

---

204 Wandtke/Bullinger/*Hildebrandt* § 106 Rn. 28 unter Hinweis auf BVerfGE 92, 1 (14).
205 Dazu FA-GewRS/*Haberstumpf* Kap. 7 Rn. 18–26.
206 Dazu unten unter Rdn. 201–203.
207 BGBl. 1973 II, 1071 sowie 1985 II, 81.
208 S. Art. 8, 9, 11bis 11ter, 12 und 14 RBÜ sowie 6bis RBÜ.
209 S. Art. 5 Abs. 1 RBÜ.
210 Ablehnend Wandtke/Bullinger/*Grützmacher* Vor §§ 69a ff., Rn. 8; *Grützmacher*, S. 149–154; wohl auch Begr. RegE BT-Drs. XII/4022, 7; a. A. etwa *Bothe/Kilian* S. 470; vgl. auch *Dreier*/Schulze § 69a Rn. 3 m. w. N.
211 BGBl. 1973 II, 1111.
212 BGBl. 1994 II, 1730.
213 Abgedruckt in: GRUR Int. 2004, 112; s. dazu auch BT-Drs. 15/15.
214 BGBl. 1965 II, 1245.
215 BGBl. 1973 II, 1670.
216 Abgedruckt GRUR Int. 2004, 112; s. dazu auch BT-Drs. 15/15.

2. Fremdenrecht

Beruft sich ein ausländischer Urheber oder Leistungsschutzinhaber auf seine Rechte und behauptet er eine Rechtsverletzung im Inland, ist zu prüfen, ob ihm dieses Recht wie einem Deutschen bzw. deutschen Unternehmen zusteht. Diese Fragen des sog. Fremdenrechts regeln die §§ 120 ff. UrhG in Anlehnung an die Frage der EU- bzw. EWR-Zugehörigkeit und die vorstehend beschriebenen Konventionen und Abkommen.

3. Kollisionsrecht

Schließlich stellt sich jeweils die Frage, ob deutsches Recht zur Anwendung kommt. Hier gilt aufgrund der Tatsache, dass das Urheberrecht territoriale Rechte begründet (Territorialitätsprinzip) nach h. M. das sog. **Schutzlandprinzip**. Nach diesem sind zumindest die Fragen der Entstehung bzw. des Bestands des Urheberrechts, der geschützten Werke und Leistungen, der Werkqualität, der Urheberschaft bzw. ersten Inhaberschaft,[217] der Übertragbarkeit,[218] des Inhalts und Umfangs des Schutzes[219] und der Schutzdauer[220] sowie der Ansprüche bei Rechtsverletzungen[221] und der strafrechtlichen Rechtsfolgen[222] nach deutschem Recht zu beurteilen, wenn eine Rechtsverletzung in Deutschland behauptet wird. Auf Urheberlizenzverträge sind hingegen die allgemein für Schuldverträge geltenden IPR-Regeln für das Vertragsstatut anzuwenden, und zwar für Altverträge die Art. 27 ff. EGBGB und für neuere Verträge Art. 3, 4 und 6 ROM I.[223]

C. Softwareurheberrecht

I. Urheberschutz von Computerprogrammen

Nachdem es, wie eingangs dargelegt wurde,[224] aufgrund der Inkassoentscheidung des BGH[225] Ende der 80er Jahre nahezu unmöglich war, in Deutschland Urheberschutz für Computerprogramme zu erlangen, änderte sich dieses mit der Verabschiedung der in der Folge des »Grünbuch[s] über Urheberrecht und die technologische Herausforderung – Urheberrechtsfragen, die sofortiges Handeln erfordern« erlassenen EG-Computerprogramm-Richtlinie vom 14.01.1991. Diese wurde vom deutschen Gesetzgeber fast wörtlich umgesetzt und als achter Abschnitt in das Urheberrechtsgesetz integriert – Letzteres, um »Ausstrahlungen von Sonderregelungen für Computerprogramme auf das ›klassische‹ Urheberrecht« zu vermeiden und in dem Bewusstsein, dass es sich bei Computerprogrammen tendenziell um eine Art Industrieprodukt handelt.[226]

---

217 BGH GRUR 1999, 984 – Laras Tochter; GRUR Int. 1998, 427 (429) – Spielbankaffäre; GRUR 2004, 421 (422) – Versand unberechtigt hergestellter Tonträger ins Ausland.
218 BGH GRUR 1988, 296 – GEMA-Vermutung IV.
219 BGH GRUR 2004, 421 (422) – Versand unberechtigt hergestellter Tonträger ins Ausland; OLG Karlsruhe GRUR 1984, 521 (522) – Atari-Spielkassetten.
220 BGH GRUR Int. 1979, 50 – Buster-Keaton-Filme; s. aber auch zur kollisionsrechtlichen Teilverweisung aufgrund des Schutzfristenvergleichs BGH GRUR 1986, 69 – Puccini.
221 S. BGH GRUR Int. 1993, 257 – ALF; zu § 95a UrhG OLG München CR 2005, 821 (824).
222 S. BGH GRUR 2004, 421 (422) – Versand unberechtigt hergestellter Tonträger ins Ausland.
223 Dazu im Detail Wandtke/Bullinger/*v. Welser* Vor §§ 120 ff., Rn. 21 ff.; FA-GewRS/*Haberstumpf* Kap. 7 Rn. 16 f.
224 S. dazu oben Rdn. 1.
225 BGHZ 94, 276 (281 f.).
226 Begr. RegE BT-Drs. XII/4022, 7 f., 9.

1. Begriff des Computerprogramms

a) Computerprogramm

101 Der Begriff des Computerprogramms unterscheidet sich von dem Begriff Software. Dieser umfasst nämlich weiter gehend auch Datenbanken und Daten. Genau von diesen aber ist der Begriff des Computerprogramms i. S. v. § 69a Abs. 1 UrhG abzugrenzen. Hierbei bietet § 1 (i) der WIPO-Mustervorschriften für den Schutz von Computersoftware einen ersten Ansatz. Danach soll nämlich lediglich geschützt sein »eine Folge von Befehlen, die nach Aufnahme in einen maschinenlesbaren Träger fähig sind zu bewirken, dass eine Maschine mit informationsverarbeitenden Fähigkeiten eine bestimmte Funktion oder Aufgabe oder ein bestimmtes Ergebnis anzeigt, ausführt oder erzielt«. Die Rechtsprechung hat daher zu Recht betont, dass es notwendig sei, dass Steuerbefehle vorlägen.[227] Sie orientiert sich weiterhin an der DIN 44 300, wonach ein Computerprogramm »eine nach den Regeln der verwendeten Sprache festgelegte syntaktische Einheit aus Anweisung und Vereinbarung [ist], welche die zur Lösung einer Aufgabe notwendigen Elemente umfasst«.[228]

b) »in jeder Gestalt einschließlich Entwurfsmaterialen«

102 § 69a Abs. 1 UrhG stellt klar, dass Computerprogramme in jeder Gestalt einschließlich Entwurfsmaterialien geschützt sind. Damit ist zunächst einmal klar, dass sowohl der **Quelltext** als auch der **Maschinencode** schutzfähig sind. Darüber hinaus werden auch die im Rahmen der Entwicklung von Computerprogrammen (nach dem klassischen Phasenmodell) geschaffenen **Konzepte** (insbesondere Grob- und Feinkonzept) geschützt. Strittig ist, inwieweit auch das Pflichtenheft noch Entwurfsmaterial i. S. d. § 69a UrhG ist.[229] Alternativ ist ggf. zu prüfen, inwieweit ein Werk i. S. d. § 2 Abs. 1 Nr. 1 oder 7 UrhG vorliegt.

103 Wenn das Gesetz klarstellt, dass das Computerprogramm »in jeder Gestalt« geschützt wird, so bedeutet dieses aber nicht, dass auch **Benutzeroberflächen, Bildschirmmasken und Displays**[230] oder **Computerschriften**[231] oder etwa auf HTML-Code basierende Websites[232] dem Schutz gem. § 69a UrhG unterfallen. So wird der Schutz in solchen Fällen von der h. M. zu Recht abgelehnt.[233] Denn Benutzeroberflächen und Computerschriften lassen sich auch ohne ein entsprechendes Programm kopieren; Kontrollüberlegung ist also, ob es technisch möglich ist, das gleiche Ergebnis auch mit verschiedenen Computerprogrammen zu erzeugen. Bei auf HTML-Code basierenden Websites fehlt es zudem an einem Computerprogramm i. S. v. Steuerbefehlen. Vielmehr enthält der HTML-Code als solcher schwerpunktmäßig nur Formatierungsanweisungen und Textelemente. Etwas anderes kann sich aber ergeben, wenn Websites auf Java-Applets, Java-Skript oder PHP beruhen. Ein Grenzfall sind Flash-Präsentationen, die möglicherweise die Schwelle zur Programmierung überschreiten.[234]

---

227 Vgl. OLG Hamburg CR 1998, 323 (333 f.) – Computerspielergänzung.
228 Auf diese DIN-Norm abstellend OLG Düsseldorf NJWE-WettR 2000, 61 – Add-on CD; noch zum alten Recht BGHZ 94, 278 (283) – Inkassoprogramm.
229 So etwa Lehmann/*Lehmann*, Rechtsschutz und Verwertung, Kap. I Rn. 5 Fn. 21; a. A. *Lesshaft/Ulmer* CR 1993, 607 (609); Möhring/Nicolini/*Hoeren* § 69a Rn. 4; wohl auch Fromm/Nordemann/*Czychowski* § 69a Rn. 13.
230 EuGH GRUR 2011, 220 – Bezpečnostní softwarová asociace – Svaz softwarové ochrany v Ministerstvo kultury; ablehnend nunmehr auch OLG Karlsruhe MMR 2010, 622 f.; anders noch OLG Karlsruhe GRUR 1994, 726 (729) – Bildschirmmasken.
231 So wohl LG Köln CR 2000, 431 (432) – Urheberschutz für Computerschriften.
232 So etwa ÖstOGH GRUR Int. 2002, 349 – Telering-at; GRUR Int. 2002, 452 (453) – C-Villas.
233 So OLG Düsseldorf CR 2000, 184; OLG Frankfurt/M. GRUR-RR 2005, 299 (300); OLG Hamm MMR 2005, 106: jeweils zu HTML.
234 Ohne Problembewusstsein bejahend LG Köln ZUM-RD 426 (427).

c) Schutz der Ausdrucksform und nicht der Ideen und Grundsätze

In § 69a Abs. 2 UrhG wird klargestellt, dass der Schutz von Computerprogrammen sich nur auf den Schutz der Ausdrucksform und nicht der Ideen und Grundsätze eines Computerprogramms bezieht. Dies umfasst neben den eigentlichen Programmdaten (Maschinencode oder Quellcode) aber durchaus auch die innere Struktur und Organisation des Programms. Schon in der »Inkasso-Entscheidung« hat der BGH klargestellt, dass die Sammlung, Auswahl und Gliederung des Programms, also dessen Gewebe schutzfähig sein können.[235] Strittig ist, inwieweit **Algorithmen** schutzfähig sein können. Von der h. M. wird dieses zu Recht abgelehnt.[236] Denn Algorithmen, also Rechen- bzw. Verarbeitungsvorschriften, die auf eine ganze Klasse von Problemen anwendbar sind, sind derartig abstrakt, dass anderenfalls eine Monopolisierung elementarer Lösungsmittel und damit eine Behinderung des Wettbewerbs zu befürchten wäre.

104

Weiter stellt § 69a Abs. 2 S. 2 UrhG auch klar, dass den Schnittstellen zugrunde liegende **Ideen und Grundsätze** nicht geschützt sind. Dieses bedeutet aber nicht, dass der die Schnittstellen umsetzende Code im Einzelfall nicht doch schutzfähig ist.[237] Im Einzelfall ist hier darauf abzustellen, inwieweit die Gestaltung der Schnittstelle quantitativ einen Urheberschutz rechtfertigt und inwieweit sie inhaltlich sachbedingt ist.

105

2. Schutzvoraussetzungen

Gemäß § 69a Abs. 3 S. 1 UrhG ist eine **eigene geistige Schöpfung** Voraussetzung für den Schutz von Computerprogrammen. Bei einer geistigen Schöpfung wird insofern verlangt, dass das Werkschaffen eines Menschen vorliegt und zudem nicht lediglich ein Zufallsprodukt ist. Andererseits steht die computerunterstützte Softwareentwicklung (CASE) dem nicht entgegen.

106

Anders als bei der Umsetzung der Datenbank-Richtlinie in § 4 UrhG hat der Gesetzgeber beim Schutz von Computerprogrammen klargestellt, dass keine persönliche, sondern lediglich eine »eigene« Schöpfung vorliegen muss. Diese Formulierung ist der »Inkassoprogramm-Rechtsprechung« des BGH geschuldet.[238] Der Gesetzgeber wollte insofern klarstellen, dass er entgegen der damaligen BGH-Rechtsprechung nicht etwa ein »deutliches Überragen der Gestaltungstätigkeit ... gegenüber dem allgemeinen Durchschnittskönnen« fordert. Dementsprechend hat die Rechtsprechung von überhöhten Anforderungen bzw. von dem Kriterium der Schöpfungshöhe heute Abstand genommen.[239] Ergänzt wird diese Klarstellung durch die Formulierung in § 69a Abs. 3 S. 2 UrhG, dass keine anderen Kriterien für die Frage der Schutzfähigkeit herangezogen werden dürfen. Damit kommt es insbesondere nicht auf die Qualität eines Computerprogramms an.

107

3. Rechtsinhaber und Arbeitnehmerurheberrecht

a) Erster Rechtsinhaber

Gemäß § 69a Abs. 4 i. V. m. §§ 7 ff. UrhG gelten die allgemeinen Vorschriften über die Urheberschaft. Damit ist Urheber und erster Rechtsinhaber nach dem Schöpferprinzip

108

---

235 BGHZ 94, 276 (277, 288); s. a. OLG Düsseldorf CR 2000, 184.
236 OLG Celle CR 1994, 748; *Dreier/Schulze* § 69a Rn. 22; Schricker/*Loewenheim* § 69a Rn. 10, 12; a. A. Mestmäcker/Schulze/*Haberstumpf* § 69a Rn. 15.
237 Vgl. dazu Wandtke/Bullinger/*Grützmacher* § 69a Rn. 31.
238 BGHZ 94, 276 (283).
239 Etwa BGH CR 2000, 651 (652 f.) – OEM-Version; GRUR 2000, 866 (868) – Programmfehlerbeseitigung; weitere Nachweise bei Wandtke/Bullinger/*Grützmacher* § 69a Rn. 33. Die Rspr. geht bei komplexen Programmen sogar von einer tatsächlichen Vermutung hinreichender Individualität aus (BGH CR 2005, 854 – Fash 2000; OLG Düsseldorf CR 2009 214 (216)).

gem. § 7 UrhG derjenige, welcher das Programm geschaffen hat, bzw. Miturheber derjenige, welcher schutzfähige Leistungen erbracht hat.[240] Im Übrigen gilt die Urhebervermutung des § 10 Abs. 1 UrhG. Inwieweit sich Softwarehersteller auch auf § 10 Abs. 2 UrhG stützen können, erschien lange fraglich.[241] Seit einiger Zeit regelt dieses § 10 Abs. 3 UrhG.

b) Rechtsinhaberschaft im Arbeitsverhältnis

109 § 69b UrhG sieht im Rahmen einer nach h. M. **gesetzlichen Lizenz**[242] vor, dass sämtliche vermögenswerten Befugnisse an Werken, welche von Arbeitnehmern im Rahmen ihrer Wahrnehmung von Aufgaben oder auf Weisung geschaffen wurden, auf den Arbeitgeber übergehen. Auch § 69b UrhG geht letztlich davon aus, dass zumindest für eine logische Sekunde die Rechte noch beim Arbeitnehmer liegen; dies ist Ausdruck des Schöpferprinzips, wenn auch in abgeschwächter Form. Die Richtlinie hat in Art. 2 Abs. 3 dem entsprechenden Mitgliedstaat insofern die Freiheit gelassen, dieses oder – aber nach angloamerikanischen Vorbild – das originäre Entstehen der Rechte beim Arbeitgeber vorzusehen.

aa) Arbeitnehmer oder Dienstverpflichteter

110 Der nach dem Arbeitsrecht zu bestimmende Begriff des Arbeitnehmers führt dazu, dass insbesondere selbstständige Softwareentwickler, die ihre Leistungen lediglich im Rahmen von §§ 611 ff. BGB anbieten, aber auch Vorstände und Geschäftsführer § 69b UrhG nicht unterfallen. Bei diesen Personengruppen ist daher ein gesonderter Lizenzvertrag, welcher u. U. stillschweigend zustande kommen kann,[243] erforderlich. Dienstverpflichtete sind Beamte, Soldaten und Richter und in sonstigen öffentlich-rechtlichen Dienstverhältnissen in abhängiger Tätigkeit stehende Beschäftigte.

bb) In Wahrnehmung seiner Aufgaben

111 Auf den Arbeitgeber gehen nur die Rechte an solchen Werken über, welche in Wahrnehmung der Aufgaben des Arbeitnehmers geschaffen wurden. Hierdurch erfolgt eine Abgrenzung zu »privaten«, also sog. freien Werken. Diese ist jedoch im Einzelfall extrem schwierig. Ausgangslage ist zunächst die Art und der Umfang der geschuldeten Arbeitsleistung. Hierbei sind Arbeitsvertrag, Weisung, Betriebsvereinbarung, betriebliche Übungen sowie Tarifverträge heranzuziehen. Weiter kann es auf das Berufsbild oder die Branchenübung ankommen.

112 Unsicherere Kriterien hingegen sind der Ort und der Zeitpunkt des Schaffens. Denn nicht selten wird ein Programmierer Aufgaben, die er während der Arbeitszeit nicht erledigen konnte, zu Hause fertig stellen. Im Übrigen ist mit der wohl h. M. auch abzulehnen, dass es darauf ankommen kann, ob Betriebsmittel bzw. betrieblich genutztes Know-how und Erfahrungswissen eine Rolle bei der Entwicklung der Software spielt, auch wenn das Arbeitnehmererfindungsgesetz derartige Kriterien in § 4 Abs. 2 vorsieht.[244]

113 Inhaltlich wird es darauf ankommen, ob die Programmierung bzw. Entwicklung des Computerprogramms **im Rahmen der Arbeitstätigkeit** gerade **geschuldet** waren. Nur bei Gelegenheit geschaffene Werke werden dieses regelmäßig nicht erfüllen. Denn über einen engen inneren Zusammenhang mit der eigentlichen Arbeitstätigkeit hinaus erscheint es richtig zu fordern, dass nur eine geschuldete Eigeninitiative zur Anwendung des § 69b UrhG füh-

---

240 Vgl. dazu OLG Köln CR 2005, 624 (625 f.); OLG Düsseldorf CR 2009 214 (215).
241 Vgl. dazu oben unter Rdn. 19.
242 Dazu näher Wandtke/Bullinger/*Grützmacher* § 69b Rn. 1.
243 Streiten wird man dann regelmäßig über den Umfang der Lizenzierung.
244 So wohl auch OLG München, CR 2000, 429; LG München CR 1997, 351 f., die dann aber letztlich das Arbeitnehmererfindergesetz analog heranziehen.

ren kann. Es ist also jeweils differenzierend darauf abzustellen, ob das Nichttätigwerden des Arbeitnehmers eine Verletzung seiner Arbeitspflichten darstellt.[245] Demgegenüber wird in der Rechtsprechung teils vertreten, der Arbeitnehmer würde, wenn er den Spielraum für eine entsprechende Organisation und Gestaltung seiner Tätigkeit nutzt, und aus freiem Antrieb ein Programm erstellt, letztlich selbst den vertraglich festgelegten Aufgabenbereich anpassen und erweitern.[246] Dieser Ansatz verkennt die Grundsätze der Rechtsgeschäftslehre, nach denen für eine Vertragsanpassung der Austausch beiderseitiger Willenserklärungen notwendig ist, mag dieses im Einzelfall auch konkludent geschehen.

cc) Übertragung aller vermögensrechtlichen Befugnisse

Als Rechtsfolge werden sämtliche Verwertungsrechte und Vergütungsansprüche **auf den Arbeitgeber** übertragen, und zwar – zumindest nach deutschem Recht – weltweit. Inhaltliche Schranken bestehen insoweit nicht. Vielmehr werden sogar die Rechte in Ansehung unbekannter Nutzungsarten übertragen.[247] § 69b UrhG nicht unterfallen hingegen die urheberpersönlichkeitsrechtlichen Befugnisse der §§ 11 ff. UrhG sowie sonstige Schutzrechte. **114**

Höchst strittig ist, inwieweit die Ansprüche auf Vertragsänderungen gemäß §§ 32 und 32 a UrhG neben § 69b UrhG noch Anwendung finden können.[248] Mit der h. M. ist davon auszugehen, dass zumindest der normale Arbeitnehmerurheber entsprechend § 43 UrhG sich ergänzend auch auf §§ 32, 32a UrhG berufen kann. Dies ergibt sich sowohl aus Wortlaut und Systematik der §§ 32, 32a UrhG, die jeweils auch auf vertragliche Regelungen und Tarifverträge verweisen, als auch aus Wortlaut und Systematik des § 43 UrhG, welcher auf den Unterabschnitt der §§ 31 ff. verweist. Hingegen ist bei Computerprogrammen zusätzlich zu bedenken, dass § 69b UrhG eine gesetzliche Lizenz darstellt, was ihn von § 43 UrhG unterscheidet; und zudem steht im Raume, dass eine Anwendung der §§ 32, 32a UrhG möglicherweise der Harmonisierung durch die Computerprogramm-Richtlinie entgegenstünde. **115**

c) Dispositives Recht und sonstige Aspekte

§ 69b UrhG gilt vorbehaltlich sonstiger abweichender Regelungen (zugunsten des Arbeitnehmers). Daneben ist jeweils im Einzelfall zu prüfen, inwieweit entweder Nutzungsrechte an freien Werken im Rahmen von Arbeitsverträgen oder stillschweigend[249] eingeräumt werden oder aufgrund einer Anbietungspflicht eingeräumt werden müssen. Letzteres könnte sich aus einer analogen Anwendung der §§ 18, 19 ArbNErfG oder aus § 242 BGB ergeben. Letztlich fehlt es für eine analoge Anwendung der §§ 18, 19 ArbNErfG aber an einer planwidrigen Lücke. Im Rahmen der arbeitsrechtlichen Treuepflicht ist zweifelsfrei lediglich gefordert, nicht in den Wettbewerb zum Arbeitgeber zu treten.[250] **116**

4. Verwertungs- bzw. Nutzungsrechte und Urheberpersönlichkeitsrechte

a) Verwertungs- und Nutzungsrechte

aa) Vervielfältigungsrecht

Gemäß § 69c UrhG ist die dauerhafte oder vorübergehende Vervielfältigung, sei es ganz oder teilweise, eines Computerprogramms mit jedem Mittel und jeder Form dem Rechts- **117**

---

245 Wandtke/Bullinger/*Grützmacher* § 69b Rn. 14.
246 So *Sack* BB 1991, 2165 (2166 f.); wohl auch KG NJW-RR 1997, 1405.
247 So auch *Zirkel* ZUM 2004, 626 (629); *Dreier*/Schulze § 69b Rn. 9.
248 Dazu im Detail m. w. N. Wandtke/Bullinger/*Grützmacher* § 69b Rn. 22–24.
249 Vgl. dazu BAG GRUR 1984, 429 (431 f.) – Statikprogramme.
250 Vgl. dazu im Detail Wandtke/Bullinger/*Grützmacher* § 69b Rn. 30–37.

inhaber vorbehalten. Auch im Rahmen des Schutzes von Computerprogrammen umfasst die Vervielfältigung sowohl die **Kopie** auf Datenträger wie auch im (flüchtigen) Arbeitsspeicher. Dies ist heute ganz h. M.[251] Demgegenüber führen weder das **Ablaufenlassen**, d. h. der bloße Programmlauf als solcher,[252] noch die Darstellung auf dem Bildschirm zu einer Vervielfältigung i. S. v. § 69c Nr. 1 UrhG. § 69c Nr. 1 UrhG schützt weiter nicht nur vor 1:1-Übernahmen (insbesondere in Form von Raubkopien), sondern auch vor einer **Nachahmung**, welche nicht im Rahmen der freien Benutzung (§ 24 UrhG) liegt. Inwieweit eine Nachahmung rechtsverletzend ist, hat der Rechtsinhaber darzulegen und zu beweisen. Allerdings mag sich die Beweislast zulasten des Verletzers aufgrund entsprechender Indizien im Einzelfall umkehren.[253] Notfalls muss der Rechtsinhaber im Vorfeld versuchen, einen Quellcodevergleich im Rahmen eines Besichtigungsanspruchs durch einen zur Verschwiegenheit verpflichteten Sachverständigen durchzusetzen.[254]

bb) Bearbeitungsrecht

118 Gemäß § 69c Nr. 2 UrhG steht dem Rechtsinhaber das ausschließliche Recht zur Übersetzung, zur Bearbeitung, zum Arrangement und zur sonstigen Umarbeitung zu. Während weitgehend unklar ist, was unter einem **Arrangement** in diesem Sinne zu verstehen ist, lassen sich unter Übersetzungen etwa Portierungen von einer Programmsprache in die andere (etwa die Übertragung eines Programms von Pascal in Basic) oder die Übertragung vom Source- in den Objectcode, also die Kompilierung, oder aber auch die Dekompilierung verstehen. Bearbeitungen und sonstige Umarbeitungen sind demgegenüber Ergänzungen des Quellcodes. Der BGH hat hingegen offen gelassen, ob eine Bearbeitung oder sonstige Umarbeitung auch beim Hinzufügen eines sonstigen Moduls vorliegt.[255] § 69c Nr. 2 UrhG verdrängt im Übrigen § 39 UrhG, sodass mit Blick auf § 69c Nr. 2 UrhG keine Pflicht des Rechteinhabers zur Einräumung entsprechender Bearbeitungsrechte im Rahmen von Treu und Glauben besteht.

cc) Verbreitungsrecht

119 Gemäß § 69c Nr. 3 UrhG steht dem Rechtsinhaber das ausschließliche Recht zu, jede Form der Verbreitung des Originals eines Computerprogramms oder von Vervielfältigungsstücken zu erlauben oder zu verbieten. Hat er seine Zustimmung zur Verbreitung innerhalb der EU bzw. innerhalb des EWR erteilt, so **erschöpft** sich das Verbreitungsrecht in Bezug auf dieses Vervielfältigungsstück mit Ausnahme des Vermietrechts. Insoweit gelten die allgemeinen Grundsätze.[256] Für das **Inverkehrbringen** ist entscheidend, dass ein Vervielfältigungsstück des Computerprogramms überlassen wurde. Eine Veräußerung des Computerprogramms hingegen ist nicht erforderlich. Alternativ kann bereits das Anbieten eines Computerprogramms bzw. besser dessen Vervielfältigungsstücks – auch dann, wenn es noch gar nicht erstellt wurde – das Verbreitungsrecht verletzten. Dieser Vorfeldschutz ist insbesondere zur Bekämpfung von Softwarepiraterie von besonderer Bedeutung für die Hersteller. Die Verbreitung bzw. das Angebot muss gegenüber der Öffentlichkeit erfolgen, wobei hier auf § 15 Abs. 3 UrhG entsprechend zurückgegriffen werden kann. Es reicht das

---

251 S. dazu LG München MMR 2008, 839 (840); OLG Karlsruhe CR 2009, 217 (220) sowie oben unter Rn. 23 f.
252 LG Mannheim CR 1999, 360 (361).
253 Äußere Gestaltungsmerkmale wie etwa die Bildschirmmaske sind hier aber entgegen LG Mannheim CR 1994, 627 nicht ausreichend; vgl. auch OLG Hamburg ZUM 2001, 519 (521) – Faxkarte.
254 S. § 809 BGB bzw. § 101a UrhG; vgl. zu § 809 BGB BGH CR 2002, 791 – Faxkarte – m. krit. Anm. *Grützmacher*; OLG Frankfurt/M. CR 2007, 145; zu § 101a UrhG LG Köln CR 2009, 59, 61; im Detail Wandtke/Bullinger/*Grützmacher* Vor §§ 69a ff. Rn. 24–28; sowie zu § 101a UrhG *Spindler/Weber* MMR 2006, 711. Zur Voraussetzung der Dringlichkeit im EV-Verfahren OLG Köln CR 2009, 289.
255 BGH GRUR 2000, 866 (868) – Programmfehlerbeseitigung.
256 S. dazu oben unter Rdn. 31.

Anbieten an einen einzigen Dritten, zu dem keine persönliche Bindung besteht. Der Bundesfinanzhof hat es zumindest für möglich gehalten, dass auch innerhalb eines Konzerns Verbreitungshandlungen erfolgen.[257]

120 Umstritten ist, inwieweit auch **unkörperliche Übertragungen** § 69c Nr. 3 UrhG unterfallen können. Teils wird vertreten, der Gesetzgeber habe sogar eine Pflicht gehabt, Art. 4 lit. c a. F. (bzw. jetzt Art. 4 Abs. 1 lit. c n. F.) der Computerprogramm-Richtlinie so umzusetzen, dass auch die Online-Übermittlung als Verbreitung zu qualifizieren ist.[258] Im Ergebnis ist dieses aber nicht haltbar.[259] Ebenso wenig ist eine extensive oder analoge Anwendung des § 69c Nr. 3 S. 1 UrhG mit Blick auf die unkörperliche Übertragung angebracht.[260] Zwar fordert Art. 4 lit. c a. F. (bzw. jetzt Art. 4 Abs. 1 lit. c n. F.) Computerprogramm-Richtlinie in der Tat weder ein Original noch ein Vervielfältigungsstück, das Gesetz unterscheidet nicht zuletzt in § 15 Abs. 1 und 2 UrhG aber ausdrücklich zwischen Formen der körperlichen und unkörperlichen Verwertung. Diese Systematik sowie die nunmehr aufgrund von Art. 8 WCT und Art. 3 Multimedia-Richtlinie erfolgte Ergänzung um § 69c Nr. 4 UrhG würde aber missachtet, wenn man die Online-Übermittlung ebenfalls als Verbreitungshandlung ansähe.

121 Die **Erschöpfung des Verbreitungsrechts** tritt gem. § 69c Nr. 3 S. 2 UrhG dann ein, wenn das Original oder ein Vervielfältigungsstück mit Zustimmung des Rechtsinhabers im Wege der Veräußerung in der EU oder dem EWR in Verkehr gebracht wird. **Veräußerung**[261] ist im Grundsatz die körperliche Überlassung auf unbestimmte Dauer. Streitig ist, inwieweit eine Veräußerung in extensiver Auslegung des Wortlauts auch dann vorliegt, wenn ein unkörperlicher Verkaufsvorgang per Datenfernübertragung vorliegt.[262] Richtig erscheint es in derartigen Fällen die Erschöpfungslehre analog anzuwenden.[263] Hierfür spricht zunächst einmal, dass zwischen körperlicher und unkörperlicher Erstüberlassung in Ansehung der Art. 36 und 56 AEUV, d. h. mit Blick auf den freien Waren- und Dienstleistungsverkehr nur dann differenziert werden muss, wenn dies mit Blick auf die Interessen des Softwareherstellers an der Verwertung erforderlich ist.[264] Genau dieses aber ist nicht der Fall, denn die Vergütung sowohl beim Verkauf mittels Datenträgern als auch beim Online-Verkauf deckt jeweils die gleichen Verwertungsinteressen des Herstellers; dieser spart im Gegenteil beim Online-Vertrieb sogar noch Kosten. Auch liegt trotz Artikel 3 Abs. 3 und Erwägungsgrund 29 der Multimedia-Richtlinie eine für die analoge Anwendung erforderliche planwidrige Lücke vor, denn Artikel 3 Abs. 3 und Erwägungsgrund 29 Multimedia-Richtlinie beziehen sich lediglich auf das Recht der öffentlichen Zugänglichmachung (Eins-zu-viele-Übertragung).[265] Von Bedeutung ist diese Fragestellung, wie diverse instanzgerichtliche Entscheidungen zeigen, insbesondere auch für die Frage der Zulässigkeit des Handels mit **Gebrauchtsoftware**, die dem Ersterwerber entweder online oder per Masterdatenträ-

---

257 Vgl. BFH CR 2006, 12 (13); BGH GRUR 1985, 924 (925) – Schallplattenimport II; Wandtke/Bullinger/ *Grützmacher* § 69c Rn. 27; ablehnend, sofern kein Eintritt in den allgemeinen Verkehr erfolgt ist, OLG Hamburg GRUR Int. 1970, 377 (379) – Polydor; Schricker/*Loewenheim* § 17 Rn. 46, 66.
258 So *Marly*, Urheberschutz, S. 245, 250–252; *Zecher* S. 236–240.
259 S. dazu ausf. *Grützmacher*, S. 258–260.
260 A. A. etwa *Mäger* CR 1996, 522 (524).
261 Die Richtlinie spricht hier abweichend von Erstverkauf.
262 So *Mäger* CR 1996, 522 (524 ff.); *Ulmer* ITRB 2007, 68 (69 f.); s. a. *Witte* ITRB 2005, 86 (89).
263 So auch LG Hamburg CR 2006, 812 (814); LG Frankfurt/M. CR 2006, 729 (732); *Dreier*/Schulze § 69c Rn. 24; Möhring/Nicolini/*Hoeren* § 69c Rn. 16; *Hoeren* CR 2006, 573; *Berger* GRUR 2002, 198 (199); a. A. OLG Düsseldorf CR 2009, 566; OLG Frankfurt/M. MMR 2001, 621 (622); CR 2009, 423; OLG München, CR 2008, 551; CR 2006, 655; LG München I CR 2007, 356; CR 2006, 159; Schricker/ *Loewenheim* § 69c Rn. 34; Fromm/Nordemann/*Czychowski* § 69c Rn. 14, 17; s. dazu auch Kap. 4 Rdn. 286–290, 322–324.
264 Vgl. *Leupold* CR 1998, 234 (238).
265 Dazu ausf. *Knies* GRUR Int. 2002, 314; *Hoeren* CR 2006, 573.

ger veräußert wurde.²⁶⁶ Die Frage, ob sich aus einer weiten oder analogen Anwendung der Erschöpfungslehre auch bei online erworbener Software eine Berechtigung i. S. v. § 69d Abs. 1 UrhG für den Zweiterwerber ergibt, hat der BGH nunmehr dem EuGH vorgelegt.²⁶⁷ Alternativ ist im Kontext des Handels mit Gebrauchtsoftware davon auszugehen, dass eine Übertragungspflicht des Anbieters im Rahmen von § 34 Abs. 1 S. 2 UrhG bzw. Art. 102 AEUV besteht.²⁶⁸

122 Das Inverkehrbringen muss **innerhalb der EU** oder **innerhalb des EWR** geschehen.²⁶⁹ Erforderlich ist schließlich, dass das Inverkehrbringen **mit Zustimmung des Rechtsinhabers** geschieht, wobei die normalen Grundsätze der Rechtsgeschäftslehre einschließlich des Anfechtungsrechts gelten.

123 **Rechtsfolge der Erschöpfung** ist, dass der Urheber bzw. Hersteller in Bezug auf das konkrete Vervielfältigungsstück das Recht verliert, die weitere körperliche Verbreitung zu kontrollieren. Hiervon ausgenommen wird durch § 69c Nr. 3 S. 2 UrhG ausdrücklich das Vermietrecht. Weiter wurde durch die Rechtsprechung klargestellt, dass selbst dann, wenn das Verbreitungsrecht dinglich entsprechend unterschiedlicher Nutzungsarten aufgespalten wäre, die Erschöpfung dazu führen würde, dass sich das Verbreitungsrecht als Ganzes erschöpft, mithin die dingliche Wirkung einer solchen Aufspaltung nach der ersten Vertriebsstufe verloren ginge.²⁷⁰ Es findet also immer eine auf das gesamte Verbreitungsrecht bezogene Erschöpfung statt und nicht lediglich eine auf einzelne Nutzungsarten beschränkte Erschöpfung. Diese Rechtsprechung zur beschränkten Erschöpfungswirkung stellt mithin Verkehrsschutz weitgehend über die Interessen des Urhebers an einer umfassenden Verwertung, was den üblichen Grundsätzen des deutschen Urheberrechts widerspricht.²⁷¹ Der BGH hat aber offen gelassen, ob sog. OEM-Versionen²⁷² eine eigenständige Nutzungsart darstellen.²⁷³ Ob eine selbstständige Nutzungsart, also eine Nutzungsform, die wirtschaftlich und technisch gegenüber andere Nutzungsformen eigenständig und klar abgrenzbar ist,²⁷⁴ vorliegt, kann auch für Upgrade-, Update-, Demo- und Testversionen, Schüler- und Studentenversionen sowie Schulversionen hinterfragt werden.²⁷⁵

124 Während nach dem Wortlaut des § 69c Nr. 3 S. 2 UrhG die Erschöpfungswirkung nur bezogen auf das ganz konkret in Verkehr gebrachte Vervielfältigungsstück greift, ist dieser Grundsatz entsprechend heranzuziehen, soweit § 69c Nr. 3 S. 2 UrhG analog auf **die unkörperliche »Veräußerung« von Software** angewandt wird; dabei ist jeweils auf den konkret übertragenen Datenbestand abzustellen. Die entsprechende Nutzungsberechtigung des Zweit- bzw. Folgeerwerbers ergibt sich jeweils aus § 69d Abs. 1 UrhG. Weitergabeverbote weichen regelmäßig vom kaufrechtlichen sowie urheberrechtlichen Leitbild (§ 307 Abs. 1 Nr. 1 BGB) ab und sind daher unwirksam.²⁷⁶ Ausnahmen hierfür können allenfalls

---

266 Gegen den Handel OLG Düsseldorf CR 2009, 566; OLG Frankfurt/M. MMR 2001, 621 (622); CR 2009, 423; OLG München CR 2008, 551; CR 2006, 655; LG München I CR 2007, 356; CR 2006, 159; pro Handel LG München I CR 2008, 416 (bei Masterdatenträger); LG Hamburg CR 2006, 812; LG Düsseldorf CR 2009, 221 (bei vorinstallierter Version). Siehe im Übrigen auch LG Düsseldorf CR 2009, 357 (359); OLG Frankfurt/M. GRUR-RR 2010, 6.
267 BGH GRUR 2011, 418 – UsedSoft.
268 Dazu ausf. *Grützmacher* CR 2010, 141; siehe auch LG Hamburg CR 2010, 778; a. A. LG Mannheim CR 2010, 159.
269 Vgl. EuG Slg. 1999 II-3989 Tz. 34, 54 – Micro Leader Business.
270 BGH CR 2000, 651 (652 f.) – OEM-Version; OLG Düsseldorf GRUR-RR 2005, 213 – OEM-Versionen; vgl. auch KG ZUM 2001, 592 (594).
271 So auch Wandtke/Bullinger/*Wandtke/Grunert* § 31 Rn. 26.
272 Software, welche mit der Maßgabe vertrieben wird, nur mit einer bestimmten Hardware benutzt werden zu dürfen.
273 BGH CR 2000, 651 (653) – OEM-Version.
274 BGH CR 2000, 651 (652) – OEM-Version; GRUR 1992, 310 (311) – Taschenbuchlizenz.
275 Dazu ausführl. Wandtke/Bullinger/*Grützmacher* § 69c Rn. 85–88.
276 S. OLG Bremen WRP 1997, 573 (575 f.); OLG Frankfurt/M. NJW-RR 1997, 494; OLG München

bei ganz gewichtigen wirtschaftlichen oder technischen Gründen bestehen. Zulässig sind hingegen Klauseln, welche die Weitergabe von der Zustimmung des Erwerbers zu den Lizenzbedingungen abhängig machen. Software, welche unwirksame Weitergabeverbote faktisch durch entsprechende Programmsperren oder Programmaktivierungsmechanismen durchsetzt, kann zu Gewährleistungsansprüchen oder bei entsprechendem Vorsatz sogar zu Schadensersatzansprüchen gem. § 826 BGB führen.[277]

dd) Vermietrecht

Zwar ist das Vermietrecht nur mittelbar in § 69c Nr. 3 S. 2 UrhG geregelt, in dem die Vermietung von dem Erschöpfungsgrundsatz ausgenommen ist, gleichwohl aber handelt es sich schon wegen der entsprechenden Vorgaben gem. Art. 11 GATT-TRIPS um ein dinglich eigenständiges Recht. Durch das Vermietrecht soll eine angemessene Vergütung für einen durch die Vermietung regelmäßig erweiterten Nutzerkreis abgesichert werden und dem Rechteinhaber eine Handhabe gegen die Gefahr illegaler Vervielfältigung gegeben werden. Auch die Vermietung stellt eine Form der körperlichen Verwertung dar, sie ist nämlich Teil des Verbreitungsrechts, wie § 69c Nr. 3 UrhG deutlich zeigt. Insofern ist hier ebenfalls eine körperliche Gebrauchsüberlassung erforderlich. Daher unterfällt das sog. **Application-Service-Providing** (ASP) nicht dem Vermietrecht,[278] während dieses vertragsrechtlich sehr wohl als Vermietung zu klassifizieren ist.[279] Die vertragsrechtliche Typisierung präjudiziert also die urheberrechtliche Einordnung nicht. Ähnliches mag für gewisse Rechenzentrumsleistungen gelten. Keine Vermietung liegt bei der Überlassung im Rahmen von Arbeits- oder Dienstverhältnissen vor, wie sich aus § 17 Abs. 3 S. 2 Alt. 2 UrhG ergibt. Schließlich fordert der Begriff der Vermietung, dass unmittelbar oder zumindest mittelbar Erwerbszwecke verfolgt werden.

125

ee) Recht der öffentlichen Wiedergabe einschließlich der öffentlichen Zugänglichmachung

Das unter § 69c Nr. 4 UrhG geregelte Recht der öffentlichen Wiedergabe und Zugänglichmachung ist Konsequenz nicht der Computerprogramm-Richtlinie, sondern Umsetzung des Art. 3 Multimedia-Richtlinie.[280] Diese wiederum dient der Erfüllung der Verpflichtungen aus Art. 8 World Copyright Treaty, in dem das Recht der öffentlichen Wiedergabe einschließlich der öffentlichen Zugänglichmachung fast wörtlich wie in Art. 3 Abs. 1 und 2 Multimedia-Richtlinie geregelt ist. Anders als in §§ 15, 19a UrhG, ist das Recht der öffentlichen Wiedergabe und das Recht der öffentlichen Zugänglichmachung in § 69c Nr. 4 UrhG in einer Norm geregelt. Gleichwohl handelt es sich um zwei verschiedene dingliche Rechte, die zudem nicht etwa das Vervielfältigungsrecht, welches beim Download ebenfalls eingreifen kann, verdrängen.[281]

126

(1) Öffentliche Wiedergabe

Die öffentliche Wiedergabe ist dadurch gekennzeichnet, dass ein Werk der Öffentlichkeit **zeitgleich** und nicht erst auf individuelle Anforderung zur Verfügung gestellt wird. D. h.,

127

CR 2001, 11 (12); LG Hamburg CR 2006, 812 (815); offen lassend BGH GRUR 2000, 249 (251) – Programmsperre III.
277 Vgl. BGH NJW 1981, 2684 – Programmsperre I; CR 1987, 358 – Programmsperre II; GRUR 2000, 249 (250 f.) – Programmsperre III; OLG Bremen WRP 1997, 573.
278 *Grützmacher* ITRB 2001, 59 (61); *Bettinger/Scheffelt* CR 2001, 729 (734); *Dreier*/Schulze § 69c Rn. 21, 36; wohl auch OLG München GRUR-RR 2009, 91 f.; a. A. *Koch* ITRB 2001, 39 (41); offen lassend BGH CR 2007, 75 – ASP.
279 Vgl. BGH CR 2007, 75 – ASP.
280 Für Altfälle, also Handlungen vor dem 13.09.2003, greift die Rechtsprechung auf § 15 Abs. 2 a. F. zurück (BGH CR 2009, 642 – CAD-Software).
281 Dazu bereits oben unter Rdn. 33; s. a. LG München CR 2006, 159 (160).

dass das entsprechende Signal oder der entsprechende Datenstrom im Sendegebiet bzw. an entsprechenden Anschlüssen zur Verfügung steht oder dort eingeht, ohne dass der Nutzer dieses beeinflusst. Er kann sich lediglich, wenn man so will, aufschalten.

(2) Öffentliche Zugänglichmachung

128   Demgegenüber ist die öffentliche Zugänglichmachung dadurch gekennzeichnet, dass eine interaktive Übertragung **auf Abruf** stattfindet. Deutlich wird dieses aber auch dadurch, dass im Tatbestand des § 69c Nr. 4 UrhG die Rede davon ist, dass das Computerprogramm den Mitgliedern der Öffentlichkeit von Orten und zu Zeiten ihrer Wahl zugänglich sein muss. Im Übrigen spielt es dabei keine Rolle, wie das Programm ggf. übertragen wird, ob also drahtgebunden oder drahtlos, also etwa per Telekommunikationsleitung oder per Funk oder Satellitenkommunikation.

(3) Anwendungsfälle

129   Eine öffentliche Wiedergabe liegt regelmäßig bei sog. **Push-Diensten** vor. So wird man wegen der parallelen Übertragung ohne individuellen Abruf die Verteilung von Software mittels Massen-E-Mails als öffentliche Wiedergabe werten. Demgegenüber greifen **Pull-Dienste** in das Recht der öffentlichen Zugänglichmachung ein, so etwa die Bereitstellung von Computerprogrammen auf Websites zum Download[282] oder auch, sofern dabei überhaupt ein Computerprogramm auf den Rechner des Nutzers übertragen wird, ASP-Angebote.[283]

130   Weder das Recht der öffentlichen Wiedergabe noch das Recht der öffentlichen Zugänglichmachung ist betroffen, wenn ein Computerprogramm online an einen einzigen Empfänger übertragen wird. Denn hier fehlt es an der Vielzahl von nicht persönlich miteinander verbundenen Personen, welche nach der Legaldefinition des Öffentlichkeitsbegriffs in § 15 Abs. 3 UrhG für einen Eingriff in § 69c Nr. 4 UrhG vorausgesetzt wird. Es geht also regelmäßig um Eins-zu-viele-Übertragungen.

(4) Erschöpfung

131   Durch Art. 3 Abs. 3 der Multimedia-Richtlinie, nicht aber durch § 69c Nr. 4 UrhG ist klargestellt, dass sich das Recht der öffentlichen Wiedergabe einschließlich des Rechts zur öffentlichen Zugänglichmachung nicht erschöpft. Es kann also nicht das im Rahmen derartiger Rechtshandlungen empfangene Computerprogramm wieder einer Vielzahl von Personen ohne Zustimmung des Rechteinhabers zur Verfügung gestellt werden.

b) Urheberpersönlichkeitsrechte

132   Auch die Urheber von Computerprogrammen können theoretisch das Veröffentlichungsrecht (§ 12), das Recht auf Anerkennung der Urheberschaft am Werk (§ 13),[284] das Verbot der Entstellung des Werkes (§ 14) oder das Recht auf Zugang zu den Werkstücken (§ 25) geltend machen, auch wenn diese für ein nahezu schon industriell gefertigtes Produkt wie Software unpassend erscheinen.[285]

---

282   Vgl. BGH CR 2009, 642 – CAD-Software.
283   Dazu im Detail *Grützmacher* ITRB 2001, 59; zu weit geht das OLG München GRUR-RR 2009, 91 f., welches das bloße Übertragen von Grafikdaten ausreichen lässt und dazu auf eine inhaltlich-technisch nicht treffende Analogie zur öffentlichen Darbietung ohne Überlassung des Textbuches oder der Partitur abstellt.
284   Siehe auch OLG Hamm GRUR-RR 2008, 154 (155), das aber völlig verkennt, dass dieses Recht nur natürlichen Personen zustehen kann.
285   Dazu näher Wandtke/Bullinger/*Grützmacher* § 69a Rn. 48–52.

5. Ausnahmen und Beschränkungen des Urheberschutzes

a) Allgemeines

Grundsätzlich finden sich in den §§ 69d und 69e UrhG spezielle Beschränkungen des Urheberschutzes für Computerprogramme. Diese gehen den allgemeinen Schrankenbestimmungen der §§ 44 ff. UrhG vor, sodass für Letztere allenfalls ein geringer Anwendungsspielraum bleibt.[286]

b) Ausnahmen von den zustimmungsbedürftigen Handlungen im Rahmen der bestimmungsgemäßen Nutzung

Gemäß § 69d UrhG bestehen zugunsten des Berechtigten gewisse Ausnahmen von den dem Rechteinhaber eingeräumten Nutzungsrechten, gem. § 69d Abs. 1 UrhG namentlich von dem Vervielfältigungsrecht des § 69c Nr. 1 UrhG und dem Bearbeitungsrecht des § 69c Nr. 2 UrhG (s. a. Kap. 3 Rdn. 70–79). Insbesondere § 69d Abs. 1 UrhG kommt eine gewisse Zwitterstellung zu. Einerseits fordert er den berechtigten Nutzer, was auf den ersten Blick dafür sprechen kann, ihn als eine Regelung des zwingenden Vertragsrechts zu qualifizieren. In der Tat hat § 69c Abs. 1 UrhG insofern auch die Funktion einer kodifizierten »implied licence«.[287] Andererseits ist aber auch nicht zu verkennen, dass § 69d Abs. 1 UrhG eine erschöpfungserstreckende Funktion hat. Der Berechtigte, also auch der Erwerber eines Vervielfältigungsstückes, welches mit Zustimmung des Rechteinhabers in Verkehr gebracht wurde, hat danach unabhängig von vertraglichen Abreden das Recht, bestimmte Nutzungshandlungen vorzunehmen. In diesem Sinne ist § 69d Abs. 1 UrhG eher eine Schrankenregelung.[288]

Im Übrigen ist zu beachten, dass § 69d Abs. 1 UrhG, obwohl dies im Wortlaut nicht explizit zum Ausdruck gebracht wird, einen zwingenden Kern unabdingbarer Regelungen enthält.[289]

aa) Bestimmungsgemäße Nutzung

Unklar ist nach dem Gesetzeswortlaut, woraus sich ergibt, was eine bestimmungsgemäße Nutzung ist. Teils wird hierzu auf rein objektive Kriterien (Branchenübung etc.) abgestellt.[290] Richtig erscheint es demgegenüber, sowohl objektive wie auch subjektive Kriterien heranzuziehen und dabei insbesondere auch zu berücksichtigen, was vertraglich vereinbart wurde.[291] In diesem Sinne ist eine gewisse **Typisierung von Verträgen** vorzunehmen. Vor diesem Hintergrund ist in jedem Fall das **Ablaufenlassen** der Computerprogramme auf einem Rechner eine bestimmungsgemäße Nutzung. Inwieweit daneben **Kopiervorgänge** zugelassen sind, kann davon abhängen, ob eine Einzelplatz- oder eine Serverlizenz erteilt wurde. Ist Letzteres der Fall, dürfen Vervielfältigungsvorgänge, wie sie für die Nutzung im Serverbetrieb notwendig sind, nicht verboten werden. Schließlich ist strittig, inwieweit eine normale Lizenz auch den Betrieb im Rechenzentrums- bzw. Outsourcing-Modus umfasst.[292]

---

[286] S. dazu unter Rdn. 147.
[287] Vgl. dazu näher Wandtke/Bullinger/*Grützmacher* § 69d Rn. 1–4.
[288] So auch *Zecher* S. 51: Doppelnatur.
[289] So mittlerweile bestätigt durch BGH GRUR 2000, 866 (868) – Programmfehlerbeseitigung; CR 2003, 323 (326) – CPU-Klausel.
[290] So *Lehmann* GRUR Int. 1991, 327 (333).
[291] OLG Düsseldorf CR 2002, 95 (96 f.) – Mitarbeiterschulung; *Dreier*/Schulze § 69d Rn. 7 s. zu Softwareüberlassungsverträgen Kap. 3 sowie Kap. 4.
[292] Nachweise bei Wandtke/Bullinger/*Grützmacher* § 69c Rn. 13.

137 Bereits gem. § 69d Abs. 2 i. V. m. § 69g Abs. 2 UrhG ist klargestellt, dass die **Anfertigung von Sicherungskopien** eine bestimmungsgemäße Handlung ist. Darüber hinaus gilt dieses aber auch für Datensicherungsmaßnahmen, bei denen im Rahmen großer Computernetzwerke, Serverlandschaften oder Großrechnerumgebungen Programme im Rahmen der Datensicherung vervielfältigt werden.[293] Streitig ist, inwieweit im Rahmen von Einzelplatzlizenzen eine Sicherungskopie auch dann i. S. d. § 69c Abs. 1 und 2 UrhG erforderlich ist, wenn die Software auf einer CD ausgeliefert wird. Dafür spricht, dass auch eine CD schon aufgrund kleiner Kratzer unlesbar werden kann und nicht von unbegrenzter Haltbarkeit ist.[294] Schließlich ist – unabdingbar – bestimmungsgemäße Nutzung i. S. d. § 69d Abs. 1 UrhG die **Fehlerbeseitigung**.[295] Insofern sind Vervielfältigungs- und Bearbeitungshandlungen etwa dann erlaubt, wenn Software nicht funktionsgemäß arbeitet, aber auch dann, wenn ein Eingriff aufgrund von Viren oder u. U. auch bei Gesetzes- und Steueränderungen notwendig ist. Nicht hingegen umfasst sind reine **Verbesserungen der Funktionalität** eines Computerprogramms. Streitig ist, in welchem Umfang zu Zwecken der Fehlerbeseitigung auch eine **Dekompilierung** unter § 69d Abs. 1 UrhG erfolgen darf. Der reine Wortlaut, der insofern ja auch auf § 69c Nr. 2 UrhG abzielt, spricht dafür. Erforderlich ist eine solche Maßnahme natürlich aber nur dann, wenn der Hersteller sich weigert, den Fehler zu beseitigen bzw. vorhandene Patches oder Updates auszuliefern. Zahlreiche Gerichtsentscheidungen haben sich schließlich mit der Frage beschäftigt, inwieweit die **Umgehung von sog. Dongles**,[296] die sich in der Praxis oft störend auf den Programmablauf ausgewirkt haben, im Rahmen der Fehlerbeseitigung gem. § 69c Abs. 1 UrhG zulässig ist. Die h. M. lehnt dieses ab,[297] übersieht dabei aber, dass insbesondere Gewährleistungs- bzw. Mängelansprüche irgendwann auslaufen. Spätestens dann kann eine Fehlerbeseitigung auch in diesem Umfeld erforderlich sein, nämlich wenn sich der Softwarehersteller weigert, Abhilfe zu schaffen.

bb) Notwendigkeit

138 Wie bereits oben dargelegt, ist jeweils im Einzelfall zu prüfen, ob entsprechende bestimmungsgemäße Handlungen auch im Einzelfall notwendig sind, was insbesondere bei Fehlerbeseitigungsmaßnahmen eine gewisse Rolle spielt.

cc) Berechtigter

139 § 69d Abs. 1 UrhG erfordert entgegen anderer Auffassung[298] nach h. M. nicht, dass ein zusätzlicher Lizenzvertrag abgeschlossen wird.[299] Diese folgert daraus, dass es eben nicht auf die Zustimmung des Rechtsinhabers zur Benutzung des Computerprogramms ankommt. § 69d Abs. 1 UrhG soll insofern den im Urheberrecht allgemein geltenden Grundsatz absichern, dass die Nutzung von Werken anders als deren Vervielfältigung und Verbreitung grundsätzlich nicht ein urheberrechtsrelevanter Vorgang ist. Auswirkungen hat diese Streitfrage insbesondere bei der Ausgestaltung von Vertriebsverträgen, weil hier die Frage zu stel-

---

293 Vgl. dazu Wandtke/Bullinger/*Grützmacher* § 69c Rn. 16.
294 *Dreier*/Schulze § 69d Rn. 16; *Werner* CR 2000, 807 (808 f.); a. A. LG Bochum CR 1998, 381.
295 So BGH GRUR 2000, 866 (868) – Programmfehlerbeseitigung.
296 Spezielle Kopierschutzmechanismen in Hardwareform, die an den Computer angesteckt werden müssen, ohne die das Programm nicht läuft.
297 So etwa OLG Karlsruhe CR 1996, 341 (342) – Dongle; OLG Düsseldorf CR 1997, 337 (338 f.) – Dongle-Umgehung; LG Düsseldorf CR 1996, 737 (738) – Dongle-Umgehung; vgl. auch BGH CR 1997, 27; *Raubenheimer* NJW-CoR 1996, 174.
298 So etwa *Moritz* MMR 2001, 94, der darauf abstellt, dass eine bestimmungsgemäße Benutzung nur vorliegen könne, wenn ein Vertrag vorliegt.
299 BFH CR 1997, 461 (462); CR 2002, 411; FG München, CR 1997, 23 (24); CR 2001, 300 (301 f.); wohl auch OLG Frankfurt/M. NJW-RR 1997, 494; *Baus* MMR 2002, 14 (16); *Dreier*/Schulze § 69d Rn. 6; *Ulmer* ITRB 2001, 214 (217 f.); *Ulmer* ITRB 2004, 213 (215); *Lehmann* NJW 1993, 1822 (1825).

len ist, welche Rechte der Vertriebspartner einräumen muss.[300] Dies gilt zumindest dann, wenn Computerprogramme in körperlicher Form vertrieben werden. Die Vervielfältigungsstücke dürfen dann nämlich gem. § 69c Nr. 3 UrhG verbreitet und gemäß § 69d Abs. 1 UrhG normal genutzt werden. Bei der Online-Übertragung greift § 69d UrhG dann ein, wenn man § 69c Nr. 3 S. 2 UrhG (Erschöpfungslehre) analog anwendet.[301]

c) Ausnahmen von zustimmungsbedürftigen Handlungen zu Zwecken des Beobachtens, Untersuchens und Testens

Gemäß § 69d Abs. 3 UrhG, der gem. § 69g UrhG zwingend ist, ist dem berechtigten Nutzer **140** im Übrigen gestattet, die Funktionen eines Programms zu studieren, dieses dazu also im üblichen Rahmen zu beobachten, zu untersuchen und zu testen. Diese Vorschrift soll es ermöglichen, dass Wettbewerber auf dieser Basis funktionell ähnliche oder gleichwertige Programme schaffen, solange sie hierzu nicht auf den Quellcode der Software zurückgreifen. Erlaubt ist also die sog. **Clean-Room-Entwicklung**. Weiter spricht die Regelung dafür, dass auch Maßnahmen des **Benchmarkings** erlaubt sind.

d) Gestattung der Dekompilierung

Im Rahmen des § 69e UrhG ist es bis zu einem gewissen Grad gestattet, ein Programm zur **141** Gewinnung der Schnittstelleninformationen zu dekompilieren. § 69e UrhG soll insofern in Ergänzung zu § 69a Abs. 2 UrhG die Herstellung interoperabler Software ermöglichen und steht im Übrigen insoweit neben der Möglichkeit, entsprechende Schnittstelleninformationen auf Basis des Kartellrechts von marktmächtigen Softwareherstellern einzufordern.[302]

§ 69e Abs. 1 UrhG fordert hierzu zunächst, dass die Dekompilierung **zur Herstellung der** **142** **Interoperabilität** erforderlich ist. Was Interoperabilität ist, ergibt sich sodann näher aus Erwägungsgrund 10 der Computerprogramm-Richtlinie n. F. Andere Zwecke hingegen dürfen nicht verfolgt werden, wobei dieses für den Fall der Migration und der Fehlerbeseitigung strittig ist.[303]

Der Zweck der Herstellung der Interoperabilität wird auch dann verfolgt, wenn ein auf Ba- **143** sis der gewonnenen Erkenntnisse zu erstellendes Programm mit dem Programm, welches dekompiliert wird, konkurriert, d. h. dieses ersetzt, oder aber auch wenn es dieses ergänzt. § 69e UrhG findet keine Anwendung auf Hardware als solche, sehr wohl aber in dem Fall, in dem Software etwa in Form von EPROMs oder ROMs fest »verdrahtete« Software enthält.

Es muss ein **unabhängiges Programm** geschaffen werden, also nicht lediglich ein Plagiat. **144** Weiter muss die Dekompilierung unerlässlich sein, wie sich aus § 69e Abs. 1 Nr. 2 und 3 UrhG ergibt, wobei strittig ist, ob dieses schon dann der Fall ist, wenn der Hersteller die Schnittstelleninformationen nicht kostenlos zur Verfügung stellt.[304]

Die De- und Rekompilierungshandlungen als solche dürfen nur von berechtigten Personen **145** vorgenommen werden, wie sich aus § 69e Abs. 1 Nr. 2 UrhG ergibt; deren Ergebnisse un-

---

300 Dazu ausf. *Grützmacher* ITRB 2003, 199 (201 f.).
301 So LG Hamburg CR 2006, 812 (814).
302 Vgl. zu derartigen Verpflichtungen auf Basis des Art. 82 EGV (jetzt Art. 102 AEUV) EU-Kommission, WuW/E EU-V 931 – Microsoft; EuG WuW/E EU-R 863 – Microsoft/Kommission; EG-Kommission, Bull. EG 7/8–1984, 7; 10–1984, 105.
303 Vgl. näher Wandtke/Bullinger/*Grützmacher* § 69e Rn. 7.
304 So Lehmann/*Haberstumpf*, Rechtsschutz und Verwertung, Rn. 174; Schricker/*Loewenheim* § 69e Rn. 15; Fromm/Nordemann/*Czychowski* § 69e Rn. 11; a. A. Möhring/Nicolini/*Hoeren* § 69e Rn. 11: reine Aufwandsentschädigung zulässig.

terliegen dann Verwendungs- und Weitergabebeschränkungen, wobei im Einzelfall strittig ist, inwieweit diese auch für nicht urhebergeschützte Teile des Codes gelten.[305]

146 Schließlich steht die gesamte Vorschrift des § 69e UrhG unter dem Vorbehalt einer Interessenabwägung gem. Abs. 3.

e) Allgemeine Schranken

147 Weil § 69a Abs. 4 UrhG auf die allgemeinen Regelungen für Sprachwerke verweist, fragt sich, inwieweit auch die §§ 44a ff. UrhG zusätzlich zur Anwendung kommen können. Umstritten ist dieses für § 44a UrhG, nämlich dann, wenn Computerprogramme etwa über das Internet übertragen werden.[306] Richtig dürfte es sein, § 44a UrhG zumindest nicht direkt anzuwenden. In Betracht kommt weiter eine Anwendung des § 45 UrhG. Teils wird noch vertreten, § 51 UrhG könne zur Anwendung gebracht werden.[307] Dieses ist aber abzulehnen. Ebenso wenig dürfen die sonstigen Schrankenbestimmungen, insbesondere auch nicht das Recht zur Vervielfältigung im privaten Kontext (§ 53 UrhG) zur Anwendung gebracht werden. Dies ergibt sich bereits aus der Gesetzesbegründung[308] und im Übrigen daraus, dass die § 69d und § 69e UrhG dem Grunde nach abschließend sind.

6. Sanktionen

a) Allgemeines

148 Im Grundsatz gelten auch für Computerprogramme die allgemeinen Regelungen der §§ 97 ff. UrhG, wie sich aus § 69a Abs. 4 UrhG ergibt. Auf die Darstellung zu diesen kann insofern verwiesen werden.[309] Was die Frage des fahrlässigen Handelns anbelangt, sind hingegen in der Rechtsprechung spezifische Anforderungen herausgearbeitet worden.[310] Gleiches gilt für die Berechnung der Schadenshöhe.[311]

b) Die Spezialnorm des § 69f UrhG

149 Demgegenüber findet sich in § 69f UrhG eine Spezialnorm im Verhältnis zu § 98 UrhG und zu den §§ 95a ff. UrhG. Die Anwendung Letzterer wird daher konsequenterweise auch durch § 69a Abs. 5 UrhG nochmals explizit ausgeschlossen.[312]

150 Nach § 69f Abs. 1 UrhG sind Vervielfältigungsstücke, welche rechtswidrig erstellt wurden, **zu vernichten** oder aber **zu überlassen**. Der Anspruch ist verschuldensunabhängig und richtet sich auch gegen den Besitzer, also nicht nur gegen den Eigentümer des entsprechenden Vervielfältigungsstücks. Das führt bei Installationen auf Festplatte zu einer Reduzierung des Vernichtungsanspruchs zu einem **Löschungsanspruch**. Strittig ist, in welchem Umfang ggf. eine Low-Level-Formatierung vorzunehmen ist.[313] § 98 Abs. 3 und 4 UrhG ist entsprechend anzuwenden, sodass insbesondere auch eine Verhältnismäßigkeitsprüfung vorzunehmen ist.

---

305 Dazu näher Wandtke/Bullinger/*Grützmacher* § 69e Rn. 20–23.
306 Für eine Anwendung wohl *Dreier*/Schulze § 9c Rn. 9.
307 So *Dreier*/Schulze § 69a Rn. 34, § 69d Rn. 3; Schricker/*Loewenheim* § 69a Rn. 24.
308 S. Begr. RegE BT-Drs. XII/4022, 8 f.
309 S. dazu Rdn. 81–94.
310 Siehe zur Haftung für eine mangelnde Lizenzierung im Unternehmen OLG Karlsruhe CR 2009, 217 (219 f.).
311 Dazu näher Wandtke/Bullinger/*Grützmacher* § 69a Rn. 77. Siehe für die Haftung für eine mangelnde Lizenzierung im Unternehmen OLG Karlsruhe CR 2009, 217 (219 f.) sowie CR 2009, 217 (218 f.).
312 Nicht diskutiert von LG München MMR 2008, 839 (840).
313 Dafür Wandtke/Bullinger/*Grützmacher* § 69f Rn. 9.

151 Gemäß § 69f Abs. 2 UrhG gilt Entsprechendes für Mittel, »die alleine dazu bestimmt sind«,[314] die unerlaubte Beseitigung oder Umgehung technischer Programmschutzmechanismen zu erleichtern. Derartige Programmschutzmechanismen können dabei sowohl gegen das unberechtigte Kopieren als auch gegen die unberechtigte Nutzung schützen. Beseitigungs- bzw. Umgehungsmittel in diesem Sinne sind etwa **Ersatzdongle oder Kopierprogramme**.[315] Auch im Rahmen des § 69f Abs. 2 UrhG ist es erforderlich, dass diese rechtswidrig sind. Insofern besteht der bereits angedeutete[316] Streit, inwieweit das Entfernen von zu Störungen führenden Dongle rechtswidrig ist oder ob, wie es von der h. M. angenommen wird, die Entfernung keine bestimmungsgemäße Benutzung bzw. Fehlerbeseitigung i. S. d. § 69d Abs. 1 UrhG ist.[317] Die h. M. überzeugt insoweit hingegen nicht, weil sie den Nutzer schutzlos lässt.[318] Weiter besteht der auch vom Gesetzgeber erkannte Konflikt, dass Kopierschutzmechanismen die Anfertigung von Sicherungskopien verhindern können.[319] Ausdrücklich hat der Gesetzgeber diesen Konflikt, den er nicht aufzulösen vermochte, der Rechtsprechung zur Entscheidung überlassen. Insofern wird in der Literatur teils vertreten, § 69d Abs. 1 und 2 UrhG ginge der Regelung des § 69f UrhG vor.[320] Nach h. M. hingegen greift die speziellere Norm des § 69f UrhG, sodass die Rechte aus § 69d Abs. 1 und 2 UrhG zurückstehen müssen.[321] Richtig scheint es, der h. M. zu folgen, jedoch mit der Einschränkung, dass der Hersteller seiner »Pflicht« genügen muss, selber oder über einen Vertriebspartner entsprechende Sicherungskopien auf Anfrage auszuliefern, denn anderenfalls liefe § 69f Abs. 2 UrhG praktisch leer. Die Frage, ab wann ein Beseitigungs- bzw. Umgehungsmittel allein zu den in § 69f Abs. 2 UrhG bestimmten Zwecken bestimmt ist, ist aus der Sicht eines objektiven Betrachters zu bestimmen. Entscheidend ist, ob eine entsprechende Funktionalität allein darauf zielt, dem Nutzer ein Mittel zur rechtswidrigen Umgehung oder Beseitigung zu geben. Auch der im Rahmen des § 69f Abs. 2 UrhG modifizierte Vernichtungsanspruch steht unter dem Grundsatz der Verhältnismäßigkeitsprüfung, wie sich aus dem Rechtsfolgenverweis auf § 98 UrhG ergibt.

152 Ergänzend besteht ein Schutz gegen Beseitigungs- und Umgehungsmittel auf Basis der §§ 97 Abs. 1 UrhG, §§ 3, 4 Nr. 10 UWG, §§ 823, 826 BGB, und zwar in Form eines entsprechenden Unterlassungsanspruchs.[322]

II. Schutz von Datenbanken

1. Datenbankbegriff

a) Allgemeines

153 Während sich der Begriff des Computerprogramms gem. § 69a UrhG bzw. die Rechtsprechung dazu an einem technischen Begriffsverständnis orientiert,[323] ist der Datenbankbegriff der Datenbank-Richtlinie, welcher sowohl in § 4 als auch in § 87a UrhG umgesetzt ist, tendenziell von der technischen Definition einer Datenbank losgelöst zu betrachten. Der Be-

---

314 Dazu LG München MMR 2008, 839 (840 f.).
315 Vgl. Begr. RegE BT-Drs. 12/4022, 14 f. Siehe auch LG München MMR 2008, 839 (840 ff.) zu sog. Modchips.
316 S. dazu oben unter Rdn. 137.
317 So etwa OLG Karlsruhe CR 1996, 341 (342) – Dongle; LG Düsseldorf CR 1996, 737 (738) – Dongle-Umgehung; OLG Düsseldorf CR 1997, 337 (338 f.) – Dongle-Umgehung; vgl. BGH CR 1997, 27; *Raubenheimer* NJW-CoR 1996, 174.
318 S. dazu oben unter Rdn. 137.
319 Begr. RegE BT-Drs. 12/4022, 12.
320 So etwa Möhring/Nicolini/*Hoeren* § 69f Rn. 16.
321 So Schricker/*Loewenheim* § 69f Rn. 11; wohl auch *Dreier*/Schulze § 69f Rn. 12.
322 Dazu im Detail Wandtke/Bullinger/*Grützmacher* § 69f Rn. 25–28.
323 S. dazu oben unter Rdn. 101.

griff der Datenbank im Rechtssinne geht insofern über den Begriff der Datenbank im technischen Sinn hinaus.

b) Sammlung

154 Nach dem Gesetz (§§ 4, 87a UrhG) muss zunächst eine Sammlung vorliegen. Laut Erwägungsgrund 13 der Datenbank-Richtlinie steht der Begriff der Sammlung synonym für Zusammenstellung und kann insofern die Zusammenstellung von Werken, Daten oder anderen Elementen umfassen.

c) Unabhängige Elemente

155 Erforderlich ist, dass unabhängige Elemente vorliegen. Erwägungsgrund 17 der Datenbank-Richtlinie führt beispielhaft die vom Gesetz geforderten unabhängigen Elemente auf. Danach kann es sich um literarische, künstlerische, musikalische oder andere Werke handeln, aber auch um anderes Material wie Texte, Töne, Bilder, Zahlen, Fakten und Daten. Hingegen sollen nach Erwägungsgrund 17 S. 3 der Datenbank-Richtlinie Aufzeichnungen audio-visueller, kinomatographischer, literarischer oder musikalischer Werke als solche nicht in den Anwendungsbereich der Richtlinie und damit auch nicht der §§ 4, 87a UrhG fallen. Nicht erwähnt werden in Erwägungsgrund 17 S. 1 Zahlen und Fakten, die aber nichts desto trotz Daten i. S. d. §§ 4 Abs. 1 bzw. 87a Abs. 1 UrhG sind.[324] Der Ausschluss von audiovisuellen Daten im Rahmen des Erwägungsgrundes 17 S. 3 der Datenbank-Richtlinie darf nicht dahin gehend missverstanden werden, dass etwa audio-visuelle Daten und Töne nicht erfasst wären. Vielmehr fehlt es (nur) bei einer durchgängigen Aufzeichnung an der entsprechenden Unabhängigkeit.[325] Erforderlich für die Unabhängigkeit ist nämlich, dass sich die einzelnen Daten voneinander trennen lassen, ohne dass der Informationswert leidet, während dieses bei inhaltlich fortlaufenden Informationen nicht der Fall ist.[326] Schwierigkeiten ergeben sich schon bei der Abgrenzung von Werken in Buchform, welche theoretisch nichtelektronische Datenbanken darstellen könnten. So sind natürlich einerseits auch Kapitel und Absätze, wenn man so will, unabhängige Einheiten. Allerdings können diese nicht auseinandergerissen werden, ohne dass der Informationswert der einzelnen Kapitel oder Absätze leidet. Etwas anderes mag schon bei Sammelwerken gelten.[327] Unabhängige Elemente liegen demgegenüber etwa bei einem Lexikon vor. Streiten kann man darüber, inwieweit bei neuronalen Netzen die Informationseinheiten, nämlich die Neuronen, als solche unabhängig sind. Im Ergebnis spricht dagegen, dass sie nur im Zusammenspiel funktionieren, also gegenseitig auf die entsprechenden Informationsinhalte angewiesen sind.[328]

d) Systematische oder methodische Anordnung

156 § 4 Abs. 1 bzw. § 87a UrhG fordern weiter, dass eine systematische oder methodische Anordnung vorliegt. Es muss also letztlich eine Gliederung nach logischen oder sachlichen Zusammenhängen erfolgen, wobei etwa alphabetische, numerische, geographische, chronologische oder thematische Anordnungen oder Kombinationen dieser Prinzipien in Betracht kommen.[329] Entscheidend ist also, wie sich auch aus Erwägungsgrund 21 S. 2 der Daten-

---

324 S. dazu die Nachweise bei *Grützmacher* S. 168.
325 Darüber hinaus fehlen mitunter auch die systematische und methodische Anordnung und die isolierte Zugänglichkeit zu den einzelnen Werken, Daten oder anderen Elementen.
326 EuGH GRUR Int. 2005, 239 (241) – Fixtures Marketing Ltd/OPAP; BGH GRUR 2005, 940 (941) – Marktstudien; *Grützmacher* S. 170 f.
327 S. auch BGH, (Teil-)Urt., WRP 2007, 989 (991) – Gedichttitelliste I; WRP 2007, 993 (995) – Gedichttitelliste II; (Teil- u. Schluss-)Urt., NJW 2010, 778 f. – Gedichttitelliste III.
328 Dazu *Grützmacher* S. 171; s. a. unten unter Rdn. 157.
329 Wandtke/Bullinger/*Thum* § 87a Rn. 14.

bank-Richtlinie ergibt, die Anordnung auf der logischen Ebene; irrelevant ist die rein physikalische Anordnung, welche vom Datenbank- und Betriebssystem oftmals zufällig gewählt wird. In diesem Sinne kommt es darauf an, dass die Daten **systematisch und methodisch abgelegt** und so auch **wieder auffindbar** sind.[330] Strittig ist, inwieweit auch rein subjektive, etwas persönliche, ästhetische, künstlerische oder emotionale Gesichtspunkte zu einer methodischen Anordnung führen können.[331] Keinesfalls ausreichend sind hingegen bloße Datenhaufen.[332] Wenn Daten rein zufällig abgespeichert werden, fehlt nämlich die methodische Anordnung. Daher wurde der Datenbankschutz für Stellenanzeigen[333] und auch für die Sammlung von Aufsätzen in Zeitschriften[334] abgelehnt. Anderseits ist aber etwa schon für eine Gedichttitelliste,[335] für Anzeigenmärkte,[336] für Sammlungen von Nachrichtenschlagzeilen[337] oder für eine chronologische Wiedergabe nach Eingang von nach Postleitzahl recherchierbaren Zahnarztbewertungen[338] eine ausreichende methodische Anordnung angenommen worden. Im Übrigen reicht bei elektronischen Datenbanken die Verbindung des für Außenstehende ungeordnet erscheinenden Datenbestandes mit einem Abfragesystem aus, das zielgerichtete Recherchen nach Einzelelementen in diesem Datenbestand erlaubt; demgegenüber ist es nicht erforderlich, dass das System über die Abfrage ganzer Datensätze hinaus eine gezielte, datensatzübergreifende Abfrage von Einzelangaben aus den Datensätzen ermöglicht.[339]

e) Isolierte Zugänglichkeit

Weiter fordert es der Datenbankbegriff der §§ 4, 87a UrhG, dass die einzelnen Elemente isoliert zugänglich sind. Dieses ist aber nicht im strikt technischen Sinne zu verstehen, also nicht derart, dass jedes Bit zugänglich ist. Vielmehr reicht es, dass die Informationen vom System aufgefunden werden. Dass auch der Benutzer zugreifen können muss, wird nicht gefordert, wie auch Erwägungsgrund 17 und Art. 1 der Datenbank-Richtlinie zeigen.[340] Im Graubereich liegen danach etwa die Wissensbasen von Expertensystemen, während bei Neuronen von neuronalen Netzen davon auszugehen ist, dass diese die Kriterien der §§ 4 und 87a UrhG auch unter dem Aspekt der isolierten Zugänglichkeit nicht erfüllen. Denn die Neuronen sind auch vom System in der Regel nicht einzeln ansteuerbar.

157

f) Nichtelektronische Datenbanken

Die zusätzliche Formulierung, dass die einzelne Zugänglichkeit »mit elektronischen oder anderen Mitteln« möglich sein soll, ist nach h. M. keine weitere Tatbestandsvoraussetzung. Vielmehr wird klargestellt, dass sowohl elektronische wie auch nichtelektronische Datenbanken geschützt sind.[341] Die Gesetzesfassung ist in diesem Sinne also lediglich beispielhaft. Dass auch nichtelektronische Datenbanken nach dem Gesetz geschützt sind, entspricht für

158

---

330 S. a. EuGH GRUR Int. 2005, 239 – Fixtures Marketing Ltd/OPAP.
331 S. dazu Wandtke/Bullinger/*Thum* § 87a Rn. 16.
332 Vgl. dazu *Dreier*/Schulze § 87a Rn. 7; Wandtke/Bullinger/*Thum* § 87a Rn. 14.
333 KG Berlin CR 2000, 812; OLG München ZUM 2001, 255.
334 Vgl. OLG München MMR 2007, 525 (526).
335 BGH WRP 2007, 989 (991) – Gedichttitelliste I; WRP 2007, 993 (995) – Gedichttitelliste II; NJW 2010, 778 f. – Gedichttitelliste III.
336 LG Berlin CR 1999, 388 – Online-Kleinanzeigenmarkt; LG Köln CR 1999, 593 (594) – Online-Anzeigen; OLG Hamburg CR 2011, 47 (48) – AUTOBINGOOO II.
337 LG München MMR 2002, 58.
338 LG Köln MMR 2008, 418 (419).
339 OLG Köln CR 2007, 802 (804) – Wetterdatenbank.
340 S. a. *Grützmacher* S. 172 f.; a. A. Wandtke/Bullinger/*Thum* § 87a Rn. 13; LG München MMR 2002, 58.
341 BGH GRUR 1999, 923 (925) – Tele-Info-CD; EuGH GRUR Int. 2005, 239 – Fixtures Marketing Ltd./OPAP.; BGH GRUR 2007, 500 (501) – Sächsischer Ausschreibungsdienst; GRUR 2007, 137 – Bodenrichtwertsammlung; OLG München MMR 2007, 525 f.; *Grützmacher* S. 173; a. A. Fromm/Nordemann/*Hertin*, 9. Aufl., § 87a Rn. 5.

das Urheberrecht der Vorgabe des Art. 10 Abs. 2 GATT-TRIPS. Solche Datenbanken machen geradezu einen Schwerpunkt der bisherigen Rechtsprechung aus.[342]

g) Betriebsmaterial

159 Nach Art. 1 S. 2 der Richtlinie bzw. §§ 4, 87a Abs. 1 UrhG werden Datenbanken als solche einschließlich ihres elektronischen Betriebsmaterials definiert. Daher sind des Weiteren die entsprechenden Thesauri und Indices von Datenbanken geschützt, nicht jedoch das eigentliche Datenbankmanagementsystem.[343] Ganz allgemein besteht aber im Einzelfall die Schwierigkeit, die Datenbank von Computerprogrammen abzugrenzen.[344]

2. Urheberschutz von Datenbankwerken

a) Schutzgegenstand

160 Schutzgegenstand des Urheberschutzes gemäß § 4 UrhG ist das in dem Datenbankwerk verkörperte Immaterialgüterrecht, nämlich die **eigenschöpferische Auswahl und Anordnung**. Dem Grunde nach ähnelt der Schutzgegenstand des Datenbankwerks gem. § 4 Abs. 2 UrhG insofern dem Sammelwerk gem. § 4 Abs. 1 UrhG. Nicht umfasst vom Schutzgegenstand ist gem. § 4 Abs. 2 S. 2 UrhG das zur Erschaffung des Datenbankwerkes oder zur Ermöglichung des Zugangs zu dessen Elementen verwendete Computerprogramm i. S. v. § 69a UrhG. Geschützt ist eben nur das Datenbankwerk, also eine besonders qualifizierte Datenbank im Gesetzessinne.[345]

b) Schutzvoraussetzung

161 Gem. § 4 Abs. 1 UrhG sind Datenbankwerke i. S. v. § 4 Abs. 2 UrhG nur dann geschützt, wenn sie aufgrund der Auswahl oder[346] Anordnung der Elemente eine **persönliche geistige Schöpfung** darstellen. Trotz des insoweit von der Regelung zu Computerprogrammen in § 69a UrhG abweichenden Wortlauts – dort wird lediglich eine »eigene« geistige Schöpfung verlangt –, ist auch gemäß § 4 Abs. 1 UrhG mit Blick auf Datenbanken nach dem Willen des Gesetzgebers die **sog. »kleine Münze«** zu schützen. Dies hat der Gesetzgeber ausdrücklich klargestellt, auch wenn er übersehen hat, dass die von ihm zitierte Entscheidung »Leitsätze«, die die ohnehin niedrigen Schutzanforderung belegen sollte, sich auf § 3 UrhG und nicht auf den Schutz von Sammelwerken bezieht.[347] Angesichts der Vorgabe in Art. 3 Abs. 1 Datenbank-Richtlinie, eine »eigene geistige Schöpfung« zu schützen, ist jedenfalls unabhängig von der Gesetzesbegründung und dem Wortlaut des § 4 UrhG eine europarechtskonforme Auslegung angebracht.[348]

162 Danach ist eine **gewisse Individualität** ausreichend,[349] wobei diese im Zweifel bei Sachzwängen, aus denen heraus die Anordnung oder Auswahl erfolgt, nicht gegeben ist.[350]

---

342 Etwa EuGH GRUR Int. 2005, 239 – Fixtures Marketing Ltd./OPAP; BGH GRUR 1999, 923 (925) – Tele-Info-CD; CR 2005, 849 – Hit-Bilanz, mit Anm. *Grützmacher* CR 2006, 14; OLG Köln MMR 2001, 165.
343 Vgl. dazu im Detail *Grützmacher* S. 174.
344 Vgl. dazu *Dreier*/Schulze § 4 Rn. 21; Wandtke/Bullinger/*Grützmacher* § 69a Rn. 16.
345 S. zum Datenbankbegriff oben Rdn. 153–159.
346 Die Tatbestandsmerkmale sind zwingend alternativ zu prüfen, vgl. BGH GRUR 2011, 79 (LS 2, 81).
347 Vgl. BT-Drs. 13/7385, 43 unter Hinweis auf BGH GRUR 1992, 382 – Leitsätze – übersehen hat der Gesetzgeber die einschlägigen und abweichenden Entscheidungen des BGH GRUR 1987, 704 – Warenzeichenlexika, und GRUR 1990, 669 (673) – Bibelreproduktion.
348 So auch *Nordemann*/Czychowski NJW 1998, 1603 (1606 f.); offenbar auch BGH GRUR 2011, 79 (81).
349 BGH WRP 2007, 989 (991) – Gedichttitelliste I: »Eine bestimmte Gestaltungshöhe ist nicht erforderlich; ein bescheidenes Maß an geistiger Leistung genügt.«.
350 Ablehnend aus diesem Grunde etwa BGH GRUR 1981, 352 (354) – Staatsexamensarbeit; GRUR 1987, 704 (706) – Warenzeichenlexika; OLG Hamm ZUM 1989, 43 (45) – Nomenklatur der »Gelben Seiten«;

Der nötige Spielraum für individuelles Schaffen kann dabei aus folgenden Gründen reduziert sein:
- Die Möglichkeiten der Gestaltung sind bekannt und üblich, sodass die Entscheidung zwischen den Alternativen für sich noch keine schöpferische Leistung darstellt.
- Die Gestaltungsmöglichkeiten sind aufgrund von Denkgesetzen, Fachkenntnissen, technischen Notwendigkeiten oder praktischen Erfahrungen begrenzt.
- Die zu sammelnden Informationen erlauben naturgegeben keinen Freiraum, weil die Auswahl und Anordnung weitestgehend zweckbestimmt ist.

Gleichwohl hat die Rechtsprechung mit Blick auf die **Anordnung** eine ausreichende Schöpfung etwa bei medizinischen Datenbanken bzw. Lexika angenommen[351] sowie bei einer Datenbank bzw. einer Bausteinstruktur, die der Präsentation von Daten über den regionalen Absatz von Arzneimitteln diente, in welcher das Vertriebsgebiet für Produkte in einer speziellen Art und Weise aufgeteilt wurde.[352] Verneint wurde ein Schutz aufgrund individueller Anordnung etwa bei Telefonverzeichnissen,[353] bei Börsendaten[354] sowie schließlich im Rahmen einer Website für Baumärkte.[355]

163

Mit Blick auf die **Auswahlleistung** ist die Rechtsprechung tendenziell großzügig und hat eine eigenschöpferische Auswahl etwa schon bei Linksammlungen im Internet bejaht.[356] Zu versagen aber ist der Schutz bei Datenbanken, welche auf Vollständigkeit ausgelegt sind, so bei elektronischen Teilnehmerverzeichnissen, Börsendaten etc.[357]

164

c) Erster Rechtsinhaber und Arbeitnehmerurheberrecht

Obgleich Art. 4 der Datenbank-Richtlinie dem Gesetzgeber weitestgehende Gestaltungsfreiheit bei der Frage gelassen hat, wer erster Rechtsinhaber des Urheberrechts ist und wie das Arbeitnehmerurheberrecht gestaltet werden kann,[358] hat der Gesetzgeber diesen weitgehenden Gestaltungsspielraum nicht genutzt. Er hat es vielmehr bei den allgemeinen Prinzipien belassen und keine speziellen Regelungen für Datenbanken geschaffen. So gilt hinsichtlich des ersten Rechtsinhabers bzw. Urhebers das Schöpferprinzip des § 7 UrhG. Für den Arbeitnehmerurheber ist im Übrigen § 43 UrhG anzuwenden mit der Folge, dass anders als bei § 69b UrhG weder eine umfassende gesetzliche Lizenz unter vollständiger Ausschaltung der Zweckübertragungslehre greift noch die Rechte für unbekannte Nutzungsarten übergehen.[359]

165

OLG Frankfurt/M. CR 1997, 275 (277) – Tele-Info-CD; OLG München CR 1997, 20 – Gesetzessammlung auf CD-ROM.
351 LG Hamburg CR 2000, 776; OLG Hamburg CR 2001, 704.
352 OLG Frankfurt/M. CR 2003, 50; MMR 2002, 687.
353 BGH GRUR 1999, 923 (924 f.) – Tele-Info-CD.
354 OLG Hamburg GRUR 2000, 319 (320) – Börsendaten.
355 OLG Düsseldorf CR 2000, 184.
356 LG Köln CR 2000, 400 – kidnet.de.
357 BGH GRUR 1999, 923 (924 f.) – Tele-Info-CD; OLG Hamburg GRUR 2000, 319 (320) – Börsendaten; vgl. zudem OLG Düsseldorf CR 2000, 184; OLG Hamburg CR 2001, 704; GRUR-RR 2002, 217 – CT-Klassenbibliothek; OLG Karlsruhe CR 2000, 169.
358 Art. 4 Abs. 1 der Datenbank-Richtlinie lautet: »Der Urheber einer Datenbank ist die natürliche Person oder die Gruppe natürlicher Personen, die die Datenbank geschaffen hat, oder, soweit dies nach den Vorschriften der Mitgliedstaaten zulässig ist, die juristische Person, die nach diesen Rechtsvorschriften als Rechtsinhaber gilt«.
359 Insofern hat der Gesetzgeber es versäumt, die Chancen, welche die EG-Richtlinie geboten hat, zu nutzen und für Datenbanken, welche ja in der Regel durch eine Vielzahl von Personen und nicht durch einen künstlerisch Schaffenden erstellt werden, eine sachgerechte Regelung in Anlehnung an § 69b UrhG zu schaffen.

d) Verwertungs- und Nutzungsrechte

166 Auch im Bereich der Verwertungs- und Nutzungsrechte hat der Gesetzgeber es dabei belassen, die allgemeinen Regelungen zur Anwendung zu bringen, also insbesondere die §§ 15 ff. UrhG.

aa) Vervielfältigungsrecht

167 Gemäß § 16 UrhG steht dem Urheber das ausschließliche Recht zu, Vervielfältigungsstücke des Werkes herzustellen, gleich ob vorübergehend oder dauerhaft, in welchem Verfahren und in welcher Zahl. Dies umfasst beim Schutz von Datenbanken insbesondere einen Schutz gegen Ausdrucke der Datenbank (**Herstellung einer Hardcopy-Fassung**) sowie gegen das **vollständige Kopieren** und **umfassende Downloading** einer Datenbank.[360] Da sowohl die Anordnung als auch die Auswahl geschützt sind, reicht es etwa bei der Übernahme einer eigenschöpferischen Auswahl aus, wenn sämtliche Daten übernommen, aber anderweitig dargestellt werden. Auch eine teilweise Übernahme reicht.[361] Ist hingegen nur die Anordnung eigenschöpferisch und werden die Datensätze komplett übernommen, aber anders angeordnet, so liegt keine Vervielfältigung i. S. v. § 16 UrhG vor, wie auch Erwägungsgrund 38 der Datenbank-Richtlinie zeigt.[362] Das Gleiche gilt, wenn die Auswahl und Anordnung durch Übernahme in eine größere Datenbank verloren gehen.[363]

168 Nicht ohne Weiteres vom Vervielfältigungsrecht umfasst ist ein **Schutz gegen einzelne Abfragen** und die **Benutzung der Datenbank**.[364] Denn im Rahmen normaler Nutzungshandlungen (etwa einer Online-Datenbank) werden im Zweifel nur einzelne Datensätze und damit nicht ein wesentlicher Teil des Datenbankwerkes in den Arbeitsspeicher des Nutzers übertragen. Selbst bei Suchvorgängen ist es nicht technisch zwingend, dass wesentliche Teile des Datenbankwerkes vervielfältigt werden. Vielmehr werden bei diesen Datensätze sequenziell in den Arbeits- bzw. Zwischenspeicher geladen.[365] Demgegenüber wird in der Literatur teils vertreten, dass die Regelungen des Art. 6 Abs. 2 lit. b und c Datenbank-Richtlinie, wie sie in § 55a UrhG umgesetzt sind, indizieren, dass auch die Benutzung in jedem Fall urheberrechtsrelevant sei.[366] Wie bei Computerprogrammen kann und muss auch bei Datenbankwerken das Vervielfältigungsrecht sowohl als Einzelplatzversion als auch als Mehrplatzversion lizenziert werden; rechtlich ist dieses eine Frage der Nutzungsart im Sinn von § 32 UrhG.

169 Schließlich führt das **Nachsammeln von Daten** unter Zuhilfenahme eines Datenbankwerks regelmäßig nicht zu einer Verletzung des Vervielfältigungsrechts, sofern dabei weder die Auswahl noch die Anordnung übernommen werden, sprich die Datensätze nicht physisch übertragen, sondern letztlich nur als gewisse Informationsbasis genutzt werden. Mit Blick auf die geringen Gestaltungsspielräume besteht nämlich im Zweifel auch nur ein geringer Schutzumfang im Rahmen des § 16 UrhG, sodass auch mit Blick auf § 23 UrhG[367] eine freie Benutzung i. S. v. § 24 UrhG erreicht sein wird.

---

360 Insofern greift im Übrigen in aller Regel auch nicht § 55a S. 1 UrhG als Schranke ein.
361 BGH WRP 2007, 989 (992) – Gedichttitelliste I: 75 % können genügen.
362 Vielmehr greift dann ggf. das Sui-generis-Recht, dazu unten unter Rdn. 186 f.
363 Einen Grenzfall hatte insofern das OLG Hamm CR 2008, 517 (520) zu entscheiden, dass zu einer Verletzung (bei einem normalen Sammelwerk) wohl nur gelangen konnte, weil alle Jahrgänge einer Zeitschrift mit sämtlichen Beiträgen und Inhaltsverzeichnissen so in ein Online-Angebot, in dem sie aufgingen, übernommen wurden, dass über die Fundstellenhinweise die Zuordnung und Struktur weiter erkennbar blieben. Anders entschieden hat in einer ähnlichen Konstellation das LG Bielefeld GRUR-RR 2010, 324 (325 f.). Demgegenüber geht das OLG München MMR 2007, 525 (526) davon aus, dass die Zusammenstellung bei Zeitschriften mitunter schon keine persönliche geistige Schöpfung darstellt.
364 Dazu im Detail *Grützmacher* S. 230–239.
365 *Grützmacher* S. 235–237.
366 Vgl. *Berger* GRUR 1997, 169 (176).
367 Dazu unten unter Rdn. 172 f.

bb) Verbreitungsrecht

170 Auch mit Blick auf das Verbreitungsrecht i. S. v. § 17 UrhG gelten die allgemeinen Grundsätze.[368] Vom Verbreitungsrechts zu unterscheiden ist auch bei Datenbankwerken das Vermietrecht (§ 17 Abs. 2 UrhG) sowie der gesondert geregelte Vergütungsanspruch hinsichtlich des Verleihens von Datenbankwerken (§ 27 UrhG). Von besonderem Interesse ist auch bei Datenbanken, inwieweit zumindest mit Blick auf das Verbreitungsrecht im Fall der Online-Übertragung eine **Erschöpfung** eintreten kann. Wie allgemein ist diese Frage auch zu Datenbanken höchst strittig.[369] Da es insofern an einer klaren Regelung fehlt, ist es angezeigt, § 17 Abs. 2 UrhG mit Blick auf die Erschöpfung hinsichtlich des konkret herunter geladenen Datenbestandes sowie dessen Verbreitung i. S. v. § 17 UrhG entsprechend heranzuziehen. Erwägungsgrund 33 der Datenbank-Richtlinie führt nämlich mit Blick auf die Erschöpfung lediglich aus, dass sich die Frage der Erschöpfung des Verbreitungsrechts nicht im Fall von Online-Datenbanken stelle, die in den Dienstleistungsbereich fallen. Zwar heißt es in Erwägungsgrund 33 S. 2 der Datenbank-Richtlinie dann weiter, dass dieses auch in Bezug auf ein physisches Vervielfältigungsstück einer solchen Datenbank gelte, das vom Nutzer der betreffenden Dienstleistung mit Zustimmung des Rechtsinhabers hergestellt wurde.

171 Erwägungsgrund 33 S. 3 der Datenbank-Richtlinie begründet dieses aber damit, dass – anders als im Fall der CD-ROM bzw. CD-I, bei denen das geistige Eigentum an ein physisches Trägermedium, d. h. an eine Ware gebunden ist – jede Online-Leistung eine Handlung darstellt, die, sofern das Urheberrecht dieses vorsieht, genehmigungspflichtig sei. Es wird also jeweils betont, dass es um die Frage der Online-Übertragung auch in der Folge geht. Dass sich das Recht der öffentlichen Wiedergabe und Zugänglichmachung (§§ 15 Abs. 2 und 3 sowie 19a UrhG) nicht erschöpft, steht in der Tat außer Frage. Übersehen wird von der Richtlinie aber und folglich auch vom Gesetz, dass im Gegensatz zur Eins-zu-viele-Übertragung die Eins-zu-eins-Übertragung anders zu beurteilen ist.

cc) Bearbeitungsrecht

172 Das Bearbeitungsrecht wird mangels gesonderter Umsetzung von Art. 5 lit. b Datenbank-Richtlinie durch die §§ 23, 39 UrhG geregelt. Dieses entspricht zwar den Vorgaben der Art. 8 und 12 RBÜ, nicht jedoch der Vorgabe des Art. 5 lit. b Datenbank-Richtlinie, nach der eigentlich ein ausschließliches Recht hätte vorgesehen werden müssen.[370]

173 Inhaltlich wird von der Richtlinie vorgegeben, dass ein **ausschließliches Recht** gegeben sein muss, die Übersetzung, die Bearbeitung, die Anordnung und jede andere Umgestaltung vorzunehmen, zu verbieten oder zu erlauben. Während die Übersetzung eines gesamten Datenbestandes ein naheliegender Fall der Bearbeitung i. S. d. §§ 23, 39 UrhG ist, fragt sich, wann eine sonstige Bearbeitung, Anordnung oder Umgestaltung vorliegt. Insofern ist zu beachten, dass gem. § 23 S. 2 UrhG abweichend von der allgemeinen Regelung nicht erst die Veröffentlichung und Verwertung der Bearbeitung oder anderen Umgestaltung der Einwilligung des Urhebers bedarf, sondern bereits das Herstellen der Bearbeitung oder Umgestaltung. Insofern wird man davon ausgehen müssen, dass bereits die Ergänzung, Modifikation oder Aktualisierung eines Datenbestandes in das Bearbeitungsrecht gem. § 23 UrhG eingreifen.[371] Der langsame Aufbau einer eigenen Datenbank auf Basis einer Drittdatenbank ist dem Nutzer damit trotz § 55a UrhG im Zweifel verwehrt. Ebenso greift beim Verschmelzen von zwei Datenbanken, d. h. der entsprechenden Datenbasen, theoretisch § 23 S. 2 UrhG ein. Zwar läge im Ergebnis im Zweifel ein freies Werk i. S. v. § 24 UrhG vor,

---

368 S. dazu ausf. oben unter Rdn. 28–30 und Rdn. 119–123.
369 Dafür etwa *Berger* GRUR 1997, 169 (178); ablehnend etwa Schricker/*Loewenheim* § 4 Rn. 50, 52; wohl auch *Leistner* S. 290 f.
370 Zum Charakter der §§ 23, 39 UrhG s. oben unter Rdn. 26.
371 Vgl. dazu *Grützmacher* S. 243 f.

das schrittweise Ergänzen der Drittdatenbank würde aber eine Bearbeitung i. S. v. § 23 UrhG darstellen. Andererseits lässt sich die Drittdatenbank auch auslesen und dann Schritt für Schritt mit dem Datenbestand der eigenen Datenbank verschmelzen. Bei dieser technischen Konstellation greift § 23 UrhG im Zweifel nicht mehr.[372] In der Praxis wird der Urheberrechtsinhaber mithin eine Rechtsverletzung daher nur in seltenen Fällen nachweisen können.

174 Wird ein neues Datenbank-Management-System eingeführt und hierzu die Datenbasis portiert, kann ebenfalls ein Eingriff in die Bearbeitungsrechte vorliegen. Hier wird man je nach den technischen Gegebenheiten im Einzelfall genau analysieren müssen, ob die urheberrechtlich geschützte Anordnung der Datensätze wirklich beeinträchtigt und verändert wird, während die Auswahl der Datensätze ohnehin unberührt bleibt. Darüber hinaus ist § 55a UrhG zu berücksichtigen.

dd) Öffentliche Wiedergabe und Zugänglichmachung

175 Gemäß § 15 Abs. 2 und 3 UrhG und § 19a UrhG sind Datenbanken nunmehr seit Umsetzung der Multimedia-Richtlinie auch explizit gegen die öffentliche Wiedergabe und Zugänglichmachung geschützt. Damit ist die EU bzw. der deutsche Gesetzgeber den Verpflichtungen aus Art. 8 WCT nachgekommen, welcher gem. Art. 5 WCT auch für Datenbanken gilt.

176 Im Grundsatz finden die allgemeinen Regeln Anwendung.[373] Damit ist etwa eine Website, auf der eine Datenbank insgesamt zum Download angeboten wird, also komplett übertragen werden kann, ein Eingriff in § 19a UrhG. Relevant wird dieses etwa auch dann, wenn man Linklisten für gem. § 4 UrhG geschützte Datenbankwerke hält.[374] Wird hingegen online nur eine Datenbanksuchfunktion zur Verfügung gestellt, mit deren Hilfe einzelne Daten recherchiert werden können, fehlt es an der Zugänglichmachung wesentlicher Teile des Datenbankwerkes, weil die Anordnung und Auswahl geschützt ist.[375] Allein die Übertragung einzelner Daten sowie das Sichten der Datenbank führt im Zweifel nicht zur Übertragung und damit zu einer öffentlichen Zugänglichmachung eines signifikanten Teils des Datenbankwerkes.[376]

f) Ausnahmen und Beschränkungen des Schutzes

aa) Bestimmungsgemäße Benutzung eines Datenbankwerkes

177 Gemäß § 55a UrhG ist die Vervielfältigung sowie die Bearbeitung[377] eines Datenbankwerkes zulässig, soweit sie
- durch den Eigentümer eines mit Zustimmung des Urhebers durch Veräußerung in den Verkehr gebrachten Vervielfältigungsstückes des Datenbankwerkes oder
- den in sonstiger Weise zu dessen Gebrauch Berechtigten oder
- denjenigen, dem ein Datenbankwerk aufgrund eines mit dem Urheber oder eines mit dessen Zustimmung mit einem Dritten geschlossenen Vertrages zugänglich gemacht wird,

---

372 Dazu *Grützmacher* S. 245.
373 S. dazu oben unter Rdn. 33–39 und Rdn. 126–131.
374 Vgl. LG Köln CR 2000, 400 – kidnet.de.
375 Allerdings greift im Zweifel § 87b UrhG.
376 S. dazu im Detail *Grützmacher* S. 252, 262 f.
377 Anzumerken ist schließlich, dass sich § 55a UrhG explizit lediglich auf die Bearbeitung oder Vervielfältigung des Datenbankwerkes bezieht, während Art. 6 der Datenbank-Richtlinie sämtliche zustimmungsbedürftigen Handlungen i. S. v. Art. 5 Datenbank-Richtlinie erfasst. Ggf. ist § 55a UrhG also richtlinienkonform auszulegen. S. dazu auch *Dreier*/Schulze § 55a Rn. 6.

erfolgt. Voraussetzung dafür ist, dass die Bearbeitung oder Vervielfältigung für den Zugang zu den Elementen des Datenbankwerkes und für dessen übliche Benutzung **erforderlich** ist. Letztlich wird hiermit ähnlich wie bei § 69d UrhG die bestimmungsgemäße Benutzung erlaubt. Auch seiner Rechtsnatur nach gleicht § 55a UrhG § 69d UrhG und ist im gewissen Umfang eine »implied licence« sowie darüber hinaus eine Regelung mit erschöpfungsgleicher Wirkung.

Rechtmäßiger Benutzer kann, wie sich aus § 55a UrhG ergibt, einerseits der Erwerber einer physischen Kopie des Datenbankwerkes sowie ein entsprechender Zweiterwerber sein, andererseits aber auch der Lizenznehmer (etwa bei Online-Datenbanken). Die Nutzung einer Datenbank über den Vertrag eines Dritten stellt den Datenbankinhaber bei einer nutzungsabhängigen Vergütung zwar nicht schlechter, ist aber, wie sich u. a. auch aus Erwägungsgrund 33 der Datenbank-Richtlinie ergibt, eine unerwünschte unkörperliche Verwertung, für die § 55a UrhG nicht greift. **178**

Auch im Rahmen des § 55a UrhG ist ähnlich wie bei § 69d UrhG für die Frage, was eine für die normale Nutzung erforderliche Handlung ist, sowohl auf objektive wie auf subjektive Aspekte, sprich ergänzend auch auf die vertragliche Konstellation abzustellen. Dabei darf aber nicht übersehen werden, dass, wie sich aus § 55a S. 3 UrhG ergibt, auch § 55a S. 1 UrhG zwingendes Recht ist.[378] Derartige bestimmungsgemäße Nutzungen, d. h. erforderliche Handlungen sind etwa das vorübergehende Downloading bzw. Zwischenspeicherung wesentlicher Teile einer Online-Datenbank, sofern diese technisch unumgänglich für die Nutzung sind. Demgegenüber wird i. d. R. das vollständige Downloading bzw. die vollständige Speicherung einer Datenbank nicht §§ 55a UrhG unterfallen. Weitere denkbare Handlungen im Rahmen des § 55a UrhG sind die Vervielfältigung bei der Abspeicherung des Rechercheergebnisses oder die Anfertigung einer Sicherungskopie.[379] **179**

bb) Allgemeine Schranken

Gem. § 53 Abs. 5 UrhG sind die allgemeinen Schranken des § 53 Abs. 1–4 UrhG allenfalls beschränkt auf Datenbankwerke anwendbar.[380] So gelten die Regelungen über Vervielfältigungen zum **privaten Gebrauch** (Abs. 1), zu **Archivzwecken** (Abs. 2 S. 1 Nr. 2), zur Unterrichtung über Tagesfragen (Abs. 2 S. 1 Nr. 3) sowie zum sonstigen eigenen Gebrauch kleiner Teile oder vergriffener Werke und auch die Schranke zur Nutzung für Prüfungen **in Schulen** und Hochschulen (Abs. 3 Nr. 2) nur für nichtelektronische Datenbanken. Lediglich die Schranke der Nutzung zum eigenen wissenschaftlichen Gebrauch gem. § 53 Abs. 2 S. 1 Nr. 1 UrhG sowie die Schranke zur Nutzung zum Schulunterricht gilt auch für elektronische Datenbanken, dann aber gem. § 53 Abs. 5 S. 2 UrhG mit der Einschränkung, »dass der wissenschaftliche Gebrauch sowie der Gebrauch im Unterricht nicht zu gewerblichen Zwecken erfolgen« darf. Zudem müssen in den Fällen des § 53 Abs. 2 Nr. 1 und Abs. 3 Nr. 1 UrhG gem. § 63 Abs. 1 S. 2 UrhG spezifische Quellenangaben gemacht werden. Während man sich fragt, wie sich Datenbanken eigentlich unter § 53 Abs. 3 UrhG subsumieren lassen, zeigen sowohl die explizite Erwähnung in § 53 Abs. 5 als auch in § 63 Abs. 1 S. 2 UrhG, dass der Gesetzgeber trotz des insofern nicht passenden Wortlautes auch § 53 Abs. 3 UrhG wohl für einschlägig hielt. Schließlich kann noch die Schranke des § 45 UrhG Anwendung finden. All diese Schrankenregelungen werden gestützt durch die Bestimmung des Art. 6 Abs. 2 lit. a-c Datenbank-Richtlinie. Gem. Art. 6 Abs. 2 lit. d Datenbank-Richtlinie ist es dem jeweiligen nationalen Gesetzgeber zudem gestattet gewe- **180**

---

378 Gem. § 55a S. 2 UrhG ist aber eine vertragliche Beschränkung der Nutzungsbefugnis auf Teile der Datenbank möglich.
379 Vgl. auch § 69d Abs. 2 UrhG. S. auch *Dreier*/Schulze § 55a Rn. 8.
380 Vgl. *Dreier*/Schulze § 55a Rn. 3.

sen, traditionelle urheberrechtliche Ausnahmen zur Anwendung zu bringen. Hierfür blieb im deutschen Recht allerdings wenig Raum.[381]

cc) Schutzdauer

181 Für den Urheberschutz von Datenbanken gelten die allgemeinen Regelungen. Der Schutz wird also grundsätzlich für einen Zeitraum vom 70 **Jahren p. m. a.** gewährt.

3. Sui-generis-Schutz von Datenbanken

182 Neben den Schutz von Datenbankwerken gem. § 4 UrhG tritt der Schutz von Datenbanken gem. §§ 87a ff. UrhG.

a) Schutzgegenstand

183 Abweichend vom Urheberschutz für Datenbankwerke fordert der Schutz gem. § 87a UrhG nicht etwa das Vorliegen einer eigenen persönlichen Schöpfung. Schutzgegenstand ist insofern nicht ein Datenbankwerk, sondern schon eine Datenbank, welche die oben unter 1. (Rdn. 153–159) beschriebenen Tatbestandsmerkmale der Datenbank i. S. v. § 87a UrhG erfüllt. Geschützt ist auch nicht etwa allein die Information oder andersherum die Investition (bei der Beschaffung, Überprüfung oder Darstellung) als solche.[382] Schutzgegenstand ist vielmehr der Datenbankinhalt als Leistungsergebnis.[383]

b) Schutzvoraussetzung

184 Schutzvoraussetzung ist nach § 87a UrhG eine in qualitativer oder quantitativer Hinsicht **wesentliche Investition**. Diese kann in Anlehnung an Erwägungsgrund 40 der Datenbank-Richtlinie sowohl in der Bereitstellung finanzieller Mittel als auch im Einsatz von Zeit, Arbeit und Energie liegen, was im Wesentlichen dem sog. »sweat of the brow«-Test des britischen Copyright entspricht. Praktisch sind diese Schutzvoraussetzungen bei jeder größeren Datenbank erfüllt. Als Investitionen kommen insbesondere in Betracht: »Aufwendungen für die Aufbereitung und Erschließung des Datenbankinhaltes durch die Erstellung von Tabellen, Abstracts, Thesauri, Indizes, Abfragesystemen [...], Kosten des Erwerbs der zur Datenbanknutzung erforderlichen Computerprogramme [...,] Kosten der Herstellungen eines Datenbankträgers, Kosten der Datenaufbereitung, einschließlich der Optimierung der Abfragesysteme [...] sowie Kosten der Bereitstellung«[384] – Letztere etwa in Form von Betriebskosten für ein entsprechendes Rechenzentrum[385] – und daneben auch Überprüfungskosten zur Aktualisierung.[386] Auch abgeleiteten Datenbanken kann insofern ein Schutz zukommen.[387] Investitionen für den Erwerb einer fertigen Datenbank oder einer Lizenz sind demgegenüber nicht Schutz begründend.[388] Das Tatbestandsmerkmal der wesentlichen Investition ist sehr vage, sodass es immer wieder zu Unklarheiten in Grenzfällen kommen kann. Außerdem hat etwa das OLG Düsseldorf im Rahmen einer

---

381 S. dazu *Grützmacher* S. 281–285.
382 So aber etwa *Schack* Rn. 744.
383 S. dazu im Detail *Grützmacher* S. 327–330; so tendenziell auch der EuGH, der nur gewisse Investitionen für die Begründung des Schutzes heranzieht und diese Frage anhand des Datenbankbegriffes entscheidet; vgl. EuGH GRUR Int. 2005, 239 – Fixtures Marketing Ltd./OPAP; ähnlich *Leistner* S. 148 f.; Schricker/Loewenheim/*Vogel* Vor §§ 87a ff. Rn. 29; siehe auch BGH WRP 2007, 993 (995 f.) – Gedichttitelliste II.
384 OLG Düsseldorf ZUM-RD 2008, 598 (599).
385 BGH GRUR 2010, 1004 (1005) – Autobahnmaut; vgl. OLG Hamburg CR 2011, 47 (48) – AUTOBINGOOO II.
386 BGH GRUR 2009, 852 (854 f.) – Elektronischer Zolltarif.
387 BGH GRUR 2009, 852 (854) – Elektronischer Zolltarif; das Prinzip ähnelt dem des § 3 UrhG.
388 BGH GRUR 2009, 852 (853) – Elektronischer Zolltarif.

Beurteilung der Frage, inwieweit eine Website eine geschützte Datenbank i. S. v. § 87a UrhG darstellt, den Schutz schon deshalb abgelehnt, weil kein expliziter Vortrag zu den getätigten Investitionen vorlag.[389] Obwohl vom Gesetz nicht vorgesehen, fordert das gleiche Gericht sogar, dass die Investitionen beziffert werden müssten.[390] Das geht zu weit. Zu beachten ist demgegenüber, dass nach der Rechtsprechung des EuGH nur solche Investitionen zu berücksichtigen sind, die der Ermittlung und Suche nach vorhandenen Daten und deren Sammlung dienen, nicht hingegen solche Investitionen, die eingesetzt werden, um die Elemente, aus denen die Datenbank besteht, überhaupt erst zu erzeugen.[391] Der BGH hat diese Rechtsprechung aufgegriffen und in der Entscheidung »Hit-Bilanz« für das deutsche Recht fruchtbar gemacht; er hält es zur Abgrenzung für entscheidend, inwieweit die gleichen Informationen nochmals erhoben und gesammelt werden könnten.[392] Entscheidend ist insofern, dass die Daten bzw. besser Informationen auch ohne ihre Erfassung vorhanden sind.[393]

c) Rechte

aa) Allgemeines

Nach Art. 7 Abs. 1 Datenbank-Richtlinie soll dem Hersteller einer Datenbank das Recht zustehen, die Entnahme und/oder die Weiterverwendung der Gesamtheit oder eines etwa in quantitativer oder qualitativer Hinsicht wesentlichen Teils des Inhalts dieser Datenbank zu untersagen. Das Sui-generis-Recht ist dabei als Leistungsschutzrecht als Ganzes übertragbar.[394] Wie sich aus Art. 7 Abs. 2 der Richtlinie ergibt, geht der Richtliniengeber im Grundsatz davon aus, dass es ein **Entnahme- und** ein **Weiterverwendungsrecht** gibt. Da diese Aufteilung weder der überbrachten urheberrechtlichen Dogmatik noch dem deutschen Urheberrechtsgesetz im Speziellen entspricht, hat sich der Gesetzgeber entschieden, sich abweichend von dem in der Richtlinie vorgesehenen Konzept, nach dem die weithin bekannten allgemeinen Nutzungsrechte nur als Unterkategorien dieser zwei Nutzungsrechte definiert waren, an den hergebrachten Verwertungs- und Nutzungsrechten zu orientieren. Auf dieser Basis hat er in § 87d UrhG dem Datenbankhersteller das ausschließliche Recht zugewiesen, die Datenbank insgesamt oder einen nach Art oder Umfang wesentlichen Teil der Datenbank zu vervielfältigen, zu verbreiten und öffentlich wiederzugeben. Versäumt hat der Gesetzgeber klarzustellen, inwieweit auch das Recht der öffentlichen Zugänglichmachung i. S. v. § 19a UrhG dem Datenbankhersteller zusteht.[395] Mittelbar ergibt sich dieses aber wohl aus der Legaldefinition des Rechts der öffentlichen Wiedergabe, welche eben auch das Recht der öffentlichen Zugänglichmachung umfasst.[396]

185

bb) Entnahmerecht

Aufgrund des Vervielfältigungsrechts bzw. in der Terminologie der Datenbank-Richtlinie des Entnahmerechts ist es etwa erlaubt, die Datenbank **auszudrucken** oder in sonstiger **physischer Form zu vervielfältigen**. Vorübergehende Vervielfältigungen bzw. Entnahmen

186

---

[389] OLG Düsseldorf CR 2001, 184.
[390] OLG Düsseldorf ZUM-RD 2008, 598 (600).
[391] EuGH CR 2005, 10 (12) – The British Horseracing Board Ltd u. a. gegen William Hill Organization Ltd.; GRUR Int. 2005, 239 – Fixtures Marketing Ltd./OPAP; sich anschließend etwa BGH GRUR 2010, 1004 (1005) – Autobahnmaut.
[392] BGH CR 2005, 849 – Hit-Bilanz – m. Anm. *Grützmacher* CR 2006, 14; ähnlich schon BGH ZUM 2005, 888 (889 f.) – Marktstudien.
[393] Vgl. BGH GRUR 2010, 1004 (1005) – Autobahnmaut.
[394] BGH GRUR 2009, 852 (853) – Elektronischer Zolltarif.
[395] S. dazu auch *Koch* ZUM 2001, 839.
[396] Vgl. § 15 UrhG; so wohl auch Wandtke/Bullinger/*Thum* § 87b Rn. 54; Schricker/Loewenheim/*Vogel* § 87b Rn. 51; Dreier/Schulze § 87b Rn. 3.

reichen aus.[397] Auch der Datenabgleich[398] und das **Downloading** unterfallen regelmäßig dem Vervielfältigungsrecht. Hier findet entweder eine Vervielfältigung auf einem Datenträger oder aber zumindest im Arbeitsspeicher[399] statt. Insofern unterliegt auch die Benutzung der Datenbank im gewissen Umfang der leistungsschutzrechtlichen Kontrolle. Allerdings ist sowohl beim Downloading als auch bei der normalen Benutzung der Datenbank jeweils im Einzelfall zu prüfen, inwieweit einzelne Abfragen bzw. das Laden einzelner Teile wirklich eine Entnahme wesentlicher Teile oder aber bloß eine Entnahme schutzrechtlich irrelevanter Teile[400] der Datenbank darstellt. Zu berücksichtigen ist insoweit aber auch, dass gem. § 87b Abs. 1 S. 2 UrhG der Verwertung eines nach Art oder Umfang wesentlichen Teils der Datenbank die wiederholte und systematische Vervielfältigung, Verbreitung oder öffentliche Wiedergabe von nach Art und Umfang unwesentlichen Teilen der Datenbank gleichsteht, sofern diese Handlungen einer normalen Auswertung der Datenbank zuwiderlaufen oder die berechtigten Interessen des Datenbankherstellers unzumutbar beeinträchtigen.[401] Das erfordert eine schwerwiegende Beeinträchtigung der Investition, während eine bloße Schmälerung des Verwertungsgewinns nicht reichen soll.[402]

187 Schließlich kann auch die Informationssammlung unter Zuhilfenahme einer bestehenden Datenbank, wie dieses nach britischem Copyright seit jeher anerkannt ist, das Sui-generis-Recht verletzen.[403] Erst recht gilt das für ein Abschreibenlassen der Daten.[404] Weiter sind mittelbare, d. h. indirekte Entnahmen durch das Kopieren von Datensätzen einer abgeleiteten Datenbank denkbar.[405] Import-/Exportfunktionen greifen nicht zwingend in die Rechte aus § 87b UrhG ein.[406] Indiz für die Entnahme können übernommene Fehler,[407] eine hohe Übereinstimmung bei unwesentlichen Details[408] oder nicht anders zu erklärende Übereinstimmungen (insbesondere bei nicht ohne Weiteres zugänglichen Quellen)[409] sein. Laut Auffassung des BGH kann die Übernahme wohl auch in der Übernahme der Auswahlleistung liegen.[410]

cc) Verwendungsrecht

(1) Verbreitung von Vervielfältigungsstücken

188 Auch die Verbreitung i. S. v. § 87b Abs. 1 UrhG erfasst nicht die Online-Übermittlung. Vielmehr ergibt sich aus Art. 7 Abs. 2 lit. b Datenbank-Richtlinie, dass sich das Verbreitungsrecht allein auf die **körperliche Verbreitung** erstreckt. Das Verbreitungsrecht er-

---

397 EuGH GRUR 2009, 572 (575) – Apis/Lakora; OLG Köln CR 2007, 802 (805) – Wetterdatenbank.
398 Dazu BGH GRUR 2009, 852 (854 f.) – Elektronischer Zolltarif.
399 EuGH GRUR 2009, 572 (575) – Apis/Lakora.
400 So bei der automatisierten Benutzung durch von einer Software initiierte Suchabfragen das OLG Hamburg CR 2011, 47 (49 f.) – AUTOBINGOOO II – gegen die Vorinstanz LG Hamburg 09.04.2009, juris Rn. 61.
401 S. etwa LG Berlin CR 1999, 388 (389) – Online-Kleinanzeigen; LG Köln CR 1999, 593 (594) – Online-Anzeigen; OLG Hamburg CR 2011, 47 (49 ff.) – AUTOBINGOOO II; s. a. KG CR 2000, 812 (813 f.).
402 OLG Hamburg CR 2011, 47 (49 ff.) – AUTOBINGOOO II unter Hinweis auf EuGH GRUR 2005, 244 Tz. 86, 89, 91 – The British Horseracing Board Ltd u. a.; vgl. LG Hamburg CR 2010, 747 (749) – Screen-Scraping-Software.
403 Vgl. dazu näher *Grützmacher* S. 335 f. mit Nachweisen zum rechtshistorischen Hintergrund; so nach Vorlage durch den BGH WRP 2007, 993 (995 f.) – Gedichttitelliste II offenbar auch EuGH GRUR 2008, 1077 – Directmedia Publishing/Albert-Ludwigs-Universität Freiburg; BGH NJW 2010, 779 – Gedichttitelliste III: auch bei Entnahme aus eigenem digitalem Material.
404 LG Köln MMR 2008, 418 (420).
405 Vgl. BGH GRUR 2009, 852 (856) – Elektronischer Zolltarif.
406 BGH ZUM 2005, 562 (564 f.) – Michel-Nummern.
407 BGH GRUR 2009, 852 (855) – Elektronischer Zolltarif; LG Köln MMR 2008, 418 (420).
408 LG München GRUR-RR 2010, 92 (93).
409 EuGH GRUR 2009, 572 (576) – Apis/Lakora.
410 BGH NJW 2010, 779 – Gedichttitelliste III.

schöpft sich bei Zustimmung des Rechtsinhabers zur Veräußerung innerhalb der EU bzw. des EWR. Artikel 7 Abs. 2 lit. b Datenbank-Richtlinie spricht insofern missverständlich vom Erstverkauf.

Auch beim Sui-generis-Schutz von Datenbanken besteht Streit darüber, inwieweit § 87b Abs. 2 i. V. m. § 17 Abs. 2 UrhG auf Vervielfältigungsstücke, welche durch eine **Online-Übertragung** entstanden sind, entsprechend herangezogen werden kann.[411] Hiergegen spricht auch nicht, dass der EuGH jüngst in einer Entscheidung[412] nochmals den Wortlaut des Erwägungsgrunds 43 Datenbank-Richtlinie zitiert hat, nach dem im Fall einer Online-Übermittlung sich das Recht, die Weiterverwendung zu untersagen, weder hinsichtlich der Datenbank noch hinsichtlich eines vom Empfänger der Übermittlung mit Zustimmung des Rechtsinhabers angefertigten physischen Vervielfältigungsstücks dieser Datenbank oder eines Teils davon erschöpft. Zum einen hatte der Richtliniengeber in der Tat die Online-Datenbank im klassischen Sinne vor Augen, also eine solche Datenbank, welche stets nur online, und zwar nicht zum Download, zur Verfügung gestellt wird, bei welchem der Nutzer also Einzelrecherchen vornehmen kann. Zum anderen zielt auch Erwägungsgrund 43 Datenbank-Richtlinie nur auf die Eins-zu-viele-Übertragung ab.

(2) Vermietung und Verleih

Ausgenommen von der Erschöpfung gem. § 87b Abs. 2 i. V. m. § 17 Abs. 2 UrhG sind die Vermietung und der Verleih. Mit Blick auf diese gelten die allgemeinen Grundsätze,[413] wobei der deutsche Gesetzgeber in § 87b Abs. 2 UrhG auf den Vergütungsanspruch gem. § 27 Abs. 2 und 3 UrhG für das Verleihen verweist, während die Richtlinie in Art. 7 Abs. 2 nur die »Vermietung« benennt.[414]

(3) Öffentliche Wiedergabe

Im Rahmen des § 87b UrhG hat der Gesetzgeber versäumt, das Recht der öffentlichen Zugänglichmachung (§ 19a UrhG) explizit einzuführen.[415] Insoweit ist auf den allgemeinen Tatbestand der öffentlichen Wiedergabe[416] zurückzugreifen. Nach der Rechtsprechung handelt es sich etwa bei einem Framing um eine »datenbankrechtliche Verwertungshandlung«[417] – richtigerweise wohl um eine öffentliche Zugänglichmachung –, welche § 87b UrhG unterfällt. § 87b UrhG greift in richtlinienkonformer Auslegung weiter auch dann, wenn jeweils nur einzelne, dieses individuell betreffende Daten einzelnen Nutzern zugänglich gemacht werden, sofern diese Nutzer in ihrer Gesamtheit eine Öffentlichkeit bilden.[418]

dd) Wesentliche Teile oder wiederholte Entnahme unwesentlicher Teile

§ 87b Abs. 1 UrhG fordert sowohl für das Entnahme- als auch für das Weiterverwendungsrecht, dass ein **wesentlicher Teil** der Datenbank vervielfältigt, verbreitet oder öffentlich wiedergegeben wurde. Wie bereits bei der Prüfung, ab wann eine wesentliche Investition vorliegt, die Schutz begründend für die Datenbank wirkt,[419] wird aufgrund des fast gleich

---

411 Dafür *Dreier*/Schulze § 87b Rn. 18; *Berger* GRUR 1997, 169 (178); a. A. *Gaster* CR 1998, 669 (674); wohl auch Wandtke/Bullinger/*Thum* § 87b Rn. 54.
412 EuGH GRUR 2005, 244 Tz. 59 – The British Horseracing Board Ltd u. a. gegen William Hill Organization Ltd.
413 Zum Vermietrecht allgemein s. Rdn. 33.
414 Das Verleihen ist auch keine »andere Form […] der Übermittlung« i. S. v. Art. 7 Abs. 2b Datenbank-Richtlinie.
415 Dies verkennend BGH GRUR 2010, 1004 (1006) – Autobahnmaut.
416 Dazu allgemein Rdn. 33–36 und Rdn. 126–131.
417 LG Berlin CR 2005, 382 (383); vgl. auch allg. LG München Mitt. 2008, 37 (38).
418 BGH GRUR 2010, 1004 (1006) – Autobahnmaut.
419 Dazu oben unter Rdn. 184.

lautenden, vagen Tatbestandsmerkmals der Schutzumfang bestimmt. Entscheidend ist letztlich für dieses Kriterium eine wirtschaftliche Betrachtung, wie sich auch aus Erwägungsgrund 40 Datenbank-Richtlinie ergibt. Es stellt sich jeweils im Einzelfall die Frage, ob die Originaldatenbank als Informationsquelle (ganz oder teilweise) ersetzt wird, wie dieses (eben) bei einem wiederholten und systematischen Vorgehen der Fall sein kann.[420] Der EuGH tendiert bei der Beurteilung der Frage, ob eine **quantitativ wesentliche Entnahme** vorliegt, zu einem Vergleich des entnommen Teils mit der Größe der Gesamtdatenbank[421] oder aber einer für sich eine Datenbank darstellende Untergruppe der in der Datenbank enthaltenen Elemente.[422] Diese EuGH-Rechtsprechung führt zu dem absurden Ergebnis, dass sich die Investitionen bei größeren Datenbanken schlechter schützen lassen als bei kleinen. – Das LG Köln hat demgegenüber für große Datenbanken entschieden, dass eine abschließende Aufzählung der übernommen Daten nicht erforderlich ist.[423] Fraglich ist auch, inwieweit vereinzelte Einzelinformationen, die für sich einen besonderen Wert haben, entnommen bzw. weiterverwendet werden dürfen, inwieweit also besonders wertvolle Einzelinformationen wesentliche Investitionen i. S. d. §§ 87a und 87 b UrhG darstellen können.[424] Dafür spricht, dass bereits dann von einem verbotenen Handeln auszugehen ist, wenn dieses einen (quantitativ oder) **qualitativ erheblichen** Schaden für die Investition verursacht.[425] So definiert die EuGH-Rechtsprechung einen »in qualitativer Hinsicht wesentlichen Teil des Inhalts einer Datenbank« so, dass sich dieses Tatbestandsmerkmal »auf den Umfang der mit der Beschaffung, der Überprüfung oder der Darstellung des Inhalts des Gegenstands der Entnahme- und/oder Weiterverwendungshandlung verbundenen Investition unabhängig davon [bezieht], ob dieser Gegenstand einen quantitativ wesentlichen Teil des allgemeinen Inhalts der geschützten Datenbank darstellt«.[426] Dieses spricht dafür, dass einzelne Daten, wenn sie nur qualitativ, d. h. ihrer Investition nach, hochwertig genug sind, geschützt sein können.[427] So wird sogar über die Frage gestritten, ob sog. »Goldkörner« aufgrund der Richtlinie bzw. entsprechender nationaler Regelungen weiter kopiert werden können. Dafür spricht, dass auf die Qualität des Übernommenen abgestellt wird. Insbesondere bei der Übernahme der den wirtschaftlichen Wert der Datenbank ausmachenden aktuellen Informationen der letzten Aktualisierung einer Datenbank kann eine Rechtsverletzung indiziert sein. Auf der anderen Seite dürfte es zu weit gehen, schon die Entnahme nur einer, wenn auch allein dort gespeicherten, umfangreichen Informationseinheit als Entnahme eines wesentlichen Teils anzusehen,[428] denn anderenfalls wäre die Informationsfreiheit stark gefährdet.

193 Auch die **wiederholte Entnahme** oder Verwendung unwesentlicher Teile kann aber gem. § 87b Abs. 1 S. 2 UrhG zur Rechtsverletzung führen, wenn diese der normalen Auswertung der Datenbank oder den berechtigen Interessen des Rechtsinhabers zuwider laufen.[429]

---

420 S. schon BGH GRUR 1988, 308 – Informationsdienst. Siehe auch BGH, (Teil- u. Schluss-)Urt., NJW 2010, 779 – Gedichttitelliste III: zumindest 75% Übernahme reichen.
421 EuGH GRUR 2005, 244 Tz. 70 – The British Horseracing Board Ltd u. a. gegen William Hill Organization Ltd. Der BGH (WRP 2011, 927 – Zweite Zahnarztmeinung II), hat diese Rechtsprechung aufgegriffen und geht davon aus, dass 10% jedenfalls noch nicht ausreichend sind.
422 EuGH GRUR 2009, 572 Tz. 56 ff. – Apis/Lakora.
423 LG Köln K&R 1999, 41 m. Anm. *Rath-Glawatz*.
424 Hier besteht aufseiten der Gerichte ein entsprechender Spielraum für Wertungen (vgl. in diesem Sinne auch *Gaster* Art. 7 Rn. 492 f.).
425 Vgl. explizit Erwägungsgrund 42 der Datenbank-Richtlinie.
426 EuGH GRUR 2005, 244 (251) – The British Horseracing Board Ltd u. a. gegen William Hill Organization Ltd.
427 So auch BGH GRUR 2009, 852 (855) – Elektronischer Zolltarif – für Daten einer Aktualisierung, und zwar ohne Rücksicht auf das Verhältnis zu der Gesamtzahl der aktualisierten Versionen.
428 A. A. allerdings *Ullmann* in: FS Brandner, S. 507 (522).
429 LG Berlin CR 1999, 388 (389) – Online-Kleinanzeigen; LG Köln CR 1999, 593 (594) – Online-Anzeigen.

d) Beschränkungen des Schutzes und Rechte des rechtmäßigen Nutzers

aa) Unwesentliche Entnahmen

Unwesentliche Entnahmen stellen, wie sich bereits aus den §§ 87a und 87b UrhG ergibt, keine Verletzung des Sui-generis-Rechts dar. § 87e UrhG sichert zudem ab, dass dieser Grundsatz auch zugunsten des vertraglich gebundenen, rechtmäßigen Nutzers nicht abbedungen wird.

194

Unwirksam sind insofern allerdings nur Klauseln, welche der normalen Auswertung der Datenbank – gemeint ist wohl der normalen Nutzung[430] – zuwider laufen und die nicht durch berechtigte Interessen des Datenbankherstellers gerechtfertigt werden können. Insofern besteht eine gewisse Ähnlichkeit zu den Regelungen in § 69d Abs. 1 und 2 UrhG sowie § 55a UrhG. Gerade eine Regelung dazu, inwieweit die vollständige Vervielfältigung zur Nutzung der Datenbank bzw. zur Anfertigung einer Sicherungskopie erlaubt ist, fehlt aber in § 87e UrhG, sodass sich diskutieren lässt, ob nicht § 69d UrhG bzw. § 44a UrhG analog heranzuziehen sind.[431]

195

bb) Sonstige Beschränkungen

Gemäß § 87c Abs. 1 Nr. 1 UrhG ist die Vervielfältigung zum **privaten Gebrauch** erlaubt, wobei dieses jedoch nicht für Datenbanken gilt, deren Elemente einzig mithilfe elektronischer Mittel zugänglich sind. Kopiert werden darf also unter diesen Umständen lediglich eine Papierdatenbank. Praktisch ist die Regelung mithin mehr oder minder ohne Bedeutung. Gegeben ist eine Vervielfältigung zu privaten Zwecken – leicht abweichend von § 53 Abs. 1 UrhG – nach den Vorstellungen des Richtliniengebers, wenn die Entnahmen eher im häuslichen als im beruflichen und keinesfalls im kommerziellen Umfeld verwendet werden.[432] Weiter erlauben § 87c Abs. 1 Nr. 2 und 3 UrhG Vervielfältigungen zum **wissenschaftlichen Gebrauch** sowie zur **Veranschaulichung im Rahmen des Unterrichts**. Dabei ist jeweils erforderlich, dass die Zwecke nicht gewerblicher Art sind und dass entsprechende Quellenangaben deutlich erfolgen.

196

Schließlich ist die Vervielfältigung, Verbreitung und öffentliche Wiedergabe zulässig zur **Verwendung in Verfahren vor einem Gericht**, einem Schiedsgericht oder einer Behörde sowie für **Zwecke der öffentlichen Sicherheit** (§ 87c Abs. 2 UrhG). Weitere Schrankenregelungen bestehen nicht.[433] Strittig ist, ob bei amtlichen Datenbanken § 5 UrhG analog herangezogen werden kann.[434]

197

cc) Kartellrechtliche Zwangslizenzen

Gemäß Erwägungsgrund 47 S. 2 Datenbank-Richtlinie können sowohl nationale wie europäische Wettbewerbsvorschriften eingreifen, sofern ihre allgemeinen Anwendungsvoraus-

198

---

430 Vgl. dazu BGH GRUR 2009, 852 (854) – Elektronischer Zolltarif.
431 Dagegen Wandtke/Bullinger/*Thum* § 87c Rn. 36 m.w.N. zum Meinungsstand. Vgl. auch BGH GRUR 2009, 852 (854) – Elektronischer Zolltarif.
432 Vgl. erster Richtlinien-Vorschlag der Kommission, ABl. EG Nr. C 156 v. 23.06.1992, S. 4, 56 sowie Erwägungsgrund 50 Datenbank-Richtlinie a. E.
433 Insbes. konnte der Gesetzgeber nicht auf die in Erwägungsgrund 52 Datenbank-Richtlinie erwähnten traditionellen Ausnahmeregelungen zurückgreifen, welche insbesondere auch für skandinavische Länder und Großbritannien von Relevanz war, weil dort traditionell Datenbanken auch in der Vergangenheit schon durch einen speziellen Katalogschutz bzw. das Copyright geschützt wurden.
434 Ablehnend OLG Köln CR 2007, 802 (805) – Wetterdatenbank; offen lassend BGH GRUR 2007, 137 (138) – Bodenrichtwertsammlung; BGH GRUR 2007, 500 (502) m.w.N. zum Meinungsstand; BGH GRUR 2009, 852 (854, 856) – Elektronischer Zolltarif; dazu auch *Grützmacher* S. 383. Siehe weiter auch die Anmerkung von *Eickemeier* GRUR 2009, 579 zu EuGH GRUR 2009, 572 (577 f.) – Apis/Lakora.

setzungen gegeben sind. Hierdurch sollte, nachdem zunächst eine qualifizierte Zwangslizenzregelung diskutiert wurde, klargestellt werden, dass das Sui-generis-Recht u. U. einem kartellrechtlichen Kontrahierungszwang unterliegen kann. Gemäß Erwägungsgrund 47 S. 1 Datenbank-Richtlinie sollte nämlich verhindert werden, dass der Wettbewerb zwischen Anbietern von Informationsprodukten und -diensten unter Berufung auf das Sui-generis-Recht und unter Missbrauch einer marktbeherrschenden Stellung gestört wird. Ein **Missbrauch** soll gemäß Erwägungsgrund 47 S. 2 Datenbank-Richtlinie dann vorliegen, wenn »die Schaffung und Verbreitung neuer Produkte und Dienste, die einen Mehrwert geistiger, dokumentarischer, technischer, wirtschaftlicher und kommerzieller Art aufweisen, beeinträchtigt wird«. Dieses entspricht in groben Zügen der kurz vor Richtlinien-Erlass ergangenen »Magill-Entscheidung« des EuGH.[435] Der EuGH hat diese in der Entscheidung »IMS-Health«[436] – wenn auch bezogen auf den Urheberschutz – konkretisiert, und zwar wie folgt:

> »Die Weigerung eines Unternehmens, das eine beherrschende Stellung innehat und Inhaber eines Rechts des geistigen Eigentums an [Daten bzw. einer Datenstruktur] ist, die für die Präsentation von Daten […] in einem Mitgliedstaat unerlässlich ist, einem anderen Unternehmen, das ebenfalls derartige Daten in diesem Mitgliedstaat anbieten will, eine Lizenz zur Verwendung dieser [Daten bzw. einer Datenstruktur] zu erteilen, stellt einen Missbrauch einer beherrschenden Stellung im Sinne von Artikel 82 EG dar, wenn folgende Bedingungen erfüllt sind:
> - Das Unternehmen, das um die Lizenz ersucht hat, beabsichtigt, auf dem Markt für die Lieferung der betreffenden Daten neue Erzeugnisse oder Dienstleistungen anzubieten, die der Inhaber des Rechts des geistigen Eigentums nicht anbietet und für die eine potenzielle Nachfrage der Verbraucher besteht;
> - die Weigerung ist nicht aus sachlichen Gründen gerechtfertigt;
> - die Weigerung ist geeignet, dem Inhaber des Rechts des geistigen Eigentums den Markt für die Lieferung der Daten über den Absatz von Arzneimitteln in dem betreffenden Mitgliedstaat vorzubehalten, indem jeglicher Wettbewerb auf diesem Markt ausgeschlossen wird.«
>
> Mit Blick auf das Erfordernis eines neuen Erzeugnisses »kann die Weigerung eines Unternehmens in beherrschender Stellung, Zugang zu einem durch ein Recht des geistigen Eigentums geschützten Erzeugnis zu gewähren, obwohl dieses Erzeugnis für die Tätigkeit auf einem abgeleiteten Markt unerlässlich ist, nur dann als missbräuchlich eingestuft werden, wenn sich das Unternehmen, das um die Lizenz ersucht hat, nicht im Wesentlichen darauf beschränken will, Erzeugnisse oder Dienstleistungen anzubieten, die vom Inhaber des Rechts des geistigen Eigentums bereits auf dem abgeleiteten Markt angeboten werden, sondern beabsichtigt, neue Erzeugnisse oder Dienstleistungen anzubieten, die der Inhaber nicht anbietet und für die eine potenzielle Nachfrage der Verbraucher besteht.«

dd) Schutzdauer

199 Die Rechte des Datenbankherstellers erlöschen gem. § 87d UrhG **15 Jahre nach der Veröffentlichung** der Datenbank, jedoch bereits 15 Jahre nach der Herstellung, wenn die Datenbank innerhalb dieser Frist nicht veröffentlicht worden ist. Die Frist ist nach § 69 UrhG zu berechnen.

200 Da Datenbanken fortlaufend erneuert werden, kann die Schutzdauer durch **Updates** verlängert werden. Ausreichend ist hierzu mitunter schon die Überprüfung bestehender Datenbanken. So hält das LG München auch vor dem Jahr 1983 geschaffene Datenbanken trotz der Maximalschutzdauer von 15 Jahren gem. § 87d UrhG selbst dann weiter für schutzfähig, wenn bei den neuen Auflagen oder Versionen (allein) die Überprüfung der in die Datenbank aufgenommenen Einzeldaten auf noch gegebene Aktualität, wie sie vor jeder Neuauflage bzw. neuen Version erfolgt, mit ganz erheblichem Arbeitsaufwand verbunden war; der Schutz nach dem Datenbankrecht gemäß § 87b UrhG entfällt nach dieser Rechtsprechung auch dann nicht, wenn die der älteren Version übernommenen Elemente für sich genommen keinen Schutz beanspruchen könnten, soweit feststeht, dass gerade

---

435 EuGH GRUR Int. 1995, 490 – Magill TV Guide.
436 EuGH GRUR 2004, 524 – IMS Health.

auch die aktuellen und erst im Laufe der letzten Jahre neu dargestellten bzw. geänderten Daten übernommen wurden.[437]

e) Rechtsinhaber und Begünstigte

Rechtsinhaber ist grundsätzlich der **Hersteller der Datenbank**, also derjenige, welcher die wesentlichen Investitionen getätigt hat, und seien es nur finanzielle. Entscheidend kann insofern sein, wer die organisatorische Verantwortung hat und das wirtschaftliche Risiko trägt.[438] **Begünstigt** i. S. v. § 127a UrhG sind aber nur
- deutsche Staatsangehörige bzw. Staatsangehörige der EU und EWR-Staaten sowie
- juristische Personen mit Sitz im Inland oder dem EWR oder
- juristische Personen, die nach deutschem Recht oder nach dem Recht eines EU- oder EWR-Staates gegründet wurden.

Voraussetzung ist bei Letzteren zusätzlich, dass entsprechend § 127a Abs. 2 Nr. 1 oder Nr. 2 UrhG sich entweder die Hauptverwaltung oder Hauptniederlassung im Bereich des EWR befindet oder der satzungsmäßige Sitz sich im Gebiet eines dieser Staaten befindet und die juristischen Personen eine tatsächliche Verbindung zur deutschen Wirtschaft oder zur Wirtschaft eines EWR-Staats aufweisen. Wann dieses der Fall ist, ist umstritten. So wird teils vertreten, dass schon die »EU-gerichtete Handelstätigkeit« ausreichend sei.[439] Eine solche Argumentation übersieht aber, dass Art. 11 Abs. 2 der Datenbank-Richtlinie Art. 57 Abs. 1 EG-Vertrag (a. F.) entsprechen sollte. Auch würde bei einer solchen weitgehenden Auslegung die Qualifizierung des Tatbestandsmerkmals ad absurdum geführt sowie das Ziel verfehlt, Arbeitsplätze innerhalb des EWR zu sichern. Ein Recht soll also nicht entstehen, wenn die Datenbank etwa von einem Unternehmen in einem Drittland hergestellt wird; es kann dann auch nicht auf einen Rechtsnachfolger übertragen werden.

Schließlich sieht § 127a Abs. 3 UrhG vor, dass der Rat auf Vorschlag der Kommission den Anwendungsbereich des Sui-generis-Rechts auf Drittländer erstrecken kann, welche einen vergleichbaren Rechtsschutz geschaffen haben. Dieses Gegenseitigkeitserfordernis steht auch nicht im Widerspruch zu den Grundsätzen der Inländerbehandlung gem. PVÜ, RBÜ und GATT-TRIPS.[440]

D. Urheberrecht und Internet

Während das Urheberrecht bis Mitte der 90er Jahre im IT-Recht primär mit Blick auf den Rechtschutz von Computerprogrammen relevant war, wurde es in der Folge mit dem Siegeszug des Internets zu einer zentralen Rechtsmaterie des IT-Rechts. Besondere Probleme ergeben sich heute auch im Rahmen des »Web 2.0«.

I. Websites

Bereits oben angesprochen wurde die Frage, inwieweit Websites Schutz als Computerprogramm genießen können.[441] Wenn dort ausgeführt wurde, dass mit der h. M. auf HTML-

---

437 LG München GRUR 2006, 225 (227 f.); vgl. weiter BGH GRUR 2009, 852 (854 f.) – Elektronischer Zolltarif.
438 Zweifelhaft insofern die Entscheidungen BGH GRUR 2010, 1004 (1005) – Autobahnmaut – und als Vorinstanz OLG Hamburg CR 2009, 775 (LS) – Abschlagsdaten.
439 *Lehmann*, Cyberlaw, S. 67 (73).
440 Vgl. dazu ausf. *Grützmacher*, S. 404–409.
441 S. oben Rdn. 103.

Code basierende Websites⁴⁴² **nicht** als **Computerprogramme** i. S. v. § 69a UrhG anzusehen sind,⁴⁴³ bedeutet dieses nicht, dass Websites kein Urheber- bzw. Leistungsschutz zukommt. So können Websites zunächst einmal auf Java-Applets, Java-Skript, PHP oder ähnlichem Programmcode basieren; derartige Teile einer Website sind aber ggf. sehr wohl als Computerprogramm i. S. v. § 69a UrhG geschützt.

206 Auch wurden in der Rechtsprechung eher geringe Anforderungen an den **Schutz von Texten** einer Website gestellt. Für den Schutz von Werbetexten einer Website etwa soll »ein geringes Maß an Individualität [genügen], da bei Sprachwerken auch die kleine Münze geschützt ist«.⁴⁴⁴ Gleiches dürfte für redaktionelle Texte gelten.⁴⁴⁵ Weiter sollen Linksammlungen im Einzelfall zumindest Schutz als Datenbank gem. § 87a UrhG genießen können.⁴⁴⁶

207 Das **Design der Website** schließlich kann ein Werk der bildenden Künste i. S. v. § 2 Abs. 1 Nr. 4 UrhG darstellen.⁴⁴⁷ Fotos unterfallen zumindest § 72 UrhG, wenn nicht gar auch § 2 Abs. 1 Nr. 5 UrhG.⁴⁴⁸ Und kleinen Spots und Animationen kann Laufbildschutz nach § 95 UrhG zukommen.

II. Tauschbörsen, Share-Hosting, user-generated Content und Online-Handelsplattformen

208 Einst wurden Bootlegs und urheberrechtsverletzende Ware auf Flohmärkten feilgeboten. Heute sind an ihre Stelle Tauschbörsen (Filesharing-Systeme) und Online-Handelsplattformen (wie eBay) getreten. Zumindest erstere erlauben nämlich, dass illegale Angebote weitgehend anonym erfolgen können.

1. Tauschbörsen und Peer-to-Peer-Netzwerke

209 Tauschbörsen oder besser Filesharing-Systeme sind – seit dem Aufstieg bzw. trotz des Niedergangs von Napster – insbesondere zum Tauschen von Musik- und zusehends auch Filmdateien populär. Diese aber sind urheberrechtlich und leistungsschutzrechtlich geschützt. Während Napster noch auf Client-Server-Technik basierte, was es der Musikindustrie letztlich ermöglichte, gegen Napster direkt vorzugehen, arbeiten heutige Peer-to-Peer-Netzwerke (P2P-Netzwerke) oft auf Basis von – erstmals bei Gnutella eingesetzten – dezentralen Filesharing-Techniken. D. h., dass anders als bei Napster kein zentraler Server und damit auch kein Service-Provider existiert, gegen den die betroffenen Urheberrechtsindustrien direkt vorgehen könnten. Die Rechteinhaber können sich damit faktisch in aller Regel⁴⁴⁹ nur an die sonstigen Beteiligten halten, also an die Personen, welche die Dateien in das anonyme Peer-to-Peer-Netzwerk einstellen, und an jene, welche die Dateien herunterladen.

---

442 So etwa ÖstOGH GRUR Int. 2002, 349 – Telering-at; GRUR Int. 2002, 452 (453) – c-villas.
443 So OLG Düsseldorf CR 2000, 184; OLG Hamm MMR 2005, 106; OLG Hamburg ZUM 2001, 519 (521) – Faxkarte.
444 Vgl. LG Berlin JurPC Web-Dok. 84/2006.
445 AG Köln GRUR-RR 2006, 396 – E-Paper; vgl. auch LG Frankfurt/M. CR 2008, 534 f.: Verletzung durch eine eigentlich nur für die Google-Indexierungssuche gedachte »Mülldatei«.
446 LG Köln CR 2000, 400 – kidnet.de.
447 Wandtke/Bullinger/*Bullinger* § 2 Rn. 104; ÖstOGH GRUR Int. 2002, 349 – Telering-at; ablehnend OLG Hamm MMR 2005, 106.
448 S. etwa AG Hamburg ZUM 2006, 586 (587); zur Wiedergabe von Fotos für Internetpräsenzen ohne spezielle Nutzungsrechtseinräumung OLG Düsseldorf GRUR-RR 2006, 393 – Informationsbroschüre; OLG Köln CR 2004, 533 – Portraitfoto im Internet.
449 Siehe aber die Entscheidungen gegen den Anbieter einer Peer-to-Peer-Software: BGH CR 2009, 625; OLG Hamburg CR 2006, 299; CR 2007, 490 (Ls.); siehe zu Cache-Providern: Haftung bejahend OLG Hamburg CR 2009, 812 – Usenet II; Haftung ablehnend OLG Düsseldorf MMR 2008, 254; dazu auch FA-UMR/*Rachow* Kap. 21 Rn. 58.

II. Tauschbörsen, Share-Hosting, user-generated Content und Online-Handelsplattformen

a) Upload und Ansprüche gegen den Einstellenden

Heute steht außer Frage, dass das Heraufladen und Bereitstellen urheber- oder leistungsschutzrechtlich geschützter Dateien eine Vervielfältigung (§ 16 UrhG) und vor allem eine illegale öffentliche Zugänglichmachung (§ 19a UrhG) darstellen.[450] Der Einstellende macht sich dabei sogar strafbar gem. § 106 Abs. 1 UrhG.[451]

b) Download und Ansprüche gegen den Nutzer

Der reine Download durch Nutzer der Filesharing-Systeme ist zwar nach deutschem Recht theoretisch nicht per se unrechtmäßig. Denn nach § 53 Abs. 1 UrhG sind nur solche Vervielfältigungen zum privaten Gebrauch verboten, bei denen eine offensichtlich **rechtswidrig hergestellte oder öffentlich zugänglich gemachte Vorlage** verwendet wird. Maßgeblich ist dabei die Sicht des Nutzers.[452] Entscheidend ist also, ob aus seiner Sicht die Möglichkeit der rechtmäßigen »Herstellung« bestand. Das aber ist (mit Ausnahme der Vervielfältigung von Vorlagen noch gar nicht i. S. v. § 6 Abs. 1 UrhG erschienener Werke) der Fall, da für den Nutzer nicht erkennbar ist, ob die Datei rechtwidrig hergestellt ist.[453] Denn technisch sehen die Systeme oftmals vor, dass erlaubte Privatkopien erst später auch für die P2P-Nutzung freigegeben werden können. Und zudem könnten sich die Kopien auch auf Rechnern im Ausland befinden, in denen die entsprechende Herstellung der Vervielfältigungen erlaubt ist. Allerdings kommt es nach der seit dem 01.01.2008 geltenden Fassung des § 53 Abs. 1 UrhG eben auch darauf an, dass die öffentliche Zugänglichmachung legal ist. Hiervon ist bei einschlägigen Tauschbörsen regelmäßig nicht auszugehen, sodass in aller Regel eine Rechtsverletzung vorliegt.

c) Ansprüche gegen den Anschlussinhaber

Schwierig ist es aber, den Verletzer, d. h. den Einstellenden bzw. Nutzer, zu ermitteln. Zunächst einmal muss dazu der Internetanschluss rückverfolgt werden, von dem aus der Upload erfolgte. Nicht selten aber sind die Verletzer gar nicht die **Inhaber des Internetzugangs**. Allerdings trifft diese nach der Rspr. zunächst eine sekundäre **Darlegungslast**, nicht Verletzter zu sein.[454] Sind die Anschlussinhaber nicht Verletzer, wird von der Rechtsprechung angenommen, dass sie mitunter gleichwohl aufgrund ihres adäquat kausalen Beitrags als **Störer** auf Unterlassung in Anspruch genommen werden können, wenn sie Dritten die Nutzung gestatten bzw. den Anschluss nicht ausreichend sichern.[455] Mit Blick auf diese Rechtsprechung ist insoweit zu Recht angemahnt worden, dass weder eine technische Möglichkeit besteht, speziell die Nutzung von P2P-Netzwerken zu unterbinden, noch die Verpflichtung, den im Übrigen für viele legale Zwecke nutzbaren Internetzugang fortlaufend zu überwachen.[456] Auf dieser Linie liegt es dann gerade noch, wenn laut dem LG Hamburg bei **minderjährigen Kindern** im Haushalt eine Pflicht zur einführenden Belehrung und an-

---

450 Etwa OLG Köln MMR 2010, 487; OLG Hamburg CR 2009, 812 – Usenet II; LG Hamburg CR 2007, 121; CR 2007, 54 (55); MMR 2006, 50 – Haftung für editierte Links (»eDonkey-Links«); vgl. BGH CR 2010, 458 (459) – Sommer unseres Lebens.
451 Verfehlt ist es aber, insofern auf § 17 UrhG abzustellen (so aber AG Cottbus ITRB 2004, 252).
452 Wandtke/Bullinger/*Lüft* § 53 Rn. 15.
453 Wandtke/Bullinger/*Lüft* § 53 Rn. 15; s. a. Gegenäußerung der Bundesregierung BT-Drs. 15/38, 39.
454 BGH CR 2010, 458 (459) – Sommer unseres Lebens; OLG Köln MMR 2010, 44 (45); GRUR-RR 2010, 173 (174).
455 BGH CR 2010, 458 (459) – Sommer unseres Lebens; OLG Köln MMR 2010, 44 f.; GRUR-RR 2010, 173 (174); LG Hamburg CR 2007, 121 – Störerhaftung des Internetanschlussinhabers; CR 2006, 780 (781 f.); CR 2007, 54 (55) – Betreiberhaftung für offene WLAN-Hotspots; LG Köln K&R 2010, 280 (282); LG Hamburg MMR 2008, 685: Pflicht zur einführenden Belehrung bei minderjährigen Kindern und anschließenden stichprobenartigen Kontrolle; zurückhaltend demgegenüber LG Mannheim JurPC Web-Dok 83/2007: Keine Prüfungspflicht und damit keine Störerhaftung bei volljährigen Kindern.
456 *Grosskopf* CR 2007, 122; grundsätzlich ablehnend OLG Frankfurt/M. CR 2008, 582 (583).

schließenden stichprobenartigen Kontrolle bestehen und ein Pflichtverstoß zur Störerhaftung führen soll.[457] – Konsequent erscheint es dann aber, gleich § 832 BGB zur Anwendung zu bringen.[458] – Überzogen und lebensfremd meint das OLG Köln demgegenüber, Eltern müssten zudem noch Sanktionen androhen.[459] Und das LG Köln fordert gar das Einrichten von Benutzerkonten und Firewalls zur Vermeidung der Störerhaftung.[460] Ähnliche Fragestellungen bringt das Arbeitgeber-**Arbeitnehmer**-Verhältnis mit sich. Richtig ist hier, dass ein Arbeitgeber insoweit weder nach § 100 UrhG noch nach den Prinzipien der Störerhaftung für seine Arbeitnehmer haftet.[461] Mehr als fragwürdig erscheint es, wenn die Rechtsprechung die Nutzung eines ungeschützten oder **unzureichend gesicherten WLAN** ausreichen lassen hat, um die Störerhaftung für illegale Filesharing-Angebote zu begründen.[462] Der BGH erlegt dem privaten WLAN-Besitzer hiermit nämlich vergleichsweise stärkere Prüf- und Sicherungspflichten auf als gewerblichen Access-Providern.[463] Zumutbar soll dem WLAN-Anschlussinhaber sein, »jedenfalls die im Kaufzeitpunkt des Routers für den privaten Bereich marktüblichen Sicherungen ihrem Zweck entsprechend einzusetzen«, nicht hingegen, unter Einsatz finanzieller Mittel »die Netzwerksicherheit fortlaufend auf den neusten Stand der Technik anzupassen«.[464] Klar unzulässig ist das Anbieten von editierten Links (»eDonkey-Links«), welche auf illegale Internet-Tauschbörsen hinweisen.[465]

d) Auskunftsansprüche gegen Access-Provider

213 Während die Betreiber von Online-Tauschbörsen direkt in Anspruch genommen werden können, sodass, wie eingangs unter 1. ausgeführt wurde, heute fast durchweg Filesharing-Systeme ohne (zentralen) Betreiber im Einsatz sind, ist es aus Sicht der Urheberrechtsindustrie nach dem Vorbesagten wünschenswert, über die Access-Provider die IP-Adressen wenigstens auf den Anschlussinhaber zurückverfolgen zu können.

214 Dabei gilt, dass sich ein Auskunftsanspruch gegen den reinen Access-Provider nicht auf Basis des **§ 101 Abs. 1 UrhG** durchsetzen lässt. Zwar lässt sich noch hören, den Auskunftsanspruch nach Abs. 1 auch auf im Wege der unkörperlichen Übertragung hergestellte Vervielfältigungsstücke (zumindest entsprechend) anzuwenden.[466] Allerdings ist der **reine Access-Provider weder Täter noch Beteiligter.** Hierzu müsste er entweder selber tatbestandsmäßig und rechtswidrig gehandelt haben oder zumindest bedingten Vorsatz – auch mit Blick auf die Rechtswidrigkeit – hinsichtlich der Tat des Verletzers haben; all dies ist beim Access-Provider nicht der Fall.[467] Der Access-Provider ist allenfalls Störer, trägt er doch, ohne Täter oder Teilnehmer zu sein, willentlich und adäquat-kausal zur Ver-

---

457 LG Hamburg MMR 2008, 685; s. auch LG Mannheim JurPC Web-Dok 83/2007: Keine Prüfungspflicht und damit keine Störerhaftung bei volljährigen Kindern; grds. ablehnend OLG Frankfurt/M. CR 2008, 243 f.; CR 2008, 582 (583).
458 So LG München CR 2008, 661 (663 f.).
459 OLG Köln GRUR-RR 2010, 173 (174).
460 LG Köln K&R 2010, 280 (282).
461 So zu Recht LG München CR 2008, 49 (50 f.).
462 BGH CR 2010, 458 (459 f.) – Sommer unseres Lebens – m. Anm. *Hornung* (auch zur Pressemitteilung des BGH Nr. 101/2010 und § 97a Abs. 2 UrhG); LG Hamburg CR 2006, 780 (781 f.); CR 2007, 54 (55) – Betreiberhaftung für offene WLAN-Hotspots m. krit. Anm. *Gercke*; ablehnend, weil sonst im Ergebnis »Gefährdungshaftung« demgegenüber OLG Frankfurt/M. CR 2008, 582 (583 ff.).
463 Siehe dazu die ausf. und mehr als berechtigte Kritik von *Spindler* CR 2010, 592 (597 f.).
464 BGH CR 2010, 458 (460 f.) – Sommer unseres Lebens: im Jahr 2006 war WPA ausreichend und zusätzlich die Nutzung individueller Passwörter geboten.
465 LG Hamburg MMR 2006, 50 – Haftung für editierte Links (»eDonkey-Links«).
466 So schon zu § 101a UrhG a. F.: OLG Hamm CR 2008, 517 (520); LG Köln ZUM 2005, 236 (238, 239); vgl. LG München MMR 2004, 192; ZUM-RD 2003, 607; starke Bedenken mit Blick auf eine analoge Anwendung äußert demgegenüber das OLG Hamburg CR 2005, 512 (514 f.), weil auch sonstige nichtkörperliche Verwertungsrechte nicht erfasst wurden und § 101a UrhG a. F. auf eine Vertriebskette ausgerichtet war.
467 OLG Frankfurt/M. ZUM 2005, 324 (326).

II. Tauschbörsen, Share-Hosting, user-generated Content und Online-Handelsplattformen

letzung eines geschützten Rechtsguts bei.[468] Störer ist nach der Rechtsprechung des BGH aber nur, wem auch eine Prüfungspflicht zukommt, was für den Access-Provider in aller Regel, d. h. vorbehaltlich besonderer Umstände,[469] gerade nicht der Fall ist. Dieser ist nämlich nach § 8 Abs. 1 TMG[470] grundsätzlich nicht für durchgeleitete Informationen verantwortlich, sondern nach allgemeinen Bestimmungen allenfalls, wenn er Kenntnis von den rechtsverletzenden Inhalten erhält, dann aber auch nur für Unterlassungsansprüche, nicht jedoch für Schadens- und Auskunftsansprüche.[471] Ob es dafür wirklich schon reicht, dass der Access-Provider im Rahmen einer Abmahnung darüber aufgeklärt wird, auf welche Art und Weise welche Verletzungshandlungen von seinen Kunden begangen werden, erscheint sehr zweifelhaft, aber im Einzelfall nicht ausgeschlossen.[472] Zudem besteht nach § 7 Abs. 2 TMG[473] nur eine Verpflichtung zur »Entfernung oder Sperrung«, nicht aber zur Auskunft. Das LG Köln hat dem zwar entgegengehalten, dass, soweit Ansprüche auf Entfernung und Sperrung ausdrücklich zugelassen werden, dies erst recht für den einen solchen Anspruch vorbereitenden Hilfsanspruch und insofern die Auskunftspflicht gem. § 101a UrhG a. F. auch für Störer gelten müsse.[474] Nach der Rechtsprechung des BGH ist die Störerhaftung aber lediglich auf Unterlassungs- und nicht auf Schadensersatz- und Auskunftsansprüche anzuwenden; sie hat ihre Grundlage nicht im Deliktsrecht, sondern in den Vorschriften über die Besitz- und Eigentumsstörung gem. §§ 862, 1004 BGB und begründet daher nur Abwehransprüche, welche insofern einen anderen Charakter als Auskunftsansprüche aufweisen.[475]

Gegen einen **Störer** und damit ggf. auch gegen den Access-Provider besteht gleichwohl ein Auskunftsanspruch, nämlich ggf. nach **§ 101 Abs. 2 S. 1 Nr. 3 UrhG**. Denn dieser greift zumindest in Fällen der offensichtlichen Rechtsverletzung[476] oder in Fällen, in denen der Verletzte gegen den Verletzer Klage erhoben hat, soweit Personen handeln, die in gewerblichem Ausmaß für rechtsverletzende Tätigkeiten genutzte Dienstleistungen erbracht haben.[477] Dabei ist nach h. M. entgegen dem Wortlaut der Norm, der nur ein gewerbsmäßiges Handeln des Auskunftsverpflichteten voraussetzt, im Sinne eines erst-Recht-Schlusses[478] eine widerrechtliche Rechtsverletzung in *gewerblichem* Ausmaß erforderlich, zumal durch Abs. 2 nur der Kreis der zur Auskunft Verpflichteten erweitert, letztlich also nur ein Anspruch wie der nach Abs. 1 durchgesetzt werden soll.[479] Eine umfangreiche, nicht ganz

215

---

468 Vgl. BGHZ 148, 13 (17) – ambiente.
469 Diese sind laut OLG Hamburg CR 2009, 812 (813) – Usenet II – bei Werbung mit Missbrauchsmöglichkeiten gegeben; a. A. OLG Düsseldorf MMR 2008, 254.
470 Früher § 9 Abs. 1 TDG.
471 OLG Frankfurt/M.,ZUM 2005, 324 (326) unter Hinweis auf BGH GRUR 2004, 860 – Internet-Versteigerung; BGH GRUR 2002, 618 – Meißner Dekor; vgl. zur Haftung des Host-Providers auch BGH WRP 2007, 964 – Internet-Versteigerung II; CR 2010, 458 – Sommer unseres Lebens; WRP 2011, 223 – Kinderhochstühle im Internet. s. a. Kap. 14 Rdn. 120–127.
472 So LG Köln ZUM 2005, 236 (239); in diese Richtung für einen Host-Provider auch OLG München CR 2007, 40 (42 f.).
473 Früher § 8 Abs. 2 TDG.
474 LG Köln ZUM 2005, 236 (238–240).
475 OLG Hamburg CR 2005, 512 (516); OLG Frankfurt/M. ZUM 2005, 324 (326) unter Hinweis auf BGH GRUR 2004, 860 – Internet-Versteigerung mit i. E. zustimmender, aber krit. Anm. *Bohne* GRUR-RR 2005, 145 (146); ähnlich auch LG Flensburg GRUR-RR 2006, 174 (175).
476 S. dazu auch die Kritik von *Kitz* ZUM 2006, 444 (447) an § 101 UrhG und dessen Gesetzesbegründung.
477 Zum Gerichtsstand: OLG Düsseldorf CR 2009, 182; zu den Gerichtskosten und zum Streitwert: OLG Köln,CR 2009, 257; OLG Düsseldorf CR 2009, 334; OLG Frankfurt/M. MMR 2009, 551; OLG Karlsruhe MMR 2009, 263; LG Frankenthal GRUR-RR 2009, 408.
478 Wenn das Merkmal schon bei Auskunftsansprüchen gegen den Täter und Beteiligte verlangt wird, dann ist es erst recht bei Ansprüchen gegen Störer zu fordern.
479 OLG Zweibrücken CR 2009, 31 (33); OLG Köln CR 2009, 107; LG Köln, MMR 2009, 645; OLG Hamburg CR 2010, 363 (365) OLG Schleswig GRUR-RR 2010, 239 f. unter Hinweis auf die RL 2004/48/EG v. 29.04.2004 und die Gesetzesbegründung in BT-Drs. 16/5048, S. 49; OLG Olden-

einheitliche Rechtsprechung besteht zu der Frage, wann eine Rechtsverletzung »gewerblichen Ausmaßes« vorliegt. Nach dieser gilt:
- Unerheblich ist eine Mindestanzahl von Abrufen, weil die Erzielung eines wirtschaftlichen Vorteils bereits darin liegt, durch das File-Sharing selber Aufwendungen zu ersparen.[480]
- Schon das Einstellen eines kompletten Musikalbums oder sogar einzelner Songs während oder gar (kurz) vor der relevanten[481] bzw. aktuellen Verkaufs- und Verwertungsphase[482] oder das Bereitstellen aktueller Filme[483] reicht. Auch umfangreiche Dateien[484] oder besonders wertvolle Inhalte (wie z. B. Software im Wert von mehr als EUR 400)[485] können nach der Rechtsprechung ausreichen.
- Kein gewerbliches Ausmaß liegt – die Details sind in der Rechtsprechung jedoch sehr strittig – tendenziell vor, wenn der Upload unterbunden ist und nur ein (einmaliges) Downloading vorliegt.[486]

Einem Anspruch nach § 101 UrhG steht (auch nach dem Wortlaut) im Übrigen nicht entgegen, dass die IP-Adressen möglicherweise nicht dem Verletzer, sondern nur Störern zugeordnet sind.[487] Dass die Auskunft von der Rspr. als unverhältnismäßig eingestuft wird, ist die absolute Ausnahme; dies wird allenfalls angenommen, »wenn der Berechtigte kein oder nur ein äußerst geringes Interesse an der Auskunft hat und das Interesse des Verpflichteten an der Geheimhaltung seiner Betriebsinterna oder auch nur angesichts des mit der Auskunftserteilung verbundenen Arbeitsaufwandes höher wiegt«.[488]

216 Soweit ein Auskunftsanspruch im Grundsatz besteht, sind diesem Anspruch **datenschutz- und telekommunikationsrechtliche Grenzen**[489] gesetzt. Nach den §§ 14 Abs. 2, 15 Abs. 5 TMG dürfen die Bestands- und Nutzungsdaten auf Anordnung der zuständigen Stellen übermittelt werden, soweit es zur Durchsetzung der Rechte am geistigen Eigentum erforderlich ist. Aufgrund des Tatbestandsmerkmals »zuständige Stellen« scheint es zweifelhaft, ob dieser Erlaubnistatbestand auch zugunsten der (rein) privaten Rechtsverfolgung

---

burg CR 2009 104 (105); LG Kiel ZUM 2009, 978 (979); *Otten* GRUR-RR 2009, 369 (370) m. w. N.; a. A. LG Bielefeld MMR 2009, 870; MMR 2009, 70; mit ausf. Begründung *Bohne* CR 2010, 104 (106 ff.).

480 OLG Schleswig GRUR-RR 2010, 239 (240); LG Darmstadt GRUR-RR 2009, 13; OLG Zweibrücken CR 2009, 31 (33); a. A. offenbar zuvor noch LG Frankenthal CR 2008, 804 (805): erst ab 3000 Musikstücken oder 200 Filmen.

481 Für die gesamte relevante Verkaufsphase OLG Köln CR 2009,107; dagegen etwa LG Kiel, MMR 2009, 643; einschränkend jetzt OLG Köln 27.12.2010, 6 W 155/10: relevante Verwertungsphase bei Musik grds. nur sechs Monate nach der Veröffentlichung, danach nur bei Vorliegen besonderer Umstände; deutlich länger bei Filmen, bei denen die Verwertungsphase »erst mit der Veröffentlichung des Films auf DVD« und nicht schon mit dem Kinostart beginnt und auch bei Hörbüchern tendenziell längere Frist, und zwar je nachdem »wie umfangreich das Werk ist und welchen Erfolg es hat«.

482 OLG Schleswig GRUR-RR 2010, 239 (240); OLG Hamburg CR 2010, 363 (366); OLG Köln CR 2009,107; OLG Köln MMR 2009, 334; LG Köln MMR 2009, 489; LG Oldenburg MMR 2008 832; LG Bielefeld ZUM-RD 2010, 425; vgl. LG Köln CR 2008, 806. Siehe auch LG Köln ZUM-RD 2009, 40: gegeben bei meistverkauftem Musikalbum.

483 OLG Karlsruhe CR 2009, 806 (809); OLG Frankfurt/M. MMR 2009, 542; LG Köln MMR 2009, 645.

484 OLG Karlsruhe CR 2009, 806 (809); LG Köln CR 2008, 806; LG Bielefeld ZUM-RD 2010, 425.

485 OLG Zweibrücken MMR 2009, 702; LG Kiel MMR 2009, 643; Programmpaket für 25,- € reicht nicht, vgl. LG Frankenthal CR 2008, 804 (805 f.).

486 Vgl. OLG Schleswig GRUR-RR 2010, 239 (240); LG Kiel ZUM 2009, 978; OLG Köln CR 2009, 104; a. A. für den Download eines besonders teuren Produktes zu Unrecht OLG Zweibrücken MMR 2009, 702; siehe auch LG Kiel MMR 2009, 643: auch einmaliges Herunter- und Hochladen von Dateien führt nicht zu gewerblichem Ausmaß; Letzteres tendenziell eher unterstellend OLG Hamburg CR 2010, 363 (365 f.).

487 OLG Schleswig GRUR-RR 2010, 239 (240); OLG Köln CR 2009,107; LG Frankenthal MMR 2009, 487.

488 OLG Schleswig GRUR-RR 2010, 239 (240).

489 Es gilt insofern im Zweifel § 275 Abs. 1 BGB, vgl. *Kitz* ZUM 2006, 444 (448); siehe aus europarechtlicher Sicht EuGH GRUR Int. 2009, 711 – LSG/Tele2; siehe auch EuGH GRUR Int. 2008, 323.

II. Tauschbörsen, Share-Hosting, user-generated Content und Online-Handelsplattformen

greift.[490] Zudem aber greifen diese Normen wegen § 11 Abs. 3 TMG zumindest bei reinen Accessprovidern nicht.[491] Was den TK-rechtlichen Datenschutz anbelangt, so ist die Rechtslage umstritten: Teils wird in der Rechtsprechung die Datennutzung und -übermittlung im Rahmen von § 101 UrhG (bzw. §§ 161, 163 StPO) damit gerechtfertigt, es gehe bei der Namhaftmachung der Anschlussinhaber anhand der bereits bekannten **IP-Adressen** lediglich um die Bekanntgabe von **Bestandsdaten**, nicht um – zudem nach dem Fernmeldegeheimnis geschützte – Verkehrsdaten.[492] Diese auch vom BGH vertretene Argumentation erscheint zumindest verkürzt und konträr zu der des BVerfG[493] und auch des EuGH;[494] bei der Ermittlung dynamischer IP-Adressen ist sie unzutreffend, weil der Gesetzgeber § 101 Abs. 9 UrhG ja gerade in Ansehung dieses Sachverhalts und des Kontextes mit den restlichen Verbindungsdaten geschaffen hat.[495] So stellt nach anderen Entscheidungen die Zuordnung des Namens und der Anschrift des Nutzers zu einer dynamischen IP-Adresse folgerichtig eine Verwendung von **Verkehrsdaten** im Sinne von § 30 Nr. 30 TKG, §§ 100g, 100h, 161a StPO bzw. § 101 Abs. 9 S. 1 UrhG dar.[496] Selbst wenn man mit diesen Entscheidungen in § 101 Abs. 9 UrhG eine hinreichende Erlaubnisnorm für die Verwendung von Verkehrsdaten sieht, ist aus Sicht des Rechteinhabers damit noch nicht gesichert, dass der Access-Provider die Daten nicht im Rahmen der nach §§ 96 ff. TKG vorgegebenen Regeln löscht bzw. **löschen** muss. So müssen Access-Provider nämlich die für die Berechnung des Entgelts erforderlichen Verkehrsdaten gem. § 97 Abs. 3 TKG unverzüglich nach Beendigung der Verbindung auswerten und dann löschen bzw. nicht erforderliche Daten sogar sofort löschen.[497] Mithin ergibt sich die Problematik, dass die Daten zum Zeitpunkt des Auskunftsverlangens in aller Regel nicht mehr vorhanden sind und der Provider sich hierauf berufen kann (§ 275 BGB). Um diesem entgegen wirken zu können, argumentieren die Rechteinhaber, dass § 101 Abs. 9 UrhG als »andere Vorschrift« i. S. v. § 96 Abs. 2 S. 1 TKG anzusehen sei. Diese im Ausgang zweifelhafte Argumentation wurde von den Gerichten bestätigt: § 101 Abs. 2 und 9 UrhG soll eine i. S. v. § 96 TKG hinreichende Erlaubnis darstellen.[498] Die Provider sollen laut Teilen der Rspr. nach Treu und Glauben verpflichtet sein, für die Datenvorhaltung zu sorgen; zugestanden wurde dabei sogar eine Verpflichtung auf »Zuruf«, und zwar unterfüttert durch die Möglichkeit, notfalls eine einstweilige (Leistungs-) Verfügung gegen den Provider erwirken zu können.[499] Keinesfalls kann sich daraus

---

490 Bejahend offenbar *Kitz* ZUM 2007, 368 (373); *Rössel* ITRB 2007, 158 (160).
491 Vgl. Empfehlungen der Ausschüsse BR-Drs. 275/1/07, S. 43; *Rössel* ITRB 2007, 158 (161).
492 So etwa BGH CR 2010, 458 (460 f.) – Sommer unseres Lebens – unter Hinweis auf BT-Drs. 16/5846, S. 26 f.; LG Stuttgart CR 2005, 598; LG Darmstadt GRUR-RR 2009, 13; LG Stralsund MMR 2009, 63.
493 BVerfG MMR 2007, 308 f.; BVerfG NJW 2010, 833 (845).
494 Vgl. EuGH GRUR Int. 2009, 711 Tz. 29 – LSG/Tele2; siehe auch EuGH GRUR Int. 2008, 323 Tz. 48.
495 *Spindler* CR 2010, 592 (598 f.).
496 OLG Hamburg CR 2010, 363 (366); OLG Köln CR 2009,107; LG Köln GRUR-RR 2010, 241; OLG - Zweibrücken CR 2009, 31 (32) unter Hinweis auf LG Darmstadt CR 2006, 249; AG Offenburg MMR 2007, 809.
497 So dürfen, da IP-Adressen zumindest bei einer Internet-Flatrate nicht für die Abrechnung relevant sind, entsprechende Daten allenfalls wenige Tage gespeichert werden. Auch die Normen der Vorratsdatenspeicherung änderten hieran nichts. Sieht man einmal davon ab, dass die §§ 113a, b TKG, nach denen sämtliche Telefon- und Internetverbindungsdaten von den TK-Providern sechs Monate gespeichert werden mussten, für verfassungswidrig erklärt wurden (BVerfG MMR 2010, 356; zu den europa- und verfassungsrechtlichen Bedenken auch *Breyer* Strafverteidiger 2007, 214), wären diese auch sonst ungeeignet. Diese sog. Vorratsdatenspeicherung verlangte zwar zu speichern, wer mit wem telefoniert hat, unabhängig von dem Verdacht auf eine Straftat. Zumindest auf eine faktische Unmöglichkeit hätte sich der Provider dann nicht berufen können. Nach § 113b TKG durften die Daten aber nur für Zwecke der Gefahrenabwehr bzw. der Strafverfolgung in bestimmten Fällen an die insofern zuständigen Stellen übermittelt werden, nicht aber an urheberrechtlich auskunftsberechtigte Dritte (dazu OLG Frankfurt/M. CR 2010, 99 (100 f.); LG Köln 04.05.2009, 9 OH 197/09; *Hoeren* NJW 2008, 3099).
498 OLG Hamburg CR 2010, 363 (366 f.); OLG Köln CR 2009, 107; LG Hamburg CR 2009, 656 (658); siehe zu § 101a a. F. auch OLG München CR 2007, 40 (42).
499 OLG Köln GRUR-RR 2009, 9; OLG Hamburg CR 2010, 363 (366 f.); CR 2010, 363 (364 f.); LG Ham-

aber, und zwar schon wegen § 101 Abs. 4 UrhG, eine generelle Verpflichtung zur Schaffung einer kostenintensiven Vorratsdatenbank ergeben.[500]

217 Problematisch war vor Schaffung des § 101 Abs. 9 UrhG zudem eine mögliche Verletzung des durch Art. 10 Abs. 1 GG geschützten **Fernmeldegeheimnisses**.[501] Die verfassungsrechtlich gebotene Rechtsgrundlage für Eingriffe in dieses ist nun durch einen Richtervorbehalt in § 101 Abs. 9 UrhG geschaffen worden.[502] Ob damit aber auch die richterlich noch nicht angeordnete Speicherung erlaubt ist, ist mehr als zweifelhaft, zumal der Auskunftsanspruch erst mit der richterlichen Gestattung entsteht.[503]

2. Sharehoster und User-generated-Content

218 Auch sog. Sharehoster, die ihren Nutzern Speicherplatz im Internet (Webspace) zur Verfügung stellen, sollen nach Teilen der Rechtsprechung für durch die Nutzer dort gespeicherte urheberrechtswidrige Inhalte (etwa illegale Kopien von Filmen) weder als Täter oder Teilnehmer noch als Störer haften. Begründet wurde dieses damit, dass legale Nutzungsmöglichkeiten, für die ein beträchtliches technisches und wirtschaftliches Bedürfnis besteht, in großem Umfang vorhanden sind, d. h. das Geschäftsmodell nicht auf der Nutzung der Rechtswidrigkeit eingestellter Inhalte beruht.[504] Hinzu kommt laut entsprechenden Gerichtsentscheidungen, dass nur begrenzte Prüfungsmöglichkeiten mit Blick auf die oft getarnten oder gar verschlüsselten Inhalte bestehen, die zudem nur über dem Provider nicht bekannte Links erreichbar sind; mithin werden laut den Entscheidungen keine weiter gehenden Prüfungspflichten verletzt.[505] Demgegenüber geht das OLG Hamburg davon aus, dass die Provider sogar Täter oder Teilnehmer der Urheberrechtsverletzungen (§ 19a UrhG) sind, weil mit dem Geschäftsmodell massenhafte Urheberrechtsverletzungen einhergingen.[506] – Während insoweit eine Entscheidung des BGH noch aussteht, hat der BGH sich zur Haftung für sog. user-generated Content geäußert und ist hier im betreffenden Fall aufgrund der redaktionellen Durchsicht und durch Lizenzbedingungen unterstützten Einbindung in die eigene, mit entsprechenden Logos versehene Website, deren redaktionellen Kerngehalt der Content darstellte, von einem Zu-eigen-Machen i. S. v. § 7 Abs. 1 TMG, mithin von einer umfassenden Haftung des Website-Betreibers ausgegangen.[507] Dieser Linie, d. h. einer Beurteilung aufgrund des äußeren Erscheinungsbilds und der Nutzung von Logos, ist auch das LG Hamburg mit Blick auf die Haftung für auf YouTube eingestellte Videos gefolgt.[508]

---

burg CR 2009, 656 (657 ff.); LG München MMR 2010, 111; LG Bielefeld ZUM-RD 2010, 395; a. A. OLG Frankfurt/M. CR 2010, 172 (173); MMR 2010, 109; vgl. auch OLG Frankfurt/M. CR 2010, 99 (100 f.); OLG Nürnberg 2009, 833 = MMR 2010,143 (LS): allenfalls einstweilige Anordnung nach §§ 49 ff. FamFG; für eine einstweilige Anordnung auch OLG Karlsruhe CR 2009, 806.

500 LG München MMR 2010, 111; weniger kritisch wohl OLG Hamburg CR 2010, 363 (368 f.); OLG Karlsruhe CR 2009, 806 (810).
501 Vgl. *Kitz* ZUM 2006, 440 (444); indirekt auch OLG München CR 2007, 40 (43), das ein Auskunftsverlangen gegenüber einem Host-Provider zu beurteilen hatte; vgl. auch OLG Hamburg CR 2005, 512 (516).
502 OLG Schleswig GRUR-RR 2010, 239 (240); LG Hamburg CR 2009, 656 (657 ff.); s. dazu auch Empfehlungen der Ausschüsse BR-Drs. 275/1/07, S. 40–42.
503 Keine Probleme sehen insofern OLG Hamburg CR 2010, 363 (367 f.); LG Hamburg CR 2009, 656 (659); wohl auch OLG Karlsruhe CR 2009, 806 (808); dagegen wohl auch OLG Frankfurt/M. CR 2010, 172 (173); CR 2010, 99 (100 f.).
504 OLG Düsseldorf CR 2010, 473 (474 ff.); OLG Köln CR 2008, 41 (42 ff.).
505 OLG Düsseldorf CR 2010, 473 (474 ff.); OLG Köln CR 2008, 41 (42 ff.).
506 OLG Hamburg GRUR-RR 2009, 95; MMR 2010, 51.
507 BGH CR 2010, 468 (469 f.) – marions-kochbuch.de m. Anm. *Hoeren/Plattner*; OLG Hamburg CR 2008, 453 ff.
508 LG Hamburg CR 2010, 818 (819 ff.) m. krit. Anm. *Klingebiel*; dazu auch FA-UMR/*Rachow* Kap. 21 Rn. 60.

3. Online-Handelsplattformen

Auch wenn Filesharing-Systeme wohl die primäre Plattform für die Masse der urheberrechtsverletzenden Angebote im Internet darstellen dürften, bedeutet dies nicht, dass nicht etwa auch über Online- Handelsbörsen wie eBay rechtsverletzende Ware angeboten werden könnte und auch wird. Die Spanne reicht von Plagiaten über Grauimporte zu sonstigen urheberrechtsverletzenden Angeboten.[509] Daneben ist es in der Praxis zur urheberrechtswidrigen Anpreisung der Ware mit Lichtbildern Dritter gekommen.[510] – Soweit der BGH für das **Markenrecht** entschieden hat,[511] dass die Haftungsprivilegierung des § 10 TMG auf Unterlassungsansprüche nicht anzuwenden ist, gilt dieses für das **Urheberrecht** in gleicher Weise.[512] Nur wird es hier mitunter für den Betreiber der Online-Handelsbörse noch schwieriger sein, die Rechtsverletzung zu erkennen. Das aber führt im Ergebnis dazu, dass eine Haftung in der Regel ausscheidet. Demgegenüber soll ein Auktionshaus – anders als der Betreiber einer Online-Handelsplattform – selber als Täter haften, wenn es das Plagiat im eigenen Katalog und im Internet angeboten hat und damit im eigenen Interesse als Gewerbetreibender aufgetreten ist.[513] Auch gegenüber dem Betreiber einer Online-Handelsplattform (Service bzw. Host Provider) stellt sich die Frage, inwieweit dieser nach § 101 UrhG zur Auskunft verpflichtet ist.[514]

219

III. Suchmaschinen und -agenten

Suchmaschinen und Suchagenten sind fester Bestandteil des Internets bzw. des World Wide Web (WWW). Ohne Suchmaschinen wäre die Nutzung des WWW unkomfortabel, wenn nicht gar unmöglich. Dies bedeutet aber nicht, dass nicht auch Suchmaschinen und -agenten sich teils Techniken bedienen, die potenziell zu Urheberrechtsverstößen führen.

220

1. Suchmaschinen

So besteht für Suchmaschinen wohl weitgehende Einigkeit darüber, dass die **Indexierung und Verlinkung** von Websites, mithin die Erfassung derselben bzw. die Verweisung auf diese **urheberrechtlich zulässig** sind. Suchmaschinen sind aber dazu übergegangen, nicht bloß den Service zu bieten, den Nutzer auf die erfassten und indexierten Seiten zu verweisen, sondern zusätzlich dazu, ein **Content-Caching** vorzunehmen. Zweifelsohne liegt in einem solchen Caching zunächst einmal eine Vervielfältigung von ggf. geschützten Websites bzw. Websiteinhalten[515] i. S. v. § 16 UrhG.[516] Strittig ist, ob diese rechtswidrig ist. So wird in der Literatur argumentiert, dass weder der für das Proxy- und Browser-Caching einschlägige § 44a UrhG noch die Schranken der §§ 51 (Zitate), 52a (öffentliche Zugänglichmachung für die Forschung), § 53 (privater oder sonstiger eigener Gebrauch) UrhG anwendbar sind.[517] In der Tat fehlt es für § 44a UrhG an der flüchtigen Speicherung, die nicht bloß technische Zufälligkeit ist, und für § 53 Abs. 2 S. 1 Nr. 2 UrhG an einem »eigenen Archiv«,

221

---

509 S. etwa OLG München CR 2007, 40; LG München CR 2006, 564: Angebot unautorisierter deutscher Übersetzungen eines Lateinbuchs.
510 OLG Brandenburg GRUR-RR 2009, 413; CR 2009, 251.
511 BGH GRUR 2004, 860 (862) – Internet-Versteigerung; für das TMG bestätigt durch BGH WRP 2007, 964 – Internet-Versteigerung II; BGH WRP 2011, 223 – Kinderhochstühle im Internet; s. a. Kap. 14 Rdn. 120–127.
512 Vgl. LG München CR 2006, 496 (497) – Störerhaftung für Forenbetreiber.
513 OLG Frankfurt/M. GRUR-RR 2006, 43 (45) – Panther mit Smaragdauge.
514 Dazu OLG München CR 2007, 40; LG München CR 2006, 564; s. im Übrigen auch oben unter Rdn. 213–217, wobei sich im Verhältnis zu derartigen Host-Providern die Frage der Verletzung des Fernmeldegeheimnisses nicht stellt.
515 Dazu oben unter Rdn. 205–207.
516 Etwa *Bahr* JurPC Web-Dok. 29/2002, Abs. 5.
517 So *Roggenkamp* K&R 2006, 405 (407 f.); s. *Bahr* JurPC Web-Dok. 29/2002, Abs. 11–16.

weil der Cache im Zweifel schon kein Archiv ist, auf jeden Fall zu (mittelbaren) Erwerbszwecken Dritter zur Verfügung gestellt wird. Auch kann nicht ohne Weiteres von einer konkludenten Einwilligung ausgegangen werden, weil das Caching von Websites durch Suchmaschinen, wie auch § 44a UrhG zeigt, anders als die Indexierung und Verlinkung nicht unumstößlich zum Wesen des Internets gehört,[518] ein technisches Opt-Out durch entsprechende Gestaltung etwa der Datei »robots.txt« nicht verlangt werden kann und selbst die Registrierung einer Website in einer Suchmaschine als solches keine Rückschlüsse auf ein weiter gehendes Erklärungsbewusstsein des Website-Inhabers zulässt.[519]

222 Suchergebnisse für Bilder werden durch Suchmaschinen oft in einem Index in Form von »**Thumbnails**«, d. h. als verkleinerte Bildervorschau wiedergeben. Auch hierin liegt zwar ein Eingriff in die Rechte des Urhebers oder Lichtbildners (§§ 2 Abs. 1 Nr. 5, 72, 16, 19a UrhG); denn die Schwelle zur freien Benutzung gem. § 24 UrhG wird nicht erreicht.[520] Entgegen dem OLG Jena[521] handelt es sich beim Anzeigen der komprimierten Vorschaubilder der Thumbnails nicht um einen Eingriff in § 23 UrhG, sondern in § 19a UrhG.[522] Insofern greift zwar § 51 UrhG nicht, denn es fehlt bei den bloßen Nachweisen an einer inneren Verbindung bzw. geistigen Auseinandersetzung mit dem fremden Werk.[523] Der BGH geht aber davon aus, dass eine mutmaßliche Einwilligung zur Nutzung der Vorschaubilder in Form von Thumbnails vorliegt, wenn ein Nutzer Abbildungen ohne Sicherung gegen die übliche Bildersuche bzw. das Auffinden durch Suchmaschinen ins Internet einstellt.[524] Schon diese Interpretation des BGH geht zu weit.[525] Erst recht nicht haltbar ist aber die Forderung des BGH nach einer technischen Sicherung für den Widerruf der Einwilligung.[526] Anders hält das LG Bielefeld bei solchen Abbildungen zwar eine Verletzung für gegeben, aber nur dann einen Schadenersatzanspruch nach der Lizenzanalogie für möglich, wenn es der Verkehrssitte entspricht, für derartige Darstellungen ein Entgelt zu zahlen; auch ein Bereicherungsanspruch soll laut dem Gericht im Fall fehlender Verkehrsüblichkeit von Lizenzgebühren ausscheiden, weil als Bereicherung allenfalls ersparte Lizenzgebühren zu zahlen wären.[527]

2. Metasuchmaschinen

223 Metasuchmaschinen[528] sind Suchmaschinen, die eine Suchanfrage an mehrere andere Suchmaschinen gleichzeitig weiterleiten, deren Ergebnisse abfragen, auswerten und aufbereiten. Dabei werden redundante Informationen aussortiert und ein eigenes Ergebnis erzeugt, welches sich wie das einer normalen Suchmaschine darstellt. Die Metasuchmaschine delegiert die Anfrage also gewissermaßen. Auf diesem Wege werden aber die Investitionen und Daten fremder Datenbanken genutzt. Hierin liegt auf den ersten Blick ggf. eine systematische und wiederholte Übernahme (nur) im Einzelfall unwesentlicher Teile der Datenbanken, die

---

518 Für die Zulässigkeit des Caching durch Google unter dem Aspekt der Einwilligung aber *Bahr* JurPC Web-Dok. 29/2002, Abs. 9, der hingegen die Wayback Machine für unzulässig hält (a. a. O. Abs. 10).
519 Vgl. *Roggenkamp* K&R 2006, 405 (408 f.).
520 BGH CR 2010, 463 (464) – Thumbnails; OLG Jena MMR 2008, 408 (409) – Thumbnail; LG Erfurt CR 2007, 391; LG Hamburg CR 2004, 855 – Thumbnails; LG Hamburg CR 2009, 47; zu Recht hat das OLG Jena a. a. O. im konkreten Fall entschieden, dass die Vervielfältigung bei der Komprimierung und Ablage der Thumbnails in den USA stattfand und insofern kein Eingriff in § 16 UrhG erfolgte.
521 OLG Jena MMR 2008, 408 – Thumbnails m. krit. Anm. *Schack*.
522 BGH CR 2010, 463 (464) – Thumbnails; *Schack* MMR 2008, 414 (415).
523 BGH CR 2010, 463 (465) – Thumbnails.
524 BGH CR 2010, 463 (464) – Thumbnails; ähnlich schon in der 1. Instanz LG Erfurt CR 2007, 391; a. A. OLG Jena MMR 2008, 408 – Thumbnails; *Schack* MMR 2008 414, (415 f.); wohl auch LG Hamburg CR 2009, 47.
525 Siehe auch die kritischen Ausführungen von *Hüsch* CR 2010, 452, (455 f.).
526 BGH CR 2010, 463 (467) – Thumbnails.
527 LG Bielefeld CR 2006, 350.
528 Etwa MetaCrawler oder MetaGer.

IV. Digitales Kartenmaterial

der normalen Ausnutzung der Suchmaschinen bzw. den berechtigten Interessen der Suchmaschinenanbieter zuwiderliefe. Ein Verstoß i. S. v. § 87b Abs. 1 S. 2 UrhG läge trotz eines insoweit erfüllten Tatbestands in der Regel nicht vor, denn das Schutzrecht steht gem. § 127a UrhG nur »europäischen Unternehmen«[529] zu, während die großen Suchmaschinenhersteller im Internet in der Regel amerikanische Unternehmen sind. Auch kommt es technisch darauf an, in welchem Umfang Daten aus den einzelnen Suchmaschinen wirklich übernommen werden. Dies gilt insbesondere, wenn die Nutzer als potenzielle Verletzer nur kleine Datenmengen auslesen.[530]

3. Suchagenten und Screen-Scraping

Etwas anderes gilt hingegen für Suchagenten – **Search-Engines** genannt –, die auch auf »europäische« Datenbanken zugreifen. Ähnlich wie Metasuchmaschinen fragen sie mehrere sonstige Internet-Datenbanken[531] parallel ab. Auch solche Suchagenten greifen also auf andere Datenbanken zu, kumulieren deren Ergebnisse und nutzen dabei die Investitionen und Daten der Drittdatenbanken. Bei Zugriffen auf die Daten unmittelbar über die Internetseite des Datenbankanbieters spricht man auch von **Screen-Scraping**.[532] **224**

Für einen Suchagenten haben einige Gerichte entschieden, dass ein Angebot, welches vollautomatisch und periodisch eine Auftragssuche in Anzeigendatenbanken von diversen Zeitschriften und Online-Diensten mittels »Such-Robotern« vornimmt, die Rechte der Drittanbieter an deren Datenbanken gem. §§ 87a, 87b Abs. 1 UrhG verletzt.[533] Es komme hierbei nämlich zu wiederholten und systematischen Vervielfältigungen i. S. v. § 87b Abs. 1 S. 2 UrhG, zumal ein solches Vorgehen auch die Möglichkeiten der Online-Werbung beeinträchtigen kann, was den berechtigen Interessen des Rechtsinhabers entgegenläuft.[534] Laut anderen Urteilen steht die Verletzung allerdings dann infrage, wenn der einzelne Nutzer mittels automatisierter und von einer Software initiierter Suchabfragen nur Einzeldaten ausliest, sodass die Wesentlichkeitsschwelle des § 87b Abs. 1 S. 2 UrhG nicht überschritten wird; der Anbieter der Suchtools ist nach dieser Lesart ggf. nur Teilnehmer oder Störer mit Blick auf diese, für sich nicht rechtsverletzenden Suchabfragen.[535] **225**

IV. Digitales Kartenmaterial

Schon seit Jahrzehnten erkennen Gerichte in ständiger Rechtsprechung den Schutz von Karten als Urheberrechtswerk, nämlich als **Darstellungen technischer Art** (§ 2 Abs. 1 Nr. 7 UrhG) an.[536] Die Landkarte ist geradezu eines der klassischen Werke der »kleinen Münze« des Urheberrechts.[537] Die wesentliche schöpferische Leistung kann bei Karten **226**

---

529 Zu den Details s. o. unter Rdn. 201–203.
530 Vgl. OLG Hamburg MMR 2009, 770 (772); CR 2011, 47 (49 f.) – AUTOBINGOOO II.
531 S. etwa LG Berlin CR 1999, 388 – Online-Kleinanzeigen, welches angesichts der Ähnlichkeit nicht völlig falsch im konkreten Fall von einer »Metasuchmaschine« spricht, sowie LG Köln CR 1999, 593 – Online-Anzeigen.
532 So etwa OLG Frankfurt/M. CR 2009, 390 – Sreen Scraping; LG Hamburg CR 2010, 747 f. – Screen-Scraping-Software.
533 LG Berlin CR 1999, 388 (389) – Online-Kleinanzeigen; LG Köln CR 1999, 593 (594) – Online-Anzeigen.
534 LG Berlin CR 1999, 388 (389) – Online-Kleinanzeigen; LG Köln CR 1999, 593 (594) – Online-Anzeigen.
535 OLG Hamburg MMR 2009, 770 (771 f.); OLG Hamburg CR 2011, 47 (49 f.) – AUTOBINGOOO II – gegen die Vorinstanz LG Hamburg 09.04.2009, 310 O 39/08, juris Rn. 61; sich der Linie des OLG anschließend und mit Blick auf § 87b Abs. 1 S. 2 UrhG noch rigoroser LG Hamburg CR 2010, 747 (748) – Screen-Scraping-Software; ähnlich schon OLG Frankfurt/M. CR 2009, 390.
536 BGH GRUR 1965, 45 (46) – Stadtplan; GRUR 1987, 360 (361) – Werbepläne; BGHZ 139, 68 (73) – Stadtplanwerk; BGH GRUR 2005, 854 (856) – Karten-Grundsubstanz.
537 Die besonders niedrigen Anforderungen betonend BGH GRUR 2005, 854 (856) – Karten-Grundsubstanz.

laut der Rechtsprechung insbesondere »in der Gesamtkonzeption liegen, mit der durch die individuelle Auswahl des Dargestellten und die Kombination von – meist bekannten – Methoden (z. B. bei der Generalisierung) und von Darstellungsmitteln (z. B. bei der Farbgebung, Beschriftung oder Symbolgebung) ein eigentümliches Kartenbild gestaltet worden ist«.[538] Dementsprechend wurde auch die Übernahme von analogem oder digitalem Kartenmaterial zur Wiedergabe auf privaten oder unternehmenseigenen Websites als Urheberverletzung (§§ 16, 19a UrhG) angesehen.[539] Zusätzlich hat das LG München entschieden, dass Landkarten und Stadtpläne **Datenbanken** i. S. v. § 87a UrhG darstellen können.[540]

227 Im Rahmen des § 97 UrhG ist der Urheberrechtsinhaber bei Geltendmachung der Lizenzanalogie hinsichtlich der von ihm zu erzielenden Lizenzgebühren darlegungs- und beweisbelastet. Heranzuziehen sind dabei nach der Rechtsprechung primär eigene Lizenzverträge,[541] sodass etwa lang laufende Pauschalgebühren selbst dann verlangt werden können, wenn Konkurrenten Kartenmaterial auch zum kurzfristigen Gebrauch lizenzieren.[542] Können keine eigenen Verträge vorgelegt werden – Vertragsangebote von mit assoziierten Unternehmen reichen nicht – ist im Rahmen der Schadensschätzung (§ 287 ZPO) auf vergleichbare Angebote der Konkurrenz abzustellen; so wurden die zu erzielenden Lizenzgebühren anhand nachgewiesener Lizenzverträge von Konkurrenzunternehmen vom AG - Charlottenburg in einem Fall auf 200,- € für eine DIN A4 Kartenkachel und auf 100,- € für eine DIN A5 Kartenkachel geschätzt.[543]

V. Virtuelle Bibliotheken

228 Während heute Bücher noch Bibliotheken füllen, füllen deren Daten künftig wohl riesige Datenarchive. So sind Projekte wie die virtuelle Bibliothek »libreka« des Börsenvereins des deutschen Buchhandels aufgesetzt worden, um unzählige Bücher zu scannen und diese im Volltext recherchierbar zu machen. Der Suchmaschinen-Anbieter Google hat im Rahmen von »**Google Book Search**« einerseits auf von Verlagen eingekaufte Daten zurückgegriffen (publisher program), andererseits auch mit Unterstützung renommierter Bibliotheken Bücher gescannt (library program) und diese Daten von unzähligen Millionen Büchern dann digitalisiert per Volltextsuche zur Verfügung gestellt.[544] Soweit die Bücher dabei durch das Scannen und Speichern in entsprechenden Datenbanken vervielfältigt werden, ist die Zulässigkeit derartiger Handlungen aber – nach dem nach h. M. geltenden Schutzlandprinzip[545] – vom Ort dieser Handlungen abhängig. Im Fall von Google dürften derartige Handlungen, solange die Schutzfrist für die Werke noch nicht abgelaufen ist, etwa nicht in Deutschland vorgenommen werden, sodass eine Verletzung des § 16 UrhG, obwohl weder § 51 noch § 53 UrhG einschlägig wären, nicht vorläge.[546] Mit Blick auf anschließende, auch in Deutschland bestehende Recherchemöglichkeiten, bei denen dann nur kleinste Textausschnitte wiedergegeben werden sollen, greift zwar die Schranke des § 51

---

538 BGHZ 139, 68 (73) – Stadtplanwerk.
539 Etwa KG GRUR 2005, 88 – Stadtplanausschnitte; OLG Hamburg GRUR-RR 2004, 342 – Kartenausschnitte; OLG Hamburg GRUR-RR 2006, 355 – Stadtkartenausschnitt; OLG Hamburg MMR 2009, 133; OLG Hamburg CR 2010, 478; OLG Köln CR 2010, 403 (LS); AG Charlottenburg CR 2006, 712; vgl. zum Downloading auch LG München CR 2006, 700; s. a. LG München CR 2006, 496 (497) – Störerhaftung für Forenbetreiber.
540 LG München GRUR 2006, 225; GRUR-RR 2010, 92 (93).
541 AG Charlottenburg ZUM 2005, 579 (580).
542 AG Charlottenburg CR 2006, 712.
543 AG Charlottenburg ZUM 2005, 579 (580).
544 Wiedergeben werden nur die gescannten Seiten; OCR-Verfahren werden nur zu Indexierung eingesetzt. Zu den technischen Details *Kubis* ZUM 2006, 370 (371 f.).
545 S. dazu unter Rdn. 99 und Rdn. 237–240.
546 *Kubis* ZUM 2006, 370 (375 f., 378).

Nr. 2 UrhG (Zitatrecht) mangels Aufnahme in einem »selbständigen Sprachwerk« ebenfalls nicht; es dürfte aber oftmals gar nicht erst zu einer öffentlichen Zugänglichmachung und Vervielfältigung eines wesentlichen, d. h. schutzfähigen Teiles des Werkes kommen.[547]

Weiter wird sich die Rechtsprechung mit der Frage der Störerhaftung auseinandersetzen müssen, soweit in virtuellen Bibliotheken Werke aufgenommen werden, welche selber die Urheberrechte von Drittautoren verletzen.[548] **229**

VI. Personal Videorecorder

In jüngster Zeit ist auch die Zulässigkeit sog. Personal Videorecorder bzw. virtueller Videorecorder in die Diskussion geraten.[549] Darunter versteht man einen Dienst im Internet, bei dem Nutzer auf entsprechenden über das Internet vom Diensteanbieter zugänglich gemachten Servern Fernsehsignale in digitaler Form aufzeichnen lassen und dann später per Stream abrufen können. Für die »Programmierung« des virtuellen Videorecorders stellt der Anbieter zumeist entsprechende Programminformationen zur Verfügung, die über Hyperlinks zum Aufzeichnungsmodus führen. **230**

1. Eingriff in das Vervielfältigungsrecht

Unstreitig liegt bei allen Angeboten von Personal Videorecordern ein Eingriff in das Vervielfältigungsrecht vor.[550] Insofern steht nur infrage, wer die Vervielfältigung vornimmt und ob § 53 Abs. 1 UrhG zugunsten der Anbieter und Nutzer greift. Mit Blick auf Ersteres geht der BGH – auf Basis des durch die Instanzgerichte aber nicht final aufgeklärten Sachverhalts – davon aus, dass Hersteller der Vervielfältigungsstücke möglicherweise der Nutzer sein könnte und nicht der Anbieter der Personal Videorecorder.[551] Hersteller der Vervielfältigung ist laut BGH derjenige, der die körperliche Festlegung technisch bewerkstelligt; ohne Bedeutung sei, ob er sich dabei technischer Hilfsmittel bedient, selbst wenn diese von Dritten zur Verfügung gestellt werden.[552] **231**

2. Eingriff in das Recht der öffentlichen Zugänglichmachung bzw. das Senderecht

Weiter wurde von einigen Gerichten in dem Angebot eines virtuellen Videorecorders ein Eingriff in die Rechte des Urhebers oder des Sendeunternehmers (gem. § 87 Abs. 1 Nr. 1 UrhG), nämlich in das Recht der öffentlichen Zugänglichmachung (§ 19a UrhG) gesehen.[553] Entsprechende Rechteinhaber haben nach dieser Auffassung das Recht zu entscheiden, ob die Sendung in Form des **Webcasting**, **Simulcasting** oder **Near-On-Demand-Service** angeboten ist. **232**

Demgegenüber haben andere Gerichte und in der Folge auch der BGH festgestellt, dass, weil es an einem für § 19a UrhG notwendigen »Vorhalten« zum jederzeitigen Abruf fehlt, in dem Angebot eines virtuellen Videorecorders lediglich ein Angebot auf zukünftige Aufzeichnung bzw. eine individuelle Aufzeichnung für den jeweiligen Kunden liege und nicht ein Zugäng- **233**

---

547 So wohl auch *Kubis* ZUM 2006, 370 (376 f., 378); siehe aber auch BGH WRP 2011, 249 – Perlentaucher sowie EuGH GRUR 2009, 1041 – Infopaq/DDF.
548 S. dazu allgemein *Libertus* MMR 2007, 143.
549 Dazu eingehend *Wiebe* CR 2007, 28.
550 BGH CR 2009, 598 (599) – Internet-Videorecorder; LG Leipzig ZUM 2006, 662 (663 f.); LG München CR 2006, 787 (788); OLG Köln MMR 2006, 35; LG Braunschweig K&R 2006, 362 (363).
551 BGH CR 2009, 598 (599 f.) – Internet-Videorecorder.
552 BGH CR 2009, 598 (599 f.) – Internet-Videorecorder.
553 LG Leipzig ZUM 2006, 662 (663); LG München CR 2006, 787 (789); OLG Köln MMR 2006, 35. Das LG Köln MMR 2006, 57, hat sein Urteil zudem bzw. primär auf das Recht der Kabelweitersendung (§ 20b UrhG) gestützt.

lichmachen gegenüber der »Öffentlichkeit«.[554] – Vom BGH bisher nicht abschließend geklärt werden konnte die Frage, ob in das Recht eingegriffen wird, Funksendungen weiterzusenden (§ 87 Abs. 1 Nr. 1 Fall 1, § 15 Abs. 2 Nr. 3, § 20 UrhG), wenn der Anbieter die von ihm mit den Satelliten-Antennen empfangenen Sendungen an die »Persönlichen Videorecorder« der Kunden weiterleitet; laut BGH scheidet eine Weitersendung im Sinne dieser Bestimmung danach jedenfalls nicht schon deshalb aus, weil die Abgabe des Datenstroms aus den Systemen des Anbieters an die Kunden wegen der erforderlichen Aufbereitung des Sendesignals für die Weiterleitung im Internet nicht zeitgleich, sondern zeitversetzt erfolgt.[555]

3. Privilegierung der Privatkopie

234 Der Eingriff in § 16 UrhG durch die Speicherung auf dem über das Internet zugänglichen Speicher aber wäre bei *kostenpflichtigen* Angeboten weder nach § 44a UrhG noch im Fall eines »Herstellenlassens« durch § 53 Abs. 1 S. 2 UrhG erlaubt.[556] Zwar waren einige Angebote in der Vergangenheit zumindest teils unentgeltlich, sodass die Gerichte § 53 Abs. 1 S. 2 UrhG zur Anwendung bringen konnten.[557] In allen anderen Fällen aber fragt sich daher, ob nicht doch ein »Herstellen« durch den Nutzer vorliegt. Denn in dieser Konstellation kann sich der Nutzer auf § 53 Abs. 1 S. 1 UrhG berufen, ohne dass es auf die Unentgeltlichkeit des Personal Videorecorder ankommt. – Mit Blick auf die Frage, ob ein **Herstellen oder Herstellenlassen** vorliegt,[558] hält das LG Braunschweig es für ein Herstellen durch den Nutzer nicht für ausreichend, dass der Vervielfältigungsvorgang technisch auf Veranlassung des Nutzers durch eine Maschine – den Server des Anbieters – vorgenommen wird, also ohne Interaktion des Personals des Anbieters; entscheidend soll vielmehr die Tatsache sein, dass die Leistung des Anbieters »kein untergeordnetes Zurverfügungstellen von technischen Möglichkeiten« darstellt und unter Umständen Fernsehprogramme fernab ihres eigentlichen Sende- und Ausstrahlungsgebiets (zeitversetzt) konsumiert werden können.[559] Das OLG Köln hält es schlichtweg für ausschlaggebend, dass der technische Kopiervorgang dem Einfluss und der Sachherrschaft des Kunden entzogen ist.[560] Ähnlich argumentiert das OLG Dresden, nach dem entscheidend ist, dass im Gegensatz zur »völlig eigenverantwortlichen Herstellung« überhaupt ein Dritter eingeschaltet werden muss.[561] Der BGH hat nunmehr entschieden, dass ein Herstellen durch den Nutzer und nicht etwa ein Herstellenlassen durch den Anbieter (nur) vorliegt, wenn der Anbieter sich »darauf beschränkt, gleichsam ›an die Stelle des Vervielfältigungsgeräts‹ zu treten und als ›notwendiges Werkzeug‹ des anderen tätig zu werden«.[562]

235 Geht man von einem Eingriff in das Recht der öffentlichen Zugänglichmachung aus oder in das Recht, Funksendungen weiterzusenden, so kann es nicht mehr darauf ankommen, ob die Speicherung als solche eine zulässige Privatkopie i. S. v. § 53 Abs. 1 UrhG darstellt oder nicht, denn die öffentliche Zugänglichmachung kann auch dies nach richtiger Auffassung nicht rechtfertigen.[563] Dagegen spricht auch nicht, dass die Übermittlung einer i. S. d.

---

554 BGH CR 2009, 598 (601) – Internet-Videorecorder; OLG Dresden K&R 2007, 278 (279) unter Berufung auf *Dreier* in: FS Ullmann, S. 37 (44); LG Braunschweig K&R 2006, 362 (363 f.).
555 Der BGH CR 2009, 598 (601 f.) – Internet-Videorecorder – hat den Fall insofern zur Sachverhaltsaufklärung an die Vorinstanz zurückverwiesen.
556 OLG Dresden K&R 2007, 278; LG Braunschweig, K&R 2006, 362 (364–366); LG München CR 2006, 787 (788).
557 OLG Köln MMR 2006, 35 (36); LG München CR 2006, 787 (788).
558 Dazu im Detail *Wiebe* CR 2007, 28.
559 LG Braunschweig K&R 2006, 362 (363 f.); ähnlich wohl LG München CR 2006, 787 (788).
560 OLG Köln MMR 2006, 35 (36).
561 OLG Dresden K&R 2007, 278 (280).
562 BGH CR 2009, 598 (600) – Internet-Videorecorder.
563 LG Leipzig ZUM 2006, 662 (663 f.); LG Köln MMR 2006, 57; im Ergebnis auch LG München CR 2006, 787 (789); aus der Literatur *Dreier* in: FS Ullmann, S. 37 (44).

§ 53 UrhG zulässigen Vervielfältigung kein unzulässiges Inverkehrbringen darstellt.[564] Denn in diesen Fällen fehlt gerade die Öffentlichkeit.[565]

VII. IP- und Mobile-TV

Von zunehmender wirtschaftlicher Bedeutung ist die Verwertung von Filmwerken, Laufbildern und Musik, kurz audio-visuellen Inhalten im Rahmen von IP- und Mobile-TV (bzw. Handy-TV). Anders als die oben diskutierten vom User diktierten Abrufdienste erfolgt die Verbreitung des TV-Programms bei dieser Verwertungsform im Wege des Live-Streaming, mithin im Wege eines linearen, in Echtzeit durchgeführten Streaming.[566] Hier stellt sich wie bei jeder neuen Verwertungsform die Frage der Einordnungen im Rahmen der bekannten Nutzungsrechte und -arten. So soll nach einem Urteil des LG Hamburg die Weiterleitung von Fernsehsignalen über das Internet keine Kabelweiterleitung im Sinne des durch die Wahrnehmungsgesellschaften geltend zu machenden § 20b UrhG darstellen, da dieser nach Auffassung des Gerichts nicht technologieneutral ist, sondern § 19a UrhG tangieren.[567] Somit könnte, nicht auf das existierende System des kollektiven Rechteerwerbs zurückgegriffen werden.[568] Nach anderer Auffassung spricht hingegen alles für einen dieses ermöglichenden technologieneutralen Ansatz des § 20b UrhG.[569]

236

VIII. Grenzüberschreitende Kollisionen

Das Internet führt seiner Natur nach zu Schwierigkeiten bei der Frage, welches Recht auf einen zu beurteilenden, urheberrechtsrelevanten Sachverhalt zur Anwendung kommt. Und so stellt sich auch für das Urheberrecht die Frage, ob das **Schutzlandprinzip** auch im Internet unbeschränkt gilt.[570] Alternativ denkbar wäre es nämlich, für Nutzungshandlungen im Internet

237

- an das am Standort des Servers[571] oder an das am Sitz, der Niederlassung oder an das am gewöhnlichen Aufenthaltsort des Verwerters geltende Recht,
- an das Recht des Ursprungslands[572] oder
- an die lex fori, d. h. des Rechtes des angerufenen Gerichts[573]

anzuknüpfen.

Gegen die Anknüpfung an den **Serverstandort**, den Sitz oder die Niederlassung oder den gewöhnlichen Aufenthaltsort spricht aber die Gefahr, dass sog. »**free havens**« entstehen, also Orte aufgesucht würden, an denen der Anbieter unbehelligt und der Urheber ungeschützt bliebe. Die Anknüpfung an das **Ursprungsland** würde als Abkehr vom Schutzlandprinzip im Widerspruch zu den internationalen Konventionen stehen und bei internationalen Entwicklerteams die kaum lösbare Frage aufwerfen, welches Recht zur Anwendung

238

---

564 So aber OLG Köln MMR 2006, 35 (36) unter Berufung auf die Rechtsprechung des BGH GRUR 1999, 707 (820) – Kopienversanddienst.
565 *Dreier* in: FS Ullmann, S. 37 (45).
566 *Schmittmann* MR-Int. 2010, 68.
567 LG Hamburg ZUM 2009, 582.
568 *Schmittmann* MR-Int. 2010, 68 f.
569 ÖstOGH ZUM 2009, 892 (zum Mobil-TV); *Schmittmann* MR-Int. 2010, 68 ff. (unter Hinweis auf die Historie des Art. 11bis RBÜ und m. w. N.); s. a. FA-GewRS/*Haberstumpf* Kap. 7 Rn. 190; *Schack* Rn. 464.
570 Gem. § 3 Abs. 4 Nr. 6 TMG ist das Urheberrecht innereuropäisch vom Herkunftslandprinzip nach der E-Commerce-Richtlinie (§ 3 TMG; Art. 3 der Richtlinie 2000/31/EG v. 08.06.2000) ausgenommen.
571 So *Dieselhorst* ZUM 1998, 293 (299); *Bechtold* GRUR 1998, 18 (23).
572 So *Intveen*, Internationales Urheberrecht und Internet.
573 So etwa Hoeren/Sieber/*Hoeren* Teil 7.10 Rn. 40 f.

kommt. Der letzte Ansatz (**lex fori**) ist nicht zuletzt deshalb abzulehnen, weil er ein Forum-Shopping fördern würde.

239   Richtig erscheint es nach alledem, auch bei Internetsachverhalten am Schutzlandprinzip festzuhalten.[574] Diskutieren lässt sich allenfalls, ob ein **hinreichender Inlandsbezug** erforderlich und an den Merkmalen der Spürbarkeit bzw. der Bestimmung der Website festgemacht werden könnte (Sprache, Top-Level-Domains, Disclaimer etc.).[575] Aber trennscharf lässt sich dies kaum festlegen. Entweder führen die Kriterien zulasten des Anbieters dazu, dass er sich nicht sicher sein kann, nicht doch eine Urheberrechtsverletzung zu begehen, ohne dies zu wollen, nur weil etwa sein Disclaimer als unzureichend angesehen wurde. Oder aber der Rechteinhaber kommt zu kurz, da entgegen der Aufmachung der Website, diese doch in ganz erheblichem Maße im nicht für sie bestimmten Ausland genutzt wird.

240   Hinzu kommt, dass es mitunter nicht ganz so leicht ist, Sende- und Übertragungsvorgänge im Internet materiell-rechtlich zu bewerten. Die öffentliche Wiedergabe bzw. Zugänglichmachung[576] erfolgt im Internet nicht nur, aber typischerweise auch aus dem Ausland oder dorthin. Insofern ist anzumerken, dass es angesichts des im Urheberrecht nach h. M. grundsätzlich geltenden Territorialitätsprinzips für die Anknüpfung des Rechts nicht allein auf den Ort der Einspeisung (Server bzw. Ort des Angebots), sondern auch auf den des Empfangs ankommt.[577] Die Richtlinie (und damit die §§ 19a, 69c Nr. 4 UrhG) sollte gerade die Gefahr einer Flucht in Urheberrechtsoasen bannen.[578]

E. DRM-Systeme

I. Der Schutz von und vor technischen Maßnahmen und DRM-Informationen

241   Weil digitale Informationen weitgehend anonym und ohne Qualitätsverlust kopierbar sind, steht seit geraumer Zeit infrage, ob ein Schutz allein durch das Urheberrecht und Leistungsschutzrechte ausreichend ist. Deshalb wurden technische Kopierschutzmittel und Nutzungskontrollmechanismen entwickelt sowie auf internationaler Ebene vereinbart, dass derartige technische Schutzmaßnahmen und digitale Informationen über die Rechteverwaltung selber vor Umgehungen oder Ausschaltung zu schützen sind.

242   So findet sich in Art. 11 WCT die Verpflichtung der Parteien des WCT, einen »angemessenen Rechtsschutz und wirksame Rechtsbehelfe gegen die Umgehung wirksamer technischer Maßnahmen vor[zusehen], die von Urhebern in Zusammenhang mit der Ausübung ihrer Rechte nach [dem WIPO-Urheberrechtsvertrag] oder unter der Berner Übereinkunft getroffen werden und die Handlungen in Bezug auf ihre Werke, die nicht von den betroffenen Urhebern gestattet oder gesetzlich erlaubt sind, einschränken.«

Und weiter regelt Art. 12 WCT die völkerrechtliche Verpflichtung der Parteien des WCT, »angemessene und wirksame Rechtsbehelfe gegen Personen vor[zusehen], die vorsätzlich eine der folgenden Handlungen vornehmen, obwohl sie wissen oder in Bezug auf zivilrecht-

---

574 So auch OLG München CR 2005, 821 (824); CR 2007, 40 (41) unter Hinweis auf BGHZ 136, 380 (385) – Spielbankaffäre.
575 So etwa OLG Köln NJW-RR 2008, 359 sowie zum Marken- und Wettbewerbsrecht BGH CR 2005, 360 – Hotel Maritime; CR 2006, 539 – Arzneimittelwerbung; s. a. OLG München CR 2005, 821 (824); CR 2007, 40 (41).
576 §§ 19a, 69c Nr. 4; beim Sui-generis-Schutz von Datenbanken: § 87b Abs. 1 UrhG.
577 Es gilt im Internet im Ergebnis die Bogsch-Theorie; s. a. *Dreier* ZUM 2002, 28 (32 f.); *Schack* Rn. 1060; *Thum* GRUR Int. 2001, 9 (20–23).
578 S. Begr. der Multimedia-Richtlinie, KOM [1997] 628 endg., S. 11 f.; *v. Gerlach* ZUM 1999, 278 (280); *Spindler* GRUR 2002, 105 (109, 120).

I. Der Schutz von und vor technischen Maßnahmen und DRM-Informationen

liche Rechtsbehelfe den Umständen nach wissen müssen, dass diese eine Verletzung eines unter [dem WIPO-Urheberrechtsvertrag] oder unter die Berner Übereinkunft fallenden Rechts herbeiführen, ermöglichen, erleichtern oder verbergen wird: (i) die unbefugte Entfernung oder Änderung elektronischer Informationen über die Rechteverwertung, (ii) die unbefugte Verbreitung, Einfuhr zur Verbreitung, Funksendung oder öffentliche Wiedergabe von Werken oder Vervielfältigungsstücken in Kenntnis dessen, dass elektronische Informationen über die Rechteverwaltung unbefugt entfernt oder geändert wurden.«

Ähnliche Regelungen enthalten Art. 18, 19 WPPT.

Nicht zuletzt aufgrund dieser Verpflichtungen hat die EU in Art. 6 und 7 Multimedia-Richtlinie die Mitgliedstaaten zu einem entsprechenden Schutz von und vor technischen Maßnahmen sowie in Bezug auf Informationen für die Rechtewahrnehmung verpflichtet. Der deutsche Gesetzgeber hat diese Vorgaben in den §§ 95a ff. UrhG umgesetzt.[579] In Ansehung des Art. 1 Abs. 2 und des Erwägungsgrunds 20 der Multimedia-Richtlinie hat der Gesetzgeber allerdings davon abgesehen, die Regelungen auch auf Computerprogramme anzuwenden.[580] Für diese bleibt es allein bei dem schon vorher kodifizierten Schutz von technischen Maßnahmen durch § 69f UrhG.[581] Dieses wird durch § 69a Abs. 5 UrhG klargestellt, führt aber zu schwierigen Abgrenzungsproblemen.[582] Weiter sind die §§ 95a ff. UrhG abzugrenzen von den Regelungen des Zugangskontrolldiensteschutzgesetzes (ZKDSG).[583]

243

Im Überblick stellt sich das **Schutzsystem** nunmehr wie folgt dar:

244

	Nach dem UrhG geschützte Werke und Leistungen (mit Ausnahme von Computerprogrammen)	Computerprogramme
Schutz von technischen Maßnahmen	§ 95a UrhG	§ 69f Abs. 2 UrhG
Schutz der zur Rechtewahrnehmung erforderlichen Informationen	§ 95c UrhG	
Schutz vor technischen Maßnahmen	§ 95b UrhG	§ 69d UrhG (str.)
Kennzeichnungspflichten	§ 95d UrhG	(§§ 3, 5 UWG)

Trotz dieses mittlerweile geschaffenen Rechtsrahmens haben sich in der Praxis Kopierschutzmaßnahmen und DRM-Systeme nur vereinzelt durchgesetzt, sodass die §§ 95a ff. UrhG im Schrifttum kritisch beäugt werden.[584]

245

1. Schutzgegenstände

DRM-Systeme werden regelmäßig durch technische Schutzmaßnahmen i. S. v. § 95a UrhG sowie bestimmte zur Rechtewahrnehmung erforderliche Informationen i. S. v. § 95c UrhG realisiert. Dementsprechend wird der Schutz von und vor DRM-Systemen letztlich über die §§ 95a ff. UrhG realisiert.

246

---

579 Zu deren Verfassungsmäßigkeit BVerfG ZUM 2005, 812.
580 Dieses kritisierend *Lindhorst* S. 117, 121 f.
581 Dazu oben unter Rdn. 149–151.
582 Dazu im Detail Wandtke/Bullinger/*Grützmacher* § 69a Rn. 80–83; *Kreutzer* CR 2007, 1; dies wird verkannt von LG München MMR 2008, 839 (840 f.).
583 Abgedruckt BGBl. I, 1090.
584 So etwa *Lehmann* in: FS Pagenberg, S. 415.

a) Technische Maßnahmen

247 Sowohl der Verbotstatbestand des § 95a Abs. 1 UrhG als auch der Verbotstatbestand des § 95a Abs. 3 UrhG setzen wirksame technische Maßnahmen zum Schutz eines nach dem UrhG geschützten Werkes oder sonstigen Schutzgegenstandes voraus. Dabei wird sowohl der Begriff der technischen Maßnahme als auch die Frage, ab wann eine technische Maßnahme wirksam ist, gemäß § 95a Abs. 2 UrhG legal definiert.

248 **Technische Maßnahmen** sind gemäß § 95a Abs. 2 S. 1 UrhG Technologien, Vorrichtungen und Bestandteile, die im normalen Betrieb dazu bestimmt sind, Schutzgegenstände des Urheberrechtsgesetzes betreffende Handlungen, die vom Rechtsinhaber nicht genehmigt sind, zu verhindern oder einzuschränken. Es geht also um den Schutz nur solcher Mechanismen, die sich prinzipiell mit dem Schutz nach dem Urheberrechtsgesetz decken, denn nur nach dem Urheberrechtsgesetz erfasste und zugunsten des Rechteinhabers geschützte Handlungen bedürfen der Genehmigung durch den Rechtsinhaber.[585] Wird mit entsprechenden technischen Mechanismen mehr verfolgt als urheberrechtlich bzw. leistungsschutzrechtlich geschützt werden soll, besteht insofern für diesen überschießenden technischen Schutz auch kein Schutz gemäß § 95a UrhG. Schwierigkeiten bereitet dabei allerdings, dass die meisten Schutzmechanismen im Zweifel sowohl für nach dem Urheberrechtsgesetz geschützte Handlungen als auch für nicht geschützte Handlungen genutzt werden könnten. Plastisch wird dieses schon, wenn man sich vor Augen führt, dass entsprechende Schutzrechte eine begrenzte Schutzdauer haben. Aber auch im Übrigen ist theoretisch ein technischer Schutz gegen solche Handlungen möglich, welche teils urheberrechts-, teils aber auch nur vertragsrelevant sind. So ist das Speichern im Arbeitsspeicher einerseits eine urheberrechtsrelevante Handlung, anderseits aber der wiederholte Werkgenuss allenfalls von vertraglicher Relevanz. Weiter zeigt § 95b UrhG, dass die Schrankenbestimmungen der §§ 44a ff. UrhG der Qualifikation als technische Maßnahmen i. S. d. § 95a Abs. 2 UrhG nicht entgegenstehen.[586] Geprüft werden muss im Sinne eines Primats des technischen Schutzes jeweils, **ob urheberrechtsrelevante Handlungen vorliegen**, nicht hingegen, ob diese durch Ausnahmebestimmungen gerechtfertigt sind. In diesem Sinne ist der Schutz technischer Maßnahmen gemäß § 95a UrhG mehr als ein Schutz vor Rechtsverletzungen.[587] Geschützt werden vielmehr technische Maßnahmen gegen Handlungen, die – ob erlaubt oder unerlaubt – in das Urheberrecht eingreifen. Auch muss in Anbetracht der Zielrichtung des Gesetzes zumindest mit Blick auf die Definition der technischen Maßnahme für die Frage, inwieweit technische Mechanismen, die teilweise urheberrechtsrelevante Nutzungen erfassen, geschützt sind, ein großzügigerer Maßstab angenommen werden. In diesem Sinne verdienen solche Maßnahmen Rechtsschutz, bei denen der Rechtsinhaber sich auf die §§ 95a ff. UrhG nicht einfach nur rechtsmissbräuchlich beruft.[588] Schließlich fordert die Legaldefinition des § 95a Abs. 2 UrhG, dass die Technologien, Vorrichtungen oder Bestandteile »im normalen Betrieb dazu bestimmt sind«, urheberrechtsrelevante Handlungen zu verhindern oder einzuschränken. Auch dieses spricht dafür, dass hier auf einer abstrakteren Ebene und nicht allein auf Basis des konkreten Einzelfalls geprüft werden muss, inwieweit ein Schutz durch entsprechende Maßnahmen denkbar ist. Es kommt also in diesem Sinne auf das grundsätzliche Potenzial an.

249 Technische Schutzmaßnahmen i. S. d. § 95a Abs. 2 S. 1 UrhG können sowohl durch Hardware als auch durch Software implementiert sein.[589] Umfasst sind regelmäßig die **Nut-**

---

585 Vgl. Dreier/Schulze § 95 Rn. 9; Loewenheim/*Peukert*, Hdb UrhR, § 34 Rn. 2 f.
586 Vgl. auch OLG München CR 2009, 33 (37) – Any-DVD II; LG München CR 2008, 186 (188).
587 So auch Loewenheim/*Peukert*, Hdb UrhR, § 34 Rn. 4.
588 Loewenheim/*Peukert*, Hdb UrhR, § 34 Rn. 6.
589 BT-Drs. 15/38, 26; OLG München CR 2005, 821 (822); ähnlich OLG München CR 2009, 33 (35) – Any-DVD II.

I. Der Schutz von und vor technischen Maßnahmen und DRM-Informationen

zungs- und die Integritätskontrolle.[590] Hierzu zählen auch Software- und Hardwarekomponenten von Spielkonsolen, die nur das Abspielen von Originaldatenträgern erlauben,[591] sowie spezielle Formatierungen für Cartridges mit Software.[592] Strittig ist hingegen, inwieweit auch die **Zugangskontrolle** im Rahmen des § 95a UrhG geschützt ist.[593] Zunächst einmal besteht hier ein Schutz nach dem ZKDSG, sodass schon infrage steht, inwieweit die Regelungen kumulativ greifen.[594] Andererseits schützt § 95a UrhG zumindest insoweit Zugangskontrollmechanismen nicht, wie nach dem Urheberrechtsgesetz kein Schutz von Werken und Gegenständen des Leistungsschutzes gegen den unberechtigten Zugang, d. h. gegen die unberechtigte Nutzung besteht.[595] Richtig ist es daher, davon auszugehen, dass partielle Überschneidungen zwischen § 95a UrhG und dem ZKDSG bestehen.[596]

Gem. § 95a Abs. 2 S. 2 UrhG muss die technische Maßnahme **wirksam** sein, d. h. durch die technische Schutzmaßnahme muss der durchschnittliche Benutzer von Urheberrechtsverletzungen abgehalten werden können.[597] Da auf den durchschnittlichen Benutzer abgestellt werden muss,[598] führt nicht schon die Existenz von Umgehungsmitteln bzw. -programmen (etwa im Internet) zur Unwirksamkeit des Schutzes.[599] Indizien für die Wirksamkeit der technischen Maßnahme kann die Werbung des Herstellers eines Umgehungsmittels für dieses[600] oder eine entsprechende Berichterstattung über das Kopierschutzsystem in der Fachpresse[601] sein. Demgegenüber ist ein digitaler Kopierschutz (bzw. ein DRM-System) in diesem Sinne i. d. R. keine wirksame technische Maßnahme mit Blick auf analoge Kopien.[602] Und auch Umgehungslösungen, die programmtechnisch ohne besonderen Anspruch zu lösen sind, zeigen, dass ein technischer Schutz nicht wirksam war.[603]

250

b) Zur Rechtewahrnehmung erforderliche Informationen

Gemäß § 95c UrhG sind weiterer Schutzgegenstand der §§ 95a ff. UrhG Informationen für die Rechtewahrnehmung. Diese sind gemäß § 95c Abs. 2 UrhG legal definiert, und zwar als »elektronische Informationen, die Werke oder andere Schutzgegenstände, den Urheber oder jeden anderen Rechtsinhaber identifizieren, Informationen über die Modalitäten und Bedingungen für die Nutzung der Werke oder Schutzgegenstände sowie die Zahlen und Codes, durch die derartige Informationen ausgedrückt werden«. Es geht dabei um **drei Kategorien** von Informationen, nämlich um:

251

- elektronische Informationen, die Werke und andere Schutzgegenstände, den Urheber oder jeden anderen Rechtsinhaber identifizieren,
- Informationen über die Modalitäten und Bedingungen für die Nutzung sowie

---

590 A. A. Wandtke/Bullinger/*Wandtke/Ohst* § 95a Rn. 17.
591 LG München MMR 2008, 839 (841).
592 So zu speziellen Formatierungen für Spielkonsolen LG München CR 2010, 76 f.
593 Vgl. dazu im Detail Wandtke/Bullinger/*Wandtke/Ohst* § 95a Rn. 15. Siehe zu sog. Session-IDs: OLG Hamburg CR 2010, 125 – Session-ID; zu der Entscheidung auch BGH CR 2010, 41 – Session-ID.
594 Dagegen *Arlt* GRUR 2005, 548 (552): §§ 95a ff. UrhG sind spezieller.
595 Loewenheim/*Peukert*, Hdb UrhR, § 34 Rn. 5, der darauf hinweist, dass etwa das Senderecht nicht den Empfang, sondern alleine die Ausstrahlung betrifft.
596 Wandtke/Bullinger/*Wandtke/Ohst* § 95a Rn. 7.
597 Wandtke/Bullinger/*Wandtke/Ohst* § 95a Rn. 50 m. w. N.; a. A. *Lindhorst* S. 119, der ein Abstellen auf den Durchschnittsbenutzer ablehnt und stattdessen von einer unwirksamen Maßnahme dann ausgeht, wenn eine völlig unzureichende, offensichtlich untaugliche technische Maßnahme vorliegt.
598 So auch OLG Hamburg CR 2010, 125 – Session-ID; zu der Entscheidung auch BGH CR 2010, 41 – Session-ID.
599 OLG München CR 2009, 33 (35) – Any-DVD II m. w. N.; OLG Hamburg CR 2010, 45 (46).
600 OLG München CR 2009, 33 (35) – Any-DVD II unter Hinweis auf BGH WRP 2008, 1449 Tz. 19 – Clone-CD.
601 LG München CR 2008, 186 (188): »einfaches Bestreiten« reicht dann nicht.
602 LG Frankfurt/M. MMR 2006, 766 (767); dazu krit. *Schippan* ZUM 2006, 853 (862).
603 OLG Hamburg CR 2010, 125 – Session-ID; zu der Entscheidung auch BGH CR 2010, 41 – Session-ID.

- Zahlen und Codes, durch die derartige Informationen ausgedrückt werden.

252 Beispiele sind digital in den Datensätzen übermittelte Angaben über den Urheber, aber auch digitale Wasserzeichen, sofern sie auch Informationen zur Identifikation des Urhebers und Rechtsinhabers enthalten.[604] *Peukert* bezeichnet diese Daten als Metadaten.[605]

253 Auch im Rahmen von § 95c UrhG ist wiederum zu prüfen, inwieweit die Informationen sich auf urheberrechtliche Aspekte beziehen. Keine im Sinne dieser Definition geschützten Informationen sind etwa solche, welche den Nutzer identifizieren oder aber auch Informationen über vertragliche Vergütungsabreden.[606]

2. Verbotene Handlungen

a) Verbotene Handlungen bei technischen Schutzmaßnahmen

aa) Verbot der Umgehung technischer Maßnahmen

254 Gemäß § 95a Abs. 1 UrhG wird ein Schutz gegen die Umgehung wirksamer technischer Maßnahmen gewährt, soweit dem Handelnden bekannt ist oder den Umständen nach bekannt sein muss, dass die Umgehung erfolgt, um den Zugang zu einem solchen Werk oder Schutzgegenstand oder deren Nutzung zu ermöglichen. – Der Schutz geht damit deutlich über den des § 69f Abs. 2, 2. Alt. UrhG für Computerprogramme hinaus. – Eine Umgehung i. S. v. § 95a Abs. 1 UrhG liegt immer dann vor, wenn eine wirksame technische Maßnahme **ausgeschaltet** wird. In diesem Sinne stellt dies einen (**abstrakten**) **Vorfeldschutz** dar, denn eine urheberrechtliche Nutzung auf der anderen Seite ist zur Verwirklichung des Verbotstatbestands des § 95a Abs. 1 UrhG nicht erforderlich. Noch weiter gehend werden gemäß § 95a Abs. 3 UrhG bereits Vorbereitungshandlungen verboten.[607] Keine verbotene Umgehung liegt vor, wenn der Nutzer bei bestehendem digitalen Kopierschutz eine analoge Kopie fertigt.[608]

255 Auf der Ebene des subjektiven Tatbestandes ergibt sich aus der Norm, dass zwar einerseits eine Zugangs- oder Nutzungsabsicht vorliegen muss, dass aber andererseits für die Umgehung des technischen Schutzes entgegen der amtlichen Begründung **keine Umgehungsabsicht**[609] erforderlich ist, sondern einfache Fahrlässigkeit ausreicht.[610]

256 Angeführt wird in diesem Zusammenhang etwa eine Umgehung, deren wirtschaftlicher Zweck oder Nutzen ein anderer als der der Umgehung technischer Maßnahmen ist, wobei insbesondere die Kryptografie angeführt wird, oder bei dem eine Untersuchung im Interesse der Forschung erfolgt.[611]

bb) Verbotene Vorbereitungshandlungen

257 Verboten sind gemäß § 95a Abs. 3 UrhG auch bestimmte Vorbereitungshandlungen. Dieser Schutz verlagert den ohnehin schon aufgrund des § 95a Abs. 1 UrhG bestehenden Vorfeld-

---

604 *Dreier*/Schulze § 95c Rn. 7.
605 Loewenheim/*Peukert*, Hdb UrhR, § 35 Rn. 1 ff.
606 Loewenheim/*Peukert*, Hdb UrhR, § 35 Rn. 5 Fn. 6; a. A. *Reinbothe/v. Lewinski* Art. 12 WCT Rn. 18.
607 OLG München CR 2009, 33 (35) – Any-DVD II.
608 LG Frankfurt/M. MMR 2006, 766 (767): Der Vertrieb und die Bewerbung einer Software, welche analoge Kopien eines mittels DRM-System verschlüsselten Online-Musikdienstes im Wege der Re-Digitalisierung ermöglicht, können aber unlauter i. S. v. §§ 3, 4 Nr. 10, 8 UWG sein.
609 Vgl. Begr. BT-Drs. 15/38, 26; s. a. Beschlussempfehlung BT-Drs. 15/837, 53.
610 So auch *Flechsig* ZUM 2002, 1 (16); a. A. *Spindler* GRUR 2002, 105 (116), der wohl von einem Erfordernis grober Fahrlässigkeit ausgeht.
611 Loewenheim/*Peukert*, Hdb UrhR, § 34 Rn. 17 mit Verweis auf die Begr. BT-Drs. 15/38, 26 sowie den Erwägungsgrund 48 der Multimedia-Richtlinie.

I. Der Schutz von und vor technischen Maßnahmen und DRM-Informationen

schutz über die völkerrechtlichen Anforderungen hinaus.[612] Für die Praxis erleichtert die Regelung den Beweis einer rechtswidrigen Handlung, führt aber zugleich zu weiteren Abgrenzungsschwierigkeiten. Die Regelung geht auch über solche Handlungen hinaus, welche im Rahmen des § 69f UrhG für Computerprogramme erfasst werden. Dort ist ein Vorfeldschutz allenfalls über die § 97 UrhG, §§ 3, 4 Nr. 10 UWG und §§ 823, 826 BGB zu erreichen.[613]

Erfasst werden durch § 95a Abs. 3 UrhG zunächst **Umgehungsmittel**, seien es hard- oder softwareimplementierte Vorrichtungen, Erzeugnisse oder Bestandteile. Anerkannte **Beispiele** hierfür sind etwa Hardwareadapter[614] oder Softwareprogramme, welche hardwareimplementierte Kopiermechanismen ausschalten (z. B. bestimmte Brennersoftware),[615] aber etwa auch Software, die Passwörter von legalen Nutzern ausspäht[616] und dann einsetzt,[617] oder Emulatorensoftware.[618] Allerdings ist nicht definiert, was genau eine Umgehung und was Umgehungsmittel sind. So wird in der Rspr. diskutiert, ob eine Eignung zur Umgehung bereits vorliege, wenn die Umgehung nur im Zusammenspiel mit weiteren, dem Hersteller nicht zurechenbaren Bestandteilen möglich wäre.[619] Unglücklich ist, dass der Gesetzgeber sich im Weiteren bei den verbotenen Handlungen nicht an die Terminologie des Urheberrechtsgesetzes hält, sondern »die Herstellung, die Einfuhr, die Verbreitung, den Verkauf, die Vermietung, die Werbung im Hinblick auf Verkauf oder Vermietung sowie den gewerbliche[n] Zwecken dienende[n] Besitz«[620] von Umgehungsmitteln verbietet, dabei aber ganz andere Kriterien heranzieht. So ist etwa bei der Vermietung und der Verbreitung eine körperliche Überlassung nicht erforderlich. Vielmehr ist nach Sinn und Zweck des § 95a UrhG entscheidend und ausreichend, dass ein Umgehungsmittel dauerhaft oder auch nur vorübergehend weitergegeben wird,[621] was etwa auch die Leihe oder aber die öffentliche Zugänglichmachung über das Internet umfasst.[622] Auf der anderen Seite erfordert die Verbreitung i. S. v. § 95a Abs. 3 UrhG abweichend vom Verbreitungsbegriff des § 17 UrhG mehr als nur ein Angebot, sodass insofern auch nicht von einem »Verkauf« im Gesetzessinne, sondern von »Werbung« auszugehen ist.[623] Werbung ist »jede Äußerung bei der Ausübung eines Handels, Gewerbes, Handwerks oder freien Berufs mit dem Ziel, den Absatz von Waren oder die Erbringung von Dienstleistungen einschließlich unbeweglicher Sachen, Rechte oder Verpflichtungen zu fördern«.[624] Nach h.Rspr. reicht aber sogar schon das private, nichtgewerbliche Angebot (etwa auf eBay).[625] Es genügt das Angebot zum Verkauf eines einzelnen Gegenstandes.[626] Abzugrenzen ist Werbung von redaktioneller Berichterstattung.[627]

258

---

612 Vgl. dazu Loewenheim/*Peukert*, Hdb UrhR, § 34 Rn. 18 m. w. N.
613 S. dazu oben unter Rdn. 152.
614 LG München MMR 2008, 839 (841); CR 2010, 76 (77).
615 So etwa in den Entscheidungen BGH WRP 2008, 1449 (1451) – Clone-CD; LG Köln MMR 2006, 412 (415); OLG München CR 2005, 821 (822).
616 OLG Celle CR 2010, 632 (633): Hackersoftware zum Ausspähen von Daten und Cracking von Passwörtern (Hashes).
617 Vgl. *Linnenborn* K&R 2002, 571 (574).
618 Vgl. OLG Hamburg CR 2010, 45 (46).
619 Dafür tendenziell wohl OLG Hamburg CR 2010, 45 (47).
620 Den Fall des gewerblichen Zwecken dienenden Besitzes weit auslegend OLG Celle CR 2010, 632 (633).
621 Vgl. LG Köln MMR 2006, 412 (415).
622 Vgl. Wandtke/Bullinger/*Wandtke/Ohst* § 95a Rn. 74.
623 LG Köln MMR 2006, 412 (415).
624 OLG München CR 2005, 821 (823) in Anlehnung an Art. 2 Nr. 1 der Richtlinie de s Rates v. 10.09.1984 zu Angleichung der Rechts- und Verwaltungsvorschriften der Mitgliedstaaten über irreführende Werbung; vgl. auch BGH WRP 2008, 1449 (1451) – Clone-CD.
625 BGH WRP 2008, 1449 (1450) – Clone-CD; LG Köln MMR 2006, 412 (415 f.).
626 BGH WRP 2008, 1449 (1450) – Clone-CD.
627 OLG München CR 2005, 821 (823).

259 Darüber hinaus wird auch die **Erbringung von Dienstleistungen** untersagt, die rechtswidrigen Zwecken i. S. d. § 95a Abs. 3 UrhG dient. Die amtliche Begründung nennt insoweit die Anleitung zur Umgehung von technischen Maßnahmen.[628] Nach h. M. muss die Anleitung so konkret sein, dass der interessierte Durchschnittsnutzer mit ihrer Hilfe die Schutzmaßnahmen ohne weitere Informationen umgehen kann.[629] Weiter können hierunter etwa auch die Veröffentlichung von Passwörtern oder Entschlüsselungscodes fallen.[630]

260 **Verboten** sind **Vorbereitungshandlungen** allerdings nur, wenn die Umgehungsmittel oder erbrachten Dienstleistungen:
- Gegenstand einer Verkaufsförderung, Werbung oder Vermarktung mit dem Ziel der Umgehung wirksamer technischer Maßnahmen sind (Nr. 1) oder
- abgesehen von der Umgehung wirksamer technischer Maßnahmen nur einen begrenzten wirtschaftlichen Zweck oder Nutzen haben (Nr. 2) oder
- hauptsächlich entworfen, hergestellt, angepasst oder erbracht werden, um die Umgehung wirksamer technischer Maßnahmen zu ermöglichen oder zu erleichtern[631] (Nr. 3).

261 Man kann sich vor diesem Hintergrund also fragen, ab wann eigentlich eine Werbung nicht mehr speziell auf den Umgehungszweck abzielt oder auch ab wann Forschungstätigkeit in diesem Bereich nicht mehr eine Dienstleistung ist, welche hauptsächlich erbracht wird, um die Umgehung wirksamer technischer Maßnahmen zu ermöglichen oder zu erleichtern. Der Gesetzgeber hat auch insoweit wiederum Hinweise gegeben.[632]

262 Schwierig ist die Abgrenzung auch mit Blick auf solche Umgehungsmittel, die erforderlich sind, um nach § 69d und § 69e UrhG zulässige Handlungen vorzunehmen, welche also mit Blick auf den Einsatz bei Computerprogrammen legal sind.[633]

263 In der Rechtsprechung wird in den Tatbestand des § 95a Abs. 3 UrhG teils ein subjektives Tatbestandsmerkmal hineingelesen, nämlich ein Fahrlässigkeitserfordernis.[634] Dem Wortlaut ist dies nicht zu entnehmen, sodass es richtig erscheint, den Tatbestand insofern nicht zu eng zu fassen.[635] Zu bedenken ist insofern, dass **Unterlassungsansprüche** allgemein **auch ohne Verschulden**, Schadensersatzansprüche im Rahmen von § 97 UrhG bzw. § 823 Abs. 2 S. 2 BGB ohnehin nur bei Verschulden bestehen.[636]

b) Verbotene Handlungen bei zur Rechtewahrnehmung erforderlichen Informationen

aa) Verbot der Entfernung oder Veränderung von Informationen

264 Nach § 95c Abs. 1 UrhG dürfen von Rechtsinhabern stammende Informationen für die Rechtewahrnehmung nicht entfernt oder verändert werden. Dies gilt soweit irgendeine der betreffenden Informationen entweder an einem Vervielfältigungsstück eines Werkes oder eines sonstigen Schutzgegenstandes angebracht ist oder im Zusammenhang mit der öffentlichen Wiedergabe eines solchen Werkes oder Schutzgegenstandes erscheint. Der subjektive Tatbestand des § 95c Abs. 1 UrhG fordert zudem, dass die Entfernung oder Ver-

---

[628] Begr. BT-Drs. 15/38, 26.
[629] So OLG München CR 2005, 821 (823) unter Hinweis auf Wandtke/Bullinger/*Wandtke/Ohst* § 95a Rn. 81; a. A. *Scheja* CR 2005, 826: Angebot muss so konkret sein, dass Umgehung der Schutzmaßnahmen »ohne nennenswerten Aufwand« möglich ist.
[630] Loewenheim/*Peukert*, Hdb UrhR, § 34 Rn. 22.
[631] So etwa im Fall LG München MMR 2008, 839 (841).
[632] Vgl. dazu Erwägungsgrund 48 der Multimedia-Richtlinie.
[633] Vgl. Loewenheim/*Peukert*, Hdb UrhR, § 34 Rn. 25 mit Hinweis auf Erwägungsgrund 50 der Multimedia-Richtlinie.
[634] So das LG Köln MMR 2006, 412 (416), das dieses »[a]uf Grund der gebotenen verfassungskonformen Auslegung« fordert.
[635] Auf einen besonderen Tatbestand verzichtend *Spindler* GRUR 2002, 105 (116).
[636] So nunmehr auch BGH WRP 2008, 1449 (1452) – Clone-CD.

änderung **wissentlich unbefugt** erfolgt und dem Handelnden bekannt ist oder den Umständen nach bekannt sein muss, dass er dadurch die Verletzung von Urheberrechten oder verwandter Schutzrechte veranlasst, ermöglicht, erleichtert oder verschleiert.

bb) Verbotene Verwertungshandlungen

Nach § 95c Abs. 3 UrhG dürfen Werke oder sonstige Schutzgegenstände, bei denen Informationen für die Rechtewahrnehmung unbefugt entfernt oder geändert wurden, sodann nicht wissentlich unbefugt verbreitet, zur Verbreitung eingeführt, gesendet, öffentlich wiedergegeben oder öffentlich zugänglich gemacht werden. Der subjektive Tatbestand des § 95c Abs. 3 UrhG verlangt zudem, dass dem Handelnden bekannt ist oder den Umständen nach bekannt sein muss, dass er dadurch die Verletzung von Urheberrechten oder verwandter Schutzrechte veranlasst, ermöglicht, erleichtert oder verschleiert. 265

3. Grenzen des Schutzes von DRM-Systemen

a) Ausnahme vom Schutz technischer Maßnahmen

Nach § 95a Abs. 4 UrhG greift der Schutz technischer Maßnahmen nicht gegenüber Aufgaben und Befugnissen öffentlicher Stellen zum Zwecke des Schutzes der öffentlichen Sicherheit oder der Strafrechtspflege. Insofern besteht also eine direkte Beschränkung des § 95a UrhG. 266

b) Durchsetzung von Schrankenbestimmungen

Demgegenüber gilt mit Blick auf die originären Schrankenbestimmungen des Urheberrechts, dass diese gem. § 95b UrhG nicht etwa auch als Schranken gegenüber dem Schutz von technischen Maßnahmen greifen. Vielmehr besteht für den Rechtsinhaber, der technische Maßnahmen anwendet, nur die Pflicht bzw. diesem gegenüber ein Recht der Begünstigten der Durchsetzung bestimmter Schrankenbestimmungen. 267

Diesen müssen, soweit sie rechtmäßig Zugang zu dem Werk oder Schutzgegenstand haben, die notwendigen Mittel zur Verfügung gestellt werden, um von den Schrankenbestimmungen in dem erforderlichen Maße Gebrauch machen zu können. Namentlich sind **folgende Schranken** betroffen: 268
- § 45 (Rechtspflege und öffentliche Sicherheit),
- § 45a (Behinderte Menschen),
- § 46 (Sammlungen für Kirchen-, Schul- oder Unterrichtsgebrauch mit Ausnahme des Kirchengebrauchs),
- § 47 (Schulfunksendungen),
- § 52a (Öffentliche Zugänglichmachung für Unterricht und Forschung),
- § 53 (Vervielfältigungen zum privaten und sonstigen eigenen Gebrauch), aber nur Abs. 1, soweit es sich um Vervielfältigungen auf Papier oder einen ähnlichen Träger mittels beliebiger fotomechanischer Verfahren oder anderer Verfahren mit ähnlicher Wirkung handelt, Abs. 2 S. 1 Nr. 1, Abs. 2 S. 1 Nr. 2 in Verbindung mit S. 2 Nr. 1 oder 3, Abs. 2 S. 1 Nr. 3 und 4 jeweils in Verbindung mit S. 2 Nr. 1 und S. 3 und Abs. 3, und
- § 55 (Vervielfältigung durch Sendeunternehmen).

§ 95b Abs. 1 UrhG ist **zwingendes Recht**, wie sich aus S. 2 ergibt. 269

Die Verpflichtung gem. § 95b Abs. 1 und 2 UrhG gelten aber nach Abs. 3 nicht, soweit Werke und sonstige Schutzgegenstände der Öffentlichkeit aufgrund einer vertraglichen Vereinbarung in einer Weise zugänglich gemacht werden, dass sie Mitgliedern der Öffentlichkeit von Orten und zu Zeiten ihrer Wahl zugänglich sind. 270

c) Kartellrechtliche Beschränkungen

271 Der Schutz nach § 95a UrhG ist mitunter auch kartellrechtlichen Beschränkungen ausgesetzt.[637] Dies gilt sowohl mit Blick auf marktmächtige Rechte- wie DRM-Anbieter.

4. Sanktionen

272 Neben den in den § 108b und § 111a UrhG geregelten **straf- und bußgeldrechtlichen Sanktionen** können Verstöße gegen § 95a UrhG und § 95c UrhG zu **Unterlassungs- und Schadensersatzpflichten** führen, wie sich daraus ergibt, dass diese mit der h. M. als Schutzgesetz i. S. v. § 823 Abs. 2 BGB anzusehen sind.[638] Durch das Schutzgesetz Begünstigte sind z. B. Tonträgerhersteller.[639] Demgegenüber ist es strittig, ob auch direkt oder zumindest analog auf § 97 UrhG zurückgegriffen werden kann.[640] Auf Unterlassen kann auch der Störer in Anspruch genommen werden. Weder Täter noch Störer in diesem Sinne ist der Verfasser eines (Online-) Artikels, der kritisch distanziert über ein Umgehungsmittel informiert, und zwar in Ansehung von Art. 5 GG nach Auffassung des BGH auch dann nicht, wenn in dem Online-Artikel ein Hyperlink zum Downloadangebot für ein Umgehungsmittel integriert ist.[641]

II. Kennzeichnungspflichten

273 Nach § 95d UrhG sind Werke und andere Schutzgegenstände, die mit technischen Maßnahmen geschützt werden, deutlich sichtbar mit Angaben über die Eigenschaften der technischen Maßnahmen zu kennzeichnen. Bei Computerprogrammen, für die diese Kennzeichnungspflicht nach § 69a Abs. 5 UrhG nicht gilt, kann sich eine entsprechende Kennzeichnungspflicht aber aus §§ 3, 5 UWG ergeben.[642] Daneben fragt sich jeweils, ob ein Kopierschutz oder sonstiger Kontrollmechanismus einen Mangel darstellt, wenn es an einer entsprechenden Kennzeichnung fehlt.[643]

274 Wer Werke und andere Schutzgegenstände mit technischen Maßnahmen schützt, hat diese zudem grundsätzlich nach § 95d Abs. 2 UrhG zur Ermöglichung der Geltendmachung von Ansprüchen mit seinem Namen oder seiner Firma und der zustellungsfähigen Anschrift zu kennzeichnen.

---

[637] Dazu ausführl. *Arlt* GRUR 2005, 1003.
[638] BGH WRP 2008, 1449 (1450 f.) – Clone-CD; LG Köln MMR 2006, 412 (413); OLG München CR 2009, 33 (36) – Any-DVD II; LG München CR 2008, 186 (187); OLG München CR 2005, 821 (824); Wandtke/Bullinger/*Wandtke/Ohst* § 95a Rn. 88; *Dreier*/Schulze § 95a Rn. 5; a. A. *Spieker* GRUR 2004, 475: lediglich Sanktionen des Straf- und Ordnungswidrigkeitenrechts gem. §§ 108b und 111a Abs. 1 Nr. 1 und Abs. 2 UrhG; offen lassend OLG Hamburg CR 2010, 45 f.
[639] BGH WRP 2008, 1449 (1450 f.) – Clone-CD; OLG München CR 2009, 33 (35) – Any-DVD II; LG München CR 2008, 186 (187).
[640] Dafür LG Köln MMR 2006, 412 (413 f.); Wandtke/Bullinger/*Wandtke/Ohst* § 95a Rn. 88; a. A. *Spieker* GRUR 2004, 475 (478); *Schack* Rn. 839; *Lindhorst* S. 142 f.; offen lassend BGH WRP 2008, 1449 (1450, 1452) – Clone-CD.
[641] BGH GRUR 2011, 513 (514 ff.); a. A. OLG München CR 2009, 33 (35 ff.) – Any-DVD II; LG München CR 2008, 186 (190 f.); OLG München CR 2005, 821 (824 f.); vgl. zu dieser Entscheidung auch BVerfG ZUM 2007, 378 sowie die Entscheidung der Vorinstanz, LG München ZUM 2005, 494.
[642] Vgl. OLG München CR 2001, 11: fehlender Hinweis auf Programmsperre irreführend i. S. v. § 3 UWG a. F.
[643] So *Lapp* ITRB 2003, 151 (153 f.).

Kapitel 19
Das Recht der Domainnamen, Kennzeichen- und Wettbewerbsrecht

Schrifttum

Abel, Generische Domains, Geklärte und ungeklärte Fragen zur Zulässigkeit beschreibender second-level-Domains nach dem Urteil des BGH vom 17.05.2001 – mitwohnzentrale.de, WRP 2001, 1426; *Becker*, Verteilungsgerechtigkeit und gebotene Benutzung im Domainrecht, GRUR Int 2010, 202; *ders.*, Das Domainrecht als subjektives Recht, GRUR Int. 2010, 940; *Beier*, Der Zugriff des Rechteinhabers auf den Domainnamen – Ein Trauerspiel?, in: *Beier/Brüning-Petit/Heath* (Hrsg.), FS für Jochen Pagenberg, 2006, S. 99 (zit. *Beier* in: FS Pagenberg);, 2006; *Bettinger*, Kennzeichenrecht im Cyberspace: Der Kampf um die Domainnamen, GRUR Int. 1997, 402; *ders.*, ICANN's Uniform Domain Name Dispute Resolution Policy, CR 2000, 234; *ders.*, Alternative Streitbeilegung für .eu, WRP 2006, 548; *Bettinger/Freytag*, Verantwortlichkeit der DENIC e. G. für rechtswidrige Domains?, CR 1999, 28; *Bettinger/Thum*, Territoriales Markenrecht im Global Village – Überlegungen zu internationaler Tatortzuständigkeit, Kollisionsrecht und materiellem Recht bei Kennzeichenkonflikten im Internet, GRUR Int. 1999, 659; *Biermann*, Kennzeichenrechtliche Probleme des Internets: Das Domain-Name-System, WRP 1999, 997; *Boecker*, Der Löschungsanspruch in der registerkennzeichenrechtlich motivierten Domainstreitigkeit, GRUR 2007, 370; *Bottenschein*, Namensschutz bei Streitigkeiten um Internetdomains, MMR 2001, 286; *Breuer/Steger*, Zur kartellrechtlichen Durchsetzbarkeit eines Registrierungsanspruchs auf eine Zwei-Buchstaben-Domain, WRP 2008, 1482; *Bücking*, Internet-Domains – Neue Wege und Grenzen des bürgerlich- rechtlichen Namensschutzes, NJW 1997, 1886; *Bücking/Angster*: Domainrecht, 2. Aufl. 2010, Stuttgart; *Buchner*, Generische Domains, GRUR 2006, 984; *Bunnenberg*, Internetdomains zwischen Markenrecht und Namensrecht, MarkenR 2010, 69; *Dieselhorst*, Anm. zu bodenseeklinik.net, Urt. vom 06.10.2000, CR 2001, 420; *Dreyfuss/Ginsburg*, Principles Governing Jurisdiction, Choice of Law and Judgements in Transnational Disputes, CRI 2003, 33; *Eichelberger*, Das Verhältnis von alternativem Streitbeilegungsverfahren zum Zivilprozess bei Streitigkeiten über .eu Domains, K&R 2008, 410; *ders.*, Benutzungszwang für .eu Domains, K&R 2007, 453; *Ernst*, Verträge rund um die Domain, MMR 2002, 714; *Ernst/Seichter*, Die Verwertung von Domains durch Partnerprogramme und Domain-parking, WRP 2006, 810; *Fezer*, Die Kennzeichenfunktion von Domainnamen, WRP 2000, 669; *ders.*, Zum Anwendungsbereich des Werktitelschutzes, GRUR 2001, 369; *Geist*, Fair.com?: An examination of the allegations of systemic unfairness in the ICANN URDP, http://www.udrpinfo.com/resc/fair.pdf; *Gillies/Cailliau*, Die Wiege des Web – Die spannende Geschichte des WWW, 2002; *Hackbarth*, »Branchenübergreifende Gleichnamigkeit« bei Domainstreitigkeiten vor dem Hintergrund der »mho.de«-Entscheidung des BGH, WRP 2006, 519; *Hafner/Lyon*, Arpa Kadabra – oder die Geschichte des Internet, 2. Aufl., 2000; *Hanloser*, Die »Domain-Pfändung« in der aktuellen Diskussion, CR 2001, 456; *ders.*, Die Internet Corporation for Assigned Namens and Numbers (ICANN) – Legislative, exekutive und judikative Selbstverwaltung im Internet, JurPC (www.jurpc.de), Web-Dok. 158/2000; *Hartig*, Die Rechtsnatur der Domain - Anmerkung zur BGH-Entscheidung »Domain-Pfändung« GRUR 2006, 299; *Heinrich*, Der kennzeichenrechtliche Schutz von Internet Domains, MarkenR 2003, 89; *Hellmich/Jochheim*, Domains im Agenturgeschäft nach der grundke.de – Entscheidung – Alles geklärt oder vieles noch offen?, K&R 2007, 494; *Hoeren/Eustergerling*, Die Haftung des Admin-C, MMR 2006, 132; *Hoffmann*, Die autonome Begründung von kennzeichenrechtlichen Schutzpositionen durch die Zeichenverwendung innerhalb einer Internetdomain, Mitt. 2002, 104; *ders.*, Alternative dispute resolution dot com – Neue Fakten zu den Schieds- und Schlichtungsverfahren bei Domainkonflikten als Alternative zur gerichtlichen Streitbeilegung, Mitt. 2002, 261; *Jaeger-Lenz*, Kennzeichenschutz gegen ähnliche Domainbezeichnungen? K&R 1998, 9; *dies.*, Die Einführung der .eu-Domains – Rechtliche Rahmenbedingungen für Registrierung und Streitigkeiten, WRP 2005, 1234; *Jaeschke*, Haftung des Admin-C für Verletzung von Rechten am Firmennamen durch Tippfehlerdomains, JUR PC JurPC (www.jurpc.de), Web-Dok. 33/2009; *Joller*, Zur Verletzung von Markenrechten durch Domainnames – eine Standortbestimmung, MarkenR 2000, 341; *Karl*, Werberecht freier Berufe und generische Domainnamen, BRAK-Mitt. 2004, 5; *Kazemi/Leopold*, Die Internetdomain im Schutzbereich des Art. 14 Abs. 1 GG, MMR 2004, 287; *Kieser*, »shell.de« – Ende des Domainübertragunsanspruchs?, K&R 2002, 537; *Kiethe/Groeschke*, Die »Classe E« – Entscheidung des BGH als Ausgangspunkt für den Rechtsschutz gegen das Domain-Grabbing, WRP 2002, 27; *Kleespies*, Die Domain als selbstständiger Vermögensgegenstand in der Einzelzwangsvollstreckung, GRUR 2002, 764; *Kleinwächter*, ICANN als United Nations der Informationsgesellschaft?, MMR 1999, 452; *Koenig/Neumann*, Europas Identität im Internet – die Einführung der Top-Level-Domain ».eu«, JurPC (www.jurpc.de), Web-Dok. 154/2002; *Körner*: Der Schutz der Marke als absolutes Recht – insbesondere die Domain als Gegenstand markenrechtlicher Ansprüche, GRUR 2005, 33; *Koos*, Die Domain als Vermögensgegenstand zwischen Sache und Immaterialgut, MMR 2004, 369; *Kotthoff*, Die Anwendbarkeit des deutschen Wettbewerbsrechts auf Werbemaßnahmen im Internet, CR 1997, 676; *Krumpholz*, Das Verhältnis von § 12 BGB und § 15 MarkenG in der Rechtsprechung zu Domain-Konflikten – auf-

Kapitel 19   Das Recht der Domainnamen, Kennzeichen- und Wettbewerbsrecht

gezeigt anhand des Urteils des OLG Frankfurt zu »amex.de«, JurPC (www.jurpc.de) Web-Dok. 168/2003; *Kulejewski*, Der Anspruch auf Domain-Übertragung, 2003; *Kuner*, Internationale Zuständigkeitskonflikte im Internet, CR 1996, 453; *Kur*, Principles Governing Jurisdiction, Choice of Law and Judgements in Transnational Disputes: An European Perspective, CRI 2003, 65; *Leistner/Stang*, Die Neuerung der wettbewerbsrechtlichen Verkehrspflichten – Ein Siegeszug der Prüfungspflichten?, WRP 2008, 533; *Linke*, Das Recht der Namensgleichen bei Domains, CR 2002, 271; *Loewenheim/Koch*, Praxis des Online-Rechts, 2001; *Maaßen/Hühner*, Neue Top-Level-Domains 2011 – Fragen zu Verwechslungsgefahr und Haftung der Vergabestellen, MMR 2011, 148; *Mankowski*, Internet und Internationales Wettbewerbsrecht, GRUR Int. 1999, 909; *ders.*, Anm. zu literaturhaus.de, Urt. v. 16.12.2004, CR 2002, 450; *Marwitz*, Das System der Domainnamen, ZUM 2001, 398; *Mietzel/Hero*, Sittenwidriger Domainhandel: Gibt es die »Hinterhaltsdomain«? MMR 2002, 84; *Müller*, Internet-Domains von Rechtsanwaltskanzleien, WRP 2002, 160; *ders.*, Alternative Adressierungssysteme für das Internet, MMR 2006, 427; *Müller*, ».eu«-Domains: Widerruf aufgrund zweijähriger Nichtbenutzung ab Domainregistrierung. Zugleich eine Anmerkung zu den Entscheidungen des Tschechischen Schiedsgerichts Nr. 05208 – HAUG und Nr. 05231 – BOLTZE, GRUR Int. 2009, 653; *ders.*, ».eu«-Domains: Erkenntnisse aus dem ersten Jahr Spruchpraxis, GRUR Int. 2007, 990; *Neubauer*, Die neue .eu-Domain, K&R 2005, 343; *Nordemann*, Internet-Domains und zeichenrechtliche Kollisionen, NJW 1997, 189; *Omsels*, Kennzeichenrechte im Internet, GRUR 1997, 328; *Pahlow*, Das Recht der Gleichnamigen im Internet, WRP 2002, 1228; *Perrey*, Das Namensrecht der Gebietskörperschaften im Internet – Umfang und Durchsetzung, CR 2002, 349; *Pfeiffer*, Cyberwar gegen Cybersquatter, GRUR 2001, 92; *Pothmann/Jacob*: Erste Analyse der Rechtsprechung zu .eu Domains in ADR-Verfahren, K&R 2007, 69; *Reinholz/Härting*, Umlaute und Unlaute, CR 2004, 603; *Renck*, Kennzeichenrechte vs. Domainnames – Eine Analyse der Rechtsprechung, NJW 1999, 3587; *ders.*, WIPO Arbitration and Mediation Center – Eine Analyse der Spruchpraxis der ersten sechs Monate, MMR 2000, 586; *Richter/Stoppel*, Die Ähnlichkeit von Waren und Dienstleistungen, Sammlung der Spruchpraxis des Reichspatentamts, des Deutschen Patent- und Markenamts, des Bundespatentgerichts, des Bundesgerichtshofes, weiterer Gerichte und des Harmonisierungsamtes für den Binnenmarkt, 13. Aufl., 2005; *Rössel*, Der Dispute-Eintrag, CR 2007, 376; *Ruff*, DomainLaw, Der Rechtsschutz von Domainnamen im Internet, 2002; *Rüßmann*, Wettbewerbshandlungen im Internet – Internationale Zuständigkeit und anwendbares Recht, K&R 1998, 422; *Schack*, Internationale Urheber-, Marken- und Wettbewerbsrechtsverletzungen im Internet – Internationales Privatrecht, MMR 2000, 61; *Schafft*, Streitigkeiten über ».eu«-Domains, GRUR 2004, 986; *Schmidt-Bogatzky*, Die Verwendung von Gattungsbegriffen als Internetdomains, GRUR 2002, 941; *Schmittmann, Jens M.*, Werbung im Internet, 2003; *ders.*, Domainnames von Gebietskörperschaften – Streitpunkte in der Praxis, K&R 1999, 510; *Schönberger*, Der Schutz des Namens von Gerichten gegen die Verwendung als oder in Domainnamen, GRUR 2002, 478; *Schubert*, Quo vadis – Top-Level Domain?, JUR-PC Web-Dok. 62/2006; *dies.* Die Einführung sprechender Top-Level-Domains am Beispiel regionaler und Städte-Domains und ihre Beurteilung im Lichte des Marken-, Namens- und Wettbewerbsrechts, JurPC (www.jurpc.de) Web-Dok. 112/2006; *Seifert*, Das Recht der Domainnamen, Eine Einführung, 2003; *Sosnitza*, Gattungsbegriffe als Domainnamen im Internet, K&R 2000, 209; *Spieker*, Haftungsrechtliche Aspekte für Unternehmen und ihre Internet-Werbepartner (Affiliates), GRUR 2006, 903; *Stadler*, Haftung des Admin-C und des Tech-C, CR 2004, 512; *ders.*, Drittschuldnereigenschaft der DENIC bei der Domainpfändung, MMR 2007, 71; *Steinbeck*, Werbung von Rechtsanwälten im Internet, NJW 2003, 1481; *Strömer*, Das ICANN-Schiedsverfahren – Königsweg bei Domainstreitigkeiten, K&R 2000, 587; *ders.*, Haftung des Zonenverwalters (zone-C), K&R 2004, 440; *Ubber*, Markenrecht und Internet, 2002; *ders.*, Rechtsschutz bei Missbrauch von Internet-Domains, WRP 1997, 497; *Utz*, Markenrechtliche Fragestellungen alternativer Adressierungssysteme im Internet, MMR 2006, 789; *Viefhues*, Reputationsschutz bei Domain Names und Kennzeichenrecht, MMR 1999, 123; *ders.*, Anmerkung zu LG Essen, Pfändbarkeit I, MMR 2000, 286; *ders.*, Domain-Name-Sharing, MMR 2000, 334; *ders.*, Folgt die Rechtsprechung zu den Domain Names wirklich den Grundsätzen des Kennzeichenrechts? NJW 2000, 3239; *ders.*, Wenn die Treuhand zum Pferdefuß wird, MMR 2005, 76; *Völker/Weidert*, Domainnamen im Internet, WRP 1997, 652; *Völzmann-Stickelbrock*, Die Internet-Domain in Zwangsvollstreckung und Insolvenz, MarkenR 2006, 2; *Wegner*, Rechtlicher Schutz von Internetdomains – Kollisionsrecht, CR 1998, 676; *Weisert*, Die Domain als namensgleiches Recht? Die Büchse der Pandora öffnet sich., WRP 2009, 128; *Welzel*, Zwangsvollstreckung in Internet-Domains, MMR 2001, 131; *Wimmers/Schulz*, Stört der Admin-C?, CR 2006, 754; *Wübbelsmann*, Domainrechtliche Probleme im Vier-Parteien-Verhältnis, K&R 2005, 484; *Wüstenberg*, Das Namensrecht der Domainnamen, GRUR 2003, 109.

Übersicht

		Rdn.
A.	Einleitung	1
I.	Das »Recht der Domainnamen«	3
II.	Der Begriff der Domainnamen	4
B.	**Das System der Domainnamen**	5
I.	Domainnamen als Teil des Internets	5
	1. Die Funktionsweise des Internets und das Internet Protocol	5

Kapitel 19 Das Recht der Domainnamen, Kennzeichen- und Wettbewerbsrecht

		2. Das Domainnamensystem (DNS)	6
		3. Der Aufbau des Domainnamen	9
	II.	Das Vergabeprinzip für Domainnamen	10
	III.	Das internationale System der Domainnamen	12
		1. Organisation des Domainnamensystems	12
		2. Arten von Domainnamen	14
	IV.	.de und .eu Domainnamen	20
		1. .eu Domainnamen	20
		a) Eurid	22
		b) Anmeldeberechtigung	24
		c) Die .eu-Anmeldung	26
		2. .de Domainnamen	30
		a) DENIC	31
		b) Anmeldung von .de Domainnamen	33
		c) Der Registrierungsvertrag mit der DENIC	34
		d) Notwendige Angaben	37
		e) Vergabe und Benutzung	43
		f) Dispute-Eintrag	44
		g) Löschung eines Domainnamens	48
		h) Eintragung eines Inhaberwechsels	49
		i) Providerwechsel	50
C.		**Schutzgegenstand und Entstehungstatbestände der Kennzeichen**	51
	I.	Die rechtliche Natur der Domainnamen	51
		1. Der technische Ursprung des Domainnamensystems	51
		2. Kein Recht sui generis	53
		3. Die kennzeichnende Eignung des Domainnamens	54
	II.	Grundbegriffe des Kennzeichenrechts	66
		1. Priorität, § 6 MarkenG	66
		a) Angemeldete und eingetragene Marken	67
		b) Benutzungsrechte	68
		c) Der gleiche Prioritätstag	71
		d) Ausnahme im Gleichnamigkeitsrecht	72
		2. Gleicher Rang der Kennzeichenrechte	73
		3. Kennzeichenrechte als Abwehrrechte	74
		4. Kein Vorbenutzungsrecht	76
	III.	Entstehungstatbestände von Kennzeichen und rechtliche Erscheinungsformen von Domainnamen	77
		1. Die eingetragene Marke, § 4 Nr. 1 MarkenG	78
		a) Schutzgegenstand	78
		b) Schutzfähigkeit	79
		c) Entstehung und Ende	84
		2. Benutzungsmarke gem. § 4 Nr. 2 MarkenG	90
		a) Schutzgegenstand	91
		b) Schutzfähigkeit	92
		c) Entstehung und Ende	93
		3. Die Notorietätsmarke nach § 4 Nr. 3 MarkenG	98
		a) Schutzgegenstand	98
		b) Schutzfähigkeit	99
		c) Entstehung und Ende	100
		4. Die Firma, § 5 MarkenG (§ 17 HGB)	101
		a) Schutzgegenstand	102
		b) Schutzfähigkeit	103
		c) Entstehung und Ende	107
		5. Besondere Geschäftsbezeichnung, § 5 MarkenG	110
		a) Schutzgegenstand	110
		b) Schutzfähigkeit	111
		c) Entstehung und Ende	112
		6. Geschäftsabzeichen, § 5 MarkenG	113
		a) Schutzgegenstand	113
		b) Schutzfähigkeit	114
		c) Entstehung und Ende	115
		7. Werktitel	116
		a) Schutzgegenstand	116

Kapitel 19   Das Recht der Domainnamen, Kennzeichen- und Wettbewerbsrecht

	b) Schutzfähigkeit	119
	c) Entstehung und Ende	123
	8. Der Name, § 12 BGB	127
	a) Schutzgegenstand und Namensträger	128
	b) Schutzfähigkeit	136
	c) Entstehung und Ende	137
	9. Geographische Herkunftsangaben	138
	10. Rechtliche Erscheinungsformen von Domainnamen	140
	a) Markenrechte aufgrund der Benutzung als Domainname	141
	b) Unternehmenskennzeichen aufgrund der Benutzung als Domainname	143
	c) Werktitel aufgrund der Benutzung als Domainname	147
	d) Namensrecht aufgrund der Benutzung als Domainname	152
D.	**Domainnamen als Gegenstand des Rechtsverkehrs**	153
I.	Übertragung der gesamten Vertragsposition mit der DENIC	155
II.	Übertragung und Lizenzierung von relevanten Kennzeichenrechten	157
	1. Übertragung und Lizenzierung von Markenrechten	158
	2. Übertragung von Unternehmenskennzeichen	159
	3. Übertragung von Werktiteln	160
	4. Übertragung von Namensrechten?	162
E.	**Domainnamen in der Zwangsvollstreckung und Insolvenz**	163
I.	Domainnamen in der Zwangsvollstreckung	163
II.	Domainnamen in der Insolvenz	171
F.	**Kollision zwischen Kennzeichen und Domainnamen**	172
I.	Markenrecht und geschäftliche Bezeichnungen	172
	1. Das anwendbare Recht – Das Schutzlandprinzip	173
	2. Inlandsbezug des Kennzeichenrechts	176
	3. Territorialer Bezug des Unternehmenskennzeichens	180
	4. Verletzung von Marken und geschäftlichen Bezeichnungen, §§ 14, 15 MarkenG	181
	a) Kennzeichenmäßige Benutzung	182
	b) Handeln im geschäftlichen Verkehr	186
	c) Ohne Zustimmung des Markeninhabers bzw. unbefugt, §§ 14 Abs. 2, 15 MarkenG	197
	d) Identitätsschutz, § 14 Abs. 2 Nr. 1 MarkenG	198
	e) Ähnlichkeitsschutz, § 14 Abs. 2 Nr. 2, § 15 Abs. 2 MarkenG	201
	aa) Elemente der Verwechslungsgefahr und ihre Wechselwirkung	202
	bb) Kennzeichnungskraft der Zeichen	205
	cc) Waren- und Dienstleistungsähnlichkeit für § 14 Abs. 2 Nr. 2 MarkenG	212
	dd) Branchennähe für den Verletzungsanspruch aus Unternehmenskennzeichen	219
	ee) Produktnähe beim Verletzungsanspruch aus Titelrecht	224
	ff) Zeichenähnlichkeit	227
	(1) Prüfungsmaßstab	229
	(2) Arten der Zeichenähnlichkeit und allgemeine Regeln	230
	(3) Die zeichenrechtliche Behandlung von Kombinationszeichen	239
	(4) Mittelbare Verwechslungsgefahr/Serienzeichen	250
	(5) Ausschluss der Zeichenähnlichkeit durch Sinnunterschied	254
	(6) Markenschutz außerhalb der Waren- und Dienstleistungsähnlichkeit	255
	5. Einwendungen und Einreden	262
	a) Ältere Rechte	263
	b) Verjährung, § 20 MarkenG	266
	c) Verwirkung, § 21 MarkenG	268
	d) Benutzung als beschreibende Angabe oder Bestimmungsangabe, § 23 MarkenG	271
	aa) Benutzung des eigenen Namens oder der Anschrift (Nr. 1)	273
	bb) Benutzung als beschreibende Angabe (Nr. 2) oder als Hinweis auf die Ware (Nr. 3)	274
	e) Nichtbenutzung der geltend gemachten Marke, § 25 MarkenG	278
II.	Namensrecht	280
	1. Das anwendbare Recht	281
	2. Anwendungsbereich	282
	3. Verletzungstatbestände	285
	a) Namensleugnung	286
	b) Namensanmaßung	287
	aa) Zuordnungsverwirrung durch eine Verwendung als Name	289
	bb) Namensgebrauch durch Registrierung	293
	4. Unbefugter Gebrauch	295
	5. Interessenverletzung	299

		6. Das Recht der Gleichnamigen	302
		a) Gleichnamigkeit	306
		b) Lauterkeit der Namensführung	308
		c) Allgemeine Interessenabwägung	309
		d) Interessenabwägung bei Domainnamen: Erstregistrierung als Regel	312
		e) Eine Ausnahme: Überragende Bekanntheit	313
		f) Konfliktlösung durch Hinweis auf der Website im Einzelfall	316
	III.	Geografische Herkunftsangaben	318
G.		**Wettbewerbsrecht**	320
	I.	Das anwendbare Recht	321
		1. Das Tatortprinzip	322
		2. Indizien für eine Wettbewerbshandlung im Inland	325
		3. Herkunftslandprinzip	334
	II.	Allgemeine Tatbestandsvoraussetzungen des UWG, §§ 2, 3 UWG	335
		1. Wettbewerbshandlung	336
		2. Mitbewerber	341
	III.	Domainnamengrabbing	343
		1. Art und Anzahl der angemeldeten Domainnamen	348
		2. Keine eigene Nutzungsabsicht	352
		3. Behinderungsabsicht	353
		4. Ergänzende Anwendung der §§ 826, 226, 1004 BGB	357
	IV.	Generische Domainnamen	358
	V.	Irreführung, § 5 UWG	364
		1. Angaben	365
		2. Irreführung	368
		a) Generische Domainnamen	370
		b) Irreführung über Qualifikation?	376
		c) Alleinstellungsbehauptungen	381
		d) Irreführung durch Verwendung einer TLD	383
		3. Aufklärung der Irreführung auf der Internetseite	384
	VI.	Einwendungen und Einreden	388
		1. Kurze Verjährung, § 11 UWG	389
		2. Verwirkung	390
H.		**Prozessuale Besonderheiten**	391
	I.	Gerichtszuständigkeit	391
		1. Nationale Zuständigkeit	392
		a) Zuständigkeiten nach dem UWG	393
		b) Zuständigkeiten nach dem Markengesetz	398
		c) Namensrechtliche Zuständigkeit	401
		d) Örtliche Zuständigkeit bei Erstbegehungsgefahr	402
		2. Internationale Zuständigkeit	403
		a) Anwendbare Vorschriften	404
		b) Ist ein bestimmungsgemäßer Abruf notwendig?	407
	II.	Anspruchsteller	411
		1. Anspruchsteller im Markenrecht	412
		2. Anspruchsteller im Wettbewerbsrecht	416
		3. Anspruchsteller im Namensrecht	417
	III.	Anspruchsgegner	418
		1. Allgemeine Fragen der Passivlegitimation	418
		2. Besondere Fragen der Passivlegitimation im Streit um Domainnamen	422
		a) Keine Haftung der DENIC	422
		b) Haftung der Provider	424
		c) Der administrative Ansprechpartner (Admin-C)	429
		aa) Die Funktion des Admin-C	430
		bb) Haftung des Admin-C	431
		d) Der technische Ansprechpartner (Tec-C) und der Zonenverwalter (Zone-C)	435
		e) Der Domainnameninhaber	436
		f) Zusammenfassung zur domainnamenspezifischen Passivlegitimation	441
		g) Partnerprogramme und Domainparking	442
		aa) Partnerprogramme	442
		bb) »Domainparking«	446
	IV.	Anspruchsinhalte	447
		1. Der Unterlassungsanspruch	447

Kapitel 19 Das Recht der Domainnamen, Kennzeichen- und Wettbewerbsrecht

	a) Wiederholungsgefahr	449
	b) Die Erstbegehungsgefahr	451
	c) Die Reichweite des Unterlassungsanspruchs	457
	2. Kein Übertragungsanspruch	464
	3. Der Freigabeanspruch	466
	4. Weitere Ansprüche	477
	5. Domainnamen-Sharing	479
I.	**Internationale Schiedsgerichtsbarkeit**	480
I.	Einleitung	480
II.	Die alternative Streitbeilegung nach der UDRP	483
	1. Schiedsstellen	484
	2. Das Schiedsgerichtsverfahren	486
	a) Rechtsgrundlagen, Geltung und Anwendungsbereich	488
	b) Gebühren der WIPO	492
	c) Verfahrenseinleitung	493
	d) Prüfung und Weiterleitung der Antragsschrift durch die Schiedsstelle	501
	e) Erwiderung durch den Antragsgegner	502
	f) Das Schiedsgerichtsverfahren und die Entscheidung des Schiedsgerichts	503
	3. Das materielle Recht	509
	a) Das anwendbare Recht	509
	b) Die materiellen Anspruchsvoraussetzungen	511
	aa) Darlegungs- und Beweislast	512
	bb) Ziffer 4.a. (i) UDRP – Marken	513
	cc) Ziff. 4.a. (ii), 4.c UDRP – Rechte und berechtigte Interessen	516
	dd) Ziff. 4.a. (iii) UDRP – Bösgläubigkeit	521
III.	Alternative Streitbeilegung für .eu Domainnamen	530
	1. Das Schiedsgericht in Prag	530
	2. Das Schiedsgerichtsverfahren	531
	a) Rechtsgrundlagen	531
	b) Das Verhältnis zum nationalen Recht	532
	c) Gebühren	533
	d) Verfahrenssprache (A3)	534
	e) Vergleich und andere Gründe der Verfahrenseinstellung (A4)	535
	f) Fristen	537
	g) Die Schiedskommission	538
	h) Ablauf des Verfahrens	543
	aa) Ggf. »Vorverfahren auf Änderung der Verfahrenssprache« (A3)	544
	bb) Einreichung der Beschwerde (B1)	545
	cc) Anbieter informiert Eurid über Beschwerde zur Sperrung des streitigen Domainnamens (B1 (e)) und bestätigt den Erhalt der Beschwerde (B1 (d))	551
	dd) Prüfung der Beschwerde auf verfahrensrechtliche Konformität (B2 (a))	552
	ee) Erwiderung (B3)	553
	ff) Bestätigung des Eingangs der Erwiderung und Prüfung der Erwiderung auf verfahrensrechtliche Konformität mit den Regeln (B 3 (d))	556
	gg) Ernennung der Schiedskommission (B 4)	557
	hh) Entscheidung der Schiedskommission (B12)	559
	ii) Übermittlung der Entscheidung an die Parteien (B13)	560
	jj) Umsetzung der Entscheidung durch Eurid oder anschließendes Gerichtsverfahren	561
	3. Das materielle Recht der .eu Domainnamen	563
	a) Der Prüfungsausbau	566
	b) Das anerkannte Recht nach nationalem Recht oder Gemeinschaftsrecht	568
	c) Identitäts- und Ähnlichkeitsprüfung zwischen Recht und .eu Domainnamen	572
	d) Keinerlei eigenes Recht oder berechtigte Interessen des Domainnameninhabers	573
	e) Registrierung oder Nutzung in böser Absicht als Alternative zum fehlenden berechtigten Interesse	578

A. Einleitung

Das Internet, das heute für alle Bevölkerungsschichten zum täglichen Berufs-, Wirtschafts- und Freizeitleben gehört, ist ohne das **Domainnamensystem** nicht denkbar.[1] Domainnamen gehören zu den Eckpfeilern des Internets. Die zehn wichtigsten Topleveldomains (TLD) gemessen an der Anzahl der entsprechenden Domainnamen waren im September 2009 bzw. März 2010 (jeweils letzte Verfügbarkeit).[2]

- .com   mehr als 82 Mio.
- .de   mehr als 13 Mio.
- .net   mehr als 12 Mio.
- .cn   mehr als 12 Mio.
- .org   mehr als 7 Mio.
- .uk   mehr als 7 Mio.
- .info mehr als 5 Mio.
- .eu   mehr als 2 Mio.
- .nl   mehr als 3 Mio.
- .biz   mehr als 2 Mio.

Domainnamen sind heute ein selbstverständliches Aushängeschild eines Unternehmens und ermöglichen über die Internetadresse, deren Teil sie sind, weltweit Werbung zu geringen Kosten. Allein das Internethandelsunternehmen Amazon soll im Jahr 2008 etwa einen Umsatz von 20 Milliarden US Dollar mit Internetgeschäften unter der SLD »amazon« avisiert haben.[3] Aber auch viele Privatpersonen und Institutionen präsentieren sich unter Domainnamen im Internet, um private, persönliche, wirtschaftliche, künstlerische, wissenschaftliche oder politische Anliegen vorzustellen. Domainnamen werden als selbstständige Wirtschaftsgüter gehandelt bzw. als Anlagevermögen behandelt. Es gibt Domainnamenbörsen und einen Domainnamensekundärmarkt.

I. Das »Recht der Domainnamen«

Streng genommen gibt es ein Recht der Domainnamen nicht. Es existiert weder ein kodifiziertes Spezialgesetz noch ist der Domainname an sich etwa ein Recht sui generis (s. Rdn. 53). Allerdings stellen die Phänomene Internet und Domainname, um nur zwei Schlagworte herauszugreifen, die für eine Offline-Welt entwickelte Rechtsordnung in vielerlei Hinsicht vor die Frage, ob überkommene Rechtsprinzipien und Anwendungsroutinen gleichermaßen für eine international vernetzte Online-Welt ohne Grenzen gelten, oder welche Änderungen ggf. notwendig sind, um eine dem Sinn der bestehenden Gesetze und den Notwendigkeiten neuer Erscheinungsformen von Kennzeichen oder Werbemethoden gerecht werdende Rechtsanwendung zu ermöglichen. Die Summe dieser Überlegungen kann man als ein **Recht der Domainnamen** bezeichnen, das vertikal zu den etablierten Rechtsgebieten des Kennzeichen-, Wettbewerbs-, Namens- und bürgerlichen Rechts liegt. Das vorliegende Kapitel behandelt die Grundzüge dieses Rechtsgebiets und beschränkt sich angesichts des vorgegebenen Raumes auf die für ein Verständnis des IT-Rechtlers wichtig erscheinenden Themen, wobei dogmatische Feinheiten, Vollständigkeit und Ausflüge in angrenzende Gebiete an anderer Stelle ihren Platz finden.[4]

---

1 Zur Geschichte des Internet siehe *Hafner/Lyon* und *Gillies/Cailliau*.
2 Nach Angaben der DENIC, Abruf am 29.03.2010.
3 Nach heise.de, Mitteilung vom 24.07.2008.
4 Siehe *Beier*, Das Recht der Domainnamen, 2004.

II. Der Begriff der Domainnamen

4 In der Literatur und den vielen in den letzten zehn Jahren ergangenen Gerichtsentscheidungen finden sich verschiedenste deutsche Übersetzungen der englischen Bezeichnung »domain name« wie z. B. die Begriffe »Domainen«, »Domains«, »Domainnamen«, »Domainadressen«, »Internetdomain«, »Internet-Domain« und »Domain-Namen«. Hier wird der Begriff »Domainname« verwendet, ohne dass hiermit inhaltliche Unterschiede beabsichtigt sind. Bei Angabe der entsprechenden Ebene des Domainnamens wird allerdings auf das Attribut »Name« verzichtet, da sich hierfür die Bezeichnung Topleveldomain bzw. Secondleveldomain, abgekürzt TLD bzw. SLD durchgesetzt haben.

B. Das System der Domainnamen

I. Domainnamen als Teil des Internets

1. Die Funktionsweise des Internets und das Internet Protocol

5 Das Internet setzt sich aus vielen kleineren Netzwerken zusammen, die aus sog. **Hosts** (Rechner im Netzwerk) bestehen. Das **Transmission Control Protocol/Internet Protocol (TCP/IP)** ermöglicht den Datenaustausch zwischen den Rechnern, der bei Inanspruchnahme des World Wide Web zum Download der gewünschten Internetseite führt. TCP zerlegt dabei die Nachricht in einzelne Datenpakete, die meist über verschiedene Wege den Zielrechner erreichen und dort wieder zusammengesetzt werden. IP versorgt diese Datenpakete mit der jeweils einzigartigen numerischen Zieladresse (**IP-Adresse**), die nach jetziger Konvention nicht mehr als zwölf Zahlen enthalten darf und aus jeweils bis zu dreistelligen Zahlenkombinationen besteht, z. B. 173.256.198.063. Man kann dabei **statische IP-Adressen**, die für einen Rechner feststehen und **dynamische IP Adressen** unterscheiden, die nur für kurze Zeit mit einem Rechner verbunden werden. Letzteres geschieht z. B. durch Access Provider für diejenigen (meisten) Kunden, die keine eigene IP-Adresse besitzen.

2. Das Domainnamensystem (DNS)

6 Da die Eingabe numerischer zwölfstelliger IP-Adressen nicht benutzerfreundlich ist, wurde im Jahr 1983 durch *Jonathan B. Postel* ein **paralleles System** zur Rechneradressierung geschaffen, mit dem der numerischen IP-Adresse eine an sich frei wählbare Folge von Buchstaben, Zahlen und Zeichen zugeordnet wird. Anstelle der Adresse 173.256.198.063 konnte man nun eine Ziffernfolge, den Domainnamen, z. B. heymanns.de nach Eingabe des Dienstes, z. B. www., eingeben, um die gewünschten Inhalte von dem Zielrechner abzurufen (vgl. bereits Kap. 1 Rdn. 102).

7 Mittels der **Nameserver** werden die Domainnamen in die entsprechend zugeordneten numerischen IP-Adressen übersetzt bzw. mit den dort gespeicherten IP-Adressen abgeglichen. So können mehrere Domainnamen auf eine IP-Adresse verweisen, ein Domainname aber nur einer IP-Adresse zugeordnet werden. Sowohl der Domainname als auch die IP-Adresse bleiben also einmalig, um eine einwandfreie Adressierung im weltumspannenden Internet sicher zu stellen.

8 Durch den enormen Anstieg der Hostrechner im Internet ist eine Ausschöpfung der mit dem derzeitigen System zur Verfügung stehenden 4 Milliarden IP-Adressen in Sicht. Mit der nächsten Version des Internetprotokolls (**IPv6**) geht eine Vergrößerung des IP-Adressenraums auf 600 Billiarden Adressen einher.[5]

---

[5] Siehe c't 2007, 180.

3. Der Aufbau des Domainnamen

Der Domainname ist Teil der **URL** (Uniform Resource Locator). Eine URL bezeichnet in erster Linie keinen Rechner, sondern einen Inhalt bzw. den Ort, wo dieser auf einem Rechner zu finden ist. Eine URL ist wie folgt aufgebaut:

9

http://www.verein.hasenzuechter.de/osterhase/beschreibung.htm

Http://	www	.verein	.hasenzuechter	.de	/osterhase	/beschreibung.htm
Übertragungsprotokoll (hier: Hypertext-Transfer Protocol)	Server (hier World Wide Web als Teil des Internets)	Thirdlevel-Domainname (auch Subdomain)	Secondlevel-Domain (SLD)	Topleveldomain (TLD)	Verzeichnis auf dem Computer	Datei in dem oben genannten Verzeichnis auf einem Computer

II. Das Vergabeprinzip für Domainnamen

Domainnamen werden grundsätzlich nach dem »**first come, first served**« Prinzip vergeben, das je nach kulturellem Umfeld auch andere Namen trägt wie das »Windhundprinzip« (.eu), das Gerechtigkeitsprinzip der Priorität (BGH), »Wer zuerst kommt, mahlt zuerst« (Volksmund) oder »Wer zu spät kommt, den bestraft das Leben« (Gorbatschow). Da die Vergabestellen an sich keine zeichenrechtlichen Prioritäten prüfen, kommt daher – wenigstens zunächst – derjenige faktisch zum Zug, der einen bislang noch nicht vergebenen Domainnamen anmeldet.

10

Eine gewisse Ausnahme bilden die sog. »**Sunrise-Perioden**«, die zuletzt immer bei Einführung neuer generischer TLD dem allgemeinen Registrierverfahren (landrush) vorgeschaltet waren. Hier werden, je nach System, Inhaber bestimmter, als schützenswert angesehener Kennzeichen (z. B. Marken) bevorzugt. Unter diesen Berechtigten gilt aber typischer Weise wiederum das »first come, first served« Prinzip.

11

III. Das internationale System der Domainnamen

1. Organisation des Domainnamensystems

Das Internet befindet sich auf dem Weg von einer quasi autonomen Selbstverwaltung in den Anfängen zu einer Gemengelage aus partieller Selbstregulierung, Bürokratisierung und staatlicher Kontrolle. Die Internetgemeinschaft soll durch die Internet Corporation for Assigned Names and Numbers (**ICANN**, vgl. auch Kap. 1 Rdn. 105) repräsentiert werden, jedenfalls aber wird sie durch die ICANN regiert.[6] ICANN wurde 1998 als Nachfolgeorganisation der IANA (Internet Assigned Numbers Authority) als privatrechtlich organisierte Non Profit Organisation gegründet, um sich mit dem Management und der Entwicklung des Domainnamensystems und der entsprechenden Vergabe und Entwicklung von Internetprotokollen hauptverantwortlich zu beschäftigen. Die Legitimation leitet sich bis heute von der US-Regierung, genauer dem Department of Commerce ab.[7] Angesichts der Bedeutung des Domainnamensystems für das Internet und damit die weltweite Wirtschaft und Kommunikation, bleibt die Frage der Legitimation der ICANN ein Dauerthema bei Internetnutzern, den Nationalstaaten und der UNO. Alle Nationalregierungen, die im Govern-

12

---

[6] *Hanloser*, JurPC (www.jurpc.de), Web-Dok. 158/2000, Abs. 23.
[7] Vgl. den Vertrag zwischen ICANN und dem Department of Commerce unter http://www.icann.org/announcements/announcement-15aug06.htm.

mental Advisory Committee der ICANN ihren Platz haben, stellen derzeit zusammen nur einen Vertreter im Board of Directors,[8] der zudem nur eine beratende Funktion hat.

13 Das Organisationsgeflecht unterteilt sich unterhalb ICANN weiter in Dachorganisationen für länderbezogene TLD (ccTLDs) für ihre jeweilige Region. Dies sind das Reseaux IP Europeans Network Coordination Center in Amsterdam (RIPE-NCC – ripe.net) für den europäischen, das Asia Pacific Network Information Center (APNIC – apnic.net) für den asiatisch-pazifischen Raum, American Registrar for Internet numbers (ARIN – arin.net) für den amerikanischen Raum und Latin American and Carribean IP Address Regional registry (LACNIC – lacnic.net) für den lateinamerikanischen und karibischen Raum. Unterhalb dieser Organisationen finden sich die nationalen Vergabestellen für die ccTLDs wie z. B. die deutsche DENIC.

2. Arten von Domainnamen

14 Die TLD sind die höchste Hierarchiestufe im internationalen Domainnamensystem und werden kontinuierlich erweitert (vgl. auch Kap. 1 Rdn. 103). Man unterscheidet zwischen generischen (**gTLD**) und länderbezogenen TLD (**ccTLD** von »country code Topleveldomain«).

15 Generische TLD sind für bestimmte Anwendungen gedacht. Sie können teilweise von jedermann benutzt werden, teilweise unterliegen sie bestimmten Kriterien, die der Anmelder erfüllen muss. Unterstehen die TLD direkt ICANN und den ICANN Regelungen, nennt man sie »**unsponsered TLD**«. Werden sie von einer Organisation verwaltet, die auch ihre Politik und Praxis mitbestimmt, spricht man von »**sponsored TLDs**«. Bei generischen TLDs, die nur einem eingeschränkten Personenkreis zur Verfügung gestellt werden, ist zu beachten, dass sich eine rechtliche Bindung des Domainnameninhabers an diese Beschränkungen nur aus dem jeweiligen Registrierungsvertrag mit dem ISP und/oder dem Registrar ergibt. Daher kann ein Verstoß gegen die Domainbedingungen zunächst nur von dem Vertragspartner und von keinem Dritten eingeklagt werden.[9] Für einige dieser neuen TLD sind besondere Schiedsverfahren und -regeln entworfen worden, die neben den UDRP Anwendung finden. Weitere Informationen zu den in der folgenden Übersicht erwähnten Schiedsgerichtsordnungen können bei der WIPO abgerufen werden, die hierzu eine sehr gute Übersicht bereitstellt.[10]

16

TLD	Betreiber	Anmelderkreis	Schiedsverfahren	Internetadresse
.com	Verisign	Für Kommerzielle Unternehmen, aber unbeschränkt	UDRP	http://www.verisign.com
.info	Affilias	Für Informationsdienste, aber unbeschränkt	UDRP	http://www.afilias.info/register
.net	Registry Customer Service	Für Networkprovider, aber unbeschränkt	UDRP	http://www.verisign.com
.org	Registry Pro Ltd	Für Organisationen, aber unbeschränkt	UDRP	http://www.pir.org
.aero	SITA Information Networking Computing BV	Beschränkt für Unternehmen der Luftfahrtindustrie	CEDRP – Charter Eligibility Dispute	http://www.sita.aero

---

8 Zur aktuellen Zusammensetzung siehe den Organisationschart unter http://www.icann.org/general/icann-org-chart.htm und die Satzung der ICANN (Stand 30.11.2009) unter http://www.icann.org/general/bylaws.htm.
9 Vgl. auch *Ubber* S. 45.
10 S. http://www.wipo.int/amc/en/domains/gtld/.

III. Das internationale System der Domainnamen

TLD	Betreiber	Anmelderkreis	Schiedsverfahren	Internetadresse
			Resolution Policy und UDRP	http://www.information.aero/
.biz	NeuStar, Inc	Beschränkt für Unternehmen	RDRP – Restrictions Dispute Resolution Policy	http://www.neustarregistry.biz/
.coop	DotCorporation LLC	Beschränkt für genossenschaftlich organisierte Unternehmen	CEDRP – Charter Eligibility Dispute Resolution Policy und UDRP	http://www.cooperative.org
.museum	Museum Domain Management Association	Beschränkt für Museen, Museumsorganisationen und dort beschäftigte Personen	CEDRP – Charter Eligibility Dispute Resolution Policy und UDRP	http://www.musedoma.museum
.name	Verisign	Beschränkt für natürliche Personen	ERDRP, ERDRP Rules, UDRP	http://www.verisign.com/domain-name-services/domain-name-registries/name-domain-names/index.html
.pro	Registry Pro	Für Personen mit einer Zulassung für bestimmte Berufe (»professional«)	Qualification Challenge Policy	http://www.registry-pro.com
.edu	EDUCAUSE	Für in den USA akkreditierte Forschungs-, Erziehungs- und Universitätseinrichtungen	–	http://www.educause.edu
.int	IANA	Für Internationale Organisationen	UDRP	http://www.iana.org/int-dom/int.htm
.gov	US Authorities	Für amerikanische Regierungsstellen	–	–
.mil	US Authorities	Für das amerikanische Militär	–	–
.cat	Fundació puntCAT	Für die katalanische Gemeinschaft	ERDRP, UDRP	http://www.domini.cat/
.mobi	Mobile Top Level Domain Ltd. (mTLD)	Bezogen auf mobile Geräte	UDRP	http://pc.mtld.mobi/mobilenet/index.html
.travel	Tralliance Corporation	Reiseindustrie	CEDRP – Charter Eligibility Dispute Resolution Policy und UDRP	http://www.tralliance.travel/
.jobs	Employ Media LLC	Bezogen auf Beschäftigung und Anstellung	UDRP	http://www.goto.jobs/
.tel	Telnic, Ltd	Unbeschränkt	UDRP	http://telnic.org/

Länderbezogene TLD sind z. B. .de für Deutschland, .at für Österreich, .uk für Großbritannien, .fr für Frankreich und .us für die USA. Es gibt derzeit über 200 ccTLDs.[11] Näher dargestellt werden unten die für Deutschland besonders relevanten ccTLD .eu und .de.

17

---

11 S. http://www.iana.org/domains/root/db/index.html.

18 Einige der ccTLD werden heute auch als generische TLD benutzt, wie z. B.
- .tv für Television (eigentlich geografische TLD für Tuvalu),
- .fm für Radiosender (eigentlich geografische TLD für die Föderierten Staaten von Mikronesien),
- .ag für Aktiengesellschaft[12] (eigentlich geografische TLD für Antigua und Barbuda) und
- .ws für website (eigentlich geografische TLD für West Samoa).

19 Auch die Einführung sog. **Internationalisierter Domainnamen (IDN)**, die auf nicht lateinischen Alphabeten wie dem arabischen oder dem chinesischen oder aber auf bestimmten nationalen Besonderheiten wie den deutschen Ö, Ä oder Ü beruhen, kommt voran. Derzeit sind entsprechende Anträge aus der Russischen Föderation, Ägypten, den Vereinigten Arabischen Emiraten sowie Saudi Arabien anhängig. In Deutschland können Umlaute schon seit dem Jahr 2004 angemeldet werden. Welche Zeichen unter welcher TLD zulässig sind, hängt von der jeweiligen Registrierstelle ab. Für das Jahr 2011 sind weitere TLD vorgesehen, die als Novum u. a. erlauben sollen, die Kennzeichen von Einzelunternehmen als TLD zu registrieren. Auf die vielfältigen rechtlichen Fragen, die sich in diesem Zusammenhnag ergeben können, wurde hier noch nicht eingegangen, da sich bei Drucklegung die genaue Ausgestaltung dieser neuen TLDs, zu denen ein »Trademark Clearing House« sowie ein verändertes Streitbeilegungssystem, das Uniform Rapid Suspension System (URS), gehören soll, noch nicht absehen ließ.[13]

IV. .de und .eu Domainnamen

1. .eu Domainnamen

20 Nach einer Vorlaufzeit von einigen Jahren wurde zum November 2005 die neue TLD .eu eingeführt.

21 Rechtsgrundlagen:
- Verordnung (EG) Nr. 733/2002 des Europäischen Parlaments und des Rates vom 22.04.2002 zur Einführung der Domäne oberster Stufe ».eu«
- Verordnung (EG) 874/2004 der Kommission vom 28.04.2004 zur Festlegung von allgemeinen Regeln für die Durchführung und die Funktionen der Domäne oberste Stufe ».eu« und der allgemeinen Grundregeln für die Registrierung
- Verordnung (EG) 1654/2005 der Kommission vom 10.10.2005 zur Änderung der Verordnung EG Nr. 874/2004 zur Festlegung von allgemeinen Regeln für die Durchführung und die Funktionen der Domäne oberster Stufe ».eu« und der allgemeinen Grundregeln für die Registrierung

a) Eurid

22 Als Vergabestelle (**Register**) für .eu Domainamen wurde Eurid ausgewählt, eine in Belgien ansässige Non-Profit-Organisation, die aus einer Partnerschaft der Domainnamenverwaltungsstellen aus Belgien, Italien und Schweden geschaffen wurde. Eurids Hauptsitz ist in Brüssel. Weitere Büros sind in Stockholm, Pisa und Prag eingerichtet worden.

23 Eurid hat in Abstimmung mit der Kommission die Allgemeinen Geschäftsbedingungen für die Registrierung von .eu Domainnamen, die die EU-Verordnungen umsetzt, die Registrierungspolitik für .eu Domainnamen, die die technischen und administrativen Vorgehensweisen in Form einer Handlungsanleitung für die Anmelder beschreibt sowie die Whois-Poli-

---
[12] Handelt es sich bei dem Unternehmen, das unter der TLD .ag auftritt, nicht um eine Aktiengesellschaft, dürfte dies in der Regel irreführend sein, OLG Hamburg MMR 2004, 680 – tipp.ag.
[13] S. hierzu *Maaßen/Hühner* MMR 2011, 148.

tik für .eu Domainnamen erstellt. Alle Dokumente finden sich zum Download auf der Website von Eurid unter www.eurid.eu.

b) Anmeldeberechtigung

Gemäß Art. 4 (2b) der VO (EG Nr. 722/2002) können .eu Domainnamen von den folgenden Rechtssubjekten angemeldet werden:
- Ein Unternehmen, das seinen satzungsmäßigen Sitz, seine Hauptverwaltung oder seine Hauptniederlassung innerhalb der Gemeinschaft hat.

▶ **Beispiel:**
> Einem Anmelder mit Hauptsitz in den USA wurde der Domainname aberkannt. Die von ihm angegebene englische Adresse eines Lizenznehmers half ihm als Anmelder nicht.[14]

- Eine in der Gemeinschaft niedergelassene Organisation unbeschadet der Anwendung nationaler Rechtsvorschriften.
- Eine natürliche Person mit Wohnsitz innerhalb der Gemeinschaft.

Die Nationalität eines der Mitgliedstaaten ist demnach keine Voraussetzung für die Anmeldung, dafür die Niederlassung/Wohnsitz innerhalb der Gemeinschaft. Nicht ausreichend ist daher der Wohnsitz/Niederlassung in Grönland, Französisch-Polynesien, Isle of Man, Andorra, Monaco etc. Diese Länder und viele andere (vgl. Registrierungspolitik für .eu Domainnamen) gehören zwar teilweise zu Mitgliedern der Gemeinschaft, sind aber kein Teil der Gemeinschaft.

c) Die .eu-Anmeldung

Eine .eu Domainanmeldung kann nur über eine Registrierstelle, i. d. R. einen Internetprovider, nicht aber direkt durch den Anmelder erfolgen. Eine Liste der Registrierstellen findet sich auf den Internetseiten von Eurid.

Ein .eu Domainname muss aus mindestens zwei Zeichen, aus einer Buchstabenfolge aus A-Z, der Zahlenfolge 0–9 oder dem Bindestrich bestehen, darf nicht mehr als 63 Zeichen aufweisen und nicht mit einem Bindestrich beginnen oder enden oder einen Bindestrich gleichzeitig an der dritten und vierten Stelle aufweisen. Nicht verwendet werden dürfen die Zeichen – @ # $ % ^ & * () + = < > { } [ ] | \/ : ; ' , . ?.

Von den Mitgliedstaaten gesperrte Begriffe wie z. B. »DEUTSCHESREICH, Ostmark« und Alpha-2 Codes für Länder wie DE, CZ, CY etc. (www.iso.org) sowie reservierte Namen für die Verwendung durch Mitgliedstaaten wie z. B. Baden-Württemberg, Alemana, Duitsland oder durch die Gemeinschaftseinrichtungen[15] wie courtofjustiz.eu, forumofficialgz.eu oder durch das .eu Register wie eurid.eu, registry.eu, nic.eu, dns.eu können nicht angemeldet werden.

Eurid kann einen Domainnamen nach eigenem Ermessen widerrufen, wenn fällige, unbezahlte Schulden der Registrierstelle gegenüber Eurid bestehen oder der Inhaber die allgemeinen Registrierungsvoraussetzungen (s. Rdn. 24) nicht oder nicht mehr erfüllt oder ein Verstoß des Inhabers gegen die allgemeinen Geschäftsbedingungen, die Registrierungspolitik, die Streitbeilegungsregeln, Registrierungsrichtlinien und die EU-Verordnungen vorliegt. Die allgemeinen Geschäftsbedingungen regeln u. a. die Übertragung von .eu Domainnamen. Das KG hat im Konfliktfall hiergegen sogar die Gewährung eines vorübergehenden Verfügungsverbots anerkannt.[16]

---

14 CAC 370, Entsch. v. 16.06.2006 – kane.eu.
15 Vgl. hierzu EuGH MMR 2009, 388 – galileo.eu.
16 KG MMR 2008, 53.

2. .de Domainnamen

30 Deutschland ist die geografische TLD .de zugewiesen, die von der DENIC eG (www.denic.de) verwaltet wird. Am 02.07.2010 waren 13.726.597 .de Domainnamen registriert, wobei an diesem Tag 2907 .de Domainnamen angemeldet wurden. DENIC bietet für .de Domainnamen kein eigenes Schiedsgerichtsverfahren an.

a) DENIC

31 Die DENIC ist eine eingetragene Genossenschaft ohne Gewinnerzielungsabsicht, die 1996 gegründet wurde. Die DENIC Domainverwaltungs- und Betriebsgesellschaft eG hat ihren Sitz in Frankfurt am Main.

32 Zu den Aufgaben[17] der DENIC gehören u. a. der Betrieb des Primary name server für die TLD ».de«, die bundesweit zentrale Registrierung von Domainnamen unterhalb des TLDs ».de«, die Administration des Internets in Zusammenarbeit mit anderen internationalen Gremien, die Bereitstellung der WHOIS-Abfrage sowie die Vergabe von ENUM (Telephone number mapping) Domains, die die klassische Telefonie und das Domainnamensystem miteinander verknüpfen.[18]

b) Anmeldung von .de Domainnamen[19]

33 Antragsberechtigt sind bei der DENIC akkreditierte Internet Service Provider (ISP) oder der Anmelder selbst, wenn er den Domainnamen über den Dienst DENIC Direkt, dann allerdings ohne Internetzugang, bei der DENIC selbst registriert.

c) Der Registrierungsvertrag mit der DENIC

34 Der Registrierungsvertrag wird direkt mit der DENIC geschlossen, ggf. flankiert von einem Servicevertrag (Webspace, Internetzugang) mit dem ISP. Domainnameninhaber wird deshalb der Kunde, ggf. durch Stellvertretung des ISP. Der Registrierungsvertrag ist ein Dauerschuldverhältnis, das von Seiten der DENIC nur durch eine außerordentliche Kündigung beendbar ist.[20]

35 Die DENIC ist der Auffassung, dass der Registrierungsvertrag einen pachtähnlichen Charakter aufweist, da ein entgeltliches Nutzungsverhältnis vereinbart wird.[21] Daneben enthält der Registrierungsvertrag auch werkvertragliche (Eintragung des Domainnamens in das DENIC-Register und den Primary Nameserver)[22] und dienstvertragliche Elemente (Pflege der Daten der who-is-Datenbank, Aufrechterhaltung des Domainnameneintrags).[23]

36 Der Anmelder muss die für die Anmeldung notwendigen Angaben vollständig und zutreffend übermitteln. Die DENIC ist bei falschen Angaben berechtigt, den Registrierungsvertrag zu kündigen.

---

17 Weitere Einzelheiten unter http://www.denic.de/de/denic/mitgliedschaft/statut/statut.html.
18 Vgl. i. E. *Schäfer* CR 2002, 690; unter www.denic.de/enum/; zur Frage der telekommunikationsrechtlichen Regulierung vgl. *Koenig/Neumann* CR 2003, 182; *Holznagel* MMR 2003, 219.
19 Anmeldeformular und Registrierungsrichtlinien und -bedingungen finden sich auf den Internetseiten der DENIC unter http://direct.denic.de/.
20 *Welzel* MMR 2001, 131.
21 Siehe auch OLG Köln CR 2002, 832.
22 *Ernst* MMR 2002, 714 (715).
23 *Welzel* MMR 2001, 131 (132); a. A. insoweit *Kleespies* GRUR 2002, 764 (766).

d) Notwendige Angaben

Notwendig ist die **Angabe der SLD**. Seit dem Herbst 2009 ist es möglich, auch einstellige SLD anzumelden.[24] Ziff V. der Domainrichtlinien der DENIC lautet auszugsweise:

> »Ungeachtet der TLD .de kann eine Domain nur bestehen aus Ziffern (0 bis 9), Bindestrichen, den lateinischen Buchstaben A bis Z und den weiteren Buchstaben, die in der Anlage aufgeführt sind. Sie darf mit einem Bindestrich weder beginnen noch enden sowie nicht an der dritten und vierten Stelle Bindestriche enthalten. Groß- und Kleinschreibung werden nicht unterschieden. Die Mindestlänge einer Domain beträgt ein, die Höchstlänge 63 Zeichen: ...«

In der erwähnten Anlage sind die deutschen Umlaute enthalten, nicht aber das Zeichen »ß«. Hervorzuheben ist neben der Möglichkeit, nun auch Domainnamen mit nur einem Zeichen anmelden zu können, die Aufhebung der früheren Sperre für deutsche KFZ-Kennzeichen.

Weiterhin müssen der Domainnameninhaber, der administrative und technische Ansprechpartner und der Zonenverwalter angegeben werden.

Der **Domainnameninhaber** kann jede natürliche oder juristische Person sein. Bei juristischen Personen ist die vollständige Firmierung mit Rechtszusatz anzugeben. Eine vollständige postalische Anschrift muss mitgeteilt werden, wobei die Angabe einer Postfachadresse nicht ausreicht.

Der **administrative Ansprechpartner (Admin-C)** ist eine vom Domainnameninhaber benannte natürliche Person, die für den Domainnamen als Bevollmächtigter berechtigt und verpflichtet ist, sämtliche den Domainnamen betreffenden Angelegenheiten verbindlich zu entscheiden und als Ansprechpartner der DENIC fungiert. Anzugeben sind Name und Adresse des Admin-C. Hat der Domaininhaber seinen Sitz nicht in Deutschland, muss der Admin-C seinen Sitz in Deutschland und seine Straßenanschrift angeben. Der Admin-C muss nicht Deutscher sein.

Der **technische Ansprechpartner (Tec-C)** betreut den Domainnamen in technischer Hinsicht. Anzugeben sind Name, Anschrift, Telefon- und Telefaxnummer sowie seine E-Mailadresse.

Schließlich betreut der **Zonenverwalter (Zone-C)** den Nameserver des Domaininhabers. Hier sind Name, Anschrift, Telefon- und Telefaxnummer sowie E-Mailadresse anzugeben. Delegiert der Domaininhaber keine eigenen Nameserver, ist die Angabe eines Zone-C nicht erforderlich.

e) Vergabe und Benutzung

Die DENIC vergibt den Domainnamen nach dem »First come, first served«-Prinzip und prüft nicht, ob der Anmelder berechtigt ist, den beantragten Domainnamen zu nutzen, behält sich jedoch bei offensichtlichen Rechtsverletzungen vor, die Registrierung zu verweigern.[25] Ist der Domainname registriert, steht es dem Inhaber frei, ihn zu benutzen oder nicht. Ein Benutzungszwang besteht nicht.[26]

---

24 Die kartellrechtliche Debatte um die Erzwingung der Eintragung einer zweistelligen SLD hat sich nach der Umstellung der Anmeldevoraussetzungen zunächst erledigt, weshalb diese hier nicht vertieft wird; vgl. hierzu *Breuer/Steger* WRP 2008, 1482; OLG Frankfurt/M. GRUR-RR 2008, 321 – vw.de, LG Frankfurt/M. MMR 2010, 254 – tv.de mit Anm. *Welzel*; vgl. auch OLG Frankfurt/M. MMR 2008, 614 – 11880.de zur damals noch nicht ohne einen Buchstaben vorgesehenen Registrierung von Ziffern.
25 Vgl. III. der Domainrichtlinien.
26 Vgl. zum fehlenden Benutzungszwang *Schafft* GRUR 2003, 664.

f) Dispute-Eintrag[27]

44 Um im Konfliktfall eine Übertragung des Domainnamens durch den derzeitigen Inhaber auf eine weitere Person zu verhindern, gegen die ggf. ein Rechteinhaber keine Rechte geltend machen kann, weil z. B. ein markenrechtlicher Anspruch im rein privaten Bereich nicht greift, stellt DENIC ein Verfahren zur Verfügung, mit dem die technische Weiterübertragung des Domainnamens für eine begrenzte Zeit blockiert werden kann. Die Nutzung des Domainnamens bleibt davon unberührt. Wird der Domainname durch den Inhaber später fallen gelassen oder wird er durch ein Gericht zur Freigabe verurteilt, wird der mit dem Dispute-Eintrag befangene Domainname auf den Inhaber des Dispute Eintrags übertragen.

45 Der Dispute-Eintrag sowie dessen Aufhebung kosten derzeit nichts. Für einen Domainnamen kann nur ein Dispute-Eintrag bestehen. Es kann also zu einem Wettlauf um den Dispute-Eintrag kommen.[28] Der Dispute-Eintrag ist auf ein Jahr befristet und wird, sofern er nicht rechtzeitig begründet verlängert wird, von der DENIC wieder aufgehoben. Soll der Dispute-Eintrag über ein Jahr hinaus bestehen, muss dies der DENIC gegenüber hinreichend begründet werden. Außerdem muss auch formell ein neuer Dispute-Eintrag gestellt werden.

46 Neben der Angabe des betreffenden Domainnamens werden die postalische Anschrift des Antragstellers sowie der formelle Nachweis besserer Rechte verlangt. Weiterhin müssen die geltend gemachten Rechte nebst entsprechenden Unterlagen (z. B. Markenurkunden, Handelsregisterauszüge oder Geburtsurkunden) in Kopie beigefügt werden. Desweiteren muss versichert werden, dass man mit dem gegenwärtigen Domainnameninhaber bereits eine Auseinandersetzung führt bzw. eine solche unverzüglich führen wird, um die Freigabe des Domainnamens zu erreichen. Außerdem muss ein Admin-C angegeben werden für den Fall, dass der Domainname freigegeben und und an den Antragsteller übertragen wird.

47 Da die Blockierung der Weiterübertragung des Domainnamens durch den derzeitigen Inhaber eine einschneidende Beschwernis darstellt, hat die Rechtsprechung demjenigen, gegen den zu Unrecht ein Dispute-Eintrag erwirkt wurde, einen Anspruch auf Rücknahme bzw. Löschung des Dispute-Eintrags zugestanden.[29]

g) Löschung eines Domainnamens

48 Ein .de Domainname kann vom Inhaber zu jeder Zeit gelöscht werden. Entsprechende Formulare finden sich auf der Website der DENIC.

h) Eintragung eines Inhaberwechsels

49 Gem. § 6 Abs. 2 der Domainbedingungen der DENIC muss hierzu der bisherige Domainnameninhaber seinen Registrierungsvertrag kündigen, der DENIC den Dritten benennen, und der Dritte einen Auftrag zur Registrierung erteilen. Technisch werden hier die Inhaberdaten durch DENIC aktualisiert (UPDATE). Die DENIC ist berechtigt, einen Registrierungsauftrag abzulehnen, solange ein Dritter ein Recht auf die Nutzung des Domainnamens gegenüber der DENIC geltend macht (Dispute-Eintrag).

i) Providerwechsel

50 Soll – wie meist – neben dem Inhaberwechsel gleichzeitig ein Providerwechsel erfolgen, gestaltet sich das von der DENIC empfohlene Verfahren nach diversen Umstellungen in den letzten Jahren so:

---

27 Formular unter http://www.denic.de/media/pdf/formulare/Einrichtung_DISPUTE.pdf.
28 *Rössel* CR 2007, 376 (378).
29 Zuletzt OLG Köln MMR 2006, 469 – investment.de.

- Ein Domaininhaber, der zu einem neuen Provider wechseln möchte, lässt zunächst über seinen bestehenden Provider, oder wenn dieser z. B. nicht mehr existiert, durch Denic selbst, eine AuthInfo (d. h. ein Passwort) für seine Domain setzen bzw. erhält diese bereits mit der Kündigungsbestätigung seines Providervertrags. Nach dem Setzen ist die AuthInfo maximal 30 Tage gültig.
- Der Domaininhaber teilt nun seinem neuen Provider die AuthInfo mit, und der neue Provider stellt mit Angabe der AuthInfo über das DENIC-Registrierungssystem einen Providerwechselauftrag.
- Stimmt die AuthInfo überein, zieht die Domain sofort zum neuen Provider um.

C. Schutzgegenstand und Entstehungstatbestände der Kennzeichen

I. Die rechtliche Natur der Domainnamen

1. Der technische Ursprung des Domainnamensystems

Wie dargestellt, wurden Domainnamen eingeführt, um die an sich numerischen IP Adressen im Internet, z. B. 173.256.198.063, durch ein für den Benutzer besser handhabbares System zu ergänzen, mit dem in einfacher Art und Weise Hostrechner angesprochen werden können. **51**

Diese **technische Primärfunktion** des Domainnamens[30] und sein Ursprung aus einer Zahlenreihe hat dazu geführt, dass zunächst eine Kennzeichenfunktion verneint wurde, da Domainnamen eher wie Telefonnummern oder Postleitzahlen zu behandeln seien.[31] Diese Überbetonung des technischen Ursprungs hat sich jedoch nicht durchgesetzt. **52**

2. Kein Recht sui generis

Bisweilen wird in Literatur und Rechtsprechung die Ansicht vertreten, die freie Übertragbarkeit von Domainnamen spreche dafür, dass der Domainname ein **Recht sui generis**, und zwar ein sonstiges Recht i. S. d. § 823 Abs. 1 BGB sei.[32] Dagegen spricht aber der Numerus Clausus der gewerblichen Schutzrechte, die Domainnamen nicht erwähnen[33] und der Umstand, dass Domainnamen keineswegs per se unter allen Umständen frei übertragbar sind, wie eine Analyse der Domainnamen unter den verschiedenen TLD zeigt.[34] **53**

3. Die kennzeichnende Eignung des Domainnamens

Insbesondere spricht der Umstand, dass zur besseren Identifizierung und Herkunft eine leichter erinnerliche Buchstabenkombination gewählt wird, für eine Kennzeichenfunktion des Domainnamens im konkreten Fall. Dies zeigt sich auch daran, dass viele Internetnutzer, anstelle Suchmaschinen zu bemühen, sogleich versuchen, über die direkte Eingabe einer URL, z. B. www.unternehmen.de, auf die Internetseite des gesuchten Unternehmens zu gelangen. **54**

Die grundsätzliche Eignung der Domainnamen, namens- bzw. kennzeichenmäßig benutzt zu werden, ist inzwischen in Literatur und Rechtsprechung unstrittig.[35] **55**

---

[30] *Kur* CR 1996, 325 (327).
[31] Z. B. LG Köln GRUR 1997, 377 – hürth.de; s. auch *Heinrich* MarkenR 2003, 89 (90).
[32] Z. B. *Fezer*, Markenrecht, § 3 Rn. 301; *Fezer/Jung-Weiser*, UWG, § 4-S 11 Rn. 42; wohl auch OLG Nürnberg 05.06.2001, 3 U 817/01, JurPC (www.jurpc.de), Web-Dok. 357/2002, S. 12 – haug.de; OLG Köln MMR 2006, 469 – investment.de.
[33] So *Kleespies* GRUR 2002, 764 (766).
[34] Im Ergebnis auch BGH MMR 2005, 685 – Pfändbarkeit von Domains; *Utz* MMR 2006, 470.
[35] BGH WRP 2005, 1164 (1166) – seicom.de; OLG Hamburg MMR 2004, 174 (175) – eltern-online.de; *Ingerl/Rohnke* nach § 15 Rn. 33.

56 Dies gilt grundsätzlich auch für die selten gerichtlich in Erscheinung tretenden **Sub-Domainnamen**, also die Ebenen links von der SLD und selbst für Verzeichnisse,[36] wenn diese auch nicht mehr zum Domainnamen gehören.

57 ▸ **Beispiel:**

Die Benutzung des Domainnamens skoda.schmidt.de ist bei Verwendung für entsprechende Waren bzw. Dienstleistungen in Zusammenhang mit Autos durchaus als Benutzung der Automarke »Skoda« anzusehen.

58 Dies bedeutet aber keinesfalls, dass etwa jeder Domainname bzw. Teile davon immer oder zwangsläufig eine Kennzeichenfunktion besitzen. Es gibt Konstellationen, in denen Domainnamen keine Namens- bzw. Kennzeichenfunktion aufweisen.[37]

59 ▸ **Beispiel:**

Eine Internetseite unter dem Domainnamen fwt-koeln.de, die zunächst nur ein Verkaufsangebot enthielt und später mit zufällig und für den Nutzer wahllos ausgewählten kommerziellen Seiten verlinkt war.[38]

60 Häufig sind dies Domainnamen, die generische Begriffe enthalten. Denkbar sind auch Domainnamen, die zwar einen bürgerlichen Namen aufweisen, dieser aber in seiner konkreten Verwendung nicht erkannt wird.[39] Die konkrete Eignung des Domainnamens, kennzeichnend zu wirken, ist daher in jedem Einzelfall konkret zu prüfen.[40]

61 ▸ **Beispiel:**

Nach Aufgabe der Benutzung eines Firmenschlagworts, wurden zur Kontakterhaltung mit Kunden einige der alten E-Mail-Adressen beibehalten. Der BGH sah hierin keine Benutzung des Firmenschlagworts mehr.[41]

62 Da sich der Domainname, wie oben dargelegt, auch als technische, für die Internetadressierung notwendige Erscheinung verstehen lässt, führt seine konkrete Benutzung zum Entstehen des ein oder anderen, aber auch unter Umständen zu keinem Kennzeichenrecht.[42] Der Domainname ist jedoch keinesfalls das Recht selbst.[43]

63 Ebenso wie in Printmedien das geschriebene Zeichen je nach Bedeutung und Sachzusammenhang ein Name, ein Unternehmenskennzeichen, eine Marke, ein Titel oder auch eine geographische Herkunftsbezeichnung sein kann, kann ein Domainname je nach Bedeutung und Sachzusammenhang mit der Internetseite, zu der er führt, als Benutzung einer (oder keiner) dieser Kennzeichenrechte angesehen werden.[44]

64 Die Einordnung, welches Kennzeichenrecht ggf. einschlägig ist, hängt davon ab, wie der Domainname konkret benutzt wird und wie ihn der Verkehr versteht (s. u. Rdn. 140). Für jedes Kennzeichenrecht gelten besondere Voraussetzungen, die noch näher dargestellt

---

36 *Nordemann* NJW 1997, 1891 (1895); für Thirdlevel-Domainnamen vgl. LG Duisburg MMR 2000, 168 (170) – www.kamp-lintfort.cty.de; für Verzeichnisse vgl. LG Mannheim ZUM-RD 2000, 74 (76) – buchhandel.de/nautilus; a. A. OLG Dresden CR 1999, 102 (103) – dresden-online.de und neuerdings OLG Düsseldorf GRUR-RR 2006, 265 – Post-Domain-Pfad.
37 So zutreffend schon *Omsels* GRUR 1997, 328; LG Düsseldorf NJW-RR 1999, 629 – jpnw.de; *Fezer* WRP 2000, 656 (670).
38 LG München I MMR 2006, 484 – fwt-koeln.de.
39 Z. B. OLG Stuttgart GRUR-RR 2002, 192 – netz.de.
40 Vgl. OLG München MMR 1999, 547 (547) – buecher.de.
41 BGH WRP 2005, 1164 (1166) – seicom.de.
42 So auch *Ubber* S. 63.
43 *Ingerl/Rohnke* nach § 15 Rn. 31.
44 Vgl. auch OLG Karlsruhe GRUR-RR 2002, 138 (139) – dino.de; *Kleespies* GRUR 2002, 764 (773); *Welzel* MMR 2001, 131 (133); *Fezer*, Markenrecht, § 3 Rn. 303.

werden. Wird ein Domainname noch für nichts benutzt, scheidet regelmäßig auch ein Entstehungstatbestand für ein Kennzeichenrecht aus.[45] Im Ergebnis macht der BGH hiervon im Namensrecht eine Ausnahme für die besondere Konstellation, dass der Anmeldung des Domainnamens später ein Benutzungstatbestand folgt (siehe unten Rdn. 299).[46]

Bevor auf die möglichen Erscheinungsformen der Kennzeichen im Allgemeinen und der Domainnamen im Besonderen eingegangen wird, werden einige Grundbegriffe des Kennzeichenrechts vorgestellt, ohne die eine rechtliche Befassung mit Domainnamen nicht möglich ist.[47]

II. Grundbegriffe des Kennzeichenrechts

1. Priorität, § 6 MarkenG

Grundsätzlich entscheidet sich für die große Mehrzahl der Fälle, in denen Kennzeichnungen vollständig frei gewählt worden sind, die Berechtigung nach der Priorität der Entstehung des Kennzeichenrechts.

a) Angemeldete und eingetragene Marken

Bei angemeldeten und eingetragenen Marken ist für die Bestimmung des Zeitrangs grundsätzlich der Anmeldetag gem. § 33 Abs. 1 MarkenG maßgeblich. Falls eine internationale Priorität wirksam in Anspruch genommen worden ist, ist der entsprechende Prioritätstag der ausländischen Markenanmeldung entscheidend.

b) Benutzungsrechte

Für die Bestimmung des Zeitrangs von Kennzeichenrechten, die durch Benutzungsaufnahme bzw. durch Verkehrsgeltung entstehen, ist der Tag maßgeblich, an dem die Benutzung aufgenommen bzw. an dem die Verkehrsgeltung erreicht worden ist (§ 6 Abs. 3 MarkenG).

Der kennzeichenrechtliche Schutz kann daher für unterschiedliche Waren bzw. Dienstleistungen oder Geschäftsbereiche zu unterschiedlichen Zeiten entstehen, je nachdem, zu welchem Zeitpunkt die Benutzung aufgenommen bzw. die Verkehrsgeltung erlangt wurde.

> ▶ **Beispiel:**
>
> Wird die Bezeichnung »TOMA« für Kleidung, später aber im Rahmen eines Marketingprojekts auch für ein Videospiel benutzt, ohne eingetragen zu sein, hat sie jedoch zunächst nur für Kleidung Verkehrsgeltung erlangt, kann gegen einen entsprechenden Domainnamen »toma.de« nicht vorgegangen werden, wenn unter diesem Domainnamen für Videospiele geworben wird.

c) Der gleiche Prioritätstag

Für den seltenen Fall, dass die Prioritätsdaten bzw. die Daten der Benutzungsaufnahme bzw. des Eintretens der Verkehrsgeltung den gleichen Tag aufweisen, sind diese Rechte gleichrangig und begründen gegeneinander keine Ansprüche (§ 6 Abs. 4 MarkenG).

---

45 Vgl. z. B. OLG Hamburg CR 2007, 47 – ahd.de.
46 BGH MMR 2008, 815 – afilias.de.
47 Diese Darstellung kann eine vertiefte Beschäftigung mit dem Kennzeichenrecht nicht ersetzen. Hierzu wird auf die einschlägige Literatur zum Markenrecht, u. a. auf *Erdmann/Rojahn/Sosnitza*, Handbuch des Fachanwalts Gewerblicher Rechtsschutz, 2. Aufl. 2011, Kap. 5, verwiesen.

d) Ausnahme im Gleichnamigkeitsrecht

72 Eine gewisse Ausnahme hierzu besteht, was die Priorität angeht, im Gleichnamigkeitsrecht. Der BGH hatte in der Entscheidung defacto.de[48] als obiter dictum den Grundsatz aufgestellt, dass mehrere Unternehmen als Inhaber eines Domainnamens in Betracht kommen, wenn sie alle berechtigt sind, das betreffende Zeichen befugt zu führen. In diesem Fall gelte für die Eintragung und Verwendung des Zeichens die Priorität der Registrierung als Domainname. Nicht maßgeblich sei dagegen, welches Unternehmen über ein prioritätsälteres Recht an einem Unternehmenskennzeichen i. S. d. § 6 Abs. 3 MarkenG verfüge. Diese Entscheidung ist – entgegen ihrem mehrdeutigen Wortlaut – nur in Gleichnamigkeitskonstellationen anwendbar, wenn also mindestens auf einer Seite Namen oder Namensbestandteile infrage stehen, die nicht frei gewählt worden sind.[49] Der BGH hat dies nun klargestellt:

> »Aus dem Namensrecht des § 12 BGB kann dagegen in der Regel nur gegen den Inhaber eines registrierten Domainnamens vorgegangen werden, dem an diesem Namen selbst keine eigenen Rechte zustehen (vgl. BGHZ 155, 273, 275 – maxem.de). Kann sich der Inhaber des Domainnamens dagegen auf ein eigenes Namensrecht stützen, kommt das Recht der Gleichnamigen zum Zuge. Dies bedeutet, dass sich im Streit um den registrierten Namen grundsätzlich derjenige durchsetzt, der als erster diesen Namen für sich hat registrieren lassen (BGHZ 149, 191, 200 – shell.de; BGH GRUR 2002, 898, 900 – defacto). Es gilt insoweit das Gerechtigkeitsprinzip der Priorität (vgl. BGHZ 148, 1, 10 – Mitwohnzentrale.de), das nur unter besonderen Umständen zurücktritt (vgl. BGHZ 149, 191, 201 f. – shell.de).«[50]

2. Gleicher Rang der Kennzeichenrechte

73 Nach deutschem Recht besteht kein abstrakter Vorrang eines Kennzeichenrechts über ein anderes, d. h., dass sich z. B. ein älteres Firmenrecht gegen eine jüngere eingetragene Marke, eine ältere Marke gegen eine jüngere Notorietätsmarke oder ein älteres Werktitelrecht gegen eine jüngere geschäftliche Bezeichnung durchsetzen kann.[51] Dies bedeutet aber nicht notwendiger Weise, dass sich immer ein Kennzeichenrecht gegen ein jüngeres durchsetzt, da z. B. ein rein firmenmäßiger Gebrauch nicht durch eine Marke untersagt werden kann.[52]

3. Kennzeichenrechte als Abwehrrechte

74 Die Verletzungsnormen des Kennzeichenrechts, § 14 und § 15 MarkenG betonen zu Recht die im gesamten Immaterialgüterrecht tradierte Struktur, dass gewerbliche Schutzrechte und Urheberrechte in erster Linie Abwehrrechte sind. Der Erwerb einer Marke oder eines Unternehmenskennzeichens erlaubt daher nach der traditionellen Auffassung nicht zwangsläufig die Benutzung des Kennzeichens, sondern gewährt in erster Linie Verbietungsrechte gegenüber jüngeren Kennzeichen. Eine im Vordringen begriffene Meinung will der Marke (wie auch anderen Immaterialgüterrechten) allerdings auch eine positive Benutzungsbefugnis beilegen.[53] Ein fiktives Beispiel zeigt die Problematik:

75 ▶ **Beispiel:**

Dem Inhaber der eingetragenen Marke »Müller-Natur« für Kleidung wird die Verwendung der Marke für synthetische Hemden auf Grundlage des § 5 UWG wegen irreführender Werbung gerichtlich untersagt.

---

48 BGH WRP 2002, 1066 – defacto.de.
49 Wie hier wohl *Ingerl/Rohnke* nach § 15 Rn. 100.
50 BGH GRUR 2005, 430 – mho.de.
51 Vgl. nur *Ingerl/Rohnke* § 6 Rn. 9.
52 Vgl. BGH GRUR 2008, 254 – The Home Store.
53 Vgl. die Nachweise bei *Ingerl/Rohnke* § 14 Rn. 8.

III. Entstehungstatbestände v. Kennzeichen u. rechtliche Erscheinungsformen v. Domainnamen

4. Kein Vorbenutzungsrecht

Unstrittig ist dagegen, dass die reine Vorbenutzung eines Kennzeichens, dass nicht zu einem Benutzungsrecht geführt hat, kein zulässiger Verteidigungseinwand ist.[54] Ein für eine bestimmte Dienstleistung benutztes Zeichen, dass für diese Dienstleistung keine Verkehrsgeltung erlangt hat, muss also im Konfliktfall einer später angemeldeten Marke für diese Dienstleistungen weichen. 76

III. Entstehungstatbestände von Kennzeichen und rechtliche Erscheinungsformen von Domainnamen

Das Kennzeichenrecht im weiteren Sinne erfasst heute das Markenrecht i. e. S. (§ 4 MarkenG, eingetragene Marke, Benutzungsmarke durch Verkehrsgeltung sowie Notorietätsmarke), das Recht der Unternehmenskennzeichen (§ 5 MarkenG) und der geografischen Herkunftsangaben (§ 126 MarkenG) sowie das Namensrecht des § 12 BGB. 77

1. Die eingetragene Marke, § 4 Nr. 1 MarkenG

a) Schutzgegenstand

Marken kennzeichnen Produkte und/oder Dienstleistungen. 78

b) Schutzfähigkeit

§ 3 MarkenG regelt die sog. abstrakte Markenfähigkeit von Zeichen im Unterschied zu der auf konkrete Waren oder Dienstleistungen bezogenen Unterscheidungseignung eines Zeichens nach § 8 Abs. 2 MarkenG. Da Fragen der abstrakten Markenfähigkeit von dreidimensionalen Gestaltungen, Gerüchen, Farben etc. im Internetzusammenhang aufgrund der technischen Vorgabe von Buchstaben und Zahlen durch das IP Adressensystem keine Rolle spielen bzw. derartige Marken in der Regel nicht gegen eine Benutzung von Domainnamen ins Feld geführt werden können, wird an dieser Stelle auf die abstrakte Markenfähigkeit nicht weiter eingegangen. 79

Marken, denen jegliche Unterscheidungskraft fehlt oder die ausschließlich aus Zeichen oder Angaben bestehen, die im geschäftlichen Verkehr zur Bezeichnung der Art, oder der Beschaffenheit oder weiterer dort genannter Merkmale der Waren- oder Dienstleistungen bestehen, oder die über die Beschaffenheit oder die geografische Herkunft der Waren täuschen, sind nach § 8 Abs. 2 Nr. 1 und Nr. 2 MarkenG von der Eintragung ausgeschlossen. 80

Unter **Unterscheidungskraft** wird die konkrete Eignung einer Marke verstanden, vom Verkehr als Unterscheidungsmittel für Waren oder Dienstleistungen eines Unternehmens gegenüber solcher anderer Unternehmen aufgefasst zu werden, wobei regelmäßig jede noch so geringe Unterscheidungskraft ausreicht. 81

Eine Wortmarke besitzt keine Unterscheidungskraft, wenn ihr für die betreffenden Waren oder Dienstleistungen ein im Vordergrund stehender beschreibender Begriffsinhalt zugeordnet werden kann oder es sich um ein Wort der deutschen oder einer bekannten Fremdsprache handelt, das vom Verkehr stets als solches und gerade nicht als Unterscheidungsmittel verstanden wird. So wurde die Markenanmeldung handy.de für Getränke als Sachhinweis zurückgewiesen.[55] Eintragungen in der Form einer Internetadresse nach dem 82

---

54 Vgl. BGH GRUR 1998, 412 (414) – Analgin.
55 BPatG 29.10.2002, 33 W (pat) 3/02, JurPC (www.jurpc.de), Web-Dok. 42/2003 – handy.de.

Muster »http://www.marke.de« werden, soweit die Marke unterscheidungskräftig ist, allerdings zugelassen.[56]

83 Ein absolutes Schutzhindernis kann durch Darlegung einer **Verkehrsdurchsetzung** überwunden werden. Hierfür ist der Nachweis notwendig, dass der Verkehr ein Zeichen trotz seines beschreibenden Charakters etwa als Herkunftshinweis auf ein bestimmtes Unternehmen versteht.[57]

c) Entstehung und Ende

84 Der Markenschutz entsteht nach § 4 Nr. 1 MarkenG durch **Eintragung** der Marke im Markenregister, das vom Deutschen Patent- und Markenamt in München geführt wird. Die Markenanmeldung muss das Zeichen und die Angabe von Waren und Dienstleistungen enthalten, für die es eingetragen werden soll. Das Amt prüft die Anmeldung auf absolute Schutzhindernisse nach dem abschließenden Katalog des § 8 MarkenG. Die in der Praxis häufigsten Ausschlussgründe sind die fehlende Unterscheidungskraft (Nr. 1) und das Vorliegen ausschließlich beschreibender Angaben (Nr. 2).

85 Wird die Marke für bestimmte Waren- und/oder Dienstleistungen als schutzfähig akzeptiert, wird sie **eingetragen und veröffentlicht**. Vom Zeitpunkt der Eintragung erlangt sie Schutz in Deutschland und kann gegen die Benutzung eines identischen oder ähnlichen Zeichens durch Dritte durchgesetzt werden. Solange die Marke Schutz genießt, also nicht gelöscht ist, muss sie von den ordentlichen Gerichten beachtet werden,[58] so schwach ihre Kennzeichnungskraft auch sein mag.[59]

86 **Registerschutz nur durch Eintragung:** Die bloße Anmeldung einer deutschen Marke, einer Gemeinschaftsmarke oder einer Internationalen Marke gewährt noch keinen Schutz. Solange die Marke nicht eingetragen ist, kann ein dritter Benutzer eines zur Anmeldung identischen oder ähnlichen Domainnamens allenfalls auf die Priorität der Anmeldung bzw. dessen zukünftige Eintragung hingewiesen werden.

87 Innerhalb von drei Monaten nach Veröffentlichung der Markeneintragung ist beim deutschen Patent- und Markenamt ein vergleichsweise günstiges **Widerspruchsverfahren** möglich, in dem Inhaber älterer Rechte ihre besseren Rechte geltend machen können. Auch nach Ablauf der dreimonatigen Widerspruchsfrist bleibt eine Löschungsklage vor den ordentlichen Gerichten auf Löschung einer Marke auf der Grundlage älterer Rechte gem. § 51 MarkenG möglich.

88 Alternativ oder kummulativ zur deutschen Markeneintragung besteht auch die Möglichkeit, eine **Gemeinschaftsmarke** oder eine **Internationale Registrierung** mit Benennung für Deutschland zu erwirken, die jeweils zu einem Markenschutz in Deutschland führen. Die Gemeinschaftsmarke entfaltet ihren Schutz ab Eintragung der Marke mit Wirkung für das gesamte Territorium der europäischen Gemeinschaft. Allerdings führt bereits ein Schutzhindernis in einem bzw. ein erfolgreicher Widerspruch aus einem der Mitgliedsländer zur Versagung der Gemeinschaftsmarkeneintragung als Ganzes (Einheitlichkeit der Gemeinschaftsmarke). Im Gegensatz zum deutschen System wird das Widerspruchsverfahren für eine Gemeinschaftsmarke nach amtlicher Prüfung der Eintragungsvoraussetzungen, jedoch vor der Eintragung der Marke durchgeführt. Die Eintragung der Gemeinschaftsmarke und damit ihr Schutz kann also durch ein oft langwieriges Widerspruchsverfahren hinausgezögert werden. Als dritte Möglichkeit ist noch das internationale Markensystem

---

56 Z. B. BPatGE 43, 263 – ecollect.de.
57 Vgl. OLG Köln WRP 2002, 249 (252) – freelotto.de.
58 Vgl. OLG Dresden CR 1999, 589 (591) – cyberspace.de.
59 Vgl. OLG Hamm NJW-RR 1999, 631 – pizza-direkt.de zur äußerst geringen Kennzeichnungskraft der Marke »Pizza Direct« für Lieferung von Speisen und Getränken.

III. Entstehungstatbestände v. Kennzeichen u. rechtliche Erscheinungsformen v. Domainnamen

(Madrider Abkommen, Madrider Protokoll) zu erwähnen. Hier kann eine nationale Basisanmeldung durch entsprechende Gesuche bei der Weltorganisation für geistiges Eigentum (WIPO) in Genf auf die Mitgliedsländer dieses Systems erstreckt werden. Das nationale Amt prüft hier im Nachhinein, ob auf Grundlage des nationalen Rechts Schutzerstreckungshindernisse vorliegen. Auch gegen die nationale Schutzerstreckung ist die Einlegung eines Widerspruchs möglich.

Der Markenschutz einer eingetragenen deutschen, international auf Deutschland erstreckten und einer Gemeinschaftsmarke endet nach 10 Jahren, soweit sie nicht (immer wieder) verlängert wird. **89**

2. Benutzungsmarke gem. § 4 Nr. 2 MarkenG[60]

Der zweite Entstehungstatbestand einer Marke nach dem MarkenG ist die Benutzung eines Zeichens im geschäftlichen Verkehr durch Erlangung von Verkehrsgeltung. **90**

a) Schutzgegenstand

Auch die Benutzungsmarke kennzeichnet Produkte und/oder Dienstleistungen. **91**

b) Schutzfähigkeit

Die Schutzfähigkeitsvoraussetzungen sind bei allen Marken gleich (s. o. unter Rdn. 79–83). **92**

c) Entstehung und Ende

Die Benutzungsmarke entsteht in dem Zeitpunkt, indem die notwendige **Verkehrsgeltung** bei andauernder Benutzung erworben wird. Der Schutz endet ggf. mit dem Nachlassen der Verkehrsgeltung. Da es auf die Auffassung der Verkehrskreise und nicht etwa auf die tatsächliche Benutzung ankommt, ist es denkbar, dass trotz eingestellter Benutzung die Verkehrsgeltung und damit der Schutz als Benutzungsmarke noch länger erhalten bleibt. **93**

Der Begriff der Verkehrsgeltung ist im Markengesetz nicht definiert und ist von der Verkehrsdurchsetzung des § 8 Abs. 3 MarkenG, der aufgrund eines besonders hohen Benutzungsgrades ausnahmsweise die Hürde der absoluten Schutzhindernisse überwinden hilft, zu unterscheiden. **94**

Die Verkehrsgeltung muss für das konkrete Zeichen und dessen Waren bzw. Dienstleistungen im Inland erlangt sein. Dabei ist es möglich, dass die Verkehrsgeltung nur für einige der benutzen Waren vorliegt. Nur insofern liegt dann eine Benutzungsmarke vor. **95**

Welche Prozentsätze für eine Verkehrsgeltung für eine konkrete Marke anzunehmen sind, hängt v. a. von der **Kennzeichnungskraft** des Zeichens für die benutzten Waren ab. Obgleich sich die Rechtsprechung mit guten Gründen davor scheut, feste Regeln aufzustellen, arbeitet die Praxis mit gewissen Faustregeln für entsprechende Prozentsätze. Je kennzeichnungsschwächer das Zeichen ist, desto größer muss die Verkehrsgeltung sein und umgekehrt. Bei normal kennzeichnungskräftigen Zeichen kann es ausreichen, wenn zwischen 20 % und 25 % der angesprochenen Verkehrskreise in dem Zeichen einen Hinweis auf den Hersteller und bestimmte Waren sehen.[61] Bei Angaben, die eher freihaltebedürftig sind, steigen diese Prozentsätze nach der Rechtsprechung erheblich. Bei geographischen Herkunftsangaben oder glatt beschreibenden Angaben müssen in der Regel 70 % deutlich überschritten sein. **96**

---

[60] Vgl. hierzu ausf. FA-GewRS/*Omsels* Kap. 5 Rn. 62 ff.
[61] *Ströbele/Hacker* § 4 Rn. 39.

97 Der Grad der notwendigen Verkehrsgeltung hängt auch von der Bestimmung der relevanten Verkehrskreise ab. Bei hochwertigen Produkten kann schon ein kleiner Kreis von Menschen, die derartige Produkte kaufen oder an ihnen interessiert sind, den maßgeblichen Verkehrskreis darstellen. Bei Alltagsprodukten kann der Kreis der beteiligten Verkehrskreise dagegen sehr groß sein, im Einzelfall sogar die gesamte inländische Bevölkerung ausmachen. Im Fall »arena-berlin.de« wurde es für nicht ausreichend gehalten, nur Besucher von szenetypischen Befragungsorten zur Verkehrsgeltung des Begriffs »Arena« in Berlin zu befragen.[62]

3. Die Notorietätsmarke nach § 4 Nr. 3 MarkenG

a) Schutzgegenstand

98 Auch die Notorietätsmarke kennzeichnet Produkte und/oder Dienstleistungen.

b) Schutzfähigkeit

99 Die Schutzfähigkeitsvoraussetzungen sind bei allen Marken gleich (s. o. unter Rdn. 79–83).

c) Entstehung und Ende

100 Die sog. **notorische Bekanntheit** stammt aus Artikel 6bis PVÜ. Notorietät ist die Allbekanntheit einer Marke im Verkehr. In aller Regel wird eine notorisch bekannte Marke auch eine Benutzungsmarke i. S. d. § 4 Nr. 2 MarkenG sein. Die Aufnahme dieses Markenentstehungstatbestandes in das deutsche MarkenG ist daher v. a. aus dem Wunsch einer umfassenden Umsetzung der internationalen und europäischen Vorgaben zu erklären. Ein eigener Anwendungsbereich für die Notorietätsmarke ergibt sich daher nur bei nicht im Inland benutzen Marken. In der Literatur wird ein Bekanntheitsgrad oberhalb der Benutzungsmarke und unterhalb der berühmten Marke, also bei etwa 60–70 % diskutiert.[63]

4. Die Firma, § 5 MarkenG (§ 17 HGB)

101 Neben dem kennzeichenrechtlichen Schutz des § 5 MarkenG ist der handelsrechtliche Firmenschutz zu erwähnen, der registerrechtlicher Natur ist. Der Registerschutz nach §§ 17 ff. HGB spielt wegen des umfassenderen Anwendungsbereichs der kennzeichenrechtlichen Ansprüche in der Rechtsprechung zu Domainnamen bislang keine Rolle.

a) Schutzgegenstand

102 Die Firma ist der **Name eines Kaufmanns** bzw. eines Unternehmens, unter dem er im Handel auftritt und unter dem er seine Unterschrift abgibt.[64] Der Begriff des Namens entstammt § 12 BGB und umfasst auch den bürgerlichen Namen.

b) Schutzfähigkeit

103 Soweit die Firmenbezeichnungen bzw. kennzeichnungskräftige Teile einer Firma **unterscheidungskräftig** sind, genießen sie kennzeichenrechtlichen Schutz. Eine Verwendung derselben Firma für andere Unternehmen oder die Existenz von gleichlautenden Bezeichnungen außerhalb des geschäftlichen Verkehrs schadet der Einordnung als Unternehmenskennzeichen nicht, solange es ausreichend unterscheidungskräftig ist und in der Lage ist, als Unternehmenskennzeichen individualisierend zu wirken.[65] Eine besondere Originalität ist

---

[62] KG NJW-RR 2003, 1405 – arena-berlin.de.
[63] *Ingerl/Rohnke* § 4 Rn. 31.
[64] Vgl. § 17 HGB.
[65] Vgl. LG Düsseldorf NJW-RR 1999, 626 – ufa.de.

III. Entstehungstatbestände v. Kennzeichen u. rechtliche Erscheinungsformen v. Domainnamen

für die Annahme einer Unterscheidungskraft nicht erforderlich.[66] Die Unterscheidungskraft eines Unternehmenskennzeichens dürfte nur in seltenen Fällen, vor allem bei sehr kurzen oder nicht aussprechbaren Abkürzungen und bei glatt beschreibenden Begriffen, die dem Geschäftsfeld entsprechen,[67] zweifelhaft sein. Selbst die Bezeichnungen »Fetenplaner« oder »Kulturwerbung Nord« wurden als (noch) hinreichend kennzeichnungskräftig angesehen, bei »area45cycles« ergab sich dies aus der Zusammensetzung der einzelnen Elemente.[68]

Liegt keine originäre Unterscheidungskraft vor, kann kennzeichenrechtlicher Schutz nur durch **Verkehrsgeltung** des Zeichens erworben werden. Diese sollte im Internetraum zumindest nationale Bedeutung haben. Hier reichen z. B. 37,1 % aller Berliner oder 67 % aller Berliner Internetsurfer nicht aus.[69] **104**

Auch **Firmenschlagworte** genießen kennzeichenrechtlichen Schutz, wenn sie hinreichende Unterscheidungskraft aufweisen. Nach neuerer Rechtsprechung des BGH kommt es nicht mehr darauf an, ob die fragliche Kurzbezeichnung tatsächlich als Firmenbestandteil in Alleinstellung verwendet worden ist und ob sie sich im Verkehr durchgesetzt hat.[70] **105**

▶ **Beispiele** sind »Ratiosoft« als Schlagwort für die Firma »Rationelle Softwareentwicklung«, »SoCo« für »Software+Computersysteme«, »DAS« für Deutschen Automobil Schutz und »jpnw« für die Junge Presse Nordrhein-Westfalen e. V.[71] **106**

c) Entstehung und Ende

Der materielle Firmenschutz entsteht durch die erstmalige Benutzung der Firma im geschäftlichen Verkehr. Hierfür reicht jede nach außen gerichtete wirtschaftliche Tätigkeit aus, die auf Dauer angelegt ist. Ob der Firmeninhaber ein ausländisches oder inländisches Unternehmen oder Person ist, ist unerheblich, solange die Benutzung nur im Inland vorliegt. Auch Vorbereitungshandlungen können ggf. zur Entstehung genügen. Hierzu zählen z. B. das Anmieten eines Ladenlokals, die Anmeldung zum Handelsregister oder die Bestellung von Briefpapier. Hier ist aber kritisch der Benutzungscharakter von vorgeschobenen Schutzbehauptungen abzugrenzen.[72] Ist die Firma originär kennzeichnungskräftig, werden an den Umfang der Benutzungsaufnahme keine besonderen Anforderungen gestellt. **107**

▶ **Beispiel:** Das OLG München ließ eine Benutzung innerhalb einer E-Mail-Adresse als Entstehungsgrund genügen.[73] **108**

Der Firmenschutz besteht so lange fort, als die Firma ohne eine nicht nur vorübergehende Unterbrechung benutzt wird.[74] Nach einer relevanten Unterbrechung der Benutzung führt eine »Wiederaufnahme« ggf. nur zu einem neuen Firmenrecht mit neuer, späterer Priorität. **109**

---

66 Vgl. LG Düsseldorf 11.01.2000, 4 O 438/98 – stadtkultur.de.
67 Vgl. z. B. LG München I K&R 2007, 219 – klingeltöne.de.
68 LG Hamburg GRUR-RR 2008, 348 – area45cycles.com; LG Frankfurt/M. MMR 2006, 114 f. – fetenplaner.de; OLG Hamburg MMR 2000, 544 – kulturwerbung.de. Kein Problem sieht der BGH auch für »ahd«, BGH MMR 2009, 534 – ahd.de.
69 KG ZUM 2001, 74 (76) – berlin-online.de.
70 BGH WRP 2002, 1066 – defacto.de.
71 LG Düsseldorf MMR 2004, 700 – ratiosoft.com; BGH CR 2005, 284 – soco.de; LG Frankfurt/M.CR 1997, 287 – das.de; LG Düsseldorf NJW-RR 1999, 629 – jpnw.de.
72 Daher ablehnend für den Eintrag in das Handelsregister im konkreten Fall OLG Hamburg GRUR-RR 2005, 381 – abebooks.com.
73 OLG München ZUM 2000, 71 – tnet.de: Sachverhalt ist insoweit nicht ganz eindeutig.
74 Vgl. zur Aufgabe der Benutzung BGH WRP 2005, 1164 (1166) – seicom.de, hier auch zur Unbeachtlichkeit der Weiterbenutzung von E-Mail-Adressen nach Firmenaufgabe.

5. Besondere Geschäftsbezeichnung, § 5 MarkenG

a) Schutzgegenstand

110 Besondere Geschäftsbezeichnungen weisen nicht auf den Träger, sondern auf den Gegenstand oder einen Teil des Unternehmens hin. In Abgrenzung zu den **Geschäftsabzeichen** (s. gleich Rdn. 113 ff.) weisen sie eine Namensfunktion (auf den Gegenstand des Unternehmens bezogen) auf. Beispiele sind etwa Detektivbüros,[75] Hotels[76] oder Theater.[77]

b) Schutzfähigkeit

111 Wie für die Firmenrechte erläutert, sind besondere Geschäftskennzeichnungen nur dann schutzfähig, wenn sie entweder von Haus aus **unterscheidungskräftig** sind oder es durch Verkehrsgeltung werden. Während das Kennzeichen »Deutsches Theater« der Feststellung der Verkehrsgeltung bedurfte, wurde »f-net« die originäre Unterscheidungskraft zugesprochen.[78] Weitere Beispiele aus der Rechtsprechung sind »abebooks« für antiquarische Bücher,[79] »juraxx« für Rechtsberatung,[80] »Zweitausendeins« für einen Bücher- und Schallplattenvertrieb.[81] Verneint hat der BGH die Unterscheidungskraft für »Literaturhaus« für den Betrieb eines Literaturhauses.[82]

c) Entstehung und Ende

112 Die besondere Geschäftsbezeichnung entsteht durch Benutzungsaufnahme wie das Firmenrecht (s. Rdn. 107–109). Verkehrsgeltung ist keine Voraussetzung des Entstehungstatbestandes, kann aber helfen, eine fehlende Unterscheidungskraft zu überwinden. So verneinte das KG die Unterscheidungskraft von »Arena«, die auch nicht über eine Verkehrsgeltung erreicht werden konnte, bejahte aber eine originäre Unterscheidungskraft für die Bezeichnung »Arena Berlin« für kulturelle Veranstaltungen.[83]

6. Geschäftsabzeichen, § 5 MarkenG

a) Schutzgegenstand

113 Geschäftsabzeichen haben im Gegensatz zur Firma oder der besonderen Geschäftsbezeichnung keinen Namenscharakter, wenn sie auch zur Unterscheidung des Geschäftsbetriebs von anderen Geschäftsbetrieben bestimmt sind. Betriebliches Unterscheidungszeichen kann dabei jede äußere Erscheinungsform eines Betriebsmittels oder Arbeitsmittels eines Unternehmens sein. Typische Beispiele sind Logos, Telefonnummern, aber auch Werbesprüche und Farben.

b) Schutzfähigkeit

114 Im Unterschied zu den anderen geschäftlichen Bezeichnungen setzt der Schutz der Geschäftsabzeichen **Verkehrsgeltung** (s. Rdn. 93–97) voraus.

---

75 OLG Bamberg GRUR 1974, 229 – Interdekt.
76 OLG Celle WRP 1996, 109 – Grand Hotel.
77 LG München I ZUM-RD 1998, 2864 – deutsches-theater.de.
78 LG München I ZUM-RD 1998, 2864 – deutsches-theater.de; LG München I CR 1999, 451 – f-net.de.
79 OLG Hamburg GRUR-RR 2005, 381 – abebooks.com.
80 OLG Hamm MMR 2005, 381 – juraxx.de.
81 OLG Hamburg CR 2001, 552 (553) – buecher1001.de.
82 BGH CR 2005, 510 – literaturhaus.de.
83 KG NJW-RR 2003, 1405 – arena-berlin.de.

c) Entstehung und Ende

Das Geschäftsabzeichen entsteht durch Benutzungsaufnahme (s. Rdn. 107–109). Der Schutz besteht solange fort wie es ohne nicht nur vorübergehende Unterbrechung benutzt wird und Verkehrsgeltung behält. 115

7. Werktitel

a) Schutzgegenstand

Als Werktitel werden Namen oder besondere Bezeichnungen von Druckschriften, Filmwerken, Tonwerken, Bühnenwerken oder sonstigen vergleichbaren Werken in § 5 Abs. 3 MarkenG genannt. Für Domainnamen sind dabei vor allem die Druckschriften und die sonstigen vergleichbaren Werke von Bedeutung. Schutzgegenstand sind Werke, die auf einer geistigen Leistung beruhen und zu einem Arbeitsergebnis führen, das eines eigenen Bezeichnungsschutzes bedarf.[84] Nicht ausreichend ist daher z. B. eine bloße Aufzählung von Waren oder Dienstleistungsangeboten.[85] 116

Unter Druckschriften fallen Bücher aller Art, Zeitungen, Zeitschriften,[86] Zeitschriftenbeilagen,[87] aber auch Partituren oder Kalender. 117

Nicht genannt, aber seit 1988 durch den BGH anerkannt ist der Werktitelschutz für Computerprogramme,[88] der immer wieder auch in Streitigkeiten um Domainnamen eine Rolle spielt, so z. B. für Computerspiele.[89] Als sonstige Werke, die nach der neueren Rechtsprechung des BGH über den Titel individualisiert werden könnten, sind etwa Datenbanken zu nennen. 118

b) Schutzfähigkeit

Der Titel muss geeignet ist, ein Werk von einem anderen zu unterscheiden.[90] Die lange Tradition des Werktitelschutzes bei Zeitschriften hat dazu geführt, dass die an die Unterscheidungskraft gestellten Anforderungen bei Werktiteln besonders gering sind, zumal es erforderlich sei, den Inhalt des Werks kurz und prägnant zu beschreiben, was häufig nur durch Bezeichnungen möglich sei, die jedenfalls einen beschreibenden Anklang aufweisen. 119

▶ **Beispiele** für Schutzfähigkeit: »Der Allgemeinarzt« für eine Zeitschrift für praktische Ärzte, »bautip« für eine Druckschrift mit Informationen und Werbung für den privaten Bauherrn.[91] 120

▶ **Beispiele** für abgelehnte Schutzfähigkeit: »Berlin Online« und »euro-car-market.de«.[92] 121

Wie bei den anderen Unternehmenskennzeichen können auch nicht unterscheidungskräftige Titel Werktitelschutz durch Verkehrsgeltung erlangen. Hier kommt es allerdings nicht auf die Zuordnung zu einem bestimmten Inhaber,[93] sondern darauf an, dass der Verkehr der Auffassung ist, dass der eigentlich nicht unterscheidungskräftige Titel ein bestimmtes Werk 122

---

84 BGH ZUM 1988, 255 – FTOS.
85 LG Düsseldorf 10.02.2000, 4 O 582/99 – euro-car-market.de.
86 Z. B. OLG Hamburg MMR 2002, 825 – motorradmarkt.de.
87 OLG Frankfurt/M. ZUM-RD 2001, 193 – mediafacts.de.
88 BGH WRP 1997, 1184 – PowerPoint; ZUM 1988, 255 – FTOS.
89 LG Hamburg MMR 1998, 485 (486) – emergency.de.
90 LG Frankfurt/M.GRUR-RR 2002, 68 – uhren-magazin.de.
91 LG Hamburg MMR 2006, 252 – allgemeinarzt.de; LG Mannheim CR 1999, 528 (Ls.) – bautip.de; s. auch OLG Hamburg, Urt. v. 24.07.2003, JurPC (www.jurpc.de), Web-Dok. 239/2003 – schuhmarkt.de.
92 KG ZUM 2001, 74 (76) – berlin-online.de; LG Düsseldorf 10.02.2000, 4 0 582/99 – euro-car-market.de.
93 Vgl. *Fezer*, Markenrecht, § 15 Rn. 159.

bezeichnet und nicht etwa nur eine Werkkategorie.[94] Entsprechend wurde Verkehrsgeltung für »Uhren Magazin« bejaht, das neben »Chronos« und »Armbanduhren« das einzige Uhrenmagazin auf dem deutschen Markt sei. Angesichts seiner Fokussierung auf hochwertige Armbanduhren sei mit einer Auflage von knapp 18 000 Exemplaren im Quartal der eingeschränkte Leserkreis von Interessierten abgedeckt.[95]

c) Entstehung und Ende

123 Wie die Firma und die besondere Geschäftsbezeichnung entsteht der Werktitel durch bloße Benutzungsaufnahme des fertigen Werkes im geschäftlichen Verkehr in Deutschland (s. Rdn. 107–109).

124 Die Praxis hat jedoch ein formalisiertes Verfahren zur Vorverlegung des Werktitelschutzes entwickelt, dass durch den BGH anerkannt ist.[96] Mit Schaltung einer **Titelschutzanzeige**[97] in branchenüblicher Weise (z. B. Im Titelschutzanzeiger) gilt die Benutzung des Titels als begonnen, sofern innerhalb eines angemessenen Zeitraums, der üblicherweise mit 6 Monaten angenommen wird, das wenigstens weitgehend fertiggestellte[98] Werk unter diesem Titel erscheint. Der BGH hat dabei eine Titelankündigung auf der eigenen Internetseite als nicht ausreichend angesehen.[99]

125 ▶ **Beispiel für eine Titelschutzanzeige:**

Unter Hinweis auf § 5 Abs. 3 MarkenG nehme ich Titelschutz in Anspruch für:

Nice-try-no-cigar.com

In allen Schreibweisen, Darstellungsformen, Abwandlungen, Abkürzungen, Titelkombinationen, grafischen Gestaltungen, Schriftarten, entsprechenden Untertiteln und Zusammensetzungen für alle Medien, Ton-, Bild und Bildtonträger, Film, Hörfunk, Software, Off- und Onlinedienste und-Produkte, Internet, sowie für sonstige andere audiovisuelle, elektronische und digitale Medien, Bücher sowie Printmedien und Druckereierzeugnisse, für TV-und Kinoproduktionen, Bühnenwerke, sowie Veranstaltungen, Dienstleistungen und Merchandisingerzeugnisse aller Art.

Name, Adresse ...

126 Der Werktitelschutz endet mit Benutzungsaufgabe des Werkes oder Wegfall der Verkehrsgeltung, soweit diese notwendig war, um eine fehlende ursprüngliche Unterscheidungskraft zu überwinden.

8. Der Name, § 12 BGB

127 Das Namensrecht spielt nach wie vor eine zentrale Rolle in der Rechtsprechung zu Domainnamen. § 12 BGB gibt dem inländischen und ausländischen[100] Namensberechtigten ein Klagerecht auf Unterlassung, wenn ihm das Recht zum Gebrauch seines Namens von einem anderen bestritten oder sein Interesse dadurch verletzt wird, dass ein anderer unbefugt den gleichen Namen gebraucht.

---

94 LG Frankfurt/M. GRUR-RR 2002, 68 – uhren-magazin.de.
95 LG Frankfurt/M. GRUR-RR 2002, 68 – uhren-magazin.de.
96 BGH GRUR 1989, 760 – Titelschutzanzeige.
97 Bekanntestes Beispiel ist der Titelschutzanzeiger, vgl. nur http://www.titelschutzanzeiger.de/. Eine Ankündigung (irgendwo) im Internet ist nicht ausreichend, vgl. OLG München GRUR 2001, 522 (523) – kueche online.de.
98 BGH 2009, 801, 802 – airdsl.de, mit Anm. *Hackbarth*.
99 BGH CR 2009, 801, 803 – airdsl.de, mit Anm. *Hackbarth*; im Ergebnis auch OLG München GRUR 2001, 522 – kueche online.de.
100 MüKo-BGB/*Bayreuther* § 12 Rn. 125.

III. Entstehungstatbestände v. Kennzeichen u. rechtliche Erscheinungsformen v. Domainnamen

a) Schutzgegenstand und Namensträger

Namensträger sind v. a. natürliche und juristische Personen, aber auch nichtrechtsfähige Vereine.[101] **128**

Geschützt ist der **bürgerliche Name** bestehend aus Vor- und Nachnamen, sowie der Künstlername, das Pseudonym mit Verkehrsgeltung, Adelsbezeichnungen und unterscheidungskräftige Abkürzungen.[102] Der Namensschutz erfasst auch den Familiennamen allein, wenn er ausreichende Individualisierungsfunktion aufweist.[103] Dabei ist es unerheblich, ob es sich um den Geburtsnamen oder einen erworbenen Namen handelt.[104] Grundsätzlich wird nur die benutzte Schreibweise geschützt.[105] **129**

Aber auch für **Institutionen** wie die Bayerischen Gemäldesammlungen, Gebäude und sogar Ligen wie die Fußball-Bundesliga wurde Namensschutz anerkannt.[106] **130**

Reichhaltige, durchweg bejahende Rechtsprechung gibt es zu **Gebietskörperschaften**,[107] zu denen man auch Stadt- und Ortsteile[108] zählen kann, für die von der jeweiligen Stadt oder dem Ort Rechte geltend gemacht werden können, auch wenn sie ohne Verbindung mit dem Stadtnamen genutzt werden. Die Rechtsprechung war hier ohne Ausnahme der Auffassung, dass der Internetnutzer bei Nennung eines Städtenamens unter der SLD ohne Zusatz eine Internetseite der betreffenden Stadt bzw. eine abgeleitete Internetseite erwarte.[109] Eine Hinzufügung der Erläuterung »Stadt« oder »Markt« ist nicht notwendig. Eine Hinzufügung sei allerdings dem Nichtberechtigten zuzumuten.[110] Bei Gemeinden spielt dabei grundsätzlich keine Rolle, dass der Name der Stadt auch noch als Familienname vorkommt.[111] **131**

Nicht nur die **Bundesregierung**, sondern auch das **Bundesland** Hessen hatte keine Mühe, sich gegen die Benutzung von Domainnamen durchzusetzen, die Namen von Ländern betrafen.[112] **132**

Die Gerichte haben in vielen Fällen auch den **Bundesbehörden und -organen** für ihre Namen oder benutzten Bezeichnungen zu Ihrem Recht verholfen. Beispiele sind das Verteidigungsministerium, der deutsche Zoll, die Polizei Brandenburg oder das Bundesamt für den **133**

---

101 LG Frankfurt/M. MMR 2004, 113 – mormonen.de; OLG München CR 2002, 449 (450) – literaturhaus.de. OLG Rostock MMR 2009, 417 – braunkohle-nein.de.
102 Vor- und Nachnamen: OLG Dresden CR 2001, 408 – kurt-biedenkopf.de; regelmäßig aber nicht der Vorname allein, da er keine Individualisierungsfunktion aufweist, MüKo-BGB/*Bayreuther* § 12 Rn. 23; anders bei Verkehrsgeltung: OLG Hamburg CR 2002, 910 – verona.tv.; Pseudonym: BGH MarkenR 2004, 60 – maxem.de; Adelsbezeichnungen: LG Hamburg NJW-RR 2004, 1121 – schaumburg-lippe; Abkürzungen: OLG Braunschweig 19.12.2003, JurPC (www.jurpc.de) Web-Dok. 254/2004 – fh-wf.de.
103 OLG München ZUM-RD 2002, 368 (369) – duck.de.
104 A. A. offenbar *Eckhardt* CR 2002, 538 in seiner ablehnenden Anmerkung zu LG Flensburg CR 2002, 537 – sandwig.de; wie hier MüKo-BGB/*Bayreuther* § 12 Rn. 23.
105 LG Düsseldorf MMR 2001, 560 (Ls.).
106 LG Nürnberg-Fürth ZUM-RD 2000, 556 (557) – pinakothek.de; LG München I ZUM-RD 2002, 107 (108) – neuschwanstein.de; LG München I K&R 2008, 633 – schlosseggersberg.de; *Ströbele/Hacker* § 5 Rn. 13 m. w. N. (str.); LG Hamburg GRUR-RR 2007, 44 – bundesliag.de, zw.
107 St.Rspr., s. zuletzt OLG München MMR 2001, 692 (693) – boos.de; LG Oldenburg ZUM-RD 2003, 363 – schulenberg.de.
108 LG München I CR 2002, 840 – lehel.de; AG Ludwigsburg 24.05.2000, 9 C 612/00, JurPC (www.jurpc.de) Web-Dok. 15/2001 – muenchingen.de.
109 Beispielhaft OLG Köln ZUM-RD 1999, 453 (454) – alsdorf.de; LG Ansbach NJW 1997, 2688 – ansbach.de; LG Braunschweig CR 1997, 414 – braunschweig.de; LG Lüneburg CR 1997, 288 (289) – celle.de.
110 LG Düsseldorf GRUR-RR 2002, 28 – centrotherm.com.
111 LG Ansbach NJW 1997, 2688 – ansbach.de.
112 LG Berlin CR 2000, 700 – deutschland.de; LG Frankfurt/M. MMR 2005, 782 – hessentag.de; vgl. auch LG Berlin MMR 2007, 60 – tschechische-republik.at/.ch/.com.

Zivildienst.[113] Eine Ausnahme bildet hier die Bundesmarine, der das Landgericht Hamburg den Schutz gegen die Verwendung von marine.de für eine Webseite eines Bootsimports, Sportbootzubehörhändlers und Anbieters von maritimen Kleinanzeigen verwehrte, da die Bundesmarine das Zeichen Marine nicht in Alleinstellung verwende, was sich schon durch ihre ursprüngliche Registrierung des Domainnamens bundesmarine.de zeige. Auch spreche die Verwendung von »Marine-Look« für Kleidung oder »Handels-Marine« für Frachtschiffe für eine andere berechtigte Benutzung.[114]

134 Für geografisch spezifizierte **Gerichte** ist dies noch nicht entschieden, aber ebenso anzunehmen.[115] Drei Instanzen beschäftigte die Rechtsprechung die Frage nach der Berechtigung des Landes Nordrhein-Westfalen für »mahngericht.de« gegenüber einem Privatmann, die letztendlich verneint wurde, da hier kein Name eines Gerichts, sondern dessen Funktion infrage stehe.[116]

135 Schließlich besteht auch für **Unternehmen und Kaufleute** Namensschutz gem. § 12 BGB für ihre Firmenbezeichnungen[117] und Firmenschlagworte[118] gegenüber einer Namensnutzung außerhalb des geschäftlichen Verkehrs. Dieser namensrechtliche Firmenschutz ist jedoch stets auf den Funktionsbereich des betreffenden Unternehmens beschränkt.[119] Da er nur so weit reicht, wie geschäftliche Beeinträchtigungen zu befürchten sind, ist er im Allgemeinen nicht gegeben, weil sich der Funktionsbereich des Unternehmens in der Regel mit dem Anwendungsbereich des – das Namensrecht verdrängenden – Kennzeichenschutzes aus §§ 5, 15 MarkenG deckt (zur Ausnahme s. u. unter Rdn. 282–284).[120]

b) Schutzfähigkeit

136 Namen müssen namensmäßige Unterscheidungskraft besitzen. Enthalten die Bezeichnungen beschreibende Begriffe, werden sie nicht von vornherein als Namen verstanden oder wirken sie nicht individualisierend, können sie nur bei Erlangung von Verkehrsgeltung eigenständige namensrechtliche Ansprüche auslösen.[121] Die Gerichte gehen hier zuweilen sehr weit in der Anerkennung von Namensschutz.[122] Auch die Träger von sog. Allerweltsnamen, also Namen, die häufig vorkommen oder gerne beispielhaft genannt werden, können ggf. einen nur eingeschränkten Schutz genießen.[123] Keinen Schutz sollen Kürzel,[124] also etwa die jeweiligen Anfangsbuchstaben des bürgerlichen Namens haben.

c) Entstehung und Ende

137 Das Namensrecht entsteht mit der Geburt und endet mit dem Tod des Namensträgers.[125]

---

113 LG Hannover CR 2001, 860 – verteidigungsministerium.de; LG Bochum, JurPC (www.jurpc.de), Web-Dok. 168/2004 – zoll.de; LG Potsdam 16.01.2002, JurPC (www.jurpc.de), Web-Dok. 85/2002, Abs. 18 – polizeibrandenburg.de; LG Köln NJW-RR 1999, 629 – zivildienst.de.
114 LG Hamburg K&R 2001, 613 – marine.de.
115 *Schönberger* GRUR 2002, 478 (481).
116 OLG Köln MMR 2006, 31 – mahngericht.de; anders noch LG Köln MMR 2005, 621 – mahngericht.de; der BGH wies die Nichtzulassungsbeschwerde zurück.
117 OLG Stuttgart MMR 1998, 543 f. – steicom.
118 Z. B. OLG München MMR 2000, 104 – rolls-royce.de.
119 Richtig LG Düsseldorf 13.05.1998, 34 O 27/98 – glass.de.
120 BGH GRUR 2005, 430 – mho.de.
121 OLG München MMR 547 – buecher.de.
122 OLG Hamburg CR 1999, 184 (186) – emergency.de, zu Recht zweifelnd *Hackbarth* in seiner Anm., CR 1999, 186; OLG Stuttgart MMR 2002, 754 (755) – herstellerkatalog.com; zutreffend aber OLG Stuttgart GRUR-RR 2002, 192 – netz.de.
123 OLG Stuttgart GRUR-RR 2002, 192 – netz.de.
124 LG Köln MMR 2000, 625 (626) – wdr.org.
125 BGH K&R 2007, 38 – kinski-klaus.de. Persönlichkeitsrechtliche Ansprüche sind davon jedoch unberührt.

9. Geographische Herkunftsangaben

Mit Einführung des neuen Markenrechts im Jahr 1995 haben die geografischen Herkunftsangaben ihren Platz in den §§ 126 MarkenG gefunden. Ein ergänzender wettbewerbsrechtlicher Schutz gem. § 5 UWG ist jedoch weiterhin möglich.

138

Man unterscheidet zwischen **unmittelbaren geografischen Herkunftsangaben**, die direkte Hinweise auf Orte, Gegenden, Gebiete oder Länder enthalten und **mittelbaren geografischen Herkunftsangaben**, die geeignet sind, den Verkehr auf die Herkunft der Waren schließen zu lassen. Ausgenommen von dem Schutz sind **Gattungsbezeichnungen**, die zwar eine Angabe über die geografische Herkunft enthalten, jedoch ihre ursprüngliche Bedeutung verloren haben und nunmehr als Namen von Waren oder Dienstleistungen gelten. Für weitere Einzelheiten wird auf die Kommentierungen zu § 126 MarkenG und § 5 UWG verwiesen.

139

10. Rechtliche Erscheinungsformen von Domainnamen

Die Benutzung von Domainnamen kann bei Vorliegen der jeweiligen Voraussetzungen der kennzeichenrechtlichen Entstehungstatbestände zu einem Kennzeichenrecht führen. Mit Ausnahme der geografischen Herkunftsangaben kommen hierfür allerdings nur Kennzeichenrechte in Betracht, die durch Benutzung entstehen können. Freilich wird in den meisten Fällen schon außerhalb des Internets eine frühere Benutzungsaufnahme zu verzeichnen sein, sodass es auf die Entstehung des Rechts durch die Benutzung des Domainnamens nicht mehr ankommt. In der Praxis finden sich jedoch immer wieder Fälle, in denen gerade Einzelpersonen ihre geschäftlichen Aktivitäten zunächst auf rein elektronischer Grundlage beginnen und erst später Spuren in der Offline-Welt hinterlassen. In diesen Fällen kann die Priorität der frühen Benutzungsaufnahme durch eine Internetseite unter einem Domainnamen wesentlich sein. Ist so ein Kennzeichenrecht entstanden, kann dies zur Löschung eingetragener Marken mit schlechterer Priorität nach § 51 MarkenG eingesetzt bzw. als besseres Recht dem Verletzungsangriff entgegengesetzt werden.[126]

140

a) Markenrechte aufgrund der Benutzung als Domainname

Obgleich Markeneintragungen nach dem Muster »http://www.marke.de« oder nur »marke.de« zugelassen werden,[127] ist hier naturgemäß die Eintragung der Marke konstitutiv und nicht die Registrierung oder Benutzung als Domainname.

141

Möglich ist aber die Entstehung einer Benutzungsmarke sowie einer Notorietätsmarke aufgrund der Benutzung eines Domainnamens.[128] Dies gilt jedenfalls für unter dem Domainnamen angebotene Dienstleistungen. Hier entfällt nämlich das Problem, dass eine Marke an und für sich einen körperlichen Bezug zur Ware oder zur Verpackung aufweisen muss, um eine (ernsthafte) Markenbenutzung gem. § 26 MarkenG darzustellen. Bietet der Domainnameninhaber unter einem unterscheidungskräftigen Domainnamen Dienstleistungen an, erwirbt er Markenschutz gem. § 4 Nr. 2, 3 MarkenG, wenn das Zeichen die hierfür notwendige Bekanntheit in Deutschland erreicht (siehe Rdn. 95–97, 100).[129] Die hohen Anforderungen an die durch Benutzung erworbenen Marken erklären die geringe Anzahl von entschiedenen Fällen in Deutschland. Aus der Rechtsprechung zu Domainnamen ist dem Ver-

142

---

126 LG München I CR 1999, 451 – f-net.de; v. Schultz/*Gruber* Anh. zu § 5 Rn. 3.
127 Z. B. BPatG CR 2002, 524 – www.deutschland.de; zu beachten ist aber die Zurückweisung als Marke für suchen.de, EuG CR 2008, 576 – suchen.de.
128 So auch *Kleespies* GRUR 2002, 764 (774).
129 Werden mehrere Dienstleistungen angeboten, muss geprüft werden, ob ein hinreichend eindeutiger Bezug vorliegt, vgl. hierzu *Omsels* GRUR 1997, 328 (329) und *Ingerl/Rohnke* § 26 Rn. 54; *Fezer*, Markenrecht, § 3 Rn. 312.

fasser bislang kein Fall bekannt, der auf Grundlage einer Benutzungsmarke entschieden wurde.

b) Unternehmenskennzeichen aufgrund der Benutzung als Domainname

143 Unternehmenskennzeichen können durch die Benutzung eines Domainnamens entstehen,[130] wenn ein unterscheidungskräftiger Domainname ein auf einer Internetseite dargestelltes Unternehmen kennzeichnet. Ebenso wäre dies der Fall bei der Verteilung von Werbeprospekten, auf dem eine auf ein Unternehmen hinweisende Bezeichnung enthalten ist.

144 ▶ **Beispiel:** Dem Veranstalter von kulturellen Veranstaltungen unter des Domainnamens arena-berlin.de wurde hierfür ein Recht an einer **besonderen Geschäftsbezeichnung** zuerkannt, die sich gegen die jüngere Marke »Arena Berlin« durchsetzte.[131]

145 Für die notwendige Benutzungsaufnahme reicht allerdings die Registrierung des Domainnamens alleine noch nicht aus.[132] Erst nach Konnektierung und Bereitstellung entsprechender abrufbarer Inhalte auf der Internetseite kann man von einer **Benutzungsaufnahme** ausgehen. Um eine inländische von einer ausländischen Benutzung abzugrenzen, kann es im Einzelfall notwendig sein, Daten über die Abrufe bereitzustellen, die zwischen Downloads aus Deutschland und anderen Ländern unterscheiden, soweit sich die inländische Benutzung nicht aus anderen Umständen ergibt.[133] Das OLG Hamburg nahm dies bei einem Internethändler für antiquarische Bücher mit kanadischem Sitz an, wenn die Internetseite auch in Englisch gehalten sei, da hier der internationale Charakter des weltweiten Suchens nach antiquarischen Büchern für ein Geschäft auch in Deutschland spreche.[134]

146 Ebenso wie als Firma oder als besondere Geschäftsbezeichnung, kann die Benutzung eines Domainnamens auch zur Entstehung eines **Geschäftsabzeichens** führen, soweit Verkehrsgeltung vorliegt.[135] Im Domainnamenbereich sind als Schutzobjekte insoweit Werbesprüche, evtl. noch bestimmte Nummern oder telegrammartige Adressen denkbar.

c) Werktitel aufgrund der Benutzung als Domainname

147 Die Rechtsprechung hat sich häufig mit der Entstehung eines Werktitelrechts durch die Benutzung eines Domainnamens befasst.

148 ▶ **Beispiel:** Benutzung des Domainames »snowscoot.de« für ein Internetportal mit einer Magazin-Portalseite mit Werbung und Informationen zu Skibobs.[136]

149 Geht es um den Werktitelschutz durch die Benutzung als Domainname, kommt als werktitelfähiges Werk v. a. die Internetseite in Betracht. Allerdings stellt nicht etwa jede Internetseite ein werktitelfähiges Werk dar.[137] Denkbar sind hier elektronische Newsletter, Zeitungen[138] oder vergleichbare Werke im Internet,[139] die versendet oder aufgerufen werden können.

---

130 So auch *Kleespies* GRUR 2002, 764 (774); a. A. noch *Omsels* GRUR 1997, 328 (331), der allein § 5 Abs. 2 Alt. 2 für möglich hält.
131 KG NJW-RR 2003, 1405 – arena-berlin.de, s. auch OLG Hamburg 25.11.2004, JurPC (www.jurpc.de), Web-Dok. 95/2005 – abebooks.com.
132 *Seifert* S. 110.
133 *Omsels* GRUR 1998, 328 (333); *Seifert* S. 110.
134 OLG Hamburg 25.11.2004, JurPc (www.jurpc.de), Web-Dok. 95/2005 – abebooks.com.
135 LG Braunschweig K&R 1999, 573 – stadtinfo.de.
136 LG Stuttgart MMR 2003, 675 – snowscoot.de.
137 Zutreffend *Fezer*, Markenrecht, § 3 Rn. 319; *Heinrich* MarkenR 2003, 89 (94).
138 BGH GRUR 2010, 156 – eifel-zeitung.de.
139 *Omsels* GRUR 1997, 328 (332).

I. Übertragung der gesamten Vertragsposition mit der DENIC

▶ **Beispiele:** Ein Internetportal unter »oesterreich.de«, das kostenpflichtige Informationen über Österreich enthält, eine Sammlung von Artikeln als Internetzeitschrift unter »claro.de«, eine Informationssammlung unter »dresden-online.de« oder eine Wirtschafts- und Börseninformationsdienst unter »f-net.de«.[140] 150

Strenger war das LG Berlin, das dem Herausgeber einer Zeitschrift, die er als »Rechtsbeistand, Der Rechtsbeistand, Zitierweise Rbeistand« in das Verfahren eingeführt hatte, keinen Titelschutzanspruch gegen den Domainnamen »rechtsbeistand.info« zuerkannt hatte.[141] 151

d) Namensrecht aufgrund der Benutzung als Domainname

In der Regel wird sich ein von § 12 BGB erfasster Domainname von einem Zwangs- oder Wahlnamen aus der Offline-Welt ableiten. Denkbar ist aber auch ein nur im Internet benutzter Name, eine gleichsam virtuelle Identität, die zur Identifizierung einer Person geeignet ist und entsprechend benutzt wird. Zumeist wird hier eine Verkehrsgeltung für den Namen vorliegen müssen, um ein Namensrecht zu begründen.[142] 152

D. Domainnamen als Gegenstand des Rechtsverkehrs

Die oben unter Rdn. 49 f. erläuterten Verfahren zum Inhaber- und Providerwechsel sind technischer Natur und erfassen nicht den Rechtsgrund einer Übertragung eines Domainnamens. Zu unterscheiden ist die Übertragung der Vertragsposition mit der DENIC (str.) von der Übertragung oder Lizenzierung etwaiger Kennzeichenrechte an dem Domainnamen. 153

Im Folgenden werden die materiellrechtlichen Aspekte der Übertragung von Domainnamen behandelt, die – entgegen der Praxis in Deutschland – streng von der Änderung der Inhaberdaten in den Datenbanken der DENIC zu unterscheiden sind. Den Übertragungen liegt jeweils ein obligatorisches Geschäft wie Kauf, Miete, Schenkung oder auch Leasing zu Grunde. 154

I. Übertragung der gesamten Vertragsposition mit der DENIC

Obwohl der Registrierungsvertrag vom Domainnameninhaber spricht, erhält der Inhaber hierdurch ein Bündel von Rechten gegenüber der DENIC,[143] u. a. den Anspruch auf Konnektierung und die Aufnahme in die Who-is-Datenbank, aber kein Eigentum an dem Domainnamen.[144] Letzteres ergibt sich schon aus dem Kündigungsrecht der DENIC gem. § 7 der Domainbedingungen. 155

Nach § 415 BGB kann der Erwerber mit Zustimmung der DENIC in den Registrierungsvertrag einsteigen. § 6 II 2 der DENIC Domainbedingungen kann als antizipierte Zustimmung i. S. d. § 415 Abs. 1 S. 1 BGB angesehen werden, durch die die dort erwähnte Vertragskündigung sowie Benennung des nachfolgenden Dritten geschieht.[145] Die Zustim- 156

---

140 OLG München MMR 2006, 234 – österreich.de., OLG Düsseldorf ZUM-RD 2001, 446 (447) – claro.de, OLG Dresden CR 1999, 102 (103) – dresden-online.de, LG München I CR 1999, 451 – f-net.de.
141 LG Berlin CR 2003, 771 – rechtsbeistand.info, zw.
142 Vgl. bereits oben Rdn. 129 und BGH MarkenR 2004, 60 – maxem.de.
143 S. o. unter Rdn. 35; auch BVerfG MMR 2005, 165 – ad-acta.de.
144 Wenn auch diese schuldrechtlichen Ansprüche verfassungsrechtlich eigentumsähnlichen Schutz genießen, s. BVerfG MMR 2005, 165 – ad-acta.de. Daraus ergibt sich auch das Fehlen quasi-negatorischer Ansprüche z. B. auf Berichtigung der DENIC-Datenbank, siehe OLG Brandenburg GRUR-RR 2010, 485.
145 So auch *Hombrecher* MMR 2005, 647 (648).

mung der DENIC ist bedingt durch das Fehlen eines Dispute-Eintrages (vgl. § 6 II 2 der DENIC Domainbedingungen). Dass in den Domainbedingungen von Kündigung, gleichzeitig jedoch von Übertragung des Domainnamens auf den Erwerber gesprochen wird, ist dabei unschädlich.[146] Für die Übertragung des Anspruchs auf Domainnamenregistrierung reicht die Einigung der Parteien gem. § 398 BGB. Die Eintragung in die DENIC-Datenbank ist technisch notwendig, aber rechtlich nicht konstitutiv für die Übertragung.[147] Ohne Weiteres möglich ist aber auch die Übertragung eines obligatorischen Nutzungsrechts an dem Domainnamen ohne formelle Änderung des Inhabers an dem Domainnamen, die befristet geschehen kann.

II. Übertragung und Lizenzierung von relevanten Kennzeichenrechten

157 Mit der Übertragung des Anspruchs auf Domainnamenregistrierung bzw. der Vertragsposition mit der DENIC erhält der Übertragungsempfänger zunächst nur die technische Möglichkeit, den Domainnamen zu nutzen und/oder bestimmte weitere Ansprüche gegen die DENIC, nicht aber ohne Weiteres Rechte an der Bezeichnung, die sich ggf. im Domainnamen manifestiert. Diese (Abwehr) Rechte kann er entweder durch den Erwerb des Rechts selbst oder einer Lizenz, soweit dies rechtlich möglich ist, erhalten.

1. Übertragung und Lizenzierung von Markenrechten

158 Die eingetragene Marke, die Benutzungsmarke und die Notorietätsmarke können nach § 27 MarkenG formlos für alle oder einen Teil der Waren- oder Dienstleistungen, für die die Marke Schutz genießt, übertragen werden. Gehört ein Domainname zu einem Geschäftsbetrieb, so wird er im Zweifel nach § 27 Abs. 2 MarkenG von der Übertragung oder dem Übergang des Geschäftsbetriebs, zu dem der Domainname gehört, erfasst. Gemäß § 30 MarkenG können an Marken Lizenzen vergeben werden.

2. Übertragung von Unternehmenskennzeichen

159 Unternehmenskennzeichen können nach traditioneller Auffassung nur zusammen mit dem Unternehmen übertragen werden.[148] Eine Lizenzierung von Unternehmenskennzeichen ist nach h. M. nicht möglich, gleichwohl aber eine schuldrechtliche Gestattung.[149]

3. Übertragung von Werktiteln

160 Werktitel können nach der herkömmlichen Meinung in der Literatur nur in Zusammenhang mit dem Werk, dessen Titel sie stellen, übertragen werden, sog. **Akzessorietät des Werktitels**. Eine neuere Ansicht lässt die Übertragbarkeit und eine Lizenzierbarkeit analog § 27 MarkenG auch ohne Werk zu.[150] Eine höchstrichterliche Entscheidung hierzu steht noch aus.

161 ▶ **Beispiel:** Forum historiae juris, eine europäische Internetzeitschrift für Rechtsgeschichte, könnte nach der traditionellen Ansicht nur *mit* den, nach der neueren Ansicht auch *ohne* die dazugehörigen Internetseiten, also den Datenbeständen, auf dem Server des ISP übertragen werden.

---

146 Wie hier *Ubber* S. 55.
147 So auch *Kulejewski* S. 60. Das übersieht das OLG Celle K&R 2004, 396 (397) – grundke.de; a. A. auch LG Hanau MMR 2006, 761 – rheinmain.de.
148 Vgl. nur *Ströbele/Hacker* § 27 Rn. 70.
149 Hierzu *Ingerl/Rohnke* vor §§ 27–31 Rn. 9.
150 Vgl. mit weiteren Nachweisen zum Meinungsstand, selber aber ablehnend *Ströbele/Hacker* § 27 Rn. 72; *Fezer* GRUR 2001, 369 (372).

4. Übertragung von Namensrechten?

Das Namensrecht ist nach ganz allgemeiner Auffassung nicht übertragbar. Auch hier sind jedoch schuldrechtliche Nutzungsgestattungen möglich,[151] die allerdings kein Namensrecht begründen.[152]

162

E. Domainnamen in der Zwangsvollstreckung und Insolvenz

I. Domainnamen in der Zwangsvollstreckung

Nach Klarstellung durch den BGH ist anerkannt, dass Gegenstand einer zulässigen Pfändung nach § 857 Abs. 1 ZPO in einen Domainnamen die Gesamtheit der schuldrechtlichen Ansprüche ist, die dem Inhaber des Domainnamens gegenüber der Vergabestelle aus dem der Domainregistrierung zugrunde liegenden Vertragsverhältnis zustehen.[153]

163

§ 851 ZPO steht der Pfändung nicht entgegen.[154] Dies dürfte auch unter dem Gesichtspunkt der gesetzlichen Übertragungsverbote, etwa für Kennzeichen, die nicht übertragen werden können (s. Rdn. 162), gelten, da der Domainname an sich nicht das Kennzeichen selbst ist.[155]

164

In den Domainnamen kann nur aufgrund eines gegen den registrierten Inhaber gerichteten **Titels** vollstreckt werden. Der Antrag auf Erlass des Pfändungsbeschlusses, der den Domainnamen genau benennen muss, ist beim Vollstreckungsgericht (Rechtspfleger), nach § 828 Abs. 2. ZPO an dem Amtsgericht zu stellen, an dem der Schuldner seinen Sitz hat. Ist ein Sitz nicht feststellbar, bei dem Amtsgericht, in dessen Bezirk sich der Vollstreckungsgegenstand befindet. Dies kann wegen dem Standort der Server der DENIC in Karlsruhe das AG Karlsruhe sein, wenn man die Pfändung einer gegenständlichen Internetadresse annimmt oder das AG Frankfurt, wenn man auf die Pfändung des Nutzungsrechts abstellt.

165

Der **Pfändung- und Überweisungsbeschluss** ist der DENIC als Drittschuldnerin zuzustellen (§ 829 Abs. 3 ZPO),[156] da die Domainnamenregistrierung auf vertraglicher Basis beruht.

166

Der Pfändungsbeschluss führt zur Beschlagnahme der Vermögensrechte und zum Erwerb eines Pfändungspfandrechts durch den Gläubiger. Verfügungen des Schuldners über das Recht sind relativ unwirksam, § 829 Abs. 1 S. 2 ZPO, § 135 BGB. Das Eigennutzungsrecht des Schuldners und Domainnameninhabers wird hiervon zunächst nicht eingeschränkt. Auch zur Zahlung der Jahresgebühren an die DENIC bleibt der Schuldner befugt und verpflichtet.[157]

167

Eine **Verwertung** kann zunächst durch Überweisung an Zahlungs Statt nach § 835 Abs. 1 ZPO erfolgen, wobei der Nennwert über § 813 ZPO durch einen Sachverständigen ge-

168

---

151 MüKo-BGB/*Bayreuther* § 12 Rn. 132.
152 LG Hamburg CR 2005, 465 – müller.de.
153 BGH MMR 2005, 685 – Pfändbarkeit von Domains; so schon *Welzel* MMR 2001, 131 (132); *Kleespies*, GRUR 2002, 764 (775).
154 *Welzel* MMR 2001, 131 (132); so auch *Viefhues* MMR 2000, 286 (288).
155 *Hartmann/Kloos* CR 2001, 469; a. A. LG München I CR 2000, 620; a. A. auch und überlegenswert *Kleespies* GRUR 2002, 764 (775) nur für den (noch seltenen) Fall eines Unternehmenskennzeichens, das nur im Internet benutzt wird, da es ansonsten von dem Geschäftsbetrieb getrennt werde.
156 LG Zwickau MMR 2010, 72; *Stadler* MMR 2007, 71; *Hanloser* CR 2001, 456 (458); a. A. AG Frankfurt/M.MMR 2009, 709 – greencard-select.de; *Viefhues* MMR 2000, 286 (289); »keinen Anlass hierfür« sieht *Welzel* MMR 2001, 131 (137). Auch die Praxis der DENIC lehnt eine Drittschuldnereigenschaft ab.
157 Vgl. *Plaß* WRP 1077 (1084).

schätzt wird[158] oder, verbunden mit einem Antrag des Gläubigers auf andere Verwertung, gem. §§ 857 Abs. 1, 844 ZPO erfolgen.[159] Die Überweisung zur Einziehung ist keine sinnvolle Alternative,[160] da das Vermögensrecht hier keine auf Zahlung einer Geldsumme gerichtete Forderung ist, die die Forderung des Gläubigers gegen den Schuldner tilgen könnte.

169 Bei der Überweisung an Zahlungs Statt wird der Gläubiger Domainnameninhaber.[161] Die Überweisung an Zahlungs Statt umfasst auch das Recht des Schuldners, den Vertrag mit der DENIC zu kündigen.[162] Hierdurch kann er als nächster in den Genuss eines eigenen Nutzungsrechts kommen.

170 Als weitere Verwertungsarten stehen auf Antrag und entsprechende gerichtliche Anordnung die Versteigerung durch den Gerichtsvollzieher oder einen Versteigerer[163] sowie die freihändige Veräußerung (unter Angabe eines durch das Gericht festgelegten Mindestverkaufspreis) zur Verfügung. Als Richtwert für die Festlegung des Mindestgebots kann ein Gutachten der sedo.de dienen.[164]

II. Domainnamen in der Insolvenz

171 Die Ansprüche aus dem Registrierungsvertrag mit der DENIC unterfallen als inländische Vermögenswerte der Masse. Ist das Insolvenzverfahren eröffnet, geht die Befugnis über die Domainnamen bzw. die Ansprüche aus dem Registrierungsvertrag zu verfügen, gem. § 80 Abs. 1 InsO auf den Insolvenzverwalter über. Die DENIC sollte über die fehlende Verfügungsbefugnis des Domaininhabers informiert werden, um eine unberechtigte Verfügung des Domaininhabers zu verhindern.

F. Kollision zwischen Kennzeichen und Domainnamen

I. Markenrecht und geschäftliche Bezeichnungen

172 Das Markenrecht, das mit dem Recht der Unternehmenskennzeichen nach § 5 MarkenG und dem Namensrecht des § 12 BGB im weiteren Sinne auch als Kennzeichenrecht bezeichnet werden kann, steht im Zentrum der reichhaltigen deutschen Rechtsprechung zum Domainnamenrecht.

1. Das anwendbare Recht – Das Schutzlandprinzip

173 Die Frage des anwendbaren Rechts ist nach deutschem Verständnis[165] grundsätzlich von der der Gerichtszuständigkeit zu unterscheiden. Liegt ein internationaler Sachverhalt vor, muss das Gericht aufgrund des internationalen Privatrechts prüfen, welches Recht es anwendet (lex fori).

---

158 *Viefhues* MMR 2000, 286 (289); wohl auch *Plaß* WRP 2000, 1077 (1084).
159 BGH MMR 2005, 685 – Pfändbarkeit von Domains; *Welzel* MMR 2001, 131 (138), *Hartmann/Kloos* CR 2001, 469.
160 *Welzel* MMR 2001, 131 (137); *Viefhues* MMR 2000, 286 (289).
161 *Welzel* MMR 2001, 131 (138).
162 *Plaß* WRP 2000, 1077 (1084); wohl auch *Welzel* MMR 2001, 131 (138), a. A. *Hanloser* CR 2001, 344 (345).
163 *Kleespies* GRUR 2002, 764 (771).
164 AG Bad Berleburg, JurPC (www.jurpc.de), Web-Dok. 79/2002 – eurobusinessnet.de.
165 Vgl. *Kur* WRP 2000, 935 (936).

I. Markenrecht und geschäftliche Bezeichnungen

Ansprüche aus dem Markenrecht unterliegen nach ganz herrschender Auffassung dem Recht des Staates, in dem die Verletzung stattgefunden haben soll bzw. für das Schutz beansprucht wird (**Schutzlandprinzip**, lex loci protectionis).[166] 174

Wird aus einem in Deutschland geltenden Kennzeichenrecht geklagt, findet deutsches Recht Anwendung. Dabei spielt keine Rolle, ob es sich um einen .de oder .com Domainnamen handelt.[167] 175

2. Inlandsbezug des Kennzeichenrechts

Eine weitere, den markenrechtlichen Anspruch ggf. einschränkende Voraussetzung ist der sog. Inlandsbezug, der im Rahmen der Begründetheit der Klage eine als notwendig angesehene materielle Beschränkung des Schutzbereichs eines territorial beschränkten Markenrechts erlaubt.[168] Der BGH erläutert dies in der »hotel-maritime.dk« Entscheidung unter Berücksichtigung des bislang in diesem Zusammenhang nicht geprüften Elements der wirtschaftlichen Relevanz: 176

> »Die Anwendung des Kennzeichenrechts in solchen Fällen darf nicht dazu führen, dass jedes im Inland abrufbare Angebot ausländischer Dienstleistungen im Internet bei Verwechslungsgefahr mit einem inländischen Kennzeichen kennzeichenrechtliche Ansprüche auslöst. Erforderlich ist vielmehr, dass das Angebot einen hinreichenden wirtschaftlich relevanten Inlandsbezug […] aufweist.«

Im entschiedenen Fall war zwar ein deutscher Anknüpfungspunkt gegeben, da ein dänisches Hotel unter dem Domainnamen *hotel-maritime.dk* Internetseiten auf dänisch, aber auch auf Deutsch erstellt und auf Anfrage mehrsprachige, darunter deutsche, Prospekte nach Deutschland versandt hatte. Die nicht näher dargestellten wirtschaftlichen Auswirkungen wurden aber von der Vorinstanz als geringfügig dargestellt und vom BGH als entscheidendes Argument zur Abweisung der Klage des Inhabers der Marke Maritim verwendet.[169] Da diese Entscheidung das zum Wettbewerbsrecht entwickelte sog. »**Spürbarkeitskriterium**« als Element des Inlandsbezugs aufgreift, wird ergänzend auf Rdn. 324 verwiesen. Das die konkreten Maßstäbe für einen hinreichenden wirtschaftlichen Effekt sehr unterschiedlich sind, zeigt eine Entscheidung des OLG Düsseldorf, in dem die Erwähnung des Geschäftsverkehrs mit Deutschland bereits ausreichte, um einen Inlandsbezug zu bejahen.[170] 177

Die weitere Entwicklung und Fallgruppenbildung zur wirtschaftlichen Relevanz ist abzuwarten. Was den Anknüpfungspunkt an sich angeht, ist auf die bislang ergangene Rechtsprechung in diesem Zusammenhang zu verweisen.[171] 178

Es ist zwar zutreffend, dass bei Domainnamen mit ausländischen geografischen TLD wie .fr, .es, .ch der Inlandsbezug besonders genau zu prüfen ist. Die Annahme einer Indizwirkung gegen einen Inlandsbezug bzw. den regelmäßigen Ausschluss markenrechtlicher Ansprüche gegen solche Domainnamen, wie manche meinen,[172] ist allerdings nicht gerechtfertigt.[173] 179

3. Territorialer Bezug des Unternehmenskennzeichens

Hinzuweisen ist auch auf den territorialen Bezug, den die Unternehmenskennzeichen aufweisen. Grundsätzlich genießt eine benutzte Firma bundesweiten Schutz. Nur wenn der 180

---

166 BGH MMR 2005, 239 (240) – hotel-maritime.dk.
167 OLG Karlsruhe MMR 1999, 604 – badwildbad.com.
168 Zuletzt BGH MMR 2005, 239 (240) – hotel-maritime.dk.
169 Zustimmend FA-GewRS/*Hackbarth* Kap. 5 Rn. 1349.
170 OLG Düsseldorf MMR 2008, 748 – pc.com.
171 OLG Hamm MMR 2004, 177 – nobia.se; OLG Karlsruhe MMR 2002, 814 – intel-show.com.
172 Vgl. *Dieselhorst* CR 2001, 420; *Jaeger-Lenz* K&R 1998, 9 (15); *Karl* MarkenR 2003, 439 (445).
173 Vgl. nur OLG Köln MMR 2010, 616, fcbayern.es.

Tätigkeitsbereich einen nur regionalen oder lokalen Zuschnitt hat, kommt ein nur räumlich begrenzter Schutz in Betracht. Das Internet allein erstreckt den Wirkungsbereich allerdings nicht ohne Weiteres auf ganz Deutschland.[174]

4. Verletzung von Marken und geschäftlichen Bezeichnungen, §§ 14, 15 MarkenG

181 Angesichts des weitgehenden Gleichlaufs der §§ 14 und 15 MarkenG werden diese nachfolgend zusammen dargestellt. Zu beachten ist, dass der kennzeichenrechtliche Schutz der §§ 5, 15 MarkenG in ihrem Anwendungsbereich dem § 12 BGB, der immer noch zu gerne als allgemeine Auffangnorm verstanden wird, vorgeht.[175]

a) Kennzeichenmäßige Benutzung

182 Nach Klärung des langjährigen Meinungsstreits zum Erfordernis einer markenmäßigen Benutzung ist nun gesichert, dass eine Verletzungshandlung i. S. d. §§ 14 und 15 MarkenG voraussetzt, dass sie im Rahmen des Produkt- oder Leistungsabsatzes auch der Unterscheidung der Waren/Dienstleistungen eines Unternehmens von denen anderer dient.[176]

183 Eine kennzeichenmäßige Verwendung kann ausscheiden, wenn es sich bei dem Domainnamen (auch) um einen Gattungsbegriff handelt. So hielt das OLG Düsseldorf die Verwendung des Domainnamens »professional-nails.de« für nicht markenmäßig, da diese Bezeichnung für Fingernagelkosmetik glatt beschreibend sei.[177] Auch die Verbindung einer Kennzeichnung mit einem glatt beschreibenden Zusatz kann aus der markenmäßigen Benutzung herausführen.[178] Eine Benutzung zu anderen Zwecken liegt nach dem EuGH z. B. dann vor, wenn der Dritte im Rahmen eines Verkaufsgesprächs mit einem potenziellen Kunden, der in dem einschlägigen Sachgebiet fachkundig ist, auf die Marke Bezug nimmt, diese Bezugnahme aber ausschließlich zu dem Zweck erfolgt, den potenziellen Kunden, der die Merkmale der Waren der betreffenden Marke kennt, über die Merkmale der angebotenen Ware zu informieren und die Bezugnahme von dem potenziellen Kunden nicht als Hinweis auf die Herkunft der Ware verstanden werden kann.[179] Auch das Anbieten eines einer Marke entsprechenden Domainnamens zum Verkauf ist keine kennzeichenmäßige Benutzung der Marke.[180]

184 Für ein **Vorgehen gegen Werktitel aus Marken oder Unternehmenskennzeichen** muss nach ständiger Rechtsprechung der angegriffene Werktitel vom Verkehr als Hinweis auf ein Unternehmen oder die betriebliche Herkunft verstanden werden,[181] sofern er nicht eindeutig inhaltsbeschreibend ist. Nicht ausreichend ist es danach, wenn er allein zur Unterscheidung von anderen Werken dient.

185 Der Hauptfall einer kennzeichenmäßigen Benutzung ist der Einsatz eines Domainnamens für eine produkt- bzw. unternehmensbezogene Internetseite. Ein Regel/Ausnahmeverhält-

---

174 BGH CR 2005, 284 (285) – soco.de.
175 BGH MMR 2002, 382 (383) – shell.de.
176 BGH MarkenR 2002, 253 (255) – Festspielhaus; s. auch OLG Hamburg, JurPC (www.jurpc.de) WebDok. 194/2004 – schufafreierkredit.de.
177 OLG Düsseldorf MMR 2007, 187 – professional-nails.de; vgl. auch LG Köln MMR 2006, 244 – bahnhoefe.de.
178 OLG Hamburg MMR 2004, 415 – awd-aussteiger.de. In einer späteren Entscheidung stützte derselbe Senat aber ein Verbot auf §§ 824, 826 BGB, da eine »weitere AWD-abträgliche Domain«nicht mehr durch ein beachtliches Interesse gerechtfertigt sei, OLG Hamburg MMR 2005, 117 (118) – awd-austeiger.us.
179 EuGH GRUR 2002, 692 – hölterho.
180 LG Nürnberg-Fürth MMR 2009, 435, bestätigt durch Hinweisverfügung des Vors. beim OLG Nürnberg MMR 2009, 768.
181 Vgl. Nachweise bei *Ingerl/Rohnke* § 14 Rn. 167.

nis besteht insoweit nicht.[182] Dagegen ist die bloße Anmeldung eines Domainnamen (ohne bereits erfolgte Registrierung),[183] ein registrierter, aber noch nicht konnektierter Domainname oder der Einsatz eines Domainnamens für eine zwar konnektierte, aber inhaltslose Internetseite zunächst nicht als markenmäßige Benutzung anzusehen,[184] da ein Produkt- oder Dienstleistungsbezug fehlt. Anders liegt es aber bei einer automatischen Weiterleitung des Internetnutzers nach Eingabe eines (z. B. zeichenähnlichen) Domainnamens auf eine Seite mit ähnlichen Waren und Dienstleistungen unter einem anderem Domainnamen, selbst wenn dieser nicht dem geltend gemachten Zeichen ähnlich ist.[185] Liegen allerdings ausreichende Anhaltspunkte für eine drohende Markenbenutzung in Zusammenhang mit diesem Domainnamen vor, ist ggf. eine **Erstbegehungsgefahr** zu bejahen (s. Rdn. 451).

b) Handeln im geschäftlichen Verkehr

Die Rechtsprechung zu Domainnamen zeigt eine größer werdende Grauzone zwischen privatem und dem für markenrechtliche Ansprüche notwendigen geschäftlichen Handeln. 186

Die angegriffene Benutzung des Kennzeichens muss einem beliebigen, eigenen oder fremden Geschäftszweck dienen. Es muss sich um eine selbstständige, wirtschaftliche Zwecke verfolgende Tätigkeit handeln, in der eine Teilnahme am Erwerbsleben zum Ausdruck kommt.[186] 187

▸ **Beispiel:** Die Betreiber von sog. Internetportalen handeln dann im geschäftlichen Verkehr, wenn sie die Einstellung von Informationen Dritter gegen Bezahlung anbieten[187] oder sich über Werbung finanzieren. 188

Eine Gewinnabsicht oder Entgeltlichkeit der Handlung wird nicht vorausgesetzt. Auf der anderen Seite reicht der bloße Anschein einer geschäftlichen Tätigkeit nicht aus.[188] Ebenso wenig genügt die bloße Möglichkeit, dass über eine private Internetseite der Anbieter auch geschäftlich kontaktiert werden könne, alleine für ein Handeln im geschäftlichen Verkehr.[189] 189

Im Umkehrschluss ergibt sich, dass sich rein **privates oder rein wissenschaftliches Handeln** dem markenrechtlichen Anspruch entzieht.[190] 190

▸ **Beispiel:** Eine (geplante) Interessengemeinschaft zur gemeinsamen Teilnahme am Lotto des deutschen Lotto- und Totoblocks und zum gegenseitigen Informationsaustausch wurde als rein privat angesehen. Trotz der denkbaren besseren Gewinnchancen handele es sich nicht um eine Teilnahme am Erwerbs- oder Berufsleben.[191] 191

---

182 BGH CR 2009, 801 (803) – airdsl.de, mit Anm. *Hackbarth*.
183 Dies vertritt *Kulejewski* S. 94.
184 Anders beim Namensrecht. Hier reicht bereits die Registrierung, vgl. BGH MMR 2002, 382 (384) – shell.de.
185 *Bücking/Angster* Rn. 54.
186 BGH GRUR 1993, 761 – Makler-Privatangebot.
187 LG Hamburg K&R 1998, 365 (366) – eltern.de.
188 LG München I, JurPC (www.jurpc.de) Web-Dok.345/2002, S. 7 – gointershop.de.
189 BGH MMR 2002, 382 (383) – shell.de.
190 Linguistik-Datenbank einer Hochschule: LG Berlin CR 2001, 197 (Ls) – digitalebibliothek.de; Bereitstellen von kritischen Informationen zum Umweltschutz: KG 06.03.2001, JurPC (www.jurpc.de), Web-Dok. 130/2002, Abs. 7 – oil-of-elf.de; Kontaktforum für Eltern: LG München I CR 2001, 555 – saeugling.de; Privates Diskussionsforum: LG München I ZUM 2004, 683 – sexquisit.de.
191 OLG Köln WRP 2002, 244 (246) – lotto-privat.de.

192 Der häufige Hinweis auf eine »**site under construction**« ist ohne weitere Umstände kein Anhaltspunkt für geschäftliches Handeln, da es keine Vermutung für geschäftliches Handeln im Internet gibt.[192]

193 Nicht einheitlich wird die **(Teil-) Werbefinanzierung privater Internetseiten** beurteilt.[193] Nach Auffassung des Verfassers wird es bei einer wirtschaftlichen Betrachtungsweise darauf ankommen, ob die Werbeeinnahmen im konkreten Fall die Providerkosten übersteigen oder voraussichtlich übersteigen werden. Auch der Umstand, dass Links zu kommerziellen Seiten führen, ist ohne weitere Umstände kein Indiz für ein Handeln im geschäftlichen Verkehr anzusehen, jedenfalls solange sich der Betreiber der Internetseite die verlinkten Internetseiten nicht zu eigen macht.[194]

194 Die **Förderung fremden Wettbewerbs** ist ausreichend für ein Handeln im geschäftlichen Verkehr.

195 ▶ **Beispiel:** Die Einrichtung einer »Meckerecke« für unzufriedene Kunden des Internet Providers T-Online wurde als Förderung des Wettbewerbs der Konkurrenten von T-Online beurteilt.[195]

196 Die **Anmeldung eines Domainnamens** kann (nur dann) zu einem Handeln im geschäftlichen Verkehr führen, wenn entsprechende Indizien vorliegen, wie z. B., um den Domainnamen einem Dritten anzubieten, an ihn zu veräußern oder zu lizenzieren.[196] Zu beachten ist, dass für **TLD**, die notwendigerweise geschäftliches Handeln voraussetzen wie etwa .biz eine Vermutung für geschäftliches Handeln spricht. Dies gilt nicht für .com,[197] da diese TLD, wie dem Internetbenutzer bekannt ist, auch für nicht kommerzielle Angebote benutzt werden kann.

c) Ohne Zustimmung des Markeninhabers bzw. unbefugt, §§ 14 Abs. 2, 15 MarkenG

197 Hat der Inhaber dem Benutzer der Marke seine (auch nur stillschweigende) Zustimmung gegeben, entfällt ein Anspruch aus § 14 MarkenG. Als ungeschriebene Voraussetzung setzt auch § 15 MarkenG einen unbefugten Gebrauch voraus.[198]

d) Identitätsschutz, § 14 Abs. 2 Nr. 1 MarkenG

198 Unter diese Tatbstandsalternative fallen identische Zeichen, die für identische Waren- und/oder Dienstleistungen benutzt werden. Eine Verwechslungsgefahr muss hier nicht geprüft werden.

199 ▶ **Beispiel:** »Monti« und »Monti.de«, da anerkannt ist, dass die TLD kennzeichenrechtlich i. d. R. keine Bedeutung hat.[199]

200 Ist z. B. die ältere Marke für Spielwaren eingetragen und wird das jüngere identische Zeichen für Kinderspieluhren benutzt, liegt Identität der Waren- bzw. Dienstleistungen vor. Allerdings besteht Identität im umgekehrten Fall nur hinsichtlich der Schnittmenge Kinderspieluhren.

---

192 Vgl. z. B. LG München I ZUM 2004, 683 – sexquisit.de; a. A. *Fezer*, Markenrecht, § 3 Rn. 328.
193 Für geschäftliches Handeln: LG Hamburg MMR 2000, 436 (437) – luckystrike.de; dagegen LG München I CR 2001, 555 – saeugling.de, zuletzt LG München I CR 2008, 668 – studi.de.
194 Vgl. auch SchleswHolOLG, JurPC (www.jurpc.de), Web-Dok. 74/2001, Abs. 7 und 15 – swabedoo. Eine Störerhaftung bleibt davon aber unberührt, vgl. unten Rdn. 418.
195 LG Düsseldorf 30.01.2002, JurPC (www.jurpc.de), Web-Dok. 267/2002, 4 – scheiss-t-online.de.
196 Vgl. LG Hamburg GRUR-RR 2002, 267 (268) – schuhmarkt.de.
197 A. A. *Ubber* S. 87.
198 BGH MarkenR 2002, 190 (192) – vossius.de.
199 Stellvertretend OLG Dresden CR 1999, 589 (591) – cyberspace.de; a. A. aber KG GRUR-RR 2001, 180 – checkin.com.

I. Markenrecht und geschäftliche Bezeichnungen

e) Ähnlichkeitsschutz, § 14 Abs. 2 Nr. 2, § 15 Abs. 2 MarkenG

Im Mittelpunkt markenrechtlicher Kollisionen im Allgemeinen und für Domainnamen im Besonderen stehen Ansprüche des Markeninhabers gegenüber ähnlichen Zeichen gem. § 14 Abs. 2 Nr. 2 und § 15 Abs. 2 MarkenG. **201**

aa) Elemente der Verwechslungsgefahr und ihre Wechselwirkung

Voraussetzungen der Verwechslungsgefahr sind eine Ähnlichkeit der Zeichen, für die die **Kennzeichnungskraft** eine Rolle spielt und eine **Ähnlichkeit der Waren und/oder Dienstleistungen** in § 14 MarkenG bzw. eine **Branchennähe** für den Anspruch aus § 15 MarkenG, die dort die Waren- und Dienstleistungsähnlichkeit ersetzt. **202**

Der jeweilige Grad der Kennzeichnungskraft, der Waren- bzw. Dienstleistungsähnlichkeit/Branchennähe und der Zeichenähnlichkeit stehen in einer **Wechselbeziehung** zueinander und beeinflussen so die Verwechslungsgefahr.[200] Ist bspw. die Kennzeichnungskraft einer Marke groß, kann die Zeichenähnlichkeit bei durchschnittlicher Waren- und Dienstleistungsähnlichkeit/Branchennähe etwas geringer ausfallen, um eine Gefahr von Verwechslungen anzunehmen, während eine Marke geringer Kennzeichnungskraft ggf. identisch benutzt werden muss, um eine Verwechslungsgefahr zu begründen. **203**

Die Wechselwirkung findet jedoch (spätestens) ihre Grenze bei der Identität der Zeichen und zumindest hoher Warenähnlichkeit. Eine Verwechslungsgefahr ist nämlich auch bei schwachen, aber (fast) identischen Zeichen zu bejahen, wenn eine hohe Warenähnlichkeit vorliegt.[201] Ebenso verhindert eine (absolute) Unähnlichkeit der Waren/Dienstleistungen die Annahme der Verwechslungsgefahr. **204**

bb) Kennzeichnungskraft der Zeichen[202]

Die Kennzeichnungskraft ist die Eignung eines Zeichens, sich dem Publikumsverkehr als Marke bzw. als Unternehmenskennzeichen in Erinnerung zu halten.[203] **205**

Von durchschnittlicher Kennzeichnungskraft spricht man bei Marken ohne gesteigerte Benutzung, die aber keinen deutlich beschreibenden Charakter haben[204] oder aus mehreren, ggf. auch anklangsweise beschreibenden Elementen ungewöhnlich zusammengesetzt sind.[205] **206**

Je nachdem, wie intensiv[206] oder schwach die Benutzung oder die Originalität der Marke ist, kann die ursprüngliche Kennzeichnungskraft stärker oder schwächer sein oder werden. **207**

Glatt beschreibende Elemente von zusammengesetzten Zeichen haben in der Regel keine Unterscheidungskraft für die Waren oder Dienstleistungen, die sie beschreiben und tragen zur Kennzeichnungskraft allenfalls in geringem Maße bei. Dies gilt auch für freihaltebedürftige Angaben, darunter auch geografische Herkunftsangaben. **208**

---

200 BGH WRP 2002, 1066 (1067) – defacto.de; beispielhaft auch OLG München MMR 2006, 235 – österreich.de.
201 Zweifelhaft daher OLG Karlsruhe MMR 2004, 108 – biovino.de, in der »Biovin« als nicht verwechslungsfähig zu »biovin« angesehen wurde, da beide eher mit dem beschreibenden Biowein verwechselt würden.
202 Vgl. hierzu ausf. FA-GewRS/*Omsels* Kap. 5 Rn. 501 ff.
203 *Ingerl/Rohnke* § 14 Rn. 497. Die Kennzeichnungskraft für das Zeichen »weg.de« für Reisedienstleistungen wurde z. B. als schwach angesehen, OLG Köln MMR 2010, 473, weg.de.
204 Vgl. LG Mannheim ZUM-RD 2000, 74 (75) – buchhandel.de/nautilus.
205 OLG Hamburg ZUM-RD 2002, 436 (437) – translation-24.de, zw.
206 LG Düsseldorf K&R 1999, 137 – alltours.de.

209 Die Verletzungsgerichte sind zwar an die Eintragung der Marke gebunden,[207] ansonsten aber in diesem Rahmen bei der Beurteilung der Kennzeichnungskraft der Marke und ihrer Bestandteile frei.

210 ▶ **Beispiel:** Die Wort-Bildmarke GÜENSTIG.de ist in ihrem Wortbestandteil »Günstig« nicht unterscheidungskräftig und konnte daher nicht kollisionsbegründend wirken.[208]

211 Ebenso kann eine **Schwächung durch Drittzeichen** (Verwässerung) vorliegen. Wenn nämlich ein Zeichen ohne Zustimmung des Markeninhabers identisch oder sehr ähnlich durch Dritte für ähnliche[209] Waren- bzw. Dienstleistungen benutzt[210] wird, kann beim Publikum die Erkennbarkeit als Marke nachlassen. Die (bloße) Eintragung im Register ist nicht ausreichend, häufig aber Indiz für eine Kennzeichenschwäche.[211]

cc) Waren- und Dienstleistungsähnlichkeit für § 14 Abs. 2 Nr. 2 MarkenG

212 § 14 Abs. 2 Nr. 2 MarkenG setzt voraus, dass die Waren- bzw. Dienstleistungen, für die die Marke Schutz genießt und diejenigen Waren- bzw. Dienstleistungen, gegen die vorgegangen wird, identisch oder ähnlich sind.

213 Der Meinungsstreit darüber, ob diese Voraussetzung auch im Streit um Domainnamen geprüft werden muss, ob insbesondere bei inhaltslosen Internetseiten eine Waren- oder Dienstleistungsähnlichkeit ohne Weiteres angenommen werden kann, ist inzwischen überholt.[212] Die ganz h. M. geht davon aus, dass für die Ansprüche aus §§ 14 und 15 MarkenG die Waren- oder Dienstleistungsähnlichkeit bzw. die Branchennähe positiv festgestellt werden muss,[213] entweder anhand der betreffenden Internetseite[214] oder ggf. aufgrund anderer nahe liegender Umstände.[215]

214 Vor allem die Rechtsprechung hat im Laufe der Jahrzehnte eine differenzierte Spruchpraxis[216] zur Waren- oder Dienstleistungsähnlichkeit entwickelt, die sich an den folgenden Kriterien orientieren.
- Herstellung der Produkte im selben Betrieb,
- ähnliche Produkt- oder Dienstleistungseigenschaften[217]
- ähnliche Abnehmerkreise[218]
- ähnliche Vertriebswege[219]

215 Maßgeblich für die Beurteilung ist die Verkehrsauffassung. Es ist heute anerkannt, dass Warenähnlichkeit auch dann angenommen werden kann, wenn der Verbraucher vermuten kann, dass die Produkte in wirtschaftlich verbundenen Unternehmen produziert werden.[220] Die Rechtsprechungspraxis zur **Ähnlichkeit von Waren mit Dienstleistungen** ist nach wie vor restriktiv. Jedenfalls soweit aber eine Dienstleistung zwangsläufig mit dem Anbieten

---

207 KG NJW-RR 2003, 1405.
208 LG Frankenthal/Pf. MMR 2005, 116 – günstig.de.
209 LG Mannheim ZUM-RD 2000, 74 (75) – buchhandel.de/nautilus; OLG Köln MMR 2002, 475 – gus.de.
210 OLG Hamm 01.04.2003, JurPC (www.jurpc.de), Web-Dok. 197/2003, 8 – aldireisen.de.
211 Vgl. BGH, GRUR 1999, 241 (243) – Lions; kritisch und a. A. *Ingerl/Rohnke* § 14 Rn. 579 f.
212 Einzelheiten und Nachweise bei *Beier* Rn. 341.
213 *Bettinger*/Leistner Rn. 41; *Ingerl/Rohnke* nach § 15 Rn. 136; a. A. früher LG Düsseldorf NJW RR 1998, 979 – epson.de; vgl. jetzt aber LG Düsseldorf 17.02.2003, JurPC (www.jurpc.de), Web-Dok 179/2003 – bigben.de, 6.
214 Vgl. LG Braunschweig 26.09.2001, 9 O 1698/01 – scanservice.de.
215 Vgl. z. B. OLG München ZUM-RD 2002, 368 – duck.de.
216 Unentbehrlich: *Richter/Stoppel*, Die Ähnlichkeit von Waren und Dienstleistungen.
217 KG GRUR-RR 2001, 180 – checkin.com.
218 OLG Düsseldorf 19.03.2002, JurPC (www.jurpc.de), Web-Dok. 232, 2002, Abs. 23 – exes.de.
219 Die Elemente »Abnehmerkreise« und »Vertriebswege« sind oft jedoch alleine nicht ausreichend, die Ähnlichkeit zu begründen.
220 Vgl. EuGH GRUR 1998, 922 (924) – CANON.

einer Ware einhergeht, kann man heute von einer Ähnlichkeit der Dienstleistungen mit den zu ihrer Erbringung verwendeten Waren ausgehen.[221]

Keine Bedeutung hat die Einordnung der Waren in die Waren- bzw. Dienstleistungsklassen im Anmeldeverfahren, da diese nur Ordnungsfunktion aufweisen. Indizwirkung für bestimmte Inhalte können auch die geprüften TLD wie .aero, .pro, .museum, .coop, .biz, .name, .int, .mil, .edu und .gov entfalten. Eine positive Feststellung der Ähnlichkeit muss aber auch hier stattfinden. **216**

▶ **Beispiele für fehlende Ähnlichkeit:** die Produktion von Film und Musik einerseits und Export von Waren aller Art andererseits,[222] der Vertrieb einer Software für den Waren- und Dienstleistungsabsatz einerseits und Vertrieb von Lebensmitteln über das Internet andererseits;[223] Lieferung von Speisen und Getränken, Verpflegung von Gästen einerseits und Verschaffung von Informationen und Werbung (»Pizzaführer«) andererseits.[224] **217**

▶ **Beispiele für Ähnlichkeit:** Computersoftware und Datenverarbeitungsanlagen,[225] Software für den Handel im Internet einerseits und ein elektronisches Warenkorbsystem.[226] **218**

dd) Branchennähe für den Verletzungsanspruch aus Unternehmenskennzeichen

Diese im Gesetz nicht genannte Voraussetzung des kennzeichenrechtlichen Schutzes von Unternehmensbezeichnungen übernimmt die Funktion der Waren- und Dienstleistungsähnlichkeit des Anspruchs gem. § 14 MarkenG für den Anspruch aus § 15 MarkenG und gilt ohne Weiteres auch im Domainnamenrecht.[227] Die Prüfung erfolgt anhand der entsprechenden, unter dem Domainnamen abrufbaren Internetseite oder ggf. unter dem Gesichtspunkt der Erstbegehungsgefahr aus anderen Umständen.[228] **219**

Die Rechtsprechung verlangt hier zwischen beiden Unternehmungen wenigstens tatsächliche Berührungspunkte im geschäftlichen Verkehr, die für den Verkehr die Annahme begründen, dass geschäftliche Zusammenhänge zwischen den Unternehmen bestehen.[229] Dabei ist auch eine mögliche Ausdehnung der Geschäftsfelder zu berücksichtigen. Ein gemeinsamer Auftritt im Internet oder die Börsennotierung allein sind nicht ausreichend.[230] **220**

Nach der neueren Rechtsprechung des BGH[231] kann im Anwendungsbereich des § 15 MarkenG nicht mehr auf den namensrechtlichen Anspruch des § 12 BGB zurückgegriffen werden, der keine Branchennähe voraussetzt, sofern ein Handeln im geschäftlichen Verkehr infrage steht (s. u. unter Rdn. 282–284, auch zu Ausnahmen). **221**

▶ **Beispiele für Branchennähe:** Einzelkaufmännischer Buchverlag zu Volltext- und Suchangeboten im Internet in Zusammenhang mit dem Verlagswesen;[232] Logistik, Transport und Spedition einerseits zu Informationstechnik andererseits.[233] **222**

---

221 Vgl. LG München I CR 1997, 540 (541) – freundin.de: Partnerschaftsvermittlung unähnlich zum Produkt Frauenzeitschrift.
222 OLG Frankfurt/M. 11.10.2000, 3/11 O 144/00 – inmotion.de.
223 LG Leipzig, 12.10.1999 – r-markt-intershop.de, bei home.t-online.de/home/RAHilpuesch/intsho.htm.
224 OLG Hamm NJW-RR 1999, 631 – pizza-direkt.de.
225 LG Braunschweig CR 1998, 364 (366) – deta.com.
226 LG München I CR 2000, 464 (465) – intershopping.com.
227 Vgl. z. B. BGH GRUR 2005, 430 – mho.de.
228 So auch z. B. OLG Hamburg MMR 2002, 682 (683) – siehan.de.
229 OLG Düsseldorf, 19.03.2002, JurPC (www.jurpc.de), Web-Dok. 232, 2002, Abs. 28 – exes.de.
230 OLG Frankfurt/M. WRP 2000, 772 (773) – alcon.de.
231 BGH MMR 2002, 382 (383) – shell.de; GRUR 2005, 430 – mho.de.
232 Vgl. LG Mannheim ZUM-RD 2000, 74 (76) – buchhandel.de/nautilus.
233 LG Frankfurt/M. MMR 1998, 151 – lit. de.

223 ▶ **Beispiele für Branchenferne:** Betrieb eines Krankenhauses und Aufbau von Datenbanksystemen,[234] Vertrieb von Pharmazeutika und Vermögensverwaltung einerseits zu dem Erwerb und der Veräußerung von Beteiligungen andererseits.[235]

ee) Produktnähe beim Verletzungsanspruch aus Titelrecht

224 Für Ansprüche aus einem Titelrecht tritt an die Stelle der Waren/Dienstleistungsähnlichkeit bzw. der Branchenähe die sog. **Werk- oder Produktähnlichkeit.** Auch hier gilt, dass die Vorstellung einer bestimmten Herkunft, z. B. aus einem Verlag, der eine Zeitschrift herausgibt, genügt.[236]

225 Bei schwacher Kennzeichnungskraft des geltend gemachten Werktitels können schon geringe Unterschiede in der Werkähnlichkeit aus der Verwechslungsgefahr herausführen.[237]

226 ▶ **Beispiele für fehlende Produkt/Werknähe:** Vertrieb von Korbwaren/Tierfutter und Nachrichtengeschäft unter »claro.de«; Computerspiel und Pizza Lieferservice unter »pizzaconnection.de«.[238]

ff) Zeichenähnlichkeit

227 Die Zeichenähnlichkeit ist das dritte Element, das neben der Waren- und Dienstleistungsähnlichkeit bzw. Branchennähe bzw. Produkt und Werknähe und der Kennzeichnungskraft zur Bestimmung der Verwechslungsgefahr benötigt wird.

228 Gegenübergestellt werden auf Klägerseite das geschützte Zeichen, also bei eingetragenen Marken die registrierte Form und (nur) bei Benutzungsrechten wie den Unternehmenskennzeichen, Benutzungsmarken oder Werktiteln die benutzte Form, sowie auf Verletzerseite das angegriffene Zeichen. Ist die Verwechslungsgefahr festgestellt, wird diese i. d. R. nicht dadurch ausgeräumt, dass auf der Internetseite etwa darauf hingewiesen wird, dass man mit dem Markeninhaber nichts zu tun hat.[239]

(1) Prüfungsmaßstab

229 Soweit ersichtlich, entspricht es der heute überwiegenden Ansicht, dass bei Prüfung der Zeichenähnlichkeit auch gegenüber Domainnamen nicht etwa kleinere Abweichungen genügen, um der Ähnlichkeit zu entkommen, sondern dass dieselben Grundsätze Anwendung finden wie im herkömmlichen Markenrecht.[240] Hierzu gehört bereits der Erfahrungssatz, dass, wenn als relevante Käufer der Waren oder Nutzer der Dienstleistungen typischerweise Spezialisten oder erfahrenere Verkehrsteilnehmer in Betracht kommen, diese ohnehin unterschiedliche Marken besser zu unterscheiden wissen.[241] Gegen die abwei-

---

234 Vgl. z. B. BGH GRUR 2005, 430 – mho.de.
235 OLG Frankfurt/M. WRP 2000, 772 – alcon.de.
236 OLG Hamburg, MMR 2004, 174 (175) eltern-online.de.
237 OLG München MMR 2006, 235 – österreich.de.
238 OLG Düsseldorf ZUM-RD 2001, 446 (447) – claro.de; OLG Hamburg ZUM-RD 2002, 349 (350) – pizzaconnection.de; vgl. auch OLG Hamburg CR 1999, 184 (185) – emergency.de.
239 Loewenheim/Koch/*Kur* S. 350.
240 Stellvertretend *Nordemann* NJW 1997, 1891 (1894), *Fezer*, Markenrecht, § 3 Rn. 325; *Heinrich* MarkenR 2003, 89 (97); *Seifert* S. 86; *Ströbele/Hacker* § 15 Rn. 47; *Ingerl/Rohnke* nach § 15 Rn. 131; jetzt auch *Bettinger*, Handbuch des Domainrechts, DE 216; a. A. aber z. B. KG GRUR-RR 2001, 180 (181) – checkin.com; *Bettinger* GRUR Int. 1997, 402 (415); *Ubber* WRP 1997, 497 (505); Loewenheim/Koch/*Kur* S. 348; *Jaeger-Lenz* K&R 1998, 9 (13); Hoeren/Sieber/*Viefhues* Rn. 95; Fezer/*Jung-Weiser*, UWG, § 4-S 11 Rn. 85, ausf. *Bücking/Angster* Rn. 264 ff., der entgegen der hier vertretenen Auffassung die Anzahl der Befürworter eines anderen Maßstabes in der Überzahl sieht.
241 OLG München ZUM-RD 2002, 87 (89) – mbp.de.

chende Ansicht, die aufgrund der begrenzten Menge an Domainnamen auf eine größere Sorgfalt bei Beachtung der Unterschiede abstellt, spricht entscheidend, dass abweichende Maßstäbe zu Friktionen mit der Offline-Welt führen können. Hier treten Domainnamen z. B. in den Printmedien, bei der Darstellung von Suchergebnissen von Internetsuchmaschinen und v. a. bei Hyperlinks in Erscheinung. In diesen Fällen besteht zur herkömmlichen Zeichennutzung kein Unterschied.

(2) Arten der Zeichenähnlichkeit und allgemeine Regeln

230 Das Kennzeichenrecht kennt drei gleichrangige[242] Arten der Zeichenähnlichkeit, die klangliche, die schriftbildliche und die – seltene – begriffliche Zeichenähnlichkeit.[243] Verwechslungsgefahr liegt schon dann vor, wenn nur eine dieser Erscheinungsformen der Zeichenähnlichkeit bejaht wird. Ausnahmsweise reicht die Verneinung einer Ähnlichkeitsform aus, wenn nachgewiesen werden kann, dass der Verkehr einem Produkt oder einer Dienstleistung nur mündlich oder schriftlich begegnet.

231 Für alle Formen der Zeichenähnlichkeit gilt, dass übereinstimmende Merkmale höher zu gewichten sind als voneinander abweichende Merkmale.[244] Unterschiede in den stärker kennzeichenkräftigen Bestandteilen können jedoch im Einzelfall den Ausschlag geben.[245] Wortanfänge werden stärker beachtet als nachfolgende Wortteile.[246] Der Verkehr nimmt die Zeichen üblicherweise so wahr, wie er sie vorfindet und neigt nicht zu einer analytischen Zergliederung längerer oder kürzerer[247] Zeichen.

232 Beurteilungskriterien für die **klangliche Zeichenähnlichkeit** sind u. a. Übereinstimmungen oder Ähnlichkeiten in der Buchstabenzahl, der Silbenzahl, der Silbenlänge, der Vokal- oder Konsonantenfolge, der Betonung, der Reihenfolge der Elemente und das Vorliegen von dunkleren oder helleren Vokalen. Grundsätzlich ist von einer richtigen Aussprache auszugehen.

233 ▸ **Beispiel** für klangliche Zeichenähnlichkeit: 2001=buecher1001[248]

234 Was die **schriftbildliche Zeichenähnlichkeit** angeht, haben Groß- und Kleinschrift sowie Bindestriche[249] in der Regel keinen wesentlichen Einfluss auf die Zeichenähnlichkeit (str.). Nicht berücksichtigt werden schließlich bestimmte Schreibweisen oder Zeichen, die in Domainnamen nicht verwendet werden können wie Leerstellen[250] oder Sonderzeichen.[251]

235 ▸ **Beispiel** für schriftbildliche Zeichenähnlichkeit: Bücher.de AG/buecherde.com[252]

236 Sog. »**Tippfehlerdomains**«, also die bewusste Registrierung eines Domainnamens, der eine schriftbildliche Abwandlung eines anderen Zeichens darstellt, bedarf nach hiesiger Auffassung keiner besonderen zeichenrechtlichen Behandlung. Deren Benutzung ist unzulässig, soweit eine schriftbildliche oder klangliche Zeichenähnlichkeit besteht. Dies ist aber nicht

---

242 Bedenken hinsichtl. der klanglichen Zeichenähnlichkeit haben z. B. *Jaeger-Lenz* K&R 1998, 9 (13); *Reinhart*, WRP 2001, 13 (16); wie hier OLG Hamburg MMR 2006, 226 – kompit.de.
243 Vorbildlich OLG München ZUM-RD 2002, 87 (89) – mbp.de.
244 LG München I CR 2000, 464 (465) – intershopping.com.
245 OLG München ZUM-RD 2002, 87 (89) – mbp.de.
246 OLG Düsseldorf MMR 2004, 491 – mobell.de.
247 OLG München ZUM-RD 2002, 87 (89) – mbp.de.
248 OLG Hamburg CR 2001, 552 (553) – buecher1001.de.
249 LG Frankfurt/M. GRUR-RR 2002, 68 (69) – uhren-magazin.de, LG Köln MMR 2000, 120 (Ls.) – Bindestrich; LG Hamburg CR 2001, 418 – »bodenseeklinik« und »bodensee-klinik«; a. A. aber *Dieselhorst* in seiner Anm., CR 2001, 420; LG Düsseldorf K&R 1999, 137 – alltours.de zu All-Tours und alltours; LG Hamburg 18.10.2002, JurPC (www.jurpc.de), Web-Dok. 353/2002, 8 – public-com.de; LG Koblenz MMR 2000, 571 – alles-ueber-wein.de.
250 LG Düsseldorf ZUM-RD 2000, 192 (193) – t-box.de.
251 OLG Hamburg MMR 2002, 682 (683) – siehan.de.
252 OLG München MMR 2000, 100 (101) – buecherde.com.

zwingend der Fall, insbesondere wenn der Anfang des Zeichens unterschiedlich ist. »Echte« Tippfehler-Domainnamen, die auf manuelle Tippfehler spekulieren (etwa SIOR statt DIOR), lassen sich besser wettbewerbsrechtlich erfassen.

237 Eine **begriffliche Zeichenähnlichkeit** kann umso leichter bejaht werden, wenn neben ihr auch andere Elemente klanglich oder schriftbildlich ähnlich sind. Letzteres ist aber nicht notwendig.

238 ▶ **Beispiel** für begriffliche Zeichenähnlichkeit: Kings Club=Royal Club, Rancher=Farmer.[253]

(3) Die zeichenrechtliche Behandlung von Kombinationszeichen

239 Als zusammengesetzte Zeichen gelten alle Zeichen, die erkennbar aus mehreren Elementen bestehen, daher auch einteilige Wortzeichen mit mehreren Wortbestandteilen. Als Grundsatz gilt, dass bei der Prüfung der Ähnlichkeit der **Gesamteindruck** maßgeblich ist.[254] Dies schließt aber die Erkenntnis ein, dass ein zusammengesetztes Zeichen unter Umständen durchaus nur von einem von mehreren Zeichenelementen geprägt werden kann. Dann wird nur dieses Element in den Zeichenvergleich miteinbezogen. Deshalb findet die Diskussion darüber in der Praxis unter dem Stichwort »**Prägetheorie**« statt. Obwohl sich der BGH im Anschluss an den EuGH von der Prägetheorie abzuwenden scheint, ist eine eindeutige Neuausrichtung noch nicht ersichtlich. Die Praxis wendet die Prägetheorie jedenfalls noch an. Sind die Elemente eines zusammengesetzten Zeichens jedoch gleichgewichtig und wird daher die Gesamtmarke verglichen, ist eine Übereinstimmung in einem dieser Elemente für eine Zeichenähnlichkeit nicht ausreichend.[255]

240 Faustregel: Eine Wort/Bildmarke wird in der Regel vom Wortelement geprägt.[256]

241 Dies gilt besonders für Bildbestandteile mit verzierendem Charakter oder für allgemeine Symbole oder einfache geometrische Formen wie Kreise, Halbkreise, Dreiecke etc.[257] Häufig ergibt sich die Mitprägung eines Bildbestandteils aber aus der Kennzeichenschwäche des Wortbestandteils.[258]

242 Elemente, die aufgrund ihrer Kennzeichenschwäche ein Zeichen typischer Weise nicht (mit)prägen können, also nicht in Zeichenvergleich einbezogen werden, sind z. B.

- URL-Elemente wie »www.«[259] oder http://
- TLD wie .de, .com, .org etc.[260]
- Rechtsformzusätze bei Unternehmenskennzeichen, z. B. GmbH[261]

---

253 BPatGE 7, 193 – Kings Club; BPatG Mitt. 1984, 56 – Rancher.
254 OLG Hamburg CR 2001, 552 (552) – buecher1001.de.
255 OLG Köln 08.05.2002, JurPC (www.jurpc.de), Web-Dok. 233/2002, 13 – citipost.de; OLG Köln MMR 2002, 675 – nightloop.de.
256 Vgl. z. B. OLG München GRUR 2001, 522 (523) – kuecheonline.de. Keine Regel ohne Ausnahme: OLG Köln 08.05.2002, JurPC (www.jurpc.de), Web-Dok. 233/2002, 21 – citipost.de: »Post und gelbes Posthorn«: Posthorn prägt mit.
257 S. das Beispiel bei LG Köln 21.06.2002, 84 O 25/01 – rheinterrassen.de.
258 LG München I MMR 2007, 395 – neu.eu; OLG Düsseldorf GRUR-RR 2003, 342 – clever-reisen.de; OLG Köln GRUR 2001, 525 (529) – online.de; KG ZUM 2001, 74 (75) – berlin-online.de; LG Düsseldorf 27.09.2002, JurPC (www.jurpc.de), Web-Dok. 21/2003, 5 – schuelerhilfe.de; LG Frankfurt/M. 15.01.2003, JurPC (www.jurpc.de), Web-Dok. 161/2003, 4 – hockeystore.de.
259 OLG München ZUM-RD 2002, 87 (89) – mbp.de.
260 Vgl. nur für viele LG München I CR 2005, 532, bmw4u.de; LG Köln MMR 2000, 625 (626) – wdr.org. Dies schließt aber umgekehrt eine ausnahmsweise Berücksichtigung der TLD nicht aus. So sind xtranet und xtra.net zu Recht als ähnlich betrachtet worden, vgl. LG Hamburg 30.09.1998, JurPC (www.jurpc.de), Web-Dok. 43/2000 – xtra-net.de.
261 LG Düsseldorf NJW RR 1998, 979 (983) – epson.de.

▸ **Weitere Beispiele für nicht prägende Zeichenbestandteile:** »Tuning« für Tuningdienstleistungen für Autos, »Tacker-Technik« für Vertrieb von Tackern, »Buchhandel« für eine Webseite der Buchhändler-Vereinigung, »bio« und »land« für die Erzeugung von Nahrungsmitteln.[262] 243

Auch im Recht der Unternehmenskennzeichen ist anerkannt, dass einzelne Bestandteile mehr Gewicht haben können als andere. Der Begriff »Prägetheorie« wird hier aber herkömmlich nicht verwendet. 244

▸ **Beispiele für die kollisionsbegründende Bestandteile in Kombinationszeichen in § 15 MarkenG** sind »Alcon« in »Alcon Pharma GmbH«, »defacto« in »defacto marketing GmbH« und »L. I. T.« in »L. I. T. Logistik-Information-Transport-Beratungs und Speditions GmbH«.[263] 245

▸ **Beispiele für nicht kollisionsbegründende Bestandteile in Kombinationszeichen in § 15 MarkenG** sind »Intercom« in VIAG Intercom GmbH und Co und »Sat-shop« für Satellitenanlagen.[264] 246

Eine weitere Fallgruppe von Zeichenbestandteilen, die unter bestimmten Umständen nicht in den Zeichenvergleich einbezogen werden, ist die der **Firmennamen in Kombinationszeichen**. Eine Firma als Element eines zusammengesetzten Zeichens schließt die Verwechslungsgefahr dann nicht aus, wenn sie als solche innerhalb der Marke vom Verkehr erkannt wird, da der Verkehr die Waren oft nicht nach der Firma unterscheidet, sondern seine Aufmerksamkeit auf weitere Merkmale der Marke richtet.[265] Bislang wurden von dieser Regel Ausnahmen v. a. im Bereich der Mode, Bier, Fernsehsendungen und Telekommunikationsdienstleistungen angenommen. Hier soll der Unternehmensname eine untergeordnete Rolle spielen.[266] 247

Bei Zeichen, die aus **Vor- und Nachnamen** bestehen, wird davon ausgegangen, dass der Verkehr in der Regel (Ausnahme Kosmetikbranche) beide Namenselemente berücksichtigt oder sich am Nachnamen orientiert.[267] 248

Auch **geografische Herkunftsangaben** sind wegen ihres örtlichen Bezugs in der Regel ungeeignet, eine prägende Bedeutung in zusammengesetzten Zeichen zu spielen. Ausnahmen bestätigen auch hier die Regel.[268] 249

(4) Mittelbare Verwechslungsgefahr/Serienzeichen

Die in Deutschland sog. mittelbare Verwechslungsgefahr ist in § 14 Abs. 2 Nr. 2 MarkenG geregelt. Diese Spielart der Verwechslungsgefahr liegt trotz erkannter Unterschiede in den Marken vor, wenn übergeordnete Gesichtspunkte verschiedene Marken zueinander in Beziehung setzen. 250

▸ **Beispiel:** Der Verkehr erwartet bei »bmw4u.de« geschäftliche Beziehungen mit dem Autohersteller BMW.[269] 251

---

262 OLG Düsseldorf K&R 2007, 101 – peugeot-tuning.de; LG Köln 15.03.2001, 84 O 137/00 – tackertechnik.de; LG Mannheim ZUM-RD 2000, 74 (76) – buchhandel.de/nautilus; LG München I MMR 2002, 832 (833) – biolandwirt.de.
263 BGH WRP 2002, 1066 – defacto.de; OLG Frankfurt/M. WRP 2000, 772 – alcon.de; LG Frankfurt/M. MMR 1998, 151 – lit. de.
264 OLG Köln MMR 2002, 170 – schneider-intercom.de; LG München I CR 1997, 545 (555) – sat-shop.de.
265 Vgl. nur BGH GRUR 1996, 404 – Blendax Pep.
266 Vgl. m. w. N. *Ingerl/Rohnke* § 14 Rn. 1067 ff.
267 LG Düsseldorf MMR 2002, 398 – booklet.de, m. w. N.
268 BPatG GRUR Int. 1992, 62 – Vittel.
269 LG München I CR 2005, 532 – bmw4u.de.

252 Die mittelbare Verwechslungsgefahr setzt ein Serienzeichen voraus, dessen Stammbestandteil verwechselbar ähnlich zu dem angegriffenen Zeichen ist. Ein **Serienzeichen** liegt vor, wenn der Verkehr eine Reihe von Zeichen als vom selben Unternehmen herkommend ansieht; im Extremfall reichte jedenfalls nach früherem Verständnis auch nur eines, nämlich bei einem erstmalig verwendeten Zeichen, soweit es als dafür geeignet angesehen wurde.[270] Der Bestandteil eines Kennzeichens wird typischerweise durch sein Vorkommen in mehreren Zeichen zum **Stammbestandteil**. Für einen Stammbestandteil sprechen eine Verkehrsbekanntheit, das Vorliegen eines Firmenschlagworts und seine Kennzeichnungskraft, dagegen eine beschreibende Bedeutung.[271]

253 ▶ **Beispiel:** Die Marken »StudiVZ«, »schülerVZ«, »meinVZ« und »alumniVZ« (gegen »BÖRSEVZ« und »BOERSEVZ«).[272]

(5) Ausschluss der Zeichenähnlichkeit durch Sinnunterschied

254 Eine zu wenig bekannte Verteidigung gegen die Annahme der Verwechslungsgefahr ist der erkennbare Sinnunterschied der Zeichen. Der EuGH hat inzwischen diese überkommene deutsche Rechtsprechungstradition,[273] an der der BGH weiterhin festhält,[274] bestätigt.[275]

(6) Markenschutz außerhalb der Waren- und Dienstleistungsähnlichkeit

255 § 14 Abs. 2 Nr. 3 MarkenG gewährt einen markenrechtlichen Schutz gegen identische oder ähnliche Benutzungen von Zeichen für nicht ähnliche Waren- oder Dienstleistungen, wenn es sich um eine im Inland bekannte Marke handelt und die Benutzung des Zeichens die Unterscheidungskraft oder die Wertschätzung der bekannten Marke ohne rechtfertigenden Grund in unlauterer Weise ausnutzt oder beeinträchtigt.

256 Wenn auch die Festlegung auf immerwährende feste Prozentsätze vermieden wird,[276] hat das LG Hamburg für eine bekannte Marke einen Bekanntsheitsgrad von 30–40 % angenommen.[277]

▶ **Weitere Beispiele:**

257 Als bekannt i. S. d. § 14 Abs. 2 Nr. 3 MarkenG wurden angesehen *Audi* und *Lamborghini*, *Lucky Strike*, *BMW*, *Metro*, *Brockhaus* (80 % Bekanntheitsgrad für enzyklopädische Werke), *Veltins* (ebenfalls 80 %), *Derrick* für eine Kriminalserie, die Marke *Freundin* für eine Zeitschrift, mit einer Auflage von 630000 Stück, die seit 1948 besteht, die Marke *T-online* für Telekommunikation, die Tageszeitung *Die Welt* mit einem Bekanntheitsgrad von 74,1 %, die Marke *Zwilling* für Messer mit einem Bekanntheitsgrad von 92 % und das Firmenschlagwort *Aldi* bei einer Bekanntheit von 100 %.[278]

---

270 Zweifelnd nun *Ingerl/Rohnke* § 14 Rn. 1182 m. w. N.; vgl. in diesem Zusammenhang OLG Köln WRP 2002, 249 (251) – freelotto.de; OLG KölnMMR 2003, 114 (117) – lottoteam.de.
271 OLG Köln 08.05.2002, JurPC (www.jurpc.de), Web-Dok. 233/2002, 19 – citipost.de.
272 LG Hamburg I MMR 2010, 258.
273 BGH GRUR 1992, 130 – bally/ball.
274 BGH GRUR 2010, 235 – aidu.de.
275 EuGH GRUR Int. 2006, 504 – Sir/Zirh.
276 Vgl. EuGH GRUR Int. 2000, 73, – Chevy.
277 LG Hamburg MMR 2000, 620 (622) – joop.de.
278 LG Hamburg K&R 2000, 613 – audi-lamborghini.net und audi-lamborghni.org, LG Hamburg MMR 2000, 436 (437) – luckystrike.de; LG München I CR 2005, 532 – bmw4u.de; OLG Hamburg MMR 2006, 476 – metrosex.de; LG Mannheim K&R 1998, 558 (559) – brockhaus.de; OLG Hamm MMR 2001, 749 – veltins.com., OLG Hamburg GRUR-RR 2002, 100 (101) – derrick.de; LG München 02.04.1998, OLGR München/Bamberg/Nürnberg 1999, 81 – freundin.de; LG Düsseldorf 30.01.2002, JurPC (www.jurpc.de), Web-Dok. 267/2002, 4 – scheiss-t-online.de; LG Hamburg 13.01.1999, 315 O 478/98 – welt-online.de, bei JurPC (www.jurpc.de) Web-Dok. 57/2001, Abs. 9;

Die Bekanntheit der Marke muss, wenn sie nicht gerichtsbekannt ist, nachgewiesen werden, was durch Verkehrsumfragen, weitere Indizien wie den Umfang der Onlinenutzung, aber auch Parteigutachten geschehen kann.[279] Auch eine nur im Ausland benutzte, jedoch im Inland sehr bekannte Marke kann die Anforderungen dieses Tatbestands erfüllen. Ist das Zeichen allerdings gar nicht benutzt, kommt ein Bekanntheitsschutz nicht infrage.[280] Eine rein regionale Bekanntheit kann für den Schutz des § 14 Abs. 2 Nr. 3 MarkenG bei Benutzungsmarken ausreichen. Bei Registriermarken reicht die nur regionale Bekanntheit in der Regel nicht aus.[281]

258

Unter **Ruf bzw. Wertschätzung einer Marke** wird jede positive Assoziation verstanden, die der Verkehr mit der Marke verbindet (z. B. bestimmte Gütevorstellungen oder positive Erwartungen hinsichtlich Größe, Tradition, Erfolg und Leistungsfähigkeit, aber auch Luxus-, Exklusivitäts- oder Prestigevorstellungen). Die **Ausnutzung der Wertschätzung** geschieht oft durch Übertragung der positiven Assoziationen der bekannten auf die benutzte Marke.[282] Ob ein derartiger Imagetransfer tatsächlich zu befürchten ist, lässt sich u. a. an dem Abstand der Waren- bzw. Dienstleistungen zueinander, den Überschneidungen der Abnehmerkreise und der Preiskategorien feststellen.[283] Durch eine **Aufmerksamkeitsausbeutung** werde die Orientierung der Abnehmer durch die Internetseite bereits beeinträchtigt. Die Hinlenkung auf das eigene Angebot (Kanalisierungsfunktion des Domainnamens) tue ein Übriges.[284] Der BGH hat eine **Beeinträchtigung der Unterscheidungskraft** durch Verwendung des Domainnamens dann angenommen, wenn der Inhaber der bekannten Marke an einer Verwendung seines Zeichens als Internetadresse durch die anderweitige Registrierung gehindert wird.[285] Eine **Rufschädigung oder Markenverunglimpfung** kann durch Verwendung des bekannten Zeichens für qualitativ minderwertige Produkte, imagefremde Produkte, durch herabsetzende inkompatible oder obszöne Verwendung,[286] selbst durch die bloße Registrierung eines einschlägigen Domainnamens erfolgen.[287] Die in der Praxis wichtige **Verwässerung** erlaubt es dem Markeninhaber, den Abstand anderer Branchen ausreichend weit zu halten, soweit eine Verwässerung nicht bereits eingetreten ist.[288] Der konkrete Schutz hängt in seiner Reichweite u. a. von dem Grad der Bekanntheit oder Berühmtheit der Marke ab. Der Marke »Veltins« wurde Verwässerungsschutz gegenüber der Textilbranche, nicht aber gegenüber der Computerbranche zugestanden.[289]

259

Die Rufausbeutung etc. muss weiterhin **»in unlauterer Weise«** geschehen sein. Diese kann sich bereits aus der Bekanntheit der Marke[290] und aus der damit korrespondierenden fehlenden Notwendigkeit ergeben, gerade dieses Zeichen zu benutzen.[291] Ein beschreibender Do-

260

OLG Karlsruhe MMR 1999, 171 (172) – zwilling.de, die Revision zum BGH wurde nicht angenommen (I ZR 23/00); OLG Hamm 01.04.2003, JurPC (www.jurpc.de), Web-Dok. 197/2003, 8 – aldireisen.de.
279 LG München I 03.09.1998, JurPC (www.jurpc.de), Web-Dok. 171/1998, Abs. 14 – juris-solvendi.de; OLG Hamm MMR 2001, 749 – veltins.com.
280 OLG Düsseldorf GRUR-RR 2002, 20 (21) – t-box.de.
281 LG Bremen 30.01.2003, JurPC (www.jurpc.de), Web-Dok. 69/2003, 5 – bsagmeckerseite.de; außer sie stellt einen wesentlichen Teil Deutschlands dar, vgl. *Ingerl/Rohnke* § 14 Rn. 1323 m. w. N. zur EuGH-Rechtsprechung.
282 OLG Hamm 01.04.2003, JurPC (www.jurpc.de), Web-Dok. 197/2003, 9 – aldireisen.de, wegen der Anlehnung an Aldi und dessen Wertschätzung als »gut und preiswert«.
283 OLG Hamm MMR 2001, 749 (750) – veltins.com.
284 *Wegner* CR 1999, 250 (256).
285 BGH MMR 2002, 382 (384) – shell.de.
286 LG Düsseldorf 30.01.2002, JurPC (www.jurpc.de), Web-Dok. 267/2002, 4 – scheiss-t-online.de; BGH GRUR 1986, 759 – BMW: »Bums-mal-wieder«; LG Frankfurt/M. ZUM-RD 2002, 299 – gratip.de.
287 OLG Hamburg MMR 2006, 476 – metrosex.de.
288 S. OLG Hamm 18.02.2003, JurPC (www.jurpc.de) Web-Dok. 135/2003 – astor.de.
289 OLG Hamm MMR 2001, 749 – veltins.com.
290 LG Mannheim WRP 1998, 920 (921) – zwilling.de.
291 OLG Hamm MMR 2001, 751 – veltins.com; Vermutung für Unlauterkeit.

mainname kann hier aus der Unlauterkeit führen.[292] An dieser Stelle, und nicht erst bei § 23 MarkenG, findet auch bereits eine Berücksichtigung der Führung des eigenen Namens statt.[293] Weitere rechtfertigende Gründe können sich aus grundgesetzlich garantierten Freiheiten wie der Meinungs- und Pressefreiheit oder Kunstfreiheit ergeben.

261 Im Einzelnen ungeklärt und strittig ist noch der Fortbestand des außerkennzeichenrechtlichen Schutzes.[294]

5. Einwendungen und Einreden

262 Dem angeblichen Verletzer stehen gegen einen kennzeichenrechtlichen Anspruch eine Reihe von Einwendungen zur Verfügung.[295]

a) Ältere Rechte

263 Eine zentrale Rolle spielen hier eigene ältere Rechte des Angegriffenen. Nicht hiermit zu verwechseln ist die »Priorität« der Domainnamenregistrierung, ohne dass hierdurch ein eigenes Kennzeichenrecht entsteht. Diese kann eine Rolle in Gleichnamigkeitsfällen spielen (Rdn. 312). Den hier zu behandelnden Normalfall hat der BGH wie folgt beschrieben:

264 »In seinem Anwendungsbereich vermittelt der zeichenrechtliche Schutz dem Inhaber des älteren Zeichens eine stärkere Rechtsposition, weil das prioritätsältere Zeichen grundsätzlich ein prioritätsjüngeres Zeichen verdrängt, so dass der Inhaber des jüngeren Zeichens auch dessen Verwendung als Domainname unterlassen muss (vgl. BGH GRUR 2002, 898, 900 – defacto; vgl. auch BGH GRUR 2002, 706, 707 f. – vossius.de).«[296]

265 Besitzt der angebliche Verletzer an der strittigen Bezeichnung ältere Rechte, ist es dem Inhaber des jüngeren Rechts gem. § 242 BGB verwehrt, seine Rechte durchzusetzen.[297] Im Anschluss an die Ausführungen oben (vgl. Rdn. 140–152) kommen dabei als ältere Rechte alle Kennzeichenrechte gem. § 4 und § 5 MarkenG in Betracht. So konnte der Inhaber des Domainnamens *ratiosoft.com*, der als Firmenschlagwort für »Rationelle Softwareentwicklung« benutzt wurde, sich erfolgreich gegen einen markenrechtlichen Anspruch des Inhabers der Marke »Ratiosoft« verteidigen, da der Domainname als geschäftliche Bezeichnung für den Betrieb des Domainnameninhabers verwendet wurde und dessen entsprechende Benutzungsaufnahme durch das Verteilen von Werbegeschenken eine bessere Priorität als die Marke hergestellt hatte.[298] Auch setzte sich die frühere Benutzung von »tnet.de« und »arena-berlin.de« gegen ältere Markenrechte durch.[299] Zu beachten ist, dass nur der befugte Gebrauch eines älteren Rechts gegen die Durchsetzung des jüngeren Rechts hilft.[300]

---

292 *Ubber* S. 102.
293 BGH MMR 2002, 382 (385) – shell.de.
294 OLG Frankfurt/M. WRP 2000, 772 (774) – alcon.de, sieht nur noch einen außerkennzeichenrechtlichen Schutz, wenn Markenschutz dem Grunde nach schon nicht mehr anwendbar sei, weil etwa keine kennzeichenmäßige Benutzung vorliege. Das Nichtvorliegen bestimmter Tatbestandsmerkmale rechtfertigt eine ergänzende Anwendung der § 4 UWG, §§ 826, 226, 1004 BGB nicht; OLG Düsseldorf GRUR-RR 2002, 20 (23) – t-box.de: Kein über § 14 Abs. 2 Nr. 3 MarkenG hinausgehender Anspruch aus § 1 UWG; für eine subsidiäre Weitergeltung Loewenheim/Koch/*Kur* S. 363; vgl. zur Problematik auch *Ströbele/Hacker* § 2 Rn. 31 und *Ingerl/Rohnke* § 14 Rn. 1293.
295 Für allgemeine zivilrechtliche Einwendungen wie den Rechtsmissbrauch gem. § 242 BGB oder markenrechtliche Institute, die keine Bedeutung im Zusammenhang mit Domainnamen haben wie etwa die Erschöpfung gem. § 24 MarkenG wird auf die allgemeine Literatur verwiesen.
296 BGH GRUR 2005, 430 – mho.de.
297 Anders kann dies sein, wenn die dem Angreifer gegenüber ältere Marke erst während der Auseinandersetzung erworben wurde, jedenfalls dann, wenn zusätzliche Umstände vorliegen, die den Vorwurf eines zweckfremden Einsatzes eines Kennzeichens als Mittel des Wettbewerbskampfes gerechtfertigt erscheinen lassen, siehe auch LG Düsseldorf GRUR-RR 2002, 28 (29) – centrotherm.com.
298 LG Düsseldorf MMR 2004, 700 – ratiosoft.com; vgl. auch LG Frankfurt/M. CR 1999, 190 – warez.de.
299 LG München I CR 1999, 325 – tnet.de; KG NJW-RR 2003, 1405 – arena-berlin.de.
300 Vgl. zu einem derartigen Sonderfall BGH GRUR 2010, 156 – eifel-zeitung.de.

b) Verjährung, § 20 MarkenG

Die Verletzungsansprüche des MarkenG verjähren in 3 Jahren von dem Zeitpunkt an, in dem der Berechtigte von der Verletzung seines Rechts und der Person des Verpflichteten Kenntnis erlangt, ohne Rücksicht auf diese Kenntnis in 30 Jahren von der Verletzung an. Maßgeblich ist die positive Kenntnis von Verletzungsgegenstand und Verletzer. Grob fahrlässige Unkenntnis ist nicht ausreichend. Gerade auch für die Benutzung von Domainnamen ist von Bedeutung, dass das betroffene Recht durch die Benutzung des Domainnamens kontinuierlich verletzt wird. Solange die Dauerhandlung andauert, beginnt die Verjährung des Unterlassungsanspruchs jedenfalls immer wieder neu bzw. beginnt erst nach Vollendung.[301]

266

Obwohl eine generelle Marktbeobachtungspflicht abgelehnt wird,[302] kann es unter besonderen Umständen, z. B. in einem konkreten Wettbewerbsverhältnis zwischen zwei Konkurrenten durchaus eine Obliegenheit geben, neue Markenanmeldungen oder Domainnamenanmeldungen zu überwachen. Auch wird es einem Marktteilnehmer Schwierigkeiten bereiten, plausibel darzulegen, dass er eine bundesweite Marketingkampagne nicht bemerkt hat.

267

c) Verwirkung, § 21 MarkenG

Das Markenrecht kennt in § 21 Abs. 1–3 MarkenG einen eigenen Verwirkungstatbestand, der durch die allgemeinen Vorschriften zur Verwirkung ergänzt wird, vgl. § 21 Abs. 4 MarkenG.

268

Nach § 21 Abs. 1–3 MarkenG kann der Markeninhaber bzw. Inhaber einer geschäftlichen Bezeichnung nicht die Benutzung einer eingetragenen Marke mit jüngerem Zeitrang für die Waren- oder Dienstleistungen, für die sie eingetragen ist, untersagen, soweit er die Benutzung der Marke während eines Zeitraums von fünf aufeinander folgenden Jahren in **positiver Kenntnis** dieser Benutzung geduldet hat, es sei denn, dass die Anmeldung der Marke mit jüngerem Zeitraum bösgläubig vorgenommen worden ist. Dies kann für Domainnamen bedeutsam sein, durch deren Benutzung eine geschäftliche Bezeichnung zur Entstehung gelangt ist.

269

Die allgemeine Verwirkung setzt eine **Duldung über einen längeren Zeitraum** durch den Kennzeicheninhaber voraus, wobei **grob fahrlässige Unkenntnis** hier bereits ausreichend ist. Dem LG Berlin genügte hierfür ein Zeitraum von fünf Jahren.[303] Die Duldung muss zu einem **berechtigten Vertrauen** des Verletzers auf die Duldung geführt haben. Darüber hinaus muss der Verletzer durch sein Vertrauen auf die Nichtdurchsetzung des Kennzeichenrechts einen **wertvollen Besitzstand** erworben haben, z. B. eine höhere Bekanntheit des verletzenden Zeichens oder umfangreiche Investitionen. Je länger der Verletzer ungestört seinen Besitzstand erweitern kann, desto eher wird der Verwirkungseinwand erfolgreich sein.[304]

270

d) Benutzung als beschreibende Angabe oder Bestimmungsangabe, § 23 MarkenG

§ 23 Nr. 1 MarkenG verwehrt es dem Markeninhaber, einem Dritten zu untersagen, seinen Namen oder Anschrift zu benutzen, es sei denn, die angegriffene Benutzung verstößt gegen die guten Sitten.

271

---

301 Vgl. *Ströbele/Hacker* § 20 Rn. 9.
302 Vgl. OLG Hamburg K&R 2007, 99 – deutsches-handwerk.de; *Ingerl/Rohnke* § 20 Rn. 18.
303 LG Berlin 27.11.2001, 16 O 319/01 – artcom.de.
304 OLG Karlsruhe MMR 2002, 814 (816) – intel-show.com.

272 Wenigstens § 23 Nr. 2 MarkenG ist auch dann anwendbar, wenn eine markenmäßige Benutzung vorliegt.[305] Das Recht der Gleichnamigen wird, was den Prüfungsaufbau angeht, nicht bei § 23 Nr. 1 MarkenG, sondern schon im Rahmen der Einwendung bei § 14 bzw. »unbefugt« für § 15 angesiedelt.

aa) Benutzung des eigenen Namens oder der Anschrift (Nr. 1)

273 § 23 betrifft entgegen der früher überwiegenden Meinung nicht nur den Familiennamen,[306] sondern auch die Firma.[307] Der Domainname wird wegen seiner starken Kennzeichenfunktion von der überwiegenden Meinung nicht als Anschrift in diesem Sinne verstanden.[308]

bb) Benutzung als beschreibende Angabe (Nr. 2) oder als Hinweis auf die Ware (Nr. 3)

274 Wird der Domainname als beschreibende Angabe verwendet, greift der Anspruch aus den §§ 14 und 15 MarkenG nicht durch.

275 ▶ **Beispiel:** »Versicherungsrecht.de« für eine Internetseite zu versicherungsrechtlichen Fragen.[309]

276 Als nicht beschreibend wurde die Bezeichnung »ahd«, angeblich eine Abkürzung für althochdeutsch angesehen, da diese Bedeutung dem Verkehr nicht bekannt sei.[310] Auch »fordboerse.de« werde aus Sicht des Verkehrs nicht als rein beschreibend für ein Angebot für Gebrauchtwagen der Firma Ford angesehen, zumal keine Gründe ersichtlich seien, warum ein Gebrauchtwagenhandel den Firmennamen des Unternehmens Ford bereits im Domainnamen nennen müsse.[311] Anders mag dies sein, wenn der beschreibende Zusatz ersichtlich von der Marke wegführt, wie es das OLG Hamburg hilfsweise für »awd-aussteiger.de« angenommen hat.[312]

277 Um Missbrauchsfälle auszusondern, darf eine tatbestandsmäßige Benutzung des § 23 MarkenG nicht gegen die guten Sitten verstoßen, also nicht unlauter sein. Gegen eine unlautere Benutzung sprach im Fall »versicherungsrecht.de« der Umstand, dass unter dem Domainnamen ein breites Spektrum an Informationen zu den verschiedensten Teilbereichen des Versicherungsrechts angeboten wurde.[313] Eine unlautere Benutzung wurde jedoch in der Entscheidung *bmw-werkstatt.net*[314] andernorts daraus gefolgert, dass durch die Anmeldung von 39 Domainnamen mit dem Bestandteil »BMW« der unzutreffende Eindruck entstehe, es bestehen vertragliche Beziehungen zum Autohersteller BMW. Weiterhin werde irreführender Weise mit der Verwendung der TLD »org« und »net« suggeriert, dass es sich um ein international agierendes Unternehmen handelt. Lokalisierende bzw. auf das Fehlen einer vertraglichen Dauerbindung zu BMW hinweisende Zusätze, die die Irreführung ausschließen könnten, fehlten jedoch.

---

305 BGH GRUR 2004, 949 – Regiopost/Regional Post, zur früheren Diskussion siehe OLG Hamburg ZUM-RD 2002, 436 (437) – translation-24.de; OLG Köln MMR 2003, 114 (118) – lottoteam.de.
306 Vgl. *Fezer*, Markenrecht, § 23 Rn. 20.
307 *Ingerl/Rohnke* § 23 Rn. 17.
308 *Ubber* WRP 1997, 506; *Völker/Weidert* WRP 1997, 652 (659); *Ekey/Klippel* § 23 Rn. 26; *Ingerl/Rohnke* § 23 Rn. 25; a. A. *Kur* CR 1996, 593; *Kur* CR 1996, 328; *Kur*, in: FS Beier 1996, S. 276; abgeschwächt in Loewenheim/Koch/*Kur* S. 357.
309 OLG Düsseldorf MMR 2003, 177 – versicherungsrecht.de.
310 Vgl. z. B. OLG Hamburg MMR 2006, 608 – ahd.de.
311 LG München I ZUM-RD 2002, 105 (107) – fordboerse.de, s. auch OLG Düsseldorf K&R 2007, 101 – peugeot-tuning.de.
312 OLG Hamburg MMR 2004, 415 – awd-aussteiger.de.
313 OLG Düsseldorf MMR 2003, 177 (178) – versicherungsrecht.de, obwohl der Beklagte kundgetan hatte, dass bei Bekanntheit des Domainnamens dieser für eine sechsstellige Summe verkauft werden könne.
314 LG München ICR 2001, 416 – bmw-werkstatt.net.

e) Nichtbenutzung der geltend gemachten Marke, § 25 MarkenG

§ 25 MarkenG gibt dem Verletzer die Einrede der Nichtbenutzung der geltend gemachten 278
Marke. Ist die geltend gemachte Marke länger als 5 Jahre eingetragen und wird sie nicht benutzt, greift der Verletzungsanspruch nicht durch. Auf Einrede des Verletzers muss die Benutzung durch den Markeninhaber im Verletzungsprozess nachgewiesen werden. Die Anforderungen an eine ernsthafte Benutzung der Marke regelt § 26 MarkenG.

Exkurs: Aussetzung des Verletzungsverfahrens 279

Eine typische Verteidigungsstrategie im Verletzungsprozess ist der Gegenangriff des Verletzers auf die geltend gemachte Marke. Als Löschungsgründe kommen in Betracht:
- Antrag auf Löschung wegen absoluten Schutzhindernissen gem. § 50, 54 MarkenG
- Antrag auf Löschung wegen Nichtbenutzung (Verfall) gem. § 49, 53 MarkenG
- Klage auf Löschung wegen älterer Rechte gem. §§ 51,55 MarkenG
- Klage auf Löschung wegen Nichtbenutzung (Verfall) gem. §§ 49, 55 MarkenG

Die Aussetzung eines Markenverletzungsprozesses wegen eines anhängigen Löschungsverfahrens beim DPMA erfolgt nach § 148 ZPO wegen Vorgreiflichkeit der Entscheidung des DPMA, wenn darüber hinaus hinreichende Erfolgsaussichten im Löschungsverfahren vorliegen, die vom Verletzungsgericht zu prüfen sind.[315]

II. Namensrecht

§ 12 BGB gewährt einen Beseitigungs- und Unterlassungsanspruch bei unbefugter bzw. 280
drohender Namensanmaßung und Namensleugnung. Bei schuldhafter Namensverletzung haftet der Verletzer auch auf Schadensersatz nach §§ 823 BGB wegen Verletzung des Namensrechts als sonstigem absoluten Recht i. S. d. § 823 Abs. 1 BGB.

1. Das anwendbare Recht

Gemäß Art. 40 Abs. 1 EGBGB bestimmt sich das anwendbare Recht bei Namensrechtsverletzungen nach dem Ort der Namensanmaßung.[316] Dieser dürfte regelmäßig am Erfolgsort 281
anzusiedeln sein.[317] Der Erfolgsort ist regelmäßig der Ort, an dem die Internetseite heruntergeladen werden kann.

2. Anwendungsbereich

§ 12 BGB kann als Generalklausel des Bezeichnungsrechts[318] gelten und schützt insbesondere die Individualisierung und die Identifikation des Namensträgers.[319] § 12 BGB hat vor 282
allem Bedeutung für Ansprüche, die sich gegen nicht geschäftliches Handeln richten.[320] Nach der Klarstellung des BGH in *shell.de*[321] findet § 12 BGB **in der Regel** keine Anwendung mehr im Anwendungsbereich der §§ 5, 15 MarkenG, also nach Lesart des BGH außerhalb des geschäftlichen Verkehrs oder außerhalb der Branche und damit außerhalb der kennzeichenrechtlichen Verwechslungsgefahr.[322] Die Oberlandesgerichte folgenden dem

---

315 Siehe z. B. OLG Köln WRP 2002, 249 (254) – freelotto.de.
316 Nachweise bei *Mankowski* CR 2002, 450 (451).
317 Vgl. LG München I ZUM-RD 2002, 107 (108) – neuschwanstein.de; vgl. auch *Schack* MMR 2000, 59 (61).
318 *Fezer*, Markenrecht, § 15 Rn. 22.
319 *Wüstenberg* GRUR 2003, 109 (110).
320 Vgl. auch OLG Nürnberg 05.06.2001, JurPC (www.jurpc.de), Web-Dok. 357/2002, 9 – haug.de; LG Braunschweig 29.09.2006, 9 O 503/06 – irrlicht.de.
321 BGH MMR 2002, 382 (384) – shell.de; zweifelnd auch OLG Hamburg MMR 2002, 684 – siehan.de.
322 BGH GRUR 2005, 430 – mho.de. Zu beachten ist aber, dass die nachfolgend zitierte Rechtsprechung

nun zunehmend.[323] Dies kann faktisch zu einer Bevorzugung des geschäftlichen Verkehrs gegenüber einer privaten Nutzung führen.[324]

283 **Regel:** Die Ansprüche der §§ 5, 15 MarkenG gegen § 12 BGB vor.

284 Eine Ausnahme von der soeben genannten Regel gilt aber dann, wenn ein Nichtberechtigter ein fremdes Kennzeichen als Domainname unter der TLD .de benutzt und sich damit unbefugt ein Recht an diesem Namen anmaßt.[325] Hier soll § 12 BGB für den Namensberechtigten trotzdem eingreifen. Im Ergebnis erweitert der BGH den Anwendungsbereich des § 12 BGB zumindest auf die Branchenferne im geschäftlichen Bereich.[326] Der BGH hält aber sogleich eine Unterausnahme für den Fall bereit, dass nämlich die Registrierung eines Domainnamens als unmittelbare Vorstufe einer (branchenfernen)[327] eigenen Benutzung eines eigenen Unternehmenskennzeichens angesehen werden muss. Dies liege daran, dass es der Inhaber eines identischen Unternehmenskennzeichens im Allgemeinen nicht verhindern kann, dass in einer anderen Branche durch Benutzungsaufnahme ein Kennzeichenrecht an dem gleichen Zeichen entsteht. Ist ein solches Recht erst einmal entstanden, müsse auch die Registrierung des entsprechenden Domainnamens hingenommen werden. Da es vernünftiger kaufmännischer Praxis entspreche, sich bereits vor der Benutzungsaufnahme den entsprechenden Domainnamen zu sichern, führe die gebotene Interessenabwägung dazu, dass eine der Benutzungsaufnahme unmittelbar vorausgehende Registrierung nicht als Namensanmaßung und damit als unberechtigter Namensgebrauch anzusehen sei.[328]

3. Verletzungstatbestände

285 Als Verletzungstatbestände kommen dem Wortlaut des § 12 BGB nach die Namensleugnung und die Namensanmaßung in Betracht.

a) Namensleugnung

286 Eine Namensleugnung liegt vor, wenn dem Berechtigten das Recht zum Gebrauch des eigenen Namens bestritten wird. Nach h. M. gehört hierzu nicht die Geltendmachung eines eigenen Rechts an dem betreffenden Namen.[329] Bei Vorliegen eines Dispute-Eintrags hängt es von der abgegebenen Begründung ab, ob eine Namensleugnung vorliegt oder nicht. Bestreitet der Antragsteller hier bspw. jeglichen Anspruch des Domainnameninhabers auf den Namen, kann eine Namensleugnung vorliegen.[330] Im Regelfall aber, in dem (nur) die bessere Berechtigung dargelegt wird, schließt das nicht zwingend eine Namensleugnung mit ein.[331]

---

noch Entscheidungen zu § 12 BGB enthält, die nach neuerer BGH-Linie zur Anwendung des § 15 MarkenG hätten führen müssen.
323 Z. B. OLG Köln MMR 2010, 616 – fcbayern.es.
324 Zutreffend *Krumpholz*, JurPC (www.jurpc.de), Web-Dok. 168/2003.
325 Vgl. z. B. BGH GRUR 2005, 430 – mho.de. Nach dem OLG Köln GRUR-RR 2006, 370 – ecolab.de führt auch eine berechtigte, da genehmigte Markenbenutzung zur Berechtigung in diesem Sinne, zw.
326 *Hackbarth* WRP 2006, 519 (522).
327 Hierin liegt der Unterschied zu OLG Frankfurt/M. MMR 2010, 831,»y.de«. Die frühere Registrierung ist danach nur dann Anknüpfungspunkt, wenn die alsbald folgende Benutzungsaufnahme in einem branchenfernen Feld geschieht.
328 Vgl. z. B. BGH GRUR 2005, 430 – mho.de. Unklar bleibt hier, ob schon der Anwendungsbereich des § 12 BGB wieder geschlossen wird oder ob »nur« die Interessenabwägung und das Gerechtigkeitsprinzip der Priorität bei Gleichnamigen durchschlagen.
329 BGH MMR 2002, 382 (384) – shell.de m. w. N.; neuerdings auch OLG Düsseldorf WRP 2003, 1254 – solingen.info, a. A. noch LG Frankfurt/M. CR 1997, 287 – das.de.
330 Zutreffend *Seifert* S. 65.
331 A. A. aber *Seifert* S. 65.

b) Namensanmaßung

Eine Namensanmaßung, der Hauptanwendungsfall in der Praxis, liegt dann vor, wenn ein anderer unbefugt den gleichen Namen gebraucht und dadurch ein schutzwürdiges Interesse des Namensträgers verletzt.[332]

287

Der Verletzungsanspruch einer **Gebietskörperschaft** ist dabei nicht auf die deutsche TLD .de beschränkt, sondern erfasst auch andere TLD wie .com, .info oder Thirdleveldomainnamen.[333]

288

aa) Zuordnungsverwirrung durch eine Verwendung als Name

Durch den Namensgebrauch muss beim Verkehr eine Gefahr der Zuordnungsverwirrung hervorgerufen werden.

289

Diese Zuordnungsverwirrung kann nicht durch die Benutzung der TLD ».info« ausgeschlossen werden.[334] Ob die Hinzufügung von »info« ggf. auf der Ebene der SLD, etwa »duisburg-info.de« zur Zulässigkeit führt, hat der BGH offen gelassen. Eine frühere Entscheidung des OLG Düsseldorf hatte dies bejaht.[335]

290

Auch wenn die Rechtsqualität als Name einem Namensträger nicht bestritten werden kann, dessen Namen – wie häufig – einen beschreibenden oder gar generischen Anklang aufweist, muss das Erfordernis der Namensverwendung in Abgrenzung zu einer Bezeichnung des sachlichen Inhalts des Internetangebots unter diesem Domainnamen genau geprüft werden.

291

▶ **Beispiele:** Ausgeschlossen wurde eine Zuordnungsverwirrung bei naeher.de, netz.de, suess.de, winzer.de, fatum.de, sauegling.de und sonntag.de gegenüber den jeweiligen Namensträgern. Bejaht wurde sie dagegen bei duck.de (leeres »Informationsportal« über Enten),[336] oil-of elf.de (kritische Informationen über den Mineralölkonzern Elf).[337]

292

bb) Namensgebrauch durch Registrierung

Ein Namensgebrauch liegt bereits in der Registrierung des Domainnamens, ohne dass darunter eine Internetseite betrieben wird, da die Registrierung den (möglichen) Berechtigten bereits von einer Namensverwendung ausschließt.[338]

293

---

332 BGH MMR 2002, 382 (384) – shell.de.
333 OLG Karlsruhe MMR 1999, 604 (605) – badwildbad.com; BGH MMR 2007, 38 – solingen.info; LG Duisburg MMR 2000, 168 (170) www.kamp-lintfort.cty.de; a. A. *Jaeger-Lenz* K&R 1998, 9 (14).
334 BGH MMR 2007, 38 – solingen.info; OLG Düsseldorf WRP 2003, 1254 – solingen.info.
335 OLG Düsseldorf CR 2002, 447 – duisburg-info.de, das erstinstanzliche Urteil in vollem Umfang bestätigend: LG Düsseldorf MMR 2001, 626 (627) mit Anm. *Kleinevoss* MMR 2001, 628.
336 OLG München ZUM-RD 2002, 368 (369) – duck.de; KG, JurPC (www.jurpc.de) Web-Dok. 130/2002, Abs. 14 – oil-of-elf.de.
337 LG Berlin MMR 2008, 484 – naeher.de; OLG Stuttgart GRUR-RR 2002, 192 – netz.de; OLG Nürnberg CR 2006, 485 – suess.de; LG Deggendorf CR 2001, 266 (267) – winzer.de; LG München I MMR 2005, 620 – fatum.de; LG München I CR 2001, 555 – saeugling.de, OLG München, MMR 2011, 386 – sonntag.de; s. auch LG Braunschweig 29.09.2006, 9 O 503/06 – irrlicht.com; OLG München ZUM-RD 2002, 368 (369) – duck.de; KG, JurPC (www.jurpc.de) Web-Dok. 130/2002, Abs. 14 f. – oil-of-elf.de; s. aber in der Tendenz anders OLG Hamburg MMR 2004, 415 – awd-aussteiger.de; siehe auch LG Köln MMR 2009, 504 – welle.de.
338 St.Rspr. des BGH seit BGH MMR 2002, 382 (384) – shell.de; zuletzt BGH 26.06.2003 – maxem.de, JurPC (www.jurpc.de), Web-Dok. 258/2003 mit krit. Anm. *Höller* (www.jurpc.de), Web-Dok. 260/2003.

294 Kein Namensgebrauch liegt vor bei Auskunftserteilung darüber, ob ein Domainname noch frei ist[339] oder wenn Hilfe bei der Registrierung angeboten wird.[340] Durch diese Handlungen wird eine andere Person noch nicht namensmäßig gekennzeichnet.

4. Unbefugter Gebrauch

295 Unbefugt ist ein Gebrauch, wenn ein eigenes (relativ) besseres Recht zur Benutzung nicht besteht[341] oder eine ausreichende Rechtfertigung, bspw. durch die grundgesetzlich geschützte Meinungs- und Informationsfreiheit gem. Art. 5 GG oder eine Gestattung eines Berechtigten, vorliegt.[342] Der Ehemann kann sich auf das Namensrecht seiner Frau und seiner Kinder berufen.[343] Guter Glaube des schlechter Berechtigten hilft nicht.[344]

296 ▶ **Beispiel:** Das LG München I versagte dem angegriffenen *Hotel Deutsches Theater* gegenüber dem klagenden *Deutschen Theater* eine Berufung auf eigene Rechte an der Bezeichnung *Deutsches Theater*, da erst der Zusatz »Hotel« eine Unterscheidung ermögliche.[345]

297 Der namensrechtliche Anspruch kreiert kein Exklusivrecht, sondern gibt dem Namensträger das Recht, sich gegen persönlichkeitsrechtsverletzende Namensanmaßungen zur Wehr zu setzen. Es gibt daher kein originär, durch Priorität erworbenes besseres Namensrecht, etwa des durch Geburt für einen Namensträger entstandenen bürgerlichen Namens gegenüber einem später angenommenen Pseudonym,[346] da auch der jüngere ein berechtigtes Interesse an der Führung seines Namens hat. Sind nämlich sowohl der Anspruchssteller als auch der Domainnameninhaber an sich zur Führung des fraglichen Namens berechtigt, kommt das Recht der Gleichnamigen zur Anwendung (s. Rdn. 302).

Sonderfall: Treuhandverhältnisse

298 Umstritten war vor der Entscheidung des BGH aus dem Jahr 2007, ob und ggf. unter welchen Umständen sich eine Berechtigung zur Namensführung aus einem Treuhandverhältnis ergeben kann, ob sich also ein Domainnameninhaber gegenüber einem Namensträger auf eine schuldrechtliche Gestattung eines weiteren Namensträgers berufen kann.[347] Der BGH hat dies nun grundsätzlich bejaht, unter Praktikabilitätserwägungen jedoch verlangt, dass die Reservierung für einen anderen Namensträger einfach und zuverlässig überprüft werden kann, z. B. durch das Erscheinen einer Website für und mit Einverständnis des Namensträgers.[348]

5. Interessenverletzung

299 Die Interessenverletzung ist weitere Voraussetzung des Anspruchs aus § 12 BGB.[349] Das verletzte Interesse kann ein rein persönliches oder ideelles sein,[350] soweit es schutzwürdig

---

[339] Insofern auch LG Köln MMR 2001, 559 – guenter-jauch.de.
[340] So auch *Wüstenberg* GRUR 2003, 109 (111); a. A. hinsichtlich Hilfe bei Registrierung aber LG Köln MMR 2001, 559 – guenter-jauch.de.
[341] LG München I CR 1997, 479 (480) – juris.de.
[342] KG MMR 2002, 686 – oil-of-elf.de.
[343] OLG Stuttgart MMR 2006, 41 (42).
[344] *Fezer*, Markenrecht, § 15 Rn. 81.
[345] LG München I ZUM-RD 1998, 2864 – deutsches-theater.de.
[346] OLG Köln MMR 2001, 170 (171) – maxem.de.
[347] Bejahend OLG Hamm 25.04.2005, 13 U 15/05; verneinend OLG Celle ZUM 2004, 473 – grundke.de und MMR 2006, 558 – raule.de.
[348] BGH CR 2007, 590 – grundke.de; OLG Celle K&R 2008, 111 – schmidt.de; die einfache Überprüfungsmöglichkeit soll nicht notwendig für einen Unterlizenznehmer an einer Marke sein (zw.), LG Bremen MMR 2008, 479 – winther.de.
[349] Vgl. instruktiv BGH MMR 2008, 815 – afilias.de, kritisch hierzu Weisert, WRP 2009, 128; vgl. auch die Anm. von *Rössel* K&R 2008, 739.
[350] OLG Köln MMR 2001, 170 (171) – maxem.de.

ist. Bei einer Abwägung der widerstreitenden Interessen sind persönlichkeitsrechtliche Interessen schwerer zu gewichten als vermögensrechtliche.³⁵¹ Zugunsten des Domainnameninhabers kann hier ggf. ins Feld geführt werden, dass er den Domainnamen im Vorfeld einer eigenen Benutzungsaufnahme gemäß vernünftiger kaufmännischer Praxis bereits gesichert habe bzw. seine Registrierung des Domainnamens vor der Entstehung des Rechts desjenigen liegt, der ihm später den Domainnamen streitig macht.³⁵²

Auch im Namensrecht reicht bereits die Möglichkeit aus, dass der Namensinhaber mit dem Dritten, der den Namen unbefugt gebraucht, in Verbindung gebracht wird.³⁵³ Dies gilt umso mehr, wenn eine **Verwechslungsgefahr** zwischen den Namen besteht. Eine Verwechslungsgefahr kann damit als Indiz in die Abwägung eingestellt werden, ist aber nicht notwendig, um eine Interessenverletzung zu begründen. **300**

Eine Aufklärung auf der Internetseite, man habe mit dem Namensträger nichts zu tun, reicht allein nicht aus, dem namensrechtlichen Anspruch auszuweichen. Der BGH hat für das Namensrecht ausgeführt: **301**

> »Anders als die Namensleugung ist die Namensanmaßung an weitere Voraussetzungen gebunden. Sie liegt nur vor, wenn ein Dritter unbefugt den gleichen Namen gebraucht, dadurch eine Zuordnungsverwirrung auslöst und schutzwürdige Interessen des Namensträgers verletzt (vgl. BGHZ 119, 237, 245 – Universitätsemblem, m. w. N.). Im Falle der Verwendung eines fremden Namens als Internet-Adresse liegen diese Voraussetzungen im allgemeinen vor. Ein solcher Gebrauch des fremden Namens führt im allgemeinen zu einer Zuordnungsverwirrung, und zwar auch dann, wenn der Internet-Nutzer beim Betrachten der geöffneten Homepage alsbald bemerkt, dass er nicht auf der Internet-Seite des Namensträgers gelandet ist ...«.³⁵⁴

6. Das Recht der Gleichnamigen

Das Recht der Gleichnamigen hat seinen Ursprung in der Kollision von Eigennamen. Führen zwei Personen den gleichen Namen, kann es nicht darauf ankommen, wer früher geboren ist, um den Namen weiterführen zu können. Das Recht der Gleichnamigen hat im offline – Kennzeichenrecht lange ein Schattendasein gefristet und ist nun im Recht der Domainnamen zu neuer Blüte gelangt. Während in der offline-Welt viele Personen gleichen Namens beschwerdefrei zusammen existieren können, kann ein Domainname weltweit nur einmal vergeben werden. So erklärt sich das Bedürfnis der Rechtsprechung, auf diese häufiger werdenden Konflikte angemessen, aber auch mit einfachen Regeln zu reagieren. Für die Offline-Welt war auch dem älteren Namensträger im geschäftlichen Verkehr unter bestimmten Umständen zugemutet worden, einen unvermeidbaren Rest von Verwechslungsgefahr durch die Benutzung eines jüngeren bürgerlichen Namens in Kauf zu nehmen, wenn Letzterer nach umfassender Abwägung der Interessen das hiernach erforderliche und ihm zumutbare getan hat, um eine Verwechslungsgefahr auszuschließen oder auf ein hinnehmbares Maß zu vermindern.³⁵⁵ **302**

Man kann das Recht der Gleichnamigen im eigentlichen Sinne von verwandten Konstellationen unterscheiden, die entsprechend behandelt werden. **303**

Hauptfälle des Rechts der Gleichnamigen sind: **304**
- Beide (natürliche oder juristische) Personen tragen den gleichen (bürgerlichen) Namen
- Rechtsnachfolge auf der einen oder anderen Seite

---

351 *Fezer*, Markenrecht, § 15 Rn. 68.
352 Vgl. BGH MMR 2008, 815 – afilias.de. Zu einem anderen Abwägungsergebnis im konkreten Fall gelangt das OLG Hamburg GRUR-RR 2010, 208 – stadtwerke-uetersen.de.
353 MüKo-BGB/*Bayreuther* § 12 Rn. 152.
354 BGH MMR 2002, 382 (384) – shell.de; vgl. auch OLG Düsseldorf WRP 2003, 1254 (1255) – solingen.info; a. A. KG MMR 2002, 686 – oil-of-elf.de.
355 St.Rspr., vgl. BGH GRUR 1993, 579 (580) – Römer GmbH, m. w. N.

305 **Entsprechende Anwendung** findet das Recht der Gleichnamigen, wenn eine vergleichbare Kennzeichenkoexistenz vorliegt, z. B., weil
- die beiderseitige Ansprüche gegeneinander verwirkt sind,[356]
- identische oder verwechslungsfähig ähnliche Wahlnamen kollidieren, die länger nebeneinander bestanden haben.[357]

a) Gleichnamigkeit

306 Die Feststellung der Gleichnamigkeit wird zunächst nach den allgemeinen kennzeichenrechtlichen Regeln getroffen. So kann es ausreichen, dass sich die Gleichnamigkeit aus einem Firmenschlagwort ergibt, nicht dagegen aus einem generischen Begriff und einem Namen.[358]

307 ▶ **Beispiel:** (Gemeinde) Boos und »Boos Werkstatt- und Industrieausrüstung GmbH« sind gleichnamig.[359]

b) Lauterkeit der Namensführung

308 Nur die lautere Namensführung führt zur Anwendung des Rechts der Gleichnamigen. Als unlauter gelten z. B. Strohmanngründungen, die zur Erschleichung eines Namensführungsrechts führen[360] oder die bösgläubige Benutzung eines entsprechenden bürgerlichen Namens zur Bildung einer verwechslungsfähigen Firma oder zur Rufausbeutung eines bekannten Unternehmens. Der Erwerb eines Domainnamens durch einen Berechtigten von einem Nichtberechtigten schadet der befugten Nutzung des Domainnamens nicht.[361]

c) Allgemeine Interessenabwägung

309 Kommen danach mehrere Personen oder Unternehmen als berechtigte Namensträger in Betracht, sind deren Interessen umfassend gegeneinander abzuwägen. Als **Grundsatz** gilt, dass Gleichnamige verpflichtet sind, Veränderungen der Gleichgewichtslage zu unterlassen, die geeignet sind, das unvermeidlich bestehende Maß an Verwechslungsgefahr zu erhöhen. Obwohl an sich beide Namensträger nach den Umständen zu einem Interessenausgleich verpflichtet sind,[362] ist im Regelfall der prioritätsjüngere gehalten, alles Zumutbare zu tun, um eine Verwechslungsgefahr auf ein hinnehmbares Maß zu vermindern.[363]

310 Es besteht kein genereller Vorrang von geschäftlichen vor privaten Interessen oder umgekehrt[364] noch von Gemeindenamen vor Personennamen.[365] Allerdings spreche die außerhalb des Internets bereits anzutreffende Sitte, einen Städtenamen von gleichnamigen anderen abzugrenzen (z. B. Frankfurt an der Oder), dafür, dies auch im Bereich der Domainnamen vom später kommenden zu verlangen.[366] Nach Auffassung des Verfassers wiegen Eigennamen schwerer als Fantasienamen.[367]

---

356 BGH GRUR 1985, 389 – Familienname.
357 Z. B. LG Düsseldorf K&R 1999, 137 – alltours.de.
358 Das übersieht das LG Berlin MMR 2008, 484 – naeher.de.
359 OLG München MMR 2001, 692 – boos.de.
360 BGH GRUR 1958, 185 (187) – Wyeth.
361 BGH MMR 2002, 382 (385) – shell.de.
362 *Ströbele/Hacker* § 23 Rn. 35.
363 BGH MarkenR 2002, 190 (192) – vossius.de; *Foerstl* CR 2002, 518 (522) m. w. N.
364 Vgl. auch *Ubber* S. 115.
365 A. A. *Perrey* CR 2002, 349 (355) m. w. N. und in der Tendenz wohl das LG Oldenburg ZUM-RD 2003, 363 – schulenberg.de; wie hier wohl OLG Koblenz MMR 2002, 466 (468) – vallendar.de. mit zustimmender Anm. von *Ernst* MMR 2002, 468.
366 OLG München MMR 2001, 692 – boos.de.
367 Vgl. *Beier* Rn. 483.

▶ **Beispiel:** Die Anwaltskanzlei Görg benutzte seit Jahren den Domainnamen »goerg.de«, 311
eine Spedition mit Inhaber gleichen bürgerlichen Namens dagegen »spedition-goerg.de«. Als die DENIC im Jahr 2004 Umlaute zuließ, beantragten beide vor Start der Zulassung den Domainnamen »görg.de«, die Spedition allerdings etwas früher. Das AG - Köln war der Auffassung, dass sich aus dem längeren Gebrauch von goerg.de für die Anwaltskanzlei eine Pflicht der Spedition ergebe, eine Verwechslungsgefahr möglichst zu mindern.[368]

d) Interessenabwägung bei Domainnamen: Erstregistrierung als Regel

Der BGH hat in der »shell.de« – Entscheidung für Domainnamen die Praxisregel aufgestellt, dass der Konflikt der Gleichnamigen im Regelfall anhand des »**Gerechtigkeitsprinzips der Priorität**«[369] der Domainnamen-Anmeldung, also des Prinzips »Wer zuerst kommt, mahlt zuerst« gelöst wird. Da hier nicht die Namensführung an sich infrage stehe, komme es nicht auf die erstmalige Benutzung des Namens, sondern auf die frühere Registrierung als Domainname an.[370] Dies gilt auch dann, wenn sich ein deutscher Namensträger den Domainnamen mit einer ausländischen TLD sichert.[371] Die tatsächliche Nutzung des Domainnamens ist dabei nicht notwendig.[372] 312

e) Eine Ausnahme: Überragende Bekanntheit

Das Gerechtigkeitsprinzip der Domainnamenregistrierung als Lösungsmodell für gleichrangige Interessen wird dann durchbrochen, wenn das eine Interesse an der uneingeschränkten Verwendung des Namens gegenüber dem Interesse des Gleichnamigen, eine Verwechslung der beiden Namensträger zu vermeiden, klar zurücktritt,[373] z. B. wenn es sich bei dem späteren Interessenten um ein Unternehmen von überragender Bekanntheit handelt, das sich bundesweit etabliert hat.[374] 313

Leitentscheidung shell.de:[375] Das deutsche Tochterunternehmen des Mineralölkonzerns Shell hatte einen Herrn *Shell* wegen des Domainnamens »shell.de« verklagt. Der BGH war der Auffassung, dass der Verkehr hier erwarte, bei Eingabe des Domainnamens »shell.de« auf die Internetseite der Mineralölfirma zu gelangen. Für den deutschen Ableger des Shell Konzerns sei es auch schwieriger als für den Privatmann *Shell*, seinen heterogenen Kundenkreis darüber zu informieren, dass ein anderer Domainname als der nahe liegende »shell.de« benutzt werde.[376] 314

Konkrete Maßstäbe für eine derartige überragende Bekanntheit sind bislang nicht aufgestellt worden. Die überragende Bekanntheit wird deutlich über der der Benutzungsmarke liegen, ggf. sogar in der Nähe der Notorietätsmarke, also bei etwa 60–70 %.[377] Die Rechtsprechung hierzu entwickelt sich noch.[378] 315

---

368 AG Köln CR 2005, 682 – görg.de.
369 BGH MMR 2002, 382 (385) – shell.de. zuletzt BGH ZUM-RD 2006, 12 (13) – segnitz.de.
370 BGH MMR 2002, 382 (384) – shell.de; überholt daher z. B. OLG Nürnberg 05.06.2001, JurPC (www.jurpc.de), Web-Dok. 357/2002, 11 – haug.de; LG Erfurt MMR 2002, 396 (397) – suhl.de.
371 LG Hamburg MMR 2005, 190 – sartorius.at.
372 LG Bonn MMR 1998, 110 (111) – detag.de.
373 BGH MMR 2002, 382 (384) – shell.de.
374 So bereits vor shell.de das OLG Hamm MMR 1998, 214 – krupp.de; LG Hamburg MMR 2000, 620 (621) – joop.de.
375 BGH MMR 2002, 382 (384) – shell.de.
376 Zweifelnd *Foerstl* CR 2002, 518 (520).
377 Für das Gleichnamigkeitsrecht plädieren *Ingerl/Rohnke* für 60 %, nach § 15 Rn. 103.
378 Für nicht bekannt genug hielt das LG Flensburg 18.10.2001, JurPC (www.jurpc.de), Web-Dok. 321/2002, 8 – hasselberg.de die 1100-Seelen Gemeinde Hasselberg, das LG Leipzig die Gemeinde Waldheim, Urt. v. 08.02.2001, JurPC (www.jurpc.de), Web-Dok. 6/2002, waldheim.de, sowie das LG Osna-

f) Konfliktlösung durch Hinweis auf der Website im Einzelfall

316 In der Entscheidung zu »vossius.de«,[379] in der ein ausgeschiedener Sozius mit bürgerlichen Namen Vossius seiner Sozietät unwiderruflich die Führung seines Namens erlaubt hatte, später jedoch mit seinem Sohn eine neue Kanzlei gründete, die die Domainnamen »vossius.de« und »vossius.com« benutzte, kam der BGH zu einem anderen Abwägungsergebnis. Hier würde es ausreichen, wenn ein klarstellender Hinweis auf der ersten für den Internetnutzer aufrufbaren Seite angebracht werde, dass es sich nicht um das Angebot des anderen Namensträgers handle.

317 Diese Entscheidung scheint aber Ausnahmecharakter zu haben und ist wohl am ehesten durch die äquivalente Bekanntheit der Parteien zu erklären. So hatte der BGH noch in der shell.de Entscheidung einen klarstellenden Hinweis auf der Internetseite als nicht genügend angesehen.[380]

III. Geografische Herkunftsangaben

318 Die geografischen Herkrunftsangaben haben bislang die deutschen Gerichte in Zusammenhang mit Domainnamen nur selten beschäftigt.

Nach den §§ 127, 128 MarkenG dürfen geografische Herkunftsangaben nicht für Waren oder Dienstleistungen benutzt werden, die nicht aus dem so gekennzeichneten geografischen Ort stammen, wenn insoweit die Gefahr der Irreführung über die geografische Herkunft besteht. Einen qualifizierten Schutz sieht § 127 Abs. 2 MarkenG vor für Waren oder Dienstleistungen, die **besondere Eigenschaften oder eine besondere Qualität** aufweisen. § 127 Abs. 3 MarkenG sieht einen Unterlassungsanspruch vor, wenn eine geografische Herkunftsangabe mit **besonderem Ruf** unabhängig von einer Irreführungsgefahr für Waren und Dienstleistungen anderer Herkunft verwendet werden, sofern darin die Gefahr einer Ausbeutung oder Beeinträchtigung des Rufs liegt. Aufklärende Zusätze können die Irreführung hierbei ausräumen.

319 ▶ **Beispiel:** »champagner.de« für ein Informationsportal über Champagner wurde als zulässig angesehen, da das angestrebte Informationsportal nicht ohne Weiteres zur Verbrauchererwartung führe, dieses Portal werde von Champagnerherstellern betrieben.[381]

G. Wettbewerbsrecht

320 Ein weiteres, mehr und mehr auch für das Phänomen Domainname relevantes Rechtsgebiet ist das Wettbewerbsrecht. Das Gesetz gegen den unlauteren Wettbewerb (UWG) ist im Jahr 1909 in Kraft getreten und hat im Jahr 2004 durch die bislang größte Strukturreform ein neues Gesicht erhalten. Für die rechtliche Behandlung der Domainnamen hat die Reform jedoch keine wesentlichen Neuerungen gebracht, sodass auf die noch überwiegend zum alten Recht ergangene Rechtsprechung zurückgegriffen werden kann. Das UWG schützt nach wie vor den fairen Wettbewerb, gibt aber keinen Anspruch auf Gleichstellung im wett-

---

brück die Stadt Melle mit einer Einwohnerzahl von 50.000, Urt. v. 23.09.2005, JurPC (www.jurpc.de), Web-Dok. 51/2006 – melle.de.
379 BGH MarkenR 2002, 190 (192) – vossius.de.
380 Vgl. BGH MMR 2002, 382 (384) – shell.de; ebenso OLG Hamburg, GRUR-RR 2004, 78 – holzmann-bauberatung.de.
381 OLG München WRP 2002, 111 (114) – champagner.de. Die Revision wurde vom BGH wegen Fehlens einer grundsätzlichen Rechtsfrage und fehlender Erfolgsaussicht nicht angenommen.

bewerblichen Entwicklungsprozess,[382] was mit Blick auf die Anmeldung generischer Domainnamen von Bedeutung ist.

I. Das anwendbare Recht

Bei inländischen Sachverhalten ist die Anwendbarkeit deutschen Wettbewerbsrechts selbstverständlich. Die Internationalität des Internets kann aber zu schwierigen Abgrenzungsfragen führen, welches Recht denn Anwendung auf Sachverhalte findet, die ein Verhalten mit Auslandsbezug betreffen. 321

1. Das Tatortprinzip

Im Wettbewerbsrecht ist gem. Artikel 40 EGBGB grundsätzlich der Tatort als Anknüpfungspunkt für die Bestimmung des anwendbaren Rechts maßgeblich, also der Ort, an dem die fragliche Handlung stattgefunden hat. Nach Artikel 40 Abs. 1 S. 2 EGBGB kann der Verletzte aber verlangen, dass anstelle dieses Rechts das Recht des Staates angewandt wird, in dem der Erfolg eingetreten ist. Die Rechtsprechung hat über die Jahre mehrere Formeln und Abwägungsmerkmale entwickelt, die eine Zuordnung eines bestimmten Verhaltens zu einem bestimmten nationalen Wettbewerbsrecht ermöglichen. Nur wo **die wettbewerblichen Interessen der Mitbewerber aufeinander treffen**,[383] d. h. wo sich das wettbewerbliche Verhalten in einen Vergleich zum Mitbewerber setzt, wird die Handlung begangen. 322

> **Beispiel:** Ein indisches Softwareunternehmen nutzt für ein Datenbankprogramm den Domainnamen »basequick.com«, unter dem relevante Wettbewerbshandlungen bestimmungsgemäß auch für Deutschland erbracht werden. Es gilt deutsches Wettbewerbsrecht. 323

Als weitere Ausformung der Prüfung des Tatortprinzips ist noch das Kriterium der **Spürbarkeit** zu nennen.[384] Hiermit sollen zwar bestimmungsgemäße, jedoch wirtschaftliche nicht relevante Auswirkungen auf dem deutschen Markt nicht zur Anwendbarkeit deutschen Wettbewerbsrechts führen. Genannt werden etwa die gezielte Ausrichtung der Werbung auf bestimmte Märkte, eine erhebliche Anzahl von Vertragsabschlüssen oder eine erhebliche Anzahl von Besuchern auf der Internetseite.[385] 324

2. Indizien für eine Wettbewerbshandlung im Inland

Eine allgemeine Vermutung, dass jede Internetseite unter einem Domainnamen für jedes Land, in dem die Internetseite aufgerufen werden kann, bestimmt sei, besteht nicht. Die nachfolgenden Indizien müssen gegeneinander abgewogen werden, um nach einer Gesamtschau festzustellen, ob die Wettbewerbshandlung für ein bestimmtes Land relevant ist oder nicht. 325

Während die englische **Sprache** des Domainnamens oder der Internetseite als Weltsprache des Internets weder für noch gegen einen Inlandsbezug spricht,[386] ist die Verwendung der deutschen Sprache ein häufig starkes Indiz für die Ansprache des deutschsprachigen Raums.[387] 326

---

382 *Schmidt-Bogatzky* GRUR 2002, 941 (950).
383 BGH GRUR 2006, 513 – Arzneimittelwerbung im Internet.
384 Vgl. *Mankowski* GRUR Int.1999, 909 (915). Vgl. auch den ähnlichen Ansatz des BGH zum Inlandsbezug, oben Rdn. 176.
385 *Mankowski* GRUR Int. 1999, 909 (916).
386 Vgl. OLG Frankfurt/M. K&R 1999, 138; KG GRUR-RR 2001, 180 – checkin.com.
387 OLG Hamburg CR 2003, 56 – q.-online.de.

327 ▶ **Beispiel:** Wird auf der Internetseite eine Sprachauswahl mittels Flaggensymbolen angeboten, und fehlt dort die deutsche Flagge, kann dies gegen eine Bestimmungsgemäßheit des Angebots für Deutschland sprechen.[388]

328 Ebenso wie auch deutschsprachige Internetseiten oder Domainnamen durch weitere Merkmale auf Österreich, die Schweiz oder Deutschland begrenzt werden können, können aber auch Internetseiten, die in anderen Sprachen abgefasst sind, auf Deutschland zielen,[389] wenn es in Deutschland z. B. einen Abnehmerkreis gibt und weitere Indizien wie ein Lieferangebot nach Deutschland vorliegen.

329 Weist der Domainname die **TLD** .de auf, spricht viel für eine Bestimmungsgemäßheit des Angebots für Deutschland. Generische TLD wie .com, .org oder .info sprechen allerdings nicht gegen eine Ausrichtung auf Deutschland.

330 Neben der Sprache ist auch die **Gestaltung der Internetseiten** unter einem Domainnamen von Bedeutung. Eine für Deutschland untypische Altersabfrage auf der Eingangsseite, das Fehlen einer deutschen Kontaktadresse oder die Werbung mit nur im Ausland bekannten Personen kann gegen einen deutschen Adressatenkreis sprechen.[390]

331 Ein wichtiger Umstand, der regelmäßig zur Anwendbarkeit des Rechts des Ziellands führt, ist die **Lieferung von (beworbenen) Produkten** in das betreffende Land.[391] Dass die Lieferung aufgrund eines sog. Testkaufs geschieht, stört dabei nicht.

332 Ist allerdings auf der Internetseite ein sog. **Disclaimer** abrufbar, der besagt, dass diese Seite nicht für deutsche Verbraucher gelten soll und finden auch in tatsächlicher Hinsicht wahrheitsgemäß keine Geschäftstätigkeiten in Deutschland statt, spricht dies regelmäßig gegen eine Anwendung deutschen Wettbewerbsrechts.[392] Der Disclaimer und die fehlende Geschäftstätigkeit sind dabei Indizien gegen einen Marktort in Deutschland,[393] nicht etwa eine parteiautonom gestaltete Rechtswahl des Anbieters.[394]

333 Weitere Umstände, die in die Abwägung einbezogen werden, sind der Zuschnitt des werbenden Unternehmens, die Art der Leistung und ein ggf. notwendiges Angebot von Serviceleistungen.[395]

3. Herkunftslandprinzip[396]

334 Nach dem Art. 4 TDG, der das Herkunftslandprinzip des Art. 3 der E-Commerce-Richtlinie umsetzt, wird der freie Dienstleistungsverkehr von Telediensten, die in der Bundesrepublik Deutschland von Diensteanbietern geschäftsmäßig angeboten oder erbracht werden, die in einem anderen Staat innerhalb des Geltungsbereichs der E-Commerce-Richtlinie niedergelassen sind, nicht eingeschränkt. Es ist also deutsches Recht anwendbar. Werden jedoch ausländische Anbieter in Deutschland tätig, wird zunächst nach dem Tatort- bzw. Marktortprinzip (s. o. Rdn. 322) geprüft, ob deutsches Recht anwendbar ist und in einem zweiten Schritt geprüft, ob es das Ergebnis mit Gemeinscchaftsrecht vereinbar ist.

---

388 LG Köln MMR 2002, 60 – budweiser.com.
389 So auch *Schmittmann* S. 36.
390 LG Köln MMR 2002, 60 – budweiser.com.
391 Vgl. BGH GRUR 2006, 513 – Arzneimittelwerbung im Internet.
392 BGH GRUR 2006, 513 – Arzneimittelwerbung im Internet; KG GRUR Int. 2002, 448 (449) – Knoblauch-Kapseln.
393 BGH MMR 2006, 461 (462).
394 *Mankowski* GRUR Int. 1999, 909 (919).
395 Vgl. instruktiv *Mankowski* CR 2001, 630; *ders.* CR 2000, 763; *ders.* GRUR Int. 1999, 909 (917).
396 Zu Einzelheiten s. *Köhler*/Bornkamm Einl. UWG Rn. 5.21.

II. Allgemeine Tatbestandsvoraussetzungen des UWG, §§ 2, 3 UWG

An dieser Stelle kann nicht das ganze Spektrum des wettbewerbsrechtlichen Instrumentariums vorgestellt werden. Die nachfolgenden kurzen Erläuterungen beziehen sich auf für Domainnamen besonders relevante Konstellationen. 335

1. Wettbewerbshandlung

Traditionell ist die Auslegung des Merkmals des »Handelns im geschäftlichen Verkehrs zu Zwecken des Wettbewerbs« im alten Recht, das nun im Wesentlichen durch den Terminus der Wettbewerbshandlung des § 2 Nr. 1 UWG ersetzt worden ist, sehr weit. Die Handlung muss das Ziel haben, die geschäftlichen Entscheidungen des Verbrauchers in Bezug auf Produkte zu beeinflussen.[397] 336

Im Bereich des Internets tauchen jedoch immer öfter Graubereiche zwischen privatem Engagement und Erwerbsmöglichkeit von Privatpersonen auf, die mit den vielseitigen Einsatzmöglichkeiten des Internets korrespondieren. 337

Den **Begriff der Wettbewerbshandlung** definiert das Gesetz als jede Handlung einer Person mit dem Ziel, zugunsten des eigenen oder eines fremden Unternehmens den Absatz oder den Bezug von Waren oder Dienstleistungen zu fördern. 338

Eine **Gewinnerzielungsabsicht ist nicht erforderlich.**[398] Unentgeltliche Dienstleistungen im Zusammenhang mit der sonstigen gewerblichen Tätigkeit sind ausreichend, um eine Wettbewerbshandlung zu bejahen.[399] Entsprechend kann bereits die Kontaktaufnahme eines Domainnamengrabbers, der einem Unternehmen »dessen« Domainnamen verkaufen will, als Betätigung zur Absatzförderung angesehen werden.[400] 339

▸ **Beispiele für eine Wettbewerbshandlung:** Förderung fremden Wettbewerbs durch ein Informationsportal für Publishing gegenüber einem Desktop Publishing Anbieter[401] und durch eine Werbeplattform für Schuhwerbung gegenüber der Zeitschrift »Schuhmarkt« für Einzelhändler.[402] 340

2. Mitbewerber

Nach § 2 Nr. 3 UWG ist Mitbewerber jeder Unternehmer, der mit einem oder mehreren Unternehmern als Anbieter oder Nachfrager von Waren oder Dienstleistungen in einem konkreten Wettbewerbsverhältnis steht. Für die Annahme eines Wettbewerbsverhältnisses zwischen den Parteien reicht es aus, dass sie denselben Domainnamen für sich registrieren lassen wollen.[403] 341

▸ **Beispiele für ein Fehlen eines Wettbewerbsverhältnisses:** Champagnerhersteller und Anbieter von Informationen über Champagner, da Letztere keine Waren absetzen,[404] Hoch- und Tiefbau-Unternehmen und Unternehmen der Glasindustrie,[405] Rechtsanwalt und Jugendschutzbeauftragter,[406] Unternehmen und seine (privaten) Kritiker.[407] 342

---

397 Vgl. *Köhler*/Bornkamm § 2 Rn. 45.
398 BGH GRUR 1962, 254 (255) – Fußball-Programmheft; *Köhler*/*Bornkamm* § 2 Rn. 24.
399 LG Hamburg 11.07.2001, JurPC (www.jurpc.de), Web-Dok. 395/2002, 5 – jobbers.de.
400 LG Düsseldorf NJW RR 1998, 979 (984) – epson.de.
401 OLG Stuttgart WRP 2001, 971 (972) – dtp.de.
402 LG Hamburg GRUR-RR 2002, 267 (268) – schuhmarkt.de.
403 BGH MMR 2009, 534, 537 – ahd.de.
404 LG München I CR 2001, 191 – champagner.de, zw.
405 LG Düsseldorf 13.05.1998, 34 O 27/98 – glass.de.
406 LG Düsseldorf CR 2002, 917 – der-jugendschutzbeauftragte.de.
407 OLG Hamburg MMR 2004, 415 – awd-aussteiger.de.

III. Domainnamengrabbing

343 Das Domainnamengrabbing hat sich nach 10 Jahren Rechtsprechungspraxis inzwischen zum anerkannten Unterfall des Behinderungswettbewerbs gem. § 4 Nr. 10 UWG herausgebildet.[408]

344 Das klassische Domainnamengrabbing ist dadurch gekennzeichnet, dass Domainnamen, die Kennzeichen bekannter Unternehmen enthalten oder ihnen ähnlich sind, ohne eigene Nutzungsabsicht bzw. ohne berechtigtes eigenes rechtliches oder wirtschaftliches Interesse[409] angemeldet werden, um sie mit (erheblichem) Gewinn an diese Unternehmen zu verkaufen.[410] Domainnamengrabbing ist strafbar.[411]

345 Diese Rechtsprechung basiert auf der Argumentation, die der BGH bereits zu sog. Sperranmeldungen entwickelt hatte,[412] nach der es unter besonderen Umständen als unlauter angesehen wird, eine im In- oder Ausland vorbenutzte Marke im Inland in Blockierungsabsicht zur Eintragung zu bringen.[413]

346 ▶ **Beispiel »Epson.de«:**

Der Beklagte hatte den Domainnamen »Epson.de« sowie fast 200 weitere Domainnamen mit den Kennzeichen bekannter Unternehmen für sich reserviert. Der Ablauf der Verhandlungen über die Überlassung des Domainnamens mit dem Unternehmen Epson zeigte, dass die Klägerin unter dem Eindruck der Sperrwirkung der Registrierung von epson.de zur Zahlung einer Überlassungsgebühr bewogen werden sollte, die in der Sache einer Art Lösegeld gleichkomme. Das LG Düsseldorf stellt auf eine sittenwidrige Behinderung der Klägerin ab. Der Beklagte habe sich eine formale Rechtsposition gegenüber der Klägerin verschafft. Vergleichbar der bösgläubigen Markenanmeldung nach § 50 Abs. 1 Nr. 4 MarkenG sei auch im Wettbewerbsrecht anerkannt, dass bei Vorliegen besonderer Umstände aufseiten des Zeicheninhabers die Berufung auf das formale Zeichenrecht gegenüber dem Vorbenutzer unter dem Gesichtspunkt der Behinderung wettbewerbswidrig und rechtsmissbräuchlich sei. Zudem habe der Beklagte die Zwangslage der Firma Epson ausgenutzt, schnell durch eine Zahlung den Domainnamen zu erlangen, bevor er an einen Dritten veräußert werden könnte.[414]

347 Bei allem Bemühen, Kennzeicheninhabern schnell und effizient zu ihrem Recht zu verhelfen, darf aber nicht übersehen werden, dass es nach heute h. M. zulässig ist, generische Domainnamen anzumelden und auch zu hohen Preisen zu verkaufen.[415] Auch ist es ohne weitere Umstände nicht unlauter, vor einem Prozess über Vergleichsmöglichkeiten, die auch die entgeltliche Übertragung des Domainnamens betreffen können, zu verhandeln.[416]

1. Art und Anzahl der angemeldeten Domainnamen

348 Typisch für Domainnamengrabbing ist die Anmeldung von Domainnamen, die den Marken oder Firmen von Unternehmen identisch entsprechen. Notwendig ist dies jedoch nicht. Häufig werden von Domainnamengrabbern auch sog. Schreibfehler-Domainnamen ange-

---

408 Vgl. *Köhler*/Bornkamm § 4 Rn. 10.94.
409 OLG Nürnberg CR 2001, 54 (Ls.); vgl. auch LG München I CR 2005, 532 – bmw4u.de.
410 St.Rspr., vgl. nur KG 05.02.2002, JurPC (www.jurpc.de), Web-Dok. 268/2002, 9 – bandit.de.
411 § 143 MarkenG; vgl. LG München II CR 2000, 847.
412 S. z.B. BGH GRUR 1986, 74 – Shamrock III.
413 Heute ist dies in § 50 Abs. 1 Nr. 4 MarkenG geregelt. Die Rechtsprechung zum UWG bleibt aber darüber hinaus anwendbar.
414 LG Düsseldorf NJW RR 1998, 979 (984) – epson.de.
415 Grundlegend BGH MMR 2001, 666 (668) – mitwohnzentrale.de; a. A. LG Düsseldorf CR 2002, 138 – literaturen.de.
416 LG Hamburg 21.03.2002, JurPC (www.jurpc.de), Web-Dok. 185/2002, 7 – wilm.de.

meldet⁴¹⁷ oder der Domainname mit beschreibenden Begriffen verbunden.⁴¹⁸ Professionelle Piraten melden zwar oft zahlreiche dieser Domainnamen an. Aus wettbewerbsrechtlicher Sicht ist es allerdings ausreichend, wenn nur ein Domainname in Behinderungsabsicht angemeldet wird.⁴¹⁹

Da es heute üblicher Anmeldepraxis der Unternehmen entspricht, ihre Marken oder Unternehmenskennzeichen unter mehreren TLD als Domainnamen zu benutzen und auch entsprechende Internetrecherchen von potenziellen Kunden den gesuchten Domainnamen unter **jeglicher TLD** aufzeigen, besteht ein berechtigtes Interesse der Unternehmen, auch dann gegen Domainnamengrabber vorzugehen, wenn diese den Domainnamen nur unter einer, ggf. wirtschaftlich etwas weniger relevanten TLD angemeldet haben, während das Unternehmen bereits unter einer anderen TLD tätig ist.⁴²⁰ 349

Die Anmeldung **generischer Domainnamen**⁴²¹ oder Domainnamen, die auf bekannte Örtlichkeiten⁴²² hinweisen ist dagegen – ohne dass weitere unlautere Umstände vorliegen – ein Indiz gegen eine Unlauterkeit, da die Anmeldung generischer Domainnamen im Regelfall zulässig ist (vgl. unten Rdn. 359). Liegen aber weitere unlautere Umstände vor, so z. B. die erklärte Absicht, einem Wettbewerber eine »Retourkutsche zu verpassen«, kann dies auch hier wieder in ein Domainnamengrabbing umschlagen.⁴²³ 350

Problematisch ist in diesem Zusammenhang die Entscheidung des BGH zu »weltonline.de«.⁴²⁴ Der Beklagte hatte neben vielen glatt generischen Domainnamen außer »weltonline.de« auch die Domainnamen »rollsroyce-boerse.de«, »ufa.de« u. v. a. Markennamen mehr angemeldet. In diesem Fall spricht mehr dafür als dagegen, dass auch die Registrierung des Domainnamen »weltonline.de« mit Blick auf die auch im Internet auftretende Klägerin, die Tageszeitung »Die Welt« bzw. ihren Onlineauftritt »Welt Online« geschehen war. Der BGH hat unter Aufhebung der Vorinstanz jedoch einen Anspruch abgelehnt, da im Regelfall die Registrierung eines Gattungsbegriffs zulässig sei, auch wenn an dem Begriff gleichzeitig Namens- oder Kennzeichenrechte bestehen. 351

2. Keine eigene Nutzungsabsicht

Die fehlende eigene Nutzungsabsicht korrespondiert mit der positiv festzustellenden Behinderungsabsicht. Während inhaltslose Nutzungen für eine Behinderungsabsicht sprechen,⁴²⁵ ist die eigene tatsächliche Nutzung des Domainnamens ein Indiz gegen eine Unlauterkeit.⁴²⁶ Ob der Anmelder bspw. viele generische Domainnamen in sinnvoller Weise selbst nutzen kann ist unerheblich, da die Anmeldung generischer Domainnamen nicht deshalb unzulässig wird, weil viele davon angemeldet wurden.⁴²⁷ Eine beabsichtigte Nutzung durch Dritte kann im Einzelfall ausreichen, insbesondere wenn durch den Umstand, dass der Domainname vor dem Erwerb des geltend gemachten Kennzeichenrechts angemeldet wurde, eine gezielte Behinderung ursprünglich nicht festzustellen ist.⁴²⁸ 352

---

417 Z. B. bundesliag.de, vgl. LG Hamburg GRUR-RR 2007, 44 – bundesliag.de. Dieser Fall wurde jedoch namensrechtlich entschieden.
418 Vgl. LG München I ZUM-RD 2000, 295 (297) – myintershop.de.
419 S. *Rauschhofer* JurPC (www.jurpc.de) Web-Dok. 23/2002, Abs. 2, *Schafft* CR 2002, 434 (436).
420 A. A. LG Düsseldorf ZUM-RD 2001, 408 (409) – mediapool.de.
421 LG Frankfurt/M. 15.01.2003, JurPC (www.jurpc.de), Web-Dok. 161/2003, 4 – hockeystore.
422 LG Düsseldorf 17.02.2003, JurPC (www.jurpc.de), Web-Dok 179/2003, 7 – bigben.de.
423 Vgl. OLG Hamburg GRUR-RR 2006, 193 – Advanced Microwave Systems.
424 BGH MMR 2005, 534 – weltonline.de, allerdings zu § 826 BGB.
425 OLG Dresden CR 1999, 589 (592) – cyberspace.de.
426 OLG Zweibrücken NJW-RR 2003, 1270 – i. .de.
427 A. A. LG Hamburg GRUR-RR 2002, 267 (268) – schuhmarkt.de.
428 BGH MMR 2009, 534, 537 – ahd.de.

3. Behinderungsabsicht

353 Im Gegensatz zu den UDRP, die auf Bösgläubigkeit bei Anmeldung abstellen (s. u. Rdn. 511), ist es nach deutschem Recht und neuerdings auch für .eu Domainnamen (s. u. Rdn. 567) nicht entscheidend, zu welchem Zeitpunkt die Behinderungsabsicht vorliegt.[429]

354 Für die Beurteilung der Behinderungsabsicht werden alle Umstände des Einzelfalls berücksichtigt. So sprechen Kaufangebote, die einen im Vergleich zu den Registrierungskosten deutlich erhöhten Preis beinhalten, typischerweise für eine Behinderungs- oder Schädigungsabsicht. Macht der Inhaber aber keinerlei Anstalten, den Domainnamen zu verkaufen und liegen keine weiteren Umstände vor, ist eine Behinderungsabsicht nur schwer zu begründen.

355 Auch die Drohung, den Domainnamen einem Dritten oder gar ins Ausland zu verkaufen, sprechen für eine Bösgläubigkeit. Dies gilt erst recht, wenn eine Wettbewerbslage zwischen den Parteien hinzukommt.[430] Für das OLG München war selbst die Registrierung eines frei gewordenen Domainnamens als Behinderung des früheren Inhabers anzusehen, wenn damit der Zweck verfolgt werde, potenzielle Kunden des früheren Inhabers anzusprechen, um diese dann anschließend auf kostenpflichtige Seiten zu führen, die in keinem Zusammenhang mit dem früheren Inhaber stehen.[431]

356 Eine vordringende Ansicht in der Literatur[432] und der Rechtsprechung[433] vermutet die Behinderungsabsicht bei Anmeldung zahlreicher Domainnamen, die sich bekannter Kennzeichen bedienen, wenn ein nachvollziehbares eigenes Interesse nicht ersichtlich ist. In der Sache besteht aber kein entscheidender Unterschied zu den Abwägungsergebnissen nach oben Gesagtem.

4. Ergänzende Anwendung der §§ 826, 226, 1004 BGB

357 Einige Gerichte, v. a. das OLG Frankfurt wenden in Domainnamengrabbing-Konstellationen die §§ 826, 226, 1004 BGB ergänzend an, insbesondere, wenn eine Schädigungsabsicht infrage steht. Wer das naheliegende Interesse des Inhabers einer Marke an der Nutzung eines entsprechenden Domainnamens bewusst in Gewinnerzielungsabsicht auszubeuten versucht, verstoße gegen das Anstandsgefühl aller billig und gerecht Denkenden.[434] Angesichts des Gleichlaufs der Begründungen erscheint für die Anwendung dieser Vorschriften jedoch nur dann eine Notwendigkeit, wenn eine Wettbewerbshandlung nicht begründet werden kann.

IV. Generische Domainnamen[435]

358 Der Kampf um die Zulässigkeit der generischen Domainnamen, als den man die Auseinandersetzung durchaus bezeichnen muss, kann nach der Entscheidung des BGH zu mitwohnzentrale.de als weitgehend entschieden angesehen werden.

359 Auf die Entscheidungen des LG und OLG Hamburg zu mitwohnzentrale.de,[436] die die Registrierung dieses Domainnamens unter anderem als Beeinträchtigung des Leistungswett-

---

429 Vgl. auch LG Stuttgart 19.09.2001, JurPC (www.jurpc.de), Web-Dok. 385/2002, 3 – Domaingrabbing I (V).
430 OLG München MMR 2000, 100 (101) – buecherde.com.
431 OLG München K&R 2007, 170 (Ls.) – fwt-koeln.de.
432 Hoeren/Sieber/*Viefhues* Rn. 199 nennt das »Trafficking«; vgl. auch *Bettinger*/Leistner Rn. 46; Loewenheim/Koch/*Kur* S. 351; *Fezer*, Markenrecht, § 3 Rn. 331.
433 OLG Frankfurt/M. WRP 2000, 645 – weideglueck.de.
434 OLG Frankfurt/M. MMR 2001, 532 – praline-tv.de.
435 Weitere Literaturnachweise bei *Beier* Rn. 523.
436 OLG Hamburg CR 1999, 779 – mitwohnzentrale.de.

bewerbs durch eine Kanalisierung der Verbraucherströme und Absatzbehinderung Dritter angesehen hatten, folgten anderslautende Urteile diverser anderer Instanzgerichte,[437] denen sich der BGH im Jahr 2001 im Ergebnis anschloss.[438] **Die Anmeldung generischer Domainnamen ist grundsätzlich zulässig.**

Der BGH betonte, dass ein Freihaltebedürfnis aus kennzeichenrechtlicher Perspektive für generische Domainnamen nicht besteht, da durch die Domainregistrierung eines beschreibenden Begriffs keine Rechte gegenüber Dritten begründet werden. Eine Beeinträchtigung der wettbewerblichen Entfaltungsmöglichkeiten der Mitbewerber sei nur dann unlauter i. S. d. UWG, wenn der Mitbewerber gezielt an seiner Entfaltung gehindert wird und er durch die wettbewerbliche Maßnahme verdrängt werden soll. Zumindest müsse der beeinträchtigte Mitbewerber seine Leistung am Markt durch eigene Anstrengungen nicht mehr in angemessener Weise zur Geltung bringen können. Zwar sei eine gewisse Kanalisierung der Kundenströme durch die Benutzung von beschreibenden Begriffen als Domainnamen gegeben. Der Internetbenutzer sei sich aber der Nachteile der Suchstrategie durch direktes Eingeben der Internetadresse bewusst. Verzichte er aus Bequemlichkeit auf eine weitere Suche, liege darin keine unsachliche Beeinflussung. Außerdem stelle sich der Verwender der Internetadresse *mitwohnzentrale.de* nicht aktiv zwischen Wettbewerber und Kunden. 360

Der BGH[439] hält es aber für möglich, dass eine Vielzahl von Registrierungen beschreibender Domainnamen dann missbräuchlich sein kann, wenn der Wettbewerber dadurch blockiert sei, dass die fragliche Bezeichnung auch unter anderen TLD[440] (sog. **»Cluster«-Registrierung**)[441] oder in anderen Schreibweisen registriert sei. Hierunter fällt noch nicht die Anmeldung eines Gattungsbegriffs mit Umlaut, selbst wenn ein entsprechender Domainnamen ohne Umlaut für einen Wettbewerber registriert war.[442] 361

Eine besondere Konstellation hatte das OLG Erfurt zu entscheiden. Es untersagte dem Betreiber einer Internetrechtsberatung die Benutzung des als generisch eingestuften Domainnamens »deutsche-anwalthotline.de« wegen seiner Ähnlichkeit zum Angebot eines Wettbewerbers unter »deutsche-anwaltshotline.de«, die auf die eigentliche Internetseite unter »anwalthotline.org« verwies, da sich der Inhaber hiermit nach Auffassung des Gerichts, ohne dass es durch die eigene Geschäftsbezeichnung nahegelegt sei, unzulässig Vorteile verschaffe.[443] 362

Auch eine Irreführung unter dem Gesichtspunkt der Alleinstellungsbehauptung hielt der BGH bei generischen Domainnamen wie »mitwohnzentrale.de« für denkbar und verwies daher an das OLG Hamburg zurück. Das OLG Hamburg hat daraufhin unter Berücksichtigung des konkreten Internetauftritts eine Irreführung unter dem Domainnamen mitwohnzentrale.de verneint,[444] da der Domainname an sich nur besage, dass hier eine Mitwohnzentrale zu finden sei. Weitere Angaben auf der Internetseite implizierten aber, dass es auch andere Anbieter gebe. 363

---

437 OLG München MMR 2001, 615 – autovermietung.com mit Anm. *Jung*; LG Darmstadt ZUM-RD 2002, 90 – kueche.de; LG Hamburg CR 2000, 617 – lastminute.com; OLG Hamm MMR 2001, 237 – sauna.de; OLG Braunschweig MMR 2000, 610 – stahlguss.de mit Anm. *Abel* MMR 2000, 610 (611); LG Köln MMR 2001, 197 (Ls.) – zeitarbeit.de; OLG Stuttgart WRP 2001, 971 (972) – dtp.de.
438 BGH MMR 2001, 666 – mitwohnzentrale.de.
439 BGH CR 2005, 510 – literaturhaus.de.
440 S. auch OLG Frankfurt/M. MMR 2002, 811 (812) – drogerie.de, das keine Blockierung annahm, obwohl der Beklagte auch drogeriebedarf.de, drogerie-bedarf.de, drogerie-online.de, drogerieonline.de angemeldet hatte, nicht aber drogerie.com, drogerieversand.de, drogerie-waren.de.
441 Nach *Abel* WRP 2001, 1426 (1429).
442 OLG Köln CR 2005, 880 – schlüsselbänder.de; vgl. auch LG Leipzig MMR 2006, 113 – kettenzüge.de.
443 OLG Jena MMR 2005, 776 – deutsche-anwalthotline.de.
444 OLG Hamburg 06.03.2003, JurPC (www.jurpc.de), Web-Dok. 165/2003 – mitwohnzentrale.de II.

V. Irreführung, § 5 UWG

364 § 5 UWG, der etwas weiter formuliert ist als der alte § 3 UWG, zählt beispielhaft **Angaben** auf, über die irregeführt werden kann, darunter Merkmale der Waren oder Dienstleistungen, den Anlass des Verkaufs oder die geschäftlichen Verhältnisse des Werbenden.

1. Angaben

365 Angaben müssen sich auf Tatsachen beziehen und einen nachprüfbaren Tatsachenkern haben. Reine Werturteile werden damit vom Anwendungsbereich des § 5 UWG ausgeschlossen. Es ist anerkannt, dass die SLD Angaben i. S. d. § 5 UWG darstellen bzw. enthalten können, die dazu geeignet ist, beim Verkehr bestimmte Vorstellungen über den Inhalt des Domainnamens oder dessen Inhaber hervorzurufen.[445] Das LG Berlin verneinte eine konkrete Tatsachenbehauptung in dem Domainnamen »gigarecht.de« für einen rechtsanwaltlichen Beratungsservice.[446] Das LG Köln dagegen sah den Begriff »Hauptbahnhof« in der SLD als Angabe an.[447]

366 ▶ **Beispiele für Angaben:** »Praedikatsanwaelte.de«, »erfolgsanwalt.de« oder »spitzenkanzlei.de«[448]

Das LG München I lehnte es in der Entscheidung »freundin.de« ab, eine Irreführung bzgl. des Inhabers dieses Domainnamens ohne Kenntnis der konkret gestalteten Internetseite zu prüfen.[449]

367 Für mehrdeutige Angaben bzw. Angaben, die vom Verbraucher unterschiedlich verstanden werden können, gilt, dass keine Angabe irreführend sein darf.[450] Der BGH sah eine Irreführung durch den Domainnamen »anwaltskanzlei-notariat.de« für einen Anwaltsnotar als gegeben an, da hier der Verkehr von einem Notariat und nicht einer Notarkanzlei ausgehe.[451]

2. Irreführung

368 Eine Irreführung liegt vor, wenn die Angabe zu einer Täuschung führt oder zu täuschen geeignet ist. Irreführend kann dabei schon der Domainname an sich sein. Meist ergibt sich die Irreführung aber erst in Zusammenhang mit der entsprechenden Internetseite.

369 Die Beurteilung der Irreführungsgefahr hängt von der Auffassung der beteiligten Verkehrskreise ab. Die moderne Rechtsprechung geht dabei im Anschluss an den EuGH[452] vom Leitbild eines **durchschnittlich informierten, aufmerksamen und verständigen Durchschnittsverbrauchers** aus, der das fragliche Werbeverhalten mit einer der Situation angemessenen Aufmerksamkeit verfolgt.[453] Im Internetzusammenhang spricht der BGH vom »durchschnittlich informierten und verständigen Internetnutzer«,[454] ohne dass hiermit ein eigenes internetspezifisches Verbraucherleitbild impliziert wäre,[455] für das es nach hie-

---

445 Zuerst *Kur* CR 1996, 325, 329; vgl. OLG München MMR 2001, 615 (616) – autovermietung.com.
446 LG Berlin NJW-RR 2001, 1719 (1719) – gigarecht.de.
447 LG Köln MMR 2000, 46 – hauptbahnhof.de.
448 LG Regensburg K&R 2009, 509 – praedikatsanwaelte.de; die anderen Beispiele nach *Steinbeck* NJW 2003, 1481 (1487).
449 LG München I CR 1997, 540 (543) – freundin.de.
450 Vgl. *Köhler*/Bornkamm § 5 Rn. 2.111; a. A. *Leible/Sosnitza* K&R 2001, 587.
451 BGH K&R 2005, 423 – anwaltskanzlei-notariat.de.
452 Z. B. EuGH GRUR Int. 1999, 345 – Sektkellerei Kessler.
453 BGH MMR 2001, 666 (668) – mitwohnzentrale.de.
454 BGH MMR 2003, 256 (257) – rechtsanwaelte-notar.de.
455 A. A. *Schmidt-Bogatzky* GRUR 2002, 941 (945); vgl. auch OLG Frankfurt/M. MMR 2002, 811 (812) – drogerie.de; LG Düsseldorf 27.09.2002, JurPC (www.jurpc.de), Web-Dok. 21/2003, 6 – schuelerhilfe.de.

siger Auffassung bislang keine gesicherte Grundlage gibt. V. a. sollte der oft mit Resignation geäußerte Einwand, der Verbraucher kenne und erwarte sowohl Chaos als auch Falschinformation im Internet, nicht als Regelbeschreibung missverstanden werden. Trotz aller Tücken und Lücken wird das Internet heute faktisch als einer der wichtigsten Informationsquellen angesehen und benutzt. Haben Domainnamen eine eindeutige Bedeutung, muss sich der Anbieter auch daran festhalten lassen, wenn er das dadurch geweckte Interesse für andere geschäftliche Vorhaben ausnutzen will.

a) Generische Domainnamen

Ungeachtet der generellen Zulässigkeit der Anmeldung generischer Domainnamen (siehe oben Rdn. 359) können diese unter bestimmten Umständen irreführend sein,[456] z. B., weil sie den Anschein objektiver oder neutraler Information bieten. Der BGH hielt die Verwendung des Domainnamens »presserecht.de« jedoch entgegen der Vorinstanz für zulässig, da der betreibende Rechtsanwalt unter diesem Domainnamen neben Angaben zu seiner Kanzlei auch Informationen zum Presserecht vorhielt.[457] **370**

Unter dem Gesichtspunkt, dass unter bestimmten Umständen generische Domainnamen den unzutreffenden Eindruck erwecken können, dass das unter diesem Domainnamen enthaltene Angebot vollständig sei, hat sich insbesondere im Rechtsanwaltsbereich eine reichhaltige Rechtsprechung zur Irreführung durch generische Domainnamen entwickelt. **371**

Die Benutzung des generischen Domainnamen »rechtsanwaelte.de« durch eine Rechtsanwaltskanzlei wurde vor Veröffentlichung der »mitwohnzentrale.de« Entscheidung des BGH vom LG München I u. a. aus Wettbewerbsrecht noch untersagt.[458] Der BGH deutete jedoch später obiter dicta an, dass der Internetbenutzer von vornherein erkenne, dass ein Angebot unter »rechtsanwaelte.de« nicht das gesamte Angebot der Rechtsanwälte repräsentiere.[459] Dies gilt zutreffender Weise nicht für den Domainnamen »deutsches-anwaltsverzeichnis.de«.[460] **372**

Eine weitere Spielart dieses Themas ist die Verwendung einer Berufsbezeichnung im Singular mit geographischer Angabe durch einen Anbieter, die zu unterschiedlichen Entscheidungen geführt hat. **373**

Ein Beispiel hierfür war eine Mühlheimer Anwaltskanzlei, die den Domainnamen »anwalt-muelheim.de« angemeldet hatte.[461] Hier wurde eine Irreführung zunächst bejaht, die Klage allerdings wegen der anschließenden Aufklärung auf der Website abgewiesen. Auch das OLG Celle hielt die Verwendung des Domainnamens »anwalt-hannover.de« für eine Kanzlei aus Hannover[462] für irreführend, da der Verbraucher vor dem Hintergrund seiner Erfahrungen mit Suchmaschinen im Internet zu Unrecht meinen könne, dass diese Internetseite eine zentrale Stelle mit Angeboten einer größeren Anzahl von Anwaltskanzleien im Raum Hannover sei. Das OLG München verneinte allerdings die Irreführung durch die Benutzung eines Domainnamens in der Singularform »ra-[ortsname].de« durch **374**

---

[456] BGH MMR 2001, 666 (669) – mitwohnzentrale.de.
[457] BGH AnwZ (B) 41/02 – presserecht.de; vgl. auch OLG Braunschweig MMR 2002, 754 – pruefungsrecht.de.
[458] LG München I MMR 3001, 179 – rechtsanwaelte.de mit Anm. *Ernst* MMR 2001, 181 und *Schmittmann* Mitt. 2001, 142; *Sosnitza* K&R 2001, 111.
[459] BGH MMR 2001, 666 (667) – mitwohnzentrale.de; bestätigt in BGH MMR 2003, 256 (257) – rechtsanwaelte-notar.de.
[460] Zutreffend LG BerlinMMR 2003, 490 – deutsches-anwaltsverzeichnis.de.
[461] LG Duisburg NJW 2002, 2114 – anwalt-muelheim.de; für überholt hält diese Entscheidung *Hoß* CR 2003, 358 f.
[462] OLG Celle MMR 2001, 531 – anwalt-hannover.de.

einen Einzelanwalt.[463] In der Pluralform »Rechtsanwaelte« allerdings sah auch das OLG München eine Irreführungsgefahr als gegeben an, wenn der Domainname mit einer geografischen Angabe verbunden sei.[464] Hier erwarte der Verkehr nicht eine einzelne Kanzlei, sondern ein örtliches Anwaltsverzeichnis mit einer Auflistung sämtlicher Rechtsanwälte.

375 ▸ **Weiteres Beispiel:** Der Domainname »autovermietung.com« erweckt nicht den Eindruck des Anbieters, als einziger eine Autovermietung anzubieten.[465]

b) Irreführung über Qualifikation?

376 Was die Irreführung über eine Qualifikation angeht, hat sich noch keine einheitliche Rechtsprechungspraxis herausgebildet. In den letzten Jahren ist die Anzahl der veröffentlichten Entscheidungen allerdings zurückgegangen.

377 Tatsächlicher Ausgangspunkt ist der Umstand, dass viele Berufs- und Standesvertretungen wie u. a. die Bundesärztekammer, die bayerische Landesärztekammer und die Patentanwaltskammer Domainnamen benutzen, die geschützte Berufsbezeichnungen enthalten, wie z. B. *arzt.de, zahnarzt.de* und *patentanwalt.de*. Ebenso stellen heute praktisch alle berufsständischen Organisationen ihre Tätigkeit im Internet dar.

378 Analysiert man die nachfolgend erwähnten Beispiele aus der Rechtsprechung näher, stellt man fest, dass sich die Trennlinie vornehmlich an der Frage festmacht, ob man ein internetspezifisches Verkehrsverständnis annimmt oder nicht. Nur wenn man davon ausgeht, dass sich der Interrnetbenutzer besonders vorsichtig oder wachsam verhält, wird man davon ausgehen können, dass er objektiv täuschende Angaben schnell erkennt oder von vornherein nicht ernst nimmt. Dies entspricht aber nicht der täglichen Lebenserfahrung.

379 ▸ **Beispiele für eine verneinte Irreführung:** »drogerie.de« für einen Handel mit Dachbaustoffen, da der Verbraucher (u. a.) keine Online-drogerie erwarte; »schuelerhilfe.de«, unter dem weder Nachhilfe noch Ähnliches erbracht werde, da es eine internettypische Erfahrung sei, dass unterschiedlichste Inhalte ohne Anspruch auf Vollständigkeit oder Richtigkeit zur Kenntnis gebracht werden.[466]

380 Zutreffend sind dagegen die folgenden Entscheidungen:

▸ **Beispiele für Irreführungsgefahr:** »deutsches-handwerk.de« für ein Internetportal mit Informationen zu Handwerksbetrieben, da erwartet werde, es handele sich um den Internetauftritt einer offiziellen oder berufsständischen Organisation, ähnlich »rechtsanwalts.com« und »aerztekammer.de«.[467]

c) Alleinstellungsbehauptungen

381 Ein Werbender nimmt mit der Behauptung einer Alleinstellung in bestimmter Hinsicht oder auch allgemein eine Spitzenstellung gegenüber seinen Mitbewerbern auf dem Markt

---

463 OLG München MMR 2003, 404 – ra-[ortsname].de, so auch OLG Hamm MMR 2009, 50 – anwaltskanzlei-ortsname.de, vgl. neuerdings auch BGH, GRUR-RR 2011, 7 – steuerberater-suedniedersachsen.de.
464 OLG München NJW 2002, 2113 – rechtsanwaelte-dachau.de.
465 OLG München MMR 2001, 615 (616) – autovermietung.com.
466 OLG Frankfurt/M. MMR 2002, 811 (812) – drogerie.de; LG Düsseldorf 27.09.2002, JurPC (www.jurpc.de), Web-Dok. 21/2003, 6 – schuelerhilfe.de, zw.
467 OLG Hamburg K&R 2002, 610 – rechtsanwalt.com; OLG Hamburg K&R 2007, 99 (101) – deutsches-handwerk.de; zu aerztekammer.de vgl. die Mitteilung in WRP 1997, 1230; vgl. auch OLG Nürnberg WRP 2002, 343 – steuererklärung.de.

in Anspruch, was zulässig ist, soweit die Behauptung wahr ist und ein deutlicher Vorsprung vor den Mitbewerbern besteht.⁴⁶⁸

▶ **Beispiel für Irreführungsgefahr:** »derprozessfinanzierer.de« für ein Unternehmen, das 382
Prozesse finanziert, aber der Konkurrenz nicht deutlich überlegen war; »tauchschule-dortmund.de« für eine von drei Tauschschulen in Dortmund, von der keine in einem relevanten Gesichtspunkt einen ersichtlichen Vorsprung hatte.⁴⁶⁹

d) Irreführung durch Verwendung einer TLD

In aller Regel wird die Irreführungsgefahr anhand der SLD beurteilt, da nur diese eine Sach- 383
aussage enthält. Im Fall einer generischen ccTLD wie .ag (eigentlich ccTLD für Antigua; vgl. bereits oben Rdn. 18) kann aber auch die Benutzung einer TLD, hier für ein Unternehmen, dass keine Aktiengesellschaft ist, eine relevante Irreführung hervorrufen.⁴⁷⁰

3. Aufklärung der Irreführung auf der Internetseite

Im Bereich der Irreführung mit Domainnamen lassen sich unausgesprochene Abweichun- 384
gen zur überkommenen Irreführungsrechtsprechung ausmachen. Während nach wie vor anerkannt ist, dass es für eine Irreführung ausreichend ist, wenn der Angesprochene durch die Irreführung bereits zum Kauf angelockt werde,⁴⁷¹ hat der BGH im Wettbewerbsrecht für Domainnamen wiederholt als Ausnahme von dieser allgemeinen Regel die Beachtlichkeit einer (nachfolgenden) Aufklärung bejaht,⁴⁷² wenn die ursprüngliche Fehlvorstellung, z. B. auf der ersten aufrufbaren Seite korrigiert werde.⁴⁷³

Im Bereich namensrechtlicher Verletzungen, in denen bereits die Registrierung des Do- 385
mainnamens die Namensanmaßung begründet, hilft eine Aufklärung auf der Internetseite allerdings nicht (s. Rdn. 301).⁴⁷⁴

Die Instanzgerichte schließen sich dem mehr und mehr an. Das OLG Hamburg verlangte 386
im konkret entschiedenen Fall eine Aufklärung auf der »Startseite«.⁴⁷⁵ Im oben erwähnten Fall »anwalt-muehlheim.de« wurde es als ausreichend angesehen, wenn die Kanzlei auf der Internetseite sogleich klarstelle, dass es sich um kein Portal für alle Muehlheimer Anwälte, sondern um eine Darstellung einer Anwaltskanzlei handle, um die Irreführung auszuräumen.⁴⁷⁶

Man sollte jedoch nicht dem Fehlschluss unterliegen, dass jegliche Irreführung immer durch 387
die Internetseite ausgeräumt werden kann. Bei Domainnamen, die per se irreführend sind, bei denen auf der Internetseite also keine Aufklärung mehr, sondern allenfalls eine Berichtigung möglich ist, wird man auf eine Aufklärungsmöglichkeit nicht mehr setzen dürfen.⁴⁷⁷ Auch dort, wo die Irreführung dazu führt, Kaufinteressenten anzulocken und zur Beschäf-

---

468 Vgl. Köhler/*Bornkamm* § 5 Rn. 2.150.
469 LG Köln GRUR-RR 2001, 41 – derprozessfinanzierer.de.; OLG Hamm 18.03.2003, JurPC (www.jurpc.de), Web-Dok. 166/2003 – tauchschule-dortmund.de, nunmehr aber anders OLG Hamm MMR 2009, 50 mit Anm. *Kuhr* – rechtsanwaltskanzlei-[ortsname].
470 OLG Hamburg MMR 2004, 680 – tipp.ag; krit. *Weiler* K&R 2003, 61.
471 BGH GRUR 1970, 425 – Melitta-Kaffee, ebenso Köhler/*Bornkamm* § 5 Rn. 2.193 zum neuen Recht; vgl. auch OLG München NJW 2002, 2113 – rechtsanwaelte-dachau.de; ähnlich OLG Nürnberg WRP 2002, 343 – steuererklärung.de.
472 Zuletzt BGH MMR 2007, 38 – solingen.info.
473 BGH AnwZ (B) 41/02, 11 – presserecht.de; bestätigt in BGH MMR 2003, 256 (258) – rechtsanwaelte-notar.de.
474 BGH MMR 2002, 382 (384) – shell.de.
475 OLG Hamburg K&R 2007, 99 (101) – deutsches-handwerk.de.
476 LG Duisburg NJW 2002, 2114 – anwalt-muehlheim.de.
477 So auch *Karl* MMR 2003, 472 für das fiktive Beispiel: die-beste-tauchschule-dortmunds.de.

tigung mit dem Angebot geneigter zu machen, das sie sonst möglicherweise nicht beachtet hätten,[478] wird die Relevanz einer Aufklärung nur selten begründet werden können. Das OLG München hat unter Verweis auf die Literatur zuletzt zutreffend eine Aufklärungsmöglichkeit im konkreten Fall verneint und »das Privileg dass eine Irreführung, die durch den Domainnamen erzeugt worden ist, noch durch einen Hinweis auf der ersten sich öffnenden Internetseite beseitigt werden kann, auf Fälle der der bloßen Gattungsbezeichnungen und der Gleichnamigen« beschränkt.[479]

VI. Einwendungen und Einreden

388 Im Wettbewerbsrecht sind in Zusammenhang mit Domainnamen die Verjährung und die Verwirkung erwähnenswert.

1. Kurze Verjährung, § 11 UWG

389 Nach § 11 UWG verjähren der Unterlassungs- und Schadensersatzanspruch in sechs Monaten von dem Zeitpunkt an, in dem der Verletzte Kenntnis von der verletzenden Handlung und dem Verletzer erlangt hat, unabhängig davon in drei Jahren von der Begehung der Handlung an. Die weiteren Ausführungen zur markenrechtlichen Verjährung gelten sinngemäß, insbesondere zur Dauerhandlung (s. o. Rdn. 266).

2. Verwirkung

390 Die Verwirkung folgt hier zunächst den bereits oben dargestellten allgemeinen Regeln (s. o. Rdn. 270). Der Verwirkungseinwand greift jedoch im Wettbewerbsrecht nicht, wenn und soweit Interessen der Allgemeinheit beeinträchtigt sind.[480] Daher können Ansprüche aus § 5 UWG i. d. R. nicht verwirkt werden.

H. Prozessuale Besonderheiten

I. Gerichtszuständigkeit

391 Die Gerichtszuständigkeit ist von der Frage des anwendbaren Rechts zu unterscheiden. Hält sich das Gericht für international unzuständig, weist es die Klage als unzulässig ab. Diese Entscheidung erwächst nicht in materielle Rechtskraft.[481] Die Gerichtszuständigkeit bestimmt sich nach nationalem Recht und wird zum Teil durch den geltend zu machenden Anspruch gesteuert.

1. Nationale Zuständigkeit

392 Für Sachverhalte ohne internationalen Bezug finden sich für das Recht der Domainnamen relevante Zuständigkeitsvorschriften in den Spezialgesetzen des UWG und des MarkenG sowie ergänzend in §§ 12 ff. ZPO.[482]

---

478 Vgl. auch *Freys* ZUM 2002, 114 (119).
479 OLG München, MMR 2011, 243 – bayrischespielbank.de.
480 Vgl. Köhler/Bornkamm § 5 Rn. 2.214.
481 *Mankowski* MMR 2002, 60 (62) – budweiser.com.
482 Hierzu wird auf die allgemeine Literatur zur ZPO verwiesen.

I. Gerichtszuständigkeit

a) Zuständigkeiten nach dem UWG

Das UWG kennt mit § 14 UWG eine eigenständige Sonderregelung der **örtlichen Zuständigkeit** gegenüber den §§ 12 ff. ZPO. Hiernach ist für Klagen auf Grundlage des UWG das Gericht zuständig, in dessen Bezirk der Beklagte seine gewerbliche Niederlassung oder in Ermangelung einer solchen seinen Wohnsitz hat. Für Personen, die im Inland weder eine gewerbliche Niederlassung noch einen Wohnsitz haben, ist das Gericht des inländischen Aufenthaltsorts zuständig.

393

Wichtiger ist jedoch der Gerichtsstand des Begehungsortes nach § 14 Abs. 2 UWG, nach dem das Gericht zuständig ist, in dessen Bezirk die Handlung begangen ist. Dies gilt uneingeschränkt im Fall einer Mitbewerberklage (§ 8 Abs. 3 Nr. 1 UWG). Für die übrigen Aktivlegitimierten nach § 8 Abs. 3 Nr. 2–4 UWG steht der Gerichtsstand nur dann zur Verfügung, wenn der Beklagte im Inland weder eine gewerbliche noch eine selbständige Niederlassung oder seinen Wohnsitz hat.

394

Was den Handlungsbegriff des § 14 Abs. 2 S. 1 UWG angeht, wurde in Deutschland traditionell zwischen Handlungs- und Erfolgsort unterschieden. Der Kläger hatte die Wahl, an welchem der Orte er die Rechtsverfolgung einleitet (Ubiquitätsprinzip),[483] soweit an beiden Orten einzelne Merkmale des insgesamt gegebenen Tatbestands verwirklicht werden. Heute steht dagegen dogmatisch der Handlungsort im Vordergrund, der allerdings durch das Wahlrecht des Verletzten gem. Art. 40 Abs. 1 S. 2 EGBGB zugunsten des Erfolgsorts wieder abgeschwächt wird.[484] Es ist – wenigstens bei nationalen Sachverhalten – weitgehend anerkannt, dass jeder Ort, an dem eine Internetseite unter einem bestimmten Domainnamen heruntergeladen werden kann, die Annahme des Erfolgsorts einer werbe- oder markenmäßigen Benutzung des Domainnamens oder der Internetseite rechtfertigt,[485] und zwar auch dann, wenn Domainnamen mit generischen TLD wie .com, .org, .net etc.[486] infrage stehen, sofern beide Parteien im Inland ansässig sind und über Werbung in Deutschland gestritten wird.

395

Sachlich zuständig sind im Wettbewerbsrecht die Landgerichte, wenn der Streitwert über 5.000,– € liegt. Da der Regelstreitwert in Wettbewerbssachen nicht unter 25.000,– € liegen dürfte, sind regelmäßig die Landgerichte in der ersten Instanz zuständig.

396

Zu beachten ist die **funktionale Zuständigkeit der Kammern für Handelssachen** bei den Landgerichten nach § 95 Abs. 1 Nr. 5 GVG, wenn entweder der Kläger bei Klage bzw. Antragseinreichung oder der Beklagte später einen Antrag auf Verhandlung vor der Kammer für Handelssachen gestellt hat und es sich um eine Handelssache handelt. Handelssachen sind alle Rechtsstreitigkeiten nach dem UWG mit Ausnahme der Verbraucherklagen gem. § 13a UWG.

397

b) Zuständigkeiten nach dem Markengesetz

Für die **örtliche Zuständigkeit** gelten mangels spezialgesetzlicher Vorschriften im MarkenG die allgemeinen Vorschriften des Wohnsitzes des Beklagten gem. §§ 12, 13 und 17 ZPO, der Gerichtsstand der Niederlassung (§ 21 ZPO) und über § 32 ZPO auch das Tatortprinzip, dass oben bereits für § 14 UWG erläutert wurde.

398

---

483 MüKo-BGB/*Junker* Art. 40 EGBGB Rn. 14.
484 MüKo-BGB/*Junker* Art. 40 EGBGB Rn. 25.
485 S. bspw. LG München I ZUM-RD 2002, 107 (108) – neuschwanstein.de; jetzt auch wieder mit Bestimmtheit das LG Hamburg GRUR Int. 2002, 163 – hotel-maritime.dk mit Anm. *Pellens/Peitsch*, auch insoweit bestätigt durch OLG Hamburg MMR 2002, 822 (823); *Ströbele/Hacker* § 140 Rn. 22; a. A. *Koch* CR 1999, 121 (122).
486 Vgl. z. B. OLG München CR 2002, 449 (450) – literaturhaus.de.

Kapitel 19   H. Prozessuale Besonderheiten

399 **Sachlich zuständig** sind für Kennzeichenstreitsachen nach § 140 Abs. 1 MarkenG ausschließlich die Landgerichte ohne Rücksicht auf den Streitwert. **Kennzeichenstreitsachen** sind Streitigkeiten, in denen ein Anspruch aus einem der im MarkenG geregelten Rechtsverhältnisse geltend gemacht wird. § 140 MarkenG wird weit ausgelegt.[487] Ausreichend ist, dass ein Sachverhalt vorgetragen wird, der, seinen Nachweis unterstellt, einen Zusammenhang mit Kennzeichen aufweist.

400 Nach § 140 Abs. 2 MarkenG werden die Landesregierungen ermächtigt, durch Rechtsverordnung die Kennzeichenstreitsachen bestimmten Landgerichten zuzuweisen. Die Länder haben davon umfassend Gebrauch gemacht.[488] Die Gemeinschaftsmarkengerichte (vgl. § 125e MarkenG) sind nur für Nordrhein-Westfalen z. T. anderen Gerichten zugewiesen.

Bundesland	Gerichtsbezirk des	Kennzeichenstreitkammer	Gemeinschaftsmarkengerichte
Baden-Württemberg	OLG Stuttgart	LG Stuttgart	LG Stuttgart
Baden-Württemberg	OLG Karlsruhe	LG Mannheim	LG Mannheim
Bayern	OLG München	LG München I	LG München I
Bayern	OLG Nürnberg	LG Nürnberg-Fürth	LG Nürnberg-Fürth
Bayern	OLG Bamberg	LG Nürnberg-Fürth	LG Nürnberg-Fürth
Berlin	–	LG Berlin	LG Berlin
Brandenburg	–	LG Berlin	LG Berlin
Bremen	OLG Bremen	LG Bremen	LG Bremen
Hamburg	–	LG Hamburg	LG Hamburg
Hessen	–	LG Frankfurt am Main	LG Frankfurt am Main
Mecklenburg-Vorpommern	–	LG Rostock	LG Rostock
Niedersachsen	–	LG Braunschweig	LG Braunschweig
Nordrhein-Westfalen	OLG Düsseldorf	LG Düsseldorf	LG Düsseldorf
Nordrhein-Westfalen	OLG Köln	LG Köln	LG Düsseldorf
Nordrhein-Westfalen	LG Bielefeld	LG Bielefeld	LG Düsseldorf
Nordrhein-Westfalen	LG Detmold	LG Bielefeld	LG Düsseldorf
Nordrhein-Westfalen	LG Paderborn	LG Bielefeld	LG Düsseldorf
Nordrhein-Westfalen	LG Münster	LG Bielefeld	LG Düsseldorf
Nordrhein-Westfalen	LG Arnsberg	LG Bochum	LG Düsseldorf
Nordrhein-Westfalen	LG Bochum	LG Bochum	LG Düsseldorf
Nordrhein-Westfalen	LG Dortmund	LG Bochum	LG Düsseldorf
Nordrhein-Westfalen	LG Essen	LG Bochum	LG Düsseldorf
Nordrhein-Westfalen	LG Hagen	LG Bochum	LG Düsseldorf
Nordrhein-Westfalen	LG Siegen	LG Bochum	LG Düsseldorf
Rheinland-Pfalz	OLG Koblenz	LG Koblenz	LG Koblenz

---

487   BGH GRUR 2004, 622 – ritter.de; *Ingerl/Rohnke* § 140 Rn. 5.
488   Vgl. die Nachweise bei *Ingerl/Rohnke* § 140 Rn. 19.

Bundesland	Gerichtsbezirk des	Kennzeichenstreit-kammer	Gemeinschaftsmarken-gerichte
Rheinland-Pfalz	OLG Zweibrücken	LG Frankenthal	LG Frankenthal
Saarland	–	LG Saarbrücken	LG Saarbrücken
Sachsen	–	LG Leipzig	LG Leipzig
Sachsen-Anhalt	–	LG Magdeburg	LG Magdeburg
Schleswig-Holstein	–	LG Kiel	LG Kiel
Thüringen	–	LG Erfurt	LG Erfurt

c) Namensrechtliche Zuständigkeit

Für Ansprüche aus § 12 BGB gelten mangels eigener Zuständigkeitsregelung die allgemeinen Regelungen, insbesondere § 32 ZPO.[489] Allerdings wird vertreten, dass sich die funktionelle Zuständigkeitskonzentration des weit auszulegenden § 140 MarkenG auch auf Namensrechte erstrecken, soweit es sich um Bezeichnungsprozesse handelt.[490] 401

d) Örtliche Zuständigkeit bei Erstbegehungsgefahr

Bei einer für das gesamte Inland gegebenen Erstbegehungsgefahr wird vertreten, dass die örtliche Zuständigkeit aller inländischen Gerichte bejaht werden muss.[491] Die Praxis zeigt jedoch, dass nicht alle Gerichte dieser Ansicht folgen, wenn auch veröffentlichte Entscheidungen hierzu fehlen. 402

2. Internationale Zuständigkeit

Welche Gerichte zuständig sind, wenn der der Klage zugrunde liegende Sachverhalt einen länderübergreifenden Charakter aufweist, wird durch die Regeln zur internationalen Zuständigkeit geregelt. Ist das deutsche Gericht örtlich, sachlich, funktional und international zuständig, kann es den Rechtsstreit umfassend entscheiden, auch wenn das verbotene Verhalten im Ausland liegt.[492] Die Vollstreckung ist im europäischen Raum durch die EuGVVO geregelt, international aber nach wie vor schwierig. 403

a) Anwendbare Vorschriften

Nach h. M. gelten für die internationale Zuständigkeit die Vorschriften über die örtliche Zuständigkeit nach dem Grundsatz der Doppelfunktionalität analog.[493] 404

▶ **Beispiel:** Ein amerikanisches Unternehmen betreibt unter einem .com Domainnamen eine Internetseite auf Englisch. Ein in Berlin ansässiges deutsches Unternehmen macht ältere Rechte an der Bezeichnung des Domainnamens geltend. Nach § 32 ZPO ist das 405

---

489 LG Leipzig 08.02.2001, JurPC (www.jurpc.de), Web-Dok. 6/2002, Abs. 11 – waldheim.de.
490 *Fezer*, Markenrecht, § 140 Rn. 2; a. A. *Ingerl/Rohnke* Nach § 15 Rn. 28.
491 Zutreffend OLG Hamm MMR 2008, 178; LG Hamburg GRUR-RR 2002, 267 (268) – schuhmarkt.de; LG Düsseldorf NJW-RR 1998, 979 (980) – epson.de; *Ingerl/Rohnke* § 140 Rn. 47.
492 Zu vergleichbaren Entscheidungskompetenzen im Ausland und zu rechtspolitischen Lösungsvorschlägen vgl. *Beier* Rn. 183 ff.
493 KG K&R 1998, 36 – concert-concept.de/concert-concept.com; LG Karlsruhe ZUM-RD 1999, 395 (396) – bad-wildbad.com; *Mankowski* Anm. zu LG Köln MMR 2002, 60 (62) – budweiser.com; *Bettinger/Thum* GRUR Int. 1999, 659 (662).

Gericht des Tatorts zuständig, also das LG Berlin, da hier die Internetseite unter dem strittigen Domainnamen abrufbar ist.⁴⁹⁴

406 Auf internationaler Ebene gilt für Deutschland die EuGVVO (auch »Brüssel I« genannt) auf Grundlage der VO 44/2001 des Rates zur gerichtlichen Zuständigkeit und der Anerkennung und Vollstreckung von Entscheidungen in Zivil- und Handelssachen,⁴⁹⁵ die das Brüsseler Abkommen über die gerichtliche Zuständigkeit und die Vollstreckung von Entscheidungen in Zivil- und Handelssachen vom 27.09.1968, kurz EuGVÜ abgelöst hat, diesem aber weitgehend entspricht. Zur näheren Erläuterung der EuGVVO wird auf Kap. 25 Rdn. 141 ff. verwiesen.

b) Ist ein bestimmungsgemäßer Abruf notwendig?

407 In den letzten Jahren ist v. a. in der Literatur eine Diskussion darüber geführt worden, inwieweit schon für die Bestimmung der internationalen Zuständigkeit neben der bloßen Abrufbarkeit der Internetseite unter dem betreffenden Domainnamen das Kriterium eines »bestimmungsgemäßen Abrufs« zu berücksichtigen sei.⁴⁹⁶

408 Obwohl die Diskussion auch daran krankt, dass die Begrifflichkeit nicht einheitlich verwendet wird, meinen die Mehrzahl der Befürworter des bestimmungsgemäßen Abrufs damit ein inhaltliches Moment, eine Zielgerichtetheit des entsprechenden Internetauftritts, um einer beliebigen, weltweiten Gerichtszuständigkeit vorzubeugen und ausländischen Beklagten ein Erscheinen vor einem deutschen Gericht zu ersparen, wenn ihr Internetauftritt erkennbar mit Deutschland nichts zu tun hat. Dafür lässt sich die Rechtsprechung des EuGH ins Feld führen, der in anderem Zusammenhang betont hat, dass der Beklagtengerichtsstand des Art. 2 Abs. 1 EuGVVO seine Bedeutung als allgemeiner Gerichtsstand nicht verlieren dürfe.⁴⁹⁷

409 Heute verkennt niemand mehr, dass der bestimmungsgemäße Abruf ein rechtspolitisch geeignetes Kriterium wäre, die weltweite Zuständigkeit einzudämmen. Allerdings bestehen nach wie vor erhebliche dogmatische und pragmatische Argumente für eine bloße Abrufbarkeit als alleiniges Kriterium für die Annahme der internationalen Zuständigkeit, während der bestimmungsgemäße Abruf bei der Frage des anwendbaren Rechts in Wettbewerbssachverhalten, ggf. auch bei der Spürbarkeit des wettbewerblichen Eingriffs bzw. beim Inlandsbezug des geltend gemachten Rechts im Bereich des Kennzeichenrechts zu prüfen bleibt. Die weltweite Abrufbarkeit der unter den Domainnamen erreichbaren Internetseiten geschieht nämlich durchaus bestimmungsgemäß, ist geradezu Wesensmerkmal des Internets.⁴⁹⁸ Ausschlaggebend ist aber der Grundsatz, dass die Zuständigkeit nach deutschem Verständnis schnell und klar durch die Parteien bestimmbar sein⁴⁹⁹ und nicht mit materiellrechtlichen Fragen überfrachtet werden soll. Die Vorhersehbarkeit der Entscheidung über die internationale Zuständigkeit ist nämlich von eminentem Interesse für die Parteien.

---

494 Vgl. etwa KG K&R 1998, 36 – concert-concept.de/concert-concept.com. Zur Frage des bestimmungsgemäßen Abrufs sogleich Rdn. 407.
495 Abgedruckt in GRUR Int. 2002, 414.
496 *Offen gelassen* durch BGH MMR 2005, 239 (240) – Hotel Maritime; *dafür* u. a. LG Köln, JurPC (www.jurpc.de), Web-Dok. 3/2006 – postbank24.com. LG Hamburg MMR 1999, 612 – animalplanet.com; *Mankowski* MMR 2002, 817; *Ubber* S. 201; *Fezer*, Markenrecht, § 3 Rn. 357; Fezer/*Jung-Weiser*, UWG, § 4-S 11 Rn. 147; *Koch* S. 877; *dagegen* u. a. OLG Karlsruhe MMR 2002, 814 (815) – intelshow.com; *Schack* MMR 2000, 135 (138) für das Markenrecht, anders aber wohl für wettbewerbsrechtliche Streitigkeiten; *Bettinger/Thum* GRUR Int. 1999, 659 (665); *Kur* WRP 2000, 935 (936); *Ruff* S. 40; *Bettinger/Leistner* Rn. 187 mit ausf. Diskussion; *Ströbele/Hacker* § 140 Rn. 22; *Schmittmann* S. 29; ausf. *Beier* Rn. 166 ff. m. w. N. zu allen Ansichten.
497 Vgl. Nachweise bei *Mankowski* MMR 2002, 817 (818).
498 *Kur* WRP 2000, 935 (936).
499 *Bettinger/Thum* GRUR Int. 1999, 659 (666).

II. Anspruchsteller

Bei aller Diskussion erscheinen die praktischen Unterschiede der Meinungen nicht groß zu sein. Der Kläger muss in jedem Fall die Bestimmungsgemäßheit oder den Inlandsbezug der angegriffenen Handlung schlüssig vortragen. Schon damit ist die Gefahr weitgehend gebannt, dass exotische Sachverhalte zu massenhaften Versäumnisurteilen in Deutschland in Fällen führen, in denen kein sonstiger Bezug zu Deutschland erkennbar ist. **410**

II. Anspruchsteller

Die Aktivlegitimation ist teilweise für die geltend zu machenden Ansprüche unterschiedlich geregelt. **411**

1. Anspruchsteller im Markenrecht

Der materiellrechtliche **Inhaber der Marke** ist im Markenrecht immer aktivlegitimiert. Die Eintragung im Markenregister begründet zwar eine widerlegliche Vermutung für die materiellrechtliche Berechtigung des im Register als Inhaber eingetragenen (§ 28 MarkenG), ist aber für diese nicht konstitutiv. Inhaber von Benutzungs- oder Notorietätsmarken oder geschäftlichen Bezeichnungen sind diejenigen Personen, zu deren Gunsten die Voraussetzungen vorliegen. **412**

Gemäß § 30 Abs. 3 MarkenG ist der **Lizenznehmer** nur dann aktivlegitimiert, wenn ihm der Markeninhaber die Zustimmung zur klageweisen Durchsetzung der Marke erteilt hat. **413**

Nach den allgemeinen Vorschriften der ZPO kann die Klagebefugnis einer dritten Person zukommen, wenn sie ein eigenes und schutzwürdiges Interesse an der Rechtsverfolgung hat und zu ihr ermächtigt worden ist (**Prozessstandschaft**). **414**

Vermögensrechtliche Ansprüche auf Schadensersatz und Bereicherungsausgleich können an eine dritte Person abgetreten werden, die diese dann im eigenen Namen geltend machen kann. Dies gilt nicht für den Unterlassungsanspruch.[500] **415**

2. Anspruchsteller im Wettbewerbsrecht

Im Wettbewerbsrecht sind die in § 8 Abs. 3 UWG genannten natürlichen oder juristischen Personen, Verbände und sonstigen Einrichtungen, insbesondere die Mitbewerber aktivlegitimiert. Zu Letzteren gehören auch Freiberufler oder Idealvereine.[501] Zu den weiter aktivlegitimierten gehören die rechtsfähigen Verbände zur Förderung gewerblicher Interessen, bestimmte weitere qualifizierte Einrichtungen zum Schutz von Verbraucherinteressen und die Industrie-, Handels- und Handwerkskammern. **416**

3. Anspruchsteller im Namensrecht

Verletzungsansprüche aus § 12 BGB stehen grundsätzlich dem Namensträger zu. Bislang lässt die Rechtsprechung eine Abtretung von Unterlassungs- oder Beseitigungsansprüchen nicht zu.[502] Eine gewillkürte Prozessstandschaft ist aber möglich.[503] **417**

---

500 Vgl. *Ingerl/Rohnke* vor §§ 14–19 Rn. 24 m. w. N.
501 OLG Hamburg K&R 2007, 99 (100) – deutsches-handwerk.de.
502 Nachweise bei MüKo-BGB/*Bayreuther* § 12 Rn. 225 mit allerdings eigener abweichender Ansicht.
503 Vgl. MüKo-BGB/*Bayreuther* § 12 Rn. 226.

III. Anspruchsgegner

1. Allgemeine Fragen der Passivlegitimation

418 Verletzer können alle natürlichen oder juristischen Personen sein, denen Täter-, Mittäter-, Anstifter- oder Gehilfenqualität mit Blick auf die angegriffene Verletzungshandlung zukommt. Wer ohne Täter oder Teilnehmer zu sein, also ohne Wettbewerbsabsicht handelt, aber dennoch zu einem rechtswidrigen Erfolg durch eine eigene Handlung willentlich und kausal beiträgt und zumutbare **Prüfungspflichten** verletzt, ist **Störer**.[504] Derzeit wird die gesamte (eigene) Störerrechtsprechung vom BGH selbst, was das Verhaltensunrecht angeht, zunehmend kritisch betrachtet, ohne dass sich eine neue Marschroute schon etabliert hätte. Im Bereich des Immaterialgüterrechts ist an eine Aufgabe allerdings nicht gedacht.[505]

419 §§ 14 Abs. 7 und 15 Abs. 6 MarkenG sowie § 8 Abs. 2 UWG regeln die **Haftung des Betriebsinhabers** wegen Verletzungshandlungen in seinem geschäftlichen Betrieb, die von einem Angestellten oder Beauftragten begangen worden sind und lassen einen Unterlassungsanspruch gegen den Betriebsinhaber zu.[506] Der Erfolg der Handlung muss dabei dem Betriebsinhaber zu gute kommen, der wiederum so gestellt sein muss, dass ihm ein Einfluss auf die Tätigkeit wenigstens möglich sein müsste. Unerheblich ist, ob dem Angestellten oder Beauftragten Entscheidungsfreiheit eingeräumt war[507] oder dieser sogar gegen eine Weisung des Betriebsinhabers gehandelt hat.[508]

420 Auf §§ 31, 89 BGB wird die Haftung für fremdes Verschulden gegründet, nach der Vereine und juristische Personen des öffentlichen und privaten Rechts für ihre Organe und andere verfassungsmäßig berufene Vertreter neben diesen selbst haften (**Repräsentantenhaftung**). Diese Repräsentantenhaftung ist in den letzten Jahren generell auch auf Führungskräfte erweitert worden, zu denen alle Personen gehören, denen durch die allgemeine Betriebsregelung und Handhabung bedeutsame, wesensmäßige Funktionen der Organisation zur selbstständigen, eigenverantwortlichen Erfüllung zugewiesen sind, ohne dass diese Stellung satzungsmäßig oder vertretungsmäßig ausgestaltet sein müsste.[509]

421 Es ist, soweit ersichtlich, in Literatur[510] und Rechtsprechung[511] unstrittig, dass die §§ 8–11 **TDG** weder direkt noch analog auf die DENIC oder andere Provider Anwendung finden, da die Frage der Inhaberschaft an Domainnamen kein inhaltlicher Aspekt sei, den diese Vorschriften regeln. Nicht hiermit zu verwechseln ist die Anwendbarkeit dieser Normen auf Domainnameninhaber hinsichtlich der **Inhalte**, die auf der Internetseite unter einem bestimmten Domainnamen abrufbar sind.[512]

---

[504] BGH GRUR 2009, 1093 – focus.de mit Anm. *Spieker* verneint im konkreten Fall die Haftung des Domainnamenverpächters; *Piper/Ohly/Sosnitza* § 8 Rn. 121.
[505] BGH GRUR 2004, 860 – Internetversteigerung, vgl. auch BGH GRUR 2009, 1093 – focus.de mit Anm. *Spieker*.
[506] Vgl. hierzu umfassend BGH CR 2009, 794 – Partnerprogramm mit Anm. *Rössel*.
[507] BGH GRUR 2000, 907 (1258,1261) – Filialleiterfehler.
[508] OLG München WRP 1989, 755 (756).
[509] *Köhler/*Bornkamm § 8 Rn. 2.19.
[510] *Bettinger/Freytag* CR 1999, 28 (31).
[511] OLG Frankfurt/M. MMR 2000, 36 – ambiente.de; LG München I MMR 2002, 691 (692) – lady-lucia.de.
[512] Vgl. hierzu z. B. LG Köln ZUM-RD 2002, 484 und die Berufungsinstanz OLG Köln ZUM-RD 2002, 487.

2. Besondere Fragen der Passivlegitimation im Streit um Domainnamen

a) Keine Haftung der DENIC

Der BGH hat in der Grundlagenentscheidung »ambiente.de« eine Haftung der DENIC verneint.[513] Die DENIC war auf Freigabe des Domainnamens verklagt worden, nachdem der Inhaber sich zwar zur Unterlassung, nicht aber zur Freigabe verpflichtet hatte.

Der BGH wies die Klage ab, da die DENIC weder unmittelbare noch mittelbare Kennzeichenverletzerin sei. Die Registrierung für einen Dritten sei keine Benutzung der Marke im geschäftlichen Verkehr.[514] In einer weiteren Entscheidung hat der BGH ergänzend festgestellt, dass die DENIC bei der Domainnamenregistrierung keine Prüfungspflichten treffe, auch nicht bei völlig eindeutigen, für jedermann erkennbaren Verstößen.[515] Der BGH hat ein Erkennenmüssen einer Kennzeichenverletzung nur für den Fall positiv angenommen, dass der DENIC ein **rechtskräftiger gerichtlicher Titel** gegen den Inhaber des Domainnamens, nicht den Admin-C,[516] vorgelegt wird oder wenn die Rechtsverletzung derart eindeutig ist, dass sie sich ihr aufdrängen muss.[517] Das LG Frankfurt hält Letzteres nur bei der identischen Übernahme berühmter Kennzeichen für denkbar.[518] Auch eine Unterlassungserklärung des Domainnameninhabers sei für die DENIC wenigstens dann nicht ausreichend, wenn sie das Zustandekommen des Unterlassungsvertrages nicht hinreichend beurteilen könne. Dies gilt ebenso für vorbeugende Unterlassungsansprüche. Auch die Lufthansa scheiterte mit ihrem verständlichen Versuch, die Denic zu verpflichten, keine ähnlichen Domainnamen zu registrieren.[519]

b) Haftung der Provider

Noch nicht abschließend geklärt ist die in der Praxis wichtige Frage, ob und inwieweit das Haftungsprivileg, das der BGH der DENIC eingeräumt hat, auch für Provider im Allgemeinen, oder wenigstens für diejenigen Provider gilt, die Mitglieder der DENIC sind und Domainnamenregistrierungen vermitteln.

Aus allgemeinen Vertragsgrundsätzen ergibt sich bereits, dass sich ein Provider dem Rechteinhaber gegenüber nicht darauf berufen kann, dass er seinem Kunden in seinen allgemeinen Geschäftsbedingungen die alleinige Verantwortlichkeit für die Beachtung von Namens- und Markenrechten Dritter auferlegt habe.[520]

Gegen eine Übertragung der sich aus der DENIC-Rechtsprechung des BGH ergebenden Grundsätze spricht auch, dass ein Provider im Gegensatz zur DENIC keine öffentliche Aufgabe erfülle und in Gewinnerzielungsabsicht handle.[521] Auch unter dem Gesichtspunkt der Kausalität lässt sich nicht abstreiten, dass der Provider einen Kausalbeitrag zur Verlet-

---

513 BGH WRP, 2001, 1305 – ambiente.de; krit. hierzu *Ubber* K&R 2001, 593.
514 Der BGH hat dies später auch für das Namensrecht bestätigt. Ein Gebrauch des Namens liegt durch die Registrierung des Domainnamens durch die DENIC nicht vor, BGH WRP 2004, 769 (770) – kurt-biedenkopf.de.
515 BGH WRP 2004, 769 (770) – kurt-biedenkopf.de.
516 Vgl. OLG Frankfurt/M. MMR 2010, 689 mit krit. Anm. *Welzel* – regierung-mittelfranken.de.
517 Dies hat das OLG Frankfurt/M. MMR 2010, 689 für den Domainnamen regierung-mittelfranken.de bejaht, kritisch hierzu *Welzel* MMR 2010. 691.
518 LG Frankfurt/M. MMR 2009, 772 – huk-coburg24.de, konkret bestätigend die Berufungsinstanz, aber nicht so eindeutig im Wortlaut OLG Frankfurt/M. MMR 2010, 699 – huk-coburg24.de.
519 LG Frankfurt/M. MMR 2009, 704 – Lufthansadomains.
520 LG Köln MMR 2001, 559 – guenter-jauch.de.
521 LG München I MMR 2002, 691 (692) – lady-lucia.de.

zung leistet.[522] Einige Gerichte haben jedenfalls für den Fall, dass der Domainnameninhaber nicht fassbar sei, eine Passivlegitimation des Providers angenommen.[523]

427 Allerdings dürfte, soweit kennzeichenrechtliche Sachverhalte zu entscheiden sind, auch der Provider regelmäßig schon kein Benutzer des fraglichen Kennzeichens sein. Was die Prüfungspflicht als Kriterium für die wettbewerbsrechtliche Störerhaftung angeht, ist nicht ersichtlich, wie denn ein Provider die Berechtigung eines Kunden an einem Domainnamen besser beurteilen können soll als die DENIC. Die, soweit ersichtlich, überwiegende Ansicht der Instanzgerichte verneint daher zutreffend eine generelle Haftung des Providers.[524] So hatte das OLG Köln im Anschluss an den BGH die Verletzung einer Prüfungspflicht für den Provider jedenfalls im entschiedenen Fall verneint, in dem der Domainname »günterjauch.de« (also ohne das »h« im Namen des bekannten Fernsehmoderators) infrage stand.[525] Es gebe auch für so bekannte Personen wie Günther Jauch keinen »diffusen Sonderrechtsschutz für Prominente«. Das OLG Hamburg verneinte eine Haftung eines Providers, der bei Einführung der Umlaut-Domainnamen auf einen Markenschutz hingewiesen worden war, im konkreten Fall schon wegen fehlender Offenkundigkeit der Rechtsverletzung.[526]

428 Die vermittelnde Meinung,[527] die zwar eine Anfangsprüfung ablehnt, jedoch für eine hinweisinduzierte Prüfungspflicht eintritt, mag für wettbewerbsrechtliche Sachverhalte eine Lösung darstellen. Bei kennzeichenrechtlichen Sachverhalten, die oft eine stark sachverhaltsorientierte Prüfung implizieren, ist auch dies nur bei offenkundigen Rechtsverletzungen zumutbar.

c) Der administrative Ansprechpartner (Admin-C)

429 Die Haftung des Admin-C gehört nach wie vor zu den umstrittensten Bereichen des Domainnamenrechts. In letzter Zeit lässt sich wieder ein leichtes Übergewicht der Gegner der Haftung ausmachen. Beenden können wird die Diskussion aber wohl nur der BGH.

aa) Die Funktion des Admin-C

430 Der administrative Ansprechpartner ist nach Ziff. VIII der DENIC-Domainrichtlinien die vom Domaininhaber benannte natürliche Person, die als sein Bevollmächtigter berechtigt und verpflichtet ist, sämtliche die Domain betreffenden Angelegenheiten verbindlich zu entscheiden und damit Ansprechpartner der DENIC ist. Sofern der Domaininhaber seinen Sitz nicht in Deutschland hat, ist der administrative Ansprechpartner zugleich dessen Zustellungsbevollmächtigter i. S. v. §§ 147 ZPO.[528] Die DENIC betont:[529]

> »Dass es den Admin-C überhaupt gibt, liegt daran, dass andernfalls allein der Domaininhaber rechtswirksame Erklärungen im Hinblick auf die Domain abgeben könnte. Das aber wäre insbesondere dann kaum praktikabel, wenn eine juristische Person wie etwa eine GmbH oder AG Domaininhaberin ist. Es wäre dann nämlich stets nur deren gesetzlicher Vertreter, also der Geschäftsführer oder der Vorstand, zu solchen Erklärungen in der Lage – oder es müsste der gesetzliche Vertreter außerhalb des Registrierungsverfahrens eine andere Person entsprechend bevollmächtigen. Weil diese Person dann aber nicht als Bevollmächtigter bei der DENIC registriert wäre, müsste sie bei jedem Tätigwerden der DE-

---

522 LG Köln MMR 2001, 559 – guenter-jauch.de; a. A. *Ernst* CR 2001, 625 (626).
523 OLG Hamburg K&R 2000, 138 – goldenjackpot.com; LG Bremen ZUM-RD 2000, 558 (559) – photodose.de.
524 Zuletzt OLG Hamburg MMR 2010, 470 mit Anm. *Stadler* – Störerhaftung beim Domain-Parking.
525 OLG Köln MMR 2002, 476 (477) – guenter-jauch.de.
526 OLG Hamburg CR 2005, 664 (665) – günstiger.de.
527 *Bettinger*/Leistner Rn. 143; OLG Hamburg GRUR-RR 2003, 332 – nimm2.com.
528 Schlägt die Zustellung an den Admin-C fehl, wird nicht etwa die DENIC passivlegitimiert. Der Registrierungsvertrag zwischen Denic und dem Domainnameninhaber ist kein Vertrag mit Schutzwirkung für Dritte, LG Hamburg MMR 2009, 708 – primavita.de.
529 S. http://www.denic.de/de/faq-single/562/247.html?cHash=b9ee0f8e77.

NIC oder dem die Domain verwaltenden Provider ihre Vollmacht nachweisen, und das wäre ausgesprochen umständlich.

Um dieses Problem zu lösen und so die Domainverwaltung möglichst einfach und effizient zu halten, hat die DENIC (wie nahezu alle anderen Domainregistrierungsstellen auch) die Institution des Admin-C geschaffen. In Gestalt des Admin-C lässt der Domaininhaber offiziell einen Bevollmächtigten bei der DENIC registrieren, der sodann im Namen des Domaininhabers Erklärungen abgeben kann, ohne im Einzelfall seine Vollmacht gesondert nachweisen zu müssen. Wie die Bezeichnung »Administrativer« Ansprechpartner bereits zeigt, beschränkt sich die Rolle des Admin-C allerdings auch auf eben diese administrative Funktion. Irgendwelche eigenen Rechte im Hinblick auf die Domain hat der Admin-C nicht; denn diese Rechte kommen allein dem Domaininhaber zu, der nach Ziffer VII Satz 1 der DENC-Domainrichtlinien der »an der Domain materiell Berechtigte« ist.

Als Bevollmächtigter des Domaininhabers ähnelt der Admin-C daher dem Bevollmächtigten, den der Anmelder bzw. Inhaber einer Marke nach § 76 Absatz 1 Satz 1 MarkenV dem Deutschen Patent- und Markenamt benennen kann und der dann den Ansprechpartner des Amtes darstellt.«

bb) Haftung des Admin-C

Ausgehend von der überkommenen Störerhaftung **befürworten** eine Haftung des Admin-C das Kammergericht, das OLG Hamburg, das OLG Stuttgart (siehe aber nun auch unter RN 436) und nun auch das OLG Koblenz[530] gegen den neueren Trend. In der Literatur fand diese Ansicht mehr und mehr Anhänger,[531] v. a. mit dem Argument, dass der Admin-C ja willentlich und adäquat kausal zum Verstoß beigetragen habe und verbindliche Entscheidungen treffen könne. **431**

Dagegen standen zunächst (nur) die Entscheidungen des LG Kassel und des OLG Koblenz,[532] die darauf abgestellt haben, dass der administrative Ansprechpartner als solcher nicht Inhaber des Domainnamens sei und die Domainnamenregistrierung typischer Weise nicht veranlasst habe. Seine Funktion diene der Vermittlung zwischen DENIC und Domaininhaber, soweit zwischen Letzterem und Admin-c keine Personenidentität besteht. Als Bevollmächtigter sei er nicht passivlegitimiert. Auch das Kammergericht lehnte in einer späteren Entscheidung Prüfungspflichten für den Admin-C der deutschen Tochter des Suchmaschinenbetreibers google.de für den Inhalt einer Website ab, hält aber die Inanspruchnahme des Admin-C dann (noch) für möglich, wenn nur durch die Löschung des Domainnamens der Unterlassungsanspruch erfüllt werden kann.[533] Neuerdings mehren sich jedoch wieder die Entscheidungen der Obergerichte, die zutreffend eine Haftung des Admin-C als Täter oder Teilnehmer einer Markenverletzung, aber auch als Störer verneinen.[534] Auch die eine Haftung ablehnende Ansicht wird in der Literatur mit Abweichungen untereinander unterstützt.[535] So spricht sich *Stadler* im Ergebnis gegen eine grundsätzliche Haftung des Admin-C als Mitstörer aus, soweit nicht ohnehin ein Fall der unmittelbaren Störerschaft vorliegt, etwa durch ein »Verschanzen hinter einer ausländischen Scheinfirma« oder bei kollusivem Zusammenwirken mit dem Domainnameninhaber. *Wim-* **432**

---

530 KG GRUR-RR 2001, 180 – checkin.com; OLG Hamburg K&R 2002, 610 (611) – rechtsanwalt.com; OLG Stuttgart K&R 2004, 399; OLG Koblenz MMR 2009, 549, s. a. LG Berlin 2009, 348 – bindan.de.
531 U. a. *Bücking* MMR 2000, 656 (663); *Seifert* S. 143; *Ingerl/Rohnke* nach § 15 Rn. 150 noch in der 2. Aufl., jetzt aber differenzierend; *Junker* JurPC (www.jurpc.de), Web-Dok. 98/2004; *Hoeren/Eustergerling* MMR 2006, 132; *Bücking/Angster* Rn. 381.
532 LG Kassel 15.11.2002, 7 O 343/02 – flugplatz-korbach.de; OLG Koblenz MMR 2002, 466 – vallendar.de, vgl. auch Anm. *Eckhardt* CR 2002, 282; so wohl auch *Rauschhofer*, JurPC (www.jurpc.de) Web-Dok. 23/2002, Abs. 4.
533 KG ZUM 2006, 461.
534 OLG Köln MMR 2009, 48; OLG Düsseldorf MMR 2009, 336; OLG München MMR 2010, 261; OLG Hamburg MMR 2007, 601 zur Störerhaftung des admin-c für Persönlichkeitsrechtsverletzungen.; OLG Stuttgart GRUR-RR 2010,12.
535 *Flechsig* MMR 2002, 347 (350); vgl. auch *Eckhardt* Anm. zu vallendar.de, CR 2002, 282; so wohl auch *Rauschhofer*, JurPC (www.jurpc.de) Web-Dok. 23/2002, Abs. 4; *Stadler* CR 2004, 521 (524); zuletzt *Wimmers/Schulz* CR 2006, 754; *Beier* Rn. 602.

mers/Schulze haben in einem instruktiven Aufsatz die dogmatischen und praktischen Probleme einer Admin-C Haftung herausgearbeitet.

433 **Vermittelnde** Stellungnahmen in der Literatur möchten die Passivlegitimation von der ausgeübten Funktion[536] bzw. den konkreten Entscheidungsbefugnissen[537] des Admin-C abhängig machen oder eine nach dem Domainnameninhaber subsidiäre Haftung annehmen.[538] Ein Mitarbeiter eines Unternehmens habe nur ausführenden Charakter und sei nicht passivlegitimiert. Sei er aber Geschäftsherr, sei er ohnehin passivlegitimiert.

434 Unabhängig von der Frage, inwiefern die Inanspruchnahme des Admin-C überhaupt sicher zum gewünschten Ziel führen kann, da der Admin-C seine Position beliebig aufgeben und vom Domainnameninhaber durch einen anderen ersetzt werden kann, ohne dass dadurch der Domainname gekündigt würde, weisen die vermittelnden Stellungnahmen, die auf interne Funktionen und Befugnisse abstellen, in die richtige Richtung, sind aber nach hiesiger Auffassung noch nicht hinreichend praktikabel, da sie für den Kläger nur schwer zu verifizieren sind. Wie nun auch die DENIC in ihren Erläuterungen zum Admin-C ausführt, ist der administrative Ansprechpartner im Fall eines ausländischen Domaininhabers ähnlich dem in § 96 MarkenG geregelten Inlandsvertreter zu sehen, der bei ausländischen Markeninhabern den Verkehr zwischen Amt und Markeninhaber oder Gegner und Markeninhaber vereinfachen soll. Soweit er nach oben gesagtem als Zustellungsbevollmächtigter i. S. v. § 174 ZPO angesehen wird, bestätigt dies die schon an anderer Stelle vertretene Auffassung,[539] dass er wie sonstige Bevollmächtigte auch, nicht selber passivlegitimiert ist. Auch was den inländischen Domainnameninhaber angeht, benutzt der Admin-C den Domainnamen weder im geschäftlichen Verkehr noch verletzt er eine Prüfungspflicht.

d) Der technische Ansprechpartner (Tec-C) und der Zonenverwalter (Zone-C)

435 Mit Ausnahme einer früheren anderslautenden Entscheidung des OLG Hamburg,[540] herrscht insoweit weitgehend Einigkeit, dass für diese Personen eine Passivlegitimation regelmäßig zu verneinen ist.[541]

e) Der Domainnameninhaber

436 Der Domainnameninhaber ist dagegen der »natürliche« Adressat eines Anspruchs, der auf den für ihn registrierten Domainnamen zielt.

437 Als Domainnameninhaber gilt auch derjenige, der ggf. zunächst aufgrund einer offensichtlich unrichtigen Eintragung in der Datenbank der DENIC falsch benannt ist.[542] Dies kann von Bedeutung für die »Priorität der Domainnamenregistrierung« sein.

438 Die Passivlegitimation des Domainnameninhabers soll bei fortbestehendem Eintrag in der Datenbank von DENIC auch nicht dadurch verlustig gehen, wenn dieser den Domainnamen (angeblich) bereits auf einen Dritten übertragen oder schuldrechtlich veräußert habe.[543]

439 **Exkurs:** Suche nach Domainnamen bzw. deren Inhabern mit Who-IS-Abfragen
- .de Domainnamen findet man unter http://www.denic.de/,

---

536 Hoeren/Sieber/*Viefhues* Rn. 347.
537 *Ubber* S. 252.
538 *Leistner/Stang* WRP 2008, 533, 545.
539 *Beier* Rn. 602.
540 OLG Hamburg K&R 2000, 138 (142) – goldenjackpot.com, das jedoch kumulativ auch die Kenntnis von der Rechtsverletzung verlangt und daher zum gleichen Ergebnis wie hier gelangt.
541 S. a. LG Bielefeld, ZUM-RD 2004, 365 – zig-on.com (u. a.); *Strömer* K&R 2004, 440; a. A. *Seifert* S. 144.
542 OLG Koblenz MMR 2002, 466 (467) – vallendar.de.
543 LG Mannheim K&R 1998, 558 (560) – brockhaus.de.

- .eu Domainnamen unter http://www.eurid.eu/und
- die meisten anderen Domainnamen unter http://www.allwhois.com/.

In dem Sonderfall der Vergabe eines Subdomainnamen haftet nicht nur der Subdomainnameninhaber für den Subdomainnamen in Alleinstellung und in Kombination mit dem Secondleveldomainnamen, soweit sich gerade aus der Kombination der Level der Verletzungsvorwurf ergibt, sondern u. U. auch derjenige, der den Subdomainnamen vergeben hat. Ist die SLD »escort« und der Subleveldomainname »Ford« in »www.ford.escort.de« haften sowohl der Domainnameninhaber als auch der Subleveldomainnameninhaber dem Rechteinhaber an der Marke »Ford Escort«, da beide als Domainnameninhaber (mit)verantwortlich sind.[544]

f) Zusammenfassung zur domainnamenspezifischen Passivlegitimation

Nach der hier vertretenen Auffassung ist nur der Domainnameninhaber bei einer **funktionsorientierten** Betrachtung passivlegitimiert. Das schließt nicht aus, dass die vorgenannten anderen Beteiligten bei der Registrierung eines Domainnamens im Einzelfall wegen besonderer Umstände aufgrund einer **verhaltensorientierten** Betrachtung passivlegitimiert sein können, da sie z. B. auch anderweitig den Domainnamen im geschäftlichen Verkehr benutzen oder entscheidenden Einfluss auf die Darstellung seiner Einbindung in die Internetseitenpräsentation nehmen.[545]

g) Partnerprogramme und Domainparking

aa) Partnerprogramme

Eine der vielen Verwertungsmöglichkeiten für Domainnamen ist das Affiliate-Marketing, auch Partnerprogramm genannt. Hier vermittelt ein entsprechender Online-Anbieter den Kontakt zwischen Werbetreibenden und dem Betreiber der Website (Partner; Affiliate). Der Partner setzt auf (s)einer Website einen Werbelink, oft als Banner gestaltet, der auf die Seite des Werbetreibenden verweist. Dafür erhält er eine Vergütung (z. B. Pay per click). Der Anbieter organisiert die Abrechnung, oftmals ermittelt er auch die Anzahl der Abrufe.

Während die jeweils eigene Haftung der Beteiligten auf der Hand liegt, bleibt die Zurechnung von Partner und Werbetreibendem zu untersuchen.

Begründbar erscheint eine **Haftung des Partners für den Werbetreibenden** nur über die Verletzung einer Prüfungspflicht. Dies wird in der Regel zu verneinen sein, da sich die Werbetätigkeit des Partners auf dessen eigene Seite beschränkt und ihm eine Überprüfung der Seite des Werbetreibenden nicht zumutbar ist.

Der BGH hat eine **Haftung des Werbetreibenden für den Partner** unter dem Gesichtspunkt der Betriebsinhaberhaftung des § 14 Abs. 7 MarkenG für die Internetseiten angenommen, die Gegenstand des Partnerprogramms sind, nicht aber weitere Seiten des Partners wie im entschiedenen Fall.[546]

bb) »Domainparking«

Hier gestaltet der Anbieter – abhängig vom Modell – die Website des Domainnameninhabers meist mit Link- oder Bannerwerbung. Der Inhaber des Domainnamens hält hier demnach i. d. R. keine eigenen Inhalte mehr vor. Dennoch bleiben er als Täter sowie nach hier

---

544 Zur Verantwortung für Inhalte unter einem Subdomainnamen *Flechsig* MMR 2002, 347.
545 So auch in der Tendenz *Stadler* CR 2004, 521; vgl. auch LG Potsdam 16.01.2002 – polizeibrandenburg.de, JurPC (www.jurpc.de), Web-Dok. 85/2002, Abs. 4.
546 BGH CR 2009, 794 – Partnerprogramm mit Anm. Rössel, vgl. hierzu auch die Anm. von *Steinberg* MarkenR 2010, 119; zu früheren Entscheidungen *Ernst/Seichter* WRP 2006, 810 (813).

vertretener Auffassung auch der Betreiber (str.)[547] als Störer mindestens für nicht generische Begriffe in der Haftung für das, was auf seiner bzw. der von ihm betreuten Website geschieht. Die Rechtsprechung lehnt bisher eine Haftung der Betreiber ab.[548] Liegt keine Betreuung vor, kann eine Störerhaftung des Anbieters mangels Prüfungspflicht scheitern.[549]

IV. Anspruchsinhalte

1. Der Unterlassungsanspruch

447 Der **verschuldensunabhängige** Unterlassungsanspruch steht auch im Domainnamenrecht im Mittelpunkt der Auseinandersetzung.

448 Voraussetzung des Unterlassungsanspruchs ist (in § 8 Abs. 1 UWG kodifiziert, ansonsten ungeschrieben) neben der Verwirklichung des jeweiligen Tatbestandes des materiellen Rechts das Vorliegen einer Wiederholungs- oder zumindest (Erst-) Begehungsgefahr.

a) Wiederholungsgefahr

449 Als Wiederholungsgefahr wird die Gefahr der erneuten Begehung einer konkreten Verletzungshandlung bezeichnet, die der Verletzer in gleicher Form bereits rechtswidrig begangen hat. So lässt z. B. die Benutzung des Domainnamens »ecolab.de« auch die Wiederholungsgefahr für die Verwendung der Domainnamen »ecolab.org« und »ecolab.info« entstehen.[550] Die Wiederholungsgefahr wird vermutet.[551]

450 Die Wiederholungsgefahr kann in aller Regel nur durch die Abgabe einer strafbewehrten, d. h. mit einem Vertragsstrafeversprechen versehenen Unterlassungs- und Verpflichtungserklärung ausgeräumt werden. Das bloße Versprechen künftiger Unterlassung, ein formeller Unterlassungsvertrag ohne Vertragsstrafe, die Geschäftsaufgabe oder Eintritt des Unternehmens in ein Liquidationsstadium, der Eintrag eines Dispute-Eintrags[552] oder die Änderung der Überschrift des Website-Angebots ohne Änderung des Domainnamens oder strafbewehrter Unterlassungserklärung[553] lassen demnach die Wiederholungsgefahr nicht entfallen.

b) Die Erstbegehungsgefahr

451 Die Erstbegehungsgefahr ist dagegen ein Zustand, bei dem ernsthafte und greifbare tatsächliche Anhaltspunkte dafür vorhanden sind, der Anspruchsgegner werde sich in naher Zukunft rechtswidrig verhalten.[554] Dies bemisst sich nach objektiven Maßstäben. Liegt eine Erstbegehungsgefahr vor, ist eine **vorbeugende Unterlassungsklage** möglich, die im Bereich der Domainnamen v. a. bei Registrierungen von Domainnamen, unter denen jedoch noch keine Internetseiten mit Inhalt abrufbar sind, von Bedeutung sind. Dabei muss sich die Erstbegehungsgefahr auf eine konkrete Verletzungshandlung beziehen. Die die Erstbegehungsgefahr begründenden Umstände müssen die drohende Verletzungshandlung so

---

547 Zutreffend *Leistner/Stang* WRP 2008, 533, 547; *Bettinger*, Handbuch Domainrecht, DE 1012.
548 OLG Hamburg MMR 2010, 470 mit Anm. *Stadler*; LG Düsseldorf 05.11.2008, 14c O 146/08 – elena.info; OLG Frankfurt/M. MMR 2010, 417; OLG München MMR 2010, 100 – tatonka.eu, das die Unterscheidung zwischen unterscheidungskräftigen und generischen Begriffen nicht für praktikabel hält.
549 LG Berlin MMR 2009, 218.
550 OLG Köln GRUR-RR 2006, 370 – ecolab.de.
551 *Köhler/Bornkamm* § 8 Rn. 1.33.
552 S. o. unter Rdn. 81; LG Mannheim K&R 1998, 558 (560) – brockhaus.de.
553 LG München I CR 2000, 464 (466) – intershopping.com.
554 Vgl. auch *Piper/Ohly/Sosnitza* § 8 Rn. 27 m. w. N.

konkret umreissen, dass sich für alle Tatbestandsmerkmale zuverlässig beurteilen lässt, ob sie verwirklicht sind.[555]

Auch die **Berühmung eines Rechts** kann eine Erstbegehungsgefahr begründen. Dies kann das Recht zur Benutzung eines Domainnamens, aber auch das Recht sein, einen Domainnamen an eine dritte Partei verkaufen zu wollen. Wird dies im Wirtschaftsleben angekündigt, wird damit die berechtigte Erwartung erweckt, dass die Ankündigung auch verwirklicht wird. Verteidigt sich der Beklagte im Prozess, zu einem Verhalten berechtigt zu sein, lässt dies nur dann eine Erstbegehungsgefahr entfallen, wenn der Beklagte klarstellt, dass dies nur zu Verteidigungszwecken geschieht. Wird auf diese zusätzliche Erklärung verzichtet, ist es denkbar, dass eine neue Erstbegehungsgefahr durch eine derartige Prozessstrategie begründet wird.[556] **452**

Vorbereitungshandlungen sind besonders geeignet, eine Erstbegehungsgefahr zu begründen. Hier sind insbesondere die Domainnamenregistrierungen zu erwähnen, bei denen auf den entsprechenden Internetseiten noch kein Inhalt abzurufen ist. Anders als bei der parallelen Problematik der Markenanmeldungen, bei denen sich schon aus dem Waren- und Dienstleistungsverzeichnis ergibt, wofür die Markenanmeldung benutzt werden soll, steht dem Domainnamen nicht notwendiger Weise seine spätere Benutzung auf der Stirn geschrieben. Für eine Markenanmeldung ist nämlich im Regelfall zu vermuten, dass eine Benutzung des Zeichens für die eingetragenen Waren oder Dienstleistungen in naher Zukunft bevorsteht, wenn keine konkreten Umstände vorliegen, die gegen eine solche Benutzungsabsicht sprechen. Die drohende Benutzung für die angemeldeten Waren oder Dienstleistungen kann dann die drohende Gefahr der Verletzung eines mit der Marke identischen oder ihr ähnlichen Kennzeichens begründen.[557] **453**

Heute ist anerkannt, dass entgegen vereinzelten früheren Entscheidungen[558] eine inhaltslose Internetseite allein im Fall markenrechtlicher Ansprüche keine Handhabe für eine prognostizierte Benutzung im Ähnlichkeitsbereich von Waren und Dienstleistungen bzw. für die Branchennähe bietet.[559] Eine Erstbegehungsgefahr kann in diesen Fällen nur dann angenommen werden, wenn es weitere, außerhalb des Internets liegende Hinweise auf eine ernsthaft geplante Benutzung gibt.[560] Zu erinnern ist daran, dass bei namensrechtlichen Ansprüchen bereits die Eintragung des Domainnamens ausreicht, um die Namensverletzung zu vollenden (s. Rdn. 293).[561] **454**

▶ **Beispiel:** Die bloße Anmeldung des Domainnamens »lotto-privat.de« erzeugt keine Erstbegehungsgefahr für ein Handeln im geschäftlichen Verkehr.[562] **455**

An den **Wegfall der Begehungsgefahr** werden geringere Anforderungen als bei der Wiederholungsgefahr gestellt. Hierfür reicht ein wirksamer »Actus contrarius«, also eine Aufgabe oder Rückgängigmachung der Vorbereitungshandlung aus,[563] eine strafbewehrte **456**

---

555 BGH GRUR 2008, 912 – metrosex.de; Z. B. LG Düsseldorf NJW-RR 1998, 979 (981) – epson.de.
556 Vgl. BGH WRP 1999, 1133 (1136) – Preissturz ohne Ende.
557 BGH GRUR 2008, 912 – metrosex.de.
558 LG Düsseldorf NJW-RR 1998, 979 (982) – epson.de; OLG Rostock ZUM-RD 2000, 459 – mueritz-online.de.
559 Vgl. nur OLG München ZUM 2000, 71 – tnet.de; OLG Düsseldorf GRUR-RR 2002, 20 (21) – t-box.de; OLG Frankfurt/M. WRP 2000, 645 (646) – weideglueck.de; *Bettinger/Leistner* Rn. 146.
560 *Nordemann* NJW 1997, 1891 (1893); beispielhaft OLG Hamburg MMR 2006, 476 – metrosex.de, das hier die geschäftlichen Aktivitäten des Beklagten analysiert; zu weiter gehenden Ansätzen in der Literatur vgl. *Beier* Rn. 615.
561 BGH MMR 2002, 382 (384) – shell.de.
562 OLG Köln WRP 2002, 244 (246) – lotto-privat.de; so auch LG Frankfurt/M. 10.10.2001, JurPC (www.jurpc.de), Web-Dok. 30/2002, Abs. 5 – digamma-portal.de; a. A. offenbar *Reinhart* WRP 2001, 13 (15).
563 Vgl. *Piper/Ohly/Sosnitza* § 8 Rn. 33 m. w. N.

Unterlassungserklärung ist dagegen nicht notwendig. Eine bloße Kündigung des Domainnamens gegenüber dem Provider ist aber dann nicht ausreichend, wenn diese nicht an die DENIC weitergeleitet wird.[564]

c) Die Reichweite des Unterlassungsanspruchs

457 Die Reichweite des Unterlassungsanspruchs wird in sachlicher, räumlicher und in gewisser Weise auch in zeitlicher Hinsicht durch die Wiederholungsgefahr bzw. die Erstbegehungsgefahr bestimmt.

458 Nach der Theorie des **Kerns der Verletzungshandlung**, »dem Charakteristischen«[565] werden von dem Unterlassungstenor auch andere als die konkret angegriffenen Verhaltensweisen erfasst, soweit sie im Kern gleichartig sind.[566]

459 ▸ **Beispiel:** Unterlassungsgebot für »alles-ueber-wein.de« erfasst auch »allesueber-wein.de«.[567]

460 Die Beurteilung, ob auch andere als die im Tenor entschiedenen »Vertipper«-Domainnamen von der Kerntheorie erfasst werden, ist oft schwierig. Das OLG Hamburg sah die Benutzung von »günstiher.de« oder »günatiger.de« als nicht mehr ohne Weiteres von dem Verbotstenor für »gübstiger.de« bzw. günstigert.de erfasst.[568]

461 In **räumlicher Hinsicht** erstreckt sich der Unterlassungsanspruch grundsätzlich auf das ganze Bundesgebiet. Ausnahmen sind im Bereich von Etablissementbezeichnungen oder – selten – bei nur territorial benutzten Unternehmenskennzeichnungen möglich.

462 Nach zutreffender Ansicht verstößt der Unterlassungsschuldner nicht gegen ein Unterlassungsgebot, wenn trotz Dekonnektierung der fragliche Domainname (oder die verbotene Werbung) noch als **Suchergebnis** bei einer Abfrage einer Suchmaschine erscheint.[569] Dies ist nur deswegen möglich, da die meisten Suchmaschinen die gefundenen Seiten für eine gewisse kurze Zeit zwischenspeichern. Der ehemalige Domainnameninhaber hat jedoch keinen Einfluss auf die Aktualisierung dieser Datenspeicher.

463 Auch in **zeitlicher Hinsicht** sind Beschränkungen des Unterlassungsanspruchs zu beachten. Soweit eine Interessenabwägung unter Beachtung des Grundsatzes der Verhältnismäßigkeit dies erfordert, sind **Aufbrauchs- und Umstellungsfristen** – sogar als teilweise klageabweisend[570] – zu gewähren. Ins Gewicht fallen aufseiten des Schuldners die ihm bei sofortiger Befolgung des Unterlassungsausspruchs drohenden Nachteile sowie ein Verschulden und der Umstand, ob und seit wann der Schuldner mit einem Verbot zu rechnen hatte. Für den Gläubiger spielen für die Zumutbarkeit einer Aufbrauchsfrist die Bedeutung und Folgen einer Verzögerung der sofortigen Durchsetzung des Verbots eine Rolle.[571]

2. Kein Übertragungsanspruch

464 Die vielfältigen Bemühungen der Praxis über die Jahre einen Anspruch auf Übertragung des Domainnamens als Folgenbeseitigungsanspruch aus §§ 823 Abs. 2, 1004 BGB,[572] aus § 8

---

564 Vgl. LG München I 21.10.1998, 1 HKO 16716/98 – muenchner-rueck.de.
565 LG Berlin K&R 2000, 91 (92) – fewo-online-direkt.de.
566 *Piper/Ohly/Sosnitza* § 8 Rn. 35.
567 A. A. LG Koblenz MMR 2000, 571 – alles-ueber-wein.de.
568 OLG Hamburg K&R 2009, 345 – günatiger.de.
569 LG Berlin K&R 2000, 91 (92) – fewo-online-direkt.de.
570 *Piper/Ohly/Sosnitza* § 8 Rn. 45.
571 *Piper/Ohly/Sosnitza* § 8 Rn. 42.
572 Z. B. LG Hamburg K&R 2000, 613 – audi-lamborghini.org und audi-lamborghini.net; LG München I CR 1997, 479 (480) – Juris.de; LG Saarbrücken 30.01.2001, JurPC (www.jurpc.de) Web-Dok. 175/01, 33 – show-agenturen-pool.de.

S. 2 PatG,[573] aus angemaßter Eigengeschäftsführung gem. §§ 687 Abs. 2, 681, 667 BGB,[574] aus Bereicherungsrecht gem. § 812 Abs. 1 S. 1 Alt. 2 BGB,[575] aus einer Analogie aus § 17 MarkenG oder als Rechtsfolge eines Schadensersatzanspruchs[576] zu begründen, hat der BGH in der Entscheidung shell.de[577] in grundsätzlicher Weise zurückgewiesen. Das wichtigste Argument des BGH hierbei war das fehlende absolute Recht auf die Domainnamenregistrierung, die nicht einer bestimmten Person zugewiesen sei.[578]

Diese aus Sicht der Praxis bedauerliche Weichenstellung, die durch den zunehmend nur eingeschränkt gewährten Freigabeanspruch (s. Rdn. 469) weiter an Bedeutung gewinnt, wird de lege lata nur durch den Gesetzgeber verändert werden können, hat jedoch die Instrumente der alternativen Streitbeilegung (s. Rdn. 480) wieder stärker in den Vordergrund gerückt, mit denen in ihrem Anwendungsbereich noch die in der Lebenswirklichkeit so wichtige Übertragung des Domainnamens erreicht werden kann. 465

3. Der Freigabeanspruch

Während offline eine Kennzeichnung in tatsächlicher Hinsicht von jedermann an jedem Ort verwendet werden kann, wird ein Domainname weltweit nur einmal vergeben und kann damit in der Regel nur von einer (juristischen) Person genutzt werden. 466

Nachdem der Übertragungsanspruch durch den BGH abgelehnt worden war, wurde der Anspruch auf Freigabe des Domainnamens,[579] der wegen des Verbots der Vorwegnahme der Hauptsache nur im Hauptsacheverfahren beantragt werden kann,[580] entscheidendes Element jeglicher Verletzungsklage im Domainnamenbereich. Wird die Verurteilung zur Freigabe rechtskräftig, muss der beklagte Domainnameninhaber gegenüber DENIC die Freigabe des Domainnamens beantragen. Besteht – wie regelmäßig – ein Dispute Eintrag für den Kläger, wird der Domainname dann auf ihn übertragen (Rdn. 44). Ansonsten wird der Domainname durch die DENIC gelöscht. Entgegen Stimmen in der Literatur[581] ist die vorherige Stellung eines Dispute-Eintrags allerdings keine Voraussetzung eines Freigabeanspruchs. 467

Die Instanzgerichte stützen den Freigabeanspruch u. a. auf § 1004 BGB analog,[582] auf §§ 826, 249 S. 1 BGB,[583] auf § 1 UWG,[584] da die verweigerte Freigabe trotz ausgesprochenem Unterlassungsgebot schikanös und damit wettbewerbswidrig sei. Die neuere Kommentarliteratur aus dem Wettbewerbsrecht folgt dieser Linie ohne Einschränkung.[585] 468

Nun begannen jedoch mehr und mehr Gerichte, in Abkehr von der bisherigen Praxis,[586] ungeachtet der Begründetheit des Unterlassungsanspruchs einen Freigabeanspruch zu vernei- 469

---

573 OLG München CR 1999, 382 – shell.de.
574 So *Kulejewski* S. 199 in Form eines »Umkonnektierungsanspruchs«.
575 Vgl. *Hackbarth* CR 1999, 384; *Fezer*, Markenrecht, § 3 Rn. 351; LG Braunschweig 14.06.2000, JurPC (www.jurpc.de) Web-Dok.229/2000, 9 – spacecannon.de.
576 So z. B. LG Braunschweig 14.06.2000, JurPC (www.jurpc.de) Web-Dok.229/2000, 9 – spacecannon.de; *Kiethe/Groeschke* WRP 2002, 27.
577 BGH MMR 2002, 382 (383) – shell.de.
578 Zu Einzelheiten vgl. *Beier* Rn. 626–628.
579 Auch Beseitigungs-, Verzichts- oder Löschungsanspruch genannt.
580 A. A. LG Wiesbaden 09.08.2000, JurPC (www.jurpc.de), Web-Dok. 26/2002.
581 *Kieser* K&R 2002, 537 (540).
582 LG Düsseldorf K&R 1999, 137 – alltours.de.
583 LG Berlin, Urt. v. 30.10.1997 – esotera.de – bei online-recht.de.
584 LG Köln MMR 2000, 46 – hauptbahnhof.de.
585 *Köhler*/Bornkamm § 4 Rn. 10.97; Harte-Bavendamm/Henning-Bodewig/*Omsels* § 4 Rn. 73.
586 Dafür u. a. LG Düsseldorf NJW-RR 1998, 979 (983), – epson.de; LG Mannheim K&R 1998, 558 (560) – brockhaus.de; LG Lüneburg CR 1997, 288 (289) – celle.de auf Gundlage des § 249 S. 2 BGB; LG Braunschweig CR 1998, 364 (367) – deta.com; LG Hamburg MMR 2000, 620 – joop.de; LG München I ZUM-RD 2002, 107 (108) – neuschwanstein.de; LG Berlin K&R 1998, 557, (558) technomed.de;

nen, da nicht ausgeschlossen werden könne, dass der Domainname in Zukunft – anders als in der Vergangenheit – in zulässiger Weise genutzt werde.[587] Man kann dies auch das **Verbot des Schlechthin-Verbots** nennen. Diese Praxis hat nun auch der BGH, ohne sich mit anderen Ansätzen in der Literatur zu beschäftigen, zumindest für das Kennzeichenrecht im engeren Sinn[588] bestätigt. Danach kann ein Freigabeanspruch nur dann gewährt werden, wenn jede Verwendung des Domainnamens – auch im Bereich anderer Branchen als derjenigen für die ein Zeichen geschützt ist – eine Rechtsverletzung nach § 14 Abs. 2, § 15 Abs. 2 MarkenG darstellt.[589] Das LG Hamburg hält im Anschluß an den BGH einen Freigabeanspruch nur dann für begründet, wenn schon das Halten der Domain-Namen durch die Beklagte für sich gesehen eine Rechtsverletzung darstellen würde.[590]

470 Auch der BGH hatte den Freigabeanspruch im Fall »shell.de«[591] zunächst bejaht und den dort auf § 12 S. 1 BGB gestützten Freigabeanspruch als Unterfall des Beseitigungsanspruchs gesehen und den Domainnameninhaber verpflichtet, gegenüber den DENIC auf den Domainnamen »shell.de« zu verzichten. In der »vossius.de« Entscheidung[592] hob der BGH dann jedoch bereits hervor, dass der Freigabeanspruch dem Unterlassungsanspruch folge. Letzterem war nur insoweit stattgegeben worden, als die Verwendung des Domainnamens geeignet war, Verwechslungen im geschäftlichen Verkehr hervorzurufen. Da der Unterlassungsanspruch daher weder eine Benutzung des Domainnamens an sich im geschäftlichen Verkehr noch wegen seines Charakters als bürgerlicher Name der Beklagten im privaten Verkehr in vollem Umfang erfasse, bestehe auch ein Freigabeanspruch nicht.

471 Unzutreffend ist dagegen die Entscheidung des OLG Oldenburg, in der auf Klage der Gemeinde Schulenberg einem Herrn Schulenberg verboten wurde, den Domainnamen »schulenberg.de« ohne Unterscheidungsmerkmal zu benutzen, aufgrund der »vossius.de« Entscheidung aber ein Freigabeanspruch verneint wurde.[593] Wenn Herr Schulenberg denn nicht berechtigt sein sollte, was angesichts des Gerechtigkeitsprinzips der Priorität in diesem Gleichnamigkeitsfall ohnehin zweifelhaft ist (s. o. Rdn. 312), den Domainnamen in Alleinstellung zu verwenden, muss der Gemeinde auch der entsprechende Freigabeanspruch zugestanden werden. Ansonsten würden Unterlassungs- und Freigabeanspruch entgegen der »vossius.de« Entscheidung auseinanderfallen.

472 Die Begründung des BGH zu »vossius.de« und die bislang (noch) fehlende Generalisierung der neuen Rechtsprechungslinie des BGH spricht dafür, die Reichweite des Unterlassungsanspruchs bzw. die Zuerkennung des Freigabeanspruchs im Lichte der denkbaren Konstellationen zu betrachten.

473 Das OLG Frankfurt gewährt einen Freigabeanspruch gegenüber **Domainnamengrabbern**, bei denen jede lautere Verwendung des geschützten Begriffs aufgrund des vorangegangenen Verhaltens des Domainnameninhabers ausgeschlossen erscheint.[594] Der Kläger

---

OLG Hamm MMR 2001, 749 (751) – veltins.com; LG Köln 10.06.1999, JurPC (www.jurpc.de) Web-Dok. 192/2000 – Bindestrich-Domain.
587 Zuletzt OLG Köln GRUR-RR 2010, 477; LG Hamburg K&R 2009, 61- wachs.de;; andeutend OLG Frankfurt/M. MMR 2003, 333 (335) – viagratip.de. Im Ergebnis auch dezidiert *Boecker* GRUR 2007, 370.
588 In Treuhandverhältnissen greift aber sogar ein Umschreibungsanspruch durch, da hier der Treugeber, der sich nach § 667 BGB durchsetzt, nicht mit dem Risiko eines dazwischen tretenden Dispute-Eintrag-Inhabers belastet werden soll, BGH MMR 2010, 757 – braunkohle-nein.de.
589 BGH GRUR 2010, 235 – aidu.de.
590 LG Hamburg I MMR 2010, 258.
591 BGH MMR 2002, 382 (383) – shell.de.
592 BGH MarkenR 2002, 190 (192) – vossius.de.
593 OLG Oldenburg MMR 2004, 34 – schulenberg.de; krit. hierzu *Mietzel* MMR 2004, 234.
594 OLG Frankfurt/M. GRUR-RR 2001, 264 (266) – weltonline.de.

könne also in diesen Fällen ein Schlechthinverbot beantragen und nicht etwa nur verlangen, die fragliche Bezeichnung im jeweils durch das Kennzeichenrecht geschützten Bereich zu benutzen. Auch andere Gerichte verlangen wenigstens konkrete Anhaltspunkte, die auf eine solche Tätigkeit hindeuten.[595]

Dagegen werden sich Ansprüche wegen **Irreführung** durch generische Domainnamen in der Regel dem Freigabeanspruch entziehen, da die Irreführung häufig nur im Zusammenhang mit der änderbaren Internetseite beurteilt werden kann.

474 Handelt es sich bei der geltend gemachten Marke allerdings um eine berühmte oder **bekannte Marke i. S. d. § 14 Abs. 2 Nr. 3 MarkenG**, erfasst schon der Unterlassungsanspruch Waren und Dienstleistungen außerhalb des Ähnlichkeitsbereichs, sofern die übrigen Tatbestandsvoraussetzungen vorliegen, sodass hier ein Freigabeanspruch diskutiert werden kann.[596]

Ähnliches kann sich bei Anwendung des § 15 Abs. 3 MarkenG für **bekannte geschäftliche Bezeichnungen** ergeben. Auch bei **firmenrechtlichen Ansprüchen** gem. § 15 MarkenG kann sich die Zulassung des Freigabeanspruchs durch die weit auszulegende Branchennähe ergeben.[597]

Für das **Namensrecht** stellt sich die Problematik – mit Ausnahme des Rechts der Gleichnamigen (s. o. Rdn. 302 ff.) – derzeit nicht, da hier bereits die Registrierung und nicht erst die Benutzung einen unbefugten Namensgebrauch darstellt.[598] Dies kann nur durch Löschung des Domainnamens abgestellt werden.[599]

475 Die wesentliche Anwendungsbereich eines ggf. zu weit gehenden Freigabeanspruchs ist daher das Markenrecht i. e. S. Hier kommt der Grundsatz zur Geltung, dass eine Freigabe nicht verfügt werden kann, wenn der Domainname in zulässiger Weise anders in Zukunft benutzt werden kann. Dies bedeutet jedoch nicht zwangsläufig, dass jede denkbare und vom Beklagten behauptete anderweitige Benutzung sofort den Freigabeanspruch entfallen lassen muss. An anderer Stelle wurde näher dargestellt, dass in diesen Fällen eine Analogie zu §§ 49, 55 MarkenG (Verfall) in dem Sinne weiterhelfen kann,[600] dass nämlich nur Benutzungen bzw. entsprechende Vorbereitungshandlungen, die vor Abmahnung bzw. Klage aufgenommen wurden, der Prüfung zu Grunde gelegt werden.

476 Die **Vollstreckung des Freigabeurteils** setzt nach Auffassung des OLG Nürnberg und des OLG Köln keinen Antrag auf Abgabe einer nach § 894 ZPO vollstreckbaren Willenserklärung, sondern einen Beseitigungsantrag voraus, der das Ziel verfolgt, den Gegner zu zwingen, geeignete Maßnahmen zur Rückgängigmachung der Registrierung zu ergreifen.[601] Die andere zutreffende Auffassung befürwortet – analog zur Markenlöschung – die Anwendung des § 894 ZPO.[602] Hier gilt die Einwilligung in die Löschung mit rechtskräftigem Urteil als abgegeben.

---

595 Vgl. ähnlich OLG Köln WRP 2002, 249 – freelotto.de; MMR 2003, 114 (118) – lottoteam.de; OLG München MMR 2003, 398 – fluessiggas-bayern.de, verlangt ein berechtigtes Interesse des Beklagten.
596 Hieran zweifelt BGH WRP 2007, 1193 – euro-telekom.de.
597 Vgl. *Bettinger*/Leistner Rn. 152.
598 BGH MMR 2002, 382 (383) – shell.de. und MMR 2003, 726 – maxem.de.
599 Siehe z. B. OLG Rostock MMR 2009, 417 – braunkohle-nein.de.
600 Näher hierzu *Beier* in: FS Pagenberg, S. 99.
601 OLG Nürnberg CR 2001, 54, Freigabe I (V); OLG Köln MMR 2002, 471 – drogerie.de II; wohl auch LG München I MMR 2001, 61 – Freigabe II.
602 So auch *Seifert* S. 161.

4. Weitere Ansprüche

477 Die Ansprüche auf **Schadensersatz** sind in den §§ 14 Abs. VI, 15 Abs. 7 MarkenG bzw. § 9 UWG geregelt. Liegt kein Verschulden vor, kann der Verletzte, wie im gesamten Bereich des gewerblichen Rechtschutzes auch, einen **Bereicherungsanspruch** auf Grundlage des § 812 Abs. 1 2. Alternative BGB (Eingriffskondition) geltend machen, da der Verletzer die Kennzeichenbenutzung ohne Bezahlung einer angemessenen oder üblichen Lizenzgebühr erlangt hat. Ansprüche auf **Auskunft** können sich aus § 19 MarkenG, für das UWG auch aus § 242 BGB ergeben. Da sich, was diese Ansprüche angeht, bislang keine domainnamenspezifische Probleme herausgebildet haben, wird auf eine nähere Darstellung hier verzichtet und auf die allgemeine Kommentarliteratur hierzu verwiesen.

478 **Exkurs Recherchen:**

Hinzuweisen ist in diesem Zusammenhang auf die Möglichkeit, Kennzeichen mit Wirkung für Deutschland vor Aufnahme der Benutzung eines Domainnamens zu recherchieren. Dies kann einen Einfluss auf den Grad des Verschuldens haben, das Voraussetzung des Schadensersatzanspruches hat. **Identitätsrecherchen** können selbst online durchgeführt werden. Entsprechende Datenbanken findet man für Gemeinschaftsmarken unter http://oami.europa.eu/CTMOnline/RequestManager/de_SearchBasic_NoReg, für deutsche Marken unter http://register.dpma.de/DPMAregister/marke/einsteiger sowie für Internationale Registrierungen unter http://www.wipo.int/ipdl/en/search/madrid/search-struct.jsp. **Ähnlichkeitsrecherchen**, die aufwendige Software voraussetzen, sind dagegen nur über hierauf spezialisierte Rechercheunternehmen möglich. Deren Ergebnisse werden dann typischer Weise durch einen im Kennzeichenrecht erfahrenen Praktiker auf wirklich relevante Marken durchgesehen. Grob fahrlässig dürfte jeder handeln, der nicht mindestens eine Identitätsrecherche vor Benutzung seines Domainnamens durchführt.

5. Domainnamen-Sharing

479 Hingewiesen wird nur kurz auf das v. a. von *Viefhues* juristisch entwickelte Institut des Domainnamen-Sharing, das die gemeinsame Nutzung eines Domainnamens durch mehrere Personen betrifft. Obwohl der BGH später festgestellt hat, dass für eine derartige Teilhabe Dritter keine rechtliche Grundlage ersichtlich ist,[603] eignet sich das Institut nach wie vor trefflich, um ggf. langwierige Rechtsstreitigkeiten zu vermeiden.[604]

> **Beispiel:** Den Domainnamen »kaefer.de« teilen sich das Münchner Feinkostunternehmen Käfer und der Autohersteller Volkswagen für sein langjähriges Erfolgsmodell.

I. Internationale Schiedsgerichtsbarkeit

1. Einleitung

480 Die Internationale Schiedsgerichtsbarkeit, in Zusammenhang mit Domainnamen Alternative Dispute Resolution (ADR) genannt, hat durch die massenhaften Kennzeichenverletzungen internationalen Zuschnitts eine neue Blüte erlangt. Die für Deutschland maßgeblichen Systeme sind die **Uniform Domainname Dispute Resolution Policy** (UDRP) und neuerdings das auf Grundlage der Verordnung (EG) 874/2004 eingeführte **Alternative Streitbeilegungssystem für .eu Domainnamen**.

---

603 BGH MMR 2001, 666 – mitwohnzentrale.de.
604 Zu technischen und vertraglichen Besonderheiten vgl. Kilian/Heussen/*Koch* Nr. 24 Rn. 367 ff.

II. Die alternative Streitbeilegung nach der UDRP

Bevor nachfolgend auf die Einzelheiten eingegangen wird, sollen die Vor- und Nachteile der ADR-Verfahren kurz dargestellt werden. ADR-Verfahren sind schneller und günstiger als traditionelle Gerichtsverfahren und stellen im Gegensatz zur deutschen Rechtslage in den meisten Fällen die Übertragung des streitigen Domainnamens in Aussicht. Der Kläger hat zudem die Gewissheit, den Domainnamengrabber wenigstens virtuell zu fassen. Der Ablauf des Verfahrens ist ökonomisch, Reisekosten fallen nicht an. Die Nachteile liegen in dem Umstand, dass die erwähnten Regelungswerke mehr (UDRP) oder weniger (Verordnung (EG) 874/2004) auf typische Bösgläubigkeitskonstellationen beschränkt sind und daher nicht für jeden Domainnamenstreit geeignet sind. Weiterhin werden die UDRP-Verfahren und auch die meisten .eu ADR-Verfahren auf Englisch durchgeführt. Schlussendlich bergen die nur quasi-justizförmigen Verfahren die allgemein bekannten Risiken unerfahrener Schiedsrichter und ungewohnter Rechtsdogmatik. 481

Hingewiesen wird auf die nach wie vor sehr lesenswerte Studie des kanadischen Professors der Rechte *Michael Geist*, die 2001 unter dem provozierenden Titel »Fair.com?: An examination of the allegations of systemic unfairness in the ICANN URDP«[605] erschien, zu der inzwischen ein Update vorliegt. Seine Kernthesen waren, dass die WIPO wegen ihrer antragstellerfreundlichen Rechtsprechung ihrer Schiedsrichter am häufigsten als Schiedsgericht gewählt werde und dass die Chance für den Antragsteller deutlich höher sei bei Inanspruchnahme eines Einzelschiedsrichters als eines dreiköpfigen Schiedsgerichts. Trotz allen berechtigten Lobs für die Qualität und Effizienz der ADR-Systeme sollten diese Ergebnisse ernst genommen werden, um die ADR-Verfahren im Rahmen des möglichen noch vorhersehbarer und transparenter zu gestalten. 482

II. Die alternative Streitbeilegung nach der UDRP

ICANN hatte schon früh ein internationales Streitbeilegungssystem geschaffen, das nunmehr seit etlichen Jahren zu einem erfolgreichen und vielgenutzten Institut geworden ist.[606] Die WIPO hat seit Einführung der ADR – Verfahren bald 20.000 Fälle betreut. 483

1. Schiedsstellen

Derzeit stehen vier durch ICANN akkreditierte Schiedsstellen für Verfahren nach der UDRP zur Verfügung. 484

Die an Fällen und Einfluss auf die Rechtsprechung bedeutendste davon ist die Weltorganisation für geistiges Eigentum (World Organization for Intellectual Property – **WIPO**) mit Sitz in Genf.[607] Von amerikanischen Antragstellern gerne in Anspruch genommen wird das National Arbitration Forum (**NAF**) mit Sitz in Minneapolis.[608] Im asiatischen Raum wurde das **Asian Domainname Dispute Resolution Center** mit Büros in Peking, Hongkong und Seoul im Jahr 2002 akkreditiert. Der jüngste Anbieter ist der Tschechische Schiedsgerichtshof in Prag,[609] der auch Schiedsverfahren für .eu anbietet und als UDRP – Anbieter in 2009 akkreditiert wurde. 485

---

605 Herunterladbar unter http://aix1.uottawa.ca/~geist/geistudrp.pdf, siehe hierzu auch *Hoffmann* Mitt. 2002, 261 (265).
606 Zur geschichtlichen Entwicklung vgl. *Beier* Rn. 713 f.
607 S. http://www.wipo.int/amc/en/domains/.
608 S. http://domains.adrforum.com.
609 S. http://www.adr.eu/.

2. Das Schiedsgerichtsverfahren

486 Das Schiedsgerichtsverfahren und die materiellen Regeln werden hier auf Grundlage der Entscheidungspraxis der für den europäischen Domainnamenstreit wichtigsten Schiedsstelle, der WIPO dargestellt.

487 Das Verfahren dauert etwa 50 Tage. Während des Verfahrens wird der Domainname eingefroren, d. h., er soll weder gelöscht, übertragen, aktiviert oder deaktiviert werden.[610]

a) Rechtsgrundlagen, Geltung und Anwendungsbereich

488 Das materielle Recht ist in der **UDRP**, das Verfahrensrecht in den Rules for Uniform Domain Name Dispute Resolution Policy (**RUDRP**) geregelt. Für Verfahren bei der WIPO gelten ergänzend die Regeln der **WIPO-Schiedsverfahrensordnung**.[611]

489 Die UDRP ist ihrem Text nach nicht auf bestimmte TLD beschränkt und kann daher von entsprechenden Registraren der jeweiligen TLD für ihre TLD für verbindlich erklärt werden.

490 Die UDRP gilt nach Auffassung der Schiedsgerichte auch für solche Domainnamen mit der TLD ».com«, ».org« und ».info«, die vor Inkrafttreten der UDRP eingetragen wurden, da sich die Domainnameninhaber wenigstens durch die Erneuerung des Registrierungsvertrages durch Einzahlung der Jahresgebühren der UDRP unterworfen haben.[612] Geltungsgrund ist die Einbindung der UDRP in die Registrierungsverträge, die der Anmelder abschließt, durch die sich der Anmelder den UDRP unterwirft und die Schiedssprüche anerkennt.

491 Derzeit ist die UDRP anwendbar für die generischen TLD .com, .net, .org, .asia, .biz, .cat, .jobs, .mobi, .travel, .tel, .info, .name, .coop, .museum, .pro, und aero.[613] Darüber hinaus haben sich einige Registrare geographischer TLD dazu entschlossen, die UDRP entweder direkt anzuwenden oder ein eigenes materielles und formelles Schiedsverfahren in Anlehnung an die UDRP einzuführen. Dazu gehören Länder wie z. B. Australien, Mexiko, die Niederlande, Spanien und Frankreich. Auch hier fungiert die WIPO als Schiedsgericht.[614]

b) Gebühren der WIPO[615]

492 Für ein Verfahren mit einem einzelnen Schiedsrichter muss man US$ 1.500,- bis US$ 2.000,-, abhängig von der Anzahl der Domainnamen bezahlen. Für ein Dreierschiedsgericht liegen die Preise zwischen US$ 4.000,- und US$ 5.000,-. Ab zehn Domainnamen entscheidet die Schiedsstelle über die Höhe der Gebühren.

c) Verfahrenseinleitung[616]

493 Das Verfahren wird mit einem **Antrag** (complaint) des Antragstellers oder der Antragsteller[617] auf Entscheidung des Falles nach den UDRP und den RUDRP eingeleitet. Die Antragsschrift muss nach der jüngsten Reform elektronisch übermittelt werden (Art. 3 (b) der RUDRP). Der Antrag kann von jeder natürlichen oder juristischen Person gestellt werden. Anwaltszwang besteht nicht. Antragsberechtigt ist nicht nur der Markeninhaber, son-

---

610 Ziff. 7 UDRP; vgl. auch Ziff. 8 UDRP.
611 S. http://arbiter.wipo.int/domains/rules/supplemental/index.html.
612 WIPO D2000–0014, Entsch. v. 15.03.2000 – theeconomicstimes.com.
613 Vgl. die Übersicht unter http://arbiter.wipo.int/domains/gtld/udrp/index.html.
614 Vgl. http://www.wipo.int/amc/en/domains/cctld/.
615 S. http://arbiter.wipo.int/domains/fees/index.html.
616 Ziff. 3 RUDRP.
617 Vgl. Mucos Emulsions, GmbH and Marlyn Nutraceuticals, Inc. v. Esex.org and Kim Taeho, Case No. D2000–1513, Entsch. v. 24.04.2001.

II. Die alternative Streitbeilegung nach der UDRP

dern auch der Lizenznehmer.[618] Die **Verfahrenssprache** richtet sich nach dem zugrunde liegenden Registrierungsvertrag[619] und ist in aller Regel Englisch. Das Schiedsgericht kann die Übersetzung anderssprachiger Eingaben oder Dokumente anordnen. In beiderseitigem Einverständnis kann auch eine andere Sprache vereinbart werden,[620] soweit der Schiedsrichter ihrer mächtig ist. Denkbar sind hier auch sog. »Class complaints«, die nach Auffassung des jüngsten Anbieters von UDRP – Schiedsverfahren, dem tschechischen Schiedsgerichtshof, voraussetzen, das im Wesentlichen die gleichen rechtlichen Argumente für alle angegriffenen Domainnamen gelten, eine Person nachweislich mehrere Unternehmen als Beschwerdeführer vertritt und im Ergebnis im Fall des Obsiegens jeder Beschwerdeführer nur denjenigen Domainnamen übertragen erhält, gegenüber dem er bessere Rechte hat.[621]

Neben den eigenen **Adress- und Kommunikationsdaten** sowie etwaigen Angaben zu einem Vertreter muss der Antragsteller auch alle Adressdaten des Antragsgegners, die ihm bekannt sind, sowie die von ihm bevorzugte Kommunikationsart angeben. Antragsgegner ist grundsätzlich der Domainnameninhaber. **494**

Der Antragsteller muss sich entscheiden, ob er ein **ein- oder dreiköpfiges Schiedsgericht** anrufen will. Wählt der Antragsteller ein dreiköpfiges Schiedsgericht, muss er die gesamten **Kosten des Verfahrens** tragen. Nur wenn das dreiköpfige Schiedsgericht nur vom Antragsgegner gewünscht wird, werden die entstehenden Gebühren zwischen den Parteien geteilt. Wählt der Antragsteller nur ein einköpfiges Schiedsgericht und besteht der Antragsgegner nicht auf drei Schiedsrichtern, wählt die Schiedsstelle aus ihrer Liste einen Schiedsrichter aus.[622] Die WIPO wählt Schiedsrichter aus, die ihrer Herkunft und Ausbildung nach ausreichende Bezüge zum Rechtsstreit haben. Wählt der Antragsteller ein Schiedsgericht mit drei Schiedsrichtern, kann er aus der Liste der akkreditierten Schiedsrichter von einer der durch die ICANN anerkannten Schiedsstellen drei Kandidaten in seiner bevorzugten Reihenfolge[623] vorschlagen, von denen später einer am Verfahren teilnehmen wird. Der zweite Schiedsrichter wird dann einer Liste entnommen, die der Antragsgegner mit seiner Erwiderung einreichen kann. Hinsichtlich des dritten Schiedsrichters, der den Vorsitz führt, wählt die WIPO aus ihrer Liste 5 Kandidaten aus, die den Parteien zur Stellungnahme übersandt wird. Sofern sich die Parteien nicht auf den Vorsitzenden einigen,[624] wählt die WIPO den dritten Schiedsrichter aus, wobei die Stellungnahmen der Parteien angemessen berücksichtigt werden müssen. **495**

Für alle **Schiedsrichter** gilt, dass sie keine Interessenkonflikte haben dürfen, was durch entsprechende Erklärungen der Schiedsrichter den Schiedsstellen gegenüber vor Bestellung in dem konkreten Fall versichert wird.[625] Die WIPO legt hierbei einen strengen Maßstab an. **496**

Weitere **notwendige Angaben** sind die **Angabe des/der Domainnamen**,[626] der/die Gegenstand des Antrags sind sowie der **Namen der Registrare**, bei denen diese Domainnamen verwaltet werden. Außerdem müssen die geltend gemachten **Kennzeichenrechte** **497**

---

618 Telcel, C. A. v. jerm and Jhonattan Ramírez, Case No. D2002–0309, Entsch. v. 05.06.2002 – telcelbellsouth.com.
619 Ziff. 11 RUDRP; Novartis AG v. Oscar Tejero, Case No. D2001–1336, Entsch. v. 11.01.2002.
620 Vgl. z. B. Studienkreis GfM v. STUDIENKREIS Bildungsmanagement GmbH, Verfahren Nr. D2002–0153, Entsch. v. 30.04.2002 – studienkreis.net.
621 S. Art. 4a der UDRP Supplemental Rules; http://www.adr.eu/arbitration_platform/udrp_supplemental_rules.php.
622 Ziff. 6 (b) RUDRP.
623 Ziff. 7 (a) der Supplemental Rules of WIPO.
624 Ziff. 7 (b) (iii) der Supplemental Rules of WIPO.
625 Ziff. 7 RUDRP.
626 Vgl. die 122 Domainnamen in Dell Computer Corporation v. Alex and Birgitta Ewaldsson, Case No. D2000–1087, Entsch. v. 24.11.2000.

sowie die Waren- und Dienstleistungen, für die das Kennzeichen eingetragen bzw. benutzt worden ist, benannt werden. Die **Begründung** muss alle Anspruchsvoraussetzungen der UDRP behandeln und den begehrten Schiedsspruch enthalten. Im Übrigen gehören **Angaben über Streitigkeiten der Parteien vor ordentlichen Gerichten** vor und während des Schiedsverfahrens zur Informationspflicht des Antragstellers. Das Schiedsgericht kann das Schiedsverfahren in diesem Fall aussetzen, wobei die Entscheidung allerdings bei Identität des Streitgegenstandes analog Ziff. 4 k. UDRP nicht umgesetzt werden darf. Der Antragsteller muss bestätigen, dass er eine Kopie des Antrags an den Antragsgegner gesandt hat. Die WIPO verlangt zusätzlich auch eine Benachrichtigung des Registrars.[627]

498 Wesentlicher Bestandteil der Antragsschrift ist die Erklärung des Antragstellers, die ausschließliche Gerichtszuständigkeit eines von zwei vorgegebenen Gerichten für den Fall anzuerkennen, dass die Entscheidung des Schiedsgerichts, den streitgegenständlichen Domainnamen zu löschen oder zu übertragen, angegriffen wird. Dies sind das Wohnsitzgericht des Domainnameninhabers gem. Eintragung in der Domainnamendatenbank zum Zeitpunkt der Zustellung der Antragsschrift zur Schiedsstelle und das Gericht, das örtlich und sachlich für die einschlägige Registrierungsstelle zuständig ist.

499 Sog. »**Refiling of Complaints**« werden nur dann zugelassen, wenn entweder weitere Handlungen des Antragsgegners zu verzeichnen sind[628] oder neue Beweismittel vorgebracht werden können.[629] Auf der anderen Seite kennt die UDRP eine Verwirkung von Ansprüchen nicht.[630]

500 Zuletzt muss mit einem vorgeschriebenen Wortlaut (Ziff. 3 (b) (xiv) RUDRP) der **Verzicht auf Ansprüche** gegen die ICANN, den Registrar und die Schiedsstelle sowie gegen das Schiedsgericht erklärt werden. Bei vorsätzlichem Verhalten gilt dies nicht für die Schiedsstelle und die Schiedsrichter.

d) Prüfung und Weiterleitung der Antragsschrift durch die Schiedsstelle

501 Nach der Formalprüfung durch die WIPO und Einzahlung der Verfahrensgebühren wird die Antragsschrift weitergeleitet. Behebt der Antragsteller von der Schiedsstelle beanstandete Mängel nicht binnen fünf Tagen, gilt der Antrag als zurückgenommen.

e) Erwiderung durch den Antragsgegner

502 Innerhalb von 20 Tagen ab Absendung der Antragsschrift durch die Schiedsstelle bzw. nach Kenntnis des Antragsgegners, je nachdem was früher eintritt, muss die Erwiderung des Antragsgegners eingehen (Ziff. 2 (a) RUDRP). Diese Frist kann durch das Schiedsgericht in begründeten Fällen verlängert werden.[631] Auch verspätete Erwiderungen können im Einzelfall akzeptiert werden.[632] Die Erwiderung ist, was die notwendigen Angaben angeht, im Wesentlichen spiegelbildlich zur Antragsschrift abzufassen.[633] Reicht der Antragsgegner keine Erwiderung ein, trifft das Schiedsgericht seine Entscheidung allein auf Grundlage

---

627 Ziff. 4 (b) der Supplemental Rules of WIPO.
628 AB Svenska Spel v. Andrey Zacharov, Case No. D2003–0527, Entsch. v. 02.10.2003.
629 Creo Products Inc. v. Website In Development, Case No. D2000–1490, Entsch. v. 26.01.2001, creo-scitex.com.
630 Ferrari S. P. A., Fila Sport S. P. A., v. Classic Jack, D2003–0085, Entsch. v. 15.04.2003 – ferrari-fila.com.
631 Ziff. 5 (d) RUDRP; Rothschild Bank AG, N M Rothschild & Sons Limited and Rothschild Continuation Holdings AG v. Rothchild Corporation and Rothchild Internet Development Corporation SA de CV/Joseph Martin Rothchild, Case No. D2001–1112, Entsch. v. 15.01.2002.
632 Emmanuel Vincent Seal trading as Complete Sports Betting v. Ron Basset, Case No. D2002–1058, Entsch. v. 26.01.2003 – completesportsbetting.com.
633 Vgl. i. E. Ziff. 5 RUDRP.

der Antragsschrift. Eine fehlende Erwiderung wird zum Teil als Indiz für das Vorliegen einer missbräuchlichen Anmeldung des Domainnamens gewertet.[634]

f) Das Schiedsgerichtsverfahren und die Entscheidung des Schiedsgerichts

Anträge oder weitere Schriftsätze können nur über die Schiedsstelle an das Schiedsgericht gelangen. Keine Partei oder deren Repräsentant soll einseitigen Kontakt zum Schiedsgericht haben (Ziff. 8 RUDRP). 503

Das Schiedsgericht ist absoluter Herrscher über das Verfahren (Ziff. 10 RUDRP) und soll nun auf Grundlage der Erwiderung innerhalb von 14 Tagen seit seiner Einsetzung über den Antrag entscheiden, wobei es gem. Ziff. 15 (e) RUDRP auch zu prüfen hat, ob das Verfahren dazu missbraucht wurde, einen Domainnamen unberechtigt in bösem Glauben zu erlangen (**Reverse Domainname Hijacking**). 504

Das Schiedsgericht kann ergänzende Fragen stellen. Persönliche Anhörungen finden regelmäßig nicht statt. Bei dreiköpfigen Schiedsrichtergremien ergehen die Entscheidungen mit einfacher Mehrheit, abweichende Meinungen (»dissenting opinions«) werden veröffentlicht.[635] 505

Allein mögliche **Schiedssprüche** sind die Löschung oder die Übertragung des streitgegenständlichen Domainnamens an den Antragsteller sowie die Zurückweisung des Antrags. Eine (vorzeitige) Einigung der Parteien ist möglich (vgl. Ziff. 17 RUDRP). 506

Die Entscheidung wird der Schiedsstelle vorgelegt, die diese innerhalb von drei Tagen an die Parteien, ICANN und an den Registrar weiterleitet. Die Entscheidung wird im Internet veröffentlicht. 507

Nach Ablauf einer Frist von zehn Arbeitstagen[636] seit Zustellung der stattgebenden Entscheidung muss die Registrierungsstelle den Urteilstenor, soweit notwendig, umsetzen, es sei denn, dass der Antragsgegner innerhalb dieser Frist Klage beim vorab ausgewählten zuständigen Gericht erhebt. 508

3. Das materielle Recht

a) Das anwendbare Recht

Weder die UDRP noch die RUDRP enthalten eine Regelung, welches Recht anwendbar ist. Ziff. 15 (a) RUDRP enthält gar den denkwürdigen Satz, dass das Schiedsgericht neben der URDP und den RUDRP die Regeln und Rechtsprinzipien anwenden soll, die es für anwendbar hält. 509

So finden sich Entscheidungen, die das Recht desjenigen Staates anwenden, in dem beide Parteien ihren Sitz haben.[637] Allerdings findet sich auch der Wohnsitz des Antragsgegners als Anknüpfungspunkt für das anwendbare Recht.[638] Auch das gem. Ziff. 3 (b) (xiii) RUDRP zu benennende Wohnsitzgericht des Antragsgegners ist zum Anknüpfungspunkt für das anwendbare Recht genommen worden.[639] Was die Schutzfähigkeit von nicht einge- 510

---

634 August Storck KG v. Origan Firmware, Case No. D2000–0576, Entsch. v. 04.08.2000 – nimm2.com.
635 V Motorola, Inc. vs NewGate Internet, Inc., Case No. D2000–0079, Entsch. v. 14.04.2000 – talkabout.com.
636 Nach kalifornischer Zeitrechnung, vgl. Ziff. 4 k. UDRP.
637 Vlaamse Media Maatschappij v. Barry van der Auwera, Case No. DTV2001–0022; Cepheid Corporation v. Healthexpert LLC and John Johnson, Case No. D2001–1272, Entsch. v. 10.12.2001.
638 Which? Limited v. James Halliday, Case No. D2000–0019, Entsch. v. 30.03.2000.
639 TELSTRA CORPORATION LIMITED V BARRY CHENG KWOK CHU, Case No. D2000–0423, Entsch. v. 21.06.2000.

tragenen Marken wie der Common Law Trademark oder der deutschen Benutzungsmarke angeht, spricht alles für eine Anwendung des jeweils geltend gemachten nationalen Rechts.

b) Die materiellen Anspruchsvoraussetzungen

511 Die materiellen Anspruchsvoraussetzungen der UDRP sind in den Ziffern 4a.–c. der UDRP, die kumulativ vorliegen müssen,[640] enthalten. Sie bilden den Kern der UDRP. Der Antragsteller muss nach Nr. 4a UDRP darlegen und beweisen, dass

- der Domainname identisch oder verwechslungsfähig ähnlich zu einer Marke ist, an der der Antragsteller Rechte besitzt, und
- der Antragsgegner keine Rechte oder berechtigten Interessen an dem streitgegenständlichen Domainnamen hat und
- der Domainname bösgläubig eingetragen und benutzt worden ist.

Ziffer 4b UDRP stellt im Folgenden eine nicht abschließende Aufzählung von Beweismöglichkeiten für die bösgläubige Eintragung und die bösgläubige Benutzung auf, während Ziffer 4c UDRP dem Antragsgegner einige – nicht abschließend zu verstehende – Hinweise gibt, in welcher Weise er seine Rechte oder berechtigten Interessen an dem Domainnamen darlegen kann.

aa) Darlegungs- und Beweislast

512 Obwohl der Wortlaut der UDRP nicht eindeutig erkennen lässt, wen die Beweislast für das Vorliegen der Rechte und berechtigten Interessen des Antragsgegners trifft, hat sich bis heute die Ansicht durchgesetzt, dass der Antragsteller zunächst im Sinne eines prima facie Beweises eine Tatsachengrundlage nach seinen Möglichkeiten darlegen muss, um den Antrag schlüssig zu begründen. Dann obliegt es aber dem Antragsgegner, die regelmäßig in seiner Sphäre liegenden berechtigten Interessen und Rechte darzulegen. Gelingt ihm das nicht oder schweigt er, gilt das Fehlen eines Rechts oder berechtigten Interesses als bewiesen.[641]

bb) Ziffer 4.a. (i) UDRP – Marken

513 **Eingetragene Marken** sind der häufigste und unstrittige Anwendungsfall der UDRP. Bloße Markenanmeldungen sind dagegen nicht ausreichend. Schwieriger liegt es mit nicht eingetragenen Marken wie der deutschen **Benutzungsmarke**. Während dies für die sog. Common Law Trademark mehrfach bejaht wurde,[642] sind Entscheidungen für die kontinentaleuropäischen Civil Law Rechtsordnungen seltener, aber im Grundsatz bejahend.[643]

514 Ob auch sonstige Kennzeichen wie **Unternehmenskennzeichen, geschäftliche Bezeichnungen, Werktitel oder Namen** unter Ziffer 4.a. UDRP fallen, ist strittig. In Entscheidungen über angloamerikanische Sachverhalte, wurden geschäftlichen Bezeichnungen,[644] Na-

---

[640] Funskool (India) Ltd. v. funschool.com Corporation, Case No. D2000–0796, Entsch. v. 13.12.2000 – funskool.com.
[641] Belupo d. d. v. WACHEM d. o. o. D2004–0110, Entsch. v. 14.04.2004 – belupo.com.
[642] Nintendo of America, Inc. v. Garrett N. Holland et al, Case No. D2000–1483, Entsch. v. 30.01.2001, butterfree.com u. a.
[643] Skattedirektoratet v. Eivind Nag D2000–1314, Entsch. v. 29.12.2000 – skatteetaten.com; Bayerische Motoren Werke AG v. Ferhan Sungur – Case No. D2002–0719, Entsch. v. 10.09.2002 – bayerischemotorenwerke.com; vgl. auch Bundesrepublik Deutschland (Federal Republic of Germany) v. »Vertraulich«, Case No. D2002–0599, Entsch. v. 20.08.2002 – kanzleramt.biz.
[644] Gallerina v. Mark Wilmhurst, Case No. D20, Entsch. v. 16.08.2000 – gallerina.com.

men bzw. Künstlernamen im geschäftlichen Verkehr[645] sowie Titel,[646] teilweise unter dem weiten Schirm der Common Law Trademark Schutz gewährt. Abgelehnt wurden regelmäßig Firmenbezeichnungen[647] und geografische Herkunftsbezeichnungen.[648] Dogmatisch spricht viel dafür, nicht eingetragene Kennzeichen anderer Rechtsordnungen den Marken der Ziff. 4.a. UDRP gleichzustellen. Durchgesetzt hat sich dies allerdings nur für die Common Law Trademark.[649]

Wie nach der deutschen Rechtslage wird auch unter der UDRP in der Regel nur die SLD bei der Bestimmung der Zeichenähnlichkeit in Betracht genommen.[650] Auch Bindestriche spielen keine Rolle.[651] Die Beurteilung der **Verwechslungsgefahr** folgt im Wesentlichen den allgemeinen Regeln, wie sie oben für das deutsche Recht dargestellt wurden. Selbst die Fallgruppen der phonetischen,[652] schriftbildlichen[653] und begrifflichen.[654]Zeichenähnlichkeit sowie der letztendlich entscheidende Gesamteindruck[655] werden von den Schiedsgerichten angewandt. Glatt beschreibende[656] oder unterscheidungsschwache Begriffe,[657] geografische Zusätze,[658] nahe liegende Abkürzungen der Marken[659] oder Schimpfwörter[660] bestimmen den kennzeichenrechtlichen Charakter in der Regel nicht. »Typosquatting«[661] (Ausnutzung von Schreibfehlern) gilt als gesicherter Fall der Verwechslungsgefahr.

515

cc) Ziff. 4.a. (ii), 4.c UDRP – Rechte und berechtigte Interessen

Kann der Antragsgegner ein eigenes Marken-[662] oder sonstigen Kennzeichenrecht in einem beliebigen Land[663] nachweisen, dass vor Kenntnis des Schiedsverfahrens erworben wur-

516

---

645 Julia Fiona Roberts v. Russell Boyd, Case No. D2000–0210 – Entsch. v. 30.05.2000; a. A. R. E. ›Ted‹ Turner and Ted Turner Film Properties, LLC v. Mazen Fahmi, Case No. D2002–0251, Entsch. v. 04.07.2002 – tedturner.com mit abweichender Meinung.
646 Gannett Co., Inc., Media West-GSI, Inc., Media West-FPI, Inc., Media West-SJC, Inc., Gannett Satellite Information Network, Inc., Federated Publications, Inc., The Statesman-Journal Company v. Dom 4 Sale, Inc. and so so domains, Case No. D2003–0589, Entsch. v. 31.10.2003 – idhaostatesman.com, statsmanjournal.com und andere.
647 Z. B. 01059 GmbH v. VARTEX Media Marketing GmbH/Stefan Heisig, Entsch. v. 10.09.2004 – Case No. D2004–0541 – 01059.com.
648 Stadt Heidelberg v. Media Factory, Case No. D2001–1500, Entsch. v. 06.03.2002 – heidelberg.net.
649 Zu den vielfältigen daraus entstehenden Ungereimtheiten vgl. *Beier* Rn. 760.
650 A. Cigarrera Bigott Sucesores v. Ultimate Search, Case No. D2002–0866, Entsch. v. 03.12.2002 – bigot.com.
651 Guinness UDV North America, Inc. v. UKJENT – Case No. D2001–0684, Entsch. v. 09.08.2001 – s-m-i-r-n-o-f-f.com.
652 YAHOO! INC. v. David Murray – Case No. D2000–1013, Entsch. v. 27.11.2000 – yawho.com.
653 Microsoft Corporation v. Microsof.com aka Tarek Ahmed, Case No. D2000–0548, Entsch. v. 24.07.2000 – microsof.com.
654 La Société des Bains de Mer et du Cercle des Etrangers à Monaco v. Martimi Bt., Case No. D2000–1318, Entsch. v. 19.12.2000 – casino-monaco.com.
655 Gorstew Limited v Worldwidewebsales.com, Case No. D2002–0744, Entsch. v. 23.10.2002, anguillabeaches.com u. a.
656 Advanced Micro Devices, Inc. v. Dmitry, Case No. D2000–0530, Entsch. v. 24.08.2000 – athlonchip.com.
657 Ferrero S. p. A. v. Mr. Jean-François Legendre, Case No. D2000–1534, Entsch. v. 01.03.2001 – mynutella.com.
658 The Nasdaq Stock Market, Inc. v Vidudala Prasad, Case No. D2001–1493, Entsch. v. 27.02.2002 – japannasdaq.com m. w. N.
659 Dow Jones & Company, Inc. & Dow Jones LP v. T. S. E. Parts, Case No. D 2001–0381, Entsch. v. 11.05.2001 – ewallstjournal.com u. a.
660 Diageo plc v. John Zuccarini, Individually and t/a Cupcake Patrol, Case No. D2000 – 0996, Entsch. v. 27.10.2000 – guinness-beer-really-sucks.com.
661 Pfizer Inc. v. Lorna Kang, Case No. D2002–0480, Entsch. v. 30.07.2002 – pheizer.com.
662 PRL USA Holdings, Inc. v. Catherine Mary Witham, Case No. D2002–0361, Entsch. v. 16.07.2002 – polomag.com.
663 Parfums Christian Dior S. A. v. Jadore, Case No. D2000–0938, Entsch. v. 09.11.2000 – jadore.com.

de,[664] kann er den Anspruch gem. Ziff. 4a (ii), 4c UDRP oft zu Fall bringen. Dasselbe gilt für den Fall, dass der Antragsgegner unter dem fraglichen Domainnamen allgemein bekannt geworden ist (Ziff. 4.c. (ii) UDRP).[665]

517 Ein häufiger Verteidigungseinwand ist die Berufung auf eine Position als Wiederverkäufer oder Vertragshändler (**Retailer**). Während ein Teil der Schiedsrichter darauf abstellen, ob der Antragsgegner bereits entsprechende Waren oder Dienstleistungen unter diesem Domainnamen beworben hatte,[666] halten andere Schiedsgerichte die Benutzung der Marke als Domainname für nicht notwendig und zu weit gehend.[667]

518 Die UDRP bietet in Ziff. 4c (i) eine weitere für den Antragsgegner recht einfache Möglichkeit, sich zu verteidigen. Wurde nämlich vor Kenntnis[668] der Einleitung des Verfahrens der Domainname dazu benutzt, **Waren- oder Dienstleistungen in gutem Glauben anzubieten** bzw. Vorbereitungshandlungen[669] hierzu getroffen, wird ein berechtigtes Interesse des Antragsgegners angenommen. Das gilt nicht ohne Weiteres für die verbreiteten Websites mit Sponsored links.[670]

519 Insbesondere beschreibende bzw. generische Domainnamen,[671] die in aller Regel nicht Gegenstand von Ausschließlichkeitsrechten sind, können zu einem berechtigten Interesse führen.

520 Ein berechtigtes Interesse wird auch dann anerkannt (4.c. (iii)), wenn eine **nicht kommerzielle oder beschreibende Benutzung** des Domainnamens vorliegt, ohne dass eine Gewinnerzielungs- oder Täuschungsabsicht vorliegt. Hierunter fallen auch politische oder gesellschaftskritische Meinungsäußerungen, die durch die amerikanische Doktrin der **Freedom of speech** erheblich beeinflusst ist. Umstritten ist, ob das Argument, einen Fanklub im Internet zu organisieren, ein berechtigtes Interesse dafür gibt, Namen berühmter Künstler anzumelden.[672]

dd) Ziff. 4.a. (iii) UDRP – Bösgläubigkeit

521 Die nicht abschließenden Regelbeispiele der UDRP zeigen, dass die Rechtsfigur der Bösgläubigkeit universelle Züge aufweist. Viele Beispiele finden sich in der später erlassenen (EG) VO 874/2004 für die .eu Domainnamen wieder. Auch im deutschen Unlauterkeitsrecht erkennt man bestimmte Argumentationsmuster, die in den UDRP kodifiziert sind.

522 Allerdings ergibt sich ein entscheidender Unterschied zu den erwähnten Rechtsrahmen aus der **Notwendigkeit, dass die Bösgläubigkeit sowohl bei Anmeldung des Domainnamens**

---

664 Vachette v. Syncopate.com, Case No. D2002–0670, Entsch. v. 24.09.2002 – vachette.com.
665 Windsor Fashions, Inc. v. Windsor Software Corporation, Case No: D2002–0839, Entsch. v. 14.11.2002 – windsor.com.
666 Weber-Stephen Products Co. v. Armitage Hardware, Case No. D2000–0187 – WEBERGRILLS.COM u. a.
667 Ferrero S. p. A. v. Fistagi S. r. l., Case No. D2001–0262, Entsch. v. 05.06.2001 – kinderferrero.com.
668 Spirit Airlines, Inc. v Spirit Airlines Pty. Ltd, Case No. D2001–0748, Entsch. v. 25.07.2001 – spiritairlines.com.
669 The Jolt Company v. Digital Milk, Inc., Case No. D2001–0493, Entsch. v. 01.08.2001 – jolt.com: ein ausgearbeiteter Business-Plan.
670 Mayflower Transit LLC v. Domains by Proxy Inc./Yariv Moshe, WIPO Case No. D2007–1695, Entsch.v. 22.01.2008.
671 Bauhaus AG, Zweigniederlassung Mannheim v. Robert Desideri, Case No. D2001–1177, Entsch. v. 03.12.2001 – bauhaus.com; PRL USA Holdings, Inc. v. Alvaro Collazo, Case No. D2002–0108, Entsch. v. 03.04.2002 – e-polo.com.
672 Gegen ein berechtigtes Interesse: David Gilmour, David Gilmour Music Limited and David Gilmour Music Overseas Limited v. Ermanno Cenicolla, Case No. D2000–1459, Entsch. v. 22.12.2000 – davidgilmour.com; dafür 2001 White Castle Way, Inc. v. Glyn O. Jacobs D2004–0001, Entsch. v. 26.02.2004 – patbenatar.com.

als auch bei der Nutzung vorliegen muss. Spätere Bösgläubigkeit nach gutgläubiger Anmeldung des Domainnamens reicht also nicht aus.[673] Ebenso muss einer bösgläubigen Anmeldung zwingend eine bösgläubige Nutzung folgen, wenn der Anspruch durchgreifen soll.

Die Darlegung der Behinderungs- oder Verwechslungsabsicht zum Zeitpunkt der Registrierung ist dann einfach, wenn es sich bei der vom Antragsteller geltend gemachten Marke um ein am Sitz des Domainnameninhabers bekanntes oder gar berühmtes Zeichen handelt.[674] Die Markeneintragung an sich ist nicht unbedingt ausreichend, Bösgläubigkeit zu begründen.[675] Ist das Kennzeichen zwar am Sitz geschützt, allerdings nicht bekannt, können andere Umstände wie z. B. ein Wettbewerbsverhältnis die Bösgläubigkeit begründen.[676]

523

Ob die nachfolgend erwähnten Umstände zu einer Bejahung des Tatbestands führen, ergibt sich regelmäßig erst aufgrund einer **umfassenden Würdigung sämtlicher Umstände des Einzelfalls.** Dabei können einzelne Umstände so schwerwiegend sein, dass sie allein ausreichend sind, das Bösgläubigkeitsurteil zu fällen. In der überwiegenden Anzahl der Fälle, liegen jedoch mehrere Umstände vor.

524

Dazu gehören nicht nur die Regelbeispiele, sondern auch weitere **Indizien für eine Bösgläubigkeit** wie z. B. das Unterlassen einer geschäftlichen Nutzung des Domainnamens,[677] wenn der Anmelder im Übrigen geschäftlich tätig ist, falsche bzw. Manipulation der Inhaberangaben in den Domainnamendatenbanken,[678] die Anmeldung eines besonders fantasievollen Domainnamens, da hier eine zufällige Übereinstimmung unwahrscheinlich ist[679] sowie unter Umständen auch die Nutzung eines »privacy service«, also eines Unternehmens, das erkennbar für einen anderen (ungenannten) den infrage stehenden Domainnamen anmeldet und hält.[680]

525

Indiz gegen eine Bösgläubigkeit ist z. B. die Verwendung generischer Begriffe in einer dem Antragsgegner zuzurechnenden Sprache.[681]

526

In Ziff. 4.b. (i) UDRP ist das klassische **Domainnamengrabbing** erwähnt, das bejaht wird, wenn sich aus den Umständen ergibt, dass der Domainnameninhaber den Domainnamen vor allem für sich hat registrieren lassen bzw. den Domainnamen erworben hat,[682] weil er ihn dem Markeninhaber,[683] seinem Wettbewerber oder auch der Allgemeinheit[684] verkau-

527

---

673 Validas, LLC v. SMVS Consultancy Private Limited, Case No. D2009–1413, Entsch.v. 29.01.2010 mit ausf. Diskussion.
674 PepsiCo, Inc. v. Paul J. Swider, Case No. D2002–0561, Entsch. v. 09.08.2002 – pepsico.biz.
675 Alberto-Culver Company v. Pritpal Singh Channa, Case No. D2002–0757, Entsch. v. 07.10.2002 – staticguard.com; a. A. Kate Spade, LLC v. Darmstadter Designs, Case No. D2001–1384, Entsch. v. 03.01.2002 – jackspade.com.
676 Vgl. etwa Geobra Brandstätter GmbH & Co KG v. Only Kids Inc, Case No. D2001–0841, Entsch. v. 05.10.2001 – playmobil.net u. a.
677 Ladbroke Group Plc v. Sonoma International LDC, Case No. D 2002–0131, Entsch. v. 10.04.2002 – ladbrokespoker.com.
678 Wachovia Corporation v. Peter Carrington, Case No. D2002–0775, Entsch. v. 02.10.2002 – wochovia.com; Mrs. Eva Padberg v. Eurobox Ltd., Case No. D2007–1886, Entsch.v. 10.03.2008 – eva-padberg.com.
679 Effems AG v. Weitner AG, Case No. D2000–1433, Entsch. v. 16.01.2001 – balisto.com.
680 Ustream.TV, Inc. v. Vertical Axis, Inc, Case No. D2008–0598, Entsch.v. 29.07.2008.
681 Capt'n Snooze Management Pty Limited v. Domains 4 Sale, Case No. D2000–0488, Entsch. v. 17.07.2000 – snooze.com.
682 Madonna Ciccone, p/k/a Madonna v. Dan Parisi and »Madonna.com«, Case No. D2000–0847, Entsch. v. 16.10.2000 – madonna.com; Toronto Convention & Visitors Association v. This Domain is For Sale/E-Mail Your Offers, Case No. D2001–1463, Entsch. v. 25.02.2002 – tourism-toronto.com.
683 Allianz Ag And Dresdner Bank Ag V. Comofer S. L., Case No. D2001–1398, Entsch. v. 12.02.2002 – allianz-dresdnerbank.com u. a.
684 Ferrari S. p. A. v. Allen Ginsberg, Case No. D2002–0033, Entsch. v. 14.03.2002 – maserati.org.

fen, vermieten[685] oder auf andere Weise anbieten[686] oder übertragen wollte. Die Höhe der geforderten Summe ist wichtiges Indiz für die Bösgläubigkeit. Wird nur ein Ersatz der nachgewiesenen Aufwendungen im Zusammenhang mit der Registrierung und/oder Verwaltung verlangt, kann dies gegen Bösgläubigkeit sprechen. Wurde der Domainname angemeldet, bevor der Antragsteller mit seinem Unternehmen oder seiner Marke in Erscheinung getreten ist, kann auch dies gegen Bösgläubigkeit sprechen.[687]

528 Nach Ziff. 4.b. (ii) UDRP ist böser Glaube gegeben, wenn der Markeninhaber durch die Domainnamenanmeldung davon abgehalten werden soll, seine Marke innerhalb des Domainnamens zu verwenden, sofern es sich um ein entsprechendes **Verhaltensmuster** des Antragsgegners handelt, z. B. weil er nach einem ähnlichen Prinzip auch Domainnamen anderer bekannter Personen, Marken oder Unternehmen angemeldet hat.[688]

529 Vorsätzliche Störungen des Geschäftsbetriebes werden von Ziff. 4.b (iii) UDRP erfasst,[689] während Ziff. 4.b. (iv) UDRP den Tatbestand im Auge hat, dass vorsätzlich Internetbenutzer angesprochen werden, um sie in Gewinnerzielungsabsicht auf die eigene Internetseite oder eine andere Internetseite zu führen, in dem eine Verwechslungsgefahr mit der Marke des Antragstellers kreiert wird. Hierunter fallen auch automatische Links zu Internetseiten mit andersartigen Waren oder Dienstleistungen, da auch hier die (anfängliche) Verwechslungsgefahr dazu benutzt wird, Besucherverkehr auf bestimmte andere, nicht selten pornografische Internetseiten zu locken (»Mousetrapping«).[690]

III. Alternative Streitbeilegung für .eu Domainnamen

1. Das Schiedsgericht in Prag

530 Das alternative Streitbeilegungsverfahren[691] für .eu Domainnamen wird durch den Tschechischen Schiedsgerichtshof (englische Abkürzung »CAC«) durchgeführt, der derzeit als einziger Anbieter hierfür von Eurid und der Europäischen Kommission ausgewählt wurde. Maßgeblicher Grund für seine Bestellung war die Bereitschaft, das Schiedsverfahren in allen Europäischen Sprachen anzubieten.[692] Der Verfahrensablauf erfolgt zu großen Teilen elektronisch, beim Gebrauch elektronischer Signaturen sogar in vollem Umfang papierlos über die instruktive Website des Tschechischen Schiedsgerichtshofs),[693] auf der auch viele weitere nützliche Informationen in den Europäischen Sprachen abgerufen werden können.

---

685 Aurora Foods Inc. v. David Paul Jaros, Case No. D2000–0274, Entsch. v. 08.06.2000 – duncanhine.com.
686 »Randy Thompson/For Sale«, vgl. AT&T Corp. v. Randy Thompson, Case No. D2001–0830, Entsch. v. 15.08.2001 – attmsn.com; Benetton Group SpA v Domain for Sale, Case No. D2001–1498, Entsch. v. 18.03.2002 – benettonsportsystem.com.
687 Digital Vision, Ltd. v. Advanced Chemill Systems, Case No. D2001–0827, Entsch. v. 23.09.2001 – digitalvision.com; Validas, LLC v. SMVS Consultancy Private Limited, Case No. D2009–1413, Entsch.v. 29.01.2010.
688 Lynne Russell v. Kenneth Young, Case No. D2002–1133, Entsch. v. 21.01.2003 – lynnerussell.com; Philip Morris Incorporated v. r9.net, Case No. D2003–0004, Entsch. v. 13.05.2003 – marlboro.com; Inter-IKEA Systems B.V v. Technology Education Center, Case No D2000–0522, Entsch. v. 15.08.2000 – e-ikea.com; Toyota France and Toyota Motor Corporation v. Computer-Brain, Case No. D2002–0002, Entsch. v. 22.03.2002 – toyota-occasions.com.
689 Aero Products International, Inc. v. Mattress Liquidation Specialists, Case No. D2002–0921, Entsch. v. 17.12.2002 – aero-bed.com.
690 Six Continents Hotels, Inc. v. Seweryn Nowak, Case No. D2003–0022, Entsch. v. 19.03.2003 – holidayinnakron.com.
691 Meistens in seiner englischen Form »Alternative Dispute Resolution«, kurz ADR benannt.
692 Einzige Ausnahme hierzu ist Maltesisch.
693 S. unter www.adr.eu.

2. Das Schiedsgerichtsverfahren

a) Rechtsgrundlagen

Das Schiedsgerichtsverfahren ist in den ADR-Regeln und den Ergänzenden ADR Regeln **531** geregelt, die auf Basis der relevanten Verordnungen der Europäischen Kommission erstellt worden sind. Die ADR Regeln unterscheiden sich, was den allgemeinen Verfahrensablauf angeht, nicht sehr von den RUDRP, geben den Parteien aber in vielen Fällen die Möglichkeit, Zwischenentscheidungen des Schiedsgerichts (in den ADR Regeln »Anbieter« genannt) und der Schiedskommission anzufechten. Beide Regelwerke können von der Website des Tschechischen Schiedsgerichtshofs herunter geladen werden. Die ADR-Regeln wurden inzwischen weiter liberalisiert. Die Einreichung einer Hard-Copy ist nicht mehr erforderlich.

b) Das Verhältnis zum nationalen Recht

Das ADR-Verfahren ist keine notwendige Vorstufe zu einem nationalen Gerichtsverfah- **532** ren.[694] Die Verordnung (EG) 874/2004 schneidet gem. Art. 21 (4) VO (EG) 874/2004 dem Kläger eine Geltendmachung von Ansprüchen nach nationalem Recht nicht ab. Ob sich dies, was die Stellung der Vorschrift nahelegt, nur auf das materielle Recht oder aber auch auf die nationalen Zuständigkeitsvorschriften bezieht,[695] ist noch nicht geklärt.

c) Gebühren

Die bei Einleitung des Verfahrens fällig werdenden Gebühren liegen zwischen 1300,- € **533** (Einzelschiedsrichter) und 3100,- € (drei Schiedsrichter) für ein bis zwei streitige Domainnamen und ggf. mehr für weitere Domainnamen.[696]

d) Verfahrenssprache (A3)[697]

Das Schiedsgerichtsverfahren muss in einer offiziellen Sprache eines Mitgliedstaats der eu- **534** ropäischen Union durchgeführt werden, also etwa in Englisch, Deutsch, Französisch, Estonisch oder Polnisch. Soweit die Parteien nichts anderes vereinbart haben, ist die Sprache des Registrierungsvertrags des streitigen Domainnamens zu verwenden. Bei Darlegung entsprechender Umstände kann die Schiedskommission auf Antrag in einem Vorverfahren auch über eine **Änderung der Verfahrenssprache** entscheiden. Richtet sich das Verfahren gegen Eurid, soll die Verfahrenssprache Englisch sein.[698] Alle in das Verfahren eingebrachten Dokumente müssen ggf. übersetzt werden. Andernfalls ist die Schiedskommission berechtigt, eine Übersetzung anzufordern oder die Dokumente nicht zu berücksichtigen. Die Praxis zeigt aber hier bislang eine großzügige Handhabung, insbesondere, wenn die andere Partei die Verwendung einer anderen Sprache nicht gerügt hat.

e) Vergleich und andere Gründe der Verfahrenseinstellung (A4)

Ein verfahrensbeendender Vergleich ist jederzeit möglich. Weiterhin kann der Beschwerde- **535** führer bis zur Entscheidung beantragen, das Verfahren für eine befristete, auch verlängerbare Zeit auszusetzen. Wegen der zwingenden Normen der VO 874/2004 muss die Schiedskommission allerdings ihre Entscheidung innerhalb ihrer Monatsfrist an den Anbieter

---

694 Vgl. Art. 22 (1) VO (EG) 874/2004; LG München I 27.01.2007, 9HK O 17901/06 – neu.eu.
695 So wohl *Bettinger* WRP 2006, 548 (555).
696 Siehe unter http://eu.adr.eu/html/de/adr/fees/fees_ger.pdf.
697 Ziffernangaben in Klammern, z. B. (A3, B2 etc.), beziehen sich in diesem Abschnitt auf die ADR-Regeln.
698 Dies ergibt sich nicht aus den ADR-Regeln, aber aus Abschnitt 16 Nr. 3 der Allgemeinen Geschäftsbedingungen für die Registrierung von .eu Domänennamen.

weiterleiten, der sie aber dann (noch) nicht veröffentlicht. Jede der Parteien kann jederzeit das Verfahren wieder in Gang setzen, in dem es einen entsprechenden Antrag stellt.

536 Die Schiedskommission stellt das Verfahren auch dann ein, wenn über den Streitgegenstand der Beschwerde rechtskräftig von einem zuständigen Gericht oder einem anderen ADR-Anbieter entschieden worden ist.

f) Fristen

537 Eine Fristversäumnis steht einer Entscheidung über die Beschwerde nicht entgegen. Die Fristversäumnis kann sogar als Grund gewertet werden, die Ansprüche der anderen Partei anzuerkennen (B 10).

g) Die Schiedskommission

538 Eine Liste der akkreditierten Schiedsrichter findet sich auf der Website des Tschechischen Schiedsgerichtshofs. Wählt keiner der Parteien eine 3-köpfige Schiedskommission, wird ein Einzelschiedsrichter vom Anbieter bestellt.

539 Die »Geschäftsverteilung« des Schiedsgerichtshofs ist nicht öffentlich. Der Schiedsgerichtshof folgt jedoch bei der Schiedsrichterauswahl einem objektiven Verfahren, das u. a. von folgenden Prinzipien geleitet ist:
- Die Schiedsrichter sollen effektiv zusammenarbeiten können, d. h. müssen eine gemeinsame Sprache sprechen.
- Die Schiedsrichter sollen so gleichmäßig wie möglich den Verfahren zugeteilt werden.
- Bei der Bestellung von drei Schiedsrichtern soll, wenn möglich, jeweils ein Schiedsrichter aus dem Land jeder Partei kommen, der dritte aus einem anderen Land.
- Der Schiedsrichter sollte innerhalb der letzten drei Jahre nicht an einem Schiedsgerichtsverfahren des Anbieters beteiligt gewesen sein, an dem einer der Parteien beteiligt war.

540 Die potenziellen Schiedsrichter müssen Umstände darlegen, die Zweifel an ihrer Unparteilichkeit und Unabhängigkeit wecken könnten. Die Bestellung eines Schiedsrichters kann innerhalb von zwei Tagen ab Kenntnis der Bestellung bzw. Kenntnis der Umstände des Ablehnungsbegehrens angefochten werden. Über die Anfechtung entscheidet der Anbieter. Nach Artikel B7 der ADR-Regeln leitet die Schiedskommission das ADR-Verfahren in einer Art und Weise, die sie gem. den Verfahrensregeln für angemessen hält. Die Schiedskommission ist nicht verpflichtet, eigene Ermittlungen den Fall betreffend anzustellen, kann dies aber nach eigenem Ermessen tun.

541 ▶ **Beispiel:** Im Fall CAC 00370 kane.eu hatte der Schiedsrichter eigene Ermittlungen angestellt, um den Sitz des Anmelders (in oder außerhalb der EU) zu ermitteln bzw. zu verifizieren.[699]

542 Die Schiedskommission hat zu gewährleisten, dass die Parteien gerecht und gleich behandelt werden und soll für einen zügigen Verlauf des ADR-Verfahrens sorgen. Es steht im alleinigen Ermessen der Schiedskommission, über die Zulässigkeit, Bedeutung, Erheblichkeit und das Gewicht von Beweismitteln zu befinden.

h) Ablauf des Verfahrens

543 Persönliche Anhörungen sind grundsätzlich nicht vorgesehen (B9). Eine vereinfachte Übersicht zeigt den zeitlichen Ablauf des Schiedsverfahrens:

---

699 CAC 370, Entsch. v. 16.06.2006 – kane.eu.

III. Alternative Streitbeilegung für .eu Domainnamen

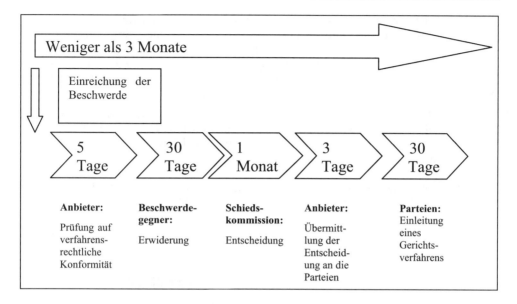

aa) Ggf. »Vorverfahren auf Änderung der Verfahrenssprache« (A3)

Wie oben bereits dargelegt, kann vor Einreichung der Beschwerde ggf. ein Antrag auf Änderung der Verfahrenssprache eingereicht werden, über den eine einköpfige Schiedskommission entscheidet.

544

bb) Einreichung der Beschwerde (B1)

Die Beschwerde nebst allen Anlagen kann in Papierform und muss (zwingend) elektronisch über die Online Plattform des Anbieters eingereicht werden. Anwaltszwang besteht nicht.

545

Jede natürliche oder juristische Person kann ein ADR-Verfahren einleiten, d. h. der Beschwerdeführer muss kein europäisches Unternehmen oder eine in Europa ansässige Person sein. Allerdings können nur diejenigen Antragsteller, die die allgemeinen Registrierungsvoraussetzungen erfüllen (Rdn. 24), eine Übertragung des Domainnamens verlangen.

546

Beschwerdegegner können der Domainnameninhaber, gegen dessen Domainnamen sich die Beschwerde richtet oder Eurid sein.

547

Die **Beschwerdeschrift** muss enthalten:
- Die Namen der Parteien,
- die bevorzugte Methode für die Kommunikation,
- die Angabe, ob ein Einzelschiedsrichter oder eine dreiköpfige Schiedskommission gewünscht ist (entsprechende Vorschläge bei Letzterem),
- die Angabe des streitigen Domainnamens oder mehrerer Domainnamen (solange die Parteien und die Sprache des ADR Verfahrens dieselben sind),
- die entsprechende Registrierstelle des Domainnamens,
- ggf. Bezeichnung der Entscheidung von Eurid, gegen die sich die Beschwerde richtet,
- eine Darlegung der Beschwerdegründe,
- eine Darlegung etwaiger anderer anhängiger Verfahren,
- den begehrten Rechtsbehelf
- die Unterwerfung unter die sog. beidseitige Gerichtszuständigkeit,
- eine Haftungsfreistellungserklärung (für den Anbieter, das Register und die Schiedskommission)

548

549 Als möglicher **Rechtsbehelf** in einem Verfahren gegen einen Domainnameninhaber ist regelmäßig der Widerruf des Domainnamens (Löschung) vorgesehen. Erfüllt der Beschwerdeführer die allgemeinen Registrierungsvoraussetzungen, kann er auch die Übertragung des Domainnamens an sich verlangen. Nicht ausreichend ist, wenn nur eine Tochtergesellschaft diese Voraussetzungen erfüllt.[700] Richtet sich die Beschwerde gegen Eurid, kann die Aufhebung der angegriffenen Entscheidung verlangt werden.

550 Die **sog. beidseitige Gerichtsbarkeit** (A1), der sich die Parteien unterwerfen müssen, kann in Fällen, in denen sich die Beschwerde gegen einen Domainnameninhaber richtet, entweder der Stammsitz des Registrierungsstelle oder der Sitz des Beschwerdegegners sein. In einem Verfahren gegen Eurid ist dies immer Brüssel.

cc) Anbieter informiert Eurid über Beschwerde zur Sperrung des streitigen Domainnamens (B1 (e)) und bestätigt den Erhalt der Beschwerde (B1 (d))

551 Spätere ADR-Verfahren gegen denselben Domainnamen werden ausgesetzt (B1 (f)), und, im Fall der Abweisung später fortgesetzt oder bei Widerruf oder Übertragung im früheren Verfahren eingestellt.

dd) Prüfung der Beschwerde auf verfahrensrechtliche Konformität (B2 (a))

552 Ist die Beschwerde den ADR Regeln gemäß eingelegt, wird sie an den Beschwerdegegner weitergeleitet. Weist die Beschwerde formelle Mängel auf, wird der Beschwerdeführer zur Berichtigung/Mängelbeseitigung aufgefordert. Nach fruchtlosem Ablauf von 7 Tagen gilt die Beschwerde als zurückgenommen. Die entsprechende Benachrichtigung kann der Beschwerdeführer anfechten (B2 (c)).

ee) Erwiderung (B3)

553 Der Beschwerdegegner hat nun Gelegenheit, innerhalb von 30 Werktagen auf die Beschwerde zu erwidern. Die Formerfordernisse entsprechen im Wesentlichen denen der Beschwerde.

554 Die **Erwiderungsschrift** muss enthalten:
- Den Namen, die Anschriften und Kommunikationsadressen des Beschwerdegegners,
- die bevorzugte Methode für die Kommunikation,
- die Angabe, ob eine dreiköpfige Schiedskommission gewünscht ist (und ggf. entsprechende Vorschläge),
- eine Darlegung der Gründe, auf denen die Erwiderung beruht,
- eine Darlegung etwaiger anderer anhängiger Verfahren,
- die Unterwerfung unter die sog. beidseitige Gerichtszuständigkeit,
- eine Haftungsfreistellungserklärung (für den Anbieter, das Register und die Schiedskommission).

555 Wünscht nur der Beschwerdegegner eine dreiköpfige Schiedskommission, muss mit Einreichung der Erwiderung die Gebühr bezahlt werden. Die Höhe der Gebühr ist nicht explizit genannt, entspricht in der Praxis des Anbieters aber der Differenz zwischen der Gebühr für eine dreiköpfige und eine einköpfige Schiedskommission (siehe FAQ des Anbieters).

---

700 CAC 3924, Entsch. v. 07.03.2007 – xango.eu.

ff) Bestätigung des Eingangs der Erwiderung und Prüfung der Erwiderung auf verfahrensrechtliche Konformität mit den Regeln (B 3 (d))

Ist die Erinnerung den ADR Regeln gem. eingelegt, wird sie an den Beschwerdeführer weitergeleitet. Weist die Beschwerde formelle Mängel auf, wird der Beschwerdeführer zur Berichtigung/Mängelbeseitigung aufgefordert, soweit die Mängel behebbar sind. Nach fruchtlosem Ablauf von sieben Tagen wird der Beschwerdegegner über diesen Umstand in Kenntnis gesetzt. Die entsprechende Benachrichtigung kann der Beschwerdegegner anfechten (B3 (g)). Auch eine Erwiderung mit formellen Mängeln wird dem Beschwerdeführer und der Schiedskommission zur Verfügung gestellt, die diese berücksichtigen kann. 556

gg) Ernennung der Schiedskommission (B 4)

Der häufigste Fall ist die Ernennung eines Einzelschiedsrichters. Dies ist dann der Fall, wenn der Beschwerdeführer die Entscheidung durch einen Einzelschiedsrichter wählt und der Beschwerdegegner nicht eine dreiköpfige Schiedskommission wünscht. Der Einzelschiedsrichter wird von dem Anbieter ausgewählt. 557

Wünscht eine der Parteien die Entscheidung durch eine dreiköpfige Schiedskommission, soll jede Partei drei Kandidaten aus der beim Anbieter auf der Website veröffentlichen Liste wählen, wobei darauf zu achten ist, dass der Schiedsrichter nicht innerhalb der letzten drei Jahre Schiedrichter in einem ADR Verfahren gewesen ist, an dem eine der Parteien als Partei beteiligt war (B4 (c)). Von diesen Vorschlägen wählt der Anbieter, soweit möglich, jeweils einen Schiedsrichter aus. Der verbleibende Schiedsrichter wird vom Anbieter bestellt. Er ist typischer Weise der Vorsitzende der Schiedskommission, der dasselbe Stimmrecht wie die anderen beiden Schiedsrichter hat und regelmäßig die Entscheidung vorbereitet. Eine Anfechtung eines Schiedsrichters ist möglich und wird durch den Anbieter entschieden (B5 (c)). 558

hh) Entscheidung der Schiedskommission (B12)

Die Schiedskommission erlässt ihre schriftliche, nicht anfechtbare Entscheidung innerhalb eines Monats ab Eingang der Erwiderung mit einfacher Mehrheit. Die Schiedskommission soll eine kurze Zusammenfassung der Entscheidungsgründe auf Englisch der Entscheidung beifügen. Die Schiedskommission kann in einem Verfahren gegen den Domainnameninhaber auf Widerruf (Löschung) oder Übertragung des Domainnamens entscheiden, wenn der Beschwerdeführer die allgemeinen Registrierungsvoraussetzungen erfüllt. In einem Verfahren gegen Eurid kann es dessen Entscheidung aufheben und ggf. den Domainnamen dem Beschwerdeführer zuordnen. Auf den Sonderfall der vorläufigen Entscheidung (B12 (g)) wird weiter unten kurz in Zusammenhang mit dem materiellen Recht eingegangen. 559

ii) Übermittlung der Entscheidung an die Parteien (B13)

Innerhalb von drei Werktagen ab Erhalt der Entscheidung durch den Anbieter, leitet er diese an die Parteien weiter. Die Entscheidung wird auf der Website des Anbieters veröffentlicht. 560

jj) Umsetzung der Entscheidung durch Eurid oder anschließendes Gerichtsverfahren

Gemäß den Allgemeinen Geschäftsbedingungen für die Registrierung von .eu Domänennamen setzt Eurid die Entscheidungen des Anbieters um. 561

Nach Art. 22 (13) der VO 874/2004 kann jede Partei innerhalb von 30 Kalendertagen Klage bei einem Gericht der beidseitigen Zuständigkeit (s. Rdn. 550) erheben, um die Verbindlichkeit dieser Entscheidung zu verhindern. 562

3. Das materielle Recht der .eu Domainnamen

563 Die Kommission hat sich mit der Regelung des materiellen Rechts zum Teil an die bewährten Vorgaben der UDRP angelehnt, hat aber auch einschneidende Neuerungen vorgenommen. Vor allem Letztere werden hier näher dargestellt. Art. 21 VO (EG) 874/2004 erweitert seinem Wortlaut nach den Anwendungsbereich der Vorschriften zum materiellen Recht auch auf das nationale Recht, soweit .eu Domainnamen betroffen sind.[701] Dies bedeutet, dass Art. 21 VO (EG) 874/2004 auch in rein nationalen Verfahren angewendet werden muss.

564 Die Schiedskommissionen greifen auch in ADR Verfahren zu .eu Domainnamen immer häufiger auf Entscheidungen zurück, die zu den UDRP ergangen sind, soweit diese einschlägig sind.[702]

565 Nicht mehr behandelt wird die reichhaltige Rechtsprechung zur Sunrise periode der .eu Domainnamen, da diese Verfahren aufgrund des zeitlichen Ablaufs nunmehr entgültig auslaufen werden.

a) Der Prüfungsausbau

566 Der entscheidende Unterschied zu den UDRP liegt darin, dass neben der Ähnlichkeit des Domainnamens zu dem geltend gemachten Recht nur entweder ein berechtigtes Interesse fehlen oder eine Registrierung oder eine Nutzung in böser Absicht vorliegen muss. Diese klägerfreundliche Regelung trägt den Schwierigkeiten Rechnung, die in den UDRP Verfahren entstehen können, wenn eine böse Absicht im Anmeldezeitpunkt, der oft weit zurückliegt, bewiesen werden muss.

567 Voraussetzungen des Widerrufsanspruchs
1. Anerkanntes nationales oder gemeinschaftsrechtliches Recht **und**
2. Identität oder verwechslungsfähige Ähnlichkeit zu Domainnamen **und**
3a. der Domainnameninhaber hat keinerlei Rechte oder berechtigte Interessen **oder**
3b. der Domainname wurde in böser Absicht registriert **oder**
3c. der Domainname wird in böser Absicht benutzt.

b) Das anerkannte Recht nach nationalem Recht oder Gemeinschaftsrecht

568 Hierzu gehören – nicht abschließend – nach Art. 10 VO (EG) 874/2004 die folgenden Rechte:
- Registrierte nationale Marken (eines Mitgliedstaats der EU) und Gemeinschaftsmarken
- Geografische Angaben oder Ursprungsbezeichnungen
- Nicht eingetragene Marken, Handelsnamen, Geschäftsbezeichnungen, Unternehmensnamen,[703] Familiennamen, charakteristische Titel geschützter Werke, soweit sie nach dem Recht des jeweiligen Mitgliedstaats geschützt sind.

569 Insbesondere für kontinentaleuropäische Rechtsordnungen, die das weite Auffangbecken der Common law trademark nicht kennen, hat das materielle .eu Domainnamenrecht nun die Tür zu einer umfassenden Berücksichtigung nationaler Kennzeichenrechte im weitesten Sinn aufgemacht. Entgegen erster Rechtsprechung des Schiedsgerichtshofs sind unter nationalen Rechten nur Rechte eines Mitgliedstaats der Europäischen Union zu verstehen.[704]

---

701 So auch *Bettinger* WRP 2006, 548 (555); *Schafft* GRUR 2004, 986 (989).
702 CAC 2798, Entsch. v. 16.02.2007 – quelle.eu u. a.
703 CAC 05416, Entsch.v. 29.10.2009 – siemag.eu.
704 Vgl. auch B1 (b) (9); *Bettinger* WRP 2006, 548 (557); a. A. CAC 1580, Entsch. v. 22.11.2006 – auntminnie.eu.

III. Alternative Streitbeilegung für .eu Domainnamen

▶ **Beispiel:** rabbin.eu:[705] Die Benutzung des Domainnamens rabbi.eu.com für Dienstleistungen eines Rabbi wurde an sich als dem Schutz als Benutzungsmarke zugänglich, aber im konkreten Fall als nicht gegeben angesehen. — 570

Aktivlegitimiert ist der Inhaber des Rechts oder sein Lizenznehmer.[706] — 571

c) Identitäts- und Ähnlichkeitsprüfung zwischen Recht und .eu Domainnamen

Dies Prüfung entspricht allgemeinem Kennzeichenrecht, wobei zu berücksichtigen ist, dass das Kennzeichenrecht der Europäischen Länder trotz aller Harmonisierung immer noch unterschiedlich angewendet wird, sodass – abhängig von den entscheidenden Schiedsrichtern – durchaus national geprägte Unterschiede in der Ähnlichkeitsprüfung auftreten können. Die TLD .eu nimmt in der Regel an der Ähnlichkeitsprüfung nicht teil.[707] Beschreibende Elemente prägen eine Kennzeichnung nicht.[708] Insoweit wird auf die Ausführungen zu den UDRP (s. o. Rdn. 515) und zum deutschen Kennzeichenrecht (oben Rdn. 239 ff.) verwiesen. Hinzuweisen ist noch auf die, soweit ersichtlich, allgemeine Meinung, dass der Begriff »verwirrende Ähnlichkeit« nur eine schlechte Übersetzung der englischen Fassung der VO (EG) 874/2004 ist, in der – korrekt – »confusingly similar« zu finden ist.[709] — 572

d) Keinerlei eigenes Recht oder berechtigte Interessen des Domainnameninhabers

Kann der Beschwerdegegner eigene Rechte nach Art. 10 VO (EG) 874/2004 geltend machen oder berechtigte Interessen i. S. d. Art. 21 (2), muss der Beschwerdeführer, um noch Erfolg zu haben, eine böse Absicht bei Registrierung oder Benutzung darlegen können. — 573

Die Inhaberschaft an einer Marke, die im Wesentlichen dem Domainnamen entspricht, dürfte, wenn nicht gerade die Unterschiede zum Domainnamen entscheidend sind, als eigenes Recht ausreichen.[710] Die ggf. schlechtere Priorität des gem. Art. 21 (1) (a) geltend gemachten Rechts zu dem des Beschwerdeführers soll nicht entscheidend sein.[711] Allerdings ist es denkbar, dass der Geltendmachung eines eigenen Rechts der Einwand einer bösgläubigen Markenanmeldung entgegenstehen kann. Dieser schlägt aber dann nicht durch, wenn nur die Anmeldung einer Marke ohne Benutzungsabsicht ohne weitere unlautere Begleitumstände infrage steht.[712] — 574

Die nicht abschließenden Regelbeispiele des Art. 21 (2) nehmen ein berechtigtes Interesse an, wenn der Inhaber den Domainnamen vor Ankündigung des ADR Verfahrens in Zusammenhang mit Waren oder Dienstleistungen benutzt hat oder (vgl. B11 (e)) unter dem Namen allgemein bekannt ist oder den Domainnamen rechtmäßig und nicht kommerziell oder fair nutzt, ohne irrezuführen oder das Ansehen eines (rechtlich geschützten) Namens zu beeinträchtigen. — 575

Ob ein Hinweis »website under construction« dabei schon eine Nutzung darstellt, muss bezweifelt werden. Geschieht sie in Zusammenhang mit einem Unternehmensnamen, dürfte eine kommerzielle Nutzung vorliegen.[713] — 576

---

705 CAC 1375, Entsch. v. 30.06.2006 – rabbin.eu.
706 CAC 4759, Entsch. v. 28.01.2008 – cyworld.eu.
707 CAC 2035, Entsch. v. 10.08.2006 – warema.eu.
708 CAC 1954, Entsch. v. 26.06.2006 – volvogroup.eu.
709 *Pothmann/Guhn* K&R 2007, 69 (73).
710 A. A. offenbar CAC 03465, Entsch. v. 24.01.2007 – rotary.eu, dem eine dänische Marke, die kurz vor der Sunrise Periode eingetragen wurde, nicht ausreichend erschien.
711 CAC 131, Entsch. v. 05.06.2006 – minitec.eu.
712 CAC 283, Entsch. v. 08.06.2006 – lastminute.eu.
713 CAC 2035, Entsch. v. 10.08.2006 – warema.eu.

577 Zur Beweislast: Soweit der Beschwerdeführer das ihm mögliche getan hat, um die negative Tatsache der Nichtbenutzung bzw. der fehlenden Bekanntheit darzustellen, wird dies von den Schiedsgerichten jedenfalls dann als ausreichender prima facie Beweis angesehen, wenn der Beschwerdegegner dem nichts entgegensetzt bzw. keine Erwiderung einreicht.[714]

e) Registrierung oder Nutzung in böser Absicht als Alternative zum fehlenden berechtigten Interesse

578 Wie bereits erwähnt, besteht der wichtigste Unterschied zu den UDRP, dass es zum einen ausreicht, wenn die böse Absicht entweder bei Registrierung oder bei einer Nutzung vorliegt. Weiterhin kann ein Anspruch entgegen den UDRP auch dann durchgreifen, wenn ein berechtigtes Interesse oder ein eigenes Recht besteht.

579 ▶ **Beispiel:** CAC 120: wuestenrot.eu[715]

Die Schiedskommission hatte dem bekannten Unternehmen Wüstenrot den entsprechenden Domainnamen zugesprochen, obwohl der Domainnameninhaberin, einer Gemeinde mit 6000 Einwohnern, die in dem Ursprungsort des Unternehmens ein Museum eingerichtet hatte, ein Namensrecht an dem Domainnamen zustand. Die Schiedskommission nahm eine Nutzung in böser Absicht an, da eine Verwechslungsmöglichkeit sowie durch die Förderung des Fremdenverkehrs Gewinnstreben vorliege (Art. 21 (3) d)).

580 Die nicht abschließenden[716] Regelbeispiele des Art. 21 (3) entsprechen weitgehend den UDRP und erfassen die
- Registrierung oder den Erwerb des Domainnamens, um diesen an den Beschwerdeführer zu verkaufen, zu vermieten oder anderweitig zu übertragen (a))[717]
- Registrierung des Domainnamens, um die berufliche oder geschäftliche Tätigkeit eines Wettbewerbers zu stören (c))[718]
- absichtliche Benutzung des Domainnamens, um Internetnutzer aus Gewinnstreben auf eine dem Domäneninhaber gehörende Website oder einer anderen Online-Adresse zu locken, indem eine Verwechslungsgefahr mit einem Namen, für den ein nach nationalem und/oder Gemeinschaftsrecht anerkanntes oder festgelegtes Recht besteht, oder mit dem Namen einer öffentlichen Einrichtung geschaffen wird, wobei sich diese Verwechslungsmöglichkeit auf den Ursprung, ein Sponsoring, die Zugehörigkeit oder die Billigung der Website oder Adresse des Domäneninhabers oder eines dort angebotenen Produkts oder Dienstes beziehen kann (d))[719]
- Registrierung des Domainnamens einer Person, wenn keine Verbindung zwischen dem Domäneninhaber und dem registrierten Domänennamen nachgewiesen werden kann (e)).

581 Der EuGH hat klargestellt, dass für die Prüfung der Bösgläubigkeit alle im Einzelfall erheblichen Faktoren und insbesondere die Umstände der Eintragung des Domainnamens und der Marke zu berücksichtigen sind. Zu Letzterem gehören auch die Absicht, die Marke nicht auf dem Markt zu benutzen, für den der Schutz beantragt wurde, die Gestaltung der Marke sowie die Anmeldung weiterer Gattungsbegriffe.[720]

---

714 Vgl. CAC 02791, Entsch. v. 22.01.2007 – Messe-Stuttgart; CAC 2986, Entsch. v. 21.01.2007 – TERXON.
715 CAC 120, Entsch. v. 25.06.2006 – wuestenrot.eu, zw.
716 EuGH MMR 2010, 538 Rn. 39; vgl. auch B11 (f); CAC 283, Entsch. v. 08.06.2006 – lastminute.eu.
717 CAC 02773, Entsch. vom 30.10.2006 – hotel-adlon.eu: Allgemeines Verkaufsangebot erfasst auch den Beschwerdeführer.
718 CAC 2727, Entsch. v. 02.11.2006 – staedlter.eu: Link führt zu Wettbewerber.
719 CAC 5247, Entsch.v.06.02.2009 – aidakreuzfahrten.eu.
720 EuGH MMR 2010, 538 mit Anm. *Wendt* – reifen.eu.

III. Alternative Streitbeilegung für .eu Domainnamen

Ein Sonderfall ist Art. 21 (3) b) VO (EG) 874/2004, der die Absicht erfasst, die eigene Nutzung des Beschwerdeführers zu verhindern, wenn ein entsprechendes Verhaltensmuster nachgewiesen werden kann[721] **oder** der Domainname mindestens 2 Jahre ab der Registrierung nicht entsprechend genutzt wurde[722] **oder** der Domainnameninhaber bei Beginn eines ADR Verfahrens erklärt hat, den Domainnamen in einschlägiger Weise zu nutzen, dies jedoch innerhalb von 6 Monaten nach Beginn des ADR Verfahrens nicht getan hat. Hiermit korrespondieren die ADR Regeln in B12 (g), die eine nur **vorläufige Entscheidung** vorsehen, wenn

- die Verwechslungsgefahr festgestellt wurde und
- nicht nachgewiesen wurde, dass dem Beschwerdegegner kein eigenes Recht oder berechtigtes Interesse zur Seite steht und
- wenn andere Bösgläubigkeitsmerkmale nicht vorliegen und sich der Beschwerdeführer deswegen auf Art. 21 (3) b) beruft.

Das Verfahren wird dann von der Schiedskommission bis zum Zeitpunkt von sechs Monaten nach Einreichung der Beschwerde **ausgesetzt**. Dann erfolgt, ggf. nach Einreichung neuer Beweismittel eine abschließende Prüfung und endgültige Entscheidung.

---

[721] Die deutsche Fassung der VO (EG) 874/2004 spricht nur von »Verhaltensweise«. Gemeint ist »ein solches Verhaltensmuster«, z. B. eine Vielzahl von ähnlichen Domainnamenregistrierungen, vgl. etwa CAC 2429, Entsch. v. 30.10.2006 – ericpol.eu.
[722] *Eichelberger* K&R 2008, 453 (456) ist der Auffassung, dass der Zweijahreszeitraum auch bei Aufgabe einer bereits erfolgten Benutzung beachtlich ist, also nicht an die Registrierung gekoppelt ist (zw); vgl. allgemein zu dieser Alternative *Müller* GRUR Int. 2009, 653.

Teil 5
Datenschutzrecht und Recht der IT-Sicherheit, Verschlüsselung und Signatur

Kapitel 20
Datenschutzrecht

Schrifttum

Auernhammer, Bundesdatenschutzgesetz, Kommentar, 3. Aufl. 1993; *Beckschulze/Henkel*, Der Einfluss des Internets auf das Arbeitsrecht, DB 2001, 1491; *Berberich*, Der Content »gehört« nicht Facebook! – AGB-Kontrolle der Rechteeinräumung an nutzergenerierten Inhalten, MMR 2010, 736; *Berndt/Hoppler*, Whistleblowing – ein integraler Bestandteil effektiver Corporate Governance, BB 2005, 2623; *Bierekoven*, Schadensersatzansprüche bei Verletzung von Datenschutzanforderungen nach der BDSG-Novelle, ITRB 2010, 88; *Breinlinger/Krader*, Whistleblowing – Chancen und Risiken bei der Umsetzung von anonym nutzbaren Hinweisgebersystemen im Rahmen des Compliance-Managements von Unternehmen, RDV 2006, 60; *Breyer*, Bürgerrechte und TKG-Novelle – Datenschutzrechtliche Auswirkungen der Neufassung des Telekommunikationsgesetzes, RDV 2004, 147; *Brink/Schmidt*, Die rechtliche (Un-)Zulässigkeit von Mitarbeiterscreenings – Vom schmalen Pfad der Legalität, MMR 2010, 592; *Brühann*, Die Veröffentlichung personenbezogener Daten im Internet als Datenschutzproblem, DuD 2004, 201; *Däubler*, Gläserne Belegschaften? Datenschutz in Betrieb und Dienststelle, 2002; *Däubler/Kittner/Klebe*, BetrVG Betriebsverfassungsgesetz, Kommentar, 12. Aufl. 2010; *Däubler/Klebe/Wedde/Weichert*, Bundesdatenschutzgesetz. Basiskommentar, 3. Aufl. 2010; *Dammann*, Internationaler Datenschutz, RDV 2002, 70; *Dannecker*, Neuere Entwicklungen im Bereich der Computerkriminalität – Aktuelle Erscheinungsformen und Anforderungen an eine effektive Bekämpfung, BB 1996, 1285; *Dieterich/Müller-Glöge/Preis/Schaub*, Erfurter Kommentar zum Arbeitsrecht, 7. Aufl. 2007; *Dix/Gardain*, Datenexport in Drittstaaten – Neue Wege zur Gewährleistung ausreichender Datenschutzgarantien, DuD 2006, 343; *Drewes*, Dialogmarketing nach dem neuen Listenprivileg, CR 2010, 759; *Duisberg/Picot*, Rechtsfolgen von Pannen in der Datensicherheit, CR 2009, 823; *Eckert*, Das Allgemeine Gleichbehandlungsgesetz in der Praxis, DStR 2006, 1987; *Engels/Jürgen/Fritsche*, Die Entwicklung des Telemedienrechts im Jahre 2006, K&R 2007, 57; *Erd*, Datenschutzrechtliche Probleme sozialer Netzwerke, NVwZ 2011, 19; *Erfurth*, Der »neue« Arbeitnehmerdatenschutz im BDSG, NJOZ 2009, 2914; *Ernst*, Social Plugins: Der Like-Button als datenschutzrechtliches Problem, NJOZ 2010, 1917; *Fleck*, Brauchen wir ein Arbeitnehmerdatenschutzgesetz?, BB 2003, 306; *Forst*, Der Regierungsentwurf zur Regelung des Beschäftigtendatenschutzes, NZA 2010, 1043; *Friauf*, Gewerbeordnung (GewO): Kommentar, Neuwied; *Gassner/Schmidl*, Datenschutzrechtliche Löschungsverpflichtung und zivilrechtliche Verjährungsvorschriften, RDV 2004, 153; *Gola*, Die Entwicklung des Datenschutzrechts in den Jahren 1999/2000, NJW 2000, 3749; *ders.*, Die Erhebung und Verarbeitung »besonderer Arten personenbezogener Daten« im Arbeitsverhältnis RDV 2001, 125; *Gola/Jaspers*, Von der Unabhängigkeit des betrieblichen Datenschutzbeauftragten – Erkenntnisse aus der Rechtsprechung für die BDSG-Novellierung, RDV 1998, 47; *Gola/Klug*, Die Entwicklung des Datenschutzrechts in den Jahren 2005/2006, NJW 2006, 2454; *dies.*, Die Entwicklung des Datenschutzrechts in den Jahren 2006/2007, NJW 2007, 2452; *dies.*, Die Entwicklung des Datenschutzrechts in den Jahren 2007/2008, NJW 2008, 2481; *dies.*, Die Entwicklung des Datenschutzrechts in den Jahren 2008/2009, NJW 2009, 2577; *dies.*, Die Entwicklung des Datenschutzrechts in den Jahren 2009/2010, NJW 2010, 2483; *dies.*, Neuregelungen zur Bestellung betrieblicher Datenschutzbeauftragter, NJW 2007, 118; *dies.*, Grundzüge des Datenschutzrechts, München 2003; *Gola/Schomerus*, Bundesdatenschutzgesetz (BDSG): Kommentar, 10. Aufl. 2010; *Gola/Wronka*, Handbuch zum Arbeitnehmerdatenschutz, 5. Aufl. 2009; *Gounalakis/Klein*, Zulässigkeit von personenbezogenen Bewertungsplattformen, NJW 2010, 566; *Grobys*, Wir brauchen ein Arbeitnehmerdatenschutzgesetz!, BB 2003, 682; *Groß*, Datenschutz in der Telekommunikation, in: *Roßnagel* (Hrsg.), Handbuch Datenschutzrecht 2003, S. 1258 (zitiert: *Groß*, TK-Datenschutz); *Gundermann*, Zur datenschutzrechtlichen Zulässigkeit von Bewertungsportalen – am Beispiel des AOK-Arztnavigators, VuR 2010, 329; *Heinemann/Wäßle*, Datenschutzrechtlicher Auskunftsanspruch bei Kreditscoring – Inhalt und Grenzen des Auskunftsanspruchs nach § 34 BDSG, MMR 2010, 600; *Hanloser*, Die BDSG-Novelle II: Neuregelungen zum Kunden- und Arbeitnehmerdatenschutz, MMR 2009, 594; *Hellmich*, Location Based Services – datenschutzrechtliche Anforderungen, MMR 2002, 152; *Hilber/Frik*, Rechtliche Aspekte der Nutzung von Netzwerken durch Arbeitnehmer und den Betriebsrat, RdA 2002, 89; *Hoeren*, Anonymität im Web – Grundfragen und aktuelle Entwicklungen, ZRP 2010, 251; *ders.*, Das Telemediengesetz, NJW 2007, 801; *Hohenstatt/Stamer/Hinrichs*, Background Checks von Bewerbern in Deutschland: Was ist erlaubt?, NZA 2006, 1065; *Hornung*, Der Personenbezug biometrischer Daten, DuD 2004, 429; *ders.*, Informationen über »Datenpannen« – Neue Pflichten für datenverarbeitende Unternehmen, NJW 2010, 1841; *Hütten/Stromann*, Umsetzung des Sarbanes-Oxley Act in der Unternehmenspraxis, BB 2003, 2223; *Jandt*, Das neue TMG – Nachbesserungsbedarf für den Datenschutz im Mehrpersonenverhältnis, MMR 2006, 652; *Jarass/Pieroth*, Grundgesetz für die Bundesrepublik Deutschland, Kommentar, 10. Aufl. 2009; *Jotzo*, Gilt deutsches Datenschutzrecht auch für Google, Facebook & Co. bei grenzüberschreitendem Datenverkehr?, MMR 2009, 232; *Kaetzler/Weirauch*, Bankenaufsichtsrechtliche Aspekte von Outsourcingverhältnissen – Neue Anforderungen an die Auslagerungspraxis durch die Neufassung des KWG und der MaRisk, BKR 2008, 265; *Kitz*, Das neue Recht der elektronischen Medien in Deutschland – sein Charme, seine Fallstricke, ZUM 2007, 368; *Kloepfer*, Informationsrecht, 2002; *Kock/Francke*, Mitarbeiterkontrolle durch systematisches Datenabgleich zur Korruptionsbekämpfung, NZA 2009, 646; *Kühling*, Freiheitsverluste im Austausch gegen Sicherheitshoffnungen im künftigen Telekommunikationsgesetz?, *Kulow*, Die Spickmich-Entscheidung des BGH: roma locuta – causa infinita, K&R 2009, 678; *Kuner/Hladjk*, Die alternativen Standardvertragsklauseln der EU für internationale Datenübermittlungen, RDV 2005, 193; *Lewinski*, Kaufleute im Schutzbereich des BDSG – Beitrag zur Dogmatik des Datenschutzrechts, DuD 2000, 39; *Lindemann/Simon*, Betriebsvereinbarungen zur E-Mail-, Internet- und Intranet-Nutzung, BB 2001, 1950; *Meisel*, Die Erhebung von Kundendaten beim Kauf von Prepaid-Produkten?, DuD 2004, 426; *Meltzian*, Die Neugestaltung des Listenprivilegs, DB 2009, 2643; *Mengel*, Kontrolle der E-mail- und Internetkommunikation am Arbeitsplatz, BB 2004, 2014; *ders.*, Kontrolle der Telefonkommunikation am Arbeitsplatz, BB 2004, 1445; *Meyer-Goßner/Kleinknecht/Schwarz*, Strafprozessordnung, Kommentar, 53. Aufl. 2010; Münchener Kommentar zum Bürgerlichen Gesetzbuch, 10 Bde, 3. Aufl., 1992 ff./4. Aufl. 2001 ff.; *Nielen/Thum*, Auftragsdatenverarbeitung durch Unternehmen im Nicht-EU-Ausland, K&R 2006, 171; *Nord*, »Datenschutzerklärungen« – misslungene Erlaubnisklauseln zur Datennutzung – »Happy Digits« und die bedenklichen Folgen im E-Commerce, NJW 2010, 3756; *Oberwetter*, Soziale Netzwerke im Fadenkreuz des Arbeitsrechts, NJW 2011, 417; *Ohlenburg*, Der neue Telekommunikationsdatenschutz, MMR 2004, 431; *Ott*, Das Internet vergisst nicht – Rechtsschutz für Suchobjekte, MMR 2009, 158; *ders.*, Schutz der Nutzerdaten bei Suchmaschinen – Oder: Ich weiß, wonach du letzten Sommer gesucht hast …, MMR 2009, 448; *Patzak/Beyerlein*, Adressdatenhandel unter dem neuen BDSG, MMR 2009, 525; *Pauly/Ritzer*, Datenschutz-Novellen: Herausforderungen für die Finanzbranche, WM 2010, 8; *Pfab*, Rechtsprobleme bei Datenschutz und Strafverfolgung im Autobahnmautgesetz, NZV 2005, 506; *Pfeifer*, Neue Regeln für die Datennutzung zu Werbezwecken, MMR 2010, 524; *Post-Ortmann*, Der Arbeitgeber als Anbieter von Telekommunikations- und Telediensten, RDV 1999, 102; *Preis/Bender*, Recht und Zwang zur Lüge – Zwischen List, Tücke und Wohlwollen im Arbeitsleben, NZA 2005, 1321; *Reimann*, Datenschutz im neuen TKG, DuD 2004, 421; *Rittweger/Schmidl*, Allgemeines Gleichbehandlungsgesetz und Datenschutzrecht, FA 2006, 266; *dies.*, Arbeitnehmerdatenschutz im Lichte des Allgemeinen Gleichbehandlungsgesetzes, RDV 2006, 235; *dies.*, Einwirkung von Standardvertragsklauseln auf § 28 BDSG, DuD 2004, 617; *v. Rosen*, Rechtskollision durch grenzüberschreitende Sonderermittlungen, BB 2009, 230; *Roßnagel*, Die Novellen zum Datenschutzrecht – Scoring und Adresshandel, NJW 2009, 2716; *Roßnagel*, Datenschutz in Tele- und Mediendiensten, in: *Roßnagel* (Hrsg.), Handbuch Datenschutzrecht 2003, S. 1278 (zitiert: *Roßnagel*, Datenschutz Tele-/Mediendienste); *ders.*, Das Telemediengesetz – Neuordnung für Informations- und Kommunikationsdienste, NVwZ 2007, 743; *Roßnagel/Scholz*, Datenschutz durch Anonymität und Pseudonymität Rechtsfolgen der Verwendung anonymer und pseudonymer Daten, MMR 2000, 721; *Roßnagel (Hrsg.)*, Handbuch Datenschutzrecht, 2003; *Rost*, Arbeitnehmer und arbeitnehmerähnliche Personen im Betriebsverfassungsrecht, NZA 1999, 113; *Ruppmann*, Der konzerninterne Austausch personenbezogener Daten, 2000; *Schaar*, Datenschutz im Internet, 2002; *Schaffland/Wiltfang*, Bundesdatenschutzgesetz (BDSG): Kommentar, Loseblattsammlung; *Schantz*, Die Vereinbarkeit der Abtretung von Darlehensforderungen mit Bankgeheimnis und Datenschutzrecht, VuR 2006, 464; *Schmidl*, Datenschutz für Whistleblowing-Hotlines, DuD 2006, 353; *ders.*, Die Whistleblowing-Stellungnahme der Artikel-29-Gruppe, DuD 2006, 414; *ders.*, Dokumentationsdaten nach dem Allgemeinen Gleichbehandlungsgesetz (AGG), DuD 2007, 11; *ders.*, E-Mail-Filterung am Arbeitsplatz, MMR 2005, 343; *ders.*, Private E-Mail-Nutzung – Der Fluch der guten Tat, DuD 2005, 267; *ders.*, Data protection law and Whistleblowing, World Data Protection Report 2 2007; *ders.*, Germany: Data Protection in the Employment Relationship (Part I), World Data Protection Report 9 2005, 13; *ders.*, Germany: Extraterritorial Applicability of the Federal Data Protection Act, World Data Protection Report 11 2006, 5; *ders.*, Germany: The Subsidiarity of Consent, World Data Protection Report 1 2007, 16; *ders.*, The Article 29 Working Party Opinion on Whistleblowing, World Data Protection Report 3 2006, 2; *ders.*, Datenschutzrechtliche Anforderungen an innereuropäische Personaldatenübermittlungen in Matrixorganisationen, DuD 2009, 364; *ders.*, Arbeitnehmerdatenschutz vor der Reform – Fehlanzeige?, ZJS 2009, 453; *ders.*, German Government's Proposed Legislation On Employee Data Protection Would Exclude Employee Consent In Key Situations, WDPR 10 2010, 31; *Schmidl* in: Information Security Management (»ISM«); *ders.* in: Corporate Compliance, Handbuch der Haftungsvermeidung im Unternehmen, 2. Aufl. 2010; *Schmitz*, Übersicht über die Neuregelungen des TMG und des RStV, K&R 2007, 135; *Simitis (Hrsg.)*, Bundesdatenschutzgesetz (BDSG), Kommentar, 6. Aufl. 2006; *Schrey/Meister*, Beschränkte Verwendbarkeit von Standortdaten – Hemmschuh für den M-Commerce, K&R 2002, 177; *Schuster/Darsow*, Einführung von Ethikrichtlinien durch Direktionsrecht, NZA 2005, 273; *Schwab/Ehrhard*, Sonderkündigungsschutz für Datenschutzbeauftragte, NZA 2009, 1118; *Spindler*, Das neue Telemediengesetz, Konvergenz in sachten Schritten, CR 2007, 239; *Taeger/Gabel*, Kommentar zum BDSG, 2010; *Thüsing*, Datenschutz im Arbeitsverhältnis – Kritische Gedanken zum neuen § 32 BDSG, NZA 2009, 865; *Thüsing/Lambrich*, Das Fragerecht des Arbeitgebers – aktuelle Probleme zu einem klassischen Thema, BB 2002, 1146; *Tinnefeld/Viethen*, Arbeitnehmerdatenschutz und Internet-Ökonomie – Zu einem Gesetz über Information und Kommunikation im Arbeitsverhältnis, NZA 2000, 977; *Tinnefeld/Ehmann/Gerling*, Einführung in das Datenschutzrecht,

Kapitel 20 Datenschutzrecht

4. Aufl. 2005; *Trappehl/Schmidl*, Der Gemeinschaftsbetrieb als datenschutzrechtlicher »Erlaubnistatbestand«, RDV 2005, 100; *Ulmer/Schrief*, Datenschutz im neuen Telekommunikationsrecht – Bestandsaufnahme eines Telekommunikationsdienstleisters zum aktuellen Entwurf des Telekommunikationsgesetzes, RDV 2004, 3; *Vehslage*, Privates Surfen am Arbeitsplatz, AnwBl 2001, 145; *Voigt*, Datenschutz bei Google, MMR 2009, 377; *Wächter*, Datenschutz im Unternehmen, 3. Aufl. 2003; *Wäßle/Heinemann*, Scoring im Spannungsfeld von Datenschutz und Informationsfreiheit, CR 2010, 410; *Walz/Lorch*, Weichenstellung Bewerbungsgespräch – Entstehung und Vermeidung möglicher Fehler, BC 2003, 85; *Wehr/Ujica*, »Alles muss raus!« – Datenspeicherungs- und Auskunftspflichten der Access-Provider nach Urteil des BVerfG zur Vorratsdatenspeicherung, MMR 2010, 671; *Weichert*, BDSG-Novelle zum Schutz von Internet-Inhaltsdaten, DuD 2009, 7; *Wegener/Schramm*, Neue Anforderungen an eine anlasslose Speicherung von Vorratsdaten – Umsetzungsmöglichkeiten der Vorgaben des Bundesverfassungsgerichts, MMR 2011, 9; *Wisskirchen/Bissels*, Das Fragerecht des Arbeitgebers bei Einstellung unter Berücksichtigung des AGG, NZA 2007, 169; *Wuermeling*, Handelshemmnis Datenschutz, 2000; *Wybitul*, Das neue Bundesdatenschutzgesetz: Verschärfte Regeln für Compliance und interne Ermittlungen, BB 2009, S. 1582; *ders.*, Wie viel Arbeitnehmerdatenschutz ist »erforderlich«?, BB 2010, 1085.

Übersicht Rdn.

A. **Einleitung** *Runte* 1
I. Entstehung und Zweck 2
II. Rechtsgrundlagen ....
   1. Allgemeines und besonderes Datenschutzrecht 7
   2. Europarechtliche Grundlagen 9
   3. Bundesrecht 12
   4. Landesrecht 14
B. **Bundesdatenschutzgesetz** 15
I. Aufbau und Struktur 16
II. Anwendungsbereich und Normadressaten 17
   1. Sachlicher Anwendungsbereich 17
   2. Räumlicher Anwendungsbereich 20
   3. Normadressaten 21
III. Datenschutzrechtliche Grundbegriffe 23
   1. Personenbezogene Daten, § 3 Abs. 1 BDSG 23
      a) Einzelangaben über persönliche oder sachliche Verhältnisse .. 25
      b) Natürliche Person 30
      c) Bestimmt oder bestimmbar 33
   2. Besondere Arten von personenbezogenen Daten, § 3 Abs. 9 BDSG .. 35
   3. Anonymisieren und Pseudonymisieren, § 3 Abs. 6, 6a BDSG 36
   4. Erheben, Verarbeiten, Nutzen 38
      a) Erheben 39
      b) Verarbeiten 40
         aa) Speichern, § 3 Abs. 4 Nr. 1 BDSG 41
         bb) Verändern, § 3 Abs. 4 Nr. 2 BDSG 42
         cc) Übermitteln, § 3 Abs. 4 Nr. 3 BDSG 43
         dd) Sperren, § 3 Abs. 4 Nr. 4 BDSG 44
         ee) Löschen, § 3 Abs. 4 Nr. 5 BDSG 45
      c) Nutzen 46
   5. Verantwortliche Stelle, Empfänger und Dritter, § 3 Abs. 7, 8 BDSG .. 47
IV. Zulässigkeit der Erhebung, Verarbeitung und Nutzung von personenbezogenen Daten ... 50
   1. Verbot mit Erlaubnisvorbehalt 50
   2. Einwilligung des Betroffenen 52
      a) Freiwillig 54
      b) Höchstpersönlich 56
      c) Informiert 57
      d) Schriftlich 59
   3. Erlaubnistatbestände für nicht-öffentliche Stellen 61
      a) Besondere Erlaubnistatbestände außerhalb des BDSG .. 63
      b) Erlaubnistatbestände des BDSG 65
         aa) Vertragliche Zweckbestimmung, § 28 Abs. 1 S. 1 Nr. 1 BDSG .. 67
         bb) Berechtigtes Interesse, § 28 Abs. 1 S. 1 Nr. 2 BDSG 68
         cc) Adresshandel und Werbung, § 28 Abs. 3–4 BDSG 70
   4. Erlaubnistatbestände für öffentliche Stellen 75
   5. Besondere Einschränkungen 76

Kapitel 20 Datenschutzrecht

		a) Automatisierte Einzelentscheidungen, § 6a BDSG	77
		b) Videoüberwachung, § 6b BDSG	78
	6.	Wesentliche Grundsätze des BDSG	79
		a) Verhältnismäßigkeit	80
		b) Datenvermeidung und Datensparsamkeit	81
		c) Transparenz	82
		d) Zweckbindung	83
V.	Erhebung, Verarbeitung oder Nutzung personenbezogener Daten im Auftrag, § 11 BDSG	84
	1.	Interessenlage	84
	2.	Voraussetzungen	85
		a) Sorgfältige Auswahl des Auftragnehmers	86
		b) Schriftliche Auftragserteilung	87
		c) Laufende Kontrolle	89
	3.	Pflichten von Auftraggeber und Auftragnehmer	90
	4.	Privilegierung und Abgrenzung zur Funktionsübertragung	92
VI.	Rechte des Betroffenen	95
	1.	Auskunft	96
	2.	Berichtigung, Löschung, Sperrung	98
	3.	Widerspruchsrecht	99
VII.	Informationspflicht bei unrechtmäßiger Datenerlangung	100
	1.	Anwendungsbereich und Voraussetzungen	101
	2.	Benachrichtigung von Behörde und Betroffenen	105
		a) Information der Behörde	106
		b) Information der Betroffenen	107
	3.	Folgen und Sanktionen	108
VIII.	Der Datenschutzbeauftragte	109
	1.	Prinzip der Selbstkontrolle	109
	2.	Voraussetzungen für die Bestellung eines Datenschutzbeauftragten	110
		a) Sachliche Voraussetzungen	111
		b) Formale Voraussetzungen	114
		c) Persönliche Voraussetzungen	115
	3.	Stellung des betrieblichen Datenschutzbeauftragten	119
	4.	Aufgaben und Pflichten des betrieblichen Datenschutzbeauftragten	121
		a) Überwachung der ordnungsgemäßen Anwendung von Datenverarbeitungsprogrammen	122
		b) Information und Schulung der Mitarbeiter	123
		c) Erstellung eines Verfahrensverzeichnisses	124
		d) Durchführung der Vorabkontrolle	125
		e) Verschwiegenheitspflicht	126
	5.	Beendigung der Tätigkeit	127
IX.	Aufsichtsbehörden und Sanktionen	132
	1.	Sanktionen	132
		a) Bußgeldvorschriften	132
		b) Strafvorschriften	133
	2.	Aufsicht	134
		a) Öffentliche Stellen	134
		b) Nicht-öffentliche Stellen	136
		aa) Zuständige Aufsichtsbehörden	136
		bb) Befugnisse	139
	3.	Schadensersatz	140
C.	**Datenschutz im E-Commerce und Internet** *Kamps*	141
I.	Überblick	141
II.	Entstehungsgeschichte und rechtliche Grundlagen	145
III.	Systematik und Anwendungsbereich	150
	1.	Systematische Einordnung	150
	2.	Verhältnis zum Datenschutz im Bereich der Telekommunikation	153
		a) Telekommunikationsdienste	154
		b) Telekommunikationsgestützte Dienste	159
	3.	Verhältnis zum Datenschutz im Bereich des Rundfunks	161
	4.	Verhältnis zu den allgemeinen Datenschutzgesetzen	164
	5.	Sonstige Ausnahmen	166
IV.	Verarbeitung personenbezogener Daten nach dem TMG	167
	1.	Allgemeine Grundsätze	168

Kapitel 20 Datenschutzrecht

	a)	Verbot mit Erlaubnisvorbehalt und Zweckbindung (§ 12 Abs. 1, 2 TMG)	169
	b)	Unterrichtungspflicht/Transparenzgebot (§ 13 Abs. 1 TMG)	171
	c)	Einwilligung (§ 13 Abs. 2, 3 TMG)	175
		aa) Koppelungsverbot	177
		bb) Elektronische Einwilligung	179
	d)	Datenvermeidung und -sparsamkeit, anonyme/pseudonyme Nutzung (§ 3a BDSG, § 13 Abs. 6 TMG)	181
	2. Systemdatenschutz – Technische und organisatorische Vorkehrungen (§ 13 Abs. 4 TMG)		184
	3. Besondere Verarbeitungsbestimmungen		185
	a)	Bestandsdaten (§ 14 Abs. 1 TMG)	186
	b)	Nutzungsdaten (§ 15 Abs. 1 TMG)	191
	c)	Abrechnungsdaten (§ 15 Abs. 2, 4–8 TMG)	196
	d)	Inhaltsdaten	199
	4. Besondere Verarbeitungsarten		203
	a)	Pseudonymisierte Nutzungsprofile (§ 15 Abs. 3 TMG) und anonymisierte Nutzungsdaten (§ 15 Abs. 5 S. 3 TMG)	204
	b)	Abrechnungsdaten in Missbrauchsfällen (§ 15 Abs. 8 TMG)	208
	c)	Mitteilung von Daten an Dritte (§§ 14 Abs. 2, 15 Abs. 5 TMG)	209
V.	Sanktionen (§ 16 Abs. 2 Nr. 3–6 TMG)		211
D.	**Datenschutz in der Telekommunikation**		212
I.	Überblick		212
II.	Entstehungsgeschichte und rechtliche Grundlagen		217
III.	Systematik und Anwendungsbereich		219
	1. Systematische Einordnung		219
	2. Anwendungsbereich		221
IV.	Verarbeitung personenbezogener Daten nach dem TKG		226
	1. Allgemeine Regelungen		228
	a)	Informationspflichten, § 93 TKG	229
	b)	Elektronische Einwilligung, § 94 TKG	233
	c)	Koppelungsverbot, § 95 Abs. 5 TKG	235
	2. Besondere Verarbeitungsbestimmungen		236
	a)	Bestandsdaten, § 95 TKG	237
	b)	Teilnehmerverzeichnis und Auskunft	243
	c)	Verkehrsdaten	246
		aa) Allgemeines	247
		bb) Entgeltermittlung und -abrechnung	253
		cc) Standortdaten	258
	d)	Sonstige Verarbeitungstatbestände	262
V.	Sanktionen		264
E.	**Datenschutz im Arbeitsverhältnis** *Schmidl*		266
I.	Datenschutz am Arbeitsplatz		266
	1. Kein spezifisches Arbeitnehmerdatenschutzrecht		266
	2. Besonderes Verhältnis zwischen Arbeitgeber und Arbeitnehmer		272
	3. Interessenkollision		276
II.	Regelungsdefizite im Beschäftigtendatenschutz		277
	1. Ungeeignete Prämissen des BDSG		277
	a)	Persönliche Abhängigkeit als Strukturmerkmal	277
	b)	Berücksichtigung moderner Technologien	278
	c)	Berücksichtigung typischer Arbeitsverhältnisse	279
	2. Freiwilligkeit der Arbeitnehmereinwilligung		280
	a)	Strukturelle Unterlegenheit des Arbeitnehmers	280
	b)	Sanktionserwartung	281
	c)	Keine ausdrückliche Regelung des Koppelungsverbots	282
	3. Keine hinreichende Regelung der Bestimmtheit		283
	a)	Bestimmtheit im Arbeitsverhältnis	283
	b)	Grenzüberschreitender Datenverkehr	284
	4. Zusammenfassung		285
III.	Anbahnung, Durchführung und Beendigung des Arbeitsverhältnisses		286
	1. Anbahnung		286
	a)	Enge Beziehung Arbeitgeber – Arbeitnehmer	286
	b)	Beschränkung des Fragerechts	287
	c)	Grundsatz der Direkterhebung	290
	d)	Einwilligung bei Bewerbung	291

1061

Kapitel 20 Datenschutzrecht

		e) Löschungspflicht nach Ablehnung	293
		f) Recht zum Anlegen einer Personalakte	295
	2.	Durchführung des Arbeitsverhältnisses	296
		a) Weitergabe von Arbeitnehmerdaten an Dritte/Information über »Leistungslisten« im Rahmen des Arbeitsverhältnisses	296
		b) Bekanntgabe von Arbeitnehmerdaten im Betrieb	301
		c) Überwachungsmaßnahmen und Abgrenzung § 32 Abs. 1 S. 1 und S. 2 BDSG	304
		d) Sonderfall: Überwachung bei Internet/E-Mail/Telefonverkehr	313
	3.	Beendigung	319
	4.	Rechte des Arbeitnehmers	320
		a) Auskunfts- und Einsichtsrecht	320
		b) Berichtigungs- und Löschungsanspruch	321
IV.	Exkurs: Datenschutz beim Betriebsrat		322
V.	Folgen unzulässiger Datenverarbeitung		323
VI.	Verhaltenskodizes und Whistleblowing		324
	1.	Hintergründe zu Verhaltenskodizes	324
	2.	Verhaltenskodizes und internationale Datenübermittlung	325
		a) Anforderungen an das Meldesystem	325
		b) Beispielsfall zum Whistleblowing	326
		c) Keine Whistleblowing-Einwilligung	329
		d) Internationales Whistleblowing	331
		e) Whistleblowing – Standpunkt des Düsseldorfer Kreises	335
		f) Verfahrensverzeichnis	337
		g) § 11 BDSG als ungeeigneter Lösungsansatz	338
F.	**Internationaler Transfer von personenbezogenen Daten**		**339**
I.	Einführung		339
	1.	Expansion und internationale Datenübermittlung	340
	2.	Neugründung und Akquisition	341
	3.	Zentralisierung der Datenverarbeitung	342
	4.	Grundfragen internationaler Datenübermittlung	343
	5.	Kein Konzernprivileg	344
	6.	Tatsächlicher Ablauf entscheidend	345
II.	Typische Konstellationen		346
	1.	Beispielsfälle	346
		a) Beispiel 1: Muttergesellschaft in den USA	347
		b) Beispiel 2: Muttergesellschaft in Deutschland	348
		c) Beteiligungserwerb oder Übernahme	349
		d) Typischerweise betroffene Datenkategorien	350
	2.	Typische Datentransfers	351
		a) Datentransfers im Beispielsfall 1	351
		aa) Empfänger und Zwecke im Beispielsfall 1	352
		bb) Matrixstrukturen im Beispielsfall 1	353
		cc) Sonderfall: Datentransfers nach Verarbeitungsprozess	354
		b) Datentransfers im Beispielsfall 2	355
		aa) Empfänger und Zwecke im Beispielsfall 2	356
		bb) Matrixstrukturen im Beispielsfall 2	357
		cc) Sonderfall: Datentransfers nach Verarbeitungsprozess	358
		c) Sonderfall: Springer	359
III.	Anwendbarkeit deutschen Datenschutzrechts		360
	1.	Sachlicher Anwendungsbereich	361
		a) Handeln einer nicht-öffentlichen Stelle unter Einsatz von Datenverarbeitungsanlagen	361
		b) Erhebung, Verarbeitung und Nutzung personenbezogener Daten	367
		c) Übermittlungsvorgänge	371
	2.	Örtliche Anwendbarkeit des BDSG	375
		a) Geltung des BDSG im europäischen Kontext	375
		b) Geltung des BDSG im internationalen Kontext	386
IV.	Zulässigkeit der verschiedenen Vorgänge		404
	1.	Einwilligung	405
		a) Einwilligung wirkt auf beiden Stufen	405
		b) Freiwilligkeit im Arbeitsverhältnis?	406
		c) Artikel-29-Gruppe zur Einwilligung	407
		d) Ausnahme bei anfänglicher Einwilligung?	409
		e) Widerruflichkeit der Einwilligung	410

	f) Unzulässigkeit der Globaleinwilligung	....	412
	g) Irreführung führt zur Unwirksamkeit	....	414
	h) Täuschung durch zu breite Einwilligung	....	415
	i) Keine Rechtsprechung	....	416
2.	Sonstige Rechtsvorschrift	....	417
	a) Betriebsvereinbarung als sonstige Rechtsvorschrift	....	417
	b) SOX als sonstige Rechtsvorschrift	....	426
3.	Gesetzliche Erlaubnistatbestände	....	427
	a) Prüfung auf zwei Stufen	....	427
	b) Erste Stufe	....	428
	c) Zweite Stufe	....	437
	aa) Angemessenheit	....	444
	bb) Mindeststandard durch »Safe-Harbor«	....	449
	cc) Verwendung von Standardvertragsklauseln	....	452
	dd) Einwilligung: qualifizierte Belehrung	....	455
	ee) Prüfung im Einzelfall, § 4c Abs. 1 BDSG	....	456
	ff) Sonstige ausreichende Garantien im Einzelfall	....	462
4.	§ 4 Abs. 3 BDSG im Lichte von § 33 BDSG	....	476
	a) Unterrichtung der Betroffenen	....	476
	b) Pflicht zur Unterrichtung?	....	477
	c) Benachrichtigung bei Erstspeicherung durch Dritte	....	478
	d) Entfallen der Benachrichtigungspflicht	....	479

V. Zusammenfassung 481
G. Datenschutz im Kreditwesen *Runte* 486
I. Besondere Gefährdungslage 486
II. Bankgeheimnis 487
   1. Grundlage und Inhalt 488
   2. Verhältnis zum Datenschutzrecht 491
III. Datenschutzrechtliche Regelungen 492
H. Weitere Bereiche des besonderen Datenschutzes 494
I. Sozialdatenschutz 495
II. Gefahrenabwehr 496
III. Strafverfolgung und Strafverfahren 497
IV. Datenschutz in den Kirchen 498

A. Einleitung

Der rechtliche Schutz des Betroffenen im Umgang mit seinen personenbezogenen Daten ist in der anwaltlichen Praxis nicht nur für die Beratung von Betroffenen von Bedeutung, sondern auch und vor allem im Hinblick auf die Anforderungen an Unternehmen im Umgang mit den Daten ihrer Mitarbeiter und Kunden. War das Datenschutzrecht noch vor wenigen Jahren ein eher wenig beachtetes Rechtsgebiet, so ist es durch die steigende praktische Bedeutung der Datenverarbeitung und nicht zuletzt durch teils medienwirksamen Verstöße gegen datenschutzrechtliche Vorschriften auch in das Bewusstsein der breiten Öffentlichkeit gelangt. Diese Bedeutung macht es unerlässlich für Unternehmen und ihre Berater, sich über die datenschutzrechtlichen Möglichkeiten und Grenzen der Verwertung personenbezogener Daten bewusst zu sein. Nachfolgend sollen zunächst die wesentlichen Grundzüge des Datenschutzrechts dargelegt werden. In den Abschnitten B bis H werden die wesentlichen Grundzüge des allgemeinen und ausgewählte Gebiete des besonderen Datenschutzrechts erläutert.

I. Entstehung und Zweck

Ausgangspunkt für die Entstehung des heutigen Datenschutzrechts der Bundesrepublik Deutschland war die in den 70er Jahren einsetzende Erkenntnis, dass zunehmend ein erweitertes Schutzbedürfnis im Bezug auf personenbezogene Informationen jedweder Art bestand. Ursächlich für das Aufkeimen einer weitgreifenden Datenschutzdiskussion waren die technischen Entwicklungen im Informations- und Telekommunikationsbereich sowie die ansteigende Automatisierung der Datenverarbeitung. Damit einhergehend wurde auch ein immer größer werdendes Bedrohungspotenzial für die personenbezogenen Daten und damit auch das verfassungsrechtlich geschützte Persönlichkeitsrechts des Einzelnen durch unbefugte Eingriffe mittels moderner Datenerhebung und -verarbeitung durch private und staatliche Stellen gesehen. Der Regelungsauftrag an den Gesetzgeber richtete sich also darauf, rechtliche Mindestanforderungen für die Datenerhebung und -verarbeitung im Zusammenhang mit den neuen Technologien aufzustellen.

3   Von besonderer Bedeutung für die Entwicklung des Datenschutzrechts war die sog. Volkszählungsentscheidung[1] des Bundesverfassungsgerichts vom 15.12.1983. Darin führte das Gericht aus, dass eine Einschränkung des Rechts auf informationelle Selbstbestimmung als Bestandteil des allgemeinen Persönlichkeitsrechts nur bei Vorliegen eines überwiegenden Allgemeininteresses und einer hinreichend klaren und spezifischen gesetzlichen Ermächtigungsgrundlage zulässig ist.[2]

4   In jüngerer Zeit sind zunächst unter dem Gesichtspunkt der Bedrohung der öffentlichen Sicherheit aufgrund von Terrorismus und Kriminalität Einschränkungen des Datenschutzes verstärkt diskutiert worden. In der aktuelleren Gesetzgebung fand diese Entwicklung unter anderem im Terrorismusbekämpfungsgesetz seinen Niederschlag. Verschiedene Skandale im Zusammenhang mit der Überwachung und Ausforschung von Mitarbeitern und Kunden durch Unternehmen waren dann Anlass für eine Überarbeitung wesentlicher Vorschiften des BDSG im Jahr 2009.[3]

5   Zu unterscheiden ist zwischen Einschnitten in die informationelle Selbstbestimmung durch staatliche Maßnahmen einerseits und der möglichen Gefährdung der Privatsphäre durch Datenerhebung, -verarbeitung und -nutzung von privater Seite andererseits. Beim Datenschutz gegenüber anderen Privatrechtssubjekten ändern sich grundsätzlich die gegeneinander abzuwägenden Positionen, denn auch die Datenverarbeitung stellt in diesen Fällen eine Grundrechtsbetätigung dar. Der so entstehende Konflikt der unterschiedlichen Rechtspositionen führt jeweils zum Bedürfnis einer Interessenabwägung.

6   Die bloße Ausrichtung des Datenschutzes auf den persönlichkeitsrechtlichen Hintergrund greift nach allgemeiner Auffassung jedoch mittlerweile zu kurz. Vielmehr ist aufgrund der vielseitigen Bedrohungspotenziale ein »umfassenderes Informationsrestriktionskonzept«[4] erforderlich geworden. Neben den Datenschutz treten also auch andere Aspekte der Sicherheit von Informationen, etwa im Bezug auf die Zugriffsmöglichkeiten, den vertraulichen Umgang mit Informationen und deren Schutz. Unverändert bleibt dabei das bereits beschriebene Spannungsfeld zwischen dem Schutz von Informationen vor Eingriffen einerseits und der Informationsfreiheit anderseits.

II. Rechtsgrundlagen

1. Allgemeines und besonderes Datenschutzrecht

7   Die normen- und regelungstechnische Ausgestaltung im Bereich des Datenschutzrechts ist äußerst vielfältig. Zu Recht lässt sich von einer »Querschnittsmaterie« sprechen.[5] Daten-

---
1 BVerfGE 65, 1.
2 BVerfGE 65, 1 (Ls. 2).
3 Insbesondere die sog. Datenschutznovelle I und II, BGBl. I 2009 S. 2254 und BGBl. I 2009 S. 2814.
4 *Kloepfer* § 8 Rn. 16.
5 So auch *Gola/Klug* S. 7 und *Tinnefeld/Ehmann/Gerling* S. 156.

schutzrechtliche Regelungen sind in verschiedenen Gesetzen, Rechtsverordnungen, aber auch Satzungen und Tarifvereinbarungen enthalten. Nur das BDSG und die jeweiligen Datenschutzgesetze der Länder enthalten dabei ausschließlich datenschutzrechtliche Bestimmungen. Oft sind datenschutzrechtliche Vorschriften auch in Gesetzen geregelt, die in erster Linie eine andere Regelungsmaterie zum Gegenstand haben und bei denen die datenschutzrechtlichen Bestimmungen nur Annex sind (so etwa beim Telemediengesetz, dem Telekommunikationsgesetz oder dem Rundfunkstaatsvertrag).

Versucht man, diese zahlreichen datenschutzrechtlichen Vorschriften in einem System zu ordnen, bietet sich im Hinblick auf die unterschiedlichen Kompetenzgrundlagen und die Subsidiarität des BDSG eine grundsätzliche Unterteilung in ein allgemeines Datenschutzrecht (bestehend aus der EG-Datenschutzrichtlinie, dem BDSG sowie den Datenschutzgesetzen der Länder) und ein besonderes Datenschutzrecht an, welches bereichsspezifische Regelungen des EG-Sekundärrechts (wie etwa die Telekommunikations-Datenschutzrichtlinie), des Bundesrechts (z. B. TKG, SGB, StGB) und des Landesrechts (z. B. RStV) umfasst.[6] **8**

2. Europarechtliche Grundlagen

Bereits die Europäische Menschenrechtskonvention[7] von 1950 sieht in Art. 8 ein Recht auf Privatsphäre vor und wird daher immer wieder als Grundlage auch für den Datenschutz zitiert. Ebenfalls in Art. 8 regelt die am 17.10.2000 verkündete Europäische Charta der Grundrechte (nicht zu verwechseln mit der EMRK) ausdrücklich den Schutz personenbezogener Daten. Obwohl sie keine unmittelbare Rechtswirkung entfaltet, findet ihr Inhalt im Rahmen der Rechtsprechung des EuGH Berücksichtigung. Aus deutscher Sicht von eher untergeordneter Bedeutung ist die Europäische Datenschutzkonvention,[8] die von den Mitgliedern des Europarats im Jahr 1981 verabschiedet und von Deutschland 1985 ratifiziert wurde. Inhaltlich wurde sie durch die Datenschutzrichtlinie zwischenzeitlich überholt. **9**

Die aktuelle Gesetzeslage im Datenschutz der Bundesrepublik wurde maßgeblich von der Richtlinie 95/46/EG vom 24.10.1995 zum Schutz natürlicher Personen bei der Verarbeitung personenbezogener Daten und zum freien Datenverkehr, kurz **EG-Datenschutzrichtlinie**,[9] gekennzeichnet. Der Erlass der EG-Datenschutzrichtlinie beabsichtigte im Wesentlichen eine Harmonisierung der Datenschutzgesetzgebung der einzelnen Mitgliedstaaten mit besonderer Betonung des Persönlichkeitsschutzes. Im Ergebnis führte sie (mit zweijähriger Umsetzungsverspätung) zu der nach 1990 zweiten Novellierung des BDSG im Jahr 2001.[10] Neben der – nur teilweise geglückten – Umsetzung der EG-Datenschutzrichtlinie wurden noch Sondervorschriften zur Videoüberwachung (§ 6b BDSG), zu mobilen Speicher- und Verarbeitungsmedien (§ 6c BDSG) und einem Datenschutzaudit[11] (§ 9a BDSG) aufgenommen. **10**

Bereits im Jahr 2009 hat die EU Kommission eine grundlegende Überarbeitung der Datenschutzrichtlinie angekündigt und zunächst einen Konsultationsprozess begonnen. Der **11**

---

6 *Kloepfer* § 8 Rn. 6.
7 Die Europäische Menschenrechtskonvention (EMRK) oder Konvention zum Schutze der Menschenrechte und Grundfreiheiten (Konvention Nr. 005 des Europarats) v. 04.11.1950.
8 Übereinkommen zum Schutz des Menschen bei der automatischen Verarbeitung personenbezogener Daten (Konvention Nr. 108). Die Konvention wurde am 28.01.1981 von den damaligen Mitgliedstaaten des Europarats vereinbart und trat am 01.10.1985 in Kraft.
9 Richtlinie 95/46/EG v. 04.10.1995 zum Schutz natürlicher Personen bei der Verarbeitung personenbezogener Daten und zum freien Datenverkehr, ABl. EG v. 23.11.1995, Nr. L 281 S. 31.
10 Inkrafttreten am 23.05.2001; BGBl. I S. 2964.
11 Im Herbst 2007 hat die Bundesregierung den Entwurf eines Bundesdatenschutzauditgesetz nach § 9a S. 2 BDSG vorgelegt.

Entwurf für eine Neufassung der Datenschutzrichtlinie ist für den Lauf des Jahres 2011 geplant.

3. Bundesrecht

12 Dem Bund wird im Grundgesetz keine ausdrückliche Gesetzgebungskompetenz für die Regelung des Datenschutzrechts eingeräumt. Sie ergibt sich jedoch aus den jeweiligen Gesetzgebungszuständigkeiten des Bundes für bestimmte Bereiche mit datenschutzrechtlicher Relevanz. Im Bereich der öffentlichen Verwaltung besteht eine Annexkompetenz des Bundes im Hinblick auf das Verwaltungsverfahren bei den einzelnen Sachkompetenzen der Art. 72 bis 74 GG. Im nicht-öffentlichen Bereich sind die jeweiligen Sachzuständigkeiten für die Gesetzgebungskompetenz des Bundes maßgebend, also insbesondere Art. 74 Abs. 1 Nr. 1, 11 und 12 GG.

13 Auf Bundesebene enthält das BDSG die allgemeinen datenschutzrechtlichen Regelungen. Das besondere Datenschutzrecht des Bundes ist dagegen breit gefächert und kaum überschaubar. So finden sich bereichsspezifische Bundesgesetze im Bereich der Gefahrenabwehr (insbesondere BGSG, BVerfSchG, BNDG), des Ausländer- und Asylverfahrensrechts, der Strafverfolgung, des Arbeitnehmerschutzes, des Sozialrechts sowie bei den Telekommunikations- und Telemediendiensten.

4. Landesrecht

14 Sämtliche Bundesländer haben jeweils ein Landesdatenschutzgesetz erlassen, das den datenschutzrechtlichen Rahmen für die Landesbehörden und andere öffentliche Stellen auf Landesebene regelt. Anders als das Grundgesetz sehen einzelne Landesverfassungen ausdrückliche allgemeine Datenschutzregelungen vor. Bereichsspezifische, besondere datenschutzrechtliche Bestimmungen bestehen auf Länderebene überwiegend im Polizei- und Ordnungsrecht, Melderecht, im Recht des öffentlichen Dienstes und im Medienrecht.

B. Bundesdatenschutzgesetz

15 Kernstück des deutschen Datenschutzrechts ist das Bundesdatenschutzgesetz, das die allgemeinen Regelungen zum Schutz der personenbezogenen Daten enthält und auch die Regelungen des bereichsspezifischen Datenschutzrechts dort ergänzt, wo diese nur Teilaspekte regeln.

I. Aufbau und Struktur

16 Der Aufbau des Bundesdatenschutzgesetzes ist auf den ersten Blick nur wenig übersichtlich. Im ersten Abschnitt (§§ 1 bis 11 BDSG) sind die allgemeinen Bestimmungen und Definitionen niedergelegt, die sowohl für die Datenverarbeitung durch öffentliche Stellen als auch die Datenverarbeitung durch nicht-öffentliche Stellen Anwendung finden. Im zweiten Abschnitt (§§ 12 bis 26 BDSG) ist die Datenverarbeitung der öffentlichen Stellen geregelt. Der dritte Abschnitt (§§ 27 bis 38a BDSG) enthält die Grundlagen für die Datenverarbeitung durch nicht-öffentliche Stellen und öffentlich-rechtliche Wettbewerbsunternehmen. Die Unterteilung in Datenverarbeitung durch öffentliche und nicht-öffentliche Stellen findet sich in der EG-Datenschutzrichtlinie so nicht wieder und stellt eine deutsche Besonderheit dar. Die übrigen Abschnitte gelten wieder gemeinsam für die Datenverarbeitung öffentlicher und nicht-öffentlicher Stellen. Dabei sind im vierten Abschnitt (§§ 39 bis 42a BDSG) Sondervorschriften für bestimmte verantwortliche Stellen (solche, die einem

Berufs- oder Amtsgeheimnis unterliegen, Forschungseinrichtungen, Medien und die Deutsche Welle) sowie die mit der Novelle im Jahr 2009 neu eingeführte Informationspflicht bei unrechtmäßiger Kenntniserlangung von Daten (sog. »data breach notification«)[12] enthalten. Der fünfte Abschnitt (§§ 43, 44 BDSG) enthält Bußgeld- und Strafvorschriften und im sechsten Abschnitt (§§ 45, 46 BDSG) sind Übergangsvorschriften geregelt.

II. Anwendungsbereich und Normadressaten

1. Sachlicher Anwendungsbereich

Nach § 1 Abs. 1 BDSG ist Zweck des Gesetzes, den Einzelnen davor zu schützen, dass er durch den Umgang mit seinen personenbezogenen Daten in seinem Persönlichkeitsrecht beeinträchtigt wird. Sachlich ist der Anwendungsbereich des BDSG daher auf den »Umgang« mit personenbezogenen Daten beschränkt. 17

Für öffentliche Stellen ist damit der sachliche Anwendungsbereich eröffnet, wenn personenbezogene Daten vorliegen. Für nicht-öffentliche Stellen ist die Anwendung des BDSG dagegen gem. § 1 Abs. 2 Nr. 3 und § 27 Abs. 1 S. 1 BDSG zunächst auf den »Einsatz von Datenverarbeitungsanlagen« beschränkt. In § 3 Abs. 2 BDSG wird dieser Begriff im Ergebnis mit dem der »automatisierten Verarbeitung« gleichgesetzt.[13] Dabei muss es sich um eine Anlage handeln, die gerade zum automatisierten Handhaben von Daten entworfen wurde. Nicht darunter fallen Anlagen, deren einzelne Funktionen von Menschenhand gesteuert werden müssen, wie etwa eine Schreibmaschine.[14] Erforderlich ist, dass bei der Verarbeitung eine Differenzierung hinsichtlich des Informationsgehalts dahin gehend erfolgt, dass ein Beitrag zur Zugänglichkeit und zur Auswertung des Datenbestands geleistet wird. Eine bloße Vervielfältigungs- oder Transportfunktion, ohne Bezug auf die dahinter stehenden Informationen, reicht hierfür nicht aus.[15] Voraussetzung ist, dass »wesentliche Verfahrensschritte, insbesondere das Lesen und Vergleichen von Daten, in programmgesteuerten Einrichtungen ablaufen«.[16] 18

Selbst wenn keine Datenverarbeitungsanlagen eingesetzt werden, findet das BDSG auf nicht-öffentliche Stellen Anwendung, wenn Daten in oder aus einer »nicht automatisierten Datei« verarbeitet werden. Eine solche nicht automatisierte Datei liegt gem. § 3 Abs. 2 S. 2 BDSG bei einer Sammlung personenbezogener Daten vor, die gleichartig aufgebaut und nach bestimmten Merkmalen zugänglich ist und ausgewertet werden kann. Systematische Akten oder Aktensammlungen, die über Aktennummern bestimmten Personen zugeordnet werden können, fallen also bereits darunter. Werden etwa Sammlungen von Pressefotos so systematisiert, dass sie den fotografierten Personen zugeordnet werden können, liegt eine nicht automatisierte Datei vor. Im Ergebnis ist die Einschränkung von § 1 Abs. 2 Nr. 3 und § 27 Abs. 1 S. 1 BDSG nur selten relevant. 19

---

12 Vgl. dazu unten Rdn 100.
13 Das Gesetz differenziert jedoch etwas unglücklich: Für § 1 Abs. 2 Nr. 3 und § 27 Abs. 1 S. 1 BDSG genügt es, wenn die Erhebung *für* den Einsatz von Datenverarbeitungsanlagen erfolgt, sie muss nicht zwingend auch selbst auf diesem Weg erfolgt sein. Die Definition in § 3 Abs. 2 BDSG verlangt für das Vorliegen einer automatisierten Verarbeitung dem Wortlaut nach, dass auch die Erhebung selbst unter Einsatz von Datenverarbeitungsanlagen erfolgt; vgl. OVG Hamburg RDV 2006, 73.
14 Simitis/*Dammann* § 3 Rn. 79.
15 Z.B. Kopier- und Faxgeräte, vgl. Simitis/*Dammann* § 3 Rn. 79 mit weiteren Beispielen; *Dammann*/*Simitis* Art. 3 Anm. 3f.
16 Simitis/*Dammann* § 3 Rn. 81.

2. Räumlicher Anwendungsbereich

20 Der räumliche Anwendungsbereich des BDSG ist in § 1 Abs. 5 BDSG geregelt. Danach gilt für die Anwendbarkeit grundsätzlich das **Sitzprinzip**, d. h. das anzuwendende Recht richtet sich nach dem Sitz der verantwortlichen Stelle und nicht nach dem Ort der Datenverarbeitung oder des sonstigen Umgangs mit den personenbezogenen Daten. Damit trägt das BDSG der Vorgabe in Art. 4 der EG-Datenschutzrichtlinie Rechnung, die es so vor allem Unternehmen ermöglichen wollte, jeweils nur das heimische Datenschutzrecht beachten zu müssen, um damit den freien Waren- und Dienstleistungsverkehr nicht unnötig zu erschweren. Deutsches Datenschutzrecht findet also keine Anwendung auf den Umgang mit personenbezogenen Daten in Deutschland, wenn dieser von einer Stelle mit Sitz in einem anderen EU-Mitgliedstaat oder Vertragsstaat des EWR[17] (Norwegen, Island und Liechtenstein) aus erfolgt.

Ausnahmsweise gilt jedoch das **Territorialitätsprinzip**, wenn die verantwortliche Stelle eine Niederlassung in Deutschland unterhält und der Umgang mit den personenbezogenen Daten von dort aus erfolgt. Der Begriff der Niederlassung ist dabei weit zu verstehen. Die EG-Datenschutzrichtlinie[18] lässt für das Vorliegen einer Niederlassung »die effektive und tatsächliche Ausübung einer Tätigkeit mittels einer festen Ausrichtung« genügen, ohne dass eine bestimmte Rechtsform erforderlich ist.

Nach § 1 Abs. 5 S. 2 BDSG findet das BDSG auf jede Erhebung, Verarbeitung oder Nutzung von personenbezogenen Daten im Inland Anwendung, wenn die verantwortliche Stelle ihren Sitz in einem sog. **Drittland** hat, also außerhalb der EU und dem EWR und damit auch außerhalb des Geltungsbereichs der EG-Datenschutzrichtlinie. Die damit zusammenhängenden, in der Praxis oft relevanten Fragen zum internationalen Datenverkehr sind in Abschnitt F näher behandelt.

3. Normadressaten

21 Der persönliche Anwendungsbereich des BDSG erstreckt sich nach § 1 Abs. 2 BDSG auf öffentliche Stellen und nicht-öffentliche Stellen, soweit diese personenbezogene Daten erheben, verarbeiten oder nutzen. Bei öffentlichen Stellen gilt das BDSG nur für Bundesbehörden und solche Landesbehörden, die Bundesgesetze ausführen und dabei insoweit nicht einem Landesdatenschutzgesetz unterliegen. Nachdem sämtliche Bundesländer entsprechende Gesetze erlassen haben, unterliegen Landesbehörden regelmäßig nur den jeweiligen Landesdatenschutzgesetzen.[19]

22 Der Begriff der öffentlichen und nicht-öffentlichen **Stelle** ist Gegenstand von § 2 BDSG. Nach § 2 Abs. 1 und 2 BDSG sind **öffentliche** Stellen sämtliche Behörden, die Organe der Rechtspflege und andere öffentlich-rechtlich organisierte Einrichtungen. **Nicht-öffentliche** Stellen sind nach § 2 Abs. 4 S. 1 BDSG natürliche und juristische Personen, Gesellschaften und andere Personenvereinigungen des privaten Rechts. Abgesehen von natürlichen Personen ist jeweils die rechtliche Einheit Normadressat (also die jeweilige GmbH, AG, der Verein etc.). Insbesondere ist nicht auf eine Unternehmensgruppe oder vergleichbare Organisation abzustellen, sondern immer nur auf die einzelne juristische Person bzw.

---

17 Das Abkommen über den Europäischen Wirtschaftsraum (EWR) verpflichtet die Vertragsstaaten (Island, Liechtenstein, Norwegen) zur Umsetzung der EG-Datenschutzrichtlinie, was in allen drei Ländern auch geschehen ist. Die Einbeziehung dieser Länder in die Regelung zum Sitzlandprinzip ist daher nur konsequent.
18 Erwägungsgrund 19 der EG-Datenschutzrichtlinie 95/46/EG.
19 Zu der Abgrenzung im Einzelnen vgl. Simitis/*Dammann* § 1 Rn. 120.

III. Datenschutzrechtliche Grundbegriffe

Personenvereinigung, auch wenn diese wiederum Teil einer gemeinsamen Gesellschaft oder Vereinigung ist.[20] Das BDSG gewährt also kein Konzernprivileg.

III. Datenschutzrechtliche Grundbegriffe

1. Personenbezogene Daten, § 3 Abs. 1 BDSG

Nach § 3 Abs. 1 BDSG sind personenbezogene Daten »*Einzelangaben über persönliche oder sachliche Verhältnisse einer bestimmten oder bestimmbaren Person (Betroffener)*«. Der Begriff zerfällt also in die folgenden Merkmale:
- Einzelangaben über persönliche oder sachliche Verhältnisse
- einer bestimmten oder bestimmbaren
- natürlichen Person.

23

Der Begriff des personenbezogenen Datums wird auch in den bereichsspezifischen Regelungen zum Datenschutz verwendet, ohne dort jeweils neu definiert zu werden. Insoweit wird jeweils auf die Definition des BDSG zurückgegriffen.

24

a) Einzelangaben über persönliche oder sachliche Verhältnisse

Unter **Einzelangaben** sind Informationen zu verstehen, die sich auf eine einzelne Person beziehen oder geeignet sind, einen Bezug zu ihr herzustellen.[21] Ausreichend ist, dass die Einzelperson als Mitglied einer Personengruppe gekennzeichnet wird und über diese Angaben gemacht werden, die auch auf die Einzelperson »durchschlagen«.[22]

25

Die Einzelangabe oder Einzelangaben müssen sich auf **persönliche oder sachliche Verhältnisse** beziehen. Es muss sich also um Daten handeln, die Informationen über den Betroffenen selbst oder über einen auf ihn beziehbaren Sachverhalt enthalten.[23] Es kommt aber nicht darauf an, welche inhaltliche Bedeutung oder Aussagekraft der Information selbst zukommt, wie bedeutsam die Information ist oder wie offenkundig. Eine Ausgrenzung bestimmter Bereiche, die ungleich weniger schutzbedürftig erscheinen als die Intim- und Privatsphäre, soll nach dem Willen des Gesetzgebers gerade nicht erfolgen.[24] Genauso hat sich der Gesetzgeber gegen eine Freigabe bestimmter elementarer Angaben zur Identifizierung einer Person entschieden. Name, Anschrift, Geburtsdatum und Beruf sind also keine »freien Daten«, da anhand dieser Informationen in gleichem Maße eine Störung der Privatsphäre eintreten kann, wie es bei anderen Daten der Fall ist.[25] Auch das Bundesverfassungsgericht hat im Volkszählungsurteil hervorgehoben, dass es »unter den Bedingungen der automatischen Datenverarbeitung kein ›belangloses‹ Datum mehr« gibt.[26]

26

Zu den persönlichen Verhältnissen werden Angaben über den Betroffenen selbst gezählt, die ihn identifizieren oder charakterisieren, also insbesondere Name, Anschrift, Familienstand, Geburtsdatum, Staatsangehörigkeit, Konfession, Beruf, aber auch Erscheinungsbild, Eigenschaften, Gesundheitszustand, Überzeugungen, Fotografien, Fingerabdrücke, Röntgenbilder etc.[27] Insgesamt zählen hierzu nicht nur der Person direkt anhaftende Merkmale, sondern auch soziale, wirtschaftliche und sonstige Beziehungen zur Umwelt oder anderen

27

---

20 In einem Konzern hat damit etwa jede einzelne Gesellschaft und die Holding einen Datenschutzbeauftragten zu bestellen; vgl. dazu auch Rdn. 109.
21 *Gola/Schomerus* § 3 Rn. 3.
22 BAG RDV 1986, 138; 1995, 29; weiterführend *Gola/Schomerus* § 3 Rn. 3.
23 *Gola/Schomerus* § 3 Rn. 4.
24 Simitis/*Dammann* § 3 Rn. 8.
25 Bericht des Innenausschusses, BT-Drs. 7/5277 Abschn. II; Begr. RegE, BT-Drs. 7/1027 Abschn. 3.9.4.
26 BVerfG 65, 1 (45).
27 *Gola/Schomerus* § 3 Rn. 5 m. w. N.

Menschen.[28] Zu den sachlichen Verhältnissen sollen Angaben über einen auf den Betroffenen beziehbaren Sachverhalt zu fassen sein, wie z. B. sein Grundbesitz und vertragliche oder sonstige Beziehungen zu Dritten (wie das Führen eines Telefongesprächs mit einem Dritten).[29] Im Einzelnen ist die Abgrenzung zwischen persönlichen und sachlichen Verhältnissen kaum überzeugend möglich und im Ergebnis auch nicht relevant, weil das BDSG selbst außer in § 3 Abs. 1 BDSG auf die Unterscheidung nicht wieder zurückkommt.

28 Je nach Inhalt der Aussage geben auch **Werturteile** entweder persönliche oder sachliche Verhältnisse einer Person wieder und sind somit zu den Angaben im vorliegenden Sinne zu zählen.[30] Eine Begrenzung auf Informationen, die rein sachlicher Natur sind, ist im Gesetzestext nicht vorgesehen. Unschädlich ist auch die hinter der Aussage stehende subjektive Haltung des Äußernden, nachdem dieser stets auch ein informativer Gehalt in Bezug auf den Betroffenen innewohnt, der gerade auch zum Ausdruck kommen soll. Nach den Erwägungen, die der Datenschutzrichtlinie in diesem Kontext zugrunde liegen, dient eine solche Aussage typischerweise dazu, das künftige Verhalten des Betroffenen anhand von Erkenntnissen und Erfahrungen zu steuern.[31] Dies stützt ebenso die systematische Überlegung, dass die Berichtigungsvorschriften des BDSG (§§ 20, 35 BDSG) gerade davon ausgehen, dass es berichtigungsfähige personenbezogene Daten geben muss. Die jeweilige Richtigkeit der Angaben ist also kein Gesichtspunkt, an dem deren Schutzwürdigkeit festgemacht werden kann. Abzustellen ist richtigerweise auf das Anliegen des Einzelnen, eine umfassende Kontrolle über seine Daten ausüben zu können. Das Gesetz trägt diesem zentralen Schutzbedürfnis Rechnung, indem es dem Betroffenen die Möglichkeit an die Hand geben will, zu kontrollieren, welche Daten zu seiner Person von wem gespeichert werden.[32]

29 In der gleichen Begründungslinie liegt die Entscheidung über die Einordnung von **Prognose- und Planungsdaten**. Solche Angaben über die in der Zukunft liegenden Verhältnisse sind grundsätzlich dazu geeignet, schon Verhältnisse des Betroffenen zu beschreiben, auch eingedenk der Tatsache, dass sie hinsichtlich ihrer Realisierung noch ungewiss sind.[33]

b) Natürliche Person

30 Nach § 3 Abs. 1 sind personenbezogene Daten nur solche Daten, die sich auf natürliche Personen, also jeden lebenden Menschen, beziehen. Alter oder Staatsangehörigkeit spielen keine Rolle.

31 Damit fallen **juristische Personen** (z. B. Kapitalgesellschaften) und **Personenmehrheiten** (z. B. Personengesellschaften und nicht rechtsfähige Vereine) nach dem Willen des Gesetzgebers nicht in den Schutzbereich des BDSG.[34] Davon zu unterscheiden sind Fälle, in denen sich ein Schutz von Personen ergibt, die hinter der juristischen Person stehen – dies kann der Fall sein, wenn sich Angaben über die Gesellschaft auch auf die dahinter stehende natürliche Person beziehen, wie dies regelmäßig im Fall einer »Ein-Mann-GmbH« gegeben sein wird.[35]

Die EG-Datenschutzrichtlinie stellt in Art. 2 lit. a ebenfalls auf natürliche Personen ab. Dennoch haben einige Mitgliedstaaten bei der Umsetzung der Richtlinie in ein nationales Datenschutzrecht den Schutz auf juristische Personen ausgedehnt.[36]

---

28 Simitis/*Dammann* § 3 Rn. 11 mit Beispielen.
29 BAG NJW 1987, 674.
30 Simitis/*Dammann* § 3 Rn. 12.
31 So die Art. 29 Datenschutzgruppe: als Begründung zur Einstufung der RFID als personenbezogenes Datum nach Art. 2 lit. a der EG-Datenschutzrichtlinie, WP 105, Abschn. 4.1.
32 Simitis/*Dammann* § 3 Rn. 13.
33 Ausf. zu den Planungsdaten des Arbeitgebers *Gola/Schomerus* § 3 Rn. 8.
34 Begr. des Reg E BT-Drs. 7/1027 Abschn. 3.9.4. sowie OLG Karlsruhe RDV 1987, 142.
35 So *Gola/Schomerus* § 3 Rn. 11 m. w. N.
36 Vgl. Simitis/*Dammann* § 3 Rn. 18 m. w. N.

III. Datenschutzrechtliche Grundbegriffe

Die Daten **Verstorbener** sind nach überwiegender Meinung nicht vom BDSG geschützt. Eine entsprechende Anwendung der Vorschriften verbietet sich vor dem Hintergrund des Schutzzwecks des Gesetzes. Danach soll die freie Entfaltung der Persönlichkeit des Einzelnen geschützt werden, damit es ihm anhand der gesetzlich verliehenen Rechtspositionen freisteht, aktiv am Verarbeitungsprozess teilzunehmen. Dies kann denknotwendig nur bei lebenden Personen der Fall sein.[37] Zu beachten ist jedoch, dass die Daten Verstorbener gleichzeitig auch Angaben über eine noch lebende Person beinhalten können, etwa in Bezug auf Erbkrankheiten.[38]

c) Bestimmt oder bestimmbar

Personenbezogen sind nur solche Einzelangaben, die einer bestimmten oder bestimmbaren Person zugeordnet sind.

Bestimmt sind solche Daten, die mit dem Namen des Betroffenen verbunden sind oder zu denen sich ein Bezug unmittelbar herstellen lässt. Es kommt also vornehmlich auf den Kontext der jeweiligen Verarbeitung an. Ohne diesen Kontext, wie die Verknüpfung mit anderen Datenbeständen der verantwortlichen Stellen, sind Daten regelmäßig nur von begrenztem Wert. Jedenfalls ist die Person dann bestimmt, wenn feststeht, dass sich die jeweiligen Daten nicht auf eine andere Person beziehen. Hierfür kommt es allerdings nicht darauf an, ob spezielle Identifikationsmerkmale (wie etwa der Name) bekannt sind; ausreichend ist vielmehr, wenn es der verarbeitenden Stelle möglich ist, die Daten im Bezug auf eine – irgendwie – bestimmte Person zu verwenden.[39]

Auch die »relative Natur des Personenbezugs« ist als zweiter Aspekt von Bedeutung – es kommt konkret auf das Zusatzwissen der verarbeitenden Stelle an. Ausreichend ist allerdings auch schon die **Bestimmbarkeit**, wobei letzterer Gesichtspunkt noch von größerer Bedeutung ist, weil es hierbei im Wesentlichen auf die Kenntnisse, Mittel und Möglichkeiten der speichernden Stelle ankommt. Der Bezug besteht jedenfalls dann, wenn dieser mit den ihr normalerweise zur Verfügung stehenden Hilfsmitteln und ohne unverhältnismäßigen Aufwand hergestellt werden kann.[40]

2. Besondere Arten von personenbezogenen Daten, § 3 Abs. 9 BDSG

In § 3 Abs. 9 BDSG werden bestimmte, in einem abschließenden[41] Katalog aufgeführte personenbezogene Angaben als »besondere Arten personenbezogener Daten« definiert. Dabei handelt es sich um Informationen über
- die rassische oder ethnische Herkunft,
- politische Meinungen,
- religiöse oder philosophische Überzeugungen,
- Gewerkschaftszugehörigkeit,
- Gesundheit oder
- Sexualleben des Betroffenen.

---

37 Simitis/*Dammann* § 3 Rn. 17, vgl. dazu auch *Gola/Schomerus* § 3 Rn. 12; a. A. *Bergmann/Möhrle/Herb* § 3 Rn. 5, mit dem Ansatz, das BDSG für eine »gewisse Übergangszeit« anzuwenden; vgl. aber auch die landesrechtliche Bestimmung des § 4 Abs. 1 S. 2 BlnDSG, wonach die Daten Verstorbener grundsätzlich in den Schutz miteinbezogen sind, »es sei denn, dass schutzwürdige Belange des Betroffenen nicht mehr beeinträchtigt werden können«.
38 Simitis/*Dammann* § 3 Rn. 17; abzugrenzen davon sind Daten aus der pränatalen Diagnostik, die als Daten der Mutter zu werten sind; zu einer möglichen Beeinträchtigung lebender Angehöriger infolge des Missbrauchs von Daten Verstorbener, vgl. BGH NJW 1990, 1986.
39 Simitis/*Dammann* § 3 Rn. 20.
40 *Gola/Schomerus* § 3 Rn. 9.
41 Simitis/*Simitis* § 3 Rn. 256 mit berechtigter Kritik, ebd. Rn. 258.

Die Regelung und der etwas sperrige Begriff gehen auf Art. 8 Abs. 1 EG-Datenschutzrichtlinie zurück. In der Praxis wird oft synonym von sensitiven Daten gesprochen. Das Gesetz stellt diese Daten dabei pauschal unter einen besonderen Schutz, unabhängig davon, ob die Daten im konkreten Fall wirklich als besonders sensibel anzusehen sind oder nicht.

Bei einer Einwilligung, die sich (auch) auf die Erhebung, Verarbeitung oder Nutzung von besonderen Arten von personenbezogenen Daten beziehen soll, muss sich die Einwilligung zusätzlich zu den übrigen Erfordernissen ausdrücklich auch auf diese Daten beziehen, § 4a Abs. 3 BDSG.

Soweit keine entsprechende Einwilligung vorliegt, ist das Erheben, Verarbeiten und Nutzen dieser Daten nur unter den eingeschränkten Voraussetzungen von § 28 Abs. 6 bis 9 BDSG zulässig.

Werden besondere Arten von personenbezogenen Daten unrechtmäßig übermittelt oder haben Dritte von solchen Daten unrechtmäßig Kenntnis erlangt, so sieht § 42a BDSG eine Informationspflicht der Aufsichtsbehörde und ggf. der Betroffenen vor.[42]

3. Anonymisieren und Pseudonymisieren, § 3 Abs. 6, 6a BDSG

36 Unter **Anonymisieren** versteht das BDSG das Verändern personenbezogener Daten derart, dass die Einzelangaben über persönliche oder sachliche Verhältnisse nicht mehr oder nur mit einem unverhältnismäßig großen Aufwand an Zeit, Kosten und Arbeitskraft einer bestimmten oder bestimmbaren natürlichen Person zugeordnet werden können. Begrifflich sind anonymisierte Daten damit also keine personenbezogenen Daten im Sinne von § 3 Abs. 1 BDSG mehr und deren Verarbeitung unterliegt damit auch nicht den Einschränkungen des Datenschutzrechts.

Den wichtigsten Anwendungsfall der Anonymisierung beinhaltet § 40 Abs. 2 BDSG: Danach sind für Zwecke der wissenschaftlichen Forschung erhobene oder gespeicherte personenbezogene Daten zu anonymisieren, sobald dies nach dem Forschungszweck möglich ist.

37 **Pseudonymisieren** ist das Ersetzen des Identifikationsmerkmals eines Datensatzes durch ein Kennzeichen zu dem Zweck, die Bestimmung des Betroffenen auszuschließen oder wesentlich zu erschweren, § 3 Abs. 6a BDSG. Wesentlicher Unterschied zur Anonymisierung ist, dass das Datum einem Pseudonym zugeordnet bleibt und so unter Hinzunahme des Pseudonyms der Personenbezug unproblematisch wieder hergestellt werden kann. Die Verwendung pseudonymisierter Daten fällt grundsätzlich zwar ebenfalls unter die Beschränkungen des BDSG, aber die schutzwürdigen Belange des Betroffenen sind hier besser geschützt als bei »offenen« Daten. Im Rahmen von Interessenabwägungen (etwa bei der Verwendung zu eigenen Zwecken nach § 28 Abs. 1 S. 1 Nr. 2 BDSG) ist das Interesse des Betroffenen am Ausschluss der Verarbeitung daher geringer zu gewichten.

4. Erheben, Verarbeiten, Nutzen

38 Für die Anwendung des BDSG stellt § 1 Abs. 2 BDSG auf die »Erhebung, Verarbeitung oder Nutzung« von personenbezogenen Daten ab. Diese Differenzierung stammt noch aus der ursprünglichen Fassung des BDSG vor der Umsetzung der EG-Datenschutzrichtlinie. Die Richtlinie stellt dagegen in Art. 2 lit. b einheitlich auf die »Verarbeitung« von Daten ab, die als Oberbegriff sämtliche Formen des Datenumgangs, einschließlich der Erhebung und Nutzung umfasst. Zwar wird an wenigen Stellen des BDSG zwischen den einzelnen Begriffen unterschieden, in aller Regel unterliegen jedoch sämtliche Formen des

---

42 Vgl. dazu unten Rdn 100.

III. Datenschutzrechtliche Grundbegriffe

Umgangs mit personenbezogenen Daten denselben rechtlichen Voraussetzungen. Die Begrifflichkeit des BDSG erscheint daher nicht nur wenig sinnvoll, sondern trägt zudem erheblich zur Unübersichtlichkeit der Regelungen bei.

a) Erheben

Erheben ist das Beschaffen von Daten über den Betroffenen, § 3 Abs. 3 BDSG. Die Art und Weise der Beschaffung ist dabei unerheblich. Die Daten können also mündlich, schriftlich, elektronisch oder auf beliebige andere Weise angefordert oder beschafft werden. Der Betroffene kann befragt werden, Unterlagen können angefordert, Daten elektronisch abgerufen oder selbst durch Beobachtung gewonnen werden. Erforderlich ist jedoch ein aktives, zielgerichtetes Handeln der erhebenden Stelle, das von einem entsprechenden zurechenbaren Willen getragen ist, wobei keine feste Methodik vorliegen muss.[43] Eine aufgedrängte Information (etwa eine zugesandte E-Mail oder Überlassung von Unterlagen) wird aber dann vom Empfänger »erhoben«, wenn sie nach Erhalt nicht gelöscht oder vernichtet wird und der Empfänger ihr eine Zweckbestimmung zuordnet.[44]

39

b) Verarbeiten

Der Begriff der Verarbeitung beinhaltet nach § 3 Abs. 4 BDSG das
- Speichern,
- Verändern,
- Übermitteln,
- Sperren und
- Löschen von personenbezogenen Daten.

40

Jede dieser Phasen ist in § 3 Abs. 4 BDSG wiederum definiert. Das Gesetz stellt dabei ausdrücklich klar, dass es auf das jeweils angewendete Verfahren nicht ankommt.

aa) Speichern, § 3 Abs. 4 Nr. 1 BDSG

Speichern ist das Erfassen, Aufnehmen oder Aufbewahren personenbezogener Daten auf einem Datenträger zum Zweck ihrer weiteren Verarbeitung. Bei einer manuellen Verarbeitung genügt bereits das Eintragen auf eine Karteikarte.[45] Bei maschineller Verarbeitung genügt die Fixierung der Daten auf einem beliebigen Datenträger. Auch eine vorübergehende Zwischenspeicherung genügt bereits. Aus dem Wortlaut ergibt sich, dass eine Zielrichtung (»zum Zwecke einer weiteren Verarbeitung oder Nutzung«) erforderlich ist. Eine »aufgedrängte« Information wird dann gespeichert, wenn sie nicht unverzüglich wieder gelöscht wird.

41

bb) Verändern, § 3 Abs. 4 Nr. 2 BDSG

Das Verändern von Daten ist das inhaltliche Umgestalten gespeicherter personbezogener Daten. Erforderlich ist eine inhaltliche Änderung oder Verknüpfung, die den Informationswert der gespeicherten Daten ändert. Eine bloß formelle Umgestaltung, die den Informationsgehalt unberührt lässt (z. B. Ersetzung einzelner Wörter durch Abkürzungen oder Synonyme), ist daher keine Veränderung im vorliegenden Sinne.[46] Typischer Fall der Veränderung ist das Verknüpfen von verschiedenen Datenbeständen, die Berechnung eines Score-Werts oder der Einsatz von Data-Mining.

42

---

43 *Gola/Schomerus* § 3 Rn. 24.
44 Däubler/Klebe/Wedde/*Weichert* § 3 Rn. 23.
45 Däubler/Klebe/Wedde/*Weichert* § 3 Rn. 28.
46 *Auernhammer* § 3 Rn. 32; Simitis/*Dammann* § 3 Rn. 130.

cc) Übermitteln, § 3 Abs. 4 Nr. 3 BDSG

43 Übermitteln ist das Bekanntgeben gespeicherter oder durch Datenverarbeitung gewonnener personenbezogener Daten an einen Dritten in der Weise, dass (1) die Daten an den Dritten weitergegeben werden oder (2) der Dritte zur Einsicht oder zum Abruf bereitgehaltene Daten einsieht oder abruft.

Das Übermitteln von Daten gilt als wichtigste Verarbeitungsphase neben dem Speichern. Es ist an spezielle Zulässigkeitsregelungen geknüpft (§§ 4b, 15, 16, 28 bis 30a, 32, 40 BDSG), zieht Auskunftspflichten (§§ 19 Abs. 1 und 3, 34 Abs. 1 und 2 BDSG) sowie Dokumentations- und Publizitätspflichten (§§ 4e Nr. 6, 8, 4g Abs. 2, 18 Abs. 2 BDSG) nach sich.[47]

Die Übermittlung setzt voraus, dass die Daten an einen Dritten (§ 3 Abs. 8 S. 1 BDSG, vgl. Rdn. 48) bekannt gegeben werden. Die Identität des Dritten muss dabei nicht zwingend bekannt sein, auch die Bekanntgabe an die Öffentlichkeit (z. B. das Einstellen ins Internet) genügt.[48] Wie die Daten bekannt gegeben werden (schriftlich, mündlich, elektronisch etc.) ist unerheblich.

Mitarbeiter eines Unternehmens oder einer Behörde sind im Verhältnis zueinander keine Dritten. Gleiches gilt für die Weitergabe von Daten im Rahmen einer Auftragsdatenverarbeitung, § 11 BDSG.[49] Ebenso scheidet eine Übermittlung aus, wenn eine Gesamtrechtsnachfolge vorliegt und die Verfügung über die Daten auf diesem Wege übergeht.[50] Letztlich scheidet auch eine Übermittlung aus, wenn eine Weitergabe an den Betroffenen selbst oder an Personen bzw. Stellen innerhalb der speichernden Stelle erfolgt.

Keine Übermittlung liegt vor, wenn auch keine Möglichkeit der Kenntnisnahme durch den Dritten besteht. Für gewöhnlich kann dies aber nur durch umfangreiche technische und organisatorische Maßnahmen verhindert werden.[51]

Für das »Einsehen oder Abrufen« durch den Dritten müssen die Daten durch die vermittelnde Stelle bereitgehalten werden, d. h. dass die entsprechenden technischen oder organisatorischen Rahmenbedingungen geschaffen werden müssen. Übermittelnde Stelle ist in jedem Fall der Bereithaltende, auch wenn wesentliche Aktivitäten beim Dritten liegen. Entscheidend ist aber in jedem Fall ein zweckgerichtetes Handeln des Bereithaltenden.[52] Keine Übermittlung liegt also vor, wenn ein Dritter sich unbefugt Zugang zu den Daten verschafft.

dd) Sperren, § 3 Abs. 4 Nr. 4 BDSG

44 Sperren ist das Kennzeichnen gespeicherter personenbezogener Daten, um ihre weitere Verarbeitung oder Nutzung einzuschränken. Die Sperrung von Daten erfordert also, dass sie aus dem gewöhnlichen Verarbeitungsprozess herausgenommen und gesondert behandelt werden. Der Vorgang der Sperrung kann durch das Kennzeichnen der Daten in Form eines Sperrvermerks oder technisch durch Beschränkung des Zugriffs auf die Daten erfolgen. Der häufigste Fall der Sperrung ist die Archivierung von Daten.

ee) Löschen, § 3 Abs. 4 Nr. 5 BDSG

45 Löschen ist das Unkenntlichmachen der gespeicherten personenbezogenen Daten. Mit der Löschung der Daten wird die Verarbeitung der Daten beendet. Löschung bedeutet jede Form der Unkenntlichmachung – von der physischen Vernichtung bis hin zu den üblichen

---

[47] Simitis/*Dammann* § 3 Rn. 143; *Gola/Schomerus* § 3 Rn. 32.
[48] *Gola* NJW 2000, 3752.
[49] Vgl. hierzu Rdn. 84.
[50] Simitis/*Dammann* § 3 Rn. 144 m. w. N.
[51] *Auernhammer* § 3 Rn. 33.
[52] Simitis/*Dammann* § 3 Rn. 150.

III. Datenschutzrechtliche Grundbegriffe

Hinweisen, die kennzeichnen, dass ein Text nicht mehr gelten soll (z. B. überschreiben, durchstreichen).[53] Eine Unkenntlichmachung liegt bei jeder Handlung vor, die irreversibel bewirkt, dass eine Information nicht länger aus gespeicherten Daten gewonnen werden kann.[54] In jedem Fall ist eine vollständige Unkenntlichmachung erforderlich – Vorstufen, wie z. B. die Freigabe der Daten zum Überschreiben, stellen noch keine Löschung im Sinne des Gesetzes dar.[55]

Die Phase des Löschens ist sowohl Gegenstand von Verboten als auch von Geboten (insbesondere §§ 20 und 35 BDSG). Die angeordnete Unkenntlichmachung der gespeicherten personenbezogenen Daten bezweckt zum einen den Schutz des Betroffenen durch die Löschungsgebote. Zum anderen erfüllen die Löschungsverbote auch die Funktion, den Betroffenen dahin gehend zu schützen, dass er die zur Löschung stehenden Informationen nicht nochmals beibringen oder beweisen muss.[56]

c) Nutzen

Unter Nutzung versteht das BDSG gem. § 3 Abs. 5 BDSG »jede Verwendung personenbezogener Daten, soweit es sich nicht um Verarbeitung handelt«. Schon diese Definition macht deutlich, dass der Begriff als Auffangtatbestand ausgestaltet ist.[57] **46**

Unerheblich ist, durch wen die Daten genutzt werden und zu welchem Zweck dies geschieht. Auch ob die genutzten Daten zur Kenntnis genommen werden, ist unerheblich. Jedoch ist die Kenntnisnahme selbst ein Fall von Nutzung. Unbedeutend ist auch, ob die Daten verwendet wurden oder ob eine Verwendungsabsicht besteht.[58] Für eine Nutzung der personenbezogenen Daten ist nicht einmal der direkte Zugriff auf den Datenträger erforderlich, sofern die betreffende Information im Gedächtnis gespeichert ist und im Rahmen von kundgebenden Handlungen nach außen wirkt.[59]

Eine Nutzung von gespeicherten Daten liegt demnach dann vor, wenn die Daten mit einer bestimmten Zweckbestimmung ausgewertet, zusammengestellt, abgerufen oder auch sonst zielgerichtet zur Kenntnis genommen werden sollen.[60] Nicht darunter gefasst werden kann die Veröffentlichung von Daten – diese ist eine Übermittlung gem. § 3 Abs. 4 Nr. 3 BDSG.[61]

5. Verantwortliche Stelle, Empfänger und Dritter, § 3 Abs. 7, 8 BDSG

Verantwortliche Stelle ist die Person oder Stelle, die personenbezogene Daten für sich selbst erhebt, verarbeitet oder nutzt oder dies durch andere im Auftrag vornehmen lässt.[62] Der Begriff bezeichnet den Normadressaten im Sinne von § 2 BDSG und dient in erster Linie als Abgrenzung zum Betroffenen selbst, zu Dritten und zum Auftragnehmer im Rahmen einer Auftragsdatenverarbeitung. **47**

Dritter ist, wer nicht verantwortliche Stelle, Betroffener oder Auftragsdatenverarbeiter innerhalb der EU oder des EWR ist, § 3 Abs. 8 S. 1 BDSG. Mitarbeiter einer verarbeitenden Stelle sind keine Dritten, wenn sie die Daten in ihrer Funktion als Mitarbeiter erhalten. Unselbstständige Zweigstellen innerhalb der EU bzw. des EWR sind ebenfalls keine Dritten, sondern Teil der jeweiligen Stelle. **48**

---

53 *Gola/Schomerus* § 3 Rn. 40.
54 *Simitis/Dammann* § 3 Rn. 174.
55 *Gola/Schomerus* § 3 Rn. 40.
56 *Simitis/Dammann* § 3 Rn. 172.
57 *Bergmann/Möhrle/Herb* § 3 Rn. 107.
58 *Simitis/Dammann* § 3 Rn. 189.
59 *Bergmann/Möhrle/Herb* § 3 Rn. 124.
60 *Gola/Schomerus* § 3 Rn. 42.
61 So die h. M., vgl. *Simitis/Dammann* § 3 Rn. 163; a. A. *Gola/Schomerus* § 3 Rn. 42.
62 Zum Begriff der »Stelle« vgl. Rdn. 22.

49 **Empfänger** ist jede Person oder Stelle, die Daten erhält. Dies beinhaltet also nicht nur Dritte, die Daten erhalten, sondern auch den für die Definition als Dritter ausgegrenzten Auftragsdatenverarbeiter. Die Relevanz des Begriffs Empfänger ist überschaubar (§§ 4 Abs. 3 S. 1 Nr. 3, 4e S. 1 Nr. 6, 33 Abs. 1 S. 3 BDSG) und nur für Informations-, Benachrichtigungs- und Meldepflichten relevant. Aus diesem Grund ist auch der Streit,[63] ob Organisationseinheiten innerhalb einer verantwortlichen Stelle dazu zählen (z. B. Betriebs-/Personalrat, Auftragsdatenverarbeiter) von nur untergeordneter Bedeutung.

IV. Zulässigkeit der Erhebung, Verarbeitung und Nutzung von personenbezogenen Daten

1. Verbot mit Erlaubnisvorbehalt

50 Nach § 4 Abs. 1 BDSG ist die Erhebung, Verarbeitung und Nutzung personenbezogener Daten nur zulässig, soweit das BDSG oder eine andere Rechtsvorschrift dies erlaubt oder anordnet oder der Betroffene eingewilligt hat. Aus dem Umkehrschluss ergibt sich also, dass die Erhebung, Verarbeitung und Nutzung von personenbezogenen Daten unzulässig ist, wenn keine solche gesetzliche Erlaubnis oder Einwilligung des Betroffenen vorliegt. Bei § 4 Abs. 1 BDSG handelt es sich damit um ein Verbot mit Erlaubnisvorbehalt.[64]

51 Jede Phase der Erhebung, Verarbeitung oder Nutzung ist dabei gesondert zu betrachten und benötigt eine entsprechende Grundlage. So mag in einem konkreten Fall zwar die Erhebung und Nutzung von Daten zulässig sein, für die Übermittlung an einen Dritten jedoch die Erlaubnis fehlen. Soweit die Speicherung von personenbezogenen Daten nicht von einer gesetzlichen Erlaubnis oder der Einwilligung des Betroffenen gedeckt ist, sind die Daten zu löschen (§ 35 Abs. 2 Nr. 1 bzw. § 20 Abs. 2 Nr. 1 BDSG), ihre Erhebung und Verarbeitung stellt eine Ordnungswidrigkeit dar (§ 43 Abs. 2 Nr. 1 BDSG) und kann Schadensersatzansprüche des Betroffenen zur Folge haben (§§ 7, 8 BDSG).

2. Einwilligung des Betroffenen

52 Die Einwilligung des Betroffenen ist inhaltlich eine gleichwertige Alternative zu einer gesetzlichen Erlaubnis. Der Betroffene kann grundsätzlich in jeden Umgang mit den seine Person betreffenden Daten einwilligen und damit auch weitreichende Eingriffe in sein Persönlichkeitsrecht legitimieren. Das BDSG hat daher in § 4a BDSG formale und inhaltliche Anforderungen zur **Voraussetzung** für die Wirksamkeit einer Einwilligung gemacht. Danach ist eine Einwilligung nur wirksam, wenn sie auf der freien Entscheidung des Betroffenen beruht, sie also freiwillig abgegeben wird. Der Betroffene ist dabei auf den vorgesehenen Zweck der Erhebung, Verarbeitung oder Nutzung hinzuweisen und – soweit nach den Umständen des Einzelfalls erforderlich oder vom Betroffenen verlangt – auch auf die Folgen der Verweigerung der Einwilligung. Sie setzt daher eine umfassende Information des Betroffenen voraus. Die Einwilligung bedarf zudem grundsätzlich der Schriftform, soweit nicht wegen besonderer Umstände eine andere Form angemessen ist und muss besonders hervorgehoben sein, wenn sie mit anderen Erklärungen zusammen erteilt werden soll. Das Gesetz verwendet bewusst den Begriff der Einwilligung, also der vorherigen Einverständniserklärung des Betroffenen, vgl. § 183 BGB. Eine nachträgliche »Genehmigung« der Datenverarbeitung durch den Betroffenen sieht das Gesetz nicht vor; ist die Datenverarbeitung ohne Grundlage erfolgt, kann sie nicht rückwirkend vom Betroffenen gerechtfertigt werden.[65]

---

[63] Dafür *Gola/Schomerus* § 3 Rn. 51, dagegen *Däubler*/Klebe/Wedde/Weichert § 3 Rn. 56.
[64] Simitis/*Walz* § 4 Rn. 3 m. w. N.
[65] *Däubler*/Klebe/Wedde/Weichert § 4a Rn. 4; die nachträglich erteilte Zustimmung kann aber einem Schadensersatzanspruch nach §§ 7, 8 BDSG entgegenstehen, vgl. *Klöpfer* § 8 Rn. 76; *Gola/Schomerus* § 4a Rn. 15.

IV. Zulässigkeit der Erhebung, Verarbeitung und Nutzung von personenbezogenen Daten

Die **Rechtsnatur** der Einwilligung ist strittig. Teilweise wird sie als rechtsgeschäftliche Erklärung angesehen,[66] teilweise als geschäftsähnliche Handlung[67] oder als Realakt.[68] Im Ergebnis stellen jedoch auch die Vertreter, die in der Einwilligung eine einseitige Willenserklärung sehen, auf die tatsächliche Einsichtsfähigkeit des Betroffenen ab. Auch Minderjährige können und müssen daher selbst entscheiden, ob sie mit der Erhebung, Verarbeitung und Nutzung ihrer personenbezogenen Daten einverstanden sind. Die Eltern können nur dann wirksam für ihre Kinder einwilligen, wenn diesen noch die erforderliche Einsichtsfähigkeit für die Einwilligung fehlt. Wann die Einsichtsfähigkeit gegeben ist, lässt sich nicht abstrakt festlegen. Teilweise wird vertreten, dass grundsätzlich mit 14 Jahren von einer ausreichenden Einsichtsfähigkeit auszugehen ist.[69] So wünschenswert eine solche feste Altersgrenze aus Sicht der verarbeiteten Stelle auch sein mag, so geht sich jedoch darüber hinweg, dass die Einwilligung aufgrund ihres möglichen Umfangs ganz einschneidende Folgen für den Betroffenen haben kann. Richtig ist daher, dass stets auf den Verwendungszusammenhang im Einzelfall abzustellen ist,[70] was freilich bedeutet, dass insbesondere bei »alltäglichen« Sachverhalten die Altersgrenze von 14 Jahren durchaus als brauchbarer Ausgangspunkt dienen kann. 53

a) Freiwillig

Die Einwilligung muss auf der »freien Entscheidung des Betroffenen« beruhen, sie muss also zu ihrer Wirksamkeit »ohne Zwang« abgegeben werden.[71] Dies kann dann auch zweifelhaft sein, wenn dem Betroffenen die erforderliche Unabhängigkeit fehlt. Ein besonderes Problem stellt dabei die Einwilligung im Rahmen eines Arbeitsverhältnisses dar, weil sich hier argumentieren lässt, dem Arbeitnehmer bliebe keine wirkliche Alternative, als die vom Arbeitgeber erbetene oder geforderte Einwilligung zu erklären.[72] Richtigerweise wird man Arbeitnehmer nicht grundsätzlich die Möglichkeit zu einer freiwilligen Einwilligung abstreiten können, es ist aber in besonderem Maße darauf zu achten, dass faktisch kein Zwang zur Abgabe der Einwilligung aufgebaut wird. 54

Als Konsequenz aus der Freiwilligkeit einer Einwilligung folgt auch, dass sie jederzeit widerrufen werden kann. Ein solcher Widerruf wirkt allerdings nur für die künftige Verarbeitung der Daten, weil andernfalls eine ursprünglich zulässige Verarbeitung rückwirkend unzulässig würde. Eine solche Rückwirkung hat ein Widerruf also nicht. 55

b) Höchstpersönlich

§ 4a BDSG verlangt, dass die Einwilligung auf der »Entscheidung des Betroffenen beruht«. Im Ergebnis muss die Einwilligung daher höchstpersönlich erfolgen.[73] Eine andere Person als der Betroffene kann eine Einwilligung nur als Bote überbringen, aber grundsätzlich nicht als Vertreter abgeben. Dort wo dem Betroffenen die natürliche Einsichtsfähigkeit fehlt (etwa bei Kindern), kann der gesetzliche Vertreter jedoch für den Betroffenen die Einwilligung erklären.[74] 56

---

66 So etwa *Kloepfer* § 8 Rn. 75; *Bergmann/Möhrle/Herb* § 4a Rn. 8; *Simitis/Simitis* § 4a Rn. 20 m. w. N.
67 *Däubler*/Klebe/Wedde/Weichert § 4a Rn. 5 m. w. N.
68 *Gola/Schomerus* § 4a Rn. 10; *Schaffland/Wiltfang* § 4a Rn. 21.
69 Vgl. *Schaffland/Wiltfang* § 4a Rn. 21 mit Verweis auf die Hinweise der Aufsichtsbehörde in Baden-Württemberg.
70 *Simitis/Simitis* § 4a Rn. 21.
71 Vgl. Art. 2 lit. h der EG-Datenschutzrichtlinie.
72 *Bergmann/Möhrle/Herb* § 4a Rn. 5; *Däubler*/Klebe/Wedde/Weichert § 4a Rn. 21 m. w. N.; vgl. dazu auch unten Rdn. 280–282.
73 *Simitis/Simitis* § 4a Rn. 30; *Däubler*/Klebe/Wedde/Weichert § 4a Rn. 5; a. A. *Gola/Schomerus* § 4a Rn. 10.
74 *Schaffland/Wiltfang* § 4a Rn. 22.

c) Informiert

57 Um es dem Betroffenen zu ermöglichen, den genauen Umfang der Datenverarbeitung sowie möglicherweise damit verbundene Gefahren beurteilen zu können und seine Rechte wahrzunehmen, ist der Betroffene umfassend zu informieren. Zwar verlangt der Wortlaut von § 4a Abs. 1 Satz 2 BDSG zunächst nur die Aufklärung über den vorgesehenen Zweck der Erhebung, Verarbeitung oder Nutzung. Als Grundlage für eine freiwillige Entscheidung ist notwendigerweise jedoch auch darüber zu informieren, um welche Daten es überhaupt geht, wer die verantwortliche Stelle ist und an welche Dritten die Daten ggf. übermittelt werden.[75] Daraus folgt zwangsläufig auch, dass sich eine Einwilligung auf ganz konkrete Zwecke beziehen muss und eine Pauschal- oder Blanko-Einwilligung unwirksam ist.

Über die Folgen der Verweigerung der Einwilligung ist der Betroffene nur dann zu informieren, wenn solche einerseits überhaupt im Raum stehen und sie andererseits nicht offensichtlich auf der Hand liegen (so z. B., wenn bei Verweigerung der Einwilligung ein Katalog eben nicht zugesandt wird).

58 Wenn besondere Arten von personenbezogenen Daten (§ 3 Abs. 9 BDSG) erhoben, verarbeitet oder genutzt werden sollen, so verlangt § 4a Abs. 3 BDSG, dass die Einwilligung sich auch ausdrücklich auf diese Daten bezieht. Der Betroffene muss also ausdrücklich darüber informiert werden, welche sensiblen Daten konkret betroffen sind und – anders wäre die besondere Erwähnung in Abs. 3 nicht verständlich – auch dass diese Daten als sensible Informationen besonders geschützt sind.[76]

d) Schriftlich

59 Nach § 4a Abs. 1 Satz 3 BDSG bedarf die Einwilligung der Schriftform, soweit nicht »wegen besonderer Umstände« eine andere Form angemessen ist. Schriftform bedeutet nach § 126 BGB dabei die eigenhändige Unterschrift. Dies führt in der Praxis zu ganz erheblichen Einschränkungen. Für den elektronischen Geschäftsverkehr ist jedoch schon wegen der Subsidiarität in § 1 Abs. 3 Satz 1 BDSG die besonderen Vorschriften des Telemediengesetzes zu beachten, die in § 13 TMG unter den dort geregelten Voraussetzungen auch eine elektronische Einwilligungserklärung genügen lassen (siehe dazu unten Rdn. 179). Greift eine solche besondere Vorschrift jedoch nicht ein, bleibt es beim Grundsatz der Schriftlichkeit. Die Ausnahme nach § 4a Abs. 1 Satz 3 a. E., bei der aufgrund von »besonderen Umständen« auch eine andere Form (also insbesondere eine mündliche Erklärung) ausreichen kann, ist restriktiv auszulegen. Ein solchen Fall kann etwa dann vorliegen, wenn bei telefonischen Meinungsumfangen im großen Stil der verarbeiteten Stelle die Einholung einer schriftlichen Einwilligung aufgrund des damit verbundenen erheblichen Aufwands vernünftigerweise nicht zugemutet werden kann und die Betroffenen sie auch nicht erwarten würden.

60 Soll die Einwilligung zusammen mit anderen Erklärungen abgegeben werden, so ist die Einwilligungserklärung gem. § 4a Abs. 1 Satz 4 BDSG besonders zu kennzeichnen, weil andernfalls deren Warnfunktion nicht erreicht werden kann. Die Einwilligungserklärung darf also nicht in einem »Paket« verschiedener Erklärungen versteckt sein. Insbesondere Erklärungen, die in AGB eingekleidet sind, erfüllen diese Voraussetzung nicht. Am ehesten kann ihr durch die Verwendung eines gesonderten Formulars genüge getan werden oder durch besondere drucktechnische Hervorhebung des Einwilligungstextes.

---

75 Vgl. etwa *Däubler*/Klebe/Wedde/Weichert § 4a Rn. 8.
76 So auch *Däubler*/Klebe/Wedde/Weichert § 4a Rn. 42.

IV. Zulässigkeit der Erhebung, Verarbeitung und Nutzung von personenbezogenen Daten

3. Erlaubnistatbestände für nicht-öffentliche Stellen

Auch ohne Einwilligung des Betroffenen muss der Umgang mit seinen personenbezogenen **61** Daten zu bestimmten Zwecken möglich sein. Teilweise, weil der Betroffene vernünftigerweise kein Interesse daran haben kann, dass ein Umgang mit seinen Daten unterbleibt, teilweise aber auch, weil das Interesse des Staates oder der verantwortlichen Stelle an der Verarbeitung der Daten im konkreten Fall überwiegt.

Soweit der Umgang mit personenbezogenen Daten nicht von einer Einwilligung des Be- **62** troffenen gedeckt ist, sind im Hinblick auf die in § 1 Abs. 3 BDSG geregelte Subsidiarität zunächst die bereichsspezifischen Erlaubnisse und Gebote des Bundes und der Länder zur Erhebung, Verarbeitung und Nutzung von personenbezogenen Daten zu berücksichtigen. Wenn eine solche Regelung nicht eingreift, sieht das BDSG sowohl für den Datenumgang von nicht-öffentlichen (dazu sogleich) wie auch von öffentlichen Stellen (siehe unten Rdn. 75) eigene Erlaubnistatbestände vor.

a) Besondere Erlaubnistatbestände außerhalb des BDSG

Für die Verarbeitung von personenbezogenen Daten im nicht-öffentlichen Bereich, also vor **63** allem der Datenverarbeitung durch Unternehmen, bestehen besondere Erlaubnistatbestände insbesondere im Telekommunikationsrecht (siehe hierzu Rdn. 211 ff.) und Telemedienrecht (Rdn. 142 ff.).

Als »andere Rechtsvorschrift« im Sinne von § 4 Abs. 1 BDSG sind aber nicht nur Gesetze, **64** sondern vielmehr sämtliche – und damit auch untergesetzliche – materiellen Rechtsnormen mit unmittelbarer Außenwirkung zu verstehen, also auch Rechtsverordnungen oder der normative Teil von Tarifverträgen und Betriebsvereinbarungen.[77]

b) Erlaubnistatbestände des BDSG

Das BDSG selbst sieht in §§ 28 bis 32 BDSG einen Katalog von Erlaubnistatbeständen für **65** den Umgang mit personenbezogenen Daten durch nicht-öffentliche Stellen vor. Teilweise wurde diese im Rahmen der Novellierung im Jahr 2009 ergänzt und neu gefasst:
- § 28 Abs. 1 Satz 1 Nr. 1, 2 und 3 BDSG erlauben unter bestimmten Voraussetzungen das Erheben, Speichern, Verändern, Übermitteln und Nutzen von personenbezogenen Daten für die Erfüllung eigener Geschäftszwecke der verantwortlichen Stelle.
- § 28 Abs. 2 regelt die Übermittlung und Nutzung zu einem anderen Zweck (als den für den die Daten ursprünglich erhoben wurden); vorrangig regeln Nr. 2a) (Wahrung berechtigter Interessen eines Dritten), Nr. 2b) (Gefahrenabwehr und Strafverfolgung) und Nr. 3 (Durchführung wissenschaftlicher Forschung) besondere Fälle, während § 28 Abs. 2 Nr. 1 BDSG als Auffangregelung auf die Zulässigkeitsvoraussetzungen von § 28 Abs. 1 Satz 1 Nr. 2 und 3 verweist.
- § 28 Abs. 3, 3a, 3b und 4 BDSG enthalten eine komplexe Regelung zur Zulässigkeit der Verarbeitung oder Nutzung personenbezogenen Daten zum Zwecke der Werbung und des Adresshandels; diese ist entweder nur mit Einwilligung möglich oder unter Verwendung des sog. Listenprivilegs.
- § 28 Abs. 6 bis 9 BDSG sieht besondere Erlaubnistatbestände für die Erhebung, Verarbeitung und Nutzung von besonderen Arten von personenbezogenen Daten (§ 3 Abs. 9 BDSG, siehe oben Rdn. 35) vor. Im Umkehrschluss folgt aus diesen Bestimmungen, dass die übrigen Rechtfertigungstatbestände für solche Daten nicht herangezogen werden können.

---

[77] Simitis/*Walz* § 4 Rn. 9, siehe dazu auch unten Rdn. 417.

- Der neu geschaffene § 28a BDSG regelt die Zulässigkeit der Übermittlung von personenbezogenen Daten an Auskunfteien wie etwa die Schufa. Geregelt ist nur die Übermittlung von sog. Negativdaten (also etwa die Nichtzahlung von Krediten oder die Insolvenz des Schuldners), die bisheriger Auffassung auf der Grundlage von § 28 Abs. 1 Satz 1 Nr. 2 BDSG übermittelt werden durften. In der Novelle 2009 wurde die Zulässigkeit in § 28a BDSG nun auf einen abschließenden Katalog von Einzelfällen beschränkt.
- Ebenfalls neu eingefügt wurde § 28b BDSG, der Voraussetzungen des sog. Scoring regelt, also die Verarbeitung eines Wahrscheinlichkeitswerts für ein bestimmtes zukünftiges Verhalten des Betroffenen (etwa seine Kreditwürdigkeit).
- § 29 Abs. 1 und 2 BDSG enthält weitere Erlaubnistatbestände im Bezug auf personenbezogene Daten, die geschäftsmäßig zum Zwecke der Übermittlung erhoben und verarbeitet werden, also insbesondere für Auskunfteien, Adresshändler etc. Im Gegensatz zu den Varianten des § 28 BDSG soll es hier also nicht um die Verfolgung von »eigenen« Geschäftszwecken gehen.
- § 30 Abs. 2 BDSG enthält eine Erlaubnis zur Veränderung von personenbezogenen Daten zum Zwecke der Übermittlung in anonymisierter Form.
- § 30a BDSG regelt die geschäftsmäßige Datenerhebung und -speicherung für Zwecke der Markt- und Meinungsforschung und enthält in Abgrenzung zur Werbung (§§ 28 Abs. 3, 29 BDSG) einige Erleichterungen im Umgang mit personenbezogenen Daten.
- Der neu eingefügte § 32 BDSG enthält besondere Sonderbestimmungen für den Umgang mit Daten von Arbeitnehmern und schließt daher für diesen Anwendungsbereich § 28 Abs. 1 Satz 1 Nr. 1 BDSG aus.[78]

66 Die einzelnen Erlaubnistatbestände sind dabei nicht nur auf bestimmte Zwecke beschränkt, sondern erlauben teilweise auch nur bestimmten Umgang mit den Daten, also etwa nur die Übermittlung und Nutzung oder nur die Veränderung.

In der Praxis von besonderer Bedeutung sind die Erlaubnis, die sich aus einem rechtsgeschäftlichen oder rechtsgeschäftsähnlichen Schuldverhältnis (§ 28 Abs. 1 Satz 1 Nr. 1 BDSG), dem berechtigten Interesse der verantwortlichen Stelle (§ 28 Abs. 1 Satz 1 Nr. 2 BDSG) oder für Zwecke der Werbung-, Markt- und Meinungsforschung (§ 28 Abs. 3-4 BDSG) ergeben kann. Diese drei Erlaubnistatbestände sollen daher nachfolgend näher betrachtet werden.

aa) Vertragliche Zweckbestimmung, § 28 Abs. 1 S. 1 Nr. 1 BDSG

67 § 28 Abs. 1 Satz 1 Nr. 1 BDSG erlaubt die Erhebung, Speicherung, Veränderung, Übermittlung und Nutzung von personenbezogenen Daten für die Erfüllung eigener Geschäftszwecke der verantwortlichen Stelle, wenn die jeweilige Verwendung der Daten für die Begründung, Durchführung oder Beendigung eines rechtsgeschäftlichen oder rechtsgeschäftsähnlichen Schuldverhältnisses mit dem Betroffenen erforderlich ist.

Entscheidend ist zunächst, dass der Betroffene mit der verantwortlichen Stelle in einer vertraglichen oder vertragsähnlichen Beziehung steht, etwa als Lieferant oder Kunde. Unter vertragsähnliche Beziehung fällt dabei die Vertragsanbahnung, aber auch ein nachvertragliches Verhältnis oder mitgliedschaftliche Beziehungen.[79] Die Verarbeitung der Daten ist aber auch dann nur zulässig, wenn sie nach der Zweckbestimmung des rechtsgeschäftlichen oder rechtsgeschäftsähnlichen Verhältnisses erforderlich ist. Der noch bis zur Novelle 2009 verwendete Begriff des »Dienens« wurde schon früher eng im Sinne von Erforderlichkeit verstanden, eine inhaltliche Änderung brachte die Neufassung daher nicht.

---

78 Vgl. hierzu ausf. Rdn 265.
79 Vgl. weitere Fälle bei *Gola/Schomerus* § 28 Rn. 26.

IV. Zulässigkeit der Erhebung, Verarbeitung und Nutzung von personenbezogenen Daten

Seit der Einfügung von § 32 BDSG durch die Novelle 2009 richtet sich der Umgang mit Arbeitnehmerdaten ausschließlich nach dieser neuen Regelung und nicht mehr nach § 28 Abs. 1 Satz 1 Nr. 1 BDSG.

bb) Berechtigtes Interesse, § 28 Abs. 1 S. 1 Nr. 2 BDSG

Der zweite Fall des zulässigen Datenumgangs für eigene geschäftliche Zwecke verlangt keine besondere Beziehung zwischen dem Betroffenen und der verarbeitenden Stelle, sondern stellt allein auf eine Interessenabwägung ab. Ist die Datenverarbeitung zur Wahrung berechtigter Interessen der verantwortlichen Stelle erforderlich und besteht kein Grund zur Annahme, dass ihr überwiegende schutzwürdige Interessen des Betroffenen entgegenstehen, so ist sie nach § 28 Abs. 1 S. 1 Nr. 2 BDSG zulässig. **68**

Als berechtigtes Interesse der verantwortlichen Stelle kommt dabei grundsätzlich jeder von der Rechtsordnung gebilligte Zweck in Betracht,[80] also auch rein wirtschaftliche oder ideelle Erwägungen. In Abgrenzung zu § 29 BDSG ist allerdings erforderlich, dass das Interesse zumindest im weitesten Sinne zu den eigenen geschäftlichen Zwecken der verantwortlichen Stelle zählt. Zudem muss die Verarbeitung für die Verfolgung des Interesses auch erforderlich sein, d. h. sie ist dafür geeignet und es gibt auch keine zumutbare, weniger beeinträchtigende Alternative dazu.[81]

Die Datenverarbeitung ist nur dann nach § 28 Abs. 1 S. 1 Nr. 2 BDSG zulässig, wenn kein Grund zur Annahme besteht, dass schutzwürdige Interessen des Betroffenen überwiegen. Solche Interessen müssen also nicht nur vorliegen, sondern auch von höherem Gewicht sein, als das Interesse der verantwortlichen Stelle. Als solche schutzwürdigen Interessen kommen dabei vor allem Aspekte in Betracht, die das Persönlichkeitsrecht des Betroffenen berühren. Die Abwägung muss unter Berücksichtigung der Gesamtumstände im Einzelfall getroffen werden.[82]

Umstritten ist das Verhältnis von § 28 Abs. 1 S. 1 Nr. 2 und Nr. 3 BDSG zu dem in Nr. 1 geregelten Erlaubnistatbestand. So wird die Alternativität der Zulässigkeitsvarianten mit dem Argument bezweifelt, dass die sich aus der vertraglichen oder vertragsähnlichen Beziehung ergebenden Grenzen nicht durch eine der beiden anderen gesetzlichen Erlaubnistatbestände unterlaufen werden dürfen. Richtigerweise wird dabei auf die Art der vertraglichen oder vertragsähnlichen Beziehung abzustellen sein. Sofern diese besondere Schutz- oder Vertrauenspflichten zum Gegenstand haben, wie etwa der Behandlungsvertrag zwischen Arzt und Patient oder der Beratungsvertrag zwischen Rechtsanwalt und Mandant, so können die Erlaubnistatbestände in Nr. 2 und 3 nicht mehr Befugnisse vermitteln, als das vertraglichen Verhältnis dies tun würde.[83] **69**

cc) Adresshandel und Werbung, § 28 Abs. 3–4 BDSG

§ 28 Abs. 3, 3a, 3b und 4 BDSG enthalten eine vorrangige und abschließende Regelung für den Umgang mit personenbezogenen Daten zum Zwecke des Adresshandels und der Werbung. Die Regelung ist in der Novelle des BDSG im Jahr 2009 umfassend neu gestaltet worden und nicht zuletzt aufgrund kontroverser Diskussion und wiederholter Änderungen im Rahmen des Gesetzgebungsverfahrens recht kompliziert ausgestaltet. Ursprünglich sollte jegliche Verwendung von Daten zu Werbezwecken nur noch mit Einwilligung des Betroffenen möglich sein und das bislang geltende sog. »Listenprivileg« des § 28 Abs. 3 Nr. 3 BDSG a. F. entfallen. Im Ergebnis ist nun in Abs. 3 Satz 1 die Einwilligung der Grund- **70**

---

80 *Schaffland/Wiltfang* § 28 Rn. 85.
81 *Gola/Klug* S. 91.
82 *Schaffland/Wiltfang* § 28 Rn. 89.
83 *Gola/Klug* S. 92.

fall, wobei in Abs. 3, 3a und 3b besondere Anforderungen an eine solche Einwilligung gestellt werden. In Abs. 3 Satz 2 ist das Listenprivileg in modifizierter Form erhalten geblieben, wobei besondere Dokumentationspflichten und ein Auskunftsrecht in Abs. 3 Satz 4 und § 34 Abs. 1a Satz 1 BDSG dem Betroffenen ermöglichen sollen, nachzuvollziehen, woher die Daten stammen.

71 Der Grundfall ist nun also die Einwilligung, die über die in § 4a Abs. 1 Satz 3 und 4 BDSG formulierten formellen Voraussetzungen hinaus drucktechnisch besonders hervorgehoben sein muss[84] (Abs. 3a Satz 2) und gem. Abs. 3a Satz 1 im Fall eine nicht schriftlichen Erteilung von der verantwortlichen Stelle schriftlich zu bestätigen ist. Zusätzlich ist in Abs. 3b ein ausdrückliches Kopplungsverbot aufgenommen worden.

72 In Ausnahmefällen ist aber auch weiterhin eine Verarbeitung und Nutzung personenbezogener Daten zu Werbezwecken zulässig, wenn es sich um »listenmäßig oder sonst zusammengefasste Daten über Angehörige einer Personengruppe« handelt und sich diese auf folgende Angaben beschränken:
- die Zugehörigkeit des Betroffenen zu dieser Personengruppe,
- seine Berufs-, Branchen- oder Geschäftsbezeichnung,
- seinen Namen, Titel und akademischen Grad,
- seine Anschrift und
- sein Geburtsjahr.

Solche Listendaten dürfen nach Abs. 3 Satz 2 dann verarbeitet und genutzt werden, wenn dies für einen der folgenden Zwecke erforderlich ist:
- § 28 Abs. 3 Satz 2 Nr. 1 BDSG: Werbung für eigene Angebot der verantwortlichen Stelle; Werbung für fremde Angebote ist dagegen nur unter den zusätzlichen Voraussetzungen von Abs. 3 Satz 5 möglich, d. h. nur mit der zusätzlichen Information über die Herkunft der Daten;
- § 28 Abs. 3 Satz 2 Nr. 2 BDSG: Werbung im Hinblick auf die berufliche Tätigkeit des Betroffenen unter seiner geschäftlichen Anschrift,
- § 28 Abs. 3 Satz 2 Nr. 3 BDSG: Spendenwerbung, soweit es sich um solche Spenden handelt, die nach dem Einkommensteuergesetz steuerbegünstigt sind.

73 Aus Abs. 3 Satz 4 ergibt sich, dass solche Listendaten auch für Zwecke der Werbung an Dritte übermittelt werden dürfen (Adresshandel). Dies setzt nun aber voraus, dass diese Übermittlung selbst nach § 34 Abs. 1a Satz 1 BDSG gespeichert wird und so nachvollziehbar bleibt, welchen Weg die Daten nehmen. Bei der Ansprache der Betroffenen zu Zwecken der Werbung muss zudem gem. Abs. 3 Satz 4 Hs. 2 die Herkunft der Daten benannt werden.

74 § 28 Abs. 4 normiert ein Widerspruchsrecht des Betroffenen im Hinblick auf die Verwendung seiner Daten zu Werbezwecken. Soweit eine Einwilligung die Grundlage für die Verarbeitung ist, wäre ohnehin jederzeit ein Widerruf des Betroffenen möglich. Der in Abs. 4 geregelte Widerspruch hindert aber jeglichen Umgang mit den Daten zum Zwecke der Werbung. Um es dem Betroffenen zu erleichtern, einen Widerspruch auch tatsächlich zu erklären, sieht Abs. 4 Satz 2 eine Pflicht zu Unterrichtung über dessen Existenz sowie über die Identität der verantwortlichen Stelle vor.

4. Erlaubnistatbestände für öffentliche Stellen

75 Soweit für öffentliche Stellen keine bereichsspezifischen gesetzlichen Erlaubnistatbestände eingreifen, sind für deren Umgang mit personenbezogenen Daten die Zulässigkeitstat-

---

[84] Wobei hier der Gesetzgeber lediglich das formuliert hat, was der BGH in seiner Payback-Entscheidung ohnehin gefordert hat, vgl. BGH GRUR 2008, 1010.

IV. Zulässigkeit der Erhebung, Verarbeitung und Nutzung von personenbezogenen Daten

bestände der §§ 13–16 BDSG einschlägig. Anders als die Tatbestände für nicht-öffentliche Stellen sind diese Regelungen nach den Phasen der Datenverarbeitung gegliedert:

- § 13 BDSG regelt die Zulässigkeit der Erhebung von personenbezogenen Daten. Danach ist die Erhebung grundsätzlich zulässig, wenn die Kenntnis der Daten zur Erfüllung der Aufgaben der verantwortlichen Stelle erforderlich sind.
- § 14 BDSG enthält die allgemeinen Erlaubnistatbestände für die Speicherung, Veränderung und Nutzung der personenbezogenen Daten und stellt im Grundsatz ebenfalls darauf ab, ob diese Vorgänge zur Erfüllung der in der Zuständigkeit der verantwortlichen Stelle liegenden Aufgaben erforderlich sind.
- §§ 15 und 16 BDSG regeln die Zulässigkeit der Übermittlung von Daten an öffentliche bzw. nicht-öffentliche Stellen.

5. Besondere Einschränkungen

Das BDSG sieht nicht nur bei den besonderen Arten personenbezogener Daten (also besonders sensiblen Daten) in Abweichung von den allgemeinen Erlaubnistatbeständen Einschränkungen bei der Datenverarbeitung vor (vgl. etwa § 28 Abs. 6 bis 9 BDSG), sondern auch in anderen Fällen, die vom Gesetzgeber als besonders riskant im Hinblick auf eine mögliche Beeinträchtigung des Persönlichkeitsrechts des Betroffenen angesehen werden. Eine auch in Praxis besonders relevante Beschränkung besteht bei der Übermittlung von personenbezogenen Daten an Stellen außerhalb der EU oder des EWR (siehe dazu ausführlich Rdn. 339 ff.). Andere Fälle betreffen die insbesondere die sog. automatisierten Einzelentscheidungen (§ 6a BDSG), die Videoüberwachung (§ 6b BDSG) oder die Einrichtung von automatisierten Abrufverfahren (§ 10 BDSG). 76

a) Automatisierte Einzelentscheidungen, § 6a BDSG

Nach § 6a Abs. 1 BDSG dürfen Entscheidungen, die für den Betroffenen eine rechtliche Folge nach sich ziehen oder ihn erheblich beeinträchtigen, nicht ausschließlich auf eine automatisierte Verarbeitung personenbezogener Daten gestützt werden, die der Bewertung einzelner Persönlichkeitsmerkmale dienen. Ergänzend wurde nun noch klargestellt, dass dies insbesondere dann der Fall ist, wenn keine inhaltliche Bewertung und darauf gestützte Entscheidung durch eine natürliche Person stattgefunden hat. Der Betroffene soll damit vor Entscheidungen geschützt werden, die ausschließlich aufgrund von automatisiert erstellten Persönlichkeitsprofilen ergehen und dem Betroffenen keine Möglichkeit geben, darauf Einfluss zu nehmen. Das Verbot reicht jedoch nicht so weit, wie die auf den ersten Blick vermutet werden könnte. Ausgeschlossen werden sollen nicht automatisierte Entscheidungen per se, sondern lediglich die einseitige Festlegung der Bedingungen durch die verantwortliche Stelle. Werden automatisiert lediglich Entscheidungen anhand von vorher vereinbarten Bedingungen getroffen (so etwa, dass bei überzogenem Konto keine Abhebung mehr möglich ist), liegt kein Fall von § 6a Abs. 1 BDSG vor. Zudem ist erforderlich, dass die automatisiert gewonnenen Erkenntnisse unmittelbar zu der Entscheidung führen und nicht nur Grundlage für eine zuletzt von einem Menschen abschließend getroffenen Entscheidung sind.[85] 77

Ausnahmen von dieser Regelung sind in Abs. 2 für den Fall vorgesehen, dass aufgrund einer positiven Entscheidung im Rahmen eines Vertragsverhältnisses keine Gefahr für das Persönlichkeitsrecht entsteht (Nr. 1) oder wenn die Wahrung der berechtigten Interessen des Betroffenen durch geeignete Maßnahmen gewährleistet ist (Nr. 2).

---

[85] *Gola/Klug* S. 76.

b) Videoüberwachung, § 6b BDSG

78 In § 6b BDSG sind besondere Beschränkungen für Videoüberwachung öffentlich zugänglicher Räume enthalten. Die Vorschrift gilt gleichermaßen für öffentliche wie nicht-öffentliche Stellen; dabei ist freilich zu beachten, dass gerade im öffentlichen Bereich zahlreiche landes- und bundesrechtliche[86] Vorschriften Vorrang haben. Bemerkenswert ist, dass § 6b BDSG nicht verlangt, dass die im Rahmen der Videoüberwachung gewonnenen Daten auch tatsächlich Personenbezug aufweisen; die Regelung gilt vielmehr in jedem Fall und stellt damit in gewisser Weise einen Fremdkörper im BDSG dar.[87] Werden mittels Videoüberwachung gewonnene Daten einer bestimmten Person zugeordnet oder ist diese Zuordnung möglich, gelten zusätzlich die allgemeinen Voraussetzungen für die Erhebung, Verarbeitung und Nutzung dieser Daten.[88]

6. Wesentliche Grundsätze des BDSG

79 Sowohl für die Abwägung der beteiligten Interessen im Rahmen eines Erlaubnistatbestandes, als auch beim Umgang mit personenbezogenen Daten generell liegen dem BDSG allgemeine Grundsätze zugrunde, die für das Verständnis der Regelungen von Bedeutung sind.

a) Verhältnismäßigkeit

80 Schon aus der Entstehung des Datenschutzrechts selbst ist erkennbar, dass in der Regel widerstreitende Interessen einerseits am Schutz der persönlichen Daten und andererseits an deren unbehinderter Verwendung bestehen, die nur im Rahmen einer Interessenabwägung miteinander in Ausgleich gebracht werden können. Durch das gesamte Datenschutzrecht zieht sich daher der Grundsatz der Verhältnismäßigkeit als ein ganz wesentliches Element.

b) Datenvermeidung und Datensparsamkeit

81 Der in § 3a BDSG verankerte Grundsatz der Datenvermeidung und Datensparsamkeit fordert die Ausrichtung von Datenverarbeitungssystemen auf das Ziel, möglichst wenig personenbezogene Daten zu erheben, zu verarbeiten oder zu nutzen. Soweit technisch möglich und der damit verbundene Aufwand in einem angemessenen Verhältnis zum angestrebten Schutzzweck steht, sollen die Daten zudem anonymisiert werden. Letztlich handelt es sich bei dieser Vorschrift um eine Konkretisierung des Verhältnismäßigkeitsgrundsatzes, die mangels Sanktionierung oder konkreter Vorgaben als bloßer Programmsatz verstanden werden darf.[89]

c) Transparenz

82 Grundvoraussetzung für das Funktionieren eines Datenschutzes im Sinne des Betroffenen ist es, dass dieser hinreichende Informationen über die Datenverarbeitung in Bezug auf seine Person erhält. Nur durch eine ausreichende Transparenz ist es dem Betroffenen überhaupt möglich, seine Rechte im Hinblick auf den Umgang mit seinen Daten überhaupt wahrzunehmen. Eine wesentliche Ausprägung findet dies im Grundsatz der Direkterhebung. Die Daten müssen grundsätzlich[90] direkt beim Betroffenen selbst erhoben werden, vgl. § 4 Abs. 2 Satz 1 BDSG. Aus § 4 Abs. 3 BDSG ergeben sich entsprechende Informa-

---

86 Vgl. die Vorschriften im Rahmen der Strafverfolgung, §§ 100c Abs. 1 Nr. 1; 81b Alt. 1; 111 i. V. m. 163 Abs. 1 S. 2, 3; 81b Alt. 1 StPO, bei der Zeugenvernehmung (§ 58a StPO), zur Gefahrenabwehr (§§ 26 Abs. 1 S. 1; 24 Abs. 3 Nr. 2 BGSB), im Versammlungsrecht (§§ 12a; 19a VersG).
87 *Gola/Schomerus* § 6b Rn. 3.
88 *Gola/Schomerus* § 6b Rn. 5.
89 *Gola/Klug* S. 47.
90 Beachte die Ausnahmen in § 4 Abs. 2 Satz 2 und § 33 Abs. 2 BDSG.

tions- und Unterrichtungspflichten der verantwortlichen Stelle. Auch die Benachrichtigungspflicht nach § 33 und die in § 34 geregelten Auskunftsrechte sollen Transparenz herstellen.

d) Zweckbindung

Der Zweckbindungsgrundsatz ergibt sich schon aus Art. 6 Abs. 1 lit. b der EG-Datenschutzrichtlinie. Danach dürfen personenbezogene Daten nur für festgelegte, eindeutige und rechtmäßige Zwecke erhoben und nicht in einer mit diesen Zweckbestimmungen nicht zu vereinbarenden Weise weiterverarbeitet werden. Eine Speicherung auf Vorrat, also für noch nicht bekannte Zwecke, ist ausgeschlossen. Dementsprechend sieht § 4 Abs. 3 BDSG vor, dass die Zweckbestimmung bereits zum Zeitpunkt der Datenerhebung feststehen muss. Eine spätere Zweckänderung ist nur in den gesetzlich geregelten Ausnahmefällen möglich. Hinsichtlich der Zweckbestimmung trifft die verantwortliche Stellen an verschiedenen Stellen eine Hinweispflicht (vgl. §§ 28 Abs. 5 S. 3, 4b Abs. 6, 4c Abs. 1 S. 2 BDSG). Im öffentlichen Bereich ist die Zweckbestimmung oftmals durch die jeweilige Aufgabenerfüllung der öffentlichen Stelle bestimmt, im Rahmen derer eine Erhebung, Verarbeitung und Nutzung stattfinden soll (vgl. §§ 13 Abs. 1, 14 Abs. 1, 15 Abs. 1 Nr. 1, 16 Abs. 1 Nr. 1). Im Übrigen hängt die Zweckbestimmung generell von den jeweils verfolgten Zielen der betreffenden Stelle ab.

83

V. Erhebung, Verarbeitung oder Nutzung personenbezogener Daten im Auftrag, § 11 BDSG

1. Interessenlage

Die Erhebung, Verarbeitung oder Nutzung von personenbezogenen Daten erfordert häufig besondere technische oder personelle Voraussetzungen oder lässt sich von einem Auftragnehmer schlicht günstiger erledigen als vom Auftraggeber selbst. Im Rahmen von Outsourcingvorhaben ist der Umgang mit personenbezogenen Daten durch den Auftragnehmer regelmäßig unvermeidlich.[91] In diesen Fällen arbeitet der Auftragnehmer meist nach eindeutigen Anweisungen des Auftraggebers und führt die Datenverarbeitung entsprechend durch, ohne selbst entscheidend Einfluss auf die Umstände oder Inhalte der Verarbeitung zu nehmen.

84

Sowohl die EG-Datenschutzrichtlinie als auch das BDSG haben dieser Konstellation Rechnung getragen und die sog. Auftragsdatenverarbeitung besonders geregelt. Der Begriff der Auftragsdaten*verarbeitung*, der für die in § 11 BDSG geregelte Konstellation dabei häufig verwendet wird, ist nur als Kurzform zu verstehen und insoweit missverständlich, als auch eine Erhebung und Nutzung im Auftrag von § 11 BDSG umfasst ist.

Die besonderen Regelungen zur Auftragsdatenverarbeitung sollen einerseits sicherstellen, dass sich die verantwortliche Stelle durch die Auslagerung des Datenumgangs auf einen Auftragnehmer nicht den ihr vom BDSG auferlegten Datenschutz- und Datensicherheitsstandards entledigt. Auf der anderen Seite soll die Erledigung klar definierter Verarbeitungsvorgänge durch den Auftragnehmer aber auch nicht dadurch verkompliziert werden, dass die Voraussetzungen einer Datenübermittlung im Sinne von § 3 Abs. 4 Nr. 3 BDSG vorliegen müssen, was sich oft nur über eine Einwilligung des Betroffenen sicherstellen ließe und weder interessengerecht noch besonders praktikabel ist.

Typische Anwendungsfälle einer Auftragsdatenverarbeitung sind Verträge über Inkassodienste, Rechenzentren, Callcenter-Leistungen, Wartungsverträge oder Datenträger-

---

91 Vgl. hierzu Kap. 7 Rdn. 181.

bzw. Aktenvernichtung. Oft ist aber auch die Datenverarbeitung innerhalb eines Konzerns mangels »Konzernprivileg« des BDSG (siehe dazu oben Rdn. 22) als Auftragsdatenverarbeitung ausgestaltet, was im Hinblick auf die zentralisierten Entscheidungsstrukturen innerhalb einer Unternehmensgruppe auch durchaus sachgerecht sein kann.

2. Voraussetzungen

85 Die Regelung des § 11 BDSG gilt gleichermaßen für öffentliche wie nicht-öffentliche Stellen. Zu beachten ist, dass die Voraussetzungen der Erhebung, Verarbeitung und Nutzung von personenbezogenen Daten im Auftrag insbesondere für öffentliche Stellen in bereichsspezifischen Regelungen teilweise eigens geregelt sind, so etwa in § 80 SGB X. Diese Regelungen engen die Möglichkeit zur Vereinbarung einer Auftragsdatenvereinbarung teilweise ein und haben in ihrem Anwendungsbereich Vorrang vor § 11 BDSG, vgl. § 1 Abs. 3 BDSG.

An die Auswahl des Auftragnehmers und die Gestaltung der Vereinbarung zwischen Auftragnehmer und Auftraggeber stellt § 11 Abs. 2 BDSG bestimmte Anforderungen, die durch die Novelle im Jahr 2009 konkretisiert und detailliert ausgestaltet wurden:

a) Sorgfältige Auswahl des Auftragnehmers

86 Der Auftragnehmer ist unter besonderer Berücksichtigung der Eignung der von ihm getroffenen technischen und organisatorischen Maßnahmen sorgfältig auszuwählen, § 11 Abs. 2 S. 1 BDSG. Wie er diese Auswahl tritt, bleibt grundsätzlich ihm überlassen. Aus der besonderen Erwähnung der Sicherheitsmaßnahmen als Kriterium für die Auswahl ergibt sich jedoch, dass die Entscheidung in erster Linie davon geleitet sein sollte, ob der Umgang mit den personenbezogenen Daten beim Auftragnehmer ebenso sicher gewährleistet ist, wie dies beim Auftraggeber der Fall wäre. Der Auftraggeber hat sich vor Beginn der Datenverarbeitung von der Einhaltung der getroffenen technischen und organisatorischen Maßnahmen zur Datensicherheit zu überzeugen und dies nun auch zu dokumentieren, § 11 Abs. 2 BDSG a. E.

b) Schriftliche Auftragserteilung

87 Der Auftrag ist schriftlich zu erteilen, § 11 Abs. 2 S. 2 BDSG. Dabei sind (ebenfalls schriftlich) Regelungen zu folgenden Punkten zu treffen:
- Nr. 1: *Gegenstand und Dauer des Auftrags*. Der gesamte Leistungsumfang bezogen auf den Umgang mit den personenbezogenen Daten muss im Vertrag festgelegt sein, also insbesondere welche Daten für welche Aufgaben zu erheben oder zu verarbeiten sind, ob und an wen die Daten übermittelt werden dürfen sowie, wie der Datenaustausch stattzufinden hat.
- Nr. 2: *Umfang, Art und Zweck der Erhebung, Verarbeitung oder Nutzung, die Art der Daten sowie der Kreis der Betroffenen.*
- Nr. 3: *Technische und organisatorische Maßnahmen*. Die nach § 9 BDSG angezeigten, nach Art und Umfang der Tätigkeit angemessenen technischen und organisatorischen Maßnahmen zur Gewährleistung der Sicherheit der Datenverarbeitung müssen im Vertrag festgelegt werden. Dabei sind die Maßnahmen für den gesamten Ablauf der Verarbeitung von der Entgegennahme der Daten bis zur Ablieferung der Ergebnisse zu berücksichtigen.[92] Für die Frage, wie genau diese Maßnahmen festzulegen sind, wird man dem Grundsatz der Verhältnismäßigkeit entsprechend auf die Sensibilität der Daten und das Gefährdungspotenzial abstellen dürfen. Es genügt jedoch nicht, den Auftragnehmer lediglich pauschal auf die »Einhaltung der Sicherheitsmaßnahmen im Sinne von § 9 BDSG« zu verpflichten.

---

[92] Simits/*Walz* § 11 Rn. 51.

- Nr. 4: *Berichtigung, Löschung und Sperrung* von Daten. Hier ist sicherzustellen, dass der Auftraggeber als weiterhin verantwortliche Stelle diesen Verpflichtungen auch tatsächlich nachkommen kann.
- Nr. 5: *Pflichten nach § 11 Abs. 4 BDSG*. Hiermit soll sichergestellt werden, dass die Parteien die dort geregelten (ohnehin Geltung beanspruchenden) Pflichten noch einmal explizit und ggf. detaillierter regeln. Daher kann ein pauschaler Verweis auf Abs. 4 auch nicht genügen.
- Nr. 6: *Unterauftragsverhältnisse*. Im Vertrag ist festzulegen, ob und ggf. welche Unterauftragnehmer der Auftragnehmer für die Datenverarbeitung einschalten darf. Fehlt eine solche Bestimmung, ist der Auftragnehmer hierzu nicht berechtigt. Das ist nur konsequent, weil durch die Einschaltung eines Subunternehmers das Risiko für die betreffenden Daten steigt und die Kontrolle des Auftraggebers über »seine« Daten erschwert wird. Eine entsprechende Klausel muss nicht auf einen ganz konkreten Auftragnehmer bezogen sein, eine pauschale Regelung, nach der die Einschaltung von Unterauftragnehmern zulässig sein soll, genügt aber nicht den Anforderungen von § 11 Abs. 2 S. 2 BDSG. Die entsprechende Regelung im Vertrag muss konkret, transparent und abschließend sein und die Zweckbindung der Daten garantieren.
- Nr. 7: *Kontrollrechte* des Auftraggebers und die entsprechenden Duldungs- und Mitwirkungspflichten des Auftragnehmers. Das ist allein schon deshalb erforderlich, weil den Auftragnehmer zumindest keine gesetzliche Duldungspflicht trifft.
- Nr. 8: *Mitteilungspflicht bei Verstößen* des Auftragnehmers oder der bei ihm beschäftigten Personen gegen datenschutzrechtliche Vorschriften oder gegen die Regelungen der Auftragsdatenvereinbarung.
- Nr. 9: *Umfang der Weisungsbefugnisse*, die sich der Auftraggeber gegenüber dem Auftragnehmer vorbehält.
- Nr. 10: *Rückgabe überlassener Datenträger und Löschung beim Auftragnehmer gespeicherter Daten nach Beendigung des Auftrags*.

Auch wenn das Gesetz den Begriff »Auftrag« verwendet, ist dieser nicht im Sinne von § 662 BGB zu verstehen. Vielmehr kommt jeder Typ von Vertrag, also auch Dienst-, Werk- oder Geschäftsbesorgungsvertrag etc. hierfür in Betracht.[93] Keine Voraussetzung ist, dass der Vertrag auch ausdrücklich auf § 11 BDSG Bezug nimmt oder den Begriff »Auftragsdatenverarbeitung« verwendet; entscheidend ist, dass die Gestaltung des Verhältnisses zwischen Auftragnehmer und Auftraggeber in rechtlicher und tatsächlicher Hinsicht den Vorgaben von § 11 BDSG entspricht.

88

c) Laufende Kontrolle

§ 11 Abs. 2 S. 4 BDSG verlangt, dass sich der Auftraggeber regelmäßig von der Einhaltung der beim Auftragnehmer getroffenen technischen und organisatorischen Maßnahmen zu überzeugen hat und das Ergebnis jeweils zu dokumentieren ist. Der Auftraggeber hat also während der gesamten Laufzeit der Auftragsdatenverarbeitung die Einhaltung der technischen und organisatorischen Maßnahmen zumindest stichprobenartig zu prüfen. Eine Kontrolle vor Ort beim Auftragnehmer ist nicht in jedem Fall erforderlich. Es genügt, wenn sich der Auftraggeber auf andere Weise von den Datensicherheitsmaßnahmen überzeugt, etwa durch die Einschaltung von Dritten oder die Anforderung von Prüfergebnissen.[94] Nachdem den Auftraggeber eine gesetzliche Pflicht zur Prüfung trifft, das BDSG aber keine entsprechende Duldungspflicht des Auftragnehmers vorsieht, sieht nun auch Abs. 2 Satz 2 Nr. 7 ausdrücklich vor, dies in den Vertrag mit aufzunehmen.

89

---

93 *Däubler/Klebe/Wedde/Weichert* § 11 Rn. 7.
94 *Gola/Schomerus* § 11 Rn. 21.

3. Pflichten von Auftraggeber und Auftragnehmer

90 Liegt eine Auftragsdatenvereinbarung vor, so bleibt der Auftraggeber verantwortliche Stelle und damit auch weiterhin in vollem Umfang für die Einhaltung der datenschutzrechtlichen Bestimmungen verantwortlich, § 11 Abs. 1 S. 1 BDSG. Neben den Pflichten, die den Auftraggeber im Rahmen der Auswahl und der Vereinbarung der Auftragsdatenvereinbarung treffen, hat er damit auch weiterhin die Rechtmäßigkeit der Datenerhebung, -verarbeitung oder -nutzung sicherzustellen. Er bleibt damit auch weiterhin für die Gewährleistung der Rechte der Betroffenen (also insbesondere das Recht auf Auskunft, Berichtigung, Löschung, Sperrung) verantwortlich und hat auch im Fall von unrechtmäßiger Verarbeitung oder einer Verletzung der Datensicherheit dem Betroffenen unter den Voraussetzungen von §§ 7, 8 BDSG Schadensersatz zu leisten, § 11 Abs. 1 S. 2 BDSG.

91 Der Auftragnehmer ist vertraglich gegenüber dem Auftraggeber gebunden, d. h. dass er sich bei der Erhebung, Verarbeitung oder Nutzung der Daten nach den Weisungen des Auftraggebers zu richten hat. Daneben sieht das BDSG die Pflicht zur Einhaltung ausgewählter datenschutzrechtlicher Bestimmungen vor, § 11 Abs. 4 BDSG. Dabei handelt es sich in erster Linie um die Sicherstellung der organisatorischen und technischen Maßnahmen zur Sicherheit sowie um die Bestellung eines Datenschutzbeauftragten.

4. Privilegierung und Abgrenzung zur Funktionsübertragung

92 Nach der Definition in § 3 Abs. 8 S. 2 BDSG sind Personen und Stellen, die personenbezogene Daten im Auftrag, also nach § 11 BDSG, erheben, verarbeiten oder nutzen, keine Dritten im Sinne des BDSG. Das bedeutet, dass etwa die Weitergabe der Daten durch den Auftraggeber an den Auftragnehmer auch nicht den Tatbestand der Übermittlung nach § 3 Abs. 4 Nr. 3 BDSG erfüllt. Vielmehr gilt der Auftragnehmer datenschutzrechtlich als ausgelagerte Abteilung des Auftraggebers, der selbst verantwortliche Stelle und damit »Herr der Daten« bleibt. Der Vorteil für den Auftraggeber liegt auf der Hand: Es ist keine Einwilligung oder besondere gesetzliche Erlaubnis im Sinne von § 4 Abs. 1 BDSG dafür erforderlich, dass die Daten faktisch an eine andere Stelle weitergegeben und dort verarbeitet werden. Die Auftragsdatenverarbeitung stellt also quasi einen privilegierten Fall der Weitergabe von Daten dar.

93 Maßgebliches Kriterium für das Vorliegen einer Auftragsdatenverarbeitung bleibt aber, dass der Auftragnehmer die personenbezogenen Daten nur im Rahmen der Weisungen des Auftraggebers erheben, verarbeiten und nutzen darf, § 11 Abs. 3 S. 1 BDSG. Geht die Leistung des Auftragnehmers über die Ausübung der weisungsgebundenen Tätigkeit hinaus und wird dem Auftragnehmer ein eigener Ermessensspielraum im Umgang mit den personenbezogenen Daten eingeräumt, so fehlt es am entscheidenden Wesensmerkmal der Auftragsdatenverarbeitung und es liegt stattdessen eine sog. Funktionsübertragung vor. Der Begriff der Funktionsübertragung ist im Gesetz nicht erwähnt, aber als Abgrenzungskriterium generell anerkannt.[95] Der Begriff ist insoweit missverständlich, als es sich in diesem Fall beim Datenaustausch zwischen Auftraggeber und Auftragnehmer nicht um eine besondere Art der Verarbeitung handelt, sondern aufgrund des Wegfalls der Privilegierung um eine gewöhnliche Übermittlung an einen Dritten, die den Voraussetzungen von § 4 Abs. 1 BDSG gerecht werden muss.

Die **Abgrenzung** von Auftragsdatenverarbeitung und Funktionsübertragung kann im Einzelfall schwierig sein. Als Kriterien für das Vorliegen einer Funktionsübertragung und keiner Auftragsdatenverarbeitung kommt etwa in Betracht:
- Fehlende Weisungsrechte und Einflussmöglichkeit auf den Umgang mit den Daten,

---

95 Vgl. beispielhaft Simitis/*Walz* § 11 Rn. 17; *Gola/Schomerus* § 11 Rn. 9.

- Einräumung eines Rechts, die Daten auch für eigene Zwecke des Auftragnehmers zu verwenden,
- Einräumung von eigener Entscheidungsbefugnis im Hinblick auf die Datenverarbeitung.

Zu beachten ist, dass zwar eine Auftragsdatenverarbeitung auch mit einem Auftragnehmer in einem sog. Drittstaat, d. h. außerhalb der EU oder des EWR vereinbart werden kann, in diesem Fall aber die Privilegierungswirkung nach § 3 Abs. 8 S. 2 BDSG dem Wortlaut nach ausgeschlossen ist. Einzelheiten zum internationalen Datenverkehr sind in Abschnitt F beschrieben. 94

VI. Rechte des Betroffenen

Sowohl in der EG-Datenschutzrichtlinie als auch im BDSG werden dem Betroffenen gegen die jeweilige verantwortliche Stelle verschiedene Rechte eingeräumt. Im Unterschied zur EG-Datenschutzrichtlinie unterscheidet das BDSG zwischen den Ansprüchen gegen öffentliche Stellen und den Ansprüchen gegen nicht-öffentliche Stellen. Der allgemeinen Systematik des BDSG entsprechend sind die Rechte gegen nicht-öffentliche Stellen in §§ 33 bis 35 BDSG geregelt, wohingegen die Rechte gegen öffentliche Stellen des Bundes in §§ 19 bis 21 BDSG enthalten sind. Die jeweiligen Landesdatenschutzgesetze enthalten vergleichbare Rechte. 95

Im Einzelnen handelt es sich dabei um folgende Rechte des von der Datenverarbeitung Betroffenen:
- Auskunftsrecht (§ 34 bzw. § 19 BDSG)
- Berichtigungsanspruch (§ 35 Abs. 1 bzw. § 20 Abs. 1 BDSG)
- Löschungsanspruch (§ 35 Abs. 2 bzw. § 20 Abs. 2 BDSG)
- Anspruch auf Sperrung (§ 35 Abs. 3 bzw. § 20 Abs. 3 BDSG)
- Widerspruchsrecht (§ 35 Abs. 5 bzw. § 20 Abs. 5 BDSG).

Nach § 6 Abs. 1 BDSG können die Rechte des Betroffenen auf Auskunft sowie auf Berichtigung, Löschung oder Sperrung nicht durch Rechtsgeschäft ausgeschlossen oder beschränkt werden.

Öffentliche wie nicht-öffentliche Stellen trifft zudem die Pflicht, den Betroffenen zu benachrichtigen, wenn die Stelle erstmals zu eigenen Zwecken ohne Kenntnis des Betroffenen dessen Daten speichert (§§ 33, 19a BDSG). Zwar korrespondiert mit dieser Pflicht der verantwortlichen Stelle auch ein Recht des Betroffenen auf Information, dessen Geltendmachung würde jedoch die Kenntnis von der Datenerhebung voraussetzen.

1. Auskunft

Den Auskunftsanspruch muss der Betroffene aktiv geltend machen. Er dient zum einen der Schaffung von Transparenz und ist notwendige Voraussetzung für die Ausübung der Rechte auf Berichtigung, Löschung oder Sperrung.[96] Der Betroffene ist nach § 34 Abs. 1 BDSG bzw. § 19 Abs. 1 BDSG berechtigt, in angemessenen Abständen, unverzüglich und grundsätzlich kostenlos[97] darüber Auskunft zu erlangen, 96
- ob und welche Daten bei der verantwortlichen Stelle gespeichert sind, sowie ggf. die Herkunft der Daten,
- ob und an welche Empfänger oder Kategorien von Empfängern diese Daten übermittelt werden, sowie
- zu welchem Zweck seine Daten gespeichert werden.

---

96 *Gola/Klug* S. 53.
97 Zu den Ausnahmen vgl. § 34 Abs. 5 BDSG.

97 Ein erweitertes Auskunftsrecht im Hinblick auf besondere Verarbeitungstatbestände sehen jeweils § 34 Abs. 1a bis 4 BDSG vor.

2. Berichtigung, Löschung, Sperrung

98 Personenbezogene Daten sind zu berichtigen, wenn sie unrichtig sind (§§ 35 Abs. 1, 20 Abs. 1 S. 1 BDSG). Wird die Richtigkeit vom Betroffenen nur bestritten und lässt sich weder die Richtigkeit noch Unrichtigkeit feststellen, so sind die Daten zunächst nur zu sperren (§§ 35 Abs. 4, 20 Abs. 4 BDSG). Die §§ 35 Abs. 2 S. 2, 20 Abs. 2 BDSG enthalten zudem einen Katalog von Löschungspflichten.

Besondere Löschungs- bzw. Sperrungspflichten enthalten außerdem § 6b Abs. 5 BDSG für den Fall der Videoüberwachung sowie § 28 Abs. 4 S. 3 BDSG für den Fall des Widerspruchs in Bezug auf Werbe-, Markt- und Meinungsforschungsaktivitäten.

3. Widerspruchsrecht

99 In §§ 35 Abs. 5, 20 Abs. 5 BDSG ist ein allgemeines Widerspruchsrecht des Betroffenen geregelt. Durch den berechtigten Widerspruch des Betroffenen wird die (auch sonst nach § 28 Abs. 1 BDSG zulässige) Datenverarbeitung unzulässig. Nachdem die Grundlagen für die Bewertung nach § 35 Abs. 5 BDSG und § 28 Abs. 1 S. 2 Nr. 2 BDSG an sich gleich sind, handelt es sich hier im Ergebnis um eine Art Nachprüfungsrecht im Hinblick auf die persönlichen Umstände des Betroffenen.

VII. Informationspflicht bei unrechtmäßiger Datenerlangung

100 Letztlich einer Idee aus den USA (»Data Breach notification«) folgend, wurde durch die Novelle 2009 mit § 42a BDSG erstmals eine gesetzliche Informationspflicht bei unrechtmäßiger Kenntniserlangung von personenbezogenen Daten eingeführt. Der deutsche Gesetzgeber ist damit einer Änderung der Richtlinie 2002/58/EG über die Verarbeitung personenbezogener Daten und den Schutz der Privatsphäre in der elektronischen Kommunikation zuvorgekommen,[98] die nun inhaltlich eine weitgehend deckungsgleiche Regelung vorsieht, jedoch beschränkt auf Diensteanbieter. Intention der Regelung ist zu einen, es dem Betroffenen zu ermöglichen, Gefährdungslagen zu vermeiden (Stichwort »Identity Theft«) und evtl. Folgeschäden wie etwa den Missbrauch von Zahlungsdaten abzuwenden, zum anderen sollen aber auch Unternehmen durch die mit einer Benachrichtigung verbundenen Unannehmlichkeiten zu einer Verbesserung der Sicherheitsmaßnahmen im Umgang mit personenbezogenen Daten angeleitet werden.

1. Anwendungsbereich und Voraussetzungen

101 Die Regelung im BDSG ist nicht auf einen bestimmten Sektor beschränkt, sondern betrifft sämtliche sowohl nicht-öffentliche Stellen sowie öffentlich-rechtliche Wettbewerbsunternehmen des Bundes und der Länder im Sinne von § 27 Abs. 1 BDSG. Für Diensteanbieter verweisen die neu eingeführten § 93 Abs. 3 TKG sowie § 15a TMG jeweils wiederum auf § 42a BDSG.

102 Inhaltlich ist die Regelung beschränkt auf einen abschließenden Katalog von Daten, die der Gesetzgeber als besonders sensibel eingestuft hat:

---

[98] Richtlinie 2009/136/EG des Europäischen Parlaments und des Rates v. 25.11.2009 zur Änderung der Richtlinie 2002/22/EG über den Universaldienst und Nutzerrechte bei elektronischen Kommunikationsnetzen und -diensten, der Richtlinie 2002/58/EG über die Verarbeitung personenbezogener Daten und den Schutz der Privatsphäre in der elektronischen Kommunikation und der Verordnung (EG) Nr. 2006/2004 über die Zusammenarbeit im Verbraucherschutz, ABl Nr. L 337 v. 18.12.2009, S. 11.

VII. Informationspflicht bei unrechtmäßiger Datenerlangung

- besondere Arten personenbezogener Daten (siehe § 3 Abs. 9 BDSG),
- personenbezogene Daten, die einem Berufsgeheimnis unterliegen (also etwa Patientenakten bei einem Arzt oder Mandantendaten bei einem Rechtsanwalt),
- personenbezogene Daten, die sich auf strafbare Handlungen oder Ordnungswidrigkeiten oder den Verdacht strafbarer Handlungen oder Ordnungswidrigkeiten beziehen, oder
- personenbezogene Daten zu Bank- oder Kreditkartenkonten.

Bei Diensteanbietern nach dem TKG und TMG sind zudem pauschal alle gespeicherten Bestands- oder Nutzungsdaten relevant, vgl. § 93 Abs. 3 TKG und § 15a TMG.

Die Vorschrift knüpft die Informationspflicht zu einen daran, dass die verantwortliche Stelle feststellt, dass relevante personenbezogene Daten unrechtmäßig übermittelt (also etwa von der verantwortlichen Stelle irrtümlich an einen falschen Empfänger versandt wurden) oder auf sonstige Weise Dritten unrechtmäßig zur Kenntnis gelangt sind (also insbesondere weil sich Dritte Zugang zu den Daten verschafft haben). Für das Feststellen genügt es, wenn die verantwortliche Stelle aufgrund konkreter Anhaltspunkte mit einer gewissen Wahrscheinlichkeit davon ausgehen kann, dass es zu einer unrechtmäßigen Kenntniserlangung gekommen ist.[99] Es ist also nicht erforderlich, dass positiv feststeht, dass die Daten übermittelt wurden oder gar, dass sie vom Dritten auch tatsächlich genutzt wurden. 103

Weitere Voraussetzung für das Entstehen einer Benachrichtigungspflicht ist es, dass den Betroffenen durch die Kenntnisnahme eines Dritten schwerwiegende Beeinträchtigungen für deren Rechte oder schutzwürdigen Interessen drohen. Diese Beeinträchtigungen können dabei materieller Art (etwa weil mit den Daten Zugriff auf das Bankkonto genommen werden kann) oder immaterieller Art sein. Eine immaterielle Beeinträchtigung wird regelmäßig zumindest dann vorliegen, wenn die Persönlichkeitsrechtsverletzung gleichzeitig auch einen immateriellen Schadensersatzanspruch begründen wird.[100] 104

2. Benachrichtigung von Behörde und Betroffenen

Grundsätzlich hat die Mitteilung gegenüber der zuständigen Aufsichtsbehörde und den jeweiligen Betroffenen zu erfolgen. Hinsichtlich Zeitpunkt und Inhalt unterscheidet das Gesetz jedoch. 105

a) Information der Behörde

Die Information der Behörde hat in jedem Fall unverzüglich zu erfolgen. Inhaltlich hat sie nach § 42a Satz 4 BDSG folgende Informationen zu enthalten: 106
- Darlegung der Art der unrechtmäßigen Kenntniserlangung,
- Empfehlung für Maßnahmen zur Minderung möglicher nachteiliger Folgen,
- Darlegung möglicher nachteiliger Folgen der unrechtmäßigen Kenntniserlangung und der von der Stelle daraufhin ergriffener Maßnahmen.

Die Aufsichtsbehörde soll durch diesen Informationen vor allem in die Lage versetzt werden, die erforderliche Verbesserung der Datensicherheitsmaßnahmen auch nachvollziehen – und ggf. kontrollieren zu können.

---

99 Vgl. etwa FAQ zur Informationspflicht bei unrechtmäßiger Kenntniserlangung von Daten nach § 42a BDSG vom Berliner Beauftragten für Datenschutz und Informationsfreiheit v. 21.12.2010, http://www.datenschutz-berlin.de.
100 *Gola/Schomerus* § 42a Rn. 4.

b) Information der Betroffenen

107 Die Information der Betroffenen muss zwar ebenfalls grundsätzlich unverzüglich erfolgen, allerdings hat die verantwortliche Stelle zunächst sicherzustellen, dass angemessene Maßnahmen zur Sicherung der Daten ergriffen wurden und ggf. eine Strafverfolgung nicht mehr gefährdet ist. In der Praxis bedeutet dies, dass immer zunächst die Behörde und dann erst in einem zweiten Schritt die Betroffenen zu unterrichten sind.

Inhaltlich hat die Benachrichtigung der Betroffenen lediglich die Art der unrechtmäßigen Kenntniserlangung sowie die Empfehlungen zu Maßnahmen zur Minderung möglicher nachteiliger Folgen zu enthalten.

Zur Form der Benachrichtigung macht das Gesetz zunächst keine Vorgaben. Sie wird sich an der bisherigen Beziehung zwischen verantwortlicher Stelle und dem Betroffenen orientieren müssen. Grundsätzlich kann sie aber auch per E-Mail oder in begründeten Fällen auch telefonisch erfolgen.[101] Soweit die Benachrichtigung der Betroffenen einen unverhältnismäßigen Aufwand erfordern würde, insbesondere aufgrund der Vielzahl der betroffenen Fälle, gibt Satz 5 der verantwortlichen Stelle auch die Möglichkeit, alternativ auch durch Anzeigen oder durch eine andere, in ihrer Wirksamkeit hinsichtlich der Information der Betroffenen gleich geeignete Maßnahme zu informieren. Zeitungsanzeigen müssen dann mindestens eine halbe Seite umfassen und in mindestens zwei bundesweiten erscheinenden Tageszeitungen geschaltet werden.

3. Folgen und Sanktionen

108 Ein Verstoß gegen die Unterrichtungspflicht stellt nach § 43 Abs. 2 Nr. 7 BDSG eine Ordnungswidrigkeit dar und ist mit bis € 300.000 Bußgeld bewehrt.

Erfolgt eine Benachrichtigung gem. § 42a BDSG, so sieht Abs. 6 vor, dass diese in einem Straf- oder Ordnungswidrigkeitenverfahren nicht gegen den Benachrichtigungspflichtigen verwertet werden darf. Die Benachrichtigung kommt daher keiner Selbstanzeige gleich. Auch wenn die Angaben einem Verwertungsverbot unterliegen, darf der Sachverhalt von den Ermittlungsbehörden daneben eigenständig ermittelt werden.

VIII. Der Datenschutzbeauftragte

1. Prinzip der Selbstkontrolle

109 Die EG-Datenschutzrichtlinie sieht als Grundmodell die Kontrolle der Einhaltung des Datenschutzes durch eine externe Stelle vor, der die Verarbeitung von personenbezogenen Daten anzuzeigen ist bzw. die Verarbeitung zu genehmigen hat. Dementsprechend haben auch die meisten Mitgliedstaaten die Pflicht zur Vorlage bzw. Genehmigung von Prozessen zur Verarbeitung von personenbezogenen Daten in ihrem nationalen Recht umgesetzt. Art und Weise einer solchen Anzeige bzw. Genehmigung unterscheidet sich dabei ebenso von Land zu Land wie die Frage, ob die Behörde die eingereichten Anträge überhaupt prüft und die Datenverarbeitung genehmigt oder ob lediglich eine Meldepflicht besteht, die Prüfung der Rechtmäßigkeit aber der jeweiligen Stelle selbst obliegt.

Der deutsche Gesetzgeber hat sich dagegen für eine Mischung aus behördlicher Fremdkontrolle und Selbstkontrolle entschieden und bei der Entstehung der EG-Datenschutzrichtlinie auf europäischer Ebene darauf gedrängt, diese Möglichkeit vorzusehen. Art. 18 Abs. 2 EG-Datenschutzrichtlinie ermöglicht es den Mitgliedstaaten, unter anderem bei der Bestellung eines Datenschutzbeauftragten eine Vereinfachung oder Ausnahmen von der Melde-

---
101 Däubler/Klebe/Wedde/*Weichert* § 42a Rn. 11.

pflicht vorzusehen. Deutschland hat davon Gebrauch gemacht und so sieht § 4f BDSG die Bestellung eines betrieblichen bzw. behördlichen Datenschutzbeauftragten vor, der auf die Einhaltung des Datenschutzes hinwirkt.

2. Voraussetzungen für die Bestellung eines Datenschutzbeauftragten

Unter welchen Voraussetzungen ein behördlicher oder betrieblicher Datenschutzbeauftragter zu bestellen ist, regelt § 4f Abs. 1 BDSG. Auch wenn im Einzelfall keine Pflicht zur Bestellung eines Datenschutzbeauftragten bestehen sollte, ist die Stelle dennoch zur Einhaltung sämtlicher Datenschutzvorschriften verpflichtet. Bei einer nicht-öffentlichen Stellen hat die Aufgaben des Datenschutzbeauftragten gem. § 4g Abs. 1 und 2 dann der Leiter der Stelle zu übernehmen, bei einer GmbH also der Geschäftsführer. 110

a) Sachliche Voraussetzungen

ffentliche Stellen trifft die Pflicht unabhängig von weiteren Umständen, wenn sie personenbezogene Daten automatisiert erheben, verarbeiten oder nutzen. Soweit eine andere, nicht automatisierte Verarbeitung stattfindet, müssen in der Regel mindestens zwanzig Personen mit der Datenverarbeitung befasst sein. 111

Ohne Rücksicht auf weitere Umstände sind auch nicht-öffentliche Stellen nach § 4f Abs. 1 S. 6 BDSG jedenfalls dann zur Bestellung verpflichtet, wenn sie Daten automatisiert verarbeiten, die einer Vorabkontrolle (§ 4d Abs. 5 BDSG) unterliegen, oder wenn sie personenbezogene Daten geschäftsmäßig zum Zweck der Übermittlung oder der anonymisierten Übermittlung automatisiert verarbeiten. Hintergrund für die unbedingte Pflicht ist, dass beide Fälle besonderes Gefährdungspotenzial mit sich bringen.

In allen übrigen Fällen kommt es für nicht-öffentliche Stellen auf die Anzahl der mit der Datenverarbeitung Beschäftigten an. Die Bestellung eines Datenschutzbeauftragten ist nur erforderlich, sofern die Stelle in der Regel zehn oder mehr Personen ständig mit der automatisierten Verarbeitung beschäftigt (vgl. § 4f Abs. 1 Satz 4 BDSG). Im Fall einer nicht automatisierten Erhebung, Verarbeitung oder Nutzung bleibt es auch für nicht-öffentliche Stellen bei der Grenze von 20 Personen, die in der Regel bei der Stelle mit der Erhebung oder Verarbeitung von Daten beschäftigt sein müssen.

Für die Anzahl der beschäftigten Personen sind auch Teilzeitkräfte (anteilig), Auszubildende, freie Mitarbeiter und Leihpersonal zu berücksichtigen, der Begriff »Arbeitnehmer« ist hier also weit zu verstehen. Es genügt auch, wenn die Verarbeitungsaufgaben nur gelegentlich anfallen, die Beschäftigten aber entsprechend ihrer Arbeitsplatzbeschreibung oder einem Organisationsplan grundsätzlich damit betraut sind.[102] Bei der Berechnung kommt es auf die Anzahl von Mitarbeitern an, die »in der Regel« beschäftigt sind, sodass vorübergehende Schwankungen unschädlich sind. Die Anzahl der mit der Verarbeitung beschäftigten Personen darf lediglich nicht über einen längeren Zeitraum über der Grenze liegen.[103] 112

Theoretisch ist auch die freiwillige Bestellung eines Datenschutzbeauftragten möglich, wenn die Voraussetzungen nach § 4f Abs. 1 BDSG nicht vorliegen. Dessen Befugnisse beruhen dann aber ausschließlich auf den getroffenen Abreden.[104] 113

b) Formale Voraussetzungen

Die Bestellung hat stets schriftlich zu erfolgen, § 4f Abs. 1 S. 1 BDSG, andernfalls ist die Bestellung nichtig. 114

---

[102] *Däubler*/Klebe/Wedde/Weichert § 4f Rn. 14; Simitis/*Simitis* § 4f Rn. 19.
[103] Simitis/*Simitis* § 4f Rn. 19.
[104] *Däubler*/Klebe/Wedde/Weichert § 4f Rn. 20.

Nicht-öffentliche Stellen sind nach § 4f Abs. 1 S. 2 BDSG verpflichtet, den Datenschutzbeauftragten binnen eines Monats nach Aufnahme ihrer Tätigkeit zu bestellen. Die Pflicht ist nach § 43 Abs. 1 Nr. 2 BDSG bußgeldbewehrt.

c) Persönliche Voraussetzungen

115 Zum Datenschutzbeauftragten darf nur bestellt werden, wer die zur Erfüllung seiner Aufgaben erforderliche Fachkunde und Zuverlässigkeit besitzt, § 4f Abs. 2 BDSG. Im Hinblick auf die verlangte **Fachkunde** ist eine spezielle Ausbildung zwar nicht verlangt, dennoch sind zumindest Grundkenntnisse sowohl in datenschutzrechtlicher wie auch in technischer Hinsicht erforderlich.[105] Dem Prinzip der Verhältnismäßigkeit folgend, ist nach § 4f Abs. 2 S. 2 BDSG das Maß der erforderlichen Fachkunde abhängig vom Umfang der Datenverarbeitung und vom Schutzbedarf der Daten, die konkret von der verantwortlichen Stelle verarbeitet werden. Danach sind an den Datenschutzbeauftragten eines Handwerksbetriebs regelmäßig andere Anforderungen zu stellen, als an den einer Versicherung oder Auskunftei.

An der **Zuverlässigkeit** einer Person fehlt es etwa, wenn die betreffende Person in der Vergangenheit ihre Verschwiegenheitspflichten verletzt hat oder wegen unsorgfältiger Arbeitsweise bereits abgemahnt wurde.[106]

116 An der **Zuverlässigkeit** fehlt es auch, wenn die Ernennung zum Datenschutzbeauftragten eine Interessenkollision mit sich bringen würde. Aus diesem Grund ist ein bestimmter Personenkreis von vornherein von der Ernennung ausgeschlossen. Dazu zählen nach herrschender Meinung die Mitglieder der Geschäftsleitung, aber regelmäßig auch der Leiter der EDV-Abteilung.[107] Dahinter steht die Erwägung, dass die ursprüngliche Tätigkeit der angesprochenen Personenkreise naturgemäß einen erhöhten Informationsbedarf mit sich bringt. Dieser stünde jedoch im Widerspruch zur Eigenschaft als Datenschutzbeauftragter, dem es gerade aufgetragen ist, bestimmte Informationen zu schützen. Wegen einer möglichen Interessenkollision wird teilweise auch ein sog. Konzerndatenschutzbeauftragter als kritisch angesehen, der gleichzeitig für die Konzernmutter wie für einzelne Tochterunternehmen als Datenschutzbeauftragter fungiert.[108]

117 Der Beauftragte für den Datenschutz muss nicht der verantwortlichen Stelle angehören, sodass auch externe Personen bestellt werden können, § 4f Abs. 2 S. 3 BDSG. Letztlich ist auch der eben erwähnte Konzerndatenschutzbeauftragte für die Tochterunternehmen ein externer Datenschutzbeauftragter.

118 Der Umfang der Tätigkeit des internen oder externen Datenschutzbeauftragten ist ebenfalls von den konkreten Umständen bei der verantwortlichen Stelle abhängig. Während bei einem großen Versicherungsunternehmen sicherlich eine Vollzeitstelle und ggf. weitere Mitarbeiter erforderlich sind, um das Amt wahrzunehmen, handelt es sich bei einem kleinen Unternehmen regelmäßig um eine Aufgabe, die einen Mitarbeiter nur wenige Stunden oder Tage pro Monat in Anspruch nehmen wird.

3. Stellung des betrieblichen Datenschutzbeauftragten

119 Der Datenschutzbeauftragte ist unmittelbar dem Leiter der verantwortlichen Stelle zu unterstellen, § 4f Abs. 3 S. 1 BDSG. Er ist also berechtigt, in seiner Funktion als Datenschutzbeauftragter direkt an die Geschäftsleitung zu berichten. Damit bringt das Gesetz die Son-

---

105 Vgl. *Däubler*/Klebe/Wedde/Weichert § 4f Rn. 28 m. w. N.
106 *Däubler*/Klebe/Wedde/Weichert § 4f Rn. 29.
107 *Gola*/Klug S. 113; *Gola*/Schomerus § 4f Rn. 24; *Däubler*/Klebe/Wedde/Weichert § 4f Rn. 31.
108 Vgl. *Gola*/Schomerus § 4f Rn. 24 m. w. N.

derstellung des Datenschutzbeauftragten als interne Kontrollstelle zum Ausdruck und trägt dem Umstand Rechnung, dass der Datenschutz originäre Aufgabe der Leitung der verantwortlichen Stelle ist.[109] Die Stellung des Datenschutzbeauftragten innerhalb des Unternehmens oder der Dienststelle bezüglich der übrigen Aufgaben, die nicht mit dem Amt des Beauftragten verbunden sind, bleibt hiervon unberührt.

Der notwendigen Unabhängigkeit zur Erfüllung seiner Aufgaben trägt § 4f Abs. 3 S. 2, 3 und 4 BDSG Rechnung. Der Beauftragte ist danach frei von Weisungen, was die Ausübung seiner Fachkunde auf dem Gebiet des Datenschutzes angeht. Die Weisungsfreiheit erstreckt sich in den Grenzen der Fachkunde hinsichtlich des Datenschutzrechts auch auf evtl. Mitarbeiter des Datenschutzbeauftragten – Entscheidungsbefugnisse im arbeitsrechtlichen Sinne werden damit jedoch nicht übertragen.[110] Der Datenschutzbeauftragte darf ferner nicht wegen der Erfüllung seiner Aufgaben benachteiligt werden. Das beinhaltet auch, dass ihm etwa ein betriebsüblicher Aufstieg, Prämien und sonstige Vergünstigungen ebenso zu gewähren sind wie anderen nach Qualifikation und Verantwortung gleichrangigen Mitarbeitern des Unternehmens. Eine Abberufung eines »unliebsamen« Datenschutzbeauftragten gegen seinen Willen wird dadurch erschwert, dass dies nur in entsprechender Anwendung von § 626 BGB möglich ist, siehe hierzu sogleich.[111] **120**

Nach § 4f Abs. 5 BDSG obliegt es den verantwortlichen Stellen, dem Datenschutzbeauftragten Hilfspersonal sowie Räume, Einrichtungen, Geräte und Mittel zur Verfügung zu stellen, soweit dies zur Erfüllung seiner Aufgaben erforderlich ist. Konkret zählen dazu etwa die Bereitstellung entsprechender Fachliteratur oder die Schaffung funktionsgerechter Arbeitsbedingungen, wie die frühzeitige Unterrichtung über für seine Tätigkeit relevante Änderungen im Betrieb.[112]

4. Aufgaben und Pflichten des betrieblichen Datenschutzbeauftragten

Aufgabe des Datenschutzbeauftragten ist es, auf die Einhaltung des BDSG und anderer Datenschutzvorschriften hinzuwirken, § 4g Abs. 1 S. 1 BDSG. Das Gesetz zählt zudem einige Aufgaben gesondert auf. **121**

a) Überwachung der ordnungsgemäßen Anwendung von Datenverarbeitungsprogrammen

Aufgabe des Beauftragten ist es insbesondere, die ordnungsgemäße Anwendung der Datenverarbeitungsprogramme (also etwa die Verarbeitung von Mitarbeiterdaten in der Personalabteilung, Zeiterfassung, Videoüberwachung, E-Mail und andere betriebliche Kommunikationsmittel) zu überwachen, § 4g Abs. 1 S. 3 Nr. 1 BDSG. Hierzu sollte der Beauftragte regelmäßige Kontrollen durchführen. Die Aufgabe erfordert auch die Einbindung in die Auswahl, ggf. Entwicklung und den Betrieb von Datenverarbeitungssystemen sowie in organisatorische Änderungen oder die Umsetzung gesetzlicher und unternehmensinterner Anforderungen. **122**

b) Information und Schulung der Mitarbeiter

Der Beauftragte hat die bei der Stelle tätigen Personen durch geeignete Maßnahmen mit den datenschutzrechtlichen Vorschriften und den zur Gewährleistung von Datenschutz und Datensicherheit erforderlichen Maßnahmen vertraut zu machen, § 4g Abs. 1 S. 3 Nr. 2 BDSG. Dazu können Schulungsveranstaltungen durchgeführt werden, es kommen **123**

---

109 *Gola/Schomerus* § 4f Rn. 47.
110 *Gola/Schomerus* § 4f Rn. 48.
111 S. Rdn. 128.
112 *Däubler*/Klebe/Wedde/Weichert § 4f Rn. 58 f.

aber auch Informationsschreiben oder ein Informationsangebot im Intranet des Unternehmens in Betracht.

c) Erstellung eines Verfahrensverzeichnisses

124 Mit der Bestellung eines Datenschutzbeauftragten entfällt die Pflicht zur Meldung von Verfahren automatisierter Datenverarbeitung nach § 4d BDSG. Stattdessen ist es die Aufgabe des Datenschutzbeauftragten, die gleichen, in § 4e BDSG aufgeführten Information (mit Ausnahme der Beschreibung der Sicherheitsmaßnahmen nach § 4e Nr. 9) zusammenzustellen und auf Antrag jedermann in geeigneter Weise zur Verfügung zu stellen (sog. Verfahrensverzeichnis), § 4g Abs. 2 S. 2 BDSG. Dieses Verfahrensverzeichnis muss folgende Angaben enthalten:
- Name oder Firma der verantwortlichen Stelle,
- Inhaber, Vorstände, Geschäftsführer oder sonstige gesetzliche oder nach der Verfassung des Unternehmens berufene Leiter und die mit der Leitung der Datenverarbeitung beauftragten Personen,
- Anschrift der verantwortlichen Stelle,
- Zweckbestimmungen der Datenerhebung, -verarbeitung oder -nutzung,
- eine Beschreibung der betroffenen Personengruppen und der diesbezüglichen Daten oder Datenkategorien,
- Empfänger oder Kategorien von Empfängern, denen die Daten mitgeteilt werden können,
- Regelfristen für die Löschung der Daten,
- eine geplante Datenübermittlung in Drittstaaten.

Zur Erfüllung seiner Aufgaben ist dem Datenschutzbeauftragten gem. § 4g Abs. 2 S. 1 BDSG von der verantwortlichen Stelle eine Übersicht über diese Angaben sowie die zugriffsberechtigten Personen zur Verfügung zu stellen.

d) Durchführung der Vorabkontrolle

125 Nach § 4 Abs. 6 BDSG ist der Datenschutzbeauftragte auch für die Durchführung von Vorabkontrollen zuständig. Gegenstand der Vorabkontrolle ist die Vorabüberprüfung der materiellen Rechtmäßigkeit einer Datenverarbeitung, die als besonders sensibel und risikobehaftet anzusehen ist. Nach § 4d Abs. 5 BDSG fallen darunter insbesondere die Verarbeitung besonderer Arten von personenbezogenen Daten und solche Verarbeitungsvorgänge, bei denen die Persönlichkeit des Betroffenen (einschließlich seiner Fähigkeiten, seiner Leistung und seines Verhaltens) beurteilt werden soll. Dass die Vorabkontrolle die Ausnahme ist, ergibt sich daraus, dass die Vorabprüfungspflicht entfällt, wenn eine entsprechende Einwilligung des Betroffenen vorliegt oder die Verarbeitung vom Zweck eines Vertrags oder vertragsähnlichen Vertrauensverhältnisses gedeckt ist.

e) Verschwiegenheitspflicht

126 Gemäß § 4f Abs. 4 BDSG ist der Datenschutzbeauftragte zur Verschwiegenheit über die Identität des Betroffenen sowie über die Umstände, die Rückschlüsse auf den Betroffenen zulassen, verpflichtet. Allerdings kommt eine Befreiung von dieser Verschwiegenheitspflicht durch den Betroffenen in Betracht. Indem dieser Befreiung faktisch eine ähnliche Wirkung wie einer Einwilligung in eine vom Gesetz nicht vorgesehenen Datenverarbeitung zukommt, sind hieran auch ähnliche Anforderungen zu stellen.[113] Umstritten ist, ob auch eine konkludent erklärte Einwilligung hierfür ausreicht.[114]

---

[113] *Däubler*/Klebe/Wedde/Weichert § 4f Rn. 53; Simitis/*Simitis* § 4f Rn. 171 m. w. N.
[114] In diesem Sinne *Däubler*/Klebe/Wedde/Weichert § 4f Rn. 53; a. A. Simitis/*Simitis* § 4f Rn. 171.

5. Beendigung der Tätigkeit

Dem (internen oder externen) Datenschutzbeauftragten steht es jederzeit offen, sein **Amt niederzulegen**.[115] Unberührt davon bleiben jedoch vertragsrechtliche Konsequenzen aus dem Arbeitsvertrag oder – im Fall eines externen Beauftragten – Dienstvertrag, etwa wenn er sich verpflichtet hat, die Tätigkeit länger auszuüben. Daneben kommt ein **Wegfall der gesetzlichen Voraussetzungen** in Betracht (etwa das dauerhafte Absinken der Anzahl der mit der Datenverarbeitung beschäftigten Personen), sodass das Amt des Datenschutzbeauftragten seine Grundlage verliert. Um Rechtsunsicherheiten zu vermeiden, ist hierbei jedoch ein Widerruf der Bestellung zu verlangen.[116] Des Weiteren kann die Aufsichtsbehörde nach § 38 Abs. 5 S. 3 BDSG die Abberufung des Beauftragten verlangen, wenn die für die Erfüllung seiner Aufgaben erforderliche Fachkunde oder Zuverlässigkeit nicht gewährleistet ist.

127

Die verantwortliche Stelle kann den von ihr bestellten Datenschutzbeauftragten dagegen nur aus wichtigem Grund in entsprechender Anwendung von § 626 BGB **abberufen**, § 4f Abs. 3 S. 2 BDSG. Erforderlich ist also eine »Unzumutbarkeit« im Hinblick auf die Fortsetzung der weiteren Tätigkeit, was nur bei gravierenden Pflichtverletzungen der Fall sein wird. Aufgrund des Verweises auf § 626 BGB ist die dort bestimmte Frist von zwei Wochen einzuhalten.

128

Von der Frage der Beendigung des Amts als Datenschutzbeauftragten ist der Bestand des Arbeitsverhältnisses zu unterscheiden. Ob die Regelung des § 4f Abs. 3 Satz 2 BDSG auch im Hinblick auf das Arbeitsverhältnis des Datenschutzbeauftragten einen Kündigungsschutz entfaltet, war streitig. Im Rahmen der Novelle 2009 hat der Gesetzgeber daher im neuen Satz 3 einen Sonderkündigungsschutz statuiert, der gem. Satz 4 auch nach Abberufung als Datenschutzbeauftragter noch ein weiteres Jahr Geltung beansprucht.

129

Die Möglichkeit einer **befristeten Aufgabenübertragung** ist durch den Gesetzeswortlaut weder vorgesehen noch verboten. Allgemein anerkannt ist jedenfalls die generelle Möglichkeit einer Befristung. Damit steht es der verantwortlichen Stelle trotz dem Benachteiligungsverbot (§ 4f Abs. 3 S. 3 BDSG) und dem eng gefassten Widerrufsrecht (§ 4f Abs. 3 S. 4 BDSG) grundsätzlich offen, sich so von einem ihr unangenehmen Beauftragten zu trennen. Fest steht aber auch, dass auf diesem Wege keine Beendigung der Tätigkeit des Datenschutzbeauftragten vorbei an den gesetzlichen Vorschriften erfolgen darf. Daher wird zum Teil verlangt, dass für die Befristung bereits ein wichtiger Grund vorliegen muss, um einen Gleichlauf mit der Abberufungsmöglichkeit nach § 4f Abs. 3 S. 4 BDSG zu erreichen.[117] Um die gesetzlichen Anforderungen nicht auszuhebeln, wird verlangt, dass die Befristung jeweils keinen kürzeren Zeitraum als zwei[118] bzw. fünf Jahre[119] umfassen darf. Unzulässig dürfte die Vereinbarung einer Probezeit sein, da Fachkunde und Zuverlässigkeit bereits zum Zeitpunkt der Bestellung vorliegen müssen.[120]

130

Die **Umstrukturierung** eines Unternehmens hat auf die Tätigkeit des Datenschutzbeauftragten grundsätzlich keine Auswirkung. Eine Änderung ergibt sich bei der Veräußerung des Betriebs an ein anderes Unternehmen – in diesem Fall geht die Zuständigkeit auf den Beauftragten des erwebenden Unternehmens über.[121]

131

---

115 Simitis/*Simitis* § 4f Rn. 179.
116 *Däubler*/Klebe/Wedde/Weichert § 4f Rn. 64.
117 *Gola*/*Schomerus* § 4f Rn. 32.
118 Simitis/*Simitis* § 4f Rn. 62.
119 *Gola*/*Schomerus* § 4f Rn. 32; *Däubler*/Klebe/Wedde/Weichert § 4f Rn. 75.
120 Stellvertretend für alle *Däubler*/Klebe/Wedde/Weichert § 4f Rn. 75.
121 Vgl. zu weiteren Fallgestaltungen *Däubler*/Klebe/Wedde/Weichert § 4f Rn. 77.

IX. Aufsichtsbehörden und Sanktionen

1. Sanktionen

a) Bußgeldvorschriften

132 Die §§ 43 und 44 BDSG sehen bei Verstößen gegen datenschutzrechtliche Vorschriften die Verhängung von Sanktionen vor. Es handelt sich dabei zum einen um die in § 43 Abs. 1 und Abs. 2 BDGS geregelten Ordnungswidrigkeitstatbestände, die nach § 43 Abs. 3 BDSG mit der Verhängung einer Geldbuße in Höhe von 50.000,- € bzw. 300.000,- € geahndet werden können.

- Die vorsätzliche oder fahrlässige Verletzung einer der in § 43 Abs. 1 Nr. 1 bis 11 BDSG geregelten Verfahrensvorschriften (z. B. Nichtbestellung eines Datenschutzbeauftragten) stellt dabei eine Ordnungswidrigkeit dar, die mit einer Geldbuße bis zu 30.000,- € (§ 43 Abs. 3 Satz 1 1. Hs. BDSG) geahndet werden kann.
- Die vorsätzliche oder fahrlässige Verletzung einer in § 43 Abs. 2 Nr. 1 bis 7 BDSG genannten materiellen Schutznorm kann mit einer Geldbuße bis zu 300.000,- € geahndet werden (§ 43 Abs. 3 Satz 1 2. Hs. BDSG).

Zu beachten ist, dass diese Beträge nicht die absolute Obergrenze darstellen, wenn gegen Datenschutzvorschriften verstoßen wird. Zum einen sieht der im Jahr 2009 neu eingefügte § 43 Abs. 3 Satz 2 BDSG nun vor, dass die Geldbuße den wirtschaftlichen Vorteil, den der Täter aus der Ordnungswidrigkeit gezogen hat, übersteigen soll und hierfür die Beträge auch überschritten werden können. Zum anderen liegen oft mehrere gleichförmige Verstöße vor (z. B. unzulässige Videoüberwachung von Mitarbeitern in mehreren Filialen), die auch jeweils als Einzelverstoß geahndet werden können, was zu einer Multiplikation von Geldbußen führen kann.

Täter und damit Normadressat ist grundsätzlich jeder, der die tatsächliche Verantwortung und Entscheidungsbefugnis im Hinblick auf den gesetzlich geregelten Sachverhalt innehat. Bei Unternehmen wird dies in der Regel der Inhaber bzw. Unternehmensleiter sein; zum möglichen Täterkreis zählen aber auch Mitarbeiter, die mit den jeweiligen Aufgaben betraut sind.[122] Bei öffentlichen Stellen ist der jeweilige Entscheidungsträger verantwortlich.

b) Strafvorschriften

133 Gemäß § 44 Abs. 1 BDSG wird die vorsätzliche Begehung einer Handlung nach § 43 Abs. 2 BDSG entweder gegen Entgelt oder mit Bereicherungsabsicht oder in Schädigungsabsicht mit Freiheitsstrafe bis zu zwei Jahren oder Geldstrafe belegt.

Bei § 44 BDSG ist ebenso wie bei Verstößen gegen die in § 43 Abs. 2 geregelten Ordnungswidrigkeiten jeder potenzieller Täter, der die aufgeführten Tathandlungen verwirklicht. Bei beiden Vorschriften ist zudem unerheblich, ob die betroffenen personenbezogenen Daten von materiellen Vorschriften des BDSG oder einer bereichsspezifischen Norm geschützt werden.

Gemäß § 44 Abs. 2 BDSG handelt es sich bei § 44 Abs. 1 BDSG um ein Antragsdelikt. Antragsberechtigt ist dabei nur der Betroffene, die verantwortliche Stelle, der BfDI oder die zuständige Aufsichtsbehörde.

Datenschutzverstöße können zugleich auch Strafvorschriften außerhalb des BDSG verletzen. Insbesondere die Verletzung des Briefgeheimnisses (§ 202 StGB) und des Berufsgeheimnisses (§ 203 StGB), aber auch sämtliche Tatbestände im Zusammenhang mit Datenverarbeitung und Computerdelikten kommen dabei in Betracht.

---

122 *Schaffland/Wiltfang* § 43 Rn. 4; *Gola/Schomerus* § 43 Rn. 3.

IX. Aufsichtsbehörden und Sanktionen

2. Aufsicht

a) Öffentliche Stellen

Die Kontrolle über die Behörden des Bundes obliegt dem **Bundesbeauftragten** für den Datenschutz und die Informationsfreiheit (BfDI). Der Bundesbeauftragte steht einer eigenen Behörde vor und wird vom Bundestag jeweils für eine Amtszeit von fünf Jahren gewählt. Seine Rechtsstellung, Aufgaben und Befugnisse sind in §§ 22 bis 26 BDSG geregelt. Gegenüber den Behörden hat er Auskunfts- und Kontrollrechte, ist jedoch nicht weisungsbefugt. Nach § 25 BDSG kann er Datenschutzverstöße der öffentlichen Hand förmlich beanstanden. 134

Der BfDI legt dem Bundestag alle zwei Jahre einen Tätigkeitsbericht vor (§ 26 Abs. 1 BDSG), in dem er über die im Berichtszeitraum angefallenen Prüfungsergebnisse und Anfragen Bericht erstattet.[123] Regelmäßig wird darin auch zu grundlegenderen Fragen des Datenschutzes und dessen aktuellen Entwicklungen Stellung genommen.

Die **Länder** haben auf der Grundlage ihrer jeweiligen Landesdatenschutzgesetze in gleicher Weise die Datenschutzaufsicht über ihre Verwaltung organisiert und Landesdatenschutzbeauftragte eingerichtet. Auch diese legen regelmäßig Tätigkeitsberichte vor. 135

b) Nicht-öffentliche Stellen

aa) Zuständige Aufsichtsbehörden

Die Länder sind grundsätzlich auch für die Kontrolle und Überwachung des Datenschutzes bei nicht-öffentlichen Stellen zuständig, weil der Bund diese Aufgabe in § 38 Abs. 6 BDSG den Ländern übertragen hat. Die entsprechenden Aufsichtsbehörden für den nicht-öffentlichen Bereich sind damit **Landesbehörden**. Die einzelnen Länder haben diese Aufsicht in unterschiedlicher Weise umgesetzt. Teilweise ist die Aufgabe dem jeweiligen Innenministerium zugewiesen, teilweise den Regierungsbezirken. In einigen Bundesländern ist die Aufsicht über den öffentlichen und privaten Bereich auch zusammengefasst und wird vom Landesdatenschutzbeauftragten wahrgenommen. 136

Die Organisation der Datenschutzaufsicht in Deutschland ist im europäischen Vergleich ungewöhnlich. In anderen Mitgliedstaaten besteht in der Regel nur eine zentrale und unabhängige Aufsichtsbehörde. Zwar lässt die Richtlinie auch die Verteilung auf mehrere Kontrollstellen ausdrücklich zu, sie strebt dennoch eine weitgehende Konzentration der Aufsicht an.[124] Zudem wird in Art. 28 Abs. 1 S. 2 EG-Datenschutzrichtlinie eine Wahrnehmung der Aufgaben »in völliger Unabhängigkeit« gefordert, was insbesondere bei Zuordnung zu den Innenressorts mit den entsprechenden Weisungsbefugnissen problematisch ist. Die Kommission hat dies bereits mehrfach kritisiert und eine Änderung verlangt. Nachdem eine Änderung nicht erfolgt ist, hat sie im Juli 2007 vor dem EuGH eine Klage gegen die Bundesrepublik Deutschland eingereicht. Der EuGH hat die Umsetzung als fehlerhaft angesehen und im März 2010 entsprechend entschieden.[125] In einigen Bundesländern wird daher mit einer Umstrukturierung der Datenschutzaufsicht zu rechnen sein. 137

Soweit die jeweiligen nicht-öffentlichen Stellen der **Gewerbeaufsicht** unterliegen, können Verstöße gegen Datenschutzvorschriften nach § 38 Abs. 7 BDSG auch nach Maßgabe der gewerberechtlichen Bestimmungen verfolgt werden. Hierfür zuständig ist das jeweilige Gewerbeaufsichtsamt. Bei schwerwiegenden Datenschutzverstößen wird die Aufsichts- 138

---

[123] Der Tätigkeitsbericht ist jeweils auf der Webseite des BfDI abrufbar, http://www.bfdi.bund.de.
[124] Vgl. Art. 28 Abs. 1 S. 1 EG-Datenschutzrichtlinie; *Gola/Schomerus* § 38 BDSG Rn. 30, 31.
[125] EuGH NJW 2010, 1265 – Europäische Kommission/Bundesrepublik Deutschland.

behörde das Gewerbeaufsichtsamt zur Durchführung gewerberechtlicher Maßnahmen unterrichten, § 38 Abs. 1 S. 6 BDSG.

bb) Befugnisse

139   Die Aufsichtsbehörden für den Datenschutz führen ihre Kontrollen von Amts wegen durch und sind daher weder auf Anzeigen noch Anträge des Betroffenen oder besondere Verdachtsmomente angewiesen, um im konkreten Fall tätig zu werden.

Die verantwortliche Stelle ist der Aufsichtsbehörde gegenüber zur Auskunft verpflichtet, § 38 Abs. 3 BDSG. Die Aufsichtsbehörde ist auch zur Kontrolle vor Ort berechtigt und darf dort Prüfungen und Besichtigungen vornehmen sowie geschäftliche Unterlagen und die gespeicherten Daten einsehen, § 38 Abs. 4 BDSG.

3. Schadensersatz

140   In Umsetzung der EG-Datenschutzrichtlinie wurden im BDSG zwei eigene Anspruchsgrundlagen für Schadensersatzansprüche aufgenommen.

Nicht-öffentliche Stellen sind nach § 7 BDSG dem Betroffenen gegenüber zum Schadensersatz verpflichtet, wenn ihm durch eine unzulässige oder unrichtige Erhebung, Verarbeitung oder Nutzung seiner personenbezogenen Daten ein Schaden erwächst und die verantwortliche Stelle nicht nachweisen kann, dass sie die gebotene Sorgfalt beachtet hat.

Für den Schaden, der Betroffenen durch einen unzulässigen oder unrichtigen Umgang mit personenbezogenen Daten durch **öffentliche Stellen** entsteht, haften diese nach § 8 BDSG verschuldensunabhängig. Bei schweren Verletzungen ist nach § 8 Abs. 2 BDSG auch eine Haftung für immaterielle Schäden vorgesehen, Abs. 3 begrenzt den Anspruch nach Abs. 1 und Abs. 2 auf 130.000,– €.

Nach allgemeinen Regeln und ebenso wie bei der Haftung nicht-öffentlicher Stellen nach § 7 BDSG hat der Geschädigte die unzulässige oder unrichtige Datenverarbeitung sowie die adäquat-kausale Verursachung des Schadens nachzuweisen. In der Praxis sind Fälle von §§ 7 und 8 BDSG vergleichsweise selten.

Neben Ansprüche aus §§ 7 und 8 BDSG können allgemeine zivilrechtliche (insbesondere Ansprüche des Deliktrechts) bzw. amthaftungsrechtliche Ansprüche treten.

C. Datenschutz im E-Commerce und Internet

I. Überblick

141   Bei der Nutzung von Diensten und Angeboten im Internet können – zum Teil ohne aktive Mitwirkung des Nutzers – personenbezogene Daten auf vielfältige Weise erhoben, verarbeitet und genutzt werden – mit weitreichenden Konsequenzen: Denn im Internet hat sich ein körperloser Sozialraum gebildet, in dem nahezu alle Aktivitäten, die in der körperlichen Welt möglich sind, in unkörperlicher Weise realisiert,[126] dabei aber – im Gegensatz zur körperlichen Welt – umfassend und in detaillierter Form registriert und erfasst werden. Dies gilt in besonderer Weise für sog. »Web 2.0« oder »Social Media«-Angebote wie soziale Netzwerke:[127] Bei Letzteren handelt es sich um Internetplattformen, bei denen der Benutzer eine eigene Unterseite (»Profil«) anlegen kann, um darauf eine Vielzahl vorgegebener

---
126 *Roßnagel* ZRP 1997, 26.
127 Wie etwa Facebook, StudiVZ/SchülerVZ/MeinVZ, Lokalisten, Wer-kennt-wen, Xing, LinkedIn.

oder frei wählbarer persönlicher Angaben nebst Text-, Bild oder Bewegtbildbeiträgen der Öffentlichkeit oder einem von ihm selbst gewählten Nutzerkreis zugänglich machen kann.

Die Sammlung und Auswertung von Nutzerdaten hat für Diensteanbieter einen erheblichen Wert bei der Optimierung und Preisbildung ihrer Angebote sowie zielgerichteter Werbung. Qualifizierte Nutzerdaten – etwa in Form von Konsumentenprofilen mit vielfältigen Angaben zu Konsuminteressen, Konsumgewohnheiten oder Kreditwürdigkeit – können darüber hinaus als »Informationsprodukt« vermarktet werden. Auf diese Weise kann ein Diensteanbieter eigene und Informationen Dritter zusammenführen und noch detailliertere Profile anlegen. Auf der anderen Seite ist dem Nutzer angesichts der dauerhaften, detaillierten und häufig unbemerkten Datenerhebung bei Telemediendiensten eine wirksame Kontrolle seiner personenbezogenen Daten häufig entzogen.

Das Recht auf informationelle Selbstbestimmung ist deshalb bei den elektronischen Informations- und Kommunikationsdiensten in besonderer Weise gefährdet und bedarf eines besonderen Schutzes.[128] Für Telemedien im Sinne von § 1 Abs. 1 Telemediengesetz (TMG) enthalten §§ 11–15, 16 TMG bereichsspezifische Datenschutzbestimmungen zur Gewährleistung dieses besonderen Schutzes und zum Ausgleich zwischen dem Wunsch nach freiem Wettbewerb, berechtigten Bedürfnissen der Nutzer und öffentlichen Ordnungsinteressen.[129]

142

Die Datenschutzbestimmungen des TMG ersetzen seit dem 01.03.2007 die zuvor getrennten Regelungen des TDDSG für Teledienste einerseits und des Mediendienste-Staatsvertrages (MDStV) für Mediendienste andererseits.[130] Die früheren Datenschutzbestimmungen des TDDSG und des MDStV sind – für sich genommen – zunächst unverändert geblieben. Die von der Bundesregierung bereits im Jahr 2008 unter Bezug auf die Evaluierung der E-Commerce-Richtlinie (2000/31/EG)[131] erwogene Novellierung des TMG ist – trotz der intensiven Rechtsentwicklung auf EU-Ebene bislang nicht erfolgt.

143

Das Regelungskonzept des Telemedien-Datenschutzes im TMG verfolgt den klassischen, aus dem BDSG bekannten Regelungsansatz des Verbotes mit Erlaubnisvorbehalt (§ 12 Abs. 2 TMG). Ähnlich den telekommunikationsrechtlichen Datenschutzbestimmungen sieht das TMG für Bestands- und Nutzungsdaten eine gesetzliche Erlaubnis zur beschränkten und zweckgebundenen Datenerhebung und -verwendung vor (§§ 14, 15 TMG). Die datenschutzrechtlichen Pflichten des Telemedien-Anbieters und die Anforderungen an eine Einwilligung in eine weiter gehende Datenverwendung ergeben sich aus § 13 TMG. Zahlreiche Verstöße gegen Bestimmungen in §§ 11–15 TMG sind nach § 16 Abs. 2 Nr. 2–6 als Ordnungswidrigkeit mit einem Bußgeld von bis zu 50.000,- € bedroht.

144

II. Entstehungsgeschichte und rechtliche Grundlagen

Die erste Fassung des TDDSG trat als Teil des »Gesetzes zur Regelungen der Rahmenbedingungen für Informations- und Kommunikationsdienste (Informations- und Kommunikationsdienstegesetz – IuKDG)« zum 01.08.1997 in Kraft.[132] Auf die Notwendigkeit bereichsspezifischer Datenschutzbestimmungen für die »neuen, vom Benutzer individuell im Wege der neuen Informations- und Kommunikationstechnologien nutzbaren Dienste« hatte bereits im Jahr 1995 der Rat für Forschung, Technologie und Innovation hingewiesen

145

---

128 So schon die Begründung zum Teledienste-Datenschutzgesetz (TDDSG), BT-Drs. 13/7385, 1, 16 ff., 21.
129 Zum TDDSG BT-Drs. 13/7385, 21.
130 Zu den Hintergründen und zur Gesetzgebungshistorie vgl. auch *Roßnagel*, Datenschutz Tele-/Mediendienste, Rn. 8 ff. m. w. N.
131 V. 08.06.2000, ABl. EG L 178/1 (v. 17.07.2000).
132 Art. 1 IuKDG enthielt die damalige Fassung des Teledienstegesetzes (TDG), Art. 2 diejenige des TDDSG, vgl. BT-Drs. 13/7385, 1.

und das seinerzeit existierende Datenschutzrecht als überholt angesehen.[133] Zudem stand die europaweite Harmonisierung des Datenschutzrechts absehbar bevor; die am 24.10.1995 verabschiedete EU-Datenschutzrichtlinie[134] war in der ersten Fassung des TDDSG bereits weitgehend berücksichtigt.

146 Durch den Bericht der Bundesregierung über die Erfahrungen und Entwicklungen bei den neuen Informations- und Kommunikationsdiensten im Zusammenhang mit der Umsetzung des Informations- und Kommunikationsdienstegesetzes vom 18.06.1999[135] wurden die Ergebnisse der Evaluierung des neuen Gesetzes veröffentlicht.[136] Hinsichtlich des Anwendungsbereichs und einzelner Anwendungsfragen[137] ergab sich Anpassungsbedarf insbesondere im Hinblick auf die Umsetzung der EU-Datenschutzrichtlinie in das allgemeine Datenschutzrecht und die Anpassung des TDDSG an das insoweit novellierte BDSG.[138] Dieses Ziel verfolgte der Gesetzgeber mit dem Gesetz über rechtliche Rahmenbedingungen des elektronischen Geschäftsverkehrs – (Elektronischer Geschäftsverkehr Gesetz – EGG),[139] das am 14.12.2001 in Kraft trat.[140]

147 Die Neufassung der Datenschutzbestimmungen im aktuellen TMG erfolgte im Rahmen eines mehrstufigen Gesetzgebungsverfahrens zur Neuordnung des diversifizierten Bereichs der elektronischen Informations- und Kommunikationsdienste: Der vermeintlich einheitliche Begriff der »Telemedien« wurde erstmals im bereits 2003 in Kraft getretenen Jugendmedienschutz-Staatsvertrag (JMStV)[141] verwendet. Es folgten erste Änderungen im Rundfunkstaatsvertrag im Jahr 2004;[142] sodann im nunmehr[143] aktuellen »Staatsvertrag über Rundfunk und Telemedien«.[144] Die letzten Änderungen überführten vor allem die sog. »inhaltsbezogenen Regelungen« für Telemedien aus dem früheren MDStV in den RStV.

Nach einem im Detail kontroversen Gesetzgebungsverfahren[145] verabschiedete der Deutsche Bundestag am 18.01.2007 das Gesetz zur Vereinheitlichung von Vorschriften über bestimmte elektronische Informations- und Kommunikationsdienste (Elektronischer Ge-

---

133 Rat für Forschung, Technologie und Innovation u.a., Informationsgesellschaft – Chancen, Innovationen und Herausforderungen, Feststellungen und Empfehlungen, S. 5.
134 Richtlinie 95/46/EG des Europäischen Parlaments und des Rates zum Schutz natürlicher Personen bei der Verarbeitung personenbezogener Daten und zum freien Datenverkehr (Abl. EG Nr. L 281 v. 23.11.1995, S. 31).
135 Vgl. BT-Drs. 15/1191.
136 Der Experimentalcharakter des IuKDG wurde schon bei Verabschiedung des Gesetzes in einer Entschließung des Bundestages betont (vgl. BT-Drs. 13/7935), zum Evaluierungsprozess vgl. *Roßnagel* NVwZ 2000, 622 (624).
137 Vgl. BT-Drs. 14/6098.
138 Ein erster Entwurf für Regelungen zum Datenschutz in Online-Multimediadiensten wurde von der Projektgruppe verfassungsverträgliche Technikgestaltung (provet) im Februar 1996 vorgelegt (vgl. provet e. V., Vorschläge zur Regelung von Datenschutz und Rechtssicherheit in Online-Multimedia-Anwendungen, Gutachten im Auftrag des Bundesministeriums für Bildung und Forschung, Darmstadt 1996).
139 Art. 1 EGG enthielt die Änderungen des TDG, Art. 3 diejenigen des TDDSG, vgl. zum Regierungsentwurf BT-Drs. 14/6098, zur Beschlussempfehlung und dem Bericht des Ausschusses für Wirtschaft und Technologie BT-Drs. 14/7331.
140 Vgl. BGBl. I 2001, 3721.
141 Staatsvertrag über den Schutz der Menschenwürde und den Jugendschutz in Rundfunk und Telemedien (Jugendmedienschutz-Staatsvertrag – JMStV) v. 10. bis 27.09.2002.
142 Vgl. Achter Staatsvertrag zur Änderung rundfunkrechtlicher Staatsverträge (Achter Rundfunkänderungsstaatsvertrag) v. 09. bis 15.10.2004; dieser führte zur Einfügung des Begriffes »Telemedien« in §§ 52, 53 RStV.
143 Auf Grundlage des Neunten Staatsvertrages zur Änderung rundfunkrechtlicher Staatsverträge (Neunter Rundfunkänderungsstaatsvertrag) v. 31.07. – 10.10.2006.
144 Vgl. vor allem die Regelungen im 6. Abschnitt (§§ 54–61) des RStV und die Vorschriften zur Anwendung des RStV auf Telemedien in §§ 1 Abs. 1, 2 Abs. 1 S. 3.
145 Vgl. Gesetzesentwurf zum ElGVG, BT-Drs. 16/3078 und 16/3135, zum Gesetzgebungsverfahren vgl. *Kitz* ZUM 2007, 368 (368 f.); *Hoeren* NJW 2007, 801 (801 f.).

schäftsverkehr-Vereinheitlichungsgesetz (ElGVG).,[146] das in Art. 1 das neue TMG enthielt. Dieses regelt nunmehr die sog. »wirtschaftsbezogenen Aspekte« der Telemedien, namentlich die Verantwortlichkeitsregelungen, das Herkunftslandprinzip und den Datenschutz.

Die Regelungen zum Datenschutz wurden dabei nicht mehr in einem eigenen Gesetz geregelt, sondern – wie schon zuvor für den Bereich der Mediendienste[147] – in einem eigenen Abschnitt des TMG. Im Übrigen sollte vorerst darauf verzichtet werden, die Regelungen inhaltlich grundlegend zu novellieren; das TMG sollte sich vielmehr auf die erforderlichen Anpassungen zur Zusammenführung der zuvor getrennten Bestimmungen in TDG/TDDSG und MDStV beschränken.[148]

148

Wie schon bei Verabschiedung der ersten Fassung des TDG stand auch für das TMG bereits bei Inkrafttreten fest, dass das Gesetz zeitnah evaluiert und ggf. geändert werden sollte.[149] Dies ergab sich bereits seinerzeit aus dem europarechtlichen Rahmen: Denn neben der EU-Datenschutzrichtlinie diente das TMG auch der Umsetzung der E-Commerce-Richtlinie;[150] zwischenzeitlich hätte sich wegen der Änderung der Datenschutzrichtlinie für elektronische Kommunikation (2002/58/EG) durch die telekommunikationsrechtliche Änderungsrichtlinie 2009/136/EG[151] weiterer telemedienspezifischer Anpassungsbedarf ergeben. Allerdings scheint die Bundesregierung vor einer Novellierung auch der TMG-Datenschutzbestimmungen zunächst das Ergebnis der EU-Evaluierung eines »Gesamtkonzepts für den Datenschutz in der Europäischen Union«[152] abwarten zu wollen.[153] Jenseits der europarechtlichen Maßgaben wird in der Literatur seit Langem auf reformbedürftige Aspekte des TMG – insbesondere hinsichtlich des Datenschutzes in Mehrpersonenverhältnissen – hingewiesen.[154]

149

III. Systematik und Anwendungsbereich

1. Systematische Einordnung

Die datenschutzrechtlichen Bestimmungen des TMG gehen als spezialgesetzliche Regelungen den allgemeinen Bestimmungen des BDSG vor, § 1 Abs. 3 BDSG, sodass das BDSG im Bereich der Telemediendienste nur gilt, soweit keine speziellen Regelungen bestehen. Diese Abgrenzung ist vor allem in Hinblick auf die sog. »Inhaltsdaten« von Bedeutung, die unter Verwendung eines Telemediendienstes übermittelt werden, jedoch einem anderen Zweck dienen.[155] Abzugrenzen sind die Datenschutzregelungen des TMG weiterhin zu den ent-

150

---

146 Vgl. BGBl. I 2007, 179.
147 Vgl. §§ 16–21 MDStV.
148 Vgl. *Kitz* ZUM 2007, 368 (369).
149 Vgl. *Kitz* ZUM 2007, 368 (375): »So oder so war der Nachbesserungsbedarf am TMG also schon vor Inkrafttreten vorprogrammiert: Das Flugzeug wird im Fliegen zu Ende gebaut«.
150 Diese enthält zwar keine spezifischen datenschutzrechtlichen Bestimmungen, über die Informationspflichten der Diensteanbieter und die (vor allem in § 7 UWG) umgesetzten Bestimmungen zu »unerwünschter Werbung« jedoch Bezüge zum Recht auf informationelle Selbstbestimmung.
151 V. 25.09.2009, ABl. EG, L 337 (v. 18.12.2009).
152 Vgl. Mitteilung der Kommission v. 04.11.2010, KOM (2010) 609.
153 Dies gilt insbesondere für die möglicherweise im TMG zu verortenden Bestimmungen zur Speicherung von Inhalten auf Endgeräten des Nutzers (sog. »Cookie Regulation«): Hier soll ausweislich des Regierungsentwurfs eines »Gesetzes zur Änderung telekommunikationsrechtlicher Regelungen v. 02.03.2011« zunächst keine Änderung vorgenommen werden: »Einzelfragen der Umsetzung der Änderung von Art. 5 Abs. 3 der Richtlinie 2002/58/EG sind derzeit Gegenstand umfangreicher Konsultationen auf europäischer Ebene, die auch Selbstregulierungsansätze der betroffenen Werbewirtschaft umfassen. Das Ergebnis dieses Prozesses wird vor einer Entscheidung über weiter gehenden gesetzgeberischen Handlungsbedarf zunächst abgewartet«.
154 Vgl. *Jandt* MMR 2006, 652.
155 S. u. Rdn. 199 ff.

sprechenden Bestimmungen in den datenschutzrechtlichen Bestimmungen zur Telekommunikation und im Staatsvertrag für Rundfunk und Telemedien (RStV).

151 Zwar nimmt § 1 Abs. 1 TMG Telekommunikationsdienste, telekommunikationsgestützte Dienste und Rundfunk vom Anwendungsbereich des TMG aus. Allerdings führt diese Abgrenzung nicht zu einem Ausschluss der einen oder anderen Regelung: Nach § 1 Abs. 3 TMG bleibt das Telekommunikationsgesetz unberührt, nach § 1 Abs. 4 TMG ergeben sich die »besonderen Anforderungen an die Inhalte von Telemedien« aus dem RStV. TMG einerseits und TKG und RStV andererseits finden deshalb differenziert nebeneinander Anwendung. Problematisch ist die Abgrenzung des konkreten Anwendungsbereichs angesichts des Umstandes, dass Anbieter dem Nutzer auf einer Plattform eine Vielzahl von unterschiedlichen Funktionalitäten zur Verfügung stellen können und diese sog. »Konvergenz« ein wesentlicher Faktor der aktuellen und zukünftigen Entwicklung von Telemedien, Telekommunikation und Rundfunk ist.[156] Neben regulatorischen Fragestellungen (Sendelizenz für nur über Internet ausgestrahlte Fernsehprogramme?) bringt diese Entwicklung auch Herausforderungen für die sachgerechte Anwendung bzw. (perspektivisch) Änderung des datenschutzrechtlichen Rahmens mit sich.[157] Dessen ungeachtet fehlt eine positive gesetzliche Definition der »Telemedien«, sodass Begriff (und Anwendungsbereich) nur mittelbar durch Ausschluss der erwähnten TK- und Rundfunkdefinitionen bestimmt werden kann.[158] Das TMG enthält insoweit nur noch eine Negativabgrenzung im Sinne einer Residualkategorie;[159] die früheren Regelbeispiele aus § 2 Abs. 2 Nr. 1–5 TDG entfallen, werden aber in der Gesetzesbegründung wiederum erwähnt.[160]

152 Unter »Telemediendienste« fallen alle übrigen Informations- und Kommunikationsdienste, die also nicht ausschließlich Telekommunikationsdienste oder Rundfunk sind. Diese erstrecken sich auf einen weiten Bereich von wirtschaftlichen Tätigkeiten, die – sei es über Abruf- oder Verteildienste – elektronisch in Form von Bild-, Text- oder Toninhalten zur Verfügung gestellt werden. Bei Telemedien handelt es sich beispielsweise um
- Online-Angebote von Waren/Dienstleistungen mit unmittelbarer Bestellmöglichkeit (z. B. Angebot von Verkehrs-, Wetter-, Umwelt- oder Börsendaten, Newsgroups, Chatrooms, elektronische Presse, Fernseh-/Radiotext, Teleshopping),
- Video auf Abruf, soweit es sich nicht nach Form und Inhalt um einen Fernsehdienst im Sinne der Richtlinie 89/552/EWG (Richtlinie Fernsehen ohne Grenzen) handelt, der also zum Empfang durch die Allgemeinheit bestimmt ist und nicht auf individuellen Abruf eines Dienstleistungsempfängers erbracht wird. Solche Dienste unterliegen der Rundfunkregulierung durch die Länder. Hierbei orientiert sich die Einordnung an den europarechtlichen Vorgaben, die inzwischen durch die Rechtsprechung des EuGH (Mediakabel-Entscheidung, Rechtssache C 89/04 vom 02.06.2005, Abl. C 182/16 vom 23.07.2005) konkretisiert wurden,

---

156 Unter den durchaus vielschichtigen Begriff der »Konvergenz« werden so unterschiedliche Phänomene wie das Senden von Fernsehsignalen über das Internet (»IPTV«) oder der Zugriff auf Internet-Inhalte über mobile Endgeräte gefasst. Gemeinsam ist all diesen Entwicklungen, dass durch die Digitalisierung analoger Inhalte oder technologische Entwicklungen im Bereich der Übermittlung und der Endgeräte neue Funktionalitäten für den Nutzer digitaler Dienste geschaffen werden, vgl. *Screen Digest/ Rights.com/CMS Hasche Sigle*, »Interactive Content and Convergence; Implications for the Information Society – A Study for the European Commission«, 2007.
157 Vgl. zu einer möglichen Vereinheitlichung von Telekommunikations- und Teledienstedatenschutz im Zuge der Umsetzung der EU-Richtlinie für elektronische Kommunikation, vgl. *Spindler/Schmitz/Geis* Einf. TDDSG Rn. 26.
158 Vgl. *Taeger/Gabel* TMG – Einführung Rn. 4.
159 *Engels/Jürgen/Fritsche* K&R 2007, 57 (58).
160 Vgl. BT-Drs. 16/3078, S. 19.

III. Systematik und Anwendungsbereich

- Online-Dienste, die Instrumente zur Datensuche, zum Zugang zu Daten oder zur Datenabfrage bereitstellen (z. B. Internet-Suchmaschinen)[161] sowie
- die kommerzielle Verbreitung von Informationen über Waren-/Dienstleistungsangebote mit elektronischer Post (z. B. Werbe-Mails).

2. Verhältnis zum Datenschutz im Bereich der Telekommunikation

Das Verhältnis zwischen den Vorschriften über Tele- und Mediendienste einerseits und den telekommunikationsrechtlichen Bestimmungen andererseits war bereits zu Zeiten von TDG und TDDSG im Einzelnen umstritten.[162] Das TMG enthält nunmehr in § 1 Abs. 1, 3–4 Abgrenzungsnormen, die zu mehr Rechtsklarheit führen sollen. **153**

Nach § 1 Abs. 1 TMG gilt das Gesetz nur für solche elektronischen Informations- und Kommunikationsdienste, die
- keine Telekommunikationsdienste nach § 3 Nr. 24 TKG oder
- keine telekommunikationsgestützten Dienste nach § 3 Nr. 25 TKG

sind.

Daneben erklärt § 11 Abs. 3 TMG für »Telemedien, die überwiegend in der Übertragung von Signalen über Telekommunikationsnetze bestehen« lediglich die Regelungen über die Datenverarbeitung zur Bekämpfung missbräuchlicher Nutzungen nach § 15 Abs. 8 TMG und die Sanktionsregelungen in § 16 Abs. 2 Nr. 2 und 5 TMG für anwendbar.

a) Telekommunikationsdienste

Als Telekommunikationsdienste gelten nach der Legaldefinition »in der Regel gegen Entgelt erbrachte Dienste, die ganz oder überwiegend in der Übertragung von Signalen über Telekommunikationsnetze bestehen, einschließlich der Übertragungsdienste in Rundfunknetzen«. **154**

Bereits aus dem Vergleich zwischen Tele-, Medien- und Telekommunikationsdiensten ergab sich für das TKG, dass bei Telekommunikationsdiensten die Transportdienstleistung im Vordergrund steht und (angesichts des Merkmals »überwiegend«) mehr als 50 % des Dienstes ausmachen muss. Die eigentliche Abgrenzung erfolgt durch eine funktionale Betrachtung: Zu unterscheiden ist zwischen dem technischen Vorgang des Aussendens, Übermittelns und Empfangens von Signalen bzw. Daten einerseits[163] und dem mittels der Transportleistung übermittelten Inhalt[164] andererseits.

Soweit ein Diensteanbieter seinen Nutzern beide Funktionalitäten in einer Dienstleistung anbietet, muss eine Aufteilung in beide Bestandteile erfolgen, auf die sodann die einschlägigen Regelungen angewendet werden. Würde z. B. neben einem Sprachtelefoniedienst und dem Internet-Zugang auch die Nutzung von durch den Diensteanbieter bereitgestellten Online-Inhalten[165] angeboten, so würden sich Sprachtelefonie und Internet-Zugang als **155**

---

[161] Vgl. zu den spezifischen (datenschutz-)rechtlichen Problemen bei (Personen-)Suchmaschinen *Ott* MMR 2009, 158; *ders.* MMR 2009, 448.
[162] Vgl. *Spindler/Schmitz/Geis* § 2 Rn. 22.
[163] Vgl. BeckTKGKomm/*Wittern/Schuster* § 3 Rn. 48 – auch als »technischer Vorgang der Telekommunikation (vgl. *Gounalakis/Rhode* K&R 1998, 312 [322]; *Kuch* ZUM 1997, 225 [227]) oder »technische Plattform« bezeichnet (vgl. *Koenig* MMR-Beilage 12/1998, 1 [4]).
[164] Vgl. BeckTKGKomm/*Wittern/Schuster* § 3 Rn. 49 – auch als »Inhaltsebene« bezeichnet (vgl. *Koenig* MMR-Beilage 12/1998, 1 [4]).
[165] Als Beispiele kämen etwa die vormals als wesentlicher Bestandteil der Gesamtdienstleistung vermarkteten »walled garden«-Angebote der Online-Pioniere AOL oder CompuServe in Betracht. Nachdem sich viele, insbesondere kleine Access-Provider auf die reine Zugangsleistung beschränkten, stehen kombinierte/integrierte Dienste als »Triple Play«-Angebote heute wieder auf der Tagesordnung.

Telekommunikationsdienst nach TKG richten, während die Online-Inhalte als Telemedien dem TMG unterliegen.[166]

156 Insoweit – dies gesteht auch der Gesetzgeber ein – führt das TMG nicht zu der eigentlich konsequenten »Zweiteilung« anhand der Bezugnahme auf »Technik« oder »Inhalt«, die zur Anwendbarkeit entweder der bundesrechtlichen TK-Vorschriften oder der landesrechtlichen Rundfunk- bzw. Medien-Vorschriften führen würden.[167] Ausschließlich nach TKG beurteilt werden sollen nämlich nur solche Dienste, die gänzlich der Übertragung von Daten dienen. Als Beispiel verweist die Gesetzesbegründung auf die bloße Internet-Telefonie (Voice over Internet Protocol – VoIP), da diese keinen äußerlich erkennbaren Unterschied zur herkömmlichen leitungsgebundenen Telefonie aufweise und keiner anderen rechtlichen Bewertung als die herkömmliche Sprachtelefonie unterliege.[168]

157 Demgegenüber differenziert die Gesetzesbegründung solche Telekommunikationsdienste, die zwar überwiegend in der Übertragung von Signalen über Telekommunikationsnetze bestehen, aber neben der Übertragungsdienstleistung noch eine inhaltliche Dienstleistung anbieten. Als Beispiel nennt der Gesetzgeber den Internet-Zugang und die E-Mail-Übertragung und trägt damit zur Lösung des Streits über die Zuordnung von Access-Providern[169] gerade nicht bei. Zu Recht lässt sich aus dogmatischer Sicht einwenden, dass schwer nachzuvollziehen ist, welche anderen Leistungen als die Übertragung von Nachrichtensignalen ein Access-Provider erbringt.[170] Andererseits ist die strikte Umsetzung der europarechtlichen Vorgaben ebenso nachvollziehbar, wie der Wille, auch und gerade den Access-Provider in den Genuss der Haftungsprivilegierung nach § 8 f. TMG kommen zu lassen.

158 In datenschutzrechtlicher Hinsicht ergibt sich damit folgendes Bild:
- Auf Dienste, die ausschließlich in der Übertragung von Signalen über Telekommunikationsnetze bestehen, finden ausschließlich die datenschutzrechtlichen Bestimmungen des TKG Anwendung.
- Auf Dienste, die nur überwiegend in der Übertragung von Signalen über Telekommunikationsnetze bestehen, finden lediglich die Regelungen über das Koppelungsverbot nach § 12 Abs. 3 TMG, über die Datenverarbeitung zur Bekämpfung missbräuchlicher Nutzungen nach § 15 Abs. 8 TMG und die Sanktionsregelungen in § 16 Abs. 2 Nr. 2 und 5 TMG Anwendung.
- Für »gemischte« Dienste, bei denen die Übertragung von Signalen über Telekommunikationsnetze nicht den »überwiegenden« Teil ausmacht, finden TKG und TMG je nach Auffassung entweder vollständig[171] oder funktionsbezogen differenziert nebeneinander Anwendung.[172]

b) Telekommunikationsgestützte Dienste

159 Als telekommunikationsgestützte Dienste nach § 3 Nr. 25 TKG gelten »Dienste, die keinen räumlich und zeitlich trennbaren Leistungsfluss auslösen, sondern bei denen die Inhaltsleistung noch während der Telekommunikationsverbindung erfüllt wird«.

160 Darunter werden vor allem die sog. Telefon- oder Sprachmehrwertdienste gefasst: Dabei handelt es sich nicht um Abruf- oder Verteildienste, sondern um eine Individualkommuni-

---

166 Vgl. Gesetzesbegründung, BT-Drs. 16/3078, 17 f.
167 Vgl. *Spindler* K&R 2007, 239 (241).
168 Vgl. Gesetzesbegründung, BT-Drs. 16/3078, 18.
169 Vgl. exemplarisch *Stadler* Rn. 35 ff. gegen Einordnung als Teledienst, andererseits *Spindler/Schmitz/ Geis* § 2 Rn. 25 m. w. N. für eine Anwendung des TDG aufgrund der insoweit eindeutigen Formulierung der E-Commerce-Richtlinie.
170 Vgl. *Stadler*, Haftung für Informationen im Internet, Rn. 35; *Taeger/Gabel* § 11 TMG Rn. 30 f. m. w. N.
171 Vgl. *Spindler/Schmitz/Geis* § 1 TDDSG Rn. 4 ff.
172 Vgl. *Roßnagel*, Datenschutz Tele-/Mediendienste, Rn. 44.

kation zwischen dem TK-Diensteanbieter oder einem Dritten und dem Kunden, in deren Rahmen TK-Anbieter oder Dritter gegenüber dem Kunden eine Inhaltsleistung erbringen.[173] Als Beispiele können z. B. Inhalte gelten, die dem Kunden über eine gebührenpflichtige Mehrwertrufnummer (0900-Nummer) zugänglich gemacht werden.

Die bislang h. M. ordnete diese Dienste hinsichtlich der elektronischen Bereitstellung von Inhalten als Teledienste, hinsichtlich der Übertragung und Zugangsvermittlung im TK-Netz als Telekommunikationsdienst ein.[174] Die Gesetzesbegründung zum TMG wird als inkonsequent kritisiert, weil das TMG gerade nicht auf »Abruf- oder Verteildienste« abstelle, sondern eine technologieneutrale Betrachtung verfolge, die (eigentlich) nur zwischen Technik- und Inhaltsebene trenne: Es mache keinen Unterschied, ob ein Inhalt zum Beispiel über das Internet oder eine 0900-Rufnummer erreichbar sei. Weiterhin müsse die E-Commerce-Richtlinie – gleichfalls technologieneutral – auch für telekommunikationsgestützte Dienste umgesetzt werden. Im Ergebnis müssten die telekommunikationsgestützten Dienste im Anwendungsbereich der E-Commerce-Richtlinie wie diejenigen behandelt werden, die »überwiegend« Telekommunikationsdienste bilden.[175]

3. Verhältnis zum Datenschutz im Bereich des Rundfunks

Die Diskussion über die Abgrenzung zwischen Rundfunk einerseits und Tele- und Mediendiensten andererseits wurde unter dem alten Regelungsregime von TDG und MDStV nur in überschaubarem Umfang geführt. Allerdings ist bereits länger absehbar, dass im Zuge der weiteren Konvergenz der Medien Überschneidungen zwischen Telediensten und Rundfunk unausweichlich sind, etwa im Rahmen von Interaktionsmöglichkeiten im Rahmen von TV-Sendungen und weiteren Anwendungen bei »interaktivem«, rückkanalfähigem Fernsehen.[176] **161**

Nach § 1 Abs. 1 TMG gilt das Gesetz nicht für elektronischen Informations- und Kommunikationsdienste, die Rundfunk nach § 2 RStV sind. § 2 Abs. 1 RStV definiert Rundfunk als »die für die Allgemeinheit bestimmte Veranstaltung und Verbreitung von Darbietungen aller Art in Wort, in Ton und in Bild unter Benutzung elektromagnetischer Schwingungen ohne Verbindungsleitung oder längs oder mittels eines Leiters. Der Begriff schließt Darbietungen ein, die verschlüsselt verbreitet werden oder gegen besonderes Entgelt empfangbar sind.« **162**

Nach der Gesetzesbegründung zum TMG soll es sich sowohl beim herkömmlichen Rundfunk als auch beim Live-Streaming (zusätzliche parallele/zeitgleiche Übertragung herkömmlicher Rundfunkprogramme über das Internet) und beim Webcasting (ausschließliche Übertragung herkömmlicher Rundfunkprogramme über das Internet) nicht um Telemediendienste handeln.

Für den Bereich des Datenschutzes ist die fortbestehende Notwendigkeit der bisherigen Abgrenzung zwischen Rundfunk- und Mediendiensten[177] allerdings insoweit irrelevant, als § 47 Abs. 1 RStV für den Datenschutz bei Rundfunkdiensten auf die Datenschutzregelungen des TMG verweist. Zusätzlich existiert mit § 47 Abs. 2 RStV eine zusätzliche Sonderregelung zum »Redaktionsdatenschutz« bei Rundfunkdiensten. **163**

---

173 Vgl. Gesetzesbegründung, BT-Drs. 16/3078, 17.
174 Vgl. *Spindler/Schmitz/Geis* § 2 TDG Rn. 27 und § 1 TDDSG Rn. 19.
175 Vgl. *Schmitz* K&R 2007, 135 (137).
176 Vgl. *Spindler/Schmitz/Geis* § 2 TDG Rn. 35, 37.
177 Vgl. *Schmitz* K&R 2007, 135 (136).

4. Verhältnis zu den allgemeinen Datenschutzgesetzen

164 Das Verhältnis zu den allgemeinen Datenschutzgesetzen – namentlich dem BDSG – ist im TMG nur ansatzweise ausdrücklich geregelt.

Aus § 12 Abs. 4 TMG ergibt sich, dass die »jeweils geltenden Vorschriften für den Schutz personenbezogener Daten« anzuwenden sind, auch wenn Daten nicht automatisiert verarbeitet werden.

So bestimmt § 12 Abs. 2 TMG, dass gesetzliche Erlaubnistatbestände außerhalb des TMG nur dann greifen, wenn sie sich ausdrücklich auf Telemedien beziehen. Nach der Gesetzesbegründung dient dies lediglich zur Klarstellung des Spezialitätsverhältnisses zwischen den speziellen und allgemeinen Erlaubnistatbeständen.

165 Praktisch relevant wird diese Bestimmung, weil die §§ 4–6 TMG für Bestands-, Nutzungs- und Abrechnungsdaten abschließende Erlaubnistatbestände vorsehen. Dagegen fehlt eine ausdrückliche Bestimmung für die sog. Inhalts- oder Leistungsdaten, also diejenigen Daten, die zur Erbringung von Vertrags- und Leistungsbeziehungen genutzt werden, die zwar durch den Telemediendienst vermittelt, aber außerhalb dieses Dienstes abgewickelt werden (z. B. die Warenlieferung im E-Commerce). Umstritten ist, ob es sich bei den Inhaltsdaten um Nutzungsdaten im Sinne von § 15 Abs. 1 oder eine »eigene« Kategorie von Daten handelt. An der Zulässigkeit der Datenverarbeitung auch von Inhaltsdaten bestehen jedoch keine Zweifel.[178]

5. Sonstige Ausnahmen

166 Nach § 11 Abs. 1 TMG finden die datenschutzrechtlichen Bestimmungen des TMG keine Anwendung auf die Erhebung und Verwendung von personenbezogenen Daten, wenn Telemedien entweder
- in einem Dienst- oder Arbeitsverhältnis ausschließlich beruflichen oder dienstlichen Zwecken (§ 11 Abs. 1 Nr. 1 TMG) oder
- zur Steuerung von Arbeits- oder Geschäftsprozessen von öffentlichen oder nicht-öffentlichen Stellen intern oder zu diesem Zwecke zwischen öffentlichen oder nicht-öffentlichen Stellen

eingesetzt werden. Hier gelten mithin die allgemeinen datenschutzrechtlichen Bestimmungen.

IV. Verarbeitung personenbezogener Daten nach dem TMG

167 Das Datenschutzkonzept des TMG vereint klassische datenschutzrechtliche Regelungsansätze (allen voran das Verbot mit Erlaubnisvorbehalt wie in § 4 Abs. 1 BDSG) mit den modernen Elementen des Systemdatenschutzes[179] und ergänzt diese allgemeinen Bestimmungen und Grundsätze durch besondere Regeln für die Verarbeitung von telemedientypischen Bestands- und Nutzungsdaten sowie für besondere Verarbeitungsarten wie die ausdrücklich geregelte Erstellung pseudonymisierter Nutzungsprofile.

---

[178] Vgl. die ausf. Erläuterungen unten unter Rdn. 199–201: Bei der Einordnung der Inhaltsdaten als Nutzungsdaten ergibt sich die Erlaubnis zur Datenverarbeitung aus § 3 Abs. 1 i. V. m. § 28 Abs. 1 Nr. 1 BDSG.
[179] Systemdatenschutz ist die Gesamtheit aller Maßgaben für die Gestaltung und Auswahl derjenigen technischen Einrichtungen, die zur Datenverarbeitung genutzt werden.

IV. Verarbeitung personenbezogener Daten nach dem TMG

1. Allgemeine Grundsätze

Die allgemeinen Grundsätze der Datenverarbeitung bei Telemedien sind im Wesentlichen aus dem allgemeinen Datenschutzrecht bekannt. Die Übernahme dieser Prinzipien ist gerechtfertigt, weil der Telemedien-Datenschutz keine isolierte Regelungsmaterie darstellt, sondern sich in das System aus allgemeinen und bereichsspezifischen Vorschriften (insbesondere für Telekommunikation und Rundfunk) einfügt.[180] Aufgrund der spezifischen Risiken bei Telemedien sind die allgemeinen Grundsätze teilweise angepasst worden. **168**

a) Verbot mit Erlaubnisvorbehalt und Zweckbindung (§ 12 Abs. 1, 2 TMG)

Nach § 3 Abs. 1 TMG dürfen personenbezogene Daten von einem Diensteanbieter[181] nur erhoben, verarbeitet oder genutzt werden, wenn das TMG oder eine andere Rechtsvorschrift es erlauben oder der Nutzer seine Einwilligung erklärt hat. Dieser sog. Erlaubnisvorbehalt ist ein wesentliches datenschutzrechtliches Grundkonzept und entspricht § 4 Abs. 1 BDSG.[182] Er bezieht sich auf »personenbezogene Daten« im Sinne von § 3 Abs. 1 BDSG,[183] also »Einzelangaben über persönliche oder sachliche Verhältnisse einer bestimmten oder bestimmbaren natürlichen Person«.[184] Auch für die im TMG in Bezug genommenen Verarbeitungsvorgänge finden die Begriffsbestimmungen des BDSG Anwendung.[185] **169**

Der Erlaubnisvorbehalt steht im notwendigen Zusammenhang mit dem Gebot der engen Zweckbindung nach § 12 Abs. 2 TMG (»... *soweit* dieses Gesetz oder eine andere Rechtsvorschrift (...) es erlaubt oder der Nutzer eingewilligt hat.«): Die Befugnis zur Datenverarbeitung aufgrund eines Erlaubnistatbestands oder einer Einwilligung bezieht sich immer nur auf den konkret erlaubten Zweck; eine Ausdehnung auf andere Zwecke bedarf wiederum eines Erlaubnistatbestandes oder einer Einwilligung.[186] Eine Speicherung der Daten auf Vorrat oder zu unbestimmten oder von einer Erlaubnis nicht gedeckten Zwecken ist deshalb unzulässig. Das Zweckbindungsgebot soll sicherstellen, dass die Vorgänge bei der Erhebung, Verarbeitung und Nutzung von Daten rekonstruierbar und kontrollierbar bleiben[187] und dient insoweit der Absicherung des Transparenzgebots. **170**

b) Unterrichtungspflicht/Transparenzgebot (§ 13 Abs. 1 TMG)

Ein wesentliches datenschutzrelevantes Risiko bei Telemedien liegt in dem Umstand, dass Daten auch ohne aktive Mitwirkung oder gar Kenntnis des Nutzers erhoben werden können: Der Telemedien-Nutzer kann sein Recht auf informationelle Selbstbestimmung möglicherweise nicht ausüben, weil die Datenerhebung unbemerkt erfolgt.[188] **171**

---

[180] Die in der Literatur geäußerte Kritik zielt insoweit weniger auf die konzeptionelle Gestaltung selbst, sondern eher auf die Gewichtung zwischen klassischen Regelungsansätzen und dem modernen Systemdatenschutz, vgl. *Spindler/Schmitz/Geis* TDDSG Einf. Rn. 26, der das herkömmliche Datenschutzkonzept aus enger Zweckbindung mit Erlaubnisvorbehalt, Auskunftsrechten und Datenschutzaufsicht im Zeitalter globaler Datennetze für »zweifelhaft« hält und für eine noch stärkere und konsequentere Ausrichtung auf den Systemdatenschutz mit mehr Eigenverantwortung und Initiative der Nutzer plädiert und dem TDDSG »erste lobenswerte Ansatzpunkte« in diese Richtung attestiert.
[181] Vgl. zur Anwendbarkeit deutschen Datenschutzrechts für ausländische Anbieter (im Hinblick auf das in § 3 TMG statuierte Herkunftslandprinzip *Jotzko* MMR 2009, 232).
[182] Vgl. oben Rdn. 50.
[183] Vgl. *Bizer* DuD 1998, 277 (278).
[184] Vgl. oben Rdn. 23–34.
[185] §§ 1–3 BDSG, vgl. oben Rdn. 38–46.
[186] Vgl. *Spindler/Schmitz/Geis* § 3 TDDSG Rn. 2.
[187] Vgl. *Spindler/Schmitz/Geis* § 3 TDDSG Rn. 30.
[188] Vgl. Gesetzesbegründung zum TDDSG, BT-Drs. 13/7385, 22, die von den »besonderen Risiken der Datenarbeitung in einem Netz« spricht.

Aus diesem Grund sieht § 13 Abs. 1 TMG eine umfassende Unterrichtungspflicht des Nutzers vor, damit dieser abschätzen kann, wer was wann bei welcher Gelegenheit über ihn erfährt.[189] Die Unterrichtung ist insoweit eine notwendige Bedingung für die Ausübung der Rechte des Nutzers.

172 Zielrichtung und Umfang der Unterrichtungspflicht gehen über die vergleichbare Pflicht nach § 4 Abs. 3 BDSG hinaus.[190] Insbesondere muss die Unterrichtung nicht lediglich im Vorfeld einer Einwilligung des Nutzers erfolgen, sondern »zu Beginn des Nutzungsvorganges«, also auch vor einer Datenerhebung, die aufgrund eines gesetzlichen Erlaubnistatbestandes erfolgt. Der Nutzer soll dadurch in die Lage versetzt werden, zu entscheiden, ob er die Nutzung des Telemediendienstes fortsetzen und dabei bestimmte Daten preisgeben will oder nicht.[191]

173 Die Unterrichtung bezieht sich auf Art, Umfang und Zwecke[192] der Erhebung, Verarbeitung und Nutzung personenbezogener Daten. So sind die zu erhebenden Daten und ihr Verwendungszweck zu spezifizieren und der Nutzer ist über weitere relevante Umstände wie etwa die Weitergabe von Daten an Dritte oder die Bildung von Nutzerprofilen[193] zu informieren. Die Unterrichtung muss insoweit konkret und umfassend[194] sein, darüber hinaus in allgemein verständlicher Form erfolgen und für den Nutzer jederzeit abrufbar sein.

Eine Sonderregelung enthält § 13 Abs. 1 S. 2 TMG für automatisierte Verfahren, die (lediglich) eine spätere Identifizierung des Nutzers ermöglichen und eine spätere Erhebung oder Verwendung personenbezogener Daten vorbereiten: Hierüber ist der Nutzer bereits vor Beginn des Verfahrens zu unterrichten. Diese Regelung zielt vor allem auf den Einsatz sog. Cookies, bei der in einem ersten Schritt (durch Speicherung einer Textdatei auf der Festplatte des Nutzers) lediglich Informationen über die Nutzung eines Dienstes erhoben werden und ggf. erst in einem weiteren Schritt (durch Rückmeldung an den Server des Anbieters) ein Bezug zum Nutzer hergestellt wird.[195]

Die Unterrichtungspflicht bildet zudem den Maßstab für Art und Umfang der Informationen, die der Diensteanbieter den Nutzern geben muss, wenn er eine Einwilligung für weiter gehende Erhebungen, Verarbeitungen oder Nutzungen einholt.[196]

174 Im Zusammenhang mit Cookies und allen vergleichbaren Verfahren, bei denen Informationen auf einem Endgerät eines Nutzers gespeichert werden und/oder hierauf zugegriffen wird, zeichnet sich aufgrund der Änderung der Datenschutzrichtlinie für elektronische Kommunikation (2002/58/EG) durch die telekommunikationsrechtliche Änderungsrichtlinie 2009/136/EG[197] ein Einwilligungserfordernis ab: Nach der Neufassung von Art. 5 Abs. 3 der Richtlinie 2002/58/EG sollen Speicherung von oder Zugriff auf Informationen

---

189 Vgl. *Spindler/Schmitz/Geis* § 4 TDDSG Rn. 4; Roßnagel/*Bizer* § 3 TDDSG Rn. 196 ff.
190 Hinsichtlich der Identität der verantwortlichen Stelle geht die Unterrichtungspflicht nach § 4 Abs. 3 S. 1 allerdings über die Unterrichtung nach dem TMG hinaus. Dies erscheint insoweit sinnvoll, als der Diensteanbieter seine Identität ohnehin im Rahmen der Anbieterkennzeichnung nach § 5 Abs. 1 TMG offen legen muss.
191 Vgl. *Roßnagel*, Datenschutz Tele-/Mediendienste, Rn. 89, der zugleich darauf hinweist, dass der Diensteanbieter mindestens wissen muss, an welche Netzadresse er die Unterrichtung übermitteln und insoweit auch vor der Unterrichtung in der Lage sein muss, dieses Datum zu erheben.
192 Die Unterrichtung bezieht sich allerdings nicht auf den Ort der Datenverarbeitung, wenn die Datenverarbeitung innerhalb der EU erfolgt (vgl. BT-Drs. 14/6098, 28, wonach die Information über den Ort der Verarbeitung angesichts der Globalisierung von Netzen und Märkten nicht mehr praktikabel war). Eine zusätzliche Information ist deshalb nur erforderlich, wenn Daten außerhalb der EU verarbeitet werden.
193 Vgl. *Roßnagel*, Datenschutz Tele-/Mediendienste, Rn. 92.
194 Vgl. BT-Drs. 13/7385, 22.
195 Vgl. zur Funktionsweise und zum umstrittenen Kriterium des Personenbezugs von Cookies Roßnagel/*Bizer* § 3 TDDSG, Rn. 212; ausf. *Spindler/Schmitz/Geis* § 4 TDDSG Rn. 6 f.
196 Vgl. *Spindler/Schmitz/Geis* § 4 TDDSG Rn. 6 f.
197 V. 25.09.2009, ABl. EG, L 337 (v. 18.12.2009).

IV. Verarbeitung personenbezogener Daten nach dem TMG

im Endgerät eines Nutzers nur aufgrund einer Einwilligung zulässig sein, die auf Grundlage von klaren und umfassenden Informationen über den Zweck der Verarbeitung erteilt werden muss. Abschließend konturiert ist dieses Einwilligungserfordernis in der Änderungsrichtlinie indes nicht,[198] und der deutsche Gesetzgeber hat bislang keine Pläne für eine gesonderte Umsetzung.

c) Einwilligung (§ 13 Abs. 2, 3 TMG)

Für die Datenverarbeitung bei Telemedien kommt der Einwilligung des Nutzers eine gegenüber allgemeinen Verarbeitungstatbeständen erheblich größere Bedeutung zu: Die gesetzlichen Erlaubnistatbestände für die Verarbeitung von Bestands-, Nutzungs- und Abrechnungsdaten sind aufgrund der spezifischen Risikolage bei elektronischen Kommunikationsdiensten bewusst eng gefasst worden.[199] Ein Rückgriff auf allgemeine Erlaubnistatbestände außerhalb des TMG ist durch die Regelung in § 12 Abs. 1 TMG nur in engen Grenzen möglich. Aus Sicht des Anbieters können aber gerade Bestands- und Nutzungsdaten von erheblichem wirtschaftlichen Wert sein,[200] der nur bei einer rechtlichen Grundlage für die Nutzung realisiert werden kann. **175**

Die grundlegende Anforderung an die Einwilligung sind im TMG nicht spezialgesetzlich geregelt, sondern ergeben sich aus den §§ 4 f. BDSG.[201] Danach muss die Einwilligung durch einen informierten Nutzer[202] aufgrund seiner freien Entscheidung – also freiwillig – erklärt werden.

Insbesondere im Bereich der »Web 2.0« oder »Social Media«-Anwendungen wie den sozialen Netzwerken ist die Einwilligungspraxis der Diensteanbieter in jüngster Zeit – auch unter AGB-rechtlichen Gesichtspunkten – Gegenstand juristischer Diskussionen[203] und Auseinandersetzungen[204] gewesen. Der Düsseldorfer Kreis hatte bereits im April 2008 eine Entschließung zur datenschutzkonformen Ausgestaltung sozialer Netzwerke und im November 2010 eine Entschließung zum Schutze Minderjähriger in sozialen Netzwerken veröffentlicht und in diesem Zusammenhang jeweils auch die Anforderungen an Unterrichtungspflicht, Transparenzgebot und eine wirksame Einwilligung konkretisiert. **176**

aa) Koppelungsverbot

Bis September 2009 flankierte TMG das wesentliche Kriterium der Freiwilligkeit durch das in § 12 Abs. 3 TMG geregelte, an den Anbieter gerichtete Verbot, die Erbringung eines **177**

---

198 Ausgenommen sind nach dem Wortlaut des neuen Art. 5 Abs. 3 lediglich die technische Speicherung oder der Zugang von Informationen, »wenn der alleinige Zweck die Durchführung der Übertragung einer Nachricht über ein elektronisches Kommunikationsnetz ist oder wenn dies unbedingt erforderlich ist, damit der Anbieter eines Dienstes der Informationsgesellschaft, der vom Teilnehmer oder Nutzer ausdrücklich gewünscht wurde, diesen Dienst zur Verfügung stellen kann«. Indes sieht Erwägungsgrund 66 der Änderungsrichtlinie 2009/136/EG ausdrücklich vor, dass die Einwilligung (wenn es technisch durchführbar und wirksam ist) »im Einklang mit den entsprechenden Bestimmungen der Richtlinie 95/46/EG über die Handhabung der entsprechenden Einstellungen eines Browsers oder einer anderen Anwendung ausgedrückt werden«.
199 S. u. Rdn. 185–201.
200 So ist z. B. denkbar, dass ein für den Nutzer kostenfreier Dienst nur zur Verfügung gestellt werden kann, weil der Anbieter sich aus alternativen Erlösquellen finanziert, also etwa durch Online-Werbung oder Direktmarkting-Aktivitäten.
201 Vgl. oben Rdn. 52–60.
202 Zu beachten ist, dass die nach § 4 Abs. 1 S. 2 BDSG erforderliche Information über den vorgesehenen Zweck der Erhebung, Verarbeitung oder Nutzung seiner Daten und die Folgen der Verweigerung der Einwilligung weiter reichen (können), als die vom Telemedien-Anbieter in jedem Fall zu erfüllende Unterrichtungspflicht nach § 13 Abs. 1 TMG.
203 Vgl. v. a. *Nord* NJW 2010, 3756 sowie *Berberich* MMR 2010, 736; *Erd* NVwZ 2011, 19.
204 Vgl. etwa die Abmahnung der Allgemeinen Geschäftsbedingungen der sozialen Netzwerke Facebook, Lokalisten, Wer-kennt-wen und Xing durch den Verbraucherzentrale Bundesverband im Sommer 2009.

Dienstes von einer Einwilligung des Nutzers in eine Verarbeitung oder Nutzung seiner Daten für andere Zwecke abhängig zu machen. Durch die BDSG-Novellen 2009 wurde das Koppelungsverbotes in § 28 Abs. 3b BDSG geregelt und § 12 Abs. 3 TMG ersatzlos gestrichen. Nach wie vor ist es indes z. B. dem Anbieter einer Online-Informationsplattform untersagt, im Rahmen einer Registrierung oder Anmeldung ausschließlich denjenigen Nutzern den Zugang zu gewähren, die mit der Registrierung zugleich eine datenschutzrechtliche Einwilligung erklären.[205] Danach wäre der Anbieter verpflichtet, den Zugang sowohl mit als auch ohne Einwilligungserklärung durch den Nutzer anzubieten.[206]

178 Das Koppelungsverbot ist indes auf die Fälle beschränkt, in denen dem Nutzer ein anderer Zugang »zu diesen Telemedien« nicht oder nicht in zumutbarer Weise möglich ist. Die vorstehende Formulierung ist Ausgangspunkt für unterschiedliche Auffassungen über die konkrete Reichweite des Koppelungsverbots:
- Die Vertreter einer weiten Auslegung nehmen an, dass sich das Erfordernis der »anderen Zugangsmöglichkeit« auf das konkrete Angebot des jeweiligen Anbieters bezieht.[207] Jeder Anbieter müsste jeden seiner Dienste sowohl mit als auch ohne Einwilligungserklärung anbieten.
- Die Vertreter einer engen Auslegung gehen – ausgehend vom Wortlaut der Vorschrift (»zu diesen Telemedien«) davon aus, dass das Koppelungsverbot nur bei Ausnutzung einer Monopolstellung greift und es von Anbietern nicht beachtet werden muss, solange der Nutzer ohne Einwilligung auf Dienste der gleichen Gattung zugreifen kann.[208] Begründet wird diese Auslegung mit der nachträglichen Einfügung der Beschränkung, einer teleologischen Auslegung der Vorschrift.[209]

Im Ergebnis dürfte der engen Auslegung der Vorzug zu geben sein, denn das Koppelungsverbot ist zur Sicherung der Entscheidungsfreiheit des Nutzers über die Preisgabe von Daten nur erforderlich, wenn der Nutzer nicht auf andere, ähnliche Dienste (ggf. von anderen Anbietern) zugreifen kann und damit nicht von einem einzigen Anbieter abhängig ist.[210]

bb) Elektronische Einwilligung

179 Abweichend vom Schriftformerfordernis für die Einwilligung nach § 4a Abs. 1 BDSG[211] sehen § 13 Abs. 2, 3 TMG die Möglichkeit einer elektronischen Einwilligung vor. Diese Form ist praktisch vor allem relevant, weil der Nutzer bei der Inanspruchnahme eines Dienstes ohne »Medienbruch« die Einwilligung erklären und die Nutzung fortsetzen kann.

Die wirksame elektronische Einwilligung setzt voraus, dass
- sie durch eine bewusste und eindeutige Handlung des Nutzers erteilt (Nr. 1) und

---

205 Vgl. neben *Gola/Schomerus* § 28 Rn. 46 und *Taeger/Gabel* § 28 Rn. 180 f., auch das Beispiel bei *Roßnagel*, Datenschutz Tele-/Mediendienste, Rn. 62: Ein Online-Verkäufer darf den Abschluss eines Vertrages über die Lieferung von Waren nicht von der Einwilligung in die Nutzung von Daten zu Marketing-Zwecken abhängig machen.
206 In der Praxis wird dem Koppelungsverbot häufig dadurch Rechnung getragen, dass eine Einwilligung getrennt von der auf Nutzung des Dienstes gerichteten Willenserklärung abzugeben ist. Diese Gestaltung trägt zugleich dem Erfordernis einer »hervorgehobenen« Einwilligung nach § 4a Abs. 1 S. 4 BDSG Rechnung, wenn die Einwilligung zusammen mit anderen Erklärungen abgegeben wird.
207 Vgl. *Roßnagel*, Datenschutz Tele-/Mediendienste, Rn. 62; *Roßnagel/Dix* § 5 TDDSG Rn. 54.
208 Vgl. *Spindler/Schmitz/Geis* § 3 TDDSG Rn. 35 ff.
209 Vgl. *Spindler/Schmitz/Geis* § 3 TDDSG Rn. 37 ff.
210 So – unter Verweis auf den Grundgedanken des Rechts auf informationelle Selbstbestimmung auch *Spindler/Schmitz/Geis* § 3 TDDSG Rn. 40.
211 Die Schriftform kann nach §§ 126 Abs. 3, 126a BGB auch durch eine qualifizierte elektronische Signatur ersetzt werden. Dies wurde auch durch die alte Fassung von § 3 Abs. 7 TDDSG vorausgesetzt, wonach die Einwilligungserklärung nicht unerkennbar verändert werden durfte und den Urheber erkennen ließ. Allerdings hat sich die Verwendung der qualifizierten Signatur – jedenfalls bei Massengeschäften – nach wie vor noch nicht durchgesetzt.

- vom Anbieter protokolliert wird (Nr. 2),
- der Nutzer den Inhalt der Einwilligung jederzeit abrufen (Nr. 3) und
- sie jederzeit mit Wirkung für die Zukunft widerrufen kann (Nr. 4).

Darüber hinaus muss der Nutzer nach § 13 Abs. 3 TMG auf das Recht zum jederzeitigen Widerruf vor Erklärung der Einwilligung hingewiesen werden.

Das ausdrückliche Erfordernis der »bewussten und eindeutigen« Handlung[212] stärkt den Schutz des Nutzers vor versteckten oder »untergeschobenen« Einwilligungen.[213] Der Verzicht auf die zusätzlichen Anforderungen einer nicht veränderbaren und dem Urheber eindeutig zuzuordnenden Erklärung ist als zweifelhafte Schwächung der elektronischen Einwilligung kritisiert worden, die zu deutlichen Diskrepanzen zu den allgemeinen Formvorschriften führe.[214] Andere Stimmen kritisieren die Regelung als »unnötig kompliziert«, weisen darauf hin, dass wirksame elektronische Einwilligungen in der Internetpraxis typischerweise nicht vorkämen und stellen den »restriktiven« Umfang des Gesetzgebers mit der elektronischen Einwilligung infrage.[215]

180

d) Datenvermeidung und -sparsamkeit, anonyme/pseudonyme Nutzung (§ 3a BDSG, § 13 Abs. 6 TMG)

Das Prinzip der Datenvermeidung und Datensparsamkeit nach § 3a BDSG[216] gilt uneingeschränkt auch für die Datenerhebung bei Telemedien. Konkretisiert wird dieser Grundsatz durch die Verpflichtung des Diensteanbieters, die Nutzung von Telemedien und ihre Bezahlung anonym[217] oder unter Pseudonym[218] zu ermöglichen, soweit dies technisch möglich und zumutbar ist und den Nutzer über diese Möglichkeit zu informieren, § 13 Abs. 6 TMG.

181

Zwar besteht in der Literatur Einigkeit, dass eine anonyme Nutzungsmöglichkeit die perfekte Technik zur Gewährleistung umfassenden Datenschutzes darstelle[219] und gerade zur Reduzierung der telemedienspezifischen Risiken geeignet sei. Die Grenzen dieser grundsätzlich anerkannten Möglichkeit ergeben sich indes gerade aus der Technik zur Nutzung von Telemedien: Denn praktisch kann in der Regel lediglich die Abrechnung von Telemedien anonym erfolgen,[220] die eigentliche Nutzung ist schon bei der Verwendung einer IP-Adresse mit Personenbezug kaum anonym,[221] sondern allenfalls unter Pseudonym denkbar.[222] Etwas anderes ergibt sich, wenn einem Nutzer von seinem Access-Provider keine feste, sondern für jede Nutzung eine dynamische IP-Adresse zugewiesen wird: Beim Zugriff auf die Telemedien von Drittanbietern erscheint der Nutzer dann lediglich unter

182

---

212 Vgl. zu diesen Anforderungen bei der Einwilligungserklärung einer Auktionsplattform Brandenburgisches OLG K&R 2006, 234.
213 Dieser Schutz wird für schriftliche Einwilligungen durch § 4a Abs. 1 S. 4 BDSG gewährleistet, wonach die Einwilligung besonders hervorzuheben ist, wenn sie zusammen mit anderen Erklärungen abgegeben wird. Darüber hinaus können Einwilligungserklärungen auch unter AGB-rechtlichen Gesichtspunkten unwirksam sein, vgl. etwa Urteil des LG Dortmund vom 23.02.2007, 8 O 194/06.
214 Vgl. *Roßnagel*, Datenschutz Tele-/Mediendienste, Rn. 68, 130 m. w. N.
215 Vgl. *Zscherpe* MMR 2004, 723; *Hoeren* NJW 2007, 801 (805).
216 Vgl. oben Rdn. 81.
217 Vgl. *Hoeren* ZRP 2010, 251.
218 Zum Begriff der anonymen bzw. pseudonymen Daten nach § 3 Nr. 14, 6a BDSG vgl. oben Rdn. 36–37.
219 Vgl. *Fox/Bizer* DuD 1998, 616; *Caronni* DuD 1998, 633.
220 So schon die Gesetzesbegründung (BT-Drs. 13/7385, 23) unter Verweis auf »Prepaid-Systeme«.
221 Eine anonyme Nutzung würde die sofortige Löschung aller Nutzungsdaten mit identifizierenden Merkmalen sofort nach Nutzungsende voraussetzen, vgl. *Spindler/Schmitz/Geis* § 4 TDDSG Rn. 48.
222 Vgl. *Spindler/Schmitz/Geis* § 4 TDDSG Rn. 43, 44 mit kritischen Anmerkungen auch zur Möglichkeit pseudonymer Nutzung bei IP-Adressen mit Personenbezug; im Ergebnis könne der Diensteanbieter selbst keine pseudonyme Nutzungsmöglichkeit anbieten, sondern lediglich Maßnahmen des Nutzers zur pseudonymen Nutzung (z. B. Zugangsvermittler/»Anonymizer«) tolerieren.

dem Pseudonym der dynamischen IP-Adresse; lediglich dem Access-Provider ist eine Zuordnung möglich.

183 Sofern die Gewährung anonymen oder pseudonymen Zugangs technisch möglich ist (und der Diensteanbieter dies darlegen und beweisen kann), muss diese dem Diensteanbieter auch zumutbar sein; der Diensteanbieter soll nicht zu jedem technisch möglichen Angebot verpflichtet sein, sondern das Zumutbarkeitserfordernis soll – unter Berücksichtigung der Größe und Leistungsfähigkeit des Anbieters – einen gerechten Ausgleich zwischen Datenschutz- und Anbieterinteressen herbeiführen.[223] Die Auslegung des unbestimmten Rechtsbegriffs der Zumutbarkeit darf sich dabei nicht lediglich an der individuellen Situation des jeweiligen Anbieters, sondern an einer branchenbezogenen durchschnittlichen Zumutbarkeit orientieren.[224]

Es ist davon auszugehen, dass Aspekte der Datenvermeidung einen wesentlichen Akzent zukünftiger Diskussionen über die Weiterentwicklung des Telemedien-Datenschutzes bilden werden.[225]

2. Systemdatenschutz – Technische und organisatorische Vorkehrungen (§ 13 Abs. 4 TMG)

184 Zur Absicherung der materiellen Datenschutzanforderungen schreibt § 13 Abs. 4 TMG dem Telemedien-Anbieter technische und organisatorische Vorkehrungen vor. Diese Vorkehrungen setzen die Grundsätze des sog. Systemdatenschutzes um, nach denen die technische und organisatorische Gestaltung der zur Datenverarbeitung eingesetzten Systeme verbotene Verfahren ausschließen und gebotene Verfahren ermöglichen sollen (»Datenschutz durch Technik«).[226] Verantwortlich für die Einhaltung dieser Vorkehrungen ist der Diensteanbieter, und zwar im Außenverhältnis gegenüber dem Nutzer auch dann, wenn er selbst den Dienst lediglich inhaltlich gestaltet und die technische Abwicklung einem Dienstleister überlässt.

Die technischen und organisatorischen Vorkehrungen sehen im Einzelnen folgendes vor:
- Nach § 13 Abs. 4 S. 1 Nr. 1 TMG ist sicherzustellen, dass der Nutzer die Nutzung des Dienstes jederzeit beenden kann. Als Beendigung gilt sowohl der Abbruch eines konkreten Nutzungsvorganges (also etwa die Abwicklung einer Online-Bestellung bei E-Commerce-Angeboten oder das Lesen einer Nachricht bei einem e-Mail-Dienst) als auch der Abbruch der Verbindung zum Telemedien-Dienst insgesamt. Durch diese Vorgabe soll sichergestellt werden, dass der Nutzer während des gesamten Nutzungsvorganges (und der damit notwendig einhergehenden Datenerhebung) ein Höchstmaß an individueller Selbstbestimmung im Hinblick auf seine personenbezogenen Daten behält.[227]
- Nach § 13 Abs. 4 S. 1 Nr. 2 TMG muss der Diensteanbieter die Daten über den Ablauf des Zugriffs oder der sonstigen Nutzung unmittelbar nach Beendigung dieser Vorgänge löschen oder sperren. Die Verpflichtung bezieht sich sowohl auf die Nutzungs- und Abrechnungsdaten als auch auf die bei der Nutzung erhobenen weiteren Daten, insbesondere Inhaltsdaten. Durch § 13 Abs. 4 S. 2 TMG wird klargestellt, dass bei gesetzlichen, vertraglichen oder satzungsmäßigen Aufbewahrungsfristen anstelle der Löschung eine Sperrung der erhobenen Daten tritt. Insoweit ist die Verpflichtung zur Löschung oder Sperrung insbesondere im Lichte der ergänzenden Vorschriften über Nutzungsdaten (etwa § 15 Abs. 4, 7, 8 TMG) zu sehen, die eine erweiterte Speicherung zulassen.

---

[223] BT-Drs. 13/7385, 16, 23.
[224] Vgl. *Roßnagel*, Datenschutz Tele-/Mediendienste, Rn. 114.
[225] So bereits jetzt *Roßnagel*, Datenschutz Tele-/Mediendienste, Rn. 131, der für eine Fortentwicklung der Vorsorgeregelungen (§§ 13 Abs. 4 Nr. 6; 15 Abs. 3 TMG) plädiert, die eine Aufdeckung anonymer/ pseudonymer Nutzung durch Zusammenführung mit Bestandsdaten verbieten und sanktionieren.
[226] Zu den Konzepten des Systemdatenschutzes ausf. Roßnagel/*Dix*, Hdb. Datenschutzrecht, S. 364.
[227] Vgl. *Roßnagel*, Datenschutz Tele-/Mediendienste, Rn. 117.

- § 13 Abs. 4 S. 1 Nr. 3 TMG regelt den Schutz der Vertraulichkeit bei der Telemedien-Nutzung; der Anbieter muss sicherstellen, dass Telemedien genutzt werden können, ohne dass Dritte davon Kenntnis erlangen. Da die Vorschrift dem Schutz des Telekommunikationsgeheimnisses im Bereich der Telemedien dient, bezieht sich die Verpflichtung auf sämtliche Umstände der Nutzung (also insbesondere Inhalts-, Nutzungs-, Abrechnungs- und Bestandsdaten), die etwa durch ausreichende Authentifizierung der Teilnehmer, Zugriffs- und Verschlüsselungsmechanismen zu schützen sind.[228]
- Nach § 13 Abs. 4 S. 1 Nr. 4 TMG ist der Diensteanbieter verpflichtet, eine getrennte Verarbeitung von Daten über die Inanspruchnahme verschiedener Dienste sicherzustellen. Dir Vorschrift dient damit der Absicherung der grundsätzlichen Pflicht zur Abschottung von Daten über die Nutzung verschiedener Dienste, die lediglich in bestimmten Ausnahmefällen (vgl. § 15 Abs. 2 TMG für Abrechnungszwecke) durchbrochen wird. Die letztgenannte Ausnahmebestimmung ist nach § 13 Abs. 4 S. 1 Nr. 5 TMG gleichfalls durch technische und organisatorische Maßnahmen abzusichern.
- Auch § 13 Abs. 4 S. 1 Nr. 5 TMG sichert die getrennte Verarbeitung von Daten und fordert vom Anbieter sicherzustellen, dass zulässigerweise nach § 15 Abs. 3 TMG unter Pseudonym erstellte Nutzungsprofile nicht mit den zur Identifikation des entsprechenden Nutzers geeigneten Angaben – also zu einem personenbezogenen Nutzungsprofil – zusammengeführt werden können.

Die Auswahl der konkreten technischen und organisatorischen Maßnahmen zur Umsetzung der in § 13 Abs. 4 TMG genannten Ziele bleibt dem jeweiligen Anbieter überlassen.[229]

3. Besondere Verarbeitungsbestimmungen

Aufgrund des Verbotes mit Erlaubnisvorbehalt nach § 3 Abs. 1 TMG dürfen personenbezogene Daten von einem Diensteanbieter nur erhoben, verarbeitet oder genutzt werden, wenn das TMG oder eine andere Rechtsvorschrift es erlauben oder der Nutzer seine Einwilligung erklärt hat. Einen Kernpunkt des TMG bilden deshalb die gesetzlichen Erlaubnistatbestände in §§ 14, 15 TMG, die es dem Anbieter erlauben, Daten unabhängig von einer Einwilligung des Nutzers zu verarbeiten. Mit den Erlaubnistatbeständen trifft der Gesetzgeber also eine Wertung dahin gehend, welche Kategorien von Daten zu welchen Zwecken von Telemedien-Anbietern notwendig genutzt werden müssen. 185

a) Bestandsdaten (§ 14 Abs. 1 TMG)

Die Vorschrift über die zulässige Verarbeitung von Bestandsdaten ähnelt dem Erlaubnistatbestand in § 28 Abs. 1 Nr. 1 BDSG, der die Datenverarbeitung im Zusammenhang mit einem Vertrags- oder vertragsähnlichen Rechtsverhältnis erlaubt. Für Telemedien ist die Regelung in § 14 Abs. 1 TMG indes abschließend; Bestandsdaten von Telemedien-Nutzern können deshalb ohne Einwilligung nicht etwa aufgrund der Bestimmungen in §§ 28 ff. BDSG verarbeitet werden.[230] 186

Zulässig ist die Erhebung, Verarbeitung und Nutzung von Bestandsdaten, soweit dies für die Begründung, inhaltliche Ausgestaltung oder Änderung eines Vertragsverhältnisses über die Nutzung von Telemedien erforderlich ist.

Der Umfang möglicher Bestandsdaten hängt von der Gestaltung des Telemedien-Dienstes ab; in Betracht kommen insbesondere Name und Anschrift, e-Mail-Adresse bzw. sonstige Kontaktdaten, Zugangsdaten (Nutzerkennung und Passwörter), Leistungsmerkmale des verwendeten Nutzersystems, Angaben zur Zahlung bei entgeltpflichtigen Angeboten 187

---

228 Vgl. *Roßnagel*, Datenschutz Tele-/Mediendienste, Rn. 119.
229 Vgl. *Taeger/Gabel* § 14 TMG Rn. 3; *Spindler/Schmitz/Geis* § 4 TDDSG Rn. 25.
230 Vgl. *Spindler/Schmitz/Geis* § 5 TDDSG Rn. 3.

(Konto- oder Kreditkartennummern, Gültigkeitsdauer, Prüfziffern), Angaben zu dem vom Nutzer in Anspruch genommenen Dienst (also Leistungsbeschreibungen, -merkmale oder -beschränkungen wie etwa die Postfachgröße bei e-Mail-Angeboten, Zugriffsrechte auf Datenbanken bei Informationsdiensten) oder sonstige vom Nutzer gemachte Angaben zur Nutzung des Dienstes (z. B. die Angaben zu präferierten Inhalten bei personalisierbaren Diensten).

Allerdings ist der Anbieter im Hinblick auf den Umfang der Bestandsdaten nicht völlig frei; § 14 Abs. 1 TMG gestattet vielmehr nur die Erhebung, Verarbeitung und Nutzung der Daten, die für die genannten Zwecke »erforderlich« bzw. »unerlässlich«[231] sind. Auch die Erforderlichkeit bestimmt sich jedoch anhand des konkreten Vertragsverhältnisses[232] zwischen Anbieter und Nutzer und mithin nach dem Inhalt des konkret angebotenen Dienstes, dessen Eigenschaften und Merkmalen.

188 Während eine restriktive Auffassung davon ausgeht, dass der Anbieter den Umfang der Bestandsdaten unter strikter Beachtung des Grundsatzes der Datensparsamkeit schon bei der Ausgestaltung des Dienstes auf das unverzichtbare Maß zu beschränken habe,[233] geht eine liberalere Auffassung davon aus, dass es neben der Erforderlichkeit weder ein erweiterndes Merkmal der »Zweckmäßigkeit« noch ein einschränkendes Erfordernis der »Datensparsamkeit« gebe, weshalb es einem Anbieter per se nicht verwehrt sei, auch datenintensive Dienste anzubieten, an denen auch der Anbieter ein berechtigtes Interesse haben könnte.[234]

189 Mit der liberaleren Auffassung ist davon auszugehen, dass die freiwillige Vereinbarung über einen Dienst, bei dem zahlreiche Daten erhoben werden, zulässig sein muss. Die restriktive Auffassung würde eine solch freiwillige Entscheidung für einen datenintensiven, dafür aber ggf. mit erweiterten Leistungsmerkmalen ausgestatteten Dienst verhindern und den Nutzer in seinem Recht auf informationelle Selbstbestimmung über Gebühr einschränken. Bedenkenswert ist allenfalls, dass der Diensteanbieter die bei Vertragsschluss zwingend anzugebenden Daten auf das zwingend erforderliche Maß beschränkt und dem Nutzer darüber hinaus (wenn möglich) die Wahl lässt, bei Preisgabe weiterer Daten auch erweiterte Funktionalitäten in Anspruch zu nehmen.[235]

190 Die Verarbeitung und Nutzung der erhobenen Bestandsdaten unterliegt einer strikten Zweckbindung auf den durch das Vertragsverhältnis definierten Primärzweck.[236] Dies schließt eine Nutzung für solche Zwecke aus, die zwar in Zusammenhang mit dem Vertragsverhältnis stehen, aber nicht den definierten Primärzweck erfüllen (insbesondere die

---

231 Vgl. die Gesetzesbegründung BT-Drs. 13/7385, 24; zur Kritik an dem insoweit entstehenden Zirkelschluss vgl. *Taeger/Gabel* § 14 TMG Rn. 14 f.
232 Aus dem Bezug zu einem »Vertragsverhältnis« ergibt sich auch, dass die Erhebung von Bestandsdaten unzulässig ist, solange ein solches Vertragsverhältnis zur Nutzung des Dienstes überhaupt nicht begründet wird. Allerdings wird im Vertragsverhältnis bereits dann anzunehmen sein, wenn sich im Nutzer im Verlaufe der Nutzung unter Angabe von Bestandsdaten zu erkennen geben muss oder kann und hierbei Nutzungs- oder sonstige allgemeine Geschäftsbedingungen zu akzeptieren sind (z. B. bei der Anmeldung oder Registrierung im Rahmen einer E-Commerce-Transaktion). Das Vorliegen eines Vertragsverhältnisses richtet sich nach bürgerlichem Recht und ist – entgegen *Roßnagel*, Datenschutz Tele-/Mediendienste, Rn. 70 (Fn. 174) nicht lediglich »unter besonderen Umständen« anzunehmen.
233 Vgl. *Roßnagel*, Datenschutz Tele-/Mediendienste, Rn. 69.
234 Vgl. *Taeger/Gabel* § 14 TMG Rn. 30 f.; *Spindler/Schmitz/Geis* § 5 TDDSG Rn. 6.
235 Diese Möglichkeit wird regelmäßig bei Diensten bestehen, die dem Nutzer nach einer allgemeinen Registrierung verschiedene Funktionalitäten anbieten, die er in Anspruch nehmen kann, aber nicht muss. In diesen Fällen können sich die notwendigen Registrierungsdaten beschränken; weitere Daten werden dann abhängig von der Erforderlichkeit für die jeweilige Funktionalität erhoben. Mit *Spindler/Schmitz/Geis* § 5 TDDSG Rn. 6 a. E. ist davon auszugehen, dass in der Inanspruchnahme datenintensiver Funktionalitäten zugleich eine Einwilligung in die Erhebung und Verarbeitung der jeweils erforderlichen Daten liegen kann.
236 So ausdrücklich *Roßnagel*, Datenschutz Tele-/Mediendienste, Rn. 71.

IV. Verarbeitung personenbezogener Daten nach dem TMG

nicht vom Nutzer aktiv angeforderte Beratung, Werbung, Markt- und Meinungsforschung oder die bedarfsgerechte Gestaltung von Tele- und Mediendiensten).[237]

Aus der allgemeinen Regelung in § 35 Abs. 2 BDSG ergibt sich, dass die Bestandsdaten zu löschen sind, wenn sie zur Vertragsgestaltung und -abwicklung nicht mehr erforderlich sind. Dies wird insbesondere der Fall sein, wenn das Vertragsverhältnis gekündigt oder auf andere Weise beendet wurde und nachvertragliche Ansprüche nicht mehr bestehen.

b) Nutzungsdaten (§ 15 Abs. 1 TMG)

Im Gegensatz zu den Bestandsdaten, aus denen sich lediglich nutzerbezogene Angaben ergeben, beziehen sich die Nutzungsdaten auf sämtliche Aspekte der Nutzung eines Dienstes. Aus wirtschaftlicher Sicht des Anbieters können diese Daten ungleich wertvoller sein als Bestandsdaten; aus Sicht des Nutzers können Nutzungsdaten (wegen der Angaben zu Präferenzen und Nutzungsgewohnheiten) die informationelle Selbstbestimmung wesentlich intensiver gefährden als reine Bestandsdaten.[238]

191

Die Regelung in § 15 TMG regelt deshalb Umfang und Zweck der Befugnis zur Verarbeitung von Nutzungsdaten (und Abrechnungsdaten als Unterkategorie) sehr umfassend. Der Katalog in § 15 Abs. 1 TMG nennt ausdrücklich

192

- Merkmale zur Identifikation des Nutzers,
- Angaben über Beginn, Ende und Umfang der jeweiligen Nutzung und
- Angaben über die vom Nutzer in Anspruch genommenen Telemedien.

Dabei handelt es sich jedoch um eine nicht abschließende Aufzählung von Regelbeispielen; nach § 15 Abs. 1 TMG sind Nutzungsdaten alle Daten, die erforderlich sind, um die Inanspruchnahme von Telemedien zu ermöglichen und abzurechnen. Erfasst sind grundsätzlich alle Daten, die durch die konkrete Nutzung eines Telemedien-Dienstes entstehen und zu seiner Erbringung erforderlich sind. Dabei können sich Nutzungs- und Bestandsdaten auch überschneiden: Soweit nämlich permanent vergebene Merkmale sowohl der Identifizierung des Nutzers im Sinne von § 14 Abs. 1 TMG dienen als auch bei jeder konkreten Nutzung abgefragt oder erhoben werden, handelt es sich sowohl um Bestands- als auch um Nutzungsdaten.[239] Nicht vom TMG erfasst sind allerdings die sog. Verkehrsdaten im Sinne von § 96 TKG, die sich aus der Nutzung von Telekommunikationsdienstleistungen ergeben und die ausschließlich nach den telekommunikationsrechtlichen Bestimmungen zu beurteilen sind.

Nach wie vor umstritten ist in diesem Zusammenhang der Personenbezug von IP-Adressen, die jedenfalls derzeit im Regelfall als dynamische IP-Adressen pro Nutzungsvorgang vergeben werden und insoweit nur vom jeweiligen Telekommunikationsanbieter einem konkreten Vertragspartner zugeordnet werden können. Sowohl in der Rechtsprechung als auch in der Literatur scheint die Auffassung vom fehlenden Personenbezug dynamischer IP-Adressen[240] eine Mindermeinung darzustellen. Die überwiegenden Stimmen gehen –

193

---

[237] Im Hinblick auf direkte werbliche Ansprachen durch elektronische Nachrichten – etwa in Form einer E-Mail des Anbieters an seine Nutzer – können sich auch hier Inkonsistenzen mit den Regelungen zur unerwünschten Werbung nach § 7 des Gesetzes gegen den unlauteren Wettbewerb (UWG) ergeben, wonach unter bestimmten Voraussetzungen der Versand werblicher elektronischer Nachrichten in einer bestehenden Vertragsbeziehung ausdrücklich zulässig ist.
[238] So auch *Roßnagel*, Datenschutz Tele-/Mediendienste, Rn. 77.
[239] Vgl. *Spindler/Schmitz/Geis* § 6 TDDSG Rn. 9 unter ausdrücklicher Erwähnung fester IP-Adressen, Nutzernamen, Passwörtern und sonstigen Zugangsdaten.
[240] Vgl. *Eckhardt* K&R 2007, 602; OLG Hamburg CR 2011, 126; AG München CR 2009, 59; AG Offenburg 20.07.2007, 4 Gs 442/07.

ebenso wie die Mehrzahl der Aufsichtsbehörden (und wohl auch die Bundesregierung) – mittlerweile von einem Personenbezug von IP-Adressen aus.[241]

194 Der Umfang der Erhebung von Nutzungsdaten ist – wie bei Bestandsdaten auf das erforderliche Maß beschränkt. Die oben dargestellten unterschiedlichen Auffassungen zur Bestimmung dieses Umfanges gelten auch für Nutzungsdaten, und nach der hier vertretenen Auffassung ist auch eine intensive Erhebung von Nutzungsdaten zulässig, wenn diese aufgrund des vereinbarten Diensteumfanges benötigt werden.

Aus dem Vorbehalt der Erforderlichkeit[242] folgt weiter, dass Nutzungsdaten zu löschen sind, sobald sie für die Inanspruchnahme des Dienstes nicht mehr erforderlich sind und die weitere Speicherung und Nutzung nicht aufgrund anderer Bestimmungen (etwa zu Abrechnungszwecken oder – gesperrt – zur Erfüllung gesetzlicher, vertraglicher oder satzungsmäßiger Aufbewahrungspflichten, § 15 Abs. 4 S. 2 TMG) erlaubt ist.

195 Bei unentgeltlich angebotenen Diensten beschränkt sich die Befugnis zur Verarbeitung von Nutzungsdaten damit auf die Ermöglichung der Inanspruchnahme, die Erfüllung der vorgenannten Aufbewahrungspflichten, die Erstellung von pseudonymisierter Nutzungsprofilen nach § 15 Abs. 3 TMG und die Weitergabe anonymer Nutzungsdaten an andere Diensteanbieter.

c) Abrechnungsdaten (§ 15 Abs. 2, 4–8 TMG)

196 Eine erweiterte Verarbeitung von Nutzungsdaten ist bei entgeltpflichtigen Diensten erlaubt, soweit bestimmte Nutzungsdaten zugleich Abrechnungsdaten sind.

Allerdings sind die entsprechenden Erlaubnistatbestände in § 15 TMG restriktiv gefasst. Schon aus § 15 Abs. 6 TMG ergibt sich in Konkretisierung des Grundsatzes der Datensparsamkeit, dass die Abrechnung Anbieter, Zeitpunkt, Dauer, Art, Inhalt und Häufigkeit der Inanspruchnahme nicht erkennen lassen darf, es sei denn, der Nutzer hat einen Einzelverbindungsnachweis mit diesen Angaben verlangt. Der konkrete Umfang der zu Abrechnungszwecken zu speichernden Nutzungsdaten ergibt sich wiederum aus den vertraglich vereinbarten Modalitäten zur Abrechnung. So ist eine Erhebung von Nutzungsdaten bei den für Zugangsleistungen weitverbreiteten sog. »Flatrates« zu Abrechnungszwecken nicht erforderlich, bei volumenabhängigen Tarifen genügt die Erhebung der genutzten Datenmenge, bei zeitabhängigen Tarifen die der Nutzungsdauer.[243] Selbst wenn Entgelte für die Nutzung konkreter Einzelanwendungen vereinbart wurden, wird für die Abrechnung gegenüber dem Nutzer regelmäßig die Verwendung aggregierter Daten ausreichen; diese Zusammenfassung ist bei oder unmittelbar nach Beendigung der Nutzung vorzunehmen.

197 Die nicht benötigten Detailangaben sind zu löschen.[244] Soweit Nutzungsdaten ausnahmsweise für die Erstellung von Einzelnachweisen verwendet wurden, muss die Löschung sechs Monate nach Rechnungsversand erfolgen, § 15 Abs. 7 S. 1 TMG; in jedem Fall sind die Abrechnungsdaten spätestens nach Erfüllung der Zahlungsforderung zu löschen. Die Rechnung selbst (einschließlich der darin enthaltenen Nutzungsdaten) unterliegt hingegen nicht der Löschungspflicht.[245]

198 Führt der Anbieter die Abrechnung nicht selbst durch, so ist er nach § 15 Abs. 5 TMG berechtigt, Nutzungsdaten im jeweils erforderlichen Umfang an andere mit der Ermittlung

---

241 *Kitz* GRUR 2003, 1014, 1018; *Nordemann/Dustmann* CR 2004, 380 (386); *Czychowski/Nordemann* NJW 2008, 3095 (3096); *Spindler/Dorschel* CR 2005, 38 (44); *Wandtke/Bullinger* § 101 Rn. 34.
242 Und dem Verbot mit Erlaubnisvorbehalt nach § 12 Abs. 1 TMG, vgl. *Spindler/Schmitz/Geis* § 6 TDDSG Rn. 10 f.
243 Vgl. *Roßnagel*, Datenschutz Tele-/Mediendienste, Rn. 79.
244 Vgl. *Roßnagel*, Datenschutz Tele-/Mediendienste, Rn. 81.
245 Vgl. *Spindler/Schmitz/Geis* § 6 TDDSG Rn. 37.

IV. Verarbeitung personenbezogener Daten nach dem TMG

des Entgelts und zur Abrechnung mit dem Nutzer beauftragte Diensteanbieter, Dritte oder mit dem Einzug des Entgelts (also der Fakturierung und dem Inkasso)[246] Beauftragte weiterzugeben.

d) Inhaltsdaten

Neben den im TMG ausdrücklich geregelten Bestands- und Nutzungs-/Abrechnungsdaten hat die nicht als Gegenstand einer eigenen Regelung definierte Kategorie der »Inhaltsdaten« zu umfangreichen Diskussionen in der Literatur geführt. **199**

Als Inhaltsdaten werden diejenigen Daten bezeichnet, die zwar mithilfe eines Telemedien-Dienstes erhoben bzw. transportiert werden, deren Zweck aber in der Begründung, Änderung oder Erfüllung von Rechtsverhältnissen außerhalb des Telemediums besteht.[247] Diskutiert wird insoweit, ob und in welchem Umfang es sich bei den Inhaltsdaten noch um »Nutzungsdaten« handelt, auf die das TMG Anwendung findet, oder ob Erhebung, Verarbeitung und Nutzung ausschließlich nach allgemeinen BDSG-Vorschriften zu beurteilen ist.

Einerseits reduziert sich die praktische Relevanz der hierzu vertretenen vielfältigen Auffassungen bei näherer Betrachtung, weil **200**
- im Ergebnis an der Zulässigkeit der Erhebung, Speicherung und Verarbeitung von Inhaltsdaten kein Zweifel besteht,
- sich nahezu alle Autoren einig sind, dass auch auf Inhaltsdaten die spezialgesetzlichen Vorschriften des TMG angewandt werden, wenn das durch den Telemediendienst begründete Leistungsverhältnis elektronisch und online abgewickelt wird (also selbst ein Telemedien-Dienst ist)[248] und
- sich die unterschiedlichen Auffassungen auf diejenigen Fälle beschränken, in denen unter Verwendung eines Telemedien-Dienstes Daten erhoben werden, die sodann als Inhaltsdaten für Leistungsverhältnisse verarbeitet werden, die offline abgewickelt werden (also selbst kein Telemedien-Dienst sind).

Andererseits ist die praktische Relevanz der Frage deshalb nicht zu vernachlässigen, weil z. B. ein wesentlicher Teil der heutigen E-Commerce-Transaktionen als Leistungsverhältnis über ein Telemedium angebahnt, sodann aber »offline« abgewickelt werden.[249] Für diese Fallkonstellationen werden (auch vor dem Hintergrund der im Einzelnen umstrittenen Abgrenzung von Telemedien zu Telekommunikationsdiensten) bezüglich konkreter Angebote fast alle denkmöglichen Auffassungen vertreten.[250] **201**

Die mittlerweile wohl h. M. unterstellt die Verarbeitung der Inhaltsdaten zunächst dem TMG, weil es sich hierbei um Daten handelt, die bei der Erbringung von Telemedien anfallen, also Nutzungsdaten nach § 15 TMG. Soweit durch das Telemedium eine weitere Leistungsbeziehung ohne Telemedien-Bezug begründet wird, richtet sich die Verarbeitung der insoweit erforderlichen Daten nach dem BDSG.[251]

---

246 Spindler/Schmitz/Geis § 6 TDDSG Rn. 41.
247 Vgl. *Roßnagel*, Datenschutz Tele-/Mediendienste, Rn. 35 ff.; *Spindler/Schmitz/Geis* § 6 TDDSG Rn. 16 ff. m. w. N.
248 Vgl. *Roßnagel*, Datenschutz Tele-/Mediendienste, Rn. 37; *Spindler/Schmitz/Geis* § 6 TDDSG Rn. 17, 18.
249 Hierzu zählen sämtliche Transaktionen, bei denen die Sachleistung nicht auf die online zu besorgende Bereitstellung von Informationen, Software, Musik, Fotos oder anderen digitalen Daten (z. B. »e-Procurement«) beschränkt ist, sondern in denen klassische Warenlieferungen lediglich online angebahnt werden.
250 So ausdrücklich *Spindler/Schmitz/Geis* § 6 TDDSG Rn. 16, der das »Internet-Datenschutzrecht« deswegen als »schwer durchschaubare Materie mit nicht aufeinander abgestimmten Regelungen« bezeichnet, das weder Nutzern noch Anbietern die wünschenswerte Rechtssicherheit gewähre.
251 Vgl. *Spindler* CR 2007, 239 (243); Bundesbeauftragter für den Datenschutz, 18. Tätigkeitsbericht (BT-Drs. 14/5555, 65); *Spindler/Schmitz/Geis* § 6 TDDSG Rn. 20 mit ausf. Darstellung des Streitstandes;

202 Eine weitere Ausprägung der Diskussion über »Inhaltsdaten« ergibt sich in denjenigen Fällen, in denen nicht das telemedien-spezifische Anbieter-Nutzer-Verhältnis datenschutzrechtliche Fragen aufwirft, sondern bereits die Erhebung, Verarbeitung und Nutzung der über einen Telemediendienst transportierten Inhalte als solche. Prominentestes (aber keineswegs einziges)[252] Beispiel hierfür war die sog. »Spickmich«-Entscheidung des BGH,[253] die sich auch zur datenschutzrechtlichen Zulässigkeit eines Lehrer-Bewertungsportals verhielt. Der BGH hielt in seiner sowohl in Öffentlichkeit als auch in der Literatur[254] intensiv diskutierten Entscheidung die Veröffentlichung von personenbezogenen Daten von Lehrern als Daten aus allgemein zugänglichen Quellen nach § 29 Abs. 1 Nr. 2 BDSG (a. F.) für zulässig.

4. Besondere Verarbeitungsarten

203 Neben den Erlaubnistatbeständen, die im engen Zusammenhang mit der Bereitstellung des Dienstes stehen und vor allem die Erhebung, Verarbeitung und Nutzung durch den Dienstanbieter selbst regeln, enthält das TMG zusätzliche Regelungen zu weiteren Verarbeitungsarten. Diese gehen insbesondere im Hinblick auf die Zweckbindung über die strenge Erforderlichkeitsanforderung hinaus:

a) Pseudonymisierte Nutzungsprofile (§ 15 Abs. 3 TMG) und anonymisierte Nutzungsdaten (§ 15 Abs. 5 S. 3 TMG)

204 Die Erstellung und Verwendung von Nutzungsprofilen ist durch § 15 Abs. 3 TMG unter bestimmten Voraussetzungen für Zwecke der Werbung, der Marktforschung oder zur bedarfsgerechten Gestaltung der Telemedien erlaubt.[255] Bei dieser Regelung handelt es sich – wie bei der Bestimmung zu anonymisierten Nutzungsdaten in § 15 Abs. 5 S. 3 TMG – um eine Vorsorgeregelung. Diese durchbrechen nicht das grundsätzliche Verbot der Verarbeitung personenbezogener Daten, sondern beinhalten eine Beschränkung der grundsätzlich gerade erlaubten Verarbeitung von Daten mit fehlendem oder eingeschränktem Personenbezug.[256]

Der Erlaubnistatbestand für pseudonyme Profile setzt voraus, dass die Profile »bei Verwendung von Pseudonymen« ausschließlich aus Nutzungsdaten (mithin ohne Bestands-, Inhalts- oder externen Daten)[257] durch den jeweiligen Anbieter erstellt werden. Sowohl in materieller als auch in technisch-organisatorischer Hinsicht muss die nachträgliche Verknüpfung der pseudonymen Nutzungsprofile mit der Identität des Nutzers ausgeschlossen sein.[258]

205 Die Einhaltung dieser Anforderung stellt sich bei einer Vielzahl gebräuchlicher Webanalysetools (wie etwa Google Analytics) als problematisch dar: Denn häufig erhebt der Diensteanbieter beim Einsatz derartiger Tools nicht lediglich pseudonymisierte Daten, sondern

---

im Ergebnis auch *Roßnagel*, Datenschutz Tele-/Mediendienste, Rn. 37, der sich aber für eine »funktionsbezogene« Anwendung des BDSG neben den spezialgesetzlichen Vorschriften ausspricht.
252 Vgl. beispielhaft zum AOK-Arztnavigator *Gundermann* VuR 2010, 329.
253 BGH NJW 2009, 2888.
254 *Kulow* K&R 2009, 678; *Gounalakis/Klein* NJW 2010, 566.
255 Vgl. zu den weniger strengen Anforderungen in § 4 Abs. 3 TDDSG a. F. *Spindler/Schmitz/Geis* § 6 TDDSG Rn. 24.
256 Vgl. *Roßnagel*, Datenschutz Tele-/Mediendienste, Rn. 83.
257 Vgl. *Roßnagel*, Datenschutz Tele-/Mediendienste, Rn. 84.
258 Die Literatur weist allerdings zu Recht kritisch darauf hin, dass dieses Verbot durch das Recht des Nutzers auf Auskunft auch zu den zu seinem Pseudonym gespeicherten Daten, § 13 Abs. 7 TMG, ad absurdum geführt wird, vgl. *Spindler/Schmitz/Geis* § 6 TDDSG Rn. 29 f. m. w. N. zur möglichen Verfassungswidrigkeit von Auskunftsregelung und der Regelung zu pseudonymen Profilen.

IV. Verarbeitung personenbezogener Daten nach dem TMG

(über die IP-Adresse) nach herrschender Meinung[259] personenbezogene Daten. Der Düsseldorfer Kreis wies bereits in seinem Beschluss vom 26./27.11.2009 zur »datenschutzkonformen Ausgestaltung von Analyseverfahren zur Reichweitenmessung bei Internet-Angeboten« auf das Einwilligungserfordernis bei der Analyse auf Basis ungekürzter IP-Adressen hin.[260] In ähnlicher Weise wie bei Webanalysetools wirft auch die Einbindung sog. »sozialer Plug-Ins« (also einer Art »Verbindungssoftware« zwischen einer Website und einem sozialen Netzwerk, wie etwa der »Like«-Button von Facebook) datenschutzrechtliche Probleme auf.[261]

Inhaltlich bzw. nach Art, Umfang und Zeitraum der genutzten Daten sind Nutzungsprofile durch § 15 Abs. 3 TMG nicht eingeschränkt; es dürfen also sämtliche Nutzungsdaten auch über einen längeren Zeitraum erfasst und so umfassende Tätigkeits-, Kommunikations- und/oder Interessenprofile erstellt werden.[262] Hingegen ist der erlaubte Zweck für die Nutzung von Profilen mit »Werbung, Markforschung und der bedarfsgerechten Gestaltung von Telemedien« erschöpfend und abschließend beschrieben. **206**

Wesentliche Voraussetzung zum Schutz des Nutzers ist die zwingende Information über die Profilbildung und das Widerspruchsrecht hiergegen, die Bestandteil der allgemeinen Unterrichtung nach § 13 Abs. 1 TMG sein muss. Über die reine Information hinaus muss der Anbieter dem Nutzer auch eine angemessene Möglichkeit zum Widerspruch einräumen.[263]

Zulässig ist auch die Erstellung anonymer Profile, die sich in Ermangelung eines wie auch immer gearteten Personenbezugs nicht auf den (erkennbaren oder pseudonymen) Nutzer, sondern lediglich auf die Nutzung des Telemediums beziehen. Die Zulässigkeit derartiger Profilbildungen ergibt sich schon aus dem Anwendungsbereich der datenschutzrechtlichen Vorschriften, die auf anonyme Daten keine Anwendung finden.[264] Darüber hinaus sind Anbieter nach § 15 Abs. 5 S. 3 TMG auch berechtigt, anonyme Nutzungsprofile zum Zwecke der Marktforschung an andere Diensteanbieter übermitteln. **207**

b) Abrechnungsdaten in Missbrauchsfällen (§ 15 Abs. 8 TMG)

Die Regelung in § 15 Abs. 8 TMG sieht eine Ausnahme von der Löschungspflicht von Abrechnungsdaten für bestimmte Missbrauchsfälle vor: Danach darf ein Diensteanbieter Daten zu Zwecken der Rechtsverfolgung auch über den Nutzungsvorgang bzw. die Speicherfrist für Abrechnungsdaten hinaus speichern und verarbeiten. Diese Befugnis ist beschränkt auf **208**

- den Missbrauch von Diensten durch fehlende Zahlungsbereitschaft des Nutzers; die Anbieter unentgeltlicher Dienste können sich auf § 15 Abs. 8 TMG nicht berufen.[265]
- das Vorliegen von »zu dokumentierenden« tatsächlichen Anhaltspunkten für einen Missbrauch; die präventive Prüfung von Nutzungsdaten auf Missbrauch anhand auffälliger Kriterien ist nicht umfasst.[266]

---

259 Vgl. Rdn. 193.
260 Der Beschluss des Düsseldorfer Kreises aus dem Jahr 2009 wurde aktuell durch das Innenministerium Baden-Württemberg erneut bestätigt, vgl. »Datenschutzrechtliche Hinweise zum Einsatz von Webanalysediensten (wie z. B. »Google Analytics«)«.
261 Vgl. *Ernst* NJOZ 2010, 1917.
262 Vgl. *Spindler/Schmitz/Geis* § 6 TDDSG Rn. 24.
263 Vgl. *Spindler/Schmitz/Geis* § 6 TDDSG Rn. 28 unter Hinweis auf die verfassungskonforme Auslegung des Widerspruchsrechts; hieraus folge, dass – jedenfalls bei einzelnen Nutzungsvorgängen im Internet außerhalb von Dauerschuldverhältnissen zwischen Anbieter und Nutzer eine einfache Widerspruchsmöglichkeit »per Button« angeboten werden muss.
264 Vgl. *Spindler/Schmitz/Geis* § 6 TDDSG Rn. 31.
265 Ebenso wenig berechtigen bloße Anhaltspunkte für anderweitigen Missbrauch zur Speicherung und Verarbeitung.
266 Vgl. *Spindler/Schmitz/Geis* § 6 TDDSG Rn. 78.

- die Nutzung der entsprechenden Daten zur Durchsetzung von Ansprüchen gegen den missbräuchlich handelnden Nutzer.[267]

Der Nutzer ist über die erweiterte Speicherung und Verarbeitung seiner Daten zu informieren, sobald dies ohne Gefahr für die mit der Verarbeitung bezweckte Maßnahme möglich ist.

c) Mitteilung von Daten an Dritte (§§ 14 Abs. 2, 15 Abs. 5 TMG)

209 Eine wesentliche Veränderung gegenüber dem TDDSG brachte die Regelung in § 14 Abs. 2 TMG hinsichtlich der Erlaubnis für Diensteanbieter, Bestandsdaten auch Dritten mitzuteilen. Während die Vorgängerregelung in § 6 Abs. 5 S. 5 TDDSG sich auf die »Auskunft an Strafverfolgungsbehörden und Gerichte für Zwecke der Strafverfolgung« beschränkte, sieht § 14 Abs. 2 TMG eine Erweiterung des Zweckes auf die »Erfüllung der gesetzlichen Aufgaben« diverser öffentlicher Stellen und an Private »zur Durchsetzung der Rechte am geistigen Eigentum«[268] vor. § 15 Abs. 5 TMG statuiert die entsprechende Anwendung auch auf Nutzungsdaten.

Die Mitteilung setzt die Anordnung einer zuständigen Stelle voraus, soweit die Auskunft
- für Zwecke der Strafverfolgung,
- zur Erfüllung der gesetzlichen Aufgaben der Verfassungsschutzbehörden des Bundes und der Länder,
- zur Erfüllung der gesetzlichen Aufgaben des Bundesnachrichtendienstes oder des Militärischen Abschirmdienstes oder
- zur Durchsetzung der Rechte am geistigen Eigentum

erforderlich ist. Die Vorschrift besagt mithin, dass der Anbieter entsprechende Auskunftsansprüche nicht aus datenschutzrechtlichen Erwägungen zurückweisen kann. Die Anordnung der zuständigen Stellen erfolgt nach Maßgabe der hierfür geltenden Bestimmungen (Strafprozessordnung, Bundes- und Landesverfassungsschutzgesetze, Bundesnachrichtendienstgesetz, Gesetz über den Militärischen Abschirmdienst).[269]

210 Im Rahmen der durchweg kritischen Reaktionen auf die Novellierung der Vorschrift wurde durchweg hervorgehoben, dass sich §§ 14 Abs. 2, 15 Abs. 5 TMG nicht an Anbieter von Diensten richtet, die vorwiegend der Signalübertragung dienen – sog. Access-Provider – weil § 11 Abs. 3 TMG gerade nicht auf §§ 14 Abs. 2, 15 Abs. 5 TMG verweist. Auf Access-Provider finden mithin die telekommunikationsrechtlichen Datenschutzbestimmungen nach §§ 112 ff. TKG Anwendung.[270] Im Mittelpunkt der Kritik steht daneben die Ausweitung der Auskunft »zur Durchsetzung von Rechten des geistigen Eigentums« auf Private.[271]

---

267 Davon sind nicht lediglich vertrags-, bereicherungs- oder schadensersatzrechtliche Zahlungsansprüche, sondern ggf. auch Unterlassungsansprüche auf zukünftigen Entgeltmissbrauch umfasst vgl. *Spindler/Schmitz/Geis* § 6 TDDSG Rn. 80.

268 Dieses Novum dient der Umsetzung der EU-Richtlinie 2004/48/EG des Europäischen Parlaments und des Rates vom 29.04.2004 zur Durchsetzung der Rechte des Geistigen Eigentums (sog. »Enforcement Directive«), vgl. auch *Frey/Rudolph* ZUM 2004, 522 (525).

269 Vgl. BGBl. I 2007, 179, wobei *Kitz* ZUM 2007, 368 (373) darauf hinweist, dass die meisten spezialgesetzlichen Eingriffsgrundlagen ausdrücklich nur die Anbieter von TK-Diensten, nicht aber von Telemedien verpflichtet werden.

270 Vgl. *Spindler* CR 2007, 239 (243); *Hoeren* NJW 2007, 801 (805).

271 Zum einen ist schwer nachvollziehbar, warum Inhaber von geistigen Eigentumsrechten besser gestellt werden sollen, als z.B. Opfer von Persönlichkeitsrechtsverletzungen; *Spindler* CR 2007, 239 (243). Zum anderen wird zu Recht darauf hingewiesen, dass derzeit noch unklar ist, wie bei geistigen Eigentumsrechten die nach § 14 Abs. 2 TMG vorausgesetzte »Anordnung« erfolgen soll, vgl. *Hoeren* NJW 2007, 801 (805).

V. Sanktionen (§ 16 Abs. 2 Nr. 3–6 TMG)

Die Mehrzahl der Ordnungswidrigkeiten-Tatbestände in § 16 Abs. 2 Nr. 1–6 TMG beziehen sich auf Verstöße gegen datenschutzrechtliche Bestimmungen in §§ 11 ff. TMG. Mit einer Geldbuße von bis zu 50.000,– € kann danach geahndet werden   211

- ein Verstoß gegen die Pflicht, den Nutzer nach § 13 Abs. 1 S. 1 TMG über die Erhebung, Verarbeitung und Nutzung personenbezogener Daten oder nach § 13 Abs. 1 S. 2 TMG über ein automatisiertes Verfahren zur Vorbereitung der Erhebung oder Verwendung zu informieren (durch fehlende, nicht richtige, nicht vollständige oder nicht rechtzeitige Unterrichtung);
- ein Verstoß gegen die Pflicht zur Sicherstellung technischer und organisatorischer Vorkehrungen nach § 13 Abs. 4 S. 1 Nr. 1–5 TMG;
- die Erhebung, Verwendung oder die unterlassene bzw. nicht rechtzeitig durchgeführte Löschung von Bestandsdaten unter Verstoß gegen § 14 Abs. 1 TMG, von Nutzungsdaten unter Verstoß gegen § 15 Abs. 1 S. 1 TMG oder von Nutzungsdaten in Missbrauchsfällen nach § 15 Abs. 8 S. 1, 2 TMG;
- die Zusammenführung eines Nutzungsprofils mit Daten über den Träger des Pseudonyms unter Verstoß gegen § 15 Abs. 3 S. 3 TMG.

D. Datenschutz in der Telekommunikation

I. Überblick

Jede Form der indirekten Kommunikation unter Einschaltung eines Mittlers zwischen Sender und Empfänger birgt Risiken für die Vertraulichkeit. Dies gilt umso mehr, wenn der Kommunikationsvorgang über komplexe technische Strukturen vermittelt wird.   212

Bei der einfachsten Form indirekter Kommunikation konnte der Sender seinen Brief einem verlässlichen Boten anvertrauen und die Risiken für die Vertraulichkeit von Sendung, Inhalt und Beteiligten so reduzieren. Diese Möglichkeit der direkten Einflussnahme ist faktisch ausgeschlossen, wenn der Sender die Abwicklung des Kommunikationsvorganges (einschließlich der an der Abwicklung beteiligten Personen) nicht mehr kontrollieren kann. Die Möglichkeiten zum Eingriff in vertrauliche Kommunikation steigen weiter, wenn die Abwicklung über eine technische Infrastruktur erfolgt, die auch von deren Betreiber nicht mehr vollständig zu kontrollieren ist.

Vor diesem Hintergrund verwundert es nicht, dass zunächst das Briefgeheimnis, später auch das Telegrafen- und Fernmeldegeheimnis relativ früh rechtlich verankert wurden[272] und bereits Anfang des 20. Jahrhunderts eine erste Garantie des Datenschutzes in der Telekommunikation existierte.[273] Ebenso naheliegend sind indes auch Begehrlichkeiten im Hinblick auf eine staatliche Kontrolle der Kommunikation zwischen Bürgern. Die gesetzliche Beschränkung staatlicher Befugnisse zum Eingriff in das Recht des Bürgers auf selbstbestimmte und vertrauliche Kommunikation ist insoweit seit je her ein Gradmesser für die Bedeutung von Freiheitsrechten.   213

---

[272] So stellte Kap. VIII, § 4 der preußischen Postordnung v. 10.08.1712 für Postsendungen das »Unterschlagen, Erbrechen oder die Aushändigung in fremde Hand« unter Strafe, Art. 117 der Weimarer Reichsverfassung vom 11.08.1919 statuierte in Ansehung der nicht mehr lediglich hoheitlichen Nutzung der Telekommunikation bereits die »Unverletzlichkeit« des Briefgeheimnisses sowie des Post-, Telegraphen- und Fernsprechgeheimnisses und ließ Ausnahmen lediglich durch Reichsgesetz zu.
[273] Vgl. *Groß*, TK-Datenschutz, Rn. 4.

Kapitel 20 D. Datenschutz in der Telekommunikation

214 Ähnlich wie bei der Nutzung von Telemedien[274] werden heute bei der Nutzung von Telekommunikationsdiensten eine Fülle von personenbezogenen Daten erhoben. Angesichts der stetig steigenden Nutzung digitaler Dienste zur Individualkommunikation und der rasanten Verbreitung von Mobilfunkdiensten, die über Teilnehmer, Dauer und Inhalt der Telekommunikation hinaus sogar eine Lokalisierung der Teilnehmer ermöglichen,[275] liegen die gesteigerten Risiken für das Recht auf informationelle Selbstbestimmung auf der Hand. Zudem haben sich durch die Liberalisierung des Post- und Telekommunikationssektor wesentliche Rahmenbedingungen geändert: Die Deutsche Bundespost wurde in eine privatrechtliche Organisationsform überführt, Telekommunikationsleistungen können nunmehr auch durch eine Vielzahl weiterer privater Anbieter erbracht werden, und durch die notwendige Zusammenarbeit verschiedener Unternehmen müssen mehr Daten als noch zu Monopolzeiten ausgetauscht werden.[276]

215 Den telekommunikationsspezifischen Risiken für die informationelle Selbstbestimmung tragen die Datenschutzbestimmungen in §§ 91–107, 109 Telekommunikationsgesetz (TKG) Rechnung. Gewisse Überschneidungen ergeben sich mit dem Fernmeldegeheimnis nach Art. 10 Abs. 1 GG, §§ 88 ff. TKG,[277] das indes nach § 206 StGB durch strafrechtliche Sanktionen abgesichert ist.

216 Die Datenschutzbestimmungen des TKG verfolgen – wie diejenigen des TMG – den klassischen Regelungsansatz eines Verbotes mit Erlaubnisvorbehalt, statuieren aus dem BDSG bekannte Grundsätze und definieren telekommunikationsspezifische Befugnisse zur beschränkten und zweckgebundenen Erhebung und Nutzung von Bestands- und Verkehrsdaten. Ähnlich wie für Telemedien sieht auch das TKG die Möglichkeit einer elektronischen Einwilligung vor. Bestimmte Verstöße gegen die datenschutzrechtlichen Bestimmungen sind nach § 149 Abs. 1 Nr. 16–18 TKG als Ordnungswidrigkeit mit einem Bußgeld von bis zu 300.000,– € bedroht.

II. Entstehungsgeschichte und rechtliche Grundlagen

217 Spezifische Datenschutzbestimmungen für die Telekommunikation – außerhalb des in Art. 10 GG geregelten Fernmeldegeheimnisses – sind eine vergleichsweise junge Regelungsmaterie.[278]

Erste Ansätze hierzu fanden sich in der vom Bundespostminister erstmals im Jahr 1971 erlassenen Fernmeldeordnung,[279] die zum 01.01.1988 durch die Telekommunikationsordnung abgelöst wurde.[280] Nach der Aufhebung des Postmonopols wurden separate Datenschutzverordnungen für die Deutsche Bundespost TELEKOM[281] einerseits und andere

---

274 Vgl. zum Datenschutz bei Telemedien in diesem Kapitel oben Rdn. 141–211.
275 Sog. »location based services«, zu deren Erbringung der Diensteanbieter den Standort des Nutzers erheben und verarbeiten muss, um ihm z. B. ortsbezogene Informationen zur Verfügung zu stellen.
276 Vgl. *Kubicek* DuD 1995, 656.
277 Zur Verzahnung dieser aus unterschiedlichen Grundrechten entspringenden Rechtspositionen vgl. *Taeger/Gabel* TKG – Einführung Rn. 3.
278 Umfangreich zu den Vorgängerregelungen des TKG vgl. *Manssen/Gramlich* C – § 89 Rn. 11 ff.
279 V. 15.05.1971, vgl. BGBl. I, 541. Die Fernmeldeordnung (FO) wurde – wie auch die Telegramordnung (TO) und Verordnungen über weitere Dienste – auf Grundlage der Ermächtigung in § 14 des Postverwaltungsgesetzes als eine der »Rechtsverordnungen über die Bedingungen und Gebühren für die Benutzung der Einrichtungen des Post- und Fernmeldewesens (Benutzungsverordnungen)« erlassen und in der Folgezeit vielfach geändert bzw. ergänzt.
280 V. 16.07.1987, vgl. BGBl. I, 1761 zur »Verordnung über die Bedingungen und Gebühren für die Benutzung der Einrichtungen des Fernmeldewesens«, dort §§ 385–392.
281 »Verordnung über den Datenschutz bei Dienstleistungen der Deutschen Bundespost TELEKOM (TELEKOM-Datenschutzverordnung – TDSV)« v. 24.06.1991, vgl. BGBl. I, 1390.

Telekommunikationsanbieter andererseits[282] erlassen.[283] Erst im Jahr 1995 wurde eine einfachgesetzliche Verpflichtung der Betreiber von Fernmeldeanlagen in § 10a des Fernmeldeanlagengesetzes (FAG) aufgenommen, wonach diese Maßnahmen zum Schutz des Fernmeldegeheimnisses und personenbezogener Daten zu treffen hatten; die Details sollten wiederum im Verordnungswege bestimmt werden.[284]

Die weitere Entwicklung[285] verlief in zwei parallelen Linien: Die beiden Datenschutzverordnungen für Deutsche Bundespost TELEKOM und andere Anbieter wurden am 12.07.1996 durch eine einheitliche Telekommunikationsdiensteunternehmen-Datenschutzverordnung (TDSV) ersetzt.[286] Zugleich enthielt das zum 01.08.1996 in Kraft getretene Telekommunikationsgesetz (TKG) in §§ 85 ff. Regelungen zu Fernmeldegeheimnis und Datenschutz; § 10a FAG wurde außer Kraft gesetzt. Es dauerte jedoch bis zum 18.12.2000, bis auf Basis der Ermächtigungsgrundlage in § 89 TKG die Telekommunikations-Datenschutzverordnung in Kraft gesetzt wurde.[287]

218

Eine einheitliche und vollständige Regelung im Gesetz selbst wurde – unter Verzicht auf das Nebeneinander von TKG und TDSV[288] – erst mit dem aktuellen TKG vom 22.06.2004[289] erreicht.[290] Die derzeitige weitere Rechtsentwicklung des Telekommunikations-Datenschutzes wird namentlich durch die Änderung der Datenschutzrichtlinie für elektronische Kommunikation (2002/58/EG) durch die telekommunikationsrechtliche Änderungsrichtlinie 2009/136/EG[291] geprägt werden und schwerpunktmäßig die Rechte der Verbraucher/Telekommunikationsnutzer stärken.[292]

III. Systematik und Anwendungsbereich

1. Systematische Einordnung

Sowohl die Bestimmungen zum Datenschutz in §§ 91 ff. TKG als auch die Regelungen zum Fernmeldegeheimnis in §§ 88 ff. TKG[293] gehen den allgemeinen Bestimmungen des BDSG als sektorspezifische Regelungen vor, § 1 Abs. 3 BDSG.

219

---

282 Teledensteunternehmen-Datenschutzverordnung (TDSV) v. 18.12.1991, vgl. BGBl. I, 2337.
283 Vgl. *Behrendsen* CR 1992, 423.
284 Zu den Hintergründen der zögerlichen Verabschiedung dieser Verordnung vgl. 16. Tätigkeitsbericht des Bundesbeauftragten für den Datenschutz, Nr. 10.2.2.
285 Nach der »Zweiten Postreform« und unter Berücksichtigung der »Fangschaltung«-Entscheidung des Bundesverfassungsgerichts, vgl. BVerfGE 85, 386 ff.
286 Auf Basis der Ermächtigungsgrundlage in § 10 Abs. 1 des »Gesetz über die Regulierung der Telekommunikation und des Postwesens« (PTRegG), das in § 2 Abs. 2 Nr. 6 »die Gewährleistung eines wirksamen Verbraucher- und Datenschutzes« zu den Regulierungszielen zählte, vgl. auch den 15. Tätigkeitsbericht des Bundesbeauftragten für den Datenschutz, Nr. 20.2.2.
287 Vgl. *Koenig/Neumann* RDV 2001, 117; zur Verordnung über technische Schutzmaßnahmen auch 16. Tätigkeitsbericht des Bundesbeauftragten für den Datenschutz, Nr. 10.2.1.
288 § 89 TKG 1996 enthielt zehn, teilweise zusätzlich in Unterziffern unterteilte Absätze und war wenig übersichtlich und anwenderfreundlich; daneben wurden die gesetzlichen Regelungen in der TDSV nochmals aufgegriffen und vertieft, was zu Doppelungen führte, vgl. BeckTKGKomm/*Robert* § 91 Rn. 2.
289 Vgl. BGBl. I, 1190.
290 Vgl. *Büttgen* RDV 2003, 213; *Reimann* DuD 2004, 421.
291 Vom 25.09.2009, ABl. EG, L 337 (vom 18.12.2009).
292 Ausweislich des seit dem 02.03.2011 vorliegenden Regierungsentwurfes eines Gesetzes zur Änderung telekommunikationsrechtlicher Regelungen ist mit § 109a TKG etwa eine § 42a BDSG nachgebildete Regelung zur Benachrichtigung der Aufsichtsbehörden und ggf. der Betroffenen »im Fall einer Verletzung des Schutzes personenbezogener Daten« vorgesehen.
293 Vgl. *Groß*, TK-Datenschutz, Rn. 17.

Aus diesem Grunde
- verdrängen die bereichsspezifischen Erlaubnistatbestände in §§ 91 ff. TKG die des BDSG,
- gelten jedoch ergänzend diejenigen BDSG-Bestimmungen, zu deren Regelungsgehalt das TKG keine speziellen Regelungen vorsieht – insbesondere zur Auftragsdatenverarbeitung (§ 11 BDSG), zu Auskunft und Berichtigung (§§ 34, 35 BDSG) und zum Schadensersatz für die unzulässige Erhebung, Verarbeitung oder Nutzung personenbezogener Daten.[294]

220 Angesichts der telekommunikationsspezifischen Risiken statuiert das TKG auch für die ergänzend anzuwendenden BDSG-Bestimmungen Ausnahmen. So dürfen Diensteanbieter sich zwar auf §§ 4b, 4c BDSG berufen, soweit personenbezogene Daten ins Ausland übermittelt werden sollen, müssen nach § 92 TKG aber die strikte Zweckbindung beachten.

2. Anwendungsbereich

221 Nach § 91 Abs. 1 S. 1 TKG beziehen sich die Regelungen des zweiten Abschnitts des siebten Teils auf den
- Schutz personenbezogener Daten
- der Teilnehmer und Nutzer von Telekommunikation
- bei der Erhebung und Verwendung dieser Daten durch Unternehmen und Personen, die geschäftsmäßig Telekommunikationsdienste erbringen oder an deren Erbringung mitwirken.

Im Gegensatz zum lediglich negativ definierten Anwendungsbereich des TMG[295] enthält das TKG damit eine praktisch leichter zu handhabende Positivdefinition:

222 Der Begriff der Telekommunikationsdienste ist in § 3 Nr. 24 TKG definiert und umfasst »in der Regel gegen Entgelt erbrachte Dienste, die ganz oder überwiegend in der Übertragung von Signalen über Telekommunikationsnetze bestehen, einschließlich Übertragungsdienste in Rundfunknetzen.« Dieser weite Begriff ist damit nicht auf Sprachtelefonie beschränkt und umfasst – ungeachtet der verwendeten Infrastruktur – auch Datenübertragungs- und Datenbankdienste, Zusammenschaltungs- und Netzzugangsdienste.[296] Bei der folglich notwendigen Abgrenzung zu den Telemedien im Sinne des TMG ist darauf abzustellen, ob nach dem Ergebnis einer funktionalen Betrachtung des jeweiligen Dienstes die Transportleistung im Vordergrund steht, der technische Vorgang des Aussendens, Übermittelns und Empfangens von Signalen bzw. Daten[297] also gegenüber der Bereitstellung der transportierten Inhalte überwiegt.[298]

223 Der Begriff der »geschäftsmäßigen« Erbringung ist in § 3 Nr. 10 TKG definiert als »das nachhaltige Angebot von Telekommunikation für Dritte mit oder ohne Gewinnerzielungsabsicht«. Entscheidendes Kriterium ist insoweit die Anlage des Angebotes auf eine gewisse Dauer und ohne Begrenzung auf einen Einzelfall; unerheblich ist die Gewerbsmäßigkeit und die Anzahl der berechtigten Nutzer.[299] Die datenschutzrechtlichen Regelungen des TKG finden im Sinne eines umfassenden Schutzes der informationellen Selbstbestimmung

---

[294] Vgl. BeckTKGKomm/*Robert* § 91 Rn. 4.
[295] Siehe hierzu oben unter Rdn. 150–166.
[296] Vgl. BeckTKGKomm/*Robert* § 91 Rn. 7.
[297] Vgl. BeckTKGKomm/*Wittern/Schuster* § 3 Rn. 48 – auch als »technischer Vorgang der Telekommunikation«, vgl. *Gounalakis/Rhode* K&R 1998, 312 (322); *Kuch* ZUM 1997, 225 (227), oder »technische Plattform« bezeichnet, vgl. *Koenig* MMR-Beilage 12/1998, 1, (4).
[298] Siehe zur datenschutzrechtlichen Abgrenzung bei »integrierten« oder »kombinierten« Diensten oben unter Rdn. 154–158; zu den berechtigten Forderungen nach einer Zusammenlegung der Datenschutzkonzepte für Telekommunikationsdienste und Telemedien auch *Büttgen* RDV 2003, 213.
[299] *Schaar* DuD 1997, 17; *Ohlenburg* MMR 2004, 431.

und des Telekommunikationsgeheimnisses nicht nur Anwendung auf Telekommunikationsunternehmen, sondern auch auf die Bereitstellung von Telekommunikationsdiensten durch Hotels, Krankenhäuser, Unternehmen[300] und Behörden zur Nutzung durch Gäste, Patienten und Mitarbeiter[301] (im letzten Fall jedenfalls dann, wenn die Angebote auch zu privaten Zwecken genutzt werden dürfen).[302]

Lediglich Anbieter geschlossener Benutzergruppen,[303] die die Nutzung nur einem begrenzten Teilnehmerkreis anbieten, sind von bestimmten datenschutzrechtlichen Pflichten ausgenommen.[304]

Der Begriff der personenbezogenen Daten entspricht der allgemeinen Definition in § 3 Abs. 1 BDSG[305] und umfasst alle »Einzelangaben über persönliche Verhältnisse einer bestimmten oder bestimmbaren natürlichen Person«. Durch § 91 Abs. 1 S. 2 TKG wird der Anwendungsbereich der Datenschutzbestimmungen darüber hinaus auf dem Fernmeldegeheimnis unterliegende Einzelangaben[306] juristischer Personen oder rechtsfähiger Personengesellschaften (z. B. OHG oder KG) ausgedehnt; diese Einzelangaben stehen den personenbezogenen Daten gleich. **224**

Die Begriffe der »Teilnehmer« und »Nutzer« ergeben sich wiederum aus dem TKG. »Teilnehmer« ist nach § 3 Nr. 20 TKG »jede natürliche oder juristische Person, die mit einem Anbieter von Telekommunikationsdiensten einen Vertrag über die Erbringung derartiger Dienstleistungen geschlossen hat«. »Nutzer« ist nach § 3 Nr. 14 TKG »jede natürliche Person, die einen Telekommunikationsdienst für private oder geschäftliche Zwecke nutzt, ohne notwendigerweise Teilnehmer zu sein«. **225**

IV. Verarbeitung personenbezogener Daten nach dem TKG

Auch das Datenschutzkonzept des TKG basiert auf klassischen datenschutzrechtlichen Regelungsansätzen (allen voran das Verbot mit Erlaubnisvorbehalt wie in § 4 Abs. 1 BDSG).[307] Im Gegensatz zu den vergleichsweise klar strukturierten Datenschutzbestimmungen des Telemediengesetzes (TMG)[308] sind die TKG-Regelungen zum Datenschutz noch eher an den verschachtelten, weil gewachsenen Regelungen der TDSV orientiert.[309] **226**

Die »allgemeinen Bestimmungen« decken Anwendungsbereich (§ 91 TKG), Datenübermittlung ins Ausland (§ 92 TKG), Informationspflichten (§ 93 TKG) und die elektronische Einwilligung (§ 94 TKG) ab. **227**

Sodann regeln die »Kernbestimmungen« des TK-Datenschutzes in §§ 95–97 TKG die Erhebung, Verarbeitung und Nutzung telekommunikationstypischer Bestands- und Ver-

---

300 Vgl. zur E-Mail-Kommunikation im Unternehmen *Taeger/Gabel* § 88 TKG Rn. 20.
301 Vgl. BeckTKGKomm/*Robert* § 91 Rn. 9.
302 Zu den arbeitsrechtlichen Fragen s. auch Rdn. 266–313.
303 Vgl. aber § 91 Abs. 2 TKG für geschlossene Benutzergruppen öffentlicher Stellen der Länder; hier gilt das jeweilige Landesdatenschutzgesetz.
304 Die Ausnahmen beziehen sich auf die Form des Einzelverbindungsnachweises und die Suspendierung der Pflicht zum Vorhalten von Fangschaltung, Rufnummernanzeige und Anrufweiterschaltung.
305 Vgl. hierzu oben Rdn. 23–34.
306 Nach § 88 Abs. 1 TKG unterliegen dem Fernmeldegeheimnis »der Inhalt der Telekommunikation und ihre näheren Umstände, insbesondere die Tatsache, ob jemand an einem Telekommunikationsvorgang beteiligt ist oder war« sowie »die näheren Umstände erfolgloser Verbindungsversuche«.
307 Vgl. BeckTKGKomm/*Robert* § 91 Rn. 2.
308 Siehe hierzu oben unter Rdn. 141–211.
309 Vgl. exemplarisch *Hessischer Datenschutzbeauftragter*, 33. Tätigkeitsbericht 2004, Ziff. 4.2, der neben der »Absenkung des Datenschutzniveaus« auch ausdrücklich kritisiert, dass die Datenschutzvorschriften für Telekommunikations-, Tele- und Mediendienste nicht in einem einheitlichen Gesetz geregelt wurden.

kehrsdaten[310] im Rahmen von Vertragsverhältnissen und zur Entgeltabrechnung. Eine neue Sonderregelung[311] enthält § 98 TKG zu den sog. Standortdaten als Sonderform der Verkehrsdaten.

Schließlich enthalten §§ 99 ff. Regelungen über TK-spezifische Formen der Datenverarbeitung, die teilweise in den Bereich des Systemdatenschutzes[312] hereinreichen.

1. Allgemeine Regelungen

228 Der Regelungsbereich der allgemeinen Bestimmungen in § 92–94 TKG ist beschränkt; ergänzend kommen jeweils die Bestimmungen des BDSG zur Anwendung, zu deren Regelungsgehalt das TKG keine speziellen Regelungen vorsieht.[313]

a) Informationspflichten, § 93 TKG

229 Wie bei vielen automatisierten Vorgängen liegt auch bei der Nutzung von Telekommunikationsdiensten ein wesentliches datenschutzrelevantes Risiko in dem Umstand, dass personenbezogene Daten ohne aktive Mitwirkung des Nutzers – also gewissermaßen »unbemerkt« erhoben werden. Die Kenntnis von der Erhebung, Verarbeitung und Nutzung ist aber stets notwendige Vorbedingung für die Ausübung von Betroffenen-Rechten.

230 Vor diesem Hintergrund enthält § 93 TKG eine bereichsspezifische Ausprägung der allgemeinen Unterrichtungspflicht nach § 4 Abs. 3 BDSG, wobei nach Teilnehmern (also den Vertragspartnern des Anbieters) und den sonstigen Nutzern differenziert wird:
- Teilnehmer sind nach § 93 Abs. 1 S. 1 TKG bei Vertragsschluss über Art, Umfang, Ort und Zweck der Erhebung und Verwendung personenbezogener Daten zu unterrichten, und zwar so, dass die Teilnehmer in allgemein verständlicher Form Kenntnis von den grundlegenden Verarbeitungstatbeständen der Daten erhalten. Die Unterrichtung muss sich nach § 93 Abs. 1 S. 2 TKG auch auf die zulässigen Wahl- und Gestaltungsmöglichkeiten beziehen.[314]
- Nutzer sind nach § 93 Abs. 1 S. 3 TKG lediglich durch allgemein zugängliche Informationen über die Erhebung und Verwendung personenbezogener Daten zu unterrichten.

231 Im Gegensatz zur vergleichbaren Unterrichtungspflicht nach § 13 Abs. 1 TMG[315] beschränkt sich die Unterrichtung des Teilnehmers auf den Zeitpunkt »bei Vertragsschluss«; für die Unterrichtung von Nutzern ist überhaupt kein spezifischer Zeitpunkt vorgesehen. Im Übrigen ist der Inhalt der Unterrichtungspflichten nach TMG und TKG im Wesent-

---

310 Vgl. »Nutzungsdaten« nach dem TMG.
311 Nach Ansicht von *Wittern* stellt § 98 TKG »die wesentlichste Neuerung im Telekommunikationsdatenschutz« dar, vgl. BeckTKGKomm/*Wittern* § 98 Rn. 1.
312 Systemdatenschutz ist die Gesamtheit aller Maßgaben für die Gestaltung und Auswahl derjenigen technischen Einrichtungen, die zur Datenverarbeitung genutzt werden.
313 Vgl. hierzu oben Rdn. 219.
314 Der durch das Änderungsgesetz v. 18.02.2007 (BGBl. I, 106) eingefügte Abs. 2 begründet besondere Informationspflichten, wenn ein besonderes Risiko der Verletzung der Netzsicherheit besteht: In diesen Fällen müssen Teilnehmer nunmehr auch über dieses Risiko und, wenn das Risiko außerhalb des Anwendungsbereichs der vom Diensteanbieter zu treffenden Maßnahme liegt, über mögliche Abhilfen, einschließlich der für sie voraussichtlich entstehenden Kosten, unterrichtet werden. Die Gesetzesbegründung verweist hierzu lapidar auf die Umsetzung von Art. 4 Abs. 2 der Datenschutzrichtlinie für elektronische Kommunikation (Richtlinie 2002/58/EG) hin und nennt als einziges Beispiel »Sicherheitsrisiken, die z. B. bei Kommunikationsdiensten über das Internet auftreten können«. Art und Umfang dieser neuen Informationspflicht sind im Übrigen völlig unklar.
315 Danach muss die Unterrichtung »zu Beginn des Nutzungsvorganges«, also auch vor einer Datenerhebung aufgrund eines gesetzlichen Erlaubnistatbestandes erfolgen. Der Nutzer soll dadurch in die Lage versetzt werden, zu entscheiden, ob er die Nutzung des Telemediendienstes fortsetzen und dabei bestimmte Daten preisgeben will oder nicht.

lichen deckungsgleich:³¹⁶ Der Betroffene soll durch Kenntnis von den für ihn maßgeblichen Datenverarbeitungstatbeständen in die Lage versetzt werden, sein Recht auf informationelle Selbstbestimmung auch tatsächlich ausüben zu können; nicht erforderlich ist allerdings die Aufklärung über alle Einzelheiten der im Rahmen einer Telekommunikationsverbindung eingesetzten Netztechnik und -infrastruktur.³¹⁷

Von wesentlicher praktischer Bedeutung ist die geforderte Unterrichtung über die »Wahl- und Gestaltungsmöglichkeiten«, § 93 Abs. 1 S. 2 TKG. Erst durch diese Unterrichtung wird der Teilnehmer in die Lage versetzt, sich für die datenschutzfreundlichste unter den angebotenen Alternativen entscheiden zu können.³¹⁸ Neben der möglichen Einwilligung des Teilnehmers in die Datenverwendung zu Zwecken der Kundenberatung, Werbung und Marktforschung dürften vor allem die »technischen« Wahlmöglichkeiten bei der Ausgestaltung des TK-Dienstes relevant sein – also insbesondere die Speicherung von Verkehrsdaten nach Rechnungserstellung, Einzelverbindungsnachweis nach § 99 TKG, Rufnummernanzeige nach § 102 Abs. 1 TKG, Anrufweiterschaltung nach § 103 TKG, Kundenverzeichnis nach § 104 TKG und Telefonauskunft nach § 105 TKG.

232

b) Elektronische Einwilligung, § 94 TKG

Abweichend vom Schriftformerfordernis für die Einwilligung nach § 4a Abs. 1 BDSG³¹⁹ sieht § 94 TKG die Möglichkeit einer elektronischen Einwilligung vor. Diese Form ist praktisch vor allem relevant, weil der Nutzer bei der Inanspruchnahme eines TK-Dienstes ohne »Medienbruch« die Einwilligung erklären und die Nutzung fortsetzen kann.³²⁰

233

Die wirksame elektronische Einwilligung setzt voraus, dass
- sie vom Teilnehmer oder Nutzer bewusst und eindeutig erteilt hat (Nr. 1) und
- diese protokolliert wird (Nr. 2),
- der Teilnehmer/Nutzer den Inhalt der Einwilligung jederzeit abrufen (Nr. 3) und
- sie jederzeit mit Wirkung für die Zukunft widerrufen kann (Nr. 4).

234

Eine inhaltsgleiche Regelung für Telemedien findet sich in § 13 Abs. 2,3 TMG.³²¹

c) Koppelungsverbot, § 95 Abs. 5 TKG

Die grundlegende Anforderung an die Einwilligung sind im TKG nicht spezialgesetzlich geregelt, sondern ergeben sich aus den §§ 4 f. BDSG.³²² Danach muss die Einwilligung durch einen informierten Nutzer aufgrund seiner freien Entscheidung – also freiwillig – erklärt werden. Das TKG konkretisiert das wesentliche Kriterium der Freiwilligkeit durch ein ausdrückliches an den Anbieter gerichtetes Verbot, die Erbringung eines Dienstes

235

---

316 Soweit sich die Unterrichtung auch auf eine Einwilligung zur Verarbeitung und Nutzung von Daten bezieht, ergibt sich der notwendige Umfang zudem aus § 4a Abs. 1 S. 2 BDSG.
317 Vgl. BeckTKGKomm/*Büttgen* § 93 Rn. 25, 26.
318 Vgl. BeckTKGKomm/*Büttgen* § 93 Rn. 34, der allerdings übersieht, dass der Diensteanbieter nicht in jedem Fall eine »datenschutzfreundliche Alternative« vorhalten wird: So gehört z. B. beim Abschluss von Postpaid-Mobilfunkverträgen die vorherige Bonitätsprüfung zu den zwingenden Voraussetzungen; verweigert der potenzielle Teilnehmer die dazu wohl regelmäßig erforderliche Einwilligung, kann und wird der Anbieter den Vertragsschluss verweigern und den Teilnehmer z. B. auf Prepaid-Verträge verweisen.
319 Die Schriftform kann nach §§ 126 Abs. 3, 126a BGB auch durch eine qualifizierte elektronische Signatur ersetzt werden. Allerdings hat sich die Verwendung der qualifizierten Signatur – jedenfalls bei Massengeschäften – nach wie vor noch nicht durchgesetzt.
320 Vgl. zur Fallgruppe der »Einwilligung durch Leistungsbeschreibung« bei Diensten, die nur mit ergänzenden personenbezogenen Daten (z. B. Standortdaten) erbracht werden können, *Taeger/Gabel*, § 94 TKG Rn. 14.
321 Siehe hierzu oben unter Rdn. 175–180.
322 Vgl. oben Rdn. 52–60.

von einer Einwilligung des Nutzers in eine Verarbeitung oder Nutzung seiner Daten für anderer Zwecke abhängig zu machen, § 95 Abs. 5 TKG.[323] Der Anbieter ist deshalb verpflichtet, den Abschluss eines Vertrages oder die sonstige Leistungserbringung sowohl mit als auch ohne Einwilligungserklärung durch den Nutzer anzubieten. Das Koppelungsverbot ist indes auf die Fälle beschränkt, in denen dem Nutzer ein anderer Zugang »zu diesen Telekommunikationsdiensten« nicht oder nicht in zumutbarer Weise möglich ist.[324]

2. Besondere Verarbeitungsbestimmungen

236   Den Kern der Regelungen zum TK-Datenschutz bilden die besonderen Verarbeitungsbestimmungen in §§ 95 ff. TKG, die die Erhebung, Verarbeitung und Nutzung von Bestands- und Verkehrsdaten sowie unterschiedliche Zweckbestimmungen regeln.

a) Bestandsdaten, § 95 TKG

237   Nach der Legaldefinition in § 3 Nr. 3 TKG sind Bestandsdaten Daten eines Teilnehmers, die für die Begründung, inhaltliche Ausgestaltung, Änderung oder Beendigung eines Vertragsverhältnisses über Telekommunikationsdienste erhoben werden.

Konkrete Beispiele nennt die Legaldefinition nicht, da sich Art und Umfang der Bestandsdaten notwendig aus dem konkreten Vertragsverhältnis ergeben müssen. Angesichts der dynamischen Entwicklung möglicher Telekommunikationsdienste (abseits der klassischen Sprachtelefonie) erscheint eine solch offene Definition auch sachgerecht. Jedenfalls zu den Bestandsdaten dürften Name, Vorname, Anschrift, Geburtsdatum zählen. Als Daten mit Teilnehmerbezug kommen zudem alle rechnungsrelevanten Angaben (je nach vertraglich vereinbarter Zahlweise) in Betracht; im Hinblick auf die vom Diensteanbieter geschuldete Leistung zählen auch die technischen Merkmale der Leistung zu den Bestandsdaten (also etwa die gewählten Dienste, Tarife und sonstige Leistungsbeschreibungen).

238   § 95 Abs. 1 S. 1 TKG[325] beschreibt die Legaldefinition der Bestandsdaten in § 3 Nr. 3 TKG mit der »Begründung, inhaltlichen Ausgestaltung, Änderung oder Beendigung eines Vertragsverhältnisses« zugleich die zulässigen Zwecke. Neben der eigentlichen Bereitstellung des Telekommunikationsdienstes umfassen diese Zwecke u. a. auch die ordnungsgemäße Abwicklung des Zahlungsverkehrs, die Beseitigung technischer Störungen oder die Bearbeitung von Kundenbeschwerden.[326]

239   Nicht von der Zweckbestimmung eines Vertragsverhältnisses umfasst und damit nach § 95 Abs. 1 S. 1 TKG privilegiert ist hingegen die Nutzung zur Beratung der Teilnehmer und zu Werbe- und Marktforschungszwecken. Eine derartige Nutzung von Bestandsdaten ist nach § 95 Abs. 2 S. 1 TKG, wenn diese für diese Zwecke erforderlich ist und der Teilnehmer eingewilligt hat. Eine Ausnahme vom Einwilligungserfordernis regelt § 95 Abs. 2 S. 2 TKG für die Versendung von Nachrichten an ein Telefon,[327] per Post oder E-Mail zur Beratung, Werbung für eigene Angebote oder Marktforschungszwecken. Voraussetzung ist, dass der Diensteanbieter im Rahmen einer bestehenden Kundenbeziehung[328] Kenntnis von Rufnummer, Post- oder E-Mail-Adresse erhalten und der Teilnehmer auf einen entsprechenden

---

323 Obschon das Koppelungsverbot in der alleine auf Bestandsdaten zielenden Regelung des § 95 TKG enthalten ist, erfasst es schon seinem Wortlaut nach (»seine Daten«) auch eine auf Verarbeitung und Nutzung von Verkehrsdaten gerichtete Einwilligung.
324 Zum Streit über die Reichweite des Koppelungsverbots vgl. die Darstellung zur inhaltsgleichen Regelung in § 28 Abs. 3b BDSG (früher § 12 Abs. 3 TMG), oben unter Rdn. 177–178.
325 § 95 Abs. 1 S. 1 TKG ist die telekommunikationsbezogene »Variante« der allgemeinen Zentralnorm in § 28 Abs. 1 Nr. 1 BDSG.
326 Vgl. *Schmidt/Königshofen/Zwach* § 5 TDSV Rn. 5, 6.
327 Wohl auch Telefax, vgl. BeckTKGKomm/*Büttgen* § 95 Rn. 20.
328 Diese Kundenbeziehung muss von einer gewissen Dauer sein, weshalb das Privileg aus § 95 Abs. 2

IV. Verarbeitung personenbezogener Daten nach dem TKG

Hinweis bei der Erhebung oder erstmaligen Speicherung nicht widersprochen hat. Eine Einwilligung ist insoweit nicht erforderlich; allerdings muss nicht nur bei Erhebung bzw. erstmaliger Speicherung, sondern auch mit jeder versandten Nachricht auf sein Recht hingewiesen wird, jederzeit mit Wirkung für die Zukunft zu widersprechen.[329]

§ 95 Abs. 1 S. 2 TKG enthält einen gesetzlichen Erlaubnistatbestand zur Erhebung und Verwendung von Bestandsdaten auch eines anderen Diensteanbieters, wenn zwischen den Diensteanbietern ein Vertragsverhältnis besteht und die Datenerhebung und -verarbeitung zur Erfüllung dieses Vertrages erforderlich ist. Durch § 95 Abs. 1 S. 3 TKG wird das Verbot mit Erlaubnisvorbehalt im Hinblick auf die Weitergabe von Bestandsdaten an sonstige Dritte ausdrücklich geregelt. **240**

Die Dauer der Bestandsdatenspeicherung ist nach § 95 Abs. 3 TKG auf den Ablauf des auf das Ende des Vertrages mit dem Teilnehmer folgenden Kalenderjahres beschränkt. Mit diesem Zeitpunkt sind die gespeicherten Daten zu löschen bzw. unter den allgemeinen Voraussetzungen von § 35 Abs. 3 BDSG zu sperren. **241**

Eine ergänzende Bestimmung im Hinblick auf die Erhebung der Bestandsdaten bei Begründung des Teilnehmervertrages enthält § 95 Abs. 4 TKG, wonach die eigenen Angaben des Teilnehmers durch Einsicht in einen amtlichen Ausweis, ggf. durch eine zeitlich beschränkte Ausweiskopie überprüft werden können, soweit dies erforderlich ist.[330] **242**

b) Teilnehmerverzeichnis und Auskunft

Ausdrücklich nicht unter Bezug auf die vom Diensteanbieter erhobenen Bestandsdaten ist die Erhebung und Nutzung von personenbezogenen Daten für Teilnehmerverzeichnisse und Auskunftszwecke geregelt: Denn §§ 104, 105 TKG stellen ausdrücklich keinen Erlaubnistatbestand für Diensteanbieter zur Verwendung bereits erhobener Bestandsdaten dar. Nach § 104 S. 1 TKG ist der Eintrag in öffentliche gedruckte oder elektronische Verzeichnisse vielmehr von einem Antrag des Teilnehmers und einer Entscheidung über den Umfang der zu veröffentlichenden Angaben abhängig. **243**

Die Bestimmungen über die Auskunft nehmen wiederum auf die »in den Teilnehmerverzeichnissen enthaltenen Rufnummern« Bezug, § 105 Abs. 1. Die Weitergabe der Rufnummer im Rahmen der Auskunft setzt weiterhin voraus, dass der Teilnehmer über diese Möglichkeit informiert worden ist und nicht widersprochen hat. Andere Daten als die Rufnummer dürfen nur bei Vorliegen einer Einwilligung weitergegeben werden. § 105 Abs. 3 TKG regelt die sog. Inverssuche, also den Rückschluss auf Name und/oder Anschrift eines Teilnehmers aufgrund der Rufnummer; diese ist nur zulässig, wenn der Teilnehmer nach entsprechendem Hinweis seines Anbieters nicht widersprochen hat. **244**

§ 105 Abs. 4 TKG regelt die Verpflichtung zur Dokumentation von Widersprüchen und Einwilligungen in den Kundendateien des Anbieters und statuiert eine – wenngleich einge- **245**

S. 2 TKG beim sog. »offenen Call-by-Call« keine Anwendung findet, vgl. BeckTKGKomm/*Büttgen* § 93 Rn. 22.
329 Die Regelung zur Bestandsdaten-Nutzung im Rahmen bestehender Kundenbeziehung entspricht dem Ausnahmetatbestand in den allgemeinen Regelungen über belästigende E-Mail-Werbung, § 7 Abs. 3 UWG. Für die zukünftige Entwicklung des TKG wäre eine Anpassung an die aus dem UWG bekannten Begrifflichkeiten (etwa »elektronische Nachrichten«) und eine Korrektur der wenig präzisen bzw. missverständlichen Formulierungen in § 95 Abs. 2 TKG (etwa »Text- und Bildnachrichten (...) an eine Postadresse«) wünschenswert.
330 Zusätzlich ist bei Speicherung einer Personalausweisnummer die Regelung in § 4 Abs. 2 des Gesetzes über Personalausweise (PAuswG) zu beachten, wonach diese Nummer nicht so verwendet werden darf, dass diese nicht als Kriterium für die Suche in Dateien oder für die Verknüpfung von Daten genutzt wird, vgl. BeckTKGKomm/*Büttgen* § 95 Rn. 31.

schränkte – Verpflichtung von Drittanbietern, Widersprüche/Einwilligungen nach Kenntnismöglichkeit zu beachten.

c) Verkehrsdaten

246 Im Gegensatz der zu der vergleichsweise kompakten Regelung über Bestandsdaten in § 95 TKG verteilen sich die Regelungen über die Erhebung und Nutzung von Verkehrsdaten auf mehrere Normen. Ähnlich wie § 95 TKG für die Bestandsdaten ist § 96 TKG die »Grundnorm« für Verkehrsdaten. Daneben regelt § 97 TKG die Datennutzung zur Ermittlung und Abrechnung von Entgelten und § 98 TKG die Untergruppe der »Standortdaten«.

aa) Allgemeines

247 Verkehrsdaten gehören zu den datenschutzrechtlich sensibelsten Daten, weil sie in Zusammenhang mit der Inanspruchnahme von Telekommunikationsdiensten stehen und erkennen lassen, von welchem Anschluss wann mit wem wie lange kommuniziert wurde.[331] Sie unterliegen deshalb sowohl dem verfassungsrechtlich garantierten Fernmeldegeheimnis aus Art. 10 Abs. 1 GG als auch dem einfachgesetzlichen Schutz nach § 88 TKG.

248 Die besondere Sensibilität von Verkehrsdaten ist auch der Grund für den abschließenden Katalog der im Rahmen des Erforderlichen zulässigerweise zu erhebenden und zu verwendenden Verkehrsdaten in § 96 Abs. 1 TKG. Dazu gehören die teilnehmerbezogenen Daten nach Ziff. 1 (Rufnummer, personenbezogene Berechtigungskennungen, die Nummer von Kundenkarten und den Standort bei mobilen Anschlüssen), die verbindungsbezogenen Daten nach Ziff. 2. (Beginn und das Ende der jeweiligen Verbindung nach Datum und Uhrzeit und – wenn entgelterheblich – die übermittelten Datenmengen), die dienstebezogenen Daten nach Ziff. 3 (die in Anspruch genommenen Telefondienste) sowie sonstige notwendigen Verkehrsdaten nach Ziff. 5. Für festgeschaltete Verbindungen (»Standleitung«) sind Verkehrsdaten auch die Endpunkte der Verbindung, ihren Beginn und ihr Ende nach Datum und Uhrzeit und – wiederum soweit entgelterheblich – die übermittelten Datenmengen.

249 Bei Aufbau bzw. der weiteren Abwicklung einer Telekommunikationsverbindung werden die meisten der genannten Verkehrsdaten automatisch erzeugt und in den Vermittlungsstellen elektronisch gespeichert.[332] Grundsätzlich sind die Verkehrsdaten nach Beendigung der Verbindung unverzüglich zu löschen, § 96 Abs. 2 TKG. Über das Verbindungsende hinaus ist die Verwendung nur zulässig

- zum Aufbau weiterer Verbindung,
- zur Entgeltermittlung oder -abrechnung nach § 97 TKG,
- zur Erstellung von Einzelverbindungsnachweisen nach § 99 TKG,
- im Zusammenhang mit Störungen und Missbrauchsfällen nach § 100 TKG,
- im Zusammenhang mit »Fangschaltungen« nach § 101 TKG und
- soweit die Verwendung durch andere gesetzliche Vorschriften gestattet ist.

250 Mit Urteil vom 02.03.2010 hat das Bundesverfassungsgericht die auf Basis der EU-Richtlinie 2006/24/EG verabschiedeten Vorschriften zur sog. »Vorratsdatenspeicherung« (§§ 113a, 113b TKG) für verfassungswidrig erklärt.[333] In seinen Leitlinien für eine verfassungskonforme Regelung verlangte das Gericht unter Bezugnahme auf den Verhältnismäßigkeitsgrundsatz insbesondere »hinreichend anspruchsvolle und normenklare Regelungen hinsichtlich der Datensicherheit, der Datenverwendung, der Transparenz und des Rechtsschutzes«, die dem besonderen Gewicht des mit der Vorratsdatenspeicherung ver-

---

331 Vgl. BeckTKGKomm/*Robert* § 96 Rn. 1.
332 Vgl. *Schmidt/Königshofen/Zwach* § 6 TDSV Rn. 1.
333 BVerfG NJW 2010, 833.

bundenen Grundrechtseingriffes Rechnung tragen müssten. Seit dem Urteil des BVerfG wird – bislang erfolglos – um eine verfassungskonforme Neuregelung gerungen.[334]

Darüber hinaus dürfen teilnehmerbezogene Verkehrsdaten mit Einwilligung des Betroffenen zum Zwecke der Vermarktung von Telekommunikationsdiensten, zur bedarfsgerechten Gestaltung von Telekommunikationsdiensten oder zur Bereitstellung von Diensten mit Zusatznutzen im dazu erforderlichen Zeitraum genutzt werden; die Daten der Angerufenen sind dabei unverzüglich zu anonymisieren, § 97 Abs. 3 TKG. Umgekehrt können »zielnummernbezogene Verkehrsdaten« nur mit Einwilligung der Angerufenen zulässig, und die Daten der Anrufenden sind unverzüglich zu anonymisieren. 251

§ 97 Abs. 4 TKG enthält konkrete Anforderungen an die Information im Vorfeld der Einwilligung.[335] 252

bb) Entgeltermittlung und -abrechnung

Die Zulässigkeit der Verwendung von Verkehrsdaten zur Ermittlung und -abrechnung von Entgelten ist vollständig in der eigenen Bestimmung in § 97 TKG geregelt. 253

Der Anwendungsbereich der Norm ist auf den abschließenden Katalog der Verkehrsdaten in § 96 Abs. 1 TKG beschränkt. Diese dürfen von einem Diensteanbieter zur Entgeltermittlung und -abrechnung mit eigenen Teilnehmern im erforderlichen Umfang verwendet werden: Bei den mittlerweile bei Internetzugängen und auch im Bereich der Sprachtelefonie weitverbreiteten sog. »Flatrates« ist die Erhebung von Verkehrsdaten zu Abrechnungszwecken nicht erforderlich, bei volumenabhängigen (Daten)-Tarifen genügt die Erhebung der genutzten Datenmenge, bei zeitabhängigen Tarifen die der Nutzungsdauer.[336]

Zudem dürfen im erforderlichen Umfang Verkehrsdaten 254
- vom Betreiber eines öffentlichen Telefonnetzes an denjenigen Diensteanbieter übermittelt werden, der seine Dienste über ein solches öffentliches Telefonnetz anbietet (§ 96 Abs. 1 S. 2 TKG) und
- von einem Diensteanbieter an seinen Dienstleister für Abrechnung/Inkasso übermittelt werden, wenn mit diesem Dienstleister ein entsprechender Vertrag besteht und sich dieser dabei zur Wahrung des Fernmeldegeheimnisses nach § 88 TKG und des Datenschutzes nach den §§ 93 und 95–97, 99 und 100 TKG verpflichtet hat (§ 96 Abs. 1 S. 3–4 TKG).

Nach § 97 Abs. 5 TKG ist die Verwendung von Verkehrsdaten auch zulässig, soweit es für die Abrechnung des Diensteanbieters mit anderen Diensteanbietern oder mit deren Teilnehmern sowie anderer Diensteanbieter mit ihren Teilnehmern erforderlich ist. 255

Neben der Verkehrsdaten nach § 96 Abs. 1 TKG dürfen 256
- die Anschrift des Teilnehmers oder Rechnungsempfängers, die Art des Anschlusses, die Zahl der im Entgelteinheiten im Abrechnungszeitraum, die übermittelten Datenmengen und das insgesamt zu entrichtende Entgelt (§ 97 Abs. 2 Nr. 2 TKG) sowie
- sonstige für die Entgeltabrechnung erhebliche Umstände wie Vorschusszahlungen, Zahlungen mit Buchungsdatum, Zahlungsrückstände, Mahnungen, durchgeführte und aufgehobene Anschlusssperren, eingereichte und bearbeitete Reklamationen, beantragte und genehmigte Stundungen, Ratenzahlungen und Sicherheitsleistungen (§ 97 Abs. 2 Nr. 3 TKG)

erhoben und verwendet werden.

---
334 Vgl. *Wehr/Ujica* MMR 2010, 671; *Wegener/Schramm* MMR 2011, 9.
335 Diese würden sich auch ohne spezielle Regelung bereits aus den Anforderungen an die »informierte Einwilligung« nach § 4a Abs. 1 S. 2 BDSG ergeben.
336 Vgl. zur vergleichbaren Fallgestaltung bei Telemedien: *Roßnagel*, Datenschutz Tele-/Mediendienste, Rn. 79.

257 Die konkret zur Berechnung des Entgeltes erforderlichen Daten sind unverzüglich zu ermitteln; nicht erforderliche Daten unverzüglich zu löschen. Im Hinblick auf die Angabe von Zielnummern hat der Teilnehmer nach § 97 Abs. 4 TKG die Wahl zwischen einer ungekürzten oder um die letzten drei Ziffern gekürzten Speicherung oder einer vollständigen Löschung nach Rechnungserstellung. Wählt der Teilnehmer nicht die vollständige Löschung, so dürfen die erforderlichen Daten höchstens sechs Monate nach Versendung der Rechnung, alternativ bis zur Klärung von vor dem Ablauf dieser Frist erhobenen Einwendungen, gespeichert werden.

cc) Standortdaten

258 Als Untergruppe der Verkehrsdaten sind die Standortdaten aufgrund ihrer – gegenüber sonstigen Verkehrsdaten nochmals gesteigerten datenschutzrechtlichen Sensibilität – durch § 98 TKG – die »wesentlichste Neuerung im TK-Datenschutzrecht«[337] – besonderen Regelungen unterworfen.

259 Standortdaten sind nach § 3 Nr. 19 TKG Daten, die in einem Telekommunikationsnetz (§ 3 Nr. 27 TKG) erhoben oder verwendet werden und die den Standort des Endgeräts eines Endnutzers eines Telekommunikationsdienstes (§ 3 Nr. 24 TKG) für die Öffentlichkeit angeben. Dazu gehören insbesondere Standortdaten in Festnetzen, Mobilfunknetzen aber auch anderen Datennetzen, die aber in jedem Fall einen begrenzten regionalen Bezug[338] voraussetzen.

260 Die Nutzung von Standortdaten ist nur in dem Umfang zulässig, der zur Bereitstellung von Diensten mit Zusatznutzen[339] erforderlich ist, wenn diese
- anonymisiert wurden oder
- der Teilnehmer seine Einwilligung erteilt hat.

261 Um im Zusammenhang mit Standortdaten das Recht auf informationelle Selbstbestimmung wirksam ausüben zu können, sieht § 97 Abs. 2 TKG als Maßgabe des Systemdatenschutzes vor, dass Teilnehmer die Verarbeitung von Standortdaten für jede Verbindung zum Netz oder für jede Übertragung einer Nachricht auf einfache Weise und unentgeltlich zeitweise untersagen können. Diese Maßgabe gilt jedoch nicht für Verbindungen zu Notrufnummern, vgl. § 97 Abs. 3 TKG.

d) Sonstige Verarbeitungstatbestände

262 Die §§ 99–103, 107 TKG sehen datenschutzrechtliche Maßgaben für
- Einzelverbindungsnachweise
- Störungs- und Missbrauchsbeseitigung
- »Fangschaltungen«
- Anzeige und Unterdrückung von Rufnummern sowie
- Anrufweiterschaltung und
- Nachrichtenspeicherung

vor.

263 Während die Regelungen zum Einzelverbindungsnachweis (§ 99 TKG) und zur Störungs- und Missbrauchsbeseitigung (§ 100 TKG) detaillierte Maßgaben zur zulässigen Verarbei-

---

337 Vgl. BeckTKGKomm/*Wittern* § 98 Rn. 1.
338 Vgl. BeckTKGKomm/*Wittern* § 98 Rn. 4: Die Kenntnis des Landes, in dem sich ein Endnutzer befindet, reicht nicht aus, wohl aber die Mobilfunkzelle.
339 Sog. »location based services«, also etwa die Darstellung von Hotels, Restaurants oder Tankstellen in der Nähe des Nutzer-Standorts, vgl. zu den datenschutzrechtlichen Fragestellungen bei »LBS« auch *Hellmich* MMR 2002, 152; krit. zu den Auswirkungen der rechtlichen Anforderung auf den Bereich des »Mobile Commerce« insoweit *Schrey/Meister* K&R 2002, 177.

tung und Nutzung von Bestands- und Verkehrsdaten beinhalten, stellen die § 101–103, 107 TKG stark auf Aspekte des Systemdatenschutzes ab, die dem Nutzer selbst – in Grenzen – die Entscheidung über den Umfang der Datenverwendung bzw. -weitergabe überlassen.

V. Sanktionen

Eine Vielzahl der der Ordnungswidrigkeiten-Tatbestände in § 149 TKG bezieht sich auf Verstöße gegen datenschutzrechtliche Bestimmungen in §§ 91 ff. TKG. Mit einer Geldbuße von bis zu 300.000,– € kann nach § 149 Abs. 1 TKG u. a. geahndet werden:

- ein Verstoß gegen die Maßgaben für die Verwendung von Bestands- und Verkehrsdaten nach §§ 95 Abs. 2, 96 Abs. 2 S. 1 oder 96 Abs. 3 S. 1 TKG,
- ein Verstoß gegen die Löschungspflichten nach §§ 96 Abs. 2 S. 2, 97 Abs. 3 S. 2 und den Bestimmungen zum Telegrammdienst nach § 106 Abs. 2 S. 2 TKG.

264

Die genannten Bußgeldrahmen können nach § 149 Abs. 2 S. 2, 3 TKG überschritten werden, damit die Geldbuße den wirtschaftlichen Vorteil des Täters aus der Ordnungswidrigkeit übersteigt.

Zuständige Verwaltungsbehörde für Ordnungswidrigkeiten nach dem TKG ist die Bundesnetzagentur, § 149 Abs. 3 TKG.

265

E. Datenschutz im Arbeitsverhältnis

I. Datenschutz am Arbeitsplatz

1. Kein spezifisches Arbeitnehmerdatenschutzrecht

Im Bereich des Arbeitsrechts fehlt bislang ein bereichsspezifisches Datenschutzgesetz, also ein Gesetz, das sich gerade mit den Besonderheiten des Arbeitsverhältnisses als solchem auseinandersetzt.[340] An diesem Befund ändert auch der am 01.09.2009 in Kraft getretene § 32 BDSG (Datenerhebung, -verarbeitung und -nutzung für Zwecke des Beschäftigungsverhältnisses) nichts,[341] der eine Zusammenfassung bisheriger Prinzipien zum Arbeitnehmerdatenschutz enthalten soll:[342]

266

> § 32 enthält eine allgemeine Regelung zum Schutz personenbezogener Daten von Beschäftigten, die die von der Rechtsprechung erarbeiteten Grundsätze des Datenschutzes im Beschäftigungsverhältnis nicht ändern, sondern lediglich zusammenfassen und ein Arbeitnehmerdatenschutzgesetz weder entbehrlich machen noch inhaltlich präjudizieren soll.

Außerhalb von § 32 und § 3 Abs. 11 – dort ist eine Definition des Begriffs des Beschäftigten enthalten – hat das BDSG keinerlei spezifische arbeitsrechtliche Bezüge. Es ist daher zu erwarten, dass die betriebliche Praxis auch in Zukunft in hohem Maße durch die Rechtsprechung der Arbeitsgerichte geprägt wird, die durch eine Vielzahl von Einzelfällen die allgemeinen Prinzipien herausgearbeitet hat, die in der Gesetzesbegründung zu § 32 BDSG als Grundsätze des Datenschutzes im Beschäftigungsverhältnis bezeichnet werden. Wesentliche Grundsätze dieser Rechtsprechung waren zeitlich auch schon vor der Entwicklung des allgemeinen Datenschutzrechts existent.

---

340 Keine Notwendigkeit eines spezifischen Gesetzes sieht *Fleck* BB 2003, 306; a. A. *Grobys* BB 2003, 682.
341 So auch *Gola/Schomerus* § 32 Rn. 2.
342 BT-Drs. 16/13657, S. 20.

267 Gemäß § 32 Abs. 1 S. 1 BDSG dürfen personenbezogene Daten eines Beschäftigten (Legaldefinition in § 3 Abs. 11 BDSG) für Zwecke des Beschäftigungsverhältnisses erhoben, verarbeitet oder genutzt werden, wenn dies für die Entscheidung über die Begründung eines Beschäftigungsverhältnisses oder nach Begründung des Beschäftigungsverhältnisses für dessen Durchführung oder Beendigung erforderlich ist. Eine Erweiterung des Anwendungsbereichs des BDSG wird durch § 32 Abs. 2 BDSG erreicht, wonach § 32 Abs. 1 BDSG auch dann anzuwenden ist, wenn personenbezogene Daten erhoben, verarbeitet oder genutzt werden, ohne dass sie automatisiert verarbeitet oder in oder aus einer nicht automatisierten Datei verarbeitet, genutzt oder für die Verarbeitung oder Nutzung in einer solchen Datei erhoben werden.[343] Eine strenge Erforderlichkeitsprüfung[344] im Sinne der Analyse, welche von mehreren gleich geeigneten Maßnahmen die mildeste Maßnahme ist, soll damit nach der in der Aufsichtspraxis anzutreffenden Auffassung verschiedener Behörden[345] nicht gefordert sein.[346] Vielmehr eröffne das Tatbestandsmerkmal der Erforderlichkeit in § 32 Abs. 1 S. 1 BDSG die Möglichkeit der Prüfung, ob die berechtigten Interessen des Unternehmens auf andere Weise nicht oder nicht angemessen gewahrt werden können.[347] § 32 Abs. 1 S. 1 BDSG soll im Beschäftigungsverhältnis an die Stelle von § 28 Abs. 1 S. 1 Nr. 1 BDSG treten und diesen verdrängen.[348] Gemäß § 32 Abs. 1 S. 2 BDSG dürfen zur Aufdeckung von Straftaten personenbezogene Daten eines Beschäftigten nur dann erhoben, verarbeitet oder genutzt werden, wenn zu dokumentierende tatsächliche Anhaltspunkte den Verdacht begründen, dass der Betroffene im Beschäftigungsverhältnis eine Straftat begangen hat, die Erhebung, Verarbeitung oder Nutzung zur Aufdeckung erforderlich ist und das schutzwürdige Interesse des Beschäftigten an dem Ausschluss der Erhebung, Verarbeitung oder Nutzung nicht überwiegt, insbesondere Art und Ausmaß im Hinblick auf den Anlass nicht unverhältnismäßig sind.[349]

268 Die in vielerlei Hinsicht zentrale Frage, ob und in welchen Fällen § 32 Abs. 1 BDSG die parallele Anwendung von § 28 Abs. 1 S. 1 Nr. 2 BDSG noch zulässt, ist noch nicht in allen Einzelheiten geklärt. Es ist allerdings davon auszugehen, dass § 28 Abs. 1 S. 1 Nr. 2 BDSG neben § 32 Abs. 1 BDSG als Erlaubnisnorm anwendbar bleibt, weil mit der Schaffung von § 32 BDSG nur bestehende Grundsätze zum Arbeitnehmerdatenschutz zusammengefasst und (abgesehen von § 28 Abs. 1 S. 1 Nr. 1 BDSG) andere Erlaubnisnormen nicht verdrängt werden sollten:[350]

> In einem neuen § 32 wird § 28 Absatz 1 Satz 1 Nummer 1 im Hinblick auf Beschäftigungsverhältnisse konkretisiert und insoweit verdrängt. Ebenfalls durch § 32 verdrängt wird § 28 Absatz 1 Satz 2: § 32 regelt, zu welchen Zwecken und unter welchen Voraussetzungen personenbezogene Daten vor, im und

---

343 So auch *Gola/Schomerus* § 32 Rn. 7.
344 Vgl. zum Kriterium der Erforderlichkeit *Thüsing* NZA 2009, 865.
345 Die Frage, ob sich präventive Untersuchungen nach § 32 Abs. 1 S. 1 BDSG richten wurde im Rahmen einer Anfrage Ende 2009 von einer Aufsichtsbehörde bejaht, wobei argumentiert wurde, dass der Arbeitgeber ganz allgemein berechtigt sei, seine Mitarbeiter dahin gehend zu kontrollieren, ob sie ihre Pflichten aus dem Beschäftigungsverhältnis erfüllen, wobei zu diesen Pflichten auch gehöre, sich dem Arbeitgeber gegenüber loyal zu verhalten, ihm keinen Schaden zuzufügen und keine unerlaubten Handlungen zu begehen. Damit liege auch der unmittelbare Zusammenhang mit dem Beschäftigungsverhältnis und den daraus resultierenden Rechten und Pflichten vor. Für die Durchführung der Maßnahme sei unter anderem sicherzustellen, dass keine mildere Maßnahme zur Verfügung stehe, Transparenz geschaffen werde und die Maßnahme verhältnismäßig sei.
346 Für Einzelheiten zur Erforderlichkeit siehe auch *Wybitul* BB 2010, 1085.
347 Vgl. zum damit gegenüber §§ 1 Abs. 2, 27 BDSG erweiterten Anwendungsbereich vgl. *Gola/Schomerus* § 32 Rn. 7; siehe auch *Hanloser* MMR 2009, 594; *Thüsing* NZA 2009, 865.
348 Nach Maßgabe der Gesetzesbegründung (BT-Drs. 16/13657, S. 20) soll § 32 BDSG auch § 28 Abs. 1 S. 2 BDSG verdrängen. Vgl. zu den berechtigten Zweifeln an dieser Überlegung *Thüsing* NZA 2009, 865.
349 Vgl. *Thüsing* NZA 2009, 865 zur vorsorglich anzunehmenden Parallelität zwischen den Maßstäben und Rechtmäßigkeitsanforderungen gemäß § 32 Abs. 1 S. 1 und S. 2 BDSG.
350 BT-Drs. 16/13657, S. 20 f.

nach dem Beschäftigungsverhältnis erhoben, verarbeitet und genutzt werden dürfen. Einer weiteren konkreten Festlegung der Zwecke nach § 28 Absatz 1 Satz 2 durch Arbeitgeber bedarf es daher nicht mehr. Die übrigen einschlägigen allgemeinen und bereichsspezifischen Datenschutzvorschriften, die eine Datenerhebung, -verarbeitung oder -nutzung erlauben oder anordnen, werden durch § 32 nicht verdrängt. Auch eine Datenerhebung oder -verwendung auf der Grundlage einer freiwillig erteilten Einwilligung des Beschäftigten (§ 4a des Bundesdatenschutzgesetzes, § 22 des Kunsturhebergesetzes) wird durch § 32 nicht ausgeschlossen.

269 Auch wenn mit § 32 BDSG eine Vorschrift geschaffen wurde, die sich konkret auf das Beschäftigtenverhältnis bezieht, bleibt abzuwarten, ob sich die Situation der Betroffenen dadurch verbessert.[351] Die Datenschutzskandale der vergangenen Jahre haben gemeinsam, dass sie mehrheitlich nicht auf fehlende gesetzliche Vorschriften zurückgeführt werden können. Vielmehr ist ein Defizit in der Rechtsanwendung festzustellen, dass sich beispielsweise in der Bußgeldpraxis der Behörden zeigt. Spektakuläre Bußgeldentscheidungen sind im Bereich des Datenschutzrechts eher einer Seltenheit, auch wenn es in den letzten Jahren einige davon gegeben hat.[352] Die eigentliche Sanktionswirkung geht auch in diesen Fällen eher von der negativen Presseberichterstattung und der entsprechenden öffentlichen Meinung aus. Auch der vom Bundesbeauftragten für den Datenschutz kritisierte Zustand,[353] dass die Beschäftigten darauf angewiesen sind, sich wegen fehlender gesetzlicher Regelungen zum Arbeitnehmerdatenschutz an der einschlägigen, notwendigerweise lückenhaften[354] und für die Betroffenen nur schwer erschließbaren Rechtsprechung zu orientieren,[355] wird durch § 32 BDSG nicht beseitigt.[356]

270 Der Regierungsentwurf eines Gesetzes zur Regelung des Beschäftigtendatenschutzes[357] (BDSG-Reg.E.) will hier Abhilfe schaffen. Mit klaren gesetzlichen Regelungen soll die Rechtssicherheit für Arbeitgeber und Beschäftigte erhöht werden. In der Begründung zum Regierungsentwurf heißt es:[358]

> Durch klarere gesetzliche Regelungen soll die Rechtssicherheit für Arbeitgeber und Beschäftigte erhöht werden. So sollen einerseits die Beschäftigten vor der unrechtmäßigen Erhebung und Verwendung ihrer personenbezogenen Daten geschützt werden, andererseits soll das Informationsinteresse des Arbeitgebers beachtet werden. Beides dient dazu, ein vertrauensvolles Arbeitsklima zwischen Arbeitgebern und Beschäftigten am Arbeitsplatz zu unterstützen. [...] Es werden praxisgerechte Regelungen für Beschäftigte und Arbeitgeber geschaffen, die klarstellen, dass nur solche Daten erhoben, verarbeitet und genutzt werden dürfen, die für das Beschäftigungsverhältnis erforderlich sind. Mit den Neuregelungen werden Beschäftigte an ihrem Arbeitsplatz zudem wirksam vor Bespitzelungen geschützt; gleichzeitig werden den Arbeitgebern verlässliche Grundlagen für die Durchsetzung von Compliance-Anforderungen und für den Kampf gegen Korruption an die Hand gegeben.

Der Regierungsentwurf sieht vor, das BDSG um einen eigenen Abschnitt zum Beschäftigtendatenschutz zu ergänzen; als Alternative wurde die Schaffung eines eigenständigen Beschäftigtendatenschutzgesetzes diskutiert. Der Abschnitt zum Beschäftigtendatenschutz soll in §§ 32–32l Platz finden. Nach Maßgabe des Regierungsentwurfs werden die neuen Vorschriften innerhalb des BDSG folgende Themen behandeln:[359]

> § 32 Datenerhebung vor Begründung eines Beschäftigungsverhältnisses; § 32a Ärztliche Untersuchungen und Eignungstests vor Begründung eines Beschäftigungsverhältnisses; § 32b Datenverarbeitung

---

351 Mehr Klarheit hat § 32 BDSG jedenfalls nicht gebracht, siehe dazu *Thüsing* NZA 2009, 865.
352 Siehe dazu auch *Erfurth* NJOZ 2009, 2914; *Kock/Franke* NZA 2009, 646.
353 Vgl. zu den Aussagen des Bundesbeauftragten für den Datenschutz *Schmidl* ZJS 2009, 453.
354 Zur Analyse, ob tatsächlich Schutzlücken bestanden vgl. *Schmidl* ZJS 2009, 453.
355 Zu § 32 BDSG im Verhältnis zur Rechtsprechung siehe auch *Wybitul* BB 2010, 1085.
356 Bei *Gola/Schomerus* § 32 Rn. 3 heißt es zutreffend: »Gleichwohl wirft die Bestimmung, die der Klarstellung der Zulässigkeit der Verarbeitung von Arbeitnehmerdaten dienen sollte, mehr Unklarheiten auf, als zuvor bestanden.«
357 Siehe BT-Drs. 17/4230 mit Änderungsanträgen des Bundesrats und der korrespondierenden Stellungnahme der Bundesregierung.
358 BT-Drs. 17/4230, S. 1 f.
359 BT-Drs. 17/4230, S. 3 f.

und -nutzung vor Begründung eines Beschäftigungsverhältnisses; § 32c Datenerhebung im Beschäftigungsverhältnis; § 32d Datenverarbeitung und -nutzung im Beschäftigungsverhältnis; § 32e Datenerhebung ohne Kenntnis des Beschäftigten zur Aufdeckung und Verhinderung von Straftaten und anderen schwerwiegenden Pflichtverletzungen im Beschäftigungsverhältnis; § 32f Beobachtung nicht öffentlich zugänglicher Betriebsstätten mit optischelektronischen Einrichtungen; § 32g Ortungssysteme; § 32h Biometrische Verfahren; § 32i Nutzung von Telekommunikationsdiensten; § 32j Unterrichtspflichten; § 32k Änderungen; § 32l Einwilligung, Geltung für Dritte, Rechte der Interessenvertretungen, Beschwerderecht, Unabdingbarkeit

271 Bereichsspezifische Gesetze (z. B. das TMG) berücksichtigen zwar allgemein die Belange von Personen bei Nutzung moderner Massenkommunikationsmittel, erfassen aber nicht die spezifischen Probleme eines Arbeitsverhältnisses. Damit sind andere arbeitsrechtliche Regelungen wie Tarifvertrag, Betriebsvereinbarung[360] oder Individualarbeitsvertrag die wichtigsten Grundlagen für den Datenschutz im Arbeitsrecht.[361] Das BDSG behält dabei seine Bedeutung als Garantie eines Mindeststandards für den Datenschutz im Bereich des Arbeitsrechts.[362] Soweit andere Rechtsvorschriften weiter gehende Schutzmaßnahmen vorschreiben, sind diese maßgeblich.

2. Besonderes Verhältnis zwischen Arbeitgeber und Arbeitnehmer

272 Im Rahmen eines Arbeitsverhältnisses ist der Arbeitnehmer in datenschutzrechtlicher Hinsicht besonders gefährdet, da er zum Arbeitgeber sowohl bei der Einstellung wie auch später bei der Durchführung in einem besonderen Abhängigkeitsverhältnis steht.[363] Gerade der Arbeitgeber gelangt ohne Weiteres an besonders sensitive Daten. Dies beginnt schon bei der Bewerbung, bei der der Arbeitgeber sich ein möglichst vollständiges Bild von dem potenziellen Mitarbeiter machen kann.[364] Der Arbeitgeber ist auch im Rahmen der Lohnzahlung in der Lage, sich über die sozialen und finanziellen Verhältnisse des Arbeitnehmers genau zu informieren.[365]

273 Dieser Situation soll im Rahmen des neuen Beschäftigtendatenschutzrechts durch spezielle Erlaubnistatbestände für die Erhebung von Daten vor der Begründung eines Beschäftigungsverhältnisses Rechnung getragen werden.[366] So soll der Arbeitgeber gemäß § 32 Abs. 1 BDSG-Reg.E. zwar den Namen, die Anschrift, die Telefonnummer und die Adresse der elektronischen Post eines Beschäftigten vor Begründung eines Beschäftigungsverhältnisses erheben dürfen.[367] Die Erhebung weiterer personenbezogener Daten soll aber nur dann zulässig sein, soweit die Kenntnis dieser Daten erforderlich ist, um die Eignung des Beschäftigten für die vorgesehenen Tätigkeiten festzustellen (z. B. Daten über die fachlichen und persönlichen Fähigkeiten, Kenntnisse und Erfahrungen sowie über die Ausbildung und den bisherigen beruflichen Werdegang des Beschäftigten). Auch die Durchführung von ärztlichen Untersuchungen und Eignungstests soll speziell gesetzlich geregelt werden (vgl. § 32a BDSG-Reg.E.).

274 Auch die Phase nach der Erhebung von Beschäftigtendaten, also deren Verarbeitung und Nutzung soll nach dem Regierungsentwurf speziell geregelt werden. § 32b BDSG-Reg.E.

---

360 In § 4 Abs. 1 S. 2 BDSG-Reg.E. soll es künftig heißen »Andere Rechtsvorschriften im Sinne dieses Gesetzes sind auch Betriebs- und Dienstvereinbarungen« und § 32l Abs. 5 BDSG-Reg.E. sieht die Regelung »Von den Vorschriften dieses Unterabschnitts darf nicht zuungunsten der Beschäftigten abgewichen werden« vor.
361 Bspw. kann ein Tarifvertrag das grundsätzliche Verbot mit Erlaubnisvorbehalt des § 4 I BDSG aufheben, BVerwG RDV 2004, 269.
362 Durch § 32l Abs. 5 BDSG-Reg.E. (BT-Drs. 17/4230, S. 16 f.) wird dies noch unterstrichen.
363 Siehe auch *Rost* NZA 1999, 113.
364 Vgl. dazu auch Erfurter Kommentar/*Wank* § 1 BDSG Rn. 1.
365 Zu Erfahrungen und Empfehlungen im Umgang mit § 32 BDSG siehe *Wybitul* BB 2010, 1085.
366 Vgl. BT-Drs. 17/4230, S. 21 zu Ziel und Inhalt des BDSG-Reg.E.
367 Vgl. zum Regierungsentwurf v. 25.08.2010 zur Regelung des Beschäftigtendatenschutzes im Einzelnen auch *Forst* NZA 2010, 1043.

sieht vor, dass der Arbeitgeber Beschäftigtendaten, die er nach den §§ 32 oder 32a BDSG-Reg.E. erhoben hat, nur verarbeiten und nutzen darf, soweit dies erforderlich ist, um die Eignung des Beschäftigten für die vorgesehenen Tätigkeiten festzustellen oder um über die Begründung des Beschäftigungsverhältnisses zu entscheiden.

In den §§ 32c – l BDSG-Reg.E. sind Regelungen über die Erhebung, Verarbeitung und Nutzung von Daten während des Beschäftigungsverhältnisses vorgesehen.[368] Neben den Einzelregelungen zur Datenerhebung ohne Kenntnis des Beschäftigten zur Aufdeckung und Verhinderung von Straftaten und anderen schwerwiegenden Pflichtverletzungen im Beschäftigungsverhältnis, zur Beobachtung nicht öffentlich zugänglicher Betriebsstätten mit optischelektronischen Einrichtungen, zu Ortungssystemen, zu Biometrische Verfahren und zur Nutzung von Telekommunikationsdiensten, ist eine Ausweitung der Unterrichtungspflichten gemäß § 42a BDSG für Beschäftigtendaten geplant. § 32l (1) BDSG-Reg.E. sieht vor, die Einwilligung nur noch in den Fällen als Erlaubnistatbestand zuzulassen, für die eine ausdrückliche dahin gehende Regelung im Unterabschnitt zum Beschäftigtendatenschutz vorgesehen ist. § 32l (5) BDSG-Reg.E. stellt klar, dass von den Vorschriften des Unterabschnitts zum Beschäftigtendatenschutz nicht zuungunsten der Beschäftigten abgewichen werden darf. 275

3. Interessenkollision

Die vom Arbeitgeber angestrebte Optimierung der Nutzung betrieblicher Ressourcen führt zu einem umfassenden Dokumentations- und Kontrollinteresse des Arbeitgebers. Optimale Informationen über seine Mitarbeiter (z. B. in Form von Missbrauchs- oder Leistungskontrollen) sind für den Arbeitgeber in diesem Zusammenhang unerlässlich. Besondere Bedeutung kommt dem Datenschutz in diesem Zusammenhang bei der Überwachung der Verwendung moderner Massenkommunikationsmittel zu, da die Totalüberwachung[369] technisch leicht möglich ist. Das Eigentumsrecht[370] des Arbeitgebers sowie das Recht am eingerichteten und ausgeübten Gewerbebetrieb[371] kollidieren somit in besonderer Weise mit dem Recht auf informationelle Selbstbestimmung des Arbeitnehmers. Insgesamt ist daher zwischen den Interessen des Arbeitnehmers und denen des Arbeitgebers ein gerechter Ausgleich erforderlich. Auch wenn der Interessengegensatz Arbeitgeber/Arbeitnehmer typischerweise genannt wird, darf nicht übersehen werden, dass alle Betriebsangehörigen, d. h. Arbeitnehmer, Angestellte, Arbeiter, leitende Angestellte, Geschäftsführer, Vorstände und Aufsichtsräte in den Schutzbereich des Datenschutzrechts fallen. 276

II. Regelungsdefizite im Beschäftigtendatenschutz

1. Ungeeignete Prämissen des BDSG

a) Persönliche Abhängigkeit als Strukturmerkmal

Mit dem Regierungsentwurf zum Beschäftigtendatenschutz könnte ein seit langer Zeit verfolgtes politisches Ziel Wirklichkeit werden.[372] Als Grund für die Erforderlichkeit von weiteren Spezialregelungen wird häufig – auch nach der Schaffung von § 32 BDSG – die fehlende Eignung der Regelungen des BDSG genannt, das besondere Verhältnis Arbeitgeber/Arbeitnehmer auszufüllen. Die persönliche Abhängigkeit des Arbeitnehmers vom 277

---

368 Siehe auch *Forst* NZA 2010, 1043.
369 Zur Unzulässigkeit der Totalüberwachung vgl. BVerfG NJW 2005, 1338.
370 Vgl. zum eigentumsrechtlichen Schutz von Betriebsmitteln *Jarass/Pieroth* Art. 14 Rn. 26.
371 Zum Schutzbereich dieses Rechts vgl. MüKo-BGB/*Wagner* § 823 Rn. 193.
372 Der entsprechende politische Wille war bspw. schon im Koalitionsvertrag 2002 zwischen der SPD und Bündnis 90/DIE GRÜNEN, S. 67, dokumentiert.

Arbeitgeber[373] wird weder von § 32 BDSG noch vom BDSG im Übrigen (ausreichend) berücksichtigt. Das BDSG in seiner derzeitigen Form stellt vielmehr das Verhältnis Bürger/Staat in den Vordergrund und ist in den Teilen, die sich auf die Datenverarbeitung durch öffentliche Stellen beziehen, vom Gedanken der Abwehr hoheitlicher Eingriffe geprägt.[374] Im Bereich der Datenverarbeitung durch private Stellen geht das BDSG offensichtlich von der Annahme aus, dass sich voneinander unabhängige Akteure gegenüberstehen. Es ist daher nicht verwunderlich, dass das BDSG, auch nach der Schaffung von § 32 BDSG, viele Fragen offen lässt,[375] die erst mit den Besonderheiten des Arbeitsverhältnisses, insbes. der persönlichen Abhängigkeit der Arbeitnehmer, einhergehen.

b) Berücksichtigung moderner Technologien

278 Das BDSG ist vorrangig von dem Gedanken geprägt, dass Daten zu bestimmten Zwecken erhoben werden und dass eine solche Erhebung zumindest anfänglich gesteuert wird.[376] Weitestgehend unberücksichtigt bleibt in diesem Zusammenhang, dass die flächendeckend verbreiteten modernen Kommunikations- und Arbeitsmittel teilweise zu Funktionszwecken genutzt werden, teilweise aber auch ohne zwingenden Grund den Anfall großer Mengen personenbezogener Daten bewirken. Gesetzliche Rahmenbedingungen für das Arbeitsverhältnis wären in diesem Kontext zumindest wünschenswert. Einerseits wäre dabei dem Kontrollinteresse des Arbeitgebers Rechnung zu tragen, wenn es etwa um die Überprüfung geht, ob von ihm gestellte Betriebsmittel sachgerecht eingesetzt werden. Hier wäre es auch denkbar, für gewisse Handlungsbereiche im Arbeitsverhältnis zusätzliche Erlaubnistatbestände zugunsten des Arbeitgebers zu schaffen.[377] Andererseits ist das Recht des Arbeitnehmers auf informationelle Selbstbestimmung zu berücksichtigen, das durch nahezu unbeschränkte und ohne Weiteres finanzierbare Überwachungsmöglichkeiten besonders stark gefährdet ist.

c) Berücksichtigung typischer Arbeitsverhältnisse

279 In Zusammenhang mit der Berücksichtigung moderner Technologien könnten zugleich grundlegende Fragen der Videoüberwachung am Arbeitsplatz im Allgemeinen[378] und an bestimmten Arbeitsplätzen (z. B. an der Kasse) im Besonderen geregelt werden.[379] Bei Telefonarbeitsplätzen ließe sich etwa an die gesetzliche Autorisierung von permanenten Sprachaufzeichnungen denken. Möglicherweise genügt für diese zentralen Fragen bereits eine Ergänzung der vorhandenen Regelungen.

2. Freiwilligkeit der Arbeitnehmereinwilligung

a) Strukturelle Unterlegenheit des Arbeitnehmers

280 Die Vorschriften über die Einwilligung gehen von einer freien Willensentschließung des Betroffenen aus (»Freiwilligkeit« der Einwilligung).[380] Der Arbeitnehmer ist jedoch in vielfältiger Weise vom Arbeitgeber abhängig. In diesem Zusammenhang ist häufig von der »struk-

---

373 Siehe dazu auch *Rost* NZA 1999, 113.
374 Vgl. zur Abwehrfunktion von Grundrechten allgemein *Jarass/Pieroth* Vorb. vor Art. 1 Rn. 4.
375 Zu offenen Fragen auch im Regierungsentwurf v. 25.08.2010 zum Beschäftigtendatenschutz siehe *Forst* NZA 2010, 1043.
376 Vgl. dazu Grundsatz der Zweckbindung in *Gola/Schomerus* § 31 Rn. 1.
377 Zum Regierungsentwurf v. 25.08.2010 zum Beschäftigtendatenschutz in diesem Zusammenhang siehe auch *Forst* NZA 2010, 1043.
378 BAG NJW 2005, 313.
379 Zur geplanten Regelung der Videoüberwachung im Regierungsentwurf v. 25.08.2010 zum Beschäftigtendatenschutz siehe auch *Forst* NZA 2010, 1043.
380 Vgl. dazu Simitis/*Simitis* § 4a Rn. 62.

II. Regelungsdefizite im Beschäftigtendatenschutz

turellen Unterlegenheit«[381] des Arbeitnehmers die Rede. Das Abhängigkeitsverhältnis des Arbeitnehmers vom Arbeitgeber hat zur Folge, dass Zweifel an der Freiwilligkeit einer vom Arbeitnehmer geäußerten Einwilligung angebracht sein könnten.[382] Ein »allgemeines« Arbeitnehmerdatenschutzgesetz müsste daher Regelungen insbes. hinsichtlich einer spezifisch arbeitsrechtlich orientierten Einwilligung als Legitimationsgrundlage für Eingriffe in die informationelle Selbstbestimmung der Arbeitnehmer treffen und dabei vorrangig die Problematik der Freiwilligkeit der Einwilligungserklärung lösen. In der aktuellen Rechtslage ist dieses relevante Problem nicht abschließend geklärt, obwohl sich viele Argumente gegen die teils vertretene pauschale Verneinung der Freiwilligkeit der Arbeitnehmereinwilligung finden lassen. Es ist insbesondere fraglich, ob der in § 32l Abs. 1 BDSG-Reg.E. vorgesehene Ansatz tragfähig ist, die Einwilligung nur in den Fällen zuzulassen, in dies im Unterabschnitt zum Beschäftigten ausdrücklich vorgesehen ist.[383] So findet sich die Möglichkeit der Einwilligung beispielsweise nicht für die Erhebung, Verarbeitung und Nutzung besonderer Kategorien personenbezogener Daten, obwohl § 28 Abs. 6 BDSG hier von seinem Wortlaut unbestritten zu restriktiv ist.[384]

b) Sanktionserwartung

Auch wenn der Regierungsentwurf sicherlich noch einige Veränderungen erfahren wird, ist wegen des Risikos der fehlenden Freiwilligkeit der Einwilligung des Beschäftigten jedenfalls nicht mit der abstrakten Gestattung der Einwilligung im Arbeitsverhältnis zu rechnen. Die Freiwilligkeit einer Einwilligung dürfte selbst dann zu verneinen sein, wenn der Arbeitnehmer die Einwilligung mit dem Bewusstsein erteilt, sie jederzeit wieder zurücknehmen zu können. Es kann in solchen Fällen kaum ausgeschlossen werden, dass die Rücknahme der erteilten Einwilligung seitens des Arbeitgebers mit nachteiligen Konsequenzen versehen wird. Die explizit bestehende Aufklärung über das (ohnehin kraft Gesetzes bestehende) Recht, die Einwilligung zu widerrufen, vermag die Vorbehalte gegen freiwilliges Arbeitnehmerverhalten daher nicht zu entkräften.[385]

281

c) Keine ausdrückliche Regelung des Koppelungsverbots

Eine weitere Schwäche des BDSG kann darin gesehen werden, dass die Bedingung eines Vertragsabschlusses mit der Abgabe einer Einwilligung in die Verarbeitung von Daten zu nicht ohnehin kraft Gesetzes zulässigen Zwecken nicht ausdrücklich untersagt ist. Zwar kann die Koppelung des Abschlusses eines Arbeitsvertrags an die Abgabe einer datenschutzrechtlichen Einwilligung aus Freiwilligkeitsgesichtspunkten ausgeschlossen sein, aber eine ausdrückliche gesetzliche Klärung für das Arbeitsverhältnis, wie dies etwa für die Spezialfälle in § 28 Abs. 3b BDSG[386] oder § 12 Abs. 3 TMG[387] geschehen ist, würde Spielräume für weitestgehend ergebnisoffene Argumentationen einengen und somit Rechtssicherheit schaffen.

282

---

381 Vgl. dazu BVerfG NZA 2007, 85.
382 Vgl. dazu das Working Paper Nr. 114 der Artikel 29 Gruppe v. 25.11.2005, 2093/05/DE, veröffentlicht im Internet unter ec.europa.eu/justice_home/fsj/privacy/docs/wpdocs/2005/wp114_de.pdf.
383 Es ist insbesondere fraglich, ob der in § 32l Abs. 1 BDSG-Reg.E. vorgesehene partielle Ausschluss der Einwilligung mit europäischem Recht vereinbar ist. Siehe dazu auch *Forst* NZA 2010, 1043.
384 Zum Verhältnis zwischen § 32 und § 28 BDSG im Allgemeinen siehe *Gola/Schomerus* § 32 Rn. 31.
385 Vgl. auch *Schmidl* WDPR 1 2007, 16.
386 Zu § 28 Abs. 3 und Abs. 3a und b BDSG siehe *Gola/Schomerus* § 28 Rn. 42.
387 Zu § 12 Abs. 3 TMG siehe *Spindler/Nink* § 12 TMG Rn. 8.

3. Keine hinreichende Regelung der Bestimmtheit

a) Bestimmtheit im Arbeitsverhältnis

283 In konsequenter Fortsetzung der Nichtregelung arbeitsrechtlicher Besonderheiten enthält das BDSG keine Aussagen zur gerade in Arbeitsverhältnissen erforderlichen Bestimmtheit von Einwilligungserklärungen.[388] Wegen der Vielzahl möglicher Zwecke greifen Arbeitgeber hier häufig zu Einwilligungserklärungen, die allen Beteiligten die Verarbeitung aller Datenkategorien zu allen Zwecken gestatten.[389] Die in gleicher Urkunde erschöpfend aufgezählten Beteiligten, Datenkategorien und Zwecke führen dann gleichsam zur uneingeschränkten Zulässigkeit jeder erdenklichen Datenverarbeitung. Nach derzeit geltendem Recht dürften solche Einwilligungen in zweierlei Hinsicht zu beanstanden und damit unzulässig sein. Zum einen lässt eine generelle Einwilligung für sämtliche Datenschutzvorgänge innerhalb eines Arbeitsverhältnisses den besonderen Bezug der Einwilligung zu einem bestimmten Zweck vermissen.[390] Zum Problem der Zweckbindung kommt hinzu, dass im Datenschutzrecht der sogenannte »Grundsatz vom Verbot mit Erlaubnisvorbehalt« (vgl. § 4 Abs. 1 BDSG) gilt. Die Regel ist demnach, dass eine Datenverarbeitung verboten ist, wenn sie nicht ausdrücklich erlaubt ist. Vor diesem Hintergrund kann die Einwilligung einem partiellen Rechtsverzicht des Arbeitnehmers gleichgestellt werden und bedarf schon deswegen eines klaren Bezugspunktes. Nur so lässt sich die Reichweite dieses verzichtsähnlichen Rechtsgeschäftes abstecken. Der Versuch, das gesetzliche Prinzip vom sogenannten »Verbot mit Erlaubnisvorbehalt« im Wege der Einwilligung ins Gegenteil zu verkehren, dürfte scheitern.[391]

b) Grenzüberschreitender Datenverkehr

284 Ebenfalls unzulässig, wenn auch ohne ausdrückliche gesetzliche Regelung, dürfte der Versuch sein, durch eine Einwilligungserklärung die Datenübertragung in ein beliebiges »datenschutzfreies« Drittland,[392] d. h. in ein solches, in dem kein angemessenes Schutzniveau für personenbezogene Daten herrscht, zu legitimieren. Ergibt sich die Zulässigkeit der Übermittlung in solchen Situationen nicht aus gesetzlichen Vorschriften, stellt die Einwilligung des Arbeitnehmers allein eine unsichere Basis für die Datenverarbeitung dar.[393] Vor diesem Hintergrund wäre es durchaus erwägenswert, spezielle Regelungen für die Datenübermittlung an konzernangehörige Unternehmen im Ausland zu schaffen.[394]

4. Zusammenfassung

285 Die lediglich kursorisch dargestellten Regelungslücken respektive Rechtsunsicherheit hervorrufenden Argumentationsspielräume führen insgesamt vom Standpunkt des kodifizierten Rechts zu einer relativ unklaren und unübersichtlichen Rechtslage.[395] Auch der zum 01.09.2009 in Kraft getretene § 32 BDSG hat an diesem Zustand nichts geändert, sondern

---

388 Zu den Auswirkungen der in § 32l Abs. 1 BDSG-Reg.E. geplanten Beschränkungen der Fälle möglicher Einwilligungen siehe *Schmidl* WDPR 10 2010, 31.
389 Vgl. dazu *Schmidl* WDPR 1 2007, 17.
390 Vgl. allg. zur Einwilligung im Arbeitsverhältnis *Gola/Wronka* Rn. 142.
391 Vgl. dazu Simitis/*Simitis* § 4a Rn. 77.
392 Vgl. zu den Kriterien für ein angemessenes Datenschutzniveau am Beispiel der Schweiz die Entscheidung der Kommission der Europäischen Gemeinschaften v. 26.07.2000, veröffentlicht im Internet unter http://eur-lex.europa.eu/LexUriServ/LexUriServ.do?uri=CELEX:32000D0518:DE:HTML; vgl. zur »informierten« Einwilligung in diesem Zusammenhang, *Gola/Wronka* Rn. 1124.
393 Vgl. dazu auch im Hinblick auf die Widerruflichkeit der Einwilligung das Working Paper Nr. 114 der Artikel 29 Gruppe v. 25.11.2005, 2093/05/DE, veröffentlicht im Internet unter ec.europa.eu/justice_home/fsj/privacy/docs/wpdocs/2005/wp114_de.pdf.
394 Für diese Fallgruppe ist in § 32l Abs. 1 BDSG-Reg.E. (d. h. in dem von § 32l Abs. 1 in Bezug genommenen Abschnitt über den Beschäftigtendatenschutz) allerdings keine Einwilligung vorgesehen. Siehe *Schmidl* WDPR 10 2010, 31.
395 Vgl. exemplarisch zu den Unsicherheiten im Einwilligungsbereich *Schmidl* WDPR 9 2005, 13.

neue Fragen geschaffen.³⁹⁶ Die Vielfältigkeit der Ausgestaltung von Arbeitsverhältnissen führt zudem dazu, dass höchst unterschiedliche gesetzliche Regelungen zur Anwendung kommen. Ein Großteil der ungelösten oder nicht abschließend diskutierten datenschutzrechtlichen Probleme im Arbeitsrecht wird aber durch eine für diese Probleme sensibilisierte Rechtsprechung aufgefangen³⁹⁷ und bereits jetzt arbeitnehmerorientiert gelöst, wie im Folgenden zu zeigen sein wird.

III. Anbahnung, Durchführung und Beendigung des Arbeitsverhältnisses

1. Anbahnung

a) Enge Beziehung Arbeitgeber – Arbeitnehmer

Das Arbeitsverhältnis wird geprägt von einer engen Beziehung zwischen Arbeitgeber und Arbeitnehmer, bei der der Arbeitgeber von Anfang an in großem Umfang Kenntnisse über den Arbeitnehmer erlangt. Dies beginnt bereits mit der Bewerbung des (zukünftigen) Arbeitnehmers, der bei dieser Gelegenheit umfangreiche Unterlagen überlässt. Der Arbeitgeber verfolgt bei der Einstellung das Ziel, sich möglichst umfangreiche Kenntnisse über den Stellenbewerber zu verschaffen. Diese sind aber regelmäßig nicht auf die fachliche Qualifikation beschränkt. Vielmehr will sich der Arbeitgeber auch ein möglichst persönliches Bild von seinem zukünftigen Mitarbeiter machen. Der Arbeitnehmer kann dabei den Umfang der persönlichen Informationen kaum steuern oder begrenzen. Soweit sich der Arbeitnehmer nicht bereits freiwillig zu bestimmten Fragen äußert, kann sich der Arbeitgeber zusätzlich zu diesen Angaben weitere Kenntnisse beschaffen, indem er beim Einstellungsgespräch konkrete Fragen³⁹⁸ stellt. Dem Informationsinteresse steht damit jeweils das Interesse des Bewerbers auf Schutz seiner Privatsphäre gegenüber.

286

b) Beschränkung des Fragerechts

Bei Fragen an den Stellenbewerber sind stets die arbeitsrechtliche und die nach § 32 BDSG zu beurteilende datenschutzrechtliche Zulässigkeit der Fragen zu prüfen.³⁹⁹ Weitestgehend sind die jeweils relevanten Prüfungskriterien deckungsgleich: Die arbeitsgerichtliche Rechtsprechung hat das Fragerecht des Arbeitgebers von je her eingeschränkt.⁴⁰⁰ Fragen sind daher nur insoweit zulässig, als mit ihnen ein berechtigtes, billigenswertes und schutzwürdiges Arbeitgeberinteresse im Hinblick auf die zukünftige Tätigkeit und den Arbeitsplatz bzw. die Zusammenarbeit mit anderen Arbeitnehmern befriedigt wird.⁴⁰¹ Fragen zur Vergangenheit sind nur zulässig, wenn und soweit sich ihre Beantwortung auf die künftige Arbeitsleistung bezieht. Bei Bewerbungsgesprächen sind Fragen nach bestimmten Umständen aus der Sphäre des Stellenbewerbers unzulässig. Insoweit wird auf die arbeitsrechtliche Kasuistik verwiesen.⁴⁰² Unzulässige Fragen sind beispielsweise solche mit Bezug auf

287

- Schwangerschaft,⁴⁰³
- Religion, Scientology (strittig),⁴⁰⁴
- Gesundheitszustand⁴⁰⁵ (Schwerbehinderung – grds.: nein),

---

396 Siehe auch *Gola/Schomerus* § 32 Rn. 3.
397 Vgl. dazu BVerfG NZA 2007, 85.
398 Vgl. dazu Erfurter Kommentar/*Preis* § 611 BGB Rn. 271.
399 Eine praxistaugliche Anleitung für Bewerbungsgespräche gibt *Walz/Lorch* BC 2003, 85.
400 So bspw. BAG NJW 1999, 3653.
401 Vgl. dazu Erfurter Kommentar/*Preis* § 611 BGB Rn. 271.
402 Zu den Veränderungen seit Inkrafttreten des Allgemeinen Gleichbehandlungsgesetzes vgl. *Wisskirchen/Bissels* NZA 2007, 169.
403 *Thüsing/Lambricht* BB 2002, 1146.
404 *Gola/Wronka* Rn. 135; Erfurter Kommentar/*Preis* § 611 BGB Rn. 274.
405 Grundlegend BAG NZA 1985, 57.

- Vorstrafen[406]

Ausnahmen gelten dann, wenn das Arbeitgeberinteresse Vorrang hat (z. B. Vorstrafe wegen Unterschlagung bei Einstellung eines Bankiers – das Arbeitgeberinteresse überwiegt), also insbes. dann, wenn sich die Vorstrafe auf die Qualifikation für die Arbeitsstelle bezieht.[407]

288 Fragt der Arbeitgeber trotzdem, so hat der Bewerber ein Recht zur Lüge.[408] Die gleichen Grundsätze gelten auch für die datenschutzrechtliche Zulässigkeit der mit der Frage bezweckten Datenerhebung.

289 Auch eine Umgehung dieser Beschränkungen des Fragerechts ist unzulässig.[409] Es läge an sich nahe, derartige Informationen nach Einwilligung des Stellenbewerbers bei Dritten zu erheben. Die Unzulässigkeit dieser Fragen darf aber nicht durch eine »abgenötigte« Einwilligung des Arbeitnehmers in eine Datenerhebung ersetzt werden. Andernfalls wäre die Frage nach der Freiwilligkeit der Einwilligung mit besonderem Nachdruck zu stellen. Dies gilt insbes. für Auskünfte, die vom früheren Arbeitgeber des Betroffenen einzuholen sind. Gleiches gilt für Fragen bei Krankenkassen nach Fehlzeiten, Arbeitsunfähigkeitszeiten, Krankheiten oder Kuren.

c) Grundsatz der Direkterhebung

290 Soweit das BDSG gilt, existiert mit § 4 Abs. 2 S. 1 BDSG eine ausdrückliche gesetzliche Verpflichtung, die Daten beim Betroffenen selbst zu erheben (kein »Background Screening«). Dieser Grundsatz gilt auch dann, wenn aus arbeitsrechtlicher Sicht eine Datenerhebung bei Dritten grds. zulässig wäre.

d) Einwilligung bei Bewerbung

291 Es ist durchaus denkbar, dass die Erhebung bestimmter Daten anlässlich eines Bewerbungsgesprächs nur aufgrund einer Einwilligung rechtssicher zulässig ist.[410] In solchen Fällen ist die Wirksamkeit der Einwilligung, die bei einem Bewerbungsgespräch erklärt wird, mit besonderer Sorgfalt zu prüfen, denn regelmäßig greifen keine anderen Befugnisnormen des BDSG in Ermangelung eines bestehenden Vertrags- oder sonstigen Vertrauensverhältnisses ein. Allein mit dem Umstand einer Bewerbung wird man ein schutzwürdiges und den Interessen des Betroffenen vorgehendes Interesse an der Erhebung der Informationen nicht rechtssicher begründen können, insbes. wenn es sich dabei um besondere personenbezogene Daten gemäß § 3 Abs. 9 BDSG handelt.

292 Der Arbeitgeber hat besondere Vorsicht walten zu lassen, wenn er Online-Bewerbungen über Fragebögen auf seiner Homepage zulässt.[411] In Einzelfällen kann es sich hier um sensible Daten gemäß § 3 Abs. 9 BDSG handeln, sodass der Arbeitgeber für die Verwaltung besondere Sicherheitsvorkehrungen zu treffen hat.[412]

---

406 Vgl. dazu Erfurter Kommentar/*Preis* § 611 BGB Rn. 281.
407 Vgl. dazu BAG NJW 1999, 3653.
408 Vgl. *Preis/Bender* NZA 2005, 1321.
409 Vgl. *Hohenstatt/Stamer/Hinrichs* NZA 2006, 1065.
410 Vgl. dazu allgemein auch das Working Paper Nr. 114, S. 12 der Artikel 29 Gruppe v. 25.11.2005, 2093/05/DE, veröffentlicht im Internet unter ec.europa.eu/justice_home/fsj/privacy/docs/wpdocs/2005/wp114_de.pdf, das Fälle erwähnt, in denen die Einwilligung erforderlich sein kann.
411 Zu den Besonderheiten der Online-Einwilligung vgl. Simitis/*Simitis* § 4a Rn. 36.
412 Vgl. Simitis/*Ernestus* § 9 Rn. 38.

III. Anbahnung, Durchführung und Beendigung des Arbeitsverhältnisses

e) Löschungspflicht nach Ablehnung

Grundlage für die Erhebung ist die Durchführung des Arbeitsvertrages. Daraus ergibt sich, dass die erhobenen Daten bei abgelehnten Bewerbern sofort zu vernichten bzw. zu löschen sind,[413] da dem Arbeitgeber dann kein Recht mehr zur weiteren Verarbeitung zusteht.[414] Das Anlegen einer Datenbank zur Erfassung möglicher Stellenbewerber für zukünftig frei werdende oder besser geeignete Stellen ist nur mit Einwilligung des Betroffenen zulässig. Das Gleiche dürfte zumindest im Fall des Fehlens eines entsprechenden Hinweises für die Speicherung gewisser Identifikationsdaten von abgelehnten Bewerbern gelten, um eine nochmalige Bewerbung solcher Kandidaten erkennen und effizient ablehnen zu können.[415]

293

Auch bei Blindbewerbungen oder treffender Initiativbewerbungen dürfte eine Löschungspflicht bestehen, sobald der Bewerber abgelehnt wurde. Dies gilt jedenfalls für diejenige Initiativbewerbung, die auf die Erlangung einer konkreten Stellung in einem Unternehmen gerichtet ist und dabei zudem ausdrücklich oder konkludent zum Ausdruck bringt, dass es sich um die Suche nach einer bestimmten Tätigkeit ab einem bestimmten Zeitpunkt handelt. In diesem Fall unterscheidet sich die Initiativbewerbung von der »normalen« Bewerbung lediglich dadurch, dass zu der für eine Bewerbungssituation typischen Unsicherheit des Bewerbers wegen seiner Eignung für die angebotene Stelle noch die Unsicherheit hinzutritt, ob das angeschriebene Unternehmen im fraglichen Zeitraum überhaupt Stellen im gewünschten Bereich zu besetzen hat. Ein unbefristetes Aufbewahrungsrecht des Arbeitgebers dürfte im Fall von Initiativbewerbungen allenfalls dann zu bejahen sein, wenn der Bewerber die Bitte zum Ausdruck bringt, seine Unterlagen prophylaktisch für den Fall aufzubewahren, dass zu einem späteren Zeitpunkt eine in Betracht kommende Stelle zu besetzen sein würde und der Arbeitgeber den Bewerber in diesem Fall zumindest grds. in Betracht ziehen würde.

294

f) Recht zum Anlegen einer Personalakte

Ist der Stellenbewerber eingestellt, so darf vom Arbeitgeber gemäß § 32 Abs. 1 S. 1 BDSG eine Akte für den Arbeitnehmer zur Durchführung des Arbeitsverhältnisses angelegt werden,[416] die sämtliche Unterlagen beinhaltet (Anstellungsvertrag, Lohnsteuerkarte, Lebenslauf, Abmahnungen etc.).[417] Dies ist für die ordnungsgemäße Durchführung des Arbeitsverhältnisses erforderlich und dient damit Vertragszwecken.[418] Das Recht zur Datenspeicherung beschränkt sich aber auf Informationen, die der Begründung und Fortsetzung des Arbeitsverhältnisses dienen (umfängliches Einsichtsrecht des Arbeitnehmers, § 83 BetrVG). Das Führen von geheimen »parallelen« Schwarzakten ist verboten.[419] Abmahnungen und andere Vermerke sind nach Ablauf einer angemessenen Frist zu löschen.[420] Die Angemessenheit bestimmt sich dabei nach dem Einzelfall. Eine Löschung ist jeweils dann geboten, wenn der Arbeitnehmer nicht mehr mit Konsequenzen aus der Abmahnung rechnen muss.[421]

295

---

413 Allgemein zur datenschutzrechtlichen Löschungsverpflichtung vgl. *Gassner/Schmidl* RDV 2004, 153.
414 BAG NJW 1984, 2910.
415 *Gola/Wronka* Rn. 955.
416 Siehe auch *Gola/Schomerus* § 32 Rn. 7.
417 Vgl. dazu Erfurter Kommentar/*Kania* § 83 BetrVG Rn. 2.
418 Zu Besonderheiten bezüglich der Dokumentationsdaten nach dem AGG vgl. *Schmidl* DuD 2007, 11.
419 Vgl. hierzu das Problem der Dokumentation der Nicht-Diskriminierung durch den Arbeitgeber seit Inkrafttreten des Allgemeinen Gleichbehandlungsgesetzes in *Rittweger/Schmidl* RDV 2006, 235; FA 2006, 266.
420 Vgl. dazu BAG NZA 2003, 1295, wonach es keine Regelfrist gibt und eine Abmahnung auch nach $3^{1}/_{2}$ Jahren nicht automatisch durch Zeitablauf zwingend ihre Wirkung verliert.
421 Vgl. dazu BAG NZA 1987, 418.

2. Durchführung des Arbeitsverhältnisses

a) Weitergabe von Arbeitnehmerdaten an Dritte/Information über »Leistungslisten« im Rahmen des Arbeitsverhältnisses

296 Der Arbeitgeber hat maßgebliches Interesse an der Erreichbarkeit seiner Mitarbeiter.[422] Die Weitergabe von Daten des Arbeitnehmers an Kunden, z. B. durch Veröffentlichung einer Kontaktadresse oder E-Mail-Adresse des Arbeitnehmers auf der Homepage des Arbeitgebers ist dabei grds. gemäß § 32 Abs. 1 S. 1 BDSG zulässig, wenn die Weitergabe Arbeitnehmer mit Außenwirkung und unmittelbarem Kundenkontakt betrifft. In diesem Fall ist die Weitergabe bereits nach § 32 Abs. 1 S. 1 BDSG erlaubt, da die Weitergabe zur Erfüllung der arbeitsvertraglichen Pflichten dient. Der Arbeitgeber kann daher im Rahmen seiner Weisungsbefugnis mittelbar über die Zulässigkeit der Bekanntgabe bestimmter für die Arbeitsleistung erforderlicher Angaben entscheiden (z. B. Name, Funktion, Kenntnisse, Erreichbarkeit).

297 Die Voraussetzungen der Zulässigkeit von Datenveröffentlichungen sind jedoch im Hinblick auf jede einzelne weitergegebene Information isoliert zu prüfen. Die Weitergabe vollständiger Firmentelefonbücher an andere Unternehmen ist daher problematisch, da regelmäßig bereits die Überlassung eines beschränkten Auszugs ausreichend wird, das Vertragsinteresse des Arbeitgebers zu wahren. Die Mitteilung von Privattelefonnummern dürfte kaum jemals zulässig sein.[423] Gerade der Zweckbestimmung des Arbeitsverhältnisses kommt im Rahmen von § 32 Abs. 1 S. 1 BDSG besondere Bedeutung zu. Daten können je nach der Person des Betroffenen in höchst unterschiedlichem Umfang der Durchführung des Arbeitsvertrages dienen; die Zweckbestimmung bedarf daher stets besonderer Überprüfung.

298 Die Veröffentlichung von Mitarbeiterfotos im Internet oder in Kundenzeitschriften ist in aller Regel unzulässig. Es dürfte sich regelmäßig kein Vertragszweck finden lassen, der eine solche Veröffentlichung rechtfertigen könnte.[424] Ein solcher Zweck liegt auch nicht in dem Interesse des Arbeitgebers, gegenüber potenziellen Kunden ein positives Verhandlungsklima zu schaffen, da dies nicht vom eigentlichen Vertragszweck – dem Arbeitsvertrag mit dem Arbeitnehmer – gedeckt ist.[425]

299 Der Arbeitgeber kann sich im Rahmen des Arbeitsverhältnisses auch mit Anfragen von Gläubigern oder Inkassounternehmen konfrontiert sehen, inwieweit Zwangsvollstreckungsmaßnahmen gegen den Arbeitnehmer Aussicht auf Erfolg haben. Diese Anfragen sind von der Pflicht zur Drittschuldnererklärung gem. § 840 ZPO strikt zu unterscheiden.[426] Während § 840 ZPO im Zwangsvollstreckungsverfahren den Drittschuldner, also den Arbeitgeber verpflichtet, Auskünfte zu erteilen, und somit einen Erlaubnissatz zur Weitergabe der Daten darstellt, bestimmt sich die Zulässigkeit der Weitergabe auf diese »Voranfrage« hin allein nach den Erlaubnissätzen des BDSG. Dabei ist der Arbeitgeber zunächst zur Vertraulichkeit verpflichtet, es sei denn, der Arbeitnehmer hat eine Einwilligung erteilt.[427] Infrage kommt allein die Zulässigkeit nach § 28 Abs. 1 S. 1 Nr. 2 BDSG, wenn überwiegende Interessen des Arbeitgebers für eine Weitergabe sprechen. Dies dürfte v. a. dann der Fall sein, wenn eine Pfändung keine Aussicht auf Erfolg hat und Überpfändungen abgewehrt werden sollen. Ansonsten ist es nicht die Aufgabe des Arbeitgebers, sich mit den Gläubigern des Arbeitnehmers auseinanderzusetzen. Er hat sich in jedem Fall auf die Wei-

---

422 Zum Begriff des berechtigten Interesses im Datenschutzrecht vgl. Simitis/*Simitis* § 28 Rn. 138.
423 *Gola/Wronka* Rn. 937.
424 Zum Erlaubnistatbestand des § 32 BDSG siehe auch *Gola/Schomerus* § 32 Rn. 10 ff.
425 *Gola/Wronka* Rn. 1166.
426 Vgl. zum Inhalt der Erklärung nach § 840 ZPO Zöller/*Stöber* § 840 ZPO Rn. 5.
427 Vgl. zum Grundsatz der Direkterhebung *Gola/Schomerus* § 4 Rn. 19.

tergabe der erforderlichen Daten zu beschränken. Eine aktive Förderung der Vollstreckungsmaßnahmen ist in jedem Fall unzulässig, da dies nicht mehr dem überwiegenden Interesse des Arbeitgebers dienen kann.

Die Weitergabe zu anderen Zwecken, z. B. Marketinginteressen von Drittunternehmen, ist unzulässig, da kein berechtigtes Interesse an dieser Weitergabe existiert. Zudem würde aller Wahrscheinlichkeit nach unter den zu erwartenden Umständen bereits die Art der Werbung (Telefonwerbung) als Verstoß gegen das UWG unzulässig sein.[428] **300**

b) Bekanntgabe von Arbeitnehmerdaten im Betrieb

Auch das innerbetrieblich öffentliche Aushängen[429] von Leistungs- oder Krankheitslisten ist datenschutzrechtlich äußerst problematisch, da es sich um personenbezogene und gerade bei Gesundheitsdaten um vertrauliche und zugleich sensible Daten handelt. Die Bekanntgabe der Gesundheitsdaten kann betriebsintern daher allenfalls in Form einer Übersicht über den Gesamtbetrieb ohne Angaben zu einzelnen Personen erfolgen. Ansonsten wäre der Arbeitnehmer der permanenten Kontrolle durch die Kollegen ausgesetzt. Erst recht ist die Bekanntgabe gegenüber der Allgemeinheit eine in das Persönlichkeitsrecht des einzelnen Arbeitnehmers eingreifende Maßnahme. **301**

Gleiches gilt auch für Ausbildungsergebnisse. In diesem Zusammenhang kann aber ein berechtigtes Interesse des Arbeitgebers gem. § 28 Abs. 1 S. 1 Nr. 2 BDSG gegeben sein, wenn es sich um ein besonders herausragendes Resultat handelt. Allerdings sind auch hier schutzwürdige Interessen des Arbeitnehmers zu berücksichtigen. Die Veröffentlichung sämtlicher Prüfungsergebnisse ist aber in jedem Fall ohne Einwilligung der Betroffenen unzulässig. Bestenlisten der erfolgreichsten Mitarbeiter u. Ä. sind – abgesehen von den Fällen der Einwilligung der Betroffenen – nur zulässig, wenn ein berechtigtes Interesse des Arbeitgebers besteht (§ 28 Abs. 1 S. 1 Nr. 2 BDSG), z. B. an der Förderung der Leistungsbereitschaft der einzelnen Mitarbeiter. Sie sollten im Hinblick auf die datenschutzrechtliche Problematik allein aufgrund einer Betriebsvereinbarung erfolgen. Bei einer Bestenliste ist dabei – gerade bei kleineren Betrieben – zu bedenken, dass dadurch Rückschlüsse[430] auf andere Betriebsangehörige möglich sind, die zu nachteiligen Folgen für den Betroffenen führen können. Die Veröffentlichung negativer Ergebnisse[431] ist generell unzulässig.[432] **302**

Bei der Veröffentlichung von Mitarbeiterfotos im Intranet oder einer Firmenzeitschrift dürfte regelmäßig das Interesse des Arbeitgebers zu berücksichtigen sein, dass die Mitarbeiter eines Unternehmens sich gegenseitig kennenlernen. Dies kann im Hinblick auf spätere Teambildung oder die Förderung eines positiven Betriebsklimas auch ohne Einwilligung der betroffenen Mitarbeiter zulässig sein. Eine Schutzwürdigkeit der betroffenen Arbeitnehmer, im eigenen Unternehmen unbekannt zu bleiben, dürfte für beide Medien regelmäßig abzulehnen sein, zumindest wenn es sich um einmalige Veröffentlichungen handelt. Gegen die kontinuierliche Veröffentlichung in Firmenzeitungen spricht die mögliche Außenwirkung solcher Darstellungen. Diese Gefahr ist beim Intranet grds. nicht gegeben, sodass hier auch die kontinuierliche Veröffentlichung der Mitarbeiterfotos ohne Einwilligung zulässig ist. **303**

---

428 Vgl. dazu Köhler/*Köhler* § 7 Rn. 126.
429 Vgl. zum Aushängen von derartigen Listen als »Nutzen« gem. § 3 Abs. 5 BDSG Simitis/*Dammann* § 3 Rn. 195.
430 Auch personenbeziehbare Daten sind personenbezogen, vgl. *Gola/Schomerus* § 3 Rn. 3a.
431 Zur Verschärfung dieser Problematik allgemein seit Inkrafttreten des Allgemeinen Gleichbehandlungsgesetzes vgl. *Eckert* DStR 2006, 1987.
432 *Gola/Wronka* Rn. 949.

c) Überwachungsmaßnahmen und Abgrenzung § 32 Abs. 1 S. 1 und S. 2 BDSG

304 Der Bereich der Überwachungsmaßnahmen bildet bereits jetzt einen Schwerpunkt des Arbeitnehmerdatenschutzes.[433] Diese Tendenz dürfte sich künftig noch verstärken. Wie bereits angedeutet, ist es heute für den Arbeitgeber wesentlich einfacher und billiger, den Arbeitnehmer bei seiner Tätigkeit vollumfänglich zu überwachen. Zwar dienen derartige Maßnahmen primär der Überwachung des Arbeitsablaufes, mittelbar kann dadurch jedoch auch der an diesen Vorgängen beteiligte Arbeitnehmer selbst vollständig kontrolliert werden. Dies gilt nicht nur dann, wenn der Arbeitnehmer im Betrieb und damit im räumlichen Einflussbereich des Arbeitgebers selbst tätig ist. Überwachungsmaßnahmen sind nicht mehr auf das Betriebsgelände des Arbeitgebers beschränkt. Satellitengestützte Systeme wie GPS lassen eine Ortung des Arbeitnehmers praktisch weltweit und jederzeit zu.[434] Auch das Mautsystem »TollCollect« erfasst sämtliche Bewegungen des Lkws und damit auch des Fahrers.[435] Diese Möglichkeit reicht aus, um die Aufzeichnung von Daten als erlaubnispflichtige Datenerhebung im Sinne des BDSG zu qualifizieren.[436]

305 Im Hinblick auf die Spezialregelung für die Aufdeckung von Straftaten in § 32 Abs. 1 S. 2 BDSG stellt sich die Frage, ab wann die Maßstäbe von § 32 Abs. 1 S. 2 BDSG zu beachten sind und was im Bereich präventiver Maßnahmen gilt.[437] § 32 Abs. 1 S. 2 BDSG stellt insbesondere hinsichtlich der Dokumentation der Anhaltspunkte für das Vorliegen einer Straftat besondere Anforderungen an die verantwortliche Stelle und schreibt eine spezielle Verhältnismäßigkeitsprüfung vor. Ohne begriffliche Überdehnung des Erforderlichkeitsgrundsatzes gemäß § 32 Abs. 1 S. 1 BDSG kann davon ausgegangen werden, dass Kontrollmaßnahmen in diesem Sinne erforderlich sind, die der Überprüfung der Vertragserfüllung durch den Beschäftigten dienen.[438] Im Hinblick darauf, dass § 32 BDSG kein vollkommen neues Recht schaffen, sondern die von der Rechtsprechung entwickelten Prinzipien zusammenfassen wollte, wird man auch die Erhebung, Verarbeitung und Nutzung von Daten für zulässig halten können, die sicherstellt, dass die arbeitsvertraglichen Pflichten ordnungsgemäß erfüllt werden.[439] Zu solchen präventiven Maßnahmen[440] zählen beispielsweise die Einführung eines Zugangskontrollsystems oder Zeiterfassungssoftware, wobei jeweils auch die betriebsverfassungsrechtlichen Voraussetzungen (z.B. Mitbestimmungsrechte des Betriebsrats gemäß § 87 Abs. 1 Nr. 6 BetrVG im Fall der Einführung einer technischen Einrichtung mit der Eignung zur Leistungs- und Verhaltenskontrolle) zu wahren sind. Auch die offene Videoüberwachung, die Taschenkontrollen, die Kontrollen der Internetnutzung (dazu sogleich) lassen sich über § 32 Abs. 1 S. 1 BDSG abbilden.

306 Ungeachtet dessen, dass § 32 Abs. 1 S. 2 BDSG im Bereich der Dokumentationspflichten und Verhältnismäßigkeitsprüfung seinem Wortlaut nach, höhere Anforderungen stellt,

---

433 Vgl. zur Videoüberwachung der Belegschaft BAG NJW 2005, 313.
434 Zur Rechtmäßigkeit (und technischen Machbarkeit) polizeilicher Überwachung mittels GPS BVerfG MMR 2005, 371.
435 Zur datenschutzrechtlichen Bewertung von Toll-Collect vgl. *Pfab* NZV 2005, 506.
436 Eine Erhebung i.S.v. § 3 Abs. 3 BDSG liegt allerdings erst vor, wenn tatsächlich Daten erhoben wurden, vgl. dazu Simitis/*Dammann* § 3 Rn. 102.
437 Vgl. zu § 32 Abs. 1 S. 2 BDSG *Thüsing* NZA 2009, 865.
438 Anders sehen dies, bezogen auf das einzelne Arbeitsverhältnis *Brink/Schmidt* MMR 2010, 592. Dort heißt es: »Bezogen auf das einzelne Arbeitsverhältnis sind solche allgemein präventiven Maßnahmen jedoch schlicht nicht notwendig. [...] § 32 Abs. 1 Satz 1 BDSG scheidet daher als Legitimationsgrundlage für Mitarbeiterscreenings aus. Dies ist auch dann nicht anders zu beurteilen, wenn mit dem Screening Vertragsbrüche von Arbeitnehmern ermittelt werden sollen. Allein der Umstand, dass sich niemand außer dem Arbeitgeber um die Aufdeckung solcher Vertragsbrüche bemühen wird, erlaubt keine andere Beurteilung«.
439 Vgl. auch *Gola/Schomerus* § 32 Rn. 24.; ebenso *Wybitul* BB 2009, 1582.
440 Vgl. auch BT-Drucks. 16/13657, S. 21 zu § 32 Abs. 1 S. 1 BDSG: »Nach Satz 1 ist deshalb z.B. auch die Zulässigkeit solcher Maßnahmen zu beurteilen, die zur Verhinderung von Straftaten oder sonstigen Rechtsverstößen, die im Zusammenhang mit dem Beschäftigungsverhältnis stehen, erforderlich sind.«.

als dies in § 32 Abs. 1 S. 1 BDSG der Fall ist, ist die verantwortliche Stelle stets (d. h. auch bei einer präventiven Maßnahme) verpflichtet, genaue Analysen darüber anzustellen, weshalb eine konkrete Maßnahme erforderlich sein soll und ob es nicht mildere Mittel gäbe, um die gleichen Zwecke zu erreichen. Im Endeffekt ist es daher nicht nur – für den Fall eines Überraschungsfundes – ratsam, sondern rechtlich geboten, die in § 32 Abs. 1 S. 2 BDSG aufgestellten besonderen Anforderungen an die Dokumentation der Gründe für die Erforderlichkeit einer Maßnahme sowie an die Verhältnismäßigkeitsprüfung einzuhalten.[441] Sollte sich bei einer präventiven Kontrolle aufgrund von auf eine Straftat hindeutenden Indizien ein Straftatverdacht ergeben, wäre die Umstellung der Maßnahmen auf § 32 Abs. 1 S. 2 BDSG nicht schwierig. Bei der Verhältnismäßigkeitsprüfung in § 32 Abs. 1 S. 2 BDSG ist insbesondere die Schwere der aufgrund der Indizien möglich erscheinenden Straftat zu berücksichtigen.[442] Als Faustformel kann gelten, dass die Intensität von Kontroll- und Überwachungsmaßnahmen mit der Schwere der aufgrund der dokumentierten Indizien für möglich gehaltenen Straftat gesteigert werden kann.[443] Die Dokumentation der tatsächlichen Anhaltspunkte (Indizien) für das Vorliegen einer Straftat erlangt jedenfalls im Hinblick auf eine spätere Unterrichtung der Betroffenen Bedeutung. Die Dokumentationsverpflichtung gemäß § 32 Abs. 1 S. 2 BDSG ist mithin kein bloßer Selbstzweck.[444]

307 Im Hinblick auf die Nichterwähnung von Ordnungswidrigkeiten in § 32 Abs. 1 S. 2 BDSG ist eine häufig gestellte Frage, ob diese durch die Einführung von § 32 BDSG unterbunden werden sollte. Dies ist nicht der Fall.[445] Die Erhebung, Verarbeitung und Nutzung von personenbezogenen Daten zum Zweck der Verhinderung und Aufdeckung von Ordnungswidrigkeiten ist gemäß § 32 Abs. 1 S. 1 BDSG zulässig. Die besonderen Anforderungen gemäß § 32 Abs. 1 S. 2 BDSG sind dabei schon aufgrund der oben dargelegten Erwägungen einzuhalten.[446] Auch ein Rückgriff auf § 28 Abs. 1 S. 1 Nr. 2 BDSG erscheint als Grundlage für die Erhebung, Verarbeitung und Nutzung von personenbezogenen Daten zum Zweck der Verhinderung und Aufdeckung von Ordnungswidrigkeiten möglich.[447] Die Wahl der Rechtsgrundlage wird sich im Ergebnis nicht auf die Anforderungen auswirken, die von der verantwortlichen Stelle einzuhalten sind.[448]

308 Als Grenze jeglicher Kontrollmaßnahmen ist zu beachten, dass ein rundum »Gläserner Arbeitnehmer« mit detaillierter Erfassung jeglichen Arbeitnehmerverhaltens, z. B. durch permanente Videoaufzeichnung, gegen die Menschenwürde verstoßen würde.[449] Unerheblich ist, dass dabei weniger die Überwachung des Arbeitnehmers, sondern die des Arbeitsprozesses im Vordergrund steht. Dies gilt auch dann, wenn nicht durchgehend jede Bewegung, sondern nur im Fall bestimmter abweichender Verhaltensmuster aufgezeichnet wird. Die Totalüberwachung ist ebenso wie das Erstellen von umfassenden Bewegungsbildern aufgrund der Beobachtungsdaten ausgeschlossen und zwar sowohl dann, wenn dies ausschließlich der Beobachtung von Verhalten und Leistung dient, als auch dann, wenn diese Aufzeichnungen als »Nebenprodukt« anfallen.[450]

---

441 Vgl. dazu auch *Thüsing* NZA 2009, 865.
442 Siehe auch *Gola/Schomerus* § 32 Rn. 27.
443 Ebenso *Gola/Schomerus* § 32 Rn. 27.
444 *Gola/Schomerus* § 32 Rn. 28 weist auf die Vorteile der Dokumentation bei der Nachweis der Berechtigung gegenüber dem Betroffenen hin.
445 Ebenso *Gola/Schomerus* § 32 Rn. 29.
446 Ebenso *Gola/Schomerus* § 32 Rn. 29, der formuliert: »Auch wenn Satz 2 sich allein auf die Verfolgung von potenziellen Straftätern bezieht, so ist die mangels Spezialregelung nach § 32 Abs. 1 S. 1 bzw. § 28 Abs. 1 S. 1 Nr. 2 erlaubte Verfolgung von Ordnungswidrigkeiten nicht großzügiger gestattet, aber durch § 32 S. 2 auch nicht verboten.«.
447 Ebenso *Gola/Schomerus* § 32 Rn. 29.
448 Im Ergebnis ebenso *Gola/Schomerus* § 32 Rn. 29.
449 Im Ergebnis ebenso *Gola/Schomerus* § 32 Rn. 29.
450 Vgl. dazu auch BAG NJW 2005, 313.

309 Informationen über das Arbeitsverhalten fallen zwar häufig nur als »Nebenprodukt« an, können aber auch gezielt erhoben werden. Leistungs-/Verhaltenskontrollen sind nicht per se ausgeschlossen und im Interesse des Arbeitgebers unter Mitwirkung des Betriebsrats (§ 87 Abs. 1 Nr. 6 BetrVG) grds. gemäß § 32 Abs. 1 S. 1 BDSG zulässig. Erledigt der Arbeitnehmer seine Arbeit über IT-Technik, so kann der Arbeitgeber die Erledigung der Arbeit in den oben geschilderten Grenzen auf Grundlage von § 32 Abs. 1 S. 1 BDSG kontrollieren, z. B. den Arbeitnehmer durch technische Einrichtungen wie Video, Einsatz von Spionagesoftware, Zeiterfassung, Essensabrechnung etc. überwachen.

310 Grds. ausgeschlossen sind nur heimliche Aufzeichnungen[451] ohne jegliche Kenntnis des Arbeitnehmers, da dadurch dessen Privatsphäre in unangemessener Weise beeinträchtigt wird. Eine derart weitgehende Überwachung ist nur in Gefährdungssituationen zulässig. An die Erforderlichkeitsprüfung sind hier besonders strenge Anforderungen zu stellen. Die Analyse der Rechtmäßigkeit einer geplanten Maßnahme sollte auf der Grundlage einer möglichst präzisen und abschließenden Regelung über den Verwendungszweck erfolgen. Die Tatsache, dass der entsprechende Datenverarbeitungsvorgang möglich ist, sollte für den potenziell Betroffenen zumindest im Zeitpunkt der Festlegung der Maßnahme transparent gemacht werden.[452] Mit der konkreten Unterrichtung eines Betroffenen kann abgewartet werden, bis diese ohne Gefährdung des Zwecks der Maßnahme möglich ist.

311 Ausgeschlossen ist eine Überwachung der Betriebsratstätigkeit von Arbeitnehmern, da ansonsten deren betriebsverfassungsrechtlich garantierte Unabhängigkeit nicht gewahrt werden kann.[453]

312 Überwachungsmaßnahmen sollen dazu dienen, einen ungestörten Arbeitsablauf zu gewährleisten (oder z. B. auch, um »Schwund« bei Waren zu vermeiden). So gesehen, ist die Maßnahme zwar erforderlich, allein mit einer effizienteren Erbringung der Arbeitsleistung oder der schnelleren Information des Arbeitgebers ist eine Kontrollmaßnahme aber nicht begründbar. Ist eine Kontrollmaßnahme erforderlich, so ist vielmehr des Weiteren ihre Verhältnismäßigkeit zu überprüfen. Diese Voraussetzung wird in § 32 Abs. 1 S. 1 BDSG hineingelesen. Stehen mithin weniger beeinträchtigende Methoden zur Verfügung, so sind diese zu wählen.[454] Jeder potenziell betroffene Arbeitnehmer ist aber grds. vorher generell über die möglichen Überwachungsmaßnahmen zu informieren. Diese Informationspflicht umfasst naturgemäß nicht die Aufklärung über eine konkret geplante Kontrollmaßnahme, da ansonsten der Zweck dieser Kontrollmaßnahme nicht erreicht werden könnte.[455] Heimliche Kontrollen durch Spionagesoftware (z. B. Content-Searcher/Spyware/Key-Logger) sind damit – ausgenommen im Fall eines Missbrauchsverdachts – unzulässig.[456] Bei Kontrollmaßnahmen ist zudem stets darauf zu achten, dass nur diejenigen berechtigt sind, Daten einzusehen, die den Verarbeitungszweck der Kontrollmaßnahme für den Arbeitgeber wahren. Eine Dokumentation der Arbeitszeiterfassung dergestalt, dass auch Dritte, wie z. B. der mit dem konkreten Projekt befasste Projektleiter des Dritten, Einsicht in die Dokumentation der Arbeitszeit der in diesem Projekt beschäftigten Arbeitnehmer beim Arbeitgeber nehmen können, ist daher unzulässig. Ist eine derartige Form der Transparenz gewollt, sind zur Ermöglichung der Einsichtnahme durch den Projektleiter des Dritten seitens des Arbeitgebers die Voraussetzungen einer Übermittlung gemäß § 3 Abs. 4 S. 2 Nr. 3 BDSG zu schaffen.

---

451 Generell zum Verbot heimlicher Datenerhebungen vgl. Simitis/*Sokol* § 13 Rn. 34.
452 *Gola/Wronka* Rn. 392.
453 BAG NJW 1998, 2466.
454 Vgl. dazu Erfurter Kommentar/*Dieterich* Einl. Rn. 103.
455 Vgl. auch *Schmidl* WDPR 2 2007.
456 Zur strafrechtlichen Bewertung *Dannecker* BB 1996, 1285.

d) Sonderfall: Überwachung bei Internet/E-Mail/Telefonverkehr

Praktisch jeder Arbeitnehmer kommt im Laufe seiner Tätigkeit mit Telekommunikationstechnik in Berührung, um seine arbeitsvertraglichen Pflichten zu erfüllen. Im Bereich der Telekommunikation ist der Datenschutz besonders problematisch, wenn der Arbeitgeber die Nutzung von betrieblichen Einrichtungen (z. B. Arbeitscomputer, aber auch Mobiltelefone) zu privaten Zwecken zulässt.[457] Dies geschieht nicht völlig uneigennützig, da der Arbeitnehmer durch die private Nutzung im Umgang erfahrener wird, und diese Kenntnisse auch zu Arbeitszwecken nutzen kann. Gerade hier verschränken sich also Privatleben und berufliche Tätigkeit immer mehr. Der Arbeitgeber hat jedoch ausschließlich hinsichtlich der beruflichen Nutzung ein berechtigtes Kontrollinteresse. Bei der Kontrolle der privaten Nutzung hat er größtmögliche Zurückhaltung zu üben. Von der Art der verwendeten Technik und dem Umfang der Nutzungserlaubnis auch zu privaten Zwecken hängt es ab, welche datenschutzrechtlichen Vorgaben zu beachten sind. 313

Grds. hat der einzelne Arbeitnehmer keinen Rechtsanspruch auf E-Mail- bzw. Internetnutzung im Betrieb.[458] Ob dem Betriebsrat zwingend eine solche Nutzungsmöglichkeit eingeräumt werden muss, ist derzeit noch nicht abschließend geklärt.[459] Der Arbeitgeber kann daher private Internetnutzung in jedem Fall durch die Sperrung bestimmter Seiten und Filterprogramme beschränken.[460] In der Praxis empfiehlt es sich, entweder die private Nutzung nur in bestimmten Zeiträumen freizugeben oder firmennetzunabhängige Rechner für die Privatnutzung bereitzustellen.[461] Ein generelles Verbot der privaten Nutzung von Telekommunikationsmitteln dürfte aber unzulässig sein, da der Arbeitnehmer aus wichtigem Grund den Arbeitsplatz sogar verlassen darf. So sind denn auch dienstlich veranlasste Privatgespräche (z. B. die Ankündigung einer betriebsbedingt verspäteten Heimkehr gegenüber Verwandten) nach einhelliger Auffassung zulässig.[462] 314

Die wichtigsten Grundsätze der dienstlichen/privaten E-Mail-Nutzung sollen im Folgenden kurz zusammengefasst werden:[463] 315

Ob die Privatnutzung durch Betriebsvereinbarungen o. Ä. ausdrücklich verboten ist, ist nicht maßgeblich. Entscheidend ist die tatsächliche Durchführung im Betrieb, geduldete Privatnutzung genügt (auch bei ausdrücklichem Verbot z. B. in der IT-Richtlinie).[464] Der Arbeitnehmer hat keinen Anspruch auf die Gestattung der privaten Nutzung.[465] Die zu beachtenden Datenschutzregelungen beschränken sich hier nicht auf das BDSG, soweit personenbezogene Daten betroffen sind. Es ist insbes. auch das TKG zu beachten: Bei gestatteter Privatnutzung entsteht zwischen dem Arbeitgeber und dem Arbeitnehmer ein Anbieter-Nutzerverhältnis i. S. d. Telekommunikationsrechts,[466] sodass der Arbeitgeber als Teledienstunternehmer nunmehr das Fernmeldegeheimnis des § 88 TKG zu wahren hat.[467] Damit finde auch das TMG Anwendung. Die Speicherung von Verbindungsdaten ist grds. unzulässig, soweit sie nicht zu Abrechnungszwecken erforderlich ist. Wegen fehlender 316

---

457 Vgl. zu den Rechtsfragen im Einzelnen *Schmidl*, ISM, 07180 S. 24.
458 *Mengel* BB 2004, 1445.
459 Vgl. dazu *Hilber/Frik* RdA 2002, 89.
460 *Schmidl* MMR 2005, 343.
461 Vgl. dazu *Schmidl*, ISM, 07180 S. 24.
462 Vgl. zum Begriff des Dienstgesprächs BAG NZA 1986, 643.
463 Vgl. dazu auch *Schmidl* Corporate Compliance 2010, § 29 Rn. 259 ff.
464 Vgl. zur Entstehung einer betrieblichen Übung durch Duldung Erfurter Kommentar/*Preis* § 611 BGB Rn. 220.
465 *Schmidl* DuD 2005, 267.
466 *Schmidl* Corporate Compliance 2010, § 29 Rn. 263.
467 Vgl. OLG Karlsruhe MMR 2005, 178.

Trennbarkeit zwischen privater und dienstlicher Nutzung ist eine Inhaltskontrolle generell unzulässig.[468]

317 Gestattet der Arbeitgeber ausschließlich die dienstliche Nutzung von Internet und E-Mail, so ist Speicherung der Verbindungsdaten zulässig.[469] Das Gleiche gilt grds. für die Kontrolle der Inhalte, die per Internet und E-Mail übermittelt werden. Dabei muss aber zwischen den Zwecken Datensicherheit/Anlagensicherheit und Verhaltenskontrolle des Arbeitnehmers unterschieden werden. Der Umstand, dass der Arbeitgeber allein die dienstliche Kommunikation zugelassen hat, verschafft ihm kein Recht zur vollumfänglichen Prüfung der Nachrichten, da es stets Kommunikation des Arbeitnehmers mit persönlichem Bezug gibt, z. B. mit dem Betriebsarzt, dem Datenschutzbeauftragten oder dem Betriebsrat, die dem Arbeitgeber verborgen zu bleiben hat.[470] Als Grundsatz bleibt aber festzuhalten: Ist ausschließlich die dienstliche Nutzung erlaubt, so können Verbindungsdaten und Inhalt, anders als bei zugelassener Privatnutzung, gemäß § 32 Abs. 1 S. 1 BDSG kontrolliert werden. Die im Rahmen der Erforderlichkeitsprüfung vorzunehmende Interessensabwägung fällt hier grds. zugunsten des Arbeitgebers aus.[471]

318 Fraglich ist darüber hinaus noch, ob Telefonnummern bzw. Verbindungsdaten von eingehender Telekommunikation gespeichert werden dürfen. In der Regel handelt es sich um eine freie Entscheidung des Anrufenden, ob er die Möglichkeit zur Speicherung seiner Rufnummer eröffnet oder nicht (durch Aktivierung der Rufnummernunterdrückung). Für Arbeitgeber ist aber dabei nicht ersichtlich, welche Telefongespräche privat und welche dienstlich veranlasst sind. Eine Wahrung der Datenschutzinteressen durch Speicherung einer verkürzten Rufnummer wie bei ausgehenden Telefongesprächen ist daher mangels Differenzierung nach dienstlicher oder privater Veranlassung nicht möglich. Wenn eine Überwachung stattfinden soll, ist allerdings in jedem Fall die Mitbestimmung des Betriebsrates erforderlich, da es sich insoweit um eine »technische« Überwachungsmaßnahme nach § 87 Abs. 1 Nr. 6 BetrVG handelt.[472]

3. Beendigung

319 Mit Beendigung des Arbeitsverhältnisses endet die Verarbeitung von Daten des Arbeitnehmers nicht automatisch. Zwar besteht grds. eine Pflicht zur Löschung nicht mehr erforderlicher Daten, da der ursprüngliche (eigene) Verarbeitungszweck »Arbeitsvertrag« nicht mehr fortbesteht.[473] Eine Aufbewahrung ist damit ausgeschlossen. An die Stelle der Löschungspflicht tritt nur dann eine Pflicht zur Sperrung der Daten, wenn gesetzliche Aufbewahrungspflichten (Steuerrecht, Handelsrecht) bestehen.[474] Im Übrigen hat der Arbeitgeber eine Pflicht zur nachwirkenden Betreuung des Arbeitnehmers, also eine Pflicht zur Aufbewahrung, die aber allein im Interesse und zum Schutz des Arbeitnehmers besteht (z. B. Arbeitszeugnis, betriebliche Altersversorgung). Ausnahmsweise können auch betriebliche Gründe eine Weiterverarbeitung rechtfertigen. Nur solche Unterlagen sind daher aufzubewahren, die für ihn relevant sein können.[475]

---

468 *Beckschulze/Henkel* DB 2001, 1491; *Lindemann/Simon* BB 2001, 1950; *Post-Ortmann* RDV 1999, 102; *Vehslage* AnwBl. 2001, 145; siehe aber auch *Schmidl* Corporate Compliance 2010, § 29 Rn. 295 ff. zum Screening von E-Mail- und Internetverkehrsdaten.
469 Vgl. dazu *Schmidl*, ISM, 07180 S. 25.
470 Vgl. dazu *Schmidl*, ISM, 07180 S. 25.
471 *Mengel* BB 2004, 2014 noch zu § 28 BDSG.
472 Vgl. zum Begriff der technischen Überwachung *Gola/Wronka* Rn. 1769.
473 Vgl. *Gassner/Schmidl* RDV 2004, 153.
474 Vgl. dazu Simitis/*Dix* § 35 Rn. 46.
475 Vgl. *Gassner/Schmidl* RDV 2004, 153.

4. Rechte des Arbeitnehmers

a) Auskunfts- und Einsichtsrecht

Der Arbeitnehmer hat gem. § 34 BDSG ein Recht auf Auskunft bzw. gem. § 83 BetrVG ein Recht auf Einsicht in seine Personalakte.[476] Wegen der nachrangigen Geltung des BDSG (§ 1 Abs. 3 BDSG) geht das Einsichtsrecht dem Auskunftsanspruch vor.[477]

b) Berichtigungs- und Löschungsanspruch

Der Arbeitnehmer kann verlangen, dass unrichtige über ihn gespeicherte Daten berichtigt bzw. dass Daten bei Unzulässigkeit ihrer Speicherung oder, wenn sie nicht mehr erforderlich sind, gelöscht werden.[478] Dabei ist wiederum zwischen dem datenschutzrechtlichen Anspruch nach § 35 BDSG und dem arbeitsrechtlichen Anspruch zu unterscheiden, der von der Rechtsprechung[479] aus der Fürsorgepflicht des Arbeitgebers hergeleitet wird. Wichtiger Anwendungsfall sind hier arbeitsrechtliche Abmahnungen, die nach Bewährung des Arbeitnehmers zu löschen sind, wenn dieser keine negativen Folgen aus dem von der Abmahnung betroffenen Sachverhalt mehr zu erwarten hat.[480]

IV. Exkurs: Datenschutz beim Betriebsrat

Auch der Betriebsrat hat bei der Datenverwaltung die Vorgaben des Datenschutzes zu wahren.[481] Der Betriebsrat wird im Rahmen seiner Tätigkeit aber in der Regel nur Daten von unmittelbaren Betriebsangehörigen erhalten. Im Hinblick darauf, dass der Betriebsrat als unselbstständiger Teil des Gesamtunternehmens trotz seiner betriebsverfassungsrechtlichen Unabhängigkeit kein Dritter i. S. d. BDSG ist, stellt eine etwaige unbefugte Verwendung von Daten regelmäßig keine Übermittlung, sondern nur eine unzulässige Nutzung dar. Hier wirkt sich in besonderer Weise die nachrangige Geltung des BDSG aus: Schließt das BetrVG eine Datenverarbeitung in bestimmter Form aus, indem es dem Betriebsrat beispielsweise lediglich ein Einsichtsrecht gewährt, so sind die sonstigen, möglicherweise weiter gehenden Erlaubnistatbestände des BDSG gleichwohl unanwendbar. Soweit der Betriebsrat hingegen seine gesetzlichen Aufgaben erfüllt und keine spezielleren Regelungen (z. B. im BetrVG) vorhanden sind, finden die Erlaubnistatbestände des BDSG wiederum Anwendung. Der Betriebsrat bedarf dann keiner weiteren betriebsverfassungsrechtlichen Erlaubnis mehr. Bei gesetzlich nicht vorgesehenen Maßnahmen bedarf aber auch der Betriebsrat einer Befugnis.

V. Folgen unzulässiger Datenverarbeitung

Verstöße gegen datenschutzrechtliche Vorschriften sind gegenüber dem Arbeitgeber oder dem betrieblichen Datenschutzbeauftragten zu rügen, soweit dieser nicht selbst tätig wird.[482] Ferner ist eine Meldung bei der Aufsichtsbehörde gem. § 38 BDSG möglich.[483] Gemäß § 38 Abs. 5 S. 1 BDSG kann die zuständige Aufsichtsbehörde zur Gewährleistung der Einhaltung des BDSG und anderer Vorschriften über den Datenschutz Maßnahmen zur Beseitigung festgestellter Verstöße bei der Erhebung, Verarbeitung oder Nutzung personen-

---

476 Vgl. DKK/*Buschmann* § 83 Rn. 6.
477 Zu Besonderheiten bezüglich der Dokumentationsdaten nach dem AGG vgl. *Schmidl* DuD 2007, 11.
478 BAG NZA 2007, 269.
479 Vgl. zur diesbezüglichen Fürsorgepflicht des Arbeitgebers BAG NJW 1986, 1065.
480 *Gola/Wronka* Rn. 710.
481 Vgl. dazu Simitis/*Bizer* § 3 Rn. 240.
482 Vgl. dazu *Schmidl*, ISM, 03810 S. 17.
483 Zur Kontrolle von Amts wegen siehe *Gola/Schomerus* § 38 Rn. 3 ff.

bezogener Daten oder technischer oder organisatorischer Mängel anordnen.[484] Bei schwerwiegenden Verstößen oder Mängeln, insbesondere solchen, die mit einer besonderen Gefährdung des Persönlichkeitsrechts verbunden sind, kann sie gemäß § 38 Abs. 5 S. 2 BDSG die Erhebung, Verarbeitung oder Nutzung oder den Einsatz einzelner Verfahren untersagen, wenn die Verstöße oder Mängel entgegen der Anordnung nach § 38 Abs. 5 S. 1 und trotz der Verhängung eines Zwangsgeldes nicht in angemessener Zeit beseitigt werden. Verstöße gegen das BDSG können zudem Ordnungswidrigkeiten (§ 43 BDSG) oder Straftaten (§ 44 BDSG) darstellen.[485]

VI. Verhaltenskodizes und Whistleblowing

1. Hintergründe zu Verhaltenskodizes

324 Über die inhaltlichen Anforderungen an einen Verhaltenskodex (häufig auch »Code of Conduct« genannt) besteht häufig ein unklares Bild.[486] Vielfach wird der Sarbanes Oxley Act als allein maßgeblich angesehen (der Sarbanes-Oxley Act of 2002 (SOX, SarbOx auch SOA) ist ein US-Gesetz zur Verbesserung der Unternehmensberichterstattung infolge der Bilanzskandale von Unternehmen wie Enron oder Worldcom).[487] Bei näherer Betrachtung fordert dieser zwar einen »Code of Conduct«, beschränkt sich inhaltlich aber auf Meldungen über finanziell und buchhalterisch relevante Verhaltenspflichten.[488] Der »Corporate Governance Codex« des New York Stock Exchange (»NYSE«) schreibt im Ergebnis deutlich weiter gehende Inhalte des Verhaltenskodex für am NYSE notierte Unternehmen vor. Neben einer Liste mit Mindestinhalten findet sich hier die Aussage, dass jedes Unternehmen seine eigenen Richtlinien festlegen kann. Auf diese Weise wird Raum für eine »Corporate Ethical Identity« geschaffen.[489]

2. Verhaltenskodizes und internationale Datenübermittlung

a) Anforderungen an das Meldesystem

325 An die Ausgestaltung des Meldesystems stellt der Sarbanes Oxley Act lediglich die Anforderung, dass der Meldende die Möglichkeit vertraulicher und anonymer Meldungen bezüglich der Verletzung der relevanten Verhaltenspflichten haben muss.[490] Der NYSE Corporate Governance Codex fordert zur Ausgestaltung des Meldesystems, dass Meldungen an das geeignete Personal erfolgen sollen und im Weiteren, dass zugunsten der Meldenden das Prinzip der »non-retaliation« (d. h. keine Sanktionen bei berechtigten Meldungen) verankert sein muss. Danach soll derjenige, der eine Meldung in gutem Glauben an die Wahrhaftigkeit der mitgeteilten Umstände vornimmt, keine nachteiligen Konsequenzen zu befürchten haben.[491] Diese Anforderung kann als logische Folge des Anwendungsbereichs der Meldepflichten verstanden werden, da diese sich auf gleichrangige Mitarbeiter ebenso wie auf Vorgesetzte beziehen. Von Letzteren wäre von den Meldewilligen möglicherweise eine Drohung mit beruflichen Nachteilen zu erwarten, wenn sie von einer Meldung über eine angebliche Pflichtverletzung erfahren oder eine solche bevorsteht und diese verhindert werden soll.

---

484 Zu den Anordnungs- und Untersagungsrechten siehe *Gola/Schomerus* § 38 Rn. 25.
485 Beispiele dazu bei *Gola/Schomerus* § 43 Rn. 4 ff. und § 44.
486 Vgl. hierzu allgemein *Hütten, Stromann* BB 2003, 2223.
487 Der Gesetzestext ist im Internet unter www.law.uc.edu/CCL/SOact/soact.pdf abrufbar.
488 Vgl. hierzu *Hütten/Stromann* BB 2003, 2223.
489 *Schmidl* DuD 2006, 353.
490 Vgl. *Berndt/Hoppler* BB 2005, 2623.
491 Vgl. *Berndt/Hoppler* BB 2005, 2623.

b) Beispielsfall zum Whistleblowing

Ist ein Verhaltenskodex mit Whistleblowing-Pflichten[492] vorhanden, der von den Beschäftigten die Meldung bestimmter Verhaltensweisen, z.B. Verstöße von Mitarbeitern und Vorgesetzten gegen den Verhaltenskodex, fordert, so werden bei der tatsächlichen Durchführung von Meldevorgängen personenbezogene Daten über andere Personen erhoben, übermittelt und gespeichert.[493] Im Lichte dieser Vorgaben kann das internationale Meldeverfahren stark vereinfacht wie in Abbildung 1 dargestellt skizziert werden: 326

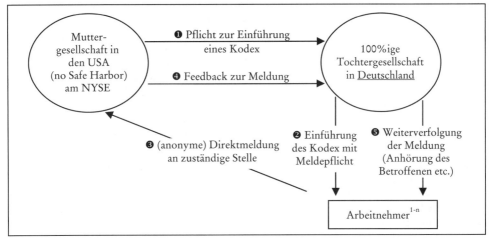

Abbildung 1: Stark vereinfachtes Schema des internationalen Meldeverfahrens

Die Datenerhebung umfasst jedenfalls Einzelangaben über die betroffene Person, etwa über die (vermeintliche) Nichtbefolgung einer Verhaltenspflicht sowie die korrespondierenden Umstände.[494] In Übereinstimmung mit den Anforderungen des Sarbanes Oxley Act sowie des NYSE Corporate Governance Codex kann diese Meldung durchaus anonym erfolgen. In diesem Fall steht keine weitere Datenerhebung in Rede. Andernfalls, also bei nicht anonymer Meldung, erfolgt auch noch die Erhebung von Einzelangaben über den Meldenden, beispielsweise zu seinem Namen, seiner Position im Unternehmen und gegebenenfalls zu den Umständen seiner Beobachtung.[495] 327

Die Datenübermittlung liegt in der Direktmeldung (❸) der angeblichen Verletzungshandlung sowie der weiteren, im Zusammenhang mit dieser erhobenen Daten an die zuständige Stelle in den USA. Dort werden die erhobenen Daten auch gespeichert. Die Tatsache, dass es anschließend zu einer Rückmeldung an die deutsche Tochtergesellschaft (❹) kommt, ist für die datenschutzrechtliche Betrachtung unerheblich.[496] Eine Rückübermittlung führt nicht zur datenschutzrechtlichen Neutralisierung der Erstübermittlung, zumal die Rückübermittlung nicht mit einer Löschung der übermittelten Daten einhergeht. Die Übermittlung in die USA (an eine Stelle, die, wie im Beispielsfall zum Whistleblowing, siehe oben, kein »Safe Harbor« ist) und damit in ein Drittland mit nicht adäquatem Datenschutzniveau sowie die dortige Speicherung erfordern eigenständige datenschutzrechtliche Erlaubnistatbestände (auf beiden Stufen). 328

---

492 Siehe dazu auch *Schmidl* Corporate Compliance 2010, § 29 Rn. 276 ff.
493 *Schmidl* DuD 2006, 353.
494 Vgl. hierzu allgemein *Gola/Klug* NJW 2006, 2454.
495 Vgl. zu Chancen und Risiken der Einführung eines WB-Systems *Breinlinger/Krader* RDV 2006, 60.
496 *Schmidl* DuD 2006, 353.

c) Keine Whistleblowing-Einwilligung

329 Gerade dann, wenn der Empfänger der Whistleblower-Meldung nicht Safe-Harbor-zertifiziert ist, wird im Hinblick auf das Potenzial der Einwilligung, auf beiden Stufen zu legitimieren, für die Implementierung von Codes of Conduct eine Einwilligungslösung angestrebt.[497] Ein weiterer Grund, eine Einwilligungslösung zu suchen, kann in der Nichteinhaltung des engen Zweckkatalogs liegen, den die Artikel-29-Gruppe im Working Paper 117 zugelassen hat und der sich auf SOX-Ziele beschränkt.[498] Ungeachtet der Frage, ob ein Arbeitnehmer freiwillig einwilligen kann (siehe oben), bleiben Besonderheiten der Whistleblowing-Einwilligung zu beachten, die eigenständige zivilrechtliche (vgl. §§ 305 ff. BGB) und sonstige datenschutzrechtliche Wirksamkeitsbedenken begründen.[499] Die Whistleblowing-Einwilligung soll zum einen, anders als die »normale« Einwilligung, nicht nur das datenschutzrechtlich relevante Verhalten des Arbeitgebers, sondern zugleich die Beobachtung durch die anderen Arbeitnehmer legitimieren, ein Umstand der gegebenenfalls als überraschend gewertet werden könnte.[500] Die Möglichkeit einer überraschenden Klausel gemäß §§ 305c Abs. 1, 310 Abs. 4, S. 2 BGB kommt insbes. dann in Betracht, wenn die Whistleblowing-Einwilligung Bestandteil des Arbeitsvertrages (z. B. der Einwilligung für arbeitsvertragliche Zwecke im engeren Sinne) ist oder gemeinsam mit dessen Abschluss eingeholt wird, der Verhaltenskodex dem Arbeitnehmer aber erst zu einem späteren Zeitpunkt zugänglich gemacht wird. Gerade bei der arbeitsvertraglichen oder im selben (zeitlichen) Zusammenhang eingeholten Einwilligung wird der Arbeitnehmer nicht zwingend damit rechnen müssen, dass auch eine Einwilligung zu Whistleblowing-Zwecken eingeholt wird, deckt die arbeitsvertragliche Einwilligung doch typischerweise lediglich die Erhebung und Verarbeitung unmittelbar arbeitsvertragsbezogener Daten des den Arbeitsvertrag abschließenden Arbeitnehmers.

330 Soll entgegen der Bedenken gegen die Einwilligung an sich (siehe oben) eine solche eingeholt werden, bietet es sich zur Vermeidung des vorstehend beschriebenen AGB-rechtlichen Unwirksamkeitsrisikos an, im Verhaltenskodex[501] eine spezielle Whistleblowing-Einwilligung vorzusehen.[502] Dann ergibt sich aus dem Sachzusammenhang, worauf sich die Einwilligung bezieht. Zum anderen soll die Whistleblowing-Einwilligung die Erhebung durch nicht bekannte Dritte (auch wenn der Arbeitgeber als verantwortliche Stelle bekannt ist) sowie die Erhebung nicht bekannter Daten (z. B. tatsächliche Umstände der Verletzung einer Verhaltenspflicht) legitimieren. Beides kann Zweifel an der Erfüllung der Anforderungen von § 4a BDSG rechtfertigen. Nicht bekannte Dritte sind insofern betroffen, als eine Meldung durch jeden anderen Mitarbeiter erfolgen kann. Im Zusammenhang mit der Möglichkeit anonymer Meldungen würde der tatsächlich Meldende dauerhaft unbekannt bleiben. Selbst wenn man die mögliche Anonymität des Meldenden mangels eines dahin gehenden, ausdrücklichen gesetzlichen Verbots nicht als rechtlich problematisch ansehen will, bleibt im Moment der Einwilligung die Ungewissheit darüber bestehen, welche Daten eigentlich erhoben werden. Zwar liegt eine gewisse Festlegung der möglicherweise betroffenen Daten in den einzelnen Verhaltenspflichten. Andererseits können die im Zusammenhang mit der Nichteinhaltung einer Verhaltenspflicht erhobenen Daten, z. B. »Beschreibung des Verstoßes«, schwerlich abschließend definiert werden, außer es handelt sich im Einzelfall um mit

---

497 Im Hinblick auf § 32l Abs. 1 BDSG-Reg.E., der eine Einwilligung für Zwecke des Whistleblowing nicht vorsieht, wird man nach Inkrafttreten der Vorschriften zum Beschäftigtendatenschutz prüfen müssen, ob überhaupt noch Raum für eine Whistleblowing-Einwilligung bleibt.
498 Das Working Paper Nr. 117 der Artikel 29 Gruppe v. 01.02.2006, 00195/06/DE, ist im Internet unter ec.europa.eu/justice_home/fsj/privacy/docs/wpdocs/2006/wp117_de.pdf veröffentlicht.
499 Vgl. *Schmidl* DuD 2006, 353.
500 Vgl. *Schmidl* DuD 2006, 353.
501 Vgl. dazu auch *Schmidl* Corporate Compliance 2010, § 29 Rn. 285.
502 Vgl. zur Problematik der Einwilligung auch *Wisskirchen/Körber/Bissels* BB 2006, 1567.

»Ja« oder »Nein« zu beantwortende Fragen. Bei der Gestaltung der Whistleblowing-Einwilligung ist somit zu beachten, dass keine pauschale Generaleinwilligung eingeholt wird, deren Wirksamkeit bestenfalls fraglich ist.[503]

d) Internationales Whistleblowing

Im Kontext der im oben beschriebenen Beispielsfall erforderlichen internationalen Datenübermittlungen[504] ist eine gesonderte Rechtfertigung erforderlich, da sich die Empfänger auch in »unsicheren« Drittländern befinden können. Geht man von im Wege des Direktionsrechts wirksam eingeführten Verhaltenspflichten aus,[505] was jedenfalls dann zu bejahen sein dürfte,[506] wenn eine Meldepflicht nur die Pflicht des Arbeitnehmers konkretisiert, Schaden vom Betrieb fernzuhalten (§ 241 BGB),[507] so könnte sich die Rechtmäßigkeit der Meldung aus §§ 32 Abs. 1 S. 1, 4c Abs. 1 Nr. 2 BDSG ergeben.[508] Für diesen Erlaubnistatbestand muss allerdings gerade die Übermittlung in das unsichere Drittland erforderlich sein. Die Erforderlichkeit einer Übermittlung in das unsichere Drittland lässt sich nicht pauschal bejahen.

331

Bei Datenübermittlungen im Bereich der EU fordert die Artikel-29-Gruppe zum Whistleblowing[509] als Regel, dass multinationale Konzerne die Verarbeitung von Meldungen auf lokaler Ebene vornehmen sollen, d. h. innerhalb desjenigen EU-Mitgliedstaats, aus dem die Meldung stammt, und dass andere Konzerngesellschaften nicht automatisch informiert werden dürfen. In Einzelfällen lassen sich Ausnahmen denken, sodass die Meldung auf Konzernebene kommuniziert werden kann, beispielsweise wenn die Art des Vorfalls, seine Schwere oder die Untersuchung des gemeldeten Verhaltens (z. B. die Meldung betrifft eine Person in einer anderen Konzerngesellschaft oder ein Mitglied der Konzernleitung) es erfordern. In solchen Fällen konzernweiter Kommunikation der Meldung muss die zuständige organisatorische Einheit in der anderen Konzerngesellschaft (insbes. in extraeuropäischen Konzerngesellschaften) für die gleichen Datenschutz- und Vertraulichkeitsstandards sorgen, wie sie in der verantwortlichen organisatorischen Einheit innerhalb der (europäischen) Konzerngesellschaft gelten, von der die Meldung ausging.

332

Die Stellungnahme der Artikel-29-Gruppe der EU betont, dass die EG-Datenschutzrichtlinie auch im Rahmen eines Whistleblowing-Systems bei Übermittlung von Daten in ein Drittland mit unangemessenem Datenschutzniveau anzuwenden ist (z. B. die Muttergesellschaft oder der externe Service-Provider haben ihren Sitz außerhalb der EU). In der Folge muss der Empfänger der persönlichen Daten, um die Datenübermittlung datenschutzrechtlich zulässig zu machen, alternativ

333

- ein Safe-Harbor-zertifiziertes US-Unternehmen sein,
- mit dem Exporteur in der EU einen Standardvertrag abschließen[510]
- Mitglied eines Konzerns sein, in dem verbindliche Unternehmensregelungen umgesetzt wurden, die von den Datenschutzbehörden im erforderlichen Umfang genehmigt wurden,

insgesamt also den Vorgaben der §§ 4b, 4c BDSG genügen.

---

503 Vgl. hierzu Simitis/*Simitis* § 4a Rn. 77.
504 Zur Verpflichtung standardmäßig an die Muttergesellschaft zu melden vgl. auch *Schmidl* Corporate Compliance 2010, § 29 Rn. 284 ff.
505 Vgl. *Schmidl* DuD 2006, 414.
506 Ebenso *Gola/Schomerus* § 32 Rn. 16.
507 Vgl. dazu auch *Schmidl* Corporate Compliance 2010, § 29 Rn. 284 ff.
508 Siehe auch *Gola/Schomerus* § 32 Rn. 16.
509 Vgl. das Working Paper Nr. 117 der Artikel 29 Gruppe v. 01.02.2006, 00195/06/DE, im Internet veröffentlicht unter ec.europa.eu/justice_home/fsj/privacy/docs/wpdocs/2006/wp117_de.pdf.
510 Vgl. hierzu Simitis/*Simitis* § 4c Rn. 50.

334 Werden Meldepflichten vertraglich vereinbart, die über das hinausgehen, was der Arbeitnehmer dem Arbeitgeber kraft seiner Pflicht, Schaden vom Betrieb fernzuhalten (§ 241 BGB) mitteilen müsste,[511] kommt der Einhaltung der Maßstäbe des § 32 Abs. 1 S. 2 BDSG große Bedeutung zu. Sollen im Anschluss an eine Meldung personenbezogene Daten erhoben, verarbeitet oder genutzt werden, um einen Straftatverdacht aufzuklären, gilt § 32 Abs. 1 S. 2 BDSG ohnehin unmittelbar. Allgemein lässt sich festhalten, dass im Rahmen der Verhältnismäßigkeitsprüfung gemäß § 32 Abs. 1 S. 2 BDSG stets das Interesse des Arbeitgebers an der Einhaltung der kodifizierten Verhaltenspflichten am Interesse der Arbeitnehmer zu messen ist, nicht dem Risiko falscher Verdächtigungen ausgesetzt zu werden.[512] Es kann insoweit ins Gewicht fallen, dass trotz des Fehlens eines ausdrücklichen gesetzlichen Verbots anonymer Meldungen die Einräumung der Möglichkeit dazu die Gefahr des Missbrauchs (deutlich) erhöht.[513]

e) Whistleblowing – Standpunkt des Düsseldorfer Kreises

335 Für die Abwägung zwischen Unternehmens- und Arbeitnehmerinteressen kann auf den Arbeitsbericht der Ad-hoc-Arbeitsgruppe »Beschäftigtendatenschutz« des Düsseldorfer Kreises vom April 2007 verwiesen werden.[514] Der Arbeitsbericht klammert die Frage der Zulässigkeit der Übermittlung von personenbezogenen Daten in Drittstaaten (d. h. betreffend die zweite Stufe[515] der Rechtmäßigkeitsprüfung) zwar ausdrücklich aus,[516] enthält jedoch (für die erste Stufe der Rechtmäßigkeitsprüfung) drei Kategorien von Verhaltensverstößen mit dem jeweils wahrscheinlichen Abwägungsergebnis im Rahmen von § 28 Abs. 1 S. 1 Nr. 2 BDSG und gibt den betroffenen Unternehmen damit Rechtssicherheit. Die erste Kategorie (Datenerhebung und -verarbeitung wohl zulässig) betrifft Verhaltensweisen, die einen sich gegen das Unternehmensinteresse richtenden Straftatbestand erfüllen (insbesondere Betrug und Fehlverhalten in Bezug auf die Rechnungslegung sowie interne Rechnungslegungskontrollen, Wirtschaftsprüfungsdelikte, Korruption, Banken- und Finanzkriminalität, verbotene Insidergeschäfte), die zweite Kategorie (Datenerhebung und -verarbeitung wohl zulässig) betrifft Verhaltensweisen, die gegen Menschenrechte (z. B. Ausnutzung günstiger Produktionsbedingungen im Ausland durch in Kauf genommene Kinderarbeit) oder Umweltschutzbelange verstoßen und die dritte Kategorie (Datenerhebung und -verarbeitung wohl nicht zulässig) betrifft Verhaltensweisen, die unternehmensinterne Ethikregeln beeinträchtigen.[517]

Etwas vereinfacht, dürfte daher nach dem Grad des Risikos für das Unternehmen wie folgt zu differenzieren sein:
- Bei Straftaten, die entweder gegen das Unternehmen oder aus dem Unternehmen heraus gegen Dritte begangen werden sowie bei Menschenrechtsverletzungen überwiegt das Unternehmensinteresse an der Weiterleitung, um das Unternehmen und dessen Ressourcen zu schützen.

---

511 Siehe auch *Gola/Schomerus* § 32 Rn. 16.
512 Vgl. dazu *Schmidl*, ISM, 07515 S. 76.
513 Vgl. dazu auch *Schmidl* Corporate Compliance 2010, § 29 Rn. 287.
514 Whistleblowing – Hotlines: Firmeninterne Warnsysteme und Beschäftigtendatenschutz, http://www.hamburg.de/contentblob/254868/data/whistleblowing.pdf.
515 Vgl. dazu für Verstöße gegen die IT-Sicherheit *Schmidl* Corporate Compliance 2010, § 29 Rn. 289.
516 Auf S. 1 des Berichts heißt es: »Der Bericht der Arbeitsgruppe »Beschäftigtendatenschutz« des Düsseldorfer Kreises beschränkt sich auf die Beurteilung der datenschutzrechtlichen Zulässigkeit der automatisierten personenbezogenen Datenerhebung, -verarbeitung und -nutzung bei Meldeverfahren unter Einsatz von Whistleblowing-Hotlines nach den Vorschriften des Bundesdatenschutzgesetzes (BDSG). Die Übermittlung von personenbezogenen Daten in Drittstaaten – beispielsweise aufgrund des Sarbanes-Oxley Act (SOX) – ist nicht Gegenstand der datenschutzrechtlichen Beurteilung des vorliegenden Arbeitsberichts.«.
517 Vgl. dazu auch *Schmidl* Corporate Compliance 2010, § 29 Rn. 286.

- Wird dagegen lediglich gegen unternehmensinterne Verhaltensmaßregeln verstoßen, überwiegt das Arbeitnehmerinteresse. Allein aus der Verletzung derartiger Vorschriften resultieren keine signifikanten Risiken für das Unternehmen.

Die Ausführungen des Düsseldorfer Kreises zur datenschutzgerechten Ausgestaltung eines Meldeverfahrens mittels Hotline betreffen die Zweckbindung, den betroffenen Personenkreis, die Vermeidung anonymer Meldungen, Unterrichtungs- und Auskunftspflichten, die Weitergabe an Dritte, Sperrung und Berichtigung (§ 35 BDSG), Löschung (§ 35 BDSG), die Beteiligung der betrieblichen Datenschutzbeauftragten, die Beauftragung externer Stellen (§ 11 BDSG) sowie die erforderlichen technischen und organisatorischen Maßnahmen (§ 9 BDSG). 336

f) Verfahrensverzeichnis

Im Verfahrensverzeichnis sind die Verarbeitungsgrundsätze aufzuführen, die beim Whistleblowing zur Anwendung kommen. Insbes. hat ein Verfahrensverzeichnis Informationen zu 337

- den Datenkategorien, die verarbeitet werden,
- den Verarbeitungszwecken,
- den Kategorien von Empfängern,
- den Sicherungsmaßnahmen sowie
- den Zugangsberechtigten

zu enthalten.[518] Die entsprechenden Maßnahmen können gemäß § 4d Abs. 5 BDSG auch eine Vorabkontrolle erforderlich machen, beispielsweise soweit sie sensible Daten betreffen.[519]

g) § 11 BDSG als ungeeigneter Lösungsansatz

Die Ausgestaltung der Beziehung zur Muttergesellschaft in den USA als Auftragsdatenverarbeitung löst die beschriebenen Probleme nicht. De lege lata gilt der Auftragsdatenverarbeiter lediglich im Rahmen der intraeuropäischen Auftragsdatenverarbeitung nicht als Dritter, sodass nur insoweit keine Übermittlung vorliegt.[520] Im Lichte der datenschutzrechtlichen Vorgaben der Europäischen Kommission müsste de lege ferenda (oder im Wege richtlinienkonformer Auslegung) zwar auch eine extraeuropäische Übermittlung personenbezogener (einschließlich sensibler) Daten unter den gleichen Umständen möglich sein, wie eine intraeuropäische, wenn im Zielland durch den Einsatz von Mechanismen gemäß § 4c Abs. 2 BDSG ein angemessenes Datenschutzniveau geschaffen wurde. Allein vermag dieser Ansatz die Datenerhebung nicht zu legitimieren und kann derzeit, angesichts des entgegenstehenden Gesetzeswortlauts, auch für die Übermittlung nicht als rechtssicher angesehen werden. 338

---

518 Vgl. hierzu allgemein *Schmidl* DuD 2006, 414.
519 Vgl. hierzu allgemein Simitis/*Petri* § 4d Rn. 32.
520 Vgl. dazu auch BT-Drucks. 17/4230, S. 61 zum Änderungsantrag des Bundesrats, § 3 Abs. 8 S. 3 BDSG auf Auftragsdatenverarbeiter in denjenigen Staaten zu erweitern, für die eine Adäquanzentscheidung der Europäischen Kommission vorliegt. Auftragsdatenverarbeiter in den USA würden hiervon allerdings nicht profitieren.

F. Internationaler Transfer von personenbezogenen Daten

I. Einführung

339 Internationale Datentransfers sind aus einer zunehmend globalisierten und vernetzten Wirtschaft kaum noch wegzudenken. Die internationale Datenübermittlung ist dabei nicht Selbstzweck, sondern notwendige Folge der Verwirklichung von aus Sicht der beteiligten Unternehmen übergeordneten wirtschaftlichen Zielen.[521]

1. Expansion und internationale Datenübermittlung

340 Die erstmalige Entfaltung oder der Ausbau vorhandener internationaler wirtschaftlicher Betätigungen sind für viele deutsche Unternehmen eine Frage der Existenzsicherung. Gemeinhin gilt es im Zusammenhang mit Expansionsvorhaben eine Fülle betriebswirtschaftlicher und rechtlicher Fragen zu klären, die unmittelbar mit der neuen Tätigkeit vor Ort zu tun haben. Die Einholung von auf den Zielmarkt spezialisiertem Rechtsrat ist dabei eine Selbstverständlichkeit. Im Zusammenhang mit der grenzüberschreitenden Expansion kommt es aber zwangsläufig auch zu entsprechenden Datentransfers, die nicht selten auch personenbezogene Daten betreffen und deren Zulässigkeit in der Regel nach deutschem Recht zu beurteilen ist.[522] Die entsprechenden Fragen werden nicht immer mit der gleichen Selbstverständlichkeit geklärt wie diejenigen, die mit der neuen Tätigkeit im Zielland zu tun haben.[523]

2. Neugründung und Akquisition

341 Grenzüberschreitende Datentransfers werden auch erforderlich, wenn ein Unternehmen durch eine ausländische Muttergesellschaft in Deutschland neu gegründet oder ein bestehendes deutsches Unternehmen nach dem Erwerb durch eine ausländische Muttergesellschaft in einen international agierenden Konzern eingebunden wird.[524]

3. Zentralisierung der Datenverarbeitung

342 Einen weiteren wichtigen Grund für die Erforderlichkeit internationaler Datentransfers stellt die Zentralisierung der Datenverarbeitung in Konzernen dar. Vielfach wird die zentrale Datenverarbeitung, insbes. in den Bereichen Personaldatenverwaltung und Controlling, von z. B. den USA aus betrieben.[525] Mit der Zentralisierung gehen signifikante Kostenvorteile, etwa für Software, Hardware und Rechenzentrumsleistungen einher.

4. Grundfragen internationaler Datenübermittlung

343 Die internationale Datenübermittlung führt zu teilweise komplexen Sachverhaltskonstellationen, weil keine international einheitlichen Grundsätze bestehen und erst recht kein einheitliches internationales Datenschutzrecht existiert.[526] Daher divergieren die einzelnen nationalen Rechtsordnungen. Die für die Beurteilung ihrer Rechtmäßigkeit erforderlichen rechtlichen Überlegungen lassen sich jedoch auf zwei Grundfragen reduzieren. Diese kor-

---

521 Die Safe-Harbor Entscheidung der Kommission der Europäischen Gemeinschaften v. 26.07.2000, 2000/520/EG, abzurufen unter eur-lex.europa.eu/LexUriServ/site/de/oj/2000/l_215/l_21520000825de00070047.pdf, trägt dem Rechnung, indem sie amerikanischen Unternehmen den datenschutzrechtlichen »Anschluss« an Europa ermöglicht.
522 Vgl. dazu Simitis/*Dammann* § 1 Rn. 199.
523 Zur Rechtskollision bei grenzüberschreitenden Sonderermittlungen vgl. *von Rosen* BB 2009, 230.
524 Vgl. dazu *Schmidl* WDPR 1 2007, 15.
525 Zum Gesamtszenario vgl. auch *Schmidl* WDPR 1 2007, 15.
526 Vgl. dazu Simitis/*Dammann* § 1 Rn. 198.

respondieren mit den zwei Stufen der Überprüfung der Rechtmäßigkeit internationaler Datenübermittlungen. Auf der ersten Stufe und damit korrespondierend im Rahmen der ersten Grundfrage ist die nach §§ 4, 28 ff. BDSG zu prüfende Rechtmäßigkeit der Datenübermittlung an sich zu betrachten. Auf der zweiten Stufe und korrespondierend damit für die zweite Grundfrage kommt es auf die nach §§ 4b, 4c BDSG zu beurteilende Angemessenheit des Datenschutzniveaus beim Empfänger an.

5. Kein Konzernprivileg

Stellen mehrere Unternehmen, die demselben Konzern angehören, jeweils eine eigenständige rechtliche Einheit dar, so gelten bei Übermittlungen zwischen diesen auch die eben genannten Grundsätze des Datenschutzes.[527] Für die Verarbeitung innerhalb eines Konzerns müssen die Zulässigkeitsvoraussetzungen einer Datenübermittlung vorliegen.[528] Das BDSG kennt kein »Konzernprivileg«, das den Datenaustausch zwischen konzernangehörigen, aber rechtlich selbstständigen Unternehmen erleichtern oder unter weiteren Zulässigkeitsvoraussetzungen begünstigen würde, die unterhalb dessen liegen, was für eine »normale« Datenübermittlung erforderlich ist.[529] Ein Unternehmen innerhalb eines Konzerns darf mithin einem anderen Konzernunternehmen nur unter Beachtung der Erlaubnistatbestände des BDSG oder anderer Gesetze Daten übermitteln.[530] Demgegenüber sind rechtlich unselbstständige Konzernteile grds. keine eigenständigen verantwortlichen Stellen, sodass die Übertragung von Daten vom Hauptteil des Unternehmens zu den jeweiligen unselbstständigen Teilen keine Übermittlung, sondern lediglich eine Nutzung im Sinne von § 3 Abs. 5 BDSG darstellt.[531]

344

6. Tatsächlicher Ablauf entscheidend

Gerade im Rahmen internationaler Datentransfers im Konzern wird häufig versucht, die Datenübermittlungen ins Ausland über das Zwischenschalten von Scheinempfängern in datenschutzrechtlich permissiveren Staaten dem Geltungsbereich des deutschen Datenschutzrechts zu entziehen. Der Scheinempfänger wird dabei so gewählt, dass er sich innerhalb der EU oder des EWR befindet, um von der in § 4b Abs. 1 BDSG angeordneten Vermutung der Angemessenheit des Datenschutzniveaus zu profitieren. Für die anschließende Weiterübermittlung an das eigentliche Ziel der Übermittlung soll es dann nur noch auf das für den Scheinempfänger geltende Recht ankommen. In der ständigen Praxis der Aufsichtsbehörden werden solche Scheinempfänger aber jedenfalls dann ignoriert, wenn sich aus den Gesamtumständen erkennen lässt, dass der Übermittelnde von vornherein das eigentliche Übermittlungsziel erreichen wollte. In derlei Fällen wird die Berücksichtigung des Datenschutzniveaus beim Endempfänger dann im Rahmen der Interessensabwägung von § 28 Abs. 1 S. 1 Nr. 2 oder § 32 Abs. 1 S. 1 BDSG, d. h. auf der Prüfung der ersten Stufe, erfolgen. Für diese Betrachtung wird dem Übermittelnden die »gesamte Strecke« bis zum Endempfänger zugerechnet. Das Gleiche gilt auch, wenn die Übermittlung dadurch erfolgt, dass dem Endempfänger der Zugriff auf Daten ermöglicht wird, die sich bei dem Scheinempfänger befinden.[532] Dies kann etwa in Betracht kommen, wenn seitens der Muttergesellschaft angeordnet wird,[533] alle Landesgesellschaften mögen ihre Mitarbeiterdaten an eine Landes-

345

---

527 Gola/Wronka Rn. 734.
528 Vgl. Wächter Rn. 124.
529 Simitis/Simitis § 4c Rn. 61.
530 Roßnagel/Büllesbach Kap. 7.1 Rn. 24.
531 Zur Konzerndatenverarbeitung Däubler Rn. 450; Gola/Wronka Rn. 734.; Ruppmann S. 48.
532 Vgl. zur Übermittlung durch Abrufermöglichung Simitis/Damman § 3 Rn. 152.
533 Zur vergleichbaren Situation bei einer Matrixstruktur vgl. Gola/Schomerus § 4b Rn. 8.

gesellschaft übermitteln, die diese dann in einer Datenbank für den Zugriff der Muttergesellschaft bereithalten soll.[534]

II. Typische Konstellationen

1. Beispielsfälle

346 Internationale Datenübermittlungen können in den verschiedensten Sachverhaltskonstellationen erforderlich werden. Ohne damit den Versuch einer abschließenden Aufzählung zu unternehmen, treten häufig folgende Szenarien auf:

a) Beispiel 1: Muttergesellschaft in den USA

347 Die Muttergesellschaft »Sample Inc.« mit Sitz in den USA hat sich einer Safe-Harbor-Zertifizierung[535] unterzogen und gründet in Deutschland eine Tochtergesellschaft »Sample Deutschland GmbH«, die in Deutschland Mitarbeiter anstellt (Arbeitsverträge mit der Sample Deutschland GmbH) und mit deren Hilfe den deutschen Markt erschließen und entsprechende Vertriebstätigkeiten entfalten soll. Auf einer zentralen Human-Resources-Datenbank (»HR-Datenbank«) bei der Muttergesellschaft in den USA sollen sämtliche Mitarbeiterdaten verarbeitet und genutzt werden. Die Muttergesellschaft hat Zugriff auf die bei der Tochtergesellschaft befindlichen IT-Systeme. Auch sonstige Tochtergesellschaften der Sample Inc. haben Zugriff auf die HR-Datenbank.

b) Beispiel 2: Muttergesellschaft in Deutschland

348 Das seit Langem in Deutschland erfolgreich im Bereich des Spezialmaschinenbaus tätige Unternehmen »Spezialmaschinenbau GmbH« gründet in den USA eine eigene Niederlassung »Machines Inc.«, die in den USA mit amerikanischen (Arbeitsverträge mit der Machines Inc.), aber ebenso mit entsendeten deutschen (Arbeitsverträge mit der Spezialmaschinenbau GmbH) Arbeitnehmern den amerikanischen Markt erschließen und entsprechende Vertriebstätigkeiten entfalten soll. Bei der Spezialmaschinenbau GmbH wird eine zentrale HR-Datenbank betrieben, auf der sämtliche Mitarbeiterdaten verarbeitet und genutzt werden sollen. Die Muttergesellschaft hat Zugriff auf die bei der Tochtergesellschaft befindlichen IT-Systeme. Sonstige Tochtergesellschaften haben Zugriff auf die HR-Datenbank.

c) Beteiligungserwerb oder Übernahme

349 In den gewählten Beispielsfällen lässt sich ohne Weiteres anstelle der jeweiligen Gesellschaftsgründung durch die Muttergesellschaft auch an den Erwerb einer Beteiligung oder an die Übernahme einer bereits existierenden Gesellschaft mit anschließender Umfirmierung denken.[536]

d) Typischerweise betroffene Datenkategorien

350 In den gewählten Beispielsfällen wird sich die jeweilige Muttergesellschaft umfassende Kontrollrechte bezüglich ihrer Tochtergesellschaften sichern. Häufig geht dies über eine Kontrolle der rein betriebswirtschaftlichen Messgrößen deutlich hinaus. Vielmehr sollen neben den vollständigen persönlichen Daten aller Arbeitnehmer (z. B. Ausbildungs- und

---

534 Zu den Voraussetzungen der Zulässigkeit von Abrufsystemen vgl. Simitis/*Ehrmann* § 10 Rn. 92.
535 Vgl. zu dieser Zertifizierung die Safe-Harbor Entscheidung der Kommission der Europäischen Gemeinschaften v. 26.07.2000, 2000/520/EG, abzurufen im Internet unter eur-http://eur-lex.europa.eu/LexUriServ/LexUriServ.do?uri=OJ:L:2000:215:0007:0047:DE:PDF.
536 Zur datenschutzrechtlichen Betrachtung internationaler Zusammenschlüsse vgl. *Trappehl/Schmidl* RDV 2005, 100.

Qualifikationsprofil), einschließlich ihrer Kontaktdaten und etwaiger Notfallkontakte, auch alle leistungsbezogenen Daten übermittelt werden. Nicht selten umfassen die Datenkataloge, die sich bei der Muttergesellschaft zu einem Mitarbeiter finden lassen, daher auch sämtliche Inhalte der Personalakte[537] (z. B. Abmahnungen und Beurteilungen durch den Vorgesetzten) sowie Aussagen zum Krankheitsstand des Mitarbeiters,[538] zu seiner Teilnahme an Schulungen und zu seiner Eignung für interne Förderungsprogramme (Programme für so genannte »High Potentials«).

2. Typische Datentransfers

a) Datentransfers im Beispielsfall 1

Die im Beispielsfall 1 denkbaren Datentransfers lassen sich grafisch wie folgt veranschaulichen: **351**

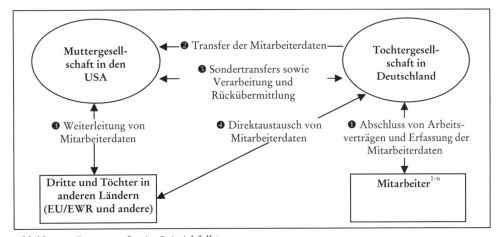

Abbildung 2: Datentransfers im Beispielsfall 1

aa) Empfänger und Zwecke im Beispielsfall 1

Im Beispielsfall 1 werden die beschriebenen Datenkategorien nach Erhebung (❶) über die **352** deutschen Mitarbeiter in die USA übertragen (❷) und dort in der globalen HR-Datenbank gespeichert, um es der Muttergesellschaft zu ermöglichen, die deutschen Mitarbeiter zu beurteilen und in den Gesamtkontext der globalen Belegschaft einordnen zu können. Auch die Entscheidung über die Teilnahme an Aktienprogrammen der Muttergesellschaft fällt auf Basis der übermittelten Daten in den USA. Für die Ressourcenplanung will die Muttergesellschaft über stets aktuelle Profile ihrer Mitarbeiter verfügen, um diese gegebenenfalls auch über Ländergrenzen hinweg einsetzen zu können. Dies zieht die Übermittlung von Mitarbeiterdaten seitens der Muttergesellschaft an Dritte oder Tochtergesellschaften in anderen Ländern nach sich (❸). Häufig ist bei der Muttergesellschaft auch jeweils ein direkter Fachvorgesetzter für die jeweiligen Mitarbeiter der deutschen Tochtergesellschaft angesiedelt oder zumindest die global für alle Mitarbeiter der nationalen Tochtergesellschaften zuständige Personalabteilung. Schließlich kann es auch zu Datentransfers zwischen den einzelnen Tochtergesellschaften (❹) kommen.[539]

---

537 DKK/*Buschmann* § 83 Rn. 2.
538 Vgl. allgemein zu den besonderen Kategorien personenbezogener Daten *Gola/Schomerus* § 3 Rn. 56.
539 Vgl. allgemein zu Datenübermittlungen in der Matrix *Schmidl* DuD 2009, 364.

bb) Matrixstrukturen im Beispielsfall 1

353 Die Mitarbeiter der deutschen Tochtergesellschaft, die einen bei der Muttergesellschaft angesiedelten direkten Fachvorgesetzten haben, sind diesem gegenüber in aller Regel berichtspflichtig. Mit dieser direkten Berichtspflicht korrespondiert regelmäßig auch eine entsprechende Weisungsbefugnis des direkten Fachvorgesetzten. Die auf Grundlage der entsprechenden Berichtspflichten und Weisungsbefugnisse geschaffenen rechtsträgerübergreifenden und an funktionalen Zusammenhängen ausgerichteten Strukturen werden häufig auch als Matrixstrukturen bezeichnet. Die innerhalb von Matrixstrukturen[540] erforderlichen Datentransfers gehen in der Regel in den unter Ziffer (❷) geführten Datentransfers auf, d. h. es werden Daten von Mitarbeitern der deutschen Tochtergesellschaft an die Muttergesellschaft in den USA übermittelt. Befindet sich der direkte Fachvorgesetzte (bisweilen auch als »Matrix-Vorgesetzter« bezeichnet) nicht bei der Muttergesellschaft in den USA, sondern bei einer Tochtergesellschaft, so wäre auch eine Matrixstruktur denkbar, die zu Datentransfers zwischen der deutschen Tochtergesellschaft und einer anderen Tochtergesellschaft führt.[541] Zu diesen im Schaubild unter Ziffer (❹) geführten Datentransfers kann es beispielsweise kommen, wenn die Muttergesellschaft eine Landesgesellschaft als »European Headquarter« eingerichtet und für diese länderübergreifende Zuständigkeiten vorgesehen hat. In solchen Fällen erfolgen die Datentransfers völlig losgelöst von konzernrechtlichen Beziehungen zwischen Mutter- und Tochtergesellschaft und ebenso unabhängig von arbeitsvertraglichen Beziehungen zwischen der das Arbeitsverhältnis begründenden Tochtergesellschaft und dem in der Matrix agierenden Mitarbeiter, sondern sind ausschließlich durch die Aufgabenbereiche der jeweiligen Abteilungen und Mitarbeiter und die sachlichen Zusammenhänge geprägt.[542]

cc) Sonderfall: Datentransfers nach Verarbeitungsprozess

354 Im Beispielsfall 1 kann sich eine Sonderkonstellation ergeben, wenn die Muttergesellschaft für die konzernweite Datenverarbeitung auf die technischen und infrastrukturellen Kapazitäten der deutschen Tochtergesellschaft zugreifen möchte. In diesem Fall kommt es aus Sicht des deutschen Datenschutzrechts nicht nur zu den vorstehend bereits erwähnten Datentransfers ins Ausland, sondern zugleich zum Import von Daten[543] aus verschiedensten Jurisdiktionen, die anschließend in Deutschland verarbeitet (z. B. durch die Erstellung von globalen Auswertungen) und in der verarbeiteten Form schließlich wieder an die Muttergesellschaft zurückübermittelt werden sollen (❺).[544]

b) Datentransfers im Beispielsfall 2

355 Grafisch stellen sich die Datentransfers im Beispielsfall 2 wie in Abbildung 3 dargestellt dar:

---

540 Vgl. zum Begriff der Matrixstruktur Regierungspräsidium Darmstadt, 2005, Arbeitsbericht der ad-hoc Arbeitsgruppe »Konzerninterner Datenverkehr«, im Internet abrufbar unter www.hessen.de, Suchbegriff »Whistleblowing«.
541 Vgl. allgemein zu Datenübermittlungen in der Matrix *Schmidl* DuD 2009, 364.
542 Vgl. allgemein zu Datenübermittlungen in der Matrix *Schmidl* DuD 2009, 364.
543 Allgemein zum Datenimport vgl. Simitis/*Simitis* § 4b Rn. 97.
544 Vgl. zur Problemstellung auch *Schmidl* WDPR 11 2006, 5.

II. Typische Konstellationen

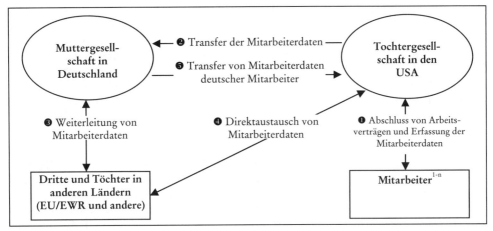

Abbildung 3: Datentransfers im Beispielsfall 2

aa) Empfänger und Zwecke im Beispielsfall 2

Im Beispielsfall 2 ist die Situation, was die typischen Datentransfers, Empfänger und Zwecke angeht, ähnlich. Im Unterschied zum ersten Beispielsfall hat die Muttergesellschaft ihren Sitz allerdings in Deutschland. Die amerikanische Tochtergesellschaft erhebt Mitarbeiterdaten (❶) und übermittelt diese nach Deutschland (❷), wo diese in einer HR-Datenbank verarbeitet und genutzt werden. Die Muttergesellschaft verarbeitet diese zu den genannten Zwecken und übermittelt sie an Dritte und gegebenenfalls eigene Tochtergesellschaften in Drittländern (❸). Auch hier ist der unmittelbare Austausch von Mitarbeiterdaten zwischen Tochtergesellschaften denkbar (❹). Zumindest im Hinblick auf die entsendeten deutschen Mitarbeiter kommt es zu Datentransfers ins Ausland (❺). 356

bb) Matrixstrukturen im Beispielsfall 2

Auch im Beispielsfall 2 lassen sich Matrixstrukturen denken. Geht man davon aus, dass der direkte Fachvorgesetzte bei der Muttergesellschaft in Deutschland ansässig ist, kommt es zum Import von Mitarbeiterdaten nach Deutschland im Rahmen der oben unter Ziffer (❷) geführten Datentransfers. Befindet sich der Fachvorgesetzte in einer Tochtergesellschaft, so bringt die Matrixstruktur unmittelbare Datentransfers zwischen der amerikanischen Tochtergesellschaft und der anderen Tochtergesellschaft mit sich, wie sie im Schaubild unter Ziffer (❹) dargestellt sind. Datentransfers zwischen der amerikanischen Tochtergesellschaft und einer anderen Tochtergesellschaft im Rahmen einer Matrixstruktur können auch die in die USA entsendeten deutschen Mitarbeiter betreffen, falls sich ihr Fachvorgesetzter nicht in Deutschland, sondern bei einer anderen Tochtergesellschaft befindet. In diesem Fall käme es aus Sicht eines in die USA entsendeten deutschen Mitarbeiters nicht nur zu den im Schaubild unter Ziffer (❺) geführten Transfers seiner Mitarbeiterdaten in die USA, sondern anschließend zu deren Weiterübermittlung an die andere Tochtergesellschaft. Dieser Transfer würde möglicherweise aber auch unmittelbar von der deutschen Muttergesellschaft durchgeführt, wie im Schaubild unter Ziffer (❸) geführt. 357

cc) Sonderfall: Datentransfers nach Verarbeitungsprozess

Im Beispielsfall 2 lässt sich der oben für Beispielsfall 1 erläuterte Sonderfall (d.h. zentrale Datenverarbeitung in der amerikanischen Tochtergesellschaft) grds. auch denken, etwa wenn die Tochtergesellschaft in den USA für alle Konzerngesellschaften weltweit als 358

Datenverarbeitungszentrum dienen und anschließend eine Rückübertragung der entsprechenden Auswertungen vornehmen soll.[545] In dieser Konstellation würde allerdings die im deutschen Datenschutzrecht angelegte Problematik bei der Verarbeitung importierter Drittdaten nicht auftreten. Zudem würden sich beim Export der Daten in die USA zum Zweck der Verarbeitung durch die Tochtergesellschaft aus Sicht des deutschen Datenschutzrechts keine gegenüber dem in Fallbeispiel 1 unter der Ziffer (❷) geführten Datentransfer (d. h. Export von Mitarbeiterdaten in die USA) nennenswerten Besonderheiten ergeben.

c) Sonderfall: Springer

359 Die in den Beispielsfällen exemplarisch dargestellten Datentransfers erfassen auch das Phänomen konzernbezogener Arbeitsverhältnisse. Ein konzernbezogenes Arbeitsverhältnis liegt etwa dann vor, wenn ein Mitarbeiter zwar von einer Konzerngesellschaft eingestellt wird und deren Weisungen unterliegt, dies jedoch (allein oder hauptsächlich) mit dem Ziel erfolgt, ihn konzernweit und losgelöst von einem festen Einsatzort für bestimmte Aufgaben einzusetzen. Solche Mitarbeiter werden auch als »Springer« bezeichnet.[546] Hinsichtlich der Mitarbeiterdaten eines Springers kommt es regelmäßig zu den in beiden Schaubildern unter Ziffer (❹) geführten Datentransfers. Dies ist beispielsweise der Fall, wenn die das Arbeitsverhältnis begründende Konzerngesellschaft einen Einsatz des Springers unmittelbar beim jeweiligen Dritten oder bei einer anderen Konzerngesellschaft veranlasst. Mit einem solchen Einsatz einer respektive diesem voraus geht der Transfer der erforderlichen Mitarbeiterdaten. Wurde der Springer von der Muttergesellschaft eingestellt, so finden die in beiden Schaubildern unter Ziffer (❸) geführten Datentransfers statt.

III. Anwendbarkeit deutschen Datenschutzrechts

360 Nach Maßgabe von § 1 Abs. 2 Nr. 3 BDSG gilt das BDSG für die Erhebung, Verarbeitung und Nutzung personenbezogener Daten durch nicht-öffentliche Stellen, soweit sie die Daten unter Einsatz von Datenverarbeitungsanlagen verarbeiten, nutzen oder dafür erheben oder die Daten in oder aus nicht automatisierten Dateien verarbeiten, nutzen oder dafür erheben. Gemäß § 32 Abs. 2 BDSG ist § 32 Abs. 1 BDSG auch anzuwenden, wenn personenbezogene Daten erhoben, verarbeitet oder genutzt werden, ohne dass sie automatisiert verarbeitet oder in oder aus einer nicht automatisierten Datei verarbeitet, genutzt oder für die Verarbeitung oder Nutzung in einer solchen Datei erhoben werden. Diese Betrachtung des sachlichen Anwendungsbereichs genügt wegen der in den Beispielsfällen angelegten Internationalität nicht – auch die internationale Anwendbarkeit gem. § 1 Abs. 5 BDSG ist zu prüfen.

1. Sachlicher Anwendungsbereich

a) Handeln einer nicht-öffentlichen Stelle unter Einsatz von Datenverarbeitungsanlagen

361 In beiden Beispielsfällen handelt es sich bei den jeweiligen Mutter- und Tochtergesellschaften um nicht-öffentliche Stellen gem. § 1 Abs. 2 Nr. 3 BDSG in Verbindung mit § 2 Abs. 4 BDSG.[547] Dies wird in der Regel auch für die Dritten gelten.

362 Die in den Beispielsfällen von den Verarbeitungs- und Nutzungsprozessen betroffenen Daten stellen sich sämtlich als Einzelangaben über persönliche oder sachliche Verhältnisse bestimmter oder bestimmbarer natürlicher Personen (Betroffener) und damit als personenbe-

---
545 Vgl. dazu auch *Schmidl* WDPR 11 2006, 5.
546 Vgl. dazu DKK/*Kittner* § 99 Rn. 110.
547 Vgl. dazu Simitis/*Dammann* § 2 Rn. 115.

zogene Daten gem. § 3 Abs. 1 BDSG dar.[548] Für die Schutzfähigkeit von personenbezogenen Daten kommt es nicht darauf an, ob diese für sich genommen als wichtig bezeichnet werden können.[549] Vielmehr sind diese unabhängig von einer derartigen Bewertung geschützt. Keiner der datenschutzrechtlich erheblichen Vorgänge ist daher allein deshalb zulässig, weil er nur unwichtige personenbezogene Daten (z. B. nur die Kontaktdaten) beträfe. Die Wichtigkeit von personenbezogenen Daten fällt allerdings unter Umständen bei der Interessensabwägung ins Gewicht oder dann, wenn es sich um besondere Kategorien personenbezogener Daten (auch »sensible Daten« genannt) handelt. Die Wichtigkeit wirkt sich auch auf die Frage der Angemessenheit der technischen und organisatorischen Maßnahmen gem. Anlage zu § 9 BDSG aus.[550]

Für die Einordnung eines IT-Systems als Datenverarbeitungsanlage im Sinne von § 1 Abs. 2 Nr. 3 BDSG kommt es wesentlich darauf an, dass Daten nicht nur gespeichert werden, sondern dass dies zugleich in auswertbarer Form geschieht. Das Kriterium der Datenverarbeitungsanlagen ist bei den in beiden Beispielsfällen erwähnten HR-Datenbanken (Human-Resources-Datenbanken) regelmäßig unproblematisch erfüllt. Auch ERP-Systeme (Enterprise-Resource-Planning-Systeme), die üblicherweise zum Einsatz kommen (z. B. von Oracle oder SAP), stellen Datenverarbeitungsanlagen in diesem Sinne dar, wenn sie die (automatische) Verwaltung, Auswertung, Zuordnung oder Nutzung von Daten jeweils bezogen auf die korrespondierenden Individuen (z. B. Ermittlung von Umsatz oder Kosten pro Person) ermöglichen.[551] **363**

Eine häufige Frage im Zusammenhang mit der Überprüfung internationaler Datenübermittlungen betrifft die datenschutzrechtliche Zulässigkeit von Anti-Spam-Systemen.[552] Der Grund für diese Frage liegt in der Anlage von Quarantäne- oder Spam-Verdachts-Ordnern auf den Servern der Anti-Spam-Systeme, in denen alle in einem gewissen Zeitabschnitt aufgrund bestimmter Kriterien abgefangenen E-Mails gespeichert sind. Eine Datenverarbeitungsanlage liegt jedenfalls dann nicht vor, wenn die Anti-Spam-Systeme die abgefangenen E-Mails lediglich als Datenpakete speichern. Von einer Datenverarbeitungsanlage ist jedoch auszugehen, wenn die E-Mails etwa unter dem Ordnungskriterium »designierter Empfänger« gespeichert oder anhand sonstiger personenbezogener Strukturmerkmale (z. B. »Name des Absenders«) ausgewertet und entsprechend verarbeitet werden (z. B. Mitarbeiter A bekommt x als Spam ausgefilterte E-Mails pro Zeiteinheit von Absender Y). **364**

Die nicht-öffentliche Stelle muss die Datenverarbeitungsanlage auch tatsächlich zur Verarbeitung, Nutzung oder Erhebung von personenbezogenen Daten einsetzen, um die Voraussetzungen von § 1 Abs. 2 Nr. 3 BDSG (»... unter Einsatz von Datenverarbeitungsanlagen ...«) zu erfüllen. Diesbezügliche Zweifel könnten sich allenfalls dann ergeben, wenn eine nicht-öffentliche Stelle keinen Zugriff auf die Datenverarbeitungsanlage hat. Eine Datenverarbeitungsanlage kann beispielsweise dann nicht als »von einer nicht-öffentlichen Stelle eingesetzt« qualifiziert werden, wenn auf dieser zwar Daten verarbeitet werden, die von der nicht-öffentlichen Stelle übermittelt wurden, wenn diese Prozesse aber ohne jeden weiteren Einfluss der übermittelnden Stelle ablaufen.[553] Hätte die Tochtergesellschaft in den USA in Fallbeispiel 2 eine Datenbank eingerichtet, mit deren Hilfe sie im alleinigen Zugriff bestimmte Daten der entsendeten deutschen Mitarbeiter verwaltet, so erfolgten die Verarbeitungsprozesse zumindest aus Sicht der Muttergesellschaft in Deutschland nicht mehr unter Einsatz von Datenverarbeitungsanlagen. **365**

---

548 Vgl. dazu allgemein *Gola/Schomerus* § 3 Rn. 2.
549 Vgl. dazu Simitis/*Dammann* § 3 Rn. 6.
550 Vgl. zur Abwägung Simitis/*Ernestus* § 9 Rn. 38.
551 Vgl. allgemein Simitis/*Dammann* § 1 Rn. 141.
552 Vgl. dazu auch *Schmidl* MMR 2006, 343 und *Schmidl* Corporate Compliance 2010, § 29 Rn. 259 ff.
553 Vgl. zum Begriff der nicht-öffentlichen Stelle Simitis/*Dammann* § 1 Rn. 136.

366 Andererseits reicht es aus, wenn die nicht-öffentliche Stelle den für Datenverarbeitungen erforderlichen Zugriff auf eine Datenverarbeitungsanlage hat, auch wenn sich diese nicht in ihrem räumlichen Herrschaftsbereich befindet. Die auf ihre Mitarbeiter bezogenen Datenbankabfragen der deutschen Tochtergesellschaft in Fallbeispiel 1 erfolgen somit auch dann »unter Einsatz von Datenverarbeitungsanlagen« gem. § 1 Abs. 2 Nr. 3 BDSG, wenn sich diese physisch bei der Muttergesellschaft in den USA befinden. Diese Zurechnung einer Datenverarbeitungsanlage kommt auch in Betracht, wenn bestimmte Datenverarbeitungsprozesse auf Datenbanken erfolgen, die sich bei anderen Tochtergesellschaften oder bei Dritten (z. B. nach einem Outsourcing) befinden.[554] Auch würde die bei einem Dienstleister befindliche Anti-Spam-Datenbank (siehe oben) dem Auftraggeber zugerechnet, wenn er in dieser entsprechende Speicherungen veranlassen oder Auswertungen vornehmen kann. Ist der Standort der Datenverarbeitungsanlage somit auch im Rahmen von § 1 Abs. 2 Nr. 3 BDSG nicht entscheidend, so kann der Standort für die rechtliche Zulässigkeit der datenschutzrechtlich relevanten Vorgänge eine erhebliche Bedeutung haben. Dabei kommt zum Tragen, dass es beim Speichern in einer Datenbank, aber auch bereits bei der Eingabe von Daten in eine Suchmaske und der anschließenden Suche zu einer Übermittlung von (personenbezogenen) Daten an den Standort der Datenbank kommt.

b) Erhebung, Verarbeitung und Nutzung personenbezogener Daten

367 Die Beispielsfälle enthalten zahlreiche datenschutzrechtlich erhebliche Handlungen, die über § 3 und § 4 BDSG zur Anwendbarkeit des BDSG führen. Nachfolgend werden nur die wesentlichsten Handlungen analysiert.

368 Gemäß § 3 Abs. 3 BDSG ist Erheben das Beschaffen von Daten über den Betroffenen.[555] Gemäß § 3 Abs. 4 S. 1 BDSG ist ein Verarbeiten das Speichern, Verändern, Übermitteln, Sperren und Löschen personenbezogener Daten.[556] Ungeachtet der dabei angewendeten Verfahren ist Speichern das Erfassen, Aufnehmen oder Aufbewahren personenbezogener Daten auf einem Datenträger zum Zweck ihrer weiteren Verarbeitung oder Nutzung (§ 3 Abs. 4 Nr. 1 BDSG), Verändern das inhaltliche Umgestalten gespeicherter personenbezogener Daten (§ 3 Abs. 4 Nr. 2 BDSG), Übermitteln das Bekanntgeben gespeicherter oder durch Datenverarbeitung gewonnener personenbezogener Daten an einen Dritten in der Weise, dass (i) die Daten an den Dritten weitergegeben werden (§ 3 Abs. 4 Nr. 3a BDSG) oder (ii) der Dritte zur Einsicht oder zum Abruf bereitgehaltene Daten einsieht oder abruft (§ 3 Abs. 4 Nr. 3b BDSG). Nutzen ist jede Verwendung personenbezogener Daten, soweit es sich nicht um Verarbeitung handelt (§ 3 Abs. 5 BDSG).

369 Die Erhebung und Speicherung personenbezogener Daten erfolgt bereits im Rahmen der Begründung der Arbeitsverhältnisse sowie bei jeder Aktualisierung von Mitarbeiterdaten.[557] Im Beispielsfall 1 erfolgt die Erhebung und Speicherung durch die deutsche Tochtergesellschaft. Erhebungs- und Speicherungsvorgänge in den USA durch die amerikanische Muttergesellschaft sind vom BDSG aufgrund des Territorialitätsprinzips nicht erfasst.[558] Ein weiterer Erhebungs- und Speicherungsvorgang könnte darin liegen, dass die amerikanische Muttergesellschaft die Daten deutscher Mitarbeiter in ihrer HR-Datenbank erfasst. Dieser Vorgang ist allerdings aufgrund der Steuerung durch die deutsche Tochtergesellschaft (d. h. Gewährung der Zugriffsrechte auf die deutschen IT-Systeme) eher als spätere Übermittlung zu qualifizieren und nicht der Muttergesellschaft zuzurechnen. Im Beispielsfall 2 erfolgen Erhebungs- und Speicherungsvorgänge durch die Muttergesell-

---

554 Vgl. Simitis/*Simitis* § 28 Rn. 135.
555 Vgl. Simitis/*Dammann* § 3 Rn. 102.
556 Vgl. Simitis/*Dammann* § 3 Rn. 111.
557 Vgl. *Wächter* Rn. 599.
558 Vgl. Simitis/*Dammann* § 1 Rn. 208.

III. Anwendbarkeit deutschen Datenschutzrechts

schaft in Deutschland (z. B. bezogen auf die Daten der später in die USA entsendeten Mitarbeiter) und durch die Tochtergesellschaft in den USA. Bei den Erhebungsvorgängen durch die Tochtergesellschaft in den USA handelt es sich allerdings um einen nicht vom BDSG erfassten Vorgang,[559] auch wenn dieser im Unterschied zu Beispielsfall 1 von der Muttergesellschaft in Deutschland, d. h. von einer im territorialen Geltungsbereich des BDSG ansässigen Gesellschaft, veranlasst wurde. Zu weiteren Speicherungsvorgängen kommt es im Rahmen der Matrixstruktur in beiden Beispielsfällen sowie beim Einsatz von Springern.

Im Hinblick auf § 1 Abs. 5 S. 2 BDSG könnte in Fallbeispiel 1 allerdings im Hinblick auf die Zugriffsrechte der amerikanischen Muttergesellschaft auf die IT-Systeme der Tochtergesellschaft eine Erhebung zu bejahen sein. In Abgrenzung zur Übermittlung, für die die wohl herrschende Meinung (im Hinblick auf den engeren Wortlaut von § 3 Abs. 4 Nr. 3b BDSG großzügig und wegen der eigenen Regelung von Abrufübermittlungsverfahren in § 10 BDSG nicht zwingend) bereits das bloße Bereithalten zum Zugriff auch ohne tatsächlichen Abruf ausreichen lässt und die somit der deutschen Tochtergesellschaft zuzurechnen wäre, scheint es zweckmäßig, die bloße Abrufmöglichkeit für eine Erhebung nicht ausreichen zu lassen.[560] Es bedürfte insoweit eines tatsächlichen Beschaffungsaktes durch die Muttergesellschaft in den USA, der gem. § 1 Abs. 5 S. 2 BDSG zur Anwendbarkeit des BDSG führen würde. Erfolgt allerdings ein Datenbankzugriff seitens der amerikanischen Muttergesellschaft, so liegt hierin eine gem. § 1 Abs. 5 S. 2 BDSG die Anwendbarkeit des BDSG eröffnende Erhebung (und Speicherung), die zugleich als Übermittlung der deutschen Tochtergesellschaft an die amerikanische Muttergesellschaft zu qualifizieren sein dürfte.[561] In Fallbeispiel 2 ist im Fall einer tatsächlichen Datenbeschaffung (d. h. die deutsche Muttergesellschaft tätigt Abrufe aus den IT-Systemen der amerikanischen Tochtergesellschaft) von einer Erhebung durch Datenbankzugriff und einer Speicherung durch die deutsche Muttergesellschaft auszugehen. Die begriffslogisch damit korrespondierende Übermittlung der amerikanischen Tochtergesellschaft an die deutsche Muttergesellschaft fällt mangels territorialer Anknüpfung nicht in den Anwendungsbereich des BDSG. Die weitere Verarbeitung solcher nach Deutschland importierten Daten ist indes wieder Gegenstand der Regelungen des BDSG.

c) Übermittlungsvorgänge

In Beispielsfall 1 ist die Übertragung der Mitarbeiterdaten von der deutschen Tochtergesellschaft an die Muttergesellschaft in den USA als Übermittlung zu qualifizieren. Gleiches gilt, wie zuvor festgestellt, aufgrund der bloßen Bereithaltung von Mitarbeiterdaten und spätestens dann, wenn die amerikanische Muttergesellschaft einen Datenabruf vornimmt. Dieser Abruf wäre zugleich als Erhebung zu qualifizieren (siehe oben). Im Beispielsfall 2 übermittelt zunächst die deutsche Muttergesellschaft die Daten der entsendeten Mitarbeiter in die USA. Die aktiven Übermittlungen von Mitarbeiterdaten aus den USA an die deutsche Muttergesellschaft stellen keine für die Anwendbarkeit des BDSG relevante Übermittlung dar. Das Gleiche gilt für die Übermittlungen durch Abrufermöglichung. Im Rahmen der Matrixstrukturen kommt es in beiden Beispielsfällen zu weiteren Übermittlungen. Übermittlungen an alle denkbaren Empfänger gehen schließlich mit Einsätzen eines Springers einher. Auf die Entscheidung der Frage, ob bei der Übermittlung an Scheinempfänger (siehe Einführung) letztlich auf die »gesamte Strecke« bis zum eigentlich intendierten Empfänger abzustellen und somit unter Umständen auch § 4c BDSG zu prüfen ist oder ob der tatsächliche Empfänger lediglich bei der Interessenabwägung in § 32 Abs. 1 S. 1 BDSG zu berücksichtigen ist, kommt es hier angesichts der zahlreichen datenschutzrechtlich erheblichen

---

[559] Vgl. zum Territorialprinzip *Gola/Schomerus* § 1 Rn. 28.
[560] So auch Simitis/*Dammann* § 3 Rn. 152 und § 43 Rn. 55.
[561] Vgl. Simitis/*Dammann* § 3 Rn. 143.

Vorgänge nicht an. Letztlich sollte sich allerdings durch keine der beiden Varianten das Endergebnis der rechtlichen Bewertung verändern.

372 Gemäß § 3 Abs. 8 S. 2 BDSG wird der für das Vorliegen einer Übermittlung relevante Dritte als jede Person oder Stelle außerhalb der verantwortlichen Stelle definiert. Ein Konzernprivileg gibt es nicht (siehe Einführung). § 3 Abs. 8 S. 3 BDSG stellt klar, dass der Betroffene sowie Personen und Stellen, die im Inland, in einem anderen Mitgliedstaat der EU oder des EWR personenbezogene Daten im Auftrag erheben, verarbeiten oder nutzen, keine Dritten sind. Dies führt im Ergebnis dazu, dass Datentransfers an Auftragsdatenverarbeiter im Inland, in der EU oder dem EWR nicht als Übermittlung zu qualifizieren sind und daher keiner Erlaubnisnorm bedürfen, um das in § 4 Abs. 1 BDSG enthaltene Verbot aufzuheben. Dieses Privileg intraeuropäischer Auftragsdatenverarbeiter gilt jedoch nicht für Auftragsdatenverarbeiter, die außerhalb von EU/EWR agieren.[562] Diese so genannten extraeuropäischen Auftragsdatenverarbeiter sind nach den Vorgaben des BDSG als Dritte zu behandeln.[563] Ein Datentransfer an diese bedarf mithin gem. § 4 Abs. 1 BDSG der Erlaubnis. Es muss hier nicht geklärt werden, ob diese Differenzierung sinnvoll ist, denn letztlich kann bei der Interessensabwägung im Rahmen von § 32 Abs. 1 S. 1 BDSG, die aufgrund der fehlenden Privilegierung extraeuropäischer Auftragsdatenverarbeiter erforderlich ist, die Weisungsgebundenheit des Auftragnehmers berücksichtigt werden. Sollte sich der Auftragnehmer in einem Land mit angemessenem Datenschutzniveau befinden oder er selbst aufgrund geeigneter Mechanismen ein solches vorweisen, dürfte die Zulässigkeit der Übermittlungen in der Regel zu bejahen sein oder zumindest nicht an der geografischen Lage des Auftragnehmers scheitern.

373 Ein Verändern kommt in den Beispielsfällen in Betracht, wenn und soweit der Informationsgehalt von Mitarbeiterdaten geändert wird.[564] Dies kann beispielsweise durch die Konsolidierung verschiedener Datenbestände zu denselben Mitarbeitern erfolgen.[565] Im Rahmen von so genannten »Data Warehouses«, die durch die Zusammenführung verschiedenster Datenquellen über die Mitarbeiter einer Gesellschaft erstellt werden, kommt es regelmäßig zur datenschutzrechtlich erheblichen Veränderung von Datenbeständen.

374 Das Nutzen stellt mit seinem breiten Anwendungsbereich einen Auffangtatbestand dar.[566] Aus der definitorisch angelegten Abgrenzung zur Verarbeitung folgt, dass jede sonstige Verwendung personenbezogener Daten in den Beispielsfällen, die nicht die Voraussetzungen einer anderen datenschutzrechtlich erheblichen Handlung (insbes. einer Verarbeitung) erfüllt, als Nutzung zu qualifizieren ist.[567] Eine Nutzung kommt insbes. dann in Betracht, wenn die Mitarbeiterdaten innerhalb des Unternehmens zur Erreichung bestimmter Ziele (z. B. Erstellung der Gehaltsabrechnungen oder Berechnung der Bonusberechtigung) verwendet werden.[568]

2. Örtliche Anwendbarkeit des BDSG

a) Geltung des BDSG im europäischen Kontext

375 Für die örtliche Anwendbarkeit des BDSG ist es aufgrund des Territorialitätsprinzips grds. erforderlich, dass sich die verantwortliche Stelle in Deutschland befindet.[569] Dieser Grundsatz ist nicht eigens gesetzlich geregelt. In Beispielsfall 1 findet das BDSG zunächst auf die

---

562 Vgl. zur Problemstellung *Rittweger/Schmidl* DuD 2004, 617.
563 Vgl. *Nielen/Thum* K&R 2006, 171.
564 Vgl. *Gola/Wronka* Rn. 917.
565 Vgl. *Gola/Wronka* Rn. 917.
566 Vgl. *Gola/Wronka* Rn. 911.
567 Vgl. *Gola/Wronka* Rn. 911.
568 Vgl. Simitis/*Dammann* § 3 Rn. 195.
569 Vgl. zum Territorialprinzip *Gola/Schomerus* § 1 Rn. 28.

III. Anwendbarkeit deutschen Datenschutzrechts

deutsche Tochtergesellschaft Anwendung, in Beispielsfall 2 auf die deutsche Muttergesellschaft. Die Akteure innerhalb Deutschlands haben sich mithin nach den Vorgaben deutschen Datenschutzrechts zu richten.

Eine strikte Befolgung dieses Grundsatzes würde auf europäischer Ebene dazu führen, dass bei grenzüberschreitenden Tätigkeiten stets das Datenschutzrecht des jeweiligen Betätigungslandes zu beachten wäre. Von den damit einhergehenden praktischen Problemen (z. B. Schwierigkeiten bei der Durchführung einheitlicher Maßnahmen) abgesehen,[570] wäre der dafür erforderliche rechtliche Beratungsaufwand erheblich. Diesen Umständen trägt § 1 Abs. 5 S. 1 BDSG Rechnung. Das BDSG findet keine Anwendung, sofern eine in der EU oder dem EWR belegene verantwortliche Stelle personenbezogene Daten im Inland erhebt, verarbeitet oder nutzt, es sei denn, dies erfolgt durch eine Niederlassung im Inland. Sollte es in Beispielsfall 1 zu datenschutzrechtlich erheblichen Maßnahmen bei einer in der EU oder dem EWR belegenen Tochtergesellschaft oder einem Dritten kommen, so wäre auf deren Aktivitäten in Deutschland nur jeweils das einschlägige nationale Recht anzuwenden. Der Grund dafür liegt in der Annahme, dass im Geltungsbereich der EG-Datenschutzrichtlinie, d. h. aufgrund ihrer Umsetzung in das jeweilige nationale Recht, ein angemessenes Datenschutzniveau herrscht.[571] So ist gewährleistet, dass eine »verantwortliche Stelle« in einem international tätigen Unternehmen bei Datenerhebungen in einer Vielzahl von Ländern europaweit nur vom heimatlichen Datenschutzrecht auszugehen braucht und somit unter (rechtlich) wesentlich vereinfachten Voraussetzungen im gesamten EU- oder EWR-Bereich tätig werden kann.[572] 376

Mit dem durch die EG-Datenschutzrichtlinie geforderten und in § 1 Abs. 5 S. 1 BDSG niedergelegten Prinzip wird die jeweilige nationale Gesetzgebungskompetenz beschränkt. Die Anordnung der strikten Geltung des BDSG für Vorgänge, die von verantwortlichen Stellen innerhalb der EU oder des EWR gesteuert werden, wäre letztlich eine fehlerhafte Umsetzung der EG-Datenschutzrichtlinie und würde mittelfristig zu einem Vertragsverletzungsverfahren gegen den betroffenen Mitgliedstaat führen.[573] 377

Die den Wirtschaftsverkehr in der EU und dem EWR erleichternde Vorgabe in § 1 Abs. 5 S. 1 BDSG unterliegt allerdings einer wichtigen Ausnahme, die wieder zur Anwendung deutschen Rechts führt. Gemäß § 1 Abs. 5 S. 1 letzter Halbsatz BDSG tritt die Anwendung des BDSG nur dann zurück, wenn die verantwortliche Stelle aus dem Mitgliedstaat heraus tätig wird, in dem sie ansässig ist. Erhebt, verarbeitet oder nutzt die in einem Mitgliedstaat ansässige verantwortliche Stelle personenbezogene Daten durch eine Niederlassung in Deutschland, so findet hierauf das BDSG Anwendung (»... es sei denn, dies erfolgt durch eine Niederlassung im Inland.«). 378

»Niederlassung« ist nicht mit »verantwortlicher Stelle« gleichzusetzen.[574] Die Zuständigkeit und rechtliche Letztverantwortung der verantwortlichen Stelle bleiben von der Existenz einer Niederlassung unberührt. »Niederlassung« bedeutet lediglich, dass die Tätigkeit effektiv und tatsächlich von einer festen Einrichtung ausgeübt wird, unabhängig von der Rechtsform, auch wenn nur als Agentur oder als Zweigstelle, wenn also – orientiert an § 42 Abs. 2 GewO – irgendwelche Ressourcen im Inland vorhanden sind, von denen aus das Geschäft betrieben wird.[575] Als Kriterien für eine Niederlassung im Inland sind insbes. zu nennen: 379
- der Besitz eines eigenen Raums,
- zum dauernden Gebrauch eingerichtet,

---

570 Vgl. dazu *Schmidl* WDPR 11 2006, 5.
571 Vgl. Simitis/*Simitis* Einleitung Rn. 204.
572 Vgl. Simitis/*Dammann* § 1 Rn. 199; *Schaffland/Wiltfang* § 1 Rn. 71.
573 Vgl. Simitis/*Simitis* Einleitung Rn. 89.
574 Vgl. Simitis/*Dammann* § 1 Rn. 203.
575 Vgl. Simitis/*Dammann* § 1 Rn. 203.

- ständig oder wiederkehrend genutzt,
- durch einen Menschen.[576]

380 Die bloße Aktivität von Maschinen, z. B. das Einrichten und Unterhalten eines Servers in dem betreffenden Land, genügt nicht, um eine Niederlassung zu begründen.[577] Auch die Rechtsform der verantwortlichen Stelle wirkt sich nicht auf die Einordnung als »Niederlassung« aus. Handelt also eine verantwortliche Stelle über eine derartige Niederlassung im Inland, so ist das BDSG anzuwenden.[578]

381 Dabei ist die Anwendung nicht auf gewerbliche Niederlassungen beschränkt. Die Ausübung eines freien Berufs genügt.[579] Es ist nicht erforderlich, dass eigene Ressourcen genutzt werden. Arbeitet eine Person aus dem Ausland dauerhaft mit einem inländischen Unternehmen zusammen und stellt dieses für die Zusammenarbeit Räumlichkeiten zur Verfügung, begründet dies bereits eine Niederlassung im Inland im Sinne von § 1 Abs. 5 S. 1 letzter Halbsatz BDSG.[580] Eine einmalige Nutzung von Betriebsmitteln eines inländischen Unternehmens genügt jedoch nicht. Auch auf die Eintragung in Registern (z. B. Handelsregister) kommt es nicht an.

382 Kommt für die Erhebung, Verarbeitung und Nutzung der personenbezogenen Daten ein in Deutschland niedergelassener Auftragsdatenverarbeiter in Betracht, so stellt sich die Frage, ob dieser eine Niederlassung im Sinne von § 1 Abs. 5 S. 2 letzter Halbsatz BDSG darstellt. Dies ist nicht der Fall.[581] Wie sich aus dem Wortlaut von § 1 Abs. 5 S. 1 BDSG ergibt, soll das BDSG auf eine Erhebung, Verarbeitung oder Nutzung in Deutschland trotz der Involvierung einer europäischen verantwortlichen Stelle nur dann Anwendung finden, wenn »dies« (gemeint ist die Erhebung, Verarbeitung oder Nutzung durch die europäische verantwortliche Stelle) durch eine Niederlassung im Inland erfolgt.[582] Aus der Sicht von § 1 Abs. 5 S. 1 BDSG ist dies dann nicht mehr der Fall, wenn ein Auftragsdatenverarbeiter eingeschaltet wird, denn in diesem Fall wird aufgrund der Zurechnung des Auftragsdatenverarbeiters zur europäischen verantwortlichen Stelle diese selbst und damit eine europäische verantwortliche Stelle unmittelbar aus dem entsprechenden Mitgliedstaat tätig.[583] Zwar wäre es unter Verweis auf die Perspektive des Betroffenen auch denkbar, alleine auf das Tätigwerden eines deutschen Unternehmens (z. B. des deutschen Auftragsdatenverarbeiters) abzustellen und dies für die Anwendung deutschen Datenschutzrechts genügen zu lassen. Diese Auslegung würde allerdings zu einer weitestgehenden Neutralisierung der Privilegierung europäischer verantwortlicher Stellen führen, da der Einsatz eines Auftragsdatenverarbeiters im jeweiligen Zielland gängig ist. In Fällen, da keine Niederlassung zur Verfügung steht, aber Daten in dem anderen Mitgliedstaat erhoben werden sollen, kann in der Beauftragung eines Auftragsdatenverarbeiters sogar die einzige praktikable Möglichkeit liegen. Gegen das auf Auftragsdatenverarbeiter ausgedehnte Verständnis des Niederlassungsbegriffs ließe sich auch noch einwenden, dass mit der eigenen Niederlassung eine tief greifende Verbindung mit dem betroffenen Land einhergeht, die auch die Anwendung des dort geltenden Datenschutzrechts gerechtfertigt erscheinen lässt. Bei der bloßen Beauftragung eines Auftragsdatenverarbeiters ist dies nicht der Fall. Schließlich ist es im Lichte der weitestgehenden Harmonisierung der europäischen Datenschutzgesetze zum Schutz der Betroffenen nicht erforderlich, § 1 Abs. 5 S. 1 letzter Halbsatz BDSG extensiv auszulegen.

---

576 Vgl. Friauf/*Heß* § 42 Rn. 11.
577 Vgl. Friauf/*Heß* § 42 Rn. 11.
578 Vgl. Simitis/*Dammann* § 1 Rn. 203; *Dammann* RDV 2002, 70.
579 Vgl. Simitis/*Simitis* § 2 Rn. 132.
580 Vgl. Simitis/*Dammann* § 1 Rn. 206.
581 Vgl. Simitis/*Dammann* § 1 Rn. 201.
582 Vgl. dazu *Schaffland/Wiltfang* § 1 Rn. 71.
583 Vgl. Simitis/*Dammann* § 1 Rn. 201.

III. Anwendbarkeit deutschen Datenschutzrechts

Schaltet der Auftragsdatenverarbeiter (der sich im räumlichen Anwendungsbereich des § 3 Abs. 8 S. 2 BDSG befindet) seinerseits einen Subunternehmer ein, der sich nicht im privilegierten Bereich des § 3 Abs. 8 S. 2 BDSG (Inland, EU- oder EWR-Raum) befindet, so wird der Auftragnehmer dadurch nicht zur verantwortlichen Stelle. Vielmehr hat er als Vertreter und im Auftrag des Auftraggebers mit seinem Unterauftragnehmer einen Vertrag zu schließen, bei dem z. B. die Standardvertragsklauseln der Europäischen Kommission (vgl. dazu eingehend unter Rdn. 452]) verwendet werden.[584] Ebenso wäre es möglich, dass der Unterauftragnehmer direkt mit dem Auftraggeber kontrahiert. In jedem Fall muss aber sichergestellt sein, dass nicht der Auftraggeber als letzten Endes verantwortliche Stelle übergangen wird.[585] Lediglich im Verhältnis Auftraggeber – Auftragnehmer bedarf es keiner Anwendung der Standardvertragsklauseln, da sich beide im EU-/EWR-Bereich befinden. Abbildung 4 veranschaulicht die beschriebenen Prinzipien am Beispiel von Frankreich und Deutschland.

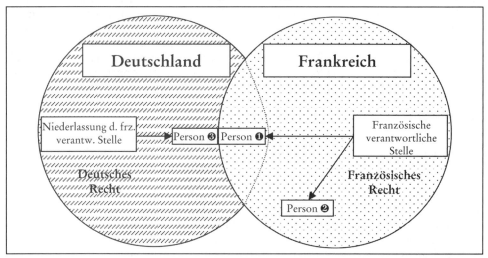

Abbildung 4: Beispiel Frankreich und Deutschland

Anmerkung zur Grafik: Aus der Grafik wird ersichtlich, dass sich das BDSG zugunsten der Anwendbarkeit französischen Datenschutzrechts zurücknimmt;[586] die gestrichelte Linie markiert den Beginn des territorialen Geltungsbereichs deutschen Rechts. Die Erhebung (siehe Pfeil), Verarbeitung und Nutzung von personenbezogenen Daten der Person ❶ und der Person ❷ sind identischen rechtlichen Anforderungen unterworfen, die nach dem durch die gepunktete Fläche symbolisierten französischen Recht zu beurteilen sind. Dies gilt für Person ❶ ungeachtet dessen, dass sie sich innerhalb Deutschlands befindet. Aus der Perspektive der französischen verantwortlichen Stelle entfaltet französisches Recht für Person ❶ somit extraterritoriale Geltung. So kann die französische verantwortliche Stelle einheitliche Verfahren anwenden und sich aus ihrer Sicht in einem einheitlichen Rechtsraum bewegen. Für auf die Person ❸ bezogenen Maßnahmen findet das durch die gestrichelte Fläche symbolisierte deutsche Recht Anwendung. Die extraterritoriale Geltung französischen Rechts im Fall des Tätigwerdens einer Niederlassung wäre auch im Hinblick darauf, dass die Niederlassung der französischen verantwortlichen Stelle im Inland sich bereits bei ihrer Konstituierung in gewissen Bereichen dem deutschen Recht unterworfen hat und am deutschen Rechtsverkehr teilnimmt, nicht konsequent. Den einzelnen betrof-

---
584 Die Standardvertragsklauseln können im Internet unter ec.europa.eu/justice_home/fsj/privacy/model-contracts/index_de.htm abgerufen werden.
585 Vgl. zu den Pflichten des Auftraggebers Simitis/*Walz* § 11 Rn. 43.
586 Vgl. allgemein zur Funktionsweise von § 1 Abs. 5 BDSG Schaffland/*Wiltfang* § 1 Rn. 71.

fenen Personen erscheint die französische verantwortliche Stelle im Inland zudem wie eine deutsche verantwortliche Stelle. Die Anordnung der Nichtgeltung des jeweiligen nationalen Datenschutzrechts für die in der Abbildung 3 anhand von Person ❶ beschriebenen Fälle müsste an sich in den Datenschutzgesetzen jedes Mitgliedstaats angeordnet sein. Dies ist allerdings keineswegs durchgängig und ohne Ausnahmen in allen Mitgliedstaaten der Fall.[587]

385 Aus dem Gesagten kann leicht der Eindruck entstehen, bereits die Existenz einer Niederlassung im Inland führe dazu, dass wieder das Recht desjenigen europäischen Mitgliedstaats anzuwenden sei, in dem sich die Person befindet, deren Daten erhoben, verarbeitet und genutzt werden. Dies ist nicht der Fall. Vielmehr muss die Niederlassung im Inland tatsächlich selbst die Erhebung, Verarbeitung und Nutzung vornehmen.[588] Eine »Infektion« der von einem anderen Mitgliedstaat aus vorgenommenen Maßnahmen durch die Präsenz einer Niederlassung, die an diesen nicht aktiv teilnimmt, erfolgt somit nicht.[589] Für das oben angeführte Beispiel läuft dies darauf hinaus, dass auch für auf Person ❸ bezogene Maßnahmen der Erhebung, Verarbeitung und Nutzung französisches Recht Anwendung fände, wenn allein die französische verantwortliche Stelle tätig würde. Diese Konstellation findet sich häufig, wenn etwa die Landesgesellschaft eines europaweit operierenden Konzerns einen Aufgabenbereich hat (z. B. bloße Vertriebsgesellschaft mit minimaler personeller Besetzung), der aufwendige Erhebungsmaßnahmen innerhalb Deutschlands nicht zuließe.

b) Geltung des BDSG im internationalen Kontext

386 Die Grundgedanken, die das Verhältnis bei internationaler Datenverarbeitung im Verhältnis zu den EU- und EWR-Staaten prägen, gelten im Verhältnis zu sonstigen Staaten nicht.[590] § 1 Abs. 5 S. 1 BDSG bezieht nicht etwa alle Staaten mit ein, die über ein angemessenes Datenschutzniveau verfügen. Solche gäbe es durchaus auch außerhalb der EU oder des EWR. Der Grund liegt im Geltungsbereich der EG-Datenschutzrichtlinie. Mögen diese Staaten auch in Einzelfällen über ein angemessenes Datenschutzniveau verfügen,[591] so wurden sie jedoch nicht im Wege der Verpflichtung zur Umsetzung einer Richtlinie veranlasst, die einen durchsetzbaren Katalog datenschutzrechtlicher Grundsätze enthält, wie dies bei der EG-Datenschutzrichtlinie der Fall ist. Im Bezug auf Drittstaaten geht der Schutz des Betroffenen daher dem im Sitzprinzip angelegten Vereinfachungsgedanken in jedem Fall vor. Das BDSG findet daher gem. § 1 Abs. 5 S. 2 BDSG Anwendung, sofern eine verantwortliche Stelle, die nicht in der EU oder dem EWR belegen ist, personenbezogene Daten in Deutschland erhebt, verarbeitet oder nutzt. Diese Regelung soll verhindern, dass es aufgrund des Tätigwerdens ausländischer verantwortlicher Stellen zu einem geringeren Datenschutzniveau als in den Mitgliedstaaten der EU oder des EWR kommt.[592]

387 Vor dem Hintergrund des verfassungsrechtlich gebotenen Schutzes des Rechts auf informationelle Selbstbestimmung erscheint der aus dem Wortlaut von § 1 Abs. 5 S. 2 BDSG folgende Anwendungsbereich zunächst berechtigt. Andererseits führt § 1 Abs. 5 S. 2 BDSG in letzter Konsequenz alleine deswegen zur weltweiten Geltung des BDSG, weil in Deutschland personenbezogene Daten erhoben, verarbeitet oder genutzt werden.[593] § 1 Abs. 5 S. 2 BDSG lässt außer Betracht, wo die eigentliche Verarbeitungs- oder Nutzungsmaßnahme erfolgt. Wortlautgetreu wäre für die Geltung des BDSG beispielsweise ausrei-

---

587 Vgl. Simitis/*Simitis* Einleitung Rn. 205.
588 Vgl. Simitis/*Dammann* § 1 Rn. 201.
589 Vgl. dazu *Schmidl*, ISM, 07515 S. 25.
590 Vgl. Simitis/*Dammann* § 1 Rn. 198.
591 Vgl. die Entscheidungen der Kommission der Europäischen Gemeinschaften zur Angemessenheit des Schutzes persönlicher Daten in Drittstaaten, im Internet abzurufen unter ec.europa.eu/justice_home/fsj/privacy/thridcountries/index_de.htm.
592 Vgl. dazu Simitis/*Dammann* § 1 Rn. 214.
593 Vgl. dazu *Schmidl* WDPR 11 2006, 5.

chend, wenn eine extraeuropäische verantwortliche Stelle Daten in Deutschland erhebt und im Übrigen im eigenen Sitzland verarbeitet und nutzt, denn § 1 Abs. 5 S. 2 BDSG lässt jede einzelne der drei genannten Maßnahmen (Erheben, Verarbeiten oder Nutzen) für sich genügen. Letztlich führt dieser Geltungsanspruch allerdings ins Leere. Die Beachtung der Vorgaben des BDSG in dem extraeuropäischen Staat ist ebenso wenig wahrscheinlich wie erzwingbar. Häufig wird dies bereits daran scheitern, dass die Vorgaben des BDSG nicht einmal bekannt sind und dass die extraeuropäische verantwortliche Stelle in der Regel nicht mit einem derartigen Geltungsanspruch rechnen dürfte.[594]

Aus den genannten Gründen ist die weltweite Geltung des BDSG über § 1 Abs. 5 S. 2 BDSG daher nicht sinnvoll. Vielmehr soll es auch nach der Gesetzesbegründung des BDSG und dem innerhalb des BDSG tragenden Gedanken des Territorialitätsprinzips darauf ankommen, dass die im Drittland belegene verantwortliche Stelle zum Zweck der Verarbeitung personenbezogener Daten auf automatisierte oder nicht automatisierte Mittel in Deutschland zurückgreift.[595] Neben den Maßnahmen des Erhebens, Verarbeitens oder Nutzens muss mithin jeweils noch ein weiterer territorialer Bezug zu Deutschland gegeben sein. **388**

Das Vorhandensein eines ausreichenden territorialen Bezuges ist jeweils anhand der Umstände im Einzelfall zu beurteilen. Beim Erheben genügt als territorialer Bezug noch nicht, dass sich die verantwortliche Stelle die Verfügungsgewalt über die personenbezogenen Daten der Betroffenen verschafft. Vielmehr muss sich die extraeuropäische verantwortliche Stelle im Inland »technischer Mittel« bedienen.[596] Sie muss also zumindest technisch präsent sein. Die Eigentumsverhältnisse an den zum Einsatz kommenden technischen Mitteln, beispielsweise einem EDV-System, spielen keine Rolle. Es kommt auf den bestimmenden Einfluss der extraeuropäischen verantwortlichen Stelle an. Entscheidend ist daher in erster Linie, ob die extraeuropäische verantwortliche Stelle die Steuerung der Datenerhebung in der Hand hält. Für die »Belegenheit« von Mitteln im räumlichen Anwendungsbereich des BDSG reicht es etwa aus, wenn die extraeuropäische verantwortliche Stelle auf dem Computer der Betroffenen eine Software (z. B. Spyware) installiert, die ohne Einwirkung der Betroffenen Daten über deren Nutzungsverhalten erhebt, verarbeitet und an die extraeuropäische verantwortliche Stelle überträgt.[597] Der Computer des Betroffenen wird durch die Einflussnahme der extraeuropäischen verantwortlichen Stelle zum technischen Mittel im Inland.[598] Eine hinreichend mittels inländischer technischer Mittel durchgeführte Nutzung könnte im gewählten Beispiel auch noch darin liegen, dass die erhobenen Daten dazu verwendet werden, um den Betroffenen mit »passenden« Werbenachrichten zu »versorgen«. **389**

Eine für die Anwendbarkeit des BDSG hinreichende Inanspruchnahme in Deutschland belegener technischer Mittel ist zweifelhaft, wenn der Betroffene seine Daten der extraeuropäischen verantwortlichen Stelle im Wege der Interaktion zur Verfügung stellt.[599] Dies kann etwa durch die Eingabe von Daten auf einer Website geschehen.[600] Durch diesen Vorgang wird der Betroffene in seinem Recht auf informationelle Selbstbestimmung nicht beeinträchtigt, selbst wenn seine Daten in einem Staat gespeichert werden, in dem kein angemessenes Datenschutzniveau herrscht. Alleine die Tatsache, dass die Dateneingabe mittels des technischen Mittels des Computers des Betroffenen erfolgte, reicht mangels der Sachherrschaft der extraeuropäischen verantwortlichen Stelle nicht aus, um einen vom BDSG regier- **390**

---

594 Zur Problemstellung vgl. *Schmidl* WDPR 11 2006, 5.
595 Vgl. Simitis/*Dammann* § 1 Rn. 204.
596 Vgl. Simitis/*Dammann* § 1 Rn. 214.
597 Vgl. Simitis/*Dammann* § 1 Rn. 217.
598 Vgl. Simitis/*Dammann* § 1 Rn. 220.
599 Vgl. Simitis/*Dammann* § 1 Rn. 222.
600 Vgl. Simitis/*Dammann* § 1 Rn. 223.

ten Erhebungsvorgang sowie darüber hinaus dessen Anwendbarkeit auszulösen. Die Schaltung der Website ist in diesem Zusammenhang nur als Angebot an den Betroffenen zu sehen, die Dienste auf der Website zu nutzen. Der Nutzer hat die alleinige Entscheidung, ob und wann er welche Daten der extraeuropäischen verantwortlichen Stelle übermittelt.

391 Die dargestellten Grundsätze spielen in Beispielsfall 1 eine große Rolle. So wäre es denkbar, dass die amerikanische Muttergesellschaft im Wege des Fernzugriffs mittels der IT-Systeme der deutschen Tochtergesellschaft bestimmte Daten über die Angestellten der deutschen Tochtergesellschaft erhebt, verarbeitet oder nutzt, ohne dass diese die jeweiligen Vorgänge steuern können. Das BDSG findet Anwendung. Es kommt nicht darauf an, ob die Mitarbeiter Kenntnis von den Maßnahmen haben. Sollten solche Maßnahmen heimlich geschehen, wären sie möglicherweise allerdings schon deswegen als rechtswidrig einzustufen.[601] Maßgeblich ist, dass die Maßnahmen der Einflussnahme der Mitarbeiter entzogen sind. Verantwortliche Stelle ist nicht die deutsche Tochtergesellschaft, sondern die amerikanische Muttergesellschaft. Die von der amerikanischen Muttergesellschaft eingesetzten IT-Systeme sind aufgrund ihrer diesbezüglichen Sachherrschaft für den Inlandsbezug ausreichend.

392 Erfolgt die Zurverfügungstellung von Daten an die extraeuropäische verantwortliche Stelle aufgrund einer freiwilligen Entscheidung des Nutzers, so liegt, wie oben ausgeführt, keine Erhebungsmaßnahme der extraeuropäischen verantwortlichen Stelle vor. Im Beispielsfall 1 stellt sich allerdings die Frage, ob noch von einer freiwilligen Zurverfügungstellung seitens der Betroffenen die Rede sein kann, wenn diese von ihrem Arbeitgeber, d. h. der deutschen Tochtergesellschaft, auf Veranlassung der amerikanischen Muttergesellschaft die Weisung erhalten, der amerikanischen Muttergesellschaft bestimmte Daten zur Verfügung zu stellen. Denkbar wäre die Zurverfügungstellung durch eine von der amerikanischen Muttergesellschaft im Intra- oder Internet veröffentlichte Abfragemaske (z. B. täglich auszufüllende Reports über Arbeitszeiten und -inhalte), die von den Mitarbeitern der deutschen Tochtergesellschaft ausgefüllt werden muss. Im Ergebnis dürfte eine Erhebung und Übermittlung der deutschen Tochtergesellschaft vorliegen, deren Zulässigkeit sich nach dem BDSG richtet. Allein die wahrscheinliche Einflussnahme der amerikanischen Muttergesellschaft als Gesellschafterin der deutschen Tochtergesellschaft kann nicht dazu führen, die Maßnahme insgesamt der amerikanischen Muttergesellschaft zuzurechnen; auch fehlt es an der technischen Sachherrschaft der amerikanischen Muttergesellschaft über die anlässlich der Eingabe der Daten zum Einsatz kommenden Computer. Vielmehr dürfte hier der Vergleich zu einer von der deutschen Tochtergesellschaft selbst durchgeführten Erhebung mit anschließender Übermittlung an die amerikanische Muttergesellschaft zu ziehen sein. Für die Anwendung der Grundsätze, die bei der Eingabe von Daten auf einer Website einschlägig sind, fehlt es aufgrund der arbeitsvertraglichen Weisung schon an der autonomen Nutzerentscheidung.[602]

393 In Beispielsfall 2 stellt sich die Frage, ob das BDSG auf Erhebungsvorgänge durch die deutsche Muttergesellschaft Anwendung findet. Ähnlich wie in Beispielsfall 1 sind solche Erhebungsvorgänge denkbar, wenn die deutsche Muttergesellschaft im Wege des Fernzugriffs mittels der IT-Systeme der amerikanischen Tochtergesellschaft bestimmte Daten über die Angestellten der amerikanischen Tochtergesellschaft erhebt, verarbeitet oder nutzt, ohne dass diese die jeweiligen Vorgänge steuern können. Richtigerweise dürfte das BDSG zwar keine Anwendung auf die Erhebungsvorgänge in den USA finden, jedoch auf die anschließende (mit der Speicherung in Deutschland beginnende) Verarbeitung und Nutzung der Daten in Deutschland.[603] Diese Betrachtung ermöglicht die Berücksichtigung der auf den Erhebungsvorgang im Ausland sowie die anschließende Übermittlung nach Deutsch-

---

601 Vgl. Simitis/*Sokol* § 4 Rn. 23.
602 Vgl. Simitis/*Dammann* § 1 Rn. 223.
603 Vgl. dazu *Schmidl*, ISM, 07515 S. 30.

land anwendbaren ausländischen Gesetze. Zugleich ist auf diese Weise sichergestellt, dass auch importierte Daten nicht beliebig verarbeitet und genutzt werden können.

Würde die deutsche Muttergesellschaft im Beispielsfall 2 bestimmte Erhebungs- und Verarbeitungsmaßnahmen ausschließlich im extraeuropäischen Ausland vornehmen, ohne die Daten nach Deutschland zu importieren, dürfte das BDSG keine Anwendung finden.[604] Das gleiche Ergebnis ergibt sich, wenn die Erhebung, Verarbeitung oder Nutzung ausschließlich durch die amerikanische Tochtergesellschaft durchgeführt wird. Für die Daten der entsendeten Mitarbeiter lässt sich die Anwendbarkeit des BDSG vertreten. Dies wäre auch im Hinblick darauf zu erwägen, dass deren gesamter sonstiger Datenbestand bei der deutschen Muttergesellschaft gespeichert ist und die Erkenntnisse aus der Verarbeitung im Ausland möglicherweise auch ohne einen Import der betroffenen Daten Eingang in die bei der deutschen Muttergesellschaft geführte Personalakte finden. Als Beispiel ließe sich an eine bei der amerikanischen Tochtergesellschaft durchgeführte Leistungsbewertung denken, deren Ergebnis ohne Übermittlung von Daten von dem in Deutschland befindlichen Fachvorgesetzten zur Kenntnis genommen wird. Auch ließe sich vertreten, die entsendeten Arbeitnehmer könnten nicht alleine aufgrund der Entsendung des durch das BDSG vermittelten Schutzes verlustig gehen. Finden die Erhebungs-, Verarbeitungs- und Nutzungsvorgänge innerhalb der EU oder des EWR statt, so dürfte sich über die Grundsätze der EG-Datenschutzrichtlinie die Anwendbarkeit des BDSG ergeben, soweit die deutsche verantwortliche Stelle nicht durch eine Niederlassung im anderen Mitgliedstaat tätig wird.[605]

394

Liegt die verantwortliche Stelle nicht im Inland, kann die Realisierung von Rechten mit erheblichen Schwierigkeiten verbunden sein. Das BDSG sieht daher in § 1 Abs. 5 S. 3 BDSG grds. vor, dass durch die verantwortliche Stelle, die sich im Nicht-EU- oder EWR-Ausland befindet, ein (inländischer) Vertreter zu bestellen und zu benennen ist, gegenüber dem der Betroffene seine Rechte, insbes. Auskunfts- und Löschungsrechte vereinfacht geltend machen kann. Diese Verpflichtung entfällt, wenn ein Datenschutzbeauftragter bei der betreffenden verantwortlichen Stelle tätig ist. Auch der Aufsichtsbehörde wird auf diese Weise die Kommunikation erleichtert.[606]

395

Allerdings läuft die Vorschrift in der Praxis weitestgehend leer: eine ausländische Stelle soll nach derzeitiger Auffassung der Aufsichtsbehörden zur Bestellung eines Vertreters oder auch eines Datenschutzbeauftragten nicht verpflichtet werden. Die formellen Anforderungen gelten hier nicht. Wird diese Bestellung unterlassen, so bleibt dies konsequenterweise sanktionslos.

396

Bei Bestellung/Benennung kann jedermann diese Vertreterposition einnehmen, also auch Rechtsanwälte, Steuerberater usw. Der inländische Vertreter braucht selbst keine datenschutzrelevanten Handlungen vorzunehmen.[607] Es ist fraglich, ob die Institution des inländischen Vertreters einer ausländischen verantwortlichen Stelle Sinn hat: Eine Klage könnte sich allein gegen die »verantwortliche Stelle« richten, während der Vertreter nicht passivlegitimiert ist.[608] Der Vertreter tritt nicht in die Rechte und Pflichten der verantwortlichen Stelle ein, sondern stellt lediglich eine Zustellungsadresse zur Verfügung.[609] Ist also die ausländische verantwortliche Stelle nicht kooperationsbereit, lassen sich deutsche Datenschutzmaximen kaum durchsetzen. Die gesetzliche Regelung unterstreicht aber zumindest die Schutzbedürfnisse des Betroffenen.

397

---

604 Vgl. zum Territorialprinzip *Gola/Schomerus* § 1 Rn. 28.
605 Vgl. Simitis/*Dammann* § 1 Rn. 198.
606 Vgl. Simitis/*Dammann* § 1 Rn. 231.
607 Vgl. Simitis/*Dammann* § 1 Rn. 232.
608 Vgl. Simitis/*Dammann* § 1 Rn. 236.
609 Vgl. Simitis/*Dammann* § 1 Rn. 234.

398 Das BDSG gilt unabhängig davon, wo sich der Betroffene dauerhaft oder auch nur vorübergehend aufhält. Das BDSG ist also grds. auch dann anzuwenden, wenn die Datenverarbeitung insgesamt einen Ausländer betrifft, der sich nur zeitweise in Deutschland aufhält. Würden in Beispielsfall 1 somit Mitarbeiter der amerikanischen Muttergesellschaft in die deutsche Tochtergesellschaft entsendet, so wäre die auf sie bezogene Erhebung, Verarbeitung und Nutzung von Daten den Anforderungen des BDSG unterworfen.

399 Werden die Daten im Inland nicht verarbeitet, sondern lediglich mittels Datenträgern transferiert oder durchgeleitet, so gilt allein das Sitzlandprinzip (§ 1 Abs. 5 S. 4 BDSG). Mangels Bezug zu bundesdeutschem Datenschutzrecht ist das BDSG unanwendbar. Datentransit liegt allerdings nur im Fall einer echten »Durchfuhr« vor, wenn also schon bei Import der Daten feststeht, dass die Daten wieder ausgeführt werden, ohne dass von den Daten selbst Kenntnis genommen wurde. Die Daten müssen das EU-/EWR-Gebiet in der Form verlassen, wie sie das Gebiet erreicht haben. Ergänzungen oder Nutzungen dieser Daten gleich welcher Art erfüllen nicht den Begriff des Transits.[610] Vorgänge, die sich auf die Sicherung des Transits beziehen, sind keine Verarbeitung in diesem Sinne. Für trägerlosen Transit per Funk oder Datenleitung gilt die Regelung für den Datentransit erst recht. Auch bei Zwischenspeicherungen auf Routern ist das BDSG nicht anwendbar.[611]

400 Eine schwierige Anwendbarkeitsfrage stellt sich im Zusammenhang mit der im Beispielsfall 1 denkbaren Rückübermittlung von Daten an die Muttergesellschaft in den USA nach deren Verarbeitung in Deutschland. Wie sich aus den Erläuterungen zum Anwendungsbereich des Transitprivilegs (siehe oben) ergibt, kann im Fall der Verarbeitung von Daten im Inland nicht mehr die Rede von einer bloßen Durchleitung oder Transportermöglichung sein.[612] Auf die Rückübermittlung der Daten an die amerikanische Muttergesellschaft müsste daher an sich das BDSG angewendet werden.[613] Ohne diese Rückübermittlung genauer zu analysieren, würde sie auf der zweiten Stufe von der Safe-Harbor-Zertifizierung der amerikanischen Muttergesellschaft profitieren.

401 Losgelöst von den oben genannten zwei Beispielsfällen lassen sich allerdings noch weitaus komplexere Fallgestaltungen denken, wenn der Re-Export in unsichere Drittländer erfolgen soll, wobei die unbearbeiteten Daten möglicherweise ursprünglich in diesen Ländern nach Landesrecht zulässig erhoben und aus diesen Ländern nach Deutschland importiert wurden.[614] Dies wird am in Abbildung 5 dargestellten Fallbeispiel deutlich:

---

610 Vgl. Simitis/*Dammann* § 1 Rn. 238.
611 Vgl. Simitis/*Dammann* § 1 Rn. 238.
612 Vgl. zur Problemstellung *Schmidl* WDPR 11 2006, 5.
613 Vgl. zur Problemstellung *Schmidl* WDPR 11 2006, 5.
614 Vgl. zum Fehlen des Konzernprivilegs *Gola/Schomerus* § 27 Rn. 4.

III. Anwendbarkeit deutschen Datenschutzrechts

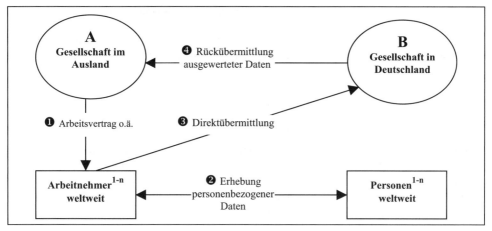

Abbildung 5: Re-Export in unsicheres Drittland

Anmerkung zum Sachverhalt: Eine extraeuropäische Gesellschaft (im Folgenden »A«) erhebt unter Einsatz der Arbeitnehmer^{1-n} weltweit, also unter anderem auch in der EU und dem EWR, personenbezogene Daten der Personen^{1-n}, die an einen in Deutschland ansässigen Auftragsdatenverarbeiter (im Folgenden »B«) übermittelt werden. B wertet diese Daten im Auftrag von A aus und übermittelt die Ergebnisse zurück an A. Die Datenerhebungen durch A, die Übermittlung nach Deutschland, die Verarbeitungen durch B sowie die Rückübermittlung zu A sind mit dem für A geltenden ausländischen Recht vereinbar. Bei B wurde unter Beachtung der Vorgaben des BDSG ein Datenschutzbeauftragter bestellt. **402**

Zwar erklärt § 1 Abs. 5 S. 2 BDSG das BDSG auf den Re-Export der verarbeiteten Daten für anwendbar. Dies kann jedoch im Ergebnis jedenfalls dann nicht gelten, wenn die Verbindung zu Deutschland ausschließlich über einen Auftragsdatenverarbeiter – hier B – zustande kommt, der seinerseits den Anforderungen des BDSG genügt.[615] Maßgeblich für diese im Ergebnis überzeugende Wertung dürfte sein, dass auch die ausländische verantwortliche Stelle – hier A – bei der Erhebung der Daten und deren Übermittlung an B gewissen rechtlichen Anforderungen unterworfen war.[616] Ähnlich wie es für die Anwendbarkeit des BDSG gem. § 1 Abs. 5 S. 2 BDSG nicht ausreicht, wenn eine extraeuropäische verantwortliche Stelle ohne jeden über die Erhebungs-, Verarbeitungs- oder Nutzungshandlung hinausgehenden Inlandsbezug agiert, so kann es für die Anwendung des BDSG auf den geschilderten Beispielsfall nicht ausreichen, wenn nur der technische Inlandsbezug vorhanden ist, die Erhebung, Verarbeitung oder Nutzung aber im Ausland erfolgt ist.[617] Ein eigenständiger Anknüpfungspunkt für das BDSG könnte sich allenfalls dann ergeben, wenn B die Daten für eigene Zwecke nutzen und sich damit zur verantwortlichen Stelle »aufschwingen« würde. Ähnlich wie bei der hier vertretenen Auffassung zum Datenimport zu eigenen Zwecken (d. h. Anwendbarkeit des BDSG ab der Speicherung) ließe sich ab der ersten Verwendung zu eigenen Zwecken an die Anwendung des BDSG denken, zumindest soweit die Betroffenen im Geltungsbereich des BDSG ansässig sind. Lehnt man die dargelegte Argumentation ab, werden sich die einmal nach Deutschland übermittelten Daten möglicherweise nicht mehr rechtmäßig zurückübermitteln lassen.[618] Dies gilt insbes. auf der zweiten Stufe, wenn im Empfängerland kein angemessenes Datenschutzniveau und mit dem Empfänger keine Vertragslösung besteht. Allerdings kann auch die Prüfung auf der ersten Stufe **403**

---
615 A. A. Simitis/*Dammann* § 1 Rn. 214.
616 Vgl. *Schmidl* WDPR 11 2006, 5.
617 Vgl. *Schmidl* WDPR 11 2006, 5.
618 Vgl. *Schmidl* WDPR 11 2006, 5.

nach den Maßstäben des BDSG Schwierigkeiten aufwerfen. So mag es etwa nach deutschem Verständnis nicht für die Vertragserfüllung erforderlich sein, dass die Daten überhaupt verarbeitet, geschweige denn zurückübermittelt werden. Auch eine Interessensabwägung wird nicht stets zugunsten von A ausgehen. Nach Auffassung der deutschen Aufsichtsbehörden zu diesen Fragen sind die Rückübermittlungen i. d. R. zulässig.[619]

IV. Zulässigkeit der verschiedenen Vorgänge

404 Gemäß § 4 Abs. 1 BDSG ist die Erhebung, Verarbeitung und Nutzung personenbezogener Daten nur zulässig, soweit das BDSG oder eine andere Rechtsvorschrift dies erlaubt oder anordnet oder der Betroffene eingewilligt hat. Wie sich aus §§ 4b, 4c BDSG ergibt, ist für die Zulässigkeit internationaler Übermittlungen, neben der Prüfung der Datenverarbeitung an sich (»erste Stufe«) auch eine Prüfung der Angemessenheit des Datenschutzniveaus beim Empfänger (»zweite Stufe«) vorzunehmen.

1. Einwilligung

a) Einwilligung wirkt auf beiden Stufen

405 Gemäß § 4 Abs. 1 BDSG ist die Erhebung, Verarbeitung und Nutzung personenbezogener Daten unter anderem zulässig, soweit der Betroffene eingewilligt hat. Die Einwilligung scheint sich damit als Zulässigkeitstatbestand geradezu anzubieten und ist rein datenschutzrechtlich betrachtet vollumfänglich geeignet, sämtliche der identifizierten, datenschutzrechtlich erheblichen Vorgänge zu legitimieren. Dies gilt gem. § 4 Abs. 1 BDSG ganz grds., gem. § 4c Abs. 1 Nr. 1 BDSG auch für internationale Datentransfers, und ist durch den Einleitungssatz von § 28 Abs. 6 BDSG auch für sog. »sensible« Daten (besondere Kategorien personenbezogener Daten gem. § 3 Abs. 9 BDSG) klargestellt. Neben der Rechtfertigung der Datenverarbeitungsprozesse an sich (auf der ersten Stufe) hat die Einwilligung insbes. die Wirkung, eine Übermittlung ungeachtet eines unangemessenen Datenschutzniveaus beim Empfänger einer internationalen Übermittlung zu legitimieren.[620]

b) Freiwilligkeit im Arbeitsverhältnis?

406 Im Hinblick auf die herrschende Meinung sowie auf die dahin gehende Stellungnahme der Artikel-29-Gruppe muss die Tauglichkeit der Einwilligung als Grundlage der in den Beispielsfällen beschriebenen Vorgänge aber wegen der Zweifel an ihrer gem. § 4a Abs. 1 S. 1 BDSG zwingend erforderlichen Freiwilligkeit als fraglich eingestuft werden.[621] Die in der Literatur und unter den Datenschutzaufsichtsbehörden bereits zuvor bestehenden Zweifel an der Möglichkeit einer freiwilligen Arbeitnehmereinwilligung wurden durch das Working Paper Nr. 114 der Artikel-29-Gruppe vom 25.11.2005[622] bestätigt. Zwar handelt es sich bei der Artikel-29-Gruppe nur um ein nach Maßgabe von Art. 29 der EG-Datenschutzrichtlinie[623] gegründetes Beratungsgremium zu Fragen des Datenschutzes und der Datensicherheit, dessen Stellungnahmen für die Mitgliedstaaten und die nationalen Aufsichtsbehörden keine Bindungswirkung entfalten.[624] Gleichwohl werden die Working Papers der Artikel-29-Gruppe im Kreis der deutschen Aufsichtsbehörden in der Regel zu-

---

619 Siehe zum Standpunkt der deutschen Aufsichtsbehörden *Schmidl* WDPR 5 2007, 14.
620 Vgl. Simitis/*Simitis* § 4a Rn. 1.
621 Vgl. *Schmidl* WDPR 1 2007, 15.
622 Das Working Paper Nr. 114 der Artikel 29 Gruppe vom 25.11.2005, 2093/05/DE, ist im Internet unter ec.europa.eu/justice_home/fsj/privacy/docs/wpdocs/2005/wp114_de.pdf abrufbar.
623 Richtlinie 95/46/EG des Europäischen Parlaments und des Rates v. 24.10.1995 im Internet abzurufen unter. http://eur-lex.europa.eu/LexUriServ/LexUriServ.do?uri=CELEX:31995L0046:de:html.
624 Vgl. dazu allgemein *Wuermeling*, Handelshemmnis Datenschutz.

mindest als faktische Grundlage der eigenen Entscheidungspraxis akzeptiert. Auch die in § 321 Abs. 1 BDSG-Reg.E. vorgesehene Beschränkung der Beschäftigteneinwilligung auf die gesetzlich geregelten Fälle zeigt, dass die Bedeutung der Einwilligung als Erlaubnistatbestand schwindet.

c) Artikel-29-Gruppe zur Einwilligung

Im Working Paper Nr. 114 betonte die Artikel-29-Gruppe, dass die Einwilligung freiwillig, eindeutig und auf Grundlage ausreichender Informationen erteilt werden muss. Die Eindeutigkeit der Einwilligung sowie eine ausreichende Informationsgrundlage lassen sich gewährleisten. Angesichts der Stellungnahme der Artikel-29-Gruppe im Working Paper Nr. 114 muss allerdings bezweifelt werden, ob eine freiwillige Arbeitnehmereinwilligung überhaupt in Betracht kommt. Das nachfolgende Zitat aus dem Working Paper Nr. 114 (dort S. 13) gibt zugleich die im Wesentlichen herrschende Auffassung der Aufsichtsbehörden zu dieser Frage wieder:

407

»Die Einwilligung einer Person, die nicht die Möglichkeit hatte, eine echte Wahl zu treffen oder vor vollendete Tatsachen gestellt wurde, ist ungültig. [...] In diesem Zusammenhang weist die Datenschutzgruppe auf die Tatsache hin, dass man bei einem Beschäftigungsverhältnis schwerlich davon ausgehen kann, dass eine Einwilligung ohne Zwang gegeben wurde, da zwischen dem Arbeitgeber und dem Angestellten ein hierarchisches Verhältnis besteht. Eine gültige Einwilligung bedeutet in diesem Zusammenhang, dass der Angestellte die realistische Möglichkeit zur Verweigerung der Einwilligung oder, wenn er seine Meinung ändert, zum Widerruf der Einwilligung haben muss, ohne dass ihm dadurch Nachteile entstehen. [...] Die Datenschutzgruppe räumt jedoch ein, dass sich Arbeitgeber in bestimmten Fällen auf die Einwilligung ihrer Arbeitnehmer stützen können müssen, beispielsweise in einer internationalen Organisation, in der die Angestellten eine Gelegenheit in einem Drittland wahrnehmen möchten. Daher legt die Datenschutzgruppe Arbeitgebern nahe, sich bei der Übermittlung von Daten nicht ganz auf die Einwilligung ihrer Angestellten zu stützen, es sei denn, den Angestellten entsteht nachweislich kein Nachteil daraus, dass sie ihre Einwilligung zu einer Übermittlung verweigern oder ihre bereits gegebene Einwilligung widerrufen wollen, soweit möglich. [...]«

408

d) Ausnahme bei anfänglicher Einwilligung?

Die Einwilligung könnte möglicherweise dann freiwillig sein, wenn sie zu Beginn eines Arbeitsverhältnisses eingeholt wird. In einer solchen Konstellation hat der Arbeitnehmer zumindest die Wahl, ob er den Arbeitsvertrag abschließt oder nicht. Andererseits ließe sich auch hier eine erhebliche Zwangslage behaupten, denn gerade wenn es einem Arbeitnehmer darum geht, eine Anstellung zu finden, dürfte er am ehesten bereit sein, sich auf alle möglichen Zugeständnisse einzulassen, um seine Aussichten auf die gewünschte Anstellung nicht zu verspielen.[625] Selbst wenn aber die Drucksituation beim Vertragsabschluss (d. h. entweder Arbeitsvertrag mit Einwilligung oder kein Arbeitsvertrag) die Freiwilligkeit nicht ausschließen sollte (z. B. unter Hinweis auf die Vertragsautonomie), so bleibt zu bedenken, dass die Einwilligung stets widerruflich ist.[626] Die Eignung der Einwilligung zur Rechtfertigung internationaler Datenübermittlungen kann selbst dann bezweifelt werden, wenn sie lediglich Vorteile des Mitarbeiters begründen soll. Häufig lassen sich hier gesetzliche Zulässigkeitstatbestände finden. Selbst in diesen Fällen bleibt die Einwilligung aber, soweit sie überhaupt erforderlich sein sollte, widerruflich und stellt damit keine stabile Grundlage für internationale Datenübermittlungen dar.

409

e) Widerruflichkeit der Einwilligung

Neben der Freiwilligkeitsproblematik bringt eine auf Einwilligungserklärungen basierende internationale Datenübermittlung den Nachteil mit sich, dass sie ggf. erforderliche Änderungen der Verarbeitungsprozesse, wenn überhaupt, nur unzureichend abbilden kann. Da-

410

---

625 Vgl. auch *Schmidl* WDPR 9 2005, 13; Simitis/*Simitis* § 4a Rn. 91.
626 Vgl. Simitis/*Simitis* § 4a Rn. 94.

rüber hinaus wäre eine homogene Rechtfertigung bereits durch den Widerruf einer einzigen Einwilligung gefährdet.[627] Die Übermittlungsprozesse, die den Mitarbeiter betreffen, der seine Einwilligung widerrufen hat, müssten mit sofortiger Wirkung unterbleiben. Dies mag zwar theoretisch möglich sein, es stellt aber den Betreiber der betroffenen IT-Systeme (z. B. HR-Datenbank) vor erhebliche praktische Probleme, wenn einheitliche Verarbeitungsprozesse nach Maßgabe von Einzelwiderrufen aufgespalten und umorganisiert werden müssen.[628] Auch zu dieser Problematik der Einwilligung findet sich ein Zitat im Working Paper Nr. 114 (dort S. 13):

411 »[...] Die Datenschutzgruppe ist aufgrund ihrer Erfahrungen außerdem der Meinung, dass die Einwilligung in Fällen der wiederholten oder gar routinemäßigen Übermittlung von Daten zu deren Verarbeitung wahrscheinlich langfristig keinen angemessenen Rechtsrahmen für die Verantwortlichen für die Verarbeitung bietet. Besonders, wenn die Übermittlung von Daten für die Verarbeitung unabdingbar ist (z. B. Zentralisierung einer internationalen Humanressourcen-Datenbank, die kontinuierlich und systematisch mit Daten gespeist werden muss, die aus den einzelnen Ländern übermittelt werden müssen), könnte es die für die Verarbeitung Verantwortlichen vor unlösbare Probleme stellen, wenn auch nur ein Betroffener im Nachhinein beschließt, seine Einwilligung zurückzuziehen. Streng genommen dürfen die Daten dieser Person nach Widerruf der Einwilligung nicht übermittelt werden. Andernfalls würden Daten teilweise auf der Grundlage der Einwilligung des Betroffenen weiterhin übermittelt werden, doch müsste für Daten von einer Person, die ihre Einwilligung zurückzieht, eine Alternativlösung (Vertrag, verbindliche Unternehmensregelung usw.) gefunden werden. [...]«

f) Unzulässigkeit der Globaleinwilligung

412 Ungeachtet dessen, dass die Einholung von Mitarbeitereinwilligungen im Hinblick auf die regelmäßig gegebene Freiwilligkeitsproblematik sowie die mit der Widerrufsmöglichkeit einhergehenden Komplikationen für eine einheitliche Datenverarbeitung nicht zu empfehlen ist, kann eine Einwilligung in Einzelfällen die einzige Möglichkeit sein, eine bestimmte Verarbeitung zu legitimieren. Als Beispiel mag die intendierte Veröffentlichung eines Mitarbeiter-Bildes im Internet dienen, obwohl dies aufgrund seiner vertraglich geschuldeten Tätigkeit nicht erforderlich ist. In einem solchen Fall ist die Einwilligung auf solche Datenkategorien und Zwecke zu begrenzen, deren Zulässigkeit sich über § 28 Abs. 1 S. 1 Nr. 1 BDSG nicht erreichen lässt. Dieses Erfordernis ergibt sich unmittelbar aus dem Working Paper Nr. 48 der Artikel-29-Gruppe.[629] Dort heißt es auf S. 4:

413 »[...] Die Artikel 29-Datenschutzgruppe ist der Auffassung, dass es in den Fällen, in denen ein Arbeitgeber zwangsläufig aufgrund des Beschäftigungsverhältnisses personenbezogene Daten verarbeiten muss [Der Verfasser: Dies liefe auf eine Zulässigkeit nach § 28 Abs. 1 Nr. 1 BDSG hinaus], irreführend ist, wenn er versucht, diese Verarbeitung auf die Einwilligung der betroffenen Person zu stützen. [...]« (Anmerkung durch den Verfasser)

g) Irreführung führt zur Unwirksamkeit

414 Mit den »Fällen, in denen ein Arbeitgeber zwangsläufig aufgrund des Beschäftigungsverhältnisses personenbezogene Daten verarbeiten muss«, sind jedenfalls die in § 32 Abs. 1 S. 1 BDSG beschriebenen Konstellationen angesprochen. Dieser Form der Zwangsläufigkeit aufgrund eines Vertragsverhältnisses (hier des Beschäftigungsverhältnisses) ist regelmäßig über § 32 Abs. 1 S. 1 BDSG Rechnung getragen. Eine entgegen diesen Vorgaben eingeholte Einwilligung ist irreführend und unwirksam.[630]

---

627 Zum Widerruf einer erteilten Einwilligung vgl. OLG Düsseldorf ZIP 1985, 1319.
628 Vgl. Simitis/*Simitis* § 4a Rn. 103.
629 Das Working Paper Nr. 48 der Artikel 29 Gruppe v. 13.09.2001, 5062/01/DE, ist im Internet unter ec.europa.eu/justice_home/fsj/privacy/docs/wpdocs/2001/wp48de.pdf abrufbar.
630 Vgl. *Schmidl* WDPR 1 2007, 15.

h) Täuschung durch zu breite Einwilligung

Als Erklärung für diese Beschränkung des Wirkungsbereichs der Einwilligung mag auch dienen, dass durch die Aufnahme von eindeutig zur Vertragserfüllung erforderlichen Verarbeitungsprozessen in den Einwilligungsumfang beim Arbeitnehmer der Eindruck entstehen könnte, dass er nicht widerrufen könne, ohne die Vertragsdurchführung im Ganzen zu gefährden. Diese Gefahr wird beispielsweise dann besonders virulent, wenn beim Arbeitnehmer der Eindruck erweckt wird, seine Einwilligung sei auch für die Durchführung seiner Gehaltsabrechnung erforderlich. Subjektiv mag sich beim Arbeitnehmer dann der Eindruck bilden, ein Widerruf der Einwilligung wäre mit Schwierigkeiten bei der Entlohnung verbunden.[631]

i) Keine Rechtsprechung

Ungeachtet der gewichtigen Argumente gegen die Wirksamkeit von Arbeitnehmereinwilligungen[632] gibt es derzeit wohl keine gerichtlichen Entscheidungen, die sich ausdrücklich mit der Unwirksamkeit der Arbeitnehmereinwilligung aufgrund deren Unfreiwilligkeit befassen. Andererseits hat sich die Artikel-29-Gruppe gegen durch Ankreuzen zu erteilende Einwilligungen gewandt, die bereits im Sinne der Einwilligung angekreuzt sind.[633] Das LG München I hat sich am 09.03.2006 in einem Urteil in gleicher Weise geäußert.[634] Die beiden nicht im Umfeld von Arbeitsverträgen stehenden Aussagen dürften allerdings auf Arbeitsverträge übertragbar sein. Die an sich bereits feststehende Wertung, dass Opt-out Lösungen datenschutzrechtlich schon mangels ihrer Konformität zu § 4 Abs. 1 BDSG in der Regel nicht wirksam sind, wird durch diese beiden Quellen bestätigt.

2. Sonstige Rechtsvorschrift

a) Betriebsvereinbarung als sonstige Rechtsvorschrift

Gemäß § 4 BDSG könnte die Betriebsvereinbarung als »sonstige Rechtsvorschrift« in Betracht kommen, um die datenschutzrechtlich relevanten Vorgänge zu rechtfertigen.[635] Diese Lösung scheint sich angesichts der Wal-Mart-Urteile[636] zu betriebsverfassungsrechtlichen Fragen im Zusammenhang mit der Einführung von Verhaltenskodizes geradezu aufzudrängen, haben diese dem Betriebsrat doch umfassende Mitbestimmungsrechte zugesprochen. Gleichsam im Regelungszusammenhang mit den Verfahrensfragen zum Whistleblowing, die mindestens teilweise in den Anwendungsbereich von § 87 BetrVG fallen, könnte es sich anbieten, die datenschutzrechtlichen Fragestellungen mitzuregeln und betriebsvereinbarungskonforme Übermittlungen auf gleicher normativer Ebene zu gestatten. Geht man davon aus, dass die sonstige Rechtsvorschrift unabhängig neben dem BDSG steht,[637] könnte über diese sowohl der internationale als auch der Transfer sensibler Daten gerechtfertigt werden.[638]

Die Betriebsvereinbarung ist jedoch, jedenfalls für den internationalen Datentransfer, nicht geeignet, die Einwilligung der betroffenen Mitarbeiter oder eine gesetzliche Erlaubnisnorm zu ersetzen.[639] Dies gilt erst recht für den internationalen Transfer sensibler Daten. Zwar

---

631 Vgl. *Schmidl* WDPR 1 2007, 15.
632 Vgl. insgesamt *Schmidl* DuD 2006, 353.
633 Vgl. dazu das Working Paper Nr. 114, S. 12, der Artikel 29 Gruppe v. 25.11.2005, 2093/05/DE, veröffentlicht im Internet unter ec.europa.eu/justice_home/fsj/privacy/docs/wpdocs/2005/wp114_de.pdf.
634 LG München I EWiR 2006, 517.
635 Vgl. Simitis/*Sokol* § 4 Rn. 11.
636 LAG Düsseldorf RDV 2006, 79.
637 Vgl. Simitis/*Walz* § 4 Rn. 8.
638 Zur Fragestellung insgesamt vgl. *Schmidl* WDPR 3 2006, 2.
639 Vgl. *Schmidl* DuD 2006, 353.

scheint eine Entscheidung des BAG[640] in die Richtung zu weisen, die Legitimierung der Verarbeitung personenbezogener Daten könne durch eine Betriebsvereinbarung erfolgen. Diese dogmatische Konstruktion wird jedoch mehrheitlich abgelehnt, weil nach deutschem Recht geschlossene Betriebsvereinbarungen im Ausland nicht ohne Weiteres Geltung haben.[641] Überdies betraf die Entscheidung lediglich eine nationale Datenübermittlung und konnte die infolge der Umsetzung der Europäischen Datenschutzrichtlinie vom 24.10.1995 zum Schutz natürlicher Personen bei der Verarbeitung personenbezogener Daten und zum freien Datenverkehr ins deutsche Recht eingeführten speziellen Anforderungen für internationale Datenübermittlungen (z. B. § 4c BDSG) nicht berücksichtigt haben. In einer nachfolgenden Entscheidung ist das Bundesarbeitsgericht auch zutreffend davon ausgegangen, dass selbst der Spruch einer Einigungsstelle, der im Hinblick auf die Erlaubnisnormen des § 4 BDSG einer Betriebsvereinbarung gleich steht, sich an den durch das BDSG aufgestellten Rechtfertigungsnormen messen lassen muss (vgl. 2b der Entscheidungsgründe).[642]

419 Darüber hinaus handelt es sich bei der Betriebsvereinbarung lediglich um einen kollektivrechtlichen Gestaltungsfaktor, der im Bereich individual-rechtlicher Verzichtserklärungen, und einer solchen steht die Einwilligung nahe, keine Wirkung entfalten kann.[643] § 4 BDSG ist in diesem Zusammenhang selbst dann nicht als Grundlage für vom Betriebsrat ausgehende Verfügungen über das Recht auf informationelle Selbstbestimmung der einzelnen Mitarbeiter anzusehen, wenn die Betriebsvereinbarung im Einzelfall als »Rechtsvorschrift« im Sinne dieser Norm angesehen wird. Die Bejahung der Qualität einer Rechtsvorschrift für eine Betriebsvereinbarung beinhaltet keineswegs zugleich die Aussage, dass die entsprechende Betriebsvereinbarung sämtliche datenschutzrechtlich relevanten Erlaubnistatbestände ersetzen kann.[644] Es ist vielmehr stets im Einzelfall zu prüfen, ob und in welchem Umfang die Betriebsvereinbarung als Erlaubnistatbestand fungieren kann. Die Qualität als Erlaubnistatbestand wird von der ganz herrschenden Meinung dann verneint, wenn die Datenverarbeitung respektive die Datenübermittlung in Grundrechte oder grundrechtsgleiche Rechte des Arbeitnehmers eingreifen.[645] Die Legitimationswirkung einer Betriebsvereinbarung ist mit anderen Worten keine hinreichende Grundlage für einen Individualrechtsverzicht. Ihre Regelungsreichweite ist vielmehr auf Gegenstände beschränkt, die in die Regelungszuständigkeit des Betriebsrates fallen. Diese Regelungszuständigkeit ist nicht gegeben für den Verzicht auf lediglich einwilligungsdispositive Rechte wie z. B. das Recht auf informationelle Selbstbestimmung zulasten der Arbeitnehmer.[646]

420 Auf dieser Grundlage geht der Leitfaden des Bundesbeauftragten für den Datenschutz über die Nutzung von Internet und E-Mail am Arbeitsplatz[647] davon aus, dass für die arbeitgeberseitige Kontrolle der Einhaltung der Grenzen der beschränkt zulässigen Privatnutzung von Internet und E-Mail die konkludent durch die private Nutzung gegebene Einwilligung[648] der Arbeitnehmer erforderlich ist und zwar neben einer entsprechenden kollekti-

---

640 BAG NJW 1987, 674.
641 Vgl. zu der Entscheidung allgemein *Gola/Wronka* Rn. 1841.
642 BAG NJW 2005, 313.
643 Vgl. *Schmidl* DuD 2006, 353.
644 Vgl. *Schmidl* DuD 2006, 353.
645 Vgl. Simitis/*Walz* § 4 Rn. 16.
646 Vgl. *Schmidl* DuD 2006, 353.
647 Im Internet abrufbar unter www.bfdi.bund.de/cln_029/nn_531952/SharedDocs/Publikationen/Arbeitshilfen/LeitfadenInternetAmArbeitsplatzneu.html, Stand Januar 2008.
648 Im Leitfaden des Bundesbeauftragten für den Datenschutz heißt es dazu: »Eine praktikable und aus Datenschutzsicht vertretbare Lösung geht davon aus, keine technische Trennung der Verkehrs-/Nutzungsdaten nach dienstlicher und privater Nutzung vorzunehmen und dadurch die bei der privaten Nutzung anfallenden Daten in die o. g. Kontrollmaßnahmen für den Bereich der dienstlichen Nutzung einzubeziehen. Entsprechende Regelungen sollten in einer Dienstvereinbarung unter Beteiligung des behördlichen Beauftragten für den Datenschutz festgelegt werden, deren Kenntnisnahme jeder Beschäftigte schriftlich bestätigen sollte. Eine individuelle Einwilligung in die Verarbeitung der bei der privaten Nut-

ven Regelung. In dem für die Bundesverwaltung konzipierten Leitfaden, der ausdrücklich auch für die Privatwirtschaft Geltung beansprucht (S. 1 des Leitfadens) ist insoweit von der Dienstvereinbarung die Rede (S. 3 des Leitfadens).

Der Leitfaden befasst sich nicht damit, wie die erwähnte Einwilligung einzuholen ist. Es wird in diesem Zusammenhang vertreten, die Einwilligung könne auch konkludent erfolgen, etwa durch die Nutzung von Internet und E-Mail durch die Mitarbeiter in Kenntnis der mitgeteilten Kontrollmaßnahmen. Will man diesen Weg (d. h. Bejahung der Möglichkeit der konkludenten Einwilligung) gehen, ist zumindest sicherzustellen, dass man den Mitarbeitern hinreichend deutlich gemacht hat, welcher Bedeutungsgehalt ihrem Verhalten beigemessen werden soll. Die Aufsichtsbehörden stehen dem Konstrukt der konkludenten Einwilligung bisweilen ablehnend gegenüber. Eine Lösung kann möglicherweise darin liegen, den Mitarbeitern eine so genannte »Klick-Einwilligung« abzuverlangen (auf deren sonstige rechtliche Voraussetzungen, z. B. hinsichtlich des Dokumentationserfordernisses, hier nicht eingegangen wird.[649]) Vom Vorliegen der besonderen Umständen,[650] die gem. § 4a Abs. 1 S. 3 BDSG das Abweichen von der Schriftform der Einwilligung gestatten, könnte unter Hinweis auf den Medienbruch ausgegangen werden, der mit einer schriftlichen Einwilligung einhergehen würde. Aus dem gleichen Grund (d. h. Vermeidung eines unpraktikablen Medienbruchs) könnte auch von der gem. § 4a Abs. 1 S. 3 BDSG erforderlichen Angemessenheit der anderen Form (z. B. »Klick-Einwilligung« statt schriftlicher Einwilligung) ausgegangen werden. **421**

Die Regelungssystematik des BDSG geht gleichfalls nicht davon aus, dass die Bejahung der Qualität als Rechtsvorschrift für eine Betriebsvereinbarung dazu führt, dass die Betriebsvereinbarung alle erforderlichen Erlaubnistatbestände ersetzen könnte.[651] Die allgemeine Aussage in § 4 Abs. 1 BDSG, die Einwilligung und sonstige Rechtsvorschrift scheinbar gleichberechtigt nebeneinanderstellt, wird für internationale (d. h. extraeuropäische) Datenübermittlungen vom Gesetzgeber in Übereinstimmung mit der Datenschutzrichtlinie wieder eingeschränkt. Dies wird in systematischer Hinsicht dadurch belegt, dass der Gesetzgeber sowohl in § 4 BDSG als auch § 4c Abs. 1 Nr. 1 BDSG die Einwilligung als Erlaubnistatbestand nennt, die »andere Rechtsvorschrift« in § 4c Abs. 1 BDSG als Erlaubnistatbestand für einen Transfer in Staaten außerhalb der Europäischen Union und des Europäischen Wirtschaftsraums aber nicht wiederholt.[652] Darin kommt zum Ausdruck, dass der Gesetzgeber im Hinblick auf die besondere Gefährdungslage im Fall der Datenübermittlungen in ein »unsicheres Drittland« (neben anderen Erlaubnistatbeständen in § 4c Abs. 1 BDSG) lediglich die Einwilligung des Betroffenen für ausreichend gehalten hat, nicht aber eine »sonstige Rechtsvorschrift«. Die Nichterwähnung der »anderen Rechtsvorschrift« ist kein Zufall, sondern Ausfluss der vorstehend dargelegten Erwägungen, dass die Betriebsvereinbarung nur in bestimmten Grenzen als Erlaubnistatbestand dienen kann. Für internationale Datenübermittlungen in ein »unsicheres Drittland« (in den Beispielsfällen etwa aufgrund der Matrixstruktur) ist dies, wie durch die Nichterwähnung der »anderen Rechtsvorschrift« in § 4c BDSG deutlich wird, nicht der Fall. **422**

---

zung anfallenden Daten ist dann nicht erforderlich. Denn sobald der Beschäftigte in Kenntnis der Regelungen das Internet privat nutzt, liegt seine Einwilligung konkludent in seinem Verhalten, d. h. wenn er die Kontrollmaßnahmen nicht akzeptieren will, muss er die private Nutzung unterlassen. Dass der Dienstherr von der konkludenten Einwilligung des einzelnen Beschäftigten durch private Nutzung ausgehen kann, setzt aber unbedingt voraus, dass der Beschäftigte umfassend über die Bedingungen und Kontrollen bei der privaten Nutzung informiert ist.«.

649 Für die nicht schriftliche Einwilligung zum Erhalt von Werbung findet sich eine Regelung in § 28 Abs. 3a BDSG – vgl. *Gola/Schomerus* § 28 Rn. 42.
650 Vgl. Simitis/*Simitis* § 4a Rn. 45.
651 Vgl. *Schmidl* DuD 2006, 353.
652 Vgl. *Schmidl* WDPR 1 2007, 15.

423 Auch § 4c Abs. 2 BDSG nennt die »sonstige Rechtsvorschrift« nicht als Erlaubnistatbestand. Der Grund dafür ist, dass die in § 4c Abs. 2 BDSG genannten Mechanismen stets ein Zusammenwirken des Datenexporteurs und des Datenimporteurs voraussetzen, das durch eine Betriebsvereinbarung auf nationaler Ebene gerade nicht ersetzt werden kann – eine Betriebsvereinbarung vermag den Datenimporteur als externen Dritten nicht erfassen, sondern bindet lediglich Arbeitgeber und den Betroffenen.[653]

424 Schließlich ist die Nichtbeteiligung der Arbeitnehmer insbes. im Hinblick auf die darin liegende dauerhafte Ausgrenzung von der Einflussnahme auf die Regelung der betroffenen Bereiche datenschutzrechtlich ungünstig.[654] Im Hinblick auf die Widerruflichkeit der Einwilligung wäre eine solche Einflussnahme zwar gesichert,[655] empfehlenswert ist die Einwilligungslösung aber im Hinblick auf die immer stärker werdende Ablehnung der Einwilligung im Kreise der Aufsichtsbehörden gleichwohl nicht. Sollte § 32l Abs. 1 BDSG-Reg.E. in der gegenwärtig geplanten Form in Kraft treten, wäre die Einwilligungslösung sogar gesetzlich ausgeschlossen; die von § 32l Abs. 1 BDSG-Reg.E. in Bezug genommenen Ausnahmen sind sehr beschränkt.

425 Ungeachtet dessen, dass die Betriebsvereinbarung nicht im Sinne von § 4c Abs. 2 BDSG wirken kann, könnte sie mit einem Mechanismus nach § 4c Abs. 2 BDSG kombiniert werden. So ließe sich etwa denken, in einem Standardvertrag eine Betriebsvereinbarung ihrem Inhalt nach für das Verhältnis zwischen Exporteur und Importeur – etwa in den Anhängen zu den Standardverträgen – als verbindlich zu erklären. Diese Vorgehensweise darf indes nicht dazu führen, in der Parteidisposition entzogene Klauseln der Standardverträge einzugreifen. Über die Einbeziehung in eine Vertragslösung erlangt die Betriebsvereinbarung auch auf der zweiten Stufe Relevanz. Aus praktischer Sicht empfiehlt es sich, auch in der Betriebsvereinbarung eine Verweisung auf den Zusammenhang mit dem Standardvertrag vorzusehen, um die wechselseitige Abhängigkeit zu dokumentieren.

b) SOX als sonstige Rechtsvorschrift

426 Der Vollständigkeit halber sei darauf hingewiesen, dass sich in Einzelfällen eine Erlaubnis zur Datenübermittlung auch aus spezialgesetzlichen Erlaubnistatbeständen (z. B. §§ 32, 34 StGB) ergeben kann.[656] Auf diese Erlaubnistatbestände wird vorliegend nicht eingegangen, da sie sich in der Regel nicht zur Rechtfertigung internationaler Datenübermittlungen eignen. Im Zusammenhang mit der in § 4 Abs. 1 BDSG enthaltenen Formulierung »dies erlaubt oder anordnet« kommt häufig die Frage auf, ob der Sarbanes Oxley Act[657] als entsprechende Erlaubnis- respektive Anordnungsnorm fungieren kann. Dies ist nicht der Fall, da § 4 Abs. 1 BDSG nach ganz herrschender Meinung nicht dem Zweck dient, sämtlichen Rechtsnormen verschiedener Nationen in Deutschland Geltung zu verschaffen.[658] Formal betrachtet bleibt zudem zu berücksichtigen, dass sich die verantwortliche Stelle jeweils in Deutschland befindet und als solche nicht Adressat der gesetzlichen Pflichten ist, die in der anderen Rechtsordnung für die Muttergesellschaft (siehe Beispielsfall 1) aufgestellt wurden.

---

653 Vgl. *Schmidl* DuD 2006, 353.
654 Vgl. *Schmidl* WDPR 1 2007, 15.
655 Vgl. zum Widerruf der Einwilligung Simitis/*Simitis* § 4a Rn. 94.
656 Vgl. hierzu bspw. allgemein *Meyer-Goßner* § 81a Rn. 1.
657 Im Internet abrufbar unter http://frwebgate.access.gpo.gov/cgi-bin/getdoc.cgi?dbname=107_cong_bills&docid=f:h3763enr.tst.pdf.
658 Vgl. *Schmidl* WDPR 2 2007.

3. Gesetzliche Erlaubnistatbestände
a) Prüfung auf zwei Stufen

Die Zulässigkeit über §§ 28 ff., 32 BDSG (erste Stufe) und §§ 4b, 4c BDSG (zweite Stufe) bleibt die aussichtsreichste Alternative. Im Unterschied zu den die zweite Stufe betreffenden Erlaubnistatbeständen in § 4c Abs. 1 BDSG, die auf eine einzelfallbezogene Unbeachtlichkeit des unangemessenen Datenschutzniveaus beim Empfänger hinauslaufen,[659] erfordert die Legitimation auf der zweiten Stufe nach Maßgabe von § 4c Abs. 2 BDSG ein Zusammenwirken von Datenexporteur und Datenimporteur, um beim Empfänger ein angemessenes Datenschutzniveau zu erzeugen.[660]

427

b) Erste Stufe

Gemäß § 32 Abs. 1 S. 1 BDSG dürfen personenbezogene Daten eines Beschäftigten für Zwecke des Beschäftigungsverhältnisses erhoben, verarbeitet oder genutzt werden, wenn dies für die Entscheidung über die Begründung eines Beschäftigungsverhältnisses oder nach Begründung des Beschäftigungsverhältnisses für dessen Durchführung oder Beendigung erforderlich ist. Für die Einschlägigkeit von § 32 Abs. 1 S. 1 BDSG muss mithin gerade das Erheben, Speichern und Übermitteln für das Beschäftigungsverhältnis erforderlich sein.[661] Für die in Beispielsfall 1 genannten Übermittlungen der deutschen Tochtergesellschaft an die amerikanische Muttergesellschaft dürfte dies in der Regel nicht der Fall sein. Die Erfüllung der möglicherweise durchaus berechtigten Kontrollinteressen der amerikanischen Muttergesellschaft ist nicht erforderlich für die Erfüllung der zwischen den betroffenen Mitarbeitern und der deutschen Tochtergesellschaft bestehenden Arbeitsverträge.

428

Die Zulässigkeit von Datenübermittlungen an den jeweiligen Einsatzort eines typischen Springers lässt sich allerdings über § 32 Abs. 1 S. 1 BDSG rechtfertigen. Kann und soll dieser nach seinem Arbeitsvertrag an unterschiedlichen Orten eingesetzt werden, ist es für eine ordnungsgemäße Organisation erforderlich, seine personenbezogenen Daten den entsprechenden Unternehmensstellen zukommen zu lassen.

429

Die datenschutzrechtliche Legitimierung der Erhebung und Verarbeitung von Daten über die Verletzung eines Verhaltenskodex durch § 32 Abs. 1 S. 1 BDSG dürfte regelmäßig daran scheitern, dass die Erhebung und Verarbeitung von Daten zur Verletzung von Verhaltenspflichten nur ausnahmsweise – wenn eine Meldepflicht nur die Pflicht des Arbeitnehmers konkretisiert, Schaden vom Betrieb fernzuhalten (§ 241 BGB) – zur Erfüllung des Arbeitsvertrages erforderlich ist.[662] Die Zulässigkeit nach § 32 Abs. 1 S. 1 BDSG setzt einen unmittelbaren sachlichen Zusammenhang zwischen der beabsichtigten Verwendung und dem konkreten Vertragszweck voraus. Vertragszweck ist in diesem Zusammenhang nur ein durch übereinstimmende Willenserklärungen (ausdrücklich oder konkludent) festgelegtes Ziel der Vertragsparteien.[663] In diesem Kontext kann die Zulässigkeit des Whistleblowing wieder auf § 32 Abs. 1 S. 1 BDSG gestützt werden, wobei eine Interessensabwägung durchzuführen und vorsorglich die Dokumentations- und Verhältnismäßigkeitsanforderungen gemäß § 32 Abs. 1 S. 2 BDSG zu beachten sind.

430

Die vertraglich festgelegten Ziele lassen sich auch nicht ohne Weiteres einseitig erweitern, so beispielsweise durch die Aufstellung allgemeiner betrieblicher Verhaltensvorgaben im Rahmen eines Verhaltenskodex, sondern müssen vom Willen beider Vertragsparteien getragen sein. Solche Ziele werden (in der Regel) durch korrespondierende vertragliche (Haupt- oder

431

---
659 Vgl. hierzu Simitis/*Simitis* § 4c Rn. 7.
660 Vgl. hierzu Simitis/*Simitis* § 4c Rn. 29.
661 *Schaffland/Wiltfang* § 28 Rn. 3.
662 Vgl. *Schmidl* DuD 2006, 414.
663 Vgl. Simitis/*Simitis* § 28 Rn. 68.

Neben-) Pflichten reflektiert. Denkbar ist allenfalls, dass der Arbeitgeber im Wege des Direktionsrechts neue Pflichten dieser Art schafft oder vorhandene konkretisiert.[664] Voraussetzung ist insoweit allerdings, dass eine gesetzliche Pflicht oder eine vertragliche Nebenpflicht konkretisiert wird, ein hinreichender Arbeitsbezug der Regelung besteht und sie billigem Interesse entspricht.[665] In diesem Fall könnte sich beispielsweise die Meldung von Verhaltensverstößen als notwendige Maßnahme zur Kontrolle der tatsächlichen Einhaltung der qua Direktionsrecht geschaffenen oder konkretisierten Verhaltenspflichten qualifizieren lassen. Aus dieser Perspektive und im Fall der Einhaltung dieser Voraussetzungen wäre die Erhebung, Übermittlung und Speicherung von Einzelangaben über die Verletzung von Verhaltenspflichten sowie über den vermeintlichen Verletzer zur Erfüllung der entsprechenden Vertragszwecke (d. h. Einhaltung der Verhaltenspflichten) erforderlich und damit gem. § 32 Abs. 1 S. 1 BDSG gerechtfertigt.

432 Gründe für die Erforderlichkeit könnten in der Zentralisierung gewisser Überwachungsfunktionen über die Grenzen der beteiligten Rechtsträger hinweg liegen. In Einzelfällen können im Konzern vorhandene Matrixstrukturen, d. h. über die Grenzen der beteiligten Rechtsträger hinweg implementierte Berichts- und Organisationsstrukturen, zur Rechtfertigung herangezogen werden.[666] Auch seitens der Aufsichtsbehörden sind solche Möglichkeiten genannt worden. Der Arbeitsbericht der Ad-hoc-Arbeitsgruppe »Konzerninterner Datentransfer« (herausgegeben vom Regierungspräsidium Darmstadt, 2005) stellt dazu fest, dass ein

433 »Arbeitnehmer [...] innerhalb einer solchen Matrix-Struktur unter Umständen eine Vielzahl von Vorgesetzten« hat und dass »zugleich [...] die Anzahl der zur Gewährleistung der Matrix-Struktur zu übermittelnden Daten des Arbeitnehmers bei den verschiedenen Stellen« ansteigt. Weiter heißt es dazu: »Dies bedeutet, dass durch die einzelnen Unternehmen hindurch über horizontale Gliederung Leitungsstränge und Verantwortungsbereiche geschaffen werden, indem die Fachvorgesetztenfunktion, teilweise auch die Personalvorgesetztenfunktion auf ein oder mehrere Personen in anderen Konzernunternehmen übertragen werden. Ist diese Struktur bei Eingehung des Arbeitsvertrages bereits vorhanden und erkennbar sowie vom Betroffenen gebilligt, hat das Arbeitsverhältnis Konzernbezug und § 28 Abs. 1 S. 1 Nr. 1 BDSG ist Rechtsgrundlage.«

434 Diese »Matrix-Formel« kann aber, wie gesagt, nur im Einzelfall eine Lösung bieten. Zum einen werden bei Weitem nicht alle Arbeitsverhältnisse Konzernbezug haben und zum anderen stehen die Nachteile eines künstlich hergestellten Konzernbezugs außer Verhältnis zur möglichen Rechtfertigungswirkung.[667] So ist beispielsweise im Rahmen der betriebsbedingten Kündigung ebenfalls konzernweit nach vergleichbaren Beschäftigungsmöglichkeiten zu suchen.[668]

435 In Betracht kommt neben § 32 Abs. 1 S. 1 auch § 28 Abs. 1 S. 1 Nr. 2 sowie Abs. 3 Nr. 1 BDSG. Gemäß § 28 Abs. 1 S. 1 Nr. 2 BDSG ist das Erheben, Speichern und Übermitteln »normaler« personenbezogener Daten oder ihre Nutzung als Mittel für die Erfüllung eigener Geschäftszwecke zulässig, soweit es zur Wahrung berechtigter Interessen der verantwortlichen Stelle oder eines Dritten (§ 28 Abs. 3 Nr. 1 BDSG) erforderlich ist und kein Grund zu der Annahme besteht, dass das schutzwürdige Interesse des Betroffenen an dem Ausschluss der Verarbeitung oder Nutzung überwiegt. Eine Rechtfertigung auf der Grundlage von § 28 Abs. 1 S. 1 Nr. 2 BDSG erfordert eine Abwägung der Interessen der verantwortlichen Stelle gegen die des Betroffenen, wobei jeweils die Intensität der Gefährdung[669] für die betroffenen Interessen zu berücksichtigen ist. Die erforderliche Abwägung

---

664 Vgl. dazu ausf. *Schuster/Darsow* NZA 2005, 273.
665 Vgl. dazu ausf. *Schuster/Darsow* NZA 2005, 273.
666 Vgl. *Schmidl* DuD 2006, 414.
667 Vgl. *Schmidl* DuD 2006, 414.
668 Vgl. dazu allgemein Erfurter Kommentar/*Ascheid/Oetker* § 1 KSchG Rn. 408.
669 Vgl. Simitis/*Simitis* § 28 Rn. 161.

lässt sich nicht allgemeingültig beschreiben, sondern ist jeweils für die einzelnen Übermittlungsvorgänge vorzunehmen.⁶⁷⁰ Es kann dahinstehen, ob § 28 Abs. 1 S. 1 Nr. 2 BDSG auf die Fälle des Whistleblowing Anwendung findet, denn wird § 32 Abs. 1 S. 1 BDSG unter Berücksichtigung der Dokumentations- und Verhältnismäßigkeitsanforderungen von § 32 Abs. 1 S. 2 BDSG angewendet, ergibt sich im Ergebnis kein Unterschied zu den Prüfungsvoraussetzungen gemäß § 28 Abs. 1 S. 1 Nr. 2 BDSG.

Die Erhebung und Verarbeitung besonderer Kategorien personenbezogener Daten gem. § 3 Abs. 9 BDSG (»sensibler« Daten) ist am Maßstab von § 28 Abs. 6 BDSG zu messen. Der Erlaubniskatalog ist äußerst restriktiv. Auf diese Weise bringt das BDSG zum Ausdruck, dass sensible Daten nur in Ausnahmefällen Gegenstand von Maßnahmen der Erhebung, Verarbeitung und Nutzung sein sollen.⁶⁷¹ **436**

c) Zweite Stufe

Die zweite Stufe der Überprüfung einer internationalen Datenübermittlung soll sicherstellen, dass bei der die Daten empfangenden Stelle ein angemessenes Datenschutzniveau herrscht. Der Grund für diese Anforderung liegt darin, dass deutsches Datenschutzrecht im Ausland keine oder nur sehr eingeschränkte Geltung entfalten kann.⁶⁷² Schon bei der Überprüfung der Rechtmäßigkeit und damit im Vorfeld einer Übermittlung an eine Stelle, die nicht mehr der deutschen Gesetzgebung unterliegt, soll mithin sichergestellt werden, dass die EG-Maßstäbe für ein angemessenes Datenschutzniveau am Zielort eingehalten werden. Grds. sind zwei Wege denkbar, für eine Daten empfangende Stelle im Ausland ein angemessenes Datenschutzniveau sicherzustellen. Es kann entweder auf das Schutzniveau des Staates abgestellt werden, in dem sich die empfangende Stelle befindet oder auf das Schutzniveau der empfangenden Stelle selbst. Letzteres ist erforderlich, wenn der Staat, in dem sich die empfangende Stelle befindet, kein angemessenes Datenschutzniveau vorweist. Dabei ist unter den Voraussetzungen des § 4b BDSG die Angemessenheit generell indiziert, während es nach § 4c Abs. 1 BDSG nicht auf diese ankommt und sie nach § 4c Abs. 2 BDSG im Einzelfall festzustellen ist.⁶⁷³ **437**

Bei Datenverkehr mit Stellen in EU oder EWR werden nationale Interessen durch die EG-Datenschutzrichtlinie sichergestellt. Kraft deren Umsetzung ist im Bereich der EU sowie des EWR davon auszugehen, dass ein angemessenes Schutzniveau gewährleistet ist und das gesamte Gebiet eine Art »informationellen Großraum«⁶⁷⁴ bildet. Zwar mag die EG-Datenschutzrichtlinie nicht durchgehend den identischen Schutz wie das inländische (deutsche) Datenschutzrecht gewährleisten. Das Interesse an einem, gemessen an den inländischen Verhältnissen, stets gleichwertigen Schutzniveau muss aber gegenüber dem Interesse an der Schaffung eines einheitlichen Wirtschaftsraums zurücktreten.⁶⁷⁵ **438**

Innerhalb der EU/EWR ist daher der freie Datentransfer gewährleistet und damit nicht an weitere besondere Voraussetzungen geknüpft. Eine weitere Überprüfung der Übermittlung durch die verantwortliche Stelle ist nicht notwendig. Insbes. ist nicht zu prüfen, inwieweit die EG-Datenschutzrichtlinie ordnungsgemäß und wirksam umgesetzt worden ist. Das Privileg des »informationellen Großraums EU/EWR« gilt zwar nur für Daten, die das gemeinschaftliche Wirtschaftsrecht betreffen. Unternehmen fallen aber in diesen Bereich, sodass insoweit regelmäßig von einer uneingeschränkten Zulässigkeit der Datenübermittlung **439**

---

670 Vgl. Simitis/*Simitis* § 28 Rn. 162.
671 Vgl. Simitis/*Simitis* § 28 Rn. 320.
672 Vgl. *Schmidl* WDPR 11 2006, 5.
673 Vgl. hierzu Simitis/*Simitis* § 4c Rn. 29.
674 Vgl. *Schmidl*, ISM, 07515 S. 52.
675 Vgl. *Schmidl*, ISM, 07515 S. 52.

auf der zweiten Stufe auszugehen ist. Von der Erforderlichkeit eines Erlaubnistatbestandes auf der ersten Stufe entbindet dies freilich nicht.[676]

440 Für die Übermittlung personenbezogener Daten an Stellen nach § 4b Abs. 1 BDSG, die nicht im Rahmen von Tätigkeiten erfolgt, die ganz oder teilweise in den Anwendungsbereich des Rechts der Europäischen Gemeinschaften fallen, sowie an sonstige ausländische oder über- oder zwischenstaatliche Stellen gilt § 4b Abs. 1 BDSG entsprechend,[677] wobei die Übermittlung zu unterbleiben hat, wenn der Betroffene ein schutzwürdiges Interesse am Ausschluss der Übermittlung hat. Dies ist insbes. dann der Fall, wenn die empfangende Stelle kein angemessenes Datenschutzniveau gewährleistet.

441 Beim Datenexport in Drittländer rückt mangels der Geltung einer der einheitlichen EG-Datenschutzrichtlinie vergleichbaren Regelung das Bedürfnis des Betroffenen nach dem Schutz seiner Daten in den Vordergrund. Die Datenübertragung ist unzulässig, soweit der Betroffene ein schutzwürdiges Interesse an der Nichtübermittlung der Daten hat. Ob das schutzwürdige Interesse des Betroffenen überwiegt, ist mittels einer Abwägung seiner Interessen und der Interessen der verantwortlichen Stelle zu ermitteln.

442 Der Gesetzeswortlaut (»... insbes. ... nicht gewährleistet«) deutet zwar an, dass das Fehlen eines angemessenen Datenschutzniveaus das Interesse des Betroffenen am Ausschluss der Übermittlung überwiegen lässt. Tatsächlich dürfte es sich aber um zwei voneinander zu unterscheidende Voraussetzungen handeln, weil die Frage der Angemessenheit des Schutzniveaus nach den Kriterien des § 4b Abs. 3 BDSG zu beantworten ist; auch ein angemessenes Schutzniveau kann z. B. bei sensiblen Daten das schutzwürdige Interesse des Betroffenen nicht beseitigen.[678] Allerdings ist das Fehlen eines adäquaten Schutzniveaus ein hinreichendes Argument für das Überwiegen der Interessen des Betroffenen.

443 Ein schutzwürdiges Interesse des Betroffenen besteht insbes. dann, wenn die Stelle, an die die Daten übermittelt werden, kein »angemessenes Schutzniveau« aufweist. Es kommt also weiter darauf an, dass die Stelle im Drittland – nicht das Drittland selbst – generell ein akzeptables Schutzniveau aufweist. Ob die Bezugnahme auf das angemessene Schutzniveau der verarbeitenden Stelle der Intention der EG-Datenschutzrichtlinie entspricht, ist wegen der Überschneidung mit dem Regelungsgehalt von § 4c BDSG fraglich. Richtig wäre hier die Bezugnahme auf einen Staat. Hier dürfte die EG-Datenschutzrichtlinie nicht zutreffend umgesetzt worden sein, die davon ausgeht, dass das ausreichende Schutzniveau im Hinblick auf ein bestimmtes Land festzustellen ist.[679] Im deutschen Recht ergeben sich daraus Schwierigkeiten in der Zuordnung einzelner Erlaubnistatbestände (insbes. »Safe-Harbor«) zu § 4b oder § 4c BDSG.

aa) Angemessenheit

444 Es ist gem. § 4b Abs. 5 BDSG allein Aufgabe der verantwortlichen Stelle, die Angemessenheit des Schutzniveaus festzustellen und das Ergebnis festzuhalten, sodass die Aufsichtsbehörden dieses erforderlichenfalls auch überprüfen können.[680] Die (auch formal ordnungsgemäße) Feststellung des angemessenen Schutzniveaus hat zentrale Bedeutung für die Zulässigkeit der Datenübermittlung. Die Entscheidung der verantwortlichen Stelle zugunsten der Angemessenheit des Schutzniveaus gem. § 4b BDSG unterliegt der vollen Überprüfung durch die Aufsichtsbehörden, da sie einen Rechtsbegriff betrifft.

---

676 Vgl. *Schmidl*, ISM, 07515 S. 52.
677 Vgl. hierzu Simitis/*Simitis* § 4b Rn. 38.
678 Vgl. hierzu allg. *Schaffland/Wiltfang* § 4b Rn. 4.
679 Vgl. Richtlinie 95/46/EG des Europäischen Parlaments und des Rates v. 24.10.1995 im Internet abzurufen unter http://eur-lex.europa.eu/LexUriServ/LexUriServ.do?uri=CELEX:31995L0046:de:html.
680 Vgl. hierzu Simitis/*Simitis* § 4b Rn. 89.

IV. Zulässigkeit der verschiedenen Vorgänge

Wann das Schutzniveau angemessen ist, lässt sich dabei nicht einheitlich bestimmen. Angemessenheit bedeutet nicht »Gleichwertigkeit« mit dem inländischen Schutzniveau. Es genügt, wenn der Kernbestand der Schutzprinzipien der EG-Datenschutzrichtlinie im Wesentlichen gewahrt wird. Die Bestimmung ist abhängig vom jeweiligen Einzelfall, also der konkreten Übermittlung, und hier insbes. von 445
- Art der Daten (je nach Schutzwürdigkeit, vgl. insbes. § 3 Abs. 9 BDSG – sensible Daten),
- Zweckbestimmung, Dauer und Umfang der Verarbeitung,
- Herkunftsland/Endbestimmungsland, geltende Rechtsnormen im Empfängerland,
- Standesregeln für die im Drittland empfangenden Berufsgruppen, Sicherheitsmaßnahmen.[681]

Dabei können aber, anders als nach § 4c BDSG, bestimmte Gruppen von Daten (»Kategorien«) zusammengefasst werden, die stets dem gleichen oder einem vergleichbaren Zweck dienen. Wie die Abwägung zu erfolgen hat, lässt das BDSG bewusst offen, um diese gerade bezogen auf den konkreten Einzelfall vornehmen zu können. Maßgeblich sind insbes. das mit der Übermittlung verbundene Risiko für den Betroffenen aufgrund der im Drittland geltenden Vorschriften sowie die Durchsetzungsmöglichkeiten von Sicherungsmaßnahmen zugunsten des Betroffenen.[682] 446

Eine Ausnahme vom Erfordernis des angemessenen Datenschutzniveaus ordnet § 4b Abs. 2 S. 3 BDSG bei vorrangigen öffentlichen Interessen an. Dies geschieht, indem § 4b Abs. 2 S. 2 BDSG für unanwendbar erklärt wird, wenn die Übermittlung zur Erfüllung eigener Aufgaben einer öffentlichen Stelle des Bundes aus zwingenden Gründen der Verteidigung oder der Erfüllung über- oder zwischenstaatlicher Verpflichtungen auf dem Gebiet der Krisenbewältigung oder Konfliktverhinderung oder für humanitäre Maßnahmen erforderlich ist.[683] 447

Im Einzelfall läuft die in § 4b Abs. 2 S. 2, Abs. 3 BDSG beschriebene Abwägung auf einen erheblichen Aufwand hinaus und geht mit erheblicher Rechtsunsicherheit einher.[684] Im Hinblick darauf hat die Europäische Kommission von der Möglichkeit Gebrauch gemacht, die Errichtung eines akzeptablen Schutzniveaus für bestimmte Staaten allgemein mit Wirkung für und gegen jedermann festzustellen. Dabei ist – orientiert an den örtlich geltenden Datenschutzvorschriften – gem. der EG-Datenschutzrichtlinie Art. 25 Abs. 4 eine Negativ – und gem. Art. 25 Abs. 6 eine Positivliste (»Weiße Liste«, aufgenommen z. B. Kanada und die Schweiz) erstellt worden. Für die Staaten auf der Weißen Liste kann die exportierende verantwortliche Stelle von einem angemessenen Datenschutzniveau ausgehen, ohne sich den Unwägbarkeiten der Abwägung auszusetzen. 448

bb) Mindeststandard durch »Safe-Harbor«

Im Hinblick auf die USA beschritt die Europäische Kommission[685] – mangels einheitlicher dort geltender Datenschutz-Vorschriften – einen anderen Weg: Kann in einem Land mangels einheitlicher datenschutzrechtlicher Regelungen die Angemessenheit des Schutzniveaus nicht abschließend festgestellt werden, so besteht weiter die Möglichkeit, mit dem anderen Staat die Aufstellung bestimmter Prinzipien zu vereinbaren.[686] Unternehmen, die sich zur Einhaltung dieser Vereinbarung verpflichten, werden in ein Register aufgenom- 449

---

681 Vgl. hierzu Simitis/*Simitis* § 4b Rn. 53.
682 Vgl. hierzu Simitis/*Simitis* § 4b Rn. 61.
683 Vgl. hierzu Simitis/*Simitis* § 4b Rn. 82.
684 Vgl. hierzu Simitis/*Simitis* § 4b Rn. 48.
685 Vgl. hierzu die Safe-Harbor Entscheidung der Kommission der Europäischen Gemeinschaften v. 26.07.2000, 2000/520/EG, abzurufen im Internet unter http://eur-lex.europa.eu/LexUriServ/LexUriServ.do?uri=OJ:L:2000:215:0007:0047:DE:PDF.
686 Vgl. hierzu im Internet ec.europa.eu/justice_home/fsj/privacy/thridcountries/index_de.htm.

men. Durch die Aufnahme in das Register, das bei Regierungsstellen geführt wird, wird die Selbstverpflichtung der Unternehmen zur Einhaltung dieser (Mindest-) Standards dokumentiert. Die »Safe-Harbor«-Liste gewährleistet, dass Daten, die bei den auf der Liste eingetragenen Unternehmen verarbeitet werden, in ausreichender Weise geschützt werden.[687]

450 Zwar verpflichtet sich der Datenempfänger gegenüber der zuständigen US-Behörde zur Einhaltung grundlegender Prinzipien des Datenschutzes. Allerdings garantiert die Safe-Harbor-Liste eben auch das Schutzniveau lediglich im Rahmen einer Selbstverpflichtung, sodass Datenschutz lediglich eine Unternehmenspflicht, aber keine unmittelbar hoheitliche Aufgabe ist. Zudem können sich nur Unternehmen registrieren, die unter die Zuständigkeit der U. S. Federal Trade Commission oder des U. S. Department of Commerce fallen;[688] Banken und Finanzdienstleister[689] können sich daher beispielsweise nicht als »Safe Harbor« registrieren. Die Safe-Harbor-Liste soll dabei den Austausch von personenbezogenen Daten mit den USA, insbes. mit dort ansässigen Mutterunternehmen der hierzulande tätigen Tochterfirmen unter Einhaltung europäischer Datenschutzprämissen gewährleisten. In Fallbeispiel 1 führt die Safe-Harbor-Registrierung der Muttergesellschaft dazu, dass die Datenübermittlungen auf der zweiten Stufe als gerechtfertigt zu behandeln sind.

451 Safe Harbor ist als Lösung auf der zweiten Stufe aber zunehmender Kritik ausgesetzt. So wird von den Aufsichtsbehörden kritisiert, dass viele Unternehmen die von Safe Harbor ausgehenden Anforderungen tatsächlich nicht einhalten würden. Vor diesem Hintergrund ist der Beschluss der deutschen Aufsichtsbehörden vom 28./29.04.2010[690] zu sehen, in dem sich unter anderem folgende Aussagen finden:
- Solange eine flächendeckende Kontrolle der Selbstzertifizierungen US amerikanischer Unternehmen durch die Kontrollbehörden in Europa und den USA nicht gewährleistet ist, trifft auch die Unternehmen in Deutschland eine Verpflichtung, gewisse Mindestkriterien zu prüfen, bevor sie personenbezogene Daten an ein auf der Safe Harbor-Liste geführtes US-Unternehmen übermitteln.
- Die obersten Aufsichtsbehörden für den Datenschutz im nicht-öffentlichen Bereich weisen in diesem Zusammenhang darauf hin, dass sich Daten exportierende Unternehmen bei Übermittlungen an Stellen in die USA nicht allein auf die Behauptung einer Safe Harbor-Zertifizierung des Datenimporteurs verlassen können.
- Vielmehr muss sich das Daten exportierende Unternehmen nachweisen lassen, dass die Safe Harbor-Selbstzertifzierungen vorliegen und deren Grundsätze auch eingehalten werden. Mindestens muss das exportierende Unternehmen klären, wann die Safe Harbor-Zertifizierung des Importeurs erfolgte.
- Eine mehr als sieben Jahre zurückliegende Safe Habor-Zertifizierung ist nicht mehr gültig.
- Außerdem muss sich das Daten exportierende Unternehmen nachweisen lassen, wie das importierende Unternehmen seinen Informationspflichten nach Safe Harbor gegenüber den von der Datenverarbeitung Betroffenen nachkommt.
- Diese Mindestprüfung müssen die exportierenden Unternehmen dokumentieren und auf Nachfrage der Aufsichtsbehörden nachweisen können.
- Sollten nach der Prüfung Zweifel an der Einhaltung der Safe Harbor-Kriterien durch das US-Unternehmen bestehen, empfehlen die Aufsichtsbehörden, der Verwendung von Standardvertragsklauseln oder bindenden Unternehmensrichtlinien zur Gewährleistung eines angemessenen Datenschutzniveaus beim Datenimporteur den Vorzug zu geben.

---

687 Die Safe-Harbor-Liste kann im Internet unter web.ita.doc.gov/safeharbor/shlist.nsf/webPages/safe+harbor+list eingesehen werden.
688 Vgl. hierzu auch http://www.export.gov/safeharbor/eg_main_018245.asp.
689 Vgl. hierzu auch ec.europa.eu/justice_home/fsj/privacy/thridcountries/adequacy-faq1_de.html.
690 Siehe http://www.datenschutz.rlp.de/de/ds.php?submenu=grem&typ=ddk&ber=20100429_safe_harbor.

- Stellt ein Daten exportierendes Unternehmen bei seiner Prüfung fest, dass eine Zertifizierung des importierenden Unternehmens nicht mehr gültig ist oder die notwendigen Informationen für die Betroffenen nicht gegeben werden, oder treten andere Verstöße gegen die Safe Harbor-Grundsätze zu Tage, sollte außerdem die zuständige Datenschutzaufsichtsbehörde informiert werden.

cc) Verwendung von Standardvertragsklauseln

Ferner kann auch bei Verwendung von Standardvertragsklauseln ein angemessenes Datenschutzniveau beim Empfänger hergestellt werden: Die Europäische Kommission hat zu diesem Zweck Standardvertragsklauseln[691] erlassen, die sowohl die Übermittlungen zwischen verantwortlichen Stellen als auch zwischen verantwortlicher Stelle und Auftragsdatenverarbeiter betreffen.[692]

452

Standardvertragsklauseln sind bislang erlassen worden für die Übermittlung personenbezogener Daten an

453

- verantwortliche Stellen in Drittländern (Standardvertrag I und Standardvertrag II, veröffentlicht auf eur-lex.europa.eu/LexUriServ/site/de/oj/2001/l_181/l_18120010704de00190031.pdf und eur-lex.europa.eu/LexUriServ/site/de/oj/2004/l_385/l_38520041229de00740084.pdf)

Beispielhaft und nicht abschließend können nachfolgend Unterschiede der Standardvertragsklauseln I (vom 04.07.2001, im Folgenden »SV I«) und II (vom 29.12.2004, im Folgenden »SV II«) für den Datentransfer in Drittländer festgestellt werden:[693]

Stärkung der Rechte der Vertragsparteien durch SV II

- Einsichtsrecht betreffend die Vertragsklauseln: Zwar haben die Betroffenen jeweils das Recht, die vollständigen Klauseln einzusehen (SV I: Klausel 5e, SV II: I e). Allerdings hat der Datenexporteur nur nach den SV II das Recht, vertrauliche Angaben aus den Klauseln zu entfernen. Er muss dann lediglich den Betroffenen auf die Entfernung und die Überprüfungsmöglichkeit durch die Kontrollstelle hinweisen, die den Exporteur dann aber zur Aushändigung des Volltextes der Klauseln verpflichten kann.[694]
- Entgegennahme von Anfragen und Beschwerden: Während nach den SV I sowohl der Datenexporteur (Klausel 4d) wie auch der Importeur (Klausel 5c) zur Entgegennahme und Beantwortung verpflichtet waren, kann dies nach den SV II mit entsprechender Vereinbarung nunmehr beim Datenimporteur konzentriert werden (I e, II e).[695]
- Auskunftsverlangen: Nach SV I (Klausel 5b i. V. m. Anlage 2 Ziff. 5) wie SV II (Klausel II h ii i. V. m. Anhang A Ziff. 5) hat der Betroffene das Recht auf Einsicht, Berichtigung und Löschung. Die SV II schließen jedoch nach den Umständen rechtsmissbräuchliche Auskunftsersuchen aus.[696]
- Beendigung des Vertrages: SV I betont lediglich, dass die Pflichten aus den SV auch nach Kündigung des Vertrages fortbestehen, sodass für die Kündigung die allgemein anerkannten außerordentlichen Kündigungsgründe gelten. Weitere Regelungen werden nicht getroffen. SV II benennt demgegenüber beispielhaft Kündigungsgründe für beide Parteien (Klausel VI).[697]

---

691 Die Standardvertragsklauseln können im Internet unter ec.europa.eu/justice_home/fsj/privacy/model-contracts/index_de.htm abgerufen werden.
692 Vgl. hierzu Simitis/*Simitis* § 4c Rn. 47.
693 Vgl. allgemein zum Datenexport in Drittstaaten *Dix/Gardain* DuD 2006, 343.
694 Vgl. zu den Unterschieden *Kuner/Hladjk* RDV 2005, 193.
695 Vgl. zu den Unterschieden *Kuner/Hladjk* RDV 2005, 193.
696 Vgl. zu den Unterschieden *Kuner/Hladjk* RDV 2005, 193.
697 Vgl. zu den Unterschieden *Kuner/Hladjk* RDV 2005, 193.

- Haftung: Nach den SV I haften Datenexporteur und Datenimporteur, also beide Parteien gegenüber dem Betroffenen grds. in voller Höhe für Schäden aus einer Datenverarbeitung (Klausel 6), während die SV II den Schadensersatz von vornherein auf die jeweils von der Partei verursachten Schäden beschränken (Klausel III a).[698]
- Einhaltung des jeweils geltenden Rechts nach eigenem Kenntnisstand: Nach den SV I garantiert der Datenexporteur, dass es keine Regelungen gibt, die die Erfüllung seiner Vertragsverpflichtungen insgesamt unmöglich machen (Klausel 5a), während die SV II (Klausel II c) diese Bestätigung auf Garantien aus den Standardvertragsklauseln beschränken. Im Unterschied zu den SV I braucht bei nachträglicher Kenntniserlangung dies nurmehr dem Datenexporteur, nicht aber der Aufsichtsbehörde mitgeteilt werden.[699]
- Audit/Prüfung der Datenverarbeitung beim Datenimporteur: Die Rechte des Importeurs sind gestärkt worden. Nach den SV I (Klausel 5d) hat der Datenimporteur seine Einrichtungen auf Verlangen dem Datenexporteur oder einem von diesem und der Kontrollstelle bestimmten Prüfgremium zur Verfügung zu stellen. Nach SV II (Klausel II g) ist eine willkürliche Überprüfung (z. B. zur Unzeit) ausgeschlossen, ferner kann der Datenexporteur selbst das Prüfgremium bestellen.[700]
- Öffnungsklauseln: SV II (Klausel VIII) eröffnet die Möglichkeit, weitere Anhänge für Übermittlungen zu vereinbaren, die nach Überprüfung durch die Kontrollstelle Bestandteil der Klauseln werden.[701]
- Bei Weiterübermittlungen muss der Datenimporteur den Betroffenen nach den SV II nurmehr über die »möglicherweise anderen Datenschutzstandards« belehren (Klausel II i. iii.), nicht mehr aber darüber, dass »kein angemessenes Schutzniveau« gewährleistet ist (wie nach Klausel 5b i. V. m. Anlage 2 Ziff. 6a).[702]
- Auftragsdatenverarbeiter in Drittländern, veröffentlicht auf eur-lex.europa.eu/LexUriServ/site/de/oj/2002/l_006/l_00620020110de00520062.pdf

454 Standardvertragsklauseln dürfen in ihrer textlichen Fassung nicht geändert werden.[703] Zwar besteht grds. die Möglichkeit minimaler, den ursprünglichen Sinn nicht verändernder Eingriffe in die Klauseln. In der Praxis sind derartige Eingriffe aber stets mit der Unsicherheit verbunden, ob eine Aufsichtsbehörde aufgrund der Änderungen nicht davon ausgeht, dass die Standardverträge ihre eigentliche Wirkung verlieren – die Herstellung eines angemessenen Datenschutzniveaus beim Empfänger.

dd) Einwilligung: qualifizierte Belehrung

455 Die Datenübermittlung ist über den Wortlaut des § 4b BDSG hinaus auch zulässig, wenn der Betroffene in die Datenübermittlung eingewilligt hat. Dabei ist aber in besonderer Weise auf die Wirksamkeit der Einwilligung zu achten, die in qualifizierter Form zu erteilen ist.[704] Der Betroffene ist umfänglich über die besonderen Risiken einer Datenübermittlung ins Ausland zu informieren und insbes. auf das Empfangsland hinzuweisen, sodass er sich selbst ein Bild von dem dort herrschenden Datenschutzniveau machen kann. Die Einwilligung kommt dann dem Verzicht auf ein angemessenes Schutzniveau gleich.[705] Auf die oben dargelegten Bedenken gegen die Möglichkeit einer freiwilligen Einwilligung wird verwiesen.

---

698 Vgl. zu den Unterschieden *Kuner/Hladjk* RDV 2005, 193.
699 Vgl. zu den Unterschieden *Kuner/Hladjk* RDV 2005, 193.
700 Vgl. zu den Unterschieden *Kuner/Hladjk* RDV 2005, 193.
701 Vgl. zu den Unterschieden *Kuner/Hladjk* RDV 2005, 193.
702 Vgl. zu den Unterschieden *Kuner/Hladjk* RDV 2005, 193.
703 Vgl. hierzu Simitis/*Simitis* § 4c Rn. 51.
704 Vgl. hierzu Simitis/*Simitis* § 4c Rn. 10.
705 Vgl. hierzu Simitis/*Simitis* § 4c Rn. 8.

ee) Prüfung im Einzelfall, § 4c Abs. 1 BDSG

Um den Datenverkehr mit dem Nicht-EU-Ausland im Fall von nicht feststellbarem akzeptablen Datenschutzniveaus nicht vollends zu unterbinden oder unangemessen zu beeinträchtigen (so schon die Begründung zur EG-Datenschutzrichtlinie), können Daten nach den (abschließenden), in § 4c Abs. 1 BDSG genannten Ausnahmefällen auch dann transferiert werden, wenn im Zielland kein entsprechendes Niveau gewährleistet ist. Diese Bewältigung der zweiten Stufe läuft somit im Ergebnis stets darauf hinaus, das unangemessene Datenschutzniveau in Kauf zu nehmen. 456

Aus den Fallgruppen des § 4c Abs. 1 BDSG ergibt sich, dass Datenschutz disponibel, also kein Selbstzweck ist.[706] Findet die Datenübermittlung gerade im Interesse des Betroffenen statt, so ist er weniger schutzwürdig. Ansonsten würden die zu seinen Gunsten geltenden Vorschriften gerade derartige Verträge mit Auslandsbezug unmöglich machen.[707] Voraussetzung ist auch hier wiederum, dass zunächst nach inländischen Grundsätzen eine ordnungsgemäße Datenerhebung vorliegt. Dies wird durch die bereits thematisierte Prüfung auf der ersten Stufe (siehe oben) sichergestellt. 457

Der Betroffene kann auf den besonderen Schutz seiner Daten verzichten, indem er in den Transfer in das unsichere Drittland einwilligt. Die Einwilligung nach § 4c Abs. 1 Nr. 1 BDSG ist aber von der nach § 4a BDSG in die Datenerhebung allgemein zu unterscheiden.[708] Hinzuweisen ist zum einen auf das Drittland, zum anderen aber auch auf den Umstand, dass in diesem Drittland kein angemessenes Datenschutzniveau herrscht. Nur dann, wenn der Betroffene umfassend über die Risiken einer Datenverarbeitung im Ausland informiert wird, kann er freiwillig über seine Daten disponieren und auf angemessenen Datenschutz verzichten.[709] Auf die oben dargelegten Bedenken gegen die Möglichkeit einer freiwilligen Einwilligung wird verwiesen. 458

Wenn die Übermittlung erfolgt, um einen Vertrag zugunsten des Betroffenen zu erfüllen, § 4c Abs. 1 Nr. 2 BDSG, fehlt es bereits an dessen Schutzbedürftigkeit, z.B. bei der Organisation einer Reise ins Ausland. Allerdings gilt hier eine strenge Zweckbindung:[710] Die Daten dürfen nicht zu weiteren Zwecken als den von dem Vertrag betroffenen verwertet werden. Für andere als die vertragsgemäßen Zwecke ist eine Einwilligung des Betroffenen erforderlich. 459

Beim Vertrag im Interesse des Betroffenen, § 4c Abs. 1 Nr. 3 BDSG, fehlt es zwar an einer unmittelbaren vertraglichen Beziehung zwischen der weiterleitenden Stelle und dem Betroffenen, aber der Vertrag ist zugunsten des Betroffenen abgeschlossen. Ein wichtiges Beispiel ist der internationale Zahlungsverkehr. 460

Die weiteren Befugnisnormen spielen für die privatrechtliche Datenübermittlung nur eine geringe Rolle. Übermittlungen sind möglich, wenn die Übermittlung für die Wahrung eines wichtigen öffentlichen Interesses oder zur Geltendmachung, Ausübung oder Verteidigung von Rechtsansprüchen vor Gericht erforderlich ist (§ 4c Abs. 1 Nr. 4 BDSG), wenn die Übermittlung für die Wahrung lebenswichtiger Interessen des Betroffenen erforderlich ist (§ 4c Abs. 1 Nr. 5 BDSG) oder wenn die Übermittlung aus einem Register erfolgt, das zur Information der Öffentlichkeit bestimmt ist und entweder der gesamten Öffentlichkeit oder allen Personen, die ein berechtigtes Interesse nachweisen können, zur Einsichtnahme offen steht, soweit die gesetzlichen Voraussetzungen im Einzelfall gegeben sind (§ 4c Abs. 1 Nr. 6 BDSG). 461

---

706 Vgl. hierzu Simitis/*Simitis* § 4c Rn. 7.
707 Vgl. hierzu Simitis/*Simitis* § 4c Rn. 13.
708 Vgl. hierzu allgemein *Gola/Schomerus* § 4c Rn. 5.
709 Vgl. hierzu Simitis/*Simitis* § 4c Rn. 9.
710 Vgl. hierzu Simitis/*Simitis* § 4c Rn. 13.

ff) Sonstige ausreichende Garantien im Einzelfall

462 Liegen die Ausnahmetatbestände des § 4c Abs. 1 BDSG nicht vor, so kann letztlich auch die zuständige Aufsichtsbehörde einzelne Übermittlungen oder bestimmte Arten von Übermittlungen personenbezogener Daten an bestimmte Empfänger genehmigen, wenn die verantwortliche Stelle ausreichende Garantien hinsichtlich des Schutzes des Persönlichkeitsrechts und der Ausübung der damit verbundenen Rechte vorweist. Gemäß § 4c Abs. 2 S. 1, 2. Halbsatz BDSG können sich diese Garantien insbes. aus jeweils eine aufsichtliche Genehmigung erfordernden Vertragsklauseln oder verbindlichen Unternehmensregelungen, so genannten »Binding Corporate Rules« (»BCR«), ergeben.

463 Schafft ein Unternehmen für den eigenen Bereich verbindliche Unternehmensregeln (»BCR«), soll sich nach einer in der Praxis vertretenen Auffassung die Datenübermittlung nach § 4b BDSG richten: die BCR könnten nämlich aus der Sicht des Datenexporteurs bereits bei der empfangenden Stelle ein »angemessenes Datenschutzniveau« i. S. v. § 4b Abs. 2 S. 2 BDSG herstellen, sodass eine Datenübermittlung ohne Weiteres zulässig sei. Für eine Überprüfung der BCR durch die Aufsichtsbehörde bestünde danach kein Raum.

464 Näher liegt allerdings, den BCR diese weitreichende Wirkung zu versagen und so kein alleiniges Prüfungsrecht des Datenexporteurs anzunehmen:[711] Im Unterschied zu der standardisierten Prüfung der Übermittlungsvoraussetzungen bei § 4b Abs. 2 BDSG (Liegen unveränderte Standardvertragsklauseln vor?/Steht das Land auf der Positiv- bzw. Negativliste des Art. 25 der EG-Richtlinie?) ist hier eine Prüfung der Angemessenheit in einer Gesamtschau der verbindlichen Unternehmensregelungen erforderlich. Das Interesse des Einzelnen am Schutz seiner Daten überwiegt das Interesse des Unternehmens an der sofortigen Datenübermittlung; die nachträgliche Feststellung der Rechtswidrigkeit im Rahmen einer Überprüfung ex-post sichert das Interesse des Betroffenen nicht in ausreichender Weise.[712] Die BCR werden damit im Rahmen der Genehmigung einer einzelnen Datenübermittlung nach § 4c Abs. 2 BDSG durch die Aufsichtsbehörde relevant.

465 Voraussetzung für die Zustimmung der Aufsichtsbehörde ist, dass das Unternehmen selbst die erforderlichen Garantien abgibt, sodass ein bestimmtes Schutzniveau sichergestellt wird.[713] Gegenstand der Überprüfung ist danach die einzelne Übermittlung als solche oder bestimmte Arten von Übermittlungen. Für die verbindlichen Unternehmensregelungen an sich wird keine generelle Genehmigung erteilt.[714] Die grundsätzliche Genehmigung von Vertragsklauseln selbst ist der Europäischen Kommission in Gestalt von Standardvertragsklauseln vorbehalten. Daraus ergibt sich zugleich, dass mit den »Vertragsklauseln« in § 4c Abs. 2 S. 1, 2. Halbsatz BDSG nicht die Standardvertragsklauseln gem. Art. 26 Abs. 4 der EG-Datenschutzrichtlinie gemeint sind, weil diese bereits das »angemessene Datenschutzniveau« des § 4b Abs. 2 BDSG nachweisen und die Übermittlung auf der zweiten Stufe schon deswegen zulässig ist. Einer besonderen Genehmigung für Übermittlungen auf der Grundlage von Standardvertragsklauseln bedarf es daher nicht.[715]

466 Die Aufzählung ist an sich nicht abschließend, wie sich aus »insbesondere« ergibt. Grds. wären also auch sonstige Quellen geeignet, eine angemessene Datensicherheit herzustellen. Allerdings ist nicht ersichtlich, wie die Datensicherheit bei der ausländischen Stelle sichergestellt werden kann. Eine Garantie des Datenexporteurs reicht gerade nicht aus, weil dieser nicht die Einhaltung datenschutzrechtlicher Vorgaben durch die ausländische Stelle garan-

---

711 Vgl. hierzu Simitis/*Simitis* § 4c Rn. 66.
712 Vgl. hierzu Simitis/*Simitis* § 4c Rn. 62.
713 Vgl. hierzu Simitis/*Simitis* § 4c Rn. 65.
714 Vgl. hierzu Simitis/*Simitis* § 4c Rn. 67.
715 Vgl. hierzu Simitis/*Simitis* § 4c Rn. 51.

tieren kann. Die Regelung dürfte daher nach dem derzeitigen Stand weitestgehend leerlaufen.

Hat die Aufsichtsbehörde die Übermittlung von Daten (wegen der Mitteilung an den Bund sowie die EU-Kommission regelmäßig unter Widerrufsvorbehalt, siehe § 4e Abs. 3 BDSG) genehmigt, so beschränkt sich die Wirkung dieser Genehmigung auf die Einhaltung der Vorgaben des Internationalen Datenschutzes. Die darüber hinausgehenden »allgemeinen« Erfordernisse, etwa die Anforderungen auf der ersten Stufe, hat die verantwortliche Stelle trotz dieser Genehmigung durch die Aufsichtsbehörde selbstständig zu überprüfen. 467

Die Aufsichtsbehörden haben Genehmigungen an den Bund zur Weiterleitung an die Europäische Kommission mitzuteilen, § 4c Abs. 3 BDSG. Die anderen Mitgliedstaaten können dann der erteilten Genehmigung widersprechen. Die Europäische Kommission entscheidet über die Erteilung der Genehmigung. Die Wirksamkeit der Genehmigung wird dadurch zunächst nicht berührt. Die Europäische Kommission kann allerdings durch Verpflichtung des Mitgliedstaates eine entsprechende Anpassung der Genehmigung durchsetzen. 468

Verbindliche Vertragsklauseln sind vom Datenexporteur dem Antrag auf Genehmigung bestimmter Übermittlungen beizufügen. Auch Betriebsvereinbarungen können als Bestandteile in derartige Regelungen eingebunden sein. Die Aufsichtsbehörde führt im Prüfungsverfahren eine Inzidentprüfung durch, inwieweit ausreichende Garantien vorliegen. Bloße Absichtserklärungen genügen als Inhalt nicht, vielmehr müssen hier wirksame Durchsetzungsmechanismen installiert werden.[716] Ansonsten ist der Gegenstand der Genehmigung nicht genügend eindeutig definiert. Eine Blankogenehmigung kommt nicht infrage. Wie die Garantien im Einzelnen auszusehen haben, regelt das BDSG nicht. Sie müssen aber geeignet sein, das Fehlen eines akzeptablen Datenschutzniveaus auszugleichen. Der Datenexporteur haftet dabei der Aufsichtsbehörde gegenüber für die Wahrung der Rechte des Betroffenen durch den Datenimporteur.[717] 469

Wie bereits dargestellt, existiert kein Konzernprivileg. Vielmehr muss im Konzern jede einzelne grenzüberschreitende Datenerhebung den Anforderungen des BDSG genügen. Verbindliche Unternehmensregelungen sind in erster Linie in weltweit agierenden Großunternehmen in Form eines unternehmensinternen Verhaltenskodex geschaffen worden, der für ausreichende Garantien auch beim Datenexport in Länder ohne ausreichendes Datenschutzniveau sorgen soll. Dabei empfiehlt es sich, je nach Betroffenengruppe unterschiedliche BCRs (Kunden einerseits, Personal andererseits) einzuführen.[718] Die BCRs gewährleisten bei konsequenter Befolgung ein weltweit einheitliches Datenschutzniveau, sodass keine darüber hinausgehenden Einzelverträge erforderlich sind. 470

Werden die Vertragsklauseln bzw. die Unternehmensregelungen allerdings nicht eingehalten, so kann die Genehmigung, die den Charakter eines Verwaltungsaktes besitzt, zurückgenommen werden.[719] Ebenso können die Vertragsklauseln oder Unternehmensregelungen nach erteilter Genehmigung nicht mehr geändert werden, da ansonsten der Genehmigung die Grundlage entzogen werden würde; Gegenstand der Genehmigung ist die konkrete Übermittlung auf der Basis der vorgelegten Vertragsklauseln bzw. Unternehmensregelungen.[720] 471

Eine generelle Genehmigung für mehrere Länder kann durch die Aufsichtsbehörde nicht erteilt werden, weil sich die Zulässigkeit nach den Vorgaben für jedes einzelne Land geson- 472

---

716 Vgl. hierzu Simitis/*Simitis* § 4c Rn. 65.
717 Vgl. hierzu Simitis/*Simitis* § 4c Rn. 69.
718 Vgl. hierzu Simitis/*Simitis* § 4c Rn. 59.
719 Vgl. *Schaffland/Wiltfang* § 4c Rn. 4.
720 Vgl. hierzu Simitis/*Simitis* § 4c Rn. 67.

dert bestimmt. Allenfalls können für mehrere Übermittlungen die Garantien mehrerer Länder in einem Antrag zusammengefasst werden, sie sind aber für jedes Land gesondert darzulegen. Eine wesentliche Vereinfachung hat das Prüfungsverfahren durch den Entwurf eines Standardantrags für BCR erfahren, den die ICC (International Chamber of Commerce) veröffentlicht hat. Dieser Standardantrag kann EU-weit gegenüber Aufsichtsbehörden verwendet werden.[721] Im Working Paper Nr. 108 der Artikel-29-Gruppe vom 14.04.2005 findet sich zudem eine »Muster-Checkliste für Anträge auf Genehmigungen verbindlicher unternehmensinterner Datenschutzregelungen«.[722]

473 Ein Anspruch auf Erteilung der Genehmigung besteht nicht – der Aufsichtsbehörde ist insoweit ein Ermessen eingeräumt. Bei Vorlage ausreichender Garantien kann sich dieser Ermessensspielraum allerdings auf null reduzieren. In diesem Fall besteht ein Anspruch auf Erteilung der Genehmigung.[723]

474 Die vorausgegangenen Ausführungen machen deutlich, dass auf der zweiten Stufe von den Fällen des § 4c Abs. 1 BSG abgesehen eine Datenübermittlung in ein Drittland dann zulässig ist, wenn trotz des Fehlens eines angemessenen Datenschutzniveaus im Zielland auf anderen Wegen ein angemessenes Datenschutzniveau beim Empfänger der Daten erreicht wird. Die Abbildung 6 veranschaulicht die Abgrenzung des Datenschutzniveaus im unsicheren Zielland von demjenigen, das (ungeachtet dogmatischer Unterschiede, d. h. Grundlage in § 4b oder § 4c, zwischen den einzelnen »Compliance Tools«) über Standardvertragsklauseln (§ 4b), eine Safe-Harbor-Registrierung (§ 4b), den Einsatz von besonderen Vertragsklauseln (§ 4c) oder verbindlichen Unternehmensregelungen (§ 4c) beim Empfänger innerhalb des unsicheren Ziellandes erreicht werden kann.

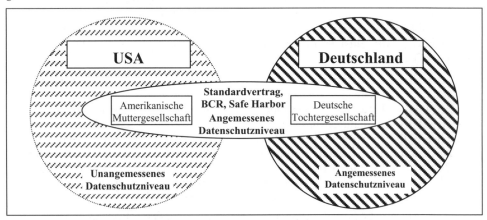

Abbildung 6: Mögliche Abgrenzung des Datenschutzniveaus – unsicheres/sicheres Land

475 Anmerkung zur Abbildung: Die schraffierte Fläche innerhalb des rechten Kreises symbolisiert das in Deutschland (aufgrund der Umsetzung der EG-Datenschutzrichtlinie) herrschende angemessene Datenschutzniveau. Die gestrichelte Fläche innerhalb des linken die USA symbolisierenden Kreises stellt das dort bestehende unangemessene Datenschutzniveau dar. Innerhalb des länglichen Ovals, in dem sich sowohl die deutsche Tochtergesellschaft als auch die amerikanische Muttergesellschaft befinden, herrscht zwar ein durch die weiße Fläche symbolisiertes angemessenes Datenschutzniveau. Dieses ist aber nicht mit

---

[721] Im Internet abrufbar unter http://www.iccwbo.org/uploadedFiles/ICC/policy/e-business/pages/Standard_Application_for_Approval_of_BCRs.pdf.
[722] Das Working Paper Nr. 108 der Artikel 29 Gruppe v. 14.04.2005 ist veröffentlicht im Internet unter ec.europa.eu/justice_home/fsj/privacy/docs/wpdocs/2005/wp108_de.pdf.
[723] Vgl. hierzu Simitis/*Simitis* § 4c Rn. 51.

dem in Deutschland herrschenden Datenschutzniveau identisch![724] Vielmehr handelt es sich um ein, je nach Quelle (Standardvertragsklauseln, Safe Harbor oder BCRs) vom deutschen Datenschutzrecht verschiedenes, aber eben auch angemessenes Datenschutzniveau. Diese Unterschiedlichkeit kommt durch die Wahl der weißen Farbe innerhalb des länglichen Ovals zum Ausdruck. Zugleich wird deutlich, dass durch die Implementierung eines der genannten Compliance Tools (Standardvertragsklauseln, Safe Harbor oder BCRs) eine Art »Datenschutzzelle« entsteht, die es erlaubt, auch in datenschutzrechtlich unsichere Drittländer Daten zu übermitteln.

4. § 4 Abs. 3 BDSG im Lichte von § 33 BDSG

a) Unterrichtung der Betroffenen

§ 4 Abs. 3 S. 1 BDSG stellt die Verpflichtung zur Unterrichtung des Betroffenen[725] unter den Vorbehalt, dass dieser nicht bereits »auf andere Weise« Kenntnis erlangt hat. Es liegt in der Hand der verantwortlichen Stelle (vgl. § 3 Abs. 7 und § 4b Abs. 5 BDSG), im Fall eines bei den Betroffenen gesichert vorhandenen Wissens über die Unterrichtungsgegenstände von der Unterrichtung abzusehen. Vielfach kann von einem derartig gesicherten Wissen nicht ausgegangen werden. Dies ist insbes. der Fall, wenn bereits bei der Erhebung feststeht, dass internationale Datenübermittlungen geplant sind.[726] In solchen Fällen ist eine Unterrichtung nach § 4 Abs. 3 BDSG zu empfehlen. **476**

b) Pflicht zur Unterrichtung?

Der erste Gesichtspunkt, der eine Unterrichtung nützlich erscheinen lässt, auch wenn sie im Einzelfall nicht zwingend erforderlich sein sollte, liegt darin, dass die Unterlassung der Unterrichtung, wenn sie auch nicht bußgeld- oder strafbewehrt ist (d. h. §§ 43 und 44 BDSG nicht eingreifen), eine vertragliche Aufklärungspflicht verletzt und auf diesem Wege zu Schadensersatz- und/oder Unterlassungsansprüchen der Betroffenen führen kann.[727] Der zweite Gesichtspunkt, der eine Unterrichtung nach § 4 Abs. 3 BDSG sinnvoll erscheinen lässt und zwar auch dann, wenn eine Kenntniserlangung »auf andere Weise« möglich erscheint, liegt in den positiven Auswirkungen auf etwaige spätere Verpflichtungen nach § 33 BDSG.[728] **477**

c) Benachrichtigung bei Erstspeicherung durch Dritte

Der Wortlaut von § 33 Abs. 1 S. 1 BDSG verpflichtet die empfangende verantwortliche Stelle, soweit nicht § 33 Abs. 2 BDSG (z. B. anderweitige Kenntnis des Betroffenen) eingreift, zur Benachrichtigung der von der Erstspeicherung Betroffenen.[729] Im Beispielsfall 1 wäre die deutsche Tochtergesellschaft bei einer späteren Übermittlung an die amerikanische Muttergesellschaft zwar nicht die empfangende Stelle und somit nicht Schuldnerin nach § 33 BDSG. Gleichwohl dürfte es der herrschenden Auffassung und in der Folge auch der herrschenden Übung entsprechen, seitens des Exporteurs (im Beispielsfall 1 der deutschen Tochtergesellschaft) die Betroffenen zu benachrichtigen. Möglicherweise könnte eine Aufsichtsbehörde die Benachrichtigung durch die exportierende Stelle sogar als unerlässliches Element in die Interessensabwägung auf der ersten Stufe einstellen, um eine nor- **478**

---

724 Es wird hierdurch lediglich ein angemessener Schutz der Betroffenen sichergestellt; vgl. hierzu Simitis/Simitis § 4c Rn. 50.
725 Vgl. hierzu Simitis/*Sokol* § 4 Rn. 39.
726 Vgl. hierzu Simitis/*Sokol* § 4 Rn. 40.
727 Vgl. hierzu Simitis/*Sokol* § 4 Rn. 57.
728 Vgl. *Schmidl* WDPR 1 2007, 15.
729 Vgl. *Schaffland/Wiltfang* § 33 Rn. 5.

d) Entfallen der Benachrichtigungspflicht

479 Gemäß § 33 Abs. 1 S. 1 (»ohne Kenntnis«) und § 33 Abs. 2 Nr. 1 (»auf andere Weise Kenntnis«) BDSG entfällt die Benachrichtigungspflicht, wenn der Betroffene vom Benachrichtigungsgegenstand bereits Kenntnis hatte. Aus diesen Gründen kann sich eine ausführliche Unterrichtung empfehlen. Eine ausführliche Unterrichtung, orientiert an der in Beispielsfall 1 beschriebenen Konstellation und mit der deutschen Tochtergesellschaft als »Arbeitgeber« könnte etwa folgendermaßen aussehen:

> »§ xy. Unterrichtung über Datenerhebung und -verarbeitung.
>
> 1. Datenerhebung und -verarbeitung durch den Arbeitgeber; Zwecke
>
> Zum Zweck der Durchführung des Arbeitsverhältnisses und insbes. zur Durchführung und Verwaltung von [...] sowie [...], für die Buchhaltung und zur Vornahme von [...], erhebt, verarbeitet und nutzt der Arbeitgeber als verantwortliche Stelle zu Beginn und während des Arbeitsverhältnisses automatisiert personenbezogene Daten des Arbeitnehmers. Es handelt sich im Einzelnen um folgende Daten (nachfolgend ›Daten‹): Name, Adresse, Geburtsdatum, [...].
>
> 2. Übermittlung der Daten an Dritte
>
> Die Daten des Arbeitnehmers werden auf Grundlage schriftlicher Verträge, die Einzelheiten zur Datenerhebung, -verarbeitung oder -nutzung, zu den technischen und organisatorischen Maßnahmen und zu etwaigen Unterauftragsverhältnissen festlegen, an externe Dienstleister, die amerikanische Muttergesellschaft (Adresse) und/oder Tochtergesellschaften (nachfolgend insgesamt »Auftragnehmer«) übermittelt, die den Arbeitgeber bei der Erreichung der beschriebenen Zwecke unterstützen. Die Auftragnehmer werden vom Arbeitgeber unter besonderer Berücksichtigung der Eignung der von ihnen getroffenen technischen und organisatorischen Maßnahmen sorgfältig ausgewählt und auf deren Einhaltung überprüft. Befindet sich ein Auftragnehmer in einem Land mit einem unangemessenen Datenschutzniveau im Sinne der EG-Datenschutzrichtlinie, so stellt der Arbeitgeber durch entsprechende vertragliche Vereinbarungen sicher, dass zwischen dem Arbeitgeber und dem Auftragnehmer ein angemessenes Datenschutzniveau hergestellt wird.«

480 Eine spätere Benachrichtigung über eine Datenübermittlung an bereits benannte Auftragnehmer ist dann nicht mehr erforderlich.[731] Dies entbindet aber nicht davon, die Zulässigkeit der Übermittlung auf beiden Stufen sicherzustellen. In diesem Zusammenhang wäre auf der ersten Stufe die Übermittlung als solche und auf der zweiten Stufe die Existenz eines angemessenen Datenschutzniveaus zu überprüfen.

V. Zusammenfassung

481 Grenzüberschreitende Datenübermittlung ist heute täglicher Bestandteil wirtschaftlichen Handelns. Es existiert kein einheitliches internationales Datenschutzrecht. Die Grundfragen internationaler Datenübermittlungen sind in zwei Schritten zu prüfen. Auf der ersten Stufe ist die nach §§ 4, 28 ff., 32 BDSG zu prüfende Rechtmäßigkeit der Datenübermittlung an sich zu betrachten. Auf der zweiten Stufe kommt es auf die nach §§ 4b, 4c BDSG zu beur-

---

730 Vgl. *Schmidl* WDPR 1 2007, 15.
731 Vgl. zu den Ausnahmen der Benachrichtigungspflicht *Schaffland/Wiltfang* § 33 Rn. 35.

teilende Angemessenheit des Datenschutzniveaus beim Empfänger an. Dabei werden sämtliche Unternehmen als eigenständig betrachtet.

Die Anwendbarkeit des internationalen Datenschutzrechtes des BDSG setzt zunächst die sachliche und örtliche Anwendbarkeit des deutschen BDSG voraus (§ 1 BDSG). Dies hängt davon ab, dass die Verarbeitung personenbezogener Daten durch Einsatz technischer Mittel gerade im Inland stattfindet – sei es aufgrund des Sitzes der verantwortlichen Stelle oder, im Fall einer Datenverarbeitung aus einem sonstigen Drittland, um das einheitliche Mindest-Schutzniveau der EG-Datenschutzrichtlinie zu sichern. Allein die (autonome) Entscheidung des Nutzers, seine Daten im Inland zur Verfügung zu stellen, genügt nicht. 482

Ausländisches Recht kommt auf eine inländische Datenverarbeitung dann zur Anwendung, wenn sich die ausländische verantwortliche Stelle für eine Datenverarbeitung im EU- oder EWR-Bereich befindet, ohne eine inländische Niederlassung zu besitzen, von der aus die Datenverarbeitung vorgenommen wird. Ebenso wenig findet das BDSG auf schlichten Datentransit Anwendung. 483

Ist das BDSG anwendbar, so ist zunächst festzustellen, ob die Datenübermittlung nach dem BDSG allgemein zulässig ist. Als Zulässigkeitsgründe kommen (derzeit noch) eine Einwilligung, sonstige Rechtsvorschriften oder (im nicht öffentlichen Bereich) die §§ 28 ff., 32 BDSG in Betracht. Bei der Einwilligung ist im Arbeitsverhältnis insbes. auf die freiwillige Abgabe zu achten. Sollte § 32l Abs. 1 BDSG-Reg.E. in der geplanten Form in Kraft treten, wäre die Zulässigkeit der Einwilligung stark eingeschränkt. 484

Sofern die allgemeinen Zulässigkeitsvoraussetzungen vorliegen, ist auf der zweiten Stufe sicherzustellen, dass bei der Übermittlung das Recht auf informationelle Selbstbestimmung des Betroffenen in ausreichender Weise geschützt wird. Datenübermittlungen im EU-/EWR-Bereich sind, soweit sie im Rahmen von Tätigkeiten erfolgen, die ganz oder teilweise in den Anwendungsbereich des Rechts der Europäischen Gemeinschaften fallen, danach generell zulässig, weil sie – kraft Zwang zur Umsetzung der EG-Datenschutzrichtlinie in Länder mit angemessenem Schutzniveau erfolgen. Im Übrigen ist das Schutzniveau der empfangenden Stelle sowie das Schutzbedürfnis des Betroffenen gegeneinander abzuwägen (§ 4b BDSG). Lässt sich ein generelles angemessenes Schutzniveau, auf das auch durch die Europäische Kommission allgemeingültig z. B. bei Verwendung von Standardvertragsklauseln oder durch Aufnahme in eine Positivliste erkannt werden kann, nicht feststellen, so kann die Datenübermittlung im Einzelfall zulässig sein, wenn diese im Interesse des Betroffenen erfolgt oder die Aufsichtsbehörden die Übermittlung genehmigen wenn in anderer Weise durch verbindliche Unternehmensregelungen oder entsprechenden Vertragsklauseln der Schutz der Daten bei der konkreten Übermittlung angemessen garantiert wird (§ 4c BDSG). 485

G. Datenschutz im Kreditwesen

I. Besondere Gefährdungslage

Das Schutzbedürfnis von persönlichen Informationen im Bankenbereich ist gekennzeichnet durch zwei Umstände: Zum einen durch das dort besonders ausgeprägte Vertrauensverhältnis und zum anderen durch die Vielzahl der personenbezogenen Daten, die verarbeitet werden. In qualitativer Hinsicht ist zu beachten, dass die Bank nicht nur genaue Kenntnis über die finanzielle Situation ihrer Kunden hat, sondern auch oft über die persönlichen bzw. internen Verhältnisse von Privatpersonen, Kaufleuten und Firmen. Der Umfang der diversen Kundenverbindungen einer Bank erreicht zusätzlich ein großes quantitatives Ausmaß. 486

Dieses kumulierte Gefährdungspotenzial verlangt nach einem besonders hohen Stellenwert des Datenschutzes im Kreditwesen.[732]

II. Bankgeheimnis

487 Der Datenschutz im Kreditwesen wird flankiert vom Bankgeheimnis, dessen Grundlage, Inhalt und Verhältnis zum Datenschutzrecht nachfolgend kurz umrissen werden soll.

1. Grundlage und Inhalt

488 Zunächst ist festzuhalten, dass das Bankgeheimnis kein besonderes Amts- oder Berufsgeheimnis darstellt. Es besteht vielmehr »in der Pflicht des Kreditinstituts zur Verschwiegenheit über kundenbezogene Tatsachen und Wertungen, die ihm aufgrund, aus Anlass oder im Rahmen der Geschäftsverbindung zum Kunden bekannt geworden sind und die der Kunde geheim zu halten wünscht«. Die Verpflichtung zur Wahrung des Bankgeheimnisses ist eine besondere Ausprägung der allgemeinen Pflicht der Bank, die Vermögensinteressen des Vertragspartners zu schützen und nicht zu beeinträchtigen.[733]

489 Strittig ist dabei die dogmatische Herleitung. Teilweise wird auf Gewohnheitsrecht abgestellt, teilweise auch auf verfassungsrechtliche Prinzipien wie das Persönlichkeitsrecht des Kunden.[734] Eine gesetzliche Begründung ist jedoch keine Voraussetzung, denn das Bankgeheimnis ist jedenfalls (auch) in der (vor-)vertraglichen Beziehung zwischen Kunde und Bank begründet. Eine entsprechende Verschwiegenheitsverpflichtung der Bank ist üblicherweise in den Allgemeinen Geschäftsbedingungen der Banken verankert. Die Geheimnispflichten der Bank bestehen dann auch über diesen zugrunde liegenden Vertrag mit der Bank fort. Banken und Sparkassen dürfen danach nur insoweit Auskünfte über Kunden geben, wie deren Einverständnis vorliegt oder dies nach den Umständen zweifelsfrei vorausgesetzt werden kann.[735] Neben diesen Pflichten bestehen für öffentlich-rechtliche Kreditinstitute regelmäßig noch besondere, landesrechtlich geregelte Amtsgeheimnisse, etwa in den Sparkassengesetzen der Länder.[736]

490 Auch ohne spezielle gesetzliche Ausprägung wird das Bankgeheimnis von der Rechtsordnung anerkannt, so etwa in § 30a AO, der die Nachforschungsbefugnisse der Finanzbehörden bei der Bank einschränkt, oder in der Regelung des § 383 Abs. 1 Nr. 6 ZPO, dessen Zeugnisverweigerungsrecht auch den Kreditinstituten bzw. ihren Mitarbeitern eingeräumt wird.[737]

2. Verhältnis zum Datenschutzrecht

491 Besondere Beachtung verdient das Verhältnis zum Datenschutz. Die Rechtsprechung und ein Großteil der Literatur gehen grundsätzlich von einem Nebeneinander von Bankgeheimnis und Datenschutzrecht aus. Nicht zuletzt wird das mit der Norm des § 1 Abs. 3 S. 2 BDSG begründet, die die Verpflichtung zur Wahrung von Berufsgeheimnissen, die nicht auf gesetzlichen Vorschriften beruht, von den Bestimmungen des BDSG unberührt lässt.

Beide Schutzinstrumente weisen strukturelle Unterschiede auf: Der persönliche Schutzbereich des Bankgeheimnisses ist ein größerer, nachdem nicht nur natürliche Personen ge-

---

732 Rossnagel/*Eul* Kap. 7.2 Rn. 1.
733 Ständige Rspr. Des BGH, zuletzt BGH NJW 2007, 2106 (2107).
734 Vgl. näher Rossnagel/*Eul* Kap. 7.2 Rn. 2 m. w. N.
735 *Kloepfer* § 9 Rn. 86.
736 *Tinnefeld/Ehmann/Gerling* S. 181.
737 Rossnagel/*Eul* Kap. 7.2 Rn. 2 m. w. N.

schützt werden, sondern sämtliche Kunden und damit insbesondere auch juristische Personen. Dagegen bleibt der sachliche Anwendungsbereich des Bankgeheimnisses auf die Weitergabe und Übermittlung von Daten beschränkt, während im BDSG praktisch jeder Vorgang von Erhebung, Verarbeitung und Nutzung von Daten vom Schutzbereich erfasst ist.

Nach Auffassung des BGH hat das Bankgeheimnis insoweit Vorrang vor dem Datenschutzrecht, als diesem nur dann Bedeutung zukommt, wenn eine Frage aufgrund des Bankgeheimnisses nicht abschließend beantwortet werden kann.[738]

Das soll nicht darüber hinwegtäuschen, dass das Bankgeheimnis und die daraus resultierende Wertung die datenschutzrechtliche Bewertung von Sachverhalten beeinflusst, insbesondere bei der Interessenabwägung des § 28 Abs. 1 Satz 1 Nr. 2 BDSG. Hier wird das Bestehen des Bankgeheimnisses in aller Regel dazu führen, dass die schutzwürdigen Interessen des Kunden gegen eine Übermittlung von Kundendaten überwiegen, wenn ein Kreditinstitut eine Übermittlung gem. § 28 Abs. 1 Satz 1 Nr. 2 auf seine berechtigten Interessen stützen möchte.[739]

III. Datenschutzrechtliche Regelungen

Ein besonderes Datenschutzrecht für Banken oder das Kreditwesen hat der Gesetzgeber nicht vorgesehen. Es verbleibt also nur der Rückgriff auf die allgemeinen Vorschriften des BDSG oder der Landesdatenschutzgesetze. Zu beachten ist dabei, dass Kreditinstitute wie die Bundesbank, die Landesbanken und vor allem die Sparkassen öffentlich-rechtlich organisiert sind und damit an sich die entsprechenden Vorschriften für öffentliche Stellen anwendbar sind. Da die allermeisten öffentlichen Kreditinstitute am Wettbewerb mit privaten Unternehmen teilnehmen, finden wegen § 12 Abs. 1 BDSG doch die Vorschriften für nicht-öffentliche Stellen Anwendung. Es verbleibt jedoch bei dem Unterschied, dass für die Überwachung nicht die Aufsichtsbehörden nach § 38 BDSG zuständig sind, sondern der BfDI, § 27 Abs. 1 Satz 3 BDSG bzw. die Landesbehörden.[740] **492**

Auch wenn es an einem besonderen Datenschutzrecht für Banken fehlt, so gibt es doch eine Reihe von besonderen datenschutzrechtlichen Regelungen, die insbesondere Kreditinstitute und Finanzdienstleister zu beachten haben. Insbesondere[741] handelt es sich dabei um Vorschriften aus der Geldwäschebekämpfung (§§ 3 und 8 GwG, Einzahler von Barbeträgen über 15.000,– € sind zu identifizieren und die Daten zu speichern) oder des Wertpapierhandels (§ 31 WpHG). Daten, die auf Grundlage dieser Spezialvorschriften erhoben wurden, unterliegen grundsätzlich einer besonders engen Zweckbindung.[742] **493**

H. Weitere Bereiche des besonderen Datenschutzes

Wie bereits zu Beginn des Kapitels dargestellt, sind besondere datenschutzrechtliche Regelungen in einer kaum überschaubaren Vielzahl von Normen enthalten. Dies gilt in erster Linie für den Datenschutz im öffentlichen Bereich, wo für das Tätigwerden von Justiz, Polizei und Verwaltung naturgemäß oft auch länderspezifische Regelungen zu beachten sind. Auch **494**

---

738 BGH NJW 2007, 2106 (2108).
739 Das Bankgeheimnis dürfte sich hier regelmäßig zugunsten des Kunden auswirken; so Rossnagel/*Eul* Kap. 7.2 Rn. 3.
740 Zu den Nachteilen, die dies für öffentlich-rechtliche Kreditinstitute mit sich bringt, vgl. Simitis/*Simitis* § 27 Rn. 10.
741 Mit einer ausf. Darstellung Rossnagel/*Eul* Kap. 7.2 Rn. 5.
742 Rossnagel/*Eul* Kap. 7.2 Rn. 6.

für den nicht-öffentlichen Bereich bestehen jedoch zahlreiche Sondervorschriften, von denen die Wichtigsten (insbesondere Telemediendienste und Telekommunikation) bereits oben dargestellt wurden.

Die einzelnen Sonderregelungen können an dieser Stelle nicht abschließend aufgeführt werden. Stattdessen soll nachfolgend exemplarisch auf einige Besonderheiten hingewiesen werden. Für die Beratungspraxis ist von Bedeutung, dass im jeweiligen Einzelfall datenschutzrechtliche Fragen nicht in jedem Fall nach den Regeln des Bundesdatenschutzgesetzes zu beurteilen sind, sondern zunächst auf bereichspezifische Regelungen zu achten ist, die dann in den meisten Fällen entweder auf die Regelungen des BDSG oder der jeweiligen Landesdatenschutzgesetze verweisen oder zumindest inhaltsgleiche Regelungen vorsehen.

I. Sozialdatenschutz

495 Der Gesetzgeber hat die Verarbeitung von Sozialdaten durch Krankenkassen, Rentenversicherungen und andere Sozialleistungsträger als besonders wichtig angesehen. Mit den Vorschriften zum Schutz von Sozialdaten soll der Gefahr einer sozialen Stigmatisierung der Betroffenen vorgebeugt werden.

Zentrale Regelungen sind hierbei § 67 Abs. 1 S. 1 SGB I, der den Begriff der Sozialdaten definiert, sowie § 35 Abs. 1 SGB I, der das Sozialgeheimnis konstituiert. Vergleichbar mit § 4 Abs. 1 BDSG enthält auch § 67b Abs. 1 SGB X ein Verbot mit Erlaubnisvorbehalt, wonach die Erhebung, Verarbeitung oder Nutzung von Sozialdaten verboten ist, außer einer der im Sozialrecht geregelten Ausnahmetatbestände greift ein. Weitere Vorschriften zur Datenerhebung, -verarbeitung und -nutzung finden sich in §§ 67a ff. SGB X und im SGB V.

Wegen des abschließenden Charakters der Regelungen des Sozialdatenschutzes findet das BDSG nur noch Anwendung, wenn auf dessen Normen ausdrücklich verwiesen wird.[743]

II. Gefahrenabwehr

496 Im Bereich der Gefahrenabwehr sind auf Bundesebene diverse spezialgesetzliche Regelungen zu berücksichtigen. Im Einzelnen gilt dies, wo Belange des Bundesgrenzschutzes (BGSG), der Nachrichtendienste (BVerfSchG, BNDG), der Sicherheitsüberprüfungen (SÜG), der Kriminalpolizei (BKAG) und der Zollfahndung berührt sind.

Auf Landesebene betrifft dies die Regelungsmaterie des Polizei- und Ordnungsrechts. Besonderes Augenmerk ist auf Sachverhalte zu richten, die eine Erhebung personenbezogener Daten im Rahmen der polizeilichen Ermittlungsmaßnahmen zum Gegenstand haben. In den jeweiligen Polizei- und Ordnungsgesetzen der Länder finden sich spezialgesetzliche Ermächtigungsnormen für solche Eingriffe.

III. Strafverfolgung und Strafverfahren

497 Im Rahmen der Tätigkeit von Polizei, Staatsanwaltschaft und Gerichten ist der Umgang mit personenbezogenen Daten unabdingbare Voraussetzung. Oft besteht ja gerade der Zweck der Ermittlungstätigkeit darin, solche Daten zu erlangen. Sowohl die Strafprozessordnung als auch zahlreiche spezielle Gesetze, abhängig von der Einordnung der erhobenen Daten, regeln die Möglichkeiten der Informationserlangung in diesem Bereich.

---

743 *Gola/Klug* S. 179.

Beispielhaft seien hier nur die Rasterfahndung (§§ 98a–98c StPO), der Datenabgleich zur Aufklärung einer Straftat (§ 98c StPO) sowie computergestützte Fahndungsmaßnahmen (§ 163d StPO) genannt. Prominenter Fall der Datenerhebung, die in der StPO geregelt ist, ist der sog. Lauschangriff (§§ 100c und 100d StPO), bei dem es um das Abhören und Aufzeichnen des nichtöffentlich gesprochenen Wortes mit technischen Mitteln ohne Wissen des Betroffenen geht. Auch Eingriffe in das Post- oder Fernmeldegeheimnis (§§ 99, 100a StPO) sind so zulässig.

Verstöße gegen die jeweiligen Regelungen können unter anderem zu Beweisverwertungsverboten im Strafprozess führen.

IV. Datenschutz in den Kirchen

Zu erwähnen ist noch, dass Kirchen aufgrund des in der Verfassung verankerten kirchlichen Selbstbestimmungsrechts (Art. 137 Abs. 3 der Weimarer Reichsverfassung i. V. m. Art. 140 GG) eigene Rechtsordnungen für ihren Bereich bestimmen und damit innerhalb der kirchlichen Verwaltung das BDSG keine Anwendung findet. Stattdessen ist in der Katholischen Kirche die »Anordnung über den kirchlichen Datenschutz – KDO« erlassen worden, in der Evangelischen Kirche gilt das »Datenschutzgesetz der Evangelischen Kirche in Deutschland (DSG-EKD)«. Beide Normen sind inhaltlich an die Regelungen des BDSG angelehnt, unterscheiden sich jedoch durch eine teilweise abweichende Systematik und kirchenspezifische Besonderheiten.

498

Kapitel 21
Recht der IT-Sicherheit

Schrifttum

Amann/Atzmüller, IT-Sicherheit – was ist das?, DuD 1992, 287; *Däubler/Klebe/Wedde/Weichert*, Bundesdatenschutzgesetz, 3. Aufl. 2010; *Federrath/Pfitzmann* in Rossnagel (Hrsg.), Handbuch Datenschutz 2003, 61; *Gola/Schomerus*, Bundesdatenschutzgesetz (BDSG), 10. Aufl. 2010; *Härting*, IT-Sicherheit in der Anwaltskanzlei, NJW 2005, 1248; *Heckmann*, Rechtspflichten zur Gewährleistung von IT-Sicherheit in Unternehmen – Maßstäbe für ein IT-Sicherheitsrecht, MMR 2006, 280; *Holznagel*, Recht der IT-Sicherheit 2003; *Koch*, Der betriebliche Datenschutzbeauftragte: Aufgaben, Voraussetzungen, Anforderungen 1991; *Meints*, Datenschutz nach BSI-Grundschutz? Das Verhältnis zwischen Datenschutz und Datensicherheit, DuD 2006, 13; *Pohl*, Taxonomie und Modellbildung in der Informationssicherheit, DuD 2004, 678; *Pfitzmann/Rannenberg*, Staatliche Initiativen und Dokumente zur IT-Sicherheit, CR 1993, 170; *Rossnagel* (Hrsg.), Handbuch Datenschutzrecht, 2003; *Roth*, Organisatorische und technische Maßnahmen zum Schutz personenbezogener Daten, ITRB 2010, 60; *Roth/Schneider*, IT-Sicherheit und Haftung, ITRB 2005, 19; *Schmidl*, Aspekte des Rechts der IT-Sicherheit, NJW 2010, 476; *Schultze-Melling*, IT-Sicherheit in der anwaltlichen Beratung, CR 2005, 73; *Simitis*, Bundesdatenschutzgesetz (BDSG), 6. Aufl. 2006; *Tinnefeld/Ehmann/Gerling*, Einführung in das Datenschutzrecht, 4. Aufl. 2005.

Übersicht

		Rdn.
A.	**Einleitung**	1
B.	**Begriff und Standards der IT-Sicherheit**	7
I.	Rechtliches und technisches Verständnis	7
II.	Schutzziele	10
III.	Standards zur Gewährleistung von IT-Sicherheit	11
C.	**Rechtliche Vorgaben zur IT-Sicherheit**	13
I.	Datensicherheit im Sinne des Bundesdatenschutzgesetzes	14
II.	Telekommunikationsgesetz	19
III.	Weitere Pflichten zur Gewährleistung von IT-Sicherheit	20
IV.	Zivilrechtlicher Sorgfaltsmaßstab	24
V.	Das Amt des Sicherheitsbeauftragten	25
D.	**Überwachung und Sanktionierung**	26
I.	Zuständige Behörden und Stellen	26
	1. Bundesamt für Sicherheit in der Informationstechnik	27
	2. Aufsichtsbehörden für den Datenschutz	28
	3. Bundesnetzagentur	29
II.	Haftung und Sanktionen	30
	1. Zivilrechtliche Haftung	31
	2. Ordnungswidrigkeiten und behördliche Maßnahmen	32
	3. Strafrecht	34

A. Einleitung

1 Unternehmen, Verwaltung und auch Privatpersonen sind heute in vielen Bereichen auf ein reibungsloses Funktionieren von Informationstechnologie, Datenverarbeitung und Datenverkehr ebenso angewiesen wie auf die Unversehrtheit ihrer gespeicherten Daten. Dabei hat nicht nur die Abhängigkeit von Informationstechnologie zugenommen, sondern zur gleichen Zeit ist auch die Gefahrenlage erheblich gestiegen. Neben natürliche und technische Gefährdungen durch höhere Gewalt (in Form von Blitzeinschlägen, Feuer, Überschwemmungen etc.), menschliches oder technisches Versagen treten zunehmend vorsätzlich verursachte Bedrohungen von Nutzern selbst.

Von der Zielrichtung her ist eine Gruppe dieser Angriffe primär auf Informationsgewinnung angelegt. So etwa, wenn es um Spionage oder bestimmte Formen des Hacking geht. Auch Methoden, die mit immer neuen Begriffen wie Spoofing, Phishing oder Pharming bezeichnet werden, gehen in diese Richtung. Es wird eine falsche Identität vorgetäuscht, um den Nutzer so zur Preisgabe bestimmter Informationen (insbesondere von Kennwörtern oder Kreditkartennummern) zu bewegen. Andererseits gibt es Angriffe, die primär in bloßer Schädigungs- und Sabotageabsicht geschehen. Hierzu zählt das Erschaffen und In-Verkehr-Bringen von sog. Malware wie Computerviren, Trojanern oder Würmern. Eine strukturierte Unterteilung der mannigfaltigen, künstlich geschaffenen Bedrohungspotenziale ist aufgrund der ständigen technischen Weiterentwicklung kaum möglich.[1]

Die stets zunehmende Bedeutung von Informationstechnologie für das Funktionieren von Wirtschaft und Verwaltung sowie die Kommunikation und das tägliche Leben jedes Einzelnen macht es erforderlich, die Unversehrtheit von Daten und Infrastruktur auch durch rechtlichen Schutz abzusichern. Der Gesetzgeber hat dabei kein einheitliches Gesetz geschaffen, das alle Gesichtspunkte der IT-Sicherheit regelt. Stattdessen sind im Laufe der Zeit eine Vielzahl von Rechtspflichten an den verschiedensten Stellen aufgenommen worden, die teilweise konkrete Aspekte regeln, teilweise aber auch nur sehr grobe Vorgaben enthalten.

Von staatlicher Seite werden dabei auf unterschiedlichen Ebenen Vorgaben für die IT-Sicherheit gemacht:[2]
- Zum einen durch die Definition von **Standards und Empfehlungen**, die meist nur mittelbar verbindliche Wirkungen entfalten (durch Definition als »Stand der Technik« und die Ausfüllung anderer unbestimmter Rechtsbegriffe), vgl. hierzu Rdn. 7–12;
- durch die Auferlegung von **Verhaltenspflichten** und rechtlich verbindlichen Mindeststandards zur Gewährleistung der IT-Sicherheit, vgl. Rdn. 13–25;
- und zuletzt durch die Verhängung von **Sanktionen** bei der Nichtbefolgung der Vorgaben, entweder durch die Vorgabe einer entsprechenden Haftungsverteilung, durch Maßnahmen des Ordnungswidrigkeitenrechts oder durch strafrechtliche Sanktionen, vgl. hierzu Rdn. 26–34.

Während die ersten beiden Aspekte versuchen, präventiv die Sicherheit von Daten und Infrastruktur zu gewährleisten, stellt die Verfolgung von Verletzungen die notwendige repressive Ergänzung zur hoheitlichen Gewährleistung von IT-Sicherheit dar.

Zu beachten ist hierbei, dass es anders als beim Datenschutzrecht nicht nur um den Schutz und die Sicherung von personenbezogenen Daten geht, sondern sich die Gefährdung und dementsprechend auch das Schutzbedürfnis gleichermaßen auf sämtliche Daten erstreckt, unabhängig davon, ob personenbezogen oder nicht.

Der Begriff »IT-Sicherheit« ist im Zuge der Debatte um »Compliance« auch in der anwaltlichen Beratungspraxis zum Schlagwort geworden. Das soll aber nicht darüber hinwegtäuschen, dass es sich in erster Linie um technische Fragen handelt, die rechtlich nur abstrakt vorgegeben sind und nur zusammen mit technischer Literatur und entsprechendem Sachverstand (und damit auch Sachverständigen) zu ganz konkreten Handlungsanweisungen und Empfehlungen führen können. Detaillierte Ausführungen zu den gesetzlichen Vorgaben finden sich daher auch weniger in juristischen Veröffentlichungen als in der technischen Literatur. Die Aufgabe des Anwalts ist es daher oft nur, auf das Bestehen der Pflichten und damit verbundenen Risiken in diesem Bereich hinzuweisen.

---

1 Vgl. dazu nur Abschnitt G5 (G 5 Gefährdungskatalog – Vorsätzliche Handlungen) des BSI-Grundschutz-Katalogs.
2 *Holznagel* unterscheidet hier zudem noch in ordnungsrechtliche Kontrollinstrumente und ordnungsrechtliche Verhaltenspflichten, vgl. ebd., § 4. II. Rn. 21.

B. Begriff und Standards der IT-Sicherheit

I. Rechtliches und technisches Verständnis

7 Rechtlich lässt sich der Begriff »IT-Sicherheit« oder »Datensicherheit« trotz seiner zahlreichen Verwendung nur schwer fassen. Zum einen versteht man hierunter die Anforderungen an die Sicherheit im Umgang mit personenbezogenen Daten, geregelt in § 9 BDSG und der dazugehörigen Anlage. In diesem Kontext ist die Bezeichnung »Datensicherheit« oder »Datensicherung« am gebräuchlichsten, auch wenn das BDSG diese Begriffe selbst nur ein einziges Mal in § 9a BDSG verwendet. Zum anderen aber wird der Begriff der »IT-Sicherheit« in der juristischen Literatur und in der Praxis erheblich weiter verstanden und so für die Gesamtheit der rechtlichen, technischen und organisatorischen Regelungen zum Schutz von Daten allgemein und damit nicht nur im Zusammenhang mit personenbezogenen Daten verwendet.

8 Das Gesetz über das Bundesamt für Sicherheit in der Informationstechnik (BSIG) definiert den Begriff der »*Sicherheit in der Informationstechnik*« in § 2 Abs. 2 als »*die Einhaltung bestimmter Sicherheitsstandards, die die Verfügbarkeit, Unversehrtheit oder Vertraulichkeit von Informationen betreffen, durch Sicherheitsvorkehrungen 1. in informationstechnischen Systemen, Komponenten oder Prozessen oder 2. bei der Anwendung von informationstechnischen Systemen, Komponenten oder Prozessen*«.

9 Technisch besteht freilich eine ganze Anzahl von Begriffsbestimmungen und Definitionen, die allesamt die IT-Sicherheit nicht als unveränderlich definierten Standard begreifen, sondern als fortlaufenden Prozess, der den tatsächlichen Entwicklungen und Veränderungen stets anzupassen ist.[3] Hierzu zählen etwa verschiedene DIN-Normen[4] oder die Begriffsbestimmung der Standardisierungsorganisationen[5] ISO, IEC und ITU.[6]

II. Schutzziele

10 Unabhängig von der genauen Definition der IT-Sicherheit verbirgt sich hinter dem Begriff ein Kanon von Schutzzielen, um deren Aufrechterhaltung und Verwirklichung es im Wesentlichen geht.[7] Insbesondere zählen hierzu der Schutz von:
- **Verfügbarkeit** und **Vertraulichkeit**, wonach nur autorisierten Nutzern Zugriff auf die jeweiligen Informationen im Rahmen eines IT-Systems gewährt wird;
- **Integrität**, um die inhaltliche Unversehrtheit von gespeicherten Daten und Programmen zu gewährleisten;

---

[3] *Holznagel* § 2 II 1 Rn. 4.
[4] Das Deutsches Institut für Normung e. V. (DIN) mit Sitz in Berlin erarbeitet in Zusammenarbeit mit den interessierten Kreisen aus Industrie, Handel, Wissenschaft, Verbraucher, Prüfinstitute und Behörden im Konsensverfahren Normen. Grundsätzlich haben DIN-Normen lediglich den Charakter von Empfehlungen. Sie bilden aber gleichzeitig den Maßstab für einwandfreies technisches Verhalten und sind daher im Rahmen der Rechtsordnung von Bedeutung. Die DIN 44300 (Informationsverarbeitung) von 1988 enthielt etwa eine solche Definition des Begriffs »Datensicherheit«, vgl. *Koch* Rn. 1446; die Norm wurde inzwischen durch ISO/IEC 2382 ersetzt.
[5] Die International Organization for Standardization (ISO) ist die internationale Vereinigung von Normungsorganisationen und erarbeitet internationale Normen in allen Bereichen. Eine Ausnahme gilt für Elektrik und Elektronik, für die die International Electrotechnical Commission (IEC) zuständig ist sowie den Bereich der Telekommunikation, für den die International Telecommunication Union (ITU) zuständig ist. Insbesondere die ISO hat zahlreiche Standards für den Bereich der IT-Sicherheit erarbeitet.
[6] Vgl. zu einer Taxonomie des Begriffs unter Berücksichtigung der verschiedenen technischen Normen auch *Pohl* DuD 2004, 678.
[7] Untergliederung in Anlehnung an *Holznagel* § 2 II 1 Rn. 4 ff., m. w. N.; *Tinnefeld/Ehmann/Gerling* Teil VI 8 1; Rossnagel/*Federrath/Pfitzmann*, Hdb Datenschutz, Abschnitt 2.2 Rn. 5.

- **Authentizität**, wodurch sichergestellt werden soll, dass die jeweiligen Daten bezüglich ihrer Herkunft nachweisbar an eine bestimmte Identität gebunden sind;
- **Kontrollierbarkeit** von Datenverarbeitungsvorgängen; und letztlich
- Prüfung und Bestätigung der **Qualität**, um die Funktionsfähigkeit der Sicherungsmaßnahmen selbst aufrechtzuerhalten und so für eine sachgerechte Erreichung der Sicherheitsziele zu sorgen.

III. Standards zur Gewährleistung von IT-Sicherheit

Während rechtlich im Ergebnis stets nur vorgeschrieben wird, ob und in welchem Grad die Sicherheit von Informationen und Datenverarbeitung zu gewährleisten ist, kann die genaue Umsetzung zwangsläufig nur technischer oder organisatorischer Natur sein. Eine Schnittstelle zwischen Informationstechnik und Recht bilden die **technischen Regelwerke**. Durch technische Normungen lassen sich etwa bestimmte Sicherheitskriterien erstellen, anhand derer die Sicherheit von IT-Systemen besser beurteilt werden kann. Rechtlich verbindlich sind diese allerdings nicht. Bedeutung erlangen technische Normen jedoch insoweit, als Rechtsnormen auf sie Bezug nehmen.[8] 11

Die entsprechenden Standards und Richtlinien auszuarbeiten, die es den Normadressaten ermöglichen sollen, die rechtlichen Vorgaben mit konkreten Maßnahmen zu füllen, liegt daher konsequenterweise auch nicht in der Hand des Gesetzgebers, sondern letztlich der der beteiligten Kreise selbst. Besondere Bedeutung kommt dabei den IT-Grundschutz-Katalogen zu, die regelmäßig vom Bundesamt für Sicherheit in der Informationstechnik (BSI)[9] herausgegeben werden und die auf mehreren Tausend Seiten einen technischen Leitfaden für die Umsetzung der Sicherheit in der Praxis geben.[10] Wichtig sind aber auch die Standards und Normen, die von den verschiedenen Normungsinstituten (insbesondere DIN, ISO, IEC und ITU)[11] erarbeitet und herausgegeben werden, sowie Standards, die in der Industrie und Wissenschaft als »Stand der Technik« anerkannt sind. 12

C. Rechtliche Vorgaben zur IT-Sicherheit

Die rechtlichen Vorgaben zur Sicherheit der Informationstechnologie und Datenverarbeitung sind, wie bereits erwähnt, nicht einheitlich geregelt, sondern an zahlreichen Stellen in unterschiedlichen Gesetzen enthalten. Nachfolgend sollen daher nur die wichtigsten Regelungen kurz erwähnt werden. 13

I. Datensicherheit im Sinne des Bundesdatenschutzgesetzes

Das BDSG enthält Bestimmungen zur Datensicherung und Datenschutzkontrolle an mehreren Stellen. Zumeist werden der verantwortlichen Stelle bestimmte organisatorische Pflichten auferlegt, insbesondere die Bestellung eines Beauftragten für den Datenschutz (§ 4f und 4g BDSG) oder die Verpflichtung von mit der Datenverarbeitung beschäftigten Personen auf das Datengeheimnis (§ 5 BDSG). 14

---

8 Dies ist etwa bei den elektronischen Signaturen der Fall (z. B. Anlage 1 zu § 11 Abs. 3, § 15 Abs. 5 und § 16 Abs. 2 SigV), vgl. zum Ganzen *Holznagel* § 4 III. 4. Rn. 43 f.
9 Vgl. hierzu unten Rdn. 27.
10 Abrufbar auf der Website des BSI unter http://www.bsi.de.
11 Vgl. oben Rdn. 9. Insbesondere der Standard ISO 17799 (»Code of Practice for Information Security Management«) stellt eine international anerkannte Basis zum Management der IT-Sicherheit dar, vgl. *Schultze-Melling* CR 2005, 73 (74).

15 In Belangen der Datensicherheit stellt jedoch § 9 BDSG die Zentralnorm des Bundesdatenschutzgesetzes dar. Dort werden öffentliche wie nicht-öffentliche Stellen, die personenbezogene Daten erheben, verarbeiten oder nutzen, verpflichtet, die zur Ausführung der Vorschriften des Gesetzes erforderlichen technischen und organisatorischen Maßnahmen zu treffen. Um welche Maßnahmen es sich insbesondere handelt, ist in der Anlage zu § 9 Satz 1 BDSG geregelt. Mit der Auslagerung in eine Anlage, die übrigens die einzige des BDSG ist, wollte man dem besonderen technischen Bezug der dort aufgeführten Maßnahmen Rechnung tragen und größere Flexibilität ermöglichen. Tatsächlich wurde die Anlage jedoch gegenüber der mit dem im BDSG 1990 in Kraft getretenen Fassung nur zweimal geringfügig geändert.[12]

16 Die Maßnahmen, die in der Anlage zu § 9 Satz 1 BDSG vorgesehen sind, sollen dabei je nach Art der jeweiligen personenbezogenen Daten oder Datenkategorien geeignet sein, deren Schutz zu gewährleisten. Das Gesetz sieht also selbst keine einheitlichen Maßnahmen vor, sondern stellt – sinnvollerweise – auf den Einzelfall ab. Nach Satz 2 der Anlage fallen hierunter acht verschiedene Maßnahmen. Übergreifend werden diese von dem wichtigsten organisatorischen Datenschutzgrundsatz der Funktionstrennung bestimmt.[13] Dahinter steht die Überlegung, dass Arbeitsvorgänge beim Umgang mit Daten umso weniger (regelwidrig) beeinflussbar sind, je weiter ein umfassender Arbeitsvorgang in einzelne Abschnitte aufgespalten wird, die dann wiederum auf verschiedene Organisationseinheiten verteilt werden.

17 Im Einzelnen sind in § 9 BDSG und der zugehörigen Anlage folgende Maßnahmen aufgeführt:
- Nr. 1 Zutrittskontrolle
Ziel: Es soll verhindert werden, dass bestimmte Personen physisch in die Nähe von Datenverarbeitungsanlagen gelangen. Nur dazu befugten Personen soll eine Kenntnis- oder Einflussnahme möglich sein.
Geeignete Maßnahmen können etwa sein:[14] Einteilung in Sicherheitszonen/Sperrbereiche, automatische oder personelle Zutrittskontrolle, Schlüsselregelung, Chipkarten/Transponderkarten, Berechtigungsausweis.
- Nr. 2 Zugangskontrolle
Ziel: Eine Nutzung der Datenverarbeitungssysteme durch Unbefugte soll verhindert werden. Speziell geht es darum zu verhindern, dass diese in die Datenverarbeitungsanlage eindringen.
Geeignete Maßnahmen können etwa sein: Passwörter, Chipkarten und Verschlüsselungsverfahren.
- Nr. 3 Zugriffskontrolle
Ziel: Sofern eine generelle Zugangsberechtigung zu einem System besteht, soll jedoch nur auf solche Daten zugegriffen werden können, bezüglich derer eine entsprechende Zugriffsberechtigung besteht. Insofern handelt es sich um eine Ergänzung der Nr. 2.
Geeignete Maßnahmen können etwa sein: automatische Prüfung der Zugriffsberechtigung, kontrollierte Vernichtung von Daten, Protokollierung der Systemnutzung, Verschlüsselung.
- Nr. 4 Weitergabekontrolle
Ziel: Es soll u. a. gewährleistet werden, dass Daten bei der elektronischen Übertragung oder während ihres Transports oder ihrer Speicherung auf Datenträger nicht unbefugt gelesen, kopiert, verändert oder entfernt werden können.

---

12 Zuletzt mit der Novelle 2009, in der für Satz 2 Nr. 2 bis 4 die Verwendung von Verschlüsselungsverfahren als ausdrücklich erwähntes Beispiel aufgenommen wurde.
13 Eingehend *Simitis* § 9 Rn. 51 ff.
14 Nach *Gola/Schomerus* § 9 Rn. 23 ff.

Geeignete Maßnahmen können etwa sein: Standleitung, Datenverschlüsselung, Lese- und Schreibschutz der lokalen Festplatte.

- Nr. 5 Eingabekontrolle
Ziel: Ein Datenverarbeitungsvorgang soll dahin gehend nachprüfbar sein, dass überprüft und festgestellt werden kann, ob und von wem personenbezogene Daten in Datenverarbeitungssysteme eingegeben, verändert oder entfernt worden sind.
Geeignete Maßnahmen können etwa sein: Datenerfassungsanweisungen, Auswertungsverfahren für automatisiert erstellte Protokolldaten.
- Nr. 6 Auftragskontrolle
Ziel: Es soll gewährleistet werden, dass die Weisungen des Auftraggebers bei der Datenverarbeitung im Auftrag eingehalten werden. Die Bestimmung dient der Durchführung der Vorschriften des § 11 BDSG.
Geeignete Maßnahmen können etwa sein: Sorgfältige Auswahl des Auftragnehmers, Dokumentation von Weisungen.
- Nr. 7 Verfügbarkeitskontrolle
Ziel: Es geht um den Schutz vor zufälligen Störungen oder den Verlust von personenbezogenen Daten.
Geeignete Maßnahmen können etwa sein: Datensicherungskonzept, Sicherungskopien, Notstromaggregate.
- Nr. 8 Trennungsgebot
Ziel: Es soll auch in technischer Hinsicht sichergestellt werden, dass die zu unterschiedlichen Zwecken erhobenen Daten getrennt verarbeitet werden können.
Geeignete Maßnahmen können etwa sein: Speicherung von Daten in physikalisch getrennten Datenbanken, Trennung über Zugriffsregelung.

Die Erforderlichkeit sämtlicher Maßnahmen steht unter dem Vorbehalt der **Verhältnismäßigkeit** nach § 9 Satz 2 BDSG. Der Aufwand hierfür muss in einem angemessenen Verhältnis zu dem angestrebten Schutzzweck stehen. Daraus ergibt sich, dass nicht alle theoretisch optimalen Maßnahmen gleichzeitig auch geboten sind. Im Einzelfall kann ein geringerer Schutz bei einem geringeren Risiko ausreichend sein.[15]

II. Telekommunikationsgesetz

Der besonderen Gefährdungslage und Bedeutung von Telekommunikation ist der Gesetzgeber im TKG mit eigenen Anforderungen an die Gewährleistung von IT-Sicherheit begegnet. Diensteanbieter haben nach § 109 Abs. 1 TKG angemessene technische Vorkehrungen oder sonstige Maßnahmen zum Schutz des Fernmeldegeheimnisses und der personenbezogenen Daten sowie zum Schutz der Telekommunikations- und Datenverarbeitungssysteme gegen unerlaubte Zugriffe zu treffen. In § 109 Abs. 2 TKG sind darüber hinaus technische Vorkehrungen gegen Störungen, äußere Angriffe und Katastrophen vorgesehen.

Nach § 109 Abs. 3 TKG müssen Betreiber von Telekommunikationsanlagen, die dem Erbringen von Telekommunikationsdiensten für die Öffentlichkeit dienen, einen eigenen Sicherheitsbeauftragten[16] benennen und ein Sicherheitskonzept erstellen und der Bundesnetzagentur zur Prüfung vorlegen. Dieses Sicherheitskonzept hat unter anderem darzulegen, von welchen Gefährdungen auszugehen ist und welche technischen Vorkehrungen und sonstigen Schutzmaßnahmen zur Erfüllung der Verpflichtungen nach § 109 TKG ge-

---

15 Vgl. *Simitis* § 9 Rn. 23.
16 Siehe dazu unten Rdn. 25.

troffen wurden. Der mit der Erstellung und Umsetzung eines solchen Konzepts verbundene Aufwand für die Unternehmen ist in aller Regel erheblich.[17]

III. Weitere Pflichten zur Gewährleistung von IT-Sicherheit

20   Im Gesellschaftsrecht verpflichtet der Gesetzgeber die Unternehmensleitung an mehreren Stellen zu einem effizienten Risikomanagement, zu dem auch die Gewährleistung der IT-Sicherheit zählt. Viel zitiert ist hierbei das Gesetz zur Kontrolle und Transparenz im Unternehmensbereich – »KonTraG« aus dem Jahr 1998. Durch das KonTraG wurde unter anderem die Regelung des § 91 Abs. 2 AktG in das Aktiengesetz aufgenommen, in dem der Vorstand dazu verpflichtet wird, Maßnahmen zu ergreifen, die geeignet sind, frühzeitig Entwicklungen und Bedrohungen, die den Fortbestand des Unternehmens gefährden können, zu erkennen. Der Gesetzgeber sieht diese generellen Überwachungspflichten jedoch nur als einen Teilaspekt der Verpflichtungen des Vorstands an. So ist nach § 93 AktG der Vorstand zur Sorgfalt eines ordentlichen und gewissenhaften Geschäftsleiters angehalten, die angesichts der potenziellen Risiken für das Unternehmen auch IT-Sicherheitsmaßnahmen umfassen wird.[18]

21   Ähnliches gilt für den Geschäftsführer einer GmbH, der nach § 43 Abs. 1 GmbHG ebenfalls zu einer üblichen Sorgfalt verpflichtet ist. Auch hier ist im Hinblick auf die Bedeutung der Informationstechnologie für das Unternehmen der Aspekt einer angemessenen IT-Sicherheit von Bedeutung. Durch das Kapitalgesellschaften- und Co-Richtlinie-Gesetz (KapCoRiLiG) werden zudem auch Offene Handelsgesellschaften und Kommanditgesellschaften den Kapitalgesellschaften gleichgestellt, wenn sie keine natürliche Person als persönlich haftenden Gesellschafter haben. Auf diese Weise sind auch diese Gesellschaftsformen zur Einführung eines Systems zur Risikofrüherkennung, einschließlich der zugehörigen Aspekte der IT-Sicherheit, verpflichtet.[19]

22   Erwähnenswert sind in diesem Zusammenhang die Vorgaben von »Basel II«, die international eine wichtige Rolle spielen. Im Rahmen der Basel II-Vorschriften, bei denen es um Maßstäbe für eine Kreditvergabe von Banken geht, stellen Informationssicherheitsmanagementsysteme ein wesentliches Beurteilungskriterium bei der Kreditvergabe dar. Diese beugen dem Verlust wichtiger Informationen vor und dienen insofern der Eindämmung von Schadensrisiken eines Unternehmens. Ein internationaler Standard, der Pluspunkte beim Basel II-Rating bringt, wird nach der Norm ISO/IEC 27001:2005 bestimmt.

23   Der Sarbanes-Oxley Act wurde 2002 als Reaktion auf die Finanzskandale in den USA als Gesetz in Kraft gesetzt und war darauf angelegt, das Vertrauen der Anleger in die Richtigkeit veröffentlichter Finanzdaten zu stärken. Er enthält in Section 404 umfangreiche Anforderungen zum unternehmensinternen Risikomanagement, wozu wiederum auch ein Informationssicherheitsmanagement, das im Rahmen von Kontrollsystemen wirken soll, gehört. Maßstab ist auch hier die Norm des ISO/IEC 27001:2005.

IV. Zivilrechtlicher Sorgfaltsmaßstab

24   Indirekt von Bedeutung ist die Beachtung eines angemessenen IT-Sicherheitsniveaus im Hinblick auf die vom Betreffenden anzuwendende Sorgfalt auch im zivilrechtlichen Be-

---

17 Vgl. hierzu auch den Leitfaden zur Erstellung eines Sicherheitskonzepts nach § 109 Abs. 3 TKG (Stand Januar 2006), herausgegeben und abrufbar auf der Webseite der Bundesnetzagentur http://www.bundesnetzagentur.de.
18 *Schultze-Melling* CR 2005, 73 (76).
19 *Schultze-Melling* CR 2005, 73 (76).

reich. Die Missachtung von entsprechenden Maßnahmen kann dazu führen, dass entweder zivilrechtliche Ansprüche ausgelöst werden oder eigene Ansprüche aufgrund eines Mitverschuldens aberkannt oder eingeschränkt werden. So hat etwa das OLG Hamm[20] einem Reisebüro, das keine regelmäßige Datensicherung durchgeführt hatte, den Schadensersatzanspruch gegen einen Dienstleister, der beim Austausch der Festplatten durch möglicherweise unsachgemäße Handhabung sämtliche Daten gelöscht hat, unter Hinweis auf § 254 Abs. 1 BGB versagt.

Die Einhaltung eines entsprechenden Sorgfaltsmaßstabs im Hinblick auf die IT-Sicherheit wird regelmäßig als Obliegenheit auch in anderen Verträgen zu beachten sein. So kann die Verletzung einer daraus resultierenden Nebenpflicht etwa auch zum Verlust von Versicherungsschutz führen.[21]

V. Das Amt des Sicherheitsbeauftragten

Das Amt oder die Bestellung eines betrieblichen oder behördlichen Sicherheitsbeauftragten für die Gewährleistung der IT-Sicherheit ist weder gesetzlich erwähnt noch vorgeschrieben. Die derzeit einzige Ausnahme macht das Telekommunikationsgesetz, das in § 109 Abs. 3 TKG für Diensteanbieter neben der bereits erwähnten Ausarbeitung und Vorlage eines Sicherheitskonzepts die Bestellung eines Sicherheitsbeauftragten zur Pflicht macht.[22]

25

Grundsätzlich ist die Funktion eines Sicherheitsbeauftragten ein möglicher Teil eines umfangreichen Sicherheitskonzepts in Unternehmen, der zur Verbesserung des Sicherheitsniveaus beitragen kann und durch die konzentrierte Wahrnehmung dieser Aufgabe die übrige Organisation des Unternehmens entlasten kann. Mit der bloßen Bestellung eines IT-Sicherheitsbeauftragten allein ist aber weder der Sorgfaltspflicht genüge getan noch die Sicherheit wirklich gewährleistet. Dieses Amt muss sich vielmehr stets in ein Gesamtkonzept einfügen und kann nur ein (freiwilliger) Baustein sein.[23]

D. Überwachung und Sanktionierung

I. Zuständige Behörden und Stellen

Die Vorgabe von konkreten Empfehlungen und Maßnahmen zur Gewährleistung der IT-Sicherheit sowie die Kontrolle und Durchsetzung der rechtlichen Vorgaben zur IT-Sicherheit obliegt aufgrund der unterschiedlichen rechtlichen Grundlagen nicht einer zentralen Behörde, sondern einer Vielzahl von unterschiedlichen Stellen. Besondere Bedeutung kommt dabei dem Bundesamt für Sicherheit in der Informationstechnik, den Aufsichtsbehörden für den Datenschutz sowie der Bundesnetzagentur zu. Diese Behörden sind im Rahmen ihrer Aufgaben auch für die Verfolgung von Ordnungswidrigkeiten zuständig; die Verfolgung von Straftaten in diesem Zusammenhang verbleibt natürlich bei den Staatsanwaltschaften.

26

---

20 OLG Hamm CR 2004, 654.
21 *Heckmann* MMR 2006, 280 (283).
22 Vgl. oben Rdn. 19.
23 *Heckmann* MMR 2006, 280 (285); *Schultze-Melling* CR 2005, 73 (78).

D. Überwachung und Sanktionierung

1. Bundesamt für Sicherheit in der Informationstechnik

27 Das Bundesamt für Sicherheit in der Informationstechnik (BSI) wurde 1990 auf der Grundlage des BSIG[24] errichtet. Im Zuge der Novellierung[25] des BSIG im Jahr 2009 wurden dessen Aufgaben und Befugnisse erweitert. Die Aufgaben des BSI sind in § 3 BSIG beschrieben und beschränken sich in erster Linie auf die Untersuchung von Sicherheitsrisiken bei Anwendung der Informationstechnik, die Entwicklung von Sicherheitsvorkehrungen, Kriterien, Verfahren und Werkzeugen für die Prüfung und Bewertung der Sicherheit von informationstechnischen Systemen oder Komponenten sowie die Unterstützung von öffentlichen Stellen und die Beratung von Herstellern, Vertreibern und Anwendern in Fragen der Sicherheit in der Informationstechnik. Für die Praxis am bedeutendsten ist das vom BSI herausgegebene und bereits erwähnte IT-Grundschutzhandbuch.

Außer der Vergabe von Sicherheitszertifikaten verfügt das BSI über keine Befugnisse zur Kontrolle oder gar zur direkten zwangsweisen Umsetzung von IT-sicherheitsrechtlichen Vorgaben für die Privatwirtschaft. Seine Aufgabe ist lediglich informativer und beratender Natur.

2. Aufsichtsbehörden für den Datenschutz

28 Die Zuständigkeit und Aufsicht für den Datenschutz und damit auch der datenschutzrelevanten Vorschriften zur IT-Sicherheit (insbesondere § 9 BDSG) obliegt den verschiedenen Behörden der Länder und des Bundes.[26] Je nach Bundesland sind damit für den öffentlichen Bereich und den nicht-öffentlichen Bereich die Datenschutzbeauftragten der Länder bzw. die jeweiligen Stellen der Landesministerien zuständig. Erwähnenswerte Ausnahme ist, dass der Aspekt der IT-Sicherheit bei Telekommunikationsunternehmen im Rahmen der Erbringung von Telekommunikationsdiensten nicht wie sonst nach § 115 Abs. 4 TKG dem Bundesbeauftragten für Datenschutz und Informationsfreiheit (BfDI) obliegt, sondern wegen der Regelung in § 109 Abs. 3 TKG (Sicherheitskonzept) im Ergebnis allein Aufgabe der Bundesnetzagentur sein wird.

Die Aufsichtsbehörden für den Datenschutz sind auf der Grundlage Ihres Aufsichtsrechts auch befugt, die Einhaltung der datenschutzrechtlichen Vorgaben zur IT-Sicherheit zu prüfen und – soweit ihnen in den Ländern jeweils nach § 36 Abs. 2 OWiG hierfür die Zuständigkeit übertragen wurde – auch Verstöße gegen § 43 BDSG zu ahnden bzw. gem. § 44 Abs. 2 BDSG ein Strafverfahren durch Antrag einzuleiten.

3. Bundesnetzagentur

29 Die Bundesnetzagentur für Elektrizität, Gas, Telekommunikation, Post und Eisenbahnen (kurz: Bundesnetzagentur) ging 2005 aus der Regulierungsbehörde für Post und Telekommunikation (RegTP) hervor. Sie ist eine selbstständige Bundesoberbehörde im Geschäftsbereich des Bundesministeriums für Wirtschaft und Technologie und ist unter anderem für die Überwachung der Sicherheit in der Telekommunikation zuständig. Telekommunikationsanbieter haben das nach § 109 Abs. 3 TKG erforderliche Sicherheitskonzept bei der Bundesnetzagentur vorzulegen, die auch dessen Einhaltung überwacht.[27]

---

[24] Gesetz über die Errichtung des Bundesamtes für Sicherheit in der Informationstechnik (BSI-Errichtungsgesetz) v. 17.12.1990 (BGBl. I S. 2834), zuletzt geändert durch Art. 11 der Verordnung v. 25.11.2003 (BGBl. I S. 2304).
[25] Art. 1 des Gesetzes zur Stärkung der Sicherheit in der Informationstechnik des Bundes v. 14.08.2009 (BGBl. I S. 2821).
[26] Zur Aufsicht vgl. Kap. 20 Rdn. 134.
[27] Siehe dazu oben Rdn. 19.

Daneben ist die Bundesnetzagentur zuständige Behörde nach dem Signaturgesetz[28] und damit sowohl für die Prüfung von Sicherheitskonzepten der Zertifizierungsanbieter zuständig als auch für die Ausgabe der sog. Wurzelzertifikate.

II. Haftung und Sanktionen

Letztlich werden an die Nichtbefolgung von Normen zur IT-Sicherheit bestimmte Sanktionsmechanismen geknüpft. Dies kann durch haftungsrechtliche Konsequenzen geschehen, sodass letztlich wirtschaftliche Anreize zur Gewährleistung der IT-Sicherheit entstehen. Zum anderen stehen auch schlicht Ordnungswidrigkeiten mit dem entsprechenden Sanktionskatalog im Raum. In einigen Bereichen ist auch eine strafrechtliche Verantwortung vorgesehen. Wie schon die Vorgaben zur IT-Sicherheit selbst sind auch die Sanktionen in unterschiedlichen Normen verstreut. 30

1. Zivilrechtliche Haftung

Als Konsequenz aus den oben bereits erwähnten zivilrechtlichen Sorgfaltspflichten erwächst als Kehrseite auch ein Haftungsrisiko, wenn keine angemessenen Maßnahmen zur Gewährleistung der IT-Sicherheit getroffen wurden. Infrage kommen dabei nicht nur Schadensersatzansprüche bei schuldhafter Verletzung von vertraglichen Pflichten, sondern unter Umständen auch eine deliktische Haftung.[29] 31

2. Ordnungswidrigkeiten und behördliche Maßnahmen

Teilweise ist die Erfüllung von Vorgaben zur Gewährleistung der IT-Sicherheit auch durch entsprechende Ordnungswidrigkeitentatbestände abgesichert. Der Anbieter, der das Sicherheitskonzept nach § 109 Abs. 3 TKG nicht oder nicht rechtzeitig vorlegt, kann nach § 149 Abs. 1 Nr. 21, Abs. 2 TKG mit einer Geldbuße von bis zu 100.000,– € belegt werden. 32

Zu beachten ist, dass die in § 43 BDSG vorgesehenen Ordnungswidrigkeiten sämtlich nur bei Datenschutzverstößen im Sinne eines rechtswidrigen Umgangs mit personenbezogenen Daten eingreifen. Anders als diese repressiven Maßnahmen soll der Schutzmechanismus des § 9 BDSG bereits im Vorfeld wirken. Ziel dieses präventiven Schutzmechanismus ist es jedoch letztlich im Ergebnis auch, den Einzelnen vor Verletzungen seines Persönlichkeitsrechts (infolge des Umgangs mit personenbezogenen Daten) zu schützen, wie von § 1 Abs. 1 BDSG vorgegeben. Insofern greifen bei Verstößen auch die allgemeinen Schadensersatz-, Bußgeld-, und Strafvorschriften der §§ 7, 8, 43 und 44 BDSG, sofern die jeweiligen Tatbestandsvoraussetzungen erfüllt sind.

Da technische Regelwerke grundsätzlich nicht rechtsverbindlich sind, kommt deren Sanktionierung nur dort in Betracht, wo auf diese Regelwerke in anderen Rechtsvorschriften Bezug genommen wird. Dies ist etwa in Anlage 1 zu § 11 Abs. 3, § 15 Abs. 5 und § 16 Abs. 2 SigV der Fall. Mögliche Rechtsfolge eines Verstoßes ist beispielsweise die Nichtanerkennung als Bestätigungsstelle im Sinne der SigV. 33

3. Strafrecht

Die Nichteinhaltung von IT-Sicherheitsstandards ist selbst nicht strafrechtlich sanktioniert. Verschiedene Straftatbestände bedrohen jedoch die Verletzung der Verfügbarkeit und Vertraulichkeit von Daten und Systemen sowie deren Integrität und Authentizität mit Geld- 34

---

28 Siehe hierzu Kap. 22.
29 Dazu näher *Schultze-Melling* CR 2005, 73 (76).

oder Freiheitsstrafe. Auf diese Weise werden die Schutzziele[30] der IT-Sicherheit auch strafrechtlich vor Eingriffen abgesichert.

Insbesondere handelt es sich dabei um die nachfolgend aufgeführten Tatbestände, die aus Platzgründen an dieser Stelle nicht näher erläutert werden können, in der Praxis jedoch nicht selten auch im Zusammenhang mit IT-Sicherheit von Bedeutung sind: § 202a StGB (Ausspähen von Daten), § 202b StGB (Abfangen von Daten), § 202c StGB (Vorbereiten des Ausspähens und Abfangens von Daten),[31] § 206 StGB (Verletzung des Post- oder Fernmeldegeheimnisses), § 263a StGB (Computerbetrug), § 268 StGB (Fälschung technischer Aufzeichnungen), § 269 StGB (Fälschung beweiserheblicher Daten), § 274 Abs. 1 Nr. 1 und 2 StGB (Unterdrücken beweiserheblicher Daten, Unterdrücken technischer Aufzeichnungen), § 303a StGB (Datenveränderung) oder § 303b StGB (Computersabotage), § 317 StGB (Störung von Telekommunikationsanlagen). Im BDSG sind zudem noch §§ 44, 43 Abs. 2 BDSG zu erwähnen sowie im Telekommunikationsgesetz der § 148 TKG, die jeweils ebenfalls eine Strafandrohung von bis zu 2 Jahren vorsehen.

---

30 Siehe oben Rdn. 10.
31 §§ 202b und § 202c StGB wurden eingefügt und § 303b StGB geändert durch das im Jahr 2007 verabschiedete Strafrechtsänderungsgesetz zur Bekämpfung der Computerkriminalität.

Kapitel 22
Rechtsfragen der Verschlüsselung und Signatur

Schrifttum

Bergfelder, Was ändert das 1. Signaturänderungsgesetz? Die qualifizierte elektronische Signatur zwischen Anspruch und Wirklichkeit – CR 2005, 148; *Fox*, Eine kritische Würdigung des SigGw, DuD 1999, 508; *Geis*, Die digitale Signatur, NJW 1997, 3000; *Gravesen/Dumortier/Van Eecke*, Die europäische Signaturrichtlinie – Regulative Funktion und Bedeutung der Rechtswirkung, MMR 1999, 577; *Hoeren/Schüngel*, Rechtsfragen der digitalen Signatur, Eine Einführung in Recht und Praxis der Zertifizierungsstellen, 1999; *Müller/Roessler*, Zur rechtlichen Anerkennung elektronischer Signaturen in Europa, DuD 1999, 497; *Neuser*, Faule Kunden bei »Tante-Emma.com« – Eine europäische Vertrauenshaftung für elektronische Signaturen, MMR 1999, 67; *Roßnagel*, Modernisierung des Datenschutzrechts für eine Welt allgegenwärtiger Datenverarbeitung, NJW 2005, 71; *Schmidl*, Die elektronische Signatur. Funktionsweise, rechtliche Implikationen, Auswirkungen der EG-Richtlinie, CR 2002, 508; *Viefhues*, Das Gesetz über die Verwendung elektronischer Kommunikationsformen in der Justiz, NJW 2005, 1009; *Welsch*, Stufenweise skalierbare Sicherheit für digitale Signaturen, DuD 1999, 520.

Übersicht

		Rdn.
A.	**Einleitung**	1
B.	**Funktionsweise elektronischer Signaturen und Signaturstandards**	4
I.	Die verschiedenen Signaturstandards	5
II.	Der technische Ablauf der Signierung	9
	1. Der Absender	10
	2. Der Empfänger	11
III.	Verschlüsselung der signierten Nachricht	13
IV.	Einsatzmöglichkeiten der elektronischen Signatur	17
C.	**Organisatorischer und rechtlicher Rahmen des Signaturgesetzes**	19
I.	Einzelne Pflichten der Zertifizierungsstellen	20
	1. Rechtsstellung und Pflichten der Zertifizierungsstellen im SigG	21
	2. Technische Verwirklichung des Signatursystems	23
II.	Identifizierungsfunktion und Zertifikatsvergabe	24
	1. Identifizierungsfunktion der Zertifizierungsstellen	25
	2. Vergabe von Zertifikaten an Schlüsselverwender	28
III.	Zeitliche Beschränkung der Gültigkeit eines Zertifikats	33
D.	**Anpassung des geltenden Rechts**	34
I.	Erforderlichkeit von Folgeänderungen	35
II.	Ausgewählte Gesetzesänderungen	39
	1. Änderungen im BGB	40
	2. Änderungen an der ZPO	46
III.	Zusammenfassende Stellungnahme	47
E.	**Rechtliche Implikationen des SigG**	50
I.	Haftungslücken im alten SigG	51
II.	Einwirkungen der Signaturrichtlinie im Haftungsbereich	56
III.	Zivilrechtliche Behandlung von Störungen des Signaturprozesses	63
	1. Haftung der Zertifizierungsstelle gegenüber dem Schlüsselinhaber	63
	2. Haftung der Zertifizierungsstelle gegenüber Dritten	68
	3. Schlüsselmissbrauch und Haftung des Schlüsselinhabers	69
IV.	Beweiswert der elektronischen Signatur – Urkundencharakter elektronisch signierter Dokumente	74
F.	**Fazit und Ausblick**	77

A. Einleitung

1 Die stetig wachsende Bedeutung des Internet führte in Deutschland schon im Jahr 1997 zur Schaffung des **Signaturgesetzes** (SigG)[1] sowie auf der Grundlage von § 16 SigG a. F. zum Erlass der Signaturverordnung,[2] die am 01.11.1997 in Kraft trat. Dieses zum damaligen Zeitpunkt weltweit erste Gesetz zur digitalen Signatur[3] schuf einen straffen organisatorischen Rahmen für das Verfahren der elektronischen Signatur, die Regelung spezifischer an diese Signatur anknüpfender Rechtsfolgen unterblieb jedoch zunächst.[4]

2 Nach 1997 erließen auch andere europäische Länder Gesetze zur elektronischen Signatur,[5] wobei sich je nach Ursprungsland deutliche Unterschiede in den jeweiligen Regelungen zeigten.[6] Die zunehmende normative Diversifizierung veranlasste schließlich eine europäische Initiative zur digitalen Signatur. Nach einigen vorbereitenden Entwürfen der Kommission[7] wurde schließlich am 13.12.1999 die **Richtlinie 1999/93/EG über gemeinschaftliche Rahmenbedingungen für elektronische Signaturen**[8] verabschiedet, die bis spätestens 19.07.2001 in nationales Recht umzusetzen[9] war.

3 Dies geschah in Deutschland durch das »Gesetz über Rahmenbedingungen für elektronische Signaturen und zur Änderung weiterer Vorschriften«,[10] das Ende Mai 2001 in Kraft trat und dessen Art. 1 das neue Signaturgesetz enthält.[11] Das Signaturgesetz wurde durch das am 11.01.2005 in Kraft getretene erste Gesetz zur Änderung des Signaturgesetzes (1. SigÄndG)[12] präzisiert; systematische Neuerungen enthielt das 1. SigÄndG nicht.[13] Das Signaturgesetz wurde zuletzt durch das am 17.07.2009 in Kraft getretene Gesetz zur Umsetzung der Dienstleistungsrichtlinie im Gewerberecht und in weiteren Rechtsvorschriften.[14] Die für die Verankerung elektronischer Signaturen im Privatrecht erforderlichen Änderungen wurden durch das »Gesetz zur Anpassung der Formvorschriften des Privatrechts und anderer Vorschriften an den modernen Rechtsgeschäftsverkehr«[15] vom 13.07.2001 bewirkt. Dieses Gesetz führte zu einer weitgehenden Gleichstellung der qualifizierten elektronischen Signatur mit der eigenhändigen Unterschrift.

---

1 Das Gesetz zur digitalen Signatur (BGBl. I 1997, 1870) wurde als Art. 3 des Gesetzes zur Regelung der Rahmenbedingungen für Informations- und Kommunikationsdienste am 13.06.1997 vom Bundestag beschlossen und trat am 01.08.1997 in Kraft.
2 BGBl. I 1997, 2498.
3 In den USA gab es bereits Initiativen auf einzelstaatlicher Ebene.
4 Vgl. auch *Geis* NJW 1997, 3002.
5 Im Jahr 1998 haben Belgien, Dänemark, Frankreich, Finnland, Niederlande, Spanien, Schweden und das Vereinigte Königreich Gesetzgebungsverfahren eingeleitet. In Italien war die Anerkennung elektronischer Dokumente bereits gesetzlich verankert.
6 Vgl. *Müller/Roessler* DuD 1999, 497.
7 Vgl. vor allem ABl. 1998, C 325, 5.
8 Richtlinie 1999/93/EG des Europäischen Parlaments und des Rates v. 13.12.1999 über gemeinschaftliche Rahmenbedingungen für elektronische Signaturen, ABl. 2000, L 13, S. 12.
9 Art. 13 Abs. 1 der Richtlinie 1999/93/EG.
10 BGBl. I 2001, 22.
11 Vgl. auch *Schmidl* CR 2002, 508.
12 BGBl. I 2005, 2.
13 Dazu ausf. *Bergfelder* CR 2005, 148; *Roßnagel* NJW 2005, 71.
14 BGBl. I 2009, 2091.
15 Beschlussempfehlung für den Bundesrat v. 14.03.2001, BT-Drs. 14/5561.

B. Funktionsweise elektronischer Signaturen und Signaturstandards

Im Folgenden werden die verschiedenen Signaturstandards (I.) dargestellt, der technische Ablauf der Signierung (II.) und ihre Verschlüsselung (III.) erläutert und die umfangreichen Einsatzmöglichkeiten (IV.) aufgezeigt.

I. Die verschiedenen Signaturstandards

Das Bedürfnis, einem Dokument eine unverwechselbare Identität zu geben und seinen Ursprung über jeden Zweifel erhaben zu machen, ist im digitalen Zeitalter nicht mehr so leicht zu befriedigen. An die Stelle der Originalunterschrift treten elektronische bzw. digitale Signaturen.[16] Diese Begriffe unterscheiden sich dadurch, dass Ersterer hinsichtlich der verwendeten Sicherungstechnologien umfassender ist, während der Letztere im Zusammenhang mit den im Folgenden erläuterten »Public Key Infrastructure« Modellen gebraucht wird, die höchstmögliche Sicherheit[17] gewährleisten.[18]

§ 2 SigG enthält Legaldefinitionen der neuen Signaturstandards, d. h. der elektronischen, der fortgeschrittenen elektronischen sowie der qualifizierten elektronischen Signaturen. Ein Beispiel für die **elektronische Signatur** gem. § 2 Nr. 1 SigG ist die eingescannte Unterschrift des Absenders. Im Privatbereich mag dieser Signaturstandard zu zufrieden stellenden Ergebnissen führen. Im elektronischen Geschäftsverkehr jedoch, bedarf es eines sichereren Verfahrens, um beliebigen elektronischen Willenserklärungen eine Authentizitätsgarantie zu verleihen.

Diesem Bedürfnis entspricht die **fortgeschrittene elektronische Signatur** gem. § 2 Nr. 2 SigG. Sie ist technisch mit der »**digitalen Signatur**« nach § 2 Abs. 1 SigG a. F. vergleichbar, d. h. es wird ein asymmetrisches Verschlüsselungsverfahren (z. B. »PGP« = Pretty Good Privacy) verwendet. Die gegenüber der gescannten Unterschrift größere Sicherheit liegt auf der Hand, da eine eingescannte Unterschrift vom Empfänger leicht ausgeschnitten und missbraucht werden kann. Die »fortgeschrittene elektronische Signatur« ist der klassischen Signatur noch aus anderen Gründen überlegen. Sie kennzeichnet nicht nur den Abschluss eines Dokuments, wie die normale Signatur, sondern versieht das digitale Dokument mit einer dem Wasserzeichen vergleichbaren Kennzeichnung. Jedes Zeichen und jedes Leerzeichen finden in ihr Niederschlag.

Die in § 2 Nr. 3 SigG geregelte »**qualifizierte elektronische Signatur**« entspricht der »fortgeschrittenen elektronischen Signatur« inhaltlich und qualitativ fast vollständig, einziger Unterschied ist, dass nur Schlüsselpaare zum Einsatz kommen, die von einem Zertifizierungsdiensteanbieter gem. § 5 SigG herausgegeben wurden. Der wesentliche Unterschied zwischen diesem Schlüsselpaar und einem z. B. mit »PGP« selbst erzeugten Schlüsselpaar ist, dass Letzteres vollständig (»private« und »public key«) auf der Festplatte des Benutzers liegt und daher grundsätzlich gegen datenausspähende Viren etc. anfällig ist. Der »private key« eines qualifizierten Schlüsselpaares hingegen befindet sich auf einer externen Hardware (z. B. Chip-Karte). Die zivilrechtliche Anerkennung ist in § 126a BGB daher auf die »qualifizierte elektronische Signatur« gem. § 2 Nr. 3 SigG beschränkt, die qualitativ der früheren digitalen Signatur entspricht.

---

16 Zu möglichen Signaturverfahren Hoeren/Schüngel/*Püttman*/*Sander* S. 386.
17 *Welsch* DuD 1999, 520, sieht in überhöhten Sicherheitsanforderungen und den daraus folgenden hohen Investitionskosten ein Hemmnis für die schnelle praktische Durchsetzung der digitalen Signaturen.
18 Vgl. Hoeren/Schüngel/*Püttman*/*Sander* S. 387.

II. Der technische Ablauf der Signierung

9 Sowohl fortgeschrittene als auch qualifizierte elektronische Signaturen beruhen auf einer **Public Key Infrastructure (PKI)**, das heißt auf der ausschließlichen Verwendung eines asymmetrischen Schlüsselpaars,[19] wobei das Schlüsselpaar bei der qualifizierten Signatur von einem Zertifizierungsdiensteanbieter ausgegeben wird. Von den zwei zum Einsatz kommenden Schlüsseln ist einer öffentlich zugänglich (public key), der andere ein privater Schlüssel (private key) des jeweiligen Schlüsselverwenders (= Unterzeichner, Absender). Die technischen Vorgänge beim Absender (a.) und beim Empfänger (b.) sind aber im Wesentlichen identisch.

1. Der Absender

10 Mit dem **private key** wird das Dokument signiert, mit dem **public key** wird die Signatur entschlüsselt.[20] Die Signierung des Textes mit dem private key erfolgt dergestalt, dass der Text im Nachhinein nicht mehr verändert werden kann. Die Signatur erfolgt durch einen sog. »**Hash-Algorithmus**«. Dieser entnimmt dem zu signierenden Text eine textspezifische Prüfsumme, aus der nicht auf den Text zurückgeschlossen werden kann; die so ermittelte Prüfsumme wird mithilfe des privaten Schlüssels verschlüsselt und dem eigentlichen Text beigefügt. Die Sicherheit dieses Verfahrens hängt wesentlich davon ab, dass der private key unbefugtem Zugriff entzogen ist. Nur der public key ist allgemein verfügbar und versetzt die jeweiligen Empfänger in die Lage, die Signatur zu entschlüsseln.[21] Jedem private key ist ein public key ausschließlich zugeordnet, sodass es immer genauso viele public wie private keys gibt.

2. Der Empfänger

11 Der Empfänger der signierten Botschaft berechnet mittels spezieller Software zunächst die Prüfsumme des im Klartext empfangenen Dokuments. Anschließend wird mittels des frei zugänglichen public key des Absenders die Unterschrift des Absenders entziffert, die ihrerseits in einer textspezifischen Prüfsumme besteht. Stimmen beide Prüfsummen überein, so hat der Empfänger die Gewähr, dass der ihm vorliegende Text mit dem Schlüssel des Absenders verschlüsselt wurde. Jede Änderung des Quelltextes auf dem Weg zum Empfänger würde dessen Prüfsumme verändern – eine Manipulation, die sofort auffallen würde.

12 Damit sichergestellt ist, dass die mit dem privaten Schlüssel signierende Person auch diejenige ist, als die sie sich ausgibt, muss der Nachricht das Zertifikat des Absenders beigefügt werden. Der Empfänger kann dann offline prüfen, ob die erhaltene Nachricht mit dem private key des Absenders signiert wurde (= Offline-Prüfung). Das Zertifikat wurde dem Absender nach Maßgabe des SigG nur ausgehändigt, nachdem er sich identifiziert hat. Bei Zertifizierungsdiensteanbietern nach dem SigG werden die Zertifikate der einzelnen Schlüsselinhaber zum Online-Abruf vorgehalten,[22] sodass die Identifizierung der signierenden Person eindeutig möglich ist (= Online-Prüfung).[23]

---

19 Zum technischen Ablauf vgl. Hoeren/Schüngel/*Kühn* S. 70.
20 Vgl. auch *Geis* NJW 1997, 3001.
21 Vgl. auch *Geis* NJW 1997, 3001.
22 Gemäß § 5 Abs. 1 S. 4 SigG darf ein qualifiziertes Zertifikat aber nur mit Zustimmung des Signaturschlüssel-Inhabers abrufbar gehalten werden.
23 Die Identifikationsfunktion des Zertifikats (§ 2 Nr. 6 SigG) bei qualifizierten elektronischen Signaturen macht es mit dem Personalausweis vergleichbar. Zwar gewährleistet auch die elektronische Signatur (§ 2 Nr. 2 SigG) die Authentizität und Integrität der Nachricht, aber nicht die Richtigkeit des angegebenen Namens bspw. bei einem mit »PGP« erzeugten Schlüsselpaar unter falschem Namen.

III. Verschlüsselung der signierten Nachricht

Festzuhalten bleibt freilich, dass die elektronische Signierung eines Textes durch fort- 13
geschrittene oder qualifizierte Signatur nicht zu dessen **Verschlüsselung** führt. Die Funktion der elektronischen Signatur ist vielmehr darauf beschränkt, sicherzustellen, dass eine bestimmte Nachricht von einem bestimmten Urheber stammt und nicht verändert wurde. Der ausschließlich elektronisch signierte Text wird im Klartext übermittelt. Soll der Inhalt einer Nachricht hingegen nur bestimmten Empfängern offenbart werden, so ist die Nachricht selbst zu verschlüsseln. Vorzugsweise kommen hier abermals asymmetrische Verschlüsselungsverfahren zum Einsatz, mit dem großen Unterschied jedoch, dass der zur Entschlüsselung bestimmte Schlüssel nicht allgemein verfügbar, sondern ausschließlich dem Adressaten der Erklärung zugänglich ist. Es handelt sich um den privaten Schlüssel des Empfängers, d. h. die Verschlüsselung des elektronisch signierten Textes muss mit dem öffentlichen Schlüssel des Empfängers erfolgen.

Zusammenfassend gelten **folgende Grundregeln**: 14
- Die elektronische Signierung einer Nachricht erfolgt mit dem privaten Schlüssel des Absenders, um zu ermöglichen, dass damit Authentizität und Integrität der Nachricht sowie mittels des Zertifikats (falls qualifiziert signiert wurde) die Identität des Absenders ermittelt werden können.
- Die Verschlüsselung einer Nachricht erfolgt mit dem öffentlichen Schlüssel des Empfängers, um nur diesem das Lesen der Nachricht zu ermöglichen.

Die im Einzelnen relativ komplizierten **technischen Abläufe** lassen sich vereinfacht wie 15
folgt darstellen: Absender und Empfänger haben jeweils ein Schlüsselpaar, d. h. je einen privaten und einen öffentlichen Schlüssel. Es liegt im Wesen der asymmetrischen Verschlüsselung, dass jeder (d. h. der private oder der öffentliche) Schlüssel eines Inhabers zur Verschlüsselung einer Nachricht verwendet werden kann. Die Entschlüsselung hingegen ist dann jeweils nur mit dem nicht zur Verschlüsselung verwendeten Schlüssel eines Schlüsselpaares möglich. Soll eine Nachricht elektronisch signiert und verschlüsselt werden, so sind folgende Schritte erforderlich: Der Absender verfasst einen Text, der zugehörige Hash-Code wird anschließend mit dem privaten Schlüssel des Absenders verschlüsselt. Die Nachricht mit der Signatur wird schließlich mit dem öffentlichen Schlüssel des Empfängers verschlüsselt, sodass nur dieser sie noch zu lesen vermag. Der Empfänger entschlüsselt nun die Nachricht mit seinem privaten und anschließend die Signatur mit dem öffentlichen Schlüssel des Absenders, um sie zu verifizieren.

Um sicherzustellen, dass die Nachricht nur von einem bestimmten Empfängerkreis gelesen 16
werden kann, und dass dieser der Identität des Urhebers sicher sein kann, bietet es sich an, den Text sowohl elektronisch zu signieren als auch die Botschaft selbst zu verschlüsseln.[24]

IV. Einsatzmöglichkeiten der elektronischen Signatur

Das beschriebene 2-Schlüssel-Signatursystem ist nicht unkompliziert, birgt jedoch viele 17
Einsatzmöglichkeiten. Verlässliche Geschäftskontakte, gerade im elektronischen Geschäftsverkehr, erfordern die sichere Kenntnis über die Identität des anderen. Neue Arbeitsformen wie Telearbeit oder Rechtsberatung werden gleichfalls profitieren, wenn die jeweiligen Erklärungen mit an Sicherheit grenzender Wahrscheinlichkeit einer bestimmten Partei zugeordnet werden können. Die Gewissheit über die inhaltliche Integrität einer Nachricht ist gerade bei der elektronischen Rechtsberatung von Bedeutung für den Adressaten (z. B.

---

[24] Angesichts der Verschwiegenheitsverpflichtung in § 57 StBerG, § 43 WPO und § 43a BRAO liegt in der Verschlüsselung für manche Berufsgruppen nicht nur eine Obliegenheit, sondern eine Verpflichtung.

Mandanten oder Gericht).[25] Persönlich zu stellende Anträge an Behörden könnten ohne Rücksicht auf Öffnungszeiten und ohne Wartezeiten eingereicht werden.

18 Um das elektronische Signieren einfacher zu machen, enthalten viele marktübliche E-Mail-Programme bereits Funktionen, die eine Nachricht signieren, verschlüsseln und beim Empfang nur Alarm schlagen, wenn eine Prüfsummendivergenz ermittelt wurde.

C. Organisatorischer und rechtlicher Rahmen des Signaturgesetzes

19 Die wichtigsten Säulen des regulatorischen Systems des SigG für die »qualifizierten elektronischen Signaturen«[26] sind die Zertifizierungsdiensteanbieter. Sie haben diverse, hier nicht erschöpfend dargestellte Pflichten (I.). Vorrangig aber sind sie durch die Zertifikatsvergabe[27] die Garanten der digitalen Identität der Signaturschlüssel-Inhaber (II.) und ermöglichen den Akteuren des digitalen Marktes die sichere und personalisierte Abgabe von Willenserklärungen. Die ausgegebenen Zertifikate sind allerdings nur für begrenzte Zeit gültig (III.).

I. Einzelne Pflichten der Zertifizierungsstellen

20 Die grundsätzlichen Rechtspflichten der Zertifizierungsstellen sind im SigG geregelt (1.), während die auf § 24 SigG gestützte SigV zahlreiche Fragen der technischen Umsetzung (2.) betrifft.

1. Rechtsstellung und Pflichten der Zertifizierungsstellen im SigG

21 Gemäß § 4 Abs. 2 SigG darf einen Zertifizierungsdienst nur betreiben, wer die für den Betrieb erforderliche **Zuverlässigkeit und Fachkunde** sowie eine **Deckungsvorsorge** nach § 12 SigG nachweist und die weiteren Voraussetzungen für den Betrieb eines Zertifizierungsdienstes nach dem SigG und der Rechtsverordnung nach § 24 Nr. 1, 3 und 4 SigG gewährleistet. Die gem. § 4 Abs. 1 SigG genehmigungsfreien Zertifizierungsstellen[28] müssen gem. § 5 SigG geeignete Schlüssel und Zertifikate zur Verfügung stellen.[29]

22 § 6 SigG normiert eine **Unterrichtungspflicht** der Zertifizierungsstelle, die darauf gerichtet ist, die Antragsteller nach § 5 Abs. 1 SigG über die Maßnahmen zu unterrichten, die zur Sicherheit von »qualifizierten elektronischen Signaturen« und deren zuverlässiger Prüfung beitragen.[30] Der Antragsteller ist gemäß § 6 Abs. 2 SigG schriftlich darüber zu belehren, dass eine qualifizierte elektronische Signatur im Rechtsverkehr regelmäßig die gleiche Wirkung hat wie eine eigenhändige Unterschrift, wenn durch Gesetz nicht ein anderes bestimmt ist.

---

25 Vgl. § 130a ZPO.
26 Wie bereits dargelegt, gibt es im System der elektronischen Signatur gem. § 2 Nr. 2 SigG keine Zertifizierungsdiensteanbieter, da die Schlüsselpaare selbst erzeugt werden können.
27 Dazu ausf. Hoeren/Schüngel/*Allenstein* S. 40.
28 Gemäß Art. 3 Abs. 1 der Richtlinie 1999/93/EG wird der Betrieb einer Zertifizierungsstelle künftig nicht mehr von einer staatlichen Genehmigung abhängig gemacht werden können.
29 Vgl. dazu auch *Welsch* DuD 1999, 520.
30 Vgl. auch Hoeren/Schüngel/*Peters/Wernsmann* S. 158.

2. Technische Verwirklichung des Signatursystems

Gemäß § 24 SigG (§ 16 SigG a. F.) wurde am 16.11.2001 die SigV erlassen.[31] Diese enthält die zur Durchführung der §§ 3 bis 23 SigG erforderlichen Rechtsvorschriften. Aus Platzgründen wird auf die Vorschriften im Einzelnen nicht eingegangen.

II. Identifizierungsfunktion und Zertifikatsvergabe

Durch die gesetzlich vorgeschriebene Identifikation des Schlüsselempfängers erhält der Schlüsselinhaber gleichsam eine digitale Identität (1.). Die Vergabe der Zertifikate (2.) folgt daher strengen Regeln.

1. Identifizierungsfunktion der Zertifizierungsstellen

Eine der Hauptfunktionen der Zertifizierungsdiensteanbieter liegt in der Identifikation der natürlichen Person, der das Zertifikat erteilt wird. Die bestimmten Sicherheitsanforderungen entsprechende Schlüsselvergabe hat zwar auch noch andere Vorteile gegenüber selbst generierten Schlüsseln, z. B. Sicherheit der Schlüssel. Mit der in § 5 Abs. 1 SigG geforderten sicheren Identifizierung[32] der Person des **Schlüsselinhabers** wird in die elektronischen Geschäftsabläufe jedoch v. a. die persönliche Identität als ein Element eingeführt, das dem Internet häufig abgesprochen wird. Man denke nur an das in manchen Kreisen im Internet fast schon übliche Auftreten mit falschem Namen und falscher E-Mail-Adresse.[33] Die Zertifizierungsdiensteanbieter können daher als Garant der digitalen Identität, das Zertifikat als »digitaler Personalausweis« bezeichnet werden.

Gemäß § 5 Abs. 2 SigG hat die Zertifizierungsstelle auf Verlangen eines Antragstellers Angaben über seine **Vertretungsmacht** für eine dritte Person sowie zur berufsrechtlichen oder sonstigen Zulassung in das Signaturschlüssel-Zertifikat oder in ein Attribut-Zertifikat aufzunehmen, soweit ihr die Einwilligung des Dritten zur Aufnahme dieser Vertretungsmacht oder die Zulassung zuverlässig nachgewiesen wird. Das Signaturschlüssel-Zertifikat muss gem. § 7 Abs. 1 Nr. 1 SigG unter anderem den unverwechselbaren Namen des Verwenders enthalten respektive ein unverwechselbares Pseudonym, falls der Verwender von der Möglichkeit des § 5 Abs. 3 SigG Gebrauch gemacht hat.[34] Gemäß § 5 SigV hat die Zertifizierungsstelle den privaten Signaturschlüssel dem Antragsteller persönlich zu übergeben und sich die Übergabe von diesem schriftlich bestätigen zu lassen. Es kann allerdings schriftlich oder mittels einer qualifizierten elektronischen Signatur nach dem Signaturgesetz eine andere Form der Übergabe vereinbart werden (§ 5 Abs. 2 SigV).

Die Funktion der »**digitalen Passbehörde**« werden die Zertifizierungsdiensteanbieter mit noch größerem Vertrauen des Rechtsverkehrs ausüben, wenn sie »staatlich anerkannt« werden. Gemäß § 15 SigG können Zertifizierungsdiensteanbieter sich auf Antrag von der zuständigen Behörde akkreditieren lassen. Die Akkreditierung ist nur zu erteilen, wenn der Zertifizierungsdiensteanbieter nachweist, dass die Vorschriften nach dem SigG und der SigV erfüllt sind. Akkreditierte Zertifizierungsdiensteanbieter erhalten dann ein Gütezeichen der zuständigen Behörde. Mit diesem wird der Nachweis der umfassend geprüften technischen und administrativen Sicherheit für die auf ihren qualifizierten Zertifikaten beruhenden qualifizierten elektronischen Signaturen (qualifizierte elektronische Signaturen

---

[31] Vgl. BGBl. I 2001, 3074.
[32] Gemäß § 3 SigV reicht bspw. der Personalausweis.
[33] Beachte den Unterschied zur Möglichkeit der Verwendung eines Pseudonyms gem. § 5 Abs. 3 SigG, der darin liegt, dass die Person sich gem. § 5 Abs. 1 SigG gegenüber dem Zertifizierungsdiensteanbieter eindeutig identifizieren musste und daher »auffindbar« ist.
[34] Vgl. Hoeren/Schüngel/*Peters/Wernsmann* S. 150.

mit Anbieter-Akkreditierung) zum Ausdruck gebracht. Sie dürfen sich als akkreditierte Zertifizierungsdiensteanbieter bezeichnen und sich im Rechts- und Geschäftsverkehr auf die nachgewiesene Sicherheit berufen. Bereits jetzt ist absehbar, dass sich die freiwillige Akkreditierung auf dem Markt der Zertifizierungsdiensteanbieter als unerlässliches Qualitätsmerkmal für die »digitalen Passbehörden« durchsetzen wird.[35]

2. Vergabe von Zertifikaten an Schlüsselverwender

28 Mit der Schaffung unterschiedlicher Signaturstandards durch das neue Signaturgesetz gehen zwangsläufig unterschiedliche Standards bei den Zertifikaten einher. Es gibt derer nur zwei. Dies ergibt sich daraus, dass die (einfache) elektronische Signatur gem. § 2 Nr. 1 SigG keinen Signaturschlüssel erfordert, mithin auch kein Zertifikat existieren kann, dessen Aufgabe darin liegt, einen Signaturschlüssel einer Person eindeutig zuzuordnen. Lediglich für die fortgeschrittene und die qualifizierte elektronische Signatur ist jeweils ein Zertifikat denkbar und gesetzlich berücksichtigt. Gemäß § 2 Nr. 6 SigG sind »Zertifikate« elektronische Bescheinigungen, mit denen Signaturprüfschlüssel einer Person zugeordnet werden und die Identität dieser Person bestätigt wird.

29 Gemäß § 2 Nr. 7 SigG sind »**qualifizierte Zertifikate**« elektronische Bescheinigungen nach § 2 Nr. 6 SigG für natürliche Personen, die den Voraussetzungen des § 7 SigG gerecht werden und von Zertifizierungsdiensteanbietern ausgestellt werden, die mindestens die Anforderungen nach den §§ 4 bis 14 oder § 23 des SigG und der sich darauf beziehenden Vorschriften der Rechtsverordnung nach § 24 SigG erfüllen.

30 Aus diesen Legaldefinitionen geht hervor, dass qualifizierte Zertifikate nur von einem Zertifizierungsdiensteanbieter gem. § 4 SigG ausgegeben werden können, während für die »Ausgabe« (soweit sie nicht ohnehin selbst erstellt werden, z. B. PGP) von (einfachen) Zertifikaten keine derartige Beschränkung formuliert wird.

31 Der Grund für diese Zweiteilung liegt auf der Hand. Bei der Definition des (einfachen) Zertifikats geht es lediglich darum, die in jedem asymmetrischen Signaturverfahren erforderliche Einzigartigkeit der Zuordnung »privater Schlüssel-Person« zu beschreiben. Die Definition des qualifizierten Zertifikats hingegen integriert die Zertifizierungsstellen in das Signaturverfahren und führt damit in das asymmetrische Signaturverfahren als neue Größe die Zertifikatsherkunft ein, die nötig ist, da die qualifizierte elektronische Signatur in der Rechtsordnung der herkömmlichen eigenhändigen Unterschrift gleichgestellt wurde. Das Bedürfnis, die Zertifizierungsstelle gewissen Mindestanforderungen und auch einer Haftung zu unterwerfen, wird damit deutlich. Zudem sind sonstige Zertifikatsanbieter oftmals nicht greifbar oder wären nicht bereit, Vorschriften des deutschen SigG zu befolgen.

32 Aus diesem Grund ist in § 5 SigG ausschließlich die Vergabe von qualifizierten Zertifikaten geregelt. Im Rahmen des Vergabeprozesses hat die Zertifizierungsstelle umfangreiche Aufgaben zu erfüllen, um Missbrauch auszuschließen.

III. Zeitliche Beschränkung der Gültigkeit eines Zertifikats

33 Die Gültigkeitsdauer eines Zertifikats darf höchstens fünf Jahre betragen und den Zeitraum der Eignung der eingesetzten Algorithmen und zugehörigen Parameter nach § 14 Abs. 3 SigV nicht überschreiten. Die Gültigkeit eines Attribut-Zertifikats endet spätestens mit der Gültigkeit des Signaturschlüssel-Zertifikats, auf das es Bezug nimmt.

---

35 Zu beachten ist jedoch, dass die freiwillige Akkreditierung abermals einen mittelbaren staatlichen Einfluss auf die Zertifizierungsdiensteanbieter bewirkt, der durch die Abschaffung der Genehmigungspflicht nach § 4 Abs. 1 SigG a. F. beseitigt worden war.

D. Anpassung des geltenden Rechts

Das SigG regelt vorrangig Fragen zur Kommunikationssicherheit im elektronischen Geschäftsverkehr. Für seine tatsächliche Wirksamkeit sind daher Folgeänderungen in zahlreichen Einzelgesetzen erforderlich (I.), die lediglich in einer nicht abschließenden Auswahl dargestellt werden (II.). Diese Änderungen werden letztlich zu einer Steigerung der Akzeptanz der elektronischen Signatur führen (III.). 34

I. Erforderlichkeit von Folgeänderungen

Das neue SigG beschränkte sich weitgehend auf die Schaffung eines technischen und organisatorischen Rahmens für die praktische Umsetzung der elektronischen Signatur und ermöglicht so das rasche Anwachsen ihres Benutzerkreises.[36] Mögliche Lösungen von mit elektronischen Signaturen typischerweise zusammenhängenden Rechtsproblemen oder aus der Einhaltung bestimmter Sicherheitsstandards resultierende Rechtsfolgen enthält das SigG nicht. 35

Zu seiner praktischen Wirksamkeit macht das SigG daher noch zahlreiche Anpassungen in Einzelgesetzen erforderlich.[37] Änderungen waren daher insbes. in Bezug auf gesetzliche Formvorschriften erforderlich. Mit der rechtlichen Anerkennung der qualifizierten elektronischen Signatur im Zivilrecht wird eine **neue Form der Authentifizierung** geschaffen.[38] Der Gesetzgeber musste klarstellen, in welchen Fällen die elektronische Signatur der eigenhändigen Unterschrift gleichgestellt ist. Die Erforderlichkeit von Folgeänderungen des geltenden Rechts, um der elektronischen Signatur einen tatsächlichen Anwendungsbereich zu verleihen, ergab sich dabei vorrangig aus Art. 5 der Signaturrichtlinie betreffend die Rechtswirkungen elektronischer Signaturen. Gemäß Art. 5 Abs. 1 der Richtlinie ist zu gewährleisten, dass die qualifizierte Signatur der handschriftlichen gleichgestellt und in Gerichtsverfahren als Beweismittel zugelassen wird. 36

Änderungsbedarf bestand auch hinsichtlich des Erfordernisses der gegenständlichen Verkörperung von bislang eigenhändig zu unterzeichnenden Erklärungen. Im selben Umfang, wie die elektronische Signatur die eigenhändige ersetzen kann, müssen die zu signierenden Erklärungen nicht mehr gesetzlich zwingend in einer gegenständlich verkörperten Form (z. B. Ausdruck auf Papier) vorliegen. 37

Die erwähnten Folgeänderungen können in den privat- und den öffentlich-rechtlichen Bereich aufgeteilt werden, wobei auf die Anpassungen im öffentlichen Recht nicht eingegangen wird. Die erforderlichen Änderungen des Privatrechts wurden durch das am 13.07.2001 in Kraft getretene Gesetz zur Änderung der Formvorschriften des Privatrechts und anderer Vorschriften an den modernen Rechtsgeschäftsverkehr (im Folgenden GAFP) verwirklicht und durch das am 01.07.2002 in Kraft getretene Zustellungsreformgesetz[39] und das am 01.04.2005 in Kraft getretene Gesetz über die Verwendung elektronischer Kommunikationsformen in der Justiz (JKomG)[40] ergänzt. 38

---

36 Vgl. aber auch *Welsch* DuD 1999, 520, zur Gefahr eines übertriebenen Sicherheitsdenkens.
37 Dazu *Gravesen/Dumortier/Van Eecke* MMR 1999, 580.
38 Vgl. auch *Fox* DuD 1999, 508.
39 BGBl. I 2001, 1206.
40 BGBl. I 2005, 837.

II. Ausgewählte Gesetzesänderungen

39 Durch das GAFP ergeben sich verschiedene Änderungen im BGB und der ZPO von denen einige im Folgenden kurz dargestellt werden sollen.

1. Änderungen im BGB

40 Die neue Vorschrift des § 126 Abs. 3 BGB lässt als Ersatz der durch Gesetz vorgeschriebenen Schriftform grundsätzlich die **elektronische Form des § 126a BGB** genügen. Die jeweiligen gesetzlichen Vorschriften, die im Einzelfall die Schriftform vorschreiben, können jedoch bestimmen, dass die elektronische Form ausnahmsweise nicht zulässig ist. In einem solchen Fall könnte die Willenserklärung auch in Zukunft gem. § 126 BGB wirksam nur schriftlich oder notariell beurkundet abgegeben werden (vgl. §§ 766, 780 BGB etc.). Für den Abschluss von Arbeitsverträgen wird es wie bisher den Tarifvertragsparteien im Rahmen ihrer Tarifautonomie vorbehalten bleiben, über das Formerfordernis zu befinden und die elektronische Form auszuschließen.

41 Die elektronische Form wird im Ergebnis die Schriftform nur dann ersetzen, wenn die Beteiligten ausdrücklich oder nach Maßgabe bisheriger Geschäftsgepflogenheiten die Anwendung der elektronischen Form billigen und deshalb mit dem Zugang einer elektronischen Willenserklärung rechnen müssen. Allein der Umstand, dass jemand Inhaber eines Signaturschlüssels ist, wird dafür nicht ausreichen. Daraus kann lediglich geschlossen werden, dass er in der Lage ist, ein elektronisch signiertes Dokument zu erstellen. Ist es dem Adressaten einer elektronisch signierten und übermittelten Erklärung technisch nicht möglich, diese zu lesen, wird der Zugang der Erklärung zu verneinen sein.

42 § 126a BGB nennt die Voraussetzungen, die für die elektronische Form zu erfüllen sind. Ein Verstoß wird bei formbedürftigen Rechtsgeschäften gem. § 125 BGB regelmäßig zur Nichtigkeit führen. Nach Maßgabe von § 126a BGB ist eine **qualifizierte elektronische Signatur** erforderlich.

43 § 126b BGB führt im Hinblick auf unterschriftslose Erklärungen die Textform als »verkehrsfähige« Form in den allgemeinen Teil des Bürgerliche Gesetzbuches ein, zur weiteren Erleichterung des Rechtsverkehrs. Kennzeichen der Textform ist die Fixierung einer Mitteilung oder Erklärung in lesbaren Schriftzeichen unter Verzicht auf die eigenhändige Unterschrift und, solange die dauerhafte Wiedergabe möglich ist, auf die Bindung an Papier. Die Form könnte also auch durch ein in Schriftzeichen lesbares Dokument erfüllt werden, ohne dass es auf Papier ausgedruckt werden müsste, wenn der Informationsträger zur dauerhaften Wiedergabe geeignet ist. Es wäre Absender und Empfänger freigestellt, nach eigenem Ermessen zusätzlich einen Ausdruck auf Papier zu fertigen.

44 In § 623 (Schriftform der Kündigung), § 630 (Zeugnis), § 766 (Bürgschaft), § 780 (Schuldversprechen) und in § 781 BGB (Anerkenntnis) wird jeweils die **elektronische Form ausgeschlossen**. Diese Abweichung vom Grundsatz des neuen § 126 Abs. 3 BGB hängt mit der Warnfunktion des Formerfordernisses in §§ 766, 780 und 781 BGB zusammen. Der Schuldner soll vor einer übereilten Erklärung geschützt werden. Zwar entfalten auch die einzelnen Schritte des fortgeschrittenen Signierens eine deutliche Warnfunktion. Nach Auffassung des Gesetzgebers bietet in einigen Fällen zumindest mittelfristig die herkömmliche Schriftform wegen der üblichen Assoziation von Schriftlichkeit mit Verbindlichkeit noch den besseren Übereilungsschutz. Nach der Gesetzesbegründung soll dies jedenfalls solange der Fall sein, bis sich die elektronische Form im Rechtsverkehr in gleicher Weise wie die Schriftform etabliert hat.

Art. 16 GAFP bewirkte eine Änderung des Verbraucherkreditgesetzes, die sich nach der Schuldrechtsreform in §§ 491 ff. BGB niederschlägt. Gemäß § 492 Abs. 1 S. 2 BGB war der Abschluss des Vertrages in elektronischer Form zunächst ausgeschlossen. Mit Wirkung vom 30.07.2010 ist die elektronische Form in § 492 BGB nicht mehr ausgeschlossen.

2. Änderungen an der ZPO

In die ZPO wurde u. a.[41] eine neue Vorschrift, § 371a ZPO, aufgenommen, wonach der Anschein der Echtheit einer in elektronischer Form (§ 126a BGB) vorliegenden Erklärung nur durch Tatsachen erschüttert werden kann, die ernstliche Zweifel daran begründen, dass die Erklärung mit dem Willen des Signaturschlüssel-Inhabers abgegeben worden ist. Diese Vorschrift führt zur beweisrechtlichen Privilegierung von elektronischen Signaturen gem. § 126a BGB und bedeutet eine deutliche Besserstellung gegenüber der relativ ergebnisoffenen Unterwerfung einer Signatur unter § 286 ZPO. Zudem wurde durch das Zustellungsreformgesetz und das JKomG das bisher auf die Papierform ausgerichtete Prozessrecht derart umgestaltet (z. B. § 130a ZPO), dass alle Verfahrensordnungen für die neuen Techniken elektronischer Kommunikationsformen zugänglich sind.[42]

III. Zusammenfassende Stellungnahme

Die vorstehend dargestellten Änderungen aus BGB und ZPO sind nicht abschließend, machen jedoch deutlich, dass durch das GAFP eine deutliche Veränderung in der Beurteilung der Schriftform eingetreten ist. Zwar sind so wesentliche Bereiche wie die Bürgschaft und das Anerkenntnis bislang noch nicht vollständig dem Regime der elektronischen Signatur unterstellt. Die vollständige Einführung der elektronischen Form in den Vorschriften zum Verbraucherkredit wurde im GAFP jedoch zunächst (siehe jetzt die Neufassung von § 492 BGB mit Wirkung vom 30.07.2010) nur aufgrund europarechtlicher Erwägungen nicht vorgeschlagen und in den anderen Bereichen ist lediglich von einer vorläufigen Verschiebung der Gleichstellung die Rede.

Automatisch wird auch der Verkörperung eines Schriftstücks zu Warnzwecken immer weniger Bedeutung beigemessen. Insgesamt ist das gesamte GAFP vorrangig von der Konzentration auf die Unterschriftsfunktionen geprägt. Der Ausschluss der elektronischen Form bspw. für Bürgschaft, Anerkenntnis und Schuldversprechen zeigt aber dennoch, dass sich der Gesetzgeber der Tatsache bewusst war, dass ein lediglich auf dem Bildschirm vorhandener Text u. U. leichter oder gar leichtfertig unterzeichnet wird, während das bei einem verkörperten Dokument i. d. R. nicht der Fall ist.

Für die Rechtsgeschäfte, die nach Vorstellung des Gesetzgebers in naher Zukunft rein elektronisch abgewickelt werden können, soll diesem Umstand v. a. dadurch Rechnung getragen werden, dass der Zertifizierungsdiensteanbieter nach § 6 Abs. 2 SigG denjenigen, der ein qualifiziertes Zertifikat beantragt, schriftlich darüber zu belehren hat, dass eine qualifizierte elektronische Signatur im Rechtsverkehr die gleiche Wirkung hat wie eine eigenhändige Unterschrift. Darüber hinaus erfordert der Vorgang der elektronischen Signierung die Vornahme einiger technischer Schritte, sodass nach Vorstellung des Gesetzgebers ein ausreichendes rechtsgeschäftliches Handlungsbewusstsein beim Signierenden erzeugt wird.

---

41 Vgl. i. Ü. § 130a ZPO.
42 Dazu *Viefhues* NJW 2005, 1009.

E. Rechtliche Implikationen des SigG

50 Die Haftung der Zertifizierungsstellen gegenüber Dritten war nach dem alten SigG nicht zufrieden stellend gelöst (I.). Durch die Einwirkung der EG-Richtlinie wurde dieser Missstand beseitigt (II.). Störungen des Signaturprozesses können nunmehr durch die Anwendung geltenden Rechts zufrieden stellend gelöst werden (III.). Im Gerichtsverfahren verbleibt es allerdings vorerst dabei, dass elektronisch signierte Dokumente keine Urkunden sind (IV.).

I. Haftungslücken im alten SigG

51 Bis zum Inkrafttreten des neuen SigG war zugunsten Dritter keine Anspruchsgrundlage für Ansprüche gegen den Zertifizierungsdiensteanbieter verfügbar. Eine gesetzliche Haftungsnorm, jetzt § 11 SigG, enthielt das alte SigG nicht, anders als etwa Entwürfe internationaler Gremien.[43]

52 Auch eine Einbeziehung der Geschäftspartner des Schlüsselinhabers in den Vertrag des Verwenders mit der Zertifizierungsstelle nach den Grundsätzen des Vertrages mit Schutzwirkung für Dritte konnte nicht erreicht werden,[44] da der Adressatenkreises der abgeleiteten Schutzpflichten für den Zertifizierungsdiensteanbieter nicht erkennbar war.

53 Regelmäßig scheiterte eine deliktische Haftung daran, dass keine deliktisch geschützten Rechtsgüter betroffen waren oder an der Exkulpationsmöglichkeit des § 831 BGB.[45] Schutzgesetze i. S. v. § 823 Abs. 2 BGB waren für Störungen des Signaturprozesses nicht vorhanden.[46]

54 Für SigG und SigV folgt dies aus der bewussten Beschränkung[47] auf organisatorische und administrative Rahmenbedingungen, um ein sicheres Gesamtkonzept der digitalen Signatur zu schaffen. Die Gesetzesbegründung zum alten SigG enthielt sogar den ausdrücklichen Hinweis darauf, dass Haftungsfragen unter Anwendung der bereits vorhandenen Regelungsmechanismen zu lösen seien.[48]

55 Eine Produkthaftung der Zertifizierungsstellen ist abzulehnen, weil der sachliche Anwendungsbereich des Produkthaftungsgesetzes (ProdHaftG) nicht gegeben ist. Es handelt sich bei der Tätigkeit der Zertifizierungsstelle im Wesentlichen um eine Dienstleistung, die in keiner der Produkthaftung nach dem ProdHaftG unterliegenden Weise verkörpert wird.

II. Einwirkungen der Signaturrichtlinie im Haftungsbereich

56 Das neue SigG beschränkt sich zwar im Wesentlichen auf den Regelungsumfang des alten SigG, enthält jedoch in Übereinstimmung mit Art. 6 der Signaturrichtlinie (SigRL)[49] eine Haftungsnorm zulasten der Zertifizierungsdiensteanbieter. Gemäß Art. 6 Abs. 1 SigRL haben die Mitgliedstaaten zu gewährleisten, dass eine Zertifizierungsstelle, die ein qualifiziertes Zertifikat ausstellt, für Schäden Dritter haftet, die vernünftigerweise auf das Zertifikat vertraut haben.

---

[43] Entwurf der United Nations Commission on International Trade Law (= UNCITRAL), UN General Assembly Document A/CN.9/WG.IV/WP.71.
[44] Ebenso Hoeren/Schüngel/*Büllesbach/Pooth/Stauder* S. 213.
[45] Vgl. Hoeren/Schüngel/*Büllesbach/Pooth/Stauder* S. 214.
[46] Vgl. Hoeren/Schüngel/*Büllesbach/Pooth/Stauder* S. 227.
[47] Zu den sog. »verweigerten Rechtsfolgen« vgl. Geis NJW 1997, 3002.
[48] Vgl. BT-Drs. 13/7385, 27.
[49] Im Einzelnen hierzu *Neuser* MMR 1999, 67.

Die nunmehr in § 11 SigG verankerte Haftungsvorschrift, wonach ein Zertifizierungsdiensteanbieter, der die Anforderungen nach dem SigG oder der SigV verletzt, einem Dritten u. a. den Schaden zu ersetzen hat, den dieser dadurch erleidet, dass er auf die Angaben in einem qualifizierten Zertifikat vertraut hat, dürfte den Anforderungen der SigRL gerecht werden. 57

§ 11 Abs. 2 SigG stellt klar, dass es sich um eine Verschuldenshaftung handelt; die negative Formulierung von § 11 Abs. 2 SigG »Die Ersatzpflicht tritt **nicht** ein, wenn der Zertifizierungsdiensteanbieter **nicht** schuldhaft gehandelt hat«, führt allerdings in Einklang mit Art. 6 Abs. 1 SigRL zu einer Verschuldensvermutung. 58

Die in Art. 6 Abs. 2 SigRL geforderte Haftung des Zertifizierungsdiensteanbieters für den Fall einer Nichtregistrierung eines Zertifikatswiderrufs wurde in § 11 SigG dadurch erreicht, dass allgemein Verstöße gegen Handlungspflichten aus dem SigG (hinsichtlich der Sperrung eines Zertifikatswiderrufs, siehe § 8 SigG) haftungsbegründend sind. 59

Gemäß § 12 SigG hat der Zertifizierungsdiensteanbieter für eine hinreichende Deckung bei Haftungsfällen zu sorgen (d. h. es besteht eine **Versicherungspflicht**). Die Mindestsumme beträgt jeweils 250.000,- € für einen durch ein haftungsauslösendes Ereignis verursachten Schaden. 60

Mit § 21 SigG wurde schließlich eine **Bußgeldvorschrift** in das SigG eingeführt. Insgesamt dürfte der Gesetzgeber den Anforderungen der SigRL[50] mit den vorstehenden skizzierten Regelungen zu Haftung, Versicherungspflicht und Bußgeldbewehrung gerecht geworden sein. Jedenfalls fügt sich das SigG nunmehr deutlich besser in den Rahmen bestehender Gesetze ein. Zudem war die spezialgesetzliche Regelung der spezifischen Risikopotentiale ohnehin erforderlich, da sich die Haftung der Zertifizierungsstelle gegenüber Dritten nach dem alten SigG nicht hinreichend begründen ließ. 61

Vor dem geschilderten Hintergrund stellt sich die Frage, wie die übrigen Störungen des Signaturprozesses vom geltenden bürgerlichen Recht mit seinen bislang auf der Grundannahme der persönlichen Unterschrift oder anderer persönlicher Äußerungen basierenden Authentifizierungsmechanismen und dem neuen Signaturgesetz geregelt werden können. 62

III. Zivilrechtliche Behandlung von Störungen des Signaturprozesses

1. Haftung der Zertifizierungsstelle gegenüber dem Schlüsselinhaber

Denkbar wäre, dass beim Zertifizierungsdiensteanbieter Sicherheitsmängel auftreten, die zu einem Verlust der Verlässlichkeit des von einem Schlüsselinhaber eingesetzten Schlüssels führen. Dies könnte wiederum die nicht vom Willen des Schlüsselinhabers getragene Inanspruchnahme durch Dritte zur Folge haben, etwa nach Rechtsscheingesichtspunkten, weil der Rechtsverkehr auf die Integrität der Signatur vertrauen durfte. 63

Die Neuregelung in § 11 SigG enthält keinen Haftungstatbestand zugunsten des Vertragspartners des Zertifizierungsdiensteanbieters, sondern lediglich einen Haftungstatbestand zugunsten »Dritter«, die u. a. auf die Richtigkeit eines Zertifikats vertraut haben. Der Vertragspartner des Zertifizierungsdiensteanbieters ist jedoch gerade nicht als Dritter i. S. v. § 11 SigG anzusehen. 64

Diese »Regelungslücke« ist indes kein Manko, da insoweit §§ 280 ff., 241 Abs. 2, 311 Abs. 2 BGB (vor der Schuldrechtsreform: positive Forderungsverletzung und culpa in contrahendo) eingreifen.[51] 65

---

50 Vgl. zur Bewertung der Haftungsregelungen *Neuser* MMR 1999, 71.
51 Siehe auch Hoeren/Schüngel/*Büllesbach/Pooth/Stauder* S. 196.

66 Eine Sicherheitslücke im Bereich der Zertifizierungsstelle wird sich regelmäßig als Pflichtverletzung in Gestalt eines Organisationsverschuldens qualifizieren lassen. Das Verschulden des Zertifizierungsdiensteanbieters wird gem. § 280 Abs. 1 Satz 2 BGB vermutet.

67 Hinsichtlich etwaiger Schadensersatzansprüche Dritter gegen den Schlüsselinhaber (z. B. aus Rechtsscheinhaftung) steht dem Schlüsselinhaber ein Anspruch auf Freistellung von der gegen ihn gerichteten Verbindlichkeit aus § 249 S. 1 BGB zu.[52]

2. Haftung der Zertifizierungsstelle gegenüber Dritten

68 Für Schäden, die ein Teilnehmer erleidet, der keine vertraglichen Sonderbeziehungen zur Zertifizierungsstelle unterhält (= Dritter) ist nunmehr § 11 SigG anzuwenden.[53]

3. Schlüsselmissbrauch und Haftung des Schlüsselinhabers

69 Verschafft sich ein Dritter die zur Signatur erforderliche Chip-Karte sowie das zugehörige Passwort, um anschließend »unter fremdem Namen« elektronisch signierte Erklärungen abzugeben, so sind die **§§ 164 ff., 177, 179 BGB** sinngemäß anzuwenden. Mag insoweit auch die Haftung des Vertreters ohne Vertretungsmacht (§ 179 BGB) für den Geschäftspartner bisweilen wirtschaftlich sinnlos sein, so ist dennoch der Schlüsselinhaber nach Rechtsscheinsgesichtspunkten für die unter seinem Namen abgegebenen Erklärungen haftbar. Handelt der Dritte mit Wissen des Schlüsselinhabers oder konnte er nur deswegen handeln, weil der Schlüsselinhaber es an der erforderlichen Sorgfalt mangeln ließ, so sind die Grundsätze der **Anscheins- bzw. Duldungsvollmacht** für eine Haftung des Schlüsselinhabers heranzuziehen.

70 Liegt zwar kein Fall von Anscheins- oder Duldungsvollmacht vor, hat der Schlüsselinhaber aber Signaturschlüssel sowie PIN willentlich aus der Hand gegeben, so haftet der Schlüsselinhaber gleichwohl analog § 172 BGB. Der so handelnde Schlüsselinhaber wird demjenigen gleichgestellt, der eine Blanketturkunde mit seiner Unterschrift freiwillig aus der Hand gibt. Nach der Rechtsprechung des BGH muss er in solch einem Fall den Inhalt der abredewidrig ausgefüllten Urkunde gegenüber Dritten gegen sich gelten lassen.[54]

71 Für die nun noch verbleibenden Fälle, in denen der Signaturschlüssel dem Inhaber **abhandengekommen** ist oder er das Abhandenkommen dem Zertifizierungsdiensteanbieter nicht unverzüglich meldet, bleiben dem Geschäftspartner Ansprüche aus §§ 280, 311 BGB (vormals: culpa in contrahendo) gegen den Schlüsselinhaber.

72 Für alle genannten Fälle gilt die Einschränkung, dass der Schlüsselinhaber nur dann haftet, wenn der Dritte darauf vertraut hat, dass der Schlüssel vom wahren Inhaber verwendet worden ist. Eine Haftung sowohl nach Rechtsscheinsgesichtspunkten als auch aufgrund der culpa in contrahendo ist mithin abzulehnen, wenn der Geschäftspartner wusste oder hätte wissen können, dass die ihm zugegangene Erklärung nicht vom wahren Schlüsselinhaber signiert worden ist.

73 Ist dem Geschäftspartner des Schlüsselinhabers die Existenz eines rechtzeitig veranlassten Sperrvermerks entgangen, so kann ihm dies als Mitverschulden im Rahmen von § 254 BGB entgegengehalten werden. Die Verwendung eines ungültigen Schlüssels durch den Schlüsselinhaber führt gleichwohl zum Vertragsschluss, falls nicht die Eintragung eines öffentlichen Sperrvermerks beim Zertifizierungsdiensteanbieter bewirkt, dass sich der Geschäfts-

---

[52] Vgl. auch Hoeren/Schüngel/*Büllesbach/Pooth/Stauder* S. 201.
[53] Zu den Nachteilen dieser Haftungsschiene Staudinger/*Jagmann* Vor §§ 328 ff. Rn. 93; Soergel/*Hadding* Anh. zu § 328 Rn. 1.
[54] BGH NJW 1996, 1467 (1469).

partner nicht mehr auf die durch den Schlüssel begründete Annahme der Ursprungsauthentizität verlassen darf.

IV. Beweiswert der elektronischen Signatur – Urkundencharakter elektronisch signierter Dokumente

Bis zur Schaffung von § 371a ZPO stellte das elektronisch signierte Dokument **keine Urkunde** i. S. d. Zivilprozessrechts dar;[55] der Richter war mithin nicht an den Inhalt des Dokuments gebunden. Dies ergab sich daraus, dass Dokumenten nur dann Urkundenqualität zukommt, wenn sie einen menschlichen Gedanken schriftlich verkörpern und vom Aussteller unterschrieben sind.[56] Auf digital gespeicherte Dokumente trifft indes nicht beides zu, denn zwar mögen sie eine Gedankenäußerung enthalten, diese jedoch nicht in Schriftform, denn das auf dem Bildschirm sichtbare Dokument ist nur eine Reproduktion des gespeicherten Dokuments und ein Ausdruck des gescannten Originals ist lediglich Ausdruck der Kopie des Originals.[57] Der Ausdruck trägt aber wiederum nicht die Unterschrift des Ausstellers;[58] das digitale Dokument ist mithin in keiner seiner Erscheinungsformen eine Urkunde. Eine Bindung des Richters an den Inhalt des Dokuments war daher bislang zu verneinen;[59] es handelte sich insoweit lediglich um ein der freien Beweiswürdigung des Richters gem. § 286 Abs. 2 ZPO unterliegendes Objekt des Augenscheins.[60]

74

Dieser Zustand wurde durch die Einführung von § 371a ZPO zumindest für Willenserklärungen in der elektronischen Form des § 126a BGB beendet. Wie bereits ausgeführt, kommt der mit einer qualifizierten elektronischen Signatur versehenen Willenserklärung eine gesetzliche Echtheitsvermutung zu.

75

Hintergrund dieser Anerkennung ist, dass die Mitgliedstaaten der EU gem. Art. 5 Abs. 1 der Richtlinie nicht nur zu gewährleisten haben, dass die qualifizierte elektronische Signatur der handschriftlichen gleichgestellt und dass sie in Gerichtsverfahren als Beweismittel zugelassen wird. Art. 5 Abs. 2 der Richtlinie gebietet zudem, dass einer elektronischen Signatur nicht a priori die rechtliche Wirksamkeit und die Zulässigkeit als Beweismittel in Gerichtsverfahren abgesprochen wird.[61] Dieses Diskriminierungsverbot erfasst gem. Art. 1 Abs. 2 der Richtlinie allerdings nicht die nationalrechtlichen Anforderungen an Abschluss und Gültigkeit von Verträgen.

76

F. Fazit und Ausblick

Die Erforderlichkeit gemeinsamer Regelungen zur Anerkennung elektronischer Signaturen ergab sich aus der zunehmenden legislativen Diversifizierung[62] in den verschiedenen europäischen Staaten.[63] Eine Rechtsvereinheitlichung war von besonderer Bedeutung, weil Formvorschriften – und damit auch traditionellen Signaturen – in den einzelnen Rechtsordnungen ein unterschiedlicher Stellenwert beigemessen wird.[64] Zum Beispiel spie-

77

---

55 Hoeren/Schüngel/*Jäger/Kussel* S. 249.
56 Vgl. Zöller/*Geimer* § 416 Rn. 1.
57 Hoeren/Schüngel/*Jäger/Kussel* S. 249.
58 Ausf. dazu *Geis* NJW 1997, 3000.
59 S. dazu auch *Welsch* DuD 1999, 523; ebenso *Fox* DuD 1999, 508.
60 *Geis* NJW 1997, 3001.
61 *Gravesen/Dumortier/Van Eecke* MMR 1999, 581, hätten einen die freie Beweiswürdigung betreffenden Ansatz für vorteilhafter gehalten.
62 Vgl. dazu *Müller/Roessler* DuD 1999, 497.
63 Vgl. auch *Welsch* DuD 1999, 520 zur Erforderlichkeit eines internationalen Standards.
64 Vgl. *Müller/Roessler* DuD 1999, 497.

len im skandinavischen Rechtskreis Formvorschriften kaum eine Rolle, weder als Gültigkeitsbedingung, noch als Voraussetzung für Beweisführung.[65] Im französischen Rechtssystem hingegen haben diese sehr großes Gewicht.[66] In den Erwägungsgründen der Richtlinie 1999/93/EG kommt u. a. zum Ausdruck, dass sich unterschiedliche Signaturstandards nicht zum Markthindernis entwickeln sollen.[67]

78 Die Technik und das Verfahren der elektronischen Signatur werden sich in den kommenden Jahren mehr und mehr verbreiten. Der selbstverständliche Einsatz elektronischer Signaturen in den verschiedensten Lebensbereichen einschließlich des Rechtsverkehrs ist damit nur noch eine Frage der Zeit. Die Gleichwertigkeit der digitalen Signatur mit der vom Rechtsverkehr derzeit noch bevorzugten[68] konventionellen Unterschrift wird sich jedoch sicherlich erst nach einiger Zeit einstellen.[69] Dies bedeutet nicht nur einen Boom für den E-Commerce, sondern erleichtert Bankgeschäfte, Steuererklärungen und den Abschluss von Verträgen, der nun nicht mehr zusätzlich in Papierform zu erfolgen hat. Zudem hat der Gesetzgeber mit dem Justizkommunikationsgesetz die Möglichkeit geschaffen, auch im Umgang mit der Justiz die neuen Kommunikationsmittel zu nutzen.

---

[65] Vgl. *Müller/Roessler* DuD 1999, 497.
[66] Vgl. *Müller/Roessler* DuD 1999, 497 (500).
[67] Vgl. Erwägungsgrund Nr. 4, 20, 21 der Richtlinie 1999/93/EG.
[68] *Gravesen/Dumortier/Van Eecke* MMR 1999, 581.
[69] *Gravesen/Dumortier/Van Eecke* MMR 1999, 581 (585).

Teil 6
Telekommunikationsrecht

Kapitel 23
Recht der Kommunikationsnetze und -dienste

Schrifttum

Dahlke/Neumann, Innovation und Investition durch Regulierung, CR 2006, 377; *Dietlein/Brandenberg*, Resale-Verpflichtungen von Mobilfunknetzbetreibern, CR 2007, 294; *Ellinghaus*, Regulierungsverfahren, gerichtlicher Rechtsschutz und richterliche Kontrolldichte im neuen TKG, MMR 2004, 293; *Heun*, Das neue Telekommunikationsgesetz 2004, CR 2004, 893; *ders.*, Der Referentenentwurf zur TKG-Novelle, CR 2003, 485; *ders.*, Die Regulierung der Telekommunikationsmärkte in den letzten 20 Jahren, CR 2005, 725; *ders.*, Handbuch Telekommunikationsrecht, 2. Aufl., 2007; *ders.*, IT-Unternehmen als Telekommunikationsanbieter, CR 2008, 79; *ders.*, Der Referentenentwurf zur TKG-Novelle 2011, CR 2011, 152; *Heun/Jenny*, Keine Entgeltregulierung für Mobilfunknetzbetreiber?, CR 2007, 287; *Hoeren*, Wegerechte auf dem Prüfstand, MMR 1998, 1; *Kodal/Krämer*, Straßenrecht, 6. Aufl. 1999; *Koenig/Leinen/Sänger*, Europarechtliche Vorgaben zur Auslegung der Übergangsvorschrift des § 150 Abs. 1 S. 1 TKG, CR 2007, 147; *Mayen*, Marktregulierung nach dem novellierten TKG, CR 2005, 21; *Nacimiento*, Konkurrentenschutz im Rahmen der Frequenzverwaltung, K&R 2006, 536; *dies.*, Telekommunikationsrecht: Rechtsprechungsbericht 2006, K&R 2007, 125; *dies.*, Telekommunikationsrecht: Rechtsprechungsbericht 2007, K&R 2008, 17; *dies.*, Telekommunikationsrecht: Rechtsprechungsbericht 2008, K&R 2009, 73; *dies.*, Telekommunikationsrecht: Rechtsprechungsbericht 2009, K&R 2010, 87; *dies.*, Telekommunikationsrecht: Rechtsprechungsbericht 2010, K&R 2011, 77; *Neitzel/Müller*, Zugangsverpflichtungen von Betreibern ohne beträchtliche Marktmacht, CR 2004, 736; *Scherer*, Das neue Telekommunikationsgesetz, NJW 2004, 3001; *ders.*, Die Entwicklung des Telekommunikationsrechts in den Jahren 2003 bis 2006, NJW 2006, 2016; *ders.*, Die Entwicklung des Telekommunikationsrechts in den Jahren 2007 bis 2009, NVwZ 2009, 1405 ff.; *Schütz*, Effektive Regulierung durch effektive Missbrauchsaufsicht der BNetzA – Plädoyer für ein 3-Säulen-Modell, MMR 2008, 579; *Schuster*, Wegerechte für Telekommunikationsnetze gem. § 57 TKG auf dem Prüfstand der Gerichte, MMR 1999, 137; *Stelkens*, TKG-Wegerecht – §§ 68–77 TKG, Handkommentar 2010; *Topel*, Das Verhältnis zwischen Regulierungsrecht und allgemeinem Wettbewerbsrecht nach dem europäischen Rechtsrahmen in der Telekommunikation und dem TKG, ZWeR 2006, 27.

Übersicht

		Rdn.
A.	**Einführung**	1
I.	Europarechtliche Grundlagen	4
II.	Anwendungsbereich, Struktur und Systematik des TKG	8
B.	**Allgemeine Regelungen (Marktzutritt, öffentliche Sicherheit und Marktaufsicht der BNetzA)**	13
I.	Regulierung des Marktzutritts	14
	1. Meldepflicht	15
	a) Betreiber eines Telekommunikationsnetzes	16
	b) Erbringer von Telekommunikationsdiensten	22
	c) Gewerblichkeit	25
	d) Öffentlichkeit	26
	e) Form und Inhalt der Meldepflicht	28
	2. Übergangsregelungen für Altlizenzen	29
	3. Sonstige Verpflichtungen	30
	4. Durchsetzung und Sanktionen	31
II.	Öffentliche Sicherheit	32
	1. Notruf	34
	a) Verpflichtete Personen	35
	b) Inhalt und Umfang der Verpflichtungen	37
	c) Durchsetzung und Sanktionen	38
	2. Technische Schutzmaßnahmen	39
	a) Verpflichtete Personen	40
	b) Inhalt und Umfang der Verpflichtungen	42
	c) Durchsetzung und Sanktionen	45
	3. Telekommunikationsüberwachung und Auskunftsersuchen	46
	a) Exkurs: Verpflichtete Personen und Verpflichtungen aus den Befugnisnormen außerhalb des TKG	47
	b) Verpflichtete Personen im TKG	48

Kapitel 23   Recht der Kommunikationsnetze und -dienste

		aa) Überwachung	48
		bb) Auskunftsersuchen	50
	c)	Inhalt und Umfang der Verpflichtungen	51
		aa) Überwachung	51
		bb) Auskunftsersuchen	52
	d)	Durchsetzung und Sanktionen	57
III.	Aufgaben, Befugnisse und Verfahren der Bundesnetzagentur (BNetzA)		58
	1. Stellung und Struktur der BNetzA		59
	2. Aufgaben der BNetzA		63
	3. Regulierungsinstrumente und Befugnisse der BNetzA		65
	a)	Aufsichtsrechtliche Befugnisse	66
	b)	Informationsrechte	68
	c)	Ressourcenverwaltung	71
	d)	Aktive Gestaltung der Marktregulierung	72
	e)	Schlichtung und Streitbeilegung	73
	4. Verfahren der BNetzA		74
	a)	Besonderheiten des Beschlusskammerverfahrens	75
	b)	Vorläufige Anordnungen und Beendigung des Verfahrens	78
	5. Verwaltungsvollstreckung		80
	6. Rechtsschutz gegen Entscheidungen der BNetzA		81
	a)	Besonderheiten des Beschlusskammerverfahrens	82
	b)	Schutz von Betriebs- und Geschäftsgeheimnissen	83
	7. Abgaben		86
	a)	Gebühren und Auslagen	87
	b)	Beiträge	89
C.	Verwaltung und Vergabe von Ressourcen		92
I.	Frequenzordnung		93
	1. Internationale und europarechtliche Grundlagen und Vorgaben		95
	2. Frequenzplanung		97
	3. Frequenzzuteilung ohne Vergabeverfahren		99
	a)	Voraussetzungen der Frequenzzuteilung	101
	b)	Inhalt und Nebenbestimmungen von Frequenzzuteilungen	107
	4. Frequenzzuteilung in Vergabeverfahren		111
	a)	Voraussetzungen und Entscheidung für Vergabeverfahren	115
	b)	Arten und Auswahl des Vergabeverfahrens	117
	c)	Gemeinsame Bedingungen und Festlegungen für Vergabeverfahren	118
	d)	Durchführung der Vergabeverfahren	123
		aa) Ausschreibungsverfahren	124
		bb) Versteigerungsverfahren	125
	5. Aufhebung der Frequenzzuteilung		126
	6. Rechtsnachfolge und Frequenzhandel		129
	a)	Nachfolgeregelungen	130
	b)	Frequenzhandel	133
	7. Rechtsschutzfragen		134
	a)	Versagung von Frequenzzuteilungen	135
	b)	Rechtsschutz gegen Inhalts- und Nebenbestimmungen	138
	c)	Störende Frequenzzuteilung an Dritte	139
	8. Gebühren und Beiträge		141
II.	Nummerierung		142
	1. Internationale und europarechtliche Grundlagen		145
	2. Struktur und Ausgestaltung des Nummernraums		147
	3. Rufnummernzuteilung		150
	a)	Zuteilungsverfahren	154
	b)	Aufhebung von Zuteilungen	155
	c)	Rechtsnachfolge	157
	4. Einzelfragen		158
	a)	Ortsnetzbezug bei Ortsnetzrufnummern und nationale Teilnehmerrufnummern für VoIP	159
	b)	Auskunftsdienste	162
	5. Besondere Aufsichtsbefugnisse der BNetzA		163
	6. Rechtsschutzfragen		165
	7. Gebühren		166
III.	Wegerechte		167

	1. Begriff der Telekommunikationslinie		171
	2. Öffentliches Wegerecht		175
		a) Rechtsnatur des öffentlichen Wegerechts	177
		b) Berechtigter Personenkreis	179
		c) Übertragung der Nutzungsberechtigung	180
		d) Sachlicher Anwendungsbereich der Nutzungsberechtigung	185
		e) Zustimmung des Wegebaulastträgers zur konkreten Verlegung von Telekommunikationslinien	188
		f) Pflichten, Folgepflichten und Folgekostenpflichten	191
		g) Rechtsschutzfragen	193
		h) Gebühren	195
	3. Mitbenutzung bestehender Einrichtungen		196
		a) Berechtigter und verpflichteter Personenkreis	197
		b) Sachlicher Anwendungsbereich des Mitbenutzungsrechts	198
		c) Pflichten des Mitbenutzungsberechtigten	202
		d) Rechtsschutzfragen	203
	4. Privates Wegerecht		204
		a) Berechtigter und verpflichteter Personenkreis	206
		b) Sachlicher Anwendungsbereich und Umfang des privaten Wegerechts	209
		c) Ausgleichspflicht	215
		d) Rechtsschutzfragen	219
	5. Exkurs: Grundstücksnutzung für den Teilnehmeranschluss		220
D.	**Wettbewerbsregulierung auf den Telekommunikationsmärkten**		223
I.	Überblick und europarechtliche Grundlagen		224
II.	Verfahren der Marktregulierung		226
	1. Gegenstand der Marktregulierung		227
	2. Umgang mit Altverpflichtungen nach dem TKG 1996		230
	3. Systematik, Ablauf und Folgen des Verfahrens der Marktregulierung		232
	4. Marktdefinition		234
		a) Sachlich und räumlich relevanter Markt	235
		b) Drei-Kriterien-Test	237
		c) Neue Märkte	239
	5. Marktanalyse		240
	6. Regulierungsverfügung		244
		a) Rechtliche Einordnung der Regulierungsverfügung	246
		b) Einheitlicher Verwaltungsakt mit Marktdefinition und Marktanalyse	247
		c) Ermessensfragen	249
	7. Konsultations- und Konsolidierungsverfahren		251
		a) Konsultationsverfahren	253
		b) Konsolidierungsverfahren	254
		aa) Vorlagepflicht	255
		bb) Vetorecht	257
	8. Rechtsschutzfragen		261
		a) Rechtsschutz des Adressaten einer Regulierungsverfügung	263
		b) Rechtsschutz Dritter	264
		c) Beurteilungsspielräume der BNetzA	266
III.	Zugangsregulierung		267
	1. Systematik der Zugangsregulierung		268
	2. Begriff des Zugangs		269
		a) Parameter der Legaldefinition	270
		b) Umfang des Zugangsbegriffs	272
	3. Allgemeine Pflichten in Bezug auf Zugänge und Zusammenschaltung		274
		a) Angebotspflicht nach § 16 TKG	275
		b) Vertraulichkeitsverpflichtungen nach § 17 TKG	276
	4. Verpflichtungen für Unternehmen mit beträchtlicher Marktmacht		278
		a) Verpflichteter und berechtigter Personenkreis	279
		b) Diskriminierungsverbot (§ 19 TKG)	281
		aa) Besonderheiten	283
		bb) Sachliche Rechtfertigung	285
		c) Transparenzverpflichtung (§ 20 TKG)	290
		d) Getrennte Rechnungsführung (§ 24 TKG)	293
		e) Zugangsgewährungsverpflichtungen (§ 21 TKG)	296
		aa) Systematik und Entscheidungsprogramm	298

Kapitel 23 Recht der Kommunikationsnetze und -dienste

				bb)	Zugang zu bestimmten Netzeinrichtungen und -komponenten einschließlich des entbündelten Breitbandzugangs (§ 21 Abs. 2 Nr. 1)	300
				cc)	Keine nachträgliche Verweigerung bereits gewährten Zugangs (§ 21 Abs. 2 Nr. 2)	307
				dd)	Wiederverkauf, Resale (§ 21 Abs. 2 Nr. 3)	309
				ee)	Voraussetzungen für die Interoperabilität (§ 21 Abs. 2 Nr. 4)	312
				ff)	Zugang zu Systemen für die Betriebsunterstützung (§ 21 Abs. 2 Nr. 5)	314
				gg)	Nutzungsmöglichkeiten von Zugangsleistungen und Kooperationsmöglichkeiten zwischen zugangsberechtigten Unternehmen (§ 21 Abs. 2 Nr. 6)	317
				hh)	Zugang zu Dienstleistungen für Fakturierung und Inkasso (§ 21 Abs. 2 Nr. 7)	320
				ii)	Entbündelter Zugang zum Teilnehmeranschluss (§ 21 Abs. 3 Nr. 1)	323
				jj)	Zusammenschaltung von Telekommunikationsnetzen (§ 21 Abs. 3 Nr. 2)	328
				kk)	Offener Zugang zu technischen Schnittstellen, Protokollen oder anderen Schlüsseltechnologien (§ 21 Abs. 3 Nr. 3)	331
				ll)	Kollokation oder andere Formen der gemeinsamen Nutzung von Einrichtungen (§ 21 Abs. 3 Nr. 4)	333
			f)	Beschränkungen der Auferlegung von Zugangsgewährungsverpflichtungen nach § 21 Abs. 4 TKG		335
		5.	Verpflichtungen für Unternehmen ohne beträchtliche Marktmacht			336
			a)	Kontrolle des Zugangs zu Endnutzern (§ 18 TKG)		337
				aa)	Verpflichteter und berechtigter Personenkreis	339
				bb)	Struktur und Inhalt	341
			b)	Verpflichtungen aus Vergabeverfahren für Frequenzen		344
			c)	Diensteanbieterverpflichtungen		347
		6.	Sonstige Verpflichtungen			349
			a)	Bereitstellung von Teilnehmerdaten (§ 47 TKG)		350
			b)	Rundfunkübertragung (Teil 4 des TKG)		354
		7.	Durchsetzung von Zugangspflichten und Zugangsanordnungen durch die BNetzA sowie Rechtsschutz			355
			a)	Zugangsanordnung nach § 25 TKG		357
				aa)	Anordnungsvoraussetzungen	359
				bb)	Anordnungsgegenstand und -inhalt	360
				cc)	Anordnungsverfahren	361
				dd)	Rechtliche Einordnung und Rechtsfolgen der Zugangsanordnung	366
				ee)	Sonderregelung zur Entgeltregulierung	367
				ff)	Weiterer Rechtsschutz	369
			b)	Streitbeilegungsverfahren nach § 133 TKG		371
			c)	Zivilrechtliche Ansprüche nach § 44 TKG und kartellrechtliche Ansprüche		374
IV.	Entgeltregulierung					377
	1.	Arten und Anwendungsbereich (Auferlegung) der Entgeltregulierung				378
	2.	Anwendungsbereich (Auferlegung) der Entgeltregulierung				380
		a)	Entgeltregulierung für Zugangsleistungen			381
			aa)	Entgeltgenehmigungspflicht		383
			bb)	Nachträgliche Entgeltregulierung		387
		b)	Entgeltregulierung für Endnutzerleistungen			390
		c)	Sonstige Fälle der Entgeltregulierung			394
	3.	Anordnungen im Rahmen der Entgeltregulierung				397
	4.	Entgeltgenehmigungsverfahren				398
		a)	Arten der Entgeltgenehmigung			399
		b)	Maßstäbe für die Entgeltgenehmigung			400
			aa)	Kosten der effizienten Leistungsbereitstellung		401
			bb)	Missbrauchsverbot nach § 28 TKG und Einhaltung anderer Rechtsvorschriften		407
		c)	Methoden zur Prüfung der Einhaltung der Entgeltmaßstäbe			412
			aa)	Regel: Prüfung der Kostenunterlagen		413
			bb)	Ausnahme: Vergleichsmarktuntersuchung und Kostenmodelle		415
		d)	Einleitung und Durchführung des Entgeltgenehmigungsverfahrens			418
		e)	Rechtsfolgen der Entgeltgenehmigung			421
	5.	Nachträgliches Entgeltregulierungsverfahren				423
		a)	Maßstäbe für die nachträgliche Entgeltregulierung und Methoden zur Prüfung			424
		b)	Einleitung und Durchführung und Rechtsfolgen des nachträglichen Entgeltregulierungsverfahrens			428
	6.	Rechtsschutz				431
		a)	Rechtsschutz des regulierten Unternehmens			432
		b)	Rechtsschutz Dritter			436

V.	Besondere Missbrauchsaufsicht und Vorteilsabschöpfung	440
	1. Adressaten und Anwendungsbereich von § 42 TKG	442
	2. Missbrauchsverbot	444
	3. Behinderungsvermutung	446
	4. Diskriminierungsvermutung	447
	5. Exemplarische Einzelfälle	448
	6. Missbrauchsverfahren	450
	7. Vorteilsabschöpfung des § 43 TKG	454
E.	**Schutz der Teilnehmer, Nutzer und Endnutzer**	458
I.	Rechte von Endnutzern und Kundenschutz	459
	1. Betreiberauswahl und Betreibervorauswahl	460
	2. Mindestangebot an Mietleitungen	462
	3. Sonstige Verpflichtungen	463
II.	Fernmeldegeheimnis, Datenschutz	465
F.	**Fazit**	466
G.	**Anhang**	468

A. Einführung

Die deutschen Telekommunikationsmärkte und damit zugleich das Recht der Kommunikations- 1 netze und -dienste werden durch das **Telekommunikationsgesetz (TKG)** vom 22.06.2004[1] reguliert. Das TKG 2004 hat das TKG 1996 abgelöst und die Regulierung der Telekommunikationsmärkte auf ein neues Fundament gestellt. Eine zusätzliche wesentliche Änderung des Gesetzes erfolgte durch das **TKG-Änderungsgesetz** vom 18.02.2007,[2] mit welchem insbesondere Regelungen zum Kundenschutz in das TKG aufgenommen wurden, die bislang noch in der Telekommunikations-Kundenschutzverordnung 1997 (TKV 1997 i. d. F. vom 20.08.2002),[3] enthalten waren. Die TKV 1997 galt mit Ausnahme des § 4 TKV 1997 auch unter dem TKG 2004 bis zum Inkrafttreten des TKG-Änderungsgesetzes vorläufig weiter. Die Regelungsbereiche Datenschutz, Verbraucherschutz und Gebührenrecht wurden ferner mit Wirkung ab dem 04.08.2009 durch das »Gesetz zur Bekämpfung unerlaubter Telefonwerbung und zur Verbesserung des Verbraucherschutzes bei besonderen Vertriebsformen« und »Erstes Gesetz zur Änderung des TKG und des Gesetzes über die elektromagnetische Verträglichkeit von Betriebsmitteln« zugunsten der Verbraucher ergänzt, **TKG-Änderungsgesetz 2009.**[4] Das Bundesministerium für Wirtschaft und Technologie (BMWi) hat am 23.09.2010 abermals einen Referentenentwurf zur Novellierung des TKG veröffentlicht, für den am 02.03.2011 auch ein Kabinettsentwurf vorgelegt wurde (**TKG-Novelle 2011**).[5] Die TKG-Novelle 2011 dient der Umsetzung des **EU TK-Reformpakets 2009** (dazu Rdn. 4). Das TKG ist ein eingriffsintensives Gesetz, das Kommunikationsnetze und -dienste einer behördlichen Aufsicht und Kontrolle unterstellt, welche die Rahmenbedingungen für die (Tele-) Kommunikation in ganz erheblichem Umfang prägen.

Zuständige Behörde für die Marktregulierung unter dem TKG ist die »Bundesnetzagentur 2 für Elektrizität, Gas, Telekommunikation, Post und Eisenbahnen« (**Bundesnetzagentur, kurz: BNetzA**). Unter dem TKG 1996 nannte sich die Behörde Regulierungsbehörde für Telekommunikation und Post (RegTP). Gegenüber dem TKG 1996 hat die Bedeutung der BNetzA zugenommen, weil sie aufgrund von europarechtlichen Vorgaben nunmehr

---

1 BGBl. I, 1190.
2 BGBl. I, 106.
3 Verordnung v. 11.12.1997 (BGBl. I, 2910), zuletzt geändert durch Art. 1 Zweite Verordnung zur Änderung der Telekommunikations-Kundenschutzverordnung v. 20.08.2002 (BGBl. I, 3365).
4 BGBl. I 2409 bzw. 2413; siehe dazu auch *Scherer/Heinickel* NVwZ 2009, 1405 ff.; *Ufer* K&R 2008, 493 ff.; *Hecker* K&R 2009, 601 ff.; *Ditscheid/Ufer* MMR 2009, 367.
5 Entwurf eines Gesetzes zur Änderung telekommunikationsrechtlicher Regelungen v. 02.03.2011, abrufbar über www.bmwi.de. Siehe dazu *Heun* CR 2011, 152.

Kapitel 23   A. Einführung

auch darüber zu entscheiden hat, ob einzelne Märkte der Telekommunikation überhaupt (weiter) reguliert werden sollen. Diese Entscheidung war im TKG 1996 vom Gesetzgeber vorweggenommen.

3   Eine Besonderheit der Regulierung der Telekommunikationsmärkte gegenüber den Märkten der elektronischen Datenverarbeitung (EDV, IT) liegt darin, dass der Bereich der Telekommunikation (Fernmeldewesen) bis Ende der 1980er Jahre in Deutschland wie im restlichen Europa durch staatliche Monopolverwaltungen oder -betriebe gekennzeichnet war. Aktivitäten auf europäischer Ebene haben zu einer schrittweisen Liberalisierung geführt, die mit dem TKG 1996 und der Aufhebung des **ehemaligen Telefondienstmonopols** am 01.01.1998 ihren Abschluss gefunden haben.[6] Die Abschaffung der früheren Monopole war und ist aber nicht gleichbedeutend mit funktionsfähigem Wettbewerb. Die ehemaligen staatlichen Monopolisten bestehen in privatisierter Form weiter und verfügen aufgrund ihrer aus Monopolzeiten stammenden Infrastruktur auch nach der Liberalisierung über eine Marktstellung, die ohne zusätzliche, über das allgemeine Wettbewerbs- und Kartellrecht hinausgehende Regulierung keinen chancengleichen Wettbewerb gewährleistet. Diesen Wettbewerb zu fördern und dabei zugleich technologieneutral für leistungsfähige Telekommunikationsinfrastrukturen sowie flächendeckend für angemessene und ausreichende Telekommunikationsdienste zu sorgen, ist Zweck der sektorspezifischen Regulierung der Telekommunikation (Art. 87f GG, § 1 TKG). Die daraus resultierende Regulierung der Telekommunikationsmärkte wird als **ex ante-Regulierung** bzw. als **Vorabregulierung** bezeichnet, weil sie zusätzlich zum Wettbewerbs- und Kartellrecht vorab wirkende Eingriffsrechte und Kontrollmechanismen wie Zugangsgewährungsverpflichtungen in Bezug auf Einrichtungen, Netze und Dienste sowie insbesondere die Entgeltregulierung in Form der vorherigen Entgeltgenehmigung gegenüber marktmächtigen Unternehmen beinhaltet. Allerdings erschöpft sich das TKG nicht in der sektorspezifischen Wettbewerbsregulierung. Zugleich enthält das Gesetz umfangreiche Regelungen über den Marktzutritt im Sinne einer **Gewerbeaufsicht**, die **Sicherheit und Überwachung von Telekommunikationsvorgängen**, die **Verwaltung von Ressourcen** (Rufnummern, Frequenzen und Wegerechte) sowie den **Kunden- bzw. Verbraucherschutz und den Datenschutz**. Das TKG bewirkt damit eine nahezu umfassende, wenn auch nicht abschließende Regelung der Aktivitäten im Bereich der Telekommunikation. Inhaltlich ist das TKG daher ein Gesetz, dass in Bezug auf einen Wirtschaftszweig gleichermaßen Wirtschaftsverwaltungsrecht, (besonderes) Kartellrecht und Verbraucherschutzrecht umfasst.

I. Europarechtliche Grundlagen

4   Die nationale Gesetzgebung im Bereich der Telekommunikation wird traditionell von europarechtlichen Vorgaben maßgeblich bestimmt. Mit dem TKG 2004 ist daher das sog. **EU-Richtlinienpaket 2002** umgesetzt worden. Dieses Richtlinienpaket ist zwischenzeitlich mit dem **EU TK-Reformpaket 2009**[7] geändert worden durch die Verabschiedung der beiden Änderungsrichtlinien »Bessere Regulierung« und »Recht der Bürger«,[8] die bis zum 25.05.2011 in nationales Recht umzusetzen sind.[9] An vielen Stellen folgt das TKG nahezu wortgetreu den europarechtlichen Vorgaben. Deswegen ist das Verständnis des EU-Richtlinienpakets von großer Bedeutung für das Verständnis und die Auslegung des TKG. Es handelt sich im Kern um ein Paket aus fünf Richtlinien, nämlich der **Rahmenrichtlinie**,[10]

---

[6] Zur Historie s. *Heun* CR 2005, 725.
[7] Zur Revision des Rechtsrahmens im Überblick: *Ladeur* K&R 2010, 308.
[8] RL 2009/140/EG bzw. RL 2009/136/EG, ABl. EU Nr. L 337 v. 18.12.2009, S. 37 bzw. 11.
[9] Das Gesetzgebungsverfahren in Deutschland soll bis Ende 2011 abgeschlossen sein.
[10] Richtlinie 2002/21/EG des Europäischen Parlaments und des Rates v. 07.03.2002 über einen gemeinsamen Rechtsrahmen für elektronische Kommunikationsnetze und -dienste (Rahmenrichtlinie), ABl. EU Nr. L 108 v. 24.04.2002, S. 33.

I. Europarechtliche Grundlagen

der **Genehmigungsrichtlinie**,[11] der **Zugangsrichtlinie**[12] (in der gemeinsamen konsolidierten Fassung),[13] der **Universaldienstrichtlinie**[14] und der **Datenschutzrichtlinie**[15] (in der gemeinsamen konsolidierten Fassung).[16] Daneben sind insbesondere die Richtlinie über den **Telekommunikationsendeinrichtungsmarkt**,[17] die Richtlinie über Mobilfunkdienste (**GSM-Richtlinie**)[18] sowie die Verordnung Nr. 544/2009 (EG) vom 18.06.2009 (**Roamingverordnung II**)[19] zur Änderung der bestehenden Roamingverordnung I aus 2007 zu beachten.[20] Ferner wurde als Beitrag zur Entwicklung und zum besseren Funktionieren des Binnenmarktes für elektronische Kommunikationsnetze und -dienste durch Verordnung das Gremium Europäischer Regulierungsstellen für elektronische Kommunikation (**GEREK**) eingerichtet,[21] das seine Aufgaben unabhängig, unparteiisch und transparent ausüben soll.

Motivation für das Richtlinienpaket 2002 war, dass die EU die Telekommunikationsmärkte als geöffnet ansieht, sodass eine ex ante-Regulierung nur noch dort erfolgen soll, wo in einzelnen Märkten (noch) **kein wirksamer Wettbewerb** aufgrund **beträchtlicher Marktmacht** eines oder mehrerer Unternehmen besteht.[22] Das Fehlen wirksamen Wettbewerbs wird dabei mit dem Bestehen beträchtlicher Marktmacht auf dem betreffenden Markt gleichgesetzt. Hierin liegt ein **Paradigmenwechsel** gegenüber dem früheren europarechtlichen Regime, welches dem Regulierungsansatz des TKG 1996 zugrunde lag. Während es früher darum ging, neben der Liberalisierung der Telekommunikationsmärkte dafür zu sorgen, dass die ehemaligen Monopolunternehmen einer umfassenden Regulierung für den Zugang zu ihren Einrichtungen, Netzen und Diensten sowie ihrer Preispolitik unter-

5

---

11 Richtlinie 2002/20/EG des Europäischen Parlaments und des Rates v. 07.03.2002 über die Genehmigung elektronischer Kommunikationsnetze und -dienste (Genehmigungsrichtlinie), ABl. EU Nr. L 108 v. 24.04.2002, S. 21.
12 Richtlinie 2002/19/EG des Europäischen Parlaments und des Rates v. 07.03.2002 über den Zugang zu elektronischen Kommunikationsnetzen und zugehörigen Einrichtungen sowie deren Zusammenschaltung (Zugangsrichtlinie), ABl. EU Nr. L 108 v. 24.04.2002, S. 7.
13 Richtlinie 2009/140/EG des Europäischen Parlaments und des Rates v. 25.11.2009 zur Änderung der Richtlinie 2002/21/EG über einen gemeinsamen Rechtsrahmen für elektronische Kommunikationsnetze und -dienste, der Richtlinie 2002/19/EG über den Zugang zu elektronischen Kommunikationsnetzen und zugehörigen Einrichtungen sowie deren Zusammenschaltung und der Richtlinie 2002/20/EG über die Genehmigung elektronischer Kommunikationsnetze und -dienste.
14 Richtlinie 2002/22/EG des Europäischen Parlaments und des Rates v. 07.03.2002 über den Universaldienst und Nutzerrechte bei elektronischen Kommunikationsnetzen und -diensten (Universaldienstrichtlinie), ABl. EU Nr. L 108 v. 24.04.2002, S. 51.
15 Richtlinie 2002/58/EG des Europäischen Parlaments und des Rates v. 12.07.2002 über die Verarbeitung personenbezogener Daten und den Schutz der Privatsphäre in der elektronischen Kommunikation (Datenschutzrichtlinie [für elektronische Kommunikation]), ABl. EU Nr. L 201 v. 31.07.2002, S. 37.
16 Richtlinie 2009/136/EG des Europäischen Parlaments und des Rates v. 25.11.2009 zur Änderung der Richtlinie 2002/22/EG über den Universaldienst und Nutzerrechte bei elektronischen Kommunikationsnetzen und -diensten, der Richtlinie 2002/58/EG über die Verarbeitung personenbezogener Daten und den Schutz der Privatsphäre in der elektronischen Kommunikation und der Verordnung (EG) Nr. 2006/2004 über die Zusammenarbeit im Verbraucherschutz.
17 Richtlinie 2008/63/EG der Kommission v. 20.06.2008 über den Wettbewerb auf dem Markt für Telekommunikationsendeinrichtungen.
18 Richtlinie 2009/114/EG des Europäischen Parlaments und des Rates v. 16.09.2009 zur Änderung der Richtlinie 87/372/EWG des Rates über die Frequenzbänder, die für die koordinierte Einführung eines europaweiten öffentlichen zellularen digitalen terrestrischen Mobilfunkdienstes in der Gemeinschaft bereitzustellen sind.
19 ABl. EU Nr. L 167 v. 29.06.2009, S. 12.
20 Verordnung des Europäischen Parlaments und des Rates v. 27.06.2007 über das Roaming in öffentlichen Mobilfunknetzen in der Gemeinschaft und zur Änderung der Richtlinie 2002/21/EG über einen gemeinsamen Rechtsrahmen für elektronische Kommunikationsnetze und -dienste ABl. EU Nr. L 171 v. 29.06.2007, S. 32.
21 Verordnung (EG) Nr. 1211/2009 des Europäischen Parlaments und des Rates v. 25.11.2009 zur Einrichtung des Gremiums Europäischer Regulierungsstellen für elektronische Kommunikation (GEREK) und des Büros, ABL. EU Nr. L 337 v. 18.12.2009, S. 1.
22 S. Erwägungsgrund (27) der Rahmenrichtlinie.

liegen, sollen heute sämtliche Märkte der Telekommunikation einzeln darauf untersucht werden, ob nach wie vor wirksamer Wettbewerb fehlt. Nur dort, wo dies der Fall ist, soll weiterhin sektorspezifisch vorab reguliert werden. Dies erfordert einen Regulierungsansatz, der den nationalen Regulierungsbehörden die regelmäßige Untersuchung der betreffenden Märkte ermöglicht.

6 Weil demnach Vorabregulierung nur noch auf einzelnen Märkten erfolgen soll, für die eine vorherige Untersuchung das Fehlen wirksamen Wettbewerbs festgestellt hat,[23] sind zwei europäische Rechtsakte, die aufgrund von Art. 15 Rahmenrichtlinie ergangen sind, für die Praxis ebenso wichtig wie das Richtlinienpaket selbst: Die Leitlinien der EU-Kommission zur Marktanalyse und Ermittlung beträchtlicher Marktmacht (**Kommissionsleitlinien**)[24] sowie die Empfehlung der EU-Kommission über relevante Produkt- und Dienstmärkte, die für eine Vorabregulierung in Betracht kommen (**Märkteempfehlung 2007**,[25] welche die **Märkteempfehlung 2003**[26] abgelöst hat). In der Märkteempfehlung 2007 sind statt bisher 18 Märkten nur noch sieben aufgeführt, die von den nationalen Regulierungsbehörden auf ihre Regulierungsbedürftigkeit zu untersuchen sind. Die Kommissionsleitlinien sind demgegenüber ein anhand der Spruchpraxis von EU-Kommission und EuGH in Wettbewerbssachen (Art. 101 und 102 AEUV, ex.-Art. 81 und 82 EGV) zusammengestellter Leitfaden für die nationalen Regulierungsbehörden, um beträchtliche Marktmacht und damit zugleich das Fehlen wirksamen Wettbewerbs auf einem Markt der Märkteempfehlung festzustellen.

7 Das TK-Reformpaket 2009 setzt die mit dem EU-Richtlinienpaket 2002 begonnene Entwicklung konsequent fort, indem das Regulierungsinstrumentarium verfeinert wird. Darüber hinaus erfolgen Schwerpunktsetzungen in den Bereichen Ausbau neuer Netze sowie Verbesserung des Kunden- und Datenschutzes und der Datensicherheit (siehe Kap. 9).[27]

II. Anwendungsbereich, Struktur und Systematik des TKG

8 Das TKG sowie wie das Richtlinienpaket 2002 (bzw. das TK-Reformpaket 2009) befassen sich mit der Telekommunikation, d. h. reguliert werden Einrichtungen, Netze und Dienste, soweit sie sich auf den Vorgang der Telekommunikation beziehen. Gemeint ist damit der **Übertragungsvorgang**, wenn in der Legaldefinition des Begriffs der »**Telekommunikation**« von »der technische Vorgang des Aussendens, Übermittelns und Empfangens von Signalen mittels Telekommunikationsanlagen« (§ 3 Nr. 22 TKG) gesprochen wird. Eine Regulierung von **Inhalten** findet durch das TKG mit Ausnahme von Kundenschutzregelungen im Bereich der Nutzung von Rufnummern grundsätzlich nicht statt. Anbieter von Inhalten, wie etwa die Rundfunk-Programmveranstalter, die sog. Internet Content Provider oder die Anbieter von Telemediendiensten werden durch das TKG weder in Be-

---

23 Vgl. *Heun* CR 2003, 485 (488).
24 Leitlinien der Kommission zur Marktanalyse und Ermittlung beträchtlicher Marktmacht nach dem gemeinsamen Rechtsrahmen für elektronische Kommunikationsnetze und -dienste (2002/C 165/03), ABl. EU Nr. C 165, S. 6 v. 11.07.2002.
25 Empfehlung der Kommission v. 17.12.2007 über relevante Produkt- und Dienstmärkte des elektronischen Kommunikationssektors, die aufgrund der Richtlinie 2002/21/EG des Europäischen Parlaments und des Rates über einen gemeinsamen Rechtsrahmen für elektronische Kommunikationsnetze und -dienste für eine Vorabregulierung in Betracht kommen (2007/879/EG), ABl. EU 2007 L 344, S. 65 v. 28.12.2007.
26 Empfehlung der Kommission v. 11.02.2003 über relevante Produkt- und Dienstmärkte des elektronischen Kommunikationssektors, die aufgrund der Richtlinie 2002/21/EG des Europäischen Parlaments und des Rates über einen gemeinsamen Rechtsrahmen für elektronische Kommunikationsnetze und -dienste für eine Vorabregulierung in Betracht kommen (2003/311/EG), ABl. EU Nr. L 114, S. 45–49 v. 08.05.2003.
27 Näher dazu *Heun* CR 2011, 152.

II. Anwendungsbereich, Struktur und Systematik des TKG

zug auf die Inhalte ihrer Produkte reguliert, noch können diese Anbieter aus dem TKG besondere Zugangsansprüche gegenüber den dort regulierten Unternehmen herleiten.[28] In ihrer Funktion als Teilnehmer (§ 3 Nr. 20 TKG) bzw. Endnutzer (§ 3 Nr. 8 TKG) bei der Inanspruchnahme von Telekommunikationsdiensten ist dies dagegen möglich.

Dies schließt freilich nicht aus, dass bestimmte Anbieter in Bezug auf ihre Angebote sowohl den Regelungen des TKG als auch den Regelungen des **Telemediengesetzes (TMG)**[29] oder des **Rundfunkstaatsvertrags** unterliegen. Zwar gilt das TMG nach § 1 Abs. 1 TMG nicht für Telekommunikationsdienste gemäß § 3 Nr. 24 TKG, die ganz[30] in der Übertragung von Signalen über Telekommunikationsnetze bestehen, und auch nicht mehr für telekommunikationsgestützte Dienste nach § 3 Nr. 25 TKG (dazu Rdn. 23). Andererseits beinhalten Dienste wie insbesondere der **Internet-Zugang** und die **E-Mail-Übertragung** gleichzeitig einen Übertragungsdienst wie auch eine inhaltliche Dienstleistung. Daher sind solche Dienste auch Telemediendienste und werden parallel durch TKG und TMG geregelt, sodass beide Gesetze insoweit **nebeneinander anwendbar** sind. 9

Da das TKG eine sektorspezifische Regulierung der Telekommunikationsmärkte vornimmt, stellt sich auch die Frage nach der Abgrenzung zum **Gesetz gegen Wettbewerbsbeschränkungen (GWB)**.[31] Hierzu bestimmt § 2 Abs. 3 TKG, dass die Vorschriften des GWB unberührt bleiben, soweit durch das TKG keine ausdrücklich abschließende Regelung getroffen wird. Eine solche ausdrückliche Regelung besteht allerdings an keiner Stelle des TKG. Zwar finden sich in der Literatur Stimmen, welche die Grundsätze der (materiellen) **Subsidiarität** bzw. **Spezialität** mit der Folge anwenden wollen, dass das TKG je nach Anwendungsbereich für den konkreten Sachverhalt Vorrang oder Ausschlusswirkung (Spezialität) beanspruche.[32] Diese Sichtweise übersieht aber die grundsätzliche Systematik der Regulierung nach dem TKG 2004 anhand der europarechtlichen Vorgaben. So soll infolge des Richtlinienpakets 2002 gerade nur sektorspezifisch in bestimmten Märkten mittels Vorabverpflichtungen reguliert werden, d. h. es wird grundsätzlich davon ausgegangen, dass die kartellrechtliche Marktaufsicht immer vorhanden ist, und nur bestimmte Märkte **zusätzlicher** Maßnahmen bedürfen. Die hierfür vorhandenen Durchsetzungsmechanismen, etwa in den §§ 25, 42 und 133 TKG gehen über diejenigen des GWB hinaus. Weil sich somit die Rechtsfolgen unterscheiden (können), ist die Anwendung der Grundsätze von Spezialität und Subsidiarität problematisch. Für die besondere Missbrauchsaufsicht des § 42 TKG ist jedenfalls die Parallelität von Regulierungsverfahren und zivilgerichtlichen Verfahren bereits durch die Rechtsprechung bestätigt worden.[33] Daher wird man auch insgesamt von einer parallelen Anwendbarkeit des TKG und des GWB ausgehen können. 10

In inhaltlicher wie struktureller Hinsicht beinhalten die elf Teile des TKG **vier hauptsächliche Regelungsbereiche:** 11
- **Allgemeine Regelungen,** welche den Marktzutritt, die hoheitliche Marktaufsicht und Überwachung gegenüber allen Marktteilnehmern sowie Regelungen zur öffentlichen Sicherheit beinhalten: Teil 1 – Allgemeine Vorschriften, Teil 7 Abschnitt 3 – Öffentliche Sicherheit, Teil 8 – Bundesnetzagentur, Teil 9 – Abgaben, Teil 10 – Straf- und Bußgeldvorschriften, Teil 11 – Übergangs- und Schlussvorschriften (dazu Rdn. 13 ff.).

---

28 Eine Ausnahme bildet die Regulierung der Rundfunkübertragung in Teil 4 des TKG.
29 BGBl. I 2007, 179.
30 Zu beachten ist, dass § 3 Nr. 24 TKG Telekommunikationsdienste weiter definiert als Dienste die ganz *oder überwiegend* in der Übertragung von Signalen über Telekommunikationsnetze bestehen.
31 Instruktiv zum Verhältnis zwischen TKG und dem Kartellrecht: *Topel* ZWeR 2006, 27.
32 So BerlKommTKG/*Säcker*, § 2 Rn. 18 ff.
33 LG Frankfurt/M. MMR 2005, 551 mit Anm. *Müller/Berger* und unter Verweis auf die zum TKG 1996 ergangene Entscheidung des OLG Düsseldorf MMR 2004, 247.

- Verwaltung und Vergabe von **Ressourcen für den Marktzutritt**, die nur für jene Marktteilnehmer relevant sind, die derartige Ressourcen benötigen: Teil 5 – Vergabe von Frequenzen, Nummern und Wegerechten (dazu Rdn. 92 ff.).
- **Wettbewerbsregulierung auf den Telekommunikationsmärkten**, die sich auf das Verhalten der Wettbewerber untereinander, also die eigentliche Marktregulierung gegenüber den Marktteilnehmern bezieht: Teil 2 – Marktregulierung sowie Teil 4 – Rundfunkübertragung und einzelne Regelungen aus Teil 3 – Kundenschutz (dazu Rdn. 223 ff.).
- **Schutz der Teilnehmer, Nutzer und Endnutzer (Kundenschutz)**, womit das Verhältnis der Anbieter von Telekommunikationsdiensten zu ihren Kunden und Nutzern geregelt wird: Teil 3 – Kundenschutz, Teil 6 – Universaldienst, Teil 7 Abschnitte 1 und 2 – Fernmeldegeheimnis und Datenschutz sowie einzelne Regelungen in Teil 2 und Teil 4 des TKG (dazu Rdn. 458 ff. sowie Kap. 9 und 20 Rdn. 212 ff.).

Diese Systematik findet sich im Richtlinienpaket 2002 wieder, indem der allgemeine Marktzutritt und die Ressourcenverwaltung in Rahmen- und Genehmigungsrichtlinie angesprochen sind, die Marktregulierung in Rahmen- und Zugangsrichtlinie sowie der Kunden- und Datenschutz in Universaldienst- und Datenschutzrichtlinie. Eine Besonderheit im Umgang mit dem TKG ist, dass es in § 3 TKG eine umfangreiche Regelung über Begriffsbestimmungen mit nahezu 50 **Legaldefinitionen** enthält, die für das Verständnis und die Anwendung des Gesetzes maßgebliche Bedeutung besitzen. Aus der Systematik und den relevanten Begrifflichkeiten lässt sich eine **Regulierungsmatrix** erstellen, die im **Anhang zu diesem Kapitel** dargestellt ist, und zwar in **Anhang 1** in Bezug auf Regulierungspflichten und in **Anhang 2** in Bezug auf Regulierungsrechte.

12 Ferner ist zu beachten, dass die gesetzlichen Bestimmungen des TKG wie auch die hoheitlichen Eingriffsbefugnisse der BNetzA **einerseits öffentlich-rechtliche Rechtsverhältnisse** im Verhältnis zwischen den Regulierungsadressaten, der BNetzA und etwaigen begünstigten Personen bewirken. Andererseits werden hierdurch aber auch **zivilrechtliche Rechtsverhältnisse begründet** und/oder wird hierdurch **unmittelbar oder mittelbar auf die zivilrechtlichen Vertragsverhältnisse** der Marktteilnehmer untereinander oder zwischen diesen und ihren Endkunden **eingewirkt**.

B. Allgemeine Regelungen (Marktzutritt, öffentliche Sicherheit und Marktaufsicht der BNetzA)

13 Die allgemein geltenden Regelungen des TKG sind Bestimmungen, die dem Bereich der **Gewerbeaufsicht** und den **staatlichen Interessen** auf dem Gebiet der Telekommunikation zuzuordnen sind. Im Einzelnen geht es dabei um die Bestimmungen zum Marktzutritt und die damit verbundenen Pflichten, die öffentliche Sicherheit, die Aufgaben, Befugnisse und Verfahren der BNetzA sowie um abgabenrechtliche Regelungen.

I. Regulierung des Marktzutritts

14 Der Marktzutritt zu den europäischen Telekommunikationsmärkten ist in Art. 3 Genehmigungsrichtlinie im Wesentlichen dahin gehend vorgegeben, dass jedes Unternehmen das Recht zum Betrieb elektronischer Kommunikationsnetze und zur Erbringung elektronischer Kommunikationsdienste haben soll, und dass diese Aktivitäten lediglich von einer **Allgemeingenehmigung** abhängig gemacht werden dürfen. Das TKG übersetzt diese Anforderungen dahin gehend, dass die im TKG 1996 noch bestehende **Lizenzpflicht** für das Betreiben von Übertragungswegen und das Anbieten von Sprachtelefondienst auf Basis selbst betriebener Telekommunikationsnetze **vollständig entfallen** ist. Statt einer All-

gemeingenehmigung erlaubt das TKG nunmehr **wirtschaftliche Betätigungsfreiheit** (Gewerbefreiheit) und beinhaltet wie im Bereich der Gewerbeaufsicht lediglich **Meldepflichten** für bestimmte Unternehmen sowie die allgemeine Überwachung des Marktverhaltens der (regulierten) Unternehmen durch die BNetzA.

1. Meldepflicht

Nach § 6 Abs. 1 TKG sind bestimmte natürliche oder juristische Personen verpflichtet, die **Aufnahme, Änderung** und **Beendigung** ihrer Tätigkeit sowie **Änderungen ihrer Firma** bei der BNetzA unverzüglich in Schriftform zu melden. Bei diesen Personen handelt es sich um denjenigen, der
- **gewerblich öffentliche Telekommunikationsnetze betreibt** oder
- **gewerblich Telekommunikationsdienste für die Öffentlichkeit** erbringt.

Beide verwendeten Begrifflichkeiten entstammen dem TKG 1996 und sind im TKG 2004 nicht legaldefiniert, was sich allerdings durch die TKG-Novelle 2011 ändern wird. Daher muss zur näheren Begriffsbestimmung derzeit noch auf das Begriffsverständnis unter dem TKG 1996 zurückgegriffen werden. Im Kern geht es dabei einerseits um Betreiber von Telekommunikationsnetzen und andererseits um Erbringer von Telekommunikationsdiensten (zu den darin enthaltenen und künftig entscheidenden Begriffen **öffentliches Telefonnetz** und **öffentlich zugänglicher Telefondienst** s. Kap. 9 Rdn. 49 f. sowie unten Rdn. 35). Beiden gemeinsam ist das Merkmal der Gewerblichkeit ihrer Tätigkeit und der Öffentlichkeit des angesprochenen Nutzerkreises.

a) Betreiber eines Telekommunikationsnetzes

Um zu verstehen, wer Betreiber eines Telekommunikationsnetzes ist, muss zunächst der Begriff des Telekommunikationsnetzes und dann derjenige des Betreibers erklärt werden. Ein **Telekommunikationsnetz** ist nach § 3 Nr. 27 TKG in Anlehnung an die Definition in Art. 2 lit. a) Rahmenrichtlinie

> »die Gesamtheit von Übertragungssystemen und gegebenenfalls Vermittlungs- und Leitwegeinrichtungen sowie anderweitigen Ressourcen, die die Übertragung von Signalen über Kabel, Funk, optische und andere elektromagnetische Einrichtungen ermöglichen, einschließlich Satellitennetzen, festen und mobilen terrestrischen Netzen, Stromleitungssystemen, soweit sie zur Signalübertragung genutzt werden, Netzen für Hör- und Fernsehfunk sowie Kabelfernsehnetzen, unabhängig von der Art der übertragenen Information«.

Mit dieser Definition wird der grundlegende Anwendungsbereich des TKG verdeutlicht, weil auch Telekommunikationsdienste das Bestehen eines Telekommunikationsnetzes erfordern (s. o. Rdn. 8). Typischerweise besteht ein Telekommunikationsnetz aus **Übertragungswegen** und Einrichtungen, welche die Signalübertragung ermöglichen und steuern (**Übertragungs- und Vermittlungstechnik**, auch sog. Router). Ein Übertragungsweg ist gem. § 3 Nr. 28 TKG definiert als

> »Telekommunikationsanlagen in Form von Kabel- oder Funkverbindungen mit ihren übertragungstechnischen Einrichtungen als Punkt-zu-Punkt- oder Punkt zu Mehrpunktverbindungen mit einem bestimmten Informationsdurchsatzvermögen (Bandbreite oder Bitrate) einschließlich ihrer Abschlusseinrichtungen.«

Die in § 3 Nr. 23 TKG legaldefinierten **Telekommunikationsanlagen** sind wiederum sämtliche technischen

> »Einrichtungen oder Systeme, die als Nachrichten identifizierbare elektromagnetische oder optische Signale senden, übertragen, vermitteln, empfangen, steuern und kontrollieren können«.

Die Telekommunikationsanlagen bilden daher den Oberbegriff sowohl für die Übertragungswege wie auch die sonstigen technischen Einrichtungen, aus denen ein Telekommunikationsnetz besteht.

17 Im Zusammenspiel mit der Begriffsdefinition des Übertragungswegs, die von **Abschlusseinrichtungen** spricht, ergibt sich die Abgrenzung zwischen dem Telekommunikationsnetz einerseits und **Endeinrichtungen** andererseits. Der Betrieb von Endeinrichtungen wie etwa eines Telefons ist nicht meldepflichtig, was für einzelne Geräte eindeutig ist. Aber auch das **private LAN** (Local Area Network) kann zwar technisch gesehen ein Telekommunikationsnetz darstellen, aber nicht ein solches i. S. d. TKG.[34] Dies folgt allerdings weder aus der früheren funktionalen Trennung zwischen Netz einerseits sowie Vermittlungs- und Abschlusseinrichtungen andererseits[35] noch aus der früheren Lizenzpflichtigkeit nach § 6 Abs. 1 Nr. 1 TKG 1996, die lediglich Übertragungswege erfasste, welche sich über die Grenzen eines einzelnen Grundstücks hinaus erstreckten. Denn heutige WLAN-Angebote in Hotels oder an Flughäfen wie auch schon bestehende Breitbandkabelnetze der Netzebene 4[36] würden dieses Merkmal erfüllen und sind aber dennoch vom TKG erfasst. Die Abgrenzung ergibt sich vielmehr aus der Definition von Endeinrichtungen im FTEG (Gesetz über Funkanlagen und Telekommunikationsendeinrichtungen)[37] einerseits und dem später (unten Rdn. 26 f.) noch zu betrachtenden Begriff der »Öffentlichkeit« andererseits. Denn eine Endeinrichtung ist in § 2 Nr. 2 FTEG definiert als

> »ein die Kommunikation ermöglichendes Erzeugnis oder ein wesentliches Bauteil davon, das für den mit jedwedem Mittel herzustellenden direkten oder indirekten Anschluss an Schnittstellen von öffentlichen Telekommunikationsnetzen (Telekommunikationsnetze, die ganz oder teilweise für die Bereitstellung von der Öffentlichkeit zugänglichen Telekommunikationsdiensten genutzt werden) bestimmt ist«.

Diese Definition basiert zwar noch auf dem TKG 1996, verdeutlicht aber, dass eine technische Abgrenzung dann zu einer Tautologie führt, wenn etwa anstelle eines einzelnen Geräts das oben beispielhaft genannte private LAN betrachtet und dies von Dritten (IT-Dienstleistern) angeboten bzw. betrieben wird.

18 Die Verwendung des Wortes »soweit« in der Legaldefinition des Telekommunikationsnetzes bedeutet, dass es für die Qualifikation eines Telekommunikationsnetzes auf die Übertragungsfunktion ankommt, und nicht darauf, ob die hierfür verwendeten Systeme auch anderen Zwecken dienen (können). Diese »**funktionale Betrachtungsweise**«[38] bedeutet, dass sämtliche Systeme erfasst sind, welche die Übertragung ermöglichen, gleich ob es sich um klassische, auf Kupferdraht und/oder Glasfaser beruhende **Festnetze** (schmal- oder breitbandig) oder **Breitbandkabelnetze** handelt, um **Funknetze** (z. B. Mobilfunk, Satellitenfunk, Rundfunk, Richtfunk, WLL, WLAN, WiMAX) oder um auf Energieleitungen beruhende Netze (»**Powerline**«). Es kommt auch nicht darauf an, ob die betreffenden Systeme **logische Netze** auf bereits vorhandene **physische** Übertragungssysteme aufsetzen, die selbst bereits ein Telekommunikationsnetz darstellen. Daher ist ein (logisches) **IP-Netz**, mit welchem beispielsweise der Zugang zum Internet vermittelt wird, ebenso ein Telekommunikationsnetz, wie das einem solchen Netz etwa in Form von Anschluss- oder Mietleitungen zugrunde liegende (physische) Leitungsnetz. Zwar enthält die Begriffsdefinition des Telekommunikationsnetzes selbst keine quantitativen Vorgaben.[39] Aber aus dem Begriff »Netz« selbst ist zu folgern, dass eine einzelne Punkt-zu-Punktverbindung (1. Fall des Übertragungswegs gem. § 3 Nr. 28 TKG) noch kein Netz darstellen kann, sondern für ein Netz **mindestens zwei Punkt-zu-Punktverbindungen**[40] oder eine **Punkt-zu-Mehrpunktverbindung** (2. Fall des Übertragungswegs gem. § 3 Nr. 28 TKG) nebst zugehöriger

---

34 Näher dazu *Heun* CR 2008, 82.
35 So aber Beck TKGKomm/*Schütz* § 6 Rn. 13.
36 Es handelt sich um die historischen Hausverteilnetze. Dazu noch BNetzA, Festlegungen zu Markt Nr. 18 der Märkteempfehlung, Mitteilung Nr. 341/2006, ABl. Nr. 21/2006, S. 3229 (3297).
37 BGBl. I 2001, S. 170 i. d. F. v. 31.10.2006, BGBl. I, S. 2407.
38 S. noch zum TKG 1996: RegTP Mitteilung Nr. 73/1999, ABl. Nr. 4/99 v. 10.03.1999, S. 739 (759).
39 S. noch zum TKG 1996: RegTP Mitteilung Nr. 73/1999, ABl. Nr. 4/99 v. 10.03.1999, S. 739 (740).
40 Ebenso Beck TKGKomm/*Piepenbrock/Attendorn* § 16 Rn. 19.

I. Regulierung des Marktzutritts

Übertragungssysteme erforderlich ist. Solche Verbindungen sind wie erwähnt physikalisch (dann Übertragungswege) oder logisch (dann »virtuelle« bzw. »logische« Netze).

Was die Bestimmung des **Betreibers** betrifft, so bedeutete nach § 3 Nr. 2 TKG 1996 das »Betreiben eines Telekommunikationsnetzes« das 19

> »Ausüben der tatsächlichen und rechtlichen Kontrolle (Funktionsherrschaft) über die Gesamtheit der Funktionen, die zur Erbringung von Telekommunikationsdiensten oder nichtgewerblichen Telekommunikationszwecken über Telekommunikationsnetze unabdingbar zur Verfügung gestellt werden müssen; dies gilt auch dann, wenn im Rahmen des Telekommunikationsnetzes Übertragungswege zum Einsatz kommen, die im Eigentum Dritter stehen«.

Die BNetzA sieht auch heute als zentralen Begriff zur Bestimmung der (Netz-) Betreibereigenschaft die sog. **Funktionsherrschaft** an,[41] also die rechtliche und tatsächliche Kontrolle über die Übertragungssysteme des Telekommunikationsnetzes. Für die **rechtliche Kontrolle** ist nicht erforderlich, dass der Betreiber Eigentümer der Netzressourcen ist. Vielmehr reicht der Besitz bzw. die tatsächliche Verfügungsgewalt. Die **tatsächliche Kontrolle** bedeutet, dass der Betreiber derjenige ist, welcher jederzeit tatsächlich darüber bestimmt, ob die betreffenden Systeme ein- oder ausgeschaltet sind. Die Funktionsherrschaft besitzt, wer bei einer Gesamtschau in eigener Verantwortung über das Ob und Wie des Netzbetriebs entscheidet und ein eigenes Interesse an der bestimmungsgemäßen Nutzung des Netzes hat.[42] Hilfstätigkeiten im Auftrag eines anderen, wie z. B. die Ausführung von Installations- oder Wartungsarbeiten sowie das regelmäßig an Weisungen des Auftraggebers gebundene »**Outsourcing**« begründen ebenso keine Funktionsherrschaft wie das bloße Eigentum an den Netzressourcen.

Für das richtige Verständnis ist aber weiterhin wichtig, dass die gleiche physikalische Infrastruktur parallel von mehr als einem Netzbetreiber genutzt sein kann. So etwa im Fall des Anbieters von Telefonie oder Datenübertragung, der für seine Angebote das Mietleitungsnetz eines anderen Anbieters nutzt; der erstgenannte Anbieter betreibt ein Telefon- oder Datennetz, der letztgenannte ein Übertragungswegenetz und der Netzbetrieb basiert auf der gleichen Infrastruktur. Ähnlich sieht dies bei IP-basierten **Virtual Private Networks** (VPN) aus, die bestehende, von Dritten betriebene Infrastrukturen für darauf aufsetzende virtuelle, d. h. logisch geschaltete Verbindungen nutzen. Mit Blick auf die am Markt zu beobachtende **Konvergenz von IT und Telekommunikation** bei den Diensteangeboten bedeutet dies, dass Anbieter, die sich gerne dem »unregulierten« Bereich der IT zugehörig ansehen, tatsächlich u. U. auch als Netzbetreiber i. S. d. TKG agieren.[43] 20

Für die sog. virtuellen Netze wie **Virtual Private Networks (VPN)** und sog. **Mobile Virtual Network Operator – MVNO** kommt es für die Netzbetreiberstellung darauf an, ob auch physikalische oder logische Verbindungen betrieben werden. Zwar betreiben MVNOs nicht die funkgestützten Übertragungswege zwischen den Mobilfunk-Basisstationen und den Endgeräten der Nutzer und insoweit auch kein darüber liegendes Netz, weil der betreffende Übertragungsweg anders als im Festnetz immer im Einzelfall durch den physischen Mobilfunknetzbetreiber komplett neu in dessen Funktionsherrschaft aufgebaut wird. Allerdings betreiben MVNOs im Zusammenhang mit einer »Netznutzung« des Mobilfunknetzes häufig auch Festnetz-Verbindungen auf Basis von Mietleitungen (also Übertragungswegen) Dritter. 21

---

41 Vgl. RegTP Mitteilung Nr. 237/2004, ABl. RegTP Nr. 15/2004, S. 785 (786). Der Betreiberbegriff in Art. 2 lit. c) Zugangsrichtlinie ist demgegenüber etwas weiter, weil er nicht nur auf das Netz, sondern auch unabhängig vom Netz auf das Bereitstellen zugehöriger Einrichtung abstellt.
42 Näher zur Herleitung *Bothe/Heun/Lohmann* Archiv PT 1995, 5 (14).
43 Ausführlich dazu *Heun* CR 2008, 79.

b) Erbringer von Telekommunikationsdiensten

22 Mit einer Person, die **Telekommunikationsdienste erbringt**, ist eine Teilmenge der in § 3 Nr. 6 TKG legaldefinierten **Diensteanbieter** gemeint, nämlich derjenige, der »ganz oder teilweise geschäftsmäßig Telekommunikationsdienste erbringt« (lit. a)). Nicht erfasst sind diejenigen Diensteanbieter, die lediglich an der Erbringung solcher Dienste mitwirken (lit. b)). Im Zusammenspiel mit der Legaldefinition des »geschäftsmäßigen Erbringens« in § 3 Nr. 10 TKG sind daher meldepflichtig nur diejenigen Personen, welche die Telekommunikationsdienste nachhaltig im eigenen Namen und für eigene Rechnung gegenüber Dritten mit oder ohne Gewinnerzielungsabsicht **anbieten**. Die Ausführung der Leistungen kann hierbei durch den Anbieter ganz oder teilweise selbst oder vollständig durch Dritte (als Erfüllungsgehilfen) erfolgen. Im letztgenannten Fall ist der Diensteanbieter ein **Wiederverkäufer (Reseller)**. Nachhaltigkeit ist gegeben, wenn das Angebot eine gewisse Häufigkeit aufweist und auf gewisse Dauer angelegt ist.[44] Damit ist auch das Unternehmen, welches seinen Mitarbeitern **private Telefonie am Arbeitsplatz** gestattet, ein Diensteanbieter (gegenüber diesen Mitarbeitern), ebenso wie etwa das Hotel, welches seinen Gästen einen Telefondienst anbietet. Die Meldepflicht solcher Diensteanbieter entfällt allerdings mangels eines gewerblichen Angebots solcher Leistungen (s. u. Rdn. 25; zur Frage der Überwachung s. Rdn. 47). Einmalige oder gelegentliche Leistungen, wie etwa die zeitweilige Überlassung eines Telefon- oder Internetanschlusses für die Besucher eines Unternehmens, fallen dagegen schon nicht unter den Begriff »geschäftsmäßig«.

23 **Telekommunikationsdienste** wiederum sind gem. § 3 Nr. 24 TKG

> »in der Regel gegen Entgelt erbrachte Dienste, die ganz oder überwiegend in der Übertragung von Signalen über Telekommunikationsnetze bestehen, einschließlich Übertragungsdienste in Rundfunknetzen«.

Mit dieser Definition wird die Abgrenzung zu Inhaltsdiensten wie **Rundfunk** und **Telemediendiensten** deutlich, weil dort die Übertragung von Signalen nicht im Vordergrund steht. Neben klassischen Telekommunikationsdiensten wie dem festen Telefondienst, den Mobilfunk- und Datenübertragungsdiensten (einschließlich DSL) sowie der Bereitstellung von Mietleitungen gehört hierhin auch der **Internet-Zugang, E-Mail-Übertragung** wie auch **Voice over IP (VoIP)**,[45] selbst wenn diese Dienste zugleich auch Telemediendienste sind (s. o. Rdn. 8). Überwiegt dagegen der Inhaltsanteil eines Dienstes, handelt es sich nicht mehr um einen Telekommunikationsdienst. Dies gilt im Bereich der Telekommunikation insbesondere für sog. **Mehrwertdienste**.[46] Bei diesen handelt es sich vielmehr um einen sog. **telekommunikationsgestützten Dienst**. Derartige Dienste sind nach § 3 Nr. 25 TKG Dienste,

> »die keinen räumlich und zeitlich trennbaren Leistungsfluss auslösen, sondern bei denen die Inhaltsleistung noch während der Telekommunikationsverbindung erfüllt wird«.

Angesichts der separaten Definition spricht viel dafür, diese Dienste nicht als Telekommunikationsdienste anzusehen,[47] weil hier gerade der Inhaltsanteil überwiegt.[48] Neben den klassischen Mehrwertdiensten (z. B. **Premium-Dienste** in der Rufnummerngasse 0900 gem. § 3 Nr. 17a TKG sowie **Service-Dienste** in der Rufnummerngasse 0180 gem. § 3 Nr. 8b TKG), dürfte dies auch auf den **Auskunftsdienst** i. S. v. § 3 Nr. 2a S. 1 TKG zu-

---

44 BT-Drs. 15/2316, 58 zu § 3 Nr. 11 des Gesetzentwurfs.
45 Für VoIP stellt dies die BNetzA ausdrücklich in ihren »Eckpunkten zur regulatorischen Behandlung von Voice over IP (VoIP)« unter Eckpunkt 2 fest, abrufbar unter www.bundesnetzagentur.de.
46 S. VG Köln CR 2003, 109 (110 f.).
47 Anders: Beck TKGKomm/*Schütz* § 6 Rn. 32, der telekommunikationsgestützte Dienste für eine Teilmenge der Telekommunikationsdienste nach § 3 Nr. 24 TKG hält.
48 S. auch die Gesetzesbegründung zu § 1 TMG v. 26.02.2007: BT-Drs. 16/3078, 13, wo telekommunikationsgestützte Dienste als Individualkommunikation mit Inhaltsleistung bezeichnet werden.

treffen.⁴⁹ Dies führt allerdings nicht dazu, dass damit das TMG auf diese Dienste anwendbar wäre (§ 1 Abs. 1 TMG). Ungeachtet dieser Abgrenzung behandelt die BNetzA daher in der Praxis beide Arten von Diensten als meldepflichtig, wie sich aus der Kategorisierung von Telekommunikationsdiensten ergibt, welche die BNetzA in dem für die Erfüllung der Meldepflicht zu nutzenden Meldeformular und in der Veröffentlichung der gemeldeten Unternehmen darlegt.⁵⁰ Hinzu kommt, dass bestimmte Dienste in der Legaldefinition des öffentlich zugänglichen Telefondienstes nach § 3 Nr. 17 TKG in der Weise enthalten sind, dass jener diese Dienste »einschließt«. Daraus kann zumindest für dort aufgeführte Dienste gefolgert werden, dass der Gesetzgeber diese wie Telekommunikationsdienste behandeln will. Im Einzelnen handelt es sich dabei insbesondere um die Unterstützung durch Vermittlungspersonal, Auskunftsdienste, Teilnehmerverzeichnisse sowie die Bereitstellung öffentlicher Münz- und Kartentelefone.

Die Abgrenzung von Telekommunikations- zu Inhaltsdiensten ist im konkreten Einzelfall mit Blick auf die Formulierung »*ganz oder überwiegend in der Übertragung von Signalen*« in § 3 Nr. 24 TKG bei **Leistungspaketen** und **webbasierten Diensten** mitunter sehr schwierig vorzunehmen. Dies gilt beispielsweise für bestimmte **Webmail-Dienste** ebenso wie für **Machine-to-Machine (M2M)** Anwendungen (z. B. Smart Metering, Verkehrstelematik, Internet of Things). Gerade bei Letzterem spielt der Kommunikationsanteil des Dienstes oft eine untergeordnete Rolle, kann aber funktional getrennt betrachtet werden. Häufig wird man daher auch zur Annahme des Vorliegens eines Telekommunikationsdienstes kommen (müssen). 24

c) Gewerblichkeit

Die Meldepflicht setzt voraus, dass Netzbetreiber und Diensteanbieter ihre Tätigkeiten **gewerblich** ausüben. Das ist der Fall, wenn die Tätigkeit auf **Gewinnerzielung**⁵¹ ausgerichtet ist und **nachhaltig** ausgeübt wird, also auf eine gewisse Dauer angelegt ist. Das gilt aber nicht, wenn etwa die (Telekommunikations-) Dienste nur **gelegentlich** eines anderen Gewerbes angeboten werden; so beispielsweise, wenn die Betreiber von **Hotels** oder **Krankenhäusern** auch Telefondienst und Internet-Zugang bereitstellen. 25

d) Öffentlichkeit

Ob es sich um **Telekommunikationsdienste für die Öffentlichkeit** oder **öffentliche Telekommunikationsnetze** handelt, ist nach dem Diensteangebot zu entscheiden. Denn Netze sind dann öffentlich, wenn auf ihrer Grundlage Dienste für die Öffentlichkeit angeboten werden. Hierzu fand sich in § 3 Nr. 19 TKG 1996 folgende Definition: 26

> »Angebote für beliebige natürliche und juristische Personen, und nicht lediglich für Teilnehmer geschlossener Benutzergruppen«.

Obwohl das TKG 2004 den Begriff »**geschlossene Benutzergruppen**« nach wie vor verwendet (und zwar in Teil 7 des Gesetzes zum Umfang datenschutz- und sicherheitsrechtlicher Verpflichtungen), bleibt der Begriff »Öffentlichkeit« selbst undefiniert und es wird auch kein Gegensatz zu Teilnehmern geschlossener Benutzergruppen hergestellt. Der Gesetzgeber⁵² und die BNetzA⁵³ stellen daher bei der Begriffsbestimmung von Öffentlichkeit ausschließlich darauf ab, ob die betreffenden Angebote an einen **unbestimmten Personenkreis** erfolgen. Ob die Abnehmer der Angebote eine geschlossene Benutzergruppe darstel-

---

49 Ebenso Beck TKGKomm/*Schütz/Piepenbrock/Attendorn* § 3 Rn. 51 mit weiteren Beispielen.
50 Beides ist abrufbar unter www.bundesnetzagentur.de.
51 Nach den Vorstellungen des Gesetzgebers reicht es hierfür aus, wenn die Tätigkeit zumindest mit der Absicht der Kostendeckung angeboten wird: BT-Drs. 15/2316, 60 zu § 6.
52 BT-Drs. 15/2316, 60 zu § 6.
53 Vgl. etwa die Angaben der der BNetzA zur Meldepflicht auf www.bundesnetzagentur.de.

len oder nicht, ist danach nicht mehr relevant. Solange aber der Begriff »**Öffentlichkeit**« im Richtlinienpaket 2002 und im TKG verwendet wird, spricht manches dafür, dass es auch »**private Dienste**« geben muss. Richtig wäre es daher, neben den offensichtlich nicht öffentlichen, selbst genutzten, rein privaten Netzen für die rein interne Kommunikation auch derartig begrenzte Diensteangebote vom Begriff der Öffentlichkeit auszunehmen.[54]

27 Mit diesem Verständnis lässt sich die bereits angesprochene Problematik (Rdn. 17) des **privaten LANs** lösen. Reine Privatnetze wie auch das Angebot und der Betrieb solcher Netze durch Dritte sind nicht »öffentlich« und damit nicht meldepflichtig. Demgegenüber sind solche Angebote öffentlich, wenn sie beliebigen Dritten zugänglich sind, wie etwa bei einem offenen WLAN. Gleichwohl ist zu beachten, dass durch die Veränderung im Verständnis des Begriffs der »Öffentlichkeit« solche Dienstleister, die sich früher durch Angebote an geschlossene Benutzergruppen außerhalb des Anwendungsbereichs des TKG (1996) wähnten, heute in den Anwendungsbereich fallen, wenn es sich nicht mehr um Angebote handelt, die ausschließlich der reinen internen Kommunikation dienen.[55]

e) Form und Inhalt der Meldepflicht

28 Die Meldepflicht ist nach § 6 Abs. 1 S. 2 TKG unverzüglich und in **Schriftform** zu erfüllen, und zwar gem. § 6 Abs. 2 S. 2 TKG durch **Formulare**, die bei der BNetzA mit Hinweisen zum Ausfüllen erhältlich sind.[56] Meldepflichtig sind Angaben, die der **Identifizierung** des Diensteanbieters oder Netzbetreibers dienen, d. h. insbesondere Name, Handelsregisternummer (falls vorhanden), Anschrift, Kurzbeschreibung des Netzes oder Dienstes sowie der voraussichtliche Termin für die Aufnahme der Tätigkeit (§ 6 Abs. 2 S. 1 TKG). Ferner müssen **Aufnahme**, **Änderung** und **Beendigung** der Tätigkeit sowie **Änderungen der Firma** gemeldet werden (§ 6 Abs. 1 S. 1 TKG). Personen, die ihre Tätigkeit bereits nach § 4 TKG 1996 **angezeigt** bzw. unter dem TKG 1996 eine **Lizenz** erhalten haben, sind nach § 150 Abs. 2 TKG zunächst **nicht meldepflichtig**, müssen aber freilich etwaige Änderungen melden. Als Folge der Meldungen **veröffentlicht** die BNetzA nach § 6 Abs. 4 TKG regelmäßig ein Verzeichnis der gemeldeten Personen. Dieses Verzeichnis ist auf der Website der BNetzA abrufbar.[57]

2. Übergangsregelungen für Altlizenzen

29 Trotz des Wegfalls der Lizenzpflicht mit dem TKG 2004 gelten die unter dem TKG 1996 erteilten **Lizenzen** ebenso wie die unter dem Fernmeldeanlagengesetz (FAG) 1989 erteilten **Verleihungen** (Letzteres betrifft insbesondere die drei ersten GSM-Lizenzen) fort. Dies ergibt sich ausdrücklich aus § 150 Abs. 4 TKG für die seit 1989 mittels Vergabeverfahren (Ausschreibung oder Versteigerung) vergebenen **Funklizenzen** (z. B. GSM, UMTS, WLL).[58] Nach § 150 Abs. 4a TKG gelten die darin enthaltenen Rechte und Pflichten auch ausdrücklich als Rechte und Verpflichtungen i. S. d. §§ 126 und 133 TKG; das ist für die Durchsetzung der Lizenzpflichten relevant. Für andere Lizenzen folgt die Fortgeltung aus deren verwaltungsrechtlicher **Bestandskraft** (§ 43 Abs. 2 VwVfG).[59] Die Regelungen in § 150 Abs. 2, 3 und 8 TKG bestätigen dies mittelbar, wenn dort auf bestehende Lizenzen oder darin gewährte Rechte Bezug genommen wird.

---

54 Ausf. dazu Heun/*Heun*, Hdb TK, A. Rn. 52.
55 Siehe auch *Heun* CR 2008, 84 f.
56 So etwa als Download unter www.bundesnetzagentur.de.
57 Unter www.bundesnetzagentur.de.
58 S. dazu BVerwG CR 2008, 359 (360) – simyo.
59 Zu den dadurch aufgeworfenen Fragen für Übertragungen und gesellschaftsrechtlicher Umstrukturierungen s. Heun/*Heun*, Hdb TK, A. Rn. 27.

3. Sonstige Verpflichtungen

In Bezug auf sonstige allgemeine Verpflichtungen ist darauf hinzuweisen, dass meldepflich- 30
tige Unternehmen, die in anderen Sektoren über besondere oder ausschließliche Rechte verfügen, wie etwa im Bereich der **öffentlichen Daseinsvorsorge**, nach § 7 TKG ihre Aktivitäten im Telekommunikationsbereich strukturell ausgliedern oder über diese Tätigkeiten eine getrennte Rechnungslegung vorsehen (sog. **strukturelle Separierung**) müssen. Diese Verpflichtung beruht auf Art. 13 Rahmenrichtlinie. Ferner unterliegen Unternehmen, die **internationale Telekommunikationsdienste** erbringen, nach § 8 TKG besonderen Verpflichtungen aus der Konstitution der Internationalen Fernmeldeunion.[60]

4. Durchsetzung und Sanktionen

Die unterlassene, unrichtige oder unvollständige, formfehlerhafte oder verspätete Meldung 31
ist eine Ordnungswidrigkeit nach § 149 Abs. 1 Nr. 2 TKG. Die BNetzA kann hierfür nach
§ 149 Abs. 2 TKG ein Bußgeld von bis zu 10.000,– € verhängen. Im Übrigen besitzt die
BNetzA verwaltungsrechtliche Instrumente zur Durchsetzung von Verpflichtungen, insbesondere nach § 126 TKG (s. unten Rdn. 66).

II. Öffentliche Sicherheit

Telekommunikation und Telekommunikationsvorgänge haben eine überragende Bedeu- 32
tung im privaten wie im wirtschaftlichen Umfeld. Daher bestehen hier auch starke **hoheitliche Interessen** an der Funktionsfähigkeit und Sicherheit, aber auch der Überwachbarkeit von Telekommunikationsvorgängen. Die in Teil 7, Abschnitt 3 des TKG zusammengefassten Regelungen zur öffentlichen Sicherheit dienen daher vornehmlich dem **Allgemeininteresse** und betreffen vier abgrenzbare Materien:
- Bereitstellung von Notrufmöglichkeiten (§ 108 TKG);
- Technische Schutzmaßnahmen (§ 109 TKG);
- Technische Umsetzung von Überwachungsmaßnahmen (§ 110 TKG); und
- Auskunftsersuchen von Sicherheitsbehörden (§ 111 bis 114 TKG).

Die Bedeutung dieser Materien kommt auch dadurch zum Ausdruck, dass der BNetzA nach § 115 TKG zur Durchsetzung der dort (wie auch in den datenschutzrechtlichen Bestimmungen) enthaltenen Verpflichtungen eigenständige Zwangsregelungen zur Verfügung stehen. Ihr Anwendungsbereich ist gegenüber dem TKG 1996 deutlich erweitert und hat Auswirkungen im gesamten Bereich der IT, was durch die TKG-Novelle 2011 (oben Rdn. 1) noch verstärkt werden wird.[61]

Europarechtliche Vorgaben finden sich zunächst in Bezug auf den Notruf (Art. 26 Univer- 33
saldienstrichtlinie), da das Richtlinienpaket 2002 sonstige Fragen der öffentlichen Sicherheit und Ordnung den Mitgliedstaaten selbst überlässt.[62] Hinzu kommt allerdings die Richtlinie zur **Vorratsdatenspeicherung**.[63] Die bisherigen diesbezüglichen Umsetzungsregelungen der §§ 113a, 113b TKG wurden durch Urteil des BVerfG vom 02.03.2010 indes aufgehoben.[64] Ob und in welchem Umfang eine Neuregelung erfolgt, ist zwischen den zu-

---

60 Nähere Informationen dazu unter www.itu.int.
61 Dazu *Heun* CR 2011, 160 f.
62 S. Art. 1 Abs. 3 i. V. m. Erwägungsgrund (7) der Rahmenrichtlinie sowie Genehmigungsrichtlinie, Anh. Teil A. Nr. 11, 16.
63 Richtlinie 2006/244/EG über die Vorratsspeicherung von Daten, die bei der Bereitstellung öffentlich zugänglicher elektronischer Kommunikationsdienste oder öffentlicher Kommunikationsnetze erzeugt oder verarbeitet werden und zur Änderung der Richtlinie 2002/58/EG (ABl. L 105/54 v. 13.04.2006).
64 BGBl. I S. 272; BVerfG 02.03.2010, 1 BvR 256/08 u. a. = CR 2010, 232 mit Anm. *Heun*.

ständigen Ministerien umstritten und außerdem vom Ausgang eines Vorlageverfahrens des irischen High Court vom 05.05.2010 an den EUGH abhängig.

1. Notruf

34 In § 108 Abs. 1 TKG sind zweierlei Verpflichtungen zum Notruf vorgesehen, die sich einerseits auf die grundsätzliche Ermöglichung von Notrufen und andererseits auf die inhaltliche Ausgestaltung beziehen. Zum einen muss derjenige, der öffentlich zugängliche Telefondienste (§ 3 Nr. 17 TKG) erbringt, für jeden Nutzer (§ 3 Nr. 14 TKG) unentgeltlich **Notrufmöglichkeiten** unter der europaeinheitlichen Notrufnummer 112 und den in einer Rechtsverordnung festgelegten zusätzlichen nationalen Notrufnummern[65] bereitstellen (Satz 1). Zum anderen muss derjenige, der öffentlich zugängliche Telefondienste erbringt, den Zugang zu solchen Diensten ermöglicht oder Telekommunikationsnetze (§ 3 Nr. 27 TKG) betreibt, die für öffentlich zugängliche Telefondienste genutzt werden, sicherstellen oder im notwendigen Umfang daran mitwirken, dass **Notrufe** unverzüglich an die zuständige Notrufabfragestelle **übermittelt** werden, und zwar einschließlich der Rufnummer des Anschlusses und sonstiger Daten, die zur Verfolgung von Missbräuchen sowie zur Ermittlung des Standorts, von dem der Notruf ausgeht, erforderlich sind, (Satz 2).

a) Verpflichtete Personen

35 Die in § 108 Abs. 1 S. 1 TKG enthaltene Pflicht zur Bereitstellung von Notrufmöglichkeiten trifft denjenigen, **der öffentlich zugängliche Telefondienste erbringt**. Nach der Legaldefinition in § 3 Nr. 17 ist der öffentlich zugängliche Telefondienst

> »ein der Öffentlichkeit zur Verfügung stehender Dienst für das Führen von Inlands- und Auslandsgesprächen einschließlich der Möglichkeit, Notrufe abzusetzen; ...«

Im Zusammenspiel mit der bereits vorgenommen Begriffsbestimmung für Telekommunikationsdienste für die Öffentlichkeit (s. o. Rdn. 23, 26) ist somit der öffentlich zugängliche Telefondienst ein Unterfall, der sich konkret auf den Telefondienst bezieht. Dieser ist definiert durch die Ermöglichung von Inlands- und Auslandsgesprächen sowie Notrufen und schließt nach § 3 Nr. 17 TKG auch weitere Dienste mit ein (z. B. Unterstützung durch Vermittlungspersonal, Auskunftsdienste). Ob die weiteren Dienste wie auch die Notrufmöglichkeit selbst konstitutiv für die Definition des Telefondienstes sind, ist bei der Frage diskutiert worden, ob **VoIP-Angebote** auch als öffentlich zugänglicher Telefondienst anzusehen sind. Gegen die konstitutive Wirkung dieses Definitionsaspekts spricht freilich, dass dann die Verpflichtungen in § 108 TKG leer laufen würden, wenn der Anbieter über das Bereitstellen oder Nichtbereitstellen von Notrufmöglichkeiten selbst darüber entscheidet, ob seine Dienste öffentlich zugänglicher Telefondienste sind oder nicht.[66] Dementsprechend sind öffentlich zugängliche Telefondienste nicht nur die **klassische Festnetztelefonie** (PSTN, ISDN) und **mobile Telefonie** (egal ob über GSM oder UMTS), sondern auch VoIP, sofern die betreffenden **VoIP-Dienste** jene substituieren.[67] Das ist jedenfalls dann der Fall, wenn die VoIP-Dienste nicht lediglich IP-Netzintern angeboten werden, sondern auch die Telefonie zu herkömmlichen PSTN- oder ISDN-Anschlüssen ermöglichen.[68] Was die Be-

---

65 Nach § 1 NotrufV (BGBl. I 2009, S. 481) ist dies in Deutschland die 110 (Polizei).
66 Ebenso Heun/*Eckhardt*, Hdb TK, B. Rn. 37; BerlKommTKG/*Säcker* § 3 Rn. 59.
67 Vgl. schon den Notifizierungsentwurf der BNetzA v. 21.11.2005 für Marktdefinition und Marktanalyse, Zugang zum öffentlichen Telefonnetz an festen Standorten, öffentliche Inlandsgespräche an festen Standorten und öffentliche Auslandsgespräche an festen Standorten, Märkte Nr. 1–6 der Märkte-Empfehlung [2003] der EU-Kommission (Az. DE 2005 306–311), S. 58, 64.
68 So die Klarstellung in der früheren Regulierungsverfügung v. 23.06.2006 – BK 2a 06/001-R, S. 1, BNetzA Mitteilung Nr. 249/2006, ABl. Nr. 13/2006 v. 05.07.2006, S. 42 (1744); siehe nunmehr auch die Regulierungsverfügung durch BNetzA 25.01.2010, BK 2c 09/002-R, S. 17, BNetzA Mitteilung Nr. 74/2010, ABl. Nr. 3/2010 v. 10.02.2010, S. 280 (297).

griffsmerkmale »öffentlich zugänglich« und »erbringt« anbetrifft, so geht es dabei um das Anbieten gegenüber einem unbestimmten Personenkreis (s. o. Rdn. 22 und 26).

Der verpflichtete Personenkreis der in § 108 Abs. 1 S. 2 TKG enthaltenen Verpflichtung zur **Rufnummern- oder Datenübermittlung** für die Missbrauchsbekämpfung und die Standortbestimmung des Anrufers ist weiter gefasst. Denn hier kommen zu den Anbietern des öffentlich zugänglichen Telefondienstes wie in Satz 1 diejenigen, die den Zugang zu solchen Diensten ermöglichen und/oder die dem Dienst zugrunde liegenden Telekommunikationsnetze betreiben, hinzu (zum Begriff des Netzbetreibers s. o. Rdn. 16 f.). Durch diese weite Formulierung werden insbesondere die Telefondienste erfasst, die auf Basis von IP-Netzen VoIP-Dienste ermöglichen, um so eine umfassende Notrufverpflichtung zu gewährleisten.[69] **36**

b) Inhalt und Umfang der Verpflichtungen

In inhaltlicher Hinsicht ist das Bereitstellen von Notrufmöglichkeiten selbsterklärend. Jeder **Nutzer** eines öffentlich zugänglichen Telefondienstes muss im Rahmen des Dienstes die Möglichkeit haben, einen unentgeltlichen Notruf **abzusetzen**. Schwieriger ist die Verpflichtung zur Rufnummern- oder Datenübermittlung für die Missbrauchsbekämpfung und die Standortbestimmung des Anrufers. Gerade dies bereitet bei VoIP-Diensten Schwierigkeiten, die ja auch über Internet-Zugänge und/oder WLAN-Hotspots im In- und Ausland abseits vom eigentlichen Wohn- oder herkömmlichen Standort des Nutzers in Anspruch genommen werden können. An welche Notrufabfragestellen die Notrufe, Rufnummern und Daten zu übermitteln sind, bestimmt sich nach Landesrecht. Die nähere Ausgestaltung der Verpflichtungen zum Notruf ist nach § 108 Abs. 2 TKG durch die Verordnung über Notrufverbindungen (NotrufV) vorgenommen worden.[70] Die zusätzlich nach § 108 Abs. 3 TKG zu erlassende Technische Richtlinie (TR Notruf) liegt bereits im Entwurf vor.[71] **37**

c) Durchsetzung und Sanktionen

Verstöße gegen die Notrufverpflichtungen sind Ordnungswidrigkeiten nach § 149 Abs. 1 Nr. 19 und 20 TKG; sie sind nach § 149 Abs. 2 TKG mit einem Bußgeld von bis zu 100.000,- € (Nr. 19) bzw. 50.000,- € (Nr. 20) bewehrt. Im Übrigen besitzt die BNetzA besondere und allgemeine verwaltungsrechtliche Instrumente zur Durchsetzung von Verpflichtungen, insbesondere nach §§ 115 und 126 TKG (unten Rdn. 66 f.). **38**

2. Technische Schutzmaßnahmen

Die in § 109 TKG vorgesehenen technischen Schutzmaßnahmen betreffen das Allgemeininteresse an der Sicherheit der Telekommunikationsvorgänge. In § 109 TKG sind in Absatz 1 **Grundpflichten** sowie in Absatz 2 und 3 **erweiterte Pflichten** vorgesehen, die unterschiedliche Adressaten betreffen. Die TKG-Novelle 2011 (oben Rdn. 1) wird den Umfang der Pflichten und den Adressatenkreis erweitern. **39**

a) Verpflichtete Personen

Die Grundpflichten des § 109 Abs. 1 TKG betreffen **Diensteanbieter** i. S. v. § 3 Nr. 6 TKG. Neben denjenigen meldepflichtigen Personen, die ganz oder teilweise geschäftsmäßig Telekommunikationsdienste erbringen (§ 3 Nr. 6 lit. a) TKG, dazu bereits oben Rdn. 22 f.) ge- **40**

---

[69] Vgl. die Gesetzesbegründung zum TKG-Änderungsgesetz, BT-Drs. 16/2581, 28.
[70] Verordnung über Notrufverbindungen v. 06.03.2009, BGBl. I S. 481.
[71] TR Notruf wurde im Amtsblatt Nr. 20 der BNetzA v. 20.10.2010 veröffentlicht; Mitteilung Nr. 566/2010.

hören dazu auch Personen, die ganz oder teilweise geschäftsmäßig an der Erbringung solcher Dienste mitwirken (§ 3 Nr. 6 lit. b) TKG). Unter den Mitwirkenden sind insbesondere interne oder externe Erfüllungsgehilfen, Subunternehmer und Dienstleister zu verstehen, die in die technische Erbringung der Dienstleistungen einbezogen sind.[72]

41 Die erweiterten Pflichten des § 109 Abs. 2 und 3 TKG **betreffen Betreiber von Telekommunikationsanlagen**, die dem Erbringen von Telekommunikationsdiensten für die Öffentlichkeit dienen. Über die meldepflichtigen Betreiber von öffentlichen Telekommunikationsnetzen (dazu oben Rdn. 16 f.) hinaus ist (auch) hier der Kreis erweitert. Denn die in § 3 Nr. 23 TKG legaldefinierten Telekommunikationsanlagen sind sämtliche technischen »Einrichtungen oder Systeme, die als Nachrichten identifizierbare elektromagnetische oder optische Signale senden, übertragen, vermitteln, empfangen, steuern und kontrollieren können«. Dementsprechend sind hier auch Betreiber (s. o. Rdn. 19) von Vermittlungseinrichtungen, Routern und ähnlichen Einrichtungen erfasst, ohne dass diese Betreiber auch Netzbetreiber sein müssten. Dazu gehören Anbieter von Internet-Zugängen ohne Netz ebenso wie Betreiber von E-Mail-Plattformen.

b) Inhalt und Umfang der Verpflichtungen

42 Die **Grundpflichten** des § 109 Abs. 1 TKG bestehen darin, dass **angemessene technische Vorkehrungen oder Maßnahmen zum Schutze**

- des Fernmeldegeheimnisses (§ 88 TKG) und personenbezogener Daten (i. S. d. Bundesdatenschutzgesetzes; dazu Kap. 20 Rdn. 212 ff.) und
- der Telekommunikations- und Datenverarbeitungssysteme gegen unerlaubte Zugriffe

zu treffen sind. Zur Orientierung für den Umfang der daraus erwachsenden Verpflichtungen kann auf den Anhang zu § 9 des BDSG zurückgegriffen werden. Als angemessen betrachtet das Gesetz dabei nach § 109 Abs. 2 S. 7 TKG, wenn der erforderliche technische und wirtschaftliche Aufwand in einem angemessenen Verhältnis zur Bedeutung der zu schützenden Rechte und zur Bedeutung der zu schützenden Einrichtungen für die Allgemeinheit steht.

43 Die **erweiterten Pflichten** des § 109 Abs. 2 TKG bestehen darin, dass bei den im Zusammenhang mit den Telekommunikationsanlagen betriebenen Telekommunikations- und Datenverarbeitungssystemen angemessene technische Vorkehrungen oder Maßnahmen zum Schutze gegen erhebliche Störungen, äußere Angriffe und Einwirkungen von Katastrophen unter Berücksichtigung des Standes der technischen Entwicklung von mehreren Betreibern gemeinsam genutzter Netzteile zu treffen sind. Bei gemeinsamer Nutzung von Standorten oder Einrichtungen unterliegt jeder Betreiber diesen Verpflichtungen, es sei denn, bestimmte Verpflichtungen können einem bestimmten Betreiber zugeordnet werden.

44 Die besonders bedeutsamen erweiterten Pflichten des § 109 Abs. 3 TKG beinhalten die Verpflichtungen,
- eine(n) **Sicherheitsbeauftragte(n)** zu benennen und
- ein **Sicherheitskonzept** zu erstellen.

Nach dem TKG 1996 betraf die Verpflichtung zum Sicherheitskonzept nur lizenzpflichtige Betreiber (deren Sicherheitskonzepte zur Erfüllung der neuen Verpflichtung fortgelten), sodass hier eine erhebliche Vergrößerung der Verpflichtungen nach Umfang und Adressatenkreis gegeben ist; ausgenommen sind aber Telekommunikationsanlagen, die dem Empfang oder der Verteilung von Rundfunksignalen dienen. Das Sicherheitskonzept muss der BNetzA vom Betreiber unverzüglich nach Aufnahme von Telekommunikationsdiensten

---

[72] Vgl. Beck TKGKomm/*Robert* § 109 Rn. 11.

vorgelegt und mit der Erklärung der Umsetzung der darin beschriebenen Maßnahmen verbunden werden. Die BNetzA kann Änderungen bei Mängeln verlangen, zu deren Beseitigung der Betreiber ebenso verpflichtet ist wie zu Anpassungen bei Änderungen der dem Konzept zugrunde liegenden Gegebenheiten.

c) Durchsetzung und Sanktionen

Verstöße gegen die Verpflichtung zur Vorlage des Sicherheitskonzepts sind nach § 149 Abs. 1 Nr. 21 TKG eine Ordnungswidrigkeit, für welche die BNetzA nach § 149 Abs. 2 TKG ein Bußgeld von bis zu 100.000,– € erheben kann. 45

3. Telekommunikationsüberwachung und Auskunftsersuchen

Die **Überwachung** (also das Ab- bzw. Mithören) **und Aufzeichnung der Telekommunikation** (zum Begriff »Telekommunikation« s. o. Rdn. 8) durch berechtigte Stellen ist in § 110 TKG geregelt. Dabei ist zu beachten, dass sich weder die Befugnis zur Überwachung und Aufzeichnung, noch der Kreis der diesbezüglich im konkreten Fall verpflichteten Unternehmen aus dem TKG ergeben. Diese Fragen sind außerhalb des TKG in selbstständigen **Befugnisnormen** geregelt, etwa in §§ 100a und 100b StPO. § 110 TKG regelt dagegen die Verpflichtungen zur Schaffung der **technischen und organisatorischen Voraussetzungen (Vorkehrungen)**, damit die Überwachung überhaupt tatsächlich und konkret anhand der einschlägigen Befugnisnormen erfolgen kann. Ergänzt wird diese Bestimmung durch die §§ 111 bis 114 TKG, mit denen die Übermittlung von Daten an Sicherheitsbehörden aufgrund von Auskunftsersuchen ausgestaltet wird. In diesen Normen sind originäre Verpflichtungen zur Erhebung, Vorhaltung und Bereitstellung von Daten enthalten, die im Vorfeld der Überwachung der Identifikation von ggf. zu überwachenden Personen dienen. 46

a) Exkurs: Verpflichtete Personen und Verpflichtungen aus den Befugnisnormen außerhalb des TKG

Die Regelungen über die Berechtigung zur Überwachung und Aufzeichnung der Telekommunikation finden sich in §§ 100a, 100b StPO, §§ 23a bis 23f Zollfahndungsdienstgesetz (ZFdG) und im G 10-Gesetz. Der aus diesen Bestimmungen verpflichtete Personenkreis ist in § 100b Abs. 3 StPO umschrieben mit denjenigen, die »**Telekommunikationsdienste erbringen**[73] **oder daran mitwirken**« (s. o. Rdn. 22 f., 40). Die einschlägigen Verpflichtungen beziehen sich darauf, Überwachung und Aufzeichnung der Telekommunikation **zu ermöglichen**, d. h. hier geht es um den Einzelfall der Überwachung bzw. Aufzeichnung. Die konkrete Verpflichtung gilt damit auch für solche Unternehmen, die ihren Mitarbeitern die private Kommunikation über Firmenanschlüsse ermöglichen (s. o. Rdn. 22), weil sie damit auch Telekommunikationsdienste erbringen. Eine Begrenzung liegt freilich darin, dass die verpflichteten Personen auch technisch dazu in der Lage sein müssen, Überwachung und Aufzeichnung im Einzelfall zu ermöglichen. Ein reiner Wiederverkäufer von Diensten, der selbst keine Telekommunikationsanlagen betreibt, über die Telekommunikationsverkehr läuft, kann daher nicht verpflichtet sein, obwohl er Telekommunikationsdienste geschäftsmäßig erbringt (s. aber Rdn. 49). Verpflichtet ist dann aber der Netzbetreiber, der vom Wiederverkäufer eingesetzt wird, weil er an der Erbringung des Dienstes mitwirkt. Darüber hinaus bestehen außerhalb des TKG auch Befugnisnormen (etwa §§ 100g, 100i StPO) über die Verpflichtung zur Bereitstellung von sog. Bestandsdaten (§ 3 Nr. 3 TKG) und Verkehrsdaten (§ 3 Nr. 30 TKG) und etwaiger weiterer Daten. 47

---

[73] Das Merkmal »geschäftsmäßig« ist dabei in der StPO zwischenzeitlich entfallen, dazu *Heun* CR 2008, 82.

b) Verpflichtete Personen im TKG

aa) Überwachung

48 Die (gegenüber der Ermöglichung von Überwachung und Aufzeichnung der Telekommunikation zusätzliche) Pflicht zur Vorhaltung von Überwachungseinrichtungen und zum Treffen organisatorischer Vorkehrungen trifft nach § 110 Abs. 1 S. 1 TKG jeden, **der eine Telekommunikationsanlage betreibt, mit der Telekommunikationsdienste für die Öffentlichkeit erbracht** werden (s. o. Rdn. 41). Der Kreis der dazu Verpflichteten kann allerdings durch die nach § 110 Abs. 2 zu erlassende Verordnung – es handelt sich um die sog. TKÜV[74] – weiter **begrenzt** werden (§ 110 Abs. 2 Nr. 2 lit. c) TKG). Das ist durch § 3 Abs. 2 TKÜV geschehen, indem insbesondere Telekommunikationsanlagen (und damit deren Betreiber) ausgenommen werden, soweit

»1. es sich um ein Telekommunikationsnetz handelt, das Teilnehmernetze miteinander verbindet und keine Telekommunikationsanschlüsse aufweist,
2. sie Netzknoten sind, die der Zusammenschaltung mit dem Internet dienen,
3. sie aus Übertragungswegen gebildet werden, es sei denn, dass diese dem unmittelbaren teilnehmerbezogenen Zugang zum Internet dienen,
4. sie ausschließlich der Verteilung von Rundfunk oder anderen für die Öffentlichkeit bestimmten Diensten, dem Abruf von allgemein zugänglichen Informationen oder der Übermittlung von Messwerten, nicht individualisierten Daten, Notrufen oder Informationen für die Sicherheit und Leichtigkeit des See- oder Luftverkehrs dienen, oder
5. an sie nicht mehr als 10.000 Teilnehmer oder sonstige Nutzungsberechtigte angeschlossen sind.«

Die Ausnahmen unter Nr. 1–3 betreffen Netze, an die physikalisch keine Teilnehmer (d. h. Vertragspartner des Diensteanbieters gem. § 3 Nr. 20 TKG) angeschlossen sind, die also lediglich als **Transitnetze** fungieren (wie etwa bei der Betreiber(vor)auswahl). Denn hier ist bereits mit dem Betreiber des Teilnehmeranschlusses ein Unternehmen vorhanden, dass die Verpflichtungen erfüllen kann. Die besonders wichtige Ausnahme unter Nr. 5 ist insbesondere relevant für solche Unternehmen, die sog. **Corporate Networks** anbieten. Denn da mit Teilnehmer i. S. v. § 3 Nr. 20 TKG **nicht jeder Endnutzer** eines Anschlusses, **sondern der Vertragspartner** gemeint ist, kommt es für diese Ausnahme auf die Anzahl der Vertragskunden oder der verfügbaren Sprachkanäle und nicht auf die Anzahl sämtlicher Endnutzer (etwa bei mehreren Standorten oder Nebenstellenanlagen) an.

49 Neben den vorgenannten Betreibern sind nach § 110 Abs. 1 S. 2 TKG **Anbieter von Telekommunikationsdiensten für die Öffentlichkeit** (s. o. Rdn. 22 ff.) eigenständig verpflichtet, bei der Auswahl des Betreibers der dafür genutzten Telekommunikationsanlage auf die Einhaltung der Vorhaltungspflichten zu achten. Ferner bestehen diesbezügliche Berichtspflichten gegenüber der BNetzA. Unberührt bleibt freilich die Pflicht der sonstigen, aus den Befugnisnormen verpflichteten Personen, **im Einzelfall** die Überwachung und Aufzeichnung der Telekommunikation konkret zu ermöglichen.

bb) Auskunftsersuchen

50 Im Bereich der Auskunftsersuchen nach §§ 111 bis 114 TKG wird der Kreis der Verpflichteten zunächst dadurch umschrieben, dass es sich um Personen handeln muss, die »**geschäftsmäßig Telekommunikationsdienste erbringen oder daran mitwirken**« (s. o. Rdn. 22 f., 40) **und** dabei Rufnummern oder (seit 2008) andere Anschlusskennungen vergeben oder Telekommunikationsanschlüsse für von anderen vergebene Rufnummern oder andere Anschlusskennungen oder E-Mail Dienste bereitstellen. Die Qualifikation in

---

[74] Verordnung über die technische und organisatorische Umsetzung von Maßnahmen zur Überwachung der Telekommunikation v. 03.11.2005, BGBl. I, 3136 i. d. F. v. 25.12.2008, BGBl. I, 3083.

Bezug auf die Rufnummern oder anderen Anschlusskennungen verdeutlicht, dass es hier um Daten für die Sicherheitsbehörden geht, die an die Zuordnung von Telekommunikation zu einem Teilnehmer anknüpfen. Insoweit sind beispielsweise bei der Telefonie Diensteanbieter und Netzbetreiber gleichermaßen angesprochen, weil beide Rufnummern an Teilnehmer abgeleitet vergeben dürfen (s. u. Rdn. 151), der Diensteanbieter ohne eigenes Netz aber immer auch einen Netzbetreiber benötigt, damit die Rufnummer im Telekommunikationsverkehr auch adressiert werden kann. Hinsichtlich des Umfangs der Verpflichtungen wird dann weiter unterschieden zwischen Anbietern von Telekommunikationsdiensten für die Öffentlichkeit (s. o. Rdn. 22 ff.), für die das automatisierte Auskunftsverfahren nach § 112 TKG gilt, und der verbleibenden Restmenge, auf die das manuelle Auskunftsverfahren nach § 113 TKG Anwendung findet.

c) Inhalt und Umfang der Verpflichtungen

aa) Überwachung

Der Umfang der zu treffenden Vorkehrungen bezieht sich einerseits darauf, dass ab dem Zeitpunkt der Betriebsaufnahme **auf eigene Kosten technische Einrichtungen** zur Umsetzung der Überwachung **vorgehalten** und **organisatorische Maßnahmen** für deren unverzügliche Umsetzung getroffen werden müssen (§ 110 Abs. 1 S. 1 Nr. 1, 1a TKG); andererseits bezieht er sich auf **Nachweis-, Berichts- und Duldungspflichten** gegenüber der BNetzA bzw. der berechtigten Stellen in diesem Zusammenhang (§ 110 Abs. 1 S. 1 Nr. 2–5 TKG). Die Einzelheiten hierzu sind ausführlich in der TKÜV und in einer Technischen Richtlinie nach § 110 Abs. 3 TKG geregelt (TR TKÜ).[75] Dies betrifft die technischen Anforderungen an die Telekommunikationsanlagen, Art und Umfang der bereitzustellenden Daten und den Übergabepunkt im Verhältnis zu den berechtigten Stellen mit technischer Detaillierung für die einzelnen Netze und Dienste (PSTN/ISDN-Telefonie und Telefax, VoIP, E-Mail, Internet etc.) in der TR TKÜ sowie Anforderungen an die organisatorischen Maßnahmen. Auch wenn kein Anspruch auf Kostenerstattung für die Vorhaltung der technischen Einrichtungen besteht,[76] enthält § 23 JVEG Entschädigungsleistungen in Bezug auf den Überwachungsvorgang selbst.

51

bb) Auskunftsersuchen

Die Regelungen zu Auskunftsersuchen der Sicherheitsbehörden (§§ 111–114 TKG) unterscheiden grundsätzlich zwischen der Verpflichtung, **bestimmte Daten beim Kunden zu erheben** (§ 111 TKG), und der Verpflichtung, diese entweder in einem automatisierten **Auskunftsverfahren** (§ 112 TKG) oder einem manuellen Auskunftsverfahren (§ 113 TKG) zur Verfügung zu stellen. Die seitens der verpflichteten Personen auf deren Kosten nach § 111 Abs. 1 TKG vor der Freischaltung eines Anschlusses zu erhebenden und unverzüglich zu speichernden Daten sind die Rufnummern und anderen Anschlusskennungen, der Name und die Anschrift des Anschlussinhabers, das Datum des Vertragsbeginns, bei natürlichen Personen deren Geburtsdatum, sowie bei Festnetzanschlüssen auch die Anschrift des Anschlusses sowie bei Überlassung von Mobilfunkendgeräten deren Gerätenummer, und zwar auch soweit diese Daten für betriebliche Zwecke nicht erforderlich sind oder nicht in Teilnehmerverzeichnisse eingetragen werden. Das Datum des Vertragsendes ist bei Bekanntwerden zu speichern. Änderungen verpflichten zur unverzüglichen Berichtigung und bislang nicht erfasste Daten müssen nacherhoben werden, sofern Letzteres

52

---

[75] Technische Richtlinie zur Umsetzung gesetzlicher Maßnahmen zur Überwachung der Telekommunikation, Ausgabe 6.0, Dezember 2009, als Download unter www.bundesnetzagentur.de.
[76] Dazu ausführlich *Strauß*, Verfassungsfragen der Kostenüberwälzung bei staatlichen Indienstnahmen privater Unternehmen, Halle 2009; siehe auch CR 2010, 232 mit Anm. *Heun*.

ohne besonderen Aufwand möglich ist. Nach Ende des Vertragsverhältnisses sind die Daten mit Ablauf des auf die Beendigung folgenden Kalenderjahres zu löschen.

53 Obwohl eine Datenerhebung für betriebliche Zwecke nicht erforderlich ist, müssen die genannten Daten mithin auch für sog. **Prepaid-Produkte** (insbesondere der Mobilfunkdiensteanbieter) erhoben und gespeichert werden. Die 2008 erfolgte Erweiterung auf andere Anschlusskennungen und E-Mail-Dienste bedeutet, dass ggf. auch **IP-Adressen** (bei fester und dauerhafter Zuordnung), Kundennummern und **Mailadressen** erhoben werden müssen.[77]

54 Die für das **automatisierte** Auskunftsverfahren nach § 112 TKG verpflichteten Anbieter von Telekommunikationsdienstleistungen für die Öffentlichkeit haben noch zusätzliche Daten zu speichern und müssen mittels technischer Vorkehrungen auf eigene Kosten (§ 112 Abs. 5 TKG) gewährleisten, dass die Daten von der BNetzA aus dafür anzulegenden Kundendateien automatisiert mittels Suchanfragen abgerufen werden können (§ 112 Abs. 1 TKG). Die BNetzA wiederum erteilt den in § 112 Abs. 2 TKG genannten (berechtigten) Stellen (insbesondere Strafverfolgungs- und Polizeibehörden) Auskunft aus den abrufbaren Kundendateien (§ 112 Abs. 4 TKG). Weitere Einzelheiten können nach § 112 Abs. 3 TKG durch Rechtsverordnung und Technische Richtlinie festgelegt werden. Mittels dieser Daten, die nach § 112 Abs. 1 S. 3 Nr. 2 TKG auch im Wege von Suchfunktionen mit unvollständigen oder ähnlich lautenden Abfragedaten abrufbar sein müssen, können die berechtigten Stellen dann die Subjekte und Maßnahmen zur Überwachung und Aufzeichnung von Telekommunikation konkretisieren.

55 Die übrigen verpflichteten Personen, welche das automatisierte Auskunftsverfahren nicht einrichten müssen, unterliegen dem **manuellen** Auskunftsverfahren des § 113 TKG. Danach hat die verpflichtete Person den in § 113 Abs. 1 TKG genannten zuständigen Stellen (wiederum insbesondere Strafverfolgungs- und Polizeibehörden) im Einzelfall über die nach § 111 TKG erhobenen Daten sowie die nach § 95 TKG erhobenen Bestandsdaten Auskunft zu erteilen. Diese Auskunftserteilung dient dem gleichen Zweck wie beim automatisierten Auskunftsverfahren.

56 Ergänzend besteht nach § 114 TKG eine Auskunftspflicht gegenüber dem Bundeswirtschaftsministerium für **Auskunftsersuchen des Bundesnachrichtendienstes**. Diese Pflicht bezieht sich allerdings lediglich auf Strukturen von Telekommunikationsdiensten und -netzen sowie bevorstehende Änderungen (also nicht auf konkrete Einzeldaten) und trifft nur Anbieter von Telekommunikationsdiensten für die Öffentlichkeit (s. o. Rdn. 22 ff.) sowie Betreiber von Übertragungswegen (§ 3 Nr. 28 TKG), die für Telekommunikationsdienste für die Öffentlichkeit genutzt werden. Diese werden regelmäßig Betreiber von öffentlichen Telekommunikationsnetzen sein, da ein Übertragungsweg üblicherweise Bestandteil eines Telekommunikationsnetzes ist.

d) Durchsetzung und Sanktionen

57 Bei Verstößen gegen die Verpflichtungen aus §§ 110 bis 113 TKG besteht ein ganzer Katalog möglicher Ordnungswidrigkeiten nach § 149 Abs. 1 Nr. 22–35 TKG. Die Bußgelder reichen von 10.000,- € bis zu einem Betrag von 300.000,- €. Im Übrigen besitzt die BNetzA besondere und allgemeine verwaltungsrechtliche Instrumente zur Durchsetzung von Verpflichtungen, insbesondere nach §§ 115 und 126 TKG (unten Rdn. 66 f.).

---

77 Siehe dazu auch *Eckhardt* CR 2007, 405 (410).

III. Aufgaben, Befugnisse und Verfahren der Bundesnetzagentur (BNetzA)

Nach § 116 TKG nimmt die BNetzA (Bundesnetzagentur für Elektrizität, Gas, Telekommunikation, Post und Eisenbahnen) die ihr nach dem TKG zugewiesenen Aufgaben und Befugnisse wahr. In BNetzA ist die frühere RegTP (Regulierungsbehörde für Post und Telekommunikation) umbenannt worden, die ihrerseits aus dem früheren Bundesministerium für Post und Telekommunikation (BMPT) hervorgegangen ist. Grundlage für die Einrichtung und Tätigkeit der BNetzA im Bereich der Telekommunikation ist Art. 87f Abs. 2 S. 2 GG, wonach die Hoheitsaufgaben in diesem Bereich in **bundeseigener Verwaltung** ausgeführt werden.

1. Stellung und Struktur der BNetzA

Nach § 1 S. 2 BNetzA-Gesetz (BEGTPG)[78] ist die BNetzA eine **selbstständige Bundesoberbehörde** im Geschäftsbereich des Bundesministeriums für Wirtschaft und Technologie mit Sitz in Bonn. Weisungen des Ministeriums im Aufgabenbereich der BNetzA müssen aber nach § 117 TKG im Bundesanzeiger veröffentlicht werden. Diese Transparenz ist deswegen relevant, weil nach Art. 3 Abs. 2 Rahmenrichtlinie die Mitgliedstaaten in Ansehung der Tatsache, dass die meisten Nachfolgeunternehmen der früheren Fernmeldemonopolverwaltungen nach wie vor staatliche Anteilseigner haben,[79] die Unabhängigkeit der nationalen Regulierungsbehörden zu gewährleisten haben. Dazu gehört auch eine wirksame strukturelle Trennung zwischen Eigentümerstellung und Marktregulierung. Ob eine solche Trennung in Deutschland gelungen ist, wird verschiedentlich bezweifelt;[80] dies hat aber noch keine Auswirkungen in der Praxis der Rechtsprechung gehabt.

Die BNetzA wird durch einen Präsidenten bzw. eine Präsidentin geleitet, der/die die BNetzA gerichtlich und außergerichtlich vertritt und der/die als ständige Vertretung zwei Vizepräsidenten oder Vizepräsidentinnen hat (§ 3 BNetzA-Gesetz). Der BNetzA ist gem. § 5 BNetzA-Gesetz ein Beirat zur Seite gestellt, der in bestimmte Aufgaben der BNetzA einbezogen (§ 120 TKG) und paritätisch mit Mitgliedern des Bundestags und des Bundesrats besetzt ist sowie das Vorschlagsrecht für die personale Besetzung des Präsidiums besitzt (§ 3 Abs. 3 BNetzA-Gesetz). Nach Außen tätig wird allerdings nur die BNetzA. Diese Tätigkeit wird von der BNetzA in zwei unterschiedlichen Handlungsformen ausgeübt, deren Verfahren im TKG unterschiedlich ausgestaltet sind:
- In bestimmten im Gesetz vorgesehenen und typischerweise besonders wichtigen Bereichen handelt (entscheidet) die BNetzA durch **Beschlusskammern**, ähnlich wie die Beschlussabteilungen des Bundeskartellamts (§ 132 Abs. 1 TKG);
- In den übrigen Fällen handelt die BNetzA als »normale« Verwaltungsbehörde.

Im Bereich der Telekommunikation bestehen drei Beschlusskammern, wobei die erste Beschlusskammer die sog. **Präsidentenkammer** ist, welche aus den drei Mitgliedern des Präsidiums besteht. Deren Zuständigkeit beschränkt sich nach § 132 Abs. 3 und 4 TKG auf Vergabeentscheidungen bei Frequenzknappheit (§§ 55 Abs. 9, 61 TKG), den Frequenzhandel (§ 62 TKG), die etwaige Auferlegung von Universaldienstverpflichtungen (§ 81 TKG), sowie auf die Festlegungen bei der im Zentrum der wettbewerblichen Marktregulierung stehenden Marktdefinition (§ 10 TKG) und Marktanalyse (§ 11 TKG). Die übrigen zwei Beschlusskammern sind für die sonstigen Entscheidungen im Bereich der wettbewerblichen Marktregulierung nach Teil 2 des TKG sowie für Streitbeilegungsverfahren zwischen

---
78 Gesetz über die Bundesnetzagentur für Elektrizität, Gas, Telekommunikation, Post und Eisenbahnen v. 07.07.2005, BGBl. I, 1970, 2009 i. d. F. 2009, BGBl. I, 160.
79 So auch in Deutschland, wo der Bund (wenn auch indirekt über die KfW) noch einen signifikanten Minderheitsanteil an der Deutschen Telekom AG hält.
80 Beck TKGKomm/*Geppert* § 116 Rn. 15.

meldepflichtigen (s. o. Rdn. 15 ff.) Marktteilnehmern nach § 133 TKG zuständig. Das bedeutet, dass sämtliche sonstigen Aufgaben wie etwa die Frequenzzuteilung außerhalb von Vergabeverfahren (§ 55 Abs. 5 TKG), die Vergabe von Rufnummern (§ 66 TKG) sowie die Übertragung von Wegerechten (§ 69 TKG), aber auch Aufgaben im Bereich des Kundenschutzes wie das in § 47a TKG vorgesehene Schlichtungsverfahren, die allgemeine Marktaufsicht nach § 126 TKG sowie die besondere Aufsicht im Bereich des Datenschutzes und der öffentlichen Sicherheit nach § 115 TKG durch die BNetzA im Rahmen der allgemeinen Verwaltung wahrgenommen werden. In diesem Bereich gliedert sich die BNetzA in neun Abteilungen bzw. Stäbe, von denen sich neben der Zentralabteilung fünf Abteilungen mit Fragen der Telekommunikation beschäftigen.[81]

62 Die Zusammenarbeit zwischen BNetzA und **Bundeskartellamt** ist in § 123 Abs. 1 TKG eher lückenhaft geregelt. Zwar dienen die dortigen Verweise auf die §§ 10, 11, 61 Abs. 3 und 62 Abs. 2 Nr. 3 TKG offenbar dazu, bei wesentlichen Fragen der Marktabgrenzung und der Bestimmung von beträchtlicher Marktmacht zwischen BNetzA und Bundeskartellamt Einvernehmen zu erzielen. Allerdings bleiben dabei mindestens ebenso bedeutsame Entscheidungen der BNetzA außerhalb der Einvernehmensregelung und unterliegen nur einer Stellungnahme des Bundeskartellamts vor Abschluss des Verfahrens nach dem TKG. Dieser Fall ist etwa bei einer Entscheidung der BNetzA nach § 30 Abs. 1 S. 2 TKG gegeben. Dort kommt es für die Entscheidung der BNetzA, bestimmte Vorleistungsentgelte (nur) der nachträglichen Entgeltregulierung zu unterwerfen u. a. auf das Vorliegen beträchtlicher Marktmacht auf einem Markt für Endkundenleistungen an (dazu näher unten Rdn. 383). Für die insoweit erforderliche Marktdefinition und Marktabgrenzung, die im Ergebnis gleiche Bedeutung hat wie jene nach den §§ 10 und 11 TKG, ist kein Einvernehmen mit dem Bundeskartellamt erforderlich. Ähnlich sieht es bei § 47 Abs. 4 TKG aus, obwohl unter dem TKG 1996 für die Überlassung von Teilnehmerdaten allein das Bundeskartellamt zuständig war.[82] Allerdings wendet die BNetzA in der Praxis § 123 Abs. 1 TKG auch in solchen Fällen an und gibt dem Bundeskartellamt Gelegenheit zur Stellungnahme.[83] Umgekehrt sieht § 123 Abs. 1 TKG auch vor, dass das Bundeskartellamt der BNetzA Gelegenheit zur Stellungnahme gibt, wenn es Verfahren im Bereich der Telekommunikation durchführt. Wie bereits erwähnt (oben Rdn. 10), besteht daher eine Parallelzuständigkeit zwischen BNetzA und Bundeskartellamt. Nach § 123 Abs. 2 TKG ist schließlich die BNetzA verpflichtet, mit den **Landesmedienanstalten** zusammenzuarbeiten und diesen auf Antrag entsprechende Erkenntnisse zu übermitteln.

2. Aufgaben der BNetzA

63 Die Aufgaben der BNetzA im Bereich der Telekommunikation sind vielfältig und nicht lediglich in dem TKG und den dem TKG zugehörigen Verordnungen enthalten. Aufgabenzuweisungen ergeben sich auch aus dem FTEG im Bereich der Zulassung von Funkanlagen und Endeinrichtungen, dem Amateurfunkgesetz u. a. hinsichtlich der Personenzulassung, dem Gesetz über die elektromagnetische Verträglichkeit von Betriebsmitteln (EMVG) insbesondere mit Blick auf die Prüfung der dortigen Geräteanforderungen sowie dem Signaturgesetz und der Signaturverordnung hinsichtlich der dort vorgesehenen Aufgaben. Diese Zuweisungen außerhalb des TKG beinhalten zumeist klassische behördliche **Aufsichtsfunktionen**.

64 Die Aufgaben der BNetzA aus dem oder im Zusammenhang mit dem TKG sind demgegenüber weiter gefasst, an vielen unterschiedlichen Stellen des Gesetzes geregelt und lassen sich in vier funktionale Kategorien einteilen:

---

81 S. dazu das Organigramm abrufbar unter www.bundesnetzagentur.de.
82 Zur Rechtslage und Praxis nach dem TKG 1996 vgl. Beck TKGKomm/*Büchner* (2. Aufl.) § 12 Rn. 21.
83 Siehe etwa BNetzA 17.08.2005, BK 3c-05/036, S. 13 des amtl. Umdrucks.

III. Aufgaben, Befugnisse und Verfahren der Bundesnetzagentur (BNetzA)

- Aufsicht
- Ressourcenverwaltung
- aktive Gestaltung der Marktregulierung sowie
- Streitbeilegung und Schlichtung

Der Bereich der **Aufsicht** betrifft die bereits untersuchten Themenkomplexe des Marktzutritts und der öffentlichen Sicherheit sowie sämtliche Fragen, die mit den generellen Verpflichtungen der Marktteilnehmer (engl. Compliance) zu tun haben, wie etwa der Kunden- und Datenschutz. Zwar bestehen hier gewisse Überlappungen zum Bereich der **Ressourcenverwaltung**, allerdings sind die dort relevanten Bereiche Frequenzen, Rufnummern und Wegerechte in sich weitgehend abschließend geregelt. Die **aktive Gestaltung der Marktregulierung** betrifft die gestalterischen Aktivitäten der BNetzA für die Regulierung des Verhaltens der Wettbewerber zueinander, die auch die Frage beinhaltet, ob überhaupt eine Regulierung stattfinden soll. Diese Aktivitäten sind vornehmlich in Teil 2 des Gesetzes vorgesehen. Der Bereich der **Streitbeilegung und Schlichtung** schließlich enthält Funktionen der BNetzA, die man normalerweise bei Schieds-, Zivil- und Verwaltungsgerichten vermuten würde. Die Regelungen dazu finden sich über das TKG verstreut.

Im Rahmen der vorstehend umschriebenen Aufgaben ist die BNetzA nach § 122 TKG verpflichtet, einmal jährlich einen **Jahresbericht**[84] zu veröffentlichen, der u. a. Daten zur Entwicklung der Telekommunikationsmärkte enthält. Zudem führt die BNetzA eine laufende Marktbeobachtung durch. Ferner kann sich die BNetzA nach § 125 TKG zur Vorbereitung von Entscheidungen sowie zur Erfüllung ihrer Aufgaben wissenschaftlicher Unterstützung bedienen, was häufig in Form von Gutachtenaufträgen geschieht, die von der BNetzA ausgeschrieben werden.[85]

3. Regulierungsinstrumente und Befugnisse der BNetzA

Ebenso wie die Aufgaben sind auch die Instrumente und Befugnisse der BNetzA vielgestaltig. Sie reichen von der Entgegennahme von Meldungen nach § 6 TKG über die Zuteilung von Rufnummern und Frequenzen, zur Auferlegung und Durchsetzung von Zugangspflichten zugunsten von Wettbewerbern gegenüber Unternehmen mit beträchtlicher Marktmacht bis hin zur Untersagung der Tätigkeit als Diensteanbieter oder Netzbetreiber im Bereich der Telekommunikation.

65

a) Aufsichtsrechtliche Befugnisse

Mit § 126 TKG besitzt die BNetzA eine allgemeine, subsidiäre Befugnisnorm nach Art einer (gewerbe-)polizeilichen **Generalklausel**. Diese Regelung ermächtigt die BNetzA, bei Verletzungen von Verpflichtungen nach oder aus dem TKG Abhilfemaßnahmen anzuordnen sowie als ultima ratio die Tätigkeit als Betreiber von Telekommunikationsnetzen oder Anbieter von Telekommunikationsdiensten zu untersagen. Es handelt sich hierbei um einen Auffangtatbestand, der nur dann zur Anwendung kommt, wenn das Gesetz keine spezielleren Eingriffsbefugnisse enthält.[86] Speziellere Befugnisse sind etwa der Widerruf von Frequenzzuteilungen nach § 63 TKG, die Entziehung bzw. Anordnung der Abschaltung von (Ruf-) Nummern nach § 67 TKG sowie die in Teil 2 des TKG zur Marktregulierung enthaltenden Entscheidungsermächtigungen.

66

Spezielle Befugnisse im Bereich der (klassischen) Aufsichtsmaßnahmen, die dennoch wiederum generalklauselartigen Charakter haben, sind in § 115 TKG zur Durchsetzung von Verpflichtungen aus Teil 7 TKG (Fernmeldegeheimnis, Datenschutz, öffentliche Sicher-

67

---

84 Abrufbar unter www.bundesnetzagentur.de.
85 Abrufbar unter www.bundesnetzagentur.de.
86 Vgl. die Gesetzesbegründung: BT-Drs. 15/2316, 100.

heit) enthalten. Ähnlich wie nach § 126 Abs. 1 TKG kann die BNetzA nach § 115 Abs. 1 TKG Anordnungen und Maßnahmen treffen, um die Einhaltung der betreffenden Vorschriften sicherzustellen. Dazu müssen die Verpflichteten der BNetzA auf Anforderung die hierzu erforderlichen Auskünfte erteilen und die BNetzA ist berechtigt, die Geschäfts- und Betriebsräume während der üblichen Betriebs- und Geschäftszeiten zu betreten und zu besichtigen. Nach § 115 Abs. 3 TKG ist die BNetzA wiederum wie in § 126 Abs. 3 TKG befugt, die Tätigkeit als Betreiber einer Telekommunikationsanlage oder als Diensteanbieter zu untersagen, wenn keine milderen Mittel zur Verfügung stehen. Ähnliche Befugnisse enthält auch § 67 TKG zur Sicherstellung der rechtmäßigen Nutzung von Rufnummern.

b) Informationsrechte

68 Zur Erfüllung ihrer Aufgaben und im Rahmen ihrer Befugnisse stehen der BNetzA umfangreiche Informationsrechte zur Seite. Diese Rechte bestehen in der Pflicht der Marktteilnehmer zur Beantwortung von **Informations- oder Auskunftsverlangen** nach §§ 4, 127 TKG und zur Vorlage von Dokumenten sowie in **Prüfungs-, Besichtigungs- und Betretungsrechten** der BNetzA. Von besonderer Bedeutung ist dabei das Auskunftsverlangen nach § 127 Abs. 1 und 2 TKG. Nach dieser Bestimmung sind die meldepflichtigen Personen verpflichtet, der BNetzA auf Verlangen Auskünfte zu erteilen, die für den Vollzug des TKG erforderlich sind. Dies ist umfassend zu verstehen wie der in § 127 Abs. 1 S. 2 TKG beispielhaft aufgelistete Katalog zeigt, zu dem die systematische wie einzelfallbezogene Überprüfung von Verpflichtungen aus dem TKG ebenso gehört wie die Veröffentlichung von Qualitäts- und Preisvergleichen für Dienste zum Nutzen der Endnutzer und die Vorbereitung der Marktdefinitions- und Marktanalyseverfahren nach §§ 10, 11 TKG. Nach § 127 Abs. 2 TKG ist Auskunft über die wirtschaftlichen Verhältnisse, insbesondere die Umsatzzahlen zu erteilen. Hinzu kommt nach § 127 Abs. 2 Nr. 2 und Abs. 4 TKG die Verpflichtung, die Prüfung der geschäftlichen Unterlagen sowie das Betreten von Geschäftsräumen und -grundstücken während der üblichen Betriebs- oder Geschäftszeiten zu dulden. Nach § 127 Abs. 3 TKG ist das Auskunftsverlangen der BNetzA ein selbstständiger Verwaltungsakt. Die übrigen vorgenannten Rechte der BNetzA stehen regelmäßig mit anderen Befugnissen der BNetzA in Verbindung und sind in den betreffenden Vorschriften unmittelbar enthalten, so etwa die Meldepflicht nach § 6 TKG, Vorlageverpflichtungen im Bereich der Entgeltregulierung (dazu Rdn. 397, 419) sowie für das Sicherheitskonzept nach § 109 Abs. 3 TKG und die bereits genannten Besichtigungs- und Betretungsrechte in § 115 TKG.

69 Zusätzlich zu den Informationsrechten besitzt die BNetzA nach und im Rahmen des § 127 Abs. 6 und 7 sowie des § 129 TKG **Durchsuchungs- und Beschlagnahmerechte**, die allerdings der richterlichen Anordnung des Amtsgerichts bedürfen. Sämtliche Rechte der BNetzA werden begleitet durch die in § 128 TKG enthaltenen **Ermittlungs- und Beweiserhebungsbefugnisse**. Zugleich besteht aber nach § 127 Abs. 8 TKG unter den dort genannten Voraussetzungen ein Auskunftsverweigerungsrecht sowie ein Übermittlungsverbot für die gewonnenen Erkenntnisse gegenüber den Steuerbehörden.

70 Eingebettet sind die genannten Informationsrechte der BNetzA in **verwaltungsverfahrensrechtliche Grundsätze**, die auch für die BNetzA gelten. Dementsprechend ist das VwVfG neben dem TKG subsidiär anwendbar, soweit nicht die vorgenannten und sonstigen Verfahrensbestimmungen im TKG aufgrund speziellerer Regelung vorgehen. Dabei ist zu beachten, dass für die BNetzA regelmäßig der verwaltungsrechtliche **Untersuchungsgrundsatz** (§ 24 Abs. 1 VwVfG) gilt, wonach die Behörde die entscheidungserheblichen Tatsachen von Amts wegen ermittelt, ohne an das Vorbringen oder Beweisanträge der Beteiligten gebunden zu sein.

III. Aufgaben, Befugnisse und Verfahren der Bundesnetzagentur (BNetzA)

c) Ressourcenverwaltung

Die Befugnisse der BNetzA im Bereich der Ressourcenverwaltung beziehen sich vornehmlich darauf, diese an die die Voraussetzungen für deren **Zuteilung** erfüllenden Antragsteller zuzuteilen, deren Nutzung zu überwachen sowie sie ggf. wieder zu entziehen. Im Bereich der Frequenz- und Nummernverwaltung ist die BNetzA allerdings auch auf vorgelagerter Ebene **planerisch** im Sinne einer Ressourcenbewirtschaftung tätig. Anders als die in der Telekommunikation ansonsten geltende Gewerbefreiheit bestehen im Bereich der Ressourcenverwaltung sog. präventive Verbote mit Erlaubnisvorbehalt, d. h. die aktive Nutzung der Ressourcen setzt eine vorherige Erlaubnis (Zuteilung) durch die BNetzA voraus.

71

d) Aktive Gestaltung der Marktregulierung

Auf dem Gebiet der Marktregulierung, das vornehmlich in Teil 2 des TKG geregelt ist, besitzt die BNetzA Befugnisse auf mehreren Stufen. Sie entscheidet nach § 13 TKG über das »Ob« von (öffentlich-rechtlichen) **Regulierungsverpflichtungen** bestimmter Marktteilnehmer durch Auferlegung von Verpflichtungen ebenso wie mittels **privatrechtsgestaltender** (§ 37 TKG) oder gar **privatrechtsbegründender** (§ 25 TKG) **Verwaltungsakte** über die Höhe von Entgelten oder das Gewähren von Zugangsleistungen. Außerdem übt die BNetzA in diesem Bereich eine besondere Missbrauchsaufsicht (§ 42 TKG) aus, die gegenüber § 32 GWB erweiterte Befugnisse enthält.

72

e) Schlichtung und Streitbeilegung

Befugnisse zur Streitbeilegung finden sich neben Teil 2 des Gesetzes auch an anderer Stelle. So kann die BNetzA nach § 124 TKG zur Beilegung telekommunikationsrechtlicher Streitigkeiten den Parteien ein **Mediationsverfahren** vorschlagen. Während hier das Initiativrecht sogar von der BNetzA ausgeht, wird sie ansonsten von den Streitparteien angerufen. So kann nach § 47a TKG ein Teilnehmer, d. h. also auch jede Privatperson, bei der BNetzA durch Antrag ein **Schlichtungsverfahren** einleiten, sofern der betroffene Anbieter von Telekommunikationsdiensten für die Öffentlichkeit gegen bestimmte Verpflichtungen aus den Kundenschutzregelungen des TKG verstoßen hat. Kann keine Einigung der Streitparteien in diesem Verfahren erzielt werden, darf allerdings auch die BNetzA den Streit nicht durch Entscheidung beenden (§ 47a Abs. 3 TKG). Dies ist anders für das in § 133 TKG enthaltene subsidiäre[87] **Streitbeilegungsverfahren** zwischen meldepflichtigen Personen. Danach trifft die BNetzA bei Streitigkeiten zwischen diesen Personen im Zusammenhang mit Verpflichtungen aus dem TKG oder aufgrund des TKG eine »verbindliche Entscheidung«. Diese Regelung basiert auf Art. 20 Rahmenrichtlinie, der verlangt, dass (neben Gerichten auch) die nationalen Regulierungsbehörden bei Streitigkeiten zwischen Marktteilnehmern angerufen werden können. Damit enthält das TKG nunmehr eine Auffangzuständigkeit der BNetzA für die Entscheidung von Streitigkeiten zwischen Wettbewerbern.

73

4. Verfahren der BNetzA

Da die BNetzA eine Verwaltungsbehörde des Bundes ist, richtet sich ihre gesamte Tätigkeit nach dem VwVfG, soweit nicht das TKG besondere Verfahrensbestimmungen enthält. Dies bedeutet, dass die BNetzA typischerweise im Rahmen eines **Verwaltungsverfahrens** agiert und mittels **Verwaltungsakt** entscheidet. Dies gilt ebenso für die Beschlusskammerverfahren (§ 132 Abs. 1 S. 2 TKG), zu denen auch das Streitbeilegungsverfahren nach § 133 gehört. Innerhalb des Verfahrens bestehen die bereits erwähnten Ermittlungs- und Beweiserhebungsbefugnisse der BNetzA nach §§ 128, 129 TKG.

74

---

87 Die Regelung wird im Gesetzentwurf der Bundesregierung als Auffangvorschrift bezeichnet, vgl. BT-Drs. 15/2316, 101 (zu § 131 des Entwurfs).

a) Besonderheiten des Beschlusskammerverfahrens

75 Gleichwohl ergeben sich Verfahrensunterschiede zwischen den Beschlusskammerverfahren (abschließende Aufzählung in § 132 TKG) und sonstigen Entscheidungen der Behörde (z. B. die Frequenzzuteilung, Rufnummernzuteilung etc., aber auch die allgemeine Eingriffsbefugnis des § 126 TKG). So finden sich für das **Beschlusskammerverfahren** besondere Regelungen für die Verfahrenseinleitung (§ 134 Abs. 1 TKG gegenüber § 22 VwVfG) und Beteiligung (§ 134 Abs. 2 TKG gegenüber § 13 VwVfG), die Anhörung (§ 135 TKG gegenüber § 28 VwVfG) sowie die Behandlung von Betriebs- und Geschäftsgeheimnissen (§ 136 TKG gegenüber § 30 VwVfG)

76 Was die **Verfahrenseinleitung** anbetrifft, so weist § 134 Abs. 1 TKG darauf hin, dass das TKG die Verfahrenseinleitung **sowohl von Amts wegen wie auch auf Antrag** vorsieht. Welche Art der Verfahrenseinleitung in Betracht kommt, ergibt sich dabei aus den jeweils einschlägigen Bestimmungen des TKG, die Befugnisse der BNetzA enthalten. In Bezug auf die **Beteiligung** ist zu vermerken, dass nicht lediglich die unmittelbar beteiligten Personen wie Antragsteller oder Betroffene beteiligt sind, sondern nach § 134 Abs. 2 Nr. 3 TKG auch Personen und Personenvereinigungen, deren Interessen durch die (zu erwartende) Entscheidung **berührt** werden, von der BNetzA beigeladen werden. Daher finden eine Vielzahl von Verfahren unter Beteiligung einer großen Anzahl von interessierten Wettbewerbern und Verbänden statt, die im Verfahren auch vortragen. In Bezug auf die **Anhörung** sieht § 135 TKG nicht nur vor, dass den Beteiligten Gelegenheit zur Stellungnahme zu geben ist. Nach § 135 Abs. 3 TKG entscheidet die Beschlusskammer zudem aufgrund **öffentlicher mündlicher Verhandlung**, sofern keine Ausschlussgründe gegeben sind. Das Beschlusskammerverfahren ist daher insoweit justizähnlich ausgestaltet. Die Pflicht zu einer mündlichen Verhandlung betrifft nach der Rechtsprechung des VG Köln aber nicht das Verfahren der Festlegung durch die BNetzA, ob ein Unternehmen über beträchtliche Marktmacht verfügt, weil die Festlegung keine »Entscheidung« i. S. d. § 135 Abs. 3 Satz 1 TKG sei.[88]

77 Was **Betriebs- und Geschäftsgeheimnisse** betrifft, sieht § 136 TKG vor, dass die Beteiligten ihre schriftlich vorgelegten Unterlagen entsprechend kennzeichnen und zusätzlich eine um die Betriebs- und Geschäftsgeheimnisse bereinigte bzw. **geschwärzte Fassung** vorlegen müssen. Die BNetzA hat dabei ein Prüfungsrecht in Bezug auf die Frage, ob die Schwärzungen berechtigt sind. Die Frage des Schutzes von Betriebs- und Geschäftsgeheimnissen ist vor dem Hintergrund der möglichen Vielzahl von Beteiligten insbesondere in Entgeltregulierungsverfahren von Bedeutung, weil dort häufig vom regulierten Unternehmen Kostenunterlagen vorgelegt werden. Diese werden regelmäßig vom regulierten Unternehmen geschwärzt, was dazu führt, dass die Beteiligten oft nicht sinnvoll in der Sache zu den sich im Verfahren stellenden Fragen vortragen können. Dies hat im Bereich des **verwaltungsrechtlichen Rechtsschutzes** durch einzelne Beteiligte die Gerichte bis hin zum BVerfG beschäftigt (dazu näher unten Rdn. 83 ff.)

b) Vorläufige Anordnungen und Beendigung des Verfahrens

78 Sowohl im allgemeinen Verwaltungsverfahren wie auch im Beschlusskammerverfahren kann die BNetzA nach § 130 TKG **vorläufige Anordnungen** bis zur endgültigen Entscheidung treffen. Hiervon macht die BNetzA auch regelmäßig, insbesondere in Beschlusskammerverfahren Gebrauch. Dabei legt die BNetzA üblicherweise die für vorläufige Anordnungen nach § 123 VwGO geltenden Grundsätze, d. h. Bestehen eines Anordnungsanspruchs und eines Anordnungsgrunds sowie das Verbot der Vorwegnahme der Hauptsache, zugrunde.[89]

---

[88] VG Köln BeckRS 2009, 33163 (Entscheidungsgründe A. I.).
[89] S. etwa BNetzA 12.09.2005, BK3a-05/042, S. 9 des amtl. Umdrucks.

Das Verfahren vor der BNetzA endet nach § 131 Abs. 1 TKG mit der **Entscheidung** der 79
BNetzA (Verwaltungsakt), die zu begründen und den Beteiligten nach dem VwZG zuzustellen ist. Allerdings kann das Verfahren auch **auf sonstige Weise** (z. B. durch Antragsrücknahme) enden. Dann hat die BNetzA diese Beendigung (regelmäßig Einstellung des Verfahrens) mitzuteilen (§ 131 Abs. 2 TKG).

5. Verwaltungsvollstreckung

Die Entscheidungen bzw. Verwaltungsakte der BNetzA werden von dieser im Wege der 80
Verwaltungsvollstreckung nach dem VwVG durchgesetzt. Allerdings modifizieren die Bestimmungen des TKG an verschiedenen Stellen die Höhe des möglichen **Zwangsgelds** (nach § 11 VwVG nur bis zu rund 1.000,– €) als eine von mehreren Formen der Zwangsmittel, ohne dass damit andere Zwangsmittel des VwVG (Ersatzvornahme oder unmittelbarer Zwang) ausgeschlossen wären.[90] So sehen etwa §§ 25 Abs. 8 und 29 Abs. 4 TKG zur Durchsetzung von Zugangsanordnungen und Anordnungen im Rahmen der Entgeltregulierung ein Zwangsgeld von bis zu 1 Mio. €, § 66 Abs. 3 zur Durchsetzung von Anordnungen im Rahmen der Nummernverwaltung ein Zwangsgeld von bis zu 500.000,– € sowie § 115 Abs. 2 TKG zur Durchsetzung von Anordnungen im Bereich des Datenschutzes und der öffentlichen Sicherheit Zwangsgelder von bis zu 20.000,– €, 100.000,– € und bis zu 500.000,– € vor.

6. Rechtsschutz gegen Entscheidungen der BNetzA

Da die Entscheidungen der BNetzA als **Verwaltungsakt** ergehen, richtet sich der diesbe- 81
zügliche Rechtsschutz nach der VwGO und führt zu den **Verwaltungsgerichten**.[91] Typischerweise sowie angesichts der Vielzahl von Beteiligten im Verwaltungsverfahren (mit »berührten« Interessen) entfalten die Verwaltungsakte der BNetzA **Drittwirkung**. So hat etwa eine Entgeltgenehmigung gegenüber einem regulierten Unternehmen auch Auswirkungen auf diejenigen Unternehmen, welche diese Entgelte zu zahlen haben (§ 37 TKG). Soweit der Rechtsschutz nicht vom Adressaten einer Entscheidung nachgesucht wird, geht es dabei regelmäßig um die Frage, ob den der Entscheidung zugrunde liegenden Normen **drittschützende Wirkung** zukommt. Wegen der Besonderheiten der Telekommunikationsmärkte enthält das TKG auch einige Spezialregelungen gegenüber der VwGO, die der Straffung des Rechtswegs und der schnellen Umsetzung von Entscheidungen der BNetzA dienen. So haben nach § 137 Abs. 1 TKG Widerspruch und Klage **keine aufschiebende Wirkung** gegen die Entscheidungen der BNetzA. Ferner ist zu beachten, dass lediglich für Entscheidungen der BNetzA, die im allgemeinen Verwaltungsverfahren ergehen, ein **Vorverfahren** (Widerspruchsverfahren) nach §§ 68 ff. VwGO stattfindet, nicht dagegen im Beschlusskammerverfahren (§ 137 Abs. 2 TKG). Dort ist sofort Klage zu erheben. Vorläufiger Rechtsschutz richtet sich nach §§ 80, 80a bzw. § 123 VwGO. Dieser wird wegen der fehlenden aufschiebenden Wirkung von Widerspruch und Klage häufig in Anspruch genommen.

a) Besonderheiten des Beschlusskammerverfahrens

Neben dem Wegfall des Vorverfahrens nach § 137 Abs. 2 TKG gibt es noch weitere Beson- 82
derheiten für den Rechtsschutz gegen Entscheidungen im Beschlusskammerverfahren. So

---

90 Vgl. Heun/*Gramlich*, Hdb TK, C. Rn. 113.
91 Das führt zu einer seltsamen Rechtswegspaltung, weil für den Rechtsschutz gegen Maßnahmen der BNetzA im Bereich der Energieregulierung nach § 75 EnWG die Zivilgerichte zuständig sind. Die im Gesetzgebungsverfahren zum TKG geführte Diskussion, statt des Verwaltungsrechtswegs den kartellrechtlichen Zivilrechtsweg vorzusehen, hat lediglich Eingang in eine Entschließung von Bundestag und Bundesrat gefunden, nach der die Rechtswegzuständigkeit überprüft werden soll: Entschließung des Bundesrats v. 14.05.2004, BR-Drs. 379/04 (Beschluss).

entfällt hier nach § 137 Abs. 3 TKG die **Berufungsinstanz** und gegen Beschlüsse des zuständigen VG ist die **Beschwerde ausgeschlossen**. Das war im TKG 1996 noch nicht so geregelt. Das zuständige VG ist übrigens das VG Köln, die Berufungsinstanz wäre das OVG NRW (gewesen) und die Revisionsinstanz ist das BVerwG. Gerade im Bereich der verwaltungsgerichtlichen Beschlüsse hat die Straffung des Rechtswegs gem. § 137 Abs. 3 TKG unmittelbare Folgen gezeigt. So sind sowohl die Entscheidungen des VG Köln im Bereich des vorläufigen Rechtsschutzes wie auch beispielsweise Beiladungsbeschlüsse (egal ob gewährend oder ablehnend) unanfechtbar. Anders als im Beschlusskammerverfahren vor der BNetzA ist die Beiladungspraxis des VG Köln mit Blick auf Drittbetroffene sehr restriktiv. Diese Praxis ist auf die Verfassungsbeschwerde eines nicht beigeladenen Unternehmens im Wege eines Nichtannahmebeschlusses bestätigt worden.[92]

b) Schutz von Betriebs- und Geschäftsgeheimnissen

83 Der Verfahrensstraffung dient auch die Regelung in § 138 TKG, die im Fall der Vorlage von Unterlagen mit Betriebs- und Geschäftsgeheimnissen die notwendigen **Zwischenentscheidungen** über die Frage des Umfangs der Vorlagepflicht der BNetzA gegenüber dem Gericht demjenigen der Hauptsache selbst zuweist. An der (materiellen) Vorgängerregelung zu § 136 TKG im Zusammenspiel mit §§ 99, 100 VwGO über die Vorlagepflicht der Behörde an das Gericht und das Akteneinsichtsrecht der Prozessbeteiligten hat sich in der Praxis ein Streit entzündet, der das BVerwG und das BVerfG beschäftigt hat. Hintergrund ist das Problem, dass in Entgeltregulierungsverfahren das regulierte Unternehmen Kostenunterlagen vorlegt, die im Verwaltungsverfahren vor der BNetzA gegenüber den übrigen Beteiligten nach § 136 TKG (bzw. der Vorgängerregelung in § 75a TKG 1996) geschwärzt wurden. Klagt nun ein drittbetroffener Beteiligter gegen die Entgeltgenehmigung und beantragt Einsicht in die Gerichtsakten nach § 100 VwGO, dann sind dort auch die Verwaltungsakten vorhanden, und zwar in ungeschwärztem Zustand. Mit Blick auf den Schutz der Betriebs- und Geschäftsgeheimnisse des regulierten Unternehmens entsteht ein Dilemma: Werden die Akten dem Gericht ungeschwärzt vorgelegt, erhält der Kläger Kenntnis von den Betriebs- und Geschäftsgeheimnissen; werden die Akten dagegen geschwärzt vorgelegt, fehlen dem Gericht der Hauptsache wesentliche Tatsachen und Entscheidungsgrundlagen, um über die Rechtmäßigkeit der Entgeltregulierungsentscheidung der BNetzA zu befinden.

84 Eine praktische Lösung bestand darin, dass Kläger in solchen Verfahren auf Einsicht in die geschwärzten Passagen der Verwaltungsakten **verzichteten**, um wenigstens dem Gericht Zugang zu den Entscheidungsgrundlagen der Behörde vollumfänglich zu ermöglichen. Dort, wo dieser Verzicht allerdings verweigert wurde, kam es zum Streit, der im Zwischenverfahren nach § 99 VwGO zu entscheiden war. Dabei ging es um einen Antrag des Klägers im Hauptsacheverfahren, die Behörde zu verpflichten, die Unterlagen dem Gericht ungeschwärzt vorzulegen, was die Behörde verweigert hatte. Die zwei diesbezüglichen letztinstanzlich stattgebenden (Zwischen-) Entscheidungen des BVerwG hat das BVerfG[93] mit der Begründung aufgehoben, die betreffenden Akten enthielten durch Art. 12 Abs. 1 GG geschützte Betriebs- und Geschäftsgeheimnisse. Art. 12 Abs. 1 sei verletzt, weil die für eine bipolare Konfliktlage entwickelten Vorschriften in § 99 VwGO auf das hiesige **mehrpolarige Verhältnis** (Behörde – reguliertes Unternehmen – drittbetroffenes Unternehmen) nicht ohne Weiteres angewendet werden könnten. Da für die Hauptsache auch gesetzlich in § 138 TKG kein ansonsten zum Schutze der betroffenen Rechtsgüter (Geheimhaltungsinteresse aus Art. 12 Abs. 1 GG vs. effektiver Rechtsschutz aus Art. 19 Abs. 4 GG) geeignetes

---
92 BVerfG CR 2007, 300. Ähnlich BVerfG 13.07.2007, BvR 5.07.
93 BVerfGE 115, 205.

III. Aufgaben, Befugnisse und Verfahren der Bundesnetzagentur (BNetzA)

sog. **in camera-Verfahren**[94] vorgesehen sei, müsse im Zwischenverfahren eine Abwägungsentscheidung getroffen werden, die allen betroffenen Rechtsgütern im Sinne einer »praktischen Konkordanz« gerecht werde, ohne dass von vornherein eines dieser Rechtsgüter übergewichtet sei. Die bisherigen behördlichen und gerichtlichen Entscheidungen hatten nach Ansicht des BVerfG diese Balance nicht ausreichend berücksichtigt und begründet.

Mit der daraufhin ergangenen Folgeentscheidung des BVerwG bestätigt dieses allerdings teilweise seine vorherigen Entscheidungen entgegen den Ausführungen des BVerfG.[95] Das BVerwG begründet dies mit den vom BVerfG nicht betrachteten europarechtlichen Vorgaben aus Art. 4 Abs. 1 Rahmenrichtlinie. Das dort vorgeschriebene »wirksame« Rechtsschutzverfahren setze im Einklang mit der (zeitlich nach der Entscheidung des BVerfG ergangenen) Rechtsprechung des EuGH[96] voraus, dass die den Rechtsschutz gegen Akte der nationalen Regulierungsbehörde gewährende Stelle über sämtliche zur Prüfung der Begründetheit des Rechtsbehelfs erforderlichen Informationen verfügen müsse, **einschließlich etwaiger vertraulicher Informationen**.[97] Dementsprechend kommt das BVerwG in **europarechtskonformer Auslegung** von § 138 TKG dazu, dass nicht nur für das Zwischenverfahren, sondern auch im Hauptsacheverfahren ein in camera-Verfahren unter Ausschluss des Akteneinsichtsrechts nach § 100 VwGO durchzuführen sei, wenn und soweit die Rechtsgüterabwägung des Hauptsachegerichts dazu führe, dass schützenswerte Betriebs- und Geschäftsgeheimnisse vorlägen.[98] Im Ergebnis wird damit auf jeden Fall sichergestellt, dass das Hauptsachegericht über sämtliche entscheidungserheblichen Verwaltungsvorgänge Kenntnis hat, während zugleich auch die Frage der Schutzbedürftigkeit der behaupteten Betriebs- und Geschäftsgeheimnisse im Sinne der vom BVerfG geforderten Abwägungsentscheidung überprüft wird.

85

7. Abgaben

In Zusammenhang mit der Tätigkeit der BNetzA sind schließlich noch die im TKG vorgesehenen Bestimmungen über die von den Marktteilnehmern zu zahlenden **Abgaben** zu betrachten. Die Abgabenregelungen in Teil 9 des TKG lassen sich einteilen in Regelungen zu unmittelbaren (Gebühren und Auslagen) und mittelbaren Verwaltungskosten (Beiträge).

86

a) Gebühren und Auslagen

Im Bereich der Verwaltungskosten, die unmittelbar im Zusammenhang mit einem einzelnen Verwaltungsverfahren erhoben werden können, sieht das TKG Folgendes vor:
- **allgemeine** Gebühren- und Auslagentatbestände (§ 142 TKG), die in Verordnungen näher geregelt werden sollen (§ 142 Abs. 3 TKG) und für das das Verwaltungskostengesetz ergänzend gilt (§ 142 Abs. 2 S. 3 TKG);
- Gebühren und Auslagen für die **außergerichtliche Streitbeilegung** nach § 47a TKG, bei der auf das Gerichtskostengesetz verwiesen wird (§ 145 TKG); und
- Gebühren und Auslagen für das **Vorverfahren**, bei dem auf das Gerichtskostengesetz verwiesen wird (§ 146 TKG).

87

Bei den nach § 142 Abs. 3 TKG zu erlassenden Gebührenverordnungen geht es im Wesentlichen um die Gebühren für Frequenz- und Rufnummernzuteilungen,[99] Aufsichtsmaßnah-

88

---

94 Gemeint ist damit, dass lediglich das Gericht den vollständigen Akteninhalt zur Kenntnis nimmt, nicht aber der z. B. nach § 100 VwGO die Akteneinsicht beantragende Beteiligte.
95 BVerwG CR 2007, 301.
96 EuGH CR 2006, 669.
97 BVerwG CR 2007, 301 (303).
98 BVerwG CR 2007, 301 (304 f.).
99 S. etwa die Frequenzgebührenverordnung (FGebV) sowie die Telekommunikations-Nummerngebührenverordnung (TNGebV).

men der BNetzA sowie die Übertragung von Wegerechten. In Bezug auf Frequenz- und Rufnummernzuteilungen ist bemerkenswert, dass bei der Vergabe dieser Ressourcen in Auswahlverfahren eine Abweichung von dem ansonsten geltenden Kostendeckungsprinzip zulässig ist (§ 142 Abs. 2 S. 5). Eine weitere zulässige Abweichung gilt für die mit Frequenz- und Rufnummernzuteilungen etwa verbundenen Lenkungszwecke (§ 142 Abs. 2 S. 4 TKG). Mit der letztgenannten, allerdings in Art. 13 Genehmigungsrichtlinie durchaus europarechtlich vorgesehenen Ausnahme erhält die BNetzA ein zusätzliches Marktsteuerungsinstrument in die Hand. Dabei ist europarechtlich keineswegs sicher, dass die für Lenkungszwecke (außerhalb des Kostendeckungsprinzips) erhobenen »Gebühren«[100] und die über Auswahlverfahren erzielten Einnahmen (z. B. Versteigerungserlöse) ohne Weiteres parallel erhoben werden können.[101]

b) Beiträge

89 Im Bereich der mittelbaren Verwaltungskosten existiert der sog. **Frequenznutzungsbeitrag** (§ 143 TKG),[102] welcher der **Deckung der laufenden Kosten** der BNetzA im Bereich der Frequenznutzung dient, wobei hierdurch nur diejenigen Kosten erhoben werden dürfen, welche nicht bereits durch anderweitige Gebühren und Beiträge abgedeckt sind. Die Einzelheiten, insbesondere Bemessung und Höhe der Beiträge sind Rechtsverordnungen vorbehalten.

90 Hinsichtlich des Frequenznutzungsbeitrags ist **Schuldner** jeder Inhaber einer Frequenzzuteilung.

91 Der Frequenznutzungsbeitrag wird durch die **Frequenzschutzbeitragsverordnung** gemeinsam mit den im EMVG vorgesehenen Beiträgen geregelt. In diesem Zusammenhang ist darauf hinzuweisen, dass das VG Köln in mehreren Urteilen **Beitragsbescheide** sowohl für die Frequenznutzungsbeiträge als auch für die Beiträge nach dem EMVG für die Jahre 2000 bis 2002 **aufgehoben** hat.[103] Das Gericht bemängelte die zu ungenaue Ermittlung der Kosten, die teils auch Aufwände wie die Behördenleitung berücksichtigen und pauschalisieren und sieht darin einen Verstoß gegen das Kostendeckungsprinzip.

C. Verwaltung und Vergabe von Ressourcen

92 Die Verwaltung und Vergabe von nach wie vor hoheitlich verwalteten, für die Erbringung von Telekommunikationsdiensten erforderlichen Ressourcen ist in Teil 5 des TKG einheitlich zusammengefasst. Im Einzelnen handelt es sich um die Verwaltung von Frequenzen und die Zuteilung von Frequenznutzungsrechten, die Verwaltung und die Zuteilung von Rufnummern sowie die Übertragung von Wegerechten bzw. das wegerechtliche Regime des TKG.

I. Frequenzordnung

93 Moderne Kommunikationsnetze und -dienste basieren häufig auf Funktechnologie (Mobilfunk, WLAN, WiMAX) und sind damit auf die Nutzung von Frequenzen angewiesen. Al-

---

100 Art. 13 Genehmigungsrichtlinie spricht insofern nicht von »Abgaben« (wie in Art. 12 Genehmigungsrichtlinie) sondern von »Entgelten«.
101 S. Erwägungsgrund (32) der Genehmigungsrichtlinie, wo die Einnahmen aus Auswahlverfahren gerade als Beispiel für lenkende Entgelte aufgeführt sind.
102 Der in § 144 TKG zunächst vorgesehene Telekommunikationsbeitrag ist entfallen.
103 S. u. a. VG Köln BeckRS 2006, 27211 (zu EMVG-Beiträgen), BeckRS 2006, 20351 und BeckRS 2006, 22324 (jeweils zu Frequenznutzungsbeiträgen).

I. Frequenzordnung

lerdings sind Frequenzen ein nicht beliebig vermehrbares Gut. Engpässe entstehen einerseits dadurch, dass die gleiche Frequenz nicht gleichzeitig von mehreren Nutzern genutzt werden kann und andererseits, weil das für Dienste verfügbare Spektrum wegen physikalisch unterschiedlicher Ausbreitungsbedingungen nicht für jeden Dienst gleich gut geeignet ist bzw. der Kapazität und Qualität der Dienste Grenzen setzt. Daraus folgt die Notwendigkeit, die Nutzung von Frequenzen hoheitlich zu regeln und zu kontrollieren.

Die Regelung der Frequenzordnung im TKG kann grundsätzlich in drei Teilbereiche untergliedert werden (§ 52 Abs. 1 TKG): **94**
- Frequenzplanung,
- Zuteilung von Frequenzen zur Nutzung und
- Überwachung der Frequenznutzungen.

Mit Ausnahme von Frequenzen, die in den Aufgabenbereich des Verteidigungsministeriums fallen, ist die BNetzA für alle diese Teilbereiche zuständig. Das gilt auch für die Frequenzen, die für den Rundfunk genutzt werden, wobei die BNetzA hier allerdings eng mit den zuständigen Länderbehörden kooperieren muss. Im Folgenden werden die allgemeinen Aspekte aus den vorstehend genannten drei Bereichen in ihren Grundzügen dargestellt.

1. Internationale und europarechtliche Grundlagen und Vorgaben

Anders als in den sonstigen Bereichen der Telekommunikation spielt für die im TKG enthaltenen Regelungen zur Frequenzordnung und die Praxis der BNetzA nicht nur der europarechtliche Rahmen eine erhebliche Rolle. Grundlegende Fragen der Frequenzplanung werden auf über die EU hinausgehender Ebene international koordiniert, und zwar durch die **Internationale Fernmeldeunion** (ITU) sowie die aus 46 Mitgliedstaaten bestehende Konferenz der europäischen Post- und Telekommunikationsverwaltungen (**CEPT**) und deren Unterorganisation ECC (Electronic Communications Committee). Das ECC wird wiederum durch das Europäische Funkbüro (ERO) unterstützt, dessen wichtigstes Produkt der **europäische Frequenzplan** ist.[104] Die auf Ebene von CEPT bzw. ECC getroffenen Entscheidungen sind für die Mitgliedstaaten zwar nicht verbindlich, beeinflussen die nationale Frequenzverwaltung aber ganz erheblich mit nahezu verbindlicher Wirkung in der Praxis.[105] **95**

Demgegenüber war die Aktivität der EU im Bereich der Frequenzverwaltung zunächst eher gering ausgeprägt. Dies hat sich allerdings infolge des Inkrafttretens des Richtlinienpakets 2002 und der darin enthaltenen Frequenzentscheidung sowie mit dem TK-Reformpaket 2009 (oben Rdn. 4 ff.) geändert. Zum einen enthalten Rahmen- und Genehmigungsrichtlinie **Vorgaben für die Zuteilung von Frequenznutzungsrechten**. So formulieren Art. 8 Abs. 2 lit. d), 8a sowie Art. 9, 9a und 9b Rahmenrichtlinie Ziele und Zwecke für eine effiziente Nutzung von Frequenzen, für die Frequenzplanung und -verwaltung, einschließlich einer EU-weiten Harmonisierung unter Aufhebung bestehender Nutzungsbeschränkungen sowie der Möglichkeit, Frequenzen zwischen Zuteilungsinhabern zu übertragen und mit ihnen zu handeln. Art. 5 bis 8 Genehmigungsrichtlinie konkretisieren die Vorgaben für die Frequenzzuteilung. So soll nach Art. 5 Abs. 1 beispielsweise die in Deutschland noch den Regelfall darstellende Einzelzuteilung eigentlich gegenüber einer Allgemeinzuteilung die Ausnahme sein. Art. 6 Abs. 1 im Zusammenspiel mit Anhang A und B Genehmigungsrichtlinie begrenzen den Umfang der zulässigen Bedingungen für Frequenzzuteilun- **96**

---

[104] THE EUROPEAN TABLE OF FREQUENCY ALLOCATIONS AND UTILISATIONS COVERING. THE FREQUENCY RANGE 9 kHz TO 275 GHz, abrufbar auf der Website des ERO, www.ero.dk.
[105] S. Heun/*Jenny*, Hdb TK, D. Rn. 7.

gen und Art. 7 trifft Vorgaben für Vergabeverfahren. Zum anderen hat die EU-Kommission auf Basis der Frequenzentscheidung die »Radio Spectrum Policy Group (RSPG)« eingerichtet. Diese hat sich insbesondere im Zusammenhang mit dem sog. **WAPECS-Konzept**[106] der EU-Kommission hervorgetan. Diese Initiative bezweckt die Ablösung der bisher an einzelnen Technologien und Diensten (z. B. Betriebs- und Bündelfunk – GSM – UMTS – WLAN; fester Funkdienst – Mobilfunkdienst) orientierten Frequenzplanung und -zuteilung zugunsten eines **technologie- und dienstneutralen** Ansatzes, der bisherige Nutzungsbeschränkungen für Frequenzen weitgehend aufhebt.[107] Sie hat infolge des TK-Reformpakets 2009 Eingang in Art. 9 und 9a Rahmenrichtlinie gefunden, wonach bestehende Nutzungsbeschränkungen in Bezug auf die im Frequenzband einsetzbare Technologie innerhalb von fünf Jahren aufgehoben werden sollen. Die BNetzA hat allerdings bereits vor Inkrafttreten des TK-Reformpakets 2009 begonnen, das WAPECS-Konzept umzusetzen (dazu unten Rdn. 98 und 121).

2. Frequenzplanung

97 Die Frequenzplanung erfolgt anhand von zwei Rechtsakten, die zueinander abgestuft sind, dem sog. Frequenzbereichszuweisungsplan sowie dem sog. Frequenznutzungsplan. Nach § 53 TKG erlässt die Bundesregierung den **Frequenzbereichszuweisungsplan** im Wege einer Rechtsverordnung,[108] die der Zustimmung des Bundesrats bedarf, soweit Frequenzen dem **Rundfunk** zugewiesen werden. Auf dieser Ebene erfolgt die rechtsverbindliche Umsetzung der Vorgaben der ITU.[109] Mit dem Frequenzbereichszuweisungsplan werden die Frequenzbereiche zwischen 9 kHz und 275 GHz den **Funkdiensten** und anderen Anwendungen elektromagnetischer Wellen zugewiesen (§ 53 Abs. 2 S. 1 TKG). Dementsprechend ist sein Detaillierungsgrad nicht sehr hoch. Es werden 37 verschiedene Funkdienste unterschieden und definiert wie z. B. Mobilfunkdienst (mit verschiedenen Unterarten) und fester Funkdienst. Ebenso unterschieden werden **primäre und sekundäre Funkdienste**. Letztere sind nur zulässig, soweit sie den jeweils primären Funkdienst nicht stören. Die an die Zuweisungen geknüpften **Nutzungsbestimmungen** enthalten Einschränkungen und Erläuterungen.

98 Die weitere Detaillierung mittels Aufteilung der Frequenzbereiche in einzelne Frequenznutzungen und diesbezügliche Festlegungen erfolgen durch den **Frequenznutzungsplan**, der von der BNetzA nach Maßgabe von § 54 TKG und der gem. § 54 Abs. 3 TKG erlassenen Rechtsverordnung (FNPAV)[110] aufgestellt wird. So wurde etwa eine im Zuweisungsplan enthaltene Zuweisung für den Mobilfunk auf Nutzungen wie GSM, UMTS, Bündelfunk, Betriebsfunk etc. konkretisiert, zwischenzeitlich aber größtenteils unter dem technikneutralen Begriff der Widmung für den »**drahtlosen Netzzugang**« zusammen gefasst.[111] Der Frequenznutzungsplan besteht aus zahlreichen Frequenznutzungsteilplänen und befindet sich derzeit auf dem Stand vom Oktober 2009.[112] Weitere Anpassungen werden insbesondere mit Blick auf die technikneutrale Umwidmung bisheriger Anwendungen auf den drahtlosen Netzzugang erfolgen. Das Verfahren der Aufstellung sowie diesbezügliche Beteiligungsrechte sind in der genannten Verordnung im Einzelnen geregelt.[113] Besonders

---

106 Wireless Access Policy for Electronic Communications Services.
107 S. dazu RSPG Opinion on Wireless Access Policy for Electronic Communications Services, RSPG05–102final, abzurufen unter http://rspg.groups.eu.int, sowie die Mitteilung der EU-Kommission v. 08.02.2007, KOM(2007)50 endg.
108 Frequenzbereichszuweisungsplanverordnung v. 07.10.2004, BGBl. I, 2499, zuletzt geändert durch Verordnung v. 22.04.2010 BGBl. I, 446.
109 S. die Begründung zum Entwurf von § 44 TKG-1996, BT-Drs. 13/3609, 47 sowie BT-Drs. 13/4864, 80.
110 Frequenznutzungsplanaufstellungsverordnung v. 26.04.2001, BGBl. I, 827, zuletzt geändert durch Verordnung v. 22.04.2010 BGBl. I, 446.
111 Siehe BNetzA Vfg. 58/2009, ABl. Nr. 20/2009, S. 3577.
112 Abrufbar unter www.bundesnetzagentur.de.
113 Ausf. dazu Heun/*Jenny*, Hdb TK, D. Rn. 62.

I. Frequenzordnung

hinzuweisen ist dabei neben der Beteiligung der interessierten Öffentlichkeit nach § 6 FNPAV darauf, dass gem. § 5 Abs. 1 S. 2 FNPAV dem **Rundfunk** die im Frequenzbereichszuweisungsplan zugewiesenen Frequenzkapazitäten auf der Grundlage der rundfunkrechtlichen Regelungen (der Länder!) zur Verfügung stehen (müssen). Anders als der Frequenzbereichszuweisungsplan ist der Frequenznutzungsplan keine Rechtsverordnung, sondern eine **Verwaltungsvorschrift**.[114] Dies hat zur Folge, dass **Rechtsschutz** gegen den Frequenznutzungsplan (mit Ausnahme der Durchsetzung von Beteiligungsrechten bei dessen Aufstellung nach § 7 FNPAV) nur inzident im Rahmen eines Frequenzzuteilungsverfahrens möglich ist.

3. Frequenzzuteilung ohne Vergabeverfahren

Auf Basis der Frequenzplanung sowie nach Maßgabe von § 55 TKG erfolgt die Zuteilung von Frequenzen zur Nutzung durch einzelne Nutzer(kreise). Jede Frequenznutzung (außer einer militärischen Nutzung nach § 57 Abs. 2 TKG) bedarf der vorherigen Frequenzzuteilung (§ 55 Abs. 1 S. 1 TKG). Unter **Frequenznutzung** versteht das TKG gem. § 3 Nr. 9 »jede gewollte Aussendung oder Abstrahlung elektromagnetischer Wellen zwischen 9 kHz und 3000 GHz zur Nutzung durch Funkdienste und andere Anwendungen elektromagnetischer Wellen«. Die Frequenzzuteilung ist demnach entsprechend der Legaldefinition in § 55 Abs. 1 S. 2 TKG »die behördliche oder durch Rechtsvorschriften erteilte Erlaubnis zur Nutzung bestimmter Frequenzen unter festgelegten Bedingungen«. Der im Gesetz dafür vorgesehene Regelfall ist die einfache Frequenzzuteilung ohne besonderes Vergabeverfahren (wie Ausschreibung oder Versteigerung), da Letzteres nach § 55 Abs. 9 TKG nur dann infrage kommt, wenn Frequenzknappheit für die beabsichtigten Nutzungen besteht.[115] Wer als Begünstigter der Frequenzzuteilung »Nutzer« der Frequenz ist, wird im Gesetz nicht näher definiert. Hier kann man aber auf den für die Bestimmung des Netzbetreibers relevanten Begriff der Funktionsherrschaft (oben Rdn. 19) zurückgreifen. Nutzer ist demnach derjenige, der die rechtliche und tatsächliche Kontrolle über die »gewollte Aussendung oder Abstrahlung elektromagnetischer Wellen« besitzt. Zu beachten ist außerdem, dass nach § 55 Abs. 1 S. 3 TKG die Frequenzzuteilung **zweckgebunden** ist. Diese Zwecke ergeben sich aus dem Frequenznutzungsplan und bedeuten, dass eine Frequenzzuteilung nur zur Frequenznutzung innerhalb der dort beschriebenen **(Widmungs-) Zwecke** zulässig ist. Folglich darf z. B. eine Frequenzzuteilung für GSM-Mobilfunk nicht ohne Änderung des Frequenznutzungsplans und der Frequenzzuteilung selbst für UMTS-Mobilfunk genutzt werden. Genau derartige Beschränkungen sind allerdings zwischenzeitlich durch die BNetzA infolge der Umsetzung des erwähnten WAPECS-Konzepts (Rdn. 96) aufgehoben worden (Rdn. 98). **99**

In § 55 Abs. 2 und 3 TKG werden **Allgemeinzuteilungen** und **Einzelzuteilungen** unterschieden. Beide Formen der Zuteilung erfolgen durch **Verwaltungsakt**, im erstgenannten Fall durch eine sog. **Allgemeinverfügung**. Während die Einzelzuteilung an eine einzelne Person auf Antrag erfolgt, ermöglicht die von Amts wegen ergehende Allgemeinzuteilung die Frequenznutzung durch einen bestimmten oder bestimmbaren Personenkreis. Zwar soll die Allgemeinzuteilung die Regel sein, in der Praxis ist dies aber nicht der Fall. Die bekanntesten Allgemeinzuteilungen bestehen für WLAN (2,4 und 5 GHz), RFID, Short Range Devices (SRD, dort arbeiten auch Funkablesesysteme für Nebenkostenabrechnungen), DECT (schnurlose Telefone) und ISM (u. a. Ver- und Entriegeln von Kraftfahrzeugen).[116] Wegen der freien Nutzung durch mehrere Personen enthalten die Allgemeinzuteilungen typischerweise einen Hinweis darauf, dass der Nutzer keinen Anspruch auf **100**

---

114 S. Heun/*Jenny*, Hdb TK, D. Rn. 55.
115 Siehe etwa VG Köln BeckRS 2010, 47486 (Entscheidungsgründe Abs. 2).
116 Informationen dazu und die Zuteilungen sind abrufbar unter www.bundesnetzagentur.de.

störungsfreie Nutzung und eine Mindestqualität hat. Im Folgenden werden die Voraussetzungen und Bedingungen der Einzelzuteilung näher betrachtet.

a) Voraussetzungen der Frequenzzuteilung

101 Nach § 55 Abs. 5 S. 1 TKG werden Frequenzen zugeteilt, wenn
- sie für die vorgesehene Nutzung im Frequenznutzungsplan **ausgewiesen** sind (Widmungszweck!),
- sie **verfügbar** sind,
- die **Verträglichkeit** mit anderen Frequenznutzungen gegeben ist und
- eine **effiziente und störungsfreie** Frequenznutzung durch den Antragsteller sichergestellt ist.

Ein Anspruch auf eine bestimmte Einzelfrequenz hat der Antragsteller zwar nicht (§ 55 Abs. 5 S. 2 TKG). Bei Vorliegen der Voraussetzung besteht aber grundsätzlich ein Zuteilungsanspruch, d. h. die Frequenzzuteilung ist eine **gebundene und keine Ermessensentscheidung** der BNetzA. Von den weitgehend selbst erklärenden Voraussetzungen ist typischerweise die Verfügbarkeit der Frequenzen das größte Problem. Besteht hier Knappheit, wird normalerweise ein Vergabeverfahren erforderlich, und nur ganz ausnahmsweise kann die BNetzA trotz Knappheit von einem Vergabeverfahren absehen.[117]

102 Neben den vorgenannten objektiven Voraussetzungen sieht § 55 Abs. 4 S. 2 TKG aber auch die Erfüllung von **subjektiven Voraussetzungen** durch den Antragsteller vor. Welche diese sind, wird aber nicht erklärt, sondern mit einem Hinweis auf Anhang B der Genehmigungsrichtlinie verbunden, der hier allerdings nicht weiter hilft. Gemeint sind allerdings mit Blick auf die effiziente Frequenznutzung die im Gewerberecht anzutreffenden subjektiven Anforderungen an die Person des Gewerbetreibenden. Die Praxis der BNetzA legt daher die Kriterien zugrunde, die früher für die Lizenzerteilung nach § 8 Abs. 3 TKG 1996 relevant waren und auch bei der Übertragung des Wegerechts nach § 69 Abs. 2 TKG verwendet werden (dazu näher unten Rdn. 182 ff.): **Zuverlässigkeit**, **Leistungsfähigkeit** und **Fachkunde**. Danach ist[118]
- **zuverlässig**, wer die Gewähr dafür bietet, die Rechtsvorschriften einzuhalten,
- **leistungsfähig**, wer die Gewähr dafür bietet, für den Aufbau und den Betrieb von Telekommunikationsnetzen die erforderlichen Produktionsmittel zur Verfügung zu haben, und
- **fachkundig**, wer die Gewähr dafür bietet, dass die bei Ausübung der Nutzungsrechte tätigen Personen über die erforderlichen Kenntnisse, Erfahrungen und Fertigkeiten verfügen.

Typischerweise problematisch ist dabei für den Antragsteller regelmäßig der Nachweis der Leistungsfähigkeit, weil die BNetzA hier einen mittelfristigen, auf fünf Jahre angelegten **Geschäfts- und Investitionsplan** verlangt. Dabei ist nicht nur der Finanzierungsbedarf auszuweisen, sondern die **Finanzierung** ist auch anhand verfügbarer Geldmittel, Bürgschaften und/oder Finanzierungszusagen **nachzuweisen** (näher dazu unten Rdn. 183). Das ist bei Plänen für größere Netze angesichts der anfallenden Aufbaukosten eine nicht zu unterschätzende Hürde.

103 Aus dem objektiven Erfordernis der Sicherstellung einer effizienten und störungsfreien Frequenznutzung im Zusammenspiel mit den subjektiven Voraussetzungen verlangt die BNetzA in der Praxis auch häufig die Vorlage eines **Frequenznutzungskonzepts** durch den Antragsteller,[119] in welchem die geplante Frequenznutzung vom Antragsteller umfas-

---

117 BVerwG BeckRS 2011, 48923.
118 S. auch die Gesetzesbegründung zu § 69 TKG: BT-Drs. 15/2316, 84.
119 S. BNetzA Vfg. Nr. 59/2009, ABl. Nr. 20/2009, S. 3623 (3801).

send in technischer, betrieblicher und vertrieblicher Hinsicht einschließlich der Geschäfts- und Investitionsplanung erläutert werden muss. Hiermit kann und soll u. a. die Hortung von Frequenzen verhindert werden, was auch als ein Versagungsgrund für die Frequenzzuteilung in Betracht kommt (s. u. Rdn. 105).

In Bezug auf das **Antragsverfahren** sieht § 55 Abs. 4 S. 1 TKG vor, dass der Antrag das (geographische) Gebiet zu bezeichnen hat, in dem die Frequenznutzung erfolgen soll. Im Übrigen richten sich die notwendigen Angaben für den Antrag nach den vorstehend dargestellten Voraussetzungen. Über vollständige Anträge soll die BNetzA nach § 55 Abs. 4 S. 3 TKG innerhalb einer **Frist** von sechs Wochen entscheiden, die im Fall eines vorgeschalteten Vergabeverfahrens längstens um acht Monate verlängert werden kann.[120] **104**

Obwohl es sich bei der Frequenzzuteilung um eine gebundene Entscheidung handelt, sofern die Zuteilungsvoraussetzungen vorliegen (oben Rdn. 101), kann die BNetzA nach § 55 Abs. 10 TKG eine Frequenzzuteilung **ganz oder teilweise versagen**, wenn die vom Antragsteller beabsichtigte Nutzung mit den Regulierungszielen nach § 2 Abs. 2 TKG nicht vereinbar ist. Diese im pflichtgemäßen Ermessen der Behörde stehende Entscheidung kommt abgesehen von Gesundheitsgefahren insbesondere dann in Betracht, wenn es um Fragen ineffizienter Frequenznutzung (§ 2 Abs. 2 Nr. 7 TKG) geht, so etwa, wenn ein Frequenzzuteilungsantrag nahe legt, dass hiermit Frequenzen gehortet werden sollen,[121] ohne dass die vollumfängliche Nutzung der beantragten Frequenzen in absehbarer Zeit zu erwarten ist. Mit Blick auf die nach § 55 Abs. 9 S. 1 Alt. 1 TKG mögliche (abstrakte) **Knappheitsprognose** der BNetzA als Voraussetzung für die Durchführung eines Vergabeverfahrens (dazu unten Rdn. 115) besteht hier eine nicht unproblematische Stellschraube für die BNetzA, eine Ressourcenbewirtschaftung vorzunehmen, welche die Spielräume der Marktteilnehmer einengt.[122] **105**

Schließlich enthält § 57 TKG noch **besondere Regelungen** über die Voraussetzungen der Frequenzzuteilung, sofern es sich um Frequenzen für bestimmte Stellen oder Zwecke handelt. Dies betrifft u. a. **106**
- den Rundfunk, wo die Länder erheblichen Einfluss auf die Zuteilung der dem **Rundfunk** zugewiesenen Frequenzen besitzen (§ 57 Abs. 1 TKG);
- Frequenzen für den Funk der Behörden und Organisationen mit Sicherheitsaufgaben (**BOS-Funk**), wo die Koordinierung mit dem Bundesinnenministerium erfolgt (§ 57 Abs. 4 TKG).

In den genannten und sonstigen in § 57 TKG aufgeführten Fällen sind die Handlungsspielräume der BNetzA deutlich eingeschränkt.

b) Inhalt und Nebenbestimmungen von Frequenzzuteilungen

Mit der Frequenzzuteilung wird nach § 60 Abs. 1 TKG insbesondere **Art und Umfang der Frequenznutzung** festgelegt, soweit dies zur Sicherung einer effizienten und störungsfreien Frequenznutzung erforderlich ist. Diese Festlegungen richten sich zunächst nach den Widmungszwecken und Festlegungen im Frequenznutzungsplan und enthalten typischerweise zusätzliche technische Parameter, etwa in Bezug auf Kanalbandbreite, Sendeleistung und Feldstärkegrenzwerte. **107**

---

120 VG Köln BeckRS 2010, 47488.
121 S. BT-Drs. 15/2316, 78.
122 Siehe dazu VG Köln BeckRS 2010, 47486 (Entscheidungsgründe Abs. 2) wonach die BNetzA im Rahmen der Knappheitsprognose über einen gerichtlich nur eingeschränkt überprüfbaren Beurteilungsspielraum verfügt; allerdings hat das BVerwG mit Urt. v. 23.03.2011, 6 C 6.10 hier eine genauere Sachverhaltsermittlung verlangt und die Sache zurückverwiesen.

108 Darüber hinaus kann die Frequenzzuteilung nach § 60 Abs. 2 TKG zur Sicherstellung der gleichen Zwecke mit **Nebenbestimmungen** versehen werden, und zwar auch nachträglich. Die Abgrenzung zur Festlegung von Art und Umfang der Frequenznutzung kann dabei fließend sein, was Bedeutung für den Rechtsschutz hat (s. Rdn. 138). In diesem Zusammenhang ist zu beachten, dass die BNetzA nach pflichtgemäßem Ermessen aufgrund § 59 TKG eine Frequenz auch **gleichzeitig mehreren Personen** zuteilen kann, wenn die effiziente Nutzung durch einen Einzelnen nicht zu erwarten ist. Schließlich enthält die Frequenzzuteilung gem. § 60 Abs. 3 TKG **Hinweise** auf die für die Empfangsanlagen zugrunde gelegten Parameter, die allerdings lediglich informativen Charakter haben.[123]

109 Außerdem sind Frequenzzuteilungen nach § 55 Abs. 8 TKG regelmäßig zu befristen, wobei die **Befristung** angemessen sein muss. In der neueren Praxis der BNetzA beträgt die Maximalfrist 15 Jahre. Aber auch solche Fristen werfen die Frage auf, was nach Ablauf der Befristung zu geschehen hat. So sieht § 55 Abs. 8 TKG vor, dass eine **Verlängerung** der Befristung möglich ist. Dies ist freilich problematisch, wenn zum bisherigen Zuteilungsinhaber neue Interessenten an den betreffenden Frequenzen hinzutreten, der bisherige Zuteilungsinhaber aber über mit erheblichen Mitteln errichtete Infrastrukturen verfügt, mit denen Endkunden bedient werden. Eine solche Konstellation bestand bei den ersten Frequenzzuteilungen für GSM (D-Netze, und E1-Netz). Hier ging bzw. geht es um die Verlängerung der zunächst bis Ende 2009 bzw. 2012 befristeten Zuteilungen bis Ende 2016 (dem Ablauf der Befristung für das E2-Netz). Gleichzeitig gibt es aber auch andere Interessenten für diese Frequenzen. Die BNetzA hat sich entschieden, die GSM-Zuteilungen wie gewünscht zu verlängern und die neuen Interessenten auf andere Frequenzen zu verweisen, die anlässlich weiterer Maßnahmen in diesem Zusammenhang frei wurden.[124] Diese Vorgehensweise ist nicht unproblematisch, weil aus dem TKG keine Bevorzugung bestehender Zuteilungsinhaber gegenüber anderen Interessenten nach Ablauf der Befristung entnommen werden kann. Insoweit gelten für beide Seiten die Voraussetzungen von § 55 Abs. 4 und 5 TKG (s. o. Rdn. 101 ff.). Dementsprechend wurden die diesbezüglichen Maßnahmen der BNetzA auch von mehreren Seiten durch Widersprüche und Klagen angegriffen. Die Rechtsprechung des VG Köln und des OVG Münster hat die Maßnahmen unbeanstandet gelassen,[125] indem abgesehen von teils komplexen Zulässigkeits- und Rechtsschutzfragen sie der BNetzA im materiellen Ergebnis ein Beurteilungsspielraum (auch) bei der Frage einräumt, ob nach § 55 Abs. 9 TKG ein Vergabeverfahren durchgeführt oder davon abgesehen und eine einfache Frequenzzuteilung vorgenommen wird.[126] Das BVerwG ist dagegen strenger und verlangt für das Absehen von einem Vergabeverfahren einen erheblichen Begründungsaufwand.[127] Kommt es zu einem Vergabeverfahren nach § 61 TKG, reduziert sich der Anspruch auf Zuteilung bzw. Verlängerung auf diskriminierungsfreie Teilnahme am Vergabeverfahren und eine rechtmäßige Auswahlentscheidung.[128]

110 Mit der Frequenzzuteilung ist die Pflicht des Zuteilungsinhabers gem. § 55 Abs. 6 TKG verbunden, der BNetzA Beginn und Änderung der Frequenznutzung **anzuzeigen**. Gleiches gilt für Namens- und Anschriftenänderungen, Änderungen der Eigentumsverhältnisse des Zuteilungsinhaber sowie »identitätswahrende Umwandlungen« (näher dazu unten Rdn. 129 ff.).

---

123 S. BT-Drs. 15/2316, 80.
124 S. das GSM-Konzept der BNetzA, Vfg. 88/2005, ABl. Nr. 23/2005, S. 1852 (Erläuterungen zu den Eckpunkten 6 und 7).
125 VG Köln BeckRS 2008, 31482 und BeckRS 2011, 48063 sowie Urt. v. 21.10.2009, 21 K 5789/08 OVG NRW MMR 2009, 793.
126 VG Köln 21.10.2009, 21 K 5789/08, S. 20 ff. amtl. Umdr.
127 BVerwG BeckRS 2011, 48923.
128 OVG Münster MMR 2009, 425; BVerwG BeckRS 2009, 39590 Tz. 10.

4. Frequenzzuteilung in Vergabeverfahren

Unter den Voraussetzungen von § 55 Abs. 9 TKG führt die Knappheit von Frequenzen zur Durchführung eines Vergabeverfahrens durch die BNetzA. Dies bedeutet eine komplexe Abfolge von Vorgängen und Entscheidungen in einem **mehrstufigen Prozess**: 111

- Ermittlung, ob Frequenzknappheit vorliegt;
- Entscheidung (1) über die Durchführung des Vergabeverfahrens (§ 55 Abs. 9 TKG);
- Entscheidung (2) über die Art des Vergabeverfahrens (§ 61 Abs. 1 S. 1 TKG);
- Entscheidung über die Bedingungen des Vergabeverfahrens bestehend aus zwei Teilentscheidungen zu den Teilnahmebedingungen (3) und den Regeln für den Ablauf (4) des Vergabeverfahrens (§ 61 Abs. 1 S. 2, § 61 Abs. 3–6 TKG);
- Durchführung des Zulassungsverfahrens für die Teilnehmer des Vergabeverfahrens mit Entscheidung über Zulassung oder Ablehnung (5);
- Durchführung des Vergabeverfahrens mit Zuschlags- bzw. Auswahlentscheidung (6);
- Frequenzzuteilung (7) an den/die erfolgreichen Teilnehmer (§ 61 Abs. 1 S. 3 i. V. m. § 55 TKG).

Die Komplexität des Verfahrens einerseits sowie die ökonomische Bedeutung von Frequenzen andererseits haben dazu geführt, dass insbesondere im Zusammenhang mit Versteigerung der Frequenzen aus der sog. **Digitalen Dividende** viele und umfangreiche rechtliche Streitfragen entstanden sind, welche die Verwaltungsgerichte beschäftigt haben und beschäftigen.[129] 112

Die im Laufe der beschriebenen Abfolge von der BNetzA getroffenen Entscheidungen sind **Verwaltungsakte**.[130] Für die unter Ziffern (1) bis (4) angegebenen Entscheidungen ergibt sich dies aus § 132 Abs. 1 S. 1 und 2 TKG, der jene Entscheidungen dem Beschlusskammerverfahren (Rdn. 75 ff.) zuweist sowie aus der Praxis der BNetzA, die mit sämtlichen diesbezüglichen Aspekten so verfährt. Für die restlichen Entscheidungen ergibt sich dies aus deren konkret-individueller Regelungswirkung. Die Entscheidungen unter Ziffer (1) bis (4) werden gem. § 132 Abs. 3 TKG durch die Präsidentenkammer getroffen. 113

Bei Durchführung von Vergabeverfahren darf die nach § 55 Abs. 4 S. 3 TKG bestehende **Frist** von sechs Wochen gem. § 61 Abs. 8 TKG um längstens **acht Monate** verlängert werden. Allerdings ist nicht ganz klar, ab wann diese Frist zu laufen beginnt. Der Wortlaut (»um«) spricht dafür, den Zeitpunkt des ersten Zuteilungsantrags zugrunde zu legen. 114

a) Voraussetzungen und Entscheidung für Vergabeverfahren

Nach § 55 Abs. 9 TKG kommt die Anordnung eines Vergabeverfahrens in zwei Fällen in Betracht: 115

- Frequenzen sind nicht in ausreichendem Umfang für eine Frequenzzuteilung verfügbar (**abstrakte Knappheitsprognose** nach § 55 Abs. 9 S. 1 Alt. 1 TKG);
- für bestimmte Frequenzen sind mehrere Anträge gestellt (**konkrete Knappheit** nach § 55 Abs. 9 S. 1 Alt. 2 TKG).

In beiden Fällen hat die BNetzA vor der Entscheidung eine öffentliche Anhörung durchzuführen und die Entscheidung zu veröffentlichen (§ 55 Abs. 9 S. 2, 3 TKG). Als Beispiel für den erstgenannten Fall kann die Anhörung der BNetzA über eine Präsidentenkammerentscheidung zur Vergabe von Frequenzen für den digitalen zellularen Mobilfunk bzw. den drahtlosen Netzzugang dienen.[131] Beispiel für den letztgenannten Fall ist die Versteigerung

---

129 Dazu die Berichte und Überblicke von *Nacimiento* K&R 2011, 82; K&R 2010, 91 und K&R 2009, 73.
130 Vgl. Heun/*Jenny*, Hdb TK, D. Rn. 192, 202, 209, 225, 227.
131 S. die zur Anhörung gestellte, mehrere Verfahren zusammenfassende Präsidentenkammerentscheidung: BNetzA Mitteilung Nr. 319/2009, ABl. Nr. 10/2009, S. 2555, die dann in die höchst umstrittene Vfg.

der Frequenzen für »BWA (Broadband Wireless Access)«,[132] wenngleich die BNetzA auch in diesem Fall eine abstrakte Knappheitsprognose angenommen hat, um das Verfahren neu zu eröffnen und nicht lediglich unter den ursprünglichen Antragstellern durchzuführen. Sofern zuvor keine Antragsstellung bzw. kein Antragsverfahren für die Frequenzzuteilung erfolgt ist, das eine konkrete Knappheit ergab, ermittelt die BNetzA die Frage der Knappheit regelmäßig (aber nicht immer) über veröffentlichte **Bedarfsabfragen**, die ggf. auch durch vorherige Antragstellungen ausgelöst werden.

116 Infolge der Bedarfsabfragen oder der gestellten Anträge ordnet die BNetzA nach Durchführung einer Anhörung über den Entwurf der Entscheidung durch die Präsidentenkammer die Durchführung des Vergabeverfahrens an. Üblicherweise wird diese Entscheidung verbunden mit der Entscheidung über die Wahl des Vergabeverfahrens.

b) Arten und Auswahl des Vergabeverfahrens

117 Das Gesetz sieht in § 61 Abs. 1 TKG vor, dass die BNetzA (wiederum nach Anhörung durch die Präsidentenkammer) zwischen dem **Versteigerungsverfahren** und dem **Ausschreibungsverfahren** entscheidet. Nach § 61 Abs. 2 TKG bildet das Versteigerungsverfahren dabei die **Regel**.[133] Das Ausschreibungsverfahren kommt nur dann in Betracht, wenn das Versteigerungsverfahren nicht geeignet ist, die Regulierungsziele nach § 2 Abs. 2 TKG sicherzustellen. Das Gesetz nennt dabei drei Beispielsfälle, in denen die BNetzA in Ausübung pflichtgemäßen Ermessens ausnahmsweise ein Ausschreibungsverfahren durchführen kann:
- Frequenzen auf demselben sachlich und räumlich relevanten Markt sind bereits zuvor ohne vorherige Durchführung eines Versteigerungsverfahrens vergeben worden;
- ein Antragsteller kann eine gesetzlich begründete Präferenz für die zuzuteilenden Frequenzen geltend machen;
- es geht um Frequenzen für Rundfunkdienste.

Ausschreibungsverfahren sind nach früherem Recht für die Vergabe der GSM-Frequenzen und für Wireless Local Loop (WLL) erfolgt. In neuerer Zeit hat es lediglich Ausschreibungsverfahren bei Frequenzen für Rundfunkdienste gegeben (z. B. DVB-T).

c) Gemeinsame Bedingungen und Festlegungen für Vergabeverfahren

118 Ungeachtet der Entscheidung, welches Vergabeverfahren anzuwenden ist, hat die BNetzA nach § 61 Abs. 3 und 4 TKG auch eine Entscheidung darüber zu treffen, ob bestimmte Personen von der Teilnahme an einem Vergabeverfahren **ausgeschlossen** werden sollen und welche **Rahmenbedingungen** (Zulassungsvoraussetzungen für die Teilnahme, sachlich und räumlich relevanter Markt, Frequenz-Grundausstattung und Frequenznutzungsbestimmungen) für das Vergabeverfahren gelten.

119 Die nach § 61 Abs. 4 S. 2 Nr. 1 TKG festzulegenden **fachlichen und sachlichen Mindestvoraussetzungen** für die Zulassung zum Vergabeverfahren betreffen typischerweise zum einen die bereits dargestellten (objektiven und subjektiven) Zuteilungsvoraussetzungen (s. o. Rdn. 101 ff.); zum anderen legt die BNetzA hier besonderen Wert darauf, dass dem Antragsteller die etwa für eine Versteigerung notwendigen Finanzmittel tatsächlich zur

---

59/2009, ABl. BNetzA Nr. 20/2009, S. 3623 mündete, auf deren Grundlage u. a. die Frequenzen der digitalen Dividende versteigert wurden.
132 S. einerseits die zur Anhörung gestellten Eckpunkte der zugehörigen Präsidentenkammerentscheidung: BNetzA Mitteilung Nr. 252/2006, ABl. Nr. 13/2006, S. 1814 (1816) und andererseits die letztlich ergangene Entscheidung BNetzA Vfg. 42/2006, ABl. Nr. 20/2006, S. 3051.
133 Dazu VG Köln BeckRS 2010, 47486 (Entscheidungsgründe Abs. 3).

I. Frequenzordnung

Verfügung stehen und dass die Antragsteller voneinander wettbewerblich unabhängig sind. Letzteres dient dem Ausschluss von Doppelbewerbungen.

Mit Blick auf den etwaigen **Ausschluss von Personen** (§ 61 Abs. 3 TKG) sowie die **Grundausstattung** an Frequenzen (§ 61 Abs. 4 S. 2 Nr. 3 TKG) ist die Frage verbunden, ob und wie die BNetzA durch Festlegungen sicherstellen kann, dass auf dem betreffenden sachlich und räumlich relevanten Markt ein **chancengleicher Wettbewerb** entsteht bzw. erhalten bleibt. Denn am Markt bereits etablierte Frequenzzuteilungsinhaber können durch die Sicherung zusätzlicher Frequenzzuteilungen faktisch verhindern, dass neue Wettbewerber auf den Markt gelangen. Um dies zu verhindern, hat die BNetzA allerdings bislang noch keinen Gebrauch davon gemacht (Ermessensentscheidung!), einzelne Personen von einem Vergabeverfahren ganz auszuschließen. Allerdings hat sie beispielsweise im Vergabeverfahren für UMTS eine Höchstausstattung der zu vergebenden Frequenzen festgelegt und damit Neueinsteigern den Marktzutritt gegenüber der Gefahr des Wegsteigerns der Frequenzen seitens der etablierten (damals GSM-) Betreiber erleichtert.[134] Wenngleich hierfür keine ausdrückliche Ermächtigung im TKG vorhanden ist, dürfte dieses Vorgehen als »Minus« zum kompletten Ausschluss einer Person vom Vergabeverfahren gedeckt sein. Auf dieser Grundlage kann die BNetzA auch die Bietrechte einzelner Teilnehmer in einer Versteigerung beschränken.[135] **120**

Hinsichtlich der Festlegung des **sachlich und räumlich relevanten Marktes** (§ 61 Abs. 4 S. 2 Nr. 2 TKG) ist in jüngster Zeit eine Tendenz der BNetzA festzustellen, die bislang eher an bestimmten Techniken (WLL, GSM, UMTS, WLAN) orientierte Marktabgrenzung zugunsten eines erweiterten Ansatzes (drahtloser Netzzugang) aufzubrechen.[136] Dieses Vorgehen entspricht der bereits erwähnten **WAPECS-Initiative** der EU-Kommission (s. o. Rdn. 96). Erste Ansätze der Umsetzung durch die BNetzA waren die Versteigerung der Frequenzen für »**BWA (Broadband Wireless Access)**«[137] sowie die Anhörung zur Vergabe von Frequenzen für den »**digitalen zellularen Mobilfunkdienst**« bzw. für den »**drahtlosen Netzzugang**«.[138] Beiden Fällen ist die Technologieneutralität gemeinsam sowie die Auflösung gewisser technologie- bzw. dienstebezogener Frequenzwidmungen (z. B. gemeinsame Betrachtung von GSM und UMTS). Damit hat sich ein Paradigmenwechsel auch im Bereich der Frequenzverwaltung durch die BNetzA vollzogen. So wurde der Markt für die Versteigerung der BWA-Frequenzen lediglich noch mit »drahtlosem Breitbandzugang« umschrieben (was WLL-, WLAN- und WiMAX-Technologien umfasst). Ebenso hat die BNetzA schon in der Anhörung für digitalen zellularen Mobilfunk entschieden, den Markt für die Vergabe weiterer Mobilfunkfrequenzen lediglich als »drahtlosen Netzzugang« zu definieren. In beiden Fällen ergeben sich Einschränkungen für die zulässigen Dienste (z. B. fester Funkdienst vs. Mobilfunk) lediglich noch auf der Ebene des Frequenznutzungsplans. **121**

Die Festlegung der **Frequenznutzungsbestimmungen** nach § 61 Abs. 4 S. 2 Nr. 4 TKG schließlich betrifft einerseits die technischen Parameter für die Nutzung der zur Vergabe anstehenden Frequenzen, andererseits aber auch Verpflichtungen, die im Rahmen der Nut- **122**

---

134 Dazu Heun/*Jenny*, Hdb TK, D. Rn. 219.
135 VG Köln BeckRS 2010, 47486 (Entscheidungsgründe Abs. 4).
136 Siehe BNetzA Vfg. 58/2009, ABl. Nr. 20/2009, S. 3577 und Vfg. 59/2009, ABl. BNetzA Nr. 20/2009, S. 3623.
137 S. einerseits die zur Anhörung gestellten Eckpunkte der zugehörigen Präsidentenkammerentscheidung: BNetzA Mitteilung Nr. 252/2006, ABl. Nr. 13/2006, S. 1814 und andererseits die letztlich ergangene Entscheidung BNetzA Vfg. 42/2006, ABl. Nr. 20/2006, S. 3051.
138 S. zuletzt die zur Anhörung gestellte, mehrere Verfahren zusammenfassende Präsidentenkammerentscheidung: BNetzA Mitteilung Nr. 319/2009, ABl. Nr. 10/2009, S. 2555, die dann in die höchst umstrittene Vfg. 59/2009, ABl. BNetzA Nr. 20/2009, S. 3623 mündete, auf deren Grundlage u. a. die Frequenzen der digitalen Dividende versteigert wurden.

zung der Frequenzen als relevant oder notwendig angesehen werden. Zu Letzteren gehören typischerweise **Versorgungsauflagen** in zeitlicher und räumlicher Hinsicht. Denkbar sind aber auch Zugangsverpflichtungen (dazu näher unten Rdn. 344 ff.). Die Verpflichtungen werden nach § 61 Abs. 7 TKG Bestandteil der Frequenzzuteilung.

d) Durchführung der Vergabeverfahren

123 Vor Durchführung der Vergabeverfahren legt die BNetzA nach § 61 Abs. 1 S. 2 TKG auch die **Verfahrensregeln** für das ausgewählte Vergabeverfahren fest. Oft veröffentlicht die BNetzA diese Festlegungen gleichzeitig mit den Entscheidungen über die Wahl des Vergabeverfahrens und dessen Bedingungen, zumeist aber als eigenständigen Verwaltungsakt.[139] Nach den Bestimmungen in § 61 Abs. 5 und 6 TKG müssen die Regeln objektiv, nachvollziehbar und diskriminierungsfrei sein.

aa) Ausschreibungsverfahren

124 Das zwischenzeitlich selten gewordene Ausschreibungsverfahren richtet sich nach § 61 Abs. 6 TKG. Dabei legt die BNetzA im Wege der zu veröffentlichenden Verfahrensregeln bestimmte **Auswahlkriterien** zugrunde, wie insbesondere Fachkunde, Leistungsfähigkeit, Versorgungsgrad und Vollversorgung, technische Planung und geschäftliche Planung sowie die Förderung eines nachhaltig wettbewerbsorientierten Marktes. Diese Kriterien erhalten eine **Gewichtung** und die eingereichten Anträge werden anhand dieser Gewichtung in einem **Punktesystem** bewertet. Nach Eingang und Auswertung der Anträge erfolgt die Vergabeentscheidung bzw. Frequenzzuteilung; bei Gleichstand entscheidet das Los.

bb) Versteigerungsverfahren

125 Das Versteigerungsverfahren nach § 61 Abs. 5 TKG kommt mittlerweile regelmäßig im Fall von Frequenzknappheit zum Zuge. Bei der Festlegung der Verfahrensregeln sind nach § 61 Abs. 5 S. 1, 2. Halbsatz TKG dabei die **Belange kleiner und mittlerer Unternehmen** zu berücksichtigen. Dies kann etwa durch niedrige Mindestgebote oder eine regionale Marktabgrenzung geschehen.[140] Die Teilnahme am Versteigerungsverfahren erfordert regelmäßig die Hinterlegung einer **Kaution** und/oder Bankbürgschaft in Höhe der seitens der BNetzA festgelegten **Mindestgebote**.[141] Bei der Einzelzuteilung von Frequenzen gibt es keinen Anspruch auf die Zuteilung einer bestimmten Einzelfrequenz. Die Auktion selbst wird als simultane mehrstufige offene Auktion durchgeführt. Bei **kollusivem Verhalten** von Bietern können diese während, aber auch noch nach Durchführung der Auktion ausgeschlossen werden.

5. Aufhebung der Frequenzzuteilung

126 Die Aufhebung bzw. der Widerruf von Frequenzzuteilungen ist in § 63 TKG geregelt. Danach kann (Ermessensentscheidung!) eine Frequenzzuteilung neben den in § 49 Abs. 2 VwVfG genannten Fällen von der BNetzA **widerrufen** werden, wenn

- die zugeteilte Frequenz nicht innerhalb eines Jahres nach Zuteilung genutzt wurde (§ 63 Abs. 1 TKG);
- eine der ursprünglichen Frequenzzuteilungsvoraussetzungen nicht mehr gegeben ist (§ 63 Abs. 2 Nr. 1 TKG);

---

139 Näher Heun/*Jenny*, Hdb TK, D. Rn. 226.
140 So etwa im Fall der BWA-Frequenzen: S. einerseits die zur Anhörung gestellten Eckpunkte der Präsidentenkammerentscheidung Mitteilung Nr. 252/2006, ABl. BNetzA 13/2006 S. 1814 und andererseits die letztlich ergangene Entscheidung Vfg. 42/2006, ABl. BNetzA 20/2006 S. 3051.
141 Zum Mindestgebot, Sicherheitsleistung u. a.: VG Köln BeckRS 2010 48227; zur Zulassung zur Versteigerung von Frequenznutzungsrechten: BVerwG BeckRS 2010, 55994.

- der Zuteilungsinhaber einer aus der Frequenzzuteilung resultierenden Verpflichtung wiederholt zuwidergehandelt oder trotz wiederholter Aufforderung nicht nachgekommen ist (§ 63 Abs. 2 Nr. 2 TKG);[142]
- durch eine nach Zuteilung eintretende Frequenzknappheit der Wettbewerb oder die Einführung neuer frequenzeffizienter Techniken verhindert oder unzumutbar gestört wird (§ 63 Abs. 2 Nr. 3 TKG); oder
- durch eine Änderung der Eigentumsverhältnisse in der Person des Zuteilungsinhabers eine Verzerrung des Wettbewerbs auf dem sachlich und räumlich relevanten Markt zu besorgen ist (§ 63 Abs. 2 Nr. 4 TKG).

Weitere Sonderregelungen gelten nach § 63 Abs. 3 und 5 TKG für den Bereich des Rundfunks.

Im Anwendungsbereich der vorstehenden Beispiele und Sonderregelungen ist ein Widerruf nach § 49 Abs. 2 VwVfG **subsidiär**. Im Fall des Widerrufs nach jenen Bestimmungen wird keine Entschädigung gezahlt; eine analoge Anwendung von § 49 Abs. 6 VwVfG ist ausgeschlossen.[143] Daneben erlischt die Frequenzzuteilung nach § 63 Abs. 6 TKG durch schriftlichen **Verzicht** seitens des Zuteilungsinhabers gegenüber der BNetzA.[144] **127**

Besondere Bedeutung hat in der Praxis der Widerrufsgrund nach § 63 Abs. 1 TKG (Nutzungsverpflichtung innerhalb eines Jahres) sowie die Zuwiderhandlung gegen Verpflichtungen aus der Frequenzzuteilung. Dem letztgenannten Anwendungsfall liegt der Widerruf der UMTS-Frequenzzuteilung an Quam zugrunde, der durch das OVG Münster bestätigt wurde.[145] Denn Quam hatte die in der UMTS-Lizenz bzw. Frequenzzuteilung enthaltenen **Versorgungsverpflichtungen** nicht eingehalten. Auch ggf. wettbewerbsverzerrende Änderungen der Eigentumsverhältnisse können problematisch werden, wenn es am Markt zu Konzentrationen kommt. **128**

6. Rechtsnachfolge und Frequenzhandel

Die Regelungen in §§ 55 Abs. 7 und 62 TKG sehen Regelungen über die Rechtsnachfolge in Frequenzzuteilungen vor. Dem vorgelagert sind nach § 55 Abs. 6 TKG gegenüber der BNetzA **anzeigepflichtige Sachverhalte**, die lediglich Änderungen des Namens, der Anschrift, der Eigentumsverhältnisse und identitätswahrende Umwandlungen des Zuteilungsinhabers betreffen. Hier findet keine Änderung der Person des Zuteilungsinhabers statt. Mit identitätswahrenden Umwandlungen meint die Verwaltungspraxis der BNetzA Formwechsel sowie Verschmelzungen nach dem UmwG auf den Zuteilungsinhaber, nicht aber Umwandlungen, bei denen der Zuteilungsinhaber in seiner bisherigen Rechtsform untergeht, also auf einen anderen Rechtsträger verschmolzen wird. **129**

a) Nachfolgeregelungen

Die eigentliche Nachfolgeregelung beinhaltet § 55 Abs. 7 TKG, wonach der **Übergang** (z. B. Einzel- oder [nicht identitätswahrende] Gesamtrechtsnachfolge) und die **Übertragung** an verbundene Unternehmen oder Beteiligungsunternehmen unter Vorlage von Nachweisen bei der BNetzA **schriftlich zu beantragen** ist. Übergang und Übertragung stehen damit unter dem Vorbehalt der Genehmigung durch die BNetzA; die Frequenzen dürfen aber bis zur Entscheidung über den als »Änderungsantrag« bezeichneten Antrag weiter genutzt werden. Durch den Hinweis auf die Einzelrechtsnachfolge erfasst der Übergang auch den Fall der Abtretung bzw. Übertragung zwischen nicht verbundenen Unter- **130**

---

142 Siehe hierzu OVG NRW WiVerw 2011, 30 – Quam.
143 OVG NRW WiVerw 2011, 30 – Quam.
144 So etwa im Fall der von mobilcom »zurückgegebenen« UMTS-Frequenzzuteilung.
145 OVG NRW WiVerw 2011, 30 – Quam; Vorinstanz VG Köln BeckRS 2007, 24145.

nehmen. Die näheren Einzelheiten hat die BNetzA in der Mitteilung Nr. 152/2005 geregelt.[146]

131 Auf die beantragte Änderung besteht ein Rechtsanspruch, wenn
- in der Person des neuen Zuteilungsinhabers die (subjektiven) Frequenzzuteilungsvoraussetzungen des § 55 Abs. 4 TKG vorliegen (s. o. Rdn. 102),
- eine Verzerrung des Wettbewerbs auf dem sachlich und räumlich relevanten Markt nicht zu besorgen ist und
- die Sicherstellung der effizienten und störungsfreien Frequenznutzung gewährleistet ist.

Problematisch ist dabei das **wettbewerbliche Prüfkriterium**, weil die BNetzA hier neben dem ggf. auch zuständigen Bundeskartellamt eine eigenständige »Fusionskontrolle« durchführt. Andererseits ist bei Übertragungsvorgängen in Bezug auf Frequenzen, die im Wege von Vergabeverfahren zugeteilt wurden, nachvollziehbar, dass die BNetzA hier eine genauere Prüfung vornimmt.

132 Neben der eigentlichen Übertragung der Frequenzzuteilung ist der BNetzA zufolge auch die als »Minus« darin enthaltene zeitweilige **Überlassung** der Frequenzzuteilung möglich.[147] Gemeint ist hiermit, dass sich der Zuteilungsinhaber nicht ändert, die Frequenznutzungsrechte aber von einem Dritten ausgeübt werden (etwa vergleichbar mit der Überlassung der Ausübung des ansonsten unübertragbaren Nießbrauchs nach § 1059 BGB).[148] Auch die Überlassung steht freilich unter dem Genehmigungsvorbehalt der BNetzA. Allerdings erhöht die Überlassungsmöglichkeit die Flexibilität der Zuteilungsinhaber signifikant und kann auch zur Erfüllung von Versorgungsverpflichtungen eingesetzt werden.[149]

b) Frequenzhandel

133 Der erstmals in das TKG 2004 aufgenommene Frequenzhandel ist in § 62 TKG geregelt und bedarf einer ausdrücklichen, im Ermessen der BNetzA stehenden **Freigabeentscheidung** durch die Präsidentenkammer (§ 132 Abs. 1 und 3 TKG) nach vorheriger öffentlicher Anhörung. Trotz der damit auch europarechtlich intendierten Flexibilisierung der Frequenzordnung[150] hat die BNetzA außer der bereits erwähnten Mitteilung Nr. 152/2005 bislang noch keine ernsthaften Schritte in diese Richtung unternommen. Zu beachten ist auch, dass nach § 150 Abs. 8 TKG der Frequenzhandel für Frequenzzuteilungen vor Inkrafttreten des TKG 2004 **gesetzlich ausgeschlossen** ist. Dies betrifft insbesondere die bestehenden Frequenzzuteilungen für **GSM- und UMTS**. Die TKG-Novelle 2011 soll dies allerdings ändern.

7. Rechtsschutzfragen

134 Im Bereich der Frequenzverwaltung stellen sich vielfältige Fragen nach gerichtlichem Rechtsschutz: Dies betrifft zunächst die **Ablehnung beantragter Frequenzen**, und zwar sowohl in Fällen des normalen Antragsverfahrens wie auch in Vergabeverfahren. Ferner geht es um Rechtsschutz gegen **Nebenbestimmungen**. Daneben können Frequenzzuteilungen an **Dritte** von bestehenden Zuteilungsinhabern als störend empfunden werden. Regelmäßig stehen dabei Verwaltungsakte der BNetzA im Mittelpunkt des Streits. So hat das BVerwG jüngst geklärt, dass die Anordnung der Beschlusskammer der BNetzA, der Zuteilung von Frequenzen habe ein Vergabeverfahren voranzugehen, ebenso wie die im Ver-

---

146 BNetzA Mitteilung Nr. 152/2005, ABl. Nr. 12/2005, S. 1021.
147 BNetzA Mitteilung Nr. 152/2005, ABl. Nr. 12/2005, S. 1021 (1023).
148 Eine solche Überlassung war auch für Lizenzen früher nach § 9 Abs. 2 TKG 1996 möglich.
149 S. der Begründung der Präsidentenkammerentscheidung zur Versteigerung der BWA-Frequenzen: BNetzA Vfg. 42/2006, ABl. Nr. 20/2006, S. 3051 (3108).
150 S. Erwägungsgrund (19) und Art. 9 Abs. 3 und 4 Rahmenrichtlinie.

gabeverfahren nach § 61 TKG ergehenden Beschlusskammerentscheidungen über die Wahl der Verfahrensart und die Festlegung der Vergabebedingungen selbstständig anfechtbar sind; § 44a Satz 1 VwGO findet insoweit keine Anwendung.[151] Zu beachten ist freilich immer, ob es sich bei dem angegriffenen (oder begehrten) Verwaltungsakt um eine Beschlusskammerentscheidung handelt oder nicht. Denn dies hat Auswirkungen auf den Rechtsschutz, insbesondere den Instanzenzug (s. o. Rdn. 81 f.).

a) Versagung von Frequenzzuteilungen

Die **Nichterteilung** einer beantragten Frequenz wie auch die Verweigerung einer Verlängerung stellt sich als Ablehnung eines begünstigenden Verwaltungsakts dar. Einschlägiger Rechtsbehelf ist insoweit zunächst (außer bei Beschlusskammerentscheidungen) der Widerspruch, bei dessen Erfolglosigkeit die verwaltungsgerichtliche Verpflichtungsklage.[152] **135**

Scheitert eine Zuteilung dagegen deswegen, weil der Bewerber nach § 61 Abs. 3 TKG **vom Vergabeverfahren ausgeschlossen** wird, handelt es sich beim dem förmlichen Ausschluss nach § 132 Abs. 3 TKG um einen Verwaltungsakt der Präsidentenkammer. In diesem Fall ist die Anfechtungsklage einschlägiger Rechtsbehelf, weil der Ausschluss vom Verfahren durch seine Aufhebung hinfällig wird. Da die Klage gemäß § 137 Abs. 1 TKG keine aufschiebende Wirkung hat, müsste daneben ein Antrag auf deren Anordnung nach § 80 Abs. 4 oder 5 VwGO gestellt werden. Bei **Nichtzulassung zum Vergabeverfahren** aufgrund der Festlegungen nach § 61 Abs. 4 S. 2 Nr. 1 TKG ist demgegenüber noch unklar, ob dies eine Präsidentenkammerentscheidung ist oder nicht. Da die Entscheidung nicht (mehr) die Bedingungen des Vergabeverfahrens betrifft, sondern die konkrete Durchführung, spricht dies dafür, hier eine Entscheidung der normalen Verwaltung anzunehmen.[153] Wie bei der Nichterteilung wäre daher zunächst Widerspruch einzulegen und danach ggf. eine Verpflichtungsklage auf Zulassung zur weiteren Teilnahme am Verfahren zu erheben. Einstweiliger Rechtsschutz richtet sich dann § 123 VwGO. **136**

Wird ein Bewerber zwar zugelassen, unterliegt er aber im Vergabeverfahren, so liegt eine klassische **Konkurrenzsituation** vor. Hier muss der Zuschlag an den oder die konkurrierenden und erfolgreichen Bewerber beseitigt und zugleich eine Verpflichtung zum Zuschlag an den Rechtsschutz suchenden Bewerber oder zumindest zur Neuentscheidung erreicht werden. Dies erfordert regelmäßig eine kombinierte Anfechtungs- und Verpflichtungsklage.[154] Einstweiliger Rechtsschutz ist in solchen Fällen freilich problematisch. **137**

b) Rechtsschutz gegen Inhalts- und Nebenbestimmungen

Gegen unerwünschte **Inhaltsbestimmungen** ist die Verpflichtungsklage zu erheben, gerichtet auf Erlass eines Verwaltungsakts mit dem gewünschten Inhalt, d. h. ohne die unerwünschten Inhaltsbestimmungen. **Auflagen** sind demgegenüber regelmäßig mit einer Anfechtungsklage anzugreifen. Bei **Befristungen und Bedingungen** tendiert die höchstrichterliche Rechtsprechung zur Anfechtungsklage.[155] Der einstweilige Rechtsschutz richtet sich nach dem Hauptsacheantrag. **138**

c) Störende Frequenzzuteilung an Dritte

Auch außerhalb einer konkreten (wettbewerblichen) Vergabesituation kann ein Bedürfnis bestehen, **gegen Frequenzzuteilungen an Dritte** vorzugehen. Dies kann zunächst tatsäch- **139**

---

151 BVerwG MMR 2010, 56 Tz. 18 ff.
152 S. VG Köln 15.06.2007, 11 K 527 und CR 2007, 708.
153 Anders allerdings die Praxis der BNetzA; ebenso: Heun/*Jenny*, Hdb TK, D. Rn. 313.
154 S. näher *Kopp/Schenke* § 42 VwGO Rn. 48.
155 S. *Eyermann/Happ* § 42 VwGO Rn. 42, 46, 49 m. w. N.

liche Störungen der eigenen Frequenznutzung betreffen, wobei sich dann die Frage nach mit einer Verpflichtungsklage geltend zu machenden Schutzauflagen oder mit einer Anfechtungsklage zu verfolgenden Aufhebung der Drittzuteilung stellt.[156]

140 Schwieriger ist der Fall, dass sich ein Zuteilungsinhaber aus wettbewerblichen Gründen durch die Zuteilung einer (anderen) Frequenz an einen Dritten »gestört« fühlt, etwa weil es tatsächlich oder vermeintlich zu Überlappungen beim sachlich und räumlich relevanten Markt kommt und der gestörte Zuteilungsinhaber die Frequenzen im Wege eines Vergabeverfahrens erworben hat. Diese Frage ist im Verhältnis zwischen weitbandigem Bündelfunk und UMTS Gegenstand eines **Rechtsstreits** geworden. Im Verfahren gegen die Präsidentenkammerentscheidung zum weitbandigen Bündelfunk[157] hat das angerufene VG Köln sich allerdings nicht mit der Marktabgrenzung auseinandergesetzt. Vielmehr wurde die Entscheidung, keinen Rechtsschutz zu gewähren, in erster Linie auf Erwägungen zu dem nach Ansicht des Gerichts nicht vorhandenen Drittschutz gestützt. Die UMTS-Lizenzen gewährten keinen Schutz vor dem Angebot gleicher oder vergleichbarer Mobilfunkdienstleistungen durch (nicht für UMTS lizenzierte) Dritte.[158] Auch sonst folge aus den Regelungen der Frequenzordnung kein Drittschutz aus marktlichen Gesichtspunkten. Diese wären nur dann relevant, wenn im Rahmen von Vergabeverfahren der sachliche und räumliche Markt zu definieren sei. Ein Vergabeverfahren habe bei der beklagten Vergabe von Frequenzen für weitbandigen Bündelfunk aber nicht stattgefunden. Damit hat die Rechtsprechung die Hürden für Klagen von Inhabern bestehender Frequenzzuteilungen sehr hoch gehängt.[159] Dabei bleibt es weiter abzuwarten, ob und wie die erweiterten Marktdefinitionen anhand des WAPECS-Konzepts (s. o. Rdn. 121) und die dort erfolgenden Vergabeverfahren Einfluss auf diese Rechtsprechung nehmen werden.

8. Gebühren und Beiträge

141 Für Frequenzzuteilungen werden Gebühren erhoben (dazu oben Rdn. 87 f.), wobei nach § 142 Abs. 5 TKG im Fall eines Versteigerungsverfahrens nur dann eine Gebühr anfällt, soweit sie den Erlös des Versteigerungsverfahrens übersteigt. Dies ist in der Praxis bislang noch nicht geschehen. Ebenso werden von Zuteilungsinhabern nach § 143 TKG jährliche Frequenznutzungsbeiträge erhoben (dazu oben Rdn. 89 ff.).

II. Nummerierung

142 Für den gesamten Bereich der festen oder mobilen Telefonie sind Nummern unabdingbare Voraussetzung für die **Adressierung und Steuerung** des Telekommunikationsverkehrs. Zugleich sind auch Nummern wie Frequenzen keine beliebig vermehrbare Ressource und unterliegen deswegen nach § 66 TKG der Verwaltung durch die BNetzA. Dazu gehören nicht nur **(Teilnehmer-) Rufnummern**, d. h. Nummern, durch deren Wahl in öffentlichen Telefonnetzen die Verbindung zu einem Ziel aufgebaut wird (§ 3 Nr. 18 TKG), sondern auch **technische Nummern**, die teilweise nur den am Verkehr beteiligten Unternehmen bekannt sind (z. B. sog. Signaling Point Codes, Portierungskennungen). Die (eigentlichen) Rufnummern sind somit eine Teilmenge der Nummern.

143 Angesichts der weiten Definition von Nummern in § 3 Nr. 13 TKG, wonach diese **Zeichenfolgen** sind, die in Telekommunikationsnetzen Zwecken der Adressierung dienen, gehören **auch IP-Nummern wie Domainnamen** dazu. Allerdings bestimmt § 66 Abs. 1 S. 4 TKG,

---

156 Näheres dazu *Eyermann/Happ* § 42 VwGO Rn. 56 mit Nachweisen aus der noch nicht einheitlichen Rechtsprechung.
157 Vfg. 6/2004 ABl. RegTP 7/2004, S. 299.
158 VG Köln 07.07.2006, 11 K 2763/04. Zustimmend *Nacimiento* K&R 2006, 536.
159 Dies hebt auch *Nacimiento* K&R 2006, 538, hervor.

dass die Verwaltung von Domainnamen oberster und nachgeordneter Stufen von der Verwaltung durch die BNetzA ausgenommen ist. Diese erfolgt durch die DENIC eG. In Bezug auf IP-Nummern hat die BNetzA in ihrem Nummerierungskonzept 2009 jedenfalls keinen Anlass gesehen, Nummernpläne zu ändern, aufzuheben oder neue Nummernressourcen bereitzustellen.[160]

Ähnlich wie die Frequenzverwaltung gliedern sich die Aufgaben der BNetzA im Bereich der Nummerierung in drei Teilbereiche:
- **planerische** Verwaltung und Schaffung der Nummernressourcen,
- **Zuteilung** von Nummern zur Nutzung und
- **Überwachung** der Nutzung von Nummern.

144

Dem letztgenannten Aspekt kommt dabei mit Blick auf den Kunden- und Verbraucherschutz eine besondere Bedeutung zu (dazu Kap. 9 Rdn. 165 ff.).

Daneben ist in § 66 Abs. 4 TKG eine **Verordnungsermächtigung** der Bundesregierung für die Nummernverwaltung enthalten. Von dieser Ermächtigung wurde durch Erlass der Telekommunikations-Nummerierungsverordnung (TNV)[161] 2008 Gebrauch gemacht, welche die Rahmenbedingungen für die planerische Verwaltung und die Zuteilung von Nummern festlegt.

1. Internationale und europarechtliche Grundlagen

Wie in der Frequenzverwaltung bestehen auch für die Nummerierung spezielle internationale und europäische Vorgaben. An erster Stelle steht hier die **ITU-Empfehlung E.164**,[162] die zwar rechtlich nicht verbindlich ist, aber in der Praxis befolgt wird.[163] Danach besteht eine internationale Rufnummer aus drei Teilen: der Landeskennzahl, der nationalen Bereichskennzahl (entweder Ortsnetzkennzahl, Netzkennzahl oder Dienstekennzahl) und schließlich der Teilnehmerrufnummer. Die Empfehlung geht für internationale Rufnummern von maximal 15 Stellen aus. In nationaler Hinsicht führt dies nach Abzug der internationalen Ausscheidungsziffern und Kennungen (z. B. 0049 für Deutschland) zu einer Maximallänge von 11 Stellen (einschließlich Ortsnetzkennzahl).[164] Auch für technische Nummernressourcen gibt es eine ganze Reihe von Einzelempfehlungen der ITU und weiterer internationaler Organisationen, die für Deutschland umgesetzt werden müssen.[165]

145

Die **europarechtlichen Vorgaben** für die Nummerierung finden sich in Art. 8 und 10 Rahmenrichtlinie sowie Art. 5, 6, 10 und 13 Genehmigungsrichtlinie, in der jeweils konsolidierten Fassung (RL 2009/140/EG) sowie in der Universaldienstrichtlinie (in der konsolidierten Fassung infolge der RL 2009/136/EG). Neben den allgemeinen Ziel- und Harmonisierungsvorgaben der Rahmenrichtlinie enthält die Genehmigungsrichtlinie konkrete Vorgaben für die Vergabe von Nummern an Diensteanbieter, von denen einzelne nachstehend aufgeführt sind. So sind Nummern gemäß Art. 5 Abs. 2 Genehmigungsrichtlinie auf Antrag grundsätzlich jedem Unternehmen zu gewähren, das elektronische Kommunikationsnetze betreibt oder elektronische Kommunikationsdienste anbietet. Die Zuteilungsverfahren müssen offen, transparent und nichtdiskriminierend, etwaige Befristungen müssen für den betreffenden Dienst angemessen sein. Anträge auf Nummernzuteilung sind schnellstmöglich, jedenfalls aber innerhalb von drei Wochen zu bescheiden (Art. 5 Abs. 3). Art. 6 Abs. 1 Genehmigungsrichtlinie beschränkt die Nebenbestimmungen, welche zu-

146

---

160 Nummerierungskonzept 2009, Ziff. 4.1.2, abrufbar unter www.bundesnetzagentur.de.
161 BGBl. I, 141.
162 CCITT, Recommendation E.164, Numbering Plan for the ISDN Era, CCITT Blue Book, Volume II, Fascicle II.2, Genf 1989.
163 Beck TKGKomm/*Büning/Weißenfels* § 66 Rn. 13.
164 S. auch Ziff. 2.3 der BNetzA Vfg. Nr. 25/2006, ABl. Nr. 9/2006 (Stand 2009).
165 S. ausf. BerlKommTKG/*Brodkorb* § 66 Rn. 176, 199 und 227.

lässigerweise mit einer Nummernzuteilung verbunden werden können. Art. 10 erlaubt denjenigen, die ein Recht zur Nutzung von Rufnummern haben, Informations- und Auskunftspflichten aufzuerlegen. Art. 13 gestattet, bei der Nummernzuteilung den Verwaltungsaufwand übersteigende Abgaben zu erheben, um eine optimale Nutzung der Ressourcen sicherzustellen.

2. Struktur und Ausgestaltung des Nummernraums

147 Nach § 66 Abs. 1 S. 2 TKG ist die Strukturierung und Ausgestaltung des Nummernraums Aufgabe der BNetzA mit dem Ziel, den Anforderungen von Endnutzern, Netzbetreibern und Diensteanbietern zu genügen. Das damit in Zusammenhang stehende Regulierungsziel in § 2 Abs. 2 Nr. 8 TKG, die effiziente Nutzung von Nummerierungsressourcen zu gewährleisten, ist nach den Vorstellungen des Gesetzgebers eine wesentliche Voraussetzung für den Wettbewerb.[166] Mit Strukturierung und Ausgestaltung sind **planerische und ordnende Maßnahmen** gemeint, die festlegen, welche Art von Diensten und/oder Anschlüssen über welche Vorwahl und Rufnummern zu erreichen sind. So beginnen Teilnehmerrufnummern in Ortsnetzen nie mit der Ziffer 0, weil dies für den Fernverkehr reserviert ist. Weiter sind bestimmte Nummern in allen Ortsnetzen gleichermaßen für bestimmte Dienste (etwa Notruf, Auskunft) festgelegt.[167]

148 Durch die Strukturierung und Ausgestaltung erhalten Nummern zugleich einen **Informationswert**.[168] Die Ortsnetzkennzahl verrät (normalerweise) den Standort eines Anschlusses,[169] Dienstekennzahlen für Mehrwertdienste informieren über die Art des Dienstes und teilweise über den zu zahlenden Tarif. Vor Einführung der Netzbetreiberportabilität informierte die Vorwahl von Mobilfunknummern auch über den Netzbetreiber, bei dem ein Mobilfunkanschluss geschaltet war. Der nationale **Nummernraum für den öffentlichen Telefondienst** ist in Deutschland gem. der ITU-Empfehlung E.164 strukturiert. Terminologisch spricht man dabei hinsichtlich einzelner (Teil-) Nummernräume von sog. **Nummerngassen bzw. Nummernbereichen**.[170] Die BNetzA veröffentlicht regelmäßig den aktuellen Stand des Nummernraums und der Nummerngassen in Deutschland auf ihrer Homepage.

149 War ursprünglich die rechtliche Form der Mitteilungen der BNetzA über die Ausgestaltung und Strukturierung der Nummernräume auf Grundlage von § 66 Abs. 1 TKG durch **Verwaltungsvorschriften**, insbesondere in Form von Zuteilungsregeln geprägt, erfolgt nach § 1 Abs. 2 TNV die Festlegung der einzelnen Nummernräume nunmehr durch **Allgemeinverfügung** (Verwaltungsakt) der BNetzA im Wege eines sog. **Nummerplans**. Im Vorgriff darauf hat die BNetzA bereits Verfügungen über die Ausgestaltung des Nummernbereichs für Ortsnetzrufnummern[171] und für Betreiberkennzahlen[172] erlassen.[173] Spätere Änderungen sind nach § 66 Abs. 2 TKG und § 3 TNV zulässig, wofür eine vorherige öffentliche Anhörung vorgesehen ist. Ein Nummernplan besteht zwischenzeitlich auch für Rufnummern

---

166 S. die Gesetzesbegründung für die Einführung von § 2 Abs. 2 Nr. 8 in BT-Drs. 15/2316, 56.
167 S. zum Ganzen Beck TKGKomm/*Büning/Weißenfels* § 66 Rn. 9.
168 Wie z. B. den sog. Ortsnetzbezug, s. Nummerierungskonzept 2009, Ziff. 6.1.1, abrufbar unter www.bundesnetzagentur.de.
169 Deswegen ist die Einhaltung des Ortsnetzbezugs eine Anforderung, welche die BNetzA streng überwacht. S. Ziff. 3. der BNetzA Vfg. Nr. 25/2006, ABl. Nr. 9/2006 (Stand 2009) i. V. m. den Hinweisen der BNetzA unter www.bundesnetzagentur.de; dazu unten Rdn. 159.
170 Die Legaldefinitionen in §§ 3 Nr. 13a-13c, 18a TKG verwenden den Begriff »Nummernbereich«.
171 BNetzA Vfg. Nr. 25/2006, ABl. Nr. 9/2006 i. d. F. Vfg. Nr. 18/2007, ABl. Nr. 7/2007.
172 BNetzA Vfg. Nr. 23/2006, ABl. Nr. 8/2006.
173 Zur Frage der Rechtmäßigkeit dieses Vorgriffs s. Heun/*Jenny*, Hdb TK, E. Rn. 74.

II. Nummerierung

für **mobile Dienste**[174] (also die bisher so bezeichneten Mobilfunkrufnummern) sowie für die einheitliche Behördenrufnummer 115.[175]

3. Rufnummernzuteilung

Nach § 66 Abs. 1 S. 3 TKG teilt die BNetzA Rufnummern an Betreiber von Telekommunikationsnetzen, Anbieter von Telekommunikationsdiensten und Endnutzer (genauer: Teilnehmer) zu. Weitere Vorgaben für die Zuteilung enthält das TKG nicht. Bis 2008 waren derartige Vorgaben in **Zuteilungsregeln** für die einzelnen Nummernbereiche in Form von veröffentlichten **Verwaltungsvorschriften** geregelt.[176] Diese Praxis wurde zugunsten der Regelungen der TNV und der Allgemeinverfügung (Nummernplan) nach § 1 Abs. 2 TNV aufgegeben. Lediglich das Antragsverfahren kann noch durch Verwaltungsvorschriften geregelt werden (§ 5 TNV). 150

Grundsätzlich lassen sich folgende wesentliche Fälle der Nummernzuteilung unterscheiden (s. § 4 TNV): 151
- **direkte Zuteilung** von Nummern durch die BNetzA an den Zuteilungsnehmer (z. B. Nummern für [0900-]Premium-Rate-Dienste, Auskunftsdienste);
- **originäre Zuteilung** von Rufnummern durch die BNetzA an Netzbetreiber oder Diensteanbieter (z. B. Rufnummernblöcke für Ortsnetz- und nationale Teilnehmerrufnummern [NTR] sowie Rufnummern für mobile Dienste);
- **abgeleitete Zuteilung** von Rufnummern durch Netzbetreiber oder Diensteanbieter an den Zuteilungsnehmer (Zuteilung einer Einzelrufnummer aus dem originär zugeteilten Rufnummernblock an einen Endnutzer [Teilnehmer]).[177]

Während direkte und originäre Zuteilungen **Verwaltungsakte** der BNetzA sind, sieht die vorherrschende Meinung abgeleitete Zuteilungen zutreffend als **zivilrechtliche (Nutzungs-) Verträge** an.[178]

Bemerkenswert an § 4 TNV ist, dass die Zuteilungsberechtigung für originäre Zuteilungen nunmehr im Einklang mit Art. 10 Abs. 1 und 2 Rahmenrichtlinie **auch an Diensteanbieter** erfolgen kann, und nicht nur wie bisher an Netzbetreiber. Im Bereich der Ortsnetzrufnummern ist diese europarechtliche Vorgabe frühzeitig umgesetzt worden, bei Rufnummern für mobile Dienste erfolgt die Umsetzung erst mit dem Nummernplan aus 2011.[179] 152

Für sämtliche Formen der Zuteilung enthält die TNV **besondere Bestimmungen**: Dies betrifft zum einen das Verfahren der Zuteilungen durch die BNetzA, aber auch Vorgaben für die abgeleitete Zuteilung (s. § 8 TNV). So kann etwa der originäre Zuteilungsnehmer die abgeleitet zugeteilte Nummer außer in Fällen von diesbezüglichen Maßnahmen der BNetzA nicht ohne Einverständnis des abgeleiteten Zuteilungsnehmers entziehen und darf für die abgeleitete Zuteilung nur anteilige Kosten erheben. 153

a) Zuteilungsverfahren

Das Zuteilungsverfahren ist im Einzelnen in den Zuteilungsregeln dargelegt.[180] Typischerweise erfolgt die direkte oder originäre Zuteilung nach dem Prinzip »first come – first ser- 154

---

174 BNetzA Vfg. Nr. 11/2011, ABl. Nr. 4/2011, S. 452.
175 BNetzA Vfg. Nr. 38/2010, ABl. Nr. 21/2010, S. 3644.
176 S. etwa BNetzA Mitteilung Nr. 163/2006, ABl. Nr. 9/2006 zum Zuteilungsverfahren für Ortsnetzrufnummern. Die Zuteilungsregeln sind abrufbar unter www.bundesnetzagentur.de.
177 Zur Unzulässigkeit der Nutzung abgeleiteter verlängerter Rufnummern für Dritte: OVG NRW MMR 2010, 499.
178 BerlKommTKG/*Brodkorb* § 66 Rn. 38; Beck TKGKomm/*Büning/Weißenfels* § 66 Rn. 25.
179 BNetzA Vfg. Nr. 11/2011, ABl. Nr. 4/2011, S. 452, Ziff. 4.2.2.1.
180 S. etwa BNetzA Mitteilung Nr. 163/2006, ABl. Nr. 9/2006 zum Zuteilungsverfahren für Ortsnetzrufnummern.

ved«. Allerdings wendet die BNetzA bei der erstmaligen Zuteilung von Nummern aus einem neuen Nummernbereich das sog. **Tag-Eins-Verfahren** an, bei dem alle bis zu einem Stichtag eingehenden Anträge als gleichzeitig gestellt gelten (s. § 5 Abs. 2 TNV). Kommt es zu Überlappungen, entscheidet das Los. Über die Anträge soll innerhalb einer Frist von drei Wochen nach Antragseingang entschieden werden. Abgeleitete Zuteilungen müssen diskriminierungsfrei erfolgen.[181] Die Zuteilung von Rufnummern kann mit Auflagen und sonstigen Nebenbestimmungen verbunden werden. Daher ist es zulässig, die entsprechenden Verpflichtungen und Auflagen durch den Hinweis auf die Beschränkungen des Nutzungsrechts auch gemäß den vorläufigen Zuteilungsregeln in den Bescheid zu integrieren, ohne von der Behörde die jeweilige Auflistung der zu erfüllenden Verpflichtungen zu verlangen.[182]

b) Aufhebung von Zuteilungen

155 Die Aufhebung von Zuteilungen war ursprünglich zentral in § 67 Abs. 1 S. 4 und 5 TKG geregelt, was einen vorrangigen Sondertatbestand gegenüber den subsidiären Aufsichtsbefugnissen nach § 126 TKG darstellt.[183] Danach kann (Ermessensentscheidung!) die BNetzA bei Nichterfüllung von gesetzlichen oder behördlich auferlegten Verpflichtungen rechtswidrig genutzte **Nummern entziehen** sowie im Fall der gesicherten Kenntnis von der rechtswidrigen Nutzung die **Abschaltung** der Rufnummer gegenüber dem Netzbetreiber, in dessen Netz die Rufnummer geschaltet ist, anordnen. Der erste Fall bezieht sich auf direkt und originär zugeteilte Nummern, der zweite Fall auf abgeleitet zugeteilte Rufnummern.

156 Weitere Fälle des **Widerrufs**, der **Rückgabe** und des **Rückfalls** der Zuteilungen enthalten nunmehr die Zuteilungsregeln sowie § 9 TNV, der diese Bestimmungen nunmehr zusammenfasst. Ein wichtiger Fall ist dabei ähnlich wie bei der Frequenzzuteilung die mangelnde Nutzung direkt oder originär zugeteilter Nummern innerhalb von zwölf Monaten nach Zuteilung. Subsidiär ist auch ein Vorgehen nach §§ 48, 49 VwVfG möglich.[184] Die Befugnisnorm des § 67 Abs. 1 Satz 1 TKG bleibt neben Abs. 1 Satz 5 bestehen und regelt auch den Fall der präventiven Rufnummernabschaltung.[185]

c) Rechtsnachfolge

157 Auch die Rechtsnachfolge war bislang in den Zuteilungsregeln geregelt, wobei eine Zusammenfassung für direkt und originär zugeteilte Nummern nunmehr in § 4 Abs. 5 und 6 TNV erfolgt. Danach ist anders als bei Frequenzzuteilungen die **rechtsgeschäftliche Übertragung von Zuteilungen unzulässig**. Dies liegt daran, dass die BNetzA einen Handel mit Nummern verhindern will. Allerdings ist die Rechtsnachfolge im Fall von Vermögensübertragungen sowie bei Umwandlungstatbeständen möglich, erfordert aber einen Antrag bei der BNetzA und eine Bestätigung und Berichtigung der Zuteilung durch diese. Bei abgeleiteten Zuteilungen gilt nach den einschlägigen Zuteilungsregeln ebenfalls ein grundsätzliches **rechtsgeschäftliches Übertragungsverbot** für den abgeleiteten Zuteilungsnehmer. Ausnahme hiervon ist etwa bei Ortsnetzrufnummern, dass der Übertragungsnehmer (z. B. Mitglied des Haushalts oder bei Unternehmensfortführung) bereits durch den betreffenden Anschluss (= Zugang zum Telefonnetz) identifiziert wird.[186]

---

181 S. etwa Ziff. 4.3.2 BNetzA Vfg. Nr. 25/2006, ABl. Nr. 9/2006.
182 VG Köln CR 2009, 93.
183 OVG NRW WiVerw 2011, 30 sowie BeckRS 2008, 39643.
184 Zum Erlöschen des Nutzungsrechts an einer zugeteilten Auskunftsnummer: OVG NRW K&R 2010, 756 sowie CR 2009, 158.
185 OVG NRW MMR 2010, 501 sowie Beschl NJW 2008, 3656 und NVwZ-RR 2009, 159.
186 S. Ziff. 4.3.3 und 8.7 BNetzA Vfg. Nr. 25/2006, ABl. Nr. 9/2006.

4. Einzelfragen

Im Zusammenhang mit Nummern, Nummernzuteilungen und Nummernnutzung sind in der Praxis von BNetzA und Rechtsprechung manche Einzelfragen aufgetaucht. Diese werden nachstehend kurz dargestellt.   158

a) Ortsnetzbezug bei Ortsnetzrufnummern und nationale Teilnehmerrufnummern für VoIP

Im Zusammenhang mit dem Aufkommen von **VoIP** hat sich bei der Zuteilung von Ortsnetzrufnummern die Frage ergeben, wie mit dem Fall umzugehen ist, dass sich ein VoIP-Nutzer mit (abgeleitet) zugeteilter Ortsnetzrufnummer an **beliebigen Orten** in das Internet einloggen kann und somit ggf. gar nicht aus dem Ortsnetz anruft oder dort angerufen wird, für das die Rufnummer zugeteilt wurde. Zugleich bestand schon vorher eine Praxis einzelner Anbieter, Ortsnetzrufnummern abgeleitet zuzuteilen, ohne dass der Zuteilungsnehmer im betreffenden Ortsnetz war (z. B. »T-Net-vor-Ort«).   159

Dem genannten Problem und der genannten Praxis setzt die BNetzA in der Allgemeinverfügung für Struktur und Ausgestaltung des Nummernbereichs für Ortsnetzrufnummern den sog. **Ortsnetzbezug** entgegen,[187] der den früher geltenden **Anschlussbezug** aufhebt. Danach muss der **Wohn- oder Betriebssitz** des abgeleiteten Zuteilungsnehmers im betreffenden Ortsnetzbereich liegen, was der Anbieter zu erheben und ggf. nachzuweisen hat. Eine Übergangsfrist für die genannte Praxis lief am 01.02.2007 aus.[188] Nummern, die auch nach der weiteren Definition ortsnetzfremd genutzt wurden, waren den Teilnehmern zu dieser Frist zu kündigen. Das VG Köln hat dieses Vorgehen der Behörde bestätigt.[189]   160

Um dem vorstehend geschilderten Problem bei Ortsnetzrufnummern für VoIP zusätzlich entgegenzuwirken, dem Markt aber andererseits eine Alternative zu bieten, hat die BNetzA nach vorheriger Anhörung den Rufnummernbereich (Rufnummerngasse) 032 für sog. **nationale Teilnehmerrufnummern (NTR)** eröffnet. Diese Nummern können bundesweit unabhängig vom Wohn- oder Betriebssitz (abgeleitet) zugeteilt werden.[190]   161

b) Auskunftsdienste

Bei Auskunftsdiensten kam es zum Streit, ob die von manchen Anbietern vornehmlich beworbene **Weitervermittlung an Erotik-Dienste** mit den Zuteilungsregeln in Einklang steht. Dies betrifft die Definition der Auskunftsdienste, die mittlerweile in § 3 Nr. 2a TKG wie folgt gesetzlich umschrieben ist als   162

> »bundesweit jederzeit telefonisch erreichbare Dienste, insbesondere des Rufnummernbereichs 118, die ausschließlich der neutralen Weitergabe von Rufnummer, Name, Anschrift sowie zusätzlichen Angaben von Telekommunikationsnutzern dienen. Die Weitervermittlung zu einer erfragten Rufnummer kann Bestandteil des Auskunftsdienstes sein.«

Basierend auf diesem Verständnis hatte die RegTP bereits frühzeitig[191] mitgeteilt, dass eine **Weitervermittlung nur zulässig** sei, wenn das Ziel auch direkt über eine eigene Rufnummer angewählt werden kann. Kann dem Anrufer dagegen keine eigenständige Nummer benannt werden, ist die Weitervermittlung unzulässig. Ferner müssen sich Auskunftsdienste auf die Nennung der erfragten Angaben konzentrieren. Liegt der Schwerpunkt demgegenüber auf weiter gehenden Angaben, so liegt ein Mehrwertdienst vor. In Zuteilungsbescheiden werden diese Regelungen auch in Nebenbestimmungen aufgenommen. Das VG Köln

---

[187] S. Ziff. 3. BNetzA Vfg. Nr. 25/2006, ABl. Nr. 9/2006.
[188] S. RegTP Mitteilung Nr. 306/2004, ABl. Nr. 20/2004, S. 1459 sowie Mitteilung Nr. 125/2005, ABl. Nr. 10/2005, S. 895.
[189] VG Köln BeckRS 2006, 22921.
[190] S. RegTP Vfg. 51/2004, ABl. Nr. 23/2004, S. 1596.
[191] RegTP Mitteilung Nr. 305/2002, ABl. Nr. 12/2002, S. 964.

hat etwa den Widerruf der Zuteilung einer Auskunftsdienste-Rufnummer infolge der Missachtung dieser Auflagen bestätigt.[192]

5. Besondere Aufsichtsbefugnisse der BNetzA

163 Neben den bereits erwähnten (oben Rdn. 155 f.) Befugnissen der BNetzA hinsichtlich der **Aufhebung von Nummernzuteilung bzw. der Abschaltung von Rufnummern** enthalten §§ 66 Abs. 2, 67 sowie die TNV weitere besondere aufsichtsrechtliche Befugnisse der BNetzA im Bereich der Nummerierung. Diese Befugnisse sind sehr weitgehend. Sie reichen von **Änderungsbefugnissen** und korrespondierenden Pflichten der Betroffenen im Bereich der Strukturierung und Ausgestaltung des Nummernraums (§ 66 Abs. 2 TKG)[193] über umfassende **Auskunfts- und Informationspflichten** der Diensteanbieter und Netzbetreiber auf Anfrage der BNetzA (§ 67 Abs. 1 S. 2) hin zum **Verbot** von Kategorien von Dialern (§ 67 Abs. 1 S. 6 TKG) und zur **Festlegung von Preisen** (§ 67 Abs. 2 TKG) für Premium-Dienste (0900, § 3 Nr. 17a TKG), Massenverkehrsdienste (0137, § 3 Nr. 11d TKG), Service-Dienste (0180, § 3 Nr. 8b TKG) und Neuartige Dienste (012, § 3 Nr. 12a TKG). Ergänzt werden diese Eingriffsbefugnisse zusätzlich durch eine eigenständige **Generalklausel** in § 67 Abs. 1 S. 1 TKG.

164 Sämtliche vorgenannten Maßnahmen der BNetzA sind **Verwaltungsakte**, die im pflichtgemäßen **Ermessen** der BNetzA stehen. Deren Durchsetzung richtet sich nach dem Verwaltungsvollstreckungsgesetz. Bestimmte Verstöße sind überdies nach § 149 Abs. 1 Nr. 4 TKG bußgeldbewehrt.

6. Rechtsschutzfragen

165 Ebenso wie im Bereich der Frequenzverwaltung stellen sich bei der Nummerierung vielfach Rechtsschutzfragen. Dies betrifft die Nichtzuteilung beantragter Nummern ebenso wie den Widerruf der Zuteilung, Rechtsschutz gegen Nebenbestimmungen und gegen sonstige Maßnahmen der BNetzA. Mit Ausnahme des Falles der Nichtzuteilung, wo nach erfolglosem Widerspruch Verpflichtungsklage zu erheben wäre, geht es dabei regelmäßig um Widerspruch und ggf. Anfechtungsklage. Der einstweilige Rechtsschutz wiederum folgt dem Hauptsachebegehren.

7. Gebühren

166 Nach § 142 Abs. 1 Nr. 2, 3 und TKG werden für die Zuteilung von Rufnummern und sonstige Maßnahmen in diesem Bereich Gebühren erhoben. Die Gebühren richten sich nach der **Telekommunikations-Nummerngebührenverordnung**;[194] die Höhe einzelner Gebühren in ihrem Gebührenverzeichnis ist aber infolge mehrerer höchstrichterlicher Entscheidungen[195] zwischenzeitlich drastisch gesenkt worden. Das OVG NRW hat zudem in einem Verfahren, dessen Gegenstand die Gebühren für die Zuteilung von Mobilfunknummern waren, entschieden, dass eine Verwaltungsgebühr, deren Höhe die Kosten des Verwaltungsaufwandes um das Tausendfache übersteigt, das in § 3 Satz 1 VwKostG konkretisierte

---

192 VG Köln NWVBl. 2006, 109 sowie CR 2009, 93.
193 Beispiel hierfür ist die »Einstellung« der 0190-Premium-Rate-Rufnummern zum 01.01.2006, s. zuletzt nach mehrjähriger Vorlaufzeit BNetzA Mitteilung Nr. 227/2005, ABl. Nr. 18/2005, S. 1339; bestätigt durch VG Köln MMR 2006, 185.
194 Telekommunikations-Nummerngebührenverordnung v. 16.08.1999, BGBl. I 1999, 1887, zuletzt geändert durch Verordnung v. 10.05.2010, BGBl. I, 582.
195 Zu Gebühren für Ortsnetzrufnummern: BVerwGE 118, 128 (= CR 2004, 267) und EuGH EuZW 2006, 28 und MMR 2005, 824; zu Gebühren für Mobilfunkrufnummern: BVerwG NVwZ 2003, 1385.

Äquivalenzprinzip verletzt. Dies gelte auch dann, wenn der wirtschaftliche Wert der Leistung die Gebühr deutlich übersteige.[196]

III. Wegerechte

Im Gesetzgebungsverfahren für das TKG 1996 sowie danach in Praxis und Rechtsprechung haben Fragen der Regulierung und des Umfangs der Wegerechte für Telekommunikationsunternehmen eine besondere Stellung eingenommen. Dies hat zwei Gründe: Zum einen sind Wegerechte Voraussetzung für das Verlegen von Telekommunikationsleitungen. Sie sind damit ein wesentliches »**rechtliches Vorprodukt**« für die Produktion und Erbringung von Telekommunikationsdienstleistungen. Zum anderen greifen die Wegerechte in die Rechtsposition von Wegebaulastträgern und Grundstückseigentümern ein, die solche Eingriffe naturgemäß nicht wollen. Wegen dieser Konfliktlage hat sich die Rechtsprechung mit nahezu allen Fragen der wegerechtlichen Bestimmungen des TKG 1996 befassen müssen, die das TKG 2004 weitgehend unverändert übernommen hat. Nach der Übergangsvorschrift des § 150 Abs. 3 TKG kann ein einmal verliehenes Wegerecht auch dann weiterhin Bestand haben, wenn die zugleich verliehene Lizenz erloschen ist.[197] **167**

Die zentralen Anspruchsnormen für die **Wegerechte** des TKG zugunsten von Telekommunikationsunternehmen sind **168**

- §§ 68 Abs. 1, 69 Abs. 1 TKG, welche die Benutzung der Verkehrswege regeln, und im Folgenden auch als »**öffentliches Wegerecht**« bezeichnet werden;
- § 70 TKG, der die Mitbenutzung bestehender Einrichtungen regelt und im Folgenden auch als »**Mitbenutzungsrecht**« bezeichnet wird; und
- § 76 Abs. 1 TKG, der die Benutzung privater Grundstücke regelt und im Folgenden auch als »**privates Wegerecht**« bezeichnet wird.

Das öffentliche Wegerecht ist in seiner Struktur **zweistufig** ausgestaltet. Während § 68 Abs. 1 TKG im ersten Absatz das **unentgeltliche** Nutzungsrecht an den Verkehrswegen dem Bund zuweist, überträgt dieser das Nutzungsrecht auf Antrag durch die BNetzA gem. § 69 Abs. 1 TKG wiederum an Betreiber öffentlicher Telekommunikationsnetze. Das Mitbenutzungsrecht folgt (indirekt) dieser Zweistufigkeit, indem § 70 TKG auf § 68 TKG verweist. Demgegenüber gewährt die Bestimmung in § 76 TKG das private Wegerecht durch einen unmittelbaren Anspruch gegenüber dem Grundstückseigentümer. Für Telekommunikationsunternehmen existiert indes keine Verpflichtung, für die Verlegung von TK-Linien vorrangig öffentlichen Grund und Boden in Anspruch zu nehmen.[198] Außerhalb der oben dargestellten Struktur des TKG finden sich auch Regelungen über das private Wegerecht in § 45a TKG, soweit es um die Nutzung von Grundstücken für Netzzugänge (Anschlüsse) geht.

Regelungen administrativer, technischer wie auch rechtlicher Art über die **praktische Umsetzung** der Wegerechte sind lediglich im Bereich des öffentlichen Wegerechts durch die Bestimmungen in §§ 68 Abs. 2 bis 4, 71, 73 und 74 TKG getroffen. Gleiches gilt für die sog. straßenrechtlichen **Folgepflichten und Folgekostenpflichten** in §§ 72 und 75 TKG. Für das Mitbenutzungsrecht und das private Wegerecht fehlen derartige Bestimmungen. **169**

Das **europäische Richtlinienpaket von 2002** enthält nur wenig Regelungen über Wegerechte. Diese finden sich in Art. 11 und 12 Rahmenrichtlinie über die »Installation von Einrichtungen auf, über oder unter öffentlichem oder privatem Grundbesitz«. Die dortigen Vorgaben beschränken sich vornehmlich auf Aspekte des **Verfahrens**. Materielle Vorgaben, **170**

---

196 OVG NRW MMR 2008, 357; siehe dazu auch VG Köln BeckRS 2011, 45775.
197 VG Köln CR 2009, 714 (715).
198 LG Bonn MMR 2008, 489.

etwa dass die Mitgliedstaaten verpflichtet wären, im nationalen Recht Wegerechte vorzusehen oder dass diese unentgeltlich sein müssten, sind nicht getroffen. Ferner gestattet Art. 13 Genehmigungsrichtlinie unter bestimmten Voraussetzungen sogar ausdrücklich die Erhebung von Entgelten für die Erteilung von Wegerechten.

1. Begriff der Telekommunikationslinie

171 Allen drei wegerechtlichen Anspruchsnormen des TKG (§§ 68, 70 und 76) ist gemeinsam, dass in sachlicher Hinsicht ein Nutzungsrecht für **Telekommunikationslinien** besteht. Telekommunikationslinien sind in § 3 Nr. 26 TKG legaldefiniert als

> »unter- oder oberirdisch geführte Telekommunikationskabelanlagen einschließlich ihrer zugehörigen Schalt- und Verzweigungseinrichtungen, Masten und Unterstützungen, Kabelschächte und Kabelkanalrohre«.

Zwar wird der Begriff Telekommunikationsnetz hier nicht erwähnt: Gleichwohl besteht ein Zusammenhang zwischen Telekommunikationslinien und Telekommunikationsnetzen: Erstere sind ein (physikalisches) Vorprodukt für Letztere.

172 Zentrales Element der Definition der Telekommunikationslinien wiederum ist der Begriff der **Telekommunikationskabelanlage**. Eine Telekommunikationslinie setzt daher voraus, dass es sich im Kern um ein kabelgebundenes Übertragungsmedium, genauer um (mindestens) eine »**Verbindungsleitung**« handelt. Diese definitorische Klarstellung erschließt sich aus dem Begriff der »Funkanlage« des TKG 1996. Funkanlagen waren gesetzlich definiert als »elektrische Sende- und Empfangseinrichtungen, zwischen denen die Informationsübertragung *ohne Verbindungsleitungen*[199] stattfinden kann« (§ 3 Nr. 4 TKG 1996). Damit können im Umkehrschluss Kabelanlagen mit Verbindungsleitungen gleichgesetzt werden. Da der Begriff der Telekommunikationskabelanlage auch dem Wortlaut nach im Begriff der »Telekommunikationsanlage« (§ 3 Nr. 23 TKG) enthalten ist (dazu oben Rdn. 16), kommt es darauf an, dass die Kabelanlage der Telekommunikation dient. Es spielt dabei aber keine Rolle, ob die Kabelanlage ausschließlich für Zwecke der Telekommunikation gedacht ist (z. B. Leitung in Form von Kupfer-, Koaxial- oder Glasfaserkabel) oder auch anderen Zwecken dient (z. B. Stromkabel, das für sog. »**Powerline**« verwendet wird).

173 Zur Telekommunikationslinie gehört auch das in der Legaldefinition genannte Zubehör der Telekommunikationskabelanlage, wie etwa die (grauen) **Schaltkästen** (»Schalt- und Verzweigungseinrichtungen«). Diese Liste ist allerdings nicht abschließend, sodass etwa auch sonstige Einrichtungen wie Kabelaufhängungen oder Kabeltröge dazu gehören, solange sie Kabelanlagen beinhalten, führen, befestigen etc.

174 Nicht zum Begriff der Telekommunikationslinie gehört dagegen die **öffentliche Telefonstelle** (Fernsprechhäuschen).[200] Daher kann für das Aufstellen öffentlicher Telekommunikationsstellen auf öffentlichen Straßen und Wegen grundsätzlich eine Sondernutzungsgebühr erhoben werden.[201] Ebenso ist nach der Rechtsprechung des BGH die **Teilnehmeranschlussleitung**, d. h. die auf einem Privatgrundstück verlaufende Leitung zum Anschluss der dortigen Teilnehmer an ein Telekommunikationsnetz, keine Telekommunikationslinie.[202]

2. Öffentliches Wegerecht

175 Nach § 68 Abs. 1 TKG ist der Bund befugt, »Verkehrswege für die öffentlichen Zwecken dienenden Telekommunikationslinien unentgeltlich zu benutzen, soweit nicht dadurch

---

199 Hervorhebung durch den Verfasser, nicht im Originaltext.
200 Näher Heun/*Heun*, Hdb TK, F. Rn. 28. Ebenso VG Berlin NVwZ 2004, 1015; a. A. Beck TKGKomm/ *Schütz* § 68 Rn. 21.
201 VG Berlin BeckRS 2009, 42111.
202 BGH, BGH Report 2004, 79 mit Anm. *Heun*. S. gegen den BGH auch Heun/*Heun*, Hdb TK, F. Rn. 30.

der Widmungszweck der Verkehrswege dauernd beschränkt wird (Nutzungsberechtigung)«. Insbesondere die Unentgeltlichkeit des Wegerechts war bereits unter dem TKG 1996 verfassungsrechtlich umstritten. Dies ist aber vom BVerfG im Rahmen mehrerer **Kommunalverfassungsbeschwerden** bestätigt worden.[203]

Die **Nutzungsberechtigung** wird vom Bund nach Maßgabe der Bestimmungen in § 69 TKG (s. Rdn. 179 ff.) an berechtigte Personen übertragen bzw. erteilt. Allerdings bedeutet dies nicht, dass eine berechtigte Person dann beliebig die öffentlichen Wege zur Verlegung von Telekommunikationslinien aufgraben darf. Hierzu bedarf es nach § 68 Abs. 3 TKG im Einzelfall der **Zustimmung des Wegebaulastträgers**. 176

a) Rechtsnatur des öffentlichen Wegerechts

Das öffentliche Wegerecht ist ein kraft Gesetzes bestehendes, öffentlich-rechtliches (nicht hoheitliches) **Sonderrecht bzw. Sondergebrauchsrecht** zur Benutzung der Verkehrswege.[204] Als solches, außerhalb des Straßenrechts des Bundes und der Länder geregeltes Recht, ist es weder Gemeingebrauch noch Sondernutzung im straßenrechtlichen Sinne, sondern eine gesetzlich eintretende Rechtsfolge der Widmung des Verkehrswegs für den öffentlichen Verkehr[205] und dem Regime des Straßenrechts entzogen.[206] 177

Mit der Inanspruchnahme des öffentlichen Wegerechts entsteht ein **gesetzliches (öffentlich-rechtliches) Schuldverhältnis** zwischen dem Anspruchsberechtigten und dem Träger der Wegebaulast.[207] Dieses Schuldverhältnis wird durch die Regelungen der §§ 71–75, 77 TKG abschließend bestimmt.[208] Folge dieses Schuldverhältnisses ist die **zivilrechtliche Sonderrechtsfähigkeit** der in Ausübung des Nutzungsrechts verlegten Telekommunikationslinien. Da die Verlegung infolge eines Rechtes (Widmung + öffentliches Wegerecht) an einem fremden Grundstück (Straßengrundstück) erfolgt, handelt es sich bei den Telekommunikationslinien lediglich um **Scheinbestandteile** eines Grundstücks.[209] Diese verbleiben daher gem. § 95 Abs. 1 S. 2 BGB im Eigentum des verlegenden Unternehmens. Bedeutsam ist dies insbesondere bei dem Verkauf von Telekommunikationsinfrastruktur zwischen Unternehmen. 178

b) Berechtigter Personenkreis

Da der Bund primär Nutzungsberechtigter des öffentlichen Wegerechts ist, erfordert die Inanspruchnahme des öffentlichen Wegerechts durch Dritte eine Übertragung des Nutzungsrechts auf sekundär Nutzungsberechtigte. Die dafür infrage kommenden Unternehmen sind nach § 69 Abs. 1 S. 1 TKG **Betreiber öffentlicher Telekommunikationsnetze** (ausführlich dazu oben Rdn. 16 ff., 26 f.). 179

c) Übertragung der Nutzungsberechtigung

Die Übertragung der Nutzungsberechtigung für öffentliche Wege ist in § 69 TKG geregelt. Sie erfolgt nach § 69 Abs. 1 TKG durch die BNetzA **auf schriftlichen Antrag als begünstigender Verwaltungsakt**, auf den angesichts der Formulierung in § 69 Abs. 2 S. 2 TKG bei Vorliegen der Übertragungsvoraussetzungen ein Rechtsanspruch besteht. Diese Voraussetzungen sind, dass der Antragsteller fachkundig, zuverlässig und leistungsfähig ist, Telekommunikationslinien zu errichten und die Nutzungsberechtigung mit den Regulierungszielen 180

---

203 BVerfG MMR 1999, 355.
204 BVerwG NVwZ 2000, 316; Kodal/Krämer/*Bauer* Kap. 27 Rdn. 127.2.
205 Kodal/Krämer/*Bauer* Kap. 27 Rdn. 127.2.
206 BVerwG DVBl. 2001, 1373.
207 OVG NRW Archiv PT 1997, 329 (331).
208 BVerwG TMR 2003, 285; NVwZ 2005, 821; BGH MMR 2005, 306.
209 BGH NJW 1994, 999; Kodal/Krämer/*Bauer* Kap. 27 Rdn. 127.2.

nach § 2 Abs. 2 TKG vereinbar ist. Liegen sie vor, wird die Nutzungsberechtigung dem Antragsteller für die Dauer der »öffentlichen Tätigkeit« erteilt. Damit ist offenbar gemeint, dass die Übertragung des Nutzungsrechts solange gelten soll, wie dieses zum Betrieb eines öffentlichen Telekommunikationsnetzes in Anspruch genommen wird. Nach § 69 Abs. 2 S. 4 TKG entscheidet die BNetzA über vollständige Anträge innerhalb einer Frist von sechs Wochen. Wegerechte, die nach § 50 Abs. 2 TKG 1996 erteilt worden sind, bleiben nach § 150 Abs. 3 TKG wirksam.

181 Der Nachweis der Übertragungsvoraussetzungen sowie das Verfahren der Erteilung der Nutzungsberechtigung ist von der BNetzA (RegTP) näher in der amtlichen Mitteilung 237/2004 geregelt worden und dort nachzulesen.[210]

182 In Bezug auf die dem allgemeinen Gewerberecht entstammende Anforderung an die **Zuverlässigkeit** des Antragstellers konkretisiert die Mitteilung 237/2004 den erforderlichen Nachweis dahin gehend, dass er angeben muss, ob ihm oder einem mit ihm gem. §§ 36 Abs. 2, 37 GWB verbundenen Unternehmen, oder einer mit der Führung seines Geschäfts bestellten Person in den letzten fünf Jahren ein Zustimmungsbescheid zur Verlegung neuer Telekommunikationslinien aufgrund der Nichterfüllung von Bedingungen und Auflagen eines Bescheides versagt oder widerrufen wurde, oder ob derzeit ein solches Verfahren anhängig ist. Außerdem muss der Antragsteller erklären, ob Klagen wegen der Nichterfüllung von Bedingungen oder Auflagen stattgegeben wurde. Abzustellen ist, wie auch aus der Formulierung ersichtlich, auf die handelnden Personen und Organe einer Gesellschaft, wenn (wie zumeist) juristische Personen den Antrag stellen.

183 In Bezug auf die **Leistungsfähigkeit** verlangt die BNetzA nach der Mitteilung 237/2004 grundsätzlich drei Nachweise, die auch im Rahmen von Frequenzzuteilungsverfahren relevant sind (s. o. Rdn. 102): Zum Ersten muss ein schlüssiger und nachvollziehbarer **mittelfristiger Geschäftsplan** in Bezug auf die geplante Ausübung des Wegerechts vorgelegt werden, der sich über fünf Jahre erstreckt und die Finanzierung umfasst. Zum Zweiten muss die **Finanzierung** der so dargelegten erwarteten Kosten schlüssig nachgewiesen werden. Als Nachweise kommen Bürgschaften, Kredite, Eigenmittel (z. B. Eigenkapital) oder Garantien in Betracht. Hierbei kann es sich einzeln oder gemischt um Zusagen finanzierender Kreditinstitute handeln, um solche von Systemherstellern (sog. Vendor Financing) oder auch um Zusagen von den (oftmals ausländischen) Mutterunternehmen. Entscheidendes Kriterium für die Zusagen ist, dass sie verbindlich sein müssen. Bloße Absichtserklärungen oder Bemühenszusagen reichen der BNetzA nicht aus. Klarstellungshalber sei hinzugefügt, dass diese Zusagen nicht gegenüber der BNetzA abzugeben sind, sondern sich auf das Verhältnis zwischen dem Antragsteller und dem Geber der Zusage beziehen. Zum Dritten fordert die BNetzA, dass Wirtschaftsauskünfte über den Antragsteller selbst und über die eine Finanzierung zusagenden Gesellschafter vorgelegt werden.

184 Was schließlich die **Fachkunde** anbetrifft, so verlangt die BNetzA Nachweise über bisherige Tätigkeiten (Referenzen) im Zusammenhang mit der Verlegung neuer oder der Änderung vorhandener Telekommunikationslinien (s. den Wortlaut in § 68 Abs. 3 S. 1 TKG). Üblicherweise werden hierfür entsprechend qualifizierte Mitarbeiter des Antragstellers benannt, deren Erfahrung über die Vorlage von z. B. Lebensläufen mit Zeugnissen und Abschlusszertifikaten oder Referenzen von früheren Tätigkeiten im Bereich der Telekommunikation nachgewiesen wird. Notfalls helfen hier entsprechende Nachweise von Subunternehmern oder des Mutterunternehmens.

---

210 BNetzA (RegTP) Mitteilung Nr. 237/2004, ABl. Nr. 15/2004, S. 785.

III. Wegerechte

d) Sachlicher Anwendungsbereich der Nutzungsberechtigung

In sachlicher Hinsicht besteht das öffentliche Wegerecht gem. § 68 Abs. 1 TKG nur für Verkehrswege, und zwar nur soweit der Widmungszweck nicht dauernd beschränkt wird. Außerdem bezieht es sich lediglich auf öffentlichen Zwecken dienende Telekommunikationslinien. Die **öffentlichen Zwecke** ergeben sich allerdings bereits daraus, dass lediglich der Betreiber eines öffentlichen Telekommunikationsnetzes für die Erteilung der Nutzungsberechtigung antragsberechtigt ist. Solche Betreiber erfüllen den Infrastrukturauftrag des Bundes aus Art. 87f GG (s. o. Rdn. 3). 185

Verkehrswege werden in § 68 Abs. 1 S. 2 TKG legaldefiniert als öffentliche Wege, Plätze und Brücken sowie die öffentlichen Gewässer. »Öffentlich« sind die Wege insbesondere dann, wenn sie im straßenrechtlichen Sinne für den öffentlichen Verkehr gewidmet sind.[211] Das sind insbesondere die Bundes-, Länder- und Gemeindestraßen einschließlich ggf. vorhandener Gehwege, Seitenbefestigungen und Gräben, des Luftraums darüber und des Erdkörpers darunter.[212] Eisenbahngelände und -trassen gehören dagegen aus historischen Gründen nicht zu den öffentlichen Wegen in diesem Sinne.[213] 186

In Bezug auf den **Widmungszweck** geht die Verlegung einer Telekommunikationslinie wegen des damit verbundenen Eingriffs in die Bausubstanz des öffentlichen Wegs zwar über den grundsätzlich gestatteten Gemeingebrauch hinaus.[214] Allerdings bedeuten Verlegearbeiten lediglich eine kurzfristige, nicht aber eine die widmungsgerechte Nutzung verhindernde dauernde Beeinträchtigung.[215] Hinzu kommt, dass der Begriff des **Benutzens** in § 68 Abs. 1 S. 1 TKG in einem umfassenden Sinn auszulegen ist.[216] Daher sind auch alle Nutzungen im Zusammenhang mit der Einlegung oder Errichtung der Telekommunikationslinie wie insbesondere der durch die Erdarbeiten verursachte Aushub und dessen vorübergehende Lagerung an der Baustelle, die Lagerung des zur Verlegung vorgesehenen Materials (z. B. der Leerrohre) vor Ort sowie das Aufstellen von Containern und das Abstellen von Baumaschinen erfasst. Entscheidend ist demnach für jede Maßnahme, dass sie von nur vorübergehender Dauer ist. 187

e) Zustimmung des Wegebaulastträgers zur konkreten Verlegung von Telekommunikationslinien

Für die konkrete (physikalische) Inanspruchnahme des öffentlichen Wegerechts durch den Nutzungsberechtigten im Wege der Verlegung neuer oder Änderung vorhandener Telekommunikationslinien ist gem. § 68 Abs. 3 TKG die **schriftliche Zustimmung** des **Wegebaulastträgers** erforderlich. Träger der Wegebaulast sind in der Regel bei Bundesstraßen der Bund, bei Landesstraßen die Länder und bei Gemeindestraßen sowie dem innerörtlichen Teil aller Straßen die Kommunen. Die Zustimmung ist grundsätzlich ein gebundener Verwaltungsakt[217] und betrifft nur die Frage des »Wie« der Verlegung von Telekommunikationslinien. Denn sie soll sich nach der Gesetzesbegründung[218] nur auf Fragen der **technischen Ausgestaltung** der Verlegung beziehen (z. B. Verlegetiefe, Abstand vom Fahrbahnrand, Koordinierung mit anderen, unmittelbar bevorstehenden Bauvorhaben etc.) und nur in diesem Rahmen einen Ermessensspielraum beinhalten. Lediglich bei der ober- 188

---

211 Dazu Kodal/Krämer/*Krämer* Kap. 4 Rdn. 2.3.
212 *Aubert/Klingler* S. 18 Rn. 28.
213 *Aubert/Klingler* S. 18 Rn. 29.
214 Kodal/Krämer/*Grote* Kap. 26 Rdn. 4.1.
215 BVerwGE 29, 248.
216 VGH München NVwZ-RR 2002, 70 (71), mit den im folgenden Text genannten Beispielen; bestätigt durch BVerwG NVwZ 2001, 1170.
217 S. z. B. BVerwG NVwZ 2000, 316 (317).
218 BT-Drs. 15/2316, 83.

irdischen Verlegung von Telekommunikationslinien soll eine Abwägung zwischen **städtebaulichen Belangen** und den wirtschaftlichen Interessen des Nutzungsberechtigten erfolgen können. Hierfür wird zusätzlich klargestellt, dass die Verlegung in der Regel unterirdisch erfolgen soll, wenn sie im Rahmen einer mit dem Zustimmungsantrag in engem zeitlichen Zusammenhang stehenden **Gesamtbaumaßnahme** koordiniert werden kann.

189 Für die Zustimmung haben die kommunalen Spitzenverbände eine Empfehlung mit Mustern für eine (öffentlich-rechtlich) vertragliche Regelung veröffentlicht.[219] Daneben richtet sich das **Zustimmungsverfahren** im Einzelnen üblicherweise nach den vom zuständigen Wegebaulastträger angewendeten straßenrechtlichen Verfahrensabläufen. Zu beachten ist, dass die Zustimmung nach § 68 Abs. 3 TKG von der Leistung einer angemessenen **Sicherheit** abhängig gemacht sowie mit technischen **Nebenbestimmungen** und **Dokumentationspflichten** versehen werden kann. Nach § 68 Abs. 3 S. 4 TKG müssen diese **Nebenbestimmungen diskriminierungsfrei** gestaltet werden. Zu beachten ist ferner, dass nach § 68 Abs. 3 S. 4 und 5 TKG im Gegensatz zu § 50 Abs. 3 TKG 1996 der inhaltliche Umfang der zulässigen Nebenbestimmungen explizit in den Gesetzestext aufgenommen worden ist. Dies betrifft auch Regelungen, die in der Praxis bislang teilweise umstritten waren.[220]

190 Wenn der Wegebaulastträger selbst Betreiber einer Telekommunikationslinie oder mit einem solchen Betreiber i. S. v. § 37 Abs. 1 oder 2 GWB zusammengeschlossen ist, hat er nach § 68 Abs. 4 TKG sicherzustellen, dass die Zustimmung von einer **Verwaltungseinheit** erteilt wird, die von der für den Betrieb der Telekommunikationslinie bzw. der für die Wahrnehmung der Gesellschafterrechte zuständigen Verwaltungseinheit unabhängig ist.

f) Pflichten, Folgepflichten und Folgekostenpflichten

191 Nach § 69 Abs. 3 S. 1 TKG hat der Nutzungsberechtigte gegenüber der BNetzA Mitteilungspflichten, die unverzüglich zu erfüllen sind, und über welche wiederum nach § 69 Abs. 3 S. 2 TKG die BNetzA den Wegebaulastträger informiert:
- Beginn und Beendigung der Nutzung,
- **Namensänderungen, Anschriftenänderungen** und **identitätswahrende Umwandlungen** des Unternehmens.

Bei nicht rechtzeitiger Mitteilung haftet der Nutzungsberechtigte für die daraus entstehenden Schäden nach § 69 Abs. 3 S. 3 TKG.

192 In den Bestimmungen der §§ 71 bis 75 übernimmt das TKG zudem die bestehenden Regelungen des TKG 1996, welche die **Pflichten, Folgepflichten** und **Folgekostenpflichten** des Nutzungsberechtigten in Bezug auf die konkret verlegte Telekommunikationslinie betreffen.[221] Die Bestimmungen sollen nach dem Willen des Gesetzgebers »unverändert fortgelten«.[222] Nach diesen Bestimmungen
- ist im Rahmen der Nutzung auf den **Widmungszweck** der Verkehrswege zu achten (§ 71 Abs. 1 TKG),
- hat der Nutzungsberechtigte dem Wegebaulastträger die **Kosten** zu erstatten, die aus einer etwaigen **Erschwerung** des Wegeunterhalts durch Ausübung des öffentlichen Wegerechts erwachsen (§ 71 Abs. 2 TKG),
- hat der Nutzungsberechtigte den Verkehrsweg nach der Verlegung unverzüglich wieder **instand zu setzen** oder, bei Instandsetzung durch den Wegebaulastträger jenem die dies-

---

[219] Deutscher Städte- und Gemeindebund, Auslegungshilfe zu den wegerechtlichen Bestimmungen im neuen Telekommunikationsgesetz, Stand: Oktober 2004.
[220] Zur Frage zulässiger Nebenbestimmungen: VG Saarlouis TKMR 2003, 142; VG Düsseldorf RTkom 2001, 118; zu weiteren Einzelheiten Heun/*Heun*, Hdb TK, F. Rn. 151.
[221] Ausf. Heun/*Heun*, Hdb TK, F. Rn. 118.
[222] BT-Drs. 15/2316, 84; BR-Drs. 80/96, 50.

bezüglichen **Auslagen** zu vergüten und etwa entstandene **Schäden** zu ersetzen (§ 71 Abs. 3 TKG),
- hat der Nutzungsberechtigte die Telekommunikationslinie auf seine Kosten **abzuändern oder zu beseitigen**, wenn sie nach Errichtung den Widmungszweck dauerhaft beschränkt, erforderliche Unterhaltungsarbeiten verhindert oder einer beabsichtigten Änderung des Verkehrswegs entgegensteht (§ 72 Abs. 1, 3 TKG),[223]
- **erlischt** das öffentliche Wegerecht, wenn die Widmung des öffentlichen Verkehrswegs entfällt mit der Folge, dass der Nutzungsberechtigte die gebotenen Maßnahmen auf seine Kosten zu bewirken hat (§ 72 Abs. 2, 3),
- hat der Nutzungsberechtigte auf **Baumpflanzungen** Rücksicht zu nehmen und etwaige an den Baumpflanzungen verursachte Kosten und Schäden zu ersetzen (§ 73 TKG),
- dürfen Telekommunikationslinien **vorhandene oder in Vorbereitung befindliche besondere Anlagen** (der Wegeunterhaltung dienende Einrichtungen, Kanalisations-, Wasser-, Gasleitungen, Schienenbahnen, elektrische Anlagen und dergleichen) nicht störend beeinflussen (§ 74 Abs. 1, 3 TKG),
- dürfen Telekommunikationslinien nicht verlegt werden, wenn die Kosten der Verlegung oder Veränderung der vorhandenen oder in Vorbereitung befindlichen besonderen Anlagen trotz Übernahme durch den Nutzungsberechtigten gegenüber einer Verlegung der Telekommunikationslinie in einem anderen Verkehrsweg **unverhältnismäßig** hoch sind (§ 74 Abs. 2, 3 TKG),
- sollen zwar **spätere besondere Anlagen** oder Änderungen vorhandener besonderer Anlagen vorhandene Telekommunikationslinien nicht störend beeinflussen (§ 75 Abs. 1, 6 TKG), müssen vorhandene Telekommunikationslinien aber späteren besonderen Anlagen oder Veränderungen vorhandener besonderer Anlagen weichen, wenn sonst deren Herstellung oder Änderung unterbleiben oder wesentlich erschwert würde (§ 75 Abs. 2, 6 TKG),[224]
- hat der Nutzungsberechtigte die Kosten für etwaige **Schutzvorkehrungen** an der Telekommunikationslinie, die durch die spätere besondere Anlage oder die Änderung einer vorhandenen besonderen Anlage verursacht werden, zu tragen (§ 75 Abs. 3, 6 TKG).

Diese umfassenden Pflichten des Nutzungsberechtigten erklären sich daraus, dass das öffentliche Wegerecht gem. § 68 Abs. 1 TKG unentgeltlich ist. Damit ist es im Zweifel interessengerecht, dass es gegenüber den aus der Wegebaulast folgenden Pflichten ebenso **subsidiär** ist wie gegenüber anderen, entgelt- oder gebührenpflichtigen Nutzungen des Verkehrswegs.[225]

g) Rechtsschutzfragen

Die Übertragung bzw. Erteilung der Nutzungsberechtigung nach § 69 TKG durch die BNetzA ist ebenso wie die Zustimmung des Wegebaulastträgers nach § 68 Abs. 3 TKG zur konkreten Verlegung von Telekommunikationslinien ein begünstigender Verwaltungsakt, auf den ein Anspruch besteht. Rechtsschutz zur Erlangung dieser Verwaltungsakte ist daher bei den Verwaltungsgerichten im Wege der **Verpflichtungsklage** zu suchen. **193**

Da in den §§ 71 bis 75 TKG abschließende[226] Regelungen getroffen worden sind,[227] bedeutet dies, dass sich sämtliche dort geregelten Gegenstände, auch vertragliche Regelungen über die Regelungsgegenstände der §§ 74, 75 TKG zwischen privatrechtlich organisierten **194**

---

223 Zu den Kosten der Verlegung von Telekommunikationsleitungen bei Straßenveränderungen: VG Regensburg 14.06.2010, 8 K 10.497.
224 Dabei müssen nicht sämtliche Auswirkungen des Vorhabens wie etwa eine Kostenlastregelung im Planfeststellungsbeschluss abschließend geregelt sein. S. BVerwG 13.10.2010, 7 B 50/10.
225 BVerwG NVwZ 2000, 316 (318).
226 BVerwG TMR 2003, 285; NVwZ 2005, 821; BGH MMR 2005, 306.
227 Hierzu und zum Folgenden BVerwG NVwZ 2000, 316 (316). Sowie für § 71 Abs. 3 TKG bzw. § 53

h) Gebühren

195 Für die **Übertragung des Wegerechts** nach § 69 TKG kann gem. § 142 Abs. 1 Nr. 7 TKG eine Gebühr erhoben werden. Die dafür erforderliche Gebührenverordnung (§ 142 Abs. 2 TKG) ist die Telekommunikationsgebührenverordnung (TKGebV) von 2007.[229] Außerdem kann für die in § 68 Abs. 3 TKG vorgesehene **Zustimmung des Wegebaulastträgers** nach § 142 Abs. 6 TKG eine Gebühr erhoben werden, was auch regelmäßig geschieht.

3. Mitbenutzung bestehender Einrichtungen

196 Nach § 70 TKG besteht ein Anspruch auf **Duldung der Mitbenutzung** anderer für die Aufnahme von Telekommunikationskabeln vorgesehener Einrichtungen, soweit »die Ausübung des Rechtes nach § 68 TKG nicht oder nur mit einem unverhältnismäßig hohen Aufwand möglich ist« und »wenn die Mitbenutzung **wirtschaftlich zumutbar** ist und keine zusätzlichen größeren Baumaßnahmen erforderlich werden«. Der Mitbenutzer hat einen **angemessenen geldwerten Ausgleich** zu gewähren, § 70 S. 2 TKG. In der Praxis hat diese Bestimmung bislang wenig Relevanz erlangt, weil derartige Mitbenutzungsregelungen am Markt regelmäßig über frei vereinbarte Mitbenutzungs- bzw. Mietverträge oder über Mitverlegungsverträge (»Shared Trenching«) getroffen werden. Gleichwohl kann die Regelung mit Blick auf den Ausbau von Glasfaserinfrastruktur zum privaten Teilnehmer (Stichworte: VDSL, fibre-to-the-home) und die bestehenden Engpässe in städtischen Gebieten neue Bedeutung erlangen. So soll mit der TKG Novelle 2011 ein neuer § 77a TKG eingeführt werden, der die gemeinsame Nutzung von Hausverkabelungen zum Gegenstand hat.

a) Berechtigter und verpflichteter Personenkreis

197 Von § 70 TKG begünstigt ist durch den Verweis auf § 68 TKG lediglich ein nach § 69 TKG Nutzungsberechtigter, also der **Betreiber eines öffentlichen Telekommunikationsnetzes**, dem von der BNetzA die Nutzungsberechtigung für das öffentliche Wegerecht erteilt worden ist (s. o. Rdn. 179 ff.).

Der aus § 70 TKG Mitbenutzungsverpflichtete ergibt sich durch die **Sachherrschaft** über die für die Aufnahme von Telekommunikationskabeln vorgesehenen Einrichtungen. Dies betrifft nicht nur den **Eigentümer**[230] einer Einrichtung, sondern auch einen sonst **Nutzungsberechtigten** (Mieter, Pächter, Nießbraucher etc.).[231]

b) Sachlicher Anwendungsbereich des Mitbenutzungsrechts

198 Das Mitbenutzungsrecht bezieht sich auf für die Aufnahme von Telekommunikationskabeln **vorgesehene Einrichtungen**. Konkret erfasst sind Kabelleer- bzw. Kabelkanalrohre, Kabelkanäle und -gräben sowie Kabelaufhängungen und alle weiteren Einrichtungen, die für die Verlegung von Kabeln nicht nur geeignet, sondern vorgesehen sind.[232] **Kabel** selbst sowie **Schaltkästen** und **Kabelverzweigerschränke**, die zur Aufnahme von Schalt- und Verzweigungseinrichtungen vorgesehen sind, werden dagegen nicht als Einrichtungen

---

Abs. 3 TKG 1996/§ 2 Abs. 3 TWG OVG Münster Archiv PT 1998, 406 und VG Osnabrück, RTkom 1999, 106.
228 BGH MMR 2005, 306; BVerwG NVwZ-RR 2009, 308.
229 BGBl. I, 1477.
230 So offenbar *Schütz* Rn. 137.
231 S. Heun/*Heun*, Hdb TK, F. Rn. 188.
232 Allerdings ist damit keine Spezialregelung gegenüber der Zugangsverpflichtung in § 21 Abs. 2 Nr. 1 TKG getroffen; s. BVerwG CR 2010, 440 Tz. 32 ff.

i. S. d. § 70 TKG angesehen. Die betroffenen Einrichtungen müssen nicht im öffentlichen Verkehrsraum liegen.[233]

Mit der Formulierung, dass die Nutzung der Verkehrswege unmöglich oder nur mit unverhältnismäßig hohem Aufwand möglich sein soll, meint der Gesetzgeber den **Extremfall**, bei dem die Alternative, »wenn deine Mitbenutzung so teuer ist, baue ich eben selbst«, aus wirtschaftlichen Gründen bzw. Gründen der Kapazität nicht gegeben ist.[234] Ein solcher Extremfall dürfte bei Querungen von Flüssen oder vergleichbaren natürlichen Hindernissen anzunehmen sein, wenn z. B. vorhandene Straßenbrücken mangels Kapazitäten nicht zur Querung genutzt werden können. 199

Mit Blick auf die Frage der **wirtschaftlichen Zumutbarkeit** der Mitbenutzung für den potenziell Verpflichteten kann auf die Kriterien zivilrechtlicher Duldungsverpflichtungen, wie etwa des § 906 BGB zurückgegriffen werden. Der potenziell Mitbenutzungsverpflichtete kann daher nicht verpflichtet sein, **besondere technische oder betriebliche Schwierigkeiten** hinzunehmen; so etwa das Risiko der Beschädigung bestehender Kabel oder die Notwendigkeit der (auch nur zeitweiligen) Abschaltung des eigenen Netzes für etwaige zur Mitbenutzung erforderliche Verlegearbeiten. 200

Ebenso dürfen keine zusätzlichen größeren Baumaßnahmen erforderlich sein. Eindeutig überschritten ist diese Schwelle, wenn die für die Mitbenutzung erforderlichen Bauarbeiten den Umfang einer **Neuverlegung** einer Telekommunikationslinie erreichen.[235] Die Schwelle dürfte aber mit Blick auf § 1020 BGB schon dann erreicht sein, wenn bereits im Leerrohr befindliche Kabel zu entfernen wären, damit der Nutzungsberechtigte seinen eigenen gemeinsam mit den bisherigen neu einziehen kann. Gleiches gilt, wenn für den Verpflichteten das Erfordernis entsteht, neue **Kabelschächte** zu errichten. 201

c) Pflichten des Mitbenutzungsberechtigten

Der Mitbenutzungsverpflichtete hat gegen den Mitbenutzungsberechtigten einen Anspruch auf **angemessenen geldwerten Ausgleich** für die Mitbenutzung, § 70 S. 2 TKG. Telekommunikationsrechtliche Vorschriften liefern hier mangels Anwendbarkeit keine Anhaltspunkte, weil es sich bei der Mitbenutzung nicht um einen Telekommunikationsdienst handelt. Wie bereits erwähnt, hat sich in Bezug auf Mitbenutzungen (z. B. Leerrohrmiete) der Preis hierfür bislang frei am Markt gebildet, ohne dass § 70 TKG hierbei relevant geworden wäre. 202

d) Rechtsschutzfragen

Da der Mitbenutzungsanspruch ein unmittelbarer gesetzlicher Duldungsanspruch ist, wird er vor den Zivilgerichten verfolgt. Zwar handelt es sich um eine Verpflichtung aus dem TKG, der Duldungsanspruch ist aber zivilrechtlicher Natur, sodass gem. § 13 GVG der Rechtsweg zu den **ordentlichen Gerichten** eröffnet ist. Daneben kommt allerdings auch das **Streitbeilegungsverfahren** nach § 133 TKG in Betracht, weil es sich bei einem Streit um den Duldungsanspruch um eine Streitigkeit zwischen Betreibern öffentlicher Telekommunikationsnetze über Verpflichtungen aus dem TKG handeln kann. 203

---

233 Heun/*Heun*, Hdb TK, F. Rn. 203; anders Beck TKGKomm/*Schütz* § 70 TKG Rn. 11.
234 BR-Drs. 80/96, 50.
235 Vgl. Beck TKGKomm/*Schütz* § 70 TKG Rn. 15.

4. Privates Wegerecht

204 Nach § 76 Abs. 1 TKG besteht seitens des Eigentümers eines Grundstücks eine **Duldungspflicht** für den Betrieb, die Errichtung und Erneuerung von Telekommunikationslinien, sofern

- eine bereits **vorhandene, durch ein Recht gesicherte Leitung oder Anlage** auch für Telekommunikationslinien genutzt wird und keine dauerhafte zusätzliche Einschränkung der Nutzbarkeit des Grundstücks entsteht (§ 76 Abs. 1 Nr. 1) oder
- die **Benutzung des Grundstücks** dieses nicht oder nur unwesentlich beeinträchtigt (§ 76 Abs. 1 Nr. 2).

Der erste Fall hat insbesondere die bestehenden Leitungssysteme der **Energieversorger** im Auge, die unter den genannten Voraussetzungen auch für öffentliche Telekommunikationsnetze genutzt, erweitert und erneuert werden dürfen (**Nutzungserweiterung**).[236] Der zweite Fall ist allgemeinerer Natur und enthält unter den genannten Voraussetzungen ein dem Nutzungsrecht an öffentlichen Wegen vergleichbares **privates Wegerecht**.

205 Aus § 76 TKG folgt ein **unmittelbarer Anspruch** des Nutzungsberechtigten, das Grundstück betreten und nutzen zu dürfen sowie eine korrespondierende Duldungspflicht des Grundstückseigentümers.[237] Der Nutzungsberechtigte braucht **weder eine vorherige Erlaubnis** des Grundstückseigentümers vor Beginn der Inanspruchnahme des Grundstücks, **noch muss die Duldungspflicht des Grundstückseigentümers erst eingeklagt** werden.[238] Trotz dieser weitreichenden Verpflichtung des Grundstückseigentümers ist § 76 TKG verfassungskonform.[239] Ungeachtet der aus § 76 TKG unmittelbar folgenden Rechte werden in der Praxis dennoch häufig schuldrechtliche oder dingliche Nutzungsverträge zur Inanspruchnahme privater Grundstücke für Telekommunikationslinien getroffen.

a) Berechtigter und verpflichteter Personenkreis

206 Für beide Regelungen in § 76 Abs. 1 TKG ist Nutzungsverpflichteter der **Eigentümer** eines Grundstücks. Demgegenüber ist die Person des Nutzungsberechtigten in der Bestimmung nicht ausdrücklich umschrieben, weil sie an die Duldungspflicht des Eigentümers anknüpft. Dieser Personenkreis erschließt sich über die **Ausgleichsverpflichteten** in § 76 Abs. 2 TKG. Diese sind der Eigentümer des Leitungsnetzes (d. h. falls einschlägig, der Inhaber der durch ein Recht gesicherten Leitung oder Anlage i. S. v. § 76 Abs. 1 Nr. 1 TKG)[240] und der Betreiber der Telekommunikationslinie.

207 Die Nutzungsberechtigung des § 76 Abs. 1 Nr. 1 TKG setzt die Inhaberschaft eines **gesicherten Rechts** für eine Leitung oder Anlage voraus. Dies umfasst **dingliche und schuldrechtliche**[241] Sicherungsrechte. Der Inhaber des Sicherungsrechts muss dabei **nicht personenidentisch** mit dem Betreiber der Telekommunikationslinie (genauer: demjenigen, der mittels der Telekommunikationslinie eine Telekommunikationsnetz betreibt) sein.[242] Strittig ist allerdings, ob der ggf. »hinter« dem Inhaber des Sicherungsrechts stehende Be-

---

236 Vgl. die Gesetzesbegründung zu § 57 TKG 1996: BR-Drs. 80/96, 50.
237 BGH CR 2000, 823 (824).
238 BGH CR 2000, 823 (824) unter Bezugnahme auf *Schuster* MMR 1999, 137 (141) und OLG Düsseldorf NJW 1999, 956 (957).
239 BVerfG MMR 2000, 87 (88 f.) zu § 57 Abs. 1 Nr. 2 TKG 1996; BGH CR 2000, 823 (826); BVerfG MMR 2001, 521 zu § 57 Abs. 1 Nr. 1 TKG 1996; BVerfG NJW 2003, 196.
240 Vgl. Hoeren/*Schuster*, Hdb Wegerechte und TK, 4.4 Rn. 63 ff.; anders offenbar Beck TKGKomm/ *Schütz* § 76 TKG Rn. 44.
241 Vgl. Heun/*Heun*, Hdb TK, F. Rn. 269 f.; Beck TKGKomm/*Schütz* § 76 TKG Rn. 25; *Hoeren* MMR 1998, 3.
242 BVerfG, MMR 2001, 521 (522); BGH CR 2000, 823 (825); MDR 2005, 1278; OLG Frankfurt/M. NJW 1997, 3030 (3031); OLG Düsseldorf, NJW 1999, 956 (957).

treiber der Telekommunikationslinie Betreiber eines öffentlichen Telekommunikationsnetzes sein muss.²⁴³

Für die Nutzungsberechtigung des § 76 Abs. 1 Nr. 2 TKG muss es sich um den Betreiber einer Telekommunikationslinie handeln, also um den **Betreiber eines Telekommunikationsnetzes**. Auch hier ist allerdings anzunehmen, dass es sich um den Betreiber eines öffentlichen Telekommunikationsnetzes handeln muss.²⁴⁴ 208

b) Sachlicher Anwendungsbereich und Umfang des privaten Wegerechts

Beide Nutzungsrechte des § 76 Abs. 1 TKG gestatten die Errichtung, den Betrieb und die Erneuerung einer Telekommunikationslinie. Damit sind sämtliche Vorgänge der Verlegung (einschließlich Aufgrabung) der Linie, das Einziehen oder Hinzufügen von Kabeln, die Wartung und Instandsetzung einschließlich des Austauschs von Komponenten²⁴⁵ sowie das hierfür erforderliche Betreten und Befahren des Grundstücks²⁴⁶ erfasst. 209

Die nach § 76 Abs. 1 Nr. 1 TKG zulässige Nutzungserweiterung bezieht sich dabei auf eine bestehende Leitung oder Anlage der Versorgung. Der Begriff ist weit aufzufassen und umfasst auch den bei Versorgungsleitungen üblicherweise bestehenden, durch das gesicherte Recht begründeten **Schutzstreifen**.²⁴⁷ 210

Die Nutzungserweiterung nach § 76 Abs. 1 Nr. 1 TKG darf allerdings nicht zu einer **dauerhaften zusätzlichen Einschränkung der Nutzbarkeit des Grundstücks** führen. Das ist bei zeitlich begrenzten Verlegemaßnahmen sowie der Verlegung und Nutzung innerhalb des bestehenden Schutzstreifens typischerweise unproblematisch.²⁴⁸ Ebenso stellt ein möglicherweise durch das Vorhandensein der (neuen) Telekommunikationslinie höheres abstraktes Haftungsrisiko des Grundstückseigentümers bei von diesem verursachten Schäden an der Linie keine zusätzliche Beschränkung der Nutzbarkeit des Grundstücks dar.²⁴⁹ 211

Demgegenüber verlangt das Nutzungsrecht des § 76 Abs. 1 Nr. 2 TKG, dass **das Grundstück durch die Benutzung nicht oder nur unwesentlich beeinträchtigt** wird. Diese Formulierung ist der Regelung in § 906 Abs. 1 BGB nachempfunden. Demnach ist hier auf das Empfinden eines verständigen Durchschnittsbenutzers des betroffenen Grundstücks in seiner durch Natur, Gestaltung und Zweckbestimmung geprägten, konkreten Beschaffenheit abzustellen und nicht auf das subjektive Empfinden des Gestörten.²⁵⁰ Dabei wird typischerweise zwischen dem Vorgang des Verlegens einerseits und dem Vorhandensein der Telekommunikationslinie andererseits unterschieden. 212

In Bezug auf die **Verlegung** sind mangels Eingriffs in die Grundstücksoberfläche Luftraumkreuzungen ebenso als unwesentliche Beeinträchtigungen anzusehen wie die aufgrabungsfreie Errichtung einer Telekommunikationslinie beispielsweise mittels »Durchschießen« eines Kabels.²⁵¹ Mit Blick auf das Verhältnis zwischen Duldungspflicht (§ 76 Abs. 1 Nr. 2 TKG) und Ausgleichsanspruch (§ 76 Abs. 2 TKG) des Grundstückseigentümers dürfte aber auch der vorübergehende Eingriff in die Grundstücksoberfläche bei Verlegung in offener Baugrube keine wesentliche Beeinträchtigung darstellen.²⁵² 213

---

243 Dafür Heun/*Heun*, Hdb TK, F. Rn. 274 ff.; dagegen Beck TKGKomm/*Schütz* § 76 TKG Rn. 28 sowie *Stelkens*, TKG-Wegerecht, § 76 Rn. 65.
244 Anders Beck TKGKomm/*Schütz* § 76 TKG Rn. 14 sowie *Stelkens*, TKG-Wegerecht, § 76 Rn. 65.
245 BGH CR 2000, 823 (825).
246 BT-Drs. 13/4864 (neu), 81 zu § 57 TKG 1996.
247 BGH CR 2002, 733; BVerfG NJW 2003, 196.
248 S. BGH CR 2002, 733; BVerfG NJW 2003, 196.
249 BGH CR 2000, 823 (825).
250 BGH MMR 2004, 608 (609); Palandt/*Bassenge* § 906 Rn. 17.
251 BGH MMR 2004, 608 (609); Beck TKGKomm/*Schütz* § 76 TKG Rn. 11.
252 In diesem Sinne auch BGH CR 2002, 733 (734) wenn es dort heißt, dass »vorübergehende Überschrei-

214 Hinsichtlich des **Vorhandenseins** der Telekommunikationslinie im Grundstück liegt beispielsweise nur eine unwesentliche Beeinträchtigung bei einem landwirtschaftlich genutzten Grundstück mangels Beeinträchtigung der landwirtschaftlichen Nutzung dann vor, wenn die Telekommunikationslinie 90 cm tief eingegraben ist und im Grenzstreifen des Grundstücks verlegt wurde.[253] Ebenso bedeutet auch im Rahmen von § 76 Abs. 1 Nr. 2 TKG ein möglicherweise durch das Vorhandensein der Telekommunikationslinie höheres abstraktes Haftungsrisiko des Grundstückseigentümers keine wesentliche Beeinträchtigung des Grundstücks.[254]

c) Ausgleichspflicht

215 In § 76 Abs. 2 TKG sind **zwei Ausgleichstatbestände** zugunsten des Grundstückseigentümers vorgesehen, die **nebeneinander** bestehen.[255] Während es in Satz 1 um mit der Nutzung in Zusammenhang stehende Maßnahmen geht, betrifft Satz 2 die erweiterte Nutzung zu Zwecken der Telekommunikation. Die höchstrichterliche Rechtsprechung hat die beiden Tatbestände durch Auslegung zudem in mehrfacher Hinsicht erweitert. Zum einen steht der Ausgleichsanspruch des § 76 Abs. 2 S. 1 TKG nicht nur dem Grundstückseigentümer, sondern auch dem **Besitzer** (z. B. Pächter) zu.[256] Zum anderen wurde der Anwendungsbereich des zweiten Ausgleichstatbestands in § 76 Abs. 2 S. 2 TKG auch auf die Fälle des § 76 Abs. 1 Nr. 2 TKG erweitert.[257] Schließlich besitzt der Grundstückseigentümer (sowie im Zweifel auch der Besitzer) einen Schadenersatzanspruch nach § 76 Abs. 2 S. 3 TKG, wenn das Grundstück oder sein Zubehör beschädigt werden.

216 Der Ausgleichsanspruch des § 76 Abs. 2 S. 1 TKG betrifft Maßnahmen im Zusammenhang mit der Ausübung der Nutzungsrechte nach Absatz 1 durch den Nutzungsberechtigten, welche die Benutzung des Grundstücks oder dessen Ertrag über das **zumutbare Maß** hinaus beeinträchtigen. Auch hier ist auf die Grundsätze der Rechtsprechung zu § 906 Abs. 2 S. 2 BGB zurückzugreifen.[258] Danach ist das zumutbare Maß der Beeinträchtigung im Einzelfall zu bestimmen und dann überschritten, wenn sie einen Umfang erreicht, dass der Betreiber der Telekommunikationslinie nach den marktüblichen Bedingungen nicht mehr damit rechnen kann, der Grundstückseigentümer (als durchschnittlicher verständiger Benutzer des Grundstücks in seiner örtlichen Beschaffenheit, Ausgestaltung und Zweckbestimmung) werde sie ersatzlos hinnehmen.[259] Die Verlegung mittels schonender Verlegetechniken (d. h. ohne Aufgrabung) liegt regelmäßig unterhalb dieser Schwelle.[260] Allerdings zählen Kosten des Grundstückseigentümers unabhängig von der Verlegetechnik als unzumutbare, also ausgleichspflichtige Aufwendungen, die dieser zum Schutze eigener Anlagen (z. B. Bahnanlagen) im Zusammenhang mit der Grundstücksnutzung durch Telekommunikationslinien aufwendet.[261] Denn hierdurch wird der Grundstücksertrag geschmälert. Die **Höhe des Ausgleichsanspruchs** bestimmt sich nach dem Ausmaß der Beeinträchtigung bzw. der Ertragsminderung, wobei allerdings nur der überschießende unzumutbare Anteil ausgleichspflichtig ist.[262]

---

tungen« selbst der Dienstbarkeit zulässig sein sollen. Ausf. Heun/*Heun*, Hdb TK, F. Rn. 301, ebenso *Stelkens*, TKG-Wegerecht, § 76 Rn. 97.
253 LG Magdeburg Archiv PT 1997, 335 (336).
254 BGH MMR 2004, 608 (609).
255 BGH MMR 2004, 608 (610).
256 BGH MMR 2003, 103.
257 BGH MMR 2004, 608 (609).
258 BGH MMR 2004, 608 (609).
259 BGH MMR 2004, 608 (609).
260 BGH CR 2000, 823 (827), hier zwar nicht ausgeführt, aber im amtl. Druck, S. 17.
261 BGH MMR 2004, 608 (609).
262 BGH MMR 2004, 608 (609).

Nach § 76 Abs. 2 S. 2 TKG kann der Eigentümer über die Ausgleichsregelung in Satz 1 hinaus einen einmaligen Ausgleich in Geld verlangen, sofern bei einer **Nutzungserweiterung** nach § 76 Abs. 1 Nr. 1 TKG bisher keine Leitungswege vorhanden waren, die zu Zwecken der Telekommunikation genutzt werden konnten. Dies hat die Rechtsprechung des BGH allerdings auch auf den Fall der Erweiterung von Telekommunikationslinien von betriebsinternen auf öffentliche Zwecke ausgedehnt.[263] Ferner hat die Rechtsprechung des BGH den Anwendungsbereich dieser Ausgleichsregelung auch auf Fälle der Nutzungsberechtigung nach § 76 Abs. 1 Nr. 2 TKG erweitert.[264] Diese Sichtweise wurde auch vom Bundesverfassungsgericht bestätigt.[265] Folglich besteht grundsätzlich kein unentgeltliches privates Wegerecht.

Bemessungsgrundlage für den einmaligen Ausgleichsanspruch ist in erster Linie die Höhe des Entgelts, das nach den jeweiligen Marktverhältnissen für die Einräumung eines Nutzungsrechts zu Telekommunikationszwecken gezahlt wird.[266] Bei landwirtschaftlich genutzten Grundstücken war hierfür unter dem TKG 1996 bislang Richtwert ein einmaliger Ausgleichsbetrag in Höhe von DM 3,- je laufenden Meter Grundstücksnutzung. Im Einzelfall dürften aber auch höhere Beträge zulässig sein.[267] Auf die üblichen Entgelte für (sonstige) Versorgungsleitungen kann erst dann zurückgegriffen werden, wenn die betreffenden Marktverhältnisse nicht einmal eine Schätzung erlauben.[268] Die kommunalen Spitzenverbände sehen dagegen auch heute in ihren Musterverträgen einen Betrag von 1,– € je laufenden Meter Grundstücksnutzung bei schuldrechtlichen Verträgen und von 1,55 € je laufenden Meter Grundstücksnutzung bei Verträgen mit dinglicher Sicherung vor, womit die Ansprüche nach § 76 Abs. 2 S. 1 und 2 TKG abgegolten sind.[269]

d) Rechtsschutzfragen

Da die Nutzungsrechte des § 76 Abs. 1 TKG unmittelbar von Gesetzes wegen ohne die Notwendigkeit einer vorherigen Erlaubnis gelten (s. o. Rdn. 205), benötigt der Nutzungsberechtigte hierfür keinen gerichtlichen Titel zur Durchsetzung. Etwaige Ansprüche des Eigentümers gegen die Nutzung richten sich nach § 1004 BGB und sind im Zivilrechtsweg zu verfolgen. Gleiches gilt für die Ausgleichsansprüche des § 76 Abs. 2 TKG. Der Netzbetreiber kann dabei die Haftung für Nachentschädigungsansprüche der Grundstückseigentümer aus § 76 Abs. 2 TKG im Verhältnis zu dem Betreiber der Telekommunikationslinie nicht durch AGB auf diesen abwälzen.[270]

5. Exkurs: Grundstücksnutzung für den Teilnehmeranschluss

Für die Nutzung von Grundstücken zur Herstellung von Zugängen an Telekommunikationsnetze (Teilnehmeranschluss[leitung]) enthält § 45a TKG eine Sonderregelung. Danach ist für die diesbezügliche Grundstücksnutzung ein **Nutzungsvertrag** zwischen Netzbetreiber und Grundstückseigentümer vorgesehen, der im Anhang zum TKG abgedruckt ist. Mangels Entgeltlichkeit der dort vorgesehenen Nutzung handelt es sich **nicht** um einen **Mietvertrag oder mietvertragsähnlichen Vertrag**.[271]

---

263 BGH CR 2000, 823 (827 f.).
264 BGH MMR 2004, 608 (609).
265 BVerfG MMR 2001, 521 (522).
266 BGH MMR 2004, 608 (610); CR 2000, 823 (828) unter Verweis auf Beck TKGKomm/*Schütz* (2. Aufl.) § 57 TKG 1996 Rn. 48.
267 Dies zeigt der Fall BGH MMR 2004, 608 (610).
268 BGH CR 2006, 111 (Ls.).
269 Vgl. Deutscher Städte- und Gemeindebund, Auslegungshilfe zu den wegerechtlichen Bestimmungen im neuen Telekommunikationsgesetz, Stand: Oktober 2004, § 5 Abs. (1) Mustervertrag dingliche Sicherung und ohne dingliche Sicherung.
270 BGH CR 2009, 780.
271 BGH NJW 2002, 3322 (3323), BGH Report 2004, 79 m. Anm. *Heun* sowie ausdrücklich für die frühere Grundstückseigentümererklärung: LG Frankfurt/M. NJW 1985, 1228 (1229).

221 Wie bereits erwähnt (s. o. Rdn. 174), sieht die Rechtsprechung des TKG die diesbezüglichen Leitungen nicht als Telekommunikationslinie i. S. v. § 76 TKG an. Daher besteht auch **kein Anspruch** seitens des Netzbetreibers bzw. Anbieters des Zugangs zum Telekommunikationsnetz gegen den Grundstückseigentümer auf Abschluss des Nutzungsvertrags. Folgerichtig berechtigt § 45a Abs. 1 TKG daher den Anbieter, den Zugangsvertrag mit dem Teilnehmer zu kündigen, wenn jener keinen Nutzungsvertrag beschafft.

222 Allerdings soll nach § 45a Abs. 3 TKG jeder aus dem Nutzungsvertrag berechtigte Anbieter anderen Anbietern die **Mitbenutzung** der auf dem Grundstück und in den darauf befindlichen Gebäuden verlegten Leitungen und angebrachten Vorrichtungen gegen Entgelt (orientiert an den Kosten der effizienten Leistungsbereitstellung) ermöglichen, wenn der Grundstückseigentümer keinen weiteren Nutzungsvertrag abgeschlossen hat und die Mitbenutzung nicht die vertragsgemäße Erfüllung der vertraglichen Verpflichtungen des Anbieters gefährdet oder beeinträchtigt. Mit dieser, dem Mitbenutzungsrecht des § 70 TKG ähnelnden Bestimmung soll ein weiterer **Eingriff in das Eigentumsrecht vermieden** werden,[272] zugleich aber auch die Möglichkeit des Wettbewerbs um die (potenziellen) Teilnehmer auf dem Grundstück erhalten bleiben.

D. Wettbewerbsregulierung auf den Telekommunikationsmärkten

223 In Teil 2 des TKG (»**Marktregulierung**«) befinden sich die Regelungen zum Verhältnis der Wettbewerber zueinander und damit der Schwerpunkt der sektorspezifischen Regulierung des TKG. Hier entscheidet sich, ob und wie die Rechtsverhältnisse der Wettbewerber zueinander reguliert werden.

I. Überblick und europarechtliche Grundlagen

224 Teil 2 des TKG ist untergliedert in verschiedene Abschnitte, die das **Verfahren der Marktregulierung** (Abschnitt 1), die **Zugangsregulierung** (Abschnitt 2), die **Entgeltregulierung** (Abschnitt 3), **sonstige Verpflichtungen** (Abschnitt 4) und die **besondere Missbrauchsaufsicht** (Abschnitt 5) beinhalten. Die im Abschnitt 4 enthaltenen »sonstigen Verpflichtungen« sind bei genauer Betrachtung Regelungen zum Kundenschutz auf Grundlage der Universaldienstrichtlinie. Daneben enthalten aber auch andere Teile des TKG Bestimmungen, die sich auf die Rechtsverhältnisse der Wettbewerber zueinander beziehen, wie etwa Teil 5 (Rundfunkübertragung) und Teil 3 (Kundenschutz).

225 Die europarechtlichen Grundlagen für die Marktregulierung (s. auch oben Rdn. 4 ff.) finden sich in der Rahmenrichtlinie, der Zugangsrichtlinie und der Universaldienstrichtlinie sowie der Märkteempfehlung und den Kommissionsleitlinien. Diese Vorgaben sind zum Teil so detailliert, dass sie wortwörtlich in das TKG übernommen worden sind. Zugleich sieht der europarechtliche Rahmen Beteiligungsrechte der EU-Kommission vor, die praktisch zur unmittelbaren Anwendung europarechtlicher Grundsätze (etwa bei Marktdefinition und Marktanalyse) und Verfahren (im Rahmen des sog. Konsolidierungsverfahrens) führen.

II. Verfahren der Marktregulierung

226 Die Regelungen der §§ 9–15 TKG über das Verfahren der Markregulierung stellen die Eintrittsschwelle für die **sektorspezifische Regulierung** des TKG dar, d. h. Zugangspflichten,

---

[272] So ausdrücklich Begründung der Bundesregierung zur TKV 1997, BR-Drs. 551/97, 31.

II. Verfahren der Marktregulierung

Entgeltregulierung und sektorspezifische Missbrauchsaufsicht. Während nach dem TKG 1996 diese Regulierung sowie die diesbezüglichen Pflichten der regulierten Unternehmen unmittelbar im Gesetz geregelt war, ist nunmehr durch das Verfahren der Marktregulierung ein Prozess vorgeschaltet, in dem erst über das »**Ob**« der Regulierung durch die BNetzA entschieden wird. In diesem Prozess bestehen neben Anhörungsrechten für interessierte Teilnehmer umfassende Informations- und Kontrollrechte der **EU-Kommission**. Es erfolgen eine Marktdefinition und Marktanalyse nach §§ 10 und 11 TKG auf Basis der Märkteempfehlung der EU-Kommission sowie die Auferlegung von Verpflichtungen nach § 13 TKG durch die BNetzA gegenüber den Unternehmen, die auf einem definierten Markt über beträchtliche Marktmacht verfügen. Das diesbezüglich jeweils durchzuführende Anhörungsverfahren ist in § 12 Abs. 1, das Konsolidierungsverfahren gegenüber der EU-Kommission in § 12 Abs. 2 TKG geregelt.

1. Gegenstand der Marktregulierung

Gemäß dem Grundsatz in § 9 Abs. 1 TKG unterliegen nur noch bestimmte Telekommunikationsmärkte der Regulierung durch die Instrumentarien des TKG. Jegliche Maßnahmen aufgrund des zweiten Teils des TKG, egal ob sie Vorabverpflichtungen (wie etwa Zugangsverpflichtungen) enthalten oder lediglich eine nachträgliche Missbrauchsaufsicht beinhalten, sind daher grundsätzlich nur dann zulässig, wenn – vorbehaltlich der Anwendbarkeit der Übergangsregelung des § 150 Abs. 1 TKG (dazu Rdn. 230) sowie der Ausnahmeregelung nach §§ 9 Abs. 3, 18 TKG (dazu Rdn. 337 ff.) – die vorherige Prüfung eines Marktes ergeben hat, dass auf diesem Markt kein wirksamer Wettbewerb besteht (§ 9 Abs. 1 TKG). Damit ist zugleich bereits eine Besonderheit des TKG im Verhältnis zu den europarechtlichen Vorgaben angesprochen. Während Letztere unter der sektorspezifischen Regulierung lediglich **Vorabverpflichtungen** verstehen, beinhaltet das TKG insbesondere in Form der **besonderen Missbrauchsaufsicht** der §§ 42 und 43 TKG auch sektorspezifische Eingriffsbefugnisse, die wie die sonstige kartellrechtliche Marktaufsicht nachträglich wirken.[273] Ähnlich verhält sich dies bei der **nachträglichen Entgeltregulierung** nach §§ 38, 28 TKG. Allerdings bestehen auch diese (nachträglich wirkenden) sektorspezifischen Eingriffsbefugnisse nur dort, wo eine Marktdefinition und Marktanalyse ergeben hat, dass auf dem relevanten Markt **kein wirksamer Wettbewerb** gegeben ist.[274] Eine weitere Besonderheit ist die mittlerweile gestrichene Bestimmung des § 9a TKG, die explizit neue Märkte adressiert, deren Europarechtswidrigkeit allerdings vom EuGH festgestellt worden ist[275] (Rdn. 239). Daraus folgt ein mehrstufiger Prozess mit jeweils eigenständigen Verfahrensabschnitten:

> Stufe 1: Mit der **Marktdefinition und Marktanalyse** (§§ 10, 11 TKG) werden zunächst von der BNetzA diejenigen Märkte bestimmt, die der Regulierung unterliegen und das oder die Unternehmen mit beträchtlicher Marktmacht werden benannt.

> Stufe 2: Auf Grundlage des Ergebnisses der Marktanalyse legt die BNetzA mittels **Regulierungsverfügung** gem. § 13 Abs. 1 TKG diejenigen Verpflichtungen fest, die nach den Bestimmungen des TKG den Adressaten der Regulierung auferlegt werden können (z. B. Zugangspflichten gem. § 21 TKG).

> Stufe 3: Erst anhand der Verpflichtungen aus der Regulierungsverfügung kann es dann konkret zu **Regulierungsentscheidungen** wie etwa Zugangsanordnungen (nach § 25 TKG) und Entgeltregulierung (etwa auf Basis von § 30 TKG) kommen.

Führen allerdings Marktdefinition und Marktanalyse bereits in der ersten Stufe zu dem Ergebnis, dass auf dem relevanten Markt **wirksamer Wettbewerb besteht**, so kommt es in der zweiten Stufe schon nicht mehr zur Auferlegung von Vorabverpflichtungen (oder der An-

---

[273] S. auch *Topel* ZWeR 2006, 31 (36).
[274] So nunmehr auch ausdrücklich für § 42 TKG: VG Köln CR 2006, 239; bestätigt durch BVerwG CR 2008, 161.
[275] EuGH CR 2010, 24 m. Anm. *Klotz*.

wendbarkeit der nachträglichen besonderen Missbrauchsaufsicht bzw. nachträglichen Entgeltregulierung) bzw. etwa bestehende Vorabverpflichtungen werden aufgehoben.[276]

229 Hinsichtlich der für die Vorabregulierung infrage kommenden Märkte unterscheiden TKG und die europarechtlichen Vorgaben zwischen **Vorleistungsmärkten** (Großkundenmärkten) einerseits und **Endnutzermärkten** bzw. **Endkundenmärkten** andererseits. Dies liegt daran, dass mehr als früher die sektorspezifische Regulierung von auf den Zugang zu Netzen und Diensten gerichteten Vorleistungsmärkten als Garant dafür gesehen wird, wirksamen Wettbewerb auf den Endnutzermärkten zu gewährleisten, um dort eine sektorspezifische Regulierung zu vermeiden.[277]

2. Umgang mit Altverpflichtungen nach dem TKG 1996

230 Nach § 150 Abs. 1 TKG bleiben die von der RegTP vor Inkrafttreten des TKG getroffenen **Feststellungen marktbeherrschender Stellungen** sowie die **daran anknüpfenden Verpflichtungen** wirksam, bis sie durch neue Entscheidungen nach Teil 2 des TKG ersetzt werden. Dies gilt auch dann, wenn die Feststellungen marktbeherrschender Stellungen lediglich Bestandteil der Begründung eines Verwaltungsaktes sind. Die Regelung in Satz 1 gilt entsprechend für Verpflichtungen nach den §§ 36, 37 und 39 Alt. 2 des TKG 1996 (Zusammenschaltungspflicht und Entgeltregulierung für besondere Netzzugänge). Streitig geworden und durch Vorlagebeschluss des BVerwG zum EuGH zur Entscheidung gestellt war die Frage, ob die Formulierung der »daran anknüpfenden Verpflichtungen« lediglich Verpflichtungen erfasst, die **konkret** bereits durch **Verwaltungsakt** seitens der RegTP unter der Geltung des TKG 1996 ausgesprochen worden sind[278] oder ob mit dieser Formulierung allein und/oder im Zusammenspiel mit der Regelung in § 150 Abs. 1 S. 3 TKG, die auf die (gesetzlichen) Verpflichtungen nach den §§ 36, 37 und 39 Alt. 2 des TKG 1996 hinweist, auch **abstrakte gesetzliche Gebote** des TKG 1996 fortgelten können.[279]

231 Zwar ist die letztgenannte Ansicht zutreffend.[280] Problematisch an den Vorlageschlüssen des BVerwG war allerdings, dass das Gericht nicht nur die Gebote des TKG 1996 fortgelten lassen, sondern zugleich auch das **TKG 1996 selbst darauf weiter anwenden** wollte.[281] Diese Sichtweise überdehnt den Wortlaut von § 150 Abs. 1 TKG, weil dort lediglich von »Verpflichtungen«, nicht aber von sonstigen außer Kraft getretenen gesetzlichen Regelungen die Rede ist. Der EuGH hat in dieser Frage für Recht erkannt, dass sowohl ein abstraktes gesetzliches Gebot zur Genehmigung von Entgelten für die Erbringung von Sprachtelefondienstleistungen, das im innerstaatlichen Recht aus der Zeit vor dem Richtlinienpaket zu den elektronischen Kommunikationsnetzen und -diensten stammt, als auch diesbezügliche feststellende Verwaltungsakte vorübergehend aufrechtzuerhalten sind.[282] Das BVerwG hat dann in der Folge auch das TKG 1996 auf fortbestehende gesetzliche Verpflichtungen angewendet.[283]

---

276 So etwa im Fall der Mietleitungen für Endkunden (Markt Nr. 7 der Märkteempfehlung 2003): BNetzA 21.04.2010, BK2a-10/001-R.
277 Dies kommt insbesondere in Art. 17 Abs. 1 Universaldienstrichtlinie zum Ausdruck, wonach die Vorabregulierung von Endnutzermärkten u. a. davon abhängig ist, dass Regulierungsmaßnahmen auf dem relevanten Vorleistungsmarkt nicht ausreichen.
278 So in mehreren Entscheidungen: VG Köln CR 2004, 826 (827), CR 2005, 868 m. Anm. *Schütze*;; CR 2005, 344; CR 2005, 441; CR 2006, 30.
279 So die diesbezüglichen Vorlagebeschlüsse des BVerwG zum EuGH: BVerwG CR 2006, 605 Tz. 36 sowie CR 2006, 826 (827); s. dazu auch *Koenig/Leinen/Senger* CR 2007, 147.
280 Ausf. Heun/*Heun*, Hdb TK, A. Rn. 81 ff.
281 BVerwG CR 2006, 605 Tz. 49 sowie CR 2006, 826 (828).
282 EuGH CR 2008, 86 m. Anm. *Schütze* betreffend Vorabentscheidungsverfahren nach Art. 234 EG.
283 BVerwG BeckRS 2008, 36362 Tz. 14 ff.

II. Verfahren der Marktregulierung

3. Systematik, Ablauf und Folgen des Verfahrens der Marktregulierung

Systematik und **Einzelschritte** für das Verfahren der Marktregulierung einschließlich der zugehörigen Konsultations- und Konsolidierungsverfahren – diese wurden von der BNetzA zunächst getrennt für Marktdefinition/Marktanalyse und Regulierungsverfügung, später auch teilweise gemeinsam durchgeführt – sind in den nachstehenden Tabellen dargestellt:

232

Stufe 1: Marktdefinition und Marktanalyse (§§ 9 Abs. 1 und 2, 10, 11 und 12 TKG) auf Basis der Märkteempfehlung und anhand der Kommissionsleitlinien				Ausnahme (§§ 9 Abs. 3, 18 TKG)
Informationsanfragen bzw. Auskunftsverlangen der BNetzA gegenüber Marktbeteiligten (§ 72 Abs. 1 Nr. 1 TKG 1996 bzw. § 127 Abs. 1 S. 2 Nr. 5 TKG).				n/a ↓
↓				
Veröffentlichung des Entwurfs zur Anhörung interessierter Parteien (§ 12 Abs. 1 TKG) - Konsultationsentwurf				
↓				
Kommentierung des Entwurfs durch interessierte Parteien binnen einer von der BNetzA festgesetzten Frist, die regelmäßig einen Monat beträgt (§ 12 Abs. 1 TKG)				
↓				
Notifizierung des (ggf. infolge der Kommentierung und etwaiger weiterer Informationsanfragen bzw. Auskunftsverlangen überarbeiteten) Entwurfs gegenüber der EU-Kommission (§ 12 Abs. 2 Nr. 1 TKG) - Notifizierungsentwurf				
↓				
Möglichkeit der Stellungnahme der EU-Kommission und/oder anderer nationaler Regulierungsbehörden binnen einer Frist, die mindestens einen Monat beträgt (§ 12 Abs. 2 Nr. 1 TKG)				
Keine Stellungnahme	Stellungnahme mit Hinweisen	Stellungnahme „ernsthafte Zweifel" (§ 12 Abs. 2 Nr. 3 S. 1 TKG)		
↓	Den Stellungnahmen ist weitestgehend Rechnung zu tragen und daraus folgender Entwurf ist EU-Kommission zu übermitteln (§ 12 Abs. 2 Nr. 2 TKG) ↓	Aufschub von zwei Monaten ↓		
		Rücknahme Stellungnahme	Rücknahme Entwurf	Veto der EU-Kommission (§ 12 Abs. 2 Nr. 3 S. 2 TKG)
		↓	Zurück zu *Notifizierung* mit geändertem Entwurf, ggf. auch erneute *Anhörung* (§ 12 Abs. 2 Nr. S. 2-4 TKG) – Konsolidierungsentwurf ↑ oder *Beendigung des Verfahrens* mittels Unterrichtung des Bundeswirtschaftsministeriums (§ 12 Abs. 2 Nr. S. 5 TKG)	
Ergebnis Marktdefinition und Marktanalyse:				
Wirksamer Wettbewerb	Kein wirksamer Wettbewerb (§ 9 Abs. 2 TKG)			
Eine gesonderte abschließende Veröffentlichung erfolgt normalerweise nicht, sondern erst gemeinsam mit der Regulierungsverfügung (§ 13 Abs. 3 TKG) ↓				↓

Stufe 2: Regulierungsverfügung (§§ 13, 12 TKG)		
Wirksamer Wettbewerb	Kein wirksamer Wettbewerb	Ausnahme
Keine Auferlegung von Vorabverpflichtungen bzw. Aufhebung bereits auferlegter bzw. übergangsweise fortbestehender Verpflichtungen (§§ 9 Abs. 1, 13 Abs. 1 TKG); Ausnahme: § 18 TKG (s. letzte Spalte)	Auferlegung von Vorabverpflichtungen (§§ 9 Abs. 2, 13 Abs. 1, 3 TKG)	Auferlegung von Vorabverpflichtungen ausnahmsweise ggü. Unternehmen, die (nur) Zugang zum Endnutzer kontrollieren
Wenn keine Verpflichtungen aufzuheben sind, unterbleibt eine Regulierungsverfügung und nur die Ergebnisse von Marktdefinition und Marktanalyse werden veröffentlicht. Sonst:		

Veröffentlichung des Entwurfs (§ 13 Abs. 1 S. 1 und 4, § 12 Abs. 1 TKG) - Konsultationsentwurf

↓

Kommentierung des Entwurfs durch interessierte Parteien binnen einer von der BNetzA festgesetzten Frist, die regelmäßig einen Monat beträgt (§ 13 Abs. 1 S. 1 und 4, § 12 Abs. 1 TKG)

↓

Notifizierung des (ggf. infolge der Kommentierung und etwaiger weiterer Informationsanfragen bzw. Auskunftsverlangen überarbeiteten) Entwurfs gegenüber der EU-Kommission (§ 13 Abs. 1 S. 1 und 4, § 12 Abs. 2 Nr. 1 TKG) - Notifizierungsentwurf

↓

Möglichkeit Stellungnahme der EU-Kommission und/oder anderer nationaler Regulierungsbehörden binnen einer Frist, die mindestens einen Monat beträgt (§ 13 Abs. 1 S. 1 und 4, § 12 Abs. 2 Nr. 1 TKG). Künftig: Aufschubverfahren nach Art. 7a Abs. 5–8 Rahmenrichtlinie möglich.

Keine Stellungnahme	Stellungnahme mit Hinweisen
↓	Den Stellungnahmen ist weitestgehend Rechnung zu tragen und daraus folgender Entwurf ist EU-Kommission zu übermitteln (§ 13 Abs. 1 S. 1 und 4, § 12 Abs. 2 Nr. 2 TKG).↓

Veröffentlichung und Inkraftsetzung der Regulierungsverfügung als einheitlicher Verwaltungsakt mit den Ergebnissen der Marktdefinition und Marktanalyse (§ 13 Abs. 3 TKG)

↓

Spätestens hier endet das Verfahren der Marktregulierung und es kommt nunmehr in Stufe 3 entweder zu weiteren Regulierungsmaßnahmen oder nicht.

↓

Stufe 3: Weitere Rechtsfolgen aus dem TKG		
Wirksamer Wettbewerb	Kein wirksamer Wettbewerb	Ausnahme
Keine Vorabverpflichtungen, keine weiteren Rechtsfolgen aus dem TKG; Ausnahme: § 18 TKG (s. letzte Spalte)	Auferlegte Vorabverpflichtungen sind durchsetzbar durch Zugangsanordnung (§ 25 TKG) oder Streitbeilegungsverfahren (§ 133 TKG)	Auferlegte Vorabverpflichtungen sind durchsetzbar durch Zugangsanordnung (§ 25 TKG) oder über § 18 Abs. 2 S. 1 i.V.m. § 42 Abs. 4 TKG
Keine Entgeltregulierung; Ausnahme: § 18 TKG (s. letzte Spalte)	Entgeltregulierung findet Anwendung (§ 30 TKG); ob Entgeltgenehmigungsverfahren oder nachträgliche Entgeltregulierung erfolgt, ist abhängig von den Voraussetzungen der §§ 30, 38 und 39 TKG.	Nur nachträgliche Entgeltregulierung (§ 30 Abs. 4 TKG)
Keine besondere Missbrauchsaufsicht	Besondere Missbrauchsaufsicht (§§ 42, 43 TKG) ist anwendbar auf die Unternehmen mit beträchtlicher Marktmacht in den relevanten (definierten) Märkten	Keine besondere Missbrauchsaufsicht

Außerhalb der vorstehend dargestellten drei Stufen besteht zusätzlich die Befugnis der BNetzA, nach § 12 Abs. 2 Nr. 4 TKG **einstweilige Maßnahmen** zu erlassen, ohne Konsultations- und Konsolidierungsverfahren einhalten zu müssen. Ferner erfolgt eine **Überprüfung bisheriger Marktdefinitionen und Marktanalysen** nach § 14 TKG bei drei Anlässen: 233
- wenn der BNetzA **Tatsachen bekannt werden**, dass die bisherigen Festlegungen (bzw. Ergebnisse) nicht mehr den tatsächlichen Marktgegebenheiten entsprechen, § 14 Abs. 1 Alt. 1 TKG;
- wenn sich die **Märkteempfehlung geändert** hat, § 14 Abs. 1 Alt. 2 TKG;
- alle **zwei Jahre**, § 14 Abs. 2 TKG.

Nachstehend folgt ein kurzer Überblick über die Ausgestaltung der einzelnen Verfahrensschritte der Marktregulierung.

4. Marktdefinition

Bei der in § 10 TKG vorgesehenen Marktdefinition geht es darum, eine **Vorauswahl** an Märkten zu treffen, die für die sektorspezifische Vorabregulierung in Betracht kommen. Nach § 10 Abs. 2 TKG hat die BNetzA dabei ausdrücklich einen **Beurteilungsspielraum**, der vom Gericht u. a. darauf zu überprüfen ist, ob die Behörde von einem richtigen Verständnis des anzuwendenden Gesetzesbegriffs ausgegangen ist und den Sachverhalt vollständig ermittelt hat.[284] Sie hat dabei die **Märkteempfehlung** der EU-Kommission weitestgehend zu berücksichtigen. Dementsprechend trifft die EU-Kommission durch die Märkteempfehlung bereits eine Vorauswahl, an welche die BNetzA im Sinne einer **Vermutungsregel** gebunden ist.[285] Dementsprechend orientiert sich die BNetzA im Rahmen der Marktdefinition auch weitgehend an den sich aus den europäischen Vorgaben und der Praxis der EU-Kommission und des EuGH ergebenden Kriterien. Eine Fehleinschätzung der BNetzA in 234

---
284 BVerwG CR 2010, 721 (722).
285 Näher dazu Heun/*Heun*, Hdb TK, G. Rn. 130; ebenso BVerwG CR 2010, 721 (723) sowie NVwZ 2008, 1359 Tz. 25.

Bezug auf den Regelungsgehalt der Empfehlung kann aber zu einer Überschreitung der Grenzen des Beurteilungsspielraums führen.[286] Die von der BNetzA abgeschlossenen bzw. durchgeführten Marktdefinitionen sind auf der Website der BNetzA abrufbar.[287]

a) Sachlich und räumlich relevanter Markt

235 Bei der Bestimmung des **sachlich relevanten Marktes** nach § 10 Abs. 1 TKG prüft die BNetzA vornehmlich die **Austauschbarkeit** der betreffenden Produkte auf der **Nachfragerseite** (also das **Bedarfsmarktkonzept**)[288] und die **Angebotsumstellungsflexibilität** aufseiten der (potenziellen) Wettbewerber. Mit dem ersten Kriterium werden die Produkte ermittelt, auf die der Nachfrager ausweichen würde, um das Ausgangsprodukt zu ersetzen. Das zweite, ergänzend heranzuziehende[289] Kriterium ermittelt, ob andere Anbieter als die des Ausgangsprodukts bereit wären, relevante (also mit dem Ausgangsprodukt austauschbare) Produkte anzubieten, ohne dass erhebliche Zusatzkosten für sie entstehen.

236 Beim **räumlich relevanten Markt** handelt es sich um ein Gebiet, »in dem die Unternehmen bei den relevanten Produkten an Angebot und Nachfrage beteiligt sind und die Wettbewerbsbedingungen einander gleichen oder hinreichend homogen sind und von Nachbargebieten unterschieden werden können, in denen erheblich andere Wettbewerbsbedingungen bestehen«.[290] Dies kann je nach Ausdehnung zu lokalen, regionalen, nationalen oder länderübergreifenden Märkten führen. Die EU-Kommission ist in diesem Zusammenhang gem. Art. 15 Abs. 4 Rahmenrichtlinie berechtigt, länderübergreifende Märkte festzulegen.

b) Drei-Kriterien-Test

237 Nach Vornahme der sachlichen und räumlichen Marktabgrenzung durch die BNetzA anhand der Märkteempfehlung, folgt in einem zweiten Schritt der Marktdefinition die (Bestätigung der) (Vor-) Auswahl der Märkte für die Zwecke der Marktanalyse bzw. der sektorspezifischen Vorabregulierung. Konkret geht es dabei um die Kriterien zur Qualifikation regulierungsbedürftiger Märkte, welche in der Märkteempfehlung selbst genannt sind, d. h. den sog. **Drei-Kriterien-Test**. Danach sollen nur solche Märkte für die Regulierung in Betracht kommen,
- »die durch beträchtliche und anhaltende strukturell oder rechtlich bedingte Marktzutrittsschranken gekennzeichnet sind,
- längerfristig nicht zu wirksamem Wettbewerb tendieren und
- auf denen die Anwendung des allgemeinen Wettbewerbsrechts allein nicht ausreicht, um dem betreffenden Marktversagen entgegenzuwirken«.

238 Hier erlangt der erwähnte Beurteilungsspielraum der BNetzA angesichts der in den Kriterien enthaltenen **Prognoseelemente** besondere Bedeutung.[291] Auch wird anhand der Kriterien deutlich, dass die Marktdefinition nach § 10 TKG eine **regulierungs- bzw. ordnungspolitische Grundentscheidung** über potenziell regulierungsbedürftige (ggf. sogar potenzielle) Märkte beinhaltet. Daher ist es richtig, insoweit von einer »**regulierungsspezifischen Marktdefinition**« zu sprechen,[292] die von der rein kartellrechtlichen Marktabgrenzung abweicht bzw. dieser aufgrund ihrer dargestellten prognostischen Elemente vorauseilt. Dass es sich dementsprechend auch um einen (noch) **fiktiven Vorleistungsmarkt** han-

---

286 BVerwG CR 2010, 721 (723).
287 S. unter www.bundesnetzagentur.de – Einheitliche Informationsstelle.
288 Dies bestätigend u. a. VG Köln 01.03.2007, 1 K 3928/06 Tz. 25 sowie BVerwG NVwZ 2008, 1359 Tz. 25 ff.
289 *Topel* ZWeR 2006, 43.
290 S. Abs. Nr. 56 der Kommissionsleitlinien.
291 Grundlegend BVerwG NVwZ 2008, 1359 Tz. 14 ff.
292 Vgl. *Topel* ZWeR 2006, 41.

deln kann, steht der Marktdefinition bzw. der Regulierung eines solchen Marktes nicht entgegen.[293]

c) Neue Märkte

Eine Besonderheit in Bezug auf die Marktdefinition war der mit dem TKG-Änderungsgesetz 2007 neu eingefügte § 9a TKG für neue Märkte. Diese Besonderheit hat allerdings einer Prüfung durch den EuGH auf Vereinbarkeit mit Art. 8 Abs. 4 Zugangsrichtlinie, Art. 6 bis 8 Abs. 1, 2, Art. 15 Abs. 3 und Art. 16 Rahmenrichtlinie sowie Art. 17 Abs. 2 Universaldienstrichtlinie nicht stand gehalten.[294] § 9a Abs. 1 TKG stellte zunächst als Grundsatz fest, dass neue Märkte nicht der Regulierung nach Teil 2 des TKG unterliegen. Lediglich nach § 9a Abs. 2 TKG war unter besonderen Voraussetzungen die Regulierung solcher Märkte vorgesehen. Hintergrund dieser Regelung war die von der Deutschen Telekom (**Telekom**) ausgelöste Debatte[295] um ihr **VDSL-Projekt**, für welches sie eine zumindest zeitweise Freistellung von der Regulierung nach dem TKG (Stichwort: »**Regulierungsferien**«) gefordert hat. Wegen der damit verbundenen Abweichung von § 10 TKG und den diesem zugrunde liegenden europarechtlichen Vorgaben hatte die EU-Kommission ein Vertragsverletzungsverfahren eingeleitet und Deutschland verklagt.[296] Als Folge des genannten EuGH Urteils wurde § 9a TKG aufgehoben.

239

5. Marktanalyse

Im Rahmen der Marktanalyse prüft die BNetzA nach § 11 TKG ferner unter weitestgehender Berücksichtigung der **Kommissionsleitlinien**, ob auf dem untersuchten Markt **wirksamer Wettbewerb** besteht. Das ist nach §§ 3 Nr. 31, 11 Abs. 1 S. 2–5 TKG dann nicht der Fall, wenn ein oder mehrere Unternehmen dort über **beträchtliche Marktmacht** verfügen.

240

Nach § 3 Nr. 4 TKG ist unter Verweis auf § 11 Abs. 1 S. 3–5 TKG »**beträchtliche Marktmacht**« eines oder mehrerer Unternehmen gegeben, wenn das betreffende Unternehmen

241

> »entweder allein oder gemeinsam mit anderen **eine der Beherrschung gleichkommende Stellung** einnimmt, das heißt eine wirtschaftlich starke Stellung, die es ihm gestattet, sich in beträchtlichem Umfang **unabhängig von Wettbewerbern und Endnutzern** zu verhalten. [...] Verfügt ein Unternehmen auf einem relevanten Markt über beträchtliche Marktmacht, so kann es auch auf einem **benachbarten**, nach § 10 Abs. 2 bestimmten relevanten Markt als Unternehmen mit beträchtlicher Marktmacht angesehen werden, wenn die Verbindungen zwischen beiden Märkten es gestatten, diese von dem einen auf den anderen Markt zu übertragen und damit die gesamte Marktmacht des Unternehmens zu verstärken« (Hervorhebungen nur hier).

Nach Auffassung der Rechtsprechung verfügt die BNetzA auch bei der Prüfung wirksamen Wettbewerbs über einen **Beurteilungsspielraum**.[297]

Ausgangspunkt für die Feststellung beträchtlicher Marktmacht sind die **Marktanteile** der dort agierenden Unternehmen. Allerdings wird weder ein hoher Marktanteil allein als ausreichend für beträchtliche Marktmacht angesehen, noch dass ein niedriger Anteil das Vorliegen einer marktbeherrschenden Stellung ausschließt. Eine **wertende Gesamtschau** bleibt demnach immer erforderlich, selbst wenn die Marktanteile bei über 90 % liegen. Maßgeblich sind für die Praxis der BNetzA zunächst die »**Faustformeln**« für die Bewertung unterschiedlicher Höhen von Marktanteilen, die sich in der Rechtsprechung des EuGH und der Entscheidungspraxis der EU-Kommission herausgebildet haben. Die drei hiernach relevanten Schwellenwerte sind

242

---

293 BVerwG CR 2009, 366 (367 f.).
294 EuGH CR 2010, 24 m. Anm. *Klotz*; dazu auch *Ladeur* K&R 2010, 308; *Ufer* K&R 2010, 100.
295 S. auch *Dahlke/Neumann* CR 2006, 377.
296 S. EU-Pressemitteilung IP/07/88 v. 27.06.2007.
297 So BVerwG NVwZ 2008, 1359 Tz. 16 f.; krit. Heun/*Heun*, Hdb TK, G. Rn. 93.

- bis zu 25 % Marktanteil (regelmäßig keine (alleinige) Marktbeherrschung);
- über 40 % (typische Schwelle für die Annahme von Marktbeherrschung);
- über 50 % (regelmäßig Marktbeherrschung).

Da die §§ 3 Nr. 4, 11 Abs. 1 S. 3–5 TKG entsprechend den europarechtlichen Vorgaben begrifflich und durch den Verweis auf die Kommissionsleitlinien den europarechtlichen Marktbeherrschungsbegriff aus Artikel 102 AEUV (ex-Art. 82 EGV) zugrunde legen, bedeutet dies einerseits, dass die beträchtliche Marktmacht mit einer **marktbeherrschenden Stellung** i. S. d. (europäischen) Kartellrechts gleichsteht.[298] Andererseits kann die **Vermutungsregel** für eine marktbeherrschende Stellung in § 19 Abs. 3 S. 1 GWB bei einem Marktanteil von einem Drittel in der Praxis der BNetzA nur eine untergeordnete Rolle spielen.

243 Neben der Betrachtung der Marktanteile erfordern die Kommissionsleitlinien die Berücksichtigung folgender **Faktoren**:[299] Gesamtgröße des Unternehmens, Kontrolle über nicht leicht zu duplizierende Infrastruktur, technologische Vorteile oder Überlegenheit, fehlende oder geringe ausgleichende Nachfragemacht, leichter oder privilegierter Zugang zu Kapitalmärkten/finanziellen Ressourcen, Diversifizierung von Produkten/Dienstleistungen (z. B. Bündelung von Produkten und Dienstleistungen), Größenvorteile, Verbundvorteile, vertikale Integration, hoch entwickeltes Vertriebs- und Verkaufsnetz, Fehlen von potenziellem Wettbewerb und Expansionshemmnisse. Beträchtliche Marktmacht bzw. die marktbeherrschende Stellung kann sich aus Sicht der EU-Kommission aus einer **Kombination** der genannten Kriterien ergeben,[300] was die BNetzA in der Praxis ebenso betrachtet. Die von der BNetzA abgeschlossenen bzw. durchgeführten Marktanalysen sind auf der Website der BNetzA abrufbar.[301]

6. Regulierungsverfügung

244 Abhängig vom Ergebnis der Marktdefinition und Marktanalyse entscheidet die BNetzA mittels **Regulierungsverfügung** gem. § 13 Abs. 1 TKG, ob sie die in Teil 2 des TKG vorgesehenen Verpflichtungen auferlegt, ändert, beibehält oder widerruft. Dabei ist zu beachten, dass nach der Rechtsprechung des BVerwG der Widerruf einer gesetzlichen, nach § 150 Abs. 1 TKG vorläufig fortbestehenden Altverpflichtung (s. o. Rdn. 230 f.) **weder direkt noch analog** über § 13 Abs. 1 TKG in Betracht kommt. Ein solcher »Widerruf« durch die BNetzA sei vielmehr in die Feststellung umzudeuten, dass die Altverpflichtung kraft Gesetzes erloschen sei.[302]

245 Bei den mittels Regulierungsverfügung adressierbaren Verpflichtungen handelt es sich um Pflichten der **Zugangsregulierung** nach §§ 18–21, 24 TKG, der **Entgeltregulierung** nach §§ 30, 39 TKG und/oder des **Kundenschutzes** nach §§ 40, 41, 42 Abs. 4 S. 3 TKG. Auch in Bezug auf die Auferlegung von Verpflichtungen mittels Regulierungsverfügung gesteht die höchstrichterliche Rechtsprechung der BNetzA einen gerichtlich nur eingeschränkt überprüfbaren »Beurteilungsspielraum« in Form von sog. **Regulierungsermessen** zu.[303] Die von der BNetzA abgeschlossenen bzw. durchgeführten Verfahren zur Regulierungsverfügung sind auf der Website der BNetzA abrufbar.[304]

---

298 Deswegen spricht die BNetzA in der Praxis auch regelmäßig von Marktbeherrschung.
299 S. Abs. Nr. 78 ff. der Kommissionsleitlinien.
300 S. Abs. Nr. 79 ff. der Kommissionsleitlinien.
301 Unter www.bundesnetzagentur.de – Einheitliche Informationsstelle.
302 BVerwG CR 2007, 431 (432 ff.).
303 Grundlegend: BVerwG CR 2008, 291 (293); S. auch BVerfG MMR 2008, 590.
304 Unter www.bundesnetzagentur.de – Einheitliche Informationsstelle.

II. Verfahren der Marktregulierung

a) Rechtliche Einordnung der Regulierungsverfügung

Die Regulierungsverfügung ist ein **Verwaltungsakt**. Dies folgt bereits aus § 132 Abs. 1 S. 2 TKG, wonach Entscheidungen der Beschlusskammern u. a. nach Teil 2 des TKG als Verwaltungsakt ergehen. Mit der Regulierungsverfügung werden gegenüber einem oder mehreren betroffenen Unternehmen Verhaltensauflagen erteilt oder aufgehoben, sodass es hierdurch grundsätzlich um individuelle Verpflichtungen geht.[305] Es handelt sich dabei um **abstrakt-individuelle** und nicht um **konkret-individuelle Verpflichtungen**.[306] Diese Einordnung kommt der Regulierungsverfügung deswegen näher, weil sie inhaltlich Verpflichtungen beinhaltet, aufhebt oder ersetzt,[307] die eigentlich typischerweise in gesetzlichen Regelungen enthalten sind und waren.[308] Dies macht die Regulierungsverfügung aber noch **nicht** zu einer **Allgemeinverfügung**,[309] weil der **Adressat** in Person des Unternehmens mit beträchtlicher Marktmacht individualisiert ist. Wegen des dauerhaften Verpflichtungscharakters ist die Regulierungsverfügung regelmäßig als **Verwaltungsakt mit Dauerwirkung**[310] anzusehen.

246

b) Einheitlicher Verwaltungsakt mit Marktdefinition und Marktanalyse

Nach § 13 Abs. 3 TKG ergeht die Entscheidung über die Maßnahmen aus dem Maßnahmenkatalog gemeinsam mit den Ergebnissen der Marktdefinition und Marktanalyse als **einheitlicher Verwaltungsakt**. Damit werden zwei Akte des gestuften Verwaltungsverfahrens der Marktregulierung zusammengefasst. Dies hat zwar zur Folge, dass Marktdefinition und Marktanalyse nicht selbstständig anfechtbar sind,[311] bedeutet aber nach der hier vertretenen Auffassung auch nicht, dass Marktdefinition und Marktanalyse lediglich sog. **Realakte** wären.[312] Mit der Bestimmung des relevanten Marktes (§ 10 Abs. 2 TKG) sowie der Feststellung, dass wirksamer Wettbewerb nicht besteht und welche Unternehmen über beträchtliche Marktmacht verfügen (§ 11 Abs. 3 TKG), ist eine **eigenständige Regelungswirkung** gegenüber dem Adressaten verbunden.[313] Aufgrund dieser Feststellung unterliegt das betreffende Unternehmen nämlich unabhängig von etwa auferlegten Verpflichtungen durch die Regulierungsverfügung wegen § 9 Abs. 1 TKG z. B. der besonderen Missbrauchsaufsicht für den relevanten Markt nach § 42 TKG. Daher kann man insoweit von (auch) **feststellenden Verwaltungsakten** sprechen,[314] was allerdings die Rechtsprechung des BVerwG offenbar anders sieht, wenn dort lediglich eine **Inzidentprüfung** zugelassen wird.[315]

247

Problematisch an der Regelung in § 13 Abs. 3 ist allerdings, dass dort auch die Entscheidung nach § **18 TKG**, der **keine beträchtliche Marktmacht** voraussetzt, einheitlich mit Marktdefinition und Marktanalyse ergehen soll. Dies kann zwar dann der Fall sein, wenn die Marktanalyse das Bestehen wirksamen Wettbewerbs ergibt, aber dennoch Verpflichtungen nach § 18 TKG auferlegt werden sollen. Würde man indes für die Auferlegung einer Verpflichtung nach § 18 TKG immer auch eine vorausgehende Markdefinition und Marktanalyse verlangen, liefen § 18 TKG sowie die in § 9 Abs. 3 TKG diesbezüglich explizit vorgesehene Ausnahme leer. Ein Blick auf die europarechtlichen Vorgaben zeigt, dass die kor-

248

---
305 Vgl. auch *Ellinghaus* MMR 2004, 294.
306 So aber BerlKommTKG/*Gurlitt* § 13 Rn. 16.
307 S. § 150 Abs. 1 TKG.
308 Wie etwa die Zusammenschaltungspflicht in §§ 36, 37 TKG 1996 gegenüber nunmehr § 21 Abs. 3 Nr. 2 TKG.
309 So aber *Mayen* CR 2005, 22.
310 Dazu Stelkens/Bonk/Sachs/*Stelkens/Stelkens* § 35 VwVfG Rn. 149.
311 BVerwG CR 2009, 298; CR 2010, 721 (722).
312 So aber BerlKommTKG/*Gurlitt* § 12 Rn. 50, § 13 Rn. 38 und *Scherer* NJW 2004, 3004.
313 Ausf. Heun/*Heun*, Hdb TK, G. Rn. 214.
314 In diesem Sinne VG Köln BeckRS 2007, 22781 sowie VG Köln 01.03.2007, 1 K 3928/06 Rn. 20.
315 BVerwG CR 2009, 298; CR 2010, 721 (722).

respondierende Regelung aus Art. 5 Abs. 1 lit. a) Zugangrichtlinie hinsichtlich der geplanten Maßnahmen zwar dem Konsolidierungsverfahren unterliegt (Art. 5 Abs. 3), nicht aber der vorherigen Marktanalyse. Daher wird man in europarechtskonformer Auslegung von § 13 Abs. 3 TKG nicht fordern können, dass im Fall des § 18 TKG eine Marktdefinition und Marktanalyse vorauszugehen hat.

c) Ermessensfragen

249 Stellt die BNetzA im Rahmen der Marktanalyse nach § 11 TKG fest, dass kein wirksamer Wettbewerb besteht, hat sie **kein Entschließungsermessen** dahin gehend, ob überhaupt eine Verpflichtung auferlegt wird.[316] Denn § 9 Abs. 2 TKG verlangt, dass Unternehmen mit beträchtlicher Marktmacht Maßnahmen nach Teil 2 des TKG auferlegt werden. Der umgekehrte Fall ist weniger eindeutig. Zwar sind ebenso Verpflichtungen aufzuheben bzw. zu widerrufen, wenn die Marktanalyse ergibt, dass wirksamer Wettbewerb auf dem relevanten Markt besteht. Denn § 9 Abs. 1 TKG bestimmt, dass die Marktregulierung nur erfolgt, wenn kein wirksamer Wettbewerb vorliegt. Hiervon besteht nach § 9 Abs. 3 TKG mit Blick auf die Regelung in § 18 TKG allerdings eine Ausnahme. Daher ist in diesem Fall das Entschließungsermessen der BNetzA nicht vollständig aufgehoben, aber eng begrenzt.

250 Allerdings hat die BNetzA grundsätzlich ein **Auswahlermessen** dahin gehend, welche Maßnahmen sie aus dem Maßnahmenkatalog des § 13 Abs. 1 und 3 TKG auferlegt, beibehält, ändert oder widerruft. Dies folgt aus dem Vorhandensein eines Maßnahmenkatalogs. Allerdings reicht es aus, wenn die BNetzA sich für eine **einzige Maßnahme** entscheidet. Die weiteren **inhaltlichen Parameter** für die Maßnahmeentscheidung ergeben sich aus den Bestimmungen des Maßnahmenkatalogs selbst. Die Rechtsprechung des BVerwG folgert daraus, dass der BNetzA ein erhebliches **Regulierungsermessen** zusteht, das gleich einem Beurteilungsspielraum nur eingeschränkter gerichtlicher Kontrolle unterliegt.[317]

7. Konsultations- und Konsolidierungsverfahren

251 Für das Verfahren der Marktregulierung bestehen besondere Vorgaben, die in § 12 TKG niedergelegt sind. Nach § 10 Abs. 3 und § 11 Abs. 3 TKG sind die Ergebnisse von Marktdefinition und Marktanalyse von der BNetzA der EU-Kommission im Verfahren nach § 12 TKG vorzulegen, wenn diese Auswirkungen auf den Handel zwischen den Mitgliedstaaten haben (**Konsolidierungsverfahren**). Zugleich ist in § 12 Abs. 1 TKG festgelegt, dass die BNetzA interessierten Parteien zu dem Entwurf der Ergebnisse nach den §§ 10 und 11 TKG Gelegenheit zur Stellungnahme innerhalb einer festgesetzten Frist geben muss (**Konsultationsverfahren**). Das Gleiche gilt gem. § 13 Abs. 1 S. 1 TKG für die Regulierungsverfügung. Die einzelnen Verfahrensabschnitte sind in der Systematik der Marktregulierung bereits dargestellt worden (Rdn. 232 f.).

252 Nach § 13 Abs. 1 S. 3 TKG kann die Regulierungsverfügung **zusammen oder im Anschluss** an Marktdefinition und Marktanalyse in dem Verfahren nach § 12 TKG, also Konsultations- und Konsolidierungsverfahren, erfolgen. Ursprünglich hat die BNetzA diese Verfahren getrennt für Marktdefinition und Marktanalyse einerseits und Regulierungsverfügung andererseits nacheinander durchgeführt. Dies ist vom Markt und der EU-Kommission kritisiert worden. Dieser Kritik entsprechend hat die BNetzA anlässlich der ersten Überprüfung von Markdefinition und Marktanalyse gem. § 14 Abs. 2 TKG zu Markt Nr. 5 (ehemals Nr. 11) der Märkteempfehlung (TAL) diese gemeinsam mit dem Entwurf der diesbezüglichen Regulierungsverfügung vorgelegt.[318]

---

316 BVerwG CR 2008, 291 (293).
317 BVerwG CR 2008, 291 (293).
318 S. BNetzA, Konsultationsentwurf Marktdefinition und Marktanalyse Zugang zur Teilnehmeran-

II. Verfahren der Marktregulierung

a) Konsultationsverfahren

Das Konsultationsverfahren des § 12 Abs. 1 TKG ist zwar ein **eigenständiges Verfahren**, das Erfordernis der Entscheidung nach mündlicher Verhandlung gemäß § 135 Abs. 3 TKG gilt allerdings für die Auferlegung von Vorabverpflichtungen.[319] Lediglich in Bezug auf die Festlegungen zu Marktdefinition und Marktanalyse ist keine mündliche Verhandlung erforderlich, weil es sich nach der Rechtsprechung insoweit um keine »Entscheidungen« handele.[320] Zwar muss der Konsultationsentwurf neben dem **Tenor** der Festlegungen nach §§ 10 und 11 TKG bzw. der Maßnahmen nach § 13 Abs. 1 S. 1 TKG auch einen Begründungsentwurf enthalten, jedoch muss keine erneute Konsultation erfolgen, wenn sich die Ergebnisse nicht ändern oder die Begründung nicht ausgetauscht wird.[321] Die BNetzA veröffentlicht in der Praxis auch die Begründung und hat dafür entsprechend in Umsetzung von Art. 6 S. 3 Rahmenrichtlinie nach § 12 Abs. 1 S. 4 TKG eine **einheitliche Informationsstelle** errichtet, bei der eine Liste aller laufenden Anhörungen vorgehalten wird.[322]

253

b) Konsolidierungsverfahren

Das in Art. 7 Rahmenrichtlinie und § 12 Abs. 2 TKG geregelte Konsolidierungsverfahren dient vor allem dem in Art. 1 Abs. 1 Rahmenrichtlinie formulierten Ziel, die gemeinschaftsweit **harmonisierte** Anwendung des Rechtsrahmens zu gewährleisten. Zu diesem Zweck ist das Konsolidierungsverfahren in allgemeine **Kooperationspflichten** der nationalen Regulierungsbehörden untereinander eingebettet (Art. 7 Abs. 2 Rahmenrichtlinie) und mehrgliedrig ausgestaltet.

254

aa) Vorlagepflicht

Die **Vorlagepflicht** nach §§ 10 Abs. 3, 11 Abs. 3, 13 Abs. 1 S. 1 TKG gegenüber der EU-Kommission gilt dann, wenn die betreffende Festlegung oder Maßnahme Auswirkungen auf den Handel zwischen den Mitgliedstaaten hat. Diese Voraussetzung wird sowohl von der EU-Kommission[323] als auch von der BNetzA in ihrer Praxis weit verstanden, von Ersterer allerdings weiter als von Letzterer. Bei dieser Unstimmigkeit hat sich letztlich die EU-Kommission durchgesetzt mit der Folge, dass die BNetzA nicht nur Entscheidungen im Rahmen der Auferlegung von Vorabverpflichtungen vorlegt, sondern auch Maßnahmen im Rahmen der Entgeltregulierung.[324] Die Einzelheiten der Vorlagepflicht, ihr Umfang sowie die zeitliche Abfolge und Fristen sind in einer Empfehlung der EU-Kommission (**Notifizierungsempfehlung**) geregelt.[325]

255

Nach Vorlage haben die EU-Kommission sowie die (anderen) nationalen Regulierungsbehörden binnen einer **Ausschlussfrist von einem Monat** Zeit, die Vorlage zu kommentieren (§ 12 Abs. 2 Nr. 1 TKG). Etwaigen **Stellungnahmen** hat die BNetzA weitestgehend Rechnung zu tragen (§ 12 Abs. 2 Nr. 2 TKG). Sofern kein Veto erfolgt, kann die BNetzA dann den Maßnahmenentwurf annehmen und hat diesen der EU-Kommission zu übermitteln.

256

---

schlussleitung v. 04.04.2007, BK1–06/003, BNetzA Mitteilung. Nr. 214/2007, ABl. Nr. 7/2007 sowie Konsultationsentwurf Regulierungsverfügung zum Zugang zur Teilnehmeranschlussleitung v. 04.04.2007, BK4–07/002/R, BNetzA Mitteilung. Nr. 223/2007, ABl. Nr. 7/2007.
319 BVerwG CR 2009, 298 (299).
320 BVerwG CR 2009, 298 (299).
321 So hier in der 1. Auflage und bestätigt durch BVerwG NVwZ 2008, 1359 Tz. 41 ff.
322 S. www.bundesnetzagentur.de – »Einheitliche Informationsstelle«.
323 S. Abs. Nr. 147 der Kommissionsleitlinien unter Verweis auf Erwägungsgrund (38) der Rahmenrichtlinie.
324 So etwa bei dem Mobilfunkterminierungsentgelten, z. B. BNetzA 08.12.2010, BK3a-10/101.
325 Empfehlung der Kommission v. 15.10.2008 zu den Notifizierungen, Fristen und Anhörungen gem. Artikel 7 der Richtlinie 2002/21/EG des Europäischen Parlaments und des Rates über einen gemeinsamen Rechtsrahmen für elektronische Kommunikationsnetze und -dienste, ABl. EU Nr. L 301 v. 12.11.2008, S. 23.

bb) Vetorecht

257 Der Kern des Konsolidierungsverfahrens besteht aus dem in § 12 Abs. 2 Nr. 3 TKG geregelten **Vetorecht** der EU-Kommission. Inhaltlich ist das Vetorecht dann gegeben, wenn die nationale Regulierungsbehörde

- eine Marktdefinition vornimmt, die sich von derjenigen in der **Märkteempfehlung unterscheidet**, oder
- Festlegungen trifft, inwieweit ein Unternehmen allein oder gemeinsam mit einem anderen Unternehmen **beträchtliche Marktmacht** besitzt.

Folglich kann die Kommission die gesamte Marktanalyse aufgreifen, d. h. die Feststellung, dass wirksamer Wettbewerb besteht ebenso wie sämtliche Feststellungen, ob und inwieweit beträchtliche Marktmacht von Unternehmen besteht. Wie in den europarechtlichen Vorgaben vorgesehen, gilt das **Vetoverfahren nicht für die Regulierungsverfügung**.[326] Auch mit dem TK-Reformpaket 2009 sowie der TKG-Novelle 2011 ist hier lediglich ein sog. Aufschubverfahren vorgesehen.[327]

258 Verfahrensseitig besteht das Vetorecht der EU-Kommission wiederum aus zwei Phasen: In der ersten Phase (Phase I) hat die EU-Kommission gegenüber der nationalen Regulierungsbehörde zu erklären, dass sie entweder der Auffassung ist, der Entwurf schaffe ein **Hindernis für den Binnenmarkt** oder dass sie **ernsthafte Zweifel an der Vereinbarkeit mit dem Gemeinschaftsrecht**, insbesondere den in Art. 8 Rahmenrichtlinie genannten Zielen habe. Mit dieser Erklärung wird das Vetoverfahren (und damit Phase II) eingeleitet. Inhaltlich bedeuten die genannten Voraussetzungen einen umfassenden Prüfungsvorbehalt zugunsten der EU-Kommission für den Binnenmarkt, das gesamte bestehende Gemeinschaftsrecht sowie insbesondere das Richtlinienpaket 2002. Hierfür reicht es, wenn die EU-Kommission das Hemmnis oder die Zweifel benennt; besondere Begründungsanforderungen bestehen nicht.[328] In der Praxis erläutert die Kommission allerdings ihre Bedenken, um der nationalen Regulierungsbehörde noch im ersten Schritt die Gelegenheit zu geben, den Entwurf anzupassen. Denn nach Bekanntmachung der Bedenken der EU-Kommission läuft nach § 12 Abs. 2 Nr. 3 S. 1 TKG eine **zweimonatige Frist**, während der die Festlegung **aufgeschoben** ist. Die Frist ist nicht verlängerbar. In der Praxis wird diese Phase durch Abstimmungen und Eingaben seitens der nationalen Regulierungsbehörde, der EU-Kommission, aber auch interessierter Marktteilnehmer begleitet, die häufig zur Rücknahme des Entwurfs führt.

259 In der zweiten Phase des Vetoverfahrens kann die EU-Kommission innerhalb der zweimonatigen Frist die nationale Regulierungsbehörde auffordern, den **Entwurf zurückzuziehen** (**Veto**). Nach Art. 7 Abs. 4 S. 4 Rahmenrichtlinie ist dieser Beschluss der EU-Kommission detailliert zu begründen und es sind zugleich spezifische Vorschläge zur Änderung des Maßnahmeentwurfs zu unterbreiten. Wird das Veto ausgeübt, ist die BNetzA nach § 12 Abs. 2 Nr. 3 S. 2 TKG gehindert, den streitigen Entwurf anzunehmen. Auf diese Weise kann die EU-Kommission letztlich die Märkteempfehlung, d. h. die vorgenommene Marktabgrenzung sowie die Kommissionsleitlinien zur Marktdefinition und Marktanalyse durchsetzen. Folge des Vetos ist, dass die BNetzA den Maßnahmeentwurf entsprechend den Ausführungen der EU-Kommission in der Veto-Entscheidung überarbeitet und erneut notifiziert oder aber das Bundeswirtschaftsministerium informiert (§ 12 Abs. 2 Nr. 3 S. 4 TKG). Letzteres dient dazu, es der Bundesregierung zu ermöglichen, gegen die Entscheidung der EU-Kommission vor dem EuGH vorzugehen.[329]

---

326 Dies folgt aus dem fehlenden Verweis auf § 12 Abs. 2 Nr. 3 in § 13 Abs. 1 S. 1 TKG.
327 Dazu *Heun* CR 2011, 154.
328 S. Nr. 17 der Notifizierungsempfehlung.
329 Vgl. BT-Drs. 15/2316, 63.

Gegenüber **Deutschland** hat die EU-Kommission von dem Vetoverfahren insbesondere in 260
drei Fällen Gebrauch gemacht:
- Markt Nr. 3 (ehemals Nr. 9) der Märkteempfehlung (**Anrufzustellung in einzelnen öffentlichen Telefonnetzen an festen Standorten**) bei der Frage ob alternative Teilnehmernetzbetreiber wegen vermeintlich ausgleichender Nachfragemacht der Telekom keine beträchtliche Marktmacht haben;
- Markt Nr. 5 (ehemals Nr. 12) (**Breitbandzugang für Großkunden – Bitstrom**) bei der Frage, ob **VDSL-Produkte** der Telekom in die **Marktdefinition** einzubeziehen sind;
- Markt Nr. 6 (ehemals Märkte Nr. 13 und 14) (**Abschluss- und Fernübertragungs-Segmente von Mietleitungen** für Großkunden) bei der Frage hinreichender Marktdaten für die Marktdefinition und Marktanalyse.

In allen Fällen hatte die EU-Kommission **ernsthafte Zweifel** an der Vereinbarkeit der Entwürfe der BNetzA mit Gemeinschaftsrecht. Im Fall Bitstrom hat die EU-Kommission ihre ernsthaften Zweifel infolge einer Nachbesserung durch die BNetzA zurückgenommen. Im Fall Anrufzustellung kam es zu einer **Veto-Entscheidung**. Daraufhin hat die BNetzA ihren Entwurf entsprechend der Stellungnahme der EU-Kommmission geändert. Im Fall Mietleitungen hat die BNetzA den Entwurf zurückgezogen.

8. Rechtsschutzfragen

Bevor eine Betrachtung der durch die Regulierungsverfügung adressierbaren Vorabverpflichtungen erfolgt, soll an dieser Stelle ein vorgezogener Überblick über die sich im Rahmen der Regulierungsverfügung ergebenden Rechtsschutzfragen gegeben werden. Der Rechtsschutz im Verfahren der Marktregulierung wird für Marktdefinition, Marktanalyse und Regulierungsverfügung durch § 13 Abs. 3 TKG **auf die Regulierungsverfügung verdichtet**. Marktdefinition und Marktanalyse sind damit nicht selbstständig angreifbar.[330] 261

Rechtsschutzinteressen gegen Marktdefinition, Marktanalyse und Regulierungsverfügung 262
bestehen in mehrfacher Hinsicht. Zum einen ist zu unterscheiden zwischen den Interessen des von der Regulierungsverfügung als **Adressat** unmittelbar betroffenen Unternehmens und den Interessen **Dritter**, die durch die Auferlegung oder Aufhebung einer Verpflichtung mittelbar betroffen sind, weil ihnen hierdurch Rechte erwachsen oder verloren gehen. Zum anderen ist zu unterscheiden, ob Rechtsschutz wegen eines vermeintlich **fehlerhaften Konsultations- und/oder Konsolidierungsverfahrens** nachgesucht wird oder ob es um **materielle Fragen** einer zutreffenden Marktdefinition und/oder Marktanalyse oder Auferlegung, Aufhebung, Änderung oder Beibehaltung einer Verpflichtung aus dem Maßnahmenkatalog des § 13 Abs. 1 und 3 TKG geht.

a) Rechtsschutz des Adressaten einer Regulierungsverfügung

Der Adressat einer Regulierungsverfügung ist grundsätzlich befugt, die Regulierungsverfügung anzufechten. Denn diese bedeutet für den Adressaten einen **belastenden Verwaltungsakt**. Dementsprechend kann der Adressat die Regulierungsverfügung **vollumfänglich angreifen**, sich dabei allerdings im Wege der **Teilanfechtung**[331] auch auf **eine oder einzelne auferlegte Verpflichtungen** (und zwar auch mit Blick auf Segmentierungen des definierten Marktes) beschränken.[332] Die Aufhebung einzeln auferlegter Verpflichtungen kommt aber nur dann in Betracht, wenn der angefochtene und aufzuhebende Teil nicht mit den übrigen Teilen des Verwaltungsakts in einem untrennbaren inneren Zu- 263

---

330 BVerwG CR 2009, 298; CR 2010, 721 (722); zur Marktdefinition und Marktanalyse im System des Rechtsschutzes im Überblick *Oster* MMR 2009, 454 ff.
331 Zur Teilanfechtung s. *Kopp/Schenke*, VwGO, § 42 Rn. 21 ff.
332 Siehe BVerwG CR 2010, 721 (725).

sammenhang stehen, sodass nach Teilaufhebung der verbleibende Teil ohne Änderung seines Inhalts rechtmäßiger- und sinnvollerweise nicht selbstständig bestehen bleiben kann oder so nicht erlassen worden wäre.[333] Dies hindert aber nach der Rechtsprechung nicht, eine etwa auferlegte Entgeltgenehmigungspflicht isoliert aufzuheben, die mit der betreffenden Regulierungsverfügung ansonsten auferlegten Zugangsverpflichtungen aber bestehen zu lassen.[334] Da die Auferlegung von Verpflichtungen mittels Regulierungsverfügung wegen § 9 Abs. 2 und § 13 Abs. 3 TKG nur aufgrund einer Marktanalyse ergehen kann, die wiederum wegen § 9 Abs. 1 und § 11 Abs. 1 TKG eine Marktdefinition voraussetzt, sind damit für den Adressaten sämtliche Teile der Regulierungsverfügung einschließlich – wenn auch nur inzident – der Frage einer richtigen Marktdefinition und Marktanalyse durch die BNetzA gerichtlich überprüfbar.[335] Maßgeblicher Zeitpunkt für die betreffende Anfechtungsklage ist der Zeitpunkt der Entscheidung der BNetzA.[336]

b) Rechtsschutz Dritter

264 Soweit es um die **Aufhebung** von vor Inkrafttreten des TKG 2004 bestehenden (und weiter geltenden) **Verpflichtungen** geht, besitzt ein drittbetroffener Wettbewerber, der die Leistungen aus der betreffenden Verpflichtung in Anspruch genommen hat, **Klagebefugnis** und **Rechtsschutzbedürfnis** gegen die Aufhebung der Verpflichtung,[337] und zwar auch dann, wenn eine Altverpflichtung kraft Gesetzes nach § 150 Abs. 1 TKG durch eine die Verpflichtung ersetzende Regulierungsverfügung erlischt.[338] Dies folgt aus der **bislang bestehenden Verpflichtung und deren Wegfall** zulasten des betroffenen Wettbewerbers. Insoweit ist daher die Klageerhebung gegen eine Regulierungsverfügung i.S.v. § 13 TKG möglich, und zwar im Wege der Anfechtungsklage, weil es mit der Aufhebung der Verpflichtung um das Entfallen einer bisher bestehenden Begünstigung des Wettbewerbers geht. Das gilt entsprechend auch für die Aufhebung oder Änderung von zuvor mittels Regulierungsverfügung auferlegter Verpflichtungen.

265 Geht es dagegen um die **(erstmalige) Auferlegung von Verpflichtungen**, hängt die Frage des Rechtsschutzes für Dritte, der im Wege der Verpflichtungsklage auf Auferlegung der Verpflichtung gegenüber dem marktmächtigen Unternehmen zu suchen wäre, im Rahmen der Klagebefugnis (§ 42 VwGO) davon ab, ob die betreffende Verpflichtung **drittschützenden Charakter** hat. Es geht also darum, ob diese (auch) dem **Schutz von Interessen Dritter** (Schutznormtheorie) dient und der **geschützte Personenkreis hinreichend individualisierbar** ist.[339] Das ist für den größten Teil der Verpflichtungen aus den §§ 18–21 TKG gegeben[340], erfordert aber die Stellung eines entsprechenden **Antrags** im Verwaltungsverfahren,[341] d.h. im Rahmen des Konsultationsverfahrens.

c) Beurteilungsspielräume der BNetzA

266 Im Rahmen der Festlegungen von Marktdefinition und Marktanalyse besitzt die BNetzA nach dem Gesetzeswortlaut und der Rechtsprechung Beurteilungsspielräume. Dies bedeutet allerdings nicht, dass die diesbezüglichen Entscheidungen der BNetzA gänzlich der

---

333 BVerwG MMR 2010, 1359 (1366).
334 VG Köln CR 2007, 305 (307 f.).
335 S. etwa BVerwG CR 2010, 721 (722).
336 BVerwG NVwZ 2008, 1359 Tz. 45. Das gilt auch für den Zeitpunkt der Festlegungen aus Marktdefinition und Marktanalyse: BVerwG CR 2009, 366 (367 f.).
337 VG Köln MMR 2006, 422 (422 f.).
338 BVerwG CR 2007, 431 (431 f.).
339 Vgl. Kopp/Schenke § 42 VwGO Rn. 83 f.; *Oster* MMR 2009, 454, 456.
340 BVerwG BeckRS 2008, 32591 Tz. 11 ff. wie hier in der 1. Auflage. Ausf.: Heun/*Heun*, Hdb TK, G. Rn. 239. Ebenso BerlKommTKG/*Thomaschki* § 21 Rn. 18; a. A. *Mayen* CR 2005, 22.
341 BVerwG BeckRS 2008, 32591 Tz. 21.

richterlichen Kontrolle entzogen sind. Die Gerichte sind aber lediglich befugt zu überprüfen, ob die BNetzA[342]

»(1) etwaige Verfahrensbestimmungen eingehalten,

(2) ihrer Entscheidung einen zutreffenden und vollständig ermittelten Sachverhalt zugrunde gelegt,

(3) sich an allgemeingültige Bewertungsgrundsätze und Bewertungsmaßstäbe gehalten,

(4) bei ihrer Entscheidung die konkurrierenden Belange nicht krass, d. h. in einer zur objektiven Gewichtigkeit dieser Belange außer Verhältnis stehenden Weise fehlgewichtet,

(5) objektive Kriterien zugrunde gelegt und das Willkürverbot nicht verletzt, und

(6) die Beurteilung so ausführlich begründet hat, dass dem Gericht die ihm obliegende beschränkte inhaltliche Kontrolle (Punkte 2 bis 5) möglich wird.«

Aus dem zudem bei Auferlegung von Vorabverpflichtungen bestehenden **Regulierungsermessen** (Rdn. 250) der BNetzA folgt, dass die gerichtliche Prüfung darauf beschränkt ist, ob die BNetzA die Interessen der Beteiligten ermittelt, alle erforderlichen tatsächlichen Erkenntnisse gewonnen und keine sachfremden Erwägungen angestellt hat.[343] Es kommt dabei darauf an, ob alle wesentlichen Belange (kein Abwägungsausfall oder -defizit) mit dem ihnen zukommenden Gewicht (keine Abwägungsfehleinschätzung) in die Abwägung eingestellt und zu einem angemessenen Ausgleich gebracht worden sind (keine Abwägungsdisproportionalität).[344]

III. Zugangsregulierung

Die in Abschnitt 2 von Teil 2 des TKG zusammengefasste »Zugangsregulierung« ist der zentrale Bereich für **Zugangsverpflichtungen**, die insbesondere durch Regulierungsverfügung der BNetzA auferlegbar sind. Dieser Regelungsbereich hängt daher eng mit dem Verfahren der Marktregulierung in Abschnitt 1 zusammen, weil Abschnitt 2 die materiellen Rahmenbedingungen für den Inhalt etwaiger Regulierungsverfügungen festlegt. Bei genauer Betrachtung sind allerdings die Rechte und Pflichten im Verhältnis der Marktteilnehmer zueinander **nicht abschließend** in Teil 2 des Gesetzes geregelt. Derartige Regelungen finden sich auch über das gesamte TKG verstreut, wie etwa die Bereitstellung von **Teilnehmerdaten** in § 47 TKG und die **Mitbenutzung** von Telekommunikationslinien in § 70 TKG. Außerdem ergeben sich aus den **GSM- und UMTS-Lizenzen** weitere derartige Verpflichtungen (vgl. § 150 Abs. 4, 4a TKG), die ggf. auch im Rahmen von **Vergabeverfahren für Frequenzzuteilungen** künftig denkbar sind (s. § 61 Abs. 7 TKG).[345] Dieser systematische Bruch erklärt sich freilich daraus, dass es sich bei den genannten Verpflichtungen nicht um solche Verpflichtungen handelt, die (nur) mittels Regulierungsverfügung nach § 13 TKG im Anschluss an ein Marktdefinitions- und Marktregulierungsverfahren auferlegt werden.

267

1. Systematik der Zugangsregulierung

In systematischer Hinsicht lassen sich für die Zugangsregulierung in den Abschnitten 2 und 5 von Teil 2 des TKG fünf Regelungsbereiche unterscheiden:
- **Allgemeine Pflichten** in Bezug auf Zugang und Zusammenschaltung, die für sämtliche Betreiber öffentlicher Telekommunikationsnetze gelten (§§ 16, 17 TKG).

268

---

342 Zum Folgenden ausdrücklich u. a.: VG Köln 01.03.2007, 1 K 3928/06 Tz. 33; bestätigt durch BVerwG BeckRS 2008, 35867 Tz. 21.
343 BVerwG CR 2008, 291 (293 f.).
344 BVerwG CR 2010, 440 Tz. 16 ff.
345 Dazu *Berger-Kögler* K&R 2008, 346; die BNetzA lehnt die Auferlegung allerdings ab: BNetzA Vfg. 59/2009, ABl. BNetzA Nr. 20/2009, S. 3623 (3730).

- Vorabverpflichtungen, die Unternehmen **mit beträchtlicher Marktmacht** auferlegt werden können (§§ 19–21, 24 TKG).
- Vorabverpflichtungen, die Unternehmen **ohne beträchtliche Marktmacht** auferlegt werden können (§ 18 TKG).
- Durchsetzung von auferlegten Zugangsverpflichtungen mittels **Anordnung** der BNetzA (§ 25 TKG)

Daraus ergibt sich ein **abgestuftes System** von Rechten und Pflichten, das ergänzt wird durch die **besondere Missbrauchsaufsicht** und **Vorteilsabschöpfung** (§§ 42, 43 TKG) sowie die Pflichten aus § 22 TKG zum **Abschluss von Zugangsverträgen**, die Möglichkeit der BNetzA, nach § 23 TKG die Verpflichtung zur Veröffentlichung eines **Standardangebots** aufzuerlegen und die Möglichkeit, Zugangspflichten des § 21 TKG mittels **Zugangsanordnung** nach § 25 TKG durchzusetzen.

2. Begriff des Zugangs

269 Im Zentrum der Zugangsregulierung steht die in § 3 Nr. 32 TKG enthaltene Legaldefinition des »**Zugangs**«. Danach ist

> »›Zugang‹ die Bereitstellung von Einrichtungen oder Diensten für ein anderes Unternehmen unter bestimmten Bedingungen zum Zwecke der Erbringung von Telekommunikationsdiensten.«

Diese Definition basiert auf Art. 2 S. 2 lit. a) Zugangsrichtlinie und ist weitgehend mit dessen Satz 1 identisch. Sie ist gegenüber der Definition von »Netzzugang« in § 3 Nr. 9 TKG 1996 sowohl weiter als auch enger.

a) Parameter der Legaldefinition

270 **Weiter** ist die Definition dahin gehend, dass der Zugang nun ausdrücklich jegliche **Bereitstellung** von **Einrichtungen oder Diensten** erfasst und nicht nur die physische und logische **Verbindung** von Einrichtungen. Dies wird auch durch die Verwendung des allgemeineren Begriffs Zugangs gegenüber dem engeren Begriff Netzzugang deutlich. Der Begriff Zugang ist damit umfassend zu verstehen.

271 **Enger** ist die Definition durch Einführung einer **Zweckbestimmung**, die in der **Erbringung von Telekommunikationsdiensten** durch das den Zugang nachfragende Unternehmen liegt und nicht lediglich darin, auf Funktionen eines Telekommunikationsnetzes oder darüber erbrachte (Telekommunikations-) Dienste *zuzugreifen*. Der Zugang ist daher kein Selbstzweck, sondern immer im Zusammenhang damit zu betrachten, welchem Zweck der begehrte Zugang dienen soll. Dies führt dazu, dass **reine Anbieter von Inhalten aus** dem Anwendungsbereich des Zugangs ausgenommen sind. Solche Anbieter erbringen keine Telekommunikationsdienste und sind deswegen sowohl nach dem Willen des Richtliniengebers (Art. 2 lit. c) Rahmenrichtlinie)[346] wie auch des Gesetzgebers[347] nicht zugangsberechtigt.

b) Umfang des Zugangsbegriffs

272 In erster Linie wird der Umfang des Zugangs durch die einschlägige **Art des Zugangs** bestimmt. Zugang i. S. d. § 3 Nr. 32 TKG ist insoweit lediglich ein **Oberbegriff**, der weitere Konkretisierung benötigt. Dies bedeutet, dass sich der Leistungsumfang des Zugangsbegriffs grundsätzlich danach richtet, ob es etwa um den Zugang zum Teilnehmeranschluss

---

346 Erwägungsgründe (5) und (10) der Rahmenrichtlinie; die Erweiterung der Zugangsdefinition on Art. 2 lit. a) der Zugangsrichtlinie durch RL 2009/140/EG nimmt zwar Bezug auf Dienste der Informationsgesellschaft, hebt aber die Zweckbindung des Zugangs zur Erbringung elektronische Kommunikationsdienste nicht auf.
347 BT-Drs. 15/2316, 64 zu § 19 des Gesetzentwurfs (entspricht dem heutigen § 21 TKG).

(§ 21 Abs. 3 Nr. 1 TKG), um die Zusammenschaltung (§ 21 Abs. 3 Nr. 2 TKG), den Bitstrom-Zugang (§ 21 Abs. 2 Nr. 1 TKG) oder sonstige in § 21 TKG genannte bzw. danach auferlegbare Zugangsformen geht. Der erste Schritt zur näheren Konkretisierung des Leistungsumfangs beim Zugang liegt daher in der aufgrund von § 13 TKG mittels **Regulierungsverfügung** nach Maßgabe von § 21 TKG auferlegten **Zugangsverpflichtung**.

Ferner ist der Zugangsbegriff in dreierlei Hinsicht bereits durch die Praxis und Rechtsprechung zum Netzzugang unter dem TKG 1996 **präzisiert** worden:
- Er umfasst grundsätzlich **sämtliche, auch zusätzliche Leistungen,** welche die Nutzung des betreffenden Zugangs erst **ermöglichen** bzw. hierfür **erforderlich** sind.[348]
- Die betreffenden Leistungen sind **nicht auf (fertige) Telekommunikationsdienste** i. S. d. § 3 Nr. 24 TKG beschränkt.[349]
- Er erfasst **nicht Leistungen, die noch nicht vorhanden sind,** sondern erst erstellt werden müssen (keine Verpflichtung zum **Kapazitätsausbau** bzw. keine **Ausbauverpflichtung**),[350] was allerdings nicht die Erstellung von Einrichtungen (z. B. Schnittstellen) ausschließt, um den Zugang überhaupt zu ermöglichen.[351]

273

Diese Präzisierungen sind auch für den Zugangsbegriff in § 3 Nr. 32 TKG weiterhin verwendbar. Dies bedeutet, dass Zugang und Zugangsleistungen **mehrere Wertschöpfungsebenen** in Bezug auf Telekommunikationsdienste erfassen. Dies wird durch das TK-Reformpaket 2009 sowie die TKG-Novelle 2011 mit Blick auf die Telekommunikationsdiensten zugrunde liegenden Infrastrukturen und zugehörige Einrichtungen weiter klargestellt.

3. Allgemeine Pflichten in Bezug auf Zugänge und Zusammenschaltung

Bevor auf die mittels Regulierungsverfügung auferlegbaren Zugangsverpflichtungen eingegangen wird, ist es erforderlich, kurz zwei Verpflichtungen darzustellen, die **Betreiber öffentlicher Telekommunikationsnetze unabhängig** davon treffen, ob sie beträchtliche Marktmacht besitzen oder ihnen Verpflichtungen auferlegt worden sind:

274

- Die Pflicht, auf Verlangen ein Angebot auf Zusammenschaltung abzugeben, § 16 TKG; und
- die Pflicht, im Rahmen von Verhandlungen über Zugänge gewonnene Informationen vertraulich zu behandeln, § 17 TKG

Die Regelungen basieren auf den »allgemeinen Bestimmungen« der Art. 4 Abs. 1 S. 1 und Abs. 3 Zugangsrichtlinie.

a) Angebotspflicht nach § 16 TKG

Die **Angebotspflicht** des § 16 TKG für Zusammenschaltungen berechtigt und verpflichtet Betreiber öffentlicher Telekommunikationsnetze, enthält aber **keinen Kontrahierungszwang**. Mit dieser Pflicht wird die generelle Bedeutung netzübergreifender Kommunikation verdeutlicht. Sie kann zwar über das Streitbeilegungsverfahren nach § 133 TKG durchgesetzt werden, aber mangels inhaltlicher Vorgaben für das Angebot dürfte dies wenig praktikabel sein.

275

---

348 S. zur Zusammenschaltung nach dem TKG 1996 VG Köln MMR 2002, 266 sowie BVerwG CR 2003, 738.
349 BVerwG CR 2001, 752 (756).
350 OVG NRW CR 2003, 428 (429) sowie VG Köln 19.10.2006, 1 K 2976/05 Tz. 116.
351 VG Köln BeckRS 2010, 49670 sowie BeckRS 2010, 47660 Tz. 16 ff. und auch BVerwG NVwZ 2010, 1359 (1361 f.).

b) Vertraulichkeitsverpflichtungen nach § 17 TKG

276 Die **Vertraulichkeitsverpflichtungen** des § 17 TKG sind dagegen strenger und teilweise bußgeldbewehrt (§ 149 Abs. 1 Nr. 3 TKG). Sie beziehen sich auf »Informationen«, die ein Betreiber eines öffentlichen Telekommunikationsnetzes erlangt.[352] Hinsichtlich der Vertraulichkeitspflichten selbst enthält § 17 TKG zwei Gebote:
- die gewonnenen Information dürfen nur für die Zwecke verwendet werden, für die sie bereitgestellt werden (**Zweckbindung**);
- die Informationen dürfen nicht an Dritte weitergegeben werden, die daraus Wettbewerbsvorteile ziehen könnten, insbesondere nicht an andere Abteilungen, Tochtergesellschaften oder Geschäftspartner der an den Verhandlungen Beteiligten (**Weitergabeverbot**).

Beide Regelungen sind typisch und finden sich auch in den üblichen Vertraulichkeitsvereinbarungen des **kaufmännischen Geschäftsverkehrs**.

277 Zwar erfasst der Wortlaut von § 17 TKG lediglich solche Informationen, die der Informationsempfänger im Rahmen von »**Verhandlungen** über Zugänge und Zusammenschaltungen« gewinnt. Bei europarechtskonformer Auslegung erfasst der Schutzbereich des § 17 TKG aber sämtliche Informationsgewinnung im Rahmen der Vertragsanbahnung wie auch der **Vertragsdurchführung**.[353] Denn in Art. 3 Abs. 4 Zugangsrichtlinie ist die Informationsgewinnung »*vor, bei oder nach den Verhandlungen*« angesprochen. Bemerkenswert ist ferner, dass sich das Weitergabeverbot nicht nur auf externe Dritte bezieht, sondern auch **interne** »**Dritte**«.

4. Verpflichtungen für Unternehmen mit beträchtlicher Marktmacht

278 Das Herzstück der Zugangsregulierung wiederum liegt in den Bestimmungen der §§ 19–21, 23 und 24 TKG, die einen Katalog von Verpflichtungen enthalten, welche Unternehmen mit beträchtlicher Marktmacht mittels Regulierungsverfügung auferlegt werden können. Die einzelnen Verpflichtungen besitzen dabei hinsichtlich ihrer belastenden Wirkung für das betroffene Unternehmen bzw. ihrer Eingriffsintensität eine unterschiedliche Qualität. Aus dieser Struktur ergibt sich, dass das **Diskriminierungsverbot** (§ 19 TKG) sowie die **Transparenzverpflichtung** (§ 20 TKG) die **mildesten** auferlegbaren Verpflichtungen darstellen. Genau genommen sind diese Verpflichtungen auch keine eigentlichen Zugangsverpflichtungen, sondern sind entweder vorgelagerte Voraussetzung für Zugänge (Transparenzverpflichtung) oder Folgeverpflichtung in Bezug auf bereits (anderen) gewährte Zugänge (Diskriminierungsverbot). Die nach § 21 Abs. 2 und 3 TKG auferlegbaren Verpflichtungen – es handelt sich um die **eigentlichen Zugangsverpflichtungen** (besser: **Zugangsgewährungsverpflichtungen**)[354] – sowie die damit in Zusammenhang stehende Auferlegungsmöglichkeit für die Pflicht zur Veröffentlichung eines **Standardangebots** (§ 23 TKG, s. dazu Kap. 9 Rdn. 12 ff.) sind dagegen deutlich stärker belastend, weil hier **in die bestehenden Netz- und Leistungsstrukturen konkret und originär eingegriffen** wird. Etwas daneben, aber ohne weniger eingriffsintensiv zu sein, steht die auferlegbare Verpflichtung zur **getrennten Rechnungsführung** (§ 24 TKG), die in das Rechnungswesen des betroffenen Unternehmens eingreift, aber ebenfalls keine eigentliche Zugangsverpflichtung beinhaltet. Vielmehr dient diese Verpflichtung der Ergänzung von Diskriminierungs-

---

352 S. Heun/*Heun*, Hdb TK, H. Rn. 115 ff.
353 Ebenso in Bezug auf die Nutzung von Preselection-Auftragsdaten zur Kundenrückgewinnung: VG Köln CR 2006, 184 (186). Sowie bereits für § 7 NZV mit Blick auf Art. 4 Abs. 3 Zugangsrichtlinie: LG Kiel 01.09.2004, 14 O 79/04, S. 6 des amtl. Umdrucks. Dies wird im Rahmen der TKG-Novelle 2011 klargestellt.
354 Zutreffend die Begriffsverwendung bei Beck TKGKomm/*Piepenbrock/Attendorn* § 21 Rn. 42.

verbot und Transparenzverpflichtung, um deren Einhaltung besser kontrollieren und gewährleisten zu können (Art. 11 Abs. 2 Zugangsrichtlinie, § 24 Abs. 1 S. 3 TKG).

a) Verpflichteter und berechtigter Personenkreis

Verpflichtetes Unternehmen ist der **Betreiber eines öffentlichen Telekommunikationsnetzes**, sofern dieser infolge eines Marktdefinitions- und Marktanalyseverfahrens seitens der BNetzA auf einem relevanten Markt über **beträchtliche Marktmacht** verfügt. 279

Der **berechtigte Personenkreis** ist in den hier betrachteten Verpflichtungen zumeist nicht näher umschrieben, d. h. es wird lediglich von »anderen Unternehmen« gesprochen. Daher erschließt sich der Kreis der berechtigten Unternehmen grundsätzlich über den Rückgriff auf die Definition des **Zugangs** in § 3 Nr. 32 TKG und des **Unternehmens** in § 3 Nr. 29 TKG.[355] Dementsprechend sind die berechtigten Unternehmen jene, die einen Zugang i. S. v. § 3 Nr. 32 TKG in Bezug auf den betreffenden Markt nachfragen. Dies wiederum ergibt sich über die **Marktdefinition** des betreffenden Marktes. Im Ausgangspunkt ist daher der Kreis der berechtigten Unternehmen weit zu ziehen; er beschränkt sich nicht auf Betreiber öffentlicher Telekommunikationsnetze. Allerdings erfolgt eine **weitere Einschränkung** des berechtigten Personenkreises durch die **jeweiligen Zugangsverpflichtung** selbst, im Zusammenspiel mit der einschlägigen Marktdefinition. 280

b) Diskriminierungsverbot (§ 19 TKG)

Nach § 19 Abs. 1 TKG kann die BNetzA den Betreiber eines öffentlichen Telekommunikationsnetzes mit beträchtlicher Marktmacht dazu verpflichten, dass (dessen) **Vereinbarungen über Zugänge** 281
- auf **objektiven Maßstäben** beruhen (**Willkürverbot**),
- **nachvollziehbar** sein (**Transparenzgebot**),
- einen **gleichwertigen Zugang** gewähren und
- den Geboten der **Chancengleichheit und Billigkeit** genügen

müssen.

In § 19 Abs. 2 TKG werden die Zwecke der vorgenannten Verpflichtungen beispielhaft näher konkretisiert und als **Gleichbehandlungspflichten** bezeichnet. Diese sollen sicherstellen, dass der betreffende Betreiber 282
- anderen **Unternehmen**, die **gleichartige Dienste** erbringen, unter den gleichen Umständen gleichwertige Bedingungen anbietet (**extern-extern-Gleichbehandlung**) und
- Dienste und Informationen für **Dritte** zu den gleichen Bedingungen und mit der gleichen Qualität bereitstellt wie für seine eigenen Produkte oder die seiner Tochter- oder Partnerunternehmen (**intern-extern-Gleichbehandlung**).

Die vorstehenden Konkretisierungen verdeutlichen dabei nicht nur den Umfang der Regelung in § 19 Abs. 1 TKG. Zugleich wird durch die Bezeichnung der Verpflichtungen in § 19 Abs. 1 TKG als Gleichbehandlungspflichten auch klargestellt, dass es sich hier entgegen der Gesetzesüberschrift **nicht um ein (reines) Diskriminierungsverbot** handelt, sondern vielmehr um ein **Gleichbehandlungsgebot**.[356]

In der **Praxis** erlegt die BNetzA die Verpflichtungen aus § 19 TKG unter Verwendung des dortigen Wortlauts ohne nähere Konkretisierung auf. Soweit ersichtlich enthält bislang jede

---

355 So etwa für die Transparenzverpflichtung des § 20 TKG: BNetzA 16.11.2005, BK 4a-05-005/R (Zuführung Online-Dienste), S. 9, Mitteilung Nr. 278/2005, ABl. Nr. 22/2005, S. 1781 (1790).
356 Ebenso Beck TKGKomm/*Piepenbrock/Attendorn* § 19 Rn. 4.

Regulierungsverfügung im Vorleistungsbereich die Auferlegung der Gleichbehandlungsverpflichtungen.³⁵⁷

aa) Besonderheiten

283 Trotz gewisser Ähnlichkeiten besteht ein wesentlicher Unterschied zum kartellrechtlichen Diskriminierungsverbot des § 20 GWB darin, dass die telekommunikationsrechtlichen Vorschriften anders als § 20 GWB³⁵⁸ auch fordern, dass aus Sicht des verpflichteten Unternehmens dessen Tochterunternehmen und eigene Abteilungen bei vertikaler Integration nicht bevorzugt werden dürfen (**intern – extern – Gleichbehandlung**). Gerade dieser Unterschied ist der besonderen Funktion von Vorabverpflichtungen und den Besonderheiten der Telekommunikationsmärkte geschuldet.

284 Ferner ist auf die wichtigste Anforderung in § 19 Abs. 1 TKG hinzuweisen, nach der die Bedingungen des verpflichteten Unternehmens einen **gleichwertigen Zugang** gewähren müssen. Hierin liegt die eigentliche Gleichbehandlungsverpflichtung des § 19 TKG. Aus der Formulierung »gleichwertig« folgert der Gesetzgeber zutreffend, dass hier **nicht** lediglich der im Kartellrecht übliche **formale Gleichheitsmaßstab**³⁵⁹ gemeint ist, sondern vielmehr ein **materieller Maßstab** i. S. v. »*gleich wertvoll, und nicht lediglich diskriminierungsfrei*«.³⁶⁰ Damit ist die frühere Rechtsprechung des VG Köln zu §§ 33, 35 TKG 1996, die im dortigen Gebot der Gleichwertigkeit lediglich eine Ausprägung des (formalen) Grundsatzes der Nichtdiskriminierung sah,³⁶¹ nicht mehr zu halten.³⁶² Die Gleichwertigkeit ist für beide Tatbestände des § 19 Abs. 2 TKG zu beachten und spielt insbesondere dort eine Rolle, wo das verpflichtete Unternehmen technische und/oder tarifliche Bedingungen zugrunde legt, die zwar auf alle Nachfrager gleich angewendet werden, aber so **zugeschnitten** sind, dass sie sinnvoll und/oder kosteneffizient **nur von bestimmten Abnehmern** genutzt werden können; so etwa Tarifstrukturen und/oder Anzahl und Struktur von Netzübergängen, die Großabnehmer bevorzugen.

bb) Sachliche Rechtfertigung

285 Obwohl in § 19 TKG anders als in der besonderen Missbrauchsaufsicht des § 42 TKG die Möglichkeit einer **sachlichen Rechtfertigung** für eine Ungleichbehandlung (ansonsten gleicher Sachverhalte) nicht ausdrücklich enthalten ist, muss eine solche sachliche Rechtfertigungsmöglichkeit in § 19 TKG hineingelesen werden. Eine Diskriminierung, auch im Sinne einer Gleichbehandlungsverpflichtung, beinhaltet **immanent** im Wortsinn, dass eine missbilligenswerte, willkürliche Ungleichbehandlung nur bei Fehlen eines sachlichen Grundes vorliegt.³⁶³ Ob daher eine tatsächliche Ungleichbehandlung dennoch sachlich gerechtfertigt sein kann, ist anhand einer **Abwägung der Interessen der Beteiligten** unter Berücksichtigung der Zielsetzung des Gesetzes,³⁶⁴ d. h. im vorliegenden Fall des TKG³⁶⁵ und hier insbesondere von § 19 TKG und den Regulierungszielen des § 2 Abs. 2 TKG zu beur-

---

357 S. zuletzt BNetzA 21.03.2011, BK3g-09/85 (TAL).
358 S. Immenga/Mestmäcker/*Markert* § 20 GWB Rn. 126.
359 Immenga/Mestmäcker/*Markert* § 20 GWB Rn. 123.
360 So eindeutig die Gesetzesbegründung BT-Drs. 15/2316, 66 zu § 20 Abs. 3 des Gesetzentwurfs.
361 S. etwa VG Köln CR 2003, 34 (35) m. Anm. *Ellinghaus*; dagegen schon OVG NRW MMR 2003, 426 (427).
362 So auch Beck TKGKomm/*Piepenbrock/Attendorn* § 19 Rn. 32.
363 So für das in den GSM-Lizenzen enthaltene Diskriminierungsverbot gegenüber Diensteanbietern, unter Verweis auf Art. 3 GG, für den auch ohne ausdrückliche Erwähnung die Möglichkeit einer sachlichen Rechtfertigung für eine Ungleichbehandlung anerkannt ist: BVerwG CR 2008, 359 (361 f.) sogar ausdr. zu § 19 TKG.
364 Vgl. Immenga/Mestmäcker/*Markert* § 20 GWB Rn. 129.
365 Für die gleiche Frage bei § 42 TKG: VG Köln CR 2006, 184 (186); VG Köln 26.10.2005, 21 K 3468/05 Tz. 29; für das Gleichbehandlungsgebot in den GSM-Lizenzen: BVerwG CR 2008, 359 (362).

teilen. Aufseiten des **verpflichteten Unternehmens** geht es dabei insbesondere um jene Interessen, die Eingang in § 21 Abs. 1 S. 2 TKG gefunden haben und dem Schutz der eigenen **Innovationskraft** sowie vor **unnützen Aufwendungen** dienen (§ 21 Abs. 1 S. 2 Nr. 1 TKG), dem Schutz der **eigenen Kapazitäten** (§ 21 Abs. 1 S. 2 Nr. 2 TKG), dem Schutz der **eigenen Investitionen** (§ 21 Abs. 1 S. 2 Nr. 3 TKG), dem Schutz **schutzwürdiger proprietärer Rechte** (§ 21 Abs. 1 S. 2 Nr. 5 TKG) sowie dem Schutz der **eigenen Handlungsfreiheit** bei wettbewerbskonformem Verhalten (§ 21 Abs. 1 S. 2 Nr. 7 TKG).

Als sachlicher Rechtfertigungsgrund für die Zugangsverweigerung und -beschränkung kommen in erster Linie **Kapazitätsengpässe** beim verpflichteten Unternehmen in Betracht,[366] zumal keine Verpflichtung zum Kapazitätsausbau allein für Zwecke des Zugangs besteht[367] (s. auch oben Rdn. 273). **286**

Auch **technische Gegebenheiten** können zu einer Zugangsverweigerung berechtigen,[368] nach der Zugangsrichtlinie insbesondere die **technische Machbarkeit** und die Aufrechterhaltung der **Netzintegrität**.[369] Mit Blick auf technische Produktgestaltungen hat es in der bisherigen Praxis die Rechtsprechung als sachlich gerechtfertigt angesehen, dass sich bei Nutzung einer bestimmten **proprietären Schnittstelle** eines Dritten durch das verpflichtete Unternehmen, jenes die Nachfrager **an den Dritten verweisen** darf, um sich dort ggf. entgeltlich die für den Zugang notwendigen technischen Spezifikationen und Rechte zu verschaffen.[370] **287**

Ebenso können in der Person des Nachfragers Zugangsverweigerungs- und/oder Zugangsbeschränkungsgründe liegen. Dies betrifft namentlich die **Bonität** bzw. Kreditwürdigkeit des Nachfragers,[371] aber auch **vertragswidriges Verhalten**, dass unter zivilrechtlicher Betrachtungsweise zu einer außerordentlichen Kündigung berechtigten würde. **288**

Bereitstellungs- bzw. Lieferfristen haben in der Praxis unter dem TKG 1996 die RegTP und die Gerichte beschäftigt. Soweit es um **vertragliche Bereitstellungsfristen** geht, verlangt die Rechtsprechung eine umfassende Interessenabwägung, die zwar aus Gleichbehandlungserwägungen zu **beiderseits zumutbaren Fristenregelungen** kommen kann, **nicht** aber zu **Vertragsstrafen** für deren Absicherung.[372] In Bezug auf zeitliche Diskriminierungen darf das verpflichtete Unternehmen sich selbst bzw. seinem eigenen Vertrieb eine zeitliche Bevorzugung gewähren, wenn es sich bei dem fraglichen Produkt um eine **Innovation** handelt.[373] **289**

c) Transparenzverpflichtung (§ 20 TKG)

Nach § 20 Abs. 1 TKG kann die BNetzA einen Betreiber öffentlicher Telekommunikationsnetze mit beträchtlicher Marktmacht verpflichten, die **Informationen** für die zugangsberechtigten Unternehmen zu **veröffentlichen**, die für die Inanspruchnahme der entsprechenden Zugangsleistungen benötigt werden. Dies betrifft insbesondere Informationen zur Buchführung, zu technischen Spezifikationen, Netzmerkmalen, Bereitstellungs- und Nutzungsbedingungen sowie die zu zahlenden Entgelte. Dabei ist die BNetzA zusätzlich befugt, vorzuschreiben, welche Informationen **in welcher Form** zur Verfügung zu stellen sind (§ 20 Abs. 2 TKG). **290**

---

366 S. BVerwG CR 2001, 752 (758); OVG NRW CR 2002, 502 (503).
367 VG Köln CR 2007, 503 (504 f.).
368 BVerwG CR 2001, 752 (758).
369 Erwägungsgrund (19) der Zugangsrichtlinie.
370 OVG NRW CR 2003, 584 (586).
371 BVerwG CR 2001, 752 (758).
372 OVG NRW CR 2003, 584 (585).
373 BVerwG CR 2008, 359 (362 f.) – simyo; siehe auch *Dietlein/Brandenberg* CR 2007, 294.

291 Die Transparenzverpflichtung bezieht sich auf **alle Informationen**, die für die Inanspruchnahme der entsprechenden Zugangsleistungen **benötigt** werden. Ihrem Inhalt nach ist die Transparenzverpflichtung eine **Informations- bzw. Informierungspflicht** seitens des verpflichteten Unternehmens gegenüber denjenigen Unternehmen, welche die betreffende Zugangsleistung nachfragen. Die bereitzustellenden Informationen betreffen das **Vorfeld** der eigentlichen Inanspruchnahme der Zugangsleistung, d. h. Informationen über deren Rahmenbedingungen. **Nicht** erfasst sind Informationen, die sich **erst aus der individuellen Vertragsdurchführung ergeben**.

292 Bestimmt wird der Umfang der Transparenzverpflichtung **im konkreten Fall** durch die **Regulierungsverfügung** der BNetzA, die sich hierbei neben den bereits genannten Kriterien selbstverständlich am Grundsatz der Verhältnismäßigkeit zu orientieren hat. Orientierungshilfe für den konkreten Umfang der Informationspflicht sind dabei die in § 20 Abs. 1 TKG aufgeführten **Regelbeispiele** (Buchführung, technische Spezifikationen, Netzmerkmale, Bereitstellungs- und Nutzungsbedingungen, Entgelte). Nachdem die BNetzA die Transparenzverpflichtung in der **Praxis** zunächst typischerweise dort auflegte, wo sie offenbar die Verpflichtung zur Veröffentlichung eines **Standardangebots** nach § 23 TKG für zu weitgehend hielt[374] oder wo **keine Zugangsgewährungsverpflichtung** nach § 21 TKG, an die § 23 TKG anknüpfen könnte, auferlegt worden ist,[375] hat sich ihre Auferlegungspraxis zwischenzeitlich erweitert.[376]

d) Getrennte Rechnungsführung (§ 24 TKG)

293 Die Verpflichtung des § 24 TKG unterteilt sich grundsätzlich in vier mögliche Einzelverpflichtungen:
- Gemäß § 24 Abs. 1 TKG kann die BNetzA für bestimmte Tätigkeiten im Zusammenhang mit Zugangsleistungen eine **getrennte Rechnungsführung** vorschreiben; insbesondere von vertikal integrierten Unternehmen verlangt die BNetzA dabei in der Regel, dass **Vorleistungs- und interne Verrechnungspreise transparent** gestaltet werden.
- Außerdem kann die BNetzA **konkrete Vorgaben** machen zu dem zu verwendenden **Format** und der zu verwendenden **Rechnungsmethode**.
- Nach § 24 Abs. 2 TKG kann die BNetzA ferner verlangen, dass ihr die Kostenrechnungs- und Buchungsunterlagen nach Abs. 1 einschließlich sämtlicher damit zusammenhängender Informationen und Dokumente auf Anforderung in vorgeschriebener Form **vorgelegt** werden.
- Schließlich kann die BNetzA diese Informationen in geeigneter Form unter Wahrung von Geschäfts- und Betriebsgeheimnissen **veröffentlichen**, soweit dies zur Erreichung der Regulierungsziele in § 2 Abs. 2 TKG beiträgt.

Die ersten beiden Verpflichtungen betreffen inhaltliche Vorgaben für Rechnungsführung und Rechnungsmethode. Die letzten beiden Verpflichtungen beziehen sich auf die Kontrolle der inhaltlichen Vorgaben.

294 Der **Zweck** der getrennten Rechnungsführung ist in § 24 Abs. 1 S. 3 TKG unmittelbar gesetzlich damit umschrieben, **Verstöße gegen das Diskriminierungsverbot (§ 19 TKG) und unzulässige Quersubventionen zu verhindern**. Zugleich dient die Verpflichtung zur getrennten Rechnungsführung auch der **Einhaltung der Transparenzverpflichtung** (§ 20

---

[374] BNetzA 07.06.2006, BK4d-05-016 (-067)/R (Zusammenschaltung alternative TNB), BNetzA Mitteilung Nr. 191/2006 ABl. Nr. 11/2006.
[375] BNetzA 16.11.2005, BK4a-05-05/R (Zuführung Online-Dienste), BNetzA Mitteilung Nr. 278/2005 ABl. Nr. 22/2005.
[376] S. etwa BNetzA 21.03.2011, BK3g-09/85 (TAL), S. 52 ff.

TKG) und **flankiert die Entgeltregulierung**.[377] Auf **europäischer Ebene** ist eine Konkretisierung durch eine (nicht verbindliche) Empfehlung erfolgt,[378] welche sowohl die Verpflichtung zur getrennten Rechnungsführung (»Buchführung« in der europarechtlichen Terminologie) als auch die Transparenzverpflichtung (Art. 9 Zugangsrichtlinie) sowie insbesondere die Verpflichtung zu Preiskontrolle und Kostenrechnung (Art. 13 Zugangsrichtlinie) betrifft.

In der **Praxis** erlegte die BNetzA die Transparenzverpflichtung zunächst vornehmlich dort auf, wo nicht bereits die **Entgeltgenehmigungspflicht** (§ 30 Abs. 1 TKG) auferlegt wird. Denn bei gleichzeitigem Bestehen bzw. Auferlegung der Entgeltgenehmigungspflicht für ebenfalls gleichzeitig auferlegte Zugangsgewährungsverpflichtungen bestünden bereits hinreichende Eingriffsmöglichkeiten (§§ 29, 33 und 35 TKG), um den Zielen der getrennten Rechnungsführung Rechnung zu tragen.[379] Zwischenzeitlich hat sich auch insoweit die Praxis der BNetzA verbreitet.[380]

295

e) Zugangsgewährungsverpflichtungen (§ 21 TKG)

Die nach § 21 TKG auferlegbaren Zugangsverpflichtungen sind die besonders bedeutsamen eigentlichen Zugangsverpflichtungen bzw. **Zugangsgewährungsverpflichtungen**. Der in § 21 TKG vorgesehene Katalog an Verpflichtungen ist differenziert ausgestaltet und besteht aus vier Komponenten:

296

- ein Prognose-, Abwägungs- und Ermessensprogramm mit einem **Katalog von Abwägungskriterien** für die Auferlegung der Zugangsgewährungsverpflichtungen (§ 21 Abs. 1 TKG), die das Auswahlermessen der BNetzA steuern;
- einem **Soll-Katalog** in Gestalt von **abschließend** aufgezählten Verpflichtungen, welche die BNetzA auferlegen »soll« (§ 21 Abs. 3 TKG);
- einem **Kann-Katalog** in Gestalt von **nicht abschließend** aufgezählten Verpflichtungen, welche die BNetzA auferlegen »kann« (§ 21 Abs. 2 TKG); und
- einer **Ausnahmeregelung** für bestimmte Zumutbarkeitstatbestände, bei deren nachweislichem Bestehen trotz Vorliegen der sonstigen Auferlegungsvoraussetzungen die Auferlegung von Verpflichtungen im Einzelfall unterbleibt oder in anderer Form erfolgt (§ 21 Abs. 4 TKG).

Anders als die sonstigen auferlegbaren Zugangsverpflichtungen sieht § 21 Abs. 1 S. 1 TKG vor, dass das Verfahren zur Auferlegung einer Zugangsgewährungsverpflichtung – also im Ergebnis das zur Regulierungsverfügung führende Verfahren der Marktregulierung – **von Amts wegen** oder **auf Antrag** eröffnet wird. Dies hat zur Folge, dass Wettbewerber, welche die Auferlegung von Zugangsverpflichtungen gegenüber dem marktbeherrschenden Unternehmen begehren, einen entsprechenden Antrag stellen müssen, wenn sie das Begehren ggf. auch im Klagewege verfolgen wollen.[381]

297

aa) Systematik und Entscheidungsprogramm

In systematischer Hinsicht enthält § 21 Abs. 1 TKG in seinem ersten Satz die **Generalklausel** für die Auferlegung von Zugangsgewährungsverpflichtungen sowie die Voraussetzun-

298

---

377 ERG (06) 33, Revised Common Position on the approach to Appropriate remedies in the ECNS regulatory framework, final version May 2006, S. 44.
378 Empfehlung der Kommission 2005/698/EG v. 19.09.2005 über die getrennte Buchführung und Kostenrechnungssysteme entsprechend dem Rechtsrahmen für die elektronische Kommunikation, ABl. EG Nr. L 2996 v. 11.10.2005, S. 64.
379 So etwa BNetzA Beschl. v. 30.08.2006, BK4c-06–001 (-004)/R (Zusammenschaltung Mobilfunknetzbetreiber), S. 20, BNetzA Mitteilung Nr. 283/2006 ABl. Nr. 17/2006, S. 2271 (z. B. 2291).
380 S. etwa BNetzA 21.03.2011, BK3g-09/85 (TAL), S. 77 f.
381 BVerwG CR 2008, 291 (292).

gen für solche Maßnahmen. Dies bedeutet zunächst, dass die BNetzA ungeachtet der Kataloge in § 21 Abs. 2 und 3 TKG bereits nach § 21 Abs. 1 S. 1 TKG Zugangsgewährungsverpflichtungen auferlegen kann. Satz 2 von § 21 Abs. 1 TKG ergänzt diese Ermächtigung um eine Vielzahl von Gesichtspunkten, welche die BNetzA in ihrem Entscheidungsprogramm »insbesondere« zu berücksichtigen hat. Die an Art. 12 Abs. 1 und Abs. 2 Zugangsrichtlinie orientierte Normstruktur ist komplex und lässt sich zunächst wie folgt herunterbrechen:[382]

- **Tatbestandsvoraussetzung** ist zunächst die im Marktanalyseverfahren festgestellte beträchtliche Marktmacht des potenziellen Adressaten (»Betreiber öffentlicher Telekommunikationsnetze, die über beträchtliche Marktmacht verfügen«). Weitere Voraussetzung für die Auferlegung von Zugangsgewährungsverpflichtungen ist »insbesondere, wenn anderenfalls die Entwicklung eines nachhaltig wettbewerbsorientierten nachgelagerten Endnutzermarktes behindert oder diese Entwicklung den Interessen der Endnutzer zuwiderlaufen würde«.
- **Rechtsfolge** nach Feststellung der Tatbestandsvoraussetzungen ist eine Ermessensentscheidung über die Anordnung von Zugangsgewährungsverpflichtungen und deren Reichweite, und zwar einschließlich der in § 21 Abs. 1 S. 1 TKG vorgesehenen »nachfragegerechten Entbündelung«.
- zusätzliche **Ermessensgesichtspunkte**, die bei dieser Entscheidung berücksichtigt werden müssen, liefert sodann der nicht abschließende Katalog des § 21 Abs. 1 S. 2 TKG.[383]

Diese Betrachtung orientiert sich an den »klassischen« Kategorien der Auslegung **verwaltungsrechtlicher Ermessenstatbestände**. Die Rechtsprechung des BVerwG folgt dieser Kategorisierung allerdings nicht. Vielmehr wendet das Gericht nach Feststellung der Tatbestandsvoraussetzung eines Betreibers eines öffentlicher Telekommunikationsnetzes, der über beträchtliche Marktmacht verfügt, die aus dem Planungsrecht entlehnte Konstruktion des **Regulierungsermessens** (s. oben Rdn. 250, 266) an.[384]

299 Für die **praktische Anwendung** bedeutet dies, dass das »Ermessen« der BNetzA Bestandteil eines umfassenden Abwägungsvorgangs ist, der maßgeblich durch die Abwägungskriterien des § 21 Abs. 1 S. 2 TKG gesteuert wird, aber nur im Fall der Soll-Verpflichtungen des § 21 Abs. 3 TKG einer Bindung unterliegt.[385] Die BNetzA prüft dort, ob hinsichtlich der fraglichen Auferlegung einer Zugangsgewährungsverpflichtung ein besonderer, **atypischer Fall** vorliegt. Bejahendenfalls ist die Ermessensentscheidung der BNetzA dann auch offen und das Regulierungsermessen ist anhand der Kriterien des § 21 Abs. 1 S. 2 Nr. 1 bis 7 TKG auszuüben.[386] Liegt solch ein atypischer Fall hingegen nicht vor, so bedarf es nach mancher Ansicht keiner weiteren Prüfung der Kriterien von § 21 Abs. 1 S. 2 Nr. 1 bis 7 TKG.[387] Für diese Sicht spricht der Wortlaut von § 21 Abs. 2 einerseits (»unter Beachtung von Abs. 1«) und Abs. 3 andererseits (»Verpflichtungen nach Abs. 1«). Abs. 2 knüpft an das gesamte Normprogramm des Abs. 1 an, Abs. 3 lediglich an die Verpflichtungen.[388] Hinsichtlich der Prüfung von § 21 Abs. 1 S. 2 TKG ist die Regulierungspraxis allerdings **vorsichtiger**. In der Regel setzt sich die BNetzA auch dann, wenn kein atypischer Fall vorliegt,

---

[382] Diese Struktur wird allerdings im Schrifttum nicht überall geteilt. Für die genannten Tatbestandsvoraussetzungen nur als Abwägungskriterien: Beck TKGKomm/*Piepenbrock/Attendorn* § 21 Rn. 33; für die Anwendung der Maßstäbe des Planungsrechts: BerlKommTKG/*Thomaschki/Neumann* § 21 Rn. 31 sowie *Mayen* CR 2005, 21 (23).
[383] Zur Anwendung der Kriterien im Einzelnen s. Heun/*Heun*, Hdb TK, H. Rn. 280.
[384] BVerwG CR 2008, 291 (293) sowie BeckRS 2008, 35867 Tz. 44.
[385] BVerwG BeckRS 2008, 35867 Tz. 45.
[386] BerlKommTKG/*Thomaschki/Neumann* § 21 Rn. 187; Beck TKGKomm/*Piepenbrock/Attendorn* § 21 Rn. 261.
[387] BerlKommTKG/*Thomaschki/Neumann* § 21 Rn. 186 f.42; Beck TKGKomm/*Piepenbrock/Attendorn* § 21 Rn. 258.
[388] Ebenso: VG Köln BeckRS 2007, 22188; offen gelassen: BVerwG BeckRS 2008, 35867 Tz. 45 f.

trotzdem mit den Ermessenskriterien auseinander.[389] Dies leiten die Beschlusskammern daraus ab, dass Art. 12 Abs. 2 Zugangsrichtlinie die Berücksichtigung der Faktoren für jede Auferlegungsentscheidung verlangt. Im Sinne einer europarechtskonformen Auslegung ist dieser Ansatz zutreffend.

bb) Zugang zu bestimmten Netzeinrichtungen und -komponenten einschließlich des entbündelten Breitbandzugangs (§ 21 Abs. 2 Nr. 1)

Mit Zugang zu bestimmten **Netzeinrichtungen** und **Netzkomponenten** einschließlich des **entbündelten Breitbandzugangs** ist in § 21 Abs. 2 Nr. 1 TKG eine breite Palette möglicher Zugangsgewährungsverpflichtungen angesprochen. Über die Legaldefinition von **Telekommunikationsnetz** in § 3 Nr. 27 TKG lässt sich dies konkretisieren auf **Übertragungssysteme, Vermittlungs- und Leitwegeinrichtungen** sowie **anderweitige Ressourcen, die der Signalübertragung dienen**. Zu den Übertragungssystemen gehören wiederum die Einrichtungen, mit denen ein in § 3 Nr. 28 TKG legaldefinierter Übertragungsweg hergestellt wird, also die 300

> »Telekommunikationsanlagen in Form von Kabel- oder Funkverbindungen mit ihren übertragungstechnischen Einrichtungen [...] mit einem bestimmten Informationsdurchsatzvermögen (Bandbreite oder Bitrate) einschließlich ihrer Abschlusseinrichtungen«.

Soweit von der bisherigen Umschreibung noch nicht erfasst, kommen unter Berücksichtigung von Art. 2 lit. e) Rahmenrichtlinie und den Zugangsbegriff in Art. 2 lit. a) Zugangsrichtlinie diejenigen Einrichtungen hinzu, die mit einem Netz verbunden sind und die Bereitstellung von Diensten über das Netz ermöglichen und/oder unterstützen (»**zugehörige Einrichtungen**«). Diese Ergänzung dürfte einerseits Einrichtungen betreffen, die über die reine Übertragungsfunktion hinausgehende Aufgaben verrichten und beispielsweise intelligenten Netzdiensten dienen (IN-Plattformen). Andererseits sieht die Rechtsprechung hiervon auch den Zugang zu Leerohren bzw. Kabelkanälen als erfasst an.[390] Daraus ergibt sich ein weiter Anwendungsbereich für die Zugangsgewährungsverpflichtung. Inhalt und Umfang sind dabei **nicht** auf physikalische Zugangsarten bzw. die **physikalische Wertschöpfungsebene** begrenzt. Dies folgt aus dem Zugangsbegriff, der die Bereitstellung von **Einrichtungen und Diensten** umfasst (s. o. Rdn. 269 ff.).

Aus den vorstehenden Erwägungen lassen sich eine **Vielzahl von Anwendungsfällen** für die Zugangsgewährungsverpflichtung nach § 21 Abs. 2 Nr. 1 TKG ableiten. Hierunter fallen beispielsweise 301

- die unter dem TKG 1996 nicht einmal als Fall des besonderen Netzzugangs anerkannte Bereitstellung von Mietleitungen jeglicher Art, weil es sich dabei um Übertragungswege handelt,
- die Erbringung von Übertragungsdiensten mittels der Netzeinrichtungen oder Netzkomponenten (gebündelter Zugang zur TAL, Bitstrom, Zuführung von Verbindungen, Terminierung von Verbindungen) weil es sich insoweit um Zugangsdienste handelt,
- Netznutzung durch virtuelle Netzbetreiber wie etwa MVNO (Mobile Virtual Network Operators), weil hier Übertragungswege und Netzeinrichtungen genutzt werden (und die Regelung in § 21 Abs. 3 Nr. 3 TKG besondere Elemente im Auge hat, nicht aber die Übertragung von Telekommunikationsverkehr selbst),

---

389 S. etwa die auch höchstrichterlich geprüften Regulierungsverfügungen gegenüber Mobilfunknetzbetreibern aus 2006: BNetzA 30.08.2006, BK4c-06–001(-004)/R (Zusammenschaltung Mobilfunknetzbetreiber), S. 8, BNetzA Mitteilung Nr. 283/2006 ABl. Nr. 17/2006; dazu BVerwG 02.04.2008, 6 C 17.07 Tz. 45 f. S. außerdem BNetzA 21.03.2011, BK3g-09/085 (TAL).
390 BVerwG CR 2010, 440 Tz. 28 f. Dieser Umfang des Zugangsbegriffs wird durch die TKG-Novelle 2011 klargestellt.

- aber auch Nutzung von physikalischer Infrastruktur wie Antennen, Kabel, Glasfasern, Schalt- und Verzweigungseinrichtungen sowie Kabelkanälen (Leerrohren), weil auch diese Einrichtungen der Signalübertragung dienen.

Die Auferlegungspraxis der BNetzA hat bereits in einigen der vorgenannten (potenziellen) Anwendungsfälle von § 21 Abs. 2 Nr. 1 TKG Gebrauch gemacht:

302 - **Gebündelter Zugang zur TAL** in Form der Kupferdoppelader einschließlich der Varianten OPAL/ISIS am Hauptverteiler,[391] bei dem aufgrund der Mischung von Glasfaser- und Kupferleitung für den Anschluss (zusätzlich zum Zugriff auf die reinen physikalischen Leitungen) eine **übertragungstechnische Beschaltung** und damit Bündelung von Leistungen erforderlich ist sowie Zugang zu Kabelkanälen und unbeschalteter Glasfaser;[392]

303 - Zusammenschaltung mittels Übertragungsweg (**gebündelte Zusammenschaltung**);[393]

304 - **Verbindungsleistungen**[394] im Rahmen der **Zusammenschaltung**, die allerdings richtigerweise als Teil der Zusammenschaltungsverpflichtung (s. Rdn. 328) selbst anzusehen sind,[395] was zu einer geänderten Praxis geführt hat;[396]

305 - **Bitstrom-Zugang**, d.h. eine Übertragungsleistung (Bitstrom), die auf der Teilnehmeranschlussleitung (TAL) und DSL-Anschlüssen basiert, technisch aber höherwertig ist und die Kontrolle des Zugangs (DSL-Anschlusses) des Kunden ermöglicht.[397]

306 Hinsichtlich des Bitstrom-Zugangs – das ist ein Vorprodukt für DSL – war mit Blick auf die aus § 21 Abs. 1 S. 1 TKG folgende Pflicht zur **nachfragegerechten Entbündelung** insbesondere umstritten, ob eine Verpflichtung zur Bereitstellung des sog. **Standalone Bitstrom-Zugangs** besteht. Hintergrund der Debatte war die frühere Geschäftspolitik der Telekom, ihre eigenen Teilnehmerprodukte auf dem Endnutzermarkt lediglich gebündelt anzubieten, d.h. ein DSL-Anschluss gemeinsam mit einem schmalbandigen Telefon- bzw. ISDN-Anschluss (Variante »Shared«). Hieran anknüpfend wurde somit auch der Bitstrom-Zugang nur unter der Voraussetzung angeboten, dass beim fraglichen Teilnehmer auch ein solcher schmalbandiger Anschluss vorhanden ist. Diese Bündelung auch auf der Vorleistungsseite bedeutet, dass mit dem schmalbandigen Anschluss eine Leistung abgenommen und (vom Teilnehmer oder dem Wettbewerber) bezahlt werden musste, die nicht nachgefragt wird, weil die mit dem schmalbandigen Anschluss angebotene Telefonie auch über den DSL-Anschluss mittels IP-Telefonie realisiert werden kann.[398] Zwischenzeitlich

---

391 BNetzA 20.04.2005, BK4a-04-075/R (TAL), S. 13, BNetzA Mitteilung Nr. 83/2005, ABl. Nr. 7/2005 sowie BNetzA 27.06.2007, BK4a-07-002/12 (TAL II), S. 25 f., BNetzA Mitteilung Nr. 504/2007, ABl. Nr. 13/2007.
392 S. Marktdefinition und Marktanalyse, S. 12 f. im Anhang zu BNetzA 27.06.2007, BK4a-07-002/12 (TAL II), BNetzA Mitteilung Nr. 504/2007, ABl. Nr. 13/2007; und zuletzt BNetzA 21.03.2011, BK3g-09/085 (TAL III).
393 BNetzA 22.04.2009, BK3d-08/023, S. 11 ff. (Zusammenschaltung Telekom).
394 BNetzA 05.10.2005, BK4c-05-002/R (Zusammenschaltung Telekom), S. 19, BNetzA Mitteilung Nr. 244/2005 ABl. Nr. 19/2005; BNetzA 07.06.2006, BK4d-05-016 (-067)/R (Zusammenschaltung alternative TNB), S. 7, BNetzA Mitteilung Nr. 191/2006 ABl. Nr. 11/2006; BNetzA 30.08.2006, BK4c-06-001 (-004)/R (Zusammenschaltung Mobilfunknetzbetreiber), S. 17, BNetzA Mitteilung Nr. 283/2006 ABl. Nr. 17/2006.
395 Heun/*Heun*, Hdb TK, H. Rn. 312; so auch ausdrücklich für Terminierungsleistungen: VG Köln BeckRS 2007, 22188; bestätigend BVerwG BeckRS 2008, 35867 Tz. 45.
396 BNetzA 22.04.2009, BK3d-08/023, S. 9 (Zusammenschaltung Telekom).
397 BNetzA 13.09.2006, BK4a-06/039/R (IP-Bitstrom-Zugang), BNetzA Mitteilung Nr. 302/2006, ABl. Nr. 18/2006. Bestätigt durch VG Köln BeckRS 2007, 27174 sowie zuletzt BNetzA 17.09.2010, BK3b-09/069.
398 S. zu dieser Thematik BNetzA, Eckpunkte der regulatorischen Behandlung von Voice over IP (VoIP) v. 09.09.2005, BNetzA Mitteilung Nr. 229/2005, ABl. Nr. 18/2005, S. 1340 (1343, entspricht S. 6 der auf der Website www.bundesnetzagentur.de abrufbaren Version).

hat sich das Thema durch entsprechende Angebote und Verpflichtungen der Telekom weitgehend erledigt, taucht aber noch bei Anschlussumstellungen (von Shared auf Standalone) und entsprechenden Anbieterwechseln auf.

cc) Keine nachträgliche Verweigerung bereits gewährten Zugangs (§ 21 Abs. 2 Nr. 2)

Nach § 21 Abs. 2 Nr. 2 TKG kann die BNetzA die Verpflichtung auferlegen, bereits gewährten Zugang nicht nachträglich zu verweigern. Dies entspricht fast wortwörtlich Art. 12 Abs. 1 Unterabsatz 2 lit. b) Zugangsrichtlinie, ist aber anhand des englischen Richtlinientexts[399] dahin gehend zu verstehen, dass ein bereits bestehender Zugang **nicht** (z. B. durch Kündigung des entsprechenden Vertrags) **einseitig beendbar** sein soll. Nach der Gesetzesbegründung geht es dementsprechend hierbei um die Fälle, wo der Zugang auf einer **freiwilligen Gewährung** beruht und nicht als Verpflichtung auferlegt worden ist.[400]

307

Besondere Bedeutung erlangt die Verpflichtung im Zusammenspiel mit dem Abwägungskriterium des § 21 Abs. 1 S. 2 Nr. 7 TKG, wonach bei der Auferlegung von Zugangsgewährungsverpflichtungen bereits vorhandene **freiwillige Angebote am Markt** zu berücksichtigen sind. Soweit ersichtlich hat die BNetzA diese Verpflichtung in der **Praxis** noch nicht auferlegt.

308

dd) Wiederverkauf, Resale (§ 21 Abs. 2 Nr. 3)

Die Bestimmung in § 21 Abs. 2 Nr. 3 TKG ermöglicht die Auferlegung einer **Resale-Verpflichtung**, wie sie auch in den GSM- und UMTS-Lizenzen enthalten ist. Diese Verpflichtung war bereits unter dem TKG 1996 sowie im Gesetzgebungsverfahren für das TKG 2004 höchst umstritten. Sie wird ergänzt durch eine Sonderregelung für die Entgeltregulierung in § 30 Abs. 5 TKG; danach gilt für die betroffenen Vorleistungsentgelte nicht der Maßstab der Kosten der effizienten Leistungsbereitstellung aus § 31 Abs. 1 TKG, sondern ein Maßstab, der einen Abschlag gegenüber dem Endnutzerpreis zum Ausgangspunkt nimmt (**Retail Minus**).

309

Die Resale-Verpflichtung bezieht sich auf bestimmte **Diensteangebote** des verpflichteten Unternehmens, so wie sie **Endnutzern angeboten** werden. Dies bedeutet zunächst nicht, dass es überhaupt erst Vorleistungsangebote für Resale seitens des verpflichteten Unternehmens geben muss, damit diese einer Verpflichtung unterliegen können. Entscheidend ist vielmehr, dass das verpflichtete Unternehmen Angebote gegenüber Endnutzern auf dem (nachgelagerten) Markt macht.

310

In der **Praxis** hatte die BNetzA die Auferlegung der Resale-Verpflichtung zunächst vorläufig **abgelehnt**, weil eine **entbündelte** Resale-Verpflichtung angesichts der Übergangsregelung in § 150 Abs. 5 TKG vor dem 30.06.2008 nicht in Betracht kam und eine Nachfrage nach einem **gebündelten** Resale-Angebot im Konsultationsverfahren (noch) nicht hinreichend konkret zum Ausdruck gebracht worden sei.[401] Allerdings wies die BNetzA dabei auch darauf hin, dass das im Rahmen der Regulierungsverfügung betrachtete verpflichtete Unternehmen (Telekom) aufgrund eines nach § 42 TKG durchgeführten **Missbrauchsverfahrens** verpflichtet sei, Wettbewerbern weiterhin **analoge und ISDN-Telefonanschlüsse** zu den geltenden Endkunden-AGB zu überlassen (dazu unten Rdn. 449). Zuletzt hat sich die BNetzA die Auferlegung der Verpflichtung zum Anschluss-Resale in der relevanten Regulierungsverfügung mit Blick auf eine Selbstverpflichtung der Telekom nur noch vorbehalten.[402]

311

---

399 Dieser lautet: »not to withdraw access to facilities already granted«.
400 BT-Drs. 15/2316, 65.
401 BNetzA 05.07.2006, BK2a-06–001-R (Endnutzermärkte Festnetztelefonie), S. 44, BNetzA Mitteilung Nr. 249/2006, ABl. Nr. 13/2006.
402 BNetzA 25.01.2010, BK2c-09/002-R (Endnutzermärkte Festnetztelefonie), S. 24 ff.

ee) Voraussetzungen für die Interoperabilität (§ 21 Abs. 2 Nr. 4)

312 Nach § 21 Abs. 2 Nr. 4 TKG kann die BNetzA die Verpflichtung auferlegen,

»bestimmte für die Interoperabilität der Ende-zu-Ende-Kommunikation notwendige Voraussetzungen, einschließlich der Bereitstellung von Einrichtungen für **intelligente Netzdienste** oder **Roaming** (die Ermöglichung der Nutzung von Mobilfunknetzen anderer Betreiber auch außerhalb des Versorgungsbereichs des nachfragenden Mobilfunknetzbetreibers für dessen Endnutzer) zu schaffen« (Hervorhebung nur hier).

Anders als die anderen Zugangsgewährungsverpflichtungen ist diese, auf Art. 12 Abs. 1 Unterabsatz 2 lit. g) Zugangsrichtlinie beruhende Regelung auf den ersten Blick nicht so formuliert, dass hier Verpflichtungen auferlegt werden, die zugleich ein anderes Unternehmen unmittelbar zum Zugang berechtigen (»Voraussetzungen ... zu schaffen«). Gleichwohl wird man annehmen können, dass hiermit auch die den betreffenden Zugang nachfragenden Unternehmen berechtigt werden sollen.[403] Allerdings hat die BNetzA in der **Praxis** eine Verpflichtung nach § 21 Abs. 2 Nr. 4 TKG soweit ersichtlich **bislang nicht auferlegt**.

313 Die **Besonderheit** von § 21 Abs. 2 Nr. 4 TKG gegenüber den sonstigen Zugangsgewährungsverpflichtungen liegt darin, dass hiermit über den Zugang das verpflichtete Unternehmen zur Vornahme von Maßnahmen verpflichtet wird, die es anderenfalls womöglich nicht ergriffen hätte. Es handelt sich also um eine Art **Ausbauverpflichtung**, die ansonsten im Rahmen des Zugangs eigentlich nicht geschuldet ist (oben Rdn. 273). Diese Ausbauverpflichtung bezieht sich darauf, dass zur Inanspruchnahme der betreffenden Zugangsleistung vom verpflichteten Unternehmen zugleich auch dieses bei sich die notwendigen Voraussetzungen hierfür schaffen muss. Dabei wird es sich typischerweise um **technische oder betriebliche** Maßnahmen handeln.

ff) Zugang zu Systemen für die Betriebsunterstützung (§ 21 Abs. 2 Nr. 5)

314 Mit § 21 Abs. 2 Nr. 5 TKG kann eine Verpflichtung auferlegt werden, welche die Gewährung des Zugang zu **Systemen für die Betriebsunterstützung** oder **ähnlichen Softwaresystemen** unter zwei Voraussetzungen beinhaltet:
- die Systeme müssen zur Gewährleistung eines chancengleichen Wettbewerbs bei der Bereitstellung von Diensten **notwendig** sein, und
- die **Effizienz** bestehender Einrichtungen muss sichergestellt sein.

Bis auf die Ergänzung, dass die Effizienz bestehender Einrichtungen sichergestellt sein muss, entspricht die Bestimmung wortwörtlich der Vorlage in Art. 12 Abs. 1 Unterabsatz 2 lit. h) Zugangsrichtlinie.

315 Da es um Systeme geht, die den Betrieb unterstützen, sind hierunter vor allem Systeme zu verstehen, die der **Auftragsbearbeitung** und –**abwicklung** dienen sowie unterstützende Datenbanken beinhalten,[404] aber auch Systeme für **Fakturierung und Inkasso**, und Systeme, die zur Erkennung, Meldung und **Störungsbearbeitung** eingesetzt werden (z. B. sog. Trouble Ticket Systeme). Systeme, die unmittelbar dem Netzbetrieb oder der Diensterbringung dienen, gehören nicht dazu.

316 In der **Praxis** hat sich die BNetzA zwar mit der Auferlegung einer Verpflichtung nach § 21 Abs. 2 Nr. 5 TKG beschäftigt. Sie hat allerdings die Frage untersucht, ob das betroffene Unternehmen (Telekom) verpflichtet werden soll, elektronische Schnittstellen für die Übermittlung von Aufträgen für Preselection (Betreibervorauswahl) bereitzustellen, dies aber unter Hinweis darauf abgelehnt, dass das betroffene Unternehmen die Schnittstelle bereits freiwillig (§ 21 Abs. 1 S. 2 Nr. 7 TKG!) und im Wesentlichen beanstandungsfrei über län-

---

403 Näher Heun/*Heun*, Hdb TK, H. Rn. 326.
404 BT-Drs. 15/2316, 65.

gere Zeit anbiete und die besondere Missbrauchsaufsicht hier ausreiche.[405] Im Rahmen des Zugangs zur Teilnehmeranschlussleitung hat die BNetzA die Auferlegung der Verpflichtung mit dem Argument verneint, der Mehrwert für die Wettbewerber im Verhältnis zum Aufwand und bereits angebotenen Zugängen zu Systemschnittstellen sei nicht zu erkennen.[406]

gg) Nutzungsmöglichkeiten von Zugangsleistungen und Kooperationsmöglichkeiten zwischen zugangsberechtigten Unternehmen (§ 21 Abs. 2 Nr. 6)

Nach § 21 Abs. 2 Nr. 6 TKG kann die BNetzA Unternehmen verpflichten, im Rahmen der Erfüllung von Zugangsgewährungsverpflichtungen nach Absatz 2 oder Absatz 3
- **Nutzungsmöglichkeiten** von Zugangsleistungen sowie
- **Kooperationsmöglichkeiten**

zwischen den zum Zugang berechtigten Unternehmen zuzulassen. Diese Verpflichtung unterbleibt ganz oder teilweise, wenn das verpflichtete Unternehmen im Einzelfall nachweist, dass eine Nutzungsmöglichkeit oder Kooperation aus technischen Gründen nicht oder nur eingeschränkt möglich ist.

Typischer Fall zur Unterscheidung beider Varianten ist, dass ein berechtigtes Unternehmen, welches sowohl den Zugang zum Teilnehmeranschluss (TAL) als auch eine Zusammenschaltung in Anspruch nimmt, eine **Kollokationsfläche für beide Zugangsleistungen gleichermaßen nutzen** kann, also nur eine Fläche in Anspruch zu nehmen braucht (Nutzungsmöglichkeit). Daneben kann auch die Verpflichtung auferlegt werden, dass mehrere zugangsberechtigte Unternehmen ihre kollokierten Einrichtungen **untereinander verbinden** und/oder sich vor Ort **zusammenschalten** (Kooperationsmöglichkeit).

In der **Auferlegungspraxis** der BNetzA haben bislang vornehmlich die **Kooperationsmöglichkeiten** zwischen zugangsberechtigten Unternehmen eine Rolle gespielt und dies auch nur im Zusammenhang mit einer gleichzeitig auferlegten Kollokationsverpflichtung nach § 21 Abs. 3 Nr. 4 TKG. Dies betrifft den Zugang zum Teilnehmeranschluss[407] und die Zusammenschaltung.[408] Die Ermöglichung der **Untervermietung** hat die BNetzA dagegen mit dem Argument abgelehnt, dass dann die Gefahr von Kapazitätsengpässen durch Anmietungen mit dem Zweck der Untervermietung entstünde.[409]

hh) Zugang zu Dienstleistungen für Fakturierung und Inkasso (§ 21 Abs. 2 Nr. 7)

Für den Zugang zu Dienstleistungen im Bereich der **einheitlichen Rechnungsstellung** sowie zur Entgegennahme oder dem ersten Einzug von **Zahlungen (Fakturierung und Inkasso)** ist in § 21 Abs. 2 Nr. 7 TKG eine während des Gesetzgebungsverfahrens von den Marktteilnehmern verhandelte und dementsprechend komplexe »**Branchenlösung**« aufgenommen worden.

---

405 BNetzA 05.07.2006, BK2a-06-001-R (Endnutzermärkte Festnetztelefonie), S. 9 und 46, BNetzA Mitteilung Nr. 249/2006, ABl. Nr. 13/2006.
406 BNetzA 21.03.2011, BK3g-09/085 (TAL III), S. 78 ff.
407 BNetzA 26.06.2007, BK4a-07-002/R (TAL II), S. 29 f., BNetzA Mitteilung Nr. 504/2007, ABl. Nr. 13/2007 sowie BNetzA 21.03.2011, BK3g-09/085 (TAL III), S. 35 ff.
408 BNetzA 05.10.2005, BK4c-05-002/R (Zusammenschaltung Telekom), S. 31, BNetzA Mitteilung Nr. 244/2005 ABl. Nr. 19/2005 sowie BNetzA 22.04.2009, BK3d-08/023, S. 30 ff.
409 BNetzA 20.04.2005, BK4a-04-075/R (TAL), S. 16, BNetzA Mitteilung Nr. 83/2005, ABl. Nr. 7/2005; bestätigt durch VG KölnCR 2007, 503 (506 f.). Ferner BNetzA 27.06.2007, BK4-07-002/R (TAL II), S. 30, BNetzA Mitteilung Nr. 504/2007, ABl. Nr. 13/2007 sowie zuletzt BNetzA 21.03.2011, BK3g-09/085 (TAL III), S. 32.

321 Die Regelung zu Fakturierung und Inkasso basiert auf § 15 TKV 1997,[410] wonach der Kunde eines (jeden und nicht nur marktbeherrschenden!) Teilnehmernetzbetreibers das Recht hatte, von jenem eine einheitliche Rechnung zu erhalten, die auch Entgelte für Verbindungen ausweist, welche durch Auswahl anderer Anbieter von Netzdienstleistungen über den Netzzugang des Kunden entstanden. Dies hatte vor allem die Entgelte von **Verbindungsnetzbetreibern** im Auge, deren Leistungen mittels Betreiber(vor)auswahl über den Anschluss eines Teilnehmernetzbetreibers gegenüber dem Kunden erbracht werden.

In engem Zusammenhang mit Fakturierung und Inkasso stand und steht die Unterscheidung zwischen sog. **Online-Billing** und **Offline-Billing**, bei der es im Grundfall darum geht, ob eine Verbindungsleistung gegenüber dem Endkunden durch den Teilnehmernetzbetreiber (Online-Variante) oder den Verbindungsnetzbetreiber (Offline-Variante) abgerechnet wird mit entsprechenden Folgen für die rechtsgeschäftliche Ausgestaltung der Vertragsbeziehungen aller Beteiligten.[411] Nach der Rechtsprechung des VG Köln ist allerdings unter der Begrifflichkeit Online- und Offline-Billing **vornehmlich eine Abrechnungsmodalität** zu sehen, die nicht darüber entscheidet, wie die fragliche Zusammenschaltungs- bzw. Verbindungsleistung rechtsgeschäftlich einzuordnen sei; dies sei vielmehr nach der Leistungszielrichtung des betreffenden Dienstes zu beurteilen.[412]

322 Als verhandelte Branchenlösung ist die Regelung in § 21 Abs. 2 Nr. 7 TKG zwar komplex, aber in weiten Teilen selbsterklärend. Da die Lösung von den Beteiligten in der **Praxis** auch so eingesetzt wird, hat es die BNetzA unter Hinweis auf die bestehende Erfüllung der Voraussetzung in § 21 Abs. 2 Nr. 7 S. 1 TKG abgelehnt, die Verpflichtung aufzuerlegen.[413]

ii) Entbündelter Zugang zum Teilnehmeranschluss (§ 21 Abs. 3 Nr. 1)

323 Nach § 21 Abs. 3 Nr. 1 TKG **soll** die BNetzA die Verpflichtung auferlegen, **vollständig entbündelten Zugang zum Teilnehmeranschluss** sowie **gemeinsamen Zugang zum Teilnehmeranschluss** zu gewähren. Der Oberbegriff für diese beiden Zugangsvarianten ist der in Art. 12 Abs. 1 Unterabsatz 2 lit. a) Zugangsrichtlinie verwendete Begriff des **entbündelten Zugangs zur Teilnehmeranschlussleitung**, da der deutsche Gesetzgeber hier nämlich die Terminologie der zwischenzeitlich außer Kraft getretenen TAL-Verordnung[414] zugrunde gelegt hat. Daher betrafen die beiden angesprochenen Zugangsvarianten **des entbündelten Zugangs zum Teilnehmeranschluss** die **Teilnehmeranschlussleitung** zunächst in Form der **Doppelader-Metallleitung, d. h. der Kupfer-Doppelader.** Teilnehmeranschlüsse, die ausschließlich mittels **Glasfaser-**, Koax- oder Stromkabeln sowie über Funk bereitgestellt werden, waren dagegen **nicht erfasst.**[415] Dies hat sich in Bezug auf Glasfaser durch die Außerkraftsetzung der TAL-Verordnung mit Art. 4 der RL 2009/140/EG sowie die **Märkteempfehlung 2007** (Markt Nr. 4) insoweit geändert, als die BNetzA nunmehr auch rein glasfaserbasierte Anschlüsse dem Zugang zum Teilnehmeranschluss zuordnet.[416]

324 Die Zugangsgewährungsverpflichtung bezieht sich auf den **Teilnehmeranschluss**, der in § 3 Nr. 21 TKG legaldefiniert ist als

---

410 Zur Historie s. Heun/*Fischer/Heun/Sörup*, Hdb TK (1. Aufl.), Teil 4 Rn. 455.
411 Ausf. Heun/*Heun*, Hdb TK, H. Rn. 345.
412 VG Köln BeckRS 2007, 22470 (Entscheidungsgründe 2.a.), mit einer etwas verwirrenden Begründung, bei der nicht klar wird, ob der Begriff »Zielnetzbetreiber« einheitlich und zutreffend verwendet wird.
413 S. BNetzA 05.07.2006, BK2a-06–001-R (Endnutzermärkte Festnetztelefonie), S. 45, BNetzA Mitteilung Nr. 249/2006, ABl. Nr. 13/2006.
414 Verordnung (EG) Nr. 2887/2000 des Europäischen Parlaments und des Rates v. 18.12.2000 über den entbündelten Zugang zum Teilnehmeranschluss, ABl. EU Nr. L 336 v. 30.12.2000, S. 4.
415 Zu Glasfaser s. VG KölnMMR 2006, 422 (Punkt 3.3). Bestätigend: BVerwGCR 2007, 431 (435).
416 BNetzA 21.03.2011, BK3g-09/085 (TAL III), S. 22 ff. i. V. m. mit den diesbezüglichen Festlegungen, S. 36, 41 ff. Die Telekom sieht dies freilich anders.

»die physische Verbindung, mit welcher der Netzabschlusspunkt in den Räumlichkeiten des Teilnehmers mit dem Hauptverteilerknoten oder mit einer gleichwertigen Einrichtung in festen öffentlichen Telefonnetzen verbunden wird«.

Anknüpfungspunkte sind daher der **Teilnehmer**, also nach § 3 Nr. 20 TKG die »natürliche oder juristische Person, die mit einem Anbieter von Telekommunikationsdiensten einen Vertrag über die Erbringung derartiger Dienste geschlossen hat«, der einen **(physischen) Zugang zu einem festen öffentlichen Telefonnetz** (§ 3 Nr. 17 TKG) in Anspruch nimmt und die (physische) **Verbindung** zwischen diesem Zugang (Anschluss) einerseits und den Einrichtungen des Anschluss- bzw. Teilnehmernetzbetreibers (Hauptverteiler – HVT o. ä.) andererseits.

Die erste Zugangsvariante des in § 21 Abs. 3 Nr. 1 TKG als **325**

»Bereitstellung des Zugangs zum Teilnehmeranschluss oder zum Teilnetz in der Weise, dass die Nutzung des gesamten Frequenzspektrums der Doppelader-Metallleitung ermöglicht wird«

legaldefinierten **vollständig entbündelten Zugangs zum Teilnehmeranschluss** meint den sog. Zugriff auf den »**blanken Draht**« ohne vorgeschaltete Übertragungs- oder Vermittlungstechnik.[417]

Die zweite Zugangsvariante betrifft den **gemeinsamen Zugang zum Teilnehmeranschluss** **326** (»**Line Sharing**«). Hierunter ist in Anlehnung an den früheren Art. 2 lit. g) TAL-Verordnung zu verstehen

»die Bereitstellung des Zugangs zum Teilnehmeranschluss oder zum Teilnetz in der Weise, dass die Nutzung des nicht für sprachgebundene Dienste genutzten **Frequenzspektrums** der Doppelader-Metallleitung ermöglicht wird; der Teilnehmeranschluss wird vom verpflichteten Unternehmen weiterhin für die Bereitstellung des öffentlich zugänglichen Telefondienstes genutzt«.

Dagegen ist der **gebündelte Zugang zum Teilnehmeranschluss nicht** von § 21 Abs. 3 Nr. 1 TKG **erfasst**, sondern von § 21 Abs. 2 Nr. 1 TKG (s. o. Rdn. 302).

In der **Praxis** hat die BNetzA in der ersten Regulierungsverfügung[418] unter dem TKG 2004 **327** die Telekom zum **vollständig entbündelten und gemeinsamen Zugang** (Line Sharing) zum Teilnehmeranschluss verpflichtet, ergänzt um die auf § 21 Abs. 2 Nr. 1 TKG gestützte Verpflichtung, auch **gebündelten Zugang** zu gewähren. Zugleich hat sie ausdrücklich die zuvor bestehende und nach § 150 Abs. 1 TKG fortgeltende Verpflichtung zur Bereitstellung des entbündelten Zugangs zum Teilnehmeranschluss in Form der **reinen Glasfaserleitung** sowie die diesbezügliche Entgeltgenehmigungspflicht ausdrücklich **widerrufen**, was von der Rechtsprechung im Ergebnis bestätigt worden ist.[419] In der jüngsten diesbezüglichen Regulierungsverfügung nebst Festlegungen dazu ist der Zugang zum glasfaserbasierten Teilnehmeranschluss aber wieder enthalten.[420]

jj) Zusammenschaltung von Telekommunikationsnetzen (§ 21 Abs. 3 Nr. 2)

Die Verpflichtung, die **Zusammenschaltung** von Telekommunikationsnetzen zu ermögli- **328** chen, **soll** nach § 21 Abs. 3 Nr. 2 TKG auferlegt werden. Inhalt und Umfang der Zusammenschaltungsverpflichtung ergeben sich aus dem **Begriff der Zusammenschaltung** und dessen Leistungsumfang.

---

417 So schon die Festlegungen zu BNetzA 27.06.2007, BK4a-07–002/R (TAL II), S. 11, BNetzA Mitteilung Nr. 504/2007, ABl. Nr. 13/2007.
418 BNetzA 20.04.2005, BK4a-04–075/R (TAL), BNetzA Mitteilung Nr. 83/2005, ABl. Nr. 7/2005, S. 578. Aufrecht erhalten und erweitert: BNetzA 27.06.2007, BK4a-07–002/R (TAL II), BNetzA Mitteilung Nr. 504/2007 ABl. Nr. 13/2007.
419 VG Köln MMR 2006, 422 (Punkt 3.3.). Im Ergebnis bestätigend: BVerwGCR 2007, 431 (433 f.), wobei das Gericht den Widerruf in die Feststellung des Erlöschens der fortgeltenden Verpflichtung umgedeutet hat.
420 BNetzA 21.03.2011 – BK3g-09/085 (TAL III).

Bei der Zusammenschaltung handelt es sich nach § 3 Nr. 34 TKG um denjenigen **Sonderfall des Zugangs** zwischen **Betreibern öffentlicher Telekommunikationsnetze**,

> »der die physische und logische Verbindung öffentlicher Telekommunikationsnetze herstellt, um Nutzern eines Unternehmens die Kommunikation mit Nutzern desselben oder eines anderen Unternehmens oder die Inanspruchnahme von Diensten eines anderen Unternehmens zu ermöglichen; Dienste können von den beteiligten Parteien erbracht werden oder von anderen Parteien, die Zugang zum Netz haben.«

329 Die Zusammenschaltung ist dabei durch zwei Komponenten gekennzeichnet, eine technische und eine finale Komponente, wobei die finale Komponente zwei Varianten enthält:
- Technische Komponente: ... physische und logische **Verbindung** öffentlicher Telekommunikationsnetze ...
- Finale Komponente: ... um Nutzern 1) die **Kommunikation** mit anderen Nutzern oder 2) die **Inanspruchnahme von Diensten** zu ermöglichen.

Dies führt zu einem umfassenden Verständnis dessen, was der Zusammenschaltung unterfällt.[421] Die bereits dargestellten Präzisierungen für den Begriff des Zugangs (oben Rdn. 273) gelten auch für die Zusammenschaltung. Klarstellungshalber sei erwähnt, dass auch das Peering von IP-Netzen eine Zusammenschaltung i. S. d. TKG bedeutet. Denn dem Begriff des Telekommunikationsnetzes (oben Rdn. 16 ff.) unterfallen physische und logische Netze.

330 In der **Praxis** hat die BNetzA die Zusammenschaltungsverpflichtung mehrfach in Bezug auf Märkte für **öffentlich zugängliche Telefonnetze** (Festnetz, Mobilfunk) auferlegt.[422] In allen diesen Märkten ging es um die technische Komponente der Verbindung. Zwar bezieht sich dies gleichermaßen auf leitungsvermittelte (PSTN, ISDN, GSM, UMTS) wie auf paketvermittelte (VoIP, ggf. UMTS) Telefonie,[423] eine darüber hinausgehende Zusammenschaltung, etwa mit Blick auf (reinen) Datenverkehr, hat die BNetzA dabei aber abgelehnt, was sich aus den jeweils zugrunde liegenden Marktdefinitionen und Marktanalysen ergab. Die **netzübergreifenden Verbindungsleistungen** in Form von **Zuführungs-, Terminierungs- und Transitleistungen** (finale Komponente) hat die BNetzA zunächst aufgrund § 21 Abs. 2 Nr. 1 TKG, später aber zutreffend nach § 21 Abs. 3 Nr. 2 TKG auferlegt (s. Rdn. 304).

kk) Offener Zugang zu technischen Schnittstellen, Protokollen oder anderen Schlüsseltechnologien (§ 21 Abs. 3 Nr. 3)

331 Aufgrund von § 21 Abs. 3 Nr. 3 TKG **soll** die BNetzA die Verpflichtung auferlegen, offenen Zugang zu technischen Schnittstellen, Protokollen oder anderen Schlüsseltechnologien, die für die Interoperabilität von Diensten oder für Dienste für virtuelle Netze unentbehrlich sind, zu gewähren. Obwohl es auf den ersten Blick den Anschein hat, dass es sich hier um eine Annexverpflichtung gegenüber anderen Zugangsgewährungsverpflichtungen des § 21 TKG handelt, ist die Verpflichtung als **selbstständige Zugangsgewährungsverpflichtung** zu sehen. Dies liegt insbesondere daran, dass Dienste in physischen Netzen wie auch Dienste in virtuellen Netzen unabhängig davon erbracht werden können, ob der betreffende Anbieter ein Telekommunikationsnetz betreibt oder unmittelbaren Netzzugang gegenüber einem zugangsverpflichteten Netzbetreiber besitzt.

332 Soweit ersichtlich hat die BNetzA die Verpflichtung nach § 21 Abs. 3 Nr. 3 TKG bisher **nicht auferlegt**.

---

421 Näher Heun/*Heun*, Hdb TK, H. Rn. 61.
422 Z. B. BNetzA 22.04.2009 – BK3d-08/023 (Zusammenschaltung Telekom).
423 Technisch erfolgt die Übergabe des Verkehrs aber noch im leitungsvermittelten Format und nicht in Form von IP-Paketen.

ll) Kollokation oder andere Formen der gemeinsamen Nutzung von Einrichtungen (§ 21 Abs. 3 Nr. 4)

Nach § 21 Abs. 3 Nr. 4 TKG schließlich **soll** die BNetzA die Verpflichtung auferlegen, Kollokation oder andere Formen der gemeinsamen Nutzung von Einrichtungen wie Gebäuden, Leitungen und Masten zu ermöglichen sowie den Nachfragern und deren Beauftragten jederzeit Zutritt zu diesen Einrichtungen zu gewähren. Diese auf Art. 12 Unterabsatz 2 lit. f) Zugangsrichtlinie (wie auch auf Art. 12 Rahmenrichtlinie) beruhende Verpflichtung gehört wie der Zugang zum Teilnehmeranschluss und die Zusammenschaltung entgegen der Auffassung des VG Köln[424] zu den **klassischen Zugangsgewährungsverpflichtungen**. Sie wird typischerweise **gemeinsam** mit anderen Zugangsgewährungsverpflichtungen auferlegt. Die Verpflichtung zur Kollokationsgewährung umfasst dabei nicht nur betretbare Räume, sondern auch andere Einrichtungen wie beispielsweise Schaltkästen, Gehäuse und Behälter wie etwa sog. Kabelverzweiger (KVZ),[425] d. h. die grauen oder weißen Schaltkästen der Telekom in den Straßen. 333

Die BNetzA hat in der **Praxis** bislang **mehrfach** von der Auferlegung der Kollokationsverpflichtung Gebrauch gemacht.[426] Gegenüber der Telekom (nicht in anderen Fällen) sind zugleich **Kooperationsmöglichkeiten** nach § 21 Abs. 2 Nr. 6 auferlegt worden. Mit Blick auf die **Nebenleistungen** wie Raumlufttechnik und Energieversorgung betont die BNetzA, dass auch eine **Eigenrealisierung** durch das berechtigte Unternehmen in Betracht kommen kann, wenn es dies bevorzugt.[427] 334

f) Beschränkungen der Auferlegung von Zugangsgewährungsverpflichtungen nach § 21 Abs. 4 TKG

Nach § 21 Abs. 4 TKG wird eine Zugangsverpflichtung allerdings nicht oder in anderer Form auferlegt, wenn das betroffene Unternehmen nachweist, dass die Inanspruchnahme der Leistung die **Aufrechterhaltung der Netzintegrität** oder die **Sicherheit des Netzbetriebs** gefährdet. 335

5. Verpflichtungen für Unternehmen ohne beträchtliche Marktmacht

Obwohl nach dem TKG die Markt- und Zugangsregulierung grundsätzlich nur noch auf Märkten ohne wirksamen Wettbewerb gegenüber Unternehmen erfolgen soll, die dort über beträchtliche Marktmacht verfügen, gibt es von diesem Grundsatz auch **mehrere Ausnahmen**. Diese Ausnahmen ergeben sich teilweise aus dem neuen Gesetz selbst (z. B. § 18 TKG), haben in Deutschland aber auch **historische** Gründe (GSM- und UMTS-Lizenzen). Gemeinsam ist den Ausnahmen aber, dass sie an besondere Eigenschaften der betroffenen Unternehmen anknüpfen, wie etwa, dass diese **Zugänge zu Endnutzern** und/oder (zugleich) **Ressourcen** kontrollieren, die nach wie vor von der BNetzA vergeben werden. 336

a) Kontrolle des Zugangs zu Endnutzern (§ 18 TKG)

Nach § 18 TKG kann die BNetzA mittels Regulierungsverfügung gem. § 13 Abs. 1 S. 4 TKG Zugangsverpflichtungen, insbesondere Zusammenschaltungspflichten, auch Unternehmen auferlegen, die nicht über beträchtliche Marktmacht verfügen, aber den **Zugang zu Endnutzern** kontrollieren.[428] Europarechtlich vorgesehen ist diese Abweichung in 337

---

[424] VG Köln CR 2007, 503 (506); siehe nunmehr aber VG Köln CR 2008, 371.
[425] BVerwG CR 2010, 440 Tz. 12 ff.
[426] Z. B. BNetzA 22.04.2009, BK3d-08/023 (Zusammenschaltung Telekom); BNetzA 21.03.2011, BK3g-09/085 (TAL III).
[427] S. etwa BNetzA 21.03.2011, BK3g-09/085 (TAL III), S. 34.
[428] S. hierzu auch *Neitzel/Müller* CR 2004, 736.

Art. 8 Abs. 3 Unterabsatz 1, 1. Spiegelstrich der Zugangsrichtlinie, wo die Auferlegung von Verpflichtungen u. a. nach Art. 5 Abs. 1 Unterabsatz 2 lit. a) Zugangsrichtlinie vom Erfordernis beträchtlicher Marktmacht unberührt bleibt. Der **Zweck** einer Regulierung von Unternehmen ohne beträchtliche Marktmacht ergibt sich aus dem Erfordernis, dass die Kommunikation von Nutzern von Telekommunikationsdiensten auch dann funktionieren muss, wenn dabei unterschiedliche Diensteanbieter oder Netzbetreiber beteiligt sind.[429]

338 Soweit ersichtlich, hat die BNetzA in der Praxis **lediglich im Rahmen von vorläufigen Maßnahmen** nach § 12 Abs. 2 Nr. 4 TKG versucht, eine Verpflichtung nach § 18 TKG aufzuerlegen. Dies hatte aber gerichtlich keinen Bestand,[430] weil im Rahmen der vorläufigen Maßnahme die einzelnen Tatbestandsvoraussetzungen des § 18 TKG nicht geprüft worden waren. Im Übrigen hat die Auferlegung einer Verpflichtung nach oder eine Auseinandersetzung mit § 18 TKG durch die BNetzA bislang nicht stattgefunden.

aa) Verpflichteter und berechtigter Personenkreis

339 **Verpflichtetes** Unternehmen ist wie etwa in § 21 TKG der **Betreiber eines öffentlichen Telekommunikationsnetzes**. **Entscheidend** ist hier allerdings nicht die beträchtliche Marktmacht, sondern ob das Unternehmen den **Zugang zu Endnutzern kontrolliert**. Gemeint ist damit unabhängig von § 3 Nr. 32 TKG der tatsächliche Zugang **zu den Endnutzern aus Sicht eines berechtigten Unternehmens**. Eine solche Kontrolle wird durch die Bereitstellung des Zugangs bzw. **Anschlusses** durch ein Unternehmen an einen Teilnehmer/Endnutzer vermittelt,[431] aber auch durch die Kontrolle über die Erreichbarkeit des Teilnehmers/Endnutzers mit Blick auf die zu diesem herzustellenden Verbindungen bzw. über dessen Rufnummern oder Kennungen, unter denen er erreichbar ist.[432]

340 Der berechtigte Personenkreis ist in § 18 TKG ebenfalls auf **Betreiber öffentlicher Telekommunikationsnetze** beschränkt. Diese Begrenzung widerspricht sowohl der Systematik des § 21 TKG als auch der insoweit offenen Formulierung des Art. 5 Abs. 1 Unterabsatz 2 lit. a) Zugangsrichtlinie. Dementsprechend ist beim Kreis der berechtigten Unternehmen ein **Umsetzungsdefizit** in § 18 TKG zu sehen, das angesichts des Wortlauts nicht mit einer europarechtkonformen Auslegung behebbar ist.

bb) Struktur und Inhalt

341 In **struktureller Hinsicht** beinhaltet § 18 TKG drei Auferlegungstatbestände:
- **Zusammenschaltungsverpflichtung** (§ 18 Abs. 1 S. 1 TKG);
- Weitere **Zugangsverpflichtungen** (§ 18 Abs. 1 S. 2 TKG);
- **Diskriminierungsverbot** hinsichtlich Erreichbarkeit und Abrechnung von Leistungen (§ 18 Abs. 2 TKG).

Alle drei Verpflichtungen knüpfen ähnlich wie § 21 Abs. 1 S. 1 TKG zunächst an bestimmte **Tatbestandsvoraussetzungen** an, bevor die **Rechtsfolge** in Form der Auferlegung der betreffenden Verpflichtung in Betracht kommt, und dabei sind die gleichen zusätzlichen **Ermessensgesichtspunkte** wie in dem nicht abschließenden Katalog von **Abwägungskriterien** des § 21 Abs. 1 S. 2 TKG zu berücksichtigen sowie etwaige vom verpflichteten Unternehmen nachgewiesene **Beschränkungen** nach § 21 Abs. 4 TKG zu beachten (§ 18 Abs. 3 TKG). Als »Kann-Vorschrift« liegt die Auferlegung der Verpflichtungen im pflichtgemäßen Ermessen der BNetzA, für dessen Ausübung die gleichen Erwägungen gelten wie bei

---
[429] In der Gesetzesbegründung heißt es: »Gewährleistung des End-zu-End-Verbund«; BT-Drs. 15/2316, 64.
[430] VG Köln BeckRS 2006, 20051.
[431] *Heun* CR 2004, 901.
[432] S. Erwägungsgrund (6) der Zugangsrichtlinie.

§ 21 TKG. Zu beachten ist allerdings, dass insbesondere an die Zusammenschaltungsverpflichtung **erhöhte Begründungsanforderungen** (»in begründeten Fällen«) gestellt werden.

Hinsichtlich des Inhalts und Umfangs der in § 18 TKG auferlegbaren Verpflichtungen kann auf die Ausführungen zu §§ 19 und 21 TKG verwiesen werden. Mit Blick auf die Zusammenschaltung ist dabei zu beachten, dass die erhöhten Begründungsanforderungen nach dem Willen des Gesetzgebers nicht dazu führen, durch mittelbare Erreichbarkeit des Endnutzers die Pflicht zur (unmittelbaren) Zusammenschaltung entfallen zu lassen.[433] Es komme darauf an, **einen unmittelbaren End-zu-End-Verbund herzustellen**. Die BNetzA hat sich hierzu mit Blick auf die netztechnisch ineffiziente und Kosten verursachende indirekte Herstellung des Ende-zu-Ende-Verbunds in vergleichbarer Weise geäußert.[434] 342

Mit Blick auf das nach § 18 Abs. 2 TKG auferlegbare Diskriminierungsverbot ist demgegenüber festzuhalten, dass dieses, anders als § 19 TKG, lediglich ein **reines Diskriminierungsverbot** wie in § 20 Abs. 1 GWB und ein **Gebot der extern-extern-Gleichbehandlung** enthält, nicht aber der **intern-extern-Gleichbehandlung**. Dies lässt darauf schließen, dass anders als in § 19 TKG hier kein **materieller Gleichheitsmaßstab** i. S. v. »*gleich wertvoll, und nicht lediglich diskriminierungsfrei*«,[435] sondern der im Kartellrecht übliche **formale Gleichheitsmaßstab**[436] gemeint ist.[437] 343

b) Verpflichtungen aus Vergabeverfahren für Frequenzen

Die Befugnisse der BNetzA für Auflagen und Verpflichtungen in § 60 Abs. 2, § 61 Abs. 4 und 7 TKG beinhalten auch die Berechtigung, **Zugangsverpflichtungen** nach §§ 19–21, 24 TKG aufzuerlegen. Zwar weist § 61 Abs. 4 Nr. 4 TKG lediglich auf Versorgungspflichten und deren zeitliche Umsetzung hin. Indes ist dieser Hinweis wie die Verwendung des Wortes »einschließlich« zeigt, nur beispielhaft gemeint. Dies erstaunt nur auf den ersten Blick. Betrachtet man nämlich die Zugangsgewährungsverpflichtungen in § 21 Abs. 3 Nr. 4 und Abs. 2 Nr. 6 TKG hinsichtlich der gemeinsamen **Nutzung von beispielsweise Masten und Gebäuden** sowie die Zulassung von dortigen **Nutzungs- und Kooperationsmöglichkeiten für die Nachfrager**, so leuchtet ein, dass diese Zugangspflichten durchaus eine Menge mit Frequenzzuteilungen zu tun haben können. Gleiches gilt für Fragen des (national) **Roaming** (§ 21 Abs. 2 Nr. 4 TKG) oder die **Zulassung von Resellern** (§ 21 Abs. 2 Nr. 7 TKG). 344

Europarechtlich ist dies nach Art. 8 Abs. 3 Zugangsrichtlinie zulässig, der **neben** der Auferlegung von Verpflichtungen gegenüber Unternehmen, die Zugänge zu Endkunden kontrollieren (Art. 8 Abs. 3, 1. Spiegelstrich i. V. m. Art. 5 Abs. 1 und 2 Zugangsrichtlinie), auch gestattet, dass Verpflichtungen gem. Art. 6 Abs. 1 Genehmigungsrichtlinie i. V. m. Bedingung 7 Teil B des Anhangs zur Genehmigungsrichtlinie auferlegt werden (Art. 8 Abs. 3, 2. Spiegelstrich). Zugleich wird durch das dort statuierte **Regel-Ausnahme-Verhältnis** verdeutlicht, dass die auferlegbaren Verpflichtungen solche der Art. 9 bis 13 Zugangsrichtlinie sind.[438] Denn der Umkehrschluss aus Art. 8 Abs. 3 Zugangsrichtlinie führt dazu, dass in den genannten Ausnahmefällen eben Verpflichtungen nach den Art. 9–13 Zugangsrichtlinie und damit der §§ 19–21, 24 TKG auferlegt werden dürfen. 345

---

[433] BT-Drs. 15/2316, 64.
[434] RegTP MMR 2005, 405 (407); dazu offen gelassen VG Köln CR 2006, 397 (399).
[435] So die Gesetzesbegründung zur Gleichbehandlungsverpflichtung des § 19 TKG: BT-Drs. 15/2316, 66 zu § 20 Abs. 3 des Gesetzentwurfs.
[436] Immenga/Mestmäcker/*Markert* § 20 GWB Rn. 123.
[437] Wohl ebenso Beck TKGKomm/*Schütz* § 18 Rn. 45; anders BerlKommTKG/*Nolte* § 18 Rn. 46.
[438] VG Köln 02.11.2006, CR 2007, 162 (163).

346 In der Praxis ist diese Frage im Zusammenhang mit den Vergabebedingungen für die Frequenzen für den drahtlosen Netzzugang – einschließlich derjenigen aus der digitalen Dividende – relevant geworden. Die BNetzA hat in der diesbezüglichen Präsidentenkammerentscheidung die Auferlegung mit der Begründung abgelehnt, § 61 Abs. 4 enthalte keine hinreichende Ermächtigungsgrundlage, weil die Auferlegung von Vorabverpflichtungen im Übrigen die marktbeherrschende Stellung voraussetze.[439]

c) Diensteanbieterverpflichtungen

347 Zwar ist das frühere, gegenüber sämtlichen Betreibern öffentlicher Telekommunikationsnetze bestehende Diskriminierungsverbot des § 4 Abs. 2 TKV durch § 152 Abs. 2 TKG aufgehoben worden. Nicht aufgehoben worden sind indes die **GSM-und UMTS-Lizenzen** (§ 150 Abs. 4 TKG), die in ihrem Text eigenständige Verpflichtungen in Bezug auf Diensteanbieter enthalten, die sog. **Diensteanbieterverpflichtungen**. Neben anderen Verpflichtungen enthalten die GSM- und UMTS-Lizenzen insbesondere drei Diensteanbieterverpflichtungen, wobei die UMTS Lizenzen den Wortlaut des damals geltenden § 4 TKV 1997 in der Lizenz wiedergeben:[440]
- Die Verpflichtung des Netzbetreibers, geeignete Diensteanbieter **zuzulassen** (Punkt 17.1, 17.2 GSM-Lizenz; § 4 Abs. 1 TKV 1997 i. V. m. Teil C Nr. 15 Abs. 1 der UMTS-Lizenz);
- Die Verpflichtung des Netzbetreibers, für den Diensteanbieter **keine Ausschließlichkeits- sowie Preis- und Konditionenbindungen** vorzunehmen (Punkt 17.2 GSM-Lizenz, § 4 Abs. 2 TKV 1997 i. V. m. Teil C Nr. 15 Abs. 2 UMTS-Lizenz);
- Die Verpflichtung des Netzbetreibers, Diensteanbieter **nicht zu diskriminieren** (Punkt 17.6 GSM-Lizenz, § 4 Abs. 2 TKV 1997 i. V. m. Teil C Nr. 15 Abs. 2 UMTS-Lizenz).

Alle Verpflichtungen sind den Netzbetreibern mit der jeweiligen Lizenz auferlegt. Daher kann **qualitativ** von **Vorabverpflichtungen** i. S. d. europarechtlichen Rahmens gesprochen werden.

348 Die europarechtskonforme **Fortgeltung** der Diensteanbieterverpflichtungen ergibt sich aus § 150 Abs. 4 und 4a TKG i. V. m. Art. 6 Abs. 1 i. V. m. Bedingung 7 Teil B des Anhangs zur Genehmigungsrichtlinie.[441] Hinsichtlich des Inhalts insbesondere des Diskriminierungsverbots kann auch die Ausführungen zu § 19 TKG (insbesondere Rdn. 289) verwiesen werden.[442]

6. Sonstige Verpflichtungen

349 Außerhalb seines Teils 2 enthält das TKG noch weitere Regelungen, die sich mit den Rechten und Pflichten von Wettbewerbern untereinander befassen. Sonstige Bestimmungen, die unmittelbar das Verhältnis der Wettbewerber untereinander regulieren, enthalten insbesondere die §§ 49 bis 51 in Teil 4 des TKG zur **Rundfunkübertragung** und die Bestimmung des § 47 in Teil 5 des TKG zur Überlassung von **Teilnehmerdaten** an Anbieter öffentlich zugänglicher Auskunftsdienste und Teilnehmerverzeichnisse.

---

439 BNetzA Vfg. 59/2009, ABl. BNetzA Nr. 20/2009, S. 3623 (3730 f.). S. dazu auch *Berger-Kögler* K&R 2008, 346 ff.
440 Eine Ausnahme bildet insoweit die GSM-Lizenz von O2 (E2-Lizenz), die lediglich in Teil C Ziffer 14.1 auf die Ermächtigungsgrundlage des § 41 TKG 1996 verweist, auf dessen Grundlage die TKV 1997 erging. Mit Außerkrafttreten des § 4 TKV anlässlich des TKG 2004 bestehen daher keine Diensteanbieterverpflichtungen in dieser Lizenz.
441 BVerwG CR 2008, 359 (360 f.).
442 S. zu diesem Thema auch *Dietlein/Brandenberg* CR 2007, 294.

a) Bereitstellung von Teilnehmerdaten (§ 47 TKG)

Mit § 47 TKG ist erstmals eine **umfassende Regelung** über die Bereitstellung von Teilnehmerdaten in inhaltlicher wie preislicher Hinsicht im TKG enthalten, die auch die diesbezügliche Kontrolle in die Aufsicht und Befugnis der BNetzA legt.[443] **Strukturell** trifft § 47 TKG in Absatz 1 die grundsätzliche Regelung darüber, wer zur Überlassung von Teilnehmerdaten auf Nachfrage verpflichtet und wer daraus berechtigt ist. In Absatz 2 wird der Umfang der bereitzustellenden Daten näher erläutert. Absatz 3 trifft eine Zuständigkeitsregelung für Streitigkeiten und Absatz 4 befasst sich mit der Regulierung der Entgelte für die Bereitstellung der Teilnehmerdaten. Die Einzelheiten in Bezug auf den Verpflichtungsumfang und die diesbezüglichen Kosten sind höchst umstritten.[444]

350

Nach § 47 Abs. 1 TKG **verpflichtete Unternehmen** sind sämtliche **Erbringer von Telekommunikationsdiensten für die Öffentlichkeit**, die **Rufnummern an Endnutzer** vergeben, also nach § 6 TKG meldepflichtige Anbieter von Telekommunikationsdiensten für die Öffentlichkeit, die aufgrund einer **originären** Rufnummernzuteilung seitens der BNetzA Rufnummern **abgeleitet** zuteilen.

351

Die **berechtigten Unternehmen** werden in § 47 Abs. 1 TKG schlicht als Unternehmen beschrieben. Da die Überlassungspflicht für die Teilnehmerdaten selbst aber **zweckbezogen** ist, d. h. für Zwecke der Bereitstellung von öffentlich zugänglichen **Auskunftsdiensten** und **Teilnehmerverzeichnissen**, geht es um Unternehmen aus diesen Tätigkeitsfeldern.

352

Gegenstand der Bereitstellungspflicht sind **Teilnehmerdaten**. Die umfassende Legaldefinition hierfür enthält § 47 Abs. 2 S. 1–3 TKG. Diese Daten sind nach § 47 Abs. 1 S. 2 TKG **unverzüglich** und in **nichtdiskriminierender** Weise bereitzustellen und müssen nach § 47 Abs. 2 S. 4 TKG **vollständig** und inhaltlich sowie technisch so **aufbereitet** sein, dass sie nach dem jeweiligen Stand der Technik ohne Schwierigkeiten in ein kundenfreundlich gestaltetes Teilnehmerverzeichnis oder eine entsprechende Auskunftsdienstedatenbank **aufgenommen** werden können.

353

b) Rundfunkübertragung (Teil 4 des TKG)

Die in §§ 48–51 TKG geregelte Rundfunkübertragung liegt etwas quer zu den sonstigen Regelungen des TKG. Denn hier wird ein in sich geschlossenes System für die Regelung bestimmter Anforderungen an die **Interoperabilität** von Fernsehgeräten (§ 48 TKG), die Interoperabilität bei der Übertragung digitaler Fernsehsignale (§ 49 TKG) und an Zugangsberechtigungssysteme (§ 50 TKG) festgelegt. Hierbei geht es um gemeinsame Grundsätze für die sich aus der **Digitalisierung** des Rundfunks ergebenden Fragen. Da diese Fragen und die diesbezüglichen Regelungen des TKG in engem Zusammenhang mit der Regulierung des Rundfunks stehen, werden sie hier nicht näher betrachtet.[445]

354

7. Durchsetzung von Zugangspflichten und Zugangsanordnungen durch die BNetzA sowie Rechtsschutz

Das TKG stellt mehrere Regelungen und Mechanismen für die Durchsetzung von Zugangsverpflichtungen zur Verfügung. Diese betreffen sowohl **Verwaltungsverfahren** vor der BNetzA mit anschließender Fortsetzung der Streitigkeit vor den **Verwaltungsgerichten** als auch den **Zivilrechtsweg**. Während verwaltungs- und zivilrechtliche Rechtsschutzmög-

355

---

443 Zu den Rechtsfragen des § 47 TKG im Überblick *Dietlein* MMR 2008, 372.
444 S. BVerwG MMR 2010, 130 sowie NVwZ-RR 2008, 832; BGH CR 2010, 640; CR 2010, 444; MMR 2010, 427 und MMR 2010,429.
445 Ausf. zu diesem Bereich Heun/*Rickert*, Hdb TK, J. Rn. 1 ff.

lichkeiten **nebeneinander** bestehen, existiert innerhalb der Verwaltungsverfahren ein **Subsidiaritätsverhältnis**.

356 Neben der einseitigen Möglichkeit der BNetzA, gesetzliche Verpflichtungen über die **allgemeinen oder besonderen Eingriffsbefugnisse** des TKG (s. o. Rdn. 66 f.) sowie ihre Verfügungen mittels Verwaltungszwang durchzusetzen, sind zwei Regelungen von besonderer Bedeutung, welche die streitige Anrufung der BNetzA in einem »Parteiverfahren« ermöglichen:
- **Zugangsanordnungsverfahren** nach § 25 TKG;
- **Streitbeilegungsverfahren** nach § 133 TKG.

Parallel hierzu besteht mit § 44 TKG eine der Bestimmung in § 33 GWB vergleichbare Regelung, die **zivilrechtliche Unterlassungs-, Beseitigungs- und Schadenersatzansprüche** begründet und den Rechtsweg zur Zivilgerichtsbarkeit eröffnet.

a) Zugangsanordnung nach § 25 TKG

357 Nach § 25 TKG besitzt die BNetzA eine Anordnungsbefugnis für Zugangsleistungen für zwei Fälle von gescheiterten Zugangsvereinbarungen:
- **Zugangsvereinbarungen** nach § 22 TKG, d. h. im Fall von Zugangsverpflichtungen, die nach § 21 TKG auferlegt worden sind;
- **Zugangsleistungen**, die nach § 18 TKG auferlegt worden sind.

Damit besteht eine Anordnungsbefugnis der BNetzA für sämtliche Zugangsleistungen, die sich aus der Auferlegung von Zugangs(gewährungs)verpflichtungen nach § 21 oder § 18 TKG aufgrund einer Regulierungsverfügung gem. § 13 TKG ergeben. Nicht anwendbar ist § 25 TKG allerdings auf die sonstigen auferlegten Zugangsverpflichtungen oder sonstige Verpflichtungen zwischen Wettbewerbern.

358 In **struktureller Hinsicht** gliedert sich § 25 TKG in
- Regelungen zu den **Anordnungsvoraussetzungen** (§ 25 Abs. 1 und 2 TKG);
- Regelungen zum **Gegenstand und Inhalt** der Zugangsanordnung (§ 25 Abs. 5 TKG);
- Regelungen zum **Anordnungsverfahren** (§ 25 Abs. 1, 3, 4, 6 und 7 TKG);
- Regelungen zu den **Rechtsfolgen** und zur **Durchsetzung** (§ 25 Abs. 8 TKG).

aa) Anordnungsvoraussetzungen

359 Nach § 25 Abs. 1 und 2 TKG ist eine Zugangsanordnung nur zulässig, wenn zwischen den (beiden) Beteiligten eine **Zugangsvereinbarung nicht zustande kommt**, und zwar **soweit und solange** die Beteiligten keine Zugangsvereinbarung treffen. Mit dieser Voraussetzung wird deutlich, dass die Zugangsanordnung gegenüber einer vertraglichen Vereinbarung zwischen den Parteien **subsidiär** ist.

Ferner setzt die Zugangsanordnung nach § 25 Abs. 1 TKG voraus, dass die nach dem TKG erforderlichen Voraussetzungen für eine Verpflichtung zur Zugangsgewährung vorliegen. Dies ergibt sich aus der **Regulierungsverfügung**, mit der dem betreffenden Antragsgegner Zugangsgewährungsverpflichtungen nach § 18 oder § 21 TKG auferlegt worden sind, welche wiederum Gegenstand der Zugangsanordnung sind. Entgegen anderslautender Auffassungen in der Literatur[446] kommt dabei der Regulierungsverfügung für die Zwecke des § 25 TKG **Tatbestandswirkung** zu.[447]

---

[446] *Mayen* CR 2005, 25; Beck TKGKomm/*Piepenbrock/Attendorn* § 25 Rn. 17.
[447] VK Köln CR 2007 503 (507); ähnlich BVerwGCR 2010, 588 (589). Näher Heun/*Heun*, Hdb TK, H. Rn. 588; ebenso BerlKommTKG/*Kühling/Neumann* § 25 Rn. 24.

bb) Anordnungsgegenstand und -inhalt

Der **Anordnungsgegenstand** wird zunächst durch die vom Antragsteller begehrte Zugangsleistung auf Grundlage einer entsprechenden Regulierungsverfügung (regelmäßig gegenüber dem anderen Beteiligten) bestimmt. Mit § 25 Abs. 5 TKG wird dabei klargestellt, dass sich der Anordnungsgegenstand **auf sämtliche Bedingungen einer Zugangsvereinbarung** erstreckt und zwar auch auf die **Entgelte**. Hinzu kommt, dass die BNetzA berechtigt ist, die Anordnung mit Bedingungen in Bezug auf **Chancengleichheit, Billigkeit** und **Rechtzeitigkeit** zu verknüpfen. Damit ist ausgedrückt, dass alle diese Bedingungen im Fall von Streitigkeiten hierüber zwischen den Beteiligten auch zur Anrufung der BNetzA im Anordnungsverfahren berechtigen (können), freilich begrenzt durch den Umfang der auferlegten Zugangs(gewährungs)verpflichtung selbst. Der Gesetzgeber[448] verweist in diesem Zusammenhang einerseits auf die Anlage zur früheren NZV (s. Kap. 9 Rdn. 21), andererseits auf

> »konkrete Vertragsbestandteile, wie etwa Sicherheitsleistung, Kündigungsrecht, Bereitstellungsfristen, Informationsrechte, Schadensersatzklauseln (für beide Vertragspartner). Maßstab der Überprüfung soll das sein, was im Rahmen der allgemeinen zivilrechtlichen Gesetze »üblich« ist.«

Daraus folgt eine **umfassende inhaltliche Anordnungsbefugnis** für die BNetzA, die zugleich auch eine entsprechende **Überprüfungsbefugnis** der verhandelten bzw. streitigen Punkte zwischen den Beteiligten beinhaltet.[449] Die Festlegung der konkreten Bedingungen liegt im **pflichtgemäßen Ermessen** der BNetzA.

cc) Anordnungsverfahren

Das Anordnungsverfahren ist gem. § 132 Abs. 1 TKG ein **Beschlusskammerverfahren** mit regelmäßig zwei unmittelbar Beteiligten und wird typischerweise auf **Antrag (Anrufung)** eines der an der zu schließenden Zugangsvereinbarung Beteiligten eröffnet. **Vorläufige Anordnungen** durch die BNetzA nach § 130 TKG sind möglich. Im Antragsverfahren bleibt der Antragsteller grundsätzlich »Herr des Verfahrens«, weil er nach § 25 Abs. 3 S. 3 TKG seinen Antrag **jederzeit bis zum Erlass der Anordnung widerrufen** kann. Allerdings ist auch vorgesehen, dass die BNetzA ein Anordnungsverfahren **von Amts wegen** einleiten kann. Die **Regelfrist** für die Verfahrensdauer beträgt nach § 25 Abs. 1 S. 1 TKG **zehn Wochen**, kann aber nach § 25 Abs. 1 S. 2 TKG in besonders begründeten Fällen **auf vier Monate verlängert** werden. Diese Maximalfrist entspricht Art. 20 Abs. 1 Rahmenrichtlinie.

Die **Antragsbefugnis** ergibt sich bei der Zugangsanordnung aus dem **drittschützenden Charakter** der auferlegten Zugangsgewährungsverpflichtung (§§ 18, 21 TKG) und damit der Regulierungsverfügung sowie aus § 22 Abs. 1 TKG. Denn **subjektiv-öffentliche Rechte** im Sinne der Schutznormtheorie können **auch durch Verwaltungsakt** begründet werden.[450] Dies gilt im besonderen Maße für die Auferlegung von Zugangsverpflichtungen mittels Regulierungsverfügung, die ja gerade dem Zweck dienen, durch die auferlegten Verpflichtungen Rechte und Durchsetzungsrechte Dritter (z. B. §§ 22, 25, 42, 44 und 133 TKG) zu begründen.[451]

Der Antrag muss nach § 25 Abs. 3 TKG in **Schriftform** eingereicht werden. Ferner gelten besondere Anforderungen an Inhalt und Begründung des Antrags. So muss nach § 25 Abs. 3 S. 2 Nr. 1 TKG im Antrag dargelegt werden, **welchen genauen Inhalt die Anordnung** der BNetzA haben soll. Dies bedeutet, dass ähnlich wie im zivilprozessualen Verfahren ein in-

---
448 BT-Drs. 15/2316, 66.
449 S. etwa BNetzA 27.08.2007, BK3a-07-006 (Telefonica – IP-Bitstrom).
450 *Kopp/Schenke* § 42 VwGO Rn. 163.
451 Siehe zur Entwicklung des Drittschutzes in der Zugangsregulierung: *Attendorn* MMR 2008, 444; BVerwG MMR 2008, 463.

haltlich konkretisierter Antrag bzw. ebensolche Anträge gestellt werden müssen, und zwar in der Weise wie der **gewünschte Entscheidungstenor** der BNetzA aussehen soll. Zudem hat der Antragsteller nach § 25 Abs. 3 S. 2 Nr. 2–4 TKG darzulegen,

- wann der Zugang und welche **konkreten** Leistungen dabei **nachgefragt** worden sind,
- dass **ernsthafte Verhandlungen** stattgefunden haben **oder** Verhandlungen vom Antragsgegner **verweigert** worden sind, und
- bei welchen Punkten **keine Einigkeit** erzielt worden ist.

Dies erfordert, dass der Antragsteller ein eindeutiges und unmissverständliches Anliegen an den Antragsgegner herangetragen hat, ihm ein Angebot auf Zugang zu unterbreiten, und zwar sowohl hinsichtlich des Zugangs selbst als auch hinsichtlich der im Einzelnen nachgefragten Leistungen. Die RegTP sprach unter dem TKG 1996 insoweit zumeist von einer **hinreichend konkreten Nachfrage**[452] der Zusammenschaltung bzw. der einzelnen Zusammenschaltungsleistungen und/oder -dienste. Die Nachfrage muss bei der Zusammenschaltung so konkret sein, dass sie die gewünschten **Orte der Zusammenschaltung**, die geplanten **Verkehrsmengen** sowie das gewünschte **Diensteportfolio** enthält. Dabei ist mit Blick auf einzelne Leistungen genau darauf zu achten, ob sie wie beantragt auch tatsächlich nachgefragt worden sind, oder ob sich die Nachfrage zwischenzeitlich geändert oder erledigt haben könnte.[453]

364 Was das Scheitern der Verhandlungen betrifft, so sind die einzelnen **strittigen Punkte** genau zu bezeichnen, über die **keine Einigkeit erzielt worden** ist. Das macht ein genaues Verhandlungsprotokoll ratsam. Allerdings stellt die BNetzA nach ihrer Entscheidungspraxis **keine sehr hohen Anforderungen an den Nachweis des Scheiterns der Verhandlungen.**[454]

365 Das Verfahren wird **beendet** durch (ganz oder teilweise) Gewährung bzw. (ganz oder teilweise) Ablehnung der Zugangsanordnung mittels Entscheidung der BNetzA, die als **Verwaltungsakt** (§ 132 Abs. 1 S. 2 TKG) ergeht, zu begründen und den Beteiligten nach den Vorschriften des Verwaltungszustellungsgesetzes zuzustellen ist (§ 131 Abs. 1 TKG).

dd) Rechtliche Einordnung und Rechtsfolgen der Zugangsanordnung

366 Nach der **Rechtsprechung des BVerwG** zur Zusammenschaltungsanordnung nach § 37 TKG 1996 hatte diese zwei Rechtswirkungen:[455]
- Begründung eines **öffentlich-rechtlichen Rechtsverhältnisses**, das die Verpflichtung zur Zusammenschaltung zu den festgelegten Bedingungen zum Gegenstand hat.
- Begründung einer **privatrechtlichen Vertragsbeziehung** zwischen den Parteien der Zusammenschaltungsanordnung.

Dies hatte zur Folge, dass die Zusammenschaltungsanordnung sämtliche Regelungen und Bedingungen beinhalten konnte wie ein privatrechtlicher Vertrag, also **auch Kündigungsregelungen**, sofern dies nicht wie in dem vom BVerwG entschiedenen Fall im Einzelfall ungerechtfertigt ist oder dem Zweck der Anordnung zuwider läuft. Diese Rechtsprechung ist auf die Zugangsanordnung nach § 25 TKG ohne Weiteres übertragbar[456] und bedeutet, dass die **Durchsetzung der (vertraglichen) Inhalte der Zugangsanordnung vor den Zivilgerichten** zu suchen ist.

---

[452] So etwa RegTP 12.10.1998, BK4–98–010, S. 5 des amtl. Umdrucks.
[453] S. etwa BNetzA 24.04.2006, BK4c-06–007 (arcor-Z.18), S. 4 des amtl. Umdrucks.
[454] S. etwa RegTP 14.04.1999, BK4d-99–009, S. 13 des amtl. Umdrucks.
[455] BVerwG CR 2004, 586 (587) sowie BVerwG CR 2010, 30 (31 f.).
[456] So offenbar BVerwG CR 2010, 30 (31 f.).

Durchgesetzt werden kann die Zugangsanordnung aber auch durch die BNetzA, und zwar mittels Verwaltungszwang. Nach der Sonderregelung des § 25 Abs. 8 S. 2 TKG kann die BNetzA nach Maßgabe des VwVG hierfür ein **Zwangsgeld von bis zu 1 Mio. €** festsetzen.

ee) Sonderregelung zur Entgeltregulierung

Sind **sowohl** die **Bedingungen einer Zugangsvereinbarung als auch** die **Entgelte** für nachgefragte Leistungen **streitig, soll** die BNetzA nach § 25 Abs. 6 S. 1 TKG jeweils **Teilentscheidungen** treffen. Dies ist eine besondere Verfahrensregelung für den Fall, dass einerseits noch kein Zugang und Streit über dessen Bedingungen besteht und dieser somit angeordnet wird, andererseits aber außerdem ein Streit über die Entgelte vorliegt. Nach § 25 Abs. 6 S. 2 TKG gelten dann die vorgesehenen Verfahrensfristen für beide Teilentscheidungen separat. Es können freilich auch nur die Entgelte streitig sein. 367

Für die **Durchführung der Entgeltfestsetzung** im Rahmen eines Anordnungsverfahrens, sei es als zweite Teilentscheidung nach Anordnung der Zugangsgewährung in der ersten Teilentscheidung oder als einzige im Rahmen der Zugangsgewährung zu treffende Entscheidung, verweist § 25 Abs. 5 S. 3 TKG auf die §§ 27 bis 38 TKG und damit auf **sämtliche Vorschriften zur Entgeltregulierung von Vorleistungen**. Dies ist **ein Rechtsgrundverweis**,[457] sodass sich erst im Rahmen der anzuwendenden Entgeltregulierungsbestimmungen entscheidet, ob die Anordnung anhand der Vorschriften für die Entgeltgenehmigung oder für die nachträgliche Entgeltregulierung zu treffen ist. Allerdings findet die Entgeltregulierung **innerhalb des Anordnungsverfahrens** statt, sodass auch die ggf. einschlägige nachträgliche Entgeltregulierung verfahrensseitig ähnlich wie ein Entgeltgenehmigungsverfahren und nicht nach § 38 TKG abläuft.[458] Allerdings soll die Entgeltregelung einer Zugangsanordnung zwischen den Beteiligten trotz privatrechtsbegründender Wirkung der Zugangsanordnung (oben Rdn. 366) nicht automatisch zu dem Zustandekommen eines privatrechtlichen Vertrags führen, der den Regelungen des § 35 Abs. 5 TKG (unten Rdn. 422) unterliegt.[459] Wenn die betreffenden **Entgelte gar keiner Entgeltregulierung unterliegen**, hat die BNetzA diese ohne weitere Prüfung festzulegen bzw. anzuordnen. 368

ff) Weiterer Rechtsschutz

Der von der Zugangsanordnung **belastete** Beteiligte (Antragsgegner) kann diese mittels **Anfechtungsklage** angreifen. Bei Ablehnung der Zugangsanordnung kann der die Anordnung begehrende Beteiligte Verpflichtungsklage erheben. Für dessen **Klagebefugnis** gelten die gleichen Erwägungen wie bei der Antragsbefugnis für die Anordnung selbst (oben Rdn. 362). 369

Eine Besonderheit gilt gem. § 25 Abs. 6 S. 3 TKG für streitige Entgelte, wonach die Anordnung auch bei zwei Teilentscheidungen **nur insgesamt** angegriffen werden kann. Die Regelung führt zu einer Verkürzung des Rechtsschutzes. 370

b) Streitbeilegungsverfahren nach § 133 TKG

Sofern nicht das Anordnungsverfahren nach § 25 TKG zur Durchsetzung von auferlegten Zugangs(gewährungs)verpflichtungen oder Entgeltregulierungsverfahren (§§ 31, 38 TKG) in Betracht kommen, besteht **subsidiär** (»soweit dies gesetzlich nicht anders geregelt ist«) die Möglichkeit für betroffene Unternehmen, Zugangs- und sonstige gesetzliche Pflichten mittels Streitbeilegungsverfahren gemäß § 133 TKG bei der BNetzA durchzusetzen (dazu 371

---

457 S. auch VG Köln CR 2006, 30 (31) sowie VG Köln CR 2005, 804 (805) unter Bezugnahmen auf VG Köln CR 2005, 437 m. Anm. *Rädler*.
458 VG Köln CR 2006, 30 (31).
459 VG Köln BeckRS 2010, 47660.

auch oben Rdn. 73). Nicht **subsidiär** ist § 133 TKG gegenüber einem einseitigen Vorgehen der BNetzA aus § 126 TKG.[460]

372 Das Streitbeilegungsverfahren ist nach § 133 Abs. 1 TKG statthaft bei Streitigkeiten zwischen Betreibern öffentlicher Telekommunikationsnetze oder Anbietern von Telekommunikationsdiensten für die Öffentlichkeit im Zusammenhang mit Verpflichtungen aus dem oder aufgrund des TKG. Damit besteht eine umfassende Auffangregelung zur Streitbeilegung durch die BNetzA. Solche Streitigkeiten können typischerweise bei der Verletzung von Verpflichtungen aus einem auferlegten **Gleichbehandlungsgebot** (§ 19 TKG) oder **Transparenzgebot** (§ 20 TKG), aber auch mit Blick auf die allgemeinen Pflichten der §§ 16 und 17 TKG oder sonstige Verpflichtungen bestehen, durch die einzelne Personen berechtigt werden. Für die Bereitstellung von Teilnehmerdaten verweist § 47 Abs. 3 TKG ausdrücklich auf § 133 TKG. Auch für die Diensteanbieterverpflichtungen aus den GSM- und UMTS-Lizenzen ist das Verfahren statthaft.[461] Der zuvor bestehende Streit hat sich durch die Einfügung von § 150 Abs. 4a TKG mittels des TKG-Änderungsgesetzes 2007 erledigt.[462] Demgegenüber dürfte angesichts der fehlenden individuellen Zielrichtung eine Verpflichtung aus § 24 TKG nicht im Wege der Streitbeilegung durchsetzbar sein.

373 Sofern eine zulässige Streitigkeit nicht im Streitbeilegungsverfahren endet, kann diese vor den **Verwaltungsgerichten** fortgeführt werden, sei es durch die mittels einer Streitbeilegungsverfügung (»verbindliche Entscheidung« i. S. v. § 133 Abs. 1 TKG) verpflichtete Partei im Wege der Anfechtungsklage, oder durch die wegen einer Ablehnung eines Durchsetzungsantrags unterlegenen Partei im Wege der Verpflichtungsklage. Für Erstere ergibt sich die **Klagebefugnis** aus der belastenden Streitbeilegungsverfügung, für Letztere aus der drittschützenden Wirkung der durch Regulierungsverfügung auferlegten oder anderweitig bestehenden Verpflichtung (s. o. Rdn. 362).

c) Zivilrechtliche Ansprüche nach § 44 TKG und kartellrechtliche Ansprüche

374 Bei Verstößen gegen das TKG, eine aufgrund des TKG erlassenen Rechtsverordnung, eine aufgrund des TKG in einer Zuteilung auferlegten Verpflichtung oder eine Verfügung der BNetzA ist auch ein zivilrechtliches Vorgehen aufgrund der in § 44 Abs. 1 TKG vorgesehenen **Unterlassungs-, Beseitigungs- und Schadenersatzansprüche** möglich. Anspruchsberechtigt sind sowohl Endverbraucher als auch Wettbewerber.

375 Anders als das Drittschutzerfordernis im öffentlichen Recht ist im Rahmen von § 44 Abs. 1 TKG das ähnlich wirkende sog. **Schutznormerfordernis**[463] für die dortigen zivilrechtlichen Ansprüche gegenüber der früheren Regelung des § 40 TKG 1996 zugunsten des weitaus geringeren Erfordernisses der Beeinträchtigung[464] **entfallen**. Dies steht im Zusammenhang mit der 7. GWB-Novelle,[465] mit der die Parallelvorschrift des § 33 GWB entsprechend angepasst worden ist, um der Rechtsprechung des EuGH Rechnung zu tragen.[466] Danach soll nämlich jedermann, der durch einen Verstoß (gegen wettbewerbs- bzw. kartellrechtliche Bestimmungen) geschädigt ist, auch Schadenersatz nach den Bestimmungen des nationalen Rechts verlangen können.[467]

376 Die zivilgerichtliche Geltendmachung von Ansprüchen aus § 44 TKG oder anderen zivil- und/oder wettbewerbs- bzw. kartellrechtlichen Ansprüchen **parallel** zu den verwaltungs-

---

460 BVerwG CR 2008, 359 (361).
461 BVerwG CR 2008, 359 (361 f.).
462 BT-Drs. 16/2581, 40; BT-Drs. 16/3635, 52.
463 Dazu Palandt/*Sprau* § 823 Rn. 56.
464 S. BT-Drs. 15/2316, 72 (zu § 42 TKG-E).
465 GWB i. d. F. v. 15.07.2005, BGBl. I, 2114.
466 S. BT-Drs. 15/5049, 49.
467 EuGH GRUR 2002, 367 Tz. 23, 26 – Courage vs. Crehan.

rechtlichen Ansprüchen und Rechtsschutzmöglichkeiten ist möglich, wenn auch nicht unumstritten. Für die besondere Missbrauchsaufsicht des § 42 TKG ist jedenfalls die Parallelität von Regulierungsverfahren und zivilgerichtlichen Verfahren (in Bezug auf Ansprüche aus dem UWG) bereits durch die Rechtsprechung bestätigt worden.[468] Dort war ein Verstoß gegen § 42 TKG zugleich Mittel zum Zwecke der Feststellung von Verstößen gegen das UWG. Hinsichtlich der parallelen Anwendbarkeit von Missbrauchsaufsicht nach GWB und TKG neigt die Rechtsprechung allerdings zu einer differenzierten Sichtweise, wonach eine parallele Zuständigkeit des BKartA jedenfalls so lange bestehe, wie die BNetzA nicht abschließend hierüber entschieden habe.[469] Dies würde bedeuten, dass nach erfolgter Entscheidung der BNetzA das BKartA nicht über den gleichen Sachverhalt entscheiden könnte. Davon unberührt bleibt aber die zivilgerichtliche Geltendmachung von Ansprüchen aus § 44 TKG. Nach dem Kartellsenat des OLG Frankfurt bleiben die zivilrechtlichen Ansprüche des allgemeinen Kartellrechts neben solchen nach § 44 TKG jedenfalls anwendbar, soweit die Voraussetzungen für den Missbrauchstatbestand des § 42 TKG nicht erfüllt sind.[470]

IV. Entgeltregulierung

Neben der Auferlegung von Zugangsgewährungsverpflichtungen nach den §§ 18, 21 TKG ist die Entgeltregulierung der **intensivste Eingriff** des TKG in die Handlungsfreiheit der Unternehmen. Nach § 27 Abs. 1 TKG ist Ziel der Entgeltregulierung, eine missbräuchliche Ausbeutung, Behinderung oder Diskriminierung von Endnutzern oder Wettbewerbern durch **Unternehmen mit beträchtlicher Marktmacht** zu verhindern. Dabei hat die BNetzA nach § 27 Abs. 2 TKG darauf zu achten, dass sämtliche Entgeltregulierungsmaßnahmen aufeinander abgestimmt sind (**Konsistenzgebot**). Die TKG-Novelle 2011 wird einige strukturelle aber nur wenig inhaltliche Änderungen an den Vorschriften der Entgeltregulierung vornehmen.[471] **377**

1. Arten und Anwendungsbereich (Auferlegung) der Entgeltregulierung

Die §§ 27 bis 39 TKG zur Entgeltregulierung treffen zwei grundsätzliche Unterscheidungen, die für das Verständnis wichtig sind. Zum einen wird danach unterschieden, welche Märkte preislich reguliert werden: **378**
- Vorleistungs- bzw. Zugangsmärkte bzw. **Entgelte für Zugangsleistungen** (§ 30 TKG);
- Endnutzer- bzw. Endkundenmärkte bzw. **Entgelte für Endnutzerleistungen** (§ 39 TKG).

Diese Unterscheidung wird im TKG 2004 besonders deutlich, weil der Schwerpunkt der Entgeltregulierung eindeutig bei den Zugangsleistungen liegt. Ergänzt wie auch durchbrochen wird diese Unterscheidung allerdings in manchen Sonderregelungen (z. B. § 47 Abs. 4 TKG, dazu oben Rdn. 350).

Zum anderen ist in qualitativer Hinsicht zu unterscheiden zwischen zwei Arten der Entgeltregulierung: **379**
- **Entgeltgenehmigungspflicht**, bei der die Entgelte vorab (ex ante) durch die BNetzA unter Anwendung strenger Kontrollmaßstäbe und Verfahrensregelungen geprüft werden (§§ 31, 35 Abs. 3, 28, 37 TKG);
- **nachträgliche Entgeltregulierung**, bei der die Entgelte (lediglich) einer nachträglichen (ex post) Missbrauchsaufsicht unterliegen (§§ 38, 28 TKG).

---

468 LG Frankfurt/M. MMR 2005, 551 mit Anm. *Müller/Berger* und unter Verweis auf die zum TKG 1996 ergangene Entscheidung des OLG Düsseldorf MMR 2004, 247.
469 LG Köln BeckRS 2006, 07421.
470 OLG Frankfurt/M. MMR 2008, 679 Tz. 34.
471 *Heun* CR 2011, 161.

Diese Unterscheidung betrifft die Eingriffsintensität der Maßnahmen der BNetzA, wobei für die nachträgliche Entgeltregulierung nicht deutlich wird, ob es sich um Vorabregulierung i. S. d. Richtlinienpakets 2002 handelt oder um eine eher kartellrechtliche Missbrauchsaufsicht, die von den europarechtlichen Vorgaben gar nicht erfasst ist.

2. Anwendungsbereich (Auferlegung) der Entgeltregulierung

380 Welche Art der Entgeltregulierung auf welche Leistungen (Märkte) welcher Unternehmen anzuwenden ist, steht in unmittelbarem Zusammenhang mit der auf Marktdefinition und Marktanalyse folgenden **Regulierungsverfügung** der BNetzA. Denn § 13 Abs. 1 und 3 TKG verweisen nicht nur auf die Bestimmungen, mit denen Zugangs(gewährungs)verpflichtungen auferlegt werden, sondern vielmehr auch auf die §§ 30 und 39 TKG. Diese Bestimmungen stellen für die Entgeltregulierung von Zugangs- und Endnutzerleistungen die **Weichen** für die Entgeltgenehmigungspflicht oder die nachträgliche Entgeltregulierung. Dementsprechend enthalten die Regulierungsverfügungen auch Entscheidungen darüber, welcher Art von Entgeltregulierung die betroffenen Unternehmen und deren Zugangsleistungen unterliegen. Drittschützende Wirkung kommt den Bestimmungen in §§ 30 und 39 TKG nach der Rechtsprechung nicht zu.[472]

a) Entgeltregulierung für Zugangsleistungen

381 Dreh- und Angelpunkt der Entgeltregulierung im Vorleistungsbereich, d. h. der Regulierung von Entgelten für Zugangsleistungen ist die Regelung in § 30 TKG. Die Absätze 1 bis 4 von § 30 TKG enthalten auf den ersten Blick ein **Regel/Ausnahme-Verhältnis** zwischen Entgeltgenehmigungspflicht einerseits und nachträglicher Entgeltregulierung andererseits, Absatz 5 ist einer Sonderregelung für den Kontrollmaßstab im Fall des Resale (§ 21 Abs. 2 Nr. 3 TKG).

382 Die Bestimmungen in § 30 TKG knüpfen sämtlich an **Zugangsleistungen** an, die einem Betreiber eines öffentlichen Telekommunikationsnetzes nach § 21 oder § 18 TKG **auferlegt** worden sind oder von einem solchen **Betreiber mit beträchtlicher Marktmacht freiwillig** erbracht werden. Daraus folgt, dass mit **Ausnahme** der Auferlegung von Zugangsleistungen nach **§ 18 TKG**, der keine beträchtliche Marktmacht erfordert, der Entgeltregulierung immer nur Entgelte von Betreibern öffentlicher Telekommunikationsnetze für von diesen erbrachte Zugangsleistungen unterliegen können, sofern diese Leistungen auf einem Markt erbracht werden, auf dem für das Unternehmen beträchtliche Marktmacht festgestellt worden ist. Ohne vorherige Marktdefinition und Marktanalyse, und ggf. Zugangspflichten auferlegende Regulierungsverfügung kommt daher auch die Entgeltregulierung entsprechend dem Grundsatz in § 9 Abs. 1 TKG nicht in Betracht.

aa) Entgeltgenehmigungspflicht

383 In § 30 Abs. 1 S. 1 TKG ist dem Wortlaut nach ein grundsätzlicher **gesetzlicher Automatismus** vorgesehen, wonach die Entgelte eines Unternehmens mit beträchtlicher Marktmacht für nach § 21 TKG **auferlegte Zugangsleistungen** der Entgeltgenehmigung **unterliegen**.[473] Von diesem Automatismus gibt es zwei Ausnahmen:
- Zum einen **sollen** nach § 30 Abs. 1 S. 2 TKG bestimmte Betreiber unter bestimmten Voraussetzungen (mittels Regulierungsverfügung gem. § 13 Abs. 1 TKG) von der BNetzA einer nachträglichen Entgeltregulierung **unterworfen werden**.

---

472 Für § 30 VG Köln BeckRS 2008, 34859.
473 So schon *Heun* CR 2004, 903; ausf. *Heun/Jenny* CR 2007, 289.

- Zum anderen **unterliegen** Entgelte für Zugangsleistungen im Bereich der einheitlichen Rechnungsstellung (§ 21 Abs. 2 Nr. 7 TKG: Fakturierung und Inkasso) der nachträglichen Entgeltregulierung (§ 30 Abs. 2 TKG).

Dieses Regel/Ausnahme-Verhältnis des § 30 Abs. 1 TKG war formal und materiell umstritten und außerdem wurde die Konformität von § 30 Abs. 1 S. 2 TKG mit den europarechtlichen Vorgaben infrage gestellt.

Der **Streit um das richtige Regel/Ausnahme-Verhältnis** in § 30 Abs. 1 S. 1 TKG wurde vom BVerwG unter Heranziehung der zugrunde liegenden europarechtlichen Regelungen dahin gehend entschieden, dass einerseits kein gesetzlicher Automatismus bestehe und somit die BNetzA in jedem Fall konstitutiv mittels Regulierungsverfügung darüber entscheide, ob die Entgelte der Genehmigungspflicht oder der nachträglichen Entgeltregulierung unterworfen werden.[474] Andererseits gesteht das BVerwG der BNetzA einen umfassenden Ermessensspielraum im Rahmen ihres **Regulierungsermessen** bei der Frage zu, ob die nachträgliche Regulierung als das mildere Mittel gegenüber der Genehmigungspflicht »ausreicht« oder nicht; weder bestehe ein genereller Vorrang des Normbefehls aus § 30 Abs. 1 Satz 1 TKG (Genehmigungspflicht), noch lasse sich umgekehrt ein genereller Anwendungsvorrang des Satzes 2 (nachträgliche Entgeltregulierung) auf dessen Charakter als Soll-Vorschrift stützen.[475] Ein Regel//Ausnahme-Verhältnis ist damit hinfällig geworden. 384

Gleiches gilt für die als Reaktion auf ein Vertragsverletzungsverfahren durchgeführte Änderung des § 30 TKG im Wege des TKG-Änderungsgesetzes 2007 (Rdn. 1). Denn auch hier hat das BVerwG eine europarechtskonforme Auslegung dahin gehend vorgenommen, dass die BNetzA im Rahmen ihres Regulierungsermessens stets über das Ob und das Wie der Entgeltregulierung zu entscheiden habe.[476] 385

Daher **kann** die BNetzA nach § 30 Abs. 3 S. 1 TKG auch im Fall trotz beträchtlicher Marktmacht nicht auferlegter, also **freiwillig erbrachter Zugangsleistungen** ausnahmsweise zur Erreichung der Regulierungsziele nach § 2 Abs. 2 TKG die Entgeltgenehmigungspflicht auferlegen. 386

bb) Nachträgliche Entgeltregulierung

Umgekehrt zu § 30 Abs. 1 ist (jedenfalls dem Wortlaut nach) in § 30 Abs. 3 TKG die nachträgliche Entgeltregulierung der »**Regelfall**« für **Zugangsleistungen** eines Betreibers mit beträchtlicher Marktmacht, die nicht nach § 21 TKG auferlegt worden sind, also **freiwillig** erbracht werden. Dieser »Regelfall« kann wie soeben erwähnt aber ausnahmsweise durchbrochen werden. 387

Immer von Gesetzes wegen der nachträglichen Entgeltregulierung unterliegen (bzw. sind zu unterwerfen) Zugangsleistungen im Bereich der **einheitlichen Rechnungsstellung** nach § 21 Abs. 2 Nr. 7 TKG. Allerdings erfolgt auch die nachträgliche Entgeltregulierung dann nicht, soweit die betreffende Branchenlösung praktiziert wird oder es sich um Leistungen handelt, zu denen der betroffene Rechnungsersteller nicht verpflichtet werden kann (s. die Regelungen in § 21 Abs. 2 Nr. 7 lit. b) TKG). 388

Ferner unterliegen (bzw. sind zu unterwerfen) nach § 30 Abs. 4 TKG Entgelte eines Betreibers ohne beträchtliche Marktmacht, der den **Zugang zu Endnutzern kontrolliert**, die 389

---

[474] BVerwG BeckRS 2008, 35867 Tz. 54 ff. für § 30 TKG und CR 2009, 298 (300 f.) für § 39 TKG, wobei deutlich wird, dass das BVerwG hier gegen den Wortlaut und das Normverständnis der Beteiligten eine europarechtskonforme Auslegung vornimmt.
[475] BVerwG BeckRS 2008, 35867 Tz. 58 ff.
[476] BVerwG CR 2009, 366 (370).

dieser im Rahmen von **nach § 18 TKG auferlegten Verpflichtungen** erhebt, der nachträglichen Entgeltregulierung.

b) Entgeltregulierung für Endnutzerleistungen

390 Auch § 39 TKG knüpft an das **Bestehen beträchtlicher Marktmacht** an, und damit an eine vorherige Marktdefinition und Marktanalyse. Indes ist es hier nicht erforderlich, dass diesbezüglich auch bestimmte Verpflichtungen auferlegt worden sind. Der Anwendungsbereich ergibt sich hier somit vornehmlich über die der Marktanalyse zugrunde liegende Marktdefinition.

391 Welche Art der Entgeltregulierung für Endnutzerleistungen infrage kommt, ist in § 39 TKG ausführlich geregelt. Dabei ist nach § 39 Abs. 3 S. 1 TKG dem Wortlaut nach die **nachträgliche Entgeltregulierung der von Gesetzes wegen geltende Regelfall**.[477] Dies gilt im Hinblick auf Art. 17 Abs. 1, 2 Universaldienstrichtlinie aber nicht unmittelbar kraft Gesetzes, sondern es bedarf auch hier der konstitutiven Auferlegung durch die BNetzA.[478] Allerdings **kann** die BNetzA nach § 39 Abs. 1 S. 1 TKG die Entgeltgenehmigungspflicht auferlegen, wenn Tatsachen die Annahme rechtfertigen, dass die Verpflichtungen im Zugangsbereich oder zur Betreiber(vor)auswahl nach § 40 TKG nicht zur Erreichung der Regulierungsziele nach § 2 Abs. 2 TKG führen würden. Hier **soll** die BNetzA nach § 39 Abs. 1 S. 2 TKG die Genehmigungspflicht auf solche Märkte beschränken, auf denen in absehbarer Zeit nicht mit der Entstehung eines nachhaltig wettbewerbsorientierten Marktes (§ 3 Nr. 12 TKG) zu rechnen ist. Dementsprechend hat die BNetzA von dieser Ausnahme soweit ersichtlich auch noch keinen Gebrauch gemacht.

392 Allerdings enthält § 39 anders als § 30 TKG zusätzliche Verpflichtungsmöglichkeiten, die im Zusammenhang mit der Entgeltregulierung stehen:
- **Anzeigepflicht** für Endnutzerentgelte zwei Monate im Voraus, was der BNetzA eine besondere vorab wirkende Kontrollmöglichkeit anhand der Maßstäbe der nachträglichen Entgeltregulierung verschafft (§ 39 Abs. 3 S. 2–4 TKG);
- Verpflichtung zur **gleichzeitigen Abgabe eines Vorleistungsangebots** eines nach § 21 TKG mittels Regulierungsverfügung zugangsverpflichteten Unternehmens bei geplanten Entgeltmaßnahmen im Endnutzerbereich, was der BNetzA eine Untersagungsmöglichkeit bei Nichterfüllung gibt (§ 39 Abs. 4 TKG).

Bislang hat die BNetzA lediglich von der Auferlegung der Anzeigepflicht Gebrauch gemacht.[479]

393 Nach § 40 Abs. 1 S. 6 TKG unterliegen auch etwaige Entgelte für Endnutzer, die von dem zur **Betreiber(vor)auswahl** mittels Regulierungsverfügung verpflichteten Unternehmen Leistungen in Anspruch nehmen wollen, der nachträglichen Entgeltregulierung. Gleiches gilt nach § 39 Abs. 2 TKG für Leistungen nach § 78 Abs. 2 Nr. 3 und 4 TKG (Auskunftsdienst und öffentliche Telefonstellen). Ferner führen die Regelungen des § 79 TKG zur »**Erschwinglichkeit**« der Entgelte für **Universaldienste** auch hinsichtlich der übrigen Universaldienste im Ergebnis in das nachträgliche Entgeltregulierungsverfahren.

---

477 S. etwa BNetzA, Beschl. v. 05.07.2006, BK2a-06-001-R (Endnutzermärkte Festnetztelefonie), BNetzA Mitteilung Nr. 249/2006, ABl. Nr. 13/2006, S. 1742 (1783).
478 BVerwG CR 2009, 298 (300 f.).
479 BNetzA 05.07.2006, BK2a-06-001-R (Endnutzermärkte Festnetztelefonie), BNetzA Mitteilung Nr. 249/2006, ABl. Nr. 13/2006, S. 1742. Bestätigt durch VG Köln CR 2008, 25 (29 f.), mit Ausnahme der Anzeigepflicht bei Entgelten für VoIP-Verbindungen.

c) Sonstige Fälle der Entgeltregulierung

In § 41 Abs. 3 TKG ist mit Blick auf **Verpflichtungen zu Mietleitungen** ein kompletter Rechtsgrundverweis auf die §§ 27 bis 39 TKG enthalten. Dies ist so zu verstehen, dass sich die Regulierung der maßgeblichen Entgelte nach § 30 oder § 39 TKG richtet, je nachdem ob die zugrunde liegende Marktdefinition und Marktanalyse nebst Regulierungsverfügung einen Vorleistungs- oder einen Endnutzermarkt betrifft. **394**

Einen ähnlichen Verweis enthält § 46 Abs. 3 TKG, der allerdings sowohl Vorleistungs- als auch Endnutzerentgelte, die anlässlich der **Rufnummernübertragbarkeit** (Portierung) erhoben werden, der **nachträglichen Entgeltregulierung** unterwirft. Daher liegt hier anders als in § 41 Abs. 3 TKG ein **Rechtsfolgenverweis** auf § 38 Abs. 2–4 TKG vor,[480] und es kommt auf eine etwaige beträchtliche Marktmacht nicht an. **395**

Nach dem **Rechtsfolgenverweis**[481] auf § 38 Abs. 2–4 TKG in § 47 Abs. 4 TKG ist schließlich für die Entgelte, die für die **Bereitstellung von Teilnehmerdaten** erhoben werden, die **nachträgliche Entgeltregulierung** die Regel. Ausnahmsweise soll ein solches Entgelt nur dann der Entgeltgenehmigungspflicht unterworfen werden, wenn das Unternehmen auf dem Markt für Endnutzerleistungen über beträchtliche Marktmacht verfügt. Welcher Markt dies ein soll, d. h. derjenige für Telefonanschlüsse (Märkte Nr. 1 und 2 der Märkteempfehlung) oder diejenigen für Auskunftsdienste und/oder Teilnehmerverzeichnisse, lässt die Bestimmung allerdings offen.[482] Zudem gibt Art. 25 Abs. 2 Universaldienstrichtlinie hier Kostenorientierung vor, was mit Blick auf die Entgeltmaßstäbe die Entgeltgenehmigungspflicht nahe legt.[483] **396**

3. Anordnungen im Rahmen der Entgeltregulierung

Der gesetzliche Anwendungsbereich bzw. die Befugnisse der BNetzA zur Art der Entgeltregulierung werden in § 29 TKG durch **besondere Anordnungsbefugnisse** der BNetzA flankiert und ergänzt, die im Rahmen oder zur Vorbereitung der Entgeltregulierung ergehen dürfen. Die einzelnen Bestimmungen ermöglichen **397**

- Vorgaben hinsichtlich der der BNetzA vorzulegenden Informationen sowie Vorgaben für die Form der Kostenrechnung (§ 29 Abs. 1 TKG);[484]
- Verpflichtungen in Bezug auf Kostenrechnungsmethoden einschließlich der Verpflichtung, die Beschreibung wichtiger Positionen zu veröffentlichen (§ 29 Abs. 2 TKG);
- Verpflichtung zum Zugang unter bestimmten Tarifsystemen und zur Anwendung bestimmter Kostendeckungsmechanismen (§ 29 Abs. 3 TKG);
- Vorgaben zur Form der Veröffentlichung von Entgelten oder Entgeltänderungen (§ 29 Abs. 5 TKG).

Diese Befugnisse gelten sowohl gegenüber Unternehmen mit beträchtlicher Marktmacht als auch (wenn auch in geringerem Umfang) gegenüber Unternehmen ohne beträchtliche Marktmacht, die der Entgeltregulierung unterliegen (§ 29 Abs. 6 TKG).

---

[480] S. VG Köln BeckRS 2006, 27215.
[481] VG Köln BeckRS 2006, 27215.
[482] Dazu BerlKommTKG/*Voß* § 47 Rn. 49 ff.
[483] Die BNetzA umschifft dieses Problem durch europarechtskonforme Auslegung der Maßstäbe des § 28 TKG anhand von Art. 25 Abs. 2 Universaldienstrichtlinie: BNetzA 17.08.2005, BK3c-05/036, S. 20 des amtl. Umdrucks. Bestätigt durch VG Köln MMR 2007, 541 (543 f.). Zwar hat das BVerwG NVwZ-RR 2008, 832 die BNetzA und das VG Köln aufgehoben, die Auslegung der BNetzA jedoch bestätigt (Tz. 15).
[484] Dazu VG Köln BeckRS 2010, 53190; VG Köln BeckRS 2010, 51339.

4. Entgeltgenehmigungsverfahren

398 Das Entgeltgenehmigungsverfahren richtet sich nach den Bestimmungen in §§ 31 bis 37 TKG. Darin werden zwei Arten der Entgeltgenehmigung, die Maßstäbe für die Entgeltgenehmigung, das Verfahren und die Rechtsfolgen der Entgeltgenehmigung geregelt.

a) Arten der Entgeltgenehmigung

399 In § 32 TKG werden zwei Arten der Entgeltgenehmigung aufgeführt:
- **Einzelgenehmigung** in Bezug auf einzelne Dienste (Nr. 1);
- **Price-Cap-Verfahren**, in dem Dienste in einem Korb zusammengefasst werden, auf der Grundlage von Maßgrößen (insbesondere Preissteigerungs- und Produktivitätsfortschrittsrate, § 34 Abs. 3 TKG) für die durchschnittlichen Änderungsraten der Entgelte im Korb (Nr. 2).

Soweit ersichtlich, findet unter dem TKG 2004 bislang kein Price-Cap-Verfahren statt. Dies würde sich nach den Regelungen in § 34 TKG richten. Im Rahmen der Einzelgenehmigung sind **konkret-aufwandsbezogene Entgelte** oder Entgeltteile, die sich nach dem Zeit- und Materialaufwand im jeweiligen Einzelfall richten sollen, nach § 31 TKG regelmäßig nur dann genehmigungsfähig, wenn und soweit die Entgeltkalkulation anhand einer standardisierten Festlegung der zur Leistungserbringung erforderlichen Tätigkeit aufgrund (noch) fehlender Erfahrung oder von Fall zu Fall stark unterschiedlicher Produktionsprozesse nicht möglich ist.[485] Daraus folgt ein grundsätzlicher Vorrang der Genehmigung von standardisierten vor aufwandsbezogenen Entgelten.[486]

b) Maßstäbe für die Entgeltgenehmigung

400 Im (Einzel-) Entgeltgenehmigungsverfahren gelten **strenge und umfassende Maßstäbe** für die Prüfung und Genehmigung der der Entgeltgenehmigungspflicht unterliegenden Entgelte.

aa) Kosten der effizienten Leistungsbereitstellung

401 Im Entgeltgenehmigungsverfahren ist nach § 31 Abs. 1 TKG der entscheidende Maßstab, dass die Entgelte die **Kosten der effizienten Leistungsbereitstellung (KeL) nicht überschreiten** dürfen. Nach § 31 Abs. 2 TKG ergeben sich die Kosten der effizienten Leistungsbereitstellung aus
- den **langfristigen zusätzlichen Kosten** der Leistungsbereitstellung und
- einem angemessenen Zuschlag für leistungsmengenneutrale **Gemeinkosten**,
- einschließlich einer angemessenen **Verzinsung des eingesetzten Kapitals**,

soweit diese Kosten jeweils für die Leistungsbereitstellung **notwendig** sind.[487]

402 Die Kriterien für die angemessene **Eigenkapitalverzinsung** sind in § 31 Abs. 4 TKG näher aufgeführt und zwischen Telekom und BNetzA sowie am Markt insgesamt umstritten.[488] Die BNetzA besitzt nach Ansicht des VG Köln bei der Anwendung dieser Kriterien einen **Beurteilungsspielraum**.[489] Das BVerwG vertritt dagegen zur Frage eines Beurteilungsspielraums der BNetzA bei der Bestimmung der Kosten der effizienten Leistungsbereitstellung eine differenzierte Auffassung, ohne allerdings eine allgemeine Klärung vorgenommen

---

[485] BVerwG BeckRS 2010, 45416 Tz. 17.
[486] BVerwG BeckRS 2010, 45416 Tz. 17.
[487] S. im Einzelnen Beck TKGKomm/*Schuster/Ruhle* § 31 Rn. 32.
[488] S. BerlKommTKG/*Groebel* § 31 Rn. 35.
[489] VG Köln BeckRS 2006, 20482.

zu haben.⁴⁹⁰ Nach Auffassung des BVerwG besteht ein Beurteilungsspielraum allenfalls in Bezug auf abgrenzbare Teilaspekte,⁴⁹¹ die das Gericht allerdings (noch) nicht in allen Einzelheiten benannt hat. Besonders umstritten ist in diesem Zusammenhang, ob für die Bestimmung der Kosten (nur) die **historischen Kosten** des entgeltregulierten Unternehmens zugrundezulegen sind oder (auch) die aktuellen **Wiederbeschaffungskosten**. So hat das VG Köln bei der Genehmigung der monatlichen Entgelte infolge einer viel beachteten Vorlageentscheidung des EuGH zu den **Kosten der Teilnehmeranschlussleitung (TAL)**⁴⁹² angenommen, dass weder historische Kosten noch Wiederbeschaffungskosten ausschließlich zugrunde gelegt werden dürfen und jedenfalls zunächst die historischen Kosten betrachtet werden müssen.⁴⁹³ Das BVerwG hat die Entscheidung durch Nichtzulassung der Revision bestätigt und klargestellt, dass das VG Köln hier nicht eine Einschränkung des bestehenden Beurteilungsspielraums der BNetzA angenommen, sondern in der Nichtberücksichtigung der historischen Kosten eine Unterschreitung des Beurteilungsspielraums festgestellt habe.⁴⁹⁴

Das **Effizienzkriterium** verdeutlicht einerseits, dass nur notwendige Kosten berücksichtigungsfähig sind,⁴⁹⁵ anderseits, dass sich im Wettbewerb langfristig nur der effizient (d. h. mit minimalen Kosten) agierende Wettbewerber durchsetzt.⁴⁹⁶ Dementsprechend werden mit den langfristigen zusätzliche Kosten der Leistungsbereitstellung auch nur die **Einzelkosten** (»zusätzliche Kosten«) der betrachteten Leistung erfasst, und zwar mit einem an Effizienzgesichtspunkten orientierten zukunftsgerichteten (»langfristig«) Ansatz (**forward looking**). **403**

Die BNetzA kann von den tatsächlichen Netzstrukturen des entgeltgenehmigungsverpflichteten Unternehmens abweichen und auf **effiziente »hypothetische Netze«** abstellen, solange die Effizienz des realen Netzes nicht ausreichend nachgewiesen ist.⁴⁹⁷ **404**

In Bezug auf die **Allokation der Gemeinkosten** (Gemeinkostenzuschläge) gelten strenge Anforderungen an die vorzulegenden Nachweise, die sich einerseits aus § 33 Abs. 1 und 2, anderseits aus § 33 Abs. 3 und 4 TKG ergeben, und der BNetzA die vollständige Außerachtlassung der nicht hinreichend nachgewiesenen bzw. erläuterten Kosten ermöglichen.⁴⁹⁸ **405**

Eine **besondere Abweichung** für den Entgeltmaßstab der KeL enthält § 30 Abs. 5 TKG für den Bereich des **Resale** nach § 21 Abs. 2 Nr. 3 TKG. Hier sollen sich die Entgelte aus einem Abschlag auf den Endnutzerpreis ergeben, der einem effizienten Anbieter von Telekommunikationsdiensten die Erzielung einer angemessenen Verzinsung des eingesetzten Kapitals auf dem Endnutzermarkt ermöglicht, wobei das Entgelt dabei mindestens den Kosten der effizienten Leistungsbereitstellung entsprechen muss. Dieser als »**Retail Minus**« bezeichnete Entgeltmaßstab ist damit nach oben durch den Endnutzerpreis abzüglich einer objektiv zu bestimmenden angemessenen »**Rohmarge**« (Abschlag) begrenzt, und nach unten durch die Kosten der effizienten Leistungsbereitstellung. Die **Untergrenze verhindert Dumping** zugunsten von Resale-Geschäftsmodellen gegenüber Zugangsleistungen mit In- **406**

---

490 BVerwG BeckRS 2010, 50854 Tz. 4.
491 BVerwG NVwZ-RR 2009, 918 (919).
492 EuGH EuZW 2008, 319.
493 VG Köln MMR 2009, 211 (213) Im Anschluss daran VG Köln BeckRS 2009, 39084 sowie BeckRS 2009, 42499.
494 BVerwG BeckRS 2009, 39925 Tz. 5. Siehe aber auch BVerwGBeckRS 2010, 50856, mit welchem das BVerwG die Revision gegen die Urteile des VG Köln vom 27.08.2009 zuließ, um die Frage des Verhältnisses zwischen historischen und aktuellen Kosten zu klären.
495 Zur Rechtswidrigkeit des sog. Anschlusskostenbeitrags: EuGH CR 2009, 295 sowie BVerwG CR 2010,97.
496 Näher hierzu und zum Folgenden BerlKommTKG/*Groebel* § 31 Rn. 10, 22 ff.
497 VG Köln MMR 2007, 539 (540).
498 VG Köln MMR 2007, 539 (541).

frastrukturanteil. Die Obergrenze ist dagegen im Rahmen eines Entgeltgenehmigungsverfahrens zu ermitteln.

bb) Missbrauchsverbot nach § 28 TKG und Einhaltung anderer Rechtsvorschriften

407 Zusätzlich zu der Obergrenze in Höhe der Kosten der effizienten Leistungsbereitstellung müssen die Entgelte aber nach § 35 Abs. 3 TKG auch den **Anforderungen des § 28 TKG** entsprechen und **mit anderen Rechtsvorschriften in Einklang stehen**. Während § 28 TKG besondere Missbrauchstatbestände beinhaltet, bedeutet der Hinweis auf andere Rechtsvorschriften, dass die BNetzA hier auch Regelungen des GWB wie etwa die §§ 19 und 20 GWB prüfen kann.

408 Nach § 28 TKG sind dem (entgeltgenehmigungsverpflichteten) **Unternehmen mit beträchtlicher Marktmacht** missbräuchliche Preisgestaltungen untersagt. Zwischen dem marktmächtigen Unternehmen und seinem Verhalten muss dabei ein kausaler Zusammenhang dergestalt bestehen, dass die marktmächtige Stellung des Unternehmens nicht hinweggedacht werden kann, ohne dass zugleich auch die Durchsetzbarkeit des beanstandeten Verhaltens entfiele.[499] Ähnlich wie § 42 TKG besteht § 28 TKG aus mehreren **Verbotstatbeständen**, die sich an den §§ 19, 20 GWB orientieren in Form

- des **allgemeinen Missbrauchsverbots** bei der Vereinbarung von Entgelten (§ 28 Abs. 1 S. 1 TKG);
- des Verbots, Entgelte zu fordern, die nur aufgrund der beträchtlichen Marktmacht auf dem jeweiligen Markt durchsetzbar sind (§ 28 Abs. 1 S. 2 Nr. 1 TKG: **Ausbeutungs- bzw. Preishöhenmissbrauch**);
- des Verbots, die Wettbewerbsmöglichkeiten anderer Unternehmen auf einem Telekommunikationsmarkt auf erhebliche Weise zu beeinträchtigen (§ 28 Abs. 1 S. 2 Nr. 2 TKG: **Entgeltbehinderungsmissbrauch**);
- des Verbots, einzelnen Nachfragern Vorteile gegenüber anderen Nachfragern gleichartiger oder ähnlicher Telekommunikationsdienste einzuräumen (§ 28 Abs. 1 S. 2 Nr. 3 TKG: **Diskriminierungsverbot**),

es sei denn, dass in den beiden letztgenannten Fällen eine sachliche Rechtfertigung nachgewiesen wird.

409 Ferner enthält § 28 Abs. 2 TKG drei **Vermutungstatbestände** für einen Verstoß gegen § 28 Abs. 1 S. Nr. 2 TKG:
- **Preisdumping**, wenn das Entgelt die langfristigen zusätzlichen Kosten der Leistung einschließlich einer angemessenen Verzinsung des Kapitals nicht deckt (Nr. 1);
- **Preis-Kosten-Schere**, wenn die Spanne zwischen Vorleistungs- und Endnutzerentgelt nicht ausreicht, um einem effizienten Unternehmen einer angemessene Verzinsung des Kapitals auf dem Endnutzermarkt zu ermöglichen (Nr. 2);
- **sachlich ungerechtfertigte Bündelung**, insbesondere wenn es effizienten Wettbewerbern nicht möglich ist, das Bündelprodukt zu vergleichbaren Konditionen anzubieten (Nr. 3).

410 Hinsichtlich des **Preishöhenmissbrauchs** fordert die Rechtsprechung[500] in Anlehnung an die kartellrechtliche Rechtsprechung die Feststellung desjenigen Preises, der sich für das betreffende Produkt aufgrund eines funktionierenden Wettbewerbs ergäbe (»**Als-ob-Wettbewerbspreis**«, »**wettbewerbsanaloger Preis**«). Dieser Vergleichspreis wird typischerweise durch eine Vergleichsmarktuntersuchung nach § 35 Abs. 1 Nr. 1 TKG ermittelt (unten Rdn. 417). Nach der Rechtsprechung des BGH[501] und des BVerwG[502] wie auch nach der

---
499 VG Köln CR 2010, 33, s. auch BVerwG BeckRS 2010, 56638 Tz. 28 f.
500 VG Köln MMR 2007, 541(543); ebenso BVerwG NVwZ-RR 2008, 832.
501 BGH WRP 2005, 1283 (1288).
502 BVerwG NVwZ-RR 2008, 832 sowie NVwZ 2008, 1359.

Praxis der BNetzA[503] ist ein Entgelt aber nur dann missbräuchlich überhöht, wenn ein erheblicher Abstand zwischen dem ermittelten Vergleichspreis und dem verlangten Entgelt besteht. Einem solchen **Erheblichkeitszuschlag** steht auch nicht entgegen, dass der Vergleichswert zuvor mit einem ggf. erheblichen **Sicherheitszuschlag** versehen worden ist.[504] Allerdings ist zu berücksichtigen, dass bei Märkten, die von einer natürlichen Monopolsituation geprägt sind, nur ein geringerer als unter normalen Wettbewerbsbedingungen üblicher Erheblichkeitszuschlag bejaht werden kann.[505] Dementsprechend wird in netzbasierten Strommärkten ein Erheblichkeitszuschlag von **wenigstens 5 %** als ausreichend erachtet.[506] Die BNetzA wendet demgegenüber mit der gleichen Argumentation im Bereich der Missbrauchsaufsicht gegenüber den Terminierungsentgelten der alternativen Teilnehmernetzbetreiber ein **Erheblichkeitszuschlag von 6 %** an.[507]

Hinsichtlich der Vermutungstatbestände der **Preis-Kosten-Schere** und der **sachlich ungerechtfertigten Produktbündelung** hat die BNetzA besondere **Hinweise** veröffentlicht.[508] Diese geben einen Einblick, wie die BNetzA diese Fragen beurteilt bzw. in etwaigen Verfahren zu beurteilen beabsichtigt. **411**

c) Methoden zur Prüfung der Einhaltung der Entgeltmaßstäbe

Das TKG sieht in §§ 33 und 35 mehrere abgestufte Methoden zur Prüfung der Vereinbarkeit der betreffenden Entgelte mit den einschlägigen Entgeltmaßstäben vor. Damit besitzt die BNetzA ein **flexibles Instrumentarium** für Entgeltgenehmigungen. **412**

aa) Regel: Prüfung der Kostenunterlagen

Die Einhaltung der Entgeltmaßstäbe hat die BNetzA **vorrangig** anhand der nach § 33 TKG vorzulegenden **Kostenunterlagen** zu prüfen. Dies ergibt sich aus § 35 Abs. 1 i. V. m. § 31 Abs. 1 S. 2 TKG. **413**

Im Fall der Einzelgenehmigung nach § 32 Nr. 1 TKG prüft die BNetzA dabei für **jedes einzelne Entgelt** die Einhaltung der Maßgaben von § 31 und § 28 TKG. Dies bedeutet einen erheblich Aufwand, da die von den verpflichteten Unternehmen eingereichten Kostenunterlagen mehrere tausend Seiten umfassen können. **414**

bb) Ausnahme: Vergleichsmarktuntersuchung und Kostenmodelle

Neben der Prüfung der Kostenunterlagen kann die BNetzA nach § 35 Abs. 1 S. 1 TKG
- eine **Vergleichsmarktuntersuchung** vornehmen (Nr. 1) und
- von der Kostenberechnung des verpflichteten Unternehmens unabhängige Kostenrechnungen anhand von **Kostenmodellen** vornehmen (Nr. 2). **415**

Auf diese Weise können die Kostenunterlagen und Kostenberechnungen des verpflichteten Unternehmens einer Gegenkontrolle unterzogen werden.

Sofern allerdings die Kostenunterlagen nicht ausreichen, kann die BNetzA ihre Entgeltgenehmigungsentscheidung nach § 35 Abs. 1 S. 2 i. V. m. § 31 Abs. 1 S. 2 TKG auch **ausschließlich** auf eine **Vergleichsmarkbetrachtung** sowie ggf. auf Kostenmodelle stützen. Die ausschließliche Heranziehung der Vergleichsmarktbetrachtung geschieht in der Praxis häufig, weil die Kostenunterlagen von der BNetzA oft als unzureichend angesehen werden. **416**

---

503 Z. B. BNetzA 31.05.2006, BK 4b-06-009 (Augustakom), S. 13 des amtl. Umdrucks.
504 BGH WRP 2005, 1283 (1288). Das ergibt sich wiederum aus der Vorinstanz, die Sicherheitszuschläge im Bereich von 50 % bemängelte: OLG Düsseldorf ZNER 2004, 187 (191).
505 BGH WRP 2005, 1283 (1288).
506 OLG Düsseldorf ZNER 2004, 187 (191).
507 Z. B. BNetzA 31.05.2006, BK 4b-06-009 – (Augustakom), S. 13 des amtl. Umdrucks.
508 BNetzA Mitteilung Nr. 198/2005, ABl. S. 1188; Mitteilung Nr. 441/2006, ABl. S. 4049.

417 In Bezug auf die **Vergleichsmarktbetrachtung** ist dabei zu beachten, dass für diese nach der Praxis der BNetzA und der Rechtsprechung **unterschiedliche Anforderungen** und Rahmenbedingungen gelten, je nachdem ob diese innerhalb eines Entgeltgenehmigungsverfahrens oder eines Verfahrens der nachträglichen Entgeltregulierung durchgeführt wird. Beiden Verfahren gemeinsam ist, dass die **Preise** (nicht die Kosten) solcher in- und/oder ausländischer Unternehmen einzubeziehen sind, die entsprechende Leistungen auf **vergleichbaren Märkten** anbieten; dabei dürfen **auch Monopolunternehmen** bzw. **regulierte Märkte** zum Vergleich herangezogen werden.[509] Für das Entgeltgenehmigungsverfahren darf die BNetzA aber die Vergleichsmarktuntersuchung im Rahmen eines ihr zustehenden Beurteilungsspielraums auf Länder und Unternehmen mit kostenorientierter Entgeltregulierung beschränken und einen »**Best-Practice-Ansatz**« verfolgen;[510] insoweit wird nicht auf den Durchschnitt (»Average Practice«) oder gar den höchsten unverzerrten Wettbewerbspreis abgestellt, sondern mit Blick auf den Maßstab der Kosteneffizienz eher am unteren Ende der Preisskala angesetzt, weil dort die effizientesten Anbieter agieren. Ferner kann die BNetzA hier je nach Qualität der Vergleichsdaten einen **geringen Sicherheitszuschlag** von lediglich 5 % anwenden, während der für die Feststellung eines Missbrauchs nach § 28 TKG erforderliche **Erheblichkeitszuschlag** (s. o. Rdn. 410) im Rahmen von § 31 Abs. 2 TKG unterbleibt.

d) Einleitung und Durchführung des Entgeltgenehmigungsverfahrens

418 Das Entgeltgenehmigungsverfahren wird eingeleitet durch **Antrag** des nach § 30 Abs. 1 oder Abs. 3 oder § 39 Abs. 1 S. 1 TKG verpflichteten Unternehmens (§ 31 Abs. 5 TKG) **oder von Amts wegen**, wenn das verpflichtete Unternehmen einer Aufforderung zur Stellung eines Antrags nicht binnen eines Monats nachkommt (§ 31 Abs. 6 TKG). Bei befristeten Entgeltgenehmigungen muss die Vorlage mindestens 10 Wochen vor Fristablauf erfolgen. Die Dauer des Entgeltgenehmigungsverfahrens beträgt außerhalb eines Anordnungsverfahrens (§ 25 TKG) 10 Wochen (§ 31 Abs. 6 TKG) und richtet sich innerhalb des Anordnungsverfahrens nach den dort geltenden Fristen (10 Wochen mit Verlängerungsmöglichkeit auf vier Monate gem. § 25 Abs. 6 TKG). Dabei bildet der Antrag des marktmächtigen Unternehmens auf Genehmigung der Zugangsentgelte den Rahmen für die Entgeltgenehmigung durch die BNetzA. Die Behörde darf der Genehmigung keine wesentlich andere Leistung zugrunde legen als diejenige, die Gegenstand des Entgeltantrags ist.[511] Solange es an einer ausreichenden Datengrundlage fehlt, darf auch im Hinblick auf einen nahenden Fristablauf über einen Entgeltantrag nicht positiv entschieden werden.[512]

419 Mit dem Entgeltantrag hat das verpflichtete Unternehmen nach § 33 TKG **umfangreiche Kostenunterlagen und Kostennachweise** vorzulegen. Über die Erfüllung dieser Verpflichtung besteht häufig Streit zwischen der BNetzA und den verpflichteten Unternehmen. Ferner entsteht mit Blick auf die beigeladenen Beteiligten (zumeist Wettbewerber und Verbände) regelmäßig Streit über die Frage, ob und inwieweit die eingereichten Unterlagen **Betriebs- und Geschäftsgeheimnisse** beinhalten (dazu oben Rdn. 76, 83 ff.).

420 Das Verfahren ist ein **Beschlusskammerverfahren** und endet demgemäß durch **Verwaltungsakt**, mit dem das Entgelt **vollständig** oder **teilweise genehmigt** oder **versagt** wird (§ 35 Abs. 3 TKG). Die Versagungsmöglichkeit besteht nicht nur dann, wenn das beantragte Entgelt den anzuwenden Maßstäben nicht entspricht, sondern auch wenn die nach § 33 TKG einzureichenden **Kostenunterlagen unvollständig** vorgelegt wurden. Allerdings weicht die BNetzA in solchen Fällen regelmäßig auf die **Vergleichsmarktunter-**

---

509 BVerwG CR 2010, 588 (590 f.).
510 VG Köln MMR 2007, 680.
511 BVerwG MMR 2010, 207 Tz. 15.
512 BVerwG BeckRS 2010, 50856.

IV. Entgeltregulierung

suchung nach § 35 Abs. 1 Nr. 1 TKG aus.[513] Nach § 35 Abs. 4 TKG wird eine Entgeltgenehmigung in der Regel **befristet** erteilt.

e) Rechtsfolgen der Entgeltgenehmigung

Die Entgeltgenehmigung ist ein **privatrechtsgestaltender Verwaltungsakt**.[514] Denn nach § 37 Abs. 2 TKG werden Verträge über Dienstleistungen, die andere als die genehmigten Entgelte enthalten, mit der Maßgabe **wirksam**, dass das genehmigte Entgelt an die Stelle des vereinbarten Entgelts tritt. Ferner sind Verträge, die andere als die genehmigten Entgelte enthalten, wegen des Verbotsnormcharakters des § 37 Abs. 1 TKG nach § 134 BGB **nichtig**.[515]

421

Die Wirksamkeitsfolge des § 37 Abs. 2 TKG gilt für **vertraglich vereinbarte Entgelte** nach § 35 Abs. 5 S. 1 TKG auch **rückwirkend** auf den Zeitpunkt der erstmaligen Leistungsbereitstellung. Diese Regelung wurde vom Gesetzgeber in Reaktion auf die Rechtsprechung zum TKG 1996[516] aufgenommen. Die genannte Rechtsprechung sollte das zugangsverpflichtete Unternehmen davor schützen, vertraglich vereinbarte Leistungen ohne Entgeltanspruch erbringen zu müssen, wenn zum Zeitpunkt der Vereinbarung eine Entgeltgenehmigung für die fragliche Leistung noch nicht erteilt war. Daher darf nunmehr nach § 37 Abs. 3 TKG ein entgeltgenehmigungsverpflichtetes Unternehmen die Erbringung von Leistungen nicht vom Bestehen einer Entgeltgenehmigung abhängig machen. Die Rückwirkung der Entgeltgenehmigung gilt allerdings **nicht** für Leistungen, die nach § 25 TKG **angeordnet** worden sind.[517]

422

5. Nachträgliches Entgeltregulierungsverfahren

Das nachträgliche Entgeltregulierungsverfahren ist lediglich in § 38 TKG geregelt und bezieht sich anders als das Entgeltgenehmigungsverfahren nur auf eine (nachträgliche) **Missbrauchskontrolle**.

423

a) Maßstäbe für die nachträgliche Entgeltregulierung und Methoden zur Prüfung

Nach § 38 Abs. 1 und 2 TKG sind Maßstab für das nachträgliche Entgeltregulierungsverfahren die Anforderungen aus § 28 TKG (oben Rdn. 408 ff.). Dementsprechend wird hier lediglich geprüft, ob die betreffenden Entgelte im Sinne der dort enthaltenen Verbote **missbräuchlich** sind.

424

Hinsichtlich der Methoden zur Prüfung, ob die Maßstäbe des § 28 TKG eingehalten wurden, gilt **als Regel die Vergleichsmarktuntersuchung** nach § 35 Abs. 1 S. 1 Nr. 1 TKG, während eine Prüfung anhand von Kostenunterlagen gem. § 33 TKG nur ausnahmsweise vorgesehen ist (§ 38 Abs. 2 S. 3 TKG).[518] Die Methodik ist daher gegenüber dem Entgeltgenehmigungsverfahren genau umgekehrt.

425

Geht es bei der Vergleichsmarktuntersuchung lediglich um die Feststellung, ob die betroffenen Entgelte missbräuchlich sind, berücksichtigt die BNetzA bei der Prüfung des Preishöhenmissbrauchs (§ 28 Abs. 1 S. 2 Nr. 1 TKG) in der Regel die Entgelte **strukturgleicher in- und ausländischer Anbieter**,[519] was auch die Rechtsprechung des VG Köln akzeptiert

426

---

513 S. etwa BNetzA 08.11.2006, BK3a/b-06/009, S. 23 des amtl. Umdrucks.
514 S. Heun/*Gramlich*, Hdb TK, I. Rn. 89.
515 BerlKommTKG/*Mielke* § 37 Rn. 8.
516 BVerwG CR 2004, 502.
517 VG Köln BeckRS 2006, 26531, s. auch VG Köln BeckRS 2010, 47660.
518 BVerwG CR 2010, 588 (590 f.).
519 Z. B. BNetzA 31.05.2006, BK 4b-06-009 (Augustakom), S. 8 des amtl. Umdrucks; BNetzA 01.12.2005, BK4c-05-71, S. 10 des amtl. Umdrucks.

hat.⁵²⁰ Die BNetzA greift allerdings zur Bestimmung eines Preises, der sich »bei wirksamen Wettbewerb mit hoher Wahrscheinlichkeit ergeben würde«, nicht auf jedweden beliebig hohen Vergleichstarif zurück. Dies begründet sie wie folgt:⁵²¹ Mit dem Maßstab des »wettbewerbsanalogen Preises« wäre es nicht vereinbar, wenn aus einer Vielzahl von Vergleichsländern, die seit einem mehr oder weniger langen Zeitraum für den Wettbewerb geöffnet und in denen funktionsfähige Wettbewerbsstrukturen ggf. noch nicht abschließend ausgebildet sind, einfach der höchste Wert herangezogen würde. Denn die höheren Vergleichstarife können trotz der Öffnung für den Wettbewerb noch erhebliche Verzerrungen bzw. signifikante Abweichungen von »analogen Wettbewerbspreisen« aufweisen, die bei Vorliegen wirksamen Wettbewerbs gerade nicht zu verzeichnen wären. Bei der Festlegung der Referenztarife zur Ermittlung des »**höchsten unverzerrten Wettbewerbspreises**« berücksichtigt die BNetzA daher **nur Länder, in denen von einer hinreichenden Annäherung an einen unverzerrten Wettbewerbspreis** auszugehen ist, d. h. in denen bereits ein ausreichender Zeitraum für das Entstehen von Wettbewerbsstrukturen verstrichen ist. Durch diese Methodik sowie die von der BNetzA vorgenommenen Umrechnungsmethoden, um die Vergleichbarkeit der Entgelte auf Minutenbasis herzustellen, wird die Verwendung von **Sicherheitszu- oder abschlägen weitgehend obsolet**, wenn auch nicht gänzlich überflüssig.⁵²²

427 Allerdings legt die BNetzA dann regelmäßig nicht den höchsten gefundenen Vergleichspreis zugrunde, sondern einen **Mittelwert**.⁵²³ Dies wurde von der Rechtsprechung des VG Köln für den Bereich der (reinen) Missbrauchsaufsicht kritisiert, weil es nach Auffassung des Gerichts insoweit allein auf den **höchsten unverzerrten wettbewerblichen Einzelpreis** ankomme.⁵²⁴ Danach kann der zur Feststellung des Preishöhenmissbrauchs zu ermittelnde Vergleichspreis bereits recht hoch liegen und sich zudem ggf. durch einen Sicherheitszuschlag (im Bereich von 5–7 %, Rdn. 417) wie auch einen Erheblichkeitszuschlag (im Bereich von 5–6 %, Rdn. 410) weiter erhöhen.

b) Einleitung und Durchführung und Rechtsfolgen des nachträglichen Entgeltregulierungsverfahrens

428 Außerhalb eines Anordnungsverfahren nach § 25 TKG (oben Rdn. 367 f.) wird das Verfahren der nachträglichen Entgeltregulierung **lediglich von Amts wegen** eröffnet. Das von vielen im Gesetzgebungsverfahren geforderte Antragsrecht für die Einleitung eines nachträglichen Entgeltregulierungsverfahrens hat im Gesetz keine Berücksichtigung gefunden. Daher führen nur zwei Wege in dieses Verfahren:
- das verpflichtete Unternehmen hat Entgelte nach § 38 Abs. 1 TKG zwei Monate vor dem geplanten Inkrafttreten – bei Individualvereinbarungen unverzüglich nach Vertragsschluss – vorgelegt oder
- der BNetzA werden nach § 38 Abs. 2 S. 1 TKG Tatsachen bekannt, die die Annahme rechtfertigen, dass der Regulierung unterliegende Entgelte nicht den Maßstäben des § 28 TKG genügen.

Im erstgenannten Fall findet eine sog. »**Offenkundigkeitsprüfung**« statt, d. h. die BNetzA prüft und untersagt die Entgeltmaßnahme innerhalb von zwei Wochen nach Anzeige, wenn

---

520 VG Köln CR 2006, 30 (33).
521 BNetzA 31.05.2006, BK 4b-06–009 (Augustakom), S. 8 des amtl. Umdrucks.
522 Zuvor (d. h. noch vor Anordnung/Genehmigung der Terminierungsentgelte aufgrund einer Regulierungsverfügung) hatte die BNetzA bei den alternativen Teilnehmernetzbetreibern keine Regressionsberechnung durchgeführt, dafür aber einen Sicherheitszuschlag von ca. 7% auf das Ergebnis der Vergleichsmarktbetrachtung aufgeschlagen: RegTP MMR 2005, 409 (412).
523 BNetzA 01.12.2005, BK4c-05–71, S. 11 des amtl. Umdrucks; BNetzA 31.05.2006, BK 4b-06–009 (Augustakom), S. 10 des amtl. Umdrucks.
524 VG Köln CR 2006, 30 (34).

IV. Entgeltregulierung

diese offenkundig nicht mit § 28 TKG vereinbar wäre; im zweitgenannten Fall leitet die BNetzA ein (normales) **Überprüfungsverfahren** ein, typischerweise aufgrund von Eingaben oder Hinweisen betroffener Wettbewerber.

Aus der Verweisstruktur des TKG auf die nachträgliche Entgeltregulierung des § 38 TKG wird deutlich, dass das Verfahren der Offenkundigkeitsprüfung (im Rahmen der Anwendbarkeit der nachträglichen Entgeltregulierung) **lediglich in zwei Fällen**[525] in Betracht kommt:
- freiwillige Zugangsleistungen nach § 30 Abs. 3 S. 1 TKG;
- Fälle des § 31 Abs. 1 S. 2 i. V. m. § 30 Abs. 3 S. 2 TKG, bei denen trotz Zugangsverpflichtung keine Entgeltgenehmigungspflicht gilt.

Im Übrigen verweisen die einschlägigen Bestimmungen immer nur auf § 38 Abs. 2–4 TKG (s. §§ 30 Abs. 2, 39 Abs. 3 S. 1, 40 Abs. 1 S. 5, 46 Abs. 3 S. 2, 47 Abs. 4 TKG) und/oder es werden eigenständige Anzeigepflichten statuiert (§ 39 Abs. 3 S. 2 TKG).

429

Die **Dauer** des nachträglichen Entgeltregulierungsverfahrens beträgt außerhalb eines Anordnungsverfahrens maximal zwei Monate nach Einleitung der Überprüfung (§ 38 Abs. 3 TKG). Als Beschlusskammerverfahren endet es durch **Einstellung oder Verwaltungsakt**, mit dem entweder die missbräuchlichen Entgelte **untersagt** und für **unwirksam** erklärt oder rechtmäßige Entgelte **angeordnet** werden (§ 38 Abs. 4 TKG). Die **Rechtsfolgen** des § 37 TKG (oben Rdn. 421) gelten entsprechend.

430

6. Rechtsschutz

Bei den Rechtsschutzmöglichkeiten gegen Maßnahmen der BNetzA im Bereich der Entgeltregulierung ist **grundsätzlich zu unterscheiden** zwischen Rechtsschutz des Adressaten einer Maßnahmen der BNetzA und Rechtsschutz der (mittelbar) betroffenen Dritten, also Wettbewerber und Teilnehmer/Endnutzer.

431

a) Rechtsschutz des regulierten Unternehmens

Im **Entgeltgenehmigungsverfahren** beantragt das verpflichtete Unternehmen einen **begünstigenden Verwaltungsakt**, nämlich die Entgeltgenehmigung. Bei vollständiger oder teilweiser Versagung der Entgeltgenehmigung muss das betroffene Unternehmen daher **Verpflichtungsklage** mit dem Ziel erheben, die BNetzA gerichtlich zur beantragten Genehmigung oder zumindest zur Neubescheidung des Genehmigungsantrags zu verpflichten (§ 113 Abs. 5 VwGO).

432

Ein **Sonderfall** ist in diesem Zusammenhang die Frage, ob eine höhere Entgeltgenehmigung auch **rückwirkend** für den Fall des § 35 Abs. 5 S. 1 TKG (oben Rdn. 422) erstritten werden kann. Hierfür gelten die umstrittenen Sonderregelungen des § 35 Abs. 5 S. 2–4 TKG. Die nachträgliche und rückwirkende Erhöhung eines Entgelts mittels Rechtsschutz gegen die Entgeltgenehmigung infolge eines verwaltungsgerichtlichen Urteils, das vom beantragenden Unternehmen erstritten wurde, ist begrenzt. Sie ist nach § 35 Abs. 5 S. 3 TKG nur zulässig, wenn das beantragende Unternehmen zuvor eine einstweilige Anordnung nach § 123 VwGO für eine Entgelterhöhung erwirkt hat, die gem. § 35 Abs. 5 S. 4 TKG innerhalb von zwei Monaten seit Klageerhebung zu beantragen ist. Diese Regelung benachteiligt einseitig das im Rahmen der Entgeltgenehmigung verpflichtete Unternehmen, wenngleich die gesetzgeberische Motivation, langjährige und erhebliche **Rückstellungen** für die Wettbewerber zu vermeiden,[526] durchaus nachvollziehbar ist.[527]

433

---

525 Der Verweis in § 41 Abs. 3 führt in diese Unterfälle ohne eigenständige Regelungswirkung.
526 S. die Gesetzesbegründung BT-Drs. 15/2316, 69.
527 Für die Verfassungsmäßigkeit dieser Regelung *Scherer* NJW 2004, 3007 (oben); BerlKommTKG/*Groebel/Seifert* § 35 Rn. 81 ff.; dagegen: *Mayen* CR 2005, 29; s. auch BVerwG CR 2010, 30 (32).

434 Nach § 35 Abs. 5 S. 2 TKG kann das Gericht im Verfahren nach § 123 VwGO die vorläufige **Zahlung eines beantragten höheren Entgelts anordnen**, wenn **überwiegend wahrscheinlich** ist, dass ein Anspruch auf die Genehmigung eines höheren Entgelts besteht.[528] Von diesem Verfahren wird durch die betroffenen Unternehmen zwar mit bislang wenig Erfolg reger Gebrauch gemacht,[529] was aber dennoch zu entsprechenden Unsicherheiten bei (mittelbar) betroffenen Wettbewerbern führt. Verbunden mit dieser Unsicherheit sind vertragliche Fragen bei Zugangsvereinbarungen, etwa wie mit der Rückwirkung im Verhältnis zur Vereinbarung von Entgelten umgegangen werden soll,[530] u. a. weil der nach § 39 TKG 1996 geltende Einzelvertragsbezug[531] für Zugangsvereinbarungen in § 30 TKG entfallen ist.[532]

435 Im **nachträglichen Entgeltregulierungsverfahren** geht es für den Adressaten einer Maßnahme der BNetzA demgegenüber um Rechtsschutz gegen die Untersagung bzw. Unwirksamerklärung der bestehenden Entgelte, bzw. gegen die Anordnung anderer Entgelte. Hier muss das betroffene Unternehmen die Beseitigung der betreffenden Verfügung/Anordnung der BNetzA im Wege der **Anfechtungsklage** erwirken.

b) Rechtsschutz Dritter

436 Hinsichtlich der Rechtsschutzmöglichkeiten Dritter ist die Situation **umgekehrt**. Diese haben ein Interesse daran, die für sie ggf. nachteilige Entgeltgenehmigung zu beseitigen (Anfechtungsklage) oder eine Verfügung/Anordnung im Rahmen der nachträglichen Entgeltregulierung zu erreichen (Verpflichtungsklage). Als drittbetroffene Personen, d. h. vornehmlich wenn sie die fraglichen Entgelte selbst zu zahlen haben, kommt es allerdings für deren Rechtsschutzmöglichkeiten darauf an, ob die der Entscheidung tatsächlich zugrunde liegenden oder zugrunde zu legenden Bestimmungen aus der Entgeltregulierung **drittschützende** Wirkung haben (s. o. Rdn. 265).

437 Im **Entgeltgenehmigungsverfahren** ist daher zu beachten, dass dem in § 31 Abs. 1 und 2 TKG enthaltenen **KeL-Maßstab keine drittschützende Wirkung** zukommt.[533] Eine Anfechtungsklage eines Wettbewerbers kann daher nicht darauf gestützt werden, dass die fragliche Entgeltgenehmigung den Maßstab der Kosten der effizienten Leistungsbereitstellung überschreitet, es sei denn, die Klage bezieht sich auf die besondere Konstellation der Entgeltgenehmigung innerhalb eines Anordnungsverfahrens[534] oder es liegt zugleich ein Fall des § 28 TKG vor.

438 Im Übrigen geht es **sowohl im Entgeltgenehmigungs- wie auch im nachträglichen Entgeltregulierungsverfahren** vornehmlich um § 28 TKG. Was danach den **Preishöhenmissbrauch** des § 28 Abs. 1 S. 2 Nr. 1 TKG anbetrifft, so ist zwar der Drittschutz für die Vorgängerbestimmung des § 24 TKG 1996 in Bezug auf betroffene **Endnutzer** verneint worden.[535] Indes besitzt § 28 TKG drittschützende Wirkung zugunsten von **Wettbewerbern**, und zwar unabhängig davon, ob das vom Entgelt betroffene Unternehmen mit den konkurrierenden Produkten oder Dienstleistungen auf demselben Markt der Telekom-

---

528 BVerwG CR 2010, 30 (33). Das Gericht hat damit die Praxis des VG Köln beendet, nicht selbst ein vorläufiges höheres Entgelt anzuordnen, sondern die BNetzA dazu zu verpflichten: s. etwa VG Köln BeckRS 2006, 22926.
529 Vgl. etwa VG Köln BeckRS 2009, 39803; MMR 2007, 539; CR 2005, 575 (dieser Antrag war erfolgreich); BeckRS 2006, 22926 sowie BeckRS 2006, 20482.
530 Näher dazu Heun/*Heun*, Hdb TK, H. Rn. 574.
531 S. BVerwG CR 2004, 29.
532 Siehe dazu VG Köln BeckRS 2010, 47660 sowie BeckRS 2010, 52637.
533 BVerwG CR 2003, 574 (579) zu der Vorgängerregelung in § 24 Abs. 1 S. 1 TKG 1996.
534 VG Köln CR 2006, 244.
535 BVerwG CR 2003, 574 (576) zu der Vorgängerregelung in § 24 Abs. 2 Nr. 1 TKG 1996.

munikation tätig ist, also ein **aktuelles Wettbewerbsverhältnis** auf demselben sachlich und räumlich relevanten Markt besteht.[536]

In **zivilrechtlicher Hinsicht** ist zu erwähnen, dass eine Entgeltgenehmigung zwar eine gewisse Tatbestandswirkung für die Rechtmäßigkeit der Entgelte entfaltet. Indes wird eine solche **Bindungswirkung** vom BGH nicht gegenüber einem etwaigen Verstoß des Entgelts gegen Art. 102 AEUV (ex-Art. 82 EGV) zugebilligt.[537] Ferner ist mit Blick auf die Frage des öffentlich-rechtlich erforderlichen Drittschutzes der betreffenden Norm zu beachten, dass § 44 TKG bei zivilrechtlichen Streitigkeiten gerade nicht das Bestehen einer Schutznorm erfordert (s. o. Rdn. 375). 439

V. Besondere Missbrauchsaufsicht und Vorteilsabschöpfung

Obwohl dies in den europarechtlichen Vorgaben des Richtlinienpakets 2002 nicht vorgesehen ist, weil es sich dabei um eine **eigentlich den Kartellbehörden obliegende Marktaufsicht** handelt, findet sich in § 42 TKG eine Bestimmung zur besonderen Missbrauchsaufsicht durch die BNetzA. An deren Erlass war der Gesetzgeber auch nicht gehindert.[538] Ergänzt wird § 42 TKG durch die § 34 GWB nachempfundene Vorteilsabschöpfung durch die BNetzA gemäß § 43 TKG. 440

Die Bestimmungen des § 42 TKG sind zusammengesetzt aus den **Verbotstatbeständen** des § 19 Abs. 1 und Abs. 4 Nr. 1 sowie des § 20 Abs. 1 GWB in Form 441
- des allgemeinen Missbrauchsverbots,
- des Behinderungsverbots und
- des Beeinträchtigungsverbots (jeweils § 42 Abs. 1 TKG).

Sie enthalten zwei **Vermutungsregelungen** für Missbräuche in Form
- einer Diskriminierungsvermutung in Bezug auf die intern-extern-Gleichbehandlung (§ 42 Abs. 2 TKG) und
- einer Behinderungsvermutung in Bezug auf Verzögerungen (§ 42 Abs. 3 TKG)

sowie schließlich Regelungen zu den **Befugnissen** der BNetzA und zum **Verfahren** (§ 42 Abs. 4 TKG).

1. Adressaten und Anwendungsbereich von § 42 TKG

Ausgangspunkt für den Anwendungsbereich des § 42 TKG und die Bestimmung der hiernach **verpflichteten Unternehmen** ist die in § 42 Abs. 1 TKG enthaltene Aufzählung der verpflichteten Unternehmen: 442
- Anbieter von Telekommunikationsdiensten,
- Anbieter von Leistungen nach § 78 Abs. 2 Nr. 3 und 4 TKG,
- Anbieter von telekommunikationsgestützten Diensten und
- Betreiber öffentlicher Telekommunikationsnetze.

Weitere Voraussetzung ist, dass das im konkreten Fall verpflichtete Unternehmen über **beträchtliche Marktmacht** (auf dem sachlich und räumlich relevanten Markt) verfügt. Dies kann ein Vorleistungs- wie ein Endnutzermarkt sein. Allerdings kann die Prüfung der beträchtlichen Marktmacht **nicht** im Einzelfall und **unabhängig** von den in §§ 10 und 11 TKG vorgesehenen (förmlichen) **Marktdefinitions- und Marktanalyseverfahren** vor-

---

536 BVerwG BeckRS 2010, 56638 Tz. 15 f. unter Aufgabe der früheren Rechtsprechung in BVerwG CR 2003, 574 (579) zur Vorgängerregelung in § 24 Abs. 2 Nr. 1 TKG 1996; s. auch VG Köln CR 2010, 33.
537 BGH NVwZ-RR 2005, 815 (816).
538 VG Köln CR 2007, 508 (509 f.); siehe dazu auch Besprechungsaufsatz von *Schütz* MMR 2008, 579.

genommen werden. Vielmehr ist formale Voraussetzung für die Anwendbarkeit des § 42 TKG, dass ein solches **Marktdefinitions- und Marktanalyseverfahren erfolgt** ist.[539] Die Vorgreiflichkeit von Marktdefinitions- und Marktanalyseverfahren nach §§ 10 und 11 TKG schließt aber nicht aus, dass sich das Vorliegen beträchtlicher Marktmacht eines nach § 42 TKG verpflichteten Unternehmens aus wirksam gebliebenen bzw. fortbestehenden **Altverpflichtungen** gem. § 150 Abs. 1 TKG bzw. aus früheren Feststellungen einer marktbeherrschenden Stellung ergibt.[540]

443 Was den Kreis der aus § 42 TKG berechtigten Unternehmen anbetrifft, so gibt der Wortlaut des § 42 Abs. 1 TKG hierüber keinen Aufschluss. Lediglich die Vermutungstatbestände des § 42 Abs. 2 und 3 TKG sprechen von **Unternehmen, die Leistungen** für Telekommunikationsdienste und damit in Zusammenhang stehende Dienste vom marktmächtigen Unternehmen **nutzen** oder nach § 22 Abs. 1 TKG zum Erhalt eines **Angebots für eine Zugangsvereinbarung berechtigt** sind. Daraus folgt zunächst, dass prinzipiell jedes behinderte und oder beeinträchtigte Unternehmen aus § 42 TKG berechtigt ist.

2. Missbrauchsverbot

444 Nach § 42 Abs. 1 TKG darf das verpflichtete Unternehmen seine marktmächtige Stellung nicht missbräuchlich ausnutzen. Dieses Verbot ist als **allgemeine Generalklausel** für die später in § 42 Abs. 1 S. 2 TKG genannten **Beispielsverbote** (Behinderung und Beeinträchtigung) sowie die Vermutungstatbestände in § 42 Abs. 2 und 3 TKG zu sehen. Angesichts der Ähnlichkeiten im Wortlaut zu §§ 19 und 20 GWB kann hier auf die kartellrechtliche Kasuistik verwiesen werden.

445 Bei zusammengefasster Betrachtung der Generalklausel in § 42 Abs. 1 S. 1 TKG mit den Beispielsfällen in § 42 Abs. 1 S. 2 TKG und unter Verzicht auf die Missbrauchskontrolle im Bereich der Entgeltregulierung zeigt sich, dass § 42 Abs. 1 TKG für das **Behinderungsverbot und** die **missbräuchliche erhebliche Beeinträchtigung von Wettbewerbsmöglichkeiten gemeinsam zu betrachten** ist. Denn das in § 42 Abs. 1 S. 2 TKG auch enthaltene und § 19 Abs. 4 Nr. 1 GWB entlehnte Beeinträchtigungsverbot wird neben dem im Schwerpunkt aus preislicher Sicht beurteilten Ausbeutungsmissbrauchs ebenso unter dem Aspekt der Behinderung gesehen, zumal die Rechtsfolgen die gleichen sind wie bei § 20 Abs. 1 GWB.[541] Hier lassen sich dann insgesamt Fallgruppen bilden, die den Umgang mit § 42 Abs. 1 TKG erleichtern, wobei lediglich die Vermutungstatbestände der gesonderten Untersuchung bedürfen. Beide Verbotstatbestände sind zunächst **wertneutral** zu betrachten.[542] Erst bei der Frage der **Unbilligkeit** der Behinderung bzw. der **sachlichen Rechtfertigung** der Beeinträchtigung erfolgt eine **wertende**, auf den Einzelfall bezogene **Interessenabwägung**, die bei § 42 TKG am Maßstab der **Regulierungsziele** des § 2 Abs. 2 TKG vorzunehmen ist.[543] Dies führt zu einem von der BNetzA zugrunde gelegten Entscheidungsprogramm in zwei Schritten:[544]

- Prüfung der Behinderung bzw. einer erheblichen Beeinträchtigung eines anderen Unternehmens;

---

539 VG Köln CR 2006, 239 (240); BVerwG CR 2008, 161.
540 VG Köln CR 2006, 239 (240); bestätigend BVerwG CR 2008, 161; VG Köln CR 2007, 508 (509 f.); ablehnend BVerwG CR 2008, 91 für den konkreten Fall in Bezug auf unmittelbare gesetzliche Verpflichtungen unter Anwendung des § 33 TKG 1996.
541 S. Immenga/Mestmäcker/*Möschel* § 19 GWB Rn. 110 ff.; Immenga/Mestmäcker/*Markert* § 20 GWB Rn. 116.; *Bechtold* § 20 GWB Rn. 2.
542 Immenga/Mestmäcker/*Möschel* § 19 GWB Rn. 112; Immenga/Mestmäcker/*Markert* § 20 GWB Rn. 116.
543 S. etwa VG Köln CR 2007, 508 (501 f.).
544 S. etwa BNetzA 18.07.2005, BK2a-04/029 (arcor Preselection), S. 38 des amtl. Umdrucks.

- Abwägung der Interessen der Beteiligten unter Berücksichtigung der Regulierungsziele zur Feststellung der Unbilligkeit der Behinderung bzw. des Fehlens eines sachlich gerechtfertigten Grundes.

Soweit ersichtlich, hat die BNetzA in einigen Fällen anhand dieses Entscheidungsprogramms Missbrauchsverfügungen erlassen.[545]

3. Behinderungsvermutung

Eine besondere Behinderungsvermutung ist in § 42 Abs. 3 TKG enthalten, wonach ein Missbrauch dann vermutet wird, wenn das verpflichtete Unternehmen seiner Verpflichtung zur unverzüglichen Unterbreitung eines Angebots für eine Zugangsvereinbarung nach § 22 Abs. 1 TKG nicht nachkommt, indem **die Bearbeitung von Zugangsanträgen verzögert** wird. Nach dem Willen des Gesetzgebers ist Vergleichsmaßstab hier der übliche Zeitrahmen bei anderen Nachfragern, Tochterunternehmen oder eigener Unternehmenssparten.[546]

446

4. Diskriminierungsvermutung

Nach § 42 Abs. 2 TKG wird ein Diskriminierungsmissbrauch vermutet, wenn das verpflichtete Unternehmen sich selbst, seinen Tochter- oder Partnerunternehmen den Zugang zu seinen intern genutzten und zu seinen am Markt angebotenen Leistungen zu günstigeren Bedingungen oder zu einer besseren Qualität ermöglicht, als es sie anderen Unternehmen bei der Nutzung der Leistung für deren Telekommunikationsdienste oder mit diesen in Zusammenhang stehenden Diensten einräumt. Die Formulierungen in dieser Regelung ähneln einerseits sehr stark der Vermutungsregelung in § 33 Abs. 2 S. 2 TKG 1996 und enthalten andererseits Ergänzungen, die aus § 19 Abs. 2 TKG stammen (»Qualität«, »Tochter- und Partnerunternehmen«). Damit wird das auch in § 19 Abs. 2 TKG enthaltene **Gebot der intern-extern-Gleichbehandlung** zu einer Missbrauchsvermutung erhoben. Die in einem Verstoß liegende Diskriminierung ist **zugleich eine Behinderung** i. S. v. § 42 Abs. 1 TKG. Extern-Extern-Ungleichbehandlungen sind in § 42 Abs. 2 TKG nicht angesprochen. Diese sind bereits vom (allgemeinen) Missbrauchstatbestand des § 42 Abs. 1 TKG erfasst.

447

5. Exemplarische Einzelfälle

Die BNetzA hat die Praxis der Telekom, den Zugang zu der von ihr angebotenen elektronischen **Übermittlung von Preselection-Auftragsdaten** (also den für die Einrichtung der Betreiber(vor)auswahl erforderlichen Informationen) davon abhängig zu machen, dass der Verbindungsnetzbetreiber über eine **vom Teilnehmer (Endkunde) unterschriebene Willenserklärung für die Beauftragung der Betreibervoreinstellung verfügt (Schriftformerfordernis)** für missbräuchlich unter § 42 Abs. 1 TKG gehalten, weil hierdurch die Kundengewinnung seitens der Wettbewerber, insbesondere über Telefon und Internet wesentlich erschwert würde.[547] Sachlich und räumlich relevanter Markt war dabei der Markt für Sprachtelefondienste sowie die Feststellung der marktbeherrschenden Stellung der Telekom auf Basis früherer Entscheidungen der RegTP in Verbindung mit § 150 Abs. 1 TKG. Demgegenüber hat das VG Köln die vorgebrachte sachliche Rechtfertigung der Telekom mit Blick auf eine entsprechende Anwendung des § 174 S. 1 BGB in Bezug auf die im Preselection-Auftrag implizit enthaltene »Kündigung« von Verbindungsleistungen gegenüber

448

---

545 Siehe etwa BNetzA 25.05.2005, BK2c-04/003 (NWP vs. Telekom), aufgehoben durch VG Köln 26.10.2005, 21 K 3468/05; BNetzA 18.07.2005, BK2a-04/029 (arcor Preselection), teilweise aufgehoben durch VG Köln CR 2006, 184; BNetzA 11.11.2005, u. a. BK2a-04/28 (AGB-Produkte), bestätigt durch VG Köln CR 2007, 508, aber aufgehoben durch das BVerwG CR 2008, 91; alle weiteren Verfahren sind auf www.bundesnetzagentur.de in der Übersicht einsehbar.
546 BT-Drs. 15/2316, 71.
547 BNetzA 18.07.2005, BK2a-04/029 (arcor Preselection), S. 39 des amtl. Umdrucks.

der Telekom gelten lassen.⁵⁴⁸ Der parallel mit dieser Frage befasste BGH hat dagegen unter Ablehnung einer Rechtfertigung aus § 174 S. 1 BGB die Missbräuchlichkeit des Verlangens einer schriftlichen Willenserklärung wegen der darin liegenden Ungleichbehandlung festgestellt, solange die Telekom dies für die (Wieder-) Herstellung der Voreinstellung auf ihr eigenes Netz nicht verlangt.⁵⁴⁹

449 Die BNetzA hat die (künftige) Verweigerung der Belieferung von Wettbewerbern mit normalen **AGB-Produkten** für Endkunden (Teilnehmer) als Behinderungsmissbrauch angesehen, weil die Wettbewerber auf die Belieferung mit den AGB-Produkten zwingend angewiesen seien.⁵⁵⁰ Dementsprechend hat die BNetzA die Telekom verpflichtet, den Wettbewerbern auch weiterhin AGB-Produkte bereitzustellen, was auch von der Rechtsprechung zunächst bestätigt worden ist,⁵⁵¹ dann aber wegen der Vorgreiflichkeit des Marktdefinitions- und Marktanalyseverfahrens aufgehoben wurde.⁵⁵²

6. Missbrauchsverfahren

450 Das Missbrauchsverfahren wird nach § 42 Abs. 4 TKG **von Amts wegen oder auf Antrag** eröffnet. Hinsichtlich der auch im Verwaltungsverfahren erforderlichen **Antragsbefugnis** enthält § 42 Abs. 4 S. 6 TKG eine Sonderregelung. Danach kann der Antrag von jedem **Anbieter von Telekommunikationsdiensten für die Öffentlichkeit** gestellt werden, der geltend macht, in eigenen Rechten verletzt zu sein. Problematisch an dieser Regelung ist, dass hier offenbar der Kreis der Antragsberechtigten beschränkt wird. Die Antragsbefugnis selbst ist davon abhängig, ob durch das angegriffene Verhalten eine **Rechtsverletzung** des Antragstellers **möglich** erscheint.⁵⁵³

451 Auch das Missbrauchsverfahren ist gem. § 132 Abs. 1 TKG ein **Beschlusskammerverfahren**. Die **Regelfrist** (»soll«) für die Verfahrensdauer beträgt nach § 42 Abs. 4 S. 4 TKG **vier Monate**. Das **amtswegige Verfahren** wird **beendet** durch **Missbrauchsverfügung** oder **Einstellung des Verfahrens**, das **Antragsverfahren** durch **Missbrauchsverfügung** oder (ganz oder teilweise) **Ablehnung** des Antrags. Die Entscheidungen der BNetzA ergehen als Verwaltungsakt (§ 132 Abs. 1 S. 2 TKG), sind zu begründen und den Beteiligten nach den Vorschriften des Verwaltungszustellungsgesetzes zuzustellen (§ 131 Abs. 1 TKG).

452 Die **Missbrauchsverfügung** selbst ist in § 42 Abs. 4 S. 1 und 2 TKG geregelt. Danach kann die BNetzA im Rahmen **der zu treffenden Entscheidung**, um die missbräuchliche Ausnutzung einer marktmächtigen Stellung **zu beenden**, dem verpflichteten Unternehmen
- ein Verhalten auferlegen,
- ein Verhalten untersagen oder
- Verträge ganz oder teilweise für unwirksam erklären.

Das Gesetz unterscheidet somit zwischen dem »Ob« einer Missbrauchsverfügung (»trifft ... Entscheidung ... zu beenden.«) und dem »Wie«, wenn es um die dafür zur Verfügung stehenden Mittel geht. Daraus folgt, dass eine **gebundene Entscheidung** der BNetzA gegeben ist, sofern ein Missbrauch feststeht.⁵⁵⁴ Ermessen steht der BNetzA lediglich in Bezug auf die Einleitung des Verfahrens von Amts wegen zu sowie hinsichtlich der Ausgestaltung der Missbrauchsverfügung für die genannten Mittel und deren Eingriffsintensität. Die Anordnung ist nach § 132 Abs. 1 S. 2 TKG **Verwaltungsakt**.

---

548 VG Köln BeckRS 2006, 21749.
549 BGH CR 2007, 159 (160).
550 BNetzA 11.11.2005, u. a. BK2a-04/28 (AGB-Produkte), S. 18 des amtl. Umdrucks.
551 VG Köln CR 2007, 508.
552 BVerwG CR 2008, 91.
553 So die »Möglichkeitstheorie«, die zur »Schutznormtheorie« führt, vgl. *Kopp/Schenke* § 42 VwGO Rn. 66, 70, 78, 83.
554 Ebenso Beck TKGKomm/*Schütz* § 42 Rn. 144.

V. Besondere Missbrauchsaufsicht und Vorteilsabschöpfung

Rechtsschutz gegen die Entscheidungen der BNetzA im Missbrauchsverfahren besteht in gleicher Weise wie beim Anordnungsverfahren des § 25 TKG. Auf die dortigen Ausführungen wird verwiesen (Rdn. 369). Hinzuweisen ist schließlich auf die mit dem TKG-Änderungsgesetz 2007 eingefügte besondere Maßnahmebefugnis der BNetzA in § 42 Abs. 4 S. 3 TKG, welche die Auferlegung von **Vorabverpflichtungen für Endnutzermärkte** ermöglicht (dazu Rdn. 463). 453

7. Vorteilsabschöpfung des § 43 TKG

Mit der **Vorteilsabschöpfung** des § 43 TKG wird der BNetzA ein besonderes Mittel an die Hand gegeben, Verstöße gegen Missbrauchsverfügungen der BNetzA nach § 42 Abs. 4 TKG und vorsätzliche oder fahrlässige Verstöße gegen gesetzliche Bestimmungen des TKG zu verfolgen. Hiervon hat die BNetzA in der **Praxis** allerdings soweit ersichtlich noch keinen Gebrauch gemacht. 454

An das Verschulden bei Gesetzesverstößen sind keine hohen Anforderungen zu stellen. Für die Annahme von Fahrlässigkeit reicht es aus, dass ein etwaiger **Rechtsirrtum vorwerfbar** ist, was nicht schon entfällt, wenn der fehlerhafte Rechtsstandpunkt ernsthaft vertreten werden kann.555 Vielmehr trägt der Verletzer das **Risiko einer zweifelhaften Rechtslage**. 455

Nach § 43 Abs. 1 TKG ist erforderlich, dass zwischen dem Verstoß und einem erlangten wirtschaftlichen Vorteil **Kausalität** besteht (»dadurch«). Zur Bestimmung der Höhe der Vorteilsabschöpfung sind die zu § 17 Abs. 4 OWiG (entspricht der Formulierung in § 149 Abs. 2 S. 2 und 3 TKG) entwickelten Grundsätze für die **Definition des wirtschaftlichen Vorteils** heranzuziehen.556 Daraus folgt, dass nicht lediglich ein in **Geld** bestehender Gewinn zu berücksichtigen ist, sondern auch **sonstige wirtschaftliche Vorteile** wie die Verbesserung der Marktposition des Verletzers durch Ausschaltung oder Zurückdrängen von Wettbewerbern, die sich in einer **Erhöhung des Unternehmenswerts** ausdrücken.557 Nach § 43 Abs. 4 TKG darf die Höhe geschätzt werden, was allerdings hinreichende Schätzungsgrundlagen erfordert.

Die Berechnung des wirtschaftlichen Vorteils erfolgt nach herrschender Meinung im Ordnungswidrigkeitenrecht anhand einer **Saldierung**, bei der die durch den Verstoß erlangten wirtschaftlichen Zuwächse um die Kosten und sonstigen Aufwendungen (einschließlich bestandskräftig festgesetzter Steuern) des Verletzers reduziert werden (**Netto-Prinzip**).558 Gemeinkosten sind dabei allerdings regelmäßig nicht berücksichtigungsfähig. 456

Begrenzungen der Vorteilsabschöpfung ergeben sich durch die in § 43 Abs. 2 TKG normierte Subsidiarität gegenüber Schadenersatzleistungen,559 die Härtefall- und Bagatellregelung in § 43 Abs. 3 TKG sowie in zeitlicher Hinsicht nach § 43 Abs. 5 TKG (fünf Jahre). 457

E. Schutz der Teilnehmer, Nutzer und Endnutzer

Neben dem Bereich der Regulierung des Wettbewerbs ist der Schutz der Teilnehmer, Nutzer und Endnutzer (Kundenschutz) von Telekommunikationsdiensten ein **zentrales Anliegen** des TKG. Die diesbezüglichen Kernregelungen sind in Teil 3 und Teil 6 des TKG enthalten. Hinzu kommen Schutzregelungen in Teil 5 des TKG für den Bereich des Ruf- 458

---

555 Langen/Bunte/*Bornkamm* § 34 GWB Rn. 17.
556 BT-Drs. 15/3640, 55 zu § 34 GWB.
557 Göhler/*König* § 17 OWiG Rn. 40 sowie BT-Drs. 15/3640, 55 zu § 34 GWB.
558 Göhler/*König* § 17 OWiG Rn. 38.
559 Wird der Vorteil bereits durch ein Bußgeld abgeschöpft (§ 149 Abs. 2 TKG), besteht indes kein wirtschaftlicher Vorteil mehr.

nummernmissbrauchs sowie den Bereich des Fernmeldegeheimnisses und des Datenschutzes in Teil 7, Abschnitt 1 und 2 TKG. Anders als noch unter dem TKG 1996, unter dessen Geltung die TKV 1997 erlassen wurde und bis zum Inkrafttreten des TKG-Änderungsgesetzes bis Februar 2007 fortbestand, ist nunmehr der gesamte Bereich der genannten Schutzregelungen unmittelbar im TKG selbst geregelt.

I. Rechte von Endnutzern und Kundenschutz

459 Nach ihrem jeweiligen Regelungsschwerpunkt lassen sich die Bestimmungen zum Kundenschutz auch bei teilweisen Überschneidungen grundsätzlich in **drei zentrale Regelungsbereiche** einteilen:
- Regelungen zu **Veröffentlichungs- und Informationspflichten**, die eine hinreichende Information und Transparenz der Endnutzer und ein Mindestmaß an Rechtssicherheit gewährleisten;
- Regelungen zum **Vertragsschluss**, zur **Vertragsgestaltung** und zur **Vertragsdurchführung**, die zum Teil als zwingende Regelungen die Privatautonomie der Parteien einschränken und sich unmittelbar auf die Vertragsbeziehung mit dem Kunden auswirken sowie
- sonstige **telekommunikationsspezifische Kundenschutzregelungen**, die für den Bereich der Telekommunikation typische Kundenschutzregelungen beinhalten.

Da der Großteil der Kundenschutzregelungen mittelbar oder unmittelbar auf Verträge und deren Durchführung Einfluss nimmt, ist eine zusammenhängende Darstellung dieser Bestimmungen bereits in Kap. 9 (Rdn. 62 ff.) erfolgt. Die nachfolgenden Ausführungen konzentrieren sich daher auf sonstige, noch nicht betrachtete telekommunikationsspezifische Verpflichtungen aus dem Bereich des Kundenschutzes.

1. Betreiberauswahl und Betreibervorauswahl

460 Nach § 40 Abs. 1 TKG besteht im Bereich der Endnutzermärkte eine durch Regulierungsverfügung auferlegbare Verpflichtung zur **Betreiberauswahl und Betreibervorauswahl** gegenüber Unternehmen, die bei der Bereitstellung des Anschlusses an das öffentliche Telefonnetz und dessen Nutzung an festen Standorten (Markt Nr. 1 Märkteempfehlung) über beträchtliche Markmacht verfügen. Diese Verpflichtung steht in engem Zusammenhang mit der Zusammenschaltungspflicht nach § 21 Abs. 3 Nr. 2 TKG. Denn nach § 40 Abs. 1 S. 5 TKG ist die Zusammenschaltung zur Erfüllung dieser Verpflichtung **erforderlich** bzw. ist **Voraussetzung** für die Betreiber(vor)auswahl.[560] Die nach § 40 TKG auferlegbaren Verpflichtungen sind allerdings **keine Zugangsverpflichtungen** des 2. Teils des TKG, sondern Verpflichtungen, die basierend auf Art. 19 Universaldienstrichtlinie mit Blick auf **Endnutzermärkte** auferlegt werden können. Die Verpflichtung zur Betreiber(vor)auswahl ist dementsprechend infolge der Marktdefinition und Marktanalyse zu den **(Endnutzer-) Märkten Nr. 1 (ehemals Nr. 1–6) der Märkteempfehlung** auferlegt worden, und zwar der Telekom.[561] Dies wird sich infolge der TKG-Novelle 2011 ändern, weil darin die Streichung von § 40 TKG und die Aufnahme der Verpflichtung in § 21 TKG vorgesehen ist.[562] Ungeachtet dessen ergibt sich das Zusammenspiel zwischen der Verpflichtung zur Betreiber(vor)auswahl aus § 40 Abs. 1 TKG und der Zusammenschaltung aus § 21 Abs. 3

---

[560] S. BNetzA 22.04.2009, BK3d-08/23 (Zusammenschaltung Telekom), S. 18 ff.
[561] BNetzA 05.07.2006, BK2a-06–001-R (Endnutzermärkte Festnetztelefonie), BNetzA Mitteilung Nr. 249/2006, ABl. Nr. 13/2006; weitgehend bestätigt durch VG Köln CR 2008, 25 (30 f.) sowie nunmehr BNetzA 25.01.2010, BK 2c 09/002-R, S. 16 ff., BNetzA Mitteilung Nr. 74/2010, ABl. Nr. 3/2010 v. 10.02.2010, S. 280 (296 ff.).
[562] Siehe *Heun* CR 2011, 161.

Nr. 2 TKG jedenfalls über die seitens der BNetzA im Rahmen der Zusammenschaltungsverpflichtung der Telekom auferlegten Verpflichtung zur Zuführung von Verbindungen zur Betreiber(vor)auswahl.[563] Die Pflicht zur Gewährung von Betreiberauswahl und Betreibervorauswahl ist einem Anbieter, der auf dem Markt für den Anschluss an das öffentliche Telefon-Festnetz über beträchtliche Marktmacht verfügt, auch dann aufzuerlegen, wenn seine Marktmacht auf einem der Märkte für öffentliche Festnetzverbindungen entfallen ist und der dort vorhandene Wettbewerb maßgeblich auf der bestehenden Betreiberauswahlpflicht beruht.[564]

In inhaltlicher Hinsicht bedeutet die Betreiber(vor)auswahl, dass der Anrufer durch netzseitig voreingestellte (»**Preselection**«) oder per Einzelwahl (»**Call-by-Call**«) anruferseitig vorangestellte **Verbindungsnetzbetreiberkennziffer** (010xy, 0100xy) anstelle seines Anschlussnetzbetreibers einen anderen Betreiber für die herzustellenden Telefonverbindungen auswählen kann. Diese Auswahlmöglichkeit bezieht sich mit Blick auf das vom betreffenden Anschluss angerufene Ziel auf Orts- und Fernverbindungen,[565] auf Verbindungen zu nationalen Teilnehmerrufnummern (032, NTR), in Mobilfunknetze und ausländische Netze, nicht aber auf Dienste wie Premium-Dienste (0900, § 3 Nr. 17a TKG) und Service-Dienste (0180, § 3 Nr. 8b TKG) etc. Hier verbleibt es bei der Erbringung der Verbindungsleistung durch den Anbieter des Anschlusses.[566]

461

2. Mindestangebot an Mietleitungen

Eine weitere mittels Regulierungsverfügung für Endnutzermärkte auferlegbare Verpflichtung besteht nach § 41 TKG darin, dass ein Mindestangebot an Mietleitungen entsprechend eines auf europarechtlicher Ebene bestehenden **Verzeichnisses an Mietleitungen** bereitzustellen ist. Diese Verpflichtung bezieht sich auf **Markt Nr. 7 der Märkteempfehlung** 2003, der konkret das Angebot von Mietleitungen an Endnutzer betrifft. Das zwischenzeitliche Entfallen dieses Marktes in der **Märkteempfehlung 2007** hat zur Aufgabe der Regulierung für diesen Markt geführt.[567]

462

3. Sonstige Verpflichtungen

Zusätzlich zu den vorgenannten Verpflichtungen kann die BNetzA infolge der durch das TKG-Änderungsgesetz 2007 eingefügten Bestimmung des § 42 Abs. 4 S. 3 TKG, der BNetzA **zusätzliche Verpflichtungen** auferlegen: Wenn Tatsachen die Annahme rechtfertigen, dass ein Unternehmen seine marktmächtige Stellung auf Endkundenmärkten **auszunutzen droht**, gelten § 42 Abs. 4 S. 1 und 2 TKG entsprechend mit der Folge, dass die BNetzA hier Gebots- und Untersagungsverfügungen erlassen sowie Verträge ganz oder teilweise für unwirksam erklären kann. Damit wird für diesen speziellen Fall der **Endkundenmärkte** die Missbrauchsaufsicht in die Sphäre der Vorabregulierung verlegt.[568] Die Missbrauchsverfügung des § 42 Abs. 4 TKG wird damit zu einer »quasi-Regulierungsverfügung«.[569]

463

---

563 S. BNetzA 22.04.2009, BK3d-08/23 (Zusammenschaltung Telekom), S. 18 ff.
564 BVerwG CR 2009, 298 (299 f.); siehe zur Umdeutung einer früheren gesetzlichen Verpflichtung zur Gewährung von Betreiberauswahl und Betreibervorauswahl über § 150 Abs. 1 TKG in einen feststellenden Verwaltungsakt: BVerwG 18.02.2008, 6 C 45/07 Rn. 3.
565 Es muss eine unterschiedliche Voreinstellung für Orts- und Fernverbindungen möglich sein (§ 40 Abs. 1 S. 3 TKG).
566 S. Ziffer 1. der Festlegungen und Ziff. I.1.2 des Tenors von BNetzA, Beschl. v. 05.10.2005, BK4c-05–002/R (Zusammenschaltung Telekom), BNetzA Mitteilung Nr. 244/2005 ABl. Nr. 19/2005 i. V. m. BNetzA 22.04.2009, BK3d-08/23 (Zusammenschaltung Telekom).
567 BNetzA 21.04.2010, BK2a-10/001-R.
568 So die Absicht des Gesetzgebers mit Blick auf Art. 17 Abs. 2 Universaldienstrichtlinie: BT-Drs. 16/2581, 24.
569 Siehe die zwischenzeitlich allerdings wegen Entfallens eines regulierungsbedürftigen Marktes widerrufenen Regulierungsverfügungen der BNetzA gegenüber verschiedenen Breitbandkabelnetzbetreibern

464 Hinzuweisen ist schließlich darauf, dass auf europäischer Ebene eine **Roaming-Verordnung** (s. o. Rdn. 4) besteht, die unmittelbar in den Mitgliedstaaten anwendbar ist (Art. 288 Abs. 2 AEUV, ex-Art. 249 Abs. 2 EGV) und auch direkte Rechte für Endkunden bzw. Endnutzer enthält.

II. Fernmeldegeheimnis, Datenschutz

465 Das TKG enthält in §§ 88 bis 107 umfangreiche Regelungen zum Schutz des Fernmeldegeheimnisses und zum Datenschutz. Diese Regelungen repräsentieren den **bereichsspezifischen Datenschutz** in der Telekommunikation und sind des Zusammenhangs wegen in Kap. 20 (Rdn. 201 ff.) dargestellt. Gleichwohl bestehen auch unmittelbare und mittelbare Zusammenhänge mit anderen Vorschriften des TKG wie im Bereich der öffentlichen Sicherheit, dem Zugang zu Teilnehmerdaten und dem Kundenschutz. Diese Zusammenhänge müssen stets bei der Ausgestaltung von Diensten und diesbezüglichen Verträgen beachtet werden.

F. Fazit

466 Das TKG regelt die Rahmenbedingungen für Kommunikationsnetze und -dienste durch ein komplexes Konstrukt spezifischer und ineinandergreifender Bestimmungen, welche die Interessen sämtlicher an Telekommunikationsvorgängen beteiligten und interessierten Personen in Einklang bringen sollen. Dies gilt für die hoheitlichen Sicherheitsinteressen ebenso wie für das Allgemeininteresse an funktionsfähigem Wettbewerb sowie die Einzelinteressen marktmächtiger Unternehmen, deren Wettbewerber sowie der Kunden von Telekommunikationsdiensten, insbesondere den Verbrauchern. Die hierfür vorgesehenen Mechanismen sind in vielerlei Hinsicht durch europarechtliche Vorgaben vorbestimmt und werden auch mit Blick auf die gegenwärtige und künftige Regulierungspraxis der BNetzA durch die EU Kommission (mit-)geprägt.

467 Die Bestimmungen des TKG greifen dabei unmittelbar in die Handlungsfreiheit der betroffenen Unternehmen ein, und zwar sowohl im Bereich der Regulierung des Wettbewerbs als auch im Bereich des Kunden- bzw. Verbraucherschutzes. Angesichts der enormen Bedeutung von Telekommunikation und Telekommunikationsdiensten für das heutige Wirtschafts- und Privatleben verwundert dies nicht. Dementsprechend umfangreich ist die zwischenzeitlich ergangene zivil- und verwaltungsrechtliche Rechtsprechung, auch wenn viele Fragen weiterhin klärungsbedürftig sind.

---

zum Markt für die Signaleinspeisung von Rundfunksignalen mit einer Transparenzverpflichtung zugunsten der Inhalteanbieter (Rundfunkveranstalter): BNetzA 17.04.2007, BK3b-06–013–015/017/R, BNetzA Mitteilung Nr. 268/2007, ABl. Nr. 8/2007.

G. Anhang

Anhang 1: Matrix der (allgemeinen) **Regulierungspflichten**

	Melde-pflicht	Öffent-liche Sicher-heit	Ressour-cenver-waltung	Zu-gangs-regulie-rung	Entgelt-regulie-rung	Miss-brauchs-aufsicht	Kunden-schutz	Daten-schutz
Anbieter von ... Inhalten	(–)	(–)	(–)	(–)	(–)	(–)	(–) mit Ausnahmen	(–)
... Mehrwert- o. tk-gestützten Diensten	wenn gewerbl. u. öffentl.	(–)	Rufnr.	(–)	(–)	(+) bei SMP	(++) v. a. §§ 66a ff.	(+)
(Dienste-) Anbieter von TK-Diensten	(–)	(+)	Rufnr.	(–)	(–)	(+) bei SMP	(–), kleine Ausnahmen	(+) Ausnahmen für GBG
... gewerblich und für die Öffentlichkeit	(+)	(++)	Rufnr.	(–)	(–)	(+) bei SMP	(+)	(+)
... öffentl. zugängl. Telefondienst (PATS)	(+)	(+++)	Rufnr.	(–)	bei SMP Endnutzermarkt	(+) bei SMP	(++)	(+)
... an fest. Standort	(+)	(+++)	Rufnr.	(–)	wie PATS	(+) bei SMP	(+++)	(+)
Betreiber (öffentlicher) TK-Anlagen	(–)	(++)	Rufnr.	(–) aber unklar	(–) aber unklar	(–) aber unklar	n/a	(+)
Betreiber von TK-Netzen	(–)	(+) mit Ausnahmen	(Ruf-)Nr., Freq.	(–)	(–)	(–)	n/a	(+) Ausnahmen für GBG
Betreiber (öffentlicher) TK-Netze	(+)	(+) mit Ausnahmen	(Ruf-)Nr., Freq., WegeR	§§ 16, 17	(–)	(–)	n/a	(+)
... mit Kontrolle des Zugangs zu Endnutzern	(+)	(+)	(Ruf-)Nr., Freq., WegeR	§ 18	§ 30 Abs. 4 (nachträglich)	(–)	n/a	(+)

	Melde-pflicht	Öffent-liche Sicher-heit	Ressour-cenver-waltung	Zu-gangs-regulie-rung	Entgelt-regulie-rung	Miss-brauchs-aufsicht	Kunden-schutz	Daten-schutz
... mit be-trächt-licher Markt-macht (SMP)	(+)	(+)	(Ruf-) Nr., Freq., WegeR	§§ 19–21, 23, 24	§ 30 (vorab o. nachträg-lich)	(+)	n/a	(+)

469 Anhang 2: Matrix der **Regulierungsrechte**

	Frequen-zen	Rufnum-mern	Wege-rechte	Zu-gangs-regulie-rung	Entgelt-regulie-rung	Miss-brauchs-aufsicht	Kunden-schutz	Daten-schutz
Reine An-bieter von Inhalten	(–)	(+) ggf.	(–)	(–)	(+) als TN/EN	(–)	(+) als TN/EN	(+) als TN/EN
... Mehr-wert- bzw. tk-gestützte Dienste	(–)	(+)	(–)	(–)	(–)	(–) aber unklar	(+) als TN/EN	(+) als TN/EN
(Dienste-) Anbieter von TK-Diensten	(–)	(+)	(–)	(–)	(–)	(–) aber unklar	(+) als TN/EN	(+) als TN/EN
... ge-werblich und für die Öf-fentlich-keit	(–)	(+)	(–)	(+)	(+)	(+)	(+) als TN/EN	(+) als TN/EN
... öffentl. zugängl. Telefon-dienst (PATS)	(–)	(+)	(–)	(+)	(+)	(+)	(+) als TN/EN	(+) als TN/EN
... an fest. Standort	(–)	(+)	(–)	(+)	(+)	(+)	(+) als TN/EN	(+) als TN/EN
Betreiber (öffent-licher) TK-Anla-gen	(+)	(+)	(–)	(+)	(+)	(+)	(+) als TN/EN	(+) als TN/EN
Betreiber von TK-Netzen	(+)	(+)	(–)	(–)	(–)	(–)	(+) als TN/EN	(+) als TN/EN
Betreiber (öffent-licher) TK-Netze	(+)	(+)	(+)	(+)	(+)	(+)	n/a	n/a

II. Fernmeldegeheimnis, Datenschutz

	Frequenzen	Rufnummern	Wegerechte	Zugangsregulierung	Entgeltregulierung	Missbrauchsaufsicht	Kundenschutz	Datenschutz
… mit Kontrolle Zugang zu Endnutzern	(+)	(+)	(+)	(+)	(+)	(+)	n/a	n/a
… mit beträchtlicher Marktmacht (SMP)	(+)	(+)	(+)	(+)	(+)	(+)	n/a	n/a

Legende:
EN = Endnutzer, GBG = Geschlossene Benutzergruppe, SMP = Significant Market Power (beträchtliche Marktmacht), TN = Teilnehmer

Teil 7
Vergaberecht

Kapitel 24
Die öffentliche Auftragsvergabe von IT-Leistungen und Aspekte des E-Governments

Schrifttum

Byok/Goodarzi, Messegesellschaften und Auftragsvergabe, NVwZ 2006, 281; *Dreher*, Der Anwendungsbereich des Kartellvergaberechts, DB 1998, 2579; *Goodarzi*, Die Vergabe von Postzustellungsdienstleistungen, NVwZ, 2007, 396; *Hailbronner*, Private Töchter öffentlicher Auftraggeber und die Anwendbarkeit des EG-Vergaberechts, DÖV 2003, 534; *Huber/Wollenschläger*, Post und Vergaberecht, VergabeR 2006, 431; *Müller/Ernst*, Elektronische Vergabe ante portas – Übersicht über aktuelle und zukünftige Rechtsfragen, NJW 2004, 1768; *Rittner*, Das deutsche Öffentliche Auftragswesen im europäischen Kontext, NVwZ 1995, 313; *Ruthig*, Vergaberechtsnovelle ohne Gesetzgeber – Zum GWB-Vergaberecht nach Ablauf der Umsetzungsfrist – Teil I, NZBau 2006, 137; *ders.*, Vergaberechtsnovelle ohne Gesetzgeber – Zum deutschen Vergaberecht nach Ablauf der Umsetzungsfrist – Teil II, NZBau 2006, 208; *Willenbruch*, Die Praxis des Verhandlungsverfahrens nach §§ 3a Nr. 1 VOB/A und VOL/A, NZBau 2003, 422.

Übersicht

		Rdn.
A.	**Die öffentliche Auftragsvergabe von IT-Leistungen**	1
I.	Ausschreibungspflicht bei der Beschaffung von IT-Leistungen	4
	1. Persönlicher und sachlicher Anwendungsbereich des Vergaberechts	5
	a) Der Begriff des öffentlichen Auftraggebers gem. § 98 GWB	6
	aa) Die klassischen öffentlichen Auftraggeber nach § 98 Nr. 1 GWB	9
	bb) Die funktionalen öffentlichen Auftraggeber nach § 98 Nr. 2 GWB	10
	(1) Gründung zur Erfüllung einer im Allgemeininteresse liegenden Aufgabe nichtgewerblicher Art	12
	(a) Gründung zur Erfüllung einer im Allgemeininteresse liegenden Aufgabe	13
	(b) Nichtgewerblichkeit der Aufgabenerfüllung	16
	(2) Überwiegender Staatseinfluss auf finanzieller oder personeller Ebene	21
	cc) Öffentlicher Auftraggeber nach § 98 Nr. 3 GWB	23
	dd) Die öffentlichen Sektorenauftraggeber nach § 98 Nr. 4 GWB	24
	b) Der Begriff des öffentlichen Auftrags gem. § 99 GWB	29
	2. Ausnahmetatbestand »Inhouse-Geschäft«	33
	a) Kontrolle wie über eine eigene Dienststelle	35
	b) Tätigkeit im Wesentlichen für den öffentlichen Auftraggeber	36
	3. Vertragsverlängerungen/Vertragserweiterungen	37
	4. Rahmenvereinbarungen	39
II.	Die optimale Vorbereitung der IT-Vergabe	43
	1. Ermittlung des Beschaffungsbedarfs/Markterkundung/Losaufteilung	44
	2. Kostenschätzung und Berechnung des Schwellenwertes	47
	3. Bildung von Einkaufsgemeinschaften/kartellrechtliche Beurteilung	54
	4. Projektantenproblematik	55
	5. Wahl der richtigen Vergabeart	58
	6. Festlegung sachgerechter Eignungs- und Zuschlagskriterien	67
	7. Systemoffene Leistungsbeschreibung/Produktneutralität	75
III.	Ablauf des Vergabeverfahrens bei IT-Beschaffungen	79
	1. Vergabebekanntmachung	80
	2. Angebotsphase	84
	3. Angebotsprüfung und Angebotswertung	87
	4. Zuschlagserteilung oder Aufhebung	94
IV.	Rechtsschutz	99
	1. Rügeobliegenheiten der Bieter	101
	2. Antragsbefugnis	107
	3. Verfahren vor der Vergabekammer und dem Oberlandesgericht	111
B.	**Aspekte des E-Governments**	120
I.	Bedeutung, Stand und Erwartungen	121
	1. Initiative Bund-Online 2005	122
	2. Initiative E-Government 2.0	123

	3. Initiative Deutschland-Online	124
	4. Initiative Signaturbündnis	125
II.	Schlüsselanwendung E-Procurement	126
	1. Rechtsrahmen	127
	a) Grundsätze der Informationsübermittlung	128
	b) Beschafferprofile	130
	c) Angebots- und Bewerbungsfristen	131
	d) Inhalt der Angebote	132
	e) Melde- und Berichtspflichten	133
	2. Praktische Anwendungsmöglichkeiten	134
	3. Aussichten	138

A. Die öffentliche Auftragsvergabe von IT-Leistungen

1 Der Staat ist neben Privatunternehmen der größte Auftraggeber im Bereich von IT-Leistungen. Großprojekte, wie z. B. das der Bundeswehr mit dem Namen »Herkules«, zeigen, dass von staatlicher Seite Milliardenaufträge an IT-Unternehmen vergeben werden können. Allein das vorgenannte Projekt hatte ein Volumen von etwa 7,3 Milliarden € für ein zehnjähriges IT-Outsourcing. Auch wenn nicht alle vom Staat nachgefragten IT-Leistungen derartige Volumina erreichen, müssen staatliche Einkäufe gesetzlich geregelt werden. Diese **Regelungsfunktion zur Strukturierung der Nachfragemacht** des Staates übernimmt das Vergaberecht. Anders als private Auftraggeber können Behörden nicht einfach ein Angebot über die Erbringung von IT-Leistungen (z. B. Softwareentwicklungsleistungen/Unterstützungsleistungen) annehmen. Sie müssen vielmehr ihren Bedarf öffentlich ausschreiben und einen Wettbewerb unter den Anbietern initiieren.

2 Die Schwierigkeit im Umgang mit dem Vergaberecht folgt vor allem aus dem Aufbau der für eine rechtmäßige Ausschreibung entscheidenden Normen und den Rechtsschutzmöglichkeiten der Bieter. Der Aufbau des Vergaberechts wird als **Kaskade** bezeichnet. Er basiert auf einer hierarchischen Struktur, beginnend mit den EU-Richtlinien, die die gemeinschaftsweiten Prinzipien der Nichtdiskriminierung, des Wettbewerbs und der Transparenz enthalten. Unterhalb der europäischen Rechts finden danach die Normen der §§ 97 ff. des Gesetzes gegen Wettbewerbsbeschränkungen (GWB) Anwendung. Das Bindeglied zwischen dem GWB und den für die Ausschreibung wichtigen Verdingungsordnungen stellt die Vergabeverordnung (VgV) dar. Wie sich genau ein öffentlicher Auftraggeber im Rahmen einer öffentlichen Ausschreibung zu verhalten hat und welche Rechte und Ansprüche die Bieter geltend machen können, ergibt sich aus den Verdingungsordnungen für Bauleistungen, freiberufliche Leistungen und Dienstleistungen (VOB/A, VOF und VOL/A). Die staatliche Auftragsvergabe von IT-Leistungen basiert in der Regel auf der VOL/A.[1]

---

[1] In der Form der Bekanntmachung der Neufassung der Verdingungsordnung für Leistungen – Teil A (VOL/A), Ausgabe 2006 v. 06.04.2006, Bundesanzeiger Nr. 100a v. 30.05.2006. [...].

I. Ausschreibungspflicht bei der Beschaffung von IT-Leistungen

Zum grundlegenden Verständnis des **hierarchischen Aufbaus** des Vergaberechts soll die folgende Abbildung beitragen:

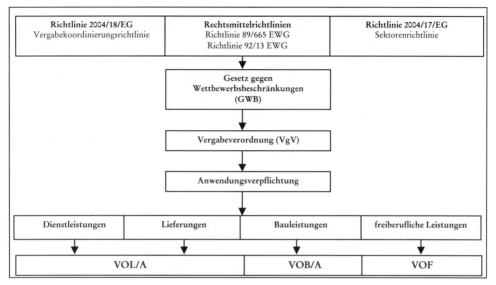

Nur öffentliche Aufträge, die einen bestimmten Vertragswert über den gesamten Zeitraum haben (sog. Schwellenwert), sind für das europäische Vergaberecht von Interesse und müssen deshalb gemeinschaftsweit ausgeschrieben werden. Dementsprechend bestimmt § 100 Abs. 1 GWB, dass die Vorschriften des GWB erst ab dem Erreichen eines bestimmten Auftragswertes gelten sollen. Bei Auftragswerten, die unterhalb der Schwellenwerte liegen, besteht nach Ansicht des Gesetzgebers keine Aussicht auf einen grenzüberschreitenden Handel. Hinzu kommt, dass die Durchführung eines gemeinschaftsweiten Vergabeverfahrens wegen des niedrigen Auftragswertes einen unverhältnismäßig hohen Aufwand für den Staat nach sich ziehen würde.[2] Da sich der Fachanwalt für IT-Recht bei der praktischen Anwendung der Vergaberegeln vor allem auf den Rechtsschutz für die Bieter oder auf die Vertretung von Vergabestellen (öffentliche Auftraggeber) konzentrieren wird, befasst sich dieses Kapitel vor allem mit IT-Auftragsvergaben oberhalb der geltenden Schwellenwerte,[3] denn nur bei europaweiten Vergaben haben die privaten Dienstleister gegenüber dem öffentlichen Auftraggeber einen effektiven **Anspruch auf Einhaltung der Gesetze** (§ 97 Abs. 7 GWB).[4] Unterhalb der Schwellenwerte ist die Durchsetzung von Rechtsschutzinteressen nur sehr eingeschränkt möglich, in der Praxis sogar nahezu ausgeschlossen.[5]

3

I. Ausschreibungspflicht bei der Beschaffung von IT-Leistungen

Grundsätzlich muss europaweit ausgeschrieben werden, wenn der Staat IT-Leistungen bei Privatunternehmen einkauft. Diese Pflicht zur Durchführung eines öffentlichen Wettbewerbs trifft jedoch nicht jede staatliche Stelle und sie bezieht sich auch nicht auf jede Art von Auftrag. Von der grundsätzlichen Ausschreibungspflicht gibt es Ausnahmen, auf

4

---

2 Vgl. Motzke/Pietzcker/Prieß/*Marx* § 100 GWB Rn. 2.
3 Vgl. hierzu die Ausführungen unter Rdn. 47.
4 In § 97 Abs. 7 GWB heißt es: »Die Unternehmen haben Anspruch darauf, dass der Auftraggeber die Bestimmungen über das Vergabeverfahren einhält.«.
5 Vgl. zur Zweiteilung des deutschen Vergaberechts BVerfG NZBau 2006, 791.

die sich insbesondere die staatlichen Behörden gern berufen, um einen Auftrag kurzerhand an den gewünschten Partner zu vergeben.[6]

Täuscht sich der öffentliche Auftraggeber bei der Beurteilung einer Ausschreibungsfreiheit, liegt der wohl **gravierendste Verstoß** gegen die Vergabevorschriften der §§ 97 ff. GWB vor: Die **de-facto-Vergabe**, die durchaus zur Unwirksamkeit des fehlerhaft abgeschlossenen IT-Vertrags führen kann.[7] Die Klärung, ob der persönliche bzw. sachliche Anwendungsbereich des Vergaberechts eröffnet ist, kann eine der schwierigsten Frage des öffentlichen Beschaffungswesens sein.

1. Persönlicher und sachlicher Anwendungsbereich des Vergaberechts

5   Der persönliche Anwendungsbereich des Vergaberechts ist eröffnet, wenn die den Auftrag vergebende Stelle »**öffentlicher Auftraggeber**« i. S. d. § 98 GWB ist. Liegt neben dieser Qualifikation als öffentlicher Auftraggeber auch noch ein »**öffentlicher Auftrag**« vor, der vergeben werden soll, so muss ausgeschrieben werden, wenn keine Ausnahmetatbestände vorliegen (vgl. § 99 GWB).

a) Der Begriff des öffentlichen Auftraggebers gem. § 98 GWB

6   In Deutschland gibt es derzeit etwa 35.000 öffentliche Auftraggeber. Vielen ist die Tatsache, dass sie öffentliche Auftraggeber i. S. d. Vergaberechts sind, bis heute unbekannt.[8] Viele Nachprüfungsverfahren beschäftigen sich deshalb zentral mit der Frage, ob die ausschreibende Stelle überhaupt öffentlicher Auftraggeber gem. § 98 GWB ist oder nicht.

7   Zahlreiche staatliche Unternehmen handeln ohne Unrechtsbewusstsein in dem Glauben, sie seien keine öffentlichen Auftraggeber. Lukrative Verträge werden kurzerhand an bevorzugte Firmen vergeben. Die Konsequenzen dieses Vergabeverstoßes können fatal sein. Der vermeintlich bereits **geschlossene Vertrag** ist unter Umständen gem. § 101b GWB unwirksam. Schon ausgetauschte Leistungen müssen rückabgewickelt werden, was bei einem vielschichtigen Leistungspaket nicht immer einfach ist. Ein Beispiel hat die Bundeswehr geliefert, die dachte, eine von ihr ausgegründete Gesellschaft zur Beschaffung von Bekleidung für die Soldaten (Kampfstiefel) sei keine öffentliche Auftraggeberin. Weit gefehlt, entschied das Düsseldorfer Oberlandesgericht. Fehler können also auch Bundesbehörden unterlaufen, die mit einer qualifizierten Rechtsabteilung ausgestattet sind. Vorsicht ist somit in allen Zweifelsfällen geboten, um Schadensersatzansprüche zu vermeiden.

8   Wer in Deutschland öffentlicher Auftraggeber ist, wird grundsätzlich **nicht formal, sondern funktional** bestimmt, sodass sich der Staat nicht dem Vergaberecht dadurch entziehen kann, dass er seinen handelnden Untergliederungen eine private Rechtsform (GmbH oder AG) verleiht. Die aus dem Verwaltungsrecht bekannte »Flucht ins Privatrecht« überzeugt auch im Vergaberecht nicht.

Die Normadressaten des Vergaberechts werden abschließend in den nachfolgenden Kategorien des § 98 GWB beschrieben.[9]

---

6 Vgl. die jeweils auf besondere Lebenssachverhalte (Arbeitsverträge, geheimhaltungsbedürftige Geschäfte, Grundstücksgeschäfte etc.) bezogenen Bereichsausnahmen nach § 100 Abs. 2 GWB, die in diesem Kapitel nicht gesondert diskutiert werden.
7 Vgl. OLG Düsseldorf NZBau 2005, 537; KG NZBau 2005, 538.
8 Einen spektakulären Fall bildete z. B. die Feststellung der öffentlichen Auftraggebereigenschaft für eine Tochtergesellschaft der Bundeswehr, vgl. OLG Düsseldorf NZBau 2003, 400; vgl. auch EuGH NZBau 2008, 130. bzw. NZBau 2009, 520, wonach öffentlich-rechtliche Rundfunkanstalten und gesetzliche Krankenkassen öffentliche Auftraggeber sein sollen.
9 Die Darstellung umfasst nicht die öffentlichen Auftraggeber nach § 98 Nr. 5 bzw. 6 GWB, weil diese in der Praxis nahezu keine Rolle spielen.

aa) Die klassischen öffentlichen Auftraggeber nach § 98 Nr. 1 GWB

Selbstverständlich sind in erster Linie die Gebietskörperschaften und ihre Sondervermögen (insbesondere Eigenbetriebe) öffentliche Auftraggeber. Gebietskörperschaften sind wiederum **Bund, Länder und die Kommunen** (Landkreise, Städte und Gemeinden). In Nordrhein-Westfalen gehören zu den klassischen öffentlichen Auftraggebern auch die Landschaftsverbände. Die vorerwähnten Sondervermögen sind als Eigenbetriebe abgespaltene Verwaltungseinheiten, die rechtlich nicht verselbstständigt sind und deshalb keine juristischen Personen darstellen. Bezugspunkt ist im rein verwaltungstechnischen Sinne jeweils die hinter dem Eigenbetrieb stehende Stadt bzw. Gemeinde. Sie ist die den Auftrag vergebende Stelle.

bb) Die funktionalen öffentlichen Auftraggeber nach § 98 Nr. 2 GWB

Nach § 98 Nr. 2 GWB sind öffentliche Auftraggeber auch juristische Personen des öffentlichen und privaten Rechts, die zu dem besonderen Zweck gegründet wurden, im Allgemeininteresse liegende Aufgaben nicht gewerblicher Art zu erfüllen, wenn Stellen, die unter § 98 Nr. 1 (klassische öffentliche Auftraggeber) oder § 98 Nr. 3 (Verbände) GWB fallen, sie einzeln oder gemeinsam durch Beteiligung oder auf sonstige Weise überwiegend finanzieren oder über ihre Leitung die Aufsicht ausüben oder mehr als die Hälfte der Mitglieder eines ihrer zur Geschäftsführung oder zur Aufsicht berufenen Organe bestimmt haben.[10]

Die genaue Einordnung keines anderen öffentlichen Auftraggebertyps des § 98 GWB ist so heftig umstritten wie diejenige des funktionalen öffentlichen Auftraggebers gem. Nr. 2.[11] Eine Ursache für die Meinungsverschiedenheiten bei der Frage, ob ein **funktionaler öffentlicher Auftraggeber** vorliegt, ist dem Umstand geschuldet, dass auch vermeintlich reine Privatgesellschaften (juristische Personen als GmbH oder AG) unter den vorzitierten Tatbestand subsumiert werden können (z. B. die Stadtwerke GmbH). Da sich die handelnden Personen eine formal private Hülle gegeben haben, sind sie oftmals fälschlicherweise der Ansicht, nun nicht mehr dem Staat anzugehören. Erforderlich ist deshalb eine dezidierte Aufschlüsselung der Tatbestandsmerkmale des § 98 Nr. 2 GWB.

(1) Gründung zur Erfüllung einer im Allgemeininteresse liegenden Aufgabe nichtgewerblicher Art

Ein öffentlicher Auftraggeber gem. § 98 Nr. 2 GWB muss mit dem Ziel ins Leben gerufen worden sein, eine im Allgemeininteresse liegende Aufgabe zu erfüllen. Diese Aufgabe muss nichtgewerblicher Art sein. Zur besseren Übersichtlichkeit sollen diese beiden Voraussetzungen nochmals untergliedert werden.

(a) Gründung zur Erfüllung einer im Allgemeininteresse liegenden Aufgabe

Eine Definition des Begriffs »Allgemeininteresse« findet sich weder im Text der europäischen Vergaberichtlinien noch in den deutschen Gesetzesmaterialien. In der Literatur wird der **Begriff des Allgemeininteresses** wie folgt umschrieben:

> »Als gemeinsamen Kern des Begriffs wird man ansehen können, dass eine Aufgabenerfüllung vorgenommen wird, die nicht lediglich der Förderung des privaten Interesses eines einzelnen oder einer Gruppe von Personen, sondern die Gesamtheit der Bevölkerung zum Gegenstand hat. Allgemeininteresse verweist daher auf die Wahrung des öffentlichen Interesses an der Sicherung der »Wohlfahrt« der Bürger, verstan-

---

10 Die Richtlinie 2004/18/EG des Europäischen Parlaments und des Rates v. 31.03.2004 über die Koordinierung der Verfahren zur Vergabe öffentlicher Bauaufträge, Lieferaufträge und Dienstleistungsaufträge, Amtsblatt der Europäischen Union L 134/114 (VKR) bezeichnet diesen Auftraggebertypus in Art. 1 Abs. 9 als »Einrichtungen« des öffentlichen Rechts.
11 Die Tatbestandsmerkmale des § 98 Nr. 2 GWB müssen kumulativ vorliegen.

den in einem weiten Sinne als Sicherung der Rechtsordnung und derjenigen Rahmenbedingungen für Stadt, Gesellschaft und Wirtschaft, die Freiheitsentfaltung und Chancengleichheit der Bürger gewährleisten.«[12]

Der Generalanwalt beim Europäischen Gerichtshof *Léger* fasste den Begriff etwas kürzer:

»Im Allgemeininteresse liegende Aufgaben sind alle Tätigkeiten, die der Allgemeinheit im Gegensatz zu Individual- oder Gruppeninteressen unmittelbar zu Gute kommen.«[13]

14 Zahlreiche Einzelfälle dieses weitgehenden Begriffsmerkmals sind noch nicht abschließend geklärt und deshalb umstritten.

Ein erstes Indiz dafür, welche Auftraggeber zu dem Zweck gegründet wurden, im Allgemeininteresse liegende Aufgaben zu erfüllen, mag Anhang III zur VKR geben.[14] Ich empfehle Ihnen, diesen Anhang genau zu lesen.

15 Alle **Tätigkeiten** staatlicher Einrichtungen, die **der Daseinsvorsorge** im weitestgehenden Sinne dienen, sollten Aufgaben im Allgemeininteresse sein. Hierzu gehören die Wasserversorgung, die Abwasserentsorgung, die Versorgung mit Strom und Gas, die Bereitstellung öffentlichen Verkehrs, die Bereitstellung öffentlichen Straßenwesens, die Bereitstellung öffentlichen Schienenpersonennahverkehrs, die Landesverteidigung sowie die Wirtschaftsförderung. Der Europäische Gerichtshof vertritt zu § 98 Nr. 2 GWB und dem Merkmal des besonderen Gründungszwecks eine sehr weit gehende Auffassung, indem er Unternehmen auch dann noch als öffentliche Auftraggeber im Sinne der Vorschrift einordnet, wenn ihre Tätigkeit aufgrund des besonderen Gründungszwecks im Verhältnis zu anderen (rein privaten/wettbewerblichen) Aktivitäten nur einen geringen Teil ausmacht (sog. »**Ansteckungstheorie**«). Diese Theorie zeigt ihre Brisanz im Besonderen am Beispiel der Deutschen Post AG, die trotz zunehmender Marktöffnung von der Rechtsprechung nach wie vor als öffentliche Auftraggeberin angesehen wird,[15] was in der Erweiterung des Anwendungsbereichs der SKR auf Postdienste gesetzgebungstechnischen Ausdruck gefunden hat.[16]

(b) Nichtgewerblichkeit der Aufgabenerfüllung

16 Öffentliche Auftraggeber gem. § 98 Nr. 2 GWB dürfen **nicht gewerblich** handeln. Die Frage des Bestehens oder Nichtbestehens einer im Allgemeininteresse liegende Aufgabe nichtgewerblicher Art ist unter Berücksichtigung der rechtlichen und tatsächlichen Umstände wie Gründungszweck und Gegenstand des jeweils zu untersuchenden Unternehmens zu würdigen. Dabei sind die Wettbewerbssituation auf dem betreffenden Markt sowie die **Gewinnerzielungsabsicht, Risikotragung und Finanzierung** der unternehmerischen Betätigung zu berücksichtigen.[17] Eine gewerbliche Tätigkeit liegt nicht schon deshalb vor, weil private Anbieter die fraglichen Leistungen ebenso erbringen könnten. Da heutzutage fast alle Aufgaben von der Privatwirtschaft wahrgenommen werden können, wäre der Anwendungsbereich des § 98 Nr. 2 ansonsten sehr beschränkt. Auch die Gewinnerzielungsabsicht eines Unternehmens ist kein Indiz für eine gewerbliche Tätigkeit,[18] denn jede GmbH ist auf eine Gewinnerzielung aus.

---

12 Vgl. *Hailbronner* DÖV 2003, 534.
13 Vgl. auch EuGH NZG 1998, 257 – Mannesmann Anlagenbau Austria AG, Schlussanträge v. 16.09.1997.
14 Vgl. Richtlinie 2004/18/EG des Europäischen Parlaments und des Rates v. 31.03.2004 über die Koordinierung der Verfahren zur Vergabe öffentlicher Bauaufträge, Lieferaufträge und Dienstleistungsaufträge.
15 Vgl. VG Köln 12.08.1999, 1 K 6174/97; vgl. hierzu auch *Huber/Wollenschläger* VergabeR 2006, 431 (433).
16 Vgl. auch *Goodarzi* NVwZ 2007, 396.
17 Vgl. EuGH EuZW 2003, 315.
18 Vgl. OLG Düsseldorf NZBau 2003, 400, wonach eine Gewinnerzielung für die Anwendung des § 98 Nr. 2 GWB sogar unerheblich ist.

I. Ausschreibungspflicht bei der Beschaffung von IT-Leistungen

Nichtgewerblich handelt ein öffentlicher Auftraggeber bei Aufgaben, bei denen noch oder schon der Zustand feststellbar ist, dass sich ihre Erfüllung nicht **im freien Spiel des Wettbewerbs** und marktmäßiger Mechanismen vollzieht. Zur (positiven) Einordnung einer Aufgabe als »gewerblich« oder »nichtgewerblich« wird deshalb als Maßstab herangezogen, ob sich das einzuordnende Unternehmen hinsichtlich seiner geschäftlichen Risiken ganz wesentlich von anderen gewerblich tätigen Privaten unterscheidet, sodass sich seine Aufgabenerfüllung weitestgehend außerhalb der freien Marktwirtschaft vollzieht und es über eine staatlich herbeigeführte **Sonderstellung** verfügt.[19] Im Allgemeinen wird von der sog. Wettbewerbsausgesetztheit des betreffenden Unternehmens gesprochen, die stets zu verneinen ist, wenn eine Gewährträgerhaftung oder Insolvenzunfähigkeit besteht. 17

Gewerblich handeln nach der Rechtsprechung: Lotteriegesellschaften,[20] regionale Verkehrsunternehmen,[21] das Bayerische Rote Kreuz,[22] Ordensgemeinschaften und Diakoniewerke.[23] 18

Die **Nichtgewerblichkeit** ist indessen angenommen worden im Fall einer gesetzlichen Krankenkasse,[24] einer Bekleidungsgesellschaft zur Versorgung der Bundeswehr,[25] eines Wohnungsbauunternehmens[26] sowie einer Stadtwerke GmbH.[27] 19

Zu der Frage der Nichtgewerblichkeit ist abschließend festzuhalten: Immer dann, wenn klassische staatliche Stellen (Bund, Länder, Gemeinden) Aufgaben der Daseinsvorsorge auf private Gesellschaften überleiten, diese aber gleichwohl im Weg der Gewährträgerhaftung oder durch Verlustübernahmen nicht »von der Leine lassen« und stets für ausreichende finanzielle Mittel sorgen, wird die betreffende Gesellschaft wohl als öffentlicher Auftraggeber gem. § 98 Nr. 2 GWB einzuordnen sein, wenn alle übrigen Tatbestandsmerkmale vorliegen. 20

(2) Überwiegender Staatseinfluss auf finanzieller oder personeller Ebene

Nach § 98 Nr. 2 GWB muss der öffentliche Auftraggeber zudem überwiegend vom Staat **finanziert oder beherrscht** werden. Eine überwiegende Finanzierung liegt vor, wenn eine oder mehrere Gebietskörperschaften die Einrichtung zu mehr als 50 % mit Kapital ausstatten. Die Kapitalausstattung kann durch Beteiligung, durch Subventionierung, durch Zuwendungserstattung oder Darlehen erfolgen. Entscheidend ist, dass die Geldmittel der Einrichtung zu mehr als der Hälfte von einer oder mehreren Gebietskörperschaften stammen.[28] 21

Neben der finanziellen staatlichen Beherrschung kommt auch eine Einflussnahme über natürliche Personen in Betracht. Auch bei privater Finanzierung sind Fälle denkbar, in denen eine Gebietskörperschaft die Aufsicht über die Leitung der Einrichtung ausübt oder die Geschäftsführungsorgane oder die zur Aufsicht berufenen Organe zu mehr als 50 % bestimmt. In der Praxis wird dies bei kommunalen Tochtergesellschaften (Stadtwerken, Wirtschaftsförderungsgesellschaften etc.) der Fall sein, da nach den meisten kommunalwirtschaftlichen Regelungen die Kommune schon von Gesetzes wegen gehalten ist, einen »angemessenen Einfluss« auf die Eigengesellschaft auszuüben.[29] Nicht von ungefähr gehen deshalb nahezu 22

---

19 Vgl. BayObLG NZBau 2002, 336 – Münchner U-Bahn-Netz.
20 Vgl. OLG Düsseldorf 09.12.2002, Verg 35/02.
21 Vgl. OLG Düsseldorf 08.05.2002, Verg 815/01.
22 Vgl. BayObLG NZBau 2003, 348.
23 Vgl. VK Nordbayern 24.07.2001, 320.VK-3194–21/01.
24 Vgl. schon die sehr frühe Rechtsprechung des BayObLG NZBau 2004, 623.
25 Vgl. OLG Düsseldorf NZBau 2003, 400.
26 Vgl. KG NZBau 2003, 346.
27 Vgl. BayObLG NZBau 2002, 336 – Münchner U-Bahn-Netz.
28 KG NZBau 2006, 725; zur Frage der Eigenschaft von Messegesellschaften als öffentlicher Auftraggeber; s. auch *Byok/Goodarzi* NVwZ 2006, 281 (286).
29 Vgl. EuGH WuW 2001, 635 – Ente Fiera.

alle kommunalwirtschaftlichen Betätigungen in privater Form mit einer öffentlichen Auftraggebereigenschaft nach § 98 Nr. 2 GWB einher.

cc) Öffentlicher Auftraggeber nach § 98 Nr. 3 GWB

23 Eine in der täglichen Praxis verhältnismäßig geringe Rolle spielen die öffentlichen Auftraggeber gem. § 98 Nr. 3 GWB. Hierzu zählen ausweislich des Gesetzeswortlauts **Verbände**, deren Mitglieder unter die Nummern 1 (klassische öffentliche Auftraggeber) oder 2 (funktionale öffentliche Auftraggeber) fallen. Dabei handelt es sich zumeist um Verbände der Gebietskörperschaften sowie der juristischen Personen des öffentlichen und des privaten Rechts, beispielsweise um Zweckverbände, Kommunalverbände, Schulverbände und Caritasverbände.[30] Die für die Vergabepraxis wohl bedeutsamsten öffentlichen Aufträge aus der vorerwähnten Gruppe werden von den kommunalen Zweckverbänden vergeben, die gemeinsam IT-Leistungen nachfragen. Einen weiteren wirtschaftlich bedeutsamen Bereich tragen diejenigen **kommunalen Zweckverbände** an den Markt, die auf dem Gebiet der Abfallwirtschaft tätig sind. Auch bei diesen Verbänden geht es – wie bei allen übrigen – im Kern darum, eine isolierte **Nachfrage** der Zweckverbandsmitglieder zu **bündeln**. Grundlage für die Zusammenarbeit der Verbandsmitglieder ist das Gesetz über die kommunale Gemeinschaftsarbeit (GkG).[31]

dd) Die öffentlichen Sektorenauftraggeber nach § 98 Nr. 4 GWB

24 Eine ganz besondere Art öffentlicher Auftraggeber stellen die in bestimmten Wirtschaftssektoren tätigen Unternehmungen dar. § 98 Nr. 4 GWB unterwirft die sog. Sektorenunternehmen, die auf dem Gebiet der Trinkwasser- oder Energieversorgung bzw. des Verkehrs tätig sind, den Vergaberegeln. Grund für die Unterordnung unter das Vergaberechtsregime war vor allem die **Abschottung der vorgenannten Märkte**, auf denen die Unternehmen vormals als private Monopolisten der Daseinsvorsorge oder privatrechtlich organisierte Behörde agierten.[32] Nach dem Gesetz können auch rein privat organisierte Unternehmen dem öffentlichen Beschaffungswesen unterliegen. In der Literatur wird diese extensive Anwendungsverpflichtung des Vergaberechts teilweise als **Systembruch** eingestuft.[33]

25 Die Sektorenauftraggeber nach § 98 Nr. 4 GWB werden wiederum in **zwei Gruppen** untergliedert:

Es kann sich um Unternehmen handeln, die auf den vorgenannten Sektoren agieren, wenn sie **staatlich beherrscht** sind (1. Gruppe) oder als rein Private ihre Tätigkeit auf der Basis sog. **besonderer bzw. ausschließlicher Rechte** ausüben (2. Gruppe). Die erwähnten »besonderen Rechte« i. S. d. § 98 Nr. 4 GWB existieren im Bereich der Wasserversorgung beispielsweise in Form von eingeräumten Wasserrechten, im Rahmen der Energieversorgung bei Wegekonzessionsrechten und im Verkehrswesen bei der ausschließlichen Konzessionierung mit Blick auf Bus- oder Schienenverkehrsdienstleistungen.

26 Die Telekommunikationsunternehmen werden vom Vergaberecht (nicht mehr) erfasst. Wegen der mittlerweile eingetretenen und allseits spürbaren Liberalisierung auf dem europäischen **Telekommunikationsmarkt** hatte sich die Europäische Kommission schon vor längerer Zeit dazu entschlossen, für diesen Sektor eine Ausnahme vom Vergaberecht vorzusehen. Auf diesen Märkten herrsche – so die Kommission – mittlerweile effektiver Be-

---

30 Vgl. Byok/Jaeger/*Werner* § 98 GWB Rn. 367.
31 In der Fassung der Bekanntmachung v. 01.10.1979 (GV.NW. sowie S. 621), zuletzt geändert durch Gesetz v. 09.06.1999 (GV.NW. S. 386).
32 Vgl. Richtlinie 93/38/EWG, Erwägungsgrund 11–12.
33 Vgl. *Rittner* NVwZ 1995, 313 (318).

schaffungswettbewerb.³⁴ Ausgehend von einem Arbeitsentwurf des Bundesministeriums für Wirtschaft und Arbeit aus dem Jahr 2005 wurde auch im Rahmen der deutschen Vergaberechtsmodernisierung der Telekommunikationssektor aus dem Gesetz herauszunehmen.

Schwierigkeiten bei der klaren Einordnung von Sektorenunternehmen bereitete die vorerwähnte Gruppe derjenigen Unternehmen, die wegen ihrer staatlichen Beherrschung erfasst werden und deshalb auch als sog. **staatsnahe Sektorenunternehmen** gelten. Der Einfluss des Staates auf diese Auftraggeber erfolgt zumeist durch die Mehrheit des gezeichneten Kapitals, die Mehrheit der mit den Anteilen verbundenen Stimmrechte oder die Bestellung von mehr als der Hälfte der Mitglieder eines Verwaltungs-, Leitungs- oder Aufsichtsorgans. Gerade wegen der Staatsnähe ergeben sich oft **Abgrenzungsschwierigkeiten** gegenüber den funktionalen öffentlichen Auftraggebern nach § 98 Nr. 2 GWB, denn in beiden Fällen werden Aufgaben des Allgemeininteresses wahrgenommen. Entscheidendes Kriterium bei der Unterscheidung zwischen den funktionalen Auftraggebern nach § 98 Nr. 2 GWB und den staatsnahen Sektorenauftraggebern nach § 98 Nr. 4 GWB ist daher die Gewerblichkeit der ausgeübten Tätigkeit. Unternehmen, die eine Tätigkeit nichtgewerblicher Art ausüben, fallen unter Nr. 2, während Unternehmen, die wirtschaftlich tätig sind, von Nr. 4 erfasst werden. Zur Frage der Gewerblichkeit wird auf die obigen Ausführungen verwiesen.³⁵ 27

Die Frage der Abgrenzung ist von entscheidender Bedeutung, denn je nachdem finden unterschiedliche Verfahrensarten Anwendung. Nach § 101 Abs. 7 GWB können Auftraggeber, die nur unter § 98 Nr. 4 GWB fallen, zwischen dem **Offenen, Nichtoffenen und dem Verhandlungsverfahren** frei wählen. Der wettbewerbliche Dialog bleibt diesen Auftraggebern verwehrt. Unternehmen, die indessen unter § 98 Nr. 2 GWB fallen, haben grundsätzlich das streng formelle Offene Verfahren anzuwenden. Beim Offenen Verfahren ist es dem Auftraggeber verwehrt, sich mit dem jeweiligen Bieter an den Verhandlungstisch zu setzen, um über die Auftragsvergabe zu sprechen. Diese Möglichkeit bieten nur das Verhandlungsverfahren und der wettbewerbliche Dialog. Es hat also erhebliche wirtschaftliche Bedeutung, welche Verfahrensart der öffentliche Auftraggeber wählen kann. Kaufmännisch wertvollere Ergebnisse können vor allem im Verhandlungsverfahren erzielt werden, wenn der Bieter im persönlichen Gespräch zu einem Preisnachlass oder zu einer größeren vertraglichen Risikoübernahme bewegt wird. Nach dem grundsätzlichen gesetzlichen Rangverhältnis zwischen § 98 Nr. 2 und Nr. 4 GWB liegt **im Zweifelsfall** immer ein **funktionaler öffentlicher** Auftraggeber vor, da § **98 Nr. 2** GWB als **lex specialis** gegenüber § 98 Nr. 4 GWB anzusehen ist.³⁶ 28

b) Der Begriff des öffentlichen Auftrags gem. § 99 GWB

Öffentliche Auftraggeber müssen nur dann ausschreiben, wenn es sich bei der IT-Leistung, die beschafft werden soll, um einen öffentlichen Auftrag handelt. Eine **Generalklausel** für die sachliche Anwendung europäischen Vergaberechts enthält § 99 Abs. 1 GWB, wonach öffentliche Aufträge entgeltliche Verträge zwischen öffentlichen Auftraggebern und Unternehmen sind, die Liefer-, Bau- oder Dienstleistungen zum Gegenstand haben, sowie Auslobungsverfahren, die zu Dienstleistungsaufträgen führen sollen. In den folgenden Absätzen 2 bis 8 des § 99 GWB werden die in Absatz 1 genannten Liefer-, Bau- und Dienstleistungsaufträge sowie das Auslobungsverfahren dann näher gesetzlich spezifiziert. 29

Nach der Legaldefinition des öffentlichen Auftrags ist Voraussetzung, dass unter dem Begriff nur **entgeltliche Verträge** zwischen einem öffentlichen Auftraggeber und einem pri- 30

---
34 Vgl. Mitteilung der Kommission gem. Art. 8 der Richtlinie 93/38/EWG, ABlEG 1999, Nr. C 129/11.
35 Vgl. die Ausführungen unter Rdn. 16.
36 Vgl. *Dreher* DB 1998, 2579 (2584).

vaten IT-Unternehmen subsumiert werden können. Schenkungen an die öffentliche Hand, die in der Praxis selbstverständlich nur selten vorkommen, stellen hiernach keine öffentlichen Aufträge dar. Wichtig ist, dass die getroffene Vereinbarung stets **Beschaffungszwecken** dienen muss.[37]

31 Wenn der Staat IT-Leistungen nachfragt, handelt es sich in den allermeisten Fällen um öffentliche Aufträge i. S. d. § 99 Abs. 2 oder 4 GWB. Denn die Lieferung von Hardware und Software, die Wartung und die Pflege, die Softwareentwicklung und die Erbringung von Unterstützungsleistungen sind entweder Dienst- oder Lieferleistungen i. S. d. Gesetzes. Im Ergebnis fallen hierunter also alle privaten Angebote, die unter die **EVB-IT-Musterverträge** fallen.

32 Es bleibt jedoch fraglich, ob trotz dieser klaren Einordnung von IT-Leistungen Behörden auch die **interne Eigenleistungen** (»Inhouse-Geschäft«) an den Markt via Ausschreibung herantragen müssen und ob spätere inhaltliche **Änderungen bzw. Verlängerungen** eines schon einmal in der Vergangenheit ausgeschriebenen Auftrags erneut formal vergeben werden müssen.

2. Ausnahmetatbestand »Inhouse-Geschäft«

33 Es existieren Fälle, in denen die öffentliche Hand die IT-Leistung nicht am privaten Markt nachfragt, sondern gleichsam **staatsintern** bei hierauf spezialisierten Dienstleistern. Ein Beispiel hierfür mag die Dataport Anstalt des öffentlichen Rechts (AöR) sein, eine Gemeinschaftseinrichtung mehrerer norddeutscher Bundesländer. Steht ein innerstaatliches Geschäft zur Debatte, spricht man allgemein von einer Inhouse-Vergabe, in der die meisten öffentlichen Auftraggeber vorschnell ein Allheilmittel zur Umgehung ihrer an sich bestehenden Ausschreibungspflicht sehen. Doch nicht jede gesellschaftsrechtliche oder behördlich begründbare Verknüpfung mit einem ausgegliederten oder von öffentlichen Auftraggebern gehaltenen Rechtssubjekt ist ausreichend für vergaberechtsfreies Inhouse-Geschäft.

34 Wann ein Inhouse-Geschäft tatsächlich vorliegt, hat der Europäische Gerichtshof (EuGH) über mehrere Jahre in zahlreichen Entscheidungen bestimmt. Den Ausgangspunkt bildet die sehr bekannte **Teckal-Entscheidung**,[38] in der das Gemeinschaftsgericht festgestellt hat, dass ein öffentlicher Auftrag dann nicht vorliegt, wenn der öffentliche Auftraggeber über die fragliche Einrichtung, die er beauftragen möchte, eine Kontrolle ausübt wie über eine eigene Dienststelle und wenn diese Einrichtung zugleich ihre Tätigkeit im Wesentlichen für den öffentlichen Auftraggeber verrichtet. Bemerkenswert ist, dass der EuGH selbst den in der Praxis gängigen Begriff des Inhouse-Geschäftes nie verwendet hat. Ausgehend von der Teckal-Entscheidung gibt es also zwei klärungsbedürftige Punkte, die im Verhältnis des öffentlichen Auftraggebers und des ins Auge gefassten (staatlichen) IT-Dienstleisters vorliegen müssen:
- Kontrolle über den Auftragnehmer wie über eine eigene Dienststelle
- Tätigkeit des Auftragnehmers im Wesentlichen für den öffentlichen Auftraggeber

a) Kontrolle wie über eine eigene Dienststelle

35 Das Merkmal der Kontrolle wie über eine eigene Dienststelle hat eine genauere Konturierung durch die EuGH-Entscheidung »Parking Brixen«[39] erhalten. Hiernach erkennt der EuGH eine Kontrolle wie über eine Dienststelle nur dann an, wenn der Auftragnehmer

---

37 Vgl. EuGH NZBau 2010, 321; BayObLG VergabeR 2002, 305 (306); vgl. BayObLG VergabeR 2002, 55 (57).
38 Vgl. EuGH NZBau 2000, 90; zuletzt hat sich der EuGH in seinem Urteil v. 09.06.2009, Rs. C-1780/06 zu diesem Thema geäußert.
39 Vgl. EuGH NZBau 2005, 644 – Parking Brixen.

dem Geschäftsbereich des öffentlichen Auftraggebers zuzurechnen ist und selbst über **keine eigene Entscheidungsgewalt** verfügt. Diese Zuordnung zum Auftraggeber setzt voraus, dass die gesellschaftsrechtliche Struktur des Auftragnehmers eine ausschließlich staatliche ist. Wird der potenzielle Auftragnehmer in einer privaten Rechtsform geführt (AG oder GmbH), so ist für die Annahme eines Inhouse-Geschäfts jegliches **private Engagement schädlich**. Hält also ein privater Dritter am Geschäftskapital des Auftragnehmers auch nur wenige Prozent, so liegt nach Ansicht des EuGH kein Inhouse-Geschäft mehr vor. Und selbst wenn das Kapital des Auftragnehmers ausschließlich staatlich gehalten wird, wie es im Fall der Stadtwerke Brixen AG der Fall war, so muss ein Inhouse-Geschäft auch dann verneint werden, wenn die Kontrolle wie über eine eigene Dienststelle dadurch gefährdet wird, dass der Auftragnehmer einen ausufernden Gesellschaftszweck verfolgt, er seine Gesellschaft alsbald für Fremdkapital öffnen will oder er seine Geschäfte nicht auf einen geographisch abgrenzbaren Bereich beschränkt. Nach der Parking-Brixen-Entscheidung können also nunmehr nur noch **Aufträge an 100-%ige Eigengesellschaften** zu einem vergaberechtsfreien Inhouse-Geschäft führen. Gerichtsfest und von der Ausschreibungspflicht ausgenommen dürfte nach der jüngst einengenden Rechtsprechung des EuGH nur noch die Auftragsvergabe an eine 100 %ige Tochter-GmbH sein, weil hier die Anbindung an den öffentlichen Auftraggeber eng genug ist.

b) Tätigkeit im Wesentlichen für den öffentlichen Auftraggeber

Auch das zweite Wesensmerkmal des Inhouse-Geschäfts – die überwiegende Tätigkeit für einen bestimmten öffentlichen Auftraggeber – ist nicht klar konturiert. Wann eine wesentliche Beschäftigung für ein und denselben Auftraggeber vorliegt, wurde bislang nach der nationalen Judikatur an einer 80 %-Grenze festgemacht.[40] Bei einem **Fremdgeschäftsanteil** (IT-Kunden neben dem öffentlichen Auftraggeber) von mehr als 20 % wurde im Allgemeinen davon ausgegangen, dass eine »wesentliche« Tätigkeit für den öffentlichen Auftraggeber nicht mehr vorliegt. Erst jüngst wurde durch das OLG Celle[41] diese bislang akzeptierte 80 %-Grenze hinterfragt. Das Gericht hat anlässlich einer Beschaffung von Software entschieden, dass bereits ein Fremdgeschäftsanteil von 7,5 % am Gesamtumsatz für ein Inhouse-Geschäft schädlich sei und es sich deshalb nicht mehr um eine rein staatsinterne Beauftragung handele.

Der EuGH hat sich bisher in die Diskussion um eine (prozentuale) Grenzziehung nicht eingemischt. Stattdessen hat er lediglich allgemein geurteilt, dass ein Unternehmen seine Tätigkeit dann im Wesentlichen für eine Körperschaft verrichte, wenn das Unternehmen hauptsächlich für diese Körperschaft tätig und **jede andere Beschäftigung rein nebensächlich** sei.[42]

Da die genaue Definition des zweiten Teckal-Merkmals für ein Inhouse-Geschäft noch im Fluss ist, sollten sich die Anwender lediglich merken, dass nach dem oben gesagten jedenfalls nicht zwingend davon ausgegangen werden muss, dass der Auftragnehmer ausschließlich für die beherrschende Körperschaft tätig wird. Es ist auch möglich, dass er in ganz geringen Teilen für Dritte IT-Leistungen erbringt, ohne dass ein Inhouse-Geschäft im Verhältnis zur beherrschenden Körperschaft gefährdet wird. Allerdings darf das Drittgeschäft nur einen marginalen Teil der täglichen Arbeit ausmachen.

---

40 Die genannten Prozentzahlen beziehen sich auf den Jahresumsatz, den der Auftragnehmer mit seiner Tätigkeit für den Auftraggeber/für die Auftraggeber erzielt.
41 OLG Celle NZBau 2007, 126.
42 Vgl. EuGH EuZW 2006, 375 – Carbotermo.

3. Vertragsverlängerungen/Vertragserweiterungen

37 Erhebliche Veränderungen an einem in der Vergangenheit (schon einmal) ausgeschriebenen, öffentlichen Auftrag können die Pflicht zur Einleitung eines neuen förmlichen Vergabeverfahrens auslösen. Vor diesem Problem stehen die Vertragsparteien immer dann, wenn der geschlossene öffentliche Auftrag alsbald auszulaufen droht oder wenn die Partner nicht mehr an dem ursprünglich vereinbarten Inhalt festhalten wollen. Häufig entscheiden sich die beiden Seiten in diesen Situationen, den Vertrag kurzerhand zu verlängern, ohne ihn zuvor nochmals öffentliche auszuschreiben oder sie vereinbaren schlichtweg neue Vertragskonditionen (Preise oder Leistungen).

38 Handelt es sich bei diesen Eingriffen um **Modifikationen mit erheblichem Charakter,** so knüpft die Rechtsprechung hieran die Pflicht zur erneuten öffentlichen Ausschreibung. Vertragsverlängerungen oder Vertragsanpassungen sind für den vierten Teil des GWB dann relevant und stellen einen (erneuten) öffentlichen Auftrag dar, wenn sie in ihren **wirtschaftlichen Auswirkungen** bei wertender Betrachtung einer Neuvergabe gleichkommen. Das ist unter anderem für eine mehrjährige Vertragsprolongation mit gleichzeitiger Verkleinerung des Leistungsgegenstandes angenommen worden.[43] Wie die Vertragsverlängerung zustande kommt, ist irrelevant. Sogar die einvernehmliche Rücknahme einer einmal ausgesprochenen Kündigung wird als Vorgang angesehen, der einer Neuvergabe gleichkommt.[44] Sollte es sich bei den Modifikationen nicht um Änderungen der essentialia negotii handeln, so ist davon auszugehen, dass an dem nur marginal angepassten Ursprungsvertrag ohne Ausschreibung festgehalten werden kann. Dies ist etwa angenommen worden für typischerweise verwendete (**automatische**) **Verlängerungsklauseln,** mit denen ein Vertrag prolongiert wird, wenn keine der beiden Seiten das ihr zu einem bestimmten Zeitpunkt zustehende Kündigungsrecht ausübt. Diese automatische Vertragsverlängerung ist ausschreibungsfrei.[45] Wird nicht der Vertragsinhalt verändert, sondern die Vertragspartei ausgetauscht, wie dies bei einem **Schuldnerwechsel** der Fall ist, so handelt es sich um ein ausschreibungspflichtiges Geschäft, weil ansonsten zu befürchten wäre, dass Drittunternehmen, die sich bislang nicht im Wettbewerb um dem konkreten öffentlichen IT-Auftrag bemüht haben, durch diesen Umweg in den Genuss eines öffentlichen Geschäfts kommen. Dieser **vergaberechtsrelevante Quereinstieg** wird gesetzlich nicht geduldet.[46]

4. Rahmenvereinbarungen

39 Auch Rahmenvereinbarungen sind öffentliche Aufträge, die ausgeschrieben werden müssen. Solche Vereinbarungen empfehlen sich vor allem bei wiederkehrenden Beschaffungen von Hardware, um bestimmte Anbieter im Voraus auszuwählen, die zum gegebenen Zeitpunkt (Abruf) die Bedürfnisse des Auftraggebers erfüllen können. Der öffentliche Auftraggeber bündelt seinen **sukzessiven Beschaffungsbedarf** in einer Ausschreibung.

40 Sehr lange war die Vergabe von Rahmenverträgen nur für Sektorenauftraggeber zulässig und dort ausdrücklich geregelt. Mittlerweile steht dieses Vergabetool allen Auftraggebern zur Verfügung. Rahmenvereinbarungen sind öffentliche Aufträge, die die Auftraggeber an ein oder mehrere Unternehmen vergeben können, um die Bedingungen für Einzelaufträ-

---

[43] Vgl. OLG Düsseldorf 08.05.2002, Verg 8–15/01.
[44] Vgl. OLG Düsseldorf 14.02.2001, Verg 13/00.
[45] Vgl. OLG Celle ZVgR 2001, 327; krit. VK Baden-Württemberg 16.11.2004, 1 VK 69/04.
[46] Das OLG Rostock hat in einem Beschluss v. 05.02.2003 (NZBau 2003, 457) dem EuGH gem. Art. 234 EG die Frage nach der Relevanz eines Schuldnerwechsels zur Entscheidung vorgelegt. Mit Beschluss v. 09.11.2004 ist die Streichung dieser Rechtssache angeordnet worden (vgl. ABl. 2005 C-45/19). Das OLG Frankfurt/M. hat einen Schuldnerwechsel ausnahmsweise als vergaberechtsfrei eingestuft, weil es sich um den vertraglichen Einstieg einer Rechtsnachfolgegesellschaft in den Vertrag des Vorgängerunternehmens gehandelt hat (vgl. OLG Frankfurt/M. NZBau 2003, 633).

ge, die während eines bestimmten Zeitraums vergeben werden sollen, festzulegen, insbesondere über den in Aussicht genommenen Preis. Das in Aussicht genommene **Auftragsvolumen** ist so **genau** wie möglich zu **ermitteln** und zu beschreiben, braucht aber nicht schon bei der Ausschreibung der Rahmenvereinbarung abschließend festgelegt zu werden. Öffentliche Auftraggeber dürfen für dieselbe Leistung nicht mehrere Rahmenvereinbarungen abschließen.

Trotz der **Exklusivität der Rahmenvereinbarung** ist der Staat nicht verpflichtet, beim Aufkommen eines entsprechenden Beschaffungsbedarfs ausschließlich aus der Rahmenvereinbarung abzurufen. Er kann die Vereinbarung auch offen gestalten und im Zweifelsfall bei Drittunternehmen einkaufen.[47] Hält sich der öffentliche Auftraggeber ein Türchen offen, entsteht zwar keine Exklusivbindung an einen IT-Lieferanten, dieser Umstand wird sich jedoch beim Angebotspreis negativ bemerkbar machen. Es ist deshalb empfehlenswert, z. B. dem Hardware-Lieferanten zumindest eine gewisse **Grundabnahmemenge** zuzusichern. Soweit es der öffentliche Auftraggeber antizipieren kann, sollten auch die voraussichtlichen **Abrufzeitpunkte** bestimmt werden, damit sich der Lieferant mit seinem Voreinkauf hierauf einstellen kann. Hat sich im Zuge einer langjährigen Rahmenvereinbarung, die auf **maximal vier Jahre** geschlossen werden kann,[48] der Liefergegenstand (Hardware) technologisch weiterentwickelt, so können die Vertragsparteien nur im Rahmen des § 2 VOL/B auf den **neuen technischen Standard** reagieren und den Vertragsgegenstand anpassen. So dürfte es zulässig sein, etwa im Fall von Notebook-Lieferungen vertraglich auf das Nachfolgemodell umzuschwenken. Die Grenze der Anpassung an eine technologische Weiterentwicklung ist dann erreicht, wenn die Anpassung des Leistungsgegenstandes einer Neuvergabe gleichkommt.[49] 41

Rahmenvereinbarungen können mit einem oder mit mehreren Partnern geschlossen werden. Bei einer Rahmenvereinbarung mit einem Partner darf bei der Einzelvergabe keine substanzielle Änderung der Auftragsbedingungen mehr erfolgen. Bei einer **mit mehreren Partnern** (mindestens drei Unternehmen) geschlossenen Rahmenvereinbarung erfolgt die Einzelvergabe entweder auf der Grundlage der Rahmenvereinbarung, wenn in dieser bereits alle Bedingungen der Einzelaufträge (einschließlich Preis) festgelegt sind, oder anderenfalls mit schriftlichem Wettbewerbsaufruf und Fristsetzung zur Angebotsabgabe. In diesem Fall wendet sich der öffentliche Auftraggeber nur an die Partner der Rahmenvereinbarung. Diese können dann entscheiden, ob sie Interesse an der Ausführung des Einzelauftrags haben. 42

II. Die optimale Vorbereitung der IT-Vergabe

Eine gelungene IT-Vergabe zeichnet sich dadurch aus, dass sie möglichst zügig erfolgt und gleichzeitig etwaige Anfechtungsrisiken minimiert. Die **Parameter der Ausschreibung** (Schwellenwertberechnung, Losaufteilung, Vergabeart, Festlegung der Eignungs- und Zuschlagskriterien) müssen deshalb genauestens überprüft werden. Ansonsten droht ein Nachprüfungsverfahren, das eine IT-Vergabe um ein halbes Jahr oder länger verzögern kann. 43

1. Ermittlung des Beschaffungsbedarfs/Markterkundung/Losaufteilung

Der öffentliche Auftraggeber ist darin frei, sein Beschaffungsbedarf zu definieren und zu bemessen. Er hat lediglich die Grundsätze der Nichtdiskriminierung und des Wettbewerbs 44

---

47 Vgl. OLG Düsseldorf 27.07.2006, Verg 23/06; KG 15.04.2004, 2 Verg 22/03.
48 Vgl. § 4 EG Abs. 7 VOL/A.
49 Vgl. die Ausführungen unter Rdn. 38.

i. S. d. § 97 GWB zu beachten. Eine Ausschreibung muss ernsthaft erfolgen, d. h. hinter dem bekannt gemachten Beschaffungsbedarf, mit dem ein Vertrauen am Markt geweckt wird, muss auch die tatsächliche Absicht der Auftragserteilung stehen. In diesem Sinne ist es nicht ratsam, mit einer Ausschreibung zu beginnen, wenn noch nicht alle Verdingungsunterlagen fertig gestellt sind. Darüber hinaus sind gem. § 2 EG Abs. 3 VOL/A Ausschreibungen für **vergabefremde Zwecke** (z. B. zur Ertragsberechnung oder für Vergleichsvorschläge bzw. zur Markterkundung) unzulässig.

45 Von der Frage, ob eine Beschaffungsabsicht von Beginn an besteht, ist der Fall zu unterscheiden, dass sich während einer laufenden Beschaffungsmaßnahme der Bedarf ändert oder gar vollkommen erledigt. In diesem Fall, den der öffentliche Auftraggeber allerdings nicht vorhersehen darf, kann das bereits eingeleitete Ausschreibungsverfahren gem. § 20 EG VOL/A aufgehoben werden, wenn der anfängliche Bedarf des öffentlichen Auftraggebers auf andere Weise (etwa durch Schenkung oder Überlassung) gedeckt wird und sich der Auslober ernsthaft und endgültig von der Ausschreibung zurückzieht. Ansonsten würde nach einer bereits bekannt gemachten öffentlichen Ausschreibung ein **Kontrahierungszwang** bestehen, der mit den Vergaberegeln allerdings unvereinbar ist.[50]

46 Nach § 97 Abs. 3 GWB i. V. m. § 2 EG VOL/A muss ein öffentlicher Auftraggeber – trotz aller Freiheit – bei seinen Vergaben die Möglichkeit überprüfen, ob kleine und mittlere Unternehmen ausreichend berücksichtigt werden. Dies muss durch die **Aufteilung** größerer Aufträge **in Fach- oder Teillose** geschehen. Hiernach könnte es z. B. angemessen sein, die Lieferung von Hardwarekomponenten für verschiedene Standorte ein und desselben öffentlichen Auftraggebers nach Gebietslosen zu teilen. Einer Losaufteilung würde wiederum entgegenstehen, wenn die Untergliederung des Gesamtauftrags zu einer unwirtschaftlichen Verzögerung oder Zersplitterung des Auftrags führt.[51] Die Prüfung, ob von einer Gesamtvergabe (ohne Losaufteilung) als Regelfall abgewichen werden kann, obliegt dem öffentlichen Auftraggeber. Das Ergebnis der Prüfung ist zu dokumentieren.

2. Kostenschätzung und Berechnung des Schwellenwertes

47 Nur öffentliche Aufträge, die einen bestimmten Vertragswert über den gesamten Zeitraum erreichen, sind für das europäische Vergaberecht von Interesse und müssen deshalb gemeinschaftsweit ausgeschrieben werden. Dementsprechend bestimmt § 100 Abs. 1 GWB, dass die Vergabevorschriften des GWB erst ab dem Erreichen eines bestimmten Auftragswertes (sog. Schwellenwert) gelten sollen. Bei Auftragswerten, die unterhalb der Schwellenwerte liegen, besteht nach Ansicht des Gesetzgebers keine **Aussicht auf einen grenzüberschreitenden Handel**. Hinzu kommt, dass die Durchführung eines gemeinschaftsweiten Vergabeverfahrens wegen des niedrigen Auftragswertes einen unverhältnismäßig hohen Aufwand nach sich ziehen würde.[52] Grundlage der in den §§ 100 Abs. 1 GWB, 2, 3 VgV niedergelegten Schwellenwerte sind die in den EU-Richtlinien vorgegebenen **Auftragswerte ohne Umsatzsteuer**.[53]

48 Der grundsätzliche Schwellenwert für Liefer- und Dienstleistungen im IT-Bereich beträgt 193.000,– € gem. § 2 VgV.[54]

49 Die **konkrete Berechnung** des Schwellenwertes bereitet gerade in Grenzbereichen große Schwierigkeiten. Generell gilt, dass der Schwellenwert nach § 3 Abs. 1 VgV vom Auftrag-

---

50 Vgl. BGH NZBau 2003, 293; vgl. auch EuGH EuZW 2000, 312.
51 Vgl. OLG Düsseldorf 08.09.2004, Verg 38/04; VK Bund 09.01.2001, VK 2–40/00.
52 Motzke/Pietzcker/Prieß/*Marx* § 100 GWB Rn. 2.
53 Immenga/Mestmäcker/*Dreher* § 100 Rn. 7.
54 Vgl. wegen gegebenenfalls abweichender Schwellenwerte die alle Ziffern des § 2 VgV, insbesondere bei der Beauftragung durch Bundesbehörden.

II. Die optimale Vorbereitung der IT-Vergabe

geber vorab geschätzt werden darf. Er hat dabei die Gesamtvergütung für die vorgesehene Leistung zu berücksichtigen. Ob sich im späteren Vergabeverfahren tatsächlich Abweichungen von der Schätzung ergeben, ist irrelevant. Allein die erste Einstufung des öffentlichen Auftraggebers ist auch mit Blick auf die nachfolgenden Rechtsschutzmöglichkeiten der Bieter maßgeblich.[55] Die Bemessung des öffentlichen Auftraggebers soll zu einem Zeitpunkt erfolgen, der vor der Einreichung eines konkreten Bieterangebots liegt.[56] Grundsätzlich ist anerkannt, dass öffentlichen Auftraggebern bei der Schätzung des Auftragswertes unter Berücksichtigung von Vergleichszahlen ein gewisser **Beurteilungsspielraum** zusteht. Zwar dürfen keine übertriebenen Anforderungen gestellt werden, der Auftrag selbst muss jedoch auf einer sorgfältigen Prüfung der Marktlage beruhen.[57]

Dabei darf der öffentliche Auftraggeber nach § 3 Abs. 2 VgV den Wert eines Auftrags nicht in der Absicht schätzen oder aufteilen, ihn der Anwendung des Vergaberechts zu entziehen. **Umgehungen** oder sogar Vereitelungen des Vergaberechts sollen damit vermieden werden. Hat der öffentliche Auftraggeber in der Vergangenheit einen Auftrag stets im 5-Jahres-Rhythmus ausgeschrieben und beabsichtigt nunmehr ohne erkennbaren Grund, die Vertragslänge auf eine ausschreibungsfreie Laufzeit von zwei Jahren zu verkürzen, liegt hierin ein Vergaberechtsverstoß.[58] 50

Der öffentliche Auftraggeber hat bei der Schätzung auch von ihm verlangten **Optionen**, die er sich von den Bietern bepreisen lässt, bei der Berechnung zu berücksichtigen. Unter Optionen fallen auch sog. Eventualpositionen, d. h. Leistungsbestandteile, von denen bei Beginn der Ausschreibung noch nicht feststeht, ob für sie überhaupt der Auftrag erteilt wird.[59] 51

Maßgeblicher **Zeitpunkt für die Schätzung** des Auftragswertes ist der Tag der Absendung der Bekanntmachung der beabsichtigten Auftragsvergabe bzw. die sonstige Einleitung des Vergabeverfahrens. 52

Zeitlich bestimmte Verträge bis zu einer Laufzeit von 48 Monaten werden in toto für die Schwellenwertberechnung zugrunde gelegt. Nach der Dienstleistungskoordinierungsrichtlinie 92/50/EWG ergibt sich ferner, dass befristete Verträge mit einer Laufzeit von mehr als 48 Monaten mit unbefristeten Verträgen gleichzusetzen sind. Bei unbefristeten Verträgen oder bei einer nicht absehbaren Vertragsdauer folgt der Vertragswert aus der monatlichen Zahlung multipliziert mit 48. Bei der Schwellenwertberechnung werden unbefristete Verträge **nach vier Jahren gekappt**. Gleiches gilt für Verträge, die eine automatische Verlängerungsklausel beinhalten.[60] Da solche Verträge als auf unbestimmte Dauer abgeschlossen gelten, tritt ebenfalls eine Kappung nach 48 Monaten ein. 53

Rahmenvereinbarungen werden auf der Grundlage des geschätzten Höchstwertes aller für den vorgesehenen Zeitraum geplanten Aufträge berechnet.

3. Bildung von Einkaufsgemeinschaften/kartellrechtliche Beurteilung

Auch öffentliche Auftraggeber im IT-Bereich gehen immer mehr dazu über, ihren **Beschaffungsbedarf** (z. B. an gleichartigen Hardwarekomponenten) zu **bündeln**. Eine hierauf gerichtete Kooperation (gemeinsame Beschaffungsgesellschaft) unterfällt nach der Rechtsprechung des Bundesgerichtshofes zwar dem **Kartellverbot** des § 1 GWB, weil das Nachfrageverhalten abgestimmt und in einer (juristischen Person) gebündelt wird. Dies führt dann jedoch nicht zur Unzulässigkeit dieses Verhaltens, wenn die öffentlichen Auftrag- 54

---

55 Vgl. Reidt/Stickler/*Glahs* § 3 VgV Rn. 5.
56 Vgl. OLG Düsseldorf VergabeR 2002, 665 (666).
57 Vgl. BayObLG VergabeR 2002, 657.
58 Vgl. OLG Düsseldorf VergabeR 2002, 665 (666).
59 Vgl. BayObLG VergabeR 2002, 657 (658).
60 So üblich z. B. bei Versicherungsverträgen gem. § 8 Abs. 1 VVG.

geber eine **zulässige Einkaufskooperation** gebildet haben. Die Rechtsprechung beurteilt diese Frage genauso wie bei privaten Einkaufskooperationen. So ist es kleinen und mittleren Unternehmen erlaubt, sich zu einer Einkaufskooperation zusammenzuschließen, damit sie vergleichbare Einkaufskonditionen wie Großunternehmen erzielen können. Diese Beurteilung ist auch zugunsten kleinerer und mittlerer öffentlicher Auftraggeber (z. B. Gemeinen) übertragbar, jedenfalls soweit sie als Nachfrager für bestimmte Geräte am Markt auftreten. Allerdings darf die Einkaufskooperation nicht ihrerseits eine so erhebliche Nachfragemacht entwickeln, dass der Wettbewerb wesentlich beeinträchtigt wird.[61]

4. Projektantenproblematik

55 § 97 Abs. 2 GWB schreibt den öffentlichen Auftraggebern vor, die Teilnehmer an einem Vergabeverfahren gleichzubehandeln. Die Vorschrift ist Ausdruck des das Vergaberecht beherrschenden **Neutralitätsgrundsatzes**, der verbietet, einzelnen Interessenten, Bewerbern oder Bietern Vorteile einzuräumen.[62] Eine mögliche Bevorzugung eines Bieters kann darin liegen, dass die Planung des IT-Vorhabens oder auch nur die Betreuung des Vergabeverfahrens von einem Auftragnehmer erarbeitet wird, der sich später gleichsam auf »seine« Ausschreibung um den entsprechenden Auftrag bemüht. Diese **Beratung im Vorfeld** (Projektantentätigkeit) kann dem entsprechenden Unternehmen einen unzulässigen Wettbewerbsvorteil verschaffen, der vergaberechtlich nicht hingenommen werden darf. Auf der anderen Seite muss dem öffentlichen Auftraggeber zugestanden werden, sich im Vorfeld seiner Vergabe fachkundiger Unterstützung bedienen zu können, um eine ausgewogenen Leistungsbeschreibung für den Wettbewerb anzufertigen.

56 Einen »automatischen« Ausschluss von Projektanten sieht das Vergaberecht nicht vor.[63] Das Vergaberecht eröffnet dem Ausschreibenden zwar die Möglichkeit, zur Beratung in fachlichen Fragen Sachverständige hinzuzuziehen. Diese dürfen allerdings weder unmittelbar noch mittelbar an der betreffenden Vergabe beteiligt sein und der öffentliche Auftraggeber muss nach § 6 EG Abs. 7 VOL/A **sicherstellen, dass die Projektantentätigkeit den Wettbewerb** durch die Teilnahme des betreffenden Unternehmens **nicht verfälscht**.

57 Wie der öffentliche Auftraggeber eine Nivellierung des potenziellen Informationsvorsprungs des Projektanten auszugleichen hat, ergibt sich aus dem Gesetz hingegen nicht. In der IT-Vergabepraxis hat sich jedoch herauskristallisiert, dass der Ausgleich des Informationsvorsprungs entweder durch die **Abhaltung von Workshops** oder durch die **Einrichtung eines Datenraums** erfolgen kann. Im Rahmen eines Workshops würde der öffentliche Auftraggeber vor oder während der Ausschreibung alle übrigen Wettbewerber des Projektanten über den jeweiligen Kenntnisstand persönlich informieren. Bei Einrichtung eines Datenraums würde er den Wettbewerbern des Projektanten die Ergebnisse der Vorarbeit in seiner Arbeit in physischer Form präsentieren. Die Wettbewerber können dann innerhalb eines begrenzten Zeitraumes diesen Datenraum nutzen, um sich den notwendigen Kenntnisstand über einem etwaigen Informationsvorsprungs des Projektanten zu verschaffen. Zweifelsohne ist der Ausgleich eines etwa bestehenden Informationsvorsprungs durch die Abhaltung von Workshops oder durch die Einrichtung eines Datenraums immer mit besonderen Kosten für den öffentlichen Auftraggeber verbunden. Gelingt es im Ergebnis dem öffentlichen Auftraggeber nicht, den Wissensvorsprung des Projektanten auszugleichen, **droht** diesem Unternehmen der **Ausschluss** wegen eines Verstoßes gegen § 6 EG Abs. 7 VOL/A.

---

61 Vgl. BGH NVwZ 2003, 1012.
62 Vgl. OLG Saarbrücken 22.10.1999, 5 Verg 2/99.
63 Vgl. EuGH 03.03.2005, C-21/03 und C-34/03 – Fabricom.

5. Wahl der richtigen Vergabeart

Einer IT-Ausschreibung können verschiedene Vergabearten zugrunde gelegt werden. Die Vergabeart ist entscheidend dafür, nach welchen **Spielregeln** der öffentliche Auftraggeber den IT-Dienstleister (oder Lieferanten) suchen muss. Die verschiedenen Vergabearten der VOL/A hängen zu allererst davon ab, ob es sich um eine Vergabe oberhalb oder unterhalb der Schwellenwerte handelt. Zur Unterscheidung der Vergabearten oberhalb der Schwellenwerte wird folgende Skizze an die Hand gegeben: 58

Offene Verfahren sind Verfahren, in denen eine unbeschränkte Anzahl von Unternehmen öffentlich zur Abgabe von Angeboten aufgefordert werden (§ 101 Abs. 2 GWB).	Das **Nichtoffene Verfahren** wird in § 101 Abs. 3 GWB definiert als ein Verfahren, in dem öffentlich zur Teilnahme aufgefordert wird und aus dem Bewerberkreis sodann eine beschränkte Anzahl von Unternehmen zur Angebotsabgabe aufgefordert wird.	**Verhandlungsverfahren** sind gem. § 101 Abs. 4 GWB Verfahren, bei denen sich der Auftraggeber mit oder ohne vorherige öffentliche Aufforderung zur Teilnahme an ausgewählte Unternehmen wendet, um mit einem oder mehreren über die Auftragsbedingungen zu verhandeln.	Der **wettbewerbliche Dialog** ist gem. § 101 Abs. 5 GWB ein Verfahren zur Vergabe besonders komplexer Aufträge. In diesem Verfahren erfolgen eine Aufforderung zur Teilnahme und anschließend Verhandlungen mit ausgewählten Unternehmen über alle Einzelheiten des Auftrags.
– „Ein Schuss" – Verhandlungsverbot nach § 24 Nr. 2 Abs. 1 VOL/A	– Vorgeschalteter Beauty-Contest – „Ein Schuss" – Verhandlungsverbot nach § 24 Nr. 2 Abs. 1 VOL/A	– Verhandlungen zulässig und gewünscht – Sukzessive Beschränkung der Bieteranzahl möglich (vgl. OLG Frankfurt/M., VergR 2001, 299)	– Keine amtliche Leistungsbeschreibung – Bieter unterbreiten ihrerseits Lösungsvorschläge – Freier Dialog mit Vergabestelle

Die verschiedenen Vergabearten stehen grundsätzlich nicht frei zur Verfügung. **Vorrang** hat (sowohl unterhalb als auch oberhalb der Schwellenwerte) die **Öffentliche Ausschreibung bzw. das Offene Verfahren**. Nur bei Vorliegen eines der in der VOL/A aufgeführten **Ausnahmetatbestände** kann der Beschaffer eine andere Vergabeart wählen. Für den nationalen Bereich ist das in § 3 VOL/A, im EU-weiten Bereich in § 3 EG VOL/A geregelt. 59

Wegen der Konzentration dieses Kapitels auf Vergabeverfahren oberhalb der Schwellenwerte sollen nunmehr die wesentlichen Inhalte und Schritte der EU-weiten Vergabearten dargestellt werden: 60

Das **Offene Verfahren** ist der **Regelfall**, bei dem eine Vergabe der Leistungen im vorgeschriebenen Verfahren mit einer unbeschränkten Zahl von Unternehmen durchgeführt wird. Der öffentliche Auftraggeber schaltet zu allererst eine europaweite Bekanntmachung im EU-Amtsblatt.[64] Auf diese Annonce können sich Interessenten dann die Verdingungsunterlagen zusenden lassen und ihr Angebot in der vorgesehenen Frist bei der ausschreibenden Stelle abgeben. Sie haben nur einen »Schuss«, da nach der Angebotsabgabe mit den Bietern weder diskutiert noch verhandelt werden darf. Das Angebot muss so geprüft und gewertet werden, wie es eingereicht wurde. Das Offene Verfahren ist damit die **restriktivste Vergabeart**.

---

64 S. auch http://publications.europa.eu/official/index_de.htm.

61 Bei **Nichtoffenen Verfahren** werden Leistungen erst nach Aufforderung einer beschränkten Zahl von Unternehmen abgerufen. Der eigentlichen Aufforderung zur Angebotsabgabe geht ein **Teilnahmewettbewerb (Präqualifikation)** voraus, sodass auf die EU-weite Annonce hin ein erster **Filter** gesetzt werden kann. Das Nichtoffene Verfahren ist dadurch gekennzeichnet, dass es im Gegensatz zum Offenen Verfahren den Teilnehmerkreis durch einen vorgeschalteten Teilnahmewettbewerb begrenzt. Ein Nichtoffenes Verfahren darf nur bei Vorliegen eines in § 3 EG VOL/A aufgeführten Ausnahmetatbestands durchgeführt werden. Die Begründung des Nichtoffenen Verfahrens ist zu dokumentieren.

62 Im Rahmen des Teilnahmewettbewerbs wird eine **Eignungsprüfung** durchgeführt. Ziel ist es, anhand allein **unternehmensbezogener Nachweise** zu ermitteln, ob die zur Leistungserbringung erforderliche Fachkunde, Leistungsfähigkeit, Zuverlässigkeit und Gesetzestreue beim Bewerber vorhanden ist. Aus diesen geeigneten Unternehmen wählt der Auftraggeber dann diejenigen aus, denen er die Verdingungsunterlagen zusendet und die er zur Angebotsabgabe auffordert. Nach dieser Aufforderung zur Angebotsabgabe ist der weitere Verlauf des nichtoffenen Verfahrens identisch mit dem offenen Verfahren. Die Bieter haben dann nur einen »Schuss«. Die Angebote müssen so geprüft und gewertet, wie sie eingereicht wurden. **Nachverhandlungen** sind **unzulässig** (§ 18 EG VOL/A). Ein Nichtoffenes Verfahren ist also ähnlich restriktiv wie das Offene Verfahren. Der einzige Vorteil besteht darin, dass durch den Teilnahmewettbewerb ein erster Filter gesetzt werden kann. Es empfiehlt sich also vor allem bei Ausschreibungen, auf die sich eine sehr **große Anzahl von Unternehmen** bewirbt.

63 Das **Verhandlungsverfahren** verläuft im Gegensatz zum Offenen Verfahren bzw. Nichtoffenen Verfahren sehr **formlos**. Bei diesem Vergabeverfahren kann mit einem beschränkten Kreis von Unternehmen über die Auftragsbedingungen sowohl in preislicher als auch inhaltlicher Hinsicht verhandelt werden. Das Verhandlungsverfahren darf nur bei Vorliegen eines der in § 3 EG VOL/A aufgeführten **Ausnahmetatbestands** eingeleitet werden. Die aufgeführten Ausnahmetatbestände sind abschließend und **sehr restriktive** zu handhaben. Ähnlich wie beim Nichtoffenen Verfahren ist dem Verhandlungsverfahren ein Teilnahmewettbewerb vorgeschaltet, in dessen Rahmen die Eignungsprüfung stattfindet. Nach einer erfolgten Eignungsprüfung werden die als geeignet geltenden Unternehmen zur Angebotsabgabe aufgefordert. Nach Einreichung ihrer schriftlichen Angebote **kann** dann mit den Bietern **verhandelt werden**. Der Verhandlungsprozess kann in verschiedenen Stadien ablaufen, nach deren jeweiligem Ende Unternehmen ausscheiden, beispielsweise weil sie technisch nicht die gewünschte Leistung erbringen können oder bestimmte Vertragsrisiken nicht tragen wollen. Die **sukzessive Beschränkung** auf immer weniger Verhandlungspartner im Sinne einer linearen Strategie ist beim Verhandlungsverfahren die Regel.[65] Verhandeln heißt, dass der Auftraggeber und der potenzielle Auftragnehmer den IT-Auftragsinhalt und die Leistungsbedingungen einschließlich Risikoallokation solange besprechen, bis klar ist, wie das Projekt konkret realisiert werden soll.[66] Die Verhandlungsphase endet mit der Entscheidung des öffentlichen Auftraggebers, einem der bis zuletzt im Rennen gebliebenen Bieter den Zuschlag zu erteilen.

64 Der **wettbewerbliche Dialog** ist ein eher neues Verfahren, das in der Praxis noch wenig erprobt ist. Er ist eine Vergabeart zur Erteilung besonders komplexer IT-Aufträge. Der wettbewerbliche Dialog ist ausschließlich oberhalb der Schwellenwerte anwendbar, wenn Auftraggeber objektiv nicht in der Lage sind,
- die technischen Mittel anzugeben, mit denen ihre Bedürfnisse und Ziele erfüllt werden können oder
- die rechtlichen und finanziellen Bedingungen des Vorhabens anzugeben.

---

65 Vgl. OLG Frankfurt/M. 02.11.2004, 11 Verg 16/04.
66 Vgl. OLG Celle NZBau 2002, 400.

II. Die optimale Vorbereitung der IT-Vergabe

Der wettbewerbliche Dialog läuft in einem dreistufigen Verfahren ab. Die einzelnen Verfahrensschritte können wie folgt unterteilt werden: **65**

- Die **erste Stufe** ist die Auswahlphase. Hier wird ein europaweiter Teilnahmewettbewerb durchgeführt (vgl. auch nichtoffenes Verfahren und Verhandlungsverfahren).
- Die **zweite Stufe** ist die Dialogphase. Mit ausgewählten (geeigneten Bewerbern) wird ein Dialog über deren Lösungsvorschläge geführt. Der Dialog ist völlig frei und die sukzessive Verringerung der Dialogpartner ist möglich.
- Die **dritte Stufe** des wettbewerblichen Dialogs wird eingeleitet, wenn die Dialogphase eine Lösung ergeben hat. Es folgt dann die Angebotsphase, bei der jeder der übriggebliebenen Bieter der Dialogphase sein Lösungskonzept schriftlich beim öffentlichen Auftraggeber einreichen kann. Die Angebote werden dann gewertet und das wirtschaftlichste anhand der festgelegten und gewichteten Zuschlagskriterien ausgewählt.

Der wettbewerbliche Dialog dreht im Gegensatz zu allen anderen Vergabearten die Verhältnisse um. Nicht der öffentliche Auftraggeber äußert seine Bedürfnisse und Leistungsziele im Rahmen einer Leistungsbeschreibung. Vielmehr definieren beide Seiten gemeinsam die Projektziele, sodass der private IT-Anbieter frühzeitig in die Gestaltung des Verfahrens einbezogen wird. Diese Kommunikationsfreiheit hat aber auch Nachteile, weil die öffentliche Hand frühzeitig auf das Know-how der Bieterschaft zurückgreift und es nur in geringem Maße (durch die Zahlung einer Aufwandsentschädigung) kompensieren muss. Ein weiterer Nachteil besteht auch darin, dass es beim wettbewerblichen Dialog keinen starren »Amtsvorschlag« gibt, an dem sich die Bieter i. S. d. Gleichheitsgrundsatzes orientieren können. Dementsprechend ist es beim wettbewerblichen Dialog möglich, dass völlig verschiedene Lösungen gefunden werden, die dann durch den öffentlichen Auftraggeber zu vergleichen sind. Da der wettbewerbliche Dialog eine extreme Ausnahme darstellt, sollte er tatsächlich auf **IT-Großprojekte** (z. B. Public Private Partnership) **beschränkt** werden. **66**

6. Festlegung sachgerechter Eignungs- und Zuschlagskriterien

IT-Ausschreibungen werden im Verlauf des Vergabeverfahrens an zwei unterschiedlichen Stellen entschieden. Zum einen bei der Eignung und zum anderen beim Zuschlag. Mit der Eignungsprüfung will der öffentliche Auftraggeber feststellen, ob ein Bieter in der Lage ist und die Gewähr dafür bietet, den Auftrag sachgerecht zu erbringen. Es handelt sich um eine **rein unternehmensbezogene Betrachtung**. Die Zuschlagserteilung stützt der öffentliche Auftraggeber indessen auf **angebotsbezogene Kriterien**, die für die Auswahlentscheidung maßgeblich sind (Zuschlagskriterien). Bei der Festlegung beider Kriterienkataloge ist der öffentliche Auftraggeber grundsätzlich frei und es steht ihm ein Beurteilungsspielraum zu. Es können jedoch nur Eignungs- und Zuschlagsanforderungen gestellt werden, die einen Auftragsbezug haben. Die vergaberechtlichen Grundprinzipien der Nichtdiskriminierung und des Wettbewerbs sind dabei zu beachten.[67] Dem öffentlichen Auftraggeber ist es untersagt, beide Kriterienkataloge (Eignung und Zuschlag) zu vermischen, sodass bei der finalen Auswahlentscheidung über das wirtschaftlichste Angebot **nicht** etwa ein »mehr an Eignung« ausschlaggebend sein darf.[68] **67**

Die Eignungskriterien werden im Vorfeld der Ausschreibung durch den öffentlichen Auftraggeber bestimmt und in der Bekanntmachung veröffentlicht. Überprüft werden sie beim Offenen Verfahren nach der Angebotsabgabe und beim Nichtoffenen Verfahren, Verhandlungsverfahren und wettbewerblichem Dialog im Teilnahmewettbewerb. Der Teilnahmewettbewerb ist also ein der eigentlichen Angebotsabgabe vorgeschaltetes Präqualifikationsverfahren, um aus dem Kreis aller Bewerber diejenigen zu ermitteln, die aufgrund ihrer Eignung (Fachkunde, Leistungsfähigkeit, Zuverlässigkeit und Gesetzestreue) in der Lage **68**

---

[67] Vgl. EuGH EuZW 2006, 480.
[68] Vgl. BGH NZBau 2002, 107.

sind und die Gewähr dafür bieten, den Auftrag sachgerecht zu erbringen. Die Anforderungen des Teilnahmewettbewerbs sind in § 6 EG VOL/A beschrieben.

69 Die Eignungskriterien werden in die Kategorien
- Fachkunde,
- Leistungsfähigkeit,
- Zuverlässigkeit,
- Gesetzestreue

unterteilt.[69] Ein Bewerber/Bieter hat die notwendige **Fachkunde**, wenn er Kenntnisse, Erfahrungen und Fertigkeiten besitzt, die für die Ausführung der zu vergebenen IT-Leistung erforderlich sind. **Leistungsfähig** ist ein Bewerber/Bieter, wenn er über das erforderliche Personal/Gerät verfügt, um den ausgeschriebenen Auftrag fristgerecht mit allen Verbindlichkeiten zu erfüllen. Die **Zuverlässigkeit** eines Bewerbers/Bieters ist gegeben, wenn er seinen gesetzlichen Verpflichtungen nachgekommen ist und aufgrund der Erfüllung früherer Verträge eine einwandfreie Ausführung einschließlich Gewährleistung erwarten lässt.

70 Für jedes der drei vorgenannten Kriterien kann der öffentliche Auftraggeber im Rahmen der Eignungsprüfung Nachweise verlangen, die in der Bekanntmachung abschließend angegeben werden müssen. Eine **Änderung** der einmal bekannt gemachten Kriterien ist **unzulässig**.[70]

71 Bei der Auswahl der Kriterien sollte sich die ausschreibende Stelle an den §§ 6 und 6 EG VOL/A, die jeweils einen Überblick über die Eignungsnachweise geben, orientieren. Es kann sich bei den Eignungsnachweisen z. B. um Umsatzangaben, Zertifikate, Gewerbezentralregisterauszüge, behördliche Bescheinigungen, Qualitätsnachweise oder Eigenerklärungen handeln. In der Praxis ausschlaggebend ist aber zumeist die Abfrage von Referenzen, d. h. die Darstellung von IT-Projekten, die von dem entsprechenden Bieter bereits in der Vergangenheit realisiert wurden und mit dem konkret ausgeschriebenen Projekt vergleichbar sind. Schon aus Transparenzgründen sind klare Vorgaben zu den Erwartungen der ausschreibenden Stelle in Bezug auf alle Eignungskriterien festzulegen. Die sehr präzise und im Einzelfall genau auf ihre Erforderlichkeit hin zu überprüfende Festlegung der Eignungskriterien ist oberstes Gebot, weil die Nichtvorlage von Eignungsnachweisen grundsätzlich zum Ausschluss des gesamten Angebots führt.[71] Öffentliche Auftraggeber begehen – gerade im IT-Bereich – oftmals den Fehler, dass sie das Wettbewerbsfeld schon deshalb erheblich minimieren, weil sie zu viele Eignungsnachweise von den Bietern verlangen. Das gilt etwa für die regelmäßig abgefragte Bankauskunft, die letzten Endes zwar ohne größere Probleme von jedem Unternehmen beigebracht werden kann, jedoch oftmals vergessen wird. Trotz ihrer nur geringen Aussagekraft würde ein Fehlen der Bankauskunft dann zum Ausschluss eines an sich interessanten Angebots führen.

72 Bieter können sich, auch als Mitglied einer Bietergemeinschaft, zum Nachweis der eigenen Leistungsfähigkeit und Fachkunde auf die **Fähigkeit von Drittunternehmen** berufen. In diesem Fall müssen sie allerdings nachweisen, dass ihnen die erforderlichen Mittel (Personen oder Gerätschaften) des anderen Unternehmens bei der Erfüllung des Auftrags definitiv zur Verfügung stehen, etwa indem sie einen entsprechenden Verpflichtungsvertrag mit diesem anderen Unternehmen vorlegen. Über eine besondere gesellschaftsrechtliche Verbindung muss das Unternehmen, das sich auf die Fähigkeiten eines Dritten beruft, nicht verfügen. Es muss sich also nicht etwa um ein Schwesterunternehmen handeln.

---
69 Die erwähnte »Gesetzestreue« wird zwar in § 97 Abs. 4 GWB gesondert im Zusammenhang mit der Eignung der Bieter erwähnt, diese Anforderung taucht jedoch nicht ausdrücklich in der VOL/A auf und wird deshalb vereinfacht im Rahmen des Begriffs der »Zuverlässigkeit« behandelt.
70 Vgl. OLG Düsseldorf 19.11.2003, Verg 47/03.
71 Vgl. OLG Düsseldorf 20.01.2006, Verg 98/05.

Hat der öffentliche Auftraggeber anhand der vorgelegten Nachweise die Eignung des Unternehmens bejaht, überprüft er in einem weiteren Schritt, ob das **Angebot wirtschaftlich** ist. Denn nach § 97 Abs. 5 GWB ist der Zuschlag nur auf das wirtschaftlichste Angebot zu erteilen. Die Wirtschaftlichkeit eines Angebots bestimmt sich regelmäßig nach den Faktoren Preis und Leistung, die wiederum durch die Zuschlagskriterien abgebildet werden. Die VOL/A schreibt bei europaweiten Vergabeverfahren vor, dass die Zuschlagskriterien vom öffentlichen Auftraggeber ausgewählt und den Bietern bekannt gegeben werden müssen. § 19 EG Abs. 8 VOL/A verlangt hierzu, dass die ausschreibende Stelle in den Verdingungsunterlagen oder in der Vergabebekanntmachung alle vorgesehenen **Zuschlagskriterien und deren Gewichtung (in %)** publiziert. Der Auftraggeber berücksichtigt also bei seiner Entscheidung über den Zuschlag verschiedene, durch den Auftragsgegenstand gerechtfertigte Kriterien. Das sind z. B.: Qualität, Preis, technischer Wert, Ästhetik, Zweckmäßigkeit, Umwelteigenschaften, Betriebskosten, Rentabilität, Kundendienst und technische Hilfe sowie Lieferzeit und Ausführungsfrist. Die Zuschlagskriterien sind streng von den Eignungskriterien zu unterscheiden. Sie binden nach ihrer Veröffentlichung die ausschreibende Stelle und dürfen nicht mehr geändert, erweitert oder reduziert werden. Bei der Wertung der Angebote darf der öffentliche Auftraggeber nur die Kriterien berücksichtigen, die in der Bekanntmachung oder den Vergabeunterlagen benannt sind.

73

Die Wirtschaftlichkeit eines Angebots beurteilt der öffentliche Auftraggeber grundsätzlich anhand einer **Bewertungsmatrix**, die sich an den benannten Kriterien, ihrer Gewichtung und dem Zielerfüllungsgrad (gegebenenfalls in Form einer Benotung) orientiert. Eine einfache Bewertungsmatrix stellt sich hiernach wie folgt dar:

74

Zuschlagskriterien	Gewichtung (%)	Punktewertung 1 = sehr gut 2 = gut 3 = befriedigend 4 = ausreichend 5 = mangelhaft	Gewichtung × Punktewertung
Preis	40 %		
Ausbaufähigkeit des Systems	30 %		
Anwenderfreundlichkeit	25 %		
Lieferfrist	5 %		
Summe	100 %		

Während die Vergabestelle an die bekannt gemachten Zuschlagskriterien ihre Gewichtung gebunden ist, kann sie die **Bewertung** als solche (Benotung) **nach freiem Ermessen** gestalten. Die ausschreibende Stelle hat allerdings darauf zu achten, dass sie ihrer Entscheidung keine sachwidrigen Erwägungen zugrunde legt, die Beurteilungsermächtigung nicht überspannt oder willkürlich handelt.[72]

7. Systemoffene Leistungsbeschreibung/Produktneutralität

Das **Herzstück** jedes IT-Vergabeverfahrens bildet **die Leistungsbeschreibung**. In der Leistungsbeschreibung definiert der öffentliche Auftraggeber den Beschaffungsgegenstand (z. B. Hardware oder IT-Dienstleistungen). Beim Erstellen der Leistungsbeschreibung hat der öffentliche Auftraggeber die §§ 7, 8 EG VOL/A zu beachten. Hiernach muss die Leistungsbeschreibung unter allen Umständen **eindeutig und erschöpfend** sein und alle Bieter sollen die Leistungsbeschreibung im gleichen Sinne verstehen können, sodass die An-

75

---
72 Vgl. OLG Düsseldorf 20.01.2006, Verg 98/05.

gebote später vergleichbar sind. Das betrifft insbesondere alle Umstände, die die Preisermittlung beeinflussen. Im Übrigen darf dem Auftraggeber **kein ungewöhnliches Wagnis** aufgebürdet werden, etwa für Umstände, auf deren Eintreten er keinen Einfluss nehmen kann. Generell gilt, dass bei der Beschreibung – etwa der Hardware – nur verkehrsübliche Bezeichnungen verwendet werden sollen. Es dürfen keine bestimmten Produkte, Verfahren oder Ursprungsorte bzw. Bezugsquellen vorgeschrieben werden, sodass die technischen Merkmale **keine diskriminierende Wirkung** entfalten können.

76 Die Anfertigung **produktneutraler Leistungsbeschreibungen** im IT-Bereich, insbesondere im Hinblick auf die Beschreibung von Mikroprozessoren (Computerchips), stellt an Vergabestellen hohe Anforderungen. Deutsches und europäisches Vergaberecht verbieten grundsätzlich die **Nennung von Markennamen** bei der Beschreibung der zu beschaffenden Leistungen. Das ist lediglich ausnahmsweise erlaubt, wenn die Beschreibung durch eine hinreichend genaue, allgemein verständliche Bezeichnung nicht möglich ist und selbst in diesem Fall auch nur mit dem **Zusatz »oder gleichwertig«.** Dass eine anderweitige, generelle Beschreibung eines Leistungsgegenstandes – insbesondere eines Prozessors – objektiv unmöglich ist, kommt nur sehr selten vor, sodass es auch unzulässig wäre, Folgendes zu formulieren: »Lieferung eines Notebooks mit einem Prozessor der Marke Intel.« Ebenso wäre es unzulässig, zu schreiben: »Lieferung eines Notebooks mit einem Prozessor der Marke Intel oder eines gleichwertigen Prozessors.«

77 Die Tatsache, dass es in der Praxis einfacher ist, auf bereits bekannte Marken mit oder ohne den Hinweis »oder gleichwertig« Bezug zu nehmen, rechtfertigt keine derartige Leistungsbeschreibung, sodass diese in der Regel rechtsfehlerhaft sind. Gerade bei Mikroprozessoren gibt es auch noch neben der Firma »Intel« andere Anbieter mit vergleichbaren Chips. Die Lösung dieses Dilemmas liegt in der Festsetzung von **Benchmark-Verfahren**, mittels derer durch eine softwaregestützte Simulation typische Anwendungsschritte dargestellt werden können. So ist eine Aussage über die Leistungsfähigkeit des IT-Systems in dem Anwendungsbereich möglich.[73] Die Benchmark-Verfahren sind keine EU-Standards, sondern werden von Industrieorganisationen entwickelt und in der Regel kostenpflichtig vertrieben. Mitunter kann es in der Praxis Schwierigkeiten geben, das passende Benchmark-Verfahren für den entsprechenden Einsatz zu finden. Es empfiehlt sich, möglichst aktuelle und allgemein anerkannte Benchmark-Verfahren vorzugeben, an denen möglichst viele relevante Mitglieder in der Entwicklerorganisation mitgewirkt haben, sodass man von einer allgemeinen Akzeptanz in der Branche sprechen kann. Dementsprechend könnte es für die Systemleistung bei Notebooks lauten: »Das Produkt muss in folgenden Benchmarks folgende Ergebnisse erreicht haben: Sysmarc Rating Score > 190 und Sysmarc Office Productivity Overall > 150«. Auf diese Forderung in der Leistungsbeschreibung müssen die Bieter dann eine Eigenerklärung abgeben oder ein aussagekräftiges Messprotokoll ihres Produkts vorlegen.

78 Von der Angabe bestimmter Markennamen ist die diskriminierungsfreie Forderung allgemeiner Ausstattungsmerkmale zu unterscheiden (z. B. Größe des Arbeitsspeichers und der Festplatte, Anzahl und Art der Schnittstellen, Bildschirmdiagonale). Bei diesen **Spezifikationen** ist zu beachten, dass sie nicht direkt oder ausschließlich mit einem bestimmten Leistungsgegenstand zusammenhängen dürfen. So wäre es beispielsweise unzulässig, eine Mindesttaktfrequenz für einen Prozessor anzugeben, da die Taktzahl nicht unmittelbar Aufschluss über die Leistungsfähigkeit des Prozessor gibt, was jedenfalls im Verhältnis der Produkte der Firmen »Intel« und »AMD« anerkannt ist.

---

73 Vgl. für die Systemleistung bei Notebooks z. B. »Sysmarc Rating Score oder Sysmarc Office Productivity Overall«.

III. Ablauf des Vergabeverfahrens bei IT-Beschaffungen

Der Ablauf des Vergabeverfahrens hängt davon ab, welche Verfahrensart der öffentliche Auftraggeber seiner IT-Beschaffung zugrunde legt. **Je nach Vergabeart** findet die Eignungsprüfung in Bezug auf die sich bewerbenden Unternehmen in unterschiedlichen Phasen statt. Während sie im Offenen Verfahren mit der Angebotsabgabe zusammenfällt und gleichsam in einem Schritt geprüft wird, findet sie im Nichtoffenen Verfahren vor einer Angebotsabgabe statt und wirkt daher als »Filter« zur Reduzierung des Bieterfeldes. Eine ähnliche Struktur weist das Verhandlungsverfahren auf, bei dem der Unterschied gegenüber den beiden vorgenannten Verfahren vor allem darin besteht, dass nach der Einreichung der schriftlichen Angebote mit den Bietern Verhandlungen aufgenommen werden können.

79

Zur Illustration sollen folgende Darstellungen dienen:[74]

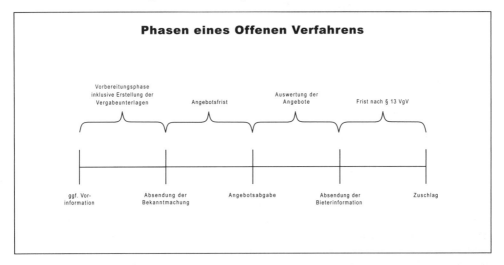

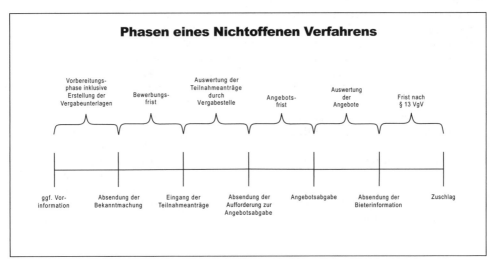

---

74 Ausgenommen ist der wettbewerbliche Dialog.

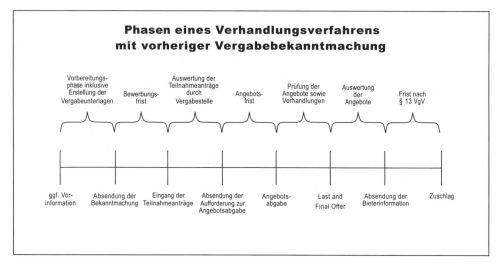

Da sich die meisten IT-Ausschreibungen auf standardisierte Hard- bzw. Software richten, liegen keine Ausnahmen vor, vom Offenen Verfahren, das regelmäßig anzuwenden ist, abzusehen. Soweit es in diesem Kapitel um den Ablauf des Vergabeverfahrens bei IT-Beschaffungen geht, konzentrieren sich die Ausführungen auf die einzuhaltenden Grundsätze bei der Durchführung eines Offenen Vergabeverfahrens.

1. Vergabebekanntmachung

80 Die IT-Ausschreibung beginnt aus Bietersicht mit der öffentlichen Bekanntmachung des Beschaffungsvorhabens. Öffentliche Auftraggeber haben nach § 97 Abs. 1 GWB Waren-, Bau- und Dienstleistungen im Wettbewerb zu beschaffen. Dieser Wettbewerb kann nur dann hergestellt werden, wenn der Markt davon Kenntnis erhält, dass ein Beschaffungsvorhaben ansteht. Bei EU-weiten IT-Vergaben im Anwendungsbereich des 2. Abschnitts der VOL/A ist die Bekanntmachung zwingend anhand eines Bekanntmachungsmusters zu formulieren, dass als Datei im Internet unter www.simap.eu.int. abrufbar ist. Die Bekanntmachung sollte nach den Verdingungsordnungen 650 Wörter nicht überschreiten; das entspricht im Umfang ungefähr einer Seite des EU-Amtsblatts. Die kostenlose Veröffentlichung erfolgt spätestens 12 Tage nach der Absendung der Bekanntmachung an das EU-Amtsblatt in Luxemburg.[75] Den Tag der Absendung der Bekanntmachung muss der öffentliche Auftraggeber nachweisen. Er ist für wesentliche Fristenläufe maßgeblich (z. B. für den Lauf der Angebotsfrist). Neben der Bekanntmachung im EU-Amtsblatt sollte der öffentliche Auftraggeber eine Bekanntmachung auch in einem nationalen Veröffentlichungsorgan publizieren. Nach § 12 VOL/A kann er hierzu Tageszeitungen, amtliche Veröffentlichungsblätter, Fachzeitschriften oder Internetportale nutzen. Öffentliche Verwaltungen aus Nordrhein-Westfalen stellen beispielsweise ihre Bekanntmachungen stets auch noch auf dem Vergabemarktplatz NRW unter http://www.evergabe.nrw.de aus. Bei der parallelen Schaltung der Bekanntmachung sowohl im EU-Amtsblatt als auch national ist lediglich darauf zu achten, dass die Bekanntmachung in der Bundesrepublik Deutschland nicht vor dem Tag der Absendung an das Europäische Amt für amtliche Veröffentlichungen publiziert werden darf.

---

75 Amt für amtliche Veröffentlichungen der europäischen Gemeinschaften, 2 rue Mercier, L-2985 Luxemburg, Telefon: 00352/2929–1, Telefax: 00352/2929–42670, E-Mail: info@publications.europa.eu, Internet: http://publications.europa.eu/about_us/index_de.htm.

Da der öffentliche Auftraggeber mit seiner Bekanntmachung erstmals den Auftragsinhalt 81
verbindlich veröffentlicht, sind sowohl an die Stellung als auch an das Ausfüllen des Bekanntmachungsmusters strenge Anforderungen zu stellen. Denn bei **Auslegungsfragen**, die sich gegebenenfalls im Laufe des weiteren Vergabeverfahrens stellen, ist allein der Bekanntmachungstext maßgeblich. Unerheblich ist, welchen Inhalt die später den Bietern übersandten Verdingungsunterlagen hatten, sodass es alleine auf solche Umstände ankommt, die bis zur Veröffentlichung gegeben waren.[76] Die Bekanntmachung ist verständlich zu formulieren, weil es wegen ihres Inhaltes ausschließlich auf den **objektiven Empfängerhorizont** der potenziellen Bewerber bzw. Bieter ankommt.[77]

Auch wenn das Musterformular der EU klare Vorgaben zum Ausfüllen der Bekannt- 82
machung beinhaltet, können als Checkliste für die **Mindestinhalte** die Vorschriften des § 12 und 15 EG VOL/A und Nr. 2 Abs. 2 VOL/A herangezogen werden. Die Bekanntmachung eines Offenen Verfahrens soll hiernach mindestens folgende Angaben enthalten:
- Bezeichnung (Anschrift) der zur Angebotsabgabe auffordernden Stelle, der den Zuschlag erteilenden Stelle sowie der Stelle, bei der die Angebote einzureichen sind,
- Art der Vergabe,
- Art und Umfang der Leistung sowie Ort der Leistung (zum Beispiel Empfangs- oder Montagestelle),
- etwaige Vorbehalte wegen der Teilung in Lose, Umfang der Lose und mögliche Vergabe der Lose an verschiedene Bieter,
- etwaige Bestimmungen über die Ausführungsfrist,
- Bezeichnung (Anschrift) der Stelle, die die Verdingungsunterlagen und das Anschreiben abgibt, sowie des Tages, bis zu dem sie bei ihr spätestens angefordert werden können,
- Bezeichnung (Anschrift) der Stelle, bei der die Verdingungsunterlagen und das Anschreiben eingesehen werden können,
- die Höhe etwaiger Vervielfältigungskosten und die Zahlungsweise,
- Ablauf der Angebotsfrist,
- die Höhe etwa geforderter Sicherheitsleistungen,
- die wesentlichen Zahlungsbedingungen oder Angabe der Unterlagen, in denen sie enthalten sind,
- die mit dem Angebot vorzulegenden Unterlagen, die gegebenenfalls vom Auftraggeber für die Beurteilung der Eignung des Bewerbers verlangt werden,
- Zuschlags- und Bindefrist,
- den besonderen Hinweis, dass der Bewerber mit der Abgabe seines Angebots auch den Bestimmungen über nicht berücksichtigte Angebote unterliegt.

Bei europaweiten Vergabeverfahren, die im Supplement zum Amtsblatt der Europäischen 83
Gemeinschaften bekannt gemacht wurden, besteht die Möglichkeit, **Korrekturen der Bekanntmachung** zu veröffentlichen. Die Möglichkeit zur Korrektur ergibt sich allerdings nur bis zur Angebotsabgabe. Befindet sich das Vergabeverfahren demgegenüber bereits im Stadium nach Angebotsabgabe oder wurden die Angebote schon geöffnet, sind Änderungen der Vergabeunterlagen und der Vergabebekanntmachung nicht mehr möglich.

2. Angebotsphase

Nachdem die potenziellen Bieterunternehmen von der europaweit geschalteten Bekannt- 84
machung Kenntnis genommen haben, wenden sie sich an den öffentlichen Auftraggeber, um von ihm die Ausschreibung ausmachenden **Vergabeunterlagen** zu erhalten. Die notwendigen Kontaktdaten des öffentlichen Auftraggebers ergeben sich aus der Bekanntmachung. Die Vergabeunterlagen, die die Bieter erhalten, bestehen aus dem Anschreiben

---

76 Vgl. OLG Düsseldorf 24.05.2006, Verg 14/06.
77 Vgl. VK Bund 05.06.2003, VK 2–42/03.

(Aufforderung zur Angebotsabgabe) und den eigentlichen Verdingungsunterlagen mit Leistungsbeschreibung, § 9 EG Abs. 1 VOL/A. Die Angebotsphase beginnt. In den Vergabeunterlagen muss der öffentliche Auftraggeber die vorgesehen Zuschlagskriterien einschließlich der dahinter stehenden Gewichtung mitteilen. Ebenso unterrichtet der öffentliche Auftraggeber die Bieter darüber, ob Nebenangebote zugelassen sind. Sollte er Abgabe von Nebenangeboten erlauben, so muss er die Mindestanforderungen, die die Nebenangebote erfüllen müssen, benennen.[78]

85 Beim Offenen Verfahren beträgt die **Angebotsfrist** mindestens 52 Tage, gerechnet vom Tag der Absendung der Bekanntmachung an. Da die VOL/A in § 12 EG Abs. 2 VOL/A auf den Tag der Absendung der Bekanntmachung abstellt, ergibt sich in der Praxis eine Angebotsfrist, die kürzer als 52 Tage ist, denn zwischen der Absendung der Bekanntmachung an das Amt für amtliche Veröffentlichung und der eigentlichen Publikation im Amtsblatt können bis zu zwölf Tage vergehen. Für alle Beteiligten auf der Bieterseite ist es deshalb äußerst ratsam, die Frist zur Abgabe des Angebots stets im Auge zu behalten. Verspätungen, und seien sie auch noch so geringfügig, führen nämlich unmittelbar zum Angebotsausschluss.[79] Für den pünktlichen Angebotseingang ist allein der Bieter verantwortlich, sodass ihn grundsätzlich ein Verschulden bei einem verspäteten Angebotseingang trifft.

86 Alle Bieter sind berechtigt, zur Vergabeunterlage **Fragen an den öffentlichen Auftraggeber** zu richten. Hierfür stehen grundsätzlich alle Kommunikationsmittel (Telefon, Fax, E-Mail, Brief) zur Verfügung. Um das Verfahren unaufwendiger zu gestalten, kanalisieren die meisten öffentlichen Auftraggeber die Kommunikation mit der Bieterschaft und erlauben allein die Kontaktaufnahme per E-Mail. Der öffentliche Auftraggeber muss rechtzeitig angeforderte zusätzliche Auskünfte über die Verdingungsunterlagen und das Anschreiben spätestens nach sechs Tagen erteilen, damit das anfragende Unternehmen die Beantwortung noch umsetzen kann. Wenn es sich bei der Frage und der Antwort um eine sachdienliche Auskunft handelt, muss die Antwort des öffentlichen Auftraggebers auch allen übrigen Bietern bekannt gemacht werden, damit der Gleichheitsgrundsatz des § 97 GWB gewahrt ist. Für den Zugang der Antwort gegenüber allen Bietern trägt der öffentliche Auftraggeber die Darlegungs- und Beweislast.

3. Angebotsprüfung und Angebotswertung

87 Nach dem Eingang der Angebote werden die Offerten beim öffentlichen Auftraggeber einer eingehenden **Prüfung bzw. Bewertung** unterzogen. Die Angebotsprüfung bezieht sich dabei gem. § 19 EG Abs. 1 VOL/A auf die rein formalen Aspekte der Angebote. Bei der Angebotswertung hingegen erfolgt nach § 19 EG Abs. 9 VOL/A eine Auswahl des wirtschaftlichsten Angebots. Macht der öffentliche Auftraggeber bei der Angebotsprüfung Fehler oder übersieht er Angebotsdefizite, kann er einen einmal abgeschlossenen Prüfungspunkt erneut aufgreifen und diese Fehler nachträglich noch berücksichtigen.[80] **Unberücksichtigt** bleiben im Zuge der Angebotsprüfung solche Angebote,
- für deren Wertung wesentliche Preisangaben fehlen,
- die nicht ordnungsgemäß oder verspätet eingegangen sind,
- die nicht unterschrieben sind,
- bei denen Änderungen oder Ergänzungen an den Verdingungsunterlagen vorgenommen wurden.

---

78 Vgl. OLG Koblenz NZBau 2006, 600, wonach es nicht ausreichend ist, zur Formulierung von Mindestanforderungen lediglich auf die Leistungsbeschreibung zu verweisen. Vielmehr ist es aus Sicht des Senats zwingend, dass der öffentliche Auftraggeber leistungsbezogene bzw. sachlich-technische Vorgaben macht.
79 Vgl. VK Brandenburg 26.01.2005, VK 81/04.
80 Vgl. OLG Dresden 10.07.2003, WVerg 16/02. Beispielsweise kann der Ausschluss eines Bieters wegen mangelnder Eignung auch noch später erfolgen, vgl. VK Schleswig-Holstein 31.01.2006, VK-SH 33/05.

III. Ablauf des Vergabeverfahrens bei IT-Beschaffungen

Wegen der Selbstbindung der Verwaltung im Hinblick auf die gesetzten Formalanforderungen und Termine führen die vorgenannten **Angebotsdefizite** unmittelbar zum Ausschluss.[81] Angebote, bei denen Änderungen oder Ergänzungen an den Verdingungsunterlagen vorgenommen worden sind, müssen ebenfalls ausgeschlossen werden, denn ein transparentes, auf Gleichbehandlung aller Bieter beruhendes Vergabeverfahren ist nur zu erreichen, wenn in jeder sich aus den Verdingungsunterlagen ergebenden Hinsicht vergleichbare Angebote bewertet werden.[82] Ist die formale **Angebotsprüfung** abgeschlossen, erfolgt die Angebotswertung in **vier Stufen**: 88

- Auf der **ersten Wertungsstufe** wird anhand formaler Anforderung das Vorliegen zwingender und fakultativer Ausschlussgründe geprüft, 19 EG Abs. 3 VOL/A.
- Auf der **zweiten Wertungsstufe** ist die Eignung des Bieters zu prüfen, § 19 EG Abs. 5 VOL/A.
- Auf der **dritten Wertungsstufe** erfolgt eine Prüfung der Angemessenheit der Preise, § 19 EG Abs. 6 VOL/A.
- Auf der **vierten Wertungsstufe** hat die Auswahl des wirtschaftlichsten Angebots anhand der bekannt gemachten Zuschlagskriterien zu erfolgen, § 19 EG Abs. 9 VOL/A.[83]

Die **erste Wertungsstufe** ist vergleichbar mit der zuvor genannten, formalen Angebotsprüfung, sodass die dortigen Punkte zu beachten sind. 89

Die eigentliche Angebotswertung beginnt damit sachlich/inhaltlich erst mit der **zweiten Wertungsstufe**, der sog. **Eignungsprüfung**. Anhand der festgelegten und vom öffentlichen Auftraggeber bekannt gemachten Anforderungen sollten die Bieter innerhalb ihres Angebots nachweisen, dass sie für die Erfüllung der (noch einzugehenden) vertraglichen Verpflichtungen fachkundig, leistungsfähig und zuverlässig sind. Bei der Frage der Leistungsfähigkeit ist vom öffentlichen Auftraggeber – gerade im IT-Bereich – auch zu untersuchen, ob der Bieter rechtlich in der Lage ist, die ausgeschriebene Leistung zu erbringen. Oftmals stehen etwa bei Softwareentwicklungsleistungen patentrechtliche Ansprüche Dritter entgegen, die den entsprechenden Bieter eventuell daran hindern, den Auftrag zu erfüllen.[84] Dem Auftraggeber steht insgesamt bei der Beurteilung der Eignung der Bieter ein **Ermessen** zu, dass im Nachprüfungsverfahren nur darauf hin überprüft werden kann, ob Ermessensfehler vorliegen, insbesondere ob die Vergabestelle ihr Ermessen ordnungsgemäß ausgeübt hat, ob der Sachverhalt zutreffend und vollständig ermittelt worden ist oder ob die Entscheidung von sachfremden Erwägungen bestimmt wurde.[85] 90

Die als geeignet angesehenen IT-Unternehmen erreichen mit ihren Angeboten dann die **dritte Wertungsstufe** im Sinne der oben geschilderten Bewertungshierarchie. Auf der dritten Wertungsstufe erfolgt eine Prüfung der **Angemessenheit der Preise**. Ist bei einem bestimmten Bieterangebot der Preis unangemessen, kann hierauf der Zuschlag nicht erteilt werden. Zuvor ist der öffentliche Auftraggeber jedoch verpflichtet, bei Angeboten, die diesen Eindruck erwecken, vor deren Ablehnung schriftlich Aufklärung über die Einzelposten zu verlangen. Insgesamt lässt sich festhalten, dass von ungewöhnlich niedrigen Angeboten nur dann auszugehen ist, wenn der Preis von den **Erfahrungswerten wettbewerblicher Preisbildung** so grob abweicht, dass dies sofort ins Auge fällt.[86] Allein ein beträchtlicher Preisabstand zum Zweitplatzierten ist nicht ausreichend. Vielmehr ist eine Abweichung von mehr als 20 % vom ansonsten günstigsten der eingegangenen Angebote erforderlich.[87] 91

---

81 Vgl. OLG Saarbrücken 05.07.2006, 1 Verg 6/05.
82 Vgl. BGH NZBau 2003, 293.
83 Merke: Eine Vermischung der Wertungsstufen führt zur Vergaberechtswidrigkeit der IT-Ausschreibung, vgl. OLG Jena 27.02.2002, 6 U 360/01.
84 Vgl. OLG Düsseldorf 21.02.2005, Verg 91/04.
85 Vgl. OLG Celle 11.03.2004, 13 Verg 3/04.
86 Vgl. VK Lüneburg 24.11.2003, 203-VkG-29/2003.
87 Vgl. OLG Frankfurt/M. 30.03.2003, 11 Verg 4/04.

Bei der Beurteilung, ob eine angemessener Preis vorliegt, kommt es grundsätzlich auf den Gesamtpreis als Endsumme und nicht auf die Einzelpreise an.[88]

92 **Exkurs: Aufklärungsgespräche**

Die Angebotsunterlagen der Bieter sind nicht immer eindeutig. Das betrifft sowohl die Leistungsinhalte als auch die Preisgestaltung. Es kann demnach im Zuge einer IT-Ausschreibung – gerade auch in technischer Hinsicht – notwendig werden, dass die Vergabestelle mit dem Bieter Kontakt aufnimmt, obgleich die Angebote eigentliche von Beginn an klar, vollständig und in jeder Hinsicht zweifelsfrei sein sollten, vgl. § 16 EG Abs. 3 VOL/A. Nach § 18 EG VOL/A dürfen mit den Bietern Aufklärungsverhandlungen im Offenen Verfahren nur geführt werden, um Zweifel über die Angebote zu beheben. Verhandlungen sind nur erlaubt, soweit sie sich auf das rein Informatorische beschränken. Die ungenügende Beschreibung eines Nebenangebots kann dagegen nicht mit einer Aufklärung des Angebotsinhalts nachgebessert werden. Deshalb dürfen die erforderlichen Präzisierungen im Rahmen der Aufklärungsgespräche nicht dazu führen, dass der Bieter den Leistungsumfang ändert oder etwa eine Leistung anbietet, die nicht in der schriftlichen Offerte enthalten war. Manipulationsmöglichkeiten soll es nicht geben.[89] Verweigert der Bieter ein berechtigtes Aufklärungsverlangen des öffentlichen Auftraggebers, so kann sein Angebot unberücksichtigt bleiben.[90] Der Grund und das Ergebnis der Verhandlungen sind von der Vergabestelle vertraulich zu behandeln und im Nachhinein schriftliche niederzulegen. Die Niederschrift sollte Teil des Vergabevermerks sein.

93 Wenn über den Angebotsinhalt Klarheit herrscht, erreichen die geeigneten Bieterunternehmen mit ihren Offerten die **vierte Wertungsstufe**. Auf dieser Stufe erfolgt die **Auswahl des »wirtschaftlichsten Angebots«** im Sinne von § 97 Abs. 5 GWB. Zur Ermittlung dieses wirtschaftlichsten Angebots finden die Zuschlagskriterien in der bekannt gemachten Form und in der publizierten Gewichtung Anwendung. Dabei steht den öffentlichen Auftraggebern ein Beurteilungsspielraum zu, der durch die Nachprüfungsbehörden nur eingeschränkt daraufhin überprüft werden kann, ob die Vergabestelle bei ihrer Entscheidung das vorgeschriebene Verfahren eingehalten hat, von einem zutreffend und vollständig ermittelten Sachverhalt ausgegangen ist, aufgrund sachgemäßer und sachlich nachvollziehbarer Erwägungen entschieden hat und sich der angelegte Beurteilungsmaßstab im Rahmen der Beurteilungsermächtigung hält.[91] Es ist empfehlenswert, der Ermittlung des wirtschaftlichsten Angebots eine Bewertungsmatrix zugrunde zu legen, wie sie oben skizziert wurde.[92] Sowohl die Zuschlagsentscheidung als auch die tragenden Gründe sind in den Akten zu vermerken, vgl. § 24 EG VOL/A.

4. Zuschlagserteilung oder Aufhebung

94 Jede IT-Ausschreibung endet entweder mit der Erteilung des **Zuschlags oder** der **Aufhebung** des Verfahrens.

Ein öffentlicher Auftraggeber, der das wirtschaftlichste Angebot ermittelt hat, kann nicht ohne Weiteres den Zuschlag erteilen. Vielmehr muss er gem. § 101a GWB diejenigen Bieter, deren Angebote nicht berücksichtigt werden sollen, über den Namen des erfolgreichen Bieters, den Zeitpunkt des Zuschlags sowie über den Grund der vorgesehen Nichtberücksichtigung ihres Angebots 15 Kalendertage[93] vor dem Zuschlag unterrichten. Die Frist beginnt

---

88 Vgl. OLG Dresden 06.06.2003, WVerg 5/02.
89 Vgl. VK Südbayern 11.08.2005, 35–07/05.
90 Vgl. OLG Naumburg 22.09.2005, 1 Verg 8/05.
91 Vgl. VK Bund 12.07.2005, VK 3–67/05.
92 Vgl. die Ausführungen unter Rdn. 74.
93 Erfolgt die Information per Fax oder Email, verkürzt sich die Frist auf 10 Kalendertage.

am Tag nach der Absendung der Information zu laufen. Die Zustellung dieses sog. **Vorabinformationsschreibens** muss also durch den Auftraggeber nicht nachgewiesen werden. Allein die ordnungsgemäße Absendung ist zu dokumentieren. Die Vorabinformation erfolgt in Textform, d. h. schriftlich als einfacher Brief, Fax oder E-Mail. Ein Vertrag darf vor Ablauf der Frist oder ohne dass diese Information an die nicht berücksichtigten Bieter erteilt worden ist, nicht geschlossen werden. Sollte der öffentliche Auftraggeber dem zuwiderhandeln, ist der geschlossene **IT-Vertrag** nach § 101b GWB unwirksam. Die dem Schutz des Bieters dienende Pflicht zur Begründung der Nichtberücksichtigung muss derart formuliert sein, dass sie den IT-Dienstleister über die tatsächlichen und rechtlichen Umstände aufklärt, um ihm insbesondere die Möglichkeit zu verschaffen, auf dieser Grundlage die Aussichten eines Nachprüfungsverfahrens zu klären.[94] Allerdings dürfen an die »Begründungstiefe« auch nicht übertriebene Anforderungen gestellt werden.

In den allermeisten Fällen stellt die **15-tägige Wartefrist** zwischen Absendung der Information und Zuschlagserteilung eine besonders neuralgische Phase jeder IT-Ausschreibung dar. Denn auf das Absageschreiben hin nutzen viele Dienstleister das Rechtsschutzverfahren vor den Vergabekammern bzw. Oberlandesgerichten, um eine Zuschlagserteilung an den Konkurrenten zu verhindern.[95] Wird kein Nachprüfungsantrag gegen die IT-Ausschreibung eingeleitet, kann der Zuschlag nach Ablauf der Wartefrist erteilt werden. Gemäß § 21 EG VOL/A soll er schriftliche erfolgen. Er führt zum **Ausschluss des Primärrechtsschutzes** nach § 114 Abs. 2 S. 1 GWB, d. h. ein einmal wirksam erteilter Zuschlag kann nicht mehr im Wege eines Nachprüfungsantrags angegriffen werden. 95

Entscheidet sich der öffentliche Auftraggeber gegen eine Beendigung seiner IT-Ausschreibung durch Zuschlagserteilung, bleibt ihm lediglich die Möglichkeit, das Verfahren aufzuheben. Die **Aufhebung** kommt nur **in engen Ausnahmefällen** in Betracht. Eine faktische Aufhebung durch Auslaufenlassen der Zuschlags- oder Bindefristen führt nicht zur Beendigung der Ausschreibung. Vielmehr muss die Aufhebung auf einer bewussten Entscheidung des öffentlichen Auftraggebers beruhen, wobei die Gründe, die eine solche Verfahrensbeendigung stützen können, abschließend in § 20 EG VOL/A aufgezählt sind. Eine Aufhebung ist möglich, wenn 96
- kein Angebot eingegangen ist, dass den Ausschreibungsbedingungen entspricht,
- die Grundlagen der Ausschreibung sich wesentlich geändert haben,
- die Ausschreibung kein wirtschaftliches Ergebnis gehabt hat
- oder andere schwerwiegende Gründe bestehen.

Die **Umstände**, die einen der beschriebenen Aufhebungsgründe auslösen können, dürfen nicht »hausgemacht« sein. Sollte es also in der Sphäre des öffentlichen Auftraggebers liegen, dass sich die Grundlagen der Ausschreibung wesentlich geändert haben, kann er nur rechtswidrig das Vergabeverfahren beenden.[96] Fallen zum Beispiel die Beschaffungsmittel aus dem Haushalt des öffentlichen Auftraggebers weg, ist das kein Grund für eine (rechtmäßige) Aufhebung des Verfahrens. 97

Auch die Aufhebungsentscheidungen des öffentlichen Auftraggebers können vor den Nachprüfungsbehörden untersucht werden, etwa dann, wenn der öffentliche Auftraggeber die »Flucht in die Aufhebung« antritt, um sich kurzerhand von dem europaweit bekannt gemachten Vergabeverfahren zu lösen. Bieter können bei einer rechtswidrigen Aufhebung die »**Aufhebung der Aufhebung**«[97] gerichtlich geltend machen und den Auftraggeber zur Fortsetzung seiner IT-Vergabe zwingen. 98

---

94 Vgl. OLG Jena NZBau 2005, 544.
95 Welche Voraussetzungen für den Rechtsschutz erfüllt sein müssen, wird nachfolgend unter Rdn. 99–119 dargestellt.
96 Vgl. OLG München 27.01.2006, Verg 1/06; vgl. auch OLG Düsseldorf NZBau 2005, 415.
97 Vgl. OLG Jena NZBau 2005, 476; OLG Naumburg, Beschl. v. 17.02.2004, 1 Verg 15/03. Als Anspruchs-

IV. Rechtsschutz

99 Der Vergaberechtsschutz ist im GWB geregelt. Die §§ 102 bis 124 GWB beschreiben den Ablauf eines Nachprüfungsverfahrens. Dieses Verfahren läuft grundsätzlich über zwei Instanzen, das Nachprüfungsverfahren vor der Vergabekammer und das Beschwerdeverfahren vor dem Vergabesenat beim zuständigen Oberlandesgericht. Während es sich bei der Vergabekammer um eine gerichtsähnliche Einrichtung der Exekutive handelt, unterliegt die zweite Instanz der Zivilgerichtsbarkeit.

100 Jedes vergaberechtliche Verfahren setzt einen **Nachprüfungsantrag** nach § 108 GWB voraus. Die Vergabekammer wird nicht von Amts wegen tätig. Ein Tätigwerden auf Weisung scheidet wegen der Unabhängigkeit der Vergabekammer von Beginn an aus. Wenn ein Nachprüfungsverfahren durch einen Nachprüfungsantrag, der im Übrigen einer Klagefrist ähnelt, eingeleitet wird, sind die Verfahrensbeteiligten bis auf Weiteres der Antragsteller (das sich benachteiligt fühlende IT-Unternehmen) und der Antragsgegner (der öffentliche Auftraggeber). Es handelt sich um ein **kontradiktorisches Verfahren,** zu dem in den allermeisten Fällen später auch noch der sog. Beigeladene hinzutritt. Bei diesem Unternehmen handelt es sich um diejenige Firma, die eigentlich für die Zuschlagserteilung vorgesehen war, wegen der Anhängigkeit des Nachprüfungsantrags jedoch bis auf Weiteres nicht beauftragt werden kann.

Der regelmäßige **Ablauf** eines Nachprüfungsverfahrens vor der Vergabekammer lässt sich wie folgt darstellen:

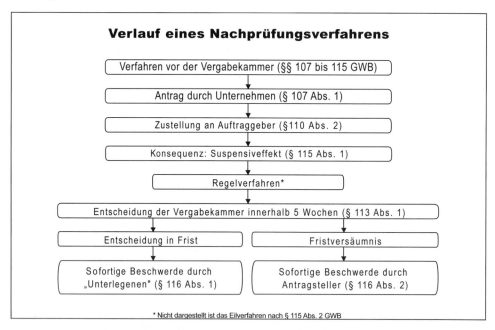

Bei einem Nachprüfungsverfahren geht es stets um die Beantwortung der Kernfrage, ob das antragstellende Unternehmen durch ein Verhalten des öffentlichen Auftraggebers in seinen Rechten verletzt wurde. Denn jedes Bieterunternehmen hat einen Anspruch darauf, dass der Auftraggeber die »Bestimmungen über das Vergabeverfahren« einhält. Zu den »Bestim-

---

grundlagen kommen die §§ 126 GWB, 311 Abs. 2 Nr. 1 i. V. m. §§ 241 Abs. 2, 282 BGB (c. i. c.), 823 Abs. 2 BGB i. V. m. § 26 VOL/A in Betracht.

mungen über das Vergabeverfahren« gehören sämtliche Regeln des GWB, der VgV und der Verdingungsordnungen.

Bevor sich eine Nachprüfungsbehörde dieser materiellen Kernfrage[98] zuwendet, muss die Zulässigkeit des Nachprüfungsantrags geklärt werden. Im Rahmen der Zulässigkeitsprüfung wird vor allem untersucht, ob das Bieterunternehmen vor Einleitung des Nachprüfungsverfahrens seinen **Rügeobliegenheiten** nachgekommen ist und ob es über die notwendige **Antragsbefugnis** verfügt.

1. Rügeobliegenheiten der Bieter

Nach § 107 Abs. 3 Nr. 1 GWB muss der Bieter vor der Einleitung eines Nachprüfungsverfahrens den beanstandeten Vergaberechtsverstoß gegenüber dem öffentlichen Auftraggeber gerügt haben. Die Rüge ist dem Sinn und Zweck nach **vergleichbar mit** dem **verwaltungsgerichtlichen Widerspruchsverfahren**. Vor der Einleitung eines gerichtlichen Prozesses soll dem öffentlichen Auftraggeber seine mögliche Verfehlung vor Augen geführt werden, um ihn gegebenenfalls zum Einlenken zu bewegen. Wenn der Rüge nicht abgeholfen wird, muss der Bieter innerhalb einer bestimmten Zeit ein Nachprüfungsverfahren unter Berufung auf diesen Verstoß einleiten oder er ist nach Ablauf dieser Zeit für immer mit diesem Vorwurf präkludiert. Mit der Rügeobliegenheit soll also ein gerichtliches Verfahren möglichst vermieden werden. In der Praxis hat sich gezeigt, dass bei den meisten Ausschreibungen nach einer Bieterrüge nicht abgeholfen wird, entweder weil der öffentliche Auftraggeber in Bezug auf den vorgeworfenen Vergaberechtsverstoß anderer Meinung ist oder schlichtweg das Prozessrisiko eingehen will.

101

Nach alledem ist ein Nachprüfungsantrag gem. § 107 Abs. 3 GWB Nr. 1 unzulässig, soweit der Antragsteller (Bieter) den gerügten Verstoß gegen Vergabevorschriften bereits im Vergabeverfahren erkannt und gegenüber dem Auftraggeber nicht **unverzüglich** gerügt hat. Der Antrag ist außerdem gem. § 107 Abs. 3 Nr. 2 GWB unzulässig, soweit Verstöße gegen Vergabevorschriften, die aufgrund der Bekanntmachung erkennbar sind, nicht spätestens bis zum Ablauf der in der Bekanntmachung benannten Frist zur Angebotsabgabe oder zur Bewerbung gegenüber dem Auftraggeber gerügt werden. § 107 Abs. 3 Nr. 2 GWB und § 107 Abs. 3 Nr. 1 GWB unterscheiden also danach, ob es sich um einen Vergaberechtsverstoß handelt, der aufgrund der Bekanntmachung **erkennbar** war oder um einen Fehler, der ansonsten positiv durch den Bieter **erkannt** wurde.

102

Bei Fehlern, die der Bieter zwar nicht bemerkt hat, die aber für einen objektiven Dritten in derselben Lage erkennbar waren, gilt die Pflicht, diese Vergaberechtsverstöße bis zum Ablauf der Frist für die Einreichung der Angebote (Offenes Verfahren) oder bis zum Ende der Teilnahmephase (Nichtoffenes Verfahren, Verhandlungsverfahren und wettbewerblicher Dialog) zu beanstanden.

103

Die allermeisten Verstöße sind nicht aufgrund der Bekanntmachung erkennbar und ergeben sich erst im Laufe des IT-Vergabeverfahrens – etwa weil der öffentliche Auftraggeber ein ungeeignetes Konkurrenzunternehmen als zuverlässig einstuft, sich nicht an die bekannt gemachten Zuschlagskriterien hält oder einem Wettbewerber in unzulässiger Weise Zusatzinformationen über das IT-Projekt zukommen lässt. Bei dieser Art von Verstößen muss der Bieter unverzüglich **nach positiver Kenntnisnahme** rügen. In dieser Rüge, die nicht schriftlich erfolgen muss, soll zum Ausdruck kommen, dass der Bieter dem Auftraggeber vor Anrufung der Vergabekammer die Möglichkeit zur Selbstkorrektur geben möchte, was bei einer bloßen Anregung eines Verhandlungsgespräches zweifelhaft erscheint.[99]

104

---

[98] Wegen der Vielzahl der materiell in Betracht kommenden Vergaberechtsverstöße beschränkt sich die nachfolgende Darstellung allein auf die Zulässigkeitsvoraussetzungen.
[99] Vgl. OLG Frankfurt/M. 28.02.2006, 11 Verg 15/05.

Eine zulässige Rüge setzt die Bezeichnung konkreter Tatsachen voraus, aus denen sich – zumindest schlüssig – die Behauptung des Bieters ableiten lässt, dass sich darin ein Vergabeverstoß des Auftraggebers verwirklicht.[100] Mit der Rüge muss nicht zugewartet werden, bis eine zweifelsfreie Kenntnis über einen Vergabefehler, der auch in jeder Hinsicht nachweisbar ist, gegeben ist. Andererseits wird aber auch keine Rüge »ins Blaue hinein« verlangt; ein bloßer Verdacht eines Vergabefehlers genügt nämlich nicht.

Die Rüge, die schon zu Nachweiszwecken bestenfalls schriftlich erfolgen sollte, muss nicht unbedingt das Wort »Rüge« enthalten.

105 Die Rüge muss gegenüber dem öffentlichen Auftraggeber »unverzüglich«[101] nach der positiven Kenntnisnahme vom Vergaberechtsverstoß ergehen. In der Regel gelten **sehr kurze Rügefristen**,[102] die **Maximalfrist** endet bei einer extrem schwierigen Sach- und Rechtslage **zwei Wochen** ab Kenntniserlangung.[103]

In jedem Nachprüfungsverfahren entbrennt klassischerweise der Streit darüber, ob der Bieter seine Rügeobliegenheiten eingehalten hat oder nicht. **Darlegungs- und beweisbelastet** für die Verletzung der Rügeobliegenheit (insbesondere die Einhaltung der Rügefrist) ist der öffentliche Auftraggeber, dem das allerdings nur in seltenen Fällen gelingen mag, schließlich handelt es sich bei der positiven Kenntnisnahme um einen Sachverhalt, der allein in der Sphäre des Bieters liegt. Dieser wird stets behaupten, von dem Vergaberechtsverstoß bis zuletzt nichts gewusst zu haben.

106 Wird dem Antragsteller während des Nachprüfungsverfahrens ein weiterer möglicher Vergaberechtsverstoß bekannt, kann er diesen auch dann unmittelbar zum Gegenstand des Nachprüfungsverfahrens machen, wenn das Nachprüfungsverfahren aufgrund eines möglicherweise nicht unverzüglich gerügten Verstoßes eingeleitet worden ist.[104] Denn wenn ein Nachprüfungsverfahren einmal anhängig ist, ist das **gesetzliche Ziel einer Selbstkorrektur** durch den öffentlichen Auftraggeber nicht mehr erreichbar. Mögliche **Vergaberechtsverstöße** können also während des Prozesses **nachgeschoben** werden, etwa dann, wenn sie dem Bieter im Rahmen der Akteneinsicht nach § 111 GWB aufgefallen sind. Gerade das Recht zur Akteinsicht ist also ein typisches Vehikel zur Verbreiterung des Angriffs durch den IT-Lieferanten/Dienstleister.

2. Antragsbefugnis

107 Antragsbefugt können nur IT-Unternehmen sein, die als verdrängte oder übergangene Bieter (bzw. Bietergemeinschaften) Nachteile durch Vergaberechtsfehler des öffentlichen Auftraggebers geltend machen können. Insofern handelt es sich um einen **subjektiven Rechtsschutz** im konkreten Einzelfall. Deshalb fehlt beispielsweise einem berufsständischen Interessenverband auch immer die Antragsbefugnis für einen Nachprüfungsantrag bei der Vergabekammer.[105] Ebenso wenig sind **Einzelmitglieder einer Bietergemeinschaft** antragsbefugt.[106] Anerkannt ist jedoch eine **gewillkürte Prozessstandschaft** dergestalt, dass der Antragsteller befugt ist, eine Verletzung fremder Bewerber – oder Bieterrechte im eigenen Namen geltend zu machen, sofern er dazu vom Berechtigten (der übrigen Bieter-

---

100 Vgl. OLG Dresden 21.10.2005, WVerg 5/05.
101 Ob der Begriff »unverzüglich« tatsächlich europarechtskonform ist oder als zu unbestimmt gelten muss, wird derzeit heftig diskutiert, vgl. nur OLG Dresden NZBau 2010, 526.
102 Vgl. OLG Naumburg 25.01.2005, 1 Verg 22/04.
103 Vgl. OLG Frankfurt/M. 28.02.2006, 11 Verg 15/05.
104 Vgl. OLG Koblenz 26.10.2005, 1 Verg 4/05.
105 Vgl. VK Hessen 26.04.2006, 69d-VK 15/2006.
106 Vgl. OLG Düsseldorf 20.12.2004, Verg 101/04.

gemeinschaft) ermächtigt worden ist und ein eigenes schutzwürdiges Interesse an der Durchführung eines Nachprüfungsverfahrens im eigenen Namen hat.[107]

Die Antragsbefugnis fehlt ferner, wenn ein Bieter ausschließlich die Aufhebung der Ausschreibung anstrebt, weil er dann kein Interesse am eigentlichen Auftrag nachweisen kann. Nachprüfungsanträge haben nämlich den Zweck, dass öffentliche Aufträge im Wettbewerb und im Wege transparenter Vergabeverfahren vergeben werden, nicht, dass die Auftragserteilung unterbunden wird.[108]

§ 107 Abs. 2 GWB stellt an die Antragsbefugnis folgende, **kumulative Anforderungen**:
- Der Bieter muss ein tatsächliches **Interesse am Auftrag** haben (im Regelfall manifestiert durch das eigene Angebot oder aber auch durch die Einleitung eines Nachprüfungsverfahrens).
- Der Bieter muss die mögliche, unmittelbare **Verletzung von Bieterrechten** i. S. d. § 97 Abs. 7 GWB geltend machen.
- Den Bieter muss ein bereits entstandener oder noch drohender **Schaden** belasten.

In der Praxis beschäftigen sich viele Nachprüfungsverfahren im Rahmen der Zulässigkeit mit der Frage, ob dem Bieter überhaupt ein Schaden entstanden ist. Ein Schaden im vergaberechtlichen Sinne hat nichts mit einem Vermögensschaden zu tun, wie er etwa aus dem Zivilrecht bekannt ist. Vielmehr muss der Bieter darlegen, dass sich seine **Chancen auf Erhalt des Zuschlags** durch eine bestimmte Verhaltensweise des öffentlichen Auftraggebers verschlechtert haben.[109] Die Anforderungen an die Schadensdarstellung und die Vereitelung etwaiger Zuschlagschancen dürfen nicht überspannt werden. Grundsätzlich ist es ausreichend, dass jedenfalls die Möglichkeit eines Schadenseintritts vorliegt.[110]

Ist das Angebot eines Bieters (auch noch nachträglich) aus dem Wettbewerb zwingend auszuschließen, kann grundsätzlich der Fortgang des Vergabeverfahrens weder dessen Interessen berühren noch den Bieter durch eine etwaige Nichtbeachtung des Vergaberechts in seinen Rechten nach § 97 Abs. 7 GWB auf Einhaltung der vergaberechtlichen Bestimmungen verletzen. Sein Nachprüfungsantrag ist dann unzulässig. Unerheblich ist dabei, ob die Vergabestelle den zwingenden Ausschlussgrund erkannt und sich dem Antragsteller gegenüber hierauf bereits im Vergabeverfahren berufen hat.

Eine Ausnahme von diesem Grundsatz gilt nur dann, wenn der öffentliche Auftraggeber bei **Beachtung des Gleichbehandlungsgebots** aus Gründen der Fehlerkongruenz auch alle anderen, verbliebenen Angebote hätte ausschließen und ein neues Vergabeverfahren durchführen müssen. Denn mit dem Ausschluss des einen Bieters findet eines Selbstbindung des Auftraggebers in der Weise statt, dass jedenfalls auch diejenigen Angebote aller übrigen Bieter ausgeschlossen werden müssen, die ebenfalls an einem Mangel leiden.[111] Denn beim Ausschluss aller Angebote hat der antragstellende Bieter die Möglichkeit, sich in einem zweiten Vergabeverfahren (nach Aufhebung des Ersten) erneut zu bewerben und insoweit seine Chance auf den Zuschlag zu behalten. Deshalb ist er trotz eigener Angebotsdefizite antragsbefugt. In der Praxis wird sich bei dieser Gemengelage allerdings regelmäßig das Problem ergeben, dass dem antragstellenden Bieter der Nachweis, alle übrigen Angebote seien auszuschließen, nur schwer gelingen mag, schließlich erhält er auch über die Akteneinsicht nicht umfassend Kenntnis von den Konkurrenzofferten.

---

107 Vgl. OLG Düsseldorf 30.03.2005, Verg 101/04.
108 Vgl. OLG Brandenburg NZBau 2005, 120.
109 OLG Düsseldorf 05.04.2006, Verg 8/06.
110 Vgl. BGH NZBau 2004, 457.
111 Vgl. BGH NZBau 2006, 800. Ob alle Angebote genau aus ein und demselben Grund (z. B. fehlende Angebotsunterschrift) ausgeschlossen werden müssen, ist unbeachtlich.

3. Verfahren vor der Vergabekammer und dem Oberlandesgericht

111 Da die **Entscheidungspraxis** von Vergabe- zu Vergabekammer und von OLG-Senat zu OLG-Senat **unterschiedlich** sein kann, ist ein Vergabenachprüfungsverfahren sowohl für den privaten Bieter als auch für den öffentlichen Auftraggeber nur unter Einschaltung eines professionellen Rechtsbeistands verantwortbar zu führen.

112 Nachdem der Nachprüfungsantrag vollständig mit Begründung bei der Vergabekammer eingegangen ist, prüft diese zunächst anhand der eingegangen Unterlagen, ob der Antrag offensichtlich unzulässig oder unbegründet ist. Ist das der Fall, kann der Antrag ohne mündliche Verhandlung abgelehnt werden und eine **Zustellung an den öffentlichen Auftraggeber** erfolgt nicht. Wenn keine Zustellung erfolgt, tritt auch nicht der **Suspensiveffekt** des § 115 Abs. 1 GWB ein und der öffentliche Auftraggeber kann den Zuschlag erteilen. Wird der Nachprüfungsantrag hingegen zugestellt, herrscht ein **Zuschlagsverbot** und die Ausschreibung kann nicht bis zum Vertragsschluss fortgeführt werden.

113 Mit der Zustellung des Nachprüfungsantrags beginnen die entscheidungserheblichen Ermittlungen der Kammer. Diese **erforscht** den Sachverhalt **von Amts wegen** (Untersuchungsgrundsatz § 110 Abs. 1 GWB). Die Aufklärungs- und Ermittlungspflicht der Nachprüfungsinstanzen reicht allerdings nur soweit, wie das Vorbringen der Beteiligten oder der sonstige Tatsachenstoff bei verständiger Betrachtung dazu einen hinreichenden Anlass bieten. Ein verspäteter Vortrag oder Missachtung der Verfahrensförderungspflicht, auf die eine Erwiderung unter zumutbaren Bedingungen nicht mehr möglich ist, wird nicht berücksichtigt.[112] Welche Informationen notwendig und zu beschaffen sind, bestimmt die Vergabekammer anhand der Antragsunterlagen und der Vergabeakten und stützt sich damit in erster Linie auf das Vorbringen der Beteiligten.

114 Die antragstellende Partei hat zur Schaffung eines »Informationsgleichgewichts« das Recht auf **Akteneinsicht**. Etwaige Kosten bei der Erteilung von Ausfertigungen, Auszügen und Abschriften fallen dem Antragsteller zur Last. Die Akteneinsicht kann allerdings nicht schrankenlos gewährt werden und findet ihre Grenzen in den legitimen Geheimhaltungsinteressen Dritter. Es ist einem Ausschreibungsverfahren, das dem Geheimhaltungsgrundsatz unterliegt, inhärent, dass während eines Verfahrens zur Vergabe einer IT-Dienstleistung eine Vielzahl von Produkt- und Geschäftsdaten, also **sensible Wirtschaftsinformationen**, erhoben, gespeichert und ausgetauscht werden. Grundsätzlich erfolgt der Austausch nur zwischen der Vergabestelle und dem jeweiligen Bieter. Allein im Nachprüfungsverfahren hat ein Wettbewerber die Möglichkeit, sich durch Einsichtnahme Kenntnis von denjenigen Unterlagen zu verschaffen, die bei der Vergabestelle zum Zwecke der Verfahrensdurchführung angelegt wurden. Dass die antragstellende Partei in die Angebotsunterlagen der Wettbewerber sehen darf, ist allerdings äußerst selten der Fall. § 111 Abs. 2 GWB ermächtigt konsequenterweise die Vergabekammer zur Versagung der Akteneinsicht »aus wichtigen Gründen«. Maßgebend für den Umfang der Akteneinsicht ist die **Entscheidungsrelevanz der Unterlagen**.[113] Die Verantwortung für die notwendige Geheimhaltung von Geschäftsinteressen trägt grundsätzlich die Vergabekammer, die über Zulassung oder Versagung der Akteneinsicht zu entscheiden hat. Die Bieter jedes IT-Vergabeverfahrens sollten gleichwohl schon bei ihrer Angebotserstellung Sorge dafür tragen, dass ihr Angebot nicht später einmal Gegenstand von Diskussionen um die Akteneinsicht wird. Nach § 111 Abs. 3 Satz 1 GWB hat demzufolge »jeder Beteiligte [...] mit Übersendung seiner Akten oder Stellungnahmen auf die Geheimnisse hinzuweisen und diese in den Unterlagen entsprechend kenntlich zu machen«. Es ist deshalb ratsam, schon bei der Angebotserstellung

---

112 Vgl. OLG Frankfurt/M. 12.03.2004, 11 Verg 2/04.
113 Vgl. OLG Naumburg 11.06.2003, 1 Verg 6/03.

diejenigen Aktenteile mit einem **Sperrvermerk** zu belegen, die im Rahmen eines Prozesses jedenfalls von der Akteneinsicht ausgenommen werden sollen.

Nach § 113 Abs. 1 GWB muss die Vergabekammer ihre **Entscheidung** im Regelfall innerhalb einer **Frist von fünf Wochen** treffen. Die hohe Geschwindigkeit des erstinstanzlichen Verfahrens hängt mit dem Umstand zusammen, dass wegen des Zuschlagsverbots staatliche Investitionen gestaut werden. Die Frist beginnt mit dem Eingang des Antrags zu laufen. Eine Entscheidung innerhalb von fünf Wochen bedeutet nicht, dass die Kammer innerhalb dieser Frist auch allen Verfahrensbeteiligten förmlich den Beschluss zugestellt haben muss. Vielmehr reicht es aus, dass die vollständig abgesetzte und unterschriebene Entscheidung zu den behördeninternen Akten gelangt ist.[114] Die Fünf-Wochenfrist kann in besonderen Ausnahmefällen vom Vorsitzenden der Kammer verlängert werden. In der Praxis ist das mittlerweile der Regelfall, weil sämtliche Vergabekammern im Bundesgebiet überlastet sind. Die Fünf-Wochenfrist des § 113 Abs. 1 Satz 1 GWB wird wirksam auch dann verlängert, wenn die Verlängerung der Entscheidungsfrist nicht mit in der Sache liegenden besonderen tatsächlichen oder rechtlichen Schwierigkeiten begründet worden ist. Eine Rechtmäßigkeitskontrolle der Verlängerungsverfügung findet nicht statt.[115] Entscheidet die Vergabekammer nicht innerhalb der Fünf-Wochenfrist und verlängert sie auch nicht rechtzeitig diesen Zeitraum, so gilt der Nachprüfungsantrag im Wege der **gesetzlichen Fiktion** als abgelehnt. Das Risiko trägt also das antragstellende Unternehmen.

115

Die Vergabekammer und das Oberlandesgericht entscheiden aufgrund einer **mündlichen Verhandlung**. Im Vergaberechtsschutz gilt wie in anderen Prozessgesetzen der deutschen Rechtsordnung der Mündlichkeitsgrundsatz. Die Entscheidung beruht auf dem Inbegriff der mündlichen Verhandlung, in der alle Beteiligten die Gelegenheit zur Teilnahme und Stellungnahme haben. Machen einzelne Beteiligte hiervon keinen Gebrauch oder sind sie nicht ordnungsgemäß vertreten, kann dennoch in der Sache verhandelt und entschieden werden (§ 112 Abs. 2 GWB). In der ersten Instanz vor der Vergabekammer herrscht kein Anwaltszwang, die Vertretung durch einen Spezialisten ist jedoch geboten. Wird gegen die Vergabekammerentscheidung sofortige Beschwerde zum OLG eingelegt, besteht erstmals die Pflicht zur anwaltlichen Vertretung.

116

Zwar werden Vergabekammer und OLG nur auf Antrag eines betroffenen Unternehmens bzw. auf Basis einer sofortigen Beschwerde tätig. Dennoch sind die Nachprüfungsbehörden nicht zwingend an den Antrag gebunden und können auch unabhängig hiervon **auf die Rechtmäßigkeit des Vergabeverfahrens einwirken** (§ 114 Abs. 1 Satz 2 GWB). Das Recht zur Einwirkung wird jedoch in der Praxis nicht überzogen. Eine allgemeine Rechtmäßigkeitskontrolle eines Vergabeverfahrens kann also nicht stattfinden.[116] Die Korrektur von Vergabemängeln ist möglich, wenn ein zulässiger Antrag vorliegt und der Antragsteller in seinen subjektiven Rechten als Bieter verletzt ist (Begründetheit).

117

Liegt ein Vergaberechtsverstoß vor, treffen die Nachprüfungsbehörden »die geeigneten Maßnahmen, um eine Rechtsverletzung zu beseitigen und eine Schädigung der betroffenen Interessen zu verhindern« (§ 114 Abs. 1 Satz 1 GWB). Unter »geeigneten Maßnahmen« sind alle verhältnismäßigen Handlungen bis zur Aufhebung des Vergabeverfahrens zu verstehen. In Betracht kommen hiernach die Zurücksetzung des Vergabeverfahrens in einen früheren Verfahrensstand, die Wiederaufnahme eines zuvor ausgeschlossenen Bieters, der Ausschluss eines im Wettbewerb verbliebenen Unternehmens, die Streichung einzelner Verfahrensschritte oder die Erteilung der Aufgabe an die Vergabestelle, den Wertungsvorgang unter Beachtung der Rechtsansicht der Vergabekammer/des Oberlandesgerichts zu

118

---

114 Vgl. Motzke/Pietzcker/Prieß/*Marx* § 112 GWB Rn. 20; OLG Naumburg NZBau 2007, 200.
115 Vgl. OLG Brandenburg 09.09.2004, Verg W 9/04.
116 Vgl. OLG Düsseldorf 15.06.2005, Verg 5/05; so auch schon OLG Dresden 08.11.2002, WVerg 19/02.

wiederholen. Denn in die **Entscheidungskompetenz** der Vergabekammer und des Oberlandesgerichts fällt auch das Recht, die Aufhebung der Aufhebung anzuordnen, d. h. den öffentlichen Auftraggeber an seinem öffentlichen Auftrag festzuhalten, selbst wenn er das Ausschreibungsverfahren zunächst nicht durch einen Zuschlag beenden wollte.[117]

119 Grundsätzlich trägt der Unterliegende die **Kosten des Verfahrens** in der jeweiligen Instanz. Er hat damit alle Aufwendungen zu tragen, die der Vergabekammer und den übrigen Prozessparteien (insbesondere Anwaltskosten) entstanden sind. Erledigt sich allerdings das Verfahren vor der Vergabekammer ohne Entscheidung zur Sache, weil der Antragsteller von seinem Recht zur Rücknahme des Nachprüfungsantrags Gebrauch gemacht hat, findet eine Erstattung der außergerichtlichen Kosten der übrigen Beteiligten zu seinen Lasten nicht statt. Denn die Rücknahme des Nachprüfungsantrags steht einem Unterliegen i. S. v. § 128 Abs. 4 Satz 2 GWB nicht immer gleich.[118]

B. Aspekte des E-Governments

120 Der gegenwärtig die Verwaltungspraxis prägende Begriff des »Electronic Government« (E-Government) ist der Inbegriff für einen nationalen wie internationalen **Reformprozess der Organisation** und Leistungsprozesse der öffentlichen Verwaltungen. Im Bewusstsein der Vielgestaltigkeit der unter diesen Begriff subsumierbaren Sachverhalte ist verschiedentlich versucht worden, ihn zu definieren.

Allgemein kann man – ungeachtet weiterer Definitionsversuche – unter E-Government die Nutzung des Internets und anderer elektronischer Medien zur Einbindung der Bürger und Unternehmen in das Verwaltungshandeln sowie zur verwaltungsinternen Zusammenarbeit verstehen.[119]

I. Bedeutung, Stand und Erwartungen

121 Der Reformprozess begann national mit dem 1999 von der damaligen Bundesregierung gestarteten Programm »Moderner Staat – Moderne Verwaltung« mit dem Ziel einer umfassenden Modernisierung der Bundesverwaltung. Mit diesem Programm wurden die drei wichtigsten Handlungsfelder angesprochen: modernes Verwaltungsmanagement, Bürokratieabbau und E-Government. Sie sind Ausgangspunkt und Impuls für eine innovative Reform der öffentlichen Verwaltung.

1. Initiative Bund-Online 2005

122 Impulsgebend für die Optimierung des E-Government war die Initiative Bund-Online 2005, das größte E-Government-Programm Europas, welches im September 2000 mit dem Ziel ins Leben gerufen wurde, bis Ende 2005 alle onlinefähigen Dienstleistungen der Bundesverwaltung über das Internet verfügbar zu machen. Mit der Federführung der Initiative Bund-Online 2005 wurde im Sommer 2001 das Bundesministerium des Innern (BMI) betraut.

---

117 Vgl. EuGH EuZW 2002, 497; BGH NZBau 2003, 293.
118 Vgl. BGH NZBau 2006, 196; etwas anderes gilt lediglich in Bayern, weil im bayerischen Verwaltungsverfahrensgesetz der Rücknahme einer Klage/eines Nachprüfungsantrags einem Unterliegen gleichgestellt wird (vgl. Art. 80 Abs. 2 BayVwVfG).
119 E-Government-Handbuch des Bundesamtes für Sicherheit in der Informationstechnik – Chefsache E-Government S. 3; weitere Definitionen sind abrufbar unter http://www.kbst.bund.de.

Die Zielsetzung des ersten vom Bundeskabinett am 14.11.2001 verabschiedeten Umsetzungsplans, 376 E-Government-Dienstleistungen bis Ende 2005 einzurichten, wurde am 29.08.2005 erreicht: Zu diesem Zeitpunkt waren 379 Projekte abgeschlossen, bis zum Ende der Initiative am 31.12.2005 wurden 440 Online-Dienstleistungen im Internet verfügbar gemacht. Mit der Implementierung des E-Government ist der Staat zugleich **Nachfrager und Förderer von Zukunftstechnologien** und sichert die erforderlichen Infrastrukturen der Informationstechnik

Das E-Government leistet durch Förderung von Modernisierung und Innovation aber auch einen entscheidenden Beitrag zur Bewältigung der Herausforderungen, die Bevölkerungsalterung, Klimaänderung oder Terrorismusbekämpfung hervorrufen.

2. Initiative E-Government 2.0

Die neue Bundesregierung hat ihre Politik ausweislich der Koalitionsvereinbarung vom 11.11.2005 darauf ausgerichtet, den Staatshaushalt zu konsolidieren, den Bürokratieabbau voranzutreiben und durch eine effiziente Verwaltung die Handlungsfähigkeit des Staates zu verbessern. Hierzu wird vom E-Government genauso ein Beitrag erwartet wie zur Erreichung der Ziele der Europäischen Kommission aus der Initiative »i2010 – Eine europäische Informationsgesellschaft für Wachstum und Beschäftigung« (diese beinhaltet ebenfalls einen E-Government-Aktionsplan).[120] So hat die Bundesregierung das Bundesministerium des Innern im März 2006 aufgefordert, eine **E-Government-Strategie für die Bundesverwaltung** zu erarbeiten. Im September 2006 wurde das Programm E-Government 2.0[121] als Konkretisierung der im Regierungsprogramm »Zukunftsorientierte Verwaltung durch Innovation« angelegten Gesamtstrategie für die Modernisierung der Bundesverwaltung von der Bundesregierung beschlossen. In diesem Zusammenhang hat die Bundesregierung vier Handlungsfelder identifiziert, die bis 2010 gezielt ausgebaut werden sollen, um den Modernisierungsprozess in der Verwaltung und den Standort Deutschland durch E-Government zu fördern.

123

Erstens den bedarfsorientierten, qualitativen und quantitativen Ausbau des E-Government-Angebots des Bundes. Zweitens die elektronische Zusammenarbeit zwischen Wirtschaft und Verwaltung durch gemeinsame Prozessketten. Drittens die Einführung eines elektronischen Personalausweises und die Erarbeitung von E-Identity-Konzepten. Schließlich die Gestaltung einer sicheren Kommunikationsinfrastruktur für Bürger, Unternehmen und Verwaltungen.

3. Initiative Deutschland-Online

Da die Mehrzahl der Verwaltungsdienstleistungen jedoch nicht vom Bund, sondern von den Ländern und Kommunen erbracht wird, wurde schon im Juni 2003 von der Bundesregierung und den Regierungschefs der Länder die gemeinsame E-Government-Strategie Deutschland-Online beschlossen, in deren Rahmen Bund, Länder und Kommunen gemeinsam das Ziel verfolgen, unter Nutzung der aktuellen Informationstechnik Verwaltungsprozesse zu vereinfachen und zu automatisieren. Im Rahmen dieser Strategie verständigte man sich darauf, verschiedene Vorhaben unter Nutzung der Stärken des Föderalismus gemeinsam zu verfolgen. So sollen die wichtigsten ebenenübergreifenden Verwaltungsdienstleistungen den Bürgerinnen und Bürgern und der Wirtschaft online zur Verfügung gestellt werden. Die Bereiche Registerabfragen (Gewerberegister, Bundeszentralregister),

124

---

120 Vgl. hierzu Mitteilung der Kommission v. 15.04.2006, KOM(2006) 173 endg., »E-Government-Aktionsplan im Rahmen der i2010-Initiative: Beschleunigte Einführung elektronischer Behördendienste in Europa zum Nutzen aller«.
121 S. hierzu die Dokumente des Bundes unter http://www.kbst.bund.de.

Melde- und Personenstandswesen, amtliche Statistik, Kfz-Meldungen, BaföG und Arbeitslosen- und Sozialhilfe werden insofern als prioritäre Modellprojekte betrachtet. Daneben soll der Zugang zu E-Government-Dienstleistungen der Verwaltungen durch die Herstellung der notwendigen Interoperabilität der Internet-Portale verbessert werden. Gemeinsame E-Government-Infrastrukturen werden auf- und ausgebaut, um den Datenaustausch zu erleichtern und Doppelentwicklungen zu vermeiden. Darüber hinaus wurde zwischen Bund, Ländern und Kommunen vereinbart, gemeinsame Standards sowie Daten- und Prozessmodelle für E-Government zu schaffen. Das Handlungsziel besteht darin, den **Transfer** von E-Government-Lösungen zwischen Bund, Ländern und Kommunen zu **verbessern**, um vorhandenes Know-how optimal zu nutzen und um Parallelentwicklungen zu vermeiden.

Unter Berücksichtigung der verschiedenen Vorhaben bestand Konsens dahin gehend, dass von Bund, Ländern und Kommunen ein gemeinsames Geschäftsmodell zu erarbeiten ist, auf dessen Grundlage E-Government-Entwicklungen des Bundes, der Länder und Kommunen auch anderen Gebietskörperschaften zur Nutzung angeboten werden können.

Im Juni 2006 wurde die Kooperation in der bestehenden Initiative Deutschland Online durch den Aktionsplan Deutschland-Online verstärkt.

Hauptziel des Aktionsplans Deutschland-Online ist ein **integriertes, sicheres Kommunikationsnetz** für die deutsche Verwaltung in Bund, Ländern und Gemeinden. Damit soll es möglich sein, dass alle Behörden Deutschlands untereinander elektronisch erreichbar sind.

Der Bund sichert die Umsetzung seiner priorisierten Deutschland-Online Vorhaben im Rahmen des Programms E-Government 2.0.

4. Initiative Signaturbündnis

125 Die E-Government-Strategie wird neben anderen auch durch das Bündnis für elektronische Signaturen[122] vorangetrieben.

Gründungspartner der im April 2003 ins Leben gerufenen Initiative waren neben verschiedenen Bundesministerien der Bundesverband der Betriebskrankenkassen sowie die Sparkassen-Finanzgruppe und auch Großkonzerne, wie die Siemens AG oder die Deutsche Bank AG.

Ziel des Bündnisses von Anbietern elektronischer Dienstleistungen und Anbietern von Infrastrukturen für Signaturen und Verschlüsselungen ist es, den Markt für E-Government und E-Business auf Basis **gemeinsamer technischer Standards** fortzuentwickeln. In diesem Zusammenhang ist der Einsatz von Chipkarten für fortgeschrittene und qualifizierte elektronische Signaturen von entscheidender Bedeutung. **Speziell im Gesundheitswesen** wird dieser Ansatz in Form der Einführung der elektronischen Gesundheitskarte verfolgt. Abgesehen davon wird die Zielsetzung der sicheren gegenseitigen Identifizierung im Internet auch durch die Bestrebungen der Bundesregierung im Rahmen des Programms E-Government 2.0 zur Einführung eines elektronischen Personalausweises verfolgt.

---

[122] Weitere Informationen zum Bündnis für elektronische Signaturen sind unter www.signaturbuendnis.de abrufbar. Zur elektronischen Signatur im Allgemeinen s. E-Government-Handbuch, Kapitel II: Grundlagen – Verschlüsselung und Signatur, so am 01.06.2011 abrufbar unter https://www.bsi.bund.de/SharedDocs/Downloads/DE/BSI/Egovernment/2_Krypto_pdf.pdf?__blob=publicationFile.

II. Schlüsselanwendung E-Procurement

Das E-Procurement ist das zentrale Anwendungsfeld der E-Government-Strategie, wenn man die Tatsache in Betracht zieht, dass öffentliche Stellen Aufträge mit einem Volumen von 15–20 % des BIP bzw. 1,5–2,0 Billionen € pro Jahr erteilen. Beleg hierfür sind die in jüngster Vergangenheit erfolgten Änderungen des Vergaberechtsregimes.[123]

126

Noch bis Ende 2004 erfolgten 90 % aller für die Veröffentlichung im TED (Datenbank der EU für die Veröffentlichung der Bekanntmachungen) bestimmten Bekanntmachungen in Papierform.

Auch die Einführung von Standardformularen hat die der Arbeit mit Papierformularen immanenten Nachteile eines erhöhten Kostenaufwands, einer Verzögerung der Veröffentlichung und eines erhöhten Fehlerrisikos nicht kompensieren können.

Mit der Einführung der **elektronischen Auftragsvergabe** und Rechnungslegung hingegen könnten die Gesamtbeschaffungskosten um etwa 5 % und die Transaktionskosten sogar um mindestens 10 % gesenkt werden und zusätzlich kleine und mittlere Unternehmen einfacher in die Vergabeprozesse eingebunden werden.[124]

Der in der Mitteilung der Kommission vom 29.12.2004 folgerichtig ausgesprochenen Aufforderung an alle Mitgliedstaaten, die in den EG-Richtlinien 2004/17/EG und 2004/18/EG enthaltenen Vorschriften hinsichtlich der elektronischen Vergabe lückenlos umzusetzen,[125] entsprach der deutsche Bundesgesetzgeber lange Zeit nicht.

Mit Blick auf die Umsetzung der gemeinschaftsrechtlichen Vorgaben ist festzustellen, dass eine Übernahme der in den Richtlinien bereitgestellten optionalen Verfahren der »elektronischen Auktion«[126] und des »dynamisches Beschaffungssystems«[127] in deutsches Recht nunmehr erfolgt ist, vgl. § 101 Abs. 6 GWB.

1. Rechtsrahmen

Den Rechtsrahmen des E-Procurement bildet hauptsächlich Teil A der Verdingungsordnung für Leistungen (VOL/A) in der Fassung der Bekanntmachung vom 29.12.2009.[128]

127

Teil A dient der Umsetzung der EG-Richtlinie 2004/18/EG des Europäischen Parlaments und des Rates vom 31.03.2004 über die Koordinierung der Verfahren zur Vergabe öffentlicher Bauaufträge, Lieferaufträge und Dienstleistungsaufträge[129] (VKR), in der korrigierten Fassung vom 26.11.2004[130]

In Übereinstimmung mit dem gemeinschaftsrechtlichen Ziel der verstärkten Nutzung neuer Informations- und Kommunikationstechnologien wurden neue Grundsätze der **In-**

---

123 Zur Reform des Vergaberechts s. *Ruthig* NZBau 2006, 137; *ders.* NZBau 2006, 208 und die Änderungen der VgV bzw. VOL (so am 01.06.2011 abrufbar unter http://www.bmwi.de/BMWi/Navigation/Wirtschaft/Wirtschaftspolitik/oeffentliche-auftraege.htm).
124 Vgl. hierzu Mitteilung der Kommission v. 29.12.2004, KOM(2004) 841 endg., »Aktionsplan zur Umsetzung der Rechtsvorschriften über die elektronische Vergabe öffentlicher Aufträge«, S. 1; Mitteilung der Kommission v. 15.04.2006, KOM(2006) 173 endg., »E-Government-Aktionsplan im Rahmen der i2010-Initiative: Beschleunigte Einführung elektronischer Behördendienste in Europa zum Nutzen aller«, S. 9.
125 Vgl. hierzu Mitteilung der Kommission v. 29.12.2004, KOM(2004) 841 endg., »Aktionsplan zur Umsetzung der Rechtsvorschriften über die elektronische Vergabe öffentlicher Aufträge«, S. 4.
126 Vgl. Art. 54 VKR.
127 Vgl. Art. 33 VKR.
128 BAnz. Nr. 196a.
129 ABl. EU Nr. L 134 v. 30.04.2004.
130 ABl. EU Nr. L 351 v. 26.11.2004.

formationsübermittlung, insbesondere die Möglichkeit für öffentliche Auftraggeber, die Kommunikationsmittel und die Verwendung fortgeschrittener elektronischer Signaturen bei der Angebotsabgabe zu wählen, in die Paragrafen der VOL/A aufgenommen. Zu beachten sind insbesondere die folgenden Regelungen:

a) Grundsätze der Informationsübermittlung

128 Die Grundsätze der Informationsübermittlung und die Anforderungen an Teilnahmeanträge sind in den §§ 11, 13 EG VOL/A niedergelegt.

Danach müssen die Auftraggeber in der Bekanntmachung angeben, ob Informationen per Post, Telefax, direkt, elektronisch oder durch eine Kombination dieser Kommunikationsmittel übermittelt werden. Das für die elektronische Übermittlung gewählte Netz muss allgemein verfügbar und genauso wie die verwendeten Programme nicht diskriminierend sein.

Hiermit ist angezeigt, dass die **Grundprinzipien des Vergaberechts** auch für das E-Procurement gelten.[131]

129 Die Programme müssen darüber hinaus allgemein zugänglich und mit allgemein verbreiteten Erzeugnissen der Informations- und Kommunikationstechnologie kompatibel sein. Für die Auftraggeber besteht die Pflicht, den interessierten Unternehmen die Informationen über die Spezifikationen der Geräte, die für die elektronische Übermittlung der Anträge auf Teilnahme und der Angebote erforderlich sind (einschließlich der Verschlüsselung), zugänglich zu machen. Des Weiteren müssen sie gewährleisten, dass die Geräte den im Anhang II zur VOL/A aufgestellten Anforderungen genügen. Die Geräte müssen danach u. a. gewährleisten, dass für die Angebote eine elektronische Signatur verwendet werden kann, Tag und Uhrzeit des Eingangs der Teilnahmeanträge oder Angebote genau bestimmbar sind, ein Zugang zu den Daten nicht vor Ablauf des hierfür festgesetzten Termins erfolgt und ein möglicher Verstoß gegen das Zugangsverbot sicher festgestellt werden kann.

Um dieses Niveau an **Integrität und Vertraulichkeit** bei elektronisch übermittelten Teilnahmeanträgen bis zum Ablauf der Teilnahmefrist sicherzustellen, muss der Auftraggeber entsprechende organisatorische und technische Lösungen bereitstellen und die Daten verschlüsseln.

b) Beschafferprofile

130 Die Auftraggeber können nach § 15 EG Abs. 5 VOL/A im Internet auch ein sog. **Beschafferprofil** einrichten, in dem neben allgemeinen Angaben (z. B. Kontaktdaten) vor allem geplante (Bekanntmachung der Vorinformation), laufende oder vergebene Aufträge zur Information potenzieller Bewerber und Bieter aufgeführt werden.

c) Angebots- und Bewerbungsfristen

131 Die **elektronische** Erstellung und Übermittlung von **Bekanntmachungen** nach § 12 EG Abs. 6 VOL/A eröffnet dem Auftraggeber die Möglichkeit, die Bewerbungs- und Angebotsfristen zu verkürzen. In diesen Fällen kann die Angebotsfrist im Offenen Verfahren oder die Bewerbungsfrist im Nichtoffenen Verfahren um 7 Tage verkürzt werden. Stellt der Auftraggeber die Vergabeunterlagen den Bietern auf elektronischem Wege frei, direkt und vollständig zur Verfügung, kann er die Angebotsfrist in beiden Verfahren um weitere 5 Tage verkürzen.

---

131 Vgl. auch *Müller/Ernst* NJW 2004, 1768 (1770).

d) Inhalt der Angebote

Bei elektronischen Angeboten muss der Auftraggeber gewährleisten, dass der Inhalt der Angebote erst mit Ablauf der für ihre Einreichung festgelegten Frist zugänglich wird.

Die **Integrität der Daten** und die **Vertraulichkeit** der elektronisch übermittelten Angebote sind nach § 16 EG Abs. 2 VOL/A durch entsprechende organisatorische und technische Lösungen nach den Anforderungen des Auftraggebers und durch Verschlüsselung sicherzustellen. Sie sind mit einer fortgeschrittenen elektronischen Signatur nach dem Signaturgesetz und den Anforderungen des Auftraggebers oder mit einer qualifizierten elektronischen Signatur nach dem Signaturgesetz zu versehen.[132] Die alternative Zulassung der weniger formstrengen fortgeschrittenen Signatur erklärt sich aus der mangelnden Verbreitung der qualifizierten elektronischen Signatur i. S. d. § 2 Nr. 3 des Signaturgesetzes (SigG). Angebote, die nicht mit der erforderlichen elektronischen Signatur und Verschlüsselung versehen sind, brauchen gem. § 19 EG Abs. 3 lit. b) VOL/A nicht geprüft werden.

132

e) Melde- und Berichtspflichten

Schließlich besteht auch bei der elektronischen Durchführung des Vergabeverfahrens die Pflicht zur Anfertigung eines **Vergabevermerks**, der den Verfahrensablauf in seinen einzelnen Stufen wiedergibt, § 24 EG VOL/A.

133

Es ist nicht ausreichend, dass der Vergabevermerk erst nach Abschluss des Verfahrens vorliegt. Vielmehr muss die Dokumentation aus Gründen der Transparenz und Überprüfbarkeit **laufend fortgeschrieben** werden. Die im Vergabevermerk enthaltenen Angaben und die in ihm mitgeteilten Gründe für die getroffenen Entscheidungen müssen so zeitnah und detailliert dokumentiert sein, dass sie für einen mit der Sachlage des jeweiligen Vergabeverfahrens nicht vertrauten Leser nachvollziehbar sind.[133] In dieser Hinsicht ist auch das interne Ranking der Bieter fortwährend so zu dokumentieren, dass später der Verfahrensverlauf nachvollzogen werden kann.[134]

2. Praktische Anwendungsmöglichkeiten

Zentraler Anwendungsbereich des E-Procurement sind die **Vergabeplattformen** des Bundes und der Länder.

134

In diesem Zusammenhang ist zunächst die elektronische Vergabeplattform des Bundes »E-Vergabe« zu nennen, die eine vollständige Abwicklung von Liefer- und Dienstleistungsaufträgen von der Bekanntmachung bis zur Vergabe über das Internet ermöglicht. Die Plattform bedient sich einer Software, mit der ausschließlich die Phasen eines Vergabeprozesses elektronisch abgebildet werden und welche die direkte Kommunikation der Vergabestelle mit den Wirtschaftsteilnehmern betrifft. Die Software dient mithin nicht zur Wahl der richtigen Vergabeart oder der Ermittlung des wirtschaftlichen Angebots. An diese Vergabeplattform sind 75 Vergabestellen von Bund, Ländern und Gemeinden angeschlossen.

Seit dem 01.01.2006 erfolgen die Bekanntmachungen von Vergabeverfahren der Bundesverwaltung für Verkehr, Bau- und Stadtentwicklung (BMVBS) nur noch elektronisch auf dem Internetportal der Bundesverwaltung.[135] Gleichzeitig bieten die Dienststellen der Bundesverwaltung für Verkehr, Bau- und Stadtentwicklung eine elektronische Abwicklung ihrer

135

---

132 Zur Differenzierung zwischen fortgeschrittenen und qualifizierten Signaturen s. E-Government-Handbuch, Kapitel II: Grundlagen – Verschlüsselung und Signatur, S. 7, so am 01.06.2011 abrufbar unter https://www.bsi.bund.de/SharedDocs/Downloads/DE/BSI/Egovernment/2_Krypto_pdf.pdf?_blob=publicationFile.
133 OLG Bremen 14.04.2005, Verg 1/2005.
134 Vgl. *Willenbruch* NZBau 2003, 422 (425).
135 S. unter www.bund.de.

parallel auch unter der Adresse www.evergabe-online.de veröffentlichten Vergabeverfahren an. Das BMVBS hat darauf hingewiesen, dass für die Anforderung der Vergabeunterlagen keine Kosten anfallen. Die Ankündigung des BMVBS, ab dem Jahr 2010 in einem ersten Schritt bei Leistungen i. S. d. VOL/A nur noch elektronische Angebote zu akzeptieren, ist Ausdruck des zuvor beschriebenen E-Government-Aktionsplans auf Gemeinschaftsebene. Hinsichtlich des zweiten Schritts der elektronischen Vergabe von Bauleistungen existieren noch keine Festlegungen.

136 Zu beachten ist in diesem Zusammenhang jedoch die Vorschrift des § 13 Abs. 1 VOB/A, wonach (ausschließlich) bei Vergaben von Bauleistungen unterhalb der Schwellenwerte schriftlich eingereichte Angebote immer zuzulassen sind. Dementsprechend ist die Angebotsabgabe in Papierform unterhalb der Schwellenwerte weiterhin zulässig, was die Umstellung auf eine elektronische Vergabepraxis erheblich erschwert.

137 So ist, der Tatsache Rechnung tragend, dass die elektronische Angebotsabgabe bundesweit nur 1 % aller Angebotsabgaben ausmacht, der beim Bundeswirtschaftsministerium eingesetzte »Beraterkreis E-Vergabe« im November 2006 zu seiner Auftaktsitzung zusammengetreten, um die gegenwärtigen Hindernisse im Bereich der elektronischen Vergabe zu identifizieren und Lösungsansätze zu liefern. Er soll sich in Zukunft wichtiger Fragen, wie der **Ermittlung einheitlicher Mindeststandards** für alle öffentlichen Auftraggeber bei der Verwendung der fortgeschrittenen Signatur und der **Vereinheitlichung** der unterschiedlichen Regelungen der E-Vergabeplattformen annehmen. Um den Bietern auch den Zugang zu Aufträgen unterhalb der Schwellenwerte zu ermöglichen, sollen die Möglichkeiten der Verlinkung der Plattformen eruiert werden. Der Arbeitsauftrag verdeutlicht, dass die E-Vergabepraxis aufgrund unterschiedlicher technischer Lösungen in Bund, Ländern und Kommunen uneinheitlich und wenig kompatibel ist. Dementsprechend genießt sie nur geringe Akzeptanz in der Wirtschaft.

3. Aussichten

138 Auf gemeinschaftsrechtlicher Ebene hat man sich auf einen Fahrplan zur Festsetzung messbarer Ziele und Meilensteine geeinigt, um bis Ende 2010 alle öffentlichen Verwaltungen in die Lage zu versetzen, ihre gesamte **Auftragsvergabe zu 100 % elektronisch** durchzuführen und mindestens 50 % der öffentlichen Aufträge oberhalb der Schwellenwerte tatsächlich elektronisch zu vergeben. Schon seit 2007 sollen auf Grundlage der in den Mitgliedstaaten entwickelten Lösungen gemeinsame Spezifikationen für Schlüsselelemente grenzüberschreitender E-Vergabeverfahren geschaffen und Pilotprojekte durchgeführt werden.

Teil 8
Internationale und strafrechtliche Aspekte des Informationstechnologierechts

Kapitel 25
Internationale Aspekte des IT-Rechts

Schrifttum

Ahrens, Das Herkunftslandprinzip in der E-Commerce-Richtlinie, CR 2000, 835; *Baumert*, Abschlusskontrolle bei Rechtswahlvereinbarungen, RIW 1997, 805; *ders.*, Die Umsetzung des Art. 6 Abs. 2 der AGB-Richtlinie im System des europäischen kollisionsrechtlichen Verbraucherschutzes, EWS 1995, 57; *Bettinger*, Internationale Kennzeichenkonflikte im Internet, in: Lehmann (Hrsg.), Electronic Business in Europa, 1. Aufl. 2002, S. 201; *Borges*, Weltweite Geschäfte per Internet und deutscher Verbraucherschutz, ZIP 1999, 565; *Bülow*, Zum internationalen Anwendungsbereich des Verbraucherkreditgesetzes, EuZW 1993, 435; *Buchner*, Rom II und das Internationale Immaterialgüter- und Wettbewerbsrecht, GRUR Int. 2005, 1004; *Clausnitzer/Woopen*, Internationale Vertragsgestaltung – Die neue EG-Verordnung über grenzüberschreitende Verträge (Rom I-VO), BB 2008, 1798; *Czempiel*, Das bestimmbare Deliktsstatut: zur Zurechnung im internationalen Deliktsrecht, 1991; *Dethloff*, Marketing im Internet und Internationales Wettbewerbsrecht, NJW 1998, 1596; *Diederich*, Anwendbarkeit des Wiener Kaufrechts auf Softwareüberlassungsverträge, RIW 1993, 441; *ders.*, Maintaining Uniformity in International Uniform Law via Autonomous Interpretation: Software Contracts and the CISG, Pace International L. Rev. (1996), S. 303; *Dogauchi/Hartley*, Preliminary Draft Convention On Exclusive Choice of Court Agreements (Preliminary Document No 26 of August 2004); *Einsele*, Auswirkungen der Rom I-Verordnung auf Finanzdienstleistungen, WM 2009, 289; *Endler/Daub*, Internationale Softwareüberlassung und UN-Kaufrecht, CR 1993, 601; *Ensthaler/Bosch/Völker* (Hrsg.), Handbuch Urheberrecht und Internet, 2. Aufl. 2010; *Fritzemeyer*, Outsourcing in der Versicherungsbranche, Kap. F in: Söbbing (Hrsg.), Handbuch IT-Outsourcing – Recht, Strategie, Prozesse, IT, Steuern samt Business Process Outsourcing, 3. Aufl. 2006, S. 737–758; *ders.*, Die Bedeutung der »Soft Skills« für die Juristenausbildung und die juristischen Berufe, NJW 2006, 2825; *Fritzemeyer/Gründer*, Service Level Agreements – betriebswirtschaftliche und rechtliche Aspekte, IT-Outsourcing, Euroforum, 2. Aufl. 2006; *Fritzemeyer/Söbbing*, Offshoring Contracts: optimizing the agreement, Chapter 11, in: Hornbrook, Adrian (Hrsg.), The Euromoney Handbook 2007, Brighton 2007, S. 71; *dies.*, The Outsourcing Agreement – Structure and Contents, Chapter 15, in: Hornbrook, Adrian (Hrsg.), The Euromoney Handbook 2004/2005, Brighton 2005, S. 73; *Fritzemeyer/Splittgerber*, IT-Recht, Lektion 12 für den Schriftlichen Management-Lehrgang, 2007; *Geimer/Schütze*, Europäisches Zivilverfahrensrecht, 3. Aufl. 2010; *Geulen/Sebok*, Deutsche Firmen vor US-Gerichten, NJW 2003, 3244; *Hausmann*, Gerichtsstands- und Schiedsvereinbarungen, in: Reithmann, Christoph/Martiny, Dieter (Hrsg.), Internationales Vertragsrecht, 7. Aufl. 2009, S. 2025; *Heiss*, Inhaltskontrolle von Rechtswahlklauseln in AGB nach europäischem internationalen Privatrecht?, RabelsZ 65 (2001), 634; *v. Hoffmann/Thorn*, Internationales Privatrecht, 9. Aufl. 2007; *v. Lang*, Die Anerkennung US-amerikanischer Urteile in Deutschland unter Berücksichtigung des *ordre public*, 2000; *Herrmann*, Anwendungsbereich des Wiener Kaufrechts – Kollisionsrechtliche Probleme, in: Bucher, Eugen (Hrsg.), Wiener Kaufrecht, 1991; *Heß*, Vergleichende Bemerkungen zur Rechtsstellung des Richters, in: Oberhammer (Hrsg.), Richterbild und Rechtsreform in Mitteleuropa, 2001, S. 1; *Hoeren*, Vorschlag für eine EU-Richtlinie über E-Commerce, MMR 1999, 192; *Hüßtege*, Internationales Privatrecht, 4. Aufl. 2005; *Jayme/Kohler*, Europäisches Kollisionsrecht 1995, IPRax 1995, 343; *Junker*, Internationales Vertragsrecht im Internet, RIW 1999, 809; *ders.*, Die Rom II-Verordnung: Neues Internationales Deliktsrecht auf europäischer Grundlage, NJW 2007, 3675; Kaufmann-Kohler, Choice of Court and Choice of Law Clauses in Electronic Contracts, in: Koller/Müller (Hrsg.), Tagung 2001 für Informatik und Recht, Bern 2002, S. 159; *Kegel/Schurig*, Internationales Privatrecht, 9. Aufl. 2004; *Kieninger*, Internationale Zuständigkeit bei der Verletzung ausländischer Immaterialgüterrechte, Common Law auf dem Prüfstand des EuGVÜ, GRUR Int. 1998, 280; *Koch*, Internationale Gerichtszuständigkeit und Internet, CR 1999, 121; *Kropholler*, Internationales Privatrecht, 6. Aufl. 2006; *Kuner*, Internationale Zuständigkeitskonflikte im Internet, CR 1996, 453; *Landfermann*, Der Richtlinienvorschlag »Elektronischer Geschäftsverkehr« – Ziele und Probleme, ZUM 1999, 795; *Leible/Lehmann*, Die Verordnung über das auf vertragliche Schuldverhältnisse anzuwendende Recht (»Rom I«), RIW 2008, 528; *dies.*, Die neue EG-Verordnung über das auf außervertragliche Schuldverhältnisse anzuwendende Recht (»Rom II«), RIW 2007, 721; *Lejeune*, Anwendbares Recht, Rechtswahl- und Schiedsgerichtsklauseln in internationalen Software-Lizenzverträgen (Teil 1), ITRB 2003, 247; *ders.*, Anwendbares Recht, Rechtswahl- und Schiedsgerichtsklauseln in internationalen Software-Lizenzverträgen (Teil 2), ITRB 2003, 273; *ders.*, Auswirkungen der Rom I-Verordnung auf internationale IT-Verträge, ITRB 2010, 66; *Lindacher*, Zum Internationalen Privatrecht des unlauteren Wettbewerbs, WRP 1996, 645; *Märker/Trénel*, Online-Mediation, 2003; *Magnus*, Stand und Entwicklung des UN-Kaufrechts, ZEuP 1995, 202; *Mankowski*, Zur Analogie im internationalen Schuldvertragsrecht, IPRax 1991, 305; *ders.*, Grundstrukturen des Internationalen Verbrauchervertragsrechts, RIW 1993, 453; *ders.*, Internationales Privatrecht/Internationale Zuständigkeit, in: Spindler/Wiebe (Hrsg.), Internet-Auktionen, 2. Aufl. 2005, S. 151 ff.; *ders.*, Das Internet

Kapitel 25   Internationale Aspekte des IT-Rechts

im Internationalen Vertrags- und Deliktsrecht, RabelsZ 63 (1999), S. 203 ff.; *ders.*, Internet und Internationales Wettbewerbsrecht, GRUR Int. 1999, 909 ff.; *ders.*, Herkunftslandprinzip und Günstigkeitsvergleich in § 4 TDG-E, in: CR 2001, 630 ff.; *ders.*, Die Rom I-Verordnung – Änderungen im europäischen IPR für Schuldverträge, IHR 2008, 133; *Mehrings*, Internet-Verträge und internationales Vertragsrecht, CR 1998, 613; *Moritz*, Quo Vadis – Elektronischer Geschäftsverkehr?, CR 2000, 61; *Nagel/Gottwald*, Internationales Zivilprozessrecht, 6. Aufl. 2006; *Pfeiffer*, Die Entwicklung des Internationalen Vertrags-, Schuld- und Sachenrechts in den Jahren 1995/96, NJW 1997, 1207; *ders.*, Neues Internationales Vertragsrecht, Zur Rom I-Verordnung, EuZW 2008, 622; *Piltz*, Der Anwendungsbereich des UN-Kaufrechts, AnwBl. 1991, 57; *Rauscher*, Internationales Privatrecht: Mit internationalem und europäischen Verfahrensrecht, 3. Aufl. 2009; *Roth*, in: Gruber/Mader (Hrsg.), Internet und E-Commerce, 2003, S. 157; *Rühl*, Rechtswahlfreiheit und Rechtswahlklauseln in Allgemeinen Geschäftsbedingungen, 1999, S. 103; *Rüßmann*, Wettbewerbshandlungen im Internet – Internationale Zuständigkeit und anwendbares Recht, K&R 1998, 422; *Sack*, Das internationale Wettbewerbs- und Immaterialgüterrecht nach der EGBGB-Novelle, WRP 2000, 269; *ders.*, Das IPR des geistigen Eigentums nach der Rom II-VO, WRP 2008, 1405; *Schack*, Internationale Urheber-, Marken- und Wettbewerbsrechtsverletzungen im Internet, MMR 2000, 135; *Schlechtriem*, Internationales UN-Kaufrecht, 4. Aufl. 2007; *Schlechtriem/Schwenzer*, (Hrsg.), Kommentar zum Einheitlichen UN-Kaufrecht, 3. Aufl. 2008; *Schröder/Splittgerber*, Rechtsstreitigkeiten in der IT außergerichtlich beilegen, 2004; *Schwab/Walter*, Schiedsgerichtsbarkeit, 7. Aufl. 2005; *Sieg*, Internationale Gerichtsstands- und Schiedsklauseln in Allgemeinen Geschäftsbedingungen, RIW 1998, 102; *ders.*, Allgemeine Geschäftsbedingungen im grenzüberschreitenden Geschäftsverkehr, RIW 1997, 811; *Spickhoff*, Das Internationale Privatrecht der so genannten Internet-Delikte – Art. 40–42 EGBGB, »Rom II« und Herkunftslandprinzip – in: Leible (Hrsg.), Die Bedeutung des IPR im Zeitalter der neuen Medien, 2003, S. 89; *Spindler*, Der neue Vorschlag einer E-Commerce-Richtlinie, ZUM 1999, 775; *Splittgerber*, Online-Schiedsgerichtsbarkeit in Deutschland und den USA, 2003; *Splittgerber/Zscherpe/Goldmann*, Werbe-E-Mails – Zulässigkeit und Verantwortlichkeit, WRP 2006, 178; *Stauder*, Die Anwendung des EWG-Gerichtsstands- u. Vollstreckungsübereinkommens auf Klagen im gewerblichen Rechtsschutz und Urheberrecht, GRUR Int. 1976, 465; *Stoll*, Das Statut der Rechtswahlvereinbarung – eine irreführende Konstruktion, in: Rechtskollisionen, Festschrift für Anton Heini zum 65. Geburtstag, 1995, S. 429; *Ubber*, Rechtsschutz bei Missbrauch von Internet-Domains, WRP 1997, 497; *Waldenberger*, Grenzen des Verbraucherschutzes beim Abschluss von Verträgen im Internet, BB 1996, 2365; *Wagner*, Der Grundsatz der Rechtswahl und das mangels Rechtswahl anwendbare Recht (Rom I-Verordnung) – Ein Bericht über die Entstehungsgeschichte und den Inhalt der Artikel 3 und 4 Rom I-Verordnung, IPRax 2008, 377; *Wagner*, Die neue Rom II-Verordnung, IPRax 2008, 1; *Wegner*, Rechtlicher Schutz von Internetdomains. Kollisionsrecht, CR 1998, 676; *Witz/Salger/Lorenz* (Hrsg.), International Einheitliches Kaufrecht: Praktiker-Kommentar und Vertragsgestaltung zum CISG, 2002; *Ziem*, Spamming – Zulässigkeit nach § 1 UWG, Fernabsatzrichtlinie und E-Commerce-Richtlinienentwurf, MMR 2000, 129.

Übersicht

	Rdn.
A. Einführung	1
B. Internationales Vertragsrecht	8
I. Anwendbares Recht	8
1. Rechtswahl	14
a) Vorliegen einer Rechtswahl	15
aa) Ausdrückliche und stillschweigende Rechtswahl	17
bb) Materielle und kollisionsrechtliche Verweisung	20
cc) Möglichkeit der Teilrechtswahl	24
dd) Zeitpunkt der Rechtswahl	25
ee) Wählbares Recht	26
b) Zulässigkeit einer Rechtswahl	27
aa) Grundsatz der freien Rechtswahl bei Schuldverträgen	28
bb) Einschränkungen des Grundsatzes	29
c) Wirksamkeit einer Rechtswahl	33
d) Besonderheiten bei IT-Verträgen	36
aa) Allgemeiner Maßstab der Wirksamkeit	37
bb) Click-Wrap- und Shrink-Wrap-Verträge	38
e) Zusätzliche Aspekte bei Verbraucherbeteiligung	41
aa) Verbraucherschützende Sonderanknüpfungen	42
bb) Sonderanknüpfungen für IT-Verträge	43
cc) Verhältnis zwischen Art. 6 Abs. 2 Rom I und Art. 9 Abs. 2 Rom I	45
2. Fehlende oder unwirksame Rechtswahl	46
a) Allgemeine Grundsätze der Anknüpfung bei Schuldverträgen	47
b) Besonderheiten der Anknüpfung bei IT-Verträgen	51
aa) Bestimmung der charakteristischen Leistung	52

Kapitel 25   Internationale Aspekte des IT-Rechts

	bb) Bestimmung der Niederlassung	53
	c) Zusätzliche Aspekte bei Verbraucherbeteiligung	55
3.	UN-Kaufrecht	57
	a) Geltungsvorrang und Anwendungsbereich	59
	b) Spezielle Anwendungsfragen im IT-Bereich	64
	aa) Schriftformäquivalenz elektronischer Erklärungen	66
	bb) IT-Verträge und der Warenbegriff des CISG	69

C. Internationales Zivilprozessrecht 74
I. Gerichtsstandsvereinbarungen im internationalen Rechtsverkehr 75
   1. Bedeutung einer Gerichtsstandsvereinbarung 76
      a) Typische Zwecke einer Gerichtsstandsvereinbarung 77
      b) Auswirkungen einer Gerichtsstandesvereinbarung 78
   2. Überblick über den Regelungsrahmen 84
      a) Internationale Ebene 86
      b) Europäische Ebene 87
      c) EFTA-Staaten 88
      d) Nationale Ebene 89
   3. Gerichtsstandsvereinbarungen nach dem HGÜ 90
   4. Gerichtsstandsvereinbarungen nach der EuGVVO 91
      a) Allgemeine Formanforderungen 92
      b) Besonderheiten elektronischer Form 93
      c) Besonderheiten bei Verbraucherbeteiligung 95
   5. Gerichtsstandsvereinbarungen nach dem EuGVÜ/LugÜ 96
   6. Gerichtsstandsvereinbarungen nach der ZPO 97
II. Vereinbarung alternativer Streitbeilegungsinstrumente 98
   1. Schiedsverfahren 99
      a) Vorteile von Schiedsverfahren 100
      b) Überblick über den Rechtsrahmen 101
      c) Schiedsvereinbarungen nach dem UNÜ 102
      d) Schiedsvereinbrungen nach dem EuÜ 104
      e) Schiedsvereinbarungen nach der ZPO 105
      f) Schiedsklauseln in Allgemeinen Geschäftsbedingungen 106
   2. Sonstige Instrumente der Streitbeilegung 107
III. Internationale Zuständigkeit nach EuGVVO oder LugÜ bei Fehlen einer Gerichtsstandsvereinbarung 108
   1. Zuständigkeit nach der EuGVVO 109
      a) Allgemeiner Gerichtsstand 111
      b) Besondere Gerichtsstände 112
         aa) Gerichtsstand des Erfüllungsorts 113
         bb) Gerichtsstand in Verbrauchersachen 114
         cc) Gerichtsstand der unerlaubten Handlung 115
         dd) Gerichtsstand der Niederlassung 116
         ee) Gerichtsstand bei Verletzung von Immaterialgütern 117
         ff) Gerichtsstand des Vermögens 118
         gg) Relevanz für den IT-Bereich 119
   2. Zuständigkeit nach dem EuGVÜ/LugÜ 121
IV. Kurzüberblick: Anerkennung und Vollstreckung ausländischer Entscheidungen 123
   1. Anerkennung und Vollstreckung nach dem HGÜ 124
      a) Anwendungsbereich 125
      b) Anerkennung und Vollstreckung 126
   2. Anerkennung und Vollstreckung nach der EuGVVO 127
      a) Anerkennung 128
      b) Vollstreckung 131
   3. Anerkennung und Vollstreckung nach dem LugÜ 133
   4. Zustellungen nach der EuZustVO 134
   5. Europäischer Vollstreckungstitel nach der EuVTVO 135

D. Immaterialgüterschutz bei internationalen Sachverhalten 137
I. Deutsche urheberrechtlich geschützte Werke im Internationalen Verkehr 138
   1. Bestimmung der internationalen Zuständigkeit 138
   2. Bestimmung des anwendbaren Rechts 141
II. Deutsche Marken und Patente im internationalen Verkehr 146
   1. Bestimmung der internationalen Zuständigkeit 147
      a) Gerichtsstand der unerlaubten Handlung nach der EuGVVO 148

	b) Gerichtsstand der unerlaubten Handlung nach der ZPO	149
	c) Besonderheit bei Internet-Sachverhalten	151
	2. Bestimmung des anwendbaren Rechts	155
E.	**Verantwortlichkeit bei internationalen Sachverhalten**	157
I.	Regelungen des TMG	157
II.	Regelungen des UWG	161
III.	Regelungen des StGB	165

A. Einführung

1 Nachdem in den vorangegangenen Kapiteln – abgesehen von Kapitel 2 – vorwiegend nationale Aspekte des IT-Rechts behandelt wurden, widmen sich die folgenden Betrachtungen dem grenzüberschreitenden Kontext. Dabei geht es im Einzelnen um rechtliche Grundzüge und IT-rechtliche Besonderheiten im Zusammenhang mit der Gestaltung von Verträgen, der Rechtsdurchsetzung, dem Immaterialgüterschutz und der Inhalteverantwortlichkeit.[1]

2 Der **Vertragsgestaltung** kommt gerade im staatenübergreifenden Verkehr eine besondere Bedeutung zu. Die Geschäftspartner werden hier regelmäßig noch eher als bei Inlandsgeschäften darauf bedacht sein, offene Fragen und mögliche Konfliktpunkte einer umfassenden vertraglichen Regelung zuzuführen. Dies betrifft nicht nur IT-bezogene Spezifika wie unterschiedliche technische Normen und Spezifikationen, Exportbeschränkungen für bestimmte Technologien, Sicherheitsanforderungen bezüglich technischer Infrastrukturen oder Compliance-Vorgaben. Wegen der verschiedenen nationalen Rechtstraditionen sind vielmehr schon allgemeine Begrifflichkeiten sorgfältig daraufhin zu überprüfen, ob ihnen von sämtlichen Vertragspartnern dieselbe Bedeutung beigelegt wird. Damit erhöht sich die Bedeutung der eingangs eines Vertrages üblichen Definitionenkataloge. Sofern der Vertrag auch in Übersetzung verwendet wird, ist zusätzlich eine Auslegungsklausel[2] zwingend, nach der im Zweifel eine bestimmte sprachliche Fassung maßgeblich ist. Wegen eines vertiefenden Überblicks über diese und weitere Besonderheiten der Vertragsgestaltung im IT-Bereich wird auf Kap. 2 verwiesen.

3 Eine vorausschauende Vertragsplanung reduziert nicht nur den Zeitaufwand und die Kosten, die mit der Klärung von Fragen des anwendbaren Rechts einhergehen, sondern vermindert darüber hinaus Risiken, die sich insbesondere aus Einordnungs- und Verständnisschwierigkeiten im Zusammenhang mit der Auslegung und Anwendung fremden Rechts ergeben können. Eine privatautonome vertragliche Gestaltung ist indessen nur zulässig, sofern ihr nicht im Einzelfall zwingende Bestimmungen des anwendbaren Rechts entgegenstehen. Selbst wo dies nicht der Fall ist, gelangen gesetzliche Regelungen insoweit und ergänzend zur Anwendung, wie die Vertragsparteien einzelne Fragen absichtlich oder versehentlich lückenhaft oder unwirksam geregelt haben. Natürlich ist jede Vertragspartei dementsprechend daran interessiert, die Vereinbarung unter eine ihr möglichst günstige Rechtsordnung zu stellen. Das rechtliche Instrument hierzu bildet eine **Rechtswahl**, die entweder in Gestalt einer Individualvereinbarung oder als vertragliche Standardklausel auftreten kann.[3] Ob eine Rechtswahl zulässig ist, richtet sich nach Vorgaben des Internationalen Privatrechts. Dieses schließt aus Gründen des übergeordneten Interesses eine Rechtswahl bezüglich bestimmter Regelungsmaterien vollständig aus (z. B. im Bereich des Grundstücksverkehrs oder des Arbeitsrechts).[4] Außerdem kennzeichnet das Internatio-

---
1 Vgl. hierzu auch die Übersicht von *Fritzemeyer/Splittgerber* S. 40 ff.
2 Typischerweise sieht eine solche Klausel etwa wie folgt aus: »In case of discrepancies the [*language*] version of this Agreement shall be the legally binding version«; vgl. hierzu auch Kap. 2 Rdn. 13.
3 Zu Besonderheiten bei Rechtswahlklauseln in Allgemeinen Geschäftsbedingungen vgl. Rdn. 42.
4 Zum Grundsatz der freien Rechtswahl bei Schuldverträgen vgl. dagegen Rdn. 28.

nale Privatrecht bestimmte Teile der zunächst anwendbaren Rechtsordnung als zwingend (z. B. Vorgaben des Verbraucherschutzes) und entzieht sie damit der Dispositionsfreiheit der Parteien.[5] Schließlich hält das Internationale Privatrecht für typische Rechtsgeschäfte eigene Regelwerke bereit, deren Geltung von den Parteien vereinbart, gegebenenfalls auch abbedungen (z. B. »CISG«, des Internationalen Kaufrechts, für Kaufverträge),[6] werden muss.

Eng mit einer Rechtswahl verbunden ist eine **Gerichtsstandsvereinbarung** der Parteien. Wenngleich es sich hierbei um gesonderte Rechtsinstitute handelt, bestehen zwischen Rechtswahl und Gerichtsstandsvereinbarung doch erhebliche Wechselwirkungen.[7] Dementsprechend liegt unter praktischen Gesichtspunkten häufig eine Berufung von – aus der Sicht der Rechtswahl – heimischen Gerichten nahe. Ob und in welcher Form eine Gerichtsstandsvereinbarung zulässig ist, richtet sich neben dem nationalen Recht auch nach europäischen und internationalen Regelwerken.[8] Gleiches gilt für **Schiedsvereinbarungen** und sonstige Instrumente einer alternativen Streitbeilegung.[9] 4

Neben dem Bereich der Vertragsgestaltung sind bei grenzüberschreitenden Sachverhalten insbesondere die Möglichkeiten und Grenzen von **Rechtsschutz und -durchsetzung** bedeutsam. Dieses Kapitel vermittelt einen grundlegenden Überblick über das anzuwendende Recht und die Entscheidungszuständigkeit bei Fehlen einer Parteivereinbarung.[10] Ferner behandelt es die Anerkennung und Vollstreckung ausländischer Entscheidungen[11] sowie Besonderheiten der kollisionsrechtlichen Anknüpfung im Bereich des Immaterialgüterschutzes.[12] 5

Schließlich wirft die **Verantwortlichkeit für Inhalte im Internet** spezifische Probleme auf. Dies beruht zuvorderst auf dem Umstand, dass es technisch kaum möglich ist, den räumlichen Abrufbereich von Webseiten zu beschränken. Damit gehen die Fragen einher, ob Webinhalte sämtlichen Rechtsordnungen möglicher Abrufstaaten genügen müssen und welche internationalen Zuständigkeiten für Streitigkeiten in diesem Zusammenhang bestehen.[13] 6

Wenn im Folgenden näher auf die hier im Einzelnen angesprochenen Bereiche eingegangen wird, muss dies mit dem Hinweis verbunden werden, dass die vorliegende Darstellung schon angesichts des steten Flusses der Materie und ihrer außerordentlichen Komplexität keinen Anspruch auf bleibende Richtigkeit oder gar Vollständigkeit erheben kann. Für einen genaueren Überblick wird daher an geeigneten Stellen auf vertiefende Literatur hingewiesen. 7

B. Internationales Vertragsrecht

I. Anwendbares Recht

Im Ausgangspunkt sowohl vertraglicher Planungen als auch der Behandlung späterer Streitigkeiten steht stets die Frage nach dem anwendbaren Recht. Auskunft hierüber erteilt das Internationale Privatrecht. Dieses besteht nicht aus einer einheitlichen Kodifikation, son- 8

---

5 Vgl. dazu Rdn. 29 ff.
6 Vgl. dazu Rdn. 59 ff.
7 Vgl. dazu Rdn. 75.
8 Vgl. dazu Rdn. 84 ff.
9 Vgl. dazu Rdn. 99 ff.
10 Vgl. dazu Rdn. 46 ff.
11 Vgl. dazu Rdn. 123 ff.
12 Vgl. dazu Rdn. 137 ff.
13 Vgl. dazu Rdn. 157 ff.

dern wird auf nationaler und internationaler Ebene durch eine Vielzahl bi- und multilateraler Abkommen, Gesetze und begleitender Regelwerke geformt.[14] Die Transformation der betreffenden Abkommen in nationales Recht erfolgte in Deutschland zunächst im Wesentlichen durch das Einführungsgesetz zum Bürgerlichen Gesetzbuch (»EGBGB«).[15] Neben dieser zentralen Kodifikation existieren seit jeher zahlreiche sektorspezifische Regelungen in einzelnen Gesetzen. Die Gesamtheit des nach diesen Regeln auf einen Vertrag anwendbaren Rechts wird auch als »**Vertragsstatut**« bezeichnet. Seine Gestalt hängt entscheidend davon ab, ob die Parteien eine wirksame Rechtswahl getroffen haben.

9   Am 17.12.2009 trat die Rom I-Verordnung der EU (»Rom I«) in Kraft.[16] Diese Verordnung löst die vormaligen Regelungen in Art. 27–37 EGBGB über das internationale vertragliche Schuldrecht ab und ist in den Mitgliedstaaten unmittelbar anwendbar. Die in der Rom I-Verordnung verwendeten Begriffe sind nicht etwa nach deutschem Rechtsverständnis, sondern autonom auszulegen. Folglich müssen die einzelnen Tatbestandsmerkmale im Lichte der Judikatur des EuGH interpretiert werden.[17]

10 In **zeitlicher** Hinsicht ist die Verordnung gem. Art. 28 Rom I auf Verträge anwendbar, die nach dem 17.12.2009 abgeschlossen wurden. Wann der Vertragsschluss erfolgte, beurteilt sich nach materiellem Recht; abzustellen ist also auf das nach der Rom I-Verordnung anwendbare Sachrecht.[18]

11 Was den **sachlichen** Anwendungsbereich betrifft, so gilt die Verordnung gem. Art. 1 Abs. 1 Rom I für vertragliche Schuldverhältnisse in Zivil- und Handelssachen, die eine Verbindung zum Recht verschiedener Staaten aufweisen. Abs. 2 nennt die Schuldverhältnisse, die vom Anwendungsbereich der Verordnung ausgenommen sind. So gilt die Rom I-Verordnung nicht für Fragen, die das Gesellschaftrecht, das Vereinsrecht und das Recht der juristischen Personen – wie z. B. die Errichtung, die Rechts- und Handlungsfähigkeit, die innere Verfassung und die Auflösung von Gesellschaften, Vereinen und juristischen Personen oder die persönliche gesetzliche Haftung der Gesellschafter und der Organe für die Schulden der Gesellschaft, des Vereins oder der juristischen Person – betreffen. Die Einschränkung ihres Anwendungsbereichs auf »vertragliche Schuldverhältnisse« grenzt die Rom I-Verordnung von der Rom II-Verordnung[19] ab, die für außervertragliche Schuldverhältnisse gilt. Zu beachten ist, dass das Institut der »*culpa in contrahendo*« auf europäischer Ebene deliktsrechtlich eingeordnet wird. Dem entspricht es, dass Art. 1 Abs. 2 lit. i) Rom I Schuldverhältnisse aus vorvertraglichen Verhandlungen vom Anwendungsbereich der Rom I-Verordnung ausnimmt. Stattdessen sind sie in Art. 12 Rom II geregelt. Diese Vorschrift ordnet die Geltung desjenigen Rechts an, das anwendbar wäre, wenn der Vertrag abgeschlossen worden wäre, so dass sich die Frage des anwendbaren Rechts letztlich doch nach der Rom I-Verordnung bestimmt.

12 Das nach dieser Verordnung bezeichnete Recht ist auch dann anzuwenden, wenn es nicht das Recht eines Mitgliedstaats ist, Art. 2 Rom I. Der **räumliche** Anwendungsbereich der Verordnung ist also derjenige eines »*loi uniforme*«. Praktisch bedeutet dies, dass deutsche Gerichte die Rom I-Verordnung auch im Verhältnis zu Drittstaaten anwenden müssen. Allerdings gilt die Verordnung nicht in Dänemark, so dass dort weiterhin das EVÜ Anwendung findet.

---

14 Für eine Gesamtübersicht vgl. *Kegel/Schurig*, Internationales Privatrecht, S. 193 ff., 1009 ff.
15 Zum Erfordernis der Transformation vgl. Art. 59 Abs. 2 GG.
16 Verordnung [EG] Nr. 593/2008 des Europäischen Parlaments und des Rates v. 17.06.2008 über das auf vertragliche Schuldverhältnisse anzuwendende Recht, ABl. EG Nr. L 177/6 v. 04.07.2008.
17 *Lejeune* ITRB 2010, 66 (69).
18 *Peiffer* EuZW 2008, 622 (622).
19 Verordnung [EG] Nr. 864/2007 des Europäischen Parlaments und des Rates v. 11.07.2007 über das auf außervertragliche Schuldverhältnisse anzuwendende Recht, ABl. EG Nr. L 199/40 v. 31.07.2007.

I. Anwendbares Recht

Das Verhältnis der Rom I-Verordnung zu anderen internationalen Übereinkommen regelt Art. 25 Rom I. Nach Abs. 1 dieser Vorschrift berührt die Verordnung nicht die Anwendung internationaler Übereinkommen, denen ein oder mehrere Mitgliedstaaten zum Zeitpunkt der Annahme der Rom I-Verordnung angehören und die Kollisionsnormen für vertragliche Schuldverhältnisse enthalten. Insbesondere das CISG ist damit weiterhin anwendbar.[20]

13

1. Rechtswahl

Selbst eine an sich wirksame Rechtswahl begegnet dem Risiko, dass ausländische Gerichte ihr die Anerkennung versagen. Speziell bei Streitigkeiten im Zusammenhang mit Internet-Angelegenheiten wird diese Gefahr durch das Phänomen des »fliegenden« Gerichtsstands[21] erhöht. Mancherorts mag eine derartige Versagung auf einem »Heimvorteil« einer Partei oder darauf beruhen, dass sich das Gericht nicht mit einer fremden Rechtsordnung auseinandersetzen möchte.[22] Im Regelfall wird die Versagung der Anerkennung jedoch zu Recht an Mängel des Vertrags anknüpfen. Unliebsame Überraschungen und daraus resultierende rechtliche und wirtschaftliche Risiken lassen sich so bei sorgfältiger Planung im Vorfeld weitgehend vermeiden. Diese Planung hat sich

14

- mit Fragen der Eindeutigkeit, des Inhalts und der Reichweite auf das **Vorliegen** einer Rechtswahl als solche,
- mit der Beachtung der insoweit bestehenden bereichsspezifischen Einschränkungen auf die **Zulässigkeit** dieser Rechtswahl und
- mit der Einhaltung von Inhalts- und Formvorgaben auf ihre **Wirksamkeit**

zu beziehen. An dieser Unterscheidung orientiert sich auch der weitere Gang der Darstellung. Dabei werden Formfragen insoweit vorgezogen, wie sie in Fällen der stillschweigenden Erklärung schon für das Vorliegen einer Rechtswahl von Bedeutung sind.

a) Vorliegen einer Rechtswahl

Die Vereinbarung einer Rechtswahl kann rein **tatsächliche Probleme** aufwerfen, wenn die Parteien jeweils die Anwendung heimischen und damit ihnen bekannten Rechts auf den Vertrag durchzusetzen suchen. Verhandlungsschwierigkeiten können aber auch in anderen Situationen auftreten, beispielsweise wenn eine Partei den Vertrag aus Zweckmäßigkeitsgründen demjenigen Recht unterstellen möchte, das auf Verträge mit anderen Geschäftspartnern (z. B. in derselben Lieferkette) anwendbar ist. In solchen Situationen kann es selbst bei ungleichem Verhandlungsgewicht (»*leverage*«) der Parteien schwer fallen, eine Einigung zu erzielen. Neben üblichen Zugeständnissen kann hier gegebenenfalls eine Teilrechtswahl dazu beitragen, Abhilfe zu schaffen.[23]

15

Sofern sich die Parteien über das »Ob« einer Rechtswahl einig sind, stellt sich die Frage nach ihrem »Wie«, also der näheren Ausgestaltung. Insoweit kann nach der **Form** zwischen einer ausdrücklichen und einer stillschweigenden Rechtswahl gewählt werden.[24] Nach dem **Inhalt** muss die echte Rechtwahl in Gestalt einer kollisionsrechtlichen Verweisung von der (nur) materiellen Verweisung unterschieden werden, die keine Rechtswahl im eigentlichen Sinne darstellt.[25] Unter dem Gesichtspunkt der **Reichweite** kann schließlich zwischen einer

16

---

20 *Lejeune* ITRB 2010, 66 (67).
21 Vgl. hierzu unter Rdn. 151.
22 Eine Tendenz, die heimische Partei zu bevorzugen, meinen beispielsweise Leible/Sosnitza/*Leible* S. 398 und *Sieg* RIW 1998, 102 (105) erkennen zu können.
23 Vgl. dazu Rdn. 24.
24 Vgl. dazu Rdn. 17 ff.
25 Vgl. dazu Rdn. 20 ff.

den gesamten Vertrag betreffenden Rechtswahl und einer Teilrechtswahl differenziert werden.[26] Schließlich ist noch der **Zeitpunkt** der Rechtswahl zu beachten.

aa) Ausdrückliche und stillschweigende Rechtswahl

17 Eine Rechtswahl kann nach Art. 3 Abs. 1 S. 2 Rom I (Art. 27 Abs. 1 S. 2 EGBGB a. F.) ausdrücklich oder stillschweigend erfolgen.

18 Eine **ausdrückliche Rechtswahl** tritt entweder in Gestalt einer individuellen Vereinbarung (sog. Rechtswahlabrede) oder als vertragliche Standardklausel (sog. Rechtswahlklausel) auf, wobei Letztere häufig in Allgemeinen Geschäftsbedingungen enthalten sein wird. Obwohl beide Formen in gleicher Weise formuliert sein mögen,[27] sollte eine individuelle Vereinbarung bevorzugt werden. Sie betont eindeutiger die Willensübereinstimmung der Parteien über das anwendbare Recht und vermeidet Risiken, die sich insbesondere bei Verbraucherbeteiligung aus der Natur Allgemeiner Geschäftsbedingungen als einseitig vorformulierte Vertragsbestimmungen ergeben können.

19 Eine **stillschweigende Rechtswahl** kann aus unterschiedlichsten Umständen abgeleitet werden. Angenommen wurde eine solche von deutschen Gerichten unter anderem bei der Verweisung auf die Vorschriften eines bestimmten Rechts,[28] der Verweisung auf Handelsbräuche, der Vereinbarung von Geschäftsbedingungen oder der Verwendung von Formularen, die auf fremdem Recht aufbauen,[29] der Wahl eines Schiedsgerichts,[30] der Vereinbarung eines einheitlichen Erfüllungsortes oder der Einigkeit der Parteien im Prozess über das anwendbare Recht.[31] Erwägungsgrund 12 der Rom I-Verordnung besagt nun zudem, dass einer ausschließlichen Gerichtsstandsvereinbarung der Parteien Indizwirkung zukommt. Tendenziell ist allerdings Zurückhaltung gegenüber der Annahme einer stillschweigenden Rechtswahl geboten. Dies folgt schon aus dem Erfordernis nach Art. 3 Abs. 1 S. 2 Rom I, dass sich die Rechtswahl »eindeutig« aus den Bestimmungen des Vertrages oder den Umständen des Falles ergeben muss. Im Vergleich zur Formulierung des vormaligen Art. 27 Abs. 1 S. 2 EGBGB (»mit hinreichender Sicherheit«) werden damit die Anforderungen an die Annahme einer stillschweigenden Rechtswahl deutlich erhöht. Stets muss die Annahme einer stillschweigenden Rechtswahl daher auf einer sorgfältigen Gesamtbewertung aller erkennbaren Umstände des Einzelfalls beruhen.[32] So darf beispielsweise nicht ohne Weiteres darauf abgestellt werden, dass der Vertrag in einer bestimmten Sprache abgefasst ist. Im internationalen Verkehr gilt dies zumal, wenn eine Weltsprache oder zumindest eine in mehreren Jurisdiktionen verbreitete Sprache verwendet wird. Im Gegensatz zu dem von der Rechtsprechung früher herangezogenen hypothetischen Parteiwillen sind nun Mutmaßungen über das anwendbare Recht auf der Grundlage objektiver Parteiinteressen unzulässig.[33] Speziell im IT-rechtlichen Kontext ist zudem zu beachten, dass auch die Wahl von Server-Standorten, Top Level Domains (»TLDs«)[34] oder vergleichbaren technischen Hilfsdiensten nach allgemeiner Auffassung keine hinreichenden Anknüpfungspunkte für die Annahme einer stillschweigenden Rechtswahl bietet.

---

26 Vgl. dazu Rdn. 23.
27 Eine typische Formulierung könnte beispielsweise lauten: »This Agreement shall be construed, and legal relations between the Parties hereto, including any dispute arising out of or relating to this Agreement or the breach thereof, shall be determined in accordance with the laws of [*jurisdiction*]«.
28 BGH WM 1997, 560 (561).
29 BGHZ 134, 127.
30 OLG Frankfurt/M. DZWiR 1997, 423.
31 BGHZ 119, 392.
32 Mit Einzelbeispielen vgl. *Kegel/Schurig* S. 574.
33 Palandt/*Thorn* Art. 3 Rom I Rn. 6.
34 Vgl. dazu Rdn. 54.

bb) Materielle und kollisionsrechtliche Verweisung

Sofern prinzipiell von einer Rechtswahl auszugehen ist, muss weiter danach unterschieden werden, ob eine kollisionsrechtliche Verweisung oder eine bloß materiell-rechtliche Verweisung anzunehmen ist. **20**

Eine **kollisionsrechtliche Verweisung** liegt vor, wenn ein bestimmtes Recht auf den gesamten Vertrag oder Teile davon für anwendbar erklärt wird, ohne dass dadurch der Vertragsinhalt, im Sinne seiner materiellen Regelungen, modifiziert wird.[35] Allein diese Situation betreffen die Vorgaben für eine Rechtswahl bei vertraglichen Schuldverträgen in der Rom I-Verordnung. **21**

Im Unterschied dazu kennzeichnet eine **materiell-rechtliche Verweisung** die Situation, dass sich die Parteien in einem Vertrag explizit oder implizit auf das Recht eines anderen Staates beziehen, um materielle Regelungen desselben in den Vertrag einzubeziehen.[36] Die Geltung fremden Rechts ergibt sich in diesem Fall also nicht lediglich mittelbar als Anwendungsfolge, sondern unmittelbar aus einer gegenständlichen Übernahme in den Vertrag selbst. **22**

Die **Abgrenzung** zwischen beiden Rechtsinstituten kann im Einzelfall schwerfallen. Dabei ist zu beachten, dass auch eine kollisionsrechtliche Verweisung nicht auf den gesamten Vertrag bezogen sein muss, sondern sich auf einzelne seiner Teile beschränken kann (Situation der Teilrechtswahl). Gewichtig sind die Konsequenzen, die an die Abgrenzung anknüpfen. So begrenzen beispielsweise zwingende Bestimmungen des anwendbaren Rechts nur die materiell-rechtliche Verweisung, während sich die kollisionsrechtliche Verweisung prinzipiell über sie hinwegsetzen kann; an ihre Stelle treten dann die zwingenden Bestimmungen des vereinbarten Rechts.[37] **23**

cc) Möglichkeit der Teilrechtswahl

Schließlich muss auch die Reichweite der Rechtswahl ermittelt werden. Art. 3 Abs. 1 S. 3 Rom I (Art. 27 Abs. 1 S. 3 EGBGB a. F.) stellt insoweit ausdrücklich klar, dass neben einer auf den gesamten Vertrag bezogenen Rechtswahl auch eine Teilrechtswahl zulässig ist.[38] Einzelne Regelungen (z. B. Anlagen zum Vertrag, aber auch Formvorgaben)[39] eines einheitlichen Vertrags können folglich unterschiedlichen Rechten unterworfen sein. Voraussetzung für eine Teilrechtswahl ist allerdings eine »Abspaltbarkeit« in dem Sinne, dass sie sich auf einen sinnvoll abgrenzbaren Teil des Vertrages bezieht, der tauglicher Gegenstand einer eigenständigen Regelung sein kann. Daran fehlt es insbesondere, wenn die Teilrechtswahl zu unauflösbaren Widersprüchen innerhalb des Vertrags führt.[40] **24**

dd) Zeitpunkt der Rechtswahl

Eine Rechtswahl kann gem. Art. 3 Abs. 2 Rom I (Art. 27 Abs. 2 EGBGB a. F.) **jederzeit** und damit nicht nur bei Vertragsschluss, sondern auch später zu einem beliebigen Zeitpunkt (selbst noch im Laufe eines Gerichtsverfahrens) erstmalig vorgenommen oder wieder geändert werden. Eine nachträgliche Rechtswahl lässt jedoch die zu diesem Zeitpunkt schon entstandenen Rechte Dritter unberührt. Zu kurz gegriffen wäre es dementsprechend, sich bei der Beurteilung eines Falls ausschließlich auf den Ursprungsvertrag zu verlassen. Statt- **25**

---

35 Vgl. dazu näher *Kegel/Schurig* S. 571; *Kropholler* S. 293.
36 Vgl. dazu näher *Kegel/Schurig* S. 571; *Kropholler* S. 293.
37 Dazu und zu den Ausnahmen vgl. *Kegel/Schurig* S. 571; *Kropholler* S. 293.
38 Für die deutsche Judikatur vgl. nur LG Aurich, IPRspr. 1973 Nr. 10 (fremdes Recht nur für Vertragsschluss).
39 Vgl. dazu beispielsweise OLG Hamm NJW-RR 1996, 1145 (fremdes Recht nur für Form eines Grundstückskaufvertrags).
40 Palandt/*Thorn* Art. 3 Rom I Rn. 10.

dessen muss nach etwaigen Änderungs-, Ergänzungs- oder Nachtragsvereinbarungen gefragt werden.

ee) Wählbares Recht

26 Anders als noch im Kommissionsentwurf zur Rom I-Verordnung vorgesehen, ist lediglich die Wahl staatlichen Rechts möglich. Ausgeschlossen ist somit eine kollisionsrechtliche Wahl nicht-staatlicher Regelwerke, beispielsweise der *Principles of European Contract Law*, der *UNIDROIT Principles of International Commercial Contracts*, der *lex mercatoria* oder des *Common Frame of Reference*.[41]

b) Zulässigkeit einer Rechtswahl

27 Die Zulässigkeit der Rechtswahl prüft der urteilende Richter aus der Sicht seines heimischen Rechts, der sog. »*lex fori*«.[42] Dies hat zur Konsequenz, dass die Rechtswahl in einem Staat als zulässig, in einem anderen hingegen als unzulässig anzusehen sein kann.[43]

aa) Grundsatz der freien Rechtswahl bei Schuldverträgen

28 In zahlreichen Bereichen lässt die Rom I-Verordnung überhaupt keine oder nur eine eingeschränkte Rechtswahl zu. Stattdessen identifiziert das Gesetz typische Anknüpfungspunkte für das anzuwendende Recht. IT-Verträge nehmen dagegen an der Privilegierung aus Art. 3 Abs. 1 Rom I (Art. 27 Abs. 1 EGBGB a. F.) teil, der für das Schuldrecht den Grundsatz der freien Rechtswahl statuiert. Dies schließt sogar die Möglichkeit ein, die Geltung eines »neutralen« Rechts zu vereinbaren, zu dem der zu regelnde Sachverhalt keinen objektiven Bezug aufweist.[44] Ursächlich für die Anerkennung eines derart weitreichenden Spielraums ist die Erwägung, dass Schuldverträge im Unterschied zu anderen Vereinbarungen regelmäßig keinen eindeutigen organisatorischen Mittelpunkt aufweisen. Vielmehr bieten sie kollisionsrechtlich eine Vielzahl sachgerechter Anknüpfungsmöglichkeiten, darunter etwa den Ort des Vertragsschlusses, den Handlungs-, Erfüllungs- und Erfolgsort der Leistungen oder den gewöhnlichen Aufenthaltsort oder Geschäftssitz der Parteien.

bb) Einschränkungen des Grundsatzes

29 Der Grundsatz der freien Rechtswahl bei Schuldverträgen kennt jedoch Ausnahmen: Zwar ist die Wahl fremden Rechts selbst bei reinen **Inlandsfällen** zulässig, wenn also der zu regelnde Sachverhalt nur mit einem Staat Berührung hat und mithin eindeutig lokalisierbar ist. Für diesen Fall bestimmt jedoch Art. 3 Abs. 3 Rom I (Art. 27 Abs. 3 EGBGB a. F.), dass die Rechtswahl nicht zur Abweichung von zwingenden Bestimmungen des abbedungenen Rechts (dem sog. »Einbettungsstatut«) führen darf. Diese Beschränkung soll eine »Flucht« der Parteien über den Radius des dispositiven Rechts hinaus verhindern.[45] Im Anwendungsbereich von Art. 3 Abs. 3 Rom I hat eine Rechtswahl folglich nur materiell-rechtlichen, nicht aber kollisionsrechtlichen Charakter.[46]

30 Gemäß der sog. »**Binnenmarktklausel**« nach Art. 3 Abs. 4 Rom I berührt immer dann, wenn alle anderen Elemente des Sachverhalts (d. h. außer der Rechtswahl) zum Zeitpunkt der Rechtswahl in einem oder mehreren Mitgliedstaaten belegen sind, die Wahl des Rechts

---

41 *Clausnitzer/Woopen* BB 2008, 1798 (1799); *Mankowski* IHR 2008, 133 (136); *Wagner* IPRax 2008, 377 (379).
42 MüKo-BGB/*Martiny* Art. 3 Rom I Rn. 104.
43 Aus diesem Grund kommt der gleichzeitigen Vereinbarung eines Gerichtsstands entscheidende Steuerungswirkung zu, vgl. dazu auch Rdn. 78 ff.
44 OLG München IPRax 1986, 178.
45 *Kegel/Schurig* S. 571.
46 *Leible/Lehmann* RIW 2008, 528 (534).

eines Drittstaates durch die Parteien nicht die Anwendung der Bestimmungen des Gemeinschaftsrechts, von denen nicht durch Vereinbarung abgewichen darf.

In eine ähnliche Richtung weist Art. 9 Rom I, der die sog. »**Eingriffsnormen**« regelt. Solche Eingriffsnormen dürfen nicht mit »zwingendem Recht« als Gegenbegriff zum »dispositiven Recht« verwechselt werden. Nach der Legaldefinition in Abs. 1 handelt es sich bei Eingriffsnormen um zwingende Vorschriften, deren Einhaltung von einem Staat als so entscheidend für die Wahrung seines öffentlichen Interesses, insbesondere seiner politischen, sozialen oder wirtschaftlichen Organisation, angesehen wird, dass sie ungeachtet des nach Maßgabe der Rom I-Verordnung auf den Vertrag anzuwendenden Rechts auf alle Sachverhalte anzuwenden ist, die in ihren Anwendungsbereich fallen. Art. 9 Rom I differenziert zwischen Eingriffsnormen des angerufenen Gerichts (Art. 9 Abs. 2 Rom I) und solchen anderer Staaten (Art. 9 Abs. 3 Rom I). Deutsche Eingriffsnormen in diesem Sinne sind beispielsweise zahlreiche Vorschriften mit vorwiegend staats- und wirtschaftspolitischer Zielsetzung oder solche Normen, die sozial- und gesellschaftspolitischen Interessen dienen,[47] nicht dagegen typische Generalklauseln wie § 138 BGB und § 242 BGB.[48] Jedenfalls gegenwärtig sind Eingriffsnormen mit spezifischem IT-Bezug nicht ersichtlich.[49]

31

Gemäß Art. 21 Rom I ist das gewählte Recht ferner dann unanwendbar, wenn es mit der öffentlichen Ordnung (»*ordre public*«) des Staates des angerufenen Gerichts offensichtlich unvereinbar wäre. Der Begriff des *ordre public* umfasst Vorschriften, deren Einhaltung als wesentlich für die Wahrung der politischen, sozialen oder wirtschaftlichen Ordnung des betreffenden Mitgliedstaates angesehen wird. Das nationale Recht entscheidet in diesem Zusammenhang, was zum *ordre public* zählt.[50] Im Rahmen des deutschen Rechts ist insbesondere an eine Verletzung von Grundrechten zu denken.[51]

32

c) Wirksamkeit einer Rechtswahl

Schließlich ist die Wirksamkeit einer zulässigerweise getroffenen Rechtswahl zu untersuchen. Diese Prüfung hat vorrangig und gesondert von der Prüfung des Hauptvertrags zu erfolgen. Zwar richten sich die materiellen Wirksamkeitsvoraussetzungen sowohl der Rechtswahl als auch des Hauptvertrags gem. Art. 3 Abs. 5 Rom I i. V. m. Art. 10 Rom I (Art. 27 Abs. 4 EGBGB a. F.) nach dem gewählten Recht. Dieser gemeinsame **Vorgriff** bedeutet jedoch nicht, dass das Schicksal beider Vereinbarungen miteinander verknüpft wäre. Vielmehr kann die Rechtswahl wirksam sein, selbst wenn der Hauptvertrag in Anwendung des gewählten Rechts nichtig ist.[52] Praktisch bedeutsam ist dies etwa, wenn der Hauptvertrag nach dem gewählten Recht besonderen Formvorschriften (z. B. einer Beurkundungspflicht) unterliegt.[53]

33

Nähere Vorgaben für die Wirksamkeit der Rechtswahl finden sich in Art. 10, 11 und 13 Rom I, auf die Art. 3 Abs. 5 Rom I verweist. Besondere Beachtung verdient darunter das aus der Alternativanknüpfung in Art. 11 Rom I (Art. 11 EGBGB a. F.) folgende »Günstigkeitsprinzip« für Formerfordernisse. Danach reicht es für die formelle Wirksamkeit der Rechtswahl aus, wenn entweder das Vertragsstatut (d. h. hier: das gewählte Recht) oder das Recht am

34

---

47 Für Beispiele vgl. Staudinger/*Magnus* Art. 34 EGBGB Rn. 85 ff.
48 MüKo-BGB/*Martiny* Art. 9 Rom I Rn. 60.
49 Kaminski/Henßler/Kolaschnik/Papathoma-Baetge/*Papathoma-Baetge/Nehrenberg/Finke* S. 80.
50 *Leible/Lehmann* IPRax 2008, 528 (543).
51 *Kropholler* S. 251.
52 Vgl. nur BGH NJW 1969, 1760; NJW 1972, 385; NJW 1979, 1773.
53 Vgl. beispielsweise den Fall OLG München IPRax 1990, 320.

Ort des Vertragsschlusses oder das Recht des Ortes eingehalten werden muss, an dem sich eine der Vertragsparteien bei Vertragsschluss aufhält.[54]

Infolge der möglichen Anknüpfung an den Aufenthaltsort kann bei Vertragsschlüssen im Internet die Wirksamkeit einer Rechtswahl gegebenenfalls auch über den Ort des Netzzugangs oder den Rechnerstandort herbeigeführt werden.[55]

35 Besonderheiten ergeben sich bei Verbraucherverträgen: Zu beachten ist, dass die Formanknüpfungen des Art. 11 Abs. 1–3 Rom I nicht für Verbraucherverträge im Sinne des Art. 6 Abs. 1 Rom I gelten. Bei diesen Verträgen bestimmt sich die Formwirksamkeit nach dem Recht des gewöhnlichen Aufenthaltsortes des Verbrauchers, vgl. Art. 11 Abs. 4 Rom I.

d) Besonderheiten bei IT-Verträgen

36 Wie bei anderen Verträgen ist eine Rechtswahl in IT-Verträgen häufig in Allgemeinen Geschäftsbedingungen enthalten. Besonders relevant sind hierbei sog. »Click-Wrap-Verträge«, bei denen die Annahmeerklärung per E-Mail oder über das Internet erfolgt. Als andere Form einer IT-typischen Vertragsgestaltung sind sog. »Shrink-Wrap-Verträge« zu betrachten.

aa) Allgemeiner Maßstab der Wirksamkeit

37 Die Wirksamkeit einer Rechtswahl beurteilt sich gem. Art. 3 Abs. 5 i. V. m. Art. 10 Abs. 1 Rom I (Art. 27 Abs. 4 i. V. m. 31 Abs. 1 EGBGB a. F.) nach dem von den Parteien gewählten Recht selbst. Dieser Vorgriff soll auch dann erfolgen, wenn die Rechtswahl in Allgemeinen Geschäftsbedingungen enthalten ist.[56] In diesem Fall soll die Prüfung der AGB-rechtlichen Zulässigkeit der Rechtswahl nach dem gewählten Recht entsprechend der (erheblich kritisierten) Rechtsprechung sowohl eine Einbeziehungs- als auch eine Inhaltskontrolle umfassen.[57] Demnach würden sich beispielsweise bei Wahl österreichischen Rechts sowohl die Einbeziehungs- als auch die Inhaltskontrolle nach österreichischem Recht richten.

bb) Click-Wrap- und Shrink-Wrap-Verträge

38 Überträgt man diesen Ansatz auf eine Rechtswahl in Click-Wrap- und Shrink-Wrap-Verträgen, so ergibt sich für die durch ein deutsches Gericht vorzunehmende Beurteilung folgendes Bild:

39 Bei **Click-Wrap-Verträgen** soll der Vertragsschluss durch einen Mausklick im Internet herbeigeführt werden. Dem Kunden werden die Allgemeinen Geschäftsbedingungen also vor dem Vertragsschluss (»per Klick«) bekannt gegeben. Prinzipiell steht in dieser Konstellation einer wirksamen Einbeziehung der Allgemeinen Geschäftsbedingungen nichts entgegen. Allerdings wäre dem Kunden bei umfangreichen Allgemeinen Geschäftsbedingungen wohl zusätzlich die Möglichkeit einer Speicherung oder eines Ausdrucks einzuräumen. Die weitere Frage, ob ein Vertragsschluss per Mausklick im Internet möglich ist, richtet sich sodann nach dem gewählten Recht. Sofern dies deutsches Rechts ist, kann ein Vertrags-

---

54 Hintergrund dieser Regelung ist der Gedanke, dass die fehlende Kenntnis der Parteien von ausländischen Formvorschriften nicht unweigerlich zur Unwirksamkeit des Vertrages führen soll.
55 Dazu auch Moritz/Dreier/*Terlau* C Rn. 40.
56 Vgl. auch BGH NJW 1989, 1431 (1432); BGHZ 123, 380 ff.; ebenso *Sieg* RIW 1997, 815 ff.; *Heiss* RabelsZ 65 (2001), 634 ff.; Moritz/Dreier/*Terlau* C Rn. 39; MüKo-BGB/*Spellenberg* Art. 10 Rom I Rn. 165.
57 Vgl. nur *Lorenz* IPRspr. 1993 Nr. 37, S. 97; *Rühl*, Rechtswahlfreiheit und Rechtswahlklauseln in Allgemeinen Geschäftsbedingungen, 103 ff. Gegen eine Inhaltskontrolle nach dem gewählten Recht wenden sich bspw. *Stoll* S. 429 (438 ff.) und MüKo-BGB/*Spellenberg* Art. 10 Rom I Rn. 165; ähnlich *Baumert* RIW 1997, 805 ff. Zur Inhaltskontrolle von Rechtswahlklauseln in AGB auch *Heiss* RabelsZ 65 (2001), 634.

schluss eindeutig bejaht werden, da ein Mausklick aus deutscher Sicht eine konkludente Willenserklärung darstellen kann.⁵⁸

Anders sind nach deutschem Recht hingegen **Shrink-Wrap-Verträge** zu beurteilen, bei denen die Allgemeinen Geschäftsbedingungen dem Kunden erst nach Vertragsschluss (Kauf der Software), nämlich anlässlich des Öffnens der Verpackung oder des Installierens der Software, zur Kenntnis gegeben werden. Aus Sicht des deutschen Rechts kann in dieser Konstellation weder der Abschluss eines Vertrages (beispielsweise eines Lizenzvertrages direkt mit dem Hersteller) noch eine nachträgliche Einbeziehung Allgemeiner Geschäftsbedingungen erfolgen, weil rein tatsächlichen Handlungen nicht die Wirkung einer Willenserklärung beigemessen wird. Sofern dies das gewählte Recht aber prinzipiell zulässt, richten sich nach ihm auch alle weiteren Fragen der Einbeziehungs- und Inhaltskontrolle. Zu prüfen ist dann aber, ob über die Sonderanknüpfung in Art. 6 Rom I (Art. 29 f. EGBGB a. F.) deutsche Verbraucherschutzvorschriften unter Einschluss einer AGB-Kontrolle Geltung erlangen. **40**

e) Zusätzliche Aspekte bei Verbraucherbeteiligung

Für internationale Verbraucherverträge hält vor allem Art. 6 Rom I (Art. 29 EGBGB a. F.) Sonderanknüpfungen zum Schutz der schwächeren Partei bereit. Gemäß Art. 6 Abs. 1 Rom I handelt es sich bei einem **Verbrauchervertrag** um einen Vertrag, den eine natürliche Person zu einem Zweck, der nicht ihrer beruflichen oder gewerblichen Tätigkeit zugerechnet werden kann (»Verbraucher«), mit einer anderen Person schließt, die in Ausübung ihrer beruflichen oder gewerblichen Tätigkeit handelt (»Unternehmer«). Die Sonderanknüpfungen setzen ferner voraus, dass der Unternehmer in dem Staat, in dem der Verbraucher seinen gewöhnlichen Aufenthalt hat, entweder eine berufliche oder gewerbliche Tätigkeit ausübt (Art. 6 Abs. 1 lit. a) Rom I) oder eine solche auf irgendeine Weise auf diesen Staat ausrichtet (Art. 6 Abs. 1 lit. b) Rom I) und der Vertrag in den Bereich dieser Tätigkeit fällt. Die in Art. 29 Abs. 1 EGBGB a. F. enthaltene Einschränkung auf »Verträge über die Lieferung beweglicher Sachen oder die Erbringung von Dienstleistungen« und »Verträge zur Finanzierung eines solchen Geschäfts« ist in Art. 6 Abs. 1 Rom I nicht enthalten, so dass sämtliche Arten von Verträgen erfasst werden. Somit fällt nun auch der Erwerb von Software unzweifelhaft unter Art. 6 Abs. 1 Rom I.⁵⁹ **41**

aa) Verbraucherschützende Sonderanknüpfungen

Wenn in einem Verbrauchervertrag eine Rechtswahl getroffen wurde, ist diese nicht per se ungültig. Die Rechtswahlfreiheit wird jedoch durch Art. 6 Abs. 2 Rom I eingeschränkt: Nach dieser Norm darf eine Rechtswahl nicht dazu führen, dass dem Verbraucher der Schutz entzogen wird, der ihm durch diejenigen Bestimmungen gewährt wird, die nach Art. 6 Abs. 1 Rom I mangels einer Rechtswahl anzuwenden wären. Nach Art. 6 Abs. 1 Rom I findet das Recht des Staates Anwendung, in dem der Verbraucher seinen gewöhnlichen Aufenthalt hat, sofern der Unternehmer (i) seine berufliche oder gewerbliche Tätigkeit in dem Staat ausübt, in dem der Verbraucher seinen gewöhnlichen Aufenthalt hat, oder (ii) eine solche Tätigkeit auf irgendeine Weise mindestens auf diesen Staat ausrichtet und der Vertrag in den Bereich dieser Tätigkeit fällt. Bedeutung erlangt Art. 6 Abs. 2 Rom I (Art. 29 Abs. 1 EGBGB a. F.) beispielsweise hinsichtlich der Anwendbarkeit der Vorschriften über die Einbeziehung und Inhaltskontrolle Allgemeiner Geschäftsbedingungen (§§ 305 ff. BGB), über Fernabsatzverträge (§§ 312b ff. BGB), über Verbraucherverträge (§ 355 ff. BGB), über den Verbrauchsgüterkauf (§§ 474 ff. BGB) und über Verbraucherdarlehensverträge (§§ 491 ff. BGB). Allerdings gelten Regelungen des gewählten ausländischen Rechts **42**

---

58 Grundlegend dazu der BGH im »Internet-Auktion«-Fall, BGHZ 149, 129 (134).
59 *Lejeune* ITRB 2010, 66 (68); *Leible/Lehmann* RIW 2008, 528 (537); *Mankowski* IHR 2008, 133 (141).

wegen der Art. 6 Abs. 2 Rom I (Art. 29 EGBGB a. F.) innewohnenden Schutzfunktion ausnahmsweise dann, wenn sie für den Verbraucher zu günstigeren Ergebnissen führen. Dieses **Gebot der Meistbegünstigung** erfordert im Einzelfall einen konkreten Vergleich der betreffenden Regelungen (sog. Günstigkeitsvergleich).

bb) Sonderanknüpfungen für IT-Verträge

43 Für IT-Verträge besonders relevant waren vor Geltung der Rom I-Verordnung der in Art. 29 Abs. 1 Nr. 1 EGBGB a. F. geregelte Fall, dass dem Vertragsabschluss ein ausdrückliches **Angebot oder eine Werbung** im Aufenthaltsstaat des Verbrauchers vorausgegangen ist und der Verbraucher die zum Abschluss des Vertrages erforderlichen Rechtshandlungen in diesem Staat vorgenommen hat, sowie der in Art. 29 Abs. 1 Nr. 2 EGBGB a. F. geregelte Fall, dass der Vertragspartner oder sein Vertreter die Bestellung des Verbrauchers in dessen Heimatstaat entgegengenommen hat. Dabei war umstritten, ob Art. 29 EGBGB a. F. auch für Leistungen anwendbar war, die **online** erbracht wurden.[60] Mittlerweile ist eindeutig, dass auch solche Fallgestaltungen von Art. 6 Rom I erfasst sind.[61] Vor allem durch das Tatbestandsmerkmal des »Ausrichtens« der Tätigkeit auf einen Mitgliedstaat in Art. 6 Abs. 1 lit. b) Rom I soll der stetig zunehmenden Bedeutung des elektronischen Rechtsverkehrs Rechnung getragen werden.[62]

44 Im Rahmen von Internetfällen stellt sich die Frage, wann genau ein Unternehmer seine Tätigkeit i. S. d. Art. 6 Abs. 1 lit. b) Rom I auf einen Staat *ausrichtet*. Genügt hierfür bereits jedes Angebot im Internet, sofern es nicht (ausdrücklich) regional beschränkt ist und der Unternehmer mit Verbrauchern des betreffenden Staates dann tatsächlich Verträge abschließt? Oder ist erforderlich, dass das Internet-Angebot aufgrund der Währung, Sprache etc. von Anfang an (nur) auf ganz bestimmte Staaten abzielt?[63]

Laut Erwägungsgrund Nr. 24 der Rom I-Verordnung muss das Merkmal wie in Art. 15 Abs. 1 lit. c) EuGVVO ausgelegt werden. Im Rahmen dieses Erwägungsgrundes wird hervorgehoben, »dass die Zugänglichkeit einer Website allein nicht ausreicht, um die Anwendbarkeit von Art. 15 [EuGVVO] zu begründen; vielmehr ist erforderlich, dass diese Website auch den Vertragsabschluss im Fernabsatz anbietet und dass tatsächlich ein Vertragsabschluss im Fernabsatz erfolgt ist, mit welchem Mittel auch immer. Dabei sind auf einer Website die benutzte Sprache oder Währung nicht von Bedeutung«. Daraus folgt, dass bei Internetfällen erforderlich ist, dass die jeweilige Website einen Vertragsabschluss im Fernabsatz vom Aufenthaltsstaat des Verbrauchers aus ermöglicht (sog. »aktive Website«), wobei unerheblich ist, ob der Vertrag auch hierüber geschlossen wurde.[64] Nicht ausreichend sind dagegen die bloße (nur passive) Zugänglichkeit einer Website oder der Umstand, dass sich der Verbraucher des Angebots einer Dienstleistung oder der Möglichkeit, Waren zu kaufen, durch eine solche in seinem Mitgliedstaat zugängliche Website bewusst geworden ist.[65] Ebenso wenig genügt die bloße Angabe einer E-Mailadresse im Impressum oder unter

---

60 *Lejeune* ITRB 2010, 66 (68); so sah z. B. *Waldenberger* BB 1996, 2365 (2371) in der Abgabe einer Bestellung auf einer Webseite spiegelbildlich ihre Entgegennahme im Aufenthaltsstaat des Verbrauchers i. S. d. Art. 29 Abs. 1 Nr. 2 EGBGB a. F. an; a. A. *Borges* ZIP 1999, 565 (567); dagegen war die Anpreisung von Waren auf einer Internetseite mit verbundener Bestellmöglichkeit regelmäßig von Art. 29 Abs. 1 Nr. 1 EGBGB a. F. erfasst, vgl. *Waldenberger* BB 1996, 2365 (2371).
61 *Lejeune* ITRB 2010, 66 (68).
62 *Leible/Lehmann* RIW 2008, 528 (537).
63 *Einsele* WM 2009, 289 (292).
64 *Pfeiffer* EuZW 2008, 622 (627).
65 BGH NJW 2009, 298 (298); MüKo-BGB/*Martiny* Art. 6 Rom I Rn. 33; a. A. *Lejeune* ITRB 2010, 66 (68) und *Peiffer* EuZW 2008, 622 (627), der eine passive Website dann für ausreichend hält, wenn sie beispielsweise zu einer Bestellung am Telefon oder durch eine individuelle E-Mail auffordert.

»Kontakte«, über die dann eine Bestellung möglich ist, oder die Angabe einer Kontaktadresse auf der Homepage eines Dritten.[66]

cc) Verhältnis zwischen Art. 6 Abs. 2 Rom I und Art. 9 Abs. 2 Rom I

Fraglich ist, inwieweit verbraucherschützende Vorschriften des deutschen Rechts neben Art. 6 Abs. 2 Rom I (Art. 29 EGBGB a. F.) auch über Art. 9 Abs. 2 Rom I (Art. 34 EGBGB a. F.) Geltung beanspruchen können. Zwischen den beiden Vorschriften besteht insoweit ein Normenkonflikt. Art. 6 Rom I sollte jedoch aufgrund seiner ausdifferenzierten Wertungsentscheidung innerhalb seines sachlichen Anwendungsbereichs als abschließende Regelung angesehen werden. Dies würde bedeuten, dass ein Rückgriff auf Art. 9 Rom I ausgeschlossen ist, sofern die Anwendbarkeit der verbraucherschützenden Vorschriften beispielsweise daran scheitert, dass die räumlichen Anwendungsvoraussetzungen des Art. 6 Abs. 1 Rom I nicht gegeben sind.[67]

2. Fehlende oder unwirksame Rechtswahl

Sofern die Parteien keine oder eine unwirksame Rechtswahl vorgenommen haben, richtet sich das auf Sachverhalte mit Auslandsbezug anwendbare Recht nach den Art. 4ff. Rom I (**objektive Anknüpfung**). Im Vergleich zu den Art. 27ff. EGBGB a. F. weist die Rom I-Verordnung einige maßgebliche Änderungen auf, was zum einen die Systematik und zum anderen die Anknüpfung für bestimmte Vertragstypen betrifft.

a) Allgemeine Grundsätze der Anknüpfung bei Schuldverträgen

Fehlt es an einer Rechtswahl oder ist die vorgenommene Wahl unwirksam und greift keine der Sonderanknüpfungen aus Art. 5 ff. Rom I, ist zunächst zu prüfen, ob der Vertrag unter einen der in Art. 4 Abs. 1 Rom I aufgeführten Vertragstypen zu subsumieren ist. Diese Vorschrift regelt unter anderem das auf Kaufverträge (lit. a)), Dienstleistungsverträge (lit. b)) und Franchiseverträge (lit. e)) anwendbare Recht. Hierbei handelt es sich um eine grundlegende Neuerung gegenüber Art. 28 Abs. 1 EGBGB a. F., der noch nicht nach bestimmten Vertragstypen differenzierte, sondern pauschal dasjenige Recht für anwendbar erklärte, mit dem der Vertrag die engste Verbindung aufwies.

Fällt der Vertrag nicht unter Art. 4 Abs. 1 Rom I oder weist der Vertrag Elemente mehrerer Vertragstypen auf, so bestimmt Art. 4 Abs. 2 Rom I, dass der Vertrag dem Recht des Staates unterliegt, in dem die Partei, welche die **für den Vertrag charakteristische Leistung** zu erbringen hat, ihren gewöhnlichen Aufenthalt hat. Art. 19 Rom I regelt in diesem Zusammenhang, wo Gesellschaften, Vereine, juristische Personen, Zweigniederlassungen, etc. ihren gewöhnlichen Aufenthalt haben.

Die Regelanknüpfungen des Art. 4 Abs. 1 und Abs. 2 Rom I werden verdrängt, wenn sich aus der Gesamtheit der Umstände ergibt, dass der Vertrag eine **offensichtlich engere Verbindung** zu einem anderen Staat aufweist, Art. 4 Abs. 3 Rom I (sog. »**Ausweichklausel**«). Dabei handelt es sich um eine eng auszulegende Ausnahmeregelung. Eine »offensichtlich engere Verbindung« liegt daher erst dann vor, wenn sich aus der Gesamtheit mehrerer Anhaltspunkte ein eindeutiger Schwerpunkt des betreffenden Vertrages im Bereich einer anderen Rechtsordnung ergibt.[68]

Liegt keiner der in Art. 4 Abs. 1 Rom I aufgezählten Vertragstypen vor und ist Art. 4 Abs. 2 Rom I mangels vertragscharakteristischer Leistung ebenfalls nicht einschlägig, unterliegt der Vertrag gemäß der Generalklausel des Art. 4 Abs. 4 Rom I dem Recht desjenigen Staa-

---

66 MüKo-BGB/*Martiny* Art. 6 Rom I Rn. 33.
67 Palandt/*Thorn* Art. 9 Rom I Rn. 8.
68 Palandt/*Thorn* Art. 4 Rom I Rn. 29.

tes, zu dem er die **engste Verbindung** aufweist. Maßgeblich ist also, wo der Vertrag bei Würdigung aller Umstände einen räumlichen Schwerpunkt hat. Anhaltspunkte bieten beispielsweise der gewöhnliche Aufenthaltsort der Parteien, der Erfüllungsort und der Belegenheitsort des Vertragsgegenstandes. Zu beachten ist, dass das so ermittelte Vertragsstatut für den gesamten Vertrag maßgeblich ist, das heißt, dass im Unterschied zum früheren Recht (vgl. Art. 28 Abs. 1 S. 2 EGBGB a. F.) ist eine Aufspaltung nicht möglich ist.[69]

b) Besonderheiten der Anknüpfung bei IT-Verträgen

51 Prinzipiell gelten bei IT-Verträgen dieselben Grundsätze und Erwägungen wie bei anderen Arten von Verträgen. Allerdings sind einige Besonderheiten zu beachten.

aa) Bestimmung der charakteristischen Leistung

52 Fraglich ist zunächst die Anknüpfung von Lizenzverträgen über **Software**. Lizenzverträge werden in Art. 4 Abs. 1 Rom I nicht genannt. Aufgrund der autonomen Auslegung der Tatbestandsmerkmale der Rom I-Verordnung[70] ist es in diesem Zusammenhang unerheblich, dass Softwarelizenzverträge nach deutschem Recht regelmäßig als Kauf- oder Mietverträge ausgestaltet werden bzw. nach Kauf- oder Mietvertragsrecht auszulegen sind. Auch auf die Frage, ob Software im deutschen Recht als Sache anzusehen ist, kommt es nicht an.[71] Allerdings hat der EuGH vor Kurzem entschieden, dass ein Lizenzvertrag nicht auf eine Dienstleistung i. S. d. Art. 5 Nr. 1 lit. b) EuGVVO gerichtet ist. Stattdessen erschöpfe sich der Vertrag in der Gewährung der reinen Lizenz.[72] Aus diesem Grund wird man bei Softwarelizenzverträgen an Art. 4 Abs. 2 Rom I anknüpfen und nach der vertragscharakteristischen Leistung fragen müssen:[73] Im Bereich von Lizenzverträgen über **Software** muss die charakteristische vertragliche Leistung üblicherweise in der Einräumung des Nutzungsrechts gesehen werden. Hat der Anbieter seinen Sitz in Deutschland, unterliegt der Vertrag damit regelmäßig deutschem Recht. Dies gilt selbst dann, wenn die Erfüllung des Vertrags durch den Lizenznehmer selbst in Gang gesetzt wird, indem er sich die Software aus dem Internet herunterlädt. Selbst dann muss die charakteristische vertragliche Leistung in dem Verfügbarmachen der Software durch den Lizenzgeber erblickt werden.

bb) Bestimmung der Niederlassung

53 Ein Vertrag, der nicht unter Art. 4 Abs. 1 Rom I fällt, unterliegt gem. Art. 4 Abs. 2 Rom I dem Recht des Staates, in dem die Partei, welche die vertragscharakteristische Leistung erbringt, ihren gewöhnlichen Aufenthalt hat. Bei Gesellschaften, Vereinen und (sonstigen) juristischen Personen ist dies gemäß Art. 19 Abs. 1 S. 1 Rom I der Ort der Hauptverwaltung. Bei einer natürlichen Person, die im Rahmen der Ausübung ihrer beruflichen Tätigkeit handelt, ist dagegen der Ort der Hauptniederlassung maßgeblich, Art. 19 Abs. 1 S. 2 Rom I.[74]

54 Speziell bei IT-Verträgen stellt sich in diesem Zusammenhang die Frage, ob als »Niederlassung« auch die Nutzung eines **Servers** an einem anderen Ort als dem Aufenthaltsort bzw. dem Sitz des Lizenzgebers oder die Wahl einer »ausländischen« **Top Level Domain** (»TLD«) angesehen werden kann. Die Folge davon wäre die Anwendbarkeit des Rechts am Standort des Servers bzw. des durch die TLD repräsentierten Staates. Ein solcher Ansatz erscheint jedoch nicht angemessen, da den genannten und vergleichbaren technischen Vorrichtungen eine reine Hilfsfunktion für die Anbahnung oder Durchführung eines Vertrags

---

69 Vgl. ebenda.
70 Vgl. dazu Rdn. 9.
71 *Lejeune* ITRB 2010, 66 (68).
72 EuGH NJW 2009, 1865 (1865 ff.).
73 *Lejeune* ITRB 2010, 66 (68).
74 Art. 19 Abs. 1 S. 2 Rom I entspricht inhaltlich in etwa Art. 28 Abs. 2 S. 2 EGBGB a. F.

zukommt. Zudem scheinen die genannten Vorrichtungen zu flüchtig zu sein, um als tauglicher Anknüpfungspunkt zu dienen. Überwiegend wird daher angenommen, dass Serverstandorte und Domains keine Niederlassung im Sinne von Art. 19 Abs. I S. 2 Rom I begründen.[75]

c) Zusätzliche Aspekte bei Verbraucherbeteiligung

Auch bei fehlender Rechtswahl sind im Zusammenhang mit Verbraucherverträgen die bereits beschriebenen Sonderanknüpfungen in Art. 6 Abs. 1 Rom I (Art. 29 f. EGBGB a. F.) und sonstige Vorgaben des Verbraucherschutzes zu beachten. 55

Darüber hinaus wird bisweilen speziell für über das Internet abgeschlossene Verträge angenommen, dass deutsches Recht schon nach Art. 4 Abs. 3 Rom I (Art. 28 Abs. 5 EGBGB a. F.) zur Anwendung gelangen könne.[76] Nach dieser sog. **Ausweichklausel** gelten die in Art. 4 Abs. 1 und 2 Rom I (Art. 28 Abs. 2 bis 4 EGBGB a. F.) aufgestellten Anknüpfungsregeln bei fehlender Rechtswahl nicht, sofern sich aus den Gesamtumständen eine offensichtlich engere Verbindung des Vertrags mit einem anderen Staat ergibt. Dies soll nach soeben geschilderter Ansicht der Fall sein, wenn ein ausländischer Anbieter Waren oder Dienstleistungen über eine inländische Webseite gezielt für den deutschen Markt anbietet. Jedenfalls in Bezug auf Verbrauchergeschäfte dürfte diese Ansicht abzulehnen sein, da Art. 6 Rom I (Art. 29 f. EGBGB a. F.) für sie spezielle Regelungen bereithält, welche in ihrem Anwendungsbereich den Art. 4 Rom I (Art. 28 EGBGB a. F.) verdrängen dürften.[77] 56

3. UN-Kaufrecht

Das UN-Kaufrecht ist im Abkommen der United Nations zum internationalen Warenkauf (Convention on the International Sale of Goods – »CISG«) niedergelegt. Es wurde unter der Aufsicht der UN und Beteiligung aller Handelsnationen als **Internationales Einheitskaufrecht** konzipiert.[78] Das CISG löste zum 01.01.1991 das seit 1974 in Deutschland in Kraft befindliche **Haager Einheitskaufrecht**, bestehend aus dem Einheitlichen Gesetz über den internationalen Kauf (»EKG«) und dem Einheitlichen Gesetz über den Abschluss von internationalen Kaufverträgen über bewegliche Sachen (»EAG«), ab. 57

Der weite Verbreitungsgrad des CISG, welches seit 1988 in allen Ratifikationsstaaten – und zwar unmittelbar – gilt, erweist sich vor allem deshalb als günstig, weil Entscheidungen ausländischer Gerichte auf diese Weise vorhersehbarer werden. Außerdem lassen sich auf der Grundlage des CISG Verträge für mehrere Länder einheitlich gestalten. Dadurch vermindern sich Aufwand und Kosten der Vertragsgestaltung. Da jedoch kein Obergericht existiert, welches länderübergreifend und letztverbindlich über die Auslegung und Anwendung des CISG befindet, verbleibt es im Streitfall gleichwohl bei dem Erfordernis, sich mit dem jeweiligen nationalen Verständnis des CISG auseinanderzusetzen. 58

a) Geltungsvorrang und Anwendungsbereich

Als völkerrechtliche Vereinbarung, die unmittelbar anwendbares innerstaatliches Recht geworden ist, geht das CISG dem deutschen Kollisionsrecht (EGBGB) gem. Art. 3 Nr. 2 EGBGB vor. Der Anwendungsbereich des CISG ist zeitlich, räumlich und gegenständlich umgrenzt. 59

---

75 So auch schon zu Art. 28 Abs. 2 S. 2 EGBGB, vgl. Moritz/Dreier/*Terlau* C Rn. 55 f. 5 .w.Nw.
76 *Mehrings* CR 1998, 613 (617); *Pfeiffer* NJW 1997, 1207 (1214); wohl auch *Waldenberger* BB 1996, 2365 (2371).
77 Zum Verhältnis von Art. 29 f. EGBGB a. F. und Art. 28 EGBGB a. F. vgl. *Borges* ZIP 1999, 565 (567).
78 Dabei handelt es sich gegenwärtig um 67 Staaten, eine aktuelle Übersicht findet sich unter: http://www.uncitral.org/uncitral/en/uncitral_texts/sale_goods/1980CISG_status.html. Das CISG ist damit auf eine Großzahl von IT-Verträgen mit grenzüberschreitendem Bezug anwendbar.

60 In **zeitlicher** Hinsicht findet das CISG lediglich auf Verträge Anwendung, die nach Jahresbeginn 1991 abgeschlossen wurden.

61 In **räumlicher** Hinsicht gilt es gem. Art. 1 Abs. 1CISG nur, sofern sämtliche an einem Vertrag beteiligten Parteien ihre Niederlassungen in Ratifikationsstaaten haben oder die Regelungen des Internationalen Privatrechts zur Anwendung des CISG führen. Weitere Voraussetzung für eine Anwendung des CISG ist, dass sich aus dem Vertrag oder den Vertragsverhandlungen ein grenzüberschreitender Bezug ergibt. Schließlich führt Art. 1 Abs. 1 lit. b) CISG zu einer ratifikationsunabhängigen Anwendung der Konvention, sofern das Recht des angerufenen Gerichts auf das Recht eines Ratifikationsstaates verweist.

62 **Gegenständlich** knüpft das CISG an den Verkauf von Waren im gewerblichen Kontext an, Art. 1 Abs. 1 CISG. Als Waren werden dabei alle beweglichen Sachen angesehen. Wegen der Voraussetzung, dass ein Kaufgeschäft vorliegen muss, findet das CISG auf Versteigerungen keine Anwendung, Art. 2 lit. b CISG. Keine Anwendung findet das CISG gem. Art. 2 lit. a CISG ferner im Verbraucherverkehr.

63 Für **vertragliche Vereinbarungen** gilt Folgendes: Außerhalb seines Geltungsbereichs kann die Geltung des CISG durch eine vertragliche Vereinbarung herbeigeführt werden, sofern das jeweils anwendbare nationale Recht eine Rechtswahl zulässt. Innerhalb seines Geltungsbereichs können die Parteien die Geltung des CISG gem. Art. 6 CISG vollständig oder teilweise ausschließen oder Abweichungen von seinen Regelungen vereinbaren. Zu beachten ist, dass dafür die vertragliche Wahl eines bestimmten Rechts (z. B. deutschen Rechts) nicht ausreicht. Da das CISG Bestandteil des jeweiligen nationalen Rechts der Ratifikationsstaaten ist, bliebe es beispielsweise mit der Wahl deutschen Rechts anwendbar. Wollen die Vertragsparteien die Geltung des CISG ausschließen, so müssen sie dies im Vertrag explizit regeln.[79]

b) Spezielle Anwendungsfragen im IT-Bereich

64 Das CISG enthält in seinen vier Teilen Regelungen zu seinem Anwendungsbereich und allgemeine Bestimmungen (Art. 1–13 CISG), zum Zustandekommen von Vertragsabschlüssen (Art. 14–24 CISG), zum Warenkauf (Art. 25–88 CISG) und Schlussbestimmungen (Art. 89–101 CISG). Insbesondere die Vorschriften über den Vertragsschluss enthalten im Wesentlichen die auch aus dem deutschen Recht bekannten Grundsätze über die Abgabe und den Zugang von Willenserklärungen, den Zeitpunkt ihrer Wirksamkeit, die Bestimmtheit etc.[80] Nur in wenigen Bereichen bestehen Besonderheiten. So knüpft das CISG beispielsweise an das Schweigen auf kaufmännische Bestätigungsschreiben keine Rechtsfolge an.

65 Aus IT-rechtlicher Sicht interessiert im Zusammenhang mit dem Vertragsschluss vor allem, ob er auch mittels elektronischer Erklärungen herbeigeführt werden kann. Außerdem ist danach zu fragen, welche typischen IT-Verträge sich auf Waren im Sinne des CISG beziehen.

aa) Schriftformäquivalenz elektronischer Erklärungen

66 Bei der Schaffung des CISG konnten selbstverständlicherweise noch nicht sämtliche heutigen Kommunikationsmöglichkeiten berücksichtigt werden. Dementsprechend regelt Art. 13 CISG ausdrücklich nur, dass der Ausdruck »schriftlich« auch Mitteilungen durch

---

79 Vgl. *Lejeune* ITRB 2003, 247 (249). Üblicherweise wird für einen solchen vertraglichen Ausschluss etwa folgende Klausel verwendet: »The UN Convention for the International Sales of Goods shall not apply to this Agreement in whole or in part.«.

80 Zur Wesentlichkeit von Lizenzbedingungen beim Softwarekauf vgl. Witz/Salger/Lorenz/*Witz* Art. 14 CISG Rn. 28.

Telegramm und Fernschreiben umfasst. Daneben trifft Art. 11 CISG eine Grundentscheidung zugunsten der Formfreiheit von Kaufverträgen und Art. 13 CISG sieht Erleichterung bezüglich der Schriftform von elektronischen Mitteilungen vor.

Vor diesem Hintergrund kann danach gefragt werden, ob auch **E-Mails** und mittels sonstiger moderner Kommunikationsmittel übermittelte Erklärungen im Rahmen des CISG einem Schriftformerfordernis genügen. Richtigerweise wird dies jedenfalls dann für möglich gehalten, wenn die Art der Übermittlung eine hinreichende Dokumentation ermöglicht und Gewähr für die Authentizität des Erklärten erbringt. Dies ist zumindest bei einer ausdruckbaren Erklärung unter Verwendung einer qualifizierten elektronischen Signatur gewährleistet.[81] Als Grundlage für diese Auffassung kann Art. 7 Abs. 2 CISG über die Auslegung der Konvention herangezogen werden. Danach sind Fragen, die in der Konvention geregelte Gegenstände betreffen, dort aber nicht ausdrücklich entschieden werden, nach den der Konvention zugrunde liegenden Grundsätzen oder nach dem Recht zu entscheiden, das nach den Regeln des Internationalen Privatrechts anzuwenden ist. Dies ermöglicht, das CISG behutsam an technische Neuerungen heranzuführen. Die Zulässigkeit der Verwendung elektronischer Kommunikationsmittel sollte im Lichte von Art. 9 CISG jedenfalls dann als unproblematisch erachtet werden, wenn sich die vertragsschließenden Parteien auf diese Erklärungsform explizit geeinigt haben oder sie den zwischen ihnen entstandenen Gepflogenheiten entspricht.

67

In der **Praxis** empfiehlt sich allemal eine vertragliche Festlegung der Anforderungen, welche die Parteien an elektronisch abgegebene Erklärungen stellen wollen. Wo eine strengere Form als die Schriftlichkeit gesetzlich vorgeschrieben oder von den Parteien vereinbart ist, dürfte die Verwendung elektronischer Kommunikationsmittel regelmäßig nicht ausreichen. Problematisch können zudem der Zugang elektronischer Erklärungen sowie der Zeitpunkt und Ort ihres Wirksamwerdens sein.[82]

68

bb) IT-Verträge und der Warenbegriff des CISG

Wegen der gegenständlichen Anknüpfung des CISG in Art. 1 Abs. 1 CSIG an den Kauf von Waren (»*goods*«) muss die Anwendbarkeit des CISG auf IT-Verträge stets besonders geprüft werden.

69

Unzweifelhaft anwendbar ist das CISG etwa auf den Kauf von **Hardware**, da Kaufgegenstand in diesem Fall eine körperliche Sache ist.[83] Unzweifelhaft nicht anwendbar ist das CISG umgekehrt auf die **unentgeltliche Überlassung** von Hard- oder Software, ihre **Überlassung auf Zeit**[84] sowie **Wartungs- und Pflegeverträge** über Hardware oder Software, da es hier an einer Kauf-Situation fehlt.

70

Nicht anwendbar soll das CISG nach überwiegender Auffassung ferner auf Verträge über die Erstellung von **Individualsoftware** sein, da hier entweder kein Kauf-, sondern ein Werkvertrag vorliege oder aber arbeits- bzw. dienstvertragliche Elemente überwiegen sollen, was kraft Art. 3 Abs. 2 CISG zum Ausschluss des Anwendungsbereichs der Konvention führe.[85] Die Gegenauffassung beruft sich auf Abs. 1 derselben Vorschrift, nach der das CISG gerade nicht zwischen standardisierten und individuell für den Besteller angefertigten Gütern unterscheidet.[86] Einigkeit besteht nur insoweit, dass Software zumindest dann als

71

---

81 Schlechtriem/Schwenzer/*Schlechtriem* Art. 11 CISG Rn. 2.
82 Dazu Schlechtriem/Schwenzer/*Schlechtriem* Art. 11 CISG Rn. 2 und Art. 18 CISG Rn. 5.
83 Vgl. beispielsweise LG München NJW 1996, 401.
84 Hierzu *Schlechtriem* S. 25 f.
85 Vgl. *Lejeune* ITRB 2003, 247 (249); Staudinger/*Magnus* Art. 2 CISG Rn. 44; Schlechtriem/Schwenzer/*Ferrari* Art. 1 CISG Rn. 38; vgl. in diesem Zusammenhang ferner *Diederich* RIW 1993, 441 (452).
86 *Schlechtriem* S. 24; *Dietrich* 8 Pace International L. Rev. (1996), 303 (325 f.).

Ware anzusehen ist, wenn sie auf Trägermedien (Festplatten, Disketten, Chips oder sonstigen Festspeichern) geliefert wird.

72 Da das CISG keine eigene Begriffsdefinition für den Warenbegriff enthält, ist seine Anwendbarkeit auch in Bezug auf Kaufverträge über **Standardsoftware** umstritten und unklar. Das Ergebnis hängt von der jeweiligen Auslegung durch nationale Gerichte ab. Anders als beispielsweise in Großbritannien, das dem CISG nicht beigetreten ist, wird Standardsoftware in Deutschland überwiegend als Ware behandelt. Zum Teil wird das CISG im Fall des Softwarekaufs für anwendbar gehalten.[87] Andere Autoren sprechen sich im Fall des Downloads der Software über das Internet gegen eine Anwendbarkeit des CISG aus, da es hier ersichtlich an der Körperlichkeit der Software fehle.[88] Zu folgen dürfte jedoch der überwiegenden Ansicht sein, wonach das CISG prinzipiell auf jeden Kauf von Standardsoftware (unabhängig von einer Verkörperung) anzuwenden ist. Dafür sprechen schon die praktischen Probleme einer Unterscheidung zwischen beiden Arten der Softwareüberlassung.[89]

73 Obwohl auch die Rechtsprechung in Deutschland in jüngerer Zeit der zuletzt dargestellten Linie zu folgen scheint,[90] verbleiben gewisse **Rechtsunsicherheiten**. Da das CISG von den Gerichten der Vertragsstaaten ausgelegt wird und es keine übergeordnete Entscheidungsinstanz gibt, ist stets mit divergierenden Entscheidungen zu rechnen. Zu beachten ist ferner, dass das CISG auf Standardsoftware keine Anwendung finden kann, sofern diese nach Ablauf einer bestimmten Vertragsdauer nicht mehr genutzt werden darf. In diesem Fall fehlt nämlich die typische Kaufsituation, wie sie das CISG voraussetzt.[91] Außerdem entstehen Probleme, wo IT-Verträge mehrere der soeben aufgezeigten Aspekte in sich vereinen, beispielsweise also bei einem sich aus Hardwarekauf und Softwaremiete zusammensetzenden Projekt, bei dem ergänzend Wartungs- und Pflegeleistungen vereinbart sind. In einem solchen Fall kann das CISG nur auf bestimmte Teilleistungen anwendbar sein.

C. Internationales Zivilprozessrecht

74 In den nachfolgenden Abschnitten werden wesentliche Grundzüge der internationalen Gerichtszuständigkeit sowie der Urteilsanerkennung und -vollstreckung im Ausland dargestellt. Da es an einer zusammenhängenden Kodifikation des deutschen Internationalen Zivilprozessrechts fehlt, finden sich die betreffenden Regelungen in zahlreichen Gesetzen verstreut. Ergänzt und überlagert werden sie durch eine Vielzahl von Staatsverträgen sowie durch Rechtsquellen des europäischen Rechts.[92]

I. Gerichtsstandsvereinbarungen im internationalen Rechtsverkehr

75 Der Staat, dessen Gerichte international zuständig sind, wird auch als »**Forumstaat**« bezeichnet. Die genaue Gerichtszuständigkeit richtet sich in erster Linie nach einer von den Parteien getroffenen Wahl. Eine solche Wahl tritt in zahlreichen Verträgen ergänzend neben

---

[87] Vgl. Kilian/Heussen/*Moritz* Kap. 31 Rn. 291 ff.
[88] Vgl. Staudinger/*Magnus*, Art. 2 CISG Rn. 44 m. w. N.
[89] So Schlechtriem/Schwenzer/*Ferrari* Art. 1 CISG Rn. 38; Bamberger/Roth/*Saenger* Art. 1 CISG Rn. 7; Witz/Salger/Lorenz/*Lorenz* Art. 1 CISG Rn. 6; *Endler/Daub* CR 1993, 601 (605); Bucher/*Herrmann* S. 92; *Magnus* ZEuP 1995, 202 (206); *Piltz* AnwBl. 1991, 57 (59).
[90] OLG Köln RIW 1994, 971; OLG Koblenz RIW 1993, 936.
[91] Schlechtriem/Schwenzer/*Ferrari* Art. 1 CISG Rn. 38.
[92] Eine Übersicht über den jeweiligen Geltungsbereich völkerrechtlicher Verträge der Bundesrepublik Deutschlands vermittelt dabei der jährlich mit Stand v. 31.12. erscheinende Fundstellennachweis B zum BGBl. Teil II.

eine von den Parteien ebenfalls vorgenommene Rechtswahl. Erst in zweiter Linie findet dann Gesetzes- oder Vertragsrecht Anwendung.

1. Bedeutung einer Gerichtsstandsvereinbarung

Mit einer Gerichtsstandsvereinbarung können die Parteien mannigfaltige Zwecke verfolgen. Unterschiedlich sind auch die Auswirkungen einer solchen Vereinbarung, die von den Parteien jedoch nur bis zu einem gewissen Grad steuerbar sind. **76**

a) Typische Zwecke einer Gerichtsstandsvereinbarung

Mit der Festlegung eines ausschließlichen Gerichtsstands erzielen die Parteien zunächst Rechtsklarheit, an der es bei konkurrierenden Zuständigkeiten fehlen würde. Neben einer solchen »derogierenden« Wirkung (Verdrängung von anderen Gerichtsständen) kann aber auch eine »prorogierende« Wirkung (Schaffung eines sonst nicht gegebenen Gerichtsstandes) gewollt sein. So wird eine Gerichtsstandsvereinbarung häufig dazu dienen, die Zuständigkeit von nachträglich eintretenden tatsächlichen Veränderungen in den Verhältnissen der Vertragspartner (z. B. Sitzwechsel) und dem damit eigentlich verbundenen Wegfall eines Gerichtsstands unabhängig zu machen. Schließlich ergänzt die Gerichtsstandsvereinbarung eine von den Parteien gegebenenfalls vorgenommene Rechtswahl. Da das angerufene Gericht stets sein eigenes nationales Kollisionsrecht anwendet, kann erst durch die Festlegung eines Gerichtsstandes endgültige Klarheit über diejenigen materiellen Vorgaben erzielt werden, nach denen sich die Wirksamkeit der Rechtswahl und in der Folge das auf den Vertrag anwendbare Recht bestimmt. **77**

b) Auswirkungen einer Gerichtsstandesvereinbarung

Die Wahl des Gerichtsstandes zeitigt erhebliche Konsequenzen. So beeinflusst die Wahl des Gerichtsstandes nicht unwesentlich auch das anzuwendende **materielle Recht**.[93] Denn das mit einer Sache befasste Gericht oder Schiedsgericht geht zunächst von seinem lokalen Internationalen Privatrecht aus, um zu bestimmen, welches Recht auf einen Vertrag anwendbar ist. So kann die internationale Zuständigkeit eines ausländischen Staates zu einer abweichenden Beurteilung des Sachverhalts führen, wenn nach dem Internationalen Privatrecht des anderen Staates ein anderes materielles Recht anzuwenden ist. **78**

Eine weitere gewichtige Konsequenz des Gerichtsstands folgt daraus, dass sich das anwendbare **Verfahrensrecht** stets nach der »*lex fori*« richtet.[94] Dies entspricht dem Grundsatz, dass Verfahren vor eigenen Gerichten nur nach der eigenen Prozessordnung abgewickelt werden.[95] Im Einzelnen weichen die Verfahrensordnungen unterschiedlicher Staaten stark voneinander ab. So bestehen beispielsweise zwischen dem deutschen und dem US-amerikanischen Rechtssystem bedeutsame Unterschiede hinsichtlich der Existenz und des Umfangs richterlicher Hinweis- und Aufklärungspflichten oder den Grundsätzen des Beweisrechts.[96] **79**

Ferner wird durch den Gerichtsstand mittelbar die **Zusammensetzung des Gerichts** bestimmt, welches über Streitigkeiten entscheidet. Hieraus können deutliche Unterschiede hinsichtlich der Qualität der Rechtsfindung folgen. Diese werden verstärkt, wenn anstelle traditioneller kontinentaleuropäischer Verfahren ein Jury-Prozess angloamerikanischer Prägung stattfindet.[97] In den USA besteht jedenfalls dem Grundsatz nach die Möglichkeit, **80**

---

93 Dies gilt jedenfalls außerhalb des EVÜ, das mittlerweile durch die Rom I-VO ersetzt wurde.
94 Vgl. nur *Hüßtege* S. 33.
95 *Firsching/Hoffmann* § 3 Rn. 5 ff. *Kegel/Schurig* S. 902 f.; *Nagel/Gottwald* § 1 Rn. 41. Aus der deutschen Rspr. vgl. BGH WM 1977, 793 (794); NJW 1981, 126 (127); NJW 1985, 552 (553); NJW-RR 2005, 81 (84).
96 Vgl. *D. Herrmann* S. 185 ff.
97 Vgl. *D. Herrmann* S. 202 ff.; *Heß* S. 1 ff.

jede Streitigkeit mittels eines entsprechenden Antrags vor eine Jury zu bringen.[98] Dann treten naturgemäß die mit einer Rechtsfindung durch Laien verbundenen Risiken auf.

81 Zudem werden bei der Wahl ausländischer Gerichte die **rechtlichen Besonderheiten** der jeweiligen Rechtsordnung akzeptiert. So folgt beispielsweise im US-amerikanischen Recht aus der »*rule of cost*«, dass die obsiegende Partei ihre – im internationalen Vergleich vergleichsweise hohen – Anwaltskosten jedenfalls grundsätzlich selbst zu tragen hat.[99]

82 Schließlich zeitigt die Frage, wo eine Streitigkeit entschieden wird, auch rein **praktische Konsequenzen**. Dies gilt beispielsweise hinsichtlich eines allgemein erhöhten Prozessaufwands im Zusammenhang mit Auslandsverfahren (Reisekosten, Kosten eines Korrespondenzanwalts), länderunterschiedlicher Verfahrensdauer oder Erschwernissen und erhöhtem Zeitaufwand von Auslandszustellungen.

83 Nach alledem werden die Erfolgsaussichten in grenzüberschreitenden Rechtsstreitigkeiten durch den internationalen Gerichtsstand vielleicht noch stärker determiniert als durch Fragen des anwendbaren Rechts. Aus deutscher Sicht ist es daher zumeist ratsam, möglichst die Zuständigkeit deutscher Gerichte zu vereinbaren.[100] In zahlreichen Fällen haben US-Gerichte Gerichtsstandsklauseln zugunsten deutscher Gerichte anerkannt.[101] Teilweise wird auch eine asymmetrische Vereinbarung getroffen, die einer der Parteien weitere Gerichtsstände vorbehält.[102] Dies ist im Hinblick auf eine möglichst schnelle Rechtsdurchsetzung (z. B. bei Verstößen gegen Geheimhaltungsverpflichtungen und Wettbewerbsverbote wie auch zum Schutz von Immaterialgüterrechten wie Firmierungen, Kennzeichen, Marken, Patente etc.) vorteilhaft und anzuraten, wenn die *leverage* dies zulässt.

2. Überblick über den Regelungsrahmen

84 Gerichtsstandsvereinbarungen unterliegen auf internationaler, europäischer und nationaler Ebene zahlreichen Vorgaben. Für Deutschland relevant sind darunter vornehmlich die folgenden Regelwerke:
- Haager Übereinkommen über Gerichtsstandsvereinbarungen– »**HGÜ**«
- Brüsseler Übereinkommen über die gerichtliche Zuständigkeit und die Vollstreckung gerichtlicher Entscheidungen in Zivil- und Handelssachen – »**EuGVÜ**«,
- Lugano-Übereinkommen über die gerichtliche Zuständigkeit und die Vollstreckung gerichtlicher Entscheidungen in Zivil- und Handelssachen – »**LugÜ**«,
- Verordnung (EG) NR. 44/2001 des Rates über die gerichtliche Zuständigkeit und die Anerkennung und Vollstreckung von Entscheidungen in Zivil- und Handelssachen – »**EuGVVO**«,
- Deutsche Zivilprozessordnung – »**ZPO**«.

---

98 Rule 38 (b) der Federal Rules of Civil Procedure.
99 *Geulen/Sebok* NJW 2003, 3244 (3246).
100 Eine übliche Formulierung lautet beispielsweise: »Each Party irrevocably submits to the exclusive jurisdiction of the courts of [*name of place*], Germany, for any disputes arising out of or in connection with this Agreement«.
101 Die Gerichtsstandsklausel zugunsten deutscher Gerichte wurde aufrechterhalten u. v. a. in: *Seagal v. Vorderwuhlbecke*, 162 Fed. Appx. 746 (9th Cir. 2006); *Hay Acquisition Co. v. Schneider*, 2005 U.S. Dist. LEXIS 24490 (D. Pa. 2005); *Lawler v. Schumacher Filters* Am., 832 F. Supp. 1044 (D. Va. 1993); *Caribe BMW v. Bayerische Motoren Werke Aktiengesellschaft*, 821 F. Supp. 802 (D.P.R. 1993); *Sun World Lines, Ltd. v. March Shipping Corp.*, 801 F.2d 1066, 1068 (8th Cir. 1986). Vgl. auch *Samson Plastic Conduit & Pipe Corp. v. Battenfeld Extrusionstechnik GMBH*, 718 F. Supp. 886 (D. Ala. 1989); *Gaskin v. Stumm Handel GmbH*, 390 F. Supp. 361 (D. N. Y. 1975); Vgl. aus der deutschen Rspr. jüngst OLG München IHR 2006, 166; OLG Koblenz IHR 2005, 169.
102 [*Name of party*] reserves the right to initiate proceedings against [*name of other party*] before any other competent court.

I. Gerichtsstandsvereinbarungen im internationalen Rechtsverkehr

Die Rechtsfolge eines Gerichtsstandes nach einem der vorbezeichneten Regelwerke besteht in der Anwendbarkeit des Verfahrensrechts des zuständigen Gerichts sowie gegebenenfalls in Regelungen zur gegenseitigen Anerkennung und Vollstreckung von Urteilen.[103]

85

a) Internationale Ebene

Im Juni 2005 verabschiedeten die Mitgliedstaaten der Haager Konferenz für Internationales Privatrecht nach mehrjährigen Vorarbeiten das HGÜ.[104] Dieses Übereinkommen regelt Gerichtsstandsvereinbarungen auf internationaler Ebene. Sein Anwendungsbereich ist jedoch in mehrfacher Hinsicht beschränkt. So gilt das Übereinkommen gem. seinem Art. 1 Abs. 1 nur, sofern die Parteien in Zivil- oder Handelssachen eine ausschließliche Gerichtsstandsvereinbarung getroffen haben. Zudem findet es gem. Art. 2 Abs. 1 lit. a) HGÜ ausschließlich Anwendung auf den Geschäftsverkehr, nicht dagegen bei Verbraucherbeteiligung. Daneben enthält Art. 2 HGÜ zahlreiche weitere Einschränkungen des Geltungsbereichs des HGÜ. Das HGÜ ist jedoch noch nicht in Kraft getreten. Bislang wurde es erst von Mexiko ratifiziert; die USA und die EG haben das HGÜ zwar am 19. Januar bzw. 01.04.2009 unterzeichnet, die nach Art. 27 Abs. 2 HGÜ notwendige Ratifizierung steht jedoch noch aus. Das Übereinkommen tritt erst mit Hinterlegung der Ratifikationsurkunde von zwei Unterzeichnerstaaten in Kraft (vgl. Art. 31 HGÜ).

86

b) Europäische Ebene

Auf europäischer Ebene bildet die EuGVVO die zentrale Regelung zur internationalen Gerichtszuständigkeit. In ihrem Anwendungsbereich[105] verdrängt sie aufgrund des allgemeinen Geltungs- und Anwendungsvorrangs des Europarechts etwaige nationale Regelungen. Daraus folgt, dass bei der Prüfung der internationalen Zuständigkeit nicht an der ZPO, sondern am Europarecht anzusetzen ist. Vorläufer der EuGVVO ist das EuGVÜ, dem heute keine große Bedeutung mehr zukommt. Dies gilt zumal deshalb, da aufgrund des Inkrafttretens des Abkommens zwischen der EU und Dänemark am 01.07.2007[106] nun auch Dänemark an der EuGVVO teilnimmt. EuGVÜ und EuGVVO gleichen sich in weiten Zügen. Eine auch im vorliegenden Kontext interessierende Neuerung besteht allerdings darin, dass die EuGVVO bei der Zuständigkeit eine Erweiterung des Verbrauchergerichtsstandes auf Internetgeschäfte vorgenommen hat.

87

c) EFTA-Staaten

Schließlich besteht mit dem LugÜ ein Parallelabkommen zur EuGVVO, welches mit Staaten der »EFTA«[107] geschlossen wurde. Nach dem Beitritt Dänemarks, des Vereinigten Königreichs, Portugals, Finnlands, Österreichs und Schwedens zur EG und ihrem damit einhergehenden Austritt aus der EFTA hat das LugÜ weitgehend an Bedeutung verloren.[108]

88

---

103 Zur ausschließlichen Zuständigkeit vgl. Art. 23 Abs. 1 S. 2 EuGVVO.
104 Das HGÜ ist im Internet abrufbar unter: http://www.hcch.net/upload/conventions/txt37de.pdf, abgerufen am 30.06.2011.
105 Zu beachten ist, dass die EuGVVO in Großbritannien, Irland und Dänemark grundsätzlich nicht gilt (Art. 69 EGV). Großbritannien und Irland haben jedoch von der Möglichkeit eines freiwilligen »opt-in« Gebrauch gemacht. Aufgrund des am 01.07.2007 in Kraft getretenen Abkommens vom 19.10.2005 zwischen der Europäischen Gemeinschaft und Dänemark gilt die EuGVVO nun auch für Dänemark. Dänemark stand dieser Weg hingegen nicht offen.
106 Abkommen zwischen der Europäischen Gemeinschaft und dem Königreich Dänemark über die gerichtliche Zuständigkeit und die Anerkennung und Vollstreckung von Entscheidungen in Zivil- und Handelssachen vom 19.10.2005, ABl. (EG) L 299 v. 16.11.2005, S. 62.
107 European Free Trade Association. Diese Unterzeichnung des LugÜ im Jahr 1988 erfolgte zunächst durch die EFTA-Staaten Finnland, Norwegen, Schweden und Schweiz.
108 Das LugÜ gilt nunmehr nur noch im Verhältnis aller EU-Mitgliedstaaten zu Island, Norwegen und der Schweiz.

Inhaltlich entspricht das LugÜ in weiten Teilen den Regelungen der EuGVVO bzw. des EuGVÜ.[109] In diesem Zusammenhang ist zu beachten, dass es mittlerweile zu einer Revision des LugÜ gekommen ist, die am 30.10.2007 von der EU, Dänemark, Island, Norwegen und der Schweiz unterzeichnet wurde[110] und die das LugÜ vom 16.09.1988 ersetzt. Durch die Revision wurden im Wesentlichen die Vorschriften der EuGVVO übernommen.

d) Nationale Ebene

89 Neben diesen internationalen Regelwerken verbleibt es bei einer Anwendung des deutschen Zivilverfahrensrechts vor allem dann, wenn der Beklagte kein Angehöriger eines EU-Mitgliedstaats oder eines EFTA-Staates ist (vgl. Art. 4 Abs. 1 EuGVVO) sowie, jedenfalls nach herrschender Meinung, bei Prozessen ohne Auslandsberührung.[111]

3. Gerichtsstandsvereinbarungen nach dem HGÜ

90 Auch die formellen Anforderungen an eine Gerichtsstandsvereinbarung nach dem HGÜ sind gering. Gemäß Art. 3 lit. c) i) und ii) HGÜ kann sie schriftlich oder aber durch »jedes andere Kommunikationsmittel, das es ermöglicht, auf die Information später wieder zuzugreifen«, geschlossen oder dokumentiert sein. Ausreichend sind damit auch Vereinbarungen per E-Mail oder Fax.[112]

4. Gerichtsstandsvereinbarungen nach der EuGVVO

91 Die EuGVVO lässt Gerichtsstandsvereinbarungen prinzipiell zu. Gemäß Art. 23 Abs. 1 EuGVVO muss dazu mindestens eine der Parteien ihren Wohnsitz im Hoheitsgebiet eines Mitgliedstaats haben. Ferner muss eine Vereinbarung dahin gehend getroffen werden, dass ein Gericht oder die Gerichte eines Mitgliedstaats über eine bereits entstandene Rechtsstreitigkeit oder über eine mögliche künftige aus einem bestimmten Rechtsverhältnis entspringende Rechtsstreitigkeit entscheiden sollen.

a) Allgemeine Formanforderungen

92 Unter diesen Voraussetzungen kann eine Gerichtsstandsstandsvereinbarung wie folgt geschlossen werden: schriftlich oder mündlich mit schriftlicher Bestätigung oder in einer Form, welche den Gepflogenheiten entspricht, die zwischen den Parteien geübt werden. Im internationalen Handel darf zudem jede Form gewählt werden, die einem Handelsbrauch entspricht, den die Parteien kannten oder kennen mussten. Dies ist beispielsweise der Fall, wenn die Parteien den Handelsbrauch bei Verträgen der betreffenden Art in dem betreffenden Geschäftszweig allgemein kennen und regelmäßig beachten. Nach Art. 5 Nr. 1 lit. b) EuGVVO kann ein Gerichtsstand zudem auch indirekt, nämlich behelfs der Wahl eines bestimmten Erfüllungsortes, vereinbart werden. Eine solche Vereinbarung ist selbst bei Verbraucherbeteiligung formlos möglich. Schließlich kann ein Gerichtsstand gem. Art. 24 EuGVVO durch rügelose Einlassung begründet werden. Dies gilt jedoch nicht in den Fällen ausschließlicher Zuständigkeiten nach Art. 22 EuGVVO.

---

109 Das Verhältnis zwischen EuGVÜ/EuGVVO einerseits und LugÜ andererseits ist in Art. 54b LugÜ a. F./Art. 64 LugÜ n. F. geregelt. Danach sind die Vorschriften des LugÜ anzuwenden, wenn der Beklagte in einem Vertragsstaat des LugÜ wohnt, der nicht EU-Mitglied ist (derzeit: Island, Norwegen, Liechtenstein und Schweiz), oder wenn die ausschließliche Zuständigkeit oder aber die vereinbarte Zuständigkeit eines dieser Staaten begründet ist.
110 ABl. EU L 339 v. 21.12.2007, 3 ff.
111 Zöller/*Geimer* Art. 2 EG-VO Rn. 14.
112 *Dogauchi/Hartley* Anm. 78.

b) Besonderheiten elektronischer Form

Neben den allgemeinen Problemen stellt sich speziell bei IT-bezogenen Sachverhalten stets die Frage, ob der zulässige Gerichtsstand auch auf elektronischem Wege, also vor allem per E-Mail oder durch Abgabe einer Erklärung über das Internet, vereinbart werden kann. Die EuGVVO unterscheidet zwischen einer direkten und einer indirekten Vereinbarung des Gerichtsstandes. Die direkte Vereinbarung des Gerichtsstandes ist in Art. 23 EuGVVO geregelt. Diese Vorschrift, die sowohl für den Verkehr unter Unternehmen als auch bei Beteiligung von Verbrauchern gilt, geht grundsätzlich vom Erfordernis einer schriftlichen Vereinbarung aus. Sie sieht aber in Abs. 2 ausdrücklich die Möglichkeit einer elektronischen Vereinbarung vor, wenn die elektronische Übermittlung eine dauerhafte Aufzeichnung der Vereinbarung ermöglicht. Mit dieser Formulierung ist vor allem das Ausdrucken, daneben wohl aber auch das Speichern, von Bildschirminhalten gemeint. Ob es in diesem Zusammenhang genügt, wenn sich die Aufzeichnungsmöglichkeit auf den gesamten Bildschirminhalt bezieht oder ob sie konkret auf die Gerichtsstandsvereinbarung bezogen sein muss,[113] bleibt nach dem Wortlaut der Vorschrift unklar. Sicherheitshalber sollte ein solch enger Zuschnitt durch die Verwendung von Pop-up-Fenstern o. ä. ermöglicht werden.

93

Damit erfüllen einfache E-Mails die Form von Art. 23 Abs. 2 EuGVVO. Gerichtsstandsvereinbarungen können aber auch durch Ausfüllen einer aktiven Website im Internet geschlossen werden, wenn der Anbieter dem Nutzer die Möglichkeit eröffnet, die Bildschirmanzeige auszudrucken.[114]

94

c) Besonderheiten bei Verbraucherbeteiligung

Gerichtsstandsvereinbarungen entfalten nach Art. 23 Abs. 5 EuGVVO keine rechtliche Wirkung, wenn sie Art. 13, 17 oder 21 EuGVVO zuwiderlaufen oder wenn die Gerichte, deren Zuständigkeit abbedungen wird, aufgrund des Artikels 22 EuGVVO ausschließlich zuständig sind. Unter den genannten Vorschriften untersagt Art. 17 EuGGVO insbesondere eine Abweichung von den verbraucherschützenden Vorgaben der EuGVVO, sofern nicht die entsprechende Vereinbarung *nach* der Entstehung der Streitigkeit getroffen wird, die Vereinbarung einem Verbraucher die Befugnis einräumt, andere als die in Art. 15–17 EuGVVO aufgeführten Gerichte anzurufen, oder die Vereinbarung zwischen einem Verbraucher und seinem Vertragspartner, die beide zum Zeitpunkt des Vertragsabschlusses ihren Wohnsitz oder gewöhnlichen Aufenthalt in demselben Mitgliedstaat haben, getroffen ist und die Zuständigkeit der Gerichte dieses Mitgliedstaats begründet, es sei denn, dass eine solche Vereinbarung nach dem Recht dieses Mitgliedstaats nicht zulässig ist.

95

5. Gerichtsstandsvereinbarungen nach dem EuGVÜ/LugÜ

Das EuGVÜ und das LugÜ in seiner alten Fassung enthielten zwar keine dem Art. 23 Abs. 2 EuGVVO entsprechenden Vorschriften über die Schriftformäquivalenz elektronischer Übermittlungen, die eine dauerhafte Aufzeichnung erlauben. Eine Gerichtsstandsvereinbarung in dieser Form wurde gleichwohl auch hier überwiegend als zulässig angesehen.

96

Mittlerweile ist jedoch Art. 23 LugÜ n. F. dem Art. 23 EuGVVO angepasst und sieht in seinem Abs. 2 ebenfalls vor, dass elektronische Übermittlungen, die eine dauerhafte Aufzeichnung der Vereinbarung ermöglichen, der Schriftform gleichgestellt sind.

---

113 In diese Richtung deutend Leible/Sosnitza/*Leible* S. 399 f.
114 Geimer/Schütze/*Geimer* Art. 23 EuGVVO Rn. 105.

6. Gerichtsstandsvereinbarungen nach der ZPO

97 Die ZPO fordert im Verkehr zwischen Unternehmen für die Gerichtsstandsvereinbarung grundsätzlich keine besondere Form, wenn sie *vor* Entstehen der Streitigkeit vereinbart wird und beide Parteien ihren allgemeinen Gerichtsstand im Inland (Deutschland) haben (§ 38 Abs. 1 ZPO). In diesen Fällen ist eine Gerichtsstandsvereinbarung auch in elektronischer Form möglich und muss nicht gesondert ausgedruckt werden oder ausdruckbar sein. Soweit eine Partei keinen allgemeinen Gerichtsstand im Inland hat, ist nach § 38 Abs. 2 ZPO zumindest die sog. »halbe Schriftlichkeit« erforderlich. Das heißt, falls keine schriftliche Vereinbarung vorliegt, ist bei mündlicher Vereinbarung jedenfalls eine schriftliche Bestätigung einer Partei (gleich welcher) erforderlich. Die andere Partei darf dieser Bestätigung nicht widersprochen haben. Grundsätzlich wird für die Schriftform nicht die Form des § 126 BGB gefordert, jedoch wird in der Regel von unterzeichneten Schriftstücken/einem unterzeichneten Schriftstück ausgegangen.[115] Da sich die Vorschrift jedoch an Art. 17 EuGVÜ orientiert und ebenfalls entsprechend ausgelegt werden soll,[116] kann auch eine elektronische Bestätigung, die ausgedruckt werden kann, für ausreichend gehalten werden. Im Verbraucherverkehr ist eine Gerichtsstandsvereinbarung *vor* Entstehen der Streitigkeit nicht zulässig. Soweit die Gerichtsstandsvereinbarung *nach* Entstehen der Streitigkeit getroffen wird – auch bei Verbraucherbeteiligung – ist sie ausdrücklich und schriftlich nach § 126 BGB abzuschließen.[117] In elektronischer Form möglich wäre in diesen Fällen allenfalls eine elektronische Erklärung mit einer qualifizierten digitalen Signatur (§§ 126 Abs. 3, 126 a BGB). Eine einfache, nicht signierte E-Mail oder die Abgabe einer Erklärung im Internet wären hierfür nicht ausreichend. Auch nach der ZPO ist eine indirekte Gerichtsstandsvereinbarung durch Vereinbarung des Erfüllungsortes möglich (§ 29 Abs. 2 ZPO). Diese bedarf keiner besonderen Form, kann aber nur unter Kaufleuten abgeschlossen werden.

II. Vereinbarung alternativer Streitbeilegungsinstrumente

98 Bei Meinungsverschiedenheiten unter den Parteien während oder nach der Durchführung des Vertrages stehen neben dem staatlichen Gerichtsverfahren alternative Streitbeilegungsinstrumente zur Verfügung.[118] Am weitesten verbreitet dürfte darunter die Durchführung von Schiedsverfahren sein. Neben diesen stehen unter anderem mit dem Schlichtungsverfahren, der Mediation und vertragsimmanenten Eskalationsmechanismen weitere Instrumente für eine alternative Streitbeilegung zur Verfügung.

1. Schiedsverfahren

99 Eine Schiedsvereinbarung kann in Form einer selbstständigen Vereinbarung (sog. Schiedsabrede) oder in Form einer Klausel in einem Vertrag (sog. Schiedsklausel) getroffen werden. Die Rechtsfolge einer wirksamen Schiedsvereinbarung besteht darin, dass die Streitigkeit dem Schiedsgericht vorzulegen und eine Klage vor einem staatlichen Gericht bezüglich dieser Streitigkeit unzulässig ist.[119]

a) Vorteile von Schiedsverfahren

100 Schiedsverfahren können gegenüber Gerichtsverfahren mit deutlichen Vorteilen verbunden sein. Insbesondere lassen sie sich in der Regel schneller und kostengünstiger durchführen.

---

115 Vgl. Zöller/*Vollkommer* § 38 Rn. 27.
116 Vgl. Zöller/*Vollkommer* § 38 Rn. 27.
117 § 38 Abs. 3 ZPO; Zöller/*Vollkommer* § 38 Rn. 34.
118 Zur außergerichtlichen Beilegung von Streitigkeiten in der IT insgesamt: *Schröder/Splittgerber* S. 11 ff.
119 Vgl. hierzu im deutschen Recht § 1032 Abs. 1 ZPO.

Gerade bei grenzüberschreitenden Streitigkeiten werden die üblicherweise erforderlichen Zustellungen sowie die Anerkennung und Vollstreckung von Entscheidungen nicht selten einen erheblichen Zeit- und Kostenaufwand bedeuten. Bei schiedsrichterlichen Verfahren sind zudem die Beweisaufnahme sowie die Anerkennung und Vollstreckung vergleichsweise einfach möglich, da insoweit übergreifende internationale Regelungen bestehen. Die zunehmende Bedeutung von Schiedsverfahren beruht aber auch darauf, dass sie den Parteien größere Gestaltungsspielräume belassen, dies etwa hinsichtlich der Wahl der Schiedsrichter oder der näheren Verfahrensgestaltung. Eine vertragliche Schiedsvereinbarung kann sich gerade im IT-Bereich anbieten: Erwähnt sei hier vor allem das erhöhte Maß an Diskretion, welches sich aus dem Ausschluss der Öffentlichkeit ergibt. Dies erweist sich vor allem als vorteilhaft, wenn beispielsweise Know-How oder technische Neuerungen im Zentrum des Streits stehen, die so weit wie möglich geheim gehalten werden sollen. Zudem besteht die Möglichkeit einer Wahl der Schiedsrichter nach ihrer spezifischen IT-Kompetenz.[120] Schließlich kann mit der Vereinbarung eines Schiedsverfahrens auch etwaigen Tendenzen staatlicher Gerichte zur Begünstigung der »heimischen« Partei begegnet werden.[121]

b) Überblick über den Rechtsrahmen

Unter den auf europäischer und internationaler Ebene bestehenden Abkommen zu Schiedsverfahren sind besonders hervorzuheben das 101
- New Yorker UN-Übereinkommen über die Anerkennung und Vollstreckung ausländischer Schiedssprüche vom 10.06.1958 (»**UNÜ**«), und das
- Europäische Übereinkommen über die internationale Handelsschiedsgerichtsbarkeit vom 21.04.1961 (»**EuÜ**«).

Das UNÜ ist nach seinem Art. 1 Abs. 1 auf die Anerkennung und Vollstreckung von Schiedssprüchen anzuwenden, die in einem anderen Staat ergangen sind als in demjenigen, in dem um Anerkennung und Vollstreckung ersucht wird. Das EuÜ ist nach seinem Art. 1 Abs. 1 lit. a) bei Schiedsvereinbarungen einschlägig, die bei internationalen Handelsgeschäften zwischen natürlichen oder juristischen Personen geschlossen werden, sofern diese ihren gewöhnlichen Aufenthalt oder Sitz in verschiedenen Vertragsstaaten haben. Anders als das UNÜ nimmt das EuÜ also eine Beschränkung auf Handelsgeschäfte vor.[122] Die EuGVVO ist dagegen ebenso wenig wie das EuGVÜ und das LugÜ auf Schiedsvereinbarungen anwendbar.[123]

c) Schiedsvereinbarungen nach dem UNÜ

Das UNÜ verdrängt in seinem Anwendungsbereich die strengeren Anforderungen an die 102 Form von Schiedsvereinbarungen nach § 1031 Abs. 5 ZPO.[124] Auch Art. 2 UNÜ sieht ein Schriftformerfordernis vor, welches jedenfalls durch handschriftliche Unterzeichnung der vertraglichen Vereinbarung gewahrt ist. Darüber hinaus genügt der Wechsel von Briefen oder Telegrammen, welche die Schiedsklausel enthalten. Sofern die Schiedsklausel in Allgemeinen Geschäftsbedingungen enthalten ist, müssen diese nicht nur in Bezug genommen, sondern dem Vertragsangebot auch beigefügt sein.[125]

---

120 Eingehend zu den Vor- und Nachteilen, insbesondere bei IT-Verträgen *Lejeune* ITRB 2003, 273 (275).
121 *Sieg* RIW 1998, 102 (105).
122 Zu entsprechenden Forderungen nach einer Beschränkung des UNÜ vgl. Spindler/Wiebe/*Mankowski* H Rn. 7; zur Gegenargumentation vgl. Leible/Sosnitza/*Leible* S. 399 f.
123 Vgl. Art. 1 Abs. 2 lit. d) EuGVVO; Art. 1 Abs. 2 Nr. 4 EuGVÜ; Art. 1 Abs. 2 lit. d) LugÜ.
124 BGH RIW 1976, 449.
125 MüKo-ZPO/*Gottwald*, Art. II UNÜ Rn. 14; Reithmann/Martiny/*Hausmann* Rn. 3282.

103 Ob auch eine per **E-Mail** oder **Webklick** abgeschlossene Schiedsvereinbarung möglich ist, ergibt sich aus dem UNÜ nicht unmittelbar. Überwiegend und richtigerweise wird dies jedoch befürwortet, da der ausdrücklich erwähnten Übermittlung per Telefax sonstige Formen moderner Kommunikation jedenfalls dann gleichzustellen sind, wenn sie vergleichbaren Beweis- und Schutzfunktionen genügen. Dies ist bei der Vereinbarung von Schiedsklauseln im Internet jedenfalls dann gegeben, wenn der Nutzer eine Lesebestätigung anklicken und die betreffenden Allgemeinen Geschäftsbedingungen dauerhaft speichern oder ausdrucken kann. Schiedsvereinbarungen per Click-Wrap[126] oder E-Mail sind demnach grundsätzlich zulässig.[127]

d) Schiedsvereinabrungen nach dem EuÜ

104 Das EuÜ verlangt ebenfalls die Schriftlichkeit der Schiedsvereinbarung. Die insoweit in Art. 1 Abs. 2 lit. a) EuÜ aufgestellten Anforderungen entsprechen inhaltlich denjenigen des Art. 2 Abs. 2 UNÜ, weshalb auch hier von der grundsätzlichen Zulässigkeit von Schiedsvereinbarungen per Click-Wrap[128] oder E-Mail ausgegangen werden kann. Auch das EuÜ verdrängt strengere Formanforderungen des nationalen Rechts.[129]

e) Schiedsvereinbarungen nach der ZPO

105 Sofern kein bi- oder multilaterales Abkommen anwendbar ist und der Schiedsort innerhalb Deutschlands liegt, findet die ZPO auf das Schiedsverfahren Anwendung. Hinsichtlich der Form von Schiedsvereinbarungen legt § 1031 Abs. 1 ZPO dabei fest, dass diese entweder in einem von den Parteien unterzeichneten Dokument oder in zwischen ihnen gewechselten Schreiben, Fernkopien, Telegrammen oder anderen Formen der Nachrichtenübermittlung, die einen Nachweis der Vereinbarung sicherstellen, enthalten sein müssen. Schiedsvereinbarungen, an denen ein Verbraucher beteiligt ist, müssen nach § 1031 Abs. 5 ZPO in einer von den Parteien eigenhändig unterzeichneten Urkunde enthalten sein. Die Schriftform kann dabei durch die elektronische Form nach § 126a BGB ersetzt werden. Damit ist eine Schiedsvereinbarung per E-Mail im gewerblichen Verkehr zulässig, ohne dass dafür eine digitale Signatur erforderlich wäre, während sie im Verbraucherverkehr grundsätzlich schriftlich abzuschließen ist.[130] Hier kann die Schriftform allenfalls durch eine qualifizierte elektronische Signatur ersetzt werden. Bedeutsam ist bei Verbraucherbeteiligung zudem, dass eine Schiedsvereinbarung nach § 1031 Abs. 5 S. 3 ZPO grundsätzlich nicht in dem Hauptvertrag selbst vereinbart werden darf, sondern in einem getrennten Dokument enthalten sein muss.[131]

f) Schiedsklauseln in Allgemeinen Geschäftsbedingungen

106 Sofern Schiedsklauseln in Allgemeinen Geschäftsbedingungen enthalten sind, stellt sich die Frage, nach welchen Vorschriften und in welchem Umfang die Einbeziehungs- und Inhaltskontrolle zu erfolgen hat. Die Beantwortung hängt in erster Linie davon ab, ob der Anwendungsbereich des UNÜ, des EuÜ oder sonstiger internationaler Übereinkommen eröffnet ist. Solche Abkommen gehen nationalen Vorgaben – und damit auch den Regelungen in §§ 1025 ff. ZPO – vor.[132] Allerdings regeln das UNÜ und das EuÜ abschließend nur das Zustandekommen von Schiedsvereinbarungen, nicht aber deren zulässigen Inhalt. Soweit das

---

126 Vgl. dazu Rdn. 38.
127 Leible/Sosnitza/*Leible* S. 400 f.; ebenso Spindler/Wiebe/*Mankowski* H Rn. 4; nur für die Zulässigkeit einer E-Mail-Vereinbarung dagegen *Schack* MMR 2000, 135 (149).
128 Vgl. dazu Rdn. 38.
129 BGH NJW 1983, 1267 (1268).
130 Moritz/Dreier/*Terlau* Teil C Rn. 29; *Musielak* § 1031 ZPO Rn. 4.
131 Vgl. hierzu insgesamt *Splittgerber* S. 26 ff.
132 *Schwab/Walter* Kap. 44 Rn. 9.

nationale Recht sonstige Regelungszwecke verfolgt, wie in Deutschland in §§ 305c, 307 ff. BGB namentlich den Schutz vor Übereilung, Überraschung oder unangemessener Benachteiligung, so beanspruchen solche Regelungen zusätzliche Geltung.[133] Außerhalb des Anwendungsbereichs des UNÜ, des EuÜ oder sonstiger internationaler Übereinkommen sind §§ 305 ff. BGB ohnedies vollumfänglich anwendbar.

2. Sonstige Instrumente der Streitbeilegung

Als sonstige Möglichkeiten der alternativen Streitbeilegung kommen zunächst Mediations- und Schlichtungsverfahren in Betracht. Die Durchführung solcher Verfahren muss von den Parteien vereinbart werden und erfolgt vor privaten ad-hoc Gremien oder institutionellen Stellen wie der Hamburger Schlichtungsstelle für IT,[134] der Gesellschaft für Wirtschaftsmediation und Konfliktmanagement[135] oder der Deutschen Gesellschaft für Recht und Informatik.[136] Auch besteht zunehmendes Interesse, insbesondere rechtlich einfach gelagerte Streitigkeiten aus dem IT-Umfeld über ein Online-Verfahren beizulegen.[137] Praktische Umsetzungen hierzu gibt es jedoch bislang vornehmlich nur in den USA.[138] Schließlich machen Vertragsparteien zunehmend von der Möglichkeit Gebrauch, vertragliche Eskalationsmechanismen vorzusehen, welche die Parteien noch während der Vertragsdurchführung zu einer Beilegung von Meinungsverschiedenheit anhalten.

107

III. Internationale Zuständigkeit nach EuGVVO oder LugÜ bei Fehlen einer Gerichtsstandsvereinbarung

Sofern die Parteien keine oder eine unwirksame Gerichtsstandswahl getroffen haben, richtet sich die internationale Zuständigkeit nach den Regelungen der EuGVVO, des EuGVÜ oder des LugÜ. Dabei gilt für Klagen, die vor März 2002 erhoben wurden, das ältere EuGVÜ und nicht die EuGVVO. Sofern ausnahmsweise weder das EuGVVO, noch das EuGVÜ oder das LugÜ anwendbar sind, kommen die Regelungen der ZPO zur Anwendung. In keinem Fall ist dagegen das HGÜ einschlägig, da seine Regelungen sämtlich an eine vorhandene Gerichtsstandsvereinbarung anknüpfen und dieses Überkommen zudem noch nicht in Kraft getreten ist.[139]

108

1. Zuständigkeit nach der EuGVVO

Die EuGVVO ist gem. Art. 299 EGV a. F./Art. 52 EUV i. V. m. Art. 355 AEUV, Art. 1 EuGVVO nur auf Zivil- und Handelssachen auf dem Gebiet der EU anwendbar.[140] Für die damit erforderliche **gegenständliche Abgrenzung** von Zivil- und Handelssachen von anderen Angelegenheiten ist nicht auf die jeweilige nationale Unterscheidung der Rechtswege zurückzugreifen.[141] Wie bei anderen vertragsautonomen Begriffen sind stattdessen Ziele und Aufbau des Übereinkommens sowie allgemeine, sich aus der Gesamtheit der Rechtsordnungen ergebende Grundsätze maßgeblich.[142]

109

---

133 *Schwab/Walter* Kap. 44 Rn. 9.
134 Vgl. http://www.hk24.de/it-schlichtungsstelle.
135 Vgl. http://www.gwmk.de.
136 Vgl. http://www.dgri.de.
137 Vgl. hierzu beispielsweise *Märker/Trénel*, passim.
138 Vgl. beispielsweise http://www.cybersettle.com oder http://www.scquaretrade.com.
139 Vgl. dazu Rdn. 86.
140 Ausgenommen sind nach Art. 1 Abs. 2 EuGVVO Angelegenheiten aus folgenden Bereichen: Personenstand, Rechts- und Handlungsfähigkeit, ehelicher Güterstand, Erbrecht, Insolvenzrecht, soziale Sicherheit, Schiedsgerichtsbarkeit.
141 Für Deutschland vgl. insoweit § 13 GVG und § 40 VwGO.
142 Vgl. EuGH NJW 1993, 2091.

110 Zu beachten ist ferner, dass die EuGVVO gem. Art. 67, 71 EuGVVO internationale Abkommen, in denen für besondere Rechtsgebiete die internationale Zuständigkeit speziell geregelt ist, unberührt lässt. Sofern ein solches **Spezialabkommen** existiert, gelten daher gegebenenfalls abweichende Grundsätze. Die EuGVVO entfaltet dann Wirkung nur noch in vom Spezialabkommen ungeregelten Fragen.[143]

a) Allgemeiner Gerichtsstand

111 Für die Bestimmung des allgemeinen Gerichtsstandes knüpft die EuGVVO nicht etwa an die Staatsangehörigkeit des Klägers oder des Beklagten an.[144] Vielmehr ist gem. Art. 60 Abs. 1 EuGVVO – außer in den Fällen der Art. 22 und 23 EuGVVO[145] – für natürliche wie juristische Personen (Art. 60 EuGVVO) gleichermaßen der **Wohnsitz des Beklagten** (Art. 2 Abs. 1 EuGVVO) maßgeblich. Dieser Wohnsitz bestimmt sich gem. Art. 59 Abs. 1 EuGVVO nach der »lex fori« des angerufenen Gerichts. Erst wenn sich daraus kein Wohnsitz im Forumsstaat ergibt, ist gem. Art. 59 Abs. 2 EuGVVO zur Prüfung eines Wohnsitzes in anderen Mitgliedstaaten deren jeweiliges Recht anzuwenden. Sofern danach ein Wohnsitz in einem Mitgliedstaat gegeben ist, bestimmt sich die internationale Gerichtszuständigkeit nach Art. 2 Abs. 1, 3 EuGVVO. Stets ist dann die internationale Gerichtszuständigkeit des Residenzstaates eröffnet. Nach Maßgabe von Art. 5 ff. EuGVVO kann daneben gegebenenfalls die besondere Zuständigkeit eines anderen Mitgliedstaates gegeben sein. Für juristische Personen werden die beschriebenen Grundsätze dadurch konkretisiert, dass ihr Wohnsitz durch Art. 60 EuGVVO als der satzungsmäßige Sitz, der Ort der Hauptverwaltung oder der Ort der Hauptniederlassung bestimmt wird.

b) Besondere Gerichtsstände

112 Neben dem allgemeinen Gerichtsstand sehen Art. 5 ff. EuGVVO eine Reihe besonderer Gerichtsstände vor.

aa) Gerichtsstand des Erfüllungsorts

113 Darunter kommt, soweit es um vertragliche Ansprüche geht, dem Gerichtsstand des **Erfüllungsorts** besondere Bedeutung zu. Art. 5 Nr. 1 EuGVVO lässt in diesem Zusammenhang Klagen an dem Ort zu, an dem die streitige Verpflichtung erfüllt worden ist oder zu erfüllen gewesen wäre. Dabei gelten folgende Prinzipien: Maßgeblich ist der Erfüllungsort der Leistung, die Gegenstand der Klage ist. Eine Anknüpfung an den Ort der vertragscharakteristischen Leistung ist dagegen nicht möglich. Der Erfüllungsort bestimmt sich sodann nach Maßgabe desjenigen Rechts, das nach den Kollisionsnormen des mit dem Rechtsstreit befassten Gerichts für die streitige Verpflichtung maßgeblich ist.

bb) Gerichtsstand in Verbrauchersachen

114 Für Verbrauchersachen sieht Art. 16 EuGVVO einen weiteren besonderen Gerichtsstand vor. Verbraucher ist nach dieser Vorschrift, wer einen Vertrag zu einem Zweck abschließt, der nicht seiner beruflichen oder gewerblichen Tätigkeit zugerechnet werden kann. Verbraucher können bis auf wenige Ausnahmen vor dem Gericht ihres eigenen Wohnsitzes klagen. Umgekehrt dürfen sie grundsätzlich nur an ihrem eigenen Wohnsitz verklagt werden.

---

[143] Vgl. EuGH Slg. 1994 I-5439 Tz. 24 f.
[144] Geimer/Schütze Einl. Rn. 198.
[145] Vgl. insoweit Art. 4 Abs. 1 EuGVVO. Art. 22 EuGVVO betrifft bestimmte ausschließliche Zuständigkeiten (z. B. in Bezug auf gesellschaftsrechtliche Streitigkeiten oder Streitigkeiten bezüglich des gewerblichen Rechtsschutzes). Art. 23 EuGVVO betrifft durch die Parteien vorgenommene Zuständigkeitsvereinbarungen.

III. Intern. Zuständigkeit nach EuGVVO oder LugÜ b. Fehlen einer Gerichtsstandsvereinbarung

cc) Gerichtsstand der unerlaubten Handlung

Für unerlaubte Handlungen schafft Art. 5 Nr. 3 EuGVVO einen zusätzlichen Klägergerichtsstand. Der Begriff der unerlaubten Handlung wird dabei so verstanden, dass er eine Streitigkeit voraussetzt, mit der eine Schadenshaftung des Beklagten geltend gemacht wird, die nicht an einen Vertrag im Sinne von Artikel 5 Nr. 1 EuGVVO anknüpft.[146] Zudem ist ein Gericht, das nach Artikel 5 Nr. 3 EuGVVO für die Entscheidung über eine Klage unter einem auf deliktischer Grundlage beruhenden Gesichtspunkt zuständig ist, nicht zugleich zur Entscheidung über nicht-deliktische Gesichtspunkte der Angelegenheit berufen.[147] Dies begründet die Rechtsprechung mit dem Hinweis darauf, dass der Gerichtsstand der unerlaubten Handlung eine Ausnahme vom Grundsatz darstelle, dass die Gerichte im Wohnsitzstaat des Beklagten zuständig seien. Auch wenn es Nachteile mit sich bringe, hinsichtlich der einzelnen Aspekte eines Rechtsstreits von verschiedenen Gerichten klagen zu müssen, so habe der Kläger doch stets die Möglichkeit, seine Klage unter sämtlichen Gesichtspunkten vor das Gericht am Wohnsitz des Beklagten zu bringen.

115

dd) Gerichtsstand der Niederlassung

Art. 5 Nr. 5 EuGVVO eröffnet einen Gerichtsstand im Inland, wenn der Verkäufer planmäßig von einer inländischen Niederlassung aus Geschäfte betreibt. Keine Rolle spielt, ob die Niederlassung des Beklagten rechtlich selbstständig ist oder nicht, sofern nur der Rechtsschein gesetzt wird, dass es sich um eine vom Verkäufer unterhaltene Geschäftseinrichtung handelt. Dieser Gerichtsstand ist für alle Streitigkeiten eröffnet, die einen Bezug zu dieser Niederlassung haben. Er gilt also beispielsweise auch für mit der Geschäftstätigkeit zusammenhängende deliktische Ansprüche.

116

ee) Gerichtsstand bei Verletzung von Immaterialgütern

Art. 22 Nr. 4 EuGVO eröffnet einen ausschließlichen Gerichtsstand in Bezug auf Verfahren, welche die Eintragung oder Gültigkeit von Immaterialgüterrechten betreffen. Nach überwiegender Auffassung lassen sich bei einer Verletzung von Immaterialgüterrechten der Handlungs- und Erfolgsort nicht unterscheiden. Dementsprechend wird im Internet als Handlungs- und Erfolgsort jeder Ort angesehen, an dem die rechtsverletzenden Inhalte abgerufen werden können.[148]

117

ff) Gerichtsstand des Vermögens

Falls ein zahlungsunwilliger Käufer in Deutschland eine Bankverbindung unterhält, ist an den **Vermögensgerichtsstand** des § 23 S. 1, 1. Alt. ZPO zu denken. Dieser im internationalen Vergleich ausgesprochen extensive deutsche Gerichtsstand (aber vgl. auch die US-amerikanischen »*long-arm statutes*«) steht jedem Kläger offen und erübrigt ein umständliches Urteilsanerkennungsverfahren, wenn das Urteil im Inland durch Zugriff auf das die Zuständigkeit begründende Vermögen vollstreckt werden kann. Jedoch schließt Art. 3 Abs. 2 EuGVVO die Anwendung von § 23 ZPO gegenüber Personen, die ihren Wohnsitz in einem Vertragsstaat haben, ausdrücklich aus.

118

---

146 St. Rspr., vgl. nur EuGH Slg. 1988, 5565 Tz. 18; Slg. 1992, I-2149 Tz. 16; Slg. 1998, I-6511 Tz. 22; Slg. 2002, I-8111 Tz. 36.
147 BGHZ 132, 105; BGHZ 153, 173; BGH NJW-RR 2005, 581.
148 OLG Hamburg CR 2002, 837; OLG Karlsruhe MMR 2002, 814 (815); KG NJW 1997, 3321; LG Düsseldorf NJW-RR 1998, 979 (980); LG München I RIW 2000, 466.

gg) Relevanz für den IT-Bereich

119 Im IT-Bereich kann vor allem der Gerichtsstand der unerlaubten Handlung relevant sein, soweit es etwa um die Verletzung von Immaterialgüterrechten[149] oder des Wettbewerbs[150] im Zusammenhang mit Internet-Sachverhalten geht. Ein breites Anwendungsgebiet findet die Vorschrift ferner bei einer Verletzung von Persönlichkeitsrechten durch Online-Veröffentlichungen.[151] Art. 5 Nr. 3 EuGVVO sieht vor, dass der Gerichtsstand für Klagen, die unerlaubte Handlungen bzw. solchen Handlungen gleichgestellte Handlungen betreffen, der Ort ist, an dem das schädigende Ereignis eingetreten ist oder einzutreten droht. Erfasst ist damit sowohl der Ort der schädigenden Handlung (sog. »Handlungsort«) als auch der Ort des Schadenseintritts (sog. »Erfolgsort«).[152] Dem Kläger steht insoweit ein Wahlrecht zu. Im Zusammenhang mit Persönlichkeitsverletzungen im Internet wurde bisher Folgendes vertreten: Der Handlungsort bei ehrverletzenden Äußerungen über das Internet befindet sich dort, wo die entsprechenden Daten in das Internet eingespeist wurden.[153] Der Standort des Servers ist hingegen bedeutungslos, solange es nicht um eine Mithaftung seines Betreibers geht. Der Erfolgsort kennzeichnet den Ort, an dem die schädigenden Auswirkungen des haftungsauslösenden Ereignisses zulasten des Betroffenen eintreten.[154] Da Internetseiten grundsätzlich – wenn sie sich nicht an einen besonderen Staat richten – überall auf der Welt abrufbar sind, kann wegen Verletzungshandlungen im Internet prinzipiell vor jedem Gericht innerhalb der EU geklagt werden.[155] Voraussetzung hierfür ist jedoch zunächst, dass sowohl der Kläger als auch der Beklagte ihren Wohnsitz im Geltungsbereich der EuGVVO haben. Außerdem begegnet die Rechtsprechung der Gefahr einer uferlosen Ausweitung dieses Gerichtsstands mit der Einschränkung, dass eine Klage nur an Orten eines »Erstschadens«, nicht aber am Ort von Folgeschäden erhoben werden kann.[156] Dafür dürfen aber am Gerichtsstand des Handlungsorts sämtliche aus der schädigenden Handlung resultierende Schäden unabhängig davon geltend gemacht werden, wo im Einzelnen der Handlungserfolg eingetreten ist.[157] Zu diesem Themenkomplex liegt dem EuGH derzeit eine Vorabentscheidungsfrage vor, in welcher der BGH den EuGH fragt, ob die Wendung »*Ort, an dem das schädigende Ereignis einzutreten droht*« in Art. 5 Nr. 3 EuGVVO bei (drohenden) Persönlichkeitsverletzungen durch Inhalte einer Internet-Website dahin gehend auszulegen ist, dass der Betroffene einen Unterlassungsanspruch gegen den Betreiber der Website unabhängig davon, in welchem Mitgliedstaat der Betreiber niedergelassen ist, auch bei den Gerichten jedes Mitgliedstaates erheben kann, in dem die Website abgerufen werden kann, oder ob die Zuständigkeit der Gerichte eines Mitgliedstaats, in dem der Betreiber der Website nicht niedergelassen ist, voraussetzt, dass ein über die technisch mögliche Abrufbarkeit hinausgehender besonderer Bezug der angegriffenen Inhalte oder der Website zum Gerichtsstaat (Inlandsbezug) besteht. Sollte Letzteres der Fall sein, so fragt der BGH weiter, nach welchen Kriterien sich der Inlandsbezug bestimmt[158] Es wird abzuwarten sein, wie der EuGH sich zu dieser Vorlagefrage äußern wird.

---

149 OGH GRUR Int. 2000, 795 (Urheberrecht); OLG Düsseldorf IPRax 2001, 336; LG Düsseldorf GRUR Int. 1999, 455 (Patent); KG RIW 2001, 613; OLG Hamburg CR 2002, 837 (Kennzeichen).
150 OLG München NJW-RR 1994, 190; KG, ZLR 2002, 759.
151 OLG München RIW 1988, 647; AG Hamburg RIW 1990, 320.
152 EuGH Slg. 1976, 1753 Tz. 15/19.
153 *Mankowski* RabelsZ 63 (1999), 203 (257 f.); Leible/*Spickhoff* S. 89 (98).
154 EuGH Slg. 1995, I-415 Tz. 28.
155 *Lehmann* Teil 3 K Rn. 53 und 59.
156 EuGH Slg. 1995, I-2719 Tz. 14 f. Im Anschluss daran die überwiegende Literatur, statt aller vgl. nur Mü-Ko-BGB/*Gottwald* Art. 5 EuGVÜ Rn. 43.
157 Leible/Sosnitza/*Leible* S. 440 f.
158 BGH K&R 2010, 45. Vgl. Rn. 15 zur Entscheidung des BGH in einem ähnlichen Verfahren bei dem es um die Auslegung von § 32 ZPO ging.

IV. Kurzüberblick: Anerkennung und Vollstreckung ausländischer Entscheidungen

Von erheblicher Bedeutung ist ferner die Frage, welche Qualität der von der EuGVVO vorausgesetzte **Auslandsbezug** aufweisen muss. Die Erwägungsgründe der EuGVVO sprechen in Ziff. 8 nur davon, dass Rechtsstreitigkeiten einen Anknüpfungspunkt an das Hoheitsgebiet eines der Mitgliedstaaten aufweisen müssen. Gemeinsame Zuständigkeitsvorschriften nach der EuGVVO sollen demnach grundsätzlich dann Anwendung finden, wenn der Beklagte seinen Wohnsitz in einem der Mitgliedstaaten hat. Offen bleibt damit aber, ob auch der Kläger aus einem Mitgliedstaat stammen muss. Teilweise wird ein solcher Bezug für erforderlich gehalten.[159] Andere Autoren gehen hingegen davon aus, dass ein Auslandsbezug zu einem beliebigen Drittstaat genüge.[160] Gegen eine Beschränkung auf den Auslandsbezug zu Mitgliedstaaten sprechen nicht nur definitorische Schwierigkeiten, sondern auch der über die Zielsetzung der EuGV hinausgehende Zweck der EuGVVO, in ihrem Anwendungsbereich einen auch gegenüber Drittstaaten einheitlichen Rechtsraum zu schaffen.[161]

120

2. Zuständigkeit nach dem EuGVÜ/LugÜ

Die Regelungen der EuGVÜ und des LugÜ sind **weitestgehend deckungsgleich** mit denjenigen der EuGVVO. Insbesondere sehen auch das EuGVÜ und das LugÜ den allgemeinen Gerichtsstand des Beklagtenwohnsitzes vor und stellen hierbei den Gesellschaftssitz einem Wohnsitz gleich.

121

Unterschiede bestehen zwischen der EuGVVO und dem EuGVÜ sowie dem LugÜ in seiner alten Fassung jedoch vor allem hinsichtlich **Verbraucherverträgen**: Während Art. 15 Abs. 1 lit. c) EuGVVO allgemein daran anknüpft, dass der Vertragspartner des Verbrauchers eine berufliche oder gewerbliche Tätigkeit auf den Mitgliedstaat »ausrichtet«, in dessen Hoheitsgebiet der Verbraucher seinen Wohnsitz hat, setzen Art. 13 Abs. 1 Nr. 3 EuGVÜ/LugÜ a. F. voraus, dass im Staat des Wohnsitzes des Verbrauchers ein ausdrückliches Angebot oder eine Werbung erfolgt ist und der Verbraucher im selben Staat die für den Vertragsschluss erforderlichen Rechtshandlungen vorgenommen hat. Außerdem ergibt sich eine Abweichung zu Art. 16 EuGVVO dadurch, dass Art. 14 Abs. 1 2. Alt. EuGVÜ/LugÜ a. F. nur die internationale, nicht aber zugleich die örtliche Gerichtszuständigkeit regeln. Die örtliche Zuständigkeit bestimmt sich dann nach der *lex fori*. Da das deutsche Recht keinen allgemeinen Verbrauchergerichtsstand kennt, muss insoweit Art. 14 Abs. 1 2. Alt. EuGVÜ/LugÜ a. F. analog auch für die örtliche Zuständigkeit herangezogen werden. Im Ergebnis sind damit die Gerichte am Wohnsitz des Verbrauchers zuständig.[162] Art. 15 LugÜ n. F. ist mittlerweile deckungsgleich mit Art. 15 EuGVVO, so dass sich dieses Problem nicht mehr stellt.

122

IV. Kurzüberblick: Anerkennung und Vollstreckung ausländischer Entscheidungen

Die nachstehenden Abschnitte vermitteln einen Überblick über die Anerkennung und Vollstreckung ausländischer Gerichtsentscheidungen nach europäischen und internationalen Abkommen. Auf gesonderte Ausführungen zur Anerkennung und Vollstreckung von Gerichtsentscheidungen nach der ZPO ist im Rahmen dieses Werks jedoch zu verzichten.

123

---

159 *Schack* Rn. 241; zur EuGV: BGHZ 109, 29.
160 *Kropholler* Vor Art. 2 Rn. 8; *Nagel/Gottwald* § 32 Rn. 32; zum EuGV ferner: OLG Hamm IPRax 1989, 107.
161 Erster Erwägungsgrund: »Die Gemeinschaft hat sich zum Ziel gesetzt, einen Raum der Freiheit, der Sicherheit und des Rechts [...] zu erhalten und weiterzuentwickeln«.
162 Aus der Rspr. vgl. KG IPRax 2001, 44; OLG Karlsruhe NJW-RR 2000, 353 (354).

1. Anerkennung und Vollstreckung nach dem HGÜ

124 Die Anerkennung und Vollstreckung ausländischer Entscheidungen nach dem HGÜ spielt nur im Verhältnis zu solchen Staaten eine Rolle, die nicht Mitgliedstaaten der EU sind und mit denen keine bilaterale Vereinbarung besteht. Zudem ist der Anwendungsbereich des HGÜ in mehrfacher Hinsicht eingeschränkt. Aus diesen Gründen sollen hier nur die wesentlichen Grundzüge behandelt werden.

a) Anwendungsbereich

125 Das HGÜ ist nur anwendbar, wenn zwischen den Parteien eine ausschließliche Gerichtsstandsvereinbarung in Zivil- und Handelssachen getroffen wurde und keine Verbraucher beteiligt sind, Art. 1 Abs. 1, 2 Abs. 1 lit. a) HGÜ. Eine für den IT-Bereich bedeutsame Einschränkung ergibt sich ferner daraus, dass das HGÜ im Bereich der gewerblichen Schutzrechte nicht auf Bestandsklagen, d. h. Klagen bezüglich der Frage der Wirksamkeit eines gewerblichen Schutzrechts, anwendbar ist, Art. 2 Abs. 2 lit. n) und lit. o) HGÜ. Auch in Verletzungsverfahren ist das HGÜ nur anwendbar, wenn die Verletzung des gewerblichen Schutzrechts zumindest auch als Vertragsverletzung geltend gemacht wird. Nicht-vertragliche Ansprüche auf gewerbliche Schutzrechte werden demnach nur erfasst, sofern sie eine gewisse Sachnähe zu den vertraglichen Ansprüchen aufweisen.

b) Anerkennung und Vollstreckung

126 Die Voraussetzungen für die Anerkennung und Vollstreckung von Entscheidungen eines in einer ausschließlichen Gerichtsstandsvereinbarung benannten Gerichts eines Vertragsstaats sind in Art. 8 f. HGÜ abschließend geregelt. Dabei geht Art. 8 Abs. 2 HGÜ von dem Grundsatz aus, dass die Entscheidung des Ursprungsgerichts durch das ersuchte Gericht nicht in der Sache nachgeprüft werden darf. Allerdings wird eine Entscheidung nur anerkannt, wenn sie im Ursprungsstaat wirksam ist. Vollstreckt wird sie nur, wenn sie auch im Ursprungsstaat vollstreckbar ist.

Die Anerkennung oder Vollstreckung kann aus verschiedenen Gründen versagt werden. Nach Art. 9 HGÜ ist dies insbesondere der Fall, wenn die Gerichtsstandsvereinbarung nach dem Recht des Staates des vereinbarten Gerichts ungültig war. Ferner kann die Vollstreckung verweigert werden, wenn die Anerkennung oder Vollstreckung dem *ordre public* des ersuchten Staates offensichtlich widerspräche, einschließlich der Fälle, in denen das zu der Entscheidung führende Verfahren mit wesentlichen Grundsätzen des fairen Verfahrens dieses Staates unvereinbar ist.

2. Anerkennung und Vollstreckung nach der EuGVVO

127 Ungleich bedeutsamer als das HGÜ sind die Regelungen zur Anerkennung und Vollstreckung ausländischer Gerichtsentscheidungen, die in der EuGVVO enthalten sind.

a) Anerkennung

128 Nach Art. 33 EuGVVO werden alle gerichtlichen Entscheidungen in Zivil- und Handelssachen in anderen Mitgliedstaaten anerkannt und vollstreckt. Dies gilt unabhängig davon, ob die Zuständigkeit auf das EuGVÜ, nationales Recht oder einen anderen Tatbestand gestützt wurde. Selbst bei fehlender Zuständigkeit des erkennenden Gerichts findet in der Regel eine Anerkennung statt.

129 Der **Eintritt** der Anerkennung erfolgt in der Regel automatisch. Ist jedoch zugleich auch eine Exekution beabsichtigt, ist nach Art. 38 Abs. 1 EuGGVO ein Antrag auf Vollstreckbarkeitserklärung nötig. Sofern die Anerkennung streitig ist, bedarf es der Durchführung

IV. Kurzüberblick: Anerkennung und Vollstreckung ausländischer Entscheidungen

eines Anerkennungsverfahrens (Art. 33 Abs. 2 EuGVVO). Dabei handelt es sich um ein einseitiges Verfahren ohne mündliche Verhandlung. Sofern die Anerkennung einer ausländischen Entscheidung präjudiziell für ein laufendes Verfahren ist, muss in diesem ein Zwischenfeststellungsantrag gem. § 256 Abs. 2 ZPO gestellt werden. Das Gericht des Mitgliedstaats darf dann gem. Art. 33 Abs. 3 EuGVVO über die Anerkennung entscheiden.

Die Fälle und Voraussetzungen für eine **Verweigerung** der Anerkennung sind in Art. 34 f. EuGVVO abschließend geregelt. Sie liegen vor, wenn: 130
- die Entscheidung offensichtlich im Widerspruch zum *ordre public* des Anerkennungsstaats steht (Art. 34 Nr. 1 EuGVVO),
- das verfahrenseinleitende Schriftstück bei Säumnisentscheidungen nicht rechtzeitig und in einer Weise zugestellt wurde, dass der Beklagte sich verteidigen konnte, es sei denn, der Beklagte hat keinen Rechtsbehelf eingelegt, obwohl ihm dies möglich gewesen wäre (Art. 34 Nr. 2 EuGVVO),
- die anzuerkennende Entscheidung mit einer inländischen Entscheidung, die zwischen denselben Parteien erging, unvereinbar ist (Art. 34 Nr. 3 EuGVVO), oder
- Zuständigkeitsvorschriften in Verbraucher- und Versicherungssachen oder zwingende Gerichtsstände verletzt wurden (Art. 35 Abs. 1 EuGVVO).

b) Vollstreckung

Voraussetzung für eine Vollstreckung ausländischer Entscheidung nach Art. 38 Abs. 1 EuGVVO ist eine Vollstreckbarerklärung (»*Exequatur*«). Diese erfolgt auf Grundlage einer vom Ursprungsstaat ausgestellten amtlichen Bestätigung[163] in einem einseitigen Verfahren, d. h. ohne Anhörung des Gegners. Eine Prüfung von Verweigerungsgründen findet gem. Art. 41 EuGVVO nur statt, wenn der Verpflichtete einen Rechtsbehelf eingelegt hat. Zudem besteht aufgrund von Art. 46 EuGGVO die Möglichkeit einer Aussetzung des Verfahrens, wenn im Ursprungsstaat ein Rechtsbehelf erhoben wurde. Einzelheiten zu Rechtsbehelfen und Verfahrensfragen ergeben sich aus dem nationalen Recht. 131

Im Bereich des EuGVÜ besteht zur Sicherung des internationalen Rechtsanwendungsgleichklangs die Möglichkeit der Einholung einer Vorabentscheidung durch den EuGH. 132

3. Anerkennung und Vollstreckung nach dem LugÜ

Das LugÜ gilt im Verhältnis zu Island, Norwegen und der Schweiz. Das LugÜ beinhaltet keine Vorlagemöglichkeit an den EuGH. Allerdings stellt es eine gewisse Einheitlichkeit der Rechtsanwendung sicher, indem es das Gebot der Berücksichtigung der Judikatur der anderen Staaten vorsieht. 133

4. Zustellungen nach der EuZustVO

Die Zustellung gerichtlicher und außergerichtlicher Schriftstücke in Zivil- und Handelssachen im zwischenstaatlichen Verkehr ist auf europäischer Ebene durch die Verordnung des Rates über die Zustellung gerichtlicher und außergerichtlicher Schriftstücke in Zivil- oder Handelsachen in den Mitgliedstaaten vom 29.05.2000 (»*EuZustVO*«) geregelt.[164] Dabei gilt nach Art. 4 Abs. 1 EuZustVO der Grundsatz des Direktverkehrs von Gericht zu Gericht. Es erfolgt also keine Übermittlung über nationale Zentralstellen. Allerdings erteilt eine im Mitgliedstaat nach Art. 3 EuZustVO eingerichtete Zentralstelle nähere Auskünfte. Die EuZustVO unterscheidet zwar grundsätzlich zwischen gerichtlichen (Art. 4–15 EuZustVO) und außergerichtlichen (Art. 16 EuZustVO) Schriftstücken, stellt aber im Ergebnis beide Kategorien hinsichtlich ihrer Übermittlung gleich. Eine echte Un- 134

---

163 Siehe dazu das Formular im Anhang V zur EuGVVO.
164 VO Nr. 1348/2000.

terscheidung nimmt die EuZustVO dagegen hinsichtlich der Art der Übermittlung von Schriftstücken vor. Hier ist zunächst die in Art. 4–11 EuZustVO geregelte Zustellung im Rechtshilfeweg zu nennen. Daneben besteht die Möglichkeit einer konsularischen oder diplomatischen Zustellung nach Art. 13 EuZustVO. Schließlich regelt Art. 14 EuZustVO die Zustellung von Schriftstücken per Post. Zu beachten sind in diesem Zusammenhang auch die Vorschriften in der ZPO, §§ 1067 ff. ZPO.

5. Europäischer Vollstreckungstitel nach der EuVTVO

135 Die Verordnung zur Einführung eines europäischen Vollstreckungstitels für unbestrittene Forderungen vom 21.04.2004 (»*EuVTVO*«) stellt nunmehr einen Europäischen Vollstreckungstitel zur Verfügung.[165] Sie ist gem. Art. 2 EuVTVO in Zivil- und Handelssachen unabhängig von der Art der Gerichtsbarkeit anzuwenden. Die Verordnung bezieht sich – wie schon aus ihrem Titel ersichtlich – nur auf unbestrittene Forderungen. Darunter sind gem. Art. 3 Abs. 4 EuVTVO alle Geldforderungen zu verstehen, deren Bestehen der Schuldner ausdrücklich anerkannt oder deren gerichtlicher Geltendmachung er nicht widersprochen hat.[166]

136 Prägendes Merkmal und Hintergrund des Europäischen Vollstreckungstitels ist die Abschaffung der früher erforderlichen *Exequatur* (Art. 5 EuVTVO).[167] Die Schaffung eines Europäischen Vollstreckungstitels bewirkt, dass eine vom Gericht des Ursprungsstaats erlassene Entscheidung im Hinblick auf die Vollstreckung so behandelt wird, als wäre sie im Vollstreckungsmitgliedstaat ergangen, und mithin ohne weitere Zwischenschritte vollstreckt werden kann. Dafür ist erforderlich, dass der Titel im Urteilsstaat auf Antrag hin *expressis verbis* als »Europäischer Vollstreckungstitel« bestätigt wurde. Die Bestätigung als Europäischer Vollstreckungstitel gibt dem Gläubiger die Möglichkeit, ohne Weiteres die Vollstreckung in einem oder mehreren (anderen) Mitgliedstaaten zu betreiben und sich zu diesem Zweck direkt an die dortigen Vollstreckungsbehörden zu wenden. Die Verordnung regelt in Art. 20 EuVTVO bestimmte, hierbei zu erfüllende Voraussetzungen. Im Übrigen verweist sie für das Vollstreckungsverfahren auf das Recht des Vollstreckungsmitgliedstaats.

D. Immaterialgüterschutz bei internationalen Sachverhalten

137 Der Immaterialgüterschutz bei internationalen Sachverhalten stellt einen überaus komplexen Bereich dar. Der vorliegende Beitrag kann nur auf Grundzüge eingehen und ausgewählte IT-rechtliche Fragestellungen näher behandeln. Wegen Details muss auf das reichlich vorhandene Spezialschrifttum zu diesem Thema verwiesen werden.[168]

---

165 VO Nr. 805/2004.
166 Darunter zählen etwa Versäumungsentscheidungen.
167 Die *Exequatur* bezeichnet die inländische Vollstreckbarkeitserklärung eines in- oder ausländischen Schiedsspruchs oder eines ausländischen Urteils in einem besonderen Verfahren (*Exequaturverfahren*).
168 Vgl. z. B. *Arter/Jörg/Gnos* AJP 2000, 277; *Berger* GRUR Int. 2005, 465; *Boele-Woelki/Kessedijan* (Hrsg.), Internet – Which Court decides, Which law applies? Quel tribunal décide? Quel droit s'applique, 1998; *Buchner* RWS 2000, 147; *Dreyfuss/Ginsburg* CRi 2003, 33; *Gottschalk* IPRax 2006, 135; *Heinze/Roffael* GRUR Int. 2006, 787; *Hilty/Peukert* GRUR Int. 2002, 643; *Hoeren* CR 1993, 129; *ders.* CR 1992, 243; *Leible* IPRax 2006, 365; *Marly* RabelsZ 1999, 203; *Obergfell* IPRax 2005, 9; *Rüßmann*, Internationalprozessrechtliche und internationalprivatrechtliche Probleme bei Vertragsabschlüssen im Internet unter besonderer Berücksichtigung des Verbraucherschutzes, in: Tauss/Kolbeck/Mönikes (Hrsg.), Deutschlands Weg in die Informationsgesellschaft, 1996, S. 709; *Schack* MMR 2000, 59 (Teil 1), 135 (Teil 2); *Svantesson*, Jurisdictional Issues in Cyberspace, CLSR 18 (2002), 191 ff.; *Wernicke/Hoppe* MMR 2002, 643.

I. Deutsche urheberrechtlich geschützte Werke im Internationalen Verkehr

1. Bestimmung der internationalen Zuständigkeit

Im Bereich des EGBGB existieren keine speziellen Kollisionsnormen für den Bereich des Urheberrechts. Mit Inkrafttreten der Rom II-Verordnung[169] am 11.01.2009 findet sich nun jedoch in Art. 8 dieser Verordnung eine spezielle Vorschrift über die Verletzung von Rechten des geistigen Eigentums. Gemäß dem Erwägungsgrund 26 der Rom II-Verordnung erfasst der Begriff »Rechte des geistigen Eigentums« beispielsweise Urheberrechte, verwandte Schutzrechte, das Schutzrecht sui generis für Datenbanken und gewerbliche Schutzrechte. Nach Art. 8 Abs. 1 Rom II ist im Fall der Verletzung von Rechten des geistigen Eigentums das Recht des Staates anzuwenden, für den der Schutz beansprucht wird. Das anwendbare Recht richtet sich also nach dem **Schutzlandprinzip** (»*lex loci protectionis*«, vgl. Erwägungsgrund 26 der Rom II-Verordnung).[170] Dies folgt zwangsläufig aus dem urheberrechtlichen Territorialitätsprinzip, nach dem die Schutzwirkung nationaler Urheberrechte räumlich auf das Territorium des Schutz gewährenden Staates beschränkt ist. So können in dem Land, für welches Schutz begehrt wird, nicht die nur in einem anderen Land gewährten Urheberrechte geltend gemacht werden. Sind also durch eine einzige Handlung Urheberrechte in mehreren Staaten betroffen, liegen mehrere unerlaubte Handlungen vor, die jeweils dem Recht des einzelnen Schutzlandes unterliegen (»Mosaikbeurteilung«).[171] Eine weitere Besonderheit besteht darin, dass bei der Verletzung von Urheberrechten eine ubiquitäre Aufspaltung zwischen dem Tatort und dem Erfolgsort, wie sie beispielsweise Art. 5 Nr. 3 EuGVVO, Art. 40 Abs. 1 EGBGB und § 32 ZPO zugrunde liegt, ausscheidet. Denn urheberrechtliche Verletzungshandlungen sind spiegelbildlich zu den urheberrechtlichen Befugnissen handlungs- und nicht erfolgsbezogen definiert.[172] Außerdem scheidet eine Anknüpfung an den Erfolgsort deshalb aus, weil Immaterialgüter mangels Substrat nirgendwo belegen sind.[173] Echte Distanzdelikte existieren daher im Anwendungsbereich des Urheberrechts prinzipiell nicht. Folgerichtig werden Urheberrechtsverletzungen kollisionsrechtlich stets dem Recht des Handlungsorts unterstellt, der sich im Schutzland befinden muss.

Dabei ist für die Feststellung, wo sich der Handlungsort befindet, ein **Vorgriff** auf das materielle Recht erforderlich, um zu ermitteln, ob nach dem Recht des Schutzlandes überhaupt eine zuständigkeitsbegründende Verletzungshandlung im Inland vorliegt. So wäre beispielsweise, sofern Deutschland als Schutzland berufen ist, nach dem hiesigen Recht zu bestimmen, ob der von Deutschland aus vorgenommene Upload von Daten auf einen US-amerikanischen Server eine verbotene Vervielfältigungshandlung darstellt. Nur wenn dies der Fall ist, wäre eine Tatortzuständigkeit deutscher Gerichte gegeben. Dadurch kommt es zu der ungewöhnlichen Situation, dass das materielle Recht seinen Anwendungsbereich mittelbar selbst festlegt.[174]

---

169 Verordnung [EG] Nr. 864/2007 des Europäischen Parlaments und des Rates v. 11.07.2007 über das auf außervertragliche Schuldverhältnisse anzuwendende Recht, ABl. EG Nr. L 199/40 v. 31.07.2007. Im Gegensatz zu den Art. 27 ff. EGBGB a. F. wurden die Vorschriften über außervertragliche Schuldverhältnisse innerhalb des EGBGB, also die Art. 38 bis 42 EGBGB, nicht aufgehoben. Sie haben weiterhin Geltung. So findet Art. 40 EGBGB beispielsweise weiterhin Anwendung bei Verletzungen des Persönlichkeitsrechts im Internet, denn gem. Art. 1 Abs. 2 lit. g) Rom II findet die Rom II-Verordnung auf außervertragliche Schuldverhältnisse aus der Verletzung der Privatsphäre oder der Persönlichkeitsrechte, einschließlich der Verleumdung, keine Anwendung.
170 *Schack* S. 402; Ensthaler/Bosch/Völker/*Gesmann-Nuissl* S. 410; MüKo-BGB/*Junker* Art. 8 Rom II Rn. 61.
171 Palandt/*Thorn* Art. 8 Rom II Rn. 7; *Sack* WRP 2008, 1405 (1414).
172 So geht es beispielsweise um das Vervielfältigen, Verbreiten oder die öffentliche Wiedergabe eines Werks.
173 Ensthaler/Bosch/Völker/*Gesmann-Nuissl* S. 411.
174 Dazu näher *Czempiel* S. 120 ff.; *Sack* WRP 1405 (1417).

2. Bestimmung des anwendbaren Rechts

140 Für Urheberrechtsverletzungen über das **Internet** wird angenommen, dass der Handlungsort nicht nur am Standpunkt des Servers oder am Wohnsitz des Verletzers liegt, sondern auch überall dort, wo ein Abruf der Werke möglich ist.[175] Dadurch kann es auch im Internet zu einem »fliegenden Gerichtsstand« unabhängig vom Ort der eigentlichen Verbreitungshandlung kommen. Gerne wird vor diesem Hintergrund versucht, dem Phänomen des »*forum shopping*« entgegenzuwirken. Dazu wird zumeist ein einschränkendes Korrektiv des bestimmungsgemäßen Abrufs vorgeschlagen.[176] Das Herkunftslandprinzip der E-Commerce-Richtlinie vermag dagegen keine Einschränkung zu bewirken, da es im Bereich des Urheberrechts keine Anwendung findet.[177]

2. Bestimmung des anwendbaren Rechts

141 Im Bereich des Urheberrechts kommt eine freie Rechtswahl nach Art. 3 Rom I (Art. 27 EGBGB a. F.) nur im vertraglichen Bereich in Betracht, denn im deliktischen Bereich schließt Art. 8 Abs. 3 Rom II eine Rechtswahl nach Art. 14 Rom II aus. Das ist die notwendige Konsequenz aus dem Territorialitätsprinzip.[178] Geregelt werden können nur Inhalt und Umfang der vertraglichen Rechte und Pflichten im Zusammenhang mit übertragenen Nutzungsrechten, nicht aber die Übertragung von Nutzungsrechten selbst oder das Verhältnis zu Dritten.[179]

142 Dem Territorialitätsprinzip entspricht es, dass auf Urheberrechtsverletzungen in Deutschland stets deutsches Urheberrecht Anwendung findet. Dieses umfasst neben dem Urheberrechtsgesetz (»*UrhG*«) unter anderem die unmittelbar geltenden Vorschriften **internationaler Abkommen** zum Urheberrecht. Zu nennen sind in diesem Zusammengang: die Revidierte Berner Übereinkunft zum Schutz von Werken der Literatur und Kunst vom 09.09.1986 (»*RBÜ*«), der WIPO-Urheberrechtsvertrag vom 20.12.1996 (»*WCT*«), der WIPO-Vertrag über Darbietungen und Tonträger vom 20.12.1996 (»*WPPT*«), das TRIPS-Übereinkommen vom 15.04.1994 (»*TRIPS*«), das Welturheberrechtsabkommen vom 06.09.1953 (»*WUA*«)[180] und das Internationale Abkommen über den Schutz der ausübenden Künstler, der Hersteller von Tonträgern und der Sendeunternehmen vom 26.10.1961 (Rom-Abkommen).

143 Unter den genannten Abkommen stellt die **RBÜ** das älteste und wohl bedeutsamste Regelwerk dar. Ihm haben sich schon mehr als 140 Staaten angeschlossen. Das RBÜ bezieht sich nach seinem Art. 2 auf den Schutz von Werken der Literatur und der Kunst. Als Werke der Literatur erfasst es auch eigenschöpferische Computerprogramme und Datenbankwerke. Auf den Schutz kann sich ein Urheber berufen, der einem Verbandsland angehört oder seinen gewöhnlichen Aufenthaltsort in einem solchen Land hat. Daneben können Werke anderer Urheber Schutz genießen, die zum ersten Mal in einem Verbandsland oder gleichzeitig in einem verbandsfremden und in einem Verbandsland veröffentlicht werden.

144 Das **TRIPS** beschäftigt sich ausschließlich mit handelsbezogenen Aspekten geistiger Eigentumsrechte. Es setzt hinsichtlich des Schutzes von Software und Datensammlungen im Unterschied zur RBÜ an der schöpferischen Auswahl der Inhalte an. Außerdem gewährt das TRIPS beispielsweise ein Vermietrecht bezüglich Software.

145 Fraglich ist wiederum auch in diesem Zusammenhang, wie Internetfälle zu behandeln sind. Kommt es zu einer Urheberrechtsverletzung im Internet, so ist es ohne Weiteres vom Wort-

---

175 Enstahler/Bosch/Völker/*Gesmann-Nuissl* S. 439; *Schack* S. 327. Vgl. hierzu und zu weiteren Beispielsfällen zu Urheberrechtsverletzungen: *Czychowski/Nordemann* GRUR-RR 2010, 225 (230).
176 Statt aller *Schack* S. 327. Vgl. dazu die parallelen Betrachtungen unter Rdn. 152 ff.
177 Vgl. Rdn. 160; Sack WRP 2008, 1405 (1418).
178 *Sack* WRP 2008, 1405 (1406).
179 Lehmann/*Hoeren/Große Russe* S. 311.
180 In Deutschland in Kraft seit 1955.

laut des Art. 8 Abs. 1 Rom II gedeckt, neben dem Recht des Staates, in dem die betreffenden Programmsignale in das Internet eingegeben worden sind (»Einspeisungsort«), auch das Recht sämtlicher Abrufstaaten anzuwenden, soweit der Schutzrechtsinhaber für deren Gebiet Schutz begehrt. Nicht vom Wortlaut des Art. 8 Rom II sind hingegen etwaige Einschränkungsversuche erfasst, beispielsweise eine Beschränkung auf das Recht der intendierten Empfangsländer oder auf das Recht des Serverstandortes.[181]

II. Deutsche Marken und Patente im internationalen Verkehr

Vor allem im Bereich des Internets können Probleme im Zusammenhang mit der Verwendung von Marken und Patenten auftreten. Dies beruht darauf, dass das Internet eine weltweite Sphäre bildet. Der räumlich unbegrenzte Zugriff auf Internetseiten steigert die Möglichkeit von Marken- und Patentrechtsverletzungen. Zudem können im Internet unterschiedliche Marken in Konflikt miteinander treten, die in der nicht-elektronischen Welt friedlich koexistieren können. Neben dem gesamten Bereich der Domainnamen ist dabei vorwiegend an Fälle zu denken, in denen markenrechtlich geschützte Zeichen in Werbebannern, Metatags oder Adwords verwendet werden. Zusätzlich zu kennzeichenrechtlichen Fragen sind dann auch wettbewerbsrechtliche Aspekte zu prüfen. 146

1. Bestimmung der internationalen Zuständigkeit

In welchem Land bei einer Verletzung von Marken- und Patentrechten Klage zu erheben ist, richtet sich zunächst nach zwischenstaatlichen Abkommen über die internationale Gerichtszuständigkeit oder – sofern diese nicht anwendbar sind[182] – nach dem jeweiligen nationalen Recht, in Deutschland also nach den Bestimmungen der ZPO. Interessant ist dabei für den Kläger vor allem der Gerichtsstand der unerlaubten Handlung. Die EuGVVO und die ZPO sehen diesbezüglich eigene Regelungen vor. Der Gerichtsstand der unerlaubten Handlung führt im Ergebnis dazu, dass für Verletzungshandlungen im Internet grundsätzlich die Anwendung des Rechts aller Abrufstaaten in Betracht kommt, sofern in den betreffenden Ländern ein Marken- bzw. Patentschutz besteht.[183] Insoweit bewirkt auch das Herkunftslandprinzip der E-Commerce-Richtlinie keine Einschränkung, da es im Bereich gewerblicher Schutzrechte keine Anwendung findet.[184] 147

a) Gerichtsstand der unerlaubten Handlung nach der EuGVVO

Wegen der Bestimmung des Gerichtsstandes der unerlaubten Handlung nach Art. 5 Nr. 3 EuGVVO und den damit inhaltlich übereinstimmenden Parallelvorgaben im EuGVÜ/LugÜ kann grundsätzlich auf die obigen Ausführungen verwiesen werden.[185] Speziell im Zusammenhang von gewerblichen Schutzrechten kommt jedoch zum Tragen, dass ihre Wirkung nach dem international geltenden Territorialitätsprinzip grundsätzlich auf den jeweiligen Staat begrenzt ist, der den Schutz verleiht.[186] Wenn aber damit auch eine Verletzung von gewerblichen Schutzrechten *per definitionem* stets nur innerhalb des Verleihungsstaates erfolgen kann, ist die Reichweite des deliktischen Gerichtsstands notwendig auf den jeweiligen Verleihungsstaat begrenzt. Die Zuständigkeit der Gerichte eines bestimmten Staats ist daher jeweils nur bezüglich der Verletzung inländischer Rechte eröffnet.[187] 148

---

181 *Sack* WRP 1405 (1417).
182 Insoweit beispielsweise mit Blick auf EuGVVO/EuGVÜ: außerhalb der EU wohnhafte Beklagte. Mit Blick auf LugÜ: Beklagte aus anderen als EFTA-Staaten.
183 Lehmann/*Hoeren*/*Große Russe* S. 311.
184 Vgl. Rdn. 160.
185 Vgl. Rdn. 121.
186 BGH GRUR 1964, 372 (375).
187 *Stauder* GRUR Int. 1976, 465 (474, 477); *Kieninger* GRUR Int. 1998, 280 (282).

b) Gerichtsstand der unerlaubten Handlung nach der ZPO

149 Nach der ZPO ist die internationale Zuständigkeit deutscher Gerichte gegeben, wenn im konkreten Fall bei einem rein nationalen Sachverhalt auch nur irgendein deutsches Gericht zuständig wäre. Man spricht insoweit von einer **Doppelfunktionalität** der Gerichtsstandsvorschriften.[188] Sofern die Verletzungshandlung vom Ausland aus vorgenommen wird, scheiden von den in §§ 12 ff. ZPO aufgeführten Gerichtsständen die Gerichtsstände des Wohnsitzes, der Niederlassung oder des Vermögens regelmäßig aus. Dann verbleibt oftmals nur der besondere Gerichtsstand der unerlaubten Handlung nach § 32 ZPO, der an den »Begehungsort« anknüpft. Dieser umfasst sowohl den Handlungs- als auch den Erfolgsort.[189] Zu beachten ist, dass der Erfolgsort nur dort liegt, wo die Rechtsgutverletzung eingetreten ist. Unerheblich ist dagegen der eher zufällige Ort des Schadenseintritts.[190]

150 Auch im Bereich der ZPO kommt für das Marken- und Patentrecht der Territorialitätsgrundsatz zum Tragen. Wenn danach eine Verletzung zwangsläufig stets nur innerhalb des Verleihungsstaates erfolgen kann, folgt daraus im Rahmen von § 32 ZPO grundsätzlich, dass nur in Ausnahmefällen eine Zuständigkeit deutscher Gerichte wegen der Verletzung deutscher Schutzrechte durch im Ausland begangene Handlungen begründet werden kann.[191]

c) Besonderheit bei Internet-Sachverhalten

151 Nach den zuvor beschriebenen Grundsätzen besteht sowohl nach EuGVVO/EuGVÜ/LugÜ als auch nach der ZPO grundsätzlich die Möglichkeit, die Verletzung von deutschen gewerblichen Schutzrechten durch eine Handlung im Ausland in Deutschland geltend zu machen. Umgekehrt scheidet die Geltendmachung einer Verletzung ausländischer gewerblicher Schutzrechte durch inländische Handlungen vor deutschen Gerichten prinzipiell aus. Speziell im Bereich des Internets kann aber ein zuständigkeitsbegründender Begehungsort im Inland stets mit der weltweiten Abrufmöglichkeit von Webseiten begründet werden. Im Ergebnis hat sich damit jedes ausländische Unternehmen wegen einer Verletzung deutscher gewerblicher Schutzrechte im Internet, gleich von wo aus diese erfolgt ist, vor deutschen Gerichten zu verantworten. So hat beispielsweise das KG Berlin im Zusammenhang mit der Verwendung eines in Deutschland markenrechtlich geschützten Begriffs als Domain unter dem Top-Level ».com« durch ein US-amerikanisches Unternehmen die Abrufbarkeit im Inland als ausreichend angesehen, um nach § 32 ZPO eine Zuständigkeit deutscher Gerichte zu begründen.[192] Die Einschränkungen aus dem Territorialitätsgrundsatzes liefen bei Internetsachverhalten demnach leer. Man spricht insoweit auch von einem »**fliegenden Gerichtsstand**«.

152 In jüngerer Zeit sind jedoch zunehmend Versuche festzustellen, eine sachgerechte Einengung der Tatortzuständigkeit bei Internet-Sachverhalten vorzunehmen. Im Schrifttum wird es dazu überwiegend für erforderlich gehalten, die internationale Tatortzuständigkeit deutscher Gerichte vom Vorliegen eines hinreichenden Inlandsbezugs abhängig zu machen.[193] Die bloße Möglichkeit des Abrufs einer Webseite soll einen solchen Inlandsbezug nicht begründen. Als Korrektiv wird vielmehr das Merkmal der »bestimmungsgemäßen Abrufbarkeit« einer Webseite vorgeschlagen. Nur wenn sich eine Webseite – zumindest auch – an den deutschen Markt richtet, sollen deutsche Gerichte über Verletzungshandlun-

---

188 Vgl. BGHZ 134, 116 (117); BGH NJW 1999, 1395 (1396) und zuletzt BGH GRUR 2010, 461 (462).
189 BGH NJW 1980, 1224 (1225); NJW 1990, 1533.
190 Vgl. dazu Lehmann/*Bettinger* S. 210 f.
191 OLG Hamburg GRUR 1987, 403 f.
192 KG CR 1997, 685.
193 Statt aller *Ubber* WRP 1997, 497 (502).

gen entscheiden dürfen.¹⁹⁴ Alternativ soll im Bereich des Kennzeichenrechts eine Nutzung des Zeichens »im inländischen geschäftlichen Verkehr« erforderlich sein.¹⁹⁵ Teilweise werden auch flexible Zuständigkeiten vorgeschlagen, die eine Zuständigkeit für Handlungen im Internet nur in schwerwiegenden Fällen zulassen und die Möglichkeit offen halten, die Zuständigkeit im Einzelfall zu verneinen.¹⁹⁶

Die deutsche Rechtsprechung lässt ebenfalls Tendenzen erkennen, die auf eine Übernahme des Merkmals der **bestimmungsgemäßen Abrufbarkeit** hindeuten. So hat das OLG Bremen in einem Urteil aus dem Jahr 2000 festgehalten, dass § 32 ZPO sinnentleert würde, wenn jede im Internet begangene unerlaubte Handlung an (fast) jedem Ort der Welt gerichtlich verfolgt werden könnte, nur weil der Internet-Auftritt einer einzelnen Person oder eines einzelnen Unternehmens weltweit abrufbar ist. Im Internet-Auftritt fehle es an der in § 32 ZPO vorausgesetzten räumlichen Bestimmbarkeit eines besonderen, von anderen gesetzlichen Gerichtsständen zu unterscheidenden Begehungsorts. Stattdessen würde der Kläger in die Lage versetzt, sich jeden ihm genehmen Gerichtsstand auszusuchen. Dies würde praktisch zu einem »außergesetzlichen Wahlgerichtsstand« am Sitz oder Wohnsitz des Klägers und theoretisch auch zur Wahlmöglichkeit fast jedes ihm genehmen ausländischen Deliktstatuts führen. Vor diesem Hintergrund sei der Verletzungsort (Ort des Erfolgseintritts) für unerlaubte Handlungen im Internet auf solche Gebiete zu beschränken, in denen sich die Verletzungshandlung »bestimmungsgemäß auswirken« sollte. Die weltweite Abrufbarkeit einer Internet-Werbung sei dabei nicht notwendigerweise vom Werbenden bezweckt, sondern stelle zunächst eine zwangsläufige, technisch bedingte Gegebenheit des hierfür verwendeten Mediums dar. Wo sie sich nach der Intention des Werbenden auswirken soll, könne daher nicht ohne Prüfung ihres Inhalts festgestellt werden.¹⁹⁷ Einen noch engeren räumlichen Bezug forderte das LG Hannover in einem Beschluss aus dem Jahr 2006.¹⁹⁸ Darin ging es im Zusammenhang mit der Prüfung einer Namensrechtsverletzung durch die Registrierung und Nutzung einer Internetdomain im Ausgangspunkt ebenfalls davon aus, dass es für die Begründung einer örtlichen Zuständigkeit nach § 32 ZPO nicht ausreiche, dass die mit der Domain adressierte Seite bundesweit abrufbar sei. Darüber hinaus hielt das Gericht aber fest, dass ein Tatort im Bezirk des angerufenen Gerichts nur dann vorhanden sei, wenn sich die behauptete Verletzung des Namensrechts im Bezirk des angerufenen Gerichts im konkreten Verhältnis der Prozessparteien auswirke. Dies sei nur dann der Fall, wenn der Kläger dort die Eingaben in das Internet bezüglich seiner Person bestimmungsgemäß abruft. Zumindest bei Wettbewerbsverletzungen hatte der BGH die internationale Zuständigkeit deutscher Gerichte nach Art. 5 Nr. 3 EuGVÜ nur dann als gegeben angesehen, wenn sich der beanstandete Internetauftritt bestimmungsgemäß im Inland auswirken soll bzw. sich bestimmungsgemäß an deutsche Internetnutzer richtet.¹⁹⁹ Dies haben das OLG Köln auf Urheberrechtsverletzungen im Internet²⁰⁰ und andere Instanzgerichte auf Namensrechtsverletzungen,²⁰¹ und Kennzeichenverletzungen²⁰² übertragen. Im Bereich der Persönlichkeitsrechte hat der BGH einen anderen Weg eingeschlagen.²⁰³ Bei im Internet begangenen

153

---

194 Vgl. nur *Ubber* WRP 1997, 497 (502); *Wegner* CR 1998, 676 (680); in einem weiteren Kontext außerdem *Koch* CR 1999, 121 (129); Hoeren/Sieber/*Pichler* Rn. 137.
195 *Koch* CR 1999, 121 (124).
196 Vgl. *Kuner* CR 1996, 453 (458).
197 OLG Bremen 17.02.2000, 2 U 139/99.
198 LG Hannover 28.04.2006, 9 O 44/06.
199 BGHZ 167, 91 (98 f.); auch BGH GRUR 2010, 461 (463).
200 OLG Köln GRUR-RR 2008, 71 (71).
201 KG NJW 1997, 3321.
202 LG Düsseldorf NJW-RR 1998, 979 (980).
203 OLG Düsseldorf AfP 2009, 159; vgl. in diesem Zusammenhang auch die Vorlage des BGH an den EuGH zur Auslegung der Wendung »Ort, an dem das schädigende Ereignis einzutreten droht« in Art. 5 Nr. 3 EuGVVO im Zusammenhang mit Persönlichkeitsverletzungen im Internet, BGH K&R 2010, 45 ff., vgl. hierzu bereits Rdn. 119.

Persönlichkeitsverletzungen entschied der BGH[204] zu § 32 ZPO, dass deutsche Gerichte dann zuständig seien, »*wenn die als rechtsverletzend beanstandeten Inhalte objektiv einen deutlichen Bezug zum Inland in dem Sinne aufweisen, dass eine Kollision der widerstreitenden Interessen [...] nach den Umständen des konkreten Falls [...] im Inland tatsächlich eingetreten sein kann oder eintreten kann.*«[205] Ob Letzteres der Fall ist, bestimmte der BGH anders als bei den »marktbezogenen« Namensrechts- oder Kennzeichenrechtsverletzungen nicht nach dem Ort des bestimmungsgemäßen Abrufs, sondern danach, ob eine Kenntnisnahme der beanstandeten Meldung nach den Umständen im Inland erheblich näher liegt, als es aufgrund der bloßen Abrufbarkeit des Angebots der Fall wäre. Im entschiedenen Fall, in dem der BGH den Gerichtsstand des § 32 ZPO bejahte, wurde in der Online-Ausgabe der New York Times über ein in New York gegen den Kläger eingeleitetes Ermittlungsverfahren berichtet, in dem Deutschland als »*country of residence*« des Klägers genannt war.

154 Trotz der angesprochenen Entwicklung fehlt es bislang an einer einheitlichen Praxis deutscher Gerichte. In jedem Fall ist es aber für den Betreiber einer Webseite in geeigneten Fällen empfehlenswert, einen klarstellenden Hinweis über deren bestimmungsgemäße Reichweite vorzusehen bzw. bei möglichen Persönlichkeitsverletzungen darauf zu achten, ob ein besonderer Bezug zu Deutschland hergestellt ist oder nicht. Dies gilt umso mehr, wenn äußere Umstände im Einzelfall Rückschlüsse auf eine bestimmungsgemäße Reichweite der Webseite zulassen, die von einem Unternehmen tatsächlich nicht gewollt ist. Dies wäre beispielsweise der Fall, wenn ein amerikanisches Unternehmen eine Webseite unter der Top Level Domain ».de« betreibt, ohne zugleich den deutschen Markt gezielt adressieren zu wollen. Im März 2006 hat der BGH entschieden, dass ein Werbender das Verbreitungsgebiet seiner Werbung im Internet durch einen sog. »**Disclaimer**« einschränken kann, in dem er ankündigt, Adressaten in einem bestimmten Land nicht beliefern zu wollen. Die Wirksamkeit eines solchen Hinweises hat das Gericht aber an die Voraussetzungen geknüpft, dass der Disclaimer eindeutig gestaltet und aufgrund seiner Aufmachung als ernst gemeint aufzufassen sein sowie vom Werbenden auch tatsächlich beachtet werden muss.[206] Ein Disclaimer käme demnach beispielsweise nicht in Betracht, wenn er im Widerspruch zu einem nach den äußeren Umständen erkennbar bezweckten Verbreitungsgrad der Webseite steht. Hier werden etwa Fälle einzuordnen sein, bei denen Angaben in der betreffenden Landessprache oder -währung gemacht werden.

2. Bestimmung des anwendbaren Rechts

155 Wie im Urheberrecht kommt auch im Bereich des Marken- und Patentrechts eine freie Rechtswahl nach Art. 3 Rom I (Art. 27 EGBGB a. F.) nur im vertraglichen Bereich in Betracht, denn im deliktischen Bereich wird eine Rechtswahl gem. Art. 14 Rom II durch Art. 8 Abs. 3 Rom II verboten. Geregelt werden können nur Inhalt und Umfang der vertraglichen Rechte und Pflichten im Zusammenhang mit übertragenen Nutzungsrechten, nicht aber die Übertragung von Nutzungsrechten selbst oder das Verhältnis zu Dritten.[207]

156 Auch im Bereich des Marken- und Patentrechts folgt die Bestimmung des auf die Verletzung von gewerblichen Schutzrechten anwendbaren Rechts dem **Schutzlandprinzip**. Danach richtet sich der gewährte Schutz nach dem Recht desjenigen Staates, für das der Schutz in Anspruch genommen wird. Sofern es also um die Verletzung deutscher Marken oder Patente im Ausland geht, ist allein das ausländische Recht anzuwenden. Umgekehrt richtet sich der Schutz nach deutschem Recht, sofern es um die Verletzung ausländischer Marken oder Patente in Deutschland geht.

---

204 BGH GRUR 2010, 461 ff.
205 BGH GRUR 2010, 461 (461).
206 BGH CR 2006, 539 ff.
207 Lehmann/*Hoeren*/*Große Russe* S. 311.

E. Verantwortlichkeit bei internationalen Sachverhalten

I. Regelungen des TMG

Durch Art. 3 Abs. 2 der E-Commerce-Richtlinie[208] wurden die Mitgliedstaaten verpflichtet, den freien Dienstleistungsverkehr der Informationsgesellschaft aus anderen Mitgliedstaaten nicht aus Gründen einzuschränken, die in den »koordinierten Bereich« fallen.[209] Diese Vorgabe verpflichtet jeden Mitgliedstaat zur Anerkennung der für Internetdienste in den anderen Mitgliedstaaten geltenden Vorschriften. Diese gegenseitige Anerkennung bedeutet allgemein, dass ein Internetdienst nur den Vorgaben desjenigen Mitgliedstaats unterliegt, aus dem er agiert (**Herkunftslandprinzip**).[210] Dies wirkt sich unmittelbar günstig für die Anbieter solcher Dienste aus, dass sie nur noch eine Rechtsordnung beachten müssen und ihre Verantwortlichkeit sich entsprechend reduziert. 157

Umstritten ist die **Rechtsnatur** des Herkunftslandsprinzips. Nach unterschiedlichen Auffassungen soll ihm entweder eine sachlichrechtliche Qualität zukommen[211] oder soll eine Kollisionsnorm in ihm zu sehen sein.[212] Die Kommission hat zu diesem Punkt eine Klarstellung in die Präambel der E-Commerce-Richtlinie aufgenommen, wonach diese weder darauf abzielt, zusätzliche Regeln im Bereich des Internationalen Privatrechts hinsichtlich des anwendbaren Rechts zu schaffen, noch sich mit der Zuständigkeit der Gerichte befasst.[213] Diese Feststellung verbindet die Kommission indessen mit dem Vorbehalt, dass Vorschriften des anwendbaren Rechts, die durch Regeln des Internationalen Privatrechts bestimmt sind, die Freiheit zur Erbringung von Diensten der Informationsgesellschaft im Sinne der E-Commerce-Richtlinie nicht einschränken dürfen. Daraus lässt sich entnehmen, dass das Herkunftslandprinzip als Leitprinzip oberhalb des Kollisionsrechts anzusiedeln sein soll. 158

In manchen Bereichen, so etwa hinsichtlich der Haftungsregelungen, hat die E-Commerce-Richtlinie mit der **Vollharmonisierung** einen weiter reichenden Ansatz gewählt. Im Einzelfall bedarf es daher einer genauen Einordnung. Mangels Erwähnung nicht harmonisiert wurde beispielsweise die Haftung für Hyperlinks und Suchmaschinen.[214] Für sie gilt daher das Herkunftslandprinzip. 159

Die **Umsetzung** des Herkunftslandprinzips findet sich in §§ 2a und 3 Telemediengesetz des Bundes (»*TMG*«). Nach diesen Vorschriften unterliegen in Deutschland niedergelassene Diensteanbieter und ihre Telemedien den Anforderungen des deutschen Rechts auch dann, wenn die Telemedien in einem anderen Staat innerhalb des Geltungsbereichs der E-Commerce-Richtlinie geschäftsmäßig angeboten oder erbracht werden. Der freie Dienstleistungsverkehr von Telemedien, die in Deutschland von Diensteanbietern geschäftsmäßig angeboten oder erbracht werden, die in einem anderen Staat innerhalb des Geltungsbereichs der E-Commerce-Richtlinie niedergelassen sind, wird nicht eingeschränkt. Abgeschwächt wird die Bedeutung des Herkunftslandsprinzips durch gewichtige Ausnahmen, die auf den Anhang der E-Commerce-Richtlinie zurückgehen. Unberührt vom Herkunftslandprinzip 160

---

208 Richtlinie des Europäischen Parlamentes und des Rates über bestimmte rechtliche Aspekte des elektronischen Geschäftsverkehrs im Binnenmarkt v. 18.11.1998, KOM (1998), 586 endg., ABl. EG Nr. L 178 v. 17.06.2000, S. 1. Vgl. dazu allgemein *Moritz* CR 2000, 61; *Landfermann* ZUM 1999, 795; *Spindler* ZUM 1999, 775.
209 Zur umstrittenen Bedeutung der Begriffe »Dienste der Informationsgesellschaft« und »koordinierter Bereich« vgl. *Hoeren* MMR 1999, 192 (193); *Spindler* ZUM 1999, 775 (776).
210 Eingehend zum Herkunftslandprinzip *Ahrens* CR 2000, 835.
211 Zu dieser Sichtweise Gounalakis/*Pfeiffer* § 12 Rn. 11 und 14.
212 Vgl. *Mankowski* CR 2001, 630 (631).
213 Vgl. Erwägungsgrund 23 der E-Commerce-Richtlinie.
214 Moritz/Dreier/*Neubauer* S. 540.

– und damit individuellen Restriktionen durch den Abrufstaat zugänglich – bleiben vor allem die Freiheit der Rechtswahl, verbraucherschützende Regelungen, Vorgaben des Datenschutzes, die Anforderungen an Verteildienste, die unerwünschte elektronische Direktkommunikation (»*Spamming*«),[215] das Urheberrecht und verwandte Schutzrechte sowie die öffentliche Sicherheit und Ordnung. Prinzipiell gilt gleichwohl, dass ein Anbieter, der seine Dienste im Einklang mit den Vorgaben seines Heimatrechts erbringt, im Abrufstaat keine zusätzlichen Restriktionen zu befürchten hat.[216]

Der zum 05.06.2010 neu eingefügte § 2a TMG[217] enthält in seinen Absätzen 2 bis 4 eine Spezialregelung zum Herkunftslandsprinzip für audiovisuelle Medien. Diese Regelung setzt für diesen Regelungsbereich die Audiovisuelle-Mediendienste-Richtlinie (EG 2007/65/EG) um.

II. Regelungen des UWG

161 Auch im Bereich des Wettbewerbsrechts stellt sich die Frage der Anwendbarkeit deutschen Rechts. Seit Inkrafttreten der Rom II-Verordnung ist hier nicht mehr Art. 40 Abs. 1 EGBGB einschlägig, sondern stattdessen kommt Art. 6 Rom II, der den unlauteren Wettbewerb und den freien Wettbewerb einschränkendes Verhalten betrifft, zur Anwendung. Art. 6 Abs. 1 und Abs. 2 Rom II enthalten spezifische Anknüpfungsregeln für außervertragliche Schuldverhältnisse, die aus unlauterem Wettbewerb entstanden sind. Diese Vorschriften entsprechen inhaltlich den Prinzipien, welche die deutsche Rechtsprechung für die allgemeine Deliktskollisionsregel des Art. 40 EGBGB aufgestellt hat. Zu differenzieren ist zwischen *marktbezogenen* und *konkurrentenbezogenen* Wettbewerbsverstößen.

162 Auf außervertragliche Schuldverhältnisse aus marktbezogenen Wettbewerbsverstößen ist das Recht des Marktortes anwendbar, also das Recht des Staates, in dessen Gebiet die Wettbewerbsbeziehungen oder kollektiven Interessen der Verbraucher beeinträchtigt werden (»*Marktortprinzip*«).[218] Im Offline-Bereich begründet der Vertrieb von Waren oder Dienstleistungen in Deutschland dementsprechend regelmäßig die Anwendbarkeit deutschen Rechts.

163 Soweit Wettbewerbsverstöße im Internet infrage stehen, wird es abermals für erforderlich gehalten, eine sachgerechte **Einschränkung** der Anknüpfung vorzunehmen. Auch hier liegt der Gedanke der fehlenden technischen Beschränkbarkeit des Verbreitungsgrades von Webseiten zugrunde. Nicht jeder Ort, an dem ein Nutzerzugang besteht, könne als virtueller Marktort angesehen werden. Stattdessen müsse die erkennbare Zielrichtung der Wettbewerbshandlung berücksichtigt werden.[219] Überwiegend wird dazu eine Bestimmung des Kreises der Internetbenutzer gefordert, an die sich das Angebot richtet. Diese Bestimmung soll aus objektiver Sicht vorzunehmen sein. Dem entspricht es, wenn das OLG Frankfurt eine rein unternehmensinterne Vertriebsbeschränkung im Jahr 1998 insofern nicht als ausreichend erachtet hat.[220] Im Einzelnen umstritten sind aber die tatsächlich zu berücksichtigenden Kriterien wie die verwendete Sprache, die Lage von angegebenen Adressen und Telefonnummern, Angriffe auf in einem bestimmten Markt tätige Konkur-

---

215 Vgl. dazu nur *Splittgerber/Zscherpe/Goldmann* WRP 2006, 178 (179 ff.); *Ziem* MMR 2000, 129.
216 Mögliche Folge ist freilich ein »*race to the bottom*«, bei welcher die Wahl des Anbieters für seinen Geschäftssitz auf das EU-Land mit den geringsten Restriktionen fällt.
217 Eingefügt mit dem Ersten Gesetz zur Änderung des Telemediendienstegesetzes v. 31.05.2010, BGBl. I, S. 692 ff.
218 *Junker* NJW 2007, 3675 (3679); zur alten Rechtsprechung: BGH NJW 1998, 1227 (1228); BGH NJW 1998, 2531 (2532).
219 Kaminski/Hemßler/Kolaschnik/Papathoma-Baetge/*Papathoma-Baetge/Nehrenberg/Finke* S. 87; *Rüßmann* K&R 1998, 422 (425).
220 OLG Frankfurt/M. K&R 1999, 138 (139).

renten, die (selbst geschaltete) Werbung aufseiten anderer Anbieter, die Verwendung einer länderspezifischen Domain, Zahlungs- und Versandmodalitäten etc.[221] Auch vor dem Hintergrund dieser Unsicherheit empfiehlt sich die Verwendung eines ausdrücklichen Disclaimers auf der Angebotsseite.[222]

Werden hingegen durch das unlautere Wettbewerbsverhalten ausschließlich Interessen eines bestimmten Wettbewerbers beeinträchtigt (konkurrentenbezogene Wettbewerbsverstöße), so findet die allgemeine Kollisionsnorm des Art. 4 Rom II Anwendung. Art. 6 Abs. 3 Rom II betrifft »Einschränkungen des Wettbewerbs« (vgl. zu diesem Begriff die Ausführungen in Erwägungsgrund 23 der Rom II-Verordnung). Hier gilt grundsätzlich das »Auswirkungsprinzip«: Es findet das Recht des Staates Anwendung, in dessen Gebiet sich die Wettbewerbsbeschränkung auswirkt oder auszuwirken droht. Sofern der Markt in mehr als einem Staat beeinträchtigt wird, kann der Geschädigte bei Vorliegen bestimmter Voraussetzungen seinen Anspruch auf das Recht des Mitgliedstaates des angerufenen Gerichts (*lex fori*) stützen.[223] **164**

III. Regelungen des StGB

Die Anwendbarkeit deutschen Strafrechts im internationalen Kontext wird durch §§ 3 ff. StGB umrissen. Danach ist in erster Linie von dem **Territorialitätsprinzip** in § 3 StGB auszugehen. Dieses legt fest, dass das deutsche Strafrecht auf alle Taten Anwendung findet, die auf deutschem Boden begangen werden, selbst wenn der Täter Ausländer ist.[224] Als Begehungsort bestimmt § 9 Abs. 1 StGB den Ort der Handlung und des tatsächlichen oder des beabsichtigten Erfolges.[225] Diese Orte fallen im »Offline-Bereich« oft zusammen. Bei schlichten Tätigkeitsdelikten ist ausschließlich an den Ort der Handlung anzuknüpfen. **165**

Bei **Internet-Sachverhalten** entstehen insoweit im Zusammenhang mit der Ubiquität des Internets Probleme, da der Begehungs- und der Erfolgsort der Handlung regelmäßig auseinanderfallen. Die Rechtsprechung scheint deutsches Strafrecht immer dann anzuwenden, wenn es gerade auch die Ausdrucksform der jeweiligen Internetstraftat verhindern will. Exemplarisch dafür mag stehen, dass der BGH die von einem Ausländer verfasste und auf einem ausländischen Server, der Internetnutzern in Deutschland zugänglich war, in das Internet eingestellte Auschwitzlüge unter § 9 Abs. 1 3. Alt. StGB subsumiert hat. Dass ein zum Tatbestand gehörender Erfolg im Inland eingetreten war, hatte das Gericht dabei damit begründet, dass die Äußerung »konkret zur Friedensstörung im Inland geeignet« gewesen sei.[226] Infolge dieses Ansatzes ergibt sich eine prinzipielle Allzuständigkeit des deutschen Strafrechts für über das Internet in Deutschland begangene oder sich in Deutschland auswirkende Straftaten. **166**

---

221 Vgl. näher *Dethloff* NJW 1998, 1596 (1600); *Rüßmann* K&R 1998, 422 (425 f.); *Mankowski* GRUR Int. 1999, 909 (918); *Wegner* CR 1998, 676 (681).
222 Vgl. dazu Rdn. 154.
223 *Junker* NJW 2007, 3675 (3679).
224 Für den Bereich der Ordnungswidrigkeiten knüpft § 5 OWiG in ähnlicher Weise daran an, dass die eine Ahndung begründende Handlung im räumlichen Geltungsbereich des OWiG vorgenommen wurde.
225 Für Ordnungswidrigkeiten vgl. die Parallelvorschrift in § 7 OWiG.
226 BGH CR 2001, 260.

Kapitel 26
Strafrechtliche Aspekte des IT-Rechts

Schrifttum

Abdallah/Gerke/Reinert, Die Reform des Urheberrechts – hat der Gesetzgeber das Strafrecht übersehen?, ZUM 2004, 31; *Adallah/Gercke*, Strafrechtliche und strafprozessuale Probleme der Ermittlung nutzerbezogener Daten im Internet, ZUM 2005, 368; *Arloth*, Computerstrafrecht und Leerspielen von Geldautomaten, Jura 1996, 354; *Bär*, Der Zugriff auf Computerdaten im Strafverfahren, 1992; *ders.*, Aktuelle Rechtsfragen bei strafprozessualen Eingriffen in die Telekommunikation, MMR 2000, 472; *ders.*, Wardriver und andere Lauscher – Strafrechtliche Fragen im Zusammenhang mit WLAN, MMR 2005, 434; *ders.*, (Entscheidungsanmerkung) Auskunftsverlangen über den Inhaber einer dynamischen IP-Adresse, MMR 2005, 626; *Beck*, Lehrermobbing durch Videos im Internet – ein Fall für die Staatsanwaltschaft?, MMR 2008, 77; *Beck/Kreißig*, Tauschbörsen-Nutzer im Fadenkreuz der Strafverfolgungsbehörden, NStZ 2007, 304; *Bleich/Briegleb*, Die Hilfssheriffs als heimliche Komplizen, c't 2006, 18; *Buggisch*, Dialer-Programme – Strafrechtliche Bewertung eines aktuellen Problems, NStZ 2002, 178; *Buggisch/Kerling*, Phishing, Pharming und ähnliche Delikte, Kriminalistik 2006, 531; *Cornelius/Tschoepe*, Strafrechtliche Grenzen der zentralen E-Mail-Filterung und -Blockade, K&R 2005, 269; *Cornils*, Der Begehungsort von Äußerungsdelikten im Internet, JZ 1999, 394; *Dahm/Delbrück/Wolfrum*, Die Formen des völkerrechtlichen Handelns; die inhaltliche Ordnung der internationalen Gemeinschaft, 2. Aufl. 2002; *Dietrich*, Rechtliche Bewältigung von netzbasiertem Datenaustausch und Verteidigungsstrategien, NJW 2006, 809; *Eisenberg*, Beweisrecht der StPO Spezialkommentar, 6. Aufl., 2008; *Engels/Jürgens/Fritzsche*, Die Entwicklung des Telemedienrechts im Jahr 2006, K&R 2007, 57; *Ernst*, Hacker, Cracker & Computerviren, 2004; *Frey/Rudolph*, Rechtsgutachten zur »Evaluierung des Haftungsregimes für Host- und Access-Provider im Bereich der Telemedien« im Auftrag des Bundesverbandes für digitale Wirtschaft e. V. (BVDW), Dezember 2008, www.bvdw.org; *Freytag*, Urheberrechtliche Haftung im Netz, ZUM 1999, 185; *Gercke*, Die Entwicklung des Internetstrafrechts im Jahr 2008, ZUM 2009, 526; *ders.*, Rechtswidrige Inhalte im Internet, 2000; *ders.*, (Entscheidungsanmerkung)Verantwortlichkeit der Betreiber eines Internetgästebuchs, MMR 2002, 695; *ders.*, Die Rechtsprechung zum Internetstrafrecht im Jahr 2002, ZUM 2003, 349; *ders.*, Die Strafbarkeit von Phishing und Identitätsdiebstahl, CR 2005, 606; *ders.*, (Entscheidungsanmerkung) Zugriff auf bei dem Betroffenen gespeicherte Verbindungsdaten, StV 2006, 453; *Gleß*, Zur Verwertung von Erkenntnissen aus verdeckten Ermittlungen im Ausland im inländischen Strafverfahren, NStZ 2000, 57; *Gnirck/Lichtenberg*, Internetprovider im Spannungsfeld staatlicher Auskunftsersuchen, DUD 2004, 598; *Graf*, Phishing derzeit nicht generell strafbar!, NStZ 2007, 129; *Hackner/Lagodny/Schomburg*, Internationale Rechtshilfe in Strafsachen – Ein Leitfaden für die Praxis, 2003; *Hackner/Schomburg/Lagodny/Gleß*, Das 2. Europäische Haftbefehlsgesetz, NStZ 2006, 663; *Harms*, Ist das »bloße« Anschauen von kinderpornographischen Bildern im Internet nach geltendem Recht strafbar?, NStZ 2003, 646; *Hassemer/Ingeberg*, Dual-Use-Software aus der Perspektive des Strafrechts (§ 202c StGB), ITRB 2009, 84; *Hassemer/Witzel*, Filterung und Kontrolle des Datenverkehrs, ITRB 2006, 139; *Heghmanns*, Strafrechtliche Verantwortlichkeit für illegale Inhalte im Internet, JA 2001, 71; *ders.*, Musiktauschbörsen im Internet aus strafrechtlicher Sicht, MMR 2004, 14; *Heidrich*, (Entscheidungsanmerkung) Strafbarkeit durch e-Mail-Filterung, MMR 2005, 181; *Heidrich/Tschoepe*, Rechtsprobleme der E-Mail-Filterung, MMR 2004, 75; *Heinrich*, Neue Medien und klassisches Strafrecht – § 184b IV StGB im Lichte der Internetdelinquenz, NStZ 2005, 361; *Hilgendorf*, Grundfälle zum Computerstrafrecht, JuS 1997, 130; *Hilgendorf/Frank/Valerius*, Computer- und Internetstrafrecht, 2005; *Hoeren*, Virenscanning und Spamfilter – Rechtliche Möglichkeiten im Kampf gegen Viren, Spams & Co, NJW 2004, 3513; *ders.*, Das Telemediengesetz, NJW 2007, 801; *ders.*, Die Umsetzung der Richtlinie zur Vorratsdatenspeicherung – Konsequenzen für die Privatwirtschaft, JZ 2008, 668; *ders.*, Skript im Internet – Stand: September 2010, abrufbar über das Institut für Informations-, Telekommunikations- und Medienrecht, Universität Münster unter www.uni-muenster.de/Jura.itm/hoeren/materialien/Skript/skript_September2010.pdf; *ders.*, Vorratsdaten und Urheberrecht – Keine Nutzung gespeicherter Daten, NJW 2008, 3099; *Jofer*, Strafverfolgung im Internet: Phänomenologie und Bekämpfung kriminellen Verhaltens in internationalen Computernetzen, 1999; *Karlsruher Kommentar*, Kommentar zur Strafprozessordnung und zum Gerichtsverfassungsgesetz mit Einführungsgesetz (Hrsg.: Gerd Pfeiffer), 6. Aufl. 2008, zit. KK/*Bearbeiter*); *Kemper*, Die Beschlagnahmefähigkeit von Daten und E-Mails, NStZ 2005, 538; *Köcher*, (Entscheidungsanmerkung) Strafbarkeit der Ausfilterung von E-Mails, DUD 2005, 163; *Kratz*, (Entscheidungsanmerkung) OLG-Beschluss: Ist das Ausfiltern von E-Mails strafbar?, DSB 2005, 10; *Kudlich*, Rechtliche Probleme der Beweisgewinnung in Computernetzen, JA 2000, 227; *Lejeune*, (Entscheidungsanmerkung) Zur Strafbarkeit des Ausfilterns von E-Mails in Unternehmen, CR 2005, 290; *Lenckner/Winkelbauer*, Computerkriminalität, Möglichkeiten und Grenzen des 2. WiKG, CR 1986, 654; *Malek*, Strafsachen im Internet, 2005; *Marberth-Kubicki*, Der Beginn der Internetzensur – Zugangssperren durch Access-Provider, NJW 2009, 1792; *dies.*, »Die gesetzliche Netzsperre – Ein Irrtum oder

Kapitel 26 Strafrechtliche Aspekte des IT-Rechts

alles wieder auf Null«, NJW-Aktuell 2010, 12; *Mühlbauer,* Die Betrugsähnlichkeit des § 263a Abs. 1 Var. 3 StGB anhand der »Geschäftsgrundlagen« beim Geldautomatengebrauch, wistra 2003, 244; *Musiol,* Erste Erfahrungen mit der Anwendung des § 101 IX UrhG – wann erreicht die Verletzung ein »gewerbliches Ausmaß«?, GRUR-RR 2009, 1; *Münchner Kommentar zum StGB,* Band 6/1, 1. Aufl. 2010 (zit. MüKo/*Bearbeiter); Neuheuser,* Die Strafbarkeit des Bereithaltens und Weiterleitens des durch »Phishing« erlangten Geldes, NStZ 2008, 492; *Niemann,* Urheberrechtsabgaben – Was ist im Korb? Anwendung und Berechnung der urheberrechtlichen Abgaben auf Geräte und Speichermedien nach neuem Recht, CR 2008, 205; *Kindhäuser/Neumann/Paeffgen,* Strafgesetzbuch, Kommentar, 3. Aufl. 2010; *Pelz,* Die Strafbarkeit von Online-Anbietern, wistra 1999, 53; *Popp,* Phishing, Pharming und das Strafrecht, MMR 2006, 84; *Puppe,* (Entscheidungsanmerkung) Zur Frage der Eigenschaft einer zusammengesetzten Fotokopie von teilen mehrerer Schriftstücke als Urkunde im Rechtssinne, NStZ 2001, 482; *Redeker,* Die Pflicht zur Vorratsdatenspeicherung, ITRB 2009, 112; *Roßnagel/Pfitzmann,* Der Beweiswert von E-Mail, NJW 2003, 1209; *Roxin,* Strafverfahrensrecht, 25. Aufl. 1998; *Sankol,* Das Ende der Zielwahlsuche nach der Neufassung des § 100g StPO?, MMR 2008, XVII; *Sauer,* Der Einsatz von Spamfiltern am Arbeitsplatz – Eine kritische Analyse, K&R 2008, 399; *Schlegel,* Beschlagnahme von E-Mailverkehr beim Provider, HRRS Febr. 2007, S. 44, unter www.hrr-strafrecht.de; *Schmidl,* E-Mail-Filterung am Arbeitsplatz, MMR 2005, 343; *Seidl/Fuchs, Die Strafbarkeit des Phishing nach Inkrafttreten des 41. Strafrechtsänderungsgesetzes,* HRRS Febr. 2010, S. 85; *Sieber,* Kinderpornographie, Jugendschutz und Providerverantwortlichkeit im Internet – Eine strafrechtsvergleichende Untersuchung, 1999; *Sieber/Nolde,* Sperrverfügungen im Internet – Nationale Rechtsdurchsetzung im globalen Cyberspace?, 2008; *Spatscheck/Alvermann,* Internet-Ermittlungen im Steuerstrafprozess, wistra 1999, 333; *Spendel,* »Dialermafia« verurteilt, Kriminalistik 2007, 146; *Spindler,* Haftungsrechtliche Grundprobleme der neuen Medien, NJW 1997, 3193; *Spindler/Ernst,* Vertragsgestaltung für den Einsatz von E-Mail-Filtern, CR 2004, 437; *Stuckenberg,* Viel Lärm um nichts? – Keine Kriminalisierung der »IT-Sicherheit« durch § 202c StGB, wistra 2010, 41; *Tyszkiewicz,* Skimming als Ausspähen von Daten gemäß § 202a StGB, in HRRS Heft 4/2010, S. 207; *Vassilaki,* Strafrechtliche Verantwortlichkeit der Diensteanbieter nach dem TDG – Eine Untersuchung unter besonderer Berücksichtigung der Einordnung des § 5TDG im Strafrechtssystem, MMR 1998, 630; *Vahle,* Der Schutz der Persönlichkeit in der aktuellen Rechtsprechung, DSB 2005, 10; *ders.,* (Entscheidungsanmerkung) Verletzung des Post- oder Fernmeldegeheimnisses durch Herausfiltern einer E-Mail, Kriminalistik 2005, 585; *Wabnitz/Janovsky,* Handbuch des Wirtschafts- und Steuerstrafrechts, 3.Aufl. 2007; *Wehnert,* Die Gefahr der Privatisierung des Ermittlungsverfahrens, JR 2007, 82; *Welp,* Verbindungsdaten – Zur Reform des Auskunftsrechts (§§ 100g, 100h STPO), GA 2002, 535.

Übersicht

	Rdn.
A. Grundlagen	1
I. Nationale und internationale Normen	1
1. Nationale Normen	2
a) Multimedia-, Informations- und Kommunikationsdienstegesetz	2
b) Teledienstegesetz (TDG) und Teledienstedatenschutzgesetz (TDDSG)	3
c) Mediendienstestaatsvertrag (MDStV)	4
d) Telemediengesetz (TMG)	5
e) Telekommunikationsgesetz (TKG)	6
f) Telekommunikationsüberwachungsverordnung (TKÜV)	8
g) Abgrenzung TMG – TKG	9
h) Jugendschutzgesetz (JuSchG)/Jugendmedienstaatsvertrag (JMStV)	10
i) Urheberrechtsgesetz (UrhG)	11
2. Internationale Normen	13
a) Rahmenbeschluss des Rates über Angriffe auf Informationssysteme vom 24.02.2005	14
b) Cyber-Crime Konvention	17
c) Gesetz zur Regelung der internationalen Rechtshilfe in Strafsachen (IRG)	20
d) Gesetz zum europäischen Haftbefehl (EUHfG)	21
II. Anwendbarkeit deutschen Strafrechts	22
III. Täterschaft und Teilnahme	25
IV. Datenschutz	27
B. Materielles Strafrecht/Erscheinungsformen	31
I. Straftaten gegen den Computer/das Internet	34
1. Computerbetrug, § 263a StGB	35
a) Rechtsgut	36
b) Tatbestand	37
aa) Unrichtige Gestaltung des Programms, § 263a Abs. 1, 1. Var. StGB	38
bb) Verwendung unrichtiger oder unvollständiger Daten, § 263a Abs. 1, 2. Var. StGB	40
cc) Unbefugte Verwendung von Daten, § 263a Abs. 1, 3. Var. StGB	41

Kapitel 26 Strafrechtliche Aspekte des IT-Rechts

(1) Missbräuchliche Verwendung von Codekarten	44
(2) Einsatz von Karten innerhalb automatisierter Zahlungssysteme	48
(3) Unberechtigter Zugang zu Pay-TV-Programmen	50
dd) Sonstige unbefugte Einwirkung auf den Ablauf, § 263a Abs. 1, 4. Var. StGB	51
c) Spezifische Erscheinungsformen des Computerbetrugs	54
aa) Phishing und Pharming	54
bb) Beteiligung am Phishing/Pharming	59
cc) Skimming	61
d) Besonderheiten des Computerbetrugs	62
aa) Strafbare Vorbereitungshandlung, § 263a Abs. 3 StGB	62
bb) Strafantrag	64
2. Ausspähen und Abfangen von Daten, §§ 202a, b StGB	65
a) Rechtsgut	66
b) Tatbestand	67
aa) Tatgegenstand	67
(1) Nicht für den Täter bestimmt	68
(2) Besondere Zugangssicherung	70
bb) Tathandlung	72
c) Spezifische Erscheinungsformen des Ausspähens von Daten, § 202a StGB	75
aa) Trojaner und Keylogger	76
bb) Backdoor-Programme	79
cc) Spoofing	80
dd) Snifferprogramme	81
ee) Portscanning/Hacking	82
d) Besonderheiten des Ausspähens und Abfangens von Daten	83
aa) Strafbare Vorbereitungshandlung, § 202c StGB	83
bb) Strafantrag	86
3. Datenveränderung, § 303a StGB	87
a) Rechtsgut	88
b) Tatbestand	89
aa) Tatgegenstand	89
bb) Tathandlung	92
(1) Löschen	93
(2) Unterdrücken	94
(3) Unbrauchbar machen	95
(4) Verändern	96
c) Spezifische Erscheinungsformen der Datenveränderung	97
aa) Füllen eines leeren Speicherplatzes	97
bb) Virenprogramme	98
cc) Spamming und DOS-Attacken	99
dd) Mailbombing	101
ee) Cookies	103
d) Besonderheiten der Datenveränderung	104
aa) Strafbare Vorbereitungshandlung, § 303a Abs. 3 StGB	104
bb) Strafantrag	105
4. Computersabotage, § 303b StGB	106
a) Rechtsgut	107
b) Tatbestand	108
aa) Tatgegenstand	108
bb) Tathandlungen	109
c) Spezifische Erscheinungsformen der Computersabotage	112
d) Besonderheiten der Computersabotage	114
aa) Strafbare Vorbereitungshandlung, § 303b Abs. 5 StGB	114
bb) Strafantrag	115
5. Fälschung beweiserheblicher Daten, § 269 StGB	117
a) Rechtsgut	118
b) Tatbestand	119
aa) Tatgegenstand	119
bb) Tathandlung	120
c) Spezifische Erscheinungsformen der Fälschung beweiserheblicher Daten	122
6. Täuschung im Rechtsverkehr bei der Datenverarbeitung, § 270 StGB	124
7. Mittelbare Falschbeurkundung, §§ 271, 348 StGB	125
a) Rechtsgut	125

		b) Tatbestand	126
		aa) Tatobjekt	126
		bb) Tathandlung	127
	8.	Urkundenunterdrückung, § 274 StGB	128
II.	Straftaten mittels Computer/Internet		130
	1.	Betrug, § 263 StGB	131
		a) Rechtsgut	132
		b) Tatbestand	133
		aa) Täuschungshandlung	134
		bb) Irrtum	135
		cc) Vermögensverfügung	136
		dd) Vermögensschaden	137
		c) Spezielle Erscheinungsformen des Betrugs	139
		aa) Online-(Versand)-Handel	139
		bb) Online-Auktionen	140
		cc) Installation von Dialerprogrammen	142
		dd) Nigeria-Connection	143
	2.	Unerlaubte Veranstaltung eines Glückspiels und Werbung hierzu, § 284 StGB	145
		a) Rechtsgut	147
		b) Tatbestand	148
		aa) Tatgegenstand	148
		bb) Tathandlung	151
		c) Besonderheiten der unerlaubten Veranstaltung eines Glücksspiels	154
	3.	Urheberrechtsverletzungen, §§ 106 ff. UrhG	155
		a) Rechtsgut	157
		b) Tatbestand des § 106 UrhG (Unerlaubte Verwertung urheberrechtlich geschützter Werke)	158
		aa) Tatgegenstand	158
		bb) Tathandlungen	159
		(1) Vervielfältigen	160
		(2) Verbreiten	163
		(3) Öffentliche Wiedergabe	164
		c) Tatbestand des § 108 UrhG (Unerlaubte Eingriffe in verwandte Schutzrechte)	165
		d) Tatbestand des § 108a UrhG (Gewerbsmäßige unerlaubte Verwertung)	166
		e) Tatbestand des § 108b UrhG (Unerlaubte Eingriffe in technische Schutzmaßnahmen und zur Rechtewahrnehmung erforderlicher Informationen)	168
		f) Spezifische Erscheinungsformen von Urheberrechtsverletzungen	172
		aa) Erstellen von Privatkopien	172
		bb) Filesharing-Tauschbörsen	173
		(1) Upload	176
		(2) Download	177
		g) Besonderheiten von Urheberrechtsverletzungen	180
		aa) Identitätsermittlung	180
		bb) Rolle der »privaten Ermittler«	186
		cc) Drittauskunftsanspruch, § 101 UrhG	189
		dd) Strafantrag	191
	4.	Markenrechtsverletzungen, § 143 MarkenG	193
	5.	Verletzung des Post- oder Fernmeldegeheimnisses, § 206 StGB ...	194
		a) Rechtsgut	195
		b) Tatbestand	196
		aa) Tatgegenstand	196
		bb) Tathandlung	197
		c) Spezifische Erscheinungsformen der Verletzung des Post- oder Fernmeldegeheimnisses	204
		aa) Ausfiltern von E-Mails	204
		bb) Entscheidung des OLG Karlsruhe »Hochschulfall«	208
	6.	Verrat von Geschäfts- oder Betriebsgeheimnissen, § 17 UWG	214
		a) Rechtsgut	215
		b) Tatbestand	216
		aa) Tatgegenstand	216
		bb) Tathandlungen	218
		(1) Sich Verschaffen	219
		(2) Sicherung	220

Kapitel 26   Strafrechtliche Aspekte des IT-Rechts

	(3) Verwertung		221
	c) Besonderheiten des Verrats von Betriebs- und Geschäftsgeheimnissen		223
	aa) Absicht		223
	bb) Strafantrag		224
7.	Offenbarung und Verwertung fremder Geheimnisse, §§ 203, 204 StGB		225
8.	Verletzung des höchstpersönlichen Lebensbereiches durch Bildaufnahmen, § 201a StGB		226
9.	Nachstellung, § 238 StGB		227
10.	Verbreitung, Erwerb und Besitz kinder- und jungendpornographischer Schriften, § 184b und § 184c StGB		230
11.	Erschleichen von Leistungen, § 265a StGB		236
	a) Automatenmissbrauch		237
	b) Missbrauch von Telekommunikationsnetzen		238
12.	Störung von Telekommunikationsanlagen, § 317 StGB		241
C.	Inanspruchnahme von Providern/Haftung		242
I.	Datenspeicherung		246
1.	Daten		247
	a) Inhaltsdaten		247
	b) Verkehrsdaten/Nutzungsdaten		248
	c) Abrechnungsdaten		249
	d) Bestandsdaten		251
	e) Zugangsdaten		253
	f) Standort-/Positions-/Geodaten		254
	g) Zukünftige Daten		255
2.	(Vorrats-) Datenspeicherung		256
II.	Auskunftsverpflichtung, § 113 TKG, § 100g StPO		260
III.	Sperrverfügungen gegen Provider/Gesetzliche Netzsperre		265
IV.	Haftung für Inhalte/Privilegierung, §§ 7–10 TMG		268
1.	Content-Provider, § 7 Abs. 1 TMG		273
2.	Access-Provider, § 8 TMG		274
3.	Caching, § 9 TMG		280
4.	Host-Provider, § 10 TMG		281
	a) Kenntnis		282
	b) Tätigwerden		283
	c) Zumutbarkeit		284
5.	Dogmatische Zuordnung der Haftungsprivilegierung		286
6.	Einzelfragen		288
	a) Hyperlinks		288
	b) Gästebücher, Foren und Suchmaschinen		291
	c) Weiterleitung von E-Mails		295
	d) Urheberrechtsverletzungen – P2P-Netze		297
	e) Anonymisierungsserver		298
D.	Prozessuales Recht		301
I.	Überblick über das Strafverfahren		302
II.	Besonderheiten des Strafverfahrens		309
1.	Bedeutung des Strafantrags, § 77 StGB		309
2.	Klagerzwingungsverfahren, § 172 StPO		313
3.	Akteneinsicht/Abwehr von Akteneinsichtsanträgen		317
III.	Beweisgewinnung		319
1.	Ermittlungsmethoden		323
	a) Erhebung von Verkehrsdaten, § 100g StPO		324
	aa) Anordnungsvoraussetzungen		328
	(1) Materiell, § 100g StPO		329
	(2) Formell, § 100b StPO		330
	bb) Funkzellenabfrage		331
	cc) Rechtsmittel		334
	dd) Preservation order		335
	b) Durchsuchung und Beschlagnahme von EDV-Anlagen, §§ 94, 102 ff. StPO		337
	aa) Durchsuchungsvoraussetzungen, §§ 102, 103 StPO		338
	(1) Materiell – Durchsuchung beim Verdächtigen, § 102 StPO		338
	(2) Materiell- Durchsuchung beim Nichtverdächtigen, § 103 StPO		339
	(3) Formell, § 105 StPO		340
	bb) Beschlagnahmevoraussetzungen, §§ 94 Abs. 2, 98 StPO		341
	cc) Rechtsmittel		342

	dd) Ablauf der Maßnahme	343
	(1) Durchsuchung – 1. Phase	344
	(2) Durchsicht, § 110 StPO – 2. Phase	345
	(3) Sicherstellung/Beschlagnahme, §§ 94 ff. StPO – 3. Phase	349
	(4) Verhältnismäßigkeit	350
	(5) Verhaltenshinweise für Mandant und Berater	352
	c) Zugriff auf elektronische Speichermedien, insbesondere E-Mails	353
	aa) Zugriff beim Verdächtigen/Zeugen	355
	bb) Zugriff beim Provider	356
	d) Online-Durchsuchung	359
	e) Besonderheiten bei der Durchsuchung/Beschlagnahme beim Berufsgeheimnisträger	361
	aa) Verschwiegenheitsverpflichtung	362
	bb) Verhaltenshinweise	363
	cc) Checkliste	367
	f) Maßnahmen bei Mobilfunkendgeräten, § 100i StPO, IMSI-Catcher	368
	g) Fahndung via Internet	369
	2. Beweisgewinnung mit internationalem Bezug	371
	a) Rechtshilfeverkehr	373
	b) Europäischer Haftbefehl	375
IV.	Beweisverwertung	379
	1. Beweiswert elektronischer Daten	379
	2. Einführung in die Hauptverhandlung	381
	a) Zeugenbeweis	382
	b) Augenscheinsbeweis	384
	c) Urkundenbeweis	386
	3. Beweisverwertungsverbote	390

Das folgende Kapitel widmet sich den strafrechtlichen Bezügen des IT-Rechts und seiner Besonderheiten, die sich aus der Nutzung moderner Kommunikationssysteme, insbesondere Computer, Internet und E-Mail ergeben. Konfrontiert wird der Leser sowohl mit klassischen Kriminalitätsformen als auch neuen Erscheinungsformen strafbarer Handlungen.

A. Grundlagen

I. Nationale und internationale Normen

Neben den traditionellen Vorschriften aus dem Strafgesetzbuch, der Strafprozessordnung und Nebengesetzen sind folgende Normen zusätzlich von Bedeutung, die dem Strafrechtler nicht zwingend geläufig, den Kollegen aus dem Informationstechnologierecht jedoch gut bekannt sein dürften. **1**

1. Nationale Normen

a) Multimedia-, Informations- und Kommunikationsdienstegesetz

Das IuKDG (in Kraft getreten am 01.08.1997 bzw. Art. 7 vom 01.01.1998) enthielt eine Vielzahl von Gesetzen und Änderungen, die in Artikeln benannt wurden. Der Bundesgesetzgeber verfolgte damit den Zweck, Hemmnisse für die freie Entfaltung der Marktkräfte im Bereich Multimedia zu beseitigen und einheitliche wirtschaftliche Rahmenbedingungen zu gewährleisten. Die wichtigsten Gesetze waren das Teledienstegesetz mit dem Teledienstedatenschutzgesetz. **2**

b) Teledienstegesetz (TDG) und Teledienstedatenschutzgesetz (TDDSG)

Aufgrund von nicht beizulegenden Kompetenzstreitigkeiten zwischen Bund und Ländern entstand das Teledienstegesetz (TDG), das bis zum 28.02.2007 in Kraft war. Dies regelte auf **3**

Kapitel 26   A. Grundlagen

Bundesebene diejenigen Dienste, die vorrangig individuelle Dienste (Teledienste) betreffen. Unter den Begriff der Teledienste fallen definitionsgemäß alle elektronischen Informations- und Kommunikationsdienste, die für eine individuelle Nutzung bestimmt sind. Hierzu gehören nach § 2 Abs. 2 TDG Telebanking, Datenaustausch, Verkehrs-, Wetter-, Umwelt- und Börsendaten, die Verbreitung von Informationen über Waren und Dienstleistungsangebote, Angebote zur Nutzung von Telespielen und Angebote von Waren und Dienstleistungen mit unmittelbarer Bestellmöglichkeit.

Das Teledienstedatenschutzgesetz (TDDSG) war hieran angelehnt. Wichtigste Regelung des TDG sind die Regelungen zur Verantwortlichkeit der Diensteanbieter, §§ 8 ff. TDG gewesen.

c) Mediendienstestaatsvertrag (MDStV)

4   Auf Länderebene wurde fast zeitgleich der Mediendienstestaatsvertrag abgeschlossen, der diejenigen Dienste regelte, deren Angebote an die Allgemeinheit gerichtet wurden. Im Einzelfall war die Abgrenzung durchaus schwierig. Die, wie im TDG, nicht abschließende Aufzählung in § 2 Abs. 2 MDStV nannte die Verteildienste in Form von Fernsehtext, Radiotext und vergleichbaren Textdiensten sowie Abrufdienste, bei denen Text-, Ton- oder Bildbearbeitungen auf Anforderung aus elektronischen Speichern zur Nutzung übermittelt werden. Ausgenommen waren solche Dienste, bei denen der individuelle Leistungsaustausch oder die reine Datenübermittlung im Vordergrund steht, ferner die von Telespielen. Auch der MDStV verlor zum 01.03.2007 seine Gültigkeit.

d) Telemediengesetz (TMG)

5   Am 01.03.2007[1] trat das Telemediengesetz in Kraft, nachdem der Neunte Rundfunkvertrag durch alle Länder ratifiziert wurde und löste damit das TDG, TDDSG und MDStV ab. Seitdem wird nicht mehr zwischen der Gesetzgebungskompetenz von Bund und Ländern und zwischen Tele- und Mediendiensten unterschieden. Erfasst werden alle Informations- und Kommunikationsdienste, die nicht ausschließlich dem Telekommunikations- oder Rundfunkbereich zuzuordnen sind. Entscheidende Änderung ist eine Öffnungsklausel für die Datenabfrage. Anbieter von Telemedienmüssen künftig für Zwecke der Strafverfolgung, Aufgaben des Verfassungsschutzes und der Geheimdienste sowie bei Urheberrechtsverletzungen Bestandsdaten herausgeben. Mit Bußgeld wird belegt, wer künftig täuschende Informationen durch E-Mail und Spams (§ 16 Abs. 1, Abs. 2 Nr. 1 TMG) versendet. Beibehalten wurden die Regelungen zur Providerverantwortlichkeit, §§ 7 ff. TMG (vorher §§ 8 ff. TDG). Insbesondere die Ausdehnung der Speicherungs- und Auskunftspflicht der Provider hatte dem Entwurf heftige Kritik der Datenschützer eingebracht, die eine erhebliche Absenkung des Datenschutzniveaus erkannt und eine Verfassungsbeschwerde angekündigten. Die Internetwirtschaft kritisierte schon damals, dass durch die neuen Pflichten zur Auskunftserteilung Unternehmen zu Hilfspolizisten für Jedermann gemacht werden. Der Reformbedarf wurde bereits schon vor Inkrafttreten von verschiedenen Seiten gesehen und seither diskutiert. Durch das Gesetz zur Erschwerung des Zugangs zu kinderpornographischen Inhalten in Kommunikationsnetzen wurde in die Zugangssperre § 2 eingeführt,[2] um die sog. Netzsperre zu installieren. In der Praxis wurde diese Regelung nicht umgesetzt.Inzwischen hat das Kabinett einen Gesetzentwurf auf den Weg gebracht, der das Prinzip »Löschen statt Sperren« vorsieht.

---

1 Geändert durch Art. 26 zu Änderung datenschutzrechtlicher Vorschriften v. 14.08.2009, BGBl. I S. 2814; Überblick zur Entwicklung des Telemedienrechts in 2006: *Engels/Jürgens/Fritsche* K&R 2007, 57; *Hoeren* NJW 2007, 801.
2 Zugangserschwerungsgesetz BGBl. I S. 78.

I. Nationale und internationale Normen

e) Telekommunikationsgesetz (TKG)

Im Gegensatz zum TMG beschäftigt sich das TKG nicht mit den Inhalten der Informationen, sondern regelt die technische Grundlage der klassischen **Telekommunikation**.

Mit Inkrafttreten des TKG zum 26.06.2004 sind die bis dahin geltende **Telekommunikationsdatenschutzverordnung** (TDSV) sowie die **Telekommunikationsüberwachungsverordnung** (TKÜV) außer Kraft gesetzt worden. Am 30.11.2006 hat der Bundestag die Novellierung des Telekommunikationsgesetzes (TKG) verabschiedet. Es beinhaltet unter anderem eine Regelung, nach der das VDSL-Netz der Telekom für eine befristete Zeit von der Regulierung durch die Bundesnetzagentur befreit wird. Die Europäische Kommission hatte die Regulierungsferien für den Bonner Konzern kritisiert und mit einem Vertragsverletzungsverfahren gegen Deutschland gedroht. Mit dem Gesetz werden zudem die Rechte der Verbraucher gestärkt. Auch diese Novelle begegnete erheblichen Bedenken.

Zum 01.08.2008 wurde durch das Gesetz zur Neuregelung der Telekommunikationsüberwachung und anderer verdeckter Ermittlungsmaßnahmen[3] die heftig umstrittene **Vorratsdatenspeicherung** implementiert. Diese wurde in § 113a TKG umgesetzt. Danach sollten Anbieter von Internetzugangsdiensten
- die dem Teilnehmer für eine Internetnutzung zugewiesene Internetprotokolladresse,
- eine eindeutige Kennung des Anschlusses, über die die Internetnutzung erfolgt und
- den Beginn und das Ende der Internetnutzung unter der zugewiesenen Internetprotokolladresse nach Datum und Uhrzeit unter Angabe der zugrunde liegenden Zeitzone

für den Zeitraum von sechs Monaten speichern.

In § 113b TKG ist die Verwendung der in diesem Rahmen erhobenen Daten für die Strafverfolgungsbehörde geregelt worden.[4]

Am 02.03.2010 stellte das BVerfG fest, dass die Vorschriften zur Voratsdatenspeicherung nichtig sind.[5]

f) Telekommunikationsüberwachungsverordnung (TKÜV)

Während für die TDSV keine Nachfolgeregelung getroffen wurde, ist seit 03.11.2005 die Telekommunikationsüberwachungsverordnung (TKÜV) in neuer Fassung gültig.[6]

Die Überwachungsverordnung dient der Ausgestaltung der in § 110 TKG normierten Pflicht der Provider, Überwachung von Telekommunikation zu ermöglichen und regelt die technische Umsetzung der u. a. in §§ 100a, 100b StPO vorgesehenen Maßnahmen. Grundsätzlich sollen alle Betreiber von Kommunikationsanlagen, die ihre Dienste der Öffentlichkeit anbieten, zur Aufzeichnung und Weiterleitung der Kommunikationsdaten an die Strafverfolgungsbehörden verpflichtet sein.

g) Abgrenzung TMG – TKG

Die Abgrenzung zwischen den Tele- und Mediendiensten und der Telekommunikationsdienstleistung ist im Einzelfall problematisch.

Während das TKG den technischen Bereich der klassischen Kommunikation, also den Vorgang der Übertragung und den Transport meint, befasst sich das TDG/MDStV mit den übertragenen Inhalten.

---

3 S. unter http://www.vorratsdatenspeicherung.de.
4 Am 02.03.2010 stellte das Bundesverfassungsgericht die Nichtigkeit der Regelungen zur Vorratsdatenspeicherung fest, NJW 2010, 833; s. Rdn. 259.
5 BVerfG NJW 2010, 833 ff.
6 Zuletzt geändert durch Art. 4 Terrorismusabwehrgesetz v. 25.12.2008, BGBl. I S. 3083.

Technisch liegt den Tele- und Mediendiensten immer einer Übermittlung mittels Telekommunikation zugrunde. Trotz der recht eindeutig erscheinenden Differenzierung sind Überschneidungen in Einzelfällen vorhanden.

h) Jugendschutzgesetz (JuSchG)/Jugendmedienstaatsvertrag (JMStV)

10   Mit dem Jugendschutzgesetz des Bundes wurden das Gesetz zum Schutz der Jugend in der Öffentlichkeit (JÖSchG) und das Gesetz über die Verbreitung jugendgefährdender Schriften und Medieninhalte (GjS) zusammengeführt. Zeitgleich ist zum 01.04.2003 der Jugendmedienschutz-Staatsvertrag (JMStV) der Länder in Kraft getreten, der eine einheitliche Rechtsgrundlage in den elektronischen Medien (Fernsehen, Internet, Rundfunk) schaffte. Hierdurch sollte sichergestellt werden, dass die Länder nach einheitlichen Schutzstandards entscheiden. Zum 01.01.2011 sollte der neue Jugendmedienschutz- Staatsvertrag in Kraft treten, der vorsah die Jugendschutz- Richtlinien aus Rundfunk und Fernsehen auch auf das Internet zu übertragen. Die Verabschiedung ist überraschenderweise doch noch gescheitert.[7]

i) Urheberrechtsgesetz (UrhG)

11   Am 13.09.2003 trat mit neuer Struktur das Urheberrechtsgesetz in Kraft. Hiermit sollte eine Anpassung an die Herausforderungen der digitalen Technik bewältigt und eine Harmonisierung bestimmter Aspekte der Urheber und verwandter Schutzrechte erreicht werden. Wesentliche Neuerung war der Schutz der Urheberrechte gegen **Raubkopien**.

12   Mit Inkrafttreten des »1. Korbs« wurde bereits der »2. Korb« des Urheberrechts erarbeitet. Heftig umstritten war und ist die **Privatkopie**. Die Freistellung illegaler Downloads für den Privatverkehr (Bagatellklausel) wurde auf Druck der Rechteinhaber und diverser Verbände aus dem Entwurf entfernt. Hiergegen wiederum machte die Initiative Privatkopie mobil.[8] Der »2. Korb« ist seit dem 01.01.2008 in Kraft. Wesentliche Neuregelung stellt die Klarstellung beim sog. »Filesharing«[9] dar, wonach nun auch der Download[10] ausdrücklich als strafbarer Handlung erfasst wird. Zum 01.09.2008 wurde mit § 101a UrhG der Drittauskunftsanspruch eingeführt, der Rechteinhabern aus eigenem Recht (ohne Einbeziehung der Staatsanwaltschaft) die Möglichkeit einräumt beim Provider Auskunft auf Namen, die hinter einer IP-Adresse stehen, zu verlangen.[11]

Weitere wichtige nationale Normen ergeben sich aus dem Gesetz gegen den unlauteren Wettbewerb, § 17 UWG und dem Bundesdatenschutzgesetz, § 43 BDSG. Auch internationale Normen gewinnen angesichts der Harmonisierung europäischer Vorgaben an Bedeutung.

2. Internationale Normen

13   Aus dem grenzüberschreitenden Charakter des Internets erwächst der Bedarf an Ausdehnung der Strafverfolgung über die Grenzen des jeweiligen Territoriums hinaus. Engere internationale Zusammenarbeit zur Bekämpfung der **Cyberkriminalität** und schnellere Sicherung elektronischen Beweismaterials ist für eine effektive Strafverfolgung unentbehrlich. Hierüber sind sich zumindest Politik und Strafverfolgungsbehörden einig. Gleichwohl sind internationale verbindliche Grundlagen noch die Ausnahme. Gute Ansätze verbesser-

---

7   S. http://www.agev.de/themen/politik/384145.php.
8   S. www.privatkopie.net, zu den Schranken für Wissenschaft und Forschung nach dem »2. Korb« vgl. *Berger* GRUR 2007, 754.
9   Filesharing = Dateien teilen, gemeint ist der (illegale) Datentausch.
10 Download = Herunterladen, upload = Hochladen.
11 S. Rdn. 189.

ter Zusammenarbeit gehen in erster Linie auf die Initiativen der Europäischen Gemeinschaft und des Europarates zurück.[12]

a) Rahmenbeschluss des Rates über Angriffe auf Informationssysteme vom 24.02.2005

Die Rechtssetzungsbefugnis der Europäischen Gemeinschaft ist sehr eingeschränkt. Eine verbesserte Kooperation in straf- und strafprozessualen Belangen findet im Wesentlichen auf der Grundlage der im EU-Vertrag vereinbarten Zusammenarbeit in Strafsachen statt. Zur Angleichung von Rechts- und Verwaltungsvorschriften werden gemeinsame Standpunkte durch den Rat als zentral handelndes Organ der Europäischen Gemeinschaft in Rahmenbeschlüssen formuliert. Diese sind nur in ihrem Ziel für die Mitglieder der Gemeinschaft verbindlich. Wie die Mitgliedstaaten die Vorgaben umsetzen, fällt in ihre originäre Gesetzgebungskompetenz. **14**

Der Rahmenbeschluss des Rates vom 24.02.2005 definiert als Ziel die **Angleichung nationaler Strafrechtsvorschriften**. Der Rahmenbeschluss trägt der Arbeit anderer internationaler Organisationen, insbesondere der Cyber-Crime Konvention, Rechnung. Nach beiden Vorschriften sollen die Mitgliedstaaten den rechtswidrigen Zugang zu Informationssystemen und den rechtswidrigen Eingriff in Informationssysteme, wie in Computerdaten, unter Strafe stellen, sofern diese Handlungen vorsätzlich begangen wurden. **15**

- Nach Art. 2 Abs. 1 soll bereits der unrechtmäßige Zugang zu einem Informationssystem unter Strafe gestellt werden.
- Art. 3 sieht die Strafbarkeit einer rechtswidrigen Einwirkung auf Computerdaten jeglicher Art vor; beginnend mit der Eingabe über die Beschädigung bis zum Löschen bzw. Unzugänglichmachen. Voraussetzung ist, dass die Einwirkung zu einer Behinderung oder Störung des Betriebs des Informationssystems geführt hat. Hiermit sollen Angriffe mit Schadstoffprogrammen (Viren, Trojanische Pferde etc.) und Denial-of-Service-Angriffe erfasst werden.
- Art. 4 verpflichtet die Mitgliedstaaten, den rechtswidrigen Eingriff in Computerdaten eines Informationssystems als solchen (also ohne Auswirkung auf das System) unter Strafe zu stellen.

Die Umsetzungen hatten innerhalb von zwei Jahren von den Mitgliedstaaten zu erfolgen. In Deutschland ergibt sich Bedarf vor allem bei der Umsetzung von Art. 2, wonach bereits der Zugang zu einem Informationssystem unter Strafe gestellt sein soll. Bisher war z. B. das Portscanning als Vorbereitungshandlung straflos. Erst das Verschaffen von Daten war gem. § 202a StGB bisher strafbar. Der Strafrechtsänderungsgesetzentwurf aus dem Jahr 2006 sieht zur Regelung der Strafbarkeit von Vorbereitungshandlungen einen neuen § 202c StGB vor. Seit dem 11.08.2007 ist das Strafrechtsänderungsgesetz der Bekämpfung der Computerkriminalität nunmehr in Kraft. **16**

b) Cyber-Crime Konvention

Auch der Europarat beschäftigt sich mit der sozialen und rechtlichen Harmonisierung seiner Mitgliedstaaten. Hierzu spricht er Empfehlungen aus und erarbeitet Konventionen. Trotz formal geringer Verbindlichkeit haben die Konventionen zum Teil erhebliches Gewicht. Am 08.11.2001 wurde in Budapest die Cyber-Crime Konvention nach vierjähriger Vorbereitungszeit und etlichen Entwürfen trotz erheblicher Bedenken von Menschenrechtlern und Datenschützern durch das Ministerkomitee des Europarates verabschiedet und am 23.11.2001 unterzeichnet. Sie ist seit 01.07.2004 in Kraft. Es handelt sich bei diesem Übereinkommen um den ersten internationalen Vertrag, der sich mit der strafrechtlichen Bekämpfung krimineller Erscheinungsformen gegen oder mittels Computernetzwerken, **17**

---

12 Sehr ausf. Darstellung bei *Hilgendorf/Frank/Valerius* ab Rn. 65.

wie dem Internet beschäftigt. Ziel der Konvention ist Bekämpfung von Kriminalität im Cyberspace. Nach der Präambel ist Ziel die Verfolgung von Handlungen, die sich gegen die Vertraulichkeit, Integrität und Verfügbarkeit von Computersystemen, Netzwerken und Computerdaten richten sowie von Missbrauch solcher Systeme, Netzwerke und Daten.

18 Zu diesem Zweck sind u. a. folgende Regelungen getroffen worden:
- Strafandrohungen für bestimmte Verhaltensweisen (z. B. Datensabotage, Missbrauch), insbesondere Vorbereitungshandlungen (z. B. zur Vorbereitung von Geldwäsche) sowie Beihilfe und Versuch;
- Sicherung und Speicherung bestimmter, präzisierter Daten und Verpflichtung der unverzüglichen Bereitstellung an die staatlichen Autoritäten, insbesondere bei Identifizierungsdaten;
- Echtzeitüberwachung, Auslieferung, Unterstützung der Unterzeichnerstaaten bei gegenseitiger Beweisgewinnung und durch Beschleunigung des **Rechtshilfeverfahrens**.

19 Kritiker reagierten allerdings empört auf die unerwartet (unter dem Eindruck der Ereignisse des 11.09.2001 in New York) schnelle Verabschiedung der seit langer Zeit heftig umstrittenen Konvention, die den Weg in den Überwachungsstaat ebne und jeden Internet-Surfer einem pauschalen Verbrechensverdacht aussetze.

c) Gesetz zur Regelung der internationalen Rechtshilfe in Strafsachen (IRG)

20 Im Rahmen grenzüberschreitender Internetaktivitäten ist auch ein Blick ins IRG ratsam, das die gegenseitige Unterstützung der Mitgliedstaaten der Europäischen Union, insbesondere bei Auslieferung, regelt.

d) Gesetz zum europäischen Haftbefehl (EUHfG)

21 Nach dem am 18.07.2005 das Bundesverfassungsgericht das Gesetz aus dem Jahr 2004 für verfassungswidrig und nichtig erklärte,[13] ist seit 02.08.2006 das neu überarbeitete Gesetz zum europäischen Haftbefehl in Kraft.

Nach der neuen Version dürfen deutsche Verdächtige etwa nur noch dann in EU-Staaten ausgeliefert werden, wenn die vorgeworfene Straftat einen »maßgeblichen Auslandsbezug« hat und sichergestellt ist, dass Täter zur Strafverbüßung nach Deutschland rücküberstellt werden. Mit dem Gesetz ist eine EU-Rahmenvereinbarung in nationales Recht umgesetzt worden.

II. Anwendbarkeit deutschen Strafrechts

22 Grundsätzlich ist gem. § 3 StGB und damit nach dem **Territorialitätsprinzip** das deutsche Strafrecht anwendbar auf Taten, die im Inland begangen wurden. Eine solche **Inlandstat** ist gegeben, soweit ein Anbieter, Provider oder Online-Dienst seinen Wohnsitz oder Sitz in Deutschland hat und von dort aus Informationen in das Internet, unabhängig davon ob auf deutsche oder ausländische Rechner, einspeist.[14] Dies gilt ferner für alle Daten, welche auf deutschen Rechnern abgelegt sind. Ebenso ist eine Inlandstat gegeben, wenn ein Nutzer von Deutschland aus pornographische Bilder von einem ausländischen Rechner herunterlädt. Die §§ 4–7 StGB erweitern die Anwendung deutschen Strafrechts in bestimmten Fällen auch auf Taten, die im Ausland begangen wurden. Für die Internetkriminalität ist § 6 Nr. 6 StGB von Relevanz, wonach das Verbreiten bzw. Zugänglichmachen pornographi-

---
13 BVerfGE 113, 273.
14 Vgl. *Cornils* JZ 1999, 394 (398).

scher Schriften gem. §§ 184a, 184b Abs. 1 bis 3 StGB und § 184c Abs. 1–3, jeweils auch in Verbindung mit § 184d S. 1 StGB dem nationalen Strafrecht unterfällt.

Nach dem **Ubiquitätsprinzip** des § 9 StGB kommt das deutsche Strafrecht dann zur Anwendung, wenn der Täter entweder in Deutschland gehandelt hat oder der strafrechtliche Erfolg in Deutschland eingetreten ist. Diese Einordnung bereitet vor allem in den Fällen Schwierigkeiten, in denen Netzangebote mit illegalen Inhalten vom Ausland aus in das Internet eingestellt worden sind und so über das Netz deutschen Nutzern leicht zugänglich waren. Vor allem rechtsextremistische Propagandaseiten sowie pornographische Schriften sind vielfach auf Internet-Rechnern im Ausland (z. B. USA, Kanada) abgelegt. Daher kommt es für weitere Ermittlungen nationaler Behörden darauf an, ob bei einem Abruf solcher Dokumente von Deutschland aus ein Erfolg gem. § 9 Abs. 1 StGB eingetreten ist. **23**

Unproblematisch ist nationales Strafrecht anzuwenden, wenn der Anbieter strafbarer Inhalte seinen **Sitz in Deutschland** hat, auch wenn sich sein Server im Ausland befindet.[15] Komplizierter wird die Rechtslage jedoch bei den **Gefährdungsdelikten**. Dabei wird man bei konkreten Gefährdungsdelikten den inländischen Erfolgsort damit begründen können, dass der Erfolgsort dort gegeben ist, wo die Gefahr tatsächlich eintritt.[16] Diese Begründung geht bei abstrakten Gefährdungsdelikten jedoch fehl. Aber gerade dies sind die Delikte, die relativ häufig über das Netz begangen werden, wie z. B. Verbreiten pornographischer Schriften oder rassistischer Darstellungen. Überwiegend wurde von der Literatur bei abstrakten Gefährdungsdelikten, wie z. B. der Volksverhetzung nach § 130 StGB, der Eintritt der Gefährdung am Erfolgsort i. S. d. § 9 StGB abgelehnt. Der BGH hat jedoch in seiner Entscheidung vom 12.12.2000 klargestellt, dass der zum Tatbestand gehörende Erfolg i. S. v. § 9 Abs. 1 Alt. 3 StGB im Inland eintritt, wenn ein Ausländer eine von ihm verfasste Äußerung, die den Tatbestand der Volksverhetzung nach § 130 StGB erfüllt, auf einem ausländischen Server in das Internet stellt, der den Internetnutzern in Deutschland zugänglich ist, und wenn diese Äußerung konkret zur Friedensstörung geeignet ist.[17] **24**

Damit hat der BGH eine der meistdiskutierten materiell-rechtlichen Probleme aus dem Internet-Strafrecht abschließend entschieden, wobei vereinzelt an der Entscheidung Kritik geübt wurde.[18]

III. Täterschaft und Teilnahme

Strafrechtliche Verantwortung haben Täter und Teilnehmer an einer Straftat zu übernehmen. Maßgebliche Vorschriften sind §§ 25–31 StGB. Gemäß §§ 25 StGB wird einerseits zwischen dem unmittelbaren und dem mittelbaren Täter, § 25 Abs. 1 StGB, und andererseits zwischen dem Alleintäter und dem Mittäter, § 25 Abs. 2 StGB, unterschieden. Daraus ergeben sich vier mögliche **Täterschaftsformen**, die durch aktives Tun oder Unterlassen begangen werden können: **25**

- **Unmittelbarer Täter** ist, wer die tatbestandsmäßige Tat selbst, allein oder gemeinschaftlich begeht, § 25 Abs. 1 Alt. 1 StGB.
- **Mittelbarer Täter** ist derjenige, der die Straftat durch einen anderen begehen lässt, sich also eines Werkzeugs bedient, was selbst weder Allein- noch Mittäter ist, § 25 Abs. 1 Alt. 2 StGB.
- **Alleintäter** ist derjenige, der sämtliche Tatbestandsmerkmale in eigener Person selbst verwirklicht, § 25 Abs. 1 StGB.

---

15 *Fischer* § 9 Rn. 5a.
16 Schönke/Schröder/*Eser* § 9 Rn. 6.
17 BGHSt 46, 212 (220 ff.); BGH NJW 2001, 624 (627).
18 *Fischer* § 9 Rn. 8 mit weiteren Nachw.

- **Mittäter** ist, wer gemeinsam mit einem anderen oder mehreren anderen dieselbe Straftat als Mittäter begeht, § 25 Abs. 2 StGB.

26 Abzugrenzen vom Institut der Täterschaft ist die Teilnahme, die durch **Anstiftung** gem. § 26 StGB und durch **Beihilfe** gem. § 27 StGB begangen werden kann. Obwohl die Anstiftung als Teilnahme und nicht als Täterschaft qualifiziert wird, wird der Anstifter wie der Täter behandelt und bestraft. Hingegen führt die Beihilfe zu einer fakultativen Strafmilderung gem. § 49 StGB. Schwierig ist unter Umständen die Abgrenzung zwischen dem Mittäter und dem Gehilfen.[19] Oftmals ist es eine Frage der richterlichen Beweiswürdigung, ob ein Tatbeitrag als wesentlicher Beitrag im Rahmen der Mittäterschaft gesehen oder nur als Unterstützungshandlung im Rahmen der milder zu bestrafenden Beihilfe bewertet wird. Die Abgrenzung kann für den Bereich der Informationstechnologien durchaus Bedeutung erlangen. So kann es bei der Frage nach der Verantwortung von Providern darauf ankommen, ob z. B. bei Kenntnis von verbotenen Inhalten eine bloße Beihilfe in Betracht kommt oder ein Zueigenmachen vorliegt, das zur Annahme einer Mittäterschaft führen kann (s.Rdn. 268 ff.).

IV. Datenschutz

27 Effektiver Datenschutz und Strafverfolgung stehen sich in einem besonderen Spannungsverhältnis gegenüber. Das **Recht auf informationelle Selbstbestimmung**, der Anspruch des Nutzers der modernen Kommunikationssysteme auf unbeobachteten Aufenthalt im Internet, einer effektiven Kommunikation und umfassenden Information findet seine Realisierung im ausgeprägten Schutz seiner Daten. Der Grundsatz von Datensparsamkeit und Datenvermeidung appelliert auch an den Nutzer selbst, im Rahmen des Selbstdatenschutzes Vorkehrungen vor Missbrauch seiner eigenen Daten zu treffen und legt insbesondere den Diensteanbietern, sog. Providern, Verpflichtungen zum Schutz von Daten auf. So dürfen Provider Daten dem Grunde nach nur zur Abrechnung erheben und aufbewahren.

28 Die Strafverfolgungsorgane haben demgegenüber ein erhebliches Interesse daran, auf derartige Daten, die beim Surfen im Internet anfallen, zuzugreifen. Aufgrund der erheblichen Masse an anfallenden Daten fehlt den Ermittlern oft die Zeit, rechtzeitig (bevor diese vom Provider gelöscht werden müssen) durch entsprechende richterliche Anordnungen an diese Daten zu gelangen. Es werden deshalb immer wieder Forderungen erhoben, den Datenschutz zugunsten der Strafverfolgungsbehörden zu lockern, Daten länger und umfassend zu speichern. Kernforderung war (und ist) die anlassunabhängige Vorratsdatenspeicherung, die mit dem Gesetz zur Neuregelung der Telekommunikationsüberwachung und anderer verdeckter Ermittlungsmaßnahmen, das am 01.01.2008 in Kraft trat, eingeführt wurde. Danach sollten Provider speichern, wer mit wem in den letzten sechs Monaten per Telefon, Handy oder E-Mail in Verbindung gestanden hat. Bei Telefonaten vom Mobiltelefon und SMS sollte auch der Standort des Benutzers festgehalten werden. Auch die Nutzung des Internets sollte nachvollziehbar werden. Letztlich sollte die **Vorratsdatenspeicherung** auch für Anonymisierungsdienste gelten. Gegen dieses Gesetz werden ganz erhebliche verfassungsrechtliche Bedenken von diversen Organisationen, Verbänden und Datenschützern vorgebracht.[20] Am 02.03.2010 stellte das Bundesverfassungsgericht die Nichtigkeit der Regelungen zur Vorratsdatenspeicherung fest.[21]

29 Darüber hinaus nutzen die Strafverfolgungsbehörden die technischen Möglichkeiten soweit möglich für ihre Ermittlungen. Am 31.01.2007 hat der Bundesgerichtshof entschieden,

---
19 S. hierzu Schönke/Schröder/*Cramer*/*Eser* Vor § 25 Rn. 51.
20 Nähere Informationen unter www.vorratsdatenspeicherung.de.
21 NJW 2010, 833.

dass eine **heimliche Online-Durchsuchung** eines PC unter Einsatz mittels eines Trojaners eingeschleusten Ausspähungsprogamms unzulässig ist.[22] Im Rahmen des Selbstdatenschutzes geht es nicht nur um die Sicherung des Computers vor lästigen Aktivitäten wie Spam, sondern auch um den Schutz der eigenen Privatsphäre. Auf Kryptographie oder Steganographie basierende Programme verschlüsseln elektronische Post und Daten sicher vor dem Zugriff von außen. Durch die Nutzung von Anonymisierungsdiensten wie An.ON – Anonymität.Online[23] oder TOR[24] werden persönliche und geschäftliche Daten (Geschäftsgeheimnisse) sicher und anonym übertragen. Die genannten **Verschlüsselungsprogramme** sind nur beispielhaft für die Möglichkeit der Sicherung des anonymen Datenverkehrs. Dies bringt für Strafverfolgungsbehörden ganz erhebliche Probleme mit sich. Die Diskussion, inwieweit Verschlüsselungstechniken nur begrenzt zugelassen werden dürften, damit die staatliche Zugriffsmöglichkeit erhalten bleibt, hält seit Jahren an. Die beabsichtigte Verpflichtung zur Vorratsdatenspeicherung auch für Anonymisierungsdienste ist ein Ergebnis dieser Erörterungen.

In Deutschland gibt es derzeit keine gesetzliche Beschränkung hinsichtlich der Verwendung von Verschlüsselungsprogrammen. Noch darf der Bürger seine Daten verbergen und sich selbst vor Zugriff von außen schützen. **30**

B. Materielles Strafrecht/Erscheinungsformen

Die Erscheinungsformen strafbaren Verhaltens bei Nutzung der modernen technologischen Möglichkeiten lassen sich unterschiedlich klassifizieren. Denkbar wäre eine Abgrenzung zwischen **Computer- und Internetstrafrecht**. Unter Computerstrafrecht könnten diejenigen Taten dargestellt werden, bei denen der Computer als Tatmittel eingesetzt oder das Tatobjekt sein kann. Hingegen würde sich das Internetstrafrecht mit denjenigen Tathandlungen beschäftigen, die sich gegen das Internet als Tatobjekt richten oder es als Tatwerkzeug nutzen. Diese Differenzierung würde allerdings verkennen, dass auch beim Internetstrafrecht Quelle der strafbaren Handlung der Computer (oder ein anderes System, das Kontakte zum Internet aufnimmt) ist. Nachfolgend wird deshalb auf eine scharfe Unterscheidung von Computer- und Internetstrafrecht verzichtet. Eine Klassifizierung, die für die Praxis irrelevant ist, erfolgt nur danach, ob sich die Tathandlung gegen die Technologie richtet oder diese zur Verbreitung des Deliktes lediglich benutzt wird. Die überwiegende Anzahl der klassischen strafbaren Handlungen ist auch über den Computer und des Internet begehbar. Andere Begehungsweisen nutzen den Computer und das Internet nicht als Werkzeug, sondern richten sich direkt gegen das System. Bei dieser Differenzierung bleiben zugegebenermaßen immer noch Unschärfen (z. B. bei den Urheberrechtsverletzungen), allerdings sind diese zu vernachlässigen. **31**

Unabhängig von der Deliktzuordnung bleibt es bei der strafrechtlichen Überprüfung beim bekannten Deliktsaufbau. Zur Erinnerung: **32**

---

22 BGH NJW 2007, 930.
23 S. http://anon.inf.tu-dresden.de. Es handelt sich um ein bis vor Kurzem staatlich gefördertes Projekt.
24 S. http://tor.eff.org/index.html.de.

> **Tatbestand**
>   objektiver Tatbestand (Tatbestandsmerkmale, z.B.)
>   Daten,
>   verändern
>   ....
>   subjektiver Tatbestand
>   Vorsatz
>   evtl. Absichten
> **Rechtswidrigkeit**
>   liegt vor, wenn keine Rechtfertigungsgründe festgestellt werden
> **Schuld**
>   liegt vor, wenn keine Schuldausschließungsgründe festgestellt werden

33 Eventuell sind Besonderheiten, wie das Erfordernis eines Strafantrags zu berücksichtigen. Bei der Darstellung der Delikte werden nur der Tatbestand, spezifische Erscheinungsformen und evtl. Besonderheiten behandelt. Auf allgemeine Erörterungen zur Rechtswidrigkeit und Schuld wird verzichtet.

I. Straftaten gegen den Computer/das Internet

34 Der nachfolgende Abschnitt beschäftigt sich mit Computer- bzw. internetspezifischen Handlungen, die sich unmittelbar gegen den Computer oder das Internet bzw. die ausgetauschten Daten richten.

1. Computerbetrug, § 263a StGB

35 Bei der Bekämpfung der Computerkriminalität kommt der Vorschrift des Computerbetruges gem. § 263a StGB eine zentrale Bedeutung zu. Der Gesetzgeber beabsichtigte, das Vermögen gegen neue technische Angriffsformen zur schützen. Der klassische Tatbestand des Betruges sieht als Tatbestandsmerkmal eine Täuschung vor, aufgrund derer ein Mensch irrtumsbedingt eine Vermögensverfügung vornimmt. Eine derartige Täuschung ist gegenüber einem Computer nicht möglich. Es entstand durch den zunehmenden Einsatz moderner Datenverarbeitungssysteme eine Strafbarkeitslücke, die mit der Schaffung des Computerbetruges geschlossen werden sollte.[25] Die Beeinflussung des Ergebnisses eines Datenverarbeitungsprogramms tritt an die Stelle von Täuschung, Irrtum und Vermögensverfügung. Bei Auslegung der Tatbestandsmerkmale ist die Strukturgleichheit zum klassischen Betrug zu beachten.

a) Rechtsgut

36 Geschütztes Rechtsgut ist wie beim Betrug nur das **Individualvermögen**, nicht das nur als Schutzreflex bedeutsame Allgemeininteresse an der Funktionstüchtigkeit der in der Wirt-

---

25 S. hierzu umfassend Schönke/Schröder/*Cramer/Perron* § 263a Rn. 1.

schaft und Verwaltung eingesetzten Computersysteme.²⁶ Strafbar macht sich, wer das Ergebnis eines Datenverarbeitungsvorgangs durch die im Gesetz näher umschriebenen Tathandlungen beeinflusst.

b) Tatbestand

Der objektive Tatbestand des Computerbetruges sieht vier Handlungsmodalitäten vor, die jeweils für sich den Datenbearbeitungsvorgang beeinflussen. Der Datenbegriff ist abweichend von § 202a StGB und § 3 Abs. 1 BDSG weiter zu verstehen. Er umfasst aber nur kodierte Informationen, in einer im Wege automatisierter Verarbeitung nutzbarer Darstellungsform.²⁷ Unter **Verarbeitung der Daten** fällt jeder automatisierte Vorgang, bei dem durch Aufnahme von Daten und ihre Verknüpfung nach Programmen Arbeitsergebnisse erzielt werden.²⁸ 37

aa) Unrichtige Gestaltung des Programms, § 263a Abs. 1, 1. Var. StGB

Diese Variante erfasst die sog. Programm-Manipulation und stellt einen Unterfall der Verwendung unrichtiger Daten (2. Var.) dar. Die Manipulation der Daten führt hier dazu, dass bei ansonsten ungestörtem Ablauf des Datenverarbeitungsvorgangs die Verarbeitung richtiger Eingangsdaten zwangsläufig zu unrichtigen Ergebnissen führt. 38

Dabei ist die Unrichtigkeit der Programmgestaltung nach der zutreffenden h. M.²⁹ nicht nach dem Willen des Verfügungsberechtigten, also des Systembetreibers oder Auftraggebers zu bestimmen. »Richtig« wäre sonst auch eine Programmgestaltung, die objektiv unrichtige, aber dem Willen des Auftraggebers entsprechende Ergebnisse produzieren würde, etwa ein Zinsberechnungsprogramm, das den gesetzlichen Zinssatz jeweils mit einem Prozentpunkt zu niedrig ansetzt. Vielmehr kommt es entscheidend darauf an, ob das Programm die aus dem Verhältnis zwischen den Beteiligten abzuleitende Aufgabenstellung der Datenverarbeitung objektiv richtig bewältigt. Hingegen ist es unerheblich, ob etwa ein einzelnes Steuerungsprogramm in sich falsch ist oder nicht.

- Die 1. Variante erfasst damit auch so genannte »**Dialer-Programme**« und gewinnt in den Fällen an Bedeutung, in denen der Anwender zwar bewusst ein Dialer-Programm installiert und (einmalig) aufruft, das Programm jedoch die DFÜ-Verbindung derart verändert, dass künftig – vom Anwender unbemerkt – alle Verbindungen zum Internet über eine 0190/0900-Servicenummer erfolgen. Trotzdem das Dialer-Programm in sich richtig funktioniert, handelt es sich aus den o. g. Gründen um eine Programm-Manipulation. Denn der Internetnutzer, der ein solches Programm auf seinem Rechner installiert, nimmt an, dass eine 0190/0900-Verbindung nur beim Aufruf bestimmter Seiteninhalte zustande kommt, während eine solche Anwahl – im Widerspruch zur Aufgabenstellung – tatsächlich bei jedem Zugriff auf das Internet stattfindet.³⁰ 39
Die heimliche Installation eines Dialer-Programms zur Herstellung ungewollter DFÜ-Verbindungen erfüllt die Tatbestandsvariante ohnehin.³¹
- Zur 1. Variante gehört auch diese Konstellation: Durch eine **SIM-Lock** wird ein Mobiltelefon an eine Prepaid-Karte gebunden und kann ohne diese nicht genutzt werden. Wird nun durch das Aufspielen eines anderen Programms die SIM-Locksperre umgangen, liegt eine unrichtige Gestaltung eines Programms und damit ein Computerbetrug vor.³²

---

26 *Fischer* § 263a Rn. 2.
27 *Fischer* § 263a Rn. 3.
28 *Fischer* § 263a Rn. 3.
29 *Fischer* § 263a Rn. 6; a. M. Schönke/Schröder/*Cramer/Perron* § 263a Rn. 5.
30 LG Osnabrück 20.12.2006, 10 Kls 10/06, das eine Freiheitsstrafe von 4 Jahren ausgeurteilt hatte; *Buggisch* NStZ 2002, 178 (180).
31 *Fischer* § 263a Rn. 6.
32 *Hilgendorf/Frank/Valerius* Rn. 140. Es gibt inzwischen mehrere Gerichtsentscheidungen, z. B. AG Nür-

bb) Verwendung unrichtiger oder unvollständiger Daten, § 263a Abs. 1, 2. Var. StGB

40 In der 2. Variante werden Fälle erfasst, in denen eingegebene Daten in einen anderen Zusammenhang gebracht oder unterdrückt werden (sog. »Input-Manipulation«). Dabei kommt es auf die objektive Unrichtigkeit der Daten an. Unvollständig sind Daten dann, wenn sie Informationen über »wahre Tatsachen« pflichtwidrig vorenthalten.

Den objektiven Tatbestand erfüllt daher, wer mit einer ec-Karte, deren Kontodaten manipuliert wurden, an einem Bankautomaten Geld abhebt. Gleiches gilt für die Verwendung wieder aufgeladener Telefonkarten zur Erlangung unberechtigter Erlöse aus 0190/0900-Servicenummern.[33] In der zitierten BGH-Entscheidung hatte der Täter mittels eines »Telefonkartenauflagegerätes« den Speicherchip abtelefonierter Telefonkarten »wieder aufgeladen« und die Karten für Anrufe bei von ihm selbst betriebenen 0190-Servicetelefonnumern eingesetzt, um sich eine regelmäßige Einnahmequelle zu verschaffen.

cc) Unbefugte Verwendung von Daten, § 263a Abs. 1, 3. Var. StGB

41 Die unbefugte Verwendung von Daten (§ 263a Abs. 1, 3. Var. StGB) ist die praktisch wichtigste, aber wohl auch umstrittenste Variante des Computerbetruges. Bereits die Auslegung des Begriffs »unbefugt« ist streitig. Nach einer weiten subjektivierenden Auffassung ist jedes Verhalten **unbefugt**, das dem tatsächlichen oder mutmaßlichen Willen des Berechtigten zuwiderläuft.[34] Die sog. »computerspezifische« Auslegung verlangt dagegen stets eine irreguläre Einwirkung gerade auf den Datenverarbeitungsprozess.[35] Vorzugswürdig ist die h. M., die das Merkmal der Unbefugtheit »betrugsspezifisch« auslegt.[36] Dies entspricht der Intention des Gesetzgebers und führt zu nachvollziehbaren Ergebnissen. Unbefugt ist die Verwendung von Daten danach dann, wenn sie gegenüber einer natürlichen Person Täuschungscharakter hätte.[37] Da gegenüber Computern naturgemäß keine ausdrücklichen (Willens-)Erklärungen abgegeben werden, bereitet es bisweilen Schwierigkeiten, den Erklärungsgehalt eines täuschungsrelevanten Handelns oder Unterlassens zu bestimmen.

42 Besonders problematisch erweisen sich in diesem Zusammenhang die Fälle des **Bankautomatenmissbrauchs**. Grundsätzlich ist ein Täuschungscharakter anzunehmen, sofern die Befugnis des Täters zur Inanspruchnahme der (Computer-) Leistung zumindest zur Geschäftsgrundlage gehört, sodass sie auch beim Schweigen der Beteiligten als selbstverständlich vorausgesetzt werden kann.[38] So täuscht z. B., wer die Verwendungsberechtigung dadurch schlüssig vorspiegelt, dass er über die fehlende Befugnis schweigt oder über das Fehlen der allgemeinen Voraussetzungen für einen wirksamen Geschäftsabschluss, etwa die Zahlungsfähigkeit, nicht aufklärt und damit nach der Verkehrsanschauung den Eindruck vermittelt, zur Erfüllung der allgemeinen Wirksamkeitsvoraussetzungen in der Lage zu sein.[39] Unzweifelhaft liegt ein täuschungsäquivalentes Verhalten danach vor, wenn der nichtberechtigte Karteninhaber mit einer entwendeten Codekarte Geld aus einem

---

tingen 20.09.2010, 13 Ls 171 Js 13423/08, die wegen Fälschung beweiserheblicher Daten, § 269 StGB sowie wegen Datenveränderung, § 303a StGB verurteilt haben. Allerdings trafen die Entscheidungen keine Privatpersonen, sondern diejenigen, die gegen Bezahlung die Entfernung von SIM-Locks angeboten und damit gewerbsmäßig gehandelt hatten. Mit weiteren Entscheidungen zu dieser Thematik ist auf jeden Fall zu rechnen.

33 BGH NStZ-RR 2003, 265 (268); s. aber auch BGH NStZ 2005, 213.
34 *Hilgendorf* JuS 1997, 130 (132); *Lenckner/Winkelbauer* CR 1986, 654 (657); vgl. auch BGHSt 40, 331 (335).
35 *Arloth* Jura 1996, 354 (357).
36 BGHSt 38, 120 (121); 47, 160 (162); OLG Köln NJW 1992, 125 (126); OLG Düsseldorf NStZ-RR 1998, 137; Schönke/Schröder/*Cramer/Perron* § 263a263a Rn. 11; *Fischer* § 263a Rn. 11.
37 Vgl. nur *Fischer* § 263a Rn. 11.
38 *Fischer* § 263a Rn. 11.
39 *Fischer* § 263a Rn. 11.

Bankautomaten abhebt und dabei die persönliche Geheimnummer verwendet. Die Täuschungsäquivalenz besteht hier in der konkludenten Erklärung, zur Geldabhebung berechtigt zu sein, die im fiktiven Vergleichsfall einem Bankangestellten vorgespiegelt würde.

Mit der h. M. ist der Erklärungsgehalt normativ zu bestimmen und die Geschäftsgrundlage nach der Verkehrsanschauung aufgrund einer interessengerechten Risikoverteilung innerhalb des spezifischen Geschäftstyps zu ermitteln.[40] Die h. M. überzeugt, da sie die Strukturgleichheit zwischen § 263 und § 263a StGB beachtet und zu einer restriktiven Auslegung des als lückenfüllend konzipierten Tatbestandes führt. Mit einer betrugsnahen Auslegung wird daher die nur im Verhältnis zu einem Dritten unberechtigte Datenverwendung, z. B. durch die unbefugte Benutzung einer vom Arbeitgeber überlassenen Mobilfunkkarte, von § 263a StGB nicht erfasst.[41] Gleiches gilt für die Benutzung dienstlicher Internetzugänge oder E-Mail-Adressen.[42] 43

(1) Missbräuchliche Verwendung von Codekarten

§ 263a Abs. 1, 3. Var. StGB erlangt in der Praxis vor allem Bedeutung in den Fällen der missbräuchlichen Verwendung von Codekarten zur unbefugten Bargeldbeschaffung an Bankautomaten. Hier sind diverse Fallkonstellationen auseinanderzuhalten: 44

Unproblematisch sind die Fälle, in denen der **nichtberechtigte Dritte** mit einer gefälschten, manipulierten oder durch verbotene Eigenmacht rechtswidrig erlangten Codekarte an einem Bankautomaten Geld abhebt. Unabhängig davon, ob es sich um einen institutseigenen oder institutsfremden Geldautomaten handelt, spiegelt der Täter seine Berechtigung vor und erfüllt damit nach h. M. den Tatbestand des Computerbetrugs gem. § 263a Abs. 1, 3. Var. StGB.[43] 45

Schwieriger ist der Täuschungswert des Verhaltens in den Fällen zu beurteilen, in denen ein Dritter die Codekarte des Kontoinhabers, die er mit dessen Einverständnis in Besitz hat, **abredewidrig benutzt,** indem er z. B. einen höheren Betrag als vereinbart abhebt, um den Differenzbetrag für sich zu verwenden. 46

Die Rechtsprechung verneint hier zu Recht das Vorliegen einer täuschungsäquivalenten Handlung.[44] Indem der Berechtigte – im Verhältnis zu seiner Bank pflichtwidrig – die Geldkarte samt PIN-Nummer einem Dritten überlässt, erteilt er diesem eine im Außenverhältnis unbeschränkte Vollmacht. Einem Bankangestellten müsste die – im Innenverhältnis überschrittene – Befugnis mithin nicht vorgetäuscht werden. Wenn gegenüber dem realen Bankangestellten eine Täuschung verneint wird, liegt auch gegenüber dem Geldautomaten keine vergleichbare täuschende Handlung vor. Die abredewidrige Nutzung der Karte kann aber eine Untreue gem. § 266 StGB im Verhältnis zum Berechtigten darstellen.

Besonders umstritten war lange Zeit die Behandlung des Codekartenmissbrauchs unter **Überziehung der Kreditgrenze** durch den berechtigten Karteninhaber. Streitfragen entwickelten sich vor allem aus dem Nebeneinander der Tatbestände des Computerbetrugs (§ 263a StGB) und des Missbrauchs von Scheck- und Kreditkarten (§ 266b StGB). Da § 266b StGB (nur) bei der Verwendung einer Codekarte im Drei-Partner-System eingreift, ist insoweit eine Abgrenzung zum Computerbetrug erforderlich. Demgegenüber entscheidet die Anwendung des § 263a StGB im Fall des vertragswidrigen Geldabhebens am institutseigenen Geldautomaten über die Frage der Strafbarkeit bzw. Straflosigkeit des Täters. 47

---

40 Vgl. *Mühlbauer* wistra 2003, 244 (252).
41 LG Bonn NJW 1999, 3726.
42 Weitere Beispiele bei *Fischer* § 263a Rn. 11.
43 Vgl. BGH NStZ 2005, 213; Schönke/Schröder/*Cramer*/*Perron* § 263a263a Rn. 10.
44 BGH NStZ 2005, 213; OLG Hamm wistra 2003, 356; OLG Düsseldorf NStZ-RR 1998, 137; OLG Köln NJW 1992, 125; *Fischer* § 263a Rn. 13.

Für diese Fallkonstellation hat der BGH durch Beschluss vom 21.11.2001[45] für die Praxis vermeintlich Klarheit geschaffen. Grundlegend ist die Überlegung des BGH, die »Entscheidungsbasis« des fiktiven Bankangestellten der des Geldautomaten gedanklich anzupassen. Es darf mithin nicht auf einen fiktiven Bankangestellten abgestellt werden, der die Interessen der Bank umfassend wahrzunehmen hat und etwa auch die Bonität des Kunden prüfen würde. Vielmehr kann eine Vergleichbarkeit nur mit einem Schalterangestellten angenommen werden, der sich mit den Fragen befasst, die auch der Computer prüft.[46] Eine Bargeldabhebung durch den Berechtigten unter Überziehung der Kreditgrenze stellt nur einen Verstoß gegen die durch AGB geregelten Vertragspflichten dar und unterfällt nicht dem Computerbetrug gem. § 263a StGB.[47] Da auch § 266b StGB nicht greift, bleibt dieses Verhalten straflos.

(2) Einsatz von Karten innerhalb automatisierter Zahlungssysteme

48 Eine unbefugte Verwendung von Daten gem. § 263a Abs. 1, 3. Var. StGB kann auch beim Einsatz von Karten innerhalb automatisierter Zahlungssysteme vorliegen.

Zu unterscheiden sind das POS-System[48] und das POZ-System.[49] Beim **POS-System** können Waren und Dienstleistungen an automatisierten Kassen des Handels- und Dienstleistungsgewerbes unter Benutzung einer Karte mit persönlicher Geheimzahl (PIN) bargeldlos bezahlt werden. Dabei findet eine Online-Überprüfung statt, ob die Karte gültig ist und der Kunde den ihm eingeräumten Verfügungsrahmen noch nicht überschritten hat. Das kartenausgebende Kreditinstitut übernimmt gegenüber dem Betreiber der automatisierten Kasse eine Zahlungsgarantie. Demgegenüber ist beim **POZ-System** ebenfalls bargeldloses Bezahlen an automatisierten Kassen – ohne Eingabe der PIN – möglich, indes übernimmt das ausgebende Kreditinstitut beim POZ-System keine Zahlungsgarantie. Vielmehr erstellt der Betreiber anhand der im Magnetstreifen der Karte gespeicherten Daten eine Lastschrift. Da der Karteninhaber eine schriftliche Einzugsermächtigung erteilt, kann der Betreiber die Forderung gegen den Karteninhaber mittels Lastschrift einziehen. Die Abwicklung einer Zahlung im POS-System ist mit dem Abheben von Bargeld an einem Bankautomaten mittels einer Codekarte weitgehend vergleichbar. Demzufolge sind auch die Grundsätze zum Bankautomatenmissbrauch auf das POS- System zu übertragen.[50] Ist der Kunde zahlungsunfähig und zahlungsunwillig, überschreitet er jedoch nicht den Verfügungsrahmen, so scheidet ein Computerbetrug mangels unbefugter Verwendung von Daten aus. Auf der Grundlage der BGH-Rechtsprechung wäre dann § 266b StGB zu bejahen, weil die Einlösungsgarantie des ausgebenden Kreditinstituts missbraucht wird. Hiergegen werden zu Recht Bedenken erhoben.[51]

49 Da das kartenausgebende Kreditinstitut im Rahmen des POZ-Verfahrens keine Einlösungsgarantie für die Lastschrift übernimmt, wird durch die Verwendung der Karte keine der Bank zurechenbare Zahlung veranlasst. § 263a Abs. 1, 3. Var. StGB scheidet daher aus.[52] Mangels Ausnutzens der Karte in ihrer Garantiefunktion ist auch der Tatbestand des § 266b StGB nicht erfüllt. Es bleibt ein Betrug zulasten des Händlers.

---

45 BGHSt 47, 160.
46 BGHSt 47, 160.
47 BGHSt 47, 160.
48 POS = point of sale.
49 POZ = point of sale ohne Zahlungsgarantie.
50 *Fischer* § 263a Rn. 15.
51 Vgl. *Fischer* § 266b Rn. 6a m. w. N.
52 *Fischer* § 263a Rn. 15 m. w. N.

I. Straftaten gegen den Computer/das Internet

(3) Unberechtigter Zugang zu Pay-TV-Programmen

Als unbefugte Verwendung von Daten ist auch die unberechtigt hergestellte Zugangsberechtigung zu Pay-TV-Programmen einzustufen; allerdings fehlt es hier im Weiteren an der Unmittelbarkeit der Vermögensverfügung, denn die Vermögensminderung entsteht nicht durch die unberechtigte Nutzung, sondern durch die Unterlassung der Anmeldung der Nutzung.[53]

dd) Sonstige unbefugte Einwirkung auf den Ablauf, § 263a Abs. 1, 4. Var. StGB

Die 4. Tatbestandsvariante hat gegenüber den anderen Varianten **Auffangfunktion**. Nach dem Willen des Gesetzgebers soll der Tatbestand des Computerbetrugs offen gehalten werden für noch nicht absehbare künftige Manipulationstechniken. Derzeit werden insbesondere Einwirkungen auf die Hardware, den Datenfluss sowie die Datenausgabe und den Aufzeichnungsvorgang, z. B. durch Verhinderung des Ausdrucks, erfasst.[54] Das Merkmal der Unbefugtheit ist – wie im Rahmen der 3. Variante – täuschungsäquivalent auszulegen.

Die Rechtsprechung hat in diesem Zusammenhang das systematische **Leerspielen von Geldspielautomaten** in Kenntnis des ablaufenden Programms beschäftigt.[55] Der BGH hat die Strafbarkeit gem. § 263a Abs. 1, 4. Var. StGB bejaht, ist dabei allerdings einer subjektivierenden Auslegung des Merkmals »unbefugt« gefolgt. Systematisch schlüssiger ist auch hier eine betrugsnahe Auslegung, die zu dem gleichen Ergebnis führt. Denn die rechtswidrige Erlangung der Programmkenntnisse begründet eine ingerenzbedingte Aufklärungspflicht gegenüber dem Spielbetreiber, sodass dem Verschweigen insoweit Täuschungscharakter zukommt.[56] Unberührt bleibt die Strafbarkeit nach § 17 Abs. 2 UWG.

Die Tathandlungen des § 263a Abs. 1 StGB müssen das Ergebnis des Datenverarbeitungsvorgangs beeinflussen, d. h. zumindest mitursächlich für dieses Ergebnis sein.[57] Erforderlich ist die Einwirkung auf den Computer dergestalt, dass das Resultat der dort gespeicherten und im Arbeitsprogramm verwerteten Daten geändert wird und das Ergebnis des Datenverarbeitungsvorgangs von dem Ergebnis abweicht, das bei einem ordnungsgemäßen Programmablauf des Computers erzielt worden wäre.[58] Die durch das beeinflusste Ergebnis bewirkte Vermögensverfügung muss unmittelbar zum Vermögensschaden führen. Insofern gelten dieselben Grundsätze wie beim Betrug.

c) Spezifische Erscheinungsformen des Computerbetrugs

aa) Phishing und Pharming

Der Begriff des sog. **Phishing**[59] setzt sich aus »Password« und »Fishing« zusammen und wird – juristisch ungenau – mit »Passwortdiebstahl« übersetzt. Unter dem Phishing als Oberbegriff werden Aktivitäten zusammengefasst, bei denen der Täter mithilfe gefälschter E-Mails (oder SMS)[60] versucht, vertrauliche Identifikationsdaten zu erschleichen.[61] Der Täter versendet E-Mails, die ihrem Design, Inhalt und auch ihrem Header nach, von einem

---

53 *Fischer* § 263a Rn. 17; *Hilgendorf/Frank/Valerius* Rn. 155.
54 *Fischer* § 263a Rn. 18.
55 Vgl. nur BGHSt 40, 331.
56 *Fischer* § 263a Rn. 19; *Hilgendorf/Frank/Valerius* Rn. 151 f.
57 *Fischer* § 263a Rn. 20.
58 Schönke/Schröder/*Cramer/Perron* § 263a Rn. 21 f.
59 Einen Überblick geben *Gercke* CR 2005, 606 sowie *Popp* MMR 2006, 84.
60 Smishing: Phishing via SMS. Heise berichtete am 27.09.2010 von einem Banking-Trojaner ZeuS, der auf dem Handy, dass via SMS TANs erhält, durch eine vorgeschobenen Sicherheitsaktualisierung installiert wird.
61 Aufschlussreich: Arbeitsgruppe Identitätsschutz im Internet www.A-I3.org; vertiefend: *Seidl/Fuchs*, HRRS 2/2010, S. 85; auch zu zivilrechtlichen Fragen: *Schulte am Hüse/Klabunde* MMR 2010, 84 ff.

vertrauenswürdigen Geschäftspartner des Opfers zu stammen scheinen. Darin fordert er das Opfer auf, dem in der E-Mail enthaltenen Link zu folgen, um beispielsweise eine Überprüfung der Kontodaten zu ermöglichen. Der Link führt das Opfer auf eine vom Täter erstellte Website, die wiederum der Website des Geschäftspartners zum Verwechseln ähnlich sieht. Dort wird das Opfer angehalten, in einer scheinbar sicheren Umgebung vertrauliche Daten einzugeben, z. B. PIN und TAN für Online-Banking Verfahren, oder die Zugangsdaten für ein eBay-Konto.

55 Der Täter ist durch den Erhalt der vertraulichen Daten in der Lage, mit der Identität des Dateninhabers im Internet tätig zu werden. Erhält er von dem Opfer z. B. PIN und TAN, kann er mit diesen Daten auf das Konto des Inhabers zugreifen und Überweisungen durchführen. Inzwischen sind verschiedene Phishingmethoden bekannt:[62]
- Die Phishing-Mails werden massenhaft, d. h. als Spam-Mails versendet.
- Es werden Phishing-Mails an einen eng umgrenzten Adressatenkreis versendet, z. B. innerhalb eines Unternehmens, sog. Spear-Phishing. Dadurch entsteht ein verstärktes Vertrauensverhältnis.
- In der als HTML-Mail gestalteten Phishing-Mail ist ein Formularfeld enthalten, in das die vertraulichen Daten direkt eingegeben werden sollen. Die so ausgefüllte Mail wird direkt an den Absender versendet, eine Umleitung auf eine Website ist nicht nötig.
- Über das Einschleusen von Malware (z. B. Trojaner, Würmer, Viren) durch eine scheinbar vertrauenswürdige E-Mail kann der Täter ohne bewusstes Zutun des Opfers die vertraulichen Daten erlangen.

56 Als die ersten Phishingfälle bekannt wurden, wurde eine klassische Betrugsstrafbarkeit gem. § 263 StGB geprüft und teilweise angenommen. Das **bloße Erschleichen** vertraulicher Daten sollte zur Betrugsstrafbarkeit führen, weil die Opfer getäuscht und über ihre Zugangsdaten verfügt haben. Es bedürfe nur einer logischen Sekunde, bis durch Eingabe der Daten beim Onlinebanking das Konto abgeräumt und der Schaden eintritt. Verkannt wurde dabei, dass durch das Erschleichen der Daten zum einen keine Vermögensverfügung getroffen wird und zum anderen die Herausgabe der Daten nicht unmittelbar zum Schaden führt.[63] Der Schaden wird erst durch eine Eingabe der Zugangsdaten und den Geldtransfer herbeigeführt. Eine Strafbarkeit wegen Betruges gem. § 263 StGB scheidet deshalb aus.[64]

57 Hingegen führt das Phishing bei **Nutzung der Daten** zur Tatbestandserfüllung des Computerbetrugs in der Form der unberechtigten Verwendung von Daten gem. § 263a Abs. 1, 3. Var. StGB in geschlossenen Online-Systemen. Der Dritte veranlasst unberechtigt eine Vermögensverfügung der Bank, weil er ohne Willen des Kontoinhabers unter Verwendung von dessen Berechtigungs- oder Transaktionsnummern (TAN) eine Online-Überweisung tätigt.[65]

58 Eine Steigerung des Phishing stellt das **Pharming**[66] dar. Dabei handelt es sich um verschiedene Arten von Angriffen auf den Domain-Name-Server (DNS-Server). Durch Manipulation dieses DNS-Servers wählt der User trotz Eingabe der korrekten Adresse immer die gefälschte Seite, wo er sich dann die Zugangsdaten abnehmen lässt. Die erhöhte Gefährlichkeit ergibt daraus, dass eine bewusste Mitwirkung des Opfers an der Datenerlangung nicht mehr erforderlich ist.

Bis vor einigen Jahren wurde mittels des sogenannten »Phishing« vornehmlich das Abfischen von Online-Banking-Zugangsdaten beschrieben. Mittlerweile rückt die komplette

---

[62] Aufzählung bei Arbeitskreis Identitätsschutz: www.A-I3.org.
[63] *Marberth-Kubicki* Rn. 73; a. A. *Hilgendorf/Frank/Valerius* Rn. 765, die eine schadensgleiche Vermögensverfügung annehmen und zur Betrugsstrafbarkeit kommen.
[64] *Graf* NStZ 2007, 129.
[65] *Fischer* § 263a Rn. 11; *Marberth-Kubicki* Rn. 74 (120); Schwarz/Peschel-Mehner/*Beuckelmann/Rubach/Leinonen/Wild* FA 17 Rn. 202.
[66] *Buggisch/Kerling* Kriminalistik 2006, 531.

digitale Identität des Nutzers in den Fokus der Internetkriminellen, beispielsweise die bei sozialen Netzwerken, E-Mail-Dienstleistern und Handelsplattformen verwendeten Identitäten.[67]

bb) Beteiligung am Phishing/Pharming

Phishing hat in den letzten Jahren, trotz zahlreicher Warnungen in den Medien zu extrem hohen Schäden geführt. Dabei sollen die Täter überwiegend im Ausland sitzen und sind kaum zu identifizieren oder gar zu belangen. Für den Geldtransfer werben sie Helfer an, die ihr Konto zur Verfügung stellen. Der Phisher überweist unter Einsatz der erschlichenen Zugangsdaten das Geld zunächst auf das Konto des Helfers (Geldkurier, Finanzagent). Dieser darf einen Teil des Geldes als Provision einbehalten und überweist den Rest z. B. an eine Filiale der Western Union zur Barauszahlung. Ohne Ausweisdokumente oder mit gefälschten Ausweisdokumenten ist es dem Phisher möglich, dort anonym das Geld abzuheben. Da die Phisher für die Strafverfolgungsbehörden zumeist nicht zu ermitteln sind, geraten die Helfer ins Visier der Strafverfolger.[68] Zur Beteiligung am Phishing sind **folgende Entscheidungen** bekannt: 59

- Das AG Hamm[69] verurteilte wegen Beihilfe zum Computerbetrug gem. §§ 263a, 27 StGB zu 60 Tagessätzen. Das Gericht unterstellt bedingten Vorsatz. Der Beschuldigte habe nicht davon ausgehen können, dass hier alles mit rechten Dingen zugegangen sei.
- Das AG Darmstadt[70] verurteilte wegen Geldwäsche gem. § 261 StGB zu einer Freiheitsstrafe von 1 Jahr und 6 Monaten zur Bewährung.
- Das LG Darmstadt[71] ging in der Berufung von einem minderschweren Fall der Geldwäsche gem. § 261 Abs. 1 und 5 StGB aus und reduzierte das Strafmaß überraschend deutlich auf 50 Tagessätze. Die Staatsanwaltschaft hat hiergegen Revision eingelegt.
- Das AG Überlingen[72] hat wegen Verstoßes gegen das Kreditgesetz (KWG) gem. §§ 54 Abs. 1, Nr. 2. 32 Abs. 1, S. 1, 1a Nr. 6 KWG a. F. einen Strafbefehl von 30 Tagessätzen erlassen. Der Geldtransfer sei eine Finanzdienstleistung gewesen, für die keine Genehmigung der Finanzdienstleistungsaufsicht vorgelegen habe.

Das OLG Saarbrücken[73] kommt zur Annahme des § 261 StGB durch Empfang und Weiterleitung von gephishten Geldern und stellt ausdrücklich fest, dass der Geschädigte- in diesem Fall die Bank – einen Anspruch auf Rückzahlung der weitergeleiteten Gelder aus § 823 Abs. 2 BGB i. V. m. § 261 StGB hat.

Interessant sind in diesem Zusammenhang die **zivilrechtlichen Folgen** bei der Beteiligung am Phishing: Das OLG Zweibrücken[74] hat die Rückzahlungspflicht des Kontoinhabers gegenüber der ausführenden Bank festgestellt. 60

cc) Skimming

Unter **Skimming**[75] wird das illegale Ausspähen von Kredit- oder Bankdaten am (Geld-) Automaten verstanden. An den Kartenlesergeräten an der Eingangstür der Bank oder am Geldautomaten selbst werden Aufsatz- oder -Einsatzgeräte (Skimmer) installiert, die in der Lage sind die Magnetstreifen auszulesen und auf ein anderes Speichermedium zu kopie- 61

---

67 Aus der Pressemitteilung des Bundesinnenministeriums v. 08.06.2010 anlässlich der Vorlage einer Studie zum Identitätsdiebstahl und -missbrauch im Internet, www.bmi.bund.de.
68 *Neuheuser* NStZ 2008, 492 (497).
69 AG Hamm ITRB 2006, 60.
70 AG Darmstadt 11.01.2006, 212 Ls-360 Js 33848/05, www.heise.de.
71 LG Darmstadt 03.06.2006, 212 Ls-7 Ns-360 Js 33848/05.
72 AG Überlingen CR 2007, 61.
73 MMR 2010, 346.
74 OLG Hamburg MMR 2006, 749; s. a. zu den zivilrechtlichen Folgen LG Köln NJW 2008, 259 (265).
75 To skim = Abschöpfen.

ren. Zumeist wird unter Einsatz einer kleinen Kamera oder durch Tastaturaufsätze die PIN-Nummer ausgelesen und anschließend missbräuchlich verwendet. Ähnlichkeiten zum Phishing sind unverkennbar. In beiden Fällen werden Daten beschafft, die im Anschluss in Schädigungsabsicht verwendet werden.[76] Eine Strafbarkeit kommt in verschiedener Hinsicht in Betracht:

- Werden gefälschte Karten eingesetzt liegt zunächst ein Computerbetrug gem. § 263a Abs. 1 3. Var. StGB durch unbefugte Verwendung von Daten vor. In der Regel kommt die Verfolgung als Verbrechen bei gewerbs- und bandenmäßiger Begehung in Betracht, § 263a Abs. 2 i. V. m. § 263 StGB, da zumeist mehrere Personen arbeitsteilig und in organisierten Arbeitsschritten tätig werden.
- Das vorangegangene Abschöpfen der Daten mittels des Einsatzes des Skimmer hatte der BGH in einer früheren Entscheidung noch als Ausspähen von Daten bewertet.[77] In zwei weiteren Beschlüssen wendet sich der BGH von dieser Richtung ab und stellt fest, dass mangels besonderer Zugangssicherung ein bloßes Auslesen des Magnetstreifens den Tatbestand des Ausspähen von Daten gem. § 202a StGB nicht erfüllt.[78]
- Eine Strafbarkeit derjenigen, die die Überwachungstechnik (Hacker-Tools) herstellen, kommt nach § 202c StGB nicht in Betracht, solange die Ausspähung mit einer reiner Hardware erfolgt. Wird auch Software eingesetzt, kann dies anders zu beurteilen sein.
- Ob der der Umgang mit den präparierten Kreditkartenlesegeräten bereits eine strafbare Vorbereitungshandlung i. S. d. § 149 Abs. 1 Nr. 1 StGB ist, hat der BGH bisher nicht abschließend entschieden.[79] In einer jüngeren Entscheidung stellt der BGH allerdings fest, dass eine versuchte gewerbsmäßige Fälschung von Zahlungskarten vorliegt, sobald der Täter per »Skimming« gewonnene Daten an Komplizen im Ausland übermittelt.[80]
- Die Herstellung von gefälschten Zahlungskarten (Falsifikate) fällt ebenfalls unter den Tatbestand der §§ 152a, 152b StGB, wobei auch hier die gewerbs- sowie die bandenmäßige Begehung als Qualifikation gem. § 152a Abs. 3 StGB die Regel darstellen wird.

d) Besonderheiten des Computerbetrugs

aa) Strafbare Vorbereitungshandlung, § 263a Abs. 3 StGB

62 Die **Vorbereitung eines Computerbetruges** ist selbstständig strafbar, eine auch für strafrechtlich erfahrene Praktiker ungewohnte Vorschrift. Traditionell sind Vorbereitungshandlungen vom strafbaren Versuch (Ansetzen zur Tatbestandsverwirklichung) abzugrenzen und straflos. Die Vorverlagerung der Strafbarkeit ist nunmehr, jedenfalls beim Computerbetrug seit Dezember 2003 in Kraft. Danach macht sich strafbar, wer zur Vorbereitung eines Computerbetruges solche Computerprogramme, deren objektiver Zweck die Begehung einer solchen Tat ist, herstellt, sich oder einem anderen verschafft, feilhält, verwahrt oder anderen überlässt.

Schon bei der Lektüre des Gesetzestextes drängt sich die Frage auf, wonach sich die Objektivität des Zweckes richtet und wer dies beurteilen soll. Dies gilt insbesondere bei Dual-Use-Programmen, die sowohl für legale und illegale Zwecke eingesetzt werden können. Wenn der Gesetzgeber regeln wollte, dass das Programm nicht ausschließlich für einen Computerbetrug bestimmt sein darf, müsste sich die Bestimmung der Verwendung (Objektivität des Zwecks) nach dem Willen des Verwenders richten. Dies ist aber nur Theorie. In der Praxis kann sich der Strafverteidiger vorstellen, was passiert, wenn der Mandant erklärt,

---

76 Hierzu ausf.: www.cyberfahnder.de.
77 BGH NStZ 2005, 566.
78 BGH MMR 2010, 426; MMR 2010, 711. Umfassend: Arbeitspapier von Kochheim, Feb. 2010 bei www.cyberfahnder.de; *Tyszkiewicz*, HHRS, Heft 4 2010, S. 207- 213.
79 BGH 16.12.2003, 1 StR 297/2003; ebenso *Fischer* § 149 Rn. 3; BGH 09.09.2008, 1 StR 414/2008.
80 BGH 27.01.2011, 4 StR 338/10.

dass er das Dual-Use-Programm nur für legale Zwecke einsetzen wollte. Ob diese Einlassung von den Strafverfolgern zur Grundlage ihrer Ermittlungen und weiterer Entscheidungen gemacht wird, erscheint fraglich. Interessant ist in diesem Zusammenhang die Entscheidung des Bundesverfassungsgerichts vom 18.05.2009 zu § 263a Abs. 3 StGB.[81] In der Begründung heißt es, dass es nicht genüge, dass die sog. Dual-use-tools lediglich zur Begehung zur Begehung von Computerstraftaten geeignet seien. Tatobjekt können nur solche Programme sein, die für die Verwirklichung von Computerstraftaten entwickelt und mit dieser Absicht eingesetzt werden. Zumindest argumentativ liefert diese Entscheidung Unterstützung für die Verteidigung.

Beim Phishing kommt eine Strafbarkeit gem. § 263a Abs. 3 StGB nicht in Betracht, weil die Phishing-Mail kein Computerprogramm i. S. d. § 263a StGB darstellt.[82]

Wer gem. § 263a Abs. 4 StGB **tätige Reue** zeigt wird nicht bestraft. **63**

bb) Strafantrag

Grundsätzlich bedarf es eines Strafantrages gem. §§ 77 ff. StGB nicht. Ausnahmsweise kann **64** allerdings ein Strafantrag für Fälle der häuslichen Gemeinschaft, geringwertiger Sachen über den Verweis gem. § 263a StGB auf §§ 247, 248a StGB erforderlich sein. Dieser ist dann innerhalb von drei Monaten nach Kenntniserlangung zu stellen, § 77b StGB.

2. Ausspähen und Abfangen von Daten, §§ 202a, b StGB

Seit dem 11.08.2007 ist das Strafrechtsänderungsgesetz zur Bekämpfung der Computerkriminalität in Kraft (BGBl I, 1786). Es bringt gravierende Änderungen in den bisherigen §§ 202a, 303a, 303b StGB mit sich und dehnt die Strafbarkeit bestimmter Handlungen deutlich aus. Trotz erheblicher Kritik aus Rechtswissenschaft und Computerwirtschaft ist der seit dem 20.09.2006 vorliegende Regierungsentwurf unverändert übernommen worden. Die Verschärfung im Bereich des Computerrechts geht auf die Cybercrime Convention sowie den Rahmenbeschluss des Rates der Europäischen Union über Angriffe auf Informationssysteme zurück (s. Rdn. 14–19). **65**

Mit Inkrafttreten der Novellierung ist die Struktur der betroffenen Tatbestände modifiziert worden.

Dies betrifft auch das Ausspähen von Daten gem. § 202a StGB, der als Norm gegen den elektronischen Hausfriedensbruch neben dem Computerbetrug eine der bedeutsamsten Strafnormen des Computerstrafrechts darstellt.

a) Rechtsgut

Geschützt wird die formelle **Verfügungsbefugnis** desjenigen, der Kraft seines Rechts an **66** dem gedanklichen Inhalt der Daten und unabhängig von den Eigentumsverhältnissen am Datenträger darüber bestimmen kann, wem diese Daten zugänglich sein sollen.[83] Auf den Wert oder die Bedeutung der Daten kommt es nicht an, auch nicht, ob im Einzelfall ein konkreter (Vermögens-) Schaden entstanden ist.[84]

---

81 2 BvR 2233/07, 2 BvR 1151/08, BvR 1524/08, www.bundesverfassungsgericht.de.
82 *Gercke* CR 2005, 606 (608).
83 Schönke/Schröder/*Lenckner* § 202a Rn. 1.
84 *Ernst* Rn. 230.

b) Tatbestand

aa) Tatgegenstand

67 Nach der alten Rechtslage war allein das unbefugte Verschaffen von besonders gesicherten Daten bei Überwindung von Sicherheitsvorkehrungen strafbar. Seit 2007 ist bereits der unbefugte Zugang zu besonders gesicherten Daten unter Überwindung von Sicherheitsvorkehrungen unter Strafe gestellt. Der Gesetzgeber hat also die Strafbarkeit vorverlagert und neben der Datenbeschaffung die vorangegangene Zugangsbeschaffung erstmals kriminalisiert. Gegenstand der Tat sind nach wie vor gespeicherte und übermittelte Daten, wobei das Strafgesetzbuch keine Definition des Datenbegriffs enthält. Die h. M. geht von einem **weiten Datenbegriff** aus und versteht unter dem Begriff der Daten alle durch Zeichen oder kontinuierliche Funktionen dargestellten Informationen, die sich als Gegenstand oder Mittel der Datenverarbeitung für eine Datenverarbeitungsanlage kopieren lassen oder die das Ergebnis eines Datenverarbeitungsvorgangs darstellen.[85] Zu den Daten gehören demnach auch gespeicherte Programme, alle digital abgespeicherten Informationen, etwa Musikdateien (wave-MID oder MP3-Dateien, Video- und Filmdateien und andere Mediadateien).[86] Dieser weite, allgemeine Datenbegriff erfährt durch Abs. 2 des § 202a StGB eine Einschränkung. Als Tatobjekt kommen danach nur Daten in Betracht, die elektronisch, magnetisch oder sonst nicht unmittelbar wahrnehmbar gespeichert sind oder übermittelt werden können. Mangels visueller Wahrnehmbarkeit gehören somit auch Disketten, ZIP- Disk, Festplatten, Chipkarten und andere Speicherkarten sowie optische Speichermedien wie CD-ROM, DVD etc. zu den Daten im Sinne von § 202a Abs. 2 StGB. Die weitere Einschränkung ergibt sich aus den Begriffen der Speicherung und Übermittlung. Gespeichert sind Daten, wenn sie zum Zweck ihrer Weiterverwendung erfasst, aufgenommen oder aufbewahrt sind.[87] Übermittelt werden Daten, wenn sie durch die speichernde Stelle weiter gegeben oder zur Einsichtnahme, insbesondere zum Abruf, bereitgehalten werden, aber auch und insbesondere während des Datenverkehrs innerhalb eines Netzwerkes.[88]

(1) Nicht für den Täter bestimmt

68 Die Daten dürfen nicht für den Täter bestimmt sein. Strafbar macht sich also nicht, wer für ihn bestimmte Daten lediglich zweckwidrig verwendet. Die Daten sind dann nicht für den Täter bestimmt, wenn sie im Zeitpunkt der Tathandlung nach dem Willen des Verfügungsbefugten nicht oder nicht mehr in den Herrschaftsbereich des Täters gelangen sollen. Ist der Zugang zu den Daten grundsätzlich für jedermann möglich, jedoch von einer Bedingung abhängig, ergibt sich die Bestimmung der Daten für den Täter erst aus der Erfüllung dieser Bedingung.

69 Bei der Erstellung von **Raubkopien** ist zu unterscheiden: Ist das Softwareprogramm so gestaltet, dass der Anwender mit ihm zwar arbeiten kann, ihm die Programmdaten aber entsprechend dem Willen des Herstellers selbst unzugänglich bleiben sollen, so sind sie für ihn auch nicht bestimmt, sodass § 202a StGB in Betracht kommt. Verhindert der Programmschutz dagegen nur die maschinelle Herstellung von Kopien, während die Programmdaten selbst zu dem Anwender über den Bildschirm seines Betriebssystems zugänglich sind, so sind sie insofern auch für ihn bestimmt, weshalb eine Strafbarkeit nach § 202a StGB ausscheidet[89] (erfüllt wäre allerdings der Tatbestand des § 106 UrhG).

---

[85] Schönke/Schröder/*Lenckner* § 202a Rn. 3.
[86] S. *Malek* Rn. 147.
[87] Schönke/Schröder/*Lenckner* § 202a Rn. 4.
[88] Schönke/Schröder/*Lenckner* § 202a Rn. 4.
[89] *Marberth-Kubicki* Rn. 91.

Sind die Daten nicht für den Täter bestimmt, verschafft er sie aber einem Dritten, für den sie bestimmt sind, kann eine mutmaßliche Einwilligung des Berechtigten angenommen werden. Auch wenn versehentlich eine Zugangsberechtigung erteilt oder nicht entzogen wurde, ist eine Strafbarkeit zu verneinen.[90] Das Wissen um ein Passwort allerdings begründet noch keine Berechtigung. Ein Arbeitnehmer darf in der Regel außerhalb seiner Dienstzeit und seiner Berechtigung nicht auf Betriebsdaten zugreifen.[91]

(2) Besondere Zugangssicherung

- § 202a StGB

70

Geschützt werden nur Daten, die gegen unberechtigten Zugang besonders gesichert sind. Offen zugängliche Daten fallen damit nicht in den Anwendungsbereich des § 202a StGB, auch wenn sie erkennbar nicht für den Täter bestimmt sein sollen. Der Verfügungsberechtigte muss durch die besondere Sicherung sein Geheimhaltungsinteresse und den Ausschluss Dritter von den Daten dokumentieren. Es kommt damit auf das spezielle Geheimhaltungsinteresse des Berechtigten an. Es genügt deshalb nicht, wenn die Sicherung, mag sie auch objektiv zugleich als Zugangssicherung wirken, ausschließlich anderen Zwecken (z. B. Feuerschutz) dient oder der Zweck der Datensicherung nur von ganz unerheblicher Bedeutung oder ein schlichter Nebeneffekt ist.[92] Auch bloße organisatorische Maßnahmen, wie Verbote und Genehmigungsvorbehalte, erreichen ebenso wenig den Zweck einer Sicherung wie das bloße Verstecken von Dateien unter anderem Namen.[93] Dennoch sind an die Art der Sicherung keine besonderen oder übermäßigen Anforderungen zu stellen. Erforderlich ist nur, dass die Vorkehrung objektiv geeignet und subjektiv nach dem Willen des Berechtigten dazu bestimmt ist, den Zugriff auf Daten ausschließlich oder wenigstens nicht unerheblich zu erschweren.[94] Denkbar sind bauliche Maßnahmen sowie technische Schutzvorrichtungen. Hierzu gehören biometrische Sicherungseinrichtungen wie Fingerprint-Systeme, Netzhaut-, Unterschriften-, Stimmen-, Gesichts- und Handerkennung, wobei auch veraltete Sicherungsinstrumente genügen, sofern sie überhaupt nur als Schutzeinrichtung geeignet sind.[95]

Auch Software-Sicherungen genügen grundsätzlich als Zugangsschutz i. S. d. § 202a StGB. Hierzu gehören insbesondere die Passwortabfrage und die Nutzung einer Firewall, wobei Passworte sowohl geschützte Daten als auch eine besondere Sicherung darstellen können. Allerdings ist nicht eindeutig, ob auch triviale, also ganz einfache Passworte als Sicherungsschutz ausreichen[96] oder erhöhte Anforderungen an die Qualität des Passwortes zu stellen sind.[97] Auch die Verschlüsselung von Daten als wirksamster Schutz der Datenübermittlung im Internet ist eine geeignete Schutzvorrichtung.[98] Dies gilt auch für die Verschlüsselung in den immer häufiger anzutreffenden kabellosen Netzen (W-Lan), sodass das »Schwarz-surfen« über einen nicht verschlüsselten und damit offenen W-Lan-Zugang nicht unter § 202a StGB fällt.[99] Das bloße Auslesen von auf Magnetstreifen einer Zahlungskarte gespeicherten Daten, um mit diesen Daten Dubletten herzustellen, stellt ebenfalls keine besondere Zugangssicherung dar.[100]

71

---

90 Schönke/Schröder/*Lenckner* § 202a Rn. 6.
91 *Ernst* Rn. 237.
92 Schönke/Schröder/*Lenckner* § 202a Rn. 7.
93 *Malek* Rn. 156; *Ernst* Rn. 242.
94 *Ernst* Rn. 240.
95 *Malek* Rn. 153.
96 So *Ernst* Rn. 245.
97 So *Malek* Rn. 154.
98 Schönke/Schröder/*Lenckner* § 202a Rn. 8.
99 *Wiedemann*/BeckOK § 202a StGB Rn. 13.
100 Betr. vor allem die sog. Skimming-Fälle, BGH NStZ 2010, 509 f.

- § 202b StGB

Auf eine besondere Zugangssicherung kommt es beim Abfangen von Daten nicht an.

bb) Tathandlung

72 - § 202a StGB Zugangsverschaffung

Von zentraler Bedeutung war bis 11.08.2007 das Tatbestandsmerkmal des »Sich-Verschaffens« von Daten. Nur wenn Daten im Sinne eines Erfolgs verschafft worden sind, sollte eine Strafbarkeit eintreten.

Nunmehr erweitert die Änderung den Tatbestand um das Erlangen des reinen Zugangs zu diesen Daten, unabhängig davon, ob die Daten auch ausgespäht bzw. Besitz an ihnen erlangt wurde.

Wurden allerdings Daten verschafft, ist damit auch die Zugangsbeschaffung erfolgt, die technisch notwendig vorgelagert ist.

73 Daten gelten als verschafft, wenn der Täter durch optische und akustische Wahrnehmung von den Daten Kenntnis nimmt bzw. einem anderen die Kenntnis ermöglicht oder ohne vorherige Kenntnisnahme den Datenträger in seine Verfügungsgewalt bringt bzw. die Daten in einem eigenen Datenspeicher ablegt.[101] Das Verschaffen muss dabei unter Überwindung der Zugangssicherung erfolgen. Sind die Daten durch eine Verschlüsselung besonders gesichert, ist zu beachten, dass erst mit der Überwindung der Zugangssicherung, d. h. also mit der Entschlüsselung der Daten, diese verschafft sind.[102] Auch ist zu fordern, dass der Täter die besondere Sicherung selbst überwinden muss und nicht nur eine durch eine andere Person geschaffene Lage für sich ausnutzt. In der Überwindung der besonderen Sicherung manifestiert sich gerade das strafwürdige Unrecht. Die Überwindung der besonderen Sicherung wirkt daher strafbegründend und nicht bloß strafverschärfend.[103] So ist auch bei der bloßen **Zugangsbeschaffung** notwendig, dass eine besondere Zugangssicherung[104] überwunden werden muss.

- § 202b StGB Abfangen von Daten

74 Mit dem in 2007 neu eingeführten § 202b StGB, des Abfangens von Daten, soll ergänzend das unbefugte Sich-Verschaffen von nicht für den Täter bestimmten Daten aus einer nicht öffentlichen Datenübermittlung oder als elektromagnetische Abstrahlung einer EDV-Anlage unter Anwendung von technischen Mitteln erfasst werden. Bisher war der Zugriff auf E-Mails in der Übertragungsphase gemäß § 202a StGB a. F. nur erfasst, wenn diese besonders gesichert gewesen sind. In der Praxis, vor allem im Privatbereich, wird allerdings nach wie vor der unverschlüsselte E-Mail-Verkehr bevorzugt. Nunmehr ermöglicht der neue § 202b StGB auch die Erfassung von E-Mail, Fax und Telefon.

Die Strafandrohung des § 202b StGB greift nur, wenn die Daten aus einer nicht öffentlichen Datenübermittlung stammen. Dabei wird davon auszugehen sein, dass die Frage der Öffentlichkeit von der Widmung durch den Übermittler abhängt, sodass fremde E-Mails ebenso wie Firmen-Netze nicht öffentlich sein werden.[105]

---

101 Schönke/Schröder/*Lenckner* § 202a Rn. 80; *Buggisch* NStZ 2002, 178 (179).
102 Schönke/Schröder/*Lenckner* § 202a Rn. 10.
103 *Marberth-Kubicki* Rn. 95.
104 Das bloße Auslesen der auf dem Magnetstreifen einer Zahlungskarte mit Garantiefunktion gespeicherten Daten, um mit diesen Daten Kartendubletten herzustellen (sog. Skimming), erfüllt nicht den Tatbestand des § 202a Abs. 1 StGB, weil keine Zugangssicherung überwunden wird, BGH NStZ 2011, 154; vertiefend *Tyszkiewicz*, Skimming als Ausspähen von Daten gemäß § 202a StGB?, http://www.hrr-strafrecht.de/hrr/archiv/10-04/index.php?sz=7.
105 Gegen Google wird wegen des Abfangens von Daten ermittelt, nachdem dort eingeräumt wurde, bei

c) Spezifische Erscheinungsformen des Ausspähens von Daten, § 202a StGB

Im Rahmen des Tatbestandsmerkmals des »sich oder einem anderen Verschaffens« von geschützten Daten sind spezifische Erscheinungsformen, insbesondere im Internet, festzustellen.

aa) Trojaner und Keylogger

Eine sehr verbreitete Tathandlung besteht in der Infizierung von Daten mit sog. **Trojanern**[106] bzw. trojanischen Pferden. Hierbei handelt es sich um ein als scheinbar harmlose Datei getarntes Schadstoffprogramm, das zumeist als Bilddatei in Anhängen von E-Mails verbreitet wird. Beim Öffnen der Datei wird das Schadstoffprogramm aktiviert, das entsprechend seiner Funktion beispielsweise Daten unbemerkt versendet. Besonders gefährlich ist, dass Trojaner über eine sehr ausgedehnte Funktionsvielfalt verfügen, beispielsweise durch eine Fernsteuerung ganze Computersysteme manipuliert und sensibelste Daten, wie Passwort, Kreditkartennummern, Zugangsdaten etc., ausgespäht werden können.

Sog. **Keylogger** arbeiten ähnlich. Es handelt sich aber um Programme, die die Eingaben auf der Tastatur protokollieren, archivieren und anschließend versenden.[107]

Der Einsatz von Trojanern fällt zweifellos unter den Tatbestand des § 202a StGB.

bb) Backdoor-Programme

Beim Einsatz eines Backdoor-Programmes[108] nutzt der Täter eine Sicherheitslücke in der Software und kann in den infizierten Rechner über diese »Hintertür« eindringen und beispielsweise fernsteuern.

cc) Spoofing

Beim Spoofing[109] wird eine falsche Identität vorgetäuscht, indem entweder eine falsche IP-Adresse oder ein falscher Rechnername (DNS-Spoofing) verwendet wird. Hierdurch soll der angegriffene Rechner veranlasst werden, Daten freizugeben, weil der Benutzer von einer anderen Identität ausgeht.

Eine Strafbarkeit gem. § 202a StGB kommt nur dann in Betracht, wenn z. B. die IP-Adresse als besonders gesichertes Datum angesehen werden kann. Vorrangig kommt in diesem Fall allerdings eine Strafbarkeit nach § 269 StGB in Betracht.

dd) Snifferprogramme

Das Mitlesen unverschlüsselter E-Mails unter Verwendung sog. Sniffer-Programme ist in der Regel gem. § 202a StGB nicht strafbar, da eine besondere Zugangssicherung fehlt.[110]

ee) Portscanning/Hacking

Beim Portscanning[111] wird das Zielsystem nach laufenden Diensten und Programmen und nach offenen Ausgängen abgetastet. Jedes Programm bzw. jeder Systemdienst benutzt im

---

Kamerafahrten für Street View dauerhaft Daten aus offenen Funknetzen gespeichert zu haben: http://www.heise.de/newsticker/meldung/Justizminister-wollen-wirksamen-Schutz-beim-Datensammeln-1028667.html.
106 *Ernst* Rn. 64–68.
107 *Ernst* Rn. 49.
108 *Ernst* Rn. 247.
109 *Ernst* Rn. 76; *Malek* Rn. 161.
110 *Malek* Rn. 136; *Ernst* Rn. 247; *Marberth-Kubicki* Rn. 107.
111 *Ernst* Rn. 58.

Netz einen bestimmten – mit einer Nummer identifizierbaren – Port (Ausgang), um den Dienst auszuführen. Ist das Programm oder ein bestimmter Dienst aktiv, ist der entsprechende Port offen und ein Fernzugriff über diesen offenen Port möglich. Beim Portscanning wird das Vorhandensein von Ports, insbesondere offenen Ports, ermittelt. Ein potenzieller Hacker kann nach dieser Vorbereitung seine weiteren Aktivitäten ausrichten. Eine Firewall ist bei entsprechender Einstellung geeignet, das Abtasten von Ports zu verhindern.

Diskutiert wurde lange, ob das reine Portscanning als Unterfall des Hackings, also des unberechtigten Eindringens in einen Computer oder ein Netzwerksystem, bereits strafbar ist.[112] Nach der bisherigen Rechtslage war das schlichte Eindringen, bei dem sich der Täter keine Daten verschafft, als bloße Vorbereitungshandlung ohne konkrete Rechtsgutgefährdung straflos.[113] Gleiches galt für das Wardriving. Hier wird geprüft, ob ein offenes Funknetz, also ein W-LAN frei zugänglich ist.[114] Ein diesbezüglich geführtes Ermittlungsverfahren gegen einen Studenten, das wegen Ausspähens von Daten gem. § 202a StGB und wegen Erschleichens von Leistungen gem. § 265a StGB geführt wurde, wurde eingestellt.[115] Nach der jetzt geltenden Regelung ist klargestellt, dass auch das bloße Hacking, wie Portscanning oder Wardriving, vom Tatbestand erfasst ist.

d) Besonderheiten des Ausspähens und Abfangens von Daten

aa) Strafbare Vorbereitungshandlung, § 202c StGB

83 Völlig neu konzipiert ist § 202c StGB, der ausdrücklich die Vorbereitung von Taten nach §§ 202a, 202b StGB (i. V. m. §§ 303a, 303b StGB) unter Strafe stellt. Voraussetzung ist, dass der Täter Passworte oder sonstige Sicherungscodes, die den Zugang zu Daten ermöglichen (Abs. 1 Nr. 1), oder Computerprogramme, deren Zweck die Begehung einer solchen Tat ist (Nr. 2), herstellt, sich oder einem anderen verschafft, verkauft, einem anderen überlässt, verbreitet oder sonst zugänglich macht. Diese Norm will besonders gefährliche Vorbereitungshandlungen erfassen. Auch wenn der Besitz der Passworte und Tools nicht besonders erwähnt wird, soll er ebenfalls unter die Norm fallen, denn der Täter muss sich die Programme in seinem Besitz letztendlich irgendwie verschafft haben.[116] Ziel sind insbesondere sogenannte Hacker-Tools, die nach Art und Weise ihres Aufbaus darauf angelegt sind, illegalen Zwecken zu dienen und aus dem Internet weitgehend anonym herunter zu laden sind. Durch die objektivierte Zweckbestimmung soll der Tatbestand auf diejenigen Objekte beschränkt sein, die illegalen Zwecken dienen sollen.

84 Die Kriminalisierung sogenannter **Hacker-Tools** (§ 202c Nr. 2 StGB) hat bereits dem Entwurf erhebliche Kritik eingebracht. Insbesondere die Internetwirtschaft befürchtet, dass damit der IT-Sicherheitsbranche dringend benötigte Werkzeuge zur Aufdeckung von Schwachstellen in Netzen aus der Hand geschlagen werden. Die Nutzung von Hacker-Tools sei zur Analyse von Sicherheitslücken unumgänglich.[117]

Obwohl im Gesetzgebungsverfahren Einigkeit bestand, dass die von der IT-Wirtschaft im branchenüblichen und gewollten Sinne genutzten Programme nicht unter § 202c StGB fallen sollen, bestand (und besteht) eine erhebliche Unsicherheit in den IT-Unternehmen. Denn die Tatsache, dass diese Programme auch illegal eingesetzt und missbraucht werden können, birgt ein realistisches Verfolgungsrisiko, das mit problematischen Rufbeschädi-

---

112 Zum Meinungsstreit Schönke/Schröder/*Lenckner* § 202a Rn. 10.
113 *Ernst* Rn. 250.
114 *Bär* MMR 2005, 434 (441); BGH MMR 2010, 565.
115 S. www.heise.de/newsticker/meldung/48173.
116 *Ernst* NJW 2007, 2661 (2663).
117 S. aber *Stuckenberg* wistra 2010, 41, der keine Kriminalisierung der mit der Sicherheit von Informationstechnologiesystemen Befassten befürchtet.

gungen einhergeht. Die z. B. von BITKOM[118] erarbeiteten Leitfäden trugen nur wenig Klärung zu der Frage bei, wie mit derartigen Programmen sinnvollerweise umgegangen werden sollte.[119]

Diese **Dual-Use-Problematik** ist schon aus §§ 95a, 108b UrhG bekannt. Auch wenn nur solche Programme erfasst werden sollen, die in erster Linie für die Begehung von Straftaten hergestellt werden und nicht die reine Eignung (für illegale Zwecke) für die Tatbestandsmäßigkeit ausreichen soll, bleibt die praktische Behandlung problematisch. Unklar bleibt was »in erster Linie« bedeuten soll und wie die Abgrenzung zu erfolgen hat, wenn das Programm zunächst dem legalen Zweck gewidmet ist, aber später umgewidmet wird. Letztlich bleibt es im Ernstfall bei einer Verteidigung auf der subjektiven Seite, was außerordentlich unbefriedigend ist. 85

Unterstützung erfährt die IT-Branche durch die Entscheidung des BVerfG vom 18.05.2009.[120] Eine Verfassungsbeschwerde wurde zurückgewiesen, »weil die Beschwerdeführer nicht unmittelbar von der Strafvorschrift betroffen seien und ein Risiko strafrechtlicher Verfolgung deshalb nicht bestehe. Es genüge nämlich nicht, dass die sog. Dual-use-tools lediglich zur Begehung zur Begehung von Computerstraftaten geeignet seien. Tatobjekt können nur solche Programm sein, die für die Verwirklichung von Computerstraftaten entwickelt und mit dieser Absicht eingesetzt werden.«

Bei Lektüre der Entscheidung wird deutlich, dass die praktischen Probleme mit den Feststellungen des Bundesverfassungsgerichts nicht erledigt sind und das Handling für die IT-Unternehmen weiterhin eine Herausforderung darstellen wird.

bb) Strafantrag

Gemäß § 205 StGB besteht für eine Strafbarkeit gem. §§ 202a, 202b StGB das Strafantragserfordernis. Die Antragsbefugnis steht sowohl dem Absender als auch dem Empfänger zu, wenn die Daten während eines Übermittlungsvorgangs beeinträchtigt wurden. Das Antragserfordernis besteht nicht hinsichtlich des § 202c StGB. In diesen Fällen müsste die Staatsanwaltschaft immer von Amts wegen die Strafverfolgung aufnehmen. 86

3. Datenveränderung, § 303a StGB

Durch das Strafrechtsänderungsgesetz zur Bekämpfung der Computerkriminalität hat auch der Tatbestand der Datenveränderung, der die virtuelle Sachbeschädigung unter Strafe stellt, Änderungen erfahren. 87

Gem. § 303 StGB macht sich strafbar, wer rechtswidrig Daten löscht, unterdrückt, unbrauchbar macht oder verändert.

a) Rechtsgut

In Ergänzung zur Sachbeschädigung gem. § 303 StGB erstreckt diese Vorschrift den Strafschutz vor Beschädigung und Zerstörung auf nicht unmittelbar wahrnehmbar gespeicherte personen- wie vermögensbezogene Daten.[121] 88

---

118 BITKOM: Praktischer Leitfaden für die Bewertung von Software im Hinblick auf den § 202c StGB, Erstveröffentlichung Mai 2008, http://www.packetalarm.de/download/index.php3.
119 Insgesamt zu den Problemen des § 202c StGB: *Hassemer* JurPC Web-Dok. 51/2010, Abs. 1–47; *Hassemer/Ingeberg* ITRB 2009, 84.
120 2 BvR 2233/07, 2 BvR 1151/08, BvR 1524/08, www. bundesverfassungsgericht.de.
121 Schönke/Schröder/*Stree* § 303a Rn. 1.

b) Tatbestand

aa) Tatgegenstand

89 Tatgegenstand sind **fremde Daten**. Es gilt auch hier der Datenbegriff des § 202a Abs. 2 StGB (s. o. Rdn. 67). § 303a StGB hat allerdings weder ein Fälschungs- noch ein Geheimschutzdelikt zum Gegenstand. Eine besondere Sicherung gegen unbefugten Zugang ist nicht erforderlich. Nach überwiegender Auffassung werden nur fremde Daten vom Tatbestand des § 303a StGB erfasst. Hierunter sind solche Daten zu verstehen, an denen und an deren Unversehrtheit ein anderer ein unmittelbares Interesse besitzt.[122]

90 Unproblematisch sind die Fälle, in denen der Täter weder das Eigentum an der Hardware besitzt noch Inhaber eines Nutzungs- oder Zugriffsrechts auf die Daten ist.[123] Fallen hingegen Eigentum am Speichermedium (Hardware) und Nutzungsrecht auseinander (Leasing, Eigentumsvorbehalt, Verarbeitung mit Netzwerken oder auf nutzerfremden Rechnern etc.) so soll sich die Möglichkeit der Täterschaft nach dem Rechtsverhältnis zwischen den Beteiligten bestimmen lassen.[124]

91 Besondere Probleme können bei der Nutzung von **Filterprogrammen** durch Provider entstehen, die hiermit sittenwidrige E-Mails oder solche mit verbotenem Inhalt von ihrem System fernhalten wollen. Ausgehend davon, dass verfügungsberechtigt grundsätzlich der Mailboxinhaber, also der Empfänger der E-Mails ist, könnten Filterprogramme einer besonderen Rechtfertigung bedürfen (s. Rdn. 194–213).

Geht man allerdings davon aus, dass technisch die Filterprogramme eingesetzt werden, bevor die Nachrichten in der Mailbox des Berechtigten eingehen, unterfallen derartige Programme nicht dem Tatbestand des § 303a StGB.[125]

bb) Tathandlung

92 Das Interesse des Berechtigten an der unversehrten Verwendbarkeit der Daten wird im Rahmen des § 303a StGB durch einen über den Kreis der Sachbeschädigungshandlungen hinausgehenden Katalog von Angriffshandlungen umfassend geschützt. Die einzelnen Tatvarianten überschneiden sich dabei und lassen sich nicht scharf voneinander abgrenzen:

(1) Löschen

93 Unter der Löschung wird das vollständige Zerstören verstanden. Die konkrete Speicherung muss vollständig und unwiederbringlich unkenntlich gemacht worden sein, z. B. durch Zerstörung des Datenträgers, Überschreiben der Daten, Löschen notwendiger Verknüpfungen, durch den Einsatz sogenannter Killerprogramme etc.[126]

(2) Unterdrücken

94 Ein Unterdrücken von Daten meint diejenigen Fälle, in denen den Berechtigten die Daten zwar entzogen werden, ohne sie allerdings zu zerstören, weil die physische Integrität der Daten unangetastet bleibt.[127]

---

122 Schönke/Schröder/*Stree* § 303a Rn. 3; *Fischer* § 303a Rn. 4.
123 *Fischer* § 303a Rn. 5.
124 *Fischer* § 303a Rn. 6.
125 *Fischer* § 303a Rn. 7.
126 Schönke/Schröder/*Stree* § 303a Rn. 4; *Fischer* § 303a Rn. 9.
127 Schönke/Schröder/*Stree* § 303a Rn. 4; *Fischer* § 303a Rn. 10.

(3) Unbrauchbar machen

Die Variante des Unbrauchbarmachens liegt dann vor, wenn die Daten in ihrer Gebrauchsfähigkeit beeinträchtigt werden, sodass sie nicht mehr bestimmungsgemäß eingesetzt werden können.[128]

95

(4) Verändern

Verändert sind Daten dann, wenn sie inhaltlich so umgestaltet wurden, dass sie einen anderen Aussagewert erhalten und der ursprüngliche Verwendungszweck beeinträchtigt wird.[129]

96

c) Spezifische Erscheinungsformen der Datenveränderung
aa) Füllen eines leeren Speicherplatzes

Ob das schlichte Hinzufügen von Daten auf einen Speicherplatz den Tatbestand des § 303a StGB, z. B. wegen der Annahme des Veränderns von Daten, erfüllen kann, ist problematisch. Bei einem leeren Speicherplatz werden andere, bereits vorhandene Daten, nicht beeinträchtigt, sodass ein Verändern nicht angenommen werden kann. Denkbar wäre eine Veränderung von Daten durch Hinzufügen anderer Daten nur dann, wenn der Informationsgehalt der bereits vorhandenen Daten verändert werden würde.[130]

97

bb) Virenprogramme

Der Einsatz von Virenprogrammen gehört zu den klassischen Beispielen der Datenveränderung. Unter dem Begriff der Computerviren werden diverse technische Varianten von Schadstoffprogrammen verstanden, die auf unterschiedliche Weise den infizierten Rechner schädigen.[131] Der Computervirus ist in der Regel ein sich selbst reproduzierender Programmcode, der eine definierte und vom Benutzer unerwünschte Funktion selbstständig ausführen kann. Er wird überwiegend über das Internet oder als Anhang zu einer E-Mail verbreitet. Free- oder Shareware, also zumeist kostenlos herunterzuladende Programme aus dem Internet, bieten hier ein hohes Infektionsrisiko. Schäden durch den Einsatz derartiger Schadprogramme sind zum Teil verheerend. Ihre Wirkung umfasst alle in § 303 StGB genannten Tathandlungen.

98

cc) Spamming und DOS-Attacken

Spamming wird als massenhafter Versand von unerwünschten E-Mails definiert. Zumeist handelt es sich um E-Mails mit Werbecharakter, mit denen jeder Nutzer täglich konfrontiert wird. **Spamming** an sich ist als bloße Belästigung nicht strafbar. Das TMG sieht allerdings in § 16 Abs. 2 Nr. 1 für Spamming als Ordnungswidrigkeit die Verhängung eines Bußgeldes bis zu 50.000,– € vor.

99

Strafrechtlichen Charakter könnte Spamming allerdings dann erlangen, wenn durch die Masse an versandten E-Mails der Absturz des Rechners bewirkt wird und damit Daten verloren gehen. Dieses würde dann einem DOS-Angriff[132] entsprechen. DOS-Angriffe gehen immer von einem Rechner aus und versuchen, durch das Ausnutzen einer Sicherheitslücke oder sich schnell wiederholender Anfragen einen Zielrechner durch Überlastung außer Betrieb zu setzen. Werden Daten bei einem Absturz des Rechners gelöscht, ist § 303a StGB

100

---

[128] Schönke/Schröder/*Stree* § 303a Rn. 4; *Fischer* § 303a Rn. 11.
[129] Schönke/Schröder/*Stree* § 303a Rn. 4; *Fischer* § 303a Rn. 12.
[130] *Ernst* Rn. 278.
[131] S. Ernst/*Pierrot* Rn. 107–141.
[132] Denial-Of-Service-Attacs.

einschlägig. Auch längere Zugangsstörungen können daneben ein Unterdrücken von Daten darstellen.[133]

dd) Mailbombing

101 Das Mailbombing ist eine absichtliche Überlastung eines Mailservers oder eines Mailkontos eines Benutzers durch übermäßigen E-Mail-Verkehr. Im Gegensatz zu der Verbreitung von Spam ist das Motiv nicht kommerziell bedingt. Es geht dem Versender lediglich darum, durch Überlastung den Zielrechner in seiner Funktionstüchtigkeit zu beeinträchtigen.[134] Die Angriffsrichtung ist die gleiche wie bei der DOS-Attacke. Allerdings wird das Mailbombing auf eine einzige Zieladresse ausgerichtet. § 303a StGB ist dann einschlägig, wenn tatsächlich durch den Absturz des Rechners aktuelle E-Mails verloren gehen. Bei nur zeitlicher Verzögerung des Zugangs ist zu prüfen, ob schon ein Unterdrücken vorliegen könnte.[135] Umstritten ist dabei, welchen Zeitraum die Verzögerung einnehmen müsste, um qualitativ an ein Unterdrücken heranzureichen. Jedenfalls kann eine längerfristige Zugangsstörung als Unterdrücken definiert werden.[136] Für einfache Werbespams soll weder ein Löschen noch Unterdrücken in Betracht kommen.

102 Auch durch massive Zugriffe auf eine Website kann ein Server überlastet werden, mit der Folge, dass die Daten der Website dem Inhaber (für eine bestimmte Zeit) nicht mehr zur Verfügung stehen. In diesem Fall des sog. **virtuellen Sit-in** oder der **Online-Demonstration** kann § 303a StGB einschlägig sein.[137] Im Fall einer Internet-Demonstration hatte das OLG Frankfurt/M. allerdings die Blockade einer Website der Lufthansa nicht als Datenveränderung bewertet, weil die Daten nur vorübergehend und nicht auf Dauer entzogen worden seien.[138]

Mit Inkrafttreten des § 303b Abs. 1 Nr. 2 StGB ist wegen der Übermittlung von Daten nun eine Strafbarkeit wegen Computersabotage denkbar.[139]

ee) Cookies

103 Cookies sind Daten, die ein Webserver dem Browser des Nutzers anbietet und die dieser speichert oder ablehnen kann. Unmittelbaren Schaden richten **Cookies** nicht an, da sie keine Daten auslesen oder zerstören können. Insofern kommt eine Strafbarkeit gem. § 303a StGB nicht in Betracht. Relevant könnte allerdings das Datenschutzstrafrecht sein (§ 44b BDSG).[140]

d) Besonderheiten der Datenveränderung

aa) Strafbare Vorbereitungshandlung, § 303a Abs. 3 StGB

104 Durch den neu eingefügten Abs. 3 des § 303a StGB, der auf § 202c StGB verweist, ist klargestellt, dass Vorbereitungshandlungen zur Datenveränderung vom Tatbestand erfasst und sanktioniert werden sollen.

---

133 *Ernst* Rn. 308.
134 Ernst/*Pierrot* Rn. 139; ausf.: *Marberth-Kubicki* Rn. 152–154.
135 A. A. *Ernst* Rn. 305, der die Blockade eines elektronischen Briefkastens durch vorsätzliches Mailbombing nicht unter § 303a StGB subsumiert, sondern im Einzelfall eine Strafbarkeit nach § 274 StGB annimmt.
136 *Ernst* Rn. 308.
137 *Hilgendorf/Frank/Valerius* Rn. 197.
138 OLG Frankfurt/M. MMR 2006, 547.
139 *Ernst* NJW 2007, 2661 (2665).
140 Die BDSG Novellen I–III ist sind gestuft in der Zeit vom September 2009 bis 11.06.2010 in Kraft getreten – www.datenschutzzentrum.de.

bb) Strafantrag

Gem. § 303c StGB ist auch für den Tatbestand der Datenveränderung ein Strafantrag erforderlich. Wie bei § 202 StGB sind bei Daten, die im Übermittlungsstadium beeinträchtigt wurden, Absender und Empfänger gleichermaßen antragsberechtigt. **105**

Mit Inkrafttreten der neuen Regelung zu § 303a StGB ist zu beachten, dass das Strafantragserfordernis über den Verweis des § 202c StGB keine Geltung hat, wenn es um die Vorbereitung einer Straftat nach Abs. 1 geht.

4. Computersabotage, § 303b StGB

Die Computersabotage hat mit dem Strafrechtsänderungsgesetz zur Bekämpfung der Computerkriminalität eine weitreichende Modifizierung erfahren. **106**

Während die Regelung bis 11.08.2007 eine Strafbarkeit nur dann vorsah, wenn eine Datenverarbeitung, die für einen fremden Betrieb, ein fremdes Unternehmen oder eine Behörde von wesentlicher Bedeutung war, gestört wurde, wird nun durch die neu eingeführte Strafandrohung bei Privatcomputern die Strafbarkeitslücke im privaten Bereich geschlossen.

a) Rechtsgut

Geschütztes Rechtsgut der Computersabotage ist das Interesse der Wirtschaft und Verwaltung an der störungsfreien Funktionstüchtigkeit ihrer Datenverarbeitung als wesentliche Voraussetzung für die Erfüllung der den Betrieb, dem Unternehmen bzw. der Behörde gesetzten Aufgaben.[141] Ab sofort wird das Interesse des privaten Nutzers an dem störungsfreien Betrieb seines Privatrechners zum Rechtsgut des § 303a StGB ebenfalls gehören. **107**

b) Tatbestand

aa) Tatgegenstand

Tatobjekt ist eine Datenverarbeitung von wesentlicher Bedeutung. Die Datenverarbeitung wird umfassend als gesamter Umgang mit Daten von der Erhebung bis zur Verwendung definiert.[142] **108**

bb) Tathandlungen

§ 303b StGB stellt auch nach der Novelle eine Qualifizierung zu § 303a StGB dar, wobei der Qualifikationstatbestand erweitert wurde. **109**

Gemäß § 303b Abs. 1 StGB wird nun jede Datenverarbeitung, die für einen anderen von erheblicher Bedeutung ist, geschützt. **110**

§ 303b Abs. 1 Nr. 1 StGB qualifiziert den Grundtatbestand des § 303a StGB, während § 303b Abs. 1 Nr. 2 StGB einen völlig neu konzipierten Straftatbestand darstellt und denjenigen bestraft, der eine Datenverarbeitung, die für einen anderen von wesentlicher Bedeutung ist, dadurch stört, dass er Daten in der Absicht, einem anderen Nachteil zuzufügen, eingibt oder übermittelt.

§ 303b Abs. 1 Nr. 3 StGB hingegen beinhaltet die klassischen Tathandlungen der Datensabotage. Dabei geht es nicht um die Beeinträchtigung von Daten an sich, sondern um die Beeinträchtigung einer Datenverarbeitungsanlage oder eines Datenträgers. Daraus folgt, dass allein die körperliche Hardware taugliches Objekt sein kann.[143] Als Störungs-

---

141 Schönke/Schröder/*Stree* § 303b Rn. 1.
142 *Fischer* § 303b Rn. 4.
143 Schönke/Schröder/*Stree* § 303b Rn. 13; *Ernst* Rn. 282; *Hilgendorf/Frank/Valerius* Rn. 206.

handlungen kommen gem. § 303b StGB neben den Tathandlungen des § 303a StGB das Zerstören und Beschädigen sowie das Beseitigen hinzu. Die Begriffe **Zerstören und Beschädigen** decken sich mit denjenigen des § 303 StGB. Eine Sache ist zerstört, wenn sie für ihren Zweck völlig unbrauchbar ist. Sie ist beschädigt, wenn ihre Substanz nicht unerheblich verletzt wird.[144] Eine Beseitigung liegt vor, wenn die Sache aus dem Gebrauchs- und Verfügungsbereich des Berechtigten entfernt wird bzw. wenn dieser bei Bedarf hierauf nicht mehr zugreifen kann.[145]

111 § 303b Abs. 2 StGB enthält die »alte« Qualifikation für die betriebliche und behördliche Datenverarbeitung, allerdings unter verschärfter Strafandrohung.

Neu ist auch Abs. 4, der unter erneuter Erhöhung der Strafandrohung die Strafbarkeit besonders schwerer Fälle regelt.

c) Spezifische Erscheinungsformen der Computersabotage

112 Nach Rechtslage bis zum 11.08.2007 war der Einsatz eines bewusst fehlerhaft erstellten und für die beabsichtigte Datenverarbeitung unbrauchbaren Programms nicht gem. §§ 303a, 303b Abs. 1 StGB a. F. strafbar. Die Herstellung einer fehlerhaften Sache oder das Erzeugen eines fehlerhaften Programms war nicht tatbestandsmäßig im Sinne einer Sachbeschädigung. Zwar arbeitet das Programm nach fehlerhaften Befehlen, lässt aber die Gebrauchsfähigkeit der Datenverarbeitungsanlage unberührt.[146]

Mit der Einführung des neuen Tatbestandes in § 303b Abs. 1 Nr. 2 StGB könnte die Eingabe oder Übermittlung fehlerhafter Programme tatbestandsmäßig sein, wenn hierdurch ein Nachteil beabsichtigt ist. Allerdings bleibt auch hier zu prüfen, ob damit eine erhebliche Störung der Datenverarbeitung im Sinne einer virtuellen Sachbeschädigung einhergeht.

Der Einsatz von Viren und Sabotagesoftware wird auch nach der neuen Rechtslage zur Tatbestandserfüllung des Abs. 1 Nr. 3 führen, sofern direkte Auswirkungen auf die Hardware festzustellen sind.

113 Auch **DoS-Angriffe**, die bisher nur gem. § 303a StGB tatbestandsmäßig sein konnten, können nun unter § 303b Abs. 1 Nr. 2 StGB subsumiert werden. Hierbei werden die Dienste eines Servers durch eine Vielzahl von Anfragen so belastet, dass die Kapazitäten nicht ausreichen und der Zugang für berechtigte Kontaktaufnahmen mit dem Server blockiert oder erschwert wird. Auf die Frage, ob das nur kurzfristige Vorenthalten von Daten tatbestandsmäßig sein kann, kommt es nicht mehr an,[147] denn die Dauer der Blockade ist nicht mehr relevant.

d) Besonderheiten der Computersabotage

aa) Strafbare Vorbereitungshandlung, § 303b Abs. 5 StGB

114 Die Vorverlagerung der Strafbarkeit auf eine Vorbereitungshandlung ist in Abs. 5 auch für die neue Regelung der Computersabotage vorgesehen. Außerdem verweist der neue Abs. 5 des § 303b StGB für die Vorbereitung einer Straftat nach Abs. 1 auf § 202c StGB.

---

144 Ausf. Darstellung bei Schönke/Schröder/*Stree* § 303 Rn. 9–11.
145 *Fischer* § 303b Rn. 13.
146 *Fischer* § 303b StGB, Rn. 13.
147 So noch OLG Frankfurt/M. MMR 2006, 547.

bb) Strafantrag

Gemäß § 303c StGB ist grundsätzlich ein Strafantrag des Verletzten erforderlich. Das Antragsrecht steht den geschützten Betrieben, Unternehmen und Behörden und künftig jeder Person zu, deren Datenverarbeitung gestört wurde. **115**

Mit Ausnahme der schweren Fälle ist gem. § 303c StGB der Strafantrag des Verletzten erforderlich. **116**

5. Fälschung beweiserheblicher Daten, § 269 StGB

Der in der Praxis bisher wenig beachtete § 269 StGB stellt das Pendant des § 267 StGB dar. Er schließt damit die Strafbarkeitslücke im Bereich der Urkundsdelikte. Während § 267 StGB auf die Urkundsqualität abstellt, bezieht sich § 269 StGB auf Daten. **117**

a) Rechtsgut

Geschütztes Rechtsgut ist die **Sicherheit und Zuverlässigkeit des Rechts- und Beweisverkehrs**.[148] Während § 267 StGB den Beweisverkehr mit Urkunden schützt (hierunter fallen auch Druckerzeugnisse eines Computers bzw. einer Datenverarbeitungsanlage), erfasst § 269 StGB computerspezifische Fälschungsvorgänge und kommt zum Tragen, wenn in den Computer eingespeiste Daten verändert werden. **118**

b) Tatbestand

aa) Tatgegenstand

Als Tatobjekt kommen nur unkörperliche, also optisch nicht wahrnehmbare Daten in Betracht, die elektronisch, magnetisch oder sonst gespeichert werden oder die bei Tatbegehung schon entsprechend gespeichert waren.[149] Dabei kommt es nur auf beweiserhebliche Daten an.[150] **119**

bb) Tathandlung

Als Tathandlung werden folgende Modalitäten erfasst: **120**
- **Speichern**: Hierunter wird das Erfassen, Verwenden oder Aufbewahren der beweiserheblichen Daten auf einem Datenträger zum Zweck ihrer weiteren Verwendung verstanden.[151]
- **Verändern**: Verändern meint die inhaltliche Umgestaltung der Daten.[152]
- **Gebrauchen**: Als weitere Tathandlung erfüllt das Gebrauchen derart gespeicherter oder veränderter Daten den objektiven Tatbestand.[153]

Durch das Speichern oder Verändern muss ein Falsifikat entstehen, das die Merkmale einer falschen Urkunde aufweist.[154] **121**

c) Spezifische Erscheinungsformen der Fälschung beweiserheblicher Daten

Interessant ist die Frage, ob das **Phishing** vom Straftatbestand des § 269 StGB erfasst sein könnte. Betrachtet man den Ablauf des Phishings, wird man zwischen dem Versenden der Phishing-Mail, dem Erschleichen von Daten und der anschließenden Verwendung der erschlichenen Daten unterscheiden müssen. Das Verwenden der Daten ist gem. § 263a **122**

---

148 *Fischer* § 269 Rn. 2.
149 *Fischer* § 269 Rn. 3.
150 *Fischer* § 269 Rn. 3.
151 *Fischer* § 269 Rn. 5.
152 *Fischer* § 269 Rn. 5.
153 *Fischer* § 269 Rn. 5.
154 *Fischer* § 269 Rn. 5.

StGB als Computerbetrug strafbar (s. o. Rdn. 56 f.). Das reine Erschleichen der Daten selbst ist unter keinem Gesichtspunkt strafbar (s. ebenfalls Rdn. 56 f.).

123 Beim bloßen Versenden einer Phishing-Mail könnte § 269 StGB einschlägig sein.[155] Voraussetzung wäre, dass die konkrete Phishing-Mail eine Datenurkunde darstellt, welche eine Erklärung enthält, die nach ihrem Gegenstand und aufgrund der mitperpetuierten Erkennbarkeit des Erklärenden unmittelbare Rechtswirkung entfaltet, also wie eine Urkunde zum Einsatz kommt (einziger Unterschied ist, dass die rechtserhebliche Erklärung nicht in wahrnehmbarer Form, sondern als nicht wahrnehmbarer Datensatz existiert).

Es ist demnach zu prüfen, ob bei der Phishing-Mail im Rahmen der Feststellung der hypothetischen Urkundenqualität der (scheinbare) Aussteller erkennbar ist, dem die (angeblichen) beweiserheblichen Daten zugerechnet werden können. Diese Garantiefunktion, die sich aus der Urkundsqualität ergibt, könnte allenfalls dann angenommen werden, wenn sich aus der übersandten Erklärung ein eindeutiger und zumindest existenter Aussteller ergibt. Dieses könnte dann angenommen werden, wenn in der Phishing-Mail die Postbank oder eine andere Großbank als Absender suggeriert wird. An der Vorgabe eines realen Ausstellers würde es allerdings dann mangeln, wenn eine überhaupt nicht existente Bank vorgeschoben würde. Allein die Verwendung eines übergeordneten Firmenlogos reicht ohne nähere Kennzeichnung für eine Ausstellereigenschaft nicht aus, sodass dann eine Strafbarkeit nach § 269 StGB nicht in Betracht kommt.

6. Täuschung im Rechtsverkehr bei der Datenverarbeitung, § 270 StGB

124 Bei dieser Vorschrift handelt es sich um eine reine Gleichstellungsvorschrift. Damit ist klargestellt, dass der Täuschung im Rechtsverkehr eine fälschliche Beeinflussung einer Datenverarbeitung im Rechtsverkehr gleichgestellt ist, also auch dann eine Täuschung angenommen wird, wenn Daten nicht einer menschlichen Kontrolle unterliegen und ein täuschungsgleicher Effekt durch die gefälschte Beeinflussung der Datenverarbeitung vorliegt.

Die Gleichstellung betrifft alle Urkundstatbestände mit dem Merkmal »zur Täuschung im Rechtsverkehr«, nicht nur § 269 StGB.[156]

7. Mittelbare Falschbeurkundung, §§ 271, 348 StGB

a) Rechtsgut

125 Schutzzweck der Normen ist der **Wahrheitsschutz** durch Schutz der besonderen Beweiskraft öffentlicher Urkunden.

b) Tatbestand

aa) Tatobjekt

126 Als Tatobjekt kommen alle öffentlichen Bücher, Dateien oder Register in Betracht, in denen Erklärungen, Verhandlungen oder Tatsachen beurkundet oder gespeichert sind, die für Rechte oder Rechtsverhältnisse erheblich sind.[157]

bb) Tathandlung

127 In § 271 Abs. 1 StGB ist das Bewirken einer unrichtigen Urkunde – auch in Form der Speicherung unrichtiger Daten – durch einen gutgläubigen Amtsträger erfasst, während in Abs. 2 das Gebrauchen einer falschen Beurkundung oder Datenspeicherung unter Strafe

---

155 *Graf* NStZ 2007, 129 (131).
156 *Fischer* § 270.
157 *Fischer* § 271 Rn. 3 f.

gestellt ist. Eine mittelbare Falschbeurkundung gem. § 271 StGB begeht danach, wer bewirkt, dass ein Amtsträger etwas inhaltlich Unwahres in öffentliche Dateien oder Register speichert. Hierfür genügt jede Form der Verursachung. Der Täter muss sich deshalb nicht selbst eines Computers zur Tatbestandsverwirklichung bedienen. Ist der Amtsträger bösgläubig, kommt allein eine strafbare Teilnahme an einer Falschbeurkundung im Amt im Sinne des § 348 StGB in Betracht.[158]

8. Urkundenunterdrückung, § 274 StGB

Gem. § 274 StGB macht sich strafbar, wer eine Urkunde oder technische Aufzeichnung (Abs. 1) oder beweiserhebliche Daten i. S. d. § 202a (Abs. 2) StGB, die ihm nicht ausschließlich gehören, vernichtet, beschädigt oder unterdrückt, wenn er in der Absicht handelt, einem anderen Schaden zuzufügen. **128**

Die Tathandlungen entsprechen dabei denen des § 303a StGB (s. o. Rdn. 93–96). Da es wie im Rahmen der Urkundenunterdrückung gem. § 274 Abs. 1 Nr. 1 StGB auf die Verletzung des fremden Beweisführungsrechts ankommt, kann sich grundsätzlich auch der Eigentümer einer EDV-Anlage, in der die beweiserheblichen Daten gespeichert sind, wegen Datenunterdrückung gem. § 274 Abs. 1 Nr. 2 StGB strafbar machen.[159] **129**

II. Straftaten mittels Computer/Internet

Im nachfolgenden Abschnitt werden die wichtigsten Straftatbestände dargestellt, bei denen der Computer bzw. das Internet für strafbare Handlungen genutzt bzw. strafbare Inhalte und Informationen über die technologischen Medien verbreitet und damit missbraucht werden. Es handelt sich dabei um klassische Straftaten, die genauso in der realen Welt begangen werden können. **130**

1. Betrug, § 263 StGB

Bei den sog. **E-Commerce-Delikten** handelt es sich um solche Straftaten, die im Zusammenhang mit dem zunehmend bedeutsamen Online-Handel stehen. Der Einkauf und Versand über das Internet ist ebenso populär wie anfällig für betrügerische Aktivitäten. Nicht selten gehen der Betrugstat Manipulationshandlungen voraus, wie das Ausspähen von Zugangsdaten durch den Einsatz von Trojanern etc. Der eigentliche Online-Betrug stellt sich nicht anders dar, als der Offline-Betrug. Erforderlich ist die Kausalkette Täuschung – Irrtum – Vermögensverfügung – Vermögensnachteil. Zwischen diesen Merkmalen bedarf es zudem eines durchgehenden Ursachenzusammenhangs. Während Getäuschter und verfügende Personen identisch sein müssen, ist eine Personenidentität zwischen Verfügendem und Geschädigtem nicht erforderlich. **131**

a) Rechtsgut

Geschützt wird ausschließlich das **Vermögen als Ganzes**, allerdings nur gegen die zur Selbstschädigung veranlassende Täuschung.[160] **132**

---

158 *Marberth-Kubicki* Rn. 183.
159 *Fischer* § 271 Rn. 2.
160 Schönke/Schröder/*Cramer/Perron* § 263 Rn. 1–3.

b) Tatbestand

133 Der Tatbestand des Betruges ist äußerst facettenreich und im Einzelnen umstritten. Nachfolgend sollen nur schlagwortartig die einzelnen Voraussetzungen benannt werden und lediglich näher auf die spezifischen Begehungsweisen des Onlinebetruges eingegangen werden.[161]

aa) Täuschungshandlung

134 Betrug ist die durch Täuschung verursachte Vermögensschädigung eines anderen in Bereicherungsabsicht.

Voraussetzung ist zunächst, dass der Täter **über Tatsachen** täuscht. Erforderlich ist die Einwirkung auf die Vorstellung der anderen Person. Die Täuschung kann durch aktives Tun oder durch ausdrückliches oder schlüssiges Handeln, aber auch durch ein pflichtwidriges Unterlassen hervorgerufen werden.

bb) Irrtum

135 Bedingt durch die Täuschung muss bei dem Getäuschten ein Irrtum hervorgerufen werden. Ein einfaches Nichtwissen genügt nicht. Erforderlich ist eine Fehlvorstellung, die als jedes Abweichen der Vorstellung von der Wirklichkeit definiert wird. Die Täuschung ist bereits dann kausal für den Irrtum, wenn sie diesen zumindest mit verursacht hat.

cc) Vermögensverfügung

136 Weitere Voraussetzung ist die irrtumsbedingte Vermögensverfügung. Notwendig ist, dass die **Vermögensverfügung** (durch Tun, Dulden oder Unterlassen) unmittelbare vermögensmindernde Wirkung hat. Insofern handelt es sich um ein ungeschriebenes Tatbestandsmerkmal. Unerheblich ist, ob sich das Opfer der vermögensmindernden Wirkung der Verfügung bewusst ist.

An der Kausalität kann es fehlen, wenn die Vermögensverfügung aus anderen Gründen als dem Irrtum erfolgt ist.

dd) Vermögensschaden

137 Die Verfügung des Getäuschten muss zu einem Schaden in seinem Vermögen führen. Hierbei wird eine Saldierung des Vermögens vor und nach der Verfügung vorgenommen. Ergibt sich eine negative Differenz, die nicht durch ein gleichwertiges Äquivalent ausgeglichen ist, wird der Vermögensschaden angenommen.

138 Eine konkrete Vermögensgefährdung steht einem Vermögensschaden dann gleich, wenn sich nach wirtschaftlicher Betrachtungsweise bereits eine Verschlechterung der gegenwärtigen Vermögenslage eingestellt hat, ohne dass es zu einer rechnerisch nachweisbaren Vermögensminderung gekommen ist.[162]

c) Spezielle Erscheinungsformen des Betrugs

aa) Online-(Versand)-Handel

139 Der Betrug im Versandhandel ist ebenso alt wie der Versandhandel selbst. Das zunehmende Angebot großer Versandhäuser, ihre Ware auch im Internet zum Verkauf anzubieten, begründet demnach allein eine neue Erscheinungsform eines traditionellen Deliktes. Täuscht der Kunde über seine Zahlungsfähigkeit und Zahlungsbereitschaft und verschickt der

---

161 Zu den einzelnen Tatbestandsvoraussetzungen z. B. Schönke/Schröder/*Cramer*/*Perron* § 263 Rn. 1 ff.
162 Beispiele bei Schönke/Schröder/*Cramer*/*Perron* § 263 Rn. 143 f.

Händler seine Ware, ist unstreitig der Tatbestand des Betruges gem. § 263 StGB erfüllt. Schwieriger ist es in der Praxis festzustellen, wer sich konkret hinter der Bestellung verbirgt und ob diese Person bei Abgabe der Bestellung zahlungsbereit und zahlungswillig war. Insgesamt sind die Probleme vom Offline-Versand-Handel nicht zu unterscheiden.

bb) Online-Auktionen[163]

Das Internet hat zu einer Verbreiterung des Vertriebsweges für Waren und Dienstleistungen geführt. Deutlich wird dies z. B. bei sogenannten Online-Auktionshäusern. Voraussetzung für die Teilnahme an einer Online-Auktion ist die Anmeldung des Internetnutzers und die Angabe bestimmter abgefragter Adressdaten gegenüber dem Auktionshaus. Diese werden im Fall des Zustandekommens eines Vertrages an den jeweiligen Vertragspartner zwecks Abwicklung des Vertrages weiter gegeben. Die Abwicklung des Vertrages nach Auktionsende obliegt den Vertragspartnern. Das Onlineauktionshaus stellt allein die Ressourcen für die Anbahnung des rechtsgeschäftlichen Kontaktes zur Verfügung. Hierfür ist ein Entgelt zu zahlen. Entgegen dem landläufigen Sprachgebrauch handelt es sich bei einer Onlineauktion in der Regel nicht um eine Versteigerung im Sinne des § 156 BGB. Zwar kann die virtuelle Auktion im Einzelfall durchaus als Versteigerung ausgestaltet sein. Die AGB der Auktionshäuser bestimmen aber regelmäßig, dass mit dem Ende der von dem Anbieter bestimmten Laufzeit der Onlineauktion zwischen dem Anbieter und dem das höchste Gebot abgebenden Bieter ein Vertrag über den Erwerb des von dem Anbieter in die Website eingestellten Artikels zustande kommt. Infolgedessen geht der BGH davon aus, dass bereits der in das Internet eingestellte Text ein Angebot oder eine antizipierte Annahmeerklärung des Einlieferers darstelle und deshalb der Kaufvertrag durch das Höchstgebot des Bieters wirksam zustande kommt.[164] Die Begehung eines Betruges ist in vielerlei Konstellationen denkbar.[165]

140

Derjenige, der die angebotene Ware nach Ersteigerung nicht liefert, hat über seine Erfüllungsbereitschaft als innere Tatsache getäuscht, die kausal für die Bezahlung (Vorkasse ist notwendig) geworden ist. Er begeht einen sogenannten **Erfüllungsbetrug**. War der Anbieter bei Einstellung des Artikels gar nicht zur Erfüllung fähig, liegt eine Täuschung über eine äußere Tatsache und damit ein Eingehungsbetrug vor. Auch das Mitbieten auf das eigene Angebot könnte zur Annahme des Betrugstatbestandes führen. Ein betrugsrelevantes Täuschungsverhalten kann darin gesehen werden, dass in diesem Fall durch eigenes Mitbieten der Preis hoch getrieben wird. Der Verkäufer täuscht dann über das Vorliegen weiterer (wirksamer) Gebote Dritter und veranlasst den Käufer irrtumsbedingt zur Abgabe eines höheren Gebotes.[166] Ob man allerdings von dem Eintritt eines Vermögensschadens ausgehen kann, ist fraglich. § 263 Abs. 1 StGB schützt nämlich nicht die wirtschaftliche Dispositionsfreiheit, sondern das Vermögen vor einer Minderung seines Gesamtwertes. An einer solchen Vermögensminderung fehlt es, wenn der Preis für die ersteigerte Ware dem objektiven Verkehrswert entspricht.[167] Allerdings kann auch vertreten werden, dass der Verkehrswert einer Ware gerade im Rahmen von offenen Onlineauktionen marktgerecht bestimmt wird.

141

cc) Installation von Dialerprogrammen

Bei der Installation eines Dialers im Internet sind verschiedene Varianten zu bewerten. Wird die wahre Funktion des Dialers verschleiert und als »kostenloses Serviceupdate« oder als

142

---

163 S. zu Online-Auktionen auch ausf. Kap. 14 Rdn. 1–128.
164 BGH NJW 2002, 363.
165 Schönke/Schröder/*Cramer*/*Perron* § 263 Rn. 16 b.
166 *Marberth-Kubicki* Rn. 197; *Hilgendorf*/*Frank*/*Valerius* Rn. 550 kommen jedenfalls zur betrugsrelevanten Täuschungshandlung, weil die AGB der Onlineauktionshäuser ein Mitbieten untersagen und damit die Grenze erlaubter Geschäftstüchtigkeit überschritten sei.
167 Vgl. *Fischer* § 263 Rn. 74.

»Programm zur Beschleunigung des Zugangs« getarnt und aktiviert der Nutzer nun aufgrund der falsches Vorstellung ein Update herunterzuladen den Dialer, liegt ein täuschungsbedingter Irrtum gem. § 263 StGB (klassischer Betrug), aber keine Variante des Computerbetruges vor.[168] Wählt sich der Dailer allerdings unbemerkt vom Nutzer (z. B. eingeschleust über einen verseuchten E-Mail-Anhang) ins Internet ein und übernimmt den standardmäßigen Internetzugang (der dann teure Verbindungen startet), kann von einem täuschungsbedingten Irrtum nicht die Rede sein. Hingegen wird eine Strafbarkeit gem. § 263a StGB in der ersten Handlungsalternative »unrichtige Gestaltung des Programms« mit dem Landgericht Osnabrück anzunehmen sein,[169] das wegen der heimlichen Installation von Dailern zur ungewollten **Herstellung von DFÜ-Verbindungen** wegen (banden- und gewerbsmäßigen) Computerbetruges in Tateinheit mit Datenveränderung verurteilt hatte.

dd) Nigeria-Connection

143 Bei der sog. Nigeria-Connection wird per E-Mail mitgeteilt, dass eine große Geldsumme aus einem schwarzafrikanischen Staat außer Landes gebracht werden soll. Der Empfänger soll ein Konto zur Verfügung stellen, wofür ihm eine Provision versprochen wird. Bevor allerdings der Transfer durchgeführt werden kann, sind Gebühren o. ä. zu entrichten. Sind diese bezahlt, bricht der Kontakt ab.

144 Diese Verfahrensweise ähnelt den sog. Phishing-Mails,[170] die unter Verschleierung des tatsächlichen Absenders Zugangsdaten erschleichen. Der wesentliche Unterschied ist allerdings, dass bei der sogenannten Nigeria-Connection das Opfer tatsächlich Geld anweist, also selbstschädigend im Sinne des Betruges tätig wird. Beim Phishing hingegen fehlt es an der unmittelbaren Vermögensverfügung (es werden »nur« Daten herausgegeben, sodass die Selbstschädigungstendenz nicht angenommen werden kann).

In beiden Fällen allerdings führt die Leichtgläubigkeit oder mitwirkende Fahrlässigkeit des Getäuschten nicht dazu, dass eine täuschungsbedingte Irrtumserregung auszuschließen wäre. Der Betrugstatbestand ist bei den sog. Nigeria-Connection- Fällen erfüllt.

2. Unerlaubte Veranstaltung eines Glückspiels und Werbung hierzu, § 284 StGB

145 Während der Skripterarbeitung erging eine bahnbrechende Entscheidung des EuGH zum deutschen Glücksspielmonopol.[171] Danach verstößt das deutsche Glücksspielmonopol gegen geltendes EU-Recht. Es besteht ab Verkündung des Urteils eine Bindungswirkung für alle nationalen Gerichte und Behörden. Bis zu einer unionskonformen Neuregelung bleibt das Internetveranstaltungs- und vermittlungsverbot für Glücksspiele gem. § 4 Abs. 4 GlüStV unanwendbar. Diese Angebote sind derzeit ohne Erlaubnis möglich, sodass auch eine Strafbarkeit gem. § 284 StGB nicht in Betracht kommt. Bis zu einer gesetzlichen Neuregelung ist es jedoch denkbar, dass einige Gerichte nicht von einem unionsrechtswidrigen Glücksspielstaatsvertrag ausgehen und abweichend entscheiden; endgültige Rechtssicherheit besteht daher im Moment nicht. Die nachfolgenden Ausführungen sind zwar durch die Entscheidung des EuGH überholt, sollen aber zum besseren Verständnis nicht entfernt werden. Der deutsche Gesetzgeber ist nun am Zug.

146 Die Veranstaltung von Glücksspielen unterliegt der staatlichen Erlaubnis. Der präventiven Kontrolle des Spielbetriebs dienende Konzessionspflichten finden sich z. B. in den Spielbankengesetzen der Bundesländer sowie den §§ 33c – 33e GewO und §§ 4, 5 SpielV. Die

---

168 S. auch *Hilgendorf/Frank/Valerius* Rn. 553.
169 LG Osnabrück 20.12.2006, 10 Kls 10/06 – Auto-Dialer-Verfahren; *Spendel* Kriminalistik 2007, 146.
170 S. o. Rdn. 54 f.
171 EuGH MMR 2010, 838; Anm. von *Hambach/Hettich/Pundstein* K&R 2010, 711 ff.

II. Straftaten mittels Computer/Internet

Kontrollmöglichkeiten werden indes durch die Nutzung des Internets zum Zwecke des Angebots von Glücksspielen eingeschränkt. Die Erweiterung der Telekommunikationsmöglichkeiten durch das Internet führt zwangsläufig zu einer wachsenden Bedeutung einschlägiger Straftatbestände, wie z. B. des § 284 StGB.[172]

a) Rechtsgut

Bereits der Schutzzweck des § 284 StGB ist umstritten.[173] Zahlreiche Entscheidungen aus Verwaltung, Wettbewerb und Strafrecht sind hierzu ergangen. Jedenfalls kann davon ausgegangen werden, dass der Schutzzweck zumindest in der innerstaatlichen Absicherung eines ordnungsgemäßen Spielbetriebs und damit im Schutz des Einzelnen vor der Gefahr von Manipulationen beim Glücksspiel zum Schaden seines Vermögens und vor manipulativer Ausbeutung zu sehen ist.[174]

147

b) Tatbestand

aa) Tatgegenstand

Tatobjekt ist die Veranstaltung eines Glücksspiels. Ein **Glücksspiel** wird als Spiel definiert, bei dem die Entscheidung über Gewinn und Verlust nicht wesentlich von den Fähigkeiten und Kenntnissen und von dem Grad der Aufmerksamkeit der Spieler bestimmt wird, sondern allein oder hauptsächlich vom Zufall.[175] In Abgrenzung zum Glücksspiel zeichnet sich dagegen ein **Geschicklichkeitsspiel** dadurch aus, dass körperliche oder geistige Fähigkeiten des Spielers den Ausgang des Spiels bestimmen.[176]

148

Wetten hingegen gehören nicht zu den Spielen.[177] Mit der Entscheidung des Bundesverfassungsgerichts vom 28.03.2006[178] ist inzwischen geklärt, dass allerdings Sportwetten als Glücksspiele zu qualifizieren sind, sodass deren Veranstaltung – jedenfalls bis zu einer Neuregelung des Staats- und Lotteriegesetzes – weiterhin der behördlichen Erlaubnis bedarf. Dem liegt die Überlegung zugrunde, dass die Richtigkeit einer Vorhersage über den Ausgang eines sportlichen Ereignisses nicht von den Fähigkeiten und Kenntnissen eines Teilnehmers abhängt, sondern ganz überwiegend dem Zufall überlassen bleibt. Bedingt durch die Unbestimmtheit des Tatbestandes ist allerdings im Einzelfall eine konkrete Prüfung anhand der von der Rechtsprechung vorgegebenen Kriterien vorzunehmen. Gutachten über Spielcharakter nicht mechanischer Spiele (Glücks- oder Geschicklichkeitsspiele) werden vom Bundeskriminalamt für die Staatsanwaltschaften erstellt (RiStBV 240).

149

Auch die sog. Oddset-Wetten[179] werden als Sportwetten zu festen Quoten ebenfalls als Glücksspiel i. S. d. § 284 StGB qualifiziert.[180]

150

bb) Tathandlung

Als Tathandlung sind das **Veranstalten oder Halten** eines Glücksspiels oder das **Bereitstellen** hierzu, jeweils ohne behördliche Erlaubnis, tatbestandsmäßig. Als klassische Handlung

151

---

172 Schleswig-Holstein will den Glücksspielstaatsvertrag kündigen und für private Anbieter öffnen, www.heise.de/newsticker/meldung/Schleswig-Holstein-Ausstieg-aus-Gluecksspielstaatsvertrag-not falls-im-Alleingang-1018907.html.
173 Schönke/Schröder/*Eser/Heine* § 284 Rn. 2.
174 Schönke/Schröder/*Eser/Heine* § 284 Rn. 2c.
175 Schönke/Schröder/*Eser/Heine* § 284 Rn. 5.
176 Schönke/Schröder/*Eser/Heine* § 284 Rn. 5.
177 *Fischer* § 284 Rn. 9.
178 BVerfG NJW 2006, 1261.
179 Oddset ist nicht nur die Sportwette zu festen Gewinnquoten, sondern auch der Markenname einer Wette von Lotto in Deutschland.
180 BGH NStZ 2003, 372.

ist das Veranstalten häufigste Begehungsform. Gemeint ist die tatherrschaftlich-verantwortliche Schaffung der maßgebenden rechtlichen und organisatorischen Rahmenbedingungen für die Abhaltung eines unerlaubten Glücksspiels.[181]

152 Höchst kontrovers wurde die Notwendigkeit einer deutschen Erlaubnis diskutiert. Seit der sog. »**Gambelli-Entscheidung**« des EuGH[182] liegen diverse, sich widersprechende Entscheidungen darüber vor, ob die Lizenz eines europäischen Staates für den legalen Betrieb ausreiche oder ob es einer innerdeutschen Genehmigung bedarf.

Erstmalig im November 2006 hat der BGH[183] auf die Entscheidung des Bundesverfassungsgerichts zur Qualifizierung der Sportwetten als Glücksspiel und auf die »Gambelli-Entscheidung« des EuGH Bezug genommen und aufgrund der dortigen Feststellungen erhebliche Bedenken hinsichtlich einer Verurteilung wegen unerlaubter gewerbsmäßiger Veranstaltung eines Glücksspiels geäußert und erklärt, dass das Verfahren vielmehr gem. § 153 StPO einzustellen sei. Zuvor hatte bereits das Landgericht Ravensburg[184] entschieden, dass die Vermittlung von Sportwetten an einen Anbieter mit EU-Lizenz nicht strafbar sei, da § 284 StGB i. V. m. den sportwettenrechtlichen Regelungen des Landes Baden-Württemberg EU-Gemeinschaftsrecht verletze und daher nicht anwendbar sei. Auch die Werbung für unerlaubte Glücksspiele kann strafbar sein. Unter Werbung ist jede Aktivität zu verstehen, die darauf abzielt, einen anderen zur Beteiligung am Spiel zu verlocken.[185] So entschied das OLG Hamburg,[186] dass die Werbung für einen ausländischen Glücksspielanbieter auch verboten sei, da sich dieser explizit an den deutschsprachigen Verbraucher richte. Hingegen hatte das Landgericht Ravensburg[187] die Vermittlung von Sportwetten für einen Anbieter mit EU-Lizenz als straflos bewertet.

153 Auch für die **Verlinkung** auf eine Glücksspiel-Website kommt eine strafrechtliche Haftung in Betracht. Auch hierzu bestehen unterschiedliche Entscheidungen. Das Landgericht Hamburg[188] hatte die bloße Linksetzung auf die Webseiten eines ausländischen, nicht in Deutschland konzessionierten Glücksspiels als strafbare Werbung im Sinne des § 284 Abs. 4 StGB angesehen. Eine grundsätzliche Haftung hatte der Bundesgerichtshof[189] allerdings verneint.

c) Besonderheiten der unerlaubten Veranstaltung eines Glücksspiels

154 Die Veranstaltung von Glücksspielen im Internet wirft ebenfalls Fragen nach der Anwendbarkeit deutschen Strafrechts auf, wenn der Server, der die Internetseite bereitet, im Ausland betrieben wird und eine Konzessionspflicht nicht besteht (s. o. Rdn. 22 ff.). Die h. M. geht davon aus, dass der Taterfolg i. S. d. § 9 Abs. 1 StGB in der Eröffnung der Beteiligungsmöglichkeit zu sehen ist, unabhängig davon, ob dies auf einer im Ausland eingerichteten Website erfolgt.[190] Deutsches Strafrecht kommt deshalb auch in diesen Fällen zur Anwendung.

---

181 Schönke/Schröder/*Eser/Heine* § 284 Rn. 12.
182 EuGH NJW 2004, 139.
183 BGH 29.11.2006, 2 StR 55/06.
184 LG Ravensburg 29.08.2006, 2 Qs 89/06.
185 Schönke/Schröder/*Eser/Heine* § 284 Rn. 25a.
186 OLG Hamburg MMR 2004, 822; MMR 2006, 37.
187 LG Ravensburg 29.08.2006, 2 Qs 89/06.
188 LG Hamburg MMR 2005, 480.
189 BGH GRUR 2004, 693.
190 BGHSt 46, 212; *Fischer* § 284 Rn. 13. ff.

3. Urheberrechtsverletzungen, §§ 106 ff. UrhG

Am 01.01.2008 trat der sog. »**2. Korb**« der Urheberrechtsnovelle in Kraft.[191] Aufbauend auf das seit dem 13.09.2003 bestehende erste Gesetz zur Reglung des Urheberrechts, (»1. Korb«)[192] wurde das Urheberrecht an die neuen Herausforderungen des digitalen Zeitalters angepasst.

Grundlage hierfür war die Umsetzung der EG-Richtlinie 2001/29/EG des Europäischen Parlaments zur Harmonisierung bestimmter Aspekte des Urheberrechts und der verwandten Schutzrechte in der Informationsgesellschaft.[193] Mit der Umsetzung der europäischen Richtlinie durch den deutschen Gesetzgeber sollte das deutsche Urheberrecht an die Herausforderungen der digitalen Technik angepasst werden. Auch für den Verbraucher traten weitreichende Änderungen ein. Zwar blieb das Recht auf Privatkopie in § 53 UrhG bestehen, jedoch dürfen durch Kopierschutz besonders gesicherte digitale Medien auch für den reinen Privatgebrauch nicht mehr vervielfältigt werden. Das Überwinden von Kopierschutzmaßnahmen zu kommerziellen Zwecken wurde unter Strafe gestellt. Außerdem sind nur dann Privatkopien gestattet, wenn diese nicht von einer offensichtlich rechtswidrigen Vorlage stammen. Mit dem »2. Korb« ist seit dem 01.01.2008 ausdrücklich klargestellt, das sich dieses Verbot auch auf unrechtmäßig zum Download angebotene Vorlagen bezieht. Soweit es für den Nutzer einer Peer-to-Peer-Tauschbörse offensichtlich erkennbar ist, dass es bei der angebotenen Datei um ein rechtswidriges Angebot handelt, darf keine Privatkopie herstellen.

Am 01.09.2008 erfüllte sich eine weitere Forderung der Urheberrechteinhaber nach einem eigenen **zivilrechtlichen Auskunftsanspruch gegen Dritte (Provider)**. Durch das Gesetz zur Umsetzung der EU-Durchsetzungsrichtlinie[194] ist es dem Rechteinhaber nun möglich, ohne Hilfe der Strafverfolgungsbehörden Auskunftsansprüche direkt gem. § 101a UrhG gegen den Provider geltend zu machen.[195]

a) Rechtsgut

Schutzgut des § 106 UrhG ist das **geistige Eigentum** im Allgemeinen und das Verwertungsrecht des Berechtigten im Besonderen.[196] Der urheberrechtliche Schutz betrifft sowohl die persönlichkeitsrechtlichen als auch die verwertungsrechtlichen Interessen des Urhebers, wobei als Urheberpersönlichkeitsrecht insbesondere das Recht zur Erstellung des Werkes, § 13 S. 2 UrhG und § 14 UrhG, zu nennen ist. Die wichtigsten Verwertungsrechte bilden hingegen das Vervielfältigungsrecht gem. § 16 UrhG sowie das Verbreitungsrecht gem. § 17 UrhG. Für die Anwendung des Urheberrechts ist von tragender Bedeutung, ob eine bestimmte Schöpfung urheberrechtliche Werkqualität erreicht. Eine Aufzählung der vom Gesetz geschützten Werke befindet sich in § 2 UrhG. Im Urheberrecht gilt das **Territorialitätsprinzip**. Urheberrechte, die durch die Gesetzgebung eines Staates gewährt werden, entfalten danach ihre Schutzwirkung nur innerhalb des jeweiligen Staatsgebietes. Abweichend von § 7 StGB kann daher nur eine im Inland begangene Verletzungshandlung strafrechtlich relevant sein.[197]

---

191 BGBl. I 2007 S. 2513: zur Beschränkung prozessualer Maßnahmen im Zusammenhang mit Urheberrechtsverletzungen *Gercke* ZUM 2009, 526, 536.
192 Insgesamt hierzu *Marberth-Kubicki* Rn. 299; *Abdallah/Gercke/Reinert* ZUM 2004, 31.
193 S. dazu auch ausf. Kap. 3 Rdn. 52 ff.
194 Vgl. www.bmf.bund.de; umfassend zum 2. Korb *Niemann* CR 2008, 205 ff.
195 S. Rdn. 189.
196 Fromm/Nordemann/*Nordemann* § 1 UrhG Rn. 1.
197 BGHSt 49, 93.

b) Tatbestand des § 106 UrhG (Unerlaubte Verwertung urheberrechtlich geschützter Werke)

aa) Tatgegenstand

158 Der Tatbestand des § 106 UrhG nennt als Tatobjekt das **Werk**, wobei auch selbstständige Werkteile hierunter zu verstehen sind, §§ 2–4 ff. und § 23 sowie § 69a UrhG, wonach auch Computerprogramme nun zu den geschützten Werken gehören.[198] Auch Software, Audio- und Videostücke genießen urheberrechtlichen Schutz.[199] Zu beachten ist, dass das Urheberstrafrecht zivilrechtsakzessorisch konzipiert ist und damit die Schutzreichweite und die Frage des Bestehens einer gesetzlichen oder vertraglichen Lizenz durch das allgemeine Urheberrecht zu beantworten ist.

bb) Tathandlungen

159 Als tatbestandsmäßige Handlungen kommen das Vervielfältigen, Verbreiten und die öffentliche Wiedergabe von geschützten Werken in Betracht.

(1) Vervielfältigen

160 Ausgehend vom zivilrechtlichen Vervielfältigungsbegriff in § 16 UrhG ist hierunter das **Herstellen von Vervielfältigungsstücken** eines Werkes, gleichviel in welchem Verfahren und welcher Anzahl zu verstehen; auch die Vervielfältigung von Daten fällt hierunter, sobald diese körperlich fixiert sind.[200] Eine MP3-Datei ist ein Tonträger, mit der Folge, dass beim Hochladen einer Datei auf den Server eine Vervielfältigung i. S. d. § 16 UrhG angenommen wird.[201] Auch der Mitschnitt bei einem Konzert (Bootleg) oder das Abfilmen einer Kinoleinwand stellt eine Kopie dar, auch wenn sie auf einem digitalen Datenträger erfolgt.[202] Internettypische Vervielfältigungen sind das Ausdrucken von Webseiten auf Papier,[203] die Speicherung auf Datenträger wie Festplatten und CDs[204] sowie der praxisrelevante Download von Dateien.[205]

161 Die **Speicherung im Arbeitsspeicher** (RAM) stellt gem. § 16 Abs. 1 UrhG, jedenfalls nach h. A.,[206] ebenfalls eine Vervielfältigung dar. Damit ist die schon vor Inkrafttreten des neuen Urheberrechts im Jahr 2003 existierende h. M. gesetzlich fixiert worden.[207] Dagegen stellt das **Setzen eines Hyperlinks** keine Vervielfältigung dar, da lediglich der Zugang zu einer anderen Website ermöglicht bzw. erleichtert wird.[208]

162 Straflos sind ebenfalls das **Browsing** (Blättern im Internet) sowie das **Caching** (Aufforderung von Websites aus dem Zwischenspeicher).[209] Verwiesen wird in diesem Zusammenhang auf die Vorschrift des § 44a UrhG, wonach vorübergehende Vervielfältigungshandlungen dann zulässig sind, wenn diese flüchtig oder begleitend sind und einen integralen und wesentlichen Teil eines technischen Verfahrens darstellen und ihr alleiniger Zweck da-

---

198 *Malek* Rn. 244.
199 *Ernst* Rn. 332.
200 *Hilgendorf/Frank/Valerius* Rn. 616.
201 *Hilgendorf/Frank/Valeriuns* Rn. 616.
202 *Ernst* Rn. 333.
203 *Schricker/Loewenheim* § 16 Rn. 18.
204 *Ernst* GRUR 1997, 592 (595).
205 *Heghmanns* MMR 2004, 14.
206 Zum Meinungsstreit insbesondere *Wandtke/Bullinger/Hildebrandt* § 106 Rn. 13; interessant insoweit auch die Behandlung des vorübergehenden Speicherns bei Sexualdelikten, Rdn. 233.
207 *Malek* Rn. 247; a. A. *Hilgendorf/Frank/Valerius* Rn. 618, wonach Daten im Arbeitsspeicher zu den urheberrechtlich unerheblichen Daten gem. § 44a UrhG gehören und keinen strafrechtlichen Schutz genießen.
208 *Hilgendorf/Frank/Valerius* Rn. 617; *Malek* Rn. 247. Ausf. zur Zulässigkeit von Verknüpfungen/Links *Marberth-Kubicki* Rn. 266.
209 *Malek* Rn. 252.

rin liegt, eine Übertragung in einem Netz zwischen Dritten durch einen Vermittler oder eine rechtmäßige Nutzung eines Werkes oder sonstigen Schutzgegenstandes zu ermöglichen, wenn diese keine eigenständige wirtschaftliche Bedeutung haben.

(2) Verbreiten

Als zweite Tatvariante nennt der Tatbestand die Verbreitung urheberrechtlich geschützter Werke. Dies erfolgt durch in Verkehr bringen an die Öffentlichkeit oder durch Anbieten in der Öffentlichkeit.[210]   **163**

Ein In-Verkehr-Bringen wird dann angenommen, wenn das Werk vom Täter aus seinem Gewahrsam entlassen wurde, sodass ein anderer in der Lage ist, sich des Werkes zu bemächtigen und ohne Willen des Rechteinhabers hierüber frei verfügen kann. Wäre dies nur bei körperlichen Gegenständen anzunehmen, käme bei Angeboten im Internet ein (strafbewehrtes) Verbreiten mangels Körperlichkeit nicht in Betracht.[211] Indes werden vor allem in P2P-Systemen Dateien zum Download angeboten, was ein Anbieten in der Öffentlichkeit darstellt und zweifelsohne den objektiven Tatbestand des Verbreitens erfüllt.[212]

(3) Öffentliche Wiedergabe

Als letzte Tathandlung kommt eine öffentliche Wiedergabe in Betracht. Hierunter ist nach § 15 Abs. 2 UrhG das Recht zu verstehen, das Werk in unkörperlicher Form öffentlich wiederzugeben. Mit der Neufassung des § 15 Abs. 2 UrhG ist der alte Streit beigelegt, ob der Begriff der Öffentlichkeit voraussetzt, dass eine Mehrzahl von Personen gleichzeitig erreicht wird. Nunmehr dehnt die Vorschrift das Recht der öffentlichen Wiedergabe ausdrücklich auch auf das Recht der öffentlichen Zugänglichmachung aus.[213]   **164**

c) Tatbestand des § 108 UrhG (Unerlaubte Eingriffe in verwandte Schutzrechte)

Verwandte Schutzrechte werden gem. § 108 UrhG vor unerlaubten Eingriffen durch Verwertung wie sie in § 15 Abs. 1 UrhG definiert ist, geschützt. In der Struktur ist diese Vorschrift eng an § 106 UrhG angelehnt. Bisher war sie ohne praktische Bedeutung, was sich allerdings mit zunehmender Bekämpfung von Piraterie im weitesten Sinne ändern könnte.   **165**

d) Tatbestand des § 108a UrhG (Gewerbsmäßige unerlaubte Verwertung)

Es handelt sich bei § 108a UrhG um einen Qualifikationstatbestand, der strafverschärfend wirkt. Als persönlich strafverschärfendes Merkmal i. S. d. § 28 Abs. 2 StGB ist die Gewerbsmäßigkeit zu prüfen.   **166**

Gewerbsmäßigkeit liegt vor, wenn der Täter die Tat in der Absicht begeht, sich durch wiederholte, ggf. auch nur fortgesetzte Begehung, eine fortlaufende Einnahmequelle von einiger Dauer und einigem Umfang zu verschaffen.[214] Bei der Qualifizierung ist ein Strafantrag nicht mehr erforderlich, denn als Offizialdelikt erfolgt die Strafverfolgung von Amts wegen. Die Rechtsprechung ist durchaus bereit, bei gewerbsmäßiger Tatbestandserfüllung harte Strafen auszuurteilen. So hatte das Landgericht Braunschweig[215] den Täter wegen ge-   **167**

---

210 *Hilgendorf/Frank/Valerius* Rn. 620.
211 So *Malek* Rn. 248.
212 Problematisch ist aber die Feststellung des Vorsatzes. So hat das AG Cottbus, CR 2004, 782, ausgeurteilt, dass sich der Nutzer aufgrund der öffentlichen Debatte bewusst ist, dass durch ein Zurverfügungstellen zum Download Urheberrechte verletzt werden, während das OLG Oldenburg (MMR 2009, 547) zum gegenteiligen Schluss kam.
213 *Hoeren* Rn. 153.
214 MüKo StGB/Bd. 6/1 *Heinrich* § 108a UrhG Rn. 2.
215 LG Braunschweig CR 2003, 801; ähnlich LG Frankfurt/M. ZUM- RD 2006, 445–453.

werbsmäßigen unerlaubten Vervielfältigens urheberrechtlich geschützter Werke in 27 Fällen zu einer Freiheitsstrafe von drei Jahren verurteilt. Der Verurteilte hatte die ganze Palette auf dem Markt erhältlicher Software (PC-Spiele, DVD-Spielfilme) angeboten und vertrieben. Dadurch hatte er einen Schaden in Höhe des Ladenpreises der CDs von 1 Mio. € verursacht.

Für die einfache Urheberrechtsverletzung hatte das Landgericht Frankfurt/M.[216] wegen unerlaubten Eingriffs in verwandte Schutzrechte zu einer Freiheitsstrafe von einem Jahr und drei Monaten verurteilt, deren Vollstreckung zur Bewährung ausgesetzt wurde.

e) Tatbestand des § 108b UrhG (Unerlaubte Eingriffe in technische Schutzmaßnahmen und zur Rechtewahrnehmung erforderlicher Informationen)

168 Mit Inkrafttreten des »1. Korbs« im Jahr 2003 ist diese Vorschrift neu eingeführt worden. § 108b UrhG korrespondiert eng mit den §§ 95a ff. UrhG.

169 Wichtigster Fall ist die **Umgehung technischer Maßnahmen** gem. § 108b Abs. 1 Nr. 1 UrhG. Nach der Legaldefinition des § 95a Abs. 2 S. 1 UrhG stellen technische Maßnahmen Technologien, Vorrichtungen und Bestandteile dar, die im normalen Betrieb dazu bestimmt sind, geschützte Werke oder andere nach diesem Gesetz geschützte Schutzgegenstände betreffende Handlungen, die vom Rechteinhaber nicht genehmigt sind, zu verhindern oder einzuschränken. Gemeint sind technische Schutzvorkehrungen, wie Kopiersperrungen, Programmablaufsperren, der Einsatz von Zählroutinen, Freischaltcodes, Passwörter und Verschlüsselungen.[217] Wirksam sind technische Maßnahmen dann, wenn sie ihren tatsächlichen Zweck erfüllen können. Computerprogramme sind von der Anwendung des § 95a UrhG ausgeschlossen. Als Tathandlung ist die Umgehung tatbestandsmäßig, die als jede Handlung, die die Wirkung einer technischen Maßnahme etc. außer Kraft setzt oder abschwächt, verstanden wird.

170 Das Merkmal »zum eigenen privaten Gebrauch« stellt einen Strafausschließungsgrund dar, sodass eine Strafbarkeit nur dann einsetzt, wenn die Umgehung nicht ausschließlich zum eigenen privaten Gebrauch des Täters oder mit dem Täter persönlich verbundener Personen erfolgt oder sich auf einen derartigen Gebrauch bezieht.

171 In § 95a Abs. 3 UrhG ist das **Verbot von Hacking-Werkzeugen** normiert. Danach sind die Herstellung, Einfuhr und Verbreitung und die Werbung für solche Werkzeuge sowie bereits der Besitz und die Erbringung entsprechender Dienstleistungen verboten.[218]

f) Spezifische Erscheinungsformen von Urheberrechtsverletzungen

aa) Erstellen von Privatkopien

172 Die private Vervielfältigung ist auch nach der Neuregelung zum 01.01.2008 gem. § 53 UrhG gestattet. Zuvor lief vor allem die Musikindustrie Sturm gegen den »2. Korb« der Urheberrechtsnovellierung. Sie forderte, dass das Urheberrecht endlich im digitalen Zeitalter ankommen müsse und pochte auf die Eingrenzung der Privatkopie, auf eine leichtere Enttarnung von Urheberrechtsverletzern und weitergehende Auskunftsansprüche gegen Dritte[219]. Dagegen kritisierte die Initiative »Privatkopie«[220] insbesondere, dass durch technische Schutzmaßnahmen das Recht der Erstellung einer Privatkopie faktisch ausgehöhlt werde

---

216 LG Frankfurt/M. 27.02.2002, 92 Js 19331.1/95–5/25 Kls; die hiergegen eingelegten Revisionen wurden verworfen, BGHSt 49, 93.
217 *Malek* Rn. 273 m. w. N.
218 *Ernst* Rn. 361.
219 S. www.heise.de/newsticker/meldung83891 v. 18.01.2007.
220 S. www.privatkopie.net.

und der rechtmäßige Nutzer zum Teil weder Sicherheitskopien noch digitale Archive anlegen könne.

War vor dem 01.01.2008 bereits die Vervielfältigung einer offensichtlich rechtswidrig erstellten Vorlage verboten, ist nun das Verbot auf öffentlich zugänglich gemachte Vorlagen ausgedehnt worden. Diese Ergänzung zielt bewusst auf die Nutzung illegaler Tauschbörsen, um nicht nur die Anbieter (Uploader) geschützter Werke, sondern auch diejenigen, die das Angebot annehmen (Downloader), zu erfassen.

Des Weiteren findet die Zulässigkeit der Erstellung einer Privatkopie ihre Grenze bei Kopieschutzmaßnahmen, deren Überwindung ebenfalls unzulässig ist.

Ob weitere Einschränkungen der Zulässigkeit von Privatkopien mit dem geforderten »3. Korb« zu erwarten sind, kann derzeit nicht abschließend beurteilt werden. Das *Bundesministerium der Justiz (BMJ)* untersucht seit Mitte Februar 2009 mittels einer Anhörung von Interessenverbänden die Notwendigkeit einer erneuten Modifikation des Urheberrechts im Rahmen eines »3. Korbs«. Der offizielle Startschuss für die Verhandlungen über die dritte Novelle erfolgte im Juni 2010, ein Entwurf wird noch in diesem Jahr erwartet. Dabei geht es u.a. auch um den Komplex der weiteren Eingrenzung der Privatkopie.[221]

bb) Filesharing-Tauschbörsen

173 Illegal agierende Tauschbörsen stehen im besonderen Maß im Fokus der Strafverfolgungsbehörden sowie der Rechteinhaber und deren Interessenvertreter.

Mittels Filesharing werden in diesen Tauschbörsen massenhaft Daten über das Internet ausgetauscht. Ein Großteil dieser Daten sind urheberrechtlich geschützte Werke, die ohne Erlaubnis nicht ausgetauscht werden dürfen. Dabei bedienen sich die Nutzer in der Regel des sog. **Peer-to-Peer-Prinzips** (P2P). Die Daten liegen dabei bei dem beteiligten Nutzer und werden direkt bei Verbindung mit einem anderen Teilnehmer, z. T. ohne Beteiligung einer Zentrale, ausgetauscht. Entsprechende Software zur Nutzung derartiger P2P-Systeme ist frei verfügbar und technisch leicht zu händeln. Das P2P-Programm erstellt von den Daten des Nutzers (bzw. der digitalen Werke wie Musik, Film, Spiele etc.) eine Liste zusammen und stellt diese zur Abfrage für andere bereit. Zeitgleich kann dieser Nutzer nach bereitgestellten Daten anderer Teilnehmer suchen und diese zum Download abrufen. Beide Vorgänge sind technisch miteinander (fast) untrennbar verbunden, können allerdings rechtlich in Angebot (Einstellen einer Datei/Upload) und dem Abruf (Herunterladen einer Datei/Download) unterschieden werden.

174 Für beide Vorgänge wird die **IP-Adresse** versendet, die eine Individualisierung des Anschlusses erlaubt und so die notwendige Informationsadressierung der Datenströme ermöglicht.[222] Da die Teilnehmer i. d. R. anonym kommunizieren, die IP-Adresse technisch allerdings identifizierbar ist, ist es für die Rechteinhaber von besonderem Interesse, über die IP-Adresse an die dahinter stehenden Verletzer und deren Namen nebst Adresse etc. heranzukommen.[223] Strafrechtlich ist allerdings von Bedeutung, dass mittels der IP- Adresse lediglich der Anschluss und der Anschlussinhaber ermittelt werden kann. Ob diesem tatsächlich eine Täterschaft nachgewiesen werden kann, hängt u. a. auch davon ab, ob noch andere Personen Zugang zu dem Computer hatten.[224]

---

221 S. http://www.computerundrecht.de/9376.html.
222 *Marberth-Kubicki* Rn. 280.
223 *Dietrich* www.digitalrecht.de.
224 Ist dies der Fall, kann eine Täterschaft nicht zweifelsfrei festgestellt werden: AG Mainz 24.09.2009, 2050 Js 16878/07.

In der Vergangenheit konnten Provider lediglich bei Vorlage eines richterlichen Beschlusses nach §§ 100g, 100h a. F. StPO (s. Rdn. 324 ff.) zur Auskunft über die IP-Adresse[225] verpflichtet werden. In der Regel musste also zunächst Strafanzeige erstattet werden und damit ein Tätigkeitwerden der Staatsanwaltschaft zu erreichen.

Neben dem seit 01.03.2007 bestehenden Auskunftsanspruch gem. § 14 Abs. 2 TMG, steht seit dem 01.01.2008 den Rechteinhaber ein direkter, zivilrechtlicher Anspruch auf Auskunft gegen den Provider zu.[226]

175 Obwohl Up- und Download technisch im P2P-System bedingt sind, ist strafrechtlich folgende Unterscheidung zu beachten:

(1) Upload

176 Wer geschützte Dateien in einem P2P-Netz anbietet, also zum Download bereithält, erfüllt die Tatvariante der öffentlichen Wiedergabe gem. § 15 Abs. 2 UrhG, da die Dateien öffentlich zugänglich gemacht werden, was mit der Novellierung in 2003 für eine Wiedergabe ausreicht. Gem. § 15 Abs. 3 S. 2 UrhG wird das Merkmal Öffentlichkeit so definiert, dass z. B. die Zugehörigkeit zu einem weitgehend anonymen P2P-Netz, zu dem jeder Zugang erhalten kann, von einer persönlichen Beziehung abgegrenzt und damit einer Vielzahl von Personen »öffentlich« zur Verfügung steht. Dafür kommt für denjenigen, der eine illegale Datei einstellt (das Anbieten einer legalen, z. B. zuvor erworbenen CD, ist auch bei P2P-Systemen vorstellbar) eine Strafbarkeit wegen unerlaubter öffentlicher Wiedergabe nach § 106 UrhG in Betracht.[227]

(2) Download

177 Anders stellte sich die Situation beim Download zumindest bis zum Inkrafttreten des »2. Korbs« dar. Der Nutzer, der z. B. nach Musiktiteln in P2P-Netzen recherchiert hatte und auf seiner Festplatte eine Kopie durch den Download abspeicherte, erstellte zwar ein Vervielfältigung i. S. d. § 106 UrhG, allerdings führte diese nicht zur Annahme der Strafbarkeit.

178 Für den Downloader stritt, dass er gem. § 53 Abs. 1 S. 1 UrhG eine Privatkopie dann erstellen darf, wenn die Vorlage nicht offensichtlich rechtswidrig ist. Wegen des Erfordernisses der Offensichtlichkeit genügt die objektive Rechtswidrigkeit der Entstehung der Kopie nicht. Es mussten zusätzlich von außen erkennbare Umstände auf eine rechtswidrige Herstellung der Datei hindeuten.[228] Der bloße Umstand, dass eine Datei in einem Filesharing-Ordner zu finden war und in einem P2P-Netz zum Download angeboten wurde, reichte jedenfalls nicht. Der Anbieter könnte auch rechtmäßiger Besitzer der Datei sein, weil er sie z. B. zuvor erworben hatte.[229] Mangels (nachweisbarer) Offensichtlichkeit der Rechtswidrigkeit bleiben Downloader im Regelfall straflos.[230]

Für die Musikindustrie und damit für die Rechteinhaber war diese Konstruktion angesichts erheblicher Umsatzeinbußen durch illegal kopierte Dateien in Tauschbörsen nicht nachvollziehbar und außerordentlich ärgerlich. Um den Bereich der illegalen Downloads und Privatkopien in den Griff zu bekommen, wurde und wird die Suche nach Urheberrechtsverletzern im Internet und deren Abmahnungen deutlich erweitert.[231]

---

225 Im Einzelnen strittig, s. Rdn. 263 f.
226 S. Rdn. 189.
227 *Heghmanns* MMR 2004, 14; *Hilgendorf/Frank/Valerius* Rn. 623.
228 *Heghmanns* MMR 2004, 14 (16).
229 *Heghmanns* MMR 2004, 14 (16).
230 Beachte AG Cottbus CR 2004, 782, das einen »Downloader«, der sich in einer Musiktauschbörse Lieder kopiert hatte, verurteilt hatte; allerdings nur, weil er anschließend über die Tauschbörse diese Lieder wieder angeboten hatte. Strafbar war also auch hier das Uploaden.
231 S. unter www.heise.de/newsticker/meldung/87595 v. 29.03.2007.

Mit dem »2. Korb«, der klarstellt, dass auch die Kopie der öffentlich zugänglich gemachten Vorlage unzulässig ist, wird es deutlich einfacher werden, auch den Downloader zu überführen.[232]

Auch Eltern können u. U. als Anschlussinhaber im Rahmen der Störerhaftung in Anspruch genommen werden, wenn ihre Kinder als Anbieter von geschützten Dateien in Tauschbörsen auftreten.[233]

179

Einen neuen legalen Weg zum Austausch von Musik im Internet verschaffen die »**Tauschbörsen unter Freunden**«. Zu nennen sind hier beispielhaft www.mediamaster.com und www.simfy.de.[234] Zumeist funktioniert die Nutzung dieser Börsen wie folgt: Der User registriert sich und erhält die Möglichkeit, Dateien des Servers hochzuladen und innerhalb seiner eigenen Medienbibliothek zu verwalten und abzuspielen. Dabei können sich die Nutzer zugleich derart vernetzen, dass sie sich als »Freunde« hinzufügen. Hierdurch erhalten die entsprechend vernetzten Internet-Nutzer per Streaming[235] Zugriff auf die Werke.[236] Mit der erwähnten **Streaming-Technik** wird ein Datenstrom als laufendes Programm übermittelt, welches der jeweilige User auf seinem Bildschirm zwar wahrnimmt jedoch nicht speichern kann.[237] Bei der Nutzung solcher Plattformen ist jedoch darauf zu achten, dass nicht willkürlich Dritte aufgenommen werden, sondern tatsächlich nur Verbindungen zu »einem Freund« erfolgen. Lediglich in diesem Rahmen ist die Nutzung zulässig. Eine Ausdehnung führt zur Scheinidentität in der Tauschbörse als Freundeskreis und die Vervielfältigung der Dateien wäre nicht mehr als zulässige Privatkopie zu bewerten.[238] Die Zulässigkeit dieses Vorgehens wird mit einem Vergleich zum erlaubten Herstellen von Vervielfältigungsstücken auf CD bzw. DVD begründet. In diesen Fällen erlaubt die Privatkopieschranke Vervielfältigungen zum privaten Zwecke. Da diese Schranke nun ausdrücklich mit dem »2. Korb« auf die digitale Kopie erweitert wurde, ist die »Online-Vervielfältigung« durch die Möglichkeit des Streaming als private Kopie zulässig.[239] Dies kann allerdings nur dann gelten, wenn das Streaming mangels Speichermöglichkeit nicht als Download anzusehen ist. Sollte ein Download doch erkannt werden, bleibt es bei der grundsätzlichen Frage der Zulässigkeit und Strafbarkeit.[240]

g) Besonderheiten von Urheberrechtsverletzungen

aa) Identitätsermittlung

In letzter Zeit haben Urheberrechteinhaber über ihre Interessenvertreter, Wirtschaftsverbände, Vereine oder Dienstleister wiederholt angekündigt, massiv gegen Raubkopierer vorzugehen.[241] Dabei ist die Nutzung von Internettauschbörsen als die Haupt-Maschinerie zur Durchführung von Urheberrechtsverletzungen, insbesondere aus Sicht der Musikindustrie, identifiziert worden. Mit zivil- und strafrechtlichen Mitteln wird versucht, den Musikpira-

180

---

232 Allerdings lehnte das OLG Oldenburg MMR 2009, 547 die Annahme des Vorsatzes auch bei wiederholter Nutzung von Tauschbörsen ab.
233 LG Hamburg MMR 2006, 763 – W-Lan-Entscheidung. Der BGH hat die Folgen der Störerhaftung für W-Lan-Betreiber allerdings eingeschränkt (BGH GRUR 2010, 633).
234 *Schapiro* ZUM 2008, 273 (274).
235 Streaming = Datenfluss (fließen).
236 *Schapiro* ZUM 2008, 273 (274).
237 *Schack* GRUR 2007, 639 (641).
238 *Schapiro* ZUM 2008, 273, 276 (277).
239 *Schapiro* ZUM 2008, 273 (278 f.).
240 Interessant ist auch das Angebot von Internet-Radiorecordern wie www.clipinc.com, die als legale Alternative zu (illegalen) Musiktauschbörsen gepriesen werden.
241 Z. B. Business Software Alliance: www.bsa.de; GVU e. V.: www.gvu.de; Zukunft Kino Marketing GmbH: www.hartabergerecht.de; ProMedia mbH: www.antipiracy.de; LOGISTEP AG: www.logistepag.com.

ten in den Filesharing-Systemen habhaft zu werden. Die Kampagnen sind zum Teil besonders aggressiv gestaltet, um abschreckende Wirkung zu erzielen.[242]

181 Dabei stellt die Identifizierung gerade bei Teilnehmern in Filesharing-Systemen ein besonderes Problem dar. Dabei geht es in erster Linie (aus Sicht der Musikindustrie aber nicht nur) um die Ermittlung der Anbieteridentität, also desjenigen, der sich durch die öffentliche Wiedergabe geschützter Dateien strafbar machen könnte (s. Rdn. 173 ff.). Eine direkte Identifizierung des Teilnehmers in der Musiktauschbörse wird schon deshalb kaum möglich sein, weil die Teilnehmer in der Regel nicht unter ihrem tatsächlichen Namen, sondern unter Pseudonymen auftreten. Rückschlüsse auf die wahre Identität sind hieraus meistens nicht möglich.

182 Nutzt der Teilnehmer in Filesharing-Systemen zudem eine Software, die die Möglichkeit einer **vollständigen Anonymität** in Filesharing-Netzwerken gewährleistet, ist eine Identifizierung beinahe ausgeschlossen. Denn diese Software ist technisch in der Lage, die von dem Teilnehmer genutzte dynamische IP-Adresse durch ein verschlüsseltes Routing-Verfahren oder durch Überlagerung mit einer virtuellen Netzwerkadresse unkenntlich zu machen.[243] Werden derartige Anonymisierungsprogramme nicht verwendet, ist zumindest die Ermittlung der dynamischen IP-Adresse technisch möglich und faktisch auch die einzige Möglichkeit, den Teilnehmer über diese Kennung zu identifizieren. Die IP-Adresse ist allerdings auch nur dann hilfreich, wenn über den Provider, der als Einziger eine Zuordnung über den hinter der IP-Adresse stehenden Anschluss/Namen des Nutzers Auskunft erteilen kann und zur Herausgabe nur bedingt verpflichtet ist (s. Rdn. 263 ff.), Auskunft über die Bestandsdaten erreicht werden kann. Dabei sind die Anforderungen sehr hoch, wenn der Provider zur Identifizierung die IP-Adresse selbst benennen soll und nicht nur den Anschluss/Namen, der der IP-Adresse zuzuordnen ist. Rechtlich einfacher ist es, an den Namen als Bestandsdatum heranzukommen, der hinter der IP-Adresse steht. Deshalb sind die Urheberrechteinhaber bzw. die von ihnen eingesetzten Interessenvertreter an der Ermittlung der IP-Adresse besonders interessiert (um dann an den Namen des Anschlussinhabers zu gelangen).

183 Durch den Einsatz bestimmter Suchprogramme ist es möglich, die IP-Adresse eines Nutzers zu protokollieren. Meldet sich ein Nutzer in einer Tauschbörse an, wird seine IP-Adresse und die von ihm freigegebenen Dateien dem zentralen Server mitgeteilt. Neben der Standardsuche auf dem zentralen Server bietet eMule die Möglichkeit, alle zentralen Server im Tauschbörsen-Netzwerk zu befragen. Verlässt diese spezielle Suchanfrage den Computer nicht anonymisiert, erhalten alle zentralen Server die Möglichkeit zu erfahren, dass sich der betreffende Computer in der Tauschbörse aufhält und welche Daten von dem Nutzer mit der IP-Adresse zum Herunterladen gesucht werden.[244]

184 Ist es gelungen, die IP-Adresse zu ermitteln, ist über eine Abfrage bei »Whois«[245] zumindest die Ermittlung des Providers möglich, der die dynamische Adresse vergeben hat. Die Abfrage weiterer Daten beim Provider war bis zum 31.08.2008 nur über die Staatsanwaltschaft und mittels eines richterlichen Beschlusses möglich. Gem. § 101 UrhG sollen Urheberrechteinhaber auch einen **direkten Auskunftsanspruch** gegen den Provider haben, wobei dies nicht u. U. von dem Vorliegen einer richterlichen Anordnung entbindet.

185 In der Vergangenheit hatten jedenfalls Dienstleister wie »Logistep« parallel zu ihren Strafanzeigen mittels automatisch generierter E-Mails die Provider aufgefordert, die Daten vor-

---

242 »Raubkopierer sind Verbrecher« unter www.respectcopyrights.de.
243 *Abdallah/Gercke* ZUM 2005, 368 (369); www.netzwelt.de/news/71896-anonymes-filsharing-möglichkeiten-tools.html.
244 Zu den technischen Abläufen www.saversurf.com oder www.nutzwerk.de.
245 S. www.whois.de.

sorglich abzuspeichern und zur Legitimierung Anhaltspunkte für einen rechtswidrigen Gebrauch geliefert, der gem. § 100 Abs. 3 TKG in diesen Fällen eine sonst unzulässige Speicherung ermöglichen kann. Gegen diese massenhaft versandten E-Mails wehrte sich ein Provider und erhielt vom Landgericht Flensburg Recht.[246]

bb) Rolle der »privaten Ermittler«

Bei der Verfolgung von Urheberrechtsverletzungen spielen die bereits benannten Interessenverbände, Vereine etc.[247] eine relevante Rolle. Aus Sicht der Rechteinhaber sind die zum Teil aggressiven Aktivitäten zwar nachvollziehbar, strafprozessual jedoch bedenklich. **186**

Die privaten Ermittler, wie die **Gesellschaft zur Verfolgung von Urheberrechtsverletzungen e. V. (GVU), pro Media GmbH, etc.** versuchen in den Tauschbörsen der IP-Adressen habhaft zu werden, um diese dann mittels Strafanzeige an die Staatsanwaltschaften zu übersenden und hierdurch einen Anfangsverdacht auszulösen, der die Staatsanwaltschaft zur Einleitung eines Ermittlungsverfahrens – allerdings nur bei dem Verdacht einer gewerbsmäßigen Begehung; anderenfalls kommt der Verweis auf das Privatklageverfahren in Betracht – veranlasst. Durch die Einleitung von diversen Strafermittlungsverfahren versuchen die privaten Ermittler für die Verletzten über die Strafverfolgungsbehörden an Daten zu gelangen, um ihre zivilrechtlichen Ansprüche durchsetzen zu können.[248] Die Überlastung der Strafverfolgungsbehörden hierdurch ist enorm und hat letztendlich den Gesetzgeber veranlasst, einen direkten Auskunftsanspruch den Rechteinhabern zuzugestehen. Gleichwohl ist auch künftig davon auszugehen, dass z. B. die Musikindustrie ihre Kampagnen gegen Piraterie verschärft und hierzu nicht nur zivilrechtliche, sondern auch strafrechtliche Instrumente nutzen wird. Ob der direkte Auskunftsanspruch, der immer noch eine richterliche Anordnung erfordert, hier zur Entlastung der Justiz beitragen kann, wird sich erweisen müssen.

Dabei scheut sich z. B. die **Gesellschaft zur Verfolgung von Urheberrechtsverletzungen e. V. (GVU)** auch nicht, sich als kleines BKA für Urheberrechtsverletzungen zu bezeichnen[249] und geriet sich zum gleichberechtigten Partner der Staatsanwaltschaften. **187**

Allerdings ist weder ist die GVU in der Lage, eine Beschlagnahmeaktion durchzuführen, noch Ermittlungen der Strafverfolgungsbehörde zu leiten, auch wenn der Geschäftsführer von einer »fast quasi behördlichen Stellung der GVU« spricht.[250] In der Vergangenheit gingen die Aktivitäten allerdings noch weiter. So bieten z. B. Institutionen wie die GVU zur Feststellung, ob es sich bei aufgefundenen Dateien z. B. um urheberrechtsgeschützte Werke handelt, Gutachten an, die in der Regel kostenlos erstellt werden. Hierauf sind die Staatsanwaltschaften mit mehr oder weniger nachvollziehbaren Argumenten eingegangen.

Erstmals das LG Kiel hat festgestellt, dass die Gutachtenerstellung durch den Mitarbeiter einer derartigen Institution nicht zulässig ist. Denn es handele sich nicht um einen **neutralen Sachverständigen**, was sich schon daraus ergäbe, dass der Mitarbeiter der GVU einem Verein angehört, der sich satzungsgemäß um die Ermittlung und Verfolgung von Fällen der so genannten Produktpiraterie zu kümmern habe und damit Interessenvertreter sei. Außerdem sei die Hinzuziehung des Mitarbeiters als Privatperson zur Durchsuchung unzulässig und letztendlich sei es rechtswidrig, einem Sachverständigen weite Teile des staatsanwaltschaftlichen Ermittlungsverfahrens zur selbstständigen und ausschließlichen Bearbeitung **188**

---

246 LG Flensburg GRUR-RR 2006, 174; zur Thematik *Dietrich* NJW 2006, 809.
247 S. Fn. 235, 236.
248 Umfassend *Dietrich* NJW 2006, 809.
249 *Bleich/Briegleb* c't 2006, 18.
250 *Bleich/Briegleb* c't 2006, 18.

zu überlassen, insbesondere dann, wenn dieser ein eigenes Interesse am Ausgang des Verfahrens haben könnte.[251]

Damit hat das Landgericht Kiel auch der Instrumentalisierung der Ermittlungsbehörden durch private Dritte eine deutliche Absage erteilt und, wie bereits erstinstanzlich zuvor das Amtsgericht Kiel,[252] der Privatisierung von Ermittlungsverfahren Einhalt geboten.

cc) Drittauskunftsanspruch, § 101 UrhG

189 Zum 01.09.2008 trat das **Gesetz zur Verbesserung der Durchsetzung von Rechten des geistigen Eigentums** in Kraft, welches das geistige Eigentum als solches stärken und den Kampf gegen Produktpiraterie erleichtern soll. In diesem Rahmen wird dem Rechteinhaber nun unter besonderen Voraussetzungen die Option gemäß § 101 **Abs. 2 UrhG n. F.** eingeräumt, direkt beim Internet-Provider Auskunft über die Identität des Rechtsverletzers zu erlangen.[253] Bisher war immer der Umweg über die Strafverfolgungsbehörde notwendig, um über deren Antrag an die Provider und anschließender Akteneinsicht an die Daten zu gelangen. Dies führte jedoch zu einer übermäßigen Inanspruchnahme der Staatsanwaltschaften, welche sich bald als Erfüllungsgehilfen der Industrie sahen. Diesem Umstand wird durch den neuen Auskunftsanspruch gegenüber Dritten (Providern) Rechnung getragen.

Zuständig sind die Zivilkammern des Landgerichts im Bezirk des zu Verpflichtenden. Voraussetzung ist eine Rechtsverletzung in gewerblichem Ausmaß und, wenn Verkehrsdaten gem. § 3 Nr. 30 TKG (§ 101 Abs. 9 UrhG) herausgegeben werden sollen, eine richterliche Anordnung. Zu beachten ist, dass der Drittauskunftsanspruch nicht nur die Rechtsverletzung in gewerbsmäßigem Ausmaß erfordert, sondern auch die gewerbsmäßige Erbringung der Dienstleistung des Dritten, von dem die Auskunft begehrt wird.[254]

190 Wann von **Gewerbsmäßigkeit** der Verletzung ausgegangen werden kann, ist auslegungsbedürftig. Die Spannweite von nur wenigen[255] angebotenen Musik- und Filmtiteln bis hin zum Erfordernis von 3000 Musiktiteln oder 200 Filmen liegen bereits vor.[256] Bedeutsam ist hierbei offenbar auch der Zeitpunkt der Rechtsverletzung. So soll ein solch schwerer Eingriff auch bei einer umfangreichen Datei (z. B. Kinofilm, Hörbuch oder Musikalbum) unmittelbar nach der Veröffentlichung gegeben sein[257] oder wenn ein Musikalbum in der relevanten Verkaufsphase öffentlich angeboten wird.[258] Unterschiedliche Entscheidungen liegen hierzu vor. § 101 Abs. 2 UrhG kommt des Weiteren nur bei einer **offensichtlichen Rechtsverletzung** in Betracht. In diesem Rahmen ergeben sich ähnliche Abgrenzungsproblematiken wie bei der offensichtlich rechtswidrigen Vorlage der Privatkopie. Insoweit soll es jedoch auf den Blickwinkel des objektiven Betrachters ankommen, wobei sämtliche Um-

---

251 LG Kiel NJW 2006, 3224.
252 Lesenswerte Anmerkung *Wehnert* JR 2007, 82.
253 Allerdings sind die Provider nicht verpflichtet Daten (wie Namen der einer IP-Adresse zugeordnet werden) an Rechteinhaber herauszugeben, die ausschließlich im Rahmen der Vorratsdatenspeicherung vorgehalten werden, OLG Frankfurt/M. ZUM 2009,639.
254 OLG Oldenburg ITRB 2009, 55 f.; OLG Zweibrücken CR 2009, 31.
255 LG Köln ITRB 2008, 243 hat schon den Tausch eines Albums als ausreichend angesehen; OLG Schlewig-Holstein 05.02.2010, 6 W 26/09.
256 LG Frankenthal (15.09.2008, 6 O 325/08): ab 3000 Musiktiteln oder 200 Filmen; die Entscheidung wurde zwar vom OLG Zweibrücken bestätigt, allerdings mit kritischen Bemerkungen zur Ermittlung der Gewerbsmäßigkeit bzw. Ablehnung derselben (CR 2009, 31); die Festlegung der Anzahl geht offenbar auf Leitlinien zurück, die von den Generalstaatsanwaltschaften zum möglichst einheitlichen Umgang mit dem Phänomen der Massenstrafanzeigen erarbeiteten: http://www.heise.de/newsticker/Abmahnmaschinerie-der-Medienindustrie-geraet-ins-Stocken-/meldung/113898.
257 BT-Drs. 16/8783, S. 63; LG Köln ab einem umfangreichen Album (MMR 2008, 761), vom OLG Köln aufgehoben (ZUM 2008, 978).
258 OLG Köln MMR 2009, 334.

stände in Betracht zu ziehen sind, die eine Rechtsverletzung eindeutig erkennen lassen.[259] Schließlich besteht das Auskunftsrecht ausschließlich gegenüber den in Abs. 2, S. 1 Nr. 1 bis 4 genannten Personen bzw. Personengruppen.

Ob der Auskunftsanspruch die erhoffte Entlastung für die Strafverfolgungsbehörde mit sich bringt oder eine schnellere und einfache Identifizierung der Rechteverletzer ermöglicht, wird die Praxis zeigen müssen.

dd) Strafantrag

Das einfache urheberstrafrechtliche Delikt, §§ 106–108 UrhG ist als **Antragsdelikt**, § 109 UrhG, konzipiert. Ohne Strafantrag kann die Staatsanwaltschaft nur tätig werden, wenn sie ein besonderes öffentliches Interesse an der Strafverfolgung annimmt. Dieses wird in der Regel selten bei einfachen Urheberrechtsdelikten der Fall sein. **191**

Darüber hinaus sind die Urheberrechtsdelikte in dem Katalog der **Privatklagedelikte** gem. § 374 Abs. 1 Nr. 8 StPO enthalten. Auch diese werden nur von der Staatsanwaltschaft verfolgt, wenn ein besonderes öffentliches Interesse besteht. Anderenfalls wird im Fall einer Strafanzeige das Verfahren eingestellt und auf den Privatklageweg verwiesen. Beim Verdacht einer gewerbsmäßigen Begehung gem. § 108a UrhG liegt hingegen ein Offizialdelikt vor, sodass ein Strafantrag nicht notwendig ist, um die Ermittlung der Strafverfolgungsbehörde auszulösen. **192**

4. Markenrechtsverletzungen, § 143 MarkenG

Die widerrechtliche Benutzung von Marken und geschäftlichen Bezeichnungen im geschäftlichen Verkehr steht unter Strafe. Bei gewerbsmäßigen Urheberrechtsverletzungen werden zuweilen auch Fälschungen hergestellt, nachgefertigte Authentifizierungscodes und gefälschte Logos eingesetzt. Dieses Verhalten wird ergänzend über § 143 MarkenG erfasst.[260] Das Vorliegen eines Strafantrages oder die Annahme des besonderen öffentlichen Interesses ist Verfolgungsvoraussetzungen. **193**

5. Verletzung des Post- oder Fernmeldegeheimnisses, § 206 StGB

Dieses Delikt hat durch eine Entscheidung des OLG Karlsruhe vom 10.01.2005[261] besondere Aufmerksamkeit erfahren. Im Rahmen eines Klagerzwingungsverfahrens ordnete das OLG die Aufnahme von Ermittlungen gem. § 206 Abs. 2 Nr. 2 StGB wegen des Verdachts der Verletzung des Post- und Fernmeldegeheimnisses an. Eine Hochschule hatte einem ausgeschiedenen Mitarbeiter die Nutzung des Mailservers untersagt und gleichzeitig dessen E-Mailverkehr ausgefiltert, ohne den Empfänger hiervon zu unterrichten (s. hierzu gleich Rdn. 205 f.) **194**

a) Rechtsgut

Rechtsgut dieser Vorschrift ist der Schutz des Fernmeldegeheimnisses, Art. 10 GG, das Vertrauen der Allgemeinheit in die Zuverlässigkeit des Post- und Telekommunikationsverkehrs sowie das individuelle Interesse des Betroffenen an dem ordnungsgemäßen Umgang mit der Sendung.[262] **195**

---

259 *Spindler* ZUM 2008, 640 (643).
260 *Ernst* Rn. 392.
261 OLG Karlsruhe K&R 2005, 181.
262 Schönke/Schröder/*Lenckner* § 206 Rn. 2.

b) Tatbestand

aa) Tatgegenstand

196 Der Tatbestand enthält 4 Tatbestandsalternativen:
- Abs. 1 und Abs. 4 verbieten die Mitteilung über Tatsachen, die dem Post- oder Fernmeldegeheimnis unterliegen und beziehen sich auf jeweils unterschiedliche Adressdaten,
- Abs. 2 Nr. 1 verbietet das Öffnen verschlossener Sendungen,
- Abs. 2 Nr. 2 stellt das Unterdrücken einer Sendung unter Strafe, die einem Unternehmen, das geschäftsmäßig Post- oder Telekommunikationsdienstleistungen erbringt, zur Übermittlung anvertraut ist,
- Abs. 2 Nr. 3 und Abs. 3 erweitern den Täterkreis.

bb) Tathandlung

197 Wegen der besonderen Relevanz wird nachfolgend ausschließlich auf Abs. 2 Nr. 2, also auf die Unterdrückung einer Sendung, die einem Unternehmen anvertraut wird, das geschäftsmäßig Post- oder Telekommunikationsdienste erbringt, eingegangen.

198 Der Begriff des »**Unternehmens**« ist in Anlehnung an § 39 Abs. 2 PostG, § 88 Abs. 2 TKG weit auszulegen. Behörden oder ausschließlich privat Tätige fallen nicht unter die Definition des Unternehmens.

199 »**Geschäftsmäßiges Erbringen**« von Telekommunikationsdienstleistungen meint nicht zwingend eine gewerbliche Tätigkeit. Es genügt das nachhaltige Erbringen der bereichsspezifischen Dienste, mit oder ohne Gewinnerzielungsabsicht.[263]

200 Der Begriff der »**Sendung**« in § 206 Abs. 2 Nr. 2 StGB erstreckt sich nicht nur auf verschlossene körperliche Gegenstände, sondern auf jede Form der dem Fernmeldegeheimnis unterliegenden Telekommunikation. Hierzu gehören auch Mitteilungen via E-Mail.[264]

201 »**Anvertraut**« ist die Sendung dann, wenn sie in den Gewahrsamsbereich des Unternehmens gelangt, bei körperlichen Gegenständen, z. B. einem Brief bei Einwurf in den Briefkasten. Des Weiteren muss die Sendung »unterdrückt«, d. h. dem ordnungsgemäßen Postverkehr durch Vernichtung, Wegnahme oder ein längeres Zurückhalten, entzogen werden.[265]

202 Dem Tatbestandsmerkmal »**unbefugt**« kommt eine ungewöhnliche Doppelbedeutung zu.[266] Liegt eine Einwilligung von allen an dem konkreten Post- und Fernmeldegeheimnis Betroffenen in die Unterdrückung vor, wirkt sie als Einverständnis tatbestandsausschließend. Eine Strafbarkeit entfällt dann bereits im objektiven Tatbestand. Daneben kann die Unbefugnis durch einen Rechtfertigungsgrund entfallen, sodass es an der Rechtswidrigkeit der Unterdrückung fehlt. In diesem Fall ist der Tatbestand zwar erfüllt, mangels Rechtswidrigkeit kommt es aber nicht zur Strafbarkeit.

203 »**Unterdrücken**« liegt vor, wenn durch einen technischen Eingriff die Datei in der Übermittlungs-, Zwischenspeicherungs- und Auslieferungsphase gelöscht, fehlgeleitet oder zurückgehalten wird oder wenn wesentliche Teile entfernt oder durch andere ersetzt werden.[267]

---

263 Ausf.Ausf. Schönke/Schröder/*Lenckner* § 206 Rn. 8.
264 *Fischer* § 206 Rn. 13.
265 *Fischer* § 206 Rn. 15.
266 Schönke/Schönke/*Lenckner* § 206 Rn. 11.
267 *Fischer* § 206 Rn. 15.

c) Spezifische Erscheinungsformen der Verletzung des Post- oder Fernmeldegeheimnisses
aa) Ausfiltern von E-Mails

Bei dem Ausfiltern von E-Mails gibt es bei einigen Tatbestandsmerkmalen Besonderheiten zu beachten. **204**

Dass unter »Sendungen« auch **E-Mails** als Dateien fallen ist unzweifelhaft.[268] **205**

Allerdings kann die Subsumtion unter den Begriff »**anvertraut**« problematisch sein. Um einen lückenlosen Schutz des Post- und Fernmeldegeheimnisses zu wahren, ist im Abgleich zu einer herkömmlich Briefsendung vom Zeitpunkt des Einwurf des Briefes in einen Briefkasten auszugehen. Ab diesem Zeitpunkt hat der Absender keine Einflussmöglichkeiten auf den Werdegang der Sendung. Hiermit vergleichbar ist das Absenden der E-Mail, sodass ab diesem Zeitpunkt von einem Anvertrautsein auszugehen ist. Verwendet allerdings das Unternehmen z. B. Blacklists als Spamvorsorge, gelangt die Mail erst gar nicht auf den Server des Unternehmens. Ein Anvertrautsein würde in diesem Fall entfallen.[269] Problematisch bliebe allerdings das Unterlassen der Zustellung ohne Mitteilung an den Absender. Diesem Problem kann durch »bouncen«, also Zurückschicken der E-Mail begegnet werden, außerdem kehrt die Mail wieder in den Einflussbereich des Absenders zurück[270] und unterliegt nicht mehr dem Fernmeldegeheimnis.[271] Spätestens wenn die Mail auch vom Unternehmen weitergeleitet und beim Empfängerserver angekommen ist, ist das Merkmal »anvertraut« übereinstimmend erfüllt.[272] **206**

Die Definition des Unterdrückens gilt auch bezüglich einer E-Mail. »**Unbefugtes**« **Unterdrücken** einer E-Mail liegt vor, wenn das tatbestandsausschließende Einverständnis fehlt und auch ein Rechtfertigungsgrund nicht eingreift. Als Rechtfertigungsgrund für Eingriffe in das Fernmeldegeheimnis können nur gesetzliche Erlaubnisgründe in Betracht kommen, die sich ausdrücklich auf den Post- oder Fernmeldeverkehr beziehen, z. B. § 39 Abs. 3 PostG, § 88 Abs. 3 S. 3. TKG. Nach § 109 TKG kann es gerechtfertigt sein, eine E-Mail herauszufiltern, wenn sie mit Viren oder andern Schädlingsprogrammen behaftet ist, sodass bei deren Verbreitung Störungen oder Schäden für Telekommunikations- und Datenverarbeitungssysteme befürchtet werden müssen.[273] Wie weit dieser Rechtfertigungsgrund reicht, ob zwischen unerwünschten und infizierten Mails und Spam unterschieden werden muss,[274] oder ob und wann eine Benachrichtigung des Empfängers oder Absenders zu erfolgen hat,[275] wird z. T. kontrovers diskutiert. **207**

Ob ein **Rechtfertigungsgrund**, also ein konkreter Anlass z. B. zum Ausfiltern von infizierten E-Mails vorlegen hat, wird im Rahmen der Ermittlungen zu prüfen sein.

bb) Entscheidung des OLG Karlsruhe »Hochschulfall«[276]

Zum Sachverhalt: **208**

Ein ehemaliger wissenschaftlicher Mitarbeiter der Hochschule in Baden-Württemberg hatte nach dessen Ausscheiden über die Mail-Server der Hochschule weiterhin mit Dozenten, Wissenschaftlern und Freunden Kontakt gehalten und so z. B. auch über Vereine weitergeleitete Nachrichten Dritter auf seinen Privatrechner

---

268 *Fischer* § 206 Rn. 13.
269 *Heidrich* MMR 2005, 181.
270 *Heidrich/Tschoepe* MMR 2004, 75 f. mit ausf. Erörterung der Problematik; *Heidrich* MMR 2005, 181.
271 BVerfG NJW 2006, 976.
272 OLG Karlsruhe CR 2005, 288; *Heidrich* MMR 2005, 181.
273 *Hassemer/Witzel* ITRB 2006, 139; *Schmidl* MMR 2005, 344, soweit es sich um infizierte Mails handelt; zu den Filtertechniken *Spindler/Ernst* CR 2004, 438.
274 So *Schmidl* MMR 2005, 344; *Spindler/Ernst* CR 2004, 438.
275 So *Hoeren* NJW 2004, 3513.
276 OLG Karlsruhe CR 2005, 288.

erhalten. Im Herbst 2003 wurde ihm seitens der Hochschule die Benutzung der Kommunikationseinrichtungen untersagt, gleichzeitig wurden alle an ihn gerichteten und oder von ihm stammenden Nachrichten, in welchen sein Name im Adressenfeld vorkam, technisch ausgefiltert, ohne dass andere Absender oder Empfänger hiervon unterrichtet worden waren. Der ehemalige Mitarbeiter hatte vorgetragen, für das Verbot keinen konkreten Anlass geboten zu haben. Auch sei der Verbindungsaufbau zu dem Server nicht gesperrt gewesen, sodass die E-Mails ordnungsgemäß angekommen, quittiert und in den Verantwortungsbereich der Fakultät übernommen worden sind. Erst wenige Minuten später seien die Mails fakultätsintern ausgefiltert worden. Er selbst habe verzögert die Meldung »delivery cancelled« erhalten, die Empfänger gar keine Nachricht. Zum anderen habe die Sperrung aber auch solche E-Mails betroffen, die von Mitarbeitern der Fakultät an ihn gesendet worden seien, d. h. bei denen er Empfänger gewesen, auf dem Verteiler gestanden oder nur im Betreff erwähnt worden sei, d. h. in deren Kopfzeile »C« vorgekommen sei. Hiervon seien sämtliche Mitarbeiter der Fakultät betroffen gewesen, ohne vorher befragt oder informiert worden zu sein. Nachdem die Staatsanwaltschaft die Einleitung eines Ermittlungsverfahrens ablehnte, ordnete das OLG Karlsruhe die Aufnahme der Ermittlungen wegen des Verdachts der Verletzung des Post- und Fernmeldegeheimnisses an.

Die Entscheidung ist mehrfach besprochen worden.[277]

209 Zunächst stellte das OLG klar, dass es sich bei der Fachhochschule um ein **Unternehmen** i. S. d. § 206 StGB handelt. Grundsätzlich gehören Behörden, zu denen auch die Hochschule zu rechnen ist, nicht zu dem Täterkreis der Unternehmen. Dies gilt allerdings nur, wenn sie ausschließlich hoheitlich tätig werden. Dies ist hier nicht der Fall. Die Hochschule hatte ihre Kommunikationsanlage unterschiedlichen Nutzergruppen (Mitarbeitern, Vereinen, außenstehenden Dritten) zur Verfügung gestellt, sodass eine Abgrenzung zwischen dienstlichen, wissenschaftlichen und Studienzwecken, privaten und letztlich wirtschaftlichen Zwecken nicht mehr möglich war. Nimmt die Hochschule dadurch aber wie jeder beliebige Dritte am geschäftlichen Leben teil, müssen auch die Maßstäbe gelten, wie für jeden anderen auf diesem Gebiet auch.

210 Die Mails seien auch **anvertraut** gewesen, weil die E-Mails auf dem Fakultätsserver angekommen, quittiert, und erst dann intern ausgefiltert wurden. Dass dieser technische Vorgang des Ausfilterns der Definition »von spätestens anvertraut, wenn die Mail an den Empfängerserver vermittelt wird«, entsprechen soll, leuchtet nicht ganz ein. Denn das Ausfiltern muss technisch nicht mit dem Ansetzen zum Vermitteln der Nachricht an den Empfängerserver zusammenfallen. Letztlich bleibt die Entscheidung die Antwort schuldig, wann genau die E-Mails der Fakultät anvertraut wurden.[278]

211 Ein **»unbefugtes« Unterdrücken** hat das OLG damit begründet, dass zum einen ein tatbestandsausschließendes Einverständnis »aller« Betroffenen nicht vorgelegen habe. Dies ist auf Kritik gestoßen.[279] Ein Einverständnis wäre dann allenfalls noch in Einzelfällen (z. B. geschlossene Besuchergruppen) praktikabel. Zum anderen fehlten jedenfalls Anhaltspunkte dafür, dass E-Mails von Mitarbeitern der Fakultät an den Antragsteller virenbehaftet waren, sodass ein gerechtfertigtes Herausfiltern dieser – virenbehafteten- E-Mails zur Vermeidung von Störungen und Schäden, ebenfalls nicht vorlegen habe.

212 Letztlich betont die Entscheidung, dass bei denjenigen E-Mails, die von dem Antragsteller abgesendet wurden, aufzuklären sei, ob ein **konkreter Anlass** bestand, der die Annahme rechtfertige, dass eine Störung oder ein Schaden für das System der Hochschule hätte bevorstehen können. Erst wenn sich dies bestätige, sei nach Art und Ausmaß des bevorstehenden Schadens zu prüfen, ob und welche mögliche »Abwehrmaßnahme« gerechtfertigt gewesen sein könnte.

---

277 *Lejeune* CR 2005, 290; *Kratz* DSB 2005, 10; *Vahle* DSB 2005, 10 Rn. 18; *Köcher* DuD 2005, 163; *Cornelius/Tschoepe* K&R 2005, 269; *Vahle* Kriminalistik 2005, 585; *Heidrich* MMR 2005, 181.
278 Vgl. die Ausführungen des OLG Karlsruhe.
279 *Lejeune* CR 2005, 290; *Heidrich*, MMR 2005, 181.

Es fällt auf, dass das OLG hohe Anforderungen an die Aussonderungen von E-Mails im Interesse des Fernmeldegeheimnisses stellt. Erst wenn eine bevorstehende Schädigung des Telekomunikationssystems anlassbedingt angenommen werden kann, dürfen Maßnahmen ergriffen werden. Die Intensität der Maßnahme hat sich nach der Schwere der zu prognostizierenden Störung/Schaden auszurichten. Dies wiederum entspricht der Beachtung des Verhältnismäßigkeitsgrundsatzes, was im Interesse des Grundrechtsschutzes zu begrüßen ist.

6. Verrat von Geschäfts- oder Betriebsgeheimnissen, § 17 UWG

§ 17 UWG enthält drei Straftatbestände: Abs. 1 Geheimnisverrat durch Beschäftigte, Abs. 2 Nr. 1 Betriebsspionage durch Beschäftigte oder Dritte sowie Abs. 2 Nr. 2 durch unbefugte Verwertung rechtswidrig erlangte Geheimnisse. Die Nutzung von Computer und Internet hat auch im Hinblick auf den Verrat von Geschäfts- und Betriebsgeheimnissen an Bedeutung gewonnen. Die Übermittlung von Geschäfts- und Betriebsgeheimnissen durch den Einsatz von E-Mail und Internet oder auch nur die Mitnahme von Daten mittels Speichermedien, wie USB-Sticks, sind technisch leicht möglich und relativ unauffällig machbar.

a) Rechtsgut

In Abkehr von der hergebrachten Konzeption des Verrats von Geschäftsgeheimnissen als einem primär gegen den unmittelbaren Wettbewerb gerichteten Tatbestand, steht mittlerweile der individuelle Schutz des Betriebsinhabers vor der Verletzung seiner Geschäfts- und Betriebsgeheimnisse im Vordergrund.[280]

b) Tatbestand

aa) Tatgegenstand

Als Tatobjekt der Vorschrift werden **Geschäfts- und Betriebsgeheimnisse** geschützt, wobei das Gesetz selbst eine Definition dieser Begriffe nicht vornimmt. Nach der Rechtsprechung ist hierunter jede im Zusammenhang mit einem Geschäftsbetrieb stehende, nicht offenkundige Tatsache erfasst, an deren Geheimhaltung der Betriebsinhaber ein berechtigtes wirtschaftliches Interesse hat und die nach seinem bekundeten oder doch erkennbaren Willen auch geheim bleiben soll.[281] **Geschäftsgeheimnisse** beziehen sich auf den kaufmännischen Geschäftsverkehr (z. B. Kundenadressen), während **Betriebsgeheimnisse** durch den technischen Betriebsablauf (z. B. Produktionsverfahren) bedingt sind.[282]

Problematisch kann im Einzelfall die Annahme der fehlenden Offenkundigkeit sein. Werden Informationen im Internet in allgemein zugänglichen Datenbanken veröffentlicht, ist von einer Offenkundigkeit mit dem Landgericht Düsseldorf auszugehen.[283] Demgegenüber hatte das BayObLG den Verlust des Geheimnischarakters bei einem entschlüsselten Computerprogramm erst nach einem gewissen Grad der Verbreitung angenommen.[284]

---

280 MüKo StGB/*Janssen/Maluga*, Bd. 6/1 § 17 Rn. 1–3.
281 MüKo StGB/*Janssen/Maluga* § 17 Rn. 13, 14.
282 MüKo StGB/*Janssen/Maluga* § 17 Rn. 13, 14.
283 LG Düsseldorf K&R 2002, 101.
284 BayObLG GRUR 1991, 694 (696).

bb) Tathandlungen

218 Als Tathandlungen kommen verschiedene Varianten in Betracht:

(1) Sich Verschaffen

219 Ein »sich Verschaffen« ist dann anzunehmen, wenn der Täter bei verkörperten Geheimnissen den Gewahrsam erlangt. Bei nicht verkörperten Geheimnissen genügt dagegen die Kenntniserlangung, die man dann unterstellen wird, wenn bei computergespeicherten Dateien die Datei auf einen in eigener Verfügungsgewalt stehenden Datenträger kopiert wird.[285]

(2) Sicherung

220 Gesichert ist ein bereits bekanntes Geheimnis dann, wenn der Täter hiervon eine Datei bzw. Aufzeichnung erstellt.[286] Werden geheime Daten auf den eigenen PC per E-Mail versandt, sichert und verschafft der Täter gleichzeitig das Geheimnis.

(3) Verwertung

221 Jede Nutzung im geschäftlichen Verkehr, sei es zur Gewinnerzielung, zur Kostensenkung oder zur Schädigung eines Konkurrenten, stellt eine Verwertung im Sinne der Vorschrift dar. Auch die Entwicklung, die nicht vollständig auf den unlauter erlangten Kenntnissen beruht, wobei diese jedoch mitursächlich geworden sind, stellt eine Verwertung dar, sofern sie nicht technisch oder wirtschaftlich als bedeutungslos anzusehen sind. Daher kann sich der Mitarbeiter eines Betriebes dann nach § 17 UWG strafbar machen, wenn er den Quellcode mitnimmt und weiter entwickelt.

222 Der Täter muss darüber hinaus **unbefugt** handeln. Hieran fehlt es, wenn eine wirksame Einwilligung vorliegt oder zugunsten des Täters Rechtfertigungsgründe eingreifen.

c) Besonderheiten des Verrats von Betriebs- und Geschäftsgeheimnissen

aa) Absicht

223 Neben dem Vorsatz (wobei bedingter Vorsatz genügt) muss der Täter zusätzlich hinsichtlich der in § 17 Abs. 1 und Abs. 2 UWG genannten Ziele mit Absicht gehandelt haben.

bb) Strafantrag

224 Gemäß § 17 Abs. 5 UWG ist ein Strafantrag erforderlich, sofern die Strafverfolgungsbehörden ein besonderes öffentliches Interesse nicht annehmen.

7. Offenbarung und Verwertung fremder Geheimnisse, §§ 203, 204 StGB

225 Auch bei diesem Tatbestand handelt es sich nicht um ein typisches computer- oder internetspezifisches Delikt. Dennoch bedeutet die Nutzung von E-Mail-Korrespondenz oder die EDV-Betreuung sowie Outsourcing für Berufsgeheimnisträger wie Rechtsanwälte, Ärzte, Steuerberater etc. die Gefahr des Offenbarens von Geheimnissen. Auch wenn eine fahrlässige Begehung nicht strafbar ist, könnte ein bedingt vorsätzliches Unterlassen des Verschließens von schutzwürdigen Informationen als tatbestandsmäßiges Offenbaren gesehen werden.[287] Eine Einwilligung des Berechtigten wirkt bereits tatbestandsausschließend, weil dann die Befugnis angenommen wird. Die Einwilligung kann formlos oder konkludent er-

---

[285] *Piper/Ohly/Sosnitza* § 17 Rn. 18.
[286] *Piper/Ohly/Sosnitza* § 17 Rn. 18.
[287] *Malek* Rn. 291.

folgen. Der Berufsgeheimnisträger sollte bei einer mündlich erteilten Einwilligung diese zumindest in den Akten dokumentieren.

8. Verletzung des höchstpersönlichen Lebensbereiches durch Bildaufnahmen, § 201a StGB

Diverse digitale Bildaufnahmegeräte ermöglichen die oft unbemerkte Bildaufnahme. Befindet sich die abgelichtete Person in einer Wohnung oder einem gegen Einblick besonders geschützten Raum und erfolgt die Bildaufnahme unbefugt, macht sich der Fotografierende gem. § 201a StGB strafbar. Unter Strafe gestellt ist das **Herstellen** (Fotografieren) oder **Übertragen** (Abs. 1), aber auch das Gebrauchen oder einem Dritten **Zugänglichmachen** einer nach Abs. 1 hergestellten Bildaufnahme (Abs. 2). Damit ist auch gesichert, dass das Verbreiten derartiger Aufnahmen über das Internet unter den Straftatbestand fällt.[288] Der Gesetzgeber wollte die Bestimmungsbefugnis der Person über Informationen über ihren höchstpersönlichen Lebensbereich als Teil des allgemeinen Persönlichkeitsrechts und des Rechts auf informationelle Selbstbestimmung bezogen auf gegenständliche Abbildungen stärken.[289] Diese Vorschrift erfasst damit auch einen Teil des Nachstellens, »Stalking«, zu dessen typischen Verhaltensweisen auch die Erstellung von Bildaufnahmen von Personen in einem besonders geschützten Bereich gehört. Gem. § 205 StGB wird die Tat nur auf **Antrag** verfolgt.

226

9. Nachstellung, § 238 StGB

Am 31.03.2007 trat der sog. »**Stalkingparagraph**« in Kraft.[290] Hierdurch soll das beharrliche Nachstellen[291] auch unter Verwendung von Telekommunikationsmitteln unter Strafe gestellt werden. Der Tatbestand ist außerordentlich interpretationsbedürftig und wird voraussichtlich durch die Rechtsprechung erst greifbare Konturen erfahren. Denkbar ist allerdings, dass derjenige, der Computer und Internet dazu verwendet, um Kontakt zu einer anderen Person aufzunehmen, sei es durch E-Mail oder durch Einsatz von Trojanern und anderen Schadprogrammen, als Cyberstalker gem. § 238 StGB zur Verantwortung gezogen werden kann.

227

Besonders bemerkenswert ist, dass der Stalkingparagraph mit seinen Erschwerungen in Abs. 2 bis 4 (Wirkung der Gefahr des Todes oder einer schweren Gesundheitsbeschädigung und Verursachung des Todes des Opfers) in den Katalog des § 112a Abs. 1 Nr. 1 StPO Eingang gefunden hat, wonach ein konkreter Haftgrund neben dem dringenden Tatverdacht nicht erforderlich ist. Der Haftgrund wird bereits angenommen, wenn der dringende Verdacht der §§ 174 StGB ff. besteht, also sexuellen Missbrauch von Schutzbefohlenen mit Todesfolge, Vergewaltigung, begangen zu haben und bestimmte Tatsachen die Gefahr begründen, dass vor rechtskräftiger Aburteilung weitere erhebliche Straftaten gleicher Art drohen und damit die Haft zur Abwendung der drohenden Gefahr erforderlich ist.

228

Nur in den »einfachen Fällen« des Abs. 1 wird die Tat nur auf Antrag verfolgt. Bei Verdacht der Erschwerungen in Abs. 2 und 3 ist ein Strafantrag nicht erforderlich.

229

---

288 BeckOK/*Heuchemer* § 201a StGB Rn. 18, 19. Interessant *Beck* MMR 2008, 77.
289 *Fischer* § 201a Rn. 3.
290 BGBl. I 2007 354 f. 4. 30.03.2007 Nr. 11.
291 Zum Phänomen: *Voß/Hoffmann/Wondrak*, Stalking in Deutschland, und www.institut-psychologie-sicherheit.de; BGH NJW 2010, 1680 ff. *Gasear* NJW 2010, 1684.

10. Verbreitung, Erwerb und Besitz kinder- und jungendpornographischer Schriften, § 184b und § 184c StGB

230 Der Fachanwalt für Informationstechnologie wird möglicherweise mit dem Komplex der Verbreitung pornografischer Schriften gem. § 184 StGB, der Verbreitung gewalt- oder tierpornografischer Schriften, § 184a StGB oder gar mit der Verbreitung, dem Erwerb und Besitz **kinder- und jugendpornografischer Schriften**, § 184b, c StGB in seiner Kanzlei keine Berührungspunkte haben. Es zeigt sich jedoch, dass ein Großteil der Bevölkerung beim Surfen im Internet auf entsprechendes Material stößt oder dieses ungebeten per E-Mail zugeschickt bekommt.

Zum 05.11.2008 hat das »Gesetz zur Umsetzung des Rahmenbeschlusses des Rates der europäischen Union zur Bekämpfung der sexuellen Ausbeutung von Kindern und der Kinderpornographie« weitere Änderungen bewirkt. Seither wird zwischen Kindern – unter 14 Jahren – und Jugendlichen – zwischen 14 und 18 Jahren differenziert, wobei die Strafandrohung bei Handlungen gegen Jugendliche niedriger angesetzt ist. Außerdem wurde der Tatgegenstand präzisiert. Die Formulierung »pornographische Schriften, die den sexuellen Missbrauch von Kindern (§ 176 Abs. 1 StGB) zum Gegenstand haben« wurde durch »die sexuellen Handlungen von, an oder vor Kindern (bzw. Jugendlichen) zu Gegenstand haben« ersetzt.

231 Im Gegensatz zu einfachen gewalt- und tierpornografischen Schriften wird bereits der **Besitz** und die **Besitzverschaffung** kinder- und jugendpornografischer Schriften gem. § 184b Abs. 4, § 184c Abs. 4 StGB mit Freiheitsstrafen bis zu zwei Jahren oder Geldstrafe geahndet.

232 Rechtlich problematisch ist hier insbesondere der § 184b StGB, der die Verbreitung, den Erwerb und Besitz kinderpornografischer Schriften unter Strafe stellt. Dabei ist dieses Delikt als Unternehmensdelikt gem. § 11 StGB ausgestaltet, sodass es keinen Unterschied zwischen Versuch und Vollendung gibt. Des Weiteren wird nicht nur derjenige mit Strafe belegt, der kinderpornografische Schriften (wobei hierunter natürlich gerade Bildmaterial fällt) besitzt, sondern auch derjenige handelt tatbestandsmäßig, der es unternimmt, sich oder einem anderen den Besitz zu verschaffen. Der Gesetzgeber will damit auch diejenigen erfassen, die in geschlossenen Benutzergruppen im Internet kinderpornografisches Material weitergeben.[292] Der Besitz umfasst den unmittelbaren und mittelbaren Besitz, unabhängig von Dauer, Entgeltlichkeit und Verbreitungstendenz. Bei elektronischen Daten ist er stets gegeben bei dauerhafter Speicherung. Strittig ist allerdings, ob auch vor dauerhafter Speicherung von einem Besitz oder dem Besitzverschaffen auszugehen ist, insbesondere, ob das Laden im Arbeitsspeicher erfasst sein soll.[293]

233 Nach neuerer Rechtsprechung reicht das **Laden im Cachespeicher**, also das Betrachten während des Surfens am Bildschirm im Sinne einer Besitzverschaffung aus.[294] Danach macht sich strafbar, wer gezielt im Internet nach entsprechenden Seiten sucht und diese am Bildschirm betrachtet, ohne diese abzuspeichern. Wer ungewollt im Internet auf eine Seite kinderpornografischen Inhalts stößt, soll sich dann nicht strafbar machen, wenn er sich durch Vernichtung hiervon distanziert. Dogmatisch scheint hier ein Bruch zu liegen. Auch wer ungewollt im Internet auf eine entsprechende Seite stößt, betrachtet diese Seiten am Bildschirm, ohne sie abzuspeichern. Dass er sich – zeitlich später – von dieser Datei trennt, dokumentiert möglicherweise eine spätere Entscheidung. Er kann jedoch zum Zeit-

---

292 *Fischer* § 184b Rn. 12.
293 *Fischer* § 184b Rn. 21.
294 *Harms* NStZ 2003, 646 (647); *Heinrich* NStZ 2005, 361 (363 f.); OLG Schleswig NStZ-RR 2007, 41 (43), das den Begriff des Besitzes nach § 29 BtMG erweitert und vorliegend anwendet; BGH NJW 2007, 933; HansOlG StraFo 2010, 208; BGH Beschl. v. 16.03.2011, 5 StR 581/10, HRRS 2011, Nr. 417.

punkt des Betrachtens des Bildschirms nichts Anderes für sich in Anspruch nehmen, als derjenige, der gezielt nach derartigen Seiten sucht. Die Entscheidung belohnt lediglich denjenigen, der anschließend deutlich macht, dass er sich von derartigem Material distanziert.

Man stelle sich vor, der Betrachter würde die Datei zunächst abspeichern, um sie dann an eine Behörde zu übergeben. Mit Abspeichern wäre dogmatisch (spätestens) die Strafbarkeit eingetreten. Selbst wenn man hierüber noch wohlwollend hinweg sehen wollte, stellt sich die nächste Frage, wie zügig der Betrachter sich dann von der Datei trennen müsste, um der Strafbarkeit zu entgehen. Vergisst er nach Abspeicherung auf Diskette, die Sache sofort, z. B. an die Polizei zu übergeben, stellt sich erneut die Frage nach der strafrechtlichen Bewertung dieses Tuns. Aber auch die Vorgabe, grundsätzlich durch Vernichtung oder Ablieferung bei der Behörde die Tatbestandsmäßigkeit ausschließen zu können (kein Sich-Verschaffen), sind technisch bedingt Bedenken angebracht. Kaum ein Durchschnittsnutzer wird in der Lage sein, die Datei so zu vernichten, dass sie nicht mehr auf dem Computer existiert. Wenn nicht Spezialprogramme verwendet werden, werden Datenspuren bleiben. Sollte z. B. die Strafverfolgungsbehörde bereits ein Ermittlungsverfahren gegen einen Anderen wegen des Verdachts der Verbreitung kinderpornografischen Materials führen und befindet sich bei diesem Anderen z. B. die E-Mail-Adresse desjenigen, der nur zufällig auf das kinderpornografische Material gestoßen war, könnte die Ermittlungsbehörde sehr schnell auch im Rahmen einer Durchsuchung bei diesem Nutzer auf den Computer zugreifen. Sich dann damit zu verteidigen, man sei zufällig auf die Website gestoßen, wird möglicherweise wenig glaubhaft sein. Auf fremde Verteilerlisten zu gelangen ist dagegen schnell geschehen. **234**

Grundsätzlich macht sich niemand strafbar, der tatsächlich **zufällig**, also ohne Vorsatz auf verbotene Schriften trifft, dennoch kann er ins Visier der Ermittler geraten. Deshalb empfiehlt sich schon aus Selbstschutz in einem solchen Fall folgendes Vorgehen: **235**

Stößt der User im Internet auf verdächtiges Material oder erhält er dies unerwünscht via E-Mail, sollte er sofort eine Meldung bei der örtlich zuständigen Polizeidienststelle tätigen. Eine Speicherung (wenn der User z. B. einen Ermittlungsansatz auf den Absender geben möchte) sollte erst und nur dann erfolgen, wenn die Polizei hierum ausdrücklich bittet. Hierüber sollte ein Vermerk gefertigt oder ein Zeuge hinzugezogen werden. Im Anschluss sollte die Datei gelöscht werden. Auch dieses sollte unbedingt dokumentiert werden. Von einer Weiterleitung via E-Mail der fraglichen Datei ist auf jeden Fall abzuraten. Hierin könnte problemlos ein tatbestandsmäßiges Verbreiten gesehen werden.

11. Erschleichen von Leistungen, § 265a StGB

Unter Strafe gestellt ist die Erschleichung der Leistung eines Automaten oder eines öffentlichen Zwecken dienenden Telekommunikationsnetzes in der Absicht, das hierfür fällige Entgelt nicht zu entrichten. Computerspezifisch sind der Automatenmissbrauch und der Missbrauch von Telekommunikationsnetzen.[295] **236**

a) Automatenmissbrauch

Als Tatobjekt kommen ausschließlich Leistungsautomaten in Betracht, die vermögenswerte Leistungen anbieten. § 265a StGB erfasst allein mechanische Automaten. So kommt die Erfüllung des Tatbestandes des § 265a StGB z. B. in Betracht in Fällen des Einsatzes einer Piratenkarte zum Freischalten des Pay-TV.[296] Hingegen soll die Umgehung der SIM-Lock-Sperre eines Mobiltelefones durch unbefugte Eingabe eines Codes nicht tatbestandsmäßig im Sinne des § 265a StGB sein, da das Mobiltelefon keinen Automaten darstellt.[297] **237**

---

[295] *Ernst* Rn. 409 f.
[296] *Hilgendorf/Frank/Valerius* Rn. 713.
[297] *Hilgendorf/Frank/Valerius* Rn. 714.

b) Missbrauch von Telekommunikationsnetzen

238 Mit dem Begriff der Telekommunikation sind alle Datenübertragungssysteme erfasst, gleich ob kabelgebunden oder drahtlos, ob Breitband oder Mobilfunknetz.[298] Erforderlich ist, dass das Telekommunikationsnetz öffentlichen Zwecken dient. Dies ist der Fall, wenn seine Benutzung zumindest überwiegend im Interesse der Allgemeinheit liegt und insbesondere wenn es zur Benutzung durch die Allgemeinheit eingerichtet worden ist. Die Leistung des Netzes besteht in der Möglichkeit, Nachrichten auszusenden, zu übermitteln oder zu empfangen.

239 Drei mögliche **Fallgruppen** werden unterschieden.[299]

Die erste Gruppe erfasst den **Missbrauch eines Telefonautomaten**. Die Leistungserschleichung ist in dem Herstellen der Sprechverbindung, nicht schon mit dem durch Klingelzeichen signalisierten Anruf, erschlichen.

Die zweite Gruppe erfasst **Eingriffe in den Ablauf von Vermittlungs-, Steuerungs- und Übertragungsvorgängen** unter Umgehung der Gebührenerfassung durch technische Manipulationen.

Zur dritten Gruppe gehört das **Umgehen der Gebührenzählung** durch Anschluss eines Fernsprechapparates an Schaltpunkte des öffentlichen Telekommunikationsnetzes. Dabei wird dann zulasten eines anderen Fernsprechteilnehmers unentgeltlich telefoniert.

240 Grundsätzlich soll ein tatbestandsmäßiges Erschleichen der Leistung nur dann vorliegen, wenn Kontrollen und Sicherungen gegen unbefugte Inanspruchnahme umgangen werden müssen, also eine Abgrenzung zur unbefugten Inanspruchnahme erfolgt.[300]

12. Störung von Telekommunikationsanlagen, § 317 StGB

241 Wer den Betrieb einer öffentlichen Zwecken dienenden Kommunikationsanlage i. S. d. § 3 Nr. 23 TKG verhindert oder gefährdet, macht sich strafbar. Zum Tatobjekt gehört auch der private Telefonanschluss, der grundsätzlich öffentlichen Zwecken dient.[301] Ein Verhindern oder Gefährden des Betriebes als Tathandlung kann durch Zerstörung, Beschädigung, Beseitigung, Verändern oder Unbrauchbarmachen oder durch Entziehung der elektrischen Kraft geschehen. Notwendig ist allerdings ein unmittelbares Einwirken.[302]

C. Inanspruchnahme von Providern/Haftung

242 Bei der Nutzung der modernen Kommunikationstechnologien fallen massenhaft Daten an, die für die Strafverfolgungsbehörden von besonderem Interesse sind. Die Provider sind verpflichtet, auf eigene Kosten gem. § 110 TKG die technische Umsetzung der Überwachungsmaßnahmen der Ermittlungsbehörden sicherzustellen. Näheres regelt die **Telekommunikationsüberwachungsverordnung** (TKÜV).

243 Außerdem sind sie zur **Auskunftserteilung** verpflichtet, §§ 110, 113 TKG bzw. §§ 100g StPO und nach dem 01.01.2008[303] war sogar die Speicherung auf Vorrat gem. § 113a, b TKG als Verpflichtung für die Provider normiert worden. Während Daten, die nach

---

298 Schöncke/Schröder/*Lenckner/Perron* § 265a Rn. 5.
299 Schönke/Schröder/*Lenckner/Perron* § 265a Rn. 10.
300 *Hilgendorf/Frank/Valerius* Rn. 720.
301 Schönke/Schröder/*Cramer/Sternberg-Lieben* § 317 Rn. 4.
302 Schönke/Schröder/*Cramer/Sternberg-Lieben* § 317 Rn. 5.
303 Zum 01.01.2008 trat das Gesetz zur Neuregelung der Telekommunikationsüberwachung sowie anderer verdeckter Ermittlungsmaßnahmen und Vorratsdatenspeicherung in Kraft.

TKG abgefragt werden, vornehmlich der Identifizierung dienen, bereiten Auskünfte nach § 100g StPO in der Regel eine Überwachungsmaßnahme vor oder ermöglichen eine Standortermittlung.

Die Inanspruchnahme der Diensteanbieter wird immer weiter ausgedehnt. So sollten mit § 2 Zugangserschwerungsgesetz[304] Provider zu Sperrungen bestimmter Webangebote verpflichtet werden[305] (sog. Internet- oder Netzsperre).

Aus Sicht der Ermittler sollen bei den Providern möglichst viele Daten, möglichst lange gespeichert werden, anderenfalls liefen Zugriffe ins Leere, weil das Datenaufkommen unter Umständen bereits gelöscht wurde. Dem Strafverfolgungsinteresse steht der Datenschutz gegenüber, der von den Diensteanbietern ebenfalls beachtet werden muss. In diesem Spannungsfeld sehen sich die Provider über Gebühr in Anspruch genommen.

Die **Abschöpfung der Daten** ist für die Strafverfolgungsbehörden auf der Grundlage der StPO und des TKG möglich und richtet sich im Einzelnen nach der Definition des Datums und der Eingriffsintensität. Je sensibler das Datum, desto höher sind die Schranken des Zugriffs. 244

Eingriffe in das Fernmeldegeheimnis, Art. 10 GG, sind ausschließlich über die Vorschriften zur Telekommunikationsüberwachung gem. §§ 100a ff. StPO möglich, während einfache Daten über eine schlichte Abfrage nach TKG verlangt werden können. 245

I. Datenspeicherung

Eine möglichst umfassende **Datenspeicherung** ist notwendige Voraussetzung für eine (umfassende) Auskunft der Provider an die Ermittlungsbehörde. Wie lange welche Daten gespeichert werden dürfen und aufgrund welcher Rechtsgrundlage hierüber Auskunft erteilt werden darf, hängt zunächst von der Qualität der Daten ab. 246

Der nachfolgende Katalog versucht die unterschiedlichen Daten der Telekommunikation und der Telemedien darzustellen und die für die Strafermittlungsbehörden relevanten Daten gegeneinander abzugrenzen. Dies ist allerdings nicht immer eindeutig möglich. Überschneidungen ergeben sich aus der Mehrfachfunktion des jeweiligen Datums, das dann verschiedenen Gruppen zugeordnet werden muss. Bei den anfallenden Daten der Telekommunikation sind auch diejenigen der Teledienste gemeint. Unterscheidungen ergeben sich durch verschiedene gesetzliche Grundlagen, inhaltlich sind die Daten im Wesentlichen deckungsgleich.

1. Daten

a) Inhaltsdaten

Primäres Ziel der Ermittlungsbehörde ist der Inhalt von Kommunikation, also was in einem Telefonat gesprochen oder an Informationen über Telefax, E-Mail etc. ausgetauscht wurde. 247

b) Verkehrsdaten/Nutzungsdaten

Neben dem tatsächlichen Inhalt der Telekommunikation, also der kommunizierten Inhalte, sind die **Verkehrsdaten** gem. § 96 TKG bzw. die **Nutzungsdaten** gem. § 15 TMG von besonderer Bedeutung. Nach der Definition des § 3 Nr. 30 TKG gehören hierzu u. a. Nummer oder Kennung des Angerufenen und des anrufenden Anschlusses, Beginn und Ende der jeweiligen Verbindung, der in Anspruch genommene Telekommunikationsdienst, sonstige 248

---

304 In Kraft seit 23.02.2010.
305 S. Rdn. 265, 266.

zum Aufbau und zur Aufrechterhaltung der Telekommunikation sowie zur Entgeltabrechnung notwendige Verkehrsdaten etc. Dazu gehören insbesondere auch die IMSI-[306] und IMEI[307] -Kennungen von Mobiltelefonen. Ob auch die dynamische IP-Adresse[308] von Computeranlagen, wenn sie Zugang zum Internet haben, durchgehend als Verkehrsdatum zu betrachten ist, dass nur unter den strengen Voraussetzung der StPO beauskunftet werden darf war sehr umstritten und ist durch die Entscheidung des Bundesverfassungsgerichts zur Vorratsdatenspeicherung geklärt worden.[309]

c) Abrechnungsdaten

249 Zu den für die Abrechnung erforderlichen Daten gehören die Verkehrs-/Verbindungsdaten gem. §§ 96, 97 TKG und die Nutzungsdaten, die für die Inanspruchnahme von Telemedien technisch erforderlich sind, § 15 Abs. 4 TMG. Sie werden als **Abrechnungsdaten** bezeichnet, soweit sie für die Entgeltabrechnung erforderlich sind. Hiervon sind die einfachen Nutzungsdaten zu unterscheiden, die zwar dem Nutzer die Inanspruchnahme von Mediendiensten/Telediensten ermöglichen, aber für die Abrechnung ohne Bedeutung sind.[310]

250 Für den Provider sind die Verbindungsdaten dann deckungsgleich mit den Abrechnungsdaten, wenn alle anfallenden Daten aus der Verbindung für die ordnungsgemäße Abrechnung herangezogen werden. Die Länge eines Telefonates ist in diesem Sinne abrechungsrelevant, wenn der Tarif die Abrechnung nach Zeittakten vorsieht. Ist eine Pauschalvergütung, eine **Flatrate**, vereinbart, ist die Dauer der jeweiligen Verbindung zum Telefonnetz, z. B. während der Nutzer im Internet surft, ohne Bedeutung für die Entgeltberechung. Damit würde es sich bei der Dauer der Verbindung nur um ein einfaches Nutzungsdatum handeln. Diese Qualifizierung hat Auswirkungen auf die Dauer der Speicherung beim Provider und die praktischen zeitlichen Möglichkeiten des Zugriffs durch die Strafverfolgungsorgane. Mit Inkrafttreten des neuen TKG zum 01.08.2008 hatten sich durch Einführung der Vorratsdatenspeicherung weitreichende Änderungen hinsichtlich des Aufkommens und der Dauer der zu speichernden Daten ergeben (Rdn. 257).

d) Bestandsdaten

251 Zu den **Bestands- oder Benutzerdaten** (nicht zu verwechseln mit den Nutzungsdaten) gehören personenbezogene Daten eines Kunden zur Begründung und inhaltlichen Ausgestaltung oder Änderung eines Vertragsverhältnisses, §§ 3 Nr. 3, 95 TKG und § 14 Abs. 1 TMG. Erst die Kenntnis der Bestandsdaten ermöglicht die Zuordnung der Verbindungsdaten zu einem bestimmten Anschluss, einer Kennung oder einer Person. Dies können sein: Name, Anschrift, E-Mail-Adresse, Telefon- oder Telefaxnummer, Geburtsdatum, Bankverbindung, Kreditkartennummer, öffentlicher Schlüssel, User-ID, aber auch statische IP-Adressen und ähnliche Angaben. Welche Bestandsdaten im Einzelnen erhoben, verarbeitet oder genutzt werden dürfen, ist im Wesentlichen abhängig von der technischen Ausgestaltung des Dienstes und von dem Inhalt der jeweiligen Verträge. Bei der dynamischen IP-Adresse, die zu den Verkehrsdaten gehört und die für jede neue Verbindung ins Internet vergeben wird, wird nur der hinter ihr stehende Anschluss und Anschlussinhaber erfasst.

252 Die **Bestandsdaten** gehen damit weit über die echten Verkehrs-/Verbindungsdaten, die im Fall einer tatsächlichen Kommunikation aufgrund einer bestehenden Verbindung entste-

---

306 IMSI = auf der SIM-Karte gespeicherte Teilnehmerindentifikationsnummer.
307 IMEI = Gerätekennung, Identifikationsnummer der Hardware (Mobiltelefon).
308 Erlaubt die logische Adressierung von Computern im Netzwerk.
309 BVerfG NJW 2010, 833; s. Rdn. 264.
310 Dies folgt aus dem Umkehrschluss aus § 6 TDDSG, der die Erhebung, Verarbeitung und Nutzung von personenbezogenen Daten nur zulässt, wenn dies erforderlich ist, um die Inanspruchnahme von Telediensten *und* die Abrechnung zu ermöglichen.

hen, hinaus. Die in § 14 Abs. 2 TMG normierte erweiterte Auskunftsverpflichtung hat deshalb (allerdings nicht nur deshalb) erhebliche Kritik erfahren.

e) Zugangsdaten

Bei der Nutzung von Mobiltelefonen fallen wegen der technischen Gegebenheiten neben den Verkehrs- und Bestandsdaten auch Zugangsdaten an, die die Inbetriebnahme des Gerätes erst ermöglichen. Dies sind die PIN-[311] und PUK-[312] Nummern sowie Passworte. War früher die rechtliche Zuordnung dieser Daten umstritten, so ist nun durch das neue TKG in § 113 Abs. 1 ausdrücklich geregelt, dass Zugangsdaten nicht zu den besonders geschützten Verkehrsdaten gehören. 253

f) Standort-/Positions-/Geodaten

Das betriebsbereite Mobiltelefon produziert darüber hinaus Daten, die abhängig sind von dem geografischen Standort, an dem sich das mobile Telefon gerade befindet. Im Stand-by-Betrieb meldet sich das Telefon in der jeweiligen Funkzelle des Betreibers an, um seine Empfangsbereitschaft zu signalisieren. Auf diese Weise erhält der Betreiber regelmäßig Aufenthaltsangaben des Telefons und kann über die Funkzelle die Position des Mobiltelefons identifizieren. Diese Positionsdaten oder Standortdaten gem. § 98 TKG werden völlig unabhängig davon produziert, ob eine tatsächliche Kommunikation über eine Telefonverbindung stattfindet oder nicht. Die Abgabe dieser Positionsmeldungen ist technisch für die Nutzung eines Mobiltelefons zwingend notwendig. Über die **Positionsdaten** ist eine Standortermittlung des Mobiltelefons möglich und damit auch die Erstellung von Bewegungsprofilen. 254

g) Zukünftige Daten

Unter zukünftigen Daten werden diejenigen Daten verstanden, die erst künftig gespeichert und aufgezeichnet werden. Diese Definition ergab sich aus § 100g Abs. 1, letzter Satz StPO a. F., dessen Einführung die Auskunftserteilung hinsichtlich künftig (vom Zeitpunkt der Auskunftsanordnung aus gesehen) entstehender, gespeicherter Verbindungsdaten zulässig machte. Neben den in § 100g Abs. 1 StPO a. F. genannten gehörten auch die nicht ausdrücklich erwähnten Datensätze, die über das Instrument der **Zielwahlsuche** erst erzeugt werden, also erst nach Einsatz entsprechender Suchprogramme durch den Provider entstehen, zu den Daten, über die Auskunft zu erteilen ist. Dabei wurden auch diverse Datenbestände Unverdächtiger abgeglichen, weshalb die Zielwahlsuche sehr umstritten war.[313] 255

Durch das Gesetz zur Neuregelung der Telekommunikationsüberwachung ist der § 100g StPO ebenfalls novelliert worden. Mit der zeitgleichen Einführung der Vorratsdatenspeicherung gem. § 113a TKG ist die Zielwahlsuche stark zurückgedrängt worden, wäre aber weiterhin möglich gewesen.[314] Das Bundesverfassungsgericht[315] hat mit seiner Entscheidung zur Vorratsdatenspeicherung auch § 100g Abs. 1, Satz StPO für nicht erklärt, soweit danach Verkehrsdaten gem. § 113a TKG erhoben werden. Die Reichweite dieser Nichtigkeitsfeststellung ist unklar. Damit ist auch eine Prognose unmöglich, ob die Zielwahlsuche eine Renaissance erleben wird.

---

311 Entsperrcode für Mobiltelefone bzw. -Karten.
312 Auch »Superpin« genannt, wird im Fall des Verlustes des PINs vom Betreiber vorgehalten.
313 Siehe nur *Welp* GA 2002, 535 (545).
314 KK/*Nack* § 100g StPO Rn. 4; umfassend *Sankol* MMR 2008, XVII.
315 BVerfG NJW 2010, 833.

2. (Vorrats-) Datenspeicherung

256 Bis zum 31.12.2007 galt, dass die Anbieter von Telekommunikationsdienstleistung oder Telediensten grundsätzlich nur diejenigen Daten speichern durften, die sie zur Abrechnung ihrer Leistungen oder im Fall von Rechtsstreitigkeiten zur Durchsetzung ihrer Ansprüche benötigten.

Wenn sie nicht zur Abrechnung benötigt wurden, waren die Daten nach Verbindungsende zu löschen; falls die Speicherung erforderlich war, mussten die Daten spätestens nach Ablauf einer Höchstfrist von 6 Monaten gelöscht werden.

257 Im Einzelnen war strittig, was tatsächlich wie lange gespeichert werden durfte. Insbesondere ging es um die Frage, ob die IP-Adresse als Verkehrsdatum bei **Flatrates**, also zur volumenunabhängigen Pauschalabrechnung gespeichert werden darf.

- AG Darmstadt[316]

Es wurde festgestellt, dass die Speicherung der IP-Adresse nicht für die Abrechnung erforderlich und damit rechtswidrig war (betraf T-online), allerdings entstünden trotz der Vereinbarung einer Pauschalvergütung (Flatrate) keine Bedenken, Verkehrsdaten zu speichern, um dem Provider die Durchsetzbarkeit und Beweisbarkeit der Richtigkeit der Abrechnung gegenüber dem Kunden zu ermöglichen.

- LG Darmstadt[317]

In der zweiten Instanz hat das Landgericht die Entscheidung korrigiert und ausgeurteilt, dass nicht nur die IP-Adresse nach Verbindungsende gelöscht werden müsse, sondern bei vertraglicher Vereinbarung einer Flatrate auch das Datenvolumen nicht erhoben werden dürfe, da hiervon das Entgelt nicht abhänge.

Allerdings hat das Landgericht auch bei einer Flatrate keinen Anspruch auf Löschung des Datums »Anfang und Ende der jeweiligen Verbindung« gesehen, da nach dem im Einzelfall geschlossenen Vertrag zeitabhängige Entgelte für Mitbenutzer entstehen können.

Nach dem 01.01.2008 hatte sich die rechtliche Situation ins Gegenteil verkehrt. Aus dem Recht *speichern zu dürfen*, wurde die Pflicht *speichern zu müssen* für die Provider normiert.

258 Nach langer, kontrovers geführter Diskussion trat zum 01.01.2008 das »Gesetz zur Neuregelung der Telekommunikationsüberwachung sowie anderer verdeckter Maßnahmen und Vorratsdatenspeicherung« in Kraft. Während in § 113a TKG die heftig umstrittene anlass- und verdachtsunabhängige **Vorratsdatenspeicherung** eingeführt wurde, regelte § 113b TKG die Verwendung u. a. für die Strafverfolgung. In Abkehr von dem bisher geltenden Grundsatz, wonach die Ermittlungstätigkeit der Strafverfolgungsbehörde immer einen Verdacht voraussetzt, sollte die völlig anlass- und verdachtsunabhängige Speicherung von Daten und der Zugriff hierauf fortan ermöglicht werden.[318]

Seit dem 01.01.2008[319] mussten Provider auf Vorrat für 6 Monate Daten speichern, auch wenn nicht erkennbar war, dass diese Daten in einem konkreten Strafverfahren erforderlich sein könnten. Diese Forderung wurde von Datenschützern und anderen Kreisen aus rechtsstaatlichen Gründen heftig kritisiert. Gespeichert werden sollte, wer mit wem in den letzten 6 Monaten per Telefon, Handy oder E-Mail in Verbindung gestanden hat. Bei Telefonaten

---

316 AG Darmstadt ITRB 2005, 251.
317 LG Darmstadt CR 2006, 249.
318 Zum Umfang der Speicherpflicht: *Hoeren* JZ 2008, 668; *Redeker* ITRB 2009, 112.
319 Gem. § 150 Abs. 12b i. V. m. § 149 Abs. 1 Nr. 37 TKG sollten die Bußgeldvorschriften erst zum 01.01.2009 zum Tragen kommen bzw. waren die Internetzugangsdienste etc. erst ab dem 01.01.2009 zur Speicherung verpflichtet.

vom Mobiltelefon und SMS sollte auch der Standort des Benutzers festgehalten werden. Die Nutzung des Internet sollte zukünftig transparent und nachvollziehbar werden und die Vorratsdatenspeicherung sollte Anonymisierungsdienste erfassen. Schon gegen diesen Gesetzesentwurf wurden ganz erhebliche verfassungsrechtliche Bedenken von diversen Organisationen, Verbänden und Datenschützern vorgebracht.[320] Dennoch hatte der Bundestag am 09.11.2007 den Entwurf mit geringen Änderungen verabschiedet.[321]

Mit Beschluss vom 11.03.2008 hatte das Bundesverfassungsgericht[322] aufgrund eines Eilantrages dem Gesetzgeber einen Riegel vorgeschoben und die Verwendung der gespeicherten Daten deutlich eingeschränkt. Der Aushöhlung des Grundrechtsrechts auf informationelle Selbstbestimmung trat das Verfassungsgericht entgegen, indem es die staatliche Abfrage von auf Vorrat gespeicherten Daten nur noch bei Verdacht schwerer Straftaten im Sinne des §§ 100a ff StPO und bei Vorliegen der Voraussetzungen des § 100a Abs. 1 StPO zuließ. Nach diversen Verlängerungen der einstweiligen Anordnung erging am 02.03.2010[323] endlich die Entscheidung in der Hauptsache. Der Erste Senat entschied: **259**

»... dass die Regelungen des TKG und der StPO über die Vorratsdatenspeicherung mit Art. 10 GG nicht vereinbar sind. Zwar ist eine Speicherungspflicht in dem vorgesehen Umfang nicht von vornherein schlechthin verfassungswidrig. Es fehlt aber an einer dem Verhältnismäßigkeitsgrundsatz entsprechenden Ausgestaltung. Die angegriffenen Vorschriften gewährleisten weder eine hinreichende Datensicherheit, noch ein hinreichende Begrenzung der Verwendungszwecke der Daten. Auch genügen sie nicht in jeder Hinsicht der verfassungsrechtlichen Transparenz und den Rechtsschutzanforderungen. Die Regelung ist damit insgesamt verfassungswidrig und nichtig.«

Das Urteil verpflichtete deutsche Telekommunikationsanbieter zur sofortigen Löschung der bis dahin gesammelten Daten.

II. Auskunftsverpflichtung, § 113 TKG, § 100g StPO[324]

Provider sind zur Auskunft der bei ihnen gespeicherten Daten gegenüber den berechtigten Stellen verpflichtet, wobei die Rechtsgrundlage von der gerade erörterten Qualität des Datums abhängt.[325] Bei hoher Eingriffsintensität (Eingriff in das Fernmeldegeheimnis, Art. 10 GG) darf die Auskunft nur aufgrund eines richterlichen Beschlusses gem. § 100g StPO als Teil, nämlich in der Regel zur Vorbereitung der Überwachung von Telekommunikation, abgefragt werden. **260**

Weniger sensible Daten können ohne richterlichen Beschluss gem. § 112 TKG (**automatisiertes Auskunftsverfahren**), § 113 TKG (**manuelles Auskunftsverfahren**) oder aufgrund allgemeiner Befugnis der Ermittler gem. §§ 161, 163 StPO abgefordert werden. Hierzu gehören auch die Bestands- oder Benutzerdaten (Vertragsdaten) gem. § 97 Abs. 2 Nr. 1–3 TKG und Zugangsdaten, § 103 TKG i. V. m. §§ 161, 163 StPO. Hingegen werden Verkehrsdaten als Verbindungsdaten über das Fernmeldegeheimnis besonders geschützt und erfordern einen förmlichen Beschluss gem. § 100g StPO. **261**

Entsprechend der vorgenommen Einteilung der Daten lässt sich folgende Übersicht über die jeweilige Anspruchslage erstellen: **262**

---

[320] Nähere Informationen unter: www.vorratsdatenspeicherung.de.
[321] S. unter http://dip21.bundestag.de/dip21/btd/16/058/1605846.pdf.
[322] S. unter http://www.bundesverfassungsgericht.de/entscheidungen/rs20080311_1bvr025608.html.
[323] BVerfG NJW 2010, 833.
[324] Die Vorschrift ist nichtig, soweit sie sich auf Verkehrsdaten bezieht, die gem. § 113a TKG erhoben wurden, BVerfG NJW 2010, 833.
[325] Umfassend *Gnirck/Lichtenberg* DuD 2004, 598.

Verkehrsdaten gem. § 96 TKG auch IMSI, IMEI und dynamische IP-Adresse, Erhebung (Auskunft) gem. § 100g, StPO Nutzungsdaten § 15 TMG Erhebung (Auskunft) gem. § 100g StPO. Abrechnungsdaten gem. § 97 Abs. 3 TKG Erhebung (Auskunft) § 100g StPO, sofern es sich um Verkehrsdaten handelt.	Bestands- oder Benutzerdaten gem. § 95 Abs. 2 TKG, § 14 Abs. 1 TMG Auskunft gem. § 113 TKG Zugangsdaten § 113 Abs. 1 S. 2 TKG: Auskunft gem. §§ 161, 163 StPO. Standortdaten/Positionsdaten/GEO- Daten Erhebung (Auskunft) gem. § 100g StPO Stand- by -Betrieb genügt. IP- Abfrage: Auskunft über den Namen hinter der IP-Adresse § 113 TKG oder §§ 161, 163 StPO

263 Da die Vertragsdaten auch Verkehrsdaten und damit auch die dynamische[326] IP- Adresse enthalten können, war es bis Ende 2007 nicht eindeutig, ob auch die IP- Adresse bzw. der Name der Person die hinter der IP-Adresse steht, nach § 113 TGK abgerufen werden konnte oder ob hierfür ein Beschluss gemäß §§ 100g, h StPO a. F. erforderlich war:

§ 113 TGK genügt: LG Stuttgart MMR 2005, 624 und LG Hamburg MMR 2005, 481 mit krit. Anm. *Bär*; LG Würzburg NStZ-RR 2006, 46; LG Offenburg MMR 2008, 361 mit Anm. *Sankol*; OLG Zweibrücken MMR 2009, 45; LG Köln NStZ 2009, 352.

§ 113 TKG genügt nicht – Beschluss gem. §§ 100g, h StPO a. F. erforderlich: LG Bonn DuD 2004, 628 und LG Ulm MMR 2004, 187; LG Frankenthal MMR 2008, 687.

Der Streit geht um die Einordnung der zu ermittelnden Daten.[327] Ob sich dieser durch die Neureglungen der Telekommunikationsüberwachung zum 01.01.2008 erledigt hat ist fraglich. Dies wäre nur dann der Fall, wenn der hinter der IP-Adresse stehende Name als reines Bestandsdatum erfasst ist und damit ohne richterlichen Beschluss abgefragt werden könnte. Das Landgericht Offenburg[328] ist der Auffassung, dass dies nicht eindeutig im TKG geregelt ist, gelangt aber nach Gesetzesauslegung zur der Auffassung, dass »der Gesetzgeber vorgesehen hat, auf Vorrat gespeicherte Daten, wie die IP-Adresse, auch für Auskunftserteilung über Bestandsdaten nach § 113 TKG freizugeben«. Auch das Landgericht Köln geht davon aus, der Gesetzgeber zum 01.01.2008 eine Entscheidung zugunsten der Bewertung als Bestandsdatum getroffen hat, wobei dies allerdings nicht ausdrücklich weder in der StPO noch im TKG geregelt sei.[329] Danach wäre eine richterliche Anordnung gem. § 100g StPO nicht erforderlich und Staatsanwalt und Polizei könnten direkt den Namen hinter der IP-Adresse abfragen.

264 Die Entscheidungsbegründung ist nicht zwingend. Soll die IP-Adresse mit dem dahinter stehenden Namen als *ein* Datum bewertet und dann klassifiziert werden? Oder wird die IP-Adresse (weiterhin) als Verkehrsdatum und der dahinter stehende Name isoliert als Bestandsdatum eingeordnet? Diese Unterscheidung wird auch nach der Neuregung entscheidend sein.[330]

---

326 Im Gegensatz zur statischen IP-Adresse, die ein Bestandsdatum darstellt.
327 Lesenswert *Hoeren* NJW 2008, 3099; *Beck/Kreißig* NStZ 2007, 304.
328 3 Qs 83/07; www.heise.de/newsticker/meldung/107197.
329 LG Köln NStZ 2009, 352 ff., das den gesetzgeberischen Willen aus dem 2. Hs. von § 113b S. 1 TKG die Worte eingefügt »mit Ausnahme einer Auskunftserteilung nach § 113«.
330 Siehe auch *Hoeren* NJW 2008, 3099 (3100), der ebenfalls davon ausgeht, dass die Auskunft, die sich (auch) auf eine dynamische IP-Adresse bezieht, die richterliche Anordnung nach § 100g StPO erfordert.

Sollte man der Auslegung des Landgerichts Offenburg folgen, wäre die Ermittlung des Namens auch nicht von der Eilentscheidung der BVerfG[331] berührt, da § 113b TKG nur Verkehrsdaten betrifft.

Nach der einstweiligen Anordnung des BVerfG vom 11.03.2008 hatte es weitere, kontroverse Entscheidungen gegeben.

Das LG Frankenthal[332] hatte am 21.05.2008 unter ausdrücklichem Hinweis auf die aktuelle Rechtsprechung des BVerfG die Verwertung einer Providerauskunft über eine IP-Adresse eines Nutzers einer Musiktauschbörse nicht zugelassen. In der zweiten Instanz hob das OLG Zweibrücken[333] diese Entscheidung allerdings wieder auf.

Hingegen entschied das LG Köln[334] am 25.06.2008, dass Teilnehmerdaten von dynamischen IP-Adressen zu den mitteilungspflichtigen Bestandsdaten gehören, die nach § 113 TKG vom Provider herausgegeben werden müssen.

Mit der Entscheidung zur Vorratsdatenspeicherung hat das BVerfG auch die Nichtigkeit des § 100g Abs. 1 Satz 1 StPO festgestellt, soweit danach Verkehrsdaten gem. § 113a TKG erhoben werden dürfen. Allerdings sollen weniger strenge verfassungsrechtliche Maßstäbe bei einer nur mittelbaren Verwendung von Daten in Form von behördlichen Auskunftsauskunftsansprüchen hinsichtlich der Ermittlung der Anschlussinhaber bestimmter IP-Adressen gelten. Bei Vorliegen eines Anfangsverdachts sollen die allgemeinen fachrechtlichen Eingriffsermächtigungen – auch ohne richterliche Anordnung – genügen.

Damit dürfte sich der dargestellte Streit erledigt haben. Danach ist ein Auskunftsbegehren betreffend des Anschlussinhabers einer IP-Adresse nach §§ 161, 163 StPO bzw. nach TKG ausreichend.

III. Sperrverfügungen gegen Provider/Gesetzliche Netzsperre

Im Jahr 2001 sorgte eine **Sperranordnung**[335] der Bezirksregierung Düsseldorf gegen einen Access-Provider, ausländische Seiten, die überwiegend rechtsradikale bzw. nationalsozialistische Inhalte aufwiesen, zu sperren für Aufsehen. Es handelt sich um Inhalte, die nach amerikanischem Recht von der Meinungsfreiheit gedeckt waren, während nach deutschem Recht von einer Strafbarkeit wegen Volksverhetzung auszugehen war.

265

Derartige Anordnungen wurden schon damals unter verschiedenen Aspekten diskutiert.[336] Die Bundesfamilienministerin hatte Ende 2008 mit ihrer Forderung nach einer Blockade von Webseiten mit kinderpornographischen Inhalten durch (Access-)Provider die Debatte um das Instrument der **Internetsperre**[337] neu entfacht und eine heftige Diskussion ausgelöst. Erheblicher moralischer Druck wurde dabei auf die Provider ausgeübt, die sich »freiwillig« in einer Vereinbarung mit dem Bundesinnenministerium und/oder Bundeskriminalamt zur Sperrung kinderpornographischer Inhalte im Internet verpflichten sollten. Nachdem sich einige Provider dem Druck beugten und Selbstverpflichtungen unterzeichneten, wurde das **Zugangserschwerungsgesetz** auf den Weg gebracht und am 18.06.2009

266

---

331 S. http://www.bundesverfassungsgericht.de/entscheidungen/rs20080311_1bvr025608.html.
332 MMR 2008, 687.
333 MMR 2009, 45.
334 LG Köln NJW-RR 2008, 915.
335 S.OVG Nordrhein-Westfalen, CR 2003, 361 m. Anm. *Vassilaki*.
336 *Stadler* Rn. 141, der schon die damalige Sperranordnung außerordentlich skeptisch betrachtet und zu dem Ergebnis kam, dass die Umsetzung bestimmter technischer Maßnahmen unverhältnismäßig sei und dem in Anspruch genommenen Access-Provider ein Entschädigungsanspruch gegen den Staat wegen Aufopferung für das gemeine Wohl zustehen müsse.
337 Umfassend *Marberth-Kubicki* NJW 2009, 1792.

im Bundestag verabschiedet. Damit sollten Diensteanbieter auf der Grundlage von Sperrlisten des BKA zur Blockade der benannten Internetangebote gezwungen werden.

267 Bereits vor Verabschiedung am 18.06.2009 im Bundestag wurde der Entwurf massiv von verschiedenen Seiten kritisiert.

Unter Experten[338] galt und gilt das bloße Sperren von Internetseiten als nicht effizient genug, um **Kinderpornografie** zu verhindern, weil die Inhalte lediglich versteckt würden und die Umgehung der Sperre technisch unproblematisch sei.[339] Gegner befürchten zudem, dass das Gesetz als Einstieg in eine umfassende staatliche Zensur-Infrastruktur missbraucht werden könnte. Würden Provider verpflichtet technische Kontrolleinrichtungen zu installieren sei es nur eine Frage der Zeit, bis Forderungen laut würden, auch andere unerwünschte Inhalte zu blockieren. Erhebliche verfassungsrechtliche Bedenken bestehen bis heute.

Noch bevor der Gesetz in Kraft hat verständigte sich nach der Bundestagswahl die schwarz-gelbe Koalition auf das Prinzip »Löschen statt Sperren« und vereinbarte die Aussetzung der gesetzlich vorgesehenen Blockaden für zunächst ein Jahr. Selbst in der CDU, die ursprünglich Vorreiter für die Gesetzesinitiative war, verlor das Gesetz an Rückhalt.

Mit Spannung wurde die Entscheidung des Bundespräsidenten erwartet. Im Dezember hieß es in einer Antwort der Bundesregierung auf die kleine Anfrage der Fraktion der Linken noch, dass nicht bekannt sei, ob und wann der Bundespräsident das Gesetz ausfertigen werde. Auch im Januar 2010 wurde noch gerätselt, ob und wann das Sperrgesetz kommen würde.

Überraschend erfolgte dann die Ausfertigung des Gesetzes am 17.02.2010, mit der Begründung, dass keine durchgreifenden verfassungsrechtlichen Bedenken bestünden.

Damit ist das Zugangserschwerungsgesetz wirksam in Kraft getreten und uneingeschränkt gültig.

Allerdings hat es in allen politischen Lagern vollständig an Bedeutung verloren. Trotz des Inkrafttretens am 23.02.2010 wird das Gesetz nicht angewandt. Eine groteske Situation.[340] Unter erheblichen Protesten ist ein Gesetz durchgedrückt worden, dass schon vor Inkrafttreten die Akzeptanz verloren hat und nicht zur Anwendung gelangen soll. Die Folge ist eine große Rechtsunsicherheit. Das Bundeskabinett hat inzwischen aber einen Gesetzesentwurf zur Aufhebung des Zugangserschwerungsgesetzes auf den Weg gebracht.[341]

IV. Haftung für Inhalte/Privilegierung, §§ 7–10 TMG

268 Zum 01.03.2007 hat das Telemediengesetz (TMG) das Teledienstegesetz (TDG) und Teledienstedatenschutzgesetz (TDDSG) sowie die länderrechtlichen gleich lautenden Regelungen des Mediendienstestaatsvertrags (MDStV) abgelöst. Das System der Providerhaftung mit den Haftungserleichterungen ist vollständig im das TMG implementiert worden. Die Providerhaftung selbst ist bereits in Kap. 8 ausführlich dargestellt worden, sodass die nachfolgenden Ausführungen nur die strafrechtlichen Besonderheiten darstellen. Lediglich zum besseren Verständnis werden die Grundsätze kurz wiederholt.

---

338 S. http://www.heise.de/newsticker/Rechtsprofessor-kritisiert-Vertragsentwurf-fuer-Kinderporno-Sperren-/meldung/132714.
339 *Sieber/Malaika*, Sperrverfügungen im Internet- Nationale Rechtsdurchsetzung im globalen Cyberspace?; *Frey/Rudolph*, Rechtsgutachten zur »Evaluierung des Haftungsregimes für Host- und Access- Provider im Bereich der Telemedien«, www.bvdw.org.
340 *Marberth-Kubicki* NJW-Aktuell 2010, 12 f.
341 S. http://www.bundesregierung.de/Content/DE/Artikel/2011/05/2011-05-25-aufhebung-zugangserschwerungsgesetz.html.

IV. Haftung für Inhalte/Privilegierung, §§ 7–10 TMG

Wer Inhalte im Internet zur Verfügung stellt, ist dafür verantwortlich. Die allgemeinen Regeln nach den unterschiedlichen Vorschriften des Zivil- und Strafrechts gelten auch für das Internet. Eine Besonderheit gilt allerdings für diejenigen, die Dienste im Internet anbieten. Auf die rechtliche Problematik der sogenannten **Providerhaftung** wurde die Öffentlichkeit durch den Compuserve Fall[342] aufmerksam. **269**

Das Amtsgericht München hatte den Geschäftsführer der **Compuserve** Deutschland zu einer zweijährigen Freiheitsstrafe (Bewährung) wegen Zugänglichmachen pornografischer Schriften verurteilt. Die Compuserve Deutschland habe Kenntnis von den pornografischen Schriften erlangt und sei verpflichtet gewesen, durch Sperrung des Zugangs die Nutzung zu verhindern, was ihr technisch möglich und zuzumuten gewesen sei. Eine Haftungsbeschränkung nach (damals) § 5 Abs. 3 TDG komme nicht in Betracht, da die Compuserve nicht mehr nur Zugangsanbieter sei. Vielmehr sei ihr die Nutzungsbereithaltung durch die Mutterfirma in den USA zuzurechnen, was zum Ausschluss der Haftungsprivilegierung führe. **270**

Diese Entscheidung wurde massiv angegriffen.

In der Berufungsinstanz hob das Landgericht München I[343] das Urteil auf und sprach den Geschäftsführer frei. Bei der Compuserve Deutschland habe es sich um einen reinen Zugangsvermittler gehandelt, für den die Haftungsbeschränkung des § 5 Abs. 3 TDG a. F. greife.

Letztlich erfuhr das System der **Haftungsprivilegierung** für Provider durch diesen Fall im Jahr 2001 eine deutliche Präzisierung der Verantwortlichkeitsregelungen in § 8–10 TDG (6–9 MDStV). **271**

Diensteanbieter ist jede natürliche oder juristische Personen, die eigene oder fremde Teledienste zur Nutzung bereithält oder den Zugang dazu vermittelt, § 2 Nr. 1 TMG, also vor allem Content-Provider, Host-Provider und Access-Provider.

Grundsätzlich gilt, dass ein Provider weder generell verpflichtet ist, auf seinem Server befindliche Informationen zu überwachen, noch nach rechtswidrigen Inhalten zu forschen, § 7 TMG (vormals § 8 TDG, MDStV). Das Haftungssystem gilt für alle Rechtsgebiete, auch für das Strafrecht.[344] Im Einzelnen ist zwischen Verantwortung für eigene und fremde Inhalte zu unterscheiden. **272**

1. Content-Provider, § 7 Abs. 1 TMG

Wer eigene Inhalte präsentiert, ist für diese Inhalte haftbar. Der Content-Provider ist für alle eigenen Inhalte strafrechtlich voll verantwortlich und wird nicht privilegiert. Dies gilt nicht nur für Gewerbetreibende. Auch Privatpersonen haften für ihre Inhalte nach den allgemeinen Regeln. Insofern besteht kein Unterschied zwischen der realen und der digitalen Welt. Eine beleidigende Äußerung ist offline und online strafbar. Fremde Informationen sind wie eigene zu beurteilen, wenn sich der Diensteanbieter aus der Sicht eines objektiven Nutzers die Informationen zu Eigen gemacht hat, z. B. beim Setzen von Hyperlinks (s. Rdn. 288–290). **273**

2. Access-Provider, § 8 TMG

Der Access-Provider bietet dem Nutzer Zugang zu fremden Inhalten. Außer dem bloßen technischen Kommunikationsvorgang werden keine weiteren Informationen oder Dienste **274**

---

342 AG München NStZ 1998, 518.
343 NJW 2000, 1051 ff.
344 OLG Stuttgart MMR 2002, 746; Schwarz/Peschel-Mehner/*Schwarz/Poll* Fach 20 ab Rn. 1.

zur Verfügung gestellt. Für diese fremden Inhalte ist der Zugangsvermittler nicht verantwortlich. Auf die Kenntnis der Inhalte kommt es dabei nicht an, da der reine Zugangsanbieter keine Einflussmöglichkeiten auf die strafbaren Inhalte hat.

275 Neben den reinen Zugangsanbietern können auch Peer-to-Peer-Systeme,[345] E-Mail-Dienste[346] und W-Lans unter § 8 TMG fallen. Schließlich sind als Zugangsvermittler auch die Anbieter anzusehen, die auf sonstige Weise im technischen Sinne den Weg zu fremden Informationen innerhalb eines Kommunikationsnetzwerkes eröffnen, wie die Betreiber von Internetcafes und Computerpools. Die Privilegierung des Zugangsvermittlers ist vor dem Hintergrund der mangelnden technischen Kontrollmöglichkeiten bei der reinen Zugangsvermittlung zu verstehen.

276 Ein **Haftungsausschluss** kommt in Betracht, wenn der Anbieter
- die Übermittlung nicht veranlasst,
- den Adressaten der übermittelten Information nicht ausgewählt und
- die übermittelten Informationen nicht ausgewählt oder verändert hat.

Diese Haftungsbeschränkung **entfällt**, wenn der Access-Provider
- auf den Inhalt der Information Einfluss nimmt, oder
- kollusiv mit einem Nutzer seines Dienstes zusammenarbeitet, um rechtswidrige Handlungen zu begehen.

277 Welcher Art die Zusammenarbeit zwischen Dienstanbieter und Nutzer sein muss, um die strafrechtliche Haftung bei dem Access-Provider auszulösen, ist wiederum nicht eindeutig. Mit *Sieber*[347] ist eine objektive Gefahrsteigerung erforderlich. Erst wenn der Anbieter Sonderrisiken schafft, kommt eine Strafbarkeit in Betracht. Straflos bleibt er danach, wenn sich lediglich das Risiko realisiert, dass der Nutzer den Zugang zum Auffinden strafbarer Informationen missbraucht, die üblicherweise im Internet zu finden sind.[348]

278 Nach wie vor umstritten ist die Anwendbarkeit der **Haftungsprivilegien** auf verschuldensunabhängige Unterlassungsansprüche im Rahmen einer Störerhaftung.[349] Hierzu wird auf Kap. 8 verwiesen.

279 In der strafrechtlichen Praxis besteht trotz des eindeutigen Wortlauts offenbar immer noch Unsicherheit, ob und wie die Haftungsprivilegien bei den Access-Providern zur Anwendung gelangen sollen. So hat das Landgericht Frankfurt ein Verfahren gegen den Betreiber eines Computernetzdienstes wegen des Verdachts der Verbreitung kinderpornografischer Bilder gegen Zahlung einer Geldbuße von 10.000,– € gem. § 153a StPO eingestellt.[350] Zur Begründung soll sich die Kammer auf »die großen rechtlichen Unsicherheiten« bezogen haben. Es gäbe noch keinerlei Grundsatzurteile darüber, inwieweit ein Netzbetreiber als Access-Provider für die Inhalte seiner Dienste haftbar gemacht werden könnte. War dem Beschuldigten ein kollusives Vorgehen, das die Verwirkung der Haftungsprivilegierung nach sich gezogen hätte, nicht nachzuweisen, wäre ein Freispruch sachgerecht gewesen.

---

345 *Spindler/Schmitz/Geis* § 8 TDG Rn. 15, 22.
346 OLG Karlsruhe CR 2002, 751 entschied, dass ein Free-Mail-Diensteanbieter nicht für den Versand unbestellter Werbung verantwortlich ist.
347 *Sieber* Rn. 293.
348 *Malek* Rn. 100; so im Ergebnis für das Internetcafe der Einstellungsbescheid der Staatsanwaltschaft München I 16.01.1997, 467 Js 329998/96: Der Betreiber eines Internetcafes kann grundsätzlich davon ausgehen, dass der durchschnittliche Benutzer die von ihm zur Verfügung gestellten Geräte nicht für Straftaten benutzen werde.
349 Keine Anwendung: BGH GRUR 2004, 860 – Rolex, mit Hinweis auf § 8 Abs. 2 S. 2 TDG; *Stadler* Rn. 26; Anwendung auch auf Unterlassungsansprüche: OLG Brandenburg CR 2002, 696; OLG Düsseldorf MMR 2004, 315.
350 S. www.heise.de News vom 19.01.2007.

IV. Haftung für Inhalte/Privilegierung, §§ 7–10 TMG

3. Caching, § 9 TMG

Die automatische Zwischenspeicherung von fremden Informationen erfolgt regelmäßig im Rahmen des **Proxycaching**.[351] Hierbei stellt der Provider seinen Server zur Verfügung, um bereits vom Internetnutzer abgerufene Informationen für dessen verkürzten Zugriff zeitlich begrenzt zur Verfügung zu stellen. Die Zwischenspeicherung führt wie beim Access-Provider ebenfalls zu einer **Haftungsbefreiung**, wenn er 280

- die zwischengespeicherten Informationen nicht verändert,
- die Bedingungen für den Zugang zu den Informationen beachtet,
- die Regeln für die Aktualisierung der Information, die in weithin anerkannten und verwendeten Industriestandards festgelegt sind, einhält,
- die erlaubte Anwendung von Technologien zur Sammlung von Daten über die Nutzung der Information, die in weithin anerkannten und verwendeten Industriestandards festgelegt sind, nicht beeinträchtigen und
- unverzüglich handelt, um im Sinne dieser Vorschrift gespeicherte Informationen zu entfernen oder den Zugang zu ihnen zu sperren, sobald er Kenntnis davon erhalten hat, dass die Informationen am ursprünglichen Ausgangsort der Übertragung aus dem Netz entfernt wurden oder der Zugang zu ihnen gesperrt wurde oder ein Gericht oder eine Verwaltungsbehörde die Entfernung oder Sperrung angeordnet hat.

Die Privilegierung entfällt auch hier, wenn der Anbieter absichtlich mit dem Nutzer strafbare Handlungen verwirklicht.

4. Host-Provider, § 10 TMG

Der Host-(Service)-Provider hält fremde Inhalte zur Nutzung bereit. Zu den gängigen Leistungen gehören die Vermietung von Webservern, Registrierungen und Betrieb von Domains etc. Nach § 10 TMG haftet der Host-Provider nur, wenn er Kenntnis von den strafbaren Inhalten hat. Außerdem muss es ihm technisch möglich und zumutbar sein, die Nutzung zu verhindern. 281

a) Kenntnis

Der Verantwortungsausschluss setzt voraus, dass der Provider bei positiver Kenntnis von rechtswidrigen Inhalten diese im Rahmen des technisch Zumutbaren entfernt hat bzw. die Nutzung verhindert. Eindeutig bedarf es der **positiven Kenntnis**, ein Kennenmüssen genügt, gerade im Strafrecht, nicht. In einer richtungsweisenden (zivilrechtlichen) Entscheidung hat der BGH[352] klargestellt, dass die konkrete Kenntnis erfordere, dass dem Provider der inkriminierte Inhalt derart mitgeteilt wird, dass er den Inhalt ohne Weiteres finden kann. Diffusen Andeutungen muss er nicht nachgehen, eine Überwachungs- oder Nachforschungspflicht trifft ihn nicht. 282

b) Tätigwerden

Im Fall der positiven, konkreten Kenntnis ist der Host-Provider gehalten, **unverzüglich** tätig zu werden, um die Information zu sperren oder die weitere Nutzung zu verhindern.[353] Dabei genügt es, wenn unverzügliche entsprechende Tätigkeiten entfaltet werden, die tatsächliche Sperrung allerdings erst zeitlich verzögert eintritt. 283

---

351 Schwarz/Peschel-Mehner/*Beuckelmann/Rubach/Leinone/Wild* Fach 17 Rn. 40.
352 BGH CR 2004, 48 (50); *Stadler* Rn. 105, 108.
353 Entsprechend der Legaldefinition in § 121 Abs. 1 BGB.

c) Zumutbarkeit

284 Letztlich muss die Verhinderung der Nutzung rechtswidriger Inhalte bzw. Informationen technisch möglich und zumutbar sein. Zu bedenken ist, dass die Sperrung von möglicherweise Hunderten von HTML-Seiten notwendig ist, nur um eine Unterseite von der Nutzung auszunehmen. Auch ist der Provider zu Wahrung des Fernmeldegeheimnisses verpflichtet, sodass er sich nicht ohne Einwilligung des Kunden dessen Zugangsdaten verschaffen kann, um z. B. eine betroffene Seite zu entfernen. Eine Abwägung ist deshalb im Einzelfall vorzunehmen.

285 Strafrechtlich wird der Host-Provider in der Regel nur wegen **Teilnahme an der Haupttat** des Content-Providers verfolgt werden können.

5. Dogmatische Zuordnung der Haftungsprivilegierung

286 Ungeklärt ist nach wie vor, wie das Haftungsprivileg dogmatisch zuzuordnen ist. Die Schwierigkeiten ergeben sich daraus, dass der Begriff der Verantwortlichkeit nicht abschließend definiert ist und die Haftungsregelungen eine Sonderregelung für alle öffentlich-rechtlichen und privatrechtlichen Haftungsfragen darstellen. Weit verbreitet ist die Auffassung, dass die Verantwortlichkeit vorab geprüft werden müsse, bevor die Maßstäbe anderer Rechtsgebiete eingreifen könnten, so genannte Vorfilter-Theorie.[354] Da durch die Vorprüfung die Gefahr bestehe, dass die allgemeinen Haftungsgrundlagen nicht ausreichend beachtet werden, will Stadler einen Nachfilter außerhalb des herkömmlichen Verbrechensaufbaus in der Verantwortlichkeitsebene annehmen.[355]

287 Zum Teil wird in der Literatur eine Modifikation auf der Tatbestandsebene vorgezogen,[356] während ein anderer Teil der Literatur[357] und zum Teil die Rechtsprechung[358] die Privilegierungsnormen im Rahmen der Schuldebene ansiedeln, was allerdings zu unlösbaren Problemen bei verschuldensunabhängigen Ansprüchen, z. B. bei Gefährdungshaftung führen muss. Auch wird vertreten, dass es sich bei der Haftungsfreistellung um einen Strafausschließungsgrund handele.[359] So wenig den Praktiker in der Regel akademische Streitigkeiten interessieren, so sehr gewinnt die dogmatische Einordnung der Verantwortlichkeitsregel an Bedeutung bei Fragen des Irrtums oder der Teilnahme. Hier kann es entscheidend sein, auf welcher Ebene des Verbrechensaufbaus die Ausschlusswirkung zum Tragen kommt.

6. Einzelfragen

a) Hyperlinks

288 Bei der Verwendung von **Hyperlinks**,[360] die die internettypische Verknüpfung der im Internet befindlichen Inhalte ermöglichen, ist der Linksetzer voll nach den allgemeinen Regeln verantwortlich und haftbar. Auch im neuen TMG ist das Linking nicht privilegiert worden. Damit bleibt es bei der klassischen Prüfung der Strafbarkeit. Eine Besonderheit besteht insofern, dass trotz Prüfung nach den allgemeinen Grundsätzen die bekannte Abgrenzungsfrage, wann dem Linksetzer ein virtuelles Angebot als eigenes zugerechnet werden muss, zu beantworten ist.

---

354 BGH NJW 2003, 3764; Schwarz/Peschel-Mehner/*Schwarz/Poll* 20 G, 1.3.3. Rn. 52; *Sieber* Rn. 246.
355 *Stadler* Rn. 20; im Ergebnis auch *Pelz* wistra 1999, 53 (58).
356 *Spindler* NJW 1997, 3193, der ein akzessorisches Tatbestandselement annimmt; *Freytag* ZUM 1999, 185 (189), der den Ausschluss eines Zurechnungszusammenhangs auf Tatbestandsebene fordert.
357 *Vassilaki* MMR 1998, 630.
358 LG München I NJW 2000, 1051.
359 *Hegmanns* JA 2001, 71 (78).
360 Umfassend *Gercke* S. 95.

Nach den allgemeinen Grundsätzen ist dem Linksetzer ein virtuelles (fremdes) Angebot als **289** eigenes zuzurechnen, wenn er sich dieses zu eigen macht. Er ist dann wie derjenige zu behandeln, der eigene Inhalte zur Verfügung stellt.[361] **Zu-Eigen-Machen** wird verstanden als Solidarisierung mit dem Inhalt, auf den verlinkt wird. Dieses kann angenommen werden, wenn sich der Linksetzer nicht ausreichend von dem Inhalt distanziert.[362] Ist von einem »Zu-Eigen-Machen« auszugehen, wäre der Linksetzer in der Regel als Täter, zumindest aber als Teilnehmer z. B. der Verbreitung verbotener Schriften zu qualifizieren. So hatte auch das OLG Stuttgart[363] festgestellt, dass ein Linksetzer, der verbotene Inhalte wie z. B. rechtsradikale Propaganda im Internet zugänglich mache, dafür grundsätzlich strafrechtlich verantwortlich sei. Ein Freispruch kam in diesem Fall zustande, weil sich der Beschuldigte erfolgreich auf § 86 Abs. 3 StGB berufen konnte, der Tatbestände, die die verfassungsrechtlich gewährleistete Meinungs- und Informationsfreiheit betreffen, von der Strafbarkeit ausnimmt. Ob letztlich ein Zu-Eigen-Machen fremder Inhalte mit den aufgezeigten Konsequenzen vorliegt, kann nur unter Berücksichtigung der Umstände des Einzelfalls beurteilt werden.

Die Verwendung allgemein gehaltener Haftungsausschlusserklärungen, **Disclaimer**, ist nur **290** von sehr geringem Nutzen. Eine Distanzierung in allgemeiner Form, wie z. B. »Wir zeichnen für die Inhalte nicht verantwortlich« ist bedeutungslos, wenn sich aus dem Zusammenhang etwas anderes ergibt. Dies wird leicht verkannt. Gleichwohl werden derartige Freizeichnungserklärungen als eine von verschiedenen Vorsichtsmaßnahmen zu Recht empfohlen.[364]

b) Gästebücher, Foren und Suchmaschinen

Wer auf seiner Internethomepage ein **Gästebuch** zur Verfügung stellt, in dem die Besucher **291** der Seite selbst Nachrichten hinterlegen und bestehende Nachrichten lesen können, bietet fremde Inhalte, nämlich Informationen Dritter, auf seiner Internetseite an.

Es stellt sich die Frage, ob der Betreiber der Internetseite damit einem Host-(Service)-Provider gleichzustellen ist, der gem. § 11 TDG nur bei positiver Kenntnis (und anschließender **292** Untätigkeit) rechtswidriger Inhalte haftet oder ob ein »Zu-Eigen-Machen« fremder Informationen vorliegt, das zur vollständigen Verantwortlichkeit, wie in § 8 TDG für den Content- Provider formuliert, führt.

Während in der Literatur[365] die Grundsätze der Host-(Service)-Providerhaftung mit den Möglichkeiten der Privilegierungen herangezogen werden, wird in der Rechtsprechung eine extensive Auslegung des Begriffs des »Zu-Eigen-Machens« erkennbar, mit der Folge, dass eine Haftung nach den Regelungen der Haftung für eigene Inhalte einschlägig sein soll.[366] Dabei wird die Auffassung vertreten, dass der Betreiber eines Gästebuches die Verpflichtung hat, regelmäßige Kontrollen auf (strafrechtlich relevante) Inhalte durchzuführen, jedenfalls dann, wenn er mit derartigen Inhalten rechnen muss. Die Kontrolle habe in regelmäßigen Abständen zu erfolgen. In dem der Entscheidung zugrunde liegenden Fall wurde von einer wöchentlichen Überprüfungspflicht ausgegangen.[367] Anders sah dies das LG Köln,[368] das mangels Überwachungs- und Forschungspflicht eine Kontroll-

---

361 AG Tiergarten CR 1998, 111.
362 BGH NJW 1996, 1131; OLG Stuttgart CR 2006, 542; LG Stuttgart, CR 2005, 675; *Hoeren*, Skript Internetrecht, September 2010, Rn. 639; a. A. *Stadler* Rn. 156.
363 OLG Stuttgart CR 2006, 542.
364 S. www.e-Recht24.de.
365 *Gercke* ZUM 2003, 349 (355).
366 LG Düsseldorf MMR 2003, 61; auch LG Trier MMR 2002, 694 mit Anm. *Gercke*.
367 LG Trier MMR 2002, 694.
368 LG Köln MMR 2003, 601.

pflicht verneint und eine Verpflichtung zum Tätigwerden erst nach Kenntniserlangung annimmt.

293 Das Angebot in Gästebüchern ist vergleichbar mit den Inhalten in **Diskussionsforen**. Auch hier hat eine Abgrenzung zwischen eigenen bzw. zu eigen gemachten und fremden Inhalten stattzufinden, um die Haftungsfolgen anzuknüpfen.

294 Für **Suchmaschinenbetreiber** entfällt die Möglichkeit einer Privilegierung gem. §§ 7–10 TMG. Es gelten die allgemeinen Grundsätze. Danach kommt eine Haftung bei Kenntniserlangung (nur) dann in Betracht, wenn es sich um offensichtliche Verletzungen handelt, die ohne Weiteres als rechtswidrig erkannt und beseitigt werden können. Denkbar sind allenfalls Fälle, in denen der Haupttäter, der Content-Provider, bereits verurteilt wurde und der Suchmaschinenbetreiber hierdurch sichere Kenntnis von der Rechtswidrigkeit z. B. kinderpornographischer Seiten erhält.[369]

Eine Strafbarkeit des Betreibers von Suchmaschinen, die automatisch, nicht willentlich, Informationen aufnehmen, kommt in der Regel nicht in Betracht. Anders ist dies bei den Suchwerkzeugen der Kataloge und Verzeichnisse, da hier eine redaktionelle Auswahl getroffen wird. Hier bietet sich die Anwendung der Haftungskriterien zu den Hyperlinks an.[370]

c) Weiterleitung von E-Mails

295 Wer E-Mails verfasst, ist für deren Inhalt grundsätzlich verantwortlich. Ebenso wie bei der Benutzung anderer Medien ist die Versendung einer E-Mail mit rechtswidrigem Inhalt strafbar. Dies gilt auch, wenn eine E-Mail mit strafbarem Inhalt »nur« weitergeleitet wird, sofern der Weiterleitende durch eine zusätzliche Mitteilung oder durch die Art und Weise der Weiterleitung dokumentiert, dass er sich diesen Inhalt zu eigen macht.[371] Eine versehentliche Weiterleitung einer E-Mail mit z. B. beleidigendem Inhalt ist nicht strafbar (in der Praxis kann es aber schwierig sein, die Strafverfolgungsbehörde von dem Fehlen des Vorsatzes und vom Vorliegen eines Versehens zu überzeugen).

296 Angesichts erheblicher Schäden durch Virenattacken oder Phishingmails etc. nimmt die Weiterleitung von Schadstoffprogrammen mittels E-Mail in der Haftungsdiskussion stark an Bedeutung zu. Mithilfe vielversprechender Betreffzeilen gelingt es den Virenschreibern, den Empfänger zum Öffnen der angehängten Dateien zu bewegen. Auf diese Weise gelangen Viren, Würmer, trojanische Pferde und andere Eindringlinge in den Computer und das Netzwerk. Je nach technischer Variante ist der Vorgang der Infektion und Wirkung derselben und der Weiterverbreitung unterschiedlich ausgestaltet. Welche schädlichen Folgen eintreten können, dürfte inzwischen jedem Nutzer bewusst sein. Harmlos sind noch die Abstürze des eigenen Systems. Gefährlich sind dagegen eindringende Programme, die Daten manipulieren. Die Gefahr potenziert sich, wenn es sich um besonders schützenswerte Daten, z. B. bei Berufsgeheimnisträgern handelt. Wer vorsätzlich Sabotageprogramme mittels E-Mails weiterleitet, kommt zumindest als Teilnehmer einer Straftat gem. §§ 303a, 303b StGB etc. in Betracht.

d) Urheberrechtsverletzungen – P2P-Netze

297 Die Privilegierungstatbestände von §§ 8–10 TMG gelten auch für Sachverhalte aus dem Urheber- oder Kennzeichenrecht. Insofern hat sich gegenüber der Regelung in §§ 9–11 TDG nichts geändert. Dem Betreiber eines P2P-Systems, der als Hostprovider qualifiziert wird,

---

369 *Stadler* Rn. 244.
370 *Stadler* Rn. 245.
371 BayObLG 11.11.1997, 4 St RR 232/97.

kommt ebenfalls eine Haftungsbeschränkung zugute. Auf Schadensersatz würde er nur in Anspruch genommen werden können, wenn er Tatsachen oder Umstände kannte, aus denen die rechtswidrige Handlung oder Information offensichtlich wird.[372] Diese Kenntnis ist wiederum Voraussetzung, um eine strafrechtliche Verantwortung, die an eine vorsätzliche Begehung anknüpft, auszulösen. Nur bei erkennbar gewollter Förderung von Urheberrechtsverletzungen ist eine Strafbarkeit von Betreibern von P2P-Netzen denkbar.

e) Anonymisierungsserver

In jüngster Zeit machen Strafverfolgungsbehörden durch den Einsatz technischer Ermittlungsmethoden von sich reden. So wurden 2006 in einer größeren Aktion Anonymisierungsserver beschlagnahmt,[373] Kreditinstitute zum Abgleich von millionenfachen Datensätzen aufgerufen[374] oder Onlinedurchsuchungen[375] mittels Trojanern beantragt. Dass gerade Anonymisierungsserver den Ermittlern ein Dorn im Auge sind, ist nachvollziehbar. Ebenso ist nachvollziehbar, dass z. B. Betreiber eines TOR-Onion-Router[376] diese Entwicklung beunruhigt beobachten. Zumindest der Bertreiber eins Exit-Nodes könnte ermittelt und in Anspruch genommen werden, da er stellvertretend für den eigentlichen Nutzer die Daten mit seiner IP-Adresse zum Zielrechner überträgt.   **298**

Nach der **W-Lan-Entscheidung** des Landgerichts Hamburg[377] stellt sich nicht nur die Frage nach einer möglichen Störerhaftung und Unterlassungs – evtl. sogar – (Schadensersatz-)verpflichtungen (s. dazu ausf. Kap. 8 Rdn. 90 f.), sondern auch das Problem der strafrechtlichen Verantwortung. Der Betreiber eines Anonymisierungsservers stellt (im Gegensatz zum offenen W-LAN) wissentlich anderen Personen sein Netz zur Verfügung und verfügt grundsätzlich über die Kenntnis, dass dieses Netz auch zur Verbreitung von verbotenen Schriften oder für Urheberrechtsverletzungen missbraucht werden kann. Da für eine vorsätzliche Begehung auch ein bedingter Vorsatz im Sinne von »billigend in Kauf nehmen« genügt, könnte die Staatsanwaltschaft durchaus auf die Idee kommen, dass der Betreiber zumindest als Beihelfer billigend in Kauf nehmen könnte, dass ein unbekannter Nutzer z. B. kinderpornografisches Material vertreibt und er durch Zurverfügungstellung des Anonymisierungsservers hierzu als Teilnehmer fungiert.   **299**

Diese Betrachtung wäre allerdings völlig konturenlos und würde zu einer nicht hinnehmbaren Ausdehnung einer Strafbarkeit ins Vorfeld strafbarer Handlungen führen. Deshalb muss auch der TOR-Betreiber zumindest positive Kenntnis von der Verbreitung illegaler Inhalte (wer macht was wann?) haben, um ihm Vorsatz zu unterstellen, falls er weiterhin den Anonymisierungsserver zur Verbreitung im konkreten Fall bzw. zur Nutzung bereithält. Erst dann wäre ein strafrechtlicher Haftungsansatz denkbar. Ob und wie allerdings der Betreiber bei erfolgreicher Anonymisierung entsprechende Kenntnisse erhalten bzw. strafbewehrte Inhalte aussondern soll, um nicht in den Verdacht der Teilnahme zu geraten, ist zumindest fraglich.   **300**

---

372 *Stadler* Rn. 278.
373 S. www.heise.de/newssticker/meldung/78246.
374 S. www.heise.de/newssticker/meldung/83376.
375 Der Antrag wurde vom Ermittlungsrichter des BGH zurückgewiesen, MMR 2007, 279.
376 Das Anonymisierungsnetz TOR nutzt ein Verfahren, das sich »Onion Routing« nennt. Die Onion-Router kommunizieren untereinander über verschlüsselte Verbindungen, wobei sie eine von drei unterschiedlichen Rollen übernehmen: Entry-Nodes dienen als Eingangspunkt zum Anonymisierungsnetz, Middle-Nodes als Bote oder Übergabestelle innerhalb des Netzes und Exit-Nodes als Ausgang. Das Maß der Anonymität, das dieses Netzwerk bietet, hängt von der Anzahl der vernetzten Onion-Router ab, denn sie bestimmen die Anzahl der möglichen Wege durch das TOR-Netz.
377 LG Hamburg MMR 2006, 763; siehe aber BGH GRUR 2010, 633 – Sommer unseres Lebens, der die Folgen der Störerhaftung für W-LAN-Betreiber eingeschränkt hat.

D. Prozessuales Recht

301 Das nachfolgende Kapitel widmet sich dem Strafprozessrecht. Der Gang des Strafverfahrens wird im Überblick dargestellt und nur einige Besonderheiten vertieft. Die wichtigsten Instrumente der Beweisgewinnung werden ebenfalls behandelt.

I. Überblick über das Strafverfahren

302 Das Strafverfahren[378] ist in Ermittlungsverfahren, Zwischenverfahren und Hauptverfahren mit der Hauptverhandlung gegliedert. Die maßgeblichen Vorschriften enthält die Strafprozessordnung. In der Regel wird ein Strafverfahren durch eine Strafanzeige initiiert. Aber auch von Amts wegen werden **Ermittlungsverfahren** eingeleitet, wenn der (Anfangs-)Verdacht einer Straftat angenommen wird. Die Staatsanwaltschaft hat dann nach dem Legalitätsprinzip gem. §§ 152 Abs. 2, 160 Abs. 1 StPO das Ermittlungsverfahren einzuleiten und die Ermittlungen aufzunehmen. Nach Abschluss der Ermittlungen ist zu prüfen, ob öffentliche Klage (Anklage) zu erheben oder das Verfahren einzustellen ist.

303 Mit dieser Abschlussverfügung ist das Ermittlungsverfahren, in dem die Staatsanwaltschaft die »Herrin des Vorverfahrens« war, beendet. Entschließt sich die Staatsanwaltschaft zur Anklageerhebung, so beginnt mit Einreichung der Anklage bei dem Gericht das sog. **Zwischenverfahren**. Das zuständige Gericht entscheidet in dieser Phase darüber, ob das Hauptverfahren zu eröffnen ist und die Anklage zur Hauptverhandlung zugelassen wird, §§ 199–211 StPO. Wird das **Hauptverfahren** eröffnet und die Anklage zur Hauptverhandlung zugelassen, wird der Termin zur Hauptverhandlung bestimmt, geladen und die Verhandlung durchgeführt, §§ 226-276 StPO. Endet die Hauptverhandlung mit einer Verurteilung, schließt sich die Vollstreckung der Strafe an.

304 Während die Öffentlichkeit im Wesentlichen nur die Berichterstattung über eine (spektakuläre) **Hauptverhandlung** zur Kenntnis nimmt, ist für den Strafverteidiger und seinen Mandanten die Vermeidung einer öffentlichkeitswirksamen Hauptverhandlung in der Regel primäres Ziel. Deswegen ist eine möglichst frühe Einflussnahme auf den Gang des Ermittlungsverfahrens auf der Grundlage der Aktenkenntnis von hoher Bedeutung, um die Weichen für den Mandanten zu stellen.

305 Für den Strafverteidiger, aber auch für den Interessenvertreter des Anzeigenerstatters, ist es aufgrund der Aktenkenntnis möglich, Anregungen zur **Beweisgewinnung** zu geben. Obwohl ein echtes Antragsrecht, insbesondere als Beweisantragsrecht, erst für das Hauptverfahren konzipiert ist, muss der Rechtsanwalt bereits im Ermittlungsverfahren aktiv sein. Informationsbeschaffung durch Aktenkenntnis, aber u. U. auch durch eigene Ermittlungen (Gespräche mit Zeugen, Beauftragung von Sachverständigen) und Einflussnahme auf den Gang des Verfahrens (z. B. Hinweise auf weitere Zeugen, Einholung von Gutachten etc., Auswertung der Akte, Stellungnahmen, persönliche Erörterungen mit der Staatsanwaltschaft etc.) sind unabdingbar.

306 Nur die frühzeitige professionelle Beratung im Strafverfahren sichert die Rechte des Beschuldigten oder des Verletzten. Dies gilt für die Verteidigung insbesondere für die Entscheidung, ob und wann eine **Einlassung** abgegeben werden soll und für die Begleitung bei strafprozessualen Zwangsmaßnahmen wie Haft oder Durchsuchung und Beschlagnahme.

---

378 Grundlegend *Roxin/Schünemann*, Strafverfahrensrecht.

I. Überblick über das Strafverfahren

Das **Ermittlungsverfahren** kann durch verschiedene Entscheidungen **abgeschlossen** werden: 307
- Bestätigt sich der Anfangsverdacht nicht, ist das Ermittlungsverfahren gem. § 170 Abs. 2 StPO einzustellen.

Kommt es nicht zu einer Einstellung gem. § 170 Abs. 2 StPO, stehen noch andere prozessuale Mittel zur Verfahrensbeendigung ohne Hauptverhandlung zur Verfügung, wenn es sich um Vergehen gem. § 12 Abs. 2 StGB handelt (Freiheitsstrafe unter einem Jahr oder Geldstrafe): 308
- Gem. **§ 153 StPO** ist die **Einstellung wegen Geringfügigkeit**, also bei als gering anzusehender Schuld, möglich. In diesem Fall wird ohne weitere Auflagen die Einstellung verfügt. Diese Vorschrift kommt im Vergleich zur Einstellung nach Erfüllung von Auflagen eher selten zur Anwendung.
- Dagegen spielt **§ 153a StPO** in der Praxis eine sehr große Rolle. Aus Verteidigersicht ergibt sich die Chance ein weiteres, längeres und kräftezehrendes Verfahren für den Mandanten zu vermeiden. Zweck dieser Vorschrift ist ein vereinfachtes Erledigungsverfahren im Bereich der kleineren und sogar noch mittleren Kriminalität mit Beschleunigungs- und Entlastungseffekt. Es handelt sich um eine verurteilungslose Friedensstiftung ohne Verzicht auf Sanktionen, aber ohne Strafe und Vorbestraftsein.[379] Gegen denjenigen, gegen den das Verfahren hiernach eingestellt wird, streitet die Unschuldsvermutung gem. § 6 MRK weiter,[380] er ist nicht vorbestraft und Schuldfeststellungen wurden nicht getroffen. Vor diesem Hintergrund ist im Rahmen einer sorgfältigen Risikoabschätzung mit dem Mandanten das Für und Wider einer solchen Erledigung zu erörtern. Eine Einstellung gem. § 153a StPO ist nur mit Zustimmung des für die Hauptverhandlung zuständigen Gerichts und des Beschuldigten im Ermittlungsverfahren möglich. Als **Auflagen** kommt eine ganze Bandbreite von Wiedergutmachungshandlungen in Betracht. Der Katalog in Abs. 1 sieht neben der gängigen Geldauflage, auch die Erbringung gemeinnütziger Arbeit oder den Täter-Opfer-Ausgleich vor. Mit der Auflage soll das öffentliche Interesse an der Strafverfolgung kompensiert werden, wobei der Auflage (oder Weisung) kein Strafcharakter zukommt. Steht dann auch die Schwere der Schuld einer Einstellung nicht entgegen, erfolgt die Einstellung in 2 Stufen. Zunächst wird das Verfahren vorläufig eingestellt und die Auflagen aufgegeben, die spätestens gem. § 153a Abs. 1 StGB nach Ablauf von 6 Monaten erbracht sein müssen. Ist die Auflagenerfüllung dann erfolgt, wird das Verfahren automatisch endgültig eingestellt und Strafklageverbrauch tritt ein. D. h., dass der Beschuldigte wegen dieses Vergehens nicht mehr verfolgt werden kann. Der endgültige Einstellungsbeschluss gem. § 467 V StPO hat nur deklatorische Bedeutung. Werden die Auflagen nicht erfüllt, wird das Strafverfahren fortgesetzt. Eine Eintragung ins Führungsregister erfolgt nicht.
- Bei Mehrfachtätern kann die Staatsanwaltschaft von der Verfolgung einer Tat gem. **§ 154 StPO** absehen. Von dieser Möglichkeit wird insbesondere dann Gebrauch gemacht, wenn die Strafe, zu der die Verfolgung führen kann, neben einer Strafe, die gegen den Beschuldigten wegen einer anderen Tat rechtskräftig verhängt worden ist oder die er wegen einer anderen Tat zu erwarten hat, nicht beträchtlich ins Gewicht fällt.
- Hält die Staatsanwalt die Durchführung einer Hauptverhandlung nicht für erforderlich, kann sie einen Antrag auf **Erlass eines schriftlichen Strafbefehls gem. § 407 StPO** stellen, mit dem die Rechtsfolgen vom Gericht ohne öffentliche Hauptverhandlung festgesetzt werden. Möglich ist diese Erledigungsform nur bei Zuständigkeit des Strafrichters oder des Schöffengerichts (Amtsgericht). Verhängt werden kann höchstens eine Freiheitsstrafe von einem Jahr, deren Vollstreckung zur Bewährung ausgesetzt wird, dies allerdings auch nur dann, wenn der Beschuldigte durch einen Rechtsanwalt vertei-

---
379 *Meyer-Goßner* § 153a Rn. 2.
380 *Meyer-Goßner* § 153a Rn. 2.

digt wird. Die Formalitäten des Strafbefehls sind in § 409 StPO geregelt. Gegen den Strafbefehl kann innerhalb von 2 Wochen nach Zustellung Einspruch eingelegt werden. In diesem Fall findet nach Bestimmung eines Termins die öffentliche Hauptverhandlung statt. Der Mandant ist dahin gehend zu beraten, dass das Gericht bei der Urteilsfindung nicht an die Rechtsfolgen im Strafbefehl gebunden ist, § 411 Abs. 4 StPO. Das Verböserungsverbot (wie bei Rechtsmitteln des Beschuldigten, §§ 331, 358 Abs. 1 StPO) kommt hier nicht zur Wirkung.

II. Besonderheiten des Strafverfahrens

1. Bedeutung des Strafantrags, § 77 StGB

309 Fast alle in den Bereich der Computer- und Internetkriminalität fallenden Delikte werden durch eine Strafanzeige des Verletzten in Gang gebracht. In der Regel ist die Stellung eines Strafantrages gem. § 77 StGB vorgesehen. Ohne den Antrag kann die Staatsanwaltschaft die Ermittlungen nur führen, wenn sie das besondere öffentliche Interesse annimmt.[381] Dies kann z. B. bei einem Delikt gem. § 303a StGB dann der Fall sein, wenn ein hoher Schaden entstanden ist oder eine Vielzahl von Opfern betroffen wurde, aber auch weil die Tat den Rechtsfrieden empfindlich gestört hat.[382]

310 **Antragsberechtigt** ist gem. § 77 StGB der Verletzte, dessen Antragsrecht im Todesfall auf den Ehegatten, den Lebenspartner und die Kinder übergeht. Bei Amtsträgern, für den öffentlichen Dienst besonders Verpflichteten oder Soldaten der Bundeswehr steht auch dem Dienstvorgesetzten gem. § 77a StGB ein Antragsrecht zu.

311 Die **Antragsfrist** beträgt gem. § 77b StGB drei Monate und beginnt mit Ablauf des Tages, an dem der Berechtigte von der Tat und der Person des Täters Kenntnis erlangt hat.

312 Die **Zurücknahme** des Strafantrages ist bis zum rechtskräftigen Abschluss des Strafverfahrens gem. § 77d StGB möglich. Ein einmal zurückgenommener Antrag kann allerdings nicht noch einmal gestellt werden.

2. Klagerzwingungsverfahren, § 172 StPO

313 Das Klagerzwingungsverfahren sichert das Legalitätsprinzip auf Initiative des Verletzten, der die Strafverfolgung des Beschuldigten wünscht, aber wegen des Anklagemonopols der Staatsanwaltschaft selbst kein gerichtliches Strafverfahren gegen den Beschuldigten in Gang setzen darf.[383] Das Klagerzwingungsverfahren ist grundsätzlich nur bei einer Einstellung gem. § 170 Abs. 2 StPO zulässig, also wenn die Staatsanwaltschaft nach Abschluss der Ermittlungen keinen genügenden Anlass zur Erhebung der öffentlichen Klage sieht. Dieses kann auf sachlichen oder rechtlichen Gründen beruhen.

314 Gemäß § 171 StPO hat die Staatsanwaltschaft den Strafanzeigenerstatter (oder Strafantragsteller, vom Gesetz nur als Antragsteller bezeichnet), über die Einstellung des Verfahrens zu bescheiden. Ist der Antragsteller zugleich Verletzter, ist er über die Möglichkeit der Anfechtung und die hierfür vorgesehene Frist zu belehren. Gemeint ist der Hinweis auf die Beschwerde gegen die Einstellung (genannt Einstellungs- oder Vorschaltbeschwerde), die gem. § 172 Abs. 1 StPO binnen zwei Wochen erhoben werden kann. Hilft die Staatsanwaltschaft der Beschwerde nicht ab, kann der Antragsteller gegen diesen ablehnenden Bescheid

---

381 *Ernst* Rn. 387.
382 *Fischer* § 303c Rn. 7; s. auch RiSTBV Nr. 261a für Urheberrechtsverletzungen, Anh. 12 *Meyer-Goßner*, StPO.
383 *Meyer-Goßner* § 172 Rn. 1.

binnen eines Monats gerichtliche Entscheidung beantragen und das Klagerzwingungsverfahren betreiben. § 172 Abs. 3 StPO regelt die relativ strengen Förmlichkeiten.

Es ergibt sich hieraus, dass das **Klagerzwingungsverfahren dreistufig** gegliedert ist: 315
- **Vorliegen eines Antrages** (Strafanzeige/Strafantrag): Nur der Antragsteller ist legitimiert, das Klagerzwingungsverfahren zu betreiben und zwar nur dann, wenn er zugleich Verletzter ist.[384] Lehnt die Staatsanwaltschaft den Antrag auf Strafverfolgung ab, ist hiergegen die
- **Einstellungsbeschwerde** (Vorschaltbeschwerde) gem. § 172 Abs. 1 S. 1 StPO möglich und notwendige Voraussetzung für das Betreiben des Klagerzwingungsverfahrens.[385] Über die Einstellungsbeschwerde entscheidet der Generalstaatsanwalt. Diese Beschwerde ist auch zulässig, wenn der Bescheid gem. § 171 StPO stillschweigend ergeht, die Staatsanwaltschaft also endgültig untätig bleibt oder überhaupt die Einleitung eines Ermittlungsverfahrens ablehnt.[386]
- Erst jetzt ist der **Antrag beim Oberlandesgericht** auf Durchführung des Klagerzwingungsverfahrens möglich. Das OLG prüft, ob es einen hinreichenden Tatverdacht zur Erhebung der öffentlichen Klage (Anklage) sieht und weist die Staatsanwaltschaft ggfs. entsprechend an.

Die zu beachtenden Förmlichkeiten sind vergleichbar streng wie bei einer Revisionsbegründung. Der Antrag auf gerichtliche Entscheidung (Klagerzwingungsantrag) muss die Tatsachen, welche die Erhebung der öffentlichen Klage begründen sollen und die Beweismittel vollständig angeben sowie von einem Rechtsanwalt unterzeichnet sein.

Unzulässig ist das Klagerzwingungsverfahren jedoch, wenn es sich um eine Straftat handelt, 316
für die die Strafprozessordnung das Privatklageverfahren gem. § 374 StPO prinzipiell zulässt. So gehört z. B. die einfache Urheberrechtsverletzung gem. § 106 UrhG zu den in § 374 StPO genannten Straftaten, sodass in diesem Fall ein Klagerzwingungsantrag nicht statthaft wäre. Anders wäre dies bei dem Verdacht einer gewerbsmäßig begangenen Urheberrechtsverletzung.

3. Akteneinsicht/Abwehr von Akteneinsichtsanträgen

Für den Verteidiger ist für eine fundierte Beratung die Ermittlungsakte als Informationsquelle unerlässlich. Gem. § 147 StPO hat der Verteidiger – spätestens bei Abschluss der Ermittlungen – ein umfassendes **Akteneinsichtsrecht** und hinsichtlich sichergestellter bzw. beschlagnahmter Asservate ein Besichtigungsrecht. 317

Aber auch für den Anzeigenerstatter und/oder Verletzten einer Straftat besteht ein erhebliches Interesse an der Akte als Informationsquelle. Der Anspruch kann auf § 406e oder § 475 StPO gestützt werden. Die Darlegung eines berechtigten Interesses ist hierfür erforderlich. Zur Begründung des berechtigten Interesses werden i. d. R. auch Schadensersatzforderungen bzw. deren Durchsetzbarkeit angegeben. Dabei fällt auf, dass bei Streit über zivilrechtliche Forderungen gern das Druckmittel der Strafanzeige benutzt wird, um entweder frühzeitig Vergleichsbereitschaft zu erreichen oder bei Stellung der Strafanzeige über die Staatsanwaltschaft Beweise zu recherchieren und sichern zu lassen. Nicht selten wird die Staatsanwaltschaft instrumentalisiert.[387]

Es empfiehlt sich, sehr frühzeitig einen Antrag anzubringen, dass vor Gewährung von Akteneinsicht an Dritte zunächst die Verteidigung zur Stellungnahme aufzurufen ist. 318

---

384 *Meyer-Goßner* § 172 Rn. 5a.
385 *Meyer-Goßner* § 171 Rn. 6.
386 *Meyer-Goßner* § 172 Rn. 6.
387 *Wehnert* JR 2007, 82.

Hat die Verteidigung Befürchtungen, dass bedeutsame Interessen des Mandanten (z. B. Geschäftsgeheimnisse) durch die Akteneinsicht Dritter berührt sein könnten, kann sie dann durch eine entsprechende Stellungnahme versuchen, den Antrag abzuwehren. Die Staatsanwaltschaft muss dann abwägen und prüfen, ob das Akteneinsichtsinteresse des Dritten zurückzutreten hat. Das Bundesverfassungsgericht[388] hatte in einer Entscheidung klargestellt, dass in dem vorliegenden Fall die Geheimhaltungsinteressen eines betroffenen Unternehmens schwerer wogen als das dargelegte Interesse des Dritten und hat dessen Akteneinsichtrecht zurückgewiesen.

In seiner Entscheidung vom 28.01.2008 hat das LG Saarbrücken[389] festgestellt, dass auch die Zuordnung einer bestimmten IP- Adresse zu einer bestimmten Person nicht den hinreichenden Verdacht begründet, dass diese Person, den genannten Anschluss benutzt hat. Mangels hinreichenden Tatverdachtes war deshalb ein berechtigtes Interesse des Anzeigenerstatters verneint und Akteneinsicht versagt worden.[390]

III. Beweisgewinnung

319 Das Ermittlungsverfahren ist geprägt durch die **Beweisgewinnung durch die Staatsanwaltschaft** bzw. durch die Polizei als deren Ermittlungspersonen. Hierzu gehören alle denkbaren Ermittlungen wie Recherche, Auskunftseinholung, Zeugenbefragung, Beauftragung von Sachverständigen etc.

320 Von den von der Staatsanwaltschaft initiierten **Zwangsmaßnahmen** wiegt die Untersuchungshaft sicherlich am Schwersten, bedeutet sie durch den Entzug der Freiheit den härtesten Eingriff für den Beschuldigten. Aber auch die Überwachung der Telekommunikation gem. § 100a ff. StPO sowie Durchsuchung von Geschäfts- und/oder Privaträumen etc. nach §§ 102 ff. StPO und die Beschlagnahme gem. § 94 StPO, stellen empfindliche Grundrechtsbeeinträchtigungen dar.

321 Die **Überwachung der Telekommunikation** bzw. die Erhebung (Auskunft über) von Daten, die bei Telekommunikation anfallen, und **Durchsuchung** und **Beschlagnahme** werden von der Staatsanwaltschaft beantragt und – außer bei der Annahme von Gefahr im Verzug – durch einen richterlichen Beschluss angeordnet. Die Anzahl der Anordnungen zur Überwachung von Telefonanschlüssen, E-Mailkorrespondenz und Internetzugängen steigt rasant an.

322 Erfahrene Verteidiger haben den Eindruck gewonnen, dass auch bei Durchsuchungsmaßnahmen der Richtervorbehalt kaum noch die Funktion hat, derartige Maßnahmen zu kontrollieren und zu begrenzen. Durchsuchung und Beschlagnahme sind scharfe Instrumente, die beinahe routinemäßig eingesetzt werden. Von besonderer Bedeutung im Bereich des Computer- und Internetstrafrechts ist die Frage nach der Anspruchsgrundlage beim Zugriff (z. B. auf Auskunft bzw. Herausgabe) auf bestimmte Daten. Sind Grundrechtspositionen betroffen, ist eine Abgrenzung zwischen Durchsuchung/Beschlagnahme (Eingriff in die Unverletzlichkeit der Wohnung, Art. 13 GG) und der Auskunft im Rahmen der Telekommunikation (Eingriff in das Fernmeldegeheimnis, Art. 10 GG) erforderlich. Zwar werden beide Maßnahmen vom Richter angeordnet, dennoch sind die Anforderungen für eine Auskunft/Herausgabe im Bereich der Telekommunikation deutlich höher und ein entsprechen-

---

388 BVerfG wistra 2004, 335, wonach z. B. Geheimhaltungsinteressen eines betroffenen Unternehmens schwerer wiegen als das dargelegte Interesse des Dritten; BVerfG NJW 2009, 2876 (2877), wonach Akteneinsicht in das Ermittlungsverfahren das Recht auf informationelle Selbstbestimmung des Beschuldigten verletzt, wenn die Akteneinsicht zur Informationsbeschaffung für eine Erbrechtsstreitigkeit dienen soll.
389 5 (3) Qs 349/07.
390 So auch LG Darmstadt MMR 2009, 52 (55), das bei bagatellartigen Verstößen Akteneinsicht versagte.

der Beschluss schwerer zu erhalten. Deshalb neigen die Ermittlungsbehörden im Zweifelsfalle einen »einfachen« Durchsuchungsbeschluss genügen lassen, um z. B. an E-Mails zu gelangen, die sich auf dem Server des Providers befinden.[391] Denkbar ist allerdings auch die Auskunft/Herausgabe durch eine einfache Abfrage aufgrund gesetzlicher Regelungen, ohne dass es hierfür eines richterlichen Beschlusses bedarf, wenn keine Grundrechte berührt werden.

1. Ermittlungsmethoden

Während die Inanspruchnahme von Providern bereits unter Rdn. 260–273 behandelt und die Auskunftsverpflichtung grundsätzlich erörtert wurde, geht es nachfolgend um die jeweiligen Voraussetzungen der Erhebung von Verkehrsdaten (früher Telekommunikationsauskunft) sowie der Durchsuchung und Beschlagnahme und einiger Besonderheiten. **323**

a) Erhebung von Verkehrsdaten, § 100g StPO

Der neue § 100g StPO hat durch das Gesetz zur Neuregelung der Überwachung der Telekommunikation die deutlichsten Änderungen erfahren und die Befugnisse der Strafverfolgungsbehörden erheblich ausgeweitet.[392] Seine Bedeutung stieg mit der Einführung der Vorratsdatenspeicherung weiter stark an[393] und ist erst durch die Entscheidung des Bundesverfassungsgerichts korrigiert worden.[394] Das BVerfG hat mit Urteil vom 02.03.2010 entschieden, dass §§ 113a, b TKG und § 100g Abs. 1, S. 1 StPO nichtig sind, soweit danach Verkehrsdaten nach § 113a TKG erhoben werden dürfen. **324**

Bei den Providern vorgehaltene Daten sind zu löschen. Inwieweit die unter Beachtung der einstweiligen Anordnung vor dem Urteil zulässigerweise an die Ermittlungsbehörden herausgegebenen Daten ebenfalls zu löschen sind, ergibt sich aus dem Urteil nicht explizit und wird voraussichtlich kontrovers diskutiert werden. Gleiches gilt für die Frage der Verwertung von Beweisen, die aufgrund der nun für nichtig erklärten Regelungen gewonnen wurden.[395]

Die Erhebung von Verkehrsdaten (Auskunft über die Telekommunikationsverbindungsdaten = TKA) dient der Beschaffung von Beweisen, zur Bestimmung des Standortes eines Beschuldigten zur Tatzeit und zur Abklärung, ob und bezüglich welcher Personen eine Überwachung der Telekommunikation nach § 100a StPO Erfolg versprechend erscheint. Grundsätzlich geht es nicht um die Feststellung von Kommunikationsinhalten (wie bei § 100a StPO), sondern um Feststellung technischer Daten.[396]

Diejenigen, die geschäftsmäßig Telekommunikationsdienste erbringen, sind **unverzüglich** zur Auskunftserteilung verpflichtet. Im Fall der Weigerung des Auskunftspflichtigen können Ordnungs- und Zwangsmittel festgesetzt werden. Insbesondere wegen der Verpflichtung zur unverzüglichen Auskunftserteilung kommt sogar eine Strafbarkeit wegen Strafvereitelung in Betracht.[397] Da die Verkehrsdatenerhebung nicht mehr als reine Aus- **325**

---

[391] Und ist beim Zugriff auf E-Mails, die beim Provider lagern auch bestätigt worden, BVerfG NJW 2009, 2431.
[392] Sehr kritisch: *Korn*, www.hrr-strafrecht.de, HRRS März 2009, 112, die den § 100 g n. F. StPO materiell für verfassungswidrig hält.
[393] KK/*Nack* § 100g StPO Rn. 1; *Puschke/Singelnstein* NJW 2008, 113 (114).
[394] BVerfG NJW 2010, 833.
[395] Pro Verwertbarkeit: OLG Hamm 13.04.2010, 3 Ws 156/10; Leitlinien des Generalstaatsanwalts Berlin; *Kochheim*, Zum Umgang mit Verkehsdaten- Besandsaufnahme und praktische Konsequenzen aus dem Urteil des BVerfG v. 02.03.2010, v. 07.03.2010 unter www.cyberfahnder.de.; contra Verwertbarkeit: LG Verden StV 2011, 13.
[396] *Meyer-Goßner* § 100g Rn. 3.
[397] KK/*Nack* § 100g StPO Rn. 3.

kunftsverpflichtung ausgestaltet ist, verweist Abs. 2, S. 1 hinsichtlich der Mitwirkungspflicht des Diensteanbieters auf § 100b Abs. 3 StPO. Welche Vorkehrungen die Provider zur Ermöglichung der Auskunft zu treffen haben, regelte vor Nichtigkeitsfeststellung durch das BVerfG § 113a TKG sowie die TKÜV und hierzu erstellte Richtlinien. Für die Entschädigungspflicht gilt § 23 JVEG.[398]

326 Aufgrund welcher Rechtsgrundlage die Ermittlungsbehörden **Auskunft von den Providern** verlangen können, hängt von der Qualität des Datums und der Eingriffsintensität ab. Während einige Daten mittels einfacher Abfrage gem. § 113 TKG erlangt werden können, darf über andere, sensible Daten wegen des Eingriffs in ein Grundrecht Auskunft nur bei Vorliegen einer **richterlichen Anordnung gem. §§ 100g, 100b Abs. 1 bis 4 StPO** erteilt werden.

327 Zu den gem. **§§ 100g StPO relevanten, sensiblen Daten** gehören:
- **Verkehrsdaten** nach § 96 TKG, auch IMSI,[399] IMEI[400] und die dynamische IP-Adresse[401] sowie Kennungen von E-Maildiensten; die strafprozessuale Definition in § 100g Abs. 3 StPO a. F. wurde gestrichen,
- **Abrechnungsdaten** gem. § 97 Abs. 3 TKG, soweit sie Verbindungsdaten enthalten und
- **Standort-/Positions-/Geodaten**, auch keinen laufende Kommunikation stattgefunden hat, sondern die Abfrage nur die reinen Stand-by- Daten betrifft.

keine Vorratsdaten gem. § 113a TKG; Objekt der Verkehrsdatenerhebung können nur Verkehrsdaten nach § 96 TKG sein.

aa) Anordnungsvoraussetzungen

328 Das BVerfG hat mit Urteil vom 02.03.2010 entschieden, dass u. a. auch § 100g Abs. 1, S. 1 StPO nichtig ist, soweit danach Verkehrsdaten nach § 113a TKG erhoben werden dürfen. Unsicherheiten bestehen derzeit, wie weit die Nichtigkeitsfeststellung reicht. Eine neue gesetzliche Regelung liegt bisher nicht vor.

(1) Materiell, § 100g StPO

329 Verdacht aufgrund *bestimmter* Tatsachen.

Allgemein und auch im Einzelfall schwerwiegende Straftat, insbesondere Katalogtat i. S. d. § 100a Abs. 2 StPO (Eine Straftat von nur erheblicher Bedeutung genügte dem BVerfG nicht; erst recht nicht eine mittels einer Endeinrichtung Straftat),

Auskunft muss für die Untersuchung (Erforschung des Sachverhaltes oder für die Ermittlung des Aufenthaltsorts des Beschuldigen *erforderlich* sein (Beachtung des Verhältnismäßigkeitsgrundsatzes), Auskunft nur über Verkehrsdaten.

(2) Formell, § 100b StPO

330 In formeller Hinsicht musste die Anordnung auf Auskunft von Verkehrsdaten folgende Kriterien erfüllen: Die Anordnung darf nur durch den Richter, sog. **Richtervorbehalt**, ergehen, §§ 100g Abs. 2, 100a Abs. 3 und 100b Abs. 1 bis 4 S. 1 StPO). Lediglich bei **Gefahr im Verzug** geht die Anordnungskompetenz auf die Staatsanwaltschaft über. Diese Anordnung tritt allerdings außer Kraft, wenn sie nicht binnen drei Tagen vom Richter bestätigt wird (§ 100b Abs. 1, S. 2 StPO). Der Beschluss bedarf der Schriftform und muss Art, Um-

---

398 Siehe KK/*Nack* § 100g StPO Rn. 2.
399 International Mobil Subcriber Identifaction (IMSI) = auf der SIM-Karte des Mobiltelefons gespeicherte Teilnehmeridentifaktionsnummer.
400 International Mobil Equipment Identification (IMEI) = Gerätekennung.
401 Internet-Protokoll-Adresse.

fang und Dauer – den zurückliegenden oder zukünftigen Zeitraum – der Auskunft bestimmen. Außerdem muss die Anordnung Namen, Anschrift des Betroffenen, gegen den sich die Maßnahme richtet, sowie Rufnummer oder eine andere Kennung (z. B. IMSI, IMEI bei Mobiltelefonen) soweit dies möglich ist, enthalten. Handelt es sich um eine Straftat von erheblicher Bedeutung (beachte, das BVerfG lässt aber eine Straftat von nur erhebliche Bedeutung nicht mehr genügen), reicht eine räumlich und zeitlich hinreichend bestimmte Bezeichnung der Telekommunikation, über die Auskunft erteilt werden soll, wenn andernfalls die Erforschung des Sachverhaltes aussichtslos oder wesentlich erschwert wäre. In diesen Fällen sind also geringere Individualisierungsmerkmale erforderlich. Hierunter fallen die Fälle, in denen Name und Anschrift des Betroffenen durch die Auskunft gerade erst ermittelt werden soll. Insbesondere kommt hier die Funkzellenabfrage zum Zug, bei der es um Telefonate geht, die ein unbekannter Täter während eines bestimmten Zeitraums aus einer Funkzelle geführt hat.[402]

bb) Funkzellenabfrage

Erstmalig durch die Ermittlungen in dem Mordfall »Moshammer« im Jahr 2005 ist die Funkzellenabfrage als neues Ermittlungsinstrument öffentlich wahrgenommen und bekannt geworden. Seither hat sie als Sonderform des Auskunftsanspruchs nach § 100g StPO stetig an Bedeutung hinzugewonnen. In Experteninterviews wird der Einsatz der funktionellen Abfrage bei der heute flächendeckenden Nutzung von Mobiltelefonen als effektiv, außerordentlich erfolgreich und sogar als unverzichtbar beschrieben.[403] **331**

Technisch bedingt liefern Mobiltelefone den Strafverfolgungsbehörden Daten über den Standort des Mobiltelefons. Jedes eingeschaltete Mobiltelefon meldet sich automatisch in der jeweils nächsten der vielen über das gesamte Bundesgebiet verteilten **Funkzellen** an, um erreichbar zu sein. Die Funkzelle selbst stellt den Versorgungsbereich **innerhalb eines Mobilfunknetzes** für eine bestimmte geographische Fläche dar. Sie verfügt über eine Zell-ID-Nummer,[404] sodass die Position der Funkzelle, bei der sich das Mobiltelefon eingewählt hat, zu identifizieren ist.

Die Standortmeldungen erfolgen unabhängig davon, ob der Benutzer gerade telefoniert, dies nur versucht oder das Mobiltelefon lediglich betriebsbereit ist. Die Standortdaten ermöglichen eine fast lückenlose Observation und die **Erstellung eines Bewegungsprofils**. Das Mobiltelefon übernimmt dabei die Funktion eines Peilsenders.[405] **332**

Die Funkzellenabfrage ist nun neu in § 100g Abs. 2, S. 2 StPO geregelt. Ist die Nummer oder sonstige Kennung einer Zielperson noch nicht bekannt, dann können mit dieser Ermittlungsmethode die Verkehrsdaten aller Mobilfunkteilnehmer erhoben werden, die sich in einem bestimmten Zeitraum in einer näher bezeichneten Funkzelle aufhalten oder aufgehalten haben. So kann etwa auch der Aufenthaltsort des Beschuldigten ermittelt werden. Die Funkzellenabfrage ist nach Abs. 2, S. 2 bei Beachtung der strengen Subsidiaritätsklausel gestattet. Sie darf sich (Bezugnahme auf § 100a Abs. 3) nur gegen den Beschuldigten oder den Nachrichtenmittler richten.

Nach der jetzigen Rechtslage ist die Verkehrsdatenerhebung bei Positionsdaten nicht mehr von einer aktiven Kommunikation abhängig. Zulässig ist auch die Abfrage der reinen **Stand-by-Daten**.

---

402 BGH NStZ 2002, 107; KK/*Nack* § 100g StPO Rn. 5.
403 *Albrecht/Grafe/Kilching* S. 325; *Henrichs* Kriminalistik 2008, 169 (171).
404 Identifikationsnummer der Funkzelle, bei der sich das Mobiltelefon anmeldet.
405 Vgl. *Demko* NStZ 2004, 57; *Deckers* StraFo 2002, 109 (118).

333 Anders als bei den sonstigen Auskunftsverlangen über Verkehrsdaten und Telekommunikationsinhalten soll es aber im Rahmen der Funkzellenüberwachung nicht darauf ankommen, dass die Anordnung den Namen und die Rufnummer des Betroffenen oder eine andere Kennung enthält. Nach dem Gesetzeswortlaut genügt die räumlich und zeitlich begrenzte Bezeichnung der Telekommunikation, über die Auskunft erteilt werden soll.

Nach der Nichtigkeitsfeststellung des BVerfG ist umstritten, ob Daten die im Hinblick auf die vorangegangenen einstweiligen Anordnungen noch an die ersuchenden Behörden weitergeleitet worden, im Strafverfahren verwertet werden dürfen.[406] Hierzu enthalten die Entscheidungsgründe keine Ausführungen.

cc) Rechtsmittel

334 Gegen die Anordnung und Durchführung einer Überwachungsmaßnahme steht grundsätzlich die Möglichkeit der **Beschwerde gem. § 304 StPO** zur Verfügung. Zu bedenken ist allerdings, dass die Überwachung der Telekommunikation, auch die Vorbereitung derselben durch Auskunftsersuchen, dem Beschuldigten gegenüber nicht offenbart wird. Es handelt sich um eine heimliche Maßnahme. Üblicherweise erfährt der Betroffene erst durch die nachträgliche Benachrichtigung gemäß § 101 StPO oder im Verlauf des Strafverfahrens durch Akteneinsicht von der Überwachung seiner Telekommunikation. Dann ist die Maßnahme allerdings bereits abgeschlossen.

Wegen prozessualer Überholung hat die Rechtsprechung in der Vergangenheit ein Rechtsschutzbedürfnis verneint. Nach der neueren Rechtsprechung des Bundesverfassungsgerichts muss allerdings bei grundrechtsevidenten Eingriffen auch nachträglich die Möglichkeit bestehen, die Rechtswidrigkeit der Maßnahmen feststellen zu lassen.[407]

Dies gilt für die Überwachung der Telekommunikation und für Durchsuchung und Beschlagnahme in gleicher Weise und ist seit dem 01.01.2008 in § 101 Abs. 7 StPO geregelt.

Die Feststellung der Rechtswidrigkeit kann nicht nur für das Rehabilitationsinteresse des Betroffenen relevant sein, sondern auch konkret für Entschädigungsansprüche. Im Übrigen führt eine erfolgreiche Beschwerde auch zur Disziplinierung vorschneller Ermittler.

Der Betreiber der überwachten Telekommunikationsanlage bzw. der zur Auskunft aufgerufene Betreiber ist nicht beschwerdebefugt.

dd) Preservation order

335 Die **Preservation- oder quick-freeze- order** hatte durch Einführung der Vorratsdatenspeicherung zum 01.01.2008 ihre – ohnehin zweifelhafte – Daseinsberechtigung verloren. Sie wurde vor der Vorratsdatenspeicherung eingesetzt, falls zu befürchten war, dass der Provider aufgrund seiner Löschungsverpflichtung Daten vernichten könnte, bevor der notwendige richterliche Beschluss zur Auskunftserteilung vorlag. Der Provider wurde aufgefordert, entsprechende Nutzungs- und Verbindungsdaten zunächst zu sichern (einzufrieren). Dann wurde der notwendige Beschluss beantragt und dem Provider zugeleitet, der dann die Daten herausgab.

336 Dieses Verfahren war und ist rechtlich bedenklich. Die Ermittler griffen auf Daten zu, die möglicherweise schon zu vernichten gewesen wären. Die Verwertung dieser Daten wäre genau zu prüfen gewesen. Allerdings wird aktuell die Quick-freeze Anordnung in der Diskus-

---

[406] Pro Verwertbarkeit: OLG Hamm 13.04.2010, 3 Ws 156/10; Leitlinien des Generalstaatsanwalts Berlin; *Kochheim*, Zum Umgang mit Verkehrsdaten- Bestandsaufnahme und praktische Konsequenzen aus dem Urteil des BVerfG v. 02.03.2010, v. 07.03.2010 unter www.cyberfahnder.de.; contra Verwertbarkeit: LG Verden StV 2011, 13.
[407] BVerfG StV 1997, 505; StV 1999, 295.

sion um die Vorratsdatenspeicherung wieder aufgewertet. Als kleineres Übel soll sie der Vorratsdatenspeicherung vorzuziehen sein, weil dann nur im Einzelfall Daten durch den Provider auf »auf Vorrat« aufgehoben werden und nicht pauschal Daten der gesamten Bevölkerung gespeichert werden müssen.[408]

b) Durchsuchung und Beschlagnahme von EDV-Anlagen, §§ 94, 102 ff. StPO

In Wirtschaftsstrafverfahren, insbesondere aber auch bei Verdacht von Urheberrechtsverletzungen, Computersabotage, Ausspähen von Daten etc., wird immer auch ein Zugriff auf EDV-Anlagen und die Sicherstellung von Massen an Daten mit den Ermittlungen einhergehen.[409] Für den Betroffenen stellt die Durchsuchung und Beschlagnahme einen drastischen Eingriff in seine Privatsphäre und eine empfindliche Störung seiner Geschäftstätigkeit dar. Insbesondere wenn die Rückgabe der Anlage u. U. mehrere Monate in Anspruch nimmt, ist die Existenz gefährdet. Durch Durchsuchung und Beschlagnahme kann auf EDV-Anlagen, Computer und Speichermedien zurückgegriffen werden.[410] Trotz fehlender Körperlichkeit können elektronische Daten Objekt einer Beschlagnahme sein, da in der Praxis auf diejenigen Datenträger zurückgegriffen wird, die im Speicher die notwendigen Daten enthalten und diese damit reproduzierbar und sichtbar zu machen sind.[411] 337

aa) Durchsuchungsvoraussetzungen, §§ 102, 103 StPO

(1) Materiell – Durchsuchung beim Verdächtigen, § 102 StPO

Für die Durchsuchungsanordnung beim Verdächtigen ist gem. § 102 StPO die **Darlegung des Sachverhalts** erforderlich, die den Strafbarkeitsvorwurf stützen soll. Außerdem muss zumindest vermutet werden, dass die Durchsuchung zum **Auffinden von Beweismitteln** führen wird. Letztendlich ist auf der materiell-rechtlichen Ebene die Beachtung des **Verhältnismäßigkeitsgrundsatzes** erforderlich. 338

(2) Materiell- Durchsuchung beim Nichtverdächtigen, § 103 StPO

Bei der Durchsuchung bei dem Nichtverdächtigen, § 103 StPO, ist zusätzlich zu beachten, dass nun Tatsachen benannt werden müssen, aus denen zu schließen ist, dass Beweismittel in den Räumen des Dritten zu finden sein werden.[412] 339

(3) Formell, § 105 StPO

In formeller Hinsicht bedarf es auch für die Durchsuchung der **Anordnung durch den Richter** (Richtervorbehalt). Lediglich bei Gefahr im Verzuge dürfen die Staatsanwaltschaft oder ihre Ermittlungspersonen die Durchsuchung anordnen. Der Beschluss darf nicht älter als 6 Monate sein, anderenfalls kann er nicht mehr vollstreckt werden. Der Beschluss ist zu begründen und muss die Beweismittel benennen.[413] 340

bb) Beschlagnahmevoraussetzungen, §§ 94 Abs. 2, 98 StPO

Die Beschlagnahme darf ebenfalls nur durch den Richter oder bei Gefahr im Verzug durch die Staatsanwaltschaft und ihre Ermittlungspersonen angeordnet werden. Zulässig ist die gleichzeitige Anordnung der Durchsuchung und Beschlagnahme, wenn die zu beschlag- 341

---

408 S. http://www.bmj.de/DE/Buerger/digitaleWelt/QuickFreeze/_doc/quickfreeze_datensicherung_doc.html.
409 Insgesamt zu dem Thema Wabnitz/Janovsky/*Bär* Kap. 25.
410 *Meyer-Goßner* § 94 Rn. 16a; *Kemper* NStZ 2005, 538 (540).
411 *Meyer-Goßner* § 94 Rn. 4; *Marberth-Kubicki* Rn. 445.
412 *Meyer-Goßner* § 103 Rn. 6.
413 *Meyer-Goßner* § 105 Rn. 5.

nahmenden Gegenstände bereits bei Abfassung des Beschlusses genau bezeichnet werden können. Ansonsten erfolgt eine Beschlagnahme nach Durchsicht der als Beweismittel in Betracht kommenden EDV-Anlage oder anderer Unterlagen. Gibt der Gewahrsamsinhaber die Unterlagen/die Gegenstände nicht freiwillig heraus, bedarf es der formalen Anordnung der Beschlagnahme. Gibt er sie freiwillig heraus, werden diese lediglich sichergestellt.[414]

cc) Rechtsmittel

342 Bei einer staatsanwaltschaftlichen Anordnung kann analog § 98 Abs. 2 S. 2 StPO die richterliche Überprüfung begehrt werden. Die Durchsuchung selbst ist erst mit Entscheidung der Staatsanwaltschaft über die Beschlagnahme oder Herausgabe beendet, die sich an die Durchsicht anschließt. Nach neuerer Rechtsprechung ist klar, dass nach Abschluss der Maßnahme Rechtsschutz gewährt werden muss, sofern die Wiederholung einer rechtswidrigen Maßnahme zu befürchten ist und Grundrechte betroffen sind. Dies wird sowohl für Maßnahmen der Telekommunikationsüberwachung als auch für die Durchsuchung angenommen. Damit ist auch nach Abschluss der Durchsuchung die Feststellung der Rechtswidrigkeit im Rahmen der Beschwerde analog § 304 StPO zulässig.

dd) Ablauf der Maßnahme

343 Die Durchsuchung/Beschlagnahme im weiteren Sinne, auch die von EDV-Anlagen erfolgt in drei Phasen. Dazu zählen die Durchsuchung, die Durchsicht der Anlage auf beweiserhebliche Daten bzw. Dateien und letztendlich die eigentliche Beschlagnahme beweiserheblicher Hardware oder Software.[415]

(1) Durchsuchung – 1. Phase

344 Im Rahmen der 1. Phase der Durchsuchung ist lediglich eine Grobsichtung der Anlage durch äußere Inaugenscheinnahme von Datenträgern, Sichtung von Inhaltsverzeichnissen, Explorer und Archiven gestattet. Hierzu ist die Inbetriebnahme der EDV-Anlage erlaubt. Mitarbeiter einer Firma, die nicht zur Verschwiegenheit verpflichtet sind, müssen im Rahmen ihrer Zeugenpflicht auch ein Passwort herausgeben. Diese Grobsichtung ist vergleichbar mit der herkömmlichen Durchsuchung von üblichen Gegenständen und Unterlagen. Eine inhaltliche Kenntnisnahme ist bei diesem ersten Schritt nicht gestattet. Da die Datenmengen auf der EVD-Anlage in der Regel enorm sind, ist eine Mitnahme der EDV-Anlage zum Zwecke der Durchsicht von § 110 StPO gedeckt. Die Mitnahme einer EDV-Anlage, die von dem Betroffenen geschäftlich genutzt wird, kann erhebliche Nachteile mit sich bringen.

(2) Durchsicht, § 110 StPO – 2. Phase

345 In der 2. Phase erfolgt die Durchsicht der EDV-Anlage bzw. der Speichermedien, um festzustellen, ob beweisrelevante Daten enthalten sind und ob eine richterliche Beschlagnahme zu beantragen ist (sofern Durchsuchung und Beschlagnahme nicht in einem gemeinsamen Beschluss angeordnet worden sind) oder ob die Rückgabe an den Berechtigten zu erfolgen hat.[416] Bei der Durchsicht erfolgt eine inhaltliche (Grob-) Prüfung. Sie wird nach entsprechendem Auftrag der Staatsanwaltschaft heute von den Ermittlungspersonen vorgenommen. Andere Beamte dürfen nur mit Genehmigung des Berechtigten die Sichtung vornehmen. Widerspricht dieser, sind die Gegenstände zu versiegeln und bei der Staatsanwaltschaft abzuliefern, § 110 Abs. 2 StPO, und die richterliche Entscheidung einzuholen.

---

414 *Meyer-Goßner* § 94 Rn. 13.
415 *Marberth-Kubicki* Rn. 455.
416 *Meyer-Goßner* § 110 Rn. 2.

Seit dem 01.01.2008 ist die **Fern-Durchsuchung** in § 110 Abs. 3 StPO gesetzlich geregelt 346 worden. Zulässig ist danach die Durchsuchung räumlich getrennter, externer Speichermedien, soweit auf diese von dem örtlichen Speicherplatz aus zugegriffen werden kann und wenn anderenfalls der Verlust, also die Löschung, potenziell beweiserheblicher Daten zu befürchten ist.[417] Ist ein Dritter Inhaber des gem. § 110 Abs. 3 StPO zu durchsuchenden Speichermedium, stellt sich für diesen die Maßnahmen als heimliche dar, weshalb die Ferndurchsuchung auch als »**Kleine**« **Online-Durchsuchung** bezeichnet wird.

Bei der klassischen (einfachen) Durchsuchung nach körperlichen Gegenständen wird diese 347 Durchsicht als zweiter Schritt der Durchsuchung bereits am Durchsuchungsort selbst durchgeführt. Damit wird auch die Entscheidung, welche Unterlagen zum Zwecke der Beschlagnahme abtransportiert werden sollen, bereits vor Ort gefällt. Hingegen nimmt die Durchsicht der EDV-Anlage aufgrund der Masse an Daten deutlich mehr Zeit in Anspruch. Deshalb wird in der Regel durch Mitnahme der Anlage die Durchsicht erst auf der Dienststelle vorgenommen. Dabei handelt es sich um eine vorläufige Sicherstellung im Sinne des § 110 StPO. Die Durchsicht muss in angemessener Zeit abgeschlossen sein. Eine Dauer von 8 Monaten ist jedenfalls zu lang.[418]

Zur Prüfung von Rechtsbehelfsmöglichkeiten ist besonderes Augenmerk darauf zu lenken, 348 wann die Durchsicht tatsächlich abgeschlossen ist. Dies ist zumeist nur durch Erfragen bei der Strafverfolgungsbehörde bzw. bei der Abteilung, die mit der Durchsicht beauftragt ist, festzustellen. Denn erst wenn die Durchsicht im Sinne von § 110 StPO beendet ist, ist auch die Durchsuchung selbst als beendet anzusehen. Bis zum Ende der Durchsuchung besteht die Möglichkeit der Beschwerde gem. § 304 StPO. Danach besteht nur noch die Möglichkeit der Feststellung der Rechtswidrigkeit analog 304 StPO.

(3) Sicherstellung/Beschlagnahme, §§ 94 ff. StPO – 3. Phase

In der 3. Phase der Durchsuchung fällt die Entscheidung, ob Material zurückgegeben oder 349 förmlich beschlagnahmt werden soll, sofern es nicht freiwillig herausgegeben wird. Gegenstände der Beschlagnahme können die gesamte Computerhardware (Zentraleinheit) und Peripheriegeräte sein. Die Beschlagnahme erfolgt durch amtliche Verwahrung der Speichermedien. Neben der Beschlagnahme der kompletten EDV-Anlage ist auch die Beschlagnahme lesbarer Reproduktionen möglich.[419]

(4) Verhältnismäßigkeit

Der Verhältnismäßigkeitsgrundsatz gilt selbstverständlich auch beim Zugriff auf die EDV- 350 Anlage. Wegen der weitreichenden Folgen eines Abtransports der gesamten Anlage ist zu prüfen, ob nicht mildere Mittel ebenfalls zur Erreichung des Durchsuchungszweckes führen können. Dies entspricht der Beachtung des Verhältnismäßigkeitsgrundsatzes. Das Bundesverfassungsgericht[420] hat in der zitierten Entscheidung deutlich gemacht, dass hierzu bereits vor Ort Vorkehrungen getroffen werden müssen, damit Daten, die ohne Bedeutung für das Strafverfahren sind, von vornherein nicht erfasst werden. Danach ist schon vor Ort eine Selektierung erforderlich.

Im Rahmen der **Verhältnismäßigkeitsprüfung** kann die Intensität des Eingriffs wie folgt 351 abgestuft werden:
- Abtransport der gesamten Anlage einschließlich externer Datenträger:

---

417 Ausf. *Marberth-Kubicki* Rn. 461.
418 LG Limburg StraFo 2006, 198; LG Kiel StraFo 2004, 93.
419 *Meyer-Goßner* § 94 Rn. 16a.
420 BVerfG NJW 2005, 1917.

Der komplette Abtransport wird noch immer gern von den Ermittlungsbehörden vollzogen, weil dies in der aktuellen Situation am Einfachsten zu praktizieren ist. Gleichwohl erscheint rechtlich der komplette Abtransport nur in seltenen Fällen und bei dem Verdacht erheblicher Straftaten verhältnismäßig.

- Erstellung eines Datenimages:
Weniger schwerwiegend wäre die Erstellung eines kompletten Datenimages, also die Fertigung einer kompletten Kopie des gesamten Datenbestandes. Zwar besteht auch hier die Gefahr, dass völlig unerhebliche Daten kopiert werden; gegenüber der Mitnahme der EDV-Anlage stellt diese Variante aber ein milderes Mittel dar.

- Erstellung einzelner Kopien:
Vorzugswürdiges und mildestes Mittel ist die Fertigung von Kopien einzelner Dateien bzw. Sicherungen derselben und zwar schon am Durchsuchungsort. Hierauf sollte der Berater vor Ort mit Nachdruck hinweisen.

(5) Verhaltenshinweise für Mandant und Berater

352   Als Berater eines gefährdeten oder schon betroffenen Mandanten bietet sich folgende Empfehlung an:

Der von der Maßnahme betroffene Mandant sollte unbedingt seinen »**Hausanwalt**« **informieren**, sofern er telefonieren darf. Grundsätzlich kann der Anruf bei einem Anwalt nicht untersagt werden, sofern der Betroffene die Durchsuchung nicht stört und, falls er Verdächtiger ist, sichergestellt ist, dass er keine Beweismittel beiseite schafft oder Kontakt zu anderen Personen aufnimmt. Der informierte Anwalt sollte entweder unverzüglich einen Strafverteidiger benachrichtigen oder selbst telefonisch Kontakt zum Leiter der Durchsuchungsmaßnahme vor Ort aufnehmen. Besser ist es, sich selbst **sofort zum Durchsuchungsort** zu begeben. Dort gilt es, zunächst den Betroffenen (und dessen Mitarbeiter) zu beruhigen. Anhand des Beschlusses, den man sich aushändigen lassen sollte, ist zu erkennen, ob die Durchsuchung bei dem Betroffenen als Verdächtigem oder Nichtverdächtigem durchgeführt wird. Handelt es sich um eine Durchsuchung gegenüber einem Verdächtigen, sollte der Beschuldigte unbedingt in einem Vier-Augen-Gespräch darauf hingewiesen werden, dass er keinerlei Angaben zur Sache machen und sich auf keine Diskussionen mit den Ermittlern um die Durchsuchungsmaßnahme einlassen sollte. Die Frage, ob überhaupt eine **Einlassung** sinnvoll ist, kann erst auf der Grundlage der Aktenkenntnis mit dem Mandanten erörtert werden. Vorher ist eine qualifizierte Beratung nicht möglich. Von unvorbereiteten, spontanen Äußerungen des Beschuldigten (dessen Angaben auch ohne formelle Vernehmung in die Akte gelangen) ist unbedingt abzuraten. Bei der Durchsuchung beim Unverdächtigen kann durch Herausgabe der gesuchten Beweismittel die Durchsuchung selbst vermieden und die Maßnahme deutlich verkürzt werden.

c) Zugriff auf elektronische Speichermedien, insbesondere E-Mails

353   Einen speziellen Bereich der Beweisgewinnung stellt der Zugriff auf elektronische Speichermedien, insbesondere auf elektronische Nachrichten, E-Mails, dar.[421] Hierbei handelt es sich um Nachrichten, die über das Internet oder ein Intranet versendet werden und im Anhang über Dateien wie MP3, Bild- oder Videodateien verfügen können.

354   Die E-Mail ist aus dem Wirtschaftsleben nicht mehr wegzudenken. Ein Großteil geschäftlicher Korrespondenz wird bereits per E-Mail abgewickelt, sodass gerade auch der E-Mail-Verkehr für die Ermittlungsbehörde bei der Beweisgewinnung besonders relevant ist. Dass

---

421 Ausf. *Schlegel* HRRS Feb. 2007, www.hrr-strafrecht.de.

III. Beweisgewinnung

E-Mails taugliches Objekt eines Zugriffs sein können, ist unstreitig.[422] Aber nicht nur der Inhalt, sondern auch die mit der E-Mail-Korrespondenz verbundenen Datenspuren, die sich z. B. aus der E-Mail selbst (Header etc.) ergeben können sowie Daten in Logfiles etc., geben u. U. wichtige Hinweise auf eine stattgefundene Kommunikation. Der einfache Nutzer wird in der Regel nicht wissen, welche Datenspuren er durch den Empfang und das Versenden von E-Mails an verschiedenen Stellen hinterlässt. Für die Frage der Anspruchsgrundlage beim Zugriff auf die elektronische Kommunikation ist zu unterscheiden, wo sich die elektronische Nachricht befindet bzw. bei wem die Ermittlungsbehörde auf die E-Mail zugreifen will.

aa) Zugriff beim Verdächtigen/Zeugen

Findet die Durchsuchung beim Verdächtigen oder Zeugen statt und befinden sich die E-Mails bereits abgerufen auf dem Rechner des Betroffenen, werden diese von der Durchsuchungsanordnung erfasst und können gesichert bzw. kopiert werden. Besondere Anforderungen sind in diesem Fall mit dem Zugriff auf E-Mails nicht verbunden.[423]

355

bb) Zugriff beim Provider

Anders ist die Situation zu beurteilen, wenn sich die E-Mails noch auf dem Server des Providers befinden, also noch nicht abgerufen wurden. Zu beachten ist, dass es sich bei den Providern um Anbieter von Telekommunikation handelt und die in den E-Mail-Systemen der Provider lagernden E-Mails dem Fernmeldegeheimnis im Sinne des Art. 10 GG unterliegen und damit eine Abfrage grundsätzlich nur im Rahmen der Verkehrsdatenerhebung § 100g StPO gerechtfertigt ist. Hieran sind höhere Anforderungen als an einen Durchsuchungs-/Beschlagnahmebeschluss gem. §§ 94, 102 StPO geknüpft, der bei Eingriffen in das Fernmeldegeheimnis als Anspruchsgrundlage nicht – mehr – genügen würde.

356

Für die Feststellung der **Anspruchsgrundlage**, insbesondere ob das Fernmeldegeheimnis bei einem Zugriff auf E-Mails beeinträchtigt wird, ist der Ablauf beim Übertragen einer E-Mail zu verdeutlichen. Technisch ist von **drei Phasen** auszugehen:
- 1. Phase: Die E-Mail wird vom Absender zum Server übertragen.
- 2. Phase: Die E-Mail ruht auf dem Server (Mailbox) des Providers.
- 3. Phase: Die E-Mail wird vom Server des Providers zum Empfänger übertragen.

357

Nach früheren Diskussionen ging die Rechtsprechung und herrschende Meinung davon aus, dass die Übertragung einer E-Mail technisch als einheitlicher Vorgang zu betrachten ist, auch wenn in der 2. Phase die Nachricht auf dem Server ruht, also dort konkret Kommunikation nicht übertragen wird. Damit war (scheinbar) klar, dass ein Zugriff auf eine E-Mail im Übertragungsvorgang (einschließlich Ruhen auf dem Server) nur unter den strengen Voraussetzungen der Telekommunikationsüberwachung gem. §§ 100a ff. (§ 100g, h StPO a. F.) zulässig war. Eine einfache Anordnung auf Durchsuchung hätte hier nicht genügt.[424]

358

Dies galt nicht nur für E-Mails sondern auch für andere Nachrichten, die sich zwischenzeitlich auf Mailboxen beim Provider befinden, wie z. B. eine SMS.

---

422 *Kemper* NStZ 2005, 538 (543).
423 Allerdings hatte das BVerfG in einer Entscheidung den Schutz des Fernmeldegeheimnisses auch auf die bereits übertragenen, also angekommenen Daten (»4. Phase«) ausgedehnt, NStZ 2005, 377. Entgegengesetzt entschied das BVerfG (NJW 2006, 976 – Bargatzky-Entscheidung).
424 S. hierzu auch BVerfG StraFo 2006, 365, das einer einstweiligen Verfügung statt gab, nachdem aufgrund einer Beschlagnahmeanordnung nach §§ 94, 95 StPO beim Provider auf einen E-Mail-Account zugegriffen wurde.

Die 4. Phase (Daten sind angekommen) wurde nicht problematisiert, sodass sich Diskussion zunächst beruhigte.

Neu belebt hat sich die Diskussion anlässlich einer Entscheidung, die sich mit der Rechtsgrundlage des Zugriffs in der 4. Phase, also nach Beendigung und der Übertragung, der 3. Phase, beschäftigt.

BVerfG vom 04.02.2005:[425]

In dieser Entscheidung dehnt der zweite Senat den Schutz des Fernmeldegeheimnisses auch auf diejenigen (Verbindungs-) Daten aus, die bereits beim Beschuldigten in den elektronischen Speichern der Kommunikationsgeräte angekommen und gespeichert waren. Danach war eine einfache Beschlagnahme eines Mobiltelefons zum Zwecke des Auslesens der auf der SIM-Card befindlichen Daten unzulässig. Ein Beschluss nach §§ 100a ff. StPO wäre danach erforderlich gewesen.

Auch der Zugriff auf die beim Empfänger bereits eingegangene E-Mail auf dem Rechner des Betroffenen wäre nach den einfachen Durchsuchungsvorschriften nicht zulässig gewesen.

BVerfG vom 12.04.2005:[426]

In einer weiteren Entscheidung des Bundesverfassungsgerichts wurde dagegen festgestellt, dass für den Zugriff auf Datenträger auch die einfache Beschlagnahmeanordnung nach §§ 94 f. StPO genüge.

BVerfG vom 02.03.2006:[427]

Mit großer Spannung ist die nächste Entscheidung des Bundesverfassungsgerichts erwartet worden, die Anfang 2006 erging.

Dort stellte der Senat klar, dass nach Abschluss des Übertragungsvorganges das Fernmeldegeheimnis nicht mehr berührt sei, wenn auf die bereits eingegangenen elektronischen Nachrichten Zugriff genommen werden soll.

Der Schutz des Fernmeldegeheimnisses greife nur dort, wo aufgrund der Übertragung der Nachricht der Berechtigte selbst technisch in den Vorgang nicht eingreifen könne. Hier müsse deshalb der besondere Schutz des Fernmeldegeheimnisses umfassend sein. Bei der Übertragung von Nachrichten sei dann eine Anordnung nach den strengsten Vorgaben des § 100a StPO (Telekommunikationsüberwachung) erforderlich.

Sei allerdings der Vorgang abgeschlossen und die Nachricht eingetroffen, habe der Empfänger selbst die Herrschaft wieder übernommen, könne Daten löschen etc. Eine Ausdehnung des Fernmeldegeheimnisses sei nicht angebracht. Der Zugriff nach den einfachen Vorgaben der Durchsuchung und Beschlagnahme sei zulässig.

BVerfG vom 29.06.2006:[428]

In einem einstweiligen Anordnungsverfahren verfügte das Bundesverfassungsgericht, dass der aufgrund einer einfachen Beschlagnahmeanordnung nach § 94 StPO bei einem Provider sichergestellte E-Mail Account nicht im Rahmen der Ermittlungen verwendet werden durfte. Sämtliche Schriftstücke mussten versiegelt und in Verwahrung bei dem zuständigen Amtsgericht gegeben werden. Zwar betraf diese Entscheidung die 2. Phase, also das Ruhen von E-Mails beim Provider (Zwischenspeicherung), während die Bargatzky-Entscheidung

---

425 NStZ 2005, 337.
426 NJW 2005, 1917.
427 NJW 2006, 976 – Bargatzky-Entscheidung.
428 StraFo 2006, 365.

die 4. Phase (Endspeicherung) behandelte; in beiden Fällen findet aber keine Übertragung (mehr) statt. Die einstweilige Anordnung wurde insgesamt fünfmal verlängert.

BGH vom 31.03.2009:[429]

Während noch auf die Entscheidung des Bundesverfassungsgerichts in der Hauptsache gewartet wurde, entschied überraschenderweise der Bundesgerichtshof, dass ein Zugriff auf E-Mails beim Provider auf der Grundlage einer (einfachen) Postbeschlagnahme gem. § 99 StPO zulässig ist. Die Karlsruher Richter verglichen den Zugriff mit der Beschlagnahme von Telegrammen, auf die gemäß § 94 StPO zugegriffen werden darf, wenn sich diese im Gewahrsam von Personen oder Unternehmen befinden, die geschäftsmäßig Post- oder Telekommunikationsdienste erbringen bzw. daran mitwirken.

BVerfG vom 16.06.2009:[430]

Am 16.06.2009 erging endlich die Entscheidung des Bundesverfassungsgerichts in der Hauptsache (s. o.). Die Verfassungsbeschwerde wurde zurückgewiesen, weil eine Sicherstellung und Beschlagnahme der auf dem Mailserver des Providers gespeicherten E-Mails nach den Regelungen gem. §§ 94 StPO (also den einfachen Beschlagnahmevorschriften) den verfassungsmäßigen Anforderungen genüge.[431]

Damit dürfte die Diskussion beendet sein und ein Zugriff auf E-Mails beim Empfänger und Provider darf aufgrund der Vorschriften zur Durchsuchung und Beschlagnahme gem. §§ 94, 102 ff. StPO erfolgen.

d) Online-Durchsuchung

Anfang des Jahres 2007 sorgte der Bundesgerichtshof für Aufsehen, als er dem staatlichen Hacken einen Riegel vorschob und eine **Online-Durchsuchung für unzulässig** erklärte.[432] Die Ermittler beabsichtigten unter Einsatz eines Trojaners die auf einem Rechner des Beschuldigten gespeicherten Daten auf die eigenen Systeme zu übertragen, um dann die Durchsuchung durchzuführen, dies alles ohne Wissen des Betroffenen, also heimlich. Nachdem der Ermittlungsrichter am BGH[433] den Antrag auf Online-Durchsuchung ablehnte, legte der Generalbundesanwalt Beschwerde ein. **359**

Der BGH wies die Beschwerde zurück: »Die verdeckte Online-Durchsuchung ist mangels einer Ermächtigungsgrundlage unzulässig. Sie kann insbesondere nicht auf § 102 StPO gestützt werden. Diese Vorschrift gestattet nicht eine auf heimliche Ausführung angelegte Durchsuchung.« Die Entscheidung hat politisch für Wirbel gesorgt, obwohl das Phänomen der heimlichen Online-Durchsuchung nicht unbekannt ist und auch schon früher kontrovers diskutiert wurde.[434] Jetzt wurden sofort Stimmen laut, dass heutzutage ohne die Online-Durchsuchung nicht mehr auszukommen sei.[435]

Mit einer Grundsatzentscheidung hat das BVerfG[436] auf die neue Regelung in § 5 Abs. 2 Nr. 11 des Gesetzes über den Verfassungsschutz in Nordrhein-Westfalen reagiert und die Regelung zur Onlinedurchsuchung für verfassungswidrig erklärt und das sog. **Computergrundrecht** geschaffen. **360**

---

429 NJW-Spezial 2009, 346 ff.
430 NJW 2009, 2431 ff.
431 S. auch BGH Juris Praxis Report 2010, 159 mit Anm. *Winkler*, wonach die Beschlagnahme des gesamten auf dem Mailserver des Providers gespeicherten E-Mails regelmäßig gegen das Übermaßverbot verstößt.
432 BGH NJW 2007, 930.
433 Der allerdings am 21.02.2006, 3 BGS 31/06, ein Jahr zuvor, nach einem entsprechenden Antrag des Generalbundesanwalts am BGH eine Online-Durchsuchung noch angeordnet hatte.
434 *Marberth-Kubicki* Rn. 462.
435 So BKA-Präsident *Zierck*, www.heise.de/newsticker/meldung87421.
436 BVerfG NJW 2008, 822.

Mit der Entscheidung hat das Verfassungsgericht die Computernutzung als Teil der verfassungsrechtlich geschützten Privatsphäre anerkannt.

»Das allgemeine Persönlichkeitsrecht (Art. 2 Abs. 1 i. V. m. Art. 1 Abs. 1 GG) umfasst das Grundrecht auf Gewährleistung der Vertraulichkeit und Integrität informationstechnischer Systeme«. Allerdings hat das BVerfG auch festgestellt, dass heimliche Infiltration eines solchen Systems dann verfassungsrechtlich zulässig sein kann, wenn eine konkrete Gefahr für ein überragend wichtiges Rechtsgut besteht.

e) Besonderheiten bei der Durchsuchung/Beschlagnahme beim Berufsgeheimnisträger

361 **Rechtsanwälte, Steuerberater, Ärzte** und ihre Mitarbeiter etc. unterliegen einer umfassenden Verschwiegenheitsverpflichtung gegenüber ihren Mandanten bzw. Patienten. Eine Durchsuchung in den eigenen Kanzleiräumen stellt für jeden Rechtsanwalt ein Horrorszenario dar. Dennoch ist die Wahrscheinlichkeit, dass eine Durchsuchung und Beschlagnahme gem. § 103 StPO (beim nicht verdächtigten Dritten) zumindest auch in Zivilkanzleien vorkommen kann, die wirtschafts-/steuer-/gesellschaftsrechtlich ausgerichtet sind, relativ hoch. Es empfiehlt sich, eine **Checkliste** vorzuhalten und deren Beachtung nicht nur den in der Kanzlei tätigen Rechtsanwälten, sondern auch den Mitarbeitern zur Verfügung zu stellen, bzw. anhand einer solchen Listung ein Schulungsgespräch durchzuführen.

aa) Verschwiegenheitsverpflichtung

362 Besonderes Augenmerk ist stets auf die besondere Verpflichtung zur Verschwiegenheit zu legen. Ohne Einwilligung des Mandanten darf der Berufsgeheimnisträger weder Auskünfte erteilen noch Unterlagen freiwillig herausgeben. Außerdem ist die Kommunikation zwischen Rechtsanwalt und Mandant besonders geschützt. Mitteilungen, Aufzeichnungen über die ihm anvertrauten Tatsachen unterliegen dem Beschlagnahmeverbot gem. § 97 StPO. Wer ohne Einverständnis des Mandanten Auskünfte erteilt oder Akten freiwillig herausgibt, setzt sich dem Verdacht des **Geheimnisverrats** gem. § 203 StGB aus.

bb) Verhaltenshinweise

363 Um den Kanzleibetrieb nicht unnötig durch das Eintreffen der Ermittlungspersonen stören zu lassen, sollten die Beamten zunächst in einen **gesonderten Raum** geführt werden, wo sie sich zunächst ausweisen und den Durchsuchungsbeschluss übergeben sollten. Aus diesem muss sich ergeben, dass es sich um einen Beschluss gem. § 103 StPO, also um eine Durchsuchung bei einem nicht verdächtigten Dritten, handelt (dies dürfte beim Rechtsanwalt der Normalfall sein). In der Regel werden Unterlagen von Mandanten gesucht. Diese müssen in einem Beschluss gem. § 103 StPO so genau bezeichnet werden, dass der Dritte (z. B. der Anwalt) die weitere Durchsuchung durch Herausgabe der gesuchten Unterlagen abwenden kann. Hierin liegt allerdings genau das Problem. Einerseits ist es wünschenswert, wenn die Beamten nicht jeden Raum auf den Kopf stellen und zügig die Kanzlei wieder verlassen. Andererseits ist der Rechtsanwalt, Steuerberater etc. nicht nur dem Mandanten gegenüber zur Verschwiegenheit verpflichtet, dessen Unterlagen gesucht werden, sondern auch gegenüber allen Mandanten, deren Daten in der Kanzlei verwahrt werden.

364 Der Rechtsanwalt darf (jedenfalls ohne Einwilligung des Mandanten) keinesfalls Aktenteile etc. ohne Widerspruch herausgeben. Er mag die gesuchten Unterlagen zusammenstellen (um eine faktische Durchsuchung abzuwenden), er muss der Durchsuchung und Beschlagnahme aber **formal widersprechen** und darauf achten, dass dies in der Niederschrift der Durchsuchung entsprechend vermerkt wird. Greifen die Beamten auf die EDV-Anlage zu, ist deutlich zu machen (und zum Selbstschutz zu dokumentieren), dass einer Durchsicht von völlig anderen Mandantendaten entgegengetreten wird.

Hierbei ist die bereits zitierte Bundesverfassungsgerichtsentscheidung[437] außerordentlich hilfreich. In dieser Entscheidung hat der Senat auch darauf hingewiesen, dass auf **bedeutungslose Informationen nicht zugegriffen** werden darf und bei einer Durchsuchung in einer Anwaltskanzlei auch die berufliche Beeinträchtigung des Anwalts durch Verlust des Vertrauens der Mandanten zu beachten ist sowie eine Abwägung der Interessen Dritter zu erfolgen hat. Außerdem müsse vor Ort eine Trennung von Daten erfolgen. Im vorliegenden Fall hat der Senat auch darauf hingewiesen, dass Daten, die unzulässigerweise beschlagnahmt wurden, gem. § 489 StPO wieder zu löschen sind. Die Beachtung des Verhältnismäßigkeitsgrundsatzes bei der Durchsuchung in der Anwaltskanzlei hat das Verfassungsgericht nochmals am 07.09.2006[438] hervorgehoben. Mit Nachdruck sollte auf die in dieser Entscheidung niedergelegten Grundsätze hingewiesen werden.

365

Ergibt sich aus dem Durchsuchungsbeschluss, dass es sich um eine Maßnahme gem. § 102 StPO, also gegen den Rechtsanwalt als Verdächtigen, handelt, sollte unverzüglich ein strafrechtlich versierter Kollege benachrichtigt werden. Irgendwelche Angaben zum Vorwurf sollten ohne vorherige Beratung und ohne Akteneinsicht vermieden werden.

366

cc) Checkliste

- Verschwiegenheitspflicht beachten
- **Durchsuchungsbeschluss** übergeben lassen und Ausweise der Beamten zeigen lassen und Namen notieren
- Rechtsanwalt als Verdächtiger/Beschuldigter (§ 102 StPO):
  – keine Angaben zur Sache
  – Strafverteidiger informieren
- Rechtsanwalt als Nichtverdächtiger (§ 103 StPO):
  – keine freiwillige Herausgabe/Widerspruch
  – Korrespondenz zwischen Rechtsanwalt und Mandanten unterliegt einem Beschlagnahmeverbot gem. § 97 StPO
- Bei **Zugriff auf EDV-Anlage** oder Datenträger auf BVerfG NJW 2005, 1917 hinweisen und darauf achten, dass nur Daten des beschuldigten Mandanten und nur Ausdrucke oder Kopien z. B. auf CD gefertigt werden
- Auf die Anfertigung eines vollständigen **Sicherstellungsverzeichnisses** achten
- Von beschlagnahmten Unterlagen möglichst sofort **Kopien** erstellen
- **Protokoll** muss alle Einwände und Widersprüche enthalten.
- Kopie aushändigen lassen.

367

f) Maßnahmen bei Mobilfunkendgeräten, § 100i StPO, IMSI-Catcher

Die Überwachung von Mobiltelefonen stellt die Strafverfolgungsbehörden vor Probleme.

368

Da die Anordnung auf Überwachung bzw. die Anordnung auf Erteilung einer Auskunft zur Vorbereitung einer Überwachung die Nennung der »Rufnummer« oder einer anderen »Kennung« erfordert, muss jeweils ein neuer Antrag auf Erlass einer solchen Anordnung gestellt werden, wenn der Mobiltelefonbenutzer seine SIM-Karte und damit die Telefonnummer wechselt.

Während über den Festnetzanschluss der Standort des Nutzers ermittelt werden kann, ist dies bei der Nutzung des Mobiltelefons zunächst nicht möglich.

Mit dem Gesetz zur Neuregelung der Telekommunikationsüberwachung ist auch der Anwendungsbereich des § 100i StPO deutlich ausgeweitet worden.

---

437 BVerfG NJW 2005, 1917.
438 BVerfG 07.09.2006, 2 BvR 1141/06 – abrufbar unter www.bundesverfassungsgericht.de.

Gemäß § 100i StPO dürfen technische Mittel, wie der **IMSI-Catcher**, nicht nur zur Vorbereitung einer Überwachungsmaßnahme nach § 100a StPO oder zur vorläufigen Festnahme bzw. Ergreifung des Täters aufgrund Haftbefehls zur Ermittlung des Standortes eines aktiv geschalteten Mobiltelefons eingesetzt werden. Nunmehr heißt es allgemein, dass technische Mittel zur Erforschung des Sachverhalts und zur Ermittlung des Aufenthaltsorts des Beschuldigten bei dem Verdacht einer Straftat i. S. d. § 100a StPO eingesetzt werden.

Durch den Einsatz der Technik kann die »andere Kennung«, die für die Anordnung erforderlich ist (wenn die Rufnummer unbekannt ist), sei es zur Vorbereitung von Überwachungsmaßnahmen oder zur Standortermittlung zwecks Festnahme oder Ergreifung des Täters, abgefangen werden. Der IMSI-Catcher simuliert die Basisstation eines Mobilfunkbetreibers. Die in seinem Einzugsgebiet befindlichen Mobiltelefone, die sich im Stand-by-Betrieb befinden und daher beständig den Kontakt zu ihrem letzten Betreiber suchen, melden sich statt beim Betreiber unbemerkt beim Catcher an. Der IMSI-Catcher kann bei Kenntnis des ungefähren Standortes eines unbekannten mobilen Endgerätes dessen IMSI oder IMEI und ausgehend davon den genauen Standort der Funkzelle, in der sich das Gerät befindet, ermitteln.

Technisch ist auch das Abhören von Gesprächen mit diesem Gerät möglich.

Nach Ermittlung der Kennung ist eine Überwachungsmaßnahme des Mobilgerätes möglich. Als Abfallprodukt kann sich hieraus auch ein Bewegungsprofil ergeben, das in einem Strafverfahren grundsätzlich verwertbar ist.

Die Einführung des § 100i StPO war mit heftiger Kritik verbunden. Datenschützer haben erhebliche Bedenken gegen die »Multi-Ermittlungsmaßnahme« geltend gemacht. Insbesondere wurde gerügt, dass der IMSI-Catcher in einem bestimmten Radius alle Mobiltelefone für kurze Zeit erfasst und damit Daten beliebiger Personen betroffen sind.

Das Bundesverfassungsgericht[439] hat am 22.08.2006 bestätigt, dass der Einsatz des IMSI-Catchers nicht gegen Grundrechte, insbesondere nicht gegen Art. 10 GG verstößt, weil Telekommunikation nicht stattfinde, wenn sich das Mobiltelefon beim Catcher anmelde. Es komme nicht zu einem individuellen Informationsaustausch.

g) Fahndung via Internet

369 Der rasante technische Fortschritt hat ebenfalls Einfluss auf die Öffentlichkeitsfahndung genommen. Gem. § 131 Abs. 3 StPO ist die Ausschreibung zur Festnahme des Beschuldigten aufgrund eines Haftbefehls erlaubt.

Das Fahndungsmittel der öffentlichen Ausschreibung ersetzt den veralteten Begriff des »Steckbriefes«, verweist auf verschiedene technische Möglichkeiten der Fahndung und bringt gleichzeitig den Verhältnismäßigkeitsgrundsatz zur Geltung.[440] Durch das Strafverfahrensänderungsgesetz[441] ist der frühere Streit über die Rechtmäßigkeit einer Fahndung über öffentliche Kommunikationsmittel zugunsten ihrer Zulässigkeit entschieden worden. Damit ist insbesondere die Fahndung im Internet legitimiert, sofern die Voraussetzungen, die aufgrund der erheblichen Breitenwirkung besonders sorgfältig geprüft werden müssen, vorliegen.[442]

---

439 2 BvR 1345/03.
440 KK/*Boujong* § 131 StPO Rn. 9.
441 BGBl. I, 1253.
442 *Malek* Rn. 364.

Die **Anordnungskompetenz**, § 131 Abs. 3 S. 1 StPO, liegt beim Richter oder der Staatsanwaltschaft, bei Gefahr im Verzug auch bei den Ermittlungspersonen (Polizei). Eine Bestätigung innerhalb von 24 Stunden durch den Richter oder Staatsanwalt ist notwendig. Grundlegende Zulässigkeitsvoraussetzung für die Öffentlichkeitsfahndung ist das Vorliegen einer **Straftat von erheblicher Bedeutung**. Aufgrund der hohen Eingriffsintensität ist im Einzelfall darauf zu achten, dass das Gewicht der Straftat so hoch sein muss, dass der Eingriff durch die Fahndung angemessen erscheint.[443] Dabei kann es sich nur um Straftaten von erheblicher Bedeutung handeln, die mindestens dem mittleren Kriminalitätsbereich zuzurechnen sind, den Rechtsfrieden empfindlich stören und geeignet sind, das Gefühl der Rechtssicherheit der Bevölkerung erheblich zu beeinträchtigen.[444] Fahndungen im Internet sind nach dem Subsidiaritätsgrundsatz nur zulässig, wenn andere Formen der Aufenthaltsermittlung erheblich weniger Erfolg versprechen oder wesentlich erschwert wären, § 131 Abs. 3 S. 1 StPO. Dies ist z. B. der Fall, wenn eine Ausschreibung zur Aufenthaltsermittlung nach § 131a StPO (diese kann nach Abs. 3 auch als Öffentlichkeitsfahndung erfolgen) oder örtliche Nachforschungen nicht genügen.[445] Im Bereich der Terrorismusbekämpfung (aber auch bei der Bekämpfung der Verbreitung von pornografischen Schriften) wird von der Polizei eine stärkere Kontrolle des Internets und eine Verstärkung des polizeilichen Personals zur intensiveren Internetfahndung gefordert.[446]

370

2. Beweisgewinnung mit internationalem Bezug

Im Zuge der Internationalisierung der Kriminalität, insbesondere unter Nutzung des World Wide Web wird der Ruf nach grenzüberschreitenden Ermittlungen lauter. Bereits die **Cyber-Crime Konvention** (s. dazu schon Rdn. 17–19) sieht die Harmonisierung und Unterstützung gegenseitiger länderübergreifender Ermittlungsmaßnahmen vor. Gerade auch die Diskussion um der Bekämpfung des internationalen Terrorismus hat zur engeren Zusammenarbeit auf europäischer Ebene geführt.

371

Dabei sind die entsprechenden Vorgaben der europäischen Institutionen, vor allem der Europäischen Union und des Europarates, zum Teil sehr komplex und unübersichtlich. Verwirrend ist das Regelwerk über die grenzüberschreitende Zusammenarbeit der Strafverfolgungsbehörden, das durch zahlreiche Rechtsakte der EU und durch Europaratskonventionen geprägt ist. Bisher wurden überzeugende Systematisierungen der strafrechtlichen Grundlagen des Gemeinschaftsrechts, des Unionsrechts und des Völkerrechts nicht vorgenommen.[447]

Zu beobachten ist eine immer **enger werdende Kooperation** zwischen den Staaten Europas. Für die Unterstützung oder Koordinierung nationaler Strafverfolgung sind beispielsweise Europol, das europäische justizielle Netzwerk, Eurojust oder das europäische Amt für Betrugsbekämpfung (OLAF) zuständig.

372

Die EU-Kommission hat sich dafür ausgesprochen, den Tätigkeitsbereich von **Europol**[448] deutlich zu erweitern und die Strafverfolgungsbehörde auf eine flexiblere Rechtsgrundlage zu stellen. Mit der Ausdehnung der Tätigkeitsfelder soll gleichzeitig nicht nur die Bekämpfung des Terrorismus erleichtert werden, sondern auch das Vorgehen gegen Menschenhandel, Drogenhandel, Betrug und Cyberkriminalität intensiviert werden.[449] Eine engere

---

443 KK/*Boujong* § 131 StPO Rn. 16.
444 KK/*Nack* § 110a StPO Rn. 21; KK/*Boujong* § 131 StPO Rn. 14.
445 *Meyer-Goßner* § 131 Rn. 3.
446 S. unter www.heise.de/newsticker/meldung/86822 v. 11.04.2007.
447 Systematische Gesamtdarstellung des europäischen Strafrechts unter www.mpicc.de/ww/de/pub/forschung/forschungsarbeit/strafrecht/eu-handbuch.htm.
448 Europol (europäisches Polizeiamt) ist die europäische Polizeibehörde mit Sitz in Den Haag.
449 S. www.heise.de/newsticker/meldung/82820 v. 20.12.2006.

Zusammenarbeit ergibt sich insbesondere auch durch die durch Europaratskonventionen geprägte zwischenstaatliche Rechtshilfe und den spezifischen Instrumenten auf EU-Ebene, welche die Zusammenarbeit der Polizei-, Justiz- und Zollbehörden fordern. Hieraus ergeben sich die Möglichkeiten, gemeinsame polizeiliche Ermittlungsteams zu bilden, strafverfolgungsrelevante Informationen zwischen den Behörden der Mitgliedstaaten leichter auszutauschen und Straftäter unter Wegfall bisheriger Auslieferungshindernisse zu überstellen.

Ein **europäisches Strafverfahrensrecht** scheint die notwendige Folge der Entwicklung zu sein. Nach dem zitierten Forschungsprojekt des Max-Planck-Instituts für ausländisches und internationales Strafrecht soll ein »Handbuch zum europäischen Strafrecht« erscheinen. Nach der Vorankündigung soll auch der Notwendigkeit der Vertiefung der Problematik der Strafverteidigung in Europa unter Rechtsschutzmöglichkeiten besonderes Gewicht zukommen.

a) Rechtshilfeverkehr

373 Der Rechtshilfeverkehr mit dem Ausland in Strafsachen wird im Wesentlichen in dem **Gesetz über die internationale Rechtshilfe in Strafsachen (IRG)** geregelt. Bekräftigt werden die Voraussetzungen des Rechtshilfeverkehrs durch die Richtlinien für den Verkehr mit dem Ausland in strafrechtlichen Angelegenheiten (RiVASt), die u. a. Anforderungen an die Form sowie Verfahrensweise und auch sog. Muster zu einzelnen Begleitschreiben enthalten.

374 Das IRG reglementiert vor allem drei Gebiete der Rechtshilfe: Auslieferung an das Ausland, §§ 2 ff. IRG, die Durchlieferung durch das Inland, sog. Vollstreckungshilfe, §§ 43 ff. IRG und die sonstige Rechtshilfe nach den Vorschriften der §§ 59 ff. IRG. Gab es in den

Grundsätzlich wird Rechtshilfe nur auf Ersuchen einer zuständigen Behörde und im erbetenen Umfang gewährt, § 59 Abs. 1 IRG. Dabei wird als Rechtshilfeersuchen die Bitte eines Staates an einen anderen Staat um Durchführung von Maßnahmen verstanden, die der ersuchende Staat wegen der Souveränität des ersuchten Staates nicht selbst ergreifen kann.[450] Im Gegensatz zu den Auslieferungs- und Vollstreckungshilfeersuchen sind bei der sonstigen Rechtshilfe an den Inhalt und die Form des Ersuchens keine strengen Anforderungen gestellt.

b) Europäischer Haftbefehl

375 Am 07.08.2002 ist der Rahmenbeschluss über den europäischen Haftbefehl und die Übergabeverfahren zwischen den Mitgliedstaaten der Europäischen Union vom 13.06.2002 in Kraft getreten. Die Umsetzung musste bis zum 01.05.2004 erfolgen. So trat in der Bundesrepublik Deutschland am 23.07.2004 das erste Europäische Haftbefehlsgesetz in Kraft.[451] Am 18.07.2005 erklärte das Bundesverfassungsgericht das Europäische Haftbefehlsgesetz 2004 für verfassungswidrig und nichtig.[452] Da in der Praxis Staatsanwaltschaften, Gerichte und Polizeibehörden bereits nach der erfolgten Umstellung der Fahndungs- und Auslieferungssysteme arbeiteten, wurde vom Gesetzgeber zügig das zweite **Europäische Haftbefehlsgesetz** (EUHfG) erstellt, das am 02.08.2006 in Kraft trat.

376 Kernstück des zweiten Europäischen Haftbefehlsgesetzes sind die Vorschriften des neu gefassten 8. Teils des Gesetzes über die internationale Rechtshilfe in Strafsachen (IRG) über die Unterstützung von Mitgliedstaaten der Europäischen Union. Dabei hat der Gesetzgeber sich erneut eng an das Haftbefehlsgesetz von 2004 gehalten und nur die unerlässlich durch das Bundesverfassungsgericht aufgegebenen Korrekturen umgesetzt. Dieses hatte

---

450 *Hackner/Lagodny/Schomburg* Rn. 28.
451 Zur Entwicklung des europäischen Haftbefehlsgesetzes *Hackner/Schomburg/Lagodny/Gleß* NStZ 2006, 664.
452 BVerfG NJW 2005, 2289.

den Gesetzgeber zu einer die Grundrechtspositionen der verfolgten Person schonenden Umsetzung des Rahmenbeschlusses verpflichtet.

Nachfolgende **Vorgaben** wurden fixiert: 377
- Das Erfordernis einer justiziablen Einzelfallentscheidung auf der Grundlage vollständig vorliegender Auslieferungsunterlagen oder eines ihnen gleichstehenden europäischen Haftbefehls,
- die regelmäßige Unzulässigkeit der Auslieferung bei Taten, die sich im Wesentlichen als Inlandsdelikte darstellen,
- die grundsätzliche Zulässigkeit der Auslieferung bei reinen Auslandstaten und Delikten mit wesensmäßig grenzüberschreitender Dimension und Schwere, sofern die Rücküberstellung gesichert ist sowie
- das Erfordernis einer Abwägung zwischen Tatschwere und Verfolgungsinteressen innerhalb des europäischen Raumes der Freiheit, der Sicherheit und des Rechts einerseits mit grundrechtlich geschützten Interessen der verfolgten Person andererseits.

Das neue Haftbefehlsgesetz findet unabhängig von Tatzeit und Datum des Ersuchens seit 378 dem 02.08.2006 auf alle bis dahin noch nicht abgeschlossenen Auslieferungsverfahren Anwendung. Eine Übergangsbestimmung für Altfälle gibt es nicht, denn Auslieferungsbestimmungen unterliegen ihrer Natur nach keinem Rückwirkungsverbot.[453]

Der europäische Haftbefehl ermöglicht nun die direkte Zusammenarbeit der Justizbehörden ohne Inanspruchnahme des diplomatischen Weges und Verzicht auf das sogenannte Bewilligungsverfahren, verkürzte Übergabefristen, den weitgehenden Verzicht auf das Erfordernis der beiderseitigen Strafbarkeit, es enthält die allgemeine Verpflichtung zur Auslieferung eigener Staatsangehöriger und ermöglicht die Einbindung von Institutionen wie Eurojust[454] und SIS.[455]

IV. Beweisverwertung

1. Beweiswert elektronischer Daten

Neben den Besonderheiten bei der Gewinnung und Sicherung von Daten aus dem Internet 379 oder aus Computern und Computernetzen stellt sich die Frage, ob diese Daten in das Strafverfahren eingeführt werden können und welcher Beweiswert ihnen zukommen kann. Schwierigkeiten ergeben sich insbesondere, weil die Normen der Strafprozessordnung zu einer Zeit entstanden, als elektronischen Daten als Beweismittel noch keine Bedeutung zukam. Die Strafprozessordnung versteht traditionell unter sachlichen Beweismitteln körperliche Gegenstände. Inzwischen werden auch Daten, die sich im (flüchtigen) Arbeitsspeicher eines Rechners befinden, als -beschlagnahmefähige- »Gegenstände« verstanden, sofern diese Daten auf einem dauerhaften Datenträger abgespeichert werden.[456]

Unkörperlichen Daten, wie der Darstellung einer Homepage auf dem Bildschirm, fehlt 380 mangels permanenter Speicherung die Gegenständlichkeit, weshalb eine Beschlagnahmemöglichkeit zwar ausscheidet, ihnen aber gleichwohl (mittelbare) Beweisqualität zukommen kann.[457] Der digitale Beweis wirft aufgrund seiner elektronischen Erscheinungsform

---

453 Vgl. OLG Stuttgart StV 2004, 546; OLG Köln StV 2005 150.
454 Europäische Einheit für justizielle Zusammenarbeit, die Arbeit wird ergänzt von der des europäischen justiziellen Netzes.
455 Schengener Informationssystem; es handelt sich um eine nicht öffentliche Datenbank, in der Personen und Sachen eingetragen sind, die im Schengen-Raum zur Fahndung ausgeschrieben sind. Rechtsgrundlage ist das Schengener Durchführungsübereinkommen (SDÜ).
456 Vgl. KK/*Nack* § 94 Rn. 4.
457 *Jofer* S. 202 Fn. 778 m. w. N.

Probleme bei der Einführung in das Verfahren und bei der Ermittlung seines individuellen Beweiswertes auf.

2. Einführung in die Hauptverhandlung

381 Je nach Konstellation kommt eine Verwertung als Augenscheinsobjekt, Urkunde oder auch der Zeugenbeweis in Betracht.[458]

a) Zeugenbeweis

382 Die Darstellungen von Inhalten einer Website auf einem Monitor können durch die Aussage eines Zeugen, z. B. des Ermittlungsbeamten, vor Gericht als Beweismittel eingeführt werden. Der Zeuge erläutert in diesem Fall dem Gericht, was er zum Zeitpunkt der Ermittlung auf dem Bildschirm gesehen hat. So wurde im Compuserve-Fall[459] verfahren. Das Gericht ließ von den Ermittlern berichten, was diese bei Betrachtung der entsprechenden Seiten gesehen haben.

383 Der Beweiswert einer solchen Aussage ist wegen ihrer Anfälligkeit für Fehldeutungen, subjektiven Interpretationen etc. außerordentlich gering. Der Zeugenbeweis ist auch deshalb besonderer Skepsis ausgesetzt, weil es keine Möglichkeit der Überprüfung der Aussage gibt, denn selbst bei Rekonstruktion und erneutem Aufrufen der Internetadresse sind die damals gesichteten Daten verändert und die Inhalte in der ursprünglichen Form nicht mehr abrufbar.

b) Augenscheinsbeweis

384 Die Bildschirmdarstellungen könnten auch **abfotografiert** oder einfach **kopiert** und ausgedruckt werden. Dieser Ausdruck beinhaltet allerdings nur das Festhalten der Erscheinung auf dem Monitor, also der flüchtigen, temporären Daten, wie sie sich für einen Moment dargestellt haben. Es handelt sich nicht um die Reproduktion permanenter, weil auf einem Speichermedium gesicherter, Daten. Der Ausdruck der Bildschirmdarstellung ist deshalb lediglich taugliches Augenscheinsobjekt und kein verlesbares Schriftstück.

385 Ob diese mittelbare Darstellung (über den Polizeibeamten als Zeugen) als unmittelbares Augenscheinsobjekt Gegenstand der Beweisaufnahme sein kann oder lediglich als Hilfsmittel bei der Vernehmung zu verwenden ist, ist streitig.[460] In der Praxis würde sicherlich die Kopie als Vernehmungsbehelf zum Einsatz kommen, da ohnehin über die Vernehmung des Ermittlungsbeamten und dessen Aussage geklärt werden muss, unter welchen näheren Umständen die Kopie gezogen wurde. Anderenfalls wäre der Beweiswert der kopierten Webseite, auch wenn man sie als Augenscheinsobjekt werten wollte, ebenso gering wie der des alleinigen Zeugenbeweises.[461]

c) Urkundenbeweis

386 Computerausdrucke und Handbücher sind dem Urkundsbeweis zugänglich, da in ihnen Gedankenerklärungen verkörpert sind, ähnlich wie bei herkömmlichen Papieren. Die Beweismitteleigenschaft soll den Computerausdrucken nicht deshalb aberkannt werden, weil die entsprechenden Inhalte bereits als elektronisch gespeicherte Daten vorhanden sind und ihr Ausdruck lediglich eine Reproduktion dieser Daten auf Papier darstellt.[462]

---

458 *Kudlich* JA 2000, 227, 228.
459 AG München NStZ 1998, 518.
460 Vgl. KK/*Herdegen* § 244 Rn. 14.
461 Vgl. KK/*Senge* § 86 Rn. 6 für die Behandlung von Tonbandaufnahmen.
462 *Bär* Teil 4 I. 4 b) bb), S. 210.

387 Dies gilt auch für digitale Dokumente, auch E-Mails, obwohl sie im Sinne des § 267 StGB keine Urkunden im materiell-rechtlichen Sinne darstellen.⁴⁶³ Sie können ebenfalls nach § 249 StPO verlesen werden. Auf die Erkennbarkeit des Urhebers kommt es nicht an, auch anonyme Schreiben bzw. Schriftstücke können im Wege des Urkundsbeweises verlesen werden.

388 Den **Beweiswert** allerdings ermittelt das Gericht im Rahmen der freien richterlichen Beweiswürdigung. Dabei ist häufig festzustellen, dass der Beweiswert gerade von E-Mails bzw. deren Ausdrucken überschätzt wird.

Der Ausdruck einer E-Mail und eines digitalen Dokumentes kann zwar faktisch und rechtlich als Urkunde verlesen oder in Augenschein genommen werden, allerdings ist aufgrund der technischen Manipulationsmöglichkeiten einer E-Mail der Beweiswert so gering, dass bereits die Beweiseignung aus hiesiger Sicht zweifelhaft ist. Jedenfalls gilt dies beim einfachen, also ungesicherten E-Mail-Verkehr. Weder die Authentizität des Absenders, noch die Integrität der Erklärung selbst ist durch die Vorlage des Ausdrucks sicher festzustellen.

In zivilgerichtlichen Verfahren werden ganz überwiegend einfache und ungesicherte E-Mails für die Beweisführung als unzureichend angesehen, wenn es um den Beweis der Zurechnung zum angeblichen Aussteller oder der Unverfälschtheit der vorgelegten Erklärung geht.⁴⁶⁴ Nach der dortigen Entscheidung gilt dies auch für die Absicherung einer E-Mail-Versendung oder der Teilnahme an einer mailgestützten Internet-Plattform durch Passworte. In den Entscheidungen wird auf die allgemein bekannte Unsicherheit des E-Mail-Verkehrs und die Möglichkeit, E-Mails abzufangen und zu manipulieren, unter einer fingierten oder fremden Mailadresse Erklärungen abzusenden, Passworte auszuspähen, auszuprobieren oder durch »trojanische Pferde« auszuspionieren, abgestellt. Nichts anderes kann im Strafverfahren gelten.

389 Auch die Versendung einer elektronischen Nachricht mittels Passwort führt noch nicht zum wasserdichten Beweis für die Authentizität, sondern lediglich zu einer höheren Wahrscheinlichkeit. Auch Passworte können ausspioniert werden oder mit erdachten Namen vom Anbieter vergeben werden. Der Passwortschutz ist daher nur bedingt geeignet, den Beweis dafür zu erbringen, dass der Beschuldigte diese E-Mail mit dem konkreten Inhalt versandt hat.

Will die Staatsanwaltschaft gegen den Beschuldigten mittels derartiger elektronischer Dokumente den Verdacht erhärten, muss sie darlegen, wie wirksam tatsächlich der konkret verwandte Passwortschutz ist. Aufgrund der technischen Eigenheiten und der Relevanz, die mitunter (und künftig an Bedeutung zunehmende) elektronischen Nachrichten zukommen wird, wird im Verfahren kaum auf die Unterstützung durch einen Sachverständigen verzichtet werden können.

3. Beweisverwertungsverbote

390 In Verfahren mit einem Schwerpunkt Internet-Ermittlungen oder Zugriff auf Daten bei den Providern können sich bei der Frage der Verwertbarkeit besondere Probleme ergeben. Neben den gesetzlich normierten **Beweisverwertungsverboten**,⁴⁶⁵ die sich automatisch aus einer fehlerhaften Beweiserhebung ergeben, hat die Rechtsprechung in einigen Fällen weitere Verwertungsverbote angenommen, die Leitbildfunktion haben. Ebenfalls können direkt aus der Verfassung Verwertungsverbote abgeleitet werden, wenn Beweismittel unter Verletzung von Grundrechten gewonnen wurden.⁴⁶⁶

---

463 *Puppe* Anm. zu OLG Düsseldorf NStZ 2001, 482.
464 *Rossnagel/Pfitzmann* NJW 2003, 1210.
465 Insgesamt zu den Beweisverwertungsverboten *Eisenberg* ab Rn. 356.
466 *Eisenberg* Rn. 385 ff.

Darüber hinaus gilt, dass nicht aus jedem Verstoß bei der Beweiserhebung ein Verwertungsverbot folgt. Die überwiegende Rechtsprechung folgt der Abwägungslehre, wonach im Einzelfall entschieden werden soll, ob ein Verwertungsverbot angenommen wird.[467] Dabei werden das Interesse an der Wahrheitsfindung und einer effektiven Strafrechtspflege, die angeklagte Straftat und die Schwere des Vorwurfs gegen die Bedeutung des verletzten Interesses oder Rechts und, bei Vorliegen eines Verstoßes, dessen Gewicht gegeneinander abgewogen. Zusätzlich ist zu berücksichtigen, ob das verletzte Recht gerade dem Schutz des Beschuldigten dient und seine verfahrensrechtliche Stellung betrifft.[468]

391 Im Zuge von Internetermittlungen liegt es an den technischen Gegebenheiten, dass Daten auch auf ausländischen Servern abgespeichert sind. Da sich die Ermittlungsbehörden beispielsweise bei einer Durchsuchung und Beschlagnahme Zugangsdaten verschaffen, ist es ohne großen Aufwand möglich, sich auf den ausländischen Servern einzuwählen und auf die dort befindlichen Daten Zugriff zu nehmen. Es handelt sich hierbei um **Auslandsermittlungen**,[469] auch wenn die Ermittlungshandlung selbst von deutschem Boden ausgeht. Die staatliche Hoheitsmacht deutscher Ermittlungsbehörden ist grundsätzlich auf das Territorium der Bundesrepublik Deutschland beschränkt. Eine übergreifende Ermittlungstätigkeit in das Gebiet eines anderen Staates hinein ist unzulässig.[470]

392 Angesichts des weltweiten Einsatzes von Kommunikationsmitteln sind Tendenzen erkennbar, dass die eben genannten Grundsätze bei Ermittlungen via Telefon und Internet aufgeweicht werden könnten. Allerdings darf das völkerrechtliche Prinzip, wonach dem Staat die Ausübung seiner Macht auf dem Gebiet des anderen Staates verboten ist, sofern nicht eine besondere Regel besteht, die dies erlaubt,[471] nicht deshalb umgangen werden, weil sich die Kommunikationsmöglichkeiten kontinuierlich weiterentwickeln.

Völkerrechtswidrig sind Zustellungen von Verwaltungsakten oder die Einholung von Auskünften durch staatliche Stellen ebenso wie die Befragung eines Zeugen oder Beschuldigten unmittelbar persönlich, schriftlich, über Telefon, Bildschirmtelefon oder Internet.[472]

Das Spannungsfeld zwischen dem Ermittlungsinteresse des deutschen Staates und dem Souveränitätsanspruch des anderen Staates wird durch völkerrechtliche Vereinbarungen, wie das Rechtshilfeabkommen, gelöst. Bei Nichtbeachtung der Vorschriften des Rechtshilfeabkommens ist eine Internetermittlung völkerrechtswidrig.

393 Die **Verletzung des Territorialprinzips** stellt einen schweren Verstoß dar, der auch dem Einzelnen gegenüber nicht durch den staatlichen Beweiserhebungsanspruch gerechtfertigt werden kann.[473] Wird durch den Verstoß gegen das Völkerrecht die geschützte Sphäre des Beschuldigten berührt, wie es bei Verstößen gegen Rechtshilfeabkommen der Fall ist, erwächst zugunsten des Beschuldigten ein **Beweisverwertungsverbot**.[474] Auch hier gilt, dass der Verteidiger der Verwertung der unter Verstoß gegen das Rechtshilfeabkommen erlangten Beweismittel widersprechen muss.

Durch die Harmonisierung europäischer Ermittlungen hat die Bedeutung von Beweisverwertungsverboten im Rahmen von Auslandsermittlungen abgenommen, da die Möglichkeiten grenzüberschreitender Ermittlung stark ausgedehnt wurden.

---

467 *Meyer-Goßner* Einl. StPO Rn. 55; Die Abwägungslehre ist nicht unumstritten. Zu den verschiedenen Theorien ausf. und übersichtlich *Eisenberg* Rn. 364–370.
468 BGHSt 38, 214, 219.
469 Zur Verwertbarkeit von Auslandermittlungen *Spatscheck/Alvermann* wistra 1999, 333.
470 *Meyer-Goßner* Einl. StPO Rn. 210.
471 *Dahm/Delbrück/Wolfrum* S. 249.
472 *Spatscheck/Alvermann* wistra 1999, 333 (334).
473 *Spatscheck/Alvermann* wistra 1999, 333 (334).
474 BGH 3 StR 11/87; vgl. *Eisenberg* Rn. 350; differenzierend bei verdeckten Ermittlungen *Gleß* NStZ 2000, 57 (60).

Teil 9
Besonderheiten in der Verfahrens- und Prozessführung

Kapitel 27
Besonderheiten in der Verfahrens- und Prozessführung

Schrifttum

Arnold/Slopek, Die Herausgabe des Verletzergewinns nach der Tripp-Trapp-Entscheidung des BGH, NJW 2009, 3694; *Bergmann/Streitz,* Beweiserhebung in EDV-Sachen – Anforderungen an die Gestaltung von Beweisbeschlüssen, NJW 1992, 1726; *Bleta,* Software in der Zwangsvollstreckung, 1995, 50; *Bodewig,* Praktische Probleme bei der Abwicklung der Rechtsfolgen einer Patentverletzung – Unterlassung, Beseitigung, Auskunft, GRUR 2005, 632; *Bork,* Effiziente Beweissicherung für den Urheberrechtsverletzungsprozess – dargestellt am Beispiel raubkopierter Computerprogramme, NJW 1997, 1665; *Brandi-Dohrn,* Probleme der Rechtsverwirklichung beim Schutz von Software, CR 1987, 835; *ders.* Urheberrechtsverletzung und Rückgriff auf vorbestehende Programme, CR 1994, 626; *Broy/Lehmann,* Die Schutzfähigkeit von Computerprogrammen nach dem neuen europäischen und deutschen Urheberrecht – eine interdisziplinäre Stellungnahme, GRUR 1992, 419; *Czychowski,* Das Gesetz zur Verbesserung der Durchsetzung von Rechten des Geistigen Eigentums, GRUR-RR 2008, 265; *Breidenbach,* Computersoftware in der Zwangsvollstreckung, CR 1989, 873; *ders.,* Computersoftware in der Zwangsvollstreckung, CR 1989, 971; *Cuypers,* Das selbstständige Beweisverfahren in der juristischen Praxis, NJW 1994, 985; *Eisenkolb,* Die Enforcement-Richtlinie und ihre Wirkung, GRUR 2007, 387; *Frank/Wiegand,* Der Besichtigungsanspruch im Urheberrecht de lege ferenda, CR 2007, 481; *Franke,* Pfändung von Computerprogrammen, MDR 1996, 236; *Hoeren,* Streitschlichtung rund um die .eu-Domain – ein erster Eindruck, MMR 2006, 777; *ders.,* Die Online-Erschöpfung im Softwarebereich – Fallgruppen und Beweislast, MMR 2010, 447; *Heymann,* Das Gesetz zur Verbesserung der Durchsetzung von Rechten des geistigen Eigentums, CR 2008, 568; *Hoppen,* Softwarebesichtigungsansprüche und ihre Durchsetzung, CR 2009, 407; *Jaeger-Lenz,* Die Einführung der .eu-Domains – Rechtliche Rahmenbedingungen für Registrierung und Streitigkeiten, WRP 2005, 1234; *Karger,* Beweisermittlung im deutschen und US-amerikanischen Softwareverletzungsprozess; *ders.,* Praktische Hinweise zum Parteivortrag nach der BGH-Entscheidung zur Störerhaftung des WLAN-Betreibers, GRUR-Prax 2010, 305; *Kießling,* Die Kosten der Nebenintervention im selbstständigen Beweisverfahren der §§ 485 ff. ZPO außerhalb des Hauptsacheverfahrens, NJW 2001, 3668; *Kitz,* Rechtsdurchsetzung im geistigen Eigentum – die neuen Regeln, NJW 2008, 2374; *Kleespies,* Die Domain als selbstständiger Vermögensgegenstand in der Einzelzwangsvollstreckung, GRUR 2002, 764; *Koch,* Software in der Zwangsvollstreckung, KTS 1988, 50; *ders.,* Zivilprozess in EDV-Sachen, 1988; *Kotthoff/Pauly,* Software als Kreditsicherheit, WM 2007, 2085; *Krug/Keim/Rector,* Unterschiedliche Möglichkeiten der Streitbeilegung im Internet, MMR 2001, 13; *Kühnen,* Die Besichtigung im Patentrecht – Eine Bestandsaufnahme zwei Jahre nach »Faxkarte«, GRUR 2005, 185; *Kühnen/Claessen,* Praxisleitfaden Düsseldorfer Besichtigungspraxis, IRPB 2010, 83; *Lahann,* Die neue Mediationsrichtlinie, ZEuS 2008, 359; *Limper,* Kein Fortsetzungszusammenhang bei Mehrfachverstoß gegen Unterlassungstitel, ITRB 2009, 100; *Marly,* Die Qualifizierung der Computerprogramme als Sache nach § 90 BGB, BB 1991, 432; *Meyer-Dulheuer,* Der Vorlegungsanspruch bei biotechnologischen Erfindungen, GRUR Int. 1987, 14; *Moufang/Kupjetz,* Der Ausforschungsbeweis im selbstständigen Beweisverfahren bei vermuteten Mängeln, NZBau 2003, 646; *Müller,* Das neue alternative Streitbeilegungsvefahren für .eu-Domains: Einführung und erste Erkenntnisse aus der Praxis, SchiedsVZ 2008, 76; *Neubauer,* Die neue .eu-Domain, K&R 2005, 343; *Patnaik,* Enthält das deutsche Recht effektive Mittel zur Bekämpfung von Nachahmungen und Produktpiraterie, GRUR 2004, 191; *Paulus,* Software in Vollstreckung und Insolvenz, ZIP 1996, 2; *Plaß,* Die Zwangsvollstreckung in die Domain, WRP 2000, 1077; *Raubenheimer,* Vernichtungsanspruch gem. § 69f UrhG, CR 1994, 129; *Rauschhofer,* Quellcodebesichtigung im Eilverfahren – Softwarebesichtigung nach § 809 BGB – Anmerkung zu OLG Frankfurt a. M., GRUR-RR 2006, 249; *Redeker,* Wer ist Eigentümer von Goethes Werther?, NJW 1992, 1739; *ders.,* Vollstreckungsfähige Titel über die Herausgabe von Programmträgern, CR 1988, 277; *Rehmann,* Substantiierungspflicht im Softwareprozess, CR 1990, 575; *Retzer,* Einige Überlegungen zum Vernichtungsanspruch bei der Zwangsvollstreckung von Waren oder Leistungen, FS Piper, S. 421 (zitiert *Retzer* in: FS Piper); *Rössel,* Haftung für WLAN-Router, ITRB 2010, 151; *Roy/Palm,* Zur Problematik der Zwangsvollstreckung in Computer, NJW 1995, 690; *ders.,* Zur Problematik der Zwangsvollstreckung in Computer, NJW 1995, 690; *Sankol,* Die Qual der Wahl: § 113 TKG oder §§ 100g, 100h StPO? Die Kontroverse über das Auskunftsverlangen von Ermittlungsbehörden gegen Access-Provider bei dynamischen IP-Adressen, MMR 2006, 361; *Schafft,* Streitigkeiten über ».eu«-Domains, GRUR 2004, 986; *Seichter,* Die Umsetzung der Richtlinie zur Durchsetzung der Rechte des geistigen Eigentums, WRP 2006, 391; *Spindler/Weber,* Der Geheimnisschutz nach Art. 7 der Enforcement-Richtlinie, MMR 2006, 711; *Stang/Hüner,* Anmerkung zu Störerhaftung des WLAN-Inhabers, GRUR 2010, 633; *Stauder,* Anmerkung zur Entscheidung »Druckbalken«, GRUR 1985, 518; *Steinbeck,* »Windsor Estate« Eine Anmerkung, GRUR 2008, 110; *Stürner/Stadler,* Anmerkung, JZ 1985, 1101; *Tilmann,* Beweissicherung nach Artikel 7 der Richtlinie zur Durchsetzung der Rechte des geistigen Eigentums, GRUR 2005, 737; *Tilmann/*

Kapitel 27 Besonderheiten in der Verfahrens- und Prozessführung

Schreibauer, Die neueste BGH-Rechtsprechung zum Besichtigungsanspruch nach § 809 BGB-Anmerkung zum Urteil des BGH »Faxkarte«, GRUR 2002, 1015; *Volpert*, Mediation – eine Alternative zum streitigen Verfahren auch im Gewerblichen Rechtsschutz?, MittdtschPatAnw 2008, 170; *Weimann*, Softwarepakete als Vollstreckungsgut unter besonderer Berücksichtigung der Aufgaben der Gerichtsvollzieher, DGVZ 1996; *Welzel*, Zwangsvollstreckung in Internet-Domains, MMR 2001, 131, 1; *Zahrnt*, Die Rechtsprechung zur Beweislast bei Fehlern in Standardsoftware, NJW 2002, 1531; *Zimmermann*, Immaterialgüter und Zwangsvollstreckung, 1998.

Übersicht

	Rdn.
A. Streitbeilegungsverfahren	1
I. Abgrenzungen und Vorüberlegungen	1
II. Mediation	7
III. Schlichtung	13
IV. Schiedsgerichtsbarkeit	15
1. Schiedsverfahren im Allgemeinen	15
2. Schiedsverfahren für Domainstreitigkeiten	18
a) Denic	19
b) Domaingrabbing Verfahren nach der UDRP	22
c) Domain Verfahren nach den ADR Rules für .eu Domains	27
B. Zuständigkeit staatlicher Gerichte	32
C. Materielle Ansprüche	36
I. Unterlassungs- und Beseitigungsanspruch	36
1. Unterlassungsanspruch	36
a) Allgemeine Voraussetzungen	36
b) Wegfall der Wiederholungsgefahr	37
c) Bestimmtheitsanforderungen an den Unterlassungsantrag	40
d) Aktivlegitimation	44
e) Passivlegitimation	47
f) Aufbrauchsfrist	48
2. Beseitigungsanspruch	52
II. Schadensersatzanspruch	53
1. Entgangener Gewinn	54
2. Lizenzanalogie	55
3. Herausgabe des Verletzergewinns	58
4. Verschulden	61
5. Prozessuale Geltendmachung	62
6. Marktverwirrungs- oder Diskreditierungsschaden	64
III. Auskunfts- und Rechnungslegungsanspruch	65
1. Unselbstständiger Auskunfts- und Rechnungslegungsanspruch	65
a) Voraussetzungen	66
b) Umfang	67
2. Drittauskunft	69
IV. Herausgabeanspruch	73
V. Vernichtungsanspruch	75
1. Allgemeiner Vernichtungsanspruch gem. § 98 UrhG und § 140a PatG	75
2. Spezieller Vernichtungsanspruch gem. § 69f UrhG	78
3. Verhältnismäßigkeitsprüfung	81
4. Vernichtung der Vervielfältigungsstücke	83
5. Prozessuale Geltendmachung	86
VI. Besichtigungsanspruch	89
1. Voraussetzungen des Besichtigungsanspruchs	89
2. Umfang des Besichtigungsanspruchs	94
3. Vorlage und Besichtigung nach § 101a UrhG und § 140c PatG	97
4. Prozessuale Geltendmachung	107
D. Beweisaufnahme	108
I. Beweislast	108
1. Urheberrechtsprozess	108
2. Verfahren wegen Mängeln	111
II. Beweiserhebung	112
1. Substantiierungspflicht	112
2. Beweisangebot	116
3. Beweismittel	118

	4. Beweisbeschluss	120
	5. Gegenstand der Beweiserhebung	121
	6. Anordnung der Beweisvorlage von Amts wegen	122
III.	Beweisvereitelung	125
E.	**Selbstständiges Beweisverfahren**	126
I.	Arten von Beweisverfahren	126
II.	Tatsachenfeststellung	131
III.	Formelle Fragen	134
	1. Grundsätzlich kein Anwaltszwang	134
	2. Zuständigkeit	135
	3. Antragsinhalt	136
	4. Rechtliches Interesse	137
	5. Beteiligung Dritter	138
	6. Keine Durchsetzungsmöglichkeit	139
F.	**Einstweiliger Rechtsschutz**	140
I.	Allgemeines	140
II.	Durchsetzung des Besichtigungsanspruchs im e. V. Verfahren	142
	1. Keine Vorwegnahme der Hauptsache	148
	2. Vollziehung der einstweiligen Verfügung	151
	3. Formulierungsbeispiel	152
	4. Aushändigung des Gutachtens im Verfügungsverfahren	153
	5. Verfügungsgrund	157
G.	**Zwangsvollstreckung**	158
I.	Zwangsvollstreckung wegen Geldforderungen	160
	1. Zwangsvollstreckung in körperliche Sachen	161
	2. Urheberrechtliche Besonderheiten	166
	3. Datenschutzrechtliche Besonderheiten	169
	4. Pfändungsverbote	171
II.	Zwangsvollstreckung in Rechte	175
III.	Zwangsvollstreckung zur Erwirkung von Herausgabe, Unterlassung, Besichtigung, Vernichtung/Löschung und Auskunftserteilung	179
	1. Vollstreckung von Herausgabeansprüchen	179
	a) Bestimmtheit des Antrages	179
	b) Durchführung	183
	c) Datenschutzrechtliche Probleme	184
	2. Vollstreckung von Unterlassungsansprüchen	186
	3. Vollstreckung von Besichtigungsansprüchen	188
	4. Vollstreckung von Beseitigungsansprüchen	190
	5. Vollstreckung von Ansprüchen auf Vernichtung/Löschung	191
	6. Vollstreckung von Ansprüchen auf Erteilung von Auskunft	194

A. Streitbeilegungsverfahren

I. Abgrenzungen und Vorüberlegungen

Konflikte in der Praxis der Informationstechnologien weisen eine Reihe von Besonderheiten auf, welche aus anwaltlicher Sicht vor allem im Bereich der Vertragsgestaltung, aber auch bei der Übernahme eines prozessualen Mandates berücksichtigt werden müssen. Geprägt durch das hiesige Gerichtssystem herrscht in Deutschland eine andere Streitkultur vor als etwa im angloamerikanischen Bereich, aus welchem allerdings ein erheblicher Teil der Akteure der Praxis der Informationstechnologie stammt. Streiten vor staatlichen Gerichten ist in Deutschland weiterhin relativ kostengünstig und schnell möglich: Einstweilige Verfügungen können binnen weniger Tage erwirkt und vollstreckt werden und haben keine von vornherein festgelegte zeitliche Beschränkung ihrer Geltung. Hauptsacheverfahren vor deutschen Gerichten können häufig in der 1. Instanz binnen eines Kalenderjahres abgeschlossen werden. Die Kosten für die Gerichtsgebühren und auch die Erstattungsansprüche im Fall des Unterliegens sind im Vergleich zu anderen Ländern relativ gering. Dies hat Ein- 1 fluss auf die Kultur der Konfliktlösungen in Deutschland, da insbesondere staatliche Gerichte im Fall von Konflikten häufiger und schneller angerufen werden als in vergleichbaren Konflikten etwa in den U. S. A. oder in England.

2   Bei Streitigkeiten im Bereich der Informationstechnologie ist aus anwaltlicher Sicht jedoch zu berücksichtigen, dass IT- Projekte häufig eine erhebliche Komplexität aufweisen: Systeme und Leistungen verschiedener Beteiligter müssen ineinandergreifen. Konflikte in Projekten entstehen oft auch durch Entwicklungen, die zum Zeitpunkt des Vertragsschlusses für beide Parteien noch nicht absehbar waren, sodass die vertragliche Grundlage gar keine oder keine vollständige Regelung bietet oder nicht alle später gewünschten Regelungen denkbarer Leistungs- und Mitwirkungspflichten, Informations- und Dokumentationspflichten enthält. Streitigkeiten in IT-Projekten erfordern regelmäßig eine umfangreiche Sachverhaltsermittlung der Projekthistorie und sonstiger Sachfragen, die in den Unternehmen erhebliche Ressourcen binden und viel Zeit in Anspruch nehmen kann. Die anwaltliche Erfahrung zeigt, dass die Schieflage eines IT-Projektes nicht selten auf das Verhalten beider Beteiligter zurückgeht und durch unzureichendes Projekt- und Konfliktmanagement unnötig eskaliert. In Streitigkeiten im IT-Verfahren sind zudem häufig umfangreiche Sachverständigengutachten notwendig, um die im Streite stehenden Sachfragen zu klären. Je spezieller ein bestimmtes IT-Projekt ist, desto schwieriger ist es auch für ein Gericht, einen für derartige Fragen kompetenten Sachverständigen zu finden.

3   Vor dem Hintergrund der Komplexität von IT-Projekten kann sich die allgemeine Erkenntnis, dass gerichtliche Auseinandersetzungen die Fortführung vertraglicher Beziehungen belasten und das Verhältnis der Parteien beschädigen können, in besonderem Maße auswirken. Setzen die Parteien eines IT-Projektes aufgrund eines Streites ihre Zusammenarbeit vor Vollendung desselben nicht mehr fort, ist es in der Realität häufig schwierig, das Projekt durch einen anderen Anbieter fortführen und abschließen zulassen. Der Abbruch eines konkreten Projektes hat oft zur Folge, dass das gesamte Vorhaben auf der Grundlage eines neuen Vertrages vollständig begonnen werden muss. Der hiermit verbunden Zeitverlust sowie die Bindung entsprechender Ressourcen führt für das auftraggebende Unternehmen häufig zu Risiken, die durch mögliche Schadensersatzansprüche gegenüber dem bisherigen Auftragnehmer nur unzureichend abgedeckt sind.

4   Schließlich ist die Praxis der Informationstechnologie durch Besonderheiten und Usancen der Branche gekennzeichnet, mit welchen nicht alle Gerichte in Deutschland entsprechend vertraut sind. Dies kann zu Schwierigkeiten und Verzögerungen in entsprechenden Streitverfahren führen.

5   Vor diesem Hintergrund sollte der Anwalt bei der Vertragsgestaltung insbesondere von Projektverträgen ein besonderes Augenmerk nicht nur auf die klare Verteilung der zu erwartenden Aufgaben legen, sondern auch Regelungen vorsehen, mithilfe derer zum Zeitpunkt des Vertragsschlusses noch nicht erkannte Fragen durch ein entsprechendes, im Vertrag vorgesehenes Verfahren geregelt werden können.[1] Er sollte zudem Eskalationsverfahren vorsehen, um entstehende Meinungsverschiedenheiten möglichst rasch und ohne Hilfe Dritter beilegen zu können.[2] Über Meinungsverschiedenheiten, welche die Parteien nicht alleine aufgrund entsprechender Eskalationsvorschriften lösen können, sollten zudem dem jeweiligen Projekt angemessene Regelungen zur Lösung derartiger Streitigkeiten vorgesehen werden.

6   Streitbeilegungsverfahren lassen sich nächst in Verfahren einteilen, welche mit einer rechtsverbindlichen Entscheidung eines streitentscheidenden Dritten enden. Hierzu gehören Verfahren vor staatlichen Gerichten und Schiedsverfahren. Hiervon zu unterscheiden sind

---

[1] S. hierzu Kap. 6 Rdn. 164–171.
[2] S. etwa Kap. 6 Rdn. 91–93.

Schlichtung und Mediation, da die Schlichtung mit einem Konfliktlösungsvorschlag des von den Parteien bestimmten Schlichters endet, über dessen Annahne die Parteien frei entscheiden können. Die der Schlichtung verwandte Mediation unterscheidet sich dadurch, dass der Konfliktlösungsvorschlag in erster Linie von den Parteien selber auf Vermittlung des Mediators erarbeitet werden soll.

II. Mediation

Die Mediation gehört zu den Streitbeilegungsverfahren ohne eine von Dritten verfasste, für die Parteien verbindliche Endentscheidung. Die Kunst der Mediation besteht darin, ein Verfahren zu entwickeln und zu gewährleisten, in welchem die Parteien durch die Vermittlung des Mediators selber zu einer einvernehmlichen Lösung ihrer Meinungsverschiedenheiten gelangen. Der Mediator ermittelt die Sichtweise der betroffenen Parteien und wird versuchen, jeder von ihnen die Sichtweise der jeweils anderen Partei darzulegen. Die Ermittlung des Mediationsstoffes erfolgt nicht unter juristischen Kategorien geordnet nach Ansprüchen, Verletzung von Pflichten etc., »Verantwortlichkeiten« sind insoweit neutral. Der Mediator wird hierbei versuchen aufzuklären, ob die Parteien gemeinsame Interessen haben, die nicht zwingend einen unmittelbaren Bezug zum konkreten Streit haben müssen, jedoch Grundlage der Lösung des Streites und der Weiterführung der entsprechenden Kooperation bieten können. 7

Das Einlassen auf eine Mediation sollte freiwillig erfolgen, ein Zwang zur Mediation ist mit dem Ziel einer selbstgefundenen einvernehmlichen Beilegung des Streites kaum zu vereinbaren. Die Freiwilligkeit des Verfahrens spiegelt sich auch in den fehlenden Befugnissen des Mediators wider, den Parteien bindende Verpflichtungen in Bezug auf die Fortführung oder Gestaltung des Verfahrens aufzuerlegen. Das Mediationsverfahren bietet damit per se keine Möglichkeit, einer von einer Partei gewählten Hinhalte- oder Verzögerungstaktik zu begegnen. Dies sollte bei der Gestaltung von Mediationsklauseln berücksichtigt werden. 8

Vor Einleitung eines Mediationsverfahrens sollten sich beide Parteien zudem Gedanken darüber machen, ob konkret entstandene Meinungsverschiedenheiten für eine Mediation geeignet sind oder nicht. Mediationsgeeignet wird der Streit immer dann sein, wenn für beide Parteien die Vorteile einer Fortsetzung ihrer Zusammenarbeit die Nachteile, welche aus einer Eskalation des Streites resultieren, deutlich überwiegen. Dies ist, wie vorstehend erwähnt, insbesondere in komplexen IT-Projekten häufig der Fall, insbesondere wenn nach einem Abschluss des Projektes die Parteien ursprünglich eine Fortsetzung ihrer Zusammenarbeit in Bereichen wie Weiterentwicklung oder Pflege und Wartung beabsichtigt hatten. Darüber hinaus gibt es allerdings auch Fallkonstellationen, in denen der Erfolg einer Mediation eher unwahrscheinlich ist, wie etwa Fälle einer anscheinend gezielten Nachahmung von Produkten oder Leistungen eines anderen Unternehmens. Bezogen auf die IT-Praxis scheinen insoweit Fälle, in denen die Verletzung von Urheberrechten, Übernahme von Codes oder eine gezielte Nachprogrammierung im Raum stehen, eher ungeeignet.[3] 9

Wie im Bereich des Schiedsrechts unterscheidet man grundsätzlich zwischen administrierte Mediation und ad hoc Mediation. Während Letztere die größtmögliche Flexibilität und Spontaneität für die Parteien bietet, ist Erstere gekennzeichnet durch eine existierende Verfahrensordnung sowie eine das Mediationsverfahren unterstützende Organisation. Zu den Institutionen, die administrierte Mediationsdienste anbieten, gehören aus deutscher Sicht 10

---

[3] Vgl. hierzu etwa den Guide to WIPO Mediations, WIPO Publication Nr. 449 (E) updated version January 2009, Seite 8, am 01.06.2011 abrufbar unter http://www.wipo.int/amc/en/mediation/what-mediation.html.

etwa die WIPO, die Centrale für Mediation[4] sowie das Europäische Institut für Conflict Management e. V (EUCON).[5]

▶ **Praxistipp:**

Insbesondere die Mediation stößt in Deutschland z. T. immer noch auf erhebliche Skepsis sowohl in der anwaltlichen Praxis als auch bei Mandanten. Dies ist teilweise auf Unkenntnis des Verfahrens oder nachhaltige Prägung durch das im Vergleich zu anderen Ländern häufig schnelle und kostengünstige Verfahren vor staatlichen Gerichten zurückzuführen. Insbesondere die Aspekte »Zeit und Geld« sprechen jedoch sehr wohl dafür, eine Mediation in entsprechend geeigneten Fällen zu versuchen. In entsprechenden Klauseln sollte allerdings stets auch eine Regelung für den Fall des Scheiterns der Mediation vorgesehen sein, um eine rasche Fortsetzung des sich dann abzeichnende Streites zu ermöglichen.

11 Die WIPO, welche formal nicht zwischen Mediation einerseits und Schlichtung andererseits unterscheidet, empfiehlt für künftige Streitigkeiten folgende Klausel:[6]

▶ **Schlichtungsverfahren**

»Alle Streitigkeiten, die sich aufgrund dieses Vertrags oder späterer Änderungen dieses Vertrags ergeben oder sich auf diesen beziehen, einschließlich (ohne Einschränkung hierauf) dessen Entstehung, Gültigkeit, bindende Wirkung, Auslegung, Durchführung, Verletzung oder Beendigung, sowie außervertragliche Ansprüche sind dem Schlichtungsverfahren gem. den Regeln für das Schlichtungsverfahren der WIPO zu unterwerfen. Der Ort des Schlichtungsverfahrens soll ... sein. In dem Schlichtungsverfahren soll die ... Sprache verwendet werden.«

12 Sollte für den Fall des Scheiterns der Mediation ein Schiedsverfahren vereinbart werden, empfiehlt die WIPO folgende Ergänzung:

»Falls und insoweit als solche Streitigkeiten nicht innerhalb von [60] [90] Tagen seit Beginn des Schlichtungsverfahrens aufgrund des Schlichtungsverfahrens beigelegt werden, sind sie nach Einreichung eines Schiedsantrags einer Partei gem. den Regeln für das Schiedsgerichtsverfahren der WIPO [alternativ: gem. den Regeln für das beschleunigte Schiedsgerichtsverfahren der WIPO] dem Schiedsgerichtsverfahren zu unterwerfen und endgültig im Schiedsgerichtsverfahren zu entscheiden. Alternativ soll, wenn vor Ablauf der genannten Frist von [60] [90] Tagen eine Partei versäumt, sich an dem Schlichtungsverfahren zu beteiligen oder nicht mehr an dem Schlichtungsverfahren teilnimmt, die Streitigkeit nach Einreichung eines Schiedsantrags durch die andere Partei gem. den Regeln für das [beschleunigte] Schiedsgerichtsverfahren der WIPO dem Schiedsgerichtsverfahren unterworfen und endgültig im Schiedsgerichtsverfahren entschieden werden. Das Schiedsgericht soll aus [drei Schiedsrichtern] [einem Einzelschiedsrichter] bestehen. Der Ort des Schiedsgerichtsverfahrens soll ... sein. In dem Schiedsgerichtsverfahren soll die ... Sprache verwendet werden. Die Streitigkeit soll unter Anwendung des Rechts von ... entschieden werden.«

III. Schlichtung

13 Wie die Mediation beschränkt sich eine Schlichtung nicht auf die juristische Bewertung eines konkreten Sachverhaltes nach rechtlichen Kriterien wie Schuld und Verantwortlich-

---

4 Vgl. etwa die am 01.06.2011 unter nachfolgender Adresse abrufbaren Informationen http://www.centrale-fuer-mediation.de/.
5 Vgl. etwa die am 01.06.2011 unter nachfolgender Adresse abrufbaren Informationen http://www.eucon-institut.de/index.html.
6 Abrufbar am 01.06.2011 unter http://www.wipo.int/amc/de/arbitration/contract-clauses/clauses.html.

keit, sondern kann und soll darüber hinaus technische und kaufmännische Überlegungen einbeziehen. Die Aufgabe des Schlichtungsteams besteht regelmäßig darin, den zwischen den Parteien im Streite stehenden Sachverhalt umfassend aufzuklären und diesen dann konkrete Vorschläge zur Problemlösung zu unterbreiten. Insoweit unterscheidet sich die Aufgabe des Schlichters von der eines Mediators, da Letzterer grundsätzlich keinen eigenen Lösungsvorschlag erarbeitet und unterbreitet, sondern durch eine entsprechende Gestaltung des Verfahrens die Parteien dazu bringen soll, diesen selber zu erarbeiten.

Die bekannteste Schlichtungsordnung im Bereich der Informationstechnologie ist die der Deutsche Gesellschaft für Recht und Informatik in der am 01.03.2008 in Kraft getretenen Fassung.[7] Gemäß der DGRI Schlichtungsordnung soll das Schlichtungsteam regelmäßig aus einem Juristen und einem EDV-Sachverständigen bestehen, um den Streit über seinen juristischen Kern hinaus ausführlich erfassen zu können. Wie das Mediationsverfahren auch, kann das Schlichtungsverfahren von beiden Parteien jederzeit abgebrochen werden, sodass diese zu den ordentlichen Gerichten oder aber zu einem Schiedsgericht gehen können. Hierin unterscheidet sich das Schlichtungsverfahren folglich vom Schiedsverfahren, welches einen derartigen Rückzug einer Partei vom Verfahren nicht erlaubt. Vor diesem Hintergrund ist die Zustimmung beider Parteien zur Durchführung eines Schlichtungsverfahrens auch bei Einleitung desselben notwendig. Die Schlichtungsstelle der DGRI ernennt auf Anrufung der Parteien die Schlichter, wobei sie hierbei eventuelle Vorschläge und Bedenken der Parteien berücksichtigt. Diese ermitteln auf der Grundlage des Vortrags beider Parteien den entsprechenden Sachverhalt und versuchen auf Vergleichsmöglichkeiten hinzuweisen. Kommen die Parteien nicht selber zu einer Einigung, unterbreitet das Schlichtungsteam diesen einen Schlichtungsspruch mit kurzer Begründung und setzt den Parteien eine angemessene Frist für dessen Annahme. Mit Ablauf dieser Frist endet das Schlichtungsverfahren, unabhängig davon, ob eine Annahme erfolgt ist oder nicht. Die Parteien können auch einvernehmlich vereinbaren, dass das Schlichtungsteam einen vorläufigen oder endgültigen Schiedsspruch erlassen möge, in diesem Verfahren gelten die entsprechenden Bestimmungen der ZPO sodann ergänzend.

14

▶ **Praxistipp:**

Die Schlichtungsklausel der DGRI lautet:[8]

»§ ... Schlichtungsklausel.

(1) Die Parteien vereinbaren, bei allen Meinungsverschiedenheiten aus oder im Zusammenhang mit diesem Vertrag, Vertragserweiterungen oder -ergänzungen, die sie nicht untereinander bereinigen können, die Schlichtungsstelle der Deutschen Gesellschaft für Recht und Informatik e. V. (»DGRI e. V.«), derzeit Prof. Dr. Jürgen W. Goebel, Schöne Aussicht 30, 61348 Bad Homburg v. d. H., Tel.: 06172/920930, Fax: 06172/920933, E-Mail: schlichtung@dgri.de, Homepage: http://www.dgri.de/oder die jeweilige auf der Webseite der DGRI e. V. unter http://www.dgri.de/angegebene Adresse der Schlichtungsstelle anzurufen, um den Streit nach deren Schlichtungsordnung in der zum Zeitpunkt der Einleitung eines Schlichtungsverfahrens gültigen Fassung ganz oder teilweise, vorläufig oder endgültig zu bereinigen.

(2) Die Verjährung für alle Ansprüche aus dem schlichtungsgegenständlichen Lebenssachverhalt ist ab dem Schlichtungsantrag bis zum Ende des Schlichtungsverfahrens gehemmt. § 203 BGB gilt entsprechend.«

---

[7] Vgl. Schlichtungsordnung der DGRI, abrufbar am 01.06.2011 unter http://www.dgri.de/schlichtung/schlichtungsordnung/.
[8] Die Klausel war am 01.06.2011 abrufbar unter http://www.dgri.de/dateien/schlichtungsordnung/SchlO-2002-Klausel.txt.

IV. Schiedsgerichtsbarkeit

1. Schiedsverfahren im Allgemeinen

15 Das Schiedsverfahren ist eine dem Verfahren vor den staatlichen Gerichten nachgebildete Verfahrensform, in der ein von den Parteien zu bestimmender Entscheidungskörper den Streitfall in einem gerichtsähnlichen Verfahren entscheidet. Liegt eine wirksame Schiedsvereinbarung vor, kann sich keine Partei nach Entstehung eines Streits dem Schiedsverfahren entziehen, es ist insoweit anders als Mediation und Schlichtung zwingend wie ein ordentliches Gerichtsverfahren.

16 Für die Praxis der Informationstechnologie ist von Bedeutung, dass auch technische oder kaufmännische Experten als Schiedsrichter benannt werden können, sodass im Unterschied zu ordentlichen Gerichten nicht nur Juristen über den entsprechenden Streit entscheiden können. Die größere Freiheit der Gestaltung des Verfahrens ermöglicht es zudem, dieses auf die Bedürfnisse des jeweils im Streite stehenden Falles zuzuschneiden.

17 Die Verfahrensordnungen der verschiedenen Schiedsinstitutionen weisen insoweit keine wesentlichen Unterschiede auf, welche für Streitigkeiten im Bereich der Informationstechnologie von entscheidender Bedeutung sind und nicht geändert werden können, sodass insoweit auf die entsprechende Literatur zum Schiedsrecht verwiesen wird.[9]

2. Schiedsverfahren für Domainstreitigkeiten

18 Eine Besonderheit weisen dagegen die verschiedenen Schiedsverfahren im Zusammenhang mit der Vergabe von Domainnamen und/oder entsprechenden Domainstreitigkeiten auf: Um Streitigkeiten über »Domaingrabbing« schnell und kostengünstig zu klären, wurde von der ICANN[10] am 26.08.1999 eine »Uniform Dispute Resolution Policy« verabschiedet, die als Schiedsordnung für die einzelnen Vergabestellen dient.[11] Diejenigen Vergabestellen, welche ein entsprechendes Verfahren umgesetzt haben, sehen vor, dass derjenige, der die Registrierung eines bestimmten Domainnamens beantragt, sich hiermit gleichzeitig der entsprechenden Schiedsordnung unterwirft, dass Streitigkeiten über sein Recht, den entsprechenden Domainnamen zu führen, in einem entsprechenden Schiedsverfahren entschieden werden.

a) Denic

19 Die Denic[12] selbst hat für die von ihr vergebenen ».de« Domainnamen kein entsprechendes Schiedsverfahren für Streitigkeiten umgesetzt, sodass derartige Streitigkeiten in Deutschland im Allgemeinen vor den ordentlichen Gerichten entschieden werden.

20 Allerdings ermöglicht ihre Verfahrensordnung einen so genannten Dispute Eintrag: Wer nachweisen kann, dass die Registrierung eines Domainnamen durch einen Dritten in seine

---

9 Vgl. hierzu etwa die WIPO Arbitration Rules, abrufbar am 01.06.2011 unter http://www.wipo.int/amc/en/arbitration/*rules*/, die Schlichtungsordnung der Deutschen Institution für Schiedsgerichtsbarkeit, abrufbar am 01.06.2011 unter http://www.dis-arb.de/; die UNCITRAL Arbitration Rules, abrufbar am 01.06.2011 unter http://www.uncitral.org/uncitral/en/uncitral_texts/arbitration.html; die ICC Dispute Resolution Rules, abrufbar am 01.06.2011 unter http://www.iccwbo.org/court/arbitration/id4199/index.html; sowie die einschlägige deutsche Literatur zum Schiedsrecht, etwa *Schwab/Walter; Schlosser; Berger* oder *Lachmann*.
10 Die Internet Corporation for Assigned Names and Numbers.
11 Am 01.06.2011 abrufbar unter http://www.icann.org/dndr/udrp/policy.htm; vgl. hierzu etwa aus dem deutschen Schrifttum etwa Hoeren/Sieber/*Bettinger* Teil 6.2; MüKo-BGB/*Drexl* Int. Immaterialgüterrecht Rn. 223 f.; *Krug/Keim/Rector* MMR 2001, 13; Bettinger/*Bettinger*, Teil 3 A.
12 Die Vergabgestelle für die .de Domainnamen, DENIC Domain Verwaltungs- und Betriebsgesellschaft eG, Kaiserstraße 75–77, 60329 Frankfurt/M.

Rechte eingreift und er diese gegenüber dem Inhaber der Registrierung geltend macht, kann bei der Denic einen so genannten Dispute Eintrag stellen. Eine Domain, für die ein Dispute-Eintrag erwirkt worden ist, kann von ihrem Inhaber weiter genutzt, jedoch nicht auf einen Dritten übertragen werden. Der Antragsteller des Dispute-Eintrags wird zudem neuer Domaininhaber, sobald die Domain freigegeben wird; § 2 Abs. 3 Denic Domain Bedingungen.[13] Die Denic hält hierfür ein Formular zum Abruf bereit.[14]

Die Denic selber ist bei Kennzeichenstreitigkeiten über das Recht an einem bestimmten Domainnamen auch unter dem Gesichtspunkt der Störerhaftung grundsätzlich nicht passivlegitimiert.[15] Es besteht ihr gegenüber auch kein Anspruch auf »Sperrung« des Domainnamens für jede zukünftige Eintragung eines Dritten.[16] 21

b) Domaingrabbing Verfahren nach der UDRP

Die Uniform Dispute Resolution Policy (UDRP) und die sie ergänzenden Verfahrensvorschriften der Rules for Uniform Domain Name Dispute Resolution Policy (UDRP Rules) sind von allen Vergabestellen für generische Toplevel Domainnamen[17] übernommen worden.[18] Die ICANN selber erkennt derzeit vier Institutionen als »Approved Provider Uniform Domain-Name Dispute-Resolution Policy«, als anerkannte Streitschlichtungsinstitutionen an, nämlich das Asian Domain Name Dispute Resolution Centre in Peking, Hong Kong und Seoul, das National Arbitration Forum in Minneapolis, den Czech Arbitration Court in Prag und die WIPO in Genf.[19] Die meisten Domainstreitigkeiten werden wohl durch das WIPO Center entschieden, welches zumindest zu Beginn mehr als 60 % aller UDRP Streitigkeiten administriert hat.[20] Alle diese Institutionen wenden neben der Uniform Dispute Resolution Policy ihren jeweiligen ergänzenden Verfahrensordnungen an. 22

Streitigkeiten nach der UDRP sind beschränkt auf Fälle, in denen ein Markeninhaber den Vorwurf erhebt, der von einem anderen registrierten Domainname sei identisch oder verwechslungsfähig ähnlich, der Domainname-Inhaber habe im Bezug auf den registrierten Domainnamen weder ein Recht noch ein berechtigtes Interesse und die Registrierung und Nutzung desselben sei in bösem Glauben erfolgt.[21] Über den Streit entscheidet ein von der Schiedsgerichtsinstitution zu ernennender Einzelschiedsrichter, soweit die Parteien weder selber ein dreiköpfiges Schiedsgericht ernennen noch die Entscheidung durch ein solches von der Institution zu ernennendes Panel beantragen.[22] Das Verfahren ist auf eine 23

---

13 Am 01.06.2011 abrufbar unter http://www.denic.de/de/bedingungen.html.
14 Am 01.06.2011 abrufbar unter http://www.denic.de/de/domains/recht/dispute-eintraege/index.html.
15 BGH NJW 2001, 3265 – ambiente.de: Eine Prüfungspflicht besteht allenfalls im Bezug auf eine vorliegenden rechtskräftigen Urteil; eine vorliegende unstreitig wirksame Unterwerfungserklärung und bei »offensichtlichen« Zeichenverletzungen, vgl. hierzu auch OLG Frankfurt/M. MMR 2003, 752. Nach einem nicht rechtskräftigen Urteil des LG Frankfurt/M. MMR 2009, 272–273 – huk-coburg24.de haftet die DENIC nur dann als Störerin für eine bei ihr registrierte rechtsverletzende Domain, wenn sie auf den Rechtsverstoß aufmerksam gemacht wurde und dieser sich als offenkundig und eindeutig darstellte. Ohne rechtskräftigen Titel oder wirksame Unterwerfungserklärung ist dies nur der Fall, wenn sich der Rechtsverstoß einem nicht juristisch vorgebildeten Mitarbeiter der Denic unmittelbar aufdrängen musste.
16 BGH GRUR 2004, 619 – kurt-biedenkopf.de.
17 .aero, .biz, .cat, .com, .coop, .info, .jobs, .mobi, .museum, .name, .net, .org, .pro, .tel und .travel.
18 S. hierzu im Einzelnen Kap. 19 Rdn. 480 ff.
19 Vgl. die am 01.06.2011 abrufbare Übersicht unter http://www.icann.org/en/dndr/udrp/approved-providers.htm.
20 Vgl. *Mueller* Rough Justice, An analysis of ICANN's Uniform Dispute Resolution Policy, Nov. 2000, am 01.06.2011 abrufbar unter http://dcc.syr.edu/PDF/roughjustice.pdf.
21 Vgl. Art. 4 lit. a URDP.
22 Vgl. Art. 6 UDRP Rules.

schnelle Entscheidung ausgerichtet, die meisten Entscheidungen ergehen binnen 2 Monaten nach Einreichung der Antragsschrift.[23]

24 Die Antragsschrift ist schriftlich und in elektronischer Form bei der gewählten Institution einzureichen; die inhaltlichen und formellen Anforderungen ergeben sich aus Art. 3 lit. b der UDRP Rules. Es besteht kein Anwaltszwang, aufgrund der Förmlichkeit und Geschwindigkeit des Verfahrens ist die Beziehung eines Anwaltes jedoch dringend zu empfehlen. Die Institution selber prüft zunächst, ob die formellen Anforderungen eingehalten worden sind und leitet eine ordnungsgemäße Antragsschrift binnen drei Kalendertagen nach Erhalt des Kostenvorschusses an den Antragsgegner weiter, Art. 4 lit. a, 19 UDRP Rules.[24] Der Antragsgegner soll dann binnen 20 Tagen nach Verfahrensbeginn eine Erwiderung einreichen, die den Anforderungen von Art. 5 UDRP Rules entsprechen soll. Mit Eingang der Erwiderung erfolgt die Ernennung des Panels. Diese entscheidet im Regelfall binnen 14 Tagen nach seiner Ernennung; die Entscheidung wird schriftlich begründet, Art. 15 lit. b und lit. d UDRP Rules. Hat der Antragsgegner keine Erwiderung eingereicht, kann das Panel eine Säumnisentscheidung auf der Grundlage der Antragsschrift fällen.[25]

25 Wie fast alle Schiedsordnungen sieht die UDRP gegen Entscheidung der Schiedsgerichte kein Rechtsmittel vor; allerdings wird der Vollzug des Schiedsspruchs vorerst ausgesetzt, wenn die unterlegene Partei binnen 10 Tagen nachweist, dass sie gegen die Entscheidung des Schiedsgerichtes eine Klage vor einem staatlichen Gerichte eingelegt hat, Art. 4 lit. k S. 3 UDRP, Art. 3 lit. b (xiii) UDRP Rules. Art. 4 lit. k UDRP und Art. 18 UDRP Rules regeln darüber hinaus das Verhältnis zu Gerichtsverhandlungen, welche vor oder nach dem Domainstreitverfahren durchgeführt werden können.

26 ▶ **Praxistipp:**

Die WIPO veröffentlicht im Internet einen ausführlichen WIPO Guide to the Uniform Domain Name Dispute Resolution Policy (UDRP)[26] und ein Muster einer Antragsschrift.[27]

c) Domain Verfahren nach den ADR Rules für .eu Domains

27 Im Zusammenhang mit der Einführung der .eu-Domain ist ein gesondertes Streitbeilegungsverfahren entwickelt worden. Für .eu Domain gibt es die Verordnung der EG 874/2004 vom 28.04.2004), welche allgemeinen Regeln für die Durchführung und die Funktionen der .eu Domain und der allgemeinen Grundregeln für die Registrierung festlegt.[28]

28 Ähnlich den UDRP Fällen werden Streitigkeiten um die Registrierung von .eu Domain Name bei der Vergabestelle EuRID[29] vom Schiedsgericht bei der Wirtschaftskammer der Tschechischen Republik in Prag nach einem eigenen Verfahren administriert.[30] Ein Widerruf der Registrierung erfolgt im Fall einer spekulativen und missbräuchlichen Registrierung i. S. v. Art. 21 der EG Verordnung 874/2004 vom 28.04.2004: Wenn der Domainname »mit

---

23 Vgl. etwa Hoeren/Sieber/*Bettinger* Kap. 6.2 Rn. 3 und Bettinger/*Bettinger* Teil 3 A Rn. 91.
24 Formelle Mängel können auf Hinweis binnen 5 Kalendertagen korrigiert werden, Art. 4 lit. b UDRP Rules.
25 Nach *Mueller*, Success by Default: A new Profile of Domain Name Trademark Disputers under ICANN's UDRP vom 24.02.2002; am 01.06.2011 abrufbar unter http://dcc.syr.edu/PDF/markle-report-final.pdf, sind 52 % aller bis dahin entschiedenen Fälle als Säumnisentscheidungen ergangen, ebenda S. 15 oben.
26 Am 01.06.2011 abrufbar unter http://www.wipo.int/amc/en/domains/guide/index.html.
27 Am 01.06.2011 abrufbar unter http://www.wipo.int/amc/en/domains/complainant/index.html.
28 ABl. L 162 v. 30.04.2004, 40; im Einzelnen Kap. 19 Rdn. 530 ff.
29 Vgl. http://www.eurid.eu/.
30 Vgl. http://www.adr.eu/index.php.

einem anderen Namen identisch ist oder diesem verwirrend ähnelt, für den Rechte bestehen, die nach nationalem und/oder Gemeinschaftsrecht anerkannt oder festgelegt sind, darunter die in Artikel 10 Absatz 1 genannten Rechte, und wenn dieser Domänenname (a) von einem Domäneninhaber registriert wurde, der selbst keinerlei Rechte oder berechtigte Interessen an diesem Domänennamen geltend machen kann, oder (b) in böser Absicht registriert oder benutzt wird.« Jedermann kann nach Art. 22 Abs. 1 EG Verordnung 874/2004 ein alternatives Streitbeilegungsverfahren anstrengen, wenn die Registrierung gegen Art. 21 verstößt oder eine Entscheidung des Registers gegen die Verordnung 874/2004oder die Verordnung (EG) Nr. 733/2002 verstößt.

Nach Art. 22 Abs. 2 EG Verordnung 874/2004 vom 28.04.2004 sind der Domain Inhaber und die Registrierungsstelle sind zur Teilnahme am alternativen Streitbeilegungsverfahren verpflichtet. 29

Die in diesem Zusammenhang entwickelten ADR Rules und Supplemental Rules[31] sehen vor, dass die Klageschrift in körperlicher und elektronischer Form entsprechend den Vorgaben in Art. B. 1 ADR Rules eingereicht wird. Das dann folgende Verfahren ist ähnlich wie das nach der UDRP ausgestaltet.[32] 30

▶ **Praxistipp:** 31

Die Verfahren um .eu Domains sind sehr formell ausgestaltet. Wer ein entsprechendes Verfahren führt, kann aus der Website des Schiedsgerichtes hilfreiche Informationen wie Muster und eine online platform mit einer Hilfefunktion finden.[33]

B. Zuständigkeit staatlicher Gerichte

Streitigkeiten im Bereich der Informationstechnologie weisen überdurchschnittlich oft internationale Bezüge auf, die aus prozessualer Sicht die Frage nach der internationalen Zuständigkeit deutscher Gerichte aufwerfen. Diese wurden bereits vorstehend im Kap. 25 eingehend dargestellt. 32

Sofern der Streit urheberrechtliche Bezüge aufweist, ist zu prüfen, ob im jeweiligen Bundesland von der Ermächtigung nach § 105 UrhG Gebrauch gemacht worden ist und die Urheberrechtsstreitigkeit insofern bestimmten Gerichten zugewiesen worden ist. Hierbei handelt es sich um eines besondere funktionale Zuordnung. 33

Von der Ermächtigung haben Bundesländer in folgendem Umfang Gebrauch gemacht: 34
- Baden-Württemberg: Zuständig sind das LG Stuttgart für den OLG-Bezirk Stuttgart und das LG Mannheim für den OLG-Bezirk Karlsruhe. Auf der Amtsgerichtsebene gibt es keine ausschließlichen Zuständigkeiten.[34]
- Bayern: Den AG am Sitz des übergeordneten LG werden auch die Urheberrechtsstreitigkeiten der übrigen AG des LG-Bezirks zugewiesen. Das AG München ist zuständig auch für Streitigkeiten des LG-Bezirks München II. Das LG München I ist zuständig für die

---

31 Am 01.06.2011 abrufbar unter http://eu.adr.eu/adr/adr_rules/index.php.
32 Die Fristen sind z. T. etwas großzügiger ausgestaltet, vgl. Art. B 2 ARD Rules; vgl. im Übrigen u. a. *Schafft* GRUR 2004, 986; *Jaeger-Lenz* WRP 2005, 1234; *Neubauer* K&R 2005, 343; *Hoeren* MMR 2006, 777. *Müller* SchiedsVZ 2008, 76.
33 Vgl. http://eu.adr.eu/adr/forms/index.php und http://eu.adr.eu/arbitration_platform/overview/index.php, beide abrufbar am 01.06.2011.
34 VO v. 07.09.1998, GBl. S. 561, zuletzt geändert durch VO v. 19.03.2002, GBl. S 175, § 13 VO v. 20.11.1998 (GBl. S. 680), zuletzt geändert durch VO v. 24.10.2001 (GBl. S. 618).

LG-Bezirke des OLG-Bezirks München, das LG Nürnberg-Fürth für die LG-Bezirke der OLG Nürnberg und Bamberg.[35]
- Berlin: Alleinige Zuständigkeit des AG Charlottenburg für ganz Berlin.[36]
- Brandenburg: Alleinige Zuständigkeit des AG und LG Potsdam.[37]
- Bremen: Keine Regelung, da es nur ein LG gibt. Keine ausschließliche Zuständigkeit auf AG-Ebene.
- Hamburg: Alleinige Zuständigkeit des AG Hamburg.[38]
- Hessen: Zuständig sind das AG und LG Frankfurt/M. für die LG-Bezirke Darmstadt, Frankfurt/M., Gießen, Hanau, Limburg/Lahn und Wiesbaden, und das AG und LG Kassel für die LG-Bezirke Fulda, Kassel und Marburg/Lahn.[39]
- Mecklenburg-Vorpommern: Zuständig sind das AG und LG Rostock für den OLG-Bezirk Rostock.[40]
- Niedersachsen: Das AG Braunschweig ist zuständig für den OLG-Bezirk Braunschweig, AG und LG Hannover sind zuständig für den OLG-Bezirk Celle und AG und LG Oldenburg für den OLG-Bezirk Oldenburg.[41]
- Nordrhein-Westfalen: Zuständig sind das AG und LG Bielefeld für die LG-Bezirke Bielefeld, Detmold, Münster und Paderborn, das AG und LG Bochum für die LG-Bezirke Arnsberg, Bochum, Dortmund, Essen, Hagen und Siegen, das AG und das LG Düsseldorf für den OLG-Bezirk Düsseldorf und das AG und LG Köln für den OLG-Bezirk Köln.[42]
- Rheinland-Pfalz: Das AG Koblenz ist zuständig für den OLG-Bezirk Koblenz und das AG Frankenthal (Pfalz) für den OLG-Bezirk Zweibrücken. Für beide OLG-Bezirke ist das LG Frankenthal (Pfalz) zuständig.[43]
- Saarland: § 105 Abs. 1 UrhG gegenstandslos, da es nur ein LG gibt. Keine ausschließliche Zuständigkeit auf AG-Ebene.
- Sachsen: Zuständig sind das AG und LG Leipzig für alle AG- und LG-Bezirke.[44]
- Sachsen-Anhalt: Zuständig sind das AG und LG Halle für die LG-Bezirke Dessau und Halle und das AG und LG Magdeburg für die LG-Bezirke Magdeburg und Stendal.[45]
- Schleswig-Holstein: Keine Regelung.
- Thüringen: Zuständig sind das AG und LG Erfurt für den OLG-Bezirk Erfurt.[46]

35 Darüber hinausgehende, funktionelle Sonderzuständigkeiten für Streitigkeiten im Bereich der Informationstechnologie existieren nicht. Es existieren keine sonstigen Besonderheiten der sachlichen und örtlichen Zuständigkeit.

---

35 VO v. 02.02.1988, (GVBl. S. 6), zuletzt geändert durch VO v. 02.01.2002 (GVBl S. 4).
36 VO v. 15.11.1965 (GVBl. S. 1711) und VO v. 04.12.1972 (GVBl. S. 2301), zuletzt geändert durch VO v. 20.01.2001 (GVBl. S. 28).
37 GerichtszuständigkeitsVO – GerZustV v. 03.11.1993 (GVBl. II S. 689), zuletzt geändert durch G v. 18.12.2001 (GVBl. I S. 254).
38 VO v. 01.09.1987 (GVBl. S. 172), zuletzt geändert durch VO v. 17.07.2001 (GVBl. S. 249).
39 VO v. 17.10.1996 (GVBl. I S. 466), zuletzt geändert durch VO v. 15.03.2002 (GVBl. I S. 50); VO v. 30.09.1974 (GVBl. I S. 467).
40 VO v. 28.03.1994 (GVOBl. S. 514), zuletzt geändert durch VO v. 30.11.1998 (GVOBl. S. 909).
41 VO v. 29.08.1997 (GVBl. S. 400, ber. S. 429), zuletzt geändert durch VO v. 28.02.2001 (GVBl. S. 76); § 13 VO v. 22.01.1998 (GVBl. S. 66), zuletzt geändert durch VO v. 17.12.2001 (GVBl. S. 824).
42 VO v. 27.01.1996 (GV NW S. 54), zuletzt geändert durch VO v. 06.09.1994 (GV NW S. 728); VO v. 12.08.1996 (GV NW S. 348).
43 LandesVO v. 15.12.1982 (GVBl. S. 460), zuletzt geändert durch LandesVO v. 06.06.2001 (GVBl. S. 136); LandesVO v. 22.11.1985 (GVBl. S. 267), zuletzt geändert durch LandesVO v. 24.10.2001 (GVBl. S. 274).
44 VO v. 14.07.1994, GVBl., 1313.
45 § 1 VO v. 01.09.1992 (GVBl. S. 664), zuletzt geändert durch VO v. 04.04.2002 (GVBl. S. 222).
46 VO v. 12.08.1993 (GVBl. S. 563), zuletzt geändert durch VO v. 01.12.1995 (GVBl. S. 404).

C. Materielle Ansprüche

I. Unterlassungs- und Beseitigungsanspruch

1. Unterlassungsanspruch

a) Allgemeine Voraussetzungen

Im Fall einer Urheberrechtsverletzung steht dem Verletzten ein Unterlassungsanspruch gem. § 97 Abs. 1 UrhG zu.[47] Für Patentverletzungen ist ein solcher Anspruch in § 139 Abs. 1 PatG geregelt.[48] Unterlassungsansprüche können sich darüber hinaus aus anderen gesetzlichen Bestimmungen wie etwa § 8 UWG oder aus einer impliziten oder expliziten vertraglichen Vereinbarung ergeben. Neben der Rechtsverletzung ist in Anlehnung an § 1004 BGB eine Wiederholungsgefahr oder zur Durchsetzung eines vorbeugenden Unterlassungsanspruch eine Erstbegehungsgefahr erforderlich. Für das Urheberrecht ist die Möglichkeit des vorbeugenden Unterlassungsanspruchs bei Erstbegehungsgefahr nunmehr ausdrücklich in § 97 Abs. 1 S. 2 UrhG geregelt. Die Wiederholungsgefahr ergibt sich regelmäßig aus dem Umstand, dass eine Rechtsverletzung in der Vergangenheit stattgefunden hat. Eine Erstbegehungsgefahr begründet derjenige, der sich eines Rechts berühmt, bestimmte Handlungen vornehmen zu dürfen.[49] Der Unterlassungsanspruch setzt kein Verschulden voraus.

36

b) Wegfall der Wiederholungsgefahr

Die Wiederholungsgefahr und damit die elementare Voraussetzung für die Begründetheit des Unterlassungsanspruchs kann beseitigt werden, indem der Verletzer eine ernsthafte, unbefristete, vorbehaltlose und strafbewehrte Unterlassungserklärung abgibt. Eine solche Unterlassungserklärung ist rechtlich als Schuldanerkenntnis gem. § 781 BGB zu qualifizieren. Eine Unterlassungserklärung ohne Vertragsstrafeversprechen ist regelmäßig nicht geeignet, die Wiederholungsgefahr zu beseitigen. Entsprechendes gilt für eine Vertragsstrafe, die nicht angemessen hoch ist. Nur eine angemessen hohe Vertragsstrafe ist geeignet, den Verletzer von zukünftigen Rechtsverletzungen abzuhalten und damit die Wiederholungsgefahr zu beseitigen.

37

▸ **Praxistipp:**

Zulässig ist es, die Bestimmung der Höhe der Vertragsstrafe im Fall einer erneuten Verletzung dem Gläubiger zu überlassen, wobei die Höhe im Streitfall vom Gericht zu überprüfen ist, sog. Hamburger Brauch. Dies ermöglicht eine flexible Handhabung und bewahrt den Schuldner vor pauschalen Zahlungsverpflichtungen, die im Einzelfall unangemessen hoch sind. Der Gläubiger muss sich hingegen nicht darauf einlassen, dass die Höhe erstmalig vom Gericht bestimmt wird.

Die Verwirkung der Vertragsstrafe setzt im Gegensatz zum Unterlassungsanspruch Verschulden voraus, wobei dem Schuldner das Verschulden seines Erfüllungsgehilfen gem. § 278 BGB wie eigenes Verschulden zugerechnet wird. Dies wird immer wieder als Nachteil gegenüber einer Urteilsverfügung angeführt, bei der es auf das persönliche Verschulden ankommt. Im Rahmen einer Urteilsverfügung ist das Verschulden etwaiger Erfüllungsgehilfen lediglich im Rahmen der deliktischen Organisationshaftung zu zurechnen. In der Praxis führt dieser dogmatische Unterschied jedoch nur höchst selten zu unterschiedlichen Ergebnissen.

38

---

47 Vgl. hierzu auch Kap. 18 Rdn. 81; FA-GewRS/*Haberstumpf* Kap. 7 Rn. 316.
48 Vgl. hierzu auch vorstehend Kap. 17 Rdn. 80; FA-GewRS/*Nieder* Kap. 1 Rn. 468 ff.
49 BGH GRUR 1992, 612 – Nicola.

39 In der Regel geht mit der Verletzung einer strafbewehrten Unterlassungserklärung gleichzeitig eine erneute Rechtsverletzung einher. In diesem Fall muss sich der Verletzte nicht auf die ggf. gerichtliche Durchsetzung der Vertragsstrafe verweisen lassen, vielmehr kann er parallel dazu erneut einen Unterlassungsanspruch geltend machen.[50]

c) Bestimmtheitsanforderungen an den Unterlassungsantrag

40 Problematisch kann im Einzelfall die Formulierung des Unterlassungsantrages sein. Dieser muss gem. § 253 Abs. 2 Nr. 2 ZPO hinreichend bestimmt sein, um den Streitgegenstand und den Umfang der Prüfungs- und Entscheidungsbefugnis des Gerichts festzulegen. Ein unbestimmter Unterlassungsantrag ist vom Gericht von Amts wegen als unzulässig abzuweisen, was auch im Revisionsverfahren noch zu beachten ist.[51] Ein zu weitgehender Antrag führt zu einer teilweisen Klageabweisung als unbegründet. Allerdings hat das Gericht im Rahmen seiner richterlichen Hinweispflicht gem. § 139 Abs. 1 ZPO auf eine zulässige Antragsfassung hinzuwirken. Die Hinweispflicht verlangt jedoch nicht, dass das Gericht den Antrag umformuliert. Die Antragsfassung obliegt grundsätzlich dem Kläger. Die Bindung an den Parteiantrag gem. § 308 Abs. 1 ZPO ist im Verfügungsverfahren eingeschränkt, aber nicht aufgehoben.[52]

41 Ein Unterlassungsanspruch ist regelmäßig hinreichend bestimmt, wenn die konkrete Verletzungshandlung eindeutig beschrieben wird und eine auf dem Antrag beruhende Tenorierung geeignete Grundlage einer Vollstreckung sein kann. Ein Antrag, der ausschließlich die gesetzlichen Tatbestandsmerkmale wiederholt, genügt diesen Anforderungen nicht. Zulässig ist es, zum Zwecke der Bestimmtheit auf Anlagen mit Abbildungen, Datenträgern etc. Bezug zu nehmen, aus denen sich der konkrete Inhalt der Verletzungshandlung ergibt.[53] Im Fall einer Softwareverletzung ist ein Antrag jedenfalls dann hinreichend bestimmt, wenn er auf den Quellcode zur Bestimmung des Inhalts der jeweiligen Dateien Bezug genommen wird.[54] Eine bloße Wiedergabe des Originals kann hingegen allenfalls bei einer identischen Übernahme genügen.[55] Der Kläger muss darlegen, inwieweit ein konkret genutztes Programm eine ausreichende Übereinstimmung mit konkreten urheberrechtlich geschützten Elementen des klägerischen Programms aufweist.[56] Grundsätzlich erlaubt sind sog. Insbesondere-Anträge, in denen der Kläger seinen umfassend formulierten Antrag anhand eines Beispiels, in der Regel die konkrete Verletzungsform, erläutert.

42 Bei einer Patentverletzung ist umstritten, ob bei einer wortsinngemäßen Verletzung der Wortlaut des Patentanspruchs wiedergegeben werden darf. Nach Ansicht des BGH ist dies nicht ausreichend. Vielmehr muss die konkrete Verletzungsform angegeben werden.[57] Nur bei identischer Verletzung können die Merkmale der Erfindung aus der Patentschrift unverändert in den Unterlassungsantrag übernommen werden.[58]

43 Stützt der Kläger seinen Anspruch sowohl auf Wiederholungs- als auf Erstbegehungsgefahr, so liegen zwei Streitgegenstände vor.[59] Denkbar ist es auch, den Unterlassungsanspruch sowohl auf einer Verletzung von § 97 Abs. 1 UrhG als auch § 139 Abs. 1 PatG

---

50 BGH GRUR 1980, 241 (242) – Rechtsschutzbedürfnis.
51 BGH GRUR 2000, 1076 (1077) – Abgasemissionen.
52 Vgl. Thomas/Putzo/*Reichold* § 938 Rn. 2.
53 BGH GRUR 2003, 786 (787) – Innungsprogramm.
54 OLG Hamburg GRUR-RR 2002, 217 (217) – CT-Klassenbibliothek.
55 BGH GRUR 2003, 786 (787) – Innungsprogramm. Die Berufung auf einen durch ein Privatgutachten durchgeführten Binärcodevergleich hat das KG als unzureichend erachtet, KG CR 2010, 424.
56 KG CR 2010, 424 (425).
57 BGH GRUR 2005, 569 – Blasfolienherstellung.
58 Schulte/*Kühnen* § 139 Rn. 261; vgl. auch *Bodewig* GRUR 2005, 632.
59 BGH GRUR 2006, 429 (431) – Schlank-Kapsel.

zu stützen. Ist der Anspruch nur aufgrund einer Vorschrift begründet, so wäre die Klage im Übrigen wohl abzuweisen.

d) Aktivlegitimation

Den Unterlassungsanspruch kann regelmäßig derjenige geltend machen, der aktivlegitimiert ist. Im Fall der Verletzung von Nutzungsrechten ist neben dem Urheber auch derjenige aktivlegitimiert, der Inhaber eines ausschließlichen Nutzungsrechtes ist. Demgegenüber ist der Inhaber eines einfachen Nutzungsrechtes nicht berechtigt, aus eigenem Recht zu klagen. Entsprechendes gilt für denjenigen, der aufgrund schuldrechtlicher Berechtigung oder Gestattung zur Nutzung des geschützten Werkes berechtigt ist. In diesen Fällen ist jedoch eine gewillkürte Prozessstandschaft möglich. Bei Miturhebern entsteht ein gemeinschaftliches Urheberrecht, wobei gem. § 8 Abs. 2 S. 3 UrhG jeder Miturheber Ansprüche aufgrund einer Verletzung alleine geltend machen kann, er jedoch Leistung nur an alle verlangen kann.

Im Fall der Verletzung des Urheberpersönlichkeitsrechts ist zu Lebzeit ausschließlich der Urheber aktivlegitimiert. Nach dem Tod des Urhebers geht dieses Recht auf die Erben über, wobei es sich zunehmend abschwächt.

Nach § 10 Abs. 1 UrhG gilt bis zum Beweis des Gegenteils der auf dem Vervielfältigungsstück genannte Autor als Urheber des Werkes. § 10 Abs. 3 UrhG erweitert die Vermutungswirkung auf Inhaber ausschließlicher Nutzungsrechte, wobei die Vermutungswirkung auf Verfahren des einstweiligen Rechtsschutzes und auf Unterlassungsansprüche beschränkt ist.[60]

e) Passivlegitimation

Schuldner des Unterlassungsanspruchs ist regelmäßig der Täter, Mittäter, Anstifter oder Gehilfe im Sinne von § 830 BGB. Ferner können auch Unterlassungsansprüche gegenüber Störern geltend gemacht werden, also Personen, die adäquat kausal einen Beitrag zur Herbeiführung oder Aufrechterhaltung der entsprechenden Verletzung geleistet haben, ohne hierbei schuldhaft zu handeln.[61]

f) Aufbrauchsfrist

Wird der Verletzer zur Unterlassung verurteilt, so stellt sich die Frage, ob ihm gleichwohl gem. § 242 BGB eine sog. Aufbrauchs- oder Umstellungsfrist eingeräumt werden soll. Innerhalb der Aufbrauchsfrist darf der Verletzer die bereits hergestellten rechtswidrigen Vervielfältigungsexemplare ausnahmsweise auch nach Verurteilung innerhalb einer angemessen festzusetzenden Zeit vertreiben. Voraussetzung für die Einräumung einer Aufbrauchsfrist ist stets eine umfassende Interessenabwägung. Neben dem primär zu berücksichtigenden Verschuldensgrad des Verletzers sind u. a. die wirtschaftlichen Auswirkungen auf die Parteien in die Abwägung einzustellen. Aufseiten des Verletzers ist daher von Bedeutung, ob ihm im Fall der sofortigen Befolgung des Unterlassungsgebots unverhältnismäßige Nachteile drohen. Mit unterschiedlicher Begründung spricht sich die h. M. dafür aus, dass die Einräumung einer Aufbrauchsfrist regelmäßig mit einer Ausgleichszahlung verbunden wird.[62]

---

60 Siehe auch FA-GewRS/*Haberstumpf* Kap. 7 Rn. 133.
61 Vgl. hierzu vorstehend Kap. 18 Rdn. 83, im Bereich des Internets auch Kap. 18 Rdn. 212, 213, 221; FA-GewRS/*Haberstumpf* Kap. 7 Rn. 311 ff. jeweils m. w. N.
62 *Bodewig* GRUR 2005, 632 m. w. N.

49 Im Urheberrecht kommt eine Aufbrauchsfrist allenfalls noch außerhalb des Anwendungsbereichs des § 100 UrhG in Betracht. Soweit der Verletzer schuldlos gehandelt hat und ihm ein unverhältnismäßig großer Schaden durch die Erfüllung des Unterlassungsanspruchs entstünde, so erlaubt § 100 UrhG, dass dieser den Unterlassungsanspruch durch die Zahlung einer Geldentschädigung abwendet. Die Geldentschädigung soll dem entsprechen, was die Parteien üblicherweise vertraglich als angemessene Vergütung vereinbart hätte, entspricht daher der Schadensersatzberechnung nach der Lizenzanalogie (siehe Rdn. 55). Eine Aufbrauchsfrist ist daher allenfalls noch im Fall eines schuldhaften Handelns und dann aufgrund der Interessenabwägung wohl nur bei leichter Fahrlässigkeit denkbar.[63] Zudem müssen die Voraussetzungen des § 100 UrhG beachtet werden, um zu vermeiden, dass die strengen Vorgaben dieser Vorschrift konterkariert werden.

50 Art. 12 der Richtlinie 2004/48/EG des EU Parlaments und des Rates vom 29.04.2004 zur Durchsetzung der Rechte des geistigen Eigentums (nachfolgend: Enforcement-Richtlinie) sieht ebenfalls vor, dass ein Gericht auf Antrag des Verletzers anordnen kann, dass dieser anstelle der Befolgung des Unterlassungsgebots eine Abfindung an die geschädigte Partei zahlt. Der Verletzer muss schuldlos gehandelt haben, die Beachtung des Unterlassungsgebots würde einen unverhältnismäßig großen Schaden bei ihm entstehen lassen und die Zahlung der Abfindung an die geschädigte Partei erscheint als angemessene Entschädigung.

51 Das Patentgesetz enthält keine vergleichbare Vorschrift. Unter Berufung auf den fakultativen Charakter von Art. 12 der Enforcement-Richtlinie hat der Gesetzgeber von einer Umsetzung abgesehen.[64] Im Bereich des Patentrechts bleibt es daher bei den allgemeinen Grundsätzen zur Aufbrauchsfrist.

2. Beseitigungsanspruch

52 Besteht der Störungszustand auch nach Unterlassung der verletzenden Handlung fort, so steht dem Verletzten ein negatorischer Beseitigungsanspruch zu.[65] In Abgrenzung zum Schadensersatzanspruch ist der Beseitigungsanspruch auf die Beseitigung der fortwährenden Störung gerichtet. Demgegenüber dient der Schadensersatzanspruch dem Ausgleich des bereits eingetretenen Schadens und der Wiederherstellung des ursprünglichen Zustandes. Besteht die Gefahr, dass weitere rechtswidrige Vervielfältigungsstücke rechtsverletzenderweise genutzt werden, so steht dem Verletzten neben dem einfachen Beseitigungsanspruch gem. § 97 Abs. 1 UrhG der besondere Beseitigungsanspruch der Vernichtung gem. §§ 98, 69f UrhG und § 140a PatG (siehe Rdn. 75) zu.

II. Schadensersatzanspruch

53 Im Fall einer schuldhaften Verletzung kann der Verletzer neben dem Unterlassungsanspruch zusätzlich gem. § 97 Abs. 2 S. 1 UrhG bzw. § 139 Abs. 2 S. 1 PatG Schadensersatz vom Verletzer verlangen. In Abweichung zur herkömmlichen zivilrechtlichen Schadensberechnung kann der Verletzte nicht nur den ihm konkret entstandenen Schaden einschließlich des entgangenen Gewinns geltend machen.[66] Zusätzlich gesteht die ständige Rechtsprechung dem Verletzten zu, seinen Schaden auch im Wege der sogenannten Lizenzanalogie zu berechnen bzw. vom Verletzer den Verletzergewinn herauszuverlangen, so genannte dreifache Schadensberechnung. Die Regelung des § 139 Abs. 2 PatG, wonach das Gericht im Fall leichter Fahrlässigkeit statt des Schadensersatzes eine Entschädigung festsetzen kann,

---

63 *Dreier*/Schulze § 100 Rn. 10.
64 Amtl. Begr. BT-Drs. 16/5048, 82.
65 Vgl. vorstehend Kap. 18 Rdn. 84; FA-GewRS/*Haberstumpf* Kap. 7 Rn. 316.
66 Vgl. hierzu nachstehend Kap. 18 Rdn. 86; Kap. 17 Rdn. 81; FA-GewRS/*Haberstumpf* Kap. 7 Rn. 317 ff.; FA-GewRS/*Nieder* Kap. 1 Rn. 468 ff.

die sich in den Grenzen zwischen dem Schaden des Verletzten und dem Gewinn des Verletzers hält, ist im Rahmen der Umsetzung der Enforcement-Richtlinie ersatzlos gestrichen worden. Art. 13 Abs. 2 der Enforcement-Richtlinie erlaubt eine Begrenzung der Entschädigung nur in Fällen, in denen kein Verschulden vorliegt.

▶ **Praxistipp:**

Da es sich bei der dreifachen Schadensberechnung lediglich um unterschiedliche Methoden zur Berechnung der Höhe des eingetretenen Schadens handelt, steht es dem Verletzten frei, bis zum Abschluss des Verfahrens von der einen Berechnungsmethode zur anderen überzugehen, sollte sich die eine Berechnungsmethode gegenüber der anderen während des Prozessverlaufs als sinnvoller herausstellen.[67] Das Wahlrecht erlischt erst dann, wenn der Verletzer den Anspruch nach einer der Berechnungsmethoden erfüllt hat.

1. Entgangener Gewinn

Da eine Naturalrestitution gem. § 249 BGB im Fall der Verletzung eines Immaterialgüterrechts regelmäßig nicht in Betracht kommt, wird der Verletzte regelmäßig gem. § 251 BGB Geldersatz verlangen. Neben dem konkret entstandenen Schaden ist gem. § 252 BGB auch der entgangene Gewinn ersatzfähig. Dies setzt jedoch den Nachweis der konkreten Umsatzeinbußen, mithin die Offenlegung der eigenen Kalkulation voraus. Handelt es sich hierbei bereits um einen Umstand, den der Verletzte als wenig attraktiv ansehen wird, so scheitert sein Anspruch oftmals an der nur selten nachweisbaren Kausalität zwischen der Verletzungshandlung und der bei ihm (rückgängigen) Umsatzentwicklung. Es wird sich nur schwer feststellen lassen, wie sich der Umsatz bzw. Gewinn entwickelt hätte, wäre die Verletzung nicht eingetreten.

54

2. Lizenzanalogie

In der Praxis wird der Schaden bislang primär im Wege der Lizenzanalogie berechnet, die in § 97 Abs. 2 S. 3 UrhG nunmehr auch ausdrücklich genannt wird. Danach kann der Verletzte vom Verletzer die Zahlung einer fiktiven Lizenz verlangen. Diese berechnet sich danach, was ein vernünftiger Lizenzgeber bei einem fiktiven Vertragsabschluss gefordert und was ein vernünftiger Lizenznehmer anerkannt hätte, wenn beide Parteien die im Zeitpunkt der Entscheidung gegebene Sachlage gekannt hätten.[68] Die Berechnung des Schadens im Wege der Lizenzanalogie führt jedoch nicht dazu, dass zwischen den Parteien ein (fiktiver) Lizenzvertrag zustande kommt und Nutzungsrechte eingeräumt werden. Unbeachtlich ist es nach Ansicht der Rechtsprechung ebenfalls, ob Lizenzverträge für das fragliche Werk in der Praxis üblicherweise abgeschlossen werden oder ob der Verletzte zur Lizenzierung überhaupt bereit gewesen wäre.[69] Entsprechendes gilt für die Frage, ob der Verletzer eine Lizenz erworben hätte.

55

Die Höhe der Lizenz richtet sich danach, was vernünftige Parteien vereinbart hätten, wobei der Verletzte weder besser noch schlechter stehen soll, hätte er seinerzeit eine Lizenz erteilt. Zu ermitteln ist der objektive Wert der Benutzungsberechtigung.[70] Dementsprechend sind keine Verletzerzuschläge zulässig. Der sogenannte GEMA-Zuschlag, den die Verwertungsgesellschaft GEMA im Fall einer schuldhaften Rechtsverletzung als Kontrollzuschlag verlangt, ist nicht übertragbar.[71] Derartigen Versuchen hat die Rechtsprechung in der Vergan-

56

---

67 BGH GRUR 1993, 757 (758) – Kollektion Holiday.
68 BGH GRUR 1991, 914 (917) – Kastanienmuster; GRUR 1990, 1008 (1009) – Lizenzanalogie.
69 BGH GRUR 1993, 55 (58) – Tchibo/Rolex.
70 BGH GRUR 2009, 407 (409) – Whistling for a train; vgl. zur Ermittlung per Sachverständigengutachten auch LG Köln CR 2010, 576.
71 Obgleich die Enforcement Richtlinie in Art. 13 Abs. 1 lit. b (»[Die Gerichte] können stattdessen in geeig-

genheit stets eine Absage erteilt. Zulässig ist es aber, Vorteile des Verletzers gegenüber der Stellung eines rechtmäßigen Lizenznehmers lizenzerhöhend zu berücksichtigen.[72] Weiter ist ein Zuschlag denkbar, falls der verletzende Artikel den Absatz der Hauptware gefördert hat.[73] Zur Ermittlung der angemessenen Lizenzgebühr kann zwar auch auf eine frühere Vereinbarung zwischen den Parteien über die Einräumung eines entsprechenden Nutzungsrechts zurückgegriffen werden. Dies setzt jedoch voraus, dass die damals vereinbarte Lizenzgebühr dem objektiven Wert der Nutzungsberechtigung entsprochen hat.[74]

57 Neben der Zahlung einer angemessenen Lizenz kann der Verletzer regelmäßig Verzugszinsen geltend machen. Dies beruht auf der Überlegung, dass vernünftige Vertragspartner bei Abschluss eines gewerbliche Schutzrechte betreffenden Vertrags einen Lizenzfälligkeitstermin vereinbart hätten.[75] Umstritten ist, ob der Verletzer 5 % oder 8 % über den Basiszinssatz verlangen kann. Insoweit wird man unseres Erachtens auf die allgemeinen zivilrechtlichen Grundsätze zurückgreifen müssen.

3. Herausgabe des Verletzergewinns

58 Schließlich hat der Verletzte die Möglichkeit, den vom Verletzer erwirtschafteten Gewinn herauszuverlangen. Diese gewohnheitsrechtlich anerkannte Berechnungsmethode ist mittlerweile auch in § 97 Abs. 2 S. 2 UrhG ausdrücklich gesetzlich anerkannt. Dabei ist derjenige Gewinn herauszugeben, der kausal auf die Verletzungshandlung zurückzuführen ist. Dies kann im Einzelfall, in dem das geschützte Werk lediglich einen Teil des verkauften Produktes darstellt, schwierig zu ermitteln sein. Diesem Problem wird man im Ergebnis wohl nur im Rahmen der Schadensschätzung gem. § 287 ZPO entgegentreten können. Im Fall der Verletzung von Betriebsgeheimnissen (§ 17 UWG) ist hingegen grundsätzlich der gesamte unter Einsatz des geheimen Know-Hows erzielte Gewinn herauszugeben.[76] Gegen den Anspruch auf Herausgabe des Verletzergewinns kann hingegen nicht eingewendet werden, dieser übersteige die übliche Lizenzgebühr erheblich.[77] Der Verletzer kann ebenfalls nicht einwenden, der Verletzergewinn beruhe auf seiner besonderen Vertriebsleistung. Begehen innerhalb einer Lieferkette mehrere Lieferanten nacheinander eine Urheberrechtsverletzung, so ist der Verletzte auch berechtigt, von jedem Verletzer die Herausgabe des von ihm erzielten Gewinns als Schadensersatz herauszuverlangen. Diese haften nicht als Gesamtschuldner.[78]

59 In der Praxis blieb die Bedeutung der Gewinnherausgabe bis dato hinter der Lizenzanalogie zurück. Dies beruht im Wesentlichen darauf, dass der Verletzer in der Vergangenheit im Rahmen der Gewinnermittlung neben dem unmittelbar zurechenbaren Kosten auch sogenannte Gemeinkosten uneingeschränkt in Abzug bringen durfte. Bei Gemeinkosten handelt es sich um solche Kosten, die allgemein anfallen, weil beispielsweise für ein Fabrikgrundstück Miete gezahlt werden muss, die Fabrikhalle geheizt werden muss, Strom verbraucht wird, Angestellte ständig beschäftigt werden etc. Dieser Berechnungsmethode bzw. Abzugsmöglichkeit hat der BGH in einer jüngeren Entscheidung eine Absage erteilt. Danach ist der Abzug der

---

neten Fällen den Schadensersatz als Pauschalbetrag festsetzen, und zwar auf der Grundlage von Faktoren wie mindestens dem Betrag der Vergütung oder Gebühr, die der Verletzer hätte entrichten müssen, wenn er die Erlaubnis zur Nutzung des betroffenen Rechts des geistigen Eigentums eingeholt hätte.«) die Möglichkeit vorsieht, eine erhöhte Lizenzgebühr einzuführen, hat der deutsche Gesetzgeber hiervon bislang keinen Gebrauch gemacht.

72 BGH GRUR 1982, 286 (287) – Fersenabstützvorrichtung; NJW 1980, 2522 (2524) – Tolbutamid.
73 BGH GRUR 1962, 509 (513) – Dia-Rähmchen II.
74 BGH GRUR 2009, 407 (409) – Whistling for a train.
75 BGH GRUR 1982, 286 (288) – Fersenabstützvorrichtung.
76 BGH WRP 2008, 938 (939) – entwendete Datensätze mit Konstruktionszeichnungen.
77 OLG Düsseldorf GRUR 2004, 53 (54) – Gewinnherausgabeanspruch.
78 BGH GRUR 2009, 856 (864) – Tripp-Trapp-Stuhl.

Gemeinkosten nunmehr grundsätzlich unzulässig. Lediglich in Ausnahmefällen, in denen die Gemeinkosten der Herstellung des schutzrechtsverletzenden Produkts unmittelbar zugerechnet werden können, erscheint es gerechtfertigt, diese in Abzug bringen zu dürfen.[79] Hat der rechtsverletzende Hersteller seinen Abnehmern innerhalb der Lieferkette wegen der Belieferung mit einem rechtsmangelbehafteten Produkt und der Inanspruchnahme durch den Rechteinhaber Schadensersatz gezahlt, so kann er diesen Betrag gegenüber einer eigenen Inanspruchnahme durch den Rechteinhaber gewinn- bzw. anspruchsmindernd geltend machen. Hat er den Verletzergewinn bereits herausgegeben, bevor er seinen Abnehmern Schadensersatz wegen der Inanspruchnahme durch den Rechteinhaber zahlt, so kann er diesen Betrag nach § 812 Abs. 1 S. 2 Fall 1 BGB von Verletzten zurück verlangen.[80] Die Darlegungs- und Beweislast für die Abzugsfähigkeit trägt der Verletzer.

▶ **Praxistipp:**

Infolge der gewandelten Rechtsprechung sollte die Berechnung des Schadensersatzes auf der Basis der Gewinnherausgabe zukünftig nicht unterschätzt werden. Hierbei handelt es sich um eine Berechnungsmethode, die oftmals zu einem höheren Schadensersatz führt, zumal es für die Frage der Angemessenheit der Lizenzgebühren nicht in allen Fällen anerkannte Sätze und Tarife gibt.

Da es sich bei den Berechnungsarten nur um Methoden zur Berechnung des einzig eingetretenen Schadensersatzes handelt, ist es unzulässig, die verschiedenen Berechnungsmethoden miteinander zu verquicken (sog. Vermengungs- oder Verquickungsverbot).[81] Der Wortlaut von Art. 13 Enforcement-Richtlinie scheint eine Kombination aus Gewinnherausgabe und Erstattung des entgangenen Gewinns zu erlauben.[82] Der deutsche Gesetzgeber sah insoweit jedoch keinen Umsetzungsbedarf, sodass es bei dem Grundsatz bleibt, dass die Berechnungsmethoden alternativ nebeneinanderstehen.[83] Das Verquickungsverbot hindert jedoch nicht daran, darüber hinausgehende, weitere Schäden geltend zu machen. In diesem Zusammenhang ist etwa an den sogenannten Marktverwirrungsschaden sowie etwaige Kosten der Rechtsverfolgung zu denken (siehe Rdn. 64).

60

4. Verschulden

Grundsätzlich ist für den Schadensersatzanspruch der Vorwurf der Fahrlässigkeit ausreichend, wobei die Definition des § 276 Abs. 2 BGB Anwendung findet. Fahrlässig handelt danach, wer die im Verkehr erforderliche Sorgfalt verletzt. Der Maßstab, den die Rechtsprechung an die Sorgfaltspflichten anlegt, ist äußerst streng. Danach besteht grundsätzlich eine Prüfungs- und Erkundigungspflicht hinsichtlich Bestand und Umfang der Nutzungs- bzw. Lizenzierungsberechtigung aufseiten des Vertragspartners, möchte jemand ein fremdes Schutzrecht nutzen. Wer beispielsweise ein fremdes, urheberrechtlich geschütztes Computerprogramm zum Herunterladen ins Internet stellt, muss zuvor stets und nicht erst bei entsprechenden Anhaltspunkten sorgfältig prüfen, ob der Berechtigte das Programm zur öffentlichen Zugänglichmachung freigegeben hat.[84] Die bloße Garantie, der Lizenzgeber

61

---

79 BGH GRUR 2001, 329 (331) – Gemeinkostenanteil; GRUR 2009, 856 (860); GRUR-RR 2005, 247 (248) – Loseblattwerk.
80 BGH GRUR 2009, 856 (864) – Tripp-Trapp-Stuhl; *Arnold/Slopek* NJW 2009, 3694; FA-GewRS/*Nieder* Kap. 1 Rn. 485.
81 BGH GRUR 1993, 55 (58) – Tchibo/Rolex II.
82 Art. 13 Abs. 1 lit. a der Enforcement Richtlinie lautet: »Sie [die Gerichte] berücksichtigen alle infrage kommenden Aspekte, wie die negativen wirtschaftlichen Auswirkungen, einschließlich der Gewinneinbußen für die geschädigte Partei und der zu Unrecht erzielte Gewinn des Verletzers, sowie in geeigneten Fällen auch andere als die rein wirtschaftlichen Faktoren, wie den immateriellen Schaden für den Rechtsinhaber«.
83 Amt. Begr. BT-Drs. 16/5048, 84.
84 BGH GRUR 2009, 864 (866) – CAD-Software.

sei zur Lizenzierung berechtigt, entschuldigt im Außenverhältnis regelmäßig nicht. Ein Rechtsirrtum ist nur dann entschuldigend, wenn der Irrende bei Beachtung der im Verkehr erforderlichen Sorgfalt mit einer anderen Beurteilung durch die Gerichte nicht zu rechnen braucht.[85] Selbst die Einholung eines Rechtsrats durch einen Patent- und Rechtsanwalt kann den Verschuldensvorwurf nicht ohne Weiteres beseitigen. Grundsätzlich ist jedoch anerkannt, dass der Sorgfaltsmaßstab individuell ist und die Anforderungen variieren können. Fachkreise trifft daher nur eine gesteigerte Sorgfaltspflicht.

5. Prozessuale Geltendmachung

62 Kann der Schadensersatz der Höhe nach beziffert werden, so wird er regelmäßig im Wege der Leistungsklage geltend gemacht. Gegebenenfalls ist die Höhe der Leistung in das Ermessen des Gerichts zu stellen, das diese nach § 287 ZPO zu schätzen hat. Ist dem Verletzer die genaue Höhe des Schadens jedoch noch nicht bekannt, weil ihm die erforderlichen Informationen zur Berechnung fehlen, so kann er eine Leistungsklage im Wege der Stufenklage gem. § 254 ZPO erheben. Die Stufenklage wird in diesem Fall mit einer Klage auf Auskunft und Rechnungslegung über den Schadensumfang kombiniert.

63 In der Praxis hat sich jedoch durchgesetzt, eine objektive Klagehäufung von Auskunfts- und Feststellungsklage zu erheben. Mit der Feststellungsklage begehrt der Verletzte die Feststellung, dass der Verletzer zum Schadensersatz verpflichtet ist. Mit der Auskunftsklage soll der Verletzer zur Auskunft und Rechnungslegung verpflichtet werden, sodass der Schadensersatzanspruch nach sämtlichen möglichen Methoden berechnet werden kann und der Verletzte aus diesen die ihm günstigste auswählen kann. Das notwendige Feststellungsinteresse gem. § 256 ZPO sieht die ständige Rechtsprechung in Abweichung vom herrschenden Grundsatz, wonach die Möglichkeit der Stufenklage das Feststellungsinteresse nimmt, in dieser Konstellation als gegeben an. Dies wird damit begründet, dass es sich im Fall einer Immaterialgüterrechtsverletzung um eine komplexe Schadensberechnung handelt und nur diese Vorgehensweise zu einer Verjährungshemmung führt.[86]

▶ **Praxistipp:**

Eine Stufenklage birgt gegenüber einer Feststellungsklage verschiedene Nachteile. So ergeht über die erste Stufe lediglich ein Teilurteil ohne Kostenausspruch. Der Kläger muss den Prozess dementsprechend wesentlich länger vorfinanzieren. Weiter hemmt die Stufenklage die Verjährung nur in den Umfang, in dem auf der ersten Stufe zur Auskunft und Rechnungslegung verurteilt wurde. Schließlich endet mit Auskunft und Rechnungslegung die Hemmung der Verjährung und die Verjährung bezüglich des Schadensersatzanspruches läuft weiter, solange dieser nicht beziffert wird.

▶ **Praxistipp:**

Das Wahlrecht zwischen den Berechnungsarten entfällt, wenn der Kläger beim Antrag auf Feststellung der Schadensersatzpflicht bereits auf Zahlung einer angemessenen Lizenzgebühr klagt.[87] Dies sollte daher vermieden werden.

6. Marktverwirrungs- oder Diskreditierungsschaden

64 Neben dem Schaden, den der Verletzer aufgrund der dreifachen Schadensberechnung geltend machen kann, kann er darüber hinaus einen sogenannten Marktverwirrungs- oder Dis-

---

85 BGH GRUR 1999, 923 (928) – Tele-Info-CD.
86 BGH GRUR 2001, 1177 (1178) – Feststellungsinteresse II; GRUR 2003, 900 (901) – Feststellungsinteresse III.
87 BGH GRUR 1977, 539 (543) – Prozessrechner.

kreditierungsschaden geltend machen. Hierbei handelt es sich um denjenigen Schaden, der durch die Verletzung bewirkten Täuschung der Abnehmer bzw. aufgrund minderwertiger Produktfälschungen in Bezug auf Diskreditierung der Originalware und dem guten Ruf entstanden ist. Ein derartiger Anspruch entsteht daher primär im Bereich der Markenfälschung. Ersatzfähig sind die tatsächlich zur Beseitigung der Marktverwirrung getätigten Aufwendungen. Allgemeiner Werbeaufwand, der ebenfalls geeignet ist, die Verwirrung zu beseitigen, ist hingegen nicht ersatzfähig, da er der Verletzungshandlung nicht konkret zugeordnet werden kann. Die Zuerkennung von Marktverwirrungsschäden wird von der Rechtsprechung zunehmend restriktiv gehandhabt, was nicht zuletzt auch an der oftmals fehlenden Nachweisbarkeit eines konkret entstandenen Schadens beruht. Zulässig ist es auch, einen Marktverwirrungsschaden im Rahmen der Bemessung der fiktiven Lizenzgebühr zu berücksichtigen. Dieser muss nicht gesondert geltend gemacht werden.[88]

III. Auskunfts- und Rechnungslegungsanspruch

1. Unselbstständiger Auskunfts- und Rechnungslegungsanspruch

Um den Schadensersatzanspruch beziffern und im Ergebnis von seinem Wahlrecht der dreifachen Schadensberechnung Gebrauch machen zu können, benötigt der Verletzte in der Regel Informationen, die sich ausschließlich in der Sphäre des Verletzers befinden. Damit er seinen Schadensersatzanspruch gleichwohl geltend machen kann, gewährt die Rechtsprechung gestützt auf die §§ 242, 259, 260 BGB einen gewohnheitsrechtlich anerkannten Auskunfts- und Rechnungslegungsanspruch. Der ausdrückliche Rechnungslegungsanspruch gem. § 97 Abs. 1 S. 2 UrhG a. F. wurde zwar im Rahmen der Umsetzung der Enforcement-Richtline gestrichen, was aber angesichts der gewohnheitsrechtlichen Anerkennung bedeutungslos ist. 65

a) Voraussetzungen

Der Auskunfts- und Rechnungslegungsanspruch soll allein die Berechnung des Schadensersatz- oder Bereicherungsanspruch ermöglichen. Er ist insoweit unselbstständig bzw. streng akzessorisch. Infolgedessen setzt der Auskunfts- und Rechnungslegungsanspruch voraus, dass Verletzungshandlung, Verschulden und die Wahrscheinlichkeit eines Schadenseintritts vorliegen. Zusätzliche Voraussetzung ist des Weiteren, dass der Verletzte in entschuldbarer Weise über den Umfang seines Anspruchs im Unklaren ist, der Verletzer hingegen unschwer und in zumutbarerweise Auskunft geben kann.[89] 66

b) Umfang

Mithilfe des Auskunfts- und Rechnungslegungsanspruchs darf das prozessuale Ausforschungsverbot nicht umgangen werden. Dementsprechend kann der Anspruch nicht dafür eingesetzt werden, um erstmalig herauszufinden, ob von dem in Anspruch genommenen tatsächlich eine Rechtsverletzung begangen wurde.[90] Inhaltlich richtet sich der Auskunfts- und Rechnungslegungsanspruch daher allein auf diejenigen Informationen, die zur Berechnung des Schadensersatzanspruches erforderlich sind. Dabei sind die Interessen beider Parteien gegeneinander abzuwägen, insbesondere sind die Interessen des Auskunftsschuldners an Geheimhaltung von Kundenbeziehungen, Kalkulationsinterna und sonstiger Betriebs- und Geschäftsgeheimnisse zu berücksichtigen. Grundsätzlich sind jedoch alle Angaben, die der Verletzte zur Schadensberechnung bedarf, zu machen. Der Anspruch kann sich ge- 67

---

88 BGH GRUR 2010, 239 (241).
89 *Dreier*/Schulze § 97 Rn. 79.
90 BGH GRUR 2006, 504 (506) – Parfümtestkäufe.

gebenenfalls auch auf sogenannte Kontrolltatsachen erstrecken.[91] Sofern der Auskunftsschuldner im Rahmen der Abwägung der beiderseitigen Interessen entsprechende Umstände zu seinen Gunsten darlegt und gegebenenfalls beweist, gewährt die Rechtsprechung in der Regel auch ohne entsprechenden Antrag von Amts wegen einen sogenannten Wirtschaftsprüfervorbehalt. In diesem Fall ist der Auskunftsschuldner gehalten, beispielsweise Kundendaten sowie Kalkulationsunterlagen statt an den Auskunftsgläubiger an einen von Anspruchsschuldner zu benennenden und zur Verschwiegenheit verpflichteten Dritten, in der Regel einen Wirtschaftsprüfer, zu übergeben. Bei einer derartigen Vorgehensweise ist jedoch der Anwendungsbereich des selbstständigen Auskunftsanspruchs gem. § 101 UrhG, § 140b PatG zu berücksichtigen, der einen Wirtschaftsprüfungsvorbehalt nicht kennt.[92]

68 Umstritten ist der Umfang der Auskunftspflicht gewesen. Der u. a. für Rechtsstreitigkeiten über Urheberrecht zuständige I. Zivilsenat des BGH begrenzte den Auskunftsanspruch auf Verletzungshandlungen, die nach der ersten nachgewiesenen Verletzungshandlung erfolgt sind. Dies wurde mit der Akzessorietät des Auskunftsanspruchs begründet.[93] Demgegenüber ließ der für Patentstreitigkeiten zuständige X. Zivilsenat des BGH den Auskunftsanspruch für die gesamte Zeit des Schutzrechtsbestandes zu.[94] Der I. Zivilsenat hat seine vorstehend beschriebene Auffassung inzwischen aufgegeben und gewährt den Auskunftsanspruch auch hinsichtlich solcher Verletzungshandlungen, die zwar noch nicht konkret festgestellt worden sind, jedoch nicht anders als schuldhaft begangen sein konnten.[95]

2. Drittauskunft

69 Neben dem unselbstständigen Auskunfts- und Rechnungslegungsanspruch stehen dem Verletzten mit den § 101 UrhG und § 140b PatG zusätzlich verschuldensunabhängige selbstständige Ansprüche auf Drittauskunft zu. Diese sind unabhängig davon gegeben, ob der Verletzer zum Schadensersatz verpflichtet ist. Ausreichend ist eine rechtswidrige Schutzrechtsverletzung durch die Herstellung oder Verbreitung von entsprechenden Vervielfältigungsstücken. Voraussetzung für den selbstständigen Auskunftsanspruch ist jedoch, dass der Verletzer in »gewerblichem Ausmaß« gehandelt hat. Ein gewerbliches Ausmaß kann sich aus der Anzahl der Rechtsverletzungen oder etwa aus ihrer Schwere ergeben und schließt im Gegensatz zum § 101a UrhG a. F. rein privates Handeln nicht per se aus.[96] Aus Sicht des Rechteinhabers muss eine Rechtsverletzung von erheblicher Qualität vorliegen.[97] Ob die öffentliche Zugänglichmachung einer umfangreichen Datei (z. B. vollständiges Musikalbum, Film, Computerspiel) im Internet während der relevanten Verkaufsphase allein schon ein gewerbliches Ausmaß begründet, ist in der Rechtsprechung umstritten.[98]

70 Liegen die Voraussetzungen des § 101 UrhG vor, so steht dem Auskunftsgläubiger ein Anspruch auf Nennung der Namen und Anschriften des Herstellers, des Lieferanten und anderer Vorbesitzer der rechtswidrigen Vervielfältigungsstücke, der gewerblichen Abnehmer oder der Auftraggeber. Weiter ist Auskunft über die Menge der hergestellten, ausgelieferten, erhaltenen oder bestellten Vervielfältigungsstücke sowie über die Preise zu geben.

---

91 BGH GRUR 1980, 227 (234) – MonumentaGermamae Historica.
92 BGH GRUR 1995, 338 (340) – Kleiderbügel.
93 BGH GRUR 1988, 307 (308) – Gaby.
94 BGH GRUR 1992, 612 (616) – Nicola.
95 BGH GRUR 2006, 504 Tz. 45 – Parfümtestkäufe; MarkenR 2007, 384 – Windsor Estate; vgl. hierzu auch *Steinbeck* GRUR 2008, 110.
96 OLG Köln MMR 2009, 334 (335) – Die schöne Müllerin; *Kitz* NJW 2008, 2374 (2375).
97 OLG Zweibrücken GRUR-RR 2009, 12 (13) – Internet-Tauschbörse.
98 OLG Karlsruhe GRUR-RR 2009, 379 (381) – Datensicherung zur Auskunftserteilung; OLG Frankfurt/M.GRUR-RR 2009, 296 (297) – Vorratsdatenauskunft; OLG Köln MMR 2009, 334 (335) – Die schöne Müllerin; a. A. OLG Zweibrücken GRUR-RR 2009, 12 (13) – Internet-Tauschbörse; OLG Oldenburg MMR 2009, 188 (188) – Ein Download.

Der Anspruch auf Drittauskunft geht über den unselbstständigen Auskunfts- und Rech- 71
nungslegungsanspruch hinaus, der regelmäßig nicht zur Offenlegung von Namen und
Adressen von Lieferanten und weiteren Verletzern verpflichtet. Mithilfe des selbstständigen Auskunftsanspruchs können somit auch Informationen gesammelt werden, die ein Vorgehen gegen Dritte ermöglichen. Dieser Anspruch ermöglicht es dem Verletzten, die Vertriebswege und Quellen der bei einem Verletzer aufgefundenen schutzrechtsverletzenden
Vervielfältigungsexemplare aufzudecken.[99]

▸ **Praxistipp:**

Weigert sich der Auskunftspflichtige zur Erteilung der Drittauskunft, so besteht alternativ zur gerichtlichen Geltendmachung und Vollstreckung eines solchen Anspruchs im
ordentlichen Rechtsweg die Möglichkeit, einen Strafantrag zu stellen und die fragliche
Information im Rahmen der strafprozessualen Akteneinsicht zu erhalten.

Umstritten ist bislang gewesen, ob auch Dritte zur Drittauskunft verpflichtet sind. Diese 72
Frage ist im Zusammenhang mit sogenannten Internettauschbörsen aufgetaucht, in denen
Internetnutzer schutzsrechtsverletzende Inhalte im Netz zum Download angeboten haben
und der Internet Service Provider, der den Zugang zum Internet vermittelt, auf Auskunft
der hinter der dynamischen IP-Adresse befindlichen Identität des Verletzers verklagt worden ist. Dies wurde mit unterschiedlichen Begründungen von der Rechtsprechung abgelehnt.[100] Nach Umsetzung der Enforcement-Richtlinie erstreckt sich der Auskunftsanspruch gemäß § 101 Abs. 2 UrhG und § 140b Abs. 2 PatG nun nicht mehr nur auf den
Verletzer, sondern auch auf Dritte, die nachweislich (a) rechtsverletzende Ware in gewerblichem Ausmaß in ihrem Besitz hatten, (b) rechtsverletzende Dienstleistungen in gewerblichem Ausmaß in Anspruch nahmen, (c) für rechtsverletzende Tätigkeiten genutzte
Dienstleistungen in gewerblichem Ausmaß erbrachten, oder (d) nach den Angaben einer
in Buchstabe a, b oder c genannten Personen an der Herstellung, Erzeugung oder am Vertrieb solcher Waren bzw. an der Erbringung solcher Dienstleistungen beteiligt waren. Kann
der Dritte bspw. als Internet Service Provider die Auskunft jedoch nur unter Verwendung
von Verkehrsdaten im Sinne von § 3 Nr. 30 TKG erteilen, so steht der Anspruch unter Richtervorbehalt. Es muss daher stets ein gerichtliches Verfahren geführt werden, dessen Kosten
gem. § 101 Abs. 9 S. 5 UrhG bzw. gem. § 140b Abs. 9 PatG der Verletzte trägt. Es bedarf
allerdings keines kontradiktorischen Verfahrens, vielmehr reicht eine gerichtliche Entscheidung in Form einer richterlichen Anordnung, welche die Verwendung der Verkehrsdaten
erlaubt.[101] Zu beachten ist, dass im Rahmen des § 101 Abs. 9 UrhG keine einstweilige Anordnung auf Auskunftserteilung ergehen darf, da dadurch das weitere Verfahren des § 101
Abs. 9 UrhG hinfällig und damit die Hauptsache vorweggenommen würde.[102] Jedoch kann
zumindest angeordnet werden, dass einstweilen die Löschung der Daten untersagt wird.[103]

IV. Herausgabeanspruch

Herausgabeansprüche werden sich in der Praxis der Informationstechnologie vor allem im 73
Zusammenhang mit der Rückabwicklung oder Beendigung von Verträgen über die Überlassung von Hardware oder Software bzw. der Herausgabe hinterlegten Software-Quellcodes ergeben. Erneut kann insbesondere die Formulierung des Antrages Schwierigkeiten

---

99 Amtl. Begr. BT-Drs. 11/4792, 31.
100 OLG Frankfurt/M. GRUR-RR 2005, 147 (148) – Auskunftsanspruch; OLG Hamburg GRUR-
RR 2005, 209 (211) – Ramstein; OLG München MMR 2005, 616; KG CR 2007, 261.
101 Amtl. Begr. BT-Drs. 16/5048, 102.
102 OLG Zweibrücken GRUR-RR 2009, 399 (400) – Meistbegünstigung; OLG Köln GRUR-RR 2009, 9
(10) – Ganz anders.
103 OLG Köln GRUR-RR 2009, 9 (10) – Ganz anders.

bereiten. Dieser sollte sowohl vor dem Hintergrund von § 253 ZPO als auch zur Bestimmung des Vollstreckungsgegenstandes so präzise wie möglich gefasst sein: Ein Antrag auf Zahlung Zug-um-Zug gegen Rückgabe einer Software muss so präzise formuliert sein, dass die zu erbringende Gegenleistung so konkret bestimmt ist, dass sie ihrerseits zum Gegenstand einer Leistungsklage gemacht werden könnte.[104] Nachfolgende Beispiele illustrieren Probleme der Antragsfassung:[105]

- Das OLG Naumburg hat im Urteil vom 22.03.1995[106] den dortigen Antrag »... zu zahlen, Zug um Zug gegen Lieferung folgender Gegenstände a) Hardware Bürocomputer 80386SX/80 mit 80386SX 16-Prozessor/16 MHz, 1 M Hauptspeicher (erweiterbar auf 8 MB), Multi I/O-Karte mit 2 seriellen und einer parallelen Schnittstelle, 3,5 Zoll Diskettenlaufwerk (1,44 MB), 80 MB Festplattenlaufwerk (19 ms), qualitativ hochwertige AT-Tastatur mit 102 Tasten, VGA analog Bildschirmsteuerkarte, strahlungsarmer hochauflösender schwarz/weiß Bildschirm, deutsche Handbücher, Hauptspeichererweiterung auf 4 M, Mehrplatzbetriebssystem SCO-UNIX, 1–2 use, Drucker F. DL 3300 24 Nadeln, 60240 Zeichen/Sekunde, 13 Zeichen/Zeile, bis A4, Maße 120 mm × 438 mm × 345 mm, verschiedene Schriftarten, incl. Kabel, b) Software, T./allgemeiner Verwaltung Version 2.2, T./Auftragsabwicklungsprogramm Version 2.5, T./Auftrag Zusatzmodul: Massenermittlung u. Aufmassberechnung Version 1.3b« entgegen der erstinstanzlichen Entscheidung für hinreichend bestimmt erklärt und die Forderung nach der Herstellerangabe »No Name Produkt« als Überspannung des Bestimmtheitsgebotes bezeichnet.
- Das LG Düsseldorf hat im Urteil vom 16.03.1994[107] den dort geltend gemachten Anspruch auf Herausgabe von Disketten mit einer bestimmten Software für unzulässig erklärt, weil im Antrag allein der Inhalt der gespeicherten Software enthalten war, eine Konkretisierung der Disketten etwa anhand Aufschriften oder Typenbezeichnungen unterblieben war.
- Dagegen hat das OLG Nürnberg im Urteil vom 22.09.1988[108] sogar den Antrag »Zug um Zug gegen Rücknahme des Computer-Systems ... und des Software-Programms X-Fensterbauprogramm, gespeichert auf einer Festplatte mit der Nr. 087/85« für hinreichend bestimmt erklärt, da die Gegenleistung identifizierbar sei. Es hat zudem die Auffassung vertreten, dass die Bezeichnung der herauszugebenden Hard- und Software nicht den Erfordernissen des § 253 Abs. 2 Nr. 2 ZPO entsprechen müsse; zugleich allerdings darauf hingewiesen, dass die Klägerin eventuell in der Vollstreckung auftretende Schwierigkeiten hinnehmen müsse.

74 Wird die Herausgabe von Datenträgern mit einem bestimmten Inhalt verlangt, ist neben der genauen Bezeichnung des entsprechenden Datenträgers auch das auf ihm enthaltende Programm hinreichend zu bestimmen, etwa durch die Angabe des Programmnamens, der Version und des entsprechenden Releasestandes.

V. Vernichtungsanspruch

1. Allgemeiner Vernichtungsanspruch gem. § 98 UrhG und § 140a PatG

75 Gem. § 98 Abs. 1 S. 1 UrhG kann der Verletzte verlangen, dass alle rechtswidrig hergestellten, verbreiteten oder hierzu bestimmten Vervielfältigungsexemplare, die sich im Besitz oder Eigentum des Verletzers befinden, vernichtet werden. Ein entsprechender Anspruch

---

104 So ausdrücklich u. a. BGH NJW 1993, 324 (325); LG Heidelberg NJOZ 1995, 252.
105 Vgl. auch die entsprechenden Ausführungen zu Vollstreckbarkeit, nachfolgend unter Rdn. 179.
106 OLG Naumburg NJW-RR 1995, 1149.
107 LG Düsseldorf CR 1995, 220; kritisch hierzu Stein/Jonas/*Brehm* § 883 Rn. 11.
108 OLG Nürnberg NJW 1989, 987.

ist in § 140a Abs. 1 PatG geregelt.[109] Der Natur nach handelt es sich um eine besondere Form des allgemeinen Beseitigungsanspruches und setzt als solcher kein Verschulden voraus.

Darüber hinaus steht dem Verletzten gem. § 98 Abs. 1 S. 2 UrhG bzw. § 140a Abs. 2 PatG ein Anspruch auf Zerstörung der im Eigentum des Verletzers stehenden und zur Herstellung der rechtswidrigen Vervielfältigungsexemplare benutzten Vorrichtungen bzw. Geräte, wie etwa CD-Brenner etc. zu, soweit diese vorwiegend zur rechtswidrigen Herstellung verwendet wurden. 76

Zudem steht dem Verletzten gem. § 98 Abs. 2 UrhG und § 140a Abs. 3 PatG ein Rückrufsanspruch hinsichtlich der rechtswidrig hergestellten, verbreiteten oder zur rechtswidrigen Verbreitung bestimmten Vervielfältigungsstücke zu. Dieser Anspruch richtet sich nur gegen den Verletzer und nicht gegen weitere Beteiligte in der Vertriebskette.[110] Unklar ist jedoch, in welchem Umfang der Verletzer den Rückruf gegenüber Abnehmern durchsetzen muss oder ob ein bloßer pro forma Rückruf genügt. 77

2. Spezieller Vernichtungsanspruch gem. § 69f UrhG

Für Computerprogramme sieht § 69f UrhG eine Sonderregelung vor, die dem § 98 UrhG als lex specialis vorgeht. Danach kann der Rechtsinhaber von jedem Eigentümer oder Besitzer verlangen, dass sämtliche rechtswidrig hergestellten, verbreiteten oder hierzu bestimmten Vervielfältigungsexemplare vernichtet werden. Im Unterschied zu § 98 UrhG ist im Fall des § 69f UrhG jedoch nicht erforderlich, dass der Eigentümer oder Besitzer des rechtswidrig hergestellten Vervielfältigungsstücken auch gleichzeitig der Verletzer ist. Mit diesem weiter gehenden Vernichtungsanspruch möchte der Gesetzgeber sicherstellen, dass der Rechteinhaber sämtliche rechtswidrigen Vervielfältigungsexemplare aus dem Verkehr ziehen kann. Dadurch soll eine weitere Beeinträchtigung der Rechte verhindert und einem Missbrauch rechtwidriger Vervielfältigungsstücke vorgebeugt werden.[111] 78

Darüber hinaus gewährt § 69f Abs. 2 UrhG einen Vernichtungsanspruch für solche Mittel, die allein dazu bestimmt sind, eine unerlaubte Beseitigung oder Umgehung technischer Programmschutzmechanismen auszuschalten oder zumindest zu erleichtern. Auch dieser Anspruch richtet sich im Interesse eines effektiven Rechtsschutzes gegen jeden Besitzer. Allerdings müssen die Umgehungsmittel ausschließlich zur Umgehung von Programmschutzmechanismen eingesetzt werden können. Sog. dual use Produkte unterfallen daher nicht dem Tatbestand. 79

Der Rechteinhaber soll nach Ansicht der Literatur selbst gegen den Betriebsinhaber im Sinne von § 99 UrhG einen Anspruch gem. § 69f UrhG besitzen, wobei es hiefür in der Praxis den wohl nur schwer vorstellbaren Fall geben wird, dass ein Mitarbeiter die Rechte an einem geschützten Computerprogramm verletzt, während der Betriebsinhaber noch nicht einmal mittelbarer Besitzinhaber ist.[112] 80

3. Verhältnismäßigkeitsprüfung

Die Vernichtungsansprüche stehen unter dem Vorbehalt der Wahrung des Grundsatzes der Verhältnismäßigkeit. Es muss das Vernichtungsinteresse des Verletzten und das Erhaltinteresse des Verletzers umfassend gegeneinander abgewogen werden. Beispielhaft können die nachfolgenden Kriterien, die in die Abwägung einzubeziehen sind, genannt werden: 81

---

109 Vgl. hierzu vorstehend Kap. 17 Rdn. 89 und FA-GewRS/*Nieder* Kap. 1 Rn. 466–475.
110 Amtl. Begr. BT-Drs. 14/5048, 80.
111 Amtl. Begr. BT-Drs. 12/4022, 14.
112 Wandtke/Bullinger/*Grützmacher* § 69f Rn. 5; *Dreier*/Schulze § 69f Rn. 6.

- Schuldlosigkeit oder Grad der Schuld des Verletzers,
- die Schwere des Eingriffes, d. h. unmittelbare Übernahme oder bloße Verletzung in Randbereichen,
- Umfang des Schadens im Fall der Vernichtung im Vergleich mit dem beim Verletzten eingetretenen wirtschaftlichen Schaden,
- eventuelle Regressansprüche des Verletzten gegen Dritte,
- generalpräventive Gesetzeszweck, Dritte abzuschrecken,
- anderweitige Beseitigung, die im Ergebnis einer Vernichtung gleichkommt.[113]

82 Die Aufzählung ist nicht abschließend, vielmehr sind sämtliche Interessen, die von Einzelfall zu Einzelfall variieren, zu berücksichtigen. So ist im Rahmen der Abwägung auch der Sanktionscharakter, der dem Vernichtungsanspruch zugrunde liegt, einzustellen. Nach Umsetzung von Art. 10 Abs. 3 der Enforcement-Richtlinie verlangen die § 98 Abs. 4 S. 2 UrhG und § 140a Abs. 4 S. 2 PatG nunmehr zusätzlich, die berechtigten Interessen Dritter zu berücksichtigen, etwa weil diese Besitzer der im Eigentum des Verletzers stehenden Waren sind.[114]

4. Vernichtung der Vervielfältigungsstücke

83 Vernichtung bedeutet die Unbrauchbarmachung der jeweiligen Vervielfältigungsstücke, wobei eine vollständige Zerstörung nicht erforderlich ist. Ausreichend ist, dass das fragliche Vervielfältigungsexemplar für den bestimmungsgemäßen Gebrauch untauglich ist. Im Fall der Vernichtung von Computersoftware erfolgt dies regelmäßig durch die Löschung. Ist das Computerprogramm hingegen fest auf einer CD-ROM bzw. einer DVD oder sonstigem Datenträger gespeichert, so ist auch der Datenträger zu zerstören.

84 Alternativ besteht sowohl im Fall des § 69f UrhG als auch des § 98 UrhG die Möglichkeit, dass die rechtsverletzenden Vervielfältigungstücke gegen Zahlung eines angemessenen Entgeltes dem Verletzten überlassen werden. Die Angemessenheit ist in der Regel vom Gericht gem. § 287 Abs. 2 ZPO zu schätzen, wobei § 98 Abs. 3 UrhG als Höchstgrenze die tatsächlichen Herstellungskosten vorgibt.[115] Der Verletzte kann die überlassenen Exemplare sodann verwerten, wobei etwaige Rechte Dritter selbstverständlich beachten werden müssen.

85 In der Praxis stellt sich regelmäßig die Frage, wie bzw. durch wen die Vernichtung zu erfolgen hat. So wird es der Verletzte regelmäßig aus Misstrauen gegenüber dem Verletzer vorziehen, die Vervielfältigungsstücke selber zu entsorgen, um sicher gehen zu können, dass diese über Umwege nicht erneut im Verkehr auftauchen. Das Gesetz äußert sich weder im § 98 UrhG, § 140a PatG noch in § 69f UrhG zu dieser Frage.[116] Weder dem Wortlaut noch dem Produktpirateriegesetz bzw. der Richtlinie 91/1950/EWG über den Rechtsschutz von Computerprogrammen kann entnommen werden, dass dem Vernichtungsanspruch immanent ein Herausgabeanspruch an den Verletzten oder einen Dritten innewohnt, sodass der Verletzte die Zerstörung selbst vornehmen bzw. kontrollieren kann. In der Vergangenheit hat der BGH einen Anspruch auf Herausgabe an einen zur Vernichtung bereiten Gerichtsvollzieher unter Berufung auf eine Interessenabwägung im Einzelfall bejaht. Hierbei handele es sich nach Auffassung des BGH um das sicherste und mildeste Mittel, um die Vernichtung zu erreichen.[117] Dies wird wohl auch für den Fall gelten, dass die rechtswidrigen Vervielfältigungsexemplare vom Gerichtsvollzieher bzw. dem Zoll bereits beschlagnahmt wurden. In diesem Fall erscheint es ebenfalls nicht gerechtfertigt, dem Ver-

---

113 BGH GRUR 1997, 899 (901) – Vernichtungsanspruch; Schulte/*Kühnen* § 140a Rn. 13.
114 Amtl. Begr. BT-Drs. 16/5048, 80.
115 Vgl. auch *Dreier*/Schulze § 98 Rn. 19.
116 Auch die Enforcement-Richtlinie und deren Umsetzung äußerten sich nicht zu dieser Frage.
117 BGH GRUR 1997, 899 (902) – Vernichtungsanspruch; GRUR 2003, 228 (230) – P-Vermerk; a. A. *Retzer* in: FS Piper, S. 421 (436).

letzer die Waren zur Zerstörung herauszugeben. Für ein darüber hinausgehende Herausgabe unmittelbar an den Verletzten besteht hingegen keine Notwendigkeit.

5. Prozessuale Geltendmachung

In prozessualer Hinsicht ist eine Geltendmachung im Wege einer einstweiligen Verfügung aufgrund des Verbots der Vorwegnahme der Hauptsache ausgeschlossen. Denkbar ist jedoch die Sicherung des Vernichtungsanspruchs durch eine Sequestration der zu vernichtenden Gegenstände durch den zuständigen Gerichtsvollzieher gem. § 938 Abs. 2 ZPO.[118] 86

Um sich nicht der Gefahr eines zu unbestimmten Antrags ausgesetzt zu sehen, kann es zur Vorbereitung der Vernichtungsklage geboten sein, einen Auskunftsanspruch – ggf. im Wege der Stufenklage – gem. §§ 242, 259, 260 BGB geltend zu machen.[119] 87

Der Vernichtungsanspruch gem. § 98 UrhG kann gem. § 110 S. 3 UrhG im Adhäsionsverfahren geltend gemacht werden, der sich ausdrücklich auf § 98 UrhG bezieht. Unklar ist, ob § 69f UrhG ebenfalls im Strafverfahren geltend gemacht werden kann. Dies wird überwiegend bejaht.[120] Im Hinblick auf eine etwaige rechtswidrig hergestellte Begleitdokumentation verbleibt es hingegen bei § 98 UrhG. 88

VI. Besichtigungsanspruch

1. Voraussetzungen des Besichtigungsanspruchs

Neben dem bereits erwähnten Auskunfts- und Rechnungslegungsanspruch stellt der Besichtigungsanspruch gem. § 809 BGB einen weiteren Hilfsanspruch dar, auf den der Verletzte im Rahmen der Durchsetzung seiner Ansprüche zurückgreifen kann. Dieser Anspruch dient dem Schutzrechtsinhaber in Situationen, in denen er eine Verletzung seines Schutzrechts zwar vermutet, er eine solche derzeit jedoch noch nicht nachweisen kann und sich deshalb vergewissern möchte, ob eine konkrete Sache unter Verletzung des geschützten Werkes hergestellt worden ist. Typischerweise befindet sich der verletzende Gegenstand im Betrieb des Verletzers und kann nicht ohne Weiteres im Wege eines Testkaufs erworben werden. 89

In der Entscheidung Druckbalken hat der BGH erstmals entschieden, dass § 809 BGB auch den patentrechtlichen Unterlassungs- und Schadensersatzanspruch gem. § 139 PatG erfasst, gleichzeitig aber strenge Anforderungen an die Darlegung der möglichen Rechtsverletzung aufgestellt. Danach musste der Anspruchsteller einen erheblichen Grad an Wahrscheinlichkeit für das Bestehen des Hauptanspruchs nachweisen.[121] Abweichend von dieser Entscheidung hat der BGH in der zum Urheberrecht ergangenen Faxkarten-Entscheidung bereits ausreichen lassen, dass für die Verletzung eine gewisse Wahrscheinlichkeit besteht.[122] Der BGH begründet dies mit dem Wortlaut des § 809 BGB. Danach soll der Besichtigungsanspruch auch dem zustehen, der sich erst Gewissheit über das Bestehen eines Hauptanspruchs verschaffen möchte. Dies würde konterkariert, wenn der Anspruchsteller stets einen erheblichen Grad an Wahrscheinlichkeit nachweisen müsste. Der Entstehungsgeschichte könne zudem entnommen werden, dass der Besichtigungsanspruch in Situatio- 90

---

[118] OLG Hamm GRUR 1989, 502 (503) – Bildflicken.
[119] LG München I ZUM 1993, 432 (435); vgl. zur Bestimmtheit des Antrags auf Vernichtung auch BGH GRUR 2003, 228 (229) – P-Vermerk.
[120] Amtl. Begründung BT-Drs., 12/4022, S. 15; *Dreier*/Schulze § 69f Rn. 2 UrhG; Wandtke/Bullinger/ *Grützmacher* § 69f Rn. 4 UrhG; *Raubenheimer* CR 1994, 129 Fn. 4.
[121] BGH GRUR 1985, 512 (516) – Druckbalken.
[122] BGH GRUR 2002, 1046 (1048) – Faxkarte; KG NJW 2001, 233 (235); LG Nürnberg-Fürth MMR 2004, 627 (628); OLG Frankfurt/M. GRUR-RR 2006, 295 (296).

nen, in denen ungewiss ist, ob überhaupt ein Hauptanspruch besteht, durch Billigkeitserwägungen geboten sein. Schließlich beruft sich der BGH auf Art. 43 TRIPS, wonach ein Gericht dem Gegner einer in Beweisnot befindlichen Partei die Beibringung von Beweismitteln auferlegen kann.[123] Ohne dass der X. Zivilsenat des BGH seine Rechtsprechung ausdrücklich aufgegeben hat, wird man wohl auch für das Patentrecht den Nachweis einer gewissen Wahrscheinlichkeit ausreichen lassen.[124] Demgegenüber verlangen § 101a Abs. 1 UrhG und § 140c Abs. 1 PatG, mit denen Art. 6 und Art. 7 der Enforcement-Richtlinie umgesetzt wurden, eine hinreichende Wahrscheinlichkeit einer Rechtsverletzung (siehe Rdn. 98). Ungeregelt ist das Verhältnis der Ansprüche zueinander. Die § 101a Abs. 1 UrhG und § 140c Abs. 1 PatG werden dem § 809 BGB als lex specialis wohl vorgehen.[125]

91 Der Wahrscheinlichkeitsgrad soll vielmehr im Rahmen einer abschließenden Abwägung der widerstreitenden Interessen an einer Besichtigung einerseits und der Geheimhaltung aufseiten des Schuldners andererseits berücksichtigt werden. Gerade bei technischen Vorrichtungen oder dem Source Code einer Software spielt das Geheimhaltungsinteresse oftmals eine besondere Rolle. Berechtigte Geheimhaltungsinteressen können daher im Einzelfall dazu führen, dass ein höherer Grad an Wahrscheinlichkeit verlangt wird. Denkbar ist es aber auch, etwaigen berechtigten Geheimhaltungsinteressen dadurch gerecht zu werden, dass die Informationen nur gegenüber einem zur Verschwiegenheit verpflichteten Dritten offenbart werden. Da dem Gläubiger in der Regel jedoch nicht damit gedient ist, wenn das Ergebnis der Besichtigung lediglich einem Dritten mitgeteilt wird, bietet sich ein zweistufiges Verfahren an. Danach wird dem Gläubiger Einsicht in das Gutachten des Sachverständigen erst gewährt, nachdem der Schuldner Gelegenheit erhalten hat, sowohl hierzu als auch zu seinen eigenen Geheimhaltungsinteressen Stellung zu nehmen. Sodann kann das Gericht entscheiden, ob und ggf. in welchem Umfang die Ergebnisse des Sachverständigen dem Gläubiger zur Kenntnis gebracht werden sollen, wobei die Geheimhaltungsinteressen regelmäßig in dem Maße zurücktreten werden, in dem das Gutachten den Schluss nahe legt, eine Verletzung habe stattgefunden.[126]

92 Im Rahmen dieser Gesamtwürdigung ist nach Ansicht des BGH auch zu berücksichtigen, ob der Besichtigungsgläubiger andere zumutbare Möglichkeiten besitzt, um die Rechtsverletzung beweisen zu können.[127] Der Anspruchsgläubiger muss sich daher auf andere vernünftige Beweismöglichkeiten verweisen lassen.

93 Da es sich bei § 809 BGB um einen Hilfsanspruch handelt, setzt auch dieser voraus, dass der Hauptanspruch grundsätzlich durchsetzbar ist. Andernfalls entfällt das Interesse des Anspruchstellers am Besichtigungsanspruch.[128]

2. Umfang des Besichtigungsanspruchs

94 Der Besichtigungsanspruch ist grundsätzlich umfassend und berechtigt insbesondere zur Inaugenscheinnahme, zur Inbetriebnahme der Maschine, zum Ablaufenlassen eines Computerprogramms, zur Besichtigung des Quellcodes, zum Ausdrucken von Dateilisten, zum Speichern bzw. Kopieren von Dateien.

---

123 BGH GRUR 2002, 1046 (1048) – Faxkarte.
124 OLG Düsseldorf Mitt. 2003, 333 – Raumkühlgerät.
125 So wohl auch OLG Köln CR 2009, 289 (289), das von »Sondervorschrift« spricht.
126 *Tilmann/Schreibauer* GRUR 2002, 1015; vgl. auch *Kühnen* GRUR 2005, 185. Nach der Praxis des LG Düsseldorf ist im patentrechtlichen Beweissicherungsverfahren die Anwesenheit der Anwälte des Patentinhabers zusammen mit dem unabhängigen Sachverständigen gestattet. Sämtliche Beteiligten werden zur Verschwiegenheit verpflichtet.
127 BGH GRUR 2002, 1046 (1049) – Faxkarte; OLG Frankfurt/M. GRUR-RR 2006, 295 (296).
128 BGH GRUR 2002, 1046 (1047) – Faxkarte.

Er beschränkt sich regelmäßig nicht auf die Besichtigung der Übereinstimmungen eines 95
Quellcodes. Vielmehr erstreckt sich der Besichtigungsanspruch auf das gesamte Programm.[129] Da sich das Vorhandensein einer Urheberrechtsverletzung nicht immer allein aus dem Vorhandensein entsprechender Installationen ergibt, erstreckt sich der Anspruch auch auf die Lizenzbelege.[130] Ob der Besichtigungsanspruch auch Substanzeingriffe wie Ein- und Ausbau von Teilen sowie die Inbetriebnahme bzw. unter Umständen auch die Außerbetriebnahme umfasst, wurde vom BGH in der Druckbalken-Entscheidung für den Bereich Patentrecht abgelehnt.[131] Diese von der Literatur einhellig kritisierte restriktive Handhabung wurde vom BGH in der Entscheidung Faxkarte nicht beibehalten, sondern vielmehr in eine Zumutbarkeitsprüfung verlagert.[132] Dem ist zu zustimmen, da der BGH zu Recht darauf hinweist, dass dem Integritätsinteresse des Schuldners durch § 811 Abs. 2 BGB bereits hinreichend genüge getan wird. Danach ist der Besichtigungsgläubiger im Fall einer Beschädigung der zu untersuchenden Sache zum Schadensersatz verpflichtet.

Der Besichtigungsanspruch gewährt jedoch kein Nachforschungs- und Durchsuchungsrecht in Geschäftsräumen des Schuldners, um erst noch zu ermitteln, ob sich die zu besichtigenden Sachen dort befinden.[133] 96

3. Vorlage und Besichtigung nach § 101a UrhG und § 140c PatG

Nach Art. 6 der Enforcement-Richtlinie müssen die Mitgliedstaaten sicherstellen, dass die 97
zuständigen Gerichte auf Antrag einer Partei, die alle vernünftigerweise verfügbaren Beweismittel zur hinreichenden Begründung ihrer Ansprüche vorgelegt und die in der Verfügungsgewalt der gegnerischen Partei befindlichen Beweismittel zur Begründung ihrer Ansprüche bezeichnet hat, die Vorlage dieser Beweismittel durch die gegnerische Partei anordnen können, sofern der Schutz vertraulicher Informationen gewährleistet ist. Die Regelung in Art. 6 Abs. 1 der Enforcement-Richtlinie entspricht Art. 43 Abs. 1 TRIPS. Eine derartige Vorlagepflicht durchbricht den im deutschen Zivilprozessrecht geltenden Beibringungsgrundsatz. Dem Regierungsentwurf vom 20.04.2007 zufolge reichen die bislang vorhandenen Bestimmungen der Anordnung der Urkundenvorlegung nach § 142 ZPO bzw. der Inaugenscheinnahme durch den Sachverständigen nach § 144 ZPO nicht aus, da sie im Ermessen des Gerichtes stehen und nicht durchsetzbar sind. Auf der materiellrechtlichen Ebene ermöglicht die Anwendung von § 809 BGB die Durchsetzung von Vorlageansprüchen durch materiellrechtliche Bestimmungen; allerdings bestehe angesichts der Unterschiede der hierzu ergangenen höchstrichterlichen Urteile keine gefestigte Rechtsprechung, sodass ein Umsetzungsbedarf angenommen wurde.[134] Die Umsetzung von Art. 6 der Enforcement-Richtlinie erfolgte u. a. durch Einführung von § 101a UrhG und § 140c PatG: Danach kann derjenige, der mit hinreichender Wahrscheinlichkeit darlegen kann, dass ein Dritter sein Urheber- oder Patentrecht verletzt, diesen Dritten auf Besichtigung einer Sache in Anspruch nehmen.

---

129 BGH GRUR 2002, 1046 (1049) – Faxkarte.
130 LG Nürnberg-Fürth MMR 2004, 627 (628).
131 BGH GRUR 1985, 512 (516) – Druckbalken.
132 BGH GRUR 2002, 1046 (1049) – Faxkarte; *Bork* NJW 1997, 1665; *Stürner/Stadler* JZ 1985, 1101; *Stauder* GRUR 1985, 518; *Meyer-Dulheuer* GRUR Int. 1987, 14.
133 BGH GRUR 2004, 420 (421) – Kontrollbesuch.
134 Vgl. Amtl. Begr. BT-Drs. 16/5048, 64–67. Hinsichtlich der Situation bei § 809 BGB wird auf die Entscheidung des BGH GRUR 1985, 512 – Druckbalken – verwiesen, in welcher auf der Grundlage von § 242 BGB der Vorlageanspruch aus Erwägungen zur Verhältnismäßigkeit und zu Geheimhaltungsinteressen im Bereich des Patentrechts erheblich eingeschränkt wird. Im Bereich des Urheber und Wettbewerbsrechts hat der BGH in der Entscheidung Faxkarte, GRUR 2002, 1045 diese Einschränkungen dagegen zurückgenommen.

98 In Abweichung zur Formulierung des BGH zu § 809 BGB muss der Anspruchsinhaber gemäß § 101a Abs. 1 UrhG bzw. § 140c Abs. 1 PatG nicht eine gewisse Wahrscheinlichkeit, sondern eine hinreichende Wahrscheinlichkeit einer Rechtsverletzung nachweisen. Anhand konkreter Anhaltspunkte muss der Anspruchsinhaber darlegen, dass eine Verletzung seiner Rechte möglich erscheint. Um willkürliche Besichtigung ins Blaue hinein auszuschließen, muss jedoch keine letzte Gewissheit bestehen, ausreichend ist eine hinreichende Wahrscheinlichkeit. Eine Erhöhung der Anspruchsvoraussetzungen soll hiermit ausweislich eines Hinweises in der Gesetzesbegründung jedoch nicht begründet werden.[135]

99 Anhaltspunkte, die eine hinreichende Wahrscheinlichkeit begründen, sind im Fall eines vermeintlichen Softwareplagiats beispielsweise Übereinstimmungen im Programmablauf, Funktionsweise oder Datenstruktur.[136] Eine Identität der Benutzeroberfläche kann ebenfalls den Rückschluss zu lassen, dass die dahinterliegende Programmierung mit dem geschützten Programm identisch ist. Liegt keine identische Übernahme vor, muss die Wahrscheinlichkeit der Verletzung sorgfältig begründet werden: Es kann hierzu insbesondere nicht auf die vermeintliche Übereinstimmung der Arbeitsoberfläche abgestellt werden, wenn Letztere sich nicht aus der gewählten Programmierung, sondern dem mithilfe des Programms zu bearbeitenden Geschäftsvorgangs ergibt.[137] Die Anhaltspunkte können sich aber auch aus Umständen außerhalb des Verletzungsobjekts ergeben, etwa wenn Wissensträger in unrealistisch kurzer Zeit ein Konkurrenzprodukt erstellt haben wollen.[138]

100 Die zu besichtigende Software muss sich in der Verfügungsgewalt des Besichtigungsschuldners befinden. Dieses Kriterium ist wenig überraschend, da der Anspruch andernfalls leer zu laufen droht. Ausreichend ist demnach neben dem unmittelbaren Allein- auch Mitbesitz. Mittelbarer Besitz soll nur genügen, wenn ein Herausgabeanspruch gegen den unmittelbaren Besitzer besteht.[139]

101 Weiter muss die Besichtigung erforderlich sein, um die vermeintliche Verletzung aufzuklären. An der Erforderlichkeit fehlt es, wenn dem Besichtigungsgläubiger gleich geeignete, aber einfachere Mittel zur Verfügung stehen oder solche, die den Besichtigungsschuldner weniger belasten. So wird bei einer frei erhältlichen Standardsoftware ein Testkauf in der Regel ein einfacheres Mittel zur Aufklärung darstellen. Welcher finanzielle Aufwand dem Besichtigungsgläubiger insoweit zuzumuten ist, hängt vom Einzelfall ab.

102 Zum Schutz etwaiger Geheimhaltungsinteressen des Besichtigungsschuldners hat das Gericht die erforderlichen Maßnahmen von Amts wegen zu ergreifen, wobei der Gesetzgeber von der Zwischenschaltung eines zur Geheimhaltung verpflichteten Sachverständigen ausgeht, der *»sodann darüber Auskunft geben kann, ob und gegebenenfalls in welchem Umfang die behauptete Rechtsverletzung vorliegt«*.[140] Dabei übersieht der Gesetzgeber, dass der Sachverständige das Ob und den Umfang einer Rechtsverletzung nicht wird feststellen können. Dies ist Aufgabe der Gerichte. Zur Frage, unter welchen Bedingungen das im Rahmen eines einstweiligen Verfügungsverfahren erstattete Gutachten dem Besichtigungsgläubiger offenbart werden darf, der dieses zur Formulierung seines Unterlassungsantrags und Begründung selbigen benötigt, siehe ausführlich Rdn. 153.

103 Schließlich verlangt das Gesetz eine umfassende Verhältnismäßigkeitsprüfung, die zu dem Ergebnis kommen kann, dass ein Besichtigungsanspruch ausgeschlossen ist. Neben den bereits berücksichtigten Aspekten muss unter anderem die Schwere des Eingriffs aus Sicht des Besichtigungsschuldners berücksichtigt werden: führt die Besichtigung etwa zu einer Be-

---

135 Amtl. Begr. BT-Drs. 16/5048, 104.
136 OLG Karlsruhe GRUR-RR 2010, 234 (238).
137 OLG Karlsruhe GRUR-RR 2010, 234 (238).
138 *Wiegand*, Von AdWords bis Social Networks, S. 254 f.
139 LG Nürnberg/Fürth InstGE 5, 153.
140 Amtl. Begr. BT-Drs. 16/5048, 104.

triebsunterbrechung und welche Kosten gehen damit einher? Ist mit der Besichtigung eine Substanzzerstörung verbunden? Wie ist der vermeintliche Verschuldensgrad, sollte eine Rechtsverletzung gegeben sein? Kann der Schutz vertraulicher Informationen mit den vorhandenen Mittel nicht sichergestellt werden? Neben dem Grad der Verletzungswahrscheinlichkeit ist zu untersuchen, in welchem Maße die verlangte Besichtigung für die Aufklärung einer vermeintlichen Rechtsverletzung nützlich ist oder steht eine unzulässige Ausforschung im Vordergrund.

Das Gesetz trifft zum Umfang und den Grenzen der Besichtigung keine gesonderte Regelung, sodass die bereits im Rahmen von § 809 BGB entwickelte Praxis weiterhin anzuwenden ist (siehe Rdn. 94). Sämtliche Maßnahmen müssen selbstverständlich einen konkreten Bezug zur aufklärungsbedürftigen Tatsache haben. Auch § 101a UrhG, § 140c PatG geben kein Nachforschungs- oder Durchsuchungsrecht, um erst noch herauszufinden, ob sich die zu besichtigende Sache dort befindet. **104**

Die Besichtigung steht zwar grundsätzlich dem Anspruchsinhaber zu. In der Praxis wird die Besichtigung jedoch regelmäßig durch einen unabhängigen Sachverständigen erfolgen. Indem dieser zur Verschwiegenheit gegenüber allen Beteiligten verpflichtet wird, kann dem Schutz vertraulicher Informationen des Besichtigungsschuldners in effizienter Weise Genüge getan werden. Eine Besichtigung unmittelbar durch den Besichtigungsgläubiger kommt nur dann in Betracht, wenn der Besichtigungsschuldner vorher Gelegenheit zur Stellungnahmen gehabt hat und keine Beeinträchtigung berechtigter Geheimhaltungsinteressen geltend gemacht wurde. **105**

Stellt sich im Laufe des Verfahrens – insbesondere nach Besichtigung – heraus, dass die vermeintliche Rechtsverletzung tatsächlich nicht vorliegt, so ist der Besichtigungsgläubiger gem. § 101a Abs. 5 UrhG bzw. § 140c Abs. 5 PatG zum Schadensersatz verpflichtet. Dem vermeintlichen Verletzer wird im Unterschied zur bisherigen Praxis des § 809 BGB ein eigenständiger materieller Schadensersatzanspruch gewährt.[141] Nach Auffassung des Gesetzgebers ist der Schadensersatzanspruch gem. § 945 ZPO insoweit unzureichend, als er erst eingreift, wenn sich die Anordnung der einstweiligen Verfügung als von Beginn an ungerechtfertigt erweist. Dies stellt eine Schlechterstellung gegenüber der aktuellen Rechtsprechung zu § 809 BGB dar. Danach dient der Anspruch gem. § 809 BGB dazu, festzustellen, ob eine Rechtsverletzung stattgefunden hat. Je nach Ergebnis der Besichtigung wird der Rechteinhaber weitere Schritte einleiten. Die Begründetheit des Besichtigungsanspruchs ist jedoch unabhängig vom Ergebnis der Besichtigung. **106**

4. Prozessuale Geltendmachung

Der Antrag kann sowohl im Hauptsacheverfahren oder im einstweiligen Verfügungsverfahren (siehe hierzu ausführlich unter Rdn. 142) verfahrensrechtlich durchgesetzt werden. **107**

D. Beweisaufnahme

I. Beweislast

1. Urheberrechtsprozess

Wer sich auf die Schutzfähigkeit eines Computerprogramms beruft, trägt im Prozess die entsprechende Darlegungs- und Beweislast. Aufgrund der gesetzlichen Hervorhebung der geringen Anforderungen an die Schöpfungshöhe in § 69a Abs. 3 S. 2 UrhG wird die **108**

---

141 Vgl. Amtl. Begr. BT-Drs. 16/5048, 70.

Schutzfähigkeit aber regelmäßig gegeben sein.[142] Sie muss daher nur unter Beweis gestellt werden, wenn sie qualifiziert bestritten wird.[143] Der BGH nimmt bei komplexen Programmen eine tatsächliche Vermutung für eine hinreichende Individualität an, sodass es Aufgabe des Beklagten ist, die mangelnde Schutzfähigkeit darzulegen.[144] Eine hinreichende Beschreibung des Programmablaufs und der Programmgestaltung, aus der folgt, dass es nicht völlig banal und nicht lediglich einem anderen Programm nachempfunden ist, reicht deshalb in einem ersten Schritt aus.[145] Wie grundsätzlich bei jedem Werk vollzieht sich die schöpferische Tätigkeit typischerweise in der Sammlung (Problemanalyse), Einteilung (Strukturierung) und Anordnung (Systementwurf) des Materials (der Anweisungen und Informationen).[146] Der Rückgriff auf standardisierte Programmteile steht der für den Urheberrechtsschutz erforderlichen Individualität nicht entgegen, solange diese durch individuelle Befehlssequenzen kombiniert werden; sobald frei und selbstständig programmiert wird, ist dies regelmäßig der Fall. Die Rechtsprechung hat nach der Umsetzung der Softwarerichtlinie die Schutzfähigkeit von Computerprogrammen in den bislang entschiedenen Fällen meist problemlos angenommen.[147] Sofern ein Beweis über die Schutzfähigkeit des entsprechenden Programms erhoben wird, geschieht dies im Prozess regelmäßig durch Sachverständigengutachten. Der klägerische Vortrag muss aber erkennen lassen, welche konkreten Elemente des vermeintlich verletzenden Programms eine hinreichende Übereinstimmung mit welchen konkreten Elementen des geschützten Programms aufweisen.[148]

109 Beklagter im Verletzungsprozess kann bei Geltendmachung eines Unterlassungsanspruchs auch der Störer sein.[149] Als solcher kann auch der Betreiber eines WLAN in Anspruch genommen werden, von welchem aus ein urheberrechtlich geschütztes Werk ohne Zustimmung des Berechtigten öffentlich zugänglich gemacht worden ist: Die Grundsätze der Haftung eines WLAN-Betreibers hat der Bundesgerichtshof in der Entscheidung »Sommer unseres Lebens« im Einzelnen dargelegt.[150] Wird von einer bestimmten IP-Adresse aus ein geschütztes Werk der Öffentlichkeit zugänglich gemacht und ist diese IP-Adresse zu diesem Zeitpunkt einer bestimmten Person zugeteilt, so spricht eine tatsächliche Vermutung dafür, dass diese Person für die Rechtsverletzung als Täter oder Teilnehmer verantwortlich ist.[151] Diese Vermutung ist jedoch widerleglich. Verteidigt sich der Anspruchinhaber mit der Behauptung, nicht er, sondern ein Dritter habe die Rechtsverletzung begangen, trifft ihn eine sekundäre Beweislast.[152] Ein computertechnisch nicht versierter Beklagter ist nicht verpflichtet, zu seiner Entlastung von sich aus ein Routerprotokoll vorzulegen. Eine Inan-

---

142 Vgl. Amtl. Begr. BT-Drs. 12/4022, 10.
143 Vgl. Schricker/*Loewenheim*, § 69a Rn. 21 (»tatsächliche Vermutung«); *Dreier*/Schulze § 69a Rn. 29 f.; beide m. w. N. auch zur Rspr.
144 BGH GRUR 2005, 860 (861) – Fash 2000.
145 OLG Hamburg ZUM 2001, 519 (521): »wenn das Programm ein Minimum an Individualität aufweist und damit aus der Masse des Alltäglichen herausragt«; OLG Düsseldorf CR 1997, 337: »Eigentümlichkeiten aufweist, die nicht als trivial, banal oder von der Sachlogik her zwingend vorgegeben erscheinen«; s. weiter OLG München CR 1999, 688 (689); OLG Hamburg CR 1998, 332 (333); OLG Frankfurt/M. CR 1998, 525. Der großzügigere Maßstab gilt gem. § 137d Abs. 1 UrhG auch für Computerprogramme, die vor dem 24.06.1993, dem Tag des Inkrafttretens der §§ 69a ff. UrhG geschaffen worden sind, allerdings nicht für Verletzungsfälle vor dem Inkrafttreten, LG Oldenburg CR 1996, 217.
146 *Broy*/*Lehmann* GRUR 1992, 419 (421).
147 Vgl. etwa BGH GRUR 2001, 153 – OEM-Version; OLG Düsseldorf CR 1997, 337; OLG Celle CR 1994, 748 (750); LG Oldenburg GRUR 1996, 481 (482) – Subventions-Analyse-System.
148 KG CR 2010, 424 (425).
149 Vgl. zur Störerhaftung vorstehend Kap. 18 Rdn. 211 ff. m. w. N.
150 Vgl. GRUR 2010, 633 mit Anm. *Stang*/*Hüner*;, vgl. hierzu auch *Karger* GRUR-Prax 2010, 305.
151 BGH GRUR 2010, 633 (634).
152 Dieser war im konkreten Fall im Beklagten nachgekommen, da er unbestritten vorgetragen hatte, zum fraglichen Zeitpunkt im Urlaub gewesen zu sein, während sich seine PC-Anlage in einem für Dritte nicht zugänglichen abgeschlossenen Büroraum befunden habe. Vor diesem Hintergrund lehnte der BGH im konkreten Fall eine Inanspruchnahme des Beklagten als Täter oder Teilnehmer ab.

spruchnahme als Täter oder Teilnehmer lässt sich auch – anders als im Lauterkeitsrecht – nicht aus der möglichen Verletzung einer Verkehrspflicht ableiten, da für eine täterschaftlich begangene Urheberrechtsverletzung die Merkmale eines handlungsbezogenen Verletzungstatbestandes des Urheberrechts erfüllt sein müssen.[153] Der Inhaber eines WLAN-Anschlusses hafte aber nach den Grundsätzen der Störerhaftung, wenn er ausreichende Maßnahmen zur Sicherung des Anschlusses unterlassen habe. Maßgeblich hierfür seien die zum Kaufzeitpunkt des Routers für den privaten Bereich marktüblichen Sicherungen, welche ihrem Zweck entsprechend wirksam einzusetzen seien.[154] Eine entsprechende Prüfungspflicht trifft den privaten WLAN-Anschlussinhaber auch nicht erst nach Bekanntwerden einer ersten Rechtsverletzung Dritter durch unbefugte Nutzung seines Anschlusses, sondern bereits ab Inbetriebnahme des WLAN-Anschlusses. Anders als ein Plattformbetreiber, dessen Geschäftsmodell durch das Auferlegen präventiver Prüfungspflichten gefährdet werde, liegen bei privaten WLAN-Anschlussbetreibern keine Gründe für einen entsprechend verzögerten Beginn der Störerhaftung vor; für ihn gelten auch nicht die Haftungsprivilegien nach § 10 TMG und Art. 14f der Richtlinie 2000/31/EG über den elektronischen Geschäftsverkehr.[155] Die Prüfungspflicht wird verletzt, weil der WLAN Anschlussbetreiber nach dem Anschluss des WLAN-Routers die werkseitigen Standardsicherungseinstellungen unverändert lässt, für den Zugang zum Router aber kein persönliches, ausreichend langes und sicheres Passwort vergibt, was dem BGH zufolge auch Mitte 2006 zumindest zum Standard privater Computernutzung gehört habe.[156] Verteidigt sich ein Beklagter mit der Behauptung, bei der Feststellung der IP-Adresse des wirklichen Täters sei ein Ermittlungsfehler unterlaufen, genügt er mit einem pauschalen Bestreiten nicht seiner Darlegungslast. Hier muss die Zuverlässigkeit der konkret eingesetzten Überwachungssoftware durch konkreteren Sachvortrag bestritten werden.[157] Auskünfte über den Namen des hinter einer IP-Adresse stehenden Anschlussinhabers richten sich nach den Regelungen des TKG über Bestandsdatenabfrage; auch bei dynamischen IP-Adressen liegen keine Verkehrsdaten vor, die nur aufgrund einer richterlichen Anordnung erhoben werden dürfen.[158]

Ist in einem Verfahren streitig, ob in Bezug auf eine konkrete Programmkopie bereits Erschöpfung gemäß § 69c Nr. 3 Satz 2 UrhG eingetreten ist, ist die Darlegungs- und Beweislast in Bezug hierauf oftmals unklar. Vom Grundsatz her ist zunächst der Beklagte darlegungs- und beweispflichtig, da er sich in der Regel durch eine entsprechende Behauptung gegenüber einem Unterlassungsanspruch verteidigt. Müsste der Beklagte alle Bezugsquellen vollständig offenlegen, befürchtet die Rechtsprechung jedoch, dass die Rechteinhaber durch Druck auf die Bezugsquellen eine Erschöpfung im Ergebnis unterlaufen können. Kann der Beklagte daher darlegen, dass eine tatsächliche Gefahr der Abschottung der nationalen Märkte besteht, muss der Rechteinhaber nachweisen, dass die Kopien ursprünglich von ihm selbst oder mit seiner Zustimmung außerhalb des europäischen Wirtschaftsraums in den Verkehr gebracht wurden.[159] Die Modifizierung der allgemeinen Beweisregeln er-   **110**

---

153 Die Übertragung der Grundsätze zur Haftung für die mangelhafte Sicherung eines eBay-Kontos hat der BGH insofern ausdrücklich abgelehnt, vgl. GRUR 2010, 633 (634) mit Verweis auf BGH GRUR 2007, 890 – jugendgefährdende Schriften bei eBay.
154 GRUR 2010, 633 (635) mit Verweis auf BGH NJW 2007, 662.
155 GRUR 2010, 633 (635); vgl. zur Verantwortung eines Sharehoster Dienstes auch OLG Düsseldorf ZUM 2010, 600.
156 GRUR 2010, 633 (636).
157 Vgl. hierzu *Karger* GRUR-Prax 2010, 305 (306); *Rössel* ITRB 2010, 151 (152). Zweifel an der zuverlässigen automatisierten Ermittlung von IP Adressen, die zur Verletzung geschützter Rechte im Internet verwendet wurden, können dem OLG Köln zufolge aber durch andere, gegen den Verdächtigen sprechende Indizien (Erfahrung mit Tauschbörsen, Registry Einträge auf dem Rechner, betriebliche Verwendbarkeit der Software, lückenhaftes Vorbringen) überwunden werden; MMR 2010, 780.
158 GRUR 2010, 633 (635) mit Verweis auf LG Stuttgart MMR 2005, 624 (628); LG Hamburg MMR 2005, 711; LG Würzburg NSTZ-RR 2006, 46; *Sankol* MMR 2006, 361 (365).
159 EuGH NJW 2003, 2895; vgl. auch BGH GRUR 2004, 256 (258).

folgt zum Schutz des freien Warenverkehrs, sie soll unter anderem für den Bereich selektiver Betriebssysteme Anwendung finden.[160]

2. Verfahren wegen Mängeln

111 Die Beweislast in Verfahren um die angebliche Mangelhaftigkeit, insbesondere gelieferter Software, richtet sich nach den allgemeinen Vorschriften. Besonderheiten bestehen im Bereich der Informationstechnologie insofern nicht. Nach Annahme im Kaufrecht[161] bzw. Abnahme im Werkvertragsrecht trägt der Käufer/Besteller die Beweislast für die Mangelhaftigkeit der gelieferten Sache bzw. des gelieferten Werkes. Die Beweislast dafür, dass ein Bedienungsfehler des Anwenders ausscheidet, soll nach OLG Nürnberg dem Anwender obliegen.[162] Liegt ein Verbrauchsgüterkauf i. S. v. § 474 Abs. 1 BGB vor, so ist die Beweislastumkehr des § 476 BGB zu beachten, wonach (widerleglich) vermutet wird, dass Mängel, die während der ersten sechs Monate nach Gefahrübergang auftreten, schon bei Gefahrübergang vorhanden waren. In der Praxis treten jedoch immer wieder Schwierigkeiten bzw. Streit darüber auf, ob etwa ein die Beweislast tragender Anwender seiner Substantiierungspflicht nachgekommen ist (vgl. Rdn. 112).[163]

II. Beweiserhebung

1. Substantiierungspflicht

112 Jedem Beweisantrag/-angebot geht eine Darstellung des Sachverhalts voraus. Soweit Softwaremängel Gegenstand der gerichtlichen Auseinandersetzung sind, ist besonderes Augenmerk darauf zu legen, die angeblichen Mängel so substantiiert darzustellen, dass sie einer Beweisführung zugänglich sind.[164] Dabei reicht es nach richtiger Ansicht der Rechtsprechung nicht aus, die Funktionsfähigkeit einzelner Funktionen als »nicht vorhanden« oder »Software weist Funktionalität XY nicht auf« zu bezeichnen. So haben die Oberlandesgerichte Düsseldorf und Köln zu Recht darauf hingewiesen, dass ein Kläger seiner Substantiierungspflicht nicht schon dadurch genügt, dass er behauptet, ein bestimmtes Programm laufe nicht ordnungsgemäß.[165] Vielmehr muss konkret dargestellt werden, mit welchem Inhalt und Ziel die Software vertragsgemäß betrieben werden soll, in welcher Weise die Sollbeschaffenheit vereinbart worden ist, wann der angebliche Mangel auftaucht, wie er ausgelöst werden kann, ob er reproduzierbar ist, welche Fehlermeldung erscheint. Im Ergebnis muss der Mangel und seine Auswirkungen möglichst genau beschrieben werden. Dabei sollte primär eine phänomenologische Beschreibung verwendet werden. EDV-Fachausdrücke stoßen bei Gericht immer wieder auf mangelnde Vertrautheit und Kenntnis dieser Spe-

---

160 Vgl. hierzu auch *Hoeren* MMR 2010, 447.
161 Vgl. BGH NJW 2000, 1415: »Auch beim Kauf von Standard-Software ist die Kaufsache mangels anderweitiger Vereinbarung dann »abgeliefert« [i.S. v. § 377 HGB], wenn sie vom Verkäufer in Erfüllungsabsicht derart in den Machtbereich des Käufers gebracht wird, dass dieser sie auf das Vorhandensein von vorheriger Mängeln untersuchen kann«. Die Leistung ist nach OLG Nürnberg CR 1995, 343, allerdings erst angenommen i. S. d. § 363 BGB »wenn der Käufer nach einer Erprobungs- und Einweisungsphase erkennen lässt, dass er die Software als im Wesentlichen ordnungsgemäße Leistung gegen sich gelten lassen will.«.
162 OLG Nürnberg CR 1986, 772.
163 Vgl. die vielen Beispiele bei *Zahrnt* NJW 2002, 1531.
164 OLG München CR 1989, 803 (806); LG Stuttgart CR 1992, 726, vgl. hierzu auch *Schneider*, Hdb EDV Recht, S. 2102 f.; vorstehend Kap. 4 Rdn. 58 ff., 133 ff., 214 ff., 242 ff., 348 ff., 464 ff., 569 ff., 617 ff., 765 ff., 772 ff., Kap. 5 Rdn. 117 ff. sowie Kap. 7 Rdn. 67 ff.
165 OLG Düsseldorf CR 1999, 145 (146); OLG Köln NJW-RR 1997, 1533 (1533); CR 1995, 16 (19); teilweise sind die Gerichte jedoch großzügig. So ließ das OLG Köln die Behauptung in Hinblick auf einen Laptop: »*Im Netz. Fährt nicht hoch. Kontinuierliche Pieptöne*« genügen, NJW-RR 1998, 1274 (1274), zudem OLG Düsseldorf BeckRS 2010, 09681, aufgehoben durch BGH K&R 2010, 407.

zialmaterie. Gegebenenfalls hat das Gericht auf die mangelnde Substantiierung gem. § 139 ZPO hinzuweisen.[166]

Die zum Teil recht weitreichenden Anforderungen einiger Oberlandesgerichte hat der BGH jüngst wieder korrigiert: Soweit der Vortrag sich noch im Erfüllungsstadium befinde, seien an eine Erfüllungsaufforderung nicht die Maßstäbe anzuwenden, die an Mängelbeseitigungsanforderungen zu stellen seien.[167] Im Erfüllungsstadium reiche es, das Fehlen einer Funktionalität zu beanstanden.[168]

▶ **Praxistipp:**

Bereits die schlüssige Behauptung der Zuordnung eines Fehlers zu einer bestimmten Software kann schwierig sein, insbesondere wenn in komplexen Systemen Programme und Hardwarekomponenten verschiedener Hersteller und Lieferanten ineinandergreifen und zusammenarbeiten sollen. Hier kann es aus anwaltlicher Sicht ratsam sein, bereits zu Beginn technische Expertise einzuholen.

Um Streitigkeiten über die Soll-Beschaffenheit nach Möglichkeit zu vermeiden, sollte bei der Ausarbeitung des Pflichtenheftes größtmögliche Sorgfalt verwandt werden.

Nicht erforderlich ist, dass der Kläger die Ursache für den Mangel vorträgt.[169] Diesen herauszufinden ist Aufgabe des Sachverständigen. Die Angabe der vermeintlichen Ursache(n) kann sogar nachteilig sein, da der Sachverständige je nach Formulierung des Beweisbeschlusses seine Untersuchung auf die angegebenen Ursachen beschränkt und keine weiteren in Betracht zieht. Bestätigt sich die vermutete Ursache nicht, kann dies zu einem non liquet führen.[170]

2. Beweisangebot

Wie gerade ausgeführt, muss der Tatsachenvortrag in einer für das Gericht verständlichen Weise abgefasst sein.[171] Andernfalls ist das Gericht nicht in der Lage, ordnungsgemäß Beweis zu erheben.

Bei der Formulierung des Beweisangebots ist das **Verbot der Ausforschung** zu beachten. Das Beweisangebot muss die konkreten Tatsachen bezeichnen, welche bewiesen werden sollen. Unter Berücksichtigung der Wahrheits- und Vollständigkeitspflicht gem. § 138 Abs. 1 ZPO muss anhand der Umstände des Einzelfalls beurteilt werden, wie konkret die jeweilige Tatsachenbehauptung sein muss.[172] Der Beweisantritt ersetzt jedoch in keinem Fall den Sachvortrag, insbesondere darf der streitige Sachverhalt nicht erst durch die Beweisaufnahme ermittelt werden, da dies andernfalls auf eine unzulässige Ausforschung hinausliefe.[173] Die Angaben müssen beispielsweise so genau sein, dass ein Sachverständiger überprüfen kann, ob ein Programmfehler, ein Bedienungsfehler oder gar kein Fehler vorliegt, weil beispielsweise die Software ordnungsgemäß funktioniert, der Kläger sich nur für ein in Bezug auf seine Belange nicht geeignetes Produkt entschieden hat.[174]

---

166 OLG Köln NJW-RR 1998, 1592 (1593).
167 BGH K&R 2010, 407 (408).
168 BGH K&R 2010, 407 (410), mit Verweis auf BGH NJW-RR 1999, 347 (348): ausreichend: Aufforderung, und die Basisversion einer Software im vereinbarten Umfang fertigzustellen, und BGH 18.05.1999, X ZR 100/98 ausreichend: Aufforderung, die nach Vertrag durch eine Software zu bewirkende Funktion herbeizuführen.
169 BGH NJW 1999, 1330 (1331); *Rehmann* CR 1990, 575.
170 *Bergmann/Streitz* NJW 1992, 1726.
171 *Zahrnt* NJW 2002, 1531.
172 BGH NJW-RR 2004, 1362 (1363).
173 OLG München CR 1989, 806 (808).
174 OLG Köln NJW-RR 1997, 1533 (1531).

3. Beweismittel

118 Im Hinblick auf das richtige Beweismittel gilt, dass dies das jeweilige Beweismittel ist, das am nahesten an die zu beweisenden Tatsachen heranführt. Ob eine Software im Moment der Übergabe bereits funktionsuntüchtig gewesen ist, bedarf in der Regel eines Zeugenbeweises. Bei nicht reproduzierbaren Mängeln kann der Zeugenbeweis ebenfalls ausreichen. Demgegenüber ist die Frage, ob die Funktionsuntüchtigkeit tatsächlich ein Mangel darstellt, regelmäßig eine Sachverständigenfrage. Wegen der Vielzahl der möglichen Fehlerquellen ist der Zeugenbeweis regelmäßig kein geeignetes Beweismittel.[175] Eine Zeugenaussage ist allenfalls dann zulässig, wenn diese so eindeutig ist, dass Bedienungsfehler ausgeschlossen werden können. Das ist denkbar, wenn es sich bei dem Zeugen um einen EDV-Fachmann handelt, der über ausreichende Fachkenntnisse verfügt, um die gerügten Mängel auffinden und deren Ursache feststellen zu können.

> ▶ **Praxistipp:**
>
> Von erheblicher praktischer Bedeutung ist auch, für den Prozess und die Beweisführung auf das entsprechende System möglichst in dem Zustand zugreifen zu können, der Ursache bzw. Gegenstand des Streits ist. Wird etwa ein komplexes System verändert, um die lang erwünschte Funktionsfähigkeit herzustellen, kann der Verlust des für den Prozess notwendigen Beweismittels drohen. Daher sollte der Anwalt Verfügbarkeit, Konservierung und Zugriff mit dem Mandanten klären.

119 Auch die Verfügbarkeit und Aussagebereitschaft von Zeugen sollte der Anwalt klären. Die Fluktuation von Mitarbeitern kann zu praktischen Problemen führen, insbesondere wenn die Projekte die Dokumentation der Absprachen und Änderungen zu wünschen übrig lässt, was leider eher die Regel ist. Zeitablauf kann zum Verlust der Erinnerung an maßgebliche Details führen, Mitarbeiter können das Unternehmen verlassen und nicht mehr auffindbar sein oder aber nunmehr bei Wettbewerbern tätig sein, was Auswirkungen auf die Aussagebereitschaft und Verfügbarkeit haben kann.

4. Beweisbeschluss

120 Bei der Formulierung des Beweisbeschlusses ist darauf zu achten, dass dieser sauber zwischen Tatsachenfeststellungen, Ursachenermittlung und Wertungen unterscheidet. Dies fördert erfahrungsgemäß nicht nur die Arbeit des Sachverständigen. Auch erleichtert dies die Verwertung des Gutachtens durch das Gericht, da dieses an Tatsachenfeststellung stärker als an Wertungen gebunden ist. Differenziert das Gutachten insoweit, weil dies bereits der Beweisbeschluss gemacht hat, können somit Unstimmigkeiten, Nachfragen und Ergänzungen des Gutachtens vermieden werden.[176]

5. Gegenstand der Beweiserhebung

121 Weiter ist im Rahmen der Beweiserhebung zu beachten, dass der richtige Gegenstand untersucht wird. Stehen Mängel bei einer Individualsoftware oder einer angepassten Standardsoftware im Raum, so ist die der Klägerin gelieferte und installierte Fassung zu untersuchen.[177] Wegen der Vielzahl der möglichen Fehlerquellen muss stets der seinerzeitige Originalzustand untersucht werden. Als problematisch kann es sich daher erweisen, wenn die ursprüngliche EDV-Anlage oder das Computerprogramm in der ursprünglichen Fassung nicht mehr existieren, weil etwa die Fehler von einem Dritten beseitigt wurden oder die Software gar gelöscht wurde. Wurde keine Kopie des ursprünglichen Zustandes an-

---

175 Vgl. OLG Bremen NJW-RR 1992, 951 (952).
176 *Bergmann/Streitz* NJW 1992, 1726 (1729).
177 LG Oldenburg NJW 1992, 1771.

gefertigt, wird der Sachverständige die angeblich fehlerhafte Anlage bzw. Software nicht untersuchen können. Etwaige Beweisprobleme infolge der Änderung der Anlage bzw. Software gehen zulasten des Anwenders.[178]

6. Anordnung der Beweisvorlage von Amts wegen

Nach §§ 142, 144 ZPO kann ein Gericht von einer Partei oder einem Dritten die Vorlage von Urkunden und sonstigen Unterlagen verlangen sowie die Einvernahme von Sachverständigen und die Inaugenscheinnahme anordnen. **122**

Der BGH hat den Anwendungsbereich von § 142 ZPO auch auf Auseinandersetzungen im gewerblichen Rechtsschutz erstreckt, in denen die Vorlage von Urkunden und sonstigen Unterlagen zur Aufklärung des Sachverhalts erforderlich und geeignet ist. Für die Vorlageanordnung ist es bereits ausreichend, wenn eine Benutzung des Gegenstands des Schutzrechts wahrscheinlich ist. Dabei müssen jedoch im Rahmen der Abwägung der kollidierenden rechtlich geschützten Interessen, insbesondere die Geheimhaltungsinteressen des Vorlagepflichtigen, berücksichtigt werden. Denkbar ist, dass Passagen der Urkunden geschwärzt werden.[179] **123**

Problematisch ist, dass diese Anordnungen nicht vollstreckt werden können. Eine Verweigerungshaltung kann jedoch zu einer entsprechenden Bewertung im Rahmen der Beweiswürdigung führen. **124**

III. Beweisvereitelung

Vereitelt oder erschwert eine Partei der anderen die Verwendung eines wesentlichen Beweismittels, so ist das Gericht berechtigt, aus diesem Verhalten im Rahmen der freien Beweiswürdigung auf die Wahrheit des gegnerischen Sachvortrags zu schließen.[180] Eine solche Situation kann sich aus dem Umstand ergeben, dass im Fall eines Softwaremangelprozesses grundsätzlich die ursprüngliche Fassung der Software untersucht werden muss. Besitzt nur noch der Beklagte, nicht aber der Kläger diese Version, so wäre der Beklagte verpflichtet, diese Version zur Untersuchung anzubieten. Unter Umständen kann es für den Sachverständigen erforderlich sein, den Quellcode zu untersuchen, um den Mangel bzw. dessen Ursache auffinden zu können. Nicht selten besitzt der Kläger den Quellcode gar nicht. In diesem Fall müsste der Beklagte ebenfalls den Quellcode an den Sachverständigen – ggf. nach hinreichender Sicherstellung, dass die Geheimhaltungsinteressen beachtet werden – übergeben, um sich nicht den Vorwurf der Beweisvereitelung ausgesetzt zu sehen. **125**

E. Selbstständiges Beweisverfahren

I. Arten von Beweisverfahren

Das selbstständige Beweisverfahren ist in der ZPO in den §§ 485–492 geregelt. Sein Sinn und Zweck besteht darin, eine vorsorgliche Erhebung von Beweisen zu ermöglichen, etwa wenn ein Prozess selber noch nicht begonnen hat oder während eines Urteilsverfahrens, in welchem eine Beweiserhebung noch nicht angeordnet ist oder nicht angeordnet werden kann. **126**

---

178 OLG Köln CR 1995, 16 (18); OLG Celle NJW-CoR 1997, 306; LG Oldenburg NJW 1992, 1771.
179 BGH GRUR 2006, 962 – Restschadstoffentfernung.
180 BGH NJW 1963, 389 (390); BGH NJW 2002, 825 (827); OLG München NJOZ 2005, 4548 (4549).

E. Selbstständiges Beweisverfahren

127 Das einvernehmliche Beweisverfahren ist in § 485 Abs. 1 Alt. 1 ZPO geregelt. Mit Zustimmung beider Parteien können Gegenstände in Augenschein genommen, Zeugen vernommen und die Begutachtung durch einen Sachverständigen angeordnet werden.

128 Erteilt der Gegner keine derartige Zustimmung kann das Beweisverfahren nach § 485 Abs. 1 ZPO auch dann angeordnet werden, wenn ein Verlust des Beweismittels oder eine Erschwernis seiner Benutzung droht, § 485 Abs. 1 Alt. 2 ZPO.

129 Eine Partei kann gem. § 485 Abs. 2 ZPO die schriftliche Begutachtung durch einen Sachverständigen beantragen, wenn sie ein rechtliches Interesse daran hat, dass erstens der Zustand einer Person oder der Zustand oder der Wert einer Sache, zweitens die Ursache eines Personenschadens, Sachschadens oder Sachmangels oder drittens der Aufwand für die Beseitigung eines Personenschadens, Sachschadens oder Sachmangels festgestellt wird.

130 Das selbstständige Beweissicherungsverfahren bietet daher Möglichkeiten, die insbesondere im Bereich der Informationstechnologie von besonderem Wert sein können: Streitigkeiten etwa bei Fragen der Vertragserfüllung drehen sich häufig im Wesentlichen um Sachfragen, die eine hohe Komplexität aufweisen. Sollen Systeme errichtet und in Betrieb genommen werden, sollte ein Streit der beteiligten Vertragsparteien nicht zur Folge haben, dass das halbfertige System selber während eines langjährigen Rechtsstreites unverändert als Beweismittel zu Verfügung stehen muss. Das Beweissicherungsverfahren ermöglicht daher, einerseits eine vollständige Momentaufnahme eines Systems zu erstellen, um diese als Beweismittel in einem späteren Rechtsstreit nutzen zu können,[181] andererseits die Fertigstellung des Systems, um eine aus wirtschaftlicher und rechtlicher Sicht sinnvolle Lösung der ursprünglichen Aufgabe herbeizuführen.[182]

II. Tatsachenfeststellung

131 In der Praxis drehen sich Streitigkeiten, insbesondere über die Erfüllung vertraglicher Verpflichtungen im Zusammenhang mit der Überlassung oder Errichtung von Datenverarbeitungssystemen häufig darum, ob eine bestimmte Eigenschaft geschuldet war bzw. ob die erbrachte Leistung der geschuldeten entsprach. Der Gegenstand des Beweisverfahrens ist allein die Feststellung von Tatsachen. Dieses kann folglich nicht dazu dienen, den *Inhalt* des Vertrags zu ermitteln, da es sich hierbei um eine reine Rechtsfrage handelt, die ein Gericht und nicht ein Sachverständiger zu entscheiden hat. Der Antrag, der Sachverständige solle den »*Ist-Zustand des EDV-Systems XY unter Berücksichtigung der vertraglichen Anforderungen einschließlich aller Nachträge und Zusatzaufträge feststellen*«, ist unzulässig.[183]

132 Gleiches gilt für die Frage, **ob** ein Mangel vorliegt. Der Sachmangel wird in § 434 BGB dadurch definiert, dass die gelieferte Sache bei Gefahrübergang entweder nicht die vereinbarte Beschaffenheit aufweist, nicht zur vorausgesetzten gewöhnlichen Verwendung geeignet ist, eine unsachgemäße Montage durchgeführt wurde, eine mangelhafte Montageanleitung oder eine andere oder zu geringe Menge geliefert worden ist. In vergleichbarer Weise wird im Werkvertragsrecht in § 633 BGB der Sachmangel definiert. Es ist somit immer eine Deduktion vorzunehmen, indem der tatsächliche Zustand mit dem geschuldeten Zustand verglichen wird. Dies ist eine Tatsachenfeststellung, wobei die jeweilige Sollbeschaffenheit dem Sachverständigen grundsätzlich eindeutig vorzugeben ist: Sie resultiert aus dem

---

181 Voraussetzung hierfür ist, dass sich eine Partei in dem nachfolgenden Prozess auf die entsprechenden Tatsachen gem. § 493 ZPO beruft.
182 Die Fertigstellung des Systems zur Vermeidung sich durch Zeitablauf aufbauender Schänden ist aus juristischer Sicht schon unter dem Gesichtspunkt der Obliegenheit zur Schadensminderung angezeigt.
183 Vgl. hierzu auch *Cuypers* NJW 1994, 985.

Vertrag bzw. seiner Interpretation, ist somit in erster Linie Gegenstand einer Rechtsfrage.[184] Gegenstand eines Antrags im Beweisverfahren kann damit nicht sein, zu überprüfen, ob ein geliefertes EDV-System mangelhaft ist oder nicht. Die Pflicht zu Substantiierung des Beweisthemas ist der Rechtsprechung zufolge im selbstständigen Beweisverfahren niedriger als im Erkenntnisverfahren.[185] Allerdings ist der Antrag unzulässig, wenn das Ziel des Antrages erkennbar eine reine Ausforschung bzw. die Schaffung anspruchsbegründender Tatsachen ist.[186] Reine Vermutungen oder zu allgemein gehaltene Fragen führen daher zu einer Unzulässigkeit des Antrages.[187] Zulässig ist hingegen ein Antrag, festzustellen, dass ein bestimmtes EDV-System eine im Antrag konkret zu beschreibende Beschaffenheit nicht aufweist. Die hieraus zu ziehenden Schlussfolgerungen sind keine Tatsachfeststellungen, sondern Gegenstand der rechtlichen Würdigung. Die Anforderung eines selbstständigen Beweisverfahrens ist ferner unzulässig, wenn die Parteien eine Schiedsgutachterabrede getroffen haben und das Beweisverfahren dem Schiedsgutachten zugewiesenen Fragenkomplex betrifft.[188] Anders sollte das sein, wenn der Auftraggeber im selbstständigen Beweisverfahren die offensichtliche Unrichtigkeit des Schiedsgutachtens feststellen möchte.[189] Bei der Vertragsgestaltung ist bei Wahl einer Schiedsvereinbarung oder eines Schiedsgutachtens dies insofern zu beachten.

133 Der Antragsgegner sollte die Sachgerechtigkeit und Vollständigkeit der beantragten Beweisfragen eingehend prüfen. Er kann Gegenanträge stellen, die auf eine Präzisierung oder Änderung der vom Antragsteller gestellten Beweisfragen sowie auf eine Erweiterung der Beweisfragen oder der Beweismittel abzielen.[190] Ferner hat er die Möglichkeit, zu den Beweisfragen des Antragstellers jeweils alternative Fragen zu stellen.[191] In der Praxis sollte daher eingehend erwogen werden, einen technischen Experten herbeizuziehen, um sicherzustellen, dass die Anträge bzw. Gegenanträge auf der Grundlage eines hinreichenden technischen Verständnisses formuliert werden.

III. Formelle Fragen

1. Grundsätzlich kein Anwaltszwang

134 Der Antrag nach § 485 ZPO unterliegt nicht dem Anwaltszwang, kann daher auch unmittelbar von den Parteien gestellt werden, §§ 486 Abs. 4, 478 Abs. 3 ZPO.[192] Sofern im Beweisverfahren allerdings entgegen § 490 Abs. 1 ZPO vor einem Gericht verhandelt wird, vor welchem Anwaltszwang herrscht, gilt dieser auch für die Verhandlung im Beweisverfahren.

2. Zuständigkeit

135 Die Zuständigkeit ergibt sich aus § 486 ZPO: Das Prozessgericht ist zuständig, soweit ein entsprechender Rechtsstreit anhängig ist, § 486 Abs. 1 ZPO. Besteht noch keine entspre-

---

184 Selbstverständlich kann es auch hier Streit und Beweiserhebungen geben, Streit und Beweiserhebung zielen aber dann in eine andere Richtung.
185 Vgl. etwa OLG Köln MDR 2000, 226: »Die Beweisfrage, ob die »gelieferte Hard- und Software fehlerhaft ist und die betrieblichen Anforderungen der Antragstellerin nicht erfüllt« bzw. »die installierten Programme ständig systemimmanente Fehler produzieren, die einen ordnungsgemäßen Betriebsablauf nicht ermöglichen«, lässt weder Ursache noch Fehlerbild erkennen.«
186 Vgl. OLG Jena OLGR 1998, 186.
187 Vgl. hierzu auch *Moufang/Kupjetz* NZBau 2003, 646.
188 OLG Bremen NZBau 2009, 599.
189 OLG Bremen NZBau 2009, 599.
190 Vgl. etwa OLG München NJW-RR 1996, 1277; Zöller/*Herget* § 485 Rn. 3.
191 Vgl. OLG Hamburg MDR 2001, 1012; a. A. Baumbach/Lauterbach/Albers/*Hartmann* § 487 Rn. 8.
192 Vgl. Thomas/Putzo/*Reichold* § 486 Rn. 1.

chende Anhängigkeit, ist der Antrag bei dem Gericht zu stellen, das nach dem Vortrag des Antragstellers für Entscheidungen der Hauptsache berufen wäre, § 486 Abs. 2 S. 1 ZPO. In letzterem Fall hat dies zur Folge, dass in der Antragsschrift für das Beweissicherungsverfahren die spätere Hauptsache bereits konkretisiert werden muss: Das Gericht kann nämlich anderenfalls nicht feststellen, ob es überhaupt entsprechend zuständig ist. Folglich ist die Höhe des Anspruchs darzulegen und die Tatsachen, auf welche der Antrag gestützt wird, zumindest zu skizzieren.[193] Sofern das selbstständige Beweisverfahren als Mittel der »Vorwegverteidigung« eingesetzt werden soll, etwa von einem Systemhaus, welches in Erwartung von Streitigkeiten Klarheit über die Erfüllung eines Teilbereiches eines mehrstufigen Projekts erhalten möchte, muss es in seiner Antragsschrift folglich darlegen, was der jetzige Antragsgegner (und voraussichtlich spätere Kläger) eines nachfolgenden Hauptsacheverfahrens verlangt, womit der jetzige Antragsteller folglich rechnen muss.

3. Antragsinhalt

136   Die Antragsvoraussetzungen ergeben sich aus § 487 ZPO. Echte Besonderheiten für den Bereich der Informationstechnologie bestehen insoweit nicht.

4. Rechtliches Interesse

137   Das rechtliche Interesse im Sinne von § 485 Abs. 2 ZPO besteht insbesondere, aber eben nicht nur, wenn die Feststellung der Vermeidung eines Rechtsstreites dienen kann.[194] Im Zusammenhang mit EDV-Prozessen kann es darin liegen, einen bestimmten Zustand eines EDV-Systems zu einem gegebenen Zeitpunkt festzuhalten, da sich dieser durch Zeitablauf oder nötige weitere Arbeiten sicher verändern wird, sodass eine Ermittlung des Zustands im entscheidenden Zeitpunkt später unmöglich sein wird. Dies ist insbesondere dann denkbar, wenn an einem komplexen EDV-System von verschiedenen Parteien Leistungen erbracht werden, die ineinandergreifen sollen.

5. Beteiligung Dritter

138   In diesem Zusammenhang stellt sich in der Praxis auch die Frage, ob Nebenintervention und Streitverkündung im Beweisverfahren zulässig sind. Nebeninterventionen sind im selbstständigen Beweisverfahren nach herrschender Meinung zulässig, obwohl ein Rechtsstreit im eigentlichen Sinne nicht anhängig ist.[195] Gleiches gilt nach herrschender Meinung auch für die Streitverkündung.[196]

6. Keine Durchsetzungsmöglichkeit

139   Die maßgebliche Schwäche des Beweissicherungsverfahrens besteht de lege lata darin, dass es prozessual keine Möglichkeit gibt, die Anordnung der Beweiserhebung zwangsweise durchzusetzen.[197] Verweigert der Antragsgegner dem Sachverständigen den Zugang zum System, kann das Gericht im nachfolgenden Hauptprozess zwar daraus schließen, dass etwa eine behauptete Verletzung stattgefunden hat. Für den späteren Kläger besteht allerdings dennoch die Notwendigkeit, auch ohne die entsprechenden Kenntnisse aus dem Beweisverfahren hinreichend substantiiert vortragen zu müssen. Die Würdigung der Zu-

---

193 Vgl. *Cuypers* NJW 1994, 985 (988).
194 KG NJW-RR 2000, 513; Thomas/Putzo/*Reichhold* § 485 Rn. 7.
195 Vgl. BGH NJW 1997, 859; *Kießling* NJW 2001, 3668; Thomas/Putzo/*Hüßtege* § 66 Rn. 2.
196 Vgl. BGHZ 134, 190 m.w.N.; a.A. etwa OLG Hamm OLGR Hamm 1994, 71; LG Stuttgart Justiz 1994, 141; MüKo-ZPO/*Schreiber* § 485 Rn. 22; *Cuypers* NJW 1994, 985, wobei Letzterer aber die Möglichkeit aufzeigt, einen Dritten zu einem weiteren Antragsgegner zu machen, sodass mehrere Verfahren entstehen, die vom Gericht nach § 146 ZPO verbunden werden können.
197 *Dreier* GRUR Int 1996, 205 (217); *Karger*, S. 144; *Leppin* GRUR 1984, 552 (559); *Bork* NJW 1997, 1665.

gangsverweigerung durch den Antragsgegner bindet das Gericht darüber hinaus nicht. Es kann dennoch ein *non liquet* annehmen.[198]

F. Einstweiliger Rechtsschutz

I. Allgemeines

Einstweiliger Rechtsschutz ist in der Praxis vor allem für die Geltendmachung von Unterlassungsansprüchen von Bedeutung, da hierdurch die Entstehung von Schäden unterbunden werden kann. Verfahrensrechtliche Besonderheiten im Zusammenhang mit der Geltendmachung von Unterlassungsansprüchen im Bereich der Informationstechnologie sind jedoch nicht erkennbar. 140

Besonderheiten ergeben sich jedoch im Hinblick auf die Geltendmachung von Besichtigungsansprüchen. 141

II. Durchsetzung des Besichtigungsanspruchs im e. V. Verfahren

Der Besichtigungsanspruch kann auch im einstweiligen Verfügungsverfahren geltend gemacht werden.[199] In den meisten Fällen wird der Besichtigungsanspruch nur bei entsprechendem Überraschungseffekt effizient sein, da im Fall der Geltendmachung im Hauptsacheverfahren der Beklagte vorgewarnt ist und ausreichend Zeit hat, beispielsweise nicht lizenzierte Software zu löschen, Verletzungsgegenstände zu beseitigen und Verletzungshandlungen zu verschleiern. 142

In der Praxis durchgesetzt hat es sich, die Anordnung der Besichtigung durch einen Sachverständigen im Wege eines selbstständigen Beweissicherungsverfahrens gem. §§ 485 ff. ZPO mit der Anordnung einer Duldung der Besichtigung zu kombinieren.[200] 143

Der erste Teil der Besichtigungsverfügung betrifft danach die Anordnung eines selbstständigen Beweisverfahrens gem. §§ 485 ff. ZPO. Das Gericht legt hier das Beweisthema fest und bestellt einen Sachverständigen. Um den Geheimhaltungsinteressen des Besichtigungsschuldners gerecht zu werden, wird der Sachverständige zur Geheimhaltung verpflichtet. Da stets angenommen werden kann, dass die Begutachtung zu einer Streitschlichtung beitragen kann, sind die Voraussetzungen einer Beweisanordnung gem. § 485 Abs. 2 ZPO gegeben. 144

Da das selbstständige Beweisverfahren keine Zwangsmaßnahmen erlaubt, muss dem Besichtigungsschuldner flankierend im Wege einer einstweiligen Verfügung aufgegeben werden, die Besichtigung durch den Sachverständigen zu dulden sowie untersagt werden, während der Besichtigung eigenmächtig Veränderungen an dem Besichtigungsgegenstand vorzunehmen. 145

Weiter gestattet das LG Düsseldorf neben dem Sachverständigen auch den Patent- und Rechtsanwälten des Besichtigungsgläubigers, der Besichtigung beizuwohnen, wenn sich diese freiwillig zur Geheimhaltung verpflichtet haben, was jedoch nicht unproblematisch ist.[201] Aufgrund der Mandatsbeziehung ist der Anwalt seinem Mandanten grundsätzlich zur Auskunft verpflichtet. Die Teilnahme der Patent- und Rechtsanwälte sollte daher allen- 146

---

198 Vgl. BGHZ 1993, 191 (204); *Bork* NJW 1997, 1665.
199 KG NJW 2001, 233 (234); OLG Frankfurt/M. GRUR-RR 2006, 295 (295).
200 Ausf. *Kühnen* GRUR 2005, 185.
201 *Kühnen/Claessen* IPRB 2010, 83 (85).

falls dann gestattet werden, wenn diese vorab nachgewiesen haben, dass der Besichtigungsgläubiger im Innenverhältnis auch auf seinen Auskunftsanspruch verzichtet hat.

147 Schließlich trifft das Gericht eine Regelung, ob und unter welchen Voraussetzungen das von Sachverständigen erstellte Gutachten verwertet werden soll.

1. Keine Vorwegnahme der Hauptsache

148 Zu beachten ist der generelle Grundsatz, dass die einstweilige Verfügung die Hauptsache nicht vorwegnehmen darf, insbesondere nicht zur Befriedigung, sondern nur zur Sicherung des Anspruchs führen darf. Daher darf die Besichtigung im einstweiligen Verfügungsverfahren nicht durch den Anspruchsteller selbst vorgenommen werden, sondern durch einen Sachverständigen. Weiter darf nach umstrittener Ansicht das Sachverständigengutachten dem Antragsteller nicht sogleich übergeben werden.[202]

149 Die Ansicht des LG Nürnberg-Fürth, wonach die Bekanntgabe der Ergebnisse an den Anspruchsteller keine Vorwegnahme der Hauptsache ist, da es sich bei § 809 BGB seiner Natur nach lediglich um einen Hilfsanspruch handelt, der die eigentlichen Hauptansprüche auf Unterlassung und Schadensersatz nur vorbereiten soll, ist nicht überzeugend.[203] Diese Ansicht verkennt, dass das einstweilige Verfügungsverfahren in diesem Fall nicht der Sicherung eines möglichen Unterlassungs- oder Schadensersatzanspruchs dient, sondern der Sicherung des Besichtigungsanspruchs. Auch die Erfüllung dieses Anspruchs darf nicht vorweggenommen werden. Durch das Verfügungsverfahren soll lediglich sichergestellt werden, dass der Anspruchgegner keine Gelegenheit erhält, den Anspruch durch Manipulation und Veränderung leer laufen zu lassen. Eine Übergabe der Ergebnisse an den Anspruchsteller ist hingegen nicht erforderlich, da mit der Besichtigung durch den Sachverständigen und Hinterlegung seines Gutachtens bei Gericht der Beweis bereits hinreichend gesichert ist.

150 Nach Auffassung des KG und des OLG Frankfurt/M. soll es allenfalls möglich sein, das Ergebnis am Ende des Verfügungsverfahrens an den Antragsteller herauszugeben.[204] Beide Gerichte konnten die Frage im Ergebnis jedoch offen lassen, da sich die Parteien anderweitig geeinigt hatten. Unter streng dogmatischen Gesichtspunkten kann diese Auffassung nicht überzeugen. Das Ende des Verfügungsverfahrens sagt nichts über den Status des Hauptsacheverfahrens aus. Daher darf die Sicherungsverfügung streng genommen nur anordnen, dass die Besichtigung durch einen vom Gericht bestimmten, zur Geheimhaltung verpflichteten Sachverständigen erfolgt. Dieser hat sein Gutachten bei Gericht zu hinterlegen, wobei dem Antragsteller eine Einsicht erst dann zu gewähren ist, wenn er einen Hauptsachetitel über den Besichtigungsanspruch erlangt hat. Aus pragmatischer Sicht ist jedoch zuzugeben, dass dem Antragsteller mit der Verweisung auf das Hauptsacheverfahren oftmals nicht geholfen ist, da er zwar den Besichtigungsanspruch gesichert hat. Den ihm möglicherweise zustehenden Unterlassungsanspruch kann er aber mangels Kenntnis des Inhalts des Sachverständigengutachtens im einstweiligen Verfügungsverfahren weiterhin nicht geltend machen. So bleibt er im Unklaren darüber, ob tatsächlich eine Verletzung vorliegt. Zudem benötigt er die Informationen oftmals, um seinen Unterlassungsantrag überhaupt konkretisieren zu können. In Anwendungsbereich des § 101a UrhG und § 140c PatG gilt das Verbot der Vorwegnahme der Hauptsache nicht.[205]

---

202 KG NJW 2001, 233 (234); OLG Frankfurt/M.GRUR-RR 2006, 295 (296); *Bork* NJW 1997, 1665.
203 LG Nürnberg-Fürth MMR 2004, 627 (628); *Tilmann/Schreibauer* GRUR 2002, 1015.
204 KG NJW 2001, 233 (234); OLG Frankfurt/M. GRUR-RR 2006, 295 (296).
205 OLG Köln CR 2008, 289; *Heymann* CR 2008, 568 (572).

II. Durchsetzung des Besichtigungsanspruchs im e. V. Verfahren

2. Vollziehung der einstweiligen Verfügung

Die Vollziehung einer Besichtungsverfügung wird regelmäßig vom Gerichtsvollzieher durchgesetzt. Dieser stellt den Beschluss des Gerichts im Parteiwege zu und vollzieht dadurch die einstweilige Verfügung. Im zweiten Schritt stellt er sicher, dass der Sachverständige Zugriff auf die zu besichtigende Sache erhält und diese umfassend untersuchen kann. Das beinhaltet beispielsweise die EDV-Anlage zu starten, das Suchen nach dem Quellcode, diesen zu öffnen, auf einen tragbaren Datenträger zu überspielen oder auszudrucken. Gleichzeit hat der Gerichtsvollzieher dafür Sorge zu tragen, dass der Besichtigungsschuldner währenddessen keinen Zugriff auf die zu untersuchende EDV-Anlage hat, um das Löschen von Programmen oder sonstige Manipulationen zu verhindern. Ggf. nimmt er Datenträger und Computeranlagen kurzfristig in Sicherungsverwahrung.

151

3. Formulierungsbeispiel

Dem Besichtigungsanspruch wird im Wege des selbstständigen Beweisverfahrens gem. §§ 485 ff. ZPO entsprochen, wobei der Beweissicherungsbeschluss mit einer Duldungsverfügung verbunden wird. Ein entsprechender Antrag könnte lauten:

152

I.
1. Es soll im selbstständigen Beweisverfahren gem. §§ 485 ff. ZPO durch Einholung eines schriftlichen Sachverständigengutachtens Beweis darüber erhoben werden, ob und in welchem Umfang der Source Code der Software mit der Bezeichnung ... der Antragsgegnerin mit dem Sourcecode der Software mit der Bezeichnung ... identisch ist.
2. Zum Sachverständigen wird ... bestellt.
3. Dem Sachverständigen wird – im Interesse der Wahrung etwaiger Betriebsgeheimnisse der Antragsgegnerin, die bei der Begutachtung zu Tage treten können – aufgegeben, jeden unmittelbaren Kontakt mit der Antragstellerin zu vermeiden und notwendige Korrespondenz über das Gericht zu führen. Der Sachverständige hat darüber hinaus auch gegenüber Dritten Verschwiegenheit zu wahren. Eine Mitteilung an die Parteien oder an Dritte darf nur auf gerichtliche Anordnung oder übereinstimmende Anweisung beider Parteien erfolgen.
4. Die Begutachtung soll aufgrund der besonderen Eilbedürftigkeit ohne vorherige Ladung der Antragsgegnerin erfolgen.

II. Im Wege der einstweiligen Verfügung werden darüber hinaus zum Zwecke der Untersuchung gem. Ziffer I folgende weiteren Anordnungen getroffen:
1. Die Antragsgegnerin hat dem Sachverständigen zusammen mit dem Gerichtsvollzieher Zutritt zu den Geschäftsräumen in ... zu gewähren.
2. Neben dem Sachverständigen hat die Antragsgegnerin folgenden anwaltlichen Vertretern der Antragstellerin die Anwesenheit während der Begutachtung zu gestatten: Rechtsanwalt ...
3. Rechtsanwalt ... wird verpflichtet, Tatsachen, die im Zuge des selbstständigen Beweisverfahrens zu seiner Kenntnis gelangen und den Geschäftsbetrieb der Antragsgegnerin betreffen, geheim zu halten, und zwar auch gegenüber der Antragstellerin und deren Mitarbeitern.
4. Die Antragsgegnerin wird mit sofortiger Wirkung und für die Dauer der Begutachtung untersagt, Veränderungen an der Software mit der Bezeichnung ... vorzunehmen.
5. Die Antragsgegnerin hat dem Sachverständigen ein für die Inbetriebnahme der Personalcomputer und/oder Laptops eventuell erforderliches Passwort mitzuteilen.
6. Die Antragsgegnerin hat die Untersuchung ihrer Personalcomputer und/oder Laptops in den Geschäftsräumen in ... zu dulden.

> 7. Der Antragsgegnerin wird für jeden Fall der Zuwiderhandlung gegen die Anordnungen gem. II.2 bis II.4 ein Ordnungsgeld bis zu 250.000,- €, ersatzweise Ordnungshaft von bis zu sechs Monaten oder Ordnungshaft von bis zu sechs Monaten angedroht, wobei die Ordnungshaft an dem Geschäftsführer der Antragsgegnerin zu vollstrecken ist.
> III. Nach Vorlage des schriftlichen Gutachtens wird die Antragsgegnerin Gelegenheit erhalten, zu etwaigen Geheimhaltungsinteressen, die auf ihrer Seite bestehen, Stellung zu nehmen.
> IV. Eine Abschrift des erstellten Gutachtens wird der Antragstellerin überlassen, hilfsweise ihrem in Ziffer II. 2 benannten Vertreter mit der Auflage, über den Inhalt Verschwiegenheit gegenüber der Antragstellerin zu wahren.

4. Aushändigung des Gutachtens im Verfügungsverfahren

153 Bislang umstritten ist es gewesen, wann die Verfahrensbeteiligten das Gutachten des Sachverständigen erhalten sollen, da die Geheimhaltungsinteressen beider Parteien berührt sind. Das OLG Frankfurt/M. hat in seiner Entscheidung vom 17.01.2006[206] die Auffassung vertreten, dass wenn eine gewisse Wahrscheinlichkeit einer Rechtsverletzung vorliegt, eine Herausgabe des gesamten Programmquellcodes gegebenenfalls am Ende des Verfügungsverfahrens erfolgen könne, wobei die Herausgabe nicht auf die Programmteile beschränkt sei, hinsichtlich derer von vornherein Übereinstimmungen feststanden. Das besondere Interesse an einer Herausgabe vor Abschluss des Hauptsacheverfahrens sei gesondert darzulegen. Das LG Nürnberg hat dagegen eine unmittelbare Mitteilung an den Antragsteller für zulässig erachtet,[207] während das Kammergericht eine Aushändigung »allenfalls am Ende des Verfügungsverfahrens« für möglich gehalten hatte.[208] Die sog. Düsseldorfer Besichtigungspraxis händigt das Gutachten sowohl an den Besichtigungsschuldner als auch an die zur Geheimhaltung verpflichteten Parteivertreter des Besichtigungsgläubigers ohne Weiteres aus. Erst jetzt erhält der Besichtigungsschuldner Gelegenheit, zu seinen Geheimhaltungsinteressen Stellung zu nehmen. Liegt eine nicht unerhebliche Beeinträchtigung vor, so wird das Gericht prüfen, ob die entsprechenden Passagen sinnvollerweise geschwärzt werden können. Falls dies nicht möglich ist, hängt die Aushändigung des Gutachtens an den Besichtigungsgläubiger davon ab, ob das Gutachten den Schluss einer Verletzung nahelegt oder nicht. Im ersteren Fall gebietet die Abwägung eine Aushändigung an den Besichtigungsgläubiger, im letzteren Fall gehen die Geheimhaltungsinteressen des Besichtigungsschuldners vor.[209]

154 Nach Auffassung des X. Senats des BGH können die Geheimhaltungsinteressen des Besichtigungsschuldners in aller Regel dadurch gewahrt werden, dass die Einsicht in das Gutachten zunächst auf namentlich benannte rechts- bzw. patentanwaltliche Vertreter beschränkt und diese vorab umfassend zur Verschwiegenheit verpflichtet werden.[210] Eine Einsicht durch den Besichtigungsgläubiger persönlich darf hingegen erst erfolgen, nachdem der Besichtigungsschuldner Gelegenheit hatte, seine Geheimhaltungsinteressen geltend zu machen. Er hat insoweit im Einzelnen darzulegen, welche Informationen im Gutachten Geheimhaltungswürdiges offenbaren und welche Nachteile ihm aus dieser Offenbarung erwachsen.[211]

---

206 OLG Frankfurt/M. GRUR-RR 2006, 295; vgl. hierzu auch *Rauschhofer* GRUR-RR 2006, 295; GRUR-RR 2006, 249.
207 LG Nürnberg-Fürth MMR 2004, 627; die Begründung ist aus diesseitiger Sicht allerdings etwas sehr weitgehend und insofern fragwürdig.
208 KG GRUR-RR 2001, 118 (119).
209 LG Düsseldorf InstGE 6, 189 – Walzen-Formgebungsmaschine.
210 BGH GRUR 2010, 318 (320) – Lichtbogenschnürung.
211 BGH GRUR 2010, 318 (322) – Lichtbogenschnürung.

Die Entscheidung des Gerichts, ob und in ggf. in welcher Fassung das Gutachten ausgehändigt wird, kann mittels sofortiger Beschwerde gem. § 567 Abs. 1 Nr. 2 ZPO angegriffen werden.[212] **155**

Weder in der Enforcement-Richtlinie noch in der Umsetzung findet sich jedoch eine Regelung zu den Folgen der Aufhebung. Hat der Verfügungskläger die Erkenntnisse aus dem Besichtigungsverfahren bereits erlangt, wird zum Teil von der Literatur gefordert, aus Gründen der Waffengleichheit dem Verfügungskläger ein entsprechendes Informationsverwertungsverbot aufzuerlegen, welches der Verfügungsbeklagten seinerseits im Wege der einstweiligen Verfügung durchsetzen könne.[213] **156**

5. Verfügungsgrund

Der Erlass einer beweissichernden Maßnahme nach Art. 7 der Enforcement-Richtlinie setzt keine Dringlichkeit i. S. v. §§ 935 ff. ZPO voraus. Im Regierungsentwurf vom 20.04.2007 wurde insoweit kein Umsetzungsbedarf gesehen, da aus der maßgeblich objektivierten Sicht des Rechtsinhabers im Zeitpunkt des Besichtigungsverlangens die Befürchtung berechtigt sein werde, dass der Besichtigungsgegenstand beiseitegeschafft oder verändert werden könnte, um den mutmaßlichen Verletzungstatbestand zu verschleiern.[214] Nach Auffassung des OLG Köln darf dies jedoch nicht dahin gehend missverstanden werden, dass der Verfügungsgrund unbeachtlich sei. Die Dringlichkeit ist zumindest im Rahmen des auch gemäß Art. 7 Enforcement-Richtlinie zu beachtenden Verhältnismäßigkeitsgrundsatzes zu beachten.[215] **157**

G. Zwangsvollstreckung

Rechtliche Besonderheiten ergeben sich teilweise im Zusammenhang mit Fragen der Zwangsvollstreckung. Das Urheberrecht kennt mit den §§ 112 bis 119 UrhG Bestimmungen, die die allgemeinen Regeln der ZPO insoweit modifizieren. Der persönliche Bezug des Urhebers zum Werk ist auch in der Zwangsvollstreckung zu berücksichtigen und schafft insoweit einen gesonderten Vollstreckungsschutz zugunsten der Urheber, Rechtsnachfolger sowie der Eigentümer von Vorrichtungen. Darüber hinaus stellen sich Fragen der Pfändbarkeit; schließlich können datenschutzrechtliche Fragen eine Rolle spielen. **158**

Auf die allgemeinen Voraussetzungen der Zwangsvollstreckung, nämlich Vollstreckungstitel,[216] Vollstreckungsklausel gem. § 725 ZPO und Zustellung des Vollstreckungstitels nach § 750 ZPO, soll im Folgenden nicht eingegangen werden; insoweit wird auf die allgemeine Literatur zur Zwangsvollstreckung verwiesen. **159**

---

212 Die insoweit noch abweichende Auffassung des OLG Düsseldorf (vgl. noch OLG Düsseldorf InstGE 7, 191 – Brustbein-Öffner; InstGE 7, 256 – Klinkerriemchen) ist mittlerweile ausdrücklich aufgegeben worden, OLG Düsseldorf InstGE 8, 186 – Klinkerriemchen II.
213 Vgl. *Tilmann* GRUR 2005, 737.
214 Vgl. Amtl. Begr. BT-Drs. 16/5048, 67; so auch *Heymann* CR 2008, 568 (571).
215 OLG Köln CR 2009, 289; so auch OLG Hamm ZUM-RD 2010, 27.
216 Inländische Urteile nach § 704 ZPO; ausländische Urteile nach Maßgabe der §§ 722, 723 ZPO, Arreste und einstweilige Verfügungen gem. §§ 928, 936 ZPO, Prozessvergleiche gem. § 794 Abs. 1 Nr. 1, die in § 794 Abs. 1 Nr. 2 bis 5 aufgeführten Entscheidungen und Urkunden, Anwaltsvergleiche gem. § 796a ZPO sowie sonstige Titel wie etwa Vergleiche der Einigungsstellen gem. § 15 UWG.

G. Zwangsvollstreckung

I. Zwangvollstreckung wegen Geldforderungen

160 In der Praxis der Informationstechnologie werden sich Zwangsvollstreckungsfragen vor allem in Bezug auf das bewegliche Vermögen stellen. Allenfalls bei größeren Datenverarbeitungsanlagen können sich Konstellationen ergeben, in denen die Bestimmungen über die Zwangsvollstreckung in das unbewegliche Vermögen eine Rolle spielen können. Hierbei wird die Datenverarbeitungsanlage regelmäßig als Zubehör im Sinne vom § 97 BGB zu bewerten sein, sodass die Regeln über die Hypothekenhaftung nach §§ 1120 bis 1122 BGB Anwendung finden. Eine derartige EDV-Anlage unterliegt gem. § 865 ZPO damit der Immobiliarvollstreckung.[217]

1. Zwangsvollstreckung in körperliche Sachen

161 Hardwarekomponenten sind zweifelsohne körperliche Sachen, sodass die Bestimmungen der §§ 808 ff. ZPO auf sie anzuwenden sind. Gleiches gilt für schriftliches Begleitmaterial wie etwa Handbücher oder Datenträger an und für sich.[218] Bei der zwangsvollstreckungsrechtlichen Bewertung eines Programms selber ist dies jedoch nicht derart eindeutig; es stellt sich die Frage, ob es sich hierbei um eine körperliche Sache im Sinne von § 808 ZPO oder um ein Recht im Sinne von § 857 ZPO handelt. Nach herrschender Auffassung unterliegt das verkörperte Computerprogramm unabhängig davon, ob es sich um eine Standardsoftware oder um eine Individuallösung handelt, der Sachpfändung gem. §§ 808 ff. ZPO.[219] Die Argumentation lehnt sich hierbei im Wesentlichen an die entsprechende Qualifikation der Gerichte im Zusammenhang mit der Beurteilung von Überlassungsverträgen für Software an, wobei die Besonderheiten des Urheberrechts zu beachten seien.[220] Hiergegen wird eingewandt, dass es bei der Qualifikation der Software nicht auf die Qualifikation des Datenträgers als eindeutig körperlichen Gegenstand ankommen kann, da der eigentliche Wert des auf ihn gespeicherten Programms den des Datenträgers deutlich übersteigt.[221] Das Landgericht Konstanz hat darauf abgestellt, dass elektronische Daten nur elektrische Speicherzustände seien, weswegen eine Sacheigenschaft nicht anzunehmen sei.[222]

162 Beide Ansätze können aus der eher pragmatischen Sicht des Zwangsvollstreckungsrechts nach herrschender Auffassung jedoch nicht überzeugen, da es in erster Linie darauf ankommt, auf welche Weise die Zwangsvollstreckung selber vorgenommen werden kann. Wenn die auf einem Datenträger verkörperte Software nach §§ 929 ff. BGB übertragen und nach § 1205 BGB verpfändet werde, sei sie auch nach §§ 808 ff. ZPO zu pfänden: Da die Pfändung von Software »rein technisch« durch Wegnahme der Datenträger, auf welchen die Software gespeichert ist, möglich sei, liege eine Wegnahme i. S. d. §§ 808 ff. ZPO vor.[223] Zugleich wird in der zwangsvollstreckungsrechtlichen Literatur darauf verwiesen, die Besonderheiten des Urheberrechtes zu beachten: Besteht kein Verwertungsmöglichkeit, weil etwa hierbei in das Verbreitungsrecht des Urhebers eingegriffen werde, müsse eine reine Sachpfändung im Hinblick auf § 803 Abs. 2 ZPO unterbleiben.[224] Eine Sachpfändung sei

---

217 Vgl. *Paulus* DGVZ 1990, 151; *Roy/Palm* NJW 1995, 690.
218 *Breidenbach* CR 1989, 873; *Koch* KTS 1988, 50.
219 Vgl. etwa Musielak/*Becker* § 808 Rn. 24; *Paulus* ZIP 1996, 2; *Weimann* DGVZ 1996, 1; *Marly* BB 1991, 432; *Breidenbach* CR 1989, 873. Die Sacheigenschaft wird bejaht von BGH 1993, 2436 sowie BGH NJW 1990, 320 m. w. N., OLG Nürnberg CR 1993, 359.
220 Vgl. etwa *Breidenbach* CR 1989, 873 mit Verweis auf BGH NJW 1988, 408; *Koch* KTS 1988, 55; Staudinger/*Jickeli/Stieper* § 90 Rn. 15; Musielak/*Becker* § 808 Rn. 24; *Paulus* ZIP 1996, 2 (3).
221 Vgl. *Redeker* NJW 1992, 1739.
222 LG Konstanz NJW 1996, 2662.
223 So ausdrücklich Musielak/*Becker* § 808 Rn. 24; Wieczorek/Schütze/*Lüke* § 803 Rn. 22; Stein/Jonas/*Münzberg* § 808 Rn. 1.
224 So etwa *Breidenbach* CR 1989, 873 (875), mit Verweis auf *Hubmann* § 62 I 2.

aber ohne Weiteres möglich, wenn an dem entsprechenden Vervielfältigungsstück Erschöpfung gem. § 69c Nr. 3 S. 2 UrhG eingetreten sei.²²⁵

Jedoch greift auch diese Argumentation aus urheberrechtlicher Sicht zu kurz: Die Veräußerung von Datenträgern mag nach § 929 BGB erfolgen, hieraus ergibt sich allerdings noch lange kein Recht zur Nutzung des hierauf gespeicherten Programms.²²⁶ Auch in Softwareüberlassungsverträgen auf unbestimmte Zeit werden unabhängig von der Frage der Anwendung kaufrechtlicher Vorschriften Nutzungsrechte eingeräumt, welche den Rechtsgrund zur Nutzung der Programme bilden und im Rahmen einer Weiterveräußerung nach § 398 BGB übertragen werden. *Breidenbach* zufolge ist eine bestimmungsgemäße Verwertung der Datenträger mit der hierauf gespeicherten Software nicht ohne gleichzeitige Pfändung der Rechte an den verkörperten Immaterialgütern möglich und die Erschöpfung des Verbreitungsrechts am konkreten Vervielfältigungsstück gem. § 69c Ziff. 3 UrhG Voraussetzung der Sachpfändung nach §§ 808 ff. ZPO.²²⁷ Daher sollte vor allem das entsprechende Nutzungsrecht des Vollstreckungsschuldners an der entsprechenden Software im Wege der Rechtspfändung gepfändet werden, welche ja ohne Weiteres durch eine Sachpfändung entsprechender Datenträger begleitet werden kann. Bei der Verwertung der Software kommt es nämlich vor allem darauf an, ob dem Erwerber ein Nutzungsrecht an der Software eingeräumt werden kann. Folglich sollte die Zwangsvollstreckung in Software richtigerweise nach §§ 857 ff. ZPO erfolgen, eine Pfändung entsprechender Datenträger könnte entsprechend § 836 Abs. 3 ZPO erfolgen.²²⁸ Die Schwäche der Begründung der Befürworter einer reinen Sachpfändung wird deutlich bei allein unkörperlich, also etwa per Download, übertragener Software. Ist die Rechtseinräumung auf unbeschränkte Zeit erfolgt, soll nach wohl überwiegender Meinung auch insoweit eine Erschöpfung des Verbreitungsrechts eintreten.²²⁹ Auch hier wird z. T. eine Pfändung durch Auslesen der Programme auf mobile Datenträger, welche dann ihrerseits weggenommen werden, befürwortet.²³⁰ Das Auslesen von Programmen aus einem Computer durch Vervielfältigung auf einen mobilen Datenträger, ist von Wortlaut, Sinn und Zweck der §§ 808 ff. ZPO nicht mehr gedeckt.²³¹ Ein derartiges Nutzungsrecht unterliegt aber der Zwangsvollstreckung nach § 857 ZPO.²³² **163**

Angesichts der aber insoweit unveränderten Haltung des Bundesgerichtshofs wird in der anwaltlichen Praxis ein Vollstreckung in Software zumindest auch nach §§ 808 ff. ZPO zu erfolgen haben, soweit nicht angesichts der konkreten Umstände eine solche ausscheidet. **164**

Ist eine Trennung von Software und Hardware nicht ohne Weiteres möglich, ohne eine der beiden Komponenten zu beschädigen oder zu zerstören, ist die Software nur als wesentlichen Bestandteil der jeweiligen Hardwarekomponente mit dieser zusammen pfändbar. Denkbar ist ein derartiges Szenario insbesondere bei Firmware oder anderweitig, etwa durch Kopierschutzmechanismen fest installierter Software.²³³ **165**

---

225 Musielak/*Becker* § 808 Rn. 24 am Ende.
226 Die Argumentation von Musielak/*Becker* § 808 Rn. 24 ist insofern unzutreffend.
227 *Beidenbach* CR 1989, 873 (875).
228 *Baur*/*Stürner* Rn. 32, 42; Übersicht bei *Franke* MDR 1996, 236.
229 So *Dreier*/Schulze § 69c Rn. 24; Möhring/Nicolini/*Hoeren* § 68c Rn. 16; Wandtke/Bullinger/*Grützmacher* § 69c Rn. 36. Hieran ändert auch das Urteil des LG München I v. 19.01.2006 nichts: In der dortigen Fallkonstellation hat das Gericht eine Erschöpfung abgelehnt, da der Zweiterwerber eben nicht das vom Rechtsinhaber dem Ersterwerber überlassene konkrete unkörperliche Vervielfältigungsstück erhalten hat, sondern sich auf andere Weise eine weitere Vervielfältigung beschaffte, sodass die Annahme einer Erschöpfung bereits aus diesem Grund richtigerweise abzulehnen war, vgl. NJOZ 2006, 546 (551).
230 So Musielak/*Becker* § 808 Rn. 24; *Weimann* DGVZ 1995, 12.
231 So im Ergebnis auch Stein/Jonas/*Münzberg* § 808 Rn. 3; *Koch* KTS 1988, 51 (56); *Koch* S. 244; Wieczorek/Schütze/*Lüke* § 803 Rn. 22; Möhring/Nicolini/*Lütje* § 112 Rn. 76.
232 Wieczorek/Schütze/*Lüke* § 803 Rn. 22.
233 Wieczorek/Schütze/*Lüke* § 803 Rn. 21; *Bleta* S. 50.

2. Urheberrechtliche Besonderheiten

166 § 871 ZPO schließt die Pfändung unübertragbarer Rechte aus; § 857 Abs. 3 ZPO schränkt die Pfändung unveräußerlicher Rechte ein. Damit scheidet eine Pfändung des als ganzes unübertragbaren Urheberrechts, eine Pfändung der Urheberverwertungsrechte sowie eine Pfändung des Urheberpersönlichkeitsrechts aus, vgl. § 29 UrhG. Ansprüche auf den Ersatz immaterieller Schäden (§ 97 Abs. 2 S. 4 UrhG) sind erst dann pfändbar, wenn sie sich in Zahlungsansprüchen konkretisiert haben.[234] Aus gleichem Grund sind urheberrechtliche Anwartschaften nicht pfändbar, vgl. etwa § 26 Abs. 2 Satz 2 UrhG oder § 32a Abs. 3 Satz 2 UrhG. Urheberrechtliche Nutzungsrechte gem. § 31 UrhG sind dagegen übertragbar, sodass ein Vollstreckungshindernis nach §§ 851, 857 Abs. 3 ZPO insoweit nicht besteht.

167 Die Regelungen der §§ 113 bis 119 UrhG sehen vor, dass Zwangsvollstreckungsmaßnahmen gegen den Urheber und seiner Rechtsnachfolger der Einwilligung bedürfen. Diese Einwilligung als vorherige Zustimmung im Sinne von § 183 BGB kann bis zu Beginn der Zwangsvollstreckung vom Urheber widerrufen werden. Sie muss persönlich erteilt werden und kann nicht durch den gesetzlichen Vertreter erteilt werden, § 113 Satz 2 UrhG.[235] Der Einwilligungsvorbehalt des Urhebers ist seit der Entwicklung vom rein künstlerischen zum eher kommerziellen Urheberrecht Gegenstand der wissenschaftlichen Diskussion. Unter Verweis auf eine vergleichbare Situation im Patentrecht wird zum Teil eine teleologische Reduktion des Einwilligungsvorbehaltes gefordert, sollte der Urheber seine Kommerzialisierungsabsicht im Hinblick auf das konkrete Werk bereits zum Ausdruck gebracht haben.[236] Die überwiegende Auffassung in der Kommentarliteratur will den Einwilligungsvorbehalt des Urhebers hier durch das Institut des Rechtsmissbrauchs begrenzen, die teleologische Reduktion erfordere mangels einer Gesetzeslücke eine Entscheidung des Gesetzgebers.[237] Der Streit hat vollstreckungsrechtlich insoweit Bedeutung, als dass bei der teleologischen Reduktion von § 113 UrhG die Entscheidung über die Entbehrlichkeit der Einwilligung des Urhebers vom Gerichtsvollzieher und dem Vollstreckungsrichter mit der im Vollstreckungsrecht üblichen kurzen Rechtsmittelfrist getroffen werden, während die Vertreter der Lösung über das Rechtsmissbrauchsinstitut zum Teil in Anlehnung an §§ 34, 35 UrhG fordern, dass der Anspruch, dem Urheber eine rechtsmissbräuchliche Ausübung seines Einwilligungsrechtes zu versagen, zunächst gerichtlich geltend gemacht werden müsse,[238] während anderer Auffassung zufolge eine Lösung über Pfändungsfreigrenzen vorgeschlagen wird.[239] Im Hinblick auf die Pfändung von Werkoriginalen enthält § 114 UrhG neben dem Einwilligungsvorbehalt in Absatz 2 Ausnahmen, in denen eine Einwilligung nicht erforderlich ist. Für Rechtsnachfolger des Urhebers, § 30 UrhG, also insbesondere für Erben, sehen die §§ 115 und 116 UrhG einen weitgehend ähnlichen Vollstreckungsschutz vor.

168 In der Praxis sind von wesentlich größerer Bedeutung Pfändungen beim Nutzungsberechtigten.

---

234 Vgl. Schricker/*Wild* § 112 Rn. 9; Dreier/*Schulze* § 112 Rn. 4 jeweils m. w. N.
235 Hintergrund war die Überlegung des historischen Gesetzgebers, dass der Urheber zur Begleichung von Geldschulden nicht eine Verwertung seiner Werke hinnehmen muss; *Paulus* drückt es plakativ wie folgt aus: »Um sich Geld zu verschaffen, soll ein Mozart nicht gezwungen sein, seine 41-iger Symphonie zu verkaufen«, ZIP 1996, 2 (3).
236 Vgl. etwa Roy/*Palm* NJW 1995, 690.
237 Vgl. etwa Wandtke/Bullinger/*Kefferpütz* § 113 Rn. 16; Schricker/*Wild* § 113 Rn. 5a; *Zimmermann* S. 193; *Breidenbach* CR 1989, 971; Dreier/*Schulze* § 114 Rn. 15; *Paulus* ZIP 1996, 2 (4).
238 So etwa Möhring/Nicolini/*Lütje* § 114 Rn. 19–22; Wandtke/Bullinger/*Kefferpütz* § 114 Rn. 9.
239 Dreier/*Schulze* § 114, Rn. 15: *Schulze* will den Wert des Urheberrechts bei der Bemessung der Pfändungsfreigrenzen hinsichtlich anderer Vermögenswerte des Urhebers angemessen berücksichtigen. Ist ihm eine Verwertung seiner Werke zuzumuten, verspricht die Verwertung ertragreich zu sein und sind keine berechtigten Gründe ersichtlich, die Verwertung abzulehnen, wäre die Einwilligung rechtsmissbräuchlich.

3. Datenschutzrechtliche Besonderheiten

Bei der Vollstreckung von Geldforderungen von Hardware oder Software stellt sich zudem die Frage, wie im Rahmen der Vollstreckung mit Daten, insbesondere personenbezogenen Daten, verfahren werden soll, die über die entsprechende Software auf den Hardwareeinheiten gespeichert worden ist. Auf eine Pfändung der Daten selber besteht regelmäßig kein Anspruch; eine Vollstreckung muss daher bereits mit Hinblick auf § 803 Abs. 2 ZPO unterbleiben.[240]

169

Um Probleme in der Vollstreckung insoweit zu vermeiden, ist zu empfehlen, zugleich einen Titel nach § 887 ZPO zu erwirken, der den Gläubiger ermächtigt, auf Kosten des Schuldners insbesondere die Festplatte in ihren ursprünglichen Zustand zu verbringen, in dem die vom Schuldner dort gespeicherten Daten gelöscht werden. Hierbei muss dem Schuldner selbstverständlich Gelegenheit gegeben werden, die entsprechenden Daten durch Übertragung auf einen anderen Datenträger wie etwa USB-Sticks, Diskettenausdruck etc. zu sichern.[241]

170

4. Pfändungsverbote

Da Individualsoftware auf die besonderen Bedürfnisse des jeweiligen Nutzers zugeschnitten ist, wird ihre Pfändung regelmäßig schon an der fehlenden Verwertbarkeit gem. § 803 Abs. 2 ZPO scheitern.[242]

171

Die fehlende Verwertbarkeit kann sich auch aus einem Lizenzvertrag ergeben: Nutzungsrechte i. S. d. §§ 31 ff. UrhG sind Rechte mit dinglicher Wirkung, entsprechende Beschränkungen oder Verbote wirken damit grundsätzlich auch gegenüber Dritten, könne eine weitere Verwertung im Rahmen der Zwangsvollstreckung daher einschränken oder ausschließen. Im Urheberrecht gibt es im Unterschied zum allgemeinen Sachenrecht keinen abschließenden Numerus Clausus dinglicher Rechte; das Urheberrecht ist insoweit bewusst offen. Im Interesse der Rechtssicherheit liegt der Zuschnitt und die Gestaltung eines urheberrechtlichen Nutzungsrechts jedoch nicht ganz im Belieben des Urhebers und seines Vertragspartners: Die Gestaltung des Nutzungsrechts kann nur dann dingliche Wirkung entfalten, wenn es sich nach der Verkehrsauffassung um übliche, technisch und wirtschaftlich eigenständige und damit klar abgrenzbare Nutzungsformen handelt.[243] Insoweit wird auf die Ausführungen in Kap. 18 verwiesen.

172

Hard- und Software können erforderliche Arbeitsgeräte im Sinne von § 811 Nr. 5 ZPO sein. Dieser stellt darauf ab, dass der entsprechende Gegenstand zur Fortsetzung der Erwerbstätigkeit erforderlich ist und dass diese in einer persönlichen Leistung besteht.[244] Dieser Frage liegen eine Reihe sehr unterschiedlicher Entscheidungen vor, die der Bedeutung des Computers als Arbeitsmittel heutzutage nicht alle mehr gerecht werden, jedoch dennoch vor einer dementsprechenden Vollstreckungsmaßnahme geprüft werden sollten.[245]

173

---

240 Wieczorek/Schütze/*Lüke* § 803 Rn. 20.
241 Vgl. hierzu *Roy/Palm* NJW 1995, 690 (696).
242 Vgl. etwa Wieczorek/Schütze/*Lüke* § 803 Rn. 22.
243 Vgl. BGH GRUR 1992, 310 (311) – Taschenbuch-Lizenz; GRUR 2001, 153 (154) – OEM Version; *Ulmer* § 84 I, § 108 IV; *Reimer* GRUR 1962, 619 (624 ff.); *Reimer* GRUR Int. 1972, 331; weitere Nachweise in Schricker/*Schricker* Vor §§ 28 ff. Rn. 52.
244 MüKo-ZPO/*Schilken* § 811 Rn. 26; OLG Hamburg DGVZ 1984, 57; LG Bad Kreuznach DGVZ 2000, 140.
245 Vgl. etwa einerseits LG Heilbronn NJW-RR 1995, 255 (Computer eines elektronischen Planungsbüros); LG Hildesheim DGVZ 1990, 30; AG Bersenbrück, DGVZ 1990, 78; AG Essen DGVZ 1998, 94 (Computer eines Studenten), andererseits LG Hamburg DGVZ 1984, 57 f.; AG Heidelberg DGVZ 1989, 15; LG Frankfurt/M. DGVZ 1990, 58 (Computer für Buchführung eines Architekten); AG Steinfurt DGVZ 1990, 62; AG Düsseldorf DGVZ 1991, 175; AG München DGVZ 1995, 11 (Computer eines Anlageberaters); AG Kiel JurBüro 2004, 334 (Computer eines Studenten).

Angesichts der essentiellen Bedeutung von Computer Hardware und Software für die Fortsetzung der Erwerbstätigkeit dürfte aus diesseitiger Sicht heute häufig ein Vollstreckungsverbot angenommen werden.[246] Auch für eine Internet-Domain kann ein Pfändungsverbot nach § 811 Nr. 5 ZPO vorliegen.[247]

174 Darüber hinaus können die Pfändungsverbote aus § 811 Nr. 10 bis 12 ZPO ausnahmerelevant werden.[248]

II. Zwangsvollstreckung in Rechte

175 Die Zwangsvollstreckung in Nutzungsrechte, welche einem Dritten vom Urheber oder einem sonstigen Berechtigten eingeräumt worden sind, ist vom Grundsatz her zulässig.[249] Sofern über die Rechte verfügt werden soll, sind die Zustimmungsvorbehalte des Urhebers aus §§ 34, 35 UrhG zu beachten. Es ist hierbei umstritten, ob die Pfändung grundsätzlich von der Zustimmung des Urhebers abhängig ist oder ob Nutzungsrechte uneingeschränkt gepfändet, allerdings nur beschränkt verwertet werden können.[250] Der Urheber darf nach allgemeiner Auffassung die Zustimmung nicht treuwidrig verweigern.

176 Für Software enthält das Urheberrechtsgesetz in §§ 69a ff. UrhG Sonderregelungen zu den allgemeinen Bestimmungen. § 69c UrhG regelt hierbei, dass eine Übertragung des Computerprogramms der Zustimmung des Rechtsinhabers bedarf, soweit hierfür eine Vervielfältigung desselben erforderlich ist. Im Gegensatz zur Regelung in § 34 oder § 35 UrhG ist das Zustimmungsrecht des Rechtsinhabers nicht entsprechend eingeschränkt: Nach zutreffender Auffassung ist jedoch auch der Rechtsinhaber im Sinne von § 69c UrhG nicht zu einer treuwidrigen Verweigerung der Zustimmung berechtigt.[251] Zumindest dann, wenn der Rechteinhaber – bei angestellten Softwareentwicklern regelmäßig der Dienst- oder Arbeitgeber im Sinne von § 69b UrhG – von seinen Nutzungs- und Verwertungsrechten durch entsprechend rechtsgeschäftliche Überlassung Gebrauch gemacht hat, kann er die Zustimmung nicht treuwidrig verweigern.

177 Für die Praxis ist hierbei allerdings zu beachten, dass der Vollstreckungsgläubiger den Anspruch des Vollstreckungsschuldners gegen den Rechtsinhaber auf Erteilung der Zustimmung mitpfänden muss. Dies kann nach § 857 ZPO erfolgen.

178 Was die Pfändung hinsichtlich Internet-Domains anbelangt, ist zu beachten, dass Gegenstand der Pfändung nicht die Domain als solche ist, da sie kein »anderes Vermögensrecht« i. S. v. § 857 Abs. 1 ZPO darstellt, sondern lediglich eine technische Adresse im Internet.[252] Pfändbar als »anderes Vermögensrecht« i. S. v. § 857 Abs. 1 ZPO sind in diesem Zusammenhang aber die schuldrechtlichen Ansprüche, die dem Inhaber der Domain gegenüber der

---

246 Vgl. etwa LG Koblenz JurBüro 1992, 264; Thomas/*Putzo* § 811 Rn. 28; vgl. hierzu allerdings auch LG Frankfurt/M. DGVZ 1994, 28: »Eine Computeranlage in den Kanzleiräumen eines Rechtsanwalts und Notars ist jedenfalls dann pfändbar, wenn dem Schuldner eine (weitere) 8-Platz-Anlage verbleibt, die ausreicht, um ein Anwaltsbüro von der Größe wie dem des Schuldners zu versorgen. Dass die gepfändete Anlage für die Arbeit des Schuldners nützlich ist, reicht für die Annahme der Erforderlichkeit i. S. d. ZPO § 811 Nr. 5 nicht aus«.
247 LG Mönchengladbach MMR 2005, 197.
248 Vgl. hiezu *Roy/Palm* NJW 1995, 690 m. w. N.; Stein/Jonas/*Münzberg* § 811 Rn. 66, 67.
249 Vgl. amtl. Begr. BT-Drs. IV/270, S. 109.
250 Nach *Ulmer* § 109 II; Schricker/*Schricker* § 28 Rn. 32, Wandtke/Bullinger/*Kefferpütz* § 112 Rn. 41; Dreier/*Schulze* § 113 Rn. 16; nach Schricker/*Wild* § 112 Rn. 11 bedarf bereits die Pfändung der Einwilligung des Urhebers, anderer Auffassung sind Fromm/Nordemann/*Finck* § 112 Rn. 4; *v. Gamm* Rn. 4; Möhring/Nicolini/*Lütje* § 113 Rn. 38.
251 Vgl. insoweit *Roy/Palm* NJW 1995, 690.
252 BGH NJW 2005, 3353 (3354).

III. Zwangsvollstreckung zur Erwirkung von Herausgabe, Unterlassung, etc.

Vergabestelle (z. B. Denic) zustehen.[253] Konsequenterweise ist dann die Vergabestelle Drittschuldnerin gem. §§ 829, 857 ZPO.[254]

III. Zwangsvollstreckung zur Erwirkung von Herausgabe, Unterlassung, Besichtigung, Vernichtung/Löschung und Auskunftserteilung

1. Vollstreckung von Herausgabeansprüchen

a) Bestimmtheit des Antrages

Wird die Herausgabe bestimmter Hardwarekomponenten verlangt, ergeben sich vollstreckungsrechtlich regelmäßig keine besonderen Probleme: Der Antrag muss zur Bestimmung des Vollstreckungsgegenstandes so präzise wie möglich gefasst sein:[255] Die Vollstreckungsfähigkeit eines Urteils auf Zahlung Zug-um-Zug gegen Rückgabe einer vorheriger Software ist nur dann gegeben, wenn in ihm die zu erbringende Gegenleistung so bestimmt ist, dass diese ihrerseits zum Gegenstand einer Leistungsklage gemacht werden könnte.[256] Die anwaltliche Verantwortung bei der Formulierung des Antrages betont das LG Heidelberg: *»Die in der Zug-um-Zug-Verurteilungzum Ausdruck kommende Einschränkung muss bestimmt genug sein (§ 253 Abs. 2 ZPO) in der Weise, dass sie ihrerseits zum Gegenstand einer Leistungsklage gemacht werden könnte (Anschluss BGH 18.09.1992, V ZR 86/91, NJW 1993, 324). Zwar ist dieser Umstand auch von Amts wegen zu beachten. Letztlich ist es aber Sache der Prozessvertreter dafür Sorge zu tragen, dass die in den Tenor Eingang findenden Leistungen (für das Gericht erkennbar) mit vollstreckungsfähigem Inhalt bezeichnet werden.*[257]

179

Nachfolgende Beispiele illustrieren die Probleme um die Antragsfassung:

180

- Das OLG München hat in einem Urteil vom 29.07.1988[258] ein im Urteil auf »*Zahlung Zug-um-Zug gegen Rücknahme der in der EDV des Kunden installierten Programme*« für im Wege der Auslegung noch vollstreckungsfähig gehalten: Dieses sei dahingehend auszulegen, dass die zur Zeit der Vollstreckung noch vorhandenen Programme zurückzugeben seien.
- Dagegen hat das OLG Nürnberg im Urteil vom 22.09.1988[259] sogar den Antrag »Zug um Zug gegen Rücknahme des Computer-Systems ... und des Software-Programms X-Fensterbauprogramm, gespeichert auf einer Festplatte mit der Nr. 087/85« für hinreichend bestimmt erklärt, da die Gegenleistung identifizierbar sei. Es hat zudem die Auffassung vertreten, die Bezeichnung der herauszugebenden Hard- und Software nicht den Erfordernissen des § 253 Abs. 2 Nr. 2 ZPO entsprechen müsse; zugleich allerdings darauf hingewiesen, dass die Klägerin eventuell in der Vollstreckung auftretende Schwierigkeiten hinnehmen müsse.
- Das LG Landau hat dagegen im Beschluss vom 15.12.1994[260] die Erinnerung gegen die Einstellung der Vollstreckung durch den Gerichtsvollzieher abgelehnt, da im Urteil auf Herausgabe von Datenträgern mit einem Programm der Inhalt der dort gespeicherten Software weder im Tenor noch im Urteil hinreichend konkretisiert worden war, so dass dem Gerichtsvollzieher weder die eigene Feststellung der Ordnungsmäßigkeit der

---

253 BGH NJW 2005, 3353 (3354).
254 LG Zwickau MMR 2010, 72.
255 Vgl. hierzu auch die obigen Ausführungen unter Rdn. 73.
256 So ausdrücklich u. a. BGH NJW 1993, 324 (325); LG Heidelberg NJOZ 1995, 252.
257 LG Heidelberg CR 2004, 890.
258 OLG München CR 1989, 695.
259 OLG Nürnberg NJW 1989, 987.
260 LG Landau CR 1996, 30.

angebotenen Datenträger mit dem Programm noch die Einschaltung eines Sachverständigen möglich war, da die erforderlichen Anknüpfungstatsachen im Urteil fehlten.

181 Wird die Herausgabe eines ganz bestimmten Gerätes verlangt, lässt sich dieses etwa durch die Gerätenummer hinreichend individualisieren. Dagegen ist ein Antrag, der darauf gerichtet ist »*die Herausgabe der EDV-Programme Kabelmietabrechnung gem. Vertrag vom ...*« zu erwerben, mangels hinreichender Bestimmtheit nicht vollstreckungsfähig.[261] Gleiches gilt für einen Antrag »*Die Antragsgegner haben an die Antragstellerin herauszugeben sämtliche in ihren Händen befindlichen Software-Kopien für Produkte der Antragstellerin*«;[262] Entsprechendes gilt für einen Antrag auf Verurteilung »*...zur Rückzahlung des Kaufpreises Zug um Zug gegen Rückgabe eines »IBM-kompatiblen« Computers*«.[263]

182 Wird die Herausgabe von Datenträgern mit einer bestimmten Software verlangt, ist neben der genauen Bezeichnung des entsprechenden Datenträgers auch das auf ihm enthaltene Programm hinreichend zu bestimmen, etwa durch die Angabe des Programmnamens, der Version und des entsprechenden Releasestandes.[264] Ob der vom Schuldner dann angebotene Datenträger auch das tatsächlich geschuldete Programm enthält, ist notfalls durch Beiziehung eines Sachverständigen im Rahmen der Vollstreckung zu klären.[265]

b) Durchführung

183 Besondere Probleme stellen sich bei der Frage der Herausgabe von Software, die nicht auf einem mobilen Datenträger, sondern allein auf einer festen Speichereinheit eines Rechners gespeichert ist. Die Wegnahme i. S. v. § 883 ZPO selber kann durchgeführt werden, indem der Gerichtsvollzieher die Software auf einen mobilen Datenträger kopiert und diesen wegnimmt.[266] Fraglich ist aber, ob eine derartige Wegnahme auch beinhaltet, dass das Vervielfältigungsstück im Rechner des Schuldners gelöscht wird.[267] Dies ist zweifelhaft. Aus anwaltlicher Sicht sollte daher der Gläubiger, der eine Löschung der Kopien beim Schuldner erlangen will, einen entsprechenden ausdrücklichen Titel erwirken.[268]

c) Datenschutzrechtliche Probleme

184 Wie bereits vorstehend angedeutet, stellt sich insbesondere im Bereich der Herausgabevollstreckung die Frage, wie mit den bestimmungsgemäß im System abgespeicherten Daten bei der Herausgabe zu verfahren ist. Hat der Vollstreckungsgläubiger keinen Anspruch auf Herausgabe der Daten, sollte er neben dem Herausgabetitel nach § 883 ZPO auch einen Titel

---

261 Vgl. KG CR 1994, 740 mit Anmerkung *Redeker*.
262 AG Offenbach NJW-RR 1989, 445.
263 Vgl. AG Köln CR 1993, 566: »...hat das Urteil, was die Gegenleistung anbelangt, keinen vollstreckungsfähigen Inhalt, denn durch die Bezeichnung »IBM-kompatibler« Computer ist die Gegenleistung durch das Vollstreckungsorgan – auch im Wege der Auslegung – nicht bestimmbar.... Diese Angabe bezeichnet nur die Tatsache, dass das Betriebssystem des im Urteil genannten Computers kompatibel zu dem Betriebssystem des Herstellers »IBM« ist, hingegen ergibt sich aus der genannten Bezeichnung weder der Hersteller noch der Typ des zu übergebenden Computers noch lässt sich das Gerät individualisieren, weil auch die Gerätenummer nicht angegeben ist.«.
264 Das LG Düsseldorf CR 1995, 220, hat den dort geltend gemachten Anspruch auf Herausgabe von Disketten mit einer bestimmten Software für unzulässig erklärt, weil im Antrag allein der Inhalt der gespeicherten Software enthalten war, eine Konkretisierung der Disketten etwa anhand von Aufschriften oder Typenbezeichnungen unterbleiben war; kritisch hierzu Stein/Jonas/*Brehm* § 883 Rn. 11.
265 Vgl. *Redeker* CR 1988, 277 (278) m. w. N.; *Koch* KTS 1988, 51.
266 Vgl. etwa Stein/Jonas/*Brehm* § 883 Rn. 12 a. Entsprechend der oben vertretenen Ansicht sollte zugleich eine Pfändung der entsprechenden Nutzungsrechte erfolgen; bei einer Pfändung beim Urheber sind die §§ 112 ff. UrhG zu beachten.
267 Vgl. *Koch* KTS 1988, 51.
268 So zutreffend *Koch* KTS 1988, 51; Musielak/*Lackmann* § 883 Rn. 4; zur Vollstreckung siehe nachstehend Rdn. 191.

nach § 887 ZPO erwirken, aufgrund dessen er auf Kosten des Schuldners das System wieder in den ursprünglichen Zustand verbringen darf, indem er die dort vom Schuldner gespeicherten Daten löscht. Der Vollstreckungsgläubiger muss dem Vollstreckungsschuldner hierbei allerdings die Möglichkeit bieten, die entsprechenden Daten durch Übertragung auf einen anderen Datenträger zu sichern.[269]

Umfasst der Titel des Vollstreckungsgläubigers auch die Herausgabe der vom Vollstreckungsschuldner gespeicherten personenbezogenen Daten, ist die Zulässigkeit der Datenübermittlung unter datenschutzrechtlichen Gesichtspunkten zu überprüfen. Dass es sich bei der Pfändung personenbezogener Daten um eine Datenübermittlung im Sinne von § 3 Abs. 4 Nr. 3 lit. b BDSG handelt, ist unstreitig. Es liegt eine Übermittlung an einen Dritten in Form der Einsichtnahme von zur Einsicht bereitgehaltenen Daten vor.[270] Da der Gerichtsvollzieher bei einer Herausgabevollstreckung die Daten für den Gläubiger in Besitz nimmt und bis zur Übergabe des Pfändungsgegenstandes für diesen lediglich als Besitzmittler tätig wird, liegt eine Datenübermittlung an den Vollstreckungsgläubiger vor.[271] Folglich ist die Datenübermittlung an § 4 BDSG zu messen. Eine Einwilligung im Sinne von §§ 4 Abs. 1, 4a BDSG wird im Regelfall ausscheiden. Es ist auch nicht erkennbar, inwieweit die Pfändung personenbezogener Daten nach § 28 BDSG zulässig sein sollte. Ein Teil der Literatur ist der Auffassung, dass die §§ 883 ff. ZPO hier als »andere Rechtsvorschrift« im Sinne von § 4 Abs. 1 BDSG zu werten seien, sodass aus datenschutzrechtlichen Gründen eine Pfändung personenbezogener Daten zulässig sei.[272] Hiergegen bestehen aus diesseitiger Sicht erhebliche Bedenken, allerdings ist der Gesetzgeber gehalten, hierfür entsprechende Klarstellung zu sorgen und die Grenzen der Zulässigkeit einer Pfändung personenbezogener Daten zu regeln.[273] **185**

2. Vollstreckung von Unterlassungsansprüchen

IT-rechtliche Besonderheiten im Bereich der Vollstreckung von Ansprüchen auf Unterlassung bestehen nicht.[274] Entsprechende Anträge müssen dem Bestimmtheitsgebot des § 253 ZPO entsprechen und sich, sollte eine Verletzung bereits erfolgt sein, an der konkreten Verletzungshandlung orientieren.[275] Unterlassungsansprüche werden nach § 890 ZPO vollstreckt. Durch die höchstrichterlich entwickelte Kerntheorie ist es möglich, gegen Erscheinungsformen vorzugehen, die vom tenorierten Unterlassungsgebot nur unwesentlich abweichen.[276] Soweit ein Gläubiger bei der Vollstreckung eines Unterlassungstitels Schwierigkeiten hat, vermutete Verstöße zu beweisen, die nicht in der Öffentlichkeit, sondern etwa allein innerhalb eines Unternehmens stattfinden,[277] ist u. U. an die Geltendmachung eines weiteren Besichtigungsanspruchs im Wege einer einstweiligen Verfügung zu denken. **186**

Wird gegen einen Unterlassungstitel mehrfach verstoßen, können auf Antrag mehrere Ordnungsgelder festgesetzt werden. Eine Zusammenfassung unter dem Institut des Fortsetzungszusammenhangs ist auch im Bereich der Zwangsvollstreckung nicht mehr möglich.[278] **187**

---

269 Vgl. insoweit vorstehend MüKo-ZPO/*Schilken* § 883 Rn. 8 ff.; *Roy/Palm* NJW 1995, 690.
270 *Roy/Palm* NJW 1995, 690.
271 Thomas/*Putzo* § 883 Rn. 7.
272 Vgl. hierzu *Roy/Palm* NJW 1995, 690 m. w. N.
273 Wieczorek/Schütze/*Lüke* § 803 Rn. 20; *Roy/Palm* NJW 1995, 690.
274 Insoweit wird auf die einschlägige Literatur verwiesen.
275 Vgl. OLG München Beilage zu BB 1998, Heft 16, 9: »Ein Unterlassungsantrag, Upgradeversionen nicht als Vollversionen zu vertreiben, ist hinreichend bestimmt.«
276 Vgl. grundlegend BGHZ 5, 189 (192 ff.).
277 Vgl. hierzu *Redeker* Rn. 272.
278 BGH CR 2009, 333; *Limper* ITRB 2009, 100.

3. Vollstreckung von Besichtigungsansprüchen

188 Hinsichtlich der Vollstreckung von Besichtigungsanträgen ergeben sich keine wesentlichen Besonderheiten: Wird ein Antrag durch den Gerichtsvollzieher durchgesetzt, nimmt dieser dem Antragsgegner die entsprechende EDV-Anlage vorübergehend analog § 883 ZPO weg und in eigene Sicherungsverwahrung, indem er den Zugang des Antragsgegners zum entsprechende EDV-System vorübergehend unterbindet.[279] Der Sachverständige kann während dieser Zeit die angeordneten Besichtigungsmaßnahmen vornehmen und ggf. entsprechende Vervielfältigungen der zu untersuchenden Programme erstellen.

189 Sofern mit Widerstand des Antragsgegners zu rechnen ist, ist aus anwaltlicher Sicht zu überlegen, zusammen mit der einstweiligen Verfügung zugleich eine richterliche Durchsuchungsanordnung gem. § 758a ZPO zu beantragen.

4. Vollstreckung von Beseitigungsansprüchen

190 Ansprüche auf Beseitigung – etwa eines rechtwidrigen Dongle – sind nach § 887 ZPO zu vollstrecken. Soweit der Schuldner zur Durchsetzung des Anspruchs bestimmte Mitwirkungshandlungen erbringen bzw. Handlungen des Gerichtsvollziehers dulden muss, sollten diese im Antrag hinreichend beschrieben werden. Auf Antrag kann der Gläubiger auch ermächtigt werden, die geschuldete Leistung auf Kosten des Schuldners vornehmen zu lassen.[280]

5. Vollstreckung von Ansprüchen auf Vernichtung/Löschung

191 Hat der Gläubiger einen Titel auf Löschung von Software beim Schuldner erwirkt, soll dieser nach überwiegender Meinung nach § 887 ZPO vollstreckt werden.[281] *Brehm* befürwortet mit guter Begründung eine Vollstreckung analog § 883 ZPO, um dem Schuldner Vereitelungsmöglichkeiten zu nehmen.[282] Der entsprechende Antrag muss konkret gefasst sein, d. h. die Vervielfältigungsstücke, welche gelöscht werden sollen, sind genau zu bezeichnen.

192 Auch Vernichtungsansprüche können für vorläufig vollstreckbar erklärt werden, §§ 98, 99 UrhG ändern hieran nichts. Den Interessen eines Vollstreckungsschuldners wird hinreichend Rechnung getragen; er kann Schutzanträge gem. §§ 712, 714 ZPO stellen und ggf. Schadensersatzansprüche gem. § 717 Abs. 2 ZPO geltend machen.[283]

193 Zur Sicherung eines Vernichtungsanspruchs – etwa in Fällen der Softwarepiraterie – ist eine Sequestrierung der rechtswidrig hergestellte, verbreiteten oder zur Verbreitung bestimmten Vervielfältigungsstücke und Vorrichtungen sinnvoll. Hierzu sollte eine entsprechende einstweilige Verfügung erwirkt werden, derzufolge der Schuldner die entsprechenden Vervielfältigungsstücke und Vorrichtungen an den zuständigen Gerichtsvollzieher zur vorläufigen Verwahrung herauszugeben hat. Um dem Schuldner keine Vereitelungsmöglichkeiten zu eröffnen, sollte auf eine vorherige Abmahnung verzichtet werden.[284]

---

279 H. M., vgl. *Bork* NJW 1997, 1665, 1671 (1672); OLG Köln NJW-RR 1988, 1210 (1211); OLG Köln NJW-RR 1996, 382; Staudinger/*Marburger* Vor §§ 809–811 Rn. 10.
280 *Redeker* Rn. 273.
281 Vgl. etwa Zöller/*Stöber* § 883 Rn. 2; Wandtke/Bullinger/*Bohne* § 98 Rn. 13.
282 Vgl. Stein/Jonas/*Brehm* § 883 Rn. 11; im Ergebnis ebenso Schricker/*Wild* §§ 98/99 Rn. 12.
283 BGH NJW 2009, 770 (773) – Metall auf Metall.
284 Angesichts der konkreten Gefährdung sollten dem Antragsteller auch bei einem sofortigen Anerkenntnis des Antragsgegners die Verfahrenskosten nicht nach § 93 ZPO auferlegt werden; vgl. insoweit zutreffend OLG Nürnberg WRP 1981, 342 (343); OLG Hamburg WRP 1978, 146 und WRP 1988, 47; Schricker/*Wild* §§ 98/99 Rn. 12.

6. Vollstreckung von Ansprüchen auf Erteilung von Auskunft

Besonderheiten bei der Vollstreckung von Auskunftsansprüchen bestehen nicht. Kommt der Schuldner seiner Auskunftspflicht nicht nach, wird nach § 888 ZPO vollstreckt.[285] Der BGH hat im Beschluss vom 09.11.1995[286] dem dortigen Gläubiger ein überwiegendes Interesse an der Vollstreckung eines Unterlassungs- und Auskunftsurteils gegen einen Schuldner anerkannt, der ein Programm vertrieben hatte, das zu Umgehung der Dongle-Sicherung des Programms des Gläubigers geeignet war, und folglich den Antrag auf Einstellung der Zwangsvollstreckung zurückgewiesen.

194

---

[285] Vgl. insoweit auch FA-GewRS/*Nieder* Kap. 1 Rn. 755 ff.
[286] BGH CR 1996, 79; vgl. hierzu auch die Vorinstanz OLG München CR 1996, 11.

Stichwortverzeichnis

A
Abfangen von Daten 26 74
Abkommen über den Lastschriftverkehr 16 270
Ablauffähigkeit
– Anpassungen 4 490
– Leistung 4 298
Ablieferung
– Anpassung 4 521 f., 542 ff.
– Erstellung 4 632, 641, 698
– Hardware 4 153
– Käufer 4 154, 303
– Softwareerstellung 4 633
– Standardsoftware 4 303
– Verfahren 4 73
Abnahme 1 43; 6 123 ff.
Abnahmeverfahren 7 56
Abonnement-Dienste 16 17, 17, 27, 105, 133, 141, 144, 154, 27, 105, 133, 141, 144, 154
Abrufbarkeit und Speicherfähigkeit der AGB 16 29
Absatzförderungspflicht 5 8
Abstraktionsprinzip 2 26; 4 867
– Definition 14 6
– Holländische Auktion 14 6
– Reverse Auction 14 6
– umgekehrte Versteigerung 14 6
Access Provider 1 58, 89; 8 6 ff., 16 ff.; 18 213; 26 2748
– Abrechnung 8 123 ff.
– Gewährleistung 8 127 ff.
– Haftung für Durchleitung von Informationen 8 88 ff.
– Haftung für eigene Inhalte 8 77 ff.
– Haftungsbeschränkung nach TKG 8 130 ff.
– Leistungsbereich 8 17 f., 104 f.
– Nutzerpflichten 8 117 ff.
– Sperr- und Löschungsrechte 8 119 ff.
– Vertragsmuster 8 109, 111, 127
– W-LAN 8 88 ff.
– Zugangsverfügbarkeit 8 109 ff.
acht Wochen 16 287
Adhäsionsverfahren 27 78
Admin-C 1 91; 19 40, 46, 429
AGB-Produkte, Belieferungsanspruch von Wettbewerbern aus TKG 23 449
Agenten 16 246
Ähnlichkeitsrecherchen 19 478
Akquirer 16 190
Akteneinsicht 24 114
Akteneinsichtsrecht 26 317
Aktivierungserfordernis 4 142, 317 ff., 413
Aktivitäten- und Fristenplan 4 119, 532, 598 ff.
Aktivlegitimation 27 38
aktuell 16 270
Akustische Werbung 16 142
Aleatorische Anreize 12 56, 57
alle Arten von Zahlungsdiensten 16 245
Allgemeine Anbieterkennzeichnung (Impressum) 16 63, 63, 67, 67

Allgemeine Geschäftsbedingungen 2 30; 4 888; 5 30, 43, 74 f., 136 f., 166; 16 19
– Abwälzung von Forderungsrisiko aus Mehrwertdiensten 9 70
– bei Internet-Auktionen 14 55
– Einbeziehung 16 19
– Einbeziehung in TK-Verträge 9 157
– Einwendungsausschlussklauseln in TK-Verträgen 9 108, 171 f.
– Haftung 2 71
– Kündigung und Kündigungsfristen in TK-Verträgen 9 160
– Lastschriftklauseln in TK-Verträgen 9 171
– Laufzeitklauseln in TK-Verträgen 9 158 f.
– Leistungsbeschreibung 4 451 ff.
– Online Rechnung 9 94
– Open Source 4 687 f.
– Schiedsklauseln 25 106
– Sprache 2 29
– TK-Leistungs oder AGB-Änderungen 9 166 ff.
– TK-Leistungsbeschreibung 9 161
– TK-Leistungsvorbehalte 9 165
– TK-Preisänderungen 9 165
– TKG-Haftungsbegrenzung 9 122, 174 f.
– Verfallklauseln in TK-Verträgen 9 176
– Vertragsverlängerungsklauseln in TK-Verträgen 9 158
Allgemeinverfügung
– Allgemeingenehmigung 23 14
– Allgemeinzuteilung von Funkfrequenzen 23 100
– Nummernplan 23 149, 160
– Regulierungsverfügung, keine 23 246
Alt-Verpflichtungen nach dem TKG 1996 23 230
Alternative Streitbeilegung nach der UDRP 19 483
Altlizenzen nach TKG 1996 23 29
American Registrar for Internet numbers 19 13
Amtsblatt der Bundesnetzagentur 16 28
Anbieten/Anbieter von TK-Diensten (für die Öffentlichkeit) 23 22
– Abgrenzung zu Nutzer und Teilnehmer 9 52
– Begriffsbestimmung 23 22
– Haftung und Haftungsbeschränkung 9 122
– Kunden- und Verbraucherschutz 9 49, 79 ff., 104, 107
– Meldepflicht 23 15
– Öffentlichkeit 23 26
Anbieterwechsel i.S.d. TKG 9 35, 39, 129, 133
Änderungsverfahren 4 612, 629
Änderungswünsche 4 535, 610, 615
Anerkennung
– ausländischer Entscheidungen 25 123
– EuGVVO 25 127
– HGÜ 25 124
– LugÜ 25 133
Anfechtung bei Internet-Auktionen 14 85
Anfechtung von Willenserklärungen 16 17
Anforderungsanalyse 6 13
Angebot zwischen Anwesenden 16 14
Angebotsfrist 24 85

Stichwortverzeichnis

Angebotsprüfung 24 87
Angebotswertung 24 87
Angemessenheit der Preise 24 91
Anhörung
– Vergabeverfahren für Frequenzen 23 115
– vor Beschlusskammern der BNetzA 23 75
Anknüpfung
– Ausweichklausel 25 56
– charakteristische Leistung 25 48
– charakteristische Leistung bei Softwarelizenzverträgen 25 52
– engste Verbindung 25 50
– IT-Vertrag 25 51
– Niederlassung 25 53
– objektive 25 46
– Schuldvertrag 25 47
– Verbraucherbeteiligung 25 55
Annahmefrist 16 13
Anonymisierungsserver 26 298
Anonymous Remailers 1 54
Anspruch, vorvertraglicher 2 19
Anspruch auf Vorschuss 16 263
Anti-Spam-System 20 364
Antragsbefugnis (Nachprüfungsverfahren) 24 107
Antragsschrift 27 19, 20, 108
Antrittszeit 7 161, 158, 160
Anwendbares Recht 25 8
– Marken-/Patentrecht 25 155
– Rechtswahl 25 14
– Urheberrecht 25 141
Anwenderschulung 6 27
Anwendungssoftware 1 16
Apache, s. Open Source
APNIC 19 13
Apothekenrecht 15 24
Application Hosting 5 49
Application Management 7 4
Application Service Provider (ASP) 1 60; 7 8, 255; 8 6, 14, 36; 18 125, 129
Applikationsfilter 1 104
Approved Provider Uniform Domain-Name Dispute-Resolution Policy 27 18
Apps 16 1, 1, 78, 80, 125, 133, 145, 78, 80, 125, 133, 145
Arbeitgeber als Anbieter von TK-Diensten 23 22, 47
Arbeitnehmer
– Auskunftsrecht 20 320
– Berichtigungsanspruch 20 321
– Einsichtsrecht 20 320
– gläserner 20 308
– Löschungsanspruch 20 321
Arbeitnehmerdatenschutz 20 280, 321, 406
Arbeitnehmerdatenspeicherung, Interessenkollision 20 276
Arbeitnehmereinwilligung
– Bewerbung 20 286
– Fragerecht 20 287
Arbeitnehmererfindergesetz (ArbNErfG) 18 116
Arbeitnehmererfindung 5 157
Arbeitnehmererfindungsrecht 17 171
– Diensterfindung 17 174

– Meldung einer Erfindung 17 174
– Pflicht zur Anmeldung 17 177
Arbeitnehmerüberlassung 7 240, 241
Arbeitnehmerurheberrecht 18 14, 75, 106–116, 165
Arbeitsgeräte 27 137
Arbeitsplatzrechner 1 5
Arbeitsverhalten 20 309
Arbeitsverhältnis, Beendigung 20 319
Archiv 18 50, 55 f., 180, 221, 228
Archivierung 16 115
Archivsysteme 1 11
.areo 19 16
ARIN 19 13
Artikel-29-Gruppe 20 407
Artistic License, s. Open Source
Arzneimittelmarkt 15 1
Arzneimittelpreisverordnung 15 10
Arzneimittelversorgung 15 13
Asia Pacific Network Information Center 19 13
Asset 7 6, 32, 96, 114
Asset Deal 7 117
Audio-Content 16 109
Audit 4 389
Auditing 7 172
Auditklausel 4 391
Aufbrauchsfrist 27 42, 43, 45
Aufführungsrecht 18 20, 37
Aufhebung 24 94
Aufklärungsgespräche 24 34
Aufklärungspflicht 4 12, 27, 575
Auflösung 16 118
Aufspaltung, des Vertriebsweges von Software u. Pflege 5 161 ff.
Aufstellungsort 4 203
Aufstellungsvoraussetzungen 4 160
Auftragsdatenverarbeitung 7 181, 281, 512; 20 84, 338, 372, 382
Aufwärtsauktionen 14 5
– Auktion mit versiegelten Geboten 14 5
– Englische Auktion 14 5
– Forward Auction 14 5
– Höchstgebot 14 5
– Höchstpreisauktion 14 5
– Undercover Auction 14 5
– verdeckte Auktion 14 5
– Vickery-Auktion 14 5
– Vorwärtsauktion 14 5
Aufwendungsersatzanspruch 16 264, 301
Aufzeichnung, heimliche 20 312
Auktion mit versiegelten Geboten 14 5
Ausbauverpflichtung i. S. d. TKG (keine) 23 273
Ausbildungsergebnisse 20 302
Außerbetriebliche Überweisung 16 260
Ausfallhäufigkeiten 7 154
Ausfallzeit 7 153, 154
Ausforschungsverbot 27 61
Ausführungsstandard, mittlerer 4 109, 527, 544, 620
Auskunfts- und Rechnungslegungsanspruch 27 57, 59, 60, 63
Auskunftsanspruch 9 72; 16 160

Stichwortverzeichnis

Auskunftsdienst
- als Universaldienst 23 162
- Aufnahme von Teilnehmerdaten in 9 126
- Bereitstellung von Teilnehmerdaten für 23 350
- Legaldefinition 9 43, 48; 23 23
- Nummernzuteilung 23 151, 162
- Preisangabe und Preisansage 9 142
- Weitervermittlung 9 144; 23 162

Auskunftsersuchen der Sicherheitsbehörden 23 46, 50, 52 ff.
- Anschlusskennungen 23 50
- automatisiertes Auskunftsverfahren 23 52, 54
- E-Mail 23 50
- Erhebungs- und Speicherpflicht für Daten 23 52
- IP-Adressen 23 53
- manuelles Auskunftsverfahren 23 52, 55
- Prepaid-Produkte 23 53
- Rufnummern 23 50
- Verpflichteter Personenkreis 23 50

Auskunftsklage 16 160; 27 57
Auskunftsverlangen der BNetzA 23 68
Auslandsermittlungen 26 391
Auslegungsklausel 2 13
Ausnahmen von der Verpflichtung zur Widerrufsbelehrung 16 35
Ausreichende Garantien (BDSG) 20 462
Ausreichendes Guthaben 16 279
Ausschreibung 6 14
Ausspähen von Daten 26 65
- Backdoor-Programm 26 79
- Besondere Zugangssicherung 26 70
- Keylogger 26 77
- Portscanning/Hacking 26 82
- Sich Verschaffen 26 72
- Sniffer-Programm 26 81
- Spoofing 26 80
- Trojaner 26 76
- Verfügungsbefugnis 26 66
- Wardriving 26 82

Ausstellungsrecht 18 20, 32
Automatisierte Computererklärungen 16 9
Automatisierte Einzelentscheidung 20 78
Automatisierte Verarbeitung 20 18
autorisiert 16 254

B
Backdoor-Programm 26 79
Backup, Service 4 252, 346
BaFin 8 46
Bagatellschwelle (im neuen UWG) 12 15
Bankautomatenmissbrauch 26 48
Bankenbereich 16 273
Bankgeheimnis 20 487
Bankruptcy Code (USA), Lizenz in der Insolvenz 4 893
Banner 1 75
Bannerwerbung 12 36, 37, 44
Bauchbinde 16 20
BDOA e. V. 16 181
Beanstandung von Rechnungen für TK-Dienste 9 107
- Beanstandungsfrist 9 108
- Beweislastumkehr 9 108
- Dialer 9 114
- Einwendungsausschlussklauseln 9 108
- Entgelthöhe bei unrichtigem Verbindungsaufkommen 9 115
- Fürsorgepflicht des Anbieters 9 113
- Nachweis der Richtigkeit der Abrechnung 9 107
- Prepaid-Produkte 9 107
- Risikosphären von Anbieter und Teilnehmer 9 113
- technische Prüfung des Abrechnungssystems 9 109
- Zurechenbarkeit der Nutzung durch den Teilnehmer 9 113 f.

Bearbeitungsrecht 18 22, 26–27, 118, 134, 172–174
Beauftragtes Institut 16 258
Bedarfsmarktkonzept 23 235
Bedienungsanleitung 4 5 ff.
Beendigungsunterstützung 7 95
Befugnisse des Mediators 27 7
Begriffsverständnis 2 10
- Definitionenkatalog 2 12
- guarantee 2 11
- Verzug 2 10
- warranty 2 11

Behinderte Menschen, Berücksichtigung der Interessen 9 88
Behinderung, wettbewerbswidrige 12 49, 53
Beibringungsgrundsatz 27 86
Beiladung
- durch BNetzA 23 76, 82, 419
- durch Verwaltungsgericht 23 82
- keine Beschwerde gegen erstinstanzliche Entscheidungen 23 82

Beirat der BNetzA 23 60
Beispieltatbestände (unlauteren Wettbewerbs) 12 19; 16 127–135
Beistellung 7 208
Bekanntmachung 24 80
Belästigende Werbung 12 22, 38; 16 119, 128, 136
Belästigungen 16 128
Belehrungsmuster 11 123 ff.
Benchmark-Verfahren 24 77
Benchmarking 7 100; 18 140
Benutzergruppen, geschlossene 23 26
Benutzeroberfläche 1 21; 18 103
Beratungsverschulden 4 151
Beratungsvertrag 4 13, 18, 89 ff.
- Planung 4 95, 100 ff.

Bereicherungsrecht 18 90
Bereitstellungsfristen für TK-Leistungen 9 37
- und Diskriminierung 23 289
- und Produktinnovation 23 289
- und Zugangsanordnung 23 360

Berichte 4 127
- Organisation 4 127

Beschaffenheit, vereinbarte 4 45, 118, 151, 296
Beschaffungsbedarf 24 44
Beschlagnahme, Befugnisse der BNetzA 23 69
Beschlusskammern 23 60 f.
- Anhörung und mündliche Verhandlung 23 76
- Aufgabenverteilung 23 61
- Betriebs- und Geschäftsgeheimnisse 23 77
- Präsidentenkammer 23 61

1625

Stichwortverzeichnis

- Rechtsschutz gegen Entscheidungen 23 82
- Verfahren 23 75
- Verwaltungsakt, Entscheidung durch 23 74

Beschlusskammerverfahren 9 16
Beseitigungsanspruch 27 46, 79, 83, 115, 120, 148
Beseitigungszeit 4 272, 428, 441, 479, 500, 648
Besichtigungsmaßnahmen 27 148
Besondere Missbrauchsaufsicht 23 440
Besonderheit 16 286
Best practice 2 62
Bestandsdaten
- bei Telemedien 20 186
- in der Telekommunikation 20 237

Bestimmtheitsgebot 27 67
Bestimmungsgemäße Abrufbarkeit 25 152, 153
Beta-Release 1 25
Beta-Testing 5 152 f.
Beträchtliche Marktmacht 23 240
- Beurteilungsspielraum der BNetzA 23 241
- Gleichsetzung mit fehlendem wirksamen Wettbewerb 23 242
- Kriterien 23 242
- Legaldefinition 23 241
- Marktanteile 23 242
- marktbeherrschende Stellung als Synonym 23 242

Betreiben/Betreiber einer Telekommunikationsanlage
- Begriff 23 16
- öffentliche Sicherheit 23 41

Betreiben/Betreiber einer Telekommunikationslinie 23 208
Betreiben/Betreiber eines (öffentlichen) Telekommunikationsnetzes 23 16
- Begriff 23 19
- Meldepflicht 23 15
- MVNO 23 21
- Wegerecht, öffentliches 23 179

Betreiben/Betreiber eines Übertragungswegs
- Begriff 23 16
- Wegfall Lizenzpflicht 23 14

Betreiber(vor)auswahl 23 321, 460 f.
- Entgeltregulierung 23 391, 448
- Preselection-Auftragsdaten 23 448
- Zusammenschaltung 9 24

Betriebs- und Geschäftsgeheimnisse im TKG 23 83 ff., 419
- im Beschlusskammerverfahren 23 77
- Rechtsschutz und Rechtsprechung 23 84
- »in camera«-Verfahren 23 84

Betriebsbereitschaft 4 155
- Installation 4 150, 186

Betriebsrat 20 322
- Mitwirkung beim Datenschutz 20 318

Betriebsstörungsschaden 4 173, 350, 486, 635
Betriebssysteme 1 3
Betriebsübergang 7 219
- Arbeitsorganisation 7 224
- Betrieb 7 220, 222
- Betriebsmittel 7 222, 224
- Betriebsteil 7 220, 222
- identitätswahrender Übergang 7 222
- Mitteilungspflichten 7 134

Betriebszeit 7 159
Betrug 26 131
- Dialer 26 142
- Erfüllungsbetrug 26 141
- Irrtum 26 135
- Nigeria-Connection 26 143
- Online-(Versand)-Handel 26 139
- Online-Auktionen 26 140
- Vermögensschaden 26 137
- Vermögensverfügung 26 136

Beurteilungsspielraum, -ermessen der BNetzA 23 109, 402
- (kein) Entschließungsermessen 23 249
- Eigenkapitalverzinsung 23 402
- Entgeltregulierung 23 401, 417
- Fiktiver Vorleistungsmarkt 23 238
- Marktanalyse 23 241, 266
- Marktdefinition 23 234, 238, 266
- Regulierungsermessen 23 245, 250, 266, 298 f., 384
- Überschreitung 23 234

Beweis
- Beweisangebot 27 96
- Beweisbeschluss 27 98
- Beweislast 16 25, 85, 92
- Beweismittel 27 123
- Beweisvereitelung 27 101, 124
- Beweisverwertungsverbote 26 390
- Beweiswürdigung 27 100, 101

Bewertungsmatrix 24 74
Bewertungsportale 20 202
Bezahldienste, mobile 9 103
Bietagenten 14 14
Bietergemeinschaft 24 72
Bilder 16 76, 76, 77, 77
Bildschirm 16 21, 21, 27, 27
Bildschirmmaske 18 63, 103
Binding Corporate Rules (BCR) 20 462
- Standardantrag 20 472

Binnenmarktklausel 25 30
Bitstrom
- Begriff 23 305
- Marktdefinition 23 260
- VDSL 23 196, 239, 260

Bitstrom-Zugang 9 7, 18, 38 f.; 23 272, 301, 305 f.
- Entbündelung, standalone 23 306
- Regulierungsverfügung 23 305
- shared 23 306
- Standalone 9 39
- Standardangebot 9 18

.biz RDRP 19 16
Blindbewerbung 20 294
Blueprint 6 23, 46 ff., 146
Bluetooth 1 66
Bluetooth Marketing 16 145
Bonus-/Malus-System 7 78
Bonus-Regelung 2 56
Box Mover 5 78, 92 ff.
Breitbandanschluss als Universaldienst 9 72 f.
Bridges 1 48
Browser-Typ 16 24
Browsing 18 24, 45
Browsing-Vorgänge 16 90

Brüsseler Übereinkommen über die gerichtliche Zuständigkeit und die Vollstreckung gerichtlicher Entscheidungen in Zivil- und Handelssachen 25 87
– Gerichtsstandsvereinbarung 25 96
– internationale Zuständigkeit 25 121
BSD (Berkeley Software Distribution), s. Open Source
BSI-Grundschutzhandbuch 1 97
Buchwert 7 96, 123
Build Phase 7 133, 134
Bundesamt für Sicherheit in der Informationstechnik 7 196; 21 27
Bundeskartellamt, BKartA 23 61, 376
– Zusammenarbeit mit BNetzA 23 62
– Zuständigkeit neben BNetzA 23 61, 376
Bundesministerium für Wirtschaft und Technologie, BMWi 23 59
– Aufgaben in der Telekommunikation 23 56, 232, 259
Bundesnetzagentur für Elektrizität, Gas Telekommunikation, Post und Eisenbahnen, BNetzA 16 28
Bundesnetzagentur, BNetzA 9 4
– Anhörung und mündliche Verhandlung 23 75
– Aufgaben 23 63
– Aufsichtsfunktion 23 64
– Außergerichtliches Streitbeilegungsverfahren im Kundenschutz 23 73
– Auskunftsverlangen 23 68
– Befugnisse 9 150; 23 66 ff.
– Beirat 23 60
– Beschlusskammern 23 61, 75 ff., 82
– Bundeskartellamt, Zusammenarbeit mit 23 62
– Informationsrechte 23 68
– Kunden- und Verbraucherschutz 9 73, 136 f., 150
– Präsident 23 60
– Präsidentenkammer 23 61
– Rechtsschutz gegen Entscheidungen 23 81
– Registrierung von Anwählprogrammen/Dialern 23 175
– RegTP 23 58
– Verfahren 23 74
Business Process Outsourcing, BPO 7 4, 5
Business Transformation Outsourcing 7 7
Business-to-Business, B2B 1 61
Business-to-Customer, B2C 1 61
Buy-Out 16 85
BVB-Erstellung 4 119, 611
BVB-Kauf 4 155
BVB-Miete 4 198
BVB-Planung 4 564
BVB-Wartung 4 260
BWA (Broadband Wireless Access) 23 115, 121

C
Cache 18 24, 45, 221
Caching 18 24, 45, 221
Card-not-present-Verfahren 16 191
ccTLD 19 14
CD-Brenner 18 57
Central Processing Unit, CPU 1 22
Centrale für Mediation 27 9

Change Management 1 45
Change of Control 7 68, 116
Change Request 1 45; 2 38 f.; 7 18, 56, 64, 100, 155, 164, 176
CISG 2 16; 25 57 ff.
– Allgemeine Geschäftsbedingungen 2 30
– EGBGB 25 59
– IT-Bereich 25 64
– materieller Anwendungsbereich 25 62
– räumlicher Anwendungsbereich 25 61
– Schriftform 25 66
– Vertragsvereinbarung 25 63
– Warenbegriff 25 69
– zeitlicher Anwendungsbereich 25 60
Clean-Room-Entwicklung 18 140
Click-Wrap-Vertrag 25 36
– Open Source 4 681
– Vertragstypologie 4 873
Client Server Betrieb 7 206
Client-Server-Architektur 1 6
Client-Server-Modell 1 20
Clients 1 6
Cloud Computing 8 6, 14, 244
– Anwendbares Recht 7 262
– Datenschutz 7 275
– Hybrid Cloud 7 250
– IT-Sicherheit 7 279
– Private Cloud 7 248
– Public Cloud 7 249
– Service Level 7 266
– Subunternehmer 7 268
– Urheberrecht 7 271
– Vergütungsmodelle 7 284
– Vertragstyp 7 265
Code as law 3 62
Codes of Conduct 20 324
Complete Outsourcing 7 3
Compliance 2 65
Comprehensive Outsourcing 7 3
Computer Aided Software Engineering 1 21
Computerbetrug 26 35
– Bankautomatenmissbrauch 26 48
– Beteiligung am Phishing/Pharming 26 59
– Dialer-Programme 26 39
– Dual-Use-Programm 26 62
– Einsatz von Karten innerhalb automatisierter Zahlungssysteme 26 48
– Individualvermögen 26 36
– Input-Manipulation 26 40
– Leerspielen von Geldspielautomaten 26 52
– missbräuchliche Verwendung von Codekarten 26 44
– Pharming 26 58
– Phishing 26 54
– Programm-Manipulation 26 38
– unbefugte Verwendung von Daten 26 41
– unberechtigter Zugang zu Pay-TV-Programmen 26 50
Computerimplementierte Erfindungen 17 68, 110
Computerprogramm 16 78, 80, 114
– Ablaufenlassen 18 117
– als urheberrechtliches Werk 4 692, 852

Stichwortverzeichnis

- Ausdrucksform 18 104
- bestimmungsgemäße Nutzung 18 136
- Computerprogrammrichtlinie (EU) 3 66; 4 852
- Entwurfsmaterial 3 2; 4 854
- Entwurfsmaterialien 18 102
- Maschinencode 18 102
- Object code 4 854
- Quellcode 18 19, 117, 118, 104, 140
- Source code 4 854

Computerprogramm-Richtlinie 18 1, 14, 100, 115, 120, 142

Computersabotage 26 106
- Beseitigung 26 110
- Datenverarbeitung 26 108
- Verletzter 26 116
- Zerstören und Beschädigen 26 110
- »schwerer Fall« 26 111

Computerschrift 18 103
Computerspiel 18 18, 74
Consequential damages, Haftung 4 879
Conspicious (USA), Haftung 4 881
Content Provider 8 6 ff., 32 ff.; 26 273
- Haftung für eigene Inhalte 8 77 f.
- Haftung für Hyperlinks 8 93
- Haftung für Zwischenspeicherung von Informationen 8 92
- User Generated Content 8 38 ff.

Content-Dienste 16 102
Contract Template, AGB Recht 4 878
Contrat d'adhésion (FRA), AGB Recht 4 890
Cookies 26 103
- datenschutzrechtliche Aspekte 20 174

.coop 19 16
Copyleft 4 651, 657, 661, 669 f., 673, 677, 684, 686, 688, 691, 695, 718 f., 723 f., 739, 750, 756 f., 766, 773, 838

Copyright Designs 85
CPL (Common Public License), s. Open Source
CPU-Anbindung 4 351
CPU-Klausel 4 137, 837; 5 158 ff.
- Nutzungsbeschränkung 4 391

Creative Commons 4 651
Cross-Border-Injunction 17 33
Culpa in contrahendo (c. i. c.) 2 19; 4 13 f.
Customer Satisfaction Index, CSI 7 157
Customizing 1 16; 6 6, 25, 27
Cyber-Crime Konvention 26 17, 391
Cyberkriminalität 26 13

D

Darlegungs- und Beweislast 27 90
Daseinsvorsorge 24 15
Data Breach, Benachrichtigungspflicht bei 20 100
data warehouse 20 373
Datenbank 3 32; 16 4040, 63, 71, 80, 105, 168, 172 637 180 105 168 172
- Begriff 18 153, 159
- Betriebsmaterial 18 159
- Datenbank-Management-System 18 174
- Datenbankschutz 18 153, 203, 223–225
- Datenbankwerk 16 80, 172
- Erschöpfung 3 41

- isolierte Zugänglichkeit 18 157
- kleine Münze 3 33
- Mindestbefugnisse 3 44
- Online-Betrieb 3 43
- Rückwirkung 3 50
- Sammlung 18 154
- Schutzrecht eigener Art 6 4, 9, 27; 16 125, 136, 156, 157–158, 160
- systematische oder methodische Anordnung 18 156
- Umgestaltung 3 40
- unabhängige Elemente 18 155
- unwesentliche Entnahme 18 194
- Urheberpersönlichkeitsrecht 3 36
- Verbreitung 3 41
- Vervielfältigung 3 39
- »sui generis« 3 34

Datenbank-Richtlinie 18 1, 15, 107, 153–203
Datenbankrecht 3 31; 16 105
- Entnahmerecht 18 186
- Weiterverwendungsrecht 18 188, 193
- wesentliche Teile 18 184, 185 f., 192 f., 194 f., 223–225

Datendienste, Einzelverbindungsnachweis 9 95
Datenhaufen 18 156
Datenkonsolidierung 6 4, 9
Datenmigration 6 4, 9, 27
Datenmodell 4 8, 603
Datenschutz
- Anlage zu § 9 BDSG 7 178, 188, 195
- Auftrags-DV 4 282, 513
- Auskunftsrechte des Betroffenen 7 181
- bei Telemedien 20 141 ff.
- Benachrichtigungspflicht bei unrechtmäßiger Kenntniserlangung 20 100
- Berichtigungsrechte des Betroffenen 7 193
- Datenschutzaudit 20 10
- Datenschutzaufsicht 20 134
- Datenschutzbeauftragter 7 178, 181; 20 109
- Datenschutzniveau (angemessenes) 7 189, 190, 191, 192
- Datensicherheit 7 177, 195
- Datensicherung 7 86
- Datentransfer 7 177, 189
- Datenübermittlung 7 189
- Datenverlust 7 86
- Herr der Daten 7 181
- in der Telekommunikation 20 212
- Opt in 7 193
- Opt out 7 193
- personenbezogene Daten 7 177, 185, 189
- verantwortliche Stelle 7 178, 187
- Zweckbindungsgrundsatz 7 193

Datenschutzrecht 2 66 ff.; 20 1
- allgemeines und besonderes 20 7
- Anwendungsbereich 20 17
- Aufsichtsbehörde 20 134
- Auftragsdatenverarbeitung 20 84
- automatisierte Einzelentscheidung 20 78
- automatisierte Verarbeitung 20 18
- besondere Arten von 20 35
- Bundesdatenschutzgesetz 2 67; 16 158; 20 15

Stichwortverzeichnis

- Datenvermeidung und -sparsamkeit **16** 114; **18** 30, 126, 129, 137, 141, 176, 212; **20** 81; **26** 27; **27** 149, 152
- Dritter **20** 48
- Drittland **20** 20
- Einwilligung **20** 52
- Empfänger **20** 49
- Entstehung und Zweck **20** 1
- Erheben von Daten **20** 39
- Funktionsübertragung **20** 92
- Gesetzgebungskompetenz **20** 12
- im Kreditwesen **20** 486
- in den Kirchen **20** 498
- nicht automatisierte Datei **20** 19
- Niederlassung **20** 20
- Nutzen von Daten **20** 46
- personenbezogene Daten **20** 23
- Rechte des Betroffenen **20** 95
- Rechtsgrundlagen **20** 7
- Sanktionen **20** 132
- Sanktionen bei Telemedien **20** 211
- Schadensersatz **20** 140
- Sitzprinzip **20** 20
- Sozialdatenschutz **20** 495
- Strafverfolgung, Strafverfahren **20** 497
- Tätigkeitsbericht **20** 134, 135
- Territorialitätsprinzip **20** 20
- verantwortliche Stelle **20** 22, 47
- Verarbeiten von Daten **20** 40
- Videoüberwachung **20** 78
- Zulässigkeit der Verarbeitung **20** 50

Datensicherung **4** 156, 345, 453f., 460
Datenspionage **26** 65
Datenträger
- Erschöpfung **4** 286ff., 322
- Mitlieferung **4** 291

Datentransfer international **20** 351
Datentransit **20** 399, 483
Datenübermittlung **20** 340; **27** 146
Datenübertragung **16** 118
Datenveränderung **26** 87
- Cookies **26** 103
- DOS-Attacke **26** 100, 113
- Filterprogramm **26** 91
- fremde Daten **26** 89
- Füllen eines leeren Speicherplatzes **26** 97
- Löschen **26** 93
- Mailbombing **26** 101
- Online-Demonstration **26** 102
- Spamming **26** 99
- unbrauchbar machen **26** 95
- unterdrücken **26** 94
- verändern **26** 96
- Virenprogramm **26** 98

Datenverarbeitung, Zentralisierung **20** 342
Datenverarbeitungsanlage
- Begriff **20** 363, 366
- Standort **20** 369

Datenverkehr, grenzüberschreitender **20** 284
Datenvermeidung und -sparsamkeit **20** 81
- bei Telemedien **20** 181

Dauerrechtsbeziehung **5** 5ff.

Dauerschuldverhältnis, Kündigung und Vollmacht zur Kündigung **11** 162ff.
.de, Anmeldung **19** 33
De-facto-Vergabe **24** 4
Deckungsverhältnis **16** 237, 268, 279, 301
deep link **1** 69
Dekompilierung **1** 27; **3** 17, 27, 30; **16** 114
Delta-Pflichtenheft **4** 525
Demonstration Betriebsbereitschaft **4** 156
DENIC **19** 13, 31, 421; **27** 15
Desktop Services **7** 144
Desktop-Betreuung **7** 4
Deutsche Network Information Center (DENIC) e.G **1** 88
Dialer-Programm **9** 114, 120, 147, 150
Diensteanbieter **9** 7, 46
- Gleichbehandlung bei der Nummernverwaltung **23** 146, 151f.
- im Mobilfunk **9** 7
- Legaldefinition **23** 22
- Meldepflicht **23** 22

Diensteanbieterverpflichtungen **23** 347
- Auferlegung in Frequenzvergabeverfahren **23** 344
- Diskriminierungsverbot **23** 347
- Fortgeltung der (in Mobilfunklizenzen) **23** 348
- Rechtsschutz **23** 372
- simyo-Entscheidung **23** 372
- und Produktinnovation **23** 289

Dienstgütevereinbarung **2** 35
Dienstvertrag, Anpassung **4** 555, 558
digital fingerprint **3** 61
Digital Millennium Copyright Act **10** 11
digital watermark **3** 61
Digitale Dividende **23** 112
Digitales Kartenmaterial **18** 226
Direct Response **16** 143
Directories **1** 76
Direkterhebungsgrundsatz **20** 290
Disclaimer **25** 154, 163
Diskriminierung (und sachliche Rechtfertigung) im TKG **23** 281
- Bereitstellungsfristen **23** 289
- Kapazitätsengpässe **23** 286
- Produktinnovation **23** 289

Diskriminierungsverbote des TKG **23** 281, 343, 347, 353, 408, 438, 441, 447
- Abgrenzung zum GWB **23** 283
- als Gleichbehandlungsgebot **23** 282
- extern-extern-Gleichbehandlung **23** 282, 343
- Gleichheitsmaßstab, formaler und materieller **23** 284
- intern-extern-Gleichbehandlung **23** 282, 343

Display **18** 103
Displaygröße **16** 24
Dispute-Eintrag **19** 44; **27** 16
(Distributed) Denial-of-Service-Attacken **1** 97
DMB **16** 174
DocMorris **15** 1
Doctrine of fair use (USA), Urheberrecht **4** 860
Doctrine of unconscionability (USA), Urheberrecht **4** 880

Stichwortverzeichnis

Dokumentation 4 5, 245
- Anpassung **4** 558 f.
- Erstellung **4** 601 ff., 634
- Kauf Hardware **4** 153, 245

Domain
- DENIC **8** 50
- Domain Dienstleister **8** 4, 8, 50 ff.
- Domainvertrag **8** 50 ff.
- EURid **8** 50
- Second Level Domain **8** 50
- Top Level Domain **8** 50

Domain Name Server (DNS)-Rechner 1 49

Domainname
- Ähnlichkeitsrecherchen **19** 478
- Alternative Streitbeilegung für .eu Domainnamen **19** 530
- Alternative Streitbeilegung nach der UDRP **19** 483
- Anspruchsgegner **19** 418
- Anspruchsteller **19** 411
- anwendbares Recht **19** 173
- Aufbau **19** 9
- Begriff der Domainnamen **19** 4
- Bösgläubigkeit **19** 355
- Dispute-Eintrag **19** 44
- Domainnamen-Sharing **19** 478
- Domainnamengrabbing **19** 343, 527
- Domainnameninhaber **19** 34, 39, 436
- Domainnamensystem **19** 1, 6, 14
- Domainparking **19** 442
- Erstbegehungsgefahr **19** 451
- Freigabeanspruch **19** 466
- Generische Domainnamen **19** 347, 358, 370, 473
- Gerechtigkeitsprinzip der Priorität **19** 72
- Gerichtszuständigkeit **19** 391
- Geschäftsabzeichen **19** 63
- Geschäftsbezeichnung **19** 63
- Haftung der DENIC **19** 422
- Haftung der Provider **19** 424
- Haftung des Admin-C **19** 429
- Haftung des administrativen Ansprechpartners **19** 429
- Haftung des technischen Ansprechpartners **19** 435
- Haftung des Zonenverwalters **19** 435
- Identitätsrecherchen **19** 478
- Inhaberwechsel **19** 49
- Inlandsbezug **19** 176
- Insolvenz **19** 171
- internationale Schiedsgerichtsbarkeit **19** 480
- internationale Zuständigkeit **19** 403
- internationalisierter Domainnamen **19** 19
- Kennzeichenfunktion **19** 54, 273
- Löschung **19** 48
- Namensrecht **19** 72
- Partnerprogramme **19** 442
- Providerwechsel **19** 50
- Recht sui generis **19** 53
- Schiedsgerichtsverfahren **19** 486
- Schiedsstellen **19** 484
- Schutzlandprinzip **19** 173
- Tippfehlerdomains **19** 236
- Übertragungsanspruch **19** 464
- Unterlassungsanspruch **19** 447
- Vergabeprinzip **19** 10
- Wettbewerbsrecht **19** 320
- Who-IS-Abfragen **19** 439
- Wiederholungsgefahr **19** 449
- Zwangsvollstreckung **19** 163

Domainparking **19** 442
Dongle **18** 137, 151
DOS-Angriff **26** 100, 113
Download **16** 88, 103, 168; **18** 30, 126, 129, 176, 212
Downtime **7** 153, 167, 174
- Scheduled Downtime **7** 153
- Unscheduled Downtime **7** 153

Drahtloser Netzzugang **23** 98, 121
Drei-Kriterien-Test des TKG **23** 237
- regulierungsspezifische Marktdefinition **23** 238

Drei-Stufen-Test **3** 60; **18** 45
Drittauskunft **27** 63
Drittland **20** 20
Drittschützende Wirkung **23** 81, 140, 265
- Antragserfordernis im Verwaltungsverfahren **23** 265
- bestehender Vorabverpflichtungen **23** 265, 362 f.
- von auferlegbaren gesetzlichen Vorabverpflichtungen **23** 265, 460
- von Entgeltregulierungsbestimmungen **23** 436
- von Verwaltungsakten **23** 362

DRM-System **5** 107, 125, 173
Droit moraux (FRA), Urheberrecht **4** 856
DSL (Digital Subscriber Line) **9** 38, 48, 61, 119
- Port Drosselung **9** 166

Dual Licensing, s. Open Source
Dual-Use **26** 85
Dual-Use-Programm **26** 62; **27** 72
Due Diligence Prüfung **7** 116, 129, 130, 201
Durchsetzungsmöglichkeit **27** 112
Durchsuchung und Beschlagnahme von EDV-Anlagen **26** 343, 367
Durchsuchung/Beschlagnahme beim Berufsgeheimnisträger **26** 361
DVB-H **16** 174
DXB **16** 174

E

E-Commerce-Delikte **26** 130
E-Commerce-Richtlinie **10** 2; **11** 13; **25** 147, 157 ff.
E-Government **24** 119, 120
E-Mail als Geschäftsbrief **13** 45
E-Mail- und SMS-Werbung **12** 21; **16** 126126, 136, 137136137
- AGB-Gestaltung **12** 33
- AGB-Kontrolle **12** 35
- Ausnahmsweise Zulässigkeit **12** 35
- Beweislast **12** 34
- Einwilligung der Kunden **12** 23
- Einwilligung der Kunden, ausdrückliche **12** 25
- Einwilligung der Kunden, Einzelprobleme **12** 28
- Einwilligung der Kunden, mutmaßliche **12** 26
- Einwilligung der Kunden, richtlinienkonforme Rechtsfortbildung **12** 24
- Einwilligung der Kunden, Richtlinienorientierte Auslegung **12** 24

E-Mail-Adresse, als Teilnehmerdatum **9** 126

Stichwortverzeichnis

E-Mail-Dienst, als Telekommunikationsdienst 9 48
E-Mail-Überwachung 20 315, 318
E-Mail-Werbung 13 57
E-Mailadressen 23 9, 23, 53
– Meldepflicht 23 23
– öffentliche Sicherheit 23 41, 51
E-Payment 16 180
E-Procurement 24 125
eBay
– eBay Auktionsablauf 14 8
– eBay Auktionsart 14 8
– eBay Bewertung 14 16
– eBay Powerseller 14 31
– eBay-Account 14 9
– eBay-AGB 14 55
– eBay-Shop 14 31
– eBay-Verkäufe 14 1
– Widerruf 14 77
EDV-Insel 1 38
EG-Datenschutzrichtlinie 20 9, 10
Eigener Gebrauch 16 93, 93, 95, 95
Eigenkapitalverzinsung i. S. d. TKG 23 402
Eignungskriterien 24 67
Einbeziehung durch freiwilligen Verzicht des Kunden 16 26
Einbeziehung im Wege einer Rahmenvereinbarung 16 27
Einheitsprinzip 2 26
Einkaufsgemeinschaften 24 53, 54
Einräumung von Nutzungsrechten 18 75, 78
Einrichten, Hardware 4 258
Einstweilige Verfügung 12 71; 27 115
Einstweiliger Rechtsschutz 27 114
Einvernehmliche Beweisverfahren 27 102
Einverständnis des Kunden 16 25
Einweisung 4 77, 425, 473
– Hardware 4 248
– Softwareerstellung 4 601, 644
– Standardsoftware 4 250
Einwilligung 20 280, 282, 405–416; 27 132
– anfängliche 20 409
– Arbeitnehmer 20 280, 282
– Bestimmtheit bei Arbeitnehmer 20 283
– Betriebsvereinbarung 20 417
– elektronische bei Telekommunikation 20 233
– elektronische bei Telemedien 20 179
– global 20 412
– Sarbanes Oxley Act 20 426
– Whistleblowing 20 329, 330
– Widerruflichkeit 20 410
Einwilligung der Kunden 16 25, 25, 32, 32
Einwilligungsvorbehalt des Urhebers 27 132
Einzelfreistellung 4 822, 836
Einzelverbindungsnachweis 9 95
– Mindestinhalt 9 95
– und Prepaid-Produkte 9 96
– und Datendienste 9 95
– Verbindungen Dritter 9 97
Einzelzahlungsvertrag 16 245, 248
electronic-cash-Verfahrens 16 304
Elektronische Form 16 7
Elektronische Signatur 1 63; 16 7; 22 6

Elektronischer Geschäftsverkehr 16 57
– Novelle 11 11 f.
Elektronisches Geld 16 246
Embedded System 5 202 ff.
Emissions(Kreditkarten-)vertrag 16 301
Empfangsperson 2 44
Emulation 3 81
EMVG 23 63
End-of-life 5 186
End-to-End Response Time 7 167
End-to-End Service Level 7 151, 167
End-to-End System Availability 7 167
Endabnahme 6 28, 33, 101
Endleitung 9 39
Endnutzer 9 51, 53 ff., 122 ff., 139, 141; 23 11, 48, 337 ff.
Endnutzermärkte 23 229, 298, 442
– Entgeltregulierung 23 378, 390 ff., 394
– Marktanalyse 23 394, 460 ff.
– Marktdefinition 23 394, 460 ff.
– Regulierungsverfügung 23 453, 460 ff.
Enduser License Agreements (EULAS), Vertragsrecht 4 873
Enforcement 3 61
Enforcement Richtlinie 27 44, 45, 47, 54, 64, 66, 69, 74, 80, 85, 89, 123
Englische Auktion 1 62; 14 5
Entbündelung
– Bitstrom-Zugang, standalone 23 305
– Entgeltmissbrauch 23 409
– gebündelter Zugang 23 302, 326
– Nachfragerechte von Zugangsleistungen 23 298
– Teilnehmeranschluss 23 323
– von Anschluss und Verbindungsleistungen bei Resale 23 309, 311
Enterprise Resource Planning, ERP 1 16; 7 7
Entgangener Gewinn 27 47
Entgeltgenehmigung im TKG 6 91 ff.; 16 96; 17 99; 18 29 f., 119–124, 170 f., 190; 23 383 ff.; 24 3, 69, 126
– Ablehnung bei unvollständigen Unterlagen 23 420
– Antrag auf 23 418
– Befristung 23 420
– privatrechtsgestaltende Wirkung 23 421
– Rückwirkung 23 422
Entgeltgenehmigungspflicht des TKG 23 383
– Anwendungsbereich 23 379, 383 ff.
– Endnutzerleistungen 23 391
– freiwillige Leistungen 23 342
– Genehmigungsarten 23 339
– keine drittschützende Wirkung 23 265, 437
– konkret-aufwandsbezogene Entgelte 23 399
– Regel-Ausnahme-Verhältnis 23 384
Entgeltgenehmigungsverfahren des TKG 23 398
– Betriebs- und Geschäftsgeheimnisse 23 419
– Eröffnung 23 418
– Frist 23 418
– Kostenmodelle, Heranziehung 23 415
– Kostenunterlagen, Vorlagepflicht 23 413, 419
– Price-Cap-Verfahren 23 399
– Prüfungsmaßstab 23 400

Entgeltmissbrauch (§ 28 TKG) 23 407
- Ausbeutungsmissbrauch 23 408
- Behinderungsmissbrauch 23 408
- Bündelung, sachlich ungerechtfertigte 23 409
- Diskriminierung(sverbot) 23 408
- drittschützende Wirkung des § 28 TKG 23 438
- Kausalität 23 408
- Preis-Kosten-Schere 23 408, 411
- Vergleichsmarktuntersuchung 23 415, 425 ff.

Entgeltregulierung im TKG 23 377
- Arten 23 378
- Konsistenzgebot 23 377
- Rechtsschutz 23 431

Entgeltregulierung, nachträgliche im TKG 23 387, 391
- Anwendungsbereich 23 387, 391
- Rechtsschutz 23 431
- Regel-Ausnahme-Verhältnis 23 384
- Verfahren 23 423

Entgeltregulierungsmaßstäbe des TKG 23 400, 424 ff.
- Anwendbarkeit des GWB 23 407
- Kosten der effizienten Leistungsbereitstellung 23 401

Entgeltregulierungsverfahren, nachträgliches 23 424
- Fristen 23 430
- kein Antragsrecht 23 428
- Vergleichsmarktuntersuchung vorrangig 23 425

Entscheidungskompetenz 24 118
Entsiegelung 16 38
Entstellungsgefahr 16 118
Entwicklungsbeeinträchtigende Angebote 16 153
Entwicklungsverträge 4 61, 562
EPL (Eclipse Public License), s. Open Source
EPLA 17 33
EPROM 18 143
Erbringen von Telekommunikationsdiensten 23 47
Erbringen/Erbringer von Telekommunikationsdiensten (für die Öffentlichkeit) 23 15
- Begriff 23 22
- Meldepflicht 23 15
- öffentliche Sicherheit 23 40, 48

ERDRP 19 16
Erfolgseintritt der Überweisung 16 259
Erheblichkeit, Mangel 4 43, 207, 210 f.
Erhebung 20 367
- territorialer Bezug 20 389, 391

Erhebung bei Durchreise 20 398
Erklärung unter Abwesenden 16 15
Erklärungsirrtum 16 17
Ermächtigung nach § 105 UrhG 27 29
ERP-System 20 363
Erscheinungsformen strafbaren Verhaltens 26 31
Erschleichen von Leistungen 26 236
- Automatenmissbrauch 26 237
- Missbrauch von Telekommunikationsnetzen 26 238

Erschöpfung 3 80; 5 97, 109, 166, 171, 189 f., 204; 16 96
- des Verbreitungsrechts 3 23; 27 129

- first-sale doctrine 3 58

Erschöpfungsgrundsatz 4 701
- Eskalationsprozedere 6 91, 184, 186
- Urheberrecht 4 862

Erstbegehungsgefahr 27 31, 38
Erwerb der Nutzungsrechte 16 106
Erwerb von Klingeltönen durch Minderjährige 16 162, 162, 163, 163
Escrow Agreement 7 95, 216
Escrow Agreements, Insolvenz 4 895
Eskalation 7 63, 106
- Eskalationsverfahren 27 4
- Eskalationsvorschriften 27 4

Essensabrechnung 20 309
.eu
- Anmeldeberechtigung 19 24
- Anmeldung 19 26
- Registrierungspolitik 19 23
- Who is-Politik 19 23
- Widerruf 19 29

EU TK-Reformpaket 2009 9 3, 75; 23 1, 4, 7 f.
EU-Datenschutzrichtlinie für elektronische Kommunikation 20 149
EU-Kommission
- Kommissionsleitlinien 23 6, 240 ff.
- Märkteempfehlung 23 6, 234
- Vetorecht im Konsolidierungsverfahren 23 257

EU-Richtlinienpaket 2002 23 4
EU-weiter kohärenter rechtlicher Rahmen für Zahlungsdienste 16 225
EULA 5 88 ff.
EURid 1 88; 19 21; 27 24
Europäisches Institut für Conflict Management e.V 27 9
Europäische Menschenrechtskonvention, Ausstrahlungswirkung von Art. 10 3 46
Europäische Verordnung des Rates über die Zustellung gerichtlicher und außergerichtlicher Schriftstücke in Zivil- oder Handelssachen in den Mitgliedstaaten 25 134
Europäischer Haftbefehl 26 21, 375
Europäischer Pass 16 224
Europäischer Vollstreckungstitel 25 135
Europäisches Patentrecht 17 26
European Payment Council (EPC) 16 222
EVB-IT, Systemservice 4 253
EVB-IT Instandhaltung 4 260
EVB-IT Kauf 4 156
EVB-IT Systemlieferung 4 156, 186, 253
EVB-IT Systemvertrag 4 119, 186, 611
EVB-IT Überlassung 4 42
EVB-IT-Dienstleistung 4 156
EVB-IT-Musterverträge 24 31
Exequatur 25 131, 136
Exit-Optionen 2 60
Expansion 20 340
Expertensystem 18 157
Export-Kontrolle 5 172 ff.
- Dual use 5 173

Extern-extern-Gleichbehandlung 23 282, 343, 447

Stichwortverzeichnis

F
Fachkunde, Nachweis für Übertragung des öffentlichen Wegerechts durch BNetzA 23 180, 184
Fahndung via Internet 26 369
Fallgruppen des Wettbewerbsrechts 16 127
Falsche Übermittlung 16 17
Fälschung beweiserheblicher Daten 26 117
- Phishing 26 122
Fehlerbehebungszeit 7 158, 162
Fehlerklasse 6 137; 7 56, 135
Fehlermeldung 1 34
Fehlerrisiko 1 35
Fernabsatz 10 24
- Bereichsausnahmen 11 45
- Dauerschuldverhältnisse 11 52
- Fernabsatzrecht 16 31, 56
- Fernabsatzrichtlinie 10 15; 11 10; 16 31–56
- Fernabsatzverträge 11 18; 16 3131, 39, 46, 49394649
- Novelle 11 11 f.
- Telemedien 11 58
Fernkommunikationsmittel 11 32; 16 40, 48
Fernmeldegeheimnis 18 217
Festnetz, als Telekommunikationsnetz 23 18
Feststellungsklage 27 57
File Transfer Protocol (FTP) 1 51
Filesharing 18 208, 217
Filme 16 112, 112, 119, 143, 119, 143
Filmwerk 16 80
Finanzdienstleistungen 16 31, 31, 49, 52, 54–55, 49, 52, 54–55
Firewalls 1 103
Firma 19 101
first come, first served 19 10
First sale doctrine (USA), Urheberrecht 4 862
Fixed Fee 6 154
Flatrate-Tarife 9 166
- mobile 9 166
FNPAV, Frequenznutzungsplanaufstellungsverordnung 23 98
Folgepflichten und Folgekostenpflichten, wegerechtliche 23 191 f.
Folgeschäden, Vertragsrecht 4 879
Forderungsrisiko, Mehrwertdienste 9 70
Formfreiheit, Vertragsrecht 4 876
Formwechsel
- identitätswahrende Umwandlung 23 110, 129 f., 191
- umwandlungsrechtlich 23 129
Forschungs- und Entwicklungsprojekt 6 10
Fortgeltung
- abstrakter gesetzlicher Gebote des TKG 1996 23 230
- Diensteanbieterverpflichtungen (in GSM- und UMTS-Lizenzen) 23 348
- konkreter Gebote aus Verwaltungsakten unter dem TKG 1996 23 230
- Lizenzen und Verleihungen 23 29
- Sicherheitskonzept 23 44
- TKG 1996 23 230 f.
Fortgeschrittene elektronische Signatur 1 63
Fortsetzungszusammenhang 7 87

Forum shopping 25 140
Forward Auction 14 5
Fotografien 16 76, 76, 77, 77
Four corners rule 2 61
Frames 1 71
Fraudulent misrepresentation (UK), Haftung 4 882
Free Software, s. Open Source
Freeware 4 652
Freie Benutzungen 16 97, 97, 99, 99
Freier Datentransfer 20 439
Freigabe 6 31, 149
Freischaltung 4 311 ff.
Freistellung 4 782; 784 f., 791, 804, 806, 808 f., 813 f., 833, 836
Freiwillige Selbstbeschränkungen 16 62
Freiwillige Selbstkontrolle 16 141, 141, 155, 155
Freiwilliger Verzicht 16 26
Freiwilligkeit, Arbeitsverhältnis 20 406
Fremdbesitz 15 25
Fremdbesitzverbot 15 25
Fremdenrecht 18 98
Frequenz
- Hortung 23 103
- Überlassung und Übertragung (von Frequenzzuteilungen) 23 129
Frequenzbereichszuweisungsplan(verordnung) 23 97
Frequenzgebührenverordnung 23 87, 141
Frequenzhandel 23 133
Frequenzknappheit 23 101, 111, 115 f.
Frequenznutzung
- Art und Umfang 23 107
- effiziente und störungsfreie 23 101, 103, 107 ff.
- Legaldefinition 23 99
Frequenznutzungsbeitrag 23 89, 141
Frequenznutzungsplan 23 98
Frequenzvergabeverfahren 23 111
- Auferlegung von Vorabverpflichtungen 23 344
- Ausschluss von Teilnehmern 23 120
- Auswahl zwischen Versteigerung oder Ausschreibung 23 117
- Beschränkung von Bietrechten 23 120
- Festlegung von Vergabebedingungen 23 118
- Rechtsschutz 23 134
- Verfahrensregeln 23 123
- Versorgungsauflagen 23 122
- Zulassung von Teilnehmern 23 111, 119
Frequenzzuteilung 23 99, 111 ff.
- Allgemeinzuteilung 23 100
- Anträge 23 104
- Arten 23 100
- Befristung 23 109
- Einzelzuteilung 23 100
- kein Anspruch auf bestimmte Einzelfrequenz 23 101
- Nebenbestimmungen 23 107, 122
- Rechtsnachfolge 23 129
- Verlängerung 23 109
- Versagung 23 105
- Verzicht 23 127
- Voraussetzungen 23 101, 115 ff.
- Widerruf 23 126

1633

- Zweckbindung, Widmung **23** 99, 101, 107, 121
Frequenzzuteilungsgebühren 23 87, 141
FST 16 62, 62, 141, 145, 141, 145
FTEG 23 17, 63
FTP 1 94
Full Outsourcing 7 3, 4
Funkanlagen 23 63, 172
Funkdienste 23 97
Funknetz 23 18, 21
Funktionaler Auftraggeberbegriff 24 8
Funktionsfähigkeit
- Herstellung **4** 238
- Leasing **4** 231
- Mangel **4** 40

Funktionsherrschaft 23 19, 21, 99
Funktionsprüfung 1 33
Funktionstest 6 135
Funktionsübertragung 7 185; **20** 92

G
Garantie, Hardware 4 256
GATT-TRIPS 18 2, 96 f., 125, 158, 203
Gebrauchsmusterrecht 17 1
Gebrauchthandel 5 165 ff.
Gebrauchtsoftware 4 321 ff.
Gebühren (und Auslagen) nach dem TKG 23 87
- für Frequenzzuteilungen **23** 88, 141
- für Zuteilung von Nummern **23** 88, 166
- TKGebV **23** 195
- Wegerechte **23** 88, 195

Gefährdungsdelikt 26 24
Gefahrtragung 2 42
Geheimhaltung 5 129 f.
- Geschäftsgeheimnis **5** 130

Geltungserhaltende Reduktion, Vertragsrecht 4 878
GEMA 16 108, 111, 162, 168–169; **18** 43, 88
GEMA-Zuschlag 27 50
Gemeinkosten 27 53
Gemeinsame Marktbeherrschung 23 241
Gemeinschaftskodex für Humanarzneimittel 15 7
Gemeinschaftspatent 17 34
Genehmigungsrichtlinie, Richtlinie 2002/20/EG v. 07.03.2002 über die Genehmigung elektronischer Kommunikationsnetze und -dienste 23 4, 14, 88, 96, 102, 146, 170, 345, 348
Genehmigungsvorbehalt 2 64
Generalklausel (unlauteren Wettbewerbs) 12 14, 19
Generische Domainnamen 19 358
generische Top Level Domains (gTLDs) 1 86
Genfer Europäische Übereinkommen über die internationale Handelsschiedsgerichtsbarkeit 25 101
Genfer-Tonträger-Abkommen (GTA) 18 97
Geografische Herkunftsangaben 19 318
Geräteabgabe 16 92
Gerechtigkeitsprinzip der Priorität 19 10
Gerichtliche Zuständigkeit
- EG-Verordnung Nr. 44/2001 **3** 8
- Grundsatz der freien Rechtswahl **3** 12
- Heimatgerichtsstand **3** 8; **10** 24

- making-available-right **3** 10
- Schutzlandprinzip **3** 10
- Software-Lizenzverträge **3** 12
- Verbraucherangelegenheiten **3** 15
- Zuständigkeitsvereinbarung **3** 15

Gerichtsstand
- allgemeiner **25** 111
- besonderer **25** 112
- Erfüllungsort **25** 113
- EUGVÜ **25** 121
- EUGVVO **25** 109
- Immaterialgut **25** 117
- IT-Streitigkeiten **25** 119
- LugÜ **25** 121
- Marken-/Patentrecht **25** 146
- Niederlassung **25** 116
- Persönlichkeitsrecht **25** 119
- unerlaubte Handlung **25** 115, 147, 148
- Urheberrecht **25** 138
- Verbrauchersache **25** 114
- Vermögen **25** 118
- Wohnsitz des Beklagten **25** 111

Gerichtsstandsvereinbarung 25 75
- Auswirkung **25** 78
- elektronische Form **25** 93
- EUGVÜ **25** 87
- EUGVVO **25** 87, 91
- Formerfordernis **25** 92
- HGÜ **25** 86, 90
- LugÜ **25** 88
- Regelwerke **25** 84
- Verbraucherbeteiligung **25** 95
- ZPO **25** 89
- Zweck **25** 77

Gesamtlösung (Systemverträge) 4 187
Gesamtverfügbarkeit 7 151
Geschäftsabzeichen 19 113
geschäftsbesorgungsrechtliche Weisung 16 253
Geschäftsbezeichnung 19 110, 144
Geschäftsbrief, E-Mail als 13 45
Geschäftsgrundlage, Wegfall der 2 18
Geschäftsmäßiges Erbringen von Telekommunikationsdiensten 23 22, 40, 50
Geschäftsprozesse 1 16
Geschlossene Benutzergruppe (GBG) 23 26
Gesellschaft für Wirtschaftsmediation und Konfliktmanagement e.V 27 9
Gesetz gegen den unlauteren Wettbewerb 25 161
Gesetz über die Vertragsbedingungen (AVNL) (Schweden) 4 888
Gesetz über die Werbung auf dem Gebiet des Heilwesens 15 15
Gesetz zur Beschränkung des Brief-, Post- und Fernmeldegeheimnisses, G 10-Gesetz 23 47
Gesetzlicher Vergütungsanspruch 16 108
Gestaltungsrecht 11 112
Gestaltungsspielraum 1 24
Gesundheitsschutz 15 1
Getarnte Werbung, Verbot der 12 42, 45, 52; **16** 131
Getrennte Rechnungsführung nach § 24 TKG 23 293
Gewährleistung bei Internet-Auktionen 14 88

Stichwortverzeichnis

Gewerblich
- Betreiben von (öffentlichen) Telekommunikationsnetzen 23 15, 25
- Erbringen von Telekommunikationsdiensten 23 15, 25

Giropay 16 195
Glücksspiele 16 140
GNU GPL, s. Open Source
Go-Live-Termin 6 26
GPL 5 203 f.
GPL (General Public License), s. Open Source
Graphic User Interfaces, GUIs 1 21
Grenzüberschreitende Kollisionen 18 236, 239
Grids 1 9
Grobe Fahrlässigkeit 4 426
- Haftung 4 884

Gruppenfreistellungsverordnung 4 681, 776 f., 784, 822, 834, 836; 5 45, 48, 49, 50, 51
- Technologietransfer 5 45, 50, 51
- Vertikal-GVO 5 48, 49, 92 ff.

GSM (Global System for Mobile Communications, früher Groupe Spéciale Mobile, Mobilfunkstandard) 23 29, 96, 98 f., 109, 117, 121, 132
- Diensteanbieter(verpflichtung) 23 347
- Lizenzen 23 29

GSM-Richtlinie, Richtlinie 2009/114/EG v. 16.09.2009 zur Änderung der Richtlinie 87/372/EWG 23 4
gTLD 19 14, 16
Günstigkeitsprinzip 11 5
Gutgläubiger Erwerb 16 82
Gutschrift auf dem Konto des Instituts des Zahlungsempfängers 16 260
GVL 16 108

H

Haager Übereinkommen über Gerichtsstandsvereinbarungen 25 86
- Anerkennung 25 124
- Anwendungsbereich 25 125
- Gerichtsstandsvereinbarung 25 90
- Vollstreckung 25 124

Hacker-Tools 26 83
Haftung 2 70; 25 157 ff.
- AGB 2 72
- Befreiung 2 70
- Beschränkung 2 71
- Produkthaftung 2 73

Haftung der Provider (Domainnamen) 19 424
Haftung des Plattformbetreibers bei Internet-Auktionen 14 117
Haftung für Überlassung von Accountdaten 12 75
Haftungsprivilegierungen, der Provider 12 79
Halzband-Entscheidung 12 75
Hamburger Brauch 27 32
Handelsklausel 2 14
Handelsvertreter 5 14, 21 f.
- Ausgleichsanspruch 5 25 ff.
- Kündigungsfristen 5 29

Handy-Logos 16 170
Handy-TV 16 71, 103, 148, 173–174, 176–177, 179; 18 236

Hardware 1 4
Hardware-Kauf 4 137 ff.
Hardware-Leasing 4 224 ff.
Hardware-Miete 4 188 ff.
Haus- und Filialüberweisung 16 260
Help Desk 7 4, 73, 74
Herausgabeansprüche 27 67
Herkunftslandprinzip 19 334; 25 140, 157 ff.
Herkunftstäuschung 12 65
Hersteller von mobilen Endgeräten 16 92
Higher standard of care (USA), Haftung 4 871
Hinsendekosten, Heine-Urteil (EuGH) 11 149
Hintergrundbilder 16 76–77, 76–77, 97, 170, 97, 170
Hinterlegung 1 31
Hinterlegungsvereinbarung 7 216
Historische Kosten i. S. d. TKG 23 402
Höchstpreisauktion 14 5
Holländische Auktion bzw. Abwärtsversteigerung 1 62; 14 6
Host Service Provider 1 89
Hosting 1 57; 7 144, 177
Hotels als Anbieter von TK-Diensten 23 22
Hotline, s. Wartung, Pflege
Housing 1 57; 7 144
HTML 18 103, 205
Hubs 1 48
Hyperlinks 16 20, 20, 22, 51, 22, 51; 26 288
- Deep Links 12 63
- Frame Links 12 64
- Inline Links 12 64
- und ergänzender wettbewerbsrechtlicher Leistungsschutz 12 62
- und redaktionelles Trennungsgebot 12 45
- »einfache« Hyperlinks 12 62

Hypertextsystem 1 59

I

ICANN (Internet Corporation for Assigned Names and Numbers) 1 87; 19 12; 27 14
Idea/expression dichotomy, Urheberrecht 4 855
Idealverein 13 6
Identitätsrecherchen 19 478
IMG (Image)-Link 1 67
Immobiliarvollstreckung 27 127
Implementierung 6 4, 6, 24, 27, 48, 58
Impressum
- auf Website 13 2, 4 ff.
- im Internet 13 1
- in E-Mails 13 41, 42 ff.
- Pflicht 14 32

IMSI-Catcher 26 368
Inaugenscheinnahme 16 18; 27 100
Incentive Marketing 16 125
Incidental damages, Haftung 4 879
INCOTERMS 2 14
- Geltung 2 15
- Leistungsort 2 45
- Rechtsnatur 2 14
- Regelungsbereich 2 14
- Transport 2 45
- Verpackung 2 73

Stichwortverzeichnis

Index, Indices 18 159, 222 f.
Individualsoftware 7 72, 125, 201, 202
Industriestandards 17 18
Information über das Bestehen eines Widerrufsrechts 16 31, 31, 33, 46, 48, 33, 46, 48
Informationspflichten 16 31, 53, 58, 62, 68
- im Internet 13 1
- in der kommerziellen Kommunikation 13 53
- in E-Mails 13 41
Informierte Patienten 15 20
Infrastructure as a Service (IaaS) 7 252
Infrastrukturauftrag, grundgesetzlicher für Telekommunikation 23 185
Inhaltsdaten 20 199
Inhaltsirrtum 16 17
Inhouse-Geschäft 24 33
Inkasso und Zugangsverpflichtung für Inkasso nach TKG 9 40, 64, 66, 103 ff.; 23 315, 320 ff., 383
- Branchenlösung 23 320
- Online- und Offline-Billing 23 321
Inkasso-Entscheidung 18 1, 104
Inkassoverhältnis 16 239, 268, 279
Inlandstat 26 22
Innominatvertrag (SUI) 4 866
Insbesondere-Anträge 27 36
Insolvenz 4 361, 604
- des Lizenzgebers 4 892
Installation
- Anpassung 4 542
- Betriebsbereitschaft 4 150, 155, 186
- Dienstvertrag 4 242
- Hardware 4 157 ff., 237 ff.
- Pflege 4 472
- Software 4 303 f.
Installationsanleitung 4 245 ff.
Instandhaltung 4 253, 260
Instandsetzung 4 253, 260, 265
Institut des Begünstigten 16 258
Integrationstest 6 135
Intelligente Netzdienste 23 300, 312 f.
Interbankenverhältnis 16 268, 278, 279
Intern-extern-Gleichbehandlung 23 282, 343, 441, 447
International Chamber of Commerce 2 14
Internationale Datenübermittlung 20 339
- angemessenes Datenschutzniveau 20 437, 454
- Auftragsverarbeitung 20 338, 372, 382
- Durchleitung 20 399
- Einwilligung 20 405, 416
- Einzelfallprüfung 20 456
- Niederlassung 20 379, 385
- Positivliste 20 448
- Re-Export 20 400, 403
- Territorialitätsprinzip 20 375
- verantwortliche Stelle 20 379
- Vertreter 20 395, 397
- Zwei-Stufen-Prüfung 20 427, 475
Internationale Gerichtszuständigkeit 25 108
Internationales Patentrecht 17 22
Internationalisierte Domainnamen (IDN) 19 19
Internationalisierung 2 6
Internationalized Domain Names (IDN) 1 86
Internet 1 47, 49

Internet Message Access Protocol Version 4 (IMAP4) 1 52
Internet Protocol (IP) 1 49
Internet Relay Chat (IRC) 1 55
Internet Service Provider 27 66
Internet Service Provider (ISP) 1 90
Internet-Auktionen 13 63
- Ablauf 14 8
- Abwärtsauktionen 14 6
- allgemeine Geschäftsbedingungen 14 55
- Anfechtung 14 85
- Anwendbares Recht 14 20
- Arten 14 8
- Aufwärtsauktionen 14 5
- Auktionslaufzeit 14 12
- Bewertungssysteme 14 16
- Bietagenten 14 14
- Eigenversteigerung 14 4
- Fremdversteigerung 14 4
- Gestaltungspflichten 14 42
- Gewährleistung 14 88
- Höchstgebot 14 51
- Impressumspflicht 14 32
- Informationspflichten 14 30
- Kennzeichenrechtsverletzungen 14 92
- Korrektur von Eingabefehlern 14 43
- Kündigung 14 91
- Langzeit-Auktionen 14 7
- Live-Auktionen 14 7
- Powerseller 14 31
- Preisangabenverordnung 14 39
- Rückgaberecht 14 77
- Sniper-Software 14 15
- strafrechtliche Aspekte 14 116
- unlauterer Wettbewerb 14 106
- Unternehmereigenschaft 14 31
- Verantwortlichkeit des Plattformbetreibers 14 117
- Versandrisiko 14 67
- Vertragsgestaltung 14 42
- Vertragsschluss über Auktionsartikel 14 48
- Vertragsverhältnisse 14 21
- Widerrufsrecht 14 77
- Zugangsbestätigung 14 45
Internet-Domain 27 137
Internet-System-Vertrag, vertragsrechtliche Einordnung 9 61
Internet-Zugang 9 48, 57, 61 f.; 23 9, 18, 22 ff., 37, 41
- als Telekommunikationsdienst 23 9, 23 f.
- öffentliche Sicherheit 23 41, 51
- vertragsrechtliche Einordnung 9 61
Internetüberwachung 20 313
Interoperabilität 1 30; 3 30
- Roaming 23 312
- von intelligenten Netzdiensten 23 312
Interstitials 12 38
Intitiativbewerbung 20 294
Intranet 1 64; 18 33, 55
Inverkehrbringen 18 28, 119, 122, 235
- von Software 5 20, 84, 97
Investitionsstau 7 24
Invitatio ad offerendum 2 22

Stichwortverzeichnis

IP-Adresse 19 5, 6; 27 66
– Erhebung 23 53
– keine Rufnummer 23 143
IP-Adressen, Personenbezug 20 193
IP-Netz
– als Telekommunikationsnetz 9 50; 23 16 ff., 18, 329
– Zusammenschaltung 9 32; 23 329
IP-TV 1 56; 18 236, 71
IPR 18 99
IPv6 19 8
Irreführende Werbung 12 43; 16 128–129
– Deep Links 12 63
– Meta Tags 12 48
– Meta Tags, Verwendung allgemeiner Begriffe 12 50
– Meta Tags, Verwendung fremder Begriffe 12 49
– Suchmaschinenmanipulation 12 47
ISDN-Lieferstopp 23 449
ISO 20000 1 105
ISO/OSI (Open Systems Interconnection)-Schichtenmodell 1 50
Issuer 16 189
Ist-Analyse 6 12
IT Contract Library 6 52
IT Infrastructure Library, ITIL 7 19
IT-Beschaffung 24 1
IT-Compliance 7 16
IT-Grundschutz 7 196
IT-Projekt 1 38
IT-Sicherheit 21 1
– Begriff 21 7
– Sanktionen 21 30
– Schutzziele 21 10
– Sicherheitsbeauftragter 21 19, 25
– Sicherheitskonzept 1 101; 21 19
– Standards 21 11
– Überwachung 21 26
IT-Vertrag 2 3
– CISG 25 64
– Click-Wrap-Vertrag 25 36
– Gerichtsstand 25 119
– objektive Anknüpfung 25 51
– Outsourcing-Vertrag 2 5
– Projektvertrag 2 5
– Rechtswahl 25 36 ff.
– Shrink-Wrap-Vertrag 25 36
– Verbrauchervertrag 25 41
– Vertragstyp 2 3
ITSEC (Information Technology Security Evaluation Criteria) 1 97
ITU, International Telecommunications Union, Internationale Fernmeldeunion 23 97, 145, 148
IuKDG 26 2

J
JAVA 18 103, 205
Jugendgefährdende Medien auf eBay-Entscheidung 12 73
Jugendmedienschutz-Staatsvertrag 16 148, 151; 26 10
Jugendschutz 16 143, 143, 148–149, 151, 154–155, 148–149, 151, 154–155

Jugendschutz, IT-spezifische Probleme des 12 67
– freiwillige Selbstkontrolle 12 68
– Jugendschutzbeauftragter 12 68
– Ordnungswidrigkeiten 12 69
– Träger- und Telemedien 12 68
Jugendschutzgesetz 16 148

K
Kabelkanäle, Kabelkanalrohre, Kabelleerrohre, Kabeltröge 23 171, 173, 198
Kabelschacht 23 171, 201
Kabelverzweiger (KVz), Kabelverzweigerschrank 23 173, 198, 301
Kartellrecht 5 44 ff.; 18 141, 198 f., 270
– Konditionenbindung 5 47
– Koppelung 5 140
– Open Source 4 691, 699, 838
– Technologietransfer-GVO 5 45, 50, 51
– Umsatzgrenzen 5 46
– Vertikal-GVO 5 48, 49, 92 ff.
– Wettbewerbsbeschränkung 5 46
Kartellrecht (Softwareüberlassung) 3 83
– Klauselkontrolle 3 85
– Technologietransfer-Vereinbarungen 3 84
– Vergabe von Lizenzen 3 84
Kartellrechtlicher Zwangslizenzeinwand 17 11, 20
Kartellverbot 24 54
Karten zu akzeptieren 16 302
Kartenaussteller/Issuer 16 299
Karteninhaber 16 299
Kartenmaterial 18 226
Kaskade 24 2
Kaufmännisches Bestätigungsschreiben 16 16
Kaufrechtsanwendung, § 651 bei Software 4 48 ff.
Kausalprinzip 2 26
kein Aufwendungsersatzanspruch 16 264
Kennzeichenrechtsverletzungen bei Internet-Auktionen 14 92
Kennzeichnungspflichten 18 243, 272 f.
Kernbeschränkung 4 783 f., 809. 816 f., 827, 834
Kernfunktionen einer Software 1 33
Kerntheorie 27 147
Key Performance Indicator, KPI 7 50
Key Service Level 7 174
Keylogger 20 312; 26 77
Kinderpornographische Schriften 26 230
Klagerzwingungsverfahren 26 313
Klassenbibliotheken 1 19
Klausel
– Handelsklausel 2 14
– salvatorische 2 25
Kleine Münze 3 65; 16 70, 170; 18 12, 161, 206
Klingeltöne 16 75, 141, 154, 162, 167; 18 43
Know-how-Transfer 7 95
Kollisionsrecht 18 99
Kollokation und gemeinsame Nutzung von Einrichtungen im TKG 9 1, 8, 20 f., 24 f., 27 f., 31, 36, 38; 23 318 f., 333 f.
– Schaltkästen, Kabelverzweiger 23 333
Kommerzielle Kommunikationen 13 54
Kompatibilität 4 27, 489

Stichwortverzeichnis

Kompilierung 18 118, 137, 141–146
Konkludente Einwilligung 20 421
Konsistenzgebot 23 377
Konsolidierungsverfahren 23 225, 232 ff., 251 ff., 254 ff.
– Anwendungsbereich **23** 148, 251 ff., 254 ff.
– Aufschubverfahren **23** 257
– Vetorecht der EU-Kommission **23** 257
– Vorlagepflicht gegenüber EU-Kommission **23** 255
Konsultationsverfahren 23 225, 232, 251 ff.
Kontrahierungszwang
– aus Mobilfunklizenzen (GSM, UMTS) zugunsten Diensteanbieter **23** 347
– Universaldienste **9** 74
– Zugangsvereinbarungen **9** 10; **23** 275
Kontrolle des Zugangs zu Endnutzern (§ 18 TKG) 23 337
– Begründungsanforderungen **23** 341
– Entgeltregulierung **23** 389
– Umsetzungsdefizit gegenüber europarechtlichen Vorgaben **23** 340
– Zugangsverpflichtungen **23** 341
Kontrollmaßnahmen, Verhältnismäßigkeit 20 311
Konzernprivileg 20 344, 372, 470
Koordination 2 54
Kopierschutzmittel 18 44, 151 f., 240, 246–249, 253, 272
Koppelungsverbot 20 282
Kopplung 5 158 ff.; **16** 139
Kosten der effizienten Leistungsbereitstellung (KeL) 23 401
– Begriff **23** 401
– Eigenkapitalverzinsung **23** 402
– Gemeinkosten **23** 405
– Historische Kosten **23** 402
– Wiederbeschaffungskosten **23** 402
Kosten des Verfahrens 24 119
Kostendeckungsprinzip 23 88 f.
Kostenpflichtigkeit 16 133, 133, 139, 139
Krankenhäuser als Anbieter von TK-Diensten 23 25
Krankheitsliste 20 301
Kreditkarte 16 208
Kreditlinie 16 279
Kumulationsprinzip 3 48
Kundenbindungsmodelle im Internet 12 60
Kundenschutz im TKG
– (keine) Zahlungspflicht **9** 141
– Abweichungsverbot **9** 81, 141
– Auskunftsanspruch **9** 149, 152
– Beanstandungen, Einwendungen bei Rechnungen **9** 107
– Befugnisse der BNetzA **9** 136, 150; **23** 66 f., 73, 163
– berechtigter Personenkreis **9** 80
– Dialer **9** 114, 120, 140, 147, 150
– Dienstequalität **9** 83
– Einzelverbindungsnachweis **9** 95
– Entgeltermittlung **9** 100, 115 ff.
– Freephone-Dienst **9** 140, 148
– Haftungsbegrenzung **9** 122
– Informations- und Hinweispflichten der Anbieter **9** 82, 105, 108, 114, 117, 120, 151, 156
– Kurzwahldienste **9** 43, 140, 143 ff., 151
– Legitimationsverfahren **9** 144
– Mehrwertdienste **9** 57, 63, 64 ff., 104, 120, 129, 140 ff., 157
– Mindestinhalt für Verträge **9** 85
– Netzzugang **9** 88
– Ping-Anrufe **9** 140, 148
– Port-Drosselung **9** 166
– Preisangabe-, Preisansage- und Preisanzeigepflicht **9** 142
– Preishöchstgrenzen **9** 144
– Premium-Dienste **9** 48, 64 ff., 89, 104, 142 ff., 157
– R-Gespräche **9** 140, 148
– Rechnungsinhalt **9** 103
– Rechtsschutz und Schlichtungsverfahren **9** 135, 153
– Rufnummernmissbrauch **9** 116, 120, 156
– Rufnummernübertragbarkeit **9** 129
– Sonderkündigungsrechte **9** 91
– Spam **9** 120, 150, 153
– Sperre **9** 116
– Teilnehmerverzeichnis **9** 126
– Universaldienst **9** 71
– Verbindungspreisberechnung **9** 100
– verpflichteter Personenkreis **9** 79
– vorausbezahlte Leistung **9** 98
– Zwangstrennung **9** 145
Kundenverträge für TK-Leistungen
– AGB **9** 154
– Breitbandkabelanschluss **9** 61
– Haftungsbegrenzung **9** 122, 174 f.
– Internet-System-Vertrag **9** 61
– Internet-Zugang **9** 61
– Leistungsbeschreibung, Leistungsänderung **9** 161, 165 ff.
– Mehrwertdienste **9** 64
– Mobilfunkvertrag **9** 61
– Port-Drosselung **9** 166
– Service Levels **9** 162
– Telefondienstvertrag **9** 61
– vertragsrechtliche Einordnung **9** 56, 61
Kundenzeitschrift 20 303
Kündigung 6 74, 114, 163, 178 ff.
Kündigung bei Internet-Auktionen 14 91
Kündigung und Vollmacht zur Kündigung, Wirksamkeit 11 162 ff.
Kurzwahldienste 9 43, 140, 143 ff., 151; **16** 145

L

LACNIC 19 13
Laienwerbung, unlautere 12 56, 58
Langzeit-Auktionen 14 7
Lastenheft 1 39; **6** 37 ff.
Lastschrift 16 246
Lastschrift-Verfahren 16 202
Lastschriftgeschäft 16 251
Latin American and Carribean IP Address Regional registry 19 13
Laufbildschutz 18 12, 74, 207
Laufzeit
– Hardware-Miete **4** 220

– Softwaremiete 4 378
Leasing
– Hardware 4 224 ff.
– Software 4 393
– Wartung 4 709
Leerrohre
– Begriff 23 171
– Miete 9 2, 8; 23 198 ff.
– Mitbenutzung 23 198
– Shared Trenching 23 196
– Zugang 23 196
Legacy 1 38
Leistung 2 32
– Change-Request-Regelung 2 39
– Gattungsschuld 2 33
– Gegenstand 2 33
– Mitwirkungspflicht 2 36
– Nebenpflicht 2 36
– Ort 2 41
– Treu und Glauben 2 33
– vertragscharakteristische 25 48, 52
– Zeit 2 46
Leistungsänderung 6 89, 154, 165, 168, 171
Leistungsbeschreibung 6 34 ff., 78, 102 ff., 123, 126; 24 75
– AGB 4 451
– Pflege 4 451
– Pflichtenheft 4 108 ff.
– Software-Anpassung 4 521
– Software-Erstellung 4 577 ff.
– Standardsoftware 4 295
Leistungserschwerungen 4 333, 459
Leistungsfähigkeit
– Begriff 23 102
– Nachweis als Voraussetzung der Frequenzzuteilung 23 102, 124
– Nachweis für Übertragung des öffentlichen Wegerechts durch BNetzA 23 183
Leistungsklage 27 56
Leistungsmerkmale
– Hardware 4 151
– Softwareanpassung 4 525
Leistungsort 2 41
– Empfangsperson 2 44
– Gefahrtragung 2 42
– Holschuld 2 41
– INCOTERMS 2 45
– Online-Download 2 44
– Rügepflicht 2 44
– Schickschuld 2 41
– Untersuchungspflicht 2 44
Leistungsschein 7 49, 139
Leistungsschutz 18 5, 8, 19, 59–74,
Leistungsschutz, ergänzender wettbewerbsrechtlicher 12 61, 65
Leistungsschutzrechte 16 71, 74, 75, 108; 18 5, 8, 19, 59–74
Leistungsübergabepunkt 6 52; 7 165
Leistungszeit 2 46
– Feiertage 2 47
– Leistungsanreiz 2 56
– Milestone-Planung 2 49
– Zahlungsziel 2 51

– Zeitzonen 2 48
Leitlinien der Kommission zur Marktanalyse und Ermittlung beträchtlicher Marktmacht nach dem gemeinsamen Rechtsrahmen für elektronische Kommunikationsnetze und -dienste (2002/C 165/03): Kommissionsleitlinien 23 6, 225, 232 ff., 240 ff., 259
Letter of Intent, LOI 2 19; 7 40
Lex fori
– Verfahrensrecht 25 79
– Wohnsitzbestimmung 25 111
Lichtbilder 16 76, 76, 170, 170
Lichtbildschutz 18 59, 62 f., 91, 222
Lichtbildwerke 16 76
Lieferung von für die Rücksendung ungeeigneten Produkten 16 37
Lieferung von individuell angefertigten Produkten 16 36
Life Cycle 1 37
Link 1 67
Linkingvertrag 8 8, 53 ff.
– Deep-Linking 8 53 ff.
– Haftung für Hyperlinks 8 93
– Hyperlink 8 53 ff.
Linux, s. Open Source
Liquidated Damages 2 59
Live-Auktionen 14 7
Lizenz 4 323, 334 ff., 399 ff., 689
– Alt-Lizenzen des TKG 1996 23 29
– Mobilfunk 23 29, 348
– Online-Bezug 4 290
– Wegfall TKG-Lizenzpflicht 23 14
Lizenz-Audit 4 389
Lizenzanalogie 27 43, 47, 49
Lizenzierung 16 81, 81, 111, 168, 111, 168
Lizenzkompatibilität 4 773 f.
Lizenzschlüssel 5 158
Lizenzvertrag (Patentrecht) 17 130
– ausschließliche Lizenz 17 136
– Benutzungsarten 17 138
– einfache Lizenz 17 137
– Forschungs- und Entwicklungsaufträge 17 134
– Geheimhaltungsverpflichtung 17 149
– Gewährleistung des Lizenzgebers 17 141
– Individualsoftware 17 130
– Kartellrechtliche Rahmenbedingungen 17 150
– Lizenzgebühren 17 143
– Massensoftware 17 134
– Mindestlizenzgebühr 17 146
– räumlicher Anwendungsbereich 17 139
– Standard-relevante Patente 17 133
– Technologietransfer-Vereinbarungen 17 160
– Vertrags-Know-how 17 138
– Vertragsprodukt 17 138
– Weiterentwicklungsrechte 17 148
– Werbemaßnahmen 17 147
Local Area Network (LAN) 1 65; 7 144
Location Based Services 16 156, 156, 157, 159, 161, 157, 159, 161
Loi Toubon (FRA), Sprachenstatut 4 877
Lokale Netzwerke 1 20
Losaufteilung 24 44
Löschung von Software 27 150

Stichwortverzeichnis

Lugano-Übereinkommen über die gerichtliche Zuständigkeit und die Vollstreckung gerichtlicher Entscheidungen in Zivil- und Handelssachen 25 88
– Anerkennung 25 133
– Gerichtsstandsvereinbarung 25 96
– internationale Zuständigkeit 25 121
– Vollstreckung 25 133

M

Machine-to-Machine (M2M) 23 24
Mail- und SMS-Werbung, Einwilligung der Kunden, konkludente 12 23
Mailbombing 26 101
Mainframes 1 9
Make or Buy Entscheidung 7 10
Malus-Regelung 2 56
Malware (Malicious software) 1 97
Mangel 4 41; 5 118 ff.; 27 92
– Anpassung 4 548
– Ansprüche 5 119 ff., 205 f.
– Beschreibung 4 46
– Erstellung 4 635
– Hardware 4 163 ff, 325
– Mängelbegriff 6 105
– Mängelhaftigkeit 27 91
– Mängelhaftung 4 44
– Mängelhaftung Miete 4 188, 204
– Mängelhierarchie 4 295 f.
– Mängelrechte 4 41
– Miete 4 189, 376
– Neulieferung 4 485
– Pflege 4 480 ff.
– Standard-Software 4 325
– Verjährung 4 47, 163, 277; 5 122; 6 105; 16 171
– Wartung 4 273
– Zuordnung 4 21
Marken-/Patentrecht 25 146
– anwendbares Recht 25 155
– internationale Gerichtszuständigkeit 25 147
Markenrecht
– Ältere Rechte 19 263
– anwendbares Recht 19 173
– Aussetzung des Verletzungsverfahrens 19 279
– begriffliche Zeichenähnlichkeit 19 237
– bei Internet-Auktionen 14 92
– bekannte Marke 19 100, 255, 474
– Benutzung als beschreibende Angabe 14 96
– Benutzungsmarke 19 77, 90, 100, 142, 158, 315
– besondere Geschäftsbezeichnung 19 110
– Branchennähe 19 202, 219, 222
– eingetragene Marke 19 77
– Einwendungen und Einreden 19 262
– Firma 19 101, 247
– Förderung fremden Wettbewerbs 19 194
– Gemeinschaftsmarke 19 88
– Geografische Herkunftsangaben 19 318
– Geographische Herkunftsangaben 19 138
– Geschäftsabzeichen 19 113, 146
– Handeln im geschäftlichen Verkehr 14 95
– internationale Registrierung 19 88
– Kennzeichenmäßige Benutzung 19 182
– Kennzeichnungskraft 19 85, 96, 202, 205

– klangliche Zeichenähnlichkeit 19 232
– Kombinationszeichen 19 239, 245
– Lizenzierung 19 157
– Mittelbare Verwechslungsgefahr 19 250
– Namensrecht 19 127
– Notorietätsmarke 19 73, 77, 98, 142, 158, 315
– Prägetheorie 19 239, 244
– Priorität 19 66
– Produktnähe 19 224
– Rang der Kennzeichenrechte 19 73
– schriftbildliche Zeichenähnlichkeit 19 234
– Schutzlandprinzip 19 173
– Serienzeichen 19 250
– site under construction 19 192
– Tatortprinzip 19 398
– Tippfehlerdomains 19 236
– Titelschutzanzeige 19 124
– Übertragung und Lizenzierung von Kennzeichenrechten 19 157
– Verjährung 19 266
– Verletzung 19 181
– Verletzungen bei Internetauktionen 14 92
– Verwässerung 19 259
– Verwechslungsgefahr 19 202
– Verwirkung 19 268
– Vorbenutzungsrecht 19 76
– Waren- und Dienstleistungsähnlichkeit 19 202, 212, 219, 255
– Werbefinanzierung privater Internetseiten 19 193
– Werktitel 19 116, 147, 160, 184
– Widerspruchsverfahren 19 87
– Zeichenähnlichkeit 19 227
Marktabgrenzung, Frequenzvergabeverfahren 23 121
Marktanalyse(verfahren) durch BNetzA 23 232, 240 ff.
– Beurteilungsspielraum 23 241
– Feststellungswirkung 23 247
– gemeinsam mit Marktdefinition 23 240, 247
– Inzidentprüfung 23 247
– Kriterien 23 242
– Marktanteil 23 242
– Rechtsschutz 23 261
– Vorgreiflichkeit für Missbrauchsaufsicht 23 227, 442, 449
Marktanteilschwellen 4 805, 828, 840, 842, 844 f.
Marktdefinition(sverfahren) durch die BNetzA 23 232, 234 ff.
– Bedarfsmarktkonzept, Nachfragesubstitution 23 235
– Beurteilungsspielraum 23 234, 238
– Drei-Kriterien-Test 23 237
– Feststellungswirkung 23 247
– gemeinsam mit Marktanalyse 23 240, 247
– Inzidentprüfung 23 247
– Rechtsschutz 23 261
– Vorgreiflichkeit für Missbrauchsaufsicht 23 227, 442, 449
Märkteempfehlung 2003 9 24; 23 6
Märkteempfehlung 2007 9 24; 23 6, 323, 462
Markterkundung 24 44
Marktortprinzip 25 162

Stichwortverzeichnis

Marktpreis **7** 100, 102
Marktregulierung im TKG **23** 223
– Adressaten **23** 226
– ex ante/ex post **23** 3, 5, 379
– Systematik des TKG (mit Ablaufdiagramm) **23** 232
– Überprüfung **23** 233
– Verhältnis des TKG zum GWB **23** 10
– Vorabverpflichtungen **23** 10, 227 ff., 268, 283, 347, 453, 463
Marktverwirrungs- oder Diskreditierungsschaden **27** 58
Marktverwirrungsschaden **27** 54
Marktzutritt nach TKG **23** 14
Marktzutrittsschranken **16** 224
Mashup **1** 83
Massenverkehrs-Dienste **9** 142
Mean Time Between Failures, MTBF **7** 155
Mean Time To Repair, MTTR **7** 155
Mediation **6** 184, 186 ff.; **25** 107
Mediationsklauseln **27** 7
Medienbruch **16** 27, 27, 161, 161
Mediendienste **16** 63, 63, 148, 148
Mediendienstestaatsvertrag **11** 58; **12** 40; **16** 62, 148; **26** 4
Medienunternehmen **12** 11
Medikament **15** 20
Mehrbesitz **15** 22
Mehrwertdienste **16** 28, 40
– als telekommunikationsgestützte Dienste **9** 48; **23** 23
– Auskunftsansprüche und -pflichten **23** 180
– Begriff **9** 48; **23** 23
– Forderungsrisiko **9** 70
– Preisangabe und Preisansage **23** 171
– vertragsrechtliche Einordnung **9** 63
– Wegfall des Entgeltanspruchs **9** 141
– Zwangstrennung **9** 145
Meldepflicht nach § 6 TKG **23** 15
– Adressaten **23** 15
– Form und Inhalt **23** 28
Mengengerüst **7** 66
Menügestaltungen **16** 170
Metasuchmaschinen **18** 223
Metatags **1** 72
Middleware **1** 21
Mieter, Pflichten **4** 200, 374
Mietleitungen **9** 7
– als Telekommunikationsdienst **9** 48; **23** 23
– Begriff **9** 62
– Entgeltregulierung **23** 394
– Mietleitungsnetz als Telekommunikationsnetz **23** 18, 20
– Regulierung **23** 260, 301, 462
– Service Levels **9** 163
– Zugang zu **23** 301
Migration **1** 27; **6** 9, 24, 58 f.
Migrational Outsourcing **7** 7
Migrationsprojekt **6** 9
Milestone **6** 98; **7** 134
Minderjährigenschutz **16** 164, 164, 166, 166
Minderjähriger **16** 135, 135, 154, 167, 154, 167
Minderung, Miete **4** 207, 214, 377

Mindestabnahmepflicht/Mindestabnahmemengen **5** 39 ff.
– Schadensersatz **5** 42
Mindestlaufzeit
– Pflege **4** 435, 442 ff., 449
– Softtwaremiete **4** 378 ff.
Mindestrechte **4** 374
Mirror-image rule **2** 21
Missbrauch einer marktbeherrschenden Stellung **18** 198
Missbrauchsaufsicht, besondere im TKG **23** 440
– AGB-Produkte, Belieferungsanspruch von Wettbewerbern **23** 449
– Antragsbefugnis **23** 450
– Beeinträchtigungsverbot **23** 441, 445
– Behinderungsmissbrauch **23** 441, 445
– intern-extern-Gleichbehandlung **23** 447
– ISDN-Lieferstopp **23** 449
– Marktdefinition und Marktanalyse, Vorgreiflichkeit **23** 227, 442, 449
– Missbrauchsverfügung **23** 452
– Missbrauchsvermutung **23** 446
– Preselection-Auftragsdaten **23** 448
– Rechtsschutz **23** 453
– sachliche Rechtfertigung **23** 445
Missbrauchskontrolle **4** 778, 839, 841
mit Gutschrift **16** 264
Mitbenutzung (von Einrichtungen), wegerechtliche (TKG) **23** 196
– berechtigter Personenkreis **23** 197
– Inhalt und Umfang **23** 198
– Kabelverzweigerschrank **23** 198
– Leerrohre **23** 198
– Verpflichteter Personenkreis **23** 197
– wirtschaftliche Zumutbarkeit **23** 200
Mitbenutzung von Vorrichtungen für Teilnehmeranschlüsse (TKG) **23** 222
Mitbewerber (i. S. d. UWG) **12** 12
Mittelbare Falschbeurkundung **26** 125
Mittelbare Patentverletzung **17** 75
mittelbare Schutzrechtsverletzung, Haftung für **12** 78
Miturheberschaft **18** 16, 17, 43, 58, 108
Mitwirkende an Telekommunikationsdiensten **23** 22, 40, 47, 50
Mitwirkung **6** 45, 66 ff., 97, 111, 127, 159, 180, 182
– Mitwirkungsleistung **4** 161, 307 ff., 328, 457
– Mitwirkungspflicht **2** 36; **4** 200, 437; **7** 61, 139
– Software-Anpassung **4** 532 ff.
– Software-Pflege **4** 457 ff.
– Softwareerstellung **4** 586, 598 ff.
Mobile Virtual Network Operator (MVNO) **23** 21, 301
Mobile-Payment **16** 215
Mobile-TV **18** 236
Mobiles Internet **8** 2
Mobilfunk
– Arten **23** 98
– Diensteanbieter **9** 7; **23** 53, 347
– Lizenzen **23** 29
– Mobilfunkvertrag **9** 61
– Standardangebot **9** 18
– Zusammenschaltung **9** 27

1641

Stichwortverzeichnis

Mobilrechner 1 8
Möglichkeit der Kenntnisnahme 16 11, 11, 21, 21
Monitoring 7 168
Montage 4 157, 237 f., 303
Montageanleitung 4 245
MOTO 16 180
MPL (Mozilla Public License), s. Open Source
Multi Vendor Outsourcing 7 3
Multimedia-Produkte 10 17; 16
Multimedia-Richtlinie 18 1, 28, 33, 45, 51, 54, 120 f., 126, 131, 175, 242,
Multimediawerke 16 79, 79, 80, 80
Mündliche Verhandlung 24 44
.museum 19 16
Musikwerke 16 73, 73, 75, 168, 75, 168

N
Nachbesserungsversuch 4 170 f., 354
– Frist 4 171
– Miete 4 214
Nachbesserungsversuche, Zahl 4 171, 329, 488
Nacherfüllung 4 167 ff.
– Entbehrlichkeit 4 174, 354
– Kosten(losigkeit) 4 46, 172
– Leasing 4 232
Nachfragemacht 23 243, 260; 24 1
Nachfrist 4 170, 348, 549, 626
Nachnahme 16 206
Nachprüfungsantrag 24 100
Nachprüfungsverfahren 24 111
Nachstellung 26 227
Nachweis zur Zahlungswilligkeit 16 184
Namensrecht 19 77, 127, 152, 162, 280
– anwendbares Recht 19 280
– Gerechtigkeitsprinzips der Priorität 19 312
– Gleichnamigkeitsrecht 19 72
– Namensanmaßung 19 287
– Namensleugnung 19 286
– Recht der Gleichnamigen 19 72, 302
– Treuhandverhältnisse 19 298
Nameserver 19 7
Near-On-Demand-Services 18 33, 39, 232
Near-Video-on-Demand 16 104
Nebenintervention 27 112
Nebenpflichten 2 36; 16 262
Negativmeldung 16 50
Netzabschlusspunkt 23 324
Netzbetreiberportabilität 9 129; 23 148
Netzintegrität 23 287, 335
Netzneutralität 9 33, 83
Netzwerkeffekt 4 842, 845
Netzwerkleistungen 7 144
Netzwerklizenz 4 417
Neuer Markt, Neue Märkte im TKG 23 239
Neutralitätsgrundsatz 24 55
New Yorker UN-Übereinkommen über die Anerkennung und Vollstreckung ausländischer Schiedssprüche 25 101
Next Generation Network, NGN 9 33
nicht widersprechenWiderspruch 16 284
Nichtanwendbarkeit des Fernabsatzrechts 16 41
Nichtgewerblichkeit 24 16
Nichtoffenes Verfahren 24 61

Nichtverfügbarkeit 7 151, 152, 156
Niederlassungsfreiheit 15 25
Nigeria-Connection 26 143
No perfect tender rule (US), Entwicklungsverträge 4 869
Non-Disclosure Agreement, NDA 7 27
Normalbetrieb 7 50, 63, 133, 148
Notrufmöglichkeiten, Bereitstellen von 23 34
– Inhalt und Umfang der Verpflichtung 23 37
– Notrufnummern 23 34
– Voice over IP 23 35
Nummern im TKG 23 142
– Arten 23 142
– Domänennamen bzw. Domain-Namen 23 143
– IP-Nummern 23 143
– Kontrolle des Zugangs zu Endnutzern 23 339
– Legaldefinition 23 142
– Rechtsnachfolge 23 157
Nummernplan, Nummernraum 23 147
– Allgemeinverfügungen 23 149
Nummernzuteilung 23 150
– abgeleitete 23 151
– an Diensteanbieter 23 152
– Auskunftsrufnummern 23 162
– direkte 23 151
– first-come first-served 23 154
– für VoIP 23 159
– nationale Teilnehmerrufnummern (NTR) 23 161
– originäre 23 151
– Ortsnetzrufnummern 23 159
– Rechtsnachfolge 23 157
– Widerruf 23 155
nur 16 271
Nutzer i. S. d. TKG 9 51
Nutzungsart 18 76, 78, 114, 123, 165, 168
Nutzungsbeschränkungen 4 311 ff., 416
– Mängel 4 351 ff.
Nutzungsrecht 5 82 ff.; 16 81–8281–82, 87, 106, 11787106117
– Abspaltung 5 166
– des Vertragshändlers 5 82, 86
Nutzungsrechtseinräumung 18 75, 78
Nutzungsvertrag für Grundstücke nach § 45a TKG 23 220
Nutzungsverträge für TK-Infrastruktur 9 8
Nutzungsvoraussetzungen 4 324

O
Objektcode 1 28
Objektorientierte Software 1 19
Objektprogramme 1 29
Obligation de moyens (FRA), Vertragstypologie 4 868
Obligation de résultat (FRA), Vertragstypologie 4 868
Obligationenrecht (SUI), Vertragstypologie 4 872
Obliggazione de mezzi (ITA), Vertragstypologie 4 872
OEM 5 2, 79, 96 ff.
OEM-Entscheidung 4 322
OEM-Version 18 123

Stichwortverzeichnis

Offenbarung und Verwertung fremder Geheimnisse 26 225
Offene Software 1 3
Offenes Verfahren 24 60
Öffentlich zugänglicher Telefondienst
- an festen Standorten 9 50
- Kundenschutz 9 79
- Legaldefinition 9 49
- Notruf 23 34
- Telefondienstvertrag 9 61
- Umfang 23 23
- Voice over IP 9 49

Öffentliche Auftragsvergabe
- Akteneinsicht 24 114
- Allgemeininteresse 24 13
- Angebotsfrist 24 85
- Angebotsprüfung 24 86
- Angebotswertung 24 86
- Angemessenheit der Preise 24 91
- Antragsbefugnis Nachprüfungsverfahren 24 107
- Aufhebung 24 93
- Aufklärungsgespräche 24 92
- Benchmark-Verfahren 24 77
- Beschaffungsbedarf 24 43
- Bewertungsmatrix 24 74
- Bietergemeinschaft 24 107
- Daseinsvorsorge 24 15
- de-facto-Vergabe 24 4
- E-Government 24 119
- E-Procurement 24 125
- Eignungs- und Zuschlagskriterien 24 66
- Einkaufsgemeinschaften 24 53
- Entscheidungskompetenz der Vergabekammer 24 118
- EVB-IT-Musterverträge 24 31
- Fachkunde 24 69
- funktionaler öffentlicher Auftraggeber 24 9
- Inhouse-Geschäft 24 32
- Kartellverbot 24 54
- Kaskade 24 2
- Kosten des Verfahrens 24 119
- Leistungsbeschreibung 24 74
- Leistungsfähigkeit 24 69
- Losaufteilung 24 43
- Marktkundung 24 43
- mündliche Verhandlung 24 116
- Nachfragemacht 24 1
- Nachprüfungsantrag 24 100
- Nachprüfungsverfahren 24 99
- Nennung von Markennamen 24 76
- Neutralitätsgrundsatz 24 55
- Nichtgewerblichkeit 24 15
- Nichtoffenes Verfahren 24 61
- Oberlandesgericht 24 111
- offenes Verfahren 24 60
- öffentlicher Auftraggeber 24 5
- Open Source 4 664, 715
- Produktneutralität 24 74
- Projektantenproblematik 24 54
- Rahmenvereinbarungen 24 38
- Rechtsschutz 24 98
- Rügefristen 24 105
- Rügeobliegenheiten der Bieter 24 100
- Schuldnerwechsel 24 38
- Schwellenwert 24 46
- Sektorenauftraggeber 24 23
- Suspensiveffekt 24 112
- Teckal-Entscheidung 24 34
- Teilnahmewettbewerb 24 61
- Umgehungen 24 50
- ungewöhnliches Wagnis 24 75
- Vergabeart 24 57
- Vergabebekanntmachung 24 79
- Vergabekammer 24 110
- Verhandlungsverfahren 24 63
- Vertragserweiterungen 24 36
- Vertragsverlängerungen 24 36
- Vorabinformation 24 94
- wettbewerblicher Dialog 24 64
- Zuschlagserteilung 24 93
- Zuverlässigkeit 24 69

Öffentliche Telefonstellen 9 72; 23 174, 393
Öffentliche Wiedergabe 16 101
Öffentliche Zugänglichmachung für Unterricht und Forschung 18 55
Öffentlicher Auftrag 24 29
Öffentlicher Auftraggeber 24 5
Öffentliches Telefonnetz
- Anschluss als Universaldienst 9 72
- Kundenschutz 9 79
- Legaldefinition 9 49
- Zusammenschaltung 23 330

Öffentlichkeitsfahndung 26 369
Öffnungsklausel 2 61
Offshoring 7 184, 189
ohne Weisung des Schuldners 16 280
On-Demand-Dienste 18 33, 39, 71
On-Demand-Services 18 33, 39, 71
Online Apotheken 15 1
Online Vertrieb von Software 5 102 ff., 123 ff.
- Download 5 49
- DRM-System 5 107
- Erschöpfung 5 109, 171
- Rechteeinräumung 5 103 f.
- Vertriebsbeschränkung 5 109

Online- und Offline-Billing 23 321
Online-Auktionen 1 62
Online-Bezug 4 287 ff., 323, 360, 404, 407
Online-Datenbank 18 168, 170, 178, 189
Online-Demonstration 26 102
Online-Durchsuchung 26 346, 359
Online-Handelsplattformen 18 218
Online-Nutzung 4 289, 294, 404
Online-Rechnung 9 94
- Zulässigkeit 9 103

Onlinebetrug 26 133
Onlineversand von Arzneimitteln 15 2
Open Access 4 651
Open Source 5 203 f.
- Abgrenzung 4 650 ff.
- AGB 4 687 f.
- Apache 4 751 f.
- Artistic 4 713, 764
- BSD (Berkeley Software Distribution) 4 768 f.
- Communities 4 653, 658 f., 693 f.
- Contributor-Agreement 4 694, 709, 752

Stichwortverzeichnis

- Copyleft 4 651, 657, 661, 669 f., 673, 677, 684, 686, 688, 691, 695, 718 f., 723 f., 739, 750, 756 f., 766, 773, 838
- CPL (Common Public License) 4 765
- Dual Licensing 4 662, 774
- Eigene Nutzungsart 4 702
- Einsatzmöglichkeiten 4 660 f.
- Embedded Systems 4 660, 740
- EPL (Eclipse Public License) 4 765
- Erschöpfung 4 701
- Free Software 4 650 f.
- General Public License 4 719 f.
- Gesellschaftsrecht 4 698
- GNU GPL 4 719 f.
- GPL 4 719 f.
- Haftungsausschluss 4 675, 687
- Internationales Privatrecht 4 703 f.
- Kartellrecht 4 691, 699
- LGPL 4 750
- Linux-Klausel 4 690
- Lizenzgebührenverbot 4 663, 691, 722 f., 737, 764, 774
- MIT (Massachusetts Institute of Technology) 4 770
- MPL (Mozialla Public License) 4 755 f.
- Öffentliche Auftragsvergabe 4 664, 715
- Open Source Definition (OSD) 4 655
- Patente 4 667, 673, 721, 726, 744 f., 753, 757, 761, 766
- Prozessuales 4 708 f.
- Urheberrecht 4 690, 692 f.
- Urteile 4 710 f.
- Vertrag 4 679 f.
- Viraler Effekt, s. Copyleft

Open Source Software 3 66
Open Source Software, s. Open Source
Opt-in-Lösung 16 136
Ordnungswidrigkeiten 16 138, 138, 150, 150
Ordre public
- Anerkennung 25 126, 130
- Haftungsfragen 4 884
- Rechtswahl 25 32
- Vollstreckung 25 126

Ortsnetzrufnummern 23 159
- Ortsnetzbezug 23 159
- Portabilität 9 129

Outsourcing 18 136
Outtasking 7 4, 23

P

P2P-Programm 26 173
Packungsbeilage 15 16
Paketfilter 1 104
Paperboy-Entscheidung 12 63; 16 89
Parallelbetrieb 7 137
Parametrisierung 1 16
Pariser Verbandsübereinkunft 17 24
Parteibezeichnung 2 20
Partial Outsourcing 7 4
Partnerprogramme 19 442
Patch 4 330 ff.
Patent Coorporation Treaty, PCT 17 25
Patentämter 17 2

Patentgesetz 17 13
Patentlizenz 17 18
Patentrecht 17 1
- Anbieten 17 72
- Arbeitnehmererfinderrecht 17 172
- ästhetische Formschöpfungen 17 40
- Ausschließlichkeitsrecht 17 7
- Benutzungserlaubnis 17 69
- computerimplementierte Erfindungen 17 44, 68, 110
- computerimplementierte Technologien 17 132
- Computerprogramm 17 41, 55
- Cross-Border-Injunction 17 33
- Dauer des Patentschutzes 17 90
- effektive Schutzdauer 17 92
- Entdeckungen 17 40
- EPLA 17 33
- erfinderische Tätigkeit 17 53
- Erfindungen 17 35, 42
- Erschöpfungsgrundsatz 17 99
- Erteilungsverfahren 17 119
- EU-Gemeinschaftspatentübereinkommen 17 34
- europäisches Erteilungsverfahren 17 29
- europäisches Patentamt 17 26, 28
- fehlende Patentfähigkeit 17 95
- Gegenstand des Patentschutzes 17 34
- Gemeinschaftspatent 17 34
- gerichtliche Durchsetzung 17 101
- Gesamtbetrachtung 17 54
- Geschäftsmethoden 17 10
- Grundsatz der Territorialität 17 23, 100
- Herstellen 17 71
- Informationstechnologie 17 5, 8
- kartellrechtlicher Zwangslizenzeinwand 17 11, 20
- Kerntheorie 17 42
- Kerntheorie-Rechtsprechung 17 57
- Lehre zum technischen Handeln 17 36
- Lizenzvertrag 17 130
- Marktbeherrschung 17 21
- Mittel des Technologietransfers 17 16
- Monopolsituation 17 5
- Neuheit 17 52
- Offenbarung 17 95
- Offenlegung 17 16
- Pariser Verbandsübereinkunft 17 24
- Patent Coorporation Treaty, PCT 17 25
- Patentlizenz 17 18
- Patentverletzung 17 78
- Patentverletzungsverfahren 17 101
- Pläne, Regeln und Verfahren für gedankliche Tätigkeiten, für Spiele oder geschäftliche Tätigkeiten 17 40
- Prioritätsrecht 17 24
- Programme für Datenverarbeitungsanlagen 17 40
- Reparatur 17 71
- Software-Entwicklungen 17 9
- Standard-relevante Patente 17 133
- Standards 17 11, 19
- Technik 17 46
- Technikbegriff 17 54
- technische Erfindungen 17 1

Stichwortverzeichnis

- technischer Charakter der Erfindung 17 64
- technisches Problem 17 50
- Technizität 17 42, 48, 54
- territoriale Beschränkung 17 23, 91, 100
- TRIPS-Übereinkommen 17 26
- Übereinkommen über die Erteilung Europäischer Patente 17 27
- Übertragbarkeit 17 162
- Übertragung des Patents 17 160
- unvollständige Offenbarung 17 95
- unzulässige Erweiterung 17 95
- Verfahrenspatente 17 74
- Verletzungsprozess 17 101
- Veröffentlichung 17 70
- Vorbenutzungsrecht 17 97
- vorzeitiges Erlöschen 17 94
- widerrechtliche Entnahme 17 95
- Wirkung des Patents 17 68
- wissenschaftliche Theorien und mathematische Methoden 17 40
- zeitliche Beschränkung 17 91

Patentrechtliche Äquivalenzlehre 17 123
Patentverletzung 17 77
- Anspruch auf Vernichtung 17 89
- Ansprüche auf Vorlage von Urkunden und sonstigen Unterlagen 17 113
- Äquivalenzlehre 17 121
- Auskunftsanspruch 17 88
- Aussetzung des Verletzungsverfahrens 17 105
- Bereicherungsanspruch 17 87
- Durchsetzungsrichtlinie 17 114
- entgangener Gewinn 17 85
- Entschädigungsanspruch 17 86
- Fachwissen des Durchschnittsfachmanns 17 126
- Gleichwertigkeit 17 123
- Gleichwirkung 17 123
- Herausgabe des Verletzergewinns 17 84
- Lizenzanalogie 17 83
- mittelbare Patentverletzung 17 75
- Naheliegen 17 123
- Patentansprüche 17 118
- patentrechtliche Äquivalenzlehre 17 123
- Sachverhaltsermittlung 17 108
- Sachverständigengutachten 17 107
- Schadensersatzanspruch 17 81
- Schutzbereich 17 117
- Schutzbereichsbestimmung 17 129
- strafrechtliche Sanktionen 17 78
- Unterlassungsanspruch 17 80
- Verletzungsprozess 17 101
- Vorlage-Besichtigungsanspruch nach § 809 BGB 17 111
- wortsinngemäße Verletzung 17 120
- zivilrechtliche Ansprüche 17 78

Pay-TV 18 39
Payment Services Directive 16 220
Peer-to-Peer-Dienste 8 91
Peer-to-Peer-Netzwerke (P2P-Netzwerk) 18 209, 217
Peering 9 32; 23 329
Per-se Verbote 12 17
Performance 4 39, 634
Peripherie 1 13

Permission Marketing 16 125
Personal injury, Haftung 4 880
Personal Videorecorder 18 230, 235
Personalisierte Ansprache 16 125
Pfändung der Daten 27 133
Pfändung unübertragbarer Rechte 27 131
Pfändung unveräußerlicher Rechte 27 131
Pfändungsverbot 27 134
Pflege 1 36
- Installation 4 472
- Leistungsspektrum 4 430, 451 ff.
- Meldepflicht 4 475
- Mitwirkung 4 457
- »Vollpflege« 4 434

Pflege (-Vertrag) 4 429 ff.
Pflegevertrag 5 161 ff.
- Abschlusszwang 4 442 ff.
- Kündbarkeit 4 442
- Softwaremiete 4 418 ff.

Pflichtangaben 16 46, 46, 48, 50–52, 48, 50–52
Pflichtangaben auf Websites 13 2, 4 ff.
Pflichtangaben in E-Mails 13 42
Pflichtenheft 1 39; 2 34; 4 108, 525; 6 36 ff., 69, 74, 146 ff.; 7 134
- Anpassung Software 4 518 ff.
- Fehlen 4 108 ff.
- Softwareerstellung 4 568 f., 577 ff., 591

Pharming 26 58
Phasenkonzept 4 89, 620
Phasenmodell 6 17, 47
Phasenschema 4 108, 135
Phishing 26 54, 121
Pilotkunde 5 156 f.
Planungsphase 4 89 ff.; 6 11, 37, 74
Platform as a Service (PaaS) 7 254
Plattformen 1 61
Pönale 7 13
Pop-up-Fenster 1 75
Pop-ups 12 38, 44
Port-Drosselung 9 166
Port-Nummer 1 51
Portieren 1 26
Portierung 9 129; 18 118
- Entgeltregulierung 23 395

Portscanning/Hacking 26 82
POS-Payment 16 182
Post Office Protocol Version 3 (POP3) 1 52
Powerline 23 172
Präambel 2 18
Praktische Konsequenzen 16 161
Präsenzapotheken 15 8
Präsidentenkammer der BNetzA 23 61
Preisangaben 16 129, 129, 145, 154, 145, 154
Preisangaben bei Premium-SMS 16 142
PreisangabenVO 12 56, 59
Preisanpassung 2 53; 7 60
Preisausschreiben 16 68, 68, 139, 139
Preismodell 6 151
Preisüberprüfungsverfahren 7 60
Premium-Dienste 9 48, 64 ff., 89, 104, 142 ff., 157; 16 141141, 145, 165145165
- Legaldefinition 9 64

Prepaid Produkte 9 96, 98 f., 107, 176; 23 53

1645

Stichwortverzeichnis

Presence Provider 8 8, 24 ff.
– Gewährleistung 8 152 ff.
– Haftung für eigene Inhalte 8 77 f.
– Haftung für Speicherung fremder Inhalte 8 79 ff.
– Haftung für Zwischenspeicherung von Informationen 8 92
– Haftungsbeschränkung 8 130, 755 ff.
– Leistungsbereich 8 24 ff., 133 f.
– Nutzerpflichten 8 144 f.
– Service Level Agreeements 8 141
– Sich zu Eigen machen von fremden Inhalten 8 82 ff.
– Sperr- und Löschrechte 8 146
– Unterlassungsansprüche 8 81
– Verfügbarkeit 8 141
– Vergütung 8 149 ff.
– Web2.0 8 41
– Website-Hosting 8 25
– Website/Server-Housing 8 25
Preservation order 26 335
Pressespiegel 16 115, 115, 116, 116
Presseunternehmen 12 11
Presseunternehmen, Haftung für 12 76
Private Kommunikation
– am Arbeitsplatz 23 22
– im Unternehmensnetz 23 26
Private Webseitenbetreiber 16 64
Private Website 13 5
Privatkopie 18 47, 212, 234 f.
.pro, Qualification Challenge Policy 19 16
Produktaktivierung 5 125 ff.
Produktblatt 4 151
Produkthaftung 2 73; 5 128
Produktivumgebung 6 29, 32 f., 135
Produktneutralität 24 75
Produktpirateriegesetz 27 77
Programmänderung 3 22
Projekt 6 1
Projektantenproblematik 24 54, 55
Projektleiter 6 84
Projektleitung 4 97 ff., 518, 556, 594
Projektlenkungsausschuss 6 86
Projektmanagement 6 58, 59
Projektphase 6 5, 21 ff., 47, 94, 98
Projektphasen 4 89, 108, 135
Projektplan 6 29, 72, 94 ff., 171
Projektplanung 4 89; 6 11 ff., 22, 95, 171
– Verantwortung 4 121, 518
Projektrealisierung 6 8, 11, 23, 147
Projektsteuerung 6 78
Projekttagebuch 6 88
Projektteam 6 22, 70, 82 ff., 89, 91
Projektvertrag 6 2
Provider 8 3, 8
– Access Provider 8 3, 8
– Auskunftspflichten 8 97 ff.
– Bestandsdaten 8 74, 102
– Datenschutz 8 73 f.
– Internet Provider 8 3, 8
– Internet Service Provider 8 10
– Nutzungsdaten 8 74, 102
– Presence Provider 8 3, 8
– Web2.0-Provider 8 38 ff.

– Webhosting Provider 8 3
Providerwechsel, AuthInfo 19 50
Proxy-Cashing 18 221
Prozessstandschaft 27 39
Prüfungsverfahren, Änderungen 4 610 ff.
Psychischer Kaufzwang 16 132, 132, 134, 134
Publikumswerbeverbot 15 15
Pull 1 53
Pull-Dienst 18 129
Pull-Technologien 16 107
Punitive damages (USA), Haftung 4 887
Push 1 53
Push-Dienst 18 30, 129
Push-Technologien 16 107

Q
Qualifizierte elektronische Signatur 1 63
Qualitätsmanagement 1 42
Qualitätssicherung 1 42
Quellcode 1 28; 4 5 ff., 27, 442, 557, 604 ff., 800 ff., 817, 838; 7 95, 214
– Herausgabe 4 5 ff., 557, 604 ff.
Quelloffenheit 4 650
Quellprogramme 1 28
quick freeze order 26 335

R
R-Gespräche 9 65, 67, 113, 140, 148
Rahmenbeschluss des Rates über Angriffe auf Informationssysteme vom 24.02.2005 26 14
Rahmenrichtlinie, Richtlinie 2002/21/EG v. 07.03.2002 über einen gemeinsamen Rechtsrahmen für elektronische Kommunikationsnetze und -dienste 23 4, 6, 16, 30, 59, 73, 85, 96, 146, 152, 170, 225, 236, 254, 258 f., 271, 300, 333, 361
Rahmenvereinbarung 24 39
Ranking 1 73
Raubkopie 18 81, 117
Reaktionszeit 7 158
– Pflege 4 499
Realisierungsschritte 4 73, 89, 119
Really Simple Syndication (RSS) 1 83
Rechenzentrumsbetrieb 7 125
Recht auf informationelle Selbstbestimmung 26 27
Recht der Domainnamen 19 3
Recht der Gleichnamigen 19 302
Recht der öffentlichen Wiedergabe 18 20, 33–36, 37, 96, 126–131, 171, 175–176, 191, 239
Recht der öffentlichen Zugänglichmachung 18 20 f., 33–36, 37, 63, 96, 121, 126–131, 171, 175–176, 191, 232 f., 239
Rechtliches Interesse 27 111
Rechtsbruch, unlauterer 12 69; 14 107
Rechtsfolgen (im UWG) 12 12, 70
– Beseitigungs- und Unterlassungsanspruch 12 71
– Schadensersatzanspruch 12 71
– Verjährung 12 71
Rechtsfolgen bei Verstößen 16 42
Rechtsfolgen einer rechtswidrigen Nutzung von Standortdaten 16 160
Rechtsmangel 6 108

Stichwortverzeichnis

Rechtsmittel 27 21
Rechtsnachfolge
– bei Frequenzzuteilungen 23 129
– bei Rufnummernzuteilungen 23 157
Rechtspfändung 27 129
Rechtsschutz 24 99
Rechtsschutz im TKG 9 41, 135 ff.; 23 73, 81 ff., 203, 356, 371 ff.
– Antragserfordernis im Verwaltungsverfahren 23 265
– auf Auferlegung von Vorabverpflichtungen 23 264
– bei Beurteilungsspielraum der BNetzA 23 266
– bei Entscheidungen über Frequenzzuteilungen 23 134 ff.
– bei Wegerechten 23 193, 203, 219
– Betriebs- und Geschäftsgeheimnisse 23 77, 83 ff.
– gegen Auferlegung von Vorabverpflichtungen 23 263, 264
– gegen Marktdefinition und Marktanalyse, keine isolierte Anfechtung 23 261
– gegen Missbrauchsverfügung 23 453
– gegen Regulierungsverfügung 23 261
– gegen Zugangsanordnung 23 369
– im Beschlusskammerverfahren 23 81
– im Rahmen der Entgeltregulierung 23 431
– im Rahmen der Nummernverwaltung und -zuteilung 23 165
– kein Schutznormerfordernis bei § 44 TKG 9 138
– kein Vorverfahren gegen Entscheidungen von Beschlusskammern 23 81
– keine aufschiebende Wirkung von Rechtsbehelfen gegen Entscheidungen der BNetzA 23 81
– keine Berufung oder Beschwerde gegen erstinstanzliche Gerichtsentscheidungen der Verwaltungsgerichte 23 82
– Schlichtungsverfahren 9 136
– Streitbeilegungsverfahren 23 73, 371 f.
– zivilgerichtlicher aufgrund des TKG 9 138, 153; 23 374 ff.
Rechtswahl 25 14
– Abrede 25 18
– ausdrückliche 25 18
– Binnenmarktklausel 25 30
– Click-Wrap-Vertrag 25 39
– Eingriffsnorm 25 31
– Grundsatz der freien 25 28
– Günstigkeitsprinzip 25 34
– Inlandsfall 25 29
– IT-Vertrag 25 36, 43 ff.
– Klausel 25 18
– kollisionsrechtliche Verweisung 25 21
– materiell-rechtliche Verweisung 25 22
– Ordre public 25 32
– Shrink-Wrap-Vertrag 25 40
– stillschweigende 25 19
– Teilrechtswahl 25 24
– Verbraucherbeteiligung 25 41
– Wirksamkeit 25 33
– Zeitpunkt 25 25
– Zulässigkeit 25 27
rechtzeitige 16 260
Registrierungsvertrag 19 15, 34

Regulierungsermessen 23 245, 250, 266, 298 f., 384
Regulierungsferien 23 239
Regulierungsverfügung
– (kein) Entschließungsermessen 23 249
– (kein) Vetorecht der EU-Kommission 23 257
– Auswahlermessen 23 250
– Entgeltregulierung, Systematik der Auferlegung 23 383, 391
– Marktdefinition und Marktanalyse, Einheitlichkeit 23 247
– rechtliche Einordnung 23 246
– Widerruf von Vorabverpflichtungen 23 244
Reine Ausforschung 27 106
Release 1 25
– Open Source 4 439, 553, 693 f.
Release-Fall 7 216
Releasefestigkeit 4 489 f.
Remigration 7 57, 94
Repeater 1 48
Reporting 7 170
Reproduzierbarkeit 4 42, 165 ff.
Request for Information, RFI 7 26
Request for Proposal, RFP 2 34; 7 29
Resale, Resale-Verpflichtung 23 309
– Altverpflichtung nach dem TKG 1996 23 347
– Anschluss-Resale 23 311
– Entgeltmaßstab 23 309, 381
– Inhalt und Umfang 23 310
– Zugang 23 311
Reseaux IP Europeans Network Coordination Center 19 13
Response Time 7 158, 167
Reverse Auction, Definition 14 6
Revidierte Berner Übereinkunft (RBÜ) 3 1; 4 850; 18 96; 25 142 f.
Rights-Management-Systeme 3 63
RIPE 19 13
Risiko-Management 6 80; 16 193
Roaming
– Interoperabilität als Zugangsverpflichtung 23 312
– Legaldefinition 23 312
– Roaming-Verordnung 23 4, 464
Roamingverordnung 23 4
Rom-Abkommen 18 67, 70, 97
Router 1 48
Rückabwicklung 6 113, 179
Rückgabeverpflichtung, Miete Software 4 377, 387
Rückrufsanspruch 27 70
Rückwirkung von Entgeltgenehmigungen 23 422
Rufausbeutung 12 49, 53; 14 102
Rufnummer
– Abschaltung 23 156
– für VoIP-Dienste 23 159
– Legaldefinition 6 122; 23 142, 148
– Missbrauch 9 116, 120, 156
– Mobile Dienste 23 149
– Ortsnetzbezug bei Ortsnetzrufnummern 23 159
– Zuteilung 23 150
Rufnummernportabilität 9 129
Rügefristen 24 102

Rügeobliegenheiten 24 101
Rügepflicht 2 44
Rulebooks 16 222
Rules for Uniform Domain Name Dispute Resolution Policy (UDRP Rules) 27 18
Rundfunkübertragung 23 11, 224, 354

S
Sache, Software 4 50 ff.
Sacheigenschaft 4 63, 359, 393
Sachgesamtheit 4 186, 224
Sachpfändung 27 128
Sachverständige 27 94, 98, 100, 116
Safe Harbor Abkommen 7 191, 194
Sale and Lease Back 7 121
Sale of Goods Act (IND) 4 866
Sammelwerk 16 80, 80, 172, 172
Säumnisentscheidung 27 20
Scanner 18 57
Schadenersatzansprüche 16 258
Schadensberechnung 27 47, 59
Schadensersatz 27 47
Schadensersatzanspruch 16 258; 27 59
Schadenspauschale 2 59; 6 122
Schiedsklausel 6 190
Schiedsvereinbarung
– AGB 25 106
– EuÜ 25 104
– UNÜ 25 102
– ZPO 25 105
Schiedsverfahren 6 186, 192
– Rechtsrahmen 25 101
– Vorteile 25 100
Schlichtung 6 184
Schlichtungsklausel 27 12
Schlichtungsordnung 27 12
Schlichtungsverfahren nach § 47a TKG 9 136
Schlüssige (konkludente) Erklärungen 16 12
Schöpferprinzip 18 3, 14–15, 60, 62, 75, 108 f., 165
Schranken des Urheberrechts 4 859; 16 113
Schriftform 16 6, 6, 7, 7
Schuldnerwechsel 24 38
Schulung 4 602, 645; 6 26 f., 58 f., 157
– Hardware 4 250
Schutz ausübender Künstler 18 64
Schutz des Filmherstellers 18 72
Schutz des Sendeunternehmers 18 70
Schutz von Datenbanken 18 153, 239
Schutzdauer 18 58, 199 f.
Schutzfähigkeit 16 70, 70, 78, 80, 171–172, 78, 80, 171–172
Schutzhüllenvertrag 5 49, 51
Schutzlandprinzip 3 9; 18 228, 236; 25 138, 156,
Schutzrecht eigener Art 16 80
Schutzzweckklausel (des UWG) 12 13
Schwellenwerte 24 47
Secondlevel-Domain (SLD) 19 4, 9
Sektorenauftraggeber 24 24
Sektorspezifische Regulierung 9 4; 23 10, 223, 226 ff., 234, 237
Selbständiges Beweisverfahren 27 102
Selektives Vertriebssystem 5 114
Senderecht 16 101, 101, 107, 109, 110, 107, 109, 110

SEPA 16 222
SEPA-Initiative 16 223
SEPA-Lastschriftmandat 16 285
SEPA-Standards 16 222
Sequestrierung 27 151
Serialisierung 4 320
Seriosität, und Bonität 16 274
Server 19 9
Serverrechner 1 5, 95
Service Credit 7 13, 78, 173
Service-Dienste 23 23
Service-Dienste (0180) 9 142 ff., 148; 23 163, 461
Service-Levels 2 35; 7 148
– Agreement 1 100; 2 35; 7 148
– Credits 2 56
– Management 7 176
– Verletzung 7 57, 82, 174
Share Deal 7 111, 115
Sharehoster 18 218
shrink-wrap licenses 10 21
Shrinkwrap-Verträge 2 59
– Open Source 4 681
– Vertragstypologie 4 873
Sicherheit 1 96
Sicherheitsbeauftragter 23 44
Sicherheitskonzept 23 44
Sicherheitskopie 16 88, 88, 94, 114, 94, 114
Sicherheitsmanagement 1 97
Sicherungsverwahrung 27 148
Signatur
– Beweiswert der elektronischen Signatur 22 73
– digitale Passbehörde 22 27
– digitale Signatur 22 7
– Einsatzmöglichkeiten der elektronischen Signatur 22 17
– elektronische Form des § 126a BGB 22 40
– elektronische Signaturen 22 6
– fortgeschrittene elektronische Signatur 22 7
– Haftung der Zertifizierungsstellen 22 50
– Haftung des Zertifizierungsdienstes 22 50
– Hash-Algorithmus 22 10
– Identifizierungsfunktion der elektronischen Signatur 22 24
– private key 22 10
– public key 22 10
– qualifizierte elektronische Signatur 22 8
– Schlüsselinhaber 22 25
– Schlüsselmissbrauch 22 68
– Schriftformersatz 22 40
– Signaturschlüssel 22 25
– Signaturstandards 22 4
– Signierung 22 8
– Verschlüsselung 22 13
– Zertifikatsvergabe 22 24
– Zertifizierungsdienst 22 20
– Zertifizierungsstellen 22 20
Signaturbündnis 24 124, 125
Signaturgesetz 2 23; 22 1; 23 63
Signaturrichtlinie 2 23; 10 17
Signaturstandards 22 4
Signierung 22 8
Simulcasting 16 104
Single-Euro-Payments-Area 16 222

Stichwortverzeichnis

Sittenwidrigkeit 16 165
Sitzungsberichte 4 132 ff.
Skaleneffekt 7 10, 16, 37
SLD 19 4, 9
SMS 16 126, 126, 136–137, 142–145, 136–137, 142–145
SMS-Werbung 16 126, 126, 136–137, 136–137
Snifferprogramm 26 81
Sniper-Software 14 15
Sofortüberweisung 16 195
Software 1 3
Software as a Service (SaaS) 7 253; 8 6, 14
Software Escrow Agreement 7 95
Software-Anpassung
– Kaufrechtsanwendung 4 48 ff.
– Mängelhaftung 4 548
Software-Erstellung
– Abnahme 4 632 ff.
– Leistungsgegenstände 4 577
– Rechtseinräumung 4 637
Software-Metering 1 23
Softwareanpassung 4 516 ff., 811
Softwareerstellung 4 560 ff.
– Planung 4 560 f.
Softwaremängel 27 92
Softwareüberlassung 3 66
– Bearbeitung 3 76
– Dekompilierung 3 72
– Fehlerberichtigung 3 75
– Kartellrecht 3 84
– kartellrechtliche Klauselkontrolle 3 84
– Lizenzvertrag 3 68
– Mindestrechte 3 69
– Musterverträge 3 86
– Nutzungsrechte 3 68
– Sicherungskopie 3 72
– Testlauf 3 72
– Vervielfältigung 3 76
– Weitergabeverbote 3 78
– Zweckübertragungstheorie 3 74
– zwingender Kern 3 71
Softwareüberlassungsverträge 4 283 ff.
– Vertragstypologie 4 865
Softwareurheberrecht 18 100, 239
Softwarevertrieb 4 311 ff., 821
Sommer unseres Lebens-Entscheidung 12 77
Sondertatbestände 12 16
Sound 16 73, 73, 79, 79
Sources 1 28
Spam 16 138
Spamming 26 99
Sparkassenbereich 16 272
Speicher 1 10
Speichernetze 1 13
Speicherung 16 29, 29, 88, 92–93, 88, 92–93
Sperre (TK-Anschluss) 9 171
– Vollsperre 9 173
Sperre von TK-Leistungen
– Anwendungsbereich 9 116
– netzseitig, vom Kunden veranlasst 9 89
– Rufnummernmissbrauch 9 120
Sperrung 16 160
Spezifikation 6 46, 146, 148 f.

Spiral-Modell 1 41
Sponsored TLDs 19 15
Spoofing 1 97; 26 80
Sprache 2 13
– Auslegungsklausel 2 13
– Dokumentation/Handbuch 2 40
– Letter Agreement 2 13
Staatseinfluss 24 21
Stalking 26 227
Stand der Technik 7 56
Standardangebot, Überprüfungsverfahren 9 26 f.
Standardangebot (§ 23 TKG) 9 12
– AGB, Aufnahme in 9 16
– Auferlegungs- und Überprüfungspraxis der BNetzA 9 18
– Auferlegungsvarianten 9 13
– Bedingungen und Inhalte 9 17
– Überprüfungsverfahren 9 15
Standardsoftware 4 283 ff., 355 ff.; 7 125
– Kauf 4 283 ff.
– Miete 4 355 ff.
Standortdaten 16 157, 157, 161, 161
Stellvertretung 2 24; 16 167
Storage Area Networks, SANs 1 13
Störer 18 83, 211, 215, 229, 271
Störerhaftung 16 124; 18 83 f., 211, 215, 229, 271
Störerhaftung, wettbewerbsrechtliche 12 72
Störung von Telekommunikationsanlagen 26 241
Störungen 4 481 f.
Strafantrag 26 309
Strafgesetzbuch 25 165
Strafprozessordnung, StPO, Überwachung und Aufzeichnung der Telekommunikation 23 47
Strafrecht 16 138, 149–150; 25 165 ff.
Strafrecht und Internet-Auktionen 14 116
Strafrechtliche Inanspruchnahme von Providern 26 242
– Abschöpfung der Daten 26 244
– Auskunftserteilung 26 243
– Inhaltsdaten 26 247
– Recht zur Datenspeicherung 26 244
– Verkehrsdaten 26 248
Strafrechtliche Sanktionen 18 93
Strafrechtliche Verantwortung von Providern
– Abrechnungsdaten 26 249
– Access-Provider 26 274
– Anonymisierungsserver 26 298
– Auskunftsverfahren 26 261
– Bestandsdaten 26 251
– Caching 26 280
– Compuserve-Fall 26 269
– Content-Provider 26 273
– Diskussionsforen 26 293
– Gästebuch 26 291
– Haftung für Inhalte 26 273
– Host-Provider 26 281
– Hyperlinks 26 288
– Nutzungsdaten 26 248
– Pflicht zur Auskunft 26 260
– Positions-/Geodaten 26 254
– Suchmaschinenbetreiber 26 294
– Urheberrechtsverletzungen 26 297

Stichwortverzeichnis

- W-LAN-Entscheidung **26** 299
- Weiterleitung von E-Mails **26** 295
- Zugangsdaten **26** 253

Streaming 16 1, 1, 73, 88, 108, 150, 73, 88, 108, 150
Streitbeilegung 6 93, 184
- alternative **25** 98

Streitbeilegungsverfahren nach § 133 TKG
- Anwendungsbereich **23** 372
- Subsidiarität **23** 371

Streitgegenstand 27 38
Streitverkündung 27 112
Strukturelle Separierung/Trennung 23 30
Stufenklage 27 56, 78
Subdomain 19 9
Substantiierungspflicht 27 92
Subunternehmer 6 77
Suchagent 18 220, 224 f.
Suchmaschine 18 220, 223
Suchmaschinen 1 73; **12** 46
- AdWords **12** 51
- AdWords, Verwendung allgemeiner Begriffe **12** 54
- AdWords, Verwendung fremder Begriffe **12** 53
- Manipulierung rankingerhöhender Faktoren **12** 47
- Meta Tags **12** 48

Sui-generis-Recht (s. Datenbankrecht) 18 182, 203
Sui-generis-Schutz von Datenbanken 18 182, 203
Sunrise-Periode 19 11
Supply-Chain-Management, SCM 1 46
Support 4 427 f., 647 f.
surface link 1 69
Suspensiveffekt 24 112
Switch 1 48
System 4 186
Systemeinführung 6 6
Systemklausel 4 321
Systemsoftware 1 15
Systemumgebung 6 24, 30, 48
Systemvertrag 4 137 ff.

T
TAL-Verordnung 23 323 ff.
Täter einer Straftat 26 25
Täterschaft, mittelbare 12 75
Tauschbörse 18 69, 208–217
Täuschung im Rechtsverkehr bei der Datenverarbeitung 26 123
tear-open contracts 10 21
Tec-C 19 41, 435
Technische Richtlinie Telekommunikationsüberwachung, TR TKÜ 23 51
Technische Schutzmaßnahme 18 240, 252
Technische Schutzmaßnahmen (nach TKG) 23 39
- Inhalt und Umfang der Verpflichtung **23** 42
- Sicherheitsbeauftragter **23** 44
- Sicherheitskonzept **23** 44
- Verpflichteter Personenkreis **23** 40

Technische Umsetzung von Überwachungsmaßnahmen 23 46
- (keine) Entschädigung **23** 51

- Ausnahmen **23** 48
- Befugnisnormen für die Überwachung **23** 47
- Inhalt und Umfang **23** 51
- Prüfung durch BNetzA **23** 51
- TKÜV **23** 48, 51
- TR TKÜ **23** 51
- Verpflichteter Personenkreis **23** 48

Technische Vorkehrungen 16 57, 57, 61, 61
Technischer Prüfbericht 9 110
- Risiko- und Beweissphäre **9** 111

Technologietransfer-Vereinbarung 4 785 ff.
Teckal-Entscheidung 24 34
Teilnahme an einer Straftat 26 26
Teilnahmewettbewerb 24 61
Teilnehmer i.S.d. TKG 9 46, 52 ff.
Teilnehmeranschluss (inkl. Zugangsverpflichtung) 9 35; **23** 323 ff.
- Auferlegungspraxis der BNetzA **23** 327
- blanker Draht, Zugriff auf **23** 325
- entbündelter Zugang **23** 323
- gebündelter Zugang **23** 302, 326
- gemeinsamer Zugang **23** 326
- Glasfaserleitung **23** 323
- Kupfer-Doppelader **23** 323
- Legaldefinition **23** 324
- Line Sharing **23** 326
- Regulierungsverfügung **23** 327
- Widerruf des Zugangs zur Glasfaserleitung **23** 327
- Zugangsvereinbarung **9** 35

Teilnehmeranschluss, TAL (inkl. Zugangsverpflichtung), Standardangebot 9 18
Teilnehmerdaten, Bereitstellung nach § 47 TKG 23 350
- berechtigter Personenkreis **23** 352
- Entgeltregulierung **23** 350, 396
- Inhalt und Umfang der Bereitstellungspflicht **23** 353
- Streitbeilegungsverfahren **23** 372
- verpflichteter Personenkreis **23** 351

Teilnehmerhaftung 12 74
Teilnehmernetz, Teilnehmernetzbetreiber 9 57
Teilnehmerverzeichnisse
- Anspruch auf Eintragung **9** 126
- Bereitstellung von Teilnehmerdaten **23** 352

Teilunwirksamkeit 2 25
Teledienste 11 30, 58 ff., 66, 175; **16** 63, 148; **26** 3
Teledienstedatenschutzgesetz (TDDSG) 16 158
Teledienstegesetz 11 58; **12** 40; **16** 62, 148; **26** 3
Telefondienst
- an festen Standorten **9** 50
- Legaldefinition **9** 49
- Telefondienstvertrag **9** 61
- Voice over IP **9** 49

Telefondienstvertrag
- rechtliche Einordnung **9** 61
- und Mehrwertdienste **9** 65

Telefongespräche 16 52
Telefonnetz
- als Telekommunikationsnetz **23** 15
- Legaldefinition **9** 49

Telekommunikation 23 8

Telekommunikations-Kundenschutz-
verordnung, TKV 9 2, 93, 100; 23 1, 220, 309,
321, 347, 458
Telekommunikations-Nummerierungs-
verordnung, TNV 23 144, 149 ff., 163
Telekommunikations-Überwachungs-Verord-
nung, TKÜV 23 48, 51
Telekommunikationsanlage 23 8, 16
– Legaldefinition 23 16
– öffentliche Sicherheit 23 41, 48
Telekommunikationsdienst 9 1, 47; 23 22 ff.
– Abgrenzung zu Inhalts- und Telemedien-
diensten 9 48; 23 23 f.
– Arbeitnehmern und Mitarbeitern gegenüber
23 22, 47
– Diensteanbieter 23 22
– E-Mail- und Webmail Dienste 23 23 f.
– E-Mail-Dienste 9 48
– geschäftsmäßiges Erbringen von 23 22
– gewerbliches Erbringen von 23 25
– Hotels 23 22, 25
– Internet-Zugang 9 48; 23 23
– Krankenhäuser 23 25
– Legaldefinition 9 48; 23 23
– Machine-to-Machine 23 24
– Mehrwertdienste 9 48; 23 23
– Meldepflicht 23 15
– öffentliche Sicherheit 23 34
– öffentlicher, für die Öffentlichkeit 23 15
– privater Dienst 23 26
– Telefondienst 23 15, 22 ff.
– telekommunikationsgestützter Dienst 9 48;
23 23
– Universaldienste 9 71
– VoIP 9 48; 23 23
– Webbasierte Dienste 23 24
Telekommunikationsendeinrichtungen 23 17, 26
– FTEG 23 17
– Legaldefinition 23 17
Telekommunikationsgestützter Dienst 9 48; 23 23
Telekommunikationskabelanlage 23 70
Telekommunikationslinie, Wegerecht 23 171
– (kein) Teilnehmeranschluss 23 174, 220 ff.
– Legaldefinition 23 171
– öffentliche Telefonstelle 23 183
– Powerline 23 172
– Schaltkästen 23 173
Telekommunikationsnetz 23 16
– Abgrenzung zu Telekommunikations-
endeinrichtungen 23 17, 26
– Betreiber bzw. Betreiben eines 23 19
– Funktionsherrschaft 23 19
– gewerbliches Betreiben 23 25
– IP-Netz 23 18
– Legaldefinition 23 16
– MVNO 23 21
– öffentliches 23 26
– Outsourcing 23 19
– privates Netz 23 27
– Übertragungswege, notwendige Anzahl für
23 18
– Virtual private Network (VPN) 23 21
– zugehörige Einrichtungen 23 300

Telekommunikationsüberwachungsauskunft
26 331
Telekommunikationsüberwachungsverordnung
26 8, 240
Telekommunikationsverträge 9 6
– Einteilung 9 6
– IT-Leistungen 9 8
Telemedien 11 30, 58 ff., 66, 175, 176; 13 3, 34; 26 5
Telemediendienst 16 57, 62–63, 124, 131
– Abgrenzung zu Telekommunikationsdiensten
und telekommunikationsgestützten Dienste
9 48; 23 8 ff., 23
Telemediengesetz (TMG) 10 1; 11 58; 12 40;
16 6262, 6464; 25 157 ff
– Abgrenzung zum TKG 23 8
– Haftungsregelungen 10 10
– Herkunftslandprinzip 10 3
– Tele- und Mediendienste 10 1
– Vertragsabschluss im Netz 10 7
– Zulassungs- und Lizenzfreiheit 10 5
Telnet 1 93
Temporäre Speicherung 1 12
Territorialitätsprinzip 18 99, 239
– Marken-/Patentrecht 25 148, 150
– Open Source 4 703 f.
– Strafrecht 25 165
– Urheberrecht 4 850; 25 138, 142
Testumgebung 6 31
Textform 16 6, 6, 8, 56, 8, 56
Thesauri 18 159
Thirdlevel-Domainname 19 9
three-tier-architecture 1 21
Thumbmail 18 63, 222
Tierarzneimittel 15 27
Time and Material 6 156
Time and materials contract (UK), Vertrags-
typologie 4 872
Tippfehlerdomains 19 236
TK-Datenschutzrecht 18 217
TKG, Telekommunikationsgesetz 9 2; 16 6262,
127, 144, 158–159, 141127141144158–159; 23 1 ff.
– Anwendungsbereich 23 8
– Struktur und Systematik 23 11
– TKG Novelle 2011 9 3, 75, 83, 86, 141; 23 1, 15
– TKG-Änderungsgesetz 2007 9 2
– TKG-Änderungsgesetz 2009 9 2; 23 1
– Übergangsvorschriften 23 29, 230 f., 311
TKG-Änderungsgesetz 23 1
TKV, Telekommunikations-Kundenschutz-
verordnung 9 2
TLD 19 1, 4, 9, 10, 14, 17, 20, 480, 565
– .ag 19 18
– .asia 19 17
– .de 19 1, 30
– .eu 19 1
– .fm 19 18
– .tv 19 18
– .ws 19 18
Tonträgerherstellerrecht 18 67, 69
Toolbox-Software 5 139 ff.
Top Level Domains 1 84
Tort law (USA), Haftung 4 871
Total Cost of Ownership, TCO 7 10

Stichwortverzeichnis

TR TKÜ, Technische Richtlinie Telekommunikationsüberwachung 23 51
Tracing 1 50
Tracking 7 168
Träger- und Telemedien 16 68, 68, 148, 151, 152, 148, 151, 152
Transaktionen zu vergüten 16 302
Transformation 7 137, 138
Transformational Outsourcing 7 7
Transition 7 112, 133, 138
Transitionsphase 7 50, 63, 148
Transmission Control Protocol (TCP) 1 50
Transmission Control Protocol/Internet Protocol (TCP/IP) 19 5
Transparenz 16 19, 19, 62, 144–145, 158, 62, 144–145, 158
Transparenzverpflichtung nach § 20 TKG 23 290
Transport 2 41
– INCOTERMS 2 45
– Kosten 2 43
– Risiko 2 43
– Versicherung 2 43
Trennungsgebot, redaktionelles 12 39, 42, 44, 45, 52
TRIPS-Übereinkommen 3 2; 4 850; 17 26; 25 142, 144
Trojaner 26 76

U

Übereinkommen über die Erteilung Europäischer Patente 17 27
Übernahmebestätigung, Leasing 4 230 ff.
Übernahmeschein 7 119
Übertragungsprotokoll 19 9
Übertragungsweg 23 16, 18
Überwachung (der Telekommunikation) 23 46
– Befugnisnormen 23 47
UDRP 19 15, 480, 482, 527
Umarbeitung 3 22
Umgehung technischer Maßnahmen 18 137, 151 f., 253–264
Umgehungen 24 50
Umgekehrte Versteigerung 14 6
UMTS, Universal Mobile Telecommunications System 23 29, 35, 96, 98 f., 120 f., 128, 133, 140, 267, 309, 330, 336, 372
Umzug i.S.d. TKG 9 134
»unbrauchbares Programm« 26 112
Undercover Auction 14 5
Unerheblichkeit, Mangel 4 43
Unerlaubte Veranstaltung eines Glückspiels 26 145
– Geschicklichkeitsspiel 26 148
– Glückspiel 26 148
– Oddset-Wette 26 150
– Wette 26 149
Unfair Contracts Terms Act (UK), Vertragstypologie 4 882
Ungewöhnliches Wagnis 24 75
Uniform Commercial Code (USA), Vertragsrecht 4 879
Uniform Dispute Resolution Policy (UDRP) 27 11, 18

Uniform Resource Locator (URL) 1 67
Universaldienst/-dienste 9 71
– Auferlegung durch die BNetzA 9 73
– Breitbandanschluss 9 72 f.
– Grundversorgung 9 71
– Inhalt 9 72
– Kontrahierungszwang 9 74
Universaldienstrichtlinie, Richtlinie 2002/22/EG des Europäischen Parlaments und des Rates vom 07.03.2002 über die Universaldienste und Nutzerrechte bei elektronischen Kommunikationsdiensten 9 75; 23 4, 33, 224 f., 396, 460
Unlautere Geschäftspraktiken-RL 12 4
Unlauterer Wettbewerb bei Internet-Auktionen 14 106
– Imitationswerbung 14 111
– irreführende Werbung 14 108
– Rechtsbruch 14 107
– Vergleichende Werbung 14 110
Unterlassungsanspruch 27 31, 34, 36
Unterlassungsantrag 27 35
Unterlassungserklärung 27 32
Untersagung durch die BNetzA
– allgemeine Befugnis 23 65
– Missbrauchs-/Untersagungsverfügung 23 452, 463
– nachträgliche Entgeltregulierung 23 392, 428, 430, 435
Untersuchungsgrundsatz, bei Ermittlungen der BNetzA 23 70
Untersuchungspflicht 2 44
Unversehrtheit 1 96
Updates 1 25; 4 85, 425; 18 123
Upgrades 1 25
Uploading 18 210 f.
Urheber 18 14, 17
Urheberpersönlichkeitsrecht 3 54; 18 40–43
– Urheberrecht 4 856
Urheberrecht
– 3-Stufen-Test 18 45
– anwendbares Recht 25 141
– Application-Service-Providing (ASP) 18 125
– Aufführungsrecht 18 20, 37
– Auskunftsanspruch 18 85, 213–217
– Ausstellungsrecht 18 20, 32
– Bearbeitungsrecht 18 22, 26–27, 118, 134, 172–174
– Beseitigungsanspruch 18 84
– Enkelrecht 18 14, 77
– Ersatz immaterieller Schäden 18 91
– Erschöpfung des Verbreitungsrechts 18 29, 119–124, 170 f., 190
– erster Rechtsinhaber 18 3, 14–18, 108, 165
– freie Benutzung 18 27, 169, 173
– freie Werke 18 173
– Fremdenrecht 18 98
– Herstellenlassen von Vervielfältigungsstücken 18 48, 234
– internationale Gerichtszuständigkeit 25 138
– internationaler Schutz 18 85, 99
– Kartellrecht 18 141, 198 f., 270
– Kennzeichnungspflichten 18 243, 272 f.
– kleine Münze 18 12, 161, 206

1652

Stichwortverzeichnis

- Kopierschutzmittel **18** 44, 151 f., 240, 246–249, 253, 272
- Löschungsanspruch **18** 150
- Miturheberschaft **18** 16, 17, 43, 58, 108
- Nachahmung **18** 117
- Nutzungsart **18** 76, 78, 114, 123, 165, 168
- Nutzungsrechte **18** 20, 39, 75–78, 117–132, 166–176, 185–193
- Nutzungsrechtseinräumung **18** 75, 78
- privater Gebrauch **18** 47, 49
- Recht der öffentlichen Wiedergabe **18** 20, 33–36, 37, 96, 126–131, 171, 175–176, 191, 239
- Recht der öffentlichen Zugänglichmachung **18** 20 f., 33–36, 37, 63, 96, 121, 126–131, 171, 175–176, 191, 232 f., 239
- Schadensersatzanspruch **18** 86, 89, 215, 222, 227, 262, 271
- Schöpferprinzip **18** 14–15, 3, 60, 62, 75, 108 f., 165
- Schrankenbestimmungen **18** 133, 147, 180, 196 f.
- Schule **18** 180
- Senderecht **18** 20, 39
- Sicherungskopie **3** 24
- Sonstiger eigener Gebrauch **18** 50, 52
- Tochterrecht **18** 77
- translative Übertragung **18** 77
- Überlassungsanspruch **18** 81, 83, 92, 150 f., 152
- Ursprungsland **18** 236
- Verbreitungsrecht **18** 28, 30, 119–124, 170 f., 188 f.
- verbundene Werke **18** 18
- Vergütungsansprüche **18** 57, 79 f., 114
- Vermietrecht **18** 29, 31, 119, 123, 125, 170, 190
- Vernichtungsanspruch **18** 92, 150 f.
- Vervielfältigungsrecht **18** 20, 23–25, 33, 47 f., 117, 134, 137, 147, 167–169, 186, 211 f.
- Verwertungsrecht **18** 20, 37, 39, 117–132, 166–176, 185–193
- Vortragsrecht **18** 37
- Website **18** 45, 63, 103, 129, 163, 176, 184, 205–207
- Zeitliche Schranken (Schutzdauer) **18** 58, 199 f.

Urheberrechtliche Anwartschaften 27 131
Urheberrechtliche Nutzungsrechte 27 131
Urheberrechtsverletzung (Strafrecht) 18 93–94, 99; **26** 154
- Browsing **26** 162
- Caching **26** 162
- Erstellen von Privatkopien **26** 172
- Filesharing-Tauschbörsen **26** 173
- Gewerbsmäßigkeit **26** 166
- Identitätsermittlung **26** 180
- Öffentliche Wiedergabe **26** 164
- P2P-Programm **26** 173
- private Ermittler **26** 186
- Privatklagedelikt **26** 192
- Strafantrag **26** 191
- Verbreiten **26** 163
- Vervielfältigen **26** 160

Urheberschaft in Arbeitsverhältnissen, Urheberrecht 4 858
Urheberschutz von Computerprogrammen 18 100, 152

Urheberschutz von Datenbankwerken 18 153, 181
Urheberstrafrecht 18 93, 94, 99
Urkundenunterdrückung 26 127
URL 19 9
Usance 2 14
User Help Desk, UHD 7 143
User-generated Content 18 218
User-Zahl 4 341, 391

V
V-Modell 1 41
Validierung 1 41
Validierungsumgebung 6 29, 31 f.
VAR 5 2, 81
VDSL 23 196, 239, 260
Verantwortlichkeit bei Internet-Auktionen 14 116
Verantwortlichkeit im Netz 10 9
Veräußerung (Urheberrecht), Begriff 3 81
Verbindungs-Gateways 1 104
Verbindungsnetzbetreiber 9 57
Verbindungspreisberechnung 9 100
Verbot der Ausforschung 27 96
Verbot von Fremdbesitz 15 25
Verbot von Mehrbesitz 15 22
Verbraucher, im TKG 9 55
Verbraucherkredit 10 19, 24
Verbraucherschutz
- Abweichungsverbot **11** 166
- Bestellung **11** 6
- Download **11** 42, 98, 129, 189
- Dual-use Güter **11** 24
- Entsprechungsklausel **11** 76, 82, 91
- Fernabsatzvertrag **11** 18
- Fernkommunikationsmittel **11** 32
- Gebot richtlinienkonformer Auslegung **11** 14
- Günstigkeitsprinzip **11** 5, 167
- Haustürgeschäft **11** 135, 170
- Information über Widerrufsrecht **11** 84, 106
- Informationspflichten **11** 67
- Link **11** 83, 108
- Novelle **11** 11 f.
- Preisangabenverordnung **11** 108
- Rechtsfolgen fehlerhafter Information über das Widerrufsrecht **11** 104
- technischer Mindeststandard **11** 7
- Transparenzgebot **11** 83, 86, 97, 101, 148, 169
- Umgehungsverbot **11** 166
- Unternehmer **11** 20
- Verbraucher **11** 20
- Versandkosten **11** 108, 146
- Versicherung **11** 47, 136
- Vertragsschluss über Fernkommunikationsmittel **11** 32
- Vertriebs- oder Dienstleistungssystem **11** 36
- Vollharmonisierung **11** 14, 16, 23
- Vorschlag einer Richtlinie über Rechte der Verbraucher **11** 15 f., 171 ff.
- Widerrufs- und Rückgaberecht **11** 109

Verbraucherschutzrechtliche EU-Richtlinien 10 23

1653

Stichwortverzeichnis

Verbrauchervertrag 25 41
– IT-Vertrag 25 43
– Rechtswahl 25 42
Verbrauchsgüterkauf 10 23
Verbrauchsgüterkaufrichtlinie 4 48 f.
Verbreitung, Erwerb und Besitz kinderpornographischer Schriften 26 230
Verbreitungsrecht 18 28, 30, 119–124, 170 f., 188 f.
– dingliche Beschränkung 5 196
Verdeckte Auktion 14 5
Verdeckte Mängel (FR), Haftung 4 884
Verfahrenspatente 17 74
Verfügbarkeit 1 96; 7 150
Vergabeart 24 58, 79
Vergabebekanntmachung 24 80
Vergabekammer 24 111
Vergütung
– nutzungsintensitätsabhängig 4 358, 369
– Standardsoftware 4 292
– Wartung 4 256 f., 265 ff.
Vergütungsansprüche 18 57, 79 f., 114
Vergütungsberechnung 1 22
Verhandlungsverfahren 24 63
Verifikation 1 41
Verjährung 4 47, 189; 6 65, 109, 121, 124, 150
– Mängel 4 163 ff.
Verjährungsfrist 4 167, 182
Verkehrsdaten 27 66
Verkehrssicherungspflicht, wettbewerbsrechtliche 12 73
Verkehrswert 7 123
Verlegung von Telekommunikationslinien 23 188
Verletzergewinn 27 52
Verletzung des höchstpersönlichen Lebensbereiches durch Bildaufnahmen 26 226
Verletzung des Post- oder Fernmeldegeheimnisses 26 194
– Ausfiltern von E-Mails 26 204
– Hochschulfall 26 208
Verlinkung 1 59; 18 221, 35
Vermengungs- oder Verquickungsverbot 27 54
Vermietrecht 18 29, 31, 119, 123, 125, 170, 190
Vermutung der Urheberschaft 18 19
Vernichtung 27 46
Vernichtungsanspruch 18 92, 150 f.; 27 151, 67, 71, 74
Verordnung (EG) Nr. 44/2001 des Rates über die gerichtliche Zuständigkeit und die Anerkennung und Vollstreckung von Entscheidungen 25 87
– allgemeiner Gerichtsstand 25 111
– Anerkennung 25 128
– Erfüllungsort 25 113
– Gerichtsstandsvereinbarung 25 91
– Immaterialgut 25 117
– internationale Zuständigkeit 25 109
– IT-Streitigkeiten 25 119
– Niederlassung 25 116
– unerlaubte Handlung 18 20–39, 47 f., 117–132, 134, 137, 147, 166–176, 167–169, 185–193, 186, 211 f.; 23 23, 35 f., 330; 25 115, 148; 27 32, 34
– Verbrauchersache 25 114
– Vermögen 25 118

– Vollstreckung 25 131
Verordnung (EG) Nr. 44/2001 des Rates über die gerichtliche Zuständigkeit und die Anerkennung und Vollstreckung von Entscheidungen in Zivil- und Handelssachen, unerlaubte Handlung 7 81
Verordnung (EG) Nr. 593/2008 des Europäischen Parlaments und des Rates über das auf vertragliche Schuldverhältnisse anzuwendende Recht (Rom I) 25 9
– räumlicher Anwendungsbereich 25 12
– sachlicher Anwendungsbereich 25 11
– zeitlicher Anwendungsbereich 25 10
Verordnung (EG) Nr. 864/2007 des Europäischen Parlaments und des Rates über das auf außervertragliche Schuldverhältnisse anzuwendende Recht (Rom II)
– culpa in contrahendo 25 11
– Rechte des geistigen Eigentums 25 138
– Schutzlandprinzip 25 138
– Wettbewerbsrecht 25 161
Verordnung zur Einführung eines europäischen Vollstreckungstitels für unbestrittene Forderungen 25 135
Verpackung 2 73
Verrat von Geschäfts- oder Betriebsgeheimnissen 26 214
Versandapotheken 15 2
Versandhandel von Arzneimitteln 15 2
Versandrisiko bei Internetauktionen 14 67
Verschlüsselung 22 13
Verschlüsselungsprogramme 26 29
Version 1 25; 4 398, 425, 432
Versorgungsauflagen, -pflichten 23 122
Versteigerungsverfahren für Frequenzen 23 118, 125
Vertrag
– elektronische Erklärung 2 23
– invitatio ad offerendum 2 22
– kaufmännisches Bestätigungsschreiben 2 21
– Outsourcing 2 5
– Projekt 2 5
– Schweigen 2 21
– Vertragstyp 2 3
– Willenserklärung 2 21
– Zustandekommen 2 21
Vertragsabschluss im Netz 10 7
Vertragsanpassung 2 18
Vertragsauslegung 2 18
Vertragsbeendigung 6 100, 114, 178 f.
Vertragschluss über Auktionsartikel 14 48
Vertragsform 2 28
– AGB 2 29
– Verhandlungssprache 2 29
– Zweck 2 28
Vertragsgestaltung 2 9
– Eindeutigkeit 2 9
– Vollständigkeit 2 9
Vertragshändlervertrag 5 10 ff.
– Abgrenzung Handelsvertreter 5 21 ff.
– AGB-Recht 5 30
– Ausgleichsanspruch 5 25 ff., 63 ff.
– Beendigung 5 53 ff.

Stichwortverzeichnis

- Eigentumsvorbehalt 5 67 f.
- Geschäftsbesorgungsvertrag 5 37 f.
- Kundenstamm 5 62
- Kündigung 5 54
- Markennutzung 5 16 ff., 61
- Mindestabnahmepflicht 5 39 ff.
- Mindestvertragslaufzeit 5 53
- Rahmenvertrag 5 37
- Sukzessivlieferungsvertrag 5 31 ff.
- Vergütung 5 66
- Vertragsanpassung 5 69 ff.

Vertragsprodukt 4 788, 790 ff., 796 f., 805, 809, 819 f., 836
Vertragsstrafe 2 58
Vertragstypologie 4 48 ff., 253, 284, 516, 591, 864
Vertragsverlängerungen 24 37
Vertraulichkeit 1 96
Vertraulichkeitsverpflichtung nach § 17 TKG 23 276
Vertrieb
- an Endverbraucher 5 77, 110
- Exklusivität 5 110
- Geschäftskunden 5 131 ff.
- Hardware 5 48, 178 ff.
- OEM 5 79
- Offline 5 88 ff.
- Online 5 102 ff.
- Software 5 49
- VAR 5 81, 133 ff.

Vertriebsstruktur, Eingliederung in die 5 4 ff.
- Absatzförderungspflicht 5 8
- Dauerrechtsbeziehung 5 5 ff.
- Markenware, Vertrieb von 5 9

Vertriebsvertrag 5 3 ff.
- Franchisenehmer 5 3
- Handelsvertreter 5 3
- OEM 5 2
- VAR 5 2
- Vertragshändler 5 10 ff.

Vervielfältigung (Urheberrecht) 3 21
- RAM 3 4
- ROM 3 4
- Vervielfältigungsbegriff 3 56

Vervielfältigungsrecht 5 86
Vervielfältigungsstücke, Herstellung durch Händler 5 80
Verwaltungsvorschriften der BNetzA 23 98, 149 f.
Verwertung der Software 27 129
Verwertungsrecht 6 10
Verwertungsrechte, Urheberrecht 4 859
Verzugszinsen 27 51
Veto(recht), der EU-Kommission im Konsolidierungsverfahren 23 257
- (kein) Vetorecht für Vorabverpflichtungen 23 257
- Ausübung gegenüber Deutschland 23 260

Vickery-Auktion 14 5
Videospiel 18 19, 74
Virtual private Network (VPN) 7 144; 23 21
Virtuelle Bibliotheken 18 228
Virtuelle Käufergemeinschaften 12 55
Virtueller Videorecorder 18 230

Voice over IP 8 66
Voice over IP, VoIP
- als öffentlich zugänglicher Telefondienst 9 50
- als Telekommunikationsdienst 9 48
- Missbrauchsrisiken 9 114
- Notrufmöglichkeiten 23 35
- Nummernzuteilung 23 159
- Sperre 9 119
- Überwachung 23 51

VoIP 8 66
Vollpflege 4 434 ff.
Vollstreckung
- ausländischer Entscheidungen 25 123
- EUGVVO 25 127
- HGÜ 25 124
- LugÜ 25 133
- Vollstreckbarerklärung 25 131
- Vollstreckung von Auskunftsansprüchen 27 152

Vollversion 1 26
Vollwartung 4 181
Vollzug des Schiedsspruchs 27 21
Volumenänderung 7 66
Vorabinformation 24 94
Vorabverpflichtungen des TKG
- (kein) Vetorecht der EU-Kommission 23 257
- (ohne vorherige) Marktdefinition und Marktanalyse 23 248
- Auferlegung durch Missbrauchsverfügung 23 453, 463
- Auferlegung in Frequenzvergabeverfahren 23 344
- Systematik des TKG 23 232

Vorarbeiten, Vergütungspflicht 4 96
Vorausbezahlte Leistung 9 98
Vorauszahlungspflicht 4 180, 270, 314
Vorbereitungshandlung 26 82, 113
Vorgehensmodell 1 41; 6 16 f., 19
Vorleistungsmärkte 9 7; 23 229
- Entgeltregulierung 23 229, 381 ff.
- fiktive 23 238

Vorratsdatenspeicherung 8 71; 26 7, 28, 35, 260
Vorsatz, Haftung 4 884
Vorschlag einer Richtlinie über Rechte der Verbraucher 11 15 f., 171 ff.
- Formvorschriften 11 172
- Informationspflichten 11 171 f.
- Widerrufsrecht 11 173

Vorteilsabschöpfung durch BNetzA 23 454
Vorwärtsauktion 14 5

W

Wahlrecht, Nacherfüllung 4 168, 325, 330, 494, 636
Währung 2 52
WAPECS, Wireless Access Policy for Electronic Communications Services 23 96, 121, 140
Wardriving 26 82
Warenverkehrsfreiheit 15 13
Warteschleifen i.S.d. TKG 9 145
Wartung 1 36; 4 253 ff., 254 f.
- Leistungsbeschreibung 4 262 f.
- Leistungsbild 4 257
- Leistungsspektrum 4 261

1655

Stichwortverzeichnis

Wartungsbeginn 4 265
Wartungsvertrag 4 253
– Leasing 4 233
– Verbindung Kauf 4 176
Wasserfall-Modell 1 41; 6 18, 20
WCT 18 2, 28, 33, 45, 96, 120, 175, 241
Web2.0
– Nutzungsbedingungen 8 43 ff.
– Zahlungsabwicklung 8 45 f.
Web2.0 – Provider 8 38
– Community-Plattform 8 40
– Web2.0 Dienste 8 38
Webbasierte Dienste 23 24
Webcasting 18 232
Webdesign Vertrag 8 48 f.
Weblog 1 79
Webmail-Dienste 23 24
Webmiles 12 60
Webpräsenzen 1 59
Website 18 45, 63, 103, 129, 163, 176, 184, 205–207
– Design 18 207
Wegerecht, öffentliches des TKG 23 167
– Angaben des Antragstellers für Übertragung 23 180
– Anspruch auf Übertragung durch die BNetzA 23 180
– Anwendungsbereich 23 171, 185 ff.
– berechtigter Personenkreis 23 179
– Fachkunde 23 184
– Folgepflichten und Folgekostenpflichten 23 191
– Gemeingebrauch, straßenrechtlicher 23 187
– Inhalt und Umfang 23 185
– Lagerung von Aushub und Material 23 187
– Leistungsfähigkeit 23 183
– Mitteilungspflichten 23 191
– Rechtsnachfolge 23 191
– Rechtsnatur 23 177
– Rechtsschutz 23 193
– Übertragung durch BNetzA 23 180
– Unentgeltlichkeit 23 175
– Zustimmung des Wegebaulastträgers zur Verlegung von Telekommunikationslinien 23 188 ff.
– Zuverlässigkeit 23 182
Wegerecht, privates des TKG 23 204
– Anwendungsbereich 23 209
– Ausgleichspflicht 23 22
– Bemessungsgrundlage für Ausgleichsanspruch 23 218
– berechtigter Personenkreis 23 206
– Duldungspflicht des Eigentümers 23 205
– Inhalt und Umfang 23 209
– Rechtsnatur 23 205
– Rechtsschutz 23 219
– Teilnehmeranschluss 23 220
Wegnahme 27 144
Weitervertrieb, Systemsoftware 5 189 ff.
Werbebannervertrag 8 56 f.
Werk 18 10, 101–105, 160
Werkbegriff 18 10 f.
Werktitel 19 116, 147
Wertersatz 11 151 ff.
– Messner-Urteil (EuGH) 11 154
Wettbewerb 17 4

Wettbewerblicher Dialog 24 64
Wettbewerbsbeschränkung 4 782, 784, 810, 812, 818, 823, 825, 827 ff., 834, 836, 838
Wettbewerbshandlung 12 5
– Marktbezug der 12 8
– und vertragsbezogenes Handeln 12 9
– Unternehmensbezug der 12 7
– Wettbewerbsabsicht 12 10
Wettbewerbsrecht 25 161 ff.
– Tatortprinzip 19 322
Wettbewerbsrecht (Domainnamen) 19 320
– Alleinstellungsbehauptung 19 381
– Aufklärung der Irreführung 19 384
– Einwendungen und Einreden 19 388
– Generische Domainnamen 19 370
– Herkunftslandprinzip 19 334
– Irreführung 19 364
– Mitbewerber 19 341
– Verjährung 19 389
– Verwirkung 19 390
– Wettbewerbshandlung 19 336
Wettbewerbsrichtlinie, Richtlinie 2002/77/EG der Kommission v. 16.09.2002 über den Wettbewerb auf den Märkten für elektronische Kommunikationsnetze und -dienste 23 14
Wettbewerbsverhältnis, konkretes (i. S. d. UWG) 12 12
Who is-Abfragen 19 439
Who is-Datenbank 1 87
WIA (Wholesale Internet Access) 9 7, 38
Wide Area Network, WAN 7 144
Widerruf
– (kein Widerruf von) Alt-Verpflichtungen nach dem TKG 1996 23 244, 327
– von Frequenzzuteilungen 23 126
– von Nummernzuteilungen 23 155, 162
– von Vorabverpflichtungen 23 244, 327
Widerruf bei Internet-Auktionen 14 77
Widerruf der Registrierung 27 24
Widerruf und Rückgabe
– Hinsendekosten 11 149
– Rechtsfolgen 11 137 ff.
– Rücksendekosten 11 141 ff.
– Versandkosten 11 141 ff.
Widerrufs- und Rückgaberecht 11 109
– Ausschluss des Widerrufsrechts 11 127
– Belehrungsmuster 11 123 ff.
– Erlöschenstatbestand 11 126
– Nicht oder nicht ordnungsgemäß erfolgte Widerrufs- oder Rückgabebelehrung 11 121 ff.
– Rechtsfolgen von Widerruf und Rückgabe 11 137
– Rücksendepflicht 11 140
– verbraucherschützende 12 9
– Verlängerte Widerrufsfrist 11 119 f.
– Verpflichtung zum Wertersatz 11 151
– Verwirkung 11 122
– Verzug des Unternehmers nach Widerruf 11 148
– Widerrufsbelehrung 11 106, 122
– Widerrufsform 11 113
– Widerrufsfrist 11 113
Wiederbeschaffungskosten i. S. d. TKG 23 402
Wiederholungsgefahr 27 31, 32
Wiederverwendung 1 19

1656

Stichwortverzeichnis

Wiki 1 81
Willenserklärung 2 21
- elektronische Erklärung 2 23
- invitatio ad offerendum 2 22
- kaufmännisches Bestätigungsschreiben 2 21
- Schweigen 2 21
Windhundprinzip 19 10
WIPO 27 9
WIPO Copyright Treaty (WCT) 3 2; 4 850; 18 2, 28, 33, 45, 96, 120, 175, 241
WIPO Performances and Phonogram Treaty (WPPT) 18 45, 97, 241
WIPO Urheberrechtsvertrag 4 850
WIPO-Internet-Treaties 3 52
Wireless Local Area Network, W-LAN 1 65; 18 211; 23 17 f., 27, 37, 93, 96, 100, 121
Wireless-Local-Loop, WLL 23 18, 29, 117, 121
Wirksamer Wettbewerb i. S.d TKG 23 227
Wirtschaftlichstes Angebot 24 93
Wirtschaftsprüfervorbehalt 27 61
Wissenschaft 18 180, 196
Wissenschaftsnetz 1 47
Work for hire doctrine (USA), Urheberrecht 4 858
Work made for hire 18 14
World Wide Web (WWW) 1 59

Z

Zahlungsdienste 10 19
Zentraleinheit 1 22
Zerstörung 27 69
Zeugenbeweis 27 97
Zitatrecht 18 46
Zivilprozessordnung 25 89
- Gerichtsstandsvereinbarung 25 97
- Schiedsvereinbarung 25 105
- unerlaubte Handlung 25 149
Zivilrechtliche Ansprüche des TKG 9 138, 153; 23 374 ff.
Zone-C 19 42, 435
Zug-um-Zug-Verurteilung 27 142
Zugang i. S. d. TKG
- Abgrenzung 23 272
- Inhalt und Umfang 23 269
- Inhalteanbieter nicht erfasst 23 271
- Kapazitätsausbau, keine Verpflichtung zu 23 273, 286
- Legaldefinition 23 269
- Nebenleistungen 23 273
- Zweckbestimmung 23 271
Zugangsanordnung 23 357
- (hinreichende) Konkretisierung der Nachfrage 23 363
- Antragsanforderungen 23 363
- Antragsberechtigung, Antragsbefugnis 23 362
- Antragstenorierung 23 363
- Bedingungen, Verknüpfung mit 23 360
- Durchsetzung 23 366
- Entgeltanordnung 23 367
- Frist für Anordnungsverfahren 23 361
- Gegenstand und Inhalt 23 360
- Rechtsnatur 23 366
- Rechtsschutz 23 369

- Rechtsschutz gegen Entgeltanordnung 23 370
- Regulierungsverfügung, Tatbestandswirkung 23 359
- Scheitern von Zugangsverhandlungen als Voraussetzung für 23 364
- Subsidiarität, gegenüber Zugangsvereinbarung 23 359
Zugangserschwerungsgesetz 8 72
Zugangsgewährungsverpflichtungen nach § 21 TKG 23 296
- (keine) drittschützende Wirkung 23 362
- Abwägungskriterien 23 296, 298 f.
- Antragserfordernis im Verwaltungsverfahren 23 297
- Auferlegungspraxis der BNetzA 23 302, 308, 311, 312, 316, 319, 322, 327, 330, 332, 334
- Beschränkungen 23 296
- Bitstrom-Zugang 23 305
- drittschützende Wirkung 23 264 ff.
- Durchsetzung 23 355
- Entscheidungsprogramm 23 298
- Ermessensspielraum der BNetzA 23 298
- Fakturierung und Inkasso 23 320
- freiwillige Angebote 23 307
- gebundenes Ermessen der BNetzA 23 299
- intelligente Netzdienste 23 312
- Interoperabilität von Diensten 23 312, 331
- Kann-Katalog 23 296
- Kollokation 23 333
- Kontrolle des Zugangs zu Endnutzern 23 337
- Kooperationsmöglichkeiten zwischen zugangsberechtigten Unternehmen 23 317
- Mietleitungen 23 301
- Nutzungsmöglichkeiten von Zugangsleistungen 23 317
- offener Zugang zu Schnittstellen, Protokollen und Schlüsseltechnologien 23 331
- Rechtsschutz 23 261, 355 ff.
- Regelungsstruktur 23 296
- Resale 23 309
- Roaming 23 312
- Soll-Katalog 23 296
- Systeme der Betriebsunterstützung 23 314
- Systemschnittstellen, (kein) Zugang zu 23 316
- Teilnehmeranschluss 23 323
- virtuelle Netze 23 331
- Voraussetzungen für Interoperabilität 23 312
- Zusammenschaltung 23 328
Zugangsrichtlinie, Richtlinie 2002/19/EG des Europäischen Parlaments und des Rates v. 07.03.2002 über den Zugang zu elektronischen Kommunikationsnetzen und zugehörigen Einrichtungen sowie deren Zusammenschaltung 9 12, 21; 23 4, 11, 225, 269, 274, 277 f., 287, 294, 298 f., 307, 312, 314, 323, 333, 337, 340, 345
Zugangsvereinbarung/-vertrag (nach § 22 TKG) 9 7
- Angebotspflicht 9 10
- Berechtigter Personenkreis 9 10
- Bitstrom-Zugang 9 38
- Durchsetzung 23 357
- Kontrahierungszwang 9 10
- Rechtsnatur, rechtliche Einordnung 9 20

1657

Stichwortverzeichnis

- Standardangebot **9** 12
- Struktur und Inhalt **9** 24
- Teilnehmeranschluss (inkl. Line Sharing, Endleitung bzw. Line Sharing, Kabelkanalrohre und Kollokation) **9** 35
- Vorgaben **9** 21
- Wertschöpfungsebenen **9** 8
- Zusammenschaltung **9** 24

Zugangsverschaffung 26 121
Zugehörige Einrichtungen i. S. d. TKG 23 300
- Kabelkanäle **23** 300

Zugriff auf elektronische Speichermedien 26 360
Zugriff auf Mobiltelefone mittels IMSI-Catcher 26 384
Zur Laufzeit ausführbare Programmteile 1 31
Zusammengehörigkeit 4 188
Zusammenschaltung(sverpflichtung) 9 24; **23** 304, 328 ff.
- Abgrenzung zum Zugangsbegriff **23** 329
- All-IP-Netze (Next Generation Networks – NGN) **9** 32
- Auferlegungspraxis der BNetzA **23** 330
- Legaldefinition **23** 328
- Peering **9** 32; **23** 329
- Terminierung **23** 330
- Transit **23** 330
- Verbindungsleistungen **23** 304, 330
- Zuführung **23** 330

Zusammenschaltungsvereinbarung/-vertrag
- All-IP-Netze (Next Generation Networks – NGN) **9** 32

- Inhalt des Telekom-Standardangebots **9** 25
- Mobilfunk **9** 27
- Peering **9** 32; **23** 329
- Standardangebot **9** 18, 24, 26, 27
- Terminierung **9** 29 f.; **23** 330

Zuschlagserteilung 24 94
Zuschlagskriterien 24 73
Zusicherung 4 23 ff., 35
- Miete **4** 208

Zuständigkeit 27 109
Zustellung 25 134
Zuverlässigkeit 24 69
- Nachweis als Voraussetzung der Frequenzzuteilung **23** 102
- Nachweis als Voraussetzung für Übertragung des öffentlichen Wegerechts durch BNetzA **23** 182

Zwangslizenzen 4 846; **18** 198
Zwangsvollstreckung in Nutzungsrechte 27 139
Zweckübertragungstheorie 3 25; **4** 707
- Urheberrecht **4** 863

Zweifelsregelung 2 25

§
§ 675u BGB **16** 242
§ 675v BGB **16** 242
§ 675x BGB **16** 242
§ 675y BGB **16** 242
§ 675z BGB **16** 242